天津市志·北海航海保障志(1840—2012)
(上册)

天津市地方志编修委员会办公室
交通运输部北海航海保障中心　编　著

人民交通出版社股份有限公司
北　京

图书在版编目(CIP)数据

天津市志. 北海航海保障志：1840—2012/天津市地方志编修委员会办公室，交通运输部北海航海保障中心编著. —北京：人民交通出版社股份有限公司，2020.11

ISBN 978-7-114-16749-2

Ⅰ.①天… Ⅱ.①天…②交… Ⅲ.①天津—地方志 ②北海—航海保障—工作概况—1840—2012 Ⅳ. ①K292.1

中国版本图书馆 CIP 数据核字(2020)第 136276 号

审图号：GS(2020)3509 号

Tianjin Shi Zhi · Beihai Hanghai Baozhang Zhi(1840—2012)

书　　名：	天津市志·北海航海保障志(1840—2012)(上册)
著 作 者：	天津市地方志编修委员会办公室　交通运输部北海航海保障中心
责任编辑：	崔　建
责任校对：	孙国靖　龙　雪　扈　婕
责任印制：	刘高彤
出版发行：	人民交通出版社股份有限公司
地　　址：	(100011)北京市朝阳区安定门外外馆斜街 3 号
网　　址：	http://www.ccpcl.com.cn
销售电话：	(010)59757973
总 经 销：	人民交通出版社股份有限公司发行部
经　　销：	各地新华书店
印　　刷：	北京印匠彩色印刷有限公司
开　　本：	889×1194　1/16
印　　张：	78
字　　数：	2251 千
版　　次：	2020 年 11 月　第 1 版
印　　次：	2020 年 11 月　第 1 次印刷
书　　号：	ISBN 978-7-114-16749-2
定　　价：	480.00 元(上、下册)

(有印刷、装订质量问题的图书由本公司负责调换)

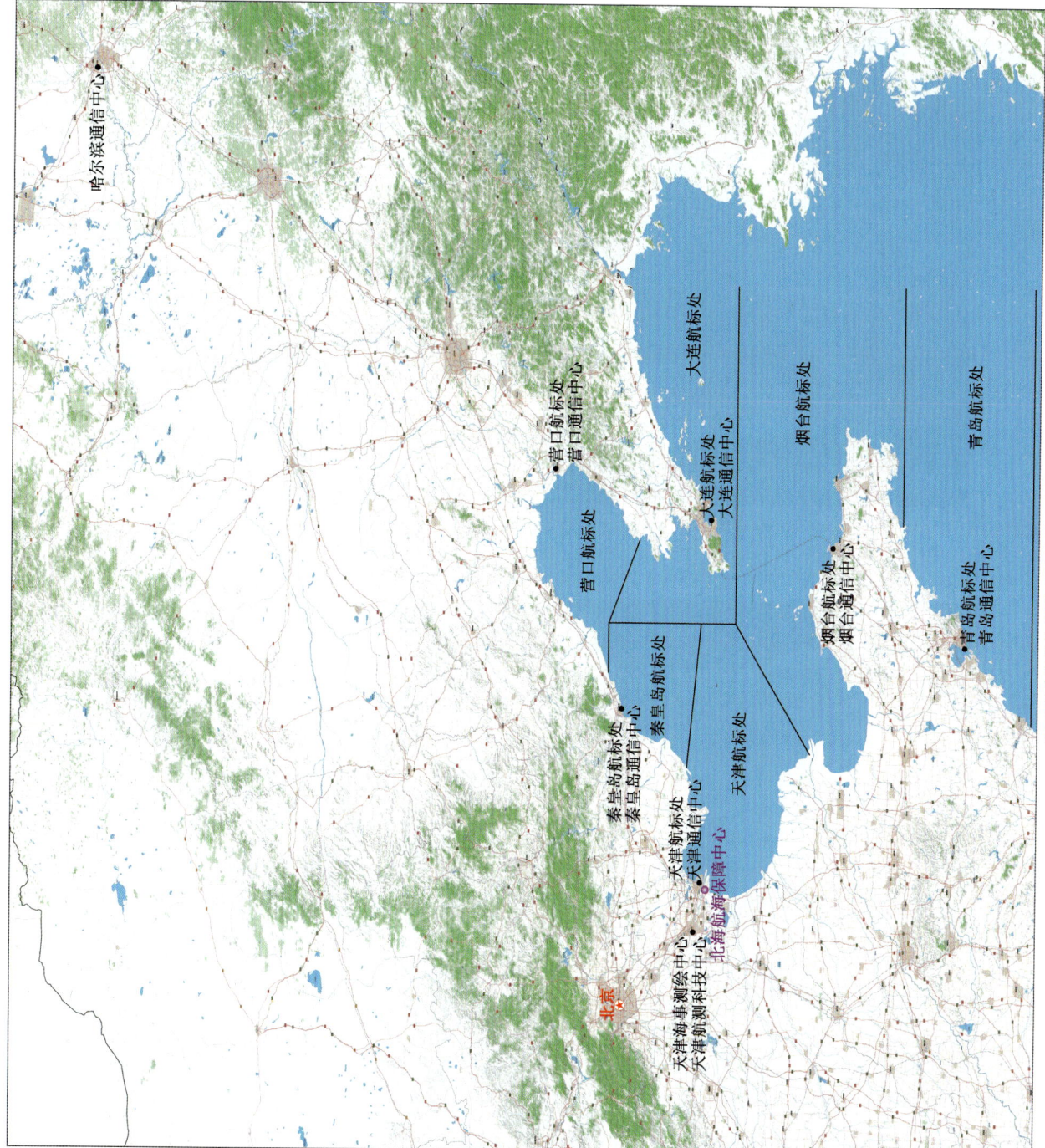

1994年7月16日,交通部副部长刘松金(中)在烟台航标处(区)基层台站检查指导工作,并为航标职工题词"以苦为荣"

1998年6月2日,军事科学院原政治委员张序三(左二)、交通部原副部长林祖乙(左三)莅临1998国际全球定位系统技术应用设备展览会,赞誉天津海监局牵头建设的全国海区无线电指向标—差分全球定位系统

2001年8月25日,交通部副部长洪善祥(中)在天津航标处"海标0502"轮检查指导工作

2003年6月25日,中共重庆市委书记黄镇东(中)、国家安全生产监督管理局副局长闪淳昌(左)在重庆涪陵指导天津海测大队实施"6·19"特大沉船事故现场扫测工作

2006年8月5日,交通部副部长黄先耀(中)在中国航标展馆考察指导展品布展工作

2006年11月8日,交通部副部长徐祖远(中)在天津海事局检查指导海上应急搜寻救助工作

2012年5月15日，交通运输部部长李盛霖(中)莅临第十一届中国国际交通技术与设备展览会，赞誉天津海事局自主研制的航标灯器

2012年7月5日，交通运输部党组副书记、副部长翁孟勇(中)在天津海事局参观创先争优活动成果展览

1988年12月,交通部安监局局长沈志成(右)率郭莘(中)、张家孝(左)等中国航标代表团考察访问朝鲜人武部水路局海图出版社

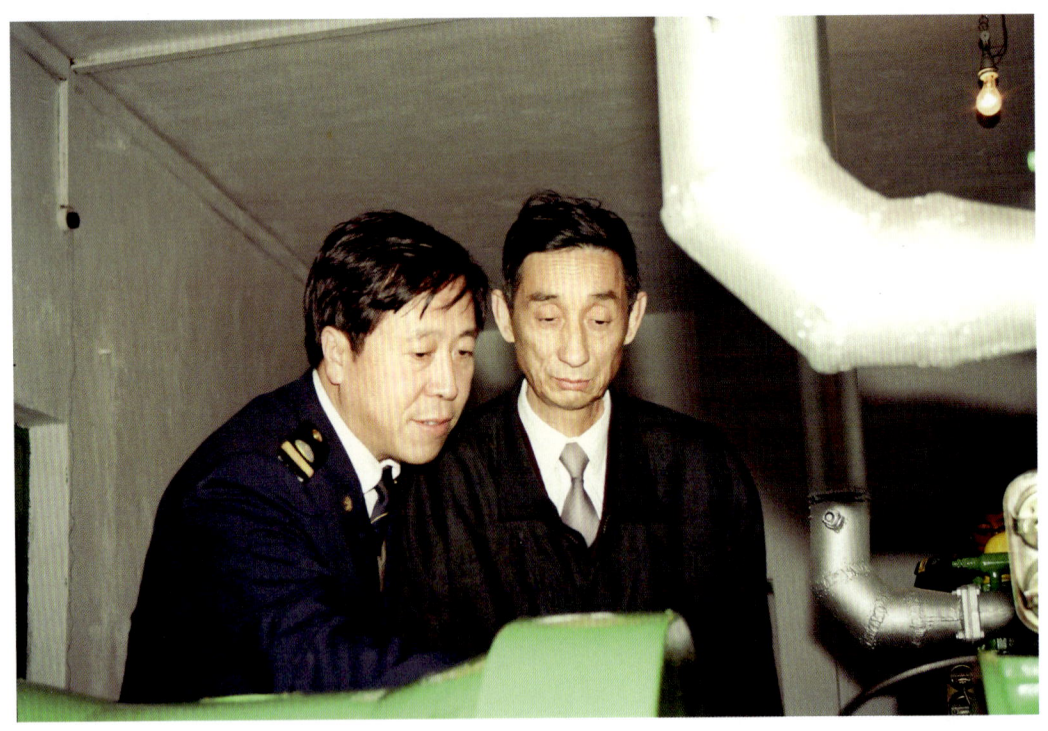

1993年11月,交通部安监局局长林玉乃(右)在烟台航标处(区)基层台站检查指导设备"管修养用"工作

1995年8月,交通部安监局副局长宋家慧(中)在天津海测大队检查指导工作

1995年12月26日,交通部安监局副局长李育平(左二)在烟台航标处(区)威海航标站检查指导工作

2000年6月18日,交通部海事局常务副局长刘功臣(左二)、交通部安监局原局长林土乃(左三)、交通部水监局原副局长朱樵(左四)在秦皇岛出席中国航标展馆开馆仪式

2002年12月18日,交通部海事局副局长王金付在北京主持2002中国海事测绘论坛

2003年10月13日，交通部海事局党委书记何建中在天津海事局第一次党代会上发表讲话

2006年4月29日，交通部海事局党委副书记范亚祥（左）在天津为"全国五一劳动奖章"获得者崔永发颁发奖章

2007年1月30日,交通部海事局党委书记梁晓安(左三)在青岛慰问全国劳动模范王炳交

2007年2月9日,交通部海事局副局长郑和平(中)在天津航测科技中心检查指导工作

2008年7月2日,交通部海事局原副局长郭莘在烟台航标处主持IMA-800型航标灯器技术评审

2010年3月19日,交通运输部海事局常务副局长陈爱平(左二)在烟台航标处检查指导工作

2011年6月9日,交通运输部海事局党组书记许如清(中)在烟台航标处检查指导工作

2011年9月14日,交通运输部海事局副局长李世新(左中)在天津海测大队检查指导工作

2012年3月23日，交通运输部海事局党组副书记徐津津（左）在天津为天津海事局荣获"全国文明单位"揭牌

1978年5月1日，中国第一座自主设计建造的水中大型灯塔建成发光——天津大沽灯塔

1987年3月27日,天津航测处处长王载熙在天津向张浩然(右)颁发《从事测绘工作40周年荣誉证书》

1990年8月,天津市劳动模范刘长发在天津港主航道导标除锈刷漆作业

1998年11月,天津海岸电台发信台机房改建工程全面竣工

2000年9月10日,天津海事局首制沿海航标夹持船"海标0513"船列编服役,结束航标人员传统"跳标"作业历史

2002年5月14日,天津海事局在大连"5·7"空难应急扫测失事飞机第一个"黑匣子"

2004年8月20日,交通部科技英才张安民在天津海事局机关机房检测信息化设备

2004年11月24日，交通部劳动模范张铁军在包头"11·21"空难现场应急搜救扫测作业

2008年11月10日，全国劳动模范王炳交在青岛团岛灯塔维护保养灯器

2008年11月10日，天津市劳动模范王玉兰在天津通信信息中心收信台值守遇险通信电路

2010年8月25日,天津航标处"海标11"轮圆满完成大连"7·16"溢油清污任务载誉归来

2011年4月27日,天津海测大队组团参加中央电视台举办的庆祝"五一"文艺晚会

2011年11月17日,天津海事局首制2000吨级大型航标布设船"海标15"轮列编服役,船舶整体技术水平达到国际先进水平

2012年6月14日,"全国五一劳动奖章"获得者崔永发在天津临港航标管理站维修航标灯器

1984年7月,中国航标代表团团长徐孝忠(左四)一行考察访问英国皇家水上交通管理部门

1986年9月16日,天津航道局局长李增才(前排左四)在天津会见朝鲜人武部水路局代表团团长崔俊吉(前排左三)一行

1990年11月15日,天津海监局副局长张家孝(左四)在天津会见日本航标协会审议官江并修(左二)一行

2000年4月7日,天津海事局副局长赵亚兴(右)在天津会见国际海道测量局(IHB)局长约翰·里奇(J. W. Leech)

2004年6月2日,中国航标代表团团长赵亚兴(中)一行考察访问日本海上保安厅,会见部长小林坚吾(右)

2006年11月29日,中国成山头灯塔与韩国八尾岛灯塔结为友好灯塔

2011年11月8日,天津航测科技中心副主任马建设(右)出席日本第20届远东无线电导航服务网(FERNS)会议

19世纪70年代清海关标识

20世纪80年代天津航道局标识

20世纪90年代交通部安监系统标识

21世纪初中国海事系统标识

序

修志是中国独有的民族文化传统，它传承守护着中华文明生生不息的薪火根脉，忠实记载着历代先民兴衰成败的经验教训，为后世鉴古察今、继往开来提供了深邃启示，对坚定文化自信，提升国家软实力作用巨大，必须给予高度重视并发扬光大。

航海保障事业源远流长。纵观中国航海发展史，从远古先民泛舟弄潮，到当今世人跨洋过海，航海保障工作始终是人类一切涉海活动的基本要素和先决条件，相生相伴、相辅相成，在人类历史长河中开创了无数可歌可泣的丰功伟绩。

交通运输部北海航海保障中心历经5年多的辛勤劳作、笔耕不辍，终于完成了这部断限纵贯170余载，地域横跨四省一市，篇幅长达120万字的鸿篇巨著，成为我国第一部将航标、测绘、通信三大专业融为一体的地方专业志，具有重大的现实意义和深远的历史意义，凝结着当代"航保人"的智慧和心血，来之不易、可喜可贺。

该志书坚持辩证唯物主义和历史唯物主义的立场观点，生动描绘了北海航海保障事业由弱变强、跌宕起伏、曲折发展的历史进程，客观反映了近现代航海保障技术从引进应用到消化吸收再到自主创新的发展成就，充分体现了中华民族自强不息、兼收并蓄、融合发展的文化品格，全面展示了历代北海航海保障工作者"燃烧自己、照亮航程"的精神境界，并深刻阐释了航海保障事业的社会定位、功能作用、发展动力等问题。

欲通大道，必先知史。交通强国建设进入新时代，我们要以习近平新时代中国特色社会主义思想为指导，增强"四个意识"，坚定"四个自信"，坚决做到"两个维护"，不忘初心、牢记使命，在全面实现航海保障现代化建设征程中锐意进取、拼搏奉献，为加快建设交通强国，早日实现中华民族伟大复兴的中国梦做出新的更大的贡献！

第十六届国际航标协会理事会主席
交通运输部原安全总监
中国航海学会第六、第七届理事会常务副理事长

2020年3月31日

天津市地方志编修委员会组成人员

主　　任：张国清
副 主 任：李　毅　　王小宁　　高玉葆　　孟庆松
委　　员：阎　峰　　杨绍启　　刘炳刚　　王赤涛　　胡学明　　刘小芃
　　　　　刘春雷　　唐瑞生　　舒令嘉　　王永立　　刘东水　　徐广宇
　　　　　薛景山　　谷云彪　　董玉文　　陈玉东　　刘丽红　　刘基智
　　　　　王增光　　陈　晖　　周国忠　　陆文龙　　张　巍　　郝学华
　　　　　刘道刚　　张文波　　陈吉顺　　刘志勇　　游庆波　　王　浩
　　　　　程建国　　杨荣山　　孙建国　　陈卫明　　石玉颖　　东敬义
　　　　　王　洪　　褚丽萍　　王建存　　黎　红　　李建华　　鲍培兰
　　　　　孙宏波　　李梦林　　张连祥　　李志刚　　钟会兵　　蔡志萍
　　　　　王悦群　　严木生　　谭绪良　　郭彦徽　　林　引　　王　珂
　　　　　戴　蕴　　张再生　　方　昀　　关树锋

《天津市志·北海航海保障志(1840—2012)》
编审人员

总 编 审：关树锋
执行总编审：张月光 白文平
分志主编审：韦 恬
分志编辑：陈 颖 沙 洵 王中玮 张 轶 郭天天
评审人员（以姓氏笔画为序）：
     王 智 王中玮 王英志 王金付 韦 恬 邢蕴莹
     刘功臣 关树锋 杨有良 张月光 陈洪云 罗澍伟
     周懿宗 赵继华 郭 莘 郭文伟 谭汝为

《天津市志·北海航海保障志(1840—2012)》
编纂委员会

主　　任：	聂乾震	柴进柱	陈　朝			
副 主 任：	解启杰	李树兵	邓祝森			
顾　　问：	刘功臣	王金付	曹德胜	郭　莘	徐津津	郑和平
	刘福生	李世新	杨新宅	王泽龙	曾　晖	徐俊池
	梁　宇	李国祥	孔繁弘	李欣元	程俊康	张铁军
	韩　伟	徐斌胜	马定盛	王英志	姚一宁	周则尧
	辛艺强	程裕大	孙洪志	刘子忠	贾光胜	马亚平
	朱树章	陈英俊	马建设	马伯常		
委　　员：	张　峰	王如政	刘树林	李惠斌	郎荣威	刘铁君
	黄永军	于树海	刘纪刚	秦呈利	田少华	车荣合
	王远东	刘承旭	黄凤飞	郜　喆	吕晓阳	杨　力
	苗　猛	沈志江	孙小鹏	李建涛	王正和	杨庆勇
	王国政	徐　健	田为民	赵凤龙	梅传东	丁克茂
	董　江	邢伯谦	吕忠琨	王玉林	高汉增	
秘 书 长：	高汉增					
副秘书长：	张　峰	高　崝				
秘　　书：	吴功栋	李钊金	蔡盛奇	张秀红		

《天津市志·北海航海保障志(1840—2012)》编写组

总　　编：聂乾震　陈　朝
执行总编：柴进柱
主　　编：赵亚兴
副 主 编：王玉林　高汉增　高　崝　王文建
总　　纂：赵亚兴　高　崝　王文建　王明亭　王洪顺　李鲜枫
　　　　　王　汶　张俊民　邓洪贵　李宝森　钱晓东　李钊金
　　　　　蔡盛奇
分　　纂：第一章　高　崝　李钊金　朱永琳
　　　　　第二章　高汉增　王翠婷
　　　　　第三章　李鲜枫　王　汶　张俊民　邓洪贵
　　　　　第四章　桑　金　冯立新❶　郑行昭　李宝森　董希贵
　　　　　　　　　陈星宇
　　　　　第五章　齐炳江　钱晓东　李建英
　　　　　第六章　王明亭　云泽雨　张寿平　王顺磊
　　　　　第七章　王玉林　兰文君
　　　　　第八章　朱勇强　马　敏
　　　　　第九章　王文建　王建国　蔡盛奇
　　　　　第十章　王文建　刘福来　蔡盛奇
图　　照：王洪顺　蔡盛奇　石金榜　史金陵　李晓飞　安海伦
　　　　　冯立新❷　姜　鹏

---

❶ 单位为天津海事测绘中心。
❷ 单位为烟台航标处。

《天津市志·北海航海保障志(1840—2012)》参编人员

(以姓氏笔画为序,234人)

丁 坚	于 臻	于明东	于桂菊	于海燕	卫国兵	马 敏
马 睿	马 融	马宝联	王 丹	王 冬	王 汶	王 佳
王 烁	王 强	王木香	王文建	王玉林	王世红	王永利
王亚龙	王成成	王守国	王纪浩	王闰成	王明亭	王金涛
王建国	王树茂	王顺磊	王艳君	王振江	王晓艳	王晓磊❶
王凌燕	王培伟	王鲁宁	王翠婷	云泽雨	毛建峰	尹 凡
孔 玫	邓洪贵	石末一	石金榜	石洪英	卢道琦	叶 青
史金陵	付兴武	付凯林	白亭颖	白耀正	冯立新❷	冯立新❸
冯志刚	冯春龙	兰文君	边志刚	邢伟坡	邢攸姿	巩海方
毕见壮	曲 胜	曲 萌	吕 青	吕英龙	吕晓阳	吕瑛炯
吕聪俐	朱 伟	朱云龙	朱永琳	朱勇强	朱景鹏	任 超❶
任晓东	邬凌智	刘 军	刘 欢❹	刘 欢❺	刘 杰	刘 雷
刘万军	刘子忠	刘世江	刘世亮	刘东全	刘现志	刘宝安
刘承旭	刘铁君	刘雪峰	刘福来	齐炳江	闫 磊	关 灿
安 彤	安 玮	安海伦	许 艳	孙 洋	孙小鹏	孙太恂

❶ 单位为天津通信中心。
❷ 单位为天津海事测绘中心。
❸ 单位为烟台航标处。
❹ 单位为营口航标处。
❺ 单位为青岛航标处。

孙文远	孙立华	孙会伟	孙俊来	牟明磊	李　冬	李　波
李　楠	李　巍	李双来	李克奇	李钊金	李明珠	李秉泉
李学贵	李宝森	李建英	李晓飞	李鲜枫	李慧敏	杨　力
杨　龙	杨　荻	杨建英	杨绍海	时振华	肖　超	肖　璇
肖鸿飞	吴　玲	吴功栋	吴建永	何　耀	邹　帆	汪连贺
沈　沛	沈志江	张　红	张　岳	张　峰	张天丰	张红园
张寿平	张志侠	张秀红	张临强	张俊民	张恒泉	张继军
张淑静	张晶华	张墨起	张德祥	陈　红	陈　蓉	陈英俊
陈祎荻	陈星宇	奉定平	季克淮	周　菲	周晓慧	郑行昭
郑建华	孟　琦	孟　鹏	孟淑媛	赵凤龙	赵晓楠	赵梓辰
郜　喆	侯　嘉	侯安健	哈恒鑫	姜　楠	姜　鹏	姜琳琳
娄　鑫	敖自栋	袁　兴	袁　宇	袁　青	袁　萍	袁立武
夏启兵	钱晓东	倪永强	高　波	高　栋	高　崝	高　赫
高汉增	高存利	高建丰	高景才	郭　宇	郭　强	郭小飞
席　萍	桑　金	黄　鹏	黄凤飞	黄东武	黄永军	黄朝晖
曹　阳	曹雪晖	崔玉亮	崔志伟	崔雅静	梁　佳	梁　亮
葛舒辉	董　江	董　辉	董吉友	董希贵	韩晓阳	谢志茹
谢海东	赖红兰	窦　芃	窦润青	綦　麟	蔡盛奇	缪锦根
潘玉全	颜承志	霍虎伟				

凡 例

一、本志以马克思列宁主义、毛泽东思想、邓小平理论、"三个代表"重要思想、科学发展观、习近平新时代中国特色社会主义思想为指导，坚持辩证唯物主义和历史唯物主义的立场、观点和方法，存真求实，言必有据，全面客观地记述北海航海保障事业发展的历史与现状。

二、本志上限迄于1840年，下限止于2012年底。为体现事物发展的连续性和完整性，酌情将部分章节内容向前追溯至事物发端或向后延伸至2015年。个别篇目因史料局限而以现代为主。

三、本志记述地域范围以北海航海保障系统业务管理区域为界，覆盖辽宁、河北、天津、山东、黑龙江四省一市管辖的海（水）域。

四、本志为专业志。按照"详近略远、详主略次、详独略同、详己略他"原则，主要记述航标维护管理、港口航道测绘、水运安全通信等业务历史发展变化情况，体现专业特色、地域特点和时代特征。

五、本志正文结构采用章节体。按照"以类系事、事以类从"原则，划分章、节、目、子目等层次。类目划分参照全国海区航海保障系统业务分类标准，兼顾现行部门管理体制。

六、本志综合运用述、记、志、传、图、表、录等体裁，以志为主，述而不论，寓观点于记叙之中。大事记以编年体为主，辅以纪事本末体。

七、本志的历史纪年方法，辛亥革命前，采用中国朝代年号并加注相对应的公元纪年（大事记、统计表除外）；辛亥革命后，一律使用公元纪年。

八、本志记述的组织机构、社会团体、职衔官称和术语名词等，均按历史称谓书写。相关国际组织和旧海关机构以及外国人名、引进设备等，采用国内通用译名，并随文加注外文名称，以章为单元，首次出现时用全称，后文重复出现时使用规范简称或外文缩写。

九、本志所谓"北方海区航标、测绘、通信管理系统"，系指在不同历史时期发挥主导作用的海关、海军、港口、航道、海监、海事等管理机构。

十、本志使用规范的现代语体文，文字力求朴实、严谨、简洁、流畅。数字、标点符号遵循国家标准化管理委员会颁行的相关规定执行。计量单位采用国家现行法定计量单位名称与符号，引文中的旧计量单位据实直录。

十一、本志坚持生不立传原则。人物简介、人物名表等入志人物,按照天津市地方志编修委员会办公室相关规定标准遴选,以曾经供职于北海航海保障系统的离退休人员为主。在职人员及其他人物采用以事系人笔法载入志书。

十二、本志图表序号按照"章-节-全书流水号"三级模式统一编排。随文图照以具有佐证或补充记述内容作用的照片为主。表体中"空白格"表示相关史料缺失(应有未有)或难以统计,符号"—"表示没有发生。

十三、本志史料采自公开出版的图书典籍和相关机构原始档案,援引史料均经考证,不再注明出处。各类统计数字以相关行业主管机关或业务部门提供的数据为准。

目 录

上 册

综述 ··· 1
大事记 ··· 10

第一章 机构沿革 ···································· 53
　第一节 主管机关 ······························· 54
　　一、航测主管机关 ························· 54
　　二、通信主管机关 ························· 70
　第二节 基层单位 ······························· 80
　　一、大连航标管理机构 ················· 80
　　二、营口航标管理机构 ················· 90
　　三、秦皇岛航标管理机构 ············· 99
　　四、天津航标管理机构 ··············· 107
　　五、烟台航标管理机构 ··············· 118
　　六、青岛航标管理机构 ··············· 130
　　七、天津海事测绘中心 ··············· 140
　　八、天津通信中心 ······················· 148
　　九、天津航测科技中心 ··············· 156
第二章 法规标准 ································ 162
　第一节 法律法规 ····························· 163
　　一、航标法律法规 ······················· 163
　　二、测绘法律法规 ······················· 167
　　三、通信法律法规 ······················· 170
　第二节 部门规章 ····························· 172
　　一、航标部门规章 ······················· 172
　　二、测绘部门规章 ······················· 176
　　三、通信部门规章 ······················· 178
　第三节 技术标准 ····························· 183
　　一、航标技术标准 ······················· 183
　　二、测绘技术标准 ······················· 192
　　三、通信技术标准 ······················· 201
　第四节 规范性文件 ························· 203
　　一、航标规范性文件 ··················· 203
　　二、测绘规范性文件 ··················· 214
　　三、通信规范性文件 ··················· 226
　第五节 法规汇编 ····························· 232
　　一、《航标法规标准汇编（1997）》
　　　　··· 232
　　二、《海洋测绘法规标准汇编（1999）》
　　　　··· 233
　　三、《航测法规标准汇编（2012）》
　　　　··· 235
第三章 航标业务 ································ 237
　第一节 航标管理 ····························· 238
　　一、航标交接 ······························· 238
　　二、航标制式 ······························· 241
　　三、质量管理 ······························· 249
　　四、设置审批 ······························· 256
　　五、动态通报 ······························· 260
　　六、应急管理 ······························· 265
　　七、行业管理 ······························· 282
　　八、通信网络 ······························· 285
　　九、规划管理 ······························· 286
　第二节 视觉航标 ····························· 293
　　一、自然航标 ······························· 293
　　二、古代航标 ······························· 303
　　三、灯塔 ······································· 308
　　四、灯桩、立标与导标 ··············· 338
　　五、灯船与兰比 ··························· 349
　　六、浮标与灯浮标 ······················· 358
　　七、活节式灯桩与冰标 ··············· 360

八、信号台 …………………………… 365
第三节　音响航标 ……………………… 372
　　一、成山头雾警信号 …………………… 372
　　二、老铁山雾警信号 …………………… 373
　　三、崆峒岛雾警信号 …………………… 374
　　四、镆铘岛雾警信号 …………………… 374
　　五、猴矶岛雾警信号 …………………… 375
　　六、团岛雾警信号 ……………………… 375
　　七、朝连岛雾警信号 …………………… 376
　　八、大三山岛雾警信号 ………………… 377
　　九、黄白嘴雾警信号 …………………… 378
　　十、金山嘴雾警信号 …………………… 378
　　十一、八斗银子雾警信号 ……………… 379
第四节　无线电航标 …………………… 380
　　一、无线电指向标系统 ………………… 380
　　二、中程无线电导航系统 ……………… 392
　　三、雷达信标 …………………………… 397
　　四、无线电指向标—差分全球定位
　　　　系统 ………………………………… 402
　　五、岸基自动识别系统 ………………… 406
第五节　灯器、能源与系碇设备 ……… 412
　　一、航标灯器 …………………………… 412
　　二、航标能源 …………………………… 437
　　三、系碇设备 …………………………… 441
第六节　航标作业 ……………………… 446
　　一、视觉航标作业 ……………………… 447
　　二、音响航标作业 ……………………… 458
　　三、无线电航标作业 …………………… 459
　　四、附属设施维护作业 ………………… 464
第七节　重要航道航标 ………………… 466
　　一、天津港大沽沙航道航标 …………… 466
　　二、青岛港大港航道航标 ……………… 468
　　三、烟台港龙口港区主航道航标
　　　　……………………………………… 469
　　四、大连港甘井子航道航标 …………… 470
　　五、天津港主航道航标 ………………… 472
　　六、营口港鲅鱼圈港区主航道航标
　　　　……………………………………… 474
　　七、唐山港京唐港区主航道航标
　　　　……………………………………… 475
　　八、日照港东西港区航道航标 ………… 476
　　九、秦皇岛港十万吨级航道航标
　　　　……………………………………… 477
　　十、黄骅港煤炭港区航道航标 ………… 478
第八节　重点工程 ……………………… 479
　　一、山东半岛灯塔灯桩建设改造工程
　　　　……………………………………… 480
　　二、无线电指向标控制机更新改造
　　　　……………………………………… 481
　　三、无线电导航台发射机更新改造
　　　　……………………………………… 482
　　四、无线电指向标—差分全球定位
　　　　系统建设 …………………………… 484
　　五、灯塔灯桩标准化建设工程 ………… 487
　　六、大连港航标综合改造工程 ………… 488
　　七、黄骅港导助航设施改造工程
　　　　……………………………………… 489
　　八、青岛港航标综合配布改造工程
　　　　……………………………………… 491
　　九、天津港主航道航标配布工程
　　　　……………………………………… 492
第九节　开港设标 ……………………… 493
　　一、绥中36-1港开港设标 ……………… 494
　　二、黄骅港开港设标 …………………… 495
　　三、庄河港开港设标 …………………… 496
　　四、曹妃甸港区开港设标 ……………… 497
　　五、长兴岛港区开港设标 ……………… 498
　　六、烟台港西港区开港设标 …………… 499
　　七、董家口港区开港设标 ……………… 500
　　八、岚山港区深水航道开港设标
　　　　……………………………………… 501
第十节　陆岛运输航标工程 …………… 502
　　一、蓬长水域航标综合配布 …………… 503
　　二、长海水域航标综合配布 …………… 505
　　三、灵山水域航标综合配布 …………… 506
　　四、菊花岛航线航标综合配布 ………… 507
　　五、即墨水域航标综合配布 …………… 508
第十一节　专项活动 …………………… 509
　　一、航标"四大"活动 ………………… 510
　　二、设备"管修养用"活动 …………… 513

三、航标效能检查评估活动 …… 516
　　四、航标"巩固提高年"活动 …… 518
第四章　测绘业务 …………………… 520
　第一节　测绘管理 ………………… 521
　　一、质量管理 …………………… 521
　　二、测绘资质 …………………… 527
　　三、计划管理 …………………… 528
　　四、应急管理 …………………… 531
　　五、设备管理 …………………… 550

　　六、规划管理 …………………… 552
　第二节　港口航道测量 …………… 556
　　一、平面控制测量 ……………… 556
　　二、高程控制测量 ……………… 563
　　三、水深测量 …………………… 568
　　四、扫海测量 …………………… 570
　　五、岸线地形测量 ……………… 572
　　六、水文观测 …………………… 574
　　七、其他测量 …………………… 575

下　册

　第三节　航海图书资料编绘与发行
　　　　…………………………… 579
　　一、纸海图 ……………………… 579
　　二、电子海图 …………………… 582
　　三、专题图（集）………………… 584
　　四、改正通告 …………………… 587
　　五、其他航海图书 ……………… 588
　　六、海图发行 …………………… 592
　第四节　测绘设备 ………………… 593
　　一、定位设备 …………………… 593
　　二、测深设备 …………………… 603
　　三、探测设备 …………………… 609
　　四、水文观测设备 ……………… 616
　　五、绘图设备 …………………… 620
　　六、通信设备 …………………… 628
　第五节　开港测量 ………………… 630
　　一、天津新港开港测量 ………… 633
　　二、鲇鱼湾（大连新港）港区
　　　　开港测量 …………………… 633
　　三、青岛港黄岛港区开港测量
　　　　………………………………… 634
　　四、石臼港开港测量 …………… 634
　　五、营口鲅鱼圈港区开港测量
　　　　………………………………… 635
　　六、锦州港开港测量 …………… 636
　　七、京唐港开港测量 …………… 636
　　八、东营港开港测量 …………… 637
　　九、黄骅港开港测量 …………… 638
　　十、烟台港西港区开港测量 …… 639

　第六节　重点工程 ………………… 639
　　一、长江口水域全面测量 ……… 642
　　二、国际邮轮通航扫测 ………… 643
　　三、无线电指向标—差分全球定位
　　　　系统基准台站位置精确测定
　　　　………………………………… 643
　　四、青岛跨海大桥建设前期扫测
　　　　………………………………… 645
　　五、北方海区全球定位系统控制网
　　　　建设 ………………………… 646
　　六、长江三峡库区航路扫测 …… 648
　　七、黄河小浪底库区测量 ……… 649
　　八、渤海超大型船舶航路扫测
　　　　………………………………… 651
　　九、青岛奥帆赛水域扫测 ……… 653
　　十、老铁山水道船舶定线制测量
　　　　………………………………… 654
　　十一、辽东湾推荐航路探测 …… 655
　　十二、成山角水域船舶定线制扫测
　　　　………………………………… 656
第五章　通信业务 …………………… 659
　第一节　通信管理 ………………… 660
　　一、质量管理 …………………… 660
　　二、遇险通信管理 ……………… 665
　　三、应急管理 …………………… 667
　　四、无线电管理 ………………… 668
　　五、设备管理 …………………… 672
　　六、规划管理 …………………… 676
　第二节　遇险通信 ………………… 678

一、遇险通信频率 …… 678
　　二、遇险通信处置 …… 679
 第三节　紧急与安全通信 …… 682
　　一、航行警告 …… 684
　　二、气象信息 …… 688
　　三、冰况报告 …… 689
　　四、医疗电报 …… 690
　　五、临时无线电示标 …… 691
 第四节　公众通信 …… 691
　　一、莫尔斯无线电报 …… 691
　　二、窄带直接印字电报 …… 695
　　三、单边带无线电话 …… 696
　　四、甚高频无线电话 …… 699
 第五节　通信设备 …… 701
　　一、收信设备 …… 701
　　二、发信设备 …… 705
　　三、中控设备 …… 709
　　四、天线设施 …… 713
　　五、传输设备 …… 718
 第六节　重点工程 …… 722
　　一、天津海岸电台建设 …… 723
　　二、天津海岸电台迁建 …… 724
　　三、天津海岸电台改建 …… 725
　　四、全球海上遇险与安全系统建设
　　　 …… 726
　　五、发信台天线迁建 …… 727
　　六、甚高频安全通信系统建设
　　　 …… 728

第六章　基础设施与船舶 …… 730
 第一节　管理机制 …… 730
　　一、规划管理 …… 730
　　二、基本建设管理 …… 734
　　三、航测专项管理 …… 737
　　四、船舶管理 …… 738
 第二节　基础设施建设 …… 747
　　一、码头建设 …… 747
　　二、基地建设 …… 756
　　三、海测水文站建设 …… 767
　　四、办公业务用房建设 …… 774
　　五、基层台站业务用房建设 …… 790

 第三节　船舶建造 …… 804
　　一、大型航标船建造 …… 806
　　二、中型航标船建造 …… 815
　　三、小型航标船建造 …… 818
　　四、新型航标船建造 …… 826
　　五、中小型测量船建造 …… 831

第七章　科技与信息化工作 …… 836
 第一节　科技管理 …… 837
　　一、管理机制 …… 837
　　二、项目管理 …… 839
　　三、科技成果 …… 842
　　四、科技大会 …… 870
 第二节　引进与创新 …… 874
　　一、设备引进 …… 874
　　二、航标技术创新 …… 883
　　三、测绘技术创新 …… 892
　　四、通信技术创新 …… 899
 第三节　信息化建设 …… 902
　　一、运行机制 …… 902
　　二、航标信息系统 …… 905
　　三、测绘信息系统 …… 909
　　四、通信信息系统 …… 913
　　五、海事科技信息资源共享平台
　　　 …… 916

第八章　合作与交流 …… 918
 第一节　国际合作 …… 919
　　一、参与国际组织活动 …… 919
　　二、国际规则 …… 935
　　三、国际履约与接轨 …… 951
　　四、国际合作项目 …… 958
 第二节　国际交流 …… 966
　　一、国际互访 …… 966
　　二、国际学术交流 …… 975
 第三节　国内交流 …… 982
　　一、国内学术交流 …… 982
　　二、会展活动 …… 988
　　三、刊物编译 …… 994
　　四、日常事务 …… 996

第九章　综合管理 …… 1004
 第一节　政务工作 …… 1005

一、工作规则 ………… 1005	一、档案管理 ………… 1073
二、建章立制 ………… 1009	二、档案设施 ………… 1077
三、目标管理 ………… 1014	三、档案利用 ………… 1077
四、质量管理体系 ………… 1018	第六节 行业标识 ………… 1079
第二节 人事工作 ………… 1022	一、航标标识与制式服装 ………… 1079
一、人事管理 ………… 1022	二、安监标识与制式服装 ………… 1080
二、管理人员 ………… 1028	三、海事标识与制式服装 ………… 1080
三、技术人员 ………… 1030	第十章 精神文明 ………… 1084
四、工勤人员 ………… 1031	第一节 文明建设 ………… 1084
五、教育管理 ………… 1032	一、文明创建 ………… 1084
六、劳动工资 ………… 1044	二、社会宣传 ………… 1090
第三节 财务工作 ………… 1045	三、内部刊物 ………… 1095
一、船舶吨税 ………… 1045	第二节 文化建设 ………… 1098
二、财务管理 ………… 1049	一、品牌创建 ………… 1098
三、固定资产管理 ………… 1060	二、文化丛书 ………… 1108
四、通信规费管理 ………… 1062	三、影像作品 ………… 1116
第四节 安全工作 ………… 1064	四、航标展馆 ………… 1122
一、安全管理 ………… 1064	五、文体活动 ………… 1129
二、安全活动 ………… 1070	第三节 人物 ………… 1134
三、劳动保护 ………… 1073	一、人物简介 ………… 1134
第五节 档案工作 ………… 1073	二、人物名录 ………… 1144

附录 ………… 1152

参考文献 ………… 1179

英文缩写对照表 ………… 1182

编后记 ………… 1185

综　　述

中国是世界四大文明古国之一,地处欧亚大陆东部、太平洋西岸,现拥有陆地面积约960万平方千米,大陆海岸线总长1.8万千米,大小岛屿6500余个,管辖海域面积470余万平方千米。历代先民就是在这片兼具大陆和海洋特征的广袤疆域上,开创了璀璨夺目的中华文明,并以其延绵不绝的悠悠历史屹立于世界东方。

海洋与人类的生存发展息息相关。自古以来,航海作为人类跨陆域交流的主要方式,对世界多元文明融合发展起到巨大推动作用。然而,由于海洋地理与水文气象复杂多变,航海历来被人们视为一种高危行业,航海安全保障遂成为一切涉海活动的前提条件和共同夙愿。在人类从近岸到远海再到全球的航海实践中,逐渐认识到航海安全不仅取决于适航船舶、适任船员、通畅航道、寄泊港口等航海要素齐全完备,还仰赖于航标导航、海道测量、安全通信、水文气象等技术支持和辅助保障。纵观世界航海史,随着经济社会发展和科学技术进步,涉海领域各项事业齐头并进、相辅相成,海上交通安全保障技术手段日臻完善,为人类利用海洋、征服海洋、开发海洋、保护海洋谱写了一曲曲雄伟壮丽的史诗篇章。

北海航海保障中心作为中国交通系统的有机组成部分,依据交通运输部海事局授权,承担北纬35度以北中国管辖海(水)域海事航标建设养护、港口航道测量绘图、水上安全通信等技术支持和服务保障职责,履行相关国际公约和国际组织规定的责任义务,是保障海上交通安全、维护国家主权利益不可或缺的重要力量。其核心业务具有国际性、专业性、普适性、公益性、规范性等特征,广泛应用于航运交通、海洋开发、水产渔业、国防建设等领域。该中心所承继的航海保障事业源远流长,在历史上曾为助推中国经济社会发展做出重大贡献。

（一）

中国是世界海洋文明发祥地之一。据考古发掘证明,早在新石器时代,中国北方沿海先民就已孕育生成具有海洋特色的大汶口、新乐、龙山等文化,刳木为舟,逐岛漂流,渔猎取薪,生息繁衍,并利用沿海奇峰峻岭、孤立岛礁等自然物作为航路标识,探明了横渡渤海多条航线,成为后世发展航海事业的摇篮和根基。随着人类社会生产力发展,航海实践经验日益丰富,特别是夏代发明木板船后,华夏民族从此摆脱原始漂航状态,成功跨入预期航线基本可控的航海时代。在中国航海事业初创阶段,由于古人航海知识技能的历史性局限,仅能依靠目视自然物标辨向导航。《尚书·禹贡》所载"岛夷皮服,夹右碣石入于河",就是古代先民将碣石等自然物作为航路标识的书证。这种最古老、最简单、最可靠的地文导航技术恒久不衰,迄今仍作为航海安全保障手段之一。

春秋战国时代,中国沿海航海活动已经相当普遍,碣石(今河北昌黎)、转附(今山东烟台)、朝舞(今山东威海)、琅琊(今山东胶南)、会稽(今浙江绍兴)、句章(今浙江宁波)、番禺(今广东广州)等古港随之勃兴,并以沿海山峰、岛礁、岬角等作为参照物标,由近及远开辟了若干较为成熟的区域性航路。据《晏子春秋》记载,齐景公曾"观于转附、朝舞,遵海而南,至于琅琊",并"游于海上而乐之,六月不归",诸如成山角一带艰险海域都能安然通过,说明当时的造船技术及航海保障能力已可满足近岸远航需求。周敬王三十五年(前485),齐、吴两国在黄海海域爆发中国历史上第一次大海战,标志着适航船舶、既定航线、系泊港口、航海保障手段等航海要素基本齐全,足以支撑大规模船队集体行动。

秦汉以降,伴随着大一统郡县制国家的创立,中国在造船技术、航路开辟、港口建设、航海保障等方面均取得了显著进步。秦始皇亲率庞大船队4次巡幸黄、渤海,并徙黔首3万户重筑琅琊台,遣徐福东渡探寻海外航路,移民屯兵,巩固海疆。汉武帝曾7次巡幸黄、渤海,创建水军,东征西讨,开辟了东至日本、西至印度的海上丝绸之路。此间,海上主要采用烽燧、灯火、旗帜、锣鼓、号角等方式传递信息,这些信号简单、寓意明确、反应快捷、不受语言限制的古代通信技术,传承千年,弥久不衰。汉代的天文导航技术更是成就非凡,流传后世的《海中星占验》《海中日月彗虹杂占》《海中五星顺逆》等相关典籍多达136卷,成功突破了地文导航时空局限,使人类航海活动范围由近岸延伸至远海,从而将古代中国航海保障技术推向第一个历史高峰。

在魏晋南北朝时期,尽管华夏大地处于战乱割据状态,但北方地区航海活动依然活跃,襄平(今辽宁辽阳)、马石津(今辽宁旅顺)、三山浦(今辽宁大连)等新兴港口相继崛起,增辟了若干海内外航路。尤为值得称道的是,山西闻喜人裴秀创立的"制图六体"理论对推进后世测量绘图技术影响深远。山东邹城人刘徽在其著作《海岛算经》(又名《重差》)中提出的二次和多次"测望法"原理,领先西方约1300余年。

隋唐复归全国一统后,经过贞观之治,经济繁荣,航运兴旺,并在地理勘测、潮汐推算、水路导航等航海保障技术方面取得突破性进展。唐朝兵部曾设有"职方郎中"一职,专司绘制保存水陆地图之责,并指令各地"水陆道路,并须载之以图。其有山岭浜湖、步骑舟楫各得便于登涉者,亦须备载"。陕西凤翔人李谆风对《海岛算经》作了修正,使航海地理数据更为精确。河北南皮人贾耽在其编撰的《皇华四达记》中,翔实记载了"登州海行入高丽渤海道""广州通海夷道"两条国际航路,以及"罗与异国国人于海中立华表,夜则置炬其上,使舶人夜行不迷"等专用航标设置情况,为促进中国航海保障事业发展起到重要作用。浙江人窦叔蒙编撰完成《海涛志》(又名《海峤志》),创制高低潮推算图,将海洋潮汐观测技术提升到科学理论高度。此间,随着佛教、伊斯兰教传播盛行,僧侣教众在沿海口岸附近修建寺庙、宝塔等建筑物,因其形制独具特色,目视效果显著,加之"燃灯至晓不灭",被"江海道途之人,望之以为号",遂成为航海者辨向定位的重要参照物标。

宋代推行"开洋裕国"政策,航海技术更进一步。尤其是指南针转化应用于航海后,"舟师识地理,夜则观星,昼则观日,阴晦观指南针,或以十丈绳钩取海底泥嗅之,便知所至",成功将水天一色的茫茫海洋化为坦荡通途。同时,宋人依照古代制图理论,采用写实与写意相结合的中国绘画技艺,将海岸地形、对景陆标、船舶航线等形象地描绘出来,辅以文字概要说明,《宣和奉使高丽图经》《海外诸藩国地理图》《海道指南图》《舆地图》等航海图书资料应运而生。自此,航海者唯凭"针路簿"(古海图)定向行船,在全球率先跨入定量航海时代,标志着古代中国航海保障技术达到第二个历史高峰。后因宋、金连年交兵,彼此封锁水陆交通,中国南北航路一度阻断,北方海区航海活动随之由盛转衰,渐次呈现南强北弱发展态势。

元世祖至元九年(1272)元代定都大都(今北京)后,因京畿粮饷"无不仰给于江南",南粮北运成为朝廷头等大事之一。由于京杭运河部分河道淤塞严重,漕粮河运成效甚微,元朝丞相伯颜敕令朱清、张瑄等试办海运,并于至元二十年(1283)在江苏太仓设立海道都漕运万户府(简称"海道府"),统一筹划漕粮海运事务,海上漕运由此勃兴。后因漕运船舶时常发生触礁搁浅事故,海道府于元延祐元年(1314)"奉省府给降剳付,令袁源等充指浅提领,照依议到事理,预备船只旗缨,依上指浅施行",专司辨向导航之责,相继在直沽龙山庙等航线险要之处设立"望标"等助航标识,指引漕船安全过渡。海道府由此成为兼办中国南北漕运航路安全保障工作的官方机构。

明代立国之初,由于东南海疆不靖,实行"片板不许下海"的海禁政策,但并未终止官办航运活动,中国航海事业得以继续前行。特别是郑和七下西洋,集天文导航、罗经指向、对景定位、海图测绘、计程计速、通信联络等航海保障技术之大成,扬帆海洋,四海通商,行踪遍及西太平洋、印度洋、阿拉伯半岛和东非沿海地区,将古代中国远洋船队规模及航海保障技术推向前所未有的历史顶峰,为开启全球大航海时代铺平了东方航路。然而,以"通西南海道朝贡,宣德化而柔远人"为宗旨的远洋航海活动,因奉行"朝贡贸易"政策,出多入少,耗费巨大,国库难以支撑,明政府遂于宣德九年(1434)罢停远洋航海活动,中国海洋文明发展进程戛然而止,致使整个国家被禁锢在自给自足、保守封闭的藩篱之内,国际航运经济渐次萧条,原本领先世界的中国航海事业由此陷入长期徘徊甚至倒退的境地。此间,明政府对京杭运河实施大规模疏浚治理,在沿途设置568座望楼等助航设施,河运能力大幅提高,漕粮遂由海运转为河运,北方海区沿海助航设施随之废弃。后因明隆庆年间(1567—1572)黄河泛滥,河漕受阻,京师坐困,曾一度复开海上漕运,并核准"宜在旧设墩上,昼竖旗帜,夜悬灯笼,以便趋泊",但始终未能达到元代规模。

清承明制,海禁政策时紧时松,港航事业建设及航海保障技术因循守旧,无甚重大建树,与西方国家同期航海技术强势崛起相比,彼此差距越来越大。历史经验告诫人们,在"丛林法则"大行其道的人类世界里,羸弱必然受欺,落后就要挨打。当国家遭遇海外强敌欺凌时,航海综合实力相对贫弱的民族注定任人宰割。

(二)

晚清初期,中国沿海港口基本处于自然港状态,相关导助航设施大多由民间筹资建设,形制较为简陋。由于清政府海权意识淡漠,加之民族工业基础和航运生产力水平低下,领水管辖和海防能力极为脆弱,甚至对西方各国舰船数次侵入中国领海窥测航道以及私设航路标识等侵犯主权行为都无力拒止。

清道光二十年(1840)第一次鸦片战争爆发后,在西方列强坚船利炮威吓下,清政府被迫签订《南京条约》等一系列丧权辱国不平等条约,五口通商,国门洞开,中国开始沦为半殖民地半封建国家。咸丰三年(1853),上海小刀会起义并捣毁江海关监督衙门,英、美、法三国驻沪领事趁机发难,诱迫江海关监督签订协议,于咸丰四年(1854)在上海成立海关"税务监督委员会",并指派外籍税务司"帮办"海关一切事务。这种名义上隶属海关监督节制,但实际由洋人把持的海关税务司制度,竟然被清政府作为范例在全国推行,成为支配近代中国海关二元管理体制的基本制度。咸丰八年(1858),清政府与英、美、法三国续订《通商章程善后条约:海关税则》,强行将"判定口界,派人指泊船只及分设浮桩、号船、塔表、望楼等事"纳入海关职权范围,并确定相关经费"在于船钞项下拨用"。自此,洋人通过操控海关,大肆攫取港航管理权,包揽了航标设置、航道测量、引水指泊、水文气象、码头修筑、港口巡察等海务事权,为保障外国舰船安全便利和"自由"航行谋取前提条件。

在第二次鸦片战争中,清政府签订《天津条约》《北京条约》,天津、烟台、营口等地被辟为对外通商口岸,津海关、东海关、牛庄海关等相继设立。起初,因各口海关隶属地方督抚官衙节制,各自为政,号令不一,加之"船钞"经费提留不足,航标设置、海道勘测、水文气象等海务工作进展缓慢。至同治六年(1867),海关在北方海区新建崆峒岛灯塔和营口灯船以及雾炮等助航设施总计8座(不含民间自建自管的灯台塔楼)。此间,由于助航设施极不完善,外籍船舶时常发生触礁搁浅事故,遂引发外国船商强烈不满,并怂恿各国驻华公使出面干涉,要求清政府退还"船钞",图谋另立国际机构掌管"船钞",自行设置航标。后经海关总税务司赫德(Robert Hart)各方游说,清政府于同治七年(1868)决定将用于航标建设的"船钞"提留比例由一成增至七成,并设立海关船钞部,集中海务管理事权,统一筹划航标设置,由此拉开近代中国航海保障事业建设帷幕。之后,海关陆续颁行《新关灯塔灯船诫程》《灯塔浮桩划分界限章程》《灯塔浮桩指示行船章程》等一系列规章制度,并数次改良更新助航设施设备,基本保持与西方国家同步发展态势。同时,海关开始测绘出版《港口航道图》等航海资料,其中《中国沿海航标体系图》曾于光绪九年(1883)获得世界渔业博览会金牌。基于航标导助航功效显著,北洋水师和其他自辟通商港口纷纷效法,或委托海关代建代管,或募集资金自建自管,积极兴办各自专用助航设施。据海关

《通商各关警船灯浮桩总册》记载,光绪二十一年(1895)北方海区公用航标增至35座,船舶因迷航而发生的搁浅触礁事故大幅减少。至此,以海关为主的北方海区航标测量管理体系基本定型并渐成规模。毋庸讳言,近代中国海关外籍税务司制度具有破坏性和建设性双重作用。赫德等洋人主持建立的管理规章,明显存有侵害中国权益、歧视压迫华人的条款,欺凌行径不言自明,但其引入的先进管理理念和装备设施均为国际一流成果,为中国航海保障事业近代化建设起到积极推动作用。这相对于腐朽没落的晚清政府而言,总体上还是有利于经济发展和社会进步的,尤其是具体承担航标建造、海道测量的外籍工程技术人员则应另当别论,不宜与那些外国侵略者同等批判。

中日甲午战争后,清政府国力大衰,西方列强割地殖民渐成狂潮,中国沿海重要港湾被瓜分殆尽,青岛、大连、威海等口岸相继沦为殖民地。按照租借条约规定,殖民地海关职权迥异于其他海关,海务工作及"船钞"征缴由殖民当局港政部门职掌,北方海区通商口岸航标测量管理随之形成海关与港政部门分治格局。此间,除德、俄、日等国殖民当局分别在青岛和大连投资兴建港口及导助航设施外,由海关倡议成立的天津海河工程局、牛庄辽河工程局、烟台海坝工程会等港口航道管理部门,在修筑堤岸、整固码头、疏浚航道的同时,相应设置了若干导助航设施。据各口海关《海务年报》统计,清宣统三年(1911)北方海区公用航标总计114座,海关编绘出版中国港口航道图累计39幅,沿海港口导助航设施布局规模及通航环境明显改观。

1912年中华民国成立后,中央政府仿照西方政体制度,设置交通部、海军部等内阁行政部门,重新厘定组织章程,决定将航务、港务、海务、电信等管理职权归于集中统一。然而,海关以影响外债清偿、"船钞"征缴及相关工程建设为由,拒绝移交海务管理权。后经海军、交通等部门多次交涉力争,延宕至1922年海关才陆续将港口航道测量、船舶登记注册、船员考试发证等部分海务管理职权分别移交海军海道测量局和交通部航政司,但中国沿海航标管理权依旧由海关外籍税务司掌控,直至中华人民共和国成立前未变。

中国商用水运无线电通信事业起步较晚。在中华民国成立前,北方沿海主要商埠虽然设有无线通信电台,但均为殖民当局或外国商行基于自身需要而私自设立的。当时,除军用无线通信电台外,中国政府尚未批准开放面向社会公众服务的无线通信电台。1920年北洋军阀政府宣布加入国际电报公会(国际电信联盟前身)后,随即发表声明"取缔外国人在中国私设电台及水线专利权",并经国际会议通过,形成《关于中国无线电台议决案》,外国人在中国私设的通信电台陆续撤除或被中国政府赎买接管。不久,交通部电政司分别在天津、青岛、烟台、营口等沿海主要商埠筹建海岸电台,授权各区电政管理局统辖,船岸通信方式从此步入电信时代,成为中国航海保障事业的重要组成部分。1932年12月,南京国民政府决定接受《国际海上人命安全公约》及其附属规则,交通部相继颁布《船舶无线电台条例》《航行安全电报规则》《有线无线报务合作办法》等规章制度,对各口岸电台设置、呼号频率、职责范围、操作规程等作了统一规定,为实现中国水运通信与国际接轨提供了制度保障。

1937年日本侵华战争全面爆发后,华北、华东、华南等大片国土相继沦陷。日占当局采用军事封锁、武力强占、兼并重组等手段意图长期霸占中国,操控海关,劫夺港口,查封电台,并设立港务局、海务局、华北电报电话株式会社等管理机构,独揽沦陷区航务、港务、海务、电信等行业经营权。此间,日本不惜投入巨资,扩建港口码头,改造海岸电台,增设部分灯塔及无线电指向标,主要为日籍舰船运输战争物资、加紧掠夺中国资源提供海上交通安全保障。1941年,太平洋战争爆发,日本军事侵略节节失利,财力资源消耗殆尽,相关投资难以为继,塘沽新港等部分港口及助航设施建设半途而废。至1945年日本战败投降时,北方海区港口航道、航路标识、海岸电台等基础设施因战争破坏而损毁严重,可资利用者寥寥无几。

中国抗日战争胜利后,蛰居重庆的中华民国交通部、海军部、海关总税务司署分别派员接收相关日伪管理机构及资产,陆续恢复战前旧制。其中,海关曾将中国沿海航标划为4个区段管理,分别由江海关、胶海关、闽海关、粤海关统辖。后因国民党发动内战，烽烟四起，政局动荡，除旅大地区被苏联红军接管外，北方海区各通商口岸航海保障工作呈现各自为政的分治局面。此间，由于南京国民政府忙于内战，无暇顾及经济建设，中国沿海港口码头、航路标识、海岸电台、海道测量等航运基础设施基本囿于原状，修毁往复，乏善可陈。据海关部门不完全统计，至1948年国民党军队全线溃败时，北方海区各类航标仅残存107座，海军海道测量局累计测绘出版全国沿海和部分长江区段航海图80余幅（不含汪伪水路测量局测绘海图30余幅），海岸电台相关设施设备大多遭受破坏而不敷使用，重要港口航道淤塞严重，留下一个支离破碎、满目疮痍的烂摊子。

（三）

1949年10月1日，中华人民共和国成立。中央人民政府废除外籍税务司制度等陈规旧法，取消西方列强霸占的港航管理特权，接管改造国民党官僚机构，开元更新，重整河山。1950年政务院发布《关于关税政策和海关工作的决定》《关于统一航务港务管理的指示》，将海关兼办的港口、航道、航标等海务工作全部划转交通部统一管理，明确规定："水道测量和助航设备之建设计划与管理，航行刊物之发行，凡属海务与国防性质者，均应会同海军当局办理。助航设备兼受海军当局之指导，在海军未直接办理之前，原海关、海务、江务、港务各机构应即移交交通部掌管，凡属国防有关之各项资料与措施应由交通部随时抄送海军司令部。船钞费（吨税）由财政部统一按季征收，其余港口各费，统一由港务局代收解缴。"同年11月，交通部航务总局正式接管全国航标，设立青岛、上海、厦门、广州区海务办事处，分工管理沿海航路标识。此间，交通部、海军、海关、邮电等部门集中力量，分别对大连、天津、烟台、青岛、上海等重点口岸，全面展开港口勘察、排雷除险、航标修葺、海道测量、电台改造等重建工作，为恢复沿海航运、保障经济民生奠定了坚实基础。

不久，因朝鲜战争爆发，中国人民志愿军赴朝参战，美国操纵联合国通过对华禁运案，派遣第七舰队驶入台湾海峡，扶持盘踞一隅的国民党军队对中国大陆实施海上封锁和骚扰破坏，中国沿海军事斗争呈现复杂紧张态势。为此，遵照政务院总理周恩来批示，交通部于1953年7月将所辖沿海航标及相关机构、人员、工厂、房屋、船舶、器材、物资等全部移交海军统辖，具体由北海、东海、南海海军航海保证部门分工管理，全国沿海航标测量工作由此形成三大海区管理格局。同年9月，交通部、邮电部联合发布通令，将邮电部所属23座江海岸电台划转交通部统一管理，分别与所在地港务局航务专用电台合并，统称交通部航务无线电台（对外称××港海岸电台），成为全国唯一水运通信管理机构。1955年5月，交通部海运管理总局组建海港测量队，专司全国商用港口航道测量职责，并编绘民用航海图书资料。1958年5月，随着中国沿海军事斗争形势趋于缓和，为适应国家航运经济发展需要，国务院、中央军委决定调整全国沿海航标管理体制，海军将大连、秦皇岛、龙口、烟台、张家埠、石岛、石臼所等17地商用为主的港口航标，分别移交交通部直属港务局或地方交通部门管理，渔港、渔场等专用航标划归当地水产部门管理，北方海区航标管理形成海军、交通、水产三大部门分管格局。与此同时，遵照国务院关于"精简机构、压缩编制"要求，交通部航道管理局将所属海港测量队一分为二，分别划归天津航道局和上海河道工程局管理。此后20余年，伴随着海军编制和交通系统管理体制调整，各级航海保障机构称谓及隶属关系发生数次变化，但北方海区航标维护管理、港口航道测绘、水运安全通信的总体格局基本未变。

在国民经济建设第一个五年计划期间，海军航海保证部门根据国防战备和航运经济发展需要，弘扬"独立自主、自力更生"精神，仿制航标测量器材设备，修复和新建航标设施，换装国产指向标发射机和雾警装置，组织开展沿海基本测量，编制出版港口潮汐表，定时发布海洋气象预报，为保障舰船航行安全、捍卫国家主权利益做出重大贡献。交通部所属海港测量队辗转南北各地，实施港口航道测量，累计完成68幅中国港口航道图测绘任务，终结了以往主要依赖外国人测绘航海图书资料的历史。交通部在接管海岸电台并陆续开放国际商船电报业务的同时，先后发布施行《航务无线电台通讯业务管理暂行规定》《电信保密细则》《船舶遇险通讯暂行规定》《船舶无线电话通信暂行管理办法》等部门规章,对电台呼号、电路频率、职责范围、操作规程和保密纪律作了统一规范,水运安全通信保障能力得到普遍增强。

当国民经济建设转入第二个五年计划时,中国社会掀起"大跃进"运动。为了尽快改变经济落后面貌,各地区(部门)按照"全党全民办交通"工作方针,土法上马,急于求成,曾一度出现港口助航设施建设无序现象。为此,海军司令部、交通部、水产部适时采取措施,建立部际联席会议制度,按照"统一规划、统一制度、分工负责、自建自管"原则,统筹谋划中国航海保障事业建设。此间,海军航海保证部门先后印发施行《海区水上助航标志制度》《战备地区航标管理暂行办法》《航标队(站)管理工作条例》《航标工作船暂行规定》《灯塔值班规则》《航标及房屋建筑物保养细则》《岛屿调查测量技术规定》等一系列管理规章,为推动全国海区航测管理规范化建设发挥了重要作用。尤其是在更新改造圆岛、大三山岛、黄白嘴、成山头、朝连岛等原无线电指向标的基础上,增设老铁山、秦皇岛、北塘、义和庄、镆铘岛、王家麦岛、黄岛、燕尾港、射阳河等无线电指向标站,基本建成覆盖全国沿海的无线电导航网,信号作用距离成倍拓展,导航定位精度显著提升,标志着中国航海保障技术手段全面跨入视觉、音响、无线电三位一体导航时代。交通系统遵循"调整、巩固、充实、提高"八字方针,按计划推进港口基础设施建设,相继组织实施浮标制式改革、港口航道测量、海岸电台改造等若干重点工程。各地水产部门按照"民办公助,自筹自建"原则,在渔港、渔场等海域兴办了一批渔业专用航标和风讯信号台,中国航海保障事业建设逐步回归平稳发展轨道。

1966年,"文化大革命"运动席卷全国,领导机关受到冲击,规章制度破多立少,日常管理举步维艰,包括交通事业在内的国民经济建设遭遇重大挫折。在国务院、中央军委的领导下,北海航海保障系统广大指战员和干部职工竭力排除极左思潮干扰,顾全大局,恪尽职守,各项工作保持正常运转,为保障辖区海上交通安全做出积极贡献。

1971年中华人民共和国恢复在联合国的合法权利后,国际航运贸易呈现快速增长势头,国务院总理周恩来适时提出"三年改变港口面貌"号召,中国航海保障事业随之焕发生机与活力,并取得若干历史性成就。此间,海军航海保证部门建成庄河、上古林、成山头、射阳河等10座罗兰A中程无线电导航台,填补了国内空白,导航作用距离和舰船定位精度得到进一步提升。天津航道局自主设计建造中国首座水中大型灯塔——大沽灯塔,成功研发丙烷航标灯、硅太阳能电池、可冲式薄壁真空钻头、边挖边测、钉耙扫浅等新灯器、新能源、新工艺,率先组织实施北方港口航标电气化改造、航道疏浚测量等重大工程。各港口海岸电台在确保莫尔斯电路畅通的同时,增开无线电话新业务,并按国际规则要求,将电台值守方式由"巡回守听"改为"定频守听",使电信频谱利用率得到明显提高。至1977年,北方海区公用航标总量增至421座(含军用航标116座);天津海港测量队累计完成600余平方千米的港口航道测量任务;各海岸电台均已具备远洋通信保障能力。尽管与西方发达国家航海保障技术水平相比仍然存有较大差距,但基本可以满足当时水运安全生产需要。

(四)

1978年中共十一届三中全会后,全党工作重心转移到社会主义现代化建设上来,国家将交通基础建设列为经济发展战略的重中之重,出台了一系列鼓励政策,航运经济空前繁荣,港口建设日新月异,航海保障事业随之兴旺。1980年4月24日,为适应改革开放新形势需要,国务院和中央军委决定将海军管辖的沿海干线公用航标及相关人员全部划归交通部管理(正在建设的罗兰C远程无线电导航台及军事专用航标除外)。同年10月30日,交通部承继海军管理格局,将中国沿海划分为北方、东海、南海三大海区,分别在天津、上海、广州航道局原有航测力量基础上组建航标测量处,分工管理各自辖区的公用航标和港口航道测量工作。1982年3月6日,天津航道局与海军北海舰队司令部签订《北方海区公用航标交接协议》，历时 10 个月，航标交接任务圆满结束，该局总计接管海军移交各类航标 162 座。1984年，交通部直属港口通信站统一更名为通信导航处（站），实行"处站合一"管理模式。此间，交通部先后发布施行《关于海区航标管理工作的若干规定》《关于海区测绘工作的若干规定》《水上无线电通信规则》等部门规章，对各级航海保障主管机关（部门）及所属基层单位的管辖区域、工作职责、运行机制、质量标准等作了统一规定。自此，北方海区航标测量工作形成以天津航道局为主的管理格局，水运安全通信仍由各港务局分工管理。

面对新形势新要求，天津航道局和各港务局从加强基础建设入手，积极开展"企业全面整顿"和"全面质量管理"活动，建立健全规章制度，理顺内外工作关系，修订完善规程标准，强化岗位技能培训，为不断提升航海保障工作水平起到重要作用。特别是中华人民共和国相继恢复国际电信联盟（ITU）、国际海事组织（IMO）、国际海道测量组织（IHO）、国际航标协会（IALA）等国际组织成员国地位后，国际交往与合作日益广泛，航海保障事业与国际接轨步伐明显加快。天津航道局依照《中华人民共和国海上交通安全法》《中华人民共和国航道管理条例》《中国海区水上助航标志》等法规标准，认真履行相关国际组织成员国责任义务，分期分批引进航标灯器、雷达信标、微波定位仪、四波束探测仪、激光照相植字机等先进设备，改造升级辖区重要港口航道助航设施，全面完成北方海区航标制式改革任务，自主研制成功 SC-Ⅰ 型水深数据处理机、ZK-Ⅰ 无线电指向标控制机、活节式灯桩，创制首版《北方海区港口航道图目录》，新建航测专用码头 1 座、航测船舶 16 艘、办公业务用房 12100 余平方米以及远程无线电通信网，为加速推进北方海区航测事业现代化建设奠定了坚实基础。此间，天津航测处副处长张家孝受命承办船舶吨税划转交通部专款专用事宜如愿实现，为确保中国航标事业可持续发展做出突出贡献。大连、天津、青岛等港务局分别组织实施"三址式"海岸电台改扩建工程，相继建成甚高频无线话台，技术设备得到升级换代，水运安全通信能力持续增强。至 1987 年，北方海区航标总量增至 617 座，其中天津航道局管辖 390 座；天津海港测量队累计编绘出版港口航道图 200 余幅；天津海岸电台总计开放电报电话电路 15 条。辖区航海保障技术水平与世界发达国家的差距逐步缩小，基本适应航运事业发展需要。

20 世纪 80 年代，遵照国务院关于港口体制改革统一部署，交通部在分期分批下放直属港口管理权的同时，按照"政企分开"原则，将航标测量、港务监督、海岸电台等机构从航道局和港务局成建制划出，先后在大连、烟台、青岛、石臼、营口、秦皇岛、天津等口岸组建 14 个海上安全监督局（简称"海监局"），实行交通部与地方人民政府双重领导、以交通部为主的管理体制。北海航海保障系统从此纳入国家行政事业管理序列，全面转入以履行国际公约责任义务为主、面向世界提供公益性服务的历史发展阶段。

自 1989 年 1 月起，按照交通部《关于将沿海各航标区分别划归各有关海监局的通知》要求，天津海监局先后将大连、烟台、青岛、秦皇岛等航标区（站）划归所在地海监局建制，实行双重领导管理体制，党政工作由各海监局管理，航标业务、计划、财务工作仍由天津海监局归口管理，北方海区航标系统形成各海监局分工管理格局。在新的管理体制下，北方海区航标系统组织开展持续三年的航标"四大"活动，积极探索长效管理机制，基本实现航标维护管理日常化、制度化、标准化，并在后续交通部安监系统设备"管修养用"等若干重大活动中屡创佳绩。与此同时，按照交通部提出的"三主一支持"长远规划，天津海监局秉持"全面发展、突出重点、分期建设、逐步完善"原则，进一步调整优化航标总体布局，加大技术升级改造力度，在全国海区率先建成北塘、秦皇岛、大三山岛、老铁山、成山角、王家麦岛 6 座无线电指向标—差分全球定位系统（RBN-DGPS），新建航测专用码头 2 座、航测船舶 13 艘、办公业务用房 23100 余平方米、航标保养场地 23900 余平方米，北方海区航标助航能力水平显著提升。天津海测大队以服务经济社会发展为己任，相继引进多波束测深系统、CARIS 海图制图系统等高端测绘设备，率先编绘出版四色港口航道图，适时研制航路图、工程图、专题图等新测绘成果，并建立 ISO 9002 质量管理体系，取得国家甲级测绘资质，综合实力不断提高，业务范围逐步扩大。此间，天津海监局通过建立工作目标责任制管理激励机制，积极开展档案管理、人事管理、计划财务管理等基础工作规范化达标认定活动，编纂相关法规标准汇编和岗位培训教材,不断拓展各层次人才培养渠道,派员出席国内外学术交流活动,适时跟踪相关科技发展动态,组织实施太阳能电池航标灯、航标无线电遥测遥控系统、水深测量数据自动采集和处理系统、莫尔斯自动转报系统等一系列科技攻关项目,北海航海保障队伍综合素质得到普遍增强。此外,各海监局在全面整顿辖区水运无线电通信秩序的同时,分别组织实施全球海上遇险与安全系统(GMDSS)等若干重大工程,水运安全通信保障能力得到大幅提升。《中华人民共和国测绘法》《中华人民共和国航标条例》《中华人民共和国无线电管理条例》等法律法规,以及配套的部门规章和行业标准的陆续公布施行,标志着中国航海保障事业全面步入依法管理的历史发展阶段。至1998年,北方海区航标总量增至1043座,其中公用航标588座;天津海测大队累计编绘出版港口航道图图幅数达到180余幅;天津海岸电台总计开放通信电路16条。辖区航海保障技术及应急反应能力基本达到世界中等发达国家水平。

1998年,按照中共中央关于深化行政体制改革要求,国务院决定实施全国水上安全监督管理体制改革,组建中华人民共和国海事局(交通部海事局)及20个直属海事局,实行垂直管理体制。1999年,天津、辽宁、河北、山东、烟台、营口等海事局相继挂牌运行,初步实现"一水一监,一港一监"改革目标,基本形成统一政令、统一布局、统一监督管理新格局,为更加全面有效地履行国家法律法规赋予的海事管理和航海保障职能提供了组织保障。2001年5月,按照交通部《关于调整部分航标区行政管理关系的通知》要求,大连、营口、秦皇岛、烟台、青岛航标处(区)划归天津海事局建制,并相继接管地方交通主管部门所辖公用航标,北方海区公用航标自此形成集中统一管理格局。

之后,遵照交通部海事局总体部署,天津海事局以北方海区"一道九路五区十港"航标建设为重点,进一步加大行政执法和行业管理力度,在陆续接管地方港口及部分企业专用航标的同时,深入开展辖区航标效能评估,组织实施一系列重点港口航道及陆岛运输航线航标综合调整配布和技术升级改造工程,分期建成岸基自动识别系统(AIS),并大力推广应用新技术、新灯器、新能源、新材料,北方海区导助航设施逐步实现数字化、太阳能化、LED化。天津海测大队在完成北方海区周期性测量任务的基础上,先后承担黄骅港开港通航、青岛跨海大桥建设、长江三峡库区航路改革、渤海超大型船舶航路定线制改革、青岛奥林匹克帆船竞赛、长山列岛陆岛联运、辽东湾巨型油轮推荐航路探测、松花江航道校核等重大测量工程,为支持地方经济建设、保障水上交通安全做出突出贡献。特别是在大连"5·7"空难事故、黄河小浪底"6·22"特大海难事故、福建沙埕港"8·10"台风灾害沉船事故等搜救抢险工作中,天津海测大队在关键时刻发挥关键作用,圆满完成应急扫测定位任务,赢得社会各界广泛赞誉。随着全国18个海岸电台GMDSS系统投入运行,交通部无委办相继进行海岸电台业务调整,将大连、营口、秦皇岛、烟台、青岛等海岸电台莫尔斯电报电路相继关闭,天津海岸电台批准为北方海区航行警告定时播发台,并将上海海岸电台播发的北方海区航行警告播发业务调整到天津海岸电台,天津海岸电台成为北方海区唯一的安全信息定时播发台。

此间,天津海事局以科学发展观为统领,持续加大科技投入,引进并开发应用新型冰标、声呐探测、卫星遥感、水下机器人等先进技术装备,相继建造沿海航标夹持船、2000吨级大型航标布设船,彻底改变了以往传统航测作业方式,科技含量明显提高,保障能力显著增强。特别是该局创立"技术创新专项基金"后,成功研发"航标智能灯器与运行信息管理系统""中国沿海船舶自动识别岸基系统及应用""基于多源信息聚融的港域航道智能监测系统""电子海图桌应用系统""全球海上遇险安全系统关键技术产业化"等一系列科技成果,其中28项荣获省部级科技奖,25项获得国家专利或软件著作权证书。同时,北海航海保障系统各单位秉承"燃烧自己,照亮航程""精测海疆,使命必达""通信畅通、及时准确"等核心价值观,广泛深入开展"争先创优"活动,在优化职能配置、完善内部规章、建立质量体系、强化计财管理、参与立法活动、创建精神文明、提升队伍素质等方面取得长足进步,多次荣获省部级先进单位称号,涌现出张家孝、王炳交、崔永发、张安民、张铁军、于洪波等若干先进模范人物。2011年,天津海事局荣膺全国文明单位称号。另外,受交通部海事局委托,天津海事局牵头承办的"航标助航"和"海道测绘"官方网站以及国际国内大型航测科技展览等重大活动,获得一致好评。

2012年9月,按照"政事分开"原则,交通运输部决定将中国沿海航标、测绘、通信等机构从各海事局成建制划出,分别在天津、上海、广州组建北海、东海、南海航海保障中心,为交通运输部直属副局级事业单位,纳入中国海事局管理范围。其中,北海航海保障中心于同年12月20日正式挂牌运行,内设7个职能部门,下辖15个基层单位,核定编制1925人,标志着北海航海保障事业历史进程翻开崭新的一页。

世事沧桑,百年巨变。抚今追昔,北海航海保障事业历经漫长而曲折的发展之路,从无到有,由弱变强,跨越了一道道艰难险阻,实现了一个个历史突破,历代航海保障工作者功不可没。展望未来,北海航海保障中心承载着深厚的文化底蕴和全新的历史使命,正在按照中共中央、国务院擘画的新时代中国特色社会主义建设宏伟蓝图,不忘初心、牢记使命,稳步推进全面深化改革,大力实施创新驱动发展战略,有效遂行航海保障职责任务,为实现中华民族伟大复兴和海洋强国之梦砥砺前行。

大 事 记

1840 年

7月9日　英国舰队驶抵天津大沽口,向清政府递交照会,勒索赔款,并派船驶入白河口勘测航路。

1854 年

6月29日　英、美、法三国驻沪领事胁迫江海关监督吴健彰签订协议,在上海设立海关"税务监督委员会"(海关总税务司署前身),成员由缔约国各提名1人充任,并聘用外籍税务司襄助海关一切事务,自此中国海关大权渐次落入外人之手。

1858 年

5月　英国舰船侵入辽东半岛口岸,并勘测复州湾、金州湾、大连湾、旅顺口等沿海航路,编绘出版海图。

6月　清政府分别与英、法、美、俄等国签订《天津条约》,增开牛庄、登州等9埠为对外通商口岸,并明确规定"通商各口分设浮椿(桩)、号船、塔表、望楼,由领事官与地方官会同酌视建造"。

10月　清政府与英、美、法三国续订《通商章程善后条约:海关税则》,规定"任凭(清)总理大臣邀请英(美、法)人帮办税务并严查漏税,判定口界,派人指泊船只及分设浮椿、号船、塔表、望楼等事,毋庸英(美)官指荐干预。其浮椿、号船、塔表、望楼等经费,在于船钞(吨税)项下拨用",成为支配近代中国海关二元管理体制及兼办海务的基本制度。

1860 年

5月　英国舰船在山东栲栳岛、鳌山卫、胶州湾等地沿海游弋,窥探地形,勘测海道。

10月24日　清政府全权议和大臣奕䜣与英国全权代表额尔金在北京礼部大堂签订《北京条约》,正式确认《天津条约》,增开天津、基隆为通商口岸。

1861 年

1月20日　清政府在天津设三口通商大臣衙门,统辖天津、登州、牛庄等北方开埠口岸及外交事务。1870年改称北洋通商大臣,由直隶总督兼任。

3月23日　津海关税务司署设立,直属海关总税务司管辖。首任税务司为法国人克士可士吉。

4月3日　牛庄正式开埠。翌年将开埠地点由牛庄改为营口。

8月22日　烟台正式开埠,登莱青兵备道崇芳奉命由莱州移驻烟台,兼任东海关监督。

1862 年

2月14日　东海关监督衙门正式开关办公,随之将山东沿海5府16州(县)的23个厘局统一改制为东海关钞关。

是年　津海关在天津法租界紫竹林建设办公楼,是为天津航标管理机构乃至北海航海保障系统最早的办公业务用房。1888年津海关税务司德璀琳主持重建津海关办公楼(今和平区营口道2号)。

1863年

3月17日　东海关颁布《烟台口东海关章程》《船只进口章程》,为烟台港历史上首部港章。

3月23日　东海关税务司署设立,直属海关总税务司管辖。

是年　东海关在烟台山设置信号旗台,用于指挥船舶进出港口,是为近代中国北方海区最早设立的通行信号台。

是年　胶东半岛沿海船民在成山角建花岗石柱灯台1座,宽3.7米,高6.1米,顶置铁盆,燃油脂或木料于盆内,以供往来舟船辨向之用。

是年　东海关税务司署办公楼建成投入使用,位于烟台山下滋大路6号(今烟台市芝罘区海关街6号),建筑面积893平方米,是为烟台航标管理机构最早的办公业务用房。

1864年

1月1日　清政府核准海关总税务司从"船钞"项下提留10%,作为改善通商口岸导助航设施基金。1868年4月将"船钞"提留比例增至70%。自此,"船钞"成为中国通商口岸航标建设经费的主要来源。

5月9日　牛庄海关税务司署(亦称山海新关)设立,直属海关总税务司统辖。

6月21日　海关总税务司发布《海关募用外国人帮办税务章程》,划定中国沿海各口海关税务司管辖范围。其中,东海关辖区为北起直鲁交界埕子口,南至苏鲁交界涛雒口;津海关辖区为北起山海关,南至埕子口;牛庄海关辖区为西起山海关,东至大连湾。

1865年

是年　牛庄海关税务司署办公楼建成并投入使用,是为营口航标管理机构最早的办公业务用房。1923年重建,建筑面积500平方米。1988年评为辽宁省文物保护单位。

1866年

是年　曹妃甸灯塔建成发光,为八角形砖石结构中国式宝塔,是为北方海区民间自主设计建造的第一座中式灯塔。1886年换装六等折光白色定光灯。后因塔基常年遭海潮侵袭难以修复,遂于1925年废弃该塔,在原址西北900米处新建钢质灯桩1座以资替代。1944年该灯桩毁于战乱,1950年重建。1958年技术改造。1986年再次重建。1992年桩体大修。1998年改建为玻璃钢灯塔。

1867年

5月1日　崆峒岛灯塔建成发光,配有2座雾炮,是为海关在北方海区建造的第一座西式灯塔。1945年毁于战乱。1955年改建为铁质灯桩。1974年灯塔重建。1997年在其东侧新建灯塔,原灯塔作为历史文物留存。

是年　牛庄海关在辽河入海口附近海域设置"西风"号木质灯船,是为北方海区设置的第一艘有人值守灯船。1869年11月,该灯船在驶往上海途中沉没。1871年7月,在原处设置"牛庄"号木质灯船。1917年更新为新造钢质灯船。1919年在大沽毁于火灾。

是年　津海关在大沽设潮位信号台,是为近代中国北方海区最早设立的水深信号台。后于1960年、1972年、1999年、2008年多次重建。

1868 年

4月25日　海关总税务司赫德发布通令,在上海设立船钞部,并将中国沿海划分为北、中、南3个区段,每段设巡查司1名,专司航标维护、疏浚测量、引水指泊、港口巡察,以及海关缉私船艇调配使用等海务管理。

是年　清海关首次从英国购置"併徵"轮等10艘船舶,主要承担全国沿海干线航标巡检补给、水道测量、海上缉私3项任务。

是年　登州知府雷树枚在山东蓬莱阁东端建普照楼,顶置煤油灯,供船舶辨向避险之用。1958年重修,留存至今。

是年　因中段巡查司故世,海关总税务司察及不再需要3名巡查司,遂将北段和中段合并,统称北段。原北段巡查司由芝罘移驻上海,南段巡查司改驻厦门。

1869 年

是年　海关在沿海重要口岸、岛屿、灯塔以及长江沿岸商埠建成70余处测候所(站),构成中国近代气象测报网络,并开展沿海气象发布服务工作。

1870 年

12月　海关总税务司接收海务税务司辞呈,裁撤海务税务司职位,船钞部改由总营造司署理。同时将北方海区各口海关理船厅隶属关系改为"秉承各口税务司之命行事"。

1871 年

是年　屺姆岛灯塔建成发光。1915年改建。1951年重建。1977年改建为石砌白色灯塔。2001年更新灯器,更换避雷设施。2004年重建,安装新灯笼灯器。2005年安装智能控制器和雷达应答器。

1873 年

是年　海关总税务司署北段巡查司威基谒创编汉字四码电报,并汇辑成册,时称《电报新书》。1887年,中国电报总局改编《电报新书》,更名为《中国电报新编》,经清政府邮传部批准采用,自此开启中国汉字莫尔斯电报通信历史。

1874 年

12月15日　成山头灯塔建成发光。1893年增设双声道气压雾号。1926年更新雾号。1947年遭战火损坏。1950年修复。1979年大修。1990年更新灯笼和灯器。1996年避雷设施改造。2004年增设AIS基站。

1876 年

是年　津海关在大沽口设立水文气象站,是为近代北方海区最早的水文观测站点。

1877 年

6月　驻津直隶总督行署至天津机器局东局电报线路架设工程告竣并投入使用。1879年5月,将电报线路自天津机器局东局,经紫竹林招商局,延伸至北塘兵营,实现"号令各营,顷刻响应"功效,由此开启近代中国电信建设历史。

1878 年

8月4日　津海关将轮船招商局所属趸船改作灯船,设置在天津大沽拦江沙外。1879年因负载过重而倾覆。1880年更换为铁骨木壳船,增配铜锣数面,仍泊原处,时称大沽灯船。1911年更换为钢质灯船。1978年大沽灯塔建成后,该灯船调至青岛,改称中沙礁灯船。2006年退役后改作历史文物,于2011年移至青岛航标展馆。

是年　津海关在海河干流设立大沽坝潮水位站,是为近代中国最早的水文观测站之一。

1879 年

10月　北洋水师调派舰船进驻旅顺口,并派船勘测沿海水文、地质、航道等,修筑海军基地。

1880 年

10月　清政府在天津创立电报总局,是为中国第一个官督商办电信管理机构。翌年12月28日,津沪电路全线贯通并投入运营,为中国大陆第一条自主建设长途电报干线及电信管理系统。1884年4月,该局由天津迁往上海,改称中国电报总局。1902年,清政府将该局商股赎回,改为官办。

11月　清政府在天津创立北洋电报学堂,为中国第一所邮电类学校。该学堂分高、中、初三等,学制3年。

是年　清政府裁撤旅顺水师营,改设海军提督署,并在旅顺口和大连湾兴建大型军港。

1881 年

7月　清政府在天津创立水师学堂,设有天文、地理、几何、代数、御风、测量、汽机、绘图等课程。1900年毁于战乱。

是年　海关总税务司裁撤南、北两段巡查司,改设海务巡工司,与总营造司共同署理船钞部。

1882 年

8月　猴矶岛灯塔建成发光,配有2座雾炮。1896年换装雾号。1953年修复灯笼透镜。1958年更新雾号。1974年灯塔大修。1992年灯笼更新改造。1994年更新灯器。2006年增设雷达应答器。

1883 年

是年　镆铘岛灯塔建成发光。1929年更新雾号。1947年毁于战乱。1956年重建。1991年技术改造。1994年更新灯笼和灯器。1997年避雷设施改造。

是年　海关编绘的《中国沿海航标体系图》荣获世界渔业博览会金牌。

1884 年

是年　海关总税务司颁布《新关灯塔灯船诫程》,是为近代中国第一部航标管理规章。

是年　直隶总督兼北洋通商大臣李鸿章在原天津电报总局旧址设立北洋电报局(俗称天津官电局),并建成由天津经山海关至旅顺电报线,沿途分设山海关、营口、金州、旅顺等电报分局。

1885 年

是年　北洋电报局建成由济宁至烟台电报支线,增设烟台电报局。

1886 年

是年　东海关在龙口港东海岸设立引导灯桩,是为迄今可考的北方海区近代设置最早的引导灯桩。

1888 年

5月　老虎尾灯塔建成发光。该灯塔始由北洋水师管理,后于1891年移交海关部门署理。1894年毁于中日甲午战争。1909年修复。

1890 年

是年　清政府在刘公岛创立威海水师学堂。1894年甲午战争后,该校解散。

是年　赵北嘴灯塔建成发光。1898年重建。1947年毁于战乱。1951年重建。1970年和1980年经两次技术改造。1998年更新灯器。

1891 年

是年　旗杆嘴灯塔建成发光,装配六等灯。1898年移位重建。1900年换装四等透镜。1947年毁于战乱。1951年原址重建,改为铁架式灯桩。1976年改建为圆形石砌灯塔。1985年更新灯器。1990年技术改造。

1893 年

是年　老铁山灯塔建成发光,配有雾炮。1957年技术改造。1993年更换灯笼玻璃。1996年增设雷达应答器。2001年更换部分破损灯器透镜。2004年增设AIS基站。

是年　北洋电报局建成由胶州至青岛电报线,增设胶州电报局及杨家村电报房。1898年,杨家村电报房改为商办,时称青岛电报局,隶属中国电报总局管辖。

1894 年

7月25日　中日甲午战争爆发。11月22日旅顺口沦陷。翌年3月4日,日军攻占牛庄,7日不战而取营口。

1895 年

4月17日　中日签订《马关条约》,割让台湾、澎湖列岛和辽东半岛。后经俄、法、德等国出面干涉,清政府以赔偿白银3000万两为代价赎回辽东半岛。

1897 年

3月　海河管理委员会成立。1901年5月1日,改组为海河工程局。

11月14日　德军陆战队在青岛湾"栈桥"码头登陆,强占胶澳(今青岛)。

1898 年

3月6日　中德签订《胶澳租借条约》,租期99年。德占当局随即宣布青岛为自由港,并设立港务局,构筑码头、铁路、船坞、栈房、航标等港口基础设施。

3月26日　清政府将秦皇岛辟为通商口岸。

3月27日　中俄签订《旅大租地条约》,租期25年。俄占当局随即在大连构筑码头、铁路、栈房、航标等港口基础设施。

6月10日　开平矿务局秦皇岛经理处成立,负责代理地亩、筹资建港等开埠事宜。

7月1日　中英签订《订租威海卫专条》,强行将威海军港及助航设施划归英占当局管理。

12月20日　朝连岛设置六级临时灯标。

是年　德占当局在青岛信号山设立信号旗台和无线电台。1914年毁于日德青岛战役。

是年　俄占当局在大连港二号码头东侧设立木质信号旗台,时称第一信号所。后于1912年、1933年两次重建。

1899年

7月1日　清政府在青岛设立胶海关,是为近代中国第一个租借地海关。因租借地海关不具有"船钞"征缴职权,故航标测量等海务工作不受海关制辖,而由殖民当局设立的港政部门管辖。

1900年

6月1日　德占当局设立青岛港务局,除主政港口建设外,还包揽航标、测量、疏浚、引水、检疫等港航管理事务。

10月4日　俄军强占牛庄海关,改任俄国人为代理税务司。

12月1日　团岛灯塔建成发光,配有雾钟。1914年毁于日德青岛战役。1919年8月移位重建,并配有雾号。1960年6月更新雾号。1988年增设雷达应答器。1997年10月灯塔附属建筑改造。2005年增设AIS基站。2006年评为全国重点文物保护单位。

12月　中国电报总局委托大东(英国)、大北(丹麦)电报公司敷设大沽至上海等电报水线(海底电缆),并在天津设立水线联合电报局和陆线电报局,统称天津商电局。

同月　南山头灯标建成发光。1919年重建。1944年改建为灯塔。1954年塔体改造。1987年灯笼改造。1991年再次重建。1996年避雷设施改造。2005年增设AIS基站。2008年更新灯器。

是年　俄占当局港务局办公楼建成并投入使用,位于今大连市中山区胜利桥北(大连自然博物馆旧址),是为大连航标管理机构最早的办公业务用房。

是年　德占当局港务局办公楼建成并投入使用,位于今青岛市包头路五号,为二层欧式砖木结构建筑,是为青岛航标管理机构最早的办公业务用房。

1901年

6月　清政府总理各国事务衙门改称外务部,海关总税务司署随之改归外务部管理。

是年　法国人在秦皇岛东山附近架设1座无线电台。

1902年

6月6日　俄占当局在大连设立港务局,统揽包括助航设施在内的全部港航管理事务。

11月26日　津海关在秦皇岛设立分关。

是年　英国"兰勃勒"号军舰对大沽浅滩实施高程基准面测量,并以大潮期(强潮)平均低潮位作为深度基准,后称为"大沽零点"。

1903年

是年　大三山岛灯塔建成发光,配有雾炮。1920年换装雾号。1947年灯塔大修。1958年换装电雾号。1995年更新灯器。1998年更换灯笼。

是年　朝连岛灯塔建成发光,配有雾炮。1914年灯笼毁于日德青岛战役。1915年8月修复并加装雾号。1940年大修。1945年7月灯塔遭美军战机轰炸,局部建筑被毁。1948年修复。1958年更新雾号。1985年更新灯器。1993年灯笼大修。1998年避雷设施改造。2006年增设雷达应答器。

是年　海关总税务司颁布《各海关设立灯塔、浮桩指示行船章程》,统一航标规制。

1904年

2月8日　日俄战争爆发,日军再次攻占旅大,劫收港务局,设立停泊场司令部,实行军事殖民统治。

3月6日　青岛大港一号码头(今五号码头)旗台建成投入使用,旁边筑有灯台。

5月　俄国人在烟台架设1座无线电台。

7月25日　日军攻占营口,设立军政署,强占海关和港口,实行军事殖民统治。

是年　小青岛灯塔建成发光。1921年换装五级曲射灯。1995年更换灯笼。1997年8月更新灯器。2002年8月改造附属建筑。2006年评为全国重点文物保护单位。

是年　马蹄礁灯塔建成发光。1915年、1946年修建加固。1990年增设雷达应答器。1996年塔身加固改造并更新灯器。

1905年

7月　清政府在天津北洋电报学堂开办无线电报训练班,聘请意大利海军少校葛拉斯为教师,生源由军地各电报局选送。

11月　北洋通商大臣袁世凯委托葛拉斯代购无线电报机数部,分别装置于天津、南苑、保定3处行营,以及海圻、海容、海筹、海琛4艘军舰。自此开启北方海区船岸无线电通信历史。

是年　烟台山灯塔建成发光。1986年重建。1998年避雷设施改造。

是年　俄国人在牛庄架设1座无线电台。

1906年

3月　清政府在天津创办北洋测绘学堂。该学堂由北洋水师参谋处承办,学制2年。

7月22日　清政府设立税务处,统辖全国赋税事务。税务处督办大臣及会办大臣分别由户部尚书和外务部右侍郎兼任,户部核办海关税收事务,外务部核办外交事务。海关总税务司署由外务部改归税务处管辖。

1907年

12月24日　青岛港务局发布《各船应遵之章程》,对船舶停靠、引水指泊、灯标设置、船钞缴纳、通信邮件等作了详尽规定。1912年5月15日更订。

1908年

11月1日　日占当局在大连设立关东海务局,统揽关东州港航管理及航路标识等事务。

是年　大公岛灯塔建成发光,为铁制黑色圆形灯塔。1917年、1946年于原址重建。1988年9月换装玻璃钢塔体。1996年技术改造。

1910年

12月　日本人在大连沙坨子、柳树屯分别架设1座无线电台。

1911 年

是年　辽河工程局成立,牛庄海关税务司兼任副董事长,负责辽河上游堤岸保护与下游清淤除沙。1932 年该局被伪满洲国政府接管,1934 年改组为营口航政局工程科。

1912 年

3 月 25 日　海关总税务司署各部门重组,船钞部一分为二,改组为海政局和工程局。海政局由海务巡工司掌管,下设巡工科、理船科、灯塔科、运输科。工程局由总营造司掌管,下设营造科、图画科、督工科。

10 月 1 日　日占当局在大连港东防波堤北部设立船舶信号所。

是年　北洋军阀政府实行关、道分治。各海关监督衙门统一改称海关监督公署,内设机构大幅缩编。海关总税务司安格联趁机将全国关税截留,全面夺取关税保管权。

1913 年

1 月 31 日　北洋军阀政府交通部颁布《电政管理局职掌暂行章程》,在全国设立直鲁、奉吉黑等 13 个电政管理局,分工职掌各地电报、电话等通信管理事务。各局下辖一、二、三等电报局,数量不等。1916 年交通部裁撤电政管理局,将全国划为 19 个电信监督管辖区,由各省一等电报局兼管。

5 月 15 日　烟台海坝工程会正式成立,为东海关附属机构,具体负责烟台港挡浪坝和码头改扩建等事务。会长由东海关监督兼任,1938 年改由东海关税务司代理。

是年　天津大沽沙内外航道及河口引导灯桩建成投入使用。

1914 年

11 月 16 日　日军攻占青岛,将青岛港务局一分为三,改设海军要港部、海军港务部、青岛埠头局,实行军事殖民统治。青岛港及沿海航标由海军港务部海务系管辖。

是年　北洋军阀政府交通部在烟台海岸街 12 号架设 1 座无线电台,主要用于船岸通信,是为北方海区官方最早设立的商用海岸电台。

1918 年

11 月 4 日　烟台港东阻浪提南灯桩(今东海坝南尾灯塔)建成发光。1956 年重建。1982 年改建。1997 年安装 FA-250 型灯器。2003 年更换灯器。2008 年安装遥测遥控。2010 年更换灯器。

是年　天津港实施 50 个点数的平面控制测量项目,是为迄今可考的北方海区测绘系统第一个平面控制测量项目。

1920 年

是年　北洋军阀政府交通部在大沽邮电局架设 1 座长波无线电台(呼号为"XOQ"),专供引导船舶和工程通信之用。

1921 年

3 月　日占当局在青岛团岛架设 1 座长波无线电台,专递军报,后兼营船岸商报。该电台机房为二层砖石房,建筑面积 1610.4 平方米。1922 年 12 月由北洋军阀政府交通部赎买接管,改称团岛无线电报局。

4月　日占当局成立青岛港湾事务所。该所除承担港湾修建工程外,还负责修造浮标信号等事务。

10月　北洋军阀政府海军部在北京设立海道测量局。1922年2月,该局迁往上海办公,改隶海军总司令部节制。1937年海道测量局裁撤,1946年恢复建制。1949年5月,该局由中国人民解放军华东军区接管。

1922 年

是年　北洋军阀政府交通部在营口架设1座长波无线电台。

1924 年

是年　北洋军阀政府交通部在天津电话南局架设1座长波无线电台(呼号为"XOV"),用于收发船舶及陆地官商电报,兼作资讯广播之用。

1925 年

7月19日　日本关东厅在大连埠头事务所和大三山岛灯塔北侧设置无线电话。

12月10日　黄白嘴灯塔建成发光,配有雾号。1987年重建。1997年雾号撤除。2008年更新灯器。

12月14日　遇岩灯桩建成发光。1987年更新灯器。1994年灯笼改造。1995年换装PRB-46Ⅱ型灯器,升级为灯塔。

12月25日　圆岛灯塔建成发光,配有雾号。1988年增设雷达应答器。1991年重建。1993年安装卫星数据接收平台。1997年雾号撤除。2009年更新灯器。

12月28日　日占当局颁布《航道标志使用费办法》,向进出旅大港口商船征收航道标志使用费。

是年　大鹿岛灯塔建成发光。1987年大修。1996年更新灯器。

1928 年

8月1日　天津无线电总台在法租界24号路(今长春道)成立,管理经营无线电报业务。

10月　海关总税务司将海政局和工程局合并,更名为海务科。

是年　南京国民政府交通部在全国设置河北、山东、奉吉黑等20个电政管理区,各区设电政管理局,负责监督指挥辖区内一、二、三、四等电报局。

1929 年

1月1日　天津海河工程局"清凌"号破冰船采用无线电通信设备,开始播报渤海冰况。

2月1日　圆岛和大连码头事务所楼顶2座无线电指向标建成投入使用,是为中国沿海最早启用的无线电指向标。1945年日本战败投降前全部损毁。1950年,圆岛无线电指向标重建。1964年技术改造。1991年随圆岛灯塔一并重建。1996年关闭。

6月　南京国民政府交通部在青岛市湖北路16号组建青岛无线电总台,下辖济南、青岛、烟台、济宁等第三区无线电台。1935年并入青岛电报局。

1930 年

5月　因全国编遣会议引发军阀混战,晋军占据津海关,炮制了震惊中外的"津海关事件"。此间,除航标维持正常发光外,津海关一度陷入瘫痪。

10月　南京国民政府收回威海卫英租界管辖权,东海关随之设立威海分关,并接管原英军所辖全部助航设施。

12月　海关总税务司将秦皇岛海关升格为直属机构,下辖葫芦岛分关。

同月　牛庄海关改称山海海关。1931年日占当局将其改称营口税关,并宣布断绝与中国海关总税务司署一切关系。

1931年

1月1日　南京国民政府全国关税会议决定将所有"常关"移交各关区税务司统辖,并统一划定各海关关区。

1月9日　龙口港划归东海关管理。

是年　小公岛灯塔建成发光。

1932年

是年　长兴岛灯塔建成发光。1945年遭战争损毁。1960年修复。1994年灯笼改造。1995年大修并更新灯器。2007年设置AIS基站。2010年换装新型灯器。

1933年

4月　石臼嘴灯塔开工建设,历时3年建成发光,时称成章灯塔。1953年大修。1967年技术改造。1992年4月停用。

5月　日占当局将营口港及助航设施划归伪满洲国营口航政局管理。

1934年

10月1日　奉南京国民政府交通部令,天津无线电总台划归天津电报局管理。收信台迁至天津电报局二楼,第一发信台设在特一区威尔逊路(今解放南路),第二发信台仍设在电话三分局(原天津电话南局)院内。

10月29日　东海关在烟台山西部设置无线电台,外架铁质无线电杆2支,高约61米,间距76.2米,房屋和场地总占地1.69亩(约1126.67平方米),主要用于气象信息通信,遇有飓风时,兼发航行警告。该台于1951年移交烟台邮电局。

是年　东海关陆续在海关缉私舰艇、航标巡检船及有人值守灯塔配备无线电台,初步建成较为完备的内部无线电通信网。

1936年

6月1日　天津至东京无线电报正式开通。

1937年

6月25日　黄白嘴无线电指向标建成并投入使用。1945年因战争被毁。1950年重建。1956年改为船舶无线电测向仪校差台。1977年更新设备。1988年重建。1996年关闭。2004年设置AIS基站。

7月30日　日军侵占天津,控制津海关和无线电台。

7月　伪满洲国政府将营口航政局改称营口航务局。

9月30日　南京国民政府颁布通令,统一裁撤海关监督公署。

是年　伪天津通信总局设立。同年更名为华北电信总局。1938年,日占当局在华北电信总局基础上,组建华北电报电话株式会社。

1938年

2月3日　日军侵占烟台,强占东海关,劫收烟台港。
2月　伪青岛航政局成立。
11月10日　日占当局将烟台海坝工程会改组为芝罘港务局,划归日本海军管辖。

1939年

1月1日　大王家岛灯塔建成发光。1959年大修。1984年附属设施改造。1998年更新灯笼。2007年设置AIS基站。
1月10日　伪青岛特别市公署成立,将原青岛航政局改称青岛海务局。
7月5日　日军将青岛沿海航路标识全部移交青岛海务局管理。

1940年

是年　秦皇岛南山头旗台建成投入使用,为六角形二层小楼,时称打旗房。

1941年

4月20日　朝连岛无线电指向标建成并投入使用,时称罗针局。1956年12月重建。1962年更新设备。1979年1月3日关闭撤除。
7月　团岛无线电指向标建成并投入使用。1946年8月20日胶海关接收后,关闭撤除。
12月7日　太平洋战争爆发。日军随即强占海关总税务司署,委任日本人岸本广吉为总税务司,全面劫夺并重组沦陷区各口海关机构。
12月9日　成山头无线电指向标建成并投入使用。1957年修复。1984年更新设备。1999年停机保养。2001年改造为RBN-DGPS台站。
是年　老北山灯塔建成发光。1952年重建。1971年技术改造。1992年更换灯笼。1996年更新灯器。

1942年

1月21日　天津开滦矿务总局秦皇岛经理处被日军武力劫收,改称军管理秦皇岛港务局,实行军事殖民统治。
8月　重庆国民政府海关总税务司决定恢复海务科建制,任命徐祖善为海务巡工司,职掌国统区港口、码头、水道、航标等管理事宜。

1944年

2月11日　开滦矿物总局由天津迁至唐山。

1945年

8月15日　日本宣布无条件投降。中共胶东民主政府随即接管东海关和芝罘港务局,设立人民东海关。
8月　根据《雅尔塔协定》,苏军进驻旅大,接管大连港及沿海助航设施,并在港口办公楼设置海岸电台。辖区航标由苏军太平洋舰队海道测量部海测区管理。
10月30日　胶海关税务司李桐华抵青岛履职,致函青岛市政府移接青岛本埠沿海航标。次月,青岛市港务局将所辖沿海灯塔等助航设施全部移交胶海关管理。

是年　南京国民政府交通部电信总局派员接收华北地区日伪电信机构及设施设备,分别成立天津、青岛电信局,并扩建海岸电台。

1946 年

1月　海关总税务司署从重庆迁往上海,接收日伪海关总税务司署及其所属机构,并将中国沿海航标划分为4个海区管理,简称第一、第二、第三、第四海区,分别由上海、青岛、厦门、广州海关税务司兼理。

6月　国民党向解放区发动全面进攻。为预防国民党军队袭扰胶东半岛解放区,八路军将成山头、镆铘岛、崆峒岛灯塔等沿海航标设施设备临时撤除。

10月　南京国民政府颁布《海河工程局组织条例》,将海河工程局改为机关制。

是年　招商局天津分局在天津市和平区哈尔滨道6号设置1座收发自控的小型航务专用无线电台。该台于1951年移交天津区港务局管理,改称天津港航务专用电台。

1947 年

8月10日　胶东解放区人民政府决定,将东海关及龙口、威海、石岛、乳山等人民海关划归胶东区税务局领导。

9月　国民党军队大举进攻胶东解放区,占据东海关。

1948 年

3月28日　东海关税务司将南长山岛灯塔移交国民党海军第二基地长岛巡防区管理。不久,奉南京国民政府海关总税务司指令,将成山头、镆铘岛、猴矶岛、岠嵎岛、老白石礁等沿海灯塔移交胶海关管理。

10月16日　中国人民解放军第二次解放烟台。人民东海关恢复原建制,并接管烟台、龙口、威海等港口及沿海航标。

1949 年

1月15日　天津解放。天津军事管制委员会交通处接管航政、港口、铁路、公路、邮政、电讯等104个管理机构。

2月　根据华东人民政府财办工商部指示,人民东海关将港务课及海港工程所(原海坝工程会)合并,改组为烟台港务处,划归山东省国外贸易管理局烟台分局管理。

4月1日　华北航务局成立,接管天津航政局、塘沽新港工程局、渤政公司等港航单位,实施统一管理。

4月　中共东北行政委员会(东北人民政府前身)在营口设立东北航政总局,下设哈尔滨、营口、安东(今丹东)航政局和葫芦岛办事处。

6月2日　青岛解放。中国人民解放军青岛市军事管制委员会指定青岛邮电局接管团岛海岸电台。

7月19日　海河工程局更名为海河工程处,隶属华北水利工程局领导。同年9月中央人民政府水利部成立后,海河工程处划归水利部建制,暂由天津市人民政府代管。

11月26日　海关总署发布通令,各地海关统一按"地名+海关"称谓更改名称。津海关改称天津海关,胶海关改称青岛海关,东海关改称烟台海关,山海海关改称营口海关。

是年　天津电信局重建海岸电台,收信台位于八里台(今天津大学院内),发信台位于法政桥附近(今律纬路与新开河接头处)。

是年　八斗银子灯桩建成发光。1997年改建为灯塔。

1950年

1月27日　中央人民政府政务院第十七次政务会议通过《关于关税政策和海关工作的决定》,将海关管理的海港、河道、灯塔、浮标、气象预报等工作职能,连同其人员、物资、器材,全部移交中央人民政府交通部或省市港务局。同年11月16日,交通部航务总局(内设海务处)正式接管全国航标,并增设青岛、上海、厦门、广州4个区海务办事处,分工管理中国沿海航标,从此结束长达80余年海关管理航标的历史。

7月26日　中央人民政府政务院财经委员会发布《关于统一航务港务管理的指示》,在大连、天津、青岛、上海、广州等地设立区港务局及其分局或办事处,为交通部航务总局直属机构。其中,大连区港务局下辖大连、安东、营口港,天津区港务局下辖天津、塘沽、秦皇岛港,青岛区港务局下辖青岛、烟台、龙口、威海港。

9月9日　中国人民解放军以陆军第十一军军部及其直属队为基础,组建海军青岛基地司令部。

9月15日　华北航务局秘书处与天津航政局合并,组建天津区港务局。原天津航政局缩编为航政处,1953年4月改称天津港务监督。

11月6日　"流星"号航标船从上海起航北巡,历时一个月,对北方海区干线航标实施补给检修,并测量龙口港和曹妃甸附近水域。事后,交通部授予该轮"开路先锋"锦旗。

是年　东北航务总局(后改称北洋区海运管理局)大连航务分局在大连设置航务电台,发信台在松山街,收信台在职工街。

是年　大三山岛无线电指向标建成并投入使用。1965年天线地网技术改造。1969年换装国产设备。1990年更新设备。1996年改建为RBN-DGPS台站。

1951年

1月　经中国人民解放军总参谋部批准,华东军区海军司令部海道测量局划归海军司令部建制,改称中国人民解放军海军司令部海道测量局。同时,在海军青岛基地司令部、华东军区海军司令部、中南军区海军司令部设立水道测量科,分工负责各自辖区的海道测绘、航海通告、航海图书发行,以及军用航标管理工作。

7月　交通部机构调整,撤销航务总局,分设海运总局、河运总局、航道工程总局(1953年1月改称航务工程总局)、船舶登记局等机构。交通部航道工程总局内设航标处,原航务总局海务处所属青岛、上海、厦门、广州区海务办事处改称区航标处。

同月　交通部北洋区海运管理局天津分局在秦皇岛设置航务专用电台。

8月　烟台海关电台移交烟台邮电局管理。

11月24日　青岛区港务局烟台分局将烟台山旗台改建为台风信号台。1952年5月19日,该台移交海军。

是年　北长山岛灯桩建成发光。1973年改建为灯塔。1983年技术改造。1988年移位重建。1996年更新灯器。

1952年

1月1日　青岛区港务局烟台分局将所辖助航设施设备移交青岛区航标处管理。

大事记

5月20日 海军组建青岛水警区(司令部未设航海保证部门),隶属海军青岛基地建制。1964年,司令部增设航海保证科。1985年10月,青岛水警区裁撤,并入海军北海舰队快艇第一支队。

同日 海军组建威海水警区(司令部未设航海保证部门),隶属海军青岛基地建制。1954年11月改组为海军威海基地,增设威海海道测量段。1964年4月改称威海水警区。1969年10月划归海军烟台基地建制。

6月 天津电信局改组内设机构,设办公室、计划室、监察室、基本建设科、人事科、劳动工资科、供应科、财务科、电报科、市内电话处、长途电话处等11个部门。

8月8日 中央人民政府政务院财经委员会决定,天津海河工程处由水利部划归交通部建制,暂由天津区港务局代管。

1953年

2月5日 交通部将天津海河工程处、上海区港务局疏浚工程公司、上海张华浜工厂、新港工程局疏浚船队、天津区港务局新河修船厂、大沽修船厂合并,组建交通部航务工程总局疏浚公司,下辖天津区疏浚队、上海区疏浚队等单位。公司总部始设上海,同年9月迁至天津。

6月23日 中央人民政府政务院决定将全国沿海航标及交通部所属相关机构移交海军司令部统一管理。同年7月5日,交通部航务工程总局航标处并入海军司令部海道测量局,在上海组建海军司令部海道测量部。交通部航务工程总局所辖青岛、上海、厦门、广州4个区航标处分别并入海军青岛基地司令部水道测量科、华东军区海军司令部水道测量科、中南军区海军司令部水道测量科。

8月 海军青岛基地司令部水道测量科扩编为海道测量处,内设航标科、航海仪器科、海图标改科等6科1室1股,下辖修建队、检修所、海测队等机构,负责连云港至龙口港沿海航标修建、灯塔补给、维护管理,以及航海仪器检修和海道测绘等工作。

9月 交通部、邮电部联合发布《关于江、海岸电台统一由交通部管理的指示》,邮电部所属23座江海岸无线电台全部划归交通部管理,分别与所在地港务局航务专用电台合并,统称交通部航务无线电台(对外称××港海岸电台),由此成为全国唯一水运通信管理机构。

12月 天津区港务局设立电讯科,接管天津电信局海岸电台,与天津港航务电台合并,组建天津海岸电台。

是年 天津海岸电台实施重建工程,成为华北地区最大"两址式"中型海岸电台。

是年 天津港务监督航标科研制成功电闪光机和日光阀,并将天津港引导灯桩全部改用岸电发光,开创中国闪光航标灯器采用岸电发光的先例。

是年 靖子头灯桩建成发光。1975年改建为灯塔。1980年技术改造。1985年更新灯器。1995年避雷设施改造。

是年 千里岩灯桩建成发光。1979年改建为灯塔。1986年更新灯器。1992年技术改造。1998年综合改造。

1954年

1月1日 青岛区港务局接管青岛邮电局海岸电台,改称青岛海岸电台。

4月 海军司令部海道测量部首次刊印《中国沿海航路标志表》。

6月1日 青岛区港务局烟台分局接管烟台邮电局海岸电台(烟台航务电台),改称烟台海岸电台。

9月13日 北方海区大连、秦皇岛、天津、青岛等7座海岸电台正式开放无线电示标业务。

12月 大连区港务局接管苏联远东轮船公司航务电台,并入大连海岸电台。

是年 天津区港务局接管中波轮船股份有限公司无线电台,并入天津海岸电台。

是年　天津海岸电台开始播发冰况报告,播发期为每年12月15日至翌年3月15日。

1955年

4月　经国防部批准,以铁道公安部队领导机关为基础,组建中国人民解放军海军旅顺基地,隶属海军司令部建制。海军旅顺基地司令部下设海道测量区。

5月20日　交通部海运管理总局在广州组建海港测量队(始称珠江测量队)。1956年8月11日,交通部撤销总局建制,海港测量队划归交通部航道管理局领导。

5月25日　根据中苏两国《关于中国长春铁路、旅顺口及大连的协定》,苏军将旅大地区管辖权交还中国政府,该地航标设施由海军旅顺基地司令部海道测量区接管。

7月　烟台海岸电台在大海洋村春临巷(今文化路37号)新建发信台工程告竣,并投入运行。

1956年

1月1日　大连海岸电台开放国际商船电报业务。同年5月1日,大连等3座海岸电台开始播发气象信息。

5月　海军司令部海道测量部编辑出版《黄海及渤海海区航标表》。

6月　交通部海运管理总局海港测量队首次引进日本311A型电子管回声测深仪,标志着全国海区航海保障系统水深测量工具自此跨入电子仪器时代。

同月　天津海岸电台开放国际商船电报业务。

7月　海军司令部海道测量部由上海迁至天津。

10月　中国、苏联、朝鲜签署《海上救助协定》,交通部指定青岛海岸电台担负相关海上搜救通信业务。

12月　交通部调整航务工程总局疏浚公司建制,将其所属上海区疏浚队更名为上海河道工程局,划归上海海运局领导。原疏浚公司机关及天津区疏浚队仍称疏浚公司,由交通部直接领导。

是年　北隍城灯桩建成发光。1980年改建为灯塔。1986年更新灯器。1997年增设雷达应答器。

是年　交通部海运管理总局海港测量队首次采用机械式拖底扫海方法,对汕头港水雷疑存海域实施扫海测量,提交1:5000和1:10000彩色海图3幅,是为该队完成的全国测绘行业第一幅正式出版发行的四色海图,亦是首次实施应急测量工程。

是年　交通部海运管理总局海港测量队组织实施大清河三等高程控制测量项目,是为其实施的第一个高程控制测量项目。

1957年

6月　海军整编。海道测量区(段)统一改称为海道测量处(科),仍隶属各海军基地、水警区、巡防区司令部建制,继续负责各自辖区航标测绘工作。

是年　海军司令部海道测量部正式出版全国沿海91个主要港口潮汐表,从此结束以往使用外国人编制出版的中国沿海潮汐表的历史。

是年　交通部航道管理局海港测量队第一个开港测量成果(天津新港)投入使用,为天津新港9号码头5000吨级货运泊位运营提供了保障,亦为天津新港回淤演变分析及整治工程提供了重要基础数据。

是年　苏山岛灯塔建成发光。1958年撤除。1979年重建。1995年更新灯器。

是年　天津海岸电台对进出港船舶开放中高频双边带无线电话业务。

1958 年

3月29日　交通部决定将原航务工程局所辖疏浚公司划归天津区港务局领导,改称天津航道工程局。5月17日,正式定名为天津航道局。

4月　天津区港务局将所辖航道科、船闸、航标等单位及人员划归天津航道局管理。后于1959年7月至1962年8月天津航道局下放地方领导期间,天津港务局一度收回天津新港、大清河、海河等地航标及人员管理权。

5月14日　交通部决定将海港测量队划归天津航道局领导。

5月　国务院、中央军委决定调整沿海航标管理体制。海军除继续负责沿海干线、军港和以军用为主的军商合用港航标管理外,将大连、秦皇岛、龙口、烟台、石岛、张家埠、石臼所等沿海商港或以商用为主的军商合用港航标,分别移交交通部直属港务局和地方交通部门管理。沿海渔港、渔场以及其他渔业专用航标,划归当地渔业主管部门管理。全国沿海航标管理自此形成海军、交通、渔业三方分管格局。

6月15日　天津、大连、青岛等5座海岸电台开通医疗电报服务业务。

6月21日　根据中共中央、国务院《关于工业企业下放的四项决定》,交通部将天津区港务局下放河北省天津市人民政府领导,改称天津市港务管理局。天津航道局亦随之下放,于1959年4月29日改称天津市航道局。

11月　天津航道局海港测量队与上海航道管理处合作,对长江口江阴至鸡骨礁250平方千米水域实施全面测量,绘图20幅,成为中国工程技术人员第一次独立自主完成的长江口全测工程。

12月4日　交通部决定将天津航道局海港测量队一分为二,分别划归天津航道局和上海河道工程局管理。

12月29日　海军组建大连水警区(司令部未设航海保证部门),隶属海军旅顺基地建制。1964年2月移防海洋岛,改称海洋岛水警区,增设航海保证科。1985年10月改称大连水警区。

12月　黄岛无线电指向标建成并投入使用。1978年撤除。

是年　海军司令部海道测量部编制全国海区基本测量中长远规划,率先在黄渤海海域实施基本测量和扫海测量。

是年　大连港务局在办公大楼顶部安装1套雷达导航系统。

是年　天津航道局航标工刘长发荣获"天津市劳动模范"称号。

1959 年

3月　天津航道局将海港测量队改称浚港测量队。

4月　"海建"号大型航标船由东海舰队调拨天津航道局,是为北海航海保障系统列编的第一艘大型航标船。1964年大修,由木壳船体改为钢质船体。1967年更名为"红光1"号。1972年更名为"津航标1"号。1982年更名为"B-11"号。1988年移交天津海监局管理。1990年7月调拨其他单位。

11月　海军司令部海道测量部改称航海保证部。各海军基地、水警区司令部海道测量处(科)随之改称航海保证处(科),管理职能不变。

12月　义和庄无线电指向标建成并投入使用。1967年撤除。

1960 年

4月14日　天津市航道局编制完成"二五"规划,是为该局第一部五年规划。

4月　海军组建蓬莱水警区(内设航海保证科),隶属海军威海基地建制。1961年2月改编为蓬莱巡防区,航海保证科随之裁撤。

5月1日　老铁山无线电指向标建成并投入使用,与大三山岛、圆岛指向标配组使用。1966年技术改造,1985 年更新设备,1998 年关闭。2001 年改建为 RBN-DGPS 台站。

5月23日　中朝签订《关于鸭绿江国境河流航运合作协定》,相继在鸭绿江流域设置航标133座,中方分管72座,朝方分管61座。

5月　秦皇岛无线电指向标建成并投入使用,与义和庄指向标配组使用。1969年更新设备。1996年改建为 RBN-DGPS 台站。

6月1日　大连海岸电台改建工程告竣并投入运行。

8月1日　经国防部批准,以海军青岛基地为基础,组建中国人民解放军海军北海舰队。司令部内设航海保证处,下辖航标科、航海科、测绘科、海洋气象科、器材财务科等机构,统辖北方海区干线公用航标及海道测量工作。北海舰队所属各基地(水警区)司令部航海保证处(科),分工负责各自辖区航标维护管理及海道测量工作。

9月　海军司令部航海保证部发布实施《海区水上助航标志制度(草案)》,并在青岛港、上海港实施水上航标制式改革试点,是为中华人民共和国第一部航标技术标准。

1961 年

3月　交通部、水产部、海军司令部联合召开专题会议,统一部署全国海区航标制式改革,于同年9月全部完成中国航标制式改革任务。

6月12日　交通部决定收回天津市航道局等部分下放企事业单位管理权,恢复原建制。

10月　天津航道局海港测量队完成第一个国际合作项目——鸭绿江口水域全测。

12月　北塘无线电指向标建成并投入使用,与秦皇岛、义和庄无线电指向标配组使用。1967年更新设备。1985年换装自主研发控制机。1996年改建为 RBN-DGPS 台站。2010年迁至原上古林导航台旧址。

1962 年

是年　海军自主研发的985型和999型航标船设计定型,为中国自主设计建造的首批专用航标船。1966年,2艘985型航标船(排水量1120吨)由江南造船厂建造完工,列编北海舰队和东海舰队各1艘。

1963 年

7月31日　交通部将天津航道局从天津港务管理局划出,改由交通部水运总局直接领导。

8月　天津航道局海港测量队编绘的《天津港引航图集》由海军司令部航海保证部刊印发行,是为中华人民共和国成立后手工编绘的第一册港口引航图集。

是年　镆铘岛无线电指向标建成并投入使用,与朝连岛、射阳河无线电指向标配组使用。1984年换装自主研发控制机。1985年更新发射机。1999年2月6日关闭。

是年　海猫子头(青渔滩)灯塔建成发光。1970年技术改造。1980年塔体改建增高,加装灯笼。1996年更新灯器。1997年增设雷达应答器。

1964 年

5月　大连海岸电台对进出港船舶开通中高频双边带无线电话业务。

7月24日　交通部设立北方区海运管理局,对大连、秦皇岛、天津、烟台、青岛、连云港、上海港务局,上海海运局,天津航道局,新港、新河、青岛、上海船厂,上海海运学校等交通部直属水运企事业单位实施统一管理。1968年,北方区海运管理局撤销,上述单位隶属关系恢复原建制。

8月　王家麦岛无线电指向标开工建设,1965年建成并投入使用,与镆铘岛、射阳河无线电指向标配组使用,1967年与燕尾港无线电指向标配组使用。1983年换装发射机、控制机。1997年改建为RBN-DGPS台站。

是年　天津航道局、上海航道局、上海航标厂合作研制成功丙烷航标灯,被国家科委评为国家技术革新三等奖,是为北海航海保障系统荣获的首个国家级科技奖项。

是年　海军司令部航海保证部开始陆续出版第二代民用航海图。

1965年

3月11日　天津航道局将新港航道处标志组、信号台、丙烷库、"海建"轮、"津港检"轮、大沽灯船等单位合并,组建航标队,升格为局直属单位。

是年　海军整编。海军旅顺基地司令部航海保证处裁撤内设部门,仅设置航标、航海、测绘、气象、器材等参谋职位。

1966年

3月　成山头、射阳河、枸杞岛3座罗兰A中程无线电导航台开工建设。1968年7月1日竣工试用。1969年6月1日正式对国内用户开放。1998年10月1日统一关闭。

1968年

4月17日　天津航道局革命委员会成立,内设机构为3部1组。

1969年

10月　北海舰队组建海军烟台基地(司令部内设航海保证处),下辖威海水警区、秦皇岛水警区、蓬莱巡防区等。1985年12月,海军烟台基地移驻青岛,改称海军青岛基地,下辖威海水警区、快艇一支队等。

1970年

5月　海军司令部航海保证部航标处改称导航处,各舰队航海保证处航标科随之改称导航科。

9月　庄河、上古林、石塘、天达山、龙滚、石碑山、三灶7座罗兰A中程无线电导航台开工建设。1975年7月1日竣工试用。1976年10月1日正式对国内用户开放。1986年3月20日正式对外籍船舶开放。1998年10月1日统一关闭。

是年　天津海岸电台中控台办公楼建成并投入使用,位于塘沽区解放门南侧海河北岸原收信台院内,建筑面积1413.57平方米。

1971年

1月　天津航道局将航标队与海港测量队合并,组建天津航道局航标测量大队(简称"天津航测大队")。

8月19日　经天津市革命委员会和中国人民解放军天津驻军支左联络站批准,天津航道局实行军代表制。

10月18日　大沽灯塔开工建造,1978年5月1日建成发光,是为中国首座自主设计建造的水中大型灯塔。1985年增设雷达应答器。1989年抛石维护塔基。1990年更新灯器。1991年雾号撤除。1992年技术改造。1998年二次抛石维护塔基。

12月29日　天津航道局军代表室印发《关于航道局机构的调整和配备临时负责人的初步方案》,实行两级机关管理。局机关内设机构为政工组、办事组、生产组、人保组、后勤组、武装部;下设机构为红卫船队、红星船队、红旗船队、航标测量大队、船舶检修厂。其中,天津航测大队内设办事、生产、政工3个组,下辖航标队、测量队(海港测量队和新港测量队合并)、"海建"轮、"港明"轮、"津港检"轮、大沽灯船6个基层单位,机关定编15人。

是年　海军北海舰队青岛水警区将燕尾港无线电指向标站、射阳河无线电指向标站和罗兰A中程无线电导航台移交东海舰队连云港巡防区管理。

是年　海军旅顺水警区司令部增设航海保证科。

1972年

9月　朝鲜人民军水路局代表团参观访问秦皇岛无线电指向标站。

是年　天津港务管理局按照《交通部关于水运企事业单位体制和机构编制的初步意见》要求,裁撤电讯科,组建通信站,升格为局直属全能基层单位。

是年　海军司令部航海保证部编辑出版《太平洋西部无线电指向标表》。

1973年

1月9日　经天津市革命委员会批复同意,天津航道局恢复科室建制,内设航标测量科等16个职能部门,下设航测大队等10个基层单位。天津航测大队正副队长由局航标测量科正副科长兼任。

5月　海军司令部航海保证部编辑出版《温州以北海区航标表》。

是年　天津航道局与国防科工委第十四院十八所联合研制硅太阳能航标电池。1980年在曹妃甸灯桩安装试用获得成功。

1974年

10月25日　天津航道局革命委员会印发《关于改变新港测量队隶属关系的会议纪要》,决定将天津航测大队所辖原新港测量队人员划归第一航道工程处建制。

1975年

4月　烟台港务管理局通信站成立。1980年改称通信导航处。1987年2月划归烟台海监局管理。

5月　天津航道局按照"精简机关,充实基层"要求,裁撤局机关航标测量科,原业务管理职能并入天津航测大队。该大队内设政治处、办公室、航测科等7个职能部门,下辖航标队、海港测量队、"海建"轮、大沽灯塔等9个基层单位。

9月　天津海港测量队办公业务用房开工建设,1977年10月竣工并投入使用。该办公业务用房位于天津市河西区黑牛城道34号,建筑面积2519.49平方米。

是年　海军北海舰队组建潜艇一支队,其司令部内设航海保证科。1984年扩编为潜艇基地,航海保证科升格为航海保证处。

是年　天津海港测量队《海测通讯》创刊,由该队团支部主办,为北海航海保障系统基层单位第一份内部刊物。

1976年

4月15日　沙坨子灯塔建成发光。1986年灯塔基础加固,并维修改造避雷设施。

7月15日　大连海岸电台开放甚高频无线电话(VHF)业务。

是年　天津、青岛等港务管理局相继建成雷达导航台,定位精度小于8米。

1977年

10月1日　青岛海岸电台开放甚高频无线电话业务。

12月6日　天津航测大队与中船重工707研究所、天津市无线电四厂合作研制的"304双曲线无线电定位仪"通过天津市第二机械工业局技术鉴定。1979年,该设备首次应用于天津港双航道一期疏浚工程。

1978年

5月　天津航道局革命委员会撤销,实行局党委领导下的局长分工负责制。基层单位随之实行相应领导体制。

10月1日　天津海岸电台开放甚高频无线电话业务。

10月24日　天津海河航标工作船码头开工建设。1979年12月竣工交付使用。

10月25日　经交通部批准,天津航道局机关科(室)统一改称处(室)。

是年　中国国防部副部长萧克上将考察团岛灯塔。

是年　秦皇岛海岸电台迁建工程告竣并投入使用。

1979年

2月1日　天津海岸电台开放高频单边带无线电话(SSB)业务。

7月11日　经天津航道局研究决定,天津航测大队更名为天津航标测量处。

9月　交通部印发《部属沿海航道单位财务管理办法改革意见》,天津航道局实行企业和事业两种财务管理机制。

11月　青岛海岸电台迁建工程开工建设,1992年5月竣工。中央控制台位于青岛宁波路1号,收信台位于崂山县中韩镇埠西村,发信台位于李村于家下河村。

12月　柏岚子、海洋岛、蓬莱近程无线电导航台建成并投入使用。

同月　北海航海保障系统第一座航测工作船专用码头在天津海河建成,自此结束无航测船舶专用码头的历史。

是年　天津海港测量队首次引进日本PS-20R型四波束测深仪,在全国海区测绘系统率先应用"面测深"技术,为确定通航尺度提供了技术依据。

是年　天津海港测量队自主研制成功真空薄壁取土器,解决了水下软塑土质取样难题,填补了国内该类土质取样的设备空白。

是年　天津航道局恢复工程技术人员职称评定工作。

是年　天津航道局航测大队航测科副科长张家孝荣获"全国交通战线劳动模范"称号。

1980年

4月24日　经国务院和中央军委批准,交通部和海军司令部决定调整海上干线公用航标管理体制,除正在建设的罗兰C远程无线电导航台及军事专用航标外,海军管辖的海上干线公用航标设施设备及相关人员全部划归交通部统一管理。

6月28日　交通部基本建设局印发《关于做好接管海上干线公用航标准备工作的通知》,就各航道局组建航标测量处、接管海上干线公用航标等事宜做出具体部署。

7月1日　大竹山岛灯塔建成发光。1990年更新灯器。1998年技术改造。

10月30日　交通部印发《关于同意天津、上海、广州航道局成立航标测量处的批复》,分别在天津、上海、广州航道局原有航测力量基础上组建航标测量处,为兼具局机关航测业务管理职能的县团级事业单位,分工管理中国沿海航标及港口航道测量工作。其中,天津航道局航标测量处(简称"天津航测处")内设机构为办公室、政工科、导航科、测绘科、船机科、科技科、供应科、人事科、财务科、计划基建科,共10个职能部门,机关编制控制在80人以内。

是年　天津港务管理局与南开大学联合研制的DHY-1型相位差双曲线无线电导航系统荣获交通部科技成果奖。

1981年

1月1日　大连、天津、青岛等海岸电台自零时起正式开通2182千赫兹双边带无线电话国际遇险通信值守业务。

3月16日　经天津航道局批复,天津航测处内设机构为政治处、办公室、导航科、测绘科、船机科、技术教育科、安全科、供应科、人事科、财务科、计划基建科。工会、团委单设。人员编制80人(含工人)。

5月22日　海军在青岛中沙东4号灯浮标顶部安装国产YPQ-Ⅰ型雷康1台,自此开启北方海区应用雷康的历史。

9月　青岛港设置中沙礁灯船,替代原4号灯浮标。

11月　天津航测处办公业务用房开工建设,1982年7月竣工并投入使用。该办公业务用房位于天津市河西区黑牛城道34号(天津海港测量队院内南侧),建筑面积2436.48平方米。后因黑牛城道路面拓宽,南侧办公楼于2003年10月拆除。

12月　交通部投资843万元,为天津航道局建造8艘95吨航标巡检船和6艘75吨航标登陆艇,有效缓解了北海航海保障系统专用航标船舶匮乏局面。

是年　海军政委李耀文考察成山头中程无线电导航台,并培植松树3棵以示嘉勉。

1982年

2月　天津航道局组织开展企业全面整顿活动。1984年12月4日结束。

同月　天津航标区办公业务用房开工建设,1983年3月24日竣工并投入使用。该办公业务用房位于天津市塘沽区永太路2号,建筑面积960平方米。1988年11月在院内西侧新建办公业务用房1幢,1989年12月竣工并投入使用,建筑面积735平方米。

同月　烟台航标区办公业务用房开工建设,同年11月竣工并投入使用。该办公业务用房位于烟台市环海路70号,建筑面积690平方米。2002年6月重建,2004年竣工并投入使用,建筑面积2805.14平方米。

3月6日　天津航道局与北海舰队司令部签订《北方海区公用航标交接协议》。至1983年1月,北方海区军地航标交接工作全面结束。天津航道局总计接管各类航标162座,其中罗兰A中程无线电导航台3座、无线电指向标9座、灯塔23座、灯桩58座、灯浮标15座、浮标1座、立标2座、雾号9座、测速标和磁罗经校正标42座;航标站业务用房(小长山、蓬莱)2处,航标修理工场1处,登陆艇(75吨)2艘,房屋17439.5平方米,航标器材75641件;干部38人,战士267人。

4月　天津航测处选派张浩然、马伯常、罗福祥、赵亚兴4名专业技术人员出席交通部基本建设局在湖北宜昌召开的全国航道测量技术经验交流会,是为北海航海保障系统首次派员参与全国性相关行业学术交流活动。

6月18日　天津航道局在天津新港海域成功抛设自主研制的中国第一座活节式灯桩。

6月　天津海岸电台迁建工程开工,1985年4月2日告竣并投入使用。收信台位于黄港,发信台位于军粮城。

8月23日　交通部发布施行《关于海区航标管理工作的若干规定》,将中国沿海划分为北方、东海、南海三大海区,由天津、上海、广州航道局分工管理,形成交通部→航道局→航测处→航标区→航标站垂直管理体系,并对各海区航标管理机构设置、工作职责、管理机制等作了统一规定。

8月31日　天津航道局印发《北方海区航标测量管理办法(试行)》,对大连、天津、烟台、青岛航标区和海港测量队的辖区范围、工作职责等作了统一规定。

9月1日　大连、天津、烟台、青岛航标区成立。

是年　天津海港测量队在全国海区测绘系统率先引进美国MOTOROL-AⅢ型微波定位系统,自此开启无线电微波定位时代。

1983年

3月　大连航标区办公业务用房开工建设,同年9月告竣并交付使用,位于大连市西岗区新泰街2号,建筑面积920平方米。

4月11日　交通部发布施行《关于海区测绘工作的若干规定》,对各海区测绘机构设置、工作职责、管理机制、测量周期等作了统一规定。

4月　天津港务管理局通信站实施"企业全面整顿"活动。1983年12月通过天津港务管理局验收,总成绩为956分。

6月18日　秦皇岛港航标移交天津航道局管理。

9月1日　天津航测处实施"企业全面整顿"活动。1984年6月通过天津航道局验收,总成绩为901分。

10月28日　天津航测处自主研发成功ZK-Ⅰ型无线电指向标控制机。1984年9月16日通过交通部水上安全监督局技术鉴定,在全国海区推广使用。1988年研制成功抗干扰能力更强的ZK-Ⅱ型无线电指向标控制机,并陆续在全国14个无线电指向标站安装使用。

11月25日　天津航道局印发《关于航标测量处机关科室设置的批复》,将该处内设机构调整为办公室、导航科、测绘科、船机科、保卫科(兼管武装工作)、供应科、人事教育科、财务科、计划基建科、政治处、纪检办公室(工会单设,团委在政治处设1名专职干事)。机关编制调增至100人(含工人)。

12月7日　"B-12"号大型航标船列编服役。2000年更名为"海标11"号。2013年更名为"海巡151"号。

是年　天津航测处自主研发的SC-Ⅰ型水深数据处理机荣获交通部科技成果奖三等奖。

1984年

1月1日　天津港务管理局通信站更名为通信导航站(处),升格为正处级单位,实行"站处合一"管理模式。

1月　经国务院批准,大连港务管理局在全国率先实施政企分开改革试点,组建大连港口管理局和大连港装卸联合公司。

4月　天津航测处印发《航标测量处管理制度汇编(1984)》,对各类助航设施维护质量标准、无线电通信管理规则、航标技术管理等作了统一规定。

6月1日　国务院决定将天津港务管理局下放天津市管理,实行"双重领导,地方为主;以收抵支,以港养港"管理体制。

6月25日　天津航道局印发《关于航测处编制定员的批复》,编制暂定为1323人,其中机关100人

(含工人20人)。

同日　经天津航道局批准,天津航测处将原技术教育科所属科研组、修理所、海港测量队仪器维修组等机构合并,组建航测电子设备维修中心(正科级)。

7月14日　天津航道局整党工作全面启动。1986年8月20日结束。

7月　天津航测处选派副处长张家孝随同交通部水监局考察团赴英国灯塔局访问,是为北海航海保障系统首次派员出国考察访问。

同月　天津航测处选派赵亚兴、孙文远参加英国AGA公司航标灯器技术培训,是为北海航海保障系统首次派员参与设备引进和技术培训。

8月16日　前越南国会常务委员会副主席黄文欢参观小青岛灯塔,并题词"小青岛风景这边独好"。

10月10日　天津航道局决定设立秦皇岛航标管理站,为天津航标区下设基层单位,人员编制73人。

是年　根据交通部统一部署要求,天津航道局实行局长负责制。

是年　天津航测处海港测量队引进使用自动水位计,自此开启自动连续测量并记录水位的历史。

是年　天津航测处海港测量队在全国海区测绘系统率先编绘出版《北方海区主要港口测量规划图册》。

1985年

2月4日　按照《中国海区水上助航标志》(GB 4696—1984)要求,天津航道局牵头组织实施北方海区水上助航标志新制式改革。1986年10月30日全面实现航标制式改革目标,总计完成辖区161座各类浮标改装更换任务。

3月　国务院在天津召开港口体制改革座谈会,确定自1986年起,除个别专业化港口外,交通部直属综合性港口分期分批实行"双重领导,地方为主"管理体制。

5月31日　天津港务管理局通信导航站(处)更名为天津港务局通信导航公司。

12月20日　天津海岸电台迁建工程通过竣工验收,为"三址式"大型海岸电台。

是年　天津航道局实行干部聘任制。

是年　青岛港至石臼港微波通信站建成并投入使用。该站位于青岛市市北区宁波路1号,天线塔高83.7米。2000年10月,该通信电路关闭。

是年　秦皇岛航标管理站无线电班班长黄凤飞荣获"天津市技术能手"称号。

1986年

2月26日　《中国交通报》刊登《寄自孤岛的报告》文章,真实生动地报道了航标人"燃烧自己、照亮航程"的精神风貌。

3月23日　天津航测处编制完成"七五"规划,是为该处第一部五年规划。

4月28日　天津航测处副处长张家孝受交通部委派,在前期调查研究基础上,起草完成《关于将海关征收的吨税划归交通部管理的请示》。经财政部、海关总署会签,国务院于同年6月2日批复:"同意将海关征收的吨税划归交通部管理,由海关代交通部征收,按现行办法提成后解入交通部帐户,直接用于海上干线公用航标的维护和建设;交通部对这项资金要加强管理,专款专用,不准挪用。"

5月15日　大连航标区接管大连港航标。

9月16日至24日　以朝鲜人民武装力量部水路局局长崔俊吉为团长的朝鲜代表团一行7人来华访问,先后参观成山角灯塔、导航台、指向标站、天津航测维修中心、上古林导航台、海港测量队绘图室、并在天津举行交流座谈。

12月 天津航测处党委适时建立"季度党政工作例会、安全工作例会和党政主要领导带队巡视"制度,为顺利完成航标管理体制改革发挥了重要作用。

是年 天津航道局在国内率先实现监测站导航信号自动记录。

1987年

1月19日 天津航标区在曹妃甸附近海域抛设直径为10.4米的大型灯浮标(兰比),是为中国第一座试验性兰比。

4月19日 全国人大常委会副委员长班禅额尔德尼·确吉坚赞、阿沛·阿旺晋美乘坐"B-11"轮视察天津港和大沽灯塔。

5月27日 "津航测1"号测量船与"津塘渔0286"号渔船在天津大沽灯塔东偏南15海里处发生碰撞事故,造成渔船沉没、1人死亡。

7月1日 石臼港(今日照港)航标移交青岛航标区管理。

11月13日 烟台海岸电台成立。中控台位于烟台港务管理局通信大楼,收信台位于芝罘区初家镇邹家村南,发信台位于牟平县解甲庄镇北沙子村东,微波中继站位于烟台市芝罘区岱王山顶。

是年 天津航道局首次采用风力发电技术,为崆峒岛灯塔及岛上生活提供电力。

是年 天津航测处海港测量队在全国海区率先编绘出版《烟台内港》《秦皇岛港附近》四色海图印刷,从此结束交通部仅出蓝晒图的历史。

是年 天津航测处海港测量队首次参与国外施工项目——孟加拉国吉大港卡纳富利河疏浚工程。该工程于1989年12月告竣。

1988年

3月 天津航测处海港测量队在全国海区测绘系统率先编绘出版《北方海区港口航道图目录(第一版)》,彻底改变以往测图计划管理方法,标志着全国海区测绘系统年度测绘工作计划管理步入科学化、制度化、标准化轨道。

5月30日 中国佛教协会会长赵朴初参观小青岛灯塔,并题词"千帆来万国,万里一灯明"。

7月15日 交通部天津海上安全监督局召开成立大会,并宣布筹备组成员名单:臧广祥任组长,钟伯源任副组长,成员为李增才、王怀凤、张家孝。

10月4日 交通部、天津市人民政府联合印发《关于组建交通部天津海上安全监督局的通知》,决定将天津港务监督、天津港海岸电台、天津航道局航标测量处合并,组建天津海上安全监督局(简称"海监局"),为交通部直属一级行政单位(地师级),实行交通部与天津市双重领导、以交通部为主的管理体制。

10月5日 交通部印发《关于将沿海各航标区分别划归各有关海监局的通知》,决定将大连、烟台、青岛、秦皇岛等航标区(站)分别划归所在地海监局管理,并按"区处合一"原则,实行双重领导管理体制,党政工作由各海监局管理,航标业务、计划、财务工作仍由天津海监局归口管理。

10月25日,天津航测维修中心主任李鲜枫等2人出席国际海道测量组织(IHO)在荷兰海牙召开的电子海图委员会成员国会议暨国际海图研讨会,是为北海航海保障系统首次派员出席IHO国际会议。

11月 天津海监局分别将大连、烟台、青岛、秦皇岛航标区(站)成建制移交所在地海监局管理,改称××海监局××航标处(区)。

12月1日 天津海监局牵头修订《无线电指向标站管理规则》《中程无线电导航台管理规则》等5部交通行业标准,是为北方海区航标系统首次牵头修订的交通行业标准。

12月5日　秦皇岛航标管理站办公业务用房开工建设,1989年12月27日竣工并投入使用。该办公业务用房位于秦皇岛市海港区河北大街中段331号,建筑面积819.19平方米。2011年11月在临近位置购置楼房1幢,总办公业务用房建筑面积增至4200平方米。

1989年

1月30日　交通部批复天津海监局内设机构为办公室、人事教育处、计划统计处、财务处、船机处、组织处、宣传处、监督处、海务处、危管防污处、航标导航处、测绘处、通信交管处、公安处;下设机构为行政事务管理站、物资供应站、交管中心、通信站、海测大队、航测科技中心、天津航标区、大连航标区、青岛航标区、烟台航标区(以上为正处级单位),以及新港监督站、天津航行警告分台、船队、秦皇岛航标管理站(以上为副处级单位)。人员编制核定为2200人,其中干部1088人,工人1112人,局机关192人。

4月12日　钟伯源任天津海监局局长兼监督长,臧广祥任党委书记,李增才、张家孝任副局长,王怀凤任副监督长。

4月21日　天津海监局自主研制的"便携式雷达应答器检测仪"通过交通部专家鉴定,填补国内空白。

5月18日　天津海监局在天津组织召开北方海区航标工作会议。交通部安监局航测处副处长郭莘,以及大连、烟台、青岛海监局分管领导和各航标处(区)主要领导出席会议。

7月20日　大连港设置大型灯浮标Ho(兰比),灯高12米,直径12米。2004年更换为灯船。

9月4日　天津海监局编制完成"八五"计划,是为该局第一部五年规划。

9月25日　台子山灯塔建成并投入使用。

11月1日　天津海监局组织召开整顿天津地区无线电通信秩序会议。天津市无线电管理委员会办公室及相关单位代表出席会议。

11月15日　国际海道测量组织(IHO)执委会主席汉斯拉姆到天津海监局考察访问。

是年　天津海监局海测大队(简称"天津海测大队")成功研制水深测量数据自动采集和处理系统,结束人工量取测深数据的历史。

是年　天津海测大队自主研制成功机助制图系统,在全国海区测绘系统率先出版第一幅机助制图海图。

是年　天津海测大队荣获"天津市文明单位"称号。

1990年

1月10日　天津海监局将秦皇岛航标管理站成建制移交秦皇岛海监局管理,改称秦皇岛海监局航标处。

2月14日　天津海监局在烟台组织召开北方海区航标工作会议。大连、营口、秦皇岛、烟台、青岛海监局分管领导和各航标处(区)主要领导出席会议。

2月23日　日本航标协会代表团团长土屋贵、江并修一行2人到天津海监局交流访问,参观考察上古林导航台。

5月7日　大沽灯塔荣获天津市交通系统"文明服务示范窗口"称号。

5月　"B-15"号大型航标船列编服役,是为天津海监局主持建造的第一艘大型航标船。2000年更名为"海标12"号。2013年更名为"海巡152"号。

6月　《北方海区航标简讯》创刊。1993年更名为《北方航标》。2009年1月停刊。

7月19日　天津海监局在烟台组织召开北方海区航标"大检查、大维护、大保养、大评比"活动现场工作会议。

8月10日　"B-14"号中型航标船列编服役,是为天津海监局主持建造的第一艘中型航标船,亦是全国海区航标系统首制中型航标船。2001年更名为"海标052"号。2013年更名为"海巡1501"号。

10月5日　日照灯塔建成发光。1996年更新灯器。2002年避雷设施改造。2004年塔体改建装修。2005年增设AIS基站。2010年更新灯器。

10月7日　交通部安全监督局局长沈志成考察烟台航标处(区)。

10月24日　天津海监局自主研发的活节式灯桩科技成果取得国家实用新型专利,实现北海航海保障系统在国家专利方面零的突破。

10月　"津航测3"号中型测量船列编服役。2000年更名为"海测051"号。2013年更名为"海巡1502"号。

11月15日　日本航标协会审议官江并修、主任研究员广田直照一行2人到天津海监局交流访问,参观考察上古林导航台。

12月　青岛航标处新建办公业务用房开工建设,1991年8月竣工并投入使用。该楼房位于青岛市市北区六号码头7号,建筑面积1580平方米。1992年在院内西侧增建综合附属楼1幢,建筑面积1328.75平方米。

是年　天津海监局自主研发的"太阳能电池航标灯技术推广应用"项目荣获国家科学技术进步奖三等奖。

是年　天津航测科技中心工程师陈蓉获得天津市保密知识竞赛决赛第二名。

是年　天津海监局副局长张家孝牵头组织《交通行业主要管理干部岗位规范(航标测绘类)》编写工作。1993年,该规范由人民交通出版社出版发行。

是年　天津海监局通信交管处处长程裕大等4人参与《交通行业主要管理干部岗位规范(通信导航类)》编写工作,并于1991年被交通部授予科技进步三等奖。1992年,该规范由人民交通出版社出版发行。

是年　交通部副部长林祖乙为南山头灯塔命名题词。

1991年

1月10日　台子山灯塔建成发光。1993年技术改造。1995年塔体改造。1996年更新灯笼。2006年增设AIS基站。2008年更新灯器。

6月23日　交通部部长黄镇东考察黄白嘴航标站。

7月14日　交通部副部长王展意考察黄白嘴航标站。

8月16日　钟伯源改任天津海监局监督长,王怀风改任副局长(主持行政工作),韩宝库任副监督长,李刚任党委副书记。

10月　天津通信站与华南理工大学计算机研究所合作开发的莫尔斯自动转报系统正式投入运行,实现莫尔斯电报自动拍发和译报。

12月　天津海测大队开发利用加拿大CARIS机助制图系统,在全国海区测绘系统率先编绘出版除汉字注记外的全要素海图,实现由手工制图到自动分版刻绘制图工艺的历史性突破。

是年　天津海测大队自主成功研发由微波定位仪和单(四)波束测深仪构成的DOS版水深测量数据自动采集和处理系统,改变了传统水深测量人工采集测深数据的作业模式,节省内业数据处理繁琐计算工作,提高测深精度和工作效率,实现水深测量作业重大变革。

是年　天津海监局通信站职工韩子利在全国民兵无线电通信考核竞赛中表现突出,天津海监局为其荣记二等功。

1992 年

1月13日　交通部副部长刘松金考察天津海监局,并慰问全体干部职工。

3月7日　天津海监局印发《北方海区航标业务管理办法》,对北方海区航标系统各单位的管辖范围、工作职责、技术标准等作了进一步细化完善。

4月6日　交通部在北京召开全国交通系统航标工作会议,为从事航标维护管理满30年和20年的工作人员颁发荣誉证章。其中,北方海区航标系统范继怀等64人受到表彰。

6月1日　青岛海监局将石臼航标站成建制移交日照海监局管理,更名为日照航标站。

8月1日　大连海岸电台正式开播英文奈伏泰斯安全信息业务,覆盖范围为北纬36°50′以北海域。天津海岸电台接收的英文航行警告、冰况报告和搜救通知等,不再发往上海海岸电台,改为发至大连海岸电台转播;中文航行警告则同时发至上述两个海岸电台。

10月　天津海测大队测量一分队QC小组获得第一个省部级全面质量管理奖项。

12月1日　大孤山灯塔建成发光。1995年塔体改造。1998年太阳能电源系统改造。

是年　天津海监局裁撤通信交管处,原管理职能并入通信站,实行"站处合一"管理模式。

是年　大连航标处与大连海运学院合作研制的灯塔航标无线电遥控遥测微机管理系统荣获辽宁省科学技术进步奖二等奖。

是年　天津海测大队在全国海区测绘系统率先引进使用GPS全球定位测量系统接收机。

是年　天津海测大队被交通部授予"双文明建设先进单位"称号。

是年　天津海监局通信站(处)于洪波荣获"天津市劳动模范"称号。

是年　交通部在北京召开全国交通通信工作会议,为从事交通通信满30年的工作人员颁发荣誉证章。其中,天津海监局通信交管处处长程裕大等3人受到表彰。

1993 年

4月4日　中央编制委员会中编司司长倪迪、副司长尹光华一行参观考察大沽灯塔。

4月16日　交通部党组印发《关于海监局、港航监督局实行局长负责制有关事项的通知》,从即日起交通部直属海监局全面实行局长负责制。

7月1日　天津海监局参与修订的《水上无线电通信规则》由交通部发布施行,是为该局参与修订的第一部交通部门规章。

7月15日　"B-17"号中型航标船列编服役。2001年更名为"海标051"号。2013年更名为"海巡1503"号。

8月26日　天津航标区"B-15"轮因在"安堡"轮火灾遇险施救中做出特殊贡献,被天津市总工会授予"'八五'立功先进集体"称号。10月26日,交通部通报表彰"B-15"轮抢险救助先进事迹。

是年　天津海测大队取得建设部颁发的甲级《工程设计证书》。

是年　在交通部安监系统设备"管修养用"活动中,青岛航标处(区)"B-14"轮荣获总分第二名;天津航标区"B-15"轮和烟台航标处(区)"B-105"轮并列第三名;天津海岸电台荣获第一名,青岛海岸电台荣获第二名,大连和烟台海岸电台荣获第三名。该活动的相关文件和检查评比标准,由天津海监局牵头组织编制。

1994 年

2月19日　天津航测科技中心副主任李鲜枫、工程师马建设合著的论文《利用气象卫星进行航标数据遥测的尝试》,在国际航标协会(IALA)第十三届大会上发表,是为北海航海保障系统首次在国际会议发表论文。

6月9日　中国引进的第一套沿海无线电指向标—差分全球卫星导航系统(RBN-DGPS)在秦皇岛南山头指向标站开展为期一年半的连续可靠性试验。

6月21日　交通部、劳动部联合颁发《中华人民共和国工人技术等级标准(交通)》。该标准航标航测部分中的灯塔工、沿海航标工、航标保养工、航标充电工、航标灯器修理工5个工种技术等级标准，由天津海监局王汶、陈玉芳负责起草编制。

7月16日　交通部副部长刘松金考察成山头灯塔、指向标站和导航台，并为航标职工题字"以苦为荣"。

8月1日　全国海员工会、交通部人劳司、交通部安监局、中国交通报社组成联合调研组，赴北方海区偏远地区航标基层单位开展为期10天的调研活动。

8月19日　王怀凤任天津海监局局长兼监督长。党委副书记李刚主持党委工作。

9月6日　天津海监局和大连海监局联合承办1994年国际航测新产品展览会，是为北海航海保障系统首次承办大型国际专业会展活动。

9月19日　天津海监局牵头组织修订的《无线电指向标站管理和设备操作保养规则》和《中程无线电导航台管理、质量检测和设备操作保养规则》，经交通部审批发布，自1995年4月1日实施。

9月14日　中国交通运输协会理事长、交通部原部长钱永昌考察黄白嘴航标站。

10月10日　天津航测科技中心副主任马建设出席远东无线电导航服务网(FERNS)在中国北京召开的理事会第3次会议，是为北海航海保障系统首次派员出席FERNS大会。

11月8日　大连航标处新建办公业务用房开工建设，1997年7月竣工启用。该办公业务用房位于大连市荣民街49号，建筑面积2366.98平方米。

12月　天津海监局全面推行安全工作责任制。

是年　天津海测大队成功研制覆盖大连至香港沿海航线电子海图15幅，是为全国海区测绘系统制作的第一套电子海图。

是年　天津航标区"B-12"轮船长崔梦桐和烟台航标处航标工李云腾荣获"全国交通系统劳动模范"称号。

1995年

1月16日　天津海监局荣获"全国交通系统先进单位"称号。

2月28日　南大圈灯塔建成发光。1998年灯塔避雷系统改造。2011年更新灯器。

2月　交通部第二次为从事交通通信满30年的工作人员颁发荣誉证章。其中，天津海监局陈吉良等4人受到表彰。

3月9日　赵亚兴任天津海监局局长助理。

3月13日　台湾"中华海运研究学会"秘书长朱于益一行在交通部台湾事务办公室副主任李鉴、交通部通信中心主任李来兴陪同下，参观考察天津海监局。

4月19日　天津海监局全面实行工作目标责任制管理。

6月5日　肖维强任天津海监局党委副书记，魏占超任副监督长。

8月1日　"B-123"号船列编服役，为全国海区航标系统首制150吨级航标登陆艇。2001年更名为"海标0515"号。2013年6月更名为"海巡15001"号。

9月18日　交通部纪检组组长刘锷考察大连航标处黄白嘴航标站。

9月20日　天津海岸电台中控楼竣工，于1998年8月投入使用。该大楼位于天津塘沽航一路1361号，建筑面积5922平方米。

9月30日　天津南疆航标工作船码头开工建设，1996年12月告竣并交付使用。

9月　天津海监局制定《行政、党委议事工作规则》。2007年修订。2011年再次修订。

12月13日　天津海监局牵头起草的《海区航标动态通报管理办法》由交通部印发施行，是为北方海区航标系统牵头起草的第一部交通部门规章。

是年　天津海测大队取得国家计划委员会颁发的甲级《工程咨询资格证书》。

是年　在全国安监系统"学习华铜海，争创先进船"活动中，北方海区航标系统"B-15"号、"B-114"号、"B-118"号3艘航标船荣获"学习华铜海先进船舶"称号。该活动的相关文件和检查评比标准，由天津海监局牵头组织编制。

是年　青岛航标处团岛灯塔主任王炳交荣获"山东省劳动模范"称号。

是年　大连航标处老铁山灯塔主任孙国民荣获"辽宁省劳动模范"和"辽宁省优秀共产党员"称号。

1996年

1月26日　天津航测科技中心和中国科学院空间科学与应用研究中心合作研制的航标卫星遥测系统通过交通部科技成果鉴定。

5月8日　天津海测大队牵头组织编制的《港口、航道测绘产品质量检查验收办法》《港口、航道测绘产品质量评定标准》由交通部安监局印发施行，是为北方海区测绘系统牵头组织编制的第一批规范性文件。

6月18日　交通部安监局设立国际海事研究委员会及各专业分委会。其中，测绘政策技术分委会挂靠天津海监局，天津航测科技中心负责日常事务性工作。

7月10日　天津海监局印发施行首部《科技工作管理办法（试行）》。1997年10月15日修订。2008年11月24日再次修订。

8月21日　天津海测大队改用激光照排方式输出汉字，成功解决了CARIS到MAPCAD的数据交换问题，印制完成中国第一幅激光照排分版印刷彩色海图，实现大幅面中文全要素海图制图自动化。

9月16日　天津海测大队取得国家测绘局颁发的《甲级测绘资格证书》。

9月18日　张安民入选天津市"爱国爱市、创业成才、中青年知识分子"百名行列。

9月24日　全国人大环境保护委员会副主任杨振怀考察老铁山灯塔，并题词"京津门户，渤海咽喉"。

9月　烟台航标工作船码头开工建设，1998年6月竣工并交付使用，与港监巡逻船合用。

10月17日　朝鲜人武部水路局局长崔俊吉中将一行6人到天津海测大队和北塘指向标站参观访问。10月20日，到大连海监局和黄白嘴航标站参观访问。

11月1日　天津海岸电台正式开通窄带直接印字电报（NBDP）业务，成为北方海区唯一开放此项业务的海岸电台，并于1998年12月1日以FEC方式播发航行警告。

11月7日　交通部安监局在烟台举办《航标条例》知识竞赛，全国沿海17个海监局组队参赛。经过预赛和决赛，第一名为青岛海监局代表队，第二名为烟台、连云港海监局代表队，第三名为上海、营口、日照海监局代表队。

12月27日　天津海监局、天津海测大队档案管理通过国家二级标准认定。

12月31日　赵亚兴任天津海监局副局长。

12月　"B-125"号船列编服役，为全国海区航标系统首制400吨级航标巡检船。2000年12月更名为"海标0502"号。2013年9月更名为"海巡15002"号。

是年　交通部授予天津海监局"全国交通系统学习'华铜海'标兵单位",青岛、烟台航标处"全国交通系统学习青岛港先进单位",团岛灯塔主任王炳交、天津海岸电台话务班长王玉兰"全国交通系统学习包起帆先进个人"荣誉称号。

是年　天津海监局通信站(处)话务班长王玉兰荣获"天津市劳动模范"称号。

1997年

1月7日　环海寺地嘴灯塔建成发光。

1月30日　天津海测大队研制的中文全要素数字式海图编绘技术通过交通部科技成果鉴定,并荣获1998年交通部科学技术进步奖。

3月31日　天津海监局牵头编纂的《航标法规标准汇编(1997)》由人民交通出版社出版发行。该汇编集国内外航标法规、技术标准于一体,内容丰富,实用性强,便于查询,是指导航标业务的重要文集,亦是从事航标管理和技术人员必备的工作指南。交通部副部长刘松金为该汇编题词:"船行万里,航标指路"。

5月27日　天津海测大队荣获"天津市文明单位"称号。

6月4日　天津航测科技中心牵头编制的《沿海无线电指向标—差分全球定位系统建设与验收技术标准》等3部规范性文件,由交通部安监局印发施行,是为北方海区航标系统牵头组织编制的第一批规范性文件。

7月21日　北塘、秦皇岛、大三山岛、王家麦岛、大戢山5座RBN-DGPS台站,自零时起正式向社会公众免费播发导航定位信号。

7月31日　南疆航标基地通过交通部验收并投入使用。

10月16日　天津海测大队在全国海区测绘系统率先取得ISO 9002质量体系认证证书。

10月19日　青岛航标工作船码头开工建设,1999年5月告竣并交付使用。

11月3日　青岛航标处在北方海区航标系统率先组织实施机构和人事制度改革试点。

11月20日　交通部交通战备办公室在天津召开机动通信车更新改造验收会。天津海监局通信站(处)战备通信车通过验收。

11月　天津航标区在北方海区航标系统率先建成南疆航标保养基地。

12月1日　秦皇岛航标工作船码头开工建设,2000年1月告竣并交付使用。

12月　天津海监局在交通部安监系统率先实现会计电算化。

是年　天津海监局通信站(处)荣获"全国交通通信系统先进单位"称号,王玉兰荣获"先进个人"称号。

是年　青岛航标处灯塔主任王炳交荣获"全国交通技术能手"称号。

1998年

1月　天津海测大队被国际咨询工程师协会(FIDIC)接纳为会员。

2月24日　天津航标区、通信站(处)档案管理通过国家二级标准认定。

4月　天津海监局通信站(处)引进日本NDR-302A型中短波接收机12部,首次实现接收设备远程遥控。

5月　天津海监局、天津海测大队档案管理通过国家一级标准认定。

6月9日　天津海监局副局长赵亚兴等8人出席国际航标协会(IALA)在德国汉堡召开的第14届大会,是为北海航海保障系统首次派员出席IALA大会。

6月　天津海监局牵头组织实施的"中国沿海RBN-DGPS基准站精密位置及定位精度测量工程"项

目荣获交通部优秀水运工程勘察奖一等奖。1999年荣获国家第六届优秀勘察金奖。

7月15日　天津海监局举办建局10周年成就展。

7月24日　天津海岸电台开通船员私务电话业务。

7月　天津港VTS系统工程全面告竣并投入使用。

9月23日　天津海测大队荣获"全国交通系统先进集体"称号。

9月28日　天津海监局牵头编制的《沿海无线电指向标—差分全球定位系统播发标准》由交通部审定发布,自1999年3月1日正式实施。

12月5日　天津海岸电台正式以窄带直接印字电报(NBDP)方式播发安全信息。

12月29日　肖维强任天津海监局党委书记,李振清任党委副书记兼纪委书记,李国祥任副监督长。

12月　天津海岸电台正式开通全球电子邮件通信业务。

同月　叼龙嘴灯塔建成发光。

是年　天津海测大队荣获"天津市文明单位"称号。

1999年

2月12日　天津海测大队被首批命名为"全国海事系统文明达标单位"。

2月15日　交通部海事局常务副局长刘功臣、党委书记黄先耀考察天津航标处,并慰问干部职工。

3月18日　青岛航标处(区)档案管理通过国家二级标准认定。

3月22日　青岛海岸电台全球海上遇险与安全系统(GMDSS)开通运行,正式承担该台覆盖海域遇险安全通信值班任务。

3月　天津海监局实行专业技术干部聘任制。

4月1日　北方海区无线电指向标系统于零时起统一关闭。

4月5日　天津海监局"三讲"教育活动领导小组成立。7月9日召开动员大会,分四个阶段全面展开"三讲"教育活动。9月10日召开总结大会,并转入后续整改落实。

5月1日　天津海监局参与修订的《海道测量规范》由国家质量技术监督局发布实施,是为北方海区测绘系统参与修订的第一部测绘国家标准。

5月7日　交通部和天津市人民政府签署《关于在天津实施水上安全监督管理体制改革协议》,决定将天津市港航监督相关业务及人员并入天津海监局,组建中华人民共和国天津海事局。

6月30日　天津航标区航标工崔永发荣获"天津市优秀共产党员"称号。

7月1日　交通部印发《关于组建中华人民共和国天津海事局的通知》。

7月8日　中华人民共和国天津海事局正式挂牌运行。交通部副部长洪善祥和天津市副市长王述祖等领导出席仪式并揭牌。

7月　天津海监局牵头编纂的《海洋测绘法规标准汇编(1999)》由中国标准出版社出版发行。该汇编集国内外最新海洋测绘管理法规及相关技术标准、操作规程于一体,内容广泛,实用性强,便于查询,是指导海洋测绘业务工作的重要文集,亦是从事海洋测绘管理和技术人员的工作指南。

12月　北海航海保障系统第一个测绘工作基地在大连建成并投入使用。

2000年

1月1日　秦皇岛海岸电台关闭莫尔斯电报业务。

2月　由交通部海事局主办、天津海事局承办的《中国海事》创刊。后经新闻出版总署批准,该期刊于2005年8月正式面向国内外公开发行。

3月1日　烟台海岸电台关闭莫尔斯电报业务。

4月5日　天津海事局编制完成"十五"计划,是为该局第一部五年规划。

同日　交通部海事局党委书记黄先耀考察中国航标展馆。

4月7日　国际海道测量局(IHB)局长约翰·里奇(J. Leech)到天津海测大队参观访问。

6月18日　中国航标展馆正式开馆。

6月29日　齐世峰任天津海事局党委书记。

6月　天津海事局在交通部直属海事系统率先通过会计基础工作规范化达标验收。

7月　天津海岸电台与美国GW公司签署协议,在天津设立美国环球通信网节点站,开通海上电子邮件业务。

8月8日　经交通部海事局核准,天津海事局裁撤测绘处,原管理职能并入海测大队,实行"处队合一"管理体制。

8月10日　天津海岸电台荣获"全国交通通信系统先进单位"称号,苏本征、全连凤荣获"先进个人"称号。

9月10日　沿海航标夹持船"B-135"号列编服役,是为全国海区首制航标夹持船,自此结束航标人员"跳标"作业的历史,并荣获天津市科学技术进步奖三等奖。2001年更名为"海标0513"号。2013年更名为"海巡15015"号。

10月1日　根据交通部《关于天津等6座海岸电台试开通GMDSS-DSC通信业务的通知》要求,天津海岸电台自零时起开通全球海上遇险与安全系统数字选择性呼叫业务,全面承担A1、A2海区遇险通信值守工作。

是年　天津海测大队完成的"青岛跨海大桥工程测量"项目荣获交通部优秀工程勘察奖二等奖。

是年　天津海测大队荣获"1999—2000年度天津市文明单位"称号。

是年　天津海事局计划基建处处长陈英俊荣获"天津市劳动模范"称号。

2001年

3月14日　烟台、秦皇岛航标处(区)档案管理通过国家二级标准认定。

5月15日　天津海事局主持研发的"海标0513"号航标船通过交通部验收并投入使用,是为北方海区首制120吨航标夹持船。

5月　按照交通部《关于调整部分航标区行政管理关系的通知》要求,大连、营口、秦皇岛、烟台、青岛航标处(区)成建制划归天津海事局建制,连同原天津航标区一并改称天津海事局××航标处。

6月26日　大连灯塔工基地通过验收并投入使用。

6月　天津海事局海测大队(简称"天津海测大队")自主研发的电子海图检验软件(初级版本)通过验收。

7月　天津海测大队与国家海洋信息中心合作研制的海洋潮位订正软件,成功实现利用天文潮加余水位法推算潮位。

8月3日　天津海事局通信站(处)实施干部人事制度改革试点。

8月6日　天津海事局在北京牵头承办国际海道测量组织海图展览活动。

8月9日　国际海道测量局(IHB)高级制图专家米歇尔·怀特一行3人到天津海测大队参观访问。

8月25日　交通部副部长洪善祥、海事局党委书记黄先耀、海事局副局长王金付等考察天津海事局,并就进一步提高北方海区航标助航效能和管理水平提出新要求。

9月8日　按照交通部海事局要求,天津航测科技中心成功注册"航标助航"(域名:http://www.aton.gov.cn)、"海道测绘"(域名:http://www.hydro.gov.cn)官方网站。2002年6月,该网站正式开通运行。2003年7月改版。2004年8月再次改版。

10月24日　大连航标处在大连湾棉花岛购建码头1座,作为航标工作船码头。

10月26日　天津海事局牵头修订的《沿海无线电指向标—差分全球定位系统台站管理规则》和《沿海无线电指向标—差分全球定位系统设备操作规则》,由交通部海事局印发施行。

10月　天津海测大队多波束测深系统应用与开发项目QC小组荣获"交通行业优秀质量管理小组"称号。

是年　青岛航标处被交通部、人事部授予"全国交通系统先进集体"和"交通部劳动模范集体"荣誉称号。

是年　烟台航标处自主研制成功PRB-21(20)型灯器控制电路板,首次实现进口航标灯器控制电路国产化。2003年自主完成步进式旋转灯器数字化控制电路设计,实现航标旋转灯器数字化控制。

是年　天津航测科技中心承办并创刊交通部海事局主办的《航标工作年报》《测绘工作年报》,以及相关国际组织文件汇编和航海保障国际信息跟踪与研究专题报告等四大类图书刊物编译工作。

2002 年

1月1日　老铁山、成山头RBN-DGPS台站于零时正式对外开放。

4月22日　天津海岸电台7千瓦单边带发射机技术改造获得成功。

4月23日　天津海事局印发施行《技术创新专项基金管理办法》,在交通部直属海事系统率先创立"技术创新专项基金",助推该局荣获省部级科技成果奖数量位居交通部直属海事系统前列。2005年4月12日更名为《科技发展基金管理办法》,对基金提取额度作了调增。

5月7日　中国北方航空公司CJ6136航班客机在大连港附近海域坠毁。8日,天津海测大队、大连航标处、烟台航标处奉命组织专业力量迅速赶赴飞机失事海域,全力协助辽宁省海上搜救中心展开搜寻救助工作。14日、18日先后成功锁定失事飞机语音记录器和数据记录器位置,使之顺利打捞出水。事后,天津海事局相关单位及人员荣获交通部通令嘉奖。天津海测大队外业队七分队和"海标0507"号船荣获"天津市'十五'立功先进集体"称号,李鲜枫荣获"天津市'十五'立功先进个人"称号。赵亚兴等7人受到交通部海事局通报表彰。

5月18日　国家邮政局发行《历史文物灯塔》特种邮票1套5枚。北方海区老铁山灯塔位列其中。

5月27日　西班牙巴伦西亚机械公司总裁克利门德到天津航标处参观考察。

6月　天津海事局全面推行经费月计划管理。

7月　天津海事局通信站(处)话务班荣获全国交通系统"巾帼建功先进集体"称号。

10月14—18日　天津海事局航测科技中心在西安承担并派员参加远东无线电导航服务网(FERNS)理事会第11次会议。

12月18日　为配合新修订的《中华人民共和国测绘法》颁布实施,天津航测科技中心在北京牵头承办2002中国海事测绘论坛活动。

12月21日　青岛海岸电台于零时起正式关闭莫尔斯电报电路及备用电路。

是年　天津海测大队荣获"2001—2002年度天津市文明单位"称号。

是年　青岛航标处团岛灯塔主任王炳交荣获"全国五一劳动奖章"。

是年　天津航标处航标工崔永发荣获"天津市劳动模范"称号。

2003 年

2月25日　徐津津任天津海事局局长,肖维强任党委书记,黄何、孔繁弘任副局长。

3月4日　天津海事局牵头修订的《沿海港口、航道测绘产品质量检查验收办法及质量评定标准》由交通部海事局印发施行。

5月4日　全国人大常委会原副委员长姜春云参观崆峒岛灯塔。

5月20日　天津海岸电台新增北方海区航行警告定时播发及气象警告业务,是为北方海区唯一的安全信息定时播发台。

5月29日　天津海事局实施机构编制调整和岗位聘用(任)制改革。

6月　天津海测大队圆满完成重庆涪陵"6·19"重大沉船事故应急扫测任务。

7月22日　经天津市房改办批准,天津海事局印发《职工住房货币分配实施方案》并组织实施。

8月1日　沿海多功能航标夹持船"海标0519"号列编服役,并荣获天津市科学技术进步奖二等奖。

9月15日　天津航标处与天津开发区瑞锋科技有限公司、伍尔特(天津)电子有限公司合作研制的大沽灯塔航标遥测遥控系统投入运行,为灯塔实现无人值守创造了条件。2007年12月,该项目荣获中国航海学会科学技术奖二等奖。

10月7日　天津航测科技中心高级工程师白亭颖赴新加坡出席第二届国际电子海图显示与信息系统(ECDIS)学术交流暨展览大会,并在会上发表题为《ECDIS培训课程设计》的主题演讲。

10月8日　天津海事局两地机关临时迁至天津市塘沽区广州道贵州路文安里1号集中办公。

10月13日　中共天津海事局第一次代表大会召开,选举产生新一届党委和纪委领导班子。交通部海事局党委书记何建中、天津市交工委书记刘明哲出席会议并讲话。

10月　天津海测大队与长江航道局合作完成三峡大坝至重庆忠县江段扫测任务,实测面积约40平方千米。

11月3日　大连航标处举办首届"安全文化节"活动。

11月11日　天津海事局马亚平、张铁军、张安民、刘东全、白亭颖、桑金等出席东亚海道测量委员会(EAHC)在中国上海召开的第8届大会,是为北海航海保障系统首次派员出席EAHC大会。

12月4日　天津海事局航测科技中心和海测大队当选中国卫星导航定位协会理事。

是年　天津航测科技中心开始承担航标专业委员会秘书处日常事务性工作。

是年　天津海事局无线电管理委员会及办公室成立。

2004年

1月　北方海区航标系统采用"三级管理、四级网络"架构,开工建设北方海区岸基自动识别系统(AIS)。至2012年,分别建成国家数据中心1座、北方海区管理中心1座、辖区管理中心6座、沿海基站28座、内河基站52座、终端用户151个,形成覆盖辖区沿海港口、重要航道和重点水域的AIS岸基网络系统。其间,中国国家数据中心作为IALA-NET亚太地区数据中心,与美国和丹麦国家数据中心共同承担IALA-NET全球AIS数据中心职能,充分体现了中国作为航运大国的国际地位和履约担当。

3月　在交通部海事系统财务决算审核评比中,天津海事局获得航测决算、基建决算、企业决算三项"先进单位"荣誉称号,位列全国海区航测系统第一名。

4月9日　天津海事局组织实施北方海区航标"管养分开"改革。

5月15日　天津海事局组织研制的沿海多功能航标工作船通过了专家鉴定并列编服役。2006年该项目荣获天津市科技进步二等奖。

5月25日　辽宁省委副书记、大连市委书记孙春兰考察老铁山灯塔。

5月27日　交通部海事局常务副局长刘功臣陪同出席第34届国际航标协会(IALA)理事会代表20余人参观访问大连航标处,并乘船考察大连水域航标布设管理情况。

6月25日　天津海测大队圆满完成黄河小浪底水库"6·22"沉船应急扫测任务。

6月　天津海事局通信站(处)更名为天津海事局通信信息中心。

同月　交通部规划司副司长庞松考察大连、烟台等航标处。

10月30日　皮口灯塔建成发光。

11月5日　天津海岸电台全向全频段大型综合收信天线工程告竣并投入使用。

11月24日　天津海测大队成功扫测定位包头"11·21"空难失事飞机"黑匣子",使之顺利打捞出水。该大队及副队长张铁军等5人受到交通部海事局通报表彰。

11月30日　李国平任天津海事局副局长。

12月1日　天津海事局自主研制的小型冰标投入使用,从此结束天津港冬季杆形浮标不发光的历史。

同日　天津海测大队完成大沽灯塔标准长期水文站和天津港东突堤、新港船闸、航标处3座简易长期水文站建设,是为北海航海保障系统建设的首批具备长期运行功能的水文站。

同日　天津海岸电台开通自动无线电传通信业务。

是年　天津海事局政务信息网络系统开通运行。2005年11月,远程协同办公系统联网运行。2011年,该系统技术升级改造。

是年　天津海测大队荣获"2003—2004年度天津市文明单位"称号。

是年　天津海测大队副队长张铁军荣获"全国交通系统劳动模范"称号。

2005年

1月27日　交通部海事局党委书记何建中考察营口航标处。

2月13日　天津海测大队圆满完成长江口"2·10"失事直升机残骸和"黑匣子"扫测定位任务,使之顺利打捞出水。

2月　烟台航标处自主研制成功ISA-400型中型航标旋转灯器。2006年自主研制成功IMA-300型航标旋转灯器,2008年10月自主研制成功IMA-800型大型航标旋转灯器,2011年自主研制成功单颗LED点光源低能耗智能遥控一体化航标灯器,彻底改写了全国海区航标系统各类航标灯器长期依赖进口的历史。

3月22日　交通部海事局党委副书记范亚祥考察团岛灯塔。

3月25日　天津海事局牵头编制完成《直属海事系统基本建设管理办法(试行)》,由交通部海事局审定施行,是为该局为交通部海事局代拟的第一部基本建设管理规范性文件。

4月14日　营口航标处新建办公业务用房开工建设,2005年11月23日告竣并投入使用。该业务用房位于营口市站前区货场里59号,建筑面积1563.72平方米。2008年12月该处与营口港务集团有限公司签署置换协议,将办公地点迁至营口市站前区成福里路9号,建筑面积3358.5平方米。

4月16日　大连市副市长何建中考察老铁山灯塔。

4月27日　天津海测大队特种测量分队荣获"天津市模范集体"称号。

5月1日　青岛航标处团岛灯塔主任王炳交荣获"全国劳动模范"称号,天津航标处航标班长崔永发荣获"全国五一劳动奖章"。

5月8日　天津海事局首次利用岸基自动识别系统(AIS)功能,在大连险礁设置孤立危险物虚拟航标,是为中国设置并发布的第一座虚拟航标。

6月18日　国家基础地理信息中心大地测量部主任、珠峰登山测量队队长张江齐率3名藏族登山队员到天津海测大队参观交流。

7月3日　山东省省长韩寓群考察崆峒岛灯塔。

8月8日　由天津海事局组织实施的黄骅港导助航设施改造工程全面告竣。9月26日,天津海事局、神华集团黄骅港务有限责任公司签署航标交接仪式,将黄骅港煤炭港区76座航标正式纳入北方海区公用航标序列。交通部副部长徐祖远出席交接仪式,赞誉黄骅港导助航设施改造工程为"精品工程"和"满意工程"。

9月12日　天津海事局在天津航标处举办历时3天的船舶"管修养用"暨"安康杯"船员技术比武大会。青岛航标处获团体总分第一名,烟台航标处获第二名,天津航标处获第三名。

9月　大连航标处自主研制成功大功率通用型智能闪光仪。

10月　天津海事局牵头组织实施的"中国沿海无线电指向标—差分全球定位系统研究与实施"项目荣获中国航海学会科学技术奖二等奖。

同月　烟台航标处自主研制成功航标灯器智能控制器,可广泛应用于引进的各类大中型航标旋转灯器,荣获中国航海学会科学技术奖二等奖。

同月　《航测信息》创刊。该刊物由交通部海事局主办,天津航测科技中心承办。

12月9日　天津海岸电台自行研制的发信机语音传输控制器和私务电话自动查询系统通过专家技术鉴定。

12月26日　北方海区岸基自动识别系统(AIS)一期工程全面竣工并投入运行。

12月　天津海事局在烟台召开北方海区航标规章标准审查会,原则通过《固定助航标志配布指南》《港口助航效能评估指南》《导标灯器通用技术标准》《钢质冰标技术标准》和《航标遥测遥控系统维护管理办法》等一系列管理标准。

是年　在交通部直属海事系统船舶"管修养用"活动中,青岛航标处荣获"先进船舶管理单位"称号,"海标0513"号船荣获"先进船舶"称号,杨大伦荣获"先进标兵"称号。该活动的相关文件和检查评比标准,由天津海事局牵头组织编制。

是年　天津海测大队外业队副队长郭永丰荣获"全国交通技术能手"称号。

2006年

1月19日　徐俊池任天津海事局党委书记。

1月20日　青岛奥帆灯塔建成发光。

3月17日　经交通部海事局批准,天津海事局决定设立黄骅航标处,为局直属副处级单位,核定人员编制37人。

4月19日　交通部部长李盛霖考察天津海事局。

5月2日　国家邮政局发行《现代灯塔》特种邮票1套4枚。北方海区大沽灯塔位列其中。

5月22日　烟台航标处自主研制的ISA-400型航标旋转灯器参加国际航标协会工业会员展。

5月　按照交通部海事局统一部署,天津海事局组织开展"规范管理年"活动。2008年底圆满结束。

6月1日　天津通信信息中心参与编制的《海岸电台播发中文奈伏泰斯(NAVTEX)试行办法》由交通部无线电管理领导小组办公室印发施行,是为该中心参与编制的第一部交通通信系统规范性文件。

同日　天津、大连海岸电台开放中文奈伏泰斯(NAVTEX)业务。

8月5日　交通部副部长黄先耀考察中国航标展馆。

8月28日　天津海事局与唐山港口投资有限公司签署航标交接协议。自此,唐山港京唐港区航标正式纳入北方海区公用航标管理序列。

10月11日　天津航测科技中心开始承担交通部航测标准化委员会秘书处日常事务性工作。

10月13—17日　天津海事局航测科技中心在三亚承担并派员参加远东无线电导航服务网(FERNS)理事会第15次会议。

10月　天津航测科技中心副主任马建设出席国际海事组织(IMO)在韩国举办的自愿审核机制研讨会,是为北海航海保障系统首次派员出席IMO会议。

11月8日　交通部副部长徐祖远考察天津海事局。

11月　天津海事局编制的《航标养护单位资质审核标准》通过专家审定。

12月8日　天津海事局新建综合业务用房工程奠基开工,2008年11月8日告竣并投入使用。该业务用房位于天津市河西区解放南路369号,建筑面积20397平方米。

是年　天津海事局合作研发的"航行安全信息自动播发及船舶流量轨迹快速统计查询应用系统"和"AIS安全助航信息播发系统",在国内首次实现航标遥测遥控系统与AIS融合。

是年　天津航标处荣获交通部"全国海事系统文明达标单位"称号。

是年　天津海测大队荣获"2005—2006年度天津市文明单位"称号。

是年　天津通信信息中心收信台话务班荣获"天津市劳动模范集体"称号。

2007年

1月17日　李国祥任天津海事局副局长。

1月30日　北方海区AIS岸基网络系统二期工程竣工。

2月8日　天津海事局在塘沽大剧院举办职工迎春文艺汇演。

4月14日　吴建平任天津海事局副局长。

5月16日　中国成山头灯塔与韩国八尾岛灯塔缔结为姊妹灯塔。

7月11日　"海测0501"号船列编服役,是为天津海事局组织建造的第一艘小型玻璃钢双体测量船。

8月1日　天津海岸电台正式开放海上气象信息播发业务,通过莫尔斯无线电报、NBDP和中文NAVTEX系统等方式,对外播发由天津海洋中心气象台提供的海上气象信息。

10月18日　天津海测大队职工铜管乐队组建。

10月31日　天津海事局在烟台航标处举办"科技兴局"现场推进会,是为该局首次科技大会,将该局科技创新工作推向新高潮。

是年　青岛航标处荣获"山东省文明单位"称号。

是年　营口航标处荣获"2006—2007年度辽宁省文明单位"称号。

是年　秦皇岛航标处航标管理站站长张峰荣获"全国五一劳动奖章"。

是年　天津海测大队制作完成第一幅专题图——《北方海区形势图》(比例尺为1∶22万)。

2008年

1月16日　烟台航标处自主研发的ISA-400型航标旋转灯器入选天津市交通邮电系统"2007年十大技术发明"。

2月　大连航标处旅顺航标站站长孙国民荣获"交通运输行业文明职工标兵"称号。

3月13日　天津海事局党委调整为党组,纪委调整为纪检组。

4月　天津海事局牵头编纂的理论专著《航标文化》由人民交通出版社出版发行。该著作共11章,约43万字。

5月12日　天津海测大队购置办公业务用房1幢,位于天津市河西区郁江道21号A座,建筑面积4358.04平方米。

6月2日　天津海事局牵头编制的《钢质活节式灯桩通用技术条件》由交通运输部发布,自2008年10月1日正式实施。

7月5日　中纪委驻交通运输部纪检组组长杨利民考察台子山灯塔。

10月16日　天津海测大队自主研发的电子海图桌应用系统荣获中国测绘学会科学技术进步奖三等奖。

10月　天津海事局编纂完成《天津通志·海事志》,经天津市地方志编纂委员会审查通过,纳入国家地方志序列。该志书共17篇,约70万字,由天津古籍出版社出版发行。

12月18日　天津海事局隆重举行建局20周年庆典暨天津市海上应急指挥中心揭牌仪式。天津市人大常委会副主任李润兰、副市长任学锋、政协副主席刘长喜,交通运输部海事局党委书记梁晓安、台湾事务办公室副主任李建生、公安局副局长胡江山、中国搜救中心办公室副主任翟久刚、救捞局副局长王振亮,海军司令部航保部副部长许春明、武警天津总队副参谋长李连永、天津市公安边防总队副参谋长袁亚平,以及交通运输部、天津市有关部门和社会各界代表应邀出席活动。

12月19日　天津海事局修订完成《海区航标维护　固定建(构)筑物》行业标准,由交通运输部审定发布,自2009年3月1日正式实施。

12月30日　"海测0502"号船列编服役,是为天津海事局组织建造的第一艘40米级中型测量船。

12月31日　天津通信信息中心"海上加密通信器"项目获国家专利证书。

12月　天津海测大队参建的营口仙人岛港区水文观测站建成交付使用,成为北方海区第一座标准水文站。

是年　天津海岸电台正式开通安全信息语音播发业务。

是年　大连老铁山航标园建成并对外开放。2012年被中国航海学会命名为"航海科学普及教育基地"。

是年　天津海测大队荣获"2007—2008年度天津市文明单位"称号。

是年　青岛航标处荣获"山东省文明单位"称号。

2009年

1月12日　天津海事局举行海事职务等级标识授予仪式。

1月20日　天津海事局荣获"全国精神文明建设工作先进单位"称号。

1月　电磁吸盘式航标巡检船"海标0526"号船列编服役,是为全国海区航标系统首制,荣获中国航海学会科学技术奖三等奖,并取得国家实用新型专利。

3月　天津海事局编写的《海事丰碑》由人民交通出版社出版发行。该书详细记述了天津海监局首任局长钟伯源的先进事迹。

4月24日　交通运输部部长李盛霖考察天津海事局,对海事系统提出"特别注意提高服务能力水平,特别注意加强安全监管工作"等新要求。

5月18日　天津海事局在塘沽举办历时10天的全局职工素质竞赛活动。

6月1日　天津海事局牵头编制的《测绘资质分级标准(海洋测绘部分)》由国家测绘局发布施行。

8月12日　张宝晨任天津海事局局长,聂乾震任副局长。

9月　大连海岸电台关闭莫尔斯无线电报业务。

11月8日　IMO审核组对中国履约状况进行了为期10天的全面审核。此间,天津海事局航标导航处、天津航标处、天津海测大队、天津通信信息中心等单位(部门)顺利通过延伸审核。

11月18日　营口航标处购置营口港502泊位码头1座,作为航标工作船码头。

是年　青岛航标处荣获"山东省文明单位"称号。

是年　营口航标处荣获"2008—2009年度辽宁省文明单位"称号。

是年　烟台航标处荣获"山东省花园式单位"称号。

是年　天津航标处航标班长崔永发荣获"全国交通技术能手"称号。

是年　大连航标处旅顺航标站站长孙国民荣获"全国交通运输行业先进工作者"称号。

是年　天津海测大队完成的"青岛奥帆赛竞赛海域测绘工程"项目荣获中国测绘学会优秀测绘工程银奖。

2010 年

1 月　烟台航标处自主研发的"航标智能灯器与运行信息管理系统"项目荣获山东省科学技术进步奖一等奖。

3 月 18 日　中国航标展馆被中国科协命名为"全国科普教育基地"。

3 月 19 日　交通运输部海事局常务副局长陈爱平、党组副书记徐津津一行考察烟台航标处。

4 月　天津海事局 AIS 中心顺利完成中韩两国岸基 AIS 实时数据交换测试工作。同年 5 月 4 日,中韩两国船舶 AIS 数据交换正式上线运行。2012 年 4 月,中韩双边 AIS 数据交换终止。

5 月 20 日　赵兴林任天津海事局副局长。

5 月 26 日　第十届国际交通技术与设备展览会暨 2010 北京国际交通工程技术与设施展览会在北京展览馆举行。交通运输部部长李盛霖莅临参观,并对烟台航标处自主研发的智能航标灯器与运行信息管理系统等科研成果给予高度赞誉。

5 月　营口航标处工会被中华全国总工会授予"模范职工小家"称号。

6 月 21 日　交通运输部海事局印发施行《港口航道图测量成果数据汇交管理暂行规定》,要求各海区测绘主管部门将港口航道图测量数据汇交上海海事局海图印制中心。

8 月 10 日　刘福生任天津海事局局长,李国祥任党组书记。

8 月 18 日　青岛航标展馆建成并对外开放。

8 月 21 日　朝鲜陆海运省港务监督及航道灯塔局局长李南廷一行 7 人参观考察大连黄白嘴灯塔。

10 月 25 日　天津海事局航测科技中心在上海承办并派员参加远东无线电导航服务网(FERNS)理事会第 19 次会议。

11 月 15 日　天津航测科技中心选派邬凌智参加东亚海道测量委员会(EAHC)在泰国曼谷举办海洋边界、基线和外大陆架技术事务培训,是为北海航海保障系统首次派员参加 EAHC 举办的各类测绘专业技术培训。

11 月　天津海事局参与研制的"中国沿海船舶自动识别岸基系统开发及应用"项目荣获中国航海学会科学技术奖一等奖。

11 月　天津通信信息中心与大连海事大学合作研制的"全球海上遇险安全系统关键技术产业化"项目荣获中国航海学会科学技术奖三等奖。

同月　天津航测科技中心与北京中交兴通通信导航设计所、天津瑞锋科技有限公司合作研制的北方海区沿海航标基础数据库系统联网运行。

12 月 1 日　由天津航测科技中心协助中央电视台《走遍中国》栏目摄制的《中国航标史话》大型电视系列片,在中央电视台国际频道黄金时间首播。该电视系列片共 7 集,每集时长 30 分钟。

12 月　天津航测科技中心荣获中国卫星导航定位协会"推进我国卫星导航定位产业发展做出突出贡献单位"荣誉称号。

是年　青岛航标处荣获"山东省文明单位"称号。

是年　天津通信信息中心职工书屋被中华全国总工会授予"全国职工书屋"称号。

2011 年

1 月 13 日　天津海事局科技信息化专家咨询委员会成立。

1 月 18 日　烟台航标处荣获"2010 年度直属海事系统先进集体"称号。

3 月 1 日　朝连岛灯塔入选全国文物百大新发现。

4 月 27 日　烟台航标处自主研发的"大型智能化航标旋转灯器及控制方法"项目获国家专利证书。

5月1日　"五一"国际劳动节文艺晚会《劳动颂歌》在北京人民大会堂举行。由天津海事局职工组成的中国海事合唱团在国家级大型文艺演出中首次亮相,其中北海航海保障系统刘雪峰、丁琪欢、王翠婷等参加演出。

同日　天津海事局荣获"天津市职工文体活动示范单位"称号。

5月9日　天津海事局质量管理体系试运行。2012年1月13日正式运行。副局长聂乾震为管理者代表。

5月18日　中国航标展馆举行2011年"国际博物馆日"暨科普共建单位揭牌仪式。

6月9日　交通运输部海事局党组书记许如清考察烟台航标处。

6月15日　天津海事局举办庆祝建党90周年职工书画摄影展。

6月25日　青岛航标处"海标052"轮船长陈华飞荣获"全国十佳海员"称号。

6月28日　天津海事局召开庆祝建党90周年暨"创先争优"活动总结表彰大会,并举办"红歌颂党恩、共抒海事情"歌咏比赛。

7月11日　天津海事局与天津市航海学会在中国航标展馆联合举办"中国航海日"庆祝活动。

7月20日　天津海事局牵头编制的《海区浮动助航标志配布导则》由国家标准化管理委员会审定发布,自2011年12月1日实施。

9月1日　天津海事局在天津召开全局科技信息化工作会议,旨在加速推进"科技强局"发展战略,尽早实现该局"十二五"科技信息化发展目标。

9月11日　天津海事局AIS中心工程师侯安健赴法国出席国际航标协会(IALA)全球海事信息共享工作组会议。

9月14日　交通运输部印发《交通运输部直属海事系统人员编制和机构设置实施方案》,决定整合全国沿海航标、测绘、通信等航海保障管理机构,分别在天津、上海、广州设立交通运输部北海、东海、南海航海保障中心。

同日　交通运输部海事局副局长李世新考察天津航标处、天津航测科技中心、天津海测大队。

9月　天津航标处职工书屋被中华全国总工会授予"全国职工书屋"称号。

10月22日　由天津航测科技中心、天津西戈科技有限公司合作研制的海事科技信息资源共享系统联网运行。

10月29日　青岛航标处工会荣获"山东省模范职工之家"称号。

11月1日　青岛市政协主席孙德汉考察团岛灯塔。

11月7日　天津航测科技中心工程师马建设赴日本出席第20届远东无线电导航服务网(FERNS)会议。

11月11日　天津海测大队工程师王昭撰写的《电子海图质量控制的语言学模型》荣获中国测绘学会2011年"吉威数源杯"优秀青年论文二等奖。

同日　青岛航标处航标科、天津航标处"海标11"轮荣获"全国交通建设系统工人先锋号"称号。

11月17日　"海标15"号大型航标船列编服役,是为天津海事局组织研制的新一代首制大型航标船,在国内首次实现甲板航标作业机械化。

11月29日　在上海举办的第十六届中国国际海事技术学会年会暨展览会上,天津海事局自主研发的岸基船舶自动识别系统、航标智能灯器与运行信息管理系统、奥(亚)运会专用图与电子海图桌等4个项目应邀参加展览。

11月　秦皇岛航标处购建原天津航道局所属办公楼房1幢,位于秦皇岛市海港区河北大街中段329号,建筑面积4200平方米。

12月9日　青岛航标处处长王正和等撰写的《中型航标船新型浮标沉石绞车开发设计初探》荣获

中国航海学会论文二等奖。

12月14日　天津海岸电台发信台天线迁建工程、甚高频安全通信系统工程告竣并投入使用。

12月20日　天津海事局荣获"全国文明单位"称号。

12月21日　韩国国土交通和海洋事务部航标管理代表团金珉哲一行4人参观访问烟台航标处和成山头灯塔，并就航标管理及相关科研工作进行交流。

12月23日　青岛航标处研发的"基于船舶自动识别系统技术的数字航标及通信管理终端"荣获中国航海学会科学技术奖三等奖。

12月　秦皇岛航标处合作研制的"基于多源信息聚融的港域航道智能监测系统"项目荣获河北省科技进步奖二等奖。

同月　由天津海事局航标导航处、厦门集美大学信息科技开发公司合作研制的北方海区航标业务综合管理系统联网运行。

同月　天津海测大队研发的"沿海港口潮汐分析和处理系统"项目和参编的《水运工程测量质量检验标准》分别荣获中国航海学会科学技术奖三等奖。

是年　天津海测大队完成的"北方海区GPS控制网建设"项目荣获中国水运建设行业协会水运交通工程优秀勘察奖一等奖。

是年　营口航标处荣获"辽宁省文明单位标兵"称号。

是年　秦皇岛航标处荣获"河北省文明单位"称号。

是年　青岛航标处荣获"山东省文明单位"称号。

2012年

1月18日　天津海事局党政联席会议审议通过《北海航海保障中心筹备工作方案》。

2月6日　程俊康任天津海事局副局长，陈鹏任党组副书记兼纪检组组长。

2月8日　北海航海保障中心筹备组成立临时党支部。

同日　天津航测科技中心主任张铁军、天津海测大队副大队长张安民入选首届"中国海事领军人才库"。

4月2日　科学技术部拨付天津航测科技中心748万元课题专项经费，用于"水面溢油跟踪监测浮标与无人机监测装备"研制。

4月5日　外交部原部长李肇星参观团岛灯塔，并题词"祖国永恒，人民至上"。

4月15日　天津航标处副处长沈志江赴法国出席国际航标协会工程环境和历史保护委员会第十八次会议。

4月17日　青岛航标处自主研发的"海标052轮机舱智能化监控系统V2.0"取得国家软件著作权，实现北海航海保障系统在国家软件著作权方面零的突破。

4月19日　天津海事局首次采用无人机航空巡检渤海海域航标。次日，中央电视台新闻频道对此作了报道。

4月22日　天津海事局航标导航处高级工程师郎荣威赴法国出席国际航标协会(IALA)航标管理委员会第18次会议。

5月2日　天津海事局荣获"2011年度直属海事系统五好领导班子"称号。

5月15日　在北京展览馆举办的第十一届中国国际运输技术与设备展览会上，交通运输部部长李盛霖、政策法规司司长何建中、财务司司长陈健、海事局党组书记许如清莅临天津海事局展位，对该局自主研制的中国沿海与内河船舶自动识别系统、海上搜救应急指挥系统、奥运会专用图与电子海图桌、航标智能灯器与运行信息管理系统等科技成果给予高度评价。

5月22日　天津海事局通信信息中心牵头组织的《中国船舶通信导航史》编纂工作正式启动。

5月28日　天津航标处工会荣获"天津市模范职工之家"称号。

5月　天津航测科技中心团支部荣获"全国五四红旗团支部"称号。

6月29日　天津海事局召开庆祝中国共产党成立91周年暨"创先争优"活动总结表彰大会。

6月　天津海事局统一组织开展北方海区航标效能专项检查活动。同年8月26日圆满结束。

7月28日　交通运输部海事局在烟台航标处召开直属海事系统基层工会创建"品牌职工之家"现场会。烟台航标处工会荣获"交通运输部直属海事系统品牌职工之家"称号。

8月28日　中国航海学会授予刘功臣、郭莘、张家孝、李汶、张性平、李炬海6人"航标测绘杰出贡献奖"。

9月3日　天津航测科技中心副主任白亭颖赴泰国出席东亚海道测量委员会(EAHC)第11届大会。

9月14日　交通运输部印发《关于北海航海保障中心主要职责、机构设置和人员编制的通知》，明确该中心内设机构为办公室、计划财务处、人事教育处、航标导航处(值班室)、海事测绘处、通信信息处、党组工作部；下设机构为大连、营口、秦皇岛、天津、烟台、青岛航标处，大连、营口、秦皇岛、天津、烟台、青岛、哈尔滨通信中心，天津海事测绘中心，天津航测科技中心；核定人员编制为1925人。

9月21日　交通运输部直属机关第一届职工运动会在北京奥体中心举行，天津海事局选派人员组成广播操表演队，代表交通运输部海事局参加团体项目表演，荣获最佳组织单位奖。

9月25日　天津海测大队高级工程师王闰成赴英国出席国际海道测量组织(IHO)海道测量服务与标准委员会第4次会议。

9月30日　天津航测科技中心高级工程师朱勇强赴埃及出席国际航行学会联合会第14届大会，并发表论文《符合e-Navigation理念的船舶助航系统在航标工作船上的应用》。

10月14日　天津航标处副处长沈志江赴法国出席国际航标协会(IALA)环境工程和灯塔保护委员会第19次会议。

10月15日　交通运输部召开视频会议，宣布北海航海保障中心成立及干部任免决定。天津海事局局长刘福生兼任第一主任，聂乾震为主任(副局级)，陈朝为党组书记(副局级)，张铁军为副主任兼总工程师，柴进柱为副主任。

10月18日　天津海事局开展为期15个月的深入推进"四型海事"建设学习实践活动。

10月22日　交通运输部部长杨传堂考察天津海事局。

同日　天津航测科技中心高级工程师马敏赴俄罗斯出席远东无线电导航服务网(FERNS)理事会第21次会议。

11月2日　天津航标处合作研制的"新型冰标及冰标用灯器"项目荣获中国航海学会科学技术奖三等奖。

11月9日　天津海测大队文化形象标识"万里海疆　探路先锋"正式启用。

11月29日　青岛航标处团岛灯塔主任王炳交荣获"全国交通技术能手"称号。

12月6日　"海测0503"号中型测量船列编服役。2013年更名为"海巡1505"号。

12月7日　烟台航标处航标科技所荣获"山东省水运系统工人先锋号"称号。

12月20日　交通运输部北海航海保障中心举行揭牌仪式。交通运输部、天津市人民政府有关部门，以及海军和港航企事业等50多个单位代表出席仪式。天津海事局局长刘福生、天津市交通运输和港口管理局副局长么铁柱为该中心揭牌。

12月　天津航测科技中心牵头编纂的《航测法规标准汇编(2012)》由人民交通出版社出版发行。该汇编集国内外最新航标管理和海洋测绘法规与标准于一体，结构合理，内容全面，具有较强的实用性。

是年　北方海区航标系统全面完成蓬长水域等5个陆岛运输航线航标配布工程，新增、改造和调整各类航标322座,被誉为"妈祖工程"。

是年　烟台航标处科技所、青岛港航标站荣获全国交通建设系统"工人先锋号"称号。

是年　秦皇岛航标处荣获"河北省文明单位"称号。

是年　青岛航标处荣获"山东省文明单位"称号。

是年　团岛灯塔主任王炳交当选青岛市政协委员。

是年　天津海测大队完成的"辽东湾满载巨型油轮推荐航路探测"项目荣获中国水运建设行业协会水运交通工程优秀勘察奖一等奖。

第一章 机构沿革

中国北海海域,昔称北洋、北方海区。"北海"之说,早在先秦古籍《山海经》中就有记载,但并未指明具体海域范围,迄今众说纷纭,尚无定论。"北洋"一词,源于宋代,是古代先民对海洋区域方位进行大致划分而形成的地理概念,清代泛指长江入海口以北海域。当代所谓"北方海区",系指山东省和江苏省交界以北的黄、渤海海域。

北海航海保障事业源远流长,其官方管理机构至少可追溯到元代海道都漕运万户府。之后,随着朝代更迭,官制时有变迁,沿海和内河水上交通导助航事务由地方官府兼办或民间自办,各自为政,并无定规。

第二次鸦片战争爆发后,西方列强逼迫清政府签订《天津条约》及《通商章程善后条约:海关税则》,强行将航标管理、海道测量、引水指泊、港口巡察等海务纳入由洋人把持的海关职权范围,并于同治七年(1868)设立海关船钞部,统揽中国通商口岸的航标、测量、水文、气象等事务,海关由此成为近代中国航海保障事业主管机关。北方海区航标测量业务始由海关船钞部北段巡查司统一职掌,后改为各口海关分工管理。清光绪二十四年(1898),大连、威海、青岛沦为帝国主义"势力范围",其航标测量业务由殖民统治当局港政部门管理。1921年中国海军海道测量局成立后,对外禁止外国人自由测绘领水水道,对内接管海关兼办的海道测量业务,中国政府从此拥有专门负责海道测量工作的管理机构。中国水运无线电通信事业起步较晚,各地相关管理机构肇始于20世纪20年代,由中央政府交通部电政部门统辖。至中华人民共和国成立前,北海航海保障管理机构时有调整变化,基本处于海关、海军、交通等部门分治状态。

1949年中华人民共和国成立后,中央人民政府政务院将海关、海军、邮电等部门所辖的沿海公用航标、港口航道测量、水运安全通信等机构划归交通部统一管理。不久,中国沿海航标管理体制经过两次重大调整,形成海军、交通、水产三大部门分管格局。1978年中共十一届三中全会后,为适应改革开放和航运事业发展需要,国务院、中央军委决定将海军所辖沿海干线公用航标划回交通部管理。之后,北海航海保障机构历经航道局与港务局条块管理、海监局分工管理、海事局统一管理等历史发展阶段,组织机构逐步健全,站点布局日趋完善,业务职能不断拓展,管理手段与时俱进,队伍素质显著增强,保障能力大幅提升,并伴随着中国特色社会主义现代化建设的步伐持续发展壮大。

2012年,交通运输部按照"政事分开"原则,将直属海事系统所辖航标、测绘、通信等航海保障管理机构成建制划出,分别在天津、上海、广州设立北海、东海、南海航海保障中心,为交通运输部直属副局级事业单位,纳入交通运输部海事局管理范围,分工负责各自辖区海事航标建设养护、港口航道测量绘图、水上安全通信等技术支持和服务保障工作。其中,北海航海保障中心业务范围为北纬35度以北的中国管辖海(水)域,纵跨黑龙江、辽宁、河北、山东、天津4省1市。该中心内设7个职能部门,下辖15个基层单位,核定人员编制1925人,从此步入新的历史发展阶段。

第一节 主管机关

一、航测主管机关

(一)机构设置

北方海区航标测量管理机构历史久远。据《大元海运记》记载,元王朝定都大都(今北京)后,于至元二十年(1283)在江苏太仓设立海道都漕运万户府(简称"海道府"),统一筹划漕粮海运事务。后因漕船时常发生触礁搁浅事故,海道府于延祐元年(1314)"奉省府给降剳(札)付,令袁源等充指浅提领(海道府专司指向避险之责的从七品官员),照依议到事理,预备船只旗缨,依上指浅施行",陆续在天津直沽龙山庙等航路险要之处竖立"望标"等助航标识,海道府由此成为迄今可考兼办航标测量事务最早的官方管理机构。明代以降,北方海区航海保障事务逐步转由各地官府兼办或民间自建自管。

第二次鸦片战争爆发后,清政府被迫与西方列强签订《天津条约》《北京条约》等一系列不平等条约,相继开放登州、牛庄、天津等地为对外通商口岸,明确"通商各口分设浮椿(桩)、号船、塔表、望楼,由领事官与地方官会同酌视建造"。清咸丰八年(1858),清政府与英、美、法三国续订《通商章程善后条约:海关税则》,规定"任凭(清)总理大臣邀请英(美、法)人帮办税务并严查漏税,判定口界,派人指泊船只及分设浮椿、号船、塔表、望楼等事,毋庸英(美)官指荐干预。其浮椿、号船、塔表、望楼等经费,在于船钞(吨税)项下拨用",以国际条约形式强行将洋人帮办税务、海关兼办海务,并将航标建设经费渠道等事项一并加以固定,使税务和海务成为近代海关两大骨干业务。然而,由于各口海关监督历来由地方军政大员委派分守或分巡兵备道(武职)兼任,分辖各地,号令不一,长期处于各自为政状态,不可能在全国实施统一的海关税则。为此,清政府于咸丰九年四月二十一日(1859年5月23日)任命英国人李泰国(H. N. Lay)为海关总税务司(Inspector General),并将上海江海关外籍税务司管理模式推行全国,由此形成近代中国海关监督与海关税务司二元管理体制。

清咸丰十一年(1861)始,清政府相继在天津、登州(后改为烟台)、牛庄(后改为营口)设立海关监督衙门和海关税务司署,分工管理各口通商事务。此间,各口海关监督陆续开办一些包括导助航设施建设在内的海务工作,但因用于建造航标的"船钞"提留仅为一成,加之缺乏有效监管,致使沿海导助航设施建设远远不能满足船舶安全航行需求,遂引发外籍船商强烈不满,鼓噪各国驻华公使向清政府施压,甚至动议另立机构接管"船钞"。后经海关总税务司赫德(Robert Hart)游说清政府和各国公使允准,自同治七年三月初九(1868年4月1日)起"将此项船钞另行变通,除同文馆三成仍提留外,其余七成按照条约为修造塔楼等项本款之费",由各口海关将"船钞"按季度汇入总税务司账户统一筹划使用,拱手将这项具有主权象征意义的航测管理事权交由外籍客卿掌管。自此,"船钞"成为中国沿海(江)通商口岸航标建设经费的主要来源。

清同治七年四月初三(1868年4月25日),海关总税务司宣告成立船钞部(Marine Department),由海务税务司(Marine Commissioner)福布斯(C. S. Forbes)主事,内设文案1名、理船营造司1名、灯塔营造司2名。同时,将中国沿海划分为北、中、南3个区段,各派驻1名段巡查司(Divisional Inspector)统辖各区段海务工作。首任北段巡查司为法籍船长威基谒(S. A. Viguier),常驻东海关。各关区海务由理船厅(Harbour Master,既是职务称谓,也是机构名称,1928年后改称港务长或港务监督)职掌。各区段海务巡查司巡驻口岸,即为该关区理船厅;离开后则由关区理船厅或头等总巡署理。理船厅下辖灯塔(船)值事、港口引水、执照引水、港口巡吏等职员,具体负责辖区航标维护、引水指泊、港口巡察等工作,北方海区航标设施建设及日常维护工作由此形成海关总税务司→海务税务司→北段巡查司→理船厅(头等总巡)→灯塔执事(灯船主)自上而下的垂直管理体系,但各关区税务司对理船厅经办业务拥有副署权,须经其同意方可据以执行。

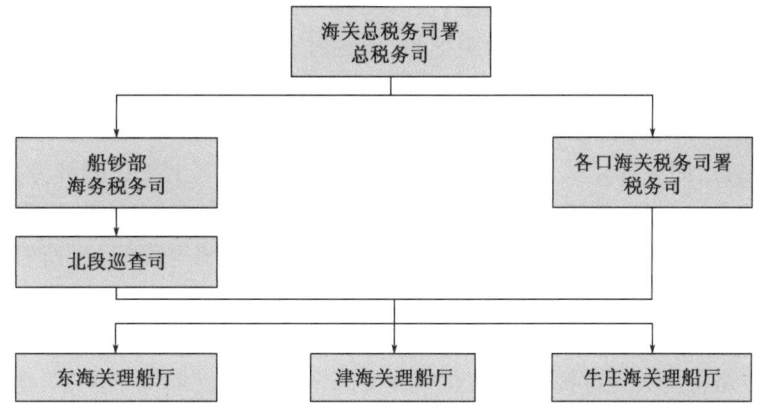

图 1-1-1　1868 年北方海区航测系统(海关)机构设置示意图

不久,中段巡查司霍克莱(J. M. Hockly)故世,海关总税务司赫德察及不再需要 3 名巡查司,未予补缺,遂以压缩开支为由,将北、中两段合并,统称北段,由原北段巡查司威基谒统辖,移驻上海江海关。清同治九年(1870)底,赫德接受福布斯辞呈,明确表示不再设置海务税务司职务,并于翌年擢升正营造司韩德善(D. M. Hederson)为总营造司(Engineer Chief),署理船钞部工作。同时,将各关区理船厅隶属关系改为"秉承各口税务司之命行事",相关业务由总营造司和段巡查司予以协助,北方海区航测工作形成各关区税务司分工管理格局。后因各口海关税务司与段巡查司职责不明,致使海务管理出现各自为政的局面。为理顺上下关系,集中海务事权,海关总税务司于清光绪七年(1881)决定裁撤南、北两段巡查司,任命原南段巡查司毕斯壁(A. M. Bisbee)为海务巡工司(Coast Inspector),会同总营造司分工管理船钞部,下辖营造处、理船处、灯塔处 3 个职能部门。其中,营造处负责"参议一切有关改善沿河沿海之航行,改善海港以及监督与此相关之所有公共工程";理船处负责"各通商口岸设置公事房,委以监督船只锚泊与河道巡吏考试任用及引水之责";灯塔处负责"总管灯标部门事宜"。此间,船钞部还兼办海道测绘事务,但"海关测量乃严格限于为设置助航设备之港口、内河及进入通商口岸航道范围以内"。至此,全国航标、测量管理体系基本定型。

清光绪二十年(1894)中日甲午战争爆发后,西方列强割地殖民渐成狂潮。光绪二十四年(1898),清政府被迫与德、俄、英签订《胶澳租借条约》《旅大租地条约》《订租威海卫专条》,青岛、旅大等租借地海关相继成立(英国租借威海主要出于政治和军事目的,无意辟为商埠,未设海关机构)。因租借地海关在"船钞"征缴等方面迥异于其他海关,故航标测量等海务工作不受海关制辖,中国海关管理体制由此开一变例,北方海区航测管理遂形成海关与港政部门分治格局。其中,天津、烟台、营口等地区航标由海关管理;旅大、威海、青岛等租借地航标由殖民当局设立的港政部门管理;秦皇岛港航标由英国人控股的开平矿务局管理。

清宣统二年(1910),因日本等国觊觎中国管辖岛礁,引起清政府警觉,遂责令海军部勘测中国领海及所属岛屿,以捍卫国家领海主权。宣统三年(1911),海军部设立侦测科,并拟订主要港湾海道测绘计划,但计划尚未实施,清王朝即告终结。

1912 年中华民国成立后,北洋军阀政府实行关、道分治,各口海关监督衙门改称海关监督公署,内设机构缩编为总务和关防 2 个职能部门。海关总税务司安格联(F. A. Aglen)以保护税款、偿还外债为由,趁机夺取了原由海关监督职掌的关税保管权,并将开埠口岸 50 里内的"常关"划归"洋关"统辖,"常关"业务逐步被"洋关"取代。同年 3 月,海关总税务司署将船钞部一分为二,改组为海政局(Marine

Department)和工程局(Works Department)。海政局由海务巡工司掌管，下辖巡工科、理船科、灯塔科、运输科4个职能部门。工程局由总营造司掌管，下辖营造科、图画科、督工科3个职能部门。此间，北洋军阀政府海军部设立军务司，负责职掌海道测量、领海勘界、航标调查、海上保安、航路警告等事项。尽管官制文件已有明确规定，但因海道测绘由海关把控，加之海军部稀缺相关专业人才，海道测量职权名存实亡。北方海区航标、测量等海务管理格局未发生大的变化。

1921年10月，北洋军阀政府海军部在北京设立海道测量局，首任局长由海军部军务司司长陈恩焘少将兼任。1922年2月，海军部正式厘定海道测量局编制，委派海军上校许继祥专任局长（翌年3月晋升海军少将），并移址上海办公，就近改隶海军总司令部节制。该局建制初期，工程技术序列官制分为监、正、佐3级（相当于将、校、尉），内设总务、测量、推算、潮汐、制图等部门，时有官兵40余人，配置测量船艇2艘，海道测量经费由海关按年拨付关平银18万两，后逐步增至50万两。此间，中国政府照会各国驻华使团"以后未经我国政府许可，各国不得自由测绘中国领海"，逐步收回领水测量主权，并由财政部转饬海关总税务司将海关兼办海道测量业务移交海军海道测量局统一职掌，但海关以种种借口拒绝移交。1927年3月，北洋海军总司令率所属舰队及海道测量局等归附国民革命军。

北伐战争胜利后，按照南京国民政府训令，海关总税务司署于1928年10月从北京迁往南京，但总税务司仅在南京虚设总署机关，主要业务部门依旧留驻上海。同年，海关总税务司将海政局与工程局合并，改称海务科，下辖巡工股、灯塔股、工程股、港务股、海务运输股等职能部门，由海务巡工司统一掌管。原工程局总营造司改任总工程师，协助海务巡工司管理航标设施建造等事宜。各口海关理船厅更名为港务局，由港务长统辖。

1929年6月1日，南京国民政府海军部正式成立，海道测量局改隶海军部海政司统辖，内设总务、测量、制图、海事4股，时有官兵60余人，测量船艇4艘。1930年9月29日，南京国民政府行政院训令财政部，要求海关立即将海道测量业务全部移归海军海道测量局管理。但海关依旧借故推辞，直至海军强行将海关测量船扣留后，海关才于翌年8月将海道测量事权正式移交海道测量局，中国领水海道测量自此实现统一管理。之后，该局内设机构虽有调整变化，但其管理职能基本承继旧制，直至中华人民共和国成立前未变。

1931年1月，南京国民政府召开全国关税会议，决定裁撤海关监督公署，并将全部"常关"（钞关、厘局）改制为海关分卡，分别移交各关区税务司统辖，各口海关组织机构及管理职能由骈枝趋于集中统一，标志着中国海关二元管理体制就此终结。其间，除东海关奉令收回威海沿海航标管理权外，北方海区航测工作依旧处于分治管理格局。

1937年7月，日本侵华战争全面爆发，北平（今北京）、天津、河北、山东等地相继沦陷，北方海区主要港口及沿海助航设施被日本侵华海军全面控制，除天津港航标名义上仍由海关部门掌管外，北方海区航标设施均由日占当局设立的港政部门管理。此间，由于中国沿海地区大部沦陷，海道测量局随之裁撤。1939年6月，汪伪政府组建绥靖部水路局，后于1940年4月改隶海军部，更名为水路测量局，负责掌管中国沦陷区海道测绘事务。1941年12月7日太平洋战争爆发后，日军随之强占海关总税务司署，委任日本人岸本广吉为总税务司，全面劫夺并重组沦陷区各口海关机构，海关税务司及要害部门均由日本人把持。同年12月26日，重庆国民政府重建海关总税务司署，改任英国人周骊（P. B. Joly）为海关代理总税务司。1942年8月，恢复海务科建制，任命徐祖善为海务巡工司，主要负责国统区海务管理事宜，与沦陷区日伪海关形成分裂并存局面。

1945年8月15日，日本宣布无条件投降。重庆海关总税务司署随即派员接管日伪海关机构，陆续恢复战前旧制，于1946年1月以海关总税务司驻上海办事处名义对外办公。同年，南京国民政府海军部接管汪伪水路测量局，在上海重建海道测量局，下辖2个海道测量队，仅有测量工程技术人员20余人，测量船艇5艘。此间，海关总税务司将中国沿海航标划为4个区段管理，分别由江海关、胶海关、闽

第一章 机构沿革

海关、粤海关统辖。后因国民党挑起内战,烽烟四起,政局动荡,北方海区航标管理形成各自为政的分治局面。其中,旅大地区航标由苏联驻军海道测量区管理,营口地区航标由南京国民政府治下的营口航政局管理,秦皇岛地区航标由英国人控股的开滦矿务总局管理,天津地区航标由津海关管理,烟台地区航标由中共胶东解放区人民东海关管理,青岛地区航标由胶海关管理。1949年6月1日,中国人民解放军接管驻上海的国民党海军海道测量局,组建华东军区海军海道测量局,局机关设6课(总务、测量、制图、推算、潮汐、海事)、1股(人事),是为中国人民解放军第一个海洋测绘机构。

1949年10月1日中华人民共和国成立后,中央人民政府全面废除外籍税务司制度等陈规旧法,陆续解聘海关外籍人员,海关大权收归人民政府掌管。1950年1月27日,中央人民政府政务院第十七次政务会议通过《关于关税政策和海关工作的决定》,将海关管理的"海港、河道、灯塔、浮标、气象报导等助航设备的职务,连同其工作人员、物资、器材,全部移交中央人民政府交通部或省市港务局"。同年11月16日,交通部航务总局正式接管全国航标,增设青岛、上海、厦门、广州4个区海务办事处(1951年7月改称交通部航务工程总局××区航标处),实行按区域分工管理体制,从此结束长达80余年海关管理航标的历史。其中,山东、河北等地沿海航标由交通部航务总局青岛区海务办事处管理;天津、营口、安东(今丹东)等港口航标由当地港务局管理;旅大地区沿海航标由苏联驻军海道测量区管理。1951年2月1日,华东军区海军海道测量局更名为海军司令部海道测量局,隶属军委海军,统一掌管全国海道测量业务和江海港湾通航安全。

20世纪50年代初,朝鲜战争爆发,中国人民志愿军赴朝鲜参战,美国扶持盘踞台湾的国民党军队对中国大陆实施海上封锁和骚扰破坏,中国沿海军事斗争呈现复杂态势。为此,中央人民政府政务院遵照周恩来总理批示,于1953年6月23日决定将交通部所辖沿海航标及相关管理机构全部移交海军司令部。同年7月,海军司令部海道测量局与交通部航务工程总局航标处合并,组建海军司令部海道测量部,首任部长为律巍。交通部航务工程总局所辖青岛、上海、厦门、广州4个区航标处随之裁撤,分别并入海军青岛基地司令部海道测量处、华东军区海军司令部海道测量处、中南军区海军司令部海道测量处。其中,海军青岛基地司令部海道测量处内设航标科、航海仪器科、海图标改科等6科1室1股,下辖修建队、检修所、海测队等机构,首任处长为张维书。1955年5月20日,为适应中国航运经济建设发展需要,经交通部与海军司令部协商,从海军司令部海道测量部和广州港务局选调20名专业技术人员,在广州成立交通部海运管理总局海港测量队,分担全国沿海商用港口航道测绘工作。5月25日,按照中苏《关于中国长春铁路、旅顺口及大连的协定》,苏军将旅大地区管辖权交还中国政府,该地航标设施由新组建的海军旅顺基地司令部海道测量区接管。至此,除交通部直属港口航道测量及天津、营口等河口港航标外,北方海区航测工作均由海军统一管理。

1958年5月14日,交通部决定将海港测量队划归天津航道局领导。12月,交通部再次决定将天津航道局海港测量队一分为二,分别划归天津航道局和上海河道工程局管理。是年,基于中国大陆沿海军事斗争形势逐步好转,为适应航运经济发展需要,国务院、中央军委决定调整全国沿海航标管理体制,海军除继续负责沿海干线、军事专用和军用为主的军商合用港航标管理外,分别将大连、秦皇岛、龙口、烟台、张家埠、石岛、石臼所等商用为主的港口航标,连同相关人员及设施设备一并移交交通部直属港务局或地方交通部门管理,同时将沿海渔港、渔场等渔业专用航标移交当地水产部门管理,北方海区航测工作自此形成海军、交通、水产三部门分管格局。

1959年11月,海军司令部海道测量部改称航海保证部,青岛、旅顺等海军基地司令部海道测量处随之更名为航海保证处。1960年8月1日,国防部在海军青岛基地基础上,组建北海舰队。其司令部设航海保证处,下辖航标科、航海科、测绘科、海洋气象科、器材财务科等职能部门,首任处长为张维书。北海舰队所辖旅顺、威海基地航海保证处及各水警区航海保证科,分工负责各自防区的航标测量工作。1964年4月,国家经委召集有关部门研究全国航标管理体制事宜,并按照"统一领导、全面安排、平战结合"原则,提出将中国沿海干线公用航标划归交通部统一管理的意见,海军司令部和交通部于1966年签署交接协议,但因"文化大革命"而搁置未果。此间,遵照北方区海运管理局要求,天津航道局曾提出《加强航标管理方案(草案)》,拟将北纬33度以北的交通部直属港口航标集中统一管理。后因北方区海运管理局于1968年2月撤销,所属港航企事业单位各回原建制,该方案未能遂行。1969年10月,北海舰队组建海军烟台基地(内设航海保证处),原海军威海基地缩编为威海水警区。1971年,基于天津航道局除承担天津港航标维护管理任务外,还要承担北方海区港口航道测量及各港难完成的大型浮标起吊更换等技术协作任务,该局将所属航标队和海港测量队合并,组建天津航道局航标测量大队(简称"天津航测大队"),旨在进一步加强航标测量管理。同年12月29日,天津航道局军代表室印发《关于航道局机构的调整和配备临时负责人的初步方案》,实行两级机关管理。天津航测大队内设办事、生产、政工3个组,下辖航标队、测量队、"海建"轮、"港明"轮、"津港检"轮、大沽灯船6个基层单位。1973年1月9日,按照交通部《关于水运企事业单位体制和机构编制的初步意见》要求,中共天津航道局核心小组印发《关于调整组织结构的通知》,全面恢复科室建制,局机关设航标测量科等16个职能部门,下辖航测大队等5个基层单位,天津航测大队正副队长由局航标测量科正副科长兼任。1975年5月,天津航道局按照"精简机关,下放权力,加强基层,分级管理"原则,将局航标测量科裁撤,原业务管理职能并入天津航测大队。该大队内设政治处、办公室、人事科、航测科、武保科、物资科、行政科7个职能部门,下设航标队、海港测量队、潜水组、"津航标1"轮等9个基层单位,成为兼具局机关航测业务管理职能的全能基层单位,为即将实施的全国沿海航标管理体制改革奠定组织基础。至20世纪70年代末,尽管海军和交通部数次调整相关组织机构,但北方海区航测管理格局未发生大的变化。

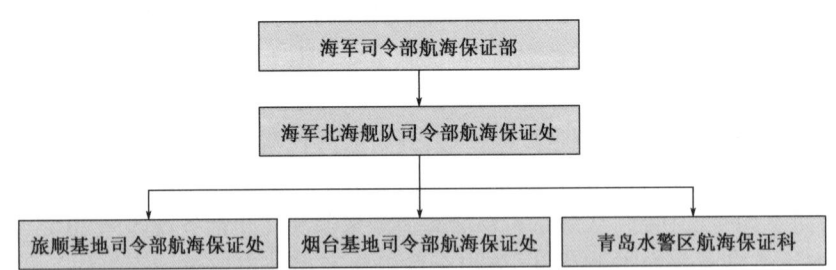

图1-1-2 20世纪70年代北方海区航测系统(海军)管理机构设置示意图

1978年中共十一届三中全会后,国家实行改革开放政策,中国经济社会发生历史性转变,交通航运事业快速发展。然而,中国沿海干线和开放港口航标对外公布后,国内外船员针对航标落后面貌的反响十分强烈,与国家声誉极不相称。鉴于海军战备训练任务繁重,兼管海上干线公用航标存有诸多困难,重新调整海上航标管理体制已刻不容缓。为此,国务院、中央军委于1980年4月24日批准交通部和海军司令部联合呈报的《关于调整海上干线公用航标管理体制,加强管理力量的请示》,决定除正在建设的罗兰C远程无线电导航台及军事专用航标外,将海军所辖沿海干线公用航标设施设备及相关人员全部划归交通部统一管理。同年6月28日,交通部基本建设局向天津、上海、广州航道局发出通知,部署接管海上干线公用航标及筹建相关管理机构等事宜。10月30日,交通部印发《关于同意天津、上海、广州航道局成立航标测量处的批复》,分别在各航道局原有航测力量基础上组建航标测量处,为兼具局机关航测业务管理职能的县团级事业单位,分工管理中国沿海航标及港口航道测量工作。其中,天津航道局航标测量处(简称"天津航测处")内设机构为办公室、政工科、导航科、测绘科、船机科、科技科、供应科、人事科、财务科、计划基建科等10个职能部门,机关编制控制在80人以内。1981年3月16日,经交通部核准同意,天津航道局将天津航测处内设机构核定为政治处、办公室、导航科、测绘科、船机科、技术教育科、安全科、供应科、人事科、财务科、计划基建科11个职能部门(工会和团委单设);下设机构为大连、天津、烟台、青岛航标区、海港测量队、修理所等10个基层单位。首任处长为孙树，党委书记为黄炳耀。

1983年11月25日，天津航道局局部调整天津航测处组织机构：将技术教育科与人事科合并，更名为人事教育科；增设纪检办公室、保卫科（兼管武装工作）；机关编制调增至100人（含工人）。1984年6月25日，将原技术教育科科研组、修理所、海港测量队仪器维修组等机构合并，组建航测电子设备维修中心，为天津航测处直属正科级基层单位。此间，该局按照交通部统一部署要求，在全面接管北方海区干线公用航标基础上，陆续接管秦皇岛、大连、青岛、石臼等交通部直属港口航标，北方海区航测工作逐步形成以天津航道局为主的管理格局。1986年12月，因全国港口体制改革而引发航标管理机构隶属关系调整变化将至，天津航测处党委适时提出"安定团结，安全生产，以新的面貌和新的成绩迎接航标体制改革"工作方针，并坚持"季度党政工作例会、安全工作例会和党政主要领导带队巡视"制度，保持思想不乱、队伍不散、工作不断，为顺利完成航标管理体制改革发挥重要作用。

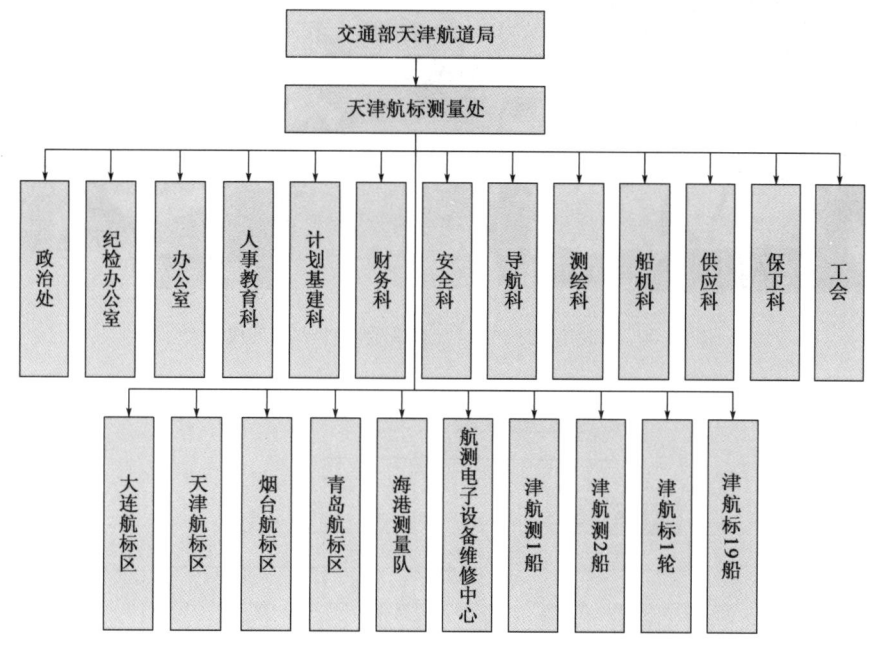

图1-1-3　1984年北方海区航测系统管理机构设置示意图

1988年，遵照国务院关于港口管理体制改革的有关要求，经交通部与天津市人民政府协商，决定将天津航测处从天津航道局成建制划出，与天津港务监督、天津海岸电台合并，组建交通部天津海上安全监督局（简称"天津海监局"），为交通部直属地师级行政事业单位，实行交通部和天津市双重领导、以交通部为主的管理体制。同年7月15日，天津海监局召开成立大会，交通部安全监督局局长沈志成出席会议并为该局揭牌。10月4日，天津海监局与天津航道局签署天津航测处交接协议。首任局长兼监督长为钟伯源，党委书记为臧广祥。

1989年1月30日，交通部批复天津海监局内设机构为办公室、人事教育处、计划统计处、财务处、船机处、组织处、宣传处、监督处、海务处、危管防污处、航标导航处、测绘处、通信交管处、公安处14个职能部门；下设机构为行政事务管理站、物资供应站、交管中心、通信站、海测大队、航测科技中心、天津航标区、大连航标区、青岛航标区、烟台航标区（以上为正处级事业单位），以及新港监督站、天津航行警告分台、船队、秦皇岛航标管理站（以上为副处级单位）14个基层单位。人员编制暂定为2200人，其中局机关编制192人。首任航标导航处处长为赵亚兴，测绘处处长为周则尧。是年，该局按照交通部《关于将沿海各航标区分别划归各有关海监局的通知》要求，分别将大连、青岛、烟台3个航标区成建制移交所在地海监局管理,实行双重领导体制,党政工作由各海监局领导,航标业务、计划、财务等工作仍由天津海监局归口管理。随后,秦皇岛航标管理站、石臼航标站分别划归秦皇岛、日照海监局管理。北方海区航标系统由此形成分工管理格局,直至全国交通系统水监体制改革前未变。

图1-1-4　1988年7月15日,交通部天津海监局召开成立大会

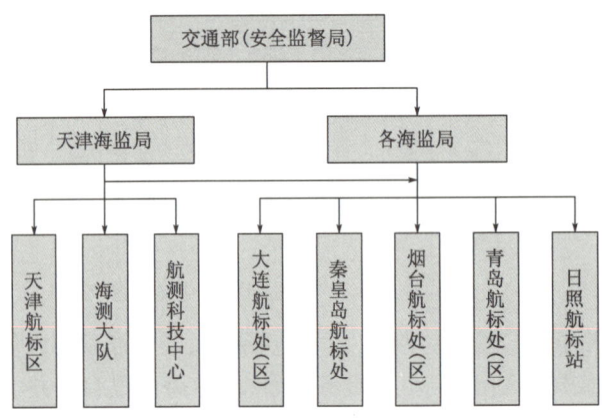

图1-1-5　1991年北方海区航测系统管理机构设置示意图

1998年6月18日,遵照中共中央关于深化行政体制改革的要求,国务院办公厅印发《交通部职能配置、内设机构和人员编制规定》,决定实施全国水上安全监督管理体制改革,组建中华人民共和国海事局(交通部海事局)及20个交通部直属海事局(其中6个按分支机构管理),实行垂直管理体制。1999年5月7日,交通部与天津市人民政府签署《关于在天津实施水上安全监督管理体制改革协议》,将天津市港航监督相关业务及人员划转交通部管理,与天津海监局合并,组建中华人民共和国天津海事局(简称"天津海事局"),为交通部海事局直属正局级单位。首任局长兼监督长为王怀凤,党委书记为肖维强。同年7月8日,天津海事局举办揭牌仪式,交通部副部长洪善祥、天津市副市长王述祖出席仪式并揭牌,交通部海事局党委书记黄先耀到会致辞,标志着该局在全国海事系统率先实现"一水一监,一港一监"改革目标,基本形成统一政令、统一布局、统一监督管理新格局,为更加全面有效地履行国家法律法规赋予的海事行政管理和航海保障职能提供了组织保障。

图 1-1-6 1999 年 7 月 8 日,交通部海事局党委书记黄先耀在天津海事局揭牌仪式上致辞

2000 年 8 月,交通部海事局按照"先海后江、先易后难、先外后内"的工作方针,先行批复天津海事局内设机构,即:通航管理处(值班室)、船舶监督处、危管防污处、船员管理处、法律规范处、船舶检验管理处、航标导航处、办公室、人事教育处、财务会计处、计划基建处、审计处、党委工作部、宣传处、纪检监察处、工会 16 个职能部门,机关编制核定为 120 人。原测绘处裁撤,其管理职能并入海测大队,实行"队处合一"管理体制。首任航标导航处处长为孔繁弘,测绘处处长由天津海测大队队长李鲜枫兼任。

在天津海事局成立初期,下设机构为新港海事处、南疆海事处、海河海事处、天津海事公安处、交管中心、通信站、天津航标区、海测大队、航测科技中心、《中国海事》编辑部、行管物供站 11 个直属基层单位。之后,随着全国水监管理体制改革逐步深化,该局按照交通部《关于调整部分航标区行政管理关系的通知》要求,于 2001 年 5 月接管大连、营口、秦皇岛、烟台、青岛(含日照航标站)5 个外埠航标处(区),连同原天津航标区一并改称天津海事局××航标处。同时,该局按照交通部海事局统一部署,本着"政事分开、分类管理,明确标准、合理配置,精简效能、优化结构"原则,陆续调整核定处科两级组织机构、职能配置及人员编制:2004 年 4 月,增设信息化工作办公室等 4 个单位(部门),并将原行管物供站更名为天津海事局服务中心;2005 年 8 月,在天津海事公安处的基础上,组建天津海事公安局;2006 年 3 月,增设黄骅航标处(副处级)等 2 个基层单位;2010 年 6 月,将港口航道测绘管理职能并入航标导航处,恢复测绘处建制,实行合署办公。至此,天津海事局内部机构改革全面完成,总计设有 17 个职能部门、9 个行政执法类分支机构、11 个社会公益类基层单位、1 个支持保障类直属单位。其中,北方海区航测系统基层单位 9 个。

2011 年 12 月 14 日,为了进一步理顺海事管理体制,加快构建现代化综合航海保障体系,按照中编办《交通运输部直属海事系统人员编制和机构设置方案》要求,交通运输部决定成立北海、东海、南海航海保障中心筹备组,并就划转整合航标、测绘、通信等社会公益类机构的前期准备工作提出具体要求。2012 年 9 月 14 日,交通运输部印发《关于北海航海保障中心主要职责、机构设置和人员编制的通知》,明确"北海航海保障中心为交通运输部直属副局级事业单位,纳入交通运输部海事局管理范围,委托天津海事局管理,实行行政首长负责制"。其内设机构为办公室、计划财务处、人事教育处、航标导航处

(值班室)、海事测绘处、通信信息处、党组工作部(纪检监察处、工会办公室)7个职能部门;下设机构为大连、营口、秦皇岛、天津、烟台、青岛航标处(所属航标管理站38个、船舶管理中心6个等),以及天津海事测绘中心、天津通信中心、天津航测科技中心等15个正处级基层单位;核定事业编制1925人,其中机关人员编制160人(暂按60人控制使用)。该中心第一主任由天津海事局局长刘福生兼任,首任主任为聂乾震,党组书记为陈朝。首任航标导航处处长为沈志江,海事测绘处处长为张安民。同年12月20日,交通运输部北海航海保障中心(简称"北海航海保障中心")在天津海事局综合办公业务用房正式挂牌运行。

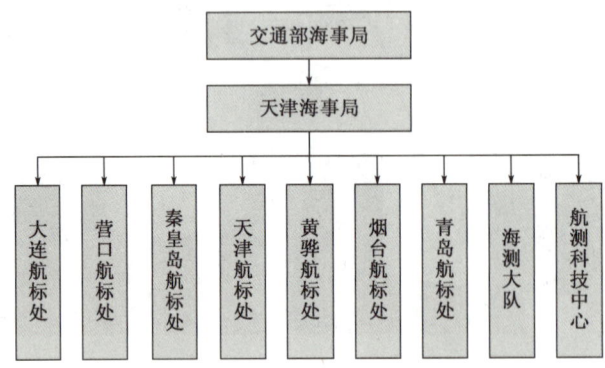

图1-1-7　2006年北方海区航测系统管理机构设置示意图

图1-1-8　2012年12月20日,北海航海保障中心主任聂乾震在揭牌仪式上致辞

1982—2012年北方海区航测系统主管机关人员配置一览表

表1-1-1　　　　　　　　　　　　　　　　　　　　　　　　　　　　　　　　　　　　　单位:人

年　份	机构名称	党政领导班子	机关全体干部	航测业务部门
1982	天津航道局航标测量处	5	80	6
1989	交通部天津海上安全监督局	5	105	15
1999	中华人民共和国天津海事局	7	102	15

〔续表〕

年 份	机 构 名 称	党政领导班子	机关全体干部	航测业务部门
2010	中华人民共和国天津海事局	6	102	11
2012	交通运输部北海航海保障中心	4	27(筹备组)	4(筹备组)

(二)辖区与职责

近代中国海关兼办航标测量事务是相关不平等条约的强行规定。清同治三年(1864),海关总税务司发布施行《海关募用外国人帮办税务章程》,明确界定了各口海关税务司职责权限与辖区范围,其中东海关辖区为直鲁交界埝子口至苏鲁交界涛雒口,津海关辖区为埝子口至山海关,牛庄海关辖区为山海关至大连湾。同治七年(1868)海关船钞部成立后,海关总税务司以"通令"形式发布施行《各海关设立灯塔、浮桩指示行船章程》《新关灯塔灯船诚程》等一系列管理制度,就各级航标管理机构职责范围、办事程序、操作规程、技术标准、职业操守等作出详尽规定,逐步建立起一整套行之有效的规章制度,一直沿用至中华人民共和国成立前基本未变。

之后,北方海区航测管理机构及辖区职责发生两次大的变化,逐步形成海关、海军、港政等部门各自为政的分治局面。清光绪二十四年(1898),由于青岛、大连等租借地海关性质迥异于其他海关,航测业务不受海关制辖,改由殖民当局设立的港政部门统辖。1931年8月,按照南京国民政府行政院训令要求,海关不再兼办港口航道测量工作,相关业务划归海军海道测量局管理。此间,各航测管理部门在通商口岸分期分批建造灯塔、灯船、灯桩、雾号等助航设施,适时改良更新技术设备,陆续编绘出版若干海图。至1937年,北方海区公用和专用航标已达231座,基本保持与西方国家同步发展水平。海军海道测量局测绘海图和江河水道图总计60余幅。

1937年7月日本全面侵华战争爆发后,北方海区航测管理由日占当局港政部门和汪伪水路测量局操控,全面实行军事管制。1945年,日本宣布无条件投降,海关总税务司署接管日伪海关机构及导助航设施,恢复战前旧制,将中国沿海航标划分为4个海区,分别由江海关、胶海关、闽海关、粤海关税务司统辖,其中胶海关航标管理辖区为冀鲁交界埝子口至江苏连云港。后因国民党当局忙于发动内战,各口海关只能维持残局,并未完全落实到位,基本处于各自为政的分裂状态。至1948年底,据《海关总册》不完全统计,北方海区公用和专用航标仅残存107座,且大多因战争破坏而失去导助航功效;海军海道测量局亦仅复测更新海图和江河水道图80余幅(不含汪伪水路测量局绘制的30余幅海图)。

1949年中华人民共和国成立后,全国沿海航标及港口航道测量工作改由交通部统一管理。随即,中央人民政府政务院财政经济委员会发布《关于统一航务港务管理的指示》,要求交通系统建立统一的管理机构及规章制度,并明确"水道测量和助航设备之建设计划与管理,航行刊物之发行,凡属海务与国防性质者,均应会同海军当局办理。助航设备兼受海军当局之指导"。不久,伴随着国家政治、经济、军事形势变化,先后三次调整全国航测管理体制。1953年4月,中国沿海航标全部划归海军管理(天津、营口等个别港口航标除外)。其中,除旅大地区仍由驻防苏军代管外(后由中国海军旅顺基地司令部接管),江苏射阳河口以北沿海防务及航测工作均由海军青岛基地司令部(海军北海舰队司令部前身)统辖。1955年5月,交通部海运管理总局组建海港测量队,分工负责全国沿海商用港口航道测量工作。1958年5月,海军将沿海商港、锚地、渔港、渔场航标移交当地港务、航道、交通、渔业等部门管理。同年,天津航道局成立,除负责北方海区和长江、珠江部分区段港口勘察设计、航道测量疏浚外,还担负天津港航标维护管理及北方海区各港难以独立承担的航标建设和大型浮标起吊维护等技术协作任务。在国家第一个五年计划期间,天津航道局海港测量队辗转全国沿海,对大连、天津、青岛、上海、汕头等13个主要港口及重要通航水域首次实施全面水深测量,共编绘首版港口航道图68幅。自此,北方海区航测业务形成以海军为主、各部门分工协作的管理格局,辖区划分以实际管理范围为界。此间,军地各级航测管理部门在组织实施航标电气化、国产化改造的同时,先后新建一批灯塔、灯桩、导标、立标、雾号、指向标、导航台、信号台。特别是1963年海军颁行的《航标工作规章制度汇编》,详尽规定了各类别岗位职责及相关设备技术操作规程等,为规范航标管理发挥了重要作用,是为中华人民共和国第一套海上公用航标管理规章。至1977年底,北方海区公用和专用航标增至421座,导助航服务范围基本覆盖辖区主要港口及附近水域。

1978年中共十一届三中全会后,为适应改革开放和航运经济发展需要,国务院、中央军委于1980年4月决定将全国沿海干线公用航标重新划回交通部管理。交通部随即发布施行《关于海区航标管理工作的若干规定》《关于海区测绘工作的若干规定》,统一规定相关机构设置、辖区划分、职责分工、办事程序、作业标准等。其中,天津航道局管辖范围为辽宁省、河北省、天津市、山东省沿海水域。其航测业务主管部门的主要职责为:①依据相关法律法规和行业标准及有关指令,制定各项管理制度和操作规程,定期检查落实执行情况;②全面负责管辖海区航标规划建设及日常管理工作;③组织所属基层单位对各类航标进行保养、维修和补给工作,维护其正常技术状态;④根据授权,负责辖区航标设置、撤销、改变特征、更新装备、调整配布,不断提高航标效能;⑤及时掌握辖区航标情况,编制航标表,通告航标动态,并协调有关部门妥善处置有关事项;⑥负责沿海港口、航道、锚地及其他指定水域的基本测量,并根据测量成果通告海区变化情况;⑦负责编辑、绘制、发行沿海港口航道检测图和航行图集,并向海图出版部门提供基本测量成果;⑧负责沿海港口及指定海区的潮汐潮流观测及资料收集工作,并做好潮汐预报工作。

图1-1-9　1985年3月,天津航测处召开第二届职工代表大会,历任党政领导班子成员出席会议
(前左起:孙树、强树林、宋富华;后左起:辛艺强、赵亚兴、王载熙、张家孝)

之后,北方海区航测业务主管机关历经天津航道局、天津海监局、天津海事局、北海航海保障中心等数次更迭,其辖区范围和主要职责未再发生大的变化。此间,北方海区航测主管机关从加强基础管理入手,科学调配航标布局,升级改造技术装备,着力研发航测新成果,在航测质量管理、技术创新、应急抢险、超前服务等方面屡创佳绩,为保障辖区船舶航行安全、助推港航事业建设乃至经济社会发展发挥重要作用。2011年,天津海事局荣获"全国文明单位"称号。

至2012年底,北方海区航标总计3219座,其中北方海区航测系统管理公用航标倍增至2108座,累计完成7万换算平方千米海域测绘任务,编绘海图1万余幅,发行各类航海图书资料30万余幅(册),初步建成综合航海保障服务体系。

(1)1988年天津航道局党政领导班子成员(左起:邓士文、周星笛、马祥兆、李增才、范志成、贾兆亨、赵洪生)

(2)1998年天津海监局历任党政领导班子成员(左起:李国祥、赵亚兴、李刚、王怀凤、韩宝库、张家孝、魏占超、肖维强)

图 1-1-10

(3)2005年天津海事局党政领导班子成员(左起:李振清、黄何、魏占超、肖维强、徐津津、赵亚兴、孔繁弘)

(4)2012年北海航海保障中心党政领导班子成员(左起:柴进柱、陈朝、刘福生、聂乾震、张铁军)

图1-1-10 北方海区航测业务主管机关党政领导班子成员

(三)领导人更迭

1868—2012年,北方海区航测系统主管机关及业务部门领导人更迭情况列表如下:

1868—1949年中国海关海务部门主要领导人更迭一览表

表 1-1-2

序号	姓名	机构名称	职务	任职时间
1	福布斯（英）	海关总税务司署船钞部	海务税务司	1868年7月至1870年12月
2	韩德善（英）	海关总税务司署船钞部	正营造司	1868年至1870年12月
			总营造司	1870年12月至
3	威基谒（法）	海关总税务司署船钞部	北段巡查司	1868—1881年
4	霍克莱（英）	海关总税务司署船钞部	中段巡查司	1868—1868年
5	毕斯壁（美）	海关总税务司署船钞部	南段巡查司	1868—1881年
			海务巡工司	1881—1901年
6	戴乐尔（英）	海关总税务司署船钞部	海务巡工司	1901—1912年
		海关总税务司署海政局	海务巡工司	1912—1918年
7	额德志（ ）	海关总税务司署海政局	海务巡工司	1918—1924年
8	奚里满（英）	海关总税务司署海政局	海务巡工司	1924—1929年
		海关总税务司署海务科	海务巡工司	1929—1932年
9	卡乃尔（英）	海关总税务司署海务科	海务巡工司	1932—1937年
10	水佩尔（美）	海关总税务司署海务科	海务巡工司	1940年至1941年12月
				1945年12月至1949年
11	徐祖善	海关总税务司署海务科	海务巡工司	1942年8月至1945年12月

1958—1988年天津航道局主要领导人更迭一览表

表 1-1-3

序号	姓名	机构名称	职务	任职时间	备注
1	赵朴	交通部天津航道局	局长	1958年3月至1960年5月	
2	夏林	天津市航道局	局长	1960年5月至1961年7月	
3	司西成	交通部天津航道局	局长	1961年7月至1962年4月	
4	刘兴贤	交通部天津航道局	局长	1962年4月至1968年4月	
5	侯一之	交通部天津航道局	主任	1968年4月至1971年7月	革委会
6	车忠翰	交通部天津航道局	主任	1971年7月至1978年7月	革委会
			局长	1978年7月至1983年11月	
7	李增才	交通部天津航道局	局长	1983年11月至1987年8月	
8	范志成	交通部天津航道局	局长	1987年8月至1992年6月	

1989—2012年北方海区航测系统主管机关主要领导人更迭一览表

表 1-1-4

序号	姓名	机构名称	职务	任职时间	备注
1	臧广祥	天津海监局	党委书记	1989年3月至1994年8月	
2	钟伯源	天津海监局	局长兼监督长	1989年4月至1991年8月	
			监督长	1991年8月至1993年11月	
3	王怀凤	天津海监局	副局长	1991年8月至1994年8月	主持工作
		天津海监局	局长兼监督长	1994年8月至1999年7月	
		天津海事局	局长	1999年7月至2003年2月	

〔续表〕

序号	姓名	机构名称	职务	任职时间	备注
4	李增才	天津海监局	副局长	1989年4月至1999年7月	
		天津海事局	副局长	1999年7月至2000年2月	
5	张家孝	天津海监局	副局长	1989年4月至1997年2月	
6	李刚	天津海监局	党委副书记	1991年8月至1994年8月	
			党委副书记	1994年8月至1998年12月	主持工作
7	肖维强	天津海监局	党委副书记	1995年6月至1998年12月	
			党委书记	1998年12月至1999年7月	
		天津海事局	党委书记	1999年7月至2000年6月	
			党委书记	2003年2月至2006年1月	
8	赵亚兴	天津海监局	副局长	1996年12月至1999年7月	
		天津海事局	副局长	1999年7月至2007年4月	
9	李国祥	天津海事局	副监督长	1998年12月至2000年3月	
			副局长	2000年3月至2003年2月	
			副局长	2007年1月至2010年8月	
			党组书记	2010年8月至2017年7月	
			局长兼党委书记	2017年7月至2020年1月	
10	齐世峰	天津海事局	党委书记	2000年6月至2003年2月	
11	徐津津	天津海事局	局长	2003年2月至2009年8月	
12	孔繁弘	天津海事局	副局长	2003年2月至2009年8月	
13	徐俊池	天津海事局	党委书记	2006年1月至2010年8月	
14	张宝晨	天津海事局	局长	2009年8月至2010年8月	
15	聂乾震	天津海事局	副局长	2009年8月至2012年10月	
		北海航海保障中心	主任	2012年10月至2020年1月	副局级
16	刘福生	天津海事局	局长	2010年8月至2017年7月	
		北海航海保障中心	第一主任(兼)	2012年10月至2015年3月	
17	陈朝	北海航海保障中心	党组书记	2012年10月至2015年3月	副局级
18	张铁军	北海航海保障中心	副主任兼总工	2012年10月至2013年5月	正处级
19	柴进柱	北海航海保障中心	副主任	2012年10月至2016年8月	正处级
			党组书记	2016年8月至2020年1月	副局级
			主任	2020年1月至	副局级

1950—1982年北方海区航测系统(交通部和海军)业务部门主要领导人更迭一览表

表1-1-5

序号	姓名	机构名称	职务	任职时间
1	潘融初	交通部航务总局青岛区海务办事处	主任	1950年10月至1951年7月
		交通部航务工程总局青岛区航标处	处长	1951年7月至1953年7月
2	张维书	海军青岛基地司令部海道测量处	处长	1953年7月至1960年8月
		海军北海舰队司令部航海保证处	处长	1960年8月至1966年
3	陈西星	海军北海舰队司令部航海保证处	处长	1966—1978年

〔续表〕

序号	姓 名	机 构 名 称	职 务	任 职 时 间
4	冯洪达	海军北海舰队司令部航海保证处	副处长	1976—1982年
5	任同海	海军北海舰队司令部航海保证处	处 长	1978—1979年
6	刘逸全	海军北海舰队司令部航海保证处	处 长	1981—1983年

1971—1988北方海区航测系统(天津航道局)业务部门领导人更迭一览表

表1-1-6

序号	姓 名	机 构 名 称	职 务	任 职 时 间
1	唐启举	天津航道局航标测量大队	军代表	1971年12月至
2	赵呈祥	天津航道局航标测量大队	党委书记	1971年12月至1976年1月
3	辛云恒	天津航道局航标测量大队	党委副书记	1971年12月至1976年1月
4	李长禄	天津航道局航标测量大队	负责人	1971年12月至
5	刘长发	天津航道局航标测量大队	党委副书记	1976年1月至1980年4月
		天津航道局航标测量处	副处长	1980年4月至1983年7月
6	王玉堂	天津航道局航标测量大队	党委副书记	1976年1月至1980年4月
		天津航道局航标测量处	副处长	1980年4月至1983年7月
7	龚本图	天津航道局航标测量大队	党委副书记	1976年1月至1978年9月
8	黄炳耀	天津航道局航标测量大队	党委书记	1978年9月至1980年4月
		天津航道局航标测量处	党委书记	1980年4月至1983年8月
9	孙 树	天津航道局航标测量处	处 长	1980年4月至1983年7月
10	张家孝	天津航道局航标测量处	副处长	1981年8月至1988年7月
11	强树林	天津航道局航标测量处	副处长	1983年7月至1985年3月
12	赵树祯	天津航道局航标测量处	党委副书记	1981年4月至1983年7月
13	王载熙	天津航道局航标测量处	处 长	1983年7月至1988年7月
14	宋富华	天津航道局航标测量处	党委副书记	1983年1月至1983年7月
		天津航道局航标测量处	党委书记	1983年7月至1985年3月
15	赵亚兴	天津航道局航标测量处	党委副书记	1985年1月至1985年3月
		天津航道局航标测量处	党委书记	1985年3月至1988年7月
16	辛艺强	天津航道局航标测量处	副处长	1985年3月至1988年7月

1989—2012年北方海区航测系统业务部门主要领导人更迭一览表

表1-1-7

序号	姓 名	机 构 名 称	职 务	任 职 时 间	备注
1	赵亚兴	天津海监局航标导航处	处 长	1989年7月至1995年3月	
2	周则尧	天津海监局测绘处	处 长	1989年7月至1996年5月	
3	孟庆忠	天津海监局航标导航处	副处长	1995年7月至2000年10月	主持工作
4	王 征	天津海监局测绘处	处 长	1996年5月至2001年1月	
5	孔繁弘	天津海事局航标导航处	处 长	2001年1月至2003年2月	
6	李鲜枫	天津海事局测绘处	处长(兼)	2001年1月至2007年1月	
7	辛艺强	天津海事局航标导航处	处 长	2003年5月至2009年3月	

[续表]

序号	姓名	机构名称	职务	任职时间	备注
8	孙洪志	天津海事局测绘处	处长(兼)	2007年1月至2010年6月	
9	柴进柱	天津海事局航标导航处	处长	2009年3月至2012年10月	
		天津海事局测绘处	处长(兼)	2010年6月至2012年10月	

二、通信主管机关

(一)机构设置

中国电信始创于晚清,时称电政,由清政府总理事务衙门署理。清光绪五年(1879),经直隶总督兼北洋大臣李鸿章奏准,在大沽、北塘海口各炮台间架设电报线直通天津,收到"号令各营,顷刻响应"之功效,由此开启近代中国大陆电信业建设历史。

清光绪六年(1880),李鸿章以电报有利防务为由,筹建南北洋电报线,在天津设电报总局(亦称津沪电报总局),此为中国第一个官督商办电信管理机构,沿途分设紫竹林(今天津和平区营口道东部一带)、大沽、济宁、上海等7处电报分局。该总局首任总办为盛宣怀,郑观应任上海分局总办,隶属北洋大臣节制。

清光绪十年(1884)津沪电报总局架设苏浙闽粤电报线后,总部迁至上海,改称中国电报总局,由盛宣怀任督办,郑观应任会办,总局下设分局→子局→子店→报房四级分支机构。同年,李鸿章以加强防务为由,获准架设由天津经北塘、山海关至旅顺电报线,在天津设总局(亦称北洋官电局),沿途设山海关、牛庄、金州、旅顺等分局及栈房14处。此后,陆续架设各路电报支线,分别在秦皇岛、烟台、胶州、青岛等商埠增设电报局(房)。后因八国联军入侵与义和团运动,京津一带官商电报局及电报线路损毁严重,南北电信阻断。为此,中国电报总局于光绪二十六年(1900)委托丹麦大北和英国大东两家电报公司,敷设烟台至大沽、烟台至上海等电报水线(海底电缆),并在天津设立水线联合电报局和陆线电报局(统称天津商电局),以保障中国南北通信畅通。

清光绪二十八年(1902),清政府奉旨将中国电报总局商股赎回,改为官办,任命袁世凯为督办大臣,行辕设于上海。翌年,北洋官电局复开,4年后与天津商电局合并,组建天津电报局,隶属中国电报总局管辖。光绪三十年(1904)日俄战争爆发后,日军侵占关东州,强占大连、旅顺、牛庄、金州、安东等地电报局,并擅自在长春、吉林、哈尔滨、满洲里等地架设电台收发商报,归属日本关东递信官署递信局管理。虽迭经中国政府交涉抗议,但日占当局一再藉词延宕,东北地区电信管理遂形成中日双方并存局面,直至东北全境沦陷前未变。光绪三十二年八月初三(1906年9月20日),清政府设邮传部,下辖船政、路政、电政、邮政、庶务5司,全国电信事务由电政司统一职掌。翌年,邮传部将中国电报总局改组为电政局,统辖全国官商电报局和电话局。

1912年中华民国成立后,南京临时政府仿照西方制度,废除邮传部,改设交通部。袁世凯就任中华民国大总统后,北洋军阀政府仍设交通部,下辖总务厅及路政、邮政、电政、航政4司。同年5月,交通部裁撤电政局,职责划归电政司。1913年1月,交通部基于电政司直接管辖全国电报局600余处,存有"管辖局所既多,则有耳目难闻之处"等弊端,决定在全国设立直鲁、奉吉黑等13个电政管理局,分工管辖各地有线电报局和电话局。此间,交通部陆续在烟台、天津、青岛、营口等全国沿海主要商埠设立无线电报局,开办船岸无线电通信业务,由交通部电政司直接统辖。1916年,交通部裁撤13个电政管理局,将全国重新划分为19个电政监督管辖区,由各区一等电报局兼理电政监督。其中,北京电报局兼理直蒙电政监督,奉天电报局兼理奉吉黑电政监督,济南电报局兼理山东电政监督。各地电政监督对所辖区域有线电报局拥有指挥监督权,隶属交通部电政司直辖。1922年6月,交通部修订《监理电政监督职务章程》,赋予电政监督对辖区内各电话局和无线电报局指挥监督权。不久,交通部将各地电政监督裁撤,改由各省省会或省内重要商埠一等电报局代行指挥监督权。1925 年,交通部恢复电政监督设置。

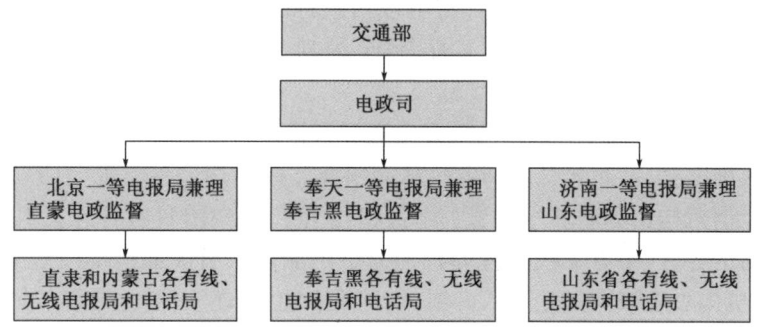

图 1-1-11　20 世纪 20 年代北方海区通信管理机构设置示意图

1927 年南京国民政府成立后,重新公布交通部官制。为整理电政事务,统一电政管理,交通部于 1928 年将全国电报局划分为 5 个等级,并在全国设置河北、山东、奉吉黑等 20 个电政管理区,各区设电政管理局,负责监督指挥辖区内一、二、三、四等电报局。其中北平(今北京)、天津、上海、汉口为特等电报局,由交通部电政司直辖。同年,交通部将电政司无线电管理处从汉口迁至上海,继续负责管理全国无线电通信。此间,南京国民政府全国建设委员会在上海设立无线电管理处,并在国内主要商埠架设商用无线电台 29 座,遂形成两个无线电通信系统纷争局面。1929 年 6 月,国民党三届二次全会决定裁撤全国建设委员会无线电管理处,将其所属无线电台划归交通部统一管理。交通部随即将无线电管理处升格为无线电管理局,并将全国划分为 9 个无线电管理区,在上海、汉口、天津、重庆、广州、昆明、兰州、沈阳、迪化(今乌鲁木齐)设立无线电总台,分工管理各区无线电分台,形成"交通部无线电管理局→无线电总台→无线电分台"三级管理体系。其中,第三区由天津无线电总台职掌,下辖北平、济南、青岛、烟台等地无线电分台;第八区由沈阳无线电总台职掌,下辖哈尔滨、长春、营口、葫芦岛等地无线电分台。1930 年 12 月,交通部将无线电管理局改组为国际电信局,负责管理经营国际通信业务,兼管国内无线电通信,并重新规定各无线电台呼号。1931 年九一八事变后,因东北地区相继沦陷,交通部调整无线电管理区。其中,将北平、天津、营口等地无线电分台划为第八区,由天津无线电总台职掌;将济南、青岛、烟台等地无线电分台划为第三区,由青岛无线电总台职掌。1936 年 4 月,交通部裁撤国际电信局,无线电管理职责分别划归各省电政管理局承担。至此,全国共设有电政管理局 20 个,其中北方海区设有河北省和山东省 2 个电政管理局。

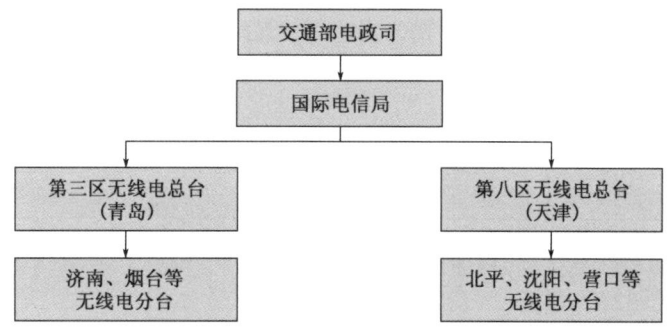

图 1-1-12　20 世纪 30 年代北方海区通信管理机构设置示意图

1937 年日本侵华战争全面爆发后,华北、华东等地相继沦陷,伪满洲国电报电话株式会社随之派员抵津,设立伪天津通信总局(后更名为华北电信总局)。1938 年,日占当局在华北电信总局基础上,组建华北电报电话株式会社(简称"华北电电")。此后,华北电电先后将天津、秦皇岛、烟台、青岛等沦陷区电报局和电话局合并,改组为电报电话局(后改称通信局),直至日本战败投降前未变。此间,南京国民政府迁都重庆,成立战时通信交通委员会,将全国划分为西北、西南、东南三大电政管理区,并分设电政管理局。1943年,重庆国民政府交通部将电政司改称邮电司,统一管理邮政和电信事务,同时设立电信总局,专责全国电政事务。1945年1月,将全国划分为5个电政区,由各区中心电报局协调指挥。

1945年8月抗日战争胜利后,南京国民政府交通部派员接管华北电电,将天津、青岛、秦皇岛、营口等地电信机构统一改称电信局,直属交通部电政总局领导。原日伪烟台电报电话局由中共胶东邮电分局接管。旅大地区电信机构由苏联驻军接管(后于1955年归还中国政府管理),其中苏方无线电管理机构承担苏联船舶通信业务、中方无线电管理机构为中国船舶及有关航运部门服务。1946年,国民党发动内战,烟台电信机构一度被国民党军队占领,改称烟台电报局。不久,随着东北、华北、华东等地相继解放,营口、秦皇岛、天津、烟台、青岛等电信机构先后由各地人民政府邮电部门接管。

1949年10月1日,中华人民共和国中央人民政府宣告成立。按照《中央人民政府组织法》规定,政务院下设交通部、邮电部等30个部委(院、署、行),分别主持各部门行政管理工作。其中,全国各地电信局(邮电局)及其所辖江海岸电台隶属邮电部管理;招商局等各船运公司及其所辖航务专用电台隶属交通部管理。1953年4月,经政务院财经委员会批准,交通部、邮电部联合发布通令,邮电部所属23座江海岸无线电台全部划归交通部统一管理,分别与各航务专用电台合并,统称交通部航务电台(沿海航务电台对外称××海岸电台),交通部由此成为全国水运通信唯一管理机构。其中,北方海区设有大连、营口、秦皇岛、天津、烟台、青岛6座海岸电台,隶属所在地港务局建制,各口岸水运通信机构遂形成交通部直属港务局分工管理格局。1954年,由于航务通信日益繁忙,一度造成部分通信电路负荷过重,交通部遂决定将全国海岸电台分成华北、华东、华南三大区管理,每区设1座中心台,负责协调各区内外通信业务。华北区以北京台(后改为大连台)为中心台,统筹协调大连、营口、秦皇岛、天津、烟台、青岛等海岸电台相关业务。

之后,随着交通系统管理体制调整,全国水运通信工作先后由交通部电讯局、海河总局、运输总局、水运总局、机要电讯局、水运局、通讯导航局统一管理,交通部所属各港务局历经港航分家、下放地方、划归中央等重大变革,机构名称和管理体制曾随之发生数次变化,但各海岸电台隶属关系及管理格局始终未变。

1972年4月,交通部下达扩建天津、秦皇岛等沿海港口基本建设计划,各港务局遵照国务院总理周恩来提出的"三年改变港口面貌"指示精神,全面开启"大建港"时代。为加强港口通信管理,保障航运生产指挥系统高效运转,按照交通部《关于水运企事业单位体制和机构编制的初步意见》要求,大连、秦皇岛、天津、烟台、青岛等港务管理局随即调整相关组织机构,分别将原电讯科及收信台、发信台、电话台、维修站等电信机构合并,组建通信站,升格为局直属全能基层单位。

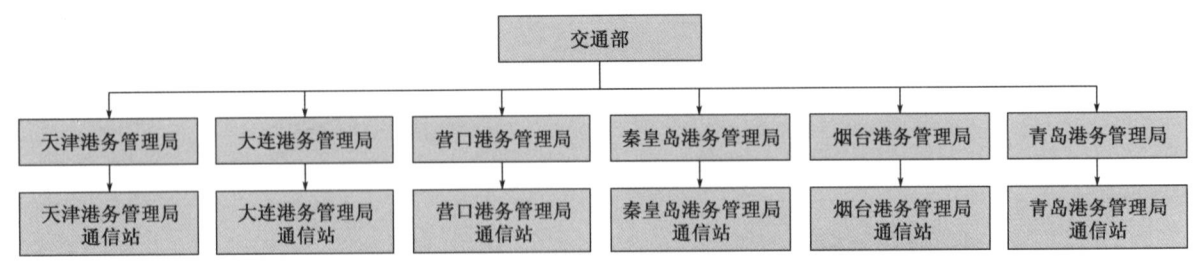

图1-1-13　20世纪70年代北方海区通信管理机构设置示意图

1978年中共十一届三中全会后,按照中共中央、国务院关于经济体制改革的统一部署,交通部全面启动交通系统机构改革。1982年8月20日,交通部将机关21个职能部门精简为16个,其中原通讯导航局缩编为通信导航处,划归新组建的海洋运输管理局建制。不久,交通部将通信导航处成建制划出,与北京船舶通信导航公司、交通部直属通信站合并,组建中国交通通信中心,为交通部直属事业单位。

1984年6月,交通部按照"先扩权,后下放"原则,在天津港组织实施"中央与地方双重领导,以地方领导为主"的管理体制改革试点。1985年3月,国务院副总理李鹏在天津主持召开港口体制改革座谈会。会后,按照《港口体制改革座谈会纪要》精神,除秦皇岛港外,交通部分期分批将大连、青岛、烟台、营口、石臼等14个港口下放相关地方政府管理。同时,先后将隶属于各港务局的港务监督和海岸电台成建制划出,与隶属于天津、上海、广州航道局的航标测量处合并,组建14个海上安全监督局,为交通部直属一级行政单位,代表国家对各自辖区水上交通安全实行统一监督管理。其中,大连海监局于1986年4月29日成立;烟台海监局于1987年2月24日成立;青岛海监局于1987年3月1日成立;营口海监局于1988年2月4日成立;秦皇岛海监局于1988年5月14日成立。以上各海监局均设有通信(交管)处(站、科),为兼具局机关通信业务管理职能的基层单位。天津海监局于1988年7月15日成立,内设通信交管处,下辖通信站,1992年,该局裁撤通信交管处,其管理职能并入通信站,实行"站处合一"管理体制。自此,北方海区各海岸电台纳入国家行政事业序列,并转入以履行相关国际公约、提供公益通信服务为主要任务的历史发展阶段。

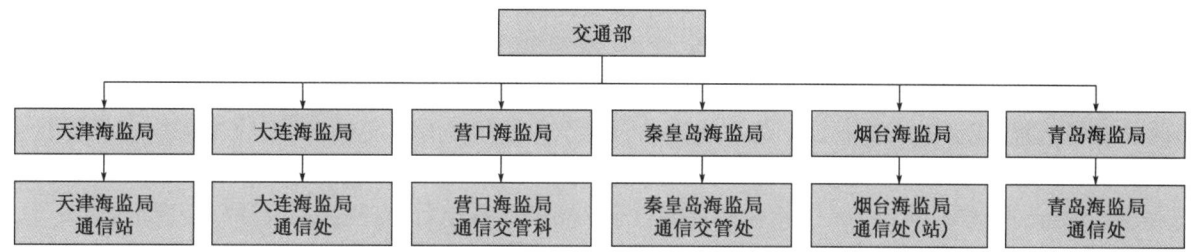

图1-1-14 20世纪90年代北方海区通信管理机构设置示意图

1998年6月18日,国务院办公厅印发《交通部职能配置、内设机构和人员编制规定》,决定实施全国水上安全监督管理体制改革,组建中华人民共和国海事局(交通部海事局)及20个交通部直属海事局,实行垂直管理体制。1999年,天津、大连、营口、秦皇岛、青岛、烟台海监局分别改组为天津、辽宁、营口、河北、山东、烟台海事局,各海监局通信(交管)处(站、科)随之改称××海事局通信处(站)。2004年,各海事局所属通信处(站)先后改称"通信信息中心",隶属关系未变。

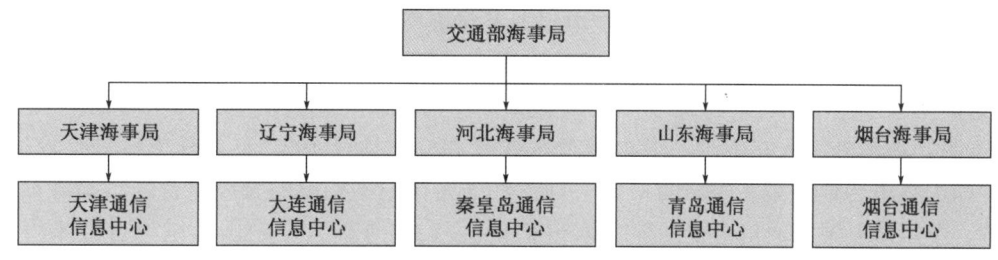

图1-1-15 2004年北方海区通信管理机构设置示意图

之后,随着海事卫星通信业务的迅猛发展,北方海区各海岸电台公众通信业务呈现萎缩态势,陆续关闭部分通信电路。为此,青岛、营口等海事局相继将全球海上遇险与安全系统(GMDSS)等应急通信值守业务并入海上搜救中心等管理部门,其通信管理机构随之裁撤,相关人员分别划转其他海事管理部门安置。

2012年9月14日,交通运输部印发《关于北海航海保障中心主要职责、机构设置和人员编制的通知》,明确北海航海保障中心内设通信信息处等7个职能部门,下辖大连、营口、秦皇岛、天津、烟台、青岛、哈尔滨通信中心等15个基层单位。同年12月20日,北海航海保障中心正式挂牌,北方海区通信系统由此实现集中统一管理。

1954—2012年北方海区海岸电台人员配置一览表

表1-1-8　　　　　　　　　　　　　　　　　　　　　　　　　　　　　　　　　　　　　单位：人

年　份	大　连	营　口	秦皇岛	天　津	烟　台	青　岛
1954	13		13	91	20	34
1978	72		167	216	110	
1988	78	34	142	287	65	172
2000	117	0	17	232	68	71
2012	73	0	14	152	27	0

(二)职责与业务

航海通信由来已久,早期船舶主要采用灯光、旗语、音响等方式传递信息。无线电通信技术自清光绪二十一年(1895)问世后,迅速成为人类航海活动的主要通信手段。中国无线电通信应用始于军政事务,后渐次普及商用,应用时间最早、业务量最多的是船岸通信。

清光绪三十一年(1905),北洋通商大臣袁世凯委托意大利海军少校葛拉斯代购无线电报机数部,分别安装于天津、南苑、保定3处行营及海圻、海容、海筹、海琛4艘军舰,由此开启中国北方地区无线电通信历史。清宣统元年(1909),清政府邮传部收买英商私设无线电台,移装至上海吴淞电报局,专门用于收发船岸电报,成为中国首座公用海岸电台。同年,清政府邮传部发布施行《收发无线电报暂行章程》,并提出广设海岸电台计划。此间,帝国主义殖民当局和在华商行出于自身需要,先后在天津、青岛、大连、烟台、秦皇岛、营口等北方沿海商埠擅自安装大量无线电台,有些甚至公开办理商报业务。

1912年中华民国成立后,北洋军阀政府交通部相继筹建天津、大沽、青岛、烟台、营口、上海、福州、广州8座海岸电台,中国沿海通信体系初具规模。当时,兴办的海岸电台系以商用牟利为目的,主要为中外船舶提供公众通信服务,兼办船舶遇险通信和气象预报等业务。1915年4月,北洋军阀政府公布施行《电信条例》,明确规定"电信由国家经营",民间设置无线电台只允许用于船舶航海和学术研究。当时,由于中国处于军阀割据状态,该《电信条例》名存实亡。1917年因长江泛洪,交通部通令全国各有线、无线电报局,所有往来有线电报均由无线电报复递。自此,有线电报局和无线电报局的职责界限渐次模糊。然而,由于当时民众对无线电通信缺乏了解,仍然以有线电报传递信息为主。除各海岸电台因接转船舶电报,业务量较高外,其他各台无线电报业务量寥寥无几。

1920年,中国政府宣布加入"国际电报公会"(国际电信联盟前身),为保障中国无线电通信权益和融入世界通信体系创造了条件。1921年11月,在太平洋与远东问题委员会第八次会议上,中国政府代表团郑重声明:"取消外国人在中国私设电信及水线专利权。"后经1922年2月华盛顿会议通过,形成《关于在中国无线电台议决案并附声明书》。自此,外国人在中国私设的无线电台陆续撤除或被中国政府赎买接管,中国捍卫国家通信主权的斗争取得初步胜利,但外国人在中国私设电台并未得到完全遏制。1932年12月,南京国民政府决定接受《国际海上人命安全公约》(SOLAS公约)及其附属规则,随即公布施行《船舶无线电台条例》等法规;交通部相继发布施行《航行安全电报规则》《船舶无线电台条例实施细则》等部门规章,中国水运无线电通信管理逐步实现与国际接轨。此间,为谋求中国电信事业发展,交通部决定将有线电报和无线电报的通信业务合并管理,并印发施行《有线无线报务合作办法》等规章,但因相关机构门户之见,合并事宜延宕未果,直至1934年交通部正式授权各地有线电报局统筹管理本地有线、无线通信业务,各海岸电台设备及功率、气象报告、航务报告等得以统一规范。

1943年11月,交通部邮电司在重庆召开邮电技术标准设计委员会会议,审议《战后五年无线电通信网设计原则》,拟在天津、青岛、威海卫、烟台、秦皇岛、葫芦岛、营口、大连、安东、广州、福州、上海等沿海重要商埠,以及长江、黑龙江、松花江等内河航运区域增配无线通信设备。其中,上海、广州、天津、大连、青岛等台可实现与远洋船舶通信,其他各台可实现与近海船舶通信。至1948年底,南京国民政府交通部管理经营的江海岸电台共有23座,其中北方海区通信系统4座,主要承担国内外船舶及旅客电报业务。招商局等船运公司管理经营的航务专用电台共有30座,其中北方海区通信系统7座,主要承担本企业内部的专用通信业务。

1949年中华人民共和国成立后,经中央人民政府政务院财经委员会批准,交通部和邮电部于1953年4月联合发布通令,将邮电部所属23座江海岸电台划归交通部统一管理。1954年11月,交通部在北京召开全国航务电讯会议,讨论水运无线电通信规划、管理制度及船舶电台设置标准。随后,相继发布施行《航务无线电台通讯业务管理暂行规则》《船舶无线电话通信暂行管理办法》等规章制度,并对全国各主要海岸电台实施一系列整合改造。此后,随着国际航运事业不断发展,经国务院批准,交通部决定在全国沿海主要港口渐次开放国际商船电报电话业务。

20世纪70年代,中华人民共和国恢复在国际电信联盟(ITU)和国际海事组织(IMO)合法席位后,依照国际公约相关要求,交通部相继颁布《水运电报规则》《水运无线电管理暂行条例》《沿海无线电航行警告和航行通告的播发办法》等配套部门规章,并组织实施一系列海岸电台大规模改扩建工程。1984年,依据相关国际规则,交通部将《水运电报规则》和《水运无线电话规则》合并,更名为《水上无线电通信规则》,明确规定交通系统从事水上无线电通信导航工作的各港航单位必须遵守该规则。此后,多次修订《水上无线电通信规则》,并将其纳入交通部行政法规。至1985年,全国共有海岸电台21座,其中北方海区通信系统有6座,成为国家履行相关国际公约的骨干力量,为保障辖区船舶航行安全、助推港航事业建设、服务经济社会发展发挥重要作用。

随着现代通信技术的进步,水上通信手段发展为莫尔斯(MORSE)电报、甚高频无线电话(VHF)、单边带无线电话(SSB)、数字选择性呼叫系统(DSC)、窄带直接印字电报(NBDP)等各种新技术并存的局面,船岸通信手段和方式日趋丰富完善。1988年全国水运通信机构纳入国家行政事业序列后,按照《1974年国际海上人命安全公约修正案》(SOLAS公约)相关强制性规定,交通部在全国18座海岸电台建设完成GMDSS地面无线电数字选择性呼叫(DSC)通信系统,其中北方海区通信系统有7座,成为世界遇险与安全通信体系的重要组成部分,为保障海上船舶航行安全提供更为有效的通信手段。

图1-1-16　2005年1月17日,天津海事局局长徐津津(左三)在天津通信信息中心进行安全检查与春节慰问

图1-1-17 2010年9月29日,天津海事局局长刘福生(左一)在天津通信信息中心调研指导工作

2012年,为解决海上近岸水域事故多发问题,交通部在全国沿海海岸电台相继建成甚高频(VHF)安全通信系统,链状覆盖沿海25海里以内绝大部分水域。此间,按照交通部授权,全国海监(事)系统通信主管机关的主要职责是:承担上级下达的水上无线电管理工作,管理所属海岸电台和甚高频无线电台,承担有关船舶遇险及安全无线电通信业务,迄今未变。

(三)领导人更迭

1949—2012年,北方海区海岸电台主管机关主要领导人更迭情况列表如下:

1949—2012年天津海岸电台主管机关主要领导人更迭一览表

表1-1-9

序号	姓名	机构名称	职务	任职时间	备注
1	钟夫翔	天津电信指挥局	局长	1949年6月至1949年9月	
2	胡命	天津电信局	局长	1949年9月至1954年2月	
3	吴英民	天津区港务局	局长	1954年2月至1955年4月	
4	董华民	天津区港务局	代局长	1955年4月至1962年4月	
5	齐仲华	天津港务管理局	局长	1962年4月至1964年2月	
6	李华彬	天津港务管理局	局长	1964年2月至1968年2月	
7	王建基	天津港务管理局	主任	1968年2月至1970年11月	革委会
8	段克	天津港务管理局	主任	1970年11月至1971年12月	革委会
9	余伯川	天津港务管理局	主任	1971年12月至1972年12月	革委会
10	侯岐山	天津港务管理局	主任	1972年12月至1973年12月	革委会
11	李华彬	天津港务管理局	主任	1973年12月至1978年9月	革委会
			局长	1978年9月至1980年5月	
12	刘树森	天津港务管理局	局长	1980年5月至1984年1月	
13	祝庆缘	天津港务局	局长	1984年1月至1993年6月	

〔续表〕

序号	姓　名	机构名称	职　务	任职时间	备注
14	钟伯源	天津海监局	局　长	1989年4月至1991年8月	
15	王怀凤	天津海监局	副监督长	1989年4月至1991年8月	
			副局长	1991年8月至1994年8月	主持工作
			局　长	1994年8月至1999年7月	
		天津海事局	局　长	1999年7月至2003年2月	
16	徐津津	天津海事局	局　长	2003年2月至2009年8月	
17	张宝晨	天津海事局	局　长	2009年8月至2010年8月	
18	刘福生	天津海事局	局　长	2010年8月至2017年7月	
19	聂乾震	北海航海保障中心	主　任	2012年12月至2020年1月	

1951—2012年大连海岸电台主管机关主要领导人更迭一览表

表1-1-10

序号	姓　名	机构名称	职　务	任职时间	备注
1	毛达恂	大连港湾管理局	港　长	1951年2月至1952年8月	
2	谭松平	大连区港务局	局　长	1952年8月至1960年6月	
3	王伟	大连港务管理局	局　长	1960年6月至1964年10月	
4	李宁	大连港务管理局	局　长	1964年11月至1967年3月	
				1978年12月至1981年12月	
		大连港口管理局	局　长	1981年12月至1983年9月	
5	高诗荣	大连港务管理局	主　任	1967年3月至1968年7月	军管会
6	杨国喜	大连港务管理局	主　任	1968年7月至1971年6月	革委会
7	赵勤谋	大连港务管理局	主　任	1971年6月至1976年6月	革委会
8	曹凯	大连港务管理局	主　任	1976年1月至1977年8月	革委会
9	郑冲哲	大连港务管理局	主　任	1977年8月至1978年12月	革委会
10	刘兆祥	大连港口管理局	局　长	1983年9月至1986年12月	
11	毛德敏	大连海监局	局　长	1986年12月至1997年5月	
12	熊国武	大连海监局	局　长	1997年5月至2000年6月	
		辽宁海事局	局　长	2000年6月至2003年3月	
13	王金付	辽宁海事局	局　长	2003年3月至2005年12月	
14	候景华	辽宁海事局	局　长	2005年12月至2012年8月	

1949—2012年营口海岸电台主管机关主要领导人更迭一览表

表1-1-11

序号	姓　名	机构名称	职　务	任职时间	备注
1	吴自立	东北航政总局	局　长	1949年4月至1950年1月	
2	肖华湘	营口航政局	局　长	1950年1月至1951年7月	
3	赵作震	大连区港务局营口分局	副局长	1951年7月至1957年10月	主持工作
		营口港务管理局	副局长	1963年9月至1966年5月	主持工作
4	李康	营口航务局	局　长	1957年11月至1963年9月	

〔续表〕

序号	姓名	机构名称	职务	任职时间	备注
5	何祖顺	营口港务管理局	局长	1966年5月至1968年8月	
6	王洪涛	营口港务管理局	主任	1968年8月至1970年7月	军代表
7	卢伯群	营口港务管理局	主任	1970年7月至1972年6月	军代表
8	田虎	营口港务管理局	代主任	1972年7月至1975年4月	革委会
9	王立志	营口港务管理局	主任	1975年4月至1977年6月	革委会
10	宋乐善	营口港务管理局	主任	1977年6月至1977年10月	革委会
		营口港务管理局	局长	1977年10月至1983年8月	
11	黄恩元	营口港务管理局	局长	1983年8月至1987年12月	
12	李宝成	营口海监局	局长	1988年2月至1992年12月	
13	吕德山	营口海监局	局长	1992年12月至2000年6月	
14	徐津津	营口海事局	局长	2000年6月至2003年2月	
15	王杰武	营口海事局	局长	2003年2月至2012年12月	

1948—2012年秦皇岛海岸电台主管机关主要领导人更迭一览表

表1-1-12

序号	姓名	机构名称	职务	任职时间	备注
1	鲁延	开滦矿务局秦皇岛经理处	军代表	1948年11月至1950年5月	
2	毕祖培	开滦矿务局秦皇岛经理处	经理	1949年4月至1952年5月	
3	谢天荣	开滦矿务局秦皇岛经理处	军代表	1950年5月至1951年9月	
4	石新	开滦矿务局秦皇岛经理处	军代表	1951年9月至1952年5月	
		开滦矿务局秦皇岛经理处	经理	1952年5月至1952年12月	
		天津区港务局秦皇岛分局	分局长	1952年12月至1955年4月	
5	杨子愚	秦皇岛港务管理局	副局长	1955年5月至1957年2月	主持工作
6	张振宇	秦皇岛港务管理局	局长	1957年2月至1961年8月	
7	贾靖伍	秦皇岛港务管理局	代局长	1961年8月至1973年7月	
8	周政新	秦皇岛港务管理局	主任	1973年7月至1975年8月	革委会
9	许斌	秦皇岛港务管理局	局长	1975年8月至1981年2月	
10	刘培新	秦皇岛港务管理局	局长	1982年11月至1983年4月	
11	黄镇东	秦皇岛港务管理局	局长	1983年4月至1985年5月	
12	黄国胜	秦皇岛港务管理局	局长	1985年5月至1988年5月	
13	田家森	秦皇岛海监局	局长	1988年5月至1994年2月	
14	刘功臣	秦皇岛海监局	局长	1994年2月至1995年12月	
15	杨盘生	秦皇岛海监局	局长	1995年12月至2000年6月	
		河北海事局	局长	2000年6月至2004年9月	
16	丁培良	河北海事局	局长	2004年11月至2008年3月	
17	李青平	河北海事局	局长	2008年3月至2014年11月	

1950—2012年烟台海岸电台主管机关主要领导人更迭一览表

表 1-1-13

序号	姓名	机构名称	职务	任职时间	备注
1	车忠翰	青岛区港务局烟台分局	局长	1950年4月至1952年7月	
2	王吉五	青岛区港务局烟台分局	副局长	1952年7月至1955年4月	主持工作
		青岛区港务局烟台分局	局长	1955年4月至1956年5月	
3	林复生	青岛区港务局烟台分局	代理局长	1956年7月至1958年6月	
4	孔波	青岛区港务局烟台分局	局长	1958年6月至1960年2月	
5	王祥兴	青岛区港务局烟台分局	局长	1960年2月至1962年5月	
6	林复生	烟台港务管理局	局长	1962年5月至1967年10月	
7	王经五	烟台港务管理局	主任	1968年4月至1970年4月	革委会
8	鞠远业	烟台港务管理局	主任	1970年4月至1972年9月	革委会
9	张进	烟台港务管理局	主任	1975年12月至1978年6月	革委会
10	韩德润	烟台港务管理局	局长	1979年8月至1982年6月	
11	曲海亭	烟台港务管理局	局长	1982年6月至1985年2月	
12	朱毅	烟台港务局	局长	1985年2月至2004年9月	
13	毕序广	烟台海监局	局长	1987年2月至1990年6月	
14	孙德润	烟台海监局	副局长	1990年6月至1992年12月	主持工作
15	耿文福	烟台海监局	局长	1992年12月至1998年6月	
16	马喜臣	烟台海监局	局长	1998年6月至2001年9月	
17	侯景华	烟台海事局	局长	2001年9月至2003年5月	
18	王俊波	烟台海事局	副局长	2003年6月至2004年11月	主持工作
			局长	2004年11月至2007年7月	
19	马玉清	烟台海事局	局长	2007年7月至2011年12月	
20	徐增福	烟台海事局	局长	2011年12月至2016年9月	

1949—2012年青岛海岸电台主管机关主要领导人更迭一览表

表 1-1-14

序号	姓名	机构名称	职务	任职时间	备注
1	王本贤	青岛区港务局	局长	1949年6月至1956年10月	
2	齐仲华	青岛区港务局	局长	1958年3月至1962年4月	
3	范月亭	青岛港务管理局	局长	1962年12月至1967年1月	
4	慕北场	青岛港务管理局	主任	1968年4月至1969年12月	革委会
5	刘志永	青岛港务管理局	主任	1969年12月至1974年1月	革委会
6	田哨	青岛港务管理局	主任	1974年1月至1975年8月	革委会
7	王云	青岛港务管理局	局长	1975年8月至1984年5月	
8	张金榜	青岛港务管理局	局长	1984年5月至1988年8月	
		青岛海监局	局长	1990年6月至1995年12月	
9	林诗切	青岛海监局	副局长	1987年3月至1992年9月	主持工作至1990年6月

[续表]

序号	姓　名	机构名称	职　务	任职时间	备注
10	刘功臣	青岛海监局	局　长	1995年12月至1997年3月	
11	李育平	青岛海监局	局　长	1997年3月至2000年6月	
12	姜　勇	山东海事局	局　长	2000年6月至2004年8月	
13	张宝晨	山东海事局	局　长	2004年8月至2009年8月	
14	袁宗祥	山东海事局	局　长	2009年8月至	

第二节　基层单位

一、大连航标管理机构

(一)机构设置

大连,昔称青泥洼、旅大,位于辽东半岛南端,与山东半岛和朝鲜半岛隔海相望。该地东濒黄海,西临渤海,岸线漫长,水深域阔,港湾众多,海上交通历史源远流长。因其优越的地理位置与自然环境,并兼具东北和京津地区双重门户,自古被视为交通枢纽和海防重地。

早在新石器时代,辽东半岛先民与中原各部族已利用海上航路相互交往。始皇十二年(前210),秦始皇遣方士徐福东渡寻仙求药,途经老铁山中转。汉元封二年(前109),因朝鲜王攻杀辽东都尉,汉武帝遣楼船将军杨仆自山东登莱进兵朝鲜,开辟经辽东半岛至朝鲜半岛航线,后人延伸到日本列岛。此地古港星罗棋布,沓津(亦称沓渚,今大连金州)、马石津(今旅顺口)、青泥浦(今大连)等皆为古代著名口岸,并在历史上发挥重要作用。至清咸丰年间(1851—1861),该地依然承袭着古代自然港的风貌特征与管理方式,船舶航行主要依靠沿海山峰、岛礁、岬角等自然物标作为辨向导航手段,部分古代形制的导助航设施均为民间自建自管,尚无航标管理机构。

第二次鸦片战争后,因拱卫京畿之海上防务而引起清政府高度重视,于清光绪六年(1880)裁撤旅顺水师营,改设海军提督署,并在旅顺口和大连湾兴建大型军港。历时10余年,旅顺港和大连港相继建成并投入使用。此间,老虎尾灯塔于光绪十四年(1888)建成发光,并由此发轫,开启旅大地区近代航标建设帷幕。该灯塔始由北洋水师管理,后于光绪十七年(1891)移交清政府海关部门署理。

光绪二十四年三月初六(1898年3月27日),中俄签订《旅大租地条约》,其正约第七款规定:"俄国以旅顺口和大连湾为要,可自行筑炮台、布防兵、修灯塔、设航标。"翌年,俄国将租界地命名为"达里尼"(Дальний),并投资1880万卢布建设自由港,由东清铁路公司组织实施。光绪二十八年五月初一(1902年6月6日),俄占当局设立港务局,直属市长萨哈洛夫统辖。该局设监视官(港务监督)1人,专司包括航标设施在内的航政管理事务。自此,清政府海关部门不再管理该租借地航标设施。

1945年8月15日,日本战败投降后,苏军随即进驻旅大,并设立太平洋舰队旅顺口根据地司令部。此间,除大王家岛灯塔和长兴岛灯塔外,旅大地区导助航设施全部由苏军海道测量部驻旅顺海道测量区接管。该区内设航标科、航海科、器材科、测绘科,下辖旅顺航标队、大连海测段。

1955年5月25日,根据中苏两国《关于中国长春铁路、旅顺口及大连的协定》,苏军撤离旅大地区,并将该地管辖权及军事基地归还中国政府。其中,原苏军所辖60座航标移交中国海军旅顺基地司令部海道测量区(团级)管理。该区内设航标股、航海股、器材股、测绘股,下辖海测队(营级)、航标队(连级)、航保修理所(连级)、航保仓库(连级)、大连海测段(连级)等机构。1957年6月海军整编,旅顺海道测量区改称海道测量处。1958年11月24日,遵照国务院、中央军委关于将海军所辖以商为主港口航标划归交通部管理的指示,海军旅顺基地将大连港内29座航标设施连同相关人员移交大连港务局管理,同时撤销大连海测段。大连港航标业务由大连港务局港务监督处和工程处分工管理,日常维护则由该局轮驳公司航标队负责。自此,大连辖区航标管理形成海军和交通部门分治格局。

1959年11月,海军司令部海道测量部改称航海保证部,旅顺基地司令部海道测量处随之改称航海保证处,内设机构由股级升格为科级,航标队并入海测队管理。1960年8月1日,海军组建北海舰队后,旅顺基地划归北海舰队建制。1962年,海军旅顺基地组建小长山航标站。1964年,大连水警区移防海洋岛,改称海洋岛水警区,司令部增设航海保证科(副团级),专责长海县附近海域航标设施管理。1965年,海军再次整编,旅顺基地司令部航海保证处裁撤内设部门,仅设航标、航海、测绘、气象、器材等参谋职位,下设机构未变。1971年,旅顺水警区司令部增设航海保证科,旅顺基地司令部航海保证处将原直管的老铁山、圆岛、黄白嘴、大三山岛、长兴岛5座有人值守灯塔划归旅顺水警区司令部航海保证科管理。

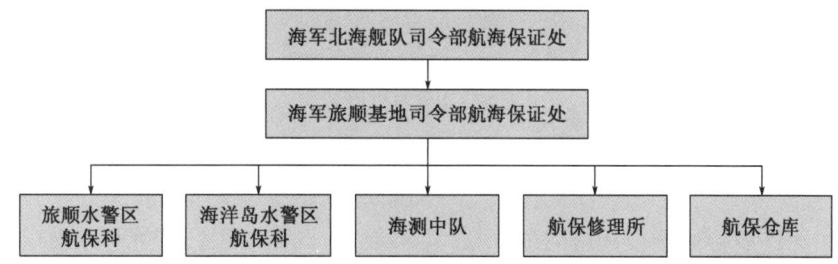

图1-2-18 20世纪70年代海军驻大连航标管理机构设置示意图

1980年交通部和海军司令部决定调整全国沿海航标管理体制后,天津航道局于1981年2月致函大连市有关部门,商定设立大连航标区(正科级事业单位),并委派柴兴业临时负责筹建工作。同年8月,大连航标区正式挂牌办公,首任主任为崔守荣。1982年3月6日,天津航道局与北海舰队司令部签署《北方海区公用航标交接协议》,大连航标区总计接管各类航标36座,75吨登陆艇1艘,营房5076.05平方米,各类器材16368件,档案28册,划转人员93名。1982年9月1日,经天津航道局核准,该区内设机构为生产组、后勤组、政工组;下设机构为庄河导航台、小长山航标站、大三山岛灯塔(白标站)、圆岛灯塔、老铁山灯塔(标站)、黄白嘴灯塔、长兴岛灯塔、B-101船、B-102船、B-109船、B-110船。

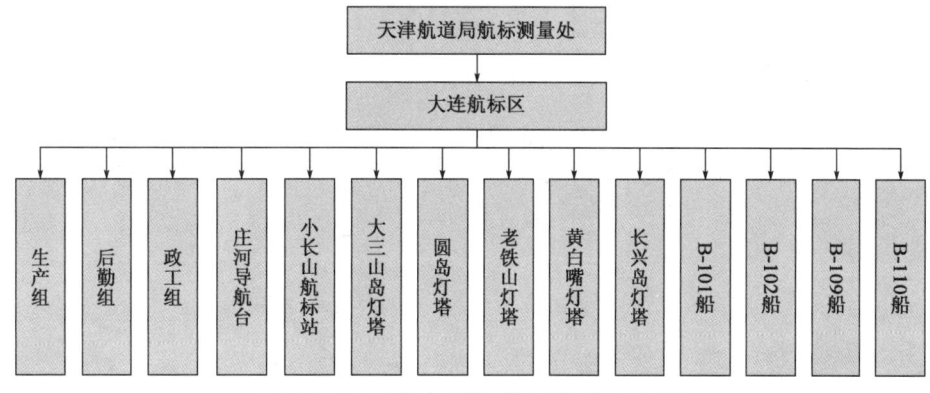

图1-2-19 1982年大连航标管理机构设置示意图

1986年5月15日,按照交通部有关要求,大连航标区相继接管大连装卸联合公司和大连港口管理局移交的37座航标,并增设大港航标队。自此,除海军和渔业等专用航标外,大连沿海公用航标基本由大连航标区统一管理。

1988年7月15日天津海监局组建后,按照交通部《关于将沿海各航标区分别划归各有关海监局的通知》要求,大连航标区于1989年1月1日成建制划归大连海监局管理,并按"区处合一"原则,改称大连海监局航标处(区)(简称"大连航标处"),为正处级事业单位,实行双重领导管理体制,党政工作由大连海监局领导,航标业务、计划、财务等仍由天津海监局归口管理。同年4月15日,大连航标处筹备组成立,由邓洪贵等3人负责筹建工作。1991年3月,经大连海监局核定,该处内设机构为办公室、人事保卫科、计财科、业务科、工程科;下设机构为庄河导航台、老铁山航标站、大三山岛航标站、圆岛航标站、黄白嘴航标站、大港航标站、长海航标站、长兴岛航标站、船队、物资供应站。首任处长兼党委书记为熊国武。

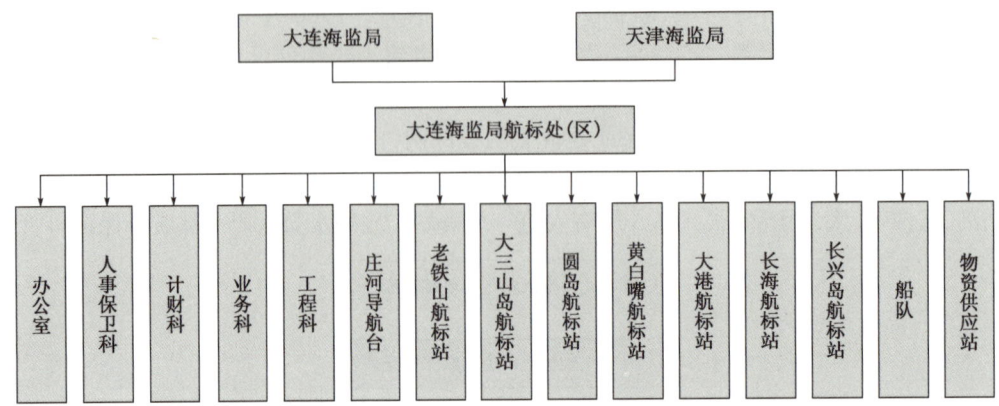

图1-2-20 1991年大连航标管理机构设置示意图

1994年5月,大连航标处增设大窑湾航标站(正科级)。同年10月,接管丹东航道处移交的大鹿岛灯塔,组建大鹿岛航标站。1998年10月1日,按照交通部海事局统一部署,全国沿海罗兰A导航系统关闭,庄河导航台随之裁撤。1999年10月,大连航标处将大王家岛灯塔从长海航标站划出,与长兴岛、大鹿岛航标站合并,组建庄河航标站(正科级)。

1999年全国交通系统水监体制改革后,大连海监局改称辽宁海事局,大连航标处随之更名为辽宁海事局大连航标处,内设机构及管理职责未变。2001年5月,按照交通部《关于调整部分航标区行政管理关系的通知》要求,辽宁海事局将大连航标处成建制移交天津海事局管理,更名为天津海事局大连航标处,首任处长兼党委书记为姜镇泰。

图1-2-21 2001年5月23日,天津海事局大连航标处举行揭牌仪式

2003年,天津海事局实施机构编制调整和岗位聘用(任)制改革。大连航标处内设机构调整为办公室、政工科、人事科、计划财务科、航标科;下设机构调整为大港航标站、大连灯塔管理站、大窑湾航标站、长海航标站、航标修理所、后勤服务中心。原工程科、船队以及老铁山、大三山岛、圆岛、黄白嘴、庄河航标站等裁撤,物资供应站改称后勤服务中心。

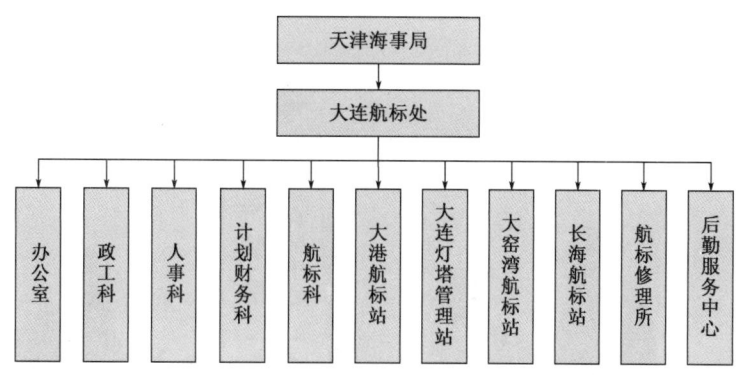

图1-2-22　2003年大连航标管理机构设置示意图

之后,随着大连沿海港口建设持续发展,辖区航标数量快速增长,天津海事局多次微调大连航标处组织机构,除个别单位(部门)名称略有改动外,增设旅顺、庄河、长兴岛航标管理站和船队,航标修理所改称航标科技所,后勤服务中心改称大连航标养护中心。

2012年10月15日,北海航海保障中心正式成立,天津海事局将大连航标处成建制划归北海航海保障中心管理,改称交通运输部北海航海保障中心大连航标处(简称"大连航标处")。首任处长为田少华,党委书记为邢伯谦。至2012年底,大连航标处设有1室4科10个基层单位,在编干部职工210人。

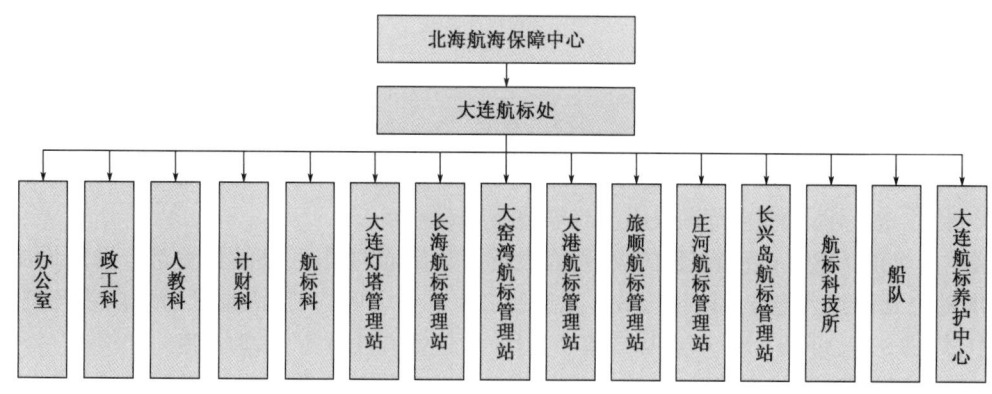

图1-2-23　2012年大连航标管理机构设置示意图

1982—2012年大连航标管理机构人员配置一览表

表1-2-15　　　　　　　　　　　　　　　　　　　　　　　　　　　　　　　　　　　单位:人

年份	机构名称	处级	科级	机关	基层	总人数
1982	天津航测处大连航标区	—	3	15	174	189
1989	大连海监局航标处(区)	—	3	45	214	259
1991	大连海监局航标处(区)	3	30	38	214	252
1999	辽宁海事局大连航标处	4	30	53	186	239

〔续表〕

年 份	机构名称	处级	科级	机关	基层	总人数
2001	天津海事局大连航标处	2	38	44	183	227
2012	北海航海保障中心大连航标处	4	33	34	176	210

图1-2-24　2013年1月30日,北海航海保障中心主任聂乾震(左三)和大连港口与口岸局局长高连(右二)为大连航标处揭牌

(二)辖区与职责

清光绪十七年(1891)海关部门接管老虎尾灯塔后,于光绪十九年(1893)设置老铁山灯塔。其间,航标管理主要遵循海关总税务司发布施行的《新关灯塔灯船诫程》《各海关设立灯塔、浮桩指示行船章程》等规章制度。航标助航覆盖范围仅限于旅顺港及附近海域。

清光绪二十四年(1898)俄国强租旅大后,在投资兴建商港的同时,陆续设置部分助航设施,航标助航覆盖范围随之延伸到大连湾及附近海域。至光绪二十九年(1903),旅大地区沿海设置各类航标总计6座。其中,灯塔3座、灯桩1座、灯浮标2座。是年,大连港吞吐量为42.3万吨。

1945年8月苏军进驻旅大地区后,重点修复或重建旅顺军港及附近沿海干线航标,基本恢复到战前规模。至1955年,旅大地区沿海航标总计60座(含军港专用航标)。其中,灯塔5座、雾号5座、无线电指向标4座、其他航标46座。是年,大连港吞吐量为439.19万吨。

1955年5月,中国海军旅顺基地接管原苏军管辖的航标助航设施,随后接管长兴岛和大王家岛2座灯塔,全面担负起辽东半岛沿海干线公用航标管理职责。在海军管理航标期间,除了组织实施航标补点建设及对航标设施设备技术升级改造外,先后在庄河增设中程无线电导航台,在柏岚子、海洋岛增设近程无线电导航台,明显改善辖区航标助航效能。此间,其航标管理业务主要遵循海军于1963年颁行的《航标工作规章制度汇编》,并沿用至海军移交航标。至1980年12月,大连辖区各类航标总计142座。其中,海军管辖各类航标100座(含军港专用航标),大连港务管理局管辖港内航标33座,水产部门管辖9座。是年,大连港吞吐量首次突破3000万吨,跻身全国五大海港之列。

第一章 机构沿革

1980年全国海区航标管理体制改革后,交通部发布施行《关于海区航标管理工作的若干规定》,统一规定了海区划分和各海区航标主管机关及所辖航标区(站、艇)管理职责。其中,各航标区主要职责是:①负责航标维护保养和定期补给巡检,保证航标正常技术状况;②组织实施航标设置或撤除、改变特征、调整配布等工作;③发现沉船、障碍物、航道变化等紧急情况,采取航标应急措施并及时上报;④了解辖区水文气象等情况,掌握辖区航标技术状况,建立航标技术档案,及时向上级报告并通报有关部门;⑤根据上级规定,向指定地点派出航标站(艇)并监督其完成值班任务;⑥航标站(艇)和有人值守灯塔应认真做好海区瞭望工作,如实记录海区情况;⑦根据过往船舶请求,提供有关航道和航标情况,指导安全航行和给予可能救援。天津航测处划定大连航标区的业务管辖范围为:中朝交界鸭绿江口至辽宁瓦房店复州湾沿海水域航标设施。

1982年,按照天津航测处的统一部署,大连航标区在接管海军和大连港移交航标的同时,组建内部管理机构,建立健全规章制度,招录培训干部职工,选址筹建办公用房,添置更新技术装备,引进换装新型灯器,积极探索"夫妻灯塔"等经济承包责任制改革试点,初步实现辖区公用航标规范管理,为持续推进大连航标事业发展奠定良好基础。特别是1985年第九号台风正面袭击大连海域,该区在"8·19"抗台工作中做出重要贡献,受到天津航测处党委通报表彰。至1988年12月,大连航标区管辖各类公用航标总计99座。其中,灯塔7座、灯桩37座、立标11座、灯浮标31座、浮标3座、无线电指向标4座、无线电导航台1座、雷达信标1座、雾号4座。拥有各类航标作业船艇7艘,固定资产617万元。是年,大连港进出商船33114艘次,货物吞吐量4852.55万吨。

1989年1月,依照《北方海区航标业务管理办法》,大连航标处进一步细化和完善业务管理职责,以适应新的航标管理体制需要。随后,北方海区航标系统先后组织开展航标大维护、大保养、大检查、大评比(简称航标"四大")、设备"管修养用"、学习"华铜海"轮等一系列专项管理活动,使辖区航标维护管理逐步纳入正常化、制度化、标准化轨道。此间,大连老铁山灯塔在北方海区连续三年航标"四大"活动获得"三连冠"的基础上,于1993年在交通部安监系统设备"管修养用"活动中再次夺取桂冠。特别是1995年国务院公布施行《中华人民共和国航标条例》(简称《航标条例》)后,为加速推进航标事业发展提供了法制保障。在积极宣传贯彻《航标条例》的同时,依据交通部发布的《海区航标动态通报管理办法》《海区航标设置管理办法》《海区航标作业管理规则》等部门规章,大连航标处充分发挥自身专业优势,积极开展联合执法检查,不断加大行业管理力度,为全面提升辖区地方港口专用航标维护管理质量做出积极贡献。同时,伴随着辖区港口建设发展和航海科技进步,大连航标处相继引进使用新型灯器、雷达信标、RBN-DGPS系统等具有国际先进水平的导助航设备,并在消化吸收新技术的基础上,与大连海运学院合作,研发灯塔航标无线电遥控遥测微机管理系统,填补国内空白,并荣获辽宁省科学技术进步奖二等奖。至2001年,大连航标处管辖各类公用航标增至118座。其中,灯塔14座、灯桩35座、灯浮标42座、浮标6座、立标9座、雾号2座、雷达信标8座、RBN-DGPS台站2座。拥有新式航标作业船舶4艘,固定资产增至6916万元。是年,大连港进出商船47819艘次,货物吞吐量首次突破亿吨大关,跨入亿吨大港行列。

2001年大连航标处划归天津海事局建制后,恰逢中国经济发展进入高速发展期,不仅促使全国港口建设数量和规模迅猛增长,也为航标事业建设带来难得的发展机遇。大连航标处在陆续接管地方港口专用航标的同时,积极开展"水上运输安全管理年""航标效能检查评估"等专项活动,适时推出多项便民举措,先后组织实施航标配布调整综合改造、陆岛运输航标布设等重点工程,大幅提高辖区航标助航效能,进一步优化和改善辖区通航环境。尤其是在2002年大连"5·7"空难事故、2010年大连"7·16"海上溢油事故等应急抢险工作中,在关键时刻发挥了关键作用,为国家处置海上突发性事件做出突出贡献,多次受到交通运输部海事局通令嘉奖。

图1-2-25 1986年12月,天津航测处党政主要领导在大连航标区检查指导工作(左起:曲云春、赵亚兴、崔守荣、王载熙、邓洪贵)

图1-2-26 1999年,大连海监局党政主要领导出席大连航标处(区)年度工作会议(左起:车荣合、姜镇泰、熊国武、丛选斌、曲云春、邓洪贵)

此间,大连航标处遵循天津海事局提出的"科技兴局,人才强局"发展战略,持续加大科技投入,自主研制成功TRB-400型灯器数字控制电路、灯浮标标识号码显示器、新型太阳能充电控制器、LED冷光源航标灯智能开关等科技成果,相继增设岸基自动识别系统(AIS)基站、建造沿海航标夹持船等现代化导助航手段与技术装备,并建立航标质量管理体系,彻底改变传统的航标管理及作业方式,基本实现航标智能化、装备现代化、人才多元化、管理信息化。其航海保障服务范围覆盖大连、旅顺、庄河等7个港口,8条公用干线航道,10条陆岛运输航线,10座企业专用码头及航道,为保障辖区船舶航行安全、助推港航事业建设、服务经济社会发展发挥重要作用。

图1-2-27 2010年,大连航标处荣立大连"7·16"海上清污工作集体二等功(左起:王远东、邢伯谦、田少华、邰喆)

至2012年底,大连航标处管辖的公用航标增至348座。其中,灯塔14座、灯桩68座、立标8座、导标2座、灯船1座、灯浮标216座、浮标11座、雷达信标18座、RBN-DGPS台站2座、AIS基站6座、雾号2座。拥有航标作业船舶7艘,房屋建筑面积27955平方米,固定资产2.06亿元。是年,大连港进出商船237342艘次,货物吞吐量为3.74亿吨,位居全国沿海港口第5名。

(三)领导人更迭

1891—2012年,大连航标管理机构领导人更迭情况列表如下:

1891—1955年大连航标管理机构主管机关主要领导人更迭一览表

表1-2-16

序号	姓 名	机构名称	职 务	任职时间
1	孟家美(英)	牛庄海关	税务司	1891年4月至1893年9月
2	许妥玛(英)	牛庄海关	税务司	1893年9月至1895年10月
3	哈巴安(英)	牛庄海关	税务司	1895年10月至1897年7月
4	李华达(英)	牛庄海关	税务司	1897年11月至1899年6月
5	保 罗(英)	牛庄海关	税务司	1899年6月至1900年8月
6	科纳巴罗夫(俄)	牛庄海关	代税务司	1900年8月至1903年3月
7	萨哈洛夫(俄)	"达里尼"市政府	市 长	1902年5月至1904年5月
8	奇帕诺维奇(苏)	苏军驻旅顺海军基地	司 令	1945年9月至
9	古德里切夫(苏)	苏军驻旅顺海军基地	司 令	至1955年5月

1951—1986年大连港航标管理机构主管机关主要领导人更迭一览表

表1-2-17

序号	姓名	机构名称	职务	任职时间	备注
1	毛达恂	大连港湾管理局	港长	1951年2月至1952年8月	
2	谭松平	大连区港务局	局长	1952年8月至1960年6月	
3	王伟	大连港务管理局	局长	1960年6月至1964年10月	
4	李宁	大连港务管理局	局长	1964年11月至1967年3月	
		大连港务管理局	局长	1978年12月至1981年12月	
		大连港口管理局	局长	1981年12月至1983年9月	
5	高诗荣	大连港务管理局	主任	1967年3月至1968年7月	军管会
6	杨国喜	大连港务管理局	主任	1968年7月至1971年6月	革委会
7	赵勤谋	大连港务管理局	主任	1971年6月至1976年6月	革委会
8	曹凯	大连港务管理局	主任	1976年1月至1977年8月	革委会
9	郑冲哲	大连港务管理局	主任	1977年8月至1978年12月	革委会
10	刘兆祥	大连港口管理局	局长	1983年9月至1986年12月	

1955—1982年大连航标管理机构(海军)主要领导人更迭一览表

表1-2-18

序号	姓名	机构名称	职务	任职时间
1	刘宝珊	海军旅顺基地司令部海道测量区	主任	1955—1959年
2	高永臣	海军旅顺基地司令部海道测量区	政委	1955—1956年
3	邢德起	海军旅顺基地司令部海道测量区	政委	1956—1959年
4	康凤池	海军旅顺基地司令部航海保证处	处长	1960—1966年
5	林运通	海军旅顺基地司令部航海保证处	处长	1966—1973年
6	任忠义	海军旅顺基地司令部航海保证处	处长	1973—1978年
7	谷俊德	海军旅顺基地司令部航海保证处	处长	1978—1980年
8	白克敏	海军旅顺基地司令部航海保证处	处长	1980—1983年

1981—2012年大连航标管理机构领导人更迭一览表

表1-2-19

序号	姓名	机构名称	职务	任职时间	备注
1	崔守荣	大连航标区	主任	1981年8月至1989年4月	正科级
2	栗荫友	大连航标区	党总支副书记	1982年11月至1985年5月	副科级
			党总支书记	1985年5月至1989年4月	正科级
3	邓洪贵	大连航标区	副主任	1981年8月至1989年4月	副科级
		大连航标处	筹备组组长	1989年4月至1990年5月	
			副处长	1995年6月至2000年11月	
4	曲云春	大连航标区	副主任	1986年2月至1989年4月	副科级
		大连航标处	副处长	1995年6月至1997年11月	
			处长	1997年11月至2000年10月	
5	姜镇泰	大连航标区	党总支副书记	1988年3月至1989年4月	副科级

〔续表〕

序号	姓　名	机构名称	职　务	任　职　时　间	备注
5	姜镇泰	大连航标处	党委副书记	1991年4月至1997年2月	副处级
			党委书记	1997年2月至2009年7月	正处级
			处长兼书记	2002年3月至2004年5月	
6	熊国武	大连航标处	处长兼书记	1990年5月至1991年11月	
7	魏光兴	大连航标处	副处长	1991年4月至1997年2月	
8	徐津津	大连航标处	处长兼书记	1991年12月至1995年2月	
9	孙瑞成	大连航标处	副处长	1997年11月至2000年10月	
10	车荣合	大连航标处	副处长	2000年10月至2004年5月	
			处　长	2004年5月至2010年1月	
11	王远东	大连航标处	副处长	2002年3月至2014年7月	
			党委书记	2014年7月至2019年7月	正处级
12	李惠斌	大连航标处	党委副书记	2002年3月至2003年5月	副处级
13	王如政	大连航标处	副处长	2004年5月至2007年1月	
14	李华彬	大连航标处	副处长	2007年1月至2009年3月	
15	刘铁君	大连航标处	副处长	2009年3月至2010年1月	
16	田少华	大连航标处	副处长	2009年12月至2010年9月	
			处　长	2010年9月至2016年9月	
17	郜　喆	大连航标处	副处长	2010年1月至2018年1月	
18	邢伯谦	大连航标处	党委书记	2010年12月至2014年6月	正处级

附：清光绪二十年(1894)中日甲午战争爆发后，旅大地区沿海助航设施一度落入敌手，并遭受严重破坏。清光绪二十九年十二月二十三日(1904年2月8日)，日俄战争爆发，日军再次侵占旅大，设立停泊场司令部，全面接管港航管理事务，实行军事殖民统治。

清光绪三十一年(1905)，为满足殖民统治和经济掠夺需要，日占当局对原有港口码头、货运铁路、仓储库房等实施大规模改扩建，初步形成较为完备的港区，港口助航设施亦随之日臻完善，航标覆盖范围逐步扩展至大王家岛、圆岛、老铁山、长兴岛4点连线的海域。清光绪三十一年七月二十七日(1905年8月27日)，日占当局将"达里尼"市改称大连市，港口随之更名为大连港。同年八月初七(1905年9月5日)，日俄签订《朴茨茅斯条约》，全面攫取俄国在关东州(今辽东半岛南部区域)的一切权利，并设立关东总督府(后改称关东都督府)。

光绪三十四年十月初八(1908年11月1日)，日占当局设立关东海务局，包揽关东州港航行政管理事务。该局内设总务课、港务课、海事课、检疫课，下辖旅顺、大连、甘井子、普兰店等支局。大连港及附近沿海航标由海事课统辖。1925年12月28日，日占当局发布施行《航道标志使用费办法》，对出入关东州船舶开征航路标识使用费(军政船舶除外)。1929年2月1日，在圆岛、港务局办公楼增设无线电指向标，并相互配组使用。1931年10月1日，关东海务局调整内设机构，增设船员课，航标设施改由港务课统辖。在日本侵占旅大期间，关东海务局始终把持着包括航标在内的港航管理权。

至1939年12月，旅大地区沿海航标总计56座。其中，灯塔7座、灯桩22座、导标2座、灯浮标10座、浮标4座、雾号5座、雾钟2座、无线电指向标4座。是年，大连港吞吐量为1070万吨。后因日本侵华战争接连失利，港口码头及附属设施建设随之停滞，到日本战败投降时，大部分航标设施因战争破坏而不敷使用。

日本侵华时期大连航标主要管理人更迭一览表

序号	姓名	机构名称	职务	任职时间
1	石塚英藏(日)	关东州民政署	长官	1904年5月至1906年8月
2	大岛义昌(日)	关东总督府	总督	1905年10月至1912年4月
3	福岛安正(日)	关东都督府	都督	1912年4月至1914年9月
4	中村觉(日)	关东都督府	都督	1914年9月至1917年7月
5	中村雄太郎(日)	关东都督府	都督	1917年7月至1919年4月
6	林权助(日)	关东厅	长官	1919年4月至1920年5月
7	山县伊三郎(日)	关东厅	长官	1920年5月至1922年9月
8	伊集院彦吉(日)	关东厅	长官	1922年9月至1923年9月
9	儿玉秀雄(日)	关东厅	长官	1923年9月至1927年12月
10	木下谦次郎(日)	关东厅	长官	1927年12月至1929年8月
11	太田政弘(日)	关东厅	长官	1929年8月至1931年1月
12	冢本清治(日)	关东厅	长官	1931年1月至1932年1月
13	山冈万之助(日)	关东厅	长官	1932年1月至1932年8月
14	武藤信义(日)	关东厅	长官	1932年8月至1933年7月
15	菱刈隆(日)	关东厅	长官	1933年7月至1934年12月
16	南次郎(日)	关东局	长官	1934年12月至1936年3月
17	植田谦吉(日)	关东局	长官	1936年3月至1939年9月
18	梅津美治郎(日)	关东局	长官	1939年9月至1944年7月
19	山田乙三(日)	关东局	长官	1944年7月至1945年8月

二、营口航标管理机构

(一)机构设置

营口,昔称辽口、历林口、梁房口、没沟营,位于辽东半岛西南部辽河入海口。该地物产丰盛,襟海带河,交通便利,是近代中国东北地区第一个对外通商口岸,享有"东方贸易总汇"和"关外上海"之美誉。

营口港历史悠久。秦王政二十一年(前226),因秦国攻克燕都蓟城,燕王喜迁都辽东襄平(今辽宁辽阳),辽河下游一带遂成为辽东地区航运枢纽和军事重地。隋唐以降,辽阳港作为河海转运枢纽,为锦州、广宁等戍边军队运送粮饷发挥重要作用。唐诗《后出塞》所谓"云帆转辽海,粳稻来东吴",生动描绘了当时的海上漕运景象。后因河水裹挟泥沙不断沉积河床,航道逐渐淤浅,致使港址发生多次变迁。至明末清初,辽河流域港口重心已迁移到三岔河附近的牛庄,牛庄港随之兴盛。在营口开埠通商前,辽东半岛港航管理始终由山海关道统辖。由于该地港口依然处于自然港状态,船舶航行主要依靠沿岸自然物标作为辨向导航手段,少量古代形制的导助航设施均为民间自建自管,尚未设立航标管理机构。

在第二次鸦片战争期间,清政府于咸丰八年(1858)被迫与英、法、美、俄等国签订《天津条约》,增开牛庄、登州等9埠为对外通商口岸。咸丰十一年二月二十四日(1861年4月3日),清政府正式宣布牛庄开埠,并将山海关道衙门(1866年改称奉锦山海关道)迁至牛庄。后经英国驻牛庄领事梅多斯(T. Meadous)实地勘察,认为"牛庄距海口甚远,且河道淤塞严重,不利大船出入",遂依照其他口岸移地开埠成例,将开埠地点由牛庄改为营口,山海关道衙门于翌年移驻营口。同治三年四月初四(1864年5月9日),清政府在营口设立牛庄海关税务司署(亦称山海新关),首任税务司为英国人马吉(J. Mackey),

隶属海关总税务司统辖,自此形成山海关道衙门与牛庄税务司署二元管理体制。

同治七年(1868)海关总税务司署设立船钞部后,牛庄海关增设理船厅,隶属北段巡查司和牛庄海关税务司双重领导。理船厅下辖灯塔(船)值事、港口引水、执照引水、港口巡吏等职员,专司航标维护、引水指泊、港口巡察、气象观测、测量疏浚、船舶检疫等事务。

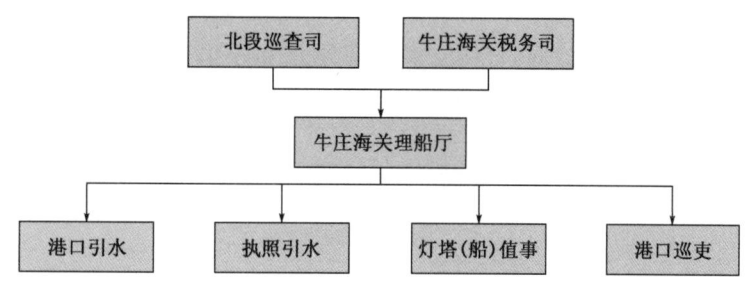

图1-2-28 19世纪70年代牛庄海关航标管理机构设置示意图

后因各口税务司与段巡查司职责分割不清,海关总税务司于光绪七年(1881)裁撤段巡查司,改由海务巡工司统一管辖全国沿海海务工作,牛庄海关理船厅及相关业务随之改由关区税务司全权掌管,形成"海关总税务司(海务巡工司)→牛庄海关税务司→理船厅→灯塔(船)值事"自上而下的垂直管理体制。

中日甲午战争后,由于西方列强对中国的欺压掠夺不断扩大,激化了各地民众与洋人之间的矛盾,遂引发义和团运动。清光绪二十六年七月初十(1900年8月4日),俄国借口义和团袭击南满铁路,悍然出兵侵占营口、牛庄等地。同年闰八月十一日(1900年10月4日),俄军强占牛庄海关,改任俄国人科纳巴罗夫(Конабаров)为代理税务司。此举虽遭海关总税务司抗议,但在俄国强力施压下,不得不委任俄国人为牛庄海关税务司。清光绪二十八年三月初一(1902年4月8日),中俄签订《交收东三省条约》(亦称《俄国撤兵条约》),但俄国却另提苛刻条件违约不撤,并于清光绪二十九年(1904)强行撤换海关监督,拒绝海关总税务司节制。

1912年中华民国成立后,依据北洋军阀政府与外国使团达成的《关于修订浚修辽河工程的协定》,辽河工程局于1914年7月正式设立,牛庄海关税务司兼任董事会副董事长,直接参与决策浚河工程及导标建设。1931年1月,南京国民政府召开全国关税会议,统一划定全国海关关区,将各地"常关"全部划归"洋关"税务司统辖。牛庄海关随即将官方印信一律改用山海海关名称,不再使用牛庄海关(洋关)和牛庄钞关(常关)等称谓。其内设组织机构及管理辖区亦随之调整,但航标管理体制并无大的变化。

1945年8月15日,日本无条件投降。1946年3月,南京国民政府派员接管日伪营口航务局,改称营口航政局,并将其内设机构扩编为航政处等6个职能部门,营口港航标改由航政处下辖港务科直接管理。

1948年11月11日,营口解放。1949年4月,中共东北行政委员会(东北人民政府前身)在营口设立东北航政总局,内设航政处等职能部门,下辖哈尔滨、营口、安东(今丹东)航政局和葫芦岛办事处,首任东北航政总局局长为吴自立。当时,营口航政局暂未设立,营口港航标业务暂由东北航政总局航政处工程科直接管理。1950年1月30日,经东北人民政府批准,营口航政局正式成立(后改称营口港湾管理局),首任局长为肖华湘。该局内设航政科,专司营口港及航标设施管理事务。同年7月26日,中央人民政府政务院财经委员会印发《关于统一航务港务管理的指示》,将营口港划归交通部大连区港务局管理。1951年7月1日,营口港湾管理局改称交通部大连区港务局营口分局。1957年11月,遵照中共中央、国务院《关于工业企业下放的四项决定》,交通部将大连区港务局营口分局下放辽宁省交通厅管理,与辽宁省交通厅航运管理局营口分局合并,改称营口航务局。1963年8月19日,交通部收回营口港管理权,改称营口港务管理局,仍隶属交通部大连港务管理局建制。此间,尽管营口港机构名称及隶属关系发生多次变更,但营口港航标始终由该局航政科(后改称营口港务监督)管理。

1968年8月5日,营口港务管理局成立革命委员会,实行军代表制,营口港务监督改称九队。后仿照军队建制,将九队、十队合并,组建港工连,原九队改称一排。1972年7月,驻港军代表撤离,港工连随之撤销,恢复原港务监督建制。1977年10月4日,交通部将营口港务管理局从大连港务管理局成建制划出,更名为交通部营口港务管理局,直属交通部领导。1986年9月,营口港务监督由科升格为处,内设航标航道科,专司营口港及附近水域航标航道管理。首任科长为柳絮深。

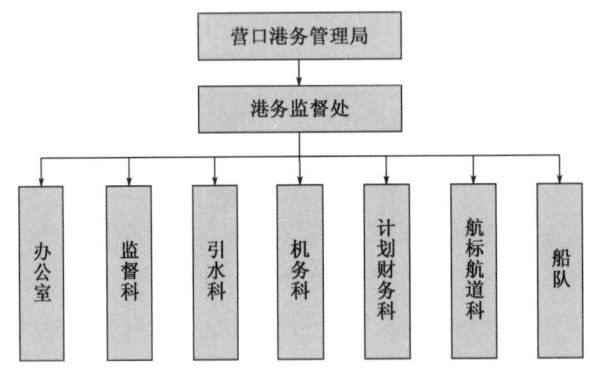

图1-2-29　1986年营口航标管理机构设置示意图

1988年1月19日,交通部印发《关于组建交通部营口海上安全监督局的通知》,营口港务监督从营口港务管理局成建制划出,组建交通部营口海上安全监督局(县团级,简称"营口海监局"),为交通部直属一级行政单位,实行交通部和营口市人民政府双重领导、以交通部为主的管理体制。该局内设办公室、组织宣传科、计划财务科、监督科、海务科、航标科、通信交管科。1995年,营口海监局升格为副地师级局,原航标科随之改称营口海监局航标处(简称"营口航标处"),为副处级事业单位。首任处长为刘庆利。1998年8月1日,营口航标处经费纳入北方海区财务预算管理后,航标业务、计划、财务等由天津海监局归口管理。不久,经营口海监局核准,营口航标处增设综合科、业务科,成为兼具机关航标业务管理职能的全能单位。

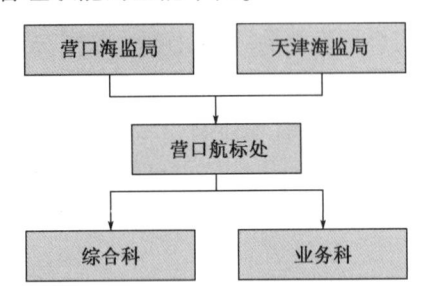

图1-2-30　1998年营口航标管理机构设置示意图

1999年全国交通系统水监体制改革后,营口海监局改称营口海事局,营口航标处随之更名为营口海事局航标处(简称"营口航标处")。2000年9月4日,营口海事局调整充实该处组织机构,将综合科改称办公室,增设计划财务科、营口航标站、鲅鱼圈航标站。

2001年5月,按照交通部《关于调整部分航标区行政管理关系的通知》要求,营口航标处成建制划归天津海事局管理,更名为天津海事局营口航标处。首任处长为刘庆利,党总支书记为刘智。2003年,天津海事局实施机构编制调整和岗位聘(任)用制改革。营口航标处内设机构核定为办公室、计划财务科、航标科,下设机构为营口航标站、鲅鱼圈航标站。不久,遵照交通部海事局决策部署,该处接管锦州港航标,并增设锦州航标站、航标养护中心。

2012年10月15日,北海航海保障中心正式成立,天津海事局将营口航标处成建制划归北海航海保障中心管理,改称交通运输部北海航海保障中心营口航标处(简称"营口航标处"),为正处级事业单位。首任处长为邓祝森,党委书记为李惠斌。至2012年底,营口航标处设有1室3科4站1中心,在编干部职工48人。

第一章 机构沿革

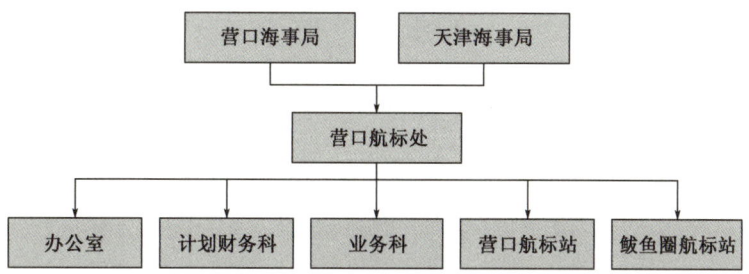

图 1-2-31　2000 年营口航标管理机构设置示意图

图 1-2-32　2001 年 5 月 26 日，天津海事局局长王怀凤（左）与营口海事局局长徐津津（右）签订营口航标处交接协议

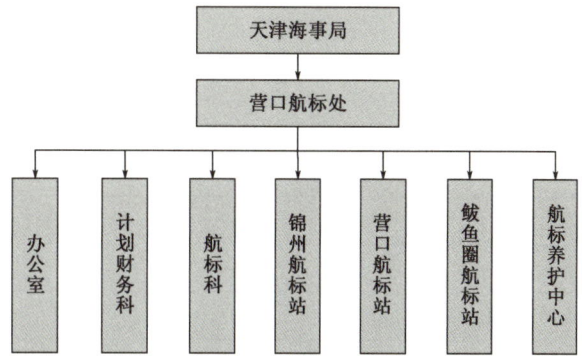

图 1-2-33　2005 年营口航标管理机构设置示意图

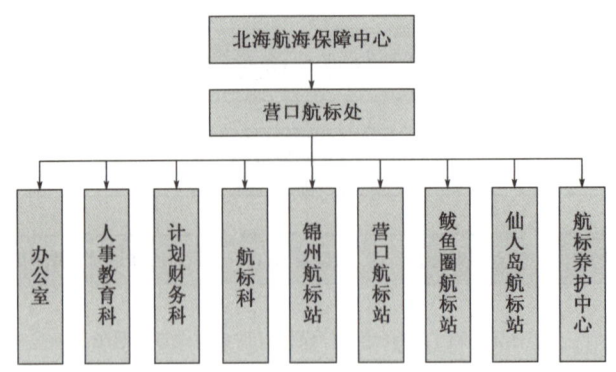

图1-2-34　2012年营口航标管理机构设置示意图

图1-2-35　2013年1月30日,北海航海保障中心营口航标处揭牌仪式

1986—2012年营口航标管理机构人员配置一览表

表1-2-20　　　　　　　　　　　　　　　　　　　　　　　　　　　　　　　　　　　　单位:人

年　份	机　构　名　称	处　级	科　级	机　关	基　层	总人数
1986	营口港务监督处航标航道科	—	2	2	15	17
1988	营口海监局航标科	—	2	3	14	17
1995	营口海监局航标处	1	1	5	11	16
1999	营口海事局航标处	1	1	9	31	40
2001	天津海事局营口航标处	2	4	8	39	47
2012	北海航海保障中心营口航标处	3	10	23	25	48

(二)辖区与职责

清同治三年(1864)清政府在营口设立牛庄海关后,作为关东地区唯一的通商口岸管理机构,遂按

照《天津条约》《通商章程善后条约:海关税则》等规定,将"判定口界,派人指泊船只及分设浮椿、号船、塔表、望楼等事"等纳入职权范围,并划定辖区范围为西起山海关,东至大连湾,基本覆盖辽东半岛沿海水域。

清同治六年(1867),牛庄海关在营口修筑海港码头的同时,在口门处布设灯船,成为北方海区航标系统设置最早的大型水上航标之一,以保障辖区船舶航行安全,自此开启该地区航标建设历史。之后,陆续在东沙咀、螺旋点、鱼窝棚、拦江沙、内水道等沿岸建造若干引导灯桩(导标)和立标,营口港航标设施渐成规模,为满足船舶安全通航及内河航道疏浚作业发挥重要作用。至1930年底,牛庄海关辖区设置各类航标总计24座。其中,灯船1座、导标12座、立标4座、灯浮标3座、浮标4座。是年,营口港货物吞吐量为131.54万吨。

1945年8月日本战败投降后,因南京国民政府忙于内战,无暇顾及航标设施等港航基础建设,营口航政局只能维系残局,乏善可陈。至1947年底,营口港各类航标总计31座。其中,灯船1座、信号所1座、导标15座、立标8座、灯浮标(浮标)6座,大多因战争损毁而破烂不堪。是年,营口港货物吞吐量仅有1.82万吨。

1948年11月11日,营口解放。东北航政总局投入巨资,修筑码头,清理航道,架设电台,恢复航标,营口港渐次复兴。后因中华人民共和国成立初期船舶运力紧张,交通部海运总局决定暂停营口港海运业务,转以河运为主,导致港口货源大幅萎缩,收入逐年递减,航标维护步履维艰,部分导标一度失修停用。

1978年中共十一届三中全会后,伴随着改革开放全面推进,营口港务管理局在实施鲅鱼圈港区建设的同时,相继修复和增设了一批导标、灯桩、灯浮标,航标规模得以逐步发展。1985年3月,按照《中国海区水上助航标志》(GB 4696—1984)规定,营口港务管理局组织实施航标"A制度"改革,使辖区水上浮标达到国家标准并与国际接轨。至1987年12月,营口港各类航标总计39座。其中,灯塔1座、灯船1座、灯桩3座、导标12座、灯浮标22座。是年,营口港货物吞吐量突破100万吨。

1988年,按照《北方海区航标业务管理办法》规定,营口海监局航标科管理辖区划定为:南起复州角,北至双台子河口沿海水域。在新的管理体制下,北方海区航标系统先后组织开展航标"四大"、设备"管修养用"、学习"华铜海"轮等一系列专项管理活动。营口航标科(处)积极参与,苦练基本功,定期组织业务技术培训,显著提升全体干部职工业务素质,导标维护质量水平跻身北方海区前列,辖区航标维护管理步入正常化、制度化、标准化轨道。此间,台子山、大孤山、太平角灯塔等助航设施相继竣工并投入使用,填补了渤海"灯塔链"空白。特别是1998年营口航标经费纳入北方海区财务预算管理并实行独立核算后,为辖区航标建设持续发展提供了强劲动力和可靠保障。至2001年底,营口航标处辖区各类航标增至46座。其中,灯塔4座、灯桩3座、导标11座、灯船1座、灯浮标26座、雷达信标1座。是年,营口港货物吞吐量首次突破2000万吨。

2001年5月,营口航标处成建制划归天津海事局管理后,依照交通部海事局《关于航标业务范围及航标管理站设置方案的批复》,该处辖区调整为复州角至止锚湾北沿海水域,纵跨营口、盘锦、锦州、葫芦岛4个地级市。此间,恰逢中国经济社会发展进入高速增长期,辽东湾港航企业快速发展,港口数量和规模迅猛增长,为航标事业带来难得发展机遇。营口航标处主动开展港口调研,积极提供航标技术支持,高效履行航标设置审核职责,相继组织实施葫芦岛港7万吨级航道、仙人岛港区、绥中电厂码头、盘锦新港、兴城至菊花岛陆岛运输航线、辽河大桥等航标综合配布工程。同时,营口航标处遵循天津海事局"科技兴局,人才强局"发展战略,通过建立航标质量管理体系,加快AIS、遥测遥控、太阳能光源、LED灯器等新技术应用,加大人才引进及信息化建设力度,彻底改变传统的航标管理及作业方式,初步建成高精度、全覆盖、立体化的综合助航保障体系,航海保障能力实现历史性跨越,为保障辖区船舶航行安全、助推港航事业建设、服务经济社会发展发挥重要作用。其航海保障服务范围基本覆盖仙人岛、鲅鱼圈、营口、盘锦、锦州、葫芦岛、绥中等10个港口(区),6条公用干线航道,1条陆岛运输航线,3座企业专用码头及航道。

图1-2-36 2010年,营口航标处召开年度工作会议(左起:李惠斌、刘庆利、刘承旭、杨力)

至2012年底,营口航标处管辖的各类航标倍增至286座。其中,灯塔4座、灯桩30座、导标27座、灯船1座、灯浮标214座、雷达信标7座、RBN-DGPS台站1座、AIS基站2座。拥有航标作业船舶1艘,房屋建筑面积8573.46平方米,固定资产1.19亿元。是年,营口港货物吞吐量突破3亿吨大关,位居全国沿海港口第8名。

(三)领导人更迭

1864—2012年,营口航标管理机构领导人更迭情况列表如下:

1864—1948年营口航标管理机构主管机关主要领导人更迭一览表

表1-2-21

序号	姓 名	机构名称	职 务	任职时间
1	马 吉(英)	牛庄海关	税务司	1864年4月至1865年5月
2	马福臣(英)	牛庄海关	税务司	1865年6月至1869年11月
3	卢 逊(英)	牛庄海关	税务司	1869年11月至1871年10月
4	赫 政(英)	牛庄海关	税务司	1871年10月至1872年4月
5	廷德尔(英)	牛庄海关	税务司	1872年5月至1873年10月
6	满三德(英)	牛庄海关	税务司	1873年10月至1876年11月
7	穆和德(英)	牛庄海关	税务司	1876年11月至1877年11月
8	威基谒(英)	牛庄海关	税务司	1877年11月至1878年4月
9	休 士(英)	牛庄海关	税务司	1878年4月至1879年9月
10	班 漠(英)	牛庄海关	税务司	1879年11月至1880年5月
11	满三德(英)	牛庄海关	税务司	1880年6月至1881年4月

〔续表〕

序号	姓　名	机构名称	职　务	任职时间
12	李华德(英)	牛庄海关	税务司	1881年8月至1883年6月
13	穆和德(英)	牛庄海关	税务司	1883年6月至1885年5月
14	惠　达(英)	牛庄海关	税务司	1885年6月至1886年4月
15	爱格尔(英)	牛庄海关	税务司	1886年4月至1888年6月
16	劳　思(英)	牛庄海关	税务司	1888年6月至1889年10月
17	裴式模(英)	牛庄海关	税务司	1889年10月至1890年5月
18	马　根(英)	牛庄海关	税务司	1890年5月至1891年4月
19	孟家美(英)	牛庄海关	税务司	1891年4月至1893年9月
20	许妥玛(英)	牛庄海关	税务司	1893年9月至1895年10月
21	哈巴安(英)	牛庄海关	税务司	1895年10月至1897年7月
22	李华达(英)	牛庄海关	税务司	1897年11月至1899年6月
23	保　罗(英)	牛庄海关	税务司	1899年6月至1900年8月
24	科纳巴罗夫(俄)	牛庄海关	代税务司	1900年8月至1903年3月
25	葛偈发(俄)	牛庄海关	税务司	1903年4月至1904年7月
26	客纳格(美)	牛庄海关	税务司	1905年10月至1908年9月
27	柯尔乐(美)	牛庄海关	税务司	1908年9月至1911年5月
28	劳达尔(英)	牛庄海关	税务司	1911年5月至1912年4月
29	艾瑞时(德)	牛庄海关	税务司	1912年4月至1913年10月
30	夏立士(英)	牛庄海关	税务司	1913年10月至1916年5月
31	伟克非(英)	牛庄海关	税务司	1916年5月至1920年5月
32	巴　尔(英)	牛庄海关	税务司	1920年5月至1922年2月
33	满珊德(英)	牛庄海关	税务司	1922年2月至1923年2月
34	霍李家(英)	牛庄海关	税务司	1923年2月至1925年4月
35	克勒纳(英)	山海海关	税务司	1930年5月至1932年1月
36	佘瑙瑞(英)	山海海关	税务司	1932年1月至1932年10月
37	李秉义	营口航务局	代局长	1945年8月至1946年3月
38	万　宗	营口航政局	局　长	1946年3月至1948年11月

1949—2001年营口航标管理机构主管机关主要领导人更迭一览表

表1-2-22

序号	姓　名	机构名称	职　务	任职时间	备注
1	吴自立	东北航政总局	局　长	1949年4月至1950年1月	
2	肖华湘	营口航政局	局　长	1950年1月至1951年7月	
3	赵作震	大连区港务局营口分局	副局长	1951年7月至1957年10月	主持工作
		营口港务管理局	副局长	1963年9月至1966年5月	主持工作
4	李　康	营口航务局	局　长	1957年11月至1963年9月	
5	何祖顺	营口港务管理局	局　长	1966年5月至1968年8月	
6	王洪涛	营口港务管理局	主　任	1968年8月至1970年7月	军代表
7	卢伯群	营口港务管理局	主　任	1970年7月至1972年6月	军代表

〔续表〕

序号	姓名	机构名称	职务	任职时间	备注
8	田虎	营口港务管理局	代主任	1972年7月至1975年4月	革委会
9	王立志	营口港务管理局	主任	1975年4月至1977年6月	革委会
10	宋乐善	营口港务管理局	主任	1977年6月至1977年10月	革委会
		营口港务管理局	局长	1977年10月至1983年8月	
11	黄恩元	营口港务管理局	局长	1983年8月至1987年12月	
12	李宝成	营口海监局	局长	1988年2月至1992年12月	
13	吕德山	营口海监局	局长	1992年12月至2000年6月	
14	徐津津	营口海事局	局长	2000年6月至2003年2月	

1986—2012年营口航标管理机构领导人更迭一览表

表1-2-23

序号	姓名	机构名称	职务	任职时间	备注
1	柳絮深	营口航标航道科	科长	1986年9月至1988年1月	正科级
		营口航标科	科长	1988年1月至1991年12月	正科级
2	刘庆利	营口航标科	科长	1991年12月至1994年3月	正科级
			处长	1995年2月至1995年9月	正科级
			处长	1995年9月至2007年2月	副处级
		营口航标处	党委书记	2007年2月至2010年12月	
3	沈延春	营口航标科	副科长	1992年1月至1994年12月	副科级
		营口航标处	副处长	1995年10月至2000年7月	正科级
4	谭忠宇	营口航标科	科长	1994年3月至1994年12月	正科级
5	刘智	营口航标处	党总支书记	2000年10月至2007年2月	副处级
6	刘承旭	营口航标处	副处长	2002年3月至2009年12月	正科级
				2009年12月至2010年12月	主持工作
7	李惠斌	营口航标处	党总支副书记	2003年5月至2008年5月	正科级
			党委副书记	2008年6月至2010年11月	正科级
			党委书记	2010年12月至2013年4月	副处级
8	安红松	营口航标处	处长	2007年2月至2009年3月	副处级
9	田少华	营口航标处	处长	2009年3月至2009年12月	副处级
10	杨力	营口航标处	副处长	2010年3月至2010年12月	正科级
11	吕晓阳	营口航标处	副处长	2011年1月至2013年4月	正科级
12	邓祝森	营口航标处	处长	2010年12月至2013年4月	副处级
			处长兼党委书记	2013年4月至2014年6月	正处级
13	赵海波	营口航标处	副处长	2011年1月至2013年5月	正科级

附：光绪二十九年十二月十三日(1904年2月8日)日俄战争爆发，日军攻占营口，设立军政署，强占海关和港口，实行军事殖民统治。后经中日双方谈判，日军承诺于光绪三十二年十月二十一日(1906年12月6日)前撤离营口。然而，日方并未完全履行协定，仅将营口西部城区及牛庄海关交还清政府管理，营口东部城区及港区码头(今营口老港区)仍由日本人控制，辖区航标随之形成分治格局。

1931年九一八事变后，日军侵占东北全境，将山海海关改称营口税关，并宣布断绝与中国海关总税务司一切关系。1932年2月,日伪奉天省财政厅将营口税关和营口港划归由日本人掌控的大连海关管理。同年3月,伪满洲国成立,组建路政司(下辖营口、丹东、哈尔滨3个航政局),日伪当局于1933年5月将营口港及沿海助航设施等划归营口航政局管理,从此结束营口航标由海关管理的历史。该局内设航务科、工程科、总务科,下辖电线所、机械厂、葫芦岛办事处等单位。其中,航务科内设船舶股、标识股、登记股,航标由标识股负责管理。1933年7月,日本将营口港及附属助航设施划归伪满洲国营口航政局管理,统辖西起山海关、南至复州湾沿海及辽河水域的港航行政事务。此间,伪营口航政局对港口码头、货运铁路、仓储库房等实施大规模改扩建的同时,更新和增设部分航标。至1936年12月,营口港各类航标总计42座。其中,灯船1座、信号所1座、导标12座、立标18座、灯浮标6座、浮标4座。

1937年7月,伪满洲国政府将营口航政局改称航务局,除局长一职由中国人充任外(无实权),各要害部门均为日本人把持,牢牢掌控营口港航行政大权,当年营口港货物吞吐量为135万吨。1941年12月太平洋战争爆发后,营口航务局局长改由日本人担任,航务科改称海事科,标识股改称航标股,由于日本侵略战争节节失利,营口港随之衰败,除军用物资运输外,商货贸易基本处于停顿状态。至日本战败投降,相关机构未再发生大的变化。

日本侵华时期营口航标主要管理人更迭一览表

序号	姓　　名	机构名称	职　　务	任职时间
1	与仓喜平(日)	日本军政署	军政委员	1904年8月至1906年12月
2	江源纲一(日)	伪营口税关	代海关长	1932年10月至1933年7月
3	李凤翥	伪营口航政局	局　　长	1933年7月至1937年7月
4	徐宝斌	伪营口航务局	局　　长	1937年7月至1941年12月
5	水源义雄(日)	伪营口航务局	局　　长	1941年12月至1945年8月

三、秦皇岛航标管理机构

(一)机构设置

秦皇岛,昔称碣石、秦榆,相传因秦始皇驻跸于此而得名。该地位于华北与东北地区结合部,北依燕山,南临渤海,东接辽宁,西近京津,海岸线总长162.7千米。因地处交通咽喉与关隘要冲,历来为兵家必争之地,素有"两京锁钥无双地,万里长城第一关"的美誉。

秦皇岛地区建港通航历史源远流长。早在夏代,北方先民已利用该地碣石等自然物标泛舟渤海。春秋战国时期,碣石港(今河北昌黎)已闻名于世,与转附(今山东烟台)、琅琊(今山东胶南)、会稽(今浙江绍兴)、句章(今浙江宁波)并列为古代中国五大通商口岸。秦汉以降,碣石港航运活动延绵不绝,作为重要的兵力军资集散地,在历次东征高句丽战争中发挥重要作用。唐诗《燕歌行》赞曰"拟金伐鼓下榆关,旌旗逶迤碣石间",生动描绘了碣石港帆樯云集的兴旺景象。后因宋金对峙,南北贸易及水路交通中断,碣石港随之衰败。元代漕运勃兴后,秦皇岛沿海航运活动渐次复苏,但规模已大不如前。此间,当地船民于道光年间(1821—1850)在山海关南海口天后宫东侧架设1座转盘探海灯,为引导夜航船舶安全驶入港口起到重要作用。然而,当地沿海设置的古代导助航设施均为民间自建自管,并未设立航标管理机构。

第二次鸦片战争后,在国家内外交困形势下,清政府发起"师夷长技以制夷"的洋务运动,尝试官督商办或官商合办等经营模式,兴办工业,摆脱困境,富国强兵,维系统治。为满足工业和轮船对燃煤的迫切需要,北洋轮船招商局总办唐廷枢在河北滦县开平一带勘探发现大型优质煤矿后,于光绪四年六月二十五日(1878年7月24日)在唐山成立开平矿务局,招商集股,开采煤炭,并在天津、牛庄、上海等港口设有专用码头和堆栈。光绪二十四年三月初五(1898年3月26日),清政府将秦皇岛自辟为通商口岸,为开平煤炭出口提供了更加便利的运输条件。同年五月初三(1898年6月10日),开平矿务局设立秦皇岛经理处,首任经理为英国人鲍尔温(Baldwin),具体负责代理地亩、筹资建港等开埠通商事宜,秦皇岛港自此成为开平矿务局专用港口。后因开平矿务局盲目扩建而耗资过巨,致使外国垄断资本趁机渗入,逐步被英国财团墨林公司所控制。光绪二十六年(1900),英国墨林公司代理人胡佛(Herbert Clark Hoover,时任开平矿务局技术顾问。1928年当选美国第31任总统)乘八国联军侵华之机,与津海关税务司德璀琳(Detring Gustav von)合谋,威逼利诱开平矿务局总办张翼签订出让合约,全面攫取开平矿务局及秦皇岛港管理权。同年,开平矿务局秦皇岛经理处在秦皇岛港西南端设置临时灯标1座,开启秦皇岛沿海近代航标建设历史。

1912年,开平矿务局与滦州煤矿合并,改称开滦矿物总局,开平矿务局秦皇岛经理处随之更名为开滦矿物总局秦皇岛经理处(简称"秦皇岛经理处"),内设总务、管理、会计、工程、港务5个处。其中,航标管理事务由港务处具体负责。

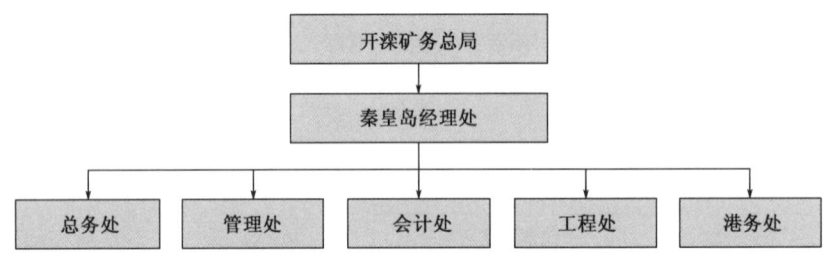

图1-2-37　1912年秦皇岛航标管理机构设置示意图

1924年,秦皇岛经理处港务处改称船港处。1929年,秦皇岛经理处调整扩充组织机构,内设机构增至7个(总管处、工程处、航务处、工务处、车务处、港务处、商务处),船港处改回港务处称谓,航标管理职责未变。

1948年11月27日,秦皇岛解放。秦榆市军事管制委员会任命鲁延为秦皇岛经理处(与天津航政局秦皇岛办事处合署办公)军代表,接管秦皇岛港及附属助航设施,实行军事管制。1950年7月26日中央人民政府政务院财经委员会发布《关于统一航务港务管理的指示》后,交通部将华北航务局秘书处与天津航政局合并,于同年9月15日组建天津区港务局,秦皇岛经理处划归天津区港务局管理,更名为天津区港务局秦皇岛办事处。1951年,天津区港务局秦皇岛办事处将南山头灯塔等助航设施移交交通部航运总局青岛海务办事处管理。1952年5月,中央人民政府政务院将秦皇岛港划归燃料工业部代管。1953年1月,燃料工业部将秦皇岛港移交交通部统一管理,改称天津区港务局秦皇岛分局。

1953年4月28日,为适应沿海军事斗争需要,中央人民政府政务院决定"交通部所管沿海航标及管理航标的海务机构移交海军司令部"。交通部航务工程总局青岛航标处随即将包括秦皇岛航标在内的所辖助航设施及相关人员一并移交海军青岛基地管理。1954年11月,海军威海基地成立,下设威海海道测量段,秦皇岛沿海航标设施划归该段管理。1958年,海军在秦皇岛组建无线电指向标站,由海军威海基地海道测量科直接管理。1959年1月1日,青岛海军基地司令部海道测量处将南山头灯塔、金山嘴灯桩、雾号站等港口助航设施移交秦皇岛港务管理局管理。1969年,海军北海舰队司令部整编,组建秦皇岛水警区,内设航海保证科,下辖秦皇岛指向标站、北塘指向标站、航保仓库、航保修理所,改隶海军烟台基地建制。1970年,上古林导航台开始组建,隶属秦皇岛水警区建制。

1980年交通部和海军司令部决定调整全国沿海航标管理体制后,天津航道局与北海舰队司令部于1982年3月6日签署《北方海区公用航标交接协议》,原海军所辖秦皇岛沿海干线公用航标及相关人员由天津航标区接管（上古林导航台由天津航测处接管）。不久，根据交通部统一部署要求，天津航标区陆续接管秦皇岛港59座专用航标。1984年10月10日，天津航道局决定增设秦皇岛航标管理站，下辖指向标站，核定人员编制73人，为天津航标区所属基层单位。首任站长为孙延德，党支部书记为金成福。1989年11月，该站正式组建航标队。

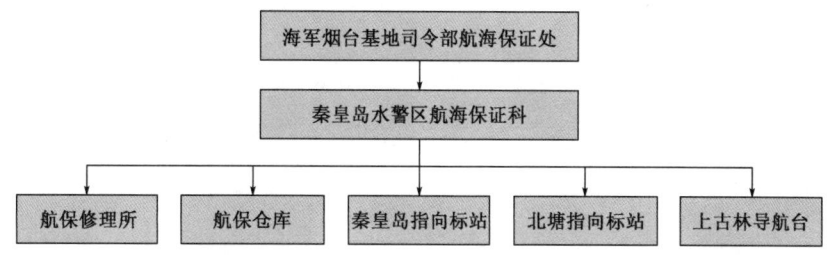

图1-2-38　1970年海军驻秦皇岛航标管理机构设置示意图

1990年1月10日，按照交通部《关于将沿海各航标区分别划归各有关海监局的通知》要求，天津海监局将秦皇岛航标管理站成建制移交秦皇岛海监局管理，改称秦皇岛海监局航标处（简称"秦皇岛航标处"），为副处级事业单位，实行双重领导管理体制，党政工作由秦皇岛海监局领导，航标业务、计划、财务等工作仍由天津海监局归口管理。首任处长为孙延德，党总支书记为金成福。同年8月29日，经秦皇岛海监局核准，该处内设机构为办公室、业务科；下设机构为南山头灯塔（下辖指向标站）、秦皇岛航标站（下辖航标队和船队）。

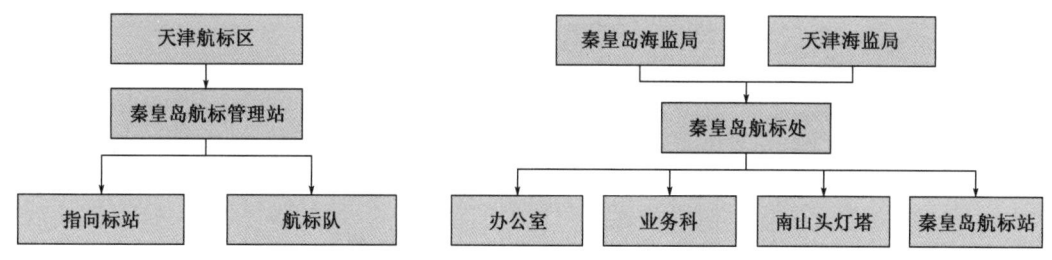

图1-2-39　1989年秦皇岛航标管理机构设置示意图　　　图1-2-40　1990年秦皇岛航标管理机构设置示意图

1999年全国交通系统水监体制改革后，秦皇岛海监局改称河北海事局，秦皇岛航标处随之更名为河北海事局秦皇岛航标处（简称"秦皇岛航标处"）。2001年3月13日，经河北海事局批准，秦皇岛航标处增设财务会计科，原办公室更名为综合办公室。同年5月28日，按照交通部《关于调整部分航标区行政管理关系的通知》要求，秦皇岛航标处成建制划归天津海事局管理，更名为天津海事局秦皇岛航标处。首任处长为丁建国，党委书记为邢伯谦。

2002年9月，天津海事局调整充实秦皇岛航标处组织机构，内设机构为办公室、政工科、计划财务科、航标科；下设机构为秦皇岛港灯塔管理站、秦皇岛港航标站、后勤服务中心。

2004年，按照交通部海事局《关于进一步加强航标管理工作的若干意见》，天津海事局组织实施航标"管养分开"改革，秦皇岛航标处将后勤服务中心改组为航标养护中心。之后，随着辖区港口建设持续发展，该处陆续接管唐山港京唐港区等航标设施，并于2006年9月成立京唐港区航标管理站。2011年4月，增设人事教育科和山海关航标管理站。

2012年10月15日，北海航海保障中心正式成立，天津海事局将秦皇岛航标处成建制划归北海航海保障中心管理，改称交通运输部北海航海保障中心秦皇岛航标处（简称"秦皇岛航标处"）。首任处长兼党委书记为黄凤飞。至2012年底，秦皇岛航标处设有1室4科4站1中心，在编干部职工117人。

图1-2-41　2001年5月28日,天津海事局局长王怀凤(右)与河北海事局局长杨盘生(左)为秦皇岛航标处揭牌

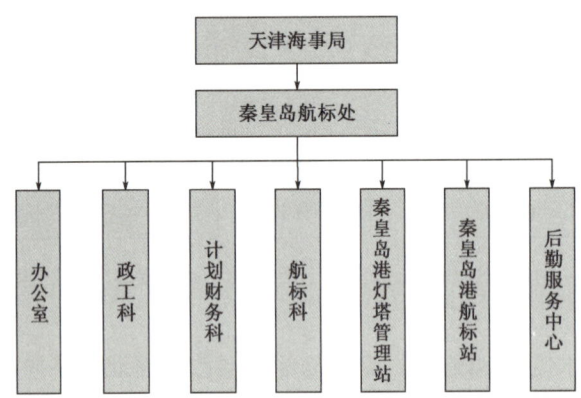

图1-2-42　2002年秦皇岛航标管理机构设置示意图

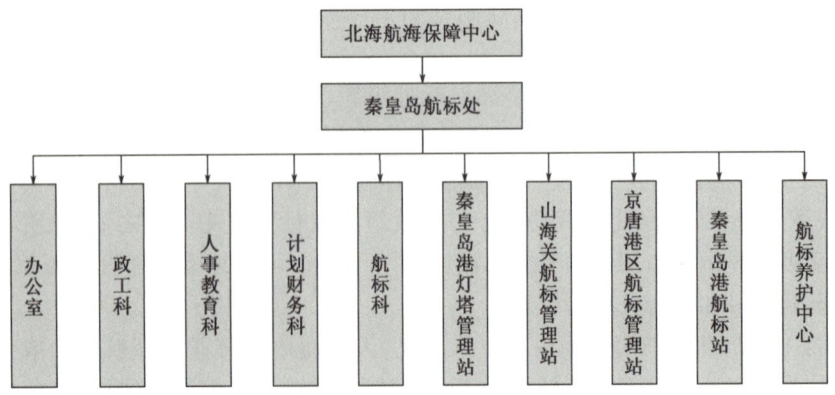

图1-2-43　2012年秦皇岛航标管理机构设置示意图

第一章 机构沿革

图1-2-44 2013年2月1日,北海航海保障中心党组书记陈朝(右)和秦皇岛市人民政府副秘书长武狄生(左)为秦皇岛航标处揭牌

1984—2012年秦皇岛航标管理机构人员配置一览表

表1-2-24　　　　　　　　　　　　　　　　　　　　　　　　　　　　　　　　　　　　　单位:人

年 份	机构名称	处级	科级	机 关	基层	总人数
1984	天津航标区秦皇岛航标管理站	—	2	—	47	47
1990	秦皇岛海监局航标处	2	12	43	47	90
1999	河北海事局秦皇岛航标处	2	17	45	67	112
2001	天津海事局秦皇岛航标处	3	19	47	73	120
2012	北海航海保障中心秦皇岛航标处	4	20	30	87	117

(二)辖区与职责

清光绪二十四年(1898)秦皇岛被辟为对外通商口岸后,历经百年沧桑巨变,现已成为世界最大的能源输出港口城市,为保证国家北煤南运发挥着重要作用,曾被国务院前总理温家宝誉为"国家经济的晴雨表"。

秦皇岛港近代助航设施始建于清光绪二十六年(1900),仅为1座临时灯标,由开平矿务局秦皇岛经理处设置并负责维护管理。宣统二年(1910),该处分别在大、小码头前端安装"艾拉丁"式汽灯各一盏。1919年,南山头灯塔建成并投入使用,成为该港标志性建筑之一。至1948年底,秦皇岛辖区仅残存2座航标,其中南山头灯塔1座、防波堤灯桩1座,航标覆盖范围亦仅囿于港区附近海域。是年,秦皇岛港货物吞吐量为86.3万吨。

1949年10月1日中华人民共和国成立后,伴随着国民经济恢复发展,秦皇岛港相继实施煤港、油港、杂货港等改扩建工程,港口助航设施随之逐步完善,陆续设置导标12组24座。此间,海军航标主管部门亦先后增设无线电指向标1座、灯浮标2座、雾号1座、测速标8座,以及港口雷达导助航系统。航标管理业务主要遵循海军于1963年颁行的《航标工作规章制度汇编》,并沿用至海军移交航标。至1980年12月,秦皇岛辖区各类航标总计61座。其中,秦皇岛港务管理局管辖各类航标49座,海军管辖各类航标12座(含军用航标)。是年,秦皇岛港货物吞吐量突破2500万吨,创当时历史最高水平。

1984年秦皇岛航标管理站组建后,经天津航测处划定,其业务管辖范围为辽宁营口以西至河北乐亭大清河口沿海水域,并将老港2号码头划定为航标船停靠码头,在太平湾划出3000平方米场地作为航标维护保养基地。工作职责遵照交通部《关于海区航标管理工作的若干规定》执行(参见本书《大连航标管理机构辖区与职责》相关内容)。此间,该站在接管海军及秦皇岛港移交航标的同时,建立健全规章制度,招录培训干部职工,新建办公业务用房,引进更新技术装备,试验活节式灯桩,初步实现辖区干线公用航标统一管理,为持续推进新时期秦皇岛航标事业发展奠定良好基础。至1989年12月,秦皇岛航标管理站管辖各类航标总计87座。其中,灯塔1座、灯桩14座、立标8座、灯浮标31座、导标32座、无线电指向标1座。是年,秦皇岛港货物吞吐量突破5800万吨。

1990年1月1日,秦皇岛航标管理站划归秦皇岛海监局建制后,依据《北方海区航标业务管理办法》,进一步细化和完善工作职责。在新的管理体制下,秦皇岛航标处立足自身实际,积极参与北方海区航标"四大"、设备"管修养用"、学习"华铜海"轮等专项管理活动,并取得优异成绩,辖区航标维护管理步入正常化、制度化、标准化轨道。

图1-2-45　1991年,秦皇岛航标处领导研究开展航标"四大"活动方案(左起二、三、四:金成福、孙延德、张希才)

1995年国务院公布施行《航标条例》后,依据《航标条例》及交通部发布施行的《海区航标动态通报管理办法》《海区航标设置管理办法》《海区航标作业管理规则》等法规标准,秦皇岛航标处充分发挥专业优势,不断更新管理理念,积极开展联合执法检查,持续加大行业管理力度,为全面提升辖区地方港口专用航标维护管理质量做出重要贡献。此间,伴随着辖区港口建设发展和航海科技进步,秦皇岛航标处陆续引进新型灯器、雷达信标、RBN-DGPS系统、太阳能光源等先进技术设备,显著提升航标导助航效能。

2001年5月,秦皇岛航标处成建制划归天津海事局管理,其业务管辖范围调整为:北起冀辽交界止锚湾,南至河北乐亭大清河北岸沿线渤海水域。此间,恰逢中国经济社会发展进入高速增长期,不仅辖区港口建设数量和规模得到迅猛增长,也为航标事业建设带来难得的发展机遇。为进一步优化和改善辖区通航环境,秦皇岛航标处积极开展"水上运输安全管理年""航标效能检查评估""年度目标管理"等专项活动,适时将京唐港区航标纳入海区航标管理序列,并推出多项便民举措,组织实施航标配布调整综合改造工程,使辖区航标助航效能得到大幅提高,为保障国家北煤南运安全畅通做出重要贡献。同时,秦皇岛航标处以开展船舶"管修养用"活动为契机,在规章制度建设、船舶维修保养、船舶管理水平、队伍素质提升等方面取得明显进步。

至2001年12月,秦皇岛航标处管辖各类航标总计132座。其中,灯塔3座、灯桩18座、立标8座、灯浮标55座、导标43座、RBN-DGPS台站1座、雷达信标4座。拥有航标作业船艇2艘,固定资产7080万元。是年,秦皇岛港货物吞吐量突破1亿吨,跻身世界亿吨大港行列。

图1-2-46　2005年8月,秦皇岛航标处领导带队检查船舶"管修养用"活动开展情况(左起一、二、三:田少华、王建国、黄凤飞)

同时,遵循天津海事局"科技兴局,人才强局"发展战略,秦皇岛航标处持续加大科技投入,自主研发成功的基于多源信息聚融的港域航道智能监测系统荣获省部级科技成果奖励,新型航标灯、港域航道专用浮标取得国家实用新型专利,并相继完成辖区灯桩太阳能供电系统改造,基本实现航标智能化、装备现代化、人才多元化、管理信息化,为持续改善辖区通航环境、保障船舶航行安全、助推港航事业建设乃至服务经济社会发展发挥重要作用。其航标作业服务范围基本覆盖秦皇岛港、京唐港区、锦州港、葫芦岛港、绥中36-1原油处理厂码头、山船重工码头等多个主要港口(港区)。

图1-2-47　2010年,秦皇岛航标处召开年度工作会议(左起:李华彬、黄凤飞、邢伯谦、邓祝森)

至2012年,秦皇岛航标处管辖各类航标总计281座。其中,灯塔4座、灯桩57座、立标8座、灯浮标131座、导标62座、雷达信标14座、RBN-DGPS台站1座、AIS基站3座、监测站1座。拥有各类航标作业船艇3艘,房屋建筑面积5500平方米,固定资产2.14亿元。是年,秦皇岛港进出船舶19442艘次,货物吞吐量为26328万吨,占全国沿海港口水运煤炭的50%,名列世界能源输出港首位。

(三)领导人更迭

1898—2012年,秦皇岛航标管理机构领导人更迭情况列表如下:

1898—1945年秦皇岛航标管理机构主管机关主要领导人更迭一览表

表1-2-25

序号	姓名	机构名称	职务	任职时间
1	鲍尔温(英)	开平矿务局秦皇岛经理处	经理	1898年6月至1903年11月
2	那森(英)	开平矿务局秦皇岛经理处	经理	1903年11月至1912年7月
3	马康尼菲(英)	开滦矿物总局秦皇岛经理处	经理	1912年7月至1930年5月
4	齐尔顿(英)	开滦矿物总局秦皇岛经理处	经理	1930年5月至1940年8月 1945年11月至1948年11月
5	傅克纳(英)	开滦矿物总局秦皇岛经理处	经理	1940年8月至1942年1月

1948—1982年秦皇岛港航标管理机构主管机关主要领导人更迭一览表

表1-2-26

序号	姓名	机构名称	职务	任职时间	备注
1	鲁延	开滦矿务局秦皇岛经理处	军代表	1948年11月至1950年5月	
2	毕祖培	开滦矿务局秦皇岛经理处	经理	1949年4月至1952年5月	
3	谢天荣	开滦矿务局秦皇岛经理处	军代表	1950年5月至1951年9月	
4	石新	开滦矿务局秦皇岛经理处	军代表	1951年9月至1952年5月	
		开滦矿务局秦皇岛经理处	经理	1952年5月至1952年12月	
		天津区港务局秦皇岛分局	分局长	1952年12月至1955年4月	
5	杨子愚	秦皇岛港务管理局	副局长	1955年5月至1957年2月	主持工作
6	张振宇	秦皇岛港务管理局	局长	1957年2月至1961年8月	
7	贾靖伍	秦皇岛港务管理局	代局长	1961年8月至1973年7月	
8	周政新	秦皇岛港务管理局	主任	1973年7月至1975年8月	革委会
9	许斌	秦皇岛港务管理局	局长	1975年8月至1981年2月	
10	刘培新	秦皇岛港务管理局	局长	1982年11月至1983年4月	

1954—1982年秦皇岛航标管理机构(海军)主要领导人更迭一览表

表1-2-27

序号	姓名	机构名称	职务	任职时间
1	李米贵	海军威海基地海道测量段	主任	1954年11月至1957年6月
		海军威海基地海道测量科	科长	1957年6月至1959年11月
		海军威海基地航海保证科	科长	1959年11月至1964年4月
		海军威海水警区航海保证科	科长	1964年4月至1969年10月
2	张泮运	海军秦皇岛水警区航海保证科	科长	1969—1972年
3	段传勇	海军秦皇岛水警区航海保证科	科长	1972—1982年

1984—2012 年秦皇岛航标管理机构领导人更迭一览表

表 1-2-28

序号	姓名	机构名称	职务	任职时间	备注
1	孙延德	秦皇岛航标管理站	站长	1984年10月至1990年5月	正科级
		秦皇岛航标处	处长	1990年5月至1996年4月	副处级
2	金成福	秦皇岛航标管理站	党支部书记	1984年10月至1990年5月	正科级
		秦皇岛航标处	党总支书记	1990年5月至1994年7月	副处级
3	张希才	秦皇岛航标处	副处长	1990年5月至1997年10月	正科级
4	杨敏君	秦皇岛航标处	处长	1996年4月至2001年3月	副处级
5	刘铁峰	秦皇岛航标处	党总支副书记	1994年7月至1996年7月	正科级
			党总支书记	1996年7月至2001年2月	副处级
6	黄凤飞	秦皇岛航标处	副处长	1997年10月至1999年12月	正科级
				1999年12月至2005年7月	副处级
				2009年3月至2010年1月	主持工作
			处长	2010年1月至2018年1月	
			党委书记(兼)	2010年12月至2014年6月	正处级
7	丁建国	秦皇岛航标处	处长	2001年3月至2002年3月	副处级
				2002年3月至2005年7月	正处级
8	邢伯谦	秦皇岛航标处	党总支书记	2001年2月至2002年3月	副处级
			党委书记	2002年3月至2010年12月	正处级
9	王建国	秦皇岛航标处	处长	2005年7月至2007年1月	
10	田少华	秦皇岛航标处	副处长	2005年7月至2009年3月	
11	柴进柱	秦皇岛航标处	副处长	2007年1月至2008年7月	主持工作
			处长	2008年7月至2009年3月	
12	邓祝森	秦皇岛航标处	副处长	2008年7月至2010年12月	
13	李华彬	秦皇岛航标处	副处长	2009年3月至2016年8月	
14	刘承旭	秦皇岛航标处	副处长	2010年12月至2014年6月	
15	田瑞坤	秦皇岛航标处	党委副书记	2010年12月至2014年8月	

附:1941年12月7日,太平洋战争爆发后,秦皇岛经理处被日军武力劫收。1942年1月21日,日占当局将该处改称"军管理秦皇岛港务局",并改组内设机构,实行军事殖民统治。1944年,由于南山头灯塔低矮且光弱不明,导致港口附近海域发生多起船舶触礁事故,日占当局予以重建。1945年8月,日本宣布无条件投降,开滦矿物总局管理权被英国人收回,恢复战前旧制。此间,由于战乱频仍,政局动荡,航标设施建设乏善可陈。

日本侵华时期秦皇岛航标主要管理人

姓名	机构名称	职务	任职时间
柴天一美(日)	军管理秦皇岛港务局	监察官	1942年1月至1945年8月

四、天津航标管理机构

(一)机构设置

天津,昔称三会海口、直沽寨、海津镇,位于华北平原东部。该地东濒渤海,北依燕山,西临京师,南运河、北运河、大清河、子牙河、永定河五大河流交会于此,经海河注入渤海,素有"海河要冲,畿辅门户"之称。因其特殊地理区位,自古即为漕运枢纽和海防重镇。

早在春秋战国时代,中华先民已在此生息繁衍,以渔猎为业,形成若干聚居点。后因西汉时发生一次大规模海浸,致使滨海平原汪洋一片。迨海河水系渐次稳定后,聚落始繁。至东汉末年,魏王曹操举兵北伐,开凿沟渠,贯通以海河为主干的内河航运网。在隋唐时期,三会海口(今天津军粮城一带)作为戍边军需物资转运枢纽而日渐兴隆。金元以降,由于京城粮草公帑"无不仰给于江南",漕运随之勃兴。该地作为漕运中继站,便以海河为轴线,邻港筑城,逐步发展成为"通衢五洲,广联四海"的港口名镇。元人张翥的"晓日三岔口,连樯集万艘。普天均雨露,大海静波涛。"等诗句,生动描绘了当时直沽港的繁荣景象。此间,为破解"直沽河口为无卓望,不能入河。多有沙涌淤泥去处,损坏船只"等漕运难题,海道府遂于元延祐元年(1314)"令袁源等充指浅提领,照依议到事理,预备船只旗缨,依上指浅施行",并在天津直沽龙山庙前竖立"望标","每年四月十五日为始,有司差夫添力竖起,日间于上悬挂布幡,夜则悬点火灯",专供漕运船队辨向避险之用。基于"指浅提领"系专司漕船导助航之责的官员,海道府遂成为中国最早的官方航标管理机构。明代以降,天津作为拱卫京畿的军事重地,官制时有变迁,航路标识转由地方军政官府兼办或民间自建自管,并无定规。

第二次鸦片战争爆发后,西方列强侵华扩张之势骎骎北上。清咸丰十年(1860),英法联军由北塘登陆,相继攻陷天津、通州、北京,并扬言焚毁紫禁城,逼迫清政府签订《北京条约》,增开天津为通商口岸。咸丰十一年二月十三日(1861年3月23日),津海关税务司署正式开关办公,职掌天津口岸关税征缴等工作,首任税务司为法国人克士可士吉(C. KLeczKowsKi),隶属海关总税务司统辖,自此形成海关监督衙门与海关税务司署二元管理体制。

清同治七年(1868)海关总税务司署设立船钞部后,津海关增设理船厅(后称港务长),隶属北段巡查司和津海关税务司双重领导。理船厅下辖灯塔(船)值事、港口引水、执照引水、港口巡吏等职员,专司辖区导助航设施维护管理、引水指泊、测量疏浚等事项。

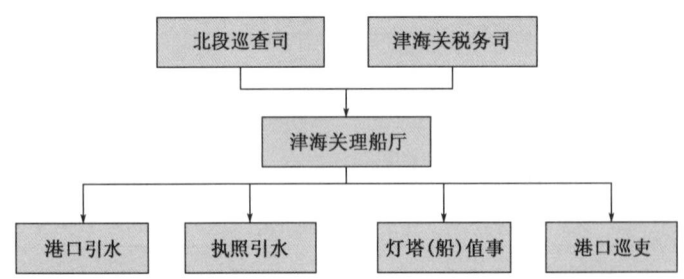

图1-2-48 19世纪70年代津海关航标管理机构设置示意图

后因各口税务司与段巡查司职责分割不清,海关总税务司于光绪七年(1881)裁撤段巡查司,改由海务巡工司统一管辖全国海区海务工作,津海关理船厅及相关业务随之改由关区税务司全权掌管,形成"海关总税务司(海务巡工司)→津海关税务司→理船厅→灯塔(船)值事"自上而下的垂直管理体制,直至辛亥革命前未再发生大的变化。

1912年中华民国成立后,海关总税务司将船钞部一分为二,改组为海政局和工程局,津海关辖区航标业务隶属海政局归口管理。1930年5月,因全国编遣会议引发军阀混战,晋军为筹募军资而占据津海关,并截扣税款,撤换税务司,炮制了震惊中外的"津海关事件"。由于南京国民政府采取"封关"措施,除航标维持正常发光外,津海关一度陷入瘫痪。1931年1月,按照南京国民政府全国关税会议统一部署,天津海关监督公署所辖"常关"(厘局、钞关)全部划归津海关税务司管理。同时,秦皇岛分关从津海关划出,升格为海关总税务司署直属机构。津海关内部组织机构亦随之调整,但航标管理体制无大变化。

1945年8月日本战败投降后,津海关、塘沽新港等口岸管理机构由南京国民政府派员接管。同年9月,津海关税务司卢斌抵津履职,基本承继旧制,内设秘书课、总务课、会计课、关产课、验估课、缉私课、稽查课、港务课8个职能部门,下辖北平分关和塘沽分关。天津辖区导助航设施依旧由港务课统一管理。

1949年1月15日,天津解放。中国人民解放军天津市军事管制委员会设立海关接管处,并按照上级指示精神,暂时沿用原名旧制,于17日正式开关办公,首任关长为朱剑白。1950年2月,按照海关总署通令要求,津海关更名为中华人民共和国天津海关,港务课改称港务科。同年12月22日,遵照中央人民政府政务院《关于关税政策和海关工作的决定》,天津海关将所辖港务科、海河信号台、塘沽分关港务股成建制移交天津区港务局航政处管理,从此结束长达80余年海关管理航标的历史。

1952年,天津区港务局航政处改称港务处,内设航标科,负责天津港及附近水域航标管理工作。1953年3月,天津区港务局将海关移交的航标维护人员与原新港工程局所属船闸及航标维护人员合并,成立标志组,隶属该局港务处航标科管理。1953年4月,中央人民政府交通部海运管理总局印发施行《海务港务监督工作章程》,港务处改称天津港务监督。翌年,天津港务监督从天津市区迁往塘沽,并将航标科与引水科合并,改称引水信号科。

1958年3月29日,交通部将航务工程局所属天津疏浚公司划归天津区港务局建制,组建天津航道局。天津区港务局遂将航道科、引水信号科(航标部分),以及海河、新港、曹妃甸、大清河等地的航标人员成建制划归天津航道局管理,原引水信号科所属标志组改由新港航道处管理。不久,遵照中共中央、国务院《关于工业企业下放的四项决定》,天津区港务局及天津航道局下放河北省天津市政府领导,改称天津市港务管理局、天津市航道局。此间,天津市港务管理局一度收回原天津区港务局所属航道科、船闸、航标等单位。1961年6月12日,交通部决定收回天津市港务管理局、天津市航道局等部分下放企事业单位管理权,恢复原建制。1965年3月11日,天津航道局在新港航道处标志组基础上,组建航标队,作为天津航道局直属单位,暂由天津航道局临时党委会委员李长禄负责。1971年1月,天津航道局将航标队和海港测量队合并,组建天津航测大队。其中,航标队下辖标志班、电工班、焊工班、车工班、锻工班、后勤班。

1980年交通部和海军司令部调整全国沿海航标管理体制后,天津航道局于1981年8月将天津航测大队航标队扩编改组为天津航标区,为正科级事业单位,隶属天津航测处领导。1982年9月1日,经天津航道局核准,天津航标区内设机构为生产组、政工组、后勤组;下设机构为北塘指向标站、秦皇岛指向标站、上古林导航台、航标修理所等基层单位。首任主任为叶德恩,党总支书记为齐兆祥。

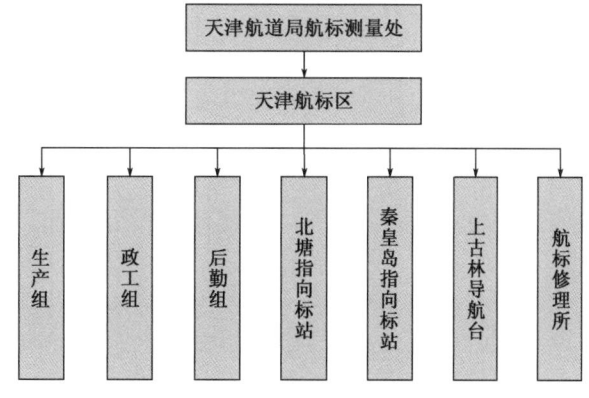

图1-2-49 1982年天津航标管理机构设置示意图

1984年12月，按照交通部《关于秦皇岛港和黄埔港航标分别划归天津、广州航道局管理的批复》要求，天津航标区接管秦皇岛港38座航标及相关人员2人，增设秦皇岛航标管理站，分工负责秦皇岛港及附近沿海助航设施维护管理。

1988年7月15日天津海监局组建后，天津航标区随之升格为正处级事业单位。首任主任为辛艺强（兼），党委书记为赵树祯。1989年8月，经天津海监局核准，天津航标区内设机构为办公室、政工科、人事教育科、计划财务科、业务科、船舶管理科、行政科、公安科8个职能部门；下设机构为航标队、大沽灯塔、上古林导航台、北塘指向标站4个基层单位（均为正科级单位）。1990年1月，天津海监局将秦皇岛航标管理站移交秦皇岛海监局管理。

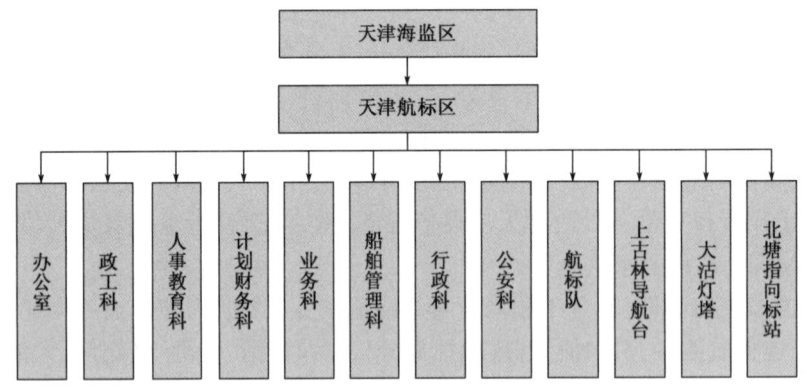

图1-2-50　1989年天津航标管理机构设置示意图

之后，根据工作需要，天津海监局多次微调天津航标区组织机构。1990年10月，计划财务科更名为财务科，管理职能不变。1993年2月，大沽灯塔与航标队合并，仍称航标队。同年3月，撤销行政科，其管理职能并入办公室。1994年3月，撤销船舶管理科，成立航标船队。1998年10月1日，按照交通部统一部署，上古林导航台关闭，机构随之撤销，人员分流安置。1999年8月，北塘指向标站改为北塘RBN-DGPS站。

1999年全国交通系统水监体制改革后，天津海监局改称天津海事局，天津航标区随后更名为天津航标处。首任主任为孙洪志，党委书记为赵阳。2005年6月23日，经天津海事局核定，该处内设机构调整为办公室、政工科、人事科、计划财务科、航标科、技术装备科6个职能部门；下设机构为天津港航标站、船队、航标养护中心3个基层单位（均为正科级单位）。原北塘RBN-DGPS站并入天津港航标站。同年8月，天津海事局设立海事公安局，原天津航标处公安科划归天津海事公安局建制。

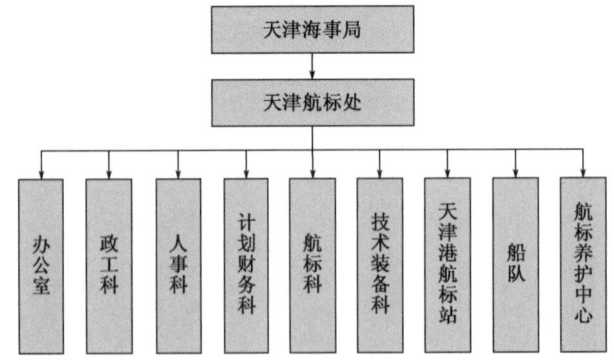

图1-2-51　2005年天津航标管理机构设置示意图

第一章 机构沿革

2006年3月,天津海事局接管黄骅港航标,增设黄骅航标处,为副处级事业单位,由天津航标处负责筹建。同年12月,黄骅航标处正式挂牌运行,人员编制37人,实有干部职工16人,其内设机构为综合办公室、航标科、计划财务科3个职能部门,下设机构为黄骅航标站、东风航标站2个基层单位(均为正科级单位)。首任处长为沈福友,党总支书记为何新。之后,伴随着天津沿海港口建设持续发展,辖区航标呈现快速增长之势,天津航标处分别增设临港航标站和上古林航标站。

图1-2-52　2006年11月17日,天津海事局党委书记徐俊池(左)和河北海事局局长助理马国本(右)为黄骅航标处揭牌

2012年10月15日,北海航海保障中心正式成立,天津海事局将天津航标处成建制划归北海航海保障中心管理,改称交通运输部北海航海保障中心天津航标处(简称"天津航标处")。首任处长为安红松,党委书记为梅传东。同时,撤销黄骅航标处,原所属黄骅和东风航标站一并划归天津航标处管理。至2012年底,天津航标处设有内设机构6个,下设机构8个,在编干部职工231人。

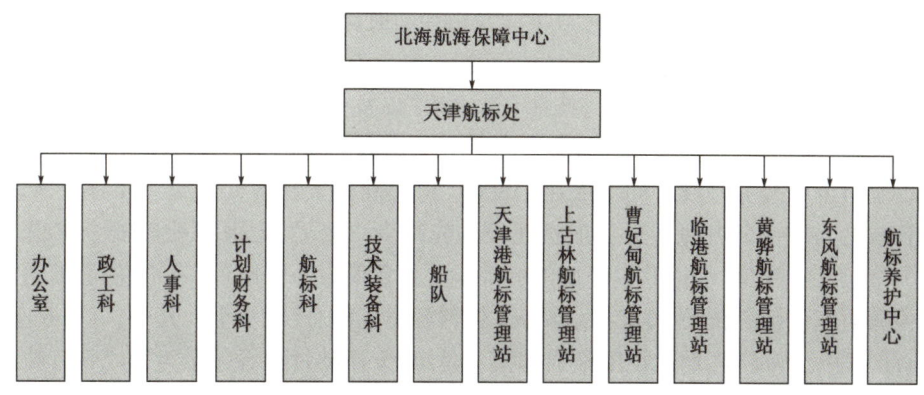

图1-2-53　2012年天津航标管理机构设置示意图

图1-2-54 2013年1月30日,北海航海保障中心天津航标处揭牌(左起:刘福生、安红松、梅传东、苗猛、陈朝)

1982—2012年天津航标管理机构人员配置一览表

表1-2-29　　　　　　　　　　　　　　　　　　　　　　　　　　　　　　　单位:人

年　份	机构名称	处级	科级	机关	基层	总人数
1982	天津航测处天津航标区	—	3	—	173	173
1989	天津海监局天津航标区	3	22	77	147	224
1999	天津海事局天津航标区	4	21	55	234	289
2001	天津海事局天津航标处	5	24	56	236	292
2012	北海航海保障中心天津航标处	6	36	48	183	231

(二)辖区与职责

天津地区航标设施建设历史悠久。据《大元海运记》记载,海道府于元延祐四年(1317)在直沽龙山庙前设置"望标",是为迄今可考北方海区最早的专用导助航设施。之后,海河沿岸历史上曾出现望楼、台塔、石桩、标杆等形态各异的导助航设施,为保障船舶安全航行发挥重要作用。

清咸丰十年(1860)天津开埠通商后,按照《天津条约》及《通商章程善后条约:海关税则》规定,津海关随即将"判定口界,派人指泊船只以及分设浮橛、号船、塔表、望楼等事"纳入职权范围,划定辖区范围为直鲁交界埋子口至山海关海域。同治五年(1866),由民间集资在曹妃甸设立1座中式塔形灯标(后由津海关接管改造),是为北方海区近代航标建设的先行者。之后,为保障船舶安全进出天津口岸,津海关相继在大沽拦江沙航道、水道北岸西南海岬等重要位置增设若干航标。后伴随着航道开辟与迁移,航标数量和位置时有变化。至1930年底,津海关管辖各类航标总计19座。其中,灯塔6座、灯船3座、浮标1座、信标9座,天津辖区助航设施渐成规模。是年,天津港货物吞吐量为264.5万吨,连续保持全国沿海第二大港地位。

1945年8月,南京国民政府接管天津,津海关随之恢复战前旧制。但因国民政府忙于内战,无暇顾及包括航标在内的港口基础建设,筑港项目仅为零星整修,助航设施建设乏善可陈。至1948年12月,

第一章 机构沿革

由于战乱失修,致使天津港航道淤塞严重,大型船舶不敢进出,沦落成满目疮痍的"死港"。天津辖区各类助航设施亦仅残存20座,且多数不敷使用。是年,天津港货物吞吐量为143.6万吨。

1949年中华人民共和国成立后,塘沽新港重获新生,相关助航设施亦随之得到恢复与发展。此间,天津区港务局相继印发施行《天津港港章》《天津港保护航道标志暂行办法》等一系列规章制度,并就各类岗位职责及相关设备技术操作规程作出详尽规定,为推动航标管理规范化建设发挥重要作用。

1958年,天津航道局接管天津区港务局移交的各类航标总计125座。后因治理海河水患,修建海河防潮闸,大沽沙航道遂被废弃,相关航标设施全部撤除。1978年5月,天津航道局建成大沽灯塔并投入使用,是为中国第一座自主设计建造的水中大型灯塔,显著提升天津辖区导助航能力。至1979年底,天津辖区各类航标总计98座。其中,灯塔1座、灯桩25座、灯浮22座、过河标35座、接岸标4座、鸣笛标2座、信号台5座、转头地中心标4座,航标覆盖范围拓展至海河、新港、曹妃甸、大清河等地区。是年,天津港进出商船2344艘次,货物吞吐量为1270万吨。

1981年8月天津航标区成立后,经天津航测处划定,其业务管辖范围为冀鲁交界埕子口至山海关的沿海水域,工作职责遵照交通部《关于海区航标管理工作的若干规定》执行(参见本书《大连航标管理机构辖区与职责》相关内容)。1982年3月6日,天津航道局与北海舰队司令部签署《北方海区公用航标交接协议》,天津航标区接管海军移交的12座航标和46名干部战士,以及附属房屋3380.5平方米、场地29321.5平方米、各类航标器材57330件。此间,按照天津航测处统一部署,该区在接管海军及秦皇岛港移交航标的同时,建立健全规章制度,招录培训干部职工,添置更新技术装备,引进换装新型灯器,新建办公业务用房,初步实现辖区公用航标统一管理,为持续推进新时期天津航标事业发展奠定良好基础。至1988年,天津航标区管辖各类航标总计100座。其中,灯塔1座、灯桩16座、立标2座、导标14座、灯浮标64座、无线电导航台1座、无线电指向标2座。拥有航标作业船舶5艘,房屋建筑面积2483平方米。是年,天津港进出商船2988艘次,货物吞吐量为2437万吨,位居全国沿海港口第二名。

图1-2-55 1986年,天津航标区党政主要领导参加天津航测处年度工作会议(左起:齐兆祥、张家孝、王载熙、赵亚兴、叶德恩)

1988年7月天津海监局组建后,天津航标区业务管理的辖区与职责有所调整,增加大型航测作业船舶维护管理等职能,不再担负秦皇岛辖区航标管理工作,天津航标区辖区调整为河北乐亭大清河口至东营黄河口的沿海水域。此间,该区坚持"两个文明"一起抓,积极组织开展航标"四大"、设备"管修养用"、学习"华铜海"轮、征集"精神文明口号""树行业新风、建文明窗口、创优质服务"等活动,使辖区航标维护管理逐步纳入正常化、制度化、标准化轨道。特别是该区"B-15"轮于1993年成功施救海上失火船舶"安堡"轮,受到交通部通报表彰,并荣获"天津市'八五'立功"荣誉称号。

图1-2-56　1996年,天津航标区召开"创先争优树形象"活动总结表彰大会(左起:靳嘉琦、孙洪志、郑洪起)

1995年《航标条例》公布施行后,天津航标区积极组织知识竞赛、培训研讨、印发手册等宣传贯彻活动,并充分发挥专业优势,开展联合执法检查,为全面提升辖区地方港口专用航标维护管理质量做出重要贡献。同时,该区相继引进使用新型灯器、雷达信标、RBN-DGPS系统等具有国际先进水平的导助航设备。至1999年底,天津航标区管辖各类航标总计140座。其中,灯塔2座、灯桩54座、立标2座、导标22座、灯浮标59座、RBN-DGPS台站1座。拥有各类航测作业船舶5艘,房屋建筑面积2253.5平方米,固定资产6645万元。是年,天津港进出商船17730艘次,货物吞吐量为7298万吨。

1999年全国交通系统水监体制改革后,天津航标区更名为天津航标处,辖区与职责未发生变化。2006年3月,天津海事局设立黄骅航标处,划定其管辖范围为祁河口至东营黄河口海域。天津航标处管辖范围调整为河北乐亭大清河口至祁河口的沿海水域。迨至黄骅航标处撤销后,天津航标处辖区恢复原管辖范围。此间,恰逢中国经济社会发展进入高速增长期,辖区港口建设数量和规模迅猛增长,为航标事业建设带来难得的发展机遇。为进一步优化和改善辖区通航环境,天津航标处充分发挥专业优势,不断更新管理理念,在北方海区率先成立AIS中心,并结合航标新技术、新能源、新材料的发展,成功研制活节式灯桩、新型冰标等航标系列产品,为冰冻港口冬季安全通航提供可靠保障。2012年,天津港务局决定建设复式航道,该处主动作为,统筹整合相关技术资源,专门成立课题组,积极开展天津港复式航道航标配布前期研究工作,为天津港复式航道建设提供航标专业技术支持。特别是天津航标处大型航标船始终履行北方海区灯浮标周期性更换职责,连续70余年周而复始的运行轨迹覆盖北方海区50余个港口,为保持各港口航标正常助航和船舶航行安全做出突出贡献。

至2012年底,天津航标处管辖各类航标总计392座。其中,灯塔2座、水深信号台1座、灯桩69座、导标22座、立标31座、灯浮标250座、雷达信标10座、RBN-DGPS台站1座、AIS基站5座、监测站1座。拥有航标作业船舶7艘,房屋建筑面积6998.6平方米,固定资产增至2.79亿元。航海保障服务范围覆盖天津港、黄骅港、曹妃甸港、东营港、东风港5个主要港口,7条公用干线航道,1座企业专用码头及航道,为保障船舶航行安全、助推港航事业建设、服务经济社会发展发挥重要作用。是年,天津港进出商船17932艘次,货物吞吐量为4.76亿吨,位居全国沿海港口第3名。

(三)领导人更迭

1861—2012年,天津航标管理机构领导人更迭情况列表如下:

1861—1949年天津航标管理机构主管机关主要领导人更迭一览表

表1-2-30

序号	姓名	机构名称	职务	任职时间
1	克士可士吉(法)	津海关	税务司	1861年3月至1862年4月
2	威立士(德)	津海关	税务司	1862年4月至1863年4月
3	马吉(英)	津海关	代税务司	1863年4月至1864年3月
4	贝格(英)	津海关	代税务司	1864年3月至1866年10月
5	狄妥玛(英)	津海关	税务司	1866年10月至1868年3月
6	休士(英)	津海关	税务司	1868年3月至1869年9月
7	汉南(英)	津海关	税务司	1869年9月至1872年10月
8	赫政(英)	津海关	税务司	1872年10月至1873年8月
9	吴秉文(法)	津海关	税务司	1873年8月至1875年4月
10	屠迈伦(英)	津海关	代税务司	1875年4月至1875年11月
11	马福臣(英)	津海关	税务司	1875年11月至1876年11月
12	穆意索(法)	津海关	代税务司	1876年11月至1877年10月
13	克黎(德)	津海关	代税务司	1877年10月至1877年12月
14	德璀琳(德)	津海关	税务司	1877年12月至1904年11月
15	法来格(匈)	津海关	代税务司	1882年3月至1882年5月
16	哲美森(英)	津海关	代税务司	1882年5月至1882年9月
17	好博逊(英)	津海关	税务司	1882年9月至1883年12月
18	孟国美(英)	津海关	代税务司	1896年2月至1896年4月
19	安格联(英)	津海关	代税务司	1896年4月至1897年11月
20	贺壁理(英)	津海关	税务司	1897年11月至1898年9月
21	杜德维(美)	津海关	税务司	1899年5月至1900年12月
22	费妥玛(荷)	津海关	代税务司	1904年11月至1905年1月
23	贺智兰(英)	津海关	代税务司	1905年1月至1905年7月
24	墨贤理(美)	津海关	税务司	1906年4月至1908年7月
25	辛盛(英)	津海关	税务司	1908年7月至1909年1月
26	义理迩(英)	津海关	税务司	1909年2月至1911年3月
27	巴斯博(法)	津海关	代税务司	1911年3月至1911年5月
28	欧森(丹)	津海关	税务司	1911年5月至1915年4月

〔续表〕

序号	姓　　名	机构名称	职　务	任职时间
29	梅乐和(英)	津海关	税务司	1915年5月至1920年10月
30	侯礼威(美)	津海关	代税务司	1920年10月至1920年11月
31	威厚澜(英)	津海关	税务司	1920年11月至1923年4月
32	葛尼尔(法)	津海关	税务司	1923年4月至1925年10月
33	魏阿兰(英)	津海关	税务司	1925年10月至1928年4月
34	好威乐(英)	津海关	税务司	1928年4月至1930年5月
35	贝　泓(英)	津海关	代税务司	1930年5月至1930年6月
36	纪尔森(英)	津海关	税务司	1930年6月至1930年11月
37	卢立基(意)	津海关	税务司	1930年11月至1933年10月
38	柏　思(意)	津海关	税务司	1933年10月至1935年4月
39	许礼雅(英)	津海关	代税务司	1935年4月至1935年10月
40	梅维亮(英)	津海关	税务司	1935年10月至1941年12月
41	卢　斌(中)	津海关	税务司	1945年9月至1946年1月
42	卢寿汶(中)	津海关	税务司	1946年1月至1949年1月

1949—1988年天津航标管理机构主管机关主要领导人更迭一览表

表1-2-31

序号	姓　　名	机构名称	职　务	任职时间	备注
1	江　明	津海关	军代表	1949年1月至1949年4月	
2	朱剑白	津海关	税务司	1949年5月至1950年2月	
		天津海关	关　长	1950年2月至1957年1月	
3	靖任秋	天津区港务局	局　长	1950年9月至1952年11月	
4	吴英民	天津区港务局	局　长	1952年11月至1955年4月	
5	董华民	天津区港务局	局　长	1955年4月至1959年5月	
6	赵　朴	天津市航道局	局　长	1958年3月至1960年5月	
7	夏　林	天津市航道局	局　长	1960年5月至1961年7月	
8	司西成	天津航道局	局　长	1961年7月至1962年4月	
9	刘兴贤	天津航道局	局　长	1962年4月至1968年4月	
10	侯一之	天津航道局	主　任	1968年4月至1971年7月	革委会
11	车忠翰	天津航道局	主　任	1971年7月至1978年7月	革委会
			局　长	1978年7月至1983年11月	
12	李增才	天津航道局	局　长	1983年11月至1987年8月	
13	范志成	天津航道局	局　长	1987年8月至1992年6月	

1982—2012天津航标管理机构领导人更迭一览表

表1-2-32

序号	姓　　名	机构名称	职　务	任职时间	备注
1	张庆和	天津航标区	副主任	1981年8月至1984年3月	副科级
				1986年4月至1989年7月	副科级

第一章 机构沿革

〔续表一〕

序号	姓 名	机构名称	职 务	任 职 时 间	备注
2	叶德恩	天津航标区	主 任	1982年8月至1984年4月	正科级
				1986年4月至1989年7月	正科级
3	齐兆祥	天津航标区	代党总支书记	1982年9月至1983年11月	正科级
			党总支书记	1983年11月至1989年7月	正科级
			副主任	1989年7月至1990年8月	正科级
			党委副书记	1990年8月至1993年2月	副处级
4	刘成有	天津航标区	副主任	1983年10月至1984年4月	副科级
5	辛艺强	天津航标区	副主任	1984年3月至1985年3月	副科级
			主 任	1985年3月至1989年9月	正科级
			主任(兼)	1989年7月至1990年9月	正处级
6	袁仲润	天津航标区	副主任	1984年3月至1985年4月	副科级
7	李存喜	天津航标区	主 任	1985年4月至1986年4月	正科级
8	王 汶	天津航标区	副主任	1985年4月至1986年4月	副科级
			主任助理	1994年3月至1995年1月	正科级
9	沈福友	天津航标区	副主任	1985年4月至1989年7月	副科级
10	赵树祯	天津航标区	党委副书记	1989年4月至1990年8月	副处级
			党委书记	1990年8月至1991年7月	正处级
11	刘长发	天津航标区	副主任	1989年7月至1993年2月	副处级
12	缪 军	天津航标区	副主任	1990年8月至1991年10月	副处级
13	孙洪志	天津航标区	副主任	1990年8月至1991年12月	主持工作
		天津航标区	主 任	1991年12月至2001年1月	正处级
		天津航标处	党委书记	2002年4月至2007年1月	正处级
14	陈英俊	天津航标区	副主任	1993年2月至1996年10月	副处级
15	靳嘉琦	天津航标区	党委副书记	1993年2月至2003年8月	副处级
16	赵 阳	天津航标区	党委书记	1996年7月至2001年1月	正处级
17	袁立武	天津航标区	副主任	1996年7月至2004年1月	副处级
		天津航标处	处 长	2004年1月至2009年4月	
18	田 海	天津航标区	副主任	1996年10月至2000年1月	副处级
19	郑洪起	天津航标区	副主任	2001年1月至2002年3月	主持工作
		天津航标处	处 长	2002年3月至2004年1月	
20	何 新	天津航标区	副处长	2001年1月至2009年3月	
21	沈志江	天津航标处	副处长	2006年4月至2007年1月	
				2010年1月至2012年12月	
22	黄凤飞	天津航标处	副处长	2007年1月至2009年3月	
23	王玉林	天津航标处	副处长	2007年1月至2010年1月	
24	田瑞坤	天津航标处	党委副书记	2007年1月至2009年3月	副处级
25	安红松	天津航标处	处 长	2009年4月至2013年4月	
26	王士锋	天津航标处	党委书记	2009年4月至2010年9月	正处级

〔续表二〕

序号	姓　名	机构名称	职　务	任职时间	备注
27	苗　猛	天津航标处	副处长	2010年1月至2016年8月	
28	梅传东	天津航标处	党委书记	2010年9月至2018年1月	正处级

2005—2012年黄骅航标管理机构领导人更迭一览表

表1-2-33

序号	姓　名	机构名称	职　务	任职时间	备注
1	田　海	黄骅航标处	筹备组组长	2005年11月至2006年3月	正科级
2	何　新	黄骅航标处	筹备组组长	2006年3月至2006年12月	副处级
			党总支书记	2006年12月至2009年3月	副处级
3	沈福友	黄骅航标处	筹备组副组长	2006年3月至2006年12月	正科级
			处　长	2006年12月至2010年12月	副处级
			党总支书记	2010年12月至2012年12月	副处级
4	云泽雨	黄骅航标处	副处长	2006年12月至2013年4月	正科级
5	田瑞坤	黄骅航标处	党总支书记	2009年3月至2010年12月	副处级
6	刘德波	黄骅航标处	处　长	2010年12月至2013年5月	副处级

附：1937年7月30日，日军攻占天津，实行军事殖民统治。在日本驻津领事和日伪傀儡政权施压下，津海关名义上隶属中国海关总税务司管理，实际由日方控制。为加紧掠夺华北资源，日占当局于1939年在海河口北岸开工修建塘沽新港，成为天津港由河港向海港转折的重要标志。1941年12月太平洋战争爆发后，日占当局随即劫收津海关，改由日本人黑泽二郎充任津海关税务司，并将内设机构改组为秘书课、总务课、会计课、汉文课、监查课、鉴定课、港务课、统计所、邮包收税所9个部门。其中，港务课下辖驻塘沽分关港务股，分工负责塘沽新港助航设施管理工作，至1945年日本战败投降时，塘沽新港总体工程进度仅完成原计划的30%，航标设施建设亦随之半途而废，天津辖区航标规模基本囿于原状。

日本侵华时期天津航标主要管理人更迭一览表

序号	姓　名	机构名称	职　务	任职时间
1	黑泽二郎（日）	伪津海关	税务司	1941年12月至1943年10月
2	石井孝助（日）	伪津海关	海关长	1943年10月至1943年12月
3	小山田晃一（日）	伪津海关	海关长	1943年12月至1945年8月

五、烟台航标管理机构

（一）机构设置

烟台，昔称转附、登州、芝罘，位于山东半岛北部，与辽东半岛和朝鲜半岛隔海相望。该地东濒黄海，西临渤海，岸线漫长，岛屿众多，水深滩平，不冻不淤，系中国航海文明发祥地之一。其辖区海域尤以庙岛群岛最为著名，大小岛屿星罗棋布，南北绵延30余海里，横亘于黄渤海交汇处，成为拱卫京畿的海上屏障，素有"京津锁钥""铁门钢闩"之称。因其特有的地理自然环境，历来被视为海上交通枢纽和海防军事重地。

烟台地区航海活动历史悠久。早在新石器时代，远古先民聚居在此生息繁衍，"渔猎取薪，蒸而为食"。至春秋战国时代，转附（今山东烟台）已成为"通齐国之鱼盐于东莱"的商贸繁盛之地，与碣石（今河北昌黎)、琅琊(今山东胶南)、会稽(今浙江绍兴)、句章(今浙江宁波)并列为古代中国五大通商口岸。秦始皇、汉武帝亦多次巡幸此地。汉元封二年(前109),因朝鲜王攻杀辽东都尉,汉武帝派遣舰队自山东登莱进兵朝鲜,以日月星辰和沿途岛屿为辨向导航手段,开辟了经辽东半岛至朝鲜半岛航线。隋唐以降,登州(今山东蓬莱)作为海上丝绸之路起点之一,成为中国北方对外交流及航运商贸的主要口岸,素有"日出千杆旗,日落万盏灯""帆樯林立,笙歌达旦"等美誉。至北宋时,因宋辽对峙,南北航路阻断,登州诸港相继衰落。元代兴漕运,登州口岸遂成为漕船候风锚泊港和区域商贸集散中心。明清重海防,在登州、威海等沿海口岸设卫所,置水师,筑军港,成为防御外敌的军事要塞。然而,航标作为海上交通安全的重要保障设施,却经历了一个曲折漫长的发展过程。尽管该地历史上出现"筑台守望""立杆指浅""烽火示警"等形制各异的导助航设施,但古人航海主要以沿岸自然物或建筑物作为辨向定位的手段。尽管该地区曾建有蓬莱阁、普照楼等具有近代航标特征的导助航设施,但日常维护管理由民间"水城各栈,按月摊捐",雇人守护,尚未设立航标管理机构。

清咸丰八年(1858)清政府与英、法、美、俄等国签订《天津条约》后,增开登州、牛庄等通商口岸。后经中英双方实地勘察,将开埠地点由登州改为芝罘(今山东烟台)。咸丰十一年七月十七日(1861年8月22日),烟台正式开埠,并宣布筹建东海关监督衙门。同治元年一月十六日(1862年2月14日),东海关监督衙门正式开关办公,下辖山东沿海5府16州(县)23个钞关。首任东海关监督由登莱青兵备道崇芳兼任。同治二年二月初五(1863年3月23日),东海关税务司署(俗称"洋关")正式开关办公,首任东海关税务司为英国人汉南(C. Hannen),隶属海关总税务司统辖,由此形成东海关监督衙门与东海关税务司署二元管理体制。

图1-2-57　1863年,东海关税务司署开关办公

清同治七年(1868)海关总税务司署设立船钞部后,东海关增设理船厅,隶属船钞部北段巡查司直接统辖,但东海关税务司对理船厅经办业务拥有副署权,须经其同意方可据以执行。理船厅下辖港口引水、执照引水、灯塔值事、港口巡吏等职员,专司辖区灯塔维护、引水指泊、港口巡察、气象观测、测量疏浚、船舶检疫等事项。其中,灯塔初由海关稽查员中遴选数人轮流值守,每轮以一月至三月为限。后改由海关灯塔管理员专司其事,形成"海关总税务司→海务司→北段巡查司(关区税务司)→理船厅→灯塔值事"自上而下的垂直管理体系。

不久,因中段巡查司故世,海关总税务司察及不再需要3位巡查司,遂将北段和中段管理辖区合并,统称北段,北段巡查司由东海关移驻江海关。后因各口税务司与段巡查司职责分割不清,海关总税务司于光绪七年(1881)裁撤段巡查司,改由海务巡工司统一管辖全国沿海海务工作,东海关理船厅及相关业务则改由关区税务司全权掌管。

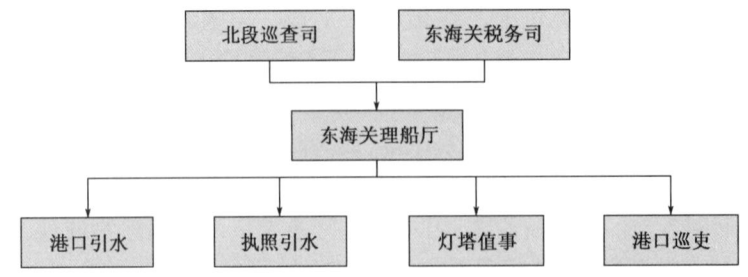

图1-2-58　19世纪70年代东海关航标管理机构设置示意图

1912年中华民国成立后,北洋军阀政府实行"关道分治",东海关监督衙门改称东海关监督公署,内设机构缩编为总务和关防2个部门,主要业务逐步被税务司署替代。1931年1月1日,南京国民政府全国关税会议决定将所有"常关"(钞关、厘局)移交各关区税务司管辖,并统一改制为海关分卡。东海关税务司署组织机构随之调整,内设税务和海务等职能部门,下辖龙口分关、威海分关、民船台3个分支机构,以及八角口、庙岛、石岛、俚岛、芝罘岛等22个分卡,但航标管理机制无大变化。1937年9月30日,南京国民政府通令裁撤海关监督公署,东海关监督公署正式宣告关闭。

1945年8月日本战败投降后,烟台、威海、龙口、石岛等地区由中共胶东解放区人民政府接管,分别将旧海关改制为人民海关,隶属各地工商局管理。同时,撤销日伪芝罘港务局,恢复海坝工程会建制,委任贾振之为人民东海关关长兼海坝工程会会长。当时,作为中共解放区第一大关的人民东海关,按照上级指示精神,继续沿用原名旧制,内设总务课、秘书课、监察课、港务课等机构。港务课下辖港务股、灯务股、烟台山灯塔股。其中,港务股负责烟台山信号旗台及指示来港船只港内停泊处;灯务股负责辖区内的镆铘岛、成山头、崆峒岛、猴矶岛灯塔等沿海干线航标管理;烟台山灯塔股负责烟台山灯塔及烟台港内助航设施管理。

1947年9月1日,国民党军队大举进攻中共胶东解放区,一度占据东海关等人民海关。各海关人员相继撤离至周边地区,合编成立经济工作队,继续坚持对敌斗争。此间,南京国民政府海关总税务司将成山头、镆铘岛、猴矶岛、岠岛、老白石礁(桩)等沿海干线航标划归胶海关烟台灯区管理,烟台港内航标及信号旗台则交由港湾码头管理处海务股管理。

1948年10月15日,烟台重获解放,东海关回到人民手中,并恢复战前建制。翌年2月,根据华东财办工商部指示,烟台进出口管理局将人民东海关港务课及海港工程所(原海坝工程会)成建制划出,组建烟台港务处,统一管理烟台、威海、龙口港及沿海水域助航设施,从此结束海关管理航标的历史。

1950年7月26日,中央人民政府政务院财经委员会发布《关于统一航务港务管理的指示》,烟台港务处改称交通部青岛区港务局烟台分局,内设秘书科、航政科、港工科、会计科4个职能部门,下辖龙口、威海2个港务办事处。首任局长为车忠翰。同年11月16日,根据中央人民政府政务院《关于关税政策和海关工作的决定》,交通部航务总局正式接管全国沿海航标,并组建青岛、上海、厦门、广州4个区海务办事处。青岛区港务局烟台分局随即将其管辖的镆铘岛、成山头、崆峒岛、猴矶岛、车牛山、鹊嘴灯塔等沿海干线航标移交青岛区海务办事处管理。

1953年7月,因沿海军事斗争需要,根据中央人民政府政务院决定,交通部裁撤青岛区航标处,将其所辖航标及相关人员全部移交海军青岛基地司令部水道测量科管理。同年9月,海军青岛基地司令部水道测量科扩编升格为海道测量处,内设航标科等6科1室1股,下设修建队和检修所等机构,统一负责龙口港至连云港沿海助航设施维护管理。1954年11月,经海军批准,威海水警区扩建为海军威海基地,增设威海海道测量段,分工管理龙口、烟台、威海海域助航标志。1958年5月,国务院、中央军委决定调整全国海区航标管理体制,海军除继续负责军港和沿海干线公用航标管理外,将龙口、烟台、石岛等商用港口航标及附属设施分别移交交通部直属港务局和地方交通部门管理。自此,胶东半岛沿海航标管理形成海军、交通、水产三方分管格局。

1960年8月海军北海舰队组建后,北方海区干线公用和军港航标由北海舰队司令部航海保证处(原海军青岛基地司令部海道测量处)统一管理。烟台和威海沿海干线公用航标由威海基地航海保证科(原威海海道测量段)及蓬莱水警区航海保证科分工管理。翌年4月,蓬莱水警区缩编为蓬莱巡防区,其航海保证科撤销,改设蓬莱航标站,负责管理蓬莱、长岛附近海域航标设施。1969年10月,海军烟台基地成立(内设司令部航海保证处),下辖威海水警区、秦皇岛水警区。辖区沿海干线公用航标由威海水警区司令部航海保证科及观通大队、守备大队、蓬莱航标站分工管理。其中,成山头无线电导航台和无线电指向标站隶属海军威海水警区建制,镆铘岛无线电指向标站隶属威海水警区石岛巡防区建制。

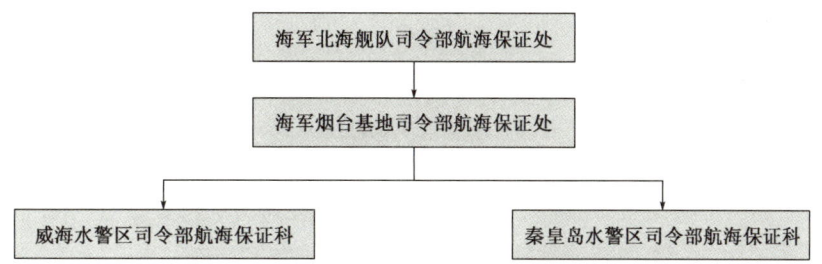

图1-2-59 1969年海军驻烟台航标管理机构设置示意图

1980年,交通部和海军司令部决定调整全国沿海航标管理体制,天津航测处遂于1981年7月致函烟台市有关部门,商定设立烟台航标区,并委派姜夕平负责筹建工作。同年8月,烟台航标区正式挂牌办公,为正科级事业单位。1982年3月6日,天津航道局与北海舰队司令部签署《北方海区公用航标交接协议》,该区相继接管海军移交的64座航标和87名干部战士。同年9月1日,经天津航道局核准,该区内设机构为政工组、生产组、后勤组;下设机构为蓬莱航标站、威海航标站、成山头灯塔、成山头导航台、镆铘岛灯塔。首任主任为孙文远,党总支书记为李长远。1984年7月26日,按照交通部关于直属港口自管航标移交航道局实施统一管理的要求,该区接管石岛港6座航标,并增设石岛航标站。

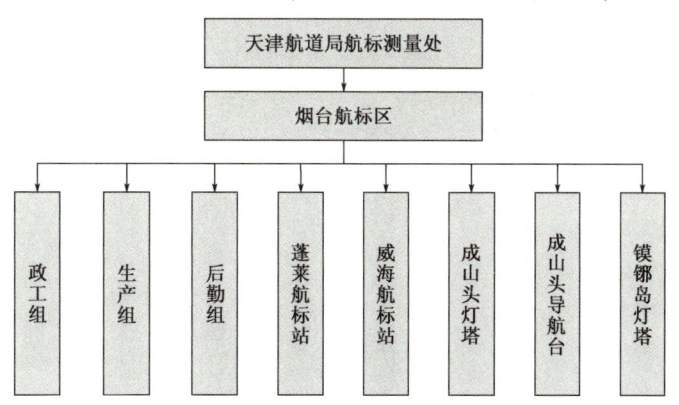

图1-2-60 1982年烟台航标管理机构设置示意图

1988年7月15日天津海监局组建后,按照交通部《关于将沿海各航标区分别划归各有关海监局的通知》要求,烟台航标区于1989年1月1日划归烟台海监局建制,并按"区处合一"原则,设立烟台海监局航标处(区)(简称"烟台航标处"),为正处级事业单位,实行双重领导管理体制,党政工作由烟台海监局领导,航标业务、计划、财务等工作由天津海监局归口管理。首任处长为王俊波,党委书记为姜成国。1990年12月,经烟台海监局核准,先行批复烟台航标处所属10个基层单位,即:蓬莱航标站、威海航标站、石岛航标站、成山头导航台、成山头指向标站、镆铘岛指向标站、船队、物资供应站、航保修理所、监测台(除监测台为副科级单位外,其他均为正科级单位)。1993年9月29日,烟台海监局正式批复烟台航标处的内设机构为办公室、组织人事科、劳动工资科、宣传教育科、计划财务科、航标导航科、保卫科。同时,增设行政事务管理站(正科级)。

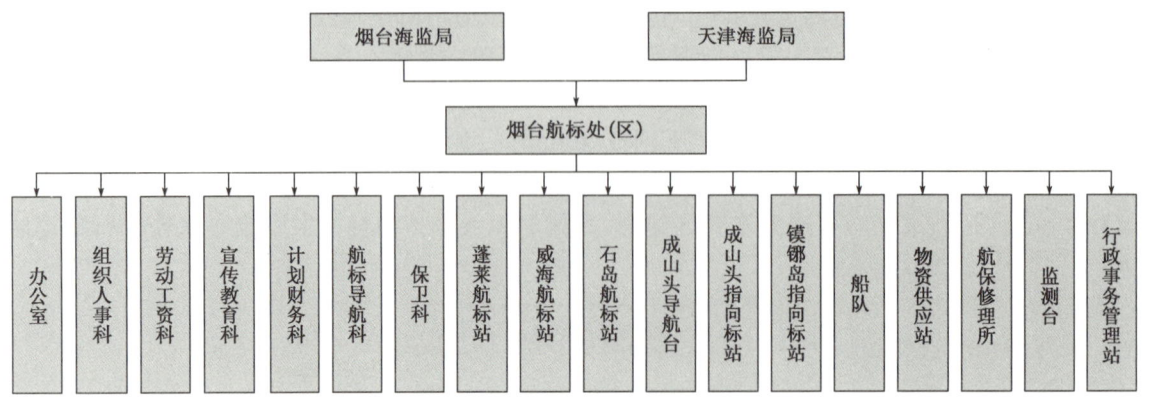

图1-2-61　1993年烟台航标管理机构设置示意图

图1-2-62　2001年5月22日,天津海事局局长王怀凤(左)和烟台海事局党委书记钟阳(右)为烟台航标处揭牌

1994年7月,烟台海监局将烟台山信号航标站及所辖港区助航标志划归烟台航标处管理,改称芝罘湾航标站。1997年3月25日,烟台航标处增设基建科。1998年,按照交通部安监局统一部署,罗兰A导航系统和无线电指向标相继关闭,成山头导航台、成山头指向标站、镆铘岛指向标站、监测台等相关机构随之撤销,改组为成山头航标站(正科级),原镆铘岛指向标站管理的灯塔、雾号划归石岛航标站管理。

1999年全国交通系统水监体制改革后,烟台海监局改称烟台海事局,烟台航标处随之更名为烟台海事局航标处(区),内设机构和管理职责未变。2001年5月22日,按照交通部《关于调整部分航标区行政管理关系的通知》要求,该处(区)成建制划归天津海事局管理,更名为天津海事局烟台航标处(简称"烟台航标处")。首任处长为韩鲁蓬,党委书记为张原军。

2003年,天津海事局实施机构编制调整和岗位聘用(任)制改革,烟台航标处内设机构调整为办公室、政工科、人事科、计划财务科、航标科、技术装备科6个职能部门;下设机构为蓬莱航标站、芝罘湾航标站、威海航标站、成山头航标站、石岛航标站、龙口航标站、潍坊航标站、航标修理所、后勤服务中心9个基层单位(均为正科级)。原船队并入芝罘湾航标站管理。

2004年7月,按照天津海事局决策部署,烟台航标处组织实施"管养分开"改革,将后勤服务中心改组为航标养护中心,航标修理所更名为航标科技所。之后,伴随着胶东半岛沿海港口建设迅猛发展,辖区航标呈现快速增长之势,烟台航标处在陆续接管地方航标的同时,先后增设长岛航标管理站、莱州航标管理站,船队恢复原建制,均为处直属正科级基层单位。

2012年10月15日,北海航海保障中心正式成立,天津海事局将烟台航标处成建制划归北海航海保障中心管理,改称交通运输部北海航海保障中心烟台航标处(简称"烟台航标处"),首任处长兼党委书记为王如政。至2012年底,该处内设6个职能部门,下设12个基层单位,在编干部职工253人。

图1-2-63　2013年1月18日,北海航海保障中心党组书记陈朝(左)和烟台市港航管理局副局长张文生(右)为烟台航标处揭牌

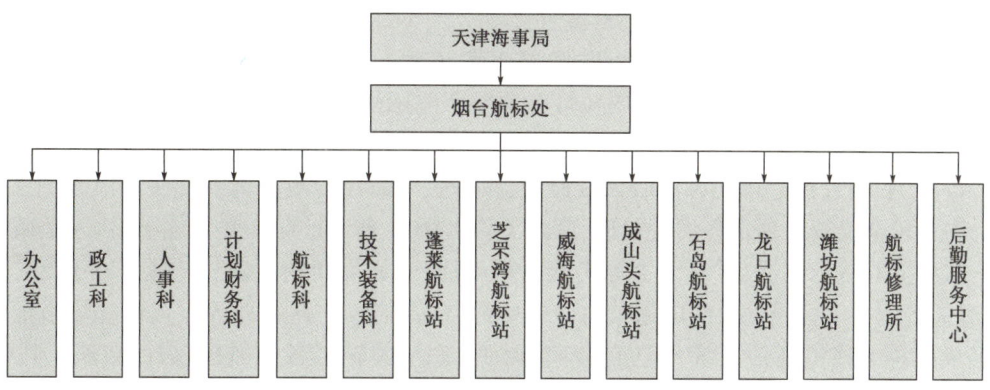

图1-2-64　2003年烟台航标管理机构设置示意图

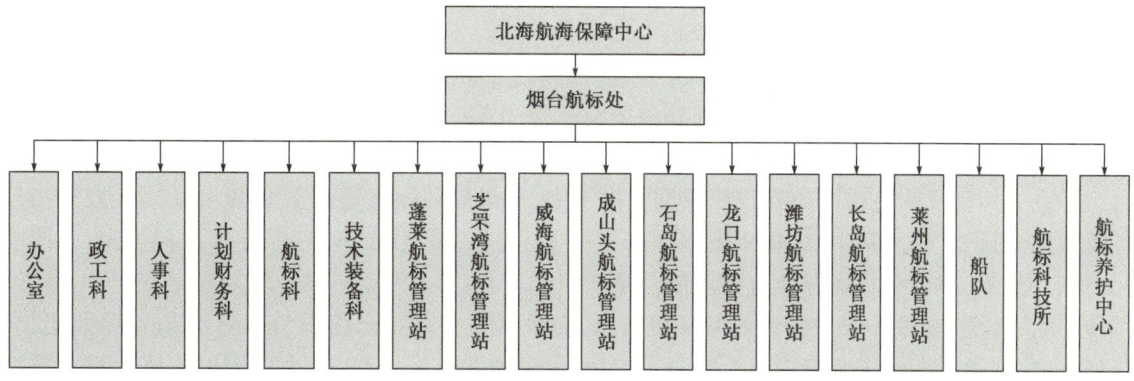

图1-2-65　2012年烟台航标管理机构设置示意图

1982—2012年烟台航标管理机构人员配置一览表

表1-2-34　　单位：人

年　份	机　构　名　称	处　级	科　级	机　关	基　层	总人数
1982	天津航测处烟台航标区	—	4	21	309	330
1989	烟台海监局航标处（区）	5	12	24	320	344
1999	烟台海事局航标处（区）	5	22	23	335	358
2001	天津海事局烟台航标处	5	27	25	267	292
2012	北海航海保障中心烟台航标处	5	38	28	225	253

（二）辖区与职责

清咸丰十一年（1861）烟台开埠通商后，东海关作为山东半岛唯一对外通商口岸管理机构，其辖区范围为北起直鲁交界埕子口、南至苏鲁交界涛雒口，覆盖山东地区及沿海海域。为保障辖区船舶航行安全，东海关在修筑海关码头（今烟台港南码头）时，已谋划并筹资兴建灯塔等导助航设施。同治六年（1867），崆峒岛灯塔建成并投入使用。之后，在海关部门示范引导下，烟台、威海、龙口等军地港口管理部门纷纷效仿，采取自建自管或委托海关代建代管等方式，陆续建成岠嵎岛、成山头、猴矶岛、镆铘岛、赵北嘴灯塔等助航标志，胶东半岛沿海航标设施渐成规模。此间，东海关相继印发施行《烟台口东海关管理章程》等若干规章制度，对船舶引水、停靠泊位、国旗悬挂、灯标设置、禀报呈验、应纳船钞、海关税项、通信邮件、检验检疫、员工雇佣、官吏权限、惩罚处理等事项均作出详尽规定，适用范围甚广。光绪二十四年（1898），清政府分别与德国、英国签订《胶澳租界条约》和《订租威海卫专条》，青岛和威海附近海域划归租借地殖民当局统辖，东海关不再监管。

1912年中华民国成立后，由于战乱频仍，政局动荡，东海关辖区口岸贸易萎靡萧条，税收大幅下降，除组织实施烟台港海坝工程及增设3座堤头灯桩和1个浮标修理工厂外，辖区航标规模及管理水平基本囿于原状，乏善可陈。

1930年10月1日，南京国民政府收回威海卫，东海关奉命接管威海港及相关助航设施。1931年1月1日，全国关税会议统一划定各海关关区，东海关辖区调整为北起直鲁交界埕子口、东至威海卫乳山口。此间，东海关对航标灯器、雾号设备等实施更新改造，明显提高辖区航标效能。1934年，海关总税务司在东海关等六大关区设立无线电通信总台或中继台，并陆续在猴矶岛等有人值守灯塔配备无线电台，初步形成航标无线电通信系统。至1937年12月，东海关辖区各类航标总计20座。其中，灯塔8座、灯桩3座、雾号5座、旗台1座、其他航标3座。其日常维护管理主要遵循海关总税务司发布施行《新关灯塔灯船诚程》《各海关设立灯塔、浮桩指示行船章程》等规章制度，并沿用至海关移交航标为止。

1945年8月15日，日本战败投降，胶东半岛获得解放。中共胶东解放区人民海关对辖区导助航设施重新修葺，渐复旧观。1946年6月国民党挑起内战后，为防止国民党军队从海上袭击胶东解放区，当地驻军分别将成山头、镆铘岛、芙蓉岛、崆峒岛等灯塔设备临时撤除。1947年9月，国民党军队大举进攻中共胶东解放区，并将原东海关辖区干线航标划归胶海关管理。1948年10月，胶东半岛重获解放，烟台、威海、龙口港及附近沿海航标设施重回人民手中，并得到陆续修复。至1949年12月，胶东半岛沿海各类航标总计25座。其中，灯塔9座、灯桩5座、立标2座、雾号4座、灯浮标（浮标）4座、无线电指向标1座。是年，烟台港货物吞吐量为4.7万吨。

1950年11月，遵照中央人民政府政务院指示，交通部和海军联合组织"流星"号航标船北巡，全面检修华东、华北地区沿海重要港口及干线公用航标，为疏通北方海区航线、突破国民党海上封锁发挥重要作用。

第一章 机构沿革

1953年7月海军接管航标后,胶东半岛沿海航标先后由海军威海、烟台基地航海保证部门管理,其辖区范围为西起冀鲁交界埕子口、东至威海乳山口沿岸及附近海域。在海军管理期间,陆续新建北隍城、大竹山、苏山岛等6座灯塔,沿海干线航标基本形成"灯塔链"配布格局。同时,组织实施航标电气化改造,成功研制并推广使用碱性锌空电池,明显提升航标效能。20世纪60年代,成山头和镆铘岛指向标站、成山头无线电导航台相继建成并投入使用,初步建成目视、音响、无线电三位一体的多功能导助航体系。此间,其航标管理业务主要遵循海军于1963年颁行的《航标工作规章制度汇编》,并沿用至海军移交航标。至1980年底,海军烟台基地管辖各类航标总计64座。其中,灯塔12座、灯桩18座、灯浮标2座、雾号3座、测速标26座、导航台1座、指向标2座。是年,烟台港货物吞吐量为616.3万吨。

1981年8月烟台航标区成立后,天津航测处划定其业务管辖范围为西起东营老黄河口、东至威海乳山口沿海海域。工作职责遵照交通部《关于海区航标管理工作的若干规定》执行(参见本书《大连航标管理机构辖区与职责》相关内容)。此间,该区在接管海军移交航标及相关人员的基础上,组建各级管理机构,建立健全规章制度,招录培训职工队伍,新建办公业务用房,开通辖区塔台站船无线通信网络,购置航标船艇装备,引进换装新型灯器,为持续推进新时期烟台航标发展建设奠定良好基础。至1988年底,该区管辖各类航标总计77座。其中,灯塔13座、灯桩17座、立标26座、雾号3座、灯浮标14座、导航台1座、指向标2座、雷达信标1座。拥有各类航标作业船艇8艘,固定资产912.8万元。是年,烟台港货物吞吐量为780.4万吨。

1989年1月烟台航标区划归烟台海监局建制后,辖区与职责维持不变。在新的管理体制下,北方海区航标系统先后组织开展航标"四大"、设备"管修养用"、学习"华铜海"轮等专项管理活动。烟台航标处以此为契机,建立并推行"四定一包"(即定编、定员、定任务、定考核标准,部分经费包干)等目标管理责任制,在北方海区率先开展航标"四大"活动,为引领北方海区航标维护管理逐步纳入正常化、制度化、标准化轨道做出重要贡献。

1995年12月3日《航标条例》的公布施行,为加速推进航标事业发展建设提供了法制保障。烟台航标处以烟台海监局名义分别与烟台市公安局和威海市公安局联合印发《关于加强航标设施保护的布告》,并依据交通部《海区航标动态通报管理办法》《海区航标设置管理办法》《海区航标作业管理规则》等部门规章,积极开展联合执法检查,持续加大行业管理力度,为全面提升辖区地方港口专用航标维护管理质量做出重要贡献。至2001年,烟台航标处管辖的各类公用航标总计212座。其中,灯塔19座、灯桩28座、导标12座、立标28座、雾号2座、灯浮标114座、浮标2座、RBN-DGPS台站1座、雷达信标3座、其他航标3座。拥有固定资产6135.2万元。是年,烟台港货物吞吐量为2190.2万吨。

2001年烟台航标处划归天津海事局建制后,恰逢中国经济社会发展进入高速增长期,山东半岛港航企业快速发展,港口数量和规模迅猛增长,为航标事业建设带来难得的发展机遇。烟台航标处以科学发展观为统领,坚持"三个服务"指导思想,组织实施被长岛县誉为"妈祖工程"的蓬长水域航标配布调整等若干重大工程,新增各类航标200余座,并相继接管地方港口航标93座。

此间,烟台航标处积极践行天津海事局提出的"科技兴局,人才强局"发展战略,围绕进口灯器国产化以及新材料、新光源、新技术应用等重点课题,组织实施技术攻关,取得一系列科技创新成果,其中5项荣获省部级科技奖、6项取得国家专利,为推动天津海事局科技创新工作位于全国海事系统前列乃至引领全国海事系统科技创新工作实现跨越式发展做出突出贡献。烟台航标处辖区助航设施遥测遥控率达到85%以上,航海保障能力实现历史性跨越,初步建成高精度、全覆盖、立体化的综合助航保障体系,航标服务范围覆盖潍坊港、莱州港、龙口港、蓬长水道、烟台港、威海港、龙眼港、石岛港、张家埠港8个重要港口及附近海域,为保障辖区船舶航行安全、助推港航事业建设、服务经济社会发展发挥重要作用。

图1-2-66　1991年,烟台海监局党政领导出席烟台航标处航标"四大"活动总结表彰大会

图1-2-67　2001年,烟台海监局党委副书记李炳岩(左三)出席烟台航标处年度工作会议(左起:孙建、张原军、李炳岩、韩鲁蓬、张大林、张毅)

至2012年底,烟台航标处管辖各类航标总计493座。其中,灯塔19座、灯桩66座、灯浮标329座、导标24座、立标28座、浮标2座、雾号2座、雷达信标14座、RBN-DGPS台站1座、AIS基站5座、其他航标3座。拥有各类航标作业船艇7艘,固定资产增至18232.7万元。是年,烟台港货物吞吐量首次突破2亿吨,跻身亿吨大港行列。

第一章 机构沿革

图1-2-68　2008年，烟台航标处召开"质量管理年"活动动员大会（左起：李建涛、钟建军、张原军、刘德波）

（三）领导人更迭

1862—2012年，烟台航标管理机构领导人更迭情况列表如下：

1862—1945年烟台航标管理机构主管机关主要领导人更迭一览表

表1-2-35

序号	姓　名	机构名称	职　务	任职时间
1	汉　南(英)	东海关	税务司	1863年3月至1865年3月
2	卢　逊(英)	东海关	代税务司	1865年3月至1868年4月
3	雷　德(英)	东海关	税务司	1868年4月至1871年5月
4	德璀琳(德)	东海关	税务司	1875年11月至1877年11月
5	辛　盛(英)	东海关	税务司	1877年11月至1879年9月
6	休　士(英)	东海关	税务司	1879年9月至1883年4月
7	德　益(挪威)	东海关	税务司	1883年4月至1885年5月
8	穆和德(英)	东海关	税务司	1885年5月至1888年4月
9	爱格尔(英)	东海关	税务司	1888年7月至1890年8月
10	贾雅格(英)	东海关	代税务司	1890年11月至1893年3月
10	贾雅格(英)	东海关	税务司	1896年11月至1902年5月
11	裴士模(英)	东海关	代税务司	1893年6月至1896年11月
12	柯尔乐(英)	东海关	税务司	1902年8月至1906年4月
13	甘　博(英)	东海关	税务司	1903年4月至1907年4月

〔续表〕

序号	姓　名	机构名称	职　务	任职时间
14	安　文（英）	东海关	税务司	1907年4月至1912年4月
15	梅尔士（英）	东海关	税务司	1912年6月至1914年4月
16	苏古敦（英）	东海关	税务司	1914年4月至1923年10月
17	贝　泐（英）	东海关	税务司	1923年11月至1925年4月
18	覃　书（法）	东海关	税务司	1925年4月至1927年12月
19	哈次恒（美）	东海关	税务司	1928年4月至1929年4月
20	崔楷德（荷兰）	东海关	代税务司	1930年10月至1932年6月
21	郝　乐（英）	东海关	代税务司	1936年6月至1937年10月
22	伯罗德（法）	东海关	税务司	1932年6月至1932年9月
23	溥德荣（英）	东海关	税务司	1933年1月至1933年10月
24	华乐士（英）	东海关	税务司	1934年4月至1935年6月
25	阿客尔（瑞典）	东海关	税务司	1937年10月至1938年5月

1945—1953年烟台航标管理机构主管机关主要领导人更迭一览表

表1-2-36

序号	姓　名	性　别	机构名称	职　务	任职时间
1	贾振之	男	人民东海关	关　长	1945年8月至1946年6月
2	赵桂源	男	人民东海关	关　长	1946年6月至1947年7月
3	张　超	男	人民东海关	关　长	1947年8月至1948年10月
4	车忠翰	男	人民东海关	负责人	1948年10月至1949年2月
			烟台港务处	主　任	1949年3月至1950年4月
			青岛区港务局烟台分局	局　长	1950年4月至1952年7月
5	潘融初	男	青岛区海务办事处	主　任	1950年10月至1953年7月

1954—1982年烟台航标管理机构（海军）主要领导人更迭情况一览表

表1-2-37

序号	姓　名	机构名称	职　务	任职时间
1	李米贵	海军威海基地海道测量段	主　任	1954年11月至1957年6月
		海军威海基地海道测量科	科　长	1957年6月至1959年11月
		海军威海基地航海保证科	科　长	1959年11月至1964年4月
		海军威海水警区航海保证科	科　长	1964年4月至1969年10月
2	冯洪达	海军烟台基地航海保证处	处　长	1969年10月至1978年7月
3	陆忠伟	海军烟台基地航海保证处	处　长	1978年8月至1981年7月
4	彭振民	海军烟台基地航海保证处	处　长	1981年7月至1985年5月

1958—1987年烟台港航标管理机构主管机关主要领导人更迭一览表

表1-2-38

序号	姓　名	机构名称	职　务	任职时间	备注
1	孔　波	青岛区港务局烟台分局	局　长	1958年6月至1960年2月	
2	王祥兴	青岛区港务局烟台分局	局　长	1960年2月至1962年5月	

〔续表〕

序号	姓名	机构名称	职务	任职时间	备注
3	林复生	烟台港务管理局	局长	1962年5月至1967年10月	
4	王经五	烟台港务管理局	主任	1968年4月至1970年4月	革委会
5	鞠远业	烟台港务管理局	主任	1970年4月至1972年9月	革委会
6	张进	烟台港务管理局	主任	1975年12月至1978年6月	革委会
7	韩德润	烟台港务管理局	局长	1979年8月至1982年6月	
8	曲海亭	烟台港务管理局	局长	1982年6月至1985年2月	
9	朱毅	烟台港务局	局长	1985年2月至2004年9月	

1982—2012年烟台航标管理机构领导人更迭一览表

表1-2-39

序号	姓名	机构名称	职务	任职时间	备注
1	孙文远	烟台航标区	主任	1982年9月至1989年7月	正科级
2	李长远	烟台航标区	党总支书记	1982年11月至1985年3月	正科级
3	王连德	烟台航标区	党总支副书记	1983年12月至1985年3月	副科级
		烟台航标区	党总支书记	1985年3月至1989年12月	正科级
		烟台航标处	党委副书记	1989年12月至1997年12月	副处级
4	于俊瑞	烟台航标区	副主任	1983年12月至1985年5月	副科级
		烟台航标处	副处长	1989年12月至1997年12月	
5	刘荣逢	烟台航标区	副主任	1985年5月至1989年8月	副科级
6	王忠义	烟台航标区	副主任	1985年5月至1989年8月	副科级
7	高明	烟台航标区	党总支副书记	1988年3月至1989年12月	副科级
8	王俊波	烟台航标处	处长	1989年12月至1993年6月	
9	姜成国	烟台航标处	党委书记	1989年12月至1993年6月	正处级
10	王明亭	烟台航标处	副处长	1989年12月至1993年6月	
			处长	1993年6月至1998年4月	
11	李炳岩	烟台航标处	党委书记	1993年6月至2000年2月	正处级
12	孙建	烟台航标处	副处长	1997年12月至2002年3月	
13	张大林	烟台航标处	副处长	1997年12月至2005年11月	
14	张毅	烟台航标处	党委副书记	1997年12月至2002年3月	副处级
15	韩鲁蓬	烟台航标处	处长	1998年4月至2001年9月	
16	张原军	烟台航标处	党委书记	2000年2月至2009年3月	正处级
			主持行政工作	2001年9月至2002年3月	
17	钟建军	烟台航标处	处长	2002年3月至2009年3月	
			党委书记	2009年3月至2012年3月	正处级
18	王如政	烟台航标处	处长	2009年3月至2014年10月	
			党委书记(兼)	2012年3月至2014年8月	
19	李建涛	烟台航标处	副处长	2002年3月至2014年6月	
20	吕忠琨	烟台航标处	副处长	2005年11月至2013年5月	

附:1938年2月3日,日军侵占烟台,强占东海关,委任日本人籾仓作助为东海关税务司,并将内设机构改组为总务课、监察课、缉私课、港务课、秘书课、会计课,烟台港变成以转运军需物资为主的军港,沿海航标设施亦改由日本侵华海军直接控制。同年9月10日,日伪当局在原海坝工程会基础上,设立芝罘港务局,下辖工务课、港务课、会计课等职能部门,直接隶属日本侵华海军管理。1939年1月15日,芝罘港务局接管海关对港口的全部控制权,烟台港内航标和信号旗台等划归该局港务课管理。自此,烟台港及附近海域助航设施形成东海关与芝罘港务局分治格局。在日伪统治期间,由于连年战争破坏,胶东半岛沿海助航设施建设基本处于修毁往复的拉锯状态,除1941年在成山头增设1座无线电指向标外,无甚建树。

日本侵华时期烟台航标主要管理人更迭一览表

序号	姓　名	机构名称	职　务	任职时间
1	籾仓作助(日)	伪东海关	税务司	1938年3月至1941年12月
2	佐岛忠夫(日)	伪东海关	海关长	1942年1月至1943年1月
3	饭田谦(日)	伪东海关	海关长	1943年1月至1945年8月

六、青岛航标管理机构

(一) 机构设置

青岛,昔称少海、胶澳,地处山东半岛东南部,濒临黄海,"上顾旅顺,下趋江浙,盖形胜必争之地"。在该地沿岸众多海湾中,由于胶州湾水域宽阔、浪小涌缓、不冻少淤,并拥有天然深水航道,自古被视为海上交通要冲和海防军事重地。

该地建港通航历史源远流长。早在春秋战国时代,琅琊港(今青岛胶南)就已名闻天下,并成为古代中国海港之首,故有"(中国)为海港而载于史乘者,以琅琊为始"之说。秦汉以降,随着历代王朝更迭,该地区海港时兴时废,港口重心逐步由南向北迁移。至北宋时,山东半岛北部港口因宋辽对峙而相继衰落,密州板桥镇港(位于今胶州市营海镇)快速崛起为北方大港,并于宋元祐三年(1088)在此地设市舶司兼临海军使,是为中国北方一置司之域。后因金兵南侵,南北贸易受阻,胶州湾诸港渐次萧条。元明时期,海上漕运得以复苏并日趋繁荣,古籍所谓"弘舸连舳,巨槛接舻。旅客商人,云集于此",生动描绘了当时的港航盛况。此间,胶州湾及附近沿海航路曾设置若干引导漕船安全过渡的航路标识。据明代山东巡抚梁梦龙所著《海运新考》记载,除在"关防口岸设立标记"外,"或口岸或岛屿,可以湾泊去处,竖立大杉杆,每杆上昼悬黄布大旗一面,夜悬大灯笼一个……每杆下用小渔船二只,昼夜伺候,悬挂旗灯",并"委官提调海道设立标记、预备船工事宜"。之后,由于清政府长期奉行"闭关锁国"政策,因循守旧,故步自封,港口航运逐步凋敝。第二次鸦片战争后,西方列强扩张之势骎骎北上,外国兵舰多次侵入胶州湾一带,胶澳沿海防务遂引起清政府重视,于光绪十七年(1891)议决在胶澳建港设防。翌年秋,登州镇总兵章高元奉命驻防胶澳,并修筑兵营衙门、海岸炮台、"栈桥"码头等基础设施,青岛由此建置。后因财力不济,原拟建大型军港计划遂成泡影,胶澳沿海港口设施及助航标识依然陈旧落后,除东海关在朝连岛设置木质灯标外,尚未建造大型灯塔等助航设施。

清光绪二十三年十月二十日(1897年11月14日)晨,德国借口"巨野教案",出兵强占胶澳。翌年二月十四日(1898年3月6日),中德签订《胶澳租借条约》,任命德国海军上校罗绅达(Kurt Rosendahl)为胶澳总督,该地自此沦为殖民地。光绪二十六年五月初五(1900年6月1日),德占当局设立码头局、理船厅、船坞工艺所三机关,分别隶属于胶澳总督府之民政、工务两部管理。其中,理船厅由德军士官职掌(内设机构不详),包揽了航标测量、航道疏浚、船舶引水、检验检疫等一切港行行政管理事务,不受胶海关制辖。此间,德占当局基于长远经济掠夺及军事侵略需要,不惜投入巨资,另辟新址,大规模兴建码头、铁路、船厂、仓库、灯塔、旗台等港口基础设施,由此开启青岛近代航标建设历史。

第一次世界大战结束后,中国人民为收回青岛主权而英勇斗争,爆发了著名的五四运动,促使北洋军阀政府与日本签订《解决山东悬案条约》。1922年12月10日,北洋军阀政府收回青岛主权,设立胶澳商埠督办公署,并将埠头事务所、港湾事务所、港工事务所分别改组为码头局、港务局、港工局(不久又恢复港工事务所称谓)。1923年3月,为实现港湾行政统一管理,胶澳商埠督办公署将港务局和码头局合并,组建胶澳商埠港政局,首任局长为余晋龢。该局内设总务科、港务科、业务科、工务科等部门,其中港务科(后改称海务科)下辖海事股、标识股、系船股,专司航标管理等航政事务。之后,由于军阀混战,政局动荡,港政局人事变动频繁,在短短数年内,局长更迭达7次之多,有案可稽的内设机构调整亦有6次,航标管理机构随之发生数次变化,详情现已无从考证。

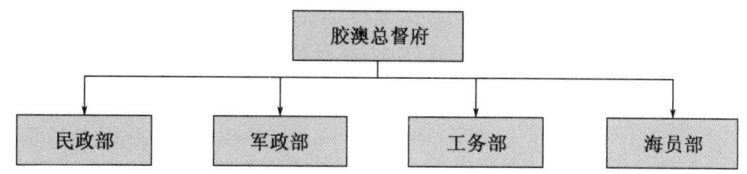

图1-2-69　1900年青岛航标管理机构设置示意图

1929年4月15日,南京国民政府接管青岛,设青岛专员公署,将胶澳商埠港政局改称青岛港务局,局长仍为余晋龢。同年7月,青岛特别市政府成立,青岛港务局改称青岛特别市港务局,任命周赤诚为代局长。1930年9月8日,特别市名义取消,改称青岛市政府,青岛港随之更名为青岛市港务局。此间,航标管理体制沿用旧制无大变化。

1945年8月15日,日本宣布无条件投降。南京国民政府随即接收青岛并恢复战前旧制,但青岛港的实力与规模大不如前,港口设施满目疮痍,大部分航路标识不堪使用。同年10月30日,胶海关税务司李桐华抵青岛履职,向青岛市政府提交接管本埠沿海灯塔公函。次月,青岛市港务局将所辖航标及附属设施移交胶海关管理。胶海关内设秘书课、会计课、总务课、验估课、稽查课、海务课6个职能部门。其中,海务课下辖青岛、烟台、龙口、连云港4个灯区及浮标修理工厂,统辖山东半岛沿海干线公用航标。

1949年6月2日青岛解放,中国人民解放军青岛市军事管制委员会接管胶海关,改称人民胶海关。1950年2月11日,海关总署颁布通令,胶海关改称中华人民共和国青岛海关,其内设机构亦随之调整,原海务课改称海港科。同年10月28日,遵照中央人民政府政务院《关于关税政策和海关工作的决定》,青岛海关将所辖航标设施设备及相关人员全部移交交通部航务总局青岛区海务办事处(1951年7月改称交通部航务工程总局青岛区航标处)管理,不再兼管航标等海务工作。

1953年4月28日,因沿海军事斗争需要,中央人民政府政务院决定将交通部所辖沿海航标及管理航标的海务机构移交海军管理。同年7月5日,交通部裁撤青岛区航标处(原青岛区海务办事处),将其所辖航标设施设备及相关人员全部移交海军青岛基地司令部水道测量科管理。不久,水道测量科扩编升格为海道测量处,下辖航标科、航海科、修建队、检修所等机构,统辖龙口港至连云港沿海航标测绘管理工作。青岛港及附近沿海助航设施由海道测量处航标科直接管理。1957年,海军在恢复和新建部分沿海助航设施的同时,设立成山头、朝连岛、黄岛、射阳河指向标站。1960年8月1日海军北海舰队司令部组建后,结合海军防区建制,调整充实北方海区航标管理机构及职能配置,分别在青岛等水警区增设航海保证科。1963年,北海舰队司令部航海保证处将所属航标中队划归青岛水警区建制,并增设乳山口、沙子口、唐岛湾航标站(后合并改制为航标分队)。不久,先后组建王家麦岛、燕尾港无线电指向标站及射阳河导航台。1969年海军整编后,射阳河导航台、燕尾港无线电指向标站于1971年划归东海舰队连云港巡防区管理。1978年黄岛、朝连岛指向标相继撤除后,两站随之裁撤。此间,除青岛港区内航标由北海舰队司令部航海保证处所属航保修理所直接管理外,青岛沿海干线公用航标均由青岛水警区司令部航海保证科统一管辖,日常维护工作则由海军青岛水警区直属队(辖航标中队、指向标站)、观通大队(辖千里岩、大公岛灯塔)、守备大队(辖朝连岛灯塔)分工负责。

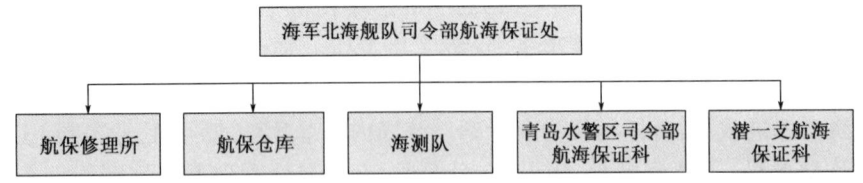

图1-2-70　20世纪70年代海军驻青岛航标管理机构设置示意图

1980年交通部和海军司令部决定调整全国沿海航标管理体制后,天津航测处于1981年7月18日致函青岛市有关部门,商定设立青岛航标区(正科级事业单位),并委派王立年、姜正甫临时负责筹建工作。1981年8月,青岛航标区正式挂牌运行,首任主任兼书记为王载熙。1982年3月6日,天津航道局与北海舰队司令部签署《北方海区公用航标交接协议》,青岛航标区接管各类航标48座、登陆艇1艘、航标修理工场1处、房屋3640.90平方米、航标器材若干,以及干部战士59名。同年9月1日,经天津航道局核准,该区内设机构为政工组、生产组、后勤组;下设机构为王家麦岛指向标站、团岛灯塔、小青岛灯塔、大公岛灯塔、朝连岛灯塔、千里岩灯塔、B-107船、B-108船、B-116船。之后,该区遵照交通部关于直属港口自管航标移交航道局实施统一管理的要求,先后接管青岛港和石臼港23座港口航标,并于1986年8月增设石臼航标站。

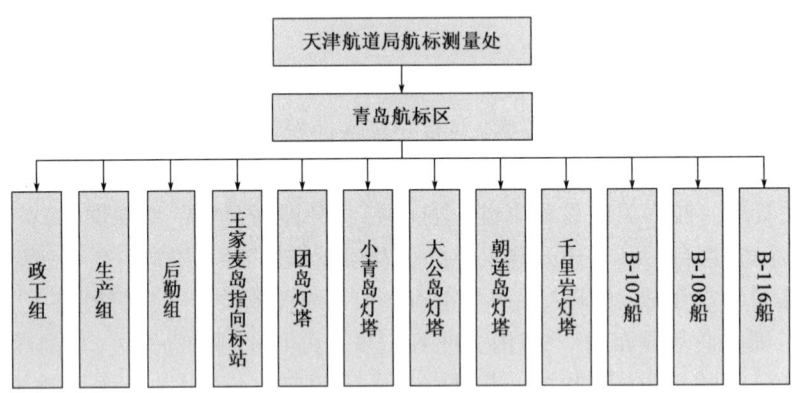

图1-2-71　1982年青岛航标管理机构设置示意图

1988年7月15日天津海监局组建后,按照交通部《关于将沿海各航标区分别划归各有关海监局的通知》要求,青岛航标区于1989年1月1日划归青岛海监局建制,并按照"区处合一"原则,设立青岛海监局航标处(区)(简称"青岛航标处"),为正处级事业单位,实行双重领导管理体制,党政工作由青岛海监局领导,航标业务、计划、财务等工作仍由天津海监局归口管理,首任处长兼党委书记为王载熙。1989年9月8日,经青岛海监局核准,青岛航标处内设机构为办公室、政工科、业务科、行政科;下设机构为船队、灯塔管理站、王家麦岛指向标站、石臼航标站(均为正科级单位)。

1992年6月2日,青岛海监局将石臼航标站移交日照海监局管理,改称日照航标站。同月,青岛航标处将人事工资、职工教育、财务会计、计划基建等管理职能从办公室划出,增设人事教育科和计划财务科。1995年8月3日,青岛海监局再次微调该处内设机构:将政工科和人事教育科合并,改称组织人事科;行政科改称行政事务管理站。1997年11月3日,青岛航标处实施机构和人事制度改革试点,其内设机构为办公室、政工科、计划财务科、业务科,下设机构为航标船队、灯塔管理站、王家麦RBN-DGPS站、物资管理站、后勤服务中心。

1999年全国交通系统水监体制改革后,青岛海监局改称山东海事局,青岛航标处随之更名为山东海事局青岛航标处(区)(简称"青岛航标处"),内设机构及管理职责未变。2001年5月18日,按照交通部《关于调整部分航标区行政管理关系的通知》要求,青岛航标处和日照航标站成建制划归天津海事局管理,改称天津海事局青岛航标处(简称"青岛航标处"),日照航标站改为青岛航标处下属基层单位。首任处长为王洪顺,党委书记为霍学良。

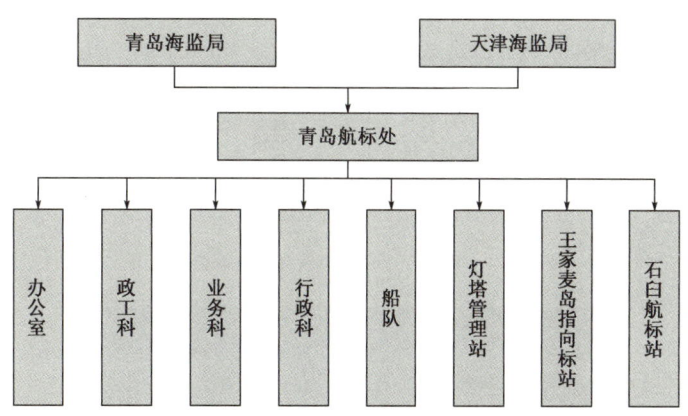

图1-2-72　1989年青岛航标管理机构设置示意图

图1-2-73　2001年5月18日,天津海事局局长王怀凤(右)与山东海事局局长姜勇(左)签署青岛航标处交接协议

2003年,天津海事局实施机构编制调整和岗位聘用(任)制改革,青岛航标处内设机构调整为办公室、政工科、人事教育科、计划财务科、航标科;下设机构为青岛港航标站、灯塔管理站、日照航标站、后勤服务中心。2005年6月23日,天津海事局再次微调该处机构设置和人员编制,除个别单位(部门)名称略有改动外,并无太大变化。之后,随着山东沿海港口建设持续发展,辖区航标呈现快速增长之势,青岛航标处相继增设岚山、海阳、胶南3个航标管理站。

2012年10月15日,北海航海保障中心正式成立,天津海事局将青岛航标处成建制划归北海航海保障中心管理,改称交通运输部北海航海保障中心青岛航标处(简称"青岛航标处"),首任处长为王正和,党委书记为王国政。至2012年底,该处设有1室4科6站2中心,在编干部职工162人。

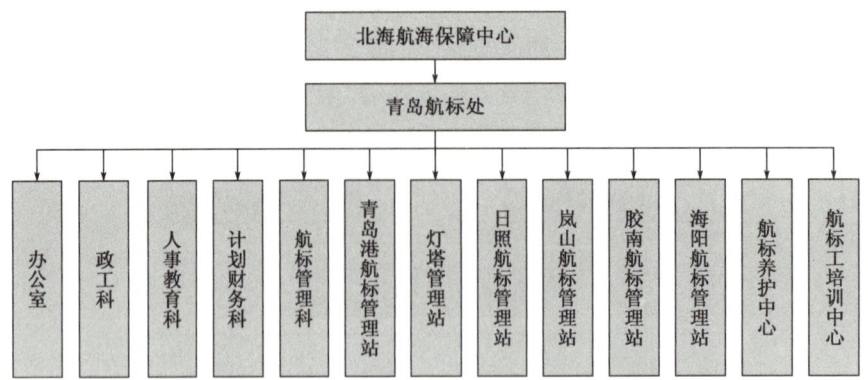

图 1-2-74　2012 年青岛航标管理机构设置示意图

图 1-2-75　2013 年 1 月 25 日，天津海事局局长刘福生（左）和青岛市口岸办公室副主任王洪洲（右）为青岛航标处揭牌

1982—2012 年青岛航标管理机构人员配置一览表

表 1-2-40　　　　　　　　　　　　　　　　　　　　　　　　　　　　　　　　　单位：人

年　份	机构名称	处　级	科　级	机　关	基　层	总人数
1982	天津航测处青岛航标区	—	2	29	125	154
1989	青岛海监局航标处（区）	3	16	56	145	201
1999	山东海事局青岛航标处（区）	4	22	24	168	192
2001	天津海事局青岛航标处	4	22	24	168	192
2012	北海航海保障中心青岛航标处	4	31	31	131	162

第一章　机构沿革

(二) 辖区与职责

清光绪二十四年(1898),中德签订《胶澳租借条约》,青岛沦为帝国主义"势力范围"。为满足军事侵略和经济掠夺需要,德占当局把港口建设放在首要位置,投资7000万马克,筑建码头、堤坝、铁路、灯标、旗台等港口基础设施,以此带动当地工商贸易和城市发展。其中,航标及测量费总计投资175万马克,相继建成游内山(今团岛)、朝连岛、小青岛灯塔等若干助航设施,使青岛港及附近沿海助航设施渐成规模。在青岛港开港前后,德占当局陆续颁布《各船应遵之章程》(即青岛港港章)等一系列管理规章,对船舶停靠、引水指泊、国旗悬挂、灯标设置、禀报呈验、船钞缴纳、海关税项、通信邮件、检验检疫、员工雇佣、官吏权限、惩罚处理等作出详尽规定,名目繁多,内容庞杂,适用范围甚广。至1913年12月,青岛辖区各类航标总计33座。其中,灯塔5座、灯桩10座、旗台2座、浮标14座、雾炮(钟)2座。是年,青岛大港进出商船1737艘次,货物吞吐量为268.66万吨,位居北方海区三大港口之列。

1914年第一次世界大战爆发后,青岛在日占当局、北洋军阀政府、南京国民政府交替统治的35年时间内,由于战乱频仍,政局动荡,港航管理权数易其主,青岛港渐次转为以停靠军用舰船为主的桥头堡,致使口岸商品贸易日趋萧条,港口规费收入锐减,严重制约航标设施建设发展。此间,执政当局疲于战争,无暇顾及经济民生建设,仅能维系残局,除增设朝连岛、团岛无线电指向标和小公岛灯塔等部分航标外,青岛辖区助航设施规模基本囿于原状,修毁往复,无甚建树,乏善可陈。至1949年6月青岛解放时,青岛辖区航标数量仅存留37座,且大多因战争破坏而不堪使用。是年,青岛大港进出商船254艘次,货物吞吐量仅为28.51万吨。

1949年中华人民共和国成立后,青岛海关和交通部航务总局青岛区海务办事处先后管理青岛港及附近沿海航标,主要任务是恢复因战争而遭受破坏的灯塔等助航设施。1953年,海军青岛基地司令部海道测量部门接管山东半岛沿海航标,其管理辖区为连云港至龙口港的中国海域。之后,历经海军数次整编,北方海区航标改按海军防区建制实行区段管理。1969年,青岛水警区航海保证部门辖区调整为乳山口至丁字河口的中国海域。此间,海军在全面修复并改造升级原有航标设施的基础上,相继增设一批无线电指向标、灯塔、灯桩、立标、测速标等沿海干线航标及军港专用航标,使青岛沿海航标种类和助航效能日趋完善。此间,其航标管理业务主要遵循海军于1963年颁行的《航标工作规章制度汇编》,并沿用至海军移交航标。至1982年,青岛辖区各类公用航标总计50座(不含渔业和军用航标)。其中,灯塔5座、灯桩18座、立标2座、灯浮标13座、浮标1座、雾号2座、测速标8座、无线电指向标1座。是年,青岛港货物吞吐量首次突破2000万吨,创该港此前历史最高水平。

1982年青岛航标区组建后,经天津航测处划定,其业务管辖范围为乳山口至丁字河口的沿海水域,工作职责遵照交通部《关于海区航标管理工作的若干规定》执行(参见本书《大连航标管理机构辖区与职责》相关内容)。此间,按照天津航测处的统一部署,该区在接管海军及青岛港和日照港(原石臼港)移交航标的同时,组建各级管理机构,建立健全规章制度,招录培训干部职工,添置更新技术装备,引进换装新型灯器,初步实现辖区干线公用航标统一管理,为持续推进新时期青岛航标事业发展奠定良好基础。至1988年12月,该区管辖航标增至72座。其中,灯塔6座、灯桩21座、立标2座、灯浮标29座、浮标1座、雾号2座、测速标8座、无线电指向标1座、雷达信标1座、灯船1座。拥有航标作业船舶4艘,固定资产1099.8万元。航标管理覆盖范围拓展至青岛港、日照港及附近海域。是年,青岛港货物吞吐量为3109万吨,位居全国五大海港之列。

1989年1月青岛航标区划归青岛海监局建制后,依据《北方海区航标业务管理办法》,进一步细化和完善工作职责,以适应辖区航标管理需要。此间,除日照航标站隶属关系调整外,青岛航标处的管理辖区及主要职责基本未变。在新的管理体制下,北方海区航标系统先后组织开展航标"四大"、设备"管修养用"、"三学一创"等一系列专项管理活动。青岛航标处以此为契机,坚持"两个文明"一起抓,强基固本,追求卓越,并屡创佳绩,使辖区航标维护管理步入正常化、制度化、标准化轨道,并连年获得上级表彰。

图1-2-76　1983年,青岛航标区党政领导在千里岩灯塔检查指导工作(左起:付立功、宋广梅、王立年、张家林)

图1-2-77　1994年,青岛航标处召开航标设备"管修养用"活动总结表彰大会(左起:梁军、王洪顺、王振卿)

　　1995年国务院公布施行《航标条例》,为加速推进航标事业建设提供了法制保障。依据《航标条例》及交通部发布施行的《海区航标动态通报管理办法》《海区航标设置管理办法》《海区航标作业管理规则》等法规标准,青岛航标处充分发挥专业优势,不断更新管理理念,积极开展联合执法检查,持续加大行业管理力度,为全面提升辖区地方港口专用航标维护管理质量做出重要贡献。此间,伴随着辖区港口建设发展和航海科技进步,青岛航标处在陆续引进换装新型灯器、雷达信标、RBN-DGPS系统、太阳能

第一章 机构沿革

光源等先进导助航设备的同时,在北方海区航标系统率先建立 ISO 9000 质量管理体系,相继建造全国海区首制中型航标船和沿海航标夹持船,彻底改变以往传统的航标管理及作业方式。至 2001 年,青岛航标处管辖各类公用航标增至 123 座(含日照)。其中,灯塔 7 座、灯桩 19 座、导标 4 座、罗经测速标 6 座、立标 2 座、活节式灯桩 3 座、灯浮标 69 座、灯船 2 座、兰比 1 座、雾号 2 座、雷达信标 7 座、RBN-DGPS 台站 1 座。拥有航标作业船舶 4 艘,固定资产增至 4791.94 万元。是年,青岛港进出港船舶 1.17 万艘次,吞吐量首次突破亿吨大关,跻身世界级大港行列。

2001 年 5 月青岛航标处划归天津海事局建制后,正值中国经济社会发展进入高速增长期,不仅促使全国港口建设规模迅猛增长,也为航标事业建设带来难得的发展机遇。为进一步优化和改善辖区通航环境,青岛航标处在陆续接管地方港口专用航标的同时,积极组织开展"水上运输安全管理年""航标效能检查评估"等活动,适时推出多项便民举措,先后组织实施青岛港航标综合配布改造、青岛奥林匹克帆船竞赛航标配布、灵山和即墨陆岛运输航道航标布设等若干重点工程,显著提升辖区航标助航效能。此间,青岛航标处遵循天津海事局"科技兴局、人才强局"发展战略,持续加大科技投入,荣获省部级科研成果奖励 4 项,取得国家技术专利 8 项、软件著作权 1 项;相继增设 3 座岸基自动识别系统(AIS)基站,基本实现航标智能化、装备现代化、人才多元化、管理信息化,并连续多年荣获"山东省文明单位"称号,为保障辖区船舶航行安全、助推港航事业建设、服务经济社会发展发挥重要作用。

图 1-2-78　2002 年,青岛航标处召开年度工作会议(左起:高靖、霍学良、王洪顺、赵茂昌)

2002 年 6 月始,天津海事局在北方海区航测计财工作会议上着力推行青岛航标处"经费支出月计划管理"的典型经验,对年度航测事业经费使用实行全过程追踪问效管理,为科学合理制订经费支出月计划、切实落实节支目标责任制、有效保障北方海区航测事业发展需求发挥了重要作用。该处"经费支出月计划管理"模式沿用至今。

至 2012 年底,青岛航标处管辖各类航标总计 308 座。其中,灯塔 9 座、灯桩 66 座、导标 4 座、立标 2 座、灯船 2 座、兰比 1 座、灯浮标 200 座、雾号 2 座、雷达信标 18 座、RBN-DGPS 台站 1 座、AIS 基站 3 座。拥有航标作业船舶 5 艘,房屋建筑面积 5449.95 平方米,固定资产增至 1.64 亿元。其航海保障服务范围基本覆盖青岛港、日照港、岚山港、海阳港、女岛港、鳌山港、积米崖港、大湾港 8 个主要港口,2 条公用干线航道,2 条陆岛运输航线。是年,青岛港进出港船舶 2.5 万艘次,货物吞吐量首次突破 4 亿吨,位居全国沿海港口第4名。

(三)领导人更迭

1898—2012年,青岛航标管理机构领导人更迭情况列表如下：

1898—1949年青岛航标管理机构主管机关(海关)主要领导人更迭一览表

表1-2-41

序号	姓 名	机构名称	职 务	任 职 时 间
1	罗绅达(德)	胶澳总督府	总 督	1898年4月至1899年2月
2	叶世克(德)	胶澳总督府	总 督	1899年2月至1901年1月
3	托尔柏尔(德)	胶澳总督府	总 督	1901年1月至1904年11月
4	汪然美隆(德)	胶澳总督府	代理总督	1904年11月至1906年8月
5	托尔柏尔(德)	胶澳总督府	总 督	1906年8月至1909年4月
6	卖尔瓦德克(德)	胶澳总督府	代理总督	1909年4月至1910年4月
7	托尔柏尔(德)	胶澳总督府	总 督	1910年4月至1911年5月
8	黑乃尔(德)	胶澳总督府	代理总督	1911年5月至1911年8月
9	卖尔瓦德克(德)	胶澳总督府	总 督	1911年8月至1914年11月
10	奚定谟	胶澳商埠港务局	局 长	1922年12月至1923年3月
11	余晋龢	胶澳商埠港政局	局 长	1923年3月至1923年5月
		青岛港务局	局 长	1929年4月至1929年7月
12	吴金声	胶澳商埠港政局	局 长	1923年5月至1924年4月
13	姚颂忱	胶澳商埠港政局	局 长	1924年4月至1924年11月
14	戚本恕	胶澳商埠港政局	局 长	1924年11月至1925年8月
15	孔 达	胶澳商埠港政局	局 长	1925年8月至1928年9月
16	姚文蔚	胶澳商埠港政局	局 长	1928年9月至
17	梁弼群	胶澳商埠港政局	局 长	
18	周赤诚	青岛特别市港务局	代局长	1929年7月至1930年9月
19	孙绳武	青岛市港务局	局 长	1930年9月至
20	郑肇经	青岛市港务局	局 长	至1931年2月
21	李毓成	青岛市港务局	局 长	1931年2月至1933年10月
22	袁方乔	青岛市港务局	局 长	1933年11月至1938年1月
23	李桐华	胶海关	税务司	1945年10月至1946年12月
24	左章金	胶海关	税务司	1946年12月至1948年12月
25	刘贻禄	胶海关	代税务司	1948年12月至1949年6月

1949—1982年青岛航标管理机构主管机关(海军)主要领导人更迭一览表

表1-2-42

序号	姓 名	机构名称	职 务	任 职 时 间
1	毕可敬	青岛海关	关 长	1950年4月至1952年8月
2	潘融初	青岛区海务办事处	主 任	1950年10月至1951年7月
		青岛区航标处	处 长	1951年7月至1953年7月
3	邓树祺	青岛区海务办事处	副主任	1950年10月至1951年7月

[续表]

序号	姓 名	机 构 名 称	职 务	任 职 时 间
3	邓树祺	青岛区航标处	副处长	1951年7月至1953年7月
4	张维书	海军青岛基地海道测量处	处 长	1953年7月至1960年8月
		海军北海舰队航海保证处	处 长	1960年8月至1966年
5	陈酉星	海军北海舰队航海保证处	处 长	1966—1978年
6	冯洪达	海军北海舰队航海保证处	副处长	1976年7月至1982年
7	任同海	海军北海舰队航海保证处	处 长	1978—1979年
8	刘逸泉	海军北海舰队航海保证处	处 长	1981—1983年

1982—2012年青岛航标管理机构领导人更迭一览表

表1-2-43

序号	姓 名	机 构 名 称	职 务	任 职 时 间	备注
1	王载熙	青岛航标区	主任兼书记	1981年8月至1983年1月	正科级
		青岛航标处	处长兼书记	1989年5月至1991年6月	
2	王立年	青岛航标区	副主任	1981年8月至1984年4月	副科级
3	张家林	青岛航标区	主 任	1983年1月至1984年12月	正科级
4	宋广梅	青岛航标区	党总支书记	1983年2月至1984年12月	正科级
5	付立功	青岛航标区	副主任	1983年11月至1984年12月	副科级
6	高祀谦	青岛航标区	主 任	1984年12月至1989年5月	正科级
		青岛航标处	副处长	1989年5月至1992年5月	
7	张金禄	青岛航标区	副主任	1984年12月至1989年1月	副科级
8	张可斌	青岛航标区	党总支副书记	1985年3月至1985年12月	副科级
			党总支书记	1985年12月至1989年1月	正科级
9	王振卿	青岛航标处	党委副书记	1989年5月至1995年6月	副处级
10	王洪顺	青岛航标处	处 长	1991年7月至2007年3月	
			党委书记(兼)	1993年6月至1995年6月	
11	梁 军	青岛航标处	副处长	1991年7月至1995年6月	
12	袁秀峰	青岛航标处	党委书记	1995年6月至1997年2月	正处级
13	赵茂昌	青岛航标处	副处长	1995年6月至2002年3月	
14	单继新	青岛航标处	党委书记	1997年2月至2001年3月	正处级
15	丁晓杰	青岛航标处	副处长	1998年5月至2001年3月	
16	霍学良	青岛航标处	党委书记	2001年3月至2010年1月	正处级
17	高 靖	青岛航标处	副处长	2001年3月至2002年3月	
18	陈玉芳	青岛航标处	副处长	2002年3月至2009年12月	
19	王国政	青岛航标处	副处长	2002年3月至2009年12月	
			党委副书记	2010年1月至2012年3月	副处级
			党委书记	2012年3月至2016年12月	正处级
20	王正和	青岛航标处	处 长	2007年3月至2018年10月	
			党委书记(兼)	2010年1月至2012年3月	
21	刘铁君	青岛航标处	副处长	2010年1月至2019年1月	

附:1914年7月第一次世界大战爆发后,日本以"日英同盟"为由,对德宣战。同年11月7日,日军攻占青岛,实行军事殖民统治。不久,日占当局将码头局、理船厅、船坞工艺所分别更名为埠头局、船政局、港工局,直隶青岛守备军司令官统辖。1917年9月29日,将埠头局、船政局、港工局更名为埠头事务所、港湾事务所、港工事务所,改归青岛守备军民政部管理。其中,港湾事务所内设机构为庶务课、海务课、检疫课,青岛沿海航路标识由海务课管理。

1938年1月10日,日本再次侵占青岛,设立青岛航政局,委任日本人江原干三为局长,隶属日伪青岛市治安维持会统辖。该局内设庶务课、海务课、工程课、防疫课、警务课。青岛港航标由工程课下辖之航路标识系管理。1939年1月10日,日占当局成立伪青岛特别市公署,航政局更名为海务局,首任局长为韩鹏九。其内设机构略有变动,警务课并入海务课,防疫课改称检疫课,下辖二级机构名称均由"系"改称"股"。同年7月5日,日军将其管辖的青岛沿海航路标识全部移交海务局管理,并调拨"开泰"号、"天王"号、"土星"号3艘汽艇供航标补给使用。直至日本战败投降,航标管理机构未再发生大的变化。

日本侵华时期青岛航标主要管理人更迭一览表

序号	姓名	机构名称	职务	任职时间
1	岩村团次郎(日)	日海军要港部	部长	1914年11月至1922年12月
2	韩鹏九	伪青岛特别市海务局	局长	1939年1月至1939年8月
3	尹援一	伪青岛特别市海务局	局长	1939年8月至1942年7月
4	吕振文	伪青岛特别市海务局	局长	1942年7月至1943年4月
5	欧秋夫	伪青岛特别市海务局	局长	1943年4月至1945年8月

七、天津海事测绘中心

(一)机构设置

天津海事测绘中心前身为交通部海运管理总局海港测量队(简称"海港测量队"),创建于1955年5月20日,始称珠江测量队。首任队长为沈庚余,政治指导员为杨守先。1956年8月,交通部撤销总局建制,改设专业职能局,海港测量队随之划归交通部航道管理局领导。不久,根据中共中央关于"精简机构"指示精神,交通部将航道管理局等内设水运管理机构合并,改组为海河总局。同时,将原航道管理局海港测量队一分为二,于1958年12月分别划归天津航道局和上海河道工程局管理,分工负责全国沿海港口航道测绘工作。自此,全国海区测绘系统形成"交通部→航道局→海港测量队"三级管理体系。

1959年3月,交通部天津航道局将海港测量队更名为浚港测量队,隶属该局工程科管理,队长由工程科副科长杨守先兼任。4月29日,根据中共中央、国务院《关于工业企业下放的四项决定》要求,交通部将天津航道局下放河北省天津市领导,与天津市内河航道处合并,更名为天津市航道局。同年12月,天津市航道局将原地方管理的内河测量队和海河整治工程队成建制并入浚港测量队,改称海港勘察队,队长为周程熹。1961年1月,天津市航道局从海港勘察队中分出部分人员,临时设立疏浚工程勘测队,专责疏浚工程测量和海上底质钻探。此间,该队主要业务由单一的港口航道测量扩大到疏浚工程测量、海上底质勘探和土工试验。同年6月12日,交通部收回天津航道局,作为部属二级单位,由交通部天津港务管理局代管。海港勘察队随之恢复原建制,仍称海港测量队,直属天津航道局领导。原内河测量职能及人员划归天津市航道工程处管理,由天津市内河航运管理局领导。1963年7月31日,交通部将天津航道局升格为部直属单位,改由交通部水运总局直接领导。不久,天津航道局划归北方区海运管理局领导。1968年2月10日北方区海运管理局裁撤后,天津航道局仍由交通部直接领导。此间,海港测量队除先后增设测量组、绘图组、钻探组、仪器修理组等内设机构外,其业务职能与隶属关系均未发生大的变化。

第一章 机构沿革

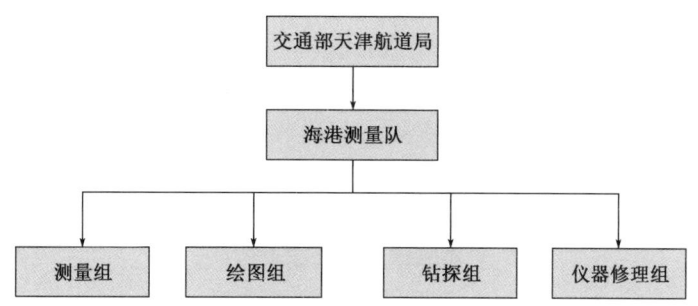

图 1-2-79　1969 年天津航道局海港测量队机构设置示意图

1971 年 1 月,天津航道局将航标队和海港测量队合并,组建天津航测大队。同年 12 月 29 日,天津航道局军代表室印发《关于航道局机构的调整和配备临时负责人的初步方案》,实行两级机关管理。该大队内设办事、生产、政工 3 个组,下辖测量队(海港测量队与新港测量队合并)、航标队、"海建"轮、大沽灯船等 6 个基层单位。不久,按照交通部《关于水运企事业单位体制和机构编制的初步意见》要求,中共天津航道局核心小组于 1973 年 1 月 9 日印发《关于调整组织结构的通知》,全面恢复科室建制,局机关设航标测量科等 16 个职能部门,下辖天津航测大队等 5 个基层单位,其中天津航测大队正副队长由局航标测量科正副科长兼任,测绘成果自此形成"两级检查、一级验收"质量管理机制。1974 年 10 月,天津航道局革命委员会印发《关于改变新港测量队隶属关系的会议纪要》,决定将隶属于天津航测大队领导的原新港测量队(即测量二队)人员划归第一航道工程处领导。1975 年 5 月,天津航道局按照"精简机关,下放权力,加强基层,分级管理"原则,撤销航标测量科,将该大队改组为兼具机关航测业务管理职能的全能单位,内设政治处、办公室、人事科、航测科、武保科、物资科、行政科 7 个职能部门,下辖海港测量队、航标队、潜水组、"津航标 1"号船等 9 个基层单位。

1980 年 10 月 30 日交通部批复设立天津航测处后,天津航道局于 1981 年 3 月将该处内设机构核定为政治处、办公室、技术教育科、导航科、测绘科等 11 个职能部门(工会和团委单设);下设机构为海港测量队等 10 个基层单位。

1983 年,天津航道局将海港测量队钻探组及相关业务划出,移交该局科研所管理。1984 年 6 月,天津航道局将技术教育科科研组、修理所、海港测量队仪器修理组等机构合并,组建航测电子设备维修中心,直属天津航测处领导。

1988 年 7 月 15 日天津海监局组建后,天津航测处海港测量队更名为天津海监局海测大队(简称"天津海测大队"),为正处级事业单位。首任队长为姚一宁,党支部副书记为朱树章。1990 年 4 月 13 日,经天津海监局核准,该大队内设机构为办公室、政工科、业务科、技术科、行政科 5 个职能部门;下设机构为测量一队、测量二队、测量三队、制图队 4 个基层单位(均为正科级单位)。

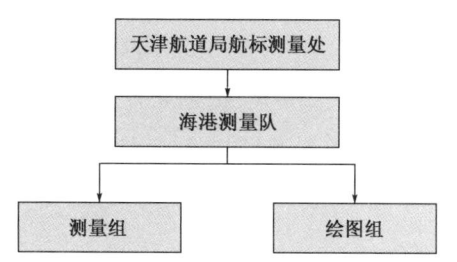

图 1-2-80　1985 年天津航测处海港测量队机构设置示意图

1991 年 4 月 12 日,天津海监局调整天津海测大队组织机构:裁撤行政科和测量三队,增设财务科,业务科更名为测绘科,并将下设机构统一改称分队(即测量一分队、测量二分队、制图分队)。1995 年 9 月 11 日,为加强基层单位规范化管理,天津海监局调整充实该大队机构设置,其内设机构为办公室、政工科、计划财务科、工程师室、测绘业务科、设备技术科、行政科;下设机构为外业队和制图队。

1999 年天津海事局组建后,天津海监局海测大队更名为天津海事局海测大队(简称"天津海测大队")。2001 年 1 月,遵照交通部海事局决策部署,天津海事局将测绘处业务管理职能并入天津海测大队,队长兼测绘处处长为李鲜枫,党委书记为王文建。自此,该大队成为兼具机关测绘业务管理职能的全能单位。之后,为适应新的管理机制需要,天津海事局于同年5月10日调整该大队内部组织机构及职能配置:将原测绘业务科、工程师室、设备技术科分别更名为业务科、总工程师办公室、设备管理科;增设测绘管理办公室(承担原测绘处部分管理职责);裁撤行政科,改组为后勤服务中心。其他内设机构和下设基层单位未变。

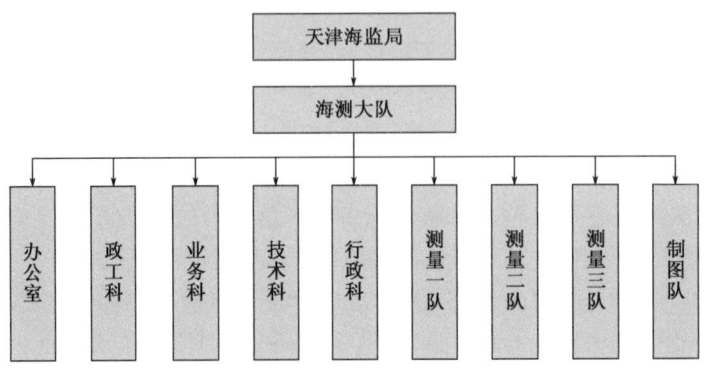

图1-2-81　1990年天津海监局海测大队机构设置示意图

2003年5月,天津海事局实施机构编制调整和岗位聘用(任)制改革,重新核定天津海测大队等单位(部门)组织机构及职能配置。天津海测大队内设机构为办公室、政工科、计划财务科、测绘管理科、测绘业务科、技术装备科6个职能部门;下设机构为测量中心、数据中心、后勤服务中心3个基层单位。

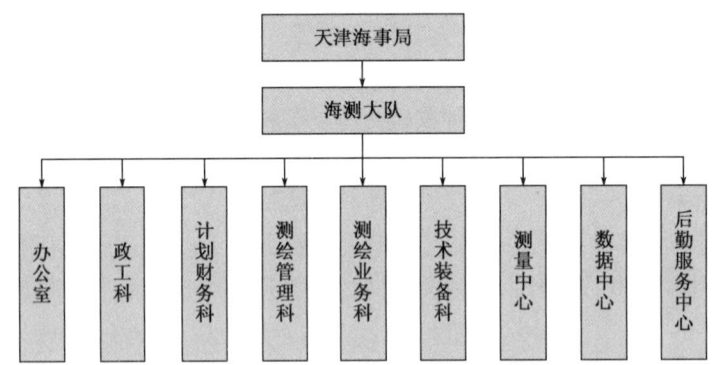

图1-2-82　2003年天津海事局海测大队机构设置示意图

2008年5月5日,根据北方海区测绘工作发展需要,天津海事局微调天津海测大队内设部门职能配置:将测绘业务科、测绘管理科分别改称测绘科、质量保障科;将原数据中心海图发行与海图小改正等业务划出,增设海图信息中心。2011年2月1日,天津海测大队增设人事教育科、水文信息中心。

2012年10月15日,北海航海保障中心正式成立,天津海事局将天津海测大队成建制划归北海航海保障中心管理,改称交通运输部北海航海保障中心天津海事测绘中心(简称"天津海事测绘中心")。首任主任为田绍启,党委书记为丁克茂。

至2012年底,天津海事测绘中心设有7个职能部门和5个基层单位,在编干部职工113人,其中11人取得《国际海道测量师证书》或《国际海图制图师资格证书》,具备国家甲级测绘资质,业务范围覆盖北方海区52个港口及附近海域。拥有房屋建筑面积4358.4平方米,测量专用船舶3艘,以及海道测量数据采集系统、多波束测深系统、海洋底质地貌探测系统、侧扫声呐系统、卫星定位系统、水文观测系统、电子海图制作系统等一系列现代化测绘技术装备,固定资产总计14280.63万元。

第一章 机构沿革

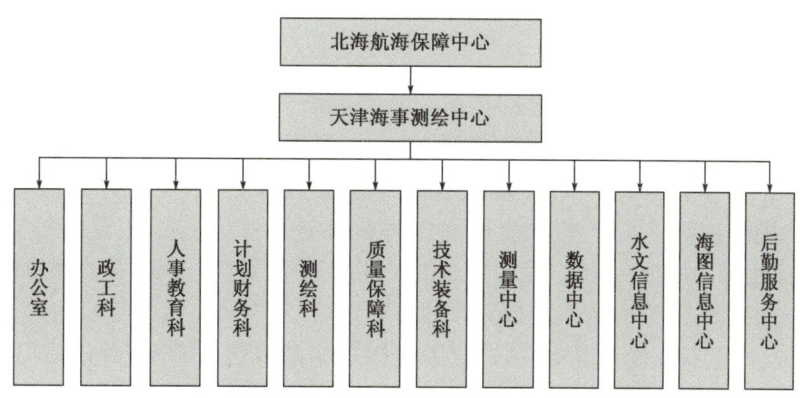

图 1-2-83　2012 年北海航海保障中心天津海事测绘中心机构设置示意图

图 1-2-84　2013 年 1 月 30 日,天津海事局局长刘福生(右)和北海航海保障中心党组书记
陈朝(左)为天津海事测绘中心揭牌

1955—2012 年天津海事测绘中心人员配置一览表

表 1-2-44　　　　　　　　　　　　　　　　　　　　　　　　　　　　　　　　　单位:人

年　份	机构名称	处　级	科　级	机　关	基　层	总人数
1955	海运管理总局海港测量队	—	—	—	20	20
1958	天津航道局海港测量队	—	1(兼)	—	22	22
1971	天津航测大队海港测量队	—	2(兼)	—	82	82
1982	天津航测处海港测量队	—	3	35	30	65
1989	天津海监局海测大队	4	15	19	85	104
1999	天津海事局海测大队	3	14	44	91	135
2012	北海航海保障中心天津海事测绘中心	4	23	45	68	113

143

(二)辖区与职责

1949年中华人民共和国成立后,交通部从海关接管的航海图书资料寥寥无几,迫切需要填补国内空白。后经交通部与海军司令部协商,决定从海军海道测量部门抽调部分人员及相关测绘仪器设备,组建一支隶属交通部管辖的民用海图测绘专业技术队伍,分工负责全国沿海商用港口航道测绘工作。

1955年5月海港测量队成立后,按照交通部与海军划定的职责分工,主要担负交通部直属港口及附近水域的航道、锚地等周期性测绘工作。1956年6月,海港测量队首次引进日本311A型电子管回声探测仪,实现了由人工水砣测深向仪器设备测深的历史性转变。是年,该队编绘的汕头港海图由于测绘要素完整、水陆布局合理、版面设计美观,被选定为全国首幅港口航道海图,并正式出版发行。同时,该队采用钢索等简陋器具,对汕头港附近疑存雷区水域展开拖底扫海排查,为突破海上封锁、开辟安全航道做出重要贡献。之后,随着港口航道测量业务全面展开,海港测量队伍得到发展壮大,由最初的20人增至43人。其专业技术能力亦得到明显提升,初步具备控制测量、地形测量、潮汐观测、底质测量,以及多种比例尺报告图版编绘等作业能力,基本达到《海道测量规范》相关要求,迅速成长为中国航海保障事业建设不可或缺的一支重要力量。此间,按照交通部统一部署,海港测量队辗转全国各地,相继对大连、天津、烟台、青岛、连云港、上海、杭州、温州、汕头、广州等13个港口及附近水域全面调查与基本测量,总计完成68幅首版港口航道图测绘任务,填补了中国沿海主要港口航海资料空白,从此结束长期依赖外国人绘制航海图书资料的历史。

1958年5月,交通部将海港测量队一分为二,其中22人划归天津航道局管理,确定其职责范围为:负责辽宁、河北、天津、山东、广东、广西等地区沿海港口航道测绘工作,按照海图编绘标准制作蓝晒图,为港航安全生产提供可靠依据。之后,海港测量队组织机构和隶属关系历经多次变化,其主要业务由港口航道周期性测绘,逐步扩展到疏浚工程测量、海道底质勘探及土工试验等领域,并取得若干历史性进步。其中,1961年,首次承担并圆满完成国际合作项目——鸭绿江水道勘测;1963年,编绘出版中华人民共和国第一册港口引航图集——《天津港引航图集》;1976年,创建全国测绘行业唯一的女子海上测量队伍——"三八"女子测量组,是年首次将"304"高精度无线电定位仪用于港口航道测量定位;1978年,研发"边挖边测""指挥扫浅""钉耙扫浅"等测量新工艺,显著提高航道疏浚作业效率,并在全国疏浚行业推广应用;1979年始,陆续引进并开发使用侧扫声呐、微波测距仪、四波束测深仪等国外先进技术装备,在全国测绘系统率先实现高精度、全覆盖水深测量。此间,自主成功研制可冲式真空薄壁取土器,填补了国内相关技术空白。至1982年底,海港测量队相继组织实施大连、鲇鱼湾、营口、秦皇岛、天津、烟台、威海、张家埠、石岛、青岛、温州、海门、汕头、北海、湛江等大小20余个港口,以及辽河口、蓟运河、海河、小清河、长江口、杭州湾、甬江、瓯江、临江、永宁江、珠江口等重要水域基本测量和检查测量,为国家航运事业建设发挥重要作用。

1983年4月11日,交通部印发施行《关于海区测绘工作的若干规定》,将中国沿海划分为北方、东海、南海三大海区,并明确各海区测绘工作由天津、上海、广州航道局统一管理。其中,天津航道局的管辖范围是辽宁省、河北省、天津市、山东省沿海港口及附近水域。主要职责为:①负责辖区沿海港口和附近水域、重点航道和海湾锚地,以及其他指定水域的检测和基本测量;②负责编辑、绘制、发行港口航道检测图,并向海图出版部门提供基本测量成果;③负责编辑、绘制、出版和发行沿海主要港口及指定港口的航行图集;④负责沿海主要港口及指定海区潮汐和潮流资料的观测与收集工作,并对指定港口和海区进行潮汐预报;⑤根据测量成果,适时通告海区变化情况。同时,对各海区测绘工作管理运行机制,以及港口航道基本测量和检(复)测周期等相关事宜作出具体规定,进一步明确了港口航道测绘工作的主要任务和发展方向。自此,全国海区港口航道测绘业务形成三大海区管理格局,并延续至今。

20世纪80年代,在中共中央全面推行改革开放政策的指引下,全国水运交通基础设施建设呈现快速发展态势。面对新形势、新体制、新任务,海港测量队按照上级统一部署,在如期完成沿海港口航道基本测量和检查测量任务的同时,不断提升自身业务技术能力。1984年以来,该队参与制定《水运工程测量规范》(JTS 131—2012)等数部测绘标准规范,为交通行业法制建设和规范测绘行业行为发挥重要作用。1985年始,先后购置国产DE201B型静电复照仪和HDP-3型照相排字机,使成图编绘时间明显缩短,结束了人工手写字的历史。1987年,首次采用四色印刷技术,正式出版《烟台内港》《秦皇岛港附近》等港口序列图,结束了交通部仅出蓝晒图的历史。1988年,编制首版《北方海区港口航道图目录》,创立测绘计划管理新方法,彻底改变以往编制《全国海区测绘系统年度测图计划》的传统做法,使测绘工作步入科学化、制度化、标准化管理轨道,为推动全国海区构建全面系统的航海图书体系起到示范引领作用。在天津航道局管理的30年间,海港测量队总计完成200余幅海图测绘任务,覆盖北方海区主要港口及附近海域。此外,根据部分港口在通航安全方面的紧急需求,组织实施10余起应急扫海测量工程,为适时排除水下碍航物、保障港航安全生产提供技术支持。

1988年7月15日天津海监局组建后,天津海测大队在承继北方海区港口航道周期性测绘工作职责的基础上,依据辖区航运事业发展需求,陆续研制出版航路图、工程图、专题图等测绘新成果,业务范围逐步拓展到关联港口建设及航运安全的诸多领域。由于其海图具有要素全、精度高、成图快、现势性强等特点,得到港航单位等社会用户的普遍认可与欢迎。此间,天津海测大队通过建立ISO 9002质量管理体系、评定国家甲级测绘资质、国家一级档案管理标准认定等若干重要举措,组织实施国际标准电子海图改正软件、中文全要素激光照排技术等一系列重点科技攻关项目,使队伍综合素质、科技创新水平、设备维护管理和社会竞争实力得到不断提升。其中:1991年,引进和开发CARIS海图制图系统,在全国测绘系统首创计算机辅助制作全要素海图新工艺,达到国内领先水平;1992年,自主研制成功DOS版水深测量数据自动采集和处理系统,实现了外业数据和海图数据一体化,使制图自动化水平显著提高;1993年,积极参加交通部安监系统设备"管修养用"专项活动,一举包揽全国海区测绘系统6个第一名;1995年,牵头组织实施"中国沿海RBN-DGPS基准站精密位置及定位精度测量"项目,并率先应用于水深测量和地形测量,使测量定位技术水平跻身世界先进行列;1998年,引进使用多波束测深系统,进一步发展完善了水深测量技术,为推进全国海区港口航道测绘事业发展起到示范引领作用。

图1-2-85　1999年,天津海事局副局长赵亚兴(中)出席天津海测大队年度工作会议(左起:张铁军、朱树章、赵亚兴、马亚平、阎锡臣)

1999年全国交通系统水监体制改革后,按照交通部海事局决策部署,天津海测大队成为兼具海区测绘工作归口管理职能的全能事业单位。当时,恰逢国民经济发展进入高速增长期,北方海区港口数量和规模迅猛增长,测绘工作量随之连年倍增,测绘覆盖范围亦从港口沿海逐步向近海海洋延伸。面对机遇和挑战并存的新形势,天津海测大队秉承"精测海疆,使命必达;献身海测,服务港航"的核心价值观,以科学发展观为统领,在海洋测绘手段、电子海图研发、应急反应能力、参与立法活动、优化管理职能、践行服务社会、提升队伍素质等方面作出积极探索与尝试,并屡创佳绩。此间,该大队持续加大科技投入,在相继引进声呐探测、摄影测量、卫星遥感、遥控潜水器、HPD数据库制图等先进技术设备的基础上,自主研发成功船舶电子海图引航系统、电子巡航系统、天津临港工业区船用引航系统、北方海区测绘信息平台、电子海图桌应用系统等一系列科研成果,如期完成天津测绘基地、北方海区GPS控制网、北方海区验潮网,以及辖区航海图书资料代售点等测绘基础设施建设,海事测绘技术日臻成熟,服务保障能力不断提高。

图1-2-86　2002年,天津海测大队召开年度工作会议(左起二、三、四:王文建、李鲜枫、王征)

同时,天津海测大队遵循交通部提出的"三个服务"指导思想,集中优势资源力量,适时调整测绘计划,先后承担黄骅港开港通航、青岛跨海大桥建设、长江三峡库区航路改革、渤海超大型船舶航路定线制改革、青岛奥林匹克帆船竞赛、长山列岛陆岛联运、辽东湾巨型油轮推荐航路探测、松花江航道校核等重点测绘工程,为支持地方经济发展建设、保障水上交通安全做出突出贡献。特别是在大连"5·7"空难事故、重庆涪陵"6·19"特大海难事故、黄河小浪底"6·22"特大海难事故、包头"11·21"空难事故、长江口"2·10"空难事故、福建沙埕港"8·10"台风灾害沉船事故等搜救抢险工作中,天津海测大队作为国家处置海上突发性事件应急保障队伍之一,在关键时刻发挥了关键作用,赢得了上级领导的高度肯定和社会各界的广泛赞誉。

至2012年底,天津海测大队累计完成北方海区52个港口及附近水域7万换算平方千米测量任务,编绘1万余幅海图,累计发售各类航海图书资料30余万幅(册);荣获省部级科技成果奖励15项,取得国家技术专利2项、软件著作权3项;荣获国家工程勘察金奖1项、省部级工程奖34项;连续多年被交通运输部和天津市授予"全国交通系统先进集体""天津市'八五'立功先进集体""天津市文明单位"等荣誉称号,为保障船舶航行安全、助推港航事业建设、服务经济社会发展发挥重要作用。

图1-2-87 2012年,天津海测大队召开年度工作会议(左起:黄永军、卢之杰、柴进柱、丁克茂、张安民)

(三)领导人更迭

1955—2012年,天津海事测绘中心领导人更迭情况列表如下:

1955—2012年天津海事测绘中心领导人更迭一览表

表1-2-45

序号	姓　名	机构名称	职　务	任职时间	备注
1	沈庚余	海港测量队	队　长	1955年5月至1955年12月	
2	郑汝痒	海港测量队	副队长	1955年5月至1959年12月	
3	杨守先	海港测量队	队　长	1955年12月至1958年5月	
			队长(兼)	1958年5月至1959年10月	副科级
4	周程熹	海港测量队	副队长	1955年8月至1959年10月	
			队　长	1959年10月至1964年12月	
5	辛云恒	海港测量队	队　长	1964年12月至1971年6月	
6	马定盛	海港测量队	副队长	1959年10月至1971年6月	
			队　长	1971年6月至1976年3月	
7	阴雨田	海港测量队	副队长	1974年5月至1984年3月	
8	徐国祥	海港测量队	副指导员	1974年3月至1981年8月	
9	张世吉	海港测量队	党支部书记	1981年8月至1984年8月	正科级
				1986年5月至1989年6月	
		天津海测大队	工会主席	1989年6月至1991年4月	副处级
			副队长兼工会主席	1991年4月至1996年5月	
10	姚一宁	海港测量队	队　长	1981年8月至1984年9月	正科级
		天津海测大队	队　长	1989年7月至1991年3月	正处级

〔续表〕

序号	姓　名	机构名称	职　务	任职时间	备注
11	赵玉明	海港测量队	党支部书记	1984年3月至1986年7月	正科级
12	朱世平	海港测量队	副队长	1984年5月至1989年7月	副科级
13	王　征	海港测量队	队　长	1984年3月至1989年7月	正科级
		天津海测大队	副队长	1989年7月至1996年5月	副处级
				2001年1月至2006年12月	正处级
14	阎锡臣	海港测量队	副队长	1985年4月至1989年7月	副科级
		天津海测大队	副队长	1996年5月至2001年1月	副处级
15	马亚平	天津海测大队	副队长	1991年3月至1991年12月	副处级
			队　长	1991年12月至2001年1月	正处级
16	朱树章	天津海测大队	党支部副书记	1989年7月至1991年12月	副处级
			党总支书记	1991年12月至2001年1月	正处级
17	李鲜枫	天津海测大队	队　长	2001年1月至2007年1月	正处级
18	王文建	天津海测大队	党委书记	2001年1月至2004年6月	正处级
19	张铁军	天津海测大队	副队长	2001年1月至2007年1月	副处级
20	李瑞丰	天津海测大队	党委书记	2004年6月至2007年1月	正处级
21	刘东全	天津海测大队	副队长	2004年6月至2006年12月	副处级
22	孙洪志	天津海测大队	队　长	2007年1月至2011年1月	正处级
23	刘福来	天津海测大队	党委书记	2007年1月至2011年1月	正处级
24	黄永军	天津海测大队	副队长	2009年7月至2013年4月	副处级
25	张安民	天津海测大队	副队长	2010年1月至2013年1月	副处级
26	丁克茂	天津海测大队	党委书记	2011年1月至2014年6月	正处级
27	柴进柱	天津海测大队	队长(兼)	2011年1月至2012年4月	正处级
28	田绍敲	天津海测大队	队　长	2012年4月至2013年10月	正处级

八、天津通信中心

(一) 机构设置

天津通信中心始建于20世纪20年代。1920年,北洋军阀政府交通部在大沽电报局设立长波无线电台(呼号为"XOQ"),专司引导船舶和海工通信等电信业务。1925年4月,天津电话总局在电话南局院内附设无线电台(呼号为"XSV"),收发船舶及陆地官商电报,兼充广播之用。

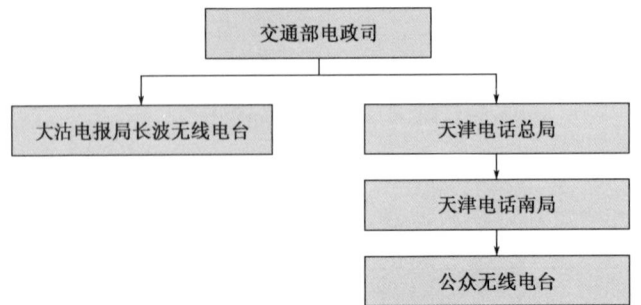

图1-2-88　1925年天津通信机构设置示意图

1937年7月30日天津沦陷后,大沽电报局及无线电台被日军查抄关闭,电话南局无线电台不知所踪。1938年,日占当局在塘沽设立兼办海工通信和陆地通信的海岸局,在天津新建无线电台,无线受信所(收信台)位于六里台,无线送信所(发信台)位于大经路(今中山路),电报业务通过日伪"华北电电"所辖天津中央电报局和塘沽报话局的有线电话线路传输承办。

1945年8月日本战败投降后,南京国民政府接管日伪在天津的电信事业和机构,成立天津电信局,其报务科第一股负责包括海岸电台在内的电报通信业务。1947年9月,天津电信局在法政桥旁增设第二发信台。1948年6月,在天津电信局内设立第二收信台。此间,招商局天津分局亦在天津设置航务专用电台(台址位于和平区哈尔滨道6号),主要为该局所属船舶提供通信服务。

1949年1月15日,天津解放。中国人民解放军天津市军事管制委员会接管天津电信局,并迁址新建海岸电台(呼号为"XSV"),收信台位于八里台(今天津大学院内),发信台位于法政桥附近(今律纬路与新开河接头处)。1951年6月15日,中国和波兰两国政府在天津组建中波轮船股份有限公司,设有专用航务电台,专供本公司船舶通信联络。同年,天津区港务局接管北洋区海运管理局天津分局(原招商局天津分局)无线航务电台,改称天津港航务专用电台。1953年12月,遵照交通部、邮电部联合通令,天津区港务管理局接管天津电信局海岸电台,将其与天津港航务专用电台合并,对外统称天津海岸电台(呼号为"XSV")。同时,组建电讯科,下辖收信台、发信台、话务交换台。首任科长为韩儒康。1954年,天津区港务管理局接管中波轮船海运股份有限公司专用航务电台,划归天津海岸电台统一管理。

1958年6月21日,根据中共中央、国务院《关于工业企业下放的四项决定》,交通部将天津区港务管理局成建制划归河北省天津市政府领导,改称天津市港务管理局。同年12月,经天津市港务管理局批准,在电讯科内增设修配站,主要承担天津海岸电台及进出天津港国内外船舶通信导航设备维修。1961年6月,交通部收回天津港管理权,恢复原建制,天津市港务管理局随之改称交通部天津港务管理局。1972年,该局在电讯科的基础上,组建通信站(正科级),下辖收信台、发信台、自动电话台、维修车间等机构,相关业务由该局机电处归口管理。首任站长为胡长兴。

1978年中共十一届三中全会后,按照交通部统一部署要求,通信站于1984年1月改称通信导航站(处),扩编升格为正处级全能基层单位。首任站长为李刚。同年,天津港务局实施港口管理体制改革试点,通信导航站(处)于1985年5月31日更名为天津港务局通信导航公司,内设机构为站长办公室、业务管理科、计划经营科、工程技术科、行政管理科5个职能部门;下设机构为收信台、发信台、中央室、线务工程队、后勤队、电视服务台、通信导航设备维修所、自动电话台、导航台8个基层单位(均为正科级单位)。不久,天津港务局将该公司电视服务台和导航台成建制划出,改由天津港务监督管理。

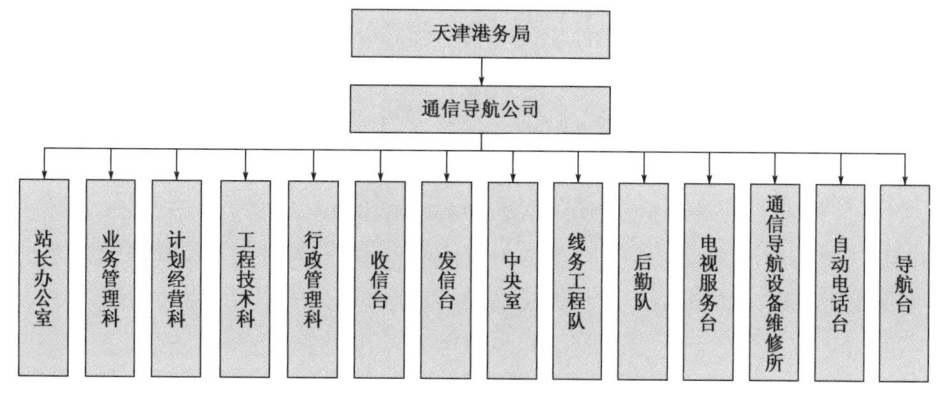

图1-2-89　1985年天津港通信机构设置示意图

1988年7月15日天津海监局组建后,交通部将天津港务局通信导航公司无线通信业务及相关人员划转天津海监局建制,组建天津海监局通信站(简称"通信站"),为正处级事业单位。首任站长为李刚。1989年1月30日,经天津海监局核准,该站内设机构为办公室、技术业务科、人事教育科、计划财务科、物资供应科、行政科、公安科、政工科8个职能部门;下设机构为中央室、收信台、发信台3个基层单位。首任站长兼书记为李刚。

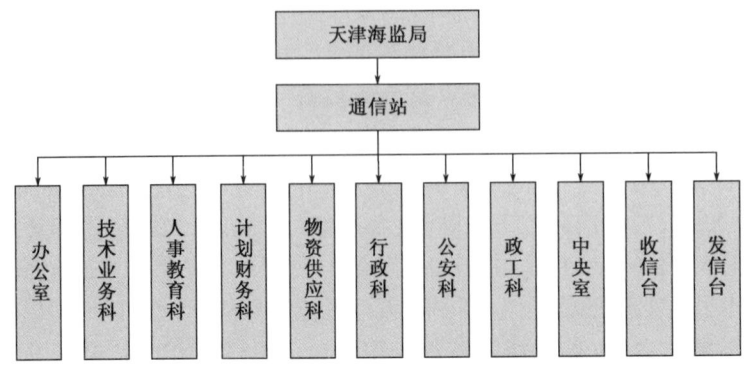

图1-2-90　1989年天津海监局通信机构设置示意图

1992年,按照交通部关于内部管理机制改革要求,天津海监局裁撤通信交管处,将其管理职能并入通信站,实行"站处合一"管理体制,通信站(处)由此成为兼具机关通信业务管理职能的全能基层单位,首任站(处)长为贾广胜。1995年9月,按照《交通系统通信单位机构设置和人员编制标准》要求,天津海监局部分调整通信站(处)内设机构:将技术业务科改称通信业务科;撤销物资供应科,分设设备工程科和后勤队;其他机构未变。1998年天津海岸电台改扩建工程完工后,收信台从黄港回迁至解放门,通信站撤销中央室,新增维修中心。

1999年全国交通系统水监体制改革后,天津海监局改称天津海事局,通信站随之更名为天津海事局通信站(处)(简称"通信站")。首任站长为辛艺强,党委书记为司治发。2002年,天津海事局组织对通信站实施机构编制调整和岗位聘用(任)制改革试点,该站内设机构为办公室、政工科、人事教育科、计划财务科、通信业务科、公安科6个职能部门;下设机构为收信台、发信台、后勤服务部3个基层单位,人员编制明显缩减。

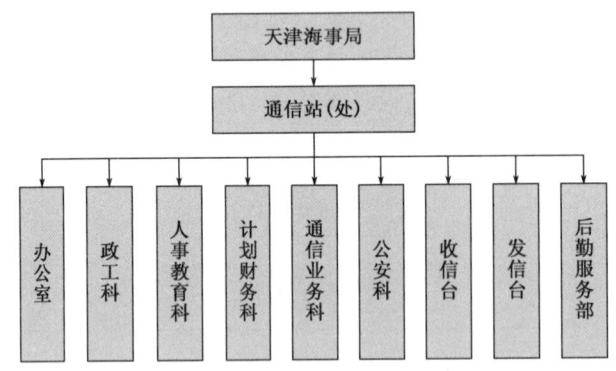

图1-2-91　2002年天津海事局通信机构设置示意图

2004年6月,天津海事局将通信站(处)更名为通信信息中心,内设组织机构未做调整。首任主任为朱树章,党委书记为王雪玲。2005年8月,天津海事局设立海事公安局,天津通信信息中心公安科随之裁撤。

2012年10月15日,北海航海保障中心正式成立,天津海事局将通信信息中心成建制划归北海航海保障中心管理,改称交通运输部北海航海保障中心天津通信中心(简称"天津通信中心")。首任主任为苏本征,党委书记为朱树章。至2012年底,该中心设有5个职能部门和3个基层单位,在编干部职工

189人。拥有固定资产1.15亿元,房屋建筑面积1.8万平方米,天线及场院占地总面积为233亩(约15.53万平方米)。

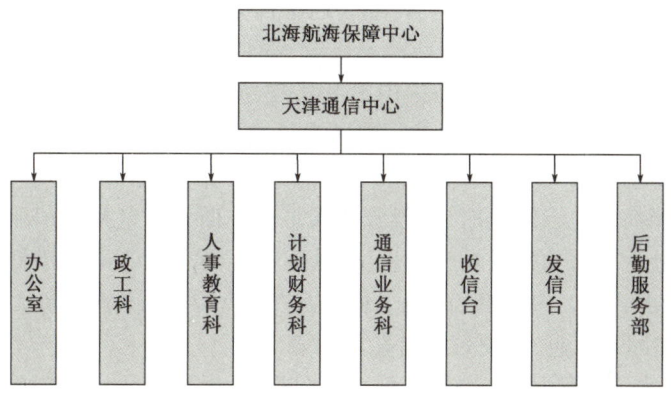

图1-2-92　2012年北海航海保障中心天津通信中心机构设置示意图

图1-2-93　2013年1月30日,北海航海保障中心天津通信中心揭牌(左起:刘福生、苏本征、于树海、陈朝)

1953—2012年天津通信中心人员配置一览表

表1-2-46　　　　　　　　　　　　　　　　　　　　　　　　　　　　　　　　　　　　　　单位:人

年份	机构名称	处级	科级	机关	基层	总人数
1953	天津区港务管理局电讯科	—	1	—	14	15
1972	天津港务管理局通信站	—	3	3	51	54
1985	天津港务局通信导航公司	5	32	42	361	403
1989	天津海监局通信站	4	15	37	287	324
1992	天津海监局通信站(处)	4	15	31	284	315
1999	天津海事局通信站(处)	4	19	64	232	296
2004	天津海事局通信信息中心	4	16	31	221	252
2012	北海航海保障中心天津通信中心	4	16	37	152	189

(二)职责与业务

19世纪80年代天津地区首创电信机构后,随着经济社会兴衰起伏和通信技术发展进步,天津海岸电台从无到有、从小到大、从分到合,历经百年沧桑巨变,逐步建立起业务种类齐全、通信手段多样、覆盖范围广阔的现代化通信服务保障体系,成为中国沿海历史悠久、规模庞大、功能齐全的海岸电台之一。在代表国家履行相关国际公约义务、为海上航行船舶提供遇险与安全通信、播发海上安全信息等公益性服务工作中,发挥着至关重要的支持保障作用。

20世纪20年代天津海岸电台初创时期,仅开放人工莫尔斯无线电报通信业务。尽管"接转船舶电报,报务尚称发达",但电台发射功率仅0.5千瓦,电讯覆盖范围局限于天津沿海区域,主要用于船岸官商电报及海上工程作业通信等。1926年,海河工程局在"清凌"号破冰船安装无线电通信设备,自1929年1月1日始,正式播发冰况讯息,以便各航行船舶周知应对。

1937年7月日军侵占天津后,日占当局新建"两址式"海岸电台。该台设置发射机4部、接收机3部、收发天线10副,通信范围可覆盖渤海湾水域,月均电报量约1900件。

1945年8月南京国民政府接管天津海岸电台后,天津电信局在原有无线电台设施基础上,添置发射机1部,并开通中频电路1条、高频电路2条,服务对象包括天津航政局、三北轮埠公司、华侨航业股份有限公司等所属船舶。招商局天津分局同期建立的航务电台为收发同址的小型电台,通信方式为人工莫尔斯电报,服务对象仅限招商局系统内船舶。

1949年中华人民共和国成立后,天津电信局对海岸电台实施改扩建,并开放中频电路1条和高频电路2条,主要业务仍为公众船舶电报、遇险通信等。1953年12月,天津海岸电台与天津港航务专用电台合并,天津区港务管理局迁址重建海岸电台,对外开放电路增至6条。此间,电台开放的电路种类有船舶公众报路、保密报路、专用报路和各台间的特语报路。同年,天津港有线电话并入电讯科管理,陆续设立新港六米、轮驳大队等人工电话交换台,容量不断扩充。1954年,天津海岸电台接收中波海运股份有限公司通信业务,新增天津至格丁尼亚通信电路。1963年,将该业务移交上海海岸电台。

20世纪70年代初,天津海岸电台增开远洋船舶通信电路及天津至上海、广州、湛江海岸电台间的船舶辅助电路,服务于天津远洋运输公司天津至欧洲、天津至日本等航线船舶。自此,天津海岸电台具备远洋通信能力。随着天津远洋公司业务拓展,天津海岸电台增开多条通信电路,覆盖范围逐步扩大至太平洋、印度洋、红海、地中海、波罗的海等海域。至1979年底,天津海岸电台除开放莫尔斯通信业务外,新增单边带无线电话和甚高频无线电话通信业务。

1985年,天津海岸电台"6·15"迁建工程竣工,新架设接收天线11副、发射天线23副,通信电路由8条增至16条,通信能力显著提高。同时,按照天津港管理体制改革要求,其职责范围调整为:①负责经营管理港口通信导航设施,保证港口通信导航设施设备完好及正常运转;②承担进出天津港国内外船舶通信导航设备维修安装工作;③承担港口通信导航、电视、计算机等电器设备维修及工程施工;④提供通信导航业务技术咨询服务等。据不完全统计,1985—1988年,天津海岸电台年均通报量180余万字,通话量8万余分钟。

1988年天津海监局组建后,伴随着通信技术不断发展,天津海岸电台业务范围和管理职能逐步扩大。1991年,莫尔斯自动转报系统投入应用,首次实现莫尔斯电报自动译报和拍发。1992年,按照交通部安排,协助交通部承担天津港区范围无线电管理工作,主要职责包括:纠察和维护港口无线电通信秩序,协调处理无线电干扰事项,处理违章单位和人员,办理天津海监局所属船舶电台及有关通信频率申请与撤销等。1993年,增开陆地用户电传业务及电话传真业务,并分别与天远、广远、青远等10个驻津航运企业建立业务关系。1996年,开通窄带直接印字电报业务,成为北方海区唯一开放此项业务的海岸电台。此间,天津海岸电台年均通报量达200余万字,通话量约15万分钟,为中国航运事业的发展和保障船舶航行安全做出重要贡献。

图1-2-94　1990年,天津海监局工会主席王玉春(左三)出席天津通信站年度总结表彰大会(左起二、四、五、六:李刚、贾光胜、侯福行、吴春玲)

图1-2-95　1996年,天津通信站召开庆祝建党75周年暨表彰大会(左起三、四、五、六、七:侯福行、齐兆祥、陈振明、李春斗、王雪玲)

1999年全国交通系统水监体制改革后,海事卫星通信业务发展迅速,天津海岸电台除甚高频无线电话业务外,其他通信业务量均呈下降趋势,安全信息播发和遇险通信值守等公益性服务成为天津海岸电台主要工作。2000年,按照交通部统一部署,天津海岸电台GMDSS-DSC通信系统开通,并承担天津周边A1、A2海区遇险通信值守职责。2003年,开放莫尔斯和窄带直接印字电报电路安全信息定时播发业务,是为北方海区唯一的安全信息定时播发台。2006年,开放中文奈伏泰斯安全信息播发业务。2007年,开放海上气象信息播发业务,并利用无线电话电路播发安全信息语音。此间,天津海岸电台先后为"桃园"轮等41艘船舶提供遇险紧急通信服务,在船舶搜寻救助过程中发挥重要作用。

图1-2-96　2006年,天津通信信息中心领导研究海岸电台建设发展规划(左起:苏本征、王雪玲、朱树章、田为民)

至2012年底,天津海岸电台开放各类通信电路24条,累计播发安全信息1443万份次,处理DSC信息2.5万次,完成公众通信57万艘次,审核办理船舶电台执照419份,与上海、广州通信中心并列为中国三大海岸电台,为保障船舶航行安全、助推港航事业发展做出重要贡献。

(三)领导人更迭

1953—2012年,天津通信中心领导人更迭情况列表如下:

1953—2012年天津通信中心领导人更迭一览表

表1-2-47

序号	姓　　名	机构名称	职　　务	任　职　时　间	备注
1	韩儒康	天津区港务局电讯科	科　　长	1953—1957年	正科级
2	翟汝安	天津港务管理局电讯科	科　　长	1958—1964年	正科级
3	秦先洲	天津港务管理局电讯科	党支部书记	1962—1964年	正科级
4	胡长兴	天津港务管理局电讯科	科　　长	1964—1972年	正科级
		天津港务管理局通信站	站　　长	1972年—1981年3月	正科级
		天津港务管理局通信站	副站长	1981年3月至1983年	副科级
5	林寿青	天津港务管理局通信站	党总支书记	1970—1975年	正科级
6	程裕大	天津港务管理局通信站	副站长	1978年3月至1984年1月	副科级

〔续表〕

序号	姓　　名	机构名称	职　　务	任 职 时 间	备注
6	程裕大	天津港务局通信导航站（处）	副站长	1984年1月至1985年6月	副处级
		天津港务局通信导航公司	副经理	1985年6月至1989年4月	副处级
7	李刚	天津港务管理局通信站	副站长	1979年2月至1983年4月	副科级
		天津港务局通信导航站（处）	站　长	1984年1月至1985年6月	正处级
		天津港务局通信导航公司	经　理	1985年6月至1989年4月	正处级
		天津海监局通信站	站长兼书记	1989年4月至1992年7月	正处级
8	刘宝山	天津港务管理局通信站	站　长	1981年3月至1983年4月	正科级
9	董鸣秋	天津港务管理局通信站	副站长	1983年—1984年1月	副科级
		天津港务局通信导航站（处）	副站长	1984年1月至1985年6月	副处级
		天津港务局通信导航公司	副经理	1985年6月至1988年	副处级
10	岳振荣	天津港务管理局通信站	副站长	1983—1984年	副科级
11	贾光胜	天津海监局通信站	副站长	1989年4月至1992年7月	副处级
			站　长	1992年7月至1995年1月	正处级
12	吴春玲（女）	天津海监局通信站	党委副书记	1989年4月至1993年2月	副处级
13	王本德	天津海监局通信站	副站长	1989年4月至1989年12月	副处级
14	侯福行	天津海监局通信站	副站长	1989年4月至1995年1月	副处级
			站　长	1995年1月至2000年5月	正处级
15	陈振明	天津海监局通信站	副站长	1992年7月至1998年9月	副处级
16	齐兆祥	天津海监局通信站	党委书记	1993年2月至1998年9月	正处级
17	杨金萍（女）	天津海监局通信站	副站长	1992年7月至1995年1月	副处级
18	李春斗	天津海监局通信站	副站长	1994年4月至2000年5月	副处级
19	王雪玲（女）	天津海监局通信站	副站长	1995年1月至2000年5月	副处级
		天津海事局通信信息中心	党委书记	2004年6月至2007年1月	正处级
20	辛艺强	天津海监局通信站	党委书记	1998年3月至2000年5月	正处级
		天津海事局通信站	站　长	2000年5月至2003年5月	正处级
21	司治发	天津海事局通信站	党委书记	2000年5月至2003年5月	正处级
		天津海事局通信站	站长兼党委书记	2003年5月至2004年6月	正处级
22	田为民	天津海事局通信站	副站长	2000年5月至2004年6月	副处级
		天津海事局通信信息中心	副主任	2004年6月至2010年1月	副处级
23	苏本征	天津海事局通信站	副站长	2001年1月至2004年6月	副处级
		天津海事局通信信息中心	副主任	2004年6月至2007年1月	副处级
			副主任	2007年1月至2008年7月	主持工作
			主　任	2008年7月至2013年4月	正处级
24	朱树章	天津海事局通信信息中心	主　任	2004年6月至2007年1月	正处级
			党委书记	2007年1月至2013年4月	正处级
25	于树海	天津海事局通信信息中心	副主任	2007年1月至2016年8月	副处级
26	赵凤龙	天津海事局通信信息中心	副主任	2010年1月至2012年12月	副处级

九、天津航测科技中心

(一)机构设置

天津航测科技中心的前身为天津航测处航测电子设备维修中心(简称"天津航测维修中心"),是全国海区航测系统专门从事航测技术设备引进开发与推广应用、组织协调航海保障科技研发、无线电导助航设备检修、相关国际组织动态跟踪及出版物编译、航测官方网站维护运行等综合性科技管理的事业单位。

20世纪70年代前,北方海区航测系统相关科研工作主要由各单位(部门)根据需要自行组织实施。1975年10月,天津航测大队在航标测绘科内设立科研组,并安排4人负责相关科技工作。1980年10月天津航测处成立后,该科研组划归技术教育科管理,编制调增至5人。1984年6月25日,经天津航道局批准,天津航测处将科研组、修理所、海港测量队仪器修理组等机构合并,组建天津航测维修中心,为正科级事业单位,编制扩增至20人。首任主任为李鲜枫。

1988年7月15日天津海监局组建后,天津航测维修中心于1989年1月20日改称天津海监局航测科技中心(简称"天津航测科技中心"),升格为正处级事业单位。首任主任兼书记为李鲜枫。1995年11月29日,经天津海监局批准,该中心内设机构为办公室、技术管理室、航测科技室,人员编制核定为22人,其中处级领导职数为3人,科级领导职数为4人。

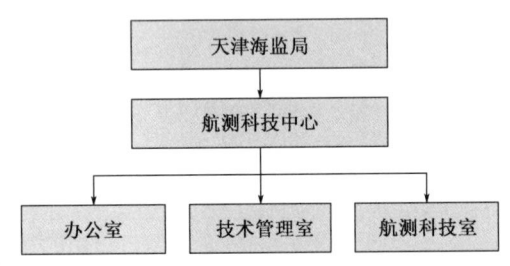

图1-2-97 1995年天津海监局航测科技中心机构设置示意图

1998年6月11日,天津海监局调整天津航测科技中心组织机构:将办公室与技术管理室合并,改称综合科;航测科技室更名为航标技术科,专责航标专业科研工作,原测绘专业科技工作划归天津海测大队管理。

1999年7月8日,天津海监局改称天津海事局,天津航测科技中心随之更名为天津海事局航测科技中心(简称"天津航测科技中心"),其内设机构及管理职能未变。首任主任兼书记为李鲜枫。2003年10月,根据《天津海事局航标机构人事制度改革第一阶段工作运行的指导意见》,结合新增科技质量管理、国内外航测技术动态跟踪研究、航测发展战略研究、行业协会信息收集整理、航测官方网站维护管理等职责,该中心适时向天津海事局报送《航测科技中心机构设置和人员编制方案》。2004年1月14日,经天津海事局批准,该中心内设机构调整为办公室、科技情报室、技术开发室、网络管理室,人员编制暂定为16人。不久,天津海事局于2005年3月将该中心网络管理室更名为科技管理室。2007年,将科技情报室更名为信息资源室,相关职能配置略有变动。

之后,随着全国海区航测事业快速发展,天津航测科技中心职责范围不断拓展,各项业务工作量成倍骤增,致使原机构设置和人员编制难以适应新形势发展需要。为此,天津海事局于2011年1月17日充实完善该中心内设机构、职能配置和人员编制,内设机构调整为办公室、计划财务科、科技信息室、航标技术室、测绘科技室、科技管理室,人员编制扩增至33人,其中处级领导职数为2人,科级领导职数为6人。随后,天津海事局裁撤其科技管理室和计划财务科。

2012年10月15日,北海航海保障中心正式成立,天津海事局将天津航测科技中心成建制划归北海航海保障中心管理,改称北海航海保障中心天津航测科技中心(简称"天津航测科技中心")。首任主任兼书记为王玉林。至2012年底,该中心内设办公室、科技信息室、航标技术室、测绘科技室4个部门,在编干部职工31人,拥有固定资产总额803.93万元。

第一章 机构沿革

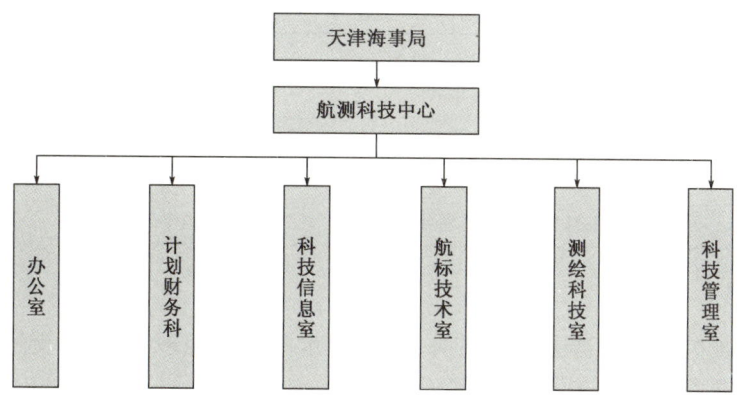

图1-2-98　2011年天津海事局航测科技中心机构设置示意图

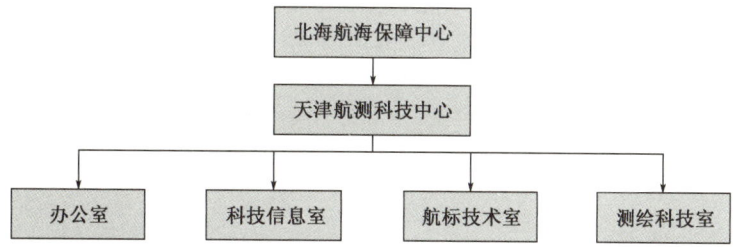

图1-2-99　2012年北海航海保障中心天津航测科技中心机构设置示意图

图1-2-100　2013年1月30日，北海航海保障中心天津航测科技中心揭牌(左起：刘福生、王玉林、白亭颖、陈朝)

1984—2012年天津航测科技中心人员配置一览表

表1-2-48　　单位：人

年　份	机　构　名　称	处　级	科　级	总人数
1984	天津航测处航测电子设备维修中心	—	2	20
1989	天津海监局航测科技中心	2	—	21

157

〔续表〕

年份	机构名称	处级	科级	总人数
1999	天津海事局航测科技中心	3	2	22
2004	天津海事局航测科技中心	3	4	16
2011	天津海事局航测科技中心	3	6	30
2012	北海航海保障中心天津航测科技中心	2	4	31

(二)职责与业务

1983年,天津航测处科研组自主研发成功SC-Ⅰ型水深数据处理机,荣获交通部科技成果奖三等奖,是为北海航海保障系统荣获的首个省部级科技奖项。1984年天津航测维修中心建制初期,主要承担全国海区罗兰A无线电导航系统晶体振荡器、雷达信标等导助航设备检修任务。此间,该中心自主研发的ZK-Ⅰ型无线电指向标控制机,基于其技术性能稳定,操作使用方便,维修保养便捷,广泛推广应用于全国沿海14座无线电指向标台站,保障了中国沿海无线电指向标系统正常运行和对外开放。

图1-2-101　1986年,天津航测维修中心领导带队赴西安20所学习晶振维修(左起一、三:刘长华、李鲜枫)

1989年天津航测科技中心成立后,其主要职责为:承担北方海区各类航标灯器和无线电导航台、无线电指向标站的设备维修、技术改造和技术管理;负责北方海区雾情探测仪维修和航测系统计算机软件开发应用;负责全国海区航测系统雷达信标、微波定位仪、罗兰A无线电导航台晶体振荡器等重要设备检修及零部件管理;参与全国海区航测系统设备引进、技术培训、科技情报等管理事务;承接上级指定的航测科研任务;负责北方海区航测系统VHF、SSB等通信设备维修。

1996年,天津海监局印发施行《科技工作管理办法》,明确天津航测科技中心归口管理全局科技工作,标志着该中心自此成为兼具综合性科技管理职能的基层单位。之后,该中心以"科学技术是第一生产力"重要思想为指针,通过建立科技管理机制、编制科技发展纲要、组织学术交流活动、统筹协调科研项目、开展科技成果鉴定等一系列改革举措,北方海区航测系统科技管理水平和科技综合实力明显提升。至1999年底,北方海区航测系统总计荣获省部级科技成果奖4项、国家专利4项。此间,按照交通部安监局统一部署,该中心牵头分3期组织实施全国海区RBN-DGPS台站建设,并组织起草《中国沿海无线电指向标—差分全球定位系统规划(1996—2000)》《沿海无线电指向标—差分全球定位系统建设与验收技术标准》《沿海无线电指向标—差分全球定位系统播发标准》《沿海无线电指向标—差分全球定位系统台站管理规则》等配套管理规范和技术标准,为该系统的规划建设、设备验收和管理运行提供了智力支持和制度保障。

图1-2-102 1996年6月,天津航测科技中心领导研究起草《天津海监局科技工作管理办法》(右起:李鲜枫、马建设、苏振洋)

1999年全国交通系统水监体制改革后,伴随着经济社会发展进步,北海航海保障系统科技创新工作呈现快速发展态势。2001年,依据交通部《关于加强技术创新、推进交通事业发展的若干意见》,天津海事局在全国海事系统率先设立"技术创新专项基金",并由天津航测科技中心研究起草《天津海事局技术创新基金管理办法》,为加速推进天津海事局科技创新工作完善了机制、搭建了平台。在专项基金支持下,经天津航测科技中心卓有成效的组织协调,北海航海保障系统先后培育出航标智能灯器、沿海航标夹持船、港域航道智能监测系统、电子海图桌应用系统等一大批高新科技成果,并屡获殊荣,科研项目获省部级奖励总量位居全国海事系统前茅,为北海航海保障系统乃至天津海事局科技创新工作实现跨越式发展发挥了重要的组织推动作用。

自2003年始,天津航测科技中心将国际履约及相关国际组织动态信息作为研究重点,实时跟踪国际规则标准和科技发展动态,定期编译更新国际海道测量组织(IHO)、国际航标协会(IALA)等相关国际组织出版物,以及《中国海事局航测工作年报》《航海保障国际信息跟踪与研究》《专题研究报告》《航测信息摘要》等专业期刊,为全国海事系统管理技术人员及时了解国内外相关领域最新动态提供信息资料。此间,按照交通部海事局统一安排,该中心长期担负"航标助航""海道测绘""海事科技信息资源共享平台"等官方网站维护运行,以及交通运输部航测标准化技术委员会秘书处、中国航海学会航标专业委员会秘书组、国际海事研究委员会测绘政策技术分委会秘书处、远东无线电导航理事会的日常事务性工作,并多次承办全国海事系统科技大会、学术论坛、航测设备、科技成果等会展活动,为助推中国航海保障事业发展乃至相关领域国际合作做出积极贡献。2012年5月,天津航测科技中心团支部被共青团中央授予"全国五四红旗团支部"荣誉称号。

图1-2-103　2011年2月21日,天津航测科技中心召开年度工作会议(左起:白亭颖、张铁军、马亚平、王玉林)

至2012年底,天津航测科技中心总计编译IALA、IHO等相关国际组织出版物15套、《中国航海保障工作年报》28册、《航测信息摘要》90期、《专题研究报告》117份;组织实施科技项目246个,获得省部级科技成果奖43项、国家专利32项、软件著作权13项,局级科技成果奖99项。其中,由天津航测科技中心自主研发的跨平台多源电子海图基础应用平台、北斗沿海差分导航与精密定位服务系统等具有重大战略意义的科研项目,分别被中国航海学会、中国卫星导航定位协会评为科技进步奖一等奖。

(三)领导人更迭

1984—2012年,天津航测科技中心领导人更迭情况列表如下:

1984—2012年天津航测科技中心领导人更迭一览表

表1-2-49

序号	姓　名	机构名称	职　务	任职时间	备注
1	李鲜枫	天津航测维修中心	主　任	1984年6月至1989年7月	正科级
		天津航测科技中心	副主任	1989年7月至1995年7月	主持工作
			主　任	1995年7月至2001年1月	正处级
2	刘子忠	天津航测维修中心	副主任	1984年6月至1989年7月	副科级
3	刘长华	天津航测维修中心	副主任	1986年5月至1989年7月	副科级
		天津航测科技中心	副主任	1989年7月至1999年9月	副处级
4	苏振洋	天津航测科技中心	副主任	1995年7月至2001年1月	副处级
5	马建设	天津航测科技中心	副主任	1995年7月至2010年1月	副处级
6	马亚平	天津航测科技中心	主　任	2001年1月至2010年8月	正处级
7	刘东全	天津航测科技中心	副主任	2001年1月至2004年6月	副处级
8	王玉林	天津航测科技中心	副主任	2004年10月至2007年1月	副处级
				2010年1月至2012年3月	副处级
				2012年3月至2013年4月	主持工作
			主　任	2013年4月至2019年1月	正处级

〔续表〕

序号	姓　名	机构名称	职　务	任 职 时 间	备注
9	沈志江	天津航测科技中心	副主任	2007年1月至2010年1月	副处级
10	白亭颖(女)	天津航测科技中心	副主任	2010年1月至2013年5月	副处级
11	张铁军	天津航测科技中心	主　任	2010年8月至2012年3月	正处级

第二章 法规标准

　　法规系指由国家或地方立法机关制定并以政权保证执行的行为规则,主要包括法律、法令、条例、规章等。标准系指由国家或行业主管机关用以衡量特定事物技术规范的通用准则,主要包括国家标准、行业标准等。法规与标准体系是相互联系并协调一致的有机整体,在国家主权范围内具有权威性、强制性、统一性、规范性、概括性、可预测性等特征。其法定效力层级可分为宪法、法律、行政法规、地方性法规,以及行业主管部门依据相关法律法规制定的规范性文件等。中国航海保障系统所遵循的相关法规与标准,从孤立分散到自成体系,由部门规章升至国家法规,经历了百余年漫长曲折的发展过程。

　　法制建设作为治国理政的重要基础,由历代统治阶级意志和特定社会环境条件所决定。清道光二十年(1840)第一次鸦片战争爆发后,中国开始沦为半殖民地半封建社会。随着国家变法和新式管理机构设立,受西方法学思想影响,海关、军事、邮政等部门分别制定《沿海灯标之节略》《奏定测绘章程》《收发无线电报暂行章程》等行业部门规章,由此开启近代中国航海保障法制建设历史。1912年中华民国成立后,中央政府仿照西方政体制度,重新厘定法律法规和管理规则,相继公布施行《陆军测量标条例》《电信条例》《修正海道测量局条例》《中华民国无线电管理条例》《中华民国航路标识条例》《中华民国吨税法》等法律法规,法制工作有所进展。然而,由于战乱迭起,政局动荡,上述法律法规大多名存实亡,并未落到实处。

　　1949年中华人民共和国的成立,为中国共产党领导人民治国理政、建设民主法治社会提供了前所未有的有利条件。中央人民政府在全面废除陈规旧法的同时,着手创立适应社会主义事业建设发展的法律法规体系。后因"文化大革命"干扰,致使国家法制建设遭受严重挫折。此间,北海航海保障系统主要执行国务院及相关主管部门颁布的《关于加强航道管理和养护工作的指示》《关于助航标志所在地的人民政府保护或代管助航标志的意见》《海区水上助航标志制度(草案)》《关于长期保护测量标志的命令》《编制出版本国地图和测绘资料保密暂行规定》《海军水道图图例》《设置和使用无线电台的管理办法》《统一管理航务电信工作的规定》等法规法令、部门规章、技术标准和规范性文件。

　　1978年中共十一届三中全会后,按照中共中央确立的"依法治国"方略,全国人大、国务院相继公布施行《中华人民共和国刑法》《中华人民共和国海上交通安全法》《中华人民共和国航道管理条例》《中华人民共和国测绘法》《中华人民共和国无线电管理条例》等法律法规,交通部、国家测绘总局、国家标准局、国家技术监督局随之发布施行《关于海区航标管理工作的若干规定》《中国海区水上助航标志》《关于海区测绘工作的若干规定》《海图图式》《水运无线电通信管理规则》《发播航行警告、气象信息和紧急信息系统(NAVTEX)技术条件和使用要求》等一系列部门规章、行业标准和规范性文件,初步形成较为完备的法规与标准体系,基本实现有法可依、按章办事,中国航海保障事业步入中国特色社会主义法治轨道。

　　1995年始,随着《中华人民共和国航标条例》《中华人民共和国海洋环境保护法》《中华人民共和国电信条例》《中华人民共和国港口法》《中华人民共和国基础测绘条例》等法律法规及行业标准陆续出台,按照交通(运输)部安监局(海事局)统一部署,北海航海保障系统参与相关立法活动日益增多,先后主笔起草或参与编制《海区航标动态通报管理办法》《海区航标设置管理办法》《水上无线电通信规则》3部部门规章;牵头组织或参与编制和修订《无线电指向标站管理规则》《中程无线电导航台管理规则》《沿海无线电指向标—差分全球定位系统播发标准》《海道测量规范》《水运工程测量规范》《沿海港口航道测量技术要求》等16部国家和行业标准;牵头组织或参与编制和修订《沿海无线电指向标—差分全球定位系统建设技术要求》《测绘资质管理规定·测绘资质分级标准》《计算机海图制图技术规定》《海岸电台播发中文奈伏泰斯(NAVTEX)试行办法》等21部规范性文件。同时,牵头组织编纂《航标法规标准汇编(1997)》《海洋测绘法规标准汇编(1999)》《航测法规标准汇编(2012)》3部法规与标准汇编。其间,按照交通部(交通运输部)安监局(海事局)工作安排,北方海区航标系统牵头组织全国航标系统《中华人民共和国航标条例》宣传贯彻活动,北方海区测绘系统持续多年组织开展《中华人民共和国测绘法》宣传贯彻活动,通过普及航标、测绘知识,提高公民对保护航标责任和义务的认识,提升公民对国家版图的意识,扩大了北海航海保障系统的社会影响力。

至2012年,北海航海保障系统适用的主要法规与标准共计346部,其中:航标系统法律法规14部、部门规章27部、技术标准35部、规范性文件38部;测绘系统法律法规18部、部门规章19部、技术标准44部、规范性文件41部;通信系统法律法规14部、部门规章35部、技术标准21部、规范性文件40部。

第一节 法 律 法 规

一、航标法律法规

航标法律法规是航标管理机构的行为准则,亦是航标管理工作实现法制化、规范化建设的重要保证。国际上发达国家和海洋强国对航标建设和保护十分重视,航标管理方面法律法规体系较为完备,《澳大利亚航标条例》《日本航标法》《大韩民国航标法》《加拿大航运法》《美国法典》等均对航标管理工作作出明确法律规定。

清咸丰六年(1856)第二次鸦片战争爆发后,中英签订《天津条约》《北京条约》等一系列不平等条约,明确规定:"通商各口分设浮椿、号船、塔表、望楼,由领事官与地方官会同酌视建造。"清咸丰八年(1858),清政府与英、美、法三国续订《通商章程善后条约:海关税则》,规定"其浮椿、号船、塔表、望楼等经费,在于船钞项下拨用"。这两个条约将助航设施建设职责及经费来源纳入关税相关条款,中国近代助航设施建设自此与海关及船钞紧密联系在一起。此后,西方列强竞相扩展在华航运势力,促使中国航运业得到相应发展,助航设施建设亦随之逐步受到重视,海关总税务司署于清同治七年(1868)专门设立船钞部,并陆续颁行一系列航标管理规章。

1912年中华民国成立后,北洋军阀政府仿照西方政体制度,设置交通部等内阁行政部门,重新厘定组织章程,试图将航政、港政、航标等海务事权归于集中统一。1934年5月15日,南京国民政府公布施行《中华民国航路标识条例》(简称"《条例》"),明确中华民国交通部是航道助航标志主管部门,负有建造、维护和管理之责,是为近代中国第一部航标法规。然而,海关以影响"船钞"征缴及相关工程建设为由,拒绝移交航标管理权,沿用旧制未变,该《条例》名存实亡。同年6月18日,南京国民政府公布施行《中华民国吨税法》和《中华民国吨税法实施细则》,是为近代中国第一部航标相关法律。

1949年中华人民共和国成立后,中央人民政府政务院发布《关于关税政策和海关工作的决定》《关于统一航务港务管理的指示》,将海关兼办的港口、航道、航标等海务工作全部划转交通部统一管理,明确界定海关、海军、交通职责分工,全面展开航标修复重建工作。1964年3月3日,国务院发布《关于加强航道管理和养护工作的指示》,明确规定:"对于航道和航道的导航设施,过船建筑物或驳运设施,航标、纤道、绞滩设备等助航设施,必须注意保护;对于破坏和盗窃行为,必须坚决制止,情节严重的,应依法处理。船舶、排筏碰坏上述设施时,应即报告航道主管部门处理。"以法令形式严禁破坏盗窃助航设施行为,以加强航道及其辅助设施管理维护,保证港口航道畅通和船舶航行安全。

1974年11月1日,在伦敦召开的国际海上人命安全公约会议通过并签署《1974年国际海上人命安全公约》(SOLAS公约),明确规定:"各缔约国政府有义务根据航道的交通量和危险性,在必要位置设立和维护助航设备,并对外公布这些助航设备的相应资料。"1975年6月20日,中国政府批准加入SOLAS公约,执行其相关规定,履行相关国际义务。

1978年中共十一届三中全会后,中国航标法制建设步入新阶段。1980年1月1日,《中华人民共和国刑法》实施,首次将严重破坏航行标志行为列为刑事犯罪。1984年1月1日,《中华人民共和国海上交通安全法》实施,第二十三条规定:"禁止损坏助航标志和导航设施。损坏助航标志和导航设施的,应立即向主管机关报告,并承担赔偿责任。"第二十四条规定:"船舶、设施发现下列情况,应当迅速报告主管机关:一、助航标志或导航设施变异、失常;……"第二十五条规定:"航标周围不得建造或设置影响其工作效能的障碍物,航标和航道附近有碍航行安全的灯光,应该妥善遮蔽。"1987年10月1日,《中华人民共和国航道管理条例》(简称"《航道管理条例》")实施,第二十一条规定:"沿海和通航河流上设置的助航标志必须符合国家规定的标准,在沿海和通航河流上设置专用标志必须经交通主管部门同意;设置渔标和军用标,必须报交通主管部门备案"。同时,该《航道管理条例》重申航道及航道设施受国家保护,其设置审批由交通部及其授权行政管理机构负责。

1995年12月3日,《中华人民共和国航标条例》(简称"《航标条例》")实施,第三条规定:"国务院交通行政主管部门负责管理和保护除军用航标和渔业航标以外的航标。国务院交通行政主管部门设立的流域航道管理机构、海区港务监督机构和县级以上地方人民政府交通行政主管部门,负责管理和保护本辖区内军用航标和渔业航标以外的航标。"其他各条款分别规定航标管理原则、禁止行为、惩罚措施、奖励措施等。《航标条例》是中华人民共和国第一部航标法规,为航标保护、建设、维护和管理提供了完整的法律依据,标志着中国航标法制化建设进入新的历史阶段。

1996年3月6—8日,交通部安监局局长林玉乃在上海主持召开1996年度全国海区航测工作会议,将1996年确定为"《航标条例》宣传贯彻年",全面部署《航标条例》宣传贯彻工作,并成立以林玉乃为组长、各直属海监局局长为成员的宣传贯彻领导小组,设立以天津海监局副局长赵亚兴为主任的宣传贯彻办公室,确定"三大海区牵头,分片做工作"的活动方式。会议明确:天津海监局负责编辑印发《航标条例》宣传材料和宣传组织工作;上海海监局(后由大连海事大学)负责编写《航标条例》释义;广州海监局负责《航标条例》纪念品制作和发放。随后,北方海区航标系统成立以天津海监局局长王怀凤为组长、各海监局分管航标工作局领导为副组长、各航标区主任为成员的宣传贯彻领导小组,制订工作计划,确定内容和方法,推动《航标条例》宣传贯彻工作顺利开展。

图 2-1-104　1996年3月6—8日,交通部安监局在上海召开1996年度全国海区航测工作会议

在《航标条例》宣传贯彻活动中,全国航标系统共发放《航标条例》单行本1万余册,张贴宣传品2

万余张,召开港航单位座谈会50余次,组织《航标条例》知识竞赛活动1次。此间,北方海区航标系统积极利用广播电台、电视台、报刊等媒体广泛宣传《航标条例》,派员走访各有船单位征求航标布设整改意见和建议100余条;烟台海监局圆满承办全国海区航标知识竞赛,为《航标条例》宣传贯彻活动增添光彩。通过《航标条例》宣传贯彻活动,全社会对航标及其重要性的认识普遍提高,全国公民爱护航标、保护航标的法律意识逐步增强,全国海区和内河航标遭受破坏案件明显减少。

图2-1-105　1996年11月7—8日,交通部安监局在烟台举办全国海区航标知识竞赛

1997年2月,交通部安监局编制出版《航标法规标准汇编(1997)》,共收集整理国内航标法规与标准76部,编译或摘录外国航标法规与标准及国际航标协会(IALA)推荐标准51部,成为指导全国航标管理工作的重要文集。此后,交通运输部海事局在《航标法规标准汇编(1997)》《海洋测绘法规标准汇编(1999)》基础上,编制出版《航测法规标准汇编(2012)》,为推进全国航测系统管理工作法制化、规范化建设起到重要指导作用。

进入21世纪,国家相继修订或制定《中华人民共和国航道法》(简称"《航道法》")、《中华人民共和国港口法》(简称"《港口法》")、《中华人民共和国行政许可法》《中华人民共和国船舶吨税暂行条例》等航标相关法律法规。其中,《航道法》第二十二条规定:"航标的设置、养护、保护和管理,依照有关法律、行政法规和国家标准或者行业标准的规定执行。"《港口法》第十八条规定:"航标设施及其他辅助性设施,应当与港口同步建设,并保证按期投入使用。"至此,中国航标法律法规体系日趋完善,为促进全国航标事业发展建设提供了强劲有力的法律保障。

至2012年,北方海区航标系统适用的主要法律法规共计14部。

1934—2012年北方海区航标系统适用的主要法律法规一览表

表2-1-50

序号	名　　称	立法机关	文　件　号	公布日期	生效日期	备注
1	中华民国航路标识条例	南京国民政府		1934年5月15日		废止
2	中华民国吨税法 中华民国吨税法实施细则	南京国民政府		1934年6月18日		废止

〔续表一〕

序号	名　　称	立法机关	文件号	公布日期	生效日期	备注
3	关于加强航道管理和养护工作的指示	国务院	〔64〕国交字96号	1964年3月3日	1964年3月3日	废止
4	关于我国海区外轮用《航海通告》发布规则	国务院中央军委	〔74〕38号	1974年4月	1974年4月	废止
5	中华人民共和国刑法	全国人大常委会	委员长令第5号	1979年7月6日	1980年1月1日	1997年废止
			国家主席令第83号	1997年3月14日	1997年10月1日	
			国家主席令第27号	1999年12月25日	1999年12月25日	修正案
			国家主席令第56号	2001年8月31日	2001年8月31日	修正案（二）
			国家主席令第64号	2001年12月29日	2001年12月29日	修正案（三）
			国家主席令第83号	2002年12月28日	2002年12月28日	修正案（四）
			国家主席令第32号	2005年2月28日	2005年2月28日	修正案（五）
			国家主席令第51号	2006年6月29日	2006年6月29日	修正案（六）
			国家主席令第10号	2009年2月28日	2009年2月28日	修正案（七）
			国家主席令第41号	2011年2月25日	2011年5月1日	修正案（八）
			国家主席令第30号	2015年8月29日	2015年11月1日	修正案（九）
			国家主席令第80号	2017年11月4日	2017年11月4日	修正案（十）
6	中华人民共和国海上交通安全法	全国人大常委会	国家主席令第7号	1983年9月2日	1984年1月1日	
7	中华人民共和国航道管理条例	国务院	国务院令第78号	1987年8月22日	1987年10月1日	2009年废止
			国务院令第545号	2008年12月27日	2009年1月1日	2015年废止
	中华人民共和国航道法	全国人大常委会	国家主席令第17号	2014年12月28日	2015年3月1日	
8	中华人民共和国无线电管理条例	国务院中央军委	国务院、中央军委令第128号	1993年9月11日	1993年9月11日	

〔续表二〕

序号	名　　称	立法机关	文件号	公布日期	生效日期	备注
9	中华人民共和国航标条例	国务院	国务院令第187号	1995年12月3日	1995年12月3日	
10	中华人民共和国海洋环境保护法	全国人大常委会	国家主席令第26号	1999年12月25日	2000年4月1日	
11	中华人民共和国海域使用管理办法	全国人大常委会	国家主席令第61号	2001年10月27日	2002年1月1日	
12	中华人民共和国港口法	全国人大常委会	国家主席令第5号	2003年6月28日	2004年1月1日	
13	中华人民共和国行政许可法	全国人大常委会	国家主席令第7号	2003年8月27日	2004年7月1日	
14	中华人民共和国船舶吨税暂行条例	国务院	国务院令第610号	2011年12月5日	2012年1月1日	

二、测绘法律法规

测绘法律法规是国家测绘管理体制和运行机制的主要体现,是测绘事业健康有序发展的重要保证。国际海洋强国在海洋测绘领域均有较完备的法律法规体系,《日本测量法》《日本海道测量法》《德国莱茵兰·普法尔茨州官方测绘法》《澳大利亚新南威尔士测量法》《加拿大土地测量法》《美国法典》等对其国家海洋测绘的法律地位和行为规范均有明确要求。

清代末期,清政府曾任用西方传教士实施疆域测绘,并建立部分测绘管理规章,测绘工作逐步向近代化转变。民国时期,在测绘机构、法规、教育等方面有所改进和发展,测绘工作主要由军方负责。1914年1月16日,北洋军阀政府公布施行《陆军测量标条例》,是为中国近代第一部测绘法规。1925年5月30日,北洋军阀政府公布施行《修正海道测量局条例》。1926年11月9日,北洋军阀政府公布施行《各省陆军测量局组织条例》《中央陆军测量学校组织条例》。1927年南京国民政府成立后,其参谋本部统辖全国测政,并于1931年10月公布施行《测量设计委员会组织条例》,1936年7月28日公布施行《陆地测量总局组织条例》,1941年公布施行《各省陆地测量局组织条例》等,测绘法规体系逐步完善。

1949年中华人民共和国成立后,国务院陆续公布施行部分测绘法规。1955年12月,国务院公布施行《关于长期保护测量标志的命令》,是为中华人民共和国第一部测绘法令。1965年2月,国务院批转国家测绘总局公布施行《编制出版我国地图暂行管理办法》,是为中华人民共和国第一部测绘法规。

1978年中共十一届三中全会后,随着测绘新技术快速发展,测绘在国家经济建设中逐步成为重要的基础性工作。1980年7月,国务院公布施行《我国地图编制出版管理办法》,对加强地图编制出版管理,保证地图编制出版质量,维护国家主权、安全和利益,促进社会经济发展起到重要作用。1984年1月1日,《中华人民共和国海上交通安全法》实施,在保障船舶航行、停泊和作业安全等方面,要求有关部门及时提供必要的航海图书资料,对加强海上交通管理,保障船舶、设施和人命财产安全,维护国家权益起到重要作用。1987年10月1日,《航道管理条例》实施,对航道规划、建设、维护作出具体规定,其航道测绘贯穿于始终。

1993年7月1日,《中华人民共和国测绘法》(简称"《测绘法》")实施,是为中华人民共和国第一部测绘法律,为测绘活动和管理提供了完整的法律依据,标志着测绘法制化建设进入新的历史阶段。《测绘法》共8章34条,明确了国家各级测绘部门、各级人民政府和军队测绘部门的职责,对测绘基准、测绘系统、测绘规划及其实施、界线测绘、测绘成果管理、测量标志保护、法律责任等作出具体规定。而后,国家修订并公布施行的《测绘法》(2002)第四条规定:"国务院其他有关部门按照国务院规定的职责分工,负责本部门有关的测绘工作。"据此,确立了全国海区测绘系统的法定地位和责任。其间,按照国家测绘主管部门和交通部安监局(海事局)工作安排,天津海测大队每年在《测绘法》宣传日,先后以"加强国家版图意识,加强地图市场监管""加强测绘法制建设,规范测绘市场""加强测绘成果管理,促进成果广泛应用""发展测绘事业,构建和谐社会""加强基础测绘工作,发展地理信息产业"等为主题开展宣传活动,有效促进了《测绘法》的普及和公民对国家版图意识的提升,提高了北方海区测绘系统社会影响力。

图2-1-106 2002年6月28日,天津海测大队举办纪念《测绘法》发布9周年活动,队长李鲜枫接受天津电视台采访

1995年7月10日,国务院公布《中华人民共和国地图编制出版管理条例》(简称"《条例》")并于同年10月1日施行。该《条例》是规范地图编制出版活动的行政法规。1996年9月4日,国务院公布《中华人民共和国测量标志保护条例》并于1997年1月1日施行,对测量标志管理职责分工、建设要求、占地范围、设置标记、义务保管、检查维修、有偿服务、拆迁审批、标志保护、打击破坏测量标志违法行为等作出明确规定。

进入21世纪,伴随改革开放步伐的不断加快,国家于2002年修订《测绘法》,2008年修订《航道管理条例》,随后升至《航道法》;国务院陆续公布施行或修订《中华人民共和国测绘成果管理条例》《中华人民共和国基础测绘条例》《中华人民共和国海洋观测预报管理条例》等4部法律法规。至此,由国家法律、行政法规、部门规章、技术标准和规范性文件等共同组成的中国测绘法规与标准体系基本完善,为全国测绘事业发展建设提供了强大的法律支持,有效保证测绘工作顺利开展。

至2012年,北方海区测绘系统适用的主要法律法规共计18部。

1914—2012年北方海区测绘系统适用的主要法律法规一览表

表2-1-51

序号	名　　称	立法机关	文件号	公布日期	生效日期	备注
1	陆军测量标条例	北洋军阀政府	大总统令	1914年1月16日		废止
2	修正海道测量局条例	北洋军阀政府	临时执政令	1925年5月30日		废止
3	各省陆军测量局组织条例	北洋军阀政府		1926年11月9日		废止

〔续表一〕

序号	名称	立法机关	文件号	公布日期	生效日期	备注
4	中央陆军测量学校组织条例	北洋军阀政府		1926年11月9日		废止
		南京国民政府		1935年4月9日		废止
5	测量设计委员会组织条例	南京国民政府		1931年10月		废止
6	陆地测量总局组织条例	南京国民政府		1936年7月28日		废止
7	各省陆地测量局组织条例	南京国民政府		1941年		废止
8	关于长期保护测量标志的命令	国务院		1955年12月	1955年12月	1997年废止
	中华人民共和国测量标志保护条例		国务院令第203号	1996年9月4日	1997年1月1日	
9	编制出版我国地图暂行管理办法	国务院（批转）		1965年2月	1965年2月	1980年废止
	我国地图编制出版管理办法	国务院		1980年7月	1980年7月	1995年废止
	中华人民共和国地图编制出版管理条例		国务院令第180号	1995年7月10日	1995年10月1日	2016年废止
	中华人民共和国地图管理条例		国务院令第664号	2015年11月26日	2016年1月1日	
10	中华人民共和国海上交通安全法	全国人大常委会	国家主席令第7号	1983年9月2日	1984年1月1日	
11	关于统一计量制度的命令	国务院		1959年	1959年	1984年废止
	关于在我国统一实行法定计量单位的命令			1984年2月27日	1984年2月27日	
12	中华人民共和国航道管理条例	国务院	国务院令第78号	1987年8月22日	1987年10月1日	2009年废止
			国务院令第545号	2008年12月27日	2009年1月1日	2015年废止
	中华人民共和国航道法	全国人大常委会	国家主席令第17号	2014年12月28日	2015年3月1日	
			国家主席令第48号	2016年7月2日	2016年7月2日	
13	中华人民共和国测绘法	全国人大常委会	国家主席令第66号	1992年12月28日	1993年7月1日	2002年废止
			国家主席令第75号	2002年8月29日	2002年12月1日	
14	中华人民共和国海上航行警告和航行通告管理规定	国务院	国务院令第204号	1993年1月11日	1993年2月1日	
15	中华人民共和国无线电管理条例	国务院中央军委	国务院、中央军委令第128号	1993年9月11日	1993年9月11日	

〔续表二〕

序号	名　　　称	立法机关	文　件　号	公布日期	生效日期	备注
16	中华人民共和国测绘成果管理条例	国务院	国务院令第469号	2006年5月27日	2006年9月1日	
17	中华人民共和国基础测绘条例	国务院	国务院令第556号	2009年5月6日	2009年8月1日	
18	中华人民共和国海洋观测预报管理条例	国务院	国务院令第615号	2012年3月1日	2012年6月1日	

三、通信法律法规

电磁波可在自由空间跨国界传输，各国开展无线电通信必须遵循相关国际法律或规则，共同维护世界无线电通信秩序。国际无线电通信规则的制定始于清光绪二十九年（1903）柏林国际无线电报预备会议。清光绪三十二年（1906），第一次国际无线电大会在柏林召开，通过并签署世界首个《国际无线电报公约》，初步划定水上公众通信频段。1914年1月，在英国推动下，18个国家签署了世界首个《国际海上人命安全公约》（SOLAS公约），要求50人以上商船必须装设无线电报机，将500千赫兹规定为无线电报国际遇险通信频率，制定了遇险通信规则，从而将无线电通信和海上船舶航行安全紧密联系在一起。

1915年4月，鉴于"清代自创办电政以来，随时因事定立条规，尚无根本法律"，北洋军阀政府公布施行《电信条例》，定义了电信涵盖范围，明确电信由国家经营等基本原则，是为中国近代第一部通信法规。1920年9月1日，中国正式接受《国际无线电报公约》，并加入国际无线电报联盟。1926年9月25日，北洋军阀政府参照国际公约相关规则，公布施行《船舶无线电信条例》（简称"《条例》"），要求500吨以上中国商船均须装设无线电机。1928年，在南京国民政府全国建设委员会管理无线电事务期间，公布施行《中华民国无线电管理条例》。此后不久，无线电管理事务改由交通部统辖，该《条例》随之废除。1929年8月5日，南京国民政府修订并公布施行《中华民国电信条例》。

1932年，第五次国际无线电大会在马德里召开，包括中国在内的70余个国家代表出席会议。会议决定成立国际电信联盟（ITU），并将《国际电报公约》和《国际无线电报公约》合并修订，更名为《国际电信公约》。该公约包括电报规则、电话规则、无线电规则、无线电附加规则4个附则。中国是ITU创始国之一，《国际电信公约》自然成为本国通信行业必须遵守的国际法，国内相关法律法规均应从其原则和规定。1933年，中国加入SOLAS公约。1935年3月25日，为履行SOLAS公约规定的责任和义务，保障船舶航行安全，改善中国船舶通信保障状况，南京国民政府行政院公布施行《中华民国船舶无线电台条例》，要求各轮船公司应积极装设无线电机，并责成交通部所属电政管理机关负责船舶无线电台设置检验工作，查验合格者，核发无线电安全证书。

1949年中华人民共和国成立后，中国无线电通信继续实行战时管理体制未变。1953年始，交通部成为中国水上无线电通信唯一主管机关。1962年7月18日，中共中央决定成立无线电管理委员会，中国无线电管理体制随之逐步建立健全。1963年3月25日，国务院公布施行《设置和使用无线电台的管理办法》，是为中华人民共和国第一部无线电通信管理法规，被视为中国现行无线电管理条例的"法源"。同年12月21日，国务院修订完善该办法，并将其更名为《设置和使用无线电台管理规则》。"文化大革命"期间，无线电通信工作一度改由军队掌管。1970年10月18日，国务院、中央军委联合公布施行《通信保密规则》，以加强特殊时期无线电管理和通信保密工作。1971年5月，国务院、中央军委决定恢复各级无线电通信管理机构。1977年，经国务院、中央军委批准，国家无线电管理委员会发布施行

《无线电台执照印制、核发暂行规定》，无线电通信管理工作逐步恢复和规范。

1978年中共十一届三中全会后，中国实施无线电管理体制改革。同年6月23日，国务院、中央军委公布施行《无线电管理规则》，详细规定无线电管理原则，条款更加具体，可操作性增强。1979年7月6日，国家公布《中华人民共和国刑法》，将破坏通讯设备行为列为刑事犯罪。1982年9月20日，国务院、中央军委公布施行《关于保护通信线路的规定》，明确各级人民政府及有关部门对通信基础设施负有保护职责，详细列举各种人为破坏通信线路行为，并规定惩处原则。1984年1月1日，《中华人民共和国海上交通安全法》实施，第一次将水上安全通信工作纳入国家法律管理范畴，为实施海上遇险与安全通信、保障船舶航行安全提供了法律依据。1993年9月11日，国务院、中央军委修订《无线电管理规则》，更名为《中华人民共和国无线电管理条例》。该条例对无线电管理机构设置及职责、无线电台设置和使用、频率管理、无线电发射设备生产和使用、无线电监测与监督检查等均作出详尽规定，实现了中国无线电管理工作从内部管理到依法管理的转变，为国家无线电主管部门维护水上无线电通信秩序提供了完备清晰的法律保障。1997年10月1日，修订后的《中华人民共和国刑法》实施，将破坏公用电信设施行为，定性为"危害公共安全罪"；将擅自设置、使用无线电台（站），或者擅自占用频率，造成严重后果的行为，定性为"扰乱无线电通讯管理秩序罪"。

2000年9月25日，国务院公布施行《中华人民共和国电信条例》，以应对中国加入世界贸易组织（WTO）后，电信业务许可管理和电信安全等问题，保障国家公众电信事业健康发展。2006年3月1日，《中华人民共和国治安管理处罚法》实施，将故意干扰无线电业务正常进行，或对无线电台（站）产生有害干扰行为，定性为"扰乱公共秩序行为"，并规定处罚标准。2007年10月1日，《中华人民共和国物权法》实施，明确规定"无线电频谱资源属于国家所有"，为国家规划管理或指配无线电频谱资源提供法律依据。2010年11月1日，国务院、中央军委公布的《中华人民共和国无线电管制规定》施行，首次明确国家有权在特定时期实施无线电管制，同时规定被管制单位或个人以及其他相关单位或部门的职责与义务。至此，中国水运通信法律法规体系基本完善。

至2012年，北方海区通信系统适用的主要法律法规共计14部。

1915—2012年北方海区通信系统适用的主要法律法规一览表

表2-1-52

序号	名　　称	立法机关	文　件　号	公布日期	生效日期	备注
1	电信条例	北洋军阀政府		1915年4月		1929年废止
	中华民国电信条例	南京国民政府		1929年8月5日		废止
2	船舶无线电信条例	北洋军阀政府		1926年9月25日		废止
3	中华民国无线电管理条例	南京国民政府		1928年		随之废止
4	中华民国船舶无线电台条例	南京国民政府		1935年3月25日		废止
5	设置和使用无线电台的管理办法	国务院		1963年3月25日	1963年3月25日	1963年废止
	设置和使用无线电台管理规则			1963年12月21日	1963年12月21日	废止
6	通信保密规则	国务院中央军委	国发〔1970〕82号文	1970年10月18日	1970年10月18日	1978年废止
	无线电管理规则		国发〔1978〕122号文	1978年6月23日	1978年6月23日	1993年废止
	中华人民共和国无线电管理条例		国务院、中央军委令第128号	1993年9月11日	1993年9月11日	
7	无线电台执照印制、核发暂行规定	国务院	国发〔1977〕68号文	1977年	1977年	废止

〔续表〕

序号	名称	立法机关	文件号	公布日期	生效日期	备注
8	中华人民共和国刑法	全国人大常委会	委员长令第5号	1979年7月6日	1980年1月1日	1997年废止
			国家主席令第83号	1997年3月14日	1997年10月1日	
9	关于保护通信线路的规定	国务院中央军委	国发〔1982〕28号文	1982年9月20日	1982年9月20日	废止
10	中华人民共和国海上交通安全法	全国人大常委会	国家主席令第7号	1983年9月2日	1984年1月1日	
11	中华人民共和国电信条例	国务院	国务院令第291号	2000年9月25日	2000年9月25日	
12	中华人民共和国治安管理处罚法	全国人大常委会	国家主席令第38号	2005年8月28日	2006年3月1日	
13	中华人民共和国物权法	全国人大常委会	国家主席令第62号	2007年3月16日	2007年10月1日	
14	中华人民共和国无线电管制规定	国务院中央军委	国务院、中央军委令第579号	2010年8月31日	2010年11月1日	

第二节 部门规章

一、航标部门规章

中国航标管理部门规章可追溯到清代。当时,中国沿海助航设施引进西方先进设备和管理方法,由赫德掌管的海关总税务司署负责管理。清同治九年(1870),海关总税务司署发布施行《各关征免洋商船钞章程》,共11条,明确规定"洋商船及洋商雇佣的国内船,依照英吨吨位缴纳船钞,船舶吨位由海关丈量并发专照";发布施行《灯船诫程》,共36条,明确规定船长等各级人员的职责以及船舶管理、司灯规则、物料管理、维护保养、记录日志、消防安全、遇险处置、惩戒条款等相关规定;发布施行《灯塔诫程》,共29条,明确规定值班规则、司灯规则、保养规则、物料管理、惩戒条款等;发布施行《沿海灯标之节略》,共11个条约,提出开放口岸和地区设置灯塔之设想,海关据此陆续组织实施建设沿海灯塔。以上4部规章制度,可视为中国近代第一批航标部门规章。

清光绪八年(1882),海关总税务司署发布第175号通令,对《航海通告》的临时性、永久性类型作出规定,明确了通告签发人、通告语言和格式等。清光绪十年(1884),海关总税务司署发布施行《新关灯塔灯船诫程》,将灯塔、灯船诫程合二为一,共10卷。其中,灯塔管理条款5卷,灯船事务诫程5卷,主要内容包括:各级人员职责分工及执行的工作内容,特别对日常管理和维护灯器、雾炮等作出详细规定,对航标管理与运行提出明确要求。清光绪二十九年(1903),海关总税务司署发布施行《各海关设立灯塔、浮桩指示行船章程》,对灯塔、浮桩规格与作用作出统一规定。1923年,海关总税务司署发布施行《华班灯塔主事人诫程》第四版,明确了中国雇员担当灯塔主事人(灯塔主任)的职责。

第二章 法规标准

1949年中华人民共和国成立后,中央人民政府财政经济委员会于1951年10月15日发布施行《关于助航标志所在地的人民政府保护或代管助航标志的意见》,要求各地人民政府担负设置在本地区助航标志的保护或代为管理之责,是为中华人民共和国第一部航标部门规章。1963年7月,海军司令部编纂颁行《航标工作规章制度汇编(1963)》(简称"《汇编》"),以全面规范航标管理工作,是为中华人民共和国第一套航标管理规章制度汇编。该《汇编》分为无线电指向标、航标、机电、房屋建筑、乙炔气筒5个分册,共35部内部规章制度。其中,无线电指向标分册包括《无线电指向标管理保养规则(草案)》等9部;航标分册包括《航标管理站工作条例(草案)》等10部;机电分册包括《航标机器动力设备使用维护保养规则(草案)》等4部;房屋建筑分册包括《灯塔及房屋建筑物保养规则(草案)》等2部;乙炔气筒分册包括《乙炔气筒的管理》等10部。1973年5月28日,海军司令部、交通部联合发布《关于加强〈航海通告〉的通知》;1976年,海军司令部、交通部、农林部联合发布施行《关于发布〈航海通告〉的暂行规则》,统一了航海通告发布规则和标准,规范了航海通告管理。同年,交通部发布施行《中华人民共和国交通部沿海港口信号规定》,统一和规范了全国沿海信号台设置和管理。

1982年交通部接管海军海上干线公用航标后,于同年8月23日发布施行《关于海区航标管理工作的若干规定》,将全国沿海航标划分为北方、东海、南海三个海区,分别由天津、上海、广州航道局负责管理,航标测量处为航标业务主管机关。并建立交通部(水监局)、航道局(航测处)、航标区、航标站四级垂直管理体系,负责辖区范围内的航标设置、维护、保养以及应急处置等工作。此间,交通部先后发布施行《海区航标工作两个文件》《交通部海区雷达应答器管理办法(试行)》《关于在港口建设中要保证有关配套设施的通知》等。

20世纪90年代,交通部先后发布施行《关于加强航道标志安全保护工作的通知》《中华人民共和国航道管理条例实施细则》《中华人民共和国海上航行警告和航行通告管理规定》《海区航标动态通报管理办法》(简称"《通报办法》")、《海区航标设置管理办法》(简称"《设置办法》")等5部航标部门规章,标志着中国沿海航标部门规章体系日趋完善。其中,为配合施行《航标条例》,按照交通部安监局工作安排,由在该局航测处协助工作的天津海监局王斌、王汶分别负责起草《通报办法》《设置办法》。而后,委托大连海事大学王英志补充完善《设置办法》。《通报办法》明确了航标动态通报工作的各级主管单位、各类航标动态内容、不同航标动态申报渠道、专用航标动态申报程序、航标动态发布单位与动态播发单位、海图出版社责权等,进一步顺了航标动态发布层级关系和通报内容。《设置办法》将适用范围扩大至沿海水域和可能设置航标的相关陆域,不再强调公用干线和地方港口短程航线的区分,重申了海区设置标志的各级职责和审批权限,新增了航标配布设计单位的资质要求、申请单位占用水陆域的国家批准许可文件查验以及航标管理机关设置航标亦应履行相应审批手续等,使航标设置纳入法治化轨道,并完善了航标设置从申请到审查、批复、验收、投入使用后的每个工作环节。《通报办法》《设置办法》的印发施行,有效配合了《航标条例》的贯彻施行,对于规范全国海区航标动态通报和航标设置管理发挥了重要作用。其间,烟台航标处在北方海区航标系统率先组织召开宣传贯彻《航标条例》《通报办法》《设置办法》三个规则现场经验交流会。

进入21世纪,交通部先后制定或修订并发布施行涉及航标管理的部门规章8部,分别为《沿海航标管理办法》《中华人民共和国海上海事行政处罚规定》《交通行政许可实施程序规定》《港口工程竣工验收办法》《中华人民共和国海事行政许可条件规定》《航道工程竣工验收管理办法》《中华人民共和国航道管理条例实施细则》和《中华人民共和国水上水下活动通航安全管理规定》。其中,《沿海航标管理办法》(简称"《办法》")于2003年7月10日发布,自2003年9月1日正式施行。该《办法》共7章37条,主要内容包括总则、航标规划、航标配布、航标维护、航标保护、专用航标、监督检查与处罚等相关规定。旨在加强沿海航标管理,保持沿海航标正常状态,保障船舶海上航行安全。该《办法》施行后,交通部原《关于海区航标管理工作的若干规定》同时废止。至此,中国沿海航标部门规章体系基本完善。

图2-2-107　1997年9月9日,烟台航标处率先召开贯彻三个规则现场经验交流会

图2-2-108　2003年9月28日,烟台航标处与天津海测大队联合召开《沿海航标管理办法》宣贯会议

至2012年,北方海区航标系统适用的主要部门规章共计27部。其中,按照交通部安监局工作安排,北方海区航标系统参与编制的航标部门规章共2部。

1870—2012年北方海区航标系统适用的主要部门规章一览表

表 2-2-53

序号	名　　称	发布机关	文件号	发布日期	生效日期	备注
1	各关征免洋商船钞章程	海关总税务司署	海关总税务司署第16号通令附件	1870年12月31日	1870年12月31日	废止
2	灯船诫程	海关总税务司署	海关总税务司署第23号通令附件1(b)	1870年12月31日	1870年12月31日	废止
2	灯塔诫程	海关总税务司署	海关总税务司署第23号通令附件1(c)	1870年12月31日	1870年12月31日	废止
2	新关灯塔灯船诫程	海关总税务司署	灯塔灯船诫程合集	1884年4月	1884年4月	废止
3	沿海灯标之节略	海关总税务司署	海关总税务司署第25号通令附件	1870年12月31日	1870年12月31日	废止
4	航海通告	海关总税务司署	海关总税务司署第175号通令	1882年1月9日	1882年1月9日	废止
5	灯塔浮桩划分界限章程	海关总税务司署		1903年	1903年	废止
6	各海关设立灯塔、浮桩指示行船章程	海关总税务司署		1903年	1903年	废止
7	华班灯塔主事人诫程	海关总税务司署	第四版单行本	1923年	1923年	废止
8	关于助航标志所在地的人民政府保护或代管助航标志的意见	政务院财政经济委员会		1951年10月15日	1951年10月15日	废止
9	《无线电指向标管理保养规则(草案)》等9部	海军司令部	航标工作规章制度汇编(1963)	1963年7月	1963年7月	废止
9	《航标管理站工作条例(草案)》等10部	海军司令部	航标工作规章制度汇编(1963)	1963年7月	1963年7月	废止
9	《航标机器动力设备使用维护保养规则(草案)》等4部	海军司令部	航标工作规章制度汇编(1963)	1963年7月	1963年7月	废止
9	《灯塔及房屋建筑物保养规则(草案)》等2部	海军司令部	航标工作规章制度汇编(1963)	1963年7月	1963年7月	废止
9	《乙炔气筒管理(草案)》等10部	海军司令部	航标工作规章制度汇编(1963)	1963年7月	1963年7月	废止
10	关于加强《航海通告》的通知	交通部海军司令部	〔74〕司航字122号〔74〕交船监字1204号	1973年5月28日	1973年5月28日	废止
11	关于发布《航海通告》的暂行规则	海军司令部交通部农林部	〔76〕司保字056号〔76〕交船监字451号〔76〕农林(渔)字23号	1976年3月2日	1976年3月2日	废止
12	中华人民共和国交通部沿海港口信号规定	交通部	〔76〕交船监字1302号	1976年11月15日	1976年11月15日	

〔续表〕

序号	名称	发布机关	文件号	发布日期	生效日期	备注
13	关于海区航标管理工作的若干规定	交通部	〔82〕交基字1775号	1982年8月23日	1982年8月23日	2003年废止
	沿海航标管理办法		交通部令第7号	2003年7月10日	2003年9月1日	
14	海区航标工作两项文件	交通部	〔83〕交水监字2324号	1983年12月6日	1983年12月6日	废止
15	交通部海区雷达应答器管理办法（试行）	交通部	〔88〕交水监字345号	1988年9月23日	1988年9月23日	
16	关于在港口建设中要保证有关配套设施的通知	交通部	〔89〕交工字334号	1989年1月20日	1989年1月20日	
17	关于加强航道标志安全保护工作的通知	交通部 公安部	〔90〕交公安字179号	1990年3月18日	1990年3月18日	
18	中华人民共和国航道管理条例实施细则	交通部	〔91〕交工字609号	1991年8月29日	1991年10月1日	2009年修订
		交通运输部	交通运输部令第9号	2009年6月23日	2009年6月23日	
19	中华人民共和国海上航行警告和航行通告管理规定	交通部	交通部令第44号	1993年1月11日	1993年2月1日	
20	海区航标动态通报管理办法	交通部	交安监发〔1995〕1180号	1995年12月13日	1995年12月13日	
21	海区航标设置管理办法	交通部	交通部令第12号	1996年12月25日	1997年3月1日	
22	中华人民共和国海上海事行政处罚规定	交通部	交通部令第8号	2003年7月10日	2003年9月1日	
23	交通行政许可实施程序规定	交通部	交通部令第10号	2004年11月5日	2005年1月1日	
24	港口工程竣工验收办法	交通部	交通部令第2号	2005年4月12日	2005年6月1日	
25	中华人民共和国海事行政许可条件规定	交通部	交通部令第1号	2006年1月9日	2006年4月1日	
26	航道工程竣工验收管理办法	交通部	交通部令第1号	2008年1月7日	2008年3月1日	
		交通运输部	交通运输部令第13号	2014年9月5日	2014年9月5日	
27	中华人民共和国水上水下活动通航安全管理规定	交通运输部	交通运输部令第5号	2010年12月30日	2011年3月1日	

二、测绘部门规章

测绘部门规章可追溯到清代顺治年间。顺治十二年（1655），为保证测绘全国地图精度，清廷户部曾作出规定：一是统一营造尺标准长度，并颁发铁铸标准尺；二是规定里差，据《清史稿·天文志》载，"里差者，因人所居有南北东西之不同，则天顶地平亦异，可以计里而定"；三是规定图例符号，不但规定测绘地图图例符号，且表示内容和数量逐渐增多，已形成地图图例雏形。至清末，随着全国测绘事业发展，陆续出台较为详细的测绘部门章程。在测绘《清会典图》时，会典馆于光绪十五年（1889）发布通令，规定了简单图例符号和测绘地图规格。后因该规定不够详细，各省执行不一，会典馆于光绪十七年（1891）予以补充完善。光绪三十四年（1908），陆军部发布施行《奏定测绘章程》，是为中国近代第一部测绘部门规章。

第二章 法规标准

中华民国时期,全国性或地方性基本测绘规章制度,均由政府军事部门制定并发布施行。1912年5月,北洋军阀政府海军部发布施行《航路图志及航路通则》,对领航界线、万国航行通语、调查沿江、沿海灯塔、灯杆、浮桩、航海之保安及颁布航路警告,航行应用时表测器图籍之置备等作出具体规定。1927年南京国民政府成立后,确立参谋本部统辖全国测政,开始制定全国及地方性测绘规章制度,并强化水陆地图审查立法。1930年1月27日,南京国民政府海军部会同参谋本部发布施行《水陆地图审查条例》。1943年,南京国民政府军令部发布施行《保护测量作业人员条例》,分别对测量人员工作协调、测量标志保护及发生妨碍测量人员公务事件惩处等作出具体规定。1948年3月,南京国民政府国防部发布施行《测量标设置保护条例》,分别对测量标志保护和管理等作出具体规定。

1949年中华人民共和国成立后,随着国民经济的发展建设,国家测绘主管部门逐步建立满足测绘工作需要的部门规章。1958年7月,国家测绘总局发布施行《编制出版本国地图和测绘资料保密暂行规定》,是为中华人民共和国第一部测绘部门规章。随后,国家测绘总局先后发布施行《全国测绘资料工作暂行规定》《全国测绘资料管理规定》,对规范测绘制图,防止发生重大失误和泄密现象,保证测绘成果安全作出具体规定,并为服务国家经济建设、国防建设和领土主权起到重要保障作用。

1978年中共十一届三中全会后,国家经济建设迅猛发展,航海保障管理体制改革不断深化,测绘建章立制进入快车道。1983年4月11日,交通部发布施行《关于海区测绘工作的若干规定》,将全国海区测绘工作划分三大海区管理,并明确辖区内各测绘部门的任务:准确、及时地测量沿海港口、航道及附近水域的水深、岸线、航行障碍物及助航目标物等海图要素,测量和搜集水文气象及其航行参考资料,编绘发行航海图书资料和通告海区变化情况,为船舶安全航行提供可靠依据。同时,明确了测绘业务主管部门、测绘专业队伍建设、港口航道图测量内容、测绘成果发布,以及执行的规范标准等事宜。1986年9月1日,国家测绘总局发布施行《测绘许可证试行条例》,以规范测绘资质管理。

20世纪90年代始,交通部先后发布施行《中华人民共和国航道管理条例实施细则》《关于提供航行通告、编辑印发沿海港口航道图〈改正通告〉的通知》《中华人民共和国海上航行警告和航行通告管理规定》等测绘部门规章,对规范测绘出版发行航海图书资料,保障测绘成果质量,为船舶安全航行提供可靠依据起到保证作用。其间,国家测绘局先后发布施行《测绘资格审查认证管理规定》《〈测绘工作证〉管理规定》《〈测绘资格证书〉持证单位年度检验办法》《测绘生产质量管理规定》等部门规章,对规范测绘市场、加强测绘资质管理、保证测绘成果质量起到重要作用。至此,中国测绘部门规章体系基本完善。

至2012年,北方海区测绘系统适用的主要部门规章共计19部。

1908—2012年北方海区测绘系统适用的主要部门规章一览表

表 2-2-54

序号	名称	发布机关	文件号	发布日期	生效日期	备注
1	奏定测绘章程	清政府陆军部		1908年	1908年	废止
2	航路图志及航路通则	北洋军阀政府海军部		1912年5月	1912年5月	废止
3	水陆地图审查条例	南京国民政府参谋本部海军部		1930年1月27日	1930年1月27日	废止
	水陆地图审查条例施行细则			1936年9月8日	1936年9月8日	
4	保护测量作业人员条例	南京国民政府军令部		1943年	1943年	废止
5	测量标设置保护条例	南京国民政府国防部		1948年3月	1948年3月	废止
6	编制出版本国地图和测绘资料保密暂行规定	国家测绘总局		1958年7月	1958年7月	2003年修订

〔续表〕

序号	名称	发布机关	文件号	发布日期	生效日期	备注
7	全国测绘资料工作暂行规定	国家测绘总局		1958年	1958年	1977年废止
	全国测绘资料管理规定			1977年	1977年	
8	中华人民共和国大地测量法式（草案）	国家测绘总局 总参测绘局		1959年9月4日	1959年9月4日	试行
9	关于海区测绘工作的若干规定	交通部	〔83〕交水监字712号	1983年4月11日	1983年4月11日	试行
10	测绘许可证试行条例	国家测绘总局		1986年9月1日	1986年9月1日	
11	中华人民共和国航道管理条例实施细则	交通部	〔91〕交工字609号	1991年8月29日	1991年10月1日	2009年修订
		交通运输部	交通运输部令第9号	2009年6月23日	2009年6月23日	
12	关于提供航行通告、编辑印发沿海港口航道图《改正通告》的通知	交通部	交安监字〔1993〕92号	1993年4月20日	1993年4月20日	
13	中华人民共和国海上航行警告和航行通告管理规定	交通部	交通部令第44号	1993年1月11日	1993年2月1日	
14	测绘资格审查认证管理规定	国家测绘局	国家测绘局令第1号	1995年1月14日	1995年7月1日	
			国家测绘局令第8号	2000年8月8日	2000年9月1日	
15	《测绘工作证》管理规定	国家测绘局	国家测绘局令第2号	1995年1月14日	1995年7月1日	
16	海区航标动态通报管理办法	交通部	交安监发〔1995〕1180号	1995年12月13日	1995年12月13日	
17	海区航标设置管理办法	交通部	交通部令第12号	1996年12月25日	1997年3月1日	
18	《测绘资格证书》持证单位年度检验办法	国家测绘局	国家测绘局令第4号	1997年6月27日	1997年10月1日	
19	测绘生产质量管理规定	国家测绘局	国测国字〔1997〕20号	1997年7月22日	1997年7月22日	

三、通信部门规章

光绪三十二年（1906），清政府设邮传部，下辖电政司职掌全国电政事务。宣统元年（1909），邮传部在吴淞设置中国第一座海岸电台，发布施行《收发无线电报暂行章程》，规定无线电报业务实施规则，是为中国近代第一部水运通信部门规章。1927年南京国民政府成立后，整顿电政事务，统一全国电政管理，并陆续发布施行主要的通信部门规章13部。其中，交通部于1928年发布施行《船舶无线电台机器装设使用暂行办法》，以推动和规范船舶装设无线电机事宜；1934年4月25日，发布施行《航行安全电报规则》，规定航行安全电报收发办法；1936年11月1日，施行《船舶无线电台条例施行细则》，详细规定获取船舶电台适航许可证要求、通信设备性能要求、报房设置及位置要求、报务员值班要求、工作时间、遇险通信流程、要求船舶及时报告气象变化等。

1949年中华人民共和国成立后,交通部在接管全国各轮船运输公司所属航务专用电台基础上,初步组建中国水运通信网。1953年,交通部陆续接管整合邮电部所属江海岸电台,成为中国水运无线电通信唯一管理机构。1953年6月23日,交通部发布施行《统一管理航务电信工作的规定》,接收原属邮电部管理的各江海岸电台,是为中华人民共和国交通部第一部水运通信部门规章。1953年8月27日,交通部发布施行《船舶遇险通讯业务处理规定》,以加强遇险通信管理,规范船舶遇险通信应急处置行为。1955年1月,发布施行《航务无线电台通讯业务管理暂行规则》,详细规定中国水运电报类别、格式、实施规程及管理原则等。1956年8月1日,修订后的《船舶遇险通讯暂行规定》实施(原为《船舶遇险通讯业务处理规定》)。1957年6月28日,发布施行《船舶无线电话通信管理暂行办法》,同时部署中国各主要海岸电台开放双边带无线电话通信业务。

1972年5月27日,ITU行政理事会第二十七届会议通过决议,恢复中国在ITU的合法席位,中国水运通信事业逐步与世界融合。1972年8月24日,依据相关国际规则,交通部修订《电台工作守则与航务通讯业务规程》,更名并发布施行《水运电报规则》。同年10月8日,发布施行《水运无线电管理暂行条例》,以规范和加强水运无线电通信秩序管理。

1973年,中国相继批准和接受《国际海上人命安全公约》《国际海上搜寻救助公约》,并加入政府间海事协商组织(国际海事组织前身),为推动中国遇险安全通信和海上搜寻救助与世界体系接轨奠定基础。1974年,交通部修订《船舶无线电话通信管理暂行办法》,更名并发布施行《水运无线电话规则》。1981年3月11日,交通部修订《水运无线电管理暂行条例》,更名并发布施行《水运无线电通信管理规则》,明确中国水运通信主管机构、电台设置管理规定、呼号及频率管理规定、通信电路组织、通信保密规定、通信设备管理规定等,以适应新形势下水运无线电管理需要。1984年4月,交通部将《水运电报规则》和《水运无线电话规则》合并修订,更名并发布施行《水上无线电通信规则》。同年10月,交通部和全国海上安全指挥部联合发布施行《船舶遇险及安全通信工作的若干规定》,指导全国港航单位做好船舶遇险通信工作,切实承担国际履约责任。

1986年,《国际海上人命安全公约》缔约国大会通过决议,在世界范围实施"全球海上遇险和安全系统(GMDSS)"建设,标志着世界水上移动通信发展进入新的历史阶段。1987年8月27日,交通部、全国海上安全指挥部修订《船舶遇险及安全通信工作的若干规定》,并更名联合发布施行《船舶遇险紧急通信处置细则》,明确规定遇险通信处置过程中各相关部门和人员需承担的职责,以及船舶电台执行遇险、紧急通信的处置程序。1989年2月10日,交通部修订《船舶无线电台申请设置暂行办法》,并更名印发《船舶无线电台执照核发办法》,自1990年1月1日正式施行,进一步明确船舶无线电台执照核发相关规定。

1993年2月1日,根据《中华人民共和国海上交通安全法》有关规定,交通部发布施行《中华人民共和国海上航行警告和航行通告管理规定》,以加强航行警告和航行通告管理工作,保障船舶航行和作业安全。该规定明确中华人民共和国港务监督机构为中国航行警告和航行通告发布主管机关,沿海各港务监督机构负责辖区内航行警告和航行通告发布工作,其管辖区域由国家主管机关确定。同年7月1日,修订后的《水上无线电通信规则》实施,新增GMDSS系统相关内容。此间,天津通信站(处)通信业务科科长陈吉良参与该规则第三、第四章的修订和集中审定工作。1994年3月1日,交通部发布施行《海上移动通信业务标识管理办法》,授权交通部无线电管理委员会统一管理中国海上移动通信业务标识(MMSI)工作,规定凡需要使用MMSI的中国江海岸电台和悬挂中国国旗的各类船舶电台均应遵守该办法。

1997年10月1日,交通部发布的《水上移动卫星通信管理规则》施行,以促进水上移动卫星通信的发展,加强水上移动卫星通信的建设和管理,保证水上移动卫星通信业务的正常开展。该规则明确交通部是中国水上移动卫星通信的主管部门,规定了卫星船站购买、租赁、设置、安装、使用、变更和注销等应遵守的规则。

1999年7月1日,交通部发布的《交通通信管理规则》施行,以加强交通通信管理,充分发挥交通通信设施作用,适应水路和公路交通发展的需要。该规则明确交通通信网由水运通信网、公路通信网和部分水运、公路共用通信设施组成;根据国家有关规定,交通部主管全国交通通信工作,根据交通部委托,中国交通通信中心具体负责全国交通通信管理工作;交通通信管理实行"统一领导、统筹规划、分工管理、分级负责、综合利用"的原则。

2004年,交通部再次修订《水上无线电通信规则》,在非GMDSS遇险和安全通信规则中增设遇险和安全通信频率保护条款,以强调对非GMDSS国际遇险通信频率保护。而后,交通运输部第三次修订《水上无线电通信规则》,取消非GMDSS遇险和安全通信相关条款。

2009年3月1日,工业和信息化部发布施行《无线电台执照管理规定》,原信息产业部发布的《无线电台执照管理规定》同时废止。至此,中国水运通信部门规章体系基本完善。

至2012年,北方海区通信系统适用的主要部门规章共计34部。其中,按照交通部无线电管理领导小组办公室工作安排,由天津通信站(处)派员参与编制通信部门规章1部。

1909—2012年北方海区通信系统适用的主要部门规章一览表

表2-2-55

序号	名　　称	发布机关	文件号	发布日期	生效日期	备注
1	收发无线电报暂行章程	清政府邮传部		1909年7月25日	1909年7月25日	废止
2	监理电政监督职务章程	南京国民政府交通部		1922年6月	1922年6月	废止
3	船舶无线电台机器装设使用暂行办法	南京国民政府交通部		1928年	1928年	废止
4	无线电报收发规则	南京国民政府交通部		1929年6月17日	1929年6月17日	废止
5	有线无线报务合作办法	南京国民政府交通部		1930年1月27日	1930年1月27日	废止
6	航行安全电报规则	南京国民政府交通部		1934年4月25日	1934年4月25日	废止
7	船舶无线电台条例实施细则	南京国民政府交通部		1936年8月13日	1936年11月1日	废止
8	统一管理航务电信工作的规定	交通部		1953年6月23日	1953年6月23日	废止
9	船舶遇险通讯须知	交通部		1953年8月27日	1953年8月27日	废止
10	船舶遇险通讯业务处理规定	交通部		1953年8月27日	1953年8月27日	1956年废止
10	船舶遇险通讯暂行规定	交通部		1956年5月26日	1956年8月1日	废止
11	海岸电台开放临时示标业务的规定	交通部		1954年9月13日	1954年9月13日	废止

〔续表一〕

序号	名　　称	发布机关	文件号	发布日期	生效日期	备注
12	航务无线电台通讯业务管理暂行规则	交通部		1955年1月	1955年1月	1961年废止
	电台工作守则与航务通讯业务规程			1961年8月1日	1961年8月1日	1972年废止
	水运电报规则			1972年8月24日	1972年8月24日	1979年废止
				1979年1月	1979年1月	1984年废止
	水上无线电通信规则		单行本	1984年4月	1984年4月	1993年废止
				1993年3月8日	1993年7月1日	2004年废止
				2004年	2004年	2010年废止
		交通运输部		2010年	2010年	
13	船舶无线电话通信管理暂行办法	交通部	单行本	1957年6月28日	1957年6月28日	1974年废止
	水运无线电话规则			1974年	1974年	1981年废止
			交信字〔81〕350号	1981年3月11日	1981年4月1日	1984年废止
14	船舶无线电台申请设置暂行办法	交通部		1957年7月	1957年7月	1990年废止
	船舶无线电台执照核发办法		交无委字〔89〕75号	1989年2月10日	1990年1月1日	废止
15	水运无线电管理暂行条例	交通部		1972年10月8日	1972年10月8日	1981年废止
	水运无线电通信管理规则		交信字〔81〕350号	1981年3月11日	1981年4月1日	
16	关于对非交通部门船舶电台代管的暂行办法	交通部	交水运字〔75〕429号	1975年4月24日	1975年4月24日	1992年废止
	代管船舶电台管理办法		交无委办〔1992〕486号	1992年6月26日	1992年8月1日	
17	对外国船岸电台通信处理原则的规定	交通部		1975年	1975年	废止
18	外轮使用甚高频无线电话暂行办法	交通部	交水运字〔76〕547号	1976年5月11日	1976年5月11日	废止
19	无线电台执照印制、核发暂行规定	国家无线电管理委员会		1977年	1977年	1992年废止
	无线电台执照核发管理规定		国无管〔1992〕5号	1992年3月10日	1992年3月10日	1999年废止
	无线电台执照管理规定	信息产业部	信部无〔1999〕424号	1999年5月18日	1999年5月18日	2009年废止
	无线电台执照管理规定	工业和信息化部	工业和信息化部令第6号	2009年3月1日	2009年4月10日	

〔续表二〕

序号	名称	发布机关	文件号	发布日期	生效日期	备注
20	关于核发船舶无线电台执照和登记、统计无线电设备暂行办法	交通部		1977年	1977年	废止
21	沿海无线电航行警告和航行通告播发办法	交通部		1979年6月25日	1979年6月25日	1984年废止
	沿海无线电航行警告和航行通告播发办法和规定		交海字〔84〕1551号	1984年8月20日	1984年10月1日	1993年废止
	中华人民共和国海上航行警告和航行通告管理规定		交通部令第44号	1993年1月11日	1993年2月1日	
22	关于水上移动业务甚高频无线电话频率分配有关问题的规定	国家无线电管理委员会	无发文〔79〕40号	1979年8月9日	1979年8月9日	废止
23	电信通信保密暂行规定	信息产业部		1982年11月22日	1982年11月22日	废止
24	卫星水上通信管理规则	交通部	交海字〔84〕1891号	1984年10月10日	1984年11月1日	
25	船舶遇险及安全通信工作的若干规定	交通部全国海上安全指挥部	交海字〔84〕2002号	1984年10月	1984年10月	1987年补充
	船舶遇险紧急通信处置细则		交海字〔87〕617号	1987年8月27日	1987年8月27日	
26	无线电台(站)呼号管理规定	国家无线电管理委员会	无管字〔85〕135号	1985年11月15日	1985年11月15日	废止
27	关于船舶遇有劫船时紧急通信办法	交通部	交无委字〔1991〕5号	1991年1月3日	1991年1月3日	
28	海上移动通信业务标识管理办法	交通部	交通部令第7号	1993年12月24日	1994年3月1日	
	海上移动通信业务标识管理办法实施细则		交无委发〔2007〕654号	2007年11月12日	2007年11月12日	
29	关于进一步加强无线电频率和台站管理的规定	国家无线电管理委员会	国无管〔1994〕3号	1994年2月7日	1994年2月7日	
30	加强国务院各部门无线电管理的若干规定	国家无线电管理委员会	国无管〔1994〕18号	1994年11月1日	1994年11月1日	
31	无线电管理监督检查办法	国家无线电管理委员会	国无管〔1995〕18号	1995年9月19日	1995年9月19日	
32	无线电管理处罚规定	国家无线电管理委员会	国无管〔1995〕23号	1995年10月28日	1995年10月28日	
33	水上移动卫星通信管理规则	交通部	交通部令第5号	1997年6月14日	1997年10月1日	
34	交通通信管理规则	交通部	交通部令第1号	1999年6月9日	1999年7月1日	

第三节 技术标准

一、航标技术标准

清光绪八年（1882），海关总税务司署发布施行《航海通告》，规定了该通告的类型、时效性以及通告语言和格式等，并发布实施《中国水域浮标和立标颜色系统》，对水上浮动标志之颜色、式样、闪光特征等作出统一规定，是为中国近代第一部航标行业标准。

1949年中华人民共和国成立后，中央人民政府高度重视国家和行业标准制定工作。同年，中央技术管理局成立，内设标准化规格处。1957年，在国家技术委员会内设标准局，对全国标准化工作实行统一领导。同年，中国加入国际电工委员会（IEC）。1958年，国家技术委员会发布实施第一号国家标准《标准幅面与格式、首页、续页与封面的要求》（GB1）。1962年，国务院公布施行中国第一部标准化管理法规《工农业产品和工程建设技术标准管理办法》，奠定了中国标准化法规的基础和框架。伴随着国家航运事业的发展，航标新技术、新设备、新材料、新工艺的推广应用，航标技术标准经历了从无到有、从单一到系统化的发展完善过程。

20世纪60年代，根据中、苏、朝、越四国海道测量会议达成统一海区浮标制式共识，海军司令部航海保证部遂发布实施《海区水上助航标志制度（草案）》，是为中华人民共和国第一部航标技术标准。其中，增加方位标、检疫区域标、捕鱼作业标，取消左、右侧障碍标，简化侧面标志种类；规定各类标志灯光性质，提升夜间助航效能；将各类标志的涂色和灯光性质，与内河、湖泊标志保持一致，为海、河、湖泊直达航行提供了便利。1979年1月1日，交通部发布实施《航标产品型号命名方法》，明确规定："凡用于标志海上、港口、内河航道状况的各种航标产品及其附属设备，均按本标准规定方法确定产品型号。""航标产品的型号命名，统一由航标专业标准化归口单位上海航标厂负责管理。"

20世纪80年代，随着国民经济的快速发展和改革开放的持续深化，中国沿海航标进入大规模建设时期，航标技术标准编制随之得到逐步完善，修订并发布实施无线电指向站、中程无线电导航台相关技术标准共5部；发布实施航标技术标准共7部。1980年1月1日，交通部实施《浮标》《航道用灯桩、岸标》行业标准。1982年交通部接管海军海上干线公用航标后，国家标准总局和交通部先后发布实施《浮标锚链》《一般航标灯通用技术条件》《航标用钢质电池箱系列参数及结构尺寸》和《钢管灯桩》行业标准。1983年6—10月，根据等效采用IALA海上浮标系统的原则，结合中国具体情况，交通部组织编制《中国海区水上助航标志（审定稿）》国家标准。1984年10月1日，国家标准局发布《中国海区水上助航标志》（简称"《标准》"），并于1985年8月1日起施行，标志着中国海区水上浮标制度与国际接轨。该《标准》适用于中国海区及其海港、通海河口的所有浮标、活节式灯桩和水中固定标志（不包括灯塔、扇形光灯标、导标、灯船和大型助航浮标），交通、海军、渔业和海洋开发、科研等部门在以上水域设置航标时，均应执行该《标准》。该《标准》采用IALA推荐的海上浮标系统A区域的原则，结合中国船舶航行的安全和便利，提供类型简单、作用明确、特征明显、易于辨认的海区水上助航标志，主要包括侧面标志、方位标志、孤立危险物标志、安全水域标志、专用标志5类。随着该《标准》的发布实施，国家和行业标准随之密集出台，航标技术标准体系日益完善。

20世纪90年代，国家相关部门发布实施航标技术标准共17部。其中，《无线电指向站管理规则》《中程无线电导航台管理规则》《沿海无线电指向标—差分全球定位系统播发标准》等无线电航标技术标准7部；《航标灯光信号颜色》《海上用太阳电池组件总规范》《水运工程导标设计规范》《中国海区水中建（构）筑物标志规定》等目视航标或其附属设施、设备和器材技术标准9部；《航标术语》航标通用技术标准1部。

进入21世纪,随着航标技术进步、应用领域拓展及航标管理规范化,航标技术标准体系日趋完善。其间,《视觉信号表面色》《浮标锚链》《中国海区可航行水域桥梁助航标志》《海区航标效能验收规范》《航标遥测遥控系统技术规范》等20部国家和行业技术标准相继出台,标志着中国沿海航标技术标准体系基本完善。其中,目视航标或其附属设施、设备和器材技术标准12部,无线电航标技术标准5部,各类航标通用技术标准3部。

其间,根据交通(运输)部安监局(海事局)工作安排,北方海区航标系统牵头组织修订《无线电指向标站管理规则》(JT/T 149—94)《无线电指向标站设备操作保养规则》(JT/T 150—94)《中程无线电导航台管理规则》(JT/T 151—94)《中程无线电导航台质量检测规则》(JT/T 152—94)《中程无线电导航台设备操作保养规则》(JT/T 153—94);牵头组织编制《沿海无线电指向标—差分全球定位系统播发标准》(JT 377—1998)《钢质活节式灯桩通用技术条件》(JT/T 718—2008)《海区航标维护 固定建(构)筑物》(JT/T 731—2008)《海区浮动助航标志配布导则》(GB/T 26781—2011)国家和行业标准;参与编制《航标术语》(GB/T 17765—1999)国家标准。

图2-3-109　2010年12月19日,天津海事局副局长聂乾震(中左)出席国家标准《海区浮动助航标志配布规范(送审稿)》审查会

至2012年,北方海区航标系统适用的主要技术标准共计35部。其中,按照交通(运输)部安监局(海事局)工作安排,由北方海区航标系统牵头组织修订、编制或参与编制的航标技术标准共10部。

1960—2012年北方海区航标系统适用的主要技术标准一览表

表2-3-56

序号	名　　称	发布机关	标准代码	发布日期	生效日期	备注
1	海区水上助航标志制度(草案)	海军司令部航海保证部		1960年9月	1960年9月	1985年废止
	中国海区水上助航标志	国家标准局	GB 4696—84	1984年10月1日	1985年8月1日	2000年废止
		国家质量技术监督局	GB 4696—1999	1999年5月31日	2000年4月11日	

〔续表一〕

序号	名称	发布机关	标准代码	发布日期	生效日期	备注
	无线电指向标管理保养规则(草案)	海军司令部		1963年7月	1963年7月	1988年废止
2	无线电指向标站管理规则	交通部	JT 7009.2—88	1988年12月1日	1988年12月1日	1995年废止
			JT/T 149—94	1994年4月19日	1995年4月1日	1998年废止
	无线电指向标站设备操作保养规则		JT 7009.2—88	1988年12月1日	1988年12月1日	1995年废止
			JT/T 150—94	1994年9月19日	1995年4月1日	1998年废止
	长河一号岸台设备维护保养规则	海军司令部		1977年	1977年	1988年废止
3	中程无线电导航台管理规则	交通部	JT 7010.1—88	1988年12月1日	1988年12月1日	1995年废止
			JT/T 151—94	1994年9月19日	1995年4月1日	1998年废止
	中程无线电导航台质量检测规则		JT 7010.3—88	1988年12月1日	1988年12月1日	1995年废止
			JT/T 152—94	1994年9月19日	1995年4月1日	1998年废止
	中程无线电导航台设备操作保养规则		JT 7010.2—88	1988年	1988年	1995年废止
			JT/T 153—94	1994年9月19日	1995年4月1日	1998年废止
4	航标产品型号命名方法	交通部	JT 7001—78	1978年	1979年1月1日	废止
5	浮标	交通部	JT 7004—79	1979年	1980年1月1日	2009年废止
	浮标通用技术条件	交通运输部	JT/T 760—2009	2009年9月17日	2009年12月1日	
6	航道用灯桩、岸标	交通部	JT 7005—79	1980年1月1日	1980年1月1日	2005年废止
7	浮标锚链	国家标准总局	GB 2558—81	1982年1月1日	1982年1月1日	1993年废止
		交通部	JT/T 100—91		1993年12月1日	2005年废止
			JT/T 100—2005	2005年5月16日	2005年9月1日	
8	一般航标灯通用技术条件	交通部	JT/T 7003—82	1982年11月6日	1983年10月1日	2009年废止
	航标灯通用技术条件	交通运输部	JT/T 761—2009	2009年9月17日	2009年12月1日	
9	航标用钢质电池箱系列参数及结构尺寸	交通部	JT 7006—82	1982年11月6日	1983年10月1日	2005年废止
10	钢管灯桩	国家标准局	JT/T 102—91	1983年1月31日	1983年11月1日	2009年废止
	钢管灯桩通用技术条件	交通运输部	JT/T 102—2009	2009年4月24日	2009年8月1日	
11	海区航标固定建(构)筑物维护	交通部	JT 7008—86	1986年9月24日	1987年5月1日	2009年废止
	海区航标维护 固定建(构)筑物	交通运输部	JT/T 731—2008	2008年12月19日	2009年3月1日	
12	航标灯光信号颜色	国家技术监督局	GB 12708—91	1991年1月29日	1991年10月1日	
13	海上用太阳电池组件总规范	国家技术监督局	GB/T 14008—92	1992年12月17日	1993年6月9日	2005年废止
14	航标灯光强测量和灯光射程计算	交通部	JT 7007—93	1993年2月13日	1993年8月1日	2009年废止
		交通运输部	JT/T 730—2008	2008年12月19日	2009年3月1日	
15	水运工程导标设计规范	交通部	JTJ 237—94	1994年4月4日	1994年10月1日	
16	雷达指向标通用技术条件	交通部	JT/T 74—1993	1994年7月1日	1995年1月1日	2007年废止
	雷达指向标		JT/T 74—2007	2007年4月3日	2007年8月1日	
17	中国海区灯船和大型浮标制式	国家技术监督局	GB 15359—94	1994年12月27日	1995年7月1日	
18	中国海区水上助航标志形状显示规定	国家技术监督局	GB 16161—1996	1996年1月25日	1996年10月1日	

〔续表二〕

序号	名称	发布机关	标准代码	发布日期	生效日期	备注
19	灯塔主体及附属设施设置要求	交通部	JT/T 321—1997	1997年9月29日	1998年1月1日	
20	中国海区水中建(构)筑物标志规定	国家质量技术监督局	GB 17380—1998	1998年5月18日	1999年2月1日	
21	中国海区视觉航标表面色规定	国家质量技术监督局	GB 17381—1998	1998年5月18日	1999年2月1日	
22	沿海无线电指向标—差分全球定位系统播发标准	交通部	JT 377—1998	1998年9月28日	1999年3月1日	
23	航标术语	国家质量技术监督局	GB/T 17765—1999	1999年5月31日	2000年4月1日	
24	视觉信号表面色	国家质量监督检验检疫总局	GB/T 8416—2003	2003年1月10日	2003年6月1日	
25	灯光信号颜色	国家质量监督检验检疫总局	GB/T 8417—2003	2003年1月10日	2003年6月1日	
26	船载自动识别系统(AIS)技术要求	国家质量监督检验检疫总局 中国国家标准化管理委员会	GB/T 20068—2006	2006年1月10日	2006年6月1日	
27	港口工程初步设计文件编制规定	交通运输部	JTS 110-4—2008	2008年4月24日	2008年9月1日	
28	钢质活节式灯桩通用技术条件	交通运输部	JT/T 718—2008	2008年6月2日	2008年10月1日	
29	沿海航标维护质量管理体系导则	交通运输部	JT/T 729—2008	2008年12月19日	2009年3月1日	
30	VHF应急无线电示位标	交通运输部	JT/T 76—2009	2009年4月24日	2009年8月1日	
31	差分全球导航卫星系统(DGNSS)技术要求	国家质量监督检验检疫总局 中国国家标准化管理委员会	GB/T 17424—2009	2009年3月31日	2009年11月1日	
32	海区航标效能验收规范	交通运输部	JT/T 759—2009	2009年9月17日	2009年12月1日	
33	中国海区可航行水域桥梁助航标志	交通运输部	GB 24418—2009	2009年9月30日	2010年2月1日	
34	航标遥测遥控系统技术规范	交通运输部	JT/T 788—2010	2010年8月20日	2010年11月1日	
35	海区浮动助航标志配布导则	国家质量监督检验检疫总局 中国国家标准化管理委员会	GB/T 26781—2011	2011年7月20日	2011年12月1日	

(一)无线电指向标站管理和设备操作保养规则

1949年中华人民共和国成立后,海军在北方海区恢复和新建10余座无线电指向标站。1963年7月,为加强无线电指向标管理,海军司令部首次发布实施《无线电指向标管理保养规则(草案)》(简称"《规则》"),共10章338条。主要内容包括无线电指向标设备操作规程、无线电指向标设备保养规则、蓄电池充电规则、蓄电池保养规则、垂直天线保养规则、"T"型天线保养规则等。

1988年,交通部水监局修订该《规则》,并责成天津、上海航道局负责起草,是为北方海区航标系统首次承办交通行业标准修订工作任务。同年12月1日,交通部发布实施《无线电指向标站管理规则》

《无线电指向标站设备操作保养规则》行业标准。其中,《无线电指向标站管理规则》共5章63条,主要内容包括适用范围、管理要求、人员职责、值班规则、器材管理规则等;《无线电指向标站设备操作保养规则》共3章67条,主要内容包括适用范围、设备操作规则、设备保养规则等。

1991年6月28—29日,交通部安监局在北京召开现行行业(部)标准清理整顿会议,交通部安监局,交通部标准所,天津、上海、广州海监局,上海、南京航标厂和长江航道局等业内专家共15人参加会议。会议认为:由于无线电指向标主要设备的更新,现行标准已不完全适用,决定由天津海监局负责修订,并要求1992年底形成报批稿。随即,天津海监局航标导航处副处长刘子忠参考MRB-712型发射机、ZK系列无线电指向标控制机使用说明书,结合新设备日常操作保养工作实际,于1992年末如期完成相关标准修订任务。后经反复征求业内专家意见,数易其稿,最后形成报批稿报送交通部安监局。1994年,交通部先后发布《无线电指向标站管理规则》(JT/T 149—94)《无线电指向标站设备操作保养规则》(JT/T 150—94),自1995年4月1日正式实施。

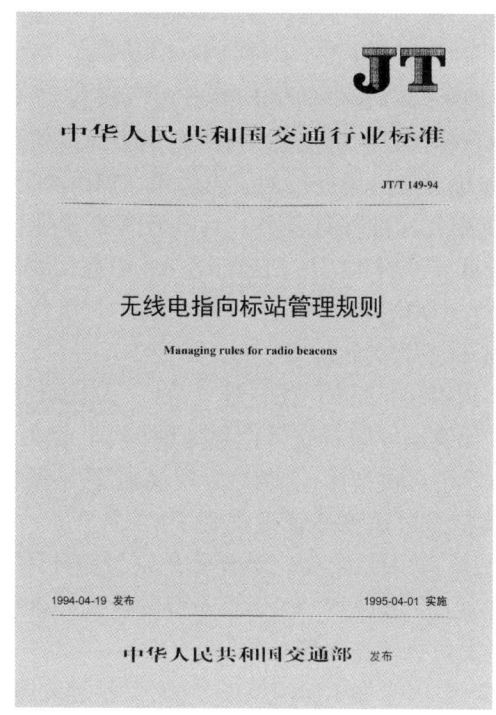 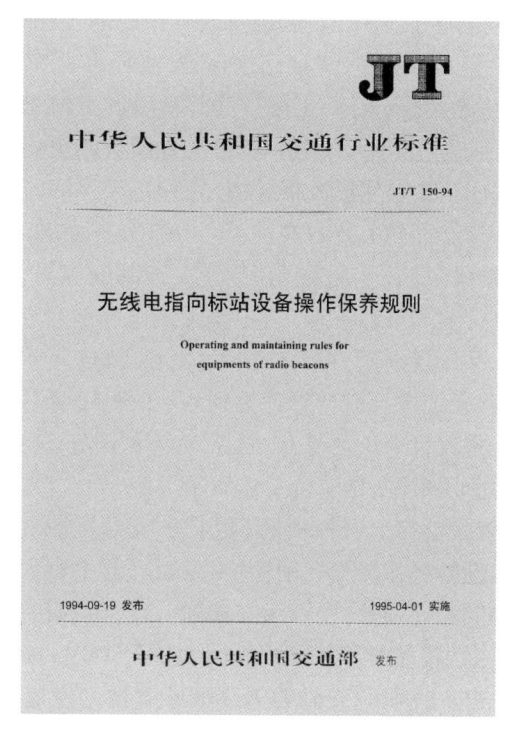

图2-3-110 《无线电指向标站管理规则》和《无线电指向标站设备操作保养规则》

《无线电指向标站管理规则》共5章60条,主要内容包括适用范围、管理要求、人员职责、值班规则和器材管理规则等,与原标准变化不大,仅是"人员职责"中的"指向标组长"改为"发射分队长";"值班规则"中的"值班纪律"删除,其相关内容并入值班规则之中。《无线电指向标站设备操作保养规则》共3章111条,主要内容包括适用范围、设备操作规则、设备保养规则等,在原"设备操作规则"中,增加了ZK系列无线电指向标控制机操作规程、603型发射机操作规程、MRB-712型发射机操作规程等若干条款;在"设备保养规则"中,增加了"地网应每年检查测试一次并记录"。

1998年始,随着中国沿海无线电指向标—差分全球定位系统(RBN-DGPS)工程建设相继告竣,大部分无线电指向标站改建为RBN-DGPS台站,原无线电指向标系统陆续关闭,上述2部交通行业标准随之废止。

(二)中程无线电导航台管理、质量检测和设备操作保养规则

1965—1976年,海军在中国沿海陆续建成10座中程无线电导航台。1977年,海军发布实施《长河一号岸台设备维护保养规则》(简称"《规则》")。其中,《长河一号发射机维护保养规则》共5章,主要内容包括总体要求、维护保养事项、日常维护、每周维护、发射机一级和二级技术保养等;《长河一号定时器维护保养规则》共5章,主要内容包括维护保养注意事项、日常维护、每周维护、一级和二级技术保养等;《导航台天线、地网系统维护保养规则》主要内容包括总体要求、日常检查、每年维护保养等;《6135型柴油机维护保养规则》主要内容包括日常维护、一级和二级技术保养等。

1988年,交通部水监局决定修订该《规则》,并责成天津、广州航道局负责起草,是为北方海区航标系统首次批量承办交通行业标准修订工作任务。同年12月1日,交通部发布实施《中程无线电导航台管理规则》《中程无线电导航台质量检测规则》《中程无线电导航台设备操作保养规则》。其中,《中程无线电导航台管理规则》共5章85条,主要内容包括适用范围、管理总则、人员职责、值班规则、设备器材管理规则等;《中程无线电导航台质量检测规则》共4章40条,主要内容包括适用范围、导航台工作质量等级、导航台工作质量考核标准、监测站规则等;《中程无线电导航台设备操作保养规则》共4章78条,主要内容包括适用范围、定时器操作规则、发射机操作规则、设备维护保养规则等。

1991年6月28—29日,交通部安监局在北京召开现行行业(部)标准清理整顿会议,交通部安监局、交通部标准所,天津、上海、广州海监局,上海、南京航标厂和长江航道局等业内专家共15人参加会议。会议认为:由于无线电导航台主要设备的更新,现行标准已不完全适用,决定由天津海监局负责修订,并要求1992年底形成报批稿。随即,天津海监局航标导航处副处长刘子忠参考TNM-481型发射机及新型定时器等相关技术文件,于1992年末如期完成相关标准修订任务。后经反复征求业内专家意见,数易其稿,最后形成报批稿报送交通部安监局。1994年9月19日,交通部发布《中程无线电导航台管理规则》(JT/T 151—94)、《中程无线电导航台质量检测规则》(JT/T 152—94)和《中程无线电导航台设备操作保养规则》(JT/T 153—94),自1995年4月1日正式实施。

《中程无线电导航台管理规则》共5章52条,主要内容包括适用范围、管理总则、人员职责、值班规则和设备器材管理规则等,与原标准变化不大。《中程无线电导航台质量检测规则》共4章45条,主要内容包括适用范围、导航台工作质量等级、导航台工作质量考核指标、监测站管理规则等,在原标准基础上对"发射机功率P考核指标"要求分"4级"台作了调整;对"监测站管理规则"作了补充。《中程无线电导航台设备操作保养规则》共4章86条,主要内容包括适用范围、定时器操作规则、发射机操作规则、设备维护保养规则等,在原标准基础上对"发射机操作规则"增加了"TNM-481型发射机开机程序和关机程序";对"设备维护保养规则"增加了"TNM-481型发射机维护保养条款"。

1998年10月1日,随着无线电导航技术发展进步,中国沿海RBN-DGPS系统工程建设即将告竣,经交通部研究决定,关闭中国沿海中程无线电导航系统,上述3部交通行业标准随之废止。

(三)《沿海无线电指向标—差分全球定位系统播发标准》

"九五"期间,全国海区航标系统陆续建成全国沿海20座RBN-DGPS基准站,并正式对公共用户提供服务。1996年,为加强沿海RBN-DGPS系统播发管理,按照交通部安监局工作安排,由天津海监局牵头组织编制《沿海无线电指向标—差分全球定位系统播发标准》(简称《播发标准》),并指定天津航测科技中心负责起草工作。随即,该中心主任李鲜枫参考国际海运事业无线电技术委员会第104特委会发布的《适用于差分全球定位系统服务的RTCM推荐标准(2.1版)》、ITU无线电通信研究组第823号建议、IALA《关于差分全球导航卫星系统(DGNSS)规划的通函》等相关国际组织的推荐标准和美国海岸警卫队《差分全球定位系统无线电播发标准》,遵循"国内相关标准与国际标准尽量统一"的原则,结合中国沿海RBN-DGPS系统一、二期建设和性能测试,于1997年如期完成《播发标准》起草工作。在广泛征求有关单位和专家意见后,反复修改,数易其稿,最终形成报批稿。

1998年3月6日,交通部科学技术司在北京组织召开《播发标准》审查会,与会专家一致认为:该

《播发标准》规定的技术参数科学、合理,具有较强的实用性和可操作性,并充分考虑与国际有关标准及国内相关标准的协调统一,填补了国内相关标准的空白,达到国际先进水平,对提高全国海区航标助航效能具有重要意义。1998年9月28日,交通部发布《沿海无线电指向标—差分全球定位系统播发标准》(JT 377—1998),自1999年3月1日正式实施。

《播发标准》主要内容包括:RBN-DGPS台站组成、信号格式、发射特性、系统性能、覆盖要求和附录A、附录B等。台站组成的表述主要是参照了相关国家建设RBN-DGPS台站通行的系统架构;信号格式采用了国际海运事业无线电技术委员会第104特委会编制的《适用于差分全球定位系统服务的RTCM推荐标准》第2-1版中的通用电文类型与格式;电文编制、发射特性的文字表述,参照了美国海岸警卫队《差分全球定位系统无线电播发标准》中的相关内容;系统性能中的精度表述,则是考虑了台站信号在中国沿海地理条件下的中频无线电信号传播特性、台站及相邻地区的电磁环境和发射功率及天线效率等因素,并经过相关的海上信号场强测试最终确定的;坐标系的表述,考虑台站可采用WGS-84或BJ-54坐标系,即可国际标准化亦可本国化;台站识别码的表述,采用RTCM和IALA《关于差分全球导航卫星系统(DGNSS)规划的通函》中相关的内容;发射可利用率,采用ITU无线电通信研究组第823号建议《关于在283.5-315kHz(1区)和285-325kHz(2和3区)频段的航海无线电指向标全球导航卫星系统差分发射的技术特性(ITU-R M.823建议)》中相关内容;完善性的文字表述,采用了美国海岸警卫队《差分全球定位系统无线电播发标准》中的相关内容;时间的文字表述,经调研和分析确定为北京时间;覆盖范围要求按照相关规划中内容进行表述;附录A的文字表述,主要是参考了美国海岸警卫队《差分全球定位系统无线电播发标准》中相关内容,并结合中国实际情况编写的;附录B的文字表述,明确了中国RBN-DGPS台站的识别码由政府主管部门分配。

至2012年,该《播发标准》仍有效,并收录在《航测法规标准汇编(2012)》(上册)中。

(四)《航标术语》

20世纪90年代前,由于国内尚无航标专业术语方面的统一定义和规范标准,各领域航标管理人员在技术沟通中经常产生误解和歧义。为此。交通部安监局于1997年初决定编制《航标术语》,指定上海海监局为牵头单位,天津、广州海监局和大连海事大学、上海航标厂为参编单位,并成立课题组,天津海监局航标导航处工程师吴志刚为成员之一。1997年4月,课题组在上海召开专题会议,部署工作安排和人员分工。1997年8月和12月,课题组对《航标术语(初稿)》两次征求意见和修改完善。1998年,相继完成《航标术语(送审稿)》与《航标术语(报批稿)》。1999年5月31日,国家质量技术监督局发布《航标术语》(GB/T 17765—1999),自2000年4月1日正式实施。

《航标术语》规定了330个航标术语和定义,分一般术语、视觉航标、音响航标、无线电航标、航标管理等,并附中英文索引,适用于航标管理、建设、科研、教学、器材等领域。一般术语包括通用术语20个、相关术语34个;视觉航标包括航标光学术语23个、航标光学装置术语11个、航标光源术语7个、航标灯器和设备术语12个、航标灯光类型和特征术语35个、海区浮标与岸标术语

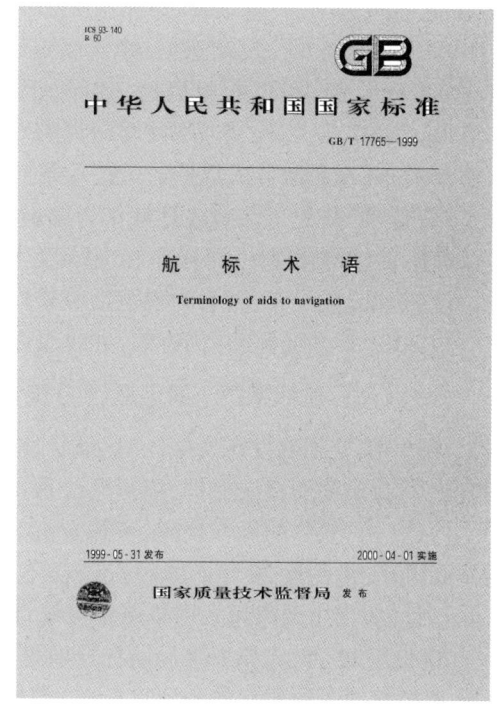

图 2-3-111 《航标术语》

33个、内河浮标与岸标术语17个、浮标及系碇设备术语20个、导标术语15个;音响航标包括声学与听觉术语2个、雾号设备术语8个;无线电航标包括基础术语18个、雷达信标术语15个、陆基导航系统术语4个、星基导航系统术语6个、航标遥测遥控术语4个;航标管理包括沿海部分术语29个、内河部分术语17个。《航标术语》的发布实施,便于航标管理人员查阅,也使航标术语使用更加统一、规范。

至2012年,《航标术语》仍有效,并收录在《航测法规标准汇编(2012)》(上册)中。

(五)《钢质活节式灯桩通用技术条件》

中国活节式灯桩研制工作始于1982年,至1985年取得突破性进展,1989年申请并取得国家专利。至2000年,全国海区已有20余个港口航道使用各种用途的活节式灯桩200余座。由于市场需求的客观存在,诸多航标生产厂家纷纷加入活节式灯桩制造或仿制行列,其技术水平不一,产品质量差异较大。为规范市场行为,保证航标产品质量,按照交通部海事局工作安排,由天津海事局牵头组织编制《钢质活节式灯桩通用技术条件》(简称"《标准》"),指定航标导航处工程师王汶负责起草。该《标准》的编制主要经历了三个阶段。

第一阶段:2000年11月,编制完成《标准(讨论稿)》。2001年1月7日,交通部海事局在天津组织召开《标准(讨论稿)》审查会。参加会议的有交通部科学研究院、大连海事大学、上海航标厂及天津海事局的领导、专家共9人。2001年冬,因遭遇罕见冰灾侵袭,秦皇岛港活节式灯桩损坏29座之多,活节式灯桩的可用性引起业内人员质疑,《标准》的编制工作一度停滞。

第二阶段:2003年底,因韩国照会中国北方港口冬季航标不发光问题,促使《标准》编制工作再度提上议事日程。2004年4月17日,交通部海事局组织航标专业委员会及天津、上海、广东、海南海事局等单位专家在北京审查《标准(送审稿)》。同年8月9日,根据专家评审意见修改后形成《标准(报批稿)》。

第三阶段:2005年8月,该《标准》列入交通标准化工作计划。同年11月,以《标准(报批稿)》为蓝本,修订后作为《标准(征求意见稿)》,送上海、广东、海南海事局,上海、南京航标厂,交通部科学研究院,大连海事大学,天津海事局航测科技中心,天津、秦皇岛、营口航标处等单位再度征求意见。2006年3月9日,根据各单位反馈意见,修订后报送交通部科技教育司。后经交通部科技教育司审查,于同年12月25日形成《标准(报批稿)》,连同《钢制活节式灯桩全图》《活节式灯桩性能计标书》一并报送交通部审批。2007年3月,交通部科学研究院对《标准(报批稿)》作出修改和补缀。2008年6月2日,交通运输部发布《钢质活节式灯桩通用技术条件》(JT/T 718—2008),自2008年10月1日正式实施。

该《标准》规定了活节式灯桩作为助航标志的基本要求,制造材料材质和标体结构的强度要求;标身及其附件结构合理性、可操作性、通用互换性和防沉等性能的要求,以及针对不同要求的检验检测方法。该《标准》的发布实施,为规范活节式灯桩的生产制造提供了依据。

至2012年,该《标准》仍有效,并收录在《航测法规标准汇编(2012)》(上册)中。

(六)《海区航标维护 固定建(构)筑物》

1986年,交通部发布实施《海区航标固定建(构)筑物维护》(简称"《标准》"),主要内容包括:航标固定建(构)筑物的涂层保护,施行涂层保护建(构)筑物的表面处理,相关建(构)筑物的维护周期,不同结构建(构)筑物的操作规程、步骤方法等相关规定。之后,随着建(构)筑物的维护技术、材料、工艺的发展进步,沿用近20年的原《标准》已不适应航标维护工作实际需要,交通部海事局遂将该《标准》列入修订计划,交由天津海事局具体负责修订。

2005年11月,天津海事局航标导航处在组织学习国家城乡建设环境保护部《房屋完损等级评定标准》《房屋修缮工程质量检验评定标准》等规定及相关技术资料的同时,向北方海区6个航标处发函,就1986年标准存在的问题、目前仍适用的条款、新材料新技术应用的质量价格和施工难易程度、航标固定建(构)筑物的变化等展开广泛调研,收集各类意见和建议39条。随即,该处副处长孟庆忠依据国家有关法规着手组织修订《标准》,于2007年1月30日形成《标准(征求意见稿)》,并发往交通部科学研究院和全国海区航标系统等22个单位征求意见。同年5月14日,根据各方面的反馈意见修订并形成《标准(送审稿)》,报送交通部海事局。同年9月28日,根据交通部海事局要求,向沿海各省、自治区、直辖市交通厅局及长江航道局等9个单位征求意见,并再次补充修订。

2008年5月15日,交通运输部科技教育司在北京组织召开《标准》审查会,参加会议的有交通运输部海事局、科学研究院,海军司令部航海保证部,天津、上海、广东、海南海事局,大连海事大学和中国航海学会航标专业委员会等13个单位的专家代表。根据会审意见,将《标准》标题改为《海区航标维护 固定建(构)筑物》,意在表示该标准专指全国海区航标固定建(构)筑物的维护,同时也为航标浮动构筑物的维护标准留出空间。审查会专家一致认为:《海区航标维护 固定建(构)筑物》内容全面准确,科学规范,可操作性强。同时,删除砂质基础液化、软基加固、滑坡防治、防止岩石崩塌、冻基处理等项特殊的基础处理内容。同年12月19日,交通运输部发布《海区航标维护 固定建(构)筑物》(JT/T 731—2008),自2009年3月1日正式实施。

《海区航标维护 固定建(构)筑物》共6部分,主要内容包括:适用范围、引用文件、术语和定义、基本要求、维护工作程序、维护要求等。新颁布的维护标准扩大了航标固定建(构)筑物涵盖范围和固定建(构)筑物的维护内容,囊括了航标固定建(构)筑物各种类型和各个部位,维护对象和维护事项较1986年标准更加完善,从而提高了2009年标准的适用范围;确立了航标固定建(构)筑物维护工作程序;制定了依据各海区不同地域的实际情况的灵活的维护周期和维护标准;增加了工程质量监督检查、工程验收、资料存档和历史灯塔维护等相关内容。《海区航标维护 固定建(构)筑物》的发布实施,为规范和加强全国海区航标固定建(构)筑物维护发挥了重要作用。

至2012年,《海区航标维护 固定建(构)筑物》仍有效,并收录在《航测法规标准汇编(2012)》(上册)中。

(七)《海区浮动助航标志配布导则》

《中国海区水上助航标志》(GB 4696—1999)规定了全国海区水上浮标和水中固定标志的设置与使用要求。由于中国海域广袤,各地水域千差万别,近岸航路情况复杂,对其的理解应用各有不同。为进一步统一和规范水上浮标设置,交通部海事局于2002年下达编制《海区浮标布设规范》的任务,并安排天津海事局负责。考虑到各海区之间的差异,天津海事局邀请上海、广东、海南海事局和大连海事大学等单位派员参加,共同组成编写组,并指定天津海事局航标导航处工程师王汶主笔。

2002年4月,天津海事局在天津召开编写组第一次研讨会,会议研讨了编制提纲,明确了责任分工,将标题改为《海区浮动标志布设规范》。在广泛听取各单位意见基础上,于同年8月8日形成初稿。同年8月28日,天津海事局在大连召开研讨会,交通部海事局、中国航海学会航标专业委员会,上海、广州、海南海事局和大连海事大学等单位代表出席会议。会议将标题再次变更为《海区浮动助航标志配布规范》(简称"《规范》")。根据会议修改意见,编写组于同年10月28日完成《规范(征求意见稿)》。在广泛征求各有关单位意见后,12月19日完成《规范(送审稿)》,报送交通部海事局。

2003年5月22日,交通部海事局向沿海各省、自治区、直辖市交通厅(局),海军司令部航海保证部,交通部水运规划设计院、规划研究院、各直属海事局,中国远洋运输(集团)总公司,中国长江航运集团总公司等有关单位征求意见。至同年9月末,收到19个单位反馈意见94条。2004年2月,编写组根据反馈意见修改后,再次报送交通部海事局。

2004年4月21日,交通部海事局在北京召开《规范》专家审定会,与会专家一致认为:该规范符合国际海事组织(IMO)及IALA有关规定和建议,符合国内实际情况,内容比较全面,结构基本合理,条款基本可行,进一步修改后可以作为全国海区浮标的配布标准。同年7月30日,编写组根据专家意见修改完善后,形成《规范(报批稿)》并报送交通部海事局。

2005年8月,交通部科技教育司将《规范》列入行业标准计划,编制工作进入新的轮回,仍由天津海事局牵头,王汶担任主笔。同年11月23日,天津海事局组织完成《规范(征求意见稿)》,发往全国34个相关单位征求意见。2006年2月,编写组根据反馈意见修改后,形成《规范(送审稿)》。同年10月12日,受交通部科技教育司委托,交通部航测标准化技术委员会在青岛召开《规范(送审稿)》审查会。同年12月15日,编写组根据会议提出的意见,完成《规范(报批稿)》,如期报送交通部科技教育司。至此,《规范》的修改工作改由天津海事局航标导航处高级工程师郎荣威主笔。随后,经与其他参编单位人员协商,确定了《规范》的结构和主要内容,并增加9幅航标配布示意图。

2010年4月22日,受交通运输部科技教育司委托,交通运输部航测标准化技术委员会在天津召开《规范》审查会,交通运输部科技教育司、海事局、大连海事大学、海军司令部航海保证部、中远集团总公司、上海航标厂,天津、上海、广东、海南海事局等单位的15位代表参加会议。与会代表听取编写组情况介绍,深入研讨《规范》文本,一致通过审查,并将其标题改为《海区浮动助航标志导则》。2011年7月20日,国家质量监督检验检疫总局、中国国家标准化管理委员会发布《海区浮动助航标志导则》(GB/T 26781—2011)(简称"《导则》"),自2011年12月1日正式实施。

该《导则》共7部分57个条款,对浮动助航标志的配布原则,基础性一般要求、技术要求以及其他要求提出定性或定量指标。《导则》作为《中国海区水上助航标志》的补充标准,其适用范围与其相同。并再次重申浮动助航标志种类,提示其示位、警告危险的辅助功用;海区航标配布应注意"首选固定标志,浮动标志次之"的优选原则,浮标配布应符合准确、显著、易于识别的效能原则,以最少量浮标标示最安全、便捷航路的经济原则,设置、维护管理方便的可操作性原则,以及和原有自然环境、海区原有其他助航标志相适应、不干扰、不混淆的有序原则。该导则针对港口、航道入口、疏浚航道、自然航道、船舶定线制水域、桥区航道等不同海域浮动标志设置,提出具体指导意见。同时,对锚地、海上作业区、娱乐区、港池、水中建构筑物、暗礁沉船沉物等危险物的标示方法作出具体规定。

该《导则》的实施,进一步规范了中国海区及其港口、通海河口的浮动助航标志的配布原则、一般要求、技术要求、其他要求和设置审批,为航标设计单位在方案设计方面提供了依据,使中国海区浮动助航标志的配布使用更规范、更简明、更清晰,助航效能更佳。

至2012年,该《导则》仍有效,并收录在《航测法规标准汇编(2012)》(上册)中。

二、测绘技术标准

1955年5月交通部海运管理总局海港测量队成立后,主要担负交通部直属港口及附近水域航道、锚地周期性测量,执行的测绘技术标准是苏联发布的《水道测量规范》。1958年5月,海港测量队一分为二,一部分划归交通部天津航道局管理,主要负责北方海区沿海港口航道测绘和疏浚工程测量,执行的测绘技术标准是海军的有关测绘技术标准。

20世纪50年代,海军司令部相继发布实施《海军水道图图例》《海图图式(草案)》《海道测量规范(控制测量部分)(草案)》《海道测量规范(地形岸线部分)(草案)》《海道测量控制点计算规定(草案)》《海道测量规范(水深测量外业整理部分)(草案)》和《海道测量规范(潮汐控制部分)(草案)》7部测绘技术标准,是为中华人民共和国第一批海道测绘技术标准。1975年始,海军司令部修订或制定并发布实施《海道测量规范(控制测量)》《海道测量规范(水深测量)》《海道测量规范(地形岸线测量)》《海洋重力测量暂行技术规定》《国外地区海图编绘规范》等测绘技术标准,成为实施沿海港口航道测量的主要技术依据。

1978年中共十一届三中全会后,随着改革开放和国家法制建设不断推进,测绘技术标准编制步入快车道。20世纪80年代,海军司令部修订或制定并发布实施《中国海区海图制图规范》《海图图式》2部测绘技术标准。交通部发布实施《沿海港口、航道图制图标准》《港口工程技术规范(地质勘察)》《港口工程测量技术规范》《沿海港口航道测量规范》《疏浚工程测量技术规范》5部交通行业标准。

20世纪90年代是国家和行业标准出台的高峰期,先后编制或修订并发布实施测绘技术标准共计26部,主要体现在海道测量、航海图书资料编辑出版、测量新技术应用、海洋观测和水运工程测量等领域,标志着中国测绘技术标准体系日趋完善。1990年12月1日,国家质量技术监督局一并发布的《海图图式》《中国航海图图式》《中国航海图编绘规范》《海道测量规范》实施,规范了航海图书资料编制、海道测量作业要求和实施方法。1992年10月1日,国家测绘局发布的《全球定位系统(GPS)测量规范》实施,对国家和局部GPS控制网的设计、布测和数据处理作出明确规定。1994年10月1日,国家质量技术监督局发布的《海滨观测规范》实施,规范了海滨水文气象观测项目、技术要求、方法及资料处理。1995年1月1日,交通部发布的《水运工程测量规范》实施,规范了水运工程测量作业技术要求和实施方法。

进入21世纪,为满足测绘技术迅猛发展、测绘作业方法和手段不断更新的要求,在修订若干国家和行业标准的同时,发布实施25部新的测绘技术标准,标志着中国测绘技术标准体系基本完善。2006年1月1日,国家测绘局发布的《测绘技术设计规定》《测绘技术总结编写规定》实施,规范了测绘项目技术设计书和技术总结编写的主要内容和要求。2007年12月29日,交通部发布《水深测量数据采集与处理技术要求》,自2008年4月1日实施,对已被广泛应用的水深测量数据采集与处理系统规定了技术要求和操作方法。2011年3月1日,交通运输部发布的《多波束测深系统测量技术要求》实施,对利用多波束测深系统实施水深扫测作业规定了技术要求和实施方法。

此间,按照交通(运输)部安监局(海事局)工作安排,北方海区测绘系统参与交通行业标准《沿海港口航道测量规范》(JTJ 282—87)、《疏浚工程测量技术规范》(JTJ 283—87)编制工作;两次参与国家标准《海道测量规范》修订工作;三次参加交通行业标准《水运工程测量规范》(JBS 131—2012)修订工作;牵头组织编制的行业标准《海事测绘产品质量评定方法及要求》(JT/T 952—2014)、《沿海港口航道测量技术要求》(JT/T 954—2014),填补了交通行业标准在沿海港口航道测量领域的空白。

图2-3-112　2011年4月19日,交通运输部海事局在重庆召开《沿海港口航道测量技术规定》审定会

至2012年,北方海区测绘系统适用的主要技术标准共计44部。其中,按照交通(运输)部安监局(海事局)工作安排,由北方海区测绘系统牵头组织编制或参与编制和修订的测绘技术标准共计6部。

1954—2012年北方海区测绘系统适用的主要技术标准一览表

表 2-3-57

序号	名　　称	发布机关	标准代码	发布日期	生效日期	备注
1	海军水道图图例	海军司令部		1954年	1954年	1990年废止
	海图图式(草案)					1982年废止
	海图图式	海军司令部		1982年	1982年	1990年废止
		国家质量技术监督局	GB 12317—1990	1990年4月19日	1990年12月1日	1999年废止
	中国航海图图式	国家质量技术监督局	GB 12319—1990	1990年4月19日	1990年12月1日	1999年废止
	中国海图图式	国家质量技术监督局	GB 12319—1998	1998年12月15日	1999年5月1日	
2	海道测量规范(控制测量部分)(草案)	海军司令部		1954年	1954年	1975年废止
	海道测量规范(地形岸线部分)(草案)					1978年废止
	海道测量控制点计算规定(草案)					1990年废止
	海道测量规范(水深测量外业整理部分)(草案)					1975年废止
	海道测量规范(潮汐控制部分)(草案)					1990年废止
	海道测量规范(控制测量)			1975年	1975年	1990年废止
	海道测量规范(水深测量)					1990年废止
	海道测量规范(地形岸线测量)			1978年	1978年	1990年废止
	海洋重力测量暂行技术规定			1978年	1978年	1990年废止
	国外地区海图编绘规范			1979年	1979年	1990年废止
	海道测量规范	国家质量技术监督局	GB 12327—1990	1990年4月19日	1990年12月1日	1999年废止
			GB 12327—1998	1998年11月10日	1999年5月1日	
3	海图纸	国家标准总局	GB/T 2676—1981	1981年6月6日	1981年8月1日	2006年废止
		国家质量监督检验检疫总局 国家标准化管理委员会	GB/T 2676—2006	2006年3月31日	2006年10月1日	
4	中国海区海图制图规范	海军司令部		1982年	1982年	1990年废止
	航海图编绘规范	国家质量技术监督局	GB 12318—1990	1990年4月19日	1990年12月1日	1999年废止
	中国航海图编绘规范		GB 12320—1990	1990年4月19日	1990年12月1日	1999年废止
			GB 12320—1998	1998年12月15日	1999年5月1日	
5	沿海港口、航道图制图标准	交通部		1985年		

〔续表一〕

序号	名 称	发布机关	标准代码	发布日期	生效日期	备注
6	港口工程技术规范(地质勘察)	交通部	JTJ 224—87	1987年		1998年废止
	港口工程地质勘察技术规范		JTJ 240—97	1997年8月22日	1998年1月1日	修订
7	港口工程测量技术规范	交通部	JTJ 223—87	1987年	1987年	1995年废止
	沿海港口航道测量规范		JTJ 282—87			
	疏浚工程测量技术规范		JTJ 283—87			
	水运工程测量规范		JTJ 203—94	1994年9月10日	1995年1月1日	2002年废止
			JTJ 203—2001	2001年9月5日	2002年1月1日	2013年废止
		交通运输部	JTS 131—2012	2012年11月20日	2013年1月1日	
8	水位观测标准	建设部	GBJ 138—90	1990年7月2日	1991年6月1日	
		住房和城乡建设部	GB/T 50138—2010	2010年5月31日	2010年12月1日	
9	国家三、四等水准测量规范	国家技术监督局	GB 12898—91	1991年	1991年	
		国家质量监督检验检疫总局	GB/T 12898—2009	2009年5月6日	2009年10月1日	
10	光电测距仪检定规范	国家测绘局	CH 8001—91	1991年1月21日	1991年7月1日	
11	测绘仪器防霉、防雾、防锈	国家测绘局	CH/T 8002—91	1991年1月21日	1991年7月1日	
12	全球定位系统(GPS)测量规范	国家测绘局	CH 2001—92	1992年6月8日	1992年10月1日	
13	大比例尺地形图机助制图规范	国家技术监督局	GB 14912—94	1994年1月14日	1994年10月1日	
14	海滨观测规范	国家技术监督局	GB/T 14914—94	1994年1月11日	1994年10月1日	
15	沿海港口、航道图编绘规范	交通部	JT 80—94	1994年7月1日	1995年1月1日	
16	海船航海图书资料配备要求	交通部	JT/T 95—94	1994年10月17日	1995年4月1日	
17	航海通告编写规范	国家标准化管理委员会	GB/T 15315—94	1994年12月22日	1995年8月1日	
18	全球定位系统(GPS)测量型接收机检定规程	国家测绘局	CH 8016—95	1995年1月3日	1995年7月1日	
19	航道工程基本术语标准	交通部	JTJ/T 204—96	1996年11月15日	1997年5月1日	
20	中、短程光电测距规范	国家技术监督局	GB/T 16818—1997	1997年5月28日	1998年2月1日	
21	中华人民共和国中文航行警告标准格式	国家质量技术监督局	GB 17577.1—1998	1998年11月18日	1999年9月1日	
22	中华人民共和国英文航行警告标准格式	国家质量技术监督局	GB 17577.2—1998	1998年11月18日	1999年9月1日	
23	中国海区水上助航标志	国家质量技术监督局	GB 4696—1999	1999年5月31日	2000年4月1日	
24	国家三角测量规范	国家质量技术监督局	GB/T 17942—2000	2000年1月3日	2000年8月1日	
25	三、四等导线测量规范	国家测绘局	CH/T 2007—2001	2001年3月5日	2001年4月1日	
26	测绘技术总结编写规定	国家测绘局	CH/T 1001—2005	2005年12月7日	2006年1月1日	
27	测绘技术设计规定	国家测绘局	CH/T 1004—2005	2005年12月7日	2006年1月1日	

〔续表二〕

序号	名　　称	发布机关	标准代码	发布日期	生效日期	备注
28	海滨观测规范	国家质量监督检验检疫总局 国家标准化管理委员会	GB/T 14914—2006	2006年2月16日	2006年8月1日	
29	淤泥质海港适航水深应用技术规范	交通部	JTJ/T 325—2006	2006年11月15日	2007年5月1日	
30	水深测量数据采集与处理技术要求	交通部	JT/T 701—2007	2007年12月29日	2008年4月1日	
31	沿海港口航道图改正通告编写规范	交通部	JT/T 702—2007	2007年12月29日	2008年4月1日	
32	海图印刷规范	国家质量监督检验检疫总局 国家标准化管理委员会	GB/T 14477—2008	2008年6月20日	2008年12月1日	
33	航海通告编写规范	国家质量监督检验检疫总局 国家标准化管理委员会	GB/T 15315—2008	2008年6月20日	2008年12月1日	
34	数字测绘成果质量要求	国家质量监督检验检疫总局 国家标准化管理委员会	GB/T 17941—2008	2008年6月20日	2008年12月1日	
35	数字测绘成果质量检查与验收	国家质量监督检验检疫总局 国家标准化管理委员会	GB/T 18316—2008	2008年7月2日	2008年12月1日	
36	国家大地测量基本技术规定	国家质量监督检验检疫总局 国家标准化管理委员会	GB 22021—2008	2008年6月20日	2008年12月1日	
37	水运工程测量质量检验标准	交通运输部	JTS 258—2008	2008年12月2日	2009年1月1日	
38	全球定位系统(GPS)测量规范	国家质量监督检验检疫总局 国家标准化管理委员会	GB/T 18314—2009	2009年2月6日	2009年6月1日	
39	国家三、四等水准测量规范	国家质量监督检验检疫总局 国家标准化管理委员会	GB 12898—2009	2009年5月6日	2009年10月1日	
40	测绘成果质量检查与验收	国家质量监督检验检疫总局 国家标准化管理委员会	GB/T 24356—2009	2009年9月30日	2009年12月1日	
41	全球定位系统实时动态测量(RTK)技术规范	国家测绘局	CH/T 2009—2010	2010年3月31日	2010年5月1日	

〔续表三〕

序号	名　　　称	发布机关	标准代码	发布日期	生效日期	备注
42	多波束测深系统测量技术要求	交通运输部	JT/T 790—2010	2010年12月8日	2011年3月1日	
43	海事测绘产品质量评定方法及要求	交通运输部	JT/T 952—2014	2014年12月10日	2015年4月5日	
44	沿海港口航道测量技术要求	交通运输部	JT/T 954—2014	2014年12月10日	2015年4月5日	

(一)《海道测量规范》

海道测量是船舶安全航行以及国家经济建设、国防建设、科学研究等领域的重要基础性工作。1990年12月1日,国家质量技术监督局发布的《海道测量规范》(GB 12327—1990)(简称"《规范》")实施,规定了海道测量技术设计、平面与高程控制测量、水深测量、海岸地形测量、技术总结、检查验收等作业要求和实施方法,适用于国内1:5000~1:500000比例尺的各种海道测量作业。

1996年9月,为满足海道测量快速发展需要,海军司令部航海保证部组织海军海洋测绘研究所、海军某部和天津海监局有关技术人员修订该《规范》。天津海测大队工程师马伯常参加了修订工作。此次修订,保留了原《规范》中适合当时海道测量作业现状且行之有效的方法和技术指标,并根据发展现状和趋势,将测图比例尺由原1:5000~1:500000改为1:2000~1:500000,补充了大比例尺测图的规定,提高了水深测量定位精度和测深精度指标;对测量仪器的选用,按照技术指标归类分等级作出规定,删除了具体的仪器使用内容;重新规定了底质分类标准和水深图及地形图的图幅整饰格式等。1998年11月10日,国家质量技术监督局发布《海道测量规范》(GB 12327—1998)(简称"《规范》"),自1999年5月1日正式实施。

该《规范》科学地规定了海道测量总则、技术设计、平面与高程控制测量、水深测量、海岸地形测量、技术总结、检查验收及资料上交等作业要求和实施方法等,适用于国内1:2000~1:500000比例尺的各种海道测量作业。该《规范》内容较为齐全,技术指标较为严谨,所规定的作业方法手段先进,对满足海道测量发展需要,有效规范测量作业方法,控制作业流程,保证测量质量,以及为编绘出版航海图书提供可靠数据资料起到重要作用。

至2012年,该《规范》仍有效,并收录在《航测法规标准汇编(2012)》(下册)中。

(二)《水运工程测量规范》

水运工程系指港口、码头、航道、防波堤、护岸、船闸、船坞等水上水下作业工程的总称。水运工程测量是水运工程施工及监理者的眼睛,也是工程质量控制和质量检验的尺度和计量手段。20世纪70年代,为统一水运工程测量技术要求,提高测量质量,满足水运工程规划、设计、施工和验收与运营的需要,交通部先后发布实施《港口工程测量技术规范》《沿海港口航道测量规范》《疏浚工程测量技术规范》3部行业标准。这些标准的颁布实施,对水运工程建设起到积极促进作用。然而,由于其受不同测量专业局限,涉及的共性内容重复较多,存在相互交叉或矛盾之处,致使应用人员操作执行较为困难,迫切要求颁布一部综合、统一的测量规范。

1990年,根据交通部工作安排,交通部水运规划设计院会同天津航道局等单位将上述3部标准予以合并修订,定名为《水运工程测量规范》(简称"《规范》"),天津海测大队工程师马伯常参与修订工作。该《规范》修订工作历时4年半,经交通部审查批准,于1994年9月10日发布,1995年1月1日,《水运工程测量规范》(JTJ 203—1994)实施。

2001年,该《规范》已发布实施7年,为水运工程测量技术发展和工程建设发挥了重要作用。然而,由于测量新技术、新设备使用,测量方法和手段不断改进,该《规范》中的部分内容已不适应水运工程测量的要求。为此,交通部水运司组织天津航道局、天津海事局等单位全面修订《规范》。这次修订,修改完善原《规范》中的部分条款，并增补 GPS 测量、RTK-DGPS 测量、数字化测图、施工定位、机助制图、多波束测深和适航水深测量等内容。其中，天津海测大队副队长张铁军主持完成平面控制测量、高程控制测量和相应 3 个附录的修订工作，工程师冯立新主持完成制图和水运工程测量规范图式的修订工作。2001 年 9 月 5 日，交通部发布《水运工程测量规范》（JTJ 203—2001）（简称"《规范》"），自 2002 年 1 月 1 日正式实施。

2009 年，随着中国水运工程建设的迅速发展和国内外测绘技术、设备的日趋进步，《规范》部分内容已不适应水运工程测量项目需求，在一定程度上制约了测量技术的发展，亟待将国内已引进和开发应用的先进技术和设备纳入《规范》之中。同年 3 月，按照交通运输部水运局工作安排，天津航道局组织天津海事局等 11 个单位着手修订《规范》。2010 年 3 月 10 日，交通运输部水运局印发《关于对〈水运工程测量规范〉修订工作大纲的批复》。根据编写组分工，天津海测大队高级工程师李宝森主持完成平面控制测量、水位控制测量、测深线布设、水下障碍物探测等章节，以及附录 GPS 接收机检验比对内容、GPS 观测记录格式、理论最低潮面的计算、软式扫海具扫测报告格式示例、水位站经历簿格式和测站考证簿、多波束测深系统、侧扫声呐和磁力仪探测作业要求、RTK 三维水深测量作业要求等修订工作，并参加印刷前总校工作。高级工程师冯立新主持完成制图和附录水运工程测量规范图式等修订工作，并参与了基本规定、地形测量、水深测量等章节的修订工作。

2012 年 5 月 7 日，交通运输部水运局组织中国水运建设行业学会、中国工程建设标准化协会水运专业委员会、交通运输部海事局、上海海事局、天津海岸带公司、海军测绘研究所、长江航道局、中交第四航务工程勘察设计院有限公司、中交第一航务工程局有限公司、招商局漳州开发区有限公司等 12 个单位的专家审查通过了《规范（送审稿）》。2012 年 11 月 20 日，交通运输部发布《水运工程测量规范》（JTS 131—2012），自 2013 年 1 月 1 日正式实施。

图 2-3-113　2012 年 5 月 7 日，交通运输部水运局在天津滨海新区召开《水运工程测量规范（送审稿）》审查会

该《规范》对水运工程的平面控制测量、高程控制测量、地形测量、水位控制测量、水深测量、变形测量、施工测量和制图等作出科学严谨的规定，共分 11 章和 18 个附录，并附条文说明。适用于港口、航道、通航建筑物和修造船水工建筑物等水运工程测量作业。

该《规范》是交通运输部水运工程建设标准体系中的重要标准,也是国家测绘行业重要的支柱性标准之一,对规范水运工程建设和运营、促进经济建设发展起到重要作用。

(三)《海事测绘产品质量评定方法及要求》

为满足日益增长的航海运输、航政管理和港口工程建设需要,规范海事测绘产品质量检验,科学评定港口航道测绘成果质量,根据交通运输部海事局工作安排,由天津海事局牵头组织编制《海事测绘产品质量评定方法及要求》。其诞生经历了交通部安监局(海事局)内部标准和交通运输行业标准两个阶段。

20世纪90年代,国家标准《海道测量规范》发布实施后,为保证全国海区测绘系统成果质量,交通部安监局于1996年5月印发《港口、航道测绘产品质量验收办法及质量评定标准》(简称"《评定标准》"),作为内部标准。

随着测绘技术快速发展,该《评定标准》已不能满足沿海港口航道测绘发展需要。2001年10月,按照交通部海事局《关于2000年度沿海港口航道图质量检查情况的通报》要求,天津海事局会同上海、广东海事局专题研讨《评定标准》修订事宜,并由天津海测大队高级工程师李宝森担任课题组长。后经多次征询业内专家意见,反复修改,数易其稿,于2002年3月完成修订任务,并更名为《沿海港口、航道测绘产品质量检查验收办法及质量评定标准》。同年7月,该标准顺利通过交通部海事局评审,于2003年3月4日正式印发施行,原《评定标准》同时废止。《沿海港口、航道测绘产品质量检查验收办法及质量评定标准》针对性较强,可操作性较好,业务覆盖较广,突出了海事系统港口、航道测绘成果质量检验行业特点,完善了国家现行标准未覆盖的测量高新技术手段,为规范沿海港口航道测绘成果质量检验工作发挥了重要作用。

之后,随着国家航运经济迅猛发展,沿海航路、航道、锚地、港池、码头、岸线等通航水域测量项目不断增加,航海图书资料种类不断增多,从事测绘工程的单位亦不断涌现。由于国家尚无统一的测绘成果质量标准和要求可操作,各测绘单位水深测绘成果质量良莠不齐的状况亟待改变。为履行交通行业测绘管理职责,规范测绘成果质量检验行为,交通运输部海事局作为交通行业测绘归口管理部门,需要一部行业标准作为基本技术依据。

2011年5月,根据交通运输部海事局工作安排,天津海事局向交通运输部航测标准化技术委员会提交了交通运输行业标准——《海事测绘产品质量评定标准》立项建议书,并于同年7月28日获得批准。随后,由李宝森等人执笔,在原《沿海港口、航道测绘产品质量检查验收办法及质量评定标准》基础上,反复修改完善,形成《海事测绘产品质量评定标准(征求意见稿)》。2012年4月,经多次征求天津、上海、广东海事局及交通运输行业有关专家意见,数次召开专题工作会议和专家评审会,形成《海事测绘产品质量评定标准(送审稿)》。2012年5月22日,其顺利通过交通运输部海事局在天津召开的预审会审查。

2013年5月14日,交通运输部航测标准化技术委员会在天津召开《海事测绘产品质量评定标准(送审稿)》审查会。经交通运输部海事局、天津市测绘院、天津大学、广东海事局和北海、东海、南海航海保障中心等12个单位的专家审查,将其更名为《海事测绘产品质量评定方法及要求》。2014年12月10日,交通运输部发布《海事测绘产品质量评定方法及要求》(JT/T 952—2014),自2015年4月5日正式实施。

《海事测绘产品质量评定方法及要求》作为交通运输系统行业标准,统一规定了沿海港口航道测量成果、纸海图、电子海图、改正通告、海图小改正等海事测绘产品质量检查验收、质量判定及质量等级评定的内容、方法和要求,适用于沿海港口航道测量、应急测量、通航水域扫测等航行要素测量成果,以及港口航道图、航海图书等产品质量检查验收、质量判定及质量等级评定,具有较好的先进性、适用性和可操作性,对规范海事测绘产品质量检验、提升行业测绘产品质量、提高经济效益和社会效益发挥了重要作用。

图2-3-114　2012年5月22日,交通运输部海事局在天津召开《海事测绘产品质量评定标准》预审会

(四)《沿海港口航道测量技术要求》

为满足测绘新技术、新设备的发展需要,规范中国沿海港口航道测量工作,根据交通运输部海事局工作安排,由天津海事局牵头组织编制《沿海港口航道测量技术要求》(简称"《标准》")。该《标准》的诞生经历了交通部安监局(海事局)内部标准和交通运输行业标准两个阶段。

1990年4月国家标准《海道测量规范》(GB 12327—1990)发布实施后,为便于在沿海港口航道测量中执行,按照交通部安监局工作安排,天津海监局负责编写《海道测量规范补充规定》,于1995年12月完成报批稿。1996年4月,交通部安监局印发施行《〈海道测量规范〉(GB 12327—1990)补充规定》(简称"《规定》"),作为全国海区测绘系统实施沿海港口航道测量内部标准。

随着国家标准《海道测量规范》(GB 12327—1998)的发布实施,《规定》已不适应新国家标准的要求,不能满足测绘新技术发展需要。2001年10月,按照交通部海事局工作安排,由天津海事局牵头修订《规定》,天津海测大队高级工程师李宝森担任编制组组长,上海、广东海事局派员参加。随后,编制组在天津召开专题会议,确定编制人员、工作分工和完成时间。2002年3月,编制组完成修订工作,更名为《沿海港口航道测量技术规定》(简称"《技术规定》"),并形成《技术规定(送审稿)》,于2002年7月顺利通过交通部海事局审查。2003年3月4日,交通部海事局印发施行《技术规定》,《规定》同时废止。

《技术规定》突出了中国沿海港口航道测量的行业特点,完善了国家现行标准未覆盖的测量高新技术手段,针对性较强、可操作性较好、技术覆盖较广,具有较高的科技含量,对于规范沿海港口航道测量作业发挥了重要作用。

随着测量新技术、新设备的不断发展,测量方法、测量精度的不断改进和提高,已施行8年的《技术规定》的部分内容已不适应沿海港口航道测量的要求。2009年6月30日,根据交通运输部海事局《2009年测绘工作研讨会纪要》要求,明确由天津海事局牵头修订《技术规定》,并在《2010年度航测重点任务工作计划》中正式下达。天津海测大队高级工程师李宝森继续负责修订工作。随后,经广泛征求相关单位意见,反复修改,数易其稿,于2010年12月修订完成《技术规定(送审稿)》。2011年4月19日,《技术规定(送审稿)》通过交通运输部海事局审查,形成《技术规定(报批稿)》。此次修订,在国家现行标准框架下,结合全国海区测绘系统实际工作需求,吸纳原《技术规定》施行以来的实践经验,细化、补充相关条款,增加了先进测绘技术与工艺方法应用等条款,体现了沿海港口航道测量的特点,具有较强的先进性、指导性和可操作性,有利于提高沿海港口航道测量质量。

在《技术规定(报批稿)》待批期间,根据交通运输部海事局新的工作安排,天津海事局于2011年5月向交通运输部航测标准化技术委员会提交了交通运输行业标准《技术规定》立项建议书,并于同年7月28日获得批准。之后,在原《技术规定(报批稿)》基础上,经再次修改完善,于2012年4月形成新的《技术规定(送审稿)》。

2012年5月22日,新《技术规定(送审稿)》顺利通过交通运输部海事局在天津召开的预审会审查。2013年5月14日,交通运输部航测标准化技术委员会在天津召开《技术规定(送审稿)》审查会。经交通运输部海事局、天津市测绘院、天津大学、广东海事局和北海、东海、南海航海保障中心等12个单位的专家审查,并将其更名为《沿海港口航道测量技术要求》。2014年12月10日,交通运输部发布《沿海港口航道测量技术要求》(JT/T 954—2014)(简称"《标准》"),于2015年4月5日正式实施。

该《标准》进一步规范了港口航道测量范围、引用标准、术语、基本要求、踏勘和技术设计、GPS控制测量、高程和水位控制、水深测量、扫海测量、海岸地形测量、港口资料调查、技术总结、检查验收及资料汇总上交等工作,适用于中国沿海港口航道测量作业。该行业标准是北方海区测绘系统牵头组织编制和修订的第一部测绘行业标准,填补了中国交通运输行业标准在沿海港口航道测量领域的空白。

三、通信技术标准

20世纪80年代,中国通信事业进入大发展时期,无线电通信技术标准随之陆续出台。1986年9月15日,国家标准总局发布《短波单边带发射机电性能测量方法》和《短波单边带接收机电性能测量方法》,并于1987年10月1日实施,是为中华人民共和国第一批通信行业标准。1989年7月4日,国家技术监督局发布《发播航行警告、气象信息和紧急信息系统(NAVTEX)技术条件和使用要求》,并于1990年2月1日实施,为中国开放NAVTEX广播业务做好技术准备。

1990年8月14日,国家技术监督局发布实施《行业标准管理办法》,以加强行业标准管理,确保行业标准协调、统一。1991年8月1日,交通部发布实施《VHF/UHF无线电通信基地台技术要求》,制定了中国海(江)岸电台VHF通信基站建设的行业标准。1993—1995年,国家技术监督局相继发布实施《短波无线电收信台(站)电磁环境要求》《海岸电台高频无线电话频道干扰的计算方法》《全球海上遇险安全系统(GMDSS)数字选择呼叫(DSC)设备性能要求》3部通信国家标准,以适应无线通信业务发展需要。

1995年11月1日,国家技术监督局修订后发布的《短波单边带发射机电性能测量方法》和《短波单边带接收机电性能测量方法》实施。1996年7月25日,依据国际相关规则,国家技术监督局发布《全球海上遇险和安全系统(GMDSS)术语》,并于1996年10月1日实施,规定了全球海上遇险和安全系统(GMDSS)的中文基本术语。1996年11月15日,交通部发布《海岸电台总体及工艺设计规范》,并于1997年5月1日实施,制定了海岸电台建设工艺设计的通信行业标准。1997年8月18日,国家技术监督局发布《短波单边带通信设备通用规范》,并于1998年5月1日实施,对短波单边带无线通信设备技术要求作出统一规定。1999年4月23日,交通部发布《甚高频海岸电台工程设计规范》,并于同年12月1日实施,以规范甚高频岸台建设工程。

2003年9月1日,参照IMO《国际海事组织标准航海通信用语》,国家质量监督检验检疫总局发布的《海上船舶无线电通话标准用语》正式施行,是为中国海上船舶国际国内通话联络用语的通信国家标准。2004年12月1日,国家质量监督检验检疫总局和中国国家标准化管理委员会联合发布的《水上移动业务通信规则 总则》正式施行。该通信国家标准由交通部提出,并由中国交通通信中心组织起草,规定了水上移动通信业务的基本管理要求。2005年5月26日,依据ITU《无线电规则》、ITU-R、ITU-T

的有关规定和建议,交通部发布《海(江)岸电台中频/甚高频数字选择呼叫(MF/VHF DSC)系统维护和修理技术要求》,并于2005年9月1日实施,规定了岸台数字选择性呼叫系统维护和维修的技术要求。2007年8月1日,交通部修订后发布的《甚高频(VHF)岸台技术要求》实施。2009—2012年,国家质量监督检验检疫总局和中国国家标准化管理委员会相继发布实施《无线电发射设备参数通用要求和测量方法》《无线电发射设备安全要求》《无线电管理术语》等一系列国家标准;参照IMO《通过经修改的关于接收航行警告、气象信息和紧急信息(NAVTEX)窄带直接打印电报设备的性能标准》,修订并发布实施《奈伏泰斯系统技术要求》。此间,工业和信息化部发布实施《通信工程建设标准体系》,对各类通信工程建设及其各个环节作出详细规定。至此,中国水运通信技术标准体系基本完善。

至2012年,北方海区通信系统适用的主要国家标准和行业标准共计21部。

1986—2012年北方海区通信系统适用的主要技术标准一览表

表2-3-58

序号	名称	发布机关	标准代码	发布日期	生效日期	备注
1	短波单边带发射机电性能测量方法	国家标准局	GB 6933—86	1986年9月15日	1987年10月1日	1995年废止
		国家技术监督局	GB/T 6933—1995	1995年4月6日	1995年11月1日	2005年复审
2	短波单边带接收机电性能测量方法	国家标准局	GB 6934—86	1986年9月15日	1987年10月1日	1995年废止
		国家技术监督局	GB/T 6934—1995	1995年4月6日	1995年11月1日	2005年复审
3	发播航行警告、气象信息和紧急信息系统(NAVTEX)技术条件和使用要求	国家技术监督局	GB 11411—89	1989年7月4日	1990年2月1日	2002年废止
	中文奈伏泰斯(NAVTEX)系统技术要求	国家质量监督检验检疫总局	GB/T 18766—2002	2002年6月12日	2002年12月1日	2009年废止
	奈伏泰斯系统技术要求	国家质量监督检验检疫总局 国家标准化管理委员会	GB/T 18766—2009	2009年3月31日	2009年11月1日	
4	VHF/UHF无线电通信基地台技术要求	交通部	JT/T 4609—91	1991年2月22日	1991年8月1日	2007年废止
	甚高频(VHF)岸台技术要求		JT/T 679—2007	2007年4月3日	2007年8月1日	
5	短波无线电收信台(站)电磁环境要求	国家技术监督局	GB 13617—1992	1992年8月19日	1993年9月1日	
6	海岸电台高频无线电话频道干扰的计算方法	国家技术监督局	GB/T 14856—93	1993年12月30日	1994年9月1日	
7	全球海上遇险安全系统(GMDSS)数字选择呼叫(DSC)设备性能要求	国家技术监督局	GB 15215—94	1994年8月8日	1995年5月1日	
8	全球海上遇险和安全系统(GMDSS)术语	国家技术监督局	GB/T 16162—1996	1996年1月25日	1996年10月1日	2009年废止
		国家质量监督检验检疫总局 国家标准化管理委员会	GB/T 16162—2009	2009年3月31日	2009年11月1日	
9	海岸电台总体及工艺设计规范	交通部	JTJ/T 341—96	1996年11月15日	1997年5月1日	
10	短波单边带通信设备通用规范	国家技术监督局	GB/T 16946—1997	1997年8月18日	1998年5月1日	2018年废止
11	中华人民共和国中文航行警告标准格式	国家质量技术监督局	GB 17577.1—1998	1998年11月18日	1999年9月1日	

〔续表〕

序号	名称	发布机关	标准代码	发布日期	生效日期	备注
12	中华人民共和国英文航行警告标准格式	国家质量技术监督局	GB 17577.2—1998	1998年11月18日	1999年9月1日	
13	甚高频海岸电台工程设计规范	交通部	JTJ/T 345—99	1999年4月23日	1999年12月1日	
14	海上船舶无线电通话标准用语	国家质量监督检验检疫局	GB/T 11197—2003	2003年3月12日	2003年9月1日	
15	水上移动业务通信规则 总则	国家质量监督检验检疫总局 国家标准化管理委员会	GB/T 19490—2004	2004年4月28日	2004年12月1日	
16	无线通信设备电磁兼容性要求和测量方法	信息产业部	YD/T 1312—2004	2004年10月9日	2005年3月1日	
17	海（江）岸电台中频/甚高频数字选择呼叫（MF/VHF DSC）系统维护和修理技术要求	交通部	JT/T 624—2005	2005年5月26日	2005年9月1日	
18	无线电发射设备参数通用要求和测量方法	国家质量监督检验检疫总局 国家标准化管理委员会	GB/T 12572—2008	2008年6月30日	2009年1月1日	
19	无线电发射设备安全要求	国家质量监督检验检疫总局 国家标准化管理委员会	GB 9159—2008	2008年9月19日	2009年6月1日	
20	通信工程建设标准体系	工业和信息化部	YD/T 5183—2010	2010年5月14日	2010年10月1日	
21	无线电管理术语	国家质量监督检验检疫总局 国家标准化管理委员会	GB/T 13622—2012	2012年6月29日	2012年10月1日	

第四节　规范性文件

一、航标规范性文件

1982年交通部接管海军海上干线公用航标后，于同年8月23日发布施行《关于海区航标管理工作的若干规定》。据此，天津航测处于同年11月5日印发施行《北方海区航标测量管理办法（试行）》，划定青岛、烟台、天津、大连各航标区管辖范围，明确职责分工，制定航标作业规则，以规范和提高航标管理维护水平。同年11月18日,天津航道局印发施行《北方海区航标动态通告发布办法》,要求各航标区对辖区内的航标动态,要及时准确报告所在地港务监督部门,紧急情况可先用电话报告,后补办正式手续。

1984年,在全国企业整顿期间,天津航测处编纂颁行《航标测量处管理制度汇编(1984)》(简称"《汇编》"),明确规定各类助航设施维护标准,重申或修正无线电管理规则,制定航标技术管理制度,初步建立一套较为完备的北方海区航测系统内部规范性文件。《汇编》包括《北方海区各类助航设施维护质量标准》《北方海区无线电通信管理规则》和《航标技术管理条例》等航标规范性文件。其中,《北方海区各类助航设施维护质量标准》分别对视觉航标、音响航标、无线电指向标和无线电导航台的维护质量标准作出规定:视觉航标标准是"标位准确、灯质正常、涂色鲜明、结构良好";音响航标标准是"信号清晰、发放及时";无线电航标标准是"信号准确、频率稳定、功率正常、工作连续"。

1990—1992年,天津海监局印发施行《北方海区航标维护质量考核评分标准(90版)》《北方海区航标维护质量考核评分标准(91版)》和《北方海区航标达标验收考核评分标准(92版)》。据此,北方海区航标系统率先组织开展历时3年的航标"四大"活动,第一年蓬勃兴起,第二年达到高潮,第三年深化达标,航标管理和维护保养工作实现"由突击性到正常化,由盲目性到制度化,由随机性到标准化"的历史性转变,航标维护管理质量、航标业务指标考核和职工队伍建设3年上升3个新台阶。三年航标"四大"活动建立的航标管理长效工作机制和积累的典型经验,引领全国海区航标系统在交通部直属安监系统设备"管修养用"和学习"华铜海"轮等系列专项管理活动中取得显著成效。

1992年3月7日,天津海监局印发施行《北方海区航标业务管理办法》,明确航标业务管理范围、管理职责和技术标准,具体规定浮标、灯塔、灯桩、导标、无线电标和监测站、雷达信标、大型航标船和航标专用器材的管理办法,使航标业务管理工作进一步细化完善。1996年12月始,交通部安监局(海事局)相继印发施行《海区航标作业管理规则》《海区航标机器动力设备管理规则》《海区航标、测绘进口设备管理办法》《海区航标应急反应管理办法》《沿海无线电指向标—差分全球定位系统台站管理规则》《AIS基岸系统运行管理规定(试行)》《航测质量管理体系运行管理办法(试行)》等23部规范性文件,以提升全国海区航标系统业务管理规范化程度。

进入21世纪,按照交通部海事局工作安排,北方海区航标系统牵头组织编制《沿海无线电指向标—差分全球定位系统建设技术要求》(海航测字〔2001〕636号)、《沿海无线电指向标—差分全球定位系统台站管理规则》(海航测字〔2001〕636号)、《沿海无线电指向标—差分全球定位系统设备操作规则》(海航测字〔2001〕636号)、《海区航标用阀控式密封铅酸蓄电池技术规范要求》(海航测〔2005〕411号)、《海区航标用锌空气电池技术要求》(海航测〔2005〕411号)、《海区钢质浮标涂料配套体系及技术要求》(海航测〔2005〕411号)、《海区钢质浮标涂装工艺要求》(海航测〔2005〕411号)、《海区钢质浮标涂装维护实施细则》(海航测〔2005〕411号)、《海事系统助航设施防雷技术规范》(海航测〔2005〕411号)和《交通部海事局航测质量管理体系运行管理办法(试行)》(海航测〔2007〕327号)等全国海区航标规范性文件共10部。

其间,天津海事局相继印发施行《北方海区航标管理工作协调和信息交流暂行办法》《天津海事局航标设置行政许可程序》《天津海事局航标业务管理工作目标考核标准(试行)》《天津海事局航标应急反应实施细则》等规范性文件,对理顺关系、信息沟通、航标设置、日常考核、应急恢复和AIS岸基网络系统管理等提出具体要求,以规范航标管理,提升航标效能。

至2012年,北方海区航标系统适用的主要规范性文件共计38部。其中,按照交通部海事局工作安排,由北方海区航标系统牵头组织编制的全国海区航标系统规范性文件共10部。

第二章 法规标准

图2-4-115　2004年6月28日，天津海事局副局长赵亚兴在大连主持召开（中左）制定《北方海区航标管理工作协调和信息交流暂行规定》座谈会

1949—2012年北方海区航标系统适用的主要规范性文件一览表

表2-4-59

序号	名　称	印发机关	文　件　号	印发日期	生效日期	备注
1	关于共同做好无线电航行警告发布工作的联系办法	大连、秦皇岛、天津、烟台、青岛港务监督		1982年8月1日	1982年8月1日	废止
2	北方海区航标测量管理办法（试行）	天津航测处	津航测〔82〕测字34号	1982年11月5日	1982年11月5日	1989年废止
2	北方海区航标业务管理暂行条例（试行）	天津海监局		1989年	1989年	1992年废止
2	北方海区航标业务管理办法	天津海监局	津海监〔92〕标字42号	1992年3月7日	1992年3月7日	2001年调整
3	北方海区航标动态通告发布办法	天津航道局	津航〔82〕测字第476号	1982年11月18日	1982年11月18日	废止
4	航标作业标准	交通部安监局		1983年	1983年	1996年废止
4	海区航标作业管理规则	交通部安监局	安监字〔1996〕290号	1996年12月3日	1996年12月3日	废止
5	航标机器动力设备使用管理标准	交通部安监局		1983年	1983年	1996年废止
5	海区航标机器动力设备管理规则	交通部安监局	安监字〔1996〕292号	1996年12月3日	1996年12月3日	废止

〔续表一〕

序号	名　称	印发机关	文件号	印发日期	生效日期	备注
6	北方海区各类助航设施维护质量标准	天津航测处	航标测量处管理制度汇编(1984)	1984年4月	1984年4月	废止
7	北方海区无线电通信管理规则					2003年废止
8	航标技术管理条例					废止
9	北方海区航标维护质量考核评分标准(90版)	天津海监局	津海监〔90〕标字96号	1990年4月10日	1990年4月10日	废止
	北方海区航标维护质量考核评分标准(91版)		津海监〔91〕标字115号	1991年7月5日	1991年7月5日	
	北方海区航标达标验收考核评分标准(92版)		津海监〔92〕标字130号	1992年8月1日	1992年8月1日	
10	沿海无线电指向标—差分全球定位系统台站管理规则(试行)	交通部安监局	安监字〔1997〕148号	1997年6月4日	1997年6月4日	2001年废止
	沿海无线电指向标—差分全球定位系统台站管理规则	交通部海事局	海航测字〔2001〕636号	2001年10月26日	2001年12月1日	
11	沿海无线电指向标—差分全球定位系统设备操作规则(试行)	交通部安监局	安监字〔1997〕148号	1997年6月4日	1997年6月4日	2001年废止
	沿海无线电指向标—差分全球定位系统设备操作规则	交通部海事局	海航测字〔2001〕636号	2001年10月26日	2001年12月1日	
12	沿海无线电指向标—差分全球定位系统建设与验收技术标准(试行)	交通部安监局	安监字〔1997〕148号	1997年6月4日	1997年6月4日	2001年废止
	沿海无线电指向标—差分全球定位系统建设技术要求	交通部海事局	海航测字〔2001〕636号	2001年10月26日	2001年12月1日	
13	海区航标、测绘进口设备管理办法	交通部海事局	海航测字〔1999〕47号	1999年2月8日	1999年2月8日	
14	海区航标应急反应管理办法	交通部海事局	海航测〔2004〕7号	2004年1月8日	2004年1月8日	2010年修订
		交通运输部海事局	海航测〔2010〕12号	2010年1月8日	2010年1月8日	
15	关于依法做好海事行政许可工作的通知	交通部海事局	海法规〔2004〕336号	2004年6月23日	2004年7月1日	
16	北方海区航标管理工作协调和信息交流暂行办法	天津海事局	津海标〔2004〕237号	2004年6月30日	2004年8月1日	
17	天津海事局航测进口设备管理实施细则	天津海事局	津海标〔2004〕254号	2004年7月16日	2004年7月16日	
18	中国海区历史灯塔保护管理办法(暂行)	交通部海事局	海航测〔2004〕484号	2004年10月11日	2004年10月11日	
	中国海区历史灯塔保护管理办法(暂行)	天津海事局	津海标〔2004〕378号	2004年10月27日	2004年10月27日	转发

〔续表二〕

序号	名 称	印发机关	文 件 号	印 发 日 期	生 效 日 期	备注
19	天津海事局航标应急反应实施细则	天津海事局	津海标〔2004〕356号	2004年10月18日	2004年10月18日	2011年废止
	天津海事局《海区航标应急反应管理办法》实施细则		津海标〔2011〕94号	2011年3月18日	2011年3月18日	
20	天津海事局航标设置管理补充规定	天津海事局	津海标〔2005〕220号	2005年6月3日	2005年6月3日	附件
	天津海事局航标动态通报管理补充规定					
21	海区航标用阀控式密封铅酸蓄电池技术要求	交通部海事局	海航测〔2005〕411号	2005年10月20日	2005年10月20日	
22	海区航标用锌空气电池技术要求					
23	海区钢质浮标涂料配套体系及技术要求					
24	海区钢质浮标涂装工艺要求					
25	海区钢质浮标涂装维护实施细则					
26	海事系统助航设施防雷技术规范					
27	AIS基岸系统运行管理规定(试行)	交通部海事局	海航测〔2006〕360号	2006年8月24日	2006年8月24日	
28	天津海事局航标设置行政许可程序	天津海事局	津海法〔2006〕368号	2006年10月12日	2006年10月12日	
29	天津海事局无线电管理办法	天津海事局	津海通信〔2006〕378号	2006年10月24日	2006年10月24日	
30	交通部海事局航测质量管理体系运行管理办法(试行)	交通部海事局	海航测〔2007〕327号	2007年7月27日	2007年7月27日	
31	中国海区应急沉船示位标设置管理规则(试行)	交通部海事局	海航测〔2007〕363号	2007年7月9日	2007年9月1日	
32	航标动态通报管理程序	天津海事局	TJMSA-HD-CX-004	2007年7月17日	2007年7月17日	
	航标维护保养程序		TJMSA-HD-CX-013			
	浮动助航标志巡检须知		TJMSA-HD-XZ-016			
33	交通部海事局航测质量管理体系审核实施指南	交通部海事局	海航测〔2007〕502号	2007年9月30日	2007年9月30日	
34	北方海区航标基础数库管理规定(暂行)	天津海事局	津海标〔2007〕507号	2007年12月27日	2007年12月27日	

〔续表三〕

序号	名　　称	印发机关	文　件　号	印发日期	生效日期	备注
35	沿海航标效能定期评估管理办法（试行）	交通运输部海事局	海航测〔2009〕457号	2009年9月7日	2009年9月7日	
36	国内航行船舶船载电子海图系统（ECS）功能、性能和测试要求（暂行）	交通运输部海事局	海船舶〔2010〕74号	2010年2月9日	2010年2月9日	
37	天津海事局航标业务管理工作目标考核标准（试行）	天津海事局	津海标〔2010〕101号	2010年3月11日	2010年3月11日	
38	国内航行船舶船载电子海图系统和自动识别系统设备管理规定	交通运输部海事局	海船舶〔2010〕156号	2010年4月12日	2010年4月12日	

（一）《北方海区无线电通信管理规则》

1982年天津航测处接管北方海区干线公用航标初期，由于新设立的各级航标管理机构通信手段近乎空白，指挥协调和应急处置等工作联系极为不便，严重影响办公效率。为此，天津航测处建立了"天津航测处→航标区→塔台站船"三级无线电通信网络。在天津航测处机关与大连、天津、烟台、青岛航标区之间建立单边带通信网络，为偏远岛屿和有人值守的灯塔配备甚高频通讯设备，组成北方海区航标系统无线电通信网络，在航标作业协调、应急事件沟通和相关业务信息传递等方面发挥了重要作用。随着无线电通信设备数量的不断增加和通信网络的健全，天津航测处决定制定《北方海区无线电通信管理规则》（简称"《规则》"），以规范无线电通信设备的管理使用。

《规则》起草工作由天津航测处航标导航科科长刘子忠负责。在现场调研无线电通信网络建设和管理现状基础上，于1983年9月完成《规则（征求意见稿）》。经广泛征求各有关方面意见和建议，于1983年11月完成《规则（报批稿）》。1984年4月，天津航测处印发施行《规则》。

《规则》共5部分22条，主要内容包括设台、更新、报废，设备使用、设备管理、通信保密等，确定了统一管理、分级负责的管理原则，确保了无线电通信的迅速、准确、保密、畅通。《规则》的施行，使北方海区无线电通信管理机制更加健全，管理流程更加规范，在加强航标业务管理方面发挥了重要作用。

2003年10月，随着北方海区航标系统无线电通信网络的关闭，《规则》同时废止。

（二）《北方海区航标业务管理办法》

1982年11月5日，天津航测处印发施行《北方海区航标测量管理办法（试行）》（简称"《办法》"），以加强北方海区航标管理工作。《办法》共分7部分，主要包括：总则、管理体制、各级领导职责、报告制度、通讯管理、值班制度、检查和维护补给制度等，明确了"集中领导、统一指挥、步调一致"的管理运行机制，界定了各航标区辖区划分和职责分工，为稳步推进北方海区航测事业发展建设起到重要作用。

1988年7月天津海监局成立后，外埠航标区划归当地海监局建制，航标业务、计划、财务工作仍由天津海监局归口管理。为明确北方海区航标系统各单位工作职责，提升航标业务管理水平，推动航标业务管理逐步实现制度化、规范化、标准化，天津海监局组织制定《北方海区航标业务管理暂行条例（试行）》（简称"《条例》"）。《条例》由天津海监局航标导航处工程师王汶执笔，并于1989年1月1日在北方海区航标系统试运行。试运行期间，天津海监局在广泛听取各方面意见基础上，分析研究遇到的新情况和新问题，经过4次修改后，于1992年1月12日北方海区年度航标工作会议上讨论通过，并更名为《北方海区航标业务管理办法》。1992年3月7日，天津海监局印发施行《北方海区航标业务管理办法》（津海监〔92〕标字42号）（简称"《办法》"）。

《办法》共6章，主要内容包括总则、范围与职责、航标业务管理的技术标准、航标业务管理、航标业务基础及附则。《办法》进一步细化了交通部加强海区航标管理的相关要求,规范了北方海区航标系统航标业务管理,明确了沿海各类航标管理要求,完善了北方海区航标系统管理运行机制,使北方海区航标管理质量得到明显提升,也为后续交通部安监局统一制定《海区航标作业管理规则》积累了经验。

2001年5月,随着全国海区航标管理体制调整,外埠航标处划归天津海事局统一管理,北方海区各海事局停止履行《办法》相关条款。

(三)沿海无线电指向标—差分全球定位系统建设技术要求、台站管理规则和设备操作规则

1995年始,根据交通部安监局《中国沿海无线电指向标—差分全球定位系统规划(1996—2000)》总体部署,分3期在中国沿海组织建设20座RBN-DGPS台站。

1996年10月14日,交通部安监局召集天津、上海、广州海监局航标导航处负责人,就中国沿海RBN-DGPS系统建设和加强台站管理等事宜,在天津召开专题研讨会议,以保障该系统建成后为广大用户提供连续、优质、符合国际标准的助航服务。会议决定,由天津航测科技中心牵头组织编制《沿海无线电指向标—差分全球定位系统建设与验收技术标准》(简称"《技术标准》"),具体由副主任马建设负责起草工作;由上海海监局牵头组织编制《沿海无线电指向标—差分全球定位系统台站管理规则》(简称"《管理规则》")、《沿海无线电指向标—差分全球定位系统设备操作规则》(简称"《操作规则》")。

在以上3部规范性文件的编制过程中,起草人员参考了国际组织、相关国家的诸多资料,主要包括:IALA《关于差分全球导航卫星系统(DGNSS)规划的通函》、美国海岸警卫队《差分全球定位系统无线电播发标准》、国际海运事业无线电技术委员会《适用于差分全球定位系统服务的RTCM推荐标准(2.1版)》《适用于差分全球定位系统基准站和完善性监测站的RTCM推荐标准(1.0版)》、ITU《关于在283.5-315kHz(1区)和285-325kHz(2和3区)频段的航海无线电指向标全球导航卫星系统差分发射的技术特性(ITU-R M.823-2建议)》等相关技术标准,以及相关设备主导制造厂商的设备技术规范和其他相关通用技术规范等。1997年5月,在全面分析、研究并反复征求相关单位意见基础上,如期完成编制工作,并报送交通部安监局。1997年6月4日,交通部安监局印发施行《技术标准(试行)》《管理规则(试行)》和《操作规则(试行)》。

1999年,为强化该系统设备现场检验,确保供货方交付的基准台、完善性监控、播发台、电源等设备的性能指标符合要求,天津航测科技中心高级工程师陈蓉细化了《技术标准》,并编制《RBN-DGPS系统设备现场验收细则》,更名为《沿海无线电指向标—差分全球定位系统建设技术要求》(简称"《技术要求》"),进一步规范了设备现场验收步骤、单机设备检验方法、系统性能指标检验方法、测试记录格式等,使之更加适应台站建设需求。

随着二、三期RBN-DGPS系统台站逐步建成,台站基准台、完善性监控台、播发台、电源系统等设备以及系统监控软件的更新、升级,试行的《管理规则》《操作规则》已不适应台站管理、设备操作需要。2001年5月,天津航测科技中心适时向交通部海事局提出修订相关规则的建议。2001年6月11—14日,交通部海事局在上海召开RBN-DGPS系统台站管理工作会议,天津、上海、广东、海南海事局派员参加。与会人员围绕系统运行、台站管理、设备操作中存在的问题展开深入研讨。会议决定,由天津航测科技中心牵头组织修订《管理规则(试行)》《操作规则(试行)》,并指定该中心高级工程师陈蓉负责具体修订工作。

2001年6月25日至7月5日,修订人员结合台站管理、设备运行实际,对《管理规则(试行)》《操作规则(试行)》逐条修改、细化,使之更加适应台站管理、设备运行的需求。同年9月,新修订的《技术要求》《管理规则》《操作规则》一并报送交通部海事局审核。2001年10月26日,交通部海事局印发新的《技术要求》《管理规则》《操作规则》(海航测字〔2001〕636号),自2001年12月1日正式施行,原试行的《技术标准》《管理规则》《操作规则》同时废止。

新《技术要求》共5部分,主要内容包括总体技术要求、站址选择、业务用房要求、设备配置及技术要求、系统设备验收要求等,主要对RBN-DGPS系统的播发信号、信号覆盖范围、定位精度、系统可靠性作出明确规定,并对站址选择、台站业务用房、设备配置及设备验收提出技术性要求,为规范中国沿海RBN-DGPS系统建设与验收提供了技术依据。《技术要求》适用于中国沿海RBN-DGPS系统建设,是台站选址、基本建设、设备招标采购、系统配置、设备验收的重要技术文件,有效规范了RBN-DGPS系统建设,提高了RBN-DGPS系统运行效率。

新《管理规则》共6部分,主要内容包括总则、人员职责、值班规则、设备维护保养规则、设备/器材/备件/技术资料管理规则和质量监测规则等,主要就台站运行方式,人员配备,台站巡检、维护要求,值班人员考核标准,台站站长、值班人员、辖区技术维护人员职责,设备维护保养内容,设备、器材、备件和技术资料的管理,系统质量监测内容、监测方法、数据处理方法,以及系统质量考核指标等作出明确规定,为全国海区航标系统规范管理台站提供了工作依据。新《操作规则》主要就RBN-DGPS系统台站设备,包括基准台、完善性监控台、播发台和电源系统的操作要求作出明确规定,规范了设备开机前准备工作,设备开机、关机顺序及各设备操作步骤,为台站人员正确操作设备提供了工作依据。新颁布的《管理规则》和《操作规则》适用于中国沿海RBN-DGPS台站管理和运行,有效规范了台站管理、设备操作要求,对确保RBN-DGPS系统正常运行,为广大用户提供全天候、连续、符合国际标准的高精度助航服务奠定了基础。

至2012年,《技术要求》《管理规则》《操作规则》仍在执行中,并收录在《航测法规标准汇编(2012)》(上册)中。

(四)《北方海区航标管理工作协调和信息交流暂行办法》

2001年全国海区航标管理体制调整后,大连、营口、秦皇岛、烟台、青岛航标处及日照航标站划归天津海事局建制,实行集中统一管理。2004年4月,为贯彻落实交通部海事局《关于进一步加强航标管理的若干意见》,理顺北方海区各海事局事权关系,明确工作职责和办事程序,完善航标管理协调机制和信息交流制度,天津海事局着手研究制定《北方海区航标管理工作协调和信息交流暂行办法》(简称"《办法》")。

《办法》由天津海事局航标导航处负责组织起草。2004年6月18日,该处工程师王汶起草完成《办法(征求意见稿)》,发至有关单位征求意见。6月28日,天津海事局副局长赵亚兴在大连主持召开座谈会,天津、辽宁、河北、山东海事局及各航标处等单位(部门)共12位代表参加会议。会议深入研讨修订并达成一致意见。《办法》于同年6月30日由天津海事局印发,自2004年8月1日起正式施行。

《办法》明确了天津海事局及所属航标处和当地海事局的航标管理职责,理顺了航标规划编制、航标设置和配布调整审批、航标动态发布、航标信息交流、航标应急反应、航标保护与行业管理等事权关系。其中,关于航标设置申请,在理顺航标管理事权关系期间,对专业单位向当地海事局提出的航标设置申请,由当地海事局告知专业单位应报送辖区航标处;关于第一类航标动态,根据当时航行警告发布体制,北方海区各直属海事局将最终发布的航行警告文稿及时通报天津海事局或辖区航标处;关于地方港口建设方案审查设计航标事宜,当地海事局通知或提示主办单位邀请相关航标管理部门参加。

《办法》明确天津海事局是北方海区航标系统工作管理层,辽宁、河北、山东海事局协助天津海事局管理北方海区航标系统工作。大连、营口、秦皇岛、天津、烟台、青岛航标处是北方海区航标系统工作执行层,亦是辖区航标工作管理层,辽宁、河北、山东海事局所属当地海事局协助有关航标处管理辖区航标工作。同时,《办法》进一步明确了各航标处的管辖范围。

《办法》施行以来,理顺了北方海区航标系统的管理事权关系,完善了航标管理协调机制和信息交流体系,为建设畅通、高效、安全、绿色的海上通航环境提供了制度保障。

至2012年,《办法》仍在执行中。

(五)海区钢质浮标涂料配套体系及技术要求、涂装工艺要求和涂装维护实施细则

21世纪初,当人类步入卫星导航定位时代后,在众多海上助航设施中,最为简单而直观的浮标依然不可或缺,并在港口航道及部分危险水域得到广泛应用。然而,中国的浮标保养技术及维护周期与世界海洋强国相比依然存有较大差距。2001年12月,为提高浮标保养技术水平、延长维护周期,交通部海事局组织天津、上海、广东海事局等单位相关专业技术人员在珠海召开专题会议,研究确定浮标维护保养技术革新方案和责任分工,并成立7人专项工作小组,具体负责科研技术路线和相关规范标准编制工作。

2002年8—12月,专项工作小组在完成湛江、海口、上海、天津航标处和几家规模较大的油漆生产厂家实地调研后,天津航测科技中心高级工程师李钊金执笔起草完成《全国海区浮标用油漆及工艺情况调研报告》,并如期报送交通部海事局。该报告剖析了全国海区浮标维护保养周期偏短的主要原因,阐释了IMO、IALA等国际组织决议案以及相关要求和建议,强调了浮标油漆对提高浮标视觉效果、减少维护费用、适应环保要求的重要性,提出了改进完善相应管理规则和技术标准的初步设想等。

2003年5月30日,交通部海事局印发《关于下达海区2003年航测"三项、专项"项目计划的通知》,指定天津海事局承担"浮标系统免维护研究"项目,天津航测科技中心主任马亚平为项目负责人。后经该中心多渠道考察比选,最终与中国海军舰船修造研究涂料分析检测中心(简称"检测中心")签订《中国海区钢质浮标涂装规范》科研项目合作协议书。同年12月,由天津航测科技中心与检测中心组成5人工作组,在实地调研汕头、厦门、上海、营口、海南航标处辖区浮标使用状况基础上,依据IMO决议、IALA浮标油漆指南,参照国家相关标准和海军执行的《船舶涂料配套及涂装规范》,参考美国海岸警卫队浮标用油漆方案,以及国外钢质浮标涂料配套施工要求和相应使用期效等,于2004年7月起草形成《中国海区钢质浮标涂装技术指标与工艺规范(征求意见稿)》,印发各海区航标管理部门征求意见。根据反馈意见,将其拆分成《中国海区钢质浮标涂料配套体系及技术要求》和《中国海区钢质浮标配套涂料涂装工艺要求实施细则》。

2004年10月12—14日,按照交通部海事局工作安排,天津航测科技中心主任马亚平在海南海口主持召开《中国海区钢质浮标涂装规范》科研项目审定会,来自海军舰船修造研究所和天津、上海、广东、海南海事局5个单位的10名专家参会。依据审定会意见,工作组修订完成《海区钢质浮标涂料配套体系及技术要求》《海区钢质浮标配套涂料涂装工艺要求》《海区钢质浮标涂装维护实施细则》(简称"《技术要求》""《工艺要求》""《实施细则》"),并于11月24日报送交通部海事局。2005年10月20日,交通部海事局印发施行《技术要求》《工艺要求》和《实施细则》(海航测〔2005〕411号)。

《技术要求》主要内容包括适用范围、引用文件、涂料选用、浮标各部位涂料配套体系和技术要求、浮标配套涂料的技术指标及检验方法、浮标防锈底漆、防污涂料、浮标水线以上部位面漆、检验方法和交货准备等。《工艺要求》主要内容包括适用范围、引用文件、要求三部分,规定了新造和维修钢质浮标涂装前表面处理、涂装前准备、涂装施工环境要求、涂装方法、涂装工艺、涂装施工的管理要求、漆膜厚度管理、施工记录、涂装后的验收、涂层缺陷修补、安全与防护、涂装工艺及涂装质量检验验收等。《实施细则》主要内容包括依据全国海区在不同海况下钢质浮标适合的维护周期,划分为两类配套方案:一类(配套1)维护周期为2~3年;二类(配套2)维护周期为1~2年,并推荐了与维护周期相对应的涂料配套体系。同时,就选择维护周期和涂料的依据、涂装环境要求、涂装前准备工作、表面处理、涂装工艺、施工记录、目测漆膜质量、涂装后目测验收等作出说明,是《技术要求》《工艺要求》的解释和补充,以便于按照相关要求,实施钢质浮标的建造和养护。

图2-4-116 2004年10月12—14日,天津航测科技中心在海南海口组织召开《中国海区钢质浮标涂装规范》审定会

上述3个规范性文件,适用于全国海区各类钢质浮标的建造涂装、维修涂装、配套涂料的选用和订购,旨在精心养护结构良好的浮标设施,对海上航行安全起到有效辅助作用的同时,更加环保可靠。3个规范性文件施行后,全国海区航标系统钢质浮标的维护周期有效延长,效能普遍提高。

至2012年,上述3个规范性文件仍在执行中,并收录在《航测法规标准汇编(2012)》(上册)中。

(六)《海事系统助航设施防雷技术规范》

航标作为交通航运重要基础设施之一,对保障船舶航行安全发挥着重要作用。由于灯塔、灯桩等助航设施大多位于海岬、孤岛等地势开阔的雷电多发区,受雷电袭击概率较大,改进和规范助航设施雷电防护装置尤为重要。2001年,按照交通部海事局工作安排,天津航测科技中心着手研究雷电防护技术,先后完成秦皇岛、抱虎角、三山岛、老铁山、王家麦、成山角6个RBN-DGPS台站雷电防护装置更新改造项目,并起草完成《RBN-DGPS台站防雷技术要求》,用于指导北方海区航标系统RBN-DGPS台站雷电防护工作。

2003年初,交通部海事局决定编制《海事系统助航设施防雷技术规范》(简称"《规范》"),并指定天津海事局航测科技中心负责组织起草工作。该中心高级工程师李慧敏在《RBN-DGPS台站防雷技术要求》基础上,查阅了国内外相关技术标准等大量图书资料,并赴地方防雷中心、气象台雷达站、交管中心等实地走访调研,听取国内外防雷专家和专业技术人员意见和建议,历时数月,起草形成《规范(征求意见稿)》。

2003年10月,按照交通部海事局工作安排,天津航测科技中心主任马亚平在海南海口主持召开《规范》研讨会,来自天津、上海、广东、深圳、海南海事局的17名工程技术人员参加研讨。会后,根据研讨意见,修订形成《规范(修改稿)》。2004年5月,经交通部海事局航测处内审,形成《规范(送审稿)》。同年6月2日,交通部海事局在北京召开专家审定会,《规范》顺利通过审定。2005年10月20日,交通部海事局印发施行《海事系统助航设施防雷技术规范》(海航测〔2005〕411号)。

图2-4-117　2004年6月2日,交通部海事局在北京召开《海事系统助航设施防雷技术管理规定》审定会

《规范》共8个部分、6个附录,主要内容包括雷电防护设计原则、直击雷防护(外部防雷)、雷击电磁脉冲防护(内部防雷)、防雷工程管理和运行维护。《规范》适用于沿海RBN-DGPS台站、VTS中心及雷达站、灯塔和AIS基站等助航设施的雷电防护工程设计、实施、系统内部验收、管理和运行维护等。

《规范》具有较强的操作性和实用性,对各类助航设施的雷电防护具有指导意义,交通部海事系统未来发展的助航设施、设施的改造与升级、新设备的安装,以及其他具有敏感电子设备的设施,均应按照《规范》设计防雷、施工和管理。《规范》施行以来,最大限度地减少了雷电对助航设施的危害,保障了设施内人员和设备安全。

至2012年,《规范》仍在执行中,并收录在《航测法规标准汇编(2012)》(上册)中。

(七)海区航标用阀控式密封铅酸蓄电池技术要求和锌空气电池技术要求

航标能源是保证航标正常工作的动力,航标用电池属于航标主要能源之一,其质量及适用性对浮标、灯塔、灯桩等正常运行至关重要。然而,由于航标用电池质量参差不齐,对航标维护造成诸多困难。为此,需要统一和规范航标用电池技术指标,用于指导全国海区航标系统正确选用航标电池。1999年,交通部海事局决定编制《海区航标用阀控式密封铅酸蓄电池技术要求》《海区航标用锌空气电池技术要求》(简称"两项《技术要求》"),并指定天津航测科技中心负责起草工作。

据此,该中心高级工程师李慧敏等专业技术人员首先开展调研工作,在全国海区范围内发放《航标电池应用情况调查表》,广泛收集航标用电池的现状、性能及存在的问题。1999年10—11月,编制人员先后赴上海、广州海事局航标导航处和基层航标处实地调研,并走访了主要电池生产厂家,了解国内电池生产技术水平。在此基础上,参照相关国家、行业和企业标准,结合航标电池特点要求以及国内电池生产水平,起草完成两项《技术要求》的征求意见稿。后经广泛征求意见,数易其稿,于2000年1月形成送审稿。

2000年5月,交通部海事局在天津召开审定会,两项《技术要求》顺利通过专家审定。2005年10月

20日,交通部海事局印发施行两项《技术要求》(海航测〔2005〕411号)。

两项《技术要求》分别规定了海区航标用阀控式密封铅酸蓄电池和锌空气电池的技术要求、检测项目、试验方法、标志、包装、运输和贮存,航标用适用于全国海区航标用阀控式密封铅酸蓄电池和锌空气电池的采购和使用,并充分考虑了航标电池的特定使用环境和用户对电池的特殊要求,是全国海区航标系统航标电池选型、检验和使用的依据,实用性和可操作性较强。

至2012年,两项《技术要求》仍在执行中,并收录在《航测法规标准汇编(2012)》(上册)中。

(八)《天津海事局〈海区航标应急反应管理办法〉实施细则》

随着航运经济的快速发展,海上交通形势日趋复杂,涉水应急突发事件逐步增多,对海事安全监管和航海保障工作提出更高要求。为提高航标应急反应能力,及时完成航标应急任务,确保船舶航行安全,交通部海事局于2004年1月8日印发施行《海区航标应急反应管理办法(试行)》。

据此,天津海事局于2004年2月着手制定《天津海事局航标应急反应实施细则》(简称"《细则》")。天津海事局航标导航处高级工程师郎荣威等专业技术人员在走访调研辖区海事、港航、航标等单位(部门)后,完成《细则(初稿)》起草工作。后经征求各有关单位意见,修订形成《细则(报批稿)》。2004年10月10日,天津海事局印发施行《细则》。《细则》共7章22条,主要内容包括总则、职责、资源、信息、运行、监督以及附则等。《细则》分类界定了航标应急反应相关活动,明确了局属各单位(部门)在航标应急反应中的职责分工,对航标应急资源、信息渠道、运行模式等作了统筹周密安排,进一步细化完善了北方海区航标系统应急反应机制,为有效增强北方海区航标系统应急反应能力提供了制度保障。

之后,随着沿海港口水域船舶交通流量迅猛增长,以及溢油清污、搜寻救助、应急反应任务日益增多,《海区航标应急反应管理办法(试行)》已不适应实际工作需要。2010年1月8日,交通运输部海事局修订并印发施行《海区航标应急反应管理办法》。据此,天津海事局经过分析研究以往海事事故、溢油清污、应急设标等典型案例,结合北方海区航标用户座谈会反馈意见,对《细则》作了修订完善,更名为《天津海事局〈海区航标应急反应管理办法〉实施细则》(简称"《实施细则》"),于2011年3月18日印发施行,《细则》同时废止。

《实施细则》共18条,主要内容包括适用范围、应急内容、工作职责、应急预案、信息来源、工作程序、应急设置、应急演习、总结评估、监督检查、安全保障、预算管理等。《实施细则》进一步细化了航标应急反应管理程序和操作环节,更加贴近北方海区航标系统应急反应工作实际,为应对各类突发事件提供了科学指导,有效保证了近年来航标应急反应任务圆满完成。

至2012年,《实施细则》仍在执行中。

二、测绘规范性文件

1982年11月5日,天津航测处印发施行《北方海区航标测量管理办法(试行)》,明确规定:海港测量队负责北方海区各中央直属港口的港池、航道、锚地等海底地貌及障碍物探测;北方海区灯塔周围和干线航道水深测量;搜集积累并向国内有关单位提供上述范围内的测量资料和沿海港口航道图。1984年4月,天津航测处印发施行《测绘技术业务管理制度》《海港航道测量质量管理制度和考核办法》《测绘资料管理与对外发放制度》,对规范测绘管理、推动技术进步、保证测绘质量发挥重要作用。

20世纪80年代末至20世纪90年代初,北方海区测绘系统业务范围不断拓展,行业特点逐步凸显,出现了国家和行业测绘标准不能完全覆盖其测绘业务的新情况。为此,天津海测大队通过建立完善的内部管理制度,以弥补测绘行业规范性文件和技术标准相对滞后的短板。1988年9月,印发施行《港口航道图质量管理规定》《港口航道清绘图的质量评定》,规范了港口航道图编绘作业方法和港口航道清绘图质量等级评定。1989年7月,印发施行《海港测量外业定额》,对提高外业测量工作效率发挥了积极作用;1990年3月,印发施行《四波束测深仪全复盖测深(扫测)技术规定》,开创了国内"面测深"技术先河;1990年4月,印发施行《水深测量技术规定》,满足了不断发展的测绘技术和沿海港口航道测量特点需要;1990年6月,印发施行《海港地理调查技术规定》,规范了沿海港口航道图地理资料调查工作,保证了编绘质量,同时印发施行《海港测量外业质量评定标准》,使外业测量质量评定工作有章可循;1990年7月,印发施行《编绘、清绘工作定额》,提高了沿海港口航道图编绘工作效率等。上述内部规范性文件,适应测绘新技术、新设备发展需求,加快了测绘新技术、新设备的引进、开发和应用的发展步伐。

20世纪90年代,交通部安监局逐步加大测绘规范性文件建设力度。其间,根据交通部安监局工作安排,北方海区测绘系统牵头组织编制《港口、航道测绘产品质量检查验收办法》《港口、航道测绘产品质量评定标准》,交通部安监局于1996年5月8日印发施行,对港口航道图质量检验机制的建立、质量检验方法和要求作出明确规定,是为北方海区测绘系统牵头组织编制的第一批全国海区测绘系统规范性文件;牵头组织编制《计算机海图制图技术规定》,交通部安监局于1997年8月印发施行,为将计算机制图研发成果转化为生产力,推动全国海区测绘系统全面应用计算机技术实施港口航道图制图发挥积极作用。其间,交通部安监局印发施行《交通部港口航道图质量监督管理办法》,对港口航道图质量监督管理职责分工、质量体系建立、产品质量评审及质量监督责任作出明确规定。

进入21世纪,交通(运输)部海事局加快测绘规范性文件建设步伐。根据交通(运输)部海事局工作安排,北方海区测绘系统参与全国海区测绘规范性文件编制活动的频次明显加大。天津海测大队于2000年1月18日牵头组织编制完成《沿海港口航道航行障碍物探测的一般规定(试行)》;2003年3月4日,编制完成《沿海港口、航道测量技术规定》《沿海港口、航道测绘产品质量检查验收办法及质量评定标准》;2009年4月10日,编制完成《港口航道图测绘工作量核算规定》;2010年1月1日,编制完成《海事测绘专题图编绘技术规定》;2010年1月8日,编制完成《沿海通航水域应急扫海测量管理办法》等。交通(运输)部海事局实时印发施行的上述规范性文件,对规范测绘作业,保证测绘质量,满足日益增长的航海运输、航政管理和港口建设需求发挥了重要作用。其间,天津海测大队印发施行《海事测绘专题海图编绘技术规定》《天津海事局海测大队测量工程定额管理办法》《天津海事局应急扫测实施细则》等,北方海区测绘系统相关规范性文件和技术标准日趋完善。

此间,测绘行业规范性文件编制进度明显加快,国家测绘局、国家保密局先后印发施行《测绘管理工作国家秘密范围的规定》《基础地理信息公开表示内容的规定(试行)》《测绘资质管理规定·测绘资质分级标准》等5部测绘规范性文件,测绘行业规范性文件体系日趋完善。其中,按照国家测绘主管部门工作安排,天津海测大队两次牵头组织修订《测绘资质管理规定·海洋测绘专业》。

2010年2月,交通运输部海事局在上海召开专题会议,要求协助长江航道局制作长江电子航道示意图,并决定编制《内河电子航道示意图制作技术规定》,以保证示意图制作科学精确。2010年3月,天津海测大队配合编制单位广东海测大队起草该规定,并参与了相关修订和审定等工作。同年3月24日,交通运输部海事局印发施行《内河电子航道示意图制作技术规定》(海航测〔2010〕128号),适用于长江干线、西江干线、京杭大运河及黄浦江等范围内的内河电子航道示意图制作。

至2012年,北方海区测绘系统适用的主要测绘规范性文件共计41部。其中,按照交通(运输)部安监局(海事局)工作安排,由北方海区测绘系统牵头组织或参与编制的全国海区测绘系统规范性文件共9部;按照国家测绘主管部门工作安排,由北方海区测绘系统牵头组织修订的全国测绘行业规范性文件1部。

1982—2012年北方海区测绘系统适用的主要规范性文件一览表

表 2-4-60

序号	名称	印发机关	文件号	印发日期	生效日期	备注
1	北方海区航标测量管理办法(试行)	天津航测处	津航测〔82〕测字34号	1982年11月5日	1982年11月5日	废止
2	测绘技术业务管理制度	天津航测处	航标测量处管理制度汇编(1984)	1984年4月	1984年4月	废止
3	海港航道测量质量管理制度和考核办法	天津航测处	航标测量处管理制度汇编(1984)	1984年4月	1984年4月	废止
4	测绘资料管理与对外发放制度					
5	港口航道图质量管理规定	天津海测大队	测绘技术规定汇编(1990)	1988年9月	1988年9月	废止
6	港口航道清绘图的质量评定			1988年9月	1988年9月	
7	海港测量外业定额			1989年7月	1989年7月	
8	四波束测深仪全复盖测深(扫测)技术规定			1990年3月	1990年3月	
9	水深测量技术规定			1990年4月	1990年4月	
10	海港地理调查技术规定			1990年6月	1990年6月	
11	海港测量外业质量评定标准			1990年6月	1990年6月	
12	编绘、清绘工作定额			1990年7月	1990年7月	
13	CARIS海图制图系统操作手册	天津海测大队		1993年	1993年	废止
14	测绘外业测量工作量统计核算办法(试行)	交通部安监局		1994年6月	1994年6月	
15	甲、乙级测绘资格证书分级标准	国家测绘局	国测体字〔1995〕14号	1995年7月9日	1995年7月9日	2001年废止
15	测绘资格证书分级标准	国家测绘局	国测管字〔2000〕10号	2000年8月29日	2000年8月29日	2004年废止
15	测绘资质管理规定测绘资质分级标准	国家测绘局	国测法字〔2004〕5号	2004年2月26日	2004年2月26日	2009年废止
15	测绘资质管理规定测绘资质分级标准	国家测绘局	国测管字〔2009〕13号	2009年3月12日	2009年6月1日	2014年废止
15		国家测绘地理信息局	国测管发〔2014〕31号	2014年7月1日	2014年7月1日	
16	《海道测量规范》(GB 12327—90)补充规定	交通部安监局		1996年4月	1996年4月	废止
17	水深测量数据采集与后处理系统技术规定	天津海测大队	津海监海测工字〔96〕23号	1996年6月	1996年7月11日	2001年废止
18	港口、航道测绘产品质量检查验收办法	交通部安监局	安监字〔1996〕100号	1996年5月8日	1996年5月8日	2003年废止
18	港口、航道测绘产品质量评定标准	交通部安监局	安监字〔1996〕100号	1996年5月8日	1996年5月8日	2003年废止
18	沿海港口、航道测绘产品质量检查验收办法及质量评定标准	交通部海事局	海航测〔2003〕63号	2003年3月4日	2003年3月4日	

〔续表一〕

序号	名称	印发机关	文件号	印发日期	生效日期	备注
19	交通部港口航道图质量监督管理办法	交通部安监局	安监字〔1996〕293号	1996年12月3日	1996年12月3日	
20	计算机海图制图技术规定	交通部安监局		1997年8月	1997年8月	
21	多波束测深系统扫测技术规定	天津海测大队	海测工字〔2000〕19号	2000年6月10日	2000年6月10日	
22	沿海港口航道航行障碍物探测的一般规定(试行)	交通部海事局	海航测〔2000〕38号	2000年1月18日	2000年1月18日	
23	航海图书资料印刷管理办法	交通部海事局	海航测〔2000〕38号	2000年1月18日	2000年1月18日	
24	沿海港口、航道测量技术规定	交通部海事局	海航测〔2003〕63号	2003年3月4日	2003年3月4日	
25	测绘管理工作国家秘密范围的规定	国家测绘局 国家保密局	国测办字〔2003〕17号	2003年12月23日	2003年12月23日	2009年补充
26	测绘作业证管理规定	国家测绘局	国测法字〔2004〕5号	2004年6月1日	2004年6月1日	
27	海事测绘专题海图编绘技术规定	天津海测大队		2008年5月1日	2008年5月1日	
28	应急扫海测绘实施细则(试行)	天津海测大队	海测办〔2008〕89号	2008年10月20日	2008年10月20日	
29	公开地图内容表示补充规定	国家测绘局	国测图字〔2009〕2号	2009年1月23日	2009年1月23日	
30	港口航道图测绘工作量核算规定	交通运输部海事局	海航测〔2009〕181号	2009年4月9日	2009年4月10日	
31	关于调整直属海事系统航海图书制作与发行工作的通知	交通运输部海事局		2009年11月30日	2009年11月30日	
32	港口航道图编绘技术规定	交通运输部海事局	海航测〔2009〕781号	2009年12月31日	2010年1月1日	
33	海事测绘专题图编绘技术规定	交通运输部海事局	海航测〔2009〕782号	2009年12月31日	2010年1月1日	
34	沿海通航水域应急扫海测量管理办法	交通运输部海事局	海航测〔2010〕13号	2010年1月8日	2010年1月8日	
35	应急扫海测量实施预案(试行)	天津海测大队	ISO体系文件之须知文件	2010年1月25日	2010年2月2日	
36	内河电子航道示意图制作技术规定	交通运输部海事局	海航测〔2010〕128号	2010年3月24日	2010年3月24日	
37	港口航道图测量成果数据汇交管理暂行规定	交通运输部海事局	海航测〔2010〕261号	2010年6月21日	2010年6月21日	

〔续表二〕

序号	名　称	印发机关	文　件　号	印发日期	生效日期	备注
38	基础地理信息公开表示内容的规定（试行）	国家测绘局	国测成发〔2010〕8号	2010年9月21日	2010年9月21日	
39	天津海事局海测大队测量工程定额管理办法	天津海测大队	海测〔2011〕10号	2011年5月18日	2011年5月18日	
40	天津海事局应急扫测实施细则	天津海事局	津海测〔2011〕167号	2011年5月20日	2011年5月20日	
41	关于加强进出中国沿海港口水域深吃水船舶监督管理的通知	交通运输部海事局	海通航〔2011〕574号	2011年9月6日	2011年9月6日	

(一)《测绘技术规定汇编(1990)》

20世纪70年代末期，随着海洋测绘技术不断进步，测绘手段不断更新，服务领域不断扩展，业务总量不断增加，港口航道测绘面临新的挑战。此间，国家和交通行业相关标准尚待出台，出现了不能完全覆盖港口航道测绘业务的新情况，迫切需要制定内部技术标准和规范性文件，以弥补国家和交通行业标准的不足。为此，天津海港测量队在队长姚一宁的主持下，挑选部分技术骨干，围绕外业测量、内业编绘、质量评定和定额管理等方面存在的问题，编制了8项内部规范性文件，初步解决无章可循、无法可依的问题。

1979年，天津海港测量队在全国海区测绘系统率先引进日本PS-20R型四波束测深仪后，积极探索这一先进设备和"面测深"技术的开发与应用，结合推广应用情况制定相关技术规定，经多次修订，适时印发施行《四波束测深仪全覆盖测深（扫测）技术规定（内部使用）》。该规定共6章8节60条及2个附录，主要内容包括总则、扫海趟宽度和有效宽度的计算、换能器安装、定位、扫测和内业整理等，并规定了深度偏深值计算和扫海趟宽度计算要求等。

1984年始，根据30余年海上测量经验，依据相关测量规范和质量评定要求，天津海港测量队印发施行《海港测量外业定额》(1989年7月修订)，共5章4节32条和1个附录，主要内容包括总则、准备与路途、测量实施和相应定员、地形测量、拖底扫海和附录（北方海区野外测量全年正常作业月份和利用定额）。该定额涵盖了控制测量、单波束测深仪水深测量、四波束测深仪扫测、地形测量、拖底扫海、底质点和测流点等作业内容，明确了测量工作定额计算标准，规定了不同港口、不同月份外界因素对测量工作的影响等。

1988年9月，根据彩色港口航道图手工绘制质量要求，天津海港测量队印发施行《港口航道图质量管理规定》，阐明了"两级检查，一级验收"机制，明确了各环节各类人员（绘图员、编辑、植字员、制图队队长）职责，规定了清绘图和彩色样图的校对、审查、验收要求。同时，印发施行《港口航道清绘图的质量评定》，确定了质量评定的计分原则和方法、错漏的鉴别原则及工艺质量评分标准等，在调动职工工作积极性、强化技术人员责任心、提高工作效率等方面发挥了重要作用。

为适应不断发展的测绘技术和沿海港口航道测量特点的需求，根据常规水深测量作业特点，天津海测大队于1990年4月印发施行《水深测量技术规定（内部使用）》（简称"《规定》"）。该《规定》共2章9节63条及2个附录，主要内容包括常规水深测量、拖底扫海，以及船舶定位方法和大沉锤横偏距测定等，并明确了水深测量及障碍物探测的具体实施要求、过程质量控制，统一了作业流程和考核依据。同时，该《规定》保留了传统水深测量和扫海作业手段，是对交通行业标准《沿海港口航道测量规范》(JTJ 282—87)的诠释和补充。

1990年6月，围绕沿海港口航道图编绘需求，天津海测大队印发施行《海港地理调查技术规定（内部使用）》。该规定共4节13条，主要内容包括技术准备、专项调查、资料收集、调查报告等，并规范了沿海港口航道图地理资料调查各阶段的工作要求和任务，保证了编绘质量。同时，根据外业测量成果质量评定需求,印发施行《海港测量外业质量评定标准》。该标准主要包括平面控制、水准测量、水深测量、岸线地形测量、扫海测量、技术总结等六个方面的内容,并对质量评定的计分原则和方法作出明确规定。

为加强编绘工作管理、调动职工积极性、提高成图质量,天津海测大队于1990年7月印发施行《编绘、清绘工作定额(内部使用)》。该定额根据编绘技术装备及作业人员技术水平,按照成图作业步骤,从编绘到清绘流程,逐项规定了额定工天,提高了沿海港口航道图编绘工作效率。

1990年8月,天津海测大队将历时6年完成的上述8项内部规范性文件编纂成册,以《测绘技术规定汇编(1990)》颁行使用。该汇编适应测绘新技术、新设备发展需求,加快了测绘新技术、新设备引进、开发、应用的发展步伐,规范了沿海港口航道测绘各个环节的作业,填补了国家和行业标准出台前测绘作业管理、新技术应用规定、质量检验和标准评定的空白,对推行科学管理、调动职工积极性、提高工作效率、保证测绘产品及服务质量起到重要作用。同时,也为后续上级测绘主管部门组织编制海洋测绘国家和交通行业标准提供了重要的参考依据。

(二)《水深测量数据采集与后处理系统技术规定》

20世纪90年代,天津海测大队紧密跟踪国内外测绘科技发展动态,在国内海洋测绘领域较早开展了水深测量自动化系统的研发工作。1990年,该队工程师王玉林等专业技术人员自主研发成功"水深测量数据采集与后处理系统",经外业测量人员多次测试应用,初步实现水深测量数据采集、数据后处理作业、测量成果图板编辑输出全过程自动化。1993年12月,为指导外业测量人员操作使用,保证水深测量数据成果质量,该队决定编制《水深测量数据采集与后处理系统技术规定》(简称"《规定》"),并指定王玉林具体负责起草工作。

《规定》的编制本着以指导外业测绘数据采集、有效控制水深测量和数据后处理数据质量为原则,以水深测量数据采集与后处理系统测试的技术成果为依据,并充分考虑有关测量规范和数据采集要求。1994年,编制完成《规定》中操作指南和水深测量数采规定等有关章节的起草工作。1995年末,编制完成《规定(征求意见稿)》。1996年7月,在多次征求相关部门和工程技术人员意见基础上,编制完成《规定(报批稿)》。1996年7月11日,天津海测大队印发施行《水深测量数据采集与后处理系统技术规定》(津海监海测工字〔96〕23号)。

该《规定》共6章1个附录,正文包括总则、数据采集技术设计、数据采集、数据预处理、数据后处理和测量成果检查验收;附录包括《计划测线布设记录表》《数据采集工作日志》《数据预处理工作日志》《数据后处理工作日志》《特殊水深检查登记表和助航物》《特殊水深及其它航行提示一览表》《数据采集系统硬件配置框图》等。

《规定》对水深测量从数据采集到数据后处理全过程作出明确规定,适用于利用"水深测量数据采集与后处理系统"开展的港口航道测量作业,对该系统在测量作业中推广应用以及单波束和四波束测深仪测深实现自动化发挥了重要作用,也为后续相关交通行业标准的制定提供了重要依据。

2008年4月1日,交通部发布实施《水深测量数据采集处理系统技术要求》(JT/T 701—2007),《规定》即行废止。

(三)《计算机海图制图技术规定》

20世纪90年代初,计算机制图系统已逐步在全国海区测绘系统推广应用,成为海图制图的新型工具,彻底改变了手工制图工艺流程和方法。1991年,天津海测大队引进加拿大CARIS计算机辅助制图系统,并于当年采用计算机交互编辑、平板绘图机刻绘,成功出版了全国海区测绘系统第一幅除汉字注记外的全要素海图。随后,CARIS计算机辅助制图系统推广应用于上海、广州海监局海测大队,计算机辅助制图工艺在全国海区测绘系统港口航道图编绘工作中得到普遍应用。鉴于适用于手工制图的国家标准《中国航海图编绘规范》和行业标准《沿海港口航道图编绘规范》已无法满足计算机海图制图的需求,根据交通部安监局工作安排,由天津海测大队负责编制《计算机海图制图技术规定》(简称"《规定》"),该队工程师张安民具体负责起草工作。

1995年,以《中国航海图编绘规范》《沿海港口航道图编绘规范》手工制图技术要求为基础,针对计算机海图制图的技术特点,依据计算机海图制图的工作流程、工艺控制和精度要求,完成《规定(征求意见稿)》起草工作。1996年5月,采纳各方面的意见和建议,补充修改并形成《规定(报批稿)》。1997年3月,交通部安监局组织该《规定》技术评审,并于1997年8月印发施行。同时,该《规定》的编制成果荣获交通部工管司优秀QC小组奖。

《规定》共11章和3个附录,正文主要内容包括:适用范围、引用标准、基本术语、计算机制图系统的软件和硬件的基本配置等。对计算机制图的编辑准备、资料输入、交互编辑、海图审校和海图输出等工艺流程,以及制图资料输入的方式、精度和制图要素的属性代码等提出明确要求。同时,对交互编辑的基本原则、主要内容及方法,海图的校对、审查和验收,海图输出,编绘成果及资料的上交与管理作出详细规定,附录A对不同比例尺的图廓式样作出规定,附录B规定了直线比例尺和渐长比例尺的细分表,附录C规定了不同字体的代码表。

《规定》适用于利用计算机技术实施的沿海港口航道图制图作业,对指导全国海区测绘系统计算机海图制图作业、保障海图质量发挥了重要指导作用。

至2012年,《规定》仍有效,并收录在《航测法规标准汇编(2012)》(下册)中。

(四)《沿海港口航道航行障碍物探测的一般规定(试行)》

20世纪90年代末,随着港口航道图图幅数量的增加和图幅范围的扩大,图载概位、疑(存)位、"据报"等障碍物数量不断增多,这些障碍物是对船舶航行安全影响较大的图载要素。为此,天津、上海、广州海监局海测大队在各海区先后组织开展了对这些障碍物的探测工作,以确定其准确位置、海底高度和姿态,确保船舶航行安全。其间,中国海事研究会测绘政策、技术分委会在历次全国海区测绘系统年度海图质量检查中发现,各海区探测水下障碍物因所处的测区环境、确定的探测范围、采取的测量手段不尽相同,国家现行标准对障碍物探测针对性不强,致使探测的碍航结论不甚明确,且采取的图载要素处理结果也存在诸多问题。为此,1999年4月7日,交通部海事局提出编制《沿海港口航道航行障碍物探测一般规定》(简称"《规定》"),并安排天津海监局具体负责起草工作。

1999年5月,天津海监局测绘处处长周则尧组织起草《规定》。同年10月,依据《海道测量规范》对水下障碍物探测的部分条款规定,兼顾国际海道测量组织(IHO)《海道测量规范》相关条款要求,完成《规定(征求意见稿)》。经向各海区征集意见和修改完善,于同年12月形成《规定(报批稿)》。2000年1月18日,交通部海事局印发施行《沿海港口航道航行障碍物探测一般规定(试行)》(海航测〔2000〕38号)。

《规定》共4章,从12个方面作出技术规定。主要内容包括航行障碍物探测项目的确定、扫测工作量的计算、障碍物探测的技术要求和扫海测量的实施等。所规定的扫测范围以障碍物概位为中心,以"3.5千米×5千米(顺流方向)所覆盖的水域""扫测的方法至少有一种是有效的水底全覆盖"以及"障碍物的探测,要求测量一个,结论一个,结论分存在与不存在两类"等条款,堪称经验之谈。同时,《规定》对探测结论的提出、审核和最后审定,以及图载数据的取舍提出明确要求,要求所得出的结论,应由作业队、大队提出,并由各海区主管局最后审定。

《规定》适用于中国沿海港口航道图测绘、通航水域核定测量和海域突发海难事故应急扫测等测绘项目中的航行障碍物探测作业,是航行障碍物探测的主要支柱性内部技术规范。《规定》是对国家标准《海道测量规范》等相关条款的诠释和补充,具有较强的专业性、技术性和可操作性,在后续一系列测量工程项目中起到重要指导作用。

至2012年,《规定》仍有效,并收录在《航测法规标准汇编(2012)》(下册)中。

(五)《多波束测深系统扫测技术规定(试行)》

1998年,天津海测大队引进首套美国RESON公司Seabat 8101-ER型多波束测深系统。当时,多波束测深系统的测深技术在国内属起步阶段,尚无可借鉴的相关技术标准,国家标准《海道测量规范》多波束测深系统相关条款仅是原则性建议,无法满足实际测量需求。为适应海道测量发展需要,规范信息技术在海道测量中的应用,弥补现行国家标准在多波束测深系统作业技术的空缺,天津海测大队决定编制《多波束测深系统扫测技术规定(试行)》(简称"《规定》")。由高级工程师桑金主笔,工程师卫国兵等人参加。

1998年10月,依据在烟台海域对多波束测深系统的验收测试成果和在大连、天津等海域的再次测试成果,以及在青岛283航道扫海测量中的实际应用成果,编制人员总结了多波束测深系统安装调试、校准、施测及数据处理等关键技术要领,并在大量测试成果成图分析的基础上,对该系统在中国港口重要通航水域的海底地貌精密探测制定可行性技术规定,形成《规定(初稿)》。1999年7月15日,随着Seabat 8101-ER型多波束测深系统通过正式验收,《规定(初稿)》随之试用,同时一并征集一线测量技术人员修订意见。

根据各方面修改意见,编制人员查阅了大量技术资料,依据国家标准《海道测量规范》和IHO《海道测量规范》(S-44)相关条款,以及多波束测深系统操作指南,并参考欧美国家有关多波束测深系统测量技术资料,多次修订《规定》。2000年6月10日,天津海测大队印发施行《多波速测深系统扫测技术规定(试行)》(海测工字〔2000〕19号)。

《规定》作为国家标准《海道测量规范》中有关多波束测深系统作业部分的诠释和补充,并配合使用。主要内容包括适用范围、术语定义、设备安装校准、水深测量实施、数据处理、成果表现、质量检验以及成果资料存档管理等章节。《规定》系统阐述了使用多波束测深系统实施水深测量及碍航物探测的要求和方法,为该系统水深测量作业提供了全面的技术指导。

《规定》的施行,对规范多波束测深系统应用、保障成果质量、提高测量效率发挥了不可或缺的作用。按照质量管理体系ISO 9000要求,该规定持续列入天津海测大队质量管理体系《有效技术文件清单》施行控制管理,也为后续交通行业标准制定奠定了基础。

2011年3月1日,交通运输部发布实施《多波束测深系统测量技术要求》(JT/T 790—2010),《规定》同时废止。

(六)《港口航道图测绘工作量核算规定》

港口航道图测绘工作量系指测量和编绘港口航道图需要完成的工作量,规定以1:10000为基本比例尺测图核算的平方公里数作为计量单位,核算工作量的单位称为"换算平方千米"。测绘工作量核定涵盖外业测量踏勘、平面控制测量、水准联测、岸线地形修测、同步验潮、验流、底质取样、障碍物探测、助航标志测定、海图编绘等全部工作内容。测绘工作量是港口航道图测绘工作计划编制、测绘管理和测绘经费核定的重要依据。1994年,为统一天津、上海、广东海监局年度测绘工作计划和外业测量工作量,交通部安监局在全国海区航测工作会议上决定编制《测绘外业测量工作量统计核算办法》(简称"《办法》"),并由交通部安监局航测处处长王金付主持,天津、上海、广东海监局派员参加。

1994年6月6日,交通部安监局印发施行《办法(试行)》,首次规定了踏勘、控制测量、水深测量及外业图版编绘等港口航道图测绘全过程的面积核算方法,为实行以"换算平方千米"方式核定各单位测量业务经费提供了依据。

进入21世纪,随着全国海区测绘系统新技术、新设备的不断引进、测绘技术手段的不断更新和科技信息化水平的不断提高,《办法(试行)》已不能满足测绘工作需要。根据交通部海事局工作安排,由国际海事研究会测绘政策、技术分委会(简称"测绘分委会")牵头,组织天津、上海、广东海事局相关人员,修订《办法(试行)》。由于本次修订将加入港口航道图编绘相关内容,即更名为《港口航道图测绘工作量核算规定》(简称"《规定》"),并于2006年11月15日完成。《规定》结合测绘作业实际,除修订有关折算系数之外,加入了对多波束测深系统测量、电子海图等利用新技术、新设备实施测绘任务的工作量计算方法和标准。

2008年4月,测绘分委会在组织开展2009年全国海区港口航道图测绘工作量核算的过程中发现,《规定》部分条款在执行过程中易发生歧义。按照交通部海事局工作安排,由天津航测科技中心主任马亚平牵头,组织天津、上海、广东海事局相关人员专题研讨,提出修订意见,形成新《规定(报批稿)》,并如期报送交通运输部海事局。2009年4月9日,交通运输部海事局印发《港口航道图测绘工作量核算规定》(海航测〔2009〕181号)并于4月10日施行,原《规定》同时废止。

该《规定》主要内容包括说明、测量工作量核算、测量工作量计算公式、编图工作量核算四部分,是全国海区测绘系统编制年度测绘工作计划和统计核算年中、年终测绘工作量的主要依据。《规定》历次版本的印发施行,对于统一全国海区测绘系统港口航道图测绘工作量核算的方法与标准,规范测绘管理工作,科学核定测绘业务经费起到重要指导作用。

至2012年,《规定》仍有效,并收录在《航测法规标准汇编(2012)》(下册)中。

(七)《海事测绘专题图编绘技术规定》

进入21世纪,随着国家改革开放的不断深入和港口建设发展步伐的不断加快,各港口、航运、执法等部门经常委托全国海区测绘系统编绘特殊需求的海事专题海图(俗称"挂图")。由于海事专题海图不同于港口航道图,国家标准《中国海图图式》《中国航海图编绘规范》以及交通部海事局《港口航道图编绘技术规定》尚未涵盖专题图的编绘工作要求,海事专题图编绘工作无章可循。为此,天津海测大队决定编制《海事测绘专题图编绘技术规定》(简称"《规定》"),由副队长刘东全和高级工程师李宝森组织相关专业技术人员具体负责起草工作。编制小组以满足港航用户需求为宗旨,就海事专题图制作数学基础、采用制图资料、相关要素表示和注记、检查验收及发布等测绘技术规范标准作了深入研讨,于2008年5月1日圆满完成编写任务并印发内部施行。

2009年6月30日,交通运输部海事局在《2009年测绘工作研讨会纪要》中指出:"鉴于天津海事局海测大队已制定相关制度,以现有制度为基础,由天津海事局海测大队向上海、广东海事局海测大队征求意见,修订后以交通运输部海事局内部技术规定形式发布",以规范中国沿海海事测绘专题图编绘工作,并要求于2009年底前完成。据此,天津海测大队副队长黄永军、高级工程师李宝森调整了《规定》的章节结构,完善了部分条款内容,规范了测绘专业用语,于当年10月底编制完成新《规定(征求意见稿)》,向上海、广东海事局海测大队征求意见,再行修改,并于12月完成新《规定(报批稿)》。2009年12月31日,交通运输部海事局印发《海事测绘专题图编绘技术规定》(海航测〔2009〕782号),自2010年1月1日正式施行。

《规定》是在国家标准《中国海图图式》《中国航海图编绘规范》和交通部海事局《港口航道图编绘技术规定》基础上,结合历年海事测绘专题图编绘中遇到的实际问题和经验教训,兼顾国家现行标准中有关地图编制尚未覆盖的海事测绘专题图编绘内容制定而成的。《规定》共9章,主要内容包括范围、一般规定、数学基础、制图资料采用、专题图要素表示、注记,以及编绘海事测绘专题图的改正、校对、审查、验收和发行等,并明确规定了海事测绘专题图编绘的实施方法和要求。

《规定》适用于全国海区测绘系统海事测绘专题图编绘作业,对于满足中国沿海日益增长的海上运输、港口建设和航政管理等需求起到重要指导作用。

至2012年,《规定》仍有效,并收录在《航测法规标准汇编(2012)》(下册)中。

(八)《沿海通航水域应急扫海测量管理办法》

21世纪初,随着海洋航运经济发展,沿海通航水域交通安全事故时有发生。加强应急抢险力量,适时开展应急扫海测量,保障沿海通航水域航行安全,显得尤为重要。

2002年,根据交通部海事局工作安排,由天津海测大队负责编制《沿海通航水域应急扫海测量管理办法》(简称"《办法》")。在该队副队长张铁军组织下,认真总结历次实施扫测项目的成功经验,深刻分析遇到困难和问题时的有效解决方案,编制完成《办法(初稿)》。经向港航管理部门和上海、广东海测大队征求意见,反复修订,于2002年12月形成《办法(报批稿)》。2003年2月24日,交通部海事局印发施行《沿海通航水域应急扫海测量管理办法》(海航测〔2003〕52号)。《办法》对规范沿海通航水域应急扫测管理,确保应急扫测反应快速及时高效,保障沿海通航水域航行安全起到了重要指导作用。

随着航运经济快速发展,地方港口快速建设,应急扫海测量领域不断拓宽,海事安全监管出现了新情况和新需求,急需修订该《办法》。2009年,根据交通运输部海事局工作安排,天津海测大队承担该《办法》的修订工作。在该队副队长黄永军组织下,同年7月完成了《办法》修订工作,经广泛征求山东、天津、河北、辽宁海事局通航部门以及上海、广东海测大队意见,进一步修订完善,形成《办法(报批稿)》,于同年10月报送交通运输部海事局。2010年1月8日,交通运输部海事局印发施行《沿海通航水域应急扫海测量管理办法》(海航测〔2010〕13号)。

《办法》共6章26条,主要内容包括总则、启动、实施、终止、费用和附则等,并进一步明确了应急扫测项目启动程序,理顺了应急扫测项目各层级的职责,阐明了应急扫测项目结束的标志,适应了日益增长的通航水域应急扫测的需求。《办法》对完善中国沿海综合航海保障体系,提高航海保障能力和服务水平,规范应急扫测工作起到重要指导作用。

至2012年,《办法》仍有效,并收录在《航测法规标准汇编(2012)》(下册)中。

(九)《港口航道图测量成果数据汇交管理暂行规定》

为适应全国海区测绘事业发展需要,提高中国民用航海图书(含电子海图)质量,做到标准规范统一,实现测绘数据集中管理和充分利用。2009年11月30日,交通运输部海事局印发《关于调整直属海事系统航海图书制作与发行工作的通知》(简称"《通知》"),决定调整直属海事系统航海图书制作与发行工作分工。《通知》中明确:将上海海事局电子海图数据中心与航海图书印制中心原承担的航海图书制作与发行工作及有关资源进行整合,对外开展工作,统一由上海海事局航海图书制印中心负责;将天津、上海、广东海事局海测大队原承担的本辖区内有关航海图书资料的制作,移交至上海海事局航海图书制印中心;天津、上海、广东海事局海测大队负责辖区内港口航道测量、应急扫海测量、专项测量、计划外工程测量,承担应急海图、专项海图、工程图、包括相应海图的制作任务,并将全部测量成果送交上海海事局航海图书印制中心。

2009年12月18日,交通运输部海事局在上海召开天津、上海、广东海事局统一制图工作协调会。按照《通知》精神,在统一制图的框架下,会议就资料汇交范围、过渡期的出图范围界定、异地灾难备份、数据共享机制、HPD统一建库的原则和人员调配、改正通告编辑、纸质海图和电子海图发行工作等达成一致意见,并明确由上海海事局航海图书制印中心组织制定相关管理办法。2010年1月,该中心编制完成《港口航道图测量成果数据汇交管理暂行规定(征求意见稿)》(简称"《规定(征求意见稿)》")。

2010年5月19日,天津海测大队副队长张安民带队赴上海,与上海海事局测绘处、航海图书制印中心有关领导和技术人员就《规定(征求意见稿)》和港口航道图数据汇交中遇到的问题现场反馈意见。上海海事局对天津海测大队提出的数据汇交资料内容、全要素报告图形式、资料分层和元文件说明及数据文件格式等方面的意见予以采纳。2010年6月21日,交通运输部海事局印发施行《港口航道图测量成果数据汇交管理暂行规定》(海航测〔2010〕261号,简称"《暂行规定》")。

《暂行规定》共7章21条,对港口航道图测量汇交数据的类型、内容和形式、汇交数据质量、数据汇交时间、数据汇交方式和流程,以及协调等相关内容作出明确规定。《暂行规定》对规范中国沿海港口航道图测量成果数据的汇交,保证港口航道图制作的及时性和准确性起到重要指导作用。

至2012年,《暂行规定》仍有效,并收录在《航测法规标准汇编(2012)》(下册)中。

(十)海测大队《测量工程定额管理办法》

北方海区测绘系统测量工程定额系指在一定技术和组织条件下,制作质量合格的单位测绘成果所消耗的人力、物力、财力和时间等数量标准。为适应测绘业务发展需求,科学管理测量项目,严格执行测绘规范,不断提高测绘质量和工作效率,天津海港测量队在全国海区测绘系统较早开展了测量工程定额管理工作。

1983年,天津海港测量队队长姚一宁组织具有测绘作业和管理经验的工程技术人员,在调查了解国家地震局测量大队、交通部第一航务工程局、天津市测绘处等勘察单位实行测量工程定额与津贴包干制度情况的基础上,认真总结该队近30年测绘作业的管理经验,充分考虑北方海区各港口地理位置与环境在不同季节对测绘作业产生的影响,以及每一个工艺环节应发生的实际工天,着手起草了建队以来第一部《海港测量外业定额》(简称"《定额》")。在天津航测处相关部门指导下,经过重点工地摸索且反复修订后,于1984年正式印发,在外业测量工地试行,并与津贴挂钩。

《定额》共5章28条,主要内容包括总则、准备与路途、测量实施和相应定员、地形测量、拖底扫海等。《定额》经过数年实践检验,较好地实现了测量项目的计划管理,改变了以往作业无计划、考核无指标的状况。此外,实行定额管理与津贴包干,在节约测量成本的同时,利用压缩下来的工天实施应急测量项目,既满足了港口建设的需求,又弥补了测量经费的不足。

1993年9月,天津海测大队将《基层分队作业定额包干方案(试行)》(简称"《包干方案》")呈报天津海监局。1994年2月,根据该局对定额包干方案的批复精神,该队印发施行《包干方案》,并按照"边试行、边完善"的原则,于1994—1997年历经数次补充修订。

2000年7月,为进一步完善定额管理,在认真总结多年执行《包干方案》情况的基础上,天津海测大队再次修订并印发施行《测量工程定额管理办法》(简称"《定额办法》")。此后,该队根据测绘科技进步、测量手段发展和定额管理岗位的不断扩大,先后5次修订《定额办法》。2011年5月,天津海测大队印发施行《测量工程定额管理办法》(海测〔2011〕10号)。《定额办法》共6章31条和3个附件,主要内容包括总则、外业测量定额、水文、外业质检定额、考核与奖惩、附则等。

2012年北海航海保障中心成立后,为使测绘定额管理科学化、规范化,更好地服务港口经济发展,充分调动一线人员的工作积极性,天津海事测绘中心将质量检查和制图人员等纳入定额管理范围,实现直接参加测绘项目人员的全覆盖,并于2014年7月再次修订并印发施行《定额办法》。

多年来,通过推行测绘定额绩效管理,不但实现了测绘作业考核有据可依,有效保证了测绘成果质量,而且充分调动了一线测绘人员的积极性,缩短了测量作业周期,降低了外业测量租船、租车、住宿等管理成本,为推动海事测绘事业持续稳定健康发展起到积极作用。

(十一)《测绘资质分级标准·海洋测绘专业》

《测绘资质分级标准》(简称"《标准》")是中国企事业单位从事测绘地理信息行业的准入标准,包含对测绘资质单位的技术人员结构、仪器设备种类及数量、从事专业范围、作业限额等主要内容的限制要求。该《标准》对规范测绘资质管理、维护测绘市场秩序有着不可或缺的作用。测绘资质按照不同的专业领域分为甲、乙、丙、丁四级。

2004年2月26日,国家测绘局修订《测绘资格证书分级标准》,更名为《测绘资质管理规定·测绘资质分级标准》(简称"《标准》"),并经国土资源部批准授权公布施行(国测法字〔2004〕5号)。而后,国家测绘局曾两次组织修订《标准》。修订过程中,成立了各专业标准修订小组,天津海测大队作为组长单位,会同上海、广东海测大队和天津航测科技中心,负责《测绘资质分级标准·海洋测绘专业》(简称"《标准·海洋》")部分的修订工作。

2008年7月25日,国家测绘局启动《标准》修订工作。由天津海测大队副队长刘东全牵头,会同国家海洋局第二海洋研究所、青岛海洋工程勘察设计研究院等单位,修订《标准·海洋》部分。同年8月4—9日,修订小组召开工作会议,修订完成《标准·海洋(征求意见稿)》。经向各成员单位广泛征求意见后,形成《标准·海洋(初稿)》及相关《修订说明》,一并如期报送国家测绘局。同年10月,天津海测大队梳理来自全国各有关单位的修改意见,及时报送国家测绘局。2009年3月12日,国家测绘局印发《测绘资质管理规定》和《测绘资质分级标准》(国测管字〔2009〕13号),自2009年6月1日正式施行。其中,《标准·海洋》部分分别规定了甲、乙、丙、丁级资质的指标和要求,主要内容包括专业范围、考核指标、考核内容、考核标准等。其专业范围包括控制测量、水深测量、水文测量、扫海测量、海洋磁力测量、底质测量、浮泥测量、水下障碍物探测、浅地层剖面测量、水下管线测量、海岸滩涂测量、海域界限测量、海图(集、册)编制、内水航道图形编制、港口与航道工程测量和海域使用面积测量等16个方面,并对不同测绘资质等级的专业范围作出作业限制。

随着测绘手段、仪器设备的日新月异,修订后的标准已不能满足测绘事业发展需求。2013年5月9日,国家测绘地理信息局(原国家测绘局)在北京组织召开《测绘资质分级标准》修订工作启动会。2013年9月6日,该局印发《关于委托修订〈测绘资质分级标准〉的函》,成立各专业标准修订小组。按照委托文件要求,由天津海事测绘中心牵头,会同国家海洋局第二海洋研究所、长江航道局、中交天津港航勘察设计研究院有限公司、黑龙江中海经测空间信息技术有限公司等单位,继续负责《标准·海洋》部分的修订工作。2013年9—10月,天津海事测绘中心副主任桑金3次主持召开修订小组工作会议,形成《标准·海洋(修订初稿)》,于10月底附《修订说明》,一并如期报送国家测绘地理信息局。

2014年2月26日,国家测绘地理信息局印发通知,要求各专业标准修订小组对组织起草的相关标准征求意见。随即,天津海事测绘中心认真梳理所征求的意见后如期回复。2014年7月1日,国家测绘地理信息局发布施行《测绘资质管理规定·测绘资质分级标准》(国测管发〔2014〕31号),《标准·海洋》包括其中。

图2-4-118　2013年10月9日,天津海事测绘中心召开《测绘资质分级标准·海洋测绘专业》修订小组第三次工作会议

《标准·海洋》结合海洋测绘单位的实际情况及海洋测绘专业特点,提出了按照专业类别设置甲(特)级标准,增加了对国际认证的测绘资格证持有者认定为注册测绘师资格,增加了对甲、乙级测绘单位专职质检人员数量、专业技术水平的要求,规范了"内河"等专业名词的定义,调整了专业范围的子项数量,限制了涉及国家主权、通航安全的测绘工作的资质单位要求,适当提高了甲、乙级测绘资质高级测绘及相关专业技术人员数量,并适当提高了甲级,放宽了丙、丁级测绘资质对仪器设备种类、精度指标及数量要求等。

《标准·海洋》的发布施行,在规范全国海洋测绘市场行为、壮大海洋测绘产业规模方面起到积极推动作用。

三、通信规范性文件

1949年中华人民共和国成立后,交通部接管各轮船运输公司航务专用电台,组建中国水运通信网,交通部办公厅内设电信管理处,统一管理中国水上通信事业。1951年,交通部办公厅印发施行《电报等级的规定及航务电讯管理暂行办法》,初步制定中国水上通信规则。1953年,按照中央政务院财经委员会批复,交通部接管整合邮电部所属各江海岸电台,成为中国水上通信唯一主管机关。此后,随着交通系统管理体制调整,全国水上通信业务先后由交通部电讯局、海河总局、运输总局、水运总局、机要电讯局、水运局、通讯导航局负责管理,并陆续制定印发若干行业规范性文件,以统一和规范中国水上通信管理工作。同年12月,天津电信局海岸电台划归交通部所属天津区港务管理局管理,与原天津港航务专用电台合并,对外称天津海岸电台。

1964年7月,交通部增设港务监督局,管理全国航政事务。1965年5月11日,该局印发《关于航海通告由指定港务监督归口发布和发送的通告》,明确全国各地方港务监督部门按区域负责航行警告发布事宜。其中,天津港务监督负责北纬33°以北海区范围内的航行警(通)告编制工作,并交由天津海岸电台采用非定时方式通过莫尔斯电报电路播发。

1978年10月,天津港通信站收集整理现行各类通信业务管理制度及各工作岗位职责,编纂颁行《通信站规章制度汇编(1978)》。该汇编共分收信台、发信台、自动电话台和维修车间4部分、62部通信业务规章制度。其中,收信台部分包括收信台职能、值班制度、保密制度、通信纪律、报房守则、考勤制度、交接班制度、差错条例以及各岗位责任制等25部;发信台部分包括发信台职能、值班纪律、操作规程、业务细则、技术安全制度、交接班制度、技术安全守则以及各岗位责任制等19部;自动电话台部分11部;维修车间部分7部。

1982年,交通部组建海洋运输管理局,负责沿海和远洋运输通信导航规划、建设和业务技术管理工作。同年,该局与全国海上安全指挥部办公室联合印发《关于防冻破冰通信电话种类的规定》,规定天津及秦皇岛防冻破冰办公室与全国海上安全指挥部办公室间通过长途专线建立通信联络,正常通话按水运调度电话优先接转;冰冻求助电话按照海事电话接转,具有最高优先级。

1985年5月,天津港务局通信导航公司开展企业整顿活动,汇总、整理和修订历年各类规章制度,编纂印发《通信导航公司管理制度汇编(1985)》。该汇编涵盖通信业务管理制度、岗位职责、业务实施规程、设备操作规程、通信设备养护工作流程、技术工人标准、生产经济指标和考核奖罚办法等各类通信业务规章制度共计80部,以及交接班记录表、修机记录表、值班日志等各种通信业务报表30余种。

1989年4月,交通部批准成立中国交通通信中心,负责管理中国水上无线电通信事业,交通部无线电管理领导小组随即改设在该中心。1993年6月5日,中华人民共和国港务监督局印发施行《中华人民共和国发布海上航行警告和航行通告管理办法》,明确界定了各级主管部门职责及其管辖区域,理顺了航行警告和航行通告的发布程序。

1995年,交通部安监系统组织开展学习"华铜海"轮活动,天津通信站(处)组织清理完善各项业务管理规章制度,编纂颁行《通信站管理制度及操作规程汇编(1995)》。该汇编包括:通信设备维修保养制度、通信设备操作规程、仪器工具元器件图纸保管制度、巡视检查制度、事故报告制度、交接班制度及各岗位责任制等97部通信业务规章制度,形成规范化、制度化、标准化通信综合管理体系。

1996年5月7日,依据国家无线电管理委员会《关于进一步加强无线电频率和台站管理的规定》要求,天津海监局无线电管理领导小组印发施行《无线电台设台、使用及无线电设备购置、报废的管理暂行办法》,进一步强化了辖区无线电台及无线电设备管理工作。1998年3月,天津通信站(处)印发施行《天津海岸电台通信工作实施细则》,详细规定了各种通信业务操作规程及通信业务管理规则。

2003年12月1日,依据《天津市无线电管理办法》,天津海事局无线电管理委员会印发施行《天津海事局无线电管理办法》。该办法共计17条,详细规定该局无线电台设置和使用,无线电频率申请、使用和注销,船岸电台执照办理等事宜。2006年10月24日,天津海事局无线电管理委员会将《天津海监局无线电台设台、使用及无线电设备购置、报废的管理暂行办法》和《天津海事局无线电管理办法》合并修订,更名为《天津海事局无线电管理办法》,明确要求局属各单位购置或报废无线电通信设备,必须经过局无线电管理委员会审核批准。其间,交通部海事系统组织开展"规范管理年"活动,天津通信信息中心重新梳理修订11部与通信设备"管修养用"相关制度,形成新版《通信设备"管修养用"制度汇编(2006)》,主要内容包括发信设备维修保养制度、收信设备维修保养制度、天线巡检维修保养制度等97部通信业务规章制度。

2010年3月,天津海事局组织建立质量管理体系,天津通信信息中心编制并印发施行《遇险、紧急、安全通信管理工作程序》《海上安全信息播发管理工作程序》《公众通信管理工作程序》《无线电管理工作程序》《通信设备管理工作程序》等11个程序文件,以及《通信人员值班须知》《GMDSS电路遇险、特殊通信处理须知》《非GMDSS电路遇险、特殊通信处理须知》《通信设备管理须知》《水上安全通信应急工作须知》等33个须知文件,进一步健全完善规范化、制度化、标准化的通信业务管理制度体系。

至2012年,北方海区通信系统适用的主要规范性文件共计40部(不包括4个制度汇编和质量管理体系文件具体数量)。其中,按照交通部无线电管理领导小组办公室工作安排,由天津通信信息中心参与编制的交通通信系统规范性文件1部。

1951—2012年北方海区通信系统适用的主要规范性文件一览表

表2-4-61

序号	名称	立法机关	文件号	印发日期	生效日期	备注
1	电报等级的规定及航务电讯管理暂行办法	交通部办公厅		1951年	1951年	
2	关于航海通告由指定港务监督归口发布和发送的通告	交通部港务监督局		1965年5月11日	1965年5月11日	
3	通信站规章制度汇编(1978)	天津港通信站		1978年10月	1978年10月	
4	关于防冻破冰通信电话种类的规定	交通部海洋运输管理局 全国海上安全指挥部	〔82〕海洋信字第119号 〔82〕全海指办字第13号	1982年	1982年	
5	关于港内无线电通信等有关规定	中华人民共和国港务监督	〔83〕水监字第125号	1983年9月11日	1983年9月11日	
6	关于填写船舶电台资料表的规定	交通部海洋运输管理局	〔84〕海洋信字159号	1984年5月8日	1984年5月8日	

〔续表一〕

序号	名称	立法机关	文件号	印发日期	生效日期	备注
7	通信导航公司管理制度汇编（1985）	天津港务局通信导航公司		1985年5月	1985年5月	
8	通信差错管理规定	天津通信站		1989年	1989年	
9	海岸电台通信日志管理细则	天津通信站	津海通业字〔89〕19号	1989年11月15日	1989年11月15日	
10	交通通信导航设备管理规则	中国交通通信中心	〔90〕中交通信字第2号	1990年5月5日	1990年6月1日	
11	中华人民共和国发布海上航行警告和航行通告管理办法	中华人民共和国港务监督局	港监字〔1993〕128号	1993年6月5日	1993年6月5日	
12	代管船舶电台管理办法	交通部无线电管理委员会办公室	无办字〔1993〕39号	1993年6月5日	1993年6月5日	
13	代管船舶电台许可证	交通部无线电管理委员会办公室	无办字〔1993〕71号	1993年11月16日	1993年11月16日	
14	优质服务质量考核通则	天津通信站		1994年1月	1994年1月	
15	中文航行警告标准格式	交通部安全监督局	安监字〔1994〕45号	1994年3月3日	1994年3月3日	
16	通信站管理制度及操作规程汇编（1995）	天津通信站		1995年	1995年	
17	北方海区发布航行警告和航行通告实施办法	天津海监局	津海监〔95〕监字75号	1995年4月22日	1995年5月1日	
18	天津地区海上无线电通信秩序管理暂行办法	天津海监局	津海监〔95〕法字79号	1995年4月25日	1995年5月1日	1997年修订
19	船辅电路转报暂行办法	天津通信站		1996年2月8日	1996年2月8日	
20	无线电台设台、使用及无线电设备购置、报废的管理暂行办法	天津海监局	津海监〔96〕通字118号	1996年5月7日	1996年5月7日	2006年修订
21	中华人民共和国英文航行警告标准格式	中华人民共和国港务监督	港监字〔1996〕208号	1996年8月7日	1997年1月1日	
22	无线电管理监督检查办法及相关事项	交通部无线电管理委员会办公室	无办字〔1996〕71号	1996年8月13日	1996年8月13日	转发国家无委
23	天津海岸电台通信工作实施细则	天津通信站		1998年3月	1998年3月	
24	GMDSS-DSC系统业务试行规定等3个制度	天津通信站		2000年	2000年	
25	甚高频（VHF）水上航务和公众通信业务申办程序暂行规定	交通部无线电管理领导小组办公室	无办字〔2001〕10号	2001年4月16日	2001年4月16日	
26	天津海岸电台通信日志管理细则	天津通信站	通信〔2002〕3号	2002年2月1日	2002年2月1日	
27	无线电话差错率考核标准	天津通信站	通信〔2002〕19号	2002年5月30日	2002年5月30日	

〔续表二〕

序号	名称	立法机关	文件号	印发日期	生效日期	备注
28	天津海岸电台广播业务实施细则	天津通信站	通信〔2003〕20号	2003年5月30日	2003年5月30日	2004年废止
	天津海岸电台广播业务处理实施细则	天津通信信息中心	通信〔2004〕66号	2004年11月25日	2004年11月25日	
29	关于重申遇险、紧急、安全通信及特殊情况报告制度的通知	交通部无线电管理领导小组办公室	无办字〔2003〕27号	2003年7月7日	2003年7月7日	
30	天津海事局无线电管理办法	天津海事局无线电管理委员会	津海通信〔2003〕418号	2003年12月1日	2003年12月1日	2006年废止
		天津海事局	津海通信〔2006〕378号	2006年10月24日	2006年10月24日	
31	无线电水上移动业务干扰、违章报告制度	交通部无线电管理领导小组办公室	无办字〔2004〕15号	2004年4月13日	2004年5月1日	
32	天津海岸电台特殊通信及紧急情况报告制度	天津通信信息中心	通信〔2004〕59号	2004年10月22日	2004年10月22日	
33	岸台全球遇险和安全系统设备操作、维护守则	交通部无线电管理领导小组办公室	无办字〔2004〕52号	2004年10月28日	2004年10月28日	
34	水上安全通信应急预案	天津通信信息中心		2005年10月	2005年10月	
35	海岸电台播发中文奈伏泰斯(NAVTEX)试行办法	交通部无线电管理领导小组办公室	无办字〔2006〕10号	2006年2月23日	2006年6月1日	
36	通信设备"管修养用"制度汇编(2006)	天津通信信息中心		2006年3月23日	2006年3月23日	
37	天津海岸电台播发中文奈伏泰斯(NAVTEX)试行办法	天津通信信息中心	通信〔2006〕34号	2006年6月1日	2006年6月1日	
38	天津海岸电台播发天津市海洋气象台气象信息实施办法(试行)	天津通信信息中心	通信〔2007〕50号	2007年8月24日	2007年8月24日	
39	天津港水域小型船舶配备航行安全信息接收装置规定	天津海事局船舶处	船舶函〔2008〕6号	2008年3月31日	2008年3月31日	
40	通信质量体系管理制度(11个通信业务程序文件、33个须知文件)	天津通信信息中心	质量体系(2010)	2010年3月	2010年3月	

(一)《天津地区海上无线电通信秩序管理暂行办法》

20世纪90年代初,中国海上航运事业蓬勃发展,中小航运企业、船舶代理公司大量涌现,水运通信业务设台申请数量大幅增加,通信业务量迅速上升,特别是港区甚高频无线通信业务急剧增多,天津地区甚高频无线电通信频道资源出现严重紧缺,甚至出现多个公司共用同一频道通信的情况。

1995年初,天津海监局无线电管理领导小组决定制定《天津地区海上无线电通信秩序管理暂行办法》(简称"《办法》"),以加强天津地区水上无线电公众通信秩序管理,确保海上遇险、紧急和安全通信畅通,并责成天津通信站(处)技术业务科成立编制组,具体负责编制事宜。随即,该科工程师刘宝安起草完成《办法(初稿)》,经科长陈吉良审阅,并提交天津通信站(处)审阅同意后,于同年4月初形成《办法(送审稿)》。1995年4月25日,天津海监局印发《天津地区海上无线电通信秩序管理暂行办法》,自1995年5月1日正式施行。

《办法》共计23条,明确规定在天津地区从事水上无线电公众通信业务的船舶电台及专用电台,必须持有交通部无线电管理委员会或天津市无线电管理委员会核发的电台执照,且只能在指配频率上开展经核定的无线电通信业务;特别强调各台应按照相关制度建立电台工作日志。其中,第15~20条规定了各类违规行为的处罚标准。据此,天津海监局无线电管理领导小组遂展开辖区无线电通信秩序治理行动,天津地区水上无线电通信秩序得以改善,陆地电台违规行为明显减少。

1996年10月1日施行《中华人民共和国行政处罚法》后,鉴于天津海监局没有水上无线电通信执法主体资格,尚未得到具有执法资格单位的书面授权,该局遂修订并印发施行新《办法》,删除了原《办法》第15~20条有关罚则内容。

至2012年,《办法》仍有效。

(二)《天津海岸电台通信日志管理细则》

通信日志是反映海岸电台从事无线电通信活动的工作记录,对规范通信行为、追溯通信过程、查纠过错责任具有重要作用,亦是航海活动重要文件之一。1989年初,按照交通部《水上无线电通信规则》相关要求,天津通信站印发施行《海岸电台通信日志管理细则》(简称"《细则》"),以加强通信业务管理,规范通信日志填报行为。

同年10月,该站技术业务科杨有原起草完成《细则(初稿)》,经广泛征求意见,反复修改,该站于同年11月20日印发施行。《细则》共3部分32条,分别针对无线电报电路、无线电话电路和电传电路通信日志的填写规范作出详尽规定。通信日志内容主要包括:各电路通信业务守听情况、通信工作情况、通信干扰情况、电力和通信设备故障及处置情况、交接班情况等。

20世纪90年代,天津海岸电台通信业务发展迅速,在原有无线电报、无线电话通信业务基础上,增加窄带直接印字电报(NBDP)、数字选择性呼叫(DSC)等业务。2002年1月,为适应通信业务变化需求,天津通信站(处)修订《细则》,并更名为《天津海岸电台通信日志管理细则》(简称"《细则》")。同年2月1日,该站印发施行《天津海岸电台通信日志管理细则》(通信〔2002〕3号)。

《细则》共10章71条,新增NBDP和DSC电路值班日志填写相关要求,并将发信机调配、通信设备维修等相关记录一并纳入通信日志填写范畴。同时,规范了各类日志记录填写格式,对日志的装订、归档、管理、保存年限以及过期销毁等各环节作出具体规定。

至2012年,《细则》仍有效。

(三)《天津海岸电台广播业务处理实施细则》

广播业务系指海岸电台以广播方式,向相关海域船舶播发航行警告、气象警告、气象预报以及其他有关船舶航行安全信息的通信业务。天津海岸电台承担天津辖区航行警告非定时播发业务,并负责将天津海事局发布的航行警告传送至上海海岸电台定时播发。

2003年4月,交通部无线电管理领导小组办公室印发《关于天津海岸电台新增定时播发航行警告业务的通知》,自同年5月20日起,天津海岸电台成为北方海区航行警告定时播发台,全面负责辽宁、河北、天津、山东三省一市的航行警告定时播发业务。

为落实上级工作部署,认真履行北方海区航行警告定时播发职责,天津海事局决定制定《天津海岸电台广播业务处理实施细则(暂行)》(简称"《细则》"),并责成天津通信站(处)负责编制。该站指定通信业务科科长刘宝安负责起草。《细则(讨论稿)》经过广泛征求意见和反复修改后审定通过,该站于

2003年5月30日印发施行。《细则》分为广播业务接收和处理、广播业务播发、广播业务电报检查和归档三部分,详细规定了广播业务信息接收、登记、广播号编列、广播时间拟定等环节的处置规则,并对业务播发种类、播发时间、播发格式、播发情况检查及归档、保存等内容作出相应规定。同时,附有《天津海岸电台广播业务来报登记表》表样。

2004年11月,为配合天津海岸电台自动电传系统(ART)开通,天津通信信息中心修订《细则》,主要新增了ART系统播发航行警告业务的操作规定和两个附件。其中,附件一:对ART系统30个通信指令开放与收费情况作出相应规定;附件二:ART系统不同通信区域和各种通信方式的收费标准。2004年11月25日,该中心印发施行《天津海岸电台广播业务处理实施细则》(简称"《实施细则》")。

至2012年,《实施细则》仍有效。

(四)《天津海岸电台播发中文奈伏泰斯(NAVTEX)试行办法》

奈伏泰斯(NAVTEX)是全球海上遇险与安全系统(GMDSS)地面无线电通信业务的重要组成部分。20世纪80年代,中国开始筹备实施GMDSS系统建设工程,NAVTEX建设是该工程的重要项目之一。为配合中国NAVTEX系统开发工作,国家技术监督局于1990年2月1日印发施行《发播航行警告、气象信息和紧急信息系统(NAVTEX)技术条件和使用要求》,于2002年12月1日印发施行《中文奈伏泰斯(NAVTEX)系统技术要求》。

2006年初,为筹备开通中文NAVTEX事宜,按照交通部无线电管理领导小组办公室工作安排,天津通信信息中心负责起草《海岸电台播发中文奈伏泰斯(NAVTEX)试行办法》(简称"《办法》")。随即,依据国家相关技术标准,该中心通信业务科科长刘宝安起草完成《办法(初稿)》。随后,交通部无线电管理领导小组办公室组织修订、完善,并于2006年2月23日印发《海岸电台播发中文奈伏泰斯(NAVTEX)试行办法》(无办字〔2006〕10号),自2006年6月1日正式施行。

《办法》明确规定了电台播发识别分配、使用频率、播发时间、各种业务操作指令使用、报文规范、业务播发优先次序和协调、播发信息来源等事宜。与此同时,交通部无线电管理领导小组办公室印发《关于进行中文NAVTEX播发的通知》,部署大连、上海、广州、福州、三亚、天津、湛江7个海岸电台试播中文奈伏泰斯业务,为中国中小型船舶提供中文水上安全信息广播服务。

据此,天津通信信息中心于同年6月1日印发施行《天津海岸电台播发中文奈伏泰斯(NAVTEX)试行办法》(简称"《试行办法》")。《试行办法》结合天津海岸电台业务工作实际情况,对播发内容、播发方式、各类电报格式、播发优先次序、播发国内协调人、来报登记表和电路播发日志格式,以及其他有关注意事项等作出详细规定。

至2012年,《试行办法》仍有效。

(五)《天津海事局无线电管理办法》

2003年7月1日,天津市人民政府办公厅转发天津市无线电管理委员会《关于切实加强无线电管理机构建设的意见》,决定统一调整天津市各区县局(局级单位)无线电管理机构,并明确各级无线电管理机构职责、编制及人员配备。据此,天津海事局于2003年9月28日印发《关于成立天津海事局无线电管理委员会的通知》,成立天津海事局无线电管理委员会(简称"局无委会")和天津海事局无线电管理委员会办公室(简称"局无委办"),原天津海事局无线电管理领导小组和天津海事局无线电管理领导小组办公室同时撤销。

随即,局无委会决定制定《天津海事局无线电管理办法》(简称"《办法》"),并责成局无委办成员苏本征等完成起草工作。2003年12月1日,局无委会印发施行该《办法》。《办法》共17条,对天津海事局无线电台设置和使用,无线电频率申请、使用和注销,船岸电台执照办理等作出具体规定。同时,《办法》规定局属各单位设置无线电台应向局无委办提交设台申请报告,局无委办负责审核报告及办理相关手续;设台单位应配合局无委办对指配频率实施电磁环境测试。

2006年,天津海事局调整局通信处职能,将无线电管理职能划归该局无委会,同时废止《天津海监局无线电台设台、使用及无线电设备购置、报废的管理暂行办法》,并将其中适用条款与《办法》合并修订,于2006年10月24日再次印发施行《天津海事局无线电管理办法》(简称"《管理办法》")。

图2-4-119　天津海岸电台工作人员按照《天津海事局无线电管理办法》规定办理船舶电台执照

《管理办法》共12条28款,对天津海事局所属各单位无线电台设台、电台频率管理、无线电通信设备管理等作出详细规定,要求各单位无线电通信设备的购置和报废需经局无委办核准,由有资质的检测部门定期检测,检测结果报送局无委办备案。

至2012年,《管理办法》仍有效。

第五节　法规汇编

一、《航标法规标准汇编(1997)》

1995年5月10日,为加快航标法规与标准化建设进程,配合《中华人民共和国航标条例》的公布施行,交通部安监局决定编纂《航标法规标准汇编》(简称"《汇编》"),并成立由交通部安监局局长林玉乃为编委会主任委员,天津海监局局长王怀凤、交通部安监局航测处处长王金付为副主任委员,天津海监局局长助理赵亚兴为主编,交通部标准所航标检测中心主任张国维、大连海事大学副教授王英志为副主编,叶嘉畲、顾孝谦、李汶为顾问的编委会;由交通部安监局、交通部标准所和天津、上海、广州海监局等相关单位派员组成编辑组。具体责任分工为:天津海监局牵头,负责组织、汇总、编辑、出版及收集系统内部规章等工作;大连海事大学负责收集国内外法规及相关翻译工作;交通部标准所负责收集国内外标准及相关翻译工作。

《汇编》编纂工作分为四个阶段依序推进。第一阶段为收集资料阶段。大连海事大学按照类别、时间顺序收集整理国内航标法规,并收集整理国外相关航标法规及初步翻译;交通部标准所按照类别、时间顺序收集整理国内航标标准,并收集整理国外相关航标标准及初步翻译;天津、上海、广州海监局收集系统内部规章,由天津海监局汇总整理,于1995年8月底完成。第二阶段为翻译整理阶段。根据编委会工作会议确定的《汇编目录》和工作分工,各相关单位完成国外法规、标准翻译、审校和国内外法规、标准、规章整理工作,于1995年12月底完成。第三阶段为《汇编》审定阶段。1996年6月《汇编(初稿)》汇集完成后,天津海监局按照"法规在前、标准在后,国内在前、国外在后,沿海在前、内河在后,直接在前、相关在后"的编纂原则,如期完成全书总纂,形成《汇编(送审稿)》,如期提交编委会审定通过。第四阶段为印刷出版阶段。根据编委会要求,天津海监局负责《汇编》编辑、印刷、审校和出版发行等工作。1997年3月31日,《汇编》由人民交通出版社出版发行,第一次印刷5000册,其中精装本200册、平装本4800册。全书约148万字。

图2-5-120　1996年8月6—7日,主编赵亚兴(前左三)在北戴河主持召开编委会第三次工作会议

《汇编》主要内容包括国内外有关航标法规与标准,分上下两篇共127部。上篇是国内航标法规与标准,共2章76部,第一章为航标法规,包括全国人大常委会、国务院公布施行的航标法律法规和交通部发布施行的航标部门规章及规范性文件;第二章为航标标准,包括国家标准和交通行业标准。下篇是国外航标法规与标准,共3章51部,第一章为部分国家航标法律法规,第二章为国际航标协会推荐标准,第三章为部分国家航标标准。其间,交通部副部长刘松金为《汇编》题词"船行万里,航标指路"。

《汇编》是中国第一部集国内外航标法规、标准于一体的著作,内容丰富,实用性强,便于查询,是指导航标业务的重要文集,也是从事航标管理和技术人员必备的工作指南。《汇编》的编辑发行,对促进航标法规与标准应用,推进航标法制建设具有重要的现实意义和深远的历史意义,在全国海区和内河航标管理工作中发挥了重要作用。

二、《海洋测绘法规标准汇编(1999)》

1996年,为加快海洋测绘法规与标准化建设进程,配合《中华人民共和国航标条例》的公布施行,交通部安监局决定编纂《海洋测绘法规标准汇编》(简称"《汇编》"),并明确由天津海监局牵头组织实施。

同年11月25日,天津海监局向交通部安监局提交专题报告,建议参照编纂《航标法规标准汇编(1997)》工作模式,成立编委会和编辑组,以推动《汇编》编纂工作顺利开展。1997年1月6日,交通部安监局批准成立以该局局长林玉乃为主任委员,航测处处长胡江山、天津海监局原副局长张家孝、长江航道局副局长刘咏臣为副主任委员的编委会;由天津海监局副局长赵亚兴为主编,交通部安监局航测处工程师李树兵、长江航道局航道处处长李矩海、天津海监局测绘处处长王征、天津海测大队队长马亚平为副主编，以及交通部安监局和天津、上海、广州海监局等相关单位专家为成员的编辑组。

随即，《汇编》编委会召开第一次工作会议，研究确立编纂工作分三个阶段依序推进。第一阶段：1996年12月至1997年6月，为资料收集阶段。各参编单位高度重视，参编人员根据"分工不分家、不怕重复、越多越好"的原则，相互配合，广泛开展资料收集工作。天津海监局作为牵头单位，先后派员到国家测绘局、国家海洋信息中心、海军司令部航海保证部、海图出版社、西安测绘标准研究所、海军海洋测绘研究所、交通部档案馆、测绘出版社、标准出版社、哈尔滨测绘经济与科学管理研究所等单位，收集了大量宝贵资料。交通部安监局为各参编单位疏通资料收集渠道，对资料收集中遇到的问题给予明确指导，并利用国际会议交流机会广泛收集国外及国际组织的相关资料。各参编单位提交编委会讨论的资料共764部，约3000万字。第二阶段：1997年6月至1998年3月，为资料整理、翻译阶段。在编辑组第三次工作会议上，对资料去粗取精、去伪存真，确定需翻译的外文资料，并落实到各责任单位。在编辑组第四次工作会议上，听取译校等工作进展情况汇报，解决资料收集、整理、译校中出现的各类问题；安排了第二期译校工作任务；研究了版权、出版单位、资料分类等相关事宜。第三阶段：1998年3—10月，为《汇编》审定阶段。编辑组初步确定《汇编》的总体框架、编目、编纂格式，确定中国标准出版社承担《汇编》的出版发行工作。《汇编》采用大十六开精装版本，用60克进口胶版纸，印数为1000册，分为上下两册，1999年7月完成出版发行。全书约410万字。

图2-5-121　1998年3月9—10日，主编赵亚兴（前左三）在天津主持召开编辑组第四次工作会议

《汇编》共收集国内外海洋测绘法规与标准90部，分为国内海洋测绘法规与标准、国外海洋测绘法规与标准和海洋测绘及有关法规与标准目录3篇，收录的法规与标准时间下限止于1999年2月。第一篇包括78部国内海洋测绘法规与标准，其中，第一章国内海洋测绘法规，收录了法律法规10部、部门规章和规范性文件30部；第二章国内海洋测绘标准，收录了国家标准22部、行业标准16部。第二篇包括12部国外海洋测绘法规与标准，其中，第一章国外海洋测绘法律法规，收录了国际组织法规4部、部分国家法律法规3部；第二章国外海洋测绘标准，收录了国际组织标准2部、部分国家标准3部。第三篇列出500余项与海洋测绘相关的国内外法规与标准名目。

《汇编》是中国第一部集国内外最新海洋测绘技术、仪器、操作、管理于一体的著作，内容广泛，实用性强，便于查询，是指导海洋测绘业务工作的重要文集，也是从事海洋测绘管理和技术人员的工作指南。

《汇编》的编辑发行,对促进测绘法规与标准应用,推进测绘法制建设具有重要的现实意义和深远的历史意义,在全国海区测绘系统管理工作中发挥了重要的指导作用。

三、《航测法规标准汇编(2012)》

2012年初,随着国家法制建设的进步和航测法规与标准体系的完善,交通运输部海事局决定将《航标法规标准汇编(1997)》和《海洋测绘法规标准汇编(1999)》合二为一,增补相关新颁法规与标准,编纂《航测法规标准汇编》(简称"《汇编》"),并指定天津航测科技中心具体负责实施。

据此,天津航测科技中心成立以王玉林、白亭颖、李慧敏等组成的《汇编》编辑组。随即,编辑组在充分调研基础上,研究制定了《汇编》的总体架构、主要内容和编纂工作计划。首先,确认《航标法规标准汇编(1997)》和《海洋测绘法规标准汇编(1999)》收录法规与标准的执行状态,现行的继续收录,修订的用其最新版本,废止的予以删除;其次,结合交通运输部海事局在"规范管理年"活动中对现行法规清理结果,遴选新增法规与标准;第三,凡IALA、IHO等相关国际组织发布的航测法规与标准,已有专门出版物的不再收录。在此基础上,编辑组在国家法律法规、交通运输部部门规章、国家标准和交通行业标准、内部规范性文件和一般性技术规定中,逐一甄别遴选航测法规与标准,形成《汇编目录》,并整理出具体文档资料。

2012年5月,天津航测科技中心主任王玉林在天津主持召开《汇编》编辑组第一次工作会议,确定《汇编》为交通运输部海事系统内部使用资料,并深入研讨《汇编目录》、框架及相关内容。根据会议反馈意见,编辑组及时修订调整《汇编目录》,如期报送交通运输部海事局审查后,于2012年8月分别向天津、上海、广东、海南海事局征求意见。

2012年9月12日,天津航测科技中心主任王玉林在天津主持召开《汇编》编辑组第二次工作会议,听取了各海区与会代表反馈意见,基本确定了《汇编目录》。会后,编辑组先后完成法规与标准摘选、录入、编辑、校对,以及起草序、前言、封面设计等工作。其间,编辑组遵循"统一、方便、实用"的编纂原则,对大部分法规与标准和内部技术规定保留原文,对少部分予以摘录,删除了部分附录。编纂顺序依次是法规、标准、内部技术规定,并兼顾发布机关层级、重要程度和发布时间等。

图2-5-122　2012年9月12日,天津航测科技中心在天津主持召开编辑组第二次工作会

2012年12月6日,交通运输部海事局在青岛召开《汇编》评审会,来自天津、上海、广东、海南海事

局和大连海事大学的专家一致认为:《汇编》达到预期编纂要求,同意通过审查。《汇编》分上下两册,上册为综合性法律法规、航标法规与标准,下册为测绘法规与标准,总计收录国内外相关法规与标准152部。其中,综合性法律法规37部;航标法律法规14部、技术标准43部;测绘法律法规30部、技术标准28部。同年12月,《汇编》由人民交通出版社出版发行,约400万字,印制500套,发至全国海区航测系统各单位。

《汇编》是交通运输部航海保障系统第一部集国内外最新航标管理和海洋测绘法规与标准于一体的专业文集,结构合理,内容全面,具有较强的实用性。《汇编》的编辑印发,对强化航测法规与标准学习应用、推进航测法制建设具有重要意义,在全国海区航标和测绘业务管理工作中发挥着重要的指导作用。

第三章 航标业务

航标指为人类航海活动提供安全信息的装置与系统,分为视觉航标、音响航标、无线电航标三大类。设置并运行航标,旨在保障船舶安全便利航行。航标一般设置于通航水域、附近沿岸或岛礁,人工设置的航标载入各国出版的《航标表》和海图,具有国际性、规范性、公益性等特征,广泛应用于航运交通、水产渔业、海洋开发、国防建设等领域。

中国航标历史源远流长。早在新石器时代,北方先民已利用沿海山峰、岛礁、岬角等形态各异的自然物标作为辨向导航手段,泛舟海洋,交通四方。《尚书·禹贡》所谓"岛夷皮服,夹右碣石入于河",即以碣石作为自然航标的书证。汉唐以降,北方海区沿岸曾设有殿阁、寺庙、宝塔等人工构建筑物,被航海人视作辨向定位参照物,为航运安全起到重要保障作用。特别是元明清三朝,随着漕粮海运的兴衰起伏,在北方海区沿海相继设立灯台、旗杆、望楼、石桩等形制多样的专用标识,助航设施逐步完善并渐成规模。

清咸丰六年(1856)第二次鸦片战争后,按照相关条约规定,由洋人把持的海关总税务司署攫取了包括航标在内的海务管理权,开启近代中国大规模建设航标的历史。此间,海关等部门采用国际先进技术标准和器材装备,在中国沿海分期分批建造灯塔、灯船、灯桩、导标、雾号等助航设施,并适时改良更新航标设施设备。同时,引入西方发达国家航标管理理念,逐步建立较为完善的航标管理运行机制。至1937年,北方海区公用和专用航标总计231座,其中北方海区航标系统(海关)管理82座,基本保持与西方国家同步发展水平。抗日战争期间,日占当局除增设部分无线电指向标外,北方海区航标总体规模基本囿于原状。至1948年底,北方海区公用和专用航标仅残存107座,其中北方海区航标系统(海关)管理公用航标66座,且大多因战争破坏而不堪使用。

1949年中华人民共和国成立后,中央人民政府政务院于1950年决定将海关所辖航标全部划转交通部统一管理。不久,全国沿海航标管理体制发生两次重大调整,1953年海军全面接管沿海航标,1958年海军将以商为主港口航标移交交通部直属港务局和地方交通主管部门管理,形成海军、交通、水产三部门分管格局。此间,北方海区各级航标管理机构相互协作,按照"统一规划、统一制度、分工负责、自建自管"原则,在对原有航标设施修葺改造的同时,新建一批灯塔、灯桩、导标、立标、测速标、雾号、信号台等。特别是增设老铁山、秦皇岛、北塘、义和庄、镆铘岛、王家麦岛、黄岛等无线电指向标,新建成山头、庄河、上古林等中程无线电导航台,基本建成多重覆盖的无线电导航网,标志着中国航标建设跨入无线电导助航时代。至1977年底,北方海区公用和专用航标增至421座(含军标116座),其中北方海区航标系统(交通部所属航标管理单位)管理公用航标305座。

1978年中共十一届三中全会后,为适应改革开放和航运事业发展需要,国务院和中央军委于1980年决定将海军所辖沿海干线公用航标移交交通部管理,中国沿海航标由分工管理逐步转向集中统一管理。此间,按照交通部航标主管机关统一部署,北方海区航标系统坚持"分期建设,逐步完善,突出重点,全面发展"工作方针,组织开展航标制式改革,引进国际先进技术设备,调整优化航标总体布局,开发应用新能源、新材料,实施技术升级改造工程,拓展完善助航技术手段,积极探索长效管理机制,在航标维护质量、行业监督管理、遇险应急处置、科技自主创新、助航服务保障等方面取得长足进步并屡创佳绩,辖区航标效能得到显著提高。尤其是无线电指向标—差分全球定位系统(RBN-DGPS)、岸基自动识别系统(AIS)、航标遥测遥控系统等现代导助航设施相继建成并投入使用,标志着中国航标事业步入

"数字化、智能化、信息化"时代。

至2012年底,北方海区公用和专用航标总计3219座,其中北方海区航标系统管理公用航标倍增至2108座,初步建成种类齐全、手段多样、技术先进、多重覆盖、管理智能的综合导助航服务体系,实现了航标管理"制度化、规范化、标准化",并达到国际先进水平。

第一节 航标管理

一、航标交接

公用航标系指在沿海为各类海上船舶提供助航、导航服务而设置的航标;专用航标系指在沿海专用航道、锚地和作业区以及相关陆域,为特定船舶提供助航、导航服务或者保护特定设施而设置的航标。北方海区公用航标由北方海区航标系统(海关、海军、交通部所属航标管理单位)统一管理,专用航标由其设置单位自行管理或委托北方海区航标系统代为管理(军标、渔标除外)。

近代海关兼办航标等海务事项,是依据《天津条约》及附约《通商章程善后条约:海关税则》的强行规定。自清同治六年(1867)海关率先建成崆峒岛灯塔后,基于航标对保障船舶航行安全、促进航运经济发展所发挥的显著作用,北方海区其他自辟通商口岸和海军基地纷纷效法,或委托海关代建代管,或募集资金自建自管,兴办了若干专用助航设施。此间,海关在统筹规划建设沿海通商口岸助航设施的同时,先后接管曹妃甸灯塔、老虎尾灯塔、赵北嘴灯塔等沿海干线航标,逐步形成以海关为主的航标管理格局。据海关《航标总册》统计,至1948年底,北方海区公用和专用航标总计107座,其中北方海区航标系统(海关)管理公用航标66座。

1949年中华人民共和国成立后,中央人民政府于同年10月25日将海关管理权收归国有,正式成立中央人民政府海关总署,全面废除强加于中国的不平等条约及陈规旧法,重新厘定组织机构和管理章程,开启了中国海关独立自主的历程。1950年1月27日,中央人民政府政务院17次政务会议通过《关于关税政策和海关工作的决定》,将海关管理的"海港、河道、灯塔、浮标、气象报导等助航设施设备,连同其工作人员、物资、器材,全部移交中央人民政府交通部或省市港务局管理"。同年11月16日,交通部航务总局正式接管全国航标,从此结束长达80余年海关管理航标的历史。其中,交通部航务总局青岛区海务办事处接管航标66座,天津区港务局接管航标39座。

不久,因朝鲜战争爆发,中国大陆沿海军事斗争呈现复杂态势。为适应军事斗争需要,中央人民政府政务院于1953年4月28日决定,将交通部所辖沿海航标及相关管理机构全部移交海军司令部管理。1955年5月25日,按照中苏两国《关于中国长春铁路、旅顺口及大连的协定》,苏军将旅大地区60座航标移交海军旅顺基地海道测量区管理。自此,除天津、营口等部分港口航标由当地港务局管理外,北方海区航标均由海军统一管理。

1958年,随着中国沿海军事斗争形势趋于缓和,为适应国家航运经济发展需要,国务院、中央军委决定调整全国沿海航标管理体制,海军除继续负责沿海干线、军港和以军为主的军商合用港航标管理外,分别将大连、安东(今丹东)、天津、龙口、石岛、石臼所等商用为主的港口航标及短程航线航标,连同设施设备和相关人员一并移交当地港务局或地方交通主管部门管理。其中,大连港27座,安东港43座,天津港1座,龙口港14座,烟台港9座,石岛港6座,石臼港1座,总计101座。同时,将沿海渔港、渔场等渔业航标移交当地渔业主管部门管理。同年,天津市港务管理局将所辖海河、新港、曹妃甸、大清河等地航标划归天津航道局管理,天津港陆地和水上航标数量达到125座。自此,北方海区航标管理工作形成海军、交通、渔业三部门分管格局。至1977年底,北方海区公用和专用航标总计421座,其中北方海区航标系统(交通部所属航标管理单位)管理公用航标305座。

第三章 航标业务

1978年中共十一届三中全会后,为适应改革开放形势发展需要,国务院、中央军委于1980年4月24日批准《交通部、海军司令部关于调整海上干线公用航标管理体制,加强管理力量的请示》,决定将海军所辖沿海干线公用航标设施、设备及相关人员("罗兰C"远程无线电导航台及军事专用航标除外)全部划归交通部统一管理。同年6月28日,交通部基本建设局向天津、上海、广州航道局发出通知,就接管海上干线公用航标及筹建相关管理机构等事宜作出具体部署,明确提出"各航道局与有关舰队以海军提出的《各海区移交航标分类明细表》为基础,对其中少数原系军事专用航标,实际上已属公用性质的,通过协商可按公用航标移交"。同年10月30日,按照交通部《关于同意天津、上海、广州航道局成立航标测量处的批复》要求,天津航道局遂正式组建天津航测处,由此开启了北方海区航标系统全面接管辖区军地公用航标新局面。

1982年3月6日,天津航道局与北海舰队司令部签订《北方海区公用航标交接协议》,双方派员成立工作组(天津航道局成员:张金生、孙树等12人;北海舰队成员:杨汉黄、郝富永等7人),历时10个月,圆满完成北方海区(鸭绿江口至北纬35°)沿海干线公用航标交接工作。天津航道局接管航标总计162座,其中灯塔23座、灯桩58座、测速标和磁罗经校正标44座、灯浮标15座、浮标1座、雾号9座、无线电指向标9座、中程无线电导航台3座。

1983年始,按照交通部《关于直属港口自管航标移交航道局实施统一管理的通知》要求,天津航道局陆续接管秦皇岛、大连等交通部直属港口航标97座,辖区公用航标管理渐趋集中统一。至1987年底,北方海区航标系统管理公用航标390座航标。

1988年全国港口体制改革后,天津航道局所辖航标划转天津海监局管理。此间,按照交通部关于做好港口航标接管工作统一部署,北方海区相关航标处(区)相继接管大连、丹东、营口、秦皇岛等港口航标103座。1994年7月,烟台海监局将原由其所辖的烟台港33座港口航标划归烟台航标处(区)统一管理。1998年1月22日,经烟台海监局批准,成立烟台海监局航标处芝罘湾航标站。同年2月26日,烟台航标处组织接收烟台港务局管理的13座港口航标。至1998年底,北方海区公用和专用航标总计1043座,其中北方海区航标系统管理公用航标588座。

2000年,按照交通部海事局《关于同意接收日照港东西港区航道航标的批复》《关于同意接收青岛前湾、秦皇岛航标设施的批复》要求,天津海事局接管地方港口航标60座,其中:日照港10座、青岛港14座、秦皇岛港36座。2001年,按照交通部海事局《关于地方划转航标有关管理事宜的通知》要求,天津海事局在实地调研山东省14个地方港口航标基础上,经与山东、烟台海事局协商,于同年7月25日顺利完成该省原由地方交通主管部门所辖航标划转工作,接管航标总计101座;于同年8月31日顺利完成龙口港31座航标划转工作。2003年3月11日,天津海事局印发《关于同意接收锦州港航标的批复》,将锦州港30座航标正式纳入北方海区公用航标管理序列。同年,天津海事局接管大连港航标18座、秦皇岛港航标7座。

2004年《中华人民共和国港口法》正式施行,将港口航道公用航标的规划、建设、使用纳入统一管理的轨道。为此,按照交通(运输)部海事局统一部署,天津海事局进一步加大辖区一、二类开放口岸航标接收力度,共分58批次,相继接管港口航标总计724座,其中大连港88座、秦皇岛港27座、天津港54座、威海港14座、青岛港21座、黄骅港90座、石岛新港4座、日照港和岚山港34座、京唐港区43座、旅顺港2座、鲅鱼圈港区83座、山海关船厂12座、烟台中铁渤海7座、蔚阳栾家口港19座、莱州港23座、蓬莱港9座、即墨港9座、庄河港26座、龙眼港11座、积米崖港6座、海阳港14座、潍坊港22座、秦皇岛秦山化工12座、天津临港46座、盘锦港48座。

此间,交通部副部长徐祖远高度关注黄骅港建设发展,时刻心系国家"北煤南运",多次过问黄骅港导助航设施技术改造工程实施进度,在天津海事局每月工程进度专题报告上逐项作出重要批示,明确提出阶段性工作要求,并出席黄骅港港口航标交接仪式,赞誉黄骅港导助航设施改造工程为"精品工程"

和"满意工程",这在北方海区乃至全国海区航标系统接标工作中尚属首次。

图3-1-123　2005年9月26日,黄骅港航标交接仪式

至2012年底,北方海区航标系统接管军地各类航标共计1373座,其中灯塔35座、灯桩228座、立标39座、测速标50座、导标125座、灯船3座、灯浮标813座、浮标45座、雾号10座、指向标9座、导航台3座、雷康13座。至此,北方海区公用和专用航标总计3219座,其中北方海区航标系统管理公用航标2108座。

1868—2012年北方海区公用和专用航标设置一览表

表3-1-62　　　　　　　　　　　　　　　　　　　　　　　　　　　　　　　　　　　　　　单位:座

年份	北方海区航标系统直辖航标													合计	公用和专用航标总量
	目视(音响)航标								无线电航标				其他		
	岸标					水标			指向标	导航台	DGPS	AIS	雷达信标			
	灯塔	灯桩	立标	导标	雾号	灯浮标	浮标	灯船								
1868	1	—	—	—	3	2	—	1	—	—	—	—	—	1	8	9(含曹妃甸)
1911	6	4	8	2	5	1	8	4	—	—	—	—	—	—	37	114
1937	11	12	18	20	8	1	8	3	—	—	—	—	—	1	82	231
1948	7	6	3	16	3	6	21	2	1	—	—	—	—	1	66	107
1977	6	83	7	71	1	101	19	2	11	3	—	—	—	1	305	421(含军标116座)
1983	24	70	72	18	10	31	1	—	9	3	—	—	—	1	239	425
1988	27	104	75	44	9	103	4	1	9	3	—	—	6	5	390	617
1998	47	106	81	86	7	210	13	4	1	—	6	—	26	1	588	1043
2001	47	118	97	103	6	341	21	4	—	—	6	—	28	7	778	1333
2005	52	142	91	120	—	543	11	5	—	—	6	—	35	24	1035	1800
2010	53	311	77	143	6	1154	14	6	—	—	7	21	70	8	1870	2865
2012	53	356	77	141	6	1337	13	6	—	—	7	28	77	7	2108	3219

注:1.本表统计数据原则上不含军事、渔业航标。

　　2.北方海区航标系统系指不同历史时期起主导作用的航标管理机构。

　　3."其他"栏系指水深信号台等航标。

1982—2012年北方海区航标系统接管军地公用航标统计表

表 3-1-63　　　　　　　　　　　　　　　　　　　　　　　　　　　　　　　　　　　　　单位：座

年份	灯塔	灯桩	立标	测速标	导标	灯船	灯浮标	浮标	雾号	指向标	导航台	雷康	小计	备注
1982—1985	23	58	—	44	—	—	15	1	9	9	3	—	162	海军
	1	8	—	—	34	—	15	—	—	—	—	1	59	地方
1986—1990	1	16	3	—	1	—	17	—	—	—	—	—	38	地方
1991—1995	6	15	—	—	21	1	71	—	—	—	—	—	114	地方
1996—2000	1	6	—	6	7	2	58	2	—	—	—	3	85	地方
2001—2005	1	46	33	—	34	—	190	28	—	—	—	1	333	地方
2006—2010	2	73	3	—	22	—	345	14	—	—	—	4	463	地方
2011—2012	—	6	—	—	6	—	102	—	—	—	—	5	119	地方
合计	35	228	39	50	125	3	813	45	10	9	3	13	1373	地方

二、航标制式

航标制式系指水上浮动标志之颜色、式样、闪光特征等规范格式。水上浮动标志包括灯浮标、浮标、杆形浮标、灯船、大型浮标（兰比）、活节式灯桩、冰期浮标以及内河船形浮标等。其中，近现代灯船制式除灯质由定光改为闪光外，灯光颜色始终为白色，涂色为黑色或红色，外观形状至今基本没有变化。大型浮标（兰比）、活结式灯桩、冰期浮标是现代出现的新标种，除形体结构有所差异外，其涂色、灯质、灯色、顶标制式从灯浮标。

中国有文字记载的水上浮动标志历史，至少可追溯到元代。元政府首开漕粮海运先河，开辟从江苏张家港到天津直沽的海上漕运线路。元朝漕运主管部门为减少船舶搁浅、触礁等海损事故，遂在漕运航路浅滩或暗礁等障碍物上设立标船等警示标志。起初，古代指示浅滩或水下障碍物的助航标志船均为渔船，并无统一法式要求。迨至明代隆庆年间，北方海区古代航标形制渐成定式。据梁梦龙《海运新考》记载，"或口岸或岛屿，可以湾泊去处，竖立大杉杆，每杆上昼悬黄布大旗一面，夜悬大灯笼一个，铁丝、铁底、铁盖糊以油纸或油绢，内燃长明灯一盏，务要设法紧束杆上，毋致风摆……每船用铜锣一面，见粮船至，即击锣为号"，"或礁石或浅滩，应该回避去处，竖立大杉杆，每杆上昼悬青布号带二条，夜悬大灯笼二个……二笼一上一下悬挂……每杆下用小渔船二只，昼夜伺候，悬挂带灯……每船用牛角唢呐一个，见粮船至，即吹唢呐为号，令其回避……敢有违误，从重治罪"。

清道光二十年（1840），鸦片战争后，沿海和内河诸多口岸相继辟为商埠，专用于助航的灯船、浮标随之引进，主要设置在港口口门、进出港航道，以及船舶航行条件受限制的水域。清光绪八年（1882），海关统一制定并发布实施《中国水域浮标和立标颜色系统》，对水上浮动标志之颜色、式样、闪光特征等作出统一规定，是迄今可考最早的近代水上浮动标志制式，主要内容为五项：一是确定航道方向，以海上进口船舶前进方向左舷为航道左，右舷为航道右；二是规定"警船浮"（浮标）及"警船桩"（立标）的涂色制式，其中关于浮标8条、立标7条，左侧标黑色，右侧标红色，水道中央标红黑横条饰纹，沙嘴标红黑竖条饰纹，航道障碍标左侧黑白方格、右侧红白方格，中央障碍标红黑方格，沉船标饰绿色；三是浮标编号原则左侧单号、右侧双号；四是各浮标均于水面上用中英文书写编号及所属分关字样；五是航道附近立标无论是否是水中灯桩，其标体涂色"色样"与浮标相同。当时，水上浮动标志除有人值守灯船外，多数为不发光浮标，少数为挂煤油定光灯浮标，对标体几何形状和灯质没有统一要求。

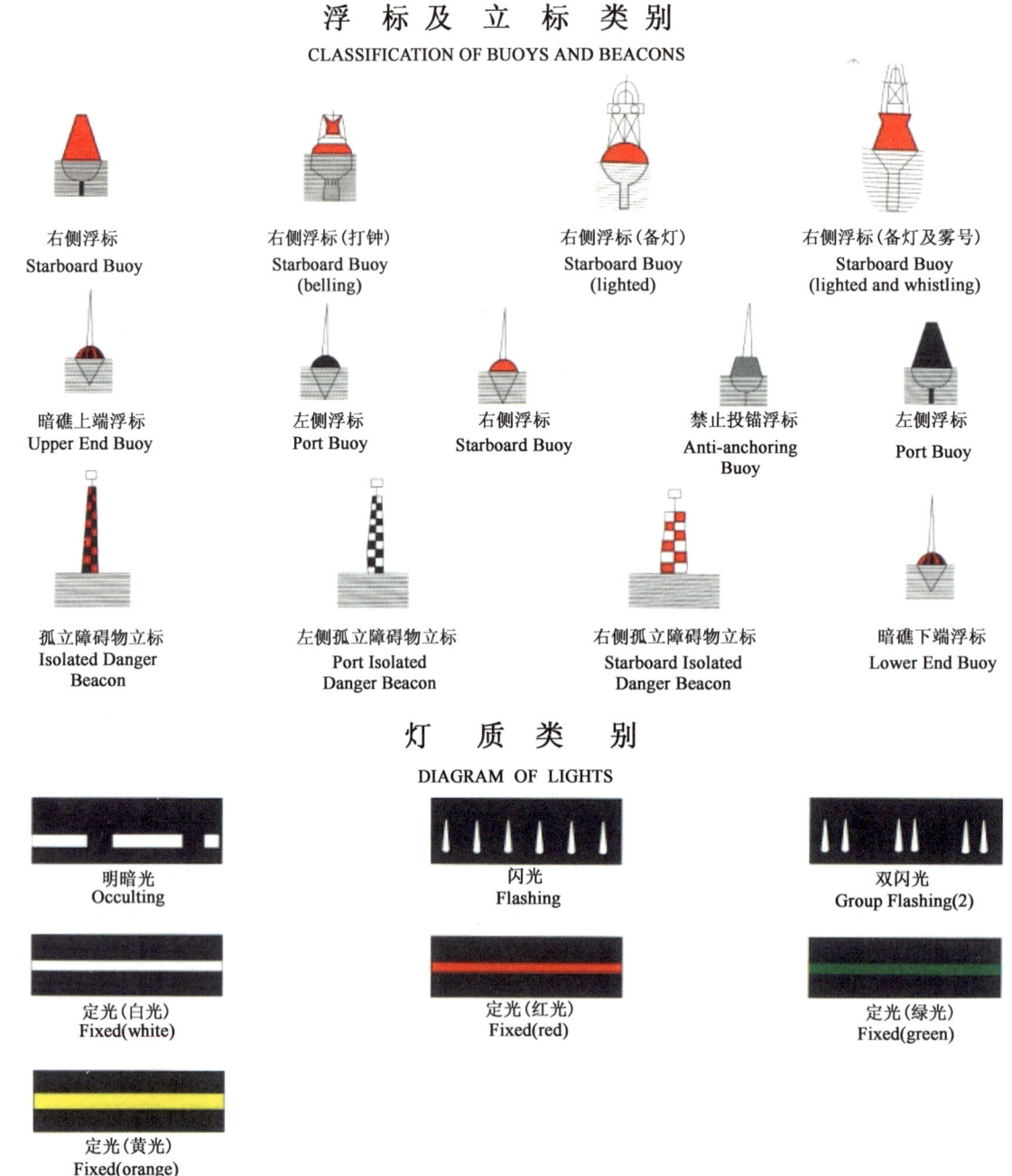

图 3-1-124　1882 年《中国水域浮标和立标颜色系统》简图

之后,随着航标灯器技术发展进步,灯浮标数量渐次超越浮标,水上浮动标志制式主体从浮标转向灯浮标,沿用至中华人民共和国成立前未变。此间,为便利航海者识别航标,促进国际航运发展,相关国际组织曾多次谋求统一全球水上浮标制式,但世界航运发达国家固守各自历史悠久的航行习惯,互不妥协,致使侧面标志"左红"或"右红"的分歧长期未能达成一致意见。1930 年,国际联盟在里斯本召开统一海岸浮标灯塔信号会议,海关按照中国政府要求选派总工程师 L·司徒达先生和巡工司 L·R·卡雷尔先生出席会议。会议达成三项协议:(1)规范航海信号包括风雨信号、潮水及水深度信号、港口及重要水道行船信号;(2)规范离开驻地灯船使用信号;(3)规范灯塔所用标号及无线电标桩等。1931 年 3 月 26 日,中国政府令驻国际联盟中国代表团在前两项协定上签字。后经 IALA 商定,将全球海域划分为"A""B"区域,保留了两套浮标制式标准,沿用至今未变。

1949年中华人民共和国成立后,随着国家航运事业不断发展,船舶活动范围逐步扩大,航路分道、交叉情形渐次增多,原有水上浮标制式不敷使用。1953年,参照苏联内河航标制度,交通部制定《内河航标规范(草案)》,并率先在长江航道按照"面向下游,左白右红"统一改制。1955年改制完成后,尽管长江干线航标实现"焕然一新,目标明显",但造成河海交接处红色浮标截然相反局面,极易引发江海联运船舶航行事故。1956年,中、苏、朝、越四国在北京召开海道测量会议,商讨统一海区浮标制式事宜。会后,结合中国具体情况,历时三年,海军司令部与交通部草拟《海区水上助航标志制度(草案)》,于1960年9月以海军司令部名义发布试行。新制式将侧面标志、方位标志、中央标志、专用标志划分为4类13种,扩大了浮标适用范围,统一了江海侧面标志,规范了浮标灯光特性,简化了侧面障碍物标,改中央障碍物标为孤立障碍物标,基本实现标志含义简明确切,制作维护更加便捷,并尽可能与国际惯例相一致。据此,首先在上海、青岛两港试点改制。同年10月,海军北海舰队司令部航海保证处完成青岛港及附近14座水上助航标志改制,并调整大港航道7座灯浮标编号。随后,依据《海区水上助航标志制度(草案)》,北方海区航标系统共完成161座水上浮动标志改制。

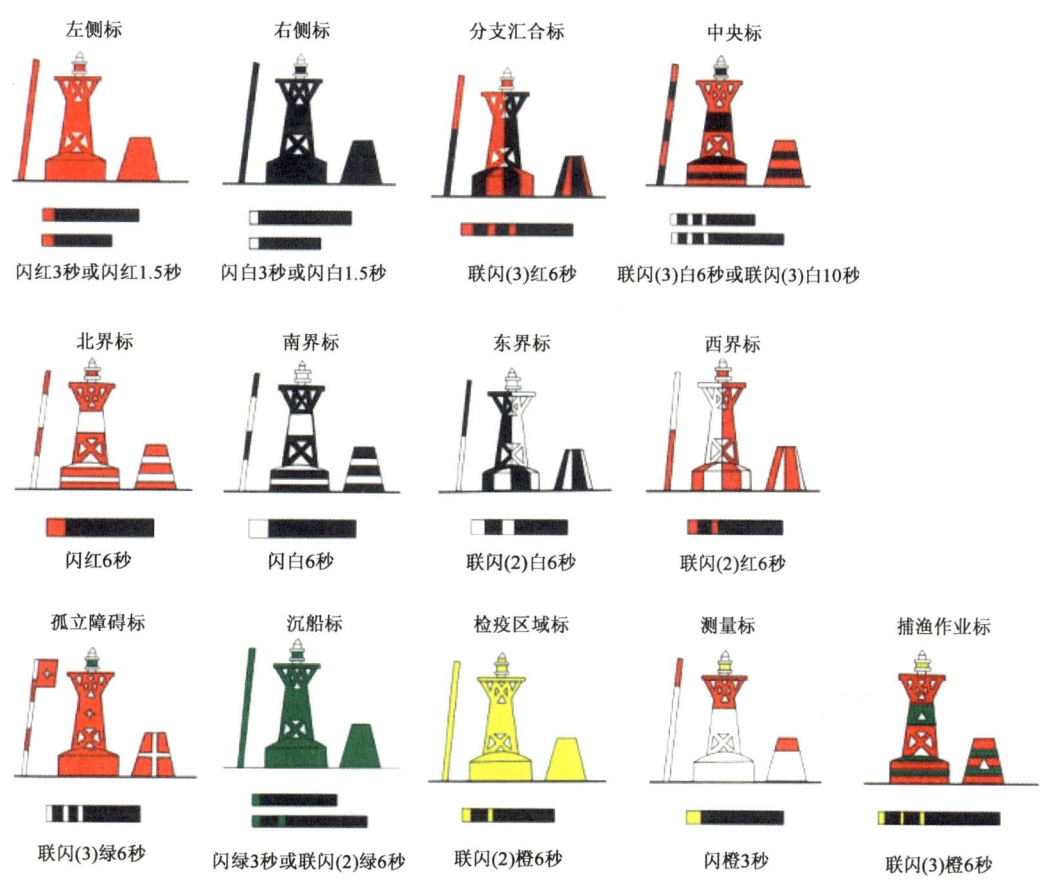

图3-1-125 1960年《海区水上助航标志制度》简图

1976年,国际航标协会(IALA)制定水上浮标制度A系统,并获得国际海事组织(IMO)认可,于1977年开始使用。1980年初,IALA制定水上浮标制度B系统。1980年11月,IALA航标大会通过"IALA水上浮标制度",将A系统和B系统合二为一。这套统一的系统规则包括侧面标志、方位标志、孤立危险物标志、安全水域标志、专用标志6种类型,允许各国航标当局根据所在区域选择使用红色表示左侧标或右侧标;遵循"浮标习惯走向"观念,将全球划分为两个区域,分别称为A区域和B区域,中国地处 A 区域。此间,IALA 通过决议,恢复中华人民共和国 IALA 代表资格,交通部于 1981 年 5 月 26 日告知 IALA,决定采用 IALA 推荐的 A 区域水上浮标系统。1983 年,按照国际法规标准等效采用原则,结合中国沿海航标设置实际情况,交通部拟定《中国海区水上助航标志》。后经厦门海域试用,国家标准局审定,于 1984 年 10 月 1 日发布《中国海区水上助航标志》(GB 4696—84),1985 年 8 月 1 日正式实施。

侧面标志

左侧标 闪红4秒 闪(2)红6秒 闪(3)红10秒 快红	设在航道的左侧,标示航道的左侧界限,顺航道走向行驶的船舶,应将本标置于左舷通过
右侧标 闪绿4秒 闪(2)绿6秒 闪(3)绿10秒 快绿	设在航道的右侧,标示航道的右侧界限,顺航道走向行驶的船舶,应将本标置于右舷通过
推荐航道左侧标 闪(2+1)红6秒 闪(2+1)红9秒 闪(2+1)红12秒	设在航道的分叉处,标示推荐航道在本标右侧。用于特定航道时,标示该航道的左侧界限。顺推荐(或特定)航道走向行驶的船舶,应将本标置于左舷通过
推荐航道右侧标 闪(2+1)绿6秒 闪(2+1)绿9秒 闪(2+1)绿12秒	设在航道的分叉处,标示推荐航道在本标左侧。用于特定航道时,标示该航道的右侧界限。顺推荐(或特定)航道走向行驶的船舶,应将本标置于右舷通过

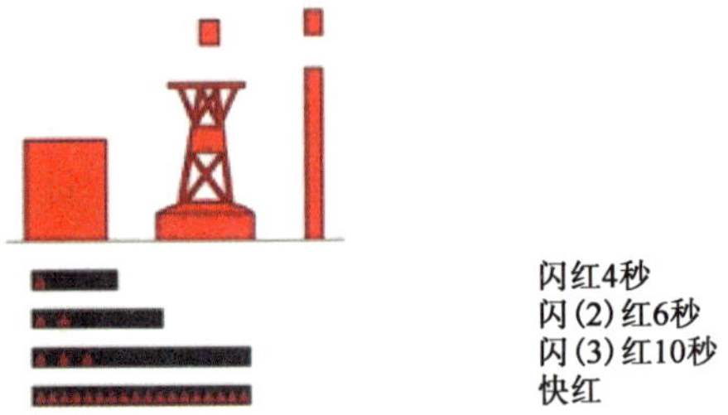

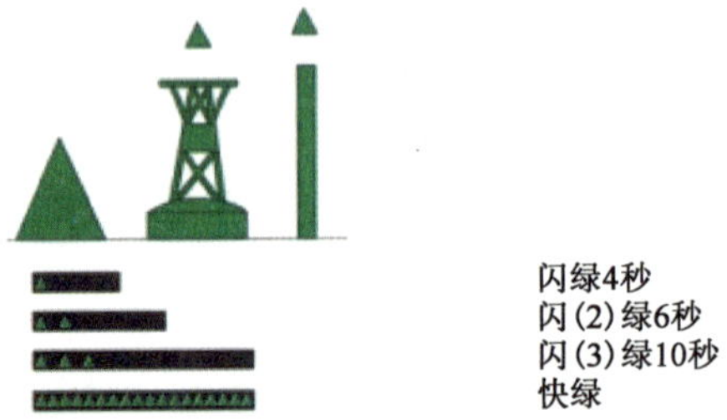

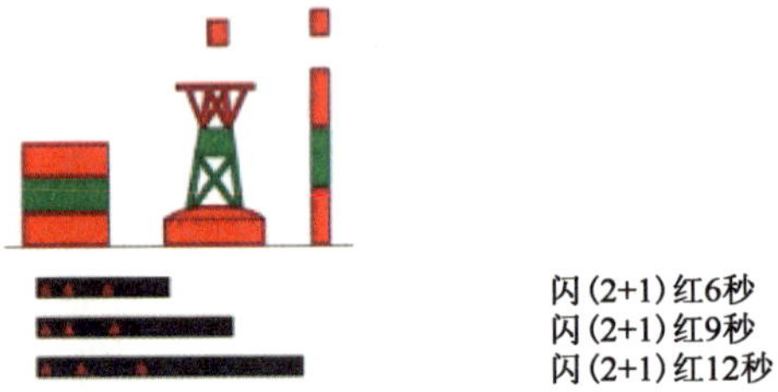

图 3-1-126

方位标志

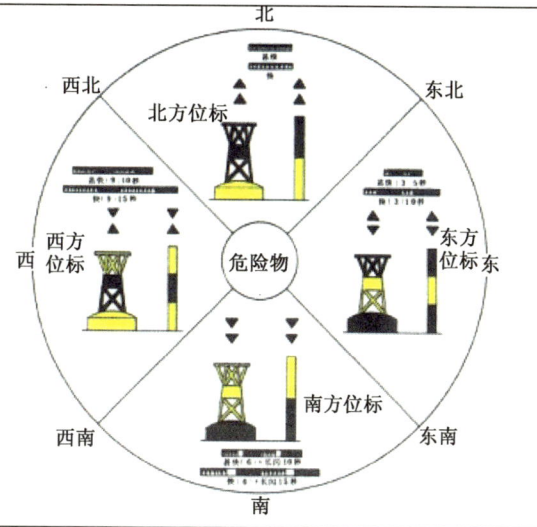

北方位标设在危险物或危险区的北方，船舶应在本标的北方通过

东方位标设在危险物或危险区的东方，船舶应在本标的东方通过

南方位标设在危险物或危险区的南方，船舶应在本标的南方通过

西方位标设在危险物或危险区的西方，船舶应在本标的西方通过

孤立危险物标志

闪(2)5秒

设置或系泊在孤立的危险物之上，或尽量靠近危险物的地方，标示孤立危险物所在，船舶应参照有关航海资料，避开本标航行

安全水域标志

等明暗4秒
长闪10秒
莫(A)6秒

设在航道中央或航道的中线上，标示本标周围均为可航水域，船舶可在任何一侧航行。安全水域标也可用于指示接近陆地

专用标志

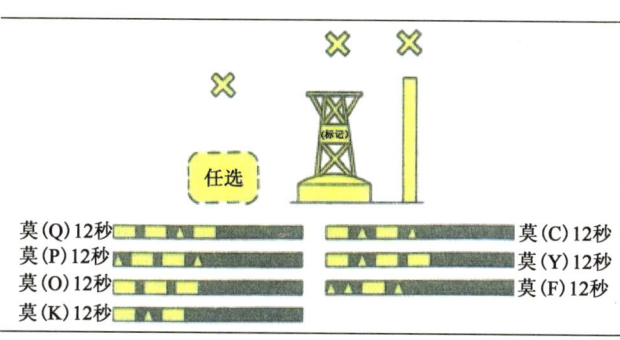

任选

莫(Q)12秒　　　　莫(C)12秒
莫(P)12秒　　　　莫(Y)12秒
莫(O)12秒　　　　莫(F)12秒
莫(K)12秒

为便于识别和使用，各种专用标应在标体明显处漆以特殊标记，其灯光节奏采用莫尔斯信号，具体规定见下表

图 3-1-126

标志用途	标 记		灯 质		
	颜色	符号	光色	莫尔斯信号	周期(秒)
锚地	黑	 ⚓	黄	Q — — · —	12
禁航区	黑	 ✕	黄	P · — — ·	12
海上作业	红、白	 ◩	黄	O — — —	12
分道通航	黑	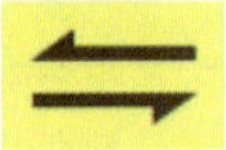 ⇌	黄	K — · —	12
水中构筑物	黑	 △	黄	C — · — ·	12
娱乐区	红、白	 ⛱	黄	F · · — ·	12
水产作业	黑	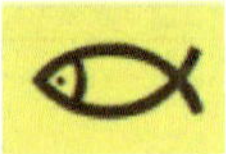 🐟	黄	Y — · — —	12

注：本表所列周期均可以15秒为备用。

图 3-1-126　1984 年《中国海区水上助航标志》简图

《中国海区水上助航标志》(简称《标准》)为国家强制标准,适用于全国海区及其海港、通海河口所有浮标和水中固定标志(不包括灯塔、扇形光灯标、导标、灯船和大型助航浮标)。该《标准》共5类18种,其中侧面标志4种,即左、右侧标和推荐航道左、右侧标;方位标志4种,即东、南、西、北方位标;孤立危险物标和安全水域标各1种;专用标志7种,即用于分道通航、锚地、禁航区、海上作业区、娱乐区、水产作业区、水中构筑物等。该《标准》采用统一柱形标体,通过颜色、灯光以及顶标(望板)不同形状等各种方式表达标志具体含义,方法简单,区别明显,便于使用者记忆和管理者实施。特别是提出"专用标志"概念,使其更具广泛性和实用性。同时,该《标准》规定:"在特殊情况下,超出本标准所列专用标志的七种用途时,经航标管理机关批准,可另行确定灯质和标记",从而扩大了适用范围;水中固定标志(灯桩、立标)和活节式灯桩从其规定。

1985年8月始,按照天津航测处统一部署要求,天津航标区牵头组织大连、烟台、青岛航标区,以及山东、河北、辽宁省港航监督局等航标管理部门,在前期排查航标状况、制定改革方案、采购所需器材、编辑新版《航标表》等筹备工作基础上,历时1年,分两批完成北方海区161座水上浮动标志改制和换装工作。

1999年，根据全国海区航标发展需要，结合以往管理实践经验，交通部组织修订该《标准》。1999年5月31日，国家质量技术监督局发布《中国海区水上助航标志》（GB 4696—1999），于2000年4月11日正式实施。

侧面标志

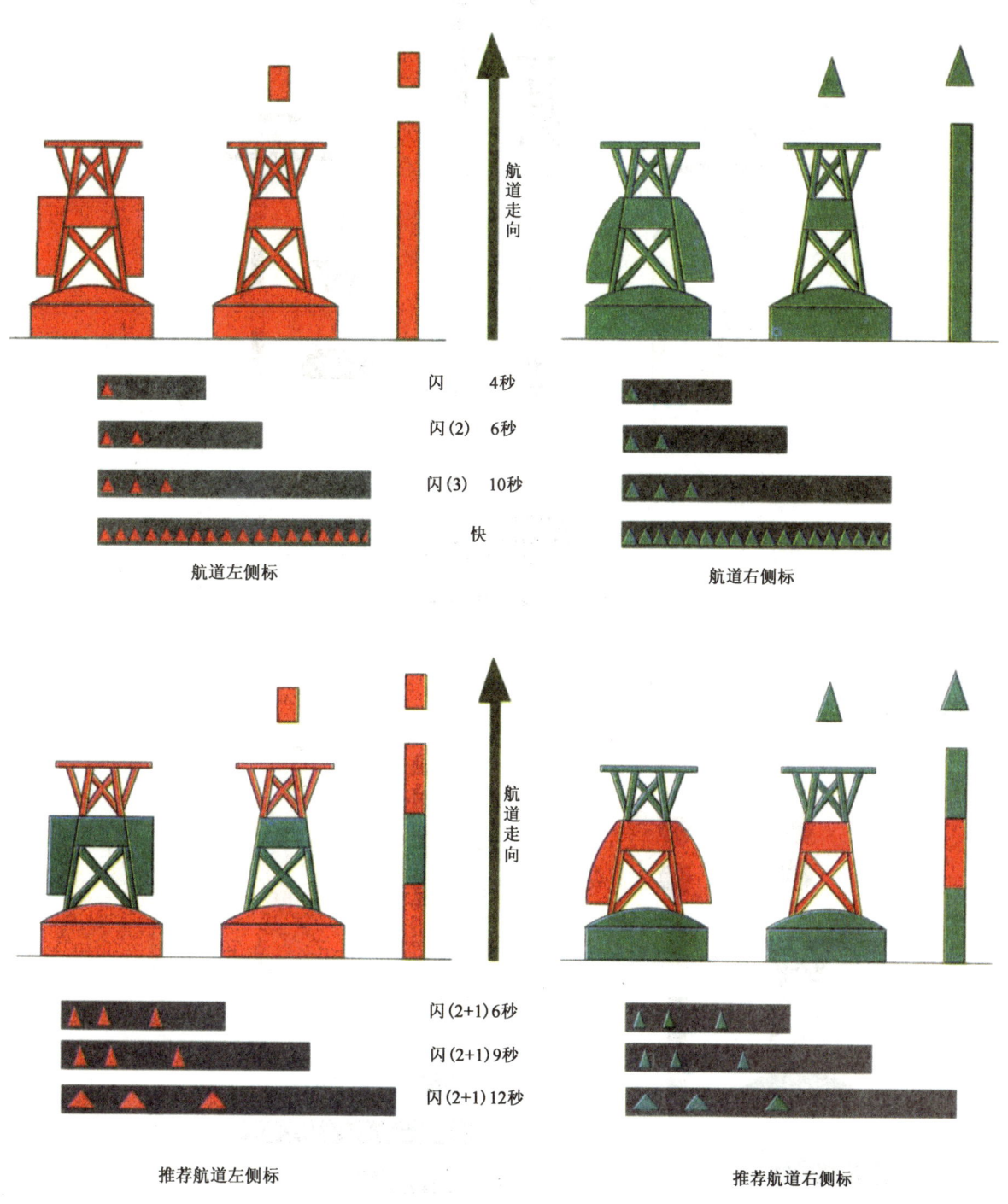

图 3-1-127

方位标志

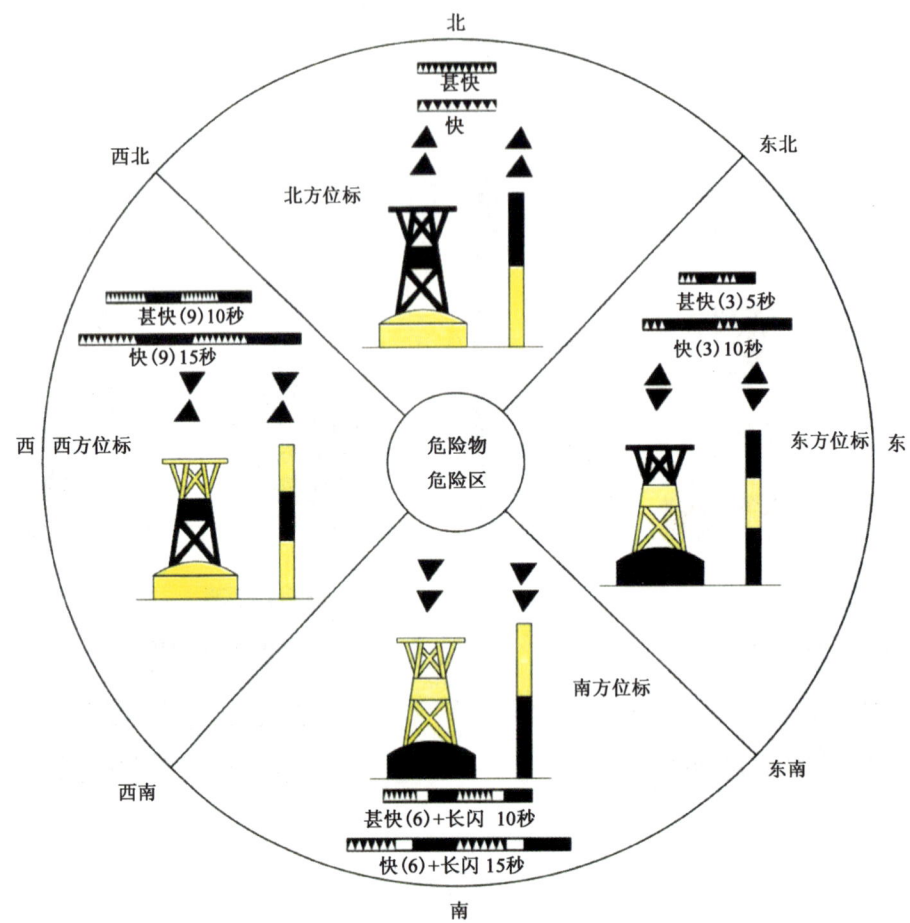

孤立危险物标志

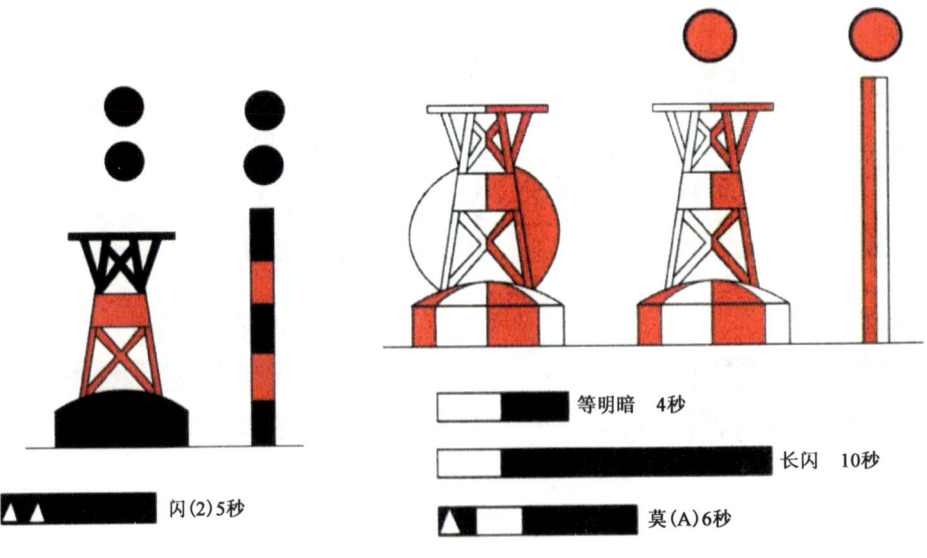

图 3-1-127

专用标志

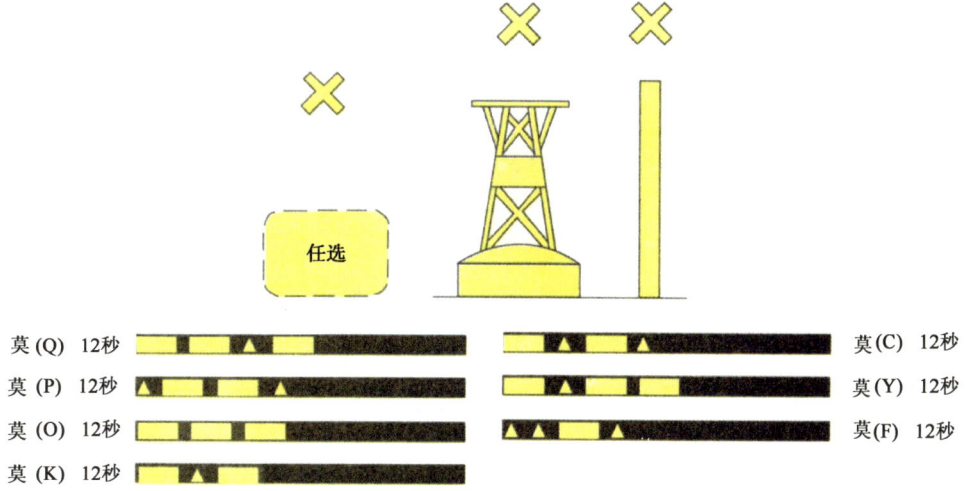

图 3-1-127　1999 年《中国海区水上助航标志》简图

新《标准》补充调整了浮标功能作用和适用范围：方位标志增加航路转向、分支汇合、沙滩终端的指示作用；专用标志除标示体育训练区外，增辟海上娱乐场区标示功能；删除了部分附录，压缩为通用要求。该《标准》沿用至今未变。

三、质量管理

航标质量管理系指航标主管部门通过指挥和控制相关组织协调运转、保障航标管理各环节工作达到技术规范和质量标准的活动。北方海区航标系统通常的管理手段主要包括：建章立制、日常保养、巡检维修、完善监测、技术改造、管理创新、专项活动、考核评估，以及适时调整航标综合配布等，旨在确保航标效能正常、满足船舶航行安全需要。

清同治七年四月（1868 年 4 月）海关船钞部成立后，为保障灯塔、灯船发光质量，加强灯塔、灯船及其值守人员规范管理，海关总税务司署于清同治九年十一月初十（1870 年 12 月 31 日）首次颁行《灯塔诫程》《灯船诫程》，明确要求："灯塔负责人须亲自确保电灯摆放妥当，确保每盏灯在傍晚日落时点亮，不停的燃烧着，明亮而清澈，直到日出；须确保每天早上清洁及擦灯器及透镜，灯笼的玻璃也必须保持明亮及清洁。"清光绪二年五月初三（1876 年 5 月 25 日），海关总税务司署颁行《新关外班诫程》，主要包括：总巡、理船厅诫程，巡帮、关划长诫程，外班通守条例，外班住室条规等内容，明确规定了外班人员巡视维护航标的具体要求，以及浮标测量定位、浮标锚链配置的技术规范，有效保障了航标各个环节工作质量。清光绪八年（1882），海关总税务司署发布施行《航海通告》，规定了该通告的类型、时效性以及通告语言和格式等，并发布实施《中国水域浮标和立标颜色系统》，对水上浮动标志之颜色、式样、闪光特征等作出统一规定，是为中国近代第一部航标行业标准。

清光绪十年四月（1884 年 4 月），海关总税务司署颁行《新关灯塔灯船戒程》（简称《戒程》），内容庞杂详尽，适用范围甚广，是海关管理航标的基本规章制度。在航标维护质量管理方面，明确规定灯塔"燃灯三要"，即"酌定灯炷、调稳油量、定油热度、贯注油灯，并做到每天晚上从日落到日出，都要保持灯的明亮和清晰；为了保持整个晚上最大程度的照明，灯芯必须经常修剪。第一个值班看守人，应注意转动阀门，使油在点火前有足够的时间流入燃烧器；晨更后当值人员，须擦净或以其它方式清洁反射器或折射器，直至恢复亮度，也要把灯器全部洁净。每天早晨，照明员应该清洗灯笼玻璃、灯罩、铜和黄铜制品及器皿、光室的墙壁、地板、阳台及其连接的仪器和机械，连同塔楼的楼梯、过道、门窗都要清洁干净"。同时,统一规范了航标维护管理人员值守行为。此间,该《戒程》对航标质量管理机制、值守规范、方式方法、日志填写等相关主要工作提出非常详细的要求:"总营造司与副营造司按其职任,均有轮查中国沿海江各灯塔之责,至灯塔助灯放光之,一切器具及照光是否按照当时之规定,是否臻乎至美妥善伊等;巡查至时,宜其照依已见在该灯塔处饬谕中书明其交派嘱告之,且该处饬愈册中所有一切饬派尔分应谨照办。凡海关巡船管驾官论其分应经管者,亦可巡查属中国之各灯塔,特为辅助理船厅所不能按日应时巡视周到者,使各灯塔处可免不按照等她之章程之病,该管驾官所指示交派添注于饬愈册之事,宜有云与章程规矩不合处,而即应遵照其所批驳指示者办理。大抵巡船管驾来巡查时,必携该船之一管轮者同至,彼依其本分,查看有机关轮转之各等器具设有不甚费手之修补处,可立即修补;如尔见灯塔中之各器具有不能当用之件,可于此时详切通知管轮者,以便其相度办理,亦时将该灯塔之日记册与巡船管驾官便于添注此次查看之一切语言,而巡船中之管轮者不得书名添注何语,亦不得于该处之饬愈册中书名注语。"同时,明确规定灯船"司灯八则""油漆四十一则""警雾号角及警险告急诸号识"等,均对灯船灯器、船体和雾警装置的日常保养、维护检修等作出详细规定。

1949年中华人民共和国成立后,交通部航务总局接管中国沿海公用航标,积极组织修复航标、绞滩和打捞沉船,航道及助航设施管理机制迅速恢复。1951年10月15日,中央人民政府财政经济委员会发布施行《关于助航标志所在地的人民政府保护或代管助航标志的意见》,要求各地人民政府担负设置在本地区助航标志的保护或代为管理之责,是为中华人民共和国第一部航标部门规章。1953年中国沿海航标划归海军统一管理后,为进一步提高沿海航标质量,便于航标维护保养,海军分批分区对20世纪50年代初期修建的部分航标实施改造和重建,并采取各种措施加强沿海航标光源,增加灯光射程,更好地发挥其效能;通过对原有航标的技术改造,使部分以往仅在白天通航的海口和水道达到了昼夜通航无阻的效果;仅用数年时间,建设了青岛→烟台→龙口航线、青岛→石岛→大连航线,以及各港往返丹东、营口、秦皇岛港航线附近的航标,其中包括新建或修复的苏山岛、青渔滩和大王家岛灯塔,烟台小山子、低角等灯桩;在烟台成山角和秦皇岛金山嘴安装或改善了音响设施,使航标整体助航效能得到明显提高。

1963年4月,海军司令部编制颁行《航标工作规章制度汇编(1963)》(简称《汇编》),是为中华人民共和国第一套海上公用航标维护管理规章汇编。该《汇编》包括《无线电指向标管理保养规则(草案)》《航标管理站工作条例(草案)》《航标机器动力设备使用维护保养规则(草案)》《灯塔及房屋建筑物保养规则(草案)》《乙炔气筒的管理》5个分册、35项规章制度,详尽规定了各级航标管理人员岗位职责、值班规则、保养规范等,为提高航标维护管理质量建立了制度保障。其中,在《航标管理站工作条例(草案)》中,明确要求航标管理站应保证所辖航标"位置准确,灯光正常,涂色鲜明,目标明显",并按照各项规定建立航标档案报表,有计划有步骤地做好航标管理保养工作。

1977年,海军发布实施《长河一号岸台设备维护保养规则》,由发射机、定时器、天线和地网系统、柴油发电机组4部分组成,主要内容包括:发射机总体要求、维护保养事项、日常维护、每周维护、一级和二级技术保养等;定时器维护保养注意事项、日常维护、每周维护、一级和二级技术保养等;导航台天线、地网系统总体要求、日常检查、每年维护保养等;6135型柴油发电机组日常维护、一级和二级技术保养等。使中国沿海10座中程无线电导航台维护保养、检测维修工作有章可循。

1982年交通部接管全国沿海干线公用航标后,于同年8月23日发布施行《关于海区航标管理工作的若干规定》,确立航标质量管理工作方针:视觉航标为"标位准确、灯质正常、涂色鲜明、结构良好",音响航标为"信号清晰、发放及时",无线电航标为"信号准确、频率稳定、功率正常、工作连续"。之后,交通部水监局相继印发《航标作业标准》《航标机器动力设备使用管理标准》《航标船(艇)作业标准》等一系列规章制度,制定全国海区航标质量管理考核指标,明确规定:视觉航标正常率为99.6%,维护正常率为99.8%;无线电航标发讯率为99.8%,信号可利用率为99.7%;相关设施设备完好率为97%,航标作业船舶适航率为90%。1982年11月5日,为加强北方海区航标管理工作,天津航测处印发施行《北方海区航标测量管理办法(试行)》,明确了北方海区航标系统值班制度、检查和维护补给制度,为加强航标管理提供了制度保障。

1983—1984年,按照天津航道局工作部署,天津航测处结合企业整顿,积极开展全面质量管理活动。全面质量管理的思想基础和工作方法的依据是PDCA循环,是质量管理的基本方法,亦是企事业单位管理的一般规律。PDCA循环的含义是将质量管理分为四个阶段,即计划(plan)、执行(do)、检查(check)、处理(act)。在质量管理活动中,要求将各项工作作出计划、实施计划、检查实施效果,然后将成功的纳入标准,不成功的留待下一循环去解决。据此,天津航测处建立健全《天津航测处TQC计划(草案)》等一系列管理规章制度。此间,开展TQC活动的主内容包括:普及TQC教育,在职职工普及率达到85%;建立TQC体系,涵盖处属各单位、部门;成立TQC小组,制定航标TQC管理办法,并组织开展相关活动;试行目标管理及网络计划,各单位、部门制定分目标,加强基础工作标准化,并督促检查、总结经验;结合企业整顿,全面推行TQC。不断加大航标维护管理质量力度,并对发现的质量问题适时提出改进意见,为确保航标正常发光发讯起到重要保障作用。此间,北方海区航标系统管理公用航标总计239座,其中视觉(音响)航标正常率99.97%,航标维护正常率99.98%;无线电航标信号可利用率97.18%。

之后,为加强北方海区无线电航标质量管理,充分发挥导航效能,为海上船舶航行安全提供优良的导航信号,天津航测处先后在烟台和北戴河成立无线电航标监测站,实时监测北方海区成山头、庄河、上古林无线电导航台和圆岛、老铁山、大三山岛、秦皇岛、北塘、镆铘岛、成山头、王家麦和射阳河无线电指向标播发导航信号质量。主要检测无线电导航台频率、波形状态和无线电指向标发射情况。工作机制为每旬"逢3",将前期监测结果报告天津航测处。若监测中发现信号异常,则立即汇报。1984年4月始,烟台监测站监测设备历经4次增配或换装。初期,配备ZSJ-1A型罗兰A定位仪2台和红旗-Ⅱ型测向仪1台。1986年3月20日,中国沿海无线电导航台和无线电指向标对外开放。为确保导航台和指向标信号发射质量,烟台监测站实行24小时值班,并第1次(同年7月)增配ZSJ-1A型罗兰A定位仪2台和红旗-Ⅱ型测向仪1台;第2次(1987年8月)换装LR-747型罗兰A定位仪;第3次(1988年10月),安装天津科技中心研制的罗兰A监测报警仪,初步实现自动记录和打印;第4次(1995年4月)换装4台DY-12M型罗兰A定位仪和2台ADF4800A型无线电测向仪,并配置微机,实现罗兰A监测数据采集、处理和打印自动化,基本实现无线电导航台和无线电指向标的实时自动监测。此间(1989年6月),北戴河监测站配备DY-12M型罗兰A定位仪2台以及ADF 4800A型无线电测向仪1台。

监测站通过接收无线电导航台和无线电指向标发射信号频率、强度等信号,判断其工作状态,及时发现异常情况并报告天津航测处;该处根据异常情况,评估维修复杂程度,对于技术难度较小的问题,远程指导该台(站)技术人员维修;对于问题较复杂的故障,派维修技术人员现场维修,为北方海区3座导航台和8座指向标播发信号质量达到部颁标准发挥重要作用。此间,烟台监测站及时发现庄河导航台发射信号异常,确认难以自行修复,报告天津航测处航标导航科,该科科长刘子忠即刻调集航标技术骨干现场"会诊",并及时排除故障。随即,天津市委交通口岸工委书记王玉春专程赴天津海监局北戴河无线电航标监测站检查指导工作,对各级航标人员认真负责的敬业精神给予高度评价。随后(1998年),随着无线电指向标和无线电导航台停机保养或正式关闭,烟台和北戴河无线电航标监测站监测业务工作随即停止。

1988年天津海监局成立后,外埠航标区划归当地海监局建制,但航标业务、计划、财务工作仍由天津海监局归口管理。1990年始,为不断提高航标维护管理水平,天津海监局在北方海区连续三年组织开展航标"四大"专项管理活动,并印发施行《北方海区航标维护质量考核评分标准》《北方海区航标达标验收考核评分标准》,统一建立基层塔、台、站、船业务报表17种,各类工作记录簿26种,彻底结束多年沿用天津航道局和海军业务报表、工作日志的历史。其中,《北方海区航标维护考核评分标准》总计10项176条284款,几乎囊括全部航标作业内容;各航标处(区、站)亦随之建立内部规章制度431种3651条,初步实现航标维护质量管理"日常化、制度化、标准化",为巩固航标维护质量管理成果提供了制度保障。

图3-1-128　1992年7月8日,天津市委交通口岸工委书记王玉春(中)在北戴河无线电航标监测站检查指导工作

1992年3月7日,天津海监局印发施行《北方海区航标业务管理办法》(简称《办法》),对航标管理的技术标准、业务管理、基础工作提出具体要求。该《办法》的出台,细化了交通部关于加强海区航标管理的相关要求,建立了统一的航标业务管理规范,明确了航标工作的管理要求,完善了各类航标的维护保养工作机制,推动航标业务管理工作逐步实现"制度化、规范化、标准化"。该《办法》的施行,使北方海区航标管理工作进一步规范化,航标维护保养质量得到明显提升。

此间,天津海监局开始利用现代技术手段监测航标工作状态,相继在大三山岛灯塔、大沽灯塔、蓬长水域探索建设航标遥测遥控系统,取得良好成效,为推进北方海区航标遥测遥控奠定技术基础。其中,大三山岛灯塔遥测遥控系统实现了灯塔灯器工作状态检测、柴油发电机组运行状况监控,并采用甚高频或单边带通信系统实现了远程检测和监控的数据传送。

1995—1996年,交通部安监局相继修订并印发施行《海区航标动态通报管理办法》《海区航标作业管理规则》《海区航标机器动力设备管理规则》,确立"部、局、区、站"四级责任制,明确要求各级航标管理部门如发现航标损坏,灯光熄灭,灯质失常,水中标志移位、漂失,音响、无线电航标故障以及紧急设标等临时发生的变动情况,应及时发布航标动态;在航标设置、撤除、调整位置、改变特征、停机保养、恢复等预先有计划的变动情况时,应提前20天申请发布航标动态,并对灯塔值班、设备保养,巡检补给等作出统一规定。此间,青岛、秦皇岛航标处先后建立ISO 9002质量管理体系并通过认证审核。1997年,为进一步加强航标管理,提高助航服务质量,青岛航标处成立以处长王洪顺为组长的质量管理体系建设领导小组,引入国家标准《质量管理和质量保证标准》(GB/T 19002—1994),确立"准确助航,及时保障"质量方针,形成青岛航标处质量管理体系文件,覆盖范围包括视觉和无线电助航设备(设施)的设置、安装和管理服务全过程,并于1998年12月28日首次通过上海质量体系审核中心认证审核。随后,该处质量管理体系历经3次标准换版和外部认证审核。最终,该处的质量管理体系包含质量手册1份、程序文件39份、工作记录425份。自推行航标质量管理体系以来,青岛航标处航标质量目标完成良好,均超过部颁标准要求:至2012年底,辖区公用航标总数308座,航标正常率99.95%,航标维护正常率100%;DGPS信号可利用率98.35%,信号发射率100%,信号完善性监测率100%;船舶完好率100%,船艇适航率100%,巡检计划完成率100%。

图3-1-129 1998年12月28日,青岛航标处ISO 9002质量体系通过认证

1999年5月,交通部海事局印发《关于做好沿海航标效能调查的通知》,天津海事局随即组织各航标处(区)开展航标效能调查工作。此间,发现大连甘井子港区业主码头较多,所设置的灯浮标较多,且日常维护管理不到位,灯浮标周围非法养殖物严重影响船舶安全航行,遂积极与大连市政府沟通,要求有关部门即刻全面清理,保障甘井子航道设置的灯浮标易于识别。同时,发现营口、烟台、青岛辖区等部分航标存在助航效能不高等情况,将其列入当年航标改造计划并实施技术改造,使其航标助航效能得到明显提高。2005年5月,按照交通部海事局《关于做好航标效能综合评估和调整工作的通知》要求,天津海事局组成精干调研小组,行程6500千米,走访航标用户79家,收集资料30余万字,对辖区航道航路和重点能源港口的助航设施效能开展了广泛调研,实施了航标效能评估,为建设不同等级的综合助航服务体系,提供安全、可靠、有效的航路标识发挥重要作用,亦为全面提高航标"两率"提供技术支持和保障。是年,北方海区航标系统管理公用航标总计1035座,视觉(音响)航标正常率99.60%,航标维护正常率99.99%;无线电航标信号可利用率99.92%,均达到或超过部颁标准。

2007年,根据交通部海事局《关于建立海事航测质量管理体系工作的通知》要求,天津海事局引入ISO 9001质量管理体系标准等先进管理理念,参照IALA指南1052《质量管理体系在航标服务提供上的应用》《航标服务提供IMO审核准备指南》,建立健全北方海区航标质量管理体系。其中,《质量管理手册》主要内容包括:适用范围,相关法律、法规、国际公约及参考标准,术语,定义,航标服务质量管理体系,质量体系的运行和管理,质量体系的考核和改进,质量体系文件的管理及附录。《程序文件》涵盖:航标战略和规划、年度工作计划、航测专项和三项计划、业务管理考核、科研项目管理控制;航标设置管理、建设管理控制;航标应急反应、用户沟通及需求分析、质量管理体系运行检查、服务效能评估、数据统计分析、服务不合格、服务改进控制;文件和质量记录控制等内容。2007年5月1日始,该局按照交通部海事局印发的《2007年航标质量管理体系推进工作实施意见》《关于发布航标质量管理体系质量管理手册及程序文件的通知》要求,开展为期6个月的质量体系试运行。质量体系历经两年的运行,从发布、培训、到推进、总结、检查评估,再到修订质量体系文件,将日常的各项航测业务管理活动纳入质量体系范畴,理顺业务关系,规范工作流程,形成闭环管理。通过质量体系试运行和修订,进一步优化和完善航标业务管理活动的规范性。强化业务管理的过程控制,以用户需求为导向,加强与港航单位的联系与沟通,根据检查评估和用户反馈、需求分析,不断改进航标服务方式方法,稳步提升服务质量,满足社会用户需求。航标设置行政审批、航标动态发布、航标维护管理,以及航标重大应急反应行动,均得到港航单位的普遍认可,塑造了北方海区航标系统良好的社会形象。

2008年,按照交通部海事局《海事信息化"十一五"发展规划》部署,天津海事局提出深化航标遥测遥控系统建设,进一步提升辖区航标信息化水平的总体要求。同年6月,烟台航标处自主研发的"航标运行信息监控系统"(简称"系统")初步完成,并安装试运行。该系统能够全面反映助航标志实时工作状态,包括工作电压、电流、位置等信息,为管理人员掌握辖区航标工作状态,科学制定航标巡检维护方案提供技术支持。同年11月,该系统在烟台、青岛、大连、秦皇岛、营口等航标处全面推广应用,安装近400台套,实时监控重点和无人值守灯塔、重点区域导标、灯桩以及通航密集区、航道口门、转向点等重要部位灯浮标工作状态,初步实现航标质量管理"智能化、数字化"。此间,该系统在处置航标灯器被盗、航标进入养殖区、航标漂失等异常状况时亦发挥了重要作用。2009年5月,天津海事局组织完成北方海区航标遥测遥控系统联网,将北方海区航标数据汇总至该局,形成局、处、站三级管理模式。

2010年4月,青岛航标处与成都天奥科技公司合作成功研发"基于船舶自动识别系统(AIS)技术的数字航标及航标管理终端"(简称"管理终端"),并在青岛港、海阳港、胶南港、岚山港航标设施试用取得良好效果后,在广州港、汕头港等港口100余座灯浮标推广应用,受到南海海区航标管理单位一致好评。"管理终端"主要功能包括:对外播发AIS助航信息、虚拟AIS航标、太阳能智能化充电管理、航标工作状态遥测、远程遥控、状态异常报警、警戒报警等。加装"管理终端"的航标与传统航标遥测遥控相比,更加科学智能,实现了航标"智能化、数字化"管理,提高了航标运行维护质量。

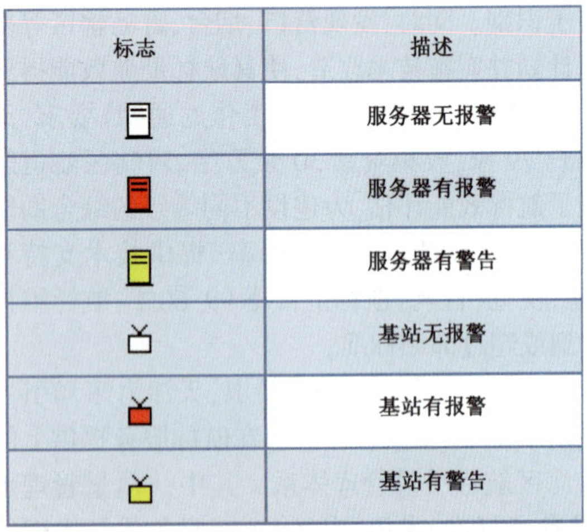

标志	描述
	服务器无报警
	服务器有报警
	服务器有警告
	基站无报警
	基站有报警
	基站有警告

图3-1-130 21世纪初,国家AIS数据中心服务器和基站故障状态监测界面

2010年8月,烟台航标处组织实施"航标运行信息监控系统"(简称"监控系统")升级改造,实现与AIS信息融合,系统性能得到显著提升。2011年1月中旬,由于持续的西北风,加之气温走低,黄河口及莱州水域的浮冰聚集在龙口港港池和航道内,平均结冰厚度20厘米,最厚达40厘米,致使龙口港航道灯浮标出现漂失。龙口航标站通过"监控系统"实时监控并记录灯浮标状态,及时将航标运行状况通报港口及当地海事部门。同年1月30日,海冰最厚处达50厘米,龙口港个别灯浮标漂移近13千米,待气象稍有好转,该站立即将其恢复到位。2011年,烟台航标处研发成功北斗通信一体化航标灯器以及相关软件,并在北方海区边远灯塔、灯浮标上安装使用,实现了距岸较远海域航标的"全覆盖"实时监控。

此间,北方海区航标系统负责国家AIS数据中心日常管理和运行。该中心运行的瑞典SAAB公司系统软件中的网络管理(network manager)软件,可实时监测北方海区AIS岸基网络系统(简称"系统")中的R40型基站设备、NMR500型和NMR800型辖区服务器、NMR1000型国家服务器及数据记录设备(data log)、2M数据链路及网络设备的运行状态。网络管理软件每个服务器、AIS基站在海图上显示为不同标志。采用三种颜色表示其状态:白色无报警,红色有报警,黄色有警告。两个AIS服务器之间的连接均是粗线条,而AIS sever服务器和AIS基站之间的连接用细线条绘制。正常连接显示为黑色线条,而故障连接显示为红色。

当该系统侦听到基站、服务器、链路报警或警告时,可直接弹出报警界面,即在国家AIS数据中心岸基自动识别系统监测主界面左侧的状态分级视图和右侧的海图视图中相应显示。与此同时,该系统自动记录相应的事件,并可从事件记录中回放查找。见下图,网络管理软件检测到青岛辖区千里岩基站故障,网管点击千里岩(Qianliyan),即可在状态分级视图中看到相应的故障描述。

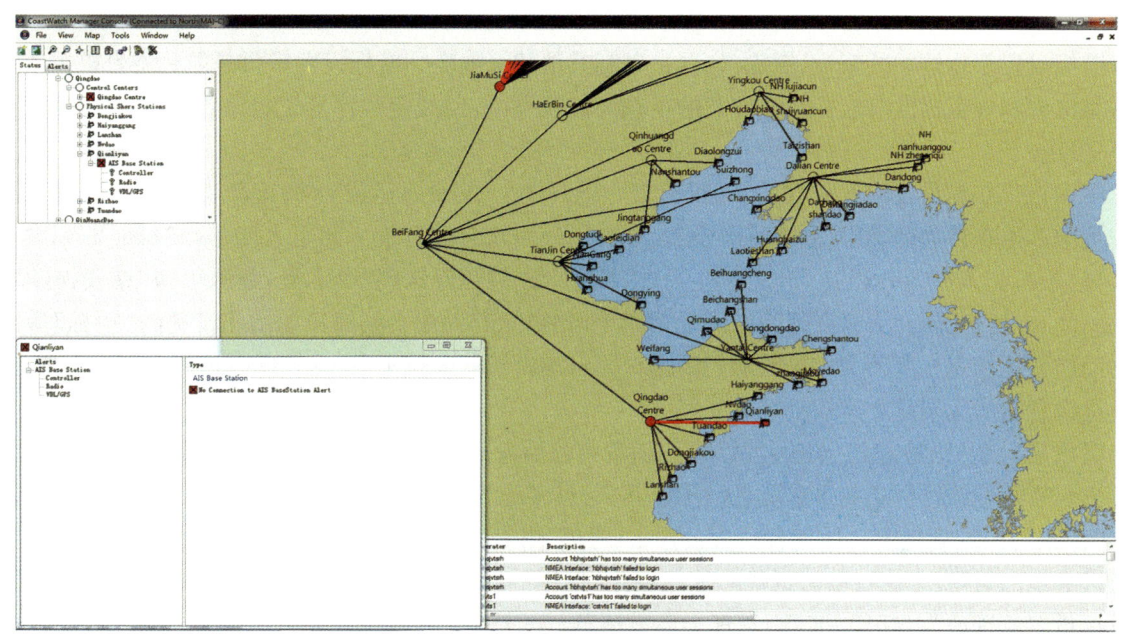

图3-1-131 21世纪初,国家AIS数据中心岸基自动识别系统监测界面

北方海区航标系统如上航标遥测遥控系统的推广应用,以及国家AIS数据中心的网络管理软件,彻底改变了传统航标管理模式,成为航标日常管理的重要手段,为航标工作质量持续达到部颁标准发挥了重要作用,为及时快速恢复失常航标提供了技术保障。

至2012年,北方海区航标系统管理公用航标总计2108座,其中1232座实现航标遥测遥控,航标遥测遥控覆盖率达58.44%。其中,视觉(音响)航标正常率99.96%,航标维护正常率99.99%;无线电航标信号可利用率99.68%,AIS正常率99.71%,均达到或超过部颁标准。

1983—2012年北方海区航标系统航标质量管理指标达标一览表

表3-1-64

指标年份	航标总量（座）	计划维护量（座天）	实际维护量（座天）	视觉(音响)航标		无线电航标	
				正常率（%）	维护正常率（%）	信号可利用率（%）	AIS正常率（%）
1983	239	87242	88289	99.97	99.98	97.18	—
1988	390	142350	142307	99.97	99.98	97.23	—

〔续表〕

指标年份	航标总量（座）	计划维护量（座天）	实际维护量（座天）	视觉(音响)航标		无线电航标	
				正常率（%）	维护正常率（%）	信号可利用率（%）	AIS正常率（%）
1998	588	231178	231114	99.97	99.98	97.29	—
2001	778	249880	249819	99.98	99.99	99.99	—
2005	1035	333866	333722	99.60	99.99	99.92	—
2010	1870	631026	630657	99.92	99.98	98.97	99.69
2012	2108	679372	679106	99.96	99.99	99.68	99.71

四、设置审批

航标设置系指航标的新设、撤除、位置移动和其他状况改变。航标设置审批是航标主管机关依据相关法律法规和规范标准对航标设置方案的审查与修改，并按照规定程序为之办理准予设置的相关行政许可文件。

中国古代航标设置的记载散见于《新唐书·地理志》《大元海运记》《海运新考》等古籍，以及沿海地方县志和遗存诗词碑文中，既有官府设置，亦有民间船户自建自管。元至大四年（1311），江苏太仓船户苏显"设标指浅"举措，因其"于官有益，于民有便"，遂被官府认同，令苏显、袁源等为"指浅提领"，渐次由民间自发行为转变为官办行为。元延祐四年（1317），在天津直沽海口龙山庙设立的"望标"等漕运航路助航设施均是官府所为。民间渔商为生计而自建自管的助航标志，尽管偶有地方官府出面参与，但其航标设置行为无须官方审核批准。

清咸丰六年（1856）第二次鸦片战争后，随着中国沿海开埠通商口岸及进出船舶逐步增多，"中国各处地方长官深知航行标志关系重要者已不乏其人，且多乐为之助资建设"。清咸丰八年（1858），中英签订《天津条约》，明确规定："通商各口分设浮桩、号船、塔表、望楼，由领事官与地方官会同酌视建造"，北方海区崆峒岛灯塔、牛庄灯船等近代航标即在此列。同年，中英续订《通商章程善后条约·海关税则》，将航标设置管理改为"任凭（清廷）总理大臣邀请英（美、法）人帮办税务并严查漏税，判定口界，派人指泊船只及分设浮桩、号船、塔表、望楼等事，毋庸英（美、法）官指荐干预"，强行将航标设置纳入海关职权，逐步沦为所谓"帮办"税务的洋人把持控制。当时，由于清政府腐败无能，加之海权意识淡漠，领水管辖能力脆弱，对西方列强舰船数次侵入中国领海窥测航道、私设航路标识等侵犯主权行为无力拒止，"各（外）国海军为航行便利起见，对于沿海之夷险深浅，乃自行组织测量⋯绘制图表，并编有海道图说，且于一二险峻之处设置浮标以利航行"。现存于英国航海博物馆之法国海军于清咸丰八年（1858）测绘、后由英国海军部编绘的海图，所标注的天津大沽口附近及大沽沙航道立标、浮标、灯船便是佐证。

清同治七年四月（1868年4月），清海关宣告成立船钞部，将"所有港口船舶及航行设施等事宜悉归其办理"。清光绪元年（1875），海关总税务司发布第3号通令，明确规定"设置新标志或改变原有标志位置或撤销现有标志时，应直接呈文向总税务司建议，并将抄件送总营造司，总营造司之职责乃为此向总税务司提出应采取之最佳方案"。在海关管理航标时期，航标设置一般由海关海务部门依据海事频发教训和相关利益集团需求统筹安排，并"按照海关海务科行政办法，凡选择灯塔基地，统由该科巡工司与总工程师商酌定夺⋯惟灯塔、雾号等之设计与其建筑统由总工程师单独经营"。由于海关控制航标管理权及建设经费，当时的航标设置大多集中在开埠通商口岸，主要为保障西方列强舰船航行安全服务,而对中国籍舟船经常航行的港口和海域,甚少设置航标。

清光绪二十一年(1895),中日爆发甲午战争,清军战败,国力大衰,西方列强强占租借地渐成狂潮,青岛、大连、威海等口岸相继沦为租借地。按照租借条约规定,租借地海域航标管理改由租借地当局港政部门职掌,航标设置各自为政,无须报经海关审批。

1937年日本全面侵华战争初期,海关自恃西洋人主持工作,未经中国政府同意,私自与日本达成《关于中国海关问题的协定》,没有随同国民政府撤退重庆,尚能继续维系残局。1941年太平洋战争爆发后,日军强占沦陷区海关,航标设置管理权随之落入外敌之手。1945年,日本战败投降,中国海关总税务司署接管相关日伪海务管理机构,并力图恢复战前旧制。后因国民党发动内战,烽烟再起,政局动荡,港口航道基础设施规划建设以及航标设置审批无从谈起。

1949年中华人民共和国成立后,伴随全国海区航标管理体制调整变化,逐步形成海军、交通、水产等部门分工管理格局。此间,海军司令部、交通部、水产部按照"统一规划、统一制度、分工负责、自建自管"原则,通过定期召开部际联席会议,统筹协调中国沿海航标规划建设。此间,航标设置审批尚无明文规定,沿海干线公用航标设置,通常由交通部海运管理总局收集汇总需求意见,转交海军航海保证部门,综合拟定航标建设年度计划,分别由各舰队(基地)航海保证处组织实施;交通部直属港口航标设置,由各港务局或航道局航标主管部门按照港口改扩建计划组织实施;地方港口和短程航线及渔业专用航标设置,则分别由地方交通主管部门或渔政管理部门根据当地民生需求自行决定。这种航标设置管理模式,一直沿用到海军移交沿海干线公用航标前未变。

1982年交通部全面接管中国沿海干线公用航标后,随即发布施行《关于海区航标管理工作的若干规定》,首次厘定全国海区公用航标设置审批范围与权限,即:交通部负责灯塔、导航台、指向标等航标设置审批;海区航标主管部门负责上述航标以外其他航标设置审批;各航标区是基层航标管理单位,承担辖区航标设置与维护工作。自此,交通部所属航标管理部门在全国海区展开航标设置审批工作。

1992年3月7日,按照交通部安监局统一部署要求,经北方海区年度航标工作会议讨论通过,天津海监局印发施行《北方海区航标业务管理办法》(简称《办法》)。该《办法》明确规定:"海区干线及港口、航道、航道口门、转向点的航标调整布局,改变特征,更新装备,设置撤除,停光修理"等航标设置事宜,"由各航标区(处、站)提出,经天津海监局审核并发布《航海通告》后方能实施",并将北方海区航标系统航标设置审批范围逐步延伸至管辖范围。

1997年3月1日,交通部发布施行《海区航标设置管理办法》,进一步明确并细化全国海区航标设置审批范围、权限和程序。一是扩大了航标设置审批范围,除军用航标和渔业航标外,中国沿海航标设置均须报经各级航标管理机关审查审批。二是重新厘定各级航标管理机关职责任务,即:交通部是全国海区航标主管机关,天津、上海、广州、海南海(水)监局是海区航标管理机关,其他海监局和县级以上地方交通行政主管部门是辖区航标管理机关。三是按照航标规模类别,航标设置审批实行两级管理,即:交通部航标主管部门负责灯塔、导航台、指向标、RBN-DGPS等一类航标设置规划与审批,海区航标管理机关负责上述一类航标设置审查和灯桩、导标、立标、灯浮标、灯船、雾号、雷达信标等二类航标设置规划与审批,并报交通部备案。四是统一规范航标设置审批程序,即:辖区航标管理机关设置航标,应向海区航标管理机关提交书面申请;专业单位设置航标,应向辖区航标管理机关提交书面申请;书面申请应当在航标设置前60日提交,并附有航标设计图纸一式二份;各级航标管理机关自收到书面申请之日起,应当于20日内作出书面批复;航标设置完成后,须经批准设置航标的航标管理机关验收合格后,方可正式投入使用,并及时发布《航标动态通告》。自此,天津海监(海事)局作为北方海区航标设置审批主管机关,承担各航标区(处、站)辖区内公用航标增减变化、布局调整、大修重建、应急设标、改进效能等航标设置审查审批,以及非航标专业单位新建港区、码头、航道等专用航标设置审查审批。

航标设置审查分为:受理航标设置申请的辖区航标处初审、海区航标管理机关专业复审。辖区航标处初步审查包括:征求当地港航部门、港监、引水、船舶驾驶员意见,并召开航标设置设计方案专家评审会,俟有关各方形成一致意见后,由辖区航标处报海区航标管理机关审批。凡属一类航标设置,海区航标管理机关要提出审查意见,并呈报交通部审批。航标设置审查内容十分庞杂,除了审查航标设置设计方案是否符合相关规范标准外,还要综合评估航标能否满足所服务航道或水域通航需求和安全保障,以及新设航标与其他助航标识相互关系,具体到浮标、导标、灯桩,皆因所设位置和海域环境不同而各有差异。所有航标设置批复或行政许可文件,无一例外地均要在文尾提示辖区航标处和专业单位及时做好《航标动态通告》发布工作,旨在保障航标设置海域航海图书资料及时更新,方便船舶使用,同时通过《航标动态通告》内容检查验证航标设置审批(或许可)批复内容执行情况。

20世纪末,天津海事局建立航标设置方案专家评审制度。专家组由辖区航标、通航管理部门,以及相关科研院校、港口引航、船舶航运、设计施工等单位专业技术人员组成。实施专家评审制度,可以广泛听取各方意见,使航标设置方案更加科学、合理,遂成为航标设置审批的前提条件之一。

2001年全国海区航标管理体制调整后,大连、营口、秦皇岛、烟台、青岛航标处划归天津海事局建制,实行集中统一管理。为理顺北方海区各海事局航标设置相关事权关系,明确工作职责和办事程序,完善航标管理协调机制和信息交流制度,天津海事局于2004年8月1日印发施行《北方海区航标管理工作协调和信息交流暂行办法》(简称《办法》),明确了天津海事局及所属航标处和当地海事局的航标管理职责,理顺了航标规划编制、航标设置和配布调整审批、航标保护与行业管理等事权关系。在理顺航标管理事权关系期间,关于专用航标单位向当地海事局提出的航标设置申请,由当地海事局告知专用航标单位应报送辖区航标处;关于地方港口建设方案审查设计航标事宜,由当地海事局通知或提示主办单位邀请相关航标管理部门参加。该《办法》施行以来,理顺了北方海区航标系统管理航标的事权关系,完善了航标管理协调机制和信息交流体系,为建设"畅通、高效、安全、绿色"的海上通航环境提供了制度保障。

图3-1-132　2006年11月7日,天津海事局在烟台组织召开航标设置行政许可程序贯彻会

2006年4月1日,交通部发布施行《中华人民共和国海事行政许可条件规定》,将海区航标设置事项纳入海事行政许可范畴,除将航标设置批复改为航标设置许可决定书外,原航标设置申报、审查、审批、验收程序和权限沿用旧制未变。同年10月12日,天津海事局印发施行《天津海事局航标设置行政许可程序》(简称《程序》)。同年11月7日,天津海事局航标导航处处长辛艺强在烟台主持召开"天津海事局行政许可程序贯彻会",为该《程序》于2006年12月1日试行和2007年1月1日正式施行做好前期准备。随后,北方海区航标系统航标设置从其规定。

1997—2012年北方海区航标系统航标设置审批一览表

表3-1-65 单位:座

年份\辖区	大连 份数 A	大连 份数 B	大连 座数 A	大连 座数 B	营口 份数 A	营口 份数 B	营口 座数 A	营口 座数 B	秦皇岛 份数 A	秦皇岛 份数 B	秦皇岛 座数 A	秦皇岛 座数 B	天津 份数 A	天津 份数 B	天津 座数 A	天津 座数 B	烟台 份数 A	烟台 份数 B	烟台 座数 A	烟台 座数 B	青岛 份数 A	青岛 份数 B	青岛 座数 A	青岛 座数 B	年度合计 份数	年度合计 座数
1997	2		11		—		—		4		13		—		—		1		1		—		—		7	25
	2/0		11/0		—		—		3/1		12/1		—		—		1/0		1/0		—		—			
1999	2		13		—		—		1		1		1		1		—		—		—		—		4	15
	0/2		0/13		—		—		1/0		1/0		0/1		0/1		—		—		—		—			
2000	—		—		—		—		—		—		2		27		—		—		—		—		2	27
	—		—		—		—		—		—		2/0		27/0		—		—		—		—			
2001	—		—		—		—		—		—		1		57		3		53		1		1		5	111
	—		—		—		—		—		—		0/1		0/57		1/2		8/45		0/1		0/1			
2002	2		8		1		8		—		—		1		1		2		21		3		48		9	86
	2/0		8/0		1/0		8/0		—		—		1/0		1/0		2/0		21/0		2/1		45/3			
2003	—		—		—		—		2		14		2		5		5		18		3		10		12	47
	—		—		—		—		2/0		14/0		1/1		3/2		4/1		14/4		3/0		10/0			
2004	1		7		3		14		5		26		5		12		—		—		7		43		21	102
	1/0		7/0		3/0		14/0		2/3		10/16		3/2		4/8		—		—		2/5		25/18			
2005	8		34		4		42		8		28		10		129		8		65		12		44		50	342
	7/1		32/2		3/1		38/4		2/6		8/20		6/4		63/66		7/1		49/16		10/2		41/3			
2006	8		49		10		109		4		77		12		130		10		40		1		5		45	410
	7/1		37/12		10/0		109/0		4/0		77/0		6/6		85/45		10/0		40/0		1/0		5/0			
2007	11		36		12		58		5		24		15		68		12		65		7		61		62	312
	6/5		25/11		4/8		14/44		2/3		17/7		6/9		43/25		4/8		14/51		2/5		5/56			
2008	14		142		11		115		11		96		24		159		20		97		18		148		98	757
	2/12		20/122		3/8		15/100		9/2		93/3		12/12		66/93		7/13		26/71		5/13		51/97			
2009	14		73		13		44		10		53		45		160		25		102		13		43		120	475
	8/6		34/39		8/5		24/20		6/4		31/22		23/22		55/105		14/11		26/76		7/6		26/17			
2010	—		—		22		74		15		42		41		205		10		56		18		122		106	499
	—		—		15/7		32/42		10/5		30/12		30/11		153/52		4/6		12/44		5/13		9/113			
2011	8		32		17		230		7		69		51		357		17		64		24		178		124	930
	2/6		3/29		10/7		92/138		3/4		41/28		26/25		218/139		12/5		37/27		15/9		101/77			
2012	9		32		3		21		12		31		29		113		16		114		17		86		86	397
	2/7		2/30		1/2		7/14		5/7		11/20		14/15		44/69		8/8		40/74		5/12		7/79			
合计	79		437		96		715		84		474		239		1424		129		696		124		789		751	4535
	39/40		179/258		58/38		353/362		49/35		345/129		130/109		762/662		73/56		287/409		57/67		325/464		406/345	2251/2284

注:A为公用航标;B为专用航标。

据不完全统计,1997—2012年,北方海区航标管理机关受理二类航标设置申请总计751份,航标设置审批4535座,并报交通(运输)部航标主管机关备案。其中,受理公用航标设置申请406份,设置审批2251座;受理专用航标设置申请345份,设置审批2284座。此间,北方海区航标管理机关负责辖区灯塔、无线电指向标、无线电导航台、RBN-DGPS台站、AIS基站等一类航标设置审查,并报交通(运输)部航标主管机关审批。

五、动态通报

航标动态系指因航道、浅滩、水下障碍物的变化,以及船舶航行的需要和其他原因而更改原设置航标的位置、灯质、射程等要素的变动情况。航标动态通报工作主要涉及《航行通(警)告》的编辑与发布和《航标表》的编辑与改正,以及沿海港口航道图《改正通告》的编辑与发行。《航标动态通报》由航标管理机关编制,是相关机构发布《航行通(警)告》和编辑与改正《航标表》,以及编辑与发行《改正通告》的重要内容之一,亦是改正海图和航路指南及其他航海图书资料的依据,须保持其详细、准确,使其与实际情况持续保持一致,为保证船舶航行和海上作业安全服务。《航标动态通报》分为两类:第一类动态系指临时性突发的航标变动情况,第二类动态系指预先有计划的航标变动情况。

航标管理机关编制《航标动态通报》,首先要及时收集最新的并经核实的海区航标变化情况,然后经过分析、整理,及时送至中国航海图书出版社编辑《航海通告》并发行到相关用户,以改正海图。其对海图的改正称为小改正,在海图的下部有专门的历次改正记载。在《航海通告》中对海图改正的内容称为正式通告。各国的正式通告有不同的编排方式,美国的《航海通告》是按照海图编号的顺序编发正式通告,中国以及英国、日本等是按照海区顺序,对应每项改正海图的内容编号。这些编号称为项号,项号每年从年初到年终按照自然数顺排,每项通告后列有需要改正的海图图号以及其前次改正的项号,并在《航海通告》的前部编有地理区域索引和相关海图索引,以方便使用。

《航海通告》(*Notice to Mariners*)系指将海区、港湾的航道、航标变动情况,以及水上工程施工、航行规则、航行注意事项等信息,由国家海事主管机关或者其授权的机关,以书面形式通告航行船舶和有关单位的文件,又称《航行通告》。世界上发行较广、影响较大的英国《航海通告》由英国海军海道测量局出版,主要有每星期出版的周版和每年出版的年度摘要两种。中国《航海通告》由中国航海图书出版社编辑出版,有中文版和英文版,每周发行1期,主要内容包括注释及索引、航海通告正文、航行警告、英版航路指南的改正资料、灯标雾号表改正资料、无线电信号表改正资料,以及月末航海通告、季末航海通告、航海通告年度摘要、航海通告汇编等。其具体内容主要包括航标设置、变动和撤除,各种危险物、障碍物的发现和消除情况,港湾码头扩建和变更情况,各种界线、航行规章、航行法规,以及保证船舶航行安全的其他规定。

《无线电航行警告》(*Navigation Radio Warning*)系指及时迅速将航道变化、新设或调整航标等重要信息通告在航船舶的航行警告。《航行警告》(*Navigation Warning*)是由国家海事主管机关或者其授权的机关,以无线通信方式向船舶广播的有关船舶航行安全信息,其中包括航道及助航标志变动等信息,其目的是向船舶传达有关海区和水域发生的或将要发生的可能影响航行和作业安全的相关信息。

《航标表》(*List of Lights*)系指供航海人员使用的设置在各个水域的航标汇总表。表中包括每一座航标的编号、标名、地理位置、灯质、标身颜色、结构等特征,以及建造年月等内容。《航标表》亦由中国航海图书出版社编辑出版,每年1期,是航海图书资料的必要补充,供航海人员在使用航标时查阅。依据《航行通(警)告》相关资料和信息,航标管理机关、航海图书资料发行机构及相关航海人员应随时予以改正和补充,以保持《航标表》内容的现势性。

全国海区测绘系统《改正通告》的编辑与发行,旨在使中华人民共和国海事局出版的中国沿海港口航道图能够根据全国海区航行要素的变化得到及时、准确的补充和改正,以保持中国沿海港口航道图航行要素的现势性。该系统《改正通告》的编辑与发行,改变了港口航道图自出版发行以来,通常采用海军司令部航海保证部发布的《航行通告》进行海图小改正的历史。

《航行通(警)告》的资料来源有:外交、交通、测绘、渔业、海事、邮电、水电、海运、石油、地质勘探等政府机构和企事业单位、军队等部门的情况通报;航海等有关人员个人向《航行通(警)告》编发机关提供的最新海区变化情况;外国官方机构发布的《航海通告》和海图等。

(一)《航行通(警)告》编辑与发布

中国航标动态通报的历史悠久,至少可追溯至元代。据《大元海运记》记载,元至大四年(1311)元朝海道府将江苏太仓刘家港船户苏显所设"指浅舟船"的式样、位置、航法等相关信息,"画到图本,备榜太仓周泾桥路漕宫前聚船处所,晓谕运粮船户",是为中国迄今可考最早的《航标动态通报》。后因明、清两代奉行的海禁政策时紧时松,严重束缚了民间航海活动繁荣发展,与此相关情况亦为史所不载。

中国近代发布《航海通告》始于19世纪中叶。清同治元年六月十一日(1862年7月7日),海关总税务司李泰国签发第一号《航海通告》,公布吴淞口航道更换浮标事宜。此间,《航海通告》亦称《海关航船布告》或《警船示》(Notices to Mariners),后改称《航海通告》,分为两类:A类由海关总税务司、副总税务司、税务司,理船厅等签发;B类由总工程师、副总工程师、巡工司等签发。发布方式为办公楼门前张贴,以及在指定报章上刊登,并每年汇编出版《航海通告》专刊1期。清同治五年六月二十一日(1866年8月1日),海关总税务司署发布首份有关北方海区的《航海通告》,公布辽河入口航路指南浮标事宜。

清同治七年(1868)海关宣告设立船钞部后,统筹管理中国沿海及内河航行标志测设及维护管理事宜,发布《航海通告》职责改由该部承担。此间,《航海通告》分为地方通告和沿岸通告两种,以及时提醒航海人员注意有关助航设施和航道的重要变化。依据海关相关规定:"航行标志如有添设或变迁情形,则由巡工司随时刊发航船布告",所有布告须"与巡工司联系,并上报总税务司",并"以当地告示,令船员周知尔等之所为"。清光绪九年(1883)始,海关将沿海和长江中的灯塔、沉船、泥沙等有关航行安全事宜实时刊发《航海通告》,时称《海关航船布告》或《警船示》,后改称《航海通告》,并以年为单位汇编出版《航海通告》专刊,每年1期,至1938年,出版至第56期。此后,海关内部机构设置虽几经变迁,这一航标动态通报模式沿用至海关移交航标时基本未变。

1949年5月26日,中国人民解放军接管驻上海的国民党海军海道测量局,组建华东军区海军海道测量局(海军司令部海道测量部前身),续办《航海通告》,印发范围仅限于国内有关部门。同年6月14日,该局发布第一期《航海通告》,主要内容包括:航标设置、变动、撤除,以及扫测发现的危险物、障碍物等影响船舶航行安全情况。

1951年,交通部在海运总局内设置海务监督处,在各海运企业内设海务监督处(室、科),在沿海港口设置港务监督科(室),按照辖区分工负责本地《航海通告》的发布工作。1953年4月17日,交通部海运管理总局正式授权全国各港口港务监督,"以港务监督长的名义发布有关航行的报告"。是年交通部将所辖沿海航标及相关机构移交海军司令部统一管理后,由于中国沿海军事斗争形势紧张复杂,航标动态随之列入国家机密,并按照交通部通知要求,"航道航标等变化资料有关国防机密,应由本部门机要负责以现用密码译成密电,通过上海、青岛、广州、大连四地航务电台,用通用方式广播,广播范围只限本国船只"。1963年7月,海军司令部颁行《航标工作规章制度汇编(1963)》(含《航标动态通报》管理工作)亦作为"军内文件,列入交代,内部使用,非经许可,不得外传"。1965年5月11日,交通部印发《关于航海通告指定港务监督归口发布和发送的通知》,重申各地港务监督负责属地《航海通告》发布工作,发布方式为书面、报刊和无线电播发三种,无线电播发职责由属地海岸电台承担。

1971年中华人民共和国恢复在联合国一切合法权利后,随着中外建交活动不断发展,国际航运贸易呈现快速增长势头,港口航路、助航标志对外开放势在必行。1973年5月28日,遵照国务院总理周恩来提出"三年改变港口面貌"要求,交通部、海军司令部联合印发《关于加强〈航海通告〉的通知》,要求各相关部门提前报告有计划的海上活动,以便适时对外发行《航海通告》和航海图书资料。1976年2月25日至3月2日,交通、海军、渔业等部门在天津召开全国航海通告工作专题会议,审议通过《关于发布〈航海通告〉的暂行规则》,对《航海通告》格式内容、资料来源、区域划分、编写要求、分工协作、审批程序、转送刊发等作出统一规定,即:大连、天津、青岛、上海、福州、黄埔、湛江等港务监督负责指定区域民用《航海通告》和无线电航行警告发布工作;北海、东海、南海舰队司令部负责各自防区军用《航海通告》发布工作;渔政管理部门负责渔港及渔业捕捞区域《航海通告》发布工作;海军司令部航海保证部负责汇集核实各单位《航海通告》,并刊发改正相关航海图书。

1977年11月,国际海事协商组织(IMCO)通过《建立世界性航行警告系统计划》决议,由日本担当第十一区协调人,实现全天候不间断播发无线电航行警告。自此,中国除军用航标外,航标动态不再属于国家机密。1978年,海军司令部航海保证部面向国内外用户公开发布《航海通告》,内容覆盖范围扩大到中国海区及邻近海区。

1982年9月1日,为做好海军移交沿海干线公用航标后的航标动态通报工作,交通部印发《关于做好航标动态通告工作的通知》,明确规定:北方海区各有关航标区应及时将辖区干线公用航标动态报告天津航道局,由天津航道局通报天津港务监督发布《航行警告》和《航行通告》;天津港务监督应将发布的《航行警告》或《航行通告》及时抄送中国航海图书出版社,以便刊发改正航海图书用的书面《航海通告》。据此,天津航道局于同年11月18日印发施行《北方海区航标动态通告发布办法》,就新组建的各级航标区(站)发布《航标动态通报》的通报渠道、通报程序、通报范围等作出统一规范。

1983年12月6日,交通部印发施行《海区航标动态通报办法》(简称《办法》),首次明确提出航标动态分为两类:第一类动态包括航标损坏、灯光熄灭、浮标移位、漂失、失常标志恢复和无线电导航设备故障等临时发生的变动情况。第二类动态包括航标设置、撤除、调整位置、改变特征(形状、颜色、灯质、讯号等)和无线电导航设备停机恢复工作等预先安排的变动情况。该《办法》明确规定航标动态分类、通报渠道,通报方式与时效,并要求各级航标管理机关认真做好航标普查和航标动态通报工作,为实施全国海区航标动态通报工作建立了统一的管理制度。该《办法》明确要求各航标区、有关部属港口和省(区)的基层航标管理单位对分管海区内的各类航标动态,应及时通报有关航道局航测处(资料汇总单位)和有关安全监督部门。各航道局航测处在收到以上各类航标动态通报后,应即进行校核并通报中国航海图书出版社。其中,对收到的各航标区的航标动态,应同时通报有关港务监督(天津航道局航测处→天津港务监督)。各级航标管理单位在得知航标发生变动后,属于第一类动态的,应以最迅速办法通报有关单位;属于第二类动态的,一般应在航标变动前不少于15天发出。据此,天津航测处于1983年12月24日印发做好航标动态通报工作专题通知,强调从其规定,并就加强航标动态通报管理工作提出具体要求。

1992年3月7日,天津海监局印发施行《北方海区航标业务管理办法》,明确规定:航标动态发布必须及时、准确、全面。辖区内第一类动态(航标失常等临时信息)由各航标管理单位发布,向天津海监局报备;第二类动态(新增或永久性调整航标)须于动态前20天报天津海监局,天津海监局审核无误后,通报中国航海图书出版社发布《航海通告》,并抄报交通部安监局航测处备案。相关航标管理部门收到中国航海图书出版社《航海通告》后,要与原通告进行校对,发现问题要及时通知中国航海图书出版社更正。凡属第二类通告,到达预告期限,应根据通告内容核对实施情况;如有不符,应重新组织施工,直至实现与通告内容相符为止;通告发布应严肃慎重,不得随意更改变动通告内容。第二类通告实施后,应根据通告内容进行《航标表》和相关海图改正。

1993年2月1日,交通部发布施行《中华人民共和国海上航行警告和航行通告管理规定》(简称《规定》),为中国《航行警告》和《航行通告》的发布依据。该《规定》明确规定以下情形主管机关应当发布海上《航行警告》和《航行通告》：设置、调整或者撤销锚地；设置或者撤销海难救助区、防污作业区、海上作业重大事故区；设置、变更或者撤销分道通航制；设置、撤除、改建、变更或者恢复助航标志和导航设施；其他有碍海上航行和作业安全的情形。北方海区航标系统从其规定。同年6月5日，中华人民共和国港务监督局印发施行《中华人民共和国发布海上航行警告和航行通告管理办法》，规定各港务监督发布航行警告和航行通告所使用文头，不再采用《航海警告》和《航海通告》，一律改为《航行警告》和《航行通告》。此后，《航海通告》特指由中国航海图书出版社定期出版的《航海通告》刊物。

1995年12月13日，交通部修订并发布施行《海区航标动态通报管理办法》，进一步明确和细化各级航标管理机关的航标动态管理职责、发布权限、时限要求和行文格式。自此，北方海区各航标处按照规定格式要求和工作程序申请发布航标动态。第一类航标动态，通报属地海监局航行警告发布部门对外发布，抄报天津海监局备案；第二类航标动态，报告天津海监局统一对外发布，并通报属地海监局航行警告发布部门对外发布。专用航标的航标动态，由其管理人报告当地有关航标管理部门，当地航标管理部门审核后，按照如上程序通报。

1999年9月1日，国家质监局发布实施《中华人民共和国中文航行警告标准格式》和《中华人民共和国英文航行警告标准格式》国家标准，为中文版和英文版《航行警告》的发布标准，规定了中文版和英文版《航行警告》文件应包括的内容、电文结构、要求及用词、用语和句型，分别适用于中文版和英文版《航行警告》电文的起草、播发和使用。2000年始，《航海通告》编辑发行模式大为改进，不仅限于纸质印刷品，还以电子通告形式发布，在海军司令部航海保证部网站上提供《航海通告》定期下载，标志着中国《航海通告》发布进入网络时代。

2004年8月1日，天津海事局印发施行《北方海区航标管理工作协调和信息交流暂行办法》，明确了天津海事局及所属航标处和当地海事局的航标管理职责、航标动态发布、航标信息交流、航标行业管理等事权关系。其中，第一类航标动态，由直属海事局或当地海事局按照有关规定发布航行警告，同时将最终发布的航行警告文稿通报天津海事局或有关航标处。第二类航标动态，由各航标处或由专用航标单位经辖区航标处报天津海事局审核后，及时通过中国航海图书出版社发布航海通告，同时抄送有关海事局，并向交通部海事局报备。

2005年6月3日，天津海事局印发施行《天津海事局航标动态通报管理补充规定》，修订完善了航标动态编号格式以及动态正文标题、字体行距等具体事项，即第一类航标动态以×标警字〔××××〕××号编号；第二类航标动态以×标通字〔××××〕××号编号。自2007年10月始，在航标动态题头右侧添加天津海事局质量管理体系文件编号(TJMSA.AtoN-RC-01-037)，并对航标参数表格作出明确定义。

2008年12月1日，国家标准化管理委员会发布实施《航海通告编写规范》(GB/T 15315—2008)，进一步规范了《航海通告》发布的主要内容：助航标志的增设、撤除、移位、重建、故障、更换等变化情况；沉船、礁石、海底不明物体等航行障碍物的发现、清除、变更等情况；码头、防波堤等重要港口设施的变化情况；港池、重要航道的疏浚、淤积等水深变化情况；海底管道、电缆等管线的敷设、撤除、路由等变化情况；跨越航道的桥梁、架空管道、电缆、通信线、电力线、索道等的架设、撤除、净空高度变化、路由变化等情况；锚地、航道、海上养殖场、施工作业区、航泊限制区等各种区域的设置、废除、界限变更等情况；海上交通管制、通信联络、救助、航行规章制度、航法的实施、废除与变更等情况；航海图书出版预告、出版、改版、作废消息；其他航海信息。是为至今编发《航海通告》的依据。据此，交通部所属单位发布的《航海通告》以期刊的形式发布，刊发周期为每周1期，必要时可对部分内容刊发汇编。

据不完全统计，1986—2012年，北方海区航标系统累计发布《航标动态通报》1484份，其中《航海通告》941份、《航行通(警)告》543份。

1986—2012年北方海区航标系统航标动态通报统计表

表3-1-66　　　　　　　　　　　　　　　　　　　　　　　　　　　　　　　　　　　　　　　单位：份

年　份	航海通告（则）	航行通（警）告（则）	小计（则）	备　注
1986—1990	64	—	64	
1991—1995	114	19	133	包括恢复航警
1996—2000	117	32	149	包括恢复航警
2001—2005	181	95	276	包括恢复航警
2006—2010	351	271	622	包括恢复航警
2011—2012	114	126	240	包括恢复航警
合计	941	543	1484	包括恢复航警

（二）《航标表》编辑与改正

清光绪二年（1876）始，海关刊发《中国沿海及内河航路标识总册》（List of Lighthouses, Light-vessels, Buoys, and Beacons on the Coast and Rivers of China）英文版，至中华人民共和国成立出版至第72期。清光绪五年（1879）始，依每年刊发的《中国沿海及内河航路标识总册》英文版，海关翻译刊发《通商各关沿海沿江建置灯塔灯船灯杆警船浮桩总册》中文版；清光绪九年（1883），改称《光绪某某年通商各关警船灯浮桩总册》，出版期数不详。民国时期，海关出版中文版《中国沿海及内河航路标识总册》，出版期数不详。

1949年中华人民共和国成立后，《航标表》由海军司令部航海保证部编辑，中国航海图书出版社出版发行，每年1期，这一发行模式沿用至今基本未变。为方便航海用户查阅，中国沿海《航标表》共分3册，分别为《航标表（黄、渤海区）》《航标表（东海海区）》和《航标表（南海海区）》。所记载的是设置在中国沿海和主要港口的航标资料。《航标表》内容包含8个部分，分别为说明、航标灯质图解、《中国海区水上助航标志》国家标准简图、航标索引图、航标表、罗经校正标测速标表、RBN-DGPS台站和AIS基站。《航标表（黄、渤海区）》主要记录鸭绿江口至岚山头沿海和主要港口的航标资料，每座航标的信息包括编号、名称、位置、灯质、灯高、射程、构造、附记等8个部分内容。

1983年11月30日，交通部印发《关于做好海区航标普查和加强航标动态通报工作的意见》，指出："目前各海区《航标表》已使用多年，由于海区航标变动频繁，《航标表》不断修改补充，条目反复涂改贴补，不仅使用十分不便，而且不断发生差错，急待校核整理重新刊印。为做好《航标表》的校核整理，摸清海区航标现状，并为后续实施国际统一的海区航标制度做好准备，计划进行一次海区航标普查……航标普查资料汇总工作，北海地区辽宁、河北、山东及天津沿海由天津航道局负责……要求各航标管理单位将各地普查成果资料于1984年2月25日以前迳送有关汇总单位，由汇总单位进行校核整理后，提交中国航海图书出版社刊印发行。""海区航标普查结束后，为保持《航标表》的现势性，使航海船舶及时了解海区航标变动情况，各航标管理单位应按照《海区航标动态通报办法》规定，将航标动态同时通报有关单位，以便进行《航标表》和海图改正并布告航海人员周知。"据此，天津航测处遂组织开展航标普查工作，将普查成果如期报告交通部水监局，并通报中国航海图书出版社等相关发行和发布机构。

1995年12月13日，交通部发布施行《海区航标动态通报管理办法》，明确规定：第二类航标动态"应及时通报中国航海图书出版社。"据此，相关单位第二类航标动态编制完成后，应及时通报中国航海图书出版社；中国航海图书出版社核实后，编制发布《航海通告》。北方海区航标系统从其规定。

《航海通告》由海军司令部航海保证部编辑，中国航海图书出版社出版发行，每周1期。主要内容包括说明、地理区域索引、关系海图索引、海图改正、临时通告、航行警告、航标表改正和海区情况报告表等8个部分内容。

由于报送、审核、编辑和出版等工作周期较长，一般第二类航标动态在通报中国航海图书出版社后，需要1至2个月时间，方能在《航海通告》上予以刊登。航标管理部门收到相关《航海通告》后，应及时核实《海图改正》中刊登信息的准确性和全面性；核对无误后，裁剪《航标表改正》部分的相关词条，粘贴至《航标表》相关条目所在位置，以保持在用《航标表》相关内容的现势性。

六、应急管理

航标应急管理系指各级航标管理机关针对海上重大交通事故或遇有自然灾害等突发情形时，通过建立必要的应对机制和应急预案，在事前预防、事发应对、事中处置和善后恢复过程中所采取的一系列必要措施，旨在保障辖区船舶航行和人员生命财产安全。北方海区航标系统应急处置主要内容包括应急设标、应急救援、应急保障、应急清污、应急演练等，对保障航标效能正常、人员生命财产安全和海洋环境清洁等发挥重要作用，并赢得社会各界广泛赞誉。

海关职掌航标时期，航标应急管理按照海关总税务司署于清光绪十年（1884）修订并发布施行的《新关灯塔灯船诫程》（简称《诫程》）有关规定办理，灯塔值守的主要任务是维护保障航标发光正常，发现熄灭或失常等问题，随即报告并修复。该《诫程》明确规定："天气不佳添派人员值更巡理，拯救铁锚先期整理备船离位，灯船冲离原泊方位预设调理，灯及雾角遇有损伤宜即呈报，不据于何时，其灯自熄，应立时报达理船厅，坏船宜速报，惟值灯船有意外之虞不得燃挂平素号灯，宜以白光灯代照"，"凡属于灯光之各器具，无论遭何伤损，务宜速报理船厅；其灯塔与属灯塔之各房及墙壁门户遇有狂风大作，不戒于火，并遭他等意外之祸患时，立时报达理船厅"，"凡于该灯塔之附近处有损坏船只事务，应于日记中完全书其一切事宜，如有救起之人得盘问时，须详细询其未遇礁石之先，曾否望见灯塔光复，何时得见灯塔光——记清，且速报理船厅"，"尔所理灯船，倘被他船撞击，尔宜讯明其船为何名，并属何海口之某行某号详细开列，并将日记内属于此事之言备抄，一齐呈送与理船厅处；至当灯船被撞之时，其一切施救之法，皆归尔临时酌办，倘值灯船被撞事关紧要，其呈送理船厅之处之公文尤以迅速寄发"，"凡见有他船误驶将入危险处者，灯船立即升炮，以警片刻之间屡屡升炮，直待至该船改离危险处时方可停歇；至欲兼示该船所宜行驶之定向"，并对及时恢复失常航标等应急处置事宜作出具体规定。此间，在孤岛灯塔专门设有临时避难场所和应急备用食品，曾数次搭救海上遇险人员。据《中国沿海灯塔志》记载："猴矶岛灯站于宣统二年九月（1910年10月）收留漂泊之渔人，曾达120名之多，数日所用饮食各物，均由该站华洋职员所存少数食品内撙节而出、因之自奉甚薄，直至给养运到，始免断炊之虞。"

海军职掌沿海干线公用航标期间，海军司令部于1963年7月颁行《航标工作规章制度汇编（1963）》，对航标应急处置作出统一规定，明确要求航标维护管理人员"当机器发生事故时，应立即组织检修。不能修复者，应以最快的方式将详细情况报告上级航海保证部门"，"在接获船舰反应或发现海区航道改变，航标位置和灯质不确切时，应根据实际情况提出改进意见，报告上级批准后执行；在接获航标失常报告后，应尽快前往修复，如不能即时修复，应立即电报上级"，"如发现破坏事故，除应迅速采取措施恢复发光外，应将详情立即报告当地公安部门和上级保卫部门。"同时，在"战备期间，航标站应根据上级指示做好各项准备工作，并制定具体行动措施，战时担负辖区航标的保证工作"，航标船"在航行中发现灯塔发出紧急求援信号时，应立即驶往灯塔了解情况，尽一切努力给予帮助。如条件限制不能解决问题时，应以最快的方法报告上级。"此间，按照"平战结合"原则和《海上灯塔紧急求援办法》要求，各级航海保证部门均设有航标应急分队，并备有航标应急专用器材设备，除担负战备值班和航标应急恢复职责外，多次圆满完成海上搜救抢险任务，为保护海上人员生命财产安全发挥重要作用。

1982年交通部接收海军沿海干线公用航标后，于8月23日发布施行《关于海区航标管理工作的若干规定》，明确要求"为保持航标正常发挥作用，及时恢复失常航标，航道局应根据各海区水文气象条件和所采用航标器材、能源性能以及该航标所处位置的重要程度，对所辖各海区每座航标的保养、巡检补给的周期和各种作业的内容科目及技术要求作出规定"，并强调"航标船、艇除执行任务外，在停航期间应建立执勤制度。执勤船、艇应随时做好各项应急准备，保证在接到出航命令或遇有紧急情况时，在规定时间内启航。"据此,天津航测处于1982年11月5日印发施行《北方海区航标测量办法(试行)》,明确要求:各航标区"发生特殊情况,塔、站设备及人员安全受到严重威胁时,应利用各种手段向处及附近有关部门及时报告;发生严重事故,造成了机毁人亡的严重后果,工作无法进行时,各基层单位可向就近港监部门报告并尽快报区和处;发生严重事故,但未造成停止工作和人员伤亡者,区应在接到报告后24小时内报处;无线电指向标和大型灯塔工作不正常,不论故障是否排除,应在24小时内报处;无线电导航台工作不正常,应随时报处;一般灯桩、灯浮标等一般失常,由各区自行组织修复,并在月底总结中统计上报"。1985年8月19日,在天津航测处统一组织指挥下,大连、天津、烟台、青岛航标区和海港测量队紧急部署,取得"8·19"抗台风重大胜利,即为典型事例。

1988年天津海监局成立后,印发施行《北方海区航标业务暂行条例(试行)》,明确要求:"航标损坏、灯光熄灭、浮标移位、漂失、失常标志恢复、无线电导航设备故障灯临时性发生的变动情况,由各海监局负责发布,并向天津海监局报备。"1992年3月7日,修订并印发施行《北方海区航标业务管理办法》,对紧急情况下的临时设标和支线航标变动,要求各航标区(处)自行确定实施,并将相关情况报备天津海监局;对浮标走失、损坏、沉没等海损事故,均应出具正式书面报告报送天津海监局备案。此间,各航标区(处)相继建立航标船艇值班制度,随时做好应急准备,并要求有人值守灯塔根据过往船舶需求给予可能的救援。1993年7月27日凌晨,天津航标区"B-15"轮成功施救广州海运公司"安堡"轮失火,亦为典型事例。

2003年9月1日,交通部发布施行《沿海航标管理办法》,明确规定:"任何单位和个人发现沿海航标发生位移、漂失或者效能失常,应当及时向沿海航标管理机构报告;船舶、设施触碰沿海航标,其所有人或使用人应当立即向沿海航标管理机构报告","沿海出现影响沿海航行安全的沉没物、漂浮物、搁浅物,其所有人或者使用人、管理人应当及时向沿海航标管理机构报告,并按照沿海航标管理机构的要求设置航标;不能按照沿海航标管理机构的要求设置航标的,可以委托沿海航标维护单位设置航标,并承担有关费用","船舶、设施所有人或者使用人以及沿海航标维护单位,发现沿海出现沉没物、漂浮物、搁浅物,应当及时向沿海航标管理机构报告"。

2004年10月18日,按照交通部海事局《海区航标应急反应管理办法(试行)》要求,依据《国务院有关部门和单位制定和修订突发公共事件应急预案框架指南》,天津海事局印发施行《天津海事局航标应急反应实施细则》,明确各级应急岗位职责和程序步骤,并定期开展航标应急演习,有力提升航标应急反应能力和航海保障服务水平。此间,天津航标处参加天津海事局消防演习和秦皇岛溢油应急演习,天津、青岛航标处参加"中国(山东)海上搜救及NOWPAP中韩海上溢油应急联合演习",秦皇岛、天津航标处参加河北海事局"渤海溢油应急演习",营口航标处参加营口市"大辽河水上综合应急演习"等,均出色完成应急演习任务。

(1)2007年6月3日,天津航标处"海标12"轮参加秦皇岛溢油应急演习

(2)2008年9月2日,青岛航标加处"海标052"轮参加青岛中韩海上溢油应急联合演习

图 3-1-133

2007年9月1日,交通部海事局印发施行《中国海区应急沉船示位标设置管理规则(试行)》,明确规定:各级航标管理机关分别负责辖区水域应急沉船示位标设置和维护管理工作。同时,基于海上浮标经常因意外受损漂失而难以取证索赔,交通部海事局统一购买航标保险,有效减轻全国海区航标系统航标维护经费额外负担。此间,烟台、天津等航标处奉命应急设置一系列沉船标。

图3-1-134　2007年9月21日,天津航标处应急设置巴拿马籍"CHANG TONG"轮沉船标

图3-1-135　2010年2月8日,秦皇岛航标处"海标051"轮在秦皇岛海域修复受损冰标

2010年1月8日,交通运输部海事局修订并印发施行《海区航标应急反应管理办法》,天津海事局

遂将《航标应急反应控制程序》《航标应急反应实施细则》等纳入质量管理体系，应急管理机制不断完善，应急管理水平不断提高，应急装备设施不断更新，应急处置能力不断提升，实现了"科学化、制度化、规范化"工作目标，并在助推地方经济发展和国防建设等方面取得显著成效。此间，大连、天津、秦皇岛等航标处奋力完成一系列灯浮标应急处置作业；秦皇岛航标处为海军某部军事演习和秦皇岛港口"迎峰度夏"电煤抢运提供航标保障，得到海军某部高度赞誉和交通运输部通报表彰；青岛航标处在服务"奥帆赛"和海军成立60周年海上阅兵等重大活动中提供航标保障，为中国航标树立了良好的国际形象，受到青岛市人民政府、海军北海舰队司令部和社会各界一致好评；大连、天津、烟台、青岛航标处圆满完成大连"7·16"溢油应急清污任务，受到交通运输部海事局通报表彰。

2012年12月20日，北海航海保障中心挂牌运行后，相继印发施行《北海航海保障中心航标应急反应实施细则》及相关质量管理体系文件，并分别与辽宁、河北、天津、山东等海事局就辖区航标应急处置和相关技术服务签订《北海航海保障工作协调机制框架协议》，主要内容包括：在重点水域发现沉船等障碍物，严重影响船舶航行安全，而无法找到其所有人或使用人、管理人时，分支海事局制定应急设标方案，并通报相关航标处；北海航海保障中心及相关航标处为分支海事局制定应急设标方案提供技术支持，根据应急设标方案实施应急设标及技术测定工作，并向分支海事局或港口直属海事局通报相关情况。在重点水域发现沉船等障碍物，严重影响船舶航行安全，其所有人或使用人、管理人不能自行设置而委托设置航标，按照专用航标设置审批相关流程实施。

（一）抗击"8·19"台风

1985年第9号台风在山东、辽宁沿海登陆，最大风力12级，最大雨量达到360毫米。受过境台风影响，大连、天津、烟台、青岛等地不同程度遭遇狂风暴雨及风暴潮侵袭，其中大连地区遭受台风正面袭击，受灾尤为严重。在天津航测处统一组织指挥下，大连、天津、烟台、青岛航标区和海港测量队紧急部署应急抢险任务，果断采取应急措施，最大限度减少损失，并取得抗击台风重大胜利。

1985年8月18日，天津航测处获悉"9号"台风即将登陆信息后，立即通知各航标区采取切实可行措施，全力做好抗击台风准备工作。随即，各航标区成立以区主任崔守荣、李存喜、孙文远、高祀谦为组长的抗击台风领导小组，分赴所属船舶、灯塔等基层单位检查督导抗击台风工作。

1985年8月19日清晨，正在青岛实施港口航道测绘作业的海港测量队外业测量小组人员收听到台风警报："9号"台风凌晨两点从苏北进入黄海，上午可能从青岛登陆。此刻，测量人员马上想到是，价值数万美元引进的美国MiniRanger-Ⅲ型测量定位设备——微波测距仪，还架设在团岛灯塔顶部平台的护栏上。"险情就是命令，一定要抢在台风来临之前，撤下贵重的测量设备"，由贾万忠等4人组成的抢险队立即出发，他们手拉手径直奔向团岛灯塔。风越来越大，雨水、海水、沙粒、石子打在抢险队员的脸上隐隐作痛。拆卸设备只能一个人拆卸，另一个人将其紧紧抱住，两个人拆下设备，共同死死抱住。设备安全了，人员安全了，惊险过去了，抢险任务圆满完成了。

此间，大连航标区党总支书记栗荫友、副主任邓洪贵逐船逐项检查落实防范台风措施，指导各船船员捆绑固定活动性设施，备齐备全拖缆、避碰物品和主副食品，组织"B-101"船将"驳8"船拖至安全地带抛锚，"B-109"船拖带已经封船的"B-110"船至锚地锚泊。威海航标站站长姜夕平与"B-106"船船员一一落实各项防范台风措施后坚持留船值守，与船长、轮机长共同组织抗击台风工作，直至台风过境，方才离船回家。

1985年8月19日下午1时许，"9号"台风在大连地区登陆，台风横扫全境，风力持续增强，最大风力12级，并伴有暴雨和特大暴雨，大连航标区所属"B-109"船出现走锚迹象。当时，风狂雨急，巨浪滔天，船舶剧烈颠簸摇晃，抢险人员根本无法直立行走。该船船员身着救生衣，腰系保险绳，在甲板上匍匐前行，爬到前甲板放长锚链，以增加锚驻力，防止船舶继续走锚，有效避免了船毁人亡重大事故。

同时,各航标区奋力组织船舶抗击台风,并组织灯塔职工因地制宜做好抗击台风工作。黄白嘴灯塔生活区与灯塔分设,路虽不远,但山路陡峭,该灯塔员工在副指导员张树忠带领下,冒着暴风骤雨,爬行500余米进入塔内,保障灯塔按时发光。塘沽地区受台风影响,遭到特大海潮侵袭,海水瞬间涌入北塘无线电指向标站院内,站长郑国英一声号令,全站职工迅速行动,全力将海水堵在无线电指向标机房和柴油发电机机房门外,保证了设备正常工作。老铁山灯塔塔体渗水,守塔员工随漏随排,有效保证灯塔正常发光,确保助航设施正常运行。青岛航标区将通信值班室作为抗击台风指挥室,通过无线电台与各塔、台、站、船保持联系,有条不紊地部署安排基层抗台风工作。

20日凌晨4:00台风过境后,各航标区迅速组织职工检修设备设施,恢复被损部件。圆岛指向标天线被台风刮断,圆岛航标职工立即爬上指向标天线架维修加固,保证指向标正常发讯。

经北方海区航测系统干部职工共同努力,在极其困难的条件下,全力以赴保护国家财产,千方百计保证航标测量设施正常运行,为北方海区航测事业做出重要贡献,抗击台风取得显著成果。部分航标设施虽有损坏,但没有人员伤亡,并将台风损失降到最低程度。

图3-1-136　1985年9月13日,天津航测处党委书记赵亚兴(二排左五)在大连主持召开全处抗击"8·19"台风表彰大会

1985年9月13日,为弘扬在抗击强台风面前,领导干部亲临一线、共产党员冲锋在前、干部职工团结奋战的顽强拼搏精神,天津航测处党委书记赵亚兴在大连主持召开全处抗击"8·19"台风表彰大会,该处政治处副主任朱树章宣读处党委表彰决定。其中,大连航标区黄白嘴灯塔、"B-109"船,天津航标区北塘无线电指向标站,烟台航标区"B-106"船、"B-113"船和通信室,青岛航标区团岛灯塔和生产组、通讯室、司机班等10个基层单位、部门被评为先进集体;邓洪贵、高祀谦、王家通、贾万忠等21人被评为抗击台风抢险标兵;李广福、郑国英、姜夕平、陈玉芳等111人被评为抗击台风抢险先进个人。

(二)"B-15"轮施救"安堡"轮

1993年7月27日凌晨,广州海运公司"安堡"轮满载货物驶离天津港,当航行至曹妃甸附近海域时,机舱突然起火。船长命令抛锚自救,并封闭船舱,释放二氧化碳,机舱火被扑灭。但火苗已顺着烟囱燃烧至生活区顶层,引起驾驶台着火,致使雷达、通信设备和主(辅)机等设施失灵,救生船无法释放,灭火器材无法使用,火势迅速蔓延。此时,在同一航线附近的上海海运局"振奋16"轮首先发现"安堡"轮失火,由于该轮满载货物难以靠近"安堡"轮施救,遂通过甚高频无线电话(VHF)发出求救信息。

7月27日2:59,天津航标区"B-15"轮在完成唐山、烟台、威海、荣城、石岛5个港口航标作业后,返航至天津港附近。通过VHF收听到"振奋16"轮呼救"安堡"轮失火信息后,船长王秋民立即下令全速转向失火船舶,并敲响"乱钟"发布救火命令。全体船员按照应急预案要求,组成4支救火队,奔赴各自岗位开启水枪试水。3:29,当"B-15"轮由上风向小角度成功抵靠"安堡"轮后,大副张立新调配3支水枪同时射向"安堡"轮驾驶台,并将第4条水龙接到"安堡"轮消防栓上辅助施救。

图3-1-137　1993年7月27日,"B-15"轮全体船员奋力施救"安堡"轮

在救火过程中,海面风力增大,连接两船直径26毫米钢丝缆发生断裂,固定大型导缆钳的12根直径37毫米的螺栓全部连根拔断,左舷航标作业用的大型导缆钳被掀翻。后经"B-15"轮多次傍靠并连接断裂钢丝缆,最终与"安堡"轮紧紧连接为一体,灭火行动得以顺利实施。此间,炊事员钱立安发现"安堡"轮驾驶台玻璃紧闭影响灭火,随即拿起抛缆绳系上卸扣将驾驶台玻璃打碎,加快了灭火进度,改善了灭火效果,使熊熊火势得以有效控制。经过近8个小时连续奋战,于10:40将大火全部扑灭。"安堡"轮31名船员被全部安全转移到"B-15"轮上,并对其伤员进行简单救治,同时提供饮食、衣物等基本生活必需品。由于"B-15"轮施救及时、方法得当,"安堡"轮得以保全,有效避免了一次恶性海难事故。"安堡"轮船员流着眼泪说:"B-15轮是我们的救命恩人,你们温暖了我们的心,真是全国海员兄弟心连心"。

1993年9月4日,天津市人大常委会副主任、市总工会主席潘义清和市委交通口岸工委书记王玉春莅临"B-15"轮,听取船长王秋民施救"安堡"轮情况报告,并现场召开庆功大会,授予该轮"八五立功先进集体"称号。同年9月7日,天津海监局党委召开全局表彰大会,授予"B-15"轮"抢险救助、无私奉献"模范集体光荣称号。同年10月26日,交通部通报表彰"B-15"轮抢险救助先进事迹。此间,广州海运公司有关领导亲自登上"B-15"轮慰问致谢。

图3-1-138　1993年9月4日,天津市人大常委会副主任、市总工会主席潘义清(中)慰问表彰"B-15"轮施救立功船员

(三)秦皇岛港抗御冰灾应急处置

2000年冬,秦皇岛地区遭遇持续低温大风天气,秦皇岛港海面出现大面积罕见冰情,冰层厚度达30~45厘米,致使该港10万吨级航道通航环境严重恶化。

2001年1月15日,秦皇岛航标处处长杨敏君带领航标业务人员冒着零下19摄氏度刺骨严寒乘"B-17"轮出海巡检,发现10万吨级航道活节式灯桩、灯器、电池损毁严重,其中12座肢解漂失。由于海上气象条件十分恶劣,航标船舶出海作业极为困难,难以及时展开活节式灯桩打捞和修复工作。为此,秦皇岛航标处即刻发布《航标动态通报》,组织相关人员值班待命,并将相关情况报告天津海事局和河北海事局。1月17日,天津海事局局长王怀凤、副局长赵亚兴组织航标导航处有关人员专题研究应急对策,并印发《关于加强秦皇岛港导标管理的紧急通知》。1月21日,副局长赵亚兴带领航标导航处处长孔繁弘、工程师王汶抵达秦皇岛,先后与河北海事局和秦皇岛港引航站研究制定"春运"期间加强秦皇岛航标管理工作综合措施,主要包括:校正导标灯器至最佳发光角度,增强导标夜视效果;延长导标发光时间,每日下午16时至次日晨8时30分发光,如遇不良天气,全天候发光;增加导标巡检维护密度,至少每3天巡检和擦拭1次灯器,春节期间每天擦拭1次;提前做好设标准备工作,待冰况转好后,立即实施设标作业;加强RBN-DGPS台站值班,满足引航员作业需求。

同年1月30日,秦皇岛航标处"B-17"轮出海巡检,又发现9座活节式灯桩断裂漂失,10万吨级航道通航环境愈加严峻。2月4日,交通部海事局组织天津海事局、河北海事局、秦皇岛港务局等有关部门在秦皇岛召开冰期应急专题会议,制定航标恢复及航道扫测方案。会后,秦皇岛航标处抓住间隙有利时机,在10万吨级航道抛设灯浮标8座,并租用"烟救402"号拖轮抢修海上助航标志,恢复部分标志发光。4月21—25日,恢复抛设活节式灯桩5座、灯浮标4座,并适时发布《航标动态通报》。至此,10万吨级航道助航设施初步恢复。

在此次抗击秦皇岛特大冰灾应急处置中,秦皇岛航标处船舶出海巡检作业总计198航次,巡检航标286座次,其中巡检10万吨级航道航标42座次,先后更换活节式灯桩5座,抛设灯浮标12座,为保障秦皇岛港口安全生产做出积极贡献。

图3-1-139　2012年2月4日,秦皇岛航标处"B-17"轮应急维护失常灯浮标

(四)秦皇岛军演航标保障

2005年9月16日,海军某部商请秦皇岛航标处协助完成"辽东海域大型军事演习"。天津海事局局长徐津津、副局长赵亚兴接报后,即刻要求秦皇岛航标处从讲政治的高度,圆满完成相关浮标布设保障任务,并及时发布《航标动态通报》。

图3-1-140　2005年11月11日,部队首长向秦皇岛航标处赠送锦旗

此次任务的主要内容为,配合海军某部完成海上布设浮标、固定靶船、飞机打靶等,演习为期40天。同年9月21日,秦皇岛航标处成立以副处长黄凤飞为组长的浮标布设领导小组,并于9月30日召开动员会,根据相关要求制定浮标布设方案,确保靶船不偏离预定位置与航向。由于渤海湾南北季风交替出现,涌高浪大,海况恶劣,对浮标布设带来极大困难。为此,黄凤飞全程跟随"海标051"轮出海作业,并根据海上气象情况,在部队官兵配合下,及时优化调整布设方案,利用2部差分GPS接收机和1部双天线GPS系统便携式计算机同时操作,历经11天连续作业,于2005年10月22日圆满完成浮标及靶船布设作业,为军演顺利实施提供了有力支持,充分展现北方海区航标系统过硬的工作作风和精湛的作业技术。

军演结束后,海军某部致信交通部,对天津海事局及秦皇岛航标处给予的大力协助和付出的辛勤劳作表示衷心感谢,并赠送"风浪难撼基石,海天共印神威"锦旗。

(五)大连港灯桩海损应急处置

2005年1月28日11:42,宁波海力工程发展有限公司"海力807"驳船碰撞大连港北口东灯桩,致使该灯桩损毁。大连航标处接报后,处长车荣合带领有关人员立即赶赴事故现场勘验,查勘被撞灯桩仅残存桩身2米左右,其余部分全部落入海中。是日,大连航标处派员会同大连海事局行政执法人员乘车前往肇事船舶调查取证。经查:该事故系"海力806"轮顶推"海力807"驳船进港时,因疏于瞭望、操作失误等原因,导致该轮前大门左角撞击灯桩,该船对本次事故负有全部责任。

同年1月30日,大连航标处在被撞灯桩东侧设置临时灯桩,并适时发布《航标动态通报》。翌日,天津海事局航标导航处副处长柴进柱与大连航标处领导研究决定:拆除灯桩剩余部分,扫测并打捞掉入海中的灯笼、灯器、透镜等部件,以临时灯桩提供助航服务,待赔偿事宜妥善解决后重新设置永久性灯桩。后经大连海事法院调解,双方达成协议,宁波海力工程发展有限公司赔偿大连港北口东灯桩重建等相关费用120.56万元。

2006年8月27日,经天津海事局批准,大连港北口东灯桩重建工程正式启动。按照"修旧如旧"的原则,重建灯桩与原灯桩各项技术指标基本相同。该工程由天津航道勘察设计研究院设计,大连顺发建筑工程有限公司承建,于10月29日竣工投入使用,并适时发布《航标动态通报》。

(六)大东港沉船应急设标

2005年4月5日,朝鲜籍"太马港"号轮在大东港锚地沉没,丹东航道管理部门于4月7日在沉船附近抛设侧面标1座。之后,先后有4艘船舶与沉船发生碰撞,所幸未酿成重大海难事故。2006年3月9日,韩国籍"泰荣兰花"号轮自大东港码头出港,与"太马港"沉船碰撞后翻沉。该海域接连发生碰撞或沉船事故,遂引起交通部海事局领导高度重视,并责成天津海事局重新设置沉船标志。

2006年3月13日,天津海事局指令大连航标处"协助当地港航部门在大东港海域紧急设置2座沉船标志"。随即,该处启动应急反应预案,成立由处长车荣合为组长的应急小组,研究制定设标方案,并开展相关前期准备工作。经与当地航道管理部门商定,沉船标抛设的技术问题由大连航标处负责,设标所需物资器材由当地航道管理部门准备。14日凌晨,大连航标处应急小组抵达东港市,经勘察发现当地航道管理部门提供的灯浮标仍为侧面标志,不符合行业标准相关要求。该小组技术人员遂现场画出图纸,指导港方将2座侧面标改为孤立危险物标,于15日中午完成新标制作、灯器安装、换装顶标、重新涂色和检查调试,并吊装在"丹港1号"拖轮备航。14:32,航标作业人员冒着6级寒风涌浪随船到达沉船水域,在"太马港"和"泰荣兰花"轮沉船位置分别抛设沉船标,并适时发布《航标动态通报》。

图 3-1-141 2006年3月15日,大连航标处在大东港设置"泰荣兰花"轮沉船标

2008年12月,"泰荣兰花"轮沉船打捞后,该处沉船标随之撤除。自沉船标设置后,大连航标处坚持定期巡检,确保航标效能正常,大东港未再发生因碰撞沉船而造成的海难事故,有效保障船舶进出港口安全。

(七)天津港沉船应急设标

2007年3月8日中午,正在天津港主航道疏浚作业的荷兰籍"奋威"号挖泥船与巴拿马籍"地中海乔安娜"轮发生碰撞,侧沉于主航道东北方向约3.2海里处。时值曹妃甸港开工建设高峰时期,大量往返于曹妃甸和天津港之间的施工船舶频繁经过该水域,由于"奋威"轮船体巨大(船长232米、宽32米),对事发水域通航安全构成严重威胁。

15:20,遵照天津市海上搜救指挥中心指令,天津航标处迅即启动应急反应预案,成立由处长袁立武任总指挥的应急小组,全面展开应急清污和应急设标准备工作,并制定"先布设围油栏,后设置沉船标"的应急方案。17:25,"海标12"轮、"海标0502"船、"海标0521"船3艘航标作业船舶按照指令驶往事发水域,历时24小时连续奋战,完成800米围油栏布设任务。

同年3月13日,根据天津海事局批准的应急设标方案,天津航标处紧急完成4座灯浮标安装调试及吊运工作,由"海标12"轮分别抛设于沉船东、南、西、北各200米处,并适时发布《航标动态通报》。

沉船标设置后,天津航标处指定专船巡检维护,确保标位准确、工作正常,有效避免发生沉船次生事故。同年4月11日"奋威"轮打捞起浮成功后,天津航标处于24日撤除4座方位标。该处在"奋威"轮沉船事故航标应急处置中,从接受天津市海上搜救指挥中心指令至4座灯浮标撤出,历时46天,共投入大型航标船1艘,小型航标船2艘,安全航行约280余海里,全处80余人参加应急行动,安全高效地完成应急处置任务。

图 3-1-142　2007 年 3 月 13 日,天津航标处"海标 12"轮应急设置"奋威"轮沉船标

(八) 秦皇岛电煤抢运应急保障

秦皇岛港是中国"北煤南运"大通道的重要枢纽港,担负着南方"八省一市"的煤炭输运重任。2008年初,中国华南地区出现持续低温雨雪冰冻天气,各地电力需求骤升。因电煤库存下降,电力供应吃紧,南方"八省一市"出现拉闸限电现象,加快煤炭生产运输成为事关经济社会发展大局的重要问题。同年1 月 31 日,中共中央总书记、国家主席胡锦涛亲临秦皇岛港视察电煤运输情况,并明确提出"秦皇岛港每天增加电煤运输十万吨"的要求。秦皇岛航标处作为辖区航海保障部门,肩负着保障进出港船舶安全航行的重要使命。交通部海事局党委书记梁晓安、天津海事局局长徐津津和党委书记徐俊池、河北海事局党委书记于庆昌等先后莅临秦皇岛航标处检查指导航标保障工作。

随即,秦皇岛航标处召开紧急会议,研究部署"抗冰保通"工作措施,成立由处长柴进柱任组长的电煤运输航标保障领导小组,启动应急预案,加强应急值班和应急物资储备力度。"海标 051"轮配备 2 座备用标及配套器材,基层航标站备有不同类型应急备用标 16 套,备用灯器、电池各 30 套,并将巡检周期缩短为:海上昼间 2 天 1 次、夜间每周 1 次;陆地昼间每天 1 次、夜间每周 2 次。此间,京唐港股份有限公司对三港池南侧水域紧急疏浚,并于 2 月 2 日提出调整灯浮标位置申请,以满足大型船舶靠泊需求。该处遂制定航标设置调整方案,克服海上冰冻、航标作业难度大等困难,两日内完成京唐港区 3 座灯浮标位置调整,为进出港船舶安全航行提供了保障。2 月 4 日,为满足秦皇岛港煤五期 905、906 预留泊位试通航需求,该处连夜组织航标巡检,总计巡检灯浮标、导标、灯桩 85 座次。2 月 7 日(农历正月初一),该处接到北方海区 AIS 中心值班室通知,叨龙嘴 AIS 基站数据传输中断。经该处技术人员现场排查发现,故障系辽宁省绥中县光纤网络不通所致,遂与相关单位联系抢修,仅用不到 3 小时的时间,便恢复信号传输。

在历时 10 天电煤抢运期间,秦皇岛港创造了单日卸车 9475 辆、单日装船 89 万吨的两项历史最高纪录,圆满实现"每天增加电煤运输十万吨"的目标要求。此间,秦皇岛航标处陆上巡检 1900 余千米,巡检导助航设施 300 余座次;海上巡检 400 余海里,巡检航标 800 余座次,航标发光发讯正常率均达到

100%,为秦皇岛港圆满完成电煤运输任务提供了强力支持。该处被交通部授予"全国交通系统抗灾保通先进单位"荣誉称号,秦皇岛港航标站站长张峰被全国总工会授予"五一劳动奖章"。

图3-1-143　2008年2月4日,秦皇岛航标处"海标051"轮连夜抢修失常冰标

(九)青岛奥帆赛航标保障

第29届奥林匹克帆船赛(简称"奥帆赛")和残奥帆赛在青岛浮山湾海域举行。根据奥帆赛组委会要求和赛场海域特点,山东海事局划定5个直径为1.5海里的水上竞赛训练区域以及安全航行警戒区域,相关警戒线标志的设置和维护管理由青岛航标处承担。此间,交通部派出以海事局常务副局长刘功臣为组长的工作组赴青岛现场检查指导残奥帆赛航标和安全保障工作,天津航标处"海标12"轮奉命负责赛场海域海上交通安全与溢油应急保障等任务。

2008年2月,根据青岛奥帆赛组委会《奥帆赛竞赛海域警戒线浮标设置方案》《奥帆赛竞赛海域警戒线浮标设置实施方案》要求,青岛航标处着手准备奥帆赛所需航标器材组装调试,采用烟台航标处自主研发的"航标运行信息监控系统"和新式GPRS数据灯器,增加海图显示功能,旨在实现所设置灯浮标的全区域、全天候监控。5月28—31日,经过4天连续奋战,青岛航标处"海标052"轮将22座奥帆赛专用航标全部抛设到位,并适时发布《航标动态通报》。此间,该处组织专班负责全天候监控,发现故障及时抢修,确保奥帆赛航标处于正常工作状态。

2008年6月28日,据遥感卫星监测结果显示,青岛近海遭遇大面积浒苔持续漂入,最大影响面积约为1.3万平方千米,实际覆盖面积约400平方千米,主要集中在青岛至崂山沿海160平方千米海域。7月2日,山东海事局召开打捞浒苔紧急会议,要求青岛航标处在分道通航航道右边界,靠近奥帆赛竞赛水域南边界抛设10座灯浮标,并在奥帆赛A5、A14、A17、A21四个警戒标拐点处抛设4座浮标。后因海底打桩系围油缆方案失效,按照山东海事局要求,该处调整原10座灯浮标位置。7月5—6日,"海标052"轮顺利完成10座灯浮标抛设,并实施灯浮标监控。同时,该处根据奥帆赛海上交通监控与应急指挥中心有关"海上溢油监控任务"要求,在"海标052"轮和"海标0512"船安装溢油应急设备和器材,做好应急准备。在奥帆赛及残奥帆赛期间,"海标052"轮先后完成3次海上监控任务和4次溢油清理作业,航行70余小时,航程500余海里;"海标0512"船先后完成4次海上溢油清理作业,单船完成长约5海里、宽约50米的油污带清理任务,航行43小时,航程240海里。此间,天津航标处"海标12"轮历时48天,圆满完成了青岛奥帆赛及残奥帆赛海上交通安全与溢油应急保障任务和"2008中国(山东)海上搜救及NOWPAP中韩海上溢油应急联合演习"任务,执行安保、溢油应急清污等31航次,监控船舶64艘次,拦截船舶1艘次,应急反应2次,海上清污7次,航行393小时,航程3000余海里。

图3-1-144　2008年9月9日,交通部海事局常务副局长刘功臣(左)现场检查指导残奥帆赛航标和安全保障工作

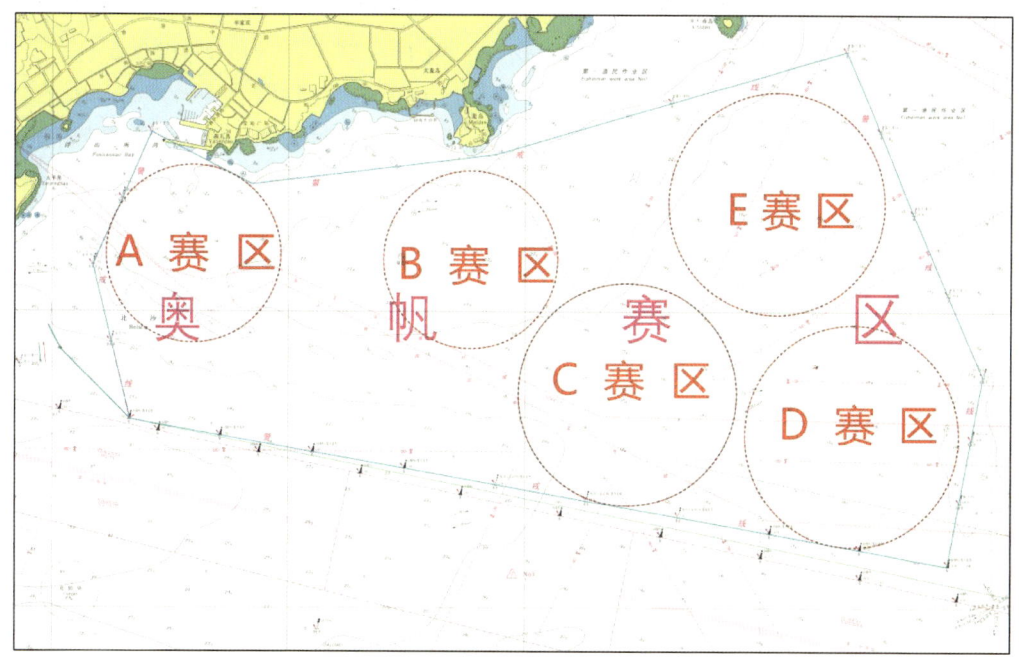

图3-1-145　2008年青岛奥帆赛水域航标配布示意图

同年8月21日,青岛航标处转入残奥帆赛航标设置准备工作。基于残奥帆赛竞赛水域比奥帆赛水域小2/3,需要重新布设赛场警戒线灯浮标。为此,该处主动与青岛奥帆委协商,确定残奥帆赛封闭线浮标位置。在奥帆赛结束后3天内,迅即完成22座奥帆赛竞赛海域警戒线灯浮标撤除任务,同时抛设12座残奥帆赛竞赛海域警戒线灯浮标,并适时发布《航标动态通报》。

同年9月17日残奥帆赛结束后,青岛航标处迅速恢复青岛港主航道正常助航标志。至10月2日,该处先后完成残奥帆赛竞赛海域警戒线12座灯浮标和抗御浒苔设置的14座灯浮标及4个系船浮标撤除工作,同时恢复青岛港主航道6、7、8、9号灯浮标。

图3-1-146 2008年8月29日,交通运输部副部长高宏峰(中)在青岛慰问"海标12"轮全体船员

在青岛奥帆赛和残奥帆赛期间,青岛航标处全体人员和天津航标处"海标12"轮全体船员坚守岗位,尽职履责,不辱使命,圆满完成奥运航标和安全保障工作,展示了北方海区航标系统良好的社会形象和精神风貌。此间,交通运输部副部长高宏峰专程赴青岛慰问参加第29届奥林匹克运动会海上应急安全保障工作的"海标12"轮全体船员。

(十)复州湾沉船应急设标

2010年11月3日16:53,营口航标处接到营口海事局传真:"中泰鑫55"轮沉没于39°40.6′N、121°11.3′E处。该船船长约100米,船宽约19米,船上14人,3人获救,1人死亡,其余下落不明。"要求该处尽快设置沉船标志,以警示过往船舶注意避让。该处复查核实沉船信息后,发现该沉船位于复州湾长兴浅滩西约3千米处,虽为营口海事局海上搜救辖区,但并非该处航标管理辖区。经报请天津海事局批准,该处于当日17:30启动应急预案,各相关单位和部门迅速进入应急状态。

鉴于该船全部沉没且未经扫测,难以确定准确船位,营口航标处遂于11月4日8:00首先在沉船概位设置孤立危险物标虚拟AIS航标1座,并适时发布《航标动态通报》。同时,做好应急设标作业各项准备工作。11月11日,该处接到营口海事局沉船扫测报告后,迅速与北方海区AIS中心联系,对沉船虚拟AIS航标标位置作出调整。同时,组织专业人员立即出海实施应急设标作业。由于海面风浪太大,难以保证航标作业安全,应急设标被迫延迟。之后,鲅鱼圈航标站站长牛玉杰密切跟踪天气情况,全面做好各方面准备工作,确保作业队伍时刻处于应急状态。11 月 16 日 23:00,牛玉杰抓住风力减弱时机,带领 20 余人快速出击,克服海上涌浪大、温度低、能见度差等困难,经过近 8 个小时紧张有序作业,于 11 月 17 日 6:21 在沉船西侧约 100 米处成功设置孤立危险物标 1 座,并适时发布《航标动态通报》。至此,复州湾"中泰鑫 55"轮沉船应急设标任务圆满完成。

图 3-1-147　2010 年 11 月 17 日,营口航标处应急设置"中泰鑫 55"轮沉船标

至 2012 年底,该孤立危险物标及虚拟 AIS 航标工作正常,为过往船舶航行安全提供了助航保障。

(十一)大连"7·16"溢油应急清污

2010 年 7 月 16 日 18 时许,中石油大连大孤山新港码头储油罐输油管线发生爆炸起火事故,约 1500 吨原油流入海中,造成大连港附近水域约 50 平方千米海面污染,其中重度污染区域约 10 平方千米,最厚油层厚度达 30 厘米。溢油事故发生后,党中央、国务院高度重视,交通运输部部长李盛霖连夜赶赴现场,责成交通运输部安全总监刘功臣全权指挥交通系统专业力量协助地方政府开展海上溢油应急处置。辽宁省、大连市等地方政府领导莅临事故现场,组织相关部门、专业清污队伍和广大社会志愿者实施海上清污会战。北方海区航标系统作为重要溢油应急保障力量全程参加海上清污作业。

溢油事故发生后,根据交通运输部指令和天津海事局指示,北方海区航标系统立即启动应急预案,迅速组织航标船舶、溢油设备器材等清污准备工作,于 7 月 19 日清晨相继赶赴现场,按照指定位置展开海上清污作业。大连航标处独立完成清污设备安装调试,第一时间投入清污作业,并派出"海标 0504""海标 0522""海标 0505""海标 0507"4 条航标船,分别承担海上清污材料、溢油回收运输以及运送评估专家和媒体记者等任务,其中配置新型消油剂喷洒装置的"海标 0507"船是参加此次清污会战主力船舶之一。根据辽宁海事局指示,该船先后在棉花岛、华能电厂、大三山岛西南部和老铁山水道等多处海域清理油污和喷洒消油剂,平均每天喷洒消油剂 4~5 吨,共计 80 余吨,为防止油污进入渤海湾发挥了重要作用。在清污过程中,"海标 0505"船根据现场作业需求,利用废旧浮标标体改制 3 个储油罐,并在收油机吸油口处加装过滤网,提高了吸油效率。7 月 19 日至 8 月 2 日,该船共回收溢油 30 余吨。天津航标处"海标 11"轮奉命连夜启航,连续航行 150 海里抵达大连大窑湾港,迅即投入海上清污作业,创造了连续清污作业39小时35分钟历史纪录,出色完成溢油清污任务。"海标0504"船负责运送评估专家和媒体记者,同时兼负喷洒消油剂任务。"海标0522"船承担运送吸油毡、巡检、补给等相关工作,以清污工作为主,并兼负抛放吸油毡任务。烟台航标处组成以船队队长王继勇为组长的10人清污小组,携带侧挂式收油机和消油剂喷洒装置等溢油设备,搭乘青岛航标处"海标052"轮,随船实施清污作业,回收污油6吨,喷洒消油剂20吨,打捞海面固体垃圾3吨。

(1)大连航标处航标人员溢油清污作业

(2)青岛航标处"海标052"轮溢油清污作业

(3)烟台航标处航标人员喷洒消油剂作业

(4)天津航标处"海标11"轮喷洒消油剂作业

图3-1-148　2010年7月19日至8月27日,大连"7·16"海上溢油抢险清污作业

北方海区航标系统大规模调遣航标船舶参加海上溢油应急清污作业尚属首次。大连"7·16"清污工作区域环境复杂,海上有养殖区、沿岸有礁石浅滩,全体船员顶着烈日,冒着高温暴晒,随时观察海面情况,发现油污立即采取相应措施。全体船员克服高温炎热天气,坚守工作岗位,全力以赴奋战在海上清污作业第一线,清污船舶航迹遍布大连湾、大窑湾、鲶鱼湾、星海湾、棒棰岛等海域。

至2010年8月27日,大连"7·16"污染事故清污工作宣告结束,参加清污作业的航标船舶、设备和职工队伍奉命撤出作业现场。在此次海上清污作业中,北方海区航标系统共投入航标船舶7艘,其中大型航标船1艘、中型航标船1艘、小型航标船5艘;投入清污设备收油机2台套、喷洒消油剂装置4台套、吸油毡30余吨、消油剂等清污器材150余吨;连续清污作业37天,总计回收油污水36吨。会战期间,航标船舶每天连续清污作业均在13个小时以上,航行总里程达3000余海里。全体船员顶着烈日暴晒,冒着机舱高温,不叫苦不喊累,圆满完成清污作业任务。此间,交通部运输部安全总监刘功臣、天津海事局局长张宝晨、党组书记徐俊池和副局长聂乾震亲临现场指导清污工作,并对航标职工无私奉献精神给予高度评价。清污作业结束后,交通运输部海事局授予大连航标处"大连7·16海上清污先进集体"称号,为"海标11"轮、"海标052"轮各记三等功1次;为大连航标处副处长王远东记二等功1次,大连航标处处长田少华、烟台航标处船队队长王继勇各记三等功1次;嘉奖徐庆伟、董明作、王新林。

(十二)龙口港冰灾应急设标

龙口港地处渤海南岸、胶东半岛西北部,冬季历年仅有少量浮冰,对船舶进出港影响甚微。2010年12月下旬,受连续寒潮大风天气影响,龙口港出现大范围结冰现象。后因气温持续走低,黄河口及莱州湾水域浮冰聚集于龙口港港池和航道内,平均冰层厚度20厘米,最厚达50厘米,为近30年罕见。

面对突如其来的冰情,烟台航标处于2011年1月22日及时恢复龙口港失常灯浮标,并于1月28—29日先后将龙口港航道口门及拐点位置的6座灯浮标更换为冰标。同时,通过"航标运行信息监控系统"实时监控灯浮标工作状态,并加强龙口港主航道、新航道4座导标巡检力度,确保航标效能稳定。

图3-1-149　2011年1月22日,烟台航标处应急恢复龙口港失常灯浮标

随着冰情愈加严峻,海冰厚度增至50厘米,导致龙口港12座灯浮标出现不同程度失常。针对通航环境严重恶化态势,龙口市人民政府于1月30日紧急召开"保航运、保民生、保外贸"破冰抗灾工作协调会议,成立由市委副书记刘树军任总指挥,龙口航标站站长孙太恂等港航单位主要负责人为成员的破冰抗灾指挥部,统一指挥调度破冰抗灾工作。按照指挥部统一部署,烟台航标处制定龙口港浮标应急处置方案,利用拖轮在航道破冰有利时机,抢修失常灯浮标共计20余座次,有效保障船舶进出港安全。2月1日17:00,满载20750吨电煤的"鲁能海2"轮安全靠泊龙口港,基本满足了龙口市电煤供应。

同年2月10日,烟台航标处抓住有利气象条件,先后恢复灯浮标10座。而后,采取有效措施全面恢复失常灯浮标,并适时发布《航标动态通报》。此间,该处组织船舶出海作业15艘次,潜水探摸11人次,抢修失常航标102座次,成功拖回受损灯浮标9座,龙口港助航设施得到全面恢复。

(十三)青岛港沉船应急设标

2011年10月28日19:35,载有4100吨粉煤的巴拿马籍散货船"东方日出"轮与大型集装箱船"海宝桥"轮在青岛港2号锚地附近相撞,"东方日出"轮沉没于36°00.2′N、120°26.6′E处。该沉船位于青岛港船舶定线制第三警戒区靠近第三分道通航带处,对进出青岛港船舶正常航行和港口安全生产造成严重影响。10月28日22:00,遵照青岛市海上搜救指挥中心指令,青岛航标处立即启动应急预案,通过多种渠道搜集核实沉船信息,制定设标方案,并及时上报天津海事局。

同年10月29日上午8:00,青岛航标处"海标052"轮将2座沉船标装船完毕,整装待命。12时许,该处得到天津海测大队沉船扫测具体位置信息后,副处长刘铁君随即率领"海标052"轮出海抛标作业。17:50,在该沉船附近成功抛设2座孤立危险物标,其中1号沉船标位置为36°00.3′N、120°26.6′E,2号沉船标位置为36°00.1′N、120°26.6′E,并适时发布《航标动态通报》。该孤立危险物标的设立,有效保障船舶安全进出青岛港和港口生产正常运转。

图3-1-150　2011年10月29日,青岛航标处"海标052"轮应急设置"东方日出"轮沉船标

2011年11月1日,交通部烟台打捞局实施"东方日出"轮沉船打捞作业。按照打捞作业要求,青岛航标处将2号沉船标向西移动220米。11月中旬,增加"芝罘岛"号打捞船参加打捞作业,因2号灯浮标影响该打捞船就位,遂予撤除。2012年1月10日,"东方日出"轮成功打捞后,1号沉船标随之撤除,并适时发布《航标动态通报》。

七、行业管理

航标行业管理系指航标管理主体依据国家法律法规授权或权力部门委托,按照航标相关法律法规和规范标准,对航标设置行为实施管理。其主要职能为:跟踪辖区港口建设发展动态,参与指导相关导助航设施建设方案设计和施工;组织实施航标设置评议审查和评估验收,办理相关行政审批手续,并适时发布《航标动态通报》;监督检查辖区航标助航效能,查处违规航标设置,维护通航环境安全有效。

在海关兼办航标业务前,北方海区航标设置大多为民间自建自管,即便是漕运航路官办助航设施,其维护管理等事宜亦是根据实际需求和客观条件,或委托僧侣、船户代为值守,或临时派兵巡视监护,时断时续,并无定规,以此为生计的专门职业尚未形成一定规模,航标行业管理无从谈起。

清同治七年四月(1868年4月)海关设立船钞部后,随着航标事业不断建设发展,航标从业者渐次增多,使航标维护管理逐步成为一个相对独立的行业。1934年5月15日,南京国民政府公布施行《航路标识条例》,明确中华民国交通部是航道助航标志主管部门,负有建造、维护和管理之责。至1945年,除青岛、大连等租借地以及日本侵华战争期间外,中国沿海公用航标主要由海关部门统一设置和维护管理,其他组织机构或民间团体极少从事航标设置,航标行业管理实际为海关内部管理。

1949年中华人民共和国成立后,中央人民政府政务院财政经济委员会于1951年10月15日发布施行《关于助航标志所在地的人民政府保护或代管助航标志的意见》,明确要求:"助航标志所在地人民政府应负责保护或代管辖区内所设之各种助航标志,其保护或代管的具体办法,由航标主管机构与该人民政府协商规定。"之后,随着全国沿海航标管理体制调整变化,逐步形成海军、交通、水产等部门分工管理格局,并按照"统一规划、统一制度、分工负责、自建自管"原则,通过部际联席会议协调解决航标管理事务。1964年3月3日,国务院公布施行《关于加强航道管理和养护工作的指示》,明确规定:"沿海商港和内河的航道,以及航道上的助航设施、过船建筑物或驳运设施等,均由交通部门负责统一管理和养护"。从严格意义上讲,由于全国沿海干线航标和港口航标分属海军和交通等部门制辖,航标行业管理尚未完全实现集中统一。

1982年交通部全面接管中国沿海干线公用航标后,于同年8月23日发布施行《关于海区航标管理工作的若干规定》,就航标行业管理作出界定:"地方港口和小轮短程航线的航标由所属省(区)市交通部门管理","其他企事业部门专用航道的航标由企事业部门自行建设和管理","各航道局对分管范围内地方航标业务进行技术协作",初步确立航道局从技术层面参与实施航标行业管理的地位,为后续接管辖区港口航标、逐步实现航标集中统一管理创造了条件。起初,由于沿海港口建设规模较小,航标设置需求不多,天津航道局主要以业务指导和技术咨询为主,牵头组织实施北方海区航标制式改革,并协助交通部直属港务局和地方交通管理部门筹划新增航标配布设计方案及大型水上浮动标志抛设等工作。

1988年全国港口体制改革后,按照交通部《关于将沿海航标区分别划归有关海监局的通知》要求,天津海监局分别将大连、烟台、青岛、秦皇岛等外埠航标区(站)划归当地海监局建制。此举,有效整合各地航海保障行政管理资源,使航标管理部门与港务监督部门的关系更加直接紧密,航标行业管理主体地位和专业技术综合实力显著提高,并得到社会各界普遍认同,为进一步加强北方海区航标行业管理开创了新的局面。

随着国家改革开放深入发展和航运经济持续繁荣,中国沿海各地掀起建港热潮,众多企事业单位专用港口、码头、航道、航标等新生事物应运而生,使航标行业管理变的纷繁复杂。此间,因东海某海域海洋水文气象监测专用浮标设置未按照规定发布《航海通告》,引发日本照会询问。为此,交通部安监局于1994年4月13日印发《关于加强对非航标管理部门在海上设置标志管理问题的通知》,要求港务监督部门和航标管理部门分工负责航行警告和航标动态通报工作,进一步加大航标行业管理力度,加强对非航标管理部门监督检查,确保辖区专用航标设置符合国家相关规范标准要求。同年7月19日,天津海监局印发《关于加强北方海区航标管理工作的通知》,要求各级航标管理机构加强与非航标管理单位沟通联系,定期召开辖区航标业务协调会,疏通航标行业管理渠道,全面准确地掌握辖区航标动态,切实做好航标设置审查审批和航标动态通告发布工作,从源头上治理非航标管理单位随意设置或撤除航标,以及航标动态通报不及时、维护管理不到位等现象。

1997年3月1日,交通部发布施行《海区航标设置管理办法》,将航标设置审批权集中于交通部和各海区航标管理机关两个层级。明确规定:"交通部是全国海区航标设置管理的主管机关,并负责第一类航标设置的规划和审批工作;天津、上海、广州、海南海(水)上安全监督局是海区航标管理机关,分别负责北方、东海、南海和海南海区第一类航标设置的审查和第二类航标设置的规划和审批工作;交通部在沿海设立的海上安全监督局和县级以上地方人民政府交通行政主管部门是辖区航标管理机关,按照各自分工负责辖区内第二类航标设置的管理工作。"同时,特别强调:"航标管理机关根据航行安全的需要可责令专业单位设置航标。"该《办法》施行后,进一步规范了各级航标管理机关工作准则和办事程序,为加强航标行业管理提供了法制保障,使以往"航标行业管理由事后被动管理转变为事前主动管理"。此间,按照港口基本建设与助航设施建设"三同时"原则,各级航标管理机关密切跟踪辖区内港口码头建设动态,提前介入,上门服务,参与指导相关部门规划设计助航设施,受理航标设置申请,并积极协助承担非航标专业单位航标日常维护管理工作。

1998年全国水监体制改革后,按照交通部海事局统一部署要求,天津海事局于2001年6月派出航标调研小组,历时14天,对山东沿海东风、东营、洋口、潍坊、下营、海庙、龙口、威海、俚岛、石岛、张家埠、凤城、薛家岛、岚山等地171座港口航标实地考察发现,几乎半数以上在岗助航设施因年久失修而不堪使用,甚至部分航标名存实亡,《航标表》虽有刊载,但实物并不存在,严重影响航海图书资料现势性和准确性。为此,依据交通部于2003年9月1日发布施行的《沿海航标管理办法》,天津海事局在陆续接管改造地方港口航标的同时,建立健全航标监督检查制度,并将部分航标专业技术人员纳入海事行政执法序列,进一步加大对地方港口、业主码头等专用航标监督力度,定期组织实施辖区航标效能检查评估,促进北方海区专用航标管理维护质量得到明显好转,使之基本符合部颁航标维护保养标准要求。

(1)2002年11月25日,烟台航标处在烟台召开加强航标行业管理座谈会

(2)2008年12月9日,秦皇岛航标处在京唐港区举行京唐港区航标管理工作联动机制签字仪式

图 3-1-151

2004年8月1日,按照交通部海事局《关于进一步加强航标管理的通知》要求,经与辽宁、河北、山东海事局协商,天津海事局印发施行《北方海区航标管理工作协调和信息交流暂行办法》,有效整合海事行政执法资源,基本实现海事系统相关信息资源共享,使北方海区航标主管机关更加及时准确地掌握港口建设动态,对提高辖区航标行业管理水平提供了制度保障。与此同时,天津海事局多次举办海事行政执法人员培训,逐步扩大航标行业管理行政执法队伍,至2006年8月,北方海区航标系统拥有海事行政执法资格人员增至77人,基本满足北方海区航标行业管理需求。此间,北方海区各航标处组织开展航标行业管理的侧重点因地制宜。大连航标处与辽宁海事局建立联合执法机制,重点加强大连、庄河、丹东等地方港口及海产养殖单位专用航标巡查,保障辖区通航环境安全;营口航标处重点关注锦州港专用航标监督检查,保证其航标效能正常;秦皇岛航标处与唐山海事局、唐山港集团有限公司等港航单位建立京唐港区航标管理工作联动机制,严把地方港口专用航标设置关口,并协助有关单位搞好导助航设施建设与维护;天津航标处协同桥管单位完善海河通航水域桥涵标设置,先后为海门大桥、海河双桥、响螺湾开启桥、海滨大桥、永定新河大桥等5座桥梁设立桥涵标54座,有效保障了桥梁和船舶航行安全;烟台航标处结合辖区沿海小型港口和业主码头较多等特点,主动上门服务,加大代管力度,助力地方经济建设;青岛航标处寓管理于服务之中,在青岛港董家口港区建设过程中,依据相关法律、法规、标准,在严格按照审批规章制度执行的同时,尽量缩短审批时间,确保董家口港区建设顺利实施,并通过AIS遥测遥控手段,强化港口航标监督管理,确保航标正常运行。北方海区各航标处在定期组织实施航标效能监督检查中,对于发现的维护保养缺陷问题,适时向有关非航标专业单位下达《限期整改通知书》,并跟踪督促整改到位,使辖区航标行业管理水平得到显著提高。

至2012年底,北方海区航标系统航标行业管理范围从丹东港到岚山港已经达到全面覆盖。据不完全统计,北方海区设置专用航标总计1111座,其中灯桩167座、立标22座、导标28座、灯浮标602座、浮标27座、活节式灯桩15座、冰标163座、桥涵标66座、雷康21座。

2012年北方海区专用航标设置一览表

表3-1-67　　　　　　　　　　　　　　　　　　　　　　　　　　　　　　　　　　　　单位:座

辖区\种类	灯桩	立标	导标	灯浮标	浮标	活节式	冰标	桥涵标	雷康	小计
大连航标处	29	—	6	79	12	—	35	—	2	163
营口航标处	19	22	4	100	5	—	15	12	5	182
秦皇岛航标处	12	—	12	52	5	15	18	—	1	115
天津航标处	43	—	—	41	—	—	95	54	6	239
烟台航标处	26	—	—	185	5	—	—	—	—	216
青岛航标处	38	—	6	145	—	—	—	—	7	196
合计	167	22	28	602	27	15	163	66	21	1111

八、通信网络

北方海区航标系统通信网络建设由来已久。20世纪30年代,海关总税务司署在中国沿海设置6座无线通信电台,专供海关使用,其中东海关设立芝罘总台,呼号XUH,24小时与上海总台直接保持联系,并为航标巡检船及有人值守灯塔配备无线电台,初步建成较为完备的内部通信网络,主要用于传递水文气象信息和相关航标管理事务等。

1949年中华人民共和国成立后,在海军职掌沿海干线公用航标期间,各无线电导航台、无线电指向标站、有人值守灯塔和航标作业船舶等通信联络均使用军内专用通信线路。

1982年天津航测处成立初期,由于各外埠航标区均为新组建机构,通信设备几乎为零,当遇有突发紧急情况时,须到当地邮电局拨打长途电话沟通联系,严重影响日常办公效率。为此,天津航测处决定在处机关及所辖大连、天津、烟台、青岛航标区等基层单位(含无线电导航台)架设单边带无线电台(SSB),并为有人值守灯塔和航标作业船舶配备甚高频无线电话(VHF)等通信装置,以求形成处→区→站(塔、台、船)三级航标无线电通信网络。

1983年5月,经多方考察比选,天津航测处确定采用陕西宝鸡烽火无线电厂XD-D2B型频合式15瓦单边带电台和50瓦功率放大器作为主用通信设备,并选派赵亚兴、李永江、杜永清等5名技术骨干赴宝鸡参加为期一个月的通信业务培训班,为开通运行北方海区航标系统通信网络作出前期准备。

同年8月,在北方海区航标通信网络运行初期,通信值班工作由天津航测处航标导航科统一管理。各航标区通信设备实行统一购置、统一分配、统一安装、统一管理,通信频率统一申请使用。航标作业船舶均按照船舶建造相关规范,配备甚高频无线电话(VHF)1~2台、救生筏双向甚高频无线电话2~3台,大型航标船舶根据需要配置中/高频无线电话(MF/HF)。自此,北方海区航标无线电通信网络全面建成投入运行,并成为各单位航标管理通信联系的主要手段。

1984年4月,天津航测处适时印发施行《北方海区无线电通信管理规则》(简称《规则》),明确规定通信设备设置、使用、更新、报废等管理程序,强调通信工作的保密原则和处置方式,确保通信工作迅速、准确、畅通的相关要求等。此间,天津航测处和各航标区两级通信值班室相继制定《通信值班制度》《保密制度》等内部值班规则,进一步明确和落实通信值班室管理职责和联系工作方式。该《规则》的施行和内部值班规章制度的建立完善,使北方海区无线电通信管理机制更加健全,管理流程更加规范,通信联系更加便捷。

此间,按照北方海区航标业务和通信管理相关规定,天津航测处通信值班室负责北方海区大中型航标船舶航标作业指挥和调度职能,各航标区通信值班室承担本辖区航标船舶作业通信保障工作。当航标船舶出海作业时,两级通信人员全程跟踪值班,有关大中型航标船舶作业情况,向天津航测处航标导航科汇报;辖区航标船舶作业情况,向各航标区业务部门汇报。同时,天津航测处通信值班室与各航标区通信值班室定时保持通信联系;各航标区通信值班室定时与所属航标作业船舶和各塔台站之间保持通信联系。两级值班室通信人员及时将工作动态向相关领导汇报,保证上令下达和下情上报,并多次参与指挥抗击风暴潮自然灾害、"304"双曲线定位系统海上定位精度联测通信联络、航道疏浚船舶施工调度等指令性工作任务,为促进北方海区航标事业发展发挥重要保障作用。

1988年7月天津海监局成立后,北方海区航标系统通信网络组织架构维持不变,相关规章制度承袭旧制。此间,天津海监局航标导航处组织实施通信设备升级换代,统一购置、统一换装国产LC-M700TY型100瓦单边带电台、丹麦SKANT1型25瓦单边带电台、国产RAY-80型甚高频无线电话及16米"T"形天线系统等,通信网络的通话质量得到显著提升。

随着国家公共通信技术发展进步,北方海区航标系统无线电通信网络的功能和作用日趋弱化,逐步由各种现代化通信手段所替代。2003年10月,天津海事局机关迁往塘沽合署办公后,北方海区航标系统无线电通信网络随之关闭。

九、规划管理

规划是个人或组织对相关事业未来发展方向的顶层设计和行动方案,具有"全局性、战略性、系统性、前瞻性、引领性"等特点。19世纪60年代海关船钞部成立初期,已着手编制航标建设规划,初步确立中国沿海灯塔配布架构,对开创近代中国航标事业建设起到重要指导作用。后因战乱迭起,航标建设规划未能持续跟进遂行。

1949年中华人民共和国成立后,中央人民政府高度重视航海保障等水运交通基础设施建设,并作为国家经济社会建设重点列入每一个五年规划(计划)。根据国家编制的一系列五年规划(计划),北方海区航标主管机关陆续编制相应的五年规划(计划),组织实施了一系列航标建设重点工程。"一五"至"五五"期间,根据国防战备和航运发展需要,海军航海保证部门在改造重建和补点增设灯塔、灯桩等视觉航标基础上,新建老铁山、秦皇岛、北塘、义和庄、镆铘岛、王家麦岛、黄岛等无线电指向标站,以及成山头、庄河、上古林等中程无线电导航台,基本形成覆盖全国沿海的无线电导航系统,航标总体布局及导助航技术手段得到逐步完善,为推进北方海区航标事业发展建设做出重要贡献。天津航道局作为交通部直属航测专业骨干力量,在指导和协助北方各港完成航标维护管理任务的同时,率先提出并实现航标丙烷化、电气化等技术改造计划和航标专用太阳能电池研制推广应用计划,并自主设计建造了中国第一座水中大型灯塔——大沽灯塔,为全面提升辖区航标技术水平发挥了引领示范作用。

1982年交通部接收海军海上干线公用航标后,天津航道局作为北方海区公用航标主管机关,对北方海区航标实施统一管理。该局以服从和服务改革开放大局为导向,以航标技术升级改造为重点,科学编制并实施"六五""七五"航标发展规划。此间,按照交通部统一部署,该局在组建天津航测处、航标区、航标站三级垂直管理体系基础上,批量引进换装各类灯塔灯器和雷康,牵头组织实施全国海区无线电指向标控制机和无线电导航台发射机更新改造,为保障辖区海上交通安全和对外开放提供了强劲技术支持。

1988年天津海监局成立后,对北方海区航标业务实施统一管理。根据交通部提出的"建成海上南北大通道,使沿海航标亮起来并呈链状布设"的总体要求和《全国沿海航标总体布局规划(1991—2005)》指导思想,该局制定《天津海监局"八五"建设计划》,从视觉航标、无线电航标、航标通讯设施和附属设施等方面,对航标建设作出系统规划布局。"八五"期间,天津海监局累计完成项目投资3962万元,先后完成大孤山灯塔新建和南山头、叨龙嘴、圆岛灯塔重建等重点建设项目。

1994年,按照交通部安监局《全国沿海航标"九五"建设发展规划》总体要求,天津海监局航标导航处牵头编制完成《北方海区"九五"计划和2010年发展规划》。该《计划》以"全面发展、突出重点、分期建设、逐步完善"为指针,以完善辖区干线灯塔链为目标,以航标技术升级换代为重点,对北方海区各类航标建设和发展作出总体规划布局。"九五"期间,在该《计划》指导下,天津海监局累计完成项目投资8843万元,先后组织实施北方海区灯塔(灯桩)系列化改造工程,长兴岛、曹妃甸、镆铘岛灯塔等重点工程建设,大三山岛灯塔、营口导标等20余项航标技术改造。特别是镆铘岛、大三山岛灯塔灯器换装更新,彻底解决了因老旧灯器水银外溢而长期影响航标工身体健康等历史问题。此间,按照交通部安监局统一部署,天津海监局牵头编制《中国沿海无线电指向标—差分全球定位系统规划(1996—2000)》,为引领中国沿海高精度导航定位服务网建设、实现无线电导航技术历史性突破、并跻身国际先进行列起到重要指导作用。

1999年天津海事局成立后,先后建立完善效能评估、项目储备、过程管理、月度计划、年度考核和工程竣工验收等管理机制,有效提高了规划编制水平、项目完成率和验收结算率。是年,按照交通部海事局《沿海航标系统"十五"发展规划与2015年远景目标》要求,该局结合北方海区实际情况,编制完成《天津海事局航标"十五"技术发展政策与项目实施计划》,明确提出"十五"期间北方海区航标建设总目标:按照"标准化、系列化、规模化"方针,大力推广应用航标新技术、新材料、新能源、新光源、新灯器,重点改造灯浮标、灯桩、导标灯器和供电系统,批量重建干线和港口低矮老旧灯塔、灯桩,逐步完善RBN-DGPS系统、AIS系统站点布局,整体提升北方海区干线和港口航标助航效能及维护管理手段。同时,在固定航标、浮动航标、RBN-DGPS、雷康、基础设施、作业船舶、专用车辆等7个方面制定详细技术发展政策;建立了16个类别、900个项目、总投资规模18695万元的项目库,有效增强航标规划建设的前瞻性和科学性。

图3-1-152　1999年12月26日,天津海事局副局长赵亚兴(中)在烟台主持验收北长山灯塔改造和成山头RBN-DGPS台站综合改造工程

特别是交通部适时印发《关于加强船舶吨税管理工作的通知》,首次提出船舶吨税"在保证航标维护和改造的前提下,剩余资金可用于海上干线公用航标基本建设",从而有效弥补了基本建设经费缺口。随后,交通部海事局于1999年3月5日和2002年6月17日先后印发施行《海区航标测绘小型技术改造、零星土建、设备购置项目管理工作的若干规定》《航测技术改造、小型修善、专用设备购置及航测专项改造项目管理办法》,并明确天津海监局负责北方海区航测"三项"和"专项"项目归口管理工作。据此,全国海区航测系统开始在年度航测事业费中安排专项项目计划,成为航测基本建设经费的重要来源,并与航测"三项"项目计划同时为航测事业建设发展提供经费保障。"十五"期间,北方海区航标系统实际完成项目投资17984万元,投资完成率为96.2%。其中,先后完成渤海湾一期工程的1个海区AIS中心、4个辖区AIS中心和12座AIS基站建设,改造RBN-DGPS台站2座;新建灯塔1座、重建灯塔2座、改造灯塔9座,重建灯桩9座、改造灯桩18座,重建导标3座、改造导标10座;为各航标处配置备用浮标51座,改造12座大型灯塔避雷设施;推动实施天津、秦皇岛港冬季航标技术改造;推广使用新光源、新能源、新材料,443座灯浮标实现"灯器LED化"、278座浮标和5座大型浮动标志实现"供电系统太阳能化";不冻港口钢质灯浮标改用长效油漆,例行更换周期由1年延长到2~3年。至2005年底,北方海区航标系统管理公用航标增至1035座,并如期实现"人均一标"阶段性规划目标。

2006年,天津海事局在广泛听取航标用户意见基础上,对北方海区航标效能作出全面效能评估,编制完成《北方海区航标效能评估与规划》,首次建立了航标效能环境风险因素体系和航标效能管理风险因素体系,并提出了航标效能风险定量评估方法。同时,编制完成《北方海区航标"十一五"规划建设方案》,提出重点加强"一道九路五区十港"(一道,即北纬35线至老铁山水道的南北大通道;九路,即老铁山水道至辽东湾北部的辽东湾航路、老铁山水道至秦皇岛港的渤海中北部航路、老铁山至渤海湾的渤海中部航路、成山头至长山水道的山东半岛北航路、长山水道至渤海湾的渤海中南部航路、长山水道至莱州湾南部的莱州湾航路、岚山港附近水域至成山头的山东半岛东航路、北纬35线至青岛港的胶州湾航路、烟台至大连航线航路;五区,即成山头水域、老铁山水域、曹妃甸水域、长岛水域和长海水域等重点水域;十港,即大连港、营口港、秦皇岛港、唐山港、天津港、黄骅港、烟台港、青岛港、日照港、锦州港)航标建设,逐步形成多种手段、多种等级的综合助航保障体系,至2010年整体达到中等发达国家助航服务水平的规划目标。"十一五"期间,北方海区航标系统累计完成项目投资28308万元,先后组织实施天津、黄骅、大连、青岛、秦皇岛等重要港口航标综合配布调整,蓬长水域、长海水域等陆岛运输航线综合配布工程,补点建设营口RBN-DGPS台站,新建2个辖区AIS中心和12座AIS基站,新增35座雷康,对部分干线灯塔、灯桩等视觉航标实施全面技术升级改造,辖区航标助航效能得到明显提高,显著改善通航环境和陆岛交通运输条件,得到地方政府和社会民众一致好评。

2011年,根据交通运输部海事局《全国沿海航标"十二五"发展规划》确立的指导思想、方针目标、基本原则和规划布局要求,天津海事局编制完成《天津海事局"十二五"发展规划(航海保障分规划)》,提出的总体目标是:全面提升北方海区航海保障管理水平和服务能力,初步建成"布局立体化、装备现代化、反应快速化、服务信息化"的综合航海保障体系,基本形成层级清晰、运转协调、服务高效的管理机制,航海保障水平总体适应、适当超前区域水运经济发展需求。

2012年12月,交通运输部北海航海保障中心挂牌运行,北方海区航标建设事业进入新的历史发展阶段。该中心先后编制完成《北海航海保障中心发展战略(2013—2020)》和《北海航海保障中心"十二五"发展规划(调整)》,确立"全时域、多维化"中长期发展战略,以及"公益航保、绿色航保、智慧航保、和谐航保"等新的发展理念,提出"沿海通航水域航标覆盖率100%,应急能力覆盖专属经济区,应急处置率100%,用户满意度达95%以上"等发展目标。"十二五"期间,北海航海保障中心实际完成项目投资20132万元,先后组织实施青岛灵山水域、即墨水域、营口兴城至菊花岛水域等陆岛运输航线航标配布,新增、改造和调整各类航标322座(含蓬长水域、长海水域航标数量),建成中国海事AIS管理维护中心和IALA-NET数据中心,在各重点港口、重要水域实现导助航服务多重覆盖。航标新能源、新材料、新技术得到广泛应用,2108座航标遥测遥控覆盖率达到58.44%,部分偏远水域航标实现"北斗"卫星遥测遥控"全覆盖";研发成功新型冰标并全面推广应用,有效提升北方冰冻港口冬季航标助航效能;如期实现"人均两标"阶段性规划目标。

图3-1-153 2008年5月10日,天津海事局在烟台召开蓬莱航标遥测遥控工程(二期)竣工验收会

纵观北方海区航标发展规划与实施的历史进程，逐步呈现出"由粗放到精细、由经验型到程序化、由重建设轻规划到以规划引领建设"的发展脉络。特别是"八五"以来，航标发展规划水平与项目完成率同步提升，至2015年，北方海区航标系统累计完成项目投资80360万元，其中航测专项43607万元、航测三项31272万元、自有资金14481万元，基本建成"布局立体化、装备现代化、反应快速化、服务信息化"的航标导助航保障体系，并达到国际先进水平。

1986—2015年北方海区航标系统执行规划（计划）经费统计表

表3-1-68 单位：万元

年　份	航测专项项目	航测三项费用	自有资金	小　计
1986—1990	—	1066	65	1131
1991—1995	—	3796	166	3962
1996—2000	809	7907	127	8843
2001—2005	4031	11377	2576	17984
2006—2010	12586	7126	8596	28308
2011—2015	17181	—	2951	20132
合计	34607	31272	14481	80360

（一）《中国沿海无线电指向标—差分全球定位系统规划》

1994年2月，以交通部安监局林玉乃为团长的中国代表团在出席IALA第13届大会期间，获悉国际航运发达国家已开始利用无线电指向标播发全球定位系统（GPS）修正信息等导助航技术发展新动向，并就中国建设RBN-DGPS系统征询了IALA官员的意见，遂决定引进DGPS设备与系统，充分利用国内现役无线电指向标天线、地网、场地等基础设施，在中国沿海分期分批建设RBN-DGPS台站，并责成天津海监局牵头起草《中国沿海无线电指向标—差分全球定位系统规划》。

1994年4月，天津航测科技中心副主任李鲜枫在深入研究IALA相关技术框架建议基础上，参照《美国海岸警卫队DGPS导航服务播发标准》《国际航标协会关于差分全球导航卫星系统（DGNSS）规划的通函》《美国航海无线电技术委员会关于差分GPS服务的RTCM推荐标准》《国际电信联盟关于在283.5～315千赫兹（1区）和285～325千赫兹（2和3区）频段的航海无线电指向标全球导航卫星系统差分发射的技术特性》等相关国际规则标准，结合中国无线电指向标运行状况和有关用户实际需求，对DGPS修正信息覆盖范围和海上定位精度作出测算评估，于1995年4月主笔完成《中国沿海无线电指向标—差分全球卫星导航系统规划（1996—2000）》（简称《规划》）。后经交通系统业内专家审定，交通部安监局于1996年2月印发施行。

1996—2000年中国沿海无线电指向标—差分全球定位系统规划一览表

表3-1-69

类别	序号	建设顺序	台站名称	台站名码	台站识别码			频率（千赫兹）	
					1号基准台	2号基准台	播发台	F1指向标	F2差分
北方海区	1	一期改造	大三山	DS	602	603	601	301	301.5
	2	三期改造	老铁山	LT	604	605	602	295	295.5
	3	一期改造	秦皇岛	QH	606	607	603	287	287.5
	4	一期改造	北塘	BT	608	609	604	310	310.5
	5	三期改造	烟台	YT	610	611	605	315	315.5
	6	三期改造	成山角	CS	612	613	606	299	299.5
	7	一期改造	王家麦	MD	614	615	607	313	313.5

〔续表〕

类别	序号	建设顺序	台站名称	台站名码	台站识别码			频率(千赫兹)	
					1号基准台	2号基准台	播发台	F1 指向标	F2 差分
东海海区	8	二期改造	燕尾港	YW	620	621	610	308	308.5
	9	三期改造	琼港	JG	622	623	611	287	287.5
	10	一期改造	大戢山	DJ	624	625	612	290	290.5
	11	三期新建	七里屿	QL	626	627	613	310	310.5
	12	二期改造	石塘	ST	628	629	614	295	295.5
	13	二期改造	天达山	TD	630	631	615	313	313.5
	14	二期改造	镇海角	ZH	632	633	616	307	307.5
南海海区	15	二期改造	表角	BJ	640	641	620	315	315.5
	16	二期改造	三灶	SZ	642	643	621	291	291.5
	17	三期改造	硇洲岛	NZ	644	645	622	301	301.5
	18	二期改造	防城	FC	646	647	623	287	287.5
海南	19	一期改造	抱虎角	BH	652	653	626	310	310.5
	20	二期改造	三亚	SY	654	655	627	296	296.5
	21	三期改造	兵马角	BM	656	657	628	299	299.5

该《规划》确定了建设中国沿海21座RBN-DGPS台站的台址和排序、工作频率范围和使用原则,选定了14对频率点,拟定了台站识别码分配方案;明确了完善性监测站的设置双频发射制、200波特传送速率、数据格式等主要内容。之后,随着科学技术发展进步,相关国际标准更新较快,交通部海事局于1998年安排广东海事局适时对该《规划》部分内容作出调整修订,进一步优化RBN-DGPS台站布局,并自二期台站建设始,各台站仅以单一频率播发差分修正信息,不再播发指向信号。

至2001年,如上两部《规划》作为全国沿海RBN-DGPS系统建设的指导性文件,对加速推进中国航标事业现代化建设发挥了重要作用。同年12月27日,交通部海事局在北京召开新闻发布会,宣布中国沿海20座RBN-DGPS台站全面建成,正式向社会公众免费提供导航定位服务。

(二)《天津海事局航标"十五"技术发展政策与项目实施计划》

21世纪初,随着全国水监体制改革深入发展,航标管理体制改革逐步展开,北方海区公用航标管理机构成建制划归天津海事局集中统一管理。同时,原地方交通主管部门所辖公用航标亦相继划转该局统一管理。由于地方航标维护质量参差不齐,相关设施设备大多陈旧落后,该局在深入分析国民经济和航运事业发展需求基础上,本着"立足现状,着眼未来,长远规划,分步实施,择优超越"原则,决定参照IALA相关指南和建议,编制《天津海事局航标"十五"技术发展政策与项目实施计划》(简称《计划》)。

2000年6月,该局成立以副局长赵亚兴为组长,孔繁弘、田绍启、黄朝晖为主要成员的领导小组,正式启动《计划》编制工作。此间,根据交通部《公路水路交通发展战略》提出的"建设反应快速化、管理信息化、航测自动化、监控立体化的统一、规范、高效的水上支持保障系统"的总体要求,以及交通部海事局《沿海航标系统"十五"计划与2015年远景目标》等纲领性文件,赵亚兴撰写《北方海区航标"十五"技术发展政策研究》论文,提出航标建设发展方针目标、相关政策和基本框架,为引领该《计划》编制工作奠定了理论基础。后经编制小组反复研讨论证,数易其稿,于同年12月完成《计划》编制工作。

该《计划》由编制依据、建设发展目标、技术发展政策、项目实施计划、项目投资计划等5部分组成。建设目标分为总目标和分目标。总目标是按照"标准化、系列化、规模化"方针,在完成北方海区航标综合配布调整的同时,大力推广应用新技术、新材料、新能源、新光源、新灯器,重点改造航标灯器和供电系统,重建部分低矮陈旧灯塔、灯桩,逐步完善 RBN-DGPS 台站、AIS 基站和雷康设置,填平补齐航标业务用房、保养基地等基础设施,整体提升北方海区航标助航效能及维护管理手段,基本适应航运事业发展需求。同时,该《计划》从视觉航标、音响航标、无线电航标、信息系统、基础设施等 5 个方面提出分目标,并与船舶交通管理系统(简称"VTS")、AIS 系统建设有机结合,构建港口综合助航体系。

固定航标:按照标准化、系列化要求,采用统一设计图纸,新建或改建灯塔、灯桩、导标,原则上不再新建大型灯塔。其中,新建二级灯塔塔高 16 米,配置 TRB-400 型、BGA-600 型、APRB-288 型等中型旋转灯器,灯光射程 18 海里;新建三级灯塔塔高 12 米,配置 TRB-220 型、BGC-300 型、APRB-252 型等小型旋转灯器,灯光射程 15 海里;新建一级灯桩桩高 10 米,配置 ML-300 型、BDA-305 型等小型闪光灯器,灯光射程 8 海里。新建灯塔、灯桩、导标均采用无人值守方式,配置"高光效、低功耗"航标灯器,并采用市电或太阳能供电方式;对维护补给困难的标志,逐步实施遥测遥控,暂时无法实现的,应预留建设发展空间;历史灯塔改造,应本着"修旧如旧"的原则实施。

浮动航标:本着重点港口、主要航道优先原则,在灯浮标上推广使用太阳能电源和 LED 灯器,"十五"期末,基本实现灯浮标供电太阳能化、灯器 LED 化。研究开发抗冰能力更强的新型冬季灯浮标。应用环保型长效油漆或其他有效防腐处理方法,"十五"期末,不冻港口浮标例行更换周期达到 2 年以上。

RBN-DGPS 系统:为实现台站远程监控,论证并建设北方海区 RBN-DGPS 系统监控中心。在"十五"期间,对一期台站逐步实施综合技术改造,进一步提高系统稳定性和可靠性,并着力推广应用 RBN-DGPS 定位技术。

雷康:重点考虑在雷达回波较多、船舶不易识别的灯塔、灯桩、灯船,重要航线转向点灯塔、灯桩、灯浮标,重要航道口门灯桩、灯船及桥涵,靠近航道的孤立危险物标等安装雷康。在重要航道导标上试用雷康,以替代国产雷达指向标。需配置雷康的浮标直径不小于 3.6 米。有计划地更新老旧雷康。在航道口门浮动标志上,适当安装无源雷达反射器。

该《计划》作为引领北方海区航标技术发展方向的纲领性文件,为加快实现"十五"期间灯浮标供电太阳能化、灯器 LED 化和"人均一标"等阶段性目标发挥了重要指导作用。据此,天津海事局遂建立 16 个类别、900 个项目、总投资规模 18695 万元的项目库,并逐年安排计划组织实施。

(三)《北方海区航标资料汇编》

1997 年始,北方海区航标系统先后编纂完成《北方海区航标(1997)》《北方海区航标资料汇编(1999)》。后改为每 2 年编纂一部《北方海区航标资料汇编》(简称《汇编》),共编纂 6 部《汇编》。如上《汇编》,对汇集和保存北方海区航标史料,编制北方海区航标发展规划,方便航标管理人员查阅,培训新参加工作人员,促进北方海区航标事业建设发展等方面,均具有重要的参考价值和明确的指导作用。

1997 年,天津海监局在全国海区航标系统率先编纂完成《北方海区航标(1997)》,以汇集保存航标资料、编制航标发展规划、方便航标管理工作。此间,成立《北方海区航标》编委会和编辑组,该局副局长赵亚兴任编委会主任,工程师张俊民任主编,并作出相关工作安排。随后,北方海区各航标处(区)积极收集、整理航标资料,形成比较系统完整的《北方海区航标资料卡》,并在此基础上编纂成书。该《汇编》收录灯塔 42 座、灯桩 59 座、导标 62 座、测速标 8 座、灯浮标 8 座、灯船 1 座、导航台 3 座、RBN-DGPS 台站 6 座和航测船舶 12 艘,各种图照 190 幅,图文并茂地展现北方海区航标整体风貌。

1998 年交通部实施全国水监体制改革后,伴随港航事业快速发展,航标数量快速增长,航标新老人员交替加快,全国海区航标系统急需保存航标相关旧史料、填补新资料。为此,交通部海事局在 1999 年度全国海区航测系统工作会议上作出工作部署,借鉴天津海监局《北方海区航标(1997)》的编纂模式,要求北方、东海、南海三大海区组织编制本海区航标基础设施及设备资料汇编。据此,天津海事局遂组织编纂《北方海区航标资料汇编(1999)》,并沿用《北方海区航标》编委会和编写组,适当扩充编写组成员。随后,各航标处(区)全面参与资料收集工作,经过10个月的收集、汇总、整理、编纂,于1999年3月印刷出版。该《汇编》由管理机构、灯塔、灯桩、导标、灯浮标、无线电航标、信号台、航测船舶、航标基地等9部分组成,收录北方海区591座航标、700余幅图照,图文并茂,全面反映北方海区航标现状与历史沿革。该《汇编》出版发行1000册,北方海区各级航标管理人员人手1册,并赠予东海、南海海区航标管理部门各100册。

2009年11月,天津海事局航标导航处处长柴进柱组织编纂完成《北方海区航标资料(2009)》。该《汇编》涉及资料由各航标处提供,航标导航处负责审编整理。该《汇编》收集北方海区航标辖区范围沿海水域及相关陆域设置的各类航标,包括公用航标和专用航标(不含军事和渔业航标),并按照各航标处辖区水域排序,由北至南依次为大连、营口、秦皇岛、天津、黄骅、烟台、青岛航标处,涵盖北方海区航标系统管理的1853座航标。其中,收录灯塔、灯桩、导标、立标、灯浮标、浮标、灯船、雾号、雷康、RBN-DGPS台站、AIS基站等各类航标资料,内容全面,要素正确,设计简洁。同时,采用统计表格的形式,归纳整理各类航标,使之更加清晰明了、使用便捷。该《汇编》仅供内部使用。

第二节 视觉航标

视觉航标,俗称目视航标,是供航海者在视距范围内判别船舶方位、港口航道、危险水域的助航设施,亦是一种最基本的助航标志,具有形制独特、颜色醒目、易于辨认等特点。北方海区视觉航标种类庞杂繁多,按属性可分为自然航标和人工航标,按用途可分为定位标、转向标、方位标、信号标、避险标、桥涵标、示位标、专用标,按区域可分为海上航标、内河航标、湖泊航标、船闸航标,按形态可分为固定航标、浮动航标,按形制可分为灯塔、灯桩、立标、测速标、罗经校正标、导标、灯船、杆型浮标、浮标、灯浮标、活节式灯桩、冰标,等等。

纵观中国航标发展史,视觉航标作为应用最早的助航标志,从自然航标到人工航标,古代航标到智能航标,有人值守到无人值守,近程遥控到远程遥控,经历了曲折漫长的演进过程。特别是20世纪80年代后,伴随着国家改革开放持续深入和航运经济飞速发展,视觉航标现代化建设步伐明显加快,规模数量不断增大,形制种类逐步完善,技术水平与时俱进,助航效能日益提高。至2012年,北方海区航标系统管理公用视觉航标总计1350座,初步形成布局合理、种类齐全、功能完备、管理规范、精确可靠的助航服务体系,基本达到国际先进水平。当今,虽然航海领域已跨入全球卫星定位导航时代,但视觉航标仍然作为主要助航技术手段之一,为保障船舶进出港和近岸航行安全发挥着不可替代的重要作用。

一、自然航标

自然航标系指航海者借以定位导航的天然参照物,是伴随着人类航海活动的开展而被发现所利用。从广义上讲,沿海形态各异的山峰、岬角、岛屿、礁石、树木等天然形成的地形地貌地物,均可视为自然航标。

中国航海史悠久而辉煌,中国航标伴随航海史的发展应运而生、逐步完善。浙江余姚河姆渡考古证实,距今7000千年前华夏先民已经掌握应用舟和桨开展水上生产活动。北方海区海岸线长达3863余千米,沿海大小岛屿1100余座,星罗棋布,绵延不断,自然航标资源十分丰富。据考古发掘的出土文物推断,早在6000年前的上古时代,中国北方先民已利用沿海奇峰峻岭、孤立岛礁等自然物作为航路标识,乘舟弄海,逐岛漂流,探明了山东半岛至辽东半岛等多条航线。《尚书·禹贡》所谓"岛夷皮服,夹右碣石入于河",就是迄今发现最早记载古人利用自然航标泛舟渤海的书证。

随着经济社会发展和造船技术进步,航海活动范围由近及远逐步拓展,被航海者认定利用的自然航标亦愈来愈多。北方海区的三山岛、大黑山、拇指山、碣石山、庙岛群岛、珍珠门香炉礁、刘公岛、成山角、大乳山、崂山、大公岛、朝连岛、灵山岛等若干山峰和岛礁,均曾作为中国北方沿海的航路标识而名闻天下。古人依据航海实践经验所编绘的《禹贡图注》《宣和奉使高丽图经》《海外诸藩国地理图》《海道经》《郑和航海图》等航海资料,亦是采用写实与写意相结合的中国绘画技法,将海岸地形、对景物标、航路港湾等航海要素形象地描绘出来,并辅以概要文字说明,堪称古代航海者应用自然航标的杰作。

时至今日,尽管人类航海已进入卫星定位导航时代,但这种古老、简单、可靠的地文导航技术恒久不衰,诸多自然航标仍作为导航辅助手段而被录入《中国航路指南》,继续发挥着不可替代的重要作用。

(一)大三山岛

三山岛,昔称三山浦,位于辽宁大连湾湾口,西有南门嘴、黄白嘴,北有大孤山半岛。三山岛由大山岛、二山岛、小山岛组成,陆地总面积3.32平方千米,海岸线长约40千米。大山岛与二山岛相距甚近,由1条低平狭窄的沙颈相连,俗称大三山岛。大三山岛长3.5千米,宽0.75千米,海拔南部159.3米、北部151.9米,距大陆最近点6.1千米。小山岛在大三山岛北,俗称小三山岛,长950米,宽350米,海拔131.4米,距大陆最近点3千米。

大连港水道10余条。大小三山岛和大孤山之间形成三条水道,分别为南门嘴和黄白嘴陆地岸线与大三山岛之间的大三山水道、二山岛与小山岛之间的三山水道、小山岛与大孤山半岛之间的小三山水道。其中,大三山水道是进出大连港的主要水道,宽5海里,水深20米以上,泥沙质海底。大三山岛矗立水道口门东侧,与大连湾北岸大黑山连线,一高一低遥相呼应,找到大三山岛即可进入大连湾。三山水道宽1海里,水深29~34米,商船禁行。小三山水道宽2海里,水深20~31米,禁止外轮通航。因老虎滩西嘴与黄白嘴在视距不良时非常相似,从遇岩方向驶向大三山水道时,为防止误入大连湾附近的老虎滩,先民们在实践中总结了一个代代相传的航行口诀"为防误入老虎滩,航向抓住大三山,宁东勿西保安全"。历次出版的《中国航路指南》始终将大三山岛作为识别和进出大三山水道的主要参照物标。

图3-2-154　大三山岛

(二)大黑山

大黑山,昔称大赫山、大黑尚山、大和尚山,位于辽宁大连湾正北,是辽东半岛南端最高的山脉。山系南北走向,南北长6.5千米,东西宽4千米,方圆23.79平方千米,平均海拔400米,大小山峰17座,主峰高663.10米。因该山脉东临黄海大窑湾,西濒渤海金州湾,素有"一山担双海"美誉。

图3-2-155　大黑山

大连湾天然造就,坐北朝南。三山岛水道,水深道宽,南达黄海。大黑山主峰位居其中轴线后方,双峰连起,目标显著,雄视港湾。当天气晴朗时,在25海里外举目可睹。自古渔家舟子,樯帆归航,多有引用。时至今日,《中国港口指南》《中国航路指南》《大连港口资料》等诸多航海图书资料,荐引为"船舶识别大连港"和"进出三山水道"永不消失的天然目标。

(三) 拇指山

拇指山,昔称响山、歪顶子山,位于今秦皇岛港西北约29千米,是航海者识别秦皇岛港方位的重要物标之一。

图3-2-156　拇指山

此山海拔1424米,形如上翘的左手拇指。从海上瞭望,目标甚为显著,数十海里外即可发现。据开滦矿务港口档案《秦皇岛港口沿革》记载:"秦皇岛沿海导航进出港湾的自然航标是港湾腹背的燕山山脉。开港之初,秦皇岛附近海岸不易辨认。但天晴之日,数十海里之外可见平原背后山脉耸起,山脉主峰在秦皇岛西北方,高达400余丈,形如左手拇指,称为拇指山,是船舶识别进出港湾的自然导航识物,为到港船舶导航的显著标志。"

由渤海湾驶往秦皇岛港的船舶发现的第一物标便是拇指山,若船舶朝其驶去,渐近海岸时,秦皇岛港便显露出来,航海者遂将此山认定为秦皇岛沿岸自然航标。

(四)碣石

"碣石"作为名存青史的自然航标,源于古代文献《尚书·禹贡》所载"岛夷皮服,夹右碣石入于河"之说。但其具体地理位置,自古以来众说纷纭,迄今尚无定论。其中,较为集中的观点主要有三种:

一是,碣石"沦于海"说。该观点始自郦道元《水经注》,"碣石在海中,盖沦于海水也"。承袭此说的古今学者就古碣石沉沦于海的地点歧见杂多,有的认为在乐亭西南的旧滦河(古称澡水,后讹传为濡水)入海口外,有的提出在昌黎(古称絫县、碣阳)东南海域附近,有的推断在抚宁(古称骊城、阳乐)沿海一带。

二是,碣石为"石"而非"山"说。此说系近现代学者结合历史文化遗迹考古发掘成果和助航标识功用,推断在乐亭、昌黎、榆关、绥中沿海孤悬耸立的天桥柱、鹰角石、老虎石、姜女坟、龙门等海蚀礁石,就是《尚书·禹贡》所谓"碣石"。

三是,碣石山即为碣石说。此说以《汉书·地理志》《明一统志》《永平府志》《昌黎县志》为考据,认定古碣石就是今河北昌黎县北的碣石山。该山为燕山余脉,绵延起伏数十千米,巍然屹立于渤海北岸,特别是主峰仙台顶(俗称娘娘顶)海拔695米,峰顶为圆柱形,犹如直插云霄擎天柱石,既与"碣"字之意(方者谓碑,圆者谓碣)相符,又位于东西水陆交通要道附近,当代《辞海》《辞源》《中国名胜词典》等权威工具书大多采信此说。

图3-2-157 秦皇岛昌黎县碣石山

其实,仅就"碣石"作为自然航标而言,因乐亭、昌黎、北戴河等地皆位于古黄河(古称禹河)入海口(今天津一带)东北方向的渤海北岸,若由辽东半岛沿海西行,无论上述各说"碣石"处于何地,舟船"夹右碣石入于河"皆有可能,是为海上寻找黄河入口的自然目标。时至今日,碣石山仍被《中国航路指南》列为秦皇岛附近海域天然助航标志,在河北秦皇岛附近海域从事捕捞作业的渔民,亦常以碣石山作为自然航标导航定位。

(五)庙岛群岛

庙岛群岛,亦称庙群岛、眉山列岛、长山列岛。群岛位于辽东半岛南端旅顺口老铁山和山东半岛烟台蓬莱头之间,系千山山脉古余脉陷落而成。庙岛群岛由北、中、南三个岛群组成,包括北隍城、南隍城、小钦岛、大钦岛、砣矶岛、高山岛、猴矶岛、大黑山岛、小黑山岛、庙岛、北长山岛、南长山岛等大小32个岛屿,海岸线总长约146千米,陆地面积约52平方千米。该群岛总体呈南北向排列,当天气晴朗时,彼此清晰可见,宛若一条曲折蜿蜒的自然航标链,纵贯渤海海峡3/5海面,形成拱卫华北腹地的海上屏障,以及14条连接黄渤海的通航水道。其中,除老铁山水道宽22.8海里,其他水道宽度均在5海里以内,南长山与蓬莱头之间的登州水道仅有3.3海里。

据大钦岛东村遗址出土文物与烟台地区白石村遗址下层出土文物的酷似程度,可以推断6000余年前山东沿海居民的海上活动范围已然延伸到北隍城。距今5000余年时,已突破铁山水道到达辽东半岛南端。旅顺口区郭家村遗址所出土的龙山文化典型特征黑陶器皿和庙岛群岛南隍城、黑石嘴、砣矶大口等处所存的龙山文化遗址,可见证山东半岛和辽东半岛间的交流密切和频繁。两个半岛沿海先民依托庙岛群岛,以岛为标,逐岛漂航,成功开辟横跨渤海航路,是迄今可考最古老的中国沿海航线之一,为促进古代氏族社会交流融合发挥了重要作用。在当时水上交通工具十分简陋的条件下,庙岛群岛的自然航标作用功不可没。

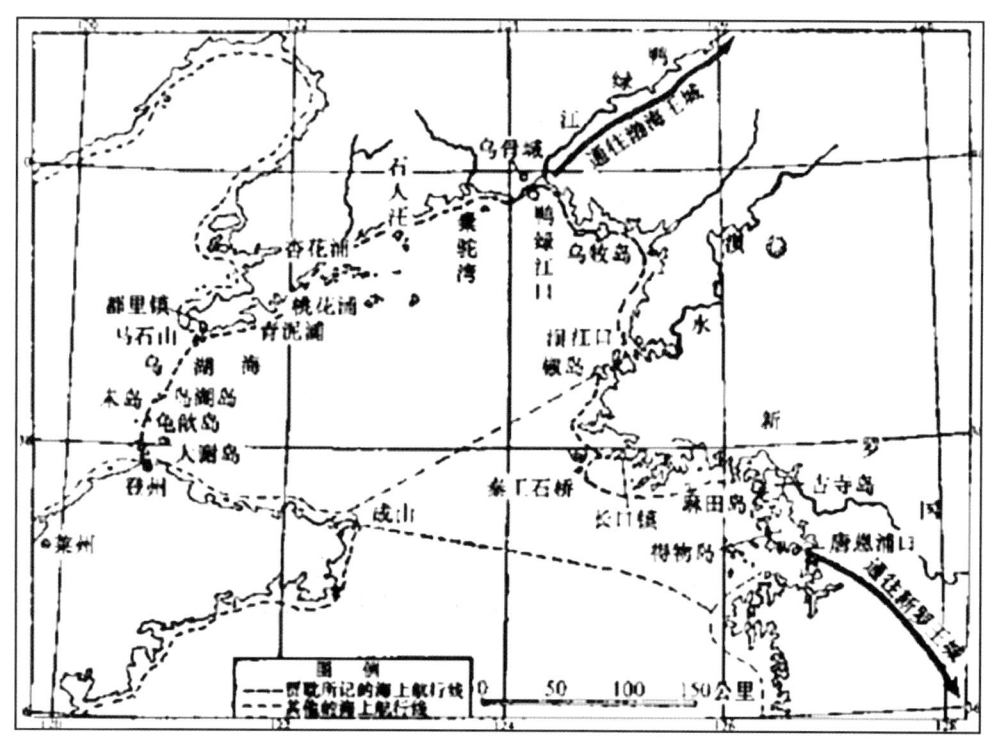

图3-2-158 庙岛群岛示意图

唐贞观四年(630)至乾宁元年(894),中日之间的航路前后共有四条。最早的一条是传统的"登州海行入高丽渤海道"或称北道。据《新唐书·地理志》记载,该航路"自登州(今蓬莱)东北海行,过大谢岛(今长山岛)、龟歆岛(今猴矶岛)、末岛(今大小钦岛)、乌湖岛(今南隍城岛),三百里。渡乌湖海(今老铁山水道),至马石山(今老铁山)东之都里镇(今旅顺口),二百里。东傍海,过青泥浦(今大连)、桃花浦(今金县)、杏花浦(今庄河)、石人汪(今石城岛)、橐驼湾(大洋河口)、乌骨城(今丹东)鸭绿江口"。尔后分作南北两路,北向一路沿鸭绿江溯流北上,至渤海王城上京龙泉府(今黑龙江宁安县);南向一路沿朝鲜半岛南下,经平壤、汉城、釜山,跨越对马海峡,抵达日本九州岛。这条逐岛和傍岸而行的航线,成为古代航海者应用自然航标泛舟海洋的典范。

随着经济社会发展和科学技术进步,船舶逐岛或傍岸航行早已摒弃,但地处海峡的庙岛群岛的北隍城、高山岛、猴矶岛、长山岛等自然航标,迄今仍作为航海者穿越庙岛群岛水道的重要参照物标。

(六)珍珠门香炉礁

珍珠门香炉礁,位于山东省长岛县北长山岛西侧珍珠门水域,东距北长山岛西北嘴约630米,西距螳螂岛约270米,是自古以来船舶进出珍珠门水道的重要地标。

从螳螂岛东望,西北嘴下方崖壁上的花纹酷似两条龙,10米外有一礁石,人称"赖赖蛛(蜘蛛)"礁,这一景观被称为"二龙戏珠",珍珠门即得名于此。1977年,在西北嘴发掘的商代珍珠门遗址亦由此得名。该遗址被认定为商周时期典型祭祀遗迹,文化内涵不同于中原文化,称为"珍珠门文化"。

珍珠门是蓬莱到长岛县北部岛屿的重要通航水道,呈南北走向,北深南浅,香炉礁位于该水道北端中部,矗立于海面之上,形似香炉,极易识别。其东侧为主航道,水深约6~14米,可通行1000吨以下客货轮;其西侧暗礁密布,流急水浅,仅有小型渔船可通过,且稍有不慎便有触礁危险。由此,香炉礁成为珍珠门航道的天然助航标志。

图3-2-159　珍珠门香炉礁

(七)刘公岛

刘公岛,元时称刘家岛,明后改成刘公岛,沿用至今。刘公岛位于山东省威海市威海湾西北,威海港的口门中央,将进出港航道分为南北二口。岛西高东低,北陡南缓,山头众多,最高处旗杆顶海拔153米。元明以来,漕粮海运通道尽管多有变化,从沿海岸航行到放黑水洋直驱,诸多沿海的中间环节被放弃,但刘公岛始终是海运粮道上重要的途中驿站。

图 3-2-160　威海刘公岛

据明代梁梦龙、王宗沐所著《海运新考》《海运详考》记载,海上漕运船舶过"成山卫六十里至青鸡岛(鸡鸣岛),又五十里至罗山所(百尺所),又四十里到威海卫,再五十里到刘公岛,刘公岛行至七十里至宁海州…"。从中不难看出,古代漕粮运输充分利用沿海岛屿作为自然航标,指引航向,补给休憩,步步相连,环环相扣,以保无虞,刘公岛便是其中主要中继站点之一。

至晚清时期,因刘公岛得天独厚的地理环境,清政府在此设立北洋水师提督衙门,成为近代中国著名的海军基地。由此可见,刘公岛既是船舶避风锚泊的优良港湾,亦是引导船舶进出港的重要自然航标。

(八) 成山角

成山角,又名成山头,俗称"天尽头",位于山东威海成山镇,地处成山山脉最东端,与韩国隔海相望。该地三面环海,一面接陆,临海山壁如削,崖下波涛汹涌,气势恢宏万千,登高远望必有天无尽头之感叹,日出景象更是世间一绝,早在春秋时期就已闻名遐迩,被誉为"太阳启升的地方",时称"朝舞"。

图 3-2-161　成山角

据《史记》载,姜太公助周武王平定天下后,曾在此修"日主祠",拜日神、迎日出。秦始皇、汉武帝亦曾驾临此地,拜祭日主,修祠作赋,以感恩泽。由于成山角是中国沿海南北航线船舶进出渤海的必经转向点,加之附近海域气象环境恶劣,自古就以风大、浪高、雾多和海事频发而闻名于世,素有"中国好望角"之称。

成山角海拔200米,东西宽1.5千米,南北长2千米,方圆2.5平方千米。因其山岬独出,宛若龙首垂天,特别是西南约3.5海里处有一座高101米圆锥形小山尤为突出,航海者极易辨识,遂成为船舶航行所参照的重要转向地标,亦成为北方海区较早设置人工航标的地域之一。

(九) 大乳山

乳山口港在山东半岛南侧中部,青岛港与石岛港之间,西南距青岛80海里,东距石岛62海里。自元明以来,即为漕粮海道重要的途中歇宿避风良港。元时属宁海州,明清两代归海洋所。港口口门在官厅嘴和光顶嘴之间,口门向南开。经过取脚石,向东北延伸长约1.5海里,水深5~15.8米,深入内地,是绝好的避风港。沿海航行,船过大嵩卫(凤城)东北行经冷家庄草岛嘴,越琵琶口,乳山口即在眼前。口西面有垛山(198米),东面有大乳山(221米),口外有东小青岛屏障,"港内可避8级诸风"。

大乳山,位于山东威海乳山市城区西端、乳山口东岸,南为一望无际的黄海,北有波平水静的乳山口湾,外有小青岛、琵琶岛、竹岛、浦岛作为屏障,是东南海面舟船辨识乳山口的主要地标,亦是古代漕运船队绝好的歇宿避风之地。

图 3-2-162 大乳山

该山海拔216.6米,山体圆润丰满,顶峰挺拔突起,形似乳房,故称大乳山。与大乳山隔海相望的西乳山,恰似妙龄少女仰卧在万顷碧海之中,端庄俊俏的面庞,小巧玲珑的鼻梁,高高耸立的乳房,似是睡熟,人称"睡美人"。由于此山形貌独特,相关航海图书资料多有记载,迄今仍是航海者识别乳山口港的重要参考物标。

(十) 崂顶

崂顶,又称巨峰,系崂山(古称牢山、劳山)山脉主峰,位于山东省青岛市东南部岬角,是中国沿海第一高峰。清代乾隆年间即墨知县尤淑孝有诗赞曰:"振衣直上最高峰,如发扶桑一线通。只有仙灵营窟宅,更无人迹惹天风。群山岳岳凭临外,大海茫茫隐现中。持较岱宗应特绝,碧天咫尺彩云红。"

图 3-2-163　崂顶

据《中国航路指南》记载,"崂山湾至胶州湾沿岸自然目标显著,海拔 1132.7 米的崂顶为群山之最高峰,甚为显著"。古代航海者多依崂顶为标志物,辨别船舶航线和定位转向。

(十一) 大公岛

大公岛地处青岛附近海域,面积 0.1555 平方千米,呈东西走向,形如金字塔,最高点海拔 120.0 米,是青岛市第二高岛。该岛距岸约 6.5 海里,距胶州湾口门处约 9 海里,与小公岛一同构成青岛港外主航道天然的边界线,地理位置十分重要。进出胶州湾的船舶多依此判断方位、测算与团岛的距离和到达团岛的时间。

图 3-2-164　大公岛

(十二) 朝连岛

朝连岛,位于山东青岛市区东南海域,距大陆最近点约 17.5 海里,是中国东部领海基点之一,亦是青岛水域重要的自然物标。因岛体狭长,酷似沧海中的巨舟,加之两端各有一小岛,形同钱褡子,故称沧舟岛、褡裢岛。东北端南侧小岛,名太平角;西南端小岛,名西山头。两小岛与主岛之间有潮沟,低潮时相连,高潮时隔开。

该岛岛体狭长,最高点海拔68.8米,面积0.2455平方千米,视觉效果明显,极易辨识,当天气晴朗时,在30海里外即可看见此岛,遂被过往船舶作为进出青岛口岸的重要参考物标。

图3-2-165　朝连岛

(十三) 灵山岛

灵山岛,又称水灵山岛,因古籍载有"未雨而云,先日而曙,若有灵焉"而得名。该岛位于青岛市西海岸经济新区(原黄岛区和胶南市)东南灵山湾中,岛形狭长,南北约5千米,东西约1.5千米,总面积约7.66平方千米,距大陆最近点约5.7海里。岛上有12个自然村,大小山头56座,主峰歪头山海拔513.6米,是北方海区第一高岛,其西侧海岸分布有董家口港、琅琊港等大小港口。

图3-2-166　灵山岛

据《大元海运记》记载,元朝开辟的第一条漕运航线,即从太仓刘家港出发,顺江入海,过通州海门万里长滩,沿山捉屿,一路向北,经盐城至密州界,放灵山洋投东北取成山,而后沿岸西驶,抵达直沽杨村码头。由此可见,灵山岛在这条古代航线中具有重要的转向定位作用。

尽管当代船舶的导助航手段业已高度发达,但该岛作为自然航标,仍是过往船舶辨向导航的重要参照物,正如《港口指南》所述:灵山岛"为一孤立岛屿,南高北低,呈黑色……极易辨认,为南来船舶辨识青岛港的良好目标"。

二、古代航标

古代航标,通常是指近代海关兴办西式航标前,由国人自主建设的具有导助航功能并为航海者所利用的人工建构筑物,主要包括宝塔、望楼、灯台、旗帜、烽火、刻石、锣钟、石柱等。古代先民从利用自然航标到自觉建造人工航标,是航标技术发展史上的重大进步,亦是近现代航标建设发展的重要基础。

中国古代航标历史悠久,形制多样。随着经济社会发展和航海技术进步,北方海区逐步建成"烽火引航""宝塔指向""立石标浅""筑台守望"等形制各异的人工航标。据《大元海运记》记载,延祐四年(1317),直沽海口龙山庙前曾竖立"望标";明隆庆年间(1567—1572),山东沿海漕运航路设有若干助航标识,昼挂旗幡,夜悬灯笼,辅以铜锣或"唎唎"为号,引导漕船安全过渡;清乾隆五年(1740),胶州水师营将总廖际遇在淮子口"乘小舟,度礁远近,立石柱于郭五、郭六礁前,出水面丈余,舟人望而知备";清嘉庆十七年(1812),"秦皇岛海边的一块小礁石上坐落一22英尺长、6英尺宽、10英尺高的石建筑,上面有一8英尺高、12英尺长的木屋和圆顶灯笼。每年3月至11月份,当地渔民点燃煤油灯,灯高大约22英尺,4英里外可见";清道光元年(1821),成山角建有方形木质灯楼。由于古代航标形制较为简陋,随着时间推移而陆续消亡,除了部分古籍偶有记载外,相关历史演变情况及规模数量现已无从考证。

古代航标可大致分为"官建官管"和"民建民管"两类。官建航标大多出于漕运和军事需要,一般由漕运部门或地方政府投资建设与维护管理,以便舰船得以瞻望。民建航标则多为船民自发集资修建,主要设置于渔港及附近沿海险要之处,以此保障渔船航海安全。另外,寺庙、宝塔、殿阁等建筑物,初始目的并非专为船民而建,然而在客观上却起到重要的助航作用,相关实例不胜枚举。尽管古代航标缺少统一规划及形制标准,但却充分体现了中华民族在航标设施建设方面的智慧、能力和水平,现存的部分遗迹已成为中国航标发展史上不可多得的瑰宝。

(一) 曹妃殿

曹妃殿故址位于河北唐山市曹妃甸区南部前海一带(古称曹泊店,别名唐海,原为距陆地约20千米外之沙岛)。据《永平府志》记载,"曹妃甸在海中,距北岸四十里,上有曹妃殿,故名"。当地关于曹妃的民间传说有多个版本,其中广为流传的是:在唐朝开国初年,秦王李世民跨海东征高丽,遭遇狂风巨浪,战船漂流到一个无名小岛,随军爱妃曹娴儿身染重病不幸离世,李世民下令在此厚葬曹妃,并建造三层大殿,内塑曹妃像,以寄托哀思之情。之后,由于该殿香火旺盛,河北唐山沿海一带船民将曹妃奉为海神,每次出海前均要到此祭拜,祈求平安顺利,在当地逐渐形成一种"南有妈祖,北有曹妃"的民俗文化现象,小岛亦由此得名曹妃甸。

蓟北辽东自古为边塞重地,戍边将士粮饷主要靠海运供给,"洪武元年,太祖命汤和造海舟,饷北征士卒"。招募水工运莱州洋海仓粟以给永平(卢龙抚宁一带)。明朝时北方戍边军粮,多为天津起运,天津至辽宁及天津至永平的海运"自海口(天津海口)至右屯河通堡(盘锦附近)不及二百里,其中曹泊店、月坨桑、姜女坟、桃花岛皆可湾泊"。时曹妃甸"系沙坨,东西长七里余,南北宽四里余","无论潮长若干,不能漫过甸顶"。甸有庙宇及一井甘泉"旧时海运多避风于此"。数百年来,甸滩上的庙宇一直是沿海漕粮运输航路的指向及规避海上风浪的良好去处。

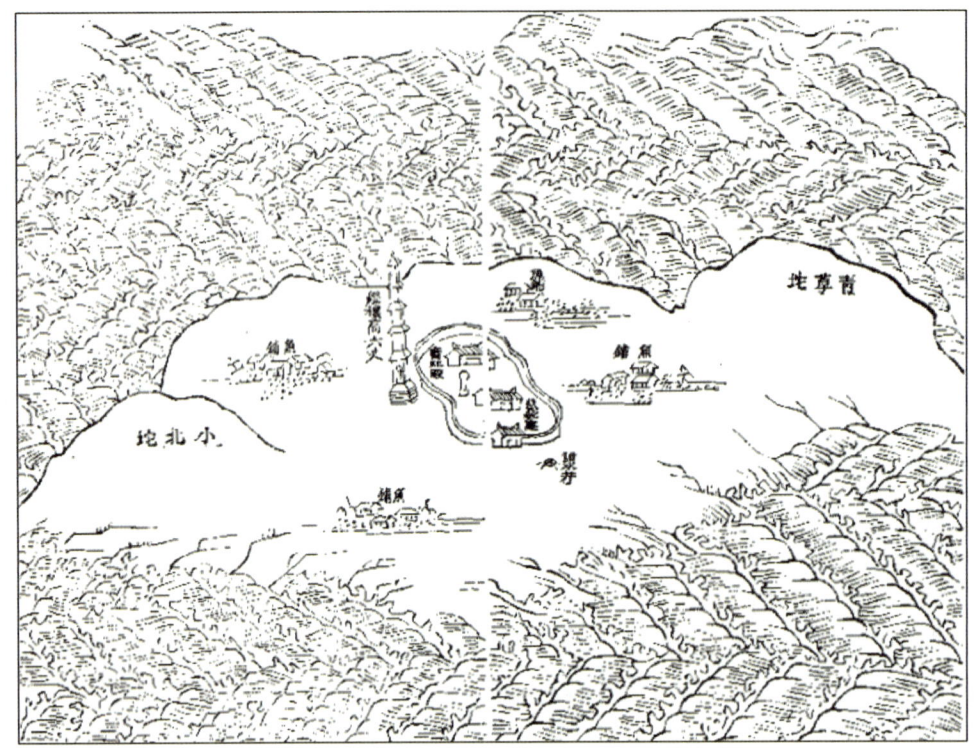

图 3-2-167　清光绪 24 年(1898)杨文鼎著《滦州志》曹妃殿插图

(二) 蓬莱阁

蓬莱地处山东半岛北岸突出部,黄渤海交界处,登州水道水路要冲。蓬莱港秦汉时已形成,汉唐后成为海上漕运重要的途中港,元明两朝更甚。是古代山东往返朝鲜、日本等国沿岸航线的出发港与目的地。

图 3-2-168　蓬莱阁普照楼

蓬莱阁原址为海神庙,始建于宋仁宗嘉祐六年(1061),位于山东蓬莱城北丹崖山巅,是一处凝聚着中国古代工匠智慧的古建筑群,素以"人间仙境"著称于世,其"八仙过海"传说和"海市蜃楼"奇观享誉海内外。

该楼阁于明代扩建,清代重修,楼高 15 米,双层歇山,绕以回廊,现今的"蓬莱阁"金字匾额系清代书法家铁保题写。蓬莱阁建造初衷不得而知,或许是缘于"三山仙境""八仙过海"的传说,或许是"海市蜃楼"迷幻的附会。然而,其一面依山,三面环海,近千年屹立于海隅崖壁,始终是登州海域醒目的地标性建筑,对于舟船出入蓬莱港的引导作用不言自明。时至今日,《中国航路指南》等航海图书资料无不书写援引,"蓬莱阁目标显著,能见度良好时,距其 10 海里,即可发现该阁,是船舶识别庙岛海峡和蓬莱港的良好目标"。

清同治七年(1868),登州知府雷树枚在蓬莱阁东侧主持修建普照楼,并作《普照楼记》,"郡城蓬莱阁,据丹崖山上,北与大小竹岛及长山庙岛遥遥对峙,为南北商船必经之路。每逢阴雨之夜,云雾渺茫,沙线莫辨,情惧夫误入迷津者之失所向往也……即拟建灯亭以利商舶"。该灯楼为典型的中国建筑风格,导航功能可与近代灯塔媲美,实现"帆樯宵渡可无迷途之虞",在历史上曾为船舶进出蓬莱港发挥过重要作用。1941 年东海关在普照楼西侧新建老北山灯塔后,普照楼随之停止发光。1958 年,蓬莱县人民政府重修普照楼,迄今保存完好。

(三)庙岛妈祖庙

庙岛妈祖庙,亦称天后宫,俗称"海神娘娘庙",位于庙岛(古称沙门岛)凤凰山北麓,东距长岛县城 2.5 海里,占地 6 万余平方米。庙宇东西临海,南北傍山,圣洁灵秀,是中国北方修建最早、规模最大、影响最广的妈祖庙,素有"北方第一海神庙"美誉。

图 3-2-169　1949 年庙岛妈祖庙

该庙原为沙门佛院,始建于北宋宣和四年(1122),仅茅舍三间。元朝定都大都(今北京)后,由于京畿粮饷"无不仰给于江南",以"海道为主、运河为辅"的漕运活动随之勃兴。当时,北方海上漕运航线主要"取成山(今荣成成山头)、过刘家岛(今威海刘公岛)、又至登州沙门岛(今庙岛群岛)"中转入京。

庙岛作为当时海上漕运航路必经之地,加之自然环境优越,遂成为南北往来舟船锚泊候风和货物集散中心。元世祖至元十六年(1279),笃信妈祖的闽浙船民在沙门佛院原址增修庙宇殿堂,改为专门奉祀妈祖道场,由此开启妈祖信仰北传序幕。明崇祯元年(1628),左都督杨国栋奉旨扩建妈祖庙,崇祯皇帝御赐匾额"显应宫",藉此庙岛妈祖庙"诏为官庙";清咸丰皇帝手书"神功济运"匾额悬挂于该庙大殿。之后,随着妈祖声名地位日益兴隆,妈祖信仰渐成民间风俗,影响遍及黄渤海地区并远播朝鲜和日本,庙岛妈祖庙由此成为中外信徒膜拜祈福圣地和妈祖文化传播中心之一,原"沙门岛"亦改称"庙岛"。

由于妈祖被视为保护船民的神祇和战胜危难的精神力量,因而庙岛妈祖庙长年香客不绝,昼夜香火缭绕,宛若一盏海上"指路明灯",护佑船民一路平安。民间流传着诸多"娘娘显灵送灯""红灯引路,化险为夷"等动人故事。明代高丽人吴天坡在题为《泊庙岛》的诗中赞叹:"春波如练好风迟,处处移帆近古祠。向夜悄然人语静,船头香火礼天妃。"诗中"古祠"指的便是庙岛妈祖庙,将其视为古代船舶导航指向的重要地标。

之后,随着经济社会发展和航海科技进步,庙岛妈祖庙的导助航功用渐次淡化,但妈祖文化所蕴含的精神寄托以及船民对航海安全的热切期盼,却深深植根于人们心中,早已转化为"精神航标"的象征。时至今日,基于航标是保障海上交通安全的基础设施,社会各界普遍将大规模航标布设工程喻为"妈祖工程"。

(四)龙山庙望标

元至元八年(1271)元世祖忽必烈建都大都(今北京)后,"有司庶府,卫士编民",以及国内外巨商大贾纭集大都,"官俸银米,军需粮草,臣民之盐茶丝绢"需求从甚,无不仰济于江南。元成宗大德年间,由于京杭运河淤塞不畅,河漕成效甚微,朝廷遂改由海上漕运为主,以供养京师。漕运船队自江苏太仓启航,顺江而下,出长江口折转向北,过盐城、灵山、成山、芝罘、庙岛,放莱州大洋,至直沽(今天津),尔后转运京城。直沽乃大都门户,水运要津。因界河(海河)下游冲积平原,四野低平,无所瞻望,且河口多有泥沙淤积浅滩,有碍大船通行,漕运海船时有搁浅损坏。为此,元代漕运官员十分重视航路助航设施建设,在沿途浅滩暗礁之处皆立标识,以指引漕船安全过渡。

据《大元海运记》记载,基于"直沽海口无所瞻望,不能入河,多有沙湧淤泥,去处损坏船只",户部于元延祐四年(1317)冬核准海道都漕运万户府所奏,在直沽"设立望标于龙山庙前,高筑土堆,四傍砌石,以布为幡,每年四月十五日为始,有司(地方官吏)差人添力竖起,日间悬挂布幡,夜则悬点火灯,庶几运粮海船得以瞻望"。当冬季海漕停运时,将"望标"交由龙山庙僧人妥善保管,次年依旧复立悬点。龙山庙望标的设立,使界河(海河)入海口有所"卓望",对漕运海船确定河口航向,避免搁浅,漕船入港,提供了方便与保障,是为迄今发现的官方在北方海区设立最早的专门用于引导船舶的人工航标。

时至今日,由于时代变迁,地名更迭频仍,龙山庙故址已不可考,所设"望标"早已荡然无存。

(五)山海关南海口转盘探海灯

山海卫,"两京锁钥无双地",东北华北咽喉要冲,北依燕山,南临渤海,地势险要。大石河在卫城关西"迎恩"门外,由北向南,潮河从卫城邑东面来,经"镇东门"(山海关)"望洋门"(南城门)绕城而过,与大石河交汇于南海口附近,注入渤海。"码头庄"港在山海卫西南2海里处潮河两岸,南距两河入海口(石河口)1里之遥。山海关转盘探海灯始建于明太祖洪武年间,位于秦皇岛山海关南海口古"码头庄"港附近,距大石河、潮河入海口约500米左右。

"码头庄"港在隋唐时代即为军需粮饷贮存转输要地,辽金两代荒废有年。明太祖朱元璋称帝后,于明洪武十四年(1381)遣大将徐达镇守山海卫,动用屯兵、匠役、民夫等15000余人修筑山海卫城。筑城材料和军民给养多来自江南,"码头庄"港由此再度勃兴。此间,在南海口东侧海边曾设有助航标识,旗杆高数丈,昼升四方红旗,夜悬一串灯笼,以指引往来舟船安全进出港。清中期,在天后宫与老龙头之间建一旋转标志灯。用一根10余米长木杆穿双层瞭望台中孔,杆底坐落石臼内,形成可转动竖轴,杆下安装固定木柄,杆顶设置一盏半遮蔽油灯,夜晚点亮灯光,推动木柄旋转木杆及顶部油灯,便可获得明灭相间的灯光信号。当地百姓形象称之"转盘探海灯"。

至19世纪末,随着秦皇岛港口的兴起,南海口古"码头庄"港渐次冷落,其港口设施随之衰败,山海关转盘探海灯亦不知所踪。

(六) 烟台山灯台

明太祖洪武三十一年(1398),朱元璋在芝罘设"奇山守御千户所"(简称"奇山所"),以御海上倭寇侵扰,并在奇山所正北方海边的北山设烽火狼烟墩台。该台位于北山峰顶,台高6.5米,用特制大青砖砌成,顶部四周设垛口,形同城墙,一旦海面发现敌情,即点起狼烟报警。人称此台为狼烟台,北山为烟台山,烟台亦由此得名。

烟台山灯台建设年代不详,位于烟台山顶原烽火台处,为四脚木柱灯楼,内悬火盆,昼则挂旗,夜则点火,为进出烟台港的船舶提供助航信号。清同治二年(1863),在该灯台旁增设专门用于指挥船舶进出港的旗语杆,使该灯台导助航功能更加完善。清光绪十九年(1893),东海关发行的第一套邮票生动反映了该灯台的风貌。清光绪三十一年(1905),烟台山灯台拆除,在原灯台位置建立烟台山灯塔。

(七) 金州龙王宫

金州龙王宫,又称龙王庙,始建于明嘉靖年间,位于渤海金州湾东岸龙王岛,坐落在突兀的山头上,为该岛的标志性建筑。庙西山体陡峭,崖高数丈。崖下曾是金州渔港,渔船云集,樯帆如画。置身龙王宫正殿西窗,金州湾海景尽收眼底,每当日落黄昏,宁静海面,暮霭纱笼,片片白帆在金黄色的落日余晖中从四面八方缓缓驶向渔港,迷茫动人的景象美不胜收。清末文人郑心源有诗赞曰:"揽胜步龙岩,窗虚向壁间,望海天,一片云帆……"即金州古八景之一的"龙岛归帆"。

图3-2-170　20世纪30年代大连金州龙王宫

白天,立于山顶的龙王庙和高高耸立的旗杆赫然醒目;夜晚,临海西窗的烛光,成为引导舟船归航的明灯。凭借龙王宫和西窗灯火的导引,归航船只可以准确到达龙王宫崖下渔船码头。自清乾隆朝始,每逢农历六月十三日,当地民众均举办"龙王"公祭仪式,盛况空前。人们在祈求"龙王"保佑平安的同时,亦感念龙王宫导引渔船安全归航之功。

龙王庙历经多次修毁往复,延存至今。清代曾多次修缮,甲午战争时毁于战火,民国时重建。1938年,民国海关在此设立灯桩。20世纪60年代后期,庙舍成为民居,庙宇神像毁坏,所幸庙舍房屋、壁画等保存尚好。1987年,翻新修葺,增其旧制,重塑神像,再描画壁,成为距离金州古城最近的道家庙宇。光阴荏苒,沧海桑田,西窗烛火犹在,归航帆影全无。20世纪末,因龙王岛填海造地,岸线向海中延伸5千米,古景"龙岛归帆"已成旧影,龙王宫的助航作用现已不复存在。

2012年,金州龙王宫被列为大连市第三批重点保护建筑。

(八) 郭五礁与郭六礁石柱

从团岛到薛家岛彼岸,古时称为淮子口。淮子口两端岛屿对峙,扼胶州湾"咽喉",是胶州湾最为狭窄处。清雍正十三年版《山东通志》记载:"淮子口在陈家岛之东头,黄庵山下,有露明石,大仙桥,小仙桥之险,商船多坏于此,非长年水手不敢入,从大洋至胶州无别路可通。小青岛在淮子口对岸,入海者必由之道。"淮子口不仅狭窄,更因狭管效应,风大浪急,暗流涌动,致使往来船舶经常受损、倾覆。清朝乾隆五年(1740)水师营把总廖际遇,"乘小舟,渡礁远近,立石柱于郭五、郭六礁前,出水面丈余,舟人望而之备","使进出淮子口的舟船有所标识",成为迄今可考胶州湾最早设立于海上的人工航标。

(九) 成山角灯台

据《荣成县志》记载:"成山上,道光元年(1821),道人徐复昌募建阴夜明灯,表示行船,雾夜则击钟。"这一记载,印证了当地民间流传的一个动人传说:清嘉庆年间,一艘江南货船在成山角附近海域触礁沉没,仅有账房先生徐复昌1人获救。为帮助过往舟船安全过渡,劫后余生的徐复昌在成山始皇庙出家,不辞劳苦,化缘三年,在成山头海岸悬崖上建成1座方形木质灯楼,上下两层,高约一丈。此后,徐复昌夜间燃火,雾天击钟,终其一生,为过往舟船提供助航服务。

《荣成县志》另载有一首题为"偕冯芝圃成山观日出"的诗作证:"山下艟艨排成市,山上悬灯杆头起。夜夜灯光夺月光,照澈江南数千里。飓风陡至势欲危,望灯所向平如砥。"这一评价虽属文学夸张,但足见世人对该灯台作用的赞誉。

清同治三年(1864),成山沿海船民在原灯楼位置筑造方形石质灯台1座,宽约十二方尺,高约二十尺,四角为花岗石柱,上置横梁,用以悬系火盆,燃木料于火盆之内,以便夜晚指引舟船辨向避险之用。清同治十三年(1874),东海关在建造成山头灯塔时,该灯台被改为储藏室,现已不复存在。

三、灯塔

灯塔,IALA《助航指南》称之:陆地岛礁或水中指示危险物、初见陆地、江河、海港入口,并可装有音响、无线电助航、通讯、观测等设施,使航船获得位置线,且自身有远射程灯光的显著建筑物。按照当代灯塔建设和管理标准,灯光射程一般不小于15海里。

北方海区近代灯塔建设始于19世纪60年代。清同治五年(1866),民间自主设计建造的曹妃甸灯塔,是为第一座中式灯塔。清同治六年(1867),海关建成的崆峒岛灯塔,是为第一座西式灯塔。之后,海关相继在成山头、猴矶岛、镆铘岛、老铁山、烟台山等地建成若干灯塔。清光绪二十四年(1898),青岛、大连等地区沦为租借地,港口管理当局分别建成岠嵎岛、朝连岛、小青岛、马蹄礁、大三山岛、黄白嘴、圆岛、大鹿岛、长兴岛、大王家岛等灯塔。此间,基于灯塔对保障船舶航行安全成效显著,北洋水师和其他自辟通商港口纷纷效法,或募集资金自建自管,或委托海关代建代管,先后建成岠嵎岛、老虎尾、赵北嘴、旗杆嘴、葫芦岛、石臼等灯塔。至1949年,北方海区灯塔总计29座,部分灯塔因战争遭受损毁。其中,北方海区航标系统(海关)管理7座。

1953年海军接管北方海区干线公用航标后,在修葺恢复原有灯塔基础上,陆续新建或改建苏山岛、青渔滩、北长山、小竹山、北隍城、靖子头、海驴岛、老北山、鸡鸣山、千里岩等10座灯塔。1978年,天津航道局建成大沽灯塔,是为中国自主设计建造的第一座水中大型灯塔,北方海区航标系统(交通部所属航标管理单位)管理灯塔增至44座。

1982年天津航道局接管北方海区干线公用航标后,在组织重建南山头、圆岛、岞峿岛、崆峒岛、北长山、大公岛等灯塔的同时,补点新建了大孤山、太平角、台子山、叼龙嘴等灯塔,并将八斗银子、险礁、遇岩、小龙山、环海寺、曹妃甸、外遮岛等13座灯桩改造升级为灯塔。此外,伴随全国港口和水监体制改革深入发展,由地方港航部门建设或管理的大鹿岛、沙砣子、南大圈、台子山、京唐港等灯塔,先后划转北方海区航标系统公用航标管理序列。

图3-2-171 1999年6月18日,天津海事局副局长魏占超(右中)在烟台主持验收烟台崆峒岛灯塔重建工程

随着无线电导助航技术飞速发展和航标新灯器、新能源推广应用,北方海区航标系统管理的灯塔逐步撤除音响设备设施,陆续增设无线电导助航设备和自动化监控系统等。自1985年大沽灯塔率先安装雷康以来,马蹄礁、崆峒岛、海驴岛、北隍城、青渔滩等22座灯塔相继增设了雷康。至2012年8月,老铁山、黄白嘴、大王家岛、长兴岛、台子山、南山头、叼龙嘴、曹妃甸、崆峒岛、北长山、成山头、团岛、日照、北隍城、岞峿岛、镆铘岛等16座灯塔加装了岸基AIS基站,29座无人值守灯塔基本实现了无线电遥测遥控,23座灯塔安装了太阳能供电系统。

至2012年底,北方海区航标系统管理灯塔总计51座,除黄河入海口一带不宜行船的浅滩水域外,北方海区沿海干线灯塔实现了链状布局,可为近海航行船舶提供全覆盖助航服务。

灯塔作为最具代表性的航标,历史悠久,内涵丰富,寓意繁多,故事感人。尤为值得一书的是,常年置身于天涯海角的历代灯塔值守人员,舍弃舒适安逸的城市生活,犹如苦行僧一般,甘愿承受精神孤寂与物质匮乏,披星戴月,栉风沐雨,精心维护,默默奉献,每当晚霞消弭之际,让灯塔的光辉瞬间划破黑夜岑寂,交织成生命救赎之网,为海上交通安全保驾护航,他们为之终生奋斗的航标事业平凡而伟大。

1866—2012年北方海区航标系统灯塔设置一览表

表 3-2-70

序号	名 称	在岗灯器	灯 质	灯高（米）	射程（海里）	塔高（米）	始建日期
1	曹妃甸灯塔	APRB-252	闪白 15 秒(0.5＋14.5)	25.6	14	23	1866 年
2	崆峒岛灯塔	TRB-400	闪白 15 秒	78.3	20	19	1867 年
3	屺姆岛灯塔	BGA-600	闪白 5 秒(1.0＋4.0)	71.2	20	17.9	1871 年
4	成山头灯塔	PRB-21	闪(2)白 20 秒 (3.0＋2.5 3.0＋11.5)	60	25	16.3	1874 年
5	猴矶岛灯塔	BGA-500	闪白 12 秒	104	15	14.2	1882 年
6	镆铘岛灯塔	四等双牛眼透镜/PRB-20 旋转平台	闪白 15 秒	28	15	21.5	1883 年
7	赵北嘴灯塔	IMA-400	闪白 8 秒(1.0＋7.0)	29.3	15	8.8	1891 年
8	老铁山灯塔	头等四面双牛眼	闪(2)白 30 秒 (1.0＋6.0＋1.0＋22.0)	100	25	14.2	1893 年
9	旗杆嘴灯塔	IMA-400	闪白 12 秒	23.7	16	11	1898 年
10	团岛灯塔	三等半鼓形透镜	明暗白红绿 5 秒 (4.0＋1.0)	24	15	15.2	1900 年
11	南山头灯塔	IMA-800	闪白 15 秒	59.6	20	49.2	1900 年
12	朝连岛灯塔	WM-L780A	闪白 10 秒(1.0＋9.0)	80	24	12.8	1903 年
13	大三山岛灯塔	四等双面牛眼透镜/PRB-20 旋转平台	闪白 10 秒(1.0＋9.0)	81	23	12.5	1903 年
14	马蹄礁灯塔	MLED200	闪白 8 秒	8.6	12	11	1904 年
15	小青岛灯塔	FGA-175	闪红 6.5 秒	28	12	12	1904 年
16	烟台山灯塔	四等四面牛眼透镜	闪白 9 秒	80.3	20	49.5	1905 年
17	大公岛灯塔	WM-L350	闪白 5 秒(0.5＋4.5)	131.8	15	10.4	1908 年
18	黄白嘴灯塔	BGA-500	互白红 10 秒	95.1	白 20 红 10	15.6	1925 年 12 月 10 日
19	遇岩灯塔	HD-300	闪白 4 秒(0.8＋3.2)	19.8	14	15.8	1925 年 12 月 14 日
20	圆岛灯塔	IMA-800	闪白 15 秒(1.0＋14.0)	65.6	20	20.2	1925 年 12 月 25 日
21	灯塔山灯塔（大鹿岛）	TRB-400	闪白 5 秒	79.3	17	7.6	1925 年
22	南三辆车礁灯塔（险礁）	BGA-500	闪白 5 秒(0.5＋4.5)	25.7	15	16	1928 年 6 月
23	长兴岛灯塔	IMA-800	闪白 25 秒	199.4	25	10	1932 年 4 月 12 日
24	蛇岛灯塔（小龙山）	PRB-46Ⅱ	闪白 5 秒	69.5	15	8.7	1932 年 4 月 22 日
25	日照灯塔	WM-L780A	闪白 8 秒(0.5＋7.5)	39.9	18	36.2	1933 年
26	大桥岛灯塔	WM-L350A	闪(2)白 5 秒 (0.5＋1.0＋0.5＋3.0)	18.1	15	16.5	1933 年
27	大王家灯塔	四等双面牛眼透镜	闪白 10 秒(1.0＋9.0)	108	25	10.1	1939 年 1 月 1 日
28	老北山灯塔（蓬莱头）	ISA-400	闪白 5 秒(1.0＋4.0)	89.9	20	20.3	1941 年
29	八斗银子灯塔	TRB-400	闪白 5 秒	61.4	12	13.2	1949 年
30	北长山灯塔	TRB-400	闪白 10 秒	101.7	22	12.4	1951 年

〔续表〕

序号	名称	在岗灯器	灯质	灯高（米）	射程（海里）	塔高（米）	始建日期
31	小竹山灯塔	BGA-500	闪白5秒(0.5+4.5)	103.7	18	5	1951年
32	海驴岛灯塔	BGA-500	闪白5秒(0.5+4.5)	71.4	15	7	1953年
33	鸡鸣岛灯塔	ML-300	闪白10秒(1.0+9.0)	77	15	7.8	1953年
34	靖子头灯塔	IMA-800	闪白15秒	92	25	8	1953年
35	崂山头灯塔	APRB-252	闪白6秒(0.5+5.5)	116.5	15	12	1954年
36	千里岩灯塔	WM-L780A	闪白15秒	84.6	24	15	1954年建灯桩
37	北隍城灯塔	IMA-800	闪(2)白15秒	171	25	10	1956年
38	苏山岛灯塔	BGA-600	闪白25秒	115	20	10	1957年
39	青渔滩灯塔	IMA-800	闪白12秒	75	25	14	1963年
40	外遮岛灯塔	IMA-300	闪白8秒	49.5	16	14	1965
41	沙砣子灯塔	BGA-500	闪白6秒(1.0+5.0)	37.2	18	37	1976年4月15日
42	大沽灯塔	FGA-600	闪白10秒(1.0+9.0)	35.6	17	38.3	1978年5月1日
43	大竹山灯塔	TRB-400	闪白8秒	204.6	15	10	1980年
44	台子山灯塔	IMA-800	闪白10秒	131.4	25	20.9	1989年9月25日
45	南大圈灯塔	IMA-800	闪(2)白10秒	57.2	20	21.8	1991年
46	大孤山灯塔	IMA-400	闪白20秒	79	20	19.4	1992年12月1日
47	太平角灯塔	IMA-400	闪白15秒	35.7	20	13	1992年12月1日
48	京唐港灯塔	HD-1000	双闪白10秒	40.75	18	38	1993年
49	环海寺地嘴灯塔	WM-L780A	闪白10秒	25.2	15	12.2	1996年10月22日
50	叼龙嘴灯塔	WM-L500	闪(2+1)白20秒	41.2	18	39	1998年11月18日
51	皮口灯塔	TRB-400	闪白12秒	22.3	15	12	2004年

(一) 曹妃甸灯塔

曹妃甸,亦曾称沙溜甸、沙垒甸,大沽口外渤海湾西海岸深入海中的浅滩。甸东西宽约1海里,南北长约4海里。巨大的沙滩,横亘海中,落潮时一片沙滩,涨潮时一片汪洋,不谙此地航路者海事频发,船毁人亡不可胜数。

曹妃甸灯塔始建于清同治五年(1866),位于河北省唐山市南部沿海,西距天津港约30海里,东距秦皇岛港约90海里,北距唐山市中心区80余千米,是船舶从渤海湾东北部驶往天津港和唐山港的重要导助航标志,是为北方海区民间自主设计建造的第一座中式灯塔。

据《滦州志》《天津通志》等史料记载,国人曾在曹妃甸古庙正西约274米处建有宝塔1座,专供不谙该地航路的过往舟船避险转向之用。该塔由曹妃甸寺庙僧人法本化缘筹建,为八角形砖石结构,塔高5层、约13米,内设爬梯,顶置油灯,灯光射程约1～2海里,日常维护及燃灯事宜皆由寺内僧人承办。

清光绪十年(1884),大沽漕粮海运局出资,"恳请海关代为购置新式灯器",以改善曹妃甸灯塔助航效果。清光绪十二年(1886),津海关为该塔换装英国强氏公司300毫米六等折光灯器,灯质白色定光(F),灯高15.24米,塔高13.72米,灯光射程10海里,地理坐标为38°56.0′N、118°31′E。此间,委派1名华人充任灯塔管理员,自此取得曹妃甸灯塔管辖权。光绪二十二年(1896),因渤海大潮,曹妃甸一度被海水浸没,庙宇屋舍大多坍塌,甸上僧侣和民众纷纷弃离而去。清光绪二十七年(1901),津海关在灯塔四周构筑宽3.7米、高1.3米的八角形月台,并更新灯笼,换装英国强氏公司500毫米四等折光旋转灯器,内置3芯3合1燃烧器,灯质联闪(Gp. Fl.),每隔20秒联闪2次白光,烛力5000枝,灯高15.54米,塔高17.37米,灯光射程约12.5海里。清光绪三十一年(1905)塔体改为黑色。至1925年,该灯塔虽经多次添加木桩或抛石加固,但终因难以抵挡数十年海潮流冰冲击,不得不废弃而易地重建。同年9月,津海关在原灯塔之西北约900米处,地理坐标为38°56.0′N、118°30.0′E,新建黑色铁架灯桩1座,内附垂直爬梯,灯高42英尺(12.08米),桩高44英尺(13.4米)。灯器换装500毫米四等环照自动闪光乙炔灯,灯质闪(Fl.)白,周期3秒(0.3+2.7)。烛力2500枝,灯光射程12海里。原灯塔随之撤除。1944年12月10日,曹妃甸灯桩毁于战乱,历来为船家畏惧的曹妃甸回到历史原点。

1949年中华人民共和国成立后,海关海务处于1950年3月委派测量队瑞典籍测量工程师澳尔格(I. D. Ahlgren)领队,驾驶员郑公权和王炳忠、绘图员胡学文等前往测量勘选标位;4月,委派周寿椿工程师和叶仁元副工程师负责施工现场指挥;6月初,率20人赴甸施工,于6月27日建成曹妃甸灯桩并正式发光。该灯桩为钢质正棱台形结构,桩高13.7米,底边长2.3米,上边长0.9米,配置375毫米五等环照乙炔闪光灯器,灯质闪白3秒,灯光射程13海里。

1953年,天津区港务局投资8万元,由交通部航务工程总局航标处设计曹妃甸灯桩避难铁屋工程图,在被战乱损毁的灯桩基础上建造一个铁质小屋,内置淡水、饮食、毛毯等物品,以备不时之需。随着中国航运事业不断发展,来往天津港的船舶逐渐增多,对曹妃甸灯桩视觉效果不明显的反映日增。1958年7月18—22日,天津区港务局改造曹妃甸灯桩,拆除原标志顶部的三角形钢架,改为四角形角钢架,增加6米高度,视觉效果得到改善。1961年10月,为抵御潮水侵蚀,在灯桩基础处抛石,并在抛石的顶面用混凝土覆盖,同时加装四根抗风拉筋。1962年2月,因灯桩混凝土基础被水流淘空,木桩桩基大部分裸露在外,天津航道局决定迁址重建灯桩,同年7月22日开工,8月21日竣工。该灯桩形制与原灯桩相仿,除更新木质桩基外,标体材料全部拆用原灯桩钢架角铁,反映了当时的物质条件极度贫乏。1975年,换装白炽电灯,由锌空气湿电池供电。1977年5月,改为太阳能供电,配以镉镍电池作为储放能转换装置,有效减轻航标人员维护工作量。

1985年,因灯桩架构锈蚀严重,天津航测处决定重建曹妃甸灯桩,经交通部水监局批准投资50万元。1986年5月,该处计划科孙洪志、基建办公室马亚平和天津航标区叶德恩、王汶等前往滩甸踏勘选点。此次选点,根据曹妃甸多年滩涂冲淤变化的实际情况以及多年航标维护管理的工作经验,决定转变以往迁移多往西北方向的惯例,大胆地将新航标建设地点往东南向大船航道方向推进2813米。1986年6月10日,新灯桩开工建设,同年11月21日建成发光。该灯桩为正棱台钢管桩结构,桩高23米,底部跨径8米,中部设有16平方米电源间兼避难屋,顶部平台13平方米,罐形顶标直径4米、高3米,配置美国自动动力公司(Automatic Power Incorporation)FA-251型灯器,白光三闪,周期12秒,灯光射程约14海里。1988年6月5日,加装美国泰兰公司(Tideland Signal Corporation)海标(Seabeacon)Ⅰ Mark Ⅱ型雷康。1990年3月4日,换装美国泰兰公司ML-300型灯器。1992年,标体大修。1994年,太阳能电池增容。1996年,换装英国法罗斯公司(PHAROS)PRB-46 Ⅰ型密封光束旋转灯器,曹妃甸灯桩升级为灯塔。

1998年7月10日,天津海监局重建曹妃甸灯塔,同年9月29日建成发光,造价264.90万元。新灯塔由交通部一航工程勘察设计院设计,渤海石油港口建设工程公司和秦皇岛耀华玻璃钢厂施工。塔基采用现代水工钢筋混凝土承台和土工布围堾吹填施工技术;塔体为玻璃钢结构,塔高23米,灯高25.6米,底部直径6米,顶部平台直径4米,外饰黑白相间横纹;配置美国泰兰公司ML-300型灯器2台,实现同步闪光,灯质和灯光射程未变,太阳能电池增容至700瓦,蓄电池为1000安时12伏铅酸电池组,备用灯为国产HD155型。2002年5月29日,换装美国泰兰公司Seabeacon Ⅱ系统5型雷康,至今未变。2001年,主灯换装美国自动动力公司APRB-252型灯器,灯质改为闪白15秒,其他不变。

(1)1925年曹妃甸灯桩　　　　　　　　　　(2)21世纪初曹妃甸灯桩

图 3-2-172

至2012年，随着曹妃甸地区航运经济兴盛发展，原先岑寂黑暗的浅滩险境，现已化作灯火辉煌的深水大港。曹妃甸灯塔(桩)作为中国航标发展史的典型代表之一，历经6次迁移重建，迄今依然矗立在滩边岸头，为海上交通安全保驾护航。

(二)崆峒岛灯塔

烟台港坐南朝北，三面环山，东北出口面对黄海，西北有芝罘岛环抱，东北有担子岛、崆峒岛、夹岛相围，形势隐蔽，港阔水深，终年不冻。

崆峒岛灯塔，昔称卢逊灯塔、烟台灯塔，位于山东烟台芝罘区东北崆峒岛北山，地理坐标为37°34.2′N、121°31.5′E，是为海关在北方海区建造的第一座西式灯塔，亦是船舶进出烟台港的重要助航标志之一。

清同治五年(1866)，该灯塔由山东登莱青兵备道兼东海关监督潘霨提议并筹款修筑，后在海关总税务司赫德干预下，由东海关税务司卢逊接手续建完成，于清同治六年三月二十七日(1867年5月1日)建成发光。该塔基座由九层花岗岩条石砌筑，塔体为圆柱形石砌结构，外饰红白相间横带，基座南侧辟设塔门，门楣横书"AD1866"字样；塔高13.72米，周长15.5米，灯高73.76米，选用22盏阿尔干灯头和镀银反光镜组成的头等反光灯器，向海面一侧配置14只21英寸镀银反光镜，靠岸一侧配置8只12英寸镀银反光镜。灯质白色定光，烛力1000枝，灯光射程22海里。同时，配备雾炮2座，并建有灯塔值守用房。

清光绪三十一年(1905)，海关将原反射定光灯器撤除，换装法国F·巴尔比耶(F. Barbier)公司新式1000毫米三等透镜旋转灯器，镜机置于水银浮槽上，白色联快闪3次，周期20秒，烛力8.9万枝。1921年，换装英国强氏公司(Chance Brothers & Co.)新式白炽灯，配以"自燃式"纱罩，烛力增至22万枝。1945年，该灯塔毁于战火，仅残存基座。1947年，在残存基座加装铁架桅杆，高13.72米，涂白色和红色相间横带。安装5等旋转电灯，联3闪白光，周期10秒(0.5+1+0.5+1+0.5+6.5)。灯高

68.88米，灯光射程18海里。

1955年，海军在原址新建铁架式灯桩，桩高7.6米，乙炔气光源。1974年，撤除灯桩，在原灯塔基座基础上，重建灯塔。塔体为白色，圆柱形砖混结构，塔高7米，灯高72.3米，选用375毫米鼓形透镜灯器，空气电池供电，灯光射程小于10海里。1978年，实施灯塔技术改造，换装500毫米鼓形透镜灯器，1000瓦白炽灯泡，灯光射程10海里，并修缮灯塔附属房屋，新建柴油发电机房，配备1105型柴油发电机组2部。

1985年7月15日，烟台航标区换装英国法洛斯公司PRB-46Ⅰ型密封光束旋转灯器，灯质闪白10秒，灯光射程增至18海里。1988年6月25日，增设美国泰兰公司SeabeaconⅠMarkⅡ型雷康。1991年5月，灯塔新建配电室，接通市电。1992年，崆峒岛灯塔被评定为山东省重点文物保护单位。随后，数次更新同型号雷康，且一直使用至今。

1997年8月，经交通部安监局批准，天津海监局组织移址重建崆峒岛灯塔。基于历史灯塔保护，原灯塔及相关附属设施设备封存保留。新灯塔由烟台市建筑设计研究院设计，烟台市幸福建筑公司第八工程处施工，烟台航标处(区)组织实施，于1998年12月26日建成正式发光。新灯塔位于老灯塔东侧约40米处，地理坐标改为37°33.7′N、121°30.9′E。塔体为圆柱形砖混结构，外饰白色，塔高19米，灯高78.3米，灯器未变，灯质改为闪白15秒，灯光射程20海里。

(1)20世纪20年代崆峒岛灯塔　　　　　　(2)21世纪初崆峒岛灯塔

图 3-2-173

2004年10月，崆峒岛灯塔增设AIS基站1座。2005年8月，灯塔避雷系统改造，换装AR-1000型防雷端子和长效降阻剂，避雷效果明显改善。此间，全国人大常委会原副委员长姜春云、山东省省长韩寓群曾先后莅临崆峒岛灯塔视察。

至2012年底，该灯塔及附属建筑状态良好，运行正常。

(三)成山头灯塔

《史记》记载,"成山斗入海,最居齐东北隅,以迎日出"。成山头在山东半岛东端,突出于黄海中部,系南北海上交通运输之要冲,往来船舶络绎不绝。成山头海域风大雾多流急,每年6级以上大风有100天,潮流多在3节以上,每年低于1000米视距雾日69天,海域航行条件困难。

成山头灯塔始建于清同治十三年(1874),位于山东半岛高角最东端,地理坐标为37°23.7′N、122°42.2′E,于同年12月15日正式发光,是北方海区干线航路的重要转向标识。

该灯塔由海关总营造师韩得善主持设计建造,塔体为圆柱形石砌结构,外饰白色,塔高19.51米,灯高67米,配置英国强氏公司1840毫米头等透镜压力燃油灯器,清光绪元年(1875)配置Doty五灯芯燃烧器,灯质定光,红、白两种光束,烛力7000枝,灯光射程22海里。清光绪四年(1878),海关《航标总册》记载已装有两座雾炮。清光绪十八年(1892),换装明灭镜机,灯质为顿光(Occ),周期15秒(13+2),灯光射程22海里。清光绪十九年(1893),增设双音气雾笛。清宣统元年(1909),改为白炽灯头,白光烛力3.2万枝,红光1.3万枝,灯光射程22海里。1921年,换装1400毫米二等旋转灯器,灯质联瞬闪(Gp. Lt. Fl.)每15秒联瞬闪白光2次,烛力40万枝,灯光射程22海里。1927年,"改装最新式直径七吋的雾笛,由二十四马力鲁司敦(Ruston-Hornsby)引擎三架策动"。1931年,换装英国强氏公司"自燃式"白炽纱罩,烛力69万枝。1941年12月,成山头无线电指向标建成投入使用,成为集视觉、音响、无线电航标为一体的"三合一"灯塔。之后,在解放战争期间,该塔灯笼及灯器被损坏,无线电指向标关闭。

1950年,该灯塔由烟台港务处修葺恢复,改装500毫米四等双牛眼透镜旋转灯器,1000瓦白炽灯头,灯光射程21海里。1957年,海军重建无线电指向标站。1973年,海军烟台基地在灯塔附近修建蓄水池1座,容量300立方米、营房19间。1979年,北海舰队航保修理所实施灯塔大修,并换装QW-1型(活塞式)雾号,听程4海里

1989年7至9月,烟台航标处(区)实施灯塔改造,塔高增至16.3米。1990年,实施灯笼改造,换装英国法洛斯公司(PHAROS)PRB-21型密封光束旋转灯器,四面双闪灯阵,灯光射程增至25海里;原双牛眼透镜拆除,其中一面送至中国航标展馆作为历史文物保存,另一面移装镆铘岛灯塔,现仍在使用。1993年10月22日,安装美国泰兰公司ML-300型灯器作为备用灯。1993年,在交通部安监系统"管修养用"活动中,成山头灯塔荣获先进灯塔第三名。1994年7月16日,交通部副部长刘松金视察成山头灯塔、指向标站和导航台,为航标职工题词"以苦为荣"。

图3-2-174 20世纪20年代成山头灯塔

1999年,无线电指向标停机保养。2001年7月,在原成山头导航台旧址改建RBN-DGPS台站。2004年10月29日,增设AIS基站,并正式运行。同年11月,原灯器控制器撤除,换装烟台航标处自主研制的ICB-1型航标灯器智能控制器,实现灯塔遥测遥控。2005年8月,实施灯塔避雷系统改造,换装AR-1000型防雷端子。同年9月,航标灯器智能控制器

升级为 ICB-2 型。2006 年 11 月 29 日,韩国国土交通和海洋事务部航标管理代表团到访成山头灯塔,该灯塔与韩国八尾岛灯塔缔结为姊妹灯塔。

图 3-2-175　21 世纪初成山头灯塔

至 2012 年,该灯塔及附属建筑弥久如新,状态良好,工作正常。

(四)猴矶岛灯塔

猴矶岛,庙岛群岛 32 个岛屿之一,土黄色,状似俯卧石猴,故名猴矶岛。该岛位于渤海海峡长山水道和猴矶水道间,海拔 90 米,面积 0.28 平方千米。

猴矶岛灯塔始建于清光绪六年(1880),清光绪八年五月十一日(1882 年 6 月 26 日)建成发光,位于山东省烟台市长岛县猴矶岛上,地理坐标为 38°03.5′N、120°38.5′E,初为临时灯,6 等透镜灯器,灯质定光(F),灯高 91.44 米,灯光射程 10 海里。是船舶途径长山水道和猴矶水道的重要助航标志之一。

该灯塔由海关船钞部设计建造。塔体为圆形花岗岩条石砌筑,外饰黑色,塔高 14.17 米,灯高 100.13 米,灯笼具有斜向支柱,水平支杆和弧形玻璃,铸铁底墙高 1.4 米。清光绪八年(1882),配置 1840 毫米头等八面旋转透镜灯器,周期 30 秒,白光,烛力 4.5 万枝,灯光射程 24 海里。清光绪九年(1883)设置 2 座铸铁雾炮。附属建筑 14 栋,约 30 间,建筑面积 508 平方米。办公用房、客房、食堂、厨房、物料间、贮水间、猪圈、禽棚、厕所等设施一应俱全。洋人与华人分开管理,等级森严。

起初,灯塔仅春夏秋三季发光,冬季停光。后因黄渤海冬季船舶流量日益增多,自清光绪二十三年(1897)始,改为全年发光。清宣统元年(1909)改用白炽灯头,烛力增至 14.8 万枝,灯光射程 24 海里。1922 年,换装英国强氏公司 1400 毫米二等两面透镜旋转灯器,水银浮槽底座,旋转周期 40 秒,闪光周期 20 秒,使用强氏 85 毫米直径白炽石油蒸汽灯机,烛力增至 44 万枝,灯光射程 24 海里。1928 年,东北海军第二舰队进驻长岛,应东北海军司令沈鸿烈要求,猴矶岛加装雾号。二战末期,该灯塔灯笼镜机毁于战乱,灯塔停光。1947 年初,恢复发光。

1953 年,海军青岛基地实施灯塔技术改造,装配 375 毫米鼓形透镜灯器。1956 年,修建营房、机房、油库等,建筑面积 240.95 平方米,贮水池 20 立方米。1958 年 8 月 15 日,雾笛重新建成并对外鸣放。同年,换装500毫米鼓形透镜灯器,灯机功率300瓦,灯质闪白10秒,灯光射程15海里,并改用26型柴油发电机组供电。1969年9月,安装26型汽油机三部,后将其中一部调往北隍城灯塔。1970年8月,修复灯塔旋梯及支柱。1974年,灯塔大修,加装灯笼玻璃12块,更新灯笼笼顶、风向标、避雷针等,避雷馈线改为铠装电缆埋入地下;换装1105型柴油发电机组3部。1978年,换装6135型柴油发电机组,雾号空气压缩机更换为W9-7型。

1987年9月1日,烟台航标区将灯质改为闪白12秒。1989年,为提高灯光亮度,试用火车机车投光灯。1992年,按照"修旧如旧"的原则,委托上海航标厂灯笼技术改造,更新铜质笼顶,灯笼玻璃由平板改为弧形,三层改为两层,内外护栏扶手、门窗改为铜质;翻修码头至上山段路面。同年3月20日,雾号撤除。1993年6月,换装500毫米鼓形透镜灯器。1994年,换装英国法洛斯公司PRB-46Ⅰ型密封光束旋转灯器,同时安装宁波太阳能厂1080瓦太阳能电池。2002年,换装西班牙巴伦西亚机械公司BGA-500型灯器,更新太阳能供电系统。2003年11月14日,安装航标遥测遥控装置。2006年12月26日,安装上海海英公司HY-Ⅱ型雷康(识别代码Q)。2007年3月12日,更新同型号雷康。2009年11月24日,安装环境监控系统1套。

(1)20世纪20年代猴矶岛灯塔

(2)21世纪初猴矶岛灯塔

图 3-2-176

至2012年,该灯塔及附属设施在历代灯塔人精心维护保养下,历经百年,弥久如新。2013年5月,被国务院列为第七批全国重点历史文物保护单位。

(五)老铁山灯塔

千山山脉是辽东半岛主干山脉,其东北接长白山,西南止于旅顺老铁山。西南端岬角伸入大海,称老铁山山岬。山岬地势险峻陡峭,三面环海,与山东半岛、庙岛群岛隔海相望,其间的渤海海峡是进出黄渤海的海上交通要道,地理位置十分重要。

老铁山灯塔始建于清光绪十九年(1893),位于黄渤海交界处,地处辽东半岛南端,三面环海,与山东半岛隔海相望,地理坐标为38°43.6′N、121°08.1′E,是船舶途径老铁山水道的重要助航标识。同年8月7日正式发光。

该灯塔由清海关建造,塔体及灯笼通体为铸铁铆钉结构,外饰白色,塔高14.2米;灯高100米,灯光射程25海里,选配当时最新式1840毫米头等四面双牛眼透镜旋转灯器;采用水银浮槽式旋转镜机,用重锤、铰链及齿轮箱装置带动透镜旋转;燃煤油白炽气灯,灯质联闪(Gp. Fl),白光,联闪2次,周期30秒。灯塔全套设备从法国F·巴尔比耶(F. Barbier)购置,造价5092英镑。

清光绪二十年六月二十三日(1894年7月25日)中日甲午战争爆发后,大连、旅顺相继沦陷,老铁山灯塔由日军占领。在俄、德、法等西方列强的干预下,中日两国于清光绪二十一年九月二十二日(1895年11月8日)签订《辽南条约》,清政府付银赎回辽东。同年11月,日军撤离辽东半岛,老铁山灯塔仍交清海关管理。清光绪二十三年(1897),"铁山灯塔添放号炮"。清光绪三十四年三月初六(1898年3月27日),沙俄强迫清政府签订《旅大租地条约》,租借旅顺及大连湾,旅顺境内老铁山灯塔由清海关移交俄国管理。清光绪二十九年十二月二十三(1904年2月8日),日俄战争爆发。清光绪三十年十一月二十七日(1905年1月2日),俄军战败,老铁山灯塔再次落入日军之手。

此后40年,老铁山灯塔一直由日本人管理,灯塔设施无大变化,唯将煤油灯改为乙炔气灯发光,直至1945年日本投降。二战时,老铁山灯塔透镜受到轻微损坏,有3块透镜镜片破碎,雾炮下落不明。1945年8月14日,中国国民政府与苏联政府签订《中苏友好同盟条约》,苏军进驻旅顺,老铁山灯塔随之由苏军代管。此间,苏军安装2台10马力柴油发电机组,供灯塔使用,将日本人使用的电石灯改为电灯,保留300毫米乙炔气灯器作为备用灯。备用灯闪白光,周期4秒,灯光射程10海里。1955年5月1日,苏军撤离,将灯塔移交中国海军旅顺基地旅顺海道测量区管理。

1957年,海军拆除老铁山灯塔重锤、铰链、旋转装置,改用电动机驱动灯器旋转机构,透镜每2分钟旋转1周。1959年,老铁山灯塔接入市电供电网,并拆除2台10马力柴油发电机组,更换为苏联20马力柴油发电机组和6马力汽油机各1台作为备用发电机。1960年,增设美式TBW型环射无线电指向标。1965年,将灯塔备用灯乙炔灯更换为电气灯。1970年,苏联20马力柴油发电机组拆除,更换为国产2105型柴油发电机组2台。

1983年2月24日,海军旅顺基地将老铁山灯塔移交给大连航标区管理。1984年,将长弧氙灯改为钨丝灯泡。1990年1月,更换3块破损的透镜镜片。1991年10月7日,更新灯塔灯器旋转齿轮装置。1992年7月23日,增设1台20千瓦全自动三相大功率补偿稳压器,保障灯塔和指向标站的日常工作用电。1993年9月20日,更新灯笼防风玻璃,并换装美国泰兰公司ML-300型灯器作为备用灯。1996年11月,增设上海KT-1X型雷康。1998年,灯塔塔体大修,再次更换1块透镜棱镜,并委托中国科学院成都光电技术研究所研制新型透镜;灯塔光源使用2000瓦白炽灯;原无线电指向标改建为RBN-DGPS台站,换装法国西电公司DEUTZ柴油发电机组2台。2001年7月20日,新研制加工材质为光学玻璃的1块凸透镜、5块棱镜安装成功。2003年,灯塔光源更换为1000瓦金属卤化灯。2004年10月14日,增设AIS基站。2008年3月4日,老铁山AIS基站主机由R30型升级为R40型,并一直使用至今。2009年11月28日,换装上海海英公司HY-Ⅱ型雷康。该灯塔成为集灯塔、雷康、RBN-DGPS台站、AIS基站为一体的新型"四合一"灯塔。

老铁山灯塔始建至今120余年,灯塔管理机构七次更迭,特别是大连航标处管理灯塔以来,守护者与灯塔日夜相伴,形成了爱塔如家、忠于职守、艰苦创业、无私奉献的"铁山精神",其典型代表人物为灯塔主任孙国民。在他的带领下,老铁山灯塔在北方海区航标"四大"活动"三连冠"的基础上,荣获交通部安监系统设备"管修养用"先进灯塔第一名,他个人亦多次荣获省部级劳动模范和优秀共产党员等称号。此间,全国人大环境保护委员会副主任杨振怀考察大连老铁山灯塔,为灯塔题词"京津门户,渤海咽喉"。

这座百年灯塔,在历代灯塔人的精心呵护下,迄今依旧状态良好、工作正常。此间,该灯塔被IALA评定为世界历史文物灯塔,中国邮政总公司专门发行一套五枚"世界历史文物灯塔"特种纪念邮票;中国航海学会批准作为中国首批"航海科学普及教育基地";国务院确定为第七批全国重点文物保护单位;第十二届全国运动会亦在此成功采集火种。

图 3-2-177　21 世纪初老铁山灯塔

图 3-2-178　1996 年 9 月 24 日,全国人大环境保护委员会副主任杨振怀考察大连老铁山灯塔并题词

(六)团岛灯塔

清光绪二十三年十月二十日(1897年11月14日),德国藉口"巨野教案"出兵侵占青岛后,随即将扼守胶州湾口之团岛列为重兵把守之地,先后修建了炮台、大型灯塔等设施。团岛灯塔筹建前期,曾设立过一座简易钢质塔架为进出胶州湾的船舶导航。

团岛灯塔,昔称游内山灯塔,始建于清光绪二十四年(1898),清光绪二十六年十月初十(1900年12月1日)建成发光,位于山东青岛胶州湾口北侧,地理坐标为36°02.7′N、120°16.7′E,是船舶识别青岛港口门的重要助航标识之一。

该灯塔由德国人设计建造,塔体为圆柱形石砌结构,外饰灰色,塔(灯)高32.92米,配置电透镜灯器,灯质联闪(Gp. Fl.),白色,灯光射程16海里。清光绪三十年(1904),塔体外饰红白横带相间色。清光绪三十三年(1907)设置雾钟,1912年换装电雾笛。德占时期,该灯塔承担记录进出港船舶数量以及观测水文气象等职能。

图 3-2-179　德占时期团岛灯塔

1914年,日军进攻驻华德军,团岛灯塔被德军自毁。1919年8月,日占当局在原址附近重建团岛灯塔,地理坐标为36°02.7′N、120°17.0′E。该灯塔为八角形,砖石结构,塔高15.2米,灯高24米,内设螺旋式花岗岩楼梯,安装英国强氏公司750毫米三等半鼓形透镜折光灯器,灯质红白绿三色扇形光,定光(F.),灯光射程15海里。同时,装有内燃机带动的气雾笛,时称"游内山灯台雾警号"。

1922年12月,北洋政府收回青岛,团岛灯塔划归胶澳商埠督办公署港政局管理。1929年4月,南京国民政府接管青岛,港政局改称青岛港务局,团岛灯塔归其管理。1938年1月,日本再次侵占青岛,灯塔被日军劫收,相关设施设备无大变化。1941年7月,日占当局在灯塔旁增设无线电指向标,该灯塔由此成为集视觉、音响、无线电航标为一体的"三合一"灯塔,一直延续到日本投降未变。1945年12月,青岛港务局将团岛灯塔划归胶海关管理。1946年,胶海关关闭无线电指向标。

1950年,团岛灯塔交由交通部航务总局青岛海务办事处管理。1953年4月28日,划归中国人民解放军海军北海舰队管理。1953年7月,换装钟芯电闪光灯。1960年,换装民主德国电雾号,安装变频机两台。1964年,灯塔改用三相交流电,原2105型柴油发电机组作为备用电源。此间,海军北海舰队航海保证部门曾多次实施灯塔设备及附属建筑维修改造。

1983年,青岛航标区接管团岛灯塔。1988年6月15日,加装瑞典爱立信公司(Ericsson)UKT-10103型雷康。1993年,在交通部安监系统设备"管修养用"活动中,团岛灯塔分别荣获先进灯塔和先进发电机组第三名。1996年5月,换装美国泰兰公司Seabeacon Ⅱ型雷康。1997年,因塔体出现裂纹,实施团岛灯塔技术改造,附属设施翻修,并换装法国西电公司TM20K型柴油发电机组。2004年8月13日,换装美国泰兰公司Seabeacon Ⅱ系统6型雷康。2005年,增设AIS基站。2006年5月26日,该灯塔被国务院确定为全国重点文物保护单位。2007年10月23日,换装青岛航标处自主设计制作的MCU为核心的ZJS-A型交流闪光器1台。2013年,该灯塔荣获"全国工人先锋号"称号。

图3-2-180　21世纪初团岛灯塔

团岛灯塔及附属设施在历代守塔人的精心呵护下,迄今依然簇新如故,状态良好,常年驻守该灯塔的灯塔主任、全国劳模王炳交为典型代表。此间,国防部副部长萧克、交通部副部长徐祖远等曾先后莅临团岛灯塔考察并给予高度评价,外交部原部长李肇星欣然为灯塔题词:"祖国永恒,人民至上。"

(七)朝连岛灯塔

朝连岛灯标始设于19世纪末,由海关设置,位于山东青岛市区东南沿海朝连岛上,灯标位置为35°53.7′N、120°52.6′E。木质结构,标高7.01米,灯高74.68米,配置六等300毫米透镜和折射棱镜定光灯器,灯质定光(F.),灯光射程10海里。德占当局曾租用该灯标作为临时航路标识使用。

清光绪二十九年(1903)德占当局将朝连岛灯标移位,并换装1840毫米头等牛眼菲涅尔透镜旋转灯器,灯质闪光(Fl.),周期10秒,灯光射程21海里。与此同时,德占当局在该灯标原址开工建造朝连岛灯塔,于清光绪三十年(1904)建成,为八角形棕色石砌结构,塔高14.93米,安装1840毫米头等牛眼菲涅尔透镜旋转灯器,灯质闪光(Fl.),周期10秒(其间灯质时有变化),灯高80.47米,灯光射程21海里。是船舶进出青岛港的重要助航标识之一。是年5月,朝连岛雾炮正式列装使用。

1914年,日德冲突期间灯笼被毁。1915年8月,由日占当局修复,塔体改为白色,换装3等煤油气灯机,灯质改为瞬闪(Lt. Fl.),白光,周期10秒,灯光射程21海里,并增设指示雾天的信号仪器,换装气雾号。1922年12月10日,中国政府收回青岛,朝连岛灯塔归胶澳商埠督办公署港政局管理。1938年1月,日军再次占领青岛,灯塔被日军侵占,于1940年大修。1941年4月,增设无线电指向标,成为集视觉、音响、无线电航标为一体的"三合一"灯塔。1945年7月,灯塔遭美机轰炸,局部建筑被毁。抗日战争胜利后,1948年8月国民政府海关全面接收日占海关及其管辖事务,青岛港务局将朝连岛灯塔划归胶海关管理。

图3-2-181　1903年朝连岛灯塔

1949年6月2日,青岛解放,朝连岛灯塔仍由胶海关管理。1950年,朝连岛灯塔由交通部航务总局青岛海务办事处管理。1953年4月28日,移交海军青岛基地管理。1956年12月28日,海军青岛基地在朝连岛重建无线电指向标站。同年,修筑附属房屋设施,其中油机房118平方米,变压机房48平方米。1958年10月15日,换装气雾号。1969年11月16日,换装500毫米鼓形透镜灯器。1979年1月3日,撤销无线电指向标站。

1982年12月25日,朝连岛灯塔由青岛水警区移交青岛航标区管理。1985年12月16日,换装英国法洛斯公司PRB-21型密封光束旋转灯器,灯质未变,灯光射程增至24海里。1993年,青岛航标处(区)实施灯塔技术改造,灯笼大修,改用美国泰兰公司ML-300型灯器临时替代主灯工作,并于11月5日恢复主灯发光。1998年6月27日至8月9日,朝连岛修建蓄水池,年内完成避雷设施改造。1999年10月,朝连岛灯塔引入市电,并安装配电柜。

2002年4月9至26日,青岛航标处更换朝连岛灯塔灯笼。2006年10月12日,灯塔灯器控制部分更换为烟台航标处研制的新型控制器。2006年1月29日,安装上海海英公司HY-Ⅱ型雷康。2007年5月,为灯塔配备联通(Code Division Multiple Access,码分多址,简称CDMA)电话。2007年11月1日,实施灯塔避雷系统改造。2009年5月,换装上海海英公司HY-Ⅱ型雷康。2010年5月,为实现灯塔无人值守,将灯塔主灯换装为上海炜实航标设备有限公司(简称"上海炜实公司")WM-L781A型12层LED、48伏、480瓦灯器,配置1280瓦太阳能电池及600安时密封免维护蓄电池。

朝连岛灯塔及附属设施历经百年沧桑岁月,迄今依然状态良好。2013年10月10日,该灯塔被确定为山东省重点历史文物保护单位。

图 3-2-182　21 世纪初朝连岛灯塔

(八)大三山岛灯塔

大三山岛灯塔始建于清光绪二十九年(1903),位于大连湾口大三山岛南岬角,地理坐标为 38°51.9′N、121°49.5′E,是船舶进出大连港的重要助航标志之一。

该灯塔由俄国东清铁路公司主持建造,塔体为圆柱形石砌结构,外饰白色,塔高 12.5 米、上部直径 2.6 米、下部直径 2.8 米、上平台直径 4.62 米;灯高 38.4 米,灯质定光(F.)白色,灯光射程 17 海里,由柴油发电机组供电。灯塔附属设施有值班室、机房、宿舍、修理间、储物间等 10 处,建筑面积 1278.19 平方米。大三山岛西南湾口处建有斜坡简易码头 1 座,供登陆艇登岛补给使用,另有一条从码头通往灯塔的道路。

清光绪三十一年(1905)日俄战争后,大三山岛灯塔由日军通信省灯塔局管理。日占当局为大三山岛灯塔铺设海底电缆与市电连网,并配置日本 15 马力柴油发电机组 1 台作为备用电源。清宣统元年(1909),该灯塔实施技术改造,灯高 78.33 米,灯器换装为旋转灯,周期 15 秒,2500 烛光,灯光射程 22 海里。1913 年 8 月 20 日,增设雾炮。1920 年,换装气雾笛。1930 年,换装日本光机株式会社 500 毫米四等双面牛眼水银浮槽式旋转灯器,灯质白光,周

图 3-2-183　21 世纪初大三山岛灯塔

期15秒。1945年日本战败撤离大连时,损坏灯塔房屋,切断海底电缆,灯塔停止发光。1945年8月,灯塔由苏军代管。1947年,苏军修复灯塔设施设备,恢复发光,海底电缆未修复,并换装德国电雾号。1950年,增设无线电指向标,成为集视觉、音响、无线电航标为一体的"三合一"灯塔。

1955年4月,苏军将灯塔移交中国海军旅顺基地海测区管理。1969年初,海军旅顺基地换装5千瓦285型柴油发电机组4台。1973年,换装12千瓦2105型柴油发电机组4台。同年,在距灯塔1000米处新建生活用房400余平方米,除值班人员仍在山上外,其余人员办公和生活移至山下。

1983年大连航标区接管灯塔后,换装2台24千瓦4100型柴油发电机组。1988年,为改善值班员的工作环境,大连航标区组织实施柴油发电机房改造,安装天津航道局科研所设计研发的柴油机房隔音室。在隔音室内,设置观测柴油机运行数据表,并安装报警器、空调等设备,彻底解决了柴油机值班员长期遭受严重噪音侵害的历史性难题。

1990年,在大三山岛灯塔安装使用合作研发的"灯塔航标无线电遥控遥测微机管理系统",为实现航标遥测遥控管理积累了经验。1993年,在交通部安监系统设备"管修养用"活动中,大三山岛灯塔荣获先进发电机组第二名。

大三山岛灯塔水银浮槽旋转机已使用60余年,轴承磨损严重,水银外溢,灯笼内汞蒸汽严重超标,危及灯塔值班员身心健康。1995年12月,大连航标处(区)组织实施灯器改造,将原水银浮槽旋转机拆除,换装英国法洛斯公司PRB-20型旋转平台,原透镜保留,配置1000瓦进口金属弧光灯,彻底根除了因灯机汞蒸汽超标而长期危害灯塔值守员健康的历史性难题。1996年,原无线电指向标改建为RBN-DGPS台站。1997年,换装24千瓦495型柴油发电机组。1998年12月,更新灯笼。1999年7月13日,由于最后1只1000瓦金属弧光灯泡损坏,主灯停光,临时使用美国泰兰公司ML-300型备用灯器工作,灯光射程降至10海里。后因原灯泡厂商英国法洛斯公司供货周期太长,遂决定改用国产ZJD1000-2型金属卤化物灯替代。经改造灯器接口,调试技术参数,攻克国产灯与PRB-20型旋转平台不匹配等问题,主灯于同年8月7日恢复发光,经海上拉距测试,灯光射程达到23海里。

2002年11月12日,实施大三山岛灯塔供油管线技术改造并投入使用,彻底解决了岛屿灯塔柴油补给长期依靠人力运输或汽车倒运的历史性难题。2003年,换装法国西电公司24千瓦柴油发电机组3台。2008年,更新495柴油发电机组2台。2010年,更新495柴油发电机组2台。

至2012年,大三山岛灯塔在历代航标人的悉心保养下,虽经百年沧桑岁月,但灯塔及附属设施簇新如故,同年3月31日被评定为大连市第三批重点保护建筑。

(九) 小青岛灯塔

小青岛岛形似古琴,岩石以为岸,周边海水风煦浪轻,水抚石岸犹如琴瑟低鸣,故小青岛又名琴岛。清朝以来,"青岛湾船舶渐集,商贾日增,形成市镇。乾隆年间,(小青岛港)设立胶州税关。光绪年间,修建军用栈桥。"在德占青岛初期,小青岛位置显要,是当时船舶停靠青岛唯一一座"铁码头"(今栈桥)的必经之地,出入小青岛港重要所在。清光绪二十六年(1900),德占当局在小青岛设立红色灯桩,地理坐标为36°03.2′N、120°18.8′E。设置7等透镜灯器,定光(F),红色,灯光射程2海里,用以指示停泊场(锚地),并规定船舶必须在此海域由领航员登船引导入港。

小青岛灯塔始建于清光绪三十年(1904),位于山东青岛市区前海青岛湾口,地理坐标未变,是船舶进出青岛港的重要助航标志之一,亦是青岛市的标志性建筑之一。

该灯塔由德占当局设计建造,塔体为八角形石塔,棕色,塔高12.5米,灯笼上下两层;顶部配置水晶棱镜镶成的七等牛眼透镜旋转灯器,灯质Occ,周期6秒,5秒明1秒暗,红光,灯高28米,灯光射程4海里。清宣统元年(1909),塔体改为灰色。1914年日德冲突期间,塔体受损,灯笼被毁。1915年7月,日占当局重修灯塔,塔高15.55米,外饰改为白色,灯高30.78米,灯质Occ,周期3秒(1+2),灯光射程6海里。1921年12月,换装法国索泰·勒莫尼耶公司(Sautter Lemonnier)375毫米五等十面牛眼透镜旋转灯器,灯质Occ,周期6秒,3秒明3秒暗,红光,灯光射程15海里。

图3-2-184　20世纪初小青岛灯塔

  1922年,依《中日解决山东悬案条约及附约》,中国政府收回青岛,设立胶澳商埠港政局,灯塔归属港政局管理。1929年7月,南京国民政府成立青岛特别市,港口为青岛特别市港务局,后改称青岛市港务局,小青岛灯塔归其管理。1938年1月,日军再次侵占青岛,小青岛灯塔被日军占领。1942年,在小青岛与陆地之间修筑堤坝,使陆岛相连,堤宽8米,堤长377米。

  1945年11月,小青岛灯塔随青岛港务局所管之航标移交胶海关管理。1947年11月1日,胶海关撤除小青岛灯塔原电石灯,换装电力闪光灯,灯质改为每2.5秒闪红光1次,闪0.5秒、灭2秒,灯高32米,灯光射程15海里。

  1950年,小青岛灯塔归交通部航务总局青岛海务办事处管理。1953年4月28日,移交交海军北海舰队管理。1982年12月25日,移交青岛航标区管理。1993年10月,青岛航标处(区)委托青岛无线电三厂仿造两个变速箱,更换已使用多年磨损严重的灯器旋转机齿轮箱。1995年9月,按照"修旧如旧"原则,委托上海航标厂更新灯笼。1997年9月,换装西班牙巴伦西亚机械公司(La Maquinista Valenciana, S. A.)FGA-175型灯器,灯质改为闪红6.5秒(0.5+6.0),灯光射程12海里,至今未变。随后,原五等十面牛眼透镜旋转灯器移送中国航标展馆。2002年8月,改造辅助用房,配电箱迁移至值班室。2005年6月,更新避雷接地系统。2005年10月,换装ICB-1型灯器智能控制器。

  该灯塔历经百年沧桑岁月,在历代守塔人的精心呵护下,塔体及相关附属设施状态良好,弥久如新。2006年5月26日,国务院批准小青岛灯塔为全国重点文物保护单位。此间,由于小青岛灯塔自然环境优雅,塔岛交映,相得益彰,为青岛市的著名人文景观,中国宗教和平委员会主席、中国佛教协会会长赵朴初题词:"千帆来万国,万里一灯明。"

图 3-2-185　21 世纪初小青岛灯塔

(十) 马蹄礁灯塔

青岛老港系指清光绪二十九年(1903)后逐步修建的大港区、中港区、小港区。港区位于胶州湾东北岸,西临黄海,背依崂山。进港船舶经团岛角转向后北行,中沙礁、马蹄礁置身航路一侧。马蹄礁是一片礁区,航路狭窄,礁石林立,区位险要,由东北向西南约40米后转向西北,形成圆弧形礁盘,形似马蹄,故名马蹄礁。礁石东面是小港南航道,宽30余米,长1.6海里。礁石西面是大港航道,宽约60米,长1.3海里。

马蹄礁灯桩始建于清光绪三十年(1904),位于青岛港大港主航道和小港南航道中间,地理坐标为 36°14.6′N、120°17.4′E,周边礁区位置极为险要,是船舶进出青岛老港港区的必经之地和重要助航标志之一。

该灯桩由德占当局建造,桩高11米,圆柱形石塔,外饰黑白二色相间横带,方形钢筋混凝土基座,灯高12.19米,塔高13.7,设置6等透镜灯器,灯质Occ,闪白,周期6秒,5秒明1秒暗,灯光射程5海里。1914年11月日本侵占青岛后,青岛港口及港口航标由日占当局管理。1915年,换装4等透镜灯器,灯质顿光(Occ),周期6秒(5+1),灯高12.12米,塔高10.97米,灯光射程12海里。1922年12月,由胶澳商埠港政局管理。1938年,日本再次侵占青岛至1945年日军投降,港口助航设施仍由日军管理。同年12月,由胶海关管理。1950年,由青岛海务办事处管理。1953年4月28日,由海军北海舰队管理。1982年12月25日,由青岛航标区管理。历经近80年,马蹄礁灯桩的管理维护者多次变更,灯桩主体建筑并无变化,仅是航标灯器、灯质和能源时有不同,灯笼部分曾损毁。

1991年11月20日,马蹄礁灯桩安装美国泰兰公司Seabeacon I Mark II型雷康(识别代码C),雷康和灯器均由锌空电池供电。同年12月9日,换装美国泰兰公司ML-300型灯器。1996年11月,换装英国法洛斯公司PRB-46 II型灯器,灯质改为闪(2)白,周期6秒,灯光射程提高至12海里,马蹄礁灯桩升级为三级灯塔。

图 3-2-186　德占时期在建的马蹄礁灯桩

图 3-2-187　21 世纪初马蹄礁灯塔

2000 年,换装美国泰兰公司 ML-300 型灯器,双灯垂直安装,同步闪光。2001 年,安装太阳能电池 286 瓦。2002 年,换装美国泰兰公司 TRB-220 型旋转灯器,功率 50 瓦,太阳能电池增至 1008 瓦。2004 年 1 月 7 日,换装美国泰兰公司 Seabeacon Ⅱ 系统 5 型雷康。2009 年,换装天奥公司超声波驱鸟器,太阳电池板多年鸟屎覆盖状况有所改善。2011 年,青岛航标处多方查找,收集到德占时期马蹄礁灯塔灯笼原设计图纸,并按照"修旧如旧"原则,设计原形制灯笼,并由烟台厚德航海设备有限公司生产制造,该处负责现场安装。2012 年 2 月 15 日,换装上海海英公司 HY-Ⅱ 型雷康(识别代码 C)。

(十一) 烟台山灯塔

清咸丰八年(1858),《天津条约》列登州(蓬莱)为通商口岸,后英、法列强者发现登州港水深较浅,即以邻近之烟台港顶替登州。清同治元年(1862),清海关在烟台设立东海关,烟台港正式对外开放。开埠后,外国商人、传教士纷至沓来,商埠客货运输快速发展,一度成为北方最大的港口。

烟台山灯塔始建于清光绪三十一年(1905),位于山东烟台市芝罘湾沿岸烟台山原古刹院内,地理坐标为 37°32.9′N、121°23.8′E,是船舶进出烟台港的重要助航标识,亦是烟台市标志性建筑之一。

据清光绪三十一年(1905)海关《航标报告》记载,该灯塔由海关在本地原有塔上加装灯笼、灯器改造而成,底座为"棱堡"式建筑,灯笼置于"棱堡"建筑之上。塔体白色,砖石结构,塔高 11 米,灯高 53.34 米,配置英国强氏公司 1000 毫米三等透镜和折反射棱镜灯器(原上海大戢山灯塔旧物),及 55 毫米白炽纱罩燃油灯机,周期 10 秒(8+2),红白两色光弧,红光烛力 3500 枝,灯光射程 10 海里,白光烛力 9000 枝,灯光射程 19.5 海里。红光指示灯塔东北岛礁区,白光为西北安全航行区域。古刹外墙改为白色,部分僧舍改作职员宿舍和存储间等工作用房。灯塔建成后,庙内僧人在庙北馀屋居住。庙内设施、樑栋、匾额、碑文等保护完好,"庙之立意仍予保存"。信号台在古刹南面山门之前。

1938 年 2 月,日寇侵占烟台,将灯塔等港口设施划归日伪芝罘港务局管理。1945 年日本战败投降

图 3-2-188　20 世纪初烟台山灯塔

时,港口设施均遭破坏。1946 年,中共胶东解放区人民东海关修复港口设施,于 1947 年换装 5 等旋转电灯,灯质闪白(Fl. W.),旋转周期 10 秒(1＋9),灯光射程 18 海里。同年 9 月,国民党军队攻占烟台,在防波堤上拆石累筑地堡、炮楼,港口设施再遭破坏。1948 年 10 月,人民东海关管理港口,修复战争创伤。此间,该灯塔具体变化情况不详。

1953 年,烟台山灯塔移交海军青岛基地司令部海道测量处管理。1958 年 5 月,海军将烟台等港口航标交还烟台港务局。1982 年,烟台港扩建西港区,烟台山灯塔列为扩建改造项目。同年,原灯塔拆除,架设临时灯标,标高 16 米,灯高 58 米,上置 500 毫米四等鼓形透镜灯器。1988 年 6 月,新灯塔建成发光,由清华大学设计,烟台市建筑公司一处施工建设。该灯塔为"古典城堡式"群体建筑,塔高 49.5 米,共 12 层,底部为花岗岩蘑菇石砌筑的两层楼外饰群房,中部为直径 6.8 米多边形混凝土塔体,上部为多边形瞭望室和室外平台,顶部为灯笼底座和直径 3 米铜质灯笼。室内楼梯二套,塔中心是行距 31 米电梯,电梯四周是钢质旋转人梯。塔内储物间、变电室、水暖设备等一应俱全。灯笼镶嵌 24 块弧形玻璃,内置上海航标厂 500 毫米四面牛眼透镜旋转灯器,灯高 80.3 米,220 伏 1000 瓦白炽灯,灯质闪光(Fl.),闪白,周期 9 秒,灯光射程 20 海里。

图 3-2-189　21 世纪初烟台山灯塔

烟台山新灯塔处地环境优美,灯塔造型新颖别致,被当地人誉为"黄海夜明珠"。1998 年 2 月 26

日,由烟台海监局管理的烟台港航标连同烟台山灯塔一并移交烟台航标处(区)管理,纳入北方海区公用航标管理序列。至2012年,烟台山灯塔状态良好,工作正常。

(十二)圆岛灯塔

圆岛位于大连湾东南约20海里,形似球浮水,故名"圆岛",是南方来船接近大连湾之良好目标,地理位置特别重要。岛高51.6米,面积0.032平方千米。

圆岛灯塔始建于1925年,位于大连港东南约25海里,地理坐标为38°40.4′N、122°09.8′E,是船舶驶往大连港的重要助航标志之一。

该灯塔由日本通信省灯塔局建造,塔体为方形混凝土结构,外饰白色,塔高11.88米,灯高68.88米,配置日本光机株式会社1000毫米三等四面牛眼透镜灯器,灯质联闪(Gp. Fl.)周期30秒,在12秒内连续3个白色闪光,18秒暗,7.5万烛力,灯光射程22海里。同时,设置雾笛,每50秒鸣响1次,持续5秒的爆裂声,并试验性地安装无线电指向标。1929年,正式启用无线电指向标,成为集视觉、音响、无线电航标为一体的"三合一"灯塔,由发电机组供电。

1945年,在日军战败撤退时,灯塔建筑、灯器、灯笼玻璃等悉数损毁,灯塔停光。同年8月,由苏军接管,于1949年修复发光。1950年,换装苏制PMC-3b型无线电指向标。1952年,换装电雾号。

1955年4月,苏军将灯塔移交中国海军旅顺基地海道测量区管理,随即实施灯塔技术改造,换装苏制10马力柴油发电机组1台。1958年5月,增设300毫米乙炔灯器2座备用,一座在灯塔东北面,一座在灯塔住房屋顶上,灯质闪光(Fl.),白光,周期5秒(1+4),灯光射程10海里。同年,换装国产20马力柴油发电机组2台,专供雾号使用。1971年,换装BM-2型电雾号2台。1973年,换装南昌2105型柴油发电机组3台,并将备用乙炔灯器改为电灯器。1980年6月30日,换装国产红旗-Ⅰ型250瓦无线电指向标发射机。

1983年,海军旅顺基地将灯塔移交大连航标区管理。1984年5月,大连航标区换装2105A-1型柴油发电机组1台。1989年1月29日,安装美国泰兰公司Seabeacon Ⅰ型雷康。1989年11月,雾号撤除。

1990年,因塔体外观出现龟裂,经大连房屋管理部门检测,认定为危险建筑,大连航标处(区)向天津海监局申报重建圆岛灯塔计划,交通部于1991年批准投资213万元。新灯塔由大连建筑技术发展中心设计,大连构件安装工程处施工。1991年5月5日,原灯塔和无线电指向标站拆除重建,并于12月31日竣工投入使用。塔体为圆柱形钢筋混凝土结构,外饰白色,底部直径4米,上部直径3.5米,塔高20.2米,灯高65.6米,配置英国法洛斯公司PRB-21型密封光束旋转灯器,灯质改为闪白15秒(1+14),主灯阵双面3×3×200瓦(3600瓦),灯光射程20海里。配置美国泰兰公司ML-300型备用灯器、国产495型柴油发电机组2台、6135型柴油发电机组1台、国产LC-M700TY型单边带电台1台、RAY-80型甚高频无线电话1台。同时,安装英国法洛斯公司MRB-712型固态发射机,更新指向标发射天线馈线,重新设置避雷接地和地网系统;在圆岛东北部建有斜坡简易码头1座,以及发电机房、厨房、锅炉房、宿舍、工作间、卫生间等附属建筑,共计315平方米。1992年8月19日,重建工程通过验收。

1993年5月15日,天津航测科技中心与中国科学院合作研制的"卫星数据接收平台"在圆岛灯塔安装试用,开启了北方海区航标系统航标数据远程遥测的历史。1993年,在交通部安监系统设备"管修养用"活动中,圆岛灯塔荣获先进发电机组第一名。1994年8月,换装瑞典爱立信公司UKT101-03/01型雷康。1995年,更新495型柴油发电机组2台。1996年,无线电指向标关闭。1998年,安装800兆移动电话座机1部,改建供水和避雷系统。2010年7月8日,换装烟台航标处自主研发的IMA-800型灯器。2012年10月,换装上海海英公司HY-Ⅱ型雷康。

图 3-2-190　21 世纪初圆岛灯塔

圆岛灯塔远离大陆,岛上岩石遍布,无土壤、无植被、无淡水、无居民,生存环境十分恶劣,驻岛人员所需物资完全依靠船舶运送补给。历代守塔人每次登岛大都带上一把家乡的泥土,造就了大小不等的38块田地,种草植树,栽培蔬菜,使昔日的秃岭荒山平添了片片绿意。圆岛灯塔"一把土"故事,充分体现了灯塔人坚韧不拔、持之以恒、以苦为荣、戍守海疆的优秀品格,并随着电视剧《远岛》的播放而被歌颂传扬。至2012年,历经百年沧桑的圆岛灯塔状态良好,工作正常。

(十三) 日照灯塔

石臼港位于山东沿海南部,介于青岛和连云港之间,北距青岛港66海里,南距连云港42海里。自然水深条件好,近岸5链外(100米)水深达10米。宋代已形成沿海港口,即有帆船频繁出入。1916年对外通商,初期仅有一家私营"公记"轮船行。后商业逐步发展,相继增加"德生堂""长记""公祥""连大"等四家企业从事营运,并由"长记"船商行出资修建仓库、道路、灯塔等设施。

日照灯塔时称成章灯塔,始建于1933年4月,位于山东石臼所棘津岛石臼咀,地理坐标为35°32.2′N、119°23.5′E,是船舶进出石臼港(今日照港)的主要助航标志之一。该灯塔由"长记"轮船商行投资修建,塔体为八角形石砌结构,外饰黑白相间横带,塔高14.7米,灯高约17米,灯质为白红绿三色定光,灯光射程约10海里,并驻人值守。因灯塔建设得到东北海军司令兼青岛市市长沈鸿烈(字成章)鼎力支持,故命名为"成章灯塔"。1945年,八路军控制石臼所港口和成章灯塔。

1953年,该灯塔由海军青岛基地司令部海道测量处接管,换装法国巴尔比耶公司(Barbier Benard &Turenne)300毫米六等鼓形透镜乙炔气灯器,灯光射程15海里,并以地命名,改称石臼嘴灯塔。1959年1月,海军将石臼嘴灯塔移交山东省青岛港航监督管理。该灯器为北方海区重要灯塔上应用的典型代表之一,于1967年停用,现陈列于青岛航标展馆(团岛)。

1985年初,石臼港建港指挥部投资26.35万元,作为石臼港港口码头建设配套项目,新建1座石臼灯塔,用以替代低矮老旧的石臼嘴灯塔,以进一步提升日照港助航服务水平。新灯塔位于日照市黄海一路东端万平口,地理坐标为35°23.7′N、119°33.5′E,于1985年5月11日开工,同年9月3日竣工,占地面积约120平方米,建筑面积197.07平方米,由交通部一航局设计院设计,临沂建筑工程公司二公区施工建造,石臼港建港指挥部为建设单位。1986年9月,由上海航标厂安装SG220-B1型半导体重型闪光仪灯器,配置HP200-D2型灯器换泡机、TJ50-M1型500毫米鼓形透镜、DL2.5-D5型灯笼。由于灯塔建成后出现裂缝,并缺少备用电源及值班室,暂未投入使用。1987年6月10日,山东省青岛港航监督石臼港务办事处(原石臼小港)将石臼嘴灯塔移交青岛航标区石臼航标站管理。1988年,石臼港建港指挥部投资4.15万元,在港务局油库西侧划地200平方米,由小卜家安工程公司建造灯塔值班用房、柴油发电机房、值班宿舍,共115.7平方米。1989年,石臼港建港指挥部将新建的石臼灯塔移交青岛航标区石臼航标站管理。1990年10月5日,石臼灯塔正式发光。该灯塔塔体为圆形钢筋混凝土结构,涂装黑白相间横纹,塔高36.2米,灯高39.9米,灯质闪光(Fl.),白光,周期6秒(2+4),灯光射程15海里。随着石臼港建设发展,填海造地与修建楼房日益增多,原石臼嘴灯塔对海通视方向被新建筑物遮挡,渐次失去助航效能,于1992年4月停止发光,并被列为日照市文物保护单位。同年5月1日,石臼港更名为日照港,新建的石臼灯塔随之改称日照灯塔,万平口广场亦被称作"灯塔广场"。

(1)1945年成章灯塔

(2)1953年石臼嘴灯塔六等鼓型透镜乙炔气灯器

图 3-2-191

1996年11月15日,日照灯塔主灯换装美国泰兰公司TRB-400型灯器,灯质改为单闪8秒,灯光射程增至18海里,原重闪光仪灯器改作备用灯器。1997年8月,塔体外墙改贴釉面瓷砖,仍为黑白相间横带。1998年11月13日,备用灯换装美国泰兰公司ML-300型灯器,原重闪仪备用灯器拆除。2002年8月,由日照市防雷中心完成避雷设施改造。2004年6月至2005年5月,为配合日照市容整顿,原灯塔值班室拆除,扩建灯塔广场。日照政府出资重新装饰灯塔,将塔体贴面瓷砖改为干挂大理石饰面,原黑白相间横带改为全白,成为日照市标志性景观建筑。此间,青岛航标处利用该灯塔底部透明玻璃幕墙,张贴航标宣传资料,摆放老旧航标灯器设备,向广大游客宣传介绍《航标条例》和航标历史,产生良好社会效应。

2005年12月,日照灯塔加装AIS基站设备,上层平台安装AIS天线两组,底部平台安装定位天线,机房安置在灯塔底部中心筒形房间内。2010年5月27日,主灯换装上海炜实公司WM-L780A型LED灯器(八层),供电24伏,功率为192瓦;更新配套主备灯控制器。同年6月21日,备用灯换装上海炜实公司WM-L350A型LED灯器(三层)。至2012年底,日照灯塔未再发生大的变化。

图3-2-192　2005年扩建的日照灯塔广场

(十四)大王家岛灯塔

大王家岛位于庄河市东南海域7.6海里,东北与大陆岛对峙,西北隔寿龙岛寿龙水道与石城岛相邻,是石城列岛的第二大岛。岛上最高山峰为南麓的南大山,高150米。

大王家岛灯塔始建于1938年,翌年1月1日建成发光,位于辽宁省庄河市东南海域大王家岛(王家镇)最南端的灯塔山顶部,距庄河市7.6海里,地理坐标为39°25.7′N、123°04.8′E,是船舶由大连至丹东航路和寿龙水道的重要助航标志之一。

该灯塔由日占当局建造,塔体为钢筋混凝土结构,外饰白色,塔高10.1米,灯高108米,配置日本光机株式会社500毫米四等双面牛眼透镜旋转灯器,煤油气灯光源,用重锤钢缆上弦发条驱动齿轮旋转,灯质闪光(Fl.),白光,周期10秒(1+9),灯光射程约20海里。为妥善解决灯塔人员生活用水问题,在灯塔建筑中设计了充分利用屋檐水槽接雨水的设施,经沙子过滤后,储存至蓄水池。

1945年8月,日本战败投降,大王家岛灯塔由民国海关接管。1947年6月5日,灯塔值守人员撤离大王家岛时,将灯器旋转机水银及煤气灯气管拆卸,灯塔停光。1948年,庄河保安团将灯塔维修工具等器材拿走,灯塔门窗三分之二损坏。

1948年11月东北全境解放后,大王家岛灯塔由大连区港务局安东(今丹东)办事处代管,灯塔修复发光,并安排3名灯塔工值守。1958年11月24日,大王家岛灯塔移交海军旅顺基地管理。1959年,海军旅顺基地航海保证处实施灯塔大修,并安装直流发电机供主灯使用,光源为MM-6型灯泡,灯泡功率1000瓦,灯质、周期未变,灯光射程增至25海里。每年11月末至翌年3月末,丹东港封冻期间,灯塔主灯停止发光,启用备用煤油灯。1961年5月,海军旅顺基地将大王家岛灯塔安排海洋岛水警区管理。1972年,换装柴油发电机组3台。1973年,备用灯更换为200毫米鼓形透镜的电气灯,灯质周期不变,灯光射程10海里。1978年5月,灯塔灯器原旋转装置多年使用磨损严重、转速不准,更新为电动机驱动齿轮箱。

1983年1月1日,海军旅顺基地将大王家岛灯塔移交大连航标区管理。1984年,大连航标区维修灯塔水泥道路、水池、水井、营房等附属设施,加装蓄水池消毒过滤设备,并沿用至今。1988年4月,换装1105型柴油发电机组2台,加装6.25千伏安发电机1台。1989年,更换灯塔灯笼玻璃。1990年9月,将备用灯器移至柴油发电机房顶部。同年12月,改用市电供电,柴油发电机组作为备用电源。1990至1992年,在大王家岛灯塔主任陈开忠的带领下,常年保养精良的灯器被北方海区航标"四大"检查组誉为"慈禧太后铜镜"。1993年,在交通部安监系统设备"管修养用"活动中,大王家岛灯塔荣获先进灯塔第二名。

1998年,灯塔改造,加固灯塔平台,铺设防水层,维修灯笼框架。1999年10月16日,安装有线电话1部。2001年6月21日,主灯光源改用金属卤化物灯。2006年,更新495型柴油发电机组2台和机房配电盘。2007年,备用灯换装美国泰兰公司ML-300型灯器,灯光射程10海里,并改造灯塔避雷设施。2009年,灯塔备用灯换装WM-350型。2012年,实施灯塔修葺,外墙清理整修,重做平台防水,灯笼整体刷新等。

图3-2-193　21世纪初大王家岛灯塔

2012年3月31日,大王家岛灯塔确定为大连市第三批重点历史文物保护单位,迄今工作状态良好。

(十五)南山头灯塔

南山头灯塔位于河北秦皇岛市海港区南山西南角临海绝壁之上,地理坐标为39°54.7′N、119°37.0′E,是船舶进出秦皇岛港的重要助航标志之一。

1898年秦皇岛被清政府自辟为对外通商口岸后,津海关随即于1900年在秦皇岛南山头沿海悬崖处设置临时灯标,地理坐标为39°54.8′N、119°38.0′E,灯器为折光六等透镜,灯笼挂在标杆顶部,灯质顿光(Occ.),为连明暗白光,周期20秒(14+2+2+2),灯光射程10海里。1903年,重建灯标底部建筑物和桅杆。桅杆高11.58米,灯高26.52米。1918年,经海关与开滦矿务局协商,在秦皇岛断崖的西南端重建灯标,设置白色标杆,上置一照明灯,1000烛光的电灯安放在六等定光灯器内,视距可达15英里,改由开滦矿务局维护管理,所需费用海关承担。

1937年日本全面侵华战争爆发后,该灯标产权虽属海关,但实际管理权被日军劫夺。1942年后,日占当局"把秦皇岛(港)作为塘沽(新港)的辅助港使用",秦皇岛港口航标等基础设施无大变化。后因该灯标灯光较弱,视觉不明,造成多艘船舶在港口附近发生海事,日占当局于1944年10月至12月23日建造南山头灯塔,塔体为圆柱形石砌结构,塔高16.46米,灯高32.30米,设置4等旋转灯器,灯质闪光(Fl.),2400烛光,灯光射程16海里,占地1.075亩。

图 3-2-194　20世纪40年代南山头灯塔

1948年11月27日秦皇岛解放后,南山头灯塔由天津航政局秦皇岛办事处接管。1951年,移交交通部航运总局青岛海务办事处统管。1953年全国沿海航标划归海军管理后,海军航海保证部门于1954年实施灯塔技术改造。1958年7月,在灯塔西侧增设无线电指向标。1959年1月1日,青岛海军基地司令部海道测量处将南山头灯塔、金山咀灯桩、雾号站移交秦皇岛港务局。随后,秦皇岛港务局将具体管理维护事务交港监部门管理。1984年12月31日,天津航测处接管南山头灯塔及金山咀灯桩、雾号,日常管理由天津航标区秦皇岛航标管理站负责。1987年,秦皇岛航标管理站实施灯塔灯笼技术改造。

(1)交通部副部长林祖乙题写塔名　　　(2)1991年11月4日,交通部安监局验收秦皇岛南山头灯塔重建工程

图 3-2-195

之后,基于该灯塔地处临海绝壁之上,加之山体风化岩石坍塌已至灯塔围墙,时刻危及塔体安全。1989年,经天津海监局报请交通部安监局批准,于1990年6月4日开工重建南山头灯塔,1991年6月10日工程竣工,经交通部安监局工程验收,于12月23日正式发光。新灯塔塔体为圆柱形钢筋混凝土结构,外饰白色,共13层,塔高49.2米,直径6米,灯高59.6米,顶部配置上海航标厂4.2米高、直径7.9米大型灯笼,换装英国法洛斯公司PRB-21型密封光束旋转灯器,灯质闪光(Fl.),白光,周期15秒,灯光射程达到20海里。灯塔有主、备用两套供电系统,灯塔附属房屋及供暖、洗浴等设备一应俱全。南山头灯塔作为交通部统一管理沿海干线航标之后,北方海区航标系统重建的第一座灯塔,交通部副部长林祖乙为新灯塔题写塔名。

1993年2月,灯塔增设美国泰兰公司ML-300型备用灯器。1997年10月29日,在灯塔灯笼顶端安装半导体少长针避雷器1套。同年,无线电指向标改建为RBN-DGPS台站。1998年,重建备用油机房。2000年11月29日,更新柴油发电机组和灯塔主体窗户。2001年5月12日,更新灯塔供电电缆。2003年10月19至20日,灯塔瞭望厅安装铝合金密封窗,备用灯由灯笼内移至塔外。2005年12月14日,增设AIS基站和专用宽带通信线路。2006年初,建立AIS基站维护保养记录,设专人管理,保证AIS基站正常工作;5月下旬,布设专用电源线,并加装新型避雷系统。2008年12月27至28日,换装烟台航标处自主研发的具有智能化遥测遥控功能的IMA-800型大型旋转灯器,实现网络化管理。2009年5月16日,更换IMA-800型灯器换泡机,主灯功率从75瓦增至150瓦,换泡机由三头变为二头,灯光射程不变。2009年12月16日至2010年4月14日,实施南山头灯塔临海山体全覆盖海绵护坡工程,建成护坡长65米,高15.8米,砌石294立方米,设置钢筋混凝土栏杆67延米,并修建混凝土道路及广场596平方米。此间,为配合中国航标展馆室外展区草坪绿化工程,拆除南山头灯塔附近旧平房4间。2010年8月,鉴于南山头灯塔柴油机组担负南山头灯塔、中国航标展馆、RBN-DGPS台站、食堂等设备设施的应急供电任务,秦皇岛航标处实施柴油发电机组更新,换装KC165GF型柴油发电机组,功率从24千瓦提高至150千瓦。2012年4月8日,南山头灯塔安装全覆盖监控摄像装置。

南山头灯塔塔区建有RBN-DGPS台站、AIS基站和中国航标展馆,是一座集视觉、无线电航标及航标文化宣传阵地为一体的综合性助航设施,自建成投入使用以来,始终保持高质量维护管理水平,至今状态良好,工作正常。

图3-2-196　21世纪初南山头灯塔

(十六)大沽灯塔

大沽灯塔位于天津大沽口外海,距天津新港船闸12.9海里,地理坐标为38°56.4′N、117°58.8′E,是船舶驶往天津港的初见灯塔,亦是中国自主设计建造的第一座水中大型灯塔。

大沽灯塔建成之前,进出天津港的船舶主要依靠大沽灯船导航。每到冬季或遇7级以上大风,有人值守灯船需拖进港内避冰、避风,中外船舶时因看不到大沽灯船而走错航路。1949年中华人民共和国成立后,随着航运事业的发展,进出天津港船舶日益增多。20世纪60年代始,为提高大沽口水域航标助航能力,保障船舶航行安全,改善航标人员工作条件,有关部门着手研究在大沽口建设海上灯塔事宜。对此,交通部和天津市曾将其列入天津港第二期扩建工程项目计划,并在秦皇岛预制一个800吨沉箱运往天津,后工程因故搁置。

1968年初,根据交通部指示,由天津航道局牵头,会同天津港务局、第一航务工程局和第一航务工程勘察设计院等单位,再度研究大沽口海上灯塔建设事宜。经多次考察和经济、技术论证,如期提交《设计任务书》。1970年,交通部批准《设计任务书》,并认可大沽灯塔设计方案。

1971年10月18日,大沽灯塔正式开工建设,历时六年半,于1978年5月1日正式发光。该工程由天津航道局负责组织实施,并负责灯塔的定位、基槽挖泥与填沙;交通部第一航务工程勘察设计院负责设计;交通部第一航务工程局第一工程处承担塔体施工;上海航标厂承担航标灯器、透镜、灯笼制作及安装;天津工艺美术设计院和天津家具五厂承担灯塔室内装修设计和家具制作装配。

大沽灯塔工程施工期间,恰逢唐山"7·28"大地震。当时,灯塔主体结构施工基本完成。经震后检测,仅塔体+10.6米接缝处产生局部裂纹,其余各部位完好无损。此间,"秀山"号万吨远洋货轮在锚地走锚撞到灯塔,船舶外壳变形,而灯塔并无损伤。大沽灯塔的建成,为全国海区海上建设大型助航设施开了先河,积累了经验,同时为海洋水文调查、气象观测、港务监督等提供了一个崭新的工作平台。

(1)大沽灯塔塔体施工　　(2)21世纪初大沽灯塔

图3-2-197　大沽灯塔

该灯塔为圆柱形钢筋混凝土结构,塔体镶嵌白色马赛克,间以红色玻璃砖,塔上部装有象征"三面红旗"的六块壁板,其间为镂空金黄色花格窗。塔高 38.3 米,灯高 35.6 米,共 11 层。水下部分由 1 个重 1500 吨锥台式沉箱和 54 根 24.5 米长的钢管桩构成,塔体由圆筒形钢筋混凝土预制件拼装而成,塔顶安装直径 3 米铜质灯笼,配置上海航标厂四面牛眼透镜旋转灯器,1000 瓦白炽灯,灯质闪光(Fl.),白光,周期 10 秒,灯光射程 17 海里。同时,装有 3 座雾号、雷达反射器,以及无线电话机、莫尔斯信号灯等通信设施。塔内底层装有 2 台 10 千瓦柴油发电机组,供灯器及塔上值守人员生活用电。灯塔水电暖设备齐全,可供 10 余人长期工作生活。

1985 年 6 月,大沽灯塔安装英国马可尼公司(Marconi)3L 型雷康,使其识别能力进一步增强。1985 年 10 月 16 日,换装美国泰兰公司 Seabeacon I Mark II 型雷康。大沽口潮汐水流为东西向,底质系泥沙沉积带。灯塔建成后,塔底附近流态变化,形成潮流对塔基冲刷,致使保护基础的抛石不断下沉。1989 年,第一次抛石维护塔基,恢复至原设计断面。1990 年 9 月 5 日,换装英国法洛斯公司 PRB-21 型密封光束旋转灯器,进一步提高灯光亮度和射程。1991 年 7 月 31 日,雾号撤除。1992 年 9 月 23 日,换装美国泰兰公司 Seabeacon II 型雷康。1993 年,在交通部安监系统设备"管修养用"活动中,大沽灯塔荣获先进灯塔第三名。1998 年 10 月,天津航标处委托中交天津港湾工程研究院有限公司(港湾所)设计塔基维护工程,二次抛石维护塔基,总计抛石 1950 立方米。2000 年 10 月 24 日 21 点 30 分,大沽灯塔东北一侧遭受新中船务有限公司"新发"轮触碰,造成灯塔上部承重墙严重受损。依据交通部第一航务工程勘察设计院提供修复设计方案,采用碳纤维材料和环氧树脂加固,工期 45 天。

2002 年 10 月,大沽灯塔换装"高光效、低功耗"的西班牙巴伦西亚机械公司 FGA-600 型灯器;换装美国泰兰公司 Seabeacon II 系统 5 型雷康。同年至 2003 年 7 月,实施大沽灯塔遥测遥控技术改造,相关设备自动化控制水平得到显著提高,为实现灯塔无人值守创造了条件。2007 年 1 月,换装烟台航标处自主研发的 ICB-2 型航标遥测遥控装置,灯塔纳入"航标运行信息监控系统"。2009 年 12 月,更新康明斯柴油发电机组。2010 年 12 月,更新灯塔吊机。2011 年 10 月,由瑞丰公司更新太阳能供电系统。2012 年 5 月,换装 495 型柴油发电机组,原威尔逊柴油机撤除。

至 2012 年 12 月,大沽灯塔状态良好,宛若一颗璀璨夺目的渤海明珠,日夜守候在天津港主航道口外,为过往船舶指引航向。此间,该灯塔曾先后被天津市人民政府授予"最佳精神文明窗口"先进单位的称号,中国邮政总公司发行的一套四枚"现代灯塔",特种邮票将其收录其中,倍受社会各界瞩目。

(十七)台子山灯塔

台子山灯塔位于辽宁营口鲅鱼圈墩台山西南 70 米处,地理坐标为 40°17.8′N、122°06.4′E,是船舶进出营口港鲅鱼圈港区的重要助航标志之一。

1984 年,交通部批准在鲅鱼圈港区一期配套工程中新建台子山灯塔,以满足鲅鱼圈港区初见标识,完善辽东半岛西海岸"灯塔链"。该灯塔由交通部第二航务工程勘察设计院设计,营口市鲅鱼圈区劳动服务公司建筑工程队施工,营口港务局、天津海监局和营口海监局分别负责灯塔建造的建设资金、航标技术指导及工程施工监督。

1989 年 5 月 15 日,灯塔建造工程开工,9 月 12 日完成灯塔主体、附属用房、院落地坪和围墙大门等土建项目,11 月 10 日上海航标厂完成灯器安装。建成后的台子山灯塔占地面积 1333.3 平方米,安装有电照、供水、通信等设备。塔体与灯笼"一体化",为钢筋混凝土结构,塔体外饰黄白相间横带,塔高 20.9 米,灯高 131.4 米,内设直爬梯,配置上海航标厂仿制的 PRB-21 型密封光束旋转灯器(主灯)和 300 毫米鼓形透镜灯器(备用灯),灯质闪光(F.l.),白光,周期 10 秒,主灯灯光射程 25 海里,备用灯灯光射程 7 海里。

图 3-2-198　21 世纪初台子山灯塔

1990 年 11 月 28 日,营口港务局将台子山灯塔移交营口海监局管理。1991 年 1 月 10 日,灯塔工程竣工并试发光。同年 5 月,营口海监局航标科组织完成加宽外平台,降低内平台等改造工程;上海航标厂检修 PRB-21 型灯器,补充 2 只向心球轴承和 1 只平面滚珠轴承。1993 年,营口航标科组织实施灯塔附属设施改造,原塔内直爬梯改为旋梯,连通灯塔附属用房与值班室及改造部分窗墙,新建灯塔围墙,进一步改善值守人员工作和生活条件。同年 6 月 20 日,台子山灯塔正式发光,与同期建成的大孤山、太平角灯塔共同完善辽东半岛西海岸"灯塔链"。

1995 年 11 月,塔体涂色改为白色。1996 年 11 月,换装上海航标厂 DL1.6-D2 型灯笼,以妥善解决原灯笼框架过宽(约 200 毫米),一定程度影响灯塔发光效率的问题。2000 年 8 月,营口航标处牛玉杰在 PRB-21 型灯器的供电线路电源控制箱加装钟控开关和交流接触器,实现灯器开关自动控制;2002 年,采用电闪仪水银开关作为控制器,将备用灯器定光灯灯质改为闪白 10 秒,提高了备用灯识别度。2006 年,加装 AIS 基站,实现鲅鱼圈及附近海域 AIS 系统信号有效覆盖。2008 年 12 月 30 日,主灯换装烟台航标处自主研制的 IMA-800 型灯器。

台子山灯塔作为北方海区的航标宣传窗口之一,历经 20 余载,已建成一个花园式灯塔,在高纬度的北方实现了四季常绿、三季见花、两季有果。中纪委驻交通运输部纪检组组长杨利民莅临台子山灯塔视察,称赞:"台子山灯塔管理是一流的,花园式环境优美,很好地与台子山公园融为一体,在发挥良好助航效能的同时,亦为鲅鱼圈地方景区整体规划做出积极贡献。"此间,随着守塔职工刘达夫妇退休,历时十年的"夫妻灯塔"值守模式改为灯塔工轮班制值守模式。人性化管理的"夫妻灯塔"值守模式,曾在全国海区航标系统传为佳话。

至 2012 年,台子山灯塔状态良好,工作正常。

四、灯桩、立标与导标

灯桩、立标、导标和测速标、罗经校正标等均为固定助航标志,因其工作原理不同,功能作用亦不尽相同。灯桩,又称"灯立标",是顶部装有发光灯器的柱状或梯形结构固定航标,通常设置在航道附近的岛礁浅滩、岬角转向水域、码头防波堤端头,主要用于船舶导向定位或指示危险水域。灯桩与灯塔的主要区别是灯光射程远近,现代航标管理将灯光射程大于 15 海里的称为灯塔,小于 15 海里的称为灯桩。立标,是不发光的固定助航标志,形制功用与灯桩雷同。导标,又称"叠标"、引导灯桩,发光与不发光均可称之,一般置于狭长航道沿岸,通过两座或两座以上标志在同一垂直平面上构成一条方位线,为进出港船舶指向助航。测速标,是专供舰船测定航速使用的多组不发光叠标。罗经校正标,是校正船用罗经自差的专用标志。

  北方海区近代灯桩与导标建设始于 19 世纪 80 年代。清光绪十二年(1886),在龙口港东海岸设立引导灯桩,是为迄今可考的北方海区近代设置最早的引导灯桩。不久,津海关、牛庄海关等分别在各自所辖港区及附近海域设立若干灯桩和导标。由于最初设置的灯桩和导标规模较小,时建时撤,变化频繁,具体历史演变情况及规模数量难以考证。后因连年战争,助航标志修毁往复,至中华人民共和国成立前,大部分助航设施遭受损毁,北方海区灯桩、立标、导标仅残存 43 座。其中,北方海区航标系统(海关)管理灯桩 6 座、立标 3 座、导标 16 座。

  1953 年海军接管全国沿海航标后,为满足海上军事斗争和航运经济发展需求,修复、整顿、扩建、完善全国海区航标。按照"调整密度,填补空白,提高射程,改造与新建相结合"的航标升级改造方案,海军北海舰队司令部相继完成鹊嘴、吕家坝子、崂山头、大鲍岛、大港进口右等灯桩的技术升级改造,重建和改建鸡鸣岛、白鸽石等一批灯桩,先后在北方海区建设测速标和罗经校正标 44 座,主要包括大连大三山、秦皇岛老龙头、威海靖子头、威海镆铘岛、青岛燕儿岛测速标和长岛南长山、威海靖子头罗经校正标,使北方海区航标设施逐步恢复发展,固定标志的数量明显增加,配布明显改善。至 1983 年,北方海区航标系统管理的灯桩、立标、导标等增至 160 座,其中灯桩 70 座、立标 28 座、导标 18 座、测速标 42 座、罗经校正标 2 座。

图3-2-199　20 世纪 80 年代天津港主航道前导标

  导标形制多样,既有鲅鱼圈、龙口港等单一航道的直线导标,又有营口、秦皇岛港等首尾相衔接交叉使用接力的导标,还有天津港分别标示双向航道中线、上下航道中线、边线及疏浚施工维护边线的导标群组。导标大多建在港口后方陆域,随着港口的发展,进出港航道渐次向外海伸延,导标规模亦随之增大,引导距离由近至远,从3海里发展到10余海里,其中天津港主航道导标即为典型实例。

1982年交通部接管海军干线航标后,北方海区航标数量和质量得到显著提升。天津海监(事)局以干线航标建设为重点,在加强灯塔和无线电航标建设的同时,先后新建或重建一批干线灯桩,主要包括连岛灯桩、大鲍岛灯桩、大桥岛灯桩、小桥岛立标、珍珠门香炉礁灯桩、南隍城香炉礁灯桩、大礁头灯桩、长海西湾灯桩和双石礁灯桩等。同时,根据港口发展需要,新建、重建和改建营口、秦皇岛、天津、烟台等一批港口灯桩、立标、导标。同时,在航标建设改造中广泛推广使用新材料、新能源、新技术,建设了一批玻璃钢和聚脲弹性体灯桩,并先后换装美国泰兰公司ML-300型和国产LED等"高光效、低功耗"灯器,大部分灯桩实现市电和太阳能供电;导标主灯陆续换装美国泰兰公司RL-355型、美国自动动力公司FA-14型和国产LED等定向投光灯器,部分港口背景灯光复杂的导标标体加装串灯和LED条形光带,灯光射程和识别可靠性得到显著提高,航标效能得到显著提升。

随着航标技术进步和港口航道通航环境的变化,北方海区航标系统及时调整撤除部分失去原有作用的助航标志。2000年,撤除海河立标33座;2003年,撤除青岛燕儿岛等测速标和罗经校正标44座。至2012年,北方海区航标系统管理灯桩356座、立标77座、导标141座。其中,太阳能供电灯桩232座,太阳能供电率达65.2%。

(一) 大连港东口灯桩

大连港大港区东口门设有南、北两座灯桩,南灯桩始建于1912年2月,北灯桩始建于1913年1月,两者间距363.6米,是三山岛水道过往船舶进出大港区的重要助航标识。

图 3-2-200　1913年大连港东口北灯桩

两座灯桩由日本南满铁道株式会社(简称"满铁")建造,桩体为圆柱形石砌结构,外饰白色,桩高

8.8米,灯高12.1米。南灯桩地理坐标为38°56.1′N、121°40.1′E,灯质定光(F.),白光,灯光射程11海里,岸电供电;北灯桩地理坐标为38°56.3′N、121°40.2′E,灯质定光(F.),红光,灯光射程9海里,乙炔气透镜灯器。1914年5月25日,南灯桩加装雾笛,每20秒鸣1次2.5秒爆裂声。1918年,在南灯桩处增设信号台。1921年5月20日,南、北灯桩灯光射程增至11海里。1924年,南灯桩灯质改为顿光(Occ.)3秒明,3秒暗;北灯桩灯质改为闪光(Fl.)1秒明,3秒暗,灯器改为乙炔灯。

1945年日本投降后,南、北桩由苏军代管。1946年,由于年久失修,加之海潮侵蚀,桩身严重老化,苏军海道测量部门实施灯桩桩体加高改造,桩体圆柱形石砌结构,外饰白色。南灯桩桩高10.3米,灯高11.3米,灯质和灯光射程不变;北灯桩桩高10.2米,灯高11.4米,灯质和灯光射程不变。1955年5月1日,苏军将大连港航标设施移交海军旅顺基地管理。1958年11月24日,海军将两座灯桩随大连港航标一并移交大连港务局管理。

1982年,大连港务局实施灯桩技术改造,交通部一航局航务工程三处承建。南灯桩加高并外饰红色,桩高11.3米,灯高12.6米;北灯桩外饰白色,桩体加高至12.5米,灯高13.1米;统一换装500毫米鼓型透镜灯器和重闪仪,灯质和灯光射程不变,并铺设海底电缆,将电源由南灯桩通过海底电缆接至北灯桩。1986年5月15日,大连港将包括这两座灯桩在内的37座港口航标移交大连航标区管理。1986至1996年,南、北灯桩的海底电缆被过往船舶拖锚拉断8次,造成供电断路,灯光熄灭,直接损失达50余万元。1996年2月,大连航标处(区)遂停止使用海底电缆,北灯桩电源改用锌空电池,并换装美国泰兰公司ML-300型灯器,灯质和灯光射程不变。

图3-2-201　21世纪初大连港东口南灯桩

2001年,大连航标处维修南、北灯桩,更换北灯桩灯笼破碎的防风玻璃,并增强南、北灯桩光源,由原500瓦增至1000瓦。2002年,为规避电缆被船舶拉断的问题,大连航标处从北口东灯桩经北防波堤铺设电缆至东口北灯桩,北灯桩恢复市电供电。同年,南灯桩安装大连航标处合作研制的"无线遥控航标灯互闪控制器",与北灯桩互闪,灯质等明暗12秒(6+6),并加装备用灯器。2003年,更换北堤东段电缆,并将两座灯桩日光阀控制器移至灯桩内。2004年,实施两座灯桩灯笼改造和亮化工程,显著增强灯光目视效果。2007年,两座灯桩换装上海炜实公司WM-L350型灯器,并换装避雷针;北灯桩换装太阳能供电系统,市电改为备用电源,灯质和灯光射程不变。2009年5月23日,换装大连航标处航标科技所自主研制的"互闪仪",灯质未变,并更新南、北灯桩灯笼。同年12月23日,南灯桩换装太阳能供电系统,市电改为备用电源。

至2012年,大连港东口南、北灯桩历经百年风雨沧桑,在历代航标人的精心维护保养下,依然状态良好,工作正常。同年,被认定为大连市第三批重点历史文物保护建筑。

(二)大连港北口灯桩

大港西防波堤北端与北防波堤西端之间设计宽度为121.2米的港池北口,供小型船舶进出港。在北口东、西两侧各设置一座灯桩,称为大港北口东、西灯桩。两灯桩始建于1918年5月25日,由日本满铁主持兴建,是大连港口建设配套的助航设施。两灯桩均为正方形钢架结构,外饰红色。东灯桩位于北防波堤西端,地理坐标为38°56.7′N、121°38.8′E,桩高16.76米,灯高20.3米;西灯桩位于西防波堤北端,地理坐标为38°56.7′N、121°38.7′E,桩高17.07米,灯高20.3米;灯光射程均为6海里、定红光、岸电供电。1921年5月20日,大连港北口东、西灯桩射程由6海里增至13.5海里。

图3-2-202　东北沦陷时期大连港北口西灯桩

1945年日本投降后,两灯桩由苏军代管。1946年,由于年久失修,加之海水侵蚀,桩体老化陈旧,苏军实施两灯桩改建:两灯桩均由红色改为白色;东灯桩桩高18.7米,灯高19.5米,西灯桩桩高19米,灯高20.5米;均为定红光,灯光射程均为6海里。

1955年5月1日,苏军将所管理的航标移交中国海军旅顺基地管理。1958年11月24日,海军将两灯桩随大连港航标一并移交大连港务局管理。1984年,大连港务局实施两灯桩技术改造工程,由交通部一航局航务工程三处负责施工,当年竣工恢复使用。改造后的桩体为圆形钢筋混凝土结构,外饰白色,灯笼由上海航标厂制造,外饰红色,配置500毫米鼓型透镜灯器。东灯桩桩高18.7米,灯高19.5米;西灯桩桩高19米,灯高20.5米。灯质定红光,灯光射程6海里。

1986年5月15日,大连港37座港口航标移交大连航标区管理,其中包括两灯桩。东、西灯桩始建时铺设的电缆严重老化和损坏,经常发生故障,大连航标处(区)于1999年9月更换西灯桩电缆,同年10月更换连接东灯桩的海底电缆。2003年3月28日,连接两灯桩的海底电缆被过往船舶拖锚拉断,大连航标处于4月6日重新铺设海底电缆,5月9日在灯桩内安装WDK-Ⅰ型灯光控制器。

2005年1月28日,北口东灯桩被宁波"海力807"驳船撞毁。随即,大连航标处组织设置临时灯桩,灯桩铁架高12米,安装西班牙巴伦西亚机械公司BDL-120型灯器,灯质为白光6秒长闪。2006年10月29日,重建东灯桩恢复发光,灯质不变,换装上海炜实公司WM-L350型灯器,并配置稳压电源。2007年10月24日,西灯桩电缆接头损坏,更换入口电缆10米,调整灯桩灯光控制器开关时间,为晚5时30分开,早6时整关。2007年12月18日,东灯桩换装太阳能供电系统。2008年1月,西灯桩灯器换装上海炜实公司WM-L350型灯器。2009年12月24日,西灯桩换装太阳能供电系统,市电改为备用电源。

图 3-2-203　21 世纪初大连港北口东灯桩

至 2012 年，大连港北口东、西灯桩状态良好，工作正常。

(三) 秦皇岛老航道导标

秦皇岛老航道导标始建于 1919 年，位于秦皇岛港海滨。两座导标均为木质结构，顶部装有菱形日标，前后标间距 915 米。前标标高 10 米，灯高 13 米，标体为红色，灯质定光红色；后标标高 18.6 米，灯高 22.4 米，标体为绿色，灯质定光绿色；均配置 300 毫米六等鼓形透镜灯器和色罩，300 瓦白炽灯泡，灯光射程 3 海里，市电供电。

1964 年，随着秦皇岛港 7 号深水泊位开工建设，秦皇岛港务局决定移址重建老航道导标，将导标中线前移至 8 号泊位路边，标高 21 米，灯高 22 米，灯光射程 3 海里，灯质定白；航道导标中线后移址至海滨路海滩，标高 35 米，灯高 36 米，灯光射程 3 海里，灯质定白，两标相距 1064 米。同时，新建航道导标东、西线边线控制标 4 座，前标标高 18.5 米，灯高 20.5 米，灯光射程 3 海里；后标标高 30 米，灯高 31.7 米，灯光射程 3 海里。导标主体为角钢架结构，光源均采用 500 瓦定光灯。辅助中线导标，用以引导船舶靠泊 1~7 号泊位。同年，秦皇岛新航道 (145 航道) 建成，原航道导标改称老航道导标。

之后，随着秦皇岛港口建设日益发展，码头及城市背景光越来越复杂，致使老航道导标视觉效果受到一定影响，对进出港船舶驾驶人员识别导标造成困难。1979 年，经秦皇岛港务局多次论证，采用在导标标体增设竖排"串灯"(中线标设置橙色，东边线标设置绿色，西边线标设置红色)方案，形成竖排灯阵，从而将码头作业区、城市路灯及建筑物灯光与导标主灯明显区分，取得良好效果，并在其他导标上加以推广应用，成为当时秦皇岛港导标特色之一。

1982 年，秦皇岛港务局再度重建老航道导标，更新导标铁架，位置及其他技术参数不变。1984 年，老航道导标随港口其他标志移交秦皇岛航标管理站管理。1992 年 5 月，因新建甲码头立交桥工程，秦皇岛港务局改建老航道中线前、东线前 2 座导标投入使用，技术参数不变。1996 年 11 月，中线前、中线后导标换装 LL240-S 型导标灯器，边线标 2 组 (4 台) 更新 300 毫米鼓型透镜灯器，中线及东、西边线各 1 座导标串灯换装 LL20-7D 型 5 只，中线标定橙，东边线标定绿，西边线标定红。

2010年,撤除中线导标LL240-S型导标灯器1台和东、西边线导标300毫米鼓型透镜灯器4台,统一换装烟台文华公司WH-400L型导标灯器。

至2012年,随着港口航道不断发展,老航道日益边缘化,但老航道导标作为秦皇岛港最早的一组导标,为秦皇岛港的建设发展发挥了重要作用。

(四)烟台港西阻浪堤东灯桩

烟台港西阻浪堤东灯桩始建于1920年3月,位于西防波堤东端,地理坐标为37°33.1′N、121°23.1′E,是船舶进出烟台港东港池的重要助航标识。该灯桩由烟台海坝工程会主持建造,灯高6米,灯质闪光(Fl.),周期10秒(0.5+9.5)。

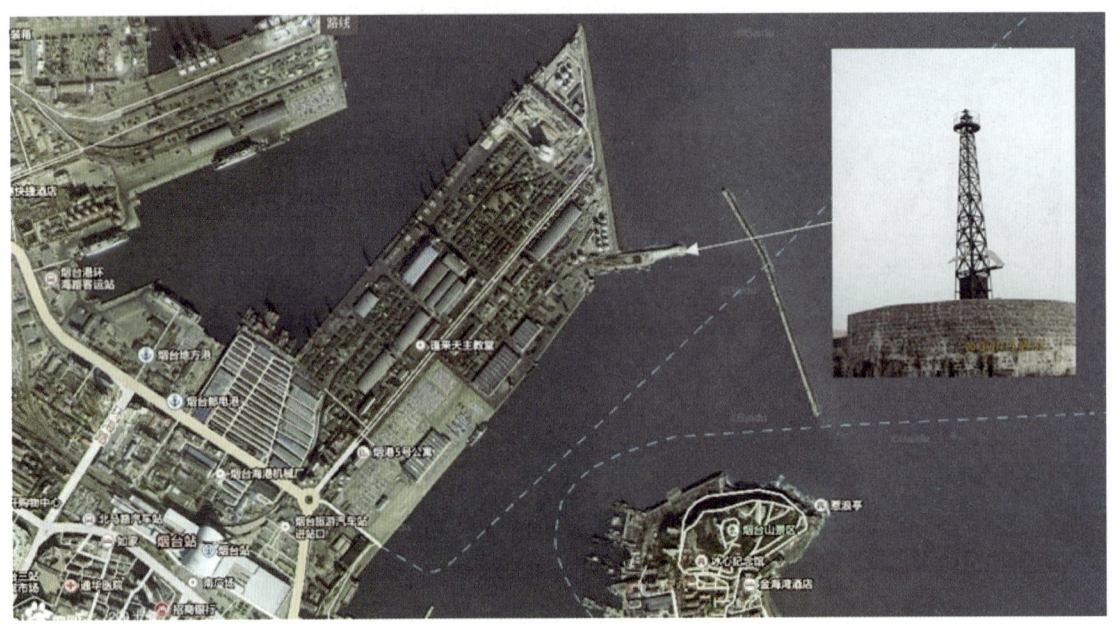

图3-2-204　21世纪初烟台港西阻浪堤东灯桩

1921年11月,该灯桩移址重建,地理坐标改为37°33.4′N、121°23.7′E。1947年,中共胶东解放区人民东海关港务课发布《航船布告》:该灯桩灯质改为闪红3秒,换装电石气灯器。

1957年,灯桩重建,桩体为方形铁架结构,外饰黑色,桩高7.1米,灯高9.9米,灯质等明暗(Iso),闪白,周期2秒(1+1),灯光射程8海里。1985年,改为右侧标,桩体由黑色改为绿色。2000年2月,安装SG220-B2型电子闪光仪。2000年6月,安装避雷设施。2002年10月,换装美国泰兰公司ML-300型灯器,沿用至今未变。

至2012年,该灯桩状态良好,工作正常。

(五)大连遇岩灯桩

遇岩灯桩始建于1925年,同年12月14日建成发光,位于大连湾西南20海里礁群之上,地理坐标为38°34.3′N、121°38.4′E,是大连至烟台航线的重要助航标识之一。

该灯桩由日本通信省灯塔局建造,桩体为圆柱形,钢筋混凝土结构,涂红黑相间色,桩高15.24米,灯高19.8米,配置375毫米五等乙炔灯器,灯质闪光(Fl.),闪白,周期4秒(1+3),500烛光,灯光射程13.5海里。灯桩顶部配置紫铜雾钟,使用乙炔气驱动锤钟,每分钟1次。

1945年,遇岩灯桩由苏军代管。1955年4月,遇岩灯桩随同大连、旅顺航标移交海军旅顺基地管理。1980年2月,换装24伏/60瓦氙气灯器,灯质和灯光射程未变。1983年1月1日,遇岩灯桩等航标移交大连航标区管理。1983年,换装12伏/60瓦硅太阳能电池和GN-500型蓄电池。1987年1月10日,换装美国泰兰公司ML-300型灯器,灯质不变。1988年6月24日,加装美国泰兰公司SeabeaconⅠ型雷康(识别代码Z)。1990年6月26日,换装美国泰兰公司SeabeaconⅠMarkⅡ型雷康。1994年,大连航标处(区)组织实施灯桩技术改造,更新灯笼由上海航标厂制作并安装,宁波太阳能厂负责更新太阳能电池。1995年8月12日,主灯换装英国法洛斯公司PRB-46Ⅱ型灯器,灯质不变,灯光射程增至14海里,并升级为三级灯塔,原美国泰兰公司ML-300型灯器作为备用灯器。同年10月,灯塔基础修缮,修补基座,桩体粉刷,加固挡风玻璃,同时撤除塔顶雾钟,连同原灯笼一并移交中国航标展馆展示。

图 3-2-205　21世纪初遇岩灯塔

1999年,遇岩灯塔雷康安装位置加高。2002年,遇岩灯塔大修,更换不锈钢门,加装塔外爬梯护栏。2003年,更换GFM-1000型蓄电池6块。加装由大连航标处自主设计制作的备用灯切换开关。2004年,加装由大连航标处自主设计制作的主、备用电池自动转换控制器。2007年,更换3PS-1000型蓄电池6块。2008年,更新太阳能电池方阵。2011年,再次更换太阳能电池方阵。2012年,增设遇岩灯塔简易船舶停靠系缆柱。

(六)营口港导标

营口港包括营口、鲅鱼圈和仙人岛三个港区。营口港导标系指营口港区的导标。营口港区地处辽河入海口,地势低洼,水道曲折多湾,水浅滩多,航道狭窄。自辽河入海口营口灯船到港区二号码头22海里的航道中,船舶须经10余次转向,借助7组导标接力,以及若干立标、浮标辅助方可驶达。

拦江沙导标

拦江沙沙洲亦称闫洲,故拦江沙导标昔称"闫洲导标"。拦江沙导标是船舶通过河口拦江沙水道的重要标志。当进港船舶经过营口灯船后,即驶入辽河口大面积的拦门沙滩。该导标有别于通常的航道导标,未设在航道中心线上,其导标标示航道左侧界限(左边线),航道右边是东导水堤,在堤坝左侧设有数座浮标。

拦江沙导标始建于1929年,是船舶驶入辽河的初见导标,亦是河口航道疏浚施工边线控制标。该导标由辽河工程局建造,前标位置为40°35.7′N、122°09.6′E,后标位置为40°36.0′N、122°10.2′E,两标一线方位066°,前后标间距910米。前后标均为木质单杆,外饰黑色,顶标标牌三角形,前标正置,后标倒置。1933年,日占当局将原木杆标志改为四脚铁架结构,前标高18.7米,后标高27.89米。1936年4月,改用岸电,灯质前标白色定光,后标白色闪光,周期6秒(4+2)。1948年,拦江沙导标毁于战火。

1949年初,东北航政总局修复导标,位置不变,前标高22.2米,后标高32.4米。1979年,因拦江沙水道深漕南移,导航线通告撤销,标志保留,仅供参考使用。1992年,营口海监局改造导标供电线路。1998年,重建前标。2003年,改为太阳能供电,将原HD-300型鼓形透镜灯器换装为上海航标厂HD-400型导标灯器。

内水道导标

当船舶航行至东导水堤内4号浮标附近,始见第二组内水道导标重叠,转向40.3°,驶向6号灯浮标。内水道导标始建于1930年,作用为表示航道西边线,其历史沿革与拦江沙导标雷同,仅标志位置、标体规模各异。前标位置为40°37.5′N、122°08.8′E,标高18.2米;后标位置为40°37.9′N、122°09.2′E,标高29.2米。两标一线方位40°15′,前后标间距950米。2004年,将原厂HD-300型鼓形透镜灯器换装为上海航标HD-400型导标灯器。2005年,改为太阳能电池供电。2009年,前后标分别加装两组红色串灯,每组5盏。

西水道导标

当船舶航行到6号灯浮标位置时,应由内水道转入西水道。西水道航程相对较短,是进港航道的第三组接力导标。该导标仍为航道西边线控制标,前标位置为40°40.8′N、122°08.3′E,标高18.2米;后标位置为40°41.2′N、122°08.5′E,标高28.2米。两标一线方位14°45′,前后标间距880米。灯质闪光(Fl.),前标闪白2秒(0.3+1.7),后标闪白3秒(0.5+2.5)。1988年,西水道导标曾一度使用HD-300型鼓形透镜型灯器,配置TS系列电子闪光器,使用JQ-1000型锌空电池,不久通告暂停发光。在将近10年的暂停发光期间,营口航标科将前导标后移200米,地理坐标为40°40.9′N、122°08.4′E。1997年,西水道导标恢复发光。2005年,换装上海航标厂HD-400型导标灯器,改为太阳能电池供电。

第三导标

当船舶航行至东引水堤末端的7号灯浮标附近时,即进入辽河航道,转向039°,通过7号灯浮标,对准第三导标航行,并将船舶航迹保持在导标叠标线上。该组导标始建于1932年,为航道中心线标。前标位置为40°39.3′N、122°09.7′E,标高8米;后标位置为40°39.5′N、122°10.0′E,标高18米。两标一线方位39°40′,前后标间距530米。1933年,由乙炔气灯改为电灯。1958年,曾重建后标。1985年,前后导标改建为铁架式,前标高18米,后标高24.5米。安装上海航标厂HD-300型鼓形透镜灯器,灯质由定绿改为定红。20世纪90年代后,因河道变迁,第三导标改为参考标志使用。2000年,通告撤除。

第二导标与第四导标

当船舶沿河上行至8号灯浮标时,转向353°2′,可见第二导标与第四导标4座标志成为一线。若对标航行,第二导标和第四导标分别在左右两岸;上行进港时,第二导标在行进船舶前方,第四导标在行进船舶后方;船舶下行出港,则正好相反。第二导标前标位置为40°42.4′N、122°08.6′E,标高10米;后标位置为40°42.2′N、122°08.6′E,标高17米。两标一线方位353°20′,前后标间距280米。第四导标始建于1934年,前标位置为40°38.2′N、122°09.2′E,后标同时为内水道导标的后标,其建设年代、发展沿革与辽河口拦江沙导标相似;1949年后,标体的变化和灯器供电系统的改变与第二导标雷同。第二导标始建于1952年,当初为不发光的立标导标,仅供白天使用,夜航可参考航路后方第四导标。1985年,架设输电线路,安装HD-300型鼓形透镜灯器,灯质红色定光,二标一线方位,353°20′。1997年,换装为铁架结构,前标位置调整至40°42.2′N、122°08.6′E,前后标高分别改为12米和16米,前后标间距仍为280米。2004年,换装上海航标厂HD-400型导标灯器,市电改为锌空电池供电。2005年,改为太阳能电池供电。

西船厂导标

当船舶逆流而上,经过枣木沟灯桩,绕过永远角,借助西船厂导标,即可驶进营口港内。西船厂导标始建于1953年,最初为不发光的木质引导主标。前标位置为40°41.3′N、122°11.2′E,标高12.8米;后标位置为40°41.3′N、122°11.1′E,标高15.7米。两标一线方位283°,前后标间距150米。1966年,安装供电线路,采用 HD-300 型鼓形透镜灯器、白炽灯泡,灯质红色定光。1991 年,改建为钢架结构,外饰黑色,前标高 8 米,后标高 12 米。2000 年,改为太阳能电池供电,换装上海航标厂 HD-400 型导标灯器。

营口港航道导标历史悠久,虽规模不大,但分布密集、错综复杂、环环相扣、首尾衔接、互为接力,且多组导标悖于常态,不做中线引导,仅用作边线控制,更有一标多用的奇思妙想,特点突出,不失为航行艰难河口航标设置之范例。至 2012 年,营口港区导标总计 11 座,状态良好,工作正常。

(七) 青岛燕儿岛测速标

测速标是海军为检验舰艇实际速度而设定的专用标志,通常设置在开阔海域测速场岸边,由多组标或地方建筑物共同组成。测速标有铁架结构,更多的是石砌建筑。船舶通过距离、时间测算出船舶的对地相对速度,再通过风流等因素测算出船舶的实际速度,帮助船员了解船舶性能。燕儿岛测速场始建于 1976 年,位于山东青岛东部沿海一带,由海军北海舰队设计建造。

燕儿岛测速场由三组测速标组成:第一组测速标位于太平角附近,地理坐标分别为 36°02.6′N、120°21.5′E,36°03.9′N、120°21.6′E。前标为白色石砌结构,中间漆黑色竖条;后标为湛山寺塔。两标一线,角度为 003°06′。测速航向在距前标 093°沿海 2000 米处。第二组测速标位于燕儿岛,地理坐标分别为 36°03.8′N、120°22.7′E,36°04.1′N、120°22.7′E。前标为原青岛化工厂烟筒,后标为 401T 烟筒,烟筒体表每间隔 1 米涂白色横带 1 米,两标一线,角度为 003°19′。第三组测速标位于麦岛,地理坐标分别为 36°03.5′N、120°25.0′E,36°03.7′N、120°25.0′E。前后标为白色石砌结构,中间漆黑色竖条,两标一线,角度为 003°20′。其中,第一组与第二组测速标间距为 1627.9 米,第二组与第三组测速标间距为 3583.6 米,总测速距离为 5211.5 米。

20 世纪末,随着造船技术进步,测速场的作用逐渐降低,加之青岛城区建设重心逐步东移,401T 烟筒、青岛化工厂烟筒先后拆除,青岛航标处报经天津海事局批准,燕儿岛测速场于 2003 年撤除。

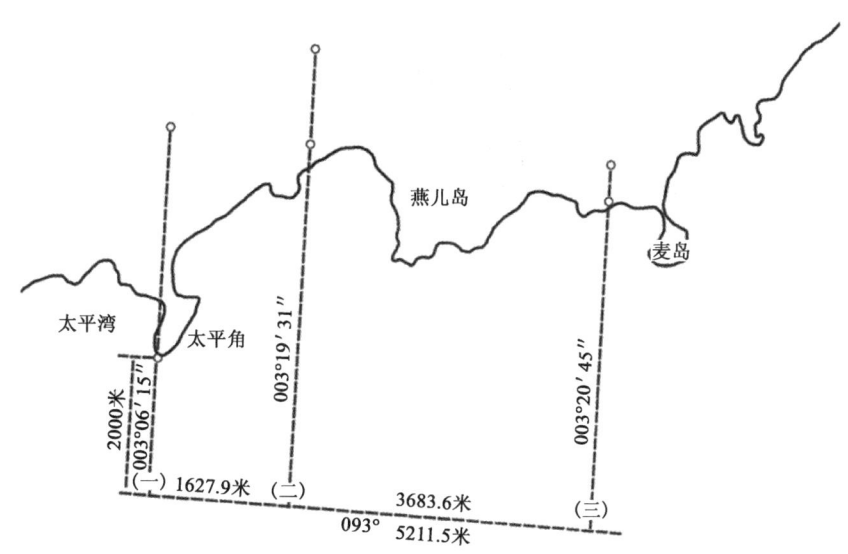

燕儿岛测速场
YAN′ER DAO MEASURED DISTANCE RANGE

图 3-2-206　20 世纪 80 年代青岛燕儿岛测速场示意图

(八) 秦皇岛港主航道引导灯桩辅助中心标

1973 年,随着一期原油码头建成投产,秦皇岛港形成东、西两个港区格局,港区泊位由 1 万吨级提升至5万吨级。为保障大型船舶进出港区,秦皇岛港务局在东、西港区中心开辟一条主航道。主航道北端分岔:往西北通向西港区为西航道,往东北通向东港区为东航道。主航道配置1组3对6座导标,导标前后排相距2150米,中线前标高30.5米、后标高47.5米。该组导标由于原设计缺陷和地理环境影响,未能实现全程导航。为此,秦皇岛港务局决定在中线前标的前方海面,增建1座辅助中心标,用作接力式导航,以增强导助航效果。

1985年10月,主航道引导灯桩辅助中心标(俗称海上中心标)工程开工,于1986年9月竣工投入使用。该海上中心标位于主航道中轴线上,距主航道导标中线前标2610米,距主航道与东、西航道轴线交点2483米,与主航道导标中线标形成三标一线。该标由"凸"形沉箱、墩柱、钢筋混凝土塔体及灯笼等几部分组成,总高32.28米,属海上孤立墩式建筑。桩体外饰橘红色与白色相间的玻璃马赛克,标高15米,灯高16米,灯质等明暗(Iso.),周期2秒(1+1),灯光射程6海里,配置375毫米鼓形透镜灯器,由硅太阳能电池方阵和500安时镉镍蓄电池组成供电装置。该海上中心标的建成投入使用,改善了原主航道导标导助航效果,保证了进出港船舶航行安全,并于1987年4月移交秦皇岛航标管理站。

图3-2-207　20世纪90年代秦皇岛港主航道引导灯桩辅助中心标

1990年9月14日,换装美国泰兰公司ML-300型灯器和TF-3B型闪光器。同年12月26日,加装美国Seabeacon Ⅰ Mark Ⅱ型雷康(识别代码M)。1991年10月9日,换装GAM-500型铅酸蓄电池16块。1996年8月,抛石416立方米,加固桩基。1999年8月,更新太阳能供电系统,设计配置功率400瓦,换装TDB100-38-P型太阳能电池板组件10块,CK-12EZ型控制器1台,6GFM1000型免维护铅酸蓄电池(12伏/1000安时)12块。2004年9月,换装上海航标厂HD-400型灯器。2009年4月1日,换装GFM500E型阀控式密封铅酸蓄电池24块,加装FCK-12E型壁挂式控制器1部,并更新太阳能电池板及主灯、雷康供电线路。

至2012年,秦皇岛港主航道引导灯桩辅助中心标状态良好,工作正常。

(九)锦州港主航道导标

1988年9月11日,锦州港主航道导标开工建设,1989年9月27日建成投入使用,位于渤海西北部锦州湾北岸,是船舶进入锦州港的重要助航设施。该导标1组3对6座,即主航道中线前后导标和东西边线前后导标,分别用于标识航道中心线和东西边线。前中标灯高35.6米,灯质定白,后中标灯高55.5米,灯质Occ,闪白4秒,两标同为圆柱形钢筋混凝土结构,由交通部第一航务工程局第五工程公司锦州安装处承建。

图 3-2-208　21世纪初锦州港主航道中线导标

1995年，锦州港主航道向西拓宽，导致中线前后导标引导轴线偏离新航道中心线，西边线前后导标指意失真。为此，锦州港务局拆除上述4座导标，并重建拓宽后航道中线前后导标。新导标为圆柱型钢筋混凝土结构，外饰白色，顶标圆形。前标位置为40°48.7′N、121°03.8′E，标高41米，灯高42米，主灯为高压钠灯，灯质定白，灯光射程12海里；后标位置为40°49.7′N、121°04.0′E，标高61.8米，灯高73.1米，主灯400毫米高压钠灯，灯质闪白4秒，灯光射程12海里。2座导标朝海面各安装4盏红色串灯，两标一线005°41′，备用灯为240毫米导标灯器。保留的锦州港主航道东边线前后导标改为红白相间铁架，灯质定白，灯器为240毫米导标灯器，其中东边线前标高15米，顶标为白色正置三角形；东边线后标高32米，顶标为白色倒置三角形。2003年4月8日，锦州港航标移交营口航标处管理。

2004年，为谋求港口自身发展，适应大型船舶进港，锦州港股份有限公司再次加宽浚深航道，建设5万吨级航道。航道总长21.5千米，航道宽度145米，设计底高程-13.5米。为保障外航道通航安全，并考虑港口建设尚未定型，避免重复建设，经与当地港航部门和营口航标处协商，决定先期建设2座外航道中线导标，边线导标暂缓建设。该导标建设工程由中港公司一航局勘察设计院承担设计，一公司负责施工，于同年3月22日开工，9月30日竣工投入使用。

新建的2座外航道导标均设置在海中，桩基为钢管群桩混凝土墩台结构，墩台上部为钢结构导标架；标牌均为菱形，涂装红白相间竖纹，灯质定白，灯光射程10海里。前标位置为40°44.3′N、121°03.1′E，距岸线8千米，标高34米；后标位置为40°45.3′N、121°02.9′E，距岸线6.2千米，标高54米。

随着港口及周边区域城市化建设快速发展，夜间背景灯光越来越亮，造成导标灯光识别困难。2008年8月，营口航标处在锦州港主航道中线前后导标分别加装3组红色显形光带，导标识别效果明显改善。2011年，锦州港主航道扩建升级为10万吨级，航道再度双向拓宽，航道中心线保持不变，原有导标未变。2013年，该导标主灯换装美国泰兰公司RL-355型导标灯器。

五、灯船与兰比

灯船和直径8米以上的浮标统称大型浮动助航标志。该标志多用于不易设置固定助航标志的港口航道口门、重要转向位置和孤立危险物、礁群等航行条件受限制的重要水域。

中国灯船历史悠久，有文字记载的用船作为航行标志先例可追溯到元朝至大年间。据《大元海运记》记载,元至大四年(1311),"常熟州船户苏显备已船二只,抛泊西暗沙嘴(扬子江)二处,竖主旗缨,指领粮船出浅"。清及民国时期海关经管航标的80余年间,中国沿海共设置灯船7艘。设置最早的是清咸丰五年(1855)"长江口铜沙"灯船,在岗时间最长的是"营口"灯船,至今已150年。此间,北方海区设有灯船4艘,辽河口"牛庄"灯船设于清同治六年(1867),天津"大沽"灯船设于清光绪四年(1878),"大沽拦江沙"灯船和"大沽拦江沙嘴"小型灯船设于清光绪三十二年(1906)。至19世纪末,灯船均为木帆船,设备简陋,损坏翻沉事故不断,灯船更迭频繁。20世纪初,钢质船兴盛,在岗灯船陆续更新。清宣统三年(1911)和1917年,"大沽"灯船、"牛庄"灯船先后更新为钢质灯船,此后渐趋稳定,灯船事故减少,两灯船使用寿命均达百年。

最初的灯船均为有人值守,白天挂旗,夜晚悬灯,雾天敲锣鸣笛,均靠人力。及至旋转灯器使用后,亦需以人工提升重锤,以获得灯器旋转动力。每船每班6人,3班人员轮流值守。灯船值守生活"岑寂寡欢"比之灯塔更胜一筹,然守责之重相比灯塔丝毫不差。至于蔬菜短缺,饮食不继,颠簸之苦,更是常事,甚至还有性命之虞。

灯船灯器使用能源的历程与灯塔大体相似,从最初的植物油、煤油挂灯,到可燃气体,发展至电力。20世纪70年代中叶,伴随航标灯器自动化技术的发展,以及太阳能电源用作航标灯能源,为灯船实现无人值守创造了条件。1978年大沽灯塔建成后,"大沽"灯船退役,于1981年调整为青岛"中沙礁"灯船,并改为无人值守。1985年春,"营口"灯船亦实现无人值守。此后,新建造的"黄岛外航道""中沙礁""青岛501"等灯船均为无人值守。现代灯船,除传统视觉导助航手段,增设雷康、AIS基站等新的导助航设施,并实现遥测遥控,其可靠程度和劳动强度已大为改观。北方海区迄今在岗灯船总计5艘。

大型浮标系指直径8米以上的浮标,亦称兰比(LANBY),是20世纪80年代中期借用外国经验而引进的航标新品种,通常设置在港口口门、航道转向点、船舶定线制水域分隔带端口等重要位置。1986年,在曹妃甸水域设置"TJ-1"号兰比,是为中国第一座试验性兰比。在其投放使用的4年时间,作为接力曹妃甸灯桩,增强大沽口海域导助航设施的助航效果起到一定作用,为北方海区建造使用兰比积累了经验。

1989和1999年,分别在大连大三山水道船舶定线制水域分隔带端口和青岛前湾航道口门投放不同规格兰比2座。2004年,大连大三山水道Ho兰比撤换为灯船。至2012年,北方海区航标系统尚保留1座兰比——青岛港301。

(一)营口灯船

"营口"灯船始设于清同治六年三月十八日(1867年4月22日),为北方海区设置的第一艘灯船,为有人值守灯船。该灯船由海关在上海购买的"西风(West Wind)"号小型木帆船改装而成。清同治八年十月二十七日(1869年11月30日),该灯船在驶往上海例行冬修途中,于上海大戢山附近海域12海里处,因"洞裂"而不幸沉没,船毁人亡。海关当局遂决定重新建造1艘灯船。在新灯船建造期间,租用"截尾马"(Bob Tail Nag)木帆船,临时充任灯船。

清同治十年六月初一(1871年7月18日),新灯船由英国经上海运抵营口,命名为"牛庄"灯船,锚泊于闾洲信号所西南约10.3海里处。地理坐标为40°45.3′N、112°00.0′E,该灯船为木质结构,配置300毫米六等反光灯器,灯质白色定光(F.),"阿尔干灯头十六(个)",灯高12.19米,灯光射程11海里,并加装雾笛1具,每10秒鸣响。每年11月中旬至翌年4月初辽河封冻时期,灯船撤除,改抛黑色圆柱形"棒标(Spar)"替代。

清光绪二十一年(1895),日军攻占牛庄,辽河口及北方诸港航行标志奉命撤除。由于"牛庄"灯船在上海例行冬修,因战事而滞留上海。翌年,当扬子江"铜沙"灯船坞修时,"牛庄"灯船奉命替代站灯。此间,牛庄海关租用英国"欧米伽(Omega)"号木帆船,在辽河口充任灯船。清光绪二十五年(1899),

"牛庄"灯船在沪大修,换装旋转明灭灯器,周期为每分钟旋转2次,烛力增至2000枝,于同年8月28日返回营口。

图3-2-209　清同治十年(1871)"牛庄"灯船

1917年,新造"牛庄"灯船投入使用,船体为钢质结构,铜铁合金防腐灯柱,灯高35英尺,配置500毫米四等闪光灯器,灯质联瞬闪(Gp. Lt. Fl.),10秒联瞬闪2次,烛力增至5万枝,灯光射程11海里。同时,配备乙炔瓦斯雾警器,间歇燃放以火光形式报警,阴霾天自动发射,每30秒点燃1次。灯船在指定区域锚泊,夜燃白灯,昼挂红旗。若灯船偏移位置时,主灯停止工作,在灯船艏艉各点1盏红色定光灯,用以表示潮流方向。每年12月上旬,灯船移至大连港冬修,翌年4月上旬恢复设置。在灯船撤除期间,用"棒标"替代灯船助航。原木质"牛庄"灯船转卖华商改为油船,于1919年在大沽毁于火灾。

图3-2-210　21世纪初"营口"灯船

1945年抗战胜利后,"牛庄"灯船移泊于营口港内西船厂,因战乱无人管理而被洗劫一空,仅残余船壳。1948年2月26日,营口解放,该灯船重获新生,经营口港管理当局大修后,重新布设于辽河口,配置乙炔气灯器,灯质闪光(Fl.),周期10秒(1+9),灯光射程10海里。1951年,"牛庄"灯船更名为"营口"灯船。1978年,换装溴钨灯器,灯质改为闪白12秒,灯光射程不变。1985年春,灯船实现无人值守。

1990年8月28日,换装美国泰兰公司ML-300型灯器。1992年7月6日,加装英国法洛斯公司Phalcon Ⅲ型雷康(识别代码Y)。

1997年9月10日,"营口"灯船再度更新,仍设置于辽河入海口,地理坐标为40°31.1′N、121°58.9′E。新灯船由营口造船厂建造,船体为红色,总长31.2米,型宽7.3米型,深3.2米;灯质闪光(Fl.),闪白,周期12秒(1.0+11.0),灯高11米,灯光射程10海里。

2002年3月,"营口"灯船安装太阳能供电系统。2003年3月27日,换装美国泰兰公司Seabeacon Ⅱ系统6,识别代码未变。2007年3月13日,受营口市气象局委托,加装自动气象观测设备。自此,"营口"灯船除具有助航功能外,还承担辽河口海上气象观测任务,相关数据通过无线适时传输至市气象局。原灯船退役后(2015年),作为中国航标历史文物运往上海中国航海博物馆永久收藏。

至2012年底,"营口"灯船状态良好,工作正常。

(二)大沽灯船

清咸丰十年(1860),中英《北京条约》约定:"先以天津群城作为通商之埠,凡英法商民均可居住和贸易。"天津被迫开放为通商口岸,后英法美等国相继在天津圈地开辟租界,修造码头,各国商船驶津者增多。据统计,清咸丰十一年(1861)抵津外籍商船94艘次,清同治六年(1867)达134艘,清同治十二年(1873)达265艘之多。"白河"海口,大沽沙航道水浅道窄,航行困难,船只搁浅延误屡见不鲜。在美国商人的极力要求下,津海关于清同治十三年(1874)始在大沽沙航道设置助航标志。最先设置的是河口处瓦斯灯浮标(GAS Buoy)。

"大沽"灯船始设于清光绪四年七月初六(1878年8月4日),位于天津大沽口拦江沙外,地理坐标为38°53.3′N、117°50.5′E,为有人值守灯船。该灯船由招商局"伊顿"(Aden)号趸船改造而成,除具有助航功用外,还担负大船过驳贮货任务。灯船使用的灯器为扬子江苏州"狼山水道灯船"原300毫米六等透镜灯器,灯质白色定光(F.),灯高10.97米,灯光射程10海里。翌年,因贮货过多,加之配载不当,造成灯船倾覆,致使船上40余人罹难。

图3-2-211 清光绪四年(1878)设置的"大沽"灯船

清光绪六年七月二十二日(1880年8月27日),津海关在上海建造新灯船,仍泊于原处。该灯船为上海"九段"灯船姊妹船,钢质龙骨,木质船壳,柚木甲板,船长81.5英尺,型宽21.5英尺。灯高11.43米,灯器为原"伊顿号"灯船灯器,增设数面铜锣,用于雾天报警。后因灯光微弱,加之白色定光,极易与其他船舶的船首锚灯混淆,经常导致误认,过往船只意见颇多。1887年8月,海关将上海"铜沙"灯船退役的2000烛光旋转灯器移装"大沽"灯船,使其助航效果得以改善。

清宣统三年(1911),津海关新造"大沽"灯船列编投入使用,地理坐标为38°56.5′N、117°52.2′E。该灯船为钢质结构,船长25.84米,型宽7.6米,设计吃水2.3米,船舶柱形灯柱高10.7米,顶部灯笼内设500毫米四等旋转灯器,配置平楚瓦斯灯机,烛力4.5万枝,灯质闪光(Fl.),周期10秒,灯光射程11海里。1922年,换装英国强氏公司旋转灯器和白炽燃烧器,烛力4.5万枝,灯质闪光(Fl.),周期10秒,灯光射程11海里。

大沽口地处渤海湾底部,华北大平原东隅,地势平坦开阔,全无遮挡,东风、东南风、东北风对灯船均有较大影响,且冬季冰况严重,灯船锚泊困难。灯船自身无动力,天气不好时不能自行有效规避。1923年始,津海关租赁天津海河工程局"工凌"号拖轮替代"大沽"灯船冬季站灯。在"工凌"号拖轮中部安装圆柱形灯架,上配置300毫米六等电石灯器,作为冬季的"大沽"灯船。遇恶劣天气,"工凌"号拖轮可起锚,破冰自航海河内躲避。此后,用"工凌"号作为冬季灯船延续至中华人民共和国成立前未变。随后,改由"海明""港明""红光2号"等拖轮替代"大沽"灯船冬季站灯,并延续至大沽灯塔建成。

1949年1月,平津战役行将结束,守备塘沽及唐山一线国民党军第八兵团司令部和87军部5万余人从海上南撤。溃兵用枪将"大沽"灯船灯笼玻璃打碎,灯架抛入海中,灯船停止发光。受战事影响津沪航线中断,粮煤停运,华北地区缺粮,沪宁地区无煤,商业无法维持,人民生活极度困难。为及时恢复津沪通航,华北人民政府交通部修复航海标识,"大沽"灯船再次发光,为保障津沪"北煤南运,南粮北调"通航安全发挥了重要作用。

1958年,海河入海口修建防潮闸,海河航道中断,往来天津市区船舶改道从天津新港经船闸驶往天津,"大沽"灯船移至天津新港航道口门,地理坐标为38°57.1′N、117°54.5′E,仍称"大沽"灯船。

1978年大沽灯塔建成后,"大沽"灯船撤除。1981年9月22日,调拨青岛继续服役,更名为"中沙礁"灯船。2006年3月,新造"中沙礁"灯船投入使用后,原"大沽"灯船退役。2011年1月5日,青岛航标处将这艘百年灯船整体移至青岛航标展馆,作为航标历史文物永久收藏。

(三)中沙礁灯船

胶州湾海域宽广,水深浪静,泥沙底质,天然良港,航泊皆宜。距黄山嘴东北1海里,大港航道和黄岛油区航道之间有两处浅点,即中沙礁。中沙礁北及西北分别是青岛港内锚地和油轮锚地。随着黄岛油港区建设投产,中沙礁两侧过往船舶渐多,船舶触礁事故时有发生。据1974以来的统计,有9艘万吨级船舶在此触礁搁浅。

"中沙礁"灯船始设于1981年9月24日,位于青岛胶州湾中沙礁附近海域,地理坐标为36°04.0′N、120°15.3′E。该灯船由原"大沽"灯船维修后,更名移泊于此,改为无人值守灯船,灯高10.5米,灯质闪光(Fl.),闪(2)红6(0.5+1.0+0.5+4.0)秒,灯光射程3海里。1982年12月25日,"中沙礁"灯船随青岛港航标移交青岛航标区管理。

1983年,"东方大使"等轮发生溢油事故后,按照交通部水监局指示,天津航测处于1983年11月5日在中沙礁投放活节式灯桩替代灯船。1984年3月19日,活节式灯桩被"黄岛电1号"轮撞断,青岛航标区于次日恢复为灯船。

1993年,"中沙礁"灯船加装美国泰兰公司Seabeacon I型雷康(识别代码Z)。1996年9月25日,依据国家标准《中国海区灯船和大型浮标制式》,灯质改为闪白6秒。1997年5月20日,灯光射程增至6海里。2004年1月15日,换装美国泰兰公司Seabeacon I型雷康,识别代码未变。

图3-2-212　1983年设置的青岛"中沙礁"活节式灯桩

2004年5月17日,新建造的"中沙礁"灯船交付使用,由中港集团天津船舶工程有限公司承建。该灯船为钢质结构,船长25.35米,型宽8.14米,型深3.2米,设计吃水1.6米,排水量137吨;灯高10.5米,配置上海炜实公司WM-L350A型LED灯器(三层),灯质(Fl.),闪白6(0.5+5.5)秒,灯光射程6海里,采用太阳能供电,配置GFMJ-600型蓄电池12块,总功率960瓦;雷康型号和识别代码未变。2006年3月3日,该灯船正式替代老灯船服役,备用灯船问题得以解决。2008年,换装上海海英公司HY-Ⅱ型雷康,至今未变。2009年6月29日,换装上海炜实公司WM-L350型LED灯器。2009年10月21日,换装太阳能风力互补供电系统,以风力供电为主,当风力不足时,自动切换太阳能供电。

至2012年,该灯船状态良好,工作正常。

图3-2-213　21世纪初青岛"中沙礁"灯船

(四)曹妃甸TJ-1号兰比

1986年12月,按照交通部水监局工作部署,天津海监局效仿英吉利海峡大型浮标替代传统灯船的做法,与天津大学合作研制成功国产首座大型兰比(浮标),由天津航道局船舶修理厂制造。

该兰比标体为钢质盘式结构,直径10米,高2.5米,内部分为若干水密隔舱;甲板中部安装灯架高7.7米,灯架顶部为直径2.5米圆形平台,供安装灯器等助航设备使用,浮标总高12.7米;标体重量20吨,排水量51.3吨,最大吃水1.5米;锚系配置直径53毫米有档锚链,链长150~200米不等,霍尔锚50千牛,铸铁沉锤9吨。主灯为美国自动动力公司FA-250型灯器,灯光射程10海里,焦面高10.8米;副灯为美国自动动力公司FA-249型灯器;采用JQ-1000型锌空电池供电,使用寿命6个月。配置JT-30T型"龙伯球"雷达反射器3组,每组3只。

1986年12月26日,天津海监局航标导航处决定将其作为南方位标,抛设在曹妃甸以东10海里处,地理坐标为38°55.2′N、118°41.0′E,作为曹妃甸灯桩的延伸标志,方便过往船舶识别该灯桩。标体涂色上黄下黑,灯质甚快闪(VQ.6)+1长闪,周期10秒,并命名为"TJ-1",寓意天津1号大型浮标。该兰比作为试验性浮标,投放使用后,曹妃甸水域助航效能得到明显增强,过往船舶反映良好。

1991年5月26日15时20分,"B-12"轮赴唐山港航标作业,途经"TJ-1"抛设水域时,发现该兰比失踪,随即报告天津航标区展开搜寻,后经10天查寻无果,于6月5日适时发布《航标动态通报》,撤除"TJ-1"兰比。

"TJ-1"兰比作为中国第一座大型浮标,具有目标明显、焦面高、灯光射程远等优点,且建造和维修费用比灯船低,经济效益较为明显,可替代灯船用于开阔海域或航道口门。然而,兰比相对于灯船而言,其抗浪涌性能较差,浮体晃动较大,航标人员登标维护作业难度较大,船舶拖带抛设或回港例行维修亦较困难,后续应用较少。

(五)"黄岛外航道"灯船

"黄岛外航道"灯船始设于1988年5月,位于青岛港超大型船舶航道北口左侧,地理坐标为36°0.01′N、120°19.9′E。该灯船为无人值守灯船,钢质结构,外饰红色,船长22.9米,型宽7.8米,型深3.8米,系泊采用8吨海军锚1口,直径50毫米锚链3节;灯高11米,配置上海航标厂300毫米鼓形透镜灯器,灯质连续快闪(Q)白色,灯光射程5海里;配置美国泰兰公司Seabeacon Ⅰ Mark Ⅱ型雷康(识别代码X)和雷达反射器,船艉配置浪动驱动雾钟。该灯船为青岛港黄岛油港工程配套项目,由青岛港务局设置。

图3-2-214　21世纪初"黄岛外航道"灯船

1997年2月青岛航标处(区)接管该灯船后,换装美国泰兰公司ML-300型灯器,灯质改为闪(2)白,周期10(0.5+1.0+0.5+8.0)秒,灯光射程5海里。同年8月19日,因遭受强热带风暴影响,系泊锚链连接卸扣脱落,灯船漂移至象嘴附近搁浅,船体受损。9月9日,抛设"代1"号灯浮标替代灯船。1999年4月19日,灯船修复,采用一次电池供电;改用2只1.5吨海军锚,锚链增至8节(约200米),仍锚泊原位。2001年10月31日,该灯船进厂例行维修,换装上海S-42C型太阳能电池和GFM1000型阀控密封铅酸蓄电池6块,工作电压17.9伏。2002年12月13日,换装美国泰兰公司SeabeaconⅡ系统5型雷康。2009年7月4日,换装上海炜实公司WM-L350A型LED灯器(三层),灯质、灯光射程不变。2012年4月18日,换装上海海英公司HY-Ⅱ型雷康。

至2012年,该灯船除定期例行离岗维修外,其位置、灯质、雷康等未发生大的变化,状态良好,工作正常。

(六)"大连港 Ho"兰比

"大连港 Ho"兰比始设于1989年7月20日,位于大连大三山水道通航分隔带北端,地理坐标为38°54.2′N、121°46.2′E,用以替代原直径3.6米"H_1"灯浮标,旨在增强船舶定线制通航分隔带北端转向点位置助航标志视觉效果。

图 3-2-215　1989 年设置的"大连港 Ho"兰比

该兰比为钢质结构,直径12米,灯高12米,配备美国泰兰公司ML-300型灯器,灯质莫尔斯Mo.(K)黄光,周期12秒,灯光射程10海里,由天津航道局科研所研制,并由大连航标区设置,是当时国内标体规模最大的海上大型浮标。

1991年12月30日,加装美国泰兰公司SeabeaconⅠMarkⅡ型雷康。1993年8月28日,该兰比遭受船舶撞击损坏,移送至大孤山船厂维修。经修复后,于同年10月10日复位。1997年,该兰比再次遭受船舶撞击,浮力舱进水,电池箱、灯器、雷康均损坏。同年6月,进厂维修后复位。2002年7月,更换太阳能供电系统。

自该兰比投放使用以来,视觉效果有所改善,但因多次被撞而频繁厂修和坞修,对实施船舶定线制及船舶航行安全造成不利影响。为此,经天津海事局批准,大连航标处于2004年撤除该兰比,换用原秦皇岛港十万吨级航道备用灯船,更名为"大连港 Ho"灯船,沿用至今未变。

(七)"青岛港301"兰比

"青岛港301"兰比始设于1999年8月28日,初始编号为"青岛港31",位于前湾港区航道口门,地理坐标为36°01.7′N、120°14.9′E,是青岛港前湾港区主航道口门转向点的重要助航标志。

该兰比为钢质结构,直径8米,灯高8米,标体总重47吨,沉锤重26吨;配置美国泰兰公司ML-300型灯器,灯质快闪(Q.),红光快闪,1秒1次连续闪光,灯光射程4海里。2000年10月13日,经天津海事局批准,青岛港务局将包括该兰比在内的前湾港14座助航设施正式移交青岛航标处管理。

2001年8月1日,因遭受"桃芝"台风影响,该兰比漂移,次日抛设直径2.4米灯浮标替代。同年12月28日,青岛航标处重新抛设该兰比,并换装500瓦太阳能电池,GFM600型免维护铅酸蓄电池6块,灯质、射程不变,地理坐标变更为36°01.8′N、120°15.5′E。2002年1月24日,加装美国泰兰公司Seabeacon I型雷康(识别代码M)。同年5月24日,换装美国泰兰公司Seabeacon II型雷康,识别代码未变。

图3-2-216　21世纪初"青岛港301"兰比

2003年4月,青岛航标处实施港口航标配布调整,将"青岛港31"兰比编号改为"青岛港301"。同年6月,该兰比灯质由红光快闪改为闪(2)白10秒。同年7月22日,换装美国泰兰公司MLED120/DA-65型灯器,灯质恢复红光快闪,并与右侧标"302"灯浮标实行同步闪光。2009年2月1日,换装上海海英公司HY-II型雷康。同年8月5日,该兰比撤回例行维修保养,更新锚链、沉锤,于11月19日原位恢复。该兰比保养期间,由直径2.4米灯浮标替代。

至2012年,该兰比状态良好,工作正常。

(八)"青岛港501"灯船

"青岛港501"灯船始设于2006年11月12日,位于青岛港超大型船舶航道南口右侧,地理坐标为

35°53.2′N、120°18.8′E，旨在加强超大型船舶航道口门助航标志的识别效能，满足船舶规模日益增大的航行需求。

该灯船为无人值守灯船，钢质结构，外饰红色，船长35.5米，型宽7.8米，设计吃水2.2米；双海军锚系泊，单锚重2.5吨，锚链直径50毫米，有档锚链9节；灯高10.5米，配置美国泰兰公司ML-300型灯器，灯质联闪3次Fl.(3)，白光，周期15秒，灯光射程6海里；配置太阳能供电系统，太阳能电池1008瓦；安装上海HY-2型雷康(识别代码N)。

2007年11月20日，青岛航标处接报该灯船漂失，于次日抛设应急灯浮标替代。经查，该灯船漂移系人为盗窃锚链所致。同年12月25日，该灯船配置锚链后复位原处。2012年9月，该灯船撤回例行维修保养并原位恢复。

至2012年，该灯船状态良好，工作正常。

图3-2-217　21世纪初"青岛港501"灯船

六、浮标与灯浮标

浮标(buoy)和灯浮标(light buoy)是重要的水上助航标志。浮标系指锚定在指定位置具有一定的形状、尺寸、颜色等特征的浮动标志，由顶标、标体、浮尾、平衡铁等部件组成，用系碇设备系留于设计标位，具有一定的回旋半径。灯浮标(简称"灯浮")系指顶部设有发光装置的浮标。浮标和灯浮标种类繁多，形制多样，按照标体形状可分为柱形浮标、罐形浮标、杆形浮标、锥形浮标、球形浮标、高驻定式灯浮标等；按照标体直径可分为1.5米、1.8米、2.4米、3.0米、3.6米等；按照标体材质可分为木质、铸钢、钢质、玻璃钢、超高分子量聚乙烯等。北方海区航标系统通常采用直径2.4米钢质灯浮标。

北方海区浮标设置最早可追溯至19世纪中叶。清同治七年(1868)海关船钞部成立后，陆续在中国沿海对外通商港口航道附近水域批量布设浮标，浮标制式主要参考英国标准，无统一规定。清同治十三年(1874)始，津海关在大沽沙航道河口处设置瓦斯灯浮标(gas buoy)。清光绪八年(1882)，海关总税务司署发布实施《中国水域浮标和立标颜色系统》，对水上浮动标志之颜色、式样、闪光特征等作出统一规定,是为中国近代第一部航标行业标准。当时,海关所使用的海上浮标制式是单一侧面系统,指明航行船舶与水道两侧界线的关系,由海上进港方向划分为左侧标和右侧标,即左黑右红。此外,专门为海道测量设置了涂装白色的测量浮标,但对各类浮标形状未作统一规定,仅按涂色区分其作用。除标识沉船的灯浮标一律采用绿光外,其他各种灯浮标的灯质均按当地情况确定,并不统一。最初的灯浮标使用煤油作为发光燃料,至20世纪初逐步改用乙炔气。清宣统三年(1911),北方海区航标系统(海关)管理浮标和灯浮标总计9座。

二战后,海关从美国购置一批直径2.4米的钢质电灯浮标,包括电闪灯和蓄电池,电浮标自此开始普及。至1949年,北方海区航标系统(海关)管理浮标和灯浮标总计27座。

1949年中华人民共和国成立后,北方海区水上助航标志制度沿用原海关发布实施的浮标制式。20世纪50年代中期,海军一〇工厂(上海航标厂前身)研制生产多种规格的乙炔气灯浮标和电浮标,自此终结灯浮标长期依赖进口的历史。1960年9月,海军司令部发布实施《海区水上助航标志制度(草案)》,初步实现浮标和灯浮标形制规范统一。20世纪中叶,北方海区灯浮标主要使用空气干电池供电。

1982年天津航道局接管北方海区干线公用航标后,灯浮标安装的多为上海航标厂90/150/200毫米鼓型透镜灯器,并改用空气电池,其中使用最多的是河南新乡JQ-1000型锌空电池。1985年8月1日,国家标准局发布实施《中国海区水上助航标志》(GB 4696—84),明确规定中国海区水上浮标和水中固定标志的灯质及其设置与使用要求。1986年9月,交通部组织完成中国海区水上助航标志制式改革,实现与国际标准接轨。此间,交通部水监局批量引进美国自动动力公司FA-249型全塑透镜电子换泡机灯器,主要用于重点港口主航道。鉴于该公司FA系列灯器的灯罩(壳)在实际使用中陆续大量发生龟裂情况,天津航测处遂报告交通部水监局航测处,及时联系厂商全部退货。随后,上海航标厂成功研制HD-155型航标灯器,为中国沿海和内河广泛设置灯浮标提供了技术支持。

20世纪90年代,按照交通部安监局工作安排,天津海监局在大连、烟台、青岛航标区辖区10余座灯浮标上试用广州波力发电装置,但因其技术和质量尚不成熟,加之其售后服务不到位,未能全面推广使用。1991年10月1日,国家技术监督局发布实施《航标灯光信号颜色》技术标准,实现灯光颜色规范统一。至1998年底,北方海区航标系统管理浮标和灯浮标总计223座,基本采用上海航标厂HD-155型灯器。

2000年4月1日,国家质量技术监督局修订并发布实施《中国海区水上助航标志》(GB 4696—99),进一步规范统一灯浮标和浮标形制,并沿用至今。2001年始,天津海事局陆续从美国、西班牙、新西兰、日本等国家引进一批新型LED灯器,并在重要港口和重点航道灯浮标上安装试用,取得良好效果,开始在北方海区推广应用。同时,该局在不冻港口灯浮标上换装太阳能供电系统,配合长效铅酸蓄电池,性能稳定可靠。2004年,北方海区航标系统管理的443座灯浮标实现"灯器LED化",278座灯浮标实现"供电太阳能化",提前一年实现北方海区"十五"航标阶段性规划目标。此间,在大连港5座灯浮标上试用海水电池。

2007年始,北方海区航标系统在小型灯器国产化方面取得历史性技术突破,烟台航标处先后自主研制成功HD-200型和HD-120型阵列式智能LED灯器、HD-60型智能LED点光源灯器和YHD-120型智能太阳能供电系统一体化LED灯器,以及"航标运行信息监控系统"等若干现代化航标设备,逐步实现灯浮标管理遥测遥控,并达到国际先进水平。2008年12月,青岛航标处率先投放2座CMB1500型超高分子量聚乙烯灯浮标,并陆续在烟台、青岛等航标处辖区推广使用20余座。

至2012年,北方海区航标系统管理公用浮标和灯浮标总计1350座。其中,实现遥测遥控936座,覆盖率达到69.33%。

(1)　　　　　　　　　　　　　　　(2)

图 3-2-218　21 世纪初安装 LED 灯器的直径 2.4 米钢质灯浮标

七、活节式灯桩与冰标

冰区航标系指北方海区航标系统为中国高纬度地区冰冻港口冬季助航研发的水上助航标志,主要包括活节式灯桩和冰期浮标(简称"冰标")两种。由于受北方海区冬季低温寒冷气象的影响,庄河、营口、鲅鱼圈、锦州、绥中、山海关、秦皇岛、天津、黄骅、潍坊、张家埠等港口海面结冰情况严重。流冰在潮汐的作用下不断运动,对海上灯浮标、浮标极具破坏力。常规灯浮标因其标体结构的局限性,或被流冰夹带移位漂失,或被冰层覆盖挤压,导致灯器或浮标支架损坏严重,难以保证其助航作用正常发挥。为此,北方海区航标系统历代航标人员潜心研究、反复实践、百折不挠、力克难关,彻底结束中国沿海冰冻港口冬季浮动标志夜间不能助航的历史。

(一) 活节式灯桩

1978 年中共十一届三中全会后,伴随着改革开放持续深入,中国航运经济得到迅猛发展,船舶压港现象日益突出,如何实现冰冻港口船舶夜航、大幅提高港口航道利用率,成为亟待研究和解决的问题。1982 年,天津航测处决定自主研制"活节式灯桩",以尽快改善长期制约北方海区冰冻港口船舶夜航的通航环境。第一代"活节式灯桩"是在常规灯浮标基础上改制的,并没有"活节"装置,因其呈现在海面上的形状为柱状,俗称"柱标"。同年 6 月 18 日,首次制作的 4 座活节式灯桩作为航道疏浚工程边线辅助控制标,设置在天津港主航道两侧,至 11 月中旬全部损坏,其间曾发生 5 次断裂。此后,天津航测处于 1983 年和 1984 年分别在天津、秦皇岛继续研制试验活节式灯桩,仍未取得预期效果。

1985 年,在天津航道局科技处支持下,天津航测处研制人员王汶总结分析失败原因,形成新的设计思路和方案,并逐步完善:根据罗盘自由摆动原理,将标杆与沉锤的连接方式改为双十字铰"万向节",标杆之间的连接方式采用通体焊接,使活节式灯桩可任意方向倒伏,以顺应流冰不规则运动规律,增强标杆强度,尽量减少标杆断裂或脱节情况的发生;将标志工作平台底部改为倒三角状流线型结构,并将镂空护栏改为实体护栏,确保标志在倒伏状态下便于流冰通过,以减轻流冰对标头的冲击力,保护灯器和供电系统;采用高透明度的聚碳酸酯灯器防护罩,并改进灯器、电池箱以及电池箱空气流通孔等部位的水密装置,以保障灯器正常运行;设计8~10吨重的凹底铸铁沉锤,增加沉锤驻留力,确保标志位置的稳定性;将标志浮力舱由单舱改为4个隔舱,充分利用剩余浮力,增加标志的抗沉性;根据现有大型航标作业船舶起吊能力,将活节式灯桩总重量控制在10吨左右,并将活节式灯桩所有零部件标准化,以便于更换和维修作业。

是年,天津航标区在天津新港灯塔北航道投放B1、B2、B3、B4号活节式灯桩4座再度试验,并委托大沽灯塔值守人员代为观察记录其运行状况。试验记录表明:活节式灯桩虽存在被流冰压倒的情况,但标志位置稳定、标体完好、灯光正常。其中,B1、B2号活节式灯桩连续使用1849天,直至例行更换作业。实践证明,新的活节式灯桩初步达到抗冰助航的目的。至此,活节式灯桩设计基本定型。经数年实践,研制人员进一步完善了标志损坏而不易解体的"软连接"设计,即在标杆内增加一根直径12~14毫米、长度为最大水深2.2倍的钢丝缆,使标志损坏后的打捞修复更加便捷。这一改进措施,首先用于锦州港,并在后续打捞修复中发挥良好作用。随后,为有效解决活节式灯桩在冰层下的转动问题,减轻船舶碰撞造成的损失,研究人员在万向节底部增设一套水平旋转装置,形成目前的活结式灯桩"万向节"。

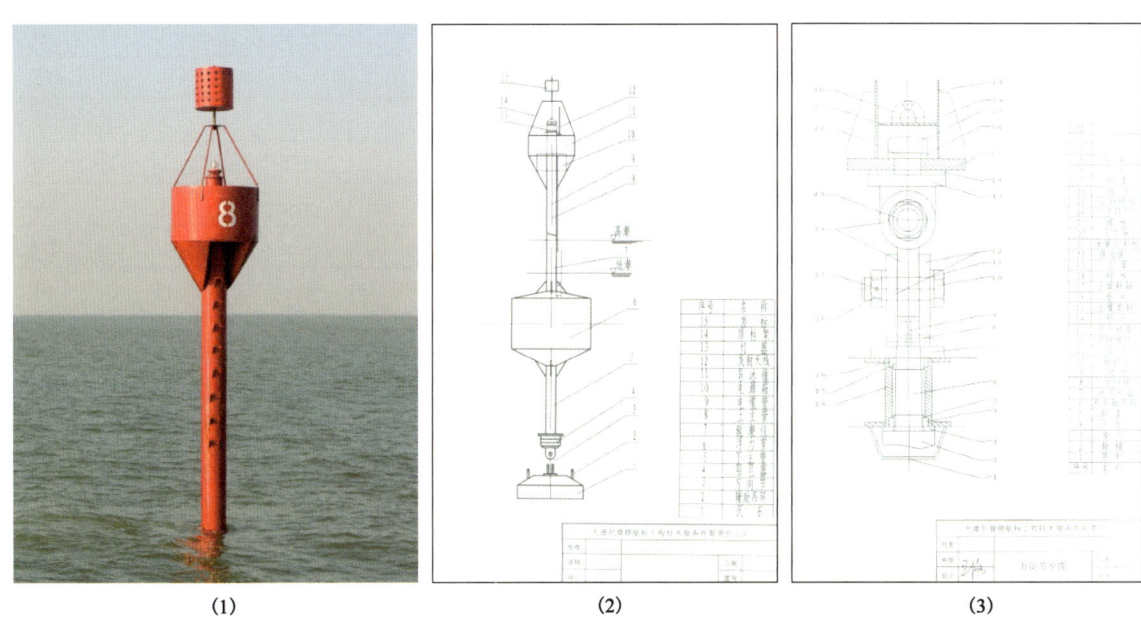

图3-2-219　1985年研制的天津港活节式灯桩照片和结构设计图

1987年,天津航标区扩大活节式灯桩试验,将天津港主航道左侧11座灯浮标全部更换为活节式灯桩,初步实现冬季夜间主航道全线发光,基本结束了天津港航道助航标志冬季夜间不发光的历史。同时,活节式灯桩逐步推广使用,除天津港和秦皇岛港外,在大连港、锦州港、绥中港、京唐港、黄骅港、青岛港、盐田港等处设置了数量不等的活节式灯桩。其中,青岛团岛角5号标一次性使用10年,秦皇岛18号、32号、38号标连续使用14年,深圳盐田港3号标使用近10年,且经历多次台风侵袭,仍保持标位正常、标体完好。

1988年,为进一步了解活节式灯桩的实际使用情况,天津航标区走访听取航标用户反馈意见。天津航道局、航务工程公司、天津港引水公司、海运公司以及往返天津、大连、烟台客货轮的驾引人员一致认为:"活节式灯桩较之常规灯浮标,标志位置稳定,灯光焦面较高,雷达反射清晰,助航效果良好,希望更多推广使用。"1989年4月,新型活节式灯桩通过交通部技术鉴定。1990年10月,取得国家实用新型专利。

1982—2012年北方海区航标系统活节式灯桩设置一览表

表 3-2-71　　　　　　　　　　　　　　　　　　　　　　　　　　　　　　　　　单位：座次

年份 \ 辖区数量	大连	营口	秦皇岛	天津	烟台	青岛	其他	年在岗数
1982	—	—	—	4	—	—	—	4
1983	—	—	—	2	—	—	—	2
1984	—	—	2	—	—	—	—	2
1985	—	—	—	4	—	—	—	4
1986	—	—	—	6	—	—	—	6
1987	—	—	—	13	—	—	—	13
1988	—	—	20	11	2	1	—	34
1990	—	—	30	17	2	1	—	50
1994	—	3	27	16	2	1	2	51
1996	1	3	27	19	2	4	3	59
1999	1	3	14	29	—	4	3	54
2000	1	3	32	14	—	7	1	58
2002	1	10	41	15	—	7	1	75
2004	—	6	47	19	—	3	1	76
2006	—	14	42	53	—	—	1	110
2009	—	17	43	55	—	—	—	115
2012	—	7	23	19	—	—	12	61
合计	4	66	348	296	8	28	24	774

据《航标表（黄、渤海区）》和相关史料近30年来的不完全统计，至2012年，全国海区共有20余个港口、航道使用各种用途的活节式灯桩累计774座次。其中，大连辖区4座次、营口辖区66座次、秦皇岛辖区348座次、天津辖区296座次、烟台辖区8座次、青岛辖区28座次，以及湄洲湾、盐田港等设置24座次。

经长期使用发现，活节式灯桩仍存在灯器防冰罩易损坏、标体顶部冰雪不便清除、冰况严重时标志移位等缺陷，致使冰冻港口冬季助航问题尚未彻底解决。2001年初春，秦皇岛港10万吨级航道活节式灯桩损坏严重。

（二）冰标

最初的冰标为杆状木质浮标（简称"棒标"）。清光绪八年（1882），津海关已引入"棒标"作为天津港冬季浮标使用。据《五十年各埠海关报告》记载，牛庄灯船"从上年11月底到翌年3月底，由于冰况，灯船被移走，它的位置被一个黑色圆柱形标标记出来"。天津港和营口港等港口在冬季通常采用木质"棒标"替换浮标或灯浮标，以勉强维持白天助航并保留其设置位置。每年11月中旬，将常规灯浮标（包括灯船）更换为"棒标"，翌年4月1日前，再将"棒标"更换为常规灯浮标，此模式沿用百余年。20世纪60年代初，"棒标"由木质改为钢制，并沿用至21世纪初未变。由于"棒标"体积小，且经常被海面流冰所覆盖，加之没有灯光，白天尚可发挥助航功效，夜晚则失去助航作用。

2003年4月，天津海事局立项研制新型冰标，并由天津航标处会同天津大学、天津工业大学、平安耐高能电池科技有限公司分别承担结构性能、防冰水密、低温长效电池等研制工作。同年10月，天津大学建筑工程学院船舶工程系完成小型冰标设计。新设计的小型冰标标体呈纺锤形,总高 6.075 米,浮体直径分为 1.10 米和 1.40 米两种,重量 1610.59 千克,灯高 2.98 米。随后,天津航标处开始实施冬季航标更换作业。此间,韩国籍某船舶驾驶人员发现天津港主航道部分灯浮标更换为"棒标"后,通过外交渠道向中国政府提出:"使用不发光的杆形浮标与天津亿吨大港地位很不相称。"

图 3-2-220　20 世纪 80 年代设置的天津港冬季钢质"棒标"

图 3-2-221　2008 年 5 月 8 日,"冰区浮标研制"项目通过中国航海学会技术鉴定

为加快新式冰标研制,尽快投入使用,挽回国家声誉,天津海事局遂将原计划投资6万元的冰区浮标研制项目费用调整为199万元,并根据天津港主航道浮标间距1海里的实际情况,确定小型冰标直径为1.10米和1.40米,以保证标志的视觉效果。同年12月24日,在天津港主航道海域抛设5座直径为1.10米的小型冰标试用。该小型冰标采用流线型外形,配置高能锂电池、聚碳酸酯灯罩和5吨铸铁沉锤。由于连年暖冬,在后续两年的试验中,标志位置稳定,锂电池电力充足,灯器发光正常,灯光焦面适中,助航效果良好,并于2006年8月取得2项国家实用新型专利证书,逐步在北方海区港口推广使用,活节式灯桩的使用数量随之逐步减少。至2008年,北方海区累计投放小型冰标197座次。是年12月,该项目科研成果荣获天津市科技进步奖三等奖。

2009年冬,渤海湾遭遇历史罕见的严重冰情,小型冰标大范围出现移位漂失,冰标的聚碳酸酯水密防冰灯器护罩在长时间低温条件下(-20℃左右)材质脆化,被流冰挤压发生碎裂,导致灯器失常,严重影响助航效果。为此,天津海事局遂决定立项研制新一代冰标。2010年,天津航标处与天津路航船务有限公司合作开展新型冰标研制工作,安红松、苗猛、王剑等专业技术人员针对小型冰标存在的突出问题,再度改进冰标设计,并研发成功新型冰标。

图 3-2-222　各型冰标

该新型冰标改变标体与灯器通常的连接方法,采用凹陷式的灯器连接模式,在确保冰标灯器7度垂直发散角的同时,压缩透镜高度至20毫米,加厚鼓型透镜灯器的透镜,采用流线型整体铸铜外壳,以最大限度地降低流冰对冰标灯器的冲击;天线罩外形采用圆滑设计,增强尼龙圆锥形顶罩防抗流冰能力,减少受损概率;新增北斗卫星和GPRS遥测遥控功能,将其天线放置在增强型尼龙天线罩内,为海上浮动标志实现智能化管理创造条件;增加自动关闭电源功能,当标体被压入冰下或在陆地存放时,能自动关闭电源,达到节电之目的;配置专用锂电池,能够满足连续5个月在岗使用;直径1.40米标体隔舱板由原 4 毫米增至 6 毫米,上锥体增加两道加强板;平板封头加短节法兰方式改为凸形封头,钢板厚度增至 8 毫米;改变焊接工艺,锥体角接焊缝改为全焊透型焊缝。

经为期两年使用,新型冰标经受住厚达 30～50 厘米大面积流冰和最大叠冰厚度近 1 米及零下 20 摄氏度低温的检验,冰标位置稳定、灯器完好、发光正常、无线遥测遥控系统运行良好,保证了冰标发挥正常助航效能,并在北方海区冰冻港口广泛推广使用,彻底解决冰冻港口冬季全天候助航的历史性难题。2011 年 8 月和 9 月,项目成果"冰区浮标(新型)"与"冰区浮标灯器"分别获得国家外观设计专利和实用新型专利。2012 年 11 月 2 日,"新型冰标及冰标用灯器研制"项目荣获中国航海学会科学技术奖三等奖。至 2012 年底,该新型冰标先后在大连、营口、秦皇岛、天津、烟台航标处辖区设置使用 500 余座次。

八、信号台

信号台,俗称旗台,是港口基础设施之一,亦是航政管理部门通过旗语和灯光信号等方式传递船舶锚泊航行指令、通报海洋潮汐风汛、保障水上交通安全的重要手段。信号台种类繁多,功用各不相同,有专门指示船舶进出港靠泊的通行信号台,有警示港口航道水位的水深信号台,有预报海洋气象的风汛信号台,等等。

据史料记载,古代戍边将士在边疆关隘高筑土台,当遇有警情时,昼则燔燧,夜乃举烽,一台燃烟,邻台举火,传告全线。从信息传递功能上讲,这些烽火台应是中国最古老的信号台。在明朝永乐年间,漕运总兵陈瑄曾在山东灵山等地构筑旗台,即为专用于航海导航的古代信号台。

北方海区近代信号台建设始于 19 世纪 60 年代。清同治二年(1863)东海关设立的烟台山旗台和清同治六年(1867)津海关设立的大沽口水深信号台,是为迄今可考的北方海区近代最早的通行信号台和水深信号台。之后,大连港第一信号台、青岛信号所、营口四道沟信号杆等相继建成投入使用。由于历史久远,形制复杂,数量众多,立废频仍,加之相关史籍甚少记载,北方海区沿海各港信号台历史发展演变详情难以一一考证。

1949 年中华人民共和国成立后,海军和沿海港口主管部门在修葺恢复原信号台基础上,相继增设信号台。20 世纪 70 年代,随着无线电通信技术发展,甚高频电话得到广泛应用,船岸之间传统的旗台信号联络方式日渐式微,沿海港口通行信号台相继关闭,有的改建为甚高频话台,有的转换为潮位观测站,仅有少数港口保留水深或风汛信号台,作为港口基础设施之一继续发挥作用。

至 2012 年底,北方海区航标系统管理的信号台尚有 2 座,即天津港水深信号台、营口港信号台,均为水深信号台。

(一) 烟台港信号台

烟台港信号台始建于清同治二年(1863),位于烟台山顶原烽火台处,用于向进出烟台港船只发布通行旗语信号和天气风汛变化预报。清光绪三十一年(1905),烟台山简易灯楼和旗语杆拆除,改建为"棱堡"式灯塔,并在烟台山原古刹院外建造一座通行信号和风汛信号合一的信号台。其主旗语杆采用杉木,顶部呈十字形结构,高 30 米,天气晴朗时,距其 30 千米外可见。进港信号:昼挂黑色正三角形标牌,牌下挂显示停靠泊位的数字旗;夜悬上下排列绿灯 2 盏。出港信号:昼挂黑色倒三角形标牌;夜悬上红下绿灯各 1 盏。风汛信号:6～7 级风力挂方形黑色标牌,8 级以上风力挂菱形黑色标牌。

在抗日战争和解放战争时期,烟台港助航设施屡遭损坏。1945 年 8 月,烟台解放,烟台山灯塔和信号台由人民东海关港务科(原海坝工程会)管理,并指定蒲春惠为负责人,恢复灯塔和信号台功能。1947 年 9 月,国民党军队占领烟台,港口助航设施再遭破坏,至败退时信号台标牌和旗帜被付之一炬。1948 年 10 月,烟台第二次解放,烟台港务处投资 134745.50 元(山东解放区北海银行币)重置烟台港信号台旗帜,恢复其功能。1951年11月,烟台港务分局在烟台山利用原旗台、旗杆,建立台风信号台。

1953年5月,烟台港信号台随同烟台港助航设施一并移交当地海军管理。1958年烟台港航标交回烟台港务局管理后,信号台仍由海军管理,商船进出港由海军信号台代为指挥。1976年9月,烟台港务监督设立烟台港信号台(班组),核定编制7人,于次年2月14日正式履行指挥商船进出港职责,与海军信号台同址办公。1976年11月15日,交通部发布施行《中华人民共和国交通部沿海港口信号规定》,该信号台从其规定。

图3-2-223　清光绪三十一年(1905)烟台港信号台绘图

1982年,原灯塔和信号台值班室拆除。1986年,在原信号台值班室及其附近位置新建灯塔1座,为"古典城堡式群体建筑"。新建灯塔第11层设信号台值班室,由海军和烟台港务监督信号台共用。同时,在灯塔安装雷达和甚高频电话。自此,该信号台兼用甚高频电话和旗语信号指挥船舶进出港。

1988年,烟台港修订港章,对船舶进出港信号作出调整:请求进港船舶应当悬挂船名旗和呼号旗,外籍船舶还应悬挂中华人民共和国国旗,待信号台工作人员同意后,信号台杆显示相应的交通信号。来船按照信号,从指定航道进港。亦可用灯光通信与信号台联系,绿旗(灯)表示有船进出东港区或在东港区内移动;红旗(灯)表示有船进出西港区或在西港区内移动。进出港船舶的申请批准20分钟后,船舶若无反应,撤销已批准申请。此外,亦可用甚高频电话呼叫信号台与之联系。是年8月1日后,该信号台除照常发布台风预警信号外,一般不再显示风汛信号。

1988年7月,烟台港信号台划归烟台海监局建制。该局设立烟台山信标站(正科级),统一管理烟台港航标和烟台山信号台。1994年7月,烟台海监局将由其所辖的烟台港33座港口航标划归烟台航标处(区)统一管理,烟台港信号台划归该局总值班室管理。至2012年,该信号台主旗杆维护保养良好,迄今仍在原地矗立。

(二)天津港水深信号台

天津港水深信号台始建于清同治六年(1867),始称大沽信号台,位于天津大沽口南炮台附近,地理坐标为38°59.8′N、117°32.5′E,由津海关设置。为保障该台通报的潮汐水位及时准确,清光绪四年

(1878)津海关在临海处增设验潮站。清宣统元年(1909)大沽信号台移至北炮台白河入海处。据《中国沿海灯塔志》记载,当时大沽信号台设备优良,20世纪20年代已用"德鲁克"发电机供电,光力甚强,在8海里外大沽灯船亦可望见。大沽信号台采用白色"末"字形桅杆,主杆上有三道横杠,白天悬挂黑色圆形标牌,夜晚采用14盏白色信号灯和一盏红色信号灯表示潮水水位。

1958年,海河口修建防潮闸,大沽沙航道废弃,经新港过船闸成为海上驶往天津市区内老港区的唯一通道。为此,天津市港务管理局于1960年重建大沽信号台,更名为天津港水深信号台,并将水深信号标识牌向北转动指向新港航道,由以往对大沽沙船舶服务改为对进出塘沽新港和船闸的船舶服务。

1972年,天津航测大队在原址重建水深信号台,拆除原木质结构标志,改为钢管三角架结构。1993年,将位于船闸附近的潮位观测站改建为56.5平方米的2层小楼。1995年9月20日,天津航标区在新港船闸东口潮位观测站安装SCA6-Ⅰ型声学水位计,实现潮位数据采集、存储、记录自动化,提高了数据观测精度,降低了航标人员劳动强度。

图 3-2-224　1917年天津大沽口水深信号台

1997年11月,天津海监局再度重建天津港水深信号台。因政府土地规划事宜,工程停工数月后,于1998年8月恢复施工,1999年8月竣工投入使用。信号台塔架为钢管结构,底部为混凝土基础,塔架基座间距长3米、宽2米,塔高27米,最低标牌高12.63米。

2008年,潮位观测站向东前移重建,为三层混凝土建筑,面积81平方米。2011年12月,潮位观测室被过闸船舶撞击,导致窗体碎裂、脱离外墙,影响信号台正常运行,值班人员安全存在隐患,天津航标处遂于翌年6月在潮位观测站楼顶安装水深信号台警示灯桩,警示过往船舶。此间,观测站和信号台均为24小时有人值守。观测站值班人员通过望远镜瞭望水尺,每15分钟记录1次船闸处潮位变化,再将信息告知信号台值班人员,信号台值班人员通过电动按钮或手动操作杆,随时将水位信息反映到塔架上。塔架上共有10个标牌和10盏信号灯,分别显示涨、落潮和水深,白天为潮位标牌信号,夜间为潮位灯光信号,观测视距6.5千米。顶部三角标牌(绿灯)代表涨潮,不显示三角标牌或绿色灯光代表落潮,塔架中轴北侧表示"米",方形标牌(红灯)代表2米,圆形标牌(白灯)代表1米,橙黄灯表示负水位。中轴南侧表示"分米",圆形标牌(白灯)代表0.2米,方形标牌(红灯)代表0.1米,上部方形标牌代表负水位。某一时刻,各标牌代表的数值相加即为当时潮位。

随着天津进出港口航道及船闸航道不断加宽浚深,尽管航行船舶对潮水依赖程度逐渐减弱,但通过船闸的船舶时有应用,验潮站工作不曾间断。至2012年底,天津港水深信号台运行如常。

(1)潮位信号塔

(2)潮位观测站

图3-2-225　天津港水深信号台

(三)大连港信号台

大连港信号台历史悠久,变化频繁,数量众多,规模宏大。清光绪二十四年(1898),沙俄强租大连,并筑建商港。翌年,在大港二号码头东侧(今九区以南30米处)大栈桥办事处二层办公楼顶,建造大连港第一个信号台。日俄战争后,港口由日本满铁劫收,将该信号台改称第一信号所。1912年10月,满铁拆除原木结构信号台,在东防波堤北端新建二层塔式信号台,称第二信号所。

据《大连港设施概要》记载,1920年11月,满铁在大连埠头事务所办公楼顶平台(今大连港务局办公楼)设立船舶信号台,时称第一信号所。1930年7月,随着甘井子码头竣工启用,在该码头装卸指挥台设置船舶信号台,时称第三信号所。同年,满铁颁行《码头信号规程》,改用新的识别方法。1933年10月19日,港口当局在第二码头北端建成新信号台,原第一信号所和第二信号所关闭停用。新建信号台高59.25米,仍称第一信号所。原第三信号所改称第二信号所。

1945年8月日本战败投降后,大连港及信号台设施由苏军接管。由于当时进出大连港商船较少,甘井子第二信号所停用,第一信号台改称二码头信号台,主要用于指挥苏军舰艇。1948年8月,苏军管理部门在大连港办公楼顶重设信号台,并颁行新的信号标

图3-2-226　21世纪初大连港第一信号台

志规定,统一指挥往来商船;隶属港务部,信号员6人(苏中各3人)。

1951年2月,苏军将大连港办公楼顶信号台移交港务部门,二码头信号台移交中国海军。信号管理规定沿用旧制,船舶请求进出港鸣长笛两声,若同意进港,白天挂黑色圆形、三角形、圆形三面标牌,夜间挂绿、红、绿三盏信号灯;若同意出港,白天挂黑色三角形、圆形、三角形标牌,夜间悬挂红、绿、红三盏信号灯。1954年3月,大连港务监督颁行《大连港港章》,进一步规范进出大连港信号,增加靠泊数字旗、移泊信号等。1958年2月,经大连港与海军协商,共同使用二码头信号台,大连港办公楼顶信号台停用。1976年11月15日,交通部发布施行《中华人民共和国交通部沿海港口信号规定》,逐步统一了全国港口指挥信号。

至1988年,大连港仍有三座信号台,即大港二码头信号台、甘井子信号台和新港信号台。大港二码头信号台位于大港区第二码头北端;甘井子信号台位于甘井子区,煤码头北;新港信号台位于新港区石油码头西南。之后,随着中国经济社会发展和科学技术进步,甚高频无线电话逐步应用到信号指挥领域,但信号台以其简便易识特点,仍担负指挥船舶进出港及移泊任务。此间,随着大连黄白嘴和大窑湾海上交通管理系统(VTS)设施建成投入使用,大连港区海域船舶动态状况完全置于其监测之下,大连港原设置的信号台逐步停用。至2000年,仅大港二码头信号台仍在发挥着调度船舶进出港口的指挥作用。

2011年3月15日,因大连港第一信号台历史悠久,规模恢宏,保存完好,被列为大连市第三批重点保护建筑。

(四)青岛港信号台

青岛港信号台历史悠久,数量众多,其中声名最大的首数信号山信号台。信号山始称"大石山",后因其山顶信号台终日彩旗飘扬,北洋政府胶澳商埠督办公署在整理青岛区域划分及地名时,遂正式命名为"信号山"。

图3-2-227 德占时期青岛港信号山信号台

青岛港信号台始建于清光绪二十九年(1903),位于山东青岛市南区沿海信号山顶,由德国占领当局主持建造,为其指挥军商船只出入青岛港之用。该信号台通过悬挂不同标牌旗帜或人工旗语,与过往船只互通信息,正三角形标牌表示有船进港,倒三角形标牌表示有船出港,方形旗表示帆船,红色旗表示游轮,圆球表示军用舰船,以及表示湾内不同国籍船只和数量等旗帜。同时,在青岛大港一号码头西端亦建有旗台。各台均设有风汛预警信号标牌。

1923年7月,按照北洋政府胶澳商埠督办公署要求,该信号台增加每日中午鸣炮报时功能,所需费用由胶澳地方政府财政担负。1948年,信号台大修,更新信号台旗架。

1949年中华人民共和国成立后,随着青岛港区范围逐步拓展,信号台数量随之相应增加,海军在青岛港及附近沿海修复和新建了大港、小港、汇泉角、小青岛、团岛等5座信号台,分别承担青岛大港、小港、青岛老港(今前海栈桥)、团岛岬角及内外锚地附近船舶交通指挥。20世纪70年代后,随着中国经济社会发展和科学技术进步,甚高频无线电话逐步应用到船舶交通指挥领域,各信号台渐次撤除停用,信号山信号台旧址曾一度改为青岛港通信站雷达导航台。

至2012年,青岛港信号台旧址仅存1座(今5号码头信号台)。原青岛港第一座信号台早已改建为信号山公园,成为当地居民的休憩之所和俯瞰青岛美景的登高之地,山顶3座象征导航信号的红色圆球形建筑成为当地著名景观,其中1座现为山东海事局海事博物馆。

(五)营口港信号台

营口港信号台,昔称拦江沙信号台、闩洲信号台,始建于清光绪三十年(1904),位于营口四道沟辽河入海口岸边,由牛庄海关建造。据《营口航政局管辖内航路标识现况概要》记载,该信号台为潮汐信号台,基座为正方形,边长1.4米,高70厘米;杆为木制,高约15.2米,白天悬挂直径约1.83米竹笼黑球,夜间显示100瓦白灯和200瓦绿灯信号。1915年,拦江沙信号台安装专用电话。1928年,改建为铁塔式信号台。在东北沦陷时期,拦江沙信号台称四道沟信号所。

图3-2-228　21世纪初营口港信号台

1956年，大连港务管理局营口分局修复信号铁塔。铁塔高37米，两侧横桁总长14米，距地面29米。塔顶两侧是潮汐信号灯，白灯表示涨潮，绿灯表示落潮。白天涨潮期间，信号球升至铁塔顶端，落潮时降下。铁塔东西两侧横桁下，悬挂水位信号牌，东侧每个信号牌表示1米，西侧每个信号牌表示20厘米。显示最大潮水涨落幅度为4.8米。实际潮位以悬挂标牌数量确定。横桁两端绳索，夜间悬挂水位信号灯，自上而下间距2米，各有1挂灯处，可悬挂4盏灯，显示水位同信号牌。

1965年，按照《营口港港章》港口潮汐信号相关规定，营口港拦江沙信号台潮汐信号更改为：白天显示水位球，东侧每球表示1米，西侧每球为25厘米。夜间以莫尔斯灯光信号表示，每5分钟发灯光信号1次。同年，营口港务局申请市邮电局为信号台安装电话1部。20世纪60年代后期，改为水位信号灯。

以往，因信号台地势低洼，当潮水达3.8米时，该台四周一片汪洋，人员往来均采用人力舢板过渡。1971年，鞍钢修建铁路运输专线，建造四道沟铁路桥，贯通信号台陆路交通，人员方可自由往来，摇船摆渡成为历史。

1977年5月，信号台技术人员自主设计制作电动操作台，采用电机升降水位信号，结束人力手摇操作历史。该技改项目获得营口港务局技术革新三等奖。1978年6月，重建四道沟信号台值班楼，工作和生活条件明显改善。

1982年，信号台安装甚高频电话，在13频道、16频道开展人工报潮服务和通信联系。自此，潮汐信号不再挂牌显示，视觉通信成为历史。1991年1月，信号台铁塔拆除。

2000年10月，安装国产"水文气象自动观测系统"，实现验潮自动化。2010年，该台荣获营口市"最佳服务窗口"荣誉称号。至2012年，营口港水深信号台运行如常。

（六）秦皇岛南山信号台

秦皇岛港南山信号台是通行信号台，主要用于指示船舶进港。该信号台始建年代不详，据满铁于1924年6月刊印的《秦皇岛港口诸关系》记载，1924年前秦皇岛港已设有信号所，"位於秦皇岛市高地（南山）西南端岸上"，为六角形二层小楼，时称南山信号台、南山旗房。凡申请进出港船舶，须按国际讯号标准与其联系，并遵从信号台讯号指示通行。昼间，对于要求靠泊大、小码头的进港船舶，以南山上的旗杆悬挂信号旗作为标志，决定船舶能否进港；夜间，采用灯光讯号。船舶要求进港时，需要鸣汽笛一长声、一短声，然后由码头前端的红、绿灯作出表示，回答船舶能否进港。船舶若未得到讯号指示，不得进入港内，亦不准在航道上抛锚，只能在锚地等待，以免妨碍其他进出港船舶通行。按照惯例约定，船舶应依据到港时间先后顺序，由信号台安排进港，但开滦矿务局或其雇佣的船舶有优先权。然而，实际上其船舶很少直接进港。

20世纪40年代末，开滦矿务局将原设在"辅平"号拖轮上的无线电台迁至南山信号台，专用于信号台与来港船舶联络。1951年，该电台由天津招商局秦皇岛办事处接管，并将其迁出南山信号台。1979年，秦皇岛海岸电台竣工投入使用，进出秦皇岛港船舶不再使用视觉通信信号，南山信号台随之停止使用。

2008年10月23日，南山信号台旧址被确定为河北省历史文物保护单位。至2012年，该台建筑依旧保存完好。

图3-2-229　20世纪40年代秦皇岛南山信号台

第三节 音响航标

音响航标系指利用声波传递助航信息的装置或设施,主要包括雾炮、雾号、雾笛、雾钟、雾锣、雾警信号枪等。其声源有用火药燃爆,有用电力或蒸汽驱使震动、摩擦,亦有人力敲击等。其功能均为遇有雾天时发出声响警示信号,以利船舶识别航标所在方位,避免触礁搁浅事故,故统称雾警装置。基于邻近雾警装置声响音频及回应间隔时间存有差异,航海者可由此辨别不同助航标志方位。

北方海区最早的雾警装置已不可考。据明代梁梦龙《海运新考》记载,在明朝隆庆年间,山东沿海漕运航路险要位置均设有专人昼夜值守,见粮船至,即以铜锣或牛角"唎唎"为号,警示漕船回避。清道光元年(1821)前,成山古庙曾设有铁钟1座,专供雾日报警。清道光二十一年(1841),清朝户关(海关前身)在老铁山设置两门雾炮。清同治七年(1868)海关船钞部成立后,在北方海区陆续建成的崆峒岛、猴矶岛、镆铘岛、成山角灯塔等大型固定助航设施,大都配置雾炮或雾钟;灯船、浮标等水上浮动标志,一般采用雾钟、雾锣、雾笛、雾哨等发声装置提供警示信号。19世纪90年代后,雾炮渐次被电机驱动的气雾号或电雾号所取代。20世纪初,朝连岛、大三山、黄白嘴、团岛等地亦设置雾警装置。天津大沽灯船则用铜锣为雾警信号。至1937年,北方海区音响航标总计19座(未含水上浮动标志上设置的小型雾警装置),其中北方海区航标系统(海关)管理8座。后因战乱损毁破坏,至1948年国民党全线溃退时,北方海区航标系统(海关)管理音响航标仅残存3座。

1949年中华人民共和国成立后,随着航海技术不断进步,船舶对音响航标的需求逐步递减,北方海区雾警装置主要为修复或更新原有雾警装置,增设甚少。1954年,北戴河金山嘴雾号因两起迷航触礁海事而增设。八斗银子雾号是大三山岛雾号设备更新后,将其雾号移往该处。大沽灯塔雾号则因使用效果欠佳而撤除。1984年,天津航测处引进美国API公司电雾号,分别安装在黄白嘴灯塔等4处。至1988年底,北方海区航标系统管理音响航标总计9座。

"雾警信号"作为一种辅助助航设施,受环境影响制约较大,尽管"雾笛警告亦未稍停",但触礁沉船事故仍不免发生。1998年,IALA确认"因音响航标的不确定性"而不提倡使用。不久,北方海区沿海雾警装置渐次关停或撤除。至2012年底,北方海区航标系统管理的音响航标尚有6座,除大三山、八斗银子雾号仍在使用外,其他4座雾号已关停,其雾警装置作为历史遗迹被完整保留,并定期维护保养,为后人留下一份活的历史证物。

一、成山头雾警信号

成山角位于山东半岛高角,地处南北水路交通要冲,附近海域风大浪高,礁石丛立,暗流湍急,无风乃雾,年均雾日约83天,航行十分困难,历史上在此遇难船只不计其数。因该地船民深惧行船艰险,早在元代以前,此地已设立警示信号标志。据《荣成县志》记载,"成山上,道光元年(1821),道人徐复昌募建阴夜明灯,表示行船,雾夜则击钟"。该古庙铁钟,即为专供雾日示警之用。据《中国沿海灯塔志》记载,清咸丰九年(1859)因沪籍船户罹难于此,其遗孀有感夫君惨痛遭遇,哀悯讨海众生,捐献铜钟1座替代原有铁钟,遇有阴晦雾霾天气,由寺内僧人击之,钟声可闻三十里(约8海里),警示船家成山险境之所在。

清同治十三年(1874),东海关重建成山头灯塔,但无雾警装置相关记载。至清光绪四年(1878)海关印发《航标总册》时,成山头灯塔雾警信号始见记录,灯塔值守听到过往船舶请求时,采用鸣炮(guns)示警方式,点燃2座雾炮,时间间隔1分钟;如果仍听到过往船舶请求时,在10分钟后,重复点燃雾炮。

清光绪十九年(1893),东海关为成山头灯塔"安装了一只强力的双声雾笛",雾笛房为砖混建筑,铁皮屋顶。该雾笛由压缩空气通过扬声器发声,"用二台11马力柴油机充气,气压达100磅",于清光绪二十年（1894）通告使用。当遇有浓雾天气，灯塔值守人员听到船舶鸣笛请求时，启动雾号，连续2分钟发出2声爆破音，每次音响持续2.5秒。1927年，改装最新式直径7英寸的雾笛，换装3台24马力"鲁司敦"引擎空气压缩机。原雾警信号枪依然保留，以备雾号故障或信号无效时应急使用。解放战争期间，成山头灯塔连同附属设备损坏。

图 3-3-230　20 世纪 20 年代成山头雾号

1957年，海军修复气雾号，使用至1978年。1979年，换装 QW-1 型活塞式雾号，听程4海里。1983年，烟台航标区实施雾号技术改造，由北京声学研究所负责，空压机功率增至120马力。但因效果不佳，听程不到1海里，遂换装"地压风"（Diaphone）型雾号，120秒鸣1次，鸣5秒，停115秒，听程12海里。1999年，该雾号停止工作，2000年6月撤除。

二、老铁山雾警信号

老铁山扼守黄渤海口铁山水道，船只进出频繁，实为航路之要冲。据清《通商各关警船灯浮标桩总册》记载，光绪二十三年（1897），"铁山灯塔添放号炮，凡遇下雾时，如闻经过该处之船只鸣险钟险锣，灯塔值事人放雾炮回应，每放连续三次，每次间隔一分钟，如仍听到船只险钟险锣信号，则15分钟后继续放雾炮"，用于雾天行船避险。哈定先生撰文《中国清政府海关的灯塔部门》说，"老铁山灯塔雾信号设备与香港横栏洲一样，为铸铁雾炮，能发射18磅重炮弹"。

图 3-3-231　仿制的老铁山雾炮

二战结束后,雾炮失落,去向不明。此后,老铁山灯塔再未安装雾警装置。现存的雾炮,是为配合老铁山灯塔景区建设而仿制,2座雾炮分别名为"镇海"和"定海"。

三、崆峒岛雾警信号

据海关《航标总册》记载,崆峒岛雾警装置始设于清同治六年(1867),初为铸铁雾炮2座,安放在烟台崆峒岛灯塔旁,"2炮声时间间隔5分钟",与该灯塔同时启用。据《山东解放区海关史料综览》记载,灯塔值守人员"遇有雾天,每隔2分钟即鸣炮警告,以示灯之所在。"

1945年12月,崆峒岛雾炮由当地警卫队移作他用,并由海关长出具证明备查。自此,该雾炮遗失,难觅踪迹。

四、镆铘岛雾警信号

镆铘岛位于山东高角东南海域成山角至小麦岛一带,周边礁石错综,浓雾时降,年均雾日83天,最长连续雾日多达27天,素有"雾窟"之称。

图3-3-232　20世纪80年代镆铘岛雾号

据海关《航标总册》记载,镆铘岛雾警装置始设于清光绪九年(1883),初为头等雾笛,爆裂声每1.5分钟鸣放1次,每次时长4秒,与镆铘岛灯塔同时启用。据《中国沿海灯塔志》记载,清光绪十九年四月十二日(1893年5月27日),国轮"黄浦"号于附近坐礁遇险。清光绪二十一年十二月初九(1896年1月23日),德国军舰"伊尔提司(Iltis)"在镆铘岛附近触礁沉没,"死者77人""船上职员无一生还",舰船海难之时,镆铘岛灯塔"彻夜燃足""雾笛警告亦未稍停""灯光及雾笛均十足燃放。"

连续发生的海事,引起海关总税务司的高度重视,于清光绪二十二年(1896)换装第一流的单音蒸汽雾笛,并配置两台锅炉供雾笛工作,时价1691英镑。每逢浓雾天气,隔1分半钟发出连续4秒钟声响,警示过往船舶识别灯塔所在方位。尽管如此,海难事故仍然频发,清光绪二十六年(1900)日本鱼雷快艇、1917年宁波大号帆船、1919年"新大"号轮船均在镆铘岛附近遇难。1929年,海关换装当时最新式的气雾笛,由3台煤油引擎空气压缩机,供7英寸喇叭扬声器发声。据《中国沿海灯塔志》记载,"虽远至三十二浬之成山头,亦可闻及,实为世界最强大雾笛之一也"。后因战争破坏,该雾号被损毁。

1956年8月25日,海军青岛基地海道测量处在原址重设气雾号1座,配置60马力6110型柴油机2部、6立方米空气压缩机2部。1978年,换装6135型柴油机2部,9立方米空气压缩机2部。1980年,海军北海舰队航保修理所实施该雾警装置更新改造,换装QW-1型活塞式雾号。

1998年,镆铘岛雾号停止工作,相关设备原地封存,并定期维护保养。2005年8月,1号空气压缩机撤除。至2012年,该雾号状态良好。镆铘岛雾号的留存,为中国音响航标保存一活的标本。

五、猴矶岛雾警信号

猴矶岛雾警装置始设于清光绪九年(1883),设置2座铸铁雾炮。灯塔值守在阴天或浓雾的天气中听到钟声、喇叭、汽笛,或任何其他的声音,表明船只接近,点燃2座雾炮,时间间隔2分钟;如果船的汽笛依然不绝于耳,在10分钟后,重复点燃雾炮。该雾炮何时遗失已不可考。

图3-3-233　20世纪80年代猴矶岛雾号

1928年,奉东北海军司令沈鸿烈指令,东北海军第二舰队进驻长山岛,并重建猴矶岛雾警信号设施,具体情况不详。后因连年战争,再度遭毁。

1956年9月,海军青岛基地海道测量处在猴矶岛灯塔旁修建雾号房,建筑面积10.40平方米。1958年8月,安装国产气雾号1座。当遇有浓雾天气时,该雾号根据需要开机鸣放,每90秒鸣3次,依次为鸣4秒停3秒,鸣2秒停3秒,鸣2秒停76秒。1960年3月1日,该雾号由海军青岛基地移交旅顺基地。1961年1月1日,移交蓬莱水警区司令部航海保证科管理。1978年10月,换装6135型柴油发电机组,更新W9/7型空压机。

1982年,该雾号由烟台航标区接管,沿用至20世纪90年代初未发生大的改变。1992年,该雾号停止工作,相关设备原地封存,并由烟台航标处(区)定期维护保养,至今未变。

六、团岛雾警信号

团岛雾警装置始设于清光绪三十三年(1907),初为雾钟,当遇有浓雾和阴霾天气时,灯塔值守人员闻船只需求信号,即用鸣钟回应,以示灯塔所在。1912年,换装电雾笛,遇大雾时,守塔人员启动雾笛,每60秒鸣两次,第一次鸣12秒、停8秒,第二次鸣12秒、停28秒。1914年日德冲突期间,该雾笛连同灯塔被德军自毁。1919年8月,日占当局重建团岛灯塔,翌年换装气雾笛,由日本产5马力电动空气压缩机驱动,每30秒鸣放1次,每次时长3秒。

1960年6月6—22日,海军北海舰队司令部航海保证处实施雾号更新改造,换装民主德国电雾号,并安装变频机2台。1964年6月25日,改用三相交流电源。

(1)发声器　　　　　　　　　　　　　　(2)配电控制盘

图 3-3-234　21 世纪团岛灯塔雾号

1982 年,雾号随团岛灯塔一并移交青岛航标区管理,沿用至 20 世纪末停机封存。至 2012 年,该雾号状态依旧完好,并作为青岛航标展馆航标文物藏品,为参观者演示示范。

七、朝连岛雾警信号

朝连岛位于青岛市区东南海域,年均雾天 45 日,6 月雾日居多,平均 11.5 天。清光绪二十六年(1900),德国占领当局在开工建设朝连岛灯塔时,临时以鸣炮方式发放雾警信号。清光绪二十九年(1903),朝连岛雾炮正式列装使用,"阴霾和浓雾天气时,每 10 分钟点燃一次炸药,如听见船舶的雾信号,每 5 分钟点燃一次炸药,直至船舶通过"。据史料记载,至清宣统二年(1910),朝连岛灯塔一直沿用此雾炮。后因日德冲突,朝连岛灯塔灯笼等设备被德军自毁,雾警装置相关情况不详。

图 3-3-235　20 世纪 80 年代朝连岛雾号

1915年8月,日本占领当局修复朝连岛灯塔,并增设指示雾天的信号仪器,换装气雾号。据海关《航标总册》记载,1917年朝连岛气雾号每30秒鸣放1次,每次时长3秒;1920年每24秒鸣放1次,每次时长3秒。在二战期间,该灯塔遭美机轰炸,灯笼及雾警装置损毁。

1957年,海军青岛基地司令部海道测量处在灯塔旁新建雾号机房,建筑面积9平方米。1958年10月15日,安装苏制气雾号1座并投入使用,信号周期为90(2+3+2+3+4+76)秒鸣3次。

1980年3月,海军北海舰队司令部航海保证处实施雾号更新改造,换装"地压风"(Diaphone)型雾号1座,原雾号作为备用。不久,因新雾号工作效能不理想,随之弃用,重新启用老雾号。

1984年12月,雾号随同朝连岛灯塔移交青岛航标区管理。21世纪初,随着导航技术不断进步,朝连岛雾号停止工作,原地封存,并定期维护保养,至今未变。

八、大三山岛雾警信号

大连地区多雾,年均雾日36天,6月至7月份尤甚,月均5~9天,最多达17天,持续时间2~3天,最长持续时间达7天。大三山岛灯塔位于大连港口门,雾警装置不可或缺。据《大连海务协会三十年史》记载,大连海务协会出资始设的大三山岛雾炮,于1913年8月20日正式投入使用。此间,交由满铁航道标志管理所运营。该雾炮为应答式,当浓雾或阴霾天气遇有船只经过时,每间隔3分钟鸣炮2次,听程约2~3海里。如果船舶没有及时应答,雾炮将在10分钟的间隔内重复鸣炮。后因雾炮效果不佳,常遭诟病,满铁航道标志管理所遂于1920年6月换装气雾笛1座,配置12马力瓦斯机2台、空气槽2个,由2个高低音发声器轮换工作,周期30秒,鸣4秒爆裂声,停26秒,最大听程约10海里。该雾号为市电供电,同时安装1部日本15马力柴油发电机组作为备用电源。

图3-3-236　20世纪80年代大三山雾号

1947年,苏联驻军将原雾号撤除,换装德国电雾号1座。每19秒钟鸣放3次,依次为鸣5秒停2秒、鸣2秒停2秒、鸣2秒停6秒。1958年10月,中国海军旅顺基地司令部海道测量处实施雾警装置更新改造,换装民主德国Nantophone型电雾号,原电雾号移至海洋岛八斗银子灯塔。新雾号为柴油发电机组供电,由 2 部 400 周变频机轮换供给 3 个电喇叭同时发音,遇雾天每 30 秒鸣放两长音、两短音,依次为鸣 5 秒停 2 秒、鸣 5 秒停 2 秒、鸣 2 秒停 2 秒、鸣 2 秒停 10 秒。1959 年 5 月,换装国产 20 马力柴油发电机组 2 部,供雾号专用。

1984 年,大连航标区将雾号与灯塔供电合为一体。之后,多次换装柴油发电机组,雾号技术状态始终保持良好,沿用至今未变。

九、黄白嘴雾警信号

黄白嘴雾警装置位于黄白嘴灯塔东侧,始设于 1925 年 12 月 10 日,为日制电雾号 2 台,由满铁航道标志管理所设置。当遇有阴晦或大雾天气时,该雾号开放,每隔 30 秒,鸣 30 秒,听程约 3 海里,为航行在附近海域的船舶助航。

图 3-3-237　20 世纪 80 年代黄白嘴雾号

1957 年至 1961 年,海军旅顺基地实施雾号更新改造,先后换装国产电雾号 2 台。1979 年初,一号雾号因故障难以修复而撤除。1980 年 3 月,二号雾号电机烧坏,随之撤除。同年 6 月,将 2 台国产电雾号和 2 台日式雾号一并报废。

1983 年,该雾号移交大连航标区管理,遂实施全面检查、维修、保养。1987 年 5 月 25 日,黄白嘴灯塔重建,换装美国自动动力公司电雾号 1 座。由于黄白嘴监督站(VTS)与灯塔同址建设,并同在一座综合楼值班,其上级领导顾虑雾号音响影响 VTS 值班员工作,不同意在灯塔附近设置雾号,遂于 1997 年将雾号撤除,至今未再设置雾警装置。

十、金山嘴雾警信号

1954 年 3 月 1 日 7:05,烟台驶往秦皇岛满载花生的"临城"号货轮因雾偏航,在距离秦皇岛港西南 7.5 海里的北戴河金山嘴西侧海面发生触礁海事。接天津区港务管理局电报指示,改航的"中通"号货轮在搜救"临城"号货轮的过程中不慎在金山嘴东北侧海面触礁搁浅。

"临城"与"中通"两艘船舶雾航触礁事故的发生,引发秦皇岛港务监督部门高度重视。为避免雾航海事,保证船舶进出港航行安全,秦皇岛港务局于1954年4月在金山嘴设置雾号,地理坐标为39°48.8′N、119°31.5′E,并建设灯桩1座,派专人值守。雾号雾天发放,每110秒钟鸣笛1次(鸣笛3秒,停107秒)。金山嘴雾号主要设备包括:石家庄动力机械厂30匹马力空气压缩机和上海电机厂三相感应电动机各1台,功率20瓦;无锡柴油机厂30匹马力柴油机和沈阳空气压缩机厂30匹马力空气压缩机各1台,为停电应急之用;备储气缸8只,为存储压缩空气之用。调节启动部分,可随需要变动音响鸣放周期,直接将压缩空气送入1米口径的喇叭向外鸣放。

金山嘴雾号建成后,由青岛海军基地司令部海测处管理。1959年1月,该雾号移交秦皇岛港务监督部门管理。1984年11月,由秦皇岛航标管理站接管。1985年2月,因国防建设用地需要,金山嘴灯桩保留,雾号撤除。

图 3-3-238　20 世纪 50 年代金山嘴雾号

十一、八斗银子雾警信号

八斗银子雾号始建于1958年10月,位于八斗银子灯桩旁,由海军旅顺基地司令部海道测量处建设和管理。该雾号设备系原大三山岛雾号移装于此,为民主德国 Nantophone 型电雾号,配置中频(400周)柴油发电机组2台,控制机2台轮换使用;电磁发声器(喇叭)两个,同时发音;安装1105型10马力柴油发电机组3部。遇有阴雾天气时,启动雾号设备,每19秒鸣3次,依次为鸣5秒停2秒、鸣2秒停2秒、鸣2秒停6秒,听程2~4海里。

1973年,由于该雾号设备年久老化,难以维修使用,遂将该雾号设备全部拆除,换装上海航标厂BM-2型3千瓦电雾号2部、南昌柴油机厂2105型柴油发电机组2部。

1985年,大连航标区新建油机房1座,并增设2105型柴油发电机组1台。不久,海洋岛乡政府集资办电,于1988年5月改用市电,原柴油发电机组作为备用电源。1989年4月,雾号周期改为80秒,鸣40秒、停40秒。

1989年9月,大连航标处(区)实施雾号技术改造,换装WHK-2型8千瓦雾号控制器2套。至2012年底,该雾号设备尽管较为陈旧,但技术性能始终保持良好,沿用至今未变。

图 3-3-239　20 世纪 80 年代八斗银子雾号

第四节　无线电航标

无线电航标系指运用无线电波传播原理，通过编码发射、接收或发射无线电信号，为船舶提供定位导航服务的助航设施，与视觉和音响航标相比，具有全天候、精度高、覆盖广等优势和特点。在中国航标历史上，设置的无线电航标主要包括无线电指向标，近程"长河三号"（台卡）、中程"长河一号"（罗兰A）、远程"长河二号"（罗兰C）无线电导航系统和雷康等。随着经济社会发展和科学技术进步，无线电航标更新迭代明显加快，早期建设的无线电指向标、中程无线电导航系统逐步被 RBN-DGPS 系统、AIS 系统等更为先进的无线电航标取代。

至 2012 年，中国沿海基本建成布局合理、多重覆盖、功能完善、准确可靠的现代化无线电定位导航系统，并达到国际先进水平。

一、无线电指向标系统

北方海区无线电指向标系统始建于 20 世纪 20 年代末，昔称无线罗针局、无线指南局、无线定向台、无线电桩等。无线电指向标岸台由发射机、控制机、天线、地网等设备设施组成，通过播发无线电信号为船舶提供测向定位服务，作用距离 50~200 海里，定位精度 1~2 海里。播发信号格式用莫尔斯码表示岸台特征编码，用于识别台站和播发时间。每次播发 1 组信号，即播发特征编码信号 2 次、播放长音 1 次共 30 秒，重复播发 4 次，共 2 分钟。在配组指向标台站中，每个台站均按照规定时间顺序播发。工作顺序 1，系指从每时 00 分开始播发；工作顺序 2，系指每时 02 分开始播发；工作顺序 3，系指每时 04 分开始播发。24 小时依工作顺序循环播发。

1929 年 2 月 1 日，日军占领当局在大连圆岛和大连港码头事务所楼顶设置无线电指向标，是为中国沿海启用最早的无线电航标。1937 年，在大连黄白嘴补点增设 1 座无线电指向标。20 世纪 40 年代初，朝连岛、团岛、成山头等 3 座无线电指向标相继建成投入使用，初步形成覆盖中国北方沿海主要航路的无线电导航网。1945 年 8 月日本战败投降，北方海区无线电指向标大多因战争破坏或日军自毁而停止工作。其中,大连港办公楼顶无线电指向标于1945年8月撤除,团岛指向标自1946年8月关闭,均再未启用。之后,在苏军驻旅大期间,于1950年陆续恢复圆岛和老虎尾无线电指向标、黄白嘴测向仪校差台,并新建大三山无线电指向标,配置苏制PMC-3Ь型、PMC-3M型和日制"等幅发报机"发射机,信号作用距离为50~100海里不等,以保证黄海北部舰船测向定位和船舶无线电测向仪自差校正需要。

1954年始,海军先后在全国沿海恢复和新建花鸟山、大戢山、白沙山、秦皇岛、北塘、义和庄、老铁山、成山头、镆铘岛、朝连岛、王家麦岛、燕尾港、弶港、射阳河、嵩枝港、硇洲岛、抱虎角、虎头岭、黄岛等19座无线电指向标站及七里自差校正台。连同从旅大地区接管后重建恢复的4座,中国沿海共有22座无线电指向标站和2座校差台,全面建成覆盖中国沿海长江口以北、长江口附近海域、南海部分海域的无线电导航网。除黄岛无线电指向标为定向发射外,其他均为环射(全向)发射,基本满足船舶测向定位和测向仪自差校正。长江口以南的东海海域,由于台湾海峡两岸对峙,未设置无线电指向标。

1956年至1958年,海军司令部海道测量部(后改称航海保证部)组织上海亚美电器厂、上海无线电三厂等国内企业和部队相关专家,自主研制56型50瓦、红旗-Ⅰ型和红旗-Ⅱ型250瓦发射机,供部分新建或重建无线电指向标站换装使用。1959年,海军利用库存美制TBW型发报机改装为无线电指向标发射机,配置义和庄、秦皇岛、老铁山等新建无线电指向标站。1963年,天津广播器材厂(764厂)将空军归航机成功改装为63型500瓦环射式发射机,控制机由石英钟及其传动部件组成机械编码。随即,海军决定由该厂批量生产,作为无线电指向标主用装备陆续在全国沿海各台站推广使用。同时,对早期建设的无线电指向标天线、地网、避雷等设施升级改造;更新并增高天线高度,重新设置地网、避雷装置;对无线电指向标技术参数、工作方式、台站配组等作出统一调整,由原晴天定时、雾天连续发射改为每天24小时连续发射。后经海军和有关科研院校实地测试,上述无线电指向标信号作用距离和定位精度均达到设计要求,发射信号覆盖扩展至距岸台200海里范围,明显提高航行船舶测向定位效能。

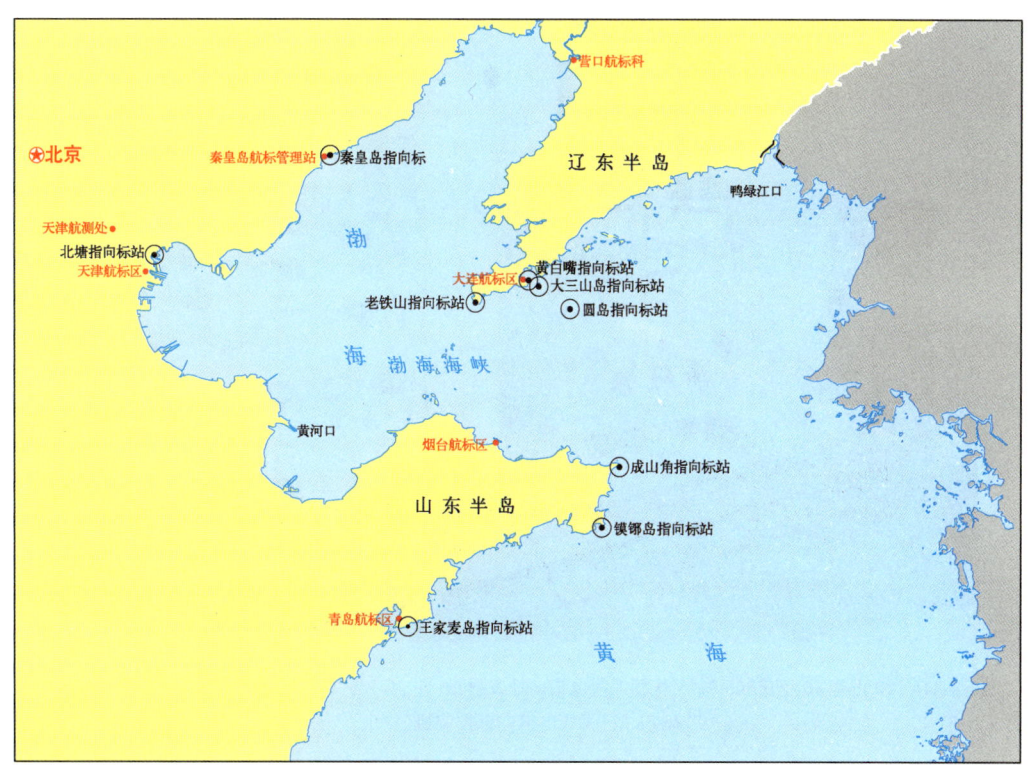

图3-4-240 20世纪80年代北方海区无线电指向标布局示意图

1963年7月,海军发布实施《无线电指向标管理保养规则(草案)》,使无线电指向标管理和运行有章可循。1965年,海军核定无线电指向标站编制为23人,其中无线电操纵员8~12人。1967年,因老铁山无线电指向标发射信号已覆盖义和庄和老虎尾无线电指向标信号作用区域,海军遂将义和庄无线电指向标关闭撤除,老虎尾无线电指向标改为校差台,在舰船请求消除无线电自差时开放。1971年,海军整编,北海舰队青岛水警区将射阳河和燕尾港无线电指向标站移交东海舰队连云港巡防区管理。之后,随着成山头、庄河、上古林等10座"长河一号"中程无线电导航台相继建成投入使用,海军未再新建无线电指向标站。此间,海军组织部队和相关院校,对无线电指向标各项技术指标实地测试,根据测试结果,对中国沿海无线电指向标台站布局、配组作出重新调整,于20世纪70年代末先后关闭撤除黄岛和朝连岛无线电指向标站。至此,北方海区无线电指向标总计10座(含黄白嘴和老虎尾校差台),为沿海200海里以内航行船舶提供测向定位服务。

1982年天津航道局接管北方海区干线公用航标后,圆岛、大三山、老铁山、秦皇岛、北塘、成山头、镆铘岛、王家麦岛无线电指向标站和黄白嘴校差台核定编制为19~27人,其中无线电操纵员8~10人。1983年10月,基于无线电指向标控制机工作不稳定,天津航测处采用高稳定晶振计时替代原机械钟,用电子逻辑编码替代原机械编码,自主研发成功ZK-Ⅰ型无线电指向标控制机,通过交通部水监局技术鉴定后,在全国海区推广使用。1986年3月,中国沿海14座无线电指向标对外开放,交通部于1988年批量引进英国法洛斯公司MRB-712型固态发射机,分别在圆岛、大三山、成山头等无线电指向标站换装试用。1989年,天津航测科技中心研制成功抗干扰能力强的ZK-Ⅱ型无线电指向标控制机,陆续在全国海区推广使用。此间,依据交通部发布实施的《无线电指向标站作业标准(试行)》《无线电指向标站管理规则》《无线电指向标站设备操作保养规则》等规章制度和行业标准,北方海区无线电指向标台站履职尽责,做到"信号准确、频率稳定、功率正常、工作连续",无线电指向标发讯率和信号可利用率均达到或超过部颁标准,为保障辖区海上交通安全作出积极贡献。

图3-4-241　20世纪80年代"63型"500瓦无线电指向标发射机(左、右)与"63型"无线电指向标控制机(中)、"ZK-Ⅰ型"无线电指向标控制机(中上)

1998年始,随着中国沿海RBN-DGPS系统建设相继告竣,北方海区大三山岛、老铁山、秦皇岛、北塘、王家麦岛5座无线电指向标和成山头导航台改建为RBN-DGPS台站,原无线电指向标系统陆续关闭,相关设备停机封存,定期保养,至今未变。

第三章 航标业务

1929—2000年北方海区航标系统无线电指向标设置一览表

表3-4-72

序号	站名(址)	始建机构	启用日期	关闭日期	备注
1	圆岛	日本通讯省灯塔局	1929年2月1日	1996年10月22日	停机封存
2	大连港办公楼	日本南满铁道株式会社	1929年2月1日	1945年8月15日	关闭撤除
3	老虎尾	日本通讯省灯塔局		1998年	关闭撤除
4	黄白嘴	日本通讯省灯塔局	1937年6月25日	1996年10月22日	停机封存
5	朝连岛	青岛特别市公署海务局	1941年4月20日	1979年1月3日	关闭撤除
6	团岛	青岛特别市公署海务局	1941年7月	1946年8月20日	关闭撤除
7	成山头	海关总税务司署	1941年12月9日	1999年2月6日	停机封存
8	大三山岛	苏联驻军海道测量区	1950年	1996年1月11日	改为RBN-DGPS
9	射阳河	青岛基地海道测量处	1957年		1971年移交东海舰队
10	黄岛	青岛基地海道测量处	1958年12月	1978年	关闭撤除
11	义和庄	青岛基地航海保证处	1959年12月	1967年	关闭撤除
12	老铁山	旅顺基地航海保证处	1960年5月1日	1998年6月12日	改为RBN-DGPS
13	秦皇岛	海军航海保障部航标处	1960年5月1日	1994年6月7日	改为RBN-DGPS
14	北塘	海军航海保障部航标处	1961年12月	1996年4月9日	改为RBN-DGPS
15	镆铘岛	北海舰队航海保证处	1963年	1999年2月6日	停机封存
16	王家麦岛	北海舰队航海保证处	1964年12月	1996年1月15日	改为RBN-DGPS
17	燕尾港	北海舰队航海保证处	1965年		1971年移交东海舰队

(一)圆岛无线电指向标

圆岛无线电指向标始建于1925年,地理坐标为38°40.6′N、122°09.7′E,由日本通讯省灯塔局试验性安装设置。1929年2月1日,该无线电指向标正式投入运行,与南满洲铁道株式会社在大连港码头事务所楼顶同期设置的无线电指向标配组使用,相关设备安装在灯塔业务用房内,配置日制"等幅发报机"改装的无线电指向标发射机,是为中国沿海最早建成启用的无线电指向标系统。其中,圆岛无线电指向标为主台,特征编码JDS(·－－－　···)；大连港码头事务所楼顶无线电指向标为副台,特征编码JDT(·－－－　－),可提供航行在该海域200海里以内的船舶测向定位。1945年8月15日日本战败投降,圆岛无线电指向标设施设备因遭受日军损毁而停止工作。

1950年,苏军驻旅顺海道测量区修复圆岛无线电指向标,安装苏制PMC-3b型发射机,发射功率50瓦,射程70海里,频率318.54千赫,特征编码KL(－·－·　·－·)。1955年4月,该指向标由中国海军旅顺基地海道测量区接管,首任站长周玉齐。1956年,海军旅顺基地调整辖区无线电指向标配组,圆岛、老虎尾、大三山岛无线电指向标配组使用,该指向标工作顺序为3,发射信号未变。1960年5月老铁山无线电指向标建成启用后,该指向标改与大三山岛、老铁山无线电指向标配组使用,工作顺序调整为2。

1964年5月,海军实施的圆岛无线电指向标发射天线地网系统技术改造工程竣工,新设T型发射天线,镀锌角铁塔架高25米,地网采用悬浮式,位于圆岛南部悬崖岸边处平行敷设。同年9月,射程调整为100海里,发射频率调整为307千赫,特征编码调整为YO(－·－－　－－－),发射顺序调整为1。1976年8月,特征编码调整为YD(－·－－　－··)。1980年6月30日,换装国产红旗-Ⅰ型250瓦发射机,射程100海里。在海军管理时期,圆岛无线电指向标台站人员配备10人左右。

1983年,大连航标区接管圆岛无线电指向标站,首任站长张树林,定编22人,其中无线电操纵员8人,分3个班次,每班值班1个月,下岛休息2个月,值班人员由站长调配。1985年,换装ZK-Ⅰ型控制机 2 部。1986 年，工作顺序调整为 2。

图 3-4-242　20 世纪 90 年代圆岛无线电指向标站

1991 年 4 月 22 日，大连航标处（区）实施的圆岛灯塔和无线电指向标站重建工程开工，除保留天线塔架外，原无线电指向标设施设备全部撤除。同年 12 月 31 日，工程告竣，换装英国法洛斯公司 MRB-712 型固态发射机，发射功率 100 瓦，射程 100 海里，配置 ZK-Ⅱ型控制机 2 部，并从大三山无线电指向标站调配国产 63 型发射机和控制机各 1 部作为备用机。同时，更新天线馈线及地网系统，新地网在两座天线架下方的屋面敷设，配置铜板接地体，设于该岛北部近岸海中，通过导线引至岛顶无线电指向标工作间。避雷接地线采用直径 40 毫米圆钢，沿着该岛南部悬崖壁与设在海中的铜板接地体相连接。整套天线系统由大连海运学院科技开发公司设计安装。台站供电系统一直使用柴油发电机组。

随着北方海区 RBN-DGPS 系统建设工程告竣并投入试运行后，圆岛无线电指向标于 1996 年 10 月 22 日停机保养，至今未变。

（二）黄白嘴无线电指向标

黄白嘴无线电指向标始建于 1937 年 6 月 25 日，位于黄白嘴灯塔西侧，地理坐标为 38°54.2′N、121°43.0′E，由日本通讯省灯塔局设置，配置日制"等幅发报机"改装的无线电指向标发射机 1 部，安装在黄白嘴灯塔内，设置倒 L 形发射天线和地网系统。发射功率 50 瓦，射程 50 海里，发射频率 300 千赫，特征编码 KO（ – ·   – – – ）。主电源为市电，柴油发电机组为备用电源。

1945 年 8 月 23 日苏军进驻旅大后，于 1950 年修复黄白嘴无线电指向标。1955 年 4 月，苏军将该指向标移交中国海军旅顺基地海道测量区管理，首任站长张骞。1956 年，该指向标改为船舶无线电测向仪校差台，在舰船请求消除无线电自差时开放，工作时间为每小时从 02 分开始发射信号至 56 分暂停，如此循环工作，直至船舶校自差工作结束关机。1964 年，该校差台特征编码调整为 YB（ – · – – – · · · ），发射频率调整为 299 千赫。在雾季，与大三山岛无线电指向标配组，临时发射指向标信号，用以引导舰船驶入大连港。1977 年 8 月，换装红旗-Ⅰ型发射机，发射功率 250 瓦。

1983 年，大连航标区接管黄白嘴校差台站，首任站长韩杰，定编 24 人，其中无线电操纵员 8 名。

第三章 航标业务

图 3-4-243　20 世纪 80 年代黄白嘴无线电指向标站

1986 年 2 月,更新红旗-Ⅰ型发射机 1 部。同年 6 月,更换天线,形制未变,特征编码调整为 HB (· · · · − · · ·)。1987 年 5 月 25 日,因大连海监局在黄白嘴灯塔附近建设交管站(VTS),原黄白嘴灯塔拆除重建,该校差台随之停止工作。1988 年 10 月 1 日,灯塔重建工程竣工,校差台设备移至新建综合业务用房,重新安装倒 L 形天线和地网系统,地理坐标变更为 38°54.2′N、121°42.9′E。1989 年 10 月 15 日,该校差台试机完毕恢复工作,相关设备及发射信号未变。按照有关规定,遇有舰船需要消除无线电测向仪自差时,提前 24 小时联系,以便开机提供服务。

随着北方海区 RBN-DGPS 系统建设工程告竣并投入试运行,黄白嘴无线电指向标于 1996 年 10 月 22 日停机保养,至今未变。

(三)朝连岛无线电指向标

朝连岛无线电指向标始建于 1941 年 4 月 20 日,地理坐标为 35°53.5′N、120°52.2′E,由伪青岛特别市公署海务局设置管理,配置日制"等幅发报机"改装的无线电指向标发射机,发射功率 100 瓦,射程 100 海里,发射频率 500 千赫,特征编码 CR(− · − · − ·)。该指向标是日本占领当局为保证其运输船舶进出青岛港的航行安全而设置的,不对外开放。1946 年 8 月 20 日,该指向标由胶海关接管,但未开通使用。

1956 年 12 月 28 日,海军青岛基地司令部海道测量处在原址重建朝连岛无线电指向标,翌年 4 月 20 日建成启用,由青岛水警区航保勤务连下属无线电指向标分队维护管理。该指向标配置国产 56 型发射机,发射功率 50 瓦,射程 70 海里,发射频率 310 千赫,音频调制频率 700 赫兹,特征编码改为 AL (· − · − · ·),未配组;设置 T 形天线和辐射型地网;柴油发电机组供电,昼夜 24 小时连续工作。

1962 年,朝连岛无线电指向标换装美制 TBW 型发报机改装的发射机,射程约 150 海里,与成山头、射阳河无线电指向标配组工作,发射顺序 2。1967 年,该指向标与镆铘岛、射阳河无线电指向标配组,发射顺序、发射周期特和征编码未变,发射频率改为291千赫。

1979年1月3日,海军青岛水警区裁撤朝连岛无线电指向标站,相关设备移至圆岛无线电指向标站使用,人员划归王家麦岛无线电指向标站管理。

(四)成山头无线电指向标

成山头无线电指向标始建于1941年,同年12月9日建成投入使用,地理坐标为37°23.8′N、122°41.9′E,由东海关设置管理,是为海关在北方海区建设的唯一一座无线电指向标。该指向标配置英制WB-2B型发射机,发射功率50瓦,射程70海里,发射频率285千赫,特征编码P(·−−·)。凡遇天气阴暗或浓雾时每6分钟发信1次,晴天时每半小时发信2次,每次连续发射1分40秒,无配组,供航行于成山头附近海域船舶单台测向,测定船舶与该指向标的方位,引导航行。后因战争损毁,该指向标关闭,具体情况已不可考。

1956年,海军青岛基地司令部海道测量处在原址附近重建成山头无线电指向标站,首任站长陈忠山。地理坐标变更为37°23.6′N、122°42.2′E,配置国产56型发射机,发射功率50瓦,射程70海里,发射频率310千赫,音频调制频率500赫兹,特征编码改为CA(−·−·−)。配置T形天线,塔架高36米;地网采用48根长30米、直径3毫米铜线,辐射状敷设,埋深1米。

1962年,成山头无线电指向标与朝连岛、射阳河无线电指向标配组,发射顺序1,特征编码CA(−·−·−)。1967年,因镆铘岛无线电指向标与朝连岛、射阳河无线电指向标配组,该指向标恢复单独工作,发射频率调整为319千赫,音频调制频率调整为900赫兹。1968年,换装国产63型发射机和控制机,射程增至200海里。

1982年,烟台航标区接管成山头无线电指向标站,首任站长曾昭印,定编27人,其中无线电操纵员9人。1984年9月,更新国产63型发射机和控制机。1985年,配置ZK-I型控制机2部。1990年7月6日,换装英国法洛斯公司MRB-712型固态发射机,并为该型发射机配置ZK-II型控制机2部。由于该型发射机工作不稳定,故障多,且难以修复,一度造成信号停发。1991年6月,重新启用63型发射机,并沿用ZK-II型控制机,直至1993年7月25日天津航测科技中心将该发射机修复后,方才恢复其工作。

图3-4-244 20世纪90年代成山头无线电指向标站

1996年,成山头无线电指向标改用市电供电,2105型柴油发电机组作为备用。1998年,烟台海监局在成山头建设VTS台站,该指向标站原业务用房原址重建。随着北方海区RBN-DGPS系统建设工程告竣并投入试运行,该指向标于1999年2月6日停机保养,至今未变。

(五)大三山岛无线电指向标

大三山岛无线电指向标始建于1950年,位于该岛灯塔北侧80米处,地理坐标为38°51.8′N、121°49.5′E,由苏联驻军海道测量区设置。该指向标配备苏制PMC-3b型发射机,发射功率50瓦,射程100海里,发射频率318.5千赫,特征编码SN(···—);T形天线,塔架高27.3米,辐射型地网,为航行在大连港及其附近海域的船舶提供测向定位。

1955年4月,海军旅顺基地司令部海道测量区接管大三山岛无线电指向标,首任站长诸明绿。1956年,该指向标与老虎尾、圆岛无线电指向标配组,工作顺序1,24小时连续运转,发射信号未变。1960年5月1日老铁山无线电指向标建成启用后,该指向标与老铁山、圆岛无线电指向标配组,音频调制频率950赫兹,工作顺序3。1964年9月,该指向标特征编码调整为DL(—··—··),发射频率调整为307千赫,工作顺序1。1965年11月,重建该指向标天线地网系统,T形天线,塔架高25米,辐射型地网。1969年3月,换装国产红旗-Ⅰ型发射机,发射功率250瓦,射程100海里。1976年8月,换装国产63型发射机和控制机各2部,发射功率500瓦,射程200海里,特征编码调整为DS(—·····),工作顺序2。

1983年1月,大连航标区接管大三山岛无线电指向标站,首任站长张德常,定编22人,其中无线电操纵员8人。分3个班次,每班上岛值班1个月,下岛休息2个月。1985年,换装ZK-Ⅰ型控制机2部。1987年,重建地网并增置防水墙,更换天线馈线。1989年,工作顺序调整为1。1990年7月4日,换装英国法洛斯公司MRB-712型固态发射机,并配置ZK-Ⅱ型控制机2部,射程100海里。原国产63型发射机和控制机各2部,一部作为备用,另一部于1991年调配至圆岛无线电指向标站。1993年,该指向标站在交通部安监系统设备"管修养用"活动中荣获先进指向标第二名。

图3-4-245　20世纪80年代大三山岛无线电指向标站

1996年1月,大三山岛无线电指向标改建为RBN-DGPS台站,于1997年7月21日正式投入运行,沿用至今未变。

(六)老铁山无线电指向标

老铁山无线电指向标始建于1959年10月,位于老铁山灯塔东侧之山巅上,地理坐标为38°43.6′N、121°08.6′E,由海军旅顺基地司令部航海保证处设置并管理,首任站长卢向宽。是年,该指向标接入市电供电网,配备2台苏制20马力柴油发电机组作为备用电源。翌年5月1日建成投入运行,配备美制TBW型军用发报机改装的无线电指向标发射机,发射功率100瓦,射程150海里,发射频率306.5千赫,音频调制频率800赫兹,特征编码LT(·—··—);T形发射天线,塔架高25米,辐射型地网。新建指向标值班室87.8平方米,用于放置设备和人员值守。1960年8月1日,该指向标代替老虎尾无线电指向标,与大三山岛、圆岛无线电指向标配组,工作顺序1,24小时连续运行。

1962年,老铁山无线电指向标发射频率调整为318.5千赫。1964年9月,发射频率改为307千赫,工作顺序改为2。1966年,该指向标全套设备由山顶移至老铁山灯塔附近,地理坐标变更为38°43.6′N、121°08.1′E。1966年10月,换装国产63型发射机和控制机2部,发射功率500瓦,射程200海里。1969年10月,重建指向标天线和地网系统,塔架高35米,双塔间距70米,地网采用48根长15米、直径70平方毫米铜绞线,辐射状敷设。1970年,换装国产2105型20马力柴油发电机组作为备用电源。1973年,发射顺序调整为1。

1983年1月,大连航标区接管老铁山无线电指向标站,首任站长季开华,定编24人,其中无线电操纵员8人。1985年,换装ZK-Ⅰ型控制机2部,更新国产63型发射机2部。1988年9月,重新敷设地缆,并更新天线。1993年,换装ZK-Ⅱ型控制机2部。

图3-4-246　20世纪90年代老铁山无线电指向标站

2000年7月11日,老铁山无线电指向标改建为RBN-DGPS台站,于2002年1月1日正式投入运行,沿用至今未变。

(七)秦皇岛无线电指向标

秦皇岛无线电指向标始建于1958年7月,1960年5月建成投入使用,位于南山头灯塔西侧,地理坐标为39°54.8′N、119°36.9′E,由海军司令部航海保证部航标处设置,首任站长顾万余。该指向标配备美制TBW型军用发报机改装的发射机,发射功率100瓦,射程150海里,发射频率306.5千赫,音频调制频率800赫兹,特征编码QA(——·—),与北塘、义和庄无线电指向标配组使用,工作顺序3;T形发射天线,塔架高35米,双塔间距60米,地网采用24根长32.5米铜绞线,辐射状敷设;供电系统配置

2105型柴油发电机组4台。该指向标站业务由海军航海保证部航标处管理,行政事务由陆军秦皇岛边防检查站代管。

1967年,义和庄无线电指向标关闭撤除,秦皇岛无线电指向标与北塘无线电指向标配组,发射顺序调整为2。同年10月,特征编码调整为QH(— — · · · ·),2次15秒,长音1次15秒,2分钟内连发4组,发射频率调整为295千赫;电源改用市电,原2台2105型柴油发电机组备用。1969年,海军烟台基地秦皇岛水警区接管该指向标,并换装国产63型发射机和控制机,发射功率500瓦,射程增至200海里。1973年,特征编码改为QH(— — · — · · ·),2次10秒,长音1次20秒,2分钟内连发4组。

1982年9月7日,天津航标区接管秦皇岛无线电指向标站,首任站长张希才,定编19人,其中无线电操纵员9人。1984年,换装ZK-Ⅰ型控制机2部。1990年,换装ZK-Ⅱ型控制机2部。1993年,该指向标站在交通部安监系统设备"管修养用"活动中荣获先进指向标并列第一名。

图3-4-247 20世纪90年代秦皇岛无线电指向标站

1994年6月7日,秦皇岛无线电指向标关闭。同年9月至11月,天津航测科技中心利用该指向标天线、地网等基础设施,加装GPS接收机和发射机设备,试播发GPS差分修正信号。经过一年多试运行,改建为RBN-DGPS台站,于1997年7月21日正式投入使用,沿用至今未变。

(八)北塘无线电指向标

北塘无线电指向标始建于1958年7月,于1961年12月建成投入使用,位于天津市塘沽区北塘镇东大营街25号,地理坐标为39°06.4′N、117°43.1′E,由海军司令部航海保证部航标处设置并管理,首任站长唐功太。该指向标站占地面积9088.5平方米;配置苏制KPM-50型发射机,发射功率50瓦,射程70海里,发射频率306.5千赫,音频调制频率700赫兹,特征编码BG(— · · · — —),与义和庄、秦皇岛无线电指向标配组使用,工作顺序1;初设时为伞形天线,后改为T形天线,塔架高35米,双塔间距52米;地网采用36根长35米铜绞线,辐射状敷设,埋深0.3～0.5米;供电系统配置2105型柴油发电机组4台。

1967年,北塘无线电指向标换装国产63型发射机和控制机,射程增至200海里,特征编码调整为BT(— · · · —),发射频率调整为295千赫。1970年3月,海军秦皇岛水警区接管该指向标站。1976年7月28日,唐山"7·28"大地震波及塘沽,全站官兵积极抗震救灾,被评为海军和天津市抗震救灾先进单位。

1982年8月,天津航标区接管北塘无线电指向标站,首任站长郑国英,定编19人,其中无线电操纵员10人。1985年,换装ZK-Ⅰ型控制机2部。1987年10月26日,换装国产63型发射机。1990年,换装ZK-Ⅱ型控制机2部。1993年,该指向标站在交通部安监系统设备"管修养用"活动中荣获先进指向标第三名。

1996年4月9日,北塘无线电指向标改建为RBN-DGPS台站,于1997年7月21日正式投入运行。后因塘沽区北塘镇规划需要,于2010年6月将设备整体搬迁至原上古林导航台旧址,地理坐标变更为38°50.1′N、117°30.3′E,沿用至今未变。

图 3-4-248　20 世纪 80 年代北塘无线电指向标站

(九) 镆铘岛无线电指向标

镆铘岛无线电指向标站始建于 1963 年,位于山东荣城东南沿海镆铘岛,地理坐标为 36°53.9′N、122°30.9′E,由海军威海基地(1964 年改为威海水警区)司令部航海保证科负责日常工作,行政事务由石岛巡防区负责,首任站长宋永政。该指向标配置国产 63 型发射机和控制机,发射功率 500 瓦,射程 200 海里;发射频率 291 千赫,音频调制频率 800 赫兹,特征编码 MY(－－－·－);T 形天线,塔架高 36 米,双塔间距 60 米;地网采用 48 根长 30 米、直径 3 毫米多股铜绞线,辐射状敷设,埋深 0.5 米。

图 3-4-249　20 世纪 80 年代镆铘岛无线电指向标站

第三章 航标业务

1967年,镆铘岛无线电指向标与朝连岛、射阳河无线电指向标配组,工作顺序1。1973年,工作顺序调整为3。因朝连岛无线电指向标撤销,于1980年改与王家麦岛、射阳河无线电指向标配组,工作顺序调整为1。

1982年,烟台航标区接管镆铘岛无线电指向标站,首任站长王祖安,定编27人,其中无线电操纵员9人。1985年,换装ZK-Ⅰ型控制机2部,更新国产63型发射机2部。1990年,换装ZK-Ⅱ型控制机2部。1991年,该指向标改为市电供电,原3台2105型柴油发电机组作为备用。1993年,该指向标站在北方海区航标"四大"活动"三连冠"的基础上,一举荣获交通部安监系统设备"管修养用"活动先进指向标并列第一名。

随着北方海区RBN-DGPS系统建设工程告竣并投入试运行,镆铘岛无线电指向标于1999年2月6日停机保养,至今未变。

(十)王家麦岛无线电指向标

王家麦岛指向标始建于1964年12月,位于青岛市崂山区东海东路71号,地理坐标为36°04.4′N、120°26.4′E,由海军青岛水警区592站维护管理,首任站长周德兴。该指向标配置国产63型发射机和控制机,发射功率500瓦,射程200海里;信号发射频率291千赫,特征编码MD(- - - - ·),单独运行;T形发射天线,塔架高35米,双塔间距72米;地网采用36根长35米多股铜绞线辐射状敷设,埋深0.5米;柴油发电机组供电。1967年,该指向标与燕尾港无线电指向标配组工作,信号发射频率改为311千赫,工作顺序1,并改用市电供电,原2105型柴油发电机组作为备用。

1973年,王家麦岛无线电指向标与燕尾港、嵊港无线电指向标配组工作,技术参数未变。1980年,与镆铘岛、射阳河无线电指向标配组工作,发射频率调整为291千赫,工作顺序2,其余未变。

图3-4-250 20世纪80年代王家麦岛无线电指向标站

1982年12月25日,青岛航标区接管王家麦岛无线电指向标站,首任站长赵文福,定编19人,其中无线电操纵员9人。1983年3月,更新国产63型发射机和控制机。1985年,换装ZK-Ⅰ型控制机2部。1986年7月20日,原2105型柴油发电机组拆除,换装法国西电公司TM20型柴油发电机组。1990年初,换装 ZK-Ⅱ型控制机 2 部。

1996 年 1 月 15 日,王家麦岛无线电指向标改建为 RBN-DGPS 台站,于 1997 年 7 月 21 日正式投入运行,沿用至今未变。

二、中程无线电导航系统

中程无线电导航系统(罗兰 A)由岸基发射台和船舶接收机组成,采用中频脉冲双曲线测距差无线电传播原理,为船舶提供定位导航服务。白天地波作用距离一般为 500～700 海里,夜间天波作用距离最远为 1400 海里,定位精度最高可达 0.5～1.5 海里。

中国沿海中程无线电导航系统创建于 20 世纪 60 年代。1965 年 5 月,经中央军委批准,国防工业办公室、国防科委开始组织筹建中程无线电导航系统(工程代号"长河一号"),具体由海军司令部航海保证部负责台址勘察选点,设备安装使用和维护管理,并组建中程无线电导航台;交通部负责土建工程勘察设计、施工、天线架设、三大材及工程经费,并由交通部第一、第三航务工程局承担无线电导航台基建设计和施工任务;第四机械工业部(简称"四机部")负责相关设备研发设计、试制和生产,并由四机部第二十研究所(简称"二十所")承担系统总体设计和定时器试制、生产任务,天津 764 厂承担发射机和开关设备设计和生产任务,宝鸡 765 厂承担用户接收机设计和生产任务,沈阳 610 厂承担天线系统设计和生产任务。同年 12 月,海军司令部、交通部、四机部联合成立"长河一号"工程领导小组,海军司令部航海保证部副部长程文举任组长,交通部基建司司长孙建平、四机部生产调度局副局长李瑞、二十所总工程师温启祥任副组长,下设组织计划组、建台工程组、电子设备组等办事机构。

1966 年 3 月,"长河一号"一期工程建设正式实施。同年 8 月,总参谋部批准海军在射阳河(主台)、成山头、枸杞岛(副台)各建一座中波中程无线电导航台。其中,射阳河无线电导航台与成山头无线电导航台组成 $1L_4$ 台链、与枸杞岛无线电导航台组成 $1L_5$ 台链,时称"长河一号导航系统第一组台链"。是年 9 月,北海舰队司令部开始组建成山头、射阳河无线电导航台。此间,哈尔滨军事工程学院为海军代培的 40 名设备操作员毕业,分配到各无线电导航台。历时一年,相继完成射阳河、成山头、枸杞岛台站机构组建、选址土建工程、设备安装调试、系统同步校准、导航图表绘制、操作人员培训等工作。此间,根据国际形势和海防备战需要,除天线系统外,各无线电导航台主要设备用房均按照三级防护要求设计,有的为半地下式,有的进入防空坑道。经 1967 年 4—5 月和 1967 年 12 月至翌年 1 月两次海上联试,各项技术指标均符合设计要求,每台发射机单脉冲输出峰值功率 160 千瓦,发射信号基本覆盖长江口以北黄海海域。1969 年 6 月 1 日,中国第一组中程无线电导航系统进入全天候运行,并正式对国内用户开放。至此,"长河一号"一期工程圆满结束。

1969 年 8 月 20 日,经中央军委总参谋部和海军司令部批准,"长河一号"工程领导小组决定实施"长河一号"二期工程建设,在上古林、庄河、石塘、天达山、石碑山、三灶岛、龙滚沿海地区再建 7 座中程无线电导航台,并将成山头无线电导航台改造为三脉冲台。1975 年,改进型无线电导航台设备研发成功,定时器由 D-401 型改为"长河一号定时器",并陆续完成系统安装调试和海上联测。经在各种环境条件下测试,该系统白天地波作用距离 550 海里(夜间 450 海里),测时差均方差≤1.5 微妙,定位精度 0.5～1.5 海里;夜间天波作用距离达 1400 海里,定位精度 3～5 海里,系统各项技术指标均符合设计要求。此间,海军司令部航海保证部在刘公岛举办"长河一号"无线电导航台业务培训班,由该部航标导航处参谋和具有丰富实践经验的无线电导航台技师授课,为各无线电导航台培养了 50 余名业务技术骨干。1976 年 10 月 1 日,新建 7 座无线电导航台正式对国内用户开放。至此,由中国自主设计建造的中程无线电导航系统全面告竣,信号覆盖鸭绿江口至南海西沙广大海域,填补了中国沿海中程无线电航标体系的空白,为保障舰船航行安全、捍卫国家领海主权发挥了重要作用。1977 年,海军发布实施《长河一号岸台设备维护保养规则》,使中程无线电导航台管理和运行有章可循。1978 年,"长河一号"导航系统、定时器和 B 型天线科研成果分别荣获全国科学大会奖。

1982年天津航道局接管北方海区干线公用航标后,庄河、上古林、成山头无线电导航台分别划归大连、天津、烟台航标区管理,并于1986年3月20日正式对外籍船舶开放。1989年,针对无线电导航台发射机因年久老化而普遍存在耗能高、不稳定等缺陷问题,交通部安监局决定研发无线电导航台新型发射机。后经天津海监局与北京广播器材厂科技人员历时两年合作攻关,除功率放大器仍采用大功率电子管外,其余电路均采用晶体管、集成电路、数字电路等当时较为先进的元器件,于1991年研制成功 TNM-481型80千瓦发射机。新发射机主用频率为1950千赫,备用频率为1650千赫和1800千赫,单脉冲输出峰值功率160千瓦,有效值功率80千瓦,双脉冲和三脉冲输出功率略低于单脉冲。同年,北方海区三座无线电导航台率先换装新发射机,并开始有计划地更新改造发射和接收天线系统。此间,交通部曾两次修订并发布施行《中程无线电导航台管理规则》《中程无线电导航台质量检测规则》和《中程无线电导航台设备操作保养规则》技术标准,均由北方海区航标系统牵头组织完成,为规范中程无线电导航台管理和运行提供了制度保障。

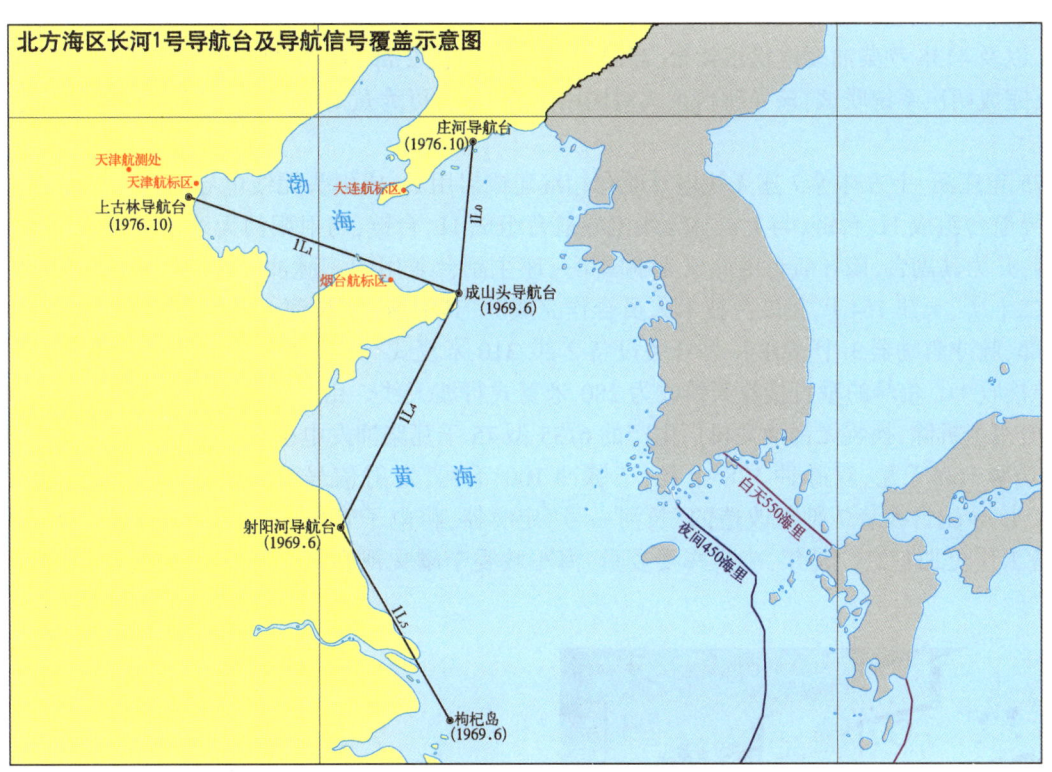

图3-4-251　20世纪80年代北方海区中程无线电导航系统台链分布示意图

20世纪90年代末,随着卫星导航定位技术普及应用,中程无线电导航系统已难以满足现代航海需求。为此,经国务院、中央军委批准,交通部决定于1998年10月1日零时起正式关闭中程无线电导航系统,庄河无线电导航台随之关闭,成山头、上古林无线电导航台相继改建为 RBN-DGPS 台站。

(一)成山头中程无线电导航台

成山头无线电导航台位于山东省荣成市龙须岛,地理坐标为37°23.6′N、122°42.2′E,是为北方海区第一座建成投入使用的中程无线电导航台。

1966年6月30日,按照"长河一号"工程领导小组统一部署,成山头无线电导航台基建工程破土动工,由交通部第一航务工程局设计、第二航务工程处承建。该工程总计用地25533.46平方米,建筑面积

956.19平方米,主要包括:无线电导航设备室、柴油发电机房等具有防空袭功能的半地下工作区;办公室、宿舍、医务室、活动室、仓库、食堂等地面生活区;天线、地网、地井、地下储油罐等辅助设施区。B型导航发射天线地网以发射天线主体为中心,辐射状敷设,由辐射线、接地井和两道汇流圈组成。辐射线采用长30米、直径3毫米铜线,每3°一根,总计120根;地井每隔90°一个,共4个;汇流圈采用直径6毫米铜线,设置半径分别为10米和26米。接收天线地网由长15米辐射线120根和两道半径分别为6米和15米汇流圈组成。储油设施埋设20吨储油罐4个。历时4个月,该导航台土建工程告竣。

1966年9月,成山头无线电导航台成立,首任台长张瑞祥,为连级建制,编制62人,下设定时、发射、油机、报务4个业务分队以及炊事班、警卫班等机构;导航业务由威海水警区司令部航海保证科管理,行政事务由海军观察通信第一大队管理。导航技师来自大连海运学院、西安军事电讯工程学院应届毕业生,导航设备操纵员来自哈尔滨军事工程学院代培战士学员。

1967年1月,西安二十所和天津764厂工程技术人员完成成山头无线电导航台设备安装调试、台链同步校准等工作。柴油发电机组、通信设备等附属设施设备,由威海水警区修理所、通信站和该台专业技术人员共同安装。该导航台装备601-F型导航发射机2部、601-K型开关设备1部、D-401型定时器2部,以及4135型柴油发电机组4台、7512型通讯接收机2部、91-戊型通讯发信机1部。1969年6月1日,完成两次系统联试,该导航台正式对国内用户开放,可为黄海海域航行舰船提供中精度定位助航保障。

1975年庄河、上古林等7座无线电导航台相继建成启用后,成山头无线电导航台改为主台:与庄河无线电导航台组成$1L_0$台链,与上古林无线电导航台组成$1L_1$台链,与射阳河无线电导航台(主台)组成$1L_4$台链,并为其副台,该导航台由此成为中国第一座主副台兼用的三脉冲导航台。三脉冲改造工程是由西安二十所、天津764厂和该台技术人员合作完成的,其中增设"长河一号"定时器4部、601-F型发射机1部、脉冲激励器3个、601-K型开关设备2部、310米复式行波天线1座,用于接收$1L_0$和$1L_1$信号,将原接收$1L_4$信号的垂直接收天线改为280米复式行波天线。由于用电量增加,将原4台4135型柴油发电机组拆除,换装无锡动力机厂生产的6135型75千瓦柴油发电机组。经过海上联测,单脉冲输出峰值功率160千瓦、双脉冲128千瓦、三脉冲100千瓦,发射信号覆盖长江口以北黄渤海海域。1981年,该导航台换装7部新改造的"长河一号"定时器,将电子管电路的晶体振荡器改为晶体管电路,设备工作更加稳定。是年,中央军委委员、海军政委李耀文视察该导航台,并培植松树3棵,至今保存完好。

(1)"长河一号"定时器　　　　　　(2)发射天线

图3-4-252　20世纪90年代成山头中程无线电导航台

1982年12月,烟台航标区接管成山头无线电导航台,首任台长王洪军,定编48人,其中无线电操纵员21人。1983年,天津航测处建设北方海区无线电通信网络,配置陕西宝鸡烽火无线电厂XD-D2A

型15瓦单边带电台,将台站间的通讯联络由海军时期的电报改为话务联络,以保障与其他台站间和航标区联络畅通。1987年,朝鲜水路部代表团访问烟台航标区,并到该导航台交流航标业务。1990年,换装丹麦SKANT1型25瓦单边带电台。是年,烟台航标区实施无线电导航台发射天线系统技术改造,更换天线底座、避雷器、顶部馈线,重新铺设地网线。

1991年8月,成山头无线电导航台换装TNM-481型80千瓦发射机2部。1993年2月,该导航台改用市电,原柴油发电机组作为备用电源。同年6月,新建T形接收天线1座,替代原射阳、上古林、庄河方向的复式行波天线。是年,在交通部安监系统设备"管修养用"活动中,该导航台荣获先进导航台第一名。1997年,拆除原B型导航发射天线,换装西安二十所研制的闭合式单塔棱形发射天线,地网半径52米,由120根辐射线、两道汇流圈和接地井组成。

1998年10月1日,按照交通部统一部署,成山头无线电导航台关闭。2001年7月1日,改建为RBN-DGPS台站,于2002年1月1日正式投入运行,沿用至今未变。

(二)庄河中程无线电导航台

庄河中程无线电导航台位于辽宁省庄河市观驾山乡打拉腰子村,地理坐标为39°38.4′N、122°57.8′E,是全国沿海10座中程无线电导航台最北端的一座单脉冲副台,与成山头无线电导航台组成$1L_0$台链。

1970年9月,按照"长河一号"工程领导小组统一部署,庄河无线电导航台基建工程破土动工,由交通部第一航务工程局设计、第三航务工程处承建。该工程总计用地面积60000.30平方米,其中地下坑道长128米,走廊宽2米,走廊两侧设定时器室、发射机室、柴油发电机室、通讯室、储油间、检修库,总建筑面积430.50平方米;地面建筑包括办公室、宿舍、食堂、仓库、锅炉房、俱乐部、警卫室等,总建筑面积1065平方米;天线地网区域布设B型导航发射、接收天线和通讯天线。天线地网系统除发射天线地网地井设置6个(每60°一个)外,其他与成山头无线电导航台基本相同。供电系统并网农电线路。历时15个月,该导航台基建工程告竣。

图3-4-253　20世纪90年代庄河中程无线电导航台601-F型发射机

1971年8月,庄河无线电导航台成立,首任台长刘祖全,为连级建制,下设定时、发射、油机、报务4个业务分队以及警卫班、炊事班等,台站编制61人,导航业务由海洋岛水警区司令部航海保证科和旅顺基地司令部航海保证处管理,行政事务由海军第四观通大队管理,党务工作由驻旅大警备区二师六团代管。

1973年10月,海军北海舰队司令部航海保证处组织技术人员安装设备,主要有601-F型导航发射机2部、601-K型开关设备1部、"长河一号"定时器2部、91-戊型150瓦和116型150瓦通讯发信机各1部、7512型通讯接收机2部、6135D-3型75千瓦柴油发电机组2台。1974年6月,完成台站设备安装调试和台链同步校准工作。经海上联测,各项技术指标均符合设计要求,于1976年10月1日正式对国内用户开放。此间,因6135型柴油发电机组噪音大,坑道机房温度高达50℃,在地面新建160平方米柴油发电机房,装配4135D-1型柴油发电机组2台。1978年,庄河无线电导航台在海军举办的长河一号中程无线电导航台装备技术业务竞赛中荣获第一名。1981年,与成山头无线电导航台同步,换装新改造的"长河一号"定时器2部。

1983年3月6日,大连航标区接管庄河无线电导航台,首任台长董成仁,定编42人,其中无线电操纵员15人。1984年,农电改为市电;通信设备由坑道内移至地面办公区,与成山头无线电导航台同步,换装陕西宝鸡烽火无线电厂XD-D2A型15瓦单边带电台1部。1985年,在定时器加装大连海运学院研制的"长河-1号定时器自动搜索器",实现信号同步自动搜索,有效提高导航可靠性。

1990年,换装丹麦SKANT1型25瓦单边带电台1部,配置16米T形天线。1991年11月1日,换装TNM-481型80千瓦发射机2部。1993年,在交通部安监系统设备"管修养用"活动中,庄河无线电导航台荣获先进导航台第二名。1996年7月,换装西安二十所研制的34米高铝合金轻架天线,替代原B型发射天线。

1998年10月1日,按照交通部统一部署,庄河无线电导航台关闭。

(三)上古林中程无线电导航台

上古林中程无线电导航台位于天津市大港区,地理坐标为37°50.2′N、117°30.3′E。该导航台为单脉冲副台,与成山头无线电导航台组成$1L_1$台链。

图3-4-254 20世纪90年代上古林中程无线电导航台TNM-481型发射机

1970年10月,按照"长河一号"工程领导小组统一部署,上古林无线电导航台基建工程破土动工,由交通部第一航务工程局设计、第一航务工程处承建。该工程总计用地33004.40平方米,建筑面积

2200平方米。其中,半地下坑道建筑主要包括:定时器室、发射机室、通讯设备室、柴油发电机房、库房、修理间;地面生活区建筑主要包括:办公室、宿舍、活动室、食堂、锅炉房等;天线地网系统为B型导航发射、接收天线和通讯天线,与成山头无线电导航台天线地网设置基本相同。历时14个月,该导航台基建工程告竣。

1970年12月,上古林无线电导航台成立,首任台长陆凤德,为连级建制,编制61人,下设定时、发射、油机、报务4个业务分队以及警卫班、炊事班等。由海军烟台基地秦皇岛水警区管理。

1973年8月始,北海舰队司令部航海保证处组织技术人员安装上古林无线电导航台设备,主要包括601-F发射机2部、601-K型开关设备1部、"长河一号"定时器2部、通讯设备安装91-戊型150瓦通讯发信机1部、7512型通讯接收机2部、4135型柴油发电机组4台。经设备调试、台链同步校准和海上联测,该导航台于同年10月开始试运行,白天开机,夜间关机。1976年10月1日,正式对国内开放。1981年,与成山头无线电导航台同步,换装新改造的"长河一号"定时器2部,并换装6135型柴油发电机组4台。

1983年1月1日,天津航标区接管上古林无线电导航台,首任台长陆凤德,定编35人,其中无线电操纵员12人。1988年,该导航台供电系统改为市电供电,保留两台6135型发电机组作为备用电源,另两台调成山头无线电导航台。

图3-4-255　20世纪90年代上古林中程无线电导航台TNM-481型发射机接收天线

1991年9月,上古林无线电导航台换装TNM-481型80千瓦发射机。1991年11月,安装由上海广播器材厂生产的、高34米轻型铁塔式垂直发射天线,替代原B型发射天线,提高了发射信号作用距离。1993年,在交通部安监系统设备"管修养用"活动中,该导航台荣获先进导航台第二名和先进发电机组第三名。

1998年10月1日,按照交通部统一部署,上古林无线电导航台关闭。2010年6月,北塘RBN-DGPS台站迁址该导航台,7月13日正式开通运行,至今未变。

三、雷达信标

雷达信标(radar beacon)包括雷达应答器(racon,音译雷康,简称"雷康")和雷达指向标。雷康是一种工作在指定9GHz和3GHz频段的受激发射无线电导助航信号设备。当雷康被某个雷达触发后,随即同频发回编码信号,可在雷达显示屏上提供搜索识别目标地理位置编码图形信息,旨在协助船舶安全航行。雷达指向标是主动发射固定编码信号,在雷达显示屏上显示一条连续编码图形信息,指示船舶至雷达指向标安装位置的方向信息,以协助船舶搜寻目标和安全航行。雷康和雷达指向标,通常独立设置或与其他导助航标志复合使用。

1980年中国政府批准加入《1974年国际海上人命安全公约》后,为适应其关于1600总吨以上船舶安装雷达设备的强制性规定,满足国际航运安全需求,海军于1981年5月22日在青岛中沙东4号灯浮标顶部安装国产YPQ-1型雷康1台,自此开启北方海区应用雷康的历史。1985年,天津航测处引进英国马可尼公司3L型雷康,分别在天津、大连、烟台、青岛等重点港口口门安装试用。1988年9月23日,交通部发布施行《海区雷达应答器管理办法(试行)》,使雷康管理和运行有章可循。至1988年底,北方海区航标系统管理雷康总计6座,其中天津2座、大连2座、青岛1座、烟台1座。

1989年4月,IALA《关于海区雷康的建议》等建议、指南相继出台,加之雷康具有"安装使用方便快捷、管理成本相对较低、工作状态稳定可靠"等独特优势,天津海监局将雷康作为新型航标设备列为北方海区航标发展规划建设重点,采取进口与国产并举,分期分批引进瑞典Ericon MKⅡ型、英国PhalconⅢ型、美国SeabeaconⅡ型,以及国产PJX-1型、KT-1X型等多款雷康,陆续在辖区重要航道、重点港口、事故多发海域等险要位置推广使用。此间,该局先后在天津新港和秦皇岛港导标上加装国产KZX-3A型、RX-1A型雷达指向标,收到预期效果。

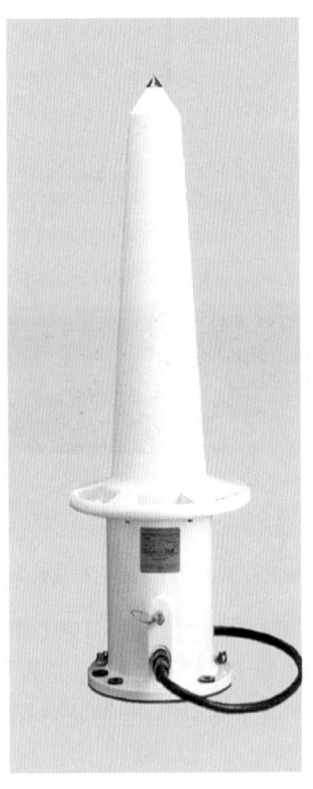 

(1)美国泰兰公司SeabeaconⅡMarkⅠ型雷康　　(2)上海海英公司HY-Ⅱ型雷康

图3-4-256　1988—2012年,北方海区航标系统雷康主用设备

自2005年始,随着国产雷康技术日渐成熟,天津海事局批量购置上海海英通信导航技术有限公司(简称"上海海英公司")HY-Ⅰ型和HY-Ⅱ型雷康,进一步加大雷康布设密度,并渐次替代进口雷康,逐

步完善雷康总体布局,如期实现北方海区航标"十五"规划阶段性发展目标。至2005年底,北方海区航标系统管理雷达信标总计35座,其中雷康33座,雷达指向标2座。

至2012年底,北方海区航标系统管理雷达信标总计77座,其中雷康75座、雷达指向标2座,基本满足辖区航行船舶识别需求。

2012年北方海区航标系统雷达信标设置一览表

表3-4-73

序号	设置地点	型号	识别代码	频段	产地/厂商	初设日期及型号
1	中沙礁灯船	HY-Ⅱ	Z	X	上海海英公司	1981年5月22日 YPQ-1
2	大沽灯塔	Seabeacon Ⅱ系统5	K	X	美国泰兰公司	1985年6月3L
3	黄岛外航道灯船	Seabeacon Ⅱ系统5	K	X	上海海英公司	1988年5月19日 Seabeacon Ⅰ Mark Ⅱ
4	曹妃甸灯塔	Seabeacon Ⅰ Mark Ⅱ	C	X	美国泰兰公司	1988年6月5日 Seabeacon Ⅰ Mark Ⅱ
5	圆岛灯塔	HY-Ⅱ	B	X	上海海英公司	1989年1月29日 Seabeacon Ⅰ
6	团岛灯塔	Seabeacon Ⅰ Mark Ⅱ	Y	X	美国泰兰公司	1988年6月15日 UKT-10103
7	遇岩灯塔	Seabeacon Ⅰ Mark Ⅱ	Z	X	美国泰兰公司	1988年6月24日 Seabeacon Ⅰ
8	崆峒岛灯塔	Seabeacon Ⅰ Mark Ⅱ	G	X	上海海英公司	1988年6月25日 Seabeacon Ⅰ Mark Ⅱ
9	南三辆车礁灯塔(险礁)	HY-Ⅱ	O	X	上海海英公司	1990年2月12日 Seabeacon Ⅰ Mark Ⅱ
10	沙砣子灯塔	HY-Ⅱ	Y	X	上海海英公司	1990年6月20日 Seabeacon Ⅰ Mark Ⅱ
11	马蹄礁灯塔	HY-Ⅱ	C	X	美国泰兰公司	1991年11月20日 Seabeacon Ⅰ Mark Ⅱ
12	海驴岛灯塔	HY-Ⅱ	X	X	上海海英公司	1990年11月16日 Seabeacon Ⅰ Mark Ⅱ
13	主航道引导灯桩前辅助中心标	Seabeacon Ⅰ Mark Ⅱ	M	X	美国泰兰公司	1990年12月20日 Seabeacon Ⅰ Mark Ⅱ
14	大连港灯船	HY-Ⅱ	C	X	上海海英公司	1991年12月30日 Seabeacon Ⅰ Mark Ⅱ
15	营口灯船	Seabeacon Ⅱ系统6	Y	X	美国泰兰公司	1992年7月6日 PhalconⅢ型
16	老铁山灯塔	HY-Ⅱ	M	X	上海海英公司	1996年11月 KT-1X
17	北隍城灯塔	HY-Ⅱ	M	X	上海海英公司	1997年1月1日 Seabeacon Ⅰ Mark Ⅱ
18	青渔滩灯塔	HY-Ⅱ	Y	X	上海海英公司	1997年1月20日 PJX-1

〔续表一〕

序号	设置地点	型号	识别代码	频段	产地/厂商	初设日期及型号
19	环海寺地嘴灯塔	Seabeacon I	K	X	美国泰兰公司	1997年2月1日 Seabeacon I Mark II
20	崂山头灯塔	HY-II	O	X	上海海英公司	1997年10月29日 Seabeacon I Mark II
21	八斗银子灯塔	HY-II	K	X	上海海英公司	1998年7月30日 Seabeacon I Mark II
22	大桥岛灯塔	Seabeacon I Mark II	B	X	美国泰兰公司	1999年8月17日 Seabeacon I Mark II
23	黄骅港航道口门灯浮标	HY-II	Z	X	上海海英公司	2001年12月22日 RX-1B
24	金山嘴灯桩	Seabeacon I Mark II	Z	X	美国泰兰公司	2002年4月20日 Seabeacon I Mark II
25	青岛港301号大型灯浮标	HY-II	M	X	上海海英公司	2002年1月24日 Seabeacon I
26	新港双航道引导灯桩中标后	Seabeacon I Mark II	M	X	美国泰兰公司	2002年9月10日 Seabeacon I Mark II
27	黄骅港防沙堤2号灯桩	HY-II	O	X	上海海英公司	2004年4月22日 HY-II
28	新港进口原油码头X1号灯浮标	HY-II	X	X	上海海英公司	2004年7月30日 HY-II
29	鲅鱼圈港区15号灯浮标	HY-II	Y	X	上海海英公司	2005年12月1日 HY-I
30	大竹山灯塔	HY-II	B	X	上海海英公司	2005年12月8日 HY-I
31	屺姆岛灯塔	HY-II	C	X	上海海英公司	2005年12月8日 HY-I
32	烟台港西港区进港中线前导标	HY-II	K	X	上海海英公司	2005年12月15日 HY-I
33	老偏岛灯桩	HY-II	N	X	上海海英公司	2005年12月20日 HY-II
34	新港1号灯浮标	WM-RB III	B	X	上海炜实公司	2006年4月18日 HY-I
35	黄骅港40号灯浮标	HY-II	X	X	上海海英公司	2006年6月22日 HY-II
36	庄河港1号灯浮标	HY-II	Z	X	上海海英公司	2006年10月9日 HY-II
37	猴矶岛灯塔	HY-II	Z	X	上海海英公司	2006年10月29日 HY-I
38	鹊嘴灯桩	HY-II	Q	X	上海海英公司	2006年10月29日 HY-I
39	烟台港20号灯浮标	HY-II	N	X	上海海英公司	2006年10月30日 HY-I
40	青岛港1号灯浮标	HY-II	X	X	上海海英公司	2006年11月12日 HY-II

〔续表二〕

序号	设置地点	型号	识别代码	频段	产地/厂商	初设日期及型号
41	青岛港506号灯浮标	HY-Ⅱ	Q	X	上海海英公司	2006年11月12日 HY-Ⅱ
42	朝连岛灯塔	HY-Ⅱ	G	X	上海海英公司	2006年1月29日 HY-Ⅱ
43	大公岛灯塔	HY-Ⅱ	T	X	上海海英公司	2006年12月1日 HY-Ⅱ
44	青岛港501号灯船	HY-Ⅱ	N	X	上海海英公司	2006年12月1日 HY-Ⅱ
45	西草坨子灯桩	HY-Ⅱ	M	X	上海海英公司	2006年12月16日 HY-Ⅱ
46	礁流岛灯桩	HY-Ⅱ	C	X	上海海英公司	2006年12月18日 HY-Ⅱ
47	旅顺新港1号灯浮标	HY-Ⅱ	Q	X	上海海英公司	2006年12月18日 HY-Ⅱ
48	塞里水道11号灯浮标	HY-Ⅱ	G	X	上海海英公司	2006年12月18日 HY-Ⅱ
49	潍坊港1号灯浮标	HY-Ⅱ	G	X	上海海英公司	2006年12月29日 HY-Ⅰ
50	日照港101号灯浮标	HY-Ⅱ	K	X	上海海英公司	2007年7月25日 HY-Ⅱ
51	渤海32-6油田Y1号灯浮标	HY-Ⅱ	O	X	上海海英公司	2007年12月1日 HY-Ⅰ
52	京唐港2号灯浮标	HY-Ⅱ	M	X	上海海英公司	2007年12月1日 HY-Ⅰ
53	京唐港西堤1号灯桩	HY-Ⅱ	K	X	上海海英公司	2007年12月1日 HY-Ⅰ
54	长山1号灯浮标	HY-Ⅱ	T	X	上海海英公司	2007年12月20日 HY-Ⅰ
55	蓬旅1号灯浮标	HY-Ⅱ	O	X	上海海英公司	2007年12月20日 HY-Ⅰ
56	黄骅港14号灯浮标	HY-Ⅱ	C	X	上海海英公司	2008年3月13日 HY-Ⅱ
57	和尚岛7号灯浮标	HY-Ⅱ	G	X	上海海英公司	2008年7月7日 HY-Ⅱ
58	大窑湾51号灯浮标	HY-Ⅱ	B	X	上海海英公司	2008年7月31日 HY-Ⅱ
59	海阳港6号灯浮标	HY-Ⅱ	Q	X	上海海英公司	2008年9月1日 HY-Ⅱ
60	十万吨级航道400号灯浮标	HY-Ⅱ	N	X	上海海英公司	2008年11月28日 HY-Ⅰ
61	秦皇岛港主航道102号灯浮标	HY-Ⅱ	X	X	上海海英公司	2008年11月28日 HY-Ⅰ
62	山海关船厂东防波堤堤头灯桩	HY-Ⅱ	Y	X	上海海英公司	2008年11月28日 HY-Ⅱ

〔续表三〕

序号	设置地点	型号	识别代码	频段	产地/厂商	初设日期及型号
63	秦皇岛新港西挡沙堤堤头灯桩	HY-Ⅱ	Q	X	上海海英公司	2008年11月28日 HY-Ⅱ
64	老灵石灯桩	HY-Ⅱ	B	X	上海海英公司	2008年12月1日 HY-Ⅱ
65	安顾石灯桩	HY-Ⅱ	Q	X	上海海英公司	2008年12月1日 HY-Ⅱ
66	灵山船厂1号灯浮标	HY-Ⅱ	C	X	上海海英公司	2008年12月1日 HY-Ⅱ
67	獐子岛岬角灯桩	HY-Ⅱ	Z	X	上海海英公司	2009年1月20日 HY-Ⅱ
68	大蛤蟆礁灯桩	HY-Ⅱ	G	X	上海海英公司	2009年1月20日 HY-Ⅱ
69	大沽沙航道口门灯浮标	HY-Ⅱ	O	X	上海海英公司	2006年12月4日 HY-Ⅱ
70	仙人岛南堤头灯桩	Seabeacon Ⅰ Mark Ⅱ	Y	X	美国泰兰公司	2009年4月15日 HY-Ⅰ
71	龙口港100号灯浮标	HY-Ⅱ	G	X	上海海英公司	2009年9月13日 HY-Ⅰ
72	盘锦港荣兴港区5号灯浮标	HY-Ⅱ	D	X	上海海英公司	2011年3月5日 HY-Ⅰ
73	女岛灯塔	HY-Ⅱ	G	X	上海海英公司	2011年11月1日 HY-Ⅱ
74	天津港北防波堤堤头灯桩	WM-RBⅢ	Z	X	上海炜实公司	2012年6月13日 Seabeacon Ⅰ Mark Ⅱ
75	盘锦港荣兴港区35号灯浮标	HY-Ⅱ	K	X	上海海英公司	2012年11月1日 HY-Ⅰ
76	煤三期航道后中标雷达指向标	HY-Ⅱ	O	X	上海海英公司	1997年12月12日 KZX-3A
77	十万吨级航道前中标雷达指向标	RX-1B	T	X	上海航标厂	2001年7月15日 RX-1A

四、无线电指向标—差分全球定位系统

1995年,交通部安监局组织编制并印发实施《中国沿海无线电指向标—差分全球卫星导航系统规划(1996—2000)》(简称《规划》),由此拉开中国沿海RBN-DGPS系统工程三期建设的帷幕。其中,北方海区列入《规划》第一、三期工程建设的共6座RBN-DGPS台站,大三山、秦皇岛、北塘和王家麦4座台站为第一期,老铁山和成山头2座台站为第三期,均为利用现役无线电指向标系统天线、地网、办公用房等基础设施而改建的台站。该工程由天津航测科技中心牵头组织,相关航标处配合实施,并由交通部安监局(海事局)组织工程项目验收。

是年,大三山RBN-DGPS台站改建工程开工,主要包括:发射天线、地网和避雷系统改造;供电系统更新柴油发电机组、供电线路、配电盘、稳压器、UPS电源;制作GPS接收机天线架设平台等。秦皇岛RBN-DGPS台站改建工程主要实施地网改造;北塘和王家麦RBN-DGPS台站改建工程主要制作GPS接收机天线架设平台等。此间,根据配套计算机的技术要求,天津海监局为一期工程4座台站购置了计算

机等设备,天津航测科技中心组织技术人员翻译了系统安装和操作手册并印发各台站,为引进设备的安装调试做好前期准备。

1996年1—3月,在相关航标处积极配合下,美国徕卡公司(Leica)工程师和天津航测科技中心技术人员顺利完成大三山、秦皇岛、北塘和王家麦4座RBN-DGPS台站进口设备安装调试工作。其中,发射机为丹麦AMPLIDAN公司015770型,其他设备为美国Leica公司MX9400R型基准站接收机、MX9400N型监测站接收机、MX52R型监测站接收机、MX50M型调制器。随后,4座台站进入为期一年多的试运行。经工程项目竣工验收,于1997年7月21日零时起正式播发DGPS信号。此间,天津、大连、秦皇岛、青岛海监局相继召开第一期RBN-DGPS台站开放信息发布会。

图3-4-257　1997年7月15日,天津海监局在天津召开北塘RBN-DGPS台站开放信息发布会

1998年,老铁山RBN-DGPS台站改建工程开工,主要包括:大修两座35米发射天线架,加固天线架基础、更新发射天线馈线、天线架爬梯、护身圈、钢缆螺栓等;制作GPS接收机天线架设平台;避雷设施改造,并配置TE-7000P型浪涌抑制器;天线地网及接地改造,接地终端引入海中固定铺设;市电增容,变压器由30千伏安更换为50千伏安,设置80千伏安变压器;电缆铺设,油机房至DGPS工作室更换为屏蔽电缆,变压器至油机房配电柜铺设铠装VV29型电缆;购置法国西电公司DS-27型柴油发电机组2台,功率24千瓦;更新油机房配电柜,配置DGPS专用配电盘、C10KUPS电源、WSZ-63型柱式电源稳压器。土建项目主要是在原无线电指向标工作室上面新建一层135.92平方米DGPS值班室,原一层工作室改造为修理间和储藏室。同年11月,成山头RBN-DGPS台站改建工程开工,主要包括:制作架设9米高GPS接收机天线架设平台,更新架设32米高新型伞形发射天线,采用电气螺旋加顶的形式提高天线电气性能,采用多重防雷系统,解决纤绳防腐问题;重新铺设、修缮以发射天线基座为中心,半径60米的天线地网;加层改造业务用房428平方米;重建业务用房防雷、防静电铜制屏蔽网;改造修缮供电房,安装备用柴油发电机组,布设供电线路;平整天线场地,硬化路面和院内绿化等项目。1999年6月,老铁山和成山头RBN-DGPS台站改建工程相继竣工。1999年7月30日始,天津航测科技中心在北戴河举办为期一周的北方海区RBN-DGPS业务培训班,培训技术业务骨干20余名,为北方海区RBN-DGPS系

统管理和运行积蓄了人力资源。

图 3-4-258　1999 年 7 月 30 日,北方海区 RBN-DGPS 业务培训班

2000 年 7 月 6—8 日,天津航测科技中心、美国徕卡公司和西安二十所工程技术人员先后完成老铁山、成山头台站设备安装调试,均安装西安二十所研制的首批 RBN-DGPS 发射机,其余设备与一期台站设备基本相同。至 7 月 11 日,两台站一次性试机成功,并进入为期一年的试运行。随后,天津海事局航标导航处于 8 月组织实施"西安导航技术研究所五室"设计的老铁山台站地网设施升级改造。两台站改建工程经项目验收后,于 2002 年 1 月 1 日零时起正式播发 DGPS 信号。此间,天津海事局在大连适时召开第三期老铁山、成山头 RBN-DGPS 台站对外开放信息发布会。

图 3-4-259　2001 年 12 月 29 日,天津海事局在大连召开老铁山、成山头 RBN-DGPS 台站对外开放信息发布会

2004 年,北方海区第一期大三山、秦皇岛、北塘和王家麦 4 座 RBN-DGPS 台站陆续换装西安二十所

研制的 MDT-2 型发射机。之后，由于营口港和辽河通航水域位于渤海北部，地处秦皇岛和老铁山 RBN-DGPS 台站信号覆盖范围边缘，信号场强较弱，且不稳定。2009 年，交通部海事局补建营口台子山 RBN-DGPS 台站，亦安装西安二十所研制的 MDT-2 型发射机。2010 年 6 月，北塘 RBN-DGPS 台站迁至上古林。

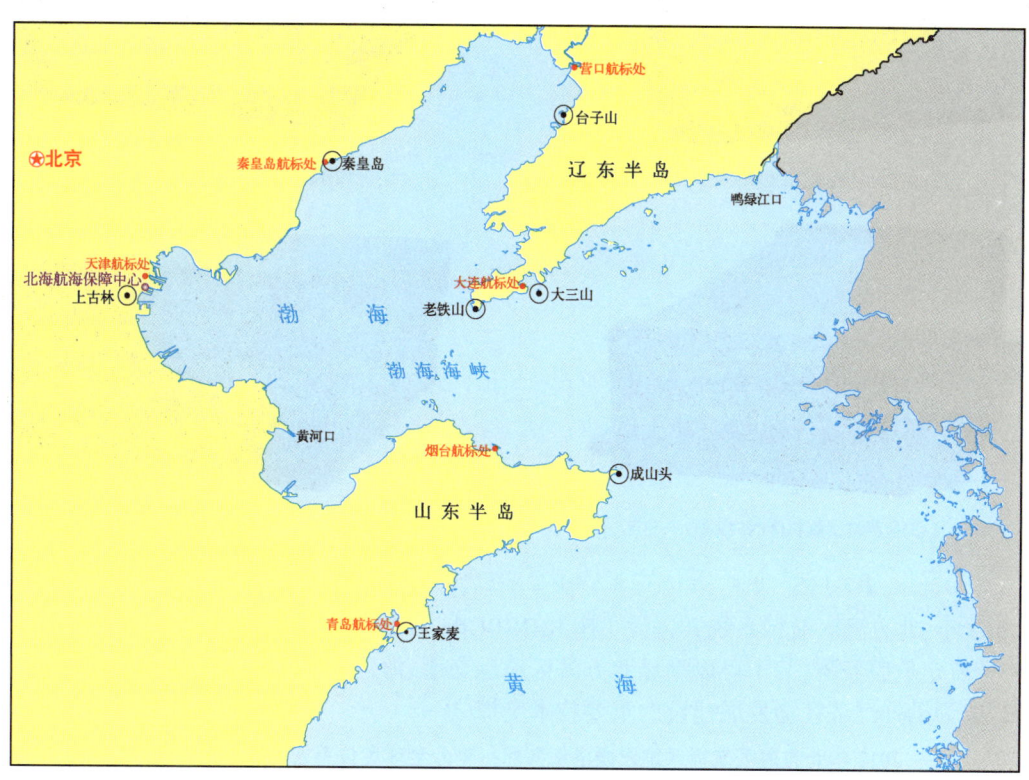

图 3-4-260　2012 年北方海区 RBN-DGPS 台站布局示意图

(1)1994年丹麦AMPLIDAN公司015770型发射机(中)

(2)1998年西安二十所首批RBN-DGPS发射机

(3)2004年西安二十所MDT-2型发射机

图 3-4-261　北方海区航标系统 RBN-DGPS 系统发射机主用设备

(1)基准站接收机(MX9400R型)

(2)监测站接收机(MX9400R型)

(3)监测站接收机(MX52R型)

(4)调制器(MX50M型)

图3-4-262　1996—2012年,北方海区航标系统RBN-DGPS系统接收机等主用设备

至2012年,北方海区航标系统共建设7座RBN-DGPS台站,所构成的全天候、全时段、高精度、信号多重覆盖导航定位服务网,基本可以满足北方海区航运交通、海洋工程、渔业捕捞、国防建设等社会公众用户需求,成为助推经济社会发展建设的重要技术支撑之一。

2012年北方海区航标系统无线电指向标—差分全球定位系统台站设置一览表

表3-4-74

序号	台站名称	地理坐标(N、E)	代码	基准站识别号	频率(千赫兹)	建成日期
1	大三山	39°51.9′,121°49.5′	DS	602 603 601	301.50	1996年
2	秦皇岛	39°54.7′,119°37.0′	QH	606 607 603	287.50	1996年
3	上古林	39°06.4′,117°43.2′	BT	608 609 604	310.50	2010年迁建
4	王家麦	36°04.4′,120°26.5′	MD	614 615 607	313.50	1996年
5	老铁山	38°43.6′,121°08.1′	LT	604 605 602	295.50	1998年
6	成山头	37°23.6′,122°42.2′	CS	612 613 606	299.50	1998年
7	台子山	40°17.5′,122°06.7′	YK	610 611 605	291.50	2009年

五、岸基自动识别系统

AIS系统是一个工作在VHF海上频段的船舶和岸基数据播发系统。2001年始,按照IMO相关决议要求,根据交通部海事局《中国海事AIS配布规划》统一部署,北方海区AIS系统建设工程分为五个阶段实施:渤海湾一期岸基网络系统工程、北方海区一期岸基网络系统工程、北方海区二期岸基网络系统工程、北方内河岸基网络系统工程、北方海区AIS安全应用一期工程。前三个阶段和后两个阶段分别由天津海事局航标导航处处长辛艺强和柴进柱负责组织实施。

2004年1月,天津海事局组织实施渤海湾AIS系统一期工程建设,历时11个月,先后建成北方海区AIS数据管理维护中心,大连、烟台航标处辖区AIS数据管理维护中心,以及成山头、崆峒岛、黄白嘴、老铁山等4座AIS基站,并于同年11月投入使用,初步实现AIS系统信号基本覆盖烟台至大连航线和成山头附近水域。

2005年初,交通部海事局提出构建全国AIS骨干网,实现AIS系统信号覆盖海区重点水域及能源大港的建设目标。2005年8月,天津海事局组织实施北方海区AIS一期岸基网络系统工程建设,历时6个月,相继建成天津、青岛航标处辖区AIS数据管理维护中心,以及营口台子山、锦州港后导标、秦皇岛南山头、天津港东突堤、东营港、海阳港、团岛、日照港等8座AIS基站,并于2006年1月投入使用,实现系统信号基本覆盖北方重要港口和重点水域。此间,天津海事局与北京东方网脉科技有限公司合作,自主研发成功AIS数据解析、用户管理、数据查询、数据访问、数据过滤和船舶轨迹流量统计等管理软件。

2006年8月,天津海事局组织实施北方海区AIS系统二期工程建设,历时6个月,分别建成秦皇岛、营口航标处辖区AIS数据管理维护中心,以及曹妃甸、京唐港、叼龙嘴、长兴岛、大王家岛、丹东、北长山、潍坊、黄骅等9座AIS基站,并于2007年1月投入使用。自此,北方海区AIS骨干网络基本搭建完成,实现AIS系统信号全面覆盖黄、渤海沿海水域。此间,天津海事局自主研发成功AIS专业管理、航行安全信息自动播发、AIS船舶轨迹及流量统计分析(V1.0)、AIS数据检索解析等应用软件,实现AIS原始数据回放、船舶轨迹再现和动态数据统计分析等功能,有效增强海事监管、搜救指挥、应急处置能力,特别是对于海事调查取证具有划时代意义,在海事管理、搜寻救助、海事法院、船舶引航、航运安保、海洋工程、污染防治、渔业捕捞、军事国防、科研院校等领域得到广泛应用,并得到社会各界充分肯定。

2008年8月,天津海事局组织实施北方海区AIS二期岸基网络系统工程补点建设,增设北隍城、大长山岛、绥中石油平台3座AIS基站,并于2009年1月底投入使用。同时,将南山头、潍坊、曹妃甸3座AIS基站天线改造为弱定向天线,弥补了渤海中部信号空白区。2009年7月,北方海区AIS管理维护中心由天津航标处移至天津海事局综合办公业务用房。同时,按照交通运输部海事局统一部署,天津海事局建成国家AIS数据管理维护中心和IALA亚太区域AIS数据管理维护中心,整合了全国三大海区AIS数据,实现IALA-NET数据链接。至此,全国海区AIS骨干网络全面建成,各项技术性能指标均符合国际相关标准要求。该系统由国家AIS数据管理维护中心、各海区AIS数据管理维护中心、各航标处辖区AIS数据管理维护中心、AIS基站四部分组成,实行三级管理运行模式。网络系统为环形和星形相结合架构,租用2条20兆互联网专线用于同其他国家交换数据,42条2兆数字链路用于架设AIS系统骨干网。其中,北方海区AIS数据管理维护中心配有瑞典SAAB公司NMR1000型、NMR800型、NMR500型、DataLog型服务器和系统软件;NMR1000型服务器主要用于配置AIS系统各项设置以及监控各基站、服务器、链路运行状态,NMR800型服务器用于AIS数据提供和用户管理,NMR500型服务器用于AIS内网系统链接,DataLog型服务器用于存储AIS数据。各航标处辖区AIS数据管理维护中心配有NMR800型、NMR500型、DataLog型服务器,功能同上。各基站设备统一采用瑞典SAAB公司生产的R40型AIS,功率12.5瓦,作用距离30~50海里。

2010年,按照交通运输部海事局工作安排,天津海事局组织实施北方内河AIS系统工程建设,黑龙江海事局协助,先后建成1个内河AIS数据管理维护中心(与北方海区AIS管理维护中心同址)、2个辖区AIS数据管理维护中心、52座AIS基站。该工程租用52条2兆链路(长途链路占34条),其中49条链路为基站到省级中心,1条为省级中心之间数据传输,1条为省级AIS中心到黑龙江海事局,1条为省级AIS中心到水系AIS中心。

2011年6月10日,交通运输部海事局在交通运输部新闻发布厅举办"中国沿海内河AIS系统建设与应用新闻发布会"。交通运输部海事局副局长黄何宣布:"我国建设的AIS岸基网络系统已基本覆盖我国沿海和高等级内河航道,是全球规模最大的AIS岸基网络系统。中国AIS系统的建设已处于世界先进水平"。2011年12月16日,交通运输部海事局副局长李世新在上海主持召开"全国内河AIS岸台网络系统一期工程项目验收会"。

图3-4-263 2011年6月10日,交通运输部海事局在北京召开"中国沿海内河AIS系统建设与应用新闻发布会"

图3-4-264 2011年12月16日,交通运输部海事局在上海召开"全国内河AIS岸台网络系统一期工程项目验收会"

2012年8月,天津海事局组织实施北方海区AIS安全应用一期工程建设,历时7个月,工程告竣并投入运行。该工程升级改造北方海区AIS数据管理维护中心,增加天津、秦皇岛、营口航标处辖区AIS管理维护中心数据库管理服务器,并增设屺姆岛、镆铘岛、女岛、岚山等4座AIS基站,弥补了北方海区部分AIS信号薄弱区,延长了南北大通道南端监控范围。

第三章 航标业务

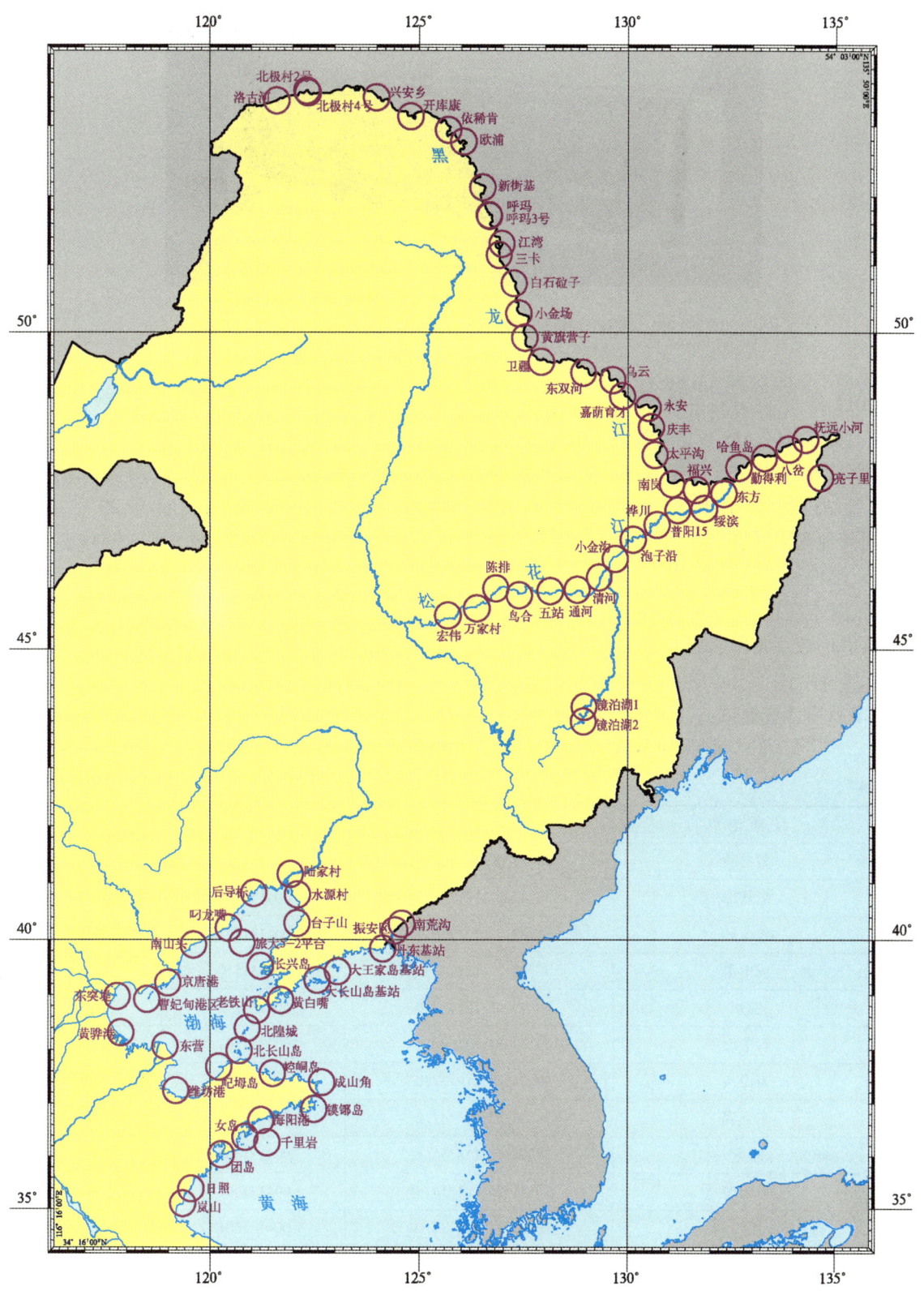

图 3-4-265　2012 年北方海区 AIS 基站布局示意图

图 3-4-266　2004—2012 年,北方海区航标系统使用的 AIS 岸基网络系统 R40 型 AIS 基站

至 2012 年底,北方海区航标系统 AIS 岸基网络系统全面建成,总计设有国家级 AIS 数据管理维护中心 1 座、北方海区 AIS 数据管理维护中心 1 座、各航标处辖区 AIS 数据管理维护中心 6 座、沿海 AIS 基站 28 座;1 个内河 AIS 数据管理维护中心、2 个内河辖区 AIS 数据管理维护中心、内河 52 座 AIS 基站。AIS 基站设备均自瑞典 SAAB 公司引进,型号同为 R40 型。同时,该系统租用 2 条 20 兆互联网专线用于同其他国家交换数据,42 条 2 兆数字链路用于架设 AIS 系统骨干网。其中,区内链路 5 条、区间链路 8 条、国内长途链路 29 条(8 条用于国家级 AIS 中心数据通讯)、电信互联网专线 1 条、联通互联网专线 1 条,基本实现船对船、岸对船、岸对岸信息共享,为海事管理和航海保障及广大航海用户提供了更加精准可靠的数字化助航服务,其强大功能和重要作用日益显现。此间,北方海区 AIS 系统运行正常率历年均保持 99.5% 以上,在辅助航运宏观决策、科学评估通航环境、改善船舶交通管理、支持海上应急反应、锁定海事调查证据、提高航海保障能力等方面发挥了重要作用。

2012 年北方海区航标系统沿海岸基自动识别系统基站设置一览表

表 3-4-75

序号	设置地点	设置位置(N、E)	识别码	运行时间
1	黄白嘴	38°54.3′、121°43.0′	004131104	2004 年
2	老铁山	38°43.6′、121°08.1′	004131101	2004 年
3	崆峒岛	37°33.7′、121°30.9′	004131502	2004 年
4	成山角	37°23.7′、122°42.2′	004131510	2004 年
5	锦州	40°49.7′、121°04.0′	004131204	2005 年
6	台子山	40°17.8′、122°06.5′	004131201	2005 年
7	南山头	39°54.7′、119°37.0′	004131205	2005 年
8	东突堤	38°58.5′、117°47.2′	004131403	2005 年
9	东营	38°04.1′、118°56.1′	004131406	2005 年
10	海阳港	36°41.2′、121°14.3′	004131602	2005 年
11	团岛	36°02.7′、120°17.0′	004131601	2005 年
12	日照	35°23.7′、119°33.5′	004131603	2005 年
13	丹东	39°50.5′、124°09.2′	004131105	2006 年
14	大王家岛	39°25.7′、123°04.8′	004131103	2006 年

〔续表〕

序号	设置地点	设置位置(N、E)	识别码	运行时间
15	长兴岛	39°31.5′、121°13.7′	004131202	2006年
16	京唐港	39°13.3′、119°00.2′	004131202	2006年
17	叼龙嘴	40°12.8′、120°27.2′	004131203	2006年
18	曹妃甸港区	38°55.4′、118°29.2′	004131401	2006年
19	黄骅港	38°18.9′、117°52.4′	004131402	2006年
20	潍坊港	37°14.7′、119°11.5′	004131501	2006年
21	北长山岛	37°59.2′、120°42.9′	004131503	2006年
22	大长山岛	39°16.4′、122°35.4′	004131106	2009年
23	旅大5-2平台	39°56.6′、120°47.0′	004131199	2009年
24	北隍城	38°23.7′、120°54.6′	004131800	2009年
25	屺岠岛	37°41.1′、120°13.6′	004131507	2012年
26	镆铘岛	36°53.8′、122°30.9′	004131506	2012年
27	女岛	36°22.3′、120°51.2′	004131605	2012年
28	岚山	35°06.7′、119°21.6′	004131604	2012年

2012年北方海区航标系统内河岸基自动识别系统基站设置一览表

表3-4-76

辖区	序号	设置地点	设置位置(N、E)	识别码	运行时间
哈尔滨	1	五站	45°57.4′、128°07.5′	004131705	2010年
	2	陈排	45°60.0′、126°49.4′	004131704	2010年
	3	宏伟	45°33.4′、125°41.2′	004131707	2010年
	4	镜泊湖1	44°02.7′、128°56.3′	004131861	2011年
	5	镜泊湖2	43°47.9′、128°55.2′	004131862	2011年
	6	鸟合	45°53.3′、127°23.2′	004131701	2010年
	7	清河	46°10.8′、129°18.5′	004131708	2010年
	8	通河	45°58.8′、128°46.1′	004131706	2010年
	9	万家村	45°40.5′、126°22.1′	004131703	2010年
	10	小金沟	46°28.7′、129°41.9′	004131702	2010年
	11	陆家村	41°09.8′、121°56.7′	004131845	2011年
	12	南荒沟	40°17.0′、124°36.0′	004131844	2011年
	13	振安区	40°09.9′、124°26.4′	004131843	2011年
	14	水源村	40°48.1′、122°07.0′	004131846	2011年
佳木斯	15	八岔	48°13.0′、133°53.4′	004131830	2010年
	16	白石砬子	50°43.9′、127°15.6′	004131813	2010年
	17	北极村2号	53°29.6′、122°20.1′	004131802	2010年
	18	北极村4号	53°28.1′、122°21.9′	004131803	2010年
	19	东方	47°31.2′、132°18.5′	004131826	2010年
	20	东双河	49°23.6′、128°55.1′	004131818	2010年
	21	福兴	47°35.0′、131°39.4′	004131825	2010年

〔续表〕

辖区	序号	设置地点	设置位置(N、E)	识别码	运行时间
佳木斯	22	抚远小河	48°22.2′、134°17.3′	004131831	2011年
	23	哈鱼岛	47°55.8′、132°40.2′	004131828	2010年
	24	桦川	47°01.4′、130°42.2′	004131833	2010年
	25	黄旗营子	49°55.2′、127°31.1′	004131815	2010年
	26	呼玛	51°43.7′、126°39.4′	004131810	2010年
	27	呼玛3号	51°43.1′、126°40.0′	004131809	2010年
	28	江湾	51°18.8′、126°58.0′	004131811	2010年
	29	开库康	53°08.2′、124°47.9′	004131805	2010年
	30	亮子里	47°46.4′、134°39.3′	004131860	2010年
	31	洛古河	53°21.4′、121°36.9′	004131801	2010年
	32	名山	47°40.3′、131°04.0′	004131824	2010年
	33	南岗	47°40.3′、131°04.0′	004131817	2010年
	34	欧浦	52°46.9′、126°03.0′	004131807	2010年
	35	泡子沿	46°47.2′、130°07.8′	004131834	2010年
	36	普阳15	47°15.5′、131°12.7′	004131832	2010年
	37	勤得利	48°04.8′、133°17.7′	004131829	2010年
	38	庆丰	48°33.5′、130°34.0′	004131822	2010年
	39	三卡	51°09.0′、126°53.8′	004131812	2010年
	40	绥滨	47°17.0′、131°50.8′	004131827	2010年
	41	太平沟	48°07.6′、130°39.3′	004131823	2010年
	42	卫疆	49°33.5′、127°54.5′	004131816	2010年
	43	乌云	49°17.0′、129°38.3′	004131819	2010年
	44	小金场	50°17.0′、127°22.4′	004131814	2010年
	45	兴安乡	53°24.0′、123°59.5′	004131804	2010年
	46	新街基	52°07.9′、126°30.3′	004131808	2010年
	47	依稀肯	52°56.8′、125°41.5′	004131806	2010年
	48	永安	48°51.4′、130°29.3′	004131821	2010年
	49	嘉荫育才	49°02.3′、129°52.4′	004131820	2010年
	50	兴凯湖水产养殖场	45°00.7′、132°01.0′	004131867	2013年
内蒙古	51	蓝旗庙	48°02.7′、116°06.9′	004131865	2013年
	52	小河口	49°00.5′、117°00.0′	004131866	2013年

第五节　灯器、能源与系碇设备

一、航标灯器

航标灯器是发射灯光信号的照明装置和控制装置的总称，是为夜间船舶航行提供助航信息的专用装置，亦是视觉航标的重要组成部分。行业标准《航标灯光光强测量和灯光射程计算》中将其定义为

"为保证船舶在夜间安全航行而安装在航标设施上的一类助航信号灯",其功能作用是在夜间发出规定的灯光颜色和闪光周期,达到一定的照射角度和能见距离,为保障船舶夜航安全提供助航信息服务。

航标灯器历史沿革悠久,种类庞杂繁多,可按照透镜形制、光源类型、灯质特征、适用能源等多种标准分类。国家标准《航标术语》中将灯器透镜定义为"由两个共轴曲面或一个曲面和一个平面组成的光学系统,并具有一个共聚焦点的光学元件的组合"。灯器透镜根据其形状,可分为鼓型透镜、牛眼透镜和锥形透镜等种类。然而,按照该灯器设置初期所适用的能源为标准的分类方法,则最为直观、便捷、务实、可行,并可大致分为非电气化和电气化航标灯器两大类。当然,不排除伴随航标能源、光学、光源的技术进步,非电气化航标灯器随之适时转化为电气化航标灯器。

航标灯器伴随人工航标的问世而诞生,以传统意义上的照明灯具为发端而不断演变,并随着能源、光学、光源等科技进步而更新发展,逐步形成独特的结构形式和专属的应用场所,以供舟船夜航辨向之用。在专用的航标灯器产生之前,木柴、蜡烛、植物油灯等,凡能够发出光亮的器物,在相当长的历史时期曾充当航标灯器使用,古近代发光的人工航标或有助航作用建筑的夜间灯光均是如此。正如梁梦龙《海运新考》所载:"或口岸或岛屿,凡船舶可以湾泊去处,竖立大杉杆,每杆上昼悬黄布大旗一面,夜悬大灯笼一个。"其灯笼为"铁丝、铁底、铁盖,糊以油纸或油绢,内燃长明灯一盏。"航标灯器的雏形在古代航标中有所记载。《中国沿海灯塔志》载有"昔时灯塔所用之灯,概系灯芯灯头,大者则用丛集灯芯灯头,而以灯芯六枚,集合成丛,至发光原料,初仅为植物油,后改石蜡。"但其灯光微弱、射程较短,仅能为临近舟船提供夜航指引。

清乾隆四十六年(1781),瑞典人约那斯·诺德伯格(Jonas Nordberg)发明了最初的航标灯旋转装置;清乾隆四十九年(1784),瑞典人艾默·阿尔干(Aime Argand)发明了无烟油灯;清道光二年(1822),法国物理学家奥古斯汀·菲涅尔(Augustine Fresnel)发明了菲涅尔透镜;清光绪十六年(1890),法国灯塔服务公司总工程师莱昂·波德尔斯(M.Bourdelles)设计并建造了一套可行的水银槽系统;随后,瑞典灯塔工程师约翰·赫杰(JohnHojer)发明了AGA闪光器和AGA日光阀,等等。随即,如上新技术在早期的航标灯器上遂得到广泛应用,使航标灯器不断产生历史性突破。

此间,航标灯器总体上由灯壳、镜机和发光器(灯机)共同组成。灯壳是航标灯中用来保护光电组件的外壳,是航标灯光源正常运行的重要辅助装置;在灯塔、灯船或大型灯桩、导标上建成规模较大的灯机室,称为灯笼,即为大中型灯器的灯壳。镜机是航标灯光学和机械转动系统的合称,由透镜和旋转装置组合而成。发光器(灯机)是航标灯器的发光及其控制装置,甚至包括其能源储放、供给装置。灯壳、镜机和发光器(灯机)三者是相对独立的,可独立存在和使用,并发挥各自的作用。灯笼(灯壳)中可以置放不同规格的镜机,使用各种各样的发光器(灯机)。而镜机对于油灯、煤油灯、乙炔气灯、煤油白炽灯、电灯等并不挑剔,只要空间允许。大连老铁山灯塔自始建以来的120余年经历了煤油灯、乙炔气灯、电白炽灯、长弧氙灯、金属卤化物灯,而灯笼还是原来的灯笼,镜机还是原来的镜机。目前,中国沿海相当数量灯塔初建时配置的灯笼、镜机仍在现役使用,由此可见,灯笼、镜机和发光器(灯机)三者之间并没有固定的配置关系。

第二次鸦片战争后,西方列强逼迫清政府签订不平等条约,海关在中国沿海、长江和对外开放的港口航道设置航标,拉开了中国近代航标建设帷幕。此间,海关陆续引进包括航标灯器在内的各种导助航设备。其中,航标灯器主要有牛眼透镜灯器和鼓型透镜灯器,其光源先后采用煤油灯、煤油蒸汽棉胶质纱罩白炽灯、金属编织的"自燃式"纱罩灯等。"中国沿海重要灯塔首先改良者为成山头灯塔",该灯塔于清光绪十八年(1892)换装明灭镜机,其灯光特征由定光变更为闪光,进一步满足了航海者对航标识别的需求。清光绪十九年(1893),老铁山灯塔设置初期选用法国煤油白炽气灯,并首次采用水银浮槽式旋转镜机,用重锤、铰链及减速齿轮箱装置带动透镜旋转。此间,煤油逐渐取代动植物油,成为航标灯器的主要能源,煤油灯器随之推广开来,其灯光射程得到明显提高。据《中国沿海灯塔志》中载述:"近则燃用煤油矣,惟灯芯灯头渐被淘汰,率多改用纱罩灯头,而以煤油蒸汽为发光原料,光力遂较为强烈也,比岁以来,坚硬棉胶质纱罩,复被摒弃,乃由柔韧金属编织纱罩取而代之,此项柔韧纱罩,即世(时)称为'自燃式'纱罩,以其形圆织密,故发光强而且烈也。"

航标灯电气化以后,灯壳(灯笼)制造亦随之变化,除防水功能外,其他要求逐渐淡化乃至消除。灯壳、灯笼、灯室虽称谓不同,但其功效和设计原理是一样的,只是用于不同的地方,其称呼不同而已。早期,灯笼的透光玻璃为平板玻璃,倾斜地镶嵌在灯笼四周的框架上。北方海区朝连岛灯塔的灯笼从始建起,平板玻璃使用了百余年。19世纪末,大尺寸的弧度玻璃开始用于灯笼制作。清光绪二十七年(1901),清海关总工程师哈定先生(J. Reginalg Harding)在英国格拉斯哥召开的国际工程会议上,就中国灯塔使用弧度玻璃一事予以特别强调。弧度玻璃的广泛应用,解决了平板玻璃光反射和重复光源亮点的困扰。

20世纪初,随着乙炔能源的诞生,航标灯器逐步由煤油灯更新为乙炔气体灯。乙炔气灯器较煤油灯器在发光强度方面有明显提高,进一步增强了航标的助航效能。20世纪20至40年代,中国用煤油炼制的平楚瓦斯曾作为航标能源应用于灯浮标、灯船灯器,效果可与乙炔气媲美。此间,北方海区灯塔上使用的灯器主要为375~1840毫米透镜煤油灯器和乙炔气灯器,灯桩、导标、灯船上使用的灯器主要为200~300毫米透镜乙炔气灯器,灯浮标上使用的灯器主要为90~200毫米透镜乙炔气灯器。

1946年,海关总税务司署海务科先后从美国引进部分航标器材,主要包括直径2.4米灯浮标及锚链42套,200、375毫米透镜及电闪灯,SB-500型浮标蓄电池1200块,爱迪生镍铁电池数百套,并在中国沿海航标安装使用。自此,中国航标灯器开始迈入"电气化"时代。此前,北方海区仅个别重要灯塔灯器使用电力供电。

1949年中华人民共和国成立后,中国航标管理部门陆续在沿海灯塔上试用电力供电,主用电白炽灯作为航标灯器光源。1955年,辽宁旅大地区苏军撤离后,移交的老虎尾、黄白嘴灯塔均用市电供电,并配有柴油发电机组作为备用。至20世纪70年代,中国沿海灯塔、灯桩、导标和浮动助航标志大部分采用电光源航标灯器,北方海区在用航标灯器基本实现"电气化"。

1978年改革开放后,为满足航运发展需求,交通部部长钱永昌于20世纪80年代初提出"让航标灯亮起来"的战略目标。在立足于自力更生的同时,交通部安监(海事)局多次批量引进国外先进航标设备和技术,用于沿海航标建设。1984年始,先后引进用于北方海区的航标灯器、设备达700余台(套),主要包括英国法洛斯公司PRB系列、美国泰兰公司TRB系列、西班牙巴伦西亚机械公司BGA系列等灯塔、灯桩、导标、灯浮标、灯船使用的航标灯器。此间,上海航标厂研制的HD-155型航标灯器陆续在全国海区浮动标志和小型灯桩上推广应用。

1985年8月1日,国家标准局发布实施《中国海区水上助航标志》国家标准,明确了全国海区水上浮标和水中固定标志的灯质及其设置与使用要求。1986年9月,交通部组织完成中国海区灯浮标和水中固定标志制式改革,实现了与国际航标规则接轨。1991年10月1日,国家技术监督局发布实施《航标灯光信号颜色》国家标准,进一步规范了航标灯质。1998年1月1日,交通部发布实施《灯塔主体及附属设施设置要求》,主要以灯塔灯光射程为依据,界定了灯塔的分类标准。其中,一级灯塔灯光射程大于等于22海里;二级灯塔灯光射程大于等于18海里,小于22海里;三级灯塔灯光射程大于等于15海里,小于18海里。如上国家和行业标准的出台,对航标灯器在技术性能、规范配置和科学管理等方面提出明确要求,北方海区航标系统从其规定。

20世纪90年代,随着LED光源技术进步,阵列式LED组合光源的航标灯器开始在航标领域得到应用并逐渐普及。2001年,北方海区航标系统大力推进"绿色航标"规划建设,海上浮动标志基本实现"灯器LED化""供电太阳能化"。2005年,烟台航标处自主研发的ISA-400型旋转灯器投入使用,从此改变了中国在大中型航标旋转灯器方面长期依赖进口的局面。2008年,烟台航标处自主研发的IMA-

800型智能旋转灯器首先在烟台靖子头灯塔安装使用,并陆续在北方海区推广应用,为孤岛灯塔实现无人值守提供了技术支持。

2009年12月1日,交通运输部发布实施《航标灯通用技术条件》行业标准,进一步明确了航标灯器技术要求、试验方法等通用技术条件,促进中国航标灯器制造技术标准化水平得到显著提升。2010年始,烟台航标处将北斗系统通信技术应用于航标灯器,为偏远地区航标灯器实现遥测遥控"全覆盖"提供了技术保障。此间,烟台航标处先后自主研发成功的HD-96型智能LED导标灯器、HD-60型智能LED航标灯器和YHD-120型智能太阳能一体化航标灯器在北方海区得以普遍应用,实现了导标和浮动标志灯器技术创新的历史性进步。

至2012年,据不完全统计,北方海区航标系统曾采用的航标灯器总计79种型号,目前大部分型号的灯器分别安装在辖区1893座发光标志上,为船舶夜航安全提供了优质的导助航服务。其中,灯塔53座、灯桩356座、导标141座、灯浮标1337座、灯船(兰比)6座。

(一)非电气化航标灯器

非电气化航标灯器时期,北方海区航标系统(海关)历史上采用的航标灯器种类繁多、形制多样,主要包括:早期航标灯、反射镜航标系列化灯器、菲涅尔透镜航标系列化灯器三大类。其中,相继采用的典型航标灯器主要包括:法国头等四面双牛眼透镜旋转灯器、法国五等十面牛眼透镜旋转灯器、英国三等半鼓形透镜折光灯器、日本四等双面牛眼透镜旋转灯器、法国和英国鼓形透镜煤油系列化灯器和瑞典鼓形透镜乙炔气系列化灯器等。

灯机(发光器)是将航标能源(燃料)转换成光源的控制系统,亦是航标灯器发光的核心组件。此间,北方海区航标系统(海关)历史上采用航标灯器的灯机主要是油灯和气灯,后期偶有换装电气化白炽灯机,亦是凤毛麟角;曾采用的非电气化灯机主要包括燃油灯机、煤油气灯机、乙炔气灯机、煤油白炽灯机、国产乙炔气灯机等。

1. 早期航标灯

在专用的航标灯器问世之前,主要以木柴、蜡烛、动植物油、煤炭等为能源,利用其产生的火光为周边夜航舟船提供方位指引。据《大元海运记》记载:"延祐四年(1317),海道府剳准",在直沽海口龙山庙前设立望标,"夜则悬点蜡烛灯笼",是为中国迄今有史可考的最早的由官方设置的人工航标灯的记载。据《中国沿海灯塔志》载述:"乾隆二十五年(1760)或乾隆三十五年(1770)……台湾澎湖列岛公众集资建设30呎塔……上置油灯一盏,灯罩系为蚌壳所制",是为中国迄今有史可考的最早的灯塔灯的记载。清嘉庆十七年(1812),秦皇岛沿海曾设有石质灯台,基座长22英尺、宽6英尺、高10英尺,台上立圆顶灯笼,内置油灯,灯高22英尺,灯光射程约4海里。清同治三年(1864),在成山角建花岗岩"露天望台",亦采用"上置横梁,以悬火盆,燃木料于火盆之中"方式提供导助航服务。19世纪后半叶,中国沿海出现早期导标,始建于清光绪十二年(1886)的龙口港导标利用烛光引导夜间船舶进出港。如上航标灯,是为北方海区乃至全

图3-5-267 成山头灯台示意图

国海区古近代人工航标灯的基本形制。凡能够发出光亮的器物,曾充当航标灯器使用了相当长的时间,中国乃至世界各国古近代发光的人工航标或有助航作用建筑的夜晚灯光基本如此。

早期的航标灯光源均是通过可燃物产生的明火而获得的,无论是柴草、木炭、蜡烛、煤炭,还是油灯、煤油气灯、乙炔气灯、煤油白炽灯。为了明火光源的正常运行,防风防雨是必不可少的。而正常的燃烧过程,需要有充足的空气和有效的燃烧废气的排放,为此设计了既能防风防雨,又能够有效地排放燃烧后的二氧化碳,还能及时补充富氧空气的通风系统。这一指导思想和制作要求,在电气化航标灯器使用之前始终如此。

2. 反射镜航标系列化灯器

反射镜,系指具有将入射的光束经过有规律的反射而折转至新方向的特性的光学系统,主要包括抛物面、球面反射镜两种形制。抛物面反射镜,反射面为旋转抛物面的反射镜;球面反射镜,反射面为旋转球面的反射镜。

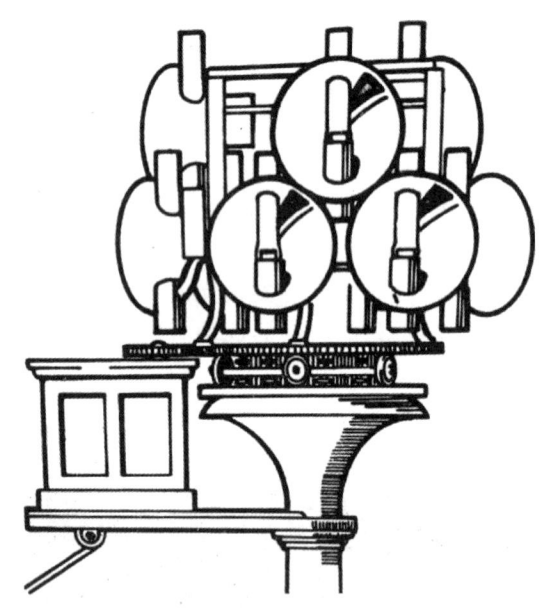

图 3-5-268　旋转反射镜灯器示意图

最初的航标灯旋转装置是瑞典人约那斯·诺德伯格(Jonas Nordberg)于清乾隆四十六年(1781)发明的。将抛物面反光镜安装在通过钟表机构带动而旋转的平台上,使灯光面和无灯的黑暗面交替出现,得到航标灯因旋转而发生明暗不同的效果。而通过不同的明暗组合,得到不同的闪光效果。

镜机由透镜和旋转装置共同组成。在菲涅尔透镜问世之前,镜机主要由抛物面、球面反光镜和旋转装置组合而成;当菲涅尔透镜问世之后,镜机主要由菲涅尔透镜和旋转装置组合而成。航标灯器的"镜",是其重要的组成部分。"镜"可充分利用给定光源散射光线,形成平行光束,达到最佳的可视效果。"镜"有三种形制,反光镜、定光镜和闪光镜,定光镜和闪光镜同属透光镜(简称"透镜");反光镜有金属制成的,亦有用镀银小玻璃块组装而成的。光源置放在抛物面反光镜的焦点上,集中反射光线,增强点光源的光效。该类型镜机在航标灯器中使用了近300年,时至今日,仍有一些灯机(发光器)与这种抛物面反光技术组合使用。清同治十一年(1872),清海关出版《通商各关沿海沿江建置灯塔灯船灯杆警船浮桩总册》记载,当时的航标灯,灯质已有三种,定光、定光加闪光、旋转光。彼时的闪光和旋转光,主要为通过使反光镜旋转而产生的光信号。

第二次鸦片战争爆发后,中国现代灯塔建设逐渐兴起,这种利用抛物面反射光源的定光航标灯器在较早建设的航标中多有使用。清咸丰五年(1855)设置铜沙灯船,同治四年(1865)建设吴淞灯塔,同治六年(1867)设置牛庄灯船、建设崆峒岛灯塔,同治七年(1868)设置九段灯船,同治八年(1869)建设长江口外大戢山灯塔,同治十年(1871)建设佘山、东椗、东犬灯塔,同治十一年(1872)建设鱼腥脑灯塔,同治十三年(1874)建设成山头灯塔、东彭灯塔,光绪四年(1878)设置天津大沽灯船,等等。最初的航标灯器,均为白色定光的反光灯。该反光灯的反光镜表面为镀银工艺,以增加灯光的反射。但易腐蚀,导致灯光减弱,故须定期送至上海镀银。

3. 菲涅尔透镜航标系列化灯器

清道光二年(1822),法国物理学家奥古斯汀·菲涅尔(Augustine Fresnel)发明了菲涅尔透镜,利用反射和折射技术,使光源发出的光线得到充分的利用。清道光三年(1823),菲涅尔透镜首次在法国Cordouan灯塔上试用,取得很好的助航效果。随即,在航标灯器上得到广泛应用,使航标灯技术产生了历史性飞跃。由于菲涅尔透镜更为优良的光学效果,抛物面、球面反光镜逐渐为其所替代。

菲涅尔透镜是由众多小块棱镜围绕平凸透镜按一定规律排列组合而成,使点光源发出的光线经多次折、反射后产生水平清晰的光,再通过透镜支架的旋转得到若干光束,使原有的单一光源可以根据需要安置多面平凸透镜得到旋转闪光。其折射光和反射光技术,至今在新型航标灯透镜中仍被广泛应用。

菲涅尔透镜分鼓形和牛眼形两种。鼓形透镜由内壁圆筒形的平凸透镜、折射棱镜圈和(或)折反射棱镜圈组成的形状如鼓形的环射式菲涅耳透镜,因其形似鼓,故称为鼓形透镜。牛眼透镜由圆形平凸透镜、环形折反射棱镜组成的菲涅耳透镜,因其形似牛眼,故称为牛眼透镜。鼓形透镜用于定光或自闪光灯机,牛眼透镜通过透镜支架的旋转得到若干光束,使原有的单一光源可以根据需要安置多面平凸透镜得到不同的旋转闪光。

菲涅尔透镜配置旋转装置,统称镜机。镜机的大小按照透镜直径大小划分,从透镜直径2660毫米、1840毫米、1400毫米、1000毫米、500毫米、375毫米到300毫米,依次为特等、头等、二等、三等、四等、五等、六等,共七个等级。该系列航标灯器,除灯浮标之外,适用于各类灯塔、灯桩、导标、灯船。其中,透镜大于等于375毫米的,主要用于灯塔;小于375毫米的,则用于灯桩、导标、灯船。

19世纪中叶,所有菲涅尔光学透镜均采用水晶玻璃磨制,制作工艺颇为复杂,由少则百余块、多则数百块水晶多棱镜片和平凸透镜组合而成,重量很大,对于大型菲涅尔透镜更是如此。一般的三等镜机重量超过1.5吨,东海海区北渔山灯塔2660毫米

图3-5-269　初级菲涅尔头等透镜

特等镜机总重量达到15吨。可以想见,镜机的转动绝非易事。早期,这种旋转装置以转辘式滚子转动原理,以重锤为原动力,策动发条收放,通过各种齿轮变速带动安装透镜的圆盘水平转动。镜机的重量,决定重锤的大小。重锤每每由人力卷动,当重锤将要垂落到底时,重新提升重锤,一个晚上需要重复提升重锤数次,劳动强度很大。

清光绪十六年(1890),法国灯塔服务公司总工程师莱昂·波德尔斯(M. Bourdelles)设计并制造了一套切实可行的水银浮槽系统。水银浮槽使透镜在几乎无摩擦的环境下运行,使旋转速度显著提高。清光绪十八年(1892),水银槽在法国La Teignouse灯塔试验,并于清光绪十九年(1893)在法国Cape La Heve灯塔首次安装。此后,英国强氏公司约翰·霍普金森(John Hopkinson)博士进一步改进了水银浮槽系统设计。19世纪90年代始,海关陆续引进多种型号的菲涅尔透镜灯器,主要安装于沿海重要灯塔。除定向灯器外,该系列灯器均配置旋转驱动装置,通过带动透镜旋转产生灯光节奏。清光绪十九年(1893),大连老铁山和香港横栏洲灯塔安装了中国第一批水银浮槽式旋转镜机,并配置头等菲涅尔牛眼透镜。

水银浮槽式旋转镜机与老式旋转镜机最大的区别是摩擦力减少,灯机转动自如,旋转速度得以显著提高。北渔山灯塔水银浮槽式旋转镜机是世界最大的特等镜机,总重量达15吨,"以手触之,即可旋转自如。"因此,重锤滚筒调速齿轮箱的规模大为缩小。虽然如此,但还是需要使用重锤作为动力源。直至电动机问世后,水银浮槽式旋转镜机的动力源逐步换装为电动机。

4. 典型航标灯器

法国头等四面双牛眼透镜旋转灯器

北方海区现存最大的灯塔灯器——大连老铁山灯塔1840毫米头等四面双牛眼透镜旋转灯器。该

灯器问世于18世纪末,是法国F·巴尔比耶(F. Barbier)公司制造的当时最先进和最著名的天然水晶玻璃牛眼旋转透镜。清光绪十九年(1893),大连老铁山灯塔建成之初安装了该灯器。

该灯器配备四面双牛眼透镜,直径1840毫米,高度2880毫米,在八个镜面上,每面拼装精工磨制的36块水晶玻璃镜片,透镜通体由8块凸透镜和280块棱镜在铜质框架上镶嵌而成。透镜安装在水银浮槽式旋转机上,采用重锤、铰链及减速齿轮箱装置带动透镜旋转,产生灯光节奏。其光源系统随着光源技术发展而不断更新换代。初期,光源为煤油白炽气灯,灯质为30秒联闪白光2次,灯光射程可达25海里。1959年,老铁山灯塔接入市电,换装电机驱动透镜,光源改为长弧氙灯,灯器步入电气化时代;1984年,光源改为钨丝灯;2003年,采用金属卤素灯(功率1千瓦),并沿用至今未变。该灯塔灯器的光源虽历经数次改变,但所用镜机(透镜)始终未变。

图 3-5-270　老铁山灯塔头等四面双牛眼透镜旋转灯器

法国五等十面牛眼透镜旋转灯器

北方海区原有设计制造最为精美的灯塔灯器——青岛小青岛灯塔375毫米五等十面牛眼透镜旋转灯器。小青岛灯塔曾经使用的灯器是菲涅尔透镜系列化灯器在灯塔上应用的典型代表之一。该灯器由法国索泰·勒莫尼耶公司清光绪十六年(1890)制造,并由德占当局于1921年在小青岛灯塔安装使用,灯光射程15海里。

该灯器透镜整体结构由天然水晶玻璃精工磨制的10块凸透镜和100块棱镜在铜质框架上镶嵌而成,故称"十面牛眼透镜"。该十面牛眼透镜造型精致玲珑,如同一件精美绝伦的艺术品,在菲涅尔透镜系列中亦不多见。透镜下方设有齿轮变速装置,用于驱动灯器旋转。早期,该灯器采用电石乙炔气灯作为主光源,由于其重要的助航作用,在抗日战争时期,日伪海务部门曾派人专门管理和守护小青岛灯塔,至抗战结束的1946年国民政府接收时,该灯器的透镜和灯机的瓦斯发生器等均完好可用。1948年,换装电力闪光灯,灯质为闪红2.5秒。自此,该灯器进入电气化时代,并一直正常运行。

图 3-5-271　小青岛灯塔五等十面牛眼透镜旋转灯器

1993年,由于该灯器旋转装置的变速箱使用年代久远,磨损严重,无法修复。随即,按照"修旧如旧"的原则,由青岛无线电三厂测量原变速箱技术参数后,重新制造两个新变速箱。1997年9月,因交通部安监局筹建中国航标展馆(秦皇岛)需要展示"镇馆之宝",小青岛灯塔换装西班牙巴伦西亚机械公司FGA-175型灯器。随即,为进出青岛港船舶助航服务近百年的五等十面牛眼透镜旋转灯器圆满完成其历史使命。2012年3月,因交通运输部海事局支持筹建中国航海博物馆所需,该灯器转至上海陈列。

英国三等半鼓形透镜折光灯器

北方海区现存设计制造最为精致的灯塔灯器——青岛团岛灯塔750毫米三等半鼓形透镜折光灯器,由英国强氏公司制造。1919年8月,日占当局重建团岛灯塔,安装750毫米三等半鼓形透镜折光灯器,灯质红、白、绿三色扇形光,灯光射程14海里。

该灯器主要由鼓形透镜、光源系统和灯器防护罩(灯笼)三部分组成。鼓形透镜利用凸透镜技术,位于焦点位置的光源可在一定的发散角内均匀地发射水平光束;初期光源系统采用煤油灯,可通过闪光仪控制闪光频率,之后换装乙炔气灯;灯器防护罩(灯笼)和灯笼的笼帽为铜质,框架内镶嵌三角形平板玻璃,外加防护铜箍,以增加防护罩强度。

该灯器透镜通体由51块天然水晶玻璃精工磨制而成,其中间1层为3块鼓形凸透镜和1扇面朝陆地的、用于更换灯泡的铜质开启窗;上下12层共48块弧形折反

图 3-5-272　团岛灯塔三等半鼓形透镜折光灯器

射棱镜,其框架由纯黄铜打造,造型极为精致典雅;透镜上方设有通风烟道,以利于散热,从而提高灯泡使用寿命。灯器外层的灯笼玻璃由红、白、绿三色构成,形成灯质红、白、绿三色扇形光。253°至283°之间方向为红色,283°经正北至184°之间方向为白色,184°至213°之间方向为绿色,从其余方位则看不到灯光。

团岛灯塔安装的三等半鼓形透镜折光灯器是中国沿海最早使用电气化灯泡作为光源的历史文物灯塔之一。抗日战争时期,由于战火的不断摧残和日寇的蓄意破坏,灯器附属设备曾部分散失或者损坏,导致到抗战胜利时灯塔仅能勉强维持开灯。1948年,海关总税务司为灯塔灯器配备了蓄电池作为备用电源。然而,由于城市供电困难,曾多次改用煤油灯作为灯器光源,灯光射程降至10海里。1953年7月,换装钟芯电闪光灯,灯器恢复正常运行,并步入电气化时代。1964年,灯塔改用三相交流电供电。至2012年,该灯塔灯器的光源虽历经数次改变,但其透镜始终未变。

日本四等双面牛眼透镜旋转灯器

北方海区现存保养最为精良的灯塔灯器——大连大王家岛灯塔500毫米四等双面牛眼透镜旋转灯器,由日本光机株式会社于1938年10月制造。1939年1月,大王家岛灯塔建成,安装了该灯器。

该灯器所用的牛眼透镜为圆形平凸透镜,是由纯黄铜环绕的纵横成格、凹凸有致、精工磨制的180块天然水晶玻璃棱镜组合而成,透镜外围镶有双折射棱镜圈。透镜共有2面,直径500毫米。初始,光源采用煤油气灯,灯光射程25海里,灯质闪白10秒(1.0+9.0)。此后,曾换装乙炔气灯。其旋转装置是利用重锤钢缆上弦带动齿轮旋转,每月加润滑油1次,每3年检修1次。水银槽的水银每2年清洁1次。清洁水银槽首先应测定转台与水银槽的垂直间隙,以便在回装洁净水银时,保持透镜原有的起浮高度,水银总重量约750斤。

1959年,大王家岛灯塔安装直流发电机供主灯使用,光源为MM-6型灯泡,灯泡功率1000瓦,灯光射程25海里,由此灯器步入电气化时代。1973年始,丹东港冰冻封港期间使用的备用煤油灯换装为200毫米鼓形透镜电气灯器,闪白光,周期10秒,灯光射程10海里。1978年5月,由于该灯塔主灯灯器旋转装置使用年久、磨损严重、转速不准,换装为感应电动机驱动,其旋转齿轮箱一并更新。感应电动机使用380伏交流电,功率0.64千瓦,转速1380周/分。1989年,更换灯塔灯笼玻璃。1990年12月,该灯塔灯器改用市电供电。2001年6月,该灯器光源改为金属卤素灯。2009年,灯塔备用灯换装WM-350型灯器。至2012年,大王家岛灯塔已运行70余年,历经历代灯塔职守人员的辛勤劳作和付出,该灯塔灯器始终保持初设面貌。

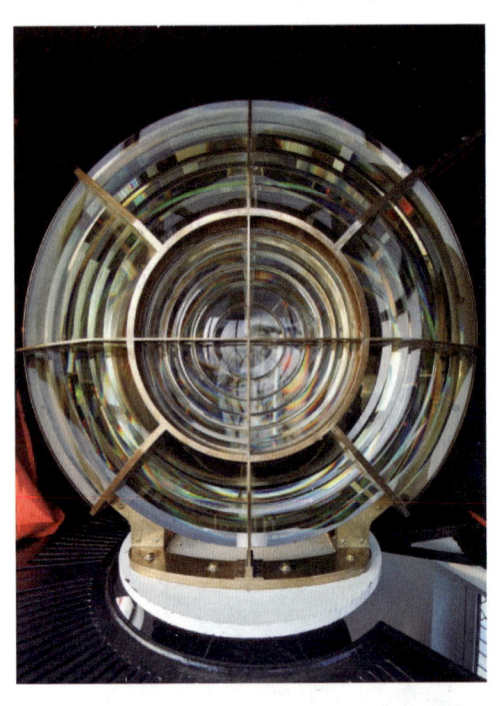

图3-5-273 大王家岛灯塔四等双面牛眼透镜旋转灯器

法国和英国鼓形透镜煤油系列化灯器

19世纪90年代,煤油成为航标灯器的主要能源。此间,海关相继从法国和英国等国家先后引进直径120/200/300/375/500毫米鼓型煤油透镜系列化灯器,用于中国沿海、内河航标建设。该系列灯器以煤油为燃料,主要区别在其透镜等级、尺寸和配套光源的规格不同,所发出的灯光强度有所差别。根据设置航标灯光照距的要求,可分别安装在灯塔、灯桩、导标和灯浮标、灯船上使用。其中,120/200/300毫米鼓型煤油透镜灯器一般用于灯浮标、灯船、灯桩、导标;375/500毫米鼓型煤油透镜灯器则主要用于灯塔。

该系列灯器主要由镜机、光源和灯壳三部分组成。镜机主要包括不同直径的鼓型透镜和旋转装置,早期镜机为固定式(不旋转),灯光为定光,后期改用明灭镜机产生闪光,或可通过透镜旋转产生闪光。早期灯器光源采用煤油灯,配备煤油灯机和用于储放煤油的容器,采用棉绳灯芯,灯机一侧有一个可控制棉绳上升或下降的旋钮,用以控制灯光的亮度,其发光强度较弱。后期,灯器光源采用煤油白炽灯,配备煤油白炽燃烧器及支架和煤油白炽纱罩,配备煤油空气组件主要包括煤油筒连十字阀、关闭阀及压力计、出气筒阀、关闭阀、空气压力调节器、空气泵及煤油管和煤油输送调节器等。其工作原理是,储存在容器内的煤油在压力空气作用下,进入燃烧器后转变为油蒸汽,与空气再度混合后,通到白炽纱罩内被点燃,形成均匀的蓝色火焰,其发光强度可达 400 烛光以上。该系列化灯器的灯壳,一般由金属框架和透明玻璃等材料制成,对灯器内部起保护作用。

图 3-5-274　秀英灯塔四等鼓形透镜煤油灯器

清光绪二十六年(1900),旗杆嘴灯塔换装 500 毫米四等鼓形透镜煤油灯器,灯光强度增至 900 烛光,灯光射程白光 12 海里,红光 12 海里,是为该系列灯器在北方海区灯塔上最早应用的典型代表之一。1930 年,法国 F·巴尔比耶公司制造的 500 毫米四等鼓形透镜煤油灯器安装于海南秀英灯塔。在秦皇岛筹建中国航标展馆之初,海口航标处(区)捐赠该灯器,为"镇馆之宝"之一。随后,因中国航海博物馆筹建所需,该灯器转至上海陈列。20 世纪 60 年代,该系列化灯器随着乙炔气灯器和电气化灯器的诞生逐步退出历史舞台。

瑞典鼓形透镜乙炔气系列化灯器

20 世纪初,随着乙炔气能源的诞生,乙炔气灯逐步取代煤油灯,成为航标灯器的主要光源之一。此间,海关批量引进瑞典 AGA 公司直径 200/300/375/500 毫米的系列化乙炔气灯器,用于中国沿海、内河航标建设。该系列灯器燃料为乙炔气并采用乙炔气闪光灯机和白炽纱罩,是为"高亮度、低气体消耗"系统。换泡机并配有 4 个纱罩(3 个备用),可自动更换破损的纱罩,为实现航标无人值守提供技术支持。

该系列 200/300 毫米鼓形透镜灯器主要由透镜、闪光仪和灯壳三部分组成。透镜直径分别为 200/300 毫米的鼓型透镜。闪光仪是该灯器的核心部分,主要由减压器、闪光机、喷火系统三部分组成,相互协作,完成发光。减压器的作用是降低乙炔气的压力;闪光仪能使乙炔气每隔一定时间放出;喷火系统包括引火管和喷火嘴,乙炔气从减压器出来,经引火阀进入引火管,在管口点燃后作为光源。灯壳由壳体、透镜座、透镜架、灯帽、斜撑等部分组成。乙炔气的灯壳不同于密封结构的电气化灯机的灯壳,它具有良好的通风结构,空气从灯帽下部小孔进入灯内,废气从灯帽顶部排出,使乙炔气灯正常闪光而不受大风影响。乙炔气灯器的耗气量由喷火嘴的大小及闪光周期决定,300 毫米乙炔气灯器用单芯 30 公升喷火嘴、闪光时间为亮 0.3～2 秒,暗 2～5 秒,灯光射程 7～8 海里,耗气量为 30 公升/小时。

该系列 375/500 毫米鼓形透镜灯器有 LBUA-375 型和 LBUA-500 型两种型号,主要由透镜、乙炔压力容器、灯机和灯壳四部分组成。透镜为直径 375/500 毫米的鼓形透镜,由切割抛光玻璃制成。乙炔压力容器位于灯器下部,主要包括乙炔气容器和压力调节装置,由压力调节器将气缸中不断变化的气体压力降至一个低常压,并通过隔膜阀传送到灯器上半部分的铜鼓隔膜阀。灯机主要系指乙炔闪光仪和气体控制装置,安装在灯座内。乙炔气由铜鼓隔膜阀向燃烧器或灯罩传导间歇气流,在燃烧器或灯罩中的气流被引燃火焰点燃,灯器的闪光装置可通过明火乙炔燃烧器或丙烷白炽灯罩,产生符合 IALA 规定的各种灯光特性;彩色灯光是通过有色的玻璃窗格获得的,而扇形灯光是通过安装于外部的遮蔽板形成

图 3-5-275 375 毫米鼓形透镜乙炔气灯器

的。日光阀（可选）在白天关闭主燃烧器，每年节省 40% 的燃气。气体控制装置可以精准的预测储存乙炔气体的使用时间。该灯器灯壳全部采用铜质材料，并配有 7 毫米厚的防护玻璃，完全不受天气影响。

多年来，该系列灯器在世界各地最严酷的条件下，证明了其可靠性和长寿命，有案例表明该系列灯器可不间断工作 50 年，甚至更长时间。关于该系列灯器的实际使用效果，据《中国沿海灯塔志》中载述："近年电石瓦斯盛行于世，凡较小灯塔，多燃用之，此种气体，易与醋酮内融化，若将其压缩于铁质圆筒内，内置多孔吸收气体之物，既不至爆炸，且易于运送。自电石瓦斯发明后，灯塔所用闪光器具及灯头构造，愈为巧妙，非但闪光器具，可借电石瓦斯压力而启闭，且闪光时间，亦由电石瓦斯压力而规定，故欧美各国江海之中，所设无人看守之灯，多采用之，取其经济也，盖以此项灯机，如将电石瓦斯预备充足，安置妥善，则数月之间，无需看守，便可自动闪放，便利殊多。"

早期，北方海区灯塔、灯船上应用瑞典 AGA 公司鼓形透镜乙炔气灯器或灯机的典型代表主要有：清光绪三十一年（1905）至 1945 年，老铁山灯塔 1840 毫米头等四面双牛眼透镜旋转灯器换装乙炔气灯机；1918—1948 年，岯姆岛灯塔换装 300 毫米六等鼓形透镜乙炔气灯器；1925—1945 年，曹妃甸灯塔换装 500 毫米四等鼓形透镜乙炔气灯器，灯质闪白 3 秒，烛力 2500 枝，灯光射程 12 海里；1948—1978 年，牛庄灯船换装鼓形透镜乙炔气灯器（现馆藏于中国航海博物馆），每 10 秒钟闪光 1 次（1+9），灯光射程 10 海里；1955—1974 年，崆峒岛灯塔换装 375 毫米五等鼓形透镜乙炔气灯器。随着电气化航标灯器的问世和普及，该系列灯器于 20 世纪 70 年代逐步退役。

5. 非电气化灯机

燃油灯机

早期，航标灯多用燃油为能源。植物油、矿物油、煤油均为用油料点燃航标灯的能源，其灯机结构和使用方式大体相同。清乾隆四十九年（1784），瑞典人艾默·阿尔干（Aime Argand）发明无烟油灯。阿尔干油灯可以使用不同种类的燃油，具有单芯、四芯、六芯、十芯不等。通过使用管状灯芯和火焰外加玻璃筒罩，让空气从燃烧火焰中通过，使油料充分燃烧，并带走燃烧后的热气，形成良好的空气对流，使火焰更明亮，灯具更洁净。通过菲涅尔透镜将光源予以整合，透镜的旋转可产生编码灯光。随后，发明了多达 10 根灯芯的丛集式灯头，以灯芯燃烧方式作为灯塔灯器沿用多年。

据《中国沿海灯塔志》记载：清同治六年（1867）崆峒岛灯塔建成发光时，"配置 22 只管状灯芯植物油喷嘴和灯罩"；清同治九年（1870）花鸟山灯塔筹建时，"用四芯灯头燃烧植物油"，光绪二十五年换装 "12 加仑压油灯配以六芯灯头"；清同治十年（1871）佘山灯塔将原四灯芯的植物油喷嘴于清光绪二十五年（1899）改为六灯芯矿物油喷嘴"；东椗岛灯塔 "原四灯芯植物油喷嘴于清光绪二十五年（1899）改为六灯芯矿物油喷嘴"；清同治十三年（1874）建成的成山头灯塔于清光绪十八

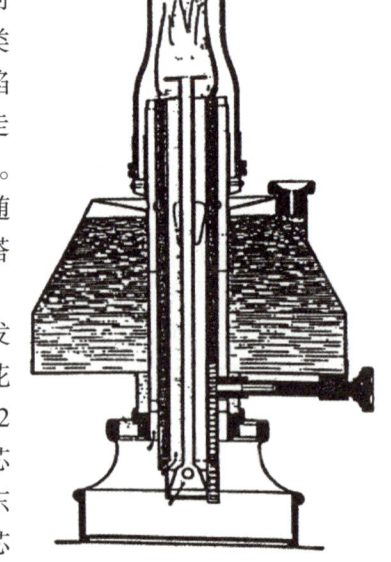

图 3-5-276 阿尔干灯机示意图

年(1892)换装"明暗光,配置六灯芯矿物油喷嘴",等等。

煤油气灯机

19 世纪中叶,石油及其附产品煤油成为民用照明燃料,煤油灯成为航标灯机的主流。"昔时灯塔所用之灯概系灯芯灯头",存放在储油器中的煤油通过棉灯芯吸引至灯头后被点燃,得到所需的光亮。植物油灯光强很微弱,为了得到较强的光效,通常设置多盏灯聚集。清同治六年(1867)建成的崆峒岛灯塔,"发光装置为一等反光灯,显示白色定光,22 支管状灯芯,配置 12~21 英寸镀银抛物面反光镜"。亦有使用一灯多芯的"丛集灯头"。清光绪十八年(1892),成山头灯塔配置六灯芯矿物油喷嘴,"北渔山灯塔原系六芯灯头,燃用煤油"等。

煤油和加压空气混合后被点燃形成煤油气灯,改用纱罩灯头。纱罩灯头的光强远胜于燃油灯芯灯头,一般光强度能达到 200~600 烛光,燃油灯芯灯头渐被淘汰。随后,纱罩由棉胶纱罩改为柔韧金属丝纱罩,光强更甚。

乙炔气灯机

清光绪三十年(1904)始,乙炔气开始用于航标灯器。清光绪三十三年(1907),瑞典灯塔工程师约翰·赫杰(John Hojer)发明了 AGA 闪光器和 AGA 日光阀,克服了乙炔航标灯火焰持续不间断燃烧的问题,使乙炔气灯机(闪光器)得以广泛推广应用。乙炔闪光器有单头、双头及多头的喷火嘴。喷火嘴大小不尽相同,从每小时耗气 5~30 公升,组合喷嘴可多达每小时耗气 125 公升。

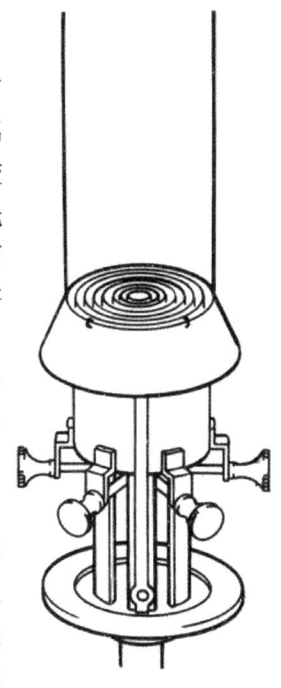

图 3-5-277 六芯煤油灯机

KME-130 型单喷头乙炔闪光器将来自乙炔气容器的高压气体进入预调节器"130",被调节的低压气体输送到闪蒸器"30",从闪蒸器"30"通过管道"22"进入主火焰。先导火焰直接通过管道输送。闪光器可通过"23、25"螺丝调节,并有帽盖保护。单个闪蒸器的调整是通过顺时针旋转"23"螺丝,可以增加周期;逆时针旋转"23"螺丝,可以减少周期。日蚀(暗)的持续时间,通过逆时针旋转螺丝"25"可以减少,顺时针旋转螺丝"25"可以增加。如果要产生的灯质是明0.3秒 + 暗2.7秒或每分钟20个完整周期,记为:0.3 + 2.7 = 3秒。(1)调节"23"螺丝,直到明3秒(10×0.3秒);(2)调节"25"螺丝,直到暗27秒(10×2.7秒);(3)使用秒表,对明3秒和暗27秒进行最后的精确调整;(4)顺时针旋转"23"螺丝,直到每分钟闪烁20次。

乙炔闪光器利用气体压力,鼓动膜片压缩和释放弹簧,带动杠杆开启和关闭气阀,产生间歇供气,被引火点燃,或者停气,导致燃火熄灭,制造航标灯的闪光。即:乙炔闪光器以间歇喷气被引火点燃的方式转变为光源,首次实现航标灯信号自动的点燃或熄灭,并可根据需求,人为调节发光的节奏与周期。而日光阀白天可以切断燃烧气源,夜晚自动打开,能源消耗量成倍的降低,使同等量的气体使用时间更长,一次换气可用数月甚至经年。同时,利用乙炔溶于丙酮等特性,使乙炔液化存入钢瓶,解决了运输和储存的问题。乙炔闪光器间歇的燃点,日光阀的昼夜控制和气源的易于运输和储存,方便了维护管理,减少了成本投入,增加了乙炔气灯机的可用性。在没有电力或电力供应有困难的地方,乙炔气灯机成为首选。特别是在得不到电力的大量灯浮标和无人值守的小型灯塔、灯桩上长期作为航标光源被广泛使用。乙炔气灯机从 20 世纪

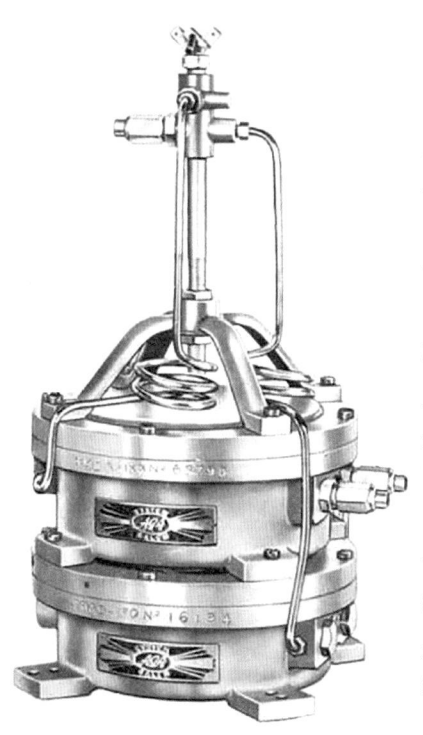

图 3-5-278 DS3020 型灯器配置的 KME-130 型单喷头乙炔闪光器

初至70年代,沿用了70余年不衰,且部分地区仍在使用。

20世纪初,中国沿海航标灯开始使用乙炔作为能源。据《中国沿海灯塔志》记载,清光绪三十三年(1907)以来的25年间,电石瓦斯浮标有34座。部分中小型灯塔和灯桩——唐脑灯塔,虎蹲山灯塔,奇奥灯塔,半洋山灯塔,海口炮台灯桩,横门灯桩等13座航标由煤油灯和煤油白炽灯改为乙炔气灯。1916年,北方海区龙口屺姆岛灯塔改为乙炔丛集灯头。1925年,曹妃甸灯桩因海潮浸扰,撤去灯塔值守人员,改用乙炔气灯机作为光源。

乙炔气灯机的主要优点,首先是解决了航标灯闪光问题,可以免去牛眼透镜和为此设置的旋转装置,使鼓形透镜得到更广泛的应用。其次是能源供应困难的浮标和偏远的岸标能源供给变得方便可行。在乙炔气灯机发明之前,诸多海上浮动标志是不发光的,直至1932年,北方海区的营口、天津仅有浮标,而没有灯浮标。第三是由于乙炔气灯机安全可靠,为灯塔、灯船的无人值守提供了可行性。

煤油白炽灯机

煤油白炽灯机是以煤油和压力空气混合后形成的油气体为燃料。储存在容器内的煤油在压力空气作用下,进入燃烧器后转变为油蒸汽,与空气再度混合后,通到纱罩内被点燃,形成均匀的蓝色火焰。煤油白炽灯机分为两种,分别使用60×120毫米和40×120毫米的纱罩,两者光强相差100烛光,小型的300烛光,大型的400烛光。煤油白炽灯的光效远高于煤油灯芯油灯。丝质纱罩浸润硝酸钍或硝酸铈后,光效更胜一筹。

清光绪三十年(1904),中国第一盏煤油白炽灯安装在东涌灯塔。此后,各灯塔纷纷效仿换装该灯机,成山头、镆铘岛、猴矶岛、老铁山、大鹿岛、崆峒岛等灯塔从清宣统元年(1909)始陆续换装煤油白炽灯,使煤油白炽灯成为灯塔灯器的主用设备,一直沿用至20世纪60至70年代。据《中国沿海灯塔志》记载,中国沿海先后有26座大中型灯塔将煤油灯更换为煤油白炽灯,其规格大小多有差别。煤油白炽灯纱罩有正置的,亦有倒挂的,纱罩高度120~150毫米,直径25~70毫米。

上海乙炔气灯机

20世纪60年代,上海航标厂制造的乙炔气灯机问世,主要用于中国沿海、内河以乙炔气为燃料发光的浮动标志灯器,北方海区亦然。

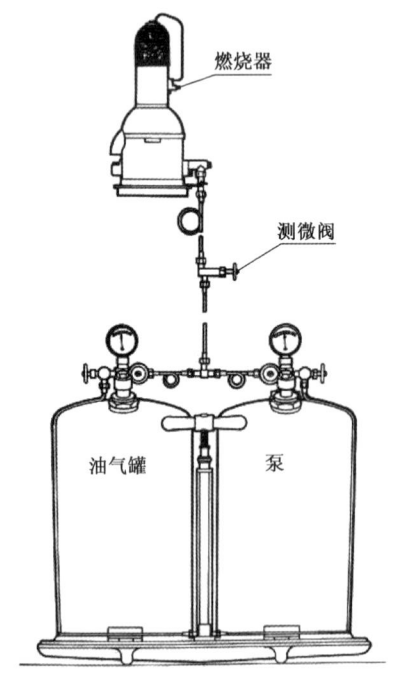

图3-5-279　PV煤油白炽灯机

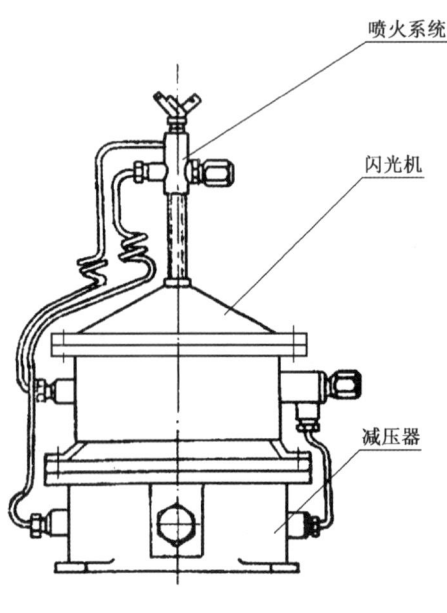

图3-5-280　上海乙炔气灯机示意图

常用的乙炔气灯机有117型、120型和80型三种形制,前两种适用于快慢闪,后者适用于快闪。120型乙炔气灯机由减压器、闪光仪和喷火系统三部分组成。乙炔气灯机运行时,钢瓶内的乙炔气经过减压器降低压力,再经过闪光仪至喷火系统,点燃发光。闪光仪可使乙炔气每隔一定时间放出,将其点燃后发出闪光。喷火系统,乙炔气由减压器降低压力后,通过暗灭阀和进气阀进入闪光仪,此时进气阀打开,出气阀关闭,闪光仪内压力逐渐增加;当压力达到120～130毫米水柱高时,超过了皮膜上面弹簧压力,使皮膜上顶,与此同时阀盖起了"跳跷"作用,其一端关闭了进气阀,另一端开启了出气阀;乙炔气通过出气阀及出气管到达喷火嘴,被引火管的火焰点燃而发出闪光;当乙炔气溢出后,闪光仪内压力随之下降,皮膜因受到弹簧压力而下降,带动阀盖,使出气阀关闭、进气阀开启。如此轮流交替,循环往复,形成闪光。

乙炔气灯机经过长期使用后,灯壳将产生锈蚀,灯壁积存乙炔气燃烧后的烟垢,闪光仪内部零件亦有磨损。一般使用6至8个月,需例行维修保养。随着电气化航标灯器的应用,该灯机已于20世纪70年代逐步淘汰。

纵观中国沿海、内河设置非电气化航标灯器的发端,与美国同期非电气化航标灯器相比较,总体发展水平基本同步,部分灯器尚有领先。"蜡烛",中国:元延祐四年(1317)至"不详",直沽龙山庙望标;美国:明嘉靖十八年(1540)至清乾隆五十五年(1790)。"开放式燃烧",中国:明永乐九年(1412)至"不详",上海青浦县泖塔;美国:"不详"至清康熙三十九年(1700)。"炭盆",中国:清道光元年(1821)至同治三年(1864),成山头灯台;美国:"不详"至清道光三十年(1850)。"油灯",中国:1925—1945年,曹妃甸灯塔;美国:明弘治十二年(1500)至清宣统二年(1910)。"阿尔干灯",中国:清同治十年(1871)至1915年,铜沙灯船,同治六年(1867)至光绪元年(1875)崆峒岛灯塔;美国:清乾隆四十七年(1782)至光绪六年(1880)。"多蒂灯",中国:清光绪十二年(1886)至1925年,曹妃甸灯塔;美国:清同治九年(1870)至宣统二年(1910)。"乙炔气灯",中国:1917—1948年,岠嵎岛灯塔;美国:清光绪二十二年(1896)至2016年。"白炽油气灯",中国:清宣统二年(1910)至1946年,东涌灯塔,宣统元年(1909)至1950年,成山头灯塔;美国:清光绪二十四年(1898)至2016年。

(二) 电气化航标灯器

电气化航标灯器时期,北方海区航标系统历史上采用的航标灯器种类繁多、形制多样,除部分非电气化航标灯器相继转化为电气化航标灯器之外,主用的航标灯器包括上海航标厂HD系列化灯器、英国法罗斯公司PRB系列化灯器、美国泰兰公司TRB等系列化灯器、西班牙巴伦西亚机械公司BGA等系列化灯器、烟台航标处ISA等系列化灯器、其他新型LED灯器等8个系列、33种型号。此间,曾少量采用美国自动动力公司FA系列化灯器和日本钱屋公司(Zeni Lite Bouy)ZL系列化灯器。

1. 上海HD系列化灯器

20世纪50年代始,上海航标厂一度曾作为全国交通系统唯一的航标设备制造企业,为中国沿海、内河制造了一系列电气化航标灯器,并为中国航标阶段性建设发展发挥了重要作用。其中,北方海区航标系统采用的该系列化灯器主要包括HD鼓形透镜系列化灯器、HD-300-D6型和HD-400型导标灯器、HD-155型和HD-160型浮标灯器等。

上海HD鼓形透镜系列化灯器

HD-90/120/200/300/375/500型鼓型透镜灯器是上海航标厂于20世纪50年代制造的系列化航标灯器,灯器光源为3～1000瓦白炽灯泡,灯光射程为2～15海里。随后,该系列灯器在中国沿海、内河航标陆续安装使用。该系列灯器除采用重型闪光仪和TS系列电子闪光器外,其形制和用途与煤油和乙炔气系列化灯器基本相同。

该系列鼓型透镜灯器主要由透镜、闪光控制系统和灯器防护罩三部分组成。其中,透镜为直径375

图 3-5-281　HD-375 型鼓形透镜灯器

毫米鼓型透镜,高度 401.8 毫米,焦距 187.5 毫米,重量 32 千克;透镜为直径 500 毫米鼓型透镜,高度 548.2 毫米,焦距 250 毫米,重量 70 千克;均由玻璃精模铸塑而成,内面平滑,外面呈鼓型,并利用凸透镜工作原理,将焦点位置的光源在一定的水平和垂直发散角度内均匀地发射出去。闪光控制系统光源分别为 32 瓦/24 伏和 500～1000 瓦/220 伏白炽灯泡,灯机分别为重型闪光仪和电子闪光器或半导体继电器闪光阀,安装在透镜中心的焦点位置,通过闪光仪控制闪光灯质和周期,灯光射程分别为 10 和 15 海里。灯器外部配置三角形弧形玻璃防护罩,防护罩底座和盖帽均为铜质,玻璃防护罩外加防护铜箍,以增加其强度。该系列其他规格灯器的结构与此基本相同,主要是所采用的白炽灯泡规格的不同和灯光射程的差异。

鉴于该系列灯器实际助航效果良好,在交通部水监局批量引进国外旋转灯器之前,曾广泛应用于北方海区灯塔、灯桩、导标、灯浮标、灯船。随着国外先进航标灯器的引进,以及新型灯器控制器的使用,该系列灯器于 20 世纪 90 年代逐步退役。至 2012 年,北方海区该系列灯器仅个别在岗使用。

上海 HD-300-D6 型导标灯器

HD-300-D6 型导标灯器是上海航标厂 20 世纪 80 年代后期制造的导标专用灯器。该灯器由透镜、光源、闪光控制系统和外壳四部分组成。透镜为直径 300 毫米菲涅尔牛眼透镜,灯光发散角 3.5 度,有白、红、黄、绿四种颜色。光源为直流 12 伏/100～200 瓦白炽灯泡,灯光射程 10～14 海里。闪光控制系统为 TS 系列电子闪光器。外壳为铝合金铸塑成形,镜前为平板防护玻璃,外形尺寸 825×350×431 毫米,灯器重量 24 千克,适应环境温度 -30～+55 摄氏度。

图 3-5-282　HD-300-D6 型导标灯器

该灯器和 HD-400 型导标灯器是原用于导标的直径 200/300 毫米鼓型透镜灯器的"更新换代"产品,在北方海区烟台和营口航标处辖区的内港引导灯桩、西港区导标边线标、内水道引导灯桩等 10 余座导标曾安装使用,并于 20 世纪 90 年代末逐步换装新型导标灯器。至 2012 年,北方海区已没有该灯器在岗使用。

上海 HD-155 型灯器

HD-155 型灯器是上海航标厂于 20 世纪 80 年代后期制造的小型航标灯器,灯器光源为钨丝灯泡,灯光射程 4～7 海里,工作电压直流 6～12 伏,灯器重量 3.4 千克。随后,该灯器在中国沿海、内河航标陆续安装使用,北方海区主要用于灯浮标和小型灯桩。

HD-155 型灯器由钨丝灯泡光源、锥形菲涅尔透镜、工程塑料灯座、智能数字编码闪光器、日光开关等组件组成。其中,透镜直径为 155 毫米,由丙烯酸塑料铸塑成形。

基于该灯器具有"光效高、功耗低、寿命长、抗振动、免维护"等特点,可用于替代沿海、内河所使用的直径 90/120/200 毫米鼓型透镜灯器,亦是北方海区航标系统采用的主用灯器。随着航标灯器的技术进步和新型系列化灯器的问世,该灯器于 20 世纪 90

图 3-5-283　HD-155 型灯器

年代逐步被 HD-160 型等灯器替代。至 2012 年,北方海区已没有该灯器在岗使用。

2. 英国 PRB 系列化灯器

20 世纪 80 年代中叶,交通部水监局首次批量引进英国法罗斯公司密封光束灯系列化旋转灯器,为中国沿海航标灯"亮起来"和灯塔"灯光成链"发挥了重要作用。此间,北方海区采用的该系列化灯器主要包括 PRB-21 型密封光束灯旋转灯器、PRB-24 型金属卤素灯旋转灯器、PRB-20 型旋转平台、PRB-46 Ⅰ型密封光束灯旋转灯器、PRB-46 Ⅱ型菲涅尔透镜旋转灯器。

PRB-21 型密封光束灯旋转灯器

PRB-21 型密封光束灯旋转灯器主要由光源、控制单元、日光阀、灯阵、转台、充电机、电池组和变压器等部分组成。光源为多个密封光束灯泡组成的灯阵,使用市电或柴油机发电供电,主灯电源为交流 110～220 伏,副灯电源为直流 12～24 伏;主灯灯阵功率 1600～4800 瓦,灯光射程 25 海里,备灯灯阵灯光射程约 20 海里。控制单元主要包括控制电路和控制面板,用来驱动和监测旋转平台工作,并为光源提供动力。控制电路主要作用于旋转平台,具有交流电源转换与显示功能、直流电源转换与显示功能、灯器运行控制与显示功能及检测功能。灯阵由多面箱体组成,底部与无齿轮驱动旋转平台连接;箱体的面板上装有密封光束灯泡,作为主灯和备灯,当主灯损坏时,备灯开始工作,且主灯可根据所需灯光射程组合灯阵,有效提高光源的寿命。同时,可根据需要配置遥控报警单元和无线电监测及控制系统。遥控报警单元与控制单元连接,利用电缆传输,可在远离灯塔的值班室,用 20 个指示灯显示灯器的工作状态,以便航标人员及时了解灯器运行情况。

PRB-21 型密封光束灯旋转灯器主要安装在沿海一级灯塔,北方海区共安装 12 台:朝连岛、千里岩、成山头、靖子头、北隍城、海猫子头、大沽、南山头、台子山、长兴岛、圆岛、南大圈灯塔。PRB-24 型金属卤素灯旋转灯器与 PRB-21 型密封光束灯旋转灯器的控制系统、灯阵、转台等基本相同,其主要区别是光源采用金属卤素灯,直流 12～24 伏电源供电,灯光射程 18 海里,属"高光效、低功耗"灯器,安装在沿海二级灯塔——苏山岛灯塔。该系列灯器服役十余年后,由"高光效、低功耗"的西班牙 BGA 型系列化旋转灯器和国产化先进灯器逐步替代。2004 年始,烟台航标处自主研制成功"智能控制器",用于替代该灯器电子线路板。2007 年始,烟台航标处自主研制成功"智能型控制箱",用于替代该灯器控制箱。至 2012 年,北方海区尚保留成山头灯塔 PRB-21 型密封光束灯旋转灯器在服役。

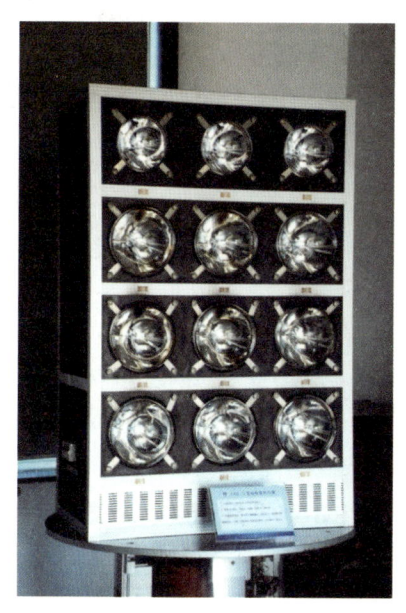

图 3-5-284　PRB-21 型密封光束灯旋转灯器

PRB-20 型旋转平台

PRB-20 型旋转平台与 PRB-21 型密封光束灯旋转灯器的控制系统、旋转平台基本相同。当年,引进该型旋转平台的主要目的是,按照历史灯塔"修旧如旧"的原则,尽量保留该灯器原透镜,专用于换装大三山岛、镆铘岛灯塔原水银浮槽式透镜旋转机,以彻底根除因水银外溢而长期危害灯塔值守员健康的历史性难题。至 2012 年,该型旋转平台运行正常。

PRB-46 Ⅰ型密封光束灯旋转灯器

PRB-46 Ⅰ型密封光束灯旋转灯器光源为多个密封光束灯泡组成的灯阵,使用市电或柴油机发电供电,主灯电源为直流 18～36 伏;主灯灯阵功率 400～2000 瓦,灯光射程 20 海里。

该灯器主要由接线端子板、逆变器、旋转变压器、换泡板、驱动板和灯泡阵列等组件组成。其中,逆变器是用集成电路与半导体电路组成的固态变流器,具有两种功能,一是将输入的 18～36 伏直流电转为300赫兹的交流电供给旋转变压器,二是通过电位器调整供给灯泡的交流电压。该型灯器设置6块独立的灯泡阵列板,每块板上安装2个密封光束灯泡。灯泡阵列板由电子换向的低速直流电机驱动旋转,位置均可调节。通过设置不同的灯泡发光和不同灯泡阵列板的组合,用户可获得多种灯质。接入直流供电,直流电源经逆变器、旋转变压器、换泡板电路至密封光束灯泡。该灯器具有灯泡自动切换电路模式。根据每块灯泡阵列板上同时工作的灯泡数量不同,设有多种备用灯泡组,最多的备用灯泡组是5组,故灯器能在无人值守维护的情况下较为可靠地长期工作。

图3-5-285　PRB-46Ⅰ型密封光束灯旋转灯器

PRB-46Ⅰ型密封光束灯旋转灯器主要安装在沿海二级灯塔,北方海区共安装10余台,即大孤山、曹妃甸、崆峒岛、猴矶岛、大竹山、苏山岛、旗杆嘴等灯塔。该系列灯器服役10余年后,由"高光效、低功耗"的美国泰兰公司TRB-400型系列化旋转灯器和国产化先进灯器逐步替代。至2012年,北方海区该型灯器已全部退役。

PRB-46Ⅱ型菲涅尔透镜旋转灯器

PRB-46Ⅱ型菲涅尔透镜旋转灯器属"高光效、低功耗"灯器,与PRB-46Ⅰ型密封光束灯旋转灯器的主要区别是采用CC-8型钨丝灯泡和密纹菲涅尔透镜,灯光射程15海里,主要应用于遇岩、小龙山、太平角、鸡鸣岛、大公岛、马蹄礁等三级灯塔。至2012年,北方海区尚保留小龙山灯塔PRB-46Ⅱ型灯器在服役。

3. 美国TRB等系列化灯器

20世纪90年代初开始,交通部安监(海事)局和天津海监局先后批量引进美国泰兰公司制造的系列化航标灯器,为中国沿海航标灯器的"更新换代"发挥了重要作用。此间,北方海区采用的该系列化灯器主要包括TRB-400型菲涅尔透镜旋转灯器、ML-300型灯器、MLED-300型LED灯器、RL-355型导标灯器。

TRB-400型菲涅尔透镜旋转灯器

TRB-400型菲涅尔透镜灯器属"高光效、低功耗"灯器,光源可分别配置35、50、70瓦的直流12伏卡口式卤素灯泡,灯光射程18~22海里。该灯器主要由光学系统、驱动系统、电子控制系统和防护外壳四部分组成。光学系统包括6面焦距200毫米的平板菲涅尔透镜、6头自动换泡机和卤素灯泡。透镜通过铝槽垂直固定在转盘上，透镜内安装自动换泡机，换泡机固定在中轴底座上，高度可调节，以确保卤素灯泡的灯丝在透镜焦点位置。换泡机为改进型6位直流换泡机，采用了耐高温灯座，可安装3个卤素灯泡。驱动系统包括水平转盘和齿轮装置，转盘由驱动电机通过齿轮、传送带驱动旋转。电子控制系统安装在灯器底座内，其电子控制模块（EMC）包括步进电机驱动电路、灯控制电路和电源模块。防护外壳的底座和灯帽由铝合金材料铸塑而成，经过两层喷涂处理，以起保护作用。灯帽由1个活页和4个弹簧卡扣固定，方便开启，并具有密封作用。灯器中部的透光外罩由聚丙烯材料制成，使用专用胶粘合固定，便于更换。

TRB-400型菲涅尔透镜灯器主要安装在沿海二、三级灯塔，北方海区共安装10余台，即大鹿岛、八斗银子、皮口、大孤山、环海寺地嘴、叼龙嘴、老北山、北长山、大竹山、崆峒岛、赵北嘴、日照等灯塔，为改善航标效能发挥重要作用。2004年始，烟台航标处自主研制成功"智能控制器"，用于替代该灯器电子线路板。2007年始，烟台航标处自主研制成功"智能型控制箱"，用于替代该灯器控制箱。至2012年，北方海区尚有6台该灯器在服役。

图3-5-286　TRB-400型菲涅尔透镜旋转灯器

ML-300型灯器

ML-300型灯器光源可分别采用35、50瓦金属卤素灯泡，灯光射程8～12海里。该灯器由光学系统、发光系统、电子控制系统和底座四部分组成。光学系统为直径300毫米锥形菲涅尔透镜，兼作灯器外壳，以防护内部器件。发光系统包括换泡装置和光源部分，透镜内安装TBF系列闪光仪和可连续换泡的6位换泡机，光源为金属卤素灯泡，可安装6支，一般采用功率为35瓦灯泡。灯器电子控制系统安装在灯器底座内，使用OMNIBUS控制器，主要控制灯器的电源、闪光周期等。底座为铝合金材料铸塑而成。

ML-300型灯器以其"发光效率较高，闪光周期准确，工作性能稳定，设备故障率较低，维修保养便捷"等特点，备受航标管理部门和航海用户的好评，亦为北方海区航标系统推广使用数量最多的灯器之一，主要安装于灯桩、灯船、兰比，并可作为重要灯塔的备用灯。伴随中国航标灯器国产化的研发问世和推广应用，该灯器引进数量逐步减少。至2012年，北方海区共有44台该灯器在服役。

图3-5-287　ML-300型灯器

MLED-300型LED灯器

MLED-300型LED灯器是ML-300型灯器的升级换代产品，主要特点是其光源采用6只高效LED和配套小型透镜组合而成，供电电压直流9～36伏，额定工作电压为12伏，灯光射程12海里。该灯器主要由灯壳、光源、闪光控制系统和底座四部分组成。灯壳和底座的形制、规格、材质等与ML-300型灯器相同。闪光控制系统更新为Maxi HAlO-EFF型闪光仪，根据实际助航需求，可调整为256种灯质。

MLED-300型LED灯器与ML-300型灯器相比较，主要特点是光源采用LED新型光源，闪光控制系统配套升级，更为"高光效、低功耗"。该灯器于2010年开始引进，并在北方海区部分重要灯桩上安装使用,亦可作为重要灯塔的备用灯。至 2012 年,北方海区共有 13 台该灯器在服役。

图 3-5-288　MLED-300 型 LED 灯器

RL-355 型导标灯器

RL-355 型导标灯器系指 14 英寸反射型远程导航信号灯,灯光射程 12 海里。该灯器主要由光学组件、镜罩组件和基础组件三部分组成。光学组件包括反射器、闪光装置和覆盖窗。反射器是一个抛物线形,直径为 14 英寸,焦距为 2.35 英寸。在可见光条件下,其电解涂层能够提供优于 74% 的反射率,并具有优异的耐腐蚀性。闪光装置采用 TF-3B 型闪光仪/换泡机,是一款完全自动化控制的闪光仪和 6 位换泡机,可广泛应用于美国泰兰公司的各类灯器,亦可与世界上多种类型灯器的换泡机相互兼容监控,即可采用 6 组灯泡的 6~12 伏换泡机、4 组灯泡的 120 伏换泡机或双 LED 发光装置。覆盖窗安装在灯器的前端,由 4 英寸厚的透明亚克力材料制成。灯光颜色(红色,绿色,白色或黄色)由覆盖窗的颜色决定。透镜能够达到在 3~28° 范围内水平方向发散。当使用 LED 为灯器光源时,灯光颜色则由 LED 的颜色决定。镜罩组件是由耐腐蚀的铝合金制成,包含一个反射器和密封在前端的铰链门,在其上方是一个 0.75 英寸吊耳,两个管状水平仪和瞄准孔。0.75 英寸的 NPT 螺纹孔内安装有日光阀。基础组件是由耐腐蚀的铝合金制成,由旋转基座和平衬套组成。安装支架法兰旋转,将使镜罩组件水平旋转。

图 3-5-289　RL-355 型导标灯器

RL-355型导标灯器是北方海区导标灯器"更新换代"的主用灯器之一,为更新通常采用的300毫米鼓形透镜灯器和传统的投光灯发挥了重要作用。1998年5月,天津新港主航道导标中线前后标率先换装该灯器,更新原有天津灯具厂制造的GT79-500型导标灯器,明显改善助航效能。随后,北方海区部分港口重要导标先后换装该灯器。至2012年,北方海区共有22台该灯器在服役。

4. 西班牙BGA等系列化灯器

20世纪90年代中叶始,交通部安监局和天津海监局先后批量引进西班牙巴伦西亚机械公司BGA等系列化航标灯器,亦为北方海区航标灯器的"更新换代"发挥了重要作用。此间,北方海区采用的该系列化灯器主要包括:BGA-500型、BGA-600型、FGA-175型、FGA-600型菲涅尔透镜旋转灯器。

BGA-500型菲涅尔透镜旋转灯器亦属"高光效、低功耗"灯器,光源可分别采用35、50瓦卤素灯泡,灯光射程可达20海里。该灯器主要由发光系统、控制系统、驱动系统和防护外壳组成。发光系统包括透镜和光源,采用高效卤素灯泡和丙烯酸材料的组合透镜阵,在旋转底座上配置由6块平面菲涅耳透镜组成的发光系统底板,6块透镜由铝合金镶条,按照正六边形固定在发光系统底板上,透镜焦距175毫米。发光系统中间的底座上配置换泡机,高度可做相应调节,以方便对准焦点。所用换泡机为CLB-12型,是一种6灯位自动换炮机,由一个弹簧操纵的转塔和一个带棘齿轮装置的旋转螺线管组成,简单可靠实用。控制系统主要包括控制电路母板和系列电路板,即速度调节板(RV1/RV2)、速度监测板(MV1/MV2)、配电板(CD)、发光控制(日光检测,CL)板、灯泡故障切换板(FL)。驱动系统采用的是低能耗无齿轮无碳刷电机驱动,整灯功耗较小。防护外壳主要包括灯罩、灯帽和底座。灯罩中部为厚度4毫米的圆筒形钢化玻璃,并安有6根螺旋形铝合金支柱,可增加灯罩的强度,减少垂直方向的遮光。灯帽和底座由特殊的铝合金材料铸造而成,灯帽顶端配有防鸟针,底座内部安装灯器的驱动电机线圈、驱动元器件、电子旋转底座以及电缆的接线端子、光电组件等。

图3-5-290 BGA-500型菲涅尔透镜旋转灯器

BGA-600型、FGA-600型、FGA-175型菲涅尔透镜旋转灯器与BGA-500型总体结构和工作原理基本相同,主要是灯器规格等有所差异,BGA-600型和FGA-600型适用于一、二级灯塔,BGA-500型和FGA-175型适用于二、三级灯塔。此间,北方海区共换装该系列灯器10余台——黄白嘴、险礁、沙坨子、小竹山、海驴岛、猴矶岛、太平角、苏山岛、岠嵎岛、小青岛、大沽等灯塔。2004年始,烟台航标处自主研制成功"智能控制器",用于替代该系列灯器电子线路板。2007年始,烟台航标处自主研制成功"智能型控制箱",用于替代该系列灯器控制箱。至2012年,北方海区共有10台该系列灯器在服役。

5. 烟台ISA等系列化灯器

21世纪初,天津海事局组织实施《天津海事局航标"十五"技术发展政策与项目实施计划》,重点扶植烟台航标处自主研发新型航标灯器,为引领北方海区乃至全国海区航标建设发展做出突出贡献。此间,烟台航标处自主研制成功的航标系列化灯器主要包括ISA-400型智能旋转灯器、IMA-800型智能旋转灯器、HD-96型智能LED导标灯器、HD-60型智能LED灯器、YHD-120型智能太阳能一体化LED灯器等。

ISA-400型智能旋转灯器

ISA-400型智能旋转灯器是烟台航标处于2005年自主研制成功的,是中国第一例拥有自主知识产权的中型航标旋转灯器,亦是北方海区乃至全国海区灯塔灯器"更新换代"的主用灯器之一。该灯器光源采用20~100瓦卤素灯泡,灯光射程18~20海里,主要适用于北方海区二、三级灯塔。

图3-5-291　ISA-400型智能旋转灯器

ISA-400型智能旋转灯器主要包括灯体和控制器两大组件组成。灯体主要由驱动电机、光源、换泡机、细纹菲涅尔透镜、灯笼五个部分。灯体整体为圆筒状结构,灯体高度为950毫米,直径为620毫米,上半部分为发光部分,装有焦距为200毫米的六面菲涅尔平板透镜和EM-1210型6头换泡机,光源为卤素灯泡;下半部分为旋转部分,装有两部小惯性步进式驱动电机,体积小,重量轻,运行可靠,旋转周期稳定。控制器为智能化灯器控制器,具备灯器控制和遥测遥控终端两项功能,主要有智能控制单元、人机界面、接口电路、数据通信单元、电源五个部分。智能控制单元是控制器的核心,可实现灯器的所有控制,包括灯器旋转控制、开关灯控制、换泡控制、各种数据处理、通信管理、备用灯器启用、主用灯器历史数据自动记忆和遥测遥控等。人机界面为灯器操作控制的总界面,实现对灯器的所有控制操作和状态监测,包括系统设置、状态监测、告警查询、灯器校准等。接口电路是智能控制单元与外界信号传输的枢纽,灯器上日光阀、灯泡控制、换泡机控制、电机旋转等各部分信号通过接口电路实现与智能控制单元的传输。

该型灯器重量70千克,控制箱重量23千克,工作电压直流12伏±20%,工作环境温度-20~+55摄氏度,相对湿度10~90%,灯器功耗<20瓦(不包括灯泡功耗),灯泡功率20~100瓦,转速范围每分钟0.5~10转连续可调,转速误差≤±1%,采用GPRS和(Global System for Mobile Communication,全球移动通信系统,简称GSM)短信同时在线的通信方式。

2007年8月,烟台航标处首先在老北山灯塔安装使用ISA-400型智能旋转灯器,为航行于登州水道和进出蓬莱港的船舶提供了良好的助航服务。该灯器亦属"高光效、低功耗"。基于其"操作简单便捷、性能稳定可靠,使用效果良好"等特点,至2012年,在全国各海区安装使用20余台。

IMA-800型智能旋转灯器

IMA-800型智能旋转灯器是烟台航标处于2008年自主研制成功的,为北方海区航标系统荣获省部级科技成果一等奖开创先河,亦是北方海区乃至全国海区灯塔灯器"更新换代"的主用灯器之一。该灯器光源采用70~150瓦高压气体放电灯泡,灯光射程可达27海里,主要适用于沿海干线一级灯塔。

IMA-800型智能旋转灯器主要由灯体、灯器控制箱、电源控制箱三部分组成。灯体直径1000毫米,高度1500毫米,包括发光系统、底座。发光系统配置6块大型平板菲涅尔透镜、2头换泡机及2只高压气体放电灯泡。底座包括马达驱动器、电源逆变器、电子镇流器、转速传感器等。马达驱动器用于驱动步进马达,通过细分控制和0.18度步进电机配合,实现每周400000步精密旋转。灯器控制箱包括CPU板、通信接口板、继电器驱动板、GPRS通信模块、液晶显示窗等。CPU板负责灯器的运行、控制、灯器数据运算及灯器其他部件的协调。通信接口板是控制箱的RS232、RS485、RS422数据接口转换板,通过通信接口板连接到CPU板。继电器驱动板主要控制主灯、备灯发光。GPRS通信模块负责灯器与辖区控制中心通过GPRS或短信实时通信。液晶显示窗用于显示灯器的相关信息。电源控制箱有两路输入端,分别为交流220伏和直流24伏。交流220伏是主电源,直流24伏是电源控制箱的备用电源。电源控制箱向外提供直流24伏电压,分别向灯器控制箱和备灯供电。

该灯器重量90千克,工作电压直流24伏±20%,灯器功耗<20瓦(不包括灯泡功率)。采用70瓦灯泡时,灯光射程25海里;采用150瓦灯泡时,灯光射程27海里。转速范围每分钟0.5~10转连续可调,转速误差≤±1%。工作环境温度-20~+55摄氏度,相对湿度10~90%。该灯器采用GPRS和GSM短信同时在线的通信方式,可直接与辖区控制中心"航标运行信息管理系统"连接,实现网络化管

理,亦可通过(Short Message Service,短消息服务,简称 SMS)实时遥测遥控。

2008年,烟台航标处首先在靖子头灯塔安装使用 IMA-800 型智能旋转灯器,为船舶航行于烟台港至成山头及转向点提供了良好的助航服务。该灯器亦属"高光效、低功耗"。至2012年,在全国各海区安装使用7台,助航效能良好。

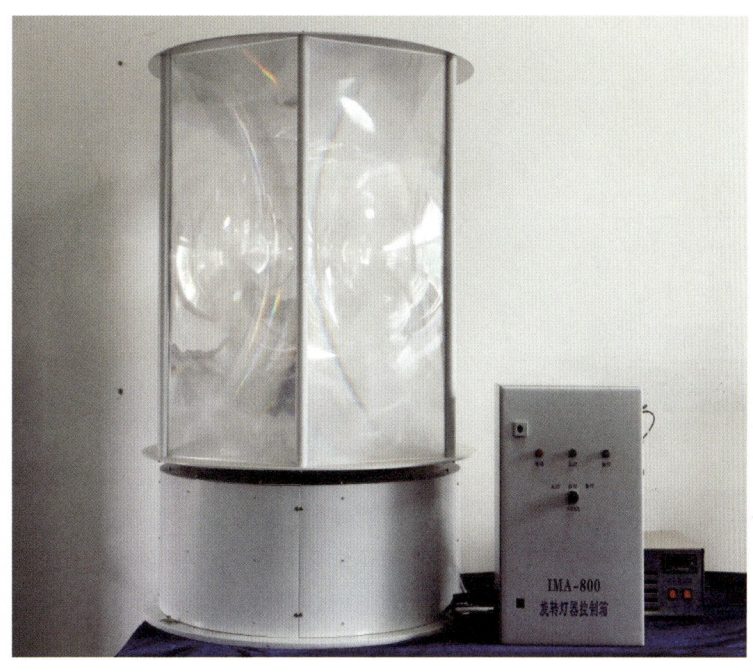

图 3-5-292　IMA-800 型智能旋转灯器

HD-96 型智能 LED 导标灯器

HD-96 型智能 LED 导标灯器是烟台航标处于2008年自主研制成功的专用定向导标灯器,亦是北方海区导标灯器"更新换代"的主用灯器之一。该灯器光源采用 LED,灯光射程可达15海里,主要适用于港口中远灯光射程导标。

HD-96 型智能 LED 导标灯器主要由光源系统、灯器控制系统和不锈钢外壳三部分组成。光源系统主要包括96颗 LED 阵列式组合和配套的平板牛眼菲涅尔透镜。控制系统采用微电脑闪光控制器,闪光灯质256种,可根据用户需要自行拨码选用,同时配置 GSM 控制模块,通过 GSM 短信(中文)实现航标灯器远程监控和检测。

该灯器使用直流12伏适应电源,工作电压为8～25伏,输入功率10瓦。环境适应温度 -35～+85摄氏度,防护等级可达 IP66,日光开关阈值为150Lux(0-3000Lux 可调)。灯光水平发散角为4.3°,配置红、绿、黄、白四种颜色。灯器重量32千克。具有"功耗低、光效高、寿命长、功能齐全"等特点,可实现同步闪、远程测控等功能。

2008年,烟台航标处首先在龙口港区新航道导标中线前后标换装 HD-96 型智能 LED 导标灯器,为进出龙口港区的船舶提供了良好的助航服务。随后,陆续在烟台港内导标中线

图 3-5-293　HD-96 型智能 LED 导标灯器

前后标和西港区进港导标换装。至2012年,北方海区共有20余座导标应用该灯器。

HD-60型智能LED灯器

HD-60型智能LED航标灯器是烟台航标处于2011年自主研制成功的智能化LED航标灯器,是国内外首创将单颗大功率LED应用于浮动标志的专用灯器,亦是北方海区浮动标志灯器"更新换代"的主用灯器之一。该灯器光源采用单颗大功率LED,灯光射程可达4海里,主要适用于沿海、内河浮动助航标志。

图3-5-294　HD-60型智能LED灯器

HD-60型智能LED灯器主要由光学系统、控制系统和灯器底座三部分组成。光学系统包括光源和透镜。光源采用美国CREE公司XP-E型大功率LED,典型光效最高可达每瓦1321流明,使用寿命5万小时(光衰至70%)。透镜为自主研制的自由曲面侧发光透镜,透镜材料为进口聚甲基丙烯酸甲酯(PMMA),透光率为93%。透镜与单颗大功率LED相匹配的光学系统,实现了灯器360°范围内光束均匀射出,水平配光均匀度≥85%,垂直发散角≥8°。控制系统设计了大功率LED恒流驱动及能耗管理控制电路,采用了GPRS、CDMA、北斗等多种通信方式,可实现灯质控制、功率控制、模拟量采集、灯质测量、数据存储、数据传输和异常情况处理等控制功能。灯器底座采用聚碳酸酯树脂(PC)材料,具有突出的抗冲击能力、耐蠕变和尺寸稳定性好、耐热、耐腐蚀介电性能优良。

该灯器重量为1.3千克(含标配电缆),工作电压直流9~36伏,灯质设置有256种模式。通过GPS授时,可实现灯器同步闪光。防护等级IP67,可实现水密和气密的双重密封。通信模式具有SMS、GPRS、CDMA、北斗卫星等方式,动态功耗,采用GPRS通信模式为4.5瓦,采用CDMA通信模式为5.7瓦,采用北斗卫星通信模式为7瓦。在普通移动通信信号不能覆盖的航标设置海域,采用北斗卫星通信作为通信手段,可实现"全覆盖"实时监控。

基于HD-60型智能LED灯器具有"水平配光均匀、智能化程度高、性能稳定可靠、高光效低功耗、安装维护便捷、应用前景广泛"等特点,至2012年,在全国各海区推广应用200余台。此间,在提高航标助航效能、提升航标网络化管理水平、节约航标能源等方面发挥了显著作用。此外,该处自主研制成功的同一系列HD-200D型和HD-120型智能LED灯器,灯光射程3海里,主要适用于灯浮标,在全国各海区分别推广应用180台和600台。

YHD-120型智能太阳能一体化航标灯器

YHD-120型智能太阳能一体化航标灯器是烟台航标处于2012年自主研制成功的首款智能太阳能一体化航标灯器,亦是北方海区浮动标志灯器"更新换代"的主用灯器之一。该灯器光源亦采用单颗大功率LED,灯光射程达到4海里,主要应用于沿海、内河浮动标志。

YHD-120型智能一体化LED灯器主要由发光系统、

图3-5-295　YHD-120型智能太阳能一体化LED灯器

智能控制系统、电源系统和灯器外壳四部分组成。发光系统与 HD-60 型智能 LED 灯器基本相同。智能控制系统主要以新一代嵌入式芯片为核心,包括硬件电路和软件程序,具有灯器智能控制、GPS 定位、灯器运行状态智能分析与告警、电源智能化管理、遥测遥控、数据远程传输等功能,并包括 SMS、GPRS、CDMA 1X 和北斗卫星通信等多种方式的内置通信功能。电源系统包括单晶硅太阳能光伏发电系统和镍钴锰酸锂电池,采用 PWM 调节技术,实现对供电锂电池充电。灯器工作电压直流 3.6 伏,太阳能电池供电功率 2.5 瓦×4,锂离子电池 3.6 伏/100 安时。灯器外壳采用聚碳酸酯材料,底座支撑透镜和光源等部件,固定太阳能电池板、电池盒,并具有耐腐蚀、密封、透气等特点。灯器整体防护等级达 IP67,实现了水密和气密的双重密封。

至 2012 年,在北方海区推广应用近百台套 YHD-120 型智能太阳能一体化 LED 灯器。

6. 其他新型 LED 灯器

21 世纪初,国内航标生产制造厂家纷纷跻身全国沿海、内河航标领域,新型 LED 航标灯器如"雨后春笋"不断推陈出新,北方海区航标系统采用的主要航标灯器包括:烟台文华航标器材有限公司(简称"烟台文华公司")WH-300ZL 型智能 LED 灯器和 WH-400L 型智能 LED 导标灯器、上海炜实公司 WML780A 型智能 LED 灯器、天津天元海科技开发有限公司(简称"天津天元海公司")TYH-120 系列智能太阳能一体化 LED 灯器等。

烟台 WH-300ZL 型智能 LED 旋转灯器

WH-300ZL 型 LED 旋转灯器是烟台文华公司于 21 世纪初研发问世的新型 LED 航标灯器,亦是北方海区航标灯器"更新换代"的主用灯器之一。该灯器光源采用 LED,工作电压为直流 8~24 伏,功率 18 瓦,灯光射程可达 9 海里,主要适用于沿海、内河灯桩、灯船,亦可作为灯塔备用灯器。

WH-300ZL 型智能 LED 旋转灯器由光源系统、控制系统和底座组成。光源系统主要包括直径 300 毫米锥形菲涅尔透镜、46 颗 LED 阵列式组合光源。控制系统主要包括闪光控制系统和 GSM 通信模块、GPS 模块。灯器底座材质为工程塑料,主要用于安装灯器控制系统。该灯器属"高光效、低功耗"国产化 LED 灯器之一,除采用 LED 新型光源外,兼具远程测控功能,可实现灯器智能化管理。

该灯器于 2008 年首先在营口航标处辖区陆续安装使用后,至 2012 年,北方海区共有 27 台在服役。

图 3-5-296 WH-300ZL 型智能 LED 灯器

烟台 WH-400L 型智能 LED 导标灯器

WH-400L 型智能 LED 导标灯器是烟台文华公司于 21 世纪初研发问世的新型 LED 导标专用灯器,亦是北方海区导标灯器"更新换代"的主用灯器之一。该灯器的显著特点是其光源采用单体 LED,此技术应用于导标专用灯器,在世界航标领域亦不可多得。其灯光射程可达 15 海里,主要适用于沿海港口中远灯光射程导标。

WH-400L 型智能 LED 导标灯器主要由灯体和灯器控制箱两部分组成。灯体主要包括铝合金外壳、焦距 220 毫米菲涅尔透镜、单体高光效 LED 光源等。灯器控制箱主要包括单片机控制系统、GSM 通信系统和 GPS 定时定位系统、不间断稳压电源系统和供电开关装置等。该灯器主要配置白、红、绿三种颜色,灯光水平发散角可选择 2、3、4 度。具有遥测遥控功能,可通过手机接收灯器的实时工作状态,并可

图 3-5-297 WH-400L 型智能 LED 导标灯器

实现远程强制开灯和同步闪光功能。

该灯器供电可采用交流220伏或直流12伏电源,定光功耗为12～15瓦,直流12伏供电时定光电流1.1安培。工作环境适应温度为 -30～+70 摄氏度。灯器外形尺寸600×560×410毫米,焦高360毫米,灯体重量12千克。

基于该灯器具有"高光强、低功耗、远射程、可遥控、耐腐蚀"等特点,于21世纪初在秦皇岛港口导标陆续批量安装使用。至2012年,北方海区共有15台该灯器在服役。

上海WM-L780A型智能LED灯器

WM-L780A型智能LED灯器是上海炜实公司于2005年研发问世的新型LED灯器,亦是北方海区灯塔灯器"更新换代"的主用灯器之一。该灯器光源采用LED,灯光射程18海里(T=0.74,白光),主要适用于沿海二、三级灯塔。

WM-L780A型智能LED灯器主要由光源、透镜、底座三部分组成。光源为8～12层LED陈列式组合,透镜为大直径的圆周连续焦点菲涅耳透镜,底座为海事级铝合金。灯器工作电压直流24(8层)—48伏(12层),工作环境温度 -30～+70 摄氏度,相对湿度100%(冷凝),灯器功耗<900瓦(灯亮时)。灯器灯质可以按照IALA规定的256种不同模式自行选择设置。配置GPS同步模块,可实现多灯无线同步闪光;配置GSM/VHF通讯模块(RTU),可作远程监控终端。

图3-5-298 WM-L780A型智能LED灯器

2009年始,北方海区分别在千里岩灯塔、朝连岛灯塔、日照灯塔和环海寺地嘴灯塔换装WM-L780A型智能LED灯器。此外,该公司研发的同一系列WM-L350型智能LED灯器,灯光射程8海里,应用于北方海区灯桩、灯船等共计81台。

天津TYH-120系列智能太阳能一体化LED灯器

天津TYH-120系列智能太阳能一体化LED灯器是天津天元海公司于2010年研发问世的新型LED灯器,亦是北方海区浮动标志灯器"更新换代"的主用灯器之一。该灯器光源亦采用单颗高亮度LED,灯光有效射程4海里,主要适用于沿海、内河浮动标志。

TYH-120系列智能太阳能一体化LED航标灯器由单颗高亮度LED点光源、智能功率驱动器、自由曲面侧发光透镜、控制电路、太阳能电池板、蓄电池和外壳等部分组成。灯器控制主板采用32位ARM处理器,闪光灯质256种。灯器垂直发散角8.3度,灯光颜色红、绿、黄、白可选。可配置SMS/GPRS/CDMA北斗卫星通信等通讯方式,方便实现航标灯器远程监测和控制。按照功能不同,该系列灯器分为A/B/C/G四种型号:A型为基本型,B型具备基于北斗卫星通信方式的遥测遥控功能,C型具备短信和CDMA通信方式的遥测遥控功能,G型具备短信和GPRS通信方式的遥测遥控功能。B/C/G型灯器具有故障自动报告和GPS全球定位功能,可自主上报灯器实时地理位置信息,并利用GPS的高精度时钟实现同步闪光功能。该系列灯器防护等级IP67,实现水密和气密的双重密封。

图3-5-299 TYH-120系列智能太阳能一体化LED灯器

至2012年,北方海区推广应用TYH-120系列智能太阳能一体化LED灯器共计82台套。

回顾世界航标灯器的发展史,随着时间推移和科技进步,航标灯器亦随之发展变化。而促使其发展演变的推手,在非电气化时期是能源,在电气化时期是光源。早期,以明火为光源,需要既防风防雨、又通风透气的航标灯器。为了让燃油的定光灯机具备闪烁的效果,促使了牛眼透镜和水银浮槽式旋转机航标灯器的诞生。乙炔气的"低燃点、高可燃性"使航标灯明灭变化自如,使牛眼透镜和水银浮槽式旋转机航标灯器渐次失宠。电气化航标灯器将光源和闪光节奏融为一体,极大地减轻了航标灯器的重量,缩小了航标灯器的体积。在此基础上,LED航标灯器将阵列式(点)光源、长效能源、GPS或北斗和人工智能融为一体,实现了航标灯器"全覆盖"的辖区智能化管理,特别是在航标助航效能、安装使用、维护保养和绿色环保等方面发挥显著作用。

回首中国航标灯器的发展史,总体上经历了"初期雏形,效能滞后;批量引进,同步前行;消化吸收,摆脱依赖;技术创新,世界领先"四个发展阶段。值得称道的是,烟台航标处ISA等系列化灯器可与国际国内同类灯器相媲美,其整体技术指标处于国内领先,部分技术指标优于国外同类产品,为北方海区乃至全国海区航标灯器"更新换代"发挥至关重要作用。目前,特别是天津天元海公司当今的TYH系列化灯器和航标系列化产品,以其"技术领先、门类齐全、质量上乘、货真价实、用户至上、世界瞩目"等显著特点和优势,堪称"后来居上",并在国际国内航标领域和市场引领航标灯器未来的技术发展方向。

二、航标能源

航标能源系指供航标灯器或其他导助航设备运行的能量之源。早期,航标能源主要采用柴草、蜡烛、植物油等可燃物。据《大元海运记》记载:"延佑四年(1317),海道府剳准",在直沽海口龙山庙前设立望标,"夜则悬点蜡烛灯笼"。清同治二年(1864),在成山角建花岗岩"露天望台",上置横梁,以悬火盆,燃木料于火盆之中,提供助航信号。19世纪末,煤油、乙炔、瓦斯等可燃液(气)体成为新的航标能源。20世纪初,北方海区靠近城市的成山头、团岛等陆地灯塔、灯桩开始使用市电供电,远离城市的大三山岛、圆岛、朝连岛等岛屿灯塔相继由柴油发电机组提供电力支持。其中,使用柴油发电机组供电最早的当属清光绪二十九年(1903)的大三山岛灯塔。1945年,老铁山灯塔在苏军代管期间安装2台10马力柴油发电机组,自行发电供灯塔发光。

20世纪60年代,随着中程无线电导航台新建及无线电指向标站的恢复建设,柴油发电机组不断升级换代,频繁更新。同期,灯浮标和无人值守的灯桩多采用乙炔气或丙烷气作为能源。20世纪70年代初,乙炔气陆续退出航标能源体系,取而代之的是干电池和蓄电池。20世纪70年代中期至80年代初,在曹妃甸、竹岔岛等重要灯桩、天津港主航道灯浮标开始试用太阳能供电系统。20世纪90年代初,太阳能供电系统逐步在岛屿灯塔、灯桩上应用。随着新能源技术的发展,航标能源逐步向可再生能源、绿色能源或自然能源发展,风力发电装置、波浪发电装置、风光互补供电装置以及大容量锂电储能装置研制应运而生,使航标能源更加可靠、高效、便捷、环保、经济。2000年始,北方海区航标系统着力推行"灯器LED化""供电太阳能化",灯浮标、灯桩灯器由LED灯器逐步取代白炽灯灯器,太阳能供电系统得到快速普及。

2012年北海海区航标系统使用的主要航标能源一览表

表 3-5-77

序号	类别	固定标志		浮动标志		RBN-DGPS台站		AIS基站		雷达信标		小计	
		数量(座)	功率(瓦·安时)	数量(座)	功率(瓦·安时)	数量(座)	功率(瓦·安时)	数量(座)	功率(瓦·安时)	数量(座)	功率(瓦·安时)	数量(座)	功率(瓦·安时)
1	市电	226	56989	—	—	6	36840	28	15105	3	18	263	108952
2	柴油机	12	59162	—	—	1+3	110500	—	—	—	—	13+3	169662
3	干电池	6	72000	52	966+29000	—	—	—	—	6	36	64	73002+29000
4	太阳能	312	40105	1289	38942	—	—	—	—	68	533	1669	79580
5	风力	—	—	1	108	—	—	—	—	—	—	1	108
	合计	556	228256	1343	40016+29000	7	147340	28	15105	77	587	2010	431304+29000

至2012年,北方海区航标系统管理航标总计2108座,其中,使用航标能源的航标2010座,共计431304瓦、电池容量29000安时。其中,使用市电的263座航标,用电108952瓦;使用柴油发电机组的16座航标(含3座备用),用电169662瓦;使用一次电池的64座航标,用电73002瓦、电池容量29000安时;使用太阳能电池的1669座航标,用电79580瓦;使用风力发电机的1座航标,108瓦。

(一)柴油发电机

清光绪二十一年(1895),德国著名工程师狄赛尔(Rudolph Diesel)获得柴油发电机发明专利。光绪二十九年(1903),大三山岛灯塔开始使用柴油发电机组供电。此后,柴油发电机组成为孤岛或偏远地区大型灯塔能源的主要选择。20世纪初,朝连岛、圆岛相继建成灯塔,采用柴油发电机组供电。20世纪60年代,随着中程无线电导航台新建及无线电指向标站恢复建设,柴油发电机组功率越来越大,从最初的10~100马力(13.4~75千瓦)。无线电导航台建台初期,成山头、上古林各使用4台南通柴油机厂4135型50千瓦柴油发电机组作为备用电源,庄河安装上海柴油机厂6135型75千瓦柴油发电机组2台作为备用电源。此后,全部换装上海柴油机厂或无锡动力机厂等6135型75千瓦柴油发电机组。在部分用电量荷载较小的塔站,江西南昌柴油机厂2105型10千瓦柴油发电机组成为主用机型,即天津大沽灯塔、团岛灯塔、王家麦岛无线电指向标站等。

20世纪70年代末,北海舰队组织重建部分重要的偏远灯塔,将航标干电池供电改为柴油发电机组供电,千里岩灯塔开始采用潍坊柴油机厂195型柴油发电机组,后换装江西南昌柴油机厂2105型、上海柴油机厂2135型、法国西电公司TM20K型柴油发电机组。此间,其他塔站采用的柴油发电机组主要包括495型、康明斯等。随着城市建设的发展,市电网络逐步向外扩张,诸多偏远地区相继引入市电,柴油发电机组降为备用应急电源,即大王家岛、老铁山、八斗银子、岠嵎岛、北隍城、崆峒岛、赵北嘴、成山角、镆铘岛、团岛、日照灯塔等。

图3-5-300　20世纪60年代团岛灯塔2105型柴油发电机组

图3-5-301　21世纪团岛灯塔法国西电公司TM20K型柴油发电机组

2000年始,各塔台站相继更换柴油发电机组,改造配电盘,应用自启动柴油发电机组供电,团岛灯塔换装法国西电公司TM20K型等。2005年底,随着首批AIS基站的建设,小型自启动的柴油发电机组开始使用,即山东海阳AIS基站、女岛AIS基站等。此间,随着国产ISA-400型智能旋转灯器、IMA-800型智能旋转灯器、WM-L780A型智能LED灯器"高光效、低功耗"大中型航标灯器的研制成功和推广应用,太阳能电源系统供电成为灯塔主要能源之一,为灯塔实现无人值守奠定了基础,即千里岩灯塔、圆岛灯塔、大鹿岛灯塔等偏远岛屿灯塔。

(二)一次电池

一次电池是通过不可逆的化学过程产生电能的蓄电装置,不能充电,用后废弃。北方海区航标系统采用的一次电池主要包括6QR40型干电池、锌空气电池、JQ-1000锌空湿电池、3XKC500·2型锌空电池、3PS-1100型锌空气电池、PS-1000型锌空气电池等,主要用于灯浮标、灯船和灯桩。

20世纪50年代末至70年代末,北方海区主用的一次电池是河南新乡电池厂6QR40型组合干电池。其Q表示空气去极,R表示圆形单体,6为单体个数,40为规格代号,开路电压8.4伏;放电电流及电池容量较小,分别为100~150毫安、55安时。

20世纪70至80年代,北方海区主用的一次电池是锌空气电池。该电池是以空气中的氧气作为正极活性物质,锌为负极活性物质的电池。该电池使用多孔碳块,通过碱性电解质从空气中提供氧气使锌正极氧化。该电池具有比能量高的特点(理论比能量1350Wh·kg^{-1}),在1安培电流放电时能提供1000安时的容量。同时,具有放电平稳、安全性好等优点。但是,在一次电池的制造过程中,有少量的汞添加到锌棒上,导致使用过的电池需作为有毒垃圾处理。

图3-5-302　PS-1000型锌-空气电池

20世纪90年代,北方海区主用的一次电池是武汉长江电池厂JQ-1000型锌空湿电池。该电池规格为1.2伏1000安时,工作电压为1.1伏。其电解液用塑料瓶单独封装,使用时注入电池,避免电池存放期间的自放电现象,不受存储时间限制。由于其优良的电性能,很快替代6QR40干电池和锌空气电池成为灯浮标的主用电池,并广泛用作中小型航标能源。其缺点是电解液在不停晃动的灯浮标上使用时爬碱更为严重。

此间,贵州梅岭化工厂3XKC500·2型锌空电池或XKR-03(6串组合体)型锌空电池,其规格为6.0伏1000安时,工作电压为6.0伏。该电池性能与武汉长江电池厂JQ-1000型锌空湿电池基本相同,曾一度作为北方海区主用的一次电池。

20世纪末,北方海区开始使用廊坊市指南针航海设备有限公司3PS-1100型锌空气电池。该电池属于胶体电池,采用塑料包装袋密封,以隔绝空气;拆除塑料包装袋后,电池接触空气即发生反应,释放电力。但仍存在少量自放电问题,不适于长期存放。因为使用方便,目前该电池仍在少量使用。

由于一次电池无法循环使用,电池使用后缺乏系统的废旧电池回收机制,且回收处理成本较高,直接废弃将对海洋和土壤环境造成破坏,不符合国家环境保护要求。至2012年,一次电池在航标领域已基本退出历史舞台,取而代之的是太阳能电池及长效免维护蓄电池和其他绿色环保的风能发电等再生能源。

(三)光伏太阳能系统

太阳能电池是利用"光生伏打效应"将太阳能直接转变为电能的装置。以结构可分为同质、异质、肖特基结电池和光电化导电池,以材料可分为硅、硫化镉、砷化镓及无定型材料太阳电池。光伏太阳能系统是由太阳能电池方阵(光伏板)、蓄电池组、充放电控制器、逆变器、配电柜、太阳能自动跟踪系统、太阳能组件自动除尘系统等部件组成。

20世纪70年代,天津航测处开始在天津港灯浮标上试用太阳能电池。1977年5月,在曹妃甸灯桩安装290瓦光伏太阳能供电系统,从根本上解决了曹妃甸灯桩的能源补给问题。此后,陆续在竹岔岛、灵山南、鸡鸣岛、小竹山、苏山岛等灯塔(桩)安装太阳能供电系统。

图3-5-303　20世纪90年代,光伏太阳能系统应用于千里岩灯塔生活供电

20世纪90年代,北方海区航标系统逐步推广光伏太阳能供电系统。1992年12月,天津海监局在辽宁省瓦房店复州湾建设大孤山、太平角灯塔,以完善辽东半岛西海岸灯塔链。因灯塔地处偏僻,架设市电线路工程造价巨大,且维护困难,故采用太阳能供电系统,并委托天津18所设计、制造。自光伏太阳能系统投入使用至今,两座灯塔虽历经数次航标设备改造升级,但光伏太阳能供电系统仍正常运行。

1993年始,天津海监局相继与宁波太阳能电源厂、开封太阳能电池厂、上海太阳能科技有限公司、天津乾丰科技有限公司等单位合作,吸收国际航标能源使用光伏发电的先进经验,结合北方海区航标的特殊状况,开发出具有防盐雾、防海水、防大风、耐低温、故障率低的光伏太阳能供电系统,应用到灯塔、灯桩、导标、灯船、灯浮标、AIS基站、偏远地区航标人员生活用电等诸多方面。

"十五"期间,北方海区航标系统着力推行"供电太阳能化",在278座灯浮标和5座大型浮动标志应用光伏太阳能供电系统。至2012年,北方海区使用光伏太阳能供电系统作为能源的航标1669座,占2010座用电航标的83.04%。光伏太阳能供电系统在北方海区的全面推广应用,提高了航标设备用电保证率,延长了航标船舶补给保养周期,降低了航标人员劳动强度,提升了辖区航标环境保护成效,创建了良好的社会效益和经济效益。

(四)风光互补供电系统

风光互补供电系统是太阳能供电系统和风能供电系统二者合一的能源系统,主要由风力发电机、太阳能电池方阵、风光互补控制器和蓄电池组等部件组成。

随着全社会环保理念的逐步提升，能源环保得到广泛关注。基于太阳能电池受航标设置区域气温和日照时数的限制，影响其发电效率，而北方海区沿海地区风力资源丰富。为充分利用自然资源，北方海区航标系统着手利用风能补偿太阳能不足情况下航标能源的供应问题。

2008年，秦皇岛航标处在西挡沙堤和体育基地2座灯桩上试用水平轴风力发电机。2009年6月，青岛航标处在中沙灯船采用WS-030B型垂直轴、涡轮式风力发电机进一步扩大试验。与风力或太阳能独立运行发电系统相比，风光互补供电系统在时间上和地域上均有较强的互补性，组成了一种比较理想的环保能源系统，可实现昼夜发电。在合适的气象资源条件下，风光互补供电系统可提高供电的连续性、稳定性和可靠性。

图3-5-304 2009年6月，风光互补供电系统应用于灯船

至2012年，风光互补供电系统在4座航标上的使用效果良好。经测试，在灯桩上风力发电系统基本可达到总发电量的20%，太阳能系统供电量为80%。灯船风力发电系统基本可达到总发电量的15%，太阳能系统供电量为85%。风光互补系统可充分利用当地的自然资源，并具有"环保、无污染、免维护、安装使用便捷"等特点，是理想的航标环保能源，具有广泛的推广应用前景。

三、系碇设备

系碇设备系指用于系泊浮动标志的锚、沉锤、锚链及连接件等组件。

锚

保持浮动标志在设置位置的主要设备是锚。锚通常分为三类：自重锚、埋嵌锚和特殊锚。任何遇水不溶解、结实而沉重的物体均可用作自重锚。埋嵌锚是专门制作的，当其受水平拉力时，海军锚、丹福斯锚、轻型锚、蕈型锚等埋嵌锚可触掘到海底甚至埋入海底底质。特殊锚为自重锚和埋嵌锚的组合，如斯铁姆生锚等。

沉锤

沉锤是自重锚的一种，由铸铁或钢筋混凝土制成的重物，配有系链环。因其制作简单、经济，且有较好的抗拉力，多用于浮标系泊，并主要由各航标管理机构自行组织制造。海关管理航标时期，已采用钢筋混凝土制作的沉锤。

1949年,天津航标管理机构有两具铸铁沉锤,一具为日本制作的圆拱形中空沉锤,顶部配有一连接环,重约1吨;另一具是四角椎体沉锤,中部有一穿透的圆孔。据史料记载,前者为浮标系碇设备,后者为灯船系碇设备。20世纪50年代初,钢材短缺,造价昂贵,浮标一般采用钢筋混凝土四角椎体沉锤。钢筋混凝土沉锤是在一定形状的模具内安置钢筋骨架后浇筑混凝土而制成,其重量则由模具几何尺寸控制。

20世纪80年代后期,活节式灯桩使用铸铁沉锤,底部中空,重量8~10吨。铸铁沉锤相比钢筋混凝土沉锤体积较小,便于航标设置作业;底部的中空结构提高了沉锤对泥沙底质的吸附力,固定浮动标志位置能力更佳。

21世纪初,初期冰区浮标使用普通灯浮标沉锤。2010年,各航标管理机构采取了增加沉锤重量、提高驻留力的方式,逐渐以铸铁沉锤取代钢筋混凝土沉锤,以适应北方海区冰冻港口冬季浮动标志位置稳定的需求,天津港、黄骅港、营口港、庄河港等冰冻较重港口的400余座浮动标志基本更换为铸铁沉锤。

锚链

锚链是用于系泊浮标、连接沉锤的载体。早期使用的锚链是锻造无档锚链,20世纪80年代中期采用焊接无档锚链。1982年1月1日,国家标准总局发布施行《浮标锚链》(GB 2558—1981)国家标准。1993年12月1日,交通部发布实施《浮标锚链》(JT/T 100—1991)行业标准,以替代国家标准。2005年9月1日,交通部正式修订并发布实施《浮标锚链》(JT/T100—2005)行业标准,规定了浮标锚链的链环及附件标记、配套要求、链环及附件形式和尺寸、技术要求、试验方法、检验规则和储存,进一步规范了生产厂家制造和航标管理机构使用浮标锚链。北方海区航标系统从其规定,配置浮动标志锚链的生产厂家主要包括上海航标厂、武汉市江南锚链厂、巢湖市国力航标器材厂、巢湖银环锚链有限公司、青岛宇海船舶配件有限公司等。

北方海区浮动标志锚链的维护保养周期为3—5年,须将系泊锚链吊出水面检查,视锚链的磨损情况而更换或保养。锚链保养由各航标处自行承担,其中大连、天津、烟台、青岛等航标处设有航标保养车间,便于锚链保养作业。保养程序为首先清除锚链表面锈污和海生物,并将个别磨损严重的链节电焊修补,然后涂敷热沥青防腐处置。常规灯浮标通常只用一个沉锤和一套锚链系泊,灯船、兰比则采用2只有杆锚或1具沉锤和1只有杆锚共同系泊的系碇方法。北方海区最早的牛庄灯船使用2只3吨有杆锚系碇。

至2012年,北方海区航标系统管理浮动标志总计1356座,其中使用铸铁沉锤432座,钢筋混凝土沉锤918座,锚12只;马鞍链节1195节,全链节1926节,半链节1971节,短链节132节。

(一)灯浮标与冰标系碇设备

浮标、灯浮标、冰标的系碇设备相同,由马鞍链节、全链节、半链节、短链节、连接件和沉锤组合形成。根据浮标规模的不同,配置不用型号的系链和不同重量的沉锤。

北方海区主要使用的浮标直径为2.4米和1.8米。直径2.4米浮标,一般使用直径31~38毫米无档锚链;直径1.8米浮标,一般使用直径28毫米无档锚链。锚链的长度配置,为浮标设计位置水深、当地潮差、浪高等因素叠加的2~3倍。

马鞍链节,防止锚链与浮标尾管和压载的绞缠及摩擦,连接浮标与锚链的马鞍形链节。全链节,全链节长度约27.5米,其一端系沉锤,另一端系马鞍链节或半链或短链节。半链节,半链节长度约为13.7米,其一端系短链节,另一端系全链节。短链节,为起吊、更换浮标时易于拆装而设,标准长度为4.5米,其一端连接马鞍链,另一端连接半链节或全链节。旋转环,为防止系链因浮标转动而发生连接扭结而配置,并可在水中自由旋转的系链组件。

卸扣，分为连接卸扣和末端卸扣。连接卸扣，用于锚链与锚链的连接。末端卸扣，连接浮标与马鞍链或连接浮标锚链与沉锤。卸扣的锁闭方式一般分为钢钉铅封和开口销两种。钢钉铅封卸扣防脱落性能较好，开口销卸扣安装和拆卸操作相对便利。在冰况较为严重的港口，为提高卸扣的可靠性，通常在铅封或开口销锁定卸扣栓柄后，使用电焊将卸扣封焊。

沉锤，为钢筋混凝土沉锤和铸铁沉锤两种，由于钢筋混凝土沉锤与铸铁沉锤的制作成本相差较大，直径1.8米港内浮标使用钢筋混凝土沉锤，直径2.4米浮标亦采用钢筋混凝土沉锤为主。2000年始，港口航道建设速度加快，浮动标志设置位置水深和离岸距离逐步增大，浮标受到水流和风浪作用力亦相应增大，由于通常使用的3吨钢筋混凝土沉锤自身浮力较大，为增强其驻留力，直径2.4米浮标配置的钢筋混凝土沉锤重量增至5~6吨。

2003年冰标研制初期，在港口冰冻季节需要将普通浮标更换为冰标，冰标的系碇仍使用同一位置普通浮标的系碇设备。2009年冬季，天津港、黄骅港、营口港、潍坊港等北方冰冻港口发生严重冰况，使用钢筋混凝土沉锤系碇的冰标在流冰挤压、夹带作用下频繁发生移位。2010年始，北方海区主要冰冻港口均将冬季使用冰标的沉锤逐步更换为5吨铸铁沉锤，进一步提高了冰标位置的稳定性，并降低了航标维护成本。

图3-5-305　2012年11月15日，"海标12"轮在栾家口港抛设方形钢筋混凝土沉锤

至2012年，北方海区航标系统管理灯浮标（冰标）总计1272座，均按照相关规定配置了相应的锚链和沉锤。

(二) 活节式灯桩系碇设备

活节式灯桩的系碇设备主要由两部分构成，一是用以固定活节式灯桩浮体位置的沉锤，二是连接活节式灯桩浮体与沉锤的万向节。

早期，曾采用两种活节式灯桩沉锤。1982年活节式灯桩研制初期，采用普通灯浮标的3吨钢筋混凝土沉锤，连接方式是短链节连接。1984年，改为将三块铸铁通过预留孔用工字钢串成一体，拼接成重达40吨的沉锤，再用大型卸扣将沉锤与标体连接。通过实践，上述系碇设备存在三个问题：一是3吨钢筋混凝土沉锤驻留力不够，频频发生标志移位；二是连接件自身间隙较大，活节式灯桩浮体在水流作用下不停运动，引发连接件的冲击和磨损；三是40吨铸铁沉锤自重和由此引起的沉锤沉陷对其起吊作业造成困难，每次例行更换需要租用大型浮式起重机回收作业。

1985年，随着活节式灯桩在天津港、秦皇岛港等港口推广使用，针对试用中出现的问题，天津航测处工程技术人员重新设计新的沉锤和万向节连接件。新的活节式灯桩沉锤重量为8吨，材质铸铁，高700毫米，底宽2×2米，铸铁壁厚100~200毫米，底部为中空结构。万向节长度300毫米，立体转动角大于180°。新的活节式灯桩沉锤吸附力大、驻留能力强，新的万向节连接件磨损较小。1988年，对北方海区推广使用的34座活节式灯桩连接部位检测，灯桩连接件年均磨损不到1毫米，磨损度小于1%。

活节式灯桩经多地多年的使用验证助航效能良好。1990年，其沉锤和万向节连同标志一体，申请并取得国家实用新型专利。1990年，第12届IALA大会会议资料显示，美国、日本等国家使用的活节式灯桩的连接铰，其原理和外观形状与天津航测处自主设计制造的万向节如出一辙。

图3-5-306　20世纪80年代活节式灯桩配置的8吨铸铁沉锤

至2012年，北方海区航标系统管理活节式灯桩共计61座，均按照相关规定配置了8~10吨铸铁沉锤和万向节连接件。

（三）灯船系碇设备

灯船锚泊使用单锚或共用锚和沉锤。沉锤多为5吨钢筋混凝土或铸铁结构。锚以有杆锚为主，类型有海军锚、霍尔锚等，重量一般为3~8吨。

灯船系泊方法一般为船艏八字锚泊法，在灯船船艏用一根锚链，通过三眼环和旋转环，用2只有杆锚或1只有杆锚和1具沉锤抛设成八字形，亦可在船艏用两根锚链，通过2只三眼环，再分别用2只有杆锚或1只有杆锚和1具沉锤抛设成八字形。灯船一般使用有杆锚和直径50毫米有档锚链。有杆锚与其他锚相比，优点是结构简单、坚固，抓力较大。北方海区灯船主要使用2只有杆锚共同系泊的方法。

灯船锚链与浮标锚链除三眼环外大体相同，通常由数节组成，节与节之间用连接卸扣相接。三眼环是灯船用船艏八字锚泊法时连接锚链用的三孔大铁环。为避免锚链绞缠，在上端装有旋转环。旋转环在全链节、半链节和短链节中各配一个，减少因潮流影响而发生锚链绞缠。

灯船一般设置于港外开阔水域，因水流影响易造成的卸扣脱落磨损，为提高锚链连接的可靠性，部分灯船锚链使用肯特卸扣连接，但肯特卸扣装卸操作较为繁琐，不适宜广泛使用。

至2012年，北方海区航标系统管理灯船共计5座，均按照相关规定配置了相应的锚、锚链和沉锤。

图 3-5-307　2010 年 7 月 21 日,"海标 052"轮在青岛航标处工作船码头备航更换灯船系碇设备

(四)兰比系碇设备

兰比的系碇设备与灯浮标基本相同,一般由主锚链、沉锤、副锚链和有杆锚组成。因为兰比体积较大,其系碇设备的规模亦相应增大。锚链一般采用直径 52 毫米以上的有档锚链、8～10 吨铸铁沉锤和 3～8 吨有杆锚。

图 3-5-308　1999 年 8 月,青岛港 301 号兰比配置的直径 52 毫米有档锚链及 26 吨钢筋混凝土沉锤

20 世纪 80 年代以来,北方海区航标系统先后设置曹妃甸 TJ-1 号、大连港 H₀、青岛港 301 兰比。

1986年，首座TJ-1号兰比锚系采用直径53毫米有档锚链，链长150~200米，霍尔锚50千牛，铸铁沉锤9吨。1989年，大连港Ho兰比采用直径67毫米有档锚链，5节、链长27.5米，霍尔锚50千牛，钢筋混凝土沉锤10吨。

至2012年，仅1座在役的青岛港301兰比采用直径52毫米有档锚链，链长55米，钢筋混凝土沉锤26吨。

第六节 航标作业

自人工航标诞生以来，先人通过各种手段维护保养航标，以提高航标工作效能，延长航标使用寿命。航标作业作为航标管理单位的基本职责之一，伴随着经济社会发展和科学技术进步，其作业内容、要求、手段、方法等，由繁杂粗放到简约规范逐步发展完善。北方海区航标系统航标作业主要包括：航标日常维护保养、定期巡检补给、一般性检修维修、专业化检测维修，以及浮动标志周期性例行更换等。其中，航标日常维护保养，由航标基层塔台站工作人员或相关技术人员日常自行完成；航标定期巡检补给，由辖区航标管理机构定期安排技术人员或小型航标船舶自行实施为主，由海区航标管理机关定期安排专业技术人员或大中型航标船舶实施为辅；航标一般性检修维修，由辖区航标管理机构所属航标修理厂所、维修车间和保养基地实施为主，由社会专业工厂厂修为辅；航标专业化检测维修，系指技术含量较高的航标设备、器材，由天津航测维修（科技）中心和烟台航标处航标设备检测检验中心实施；浮动标志周期性例行更换，辖区航标管理机构安排所属小型航标船舶实施零星更换作业；批量更换作业，则由海区航标管理机关安排大中型航标船舶实施。

元、明两朝，随着漕运兴衰起伏，在北方沿海相继设立灯台、旗杆、望楼、石桩等形制多样的专用助航标志，并渐成规模。这些助航标志无论是官设还是民建，其维修保养均为各自操持，视需而为，尚无定制。其设置、管理和维修保养亦少有文字记载，透过散存于历史典籍的零星信息，可见一斑。据《大元海运记》记载，延祐四年（1317）冬，海道府在大沽龙山庙设立的"望标"，其所用幡竿、绳索、布幡、灯笼等器材由浙江行省制造，每年4月15日，地方官吏差人竖起，冬季停运时撤除，相关设备交由龙山庙僧人保管，如有损坏，可申请添补。梁梦龙所著《海运新考》记载，在明代隆庆年间，山东半岛沿海"或礁石或浅滩应该回避去处，竖立大杉杆，每杆上昼悬青布号带二条，夜悬大灯笼二个……务要设法紧束杆上，毋致风摆。每杆下用小渔船二只，昼夜伺候……粮船行日为始，船尽为止……或始或止，俱候该道……敢有违误，从重治罪"。清同治七年（1868），登州同知雷树枚撰写的《蓬莱阁灯楼记》记载："灯油等费每月需制钱若干……千戎并水城各栈，按月摊捐，交陶允执茂才妥为经理。"由于史料匮乏，当今对古代航标维护管理的具体手段、方法和要求知之甚少。

清道光二十年（1840）鸦片战争后，沿海和内河诸多口岸相继辟为商埠，国际航运船舶云涌而至，由此开启近代中国大规模建设航标的历史，航标作业亦随之逐步规范。清同治九年（1870）始，清海关总税务司署引进西方先进管理理念和管理机制，先后颁行《灯船诫程》《灯塔诫程》《新关灯塔灯船事务诫程》《华班灯塔执事人诫程》《各海关设立灯塔浮桩指示行船章程》，对早期助航设施维护保养作出详尽规定，成为海关管理航标的基本规章制度，并对后世航标维护管理产生重要影响。20世纪初，青岛、大连、威海等租借地港政部门亦分别建有相关港口航标维护管理规章。

1953年海军接管全国沿海航标后，根据战备需要和航标工作特点，制定一系列航标维护管理规章制度，并于1963年7月颁行《航标工作规章制度汇编（1963）》。该《汇编》包括无线电指向标、视觉航标、机电设备、房屋建筑、乙炔气瓶5部分。对无线电指向标、视觉航标及附属设施维护管理作出详细规定，并对视觉航标维护管理提出"位置准确，灯光正常，涂色鲜明，目标明显"的基本要求。1977年，海军发布实施《长河一号岸台设备维护保养规则》，对长河一号发射机、定时器、天线、地网系统和6135型柴油机维护保养作出详细规定。

1982年交通部接管海上干线公用航标后,以海军相关管理制度为基础,先后发布施行《关于海区航标管理工作的若干规定》《航标作业标准》《航标机器、动力设备使用管理标准》等规章制度,确立了交通部(水监局)→航道局(航测处)→航标区→航标站四级管理体制机制,并首次提出航标维护管理基本要求,即:视觉航标要求为"标位准确,发光正常,涂色鲜明,结构良好",音响航标要求为"信号清晰,发放及时",无线电航标要求为"讯号准确,频率稳定,功率正常,工作连续"。

1996年12月3日,交通部安监局印发施行《海区航标作业管理规则》《海区航标机器动力设备管理规则》,将视觉航标要求修改为"标位准确,灯质正常,涂色鲜明,结构良好",同时提出航标维护管理考核指标为航标正常率99.6%,航标维护正常率99.8%,沿用至今未变。此间,北方海区航标系统先后开展航标"四大"、设备"管修养用""学习华铜海,争创先进船"和航标效能评估等一系列航标专项管理活动,在高标准高质量维护保养各类航标设施设备的同时,进一步细化作业要求和检查评比标准,形成《北方海区航标业务管理办法》《北方海区航标维护保养暂行规定》《北方海区航标维护质量考核评分标准》等航标作业标准和管理规定;统一建立基层塔台站船业务报表17种、各类工作记录簿26种,以及各类航标、机电设备、附属设施共10项176条284款考核评分标准,实现航标维护质量考核检查由定性到定量的重要转变,推动航标作业步入"正常化、制度化、标准化"轨道。

此间,北方海区航标主管机关加大航标科研力度,广泛推广使用航标新技术、新能源、新光源、新材料,研制建造一批新型航标作业船舶,组建航标专业化检测维修机构,建立若干航标保养基地(场地),使航标维护保养技术能力和方法手段得到显著改善,基本适应北方海区航标作业需求。

至2012年,北方海区航标系统管理公用航标数量倍增至2108座,计划航标维护量679372座天,实际航标维护量679106座天。视觉(音响)航标正常率99.96%,航标维护正常率99.99%;无线电航标信号可利用率99.68%,AIS正常率99.71%,为船舶航行安全提供可靠保障。

一、视觉航标作业

(一)固定标志

北方海区固定标志系指灯塔、灯桩、立标、导标等设置位置固定的视觉航标。固定航标维护管理受航标种类、灯器、能源和作业能力等因素影响,在不同历史时期其维护管理重点和方法亦有所不同。

海关管理航标时期,固定航标灯器均由西方引进,初期为燃油灯器。《新关灯塔灯船事务诫程》对灯塔主事职责、灯塔日常管理及灯塔设施、灯器维护保养和操作规程等作出详尽规定。其中,对燃(灭)灯时间、方法、故障处置、物料领用、簿册登记均设有专条。该《诫程》规定:"凡属于灯光之各器具无论遭何伤损务宜速报理船厅",灯塔巡检补给由各口理船厅负责,灯塔值守人员仅负责灯塔日常维护管理。海关正副营造司负责对沿海全部灯塔巡查指导,对巡查提出的问题,灯塔应谨遵照办。灯塔补给船按照海关指令定期对灯塔巡检补给,巡船"管驾官"负有灯器设备维修之责,"巡查时必携该船之一管轮者……查看各有机关运转者各等器具,设有不甚费手之修补处,彼可立时修补"。此间,海关在部分口岸设置航标工场,专司航标设备维修工作。之后,随着科技进步和灯器能源迭代变化,其维护保养和操作的具体方法有所改变,但其基本制度规定沿用至海关移交航标前无大变化。

1937年7月,日本侵华战争全面爆发后,北方海区助航设施屡遭破坏。至1945年8月日本战败投降,海关管理的中国沿海56座灯塔,其中24座遭损毁。抗战胜利后,海务巡工司、代总工程师陈有仁对沿海灯塔实地调查后,提交一份"关于恢复中国沿海损坏灯塔的建议"。据此,海关海务科用近两年时间,修复了部分重要航标,对一些被破坏的一、二等大型牛眼透镜,因一时无法添置,暂用五等电气灯代替。此间,中共胶东解放区人民东海关港务科协同海坝工程会,先后修复烟台山、崆峒岛、金线顶、赵北嘴、屺姆岛等灯塔,以及烟台东海坝南尾、北尾灯桩和西海坝东尾灯桩,同时修复龙口沙门导航标识、威海北口门塔型导航灯标。

1949年中华人民共和国成立后,为尽快恢复北洋航运,海关派遣"流星"号航标船于1950年11月6日从上海起航北巡,历时一个月,经青岛、烟台至天津,一路补给检修大公岛、朝连岛、镆铘岛、猴矶岛、屺姆岛等沿海干线灯塔。同年12月,交通部航务总局青岛区海务办事处修复改造成山头灯塔,换装旋转式双牛眼透镜,北方海区沿海助航设施渐复旧观。

1953年海军接管沿海航标后,从战备应急需要出发,继续对原有助航标志实施恢复性修葺,对沿海航标实行丙烷化、电气化改造,并研制推广使用容量大、电压平稳的航标专用碱性锌空气电池,对提高航标效能,改善通航环境发挥重要作用。同时,结合军队工作特点,海军司令部制定试行航标站、航标船、机电设备、房屋建筑、乙炔气瓶等管理制度。在灯塔值班、开关灯时间、日常维护等方面,借鉴海关管理航标经验,发布施行《灯塔管理工作条例(草案)》《灯桩(立标)、浮标(灯浮标)管理保养条例(草案)》,要求灯塔每3个月补给1次,灯桩每3个月至少补给1次,每1.5个月检查1次。对乙炔灯桩和电灯桩补给检查主要包括乙炔气筒调试检查、乙炔管路检查、乙炔灯器检查和保养,以及灯桩气筒屋检查等。对电灯桩的补给检查包括电池的调试及检查、灯塔(桩)电路的检查及电灯的检查和保养等。此间,海军在各舰队、基地或水警区设有若干航保修理所及航标工场、器材仓库,承担辖区航标维修保养任务。

20世纪中叶,随着柴油发电机组推广使用,海军司令部陆续发布施行《航标机器动力设备使用管理条例(草案)》《航标机电人员工作职责》《机房值班规则》和《航标机器动力设备使用维护保养规程(草案)》,对柴油机、汽油机、空压机的机械设备维护保养作出明确规定,形成系统完整的机电设备使用和维护管理规章制度。其中,对柴油机维护保养规定:在每日保养基础上,分为一、二、三级保养,保养周期分别为100小时、500小时、1000小时;工作1500小时要停机检修。

20世纪80年代初,天津航道局依照交通部《关于海区航标管理的若干规定》等管理规范,建立"站船合一"管理体制,明确规定航标区和塔、台、站、船航标维护管理作业要求。其中,对灯塔等固定标志的维护管理和巡检补给以及机电设备保养维修要求基本与海军管理制度相同。在此期间,北方海区各航标区均设有航标修理班组,专门负责辖区灯器、柴油发电机组等设备修理工作。

20世纪90年代,天津海监局针对航标作业中出现的新情况、新问题,采取一系列综合措施,加大航标维护管理力度,并结合航标"四大"活动经验,对北方海区航标维护管理相关制度作出系统梳理修订,于1992年印发施行《北方海区航标管理办法》,进一步细化完善了视觉航标、音响航标维护保养巡检规定。其中,无人值守灯塔至少10~15天维护巡检1次,每年保养1次;港内灯桩10~15天、港外灯桩40~50天、立标180~200天维护保养巡检1次。同时,对巡检维护内容和作业流程作出详细规定。

1996年,按照交通部安监局印发施行的《海区航标作业管理规则》《海区航标机器动力设备管理规则》要求,北方海区航标系统对航标设施设备实行"正常化、制度化、标准化"管理。其中,灯塔、灯桩、导标、立标、测速标等固定标志的维护保养内容、作

图3-6-309　20世纪90年代,烟台航标处航标人员在南隍城灯桩巡检更换电池作业

业方式基本相同,以灯塔为例的维护保养内容和方法如下:

金属结构的塔体、标体及其附属构件。铸铁或钢板建造的塔体、标体及其附属构件、配件外部油漆面(含框架结构的露天部分),每年铲除锈蚀部分及剥裂的油漆,全面罩刷油漆1次,每5年全部铲除锈漆,并重新罩刷油漆1次;内部油漆面,在有条件的地方每半年或1年用清水洗擦1次,根据情况每2年至3年铲除锈蚀部分及剥裂的油漆,全面罩刷油漆1次,每9年全部除锈,并油漆1次;在海水容易侵袭的塔体、标体等地方,每年均铲除锈蚀部分及剥裂油漆,全面罩刷油漆1次,3年全部铲除并油漆1次,平时如发现油漆剥落或配件损坏,及时修补或修配、更换;外部门窗每年油漆1次,内部门窗根据情况3年油漆1~2次,如有损坏及时自行修理或报上级修复。

(1)曹妃甸灯塔除锈刷漆作业

(2)天津港主航道导标除锈刷漆作业

图3-6-310　20世纪90年代,天津航标处航标人员在进行航标作业

钢筋混凝土结构塔体、标体及其附属构件。外部油漆面的,每年均铲除局部剥裂油漆,并全面刷油漆1次,每5年全部铲除后,全面刷油漆1次;外部刷浆面的,每半年刷浆1次;外部涂料面的,每2年罩刷1次,每6年全部铲除,罩刷涂料1次;内部油漆面的,每3年铲除部分剥裂的油漆,全面罩刷油漆1次,每9年全部铲除,全面油漆1次;内部刷浆面的,每2年刷浆1次;内部刷涂料面的,每3年罩涂料1次,每9年彻底铲除、罩涂料1次;混凝土有松散、剥落、露钢筋的及时修补,砂浆抹面的经常检查,如有起壳剥落的地方,及时修补;外部门窗每年油漆1次,内部门窗每3年油漆1~2次,如有损坏,及时自行修理或报上级修复。砖、石结构的塔体、标体,经常检查砖、石砌块有无风化、松动、掉落,如有及时填补、嵌彻。其他维护保养同钢筋混凝土塔体、标体等相同。

木结构的,不应随意改变房屋用途或人为增加荷载,破坏、拆改木结构的节点,作好防火和防虫工作。可以采用涂料隔离或加强通风等措施来进行防潮和防腐,要及时处理屋里地面渗漏,削除、修补木构件腐朽的部分。定期检查钢拉杆及连接螺栓,对缝隙较大的节点增设双面铁、木夹板,保证结构整体性能。玻璃钢灯桩,应经常检查紧固螺栓、门窗折页,并防止硬物碰撞。

灯塔维护根据所处地理位置,在入冬、雨季和台风季节前,做好灯塔及其附属建筑物和装备器材等防寒、防潮和防风等工作。雨季、雾季和风暴过后,进行全面检查、维护和保养灯塔及其附属设施。灯塔在每年雷雨季节前,检查避雷系统,保证接地电阻小于10欧姆。

(1)灯塔粉刷涂料作业　　　　　　(2)灯桩粉刷涂料作业　　　　　　(3)测速标粉刷涂料作业

图3-6-311　20世纪90年代,航标人员在进行航标作业

图3-6-312　21世纪,航标人员检测灯塔避雷系统

灯塔发光设备,每日开、闭灯器前后,透镜表面擦拭清洁,每月以纯酒精擦拭1次,每年以200号细颗粒研磨剂抛光1次。铜质透镜框,每月用铜油或擦铜软膏擦净1次,透镜框上的油灰脱落时及时嵌补,保护透镜不受损伤。滤光玻璃。每日开灯前擦拭1次。闪光器、换泡机,每年维修保养1次。旋转

机械,每月加润滑油1次,每3年检修1次。水银旋转台中的水银,每2年清洁1次。清洁水银槽时,首先测定好转台和水银槽的垂直间隙,以便在回装洁净水银时,保持透镜原来的起浮高度。然后,用准备好的漏斗和金属过滤网进行水银的过滤,至水银放尽为止。再用白布绑好木棒一端,蘸上乙醚或酒精擦拭,布发黑时换新布反复擦拭至水银槽干净为止。最后,将洁净的水银灌入水银槽至原来的高度。此间,操作人员做好通风和防护措施,防止发生水银中毒。进口灯器,按其《操作技术手册》相关要求检修和维护保养。

图3-6-313　20世纪90年代,航标人员检修灯塔灯器作业

　　灯笼保证外形完整、玻璃光洁、铁件无锈、铜件无铜绿,并保持灯笼水密;灯笼玻璃每天用干净的绒布干擦1次,每周用酒精擦拭1次;灯笼的钢、铜、铁件的维护和保养,与铸铁和钢板建造的塔体、标体维护保养周期一样,但内部铜件擦拭后可刷漆油。

　　柴油发电机组必须执行柴油机的技术保养制度,并按照《航标机器动力设备使用维护保养规程(草案)》有关要求进行。技术保养分为日常保养、一级技术保养、二级技术保养、三级技术保养。日常保养,是每班的正常工作。一级技术保养时限为1个月或累计100工作小时;二级技术保养时限为6个月或累计500工作小时;三级技术保养时限为1年或累计1000~1500工作小时。一级技术保养,由各站、塔自行组织完成;二级技术保养,由站、塔完成,并报备处主管部门;三级技术保养,由处主管部门审批,并组织实施。备用机器每周试运行1次,至水温、油温达60摄氏度止,或者连续运行1小时,并将运行时间和运行情况记录于《机电值班日志》。

　　无人值守灯塔、灯桩、导标、立标每月巡检1次;港内标志增加1次夜间巡视。10级以上台风过境或受其他自然灾害袭击后,必须全面巡检灯塔、灯桩、导标、立标。巡检补给一般包括:擦拭灯器玻璃或透镜、检查灯器、校对灯质、测量开路电压和工作电流;检查电池箱通风状况、电池接线处接触情况;检查蓄电池电解液的高度和比重,视情添加蒸馏水;检查太阳能面板、接线盒和充电控制器,并清洁面板;检查塔(桩)体、门窗和避雷设施。此间,进口灯器维修主要由天津航测科技中心负责。据不完全统计,至20世纪末,该中心共维修各种类型进口灯器39台,对保证北方海区视觉航标正常运行发挥重要作用。

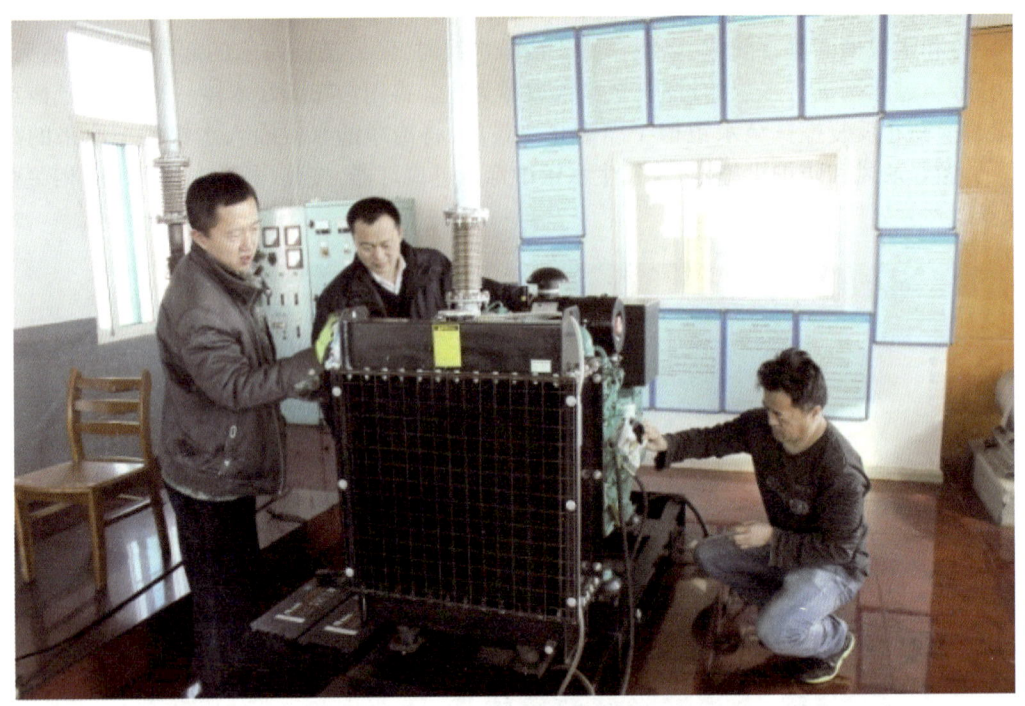

图3-6-314 20世纪90年代,航标人员保养柴油发电机组

进入21世纪,随着经济发展和科技进步,遥测遥控技术在北方海区得到推广应用。青岛航标处自主开发"航标综合管理系统",烟台航标处自主研发"航标运行信息监控系统",实现航标工作状态实时监控。航标遥测遥控系统与传统航标巡检相结合,显著提高巡检质量和效率,海上视觉航标巡检周期由每月1次逐步转变为"航标遥测遥控与现场巡检相结合"的方式。此间,天津海事局先后在大连、烟台航标处设立航标修理所和科技所,并投入专项资金开展航标灯器维修检测工作。

2002年始,按照天津海事局工作安排,烟台航标处承担北方海区大中型航标灯器设备维修工作,主要维修技术人员有孙文远、岳建军等。2007年,天津海事局适时提出建设航标设备检测检验中心的报告,交通部海事局投资300万元专项经费,在烟台航标处建成航标设备检测检验中心。2011年始,依据《航标灯光信号颜色》《航标灯通用技术条件》等航标行业标准,结合航标设备检测特点,烟台航标处配置了航标灯器配光性能检测系统、高低温试验箱、电动振动台、盐雾试验箱、沙尘试验箱、淋雨试验箱、静电放电发生器、雷击浪涌发生器、直流跌落发生器、智能群脉冲发生器等10台(套)光学、环境检测及电磁兼容检测设备,建立了光学检测、环境检测及电磁兼容等实验室,具备了开展水平配光均匀度、灯光颜色、光强、发散角、灯光射程、耐高温、低温、湿热、抗振动性、防腐蚀涂镀、外壳防护、静电放电、浪涌干扰等20余项主要技术指标检测能力,能够承担各类大中小型航标灯器检测任务。

至2012年,烟台航标处共完成北方海区大中型航标灯器检测维修230台套(次),包括美国泰兰、日本钱屋、温州莱特豪斯电子科技有限公司、烟台纳威给申莱茨电子科技有限公司等生产的各类灯器30余种,测试技术指标囊括光学、电磁兼容、环境适应性20余项。之后,该检测中心通过中国合格评定国家认可委员会(CNAS)现场评审,并获得CNAS认可决定书和实验室认可证书;2名职工先后取得中国质量协会《内审员合格证书》和国家认证认可监督管理委员会《实验室人员合格证书》。

烟台航标处航标设备检测检验中心正式运行以来,作为国内航标业内首个专业航标检测检验中心,充分发挥各实验室作用,逐步开展实验室质量体系运行,在航标灯器引进、技术创新、灯器研制与应用等方面陆续展开相关检测工作,并通过实验手段验证航标灯器技术标准,把握灯器生命周期主要技术指标,并为修订完善部分航标行业标准提供技术依据。

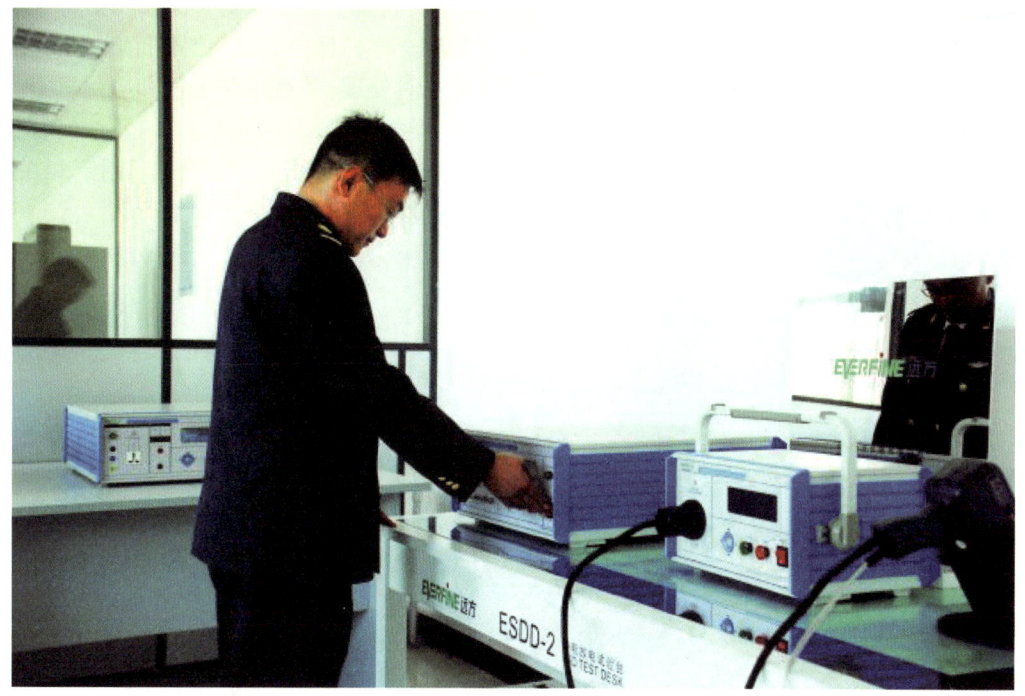

图3-6-315　2012年11月,烟台航标处航标设备检测检验中心人员进行检测作业

(二)浮动标志

北方海区海上浮动标志包括灯浮标、浮标、冰期浮标、灯船、兰比、活节式灯桩等。其巡检维护与固定标志基本相同,但其抛设、更换和保养有其特殊性。浮动标志类型不同,其更换作业方式方法亦不尽相同,但其定期维护保养内容、作业方式基本相同,初期为航标人员手工作业,后期改为机械化自动作业。此间,常规灯浮标(浮标)例行更换保养周期,由1年延长为2~3年;冰期浮标例行更换保养周期,每年需将冰标与常规灯浮标(浮标)互换2次;灯船(兰比)例行保养周期,3~5年上坞实施坞修和保养;活节式灯桩例行更换保养周期3~5年。

1. 灯浮标与冰标

灯浮标(浮标)的日常保养由航标人员在开展航标巡检工作时进行,定期保养应每年例行更换保养1次,特殊情况除外。主要清除浮体表面污垢或附着海生物,并用淡水刷洗浮体,干燥后,清除浮体上铁锈;在浮体表面上涂刷防锈漆一遍做底漆,干燥后涂刷第二道防锈漆;防锈漆干燥后,在浮体水线以上部分,按照要求罩涂油漆两遍,在浮体水线以下部分罩涂防腐漆两遍;浮体水密盖上的法兰螺丝钉,不涂油漆,而涂以钙基润滑脂;备用浮体除可以不涂水线以上部分的罩漆外,均按上述要求涂好底漆,发现锈斑及时清除并补漆。橡胶圈平面不可沾染油漆或钙基润滑脂。

灯浮标(浮标)是海上浮动标志的主要标种,应用广泛,历史久远。据海关清同治七年(1868)第23号通告记载,牛庄港外之拦江沙上已置有2座浮标。据不完全统计,1948年北方海区由海关管理的灯浮标(浮标)已达27座。此间,海上灯浮标(浮标)的维护管理和设置、更换、撤除均由设置单位自行办理,尚无统一规章。海关所辖灯浮标(浮标)日常管理由所在口岸税务司统一节制,设置更换由海关灯塔运输船负责,并由海关航标工厂统一修理。

20世纪50年代,海军先后研制建造排水量1120吨的985型航标船和排水量1750吨的994型航标船各3艘,专用于航标维护保养和补给作业,灯浮标(浮标)作业能力得到明显提升。同时,海军发布施行一系列航标管理规章制度,明确规定海上灯浮标(浮标)每3个月至少补给1次,每1.5个月检查1次;港内灯浮标(浮标)每1~2个月补给1次,每0.5~1个月检查1次,并要求8级以上台风或受流冰冲击后,必须全面检查辖区水上助航标志。白天巡检主要检查浮标标体完整、位置准确、灯器正常、电源充足、灯质准确、周期无误以及灯光聚焦等情况,发现问题及时处理,并对灯器透镜和电池等进行一般清洁保养和补给。夜间巡检主要是检查灯光射程、闪光周期、浮标位置是否准确等。对乙炔灯浮标和电灯浮标检查内容与乙炔灯灯桩和电灯桩相同。交通部接管海军海上干线航标后,先后制定相关标准、规则,在巡检补给周期等方面承继海军相关规定,并根据设备设施变化适时修订和细化。

图3-6-316 20世纪90年代,航标人员进行灯浮标涂刷防锈底漆作业

(1)例行巡检更换灯浮标太阳能板

(2)应急修复灯浮标灯器

(3)冬季例行巡检维护灯浮标作业

图3-6-317 2012年,航标人员进行灯浮标作业

北方海区灯浮标(浮标)的例行更换周期分为冰区和非冰区两种,非冰区通常每年更换1次,冰区每年需将常规灯浮标(浮标)与冰标互换2次。伴随经济社会发展和科学技术进步,灯浮标(浮标)的形制、发光器具、能源供给、使用范围、助航效果等发生诸多变化,但其结构式样、工作原理和航标船的作业方法并无本质性变化,套标起吊更换灯浮标(浮标)的传统做法沿用多年未变。北方海区灯浮标(浮标)更换作业,主要以大中型航标作业船或拖轮、起锚艇为主实施。大中型航标船作业时,靠近被更换灯浮标(浮标)后,用钢索套住浮标底部连接锚链,通过船上绞盘将其拖拽到作业甲板,然后用制链器锁住沉石端锚链,拆除连接卸扣,将被换灯浮标(浮标)起吊于甲板,用新的卸扣将替换灯浮标(浮标)和被锁住的锚链连接,再将新灯浮标(浮标)抛设水中,释放被锁锚链,更换作业即告完成。更换作业时,灯浮标(浮标)系泊沉石和锚链一般保持不动,锚链磨损严重的,需将原有锚链沉石起吊出水,更换新锚链后,重新抛至原位。无大中型航标船或设标位置水浅,大中型航标船无法驶入作业时,可用小型船舶实施更换作业。小型船舶没有吊杆,辅助设备少,作业效率低,并存有一定风险。其作业程序与大中型航标船基本相同,唯套标方法和灯浮标(浮标)置放位置不同。大中型航标船用吊杆将钢缆从灯浮标(浮标)顶部套下,而小型船舶则需航标人员携缆绳跳至灯浮标(浮标)上,将缆绳绕灯浮标(浮标)一周后投放至水中;待更换和换下的灯浮标(浮标),大中型航标船放在甲板上,小型船舶则系于船舷两侧。

(1)2011年9月,在烟台港例行更换灯浮标作业　　(2)2012年12月,在黄骅港例行更换冬季冰标作业

图 3-6-318

1982年天津航道局接管海军海上干线航标后,大型航标船"B-12"轮、"B-15"轮和中型航标作业船"B-14"轮、"B-17"轮相继建成并投入使用,北方海区灯浮标(浮标)更换作业能力显著提升。特别是新技术、新材料、新能源、新光源的广泛应用,引发灯浮标(浮标)巡检维护周期和作业方式等一系列变革。

2000年9月,北方海区航标系统首制沿海航标夹持船"B-35"船(Ⅰ型)在青岛航标处列编投入使用。该船夹持功能引发航标作业方式重大变革,使灯浮标(浮标)巡检补给由传统"跳标"改为"登标",从而结束航标人员"跳标"作业历史。之后,Ⅱ型和Ⅲ型航标夹持船以及电子吸盘船等9艘新型航标船先后投入使用,对完善航标作业手段、改善航标作业条件、提高安全作业水平、提升航标管理质量、增强航海保障能力等方面发挥重要作用。

进入21世纪后,天津海事局大力推行"科技兴局"发展战略,催生灯浮标更换周期和巡检补给作业模式重大变化。其中,海上灯浮标等助航设施基本实现"灯器LED化""供电太阳能化""航标遥测遥控化";1350座灯浮标(浮标)采用氯化橡胶防腐涂料长效油漆涂装着色;其中20余座灯浮标标体采用具有耐腐蚀、免维护、耐冲击、无污染、颜色鲜明、结构牢固的超高分子量聚乙烯等新材料制作,使灯浮标(浮标)例行更换周期由1年延长为2~3年;航标巡检由定期现场巡检维修,变革为"航标遥测遥控与现场巡检相结合"的方式,及时发现问题适时应急抢修。从而,有效提高作业工作效率,明显降低维护管理成本。

(1) 20世纪50年代航标人员"跳标"作业　　(2) 2012年5月29日，"海标0519"航标夹持船例行巡检航标人员"登标"作业

图 3-6-319

灯浮标（浮标）维修保养的传统做法是人工敲锈涂漆。尽管历史上曾在天津、青岛等地建有规模不等的航标维修工场，但均未能改变"人工敲锈、手工作业"的局面。天津南疆航标保养基地建成投入使用（1997年11月），在航标维修保养车间配置抛丸除锈设备、抛丸清理室、喷漆室、台车架、电控部分等，实现浮标除锈喷漆作业自动化。

图 3-6-320　2006年天津南疆航标保养基地

至2012年，除营口航标处外，大连、秦皇岛、天津、烟台、青岛航标处均已拥有综合性航标保养基地；在38个基层航标管理站（含筹备组2个）中，6个拥有航标保养基地，17个拥有独立航标保养场地。灯浮标（浮标）维修保养实现"从手工作业到机械化作业"的历史性转变。

2. 灯船与兰比

灯船是北方海区设置较早的海上浮动标志之一。清同治七年（1868）海关船钞部成立后，即施行《灯船诫程》。该《诫程》对灯船执事职责以及船舶管理、灯器管理、物料管理、维护保养、记录日志、消防安全、遇险处置等作出具体规定。其管理归各口海关"理船厅节制，顺听正副营造司"，灯塔运输船巡查灯船时，必携该船一管轮同至，查看机器轮转各器具和警雾号角及抽水机各部件，发现一般可修理故障及时维修排除。灯船的例行更换周期分为两种，不冻水域灯船通常3～5年更换1次，冰冻水域灯船则需每年冬季撤除，翌年春季重新设置。灯船更换作业相对简单，航标作业船、拖船或有一定动力的机动船均可以实施。灯船更换时，锚系通常不动，只需将系泊锚链卸扣连接到替换灯船，然后将原灯船拖走，更换作业便告完成。灯船船体通常在船厂坞修保养。灯船灯器维护与灯塔灯器要求相同,其作业方式方法和基本要求至今无大变化。

图 3-6-321　2006 年 11 月 9 日,青岛航标处"海标 0511"船例行更换青岛港 501 灯船作业

1986 年,天津海监局在曹妃甸灯桩以东 10 海里处投放中国第一座大型浮标(兰比)"TJ-1"。之后,兰比陆续在大连、青岛海域布设。兰比更换作业方式取决于更换作业船舶。如租用专业起重单位的大型浮式起重机,则可直接将兰比吊上甲板,破解连接,更换新标;如使用起吊能力不足的船舶作业,其作业程序与灯船更换大致相同,完成更换后,将兰比拖带回港维修保养。然而,由于兰比标体为圆盘形结构,其拖带作业相对于灯船较为困难,易与拖带船舶发生碰撞。

(1) 抛设作业

(2) 例行更换作业

图 3-6-322　2012 年,青岛港 301 兰比

3. 活节式灯桩

20 世纪 80 年代末,北方海区航标系统成功研制活节式灯桩。因其位置稳定、抗磨损、冰期不需更换而得到广泛应用,例行更换周期甚至可延长到 5—8 年。但是,由于其组成部件刚性连接,标体加长,沉石增大,使其更换作业与灯船、灯浮标有较大差异。更换作业时,必须将标体和沉石全部起吊出水,拆除"万向节"连接件,然后将标体和沉石分离。原有大中型航标船难以完全适应活节式灯桩更换作业,经多次研究探索,可采用大中型航标船舷外作业法,将换下的活节式灯桩拖带入港卸载保养。

2011 年 11 月 17 日,交通运输部安排天津海事局研制的 2000 吨级大型航标布设船"海标 15"轮投入使用后,起吊能力增至 20 吨,可将活节式灯桩一次性吊上甲板,更换作业效率得到显著提升。

图 3-6-323　2012 年,"海标 15"轮例行更换活节式灯桩作业

二、音响航标作业

北方海区音响航标主要包括雾炮、雾号、雾笛、雾钟、雾锣、雾哨、雾警信号枪等。因其发声原理及器具不同,维护保养工作内容和方法亦不尽相同。近代中国以人力驱动的雾钟、雾锣、雾哨等,因其多为铜质结构,只要器具完整,除经常擦拭除锈外几乎不需要特殊维护保养。

清咸丰六年(1856)第二次鸦片战争爆发后,营口、天津、烟台等口岸在灯塔建设同时,设置若干雾炮等音响航标。清光绪十九年(1893),清海关在成山头灯塔旁安装双声气雾号 1 座。之后,镆铘岛、团岛、大三山岛等多处设置雾号,雾炮逐渐被雾号取代。此间,清海关总税务司署颁行《新关灯塔灯船事务诫程》,"沿海各灯塔处油漆条规"第六则规定:"各灯塔之炮色均应用黑漆其炮车,炮盖应用铅色。""牛庄铜沙灯船警雾号角及警险告急诸号识"第五则规定:"凡属鸣警雾号角之轮机与沸水柜并他各器具……当嘱将火撤熄后之十二时内,以上轮机水柜等均宜拂拭洁净。"如上规定沿用至中华人民共和国成立前未变。

1953 年海军接管海上干线航标后,发布施行《压缩空气雾笛的使用和维修保养(26 型)》《电雾号的使用和维修保养》等管理规章,分别对气雾号和电雾号使用管理和维修保养作出详细规定。

气雾号是通过高压气体流冲击发声器振动发出声响,主要由空气压缩机组、贮气罐、控制器、发声器、电动机、振荡器等组成。贮气罐、供气管系和发声装置在开放雾警信号期间应保持设备各部分不间断正常工作,经常注意各输气管道及贮气罐有无漏气现象;若停用雾警设备时间较长,应将发生器转子及进气阀拆出清洁,并将发生器涂一层薄油;在拆装发生器进气阀时,不得改变进气阀开启高度;雾警信号停放后,应检查发生信号控制器内润滑情况;在雾警设备停止工作期间,应将雾笛间门妥为关闭;贮气罐、气阀及水气分离器,每半年应检查和清洗内部 1 次,必要时除锈油漆;贮气罐、气阀、水气分离器及管道等外部,应经常保持油漆完整,无锈蚀;气阀、排水放气阀及管道中,遇有漏气现象,必须及时修好;气压表应每2年按标准气压表校正1次;贮气罐安全阀每2年校正1次;气雾号每月上旬试放1次。

电雾号是以电动机驱动风轮叶片高速转动切割空气发出声响。其维护保养重点是电动机和风轮转动装置(地亚风)。要求每周对控制屏上的仪表、开关、电机及雾号表面清洁保养。每月检查电动机、发电机轴承磨损情况,定期加注或更换润滑脂;检查电动机、发电机、配电盘导线和螺栓紧固情况,并清洁电机内部,遇有锈蚀应除锈刷漆。按技术说明书要求,每年保养1次设备。平时电雾号应罩套帆布套,防止雨水侵蚀。在没雾季节每半月或1个月,通电启动雾号设备运转1~2小时。保持控制屏室干燥通风,每年定期检测雾号设备绝缘情况,对地电阻不应小于1兆欧。

20世纪80年代初,交通部接管海上干线航标,以海军雾号保养有关规定为基础,天津航测处制定相关维护保养制度,要求各航标区严格按照规定维护保养音响航标,确保其达到"信号清晰、发放及时"。雾号所在的基层塔、台、站及班组,负责雾号设备和发电机组、空压机组的日常维护保养工作,一般故障由所在班组负责排除,必要时更换备件。遇有无法自行排除的故障,按规定逐级上报,由各航标区航修所(班)组织抢修,或送厂维修。

图3-6-324 20世纪90年代,航标人员实施镆铘岛雾号贮气罐维修作业

20世纪90年代,根据IALA有关建议和交通部有关技术发展政策,雾号等音响航标处于维持阶段,不再发展。至2012年,北方海区航标系统除大三山、八斗银子雾号偶有使用外,其他4座雾警设备作为历史遗迹完整保留,并定期养护。

三、无线电航标作业

北方海区无线电航标包括无线电指向标、中程无线电导航台、雷达信标、RBN-DGPS系统、AIS系统等。按照交通部水监安监局(安监局、海事局)工作安排,在全国海区无线电航标设备检测方面,北方海区航标系统主要承担三项职能:一是全国海区航标系统14座无线电指向标的"ZK-Ⅰ型"等无线电指向标控制机维修,二是全国海区10座中程无线电导航台晶体振荡器(简称"晶振")维修、频率检测和校准,三是全国海区百余座雷康检测与维护。

1949年中华人民共和国成立前,由于北方海区无线电指向标建设管理单位互不统属,尚未形成统一的维护管理制度。1953年海军接管全国沿海航标后,对无线电指向标实施统一管理。1963年7月,海军司令部先后发布施行《无线电指向标管理保养规则(草案)》《63型500瓦中波无线电指向标维护保养条例(草案)》，分别对 KPM-50 型、TBW 型、56 型无线电指向标、63 型 500 瓦中波无线电指向标发射机和控制机等设备维护保养作出具体规定。明确了日、周、月、季、年维护保养的具体内容和要求，并对垂直天线和 T 型天线维护保养作出规定。

1965—1976 年，海军陆续在中国沿海建设 10 座"长河一号"(罗兰 A)中程无线电导航台。初期，罗兰 A 导航系统尚无统一的维护管理制度，各导航台通常参照《设备技术说明书》使用操作和维护保养。1977 年，海军司令部发布实施《长河一号岸台设备维护保养规则》，由《长河一号发射机维护保养规则》《长河一号定时器维护保养规则》《导航台天线、地网系统维护保养规则》《6135 型柴油机维护保养规则》四部分组成，主要内容包括总体要求、维护保养事项、日常维护、每周维护、一级和二级技术保养等。

1982 年交通部接管全国沿海干线航标伊始，无线电指向标和无线电导航台设备维护管理继续沿用海军《无线电指向标管理保养规则(草案)》《长河一号岸台设备维护保养规则》。1988 年 12 月 1 日，交通部发布实施《无线电指向标站管理规则》《无线电指向标站设备操作保养规则》《中程无线电导航台管理规则》《中程无线电导航台设备操作保养规则》《中程无线电导航台质量检测规则》5 部行业标准。之后，随着北方海区航标系统自主或合作研发的"ZK-Ⅰ型""ZK-Ⅱ型"无线电指向标控制机、TNM-481 型 80 千瓦发射机和新型定时器在全国海区推广应用，如上 5 部行业标准已不适用。为此，交通部重新修订并发布实施新的行业标准，沿用至无线电指向标"停机保养"和无线电导航台关闭未变。

图 3-6-325 20 世纪 90 年代，航标人员例行检修发射天线铁塔作业

无线电指向标设备的维护保养由各无线电指向标站自行负责，主要包括发射天线保养和发射机保养。发射天线每年保养 1 次，每次大风过后，必须检查保养天线和引线；每年对天线水平线、钢缆和滑轮、天线避雷器等保养 1 次；地网每年检测 1 次；汇流板 3 年检查 1 次。发射机保养分为日保养和周保养。日保养由值班人员承担，负责擦拭设备表面灰尘、整理室内卫生并保持室内通风和干燥。周保养由站长或专业组长组织，主要工作内容包括：对发射机和机室彻底清扫擦拭；使用酒精洗净极化继电器接触点；检查机器各部分是否有脱落、松动、变形，并及时处置；用绸布蘸酒精清洗保养高压、次高压继电器；用布或棉纱蘸擦铜油擦拭保养馈线铜管等。维护保养相关作业情况，均须填写相关值班日志。其中，全国海区航标系统 14 座无线电指向标的"ZK-Ⅰ型""ZK-Ⅱ型"无线电指向标控制机维修，首先由各

无线电指向标站参加培训的技术人员自行维修;确实难以修复的,均由天津航测维修(科技)中心赵宗芳、李钊金等负责维修,年均检测维修量 10 余台。

无线电导航台各类设备的日常维护、每周维护均有详细保养规则,与无线电指向标设备的维护保养方式方法基本相同。另外,无线电导航台定时器、发射机和柴油机分为一级和二级技术保养,每工作 400 小时要实施一级技术保养、工作 4000 小时要实施二级技术保养。各无线电导航台均配有数名无线电技师和机电技师,主要职责是组织指导相关设备设施维护保养、排除故障。

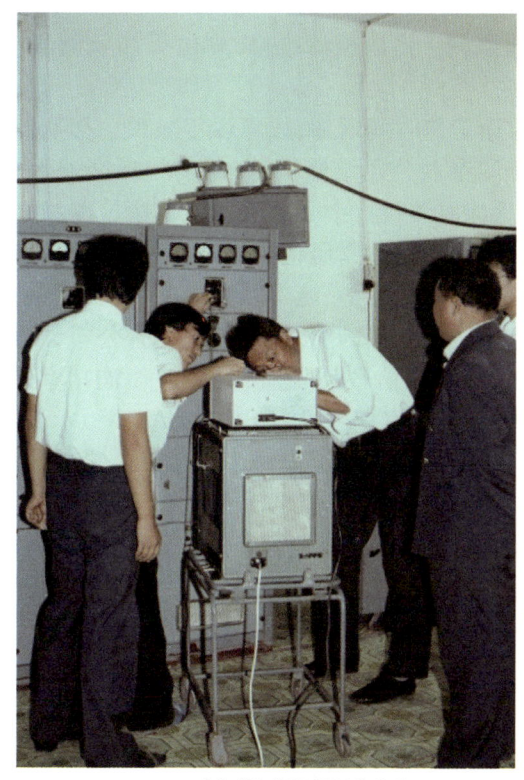
(1)601-F型发射机例行检测维护作业

(2)D-401型定时器例行检测维护作业

图 3-6-326　20 世纪 90 年代,航标人员保养无线电导航台设备

晶振是中程无线电导航台定时器的时间基准,其可靠性、频率精度和稳定度直接影响无线电导航台发射信号的可用性和台链的信号同步、船舶的定位和导航。交通部接管全国海区 10 座无线电导航台后,其定时器晶振分机中的恒温槽式晶振频繁出现频率偏移和故障,导致系统各台链不同程度地出现运行不稳定情况。为此,交通部水监局批准在天津航测维修中心建立全国海区无线电导航系统晶振维修检测中心。该中心配置频率计、示波器、元器件检测仪、电源等专业检测设备,获得国家标准计量院认可,其精度超过国家二级频率标准,为全国海区航标系统提供无线电导航台晶振频率校正和维修服务,并由吕聪俐、赵宗芳等具体负责。随着电子元器件的老化,检测维修恒温槽式晶振数量逐步增多,年均检测维修量达 30 余台。之后,天津海监局先后与中国电子科技集团第 27 研究所合作研发成功新型温控晶振;与北京计量研究院合作成功研发温补型晶振,使晶振频率稳定度和可靠性得到显著提高,晶振检测维修数量随之明显下降。

此间,依据交通部相关规章制度,北方海区各无线电指向标站和无线电导航台履职尽责,精心保养,特别是经过航标"四大"和设备"管修养用"等专项管理活动,各类设备设施维护质量显著提升,对延长设备设施的使用寿命,提高无线电信号的发射正常率和信号可利用率,提供良好的无线电导航定位服务,保障船舶航行安全发挥了重要作用。

图 3-6-327 20 世纪 90 年代，航标人员例行巡检维护安装在灯浮标上的雷康

20 世纪 80 年代，交通部水监局组织引进英国马可尼公司雷康，天津航测处首先安装在大沽灯塔。之后，美国泰兰公司"海标系列"雷康在北方海区得到广泛应用。依照交通部于 1988 年 9 月 23 日发布施行的《海区雷达应答器管理办法》相关规定，雷康日常维护保养和巡检由基层台站负责，有人值守的，每天检测 1 次；无人值守的，每月检测不少于 1 次。各航标处每月安排 2 次航标船，使用船载雷达对辖区雷康信号实施监测。雷康检测维修，则由天津航测科技中心负责。

随着雷康工作时间增加，故障逐年显现。初期，故障雷康需返回美国泰兰公司维修。1991 年，根据交通部安监局工作安排，天津航测科技中心着手建设雷康检测维修室，承担全国海区"海标系列"雷康检测维修任务。雷康检测维修室在配备专业防静电桌垫、腕带和静电检测仪、雷康充填氮气装置等基础装备的基础上，配置美国惠普公司频谱仪、微波频率计、微波扫频信号源、逻辑分析仪、微波功率计、脉冲信号源、电源和美国泰克公司 400 兆赫带宽模拟示波器等专业检测设备。1992 年 12 月始，该中心雷康检测维修室正式运行，并由高级工程师吕青专门负责检测维修工作。至 2000 年，负责全国海区雷康检测维修工作，之后仅负责北方海区雷康检测维护工作，先后（至 2012 年）检测与维修各种型号雷康总计 58 台，主要型号为美国泰兰公司海标Ⅰ型（SeabeaconⅠ）、海标Ⅱ型（SeabeaconⅡ）、海标Ⅱ（SeabeaconⅡ）系统 5 型、海标Ⅱ（SeabeaconⅡ）系统 6 型等。

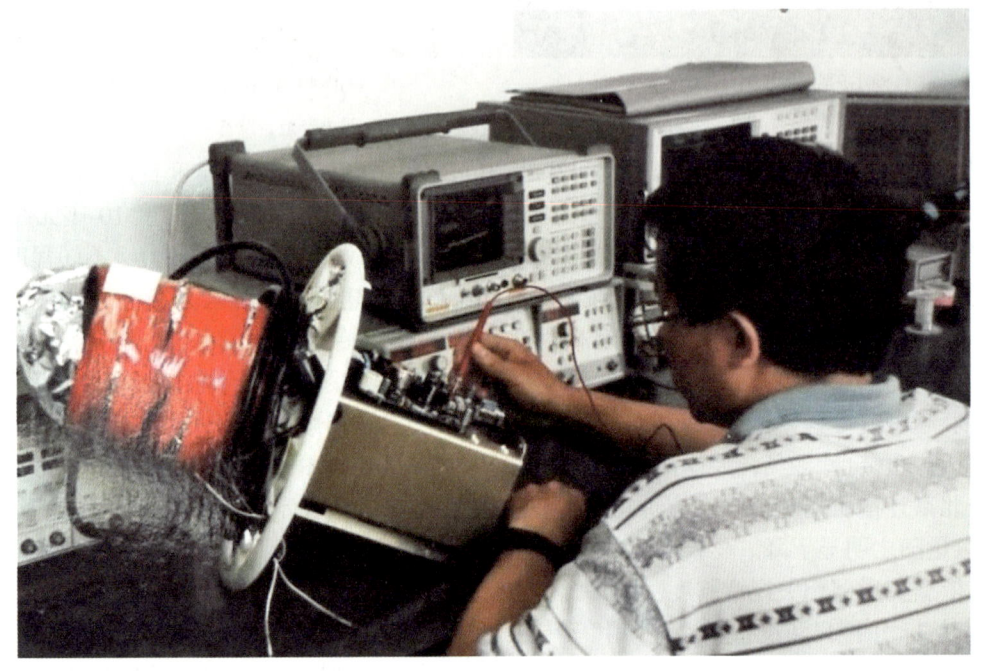

图 3-6-328 20 世纪 90 年代，天津航测科技中心技术人员检测维修雷康

21世纪初,烟台航标处自主研发的"航标运行信息监控系统"投入使用。该系统采用遥测方式实施雷康技术指标监测,实现了雷康遥测遥控与现场巡检的有机相结合,提高了巡检质量和效率。

至2000年11月,北方海区航标系统先后完成北塘、秦皇岛、大三山岛、王家麦岛、老铁山、成山角6座RBN-DGPS台站建设。2001年12月1日,交通部海事局修订并印发施行《沿海无线电指向标—差分全球定位系统台站管理规则》《沿海无线电指向标—差分全球定位系统设备操作规则》,对RBN-DGPS设备设施维护保养作出具体规定,主要分为日常保养、年度保养和专项巡检维护三部分。日常保养由各台站组织实施,要求值班人员保持室内整洁,做好设备通风、干燥、防尘、防腐蚀、防静电等工作,并对配电系统、天线系统、避雷系统和地网等进行检查保养。每月对计算机进行1次病毒检查,对UPS蓄电池放电1次;每年旱季对地网接地井灌水1次。年度保养由各台站提出计划,经天津海事局航标导航处核准后由各航标处组织实施。要求彻底清除室内和机内灰尘;校准各仪表读数;检查测量地网、设备接地和汇流板情况;检测保养发射天线和铁塔,并对GPS A级主副基准点进行保养。同时,按照要求整理硬盘,保存存档数据。年度专项巡检维护工作,则由天津海事局航标导航处组织,并由天津航测科技中心与签约专业单位联合组成RBN-DGPS台站巡检维护小组,按照预定计划逐站开展巡检。主要内容包括:检查《沿海无线电指向标—差分全球定位系统台站管理规则》执行情况,检查台站软件、硬件运行情况,检查台站天线系统及防雷设施工作状态,核对台站各项参数设置,检查值班日志和各类工作报表。专项巡检期间,对台站管理及值班人员提供现场技术培训。2002—2003年,天津航测科技中心配合西安二十所技术人员完成北方海区RBN-DGPS台站年度专项巡检维护工作;之后,全部由天津航测科技中心负责实施年度专项巡检维护工作。

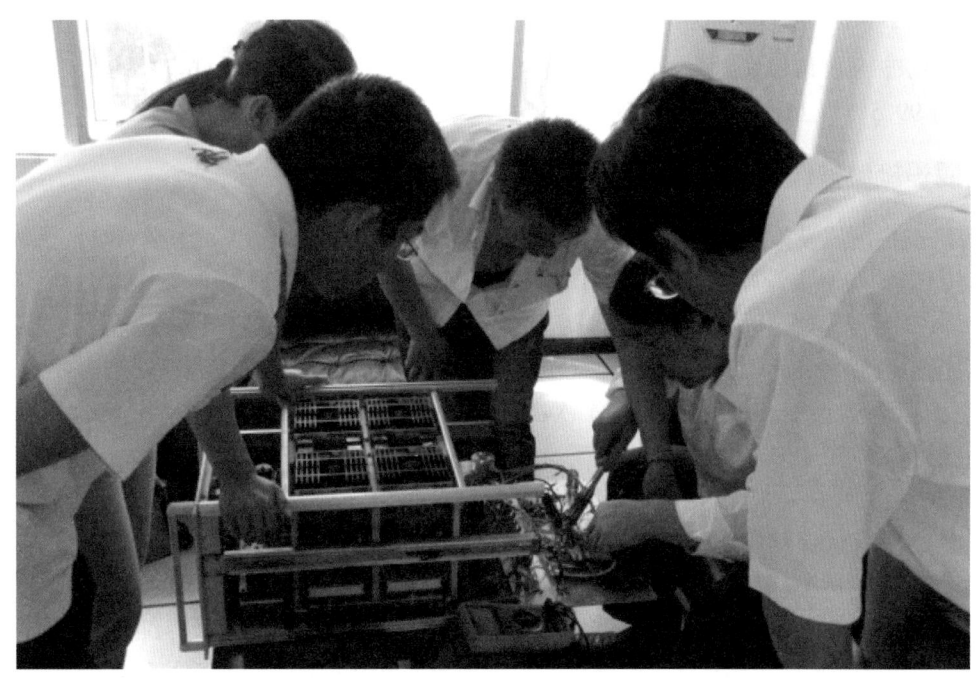

图3-6-329　2010年6月25日,天津航测科技中心在营口RBN-DGPS台站进行巡检维护

2004年1月始,历经8年的三期建设,北方海区AIS岸基网络系统全面建成并投入使用,总计拥有1个国家级AIS数据中心、1个海区AIS中心、6个辖区AIS中心,以及28座AIS基站,标志北方海区船舶助航服务和船舶安全管理进入新的历史阶段。交通部海事局适时(2006年8月)印发施行《AIS基岸系统运行管理规定(试行)》。随后,天津海事局印发施行《北方海区AIS基岸系统运行管理实施细则》(天津海事局质量管理体系文件之一),将AIS设备维护保养分为日常维护保养和专项维护巡检两部

分。日常维护保养由基层台站组织实施,主要内容有:对 GPS、VHF 天线的检查保养;对机柜内连接线和设备、UPS 电源的检查保养;以及对网络通信设备、交换机、路由器和岸台基站所有设备检查保养等。专项维护巡检工作由天津海事局航标导航处组织,由北方海区 AIS 中心牵头,并会同基站设备厂商、辖区航标处技术人员和网络通用设备维护单位共同实施。

2005 年始,AIS 基站专项巡检维护工作签约单位始终为上海绅宝星导电工有限公司(2009 年更名为北京绅宝网脉技术有限公司)。沿海 AIS 基站专项巡检维护每年 2 次,各航标处可根据需要自行组织辖区 AIS 基站巡检工作;内河 AIS 基站专项巡检维护每年 1 次。沿海 AIS 基站专项巡检维护的主要内容有:北方海区 AIS 中心、辖区 AIS 中心软硬件、数据库等巡检维护,AIS 基站设备及网络、链路的巡检维护等。内河 AIS 基站专项巡检工作一般在 8—9 月开展,涉及松花江、黑龙江、乌苏里江和黑河,巡检一次时间长达 60 余天;且部分地区经常于 10 月中旬开始降雪。面对诸多困难,专项巡检组与当地联通公司积极沟通、密切配合,发扬连续作战的精神,确保专项巡检工作圆满完成。

为统筹巡检工作,加强各辖区中心之间的学习交流,天津海事局经常组织各辖区中心之间交互巡检,并将巡检与维修相结合,及时解决基站 GPS 卫星时钟不同步、VHF 天线驻波比报警、基站卫星无法定位、可用卫星数量低于标准要求等问题。2007 年,天津海事局印发施行《AIS 岸基系统运行管理实施细则》和质量体系文件《AIS 基站巡检维护须知》,明确 AIS 基站巡检的职责分工、巡检周期、巡检内容和实施方式,为 AIS 巡检工作的正常开展提供制度保障。

2009 年之前,天津航测科技中心组织实施 RBN-DGPS 台站专项巡检每年 1 次;2010 年之后,每年 2 次;至 2012 年,共完成 RBN-DGPS 台站专项巡检 13 次,累计 112 天。至 2012 年,天津海事局航标导航处组织实施 AIS 基站专项巡检,每年 2 次,共完成 AIS 基站专项巡检 16 次,累计 224 天。从而,有效保障历年 RBN-DGPS 系统信号发射率≥99%,信号可利用率≥97%,完善性检测率≥99%;AIS 系统运行正常率均保持 99.5% 以上。

四、附属设施维护作业

北方海区航标附属设施包括为航标配套而设置的房屋、道路、码头、油柜、水池、旗杆、天线杆、房屋、围墙等建(构)筑物和避雷设施等。航标附属设施对保证航标正常运行具有重要作用,为历代航标主管机关所重视。

清光绪十年(1884),海关总税务司署颁行《新关灯塔灯船诫程》规定,灯塔各处房屋建筑、塔身围墙应保持原色,不得擅自改变,并且每年粉刷 1 次,台风过后应及时修补损坏的围墙、道路、码头、塘堰沟。此规定沿用至今基本未变。

1963 年 7 月,海军司令部颁行《航标工作规章制度汇编(1963)》。其中,《灯塔及房屋等建筑物保养规则(草案)》(简称《保养规则》)《航标及房屋等建筑物保养细则(草案)》(简称《保养细则》),对灯塔房屋及围墙、护墙、道路、码头和旗杆等维护保养要求、周期和方法作出具体规定。

1982 年,天津航道局接管北方海区海上干线航标后,沿用《保养规则》《保养细则》的相关要求和操作规程,对海军移交的房屋、围墙、避雷设施等实施全面检修和维护保养,对部分孤岛上塔道路进行路面硬化,对海岛简易码头和登陆点进行维修维护,并在部分岛屿架设灯塔输油、输水管道,为改善基层一线航标职工工作和生活条件发挥重要作用。

1987 年 5 月 1 日,交通部发布实施《海区航标固定建(构)筑物维护》(简称《标准》)行业标准,将航标附属设施维护分为日常性维护、周期性维护和不定期维护三种。日常性维护,即一般性清洁及小修小补;周期性维护,按照不同建(构)筑物定期维护,根据实际情况可申请延长或缩短周期;不定期维护,即在遭遇台风等自然灾害和其他意外情况后,实施统一检查和维护。并规定,各种结构的房屋、旗杆和天线杆等,外部油漆每年罩刷1次,每5年全部铲除旧漆,重新油漆1次;内部油漆每3年铲除锈蚀部分及剥裂的油漆,全面罩刷1次,每9年全部铲除并油漆1次;外部门窗每年油漆1次,内部门窗每3年油漆2次。避雷针每年检查1次,如有损坏,必须及时以相同原材料制成的元部件作局部或全部调换。同时,对房屋、道路、台阶、护墙、水柜等维护保养周期、内容和方法作出具体规定。对该《标准》的贯彻执行,北方海区航标系统经历"从突击维护保养到正常化、制度化、标准化"的过程。

1990年始,在航标"四大"和设备"管修养用"等专项管理活动中,北方海区航标系统全面发动,全员参与,自己动手,加班加点,高标准严要求,对各类航标及其附属设施实施全面维修保养。据《闪光的航标》音像片记载,仅航标"四大"第一年,在全面保养各类航标同时,保养各类天线架39座;整理场院56个,143652平方米;整修道路64条,6970平方米;粉刷围墙4880延米,16933平方米;粉刷助航标志329座,40760平方米;保养门窗5068扇;所有灯塔、灯桩、基层塔、台、站房屋门窗和导航台、指向标天线架,全部铲除旧漆、旧涂料,重新粉刷油漆、涂料,使北方海区航标及附属设施面貌焕然一新,达到"外形完整、结构良好、颜色鲜明"要求,为实现航标附属设施维护管理的"正常化、制度化、标准化"奠定重要基础。之后,按照该《标准》要求,各航标处(区)每年对房屋、道路、码头、避雷与接地装置等组织一次全面检查维护保养,对北方海区航标附属设施提高使用效率和延长使用年限发挥重要作用。

图3-6-330　20世纪90年代,航标人员例行整修灯塔上山道路

2009年3月,交通运输部修订并发布施行《海区航标维护　固定建(构)筑物》,提出航标建(构)筑物"基础稳定,主体结构良好,外形完整""视觉显形,建筑颜色鲜明"等13条基本要求,并对维护工作程序和附属设施分类维护质量作出规定,增加历史灯塔维护条款,将原《标准》提出的分项维护周期归结为"每1至3年定期检查1次,评定建筑物的质量,确定维修项目",并规定"涂层综合老化性能评级"标准,使全国海区航标系统航标附属设施维护作业更具可操作性。

至2012年,在交通部航标主管机关的高度重视和航测专项资金、"三项"经费计划大力支持下,北方海区航标系统各类航标附属设施维护保养质量全部达到部颁标准要求。特别是依据 IALA 有关建议、指南和交通部海事局《中国海区历史灯塔保护管理办法》，按照"修旧如旧"原则，北方海区航标系统对辖区近代建造的 14 座历史灯塔及附属设施实施保护性维护管理，使其整体风格完好如初。从而，保留了一批鲜活的航标历史档案。

第七节 重要航道航标

中国近代港口航道助航标志体系伴随港口航道建设同步发展完善。港口航道助航标志作为保障进出港船舶安全的重要基础设施，一般在港口口门设置灯塔或灯桩，标示码头或防波堤堤头位置；设置灯浮标，标示航道和船舶回旋水域界限，以及航道附近的礁石、浅滩、沉船等碍航物方位；人工开挖直线航道一般设置导标，用于指引船舶航向，必要时在航道口门设置灯船或大型浮标；在航道口门或转向点等重要位置，设置雷康或 AIS 基站，提升助航标志识别率；在船舶驾驶人员识别困难的锚地，在其中心区域或者边界附近设置锚地专用标志。同时，根据港口规模、航道通航尺度变化以及港航用户实际需求，及时调整配布航标和技术升级改造，旨在提升航标助航效能，保障船舶航行安全。

随着改革开放和港口建设飞速发展，船舶逐步大型化，航道逐步深水化，港口吞吐量逐年攀升，亿吨港口不断涌现。至 2012 年底，北方海区已拥有大连港、营口港、秦皇岛港、唐山港、天津港、黄骅港、烟台港、青岛港、日照港等若干亿吨大港。

多年来，北方海区航标系统针对辖区港口建设、航海用户、航道特点，提供不同等级的差异化航标专业技术服务，推广应用航标新技术、新材料、新能源、新灯器，实施航标效能评估，不断提高航标助航效能，基本形成港口综合导助航体系，为保障船舶安全航行、服务航运安全生产、支持地方经济建设做出重要贡献。

一、天津港大沽沙航道航标

海河河海交界处的拦门沙滩，称大沽沙浅滩。滩上流泄河水和吐纳潮水的沟槽形成的航道，即大沽沙航道。该航道长约 4170 米，宽约 45.7 米，东西走向，航道两侧是水深不足 1 米的浅滩，船舶可乘潮经此入海河驶往天津。在未建塘沽新港之前，大沽沙航道是海船出入海河的必经之路，是天津老港的"门坎"和"咽喉"，亦是船舶航行最困难的航段。

清咸丰十年(1860)清政府签订《北京条约》后，英、法、美等国相继在天津圈地开辟租界、修建码头，各国商船驶津者增多，尤其吃水较大的火轮挟板船经常来津。据不完全统计，清咸丰十一年(1861)驶抵天津的外国商船有 94 艘，清同治二年(1863)增至 134 艘，到清同治十二年(1873)已达 265 艘之多。原在海岸设置的守望塔、高台、石柱等简陋标志已不能保障大沽沙航道船舶航行安全。清同治十三年(1874)，在英国商人极力要求下，津海关在大沽沙航道设置瓦斯灯浮标(GAS BUOY)1 座、浮标 2 座，作为港口口门及航道标志，自此开启大沽沙航道航标设置历史。

大沽灯船等浮动标志

大沽沙航道淤积严重，航道维护十分困难，航标设置亦随之变换。清光绪四年七月初六(1878 年 8 月 4 日)，津海关在大沽口拦江沙外 7 米水深处设置大沽灯船，是为大沽口拦江沙外第一灯，成为新的航道口门标志。

北方港口冬季寒冷，严重的冰况一直困扰着浮标的自身安全。为此，津海关于清光绪八年(1882)引进一批木质棒形浮标(sparbuoy)。由于这种标志体积较小，加之浮室为椭圆球体，受流冰作用力较小，能比较有效地抵御流冰夹带，保持其位置稳定，白天有一定助航效果。但受其体积所限，无法安装发光设备，夜航仍有问题。清光绪十八年(1892)，大沽沙航道浮标增至 4 座，分别为进口灯浮标、拦江北沙浮标、北沙尾南浮标、航道南边线浮标。

第三章　航标业务

清光绪三十二年（1906），大沽灯船以西地段因海船搁浅事故多发，为规避大沽拦江沙之害，增设拦江沙灯船，泊于大沽沙航道中段航道边界以南约90米处。灯船为木质，船中部竖一桅杆，桅顶昼悬一黑球，夜挂不列等红色定光灯一盏，晴朗天气，灯光射程可达4海里。雾天或阴晦天气，灯船发放雾警信号示警，每分钟鸣锣1次。白天拦江沙灯船兼挂潮水信号，供过往船舶了解航道水深。拦江沙灯船和大沽灯船一样，每年冬季撤回避冰，次年3月1日重新布设。在拦江沙灯船撤除期间，用一个黑色棒形浮标替代灯船，保留灯船位置。1931年，津海关在大沽铁工厂建造一艘钢质船充当拦江沙灯船，船体涂红色，两舷中央书白色英文"Bar Light Boat"。

1936年，大沽沙航道侧面浮标改为左（南）侧1座、右（北）侧2座。1939年，再次调整并增设浮标1座，总数达到7座。口门是大沽灯船，其余6座浮标左、右两侧各3座。左侧依次为航路进口灯浮标、大沽拦江沙灯船、1号浮标；右侧为2号浮标、3号浮标、4号浮标。至1943年春，增设沙尾浮标及深渊内灯浮标，并将4号浮标由航道北侧移位至南侧。

1949年，大沽沙航道航标总数达24座，其中灯船2艘、灯桩和引导灯桩15座、灯浮标3座、浮标4座、信号台3座。据有关资料统计，至1949年的30年间，大沽沙航道深槽向南移动8次，纵向距离206米。因航道多次变迁南移，陆地固定助航标志亦多次重建或调整位置。其中，主要变更情况如下：

深渊引导灯桩

大沽沙航道曲折多弯，水下情况复杂，为有效地引导船舶航行，除在航道侧面主要地段及重要转向点设置浮标、灯浮标外，并在各航段设置引导灯桩和灯桩。清光绪二十八年十月（1902年11月），大沽沙航道第一对引导灯桩——深渊引导灯桩建成，白色标杆，黑三角形顶标，前标高7.3米，后标高14.5米，上置六等300毫米灯器，灯光定红，用以指示由深渊外灯浮标转向后驶往深渊浮标这段深水航道。1913年，深渊引导灯桩南移36.5米。1939年重建，1955年再次迁建，向西偏南移88米，前标位置移至38°57.7′N、117°42.4′E处，两标一线方位269°42′，前标高7.9米，后标高12.2米，红光等明暗，周期3秒（1.5+1.5），前标灯光射程8海里，后标灯光射程9海里。1957年12月，改红光为白光。

大沽引导灯桩

1913年，津海关委托海河工程局建造大沽引导灯桩、河口引导灯桩、内深渊引导灯桩。大沽引导灯桩为钢架结构、标体黑色，上置球形顶标，前标高20米，后标高25.7米，标志顶部安装六等300毫米灯器，灯光定白，前标灯光射程12海里，后标灯光射程15海里。大沽引导灯桩是大沽沙航道最重要的助航标志，在距8海里之远的大沽灯船即可看见。行船穿越宽仅150英尺（45.7米）的拦江沙水道主要依赖该引导灯桩。1936年，大沽引导灯桩因航道变化易地重建。1955年，再度重建，前标高16.2米，后标高22米，乙炔闪光灯，前标闪白1秒（0.3+0.7），后标闪白等明暗4秒（2.0+2.0），黑色"T"形顶标。大沽引导灯桩尽管多次迁建，但始终与大沽灯船保持三点一线，便于船舶沿导标线顺利通过拦江沙水道。

河口、内深渊引导等灯桩

河口引导灯桩原为锥形临时灯桩。1913年、1933年两度改建，改为混凝土结构，外饰黑色。1954年5月，因河口北面沙滩向外延，航道发生变化，该引导灯桩失去引导作用而废弃。内深渊引导灯桩后因航道变化曾两次易地重建。此外，随后建成的河口绿灯桩、南海堤灯桩、外深渊立标及另外2座小型立标的位置亦时常调整。

大沽沙航道重新启用

1949年中华人民共和国成立后，华北区人民政府拨款续建新港工程，清理航道，修复战争中破坏的助航设施。为实现津沪通航恢复南北航线，保障船舶航行安全，天津区港务局适时印发施行《天津港保护航道标志暂行办法》。1952年10月17日，天津塘沽新港恢复港口生产，航标工作重点由大沽沙航道转向塘沽新港航道。由于来往天津的大型船舶多靠泊塘沽新港，或经新港航道过船闸入海河驶往塘沽、天津码头,大沽沙航道偶有船舶通过。该航道及其助航设施除维持使用外,再无大的发展。至1958年,开始建设海河防潮闸,海河河口干流截断,大沽沙航道停止使用。

光阴荏苒,弹指三十年,大沽沙航道重新启用。1986年11月,《天津港总体规划》正式通过国家审定,大沽口港区作为天津港开发建设重点提到议事日程。该港区航道在原大沽沙航道旧址开挖,是天津港区南岸线和临港工业区北岸线的共用航道。新航道仍称大沽沙航道。航道南北两岸分布多处通用泊位、液体化工泊位、粮油泊位等,另有新港船厂、博迈科、太原重工等业主码头。码头泊位3万~10万吨不等。

2005年,大沽沙航道一期工程正式启动,2006年建成5000吨级大沽沙航道,航道长14千米,宽100米,航道水深6.5米。为服务港口建设和营运,该航道首次布设灯浮标23座,在航道口门232号灯浮标安装上海海英公司HY-Ⅱ型雷康。随后,增设247-1号、255号灯浮标。

2008年,大沽沙航道二期工程开工建设,于2010年建成5万吨级航道,航道长27.5千米,深水航槽底宽190米,水深12.5米。该航道布设灯浮标39座,其中增设14座,调整浮标位置25座,在新开航道口门东1海里处设置1座直径5米大型灯浮标,并将雷康移至该大型浮标上。

2011年6月,大沽沙航道三期10万吨级航道开工建设。该航道长36.25千米,宽375米,水深14.5米,航标布局随之再次变化,总数增至62座。以航道里程15+0为界,外航道0.67海里一对标,203、204号,与205、206号间距为1海里,内航道0.65海里1对,航标布置宽度475米。直径5米大型浮标移到10万吨航道口门处,并于2012年9月20日在航道转向点236号灯浮标增设上海海英公司HY-Ⅱ型雷康,以加强航道助航效果。两雷康相距11.5海里。同时,调整中石化通用泊位等码头港池灯浮标,并在桩承台码头两端增设堤头灯桩16座。

从该工程伊始至目前,共布设调整助航标志145座次。至2012年,大沽沙航道尚未最终定型,10万吨级航道将再次升级为20万吨级航道。为此,航道导标虽在规划之列,但尚未实施。随港口规模发展和进出港航道升级,大沽沙航道助航标志将随之相应设置和调整。

二、青岛港大港航道航标

青岛大、小港等码头在胶州湾内,来船需要从青岛外港(小青岛港)绕行团岛角,沿岸北上,途经马蹄礁方可抵达。该航路长约8海里,称大港航道。清光绪二十四年(1898)德国强租胶澳(今青岛)后,开始兴建大港、小港、船渠港(今六号码头一带),并设立港口助航标志。据美国哈佛大学图书馆藏中国海关史料记载,清光绪二十七年(1901)从青岛汇泉角至大港进口设置航路浮标总计10座,1914年增至21座。同期,大港航道设有团岛灯塔、马蹄礁灯塔、大港进口灯桩、白鸽石灯桩、小港进口灯桩、小港引导灯桩、大鲍岛灯桩等若干助航设施,航标总数达38座。青岛港的商贸业务从小青岛港逐步转移新建的青岛大港。

1914年日德冲突后,青岛港导助航设施大多遭受损坏。1915年8月,日占当局开始修复或重建导助航设施,打捞碍航沉船,恢复港口营运,历时一年,渐复旧观。1922年12月,按照《中日解决山东悬案条约及附约》规定,中国北洋政府收回港口管理主权,在青岛设立胶澳督办公署,港口航标由该公署港政局管理。之后,由于战乱频仍,政局动荡,港口管理权数易其主,无暇顾及港口基础设施建设,除增设无线电指向标和小公岛灯塔等少量航标外,青岛港口航标规模基本囿于原状,至中华人民共和国成立前,港口航道及助航设施无大变化。

1951年4月,交通部航务总局青岛海务办事处在大港航道增设灯浮标3座,用于马蹄礁危险水域警界。1953年7月,青岛港航标划归海军青岛基地管理后,新建大港引导灯桩,钢管架结构,白色标体,黑色梯形标牌,灯高11米,灯质暗绿2秒(1.0+1.0),灯光射程3海里。翌年,建后标,标高19米,灯质暗绿2秒(1.0+1.0),灯光射程4海里,标体、标牌、颜色、形状与前标相同。两标一线74度。1955年,建大港阻浪堤灯桩。1959年,该灯桩随阻浪堤延伸,向西移位250米。

1960年9月,海军公布实施《海区水上助航标志(草案)》技术标准,并在上海、青岛两港率先试点改制。10月,海军北海舰队航海保证处完成青岛港及附近14座水上助航标志改制,并调整大港航道7座灯浮标编号。1969年,大港煤炭码头引导灯桩建成投入使用,标体为木杆,前标高9米,灯光定红;后标高18米,灯光定红;两灯标一线058.6度。此后10余年,大港航道航标基本未变。

1985年,按照《中国海区水上助航标志》国家标准相关要求,青岛航标区组织实施辖区航标A制度改革。大港航道6、8号按左侧标改制,加红色罐形顶标,灯色不变;7、9、10号按右侧标改制,变黑色为绿色,加绿色锥形顶标,灯光由白色改为绿色;11号北界标改为南方位标,标体由红白横带改为上黄下黑,加装两个朝下的黑三角形顶标,灯光由闪红改为闪白;12号南界标改为北方位标,标体由黑白横带改为上黑下黄,加装两个朝上的黑三角形顶标,灯色没变,闪光节奏不同,并适时发布《航标动态通报》。同时,大港进口左右灯桩改制,左灯桩由绿光改为红光,右灯桩由红光改为绿光。

2003年4月,青岛航标处调整港区灯浮标编号,6~12号灯浮标分别改为105~111号。2005年,为加强马蹄礁危险水域警戒,在礁石正东小港航道西侧,增加东方位标1座;在马蹄礁西大港航道东侧,增设右侧标1座。同年,在大港进口处灯浮标实行同步闪光,进一步改善航标助航效能。2006年,改建5号码头堤头灯,采用聚脲脂弹性材料,标体为圆柱形,外饰红白相间横带,灯质等明暗4秒。2009年,重建大港阻浪堤灯桩,标体为圆柱形钢筋混凝土结构,外饰白色,桩高8米,灯高11米,灯光射程10海里。2012年,大港阻浪堤灯桩加装灯笼。

至2012年底,青岛大港航道共有各类助航标志18座,其中灯塔1座、灯桩4座、导标2座、灯浮标11座。

三、烟台港龙口港区主航道航标

龙口港位于胶东半岛西北部,莱州湾北侧龙口湾内,北有屺姆岛为自然屏障,航道港池常年不冻,回淤甚微,是国内天然良港之一,自古为胶东地区与渤海之滨的水路交通要冲。

龙口港进港航道原为自然航道。清同治十三年(1871),屺姆岛灯塔建成发光。清光绪十二年(1886),龙口港东海岸设立引导灯桩,是为迄今可考的北方海区近代设置最早的引导灯桩。1914年,北洋政府将龙口辟为对外贸易商埠。翌年设立海关。1919年,建成栈桥式码头,其助航标志始设于1928年,包括主航道导标和灯浮标,后因战争损坏。

1949年中华人民共和国成立后,港口迅速恢复生产,当年完成吞吐量47500吨。1951年,青岛区海务办事处在外航道重新布设3座浮标,并重建主航道导标。其中,1号浮标称进港浮标(位于拦江沙外侧),2号浮标称拦江沙浮标(位于拦江沙水道北侧),3号浮标称港内浮标(位于码头外侧),另在港池内设有简易浮标2座。新建导标位于龙口市区南端附近,用以引导进港船舶通过拦江沙,两标一线方位086°21′。导标底座均为混凝土结构,标体为黄纹木柱,外饰黑白相间两色;灯器为六等300毫米火油灯,红色定光,灯光射程4海里;前后标标高分别为10.6米、16.7米。1953年港口吞吐量169667吨。

1959年1月1日,山东沿海各小港口原由海军管理航标划归青岛区港务局管理。同年7月,青岛区港务局将各小港助航标志划归所在港口管理。龙口港务局奉命接收龙口港区域内所有助航标志及管理人员,并将主航道导标灯器换装乙炔气灯机。1962年,将导标改成四角铁架结构,前标加高至16米,后标加高至21米,改由蓄电池供电。1963年,龙口港在建设客货码头(3、4号泊位)开挖港池航道的同时,布设6座浮标。其中,1号浮标设在外航道入口边线北侧100米处,其余均设在内外航道北侧边线外约40米的浅水区域,标示进港航道。1976年,龙口港扩建改造码头和航道,更新主航道6座红色罐形直径1.8米浮标。其中,1号浮标无灯光装置,2号灯浮标闪红6秒,3号灯浮标闪红10秒,4号灯浮标闪红6秒,5号灯浮标闪红10秒,6号灯浮标闪红6秒。1977年,导标改用交流电。

1985年,龙口港对外开放。特别是1986年龙口港扩建3个万吨级深水泊位投产后,来往港口大型外轮不断增多,原导标已不适应船舶进出港的需求,改造升级助航标志势在必行。1986年11月始,龙口港务局将主航道后标在原基础上加高,地理坐标为37°38.7′N、120°19.8′E,灯高36.6米。白天以三角形标牌显示,夜间显示红色定光,灯光射程6海里。前标位置移至龙口水产码头西侧,地理坐标变更为37°38.6′N、120°19.2′E,灯高23米,标牌采用边长为2米的正三角形,白天以三角形标牌显示,夜间为白色灯光,闪光周期2秒等明暗(1+1),灯光射程6海里。此间,港口扩建,新挖主航道及煤码头航道,在原有6座浮标基础上,增设8座浮标。其中,1~5号为主航道浮标,6~9号为内航道浮标,10~14号为煤码头航道浮标。龙口港航道浮标每年3月初布设,翌年1月下旬撤除,并更换为冬季冰标,位置颜色不变。

1994年3月8日,由于进出龙口港船舶不断增大,导标不能满足船舶航行需求,龙口港务局委托天津航道设计研究所重新设计龙口港主航道导标。要求前导标在原基础上加高;其朝海一面的外观设计,应明显区别于其他建筑。后导标标高+46.0米(理论基准面),导标灯器灯光射程达9海里以上;标牌中心点与标体中心线处于外航道轴线上;标体为钢筋混凝土结构,内设分层爬梯;标体底部设计为三层框架式楼房,底层配置小型发电机,作为备用电源。同年9月1日,龙口港务局再次委托天津航道设计研究所重新设计主航道灯浮标,在原有航道助航设施基础上,将灯浮标增至16座,并调整位置和编号,使主航道助航标志布局和设置更加规范。

2001年8月6—11日,根据天津海事局与山东海事局、烟台海事局签订的《地方划转航标交接协议》,烟台航标处派员赴龙口与当地海事局(处)和港务部门磋商航标交接相关事宜,并于8月31日正式将该港31座航标划转烟台航标处管理。同年11月18—25日,烟台航标处为龙口港更换灯浮标20座,并调整了部分灯浮标位置及编号,并适时发布《航标动态通报》。

2002年6月,按照天津海事局工作安排,烟台航标处在龙口港召开航标配布调整座谈会。经综合各方意见,于2002年10月31日至11月2日,在航道两侧增设左侧标和右侧标各1座,作为航道起点标志。同年,实施导标爬梯更新改造。2004年12月,导标灯器换装为美国FA-14型定向导标灯,灯质改为定白。2005年,龙口港更名为烟台港龙口港区。

2006年12月31日,山东省发展和改革委员会批准龙口港10万吨级单向航道工程建设。2009年7月2日,烟台航标处在龙口主持召开《龙口港10万吨级航道航标配布设计方案》专家咨询会,对龙口港区提交的该方案作出补充和完善。随后,烟台航标处受理《龙口港10万吨级航道航标配布申请》,共调整灯浮标28座,增设雷康1座。经天津海事局批准,烟台航标处于9月7—13日组织完成龙口港10万吨级航道航标配布调整工程,并适时发布《航标动态通报》。

龙口港10万吨级航道建成后,进出港船舶吨位增大,主航道导标不能满足大型船舶航行安全的需求。2010年11月,烟台航标处重建主航道导标前标,标体为红白相间塔型热镀锌钢结构,设有爬梯和护身圈,顶部配置安装灯器的平台、不锈钢护栏和避雷系统;标牌为红白相间镂空钢质菱形,几何重心处为灯器光源中心,标牌内切圆直径6米;导标标体抗风强度为50米/秒(相当于16级以上台风),标高32.1米,灯高32.3米,灯光射程8海里,灯质为定绿。

经航标配布调整和航标技术改造后,烟台港龙口港区通航环境得到明显改善。2011年,港口吞吐量达到6000万吨,同比增长20.5%。龙口港区港口吞吐量的贡献率,为烟台港成为亿吨大港做出重要贡献。

四、大连港甘井子航道航标

大连甘井子航道位于大连港大港区北方,自大连港H3号灯浮标起,至甘井子港区石油码头南方约200米处,航道轴线方位270°—090°,长约8800米、宽180米、水深9米,可通航万吨级船舶。该航道作为大连港区8条主要航道之一,西连香炉礁航道,南衔大港航道,北有和尚岛航道,凡经大三山水道驶往甘井子区、香炉礁区、石油深水码头的船舶,均须在驶近大连港H2号灯浮标后,转航向270°,进入甘井子航道。

1925年,为扩大掠夺中国东北煤炭资源,日占当局建设甘井子机械化煤炭专用码头。1930年7月1日,在甘井子航道设置灯浮标5座。其中,1、3、4、5号灯浮标位于航道左侧,2号灯浮标位于航道右侧,是甘井子航道首次设置灯浮标。1934年11月,在新建甘井子第二码头南段设第二埠头灯桩,灯高15.9米,绿色定光,灯光射程8海里。同时,在甘井子第二码头航道右侧增设6号灯浮标。1936年12月,在甘井子第二码头航道左侧增设7号灯浮标。1945年,港口由苏军接管,甘井子航道航标变化情况不详。

1955年5月,苏军将大连港航标移交中国海军旅顺基地管理,在苏军移交的航标档案中记载有2座灯浮标,甘井子黑灯浮和红灯浮。1958年11月24日,海军旅顺基地司令部航海保证处将大连港航标移交大连区港务局管理。

1959年,大连区港务局在甘井子航道恢复设置灯浮标3座,分别编为1、2、3号灯浮。其中,1、2号灯浮为右侧标,3号灯浮位于甘井子浅滩东南端。1961年6月,按照海军发布实施的《海区水上助航标志制度(草案)》技术标准相关要求,大连港务局改制港区灯浮标,甘井子航道仍为3座浮标,位置不变,3号灯浮标改为分支汇合灯浮标,编号为甘井子浅滩3号灯浮标。1967年5月15日,在甘井子航道2号灯浮标与甘井子浅滩3号灯浮标之间增设1座右侧标,并重新编号:原1、2号灯浮标改为4、5号,新增设灯浮标编为6号灯浮标,原甘井子浅滩3号灯浮标改为7号。

1986年5月4日,大连港航标移交大连航标区管理。同年8月,按照新颁《中国海区水上助航标志》国家标准要求,甘井子航道4座灯浮标改制,甘井子浅滩7号灯浮标改为推荐航道右侧标。1987年,由于甘井子航道4号灯浮标与大港H2号灯浮标距离过远,根据航海人员要求,大连航标区在其间增设1座大港H3灯浮标。同年,香炉礁航道由原100米拓宽至150米,大连港务局委托大连航标区,重新布设甘井子浅滩7号灯浮标。1988年,大连港进出船舶33114次,吞吐量达4852.55万吨。

1996年,在原中远船务大化排渣航道的部分航道基础上,经设计和扫海,设置了G1~G9、B1、B2号灯浮标,将该航道向南延伸到甘井子航道,并适时发布《航标动态通报》。2001年,大连港进出船舶47819次,吞吐量首次突破亿吨大关,跻身亿吨大港行列。

2003年7月9日,甘井子航道4、5号灯浮标换装太阳能电池、蓄电池、美国泰兰公司MLED-120型灯器,甘井子浅滩7号灯浮标换装西班牙巴伦西亚机械公司BDL-120型灯器。首次在4、5号灯浮标试用大连航标处自主研发的"灯浮标标识号码显示技术"。

2004年5月,在大连港综合改造工程中,大连航标处重新调整甘井子航道航标,将甘井子航道4、5、6号3座灯浮标改为编号为H4、H5、H7、H9号的4座灯浮标。其中,H4号为左侧标,H5、H7、H9号为右侧标;将原甘井子浅滩7号灯浮标调整为H11号灯浮标,仍为推荐航道右侧标;将香炉礁航道8号灯浮标调整为甘井子航道H13号右侧标,香炉礁航道9号灯浮标调整为甘井子航道H15号灯浮标右侧标。同年8月,在甘井子航道新增设置3座灯浮标,即甘井子航道H6、H8、H10号灯浮标,皆为左侧标。同时,实施灯浮标"灯器LED化"、灯浮标编号显示和灯浮标同步闪光等新技术,并适时发布《航标动态通报》。

2009年1月12—16日,调整大连港水域灯浮标,撤除甘井子航道H4号灯浮标。2011年,为便于辽宁号航空母舰进出甘井子航道,撤除H6、H8、H10、H13、H15等5座灯浮标,保留甘井子航道H5、H7、H9、H11号等4座灯浮标,并适时发布《航标动态通报》,沿用至今未变。

2012年,大连港进出船舶237342艘次,吞吐量达3.74亿吨,位居全国沿海港口第5名。甘井子航道在岗灯浮标共计4座,运行状态良好,为船舶航行提供助航服务。

五、天津港主航道航标

金贞元元年(1153),金王朝迁都燕京、营建中都,到清咸丰八年(1858)第二次鸦片战争前,天津航运中心一直在海河三岔河口一带。清咸丰十年(1860)清政府签订《北京条约》后,西方列强在天津紫竹林一带圈租界、建码头,三岔河口漕运码头逐步衰落,港址沿海河下移,紫竹林一带码头成为天津港航运中心。此间,天津港航道系指海河紫竹林至海口的内河水路及大沽沙航道。

1939年,为加速掠夺中国资源,日占当局在塘沽海河口北岸兴建塘沽新港。新建港口避开大沽沙航道,另辟通海渠道,筑防沙堤,建船闸与海河沟通,其建港计划称"北支新港"计划。规划航道长13.4千米,宽200米,航道水深8米。1940年10月开工,同年设置浮标5座。1942年,增至6座,其中灯浮标3座。1943年春,设置15座,至7月份开港前,增至18座;5座灯浮标设在左侧,其他浮标设在右侧,布标间距0.92千米。同年,建新港第一航路导标1组2座,前后标相距2000米,前标闪白2秒(1.0+1.0),后标明暗5秒(3.0+2.0),灯光射程10海里。后因日本侵略战争颓败,港口建设规模一再压缩,至1945年日军战败投降时,塘沽新港仅完成全部计划的30%,港口设施悉遭破坏,技术资料销毁,船艇及水上机械沉没,航道阻塞,导标毁坏,港口陷于瘫痪。

南京国民政府接收塘沽港后,恢复天津航政局,设立塘沽新港港务处(后改塘沽新港工程局),并沿袭日本规划,续建新港工程,于1946年12月完成船闸修建,1948年重建主航道导标1组2对4座。船闸建成后,由海到天津紫竹林码头有两条通道,一是老河口大沽沙航道,二是新港航道(即后来的天津港主航道)。至1949年天津解放前,新港航道设有导标2组3对6座,浮标和灯浮标11座。

1949年天津解放。同年5月,中央人民政府即拨款清理新港航道,续建新港工程。1950年,重建曹妃甸灯桩和主航道中线导标。新导标位置为38°59.1′N、117°43.6′E,角钢架结构,前标高18.6米,后标高30米;前标灯光射程14海里,后标灯光射程16.5海里,灯质闪白,前标2秒(0.5+1.5),后标3.5秒(1.5+2),前后标间距1400米,二标一线方位281°33′。

1952年3月,为航道疏浚工程需要,新港工程局(现中交第一航务工程局有限公司)分别在原中线导标南北两侧30米及60米处设置4对8座边线标及疏浚施工外边线控制导标,形成了中线、两边线和两疏浚边线5对10座导标组成的一组导标群。标体均为木质,南北前标高均为12.8米、中标高15.9米,后标边标高18.2米、中标高24.9米。航道边线顶标三角形,前顶标倒三角,后顶标正三角,灯光定白,疏浚边线标顶标方形,灯光定红。

1952年10月17日,塘沽港口重新开港,"长春"号轮乘潮进港停靠塘沽新港码头装卸,宣告天津港重获"新生",亦标志天津港由河港转向海港的开端。同年10月25日,毛泽东主席视察塘沽新港,周恩来总理为塘沽港题词:"庆祝新港开港,望继续为建港计划的完成和实施而奋斗。"

1954年,根据苏联专家意见,为保障海河夜航安全,天津区港务局设置海河岸标。从新港船闸到解放桥,海河两岸设置岸标44座,其中过河标38座,接岸标6座。标体木质,标高8.3米,灯光高度7.3米,标顶部装有1.2米方形标牌。左岸白色标牌一块,标体外饰黑白相间横带。右岸红色标牌两块,成60度交角,标体外饰红白相间横带。灯器为苏式三面定光灯,左侧三面均为绿色,右侧是两面绿色中间夹一面红色。接岸标与过河标相同,仅标牌不同,接岸标标牌为菱形。是时,灯桩和立标各22座。

1958年,塘沽新港扩建工程开工,并修建海河防潮闸。因防潮闸截断海河入海通道,大沽沙航道断航废弃,原经大沽沙航道进出天津内港船舶改由闸东航道通过船闸进入海河。大沽灯船从大沽沙航道口门移位到新港主航道口门处。自此,新港航道成为天津港唯一航道。1964年,新港航道浚深工程开工,新港主航道向东延长2.6千米,使其总长达到16千米,底宽60米,水深-7米,设置灯浮标11座,3万吨级以下大型散货船可乘潮进港。

20世纪70年代,随着天津港扩建,每年进出港口船舶迅速增多,且向大型化发展。1974年,交通部决定建设新港双航道,工程历时8年,将主航道全长增至27.4千米,底宽增至150米,水深增至-11米,灯浮标增至26座。1976年,海河第一座底孔桥光华桥建成(净空3.84米),大型船舶不能上行通航到紫竹林;二线闸建成后,海河11号标(黑猪河)以上全部断航,自此结束天津市区作为天津港营运中心的历史,塘沽港区成为天津港主体。1977年8月,天津港航标采用太阳能供电系统。1978年5月1日,大沽灯塔建成发光,大沽灯船退役。

1982年始,为解决天津港冬季夜航问题,天津航标区在新港主航道试用活节式灯桩。1984年8—11月,重建新港主航道导标。新导标按万吨级船舶双向通航、5万吨级船舶单向行驶的原则设置,担负24+00～4+247一段约为16千米的引导任务。同时,考虑航道维护疏浚工作的需要,增设航道边线疏浚标,即中线、南中线、北中线、南边线、北边线及南、北疏浚挖泥导标,共设置导标1组7对14座。中线标高达54.5米,天气晴朗时可直视大沽灯塔。导标标牌形状,中标为边长4米的菱形,南中标为边长6米的倒三角形,北中标为边长6米的正三角形,南边标和北边标均为边长3.5米的正方形,南、北挖泥标均为直径3.5米的圆形。前后标间距1700米,标体为无缝钢管焊接而成,上端设有安装灯器平台、护身圈和休息平台等。

1985年,活节式灯桩研制取得实质性进展,是年在灯塔北航道投放4座,1986年,在南北防波堤口投放2座。1987年,天津航测处委托天津海岸带开发公司实施"天津港活节式灯桩扩大试验",将主航道0、1、3、5、7、9号灯浮标全部改用活节式灯桩,天津港首次实现冬季港口航道标志全线发光。

2000年8月,天津港主航道升级为10万吨级航道。是年冬,中国北方遭遇30年罕见的寒冷天气,天津港冰情严重,活节式灯桩遭受一定损失,有4座因浮冰挤压倒伏后被船舶撞损而沉没。翌年冬季,为减少越冬航标损失,天津港主航道17座灯浮标更换为冬季不发光的"棒标",并适时发布《航标动态通报》。

2002年8月,天津港15万吨级航道一期工程开工,施工航道航标多有变化。2003年,天津航标处研制成功新型冰标,在天津港设置5座直径1.1米冰区浮标。2004年12月,在天津港设置5座直径1.1米和9座直径1.4米冰区浮标。当年,天津港流冰厚度达5～10厘米,所有标志均未发生移位失常现象,为彻底淘汰"棒标"提供了可能。2005年,天津港15万吨级航道二期工程告竣,航道延伸至35千米,航道底宽234米。天津港设置浮动标志达43座,其中活节式灯桩21座、灯浮标22座,并适时发布《航标动态通报》。

随着天津港到港船舶密度持续增加及船舶尺度日益大型化,天津港集团启动20万吨级航道暨25万吨级航道建设。2005年12月开工,2007年12月竣工。当年,天津港吞吐量为集装箱710.3万TEU(标准箱),散货3.09亿吨。2008年1月,中交第一航务工程勘察设计院有限公司编制《天津港20万吨级航道暨25万吨级航道助航设施设计方案》,增设灯浮标10座、雷康1座(新港1号灯浮标上)、实体AIS航标2座(新港9、35号灯浮标上);将原21座活节式灯桩调整为灯浮标;适当缩短航标间距,其中航道口门至大沽灯塔之间的航标配布间距为1.0海里、大沽灯塔至新港42号灯浮(航道里程9+0)之间的航标配布间距为0.85海里,并适时发布《航标动态通报》。防波堤以东浮标间横向距离340米,防波堤以西浮标间横向距离424米。在冰冻期将灯浮标更换为冰标。同年4月10日,天津港25万吨级航道航标配布工程开工,历时8天,航标作业船往返15个航次,累计航行约360海里,天津航标处近百人参与该航标配布施工。深水航道的开通,为港口带来明显经济效益。2009年航道建成后,港口吞吐量为集装箱870.3万TEU,散货3.8111亿吨,双双增长22%。

为提升天津港航道利用率,2009年启动复式航道建设,2011年启动30万吨级航道一期工程。2013年11月22日,天津航标处经组织多次专题会议,在选择最佳航标设置方案的基础上,顺利完成天津港复试航道航标配布调整,累计起吊、投放、移动、撤除航标86座次,其中新设灯浮标22座、雷康1座、AIS应答器4座,调整灯浮标45座、雷康2座、AIS应答器2座,撤除灯浮标10座,并适时发布《航标动态通报》。

天津港自开埠至今150年，港址航道历经多次变迁，港口规模不断拓展，直至迈入亿吨大港行列，助航标志由少到多，助航手段从单一到综合，从季节性服务到全天候助航，天津港航标助力港口发展全过程。

六、营口港鲅鱼圈港区主航道航标

1985年，营口港鲅鱼圈港区基本建设工程全面铺开，港区航道、助航设施初具规模。航道长8.5千米，底宽110米，水深 −9.25米，航道设置灯浮标5座。

1986年，港口防波堤建成后，设立北堤头灯桩和西堤头灯桩各1座，灯桩采用上海航标厂HD-300型鼓形透镜灯器，配置TS系列电子闪光器。同年，主航道6座导标主体建设竣工，标体均为钢架结构，外饰黑色，中线标前标高25.0米，后标高45.0米。1988年8月5日，正式发光，市电，换装上海航标厂HD-375型鼓形透镜灯器，白炽定光灯，功率200瓦，灯光射程5海里。同时，设置港区航道10座侧面标和1座检验锚地专用标，灯器为上海航标厂HD-155型灯器，配置TS系列电子闪光器，锌空电池供电。至此，鲅鱼圈港区主航道一期工程导助航设施建设工程竣工。

1994年4月1日，国家"八五"计划重点建设项目鲅鱼圈港区二期工程正式开工建设。是年冬春，在鲅鱼圈港区设置17座铁壳充塑式"棒标"，尝试解决常规"棒标"因碰撞进水沉没问题。1995年，鲅鱼圈港区中线导标标体由原钢架结构改为砖混实体结构，更换灯器，增加灯光射程，以克服港区背景灯光干扰。改造后，导标前标灯高21.1米，后标灯高48.7米，采用1000瓦金属卤素灯，灯光定白，灯光射程10海里。

2002年，鲅鱼圈港区航道口增设"0"号灯浮标。2003年，鲅鱼圈港区按照15万吨级航道规模扩建，航道长度延至19.9千米，航道宽度扩至210米，航道底标高 −17.5米，坡边1:5。2005年冬，营口航标处在鲅鱼圈港区试用冰标。因港区流冰严重，标体移位、防冰罩破碎和灯器损坏等问题屡有发生，冰标抗冰性能尚不能完全抵御鲅鱼圈冬季恶劣气象条件。

2007年，鲅鱼圈港区15万吨级航道正式投入使用，航道灯浮标增至28座，重新调整灯浮标编号。同年，20万吨巨轮"维多利亚"号靠泊鲅鱼圈港，标志着鲅鱼圈港区15万吨级航道顺利完工。是年，鲅鱼圈港区吞吐量达1.22亿吨，助推营口港成为中国沿海第10个亿吨大港。2008年，营口港务集团有限公司扩建A港池，增辟鲅鱼圈港区支航道，并设置灯浮标9座。同时，将主航道18号左侧标调整为推荐航道左侧标，将20号左侧标调整为西方位标，并适时发布《航标动态通报》。

2009年冬，营口航标处再度在鲅鱼圈港区试用新型冰标，采用5吨铸铁沉石及聚碳酸酯防冰罩灯器，浮标移位和防冰罩破碎等问题初步得到抑制，为高寒地区海域冬季用标取得经验。随着航道拓宽和助航设施完善，鲅鱼圈港区吞吐量于2010年首次突破2亿吨。

2011年，按照振兴东北老工业基地战略决策部署，营口港务集团有限公司实施鲅鱼圈港区25万吨级航道建设。据此，营口航标处再度调整鲅鱼圈港区航标配布，航道灯浮标增至54座，并对港区航标分阶段实施太阳能供电和加装遥测遥控装置。是年冬，营口航标处分别采用EICP-155型遥测遥控冰标灯器4台和LH-5D型灯器及改进后防冰罩7套，在普通冰标上试用成功。2012年3月27日，营口航标处召开鲅鱼圈港区25万吨级航道工程航标效能核查、验收会议，会议认为：航标配布的效能符合验收条件，基本满足鲅鱼圈港区水域安全通航需求。2012年6月，满载30万吨铁矿石的利比里亚籍"BENGA-NG"轮乘潮靠泊鲅鱼圈港区码头，检验了鲅鱼圈25万吨级航道建设和导助航设施效能，亦标志着鲅鱼圈港区正式跻身国内超大吨位矿石港区行列。

2012年冬，鲅鱼圈港区39座在岗灯浮标全部改用天津航标处研制的第五代冰标，通过使用GLH/GLS-155E型铸铜灯器，加装遥测遥控装置，冬季冰标适用性得到显著提高。是年，营口港吞吐量达到3.01亿吨、集装箱481.5万标准箱，位列全国沿海港口第八名。其中，鲅鱼圈港区主航道贡献了重要份额。

图 3-7-331　2012 年 3 月 27 日,营口航标处在鲅鱼圈召开鲅鱼圈港区 25 万吨级航道工程航标效能核查、验收会议

七、唐山港京唐港区主航道航标

1989 年 8 月 10 日,唐山港开工兴建,1.5 万吨级航道设计长度为 4545 米,底宽 94 米,设计水深 9.8 米,航道轴线方位 135°—15°。1991 年 8 月 28 日,唐山港港口建成并首次试航,用 6 艘渔船代替航道浮标,挖泥导标作为进港引导灯桩。1992 年 7 月 18 日,唐山港正式开港,航道设置灯浮标 7 座,堤头灯桩 2 座(1 号和 8 号泊位),航道导标 6 座,中线标新建,钢架结构,二标一线方位 315°,边线标沿用疏浚施工用木质标。同年 10 月 16 日,国务院批准唐山港为国家一类对外开放口岸。1993 年 7 月 17 日,唐山与北京签订联合建港协议,并更名为京唐港。

1993 年 2 月 20 日,京唐港灯塔开工建设,唐山市第一建筑安装工程公司施工,10 月 29 日竣工,于 1994 年 10 月 12 日正式发光,灯器为天津海监局无偿调拨的英国法洛斯公司 PRB-46 Ⅰ 型。该灯塔位置为 39°12.8′N,119°00.8′E,塔体为圆柱形钢筋混凝土结构,外饰红白相间横带,灯质闪(2)白 10 秒(1.0 + 0.5 + 1.0 + 7.5),灯高 40.8 米,灯光射程 18 海里。

1996 年,京唐港主航道升级为 2.0 万吨级,航道长 5000 米,底宽拓至 100 米,水深 10.5 米,航道轴线方位不变。灯浮标增至 8 座,其中 1、3、5、7 号为左侧标,2、4、6 号为右侧标。1998 年 10 月 24 日,导标工程竣工,重建 1 组 3 对 6 座导标,采用上海航标厂 HD-400 型导标灯器,并适时发布《航标动态通报》。

2001 年,京唐港主航道升级为 3.5 万吨级航道,航道长 6820 米,底宽 150 米,通航水深 12 米,航道轴线方位不变。航道布设灯浮标 11 座,其中 1、3、5、7、9 号为左侧标,2、4、6、8、10 号为右侧标,11 号为东方位标,并适时发布《航标动态通报》。

2004 年,京唐港主航道再次升级,在原 3.5 万吨级航道基础上,单侧向西拓宽至 180 米,航道加长至 9350 米,水深 15.0 米,航道灯浮标增至 13 座,1、3、5、7、9、11 号为左侧标,2、4、6、8、10、12 为右侧标,13 号为东方位标,并适时发布《航标动态通报》。

2006 年 8 月,京唐港导助航设施正式移交秦皇岛航标处管理。2007 年 7 月,该处对京唐港区导助航设施实施综合改造,航道两侧设置灯浮标 12 座,间距 1.1～1.65 千米,并适时发布《航标动态通报》。

其中1~8号为灯浮标,2号灯浮标加装上海海英公司HY-Ⅰ型雷康(识别代码M),9~12号为活节式灯桩。港内航道与港池边缘交界处设置4座灯浮标(13、15、16、17号),港口灯浮标全部换装LED太阳能一体化灯器,导标换装美国泰兰公司RL-355型定向导标灯器,西防波堤1号灯桩增设上海海英公司HY-Ⅰ型雷康(识别代码K),并在港区新建AIS基站1座。

2009年,京唐港区开工建设10万吨兼5万吨级双向航道,航道长度10千米,底宽275米,通航水深15.0米,航道轴线方位不变。重新调整航道航标,灯浮标从16座增至19座,导标从6座增至10座,并适时发布《航标动态通报》。其中,2座航道中线导标不变,改造2对4座边线标作为5万吨级航道中线标,新建2对4座10万吨级航道和5万吨级双向航道的公用边线标。是年,京唐港区年吞吐量突破1亿吨。

2010年,唐山港集团股份有限公司启动京唐港区20万吨级航道建设。该航道是在原10万吨级单向航道基础上,延长、拓宽、浚深而成。航道长16.7千米,宽度295米,航道底标高-20.0米,航道轴线方位不变。伴随着京唐港区20万吨级航道建设,港口航标随之发生变化,航道灯浮标增至35座,灯桩增至20座,导标改造重建,调整位置,增加高度,并适时发布《航标动态通报》。重建后的京唐港区航道导标中线后标高64.5米,前标高40.5米,西边标高35.5米,后东、西边标高58.5米。导标均采用日本钱屋公司ZBL-RL-W05-FM型灯器,并分别配置不同颜色定光串灯。

至2012年底,唐山港京唐港区助航标志总计98座,灯塔、灯桩、导标、灯浮标、雷康等各类助航标志齐全,导助航效果良好。尤其自该港区航标移交秦皇岛航标处管理后,该处对其助航标志实施数次升级换代,为船舶航行安全提供了可靠保障,助推港口吞吐量连年增长。是年,港口吞吐量达到1.7亿吨。

八、日照港东西港区航道航标

日照港,昔称石臼所港,位于山东半岛南部,介于青岛港和连云港港之间,港口水域开阔,不冻不淤,近岸水深条件良好,0.5海里以外自然水深达13米,出入港航程短,船舶进出方便,所差避风条件欠佳。该港历史悠久,宋代即有帆船出入集聚。南宋浙西兵总李宝与金军交战时,曾率部由海道泊舟于此。1916年,通商开始商贸,初仅有"公记"一个轮船公司。随着商业的逐步发展,相继增加"德生堂""长记"等四家公司从事航运,并由"长记"公司修建仓库、马路、灯塔等港口设施。1937年,日军占领石臼所,在该港成立海运联营局,私营船公司一时停业,航业萧条,港口瘫痪。

1949年中华人民共和国成立后,随着国民经济的发展,1966年建成客运码头,1978年建成水产码头。此前,石臼所港仅有航标8座,其中灯塔1座、灯桩2座、导标1对2座、灯浮标1座、浮标2座。1982年,建成港作船码头。1985年,煤码头建成投产。为煤码头建设,另辟2400米人工航道,航道宽200米,水深15米,可供10万吨级船舶乘潮进出。航道两侧各划出500米宽、水深11米辅助航道。港口增设航道灯浮标7座和1对导标。其中,1、3、5号为左侧标,2、4号为右侧标,6号为专用标,7号为南方位标,另在新建煤码头设置引导灯桩2座,港口航标达到17座。

1999年,日照港开始建设全国最大的深水泊位矿石码头。为配合港口航道工程建设,同年1月中旬设置灯浮标8座,分别为31、32、33、34、35、36、38、40号。4月24日,为防止水产养殖侵占航道,保证航道疏浚施工,增设2座侧面标,用以分割航行水域与养殖区水域,并适时发布《航标动态通报》。同年8月,统一调整10座原施工灯浮标,1、31、33、35号为左侧标,其余为右侧标。

2000年6月,经交通部海事局批准,日照港矿石码头航道10座灯浮标纳入北方海区航标系统公用航标管理序列。2003年5月,矿石码头航道拓宽,撤除影响施工的38号灯浮标。同年9月至2004年5月,因航道施工需求,多次调整航道32、34、36、40灯浮标,最终撤除40号灯浮标,将界1、界2号灯浮标改为L1、L2号,并增设L3、L4、33A和37号4座灯浮标,并适时发布《航标动态通报》。

2006年，日照港东西港区扩建，航道沿长线穿越港口锚地。为防止锚泊船影响进出港船舶航行，在沿长段航道两侧增设6座灯浮标，编号为101～106号。2007年，日照港锚地重新划定，再度调整101～106号灯浮标位置。2009年，日照港建设防波堤，并在防波堤堤口增设2座灯浮标，分别为111号、112号。在日照港东西港区扩建工程中，航道尺度变化频繁，航道灯浮标随之调整变化。此间，航标管理部门服务港口建设，加强与上级主管机关及当地海事部门、港口建设单位适时沟通联系，加速航标设置审批，及时完成航标配布调整作业，保障航道施工按时完成，满足港口安全生产需求。

至2012年，日照港吞吐量突破2亿吨，有港口码头工人的辛勤劳作，亦有航标人员的默默奉献。

九、秦皇岛港十万吨级航道航标

秦皇岛港是以能源输出为主的综合性港口、北煤南运的枢纽港。港口后方腹地有四条铁路干线和一条输油管线与煤炭石油产地陆路相通，海上水路可达沿海各港，港口聚集输运条件优越。该港作为东南沿海经济发达地区的主要能源供给港，自建港迄今，港口规模持续扩大。其中，十万吨级航道是为煤四期工程专门建设的重要能源输送通道。该航道长21260米，宽200米，水深16.5米，航道轴线方位150°—330°。航道及其助航设施配布，由交通部第一航务工程勘察设计院设计。航道助航设施，由陆地导标和水上浮标两部分组成。其中，导标1组7座，中线导标3座，东西边线导标各2座；活节式灯桩13对26座；雷达信标2座；灯船1艘（后调往大连）。

1999年7月，导标工程建设开工，11月底竣工。东西边线标各2座，标体均为钢管架，外饰白色，顶标红白相间三角形，东边标为正置，西边标为倒置。4座边标的主灯采用LL280型灯器，为白色定光，每标配置1组串灯，东边标2座串灯为绿色，西边标2座串灯采用LL22-22/216型条形灯器，为红色。东边线前标高29.2米，位置为39°56.1′N、119°39.4′E；后标高52.2米，位置为39°56.9′N、119°38.8′E。西边线前标高29.2米，位置为39°56.1′N、119°39.2′E；后标高41.2米，位置为39°56.8′N、119°38.7′E。中线导标3座，除前后标外，另有1座辅助中标，串灯配置LL22-22/216型条形灯器。另外，中线前标与原东航道导标中线前标二合一使用，实为1座标志。此为10万吨级航道导标与其他航道导标有别之处。该状况是因为十万吨级航道与毗邻东航道靠的较近，但走向不同，以及港区陆域场地限制使然。为满足一标两用的导助航效果，在前中标灯器室内两条航道中心线交汇位置，分别垂直设置2座导标灯器，使其灯光照射的方向分别为150°和191°，面向各自航道的来船使用。另外，在十万吨航道中线导标前后标之间增设辅助中标，形成三点控制一线的直线导标。中线导标前后标均为钢筋混凝土结构，外饰红白相间横带，每标各有4盏定白串灯。前标高29.5米，位置为39°56.1′N、119°39.3′E；后标高58.5米，位置为39°57.0′N、119°38.6′E。辅助中标为钢架结构，外饰白色，红白相间菱形顶标，4盏串灯为橙色，标高52.2米，位置为39°56.5′N、119°39.0′E。由于导标结构、标志外饰、标牌形状、灯光颜色等诸多的明显差异，使搜寻识别较为便捷。

此间，活节式灯桩由天津市海岸公司设计，中建六局工业设备安装公司制造。由于十万吨级航道相对较长，设标区域水深从6米至16.9米差异较大，活节式灯桩标体长度最大25.2米。活节式灯桩的海上抛设工作由秦皇岛航标处承担，并由"B-12"轮和"B-17"轮共同完成。同年11月25日，完成26座活节式灯桩设置作业和海上实况验收。12月末，全部导助航工程通过国家验收，并正式交付使用。

2000年6月，因部分活节式灯桩直立状态欠佳，秦皇岛航标处实施修复调直后重新投放。是年11月，秦皇岛港建港指挥部将十万吨级航道36座助航标志正式移交秦皇岛航标处。据秦皇岛港统计，至2000年底，港口吞吐量增至9743万吨，比上年度净增1482万吨，说明十万吨级航道建成投产功效明显。2000年冬，秦皇岛港5条航道共设置越冬灯浮标48座，其中冰期浮标3座，活节式灯桩45座。由于十万吨级航道的重要性，航道沿线26座活节式灯桩全部保留。

2001年初，北方海区遭遇持续低温大风天气，秦皇岛地区气温低于零下20摄氏度，距海岸线20余海里的海面全部被流冰覆盖,冰层厚度达40~50厘米,致使海上越冬航标遭受巨大损失,45座活节式灯桩损坏29座,并适时发布《航标动态通报》。其中,十万吨级航道损坏21座。2月4日到4月25日,秦皇岛航标处干部职工冒着刺骨严寒,投放灯浮标12座、活节式灯桩5座,保障了秦皇岛港冬季煤炭运输。

2001年7月,在十万吨级航道导标中线前标加装上海航标厂RX-1A型雷达指向标。同年12月,导标中线前标和后标换装美国泰兰公司RL-355型导标灯器,夜间目视效果和灯光射程有所提高。同年冬季,海上越冬浮标采用冰期浮标和活节式灯桩间隔布置方式,布设403、404、407、408、411、412、415、416、419、420号10座直径2.1米冰标,灯器采用ZLS-120型航标灯器,加装防冰罩。

2003年,航道导标东、西边线前后4座导标主灯换装美国泰兰公司RL-355型导标灯器。2004年5月,导标中线前、后标各换装RL-200型4盏串灯,白色。9月,后西边线标、辅助中标换装LL22×192-D型定向灯器,辅助中标主灯更新为上海航标厂HD-400型灯器。是年冬,将401号活节式灯桩更换为冰标,2005年春季更换为灯浮标。2006年春季,将402、405、406、409、413、414号活节式灯桩更换为灯浮标,并适时发布《航标动态通报》。

2008年,秦皇岛航标处实施秦皇岛港导助航设施综合配布调整,在十万吨航道口门增设1座直径3米安全水域标志,提高航道口门标志的识别能力;加大航道前端灯浮标密度,克服因航路过长导标识别困难。调整后,该航道水上浮动标志春、夏、秋季采用灯浮标,冬季采用冰标,港池内受流冰影响较小位置继续采用活节式灯桩。

2009年后,冰标主要使用日本钱屋公司ZL-LS120型太阳能一体化灯器和天津航标处自主研制的HD-160-D2型聚碳酸酯防冰罩灯器。2011年冬,秦皇岛港再次遭遇冰冻天气,因受长期低温影响,聚碳酸酯防冰罩强度有所下降,造成冰标灯器大面积损坏。随后,秦皇岛航标处换装天津天元海公司TYH-155E型冰标灯器,抗冰能力有所加强,并具备遥测遥控功能。至2012年底,秦皇岛港十万吨级航道在岗冰标27座、活节式灯桩3座。

秦皇岛航标处致力于不断改进和完善十万吨级航道助航标志,为船舶进出秦皇岛港煤三期、煤四期码头提供了有效的导助航服务,为保障秦皇岛港港口吞吐量连年增长做出重要贡献。2012年,秦皇岛船舶进出港9721艘次,港口吞吐量达到26328万吨,而十万吨级航道贡献了重要份额。

十、黄骅港煤炭港区航道航标

2001年9月,黄骅港煤炭港区一期工程外航道疏浚竣工,航道长31.35千米,底宽140米,边坡比1:7,航道轴线方位为59°30′—239°30′。同年10月,由天津航标处组织实施航标设置。由于黄骅港务有限责任公司采用的航标器材为上海航标厂制造,但该厂对北方海区水文气象不熟悉,高驻定式灯浮标、冰标难以适应北方冬季恶劣海况及航标作业需求,在抛设前须加以技术改造。为此,天津航标处结合以往经验,割除标杆内封板、原爬梯,重新制作爬梯和吊点,并改用氯化橡胶厚浆型面漆,以保证浮动标志颜色鲜明。12月,如期完成黄骅港航道航标设置,主要包括煤码头灯桩1座、防沙堤灯桩2座、堤头灯桩2座、导标6座、冰标15座、高驻定式灯浮标36座。其中,浮动标志设置由"海标11""海标12"轮完成。是年,黄骅港煤炭港区货物吞吐量为19万吨。

2003年9月,黄骅港煤炭港区一期完善工程竣工,航道总长34.83米,其中内航道3.48千米、外航道31.35千米,设计吞吐能力为500万吨/年。同期完善建设黄骅港煤炭港区防沙堤,防沙堤总长21632.4米,其中南防沙堤10727.2米,北防沙堤10905.2米。2004年4月,为标识黄骅港煤炭港区南、北防沙堤所在位置,保证船舶通航安全,设置南、北防沙堤灯桩10座。

由于黄骅港导助航设施原设计、制造等方面存在的缺陷,致使航标灯光焦面较低,航标灯器及电源装置防水性能降低,技术参数失常,锚链锈蚀严重,冰期脱锚移位,成为影响安全生产重大隐患。2005

年4月7日至8月9日,天津海事局举全局之力,历时108天艰苦奋战,出动船舶60艘次,航行1860海里,总计起吊和抛设各类水上航标204座次,陆上航标维修改造101座次,圆满实现既定任务目标,未发生任何安全责任事故,为保障黄骅港电煤运输安全快捷发挥了重要作用。同年9月26日,神华黄骅港务有限责任公司与天津海事局签订《关于黄骅港航标的交接协议》,天津航标处接管黄骅港各类在岗航标76座,其中灯浮标51座、导标8座、堤头灯桩4座、防沙堤灯桩12座、雷康1座。

2006年6月22日,煤炭港区航道由原140米拓宽至170米,拓宽竣深工程涉及航标位置调整总计12座灯浮标,位置调整均为由原位置垂直于航道中心线向外调整至30米处(编号、灯质均不变),同时将25号活节式灯桩调整至与26号灯浮标形成对标位置,并适时发布《航标动态通报》。

2007年5月,由于煤炭港区航道延长,增设A15~A20号共6座灯浮标。2008年,黄骅港煤炭港区航道改建为双向航道,全航道底宽拓宽至200米,航道水深14.0米。同年3月,由于航道拓宽延长,增设A11~A14号共4座灯浮标;航道拓宽竣深工程涉及航标位置调整的右侧标A16~A48号,共26座灯浮标均由原位置垂直于航道中心线向外延伸45米(编号、灯质均不变),并适时发布《航标动态通报》。航道灯浮标采用日本钱屋公司ZL-LS120型太阳能一体化灯器、上海XHD150-1A型和烟台航标处HD-120型灯器,使用3PS-1100型锌空电池供电。冬季更换为冰标,使用锂电池供电。

2008年3月,为改善黄骅港煤炭港区通航环境,黄骅航标处在14号活节式灯桩上加装上海海英公司HY-Ⅱ型雷康,与原安装在安全水域标、40号灯浮标、防沙堤A2灯桩上的雷康,共同保障多雾季节进出港船舶航行安全。之后,随着5万吨级双向航道及三期工程堆场的建设,原导标从平面位置及高度均丧失引导船舶通航功能,遂于2011年4月撤除陆地导标8座,并根据港口实际情况重新建设。2012年7月18日,黄骅港煤炭港区新建20座导标工程告竣正式发光,并适时发布《航标动态通报》。内、外航道分别各设置5组导标,即航道中线导标和2组边标。导标均采用钢管塔架结构。外航道前导标标高均为58米,外航道后导标标高均为81米;内航道前导标标高均为33米,内航道后导标标高分别为53米和54米。导标主灯采用"高光强、低耗能"的LED灯器。内航道导标采用WR-RL300型LED平面同步闪光灯器;外航道导标采用WR-RL2000型LED平面同步闪光灯器,灯光射程15海里。理想环境状态下,导标日间最大引导距离为10海里。

至2012年底,黄骅港煤炭港区航标总计113座,其中灯桩17座、灯浮标72座、导标20座、雷康4座。是年,黄骅港进出船舶3249艘次,货物吞吐量达1.25亿吨。该辖区航标管理机构为保障船舶航行安全,服务地方经济社会发展,提供了高效优质的航海保障服务。

第八节 重点工程

北方海区航标重点工程系指为推进航标事业发展、保障船舶航行安全发挥关键作用的重点工程项目,主要包括航标新建、重建、改建、扩建,以及相关技术升级改造和综合配布调整等系统工程。

清同治七年(1868)海关船钞部成立伊始,遂着手统一筹划全国通商口岸航标设置,并投入巨资,大规模开工建造灯塔、灯桩、灯船、导标、立标、浮标、雾号、旗台等助航标识,由此开启近代中国航标事业建设历史。至1937年,北方海区公用和专用航标数量已达231座,其中北方海区航标系统(海关)管理82座,沿海干线及港口航标渐成体系规模。后因连年战乱,当局无暇顾及航标基础设施建设,基本囿于原状,修毁往复,除增设无线电指向标外,无甚重大建树。

1949年中华人民共和国成立后,北方海区航标系统(海军和交通部所属单位)在修葺恢复原有助航设施基础上,以沿海干线航标链建设为重点,填补空白,完善布局,先后新建和重建灯塔灯桩21座,并组织实施了若干航标技术改造工程,辖区航标规模及助航效能得到明显改观。特别是新建无线电指向标站、中程无线电导航台等重大系统工程相继告竣,标志着中国航海保障技术手段全面跨入目视、音响、无线电三位一体导航时代,航标信号多重覆盖,作用距离大幅拓展,定位精度明显提升,为保障海上交通安全、巩固国防战备建设发挥了重要作用。

1978年中共十一届三中全会后,按照交通部统一部署,天津航道局先后组织实施浮标制式改革、灯塔技术改造、船舶装备建造、基础设施建设等一系列重大工程,并研制成功无线电指向标控制机和中程无线电导航台发射机,牵头组织完成全国海区14个无线电指向标站和10个无线电导航台设备更新改造工程,为实现航标技术设备国产化做出重要贡献。

1988年全国港口体制改革后,随着经济社会发展和科学技术进步,天津海监局在相继完成秦皇岛南山头、大孤山、太平角等30余座灯塔(灯桩)新建改建工程的基础上,牵头组织实施北塘、秦皇岛、大三山岛、老铁山、成山角、王家麦等21座全国沿海RBN-DGPS系统建设工程,使全国海区导助航设施整体面貌焕然一新,加速向世界航标先进水平迈进。

1999年全国交通系统水监管理体制改革后,按照交通部海事局决策部署,天津海事局在批量接管地方航标的同时,积极跟踪相关科技发展最新动态,自主研发并广泛应用新技术、新设备、新灯器、新能源、新材料,分别组织实施北方海区AIS系统建设工程,以及大连、天津、黄骅、青岛等港口航标综合配布调整工程。

至2012年底,北方海区公用和专用航标数量总计3219座,其中北方海区航标系统管理公用航标倍增至2108座,基本建成种类齐全、手段多样、技术先进、多重覆盖、管理智能的综合导助航服务体系,将辖区航标导助航技术水平提高到一个新高度,成功跻身国际航标一流行列。

一、山东半岛灯塔灯桩建设改造工程

1953年海军青岛基地司令部接管北方海区干线航标后,从战备应急需要出发,先后对辖区原有助航设施恢复性修葺,但因当时客观条件局限,部分重建和新建灯塔灯桩普遍存在塔(桩)体低矮、目视效果差、灯光射程近等航标效能缺陷。随着时间推移,这些灯塔灯桩历经20余年风雨海潮侵蚀,基础架构大多出现锈蚀残破现象,严重影响航标效能正常发挥。为支援国家经济建设,促进对外航运贸易,海军北海舰队司令部决定实施山东半岛灯塔灯桩建设改造工程。自1975年以来,北海舰队航海保障部门组织新建、改建灯塔11座、灯桩10座,有效改善通航条件,并为北方海区灯塔链建设奠定重要基础。

20世纪70年代中期,北海舰队司令部航海保证处副处长冯洪达带领有关人员多次全面考察山东半岛各类助航设施现状。在广泛听取用户和业内技术人员意见基础上,提出"调整密度,填补空白,提高射程,改造与新建相结合"的升级改造方案,建议对部分灯塔加高塔体、加装灯笼;所有角钢结构的灯塔塔体、灯桩桩体全部改造成钢筋混凝土或石砌结构,高度不低于5米;岛屿灯桩灯器功率不小于32伏60瓦,重要位置灯桩安装直径500毫米鼓形透镜灯器,功率达到1000瓦。该方案经北海舰队司令部批准后,于1975年开始实施,并于1976年末先期完成鹊嘴、吕家坝子、崂山头、大鲍岛灯桩和大港进口右灯桩等5座灯桩改建任务。

1978年中共十一届三中全会后,随着改革开放逐步深入,中国沿海大部分港口陆续对外开放,对通航环境提出新要求,山东半岛原有助航设施难以适应新形势需求。根据上级有关要求,北海舰队航海保证部门组成以冯洪达为组长的工程领导小组,进一步加快山东半岛灯塔灯桩建设改造工程进度。该工程采取综合措施,以灯塔新建、重建和改造为重点,兼顾灯桩改造,提高灯光射程,增强目视效果。针对航标改造经费严重不足状况,冯洪达提出"花小钱办大事,能造自己造,能建自己建"要求,并亲自登门聘请老海关时期航标老专家朱德建为技术指导。灯塔改造,首先从试制灯笼开始。在冯洪达组织带领下,组成由领导干部、技术人员和航标工作人员三结合的技术攻关小组。朱德建亲自设计灯笼图纸,并亲自授课培训航标工作人员。冯洪达同工程技术人员同吃同住同劳动,随时帮助协调解决工作中遇到的各种困难和问题。经过近半年的努力,第一座直径 2.5 米的灯笼试装成功。经测试,各项技术指标均达到设计要求和规范标准。在此基础上,先后完成 5 座灯笼制作,分别安装于千里岩、老北山、靖子头、北隍城和古镇口灯塔。1979 年,千里岩灯塔改造工程顺利完成并正式投入使用,是为山东半岛灯塔灯桩建设改造工程竣工的首座灯塔。该灯塔塔体高度 10 米,灯笼直径 2.5 米,从塔体到灯笼全部自行设计、施工、制造、安装。这一改造工程的圆满成功,不仅有效提升了黄海南北大通道航标链的助航效果,而且增强了航标工作人员自己动手建造航标设备设施的信心。

至 1981 年,北海舰队航海保证部门进一步调整黄、渤海干线航标布局,精心组织,科学安排,加强建设改造工程力度,先后新建和改建车牛山、苏山岛、海猫子头(青鱼滩)、靖子头、大竹山、北隍城岛、崆峒岛、烟台山、老北山和北长山等 10 座灯塔,重建和改建鸡鸣岛、白鸽石等 5 座灯桩,山东半岛沿海航标焕然一新,灯光射程明显提高,为支持地方航运经济建设做出重要贡献。

图 3-8-332　1979 年改造的千里岩灯塔

二、无线电指向标控制机更新改造

1982 年交通部接管全国沿海 14 座无线电指向标站后,因部分指向标控制机年久失修,经常发生发射信号时间偏差、周期失准、编码错误等情况,严重影响船舶定位精度。为此,交通部水监局决定更新改造无线电指向标控制机。

图 3-8-333　1983 年 9 月,天津航测处科研人员在测试无线电指向标控制机单元电路板

1983 年 5 月,天津航测处副处长张家孝提出更新改造方案,以温补晶体振荡器和电子逻辑编码电路为核心的"全电子"无线电指向标控制机,替代原机械钟控单元和机械码盘式控制机,并由张家孝负责总体电路原理图设计,赵亚兴负责整机结构和电源电路设计。同年 7 月,天津航测处成立由赵亚兴、李鲜枫、赵宗芳、李钊金为技术骨干的科研小组,全面展开无线电指向标控制机研制工作。此间,科研小组先后完成完善电路原理图设计、印刷电路板焊接、单元电路板测试、零部件总体安装、整机电路调试和样机制作等项工作。

1983 年 10 月 28 日至 11 月 5 日,该机样机在天津北塘无线电指向标站首次联机测试。科研小组人员在现场轮流值班,观测控制机工作情况,记录累积时差和出现的各类问题;向该站值班人员征求意见,多次试验和排除隐患,并及时调整、修改和完善相关电路。至 1984 年 6 月,该样机经过 7 个月联机测试和多次相关电路改进,于同年 9 月 16 日顺利通过交通部水监局组织的科技成果技术鉴定,并正式定型命名为"ZK-Ⅰ型无线电指向标控制机"(简称"ZK-Ⅰ")。

1985年10月,按照交通部水监局"批量制作,在全国沿海无线电指向标台站推广使用"的相关要求,天津航测处委托国营东海无线电厂制造50台"ZK-Ⅰ",相继在全国沿海14个无线电指向标站安装使用。此间,天津航测处牵头组织举办全国海区"ZK-Ⅰ"使用维修培训班2期,总计培训全国14个无线电指向标站一线操作人员60余名。培训期间,主讲赵宗芳详细讲解"ZK-Ⅰ"操作使用和注意事项,并就学员提出的具体问题一一现场分析、演示和答疑。1986年1月,赵宗芳主笔完成《指向标控制机维修十法》,就"ZK-Ⅰ"日常维护及一般性故障排除方法作出详尽释义,并及时发往各海区航标管理部门和所属各无线电指向标站,使相关工作人员基本掌握常见故障修复技能。对于一些疑难故障,则由天津航测维修中心派员现场排除,有效保障了中国沿海无线电指向标系统正常运行和如期对外开放。

1989年,针对"ZK-Ⅰ"存在抗干扰性弱、易遭雷击等问题,天津航测科技中心赵宗芳、李钊金等工程技术人员研制成功"ZK-Ⅱ型无线电指向标控制机"(简称"ZK-Ⅱ"),分别在秦皇岛、硇洲岛等无线电指向标站实地联机试验。由于"ZK-Ⅱ"具有"抗干扰性能强、时钟运行准确、电路工作稳定、操作使用便捷、维修保养简单"等特点,交通部安监局遂决定在全国海区推广使用,由天津航测科技中心委托国营东海无线电厂制造70台"ZK-Ⅱ",并牵头组织全国14个无线电指向标站陆续换装,各站配备3台,2台轮换工作,1台备用。

(1)1985年研制的ZK-Ⅰ型　　　　(2)1989年研制的ZK-Ⅱ型

图3-8-334　无线电指向标控制机

1991年,天津航测科技中心工程师吕青研制成功"智能型"无线电指向标控制机,分别安装在北塘、秦皇岛、成山头无线电指向标站试用。1996年始,随着全国沿海21座RBN-DGPS台站工程相继告竣,一部分无线电指向标站改建为RBN-DGPS台站,另一部分无线电指向标站以"停机保养"方式陆续关闭,各型无线电指向标控制机随之停用。此间,成功实现自行研发、设计、制作的各型无线电指向标控制机,从其诞生到停用,在全国海区14座无线电指向标台站"忠于值守"十余载。

三、无线电导航台发射机更新改造

1982年交通部接管海军中国沿海10座中程无线电导航台后,因该导航系统已经运行近20年,发射机等主要设备陈旧老化,频频出现高压打火、甚至跳闸停机等失常现象,难以保障发射信号连续稳定,严重影响其工作效能。为此,交通部水监局于1987年5月16日决定全面更新无线电导航台发射机,并责成天津航测处牵头组织研制新型发射机。随后,该处副处长张家孝带相关工程技术人员相继考察了天津广播器材厂(764厂)、北京广播器材厂(761厂)等无线电通信设备生产企业,最终确定由761厂承担无线电导航台发射机研制生产任务。

1987年10月21日,交通部水监局在761厂组织召开发射机样机设计方案审查会。会议本着"尽量采用先进技术、先进元器件、先进工艺,以实现发射机原有技术指标"为原则,研究确定了试制新型发射机总体方案,初步命名为80千瓦发射机。80千瓦发射机由电控分机、激励器分机、电源分机、功率放大分机等部件组成,功能性元器件全部采用半导体器件(末级功率放大仍采用电子管器件),公共发射频率为1950千赫兹,保留1800千赫兹和1965千赫兹两个军用发射频率,发射平均功率80千瓦,发射机控制桌的代号为"9025"。

1988年6月,80千瓦发射机样机试制工作顺利完成,随即开始为期3个月的联机测试。后因761厂不具备300瓦以上功率机器试验条件,遂于同年12月10日将80千瓦发射机样机安装在天津上古林无线电导航台联机试验。1989年3月9日,该样机因末极高压阻流圈打火,致使其5万伏耐压导线被击穿,电控部分两个10欧姆20瓦的电阻损毁。经修复后,继续样机试验。同年4月16—20日,天津海监局采用船载罗兰A接收机,在莱州湾水域测得上古林无线电导航台发射信号1L1时差为3431微秒、1L0时差为2330微秒,表明无线电导航台发射信号稳定可靠,时差波动技术指标符合设计要求。之后,交通部安监局航测处决定将该样机移装在珠海三灶无线电导航台实地试验,进一步观测该样机在高温高湿条件下的工作性能。1989年7月4日,该样机出现失常现象,经761厂派员修复并运行一段时间后,于9月7日由珠海三灶无线电导航台运抵天津上古林无线电导航台继续测试。至11月10日,该样机连续运行800余小时,未再发生故障,交通部安监局遂决定批量生产该型发射机。是年11月16日,交通部安监局航测处与761厂正式签订生产20部TNM-481型发射机经济合同和安装调试协议。在TNM-481型发射机生产期间,天津海监局派员对发射机生产全过程实施现场跟踪监造,对保质保量如期完成生产任务起到重要作用。

1991年6月12日,交通部安监局航测处组织天津、上海、广州海监局航标管理部门及10个无线电导航台相关技术人员,在761厂现场验收交接20部TNM-481型发射机,并订购了部分易损备件。同年8月1日至9月21日,天津海监局航标导航处副处长刘子忠会同761厂工程技术人员,率先在成山头、庄河、上古林无线电导航台完成TNM-481型发射机安装调试。至1992年3月9日,全国海区10座中程无线电导航台换装TNM-481型发射机工程全面告竣,并正式投入运行。1992年4月11日始,天津海监局在津举办为期1周的80千瓦发射机技术骨干培训班,培训专业技术骨干20余人,为全国海区航标系统TNM-481型发射机正确操作、简单维修和运行管理奠定技术基础。天津海监局副局长张家孝出席培训班开班典礼并讲话。

图3-8-335　1992年4月11日,天津海监局在天津举办80千瓦发射机技术骨干培训班

此间,按照交通部安监局工作安排,天津海监局牵头组织修订《中程无线电导航台管理规则》《中程

无线电导航台质量检测规则》和《中程无线电导航台设备操作保养规则》。1995年4月1日,交通部发布实施如上3部行业标准,对全国海区中程无线电导航台管理和运行发挥重要作用。

1998年10月1日,按照交通部海事局统一部署,中国沿海10座中程无线电导航系统关闭,TNM-481型发射机随之停用。

四、无线电指向标—差分全球定位系统建设

1994年2月,IALA在美国夏威夷召开第13届大会。此间,中国代表团听取了IALA官员关于中国可考虑发展RBN-DGPS系统的建议,直接了解了国际上DGPS的发展和建设情况,并筹划在中国沿海充分利用现役无线电指向标站的天线、地网、工作场地、供电系统播发DGPS修正信息的试验工作。

1994年4月,按照交通部安监局工作安排,天津航测科技中心在秦皇岛无线电指向标站组织举办了中国首次利用无线电指向标播发差分修正信息的演示会。实验验证了利用国外厂商提供的DGPS基准站和发射机,适配秦皇岛无线

图3-8-336　1991年9月换装的中程无线电导航台TNM-481型发射机

电指向标站现役的天线系统播发GPS差分修正信息的可行性。同年6月始,在为期一年半的连续可靠性实验中,除一次人为干扰外,台站运行基本正常,硬件设备工作正常,软件系统运行稳定。

1995年,交通部安监局决定在全国沿海分三期建设RBN-DGPS系统,并适时印发实施由天津航测科技中心牵头起草的《中国沿海无线电指向标—差分全球卫星导航系统规划(1996—2000)》(简称《规划》)。按照交通部安监局(海事局)统一部署,该工程所需主要设备和竣工验收均由其统一组织实施,具体建设工作由天津航测科技中心牵头组织实施。自此,中国沿海RBN-DGPS系统建设工程全面展开。

1995年始,依据《规划》台址选择技术原则,交通部安监局组织北方、东海和南海海区首先完成在海图上选址作业,并现场勘察了拟新建台站的台址,拟定了23个主要台址和3个备选台址。随后,交通部安监局组织制定《基准台位置精确测定技术方案》,并成立联测指挥组,由天津海监局统一组织协调天津、上海、广东3个海测大队实施。第一次测定了大三山、秦皇岛、北塘、王家麦、燕尾港、大戢山、天达山、镇海角、三灶、硇洲岛、抱虎角11个基准台位置,第二次测定了老铁山、成山角、蒿枝港、定海、崎头角、石塘、亭江、鹿屿、白沙门、洋浦、三亚、防城12个基准台位置。同年4月,天津航测科技中心和西安二十所对一期建设的北塘、秦皇岛、大三山岛、王家麦岛、大戢山、抱虎角6座台站测定天线阻抗,得到了在拟定的中心工作频率上的天线阻抗,为台站设备安装调试和顺利运行提供了先决条件。

此间,交通部安监局为一期6座RBN-DGPS台站统一引进美国Leica和Trimble公司6套设备,主要包括用于基准台的高精度12通道GPS接收机(含天线)、用于监控台的12通道高精度GPS接收机(含天线)和指向标接收机、用于发射台的发射机(含天调)、系统运行和完善性监控软件等。同时,天津航测科技中心和有关单位专业技术人员深入研究了指向标发射机和天线系统,认为完全可以依据国际标准,采用先进技术,自主研发RBN-DGPS所需的发射机和天线系统。随后,选择了专业从事导航技术研发的西安二十所作为合作方,并着手开展RBN-DGPS台站所需发射机和天线系统的国产化研发工作。

1996年1月和3月,天津航测科技中心牵头组织实施一期6座RBN-DGPS台站引进设备的安装和

系统调试工作。经该中心技术人员与外方技术人员的共同努力,顺利完成相关设备安装调试工作,并进入试运行期。经过为期一年半的试运行,北塘、秦皇岛、大三山岛、王家麦、大戢山5座台站运行正常。同时,天津航测科技中心牵头组织实施了一期RBN-DGPS台站的综合性能测试,掌握了各台站的覆盖范围、定位精度以及稳定性等性能指标。随后,天津航测科技中心遂牵头组织海南抱虎角RBN-DGPS台站设备安装。1997年7月21日零时起,一期5座RBN-DGPS台站正式播发DGPS信号。此间,天津航测科技中心派员会同西安二十所专业技术人员对海南抱虎角台站出现的运行不稳定(反射功率大)现象实施了综合性诊断和故障分析,查找出其主要原因是天线系统本身存在接触不良的问题。经更换新型天线,抱虎角台站运行正常。

1997年10月,交通部安监局为二期7座RBN-DGPS台站统一引进美国Leica和Trimble公司7套台站设备。其中,基准台与一期引进设备相同,发射机引进6套,国内生产1套。同时,根据此前开展的调研工作,交通部安监局决定从二期开始,不再保留播发原指向标信号,改为仅播发DGPS信号,故所引进和国内配套的发射机均为单频工作方式。另外,台站监控软件采购符合国际标准RSIM的台站软件,进一步提升台站技术水平。燕尾港、镇海角、石塘、硇洲岛、三灶5座台站利用现有的机房及配套设施并实施了技术改造,鹿屿、三亚2座台站新建了机房及配套设施。1998年10月,天津航测科技中心会同美国Leica公司工程技术人员组织实施海南三亚RBN-DGPS台站设备安装和技术培训,为其设备管理和运行奠定了基础。

至1998年11月,引进设备陆续运抵各RBN-DGPS台站,安装、调试工作顺利实施。随后,7座台站进入为期10个月的试运行,至1999年9月,各台站的试运行证实了其可靠性。此间,天津航测科技中心牵头组织实施二期台站的综合性能测试,掌握了其覆盖范围、定位精度以及稳定性等性能指标。1999年9月,交通部海事局召开新闻发布会,宣布二期7座台站和一期的抱虎角台站自9月15日零时起正式播发DGPS信号。

图3-8-337　2001年5月18日,天津航测科技中心参加定海台站设备安装竣工验收

1999年,适时启动老铁山、成山角、蒿枝港、定海、天达山、防城、洋浦7座RBN-DGPS台站三期建设。其中,防城和洋浦新建机房及配套设施。台站设备的配套是采取进口与国产研发相结合的方式。

基准台、监控台及软件引进,发射机和天线及地网全部国产化。按照国家有关规定,编制三期引进设备招标文件并实施公开招标。共引进美国 Leica 和 Trimble 公司 7 套 RBN-DGPS 台站设备。发射机、天线及地网采取了委托制造方式,由西安二十所按照产品定型机要求批量生产。2000 年 7—11 月,顺利完成三期 7 座台站设备安装调试。2000 年 12 月至 2001 年 12 月,为期 1 年的试运行情况良好。随后,交通部安监局组织实施东海海区三期 RBN-DGPS 台站设备验收,天津航测科技中心配合验收工作。

图 3-8-338 2001 年 5 月 21 日,天津航测科技中心参加嵩枝港台站设备验收会议

2001 年 12 月 27 日,交通部海事局在北京召开"中国沿海 RBN-DGPS 系统全面建成开通信息发布会",交通部海事局副局长王金付宣布:"中国沿海 20 座 RBN-DGPS 台站全部建成,全面正式对外开放,并向公众用户免费提供导航定位服务。""该系统单站信号作用距离为海上 300 千米,在信号覆盖范围内,使用亚米级导航型 DGPS 接收机,在距离台站 50 千米之内,定位误差小于 0.7 米;100 千米之内,定位误差小于 1.0 米;200 千米之内,定位误差小于 1.5 米;300 千米之内,定位误差小于 2.5 米。在大连港、长江口、老铁山水道等沿海重点港口、重要水域和狭窄水道,其定位误差小于 1.0 米。"随后,相关海事局亦适时召开 RBN-DGPS 台站正式对外开放信息发布会。

此间,按照交通部安监(海事)局工作安排,天津航测科技中心牵头组织编制、修订《沿海无线电指向标—差分全球定位系统建设技术要求》《沿海无线电指向标—差分全球定位系统台站管理规则》《沿海无线电指向标—差分全球定位系统设备操作规则》,交通部海事局以"海航测〔2001〕636 号"文件印发施行,为全国海区航标系统 20 座 RBN-DGPS 台站的设备验收和台站管理运行提供了技术支持。

至 2001 年,历时 6 年,交通部安监(海事)局分三期圆满完成《规划》的建设任务,在中国沿海建成 20 座 RBN-DGPS 台站,形成了从鸭绿江口到西沙群岛,覆盖(或多重覆盖)沿海港口、重要水域和狭窄水道的高精度导航定位服务网,成为全国唯一的向海上公众用户提供全天候、全时段、全覆盖、高精度、高可靠性、高稳定性、免费服务的无线电导助航系统,满足了航海、海上工程用户的高精度导航、定位需求,为海上用户安全提供了技术保障,为海上交通安全管理提供了技术支撑。同时,顺利完成中国海上无线电导助航系统的平稳过渡,将中国航标的现代化建设提高到一个新水平,实现了中国沿海无线电导航体制的重大变革,使中国海上无线电助航体系跻身国际先进行列。

第三章 航标业务

图 3-8-339　2001 年 12 月 27 日,交通部海事局在北京召开"中国沿海 RBN-DGPS 系统全面建成开通信息发布会"

五、灯塔灯桩标准化建设工程

灯塔(灯桩)新建或改建工程是航标管理部门从事的一项经常性工作。由于相关工程的前期调研、立项申请、报部审批、委托设计、招标施工、竣工验收等基建程序复杂繁多,加之灯塔(灯桩)地处偏远、交通不便、水电短缺,大型机械无法进场,施工过程甚为艰难,致使建设周期冗长。20 世纪末,随着全国水监体制改革深入发展,北方海区航标管理部门接管地方航标数量日益增多,灯塔(灯桩)建设改造任务骤然加大。如何缩短工程周期,提高工作效率,节省建设成本,并满足辖区航运经济迅猛发展的需求,成为各级航标管理部门亟待研究和解决的难题之一。

(1)烟台西北嘴灯桩

(2)烟台外遮岛灯塔

(3)青岛灵山南灯塔

图 3-8-340　2004 年始,灯塔灯桩标准化建设

2001年初,天津海事局航标导航处高级工程师王汶结合以往航标建设实践经验,全面分析灯塔(灯桩)个性区别与共性构成的关系,积极探寻改变以往"一标一设计"的传统做法与路径,提出灯塔(灯桩)主体设计标准化构想,并将灯塔(灯桩)高度分为10米、12米、16米,直径分为2.5米、3.0米、3.5米,外形分为圆截锥体、正八棱截锥体等多种不同形制规格,超前储备灯塔(灯桩)基础设计图,供建设者选择使用,以求压缩设计时间,减少重复劳动,实现提速增效目的。该标准化设计方案在保证导助航功能前提下,兼顾自然环境、外观造型和地标作用相互协调,既充分展现航标独有的功能特点,又避免同一地域航标外观雷同,并为后续安装灯笼、灯器等相关设备留有必要空间。同时,在防盗安全措施、方便日常补给维护、通风采光等人性化设计方面提出具体要求。2002年8月,天津海事局航标导航处委托天津航道局勘察设计院完成《中小型灯塔灯桩系列化标准图设计》,作为新建或重建灯塔(灯桩)的设计标准,在北方海区推广使用。

2004年,依据《中小型灯塔灯桩系列化标准图设计》,天津海事局航标导航处陆续组织实施皮口、双石礁、险礁、屺姆岛、外遮岛、西北嘴、崂山头、牙石、灵山南、刘公岛、鸡鸣岛、小竹山等12处灯塔(灯桩),收到良好效果,成功探索出一条标准化批量建设灯塔(灯桩)的新途径。

六、大连港航标综合改造工程

大连港是中国沿海重要贸易口岸之一,历经百年沧桑巨变,至20世纪末,港内导助航设施已达104座,基本保持与地方航运经济建设协调发展。进入21世纪,随着经济社会发展和科学技术进步,航运生产力突飞猛进,新一轮大规模港口基础设施建设日新月异,港区导助航设施不相匹配问题日益显现,主要表现在航标自动化程度低,灯浮标配布密度小,标体规格参差不齐,技术性能相对落后,严重影响航标助航效能,全面系统地调整改造港区航标布局和技术性能势在必行。

2003年9月11日,天津海事局在大连组织召开大连港航标改造工程研讨会,广泛听取相关港航单位意见,初步形成"大连港航标综合改造工程实施方案"(简称"方案")。同年10月31日,该方案通过专家评审后,报经交通部海事局批准,并将其列入北方海区航测"三项"计划,投资预算371万元。

2004年2月19日,天津海事局成立以航标导航处副处长柴进柱为组长、大连航标处副处长车荣合为副组长的项目领导小组,统一组织协调相关船舶调配、器材购置、物料运输、现场施工等工程管理工作。同年5月10日,大连港航标改造工程全面启动,项目领导小组先后组织大连航标处30余名干部职工参与施工,并调配天津航标处"海标11"轮大型航标船协同作业,历时6个多月连续奋战,于2004年11月30日改造工程如期告竣。

该工程的圆满完成,新增灯船1座、灯浮标5座,改造灯塔1座、灯桩11座、灯浮标49座,更换灯浮标19座,使港内航标总量增至109座,科技含量显著提升,助航效能显著增强,整体面貌焕然一新。特别是在航标新灯器、新能源、新材料、新技术应用方面取得明显成效。一是将大三山水道口门"Ho"兰比变更为灯船,将直径5米大型灯浮标作为甘井子航道分道通航

图3-8-341 2004年,大连航标处采用喷涂聚脲弹性体浮标

专用标志,并将灯光焦面高度提升至8米,同时安装6只无源雷达反射器,实现重要航道口门和转向点"航标大型化"。二是灯浮标全部换装智能型LED灯器,采用太阳能电池供电,统一编号,标号夜间显示;顶标采用偏心结构,增加角反射器和工作平台,并将灯光焦面高度由原4.4米提至5米,实现灯浮标规格标准化、灯器LED化、供电太阳能化;航标遥控遥测率达80%以上。同时,将沙坨子灯塔改为太阳能供电,黑嘴子10号灯浮标换装喷涂聚脲弹性标体并采用海水电池供电。三是适当加大灯浮标配布密度,在大港航道、甘井子航道各增设1座灯浮标,将各灯浮标间距调整为1.0海里左右;同时调整灯浮标闪光周期,实现港口航道灯浮标同步闪。四是调整部分灯浮标属性,将ZP2灯浮标由推荐航道右侧标改为南方位标;将甘井子航道6号右侧标移至航道南边线S2对侧,改为左侧标;在甘井子航道西部端点和大化码头对侧航道拐点增设2座左侧标;将香炉礁航道8号灯浮标改为H13,并在其对侧增设1座左侧标。五是实施大港东口南北灯桩灯笼改造和亮化工程,在两灯桩灯笼上环绕LED灯带,灯带灯光颜色和闪光周期与灯桩灯器发光同步,显著增强灯光目视效果,便利航海者在陆域背景灯光较强情况下快速识别大港东口门方位。

该综合改造工程结束后,大连航标处先后派员走访海事、引航、航运等单位及部分船长征询意见,一致认为:"大连港助航标志改造工程成功有效,尤其是实现灯器LED化、灯光同步闪、标号夜间显示和口门灯桩亮化后,航标夜视效果和分辨能力显著提高,为船舶安全进出大连口岸提供了极大便利和可靠保障。"

七、黄骅港导助航设施改造工程

黄骅港是中国西煤东运第二大枢纽港,其导助航设施始建于2001年。随着时间推移,原助航设施设计、制造等方面存在的缺陷日益显现,特别是航标灯光焦面偏低、航标灯器及电源装置防水性能降低、技术参数失常、锚链磨损严重、冰期移位频繁等问题,成为影响航运安全生产的重大隐患,遂引起交通部航标主管机关的高度关切。

2003年8月22日,交通部海事局在黄骅召开会议,专题研究解决黄骅港水上助航设施改造和管理体制等相关问题。应黄骅港务公司请求,天津海事局航标导航处和天津航标处为黄骅港导助航设施改造工程提出建议方案。会后,黄骅港务公司委托中交水规院完成改造方案设计,天津海事局于2004年4月16日批复该方案并提出建设性要求,为黄骅港导助航设施改造奠定了技术基础。

2004年8月23日,交通部副部长徐祖远批示"天津海事局要重点抓好黄骅港导助航设施改造工程"。随即,天津海事局局长徐津津主持召开专题会议,明确提出"举全局之力,抢在港口生产迎峰度夏之前,如期完成此项重大工程"总体目标要求。同时,分管副局长赵亚兴责成航标业务主管部门和施工单位,倒排工期,责任到人,措施到位,做到"工程组织要精心,参战人员要尽心,相互合作要同心,让航标用户安心,让上级领导放心,确保安全高效完成任务"。由此,拉开实施黄骅港导助航设施改造工程序幕。

2005年4月13日,天津海事局会同河北海事局在黄骅港联合召开工程实施协调会,全面启动黄骅港导助航设施改造工程。由于该项工程任务重、要求高、难度大、工期短,特别是因采购合同签订较晚,造成工程用标和零部件供应滞后,严重影响施工进度。为此,天津海事局紧急调运天津航标处备用航标,仅用不足20天时间便将14座高驻定式灯浮标更换完毕,第一阶段工程初战告捷。

同年5月19日,天津海事局再次召开专题会议,研究部署第二阶段具体施工方案。鉴于订购的周转航标尚未全部到位,该局紧急调运秦皇岛、烟台、青岛航标处备用航标17座,为保证工程顺利实施提供了有力支持。5月25日至6月1日,天津航标处干部职工克服施工环境恶劣等重重困难,争分夺秒,连续奋战,提前9天圆满完成第二阶段工程任务,赢得港方高度赞誉。

图3-8-342　2005年4月13日,天津海事局副局长赵亚兴(中)在黄骅港现场协调解决全面启动黄骅港航标改造工程相关事宜

图3-8-343　2005年4月29日,天津航标处"海标12"轮在黄骅港抛设活节式灯桩作业

同年6月13日,天津海事局召开第三次专题会议,传达贯彻交通部副部长徐祖远关于工程建设"一定要保质保量,经得起历史检验"的指示精神,研究确立"提前一个月完成黄骅港导助航设施改造工程"的目标任务。之后,天津海事局、河北海事局、黄骅港务公司通过联合现场办公形式,协调解决施工过程中遇到的种种技术和疑难问题,保障了改造工程的顺利实施。天津航标处现场工作人员克服施工条件

恶劣、部分标志沉石深陷淤泥、天气酷热难耐等诸多困难,将12座灯浮标更换为活节式灯桩,将22座冰标更换为灯浮标,至7月7日,顺利完成第三阶段工程任务。

图3-8-344　2005年5月26日,天津海事局局长徐津津(后中)、副局长赵亚兴(后左一)慰问黄骅港航标改造工程现场航标作业人员

同年7月22日,第四阶段工作全面展开,现场作业掀起向工程全面竣工冲刺新高潮。至7月29日,全力完成18座活节式灯桩更换工作,于8月9日一举完成所有替换下来航标的陆地改造工作。至此,黄骅港导助航设施改造工程全面告竣。8月27日,经交通部海事局专家组验收,一致认为:"该工程质量符合相关技术标准和规范要求,评定为合格工程。"

同年9月26日,黄骅港集团和天津海事局在黄骅港隆重举行航标交接仪式。交通部副部长徐祖远莅临,并在致辞中高度评价黄骅港导助航设施改造工程为"精品工程""满意工程",并倍加赞誉天津海事局航标职工以实际行动践行"三个服务"的精神风貌。交通部海事局航测处处长韩伟宣读交通部海事局党委《关于表彰在黄骅港导助航设施改造工程中表现突出的集体和个人的通报》,对天津海事局、天津航标处、"海标12"轮、河北海事局黄骅交管中心、黄骅海事局海事业务科等5个单位(集体),以及赵亚兴、辛艺强、刘福来、袁立武、沈福友、张立新、梁德州、石林8名先进个人给予通报表彰。至此,黄骅港航标正式纳入北方海区公用航标序列,由天津海事局实施统一管理。

据统计,黄骅港导助航设施改造工程历时118天,天津航标处按计划先后出动船舶60艘次,航行1860海里,总计完成水上航标起吊和抛设204座次、陆上航标维修改造101座次,圆满实现既定任务目标,为保障黄骅港电煤运输安全快捷发挥了重要作用。2005年,黄骅港完成电煤运输6710万吨,年吞吐量同比增长67%,作为海上交通安全不可或缺的航标助航技术支持和服务保障功不可没。

八、青岛港航标综合配布改造工程

青岛港是中国沿海百年大港之一,拥有天然深水航道,早期港内航标种类及规模较为单一稀少,主要用于标识礁盘、浅点、堤坝、口门等碍航物和险要部位。至20世纪末,随着港口规模不断扩张,助航设施数量日益增长,青岛港区内设置航标已达142座,其中公用航标105座、业主自管航标15座、地方航标22座,基本满足地方航运经济发展需要。进入21世纪后,伴随改革开放不断深入,航运经济呈现加速发展态势,进出港船舶流量大幅攀升,通航水域范围逐步扩大,港区导助航设施不相适应问题日渐凸显,主要表现在:固定标识低矮陈旧,浮动标识数量不足,技术性能相对落后,总体配布不尽合理。特别是马蹄礁、安湖石等触礁事故多发区域缺少方位标识,青岛港内锚地缺少专用标识,超大型船舶航道左右两侧标识布设不对称,航标灯光亮度因口岸背景灯光干扰而相对较弱等问题,成为影响船舶航行安全的潜在隐患。

为此,依据《天津海事局航标"十五"技术发展政策与项目实施计划》要求,青岛航标处在航标效能调研评估并广泛听取航标用户意见的基础上,于2004年1月编制完成"青岛港航标综合配布改造方案"(简称"方案")。同年11月,经天津海事局审核,将青岛港航标综合配布改造工程列入北方海区航测"三项"计划,投资预算700万元。2005年,根据山东海事局关于船舶分道通航定线制需要,以及批量接管地方航标等新变化新情况,该处进一步调整完善该方案。2006年7月,该方案通过天津海事局组织的专家评审,并报经交通部海事局批准,于同年9月正式启动实施。之后,该处分别组织力量完成相关航标器材设备采购、组装、涂色等各项前期准备工作,并适时召开多次专题会议,及时研究解决工程施工过程中遇到的困难和问题。历经三个月连续奋战,青岛港综合配布改造工程于2006年12月全面告竣。

青岛港航标综合配布改造工程,青岛航标处先后出动船舶10余艘次,航行300余海里,总计新建灯桩7座,增设灯船1座、灯浮标20座、雷康5座,改造灯桩1座,提升29座灯浮标发光效能,并在AIS基站播发气象信息。其中,在脚子石嘴、薛家岛、灵山北、五号码头、中港防波堤等险要部位补点增设7座灯桩,在青岛港外主航道左右两侧边界增设9座灯浮标,在超大型船舶航道口门增设灯船1座、左边界增设4座灯浮标,在马蹄礁、安湖石、青石栏礁、内锚地、油轮锚地等边界区域增设7座灯浮标,在港外主航道口门灯浮标、超大型船舶航道口门灯船及转向点灯浮标等重要点位加装5座雷康,并对安湖石灯桩、前湾港和显浪航道灯浮标等原助航设施实施航标技术升级改造,使青岛港内航标总量增至192座,助航效能显著提升,整体面貌焕然一新,通航环境显著改善。特别是在航标新灯器、新能源、新材料、新技术的应用方面,成效尤为显著。主要有:新建灯桩使用聚脲弹性体等新型涂装材料,灯浮标换装智能型LED灯器、太阳能电源、同步闪光器、发光标牌和高焦面角反射器,在辖区AIS管理中心安装实时气象信息播发系统,航标管理科技含量得到进一步提升,为船舶安全航行提供更加全面及时的航海保障信息,受到航标用户广泛好评。2006年,青岛港吞吐量首次突破2亿吨,集装箱周转量首次突破700万标箱。青岛航标处为之提供的导助航技术支持保障功不可没。

2007年,经天津海事局组织业内专家验收评估,一致认为:该工程通过航标综合配布改造并加大航标空白点建设,使港区航道入口、边界、转向点位置更易识别,船舶触礁搁浅事故多发水域警戒标识更加醒目,基本实现工程预期目标,综合航海保障体系达到一级助航水平。随即,青岛航标处印发施行《青岛港助航标志使用指南》,为航海者正确使用航标和保护航标提供指导。

九、天津港主航道航标配布工程

天津港15万吨级主航道始建于2005年,航道全长35千米、宽234米,总计布设活节式灯桩21座、灯浮标12座,其中左侧标17座、右侧标15座、推荐航道右侧标1座。随着中国改革开放不断深入,天津港进出港船舶密度持续增大,加之船舶尺度日益大型化,原航道已难以适应天津地区航运经济发展需求。为满足大型船舶进出港需要,依据国家发展改革委员会制定的《渤海湾地区港口建设规划(2004—2010)》要求,天津港集团于2005年12月正式启动20万吨暨25万吨级航道建设。20万吨级航道设计长度为7+100~13+470米,有效宽度为325米,底标高-18.5米;25万吨级航道设计长度为13+470~44+0米,有效宽度315米,底标高-19.5米。2007年12月,该航道工程顺利竣工。

2008年1月,天津港集团委托中国交通集团第一航务工程勘察设计院有限公司编制"天津港20万吨级航道暨25万吨级航道助航设施设计方案"（简称"方案"）。同年2月27日，天津海事局航标导航处处长辛艺强主持召开审查会，审议通过该方案，并研究确定了具体施工方案。4月10日，该工程正式开工，经天津航标处近百名航标职工历时8天连续奋战，于4月17日工程全面告竣，4月22日顺利通过天津海事局工程竣工验收。

图3-8-345　2008年2月27日，天津海事局在天津组织召开"天津港20万吨级航道暨25万吨级航道助航设施设计方案"审查会

天津港主航道航标配布工程，天津航标处出动"海标11""海标12"大型航标船15个航次，航程约360海里，将原21座活节式灯桩更换为灯浮标，新增灯浮标10座，并统一调整原航道12座灯浮标和新增灯浮标的位置、编号、灯质等技术参数，将灯浮标间距调整为1海里左右。同时，为便于航海者识别航道口门，在新港1号灯浮标上增设上海WM-RB Ⅲ型雷康1座；在航道转向点和25万吨级航道终点分别设置9号和35号灯浮标，并在其上各设置1座厦门海源盛航标科技有限公司AtoN1型实体AIS航标，基本实现该《方案》全部要求。随后，一并适时发布《航标动态通报》。

该航道投入使用后，标志着天津港成为当时世界上等级最高的人工深水港。2009年，天津港货物吞吐量增至38111万吨，集装箱周转量增至870.3万标箱。天津航标处作为辖区航标维护管理部门，为保障海上交通安全、助推天津港建设发展做出重要贡献。

第九节　开港设标

北方海区航标系统开港设标系指新建或扩建港口而设置助航标志的相关活动。航标作为港口开港通航安全辅助性基础设施，通常按照"统一规划、统一制度、分工负责、自建自管"原则，由各港口规划建设单位同时设计、同时施工、同时投入使用。

1995年12月3日，国务院公布施行《中华人民共和国航标条例》，除军事、渔业等专用航标外，通航水域和港口航标设置由航标管理机关统一审查审批。自此，北方海区各级航标管理机构充分发挥专业技术优势,遵循"统筹兼顾、科学布局、便利通行、确保安全"原则,按照国家相关法规标准和辖区航标总体规划要求,结合新建港口航道特点及航海用户差异化需求,在依法办理航标设置审查审批的基础上,积极提供相关专业技术指导,主动协助港口建设单位代设代管航标,为保障辖区航标规范达标、促进航运安全生产做出重要贡献。

2000—2012年,北方海区航标系统组织实施开港航标设置共8个港口或港区,总计设置各类航标316座,其中灯桩23座、导标8座、灯浮标(含浮标)180座、活节式灯桩(含高驻定式灯浮标)41座、冰标(含棒标)55座、雷康9座。

2000—2012年北方海区航标系统开港航标设置一览表

表 3-9-78　　　　　　　　　　　　　　　　　　　　　　　　　　　　　　　　单位:座

年份	港口名称	灯桩	导标	灯浮标	活节式	冰标	雷康	小计
2000	绥中36-1港	2	2	3	5	5	—	17
2001	黄骅港	5	6	—	36	15	—	62
2006	庄河港	1	—	24	—	—	1	26
2007	曹妃甸港	—	—	—	35	—	—	35
2009	长兴岛港	5	—	26	—	—	2	33
2010	烟台港西港区	6	—	34	—	—	1	41
2010	董家口港	2	—	44	—	—	1	47
2010	岚山港区深水航道	2	—	49	—	—	4	55
合计		23	8	180	41	55	9	316

一、绥中36-1港开港设标

1997年,中海石油(中国)有限公司确定从绥中36-1油田铺设一条70千米海底管线至绥中港原油处理终端,并经绥中36-1码头实现原油输出。该码头位于辽宁省绥中县高岭镇(高岭开发区)小蛎蝗村南侧海岸,主要包括1个3万吨级泊位、1个5千吨级泊位、1条3万吨级油轮航道,整体布局呈"F"型半掩护状,由交通部第一、二航务工程勘察设计院承担设计任务。"绥中36-1油田二期开发原油处理基地码头工程导助航设施设计方案"(简称"方案")由交通部第二航务工程勘察设计院设计,主要包括航道中线导标2座、灯桩2座、航道侧面标志7座、港池界线方位标3座、围油栏专用标2座、锚地专用标1座。秦皇岛航标处作为辖区航标管理机关负责审查该方案。

2000年9月22日,该方案经天津海事局批复同意,"绥中36-1"港助航设施正式开工建设。其中,导标、灯桩由交通部一航局承建,于同年10月完工。前后两座导标间距750米,标体均为圆形薄壁钢筋混凝土结构,导标顶部设置三角形标识牌,灯光射程6海里。前导标为正三角形,标高33米,灯高30.5米;后导标为倒三角形,标高36.7米,灯高40.1米。两座灯桩分别设置在3万吨级泊位端部和小港池防波堤堤头处。同年11月26至28日,秦皇岛航标处"B-17"轮在港池、航道、锚地设置5座活节式灯桩、5座棒标、3座浮标,并适时发布《航标动态通报》。11月30日,该处组织航标效能验收,认为绥中36-1码头导助航设施符合国家技术规范标准,达到使用要求。12月6日,码头试运行,导助航设施由秦皇岛航标处负责维护。至2004年底,码头安全靠泊505艘次,累计输出原油1546万吨。

2005年2月"绥中36-1"港正式运行后,为提高原油输出运量并解决夜航问题,中海石油(中国)有限公司天津分公司委托秦皇岛航标处对原导助航设施实施更新改造和配布调整。"绥中36-1码头导助航设施布局调整设计方案"(简称"方案")由河北省水运工程规划设计院设计,主要是将航道侧面标志调增至9座、围油栏专用标志调增至5座,同时将部分不发光标志改为发光标志。此间,由于天津海事局调整秦皇岛航标处辖区,该方案由营口航标处负责审查,秦皇岛航标处派员参与审查和后续相关工程。同年12月8日,营口航标处在秦皇岛组织召开"绥中36-1港导助航设施布局调整设计方案审查会",会议认为:该方案符合国家有关规定和技术标准,可以满足夜航需求。

图3-9-346　2005年12月8日,营口航标处在秦皇岛组织召开"绥中36-1港导助航设施布局调整设计方案"审查会

2006年1月该方案经天津海事局批复后,秦皇岛航标处组织实施导助航设施改造和调整工程,主要是更新改造导标、灯桩灯器及配电线路,抛设活节式灯桩5座、灯浮标1座,调整活节式灯桩2座、灯浮标2座,撤除棒标2座,并将活节式灯桩和灯浮标灯器换装美国泰兰公司MLED-120型灯器。调整后,绥中36-1港导助航设施继续由秦皇岛航标处负责维护。

至2012年,绥中36-1港航标总计34座,维护状况良好,助航效能稳定,为该港原油安全高效输出提供了良好航海保障服务。

二、黄骅港开港设标

1997年11月25日,黄骅港举行开工典礼,国务院总理李鹏莅临并为工程奠基。黄骅港工程建设初期,秦皇岛航标处主动服务,组织召开专家审查会,评审和完善港口航标设计方案。

2001年8月30日,由中交水运规划设计院设计,中北监理所监理,中港航局一公司负责施工的6座导标竣工。其中,3座前导标,标高27米;3座后导标,标高43米。6座导标均由灌注桩基础、塔架、标牌、配电箱、控制箱、导标灯、高空障碍灯和避雷针组成。在施工过程中,天津航标处提供技术指导。

2001年10月13日天津航标处接到开港设标任务后,组织召开航标抛设作业分工会议,制定黄骅港灯浮标抛设作业方案,明确航标队负责冰标灯器安装、活节式灯桩灯器和供电系统安装及调试、补漆及编号,业务科负责现场定位并联系施工所需水电、码头、场地,以及监理现场认证。此次开港设标采用的是上海航标厂制造的高驻定式灯浮标,因不熟悉北方海区海况,该标体不能适应北方冬季恶劣海况及航标作业需求。为此,根据以往使用活节式灯桩经验,天津航标处提出改进意见并作出局部改造。经改造后的活节式灯桩,方便吊装和日后维护作业。10月23日,黄骅港开港设标任务圆满完成,总计抛设

15座冰标、36座高驻定式灯浮标,并适时发布《航标动态通报》。

图3-9-347　2001年10月,"海标12"轮在黄骅港主航道抛设活节式灯桩作业

2001年12月,该航道完成灯桩设置,包括煤码头灯桩1座、防沙堤灯桩2座、堤头灯桩2座。天津航标处参与技术指导与航标参数测定工作,确保5座灯桩位置准确、颜色鲜明、结构完好,灯桩灯器发光强度符合行业标准要求。

此次开港设标工程的完成,为黄骅港开港通航提供了必要条件,满足了5万吨级船舶进出港需求,为进出港船舶航行安全提供了助航服务保障。2002年,黄骅港货物吞吐量达1653万吨。

三、庄河港开港设标

庄河港始建于2001年,为地方政府投资兴建的小港。一期工程包括1万吨和5000吨散货泊位各1个,航道长19357米、宽100米、水深7.8米,计划投资4.05亿元。2006年7月,庄河港航道疏浚基本完成,庄河市发展和改革局向大连航标处提出航标设置申请。该处联合大连海事局、大连海事大学等相关单位,对大连理工大学土木建筑设计研究院设计的庄河港航道航标布设方案初步审查。同意自然航道单侧设置7座右侧标、人工航道两侧布置17座侧面标、同步闪光、以及航道口门1号灯浮标加装上海海英公司HY-Ⅱ型雷康的设计方案,并建议增设防沙堤堤头灯桩,17号灯浮标灯质改为快闪和冬季使用小型冰标。

2006年10月8日,经呈报天津海事局审批后,大连航标处综合服务公司开工实施航标布设作业,历时11天,完成24座直径2.4米灯浮标、1座雷康、1座灯桩太阳能灯器设置作业,经航标效能测试,各项技术指标达到行业标准,同步闪控制器工作正常,雷康信号显示清晰准确,并适时发布《航标动态通报》。

2007年9月,庄河港被国家批准为一类开放口岸。同年,庄河市政府致函大连航标处,申请将庄河港24座灯浮标、1座雷康、1座堤头灯移交大连航标处,并纳入海区公用航标管理序列。2008年5月,经天津海事局呈报交通部海事局批准,同意大连航标处接收庄河港26座航标。随即,该处办理航标交接手续,落实业务用房、用地、备用设备等交接事宜,并按照交通部海事局相关规定将接收的航标做好分类分级等核定工作。

图 3-9-348　2006 年 10 月 15 日，大连航标处"海标 0507"船在庄河港抛设灯浮标作业

2009 年 6 月，庄河港正式投入运营，成为大连港组合港之一。同年 11 月，经国务院批准，庄河港自 2010 年 1 月 20 日起正式对外开放，口岸对外开放岸线长 424.83 米，开放泊位为 1、2、3 号泊位。

至 2012 年，庄河港航标配布日趋合理，助航效能显著提高，港口吞吐量达到 529 万吨，为航运安全生产提供了优质服务，对庄河经济快速发展以及建设北黄海地区现代化生态型中心城市发挥重要作用。

四、曹妃甸港区开港设标

唐山港曹妃甸港区位于唐山市南部 70 千米，背依京津冀地区，东距京唐港 33 海里，西距天津港 38 海里。开发前的曹妃甸平潮时为一条带状沙岛，"面向大海有深槽，背靠陆地有浅滩"的天然条件使其成为建港良址。据地质勘测，曹妃甸甸头向前延伸 500 米，水深即达 25 米，甸前深槽水深 36 米，为渤海最低点。建设 30 万吨级大型深水码头无须开挖航道，不冻不淤。后方陆域有 150 平方千米滩涂可供开发利用，具备建成以钢铁、石化等大型临港工业为主的工业港条件。

2003 年 3 月，以通岛公路开工为标志的曹妃甸港建设工程正式拉开序幕。2005 年 12 月，曹妃甸港矿石码头试运营。基于矿石码头位于港池外，未予设置航标。

随着曹妃甸港口建设不断发展，受唐山曹妃甸港有限公司的委托，天津航标处于 2007 年着手组织实施港池航标设置。由于曹妃甸港口水域地形复杂，多为浅滩，该处多方搜集港口资料，严格按照航道疏浚扫测图制定航标作业方案。同年 8 月 30 日，"海标 12"轮赴曹妃甸设标作业，作业人员克服高温酷暑等困难，安全高效地完成曹妃甸港 5 万吨级通用散杂货泊位临时航道 7 座侧面标志设置任务。当年，曹妃甸港吞吐量突破 2000 万吨大关，同比增长近 1 倍。

2010 年 1 月 6 日，中国石油集团海洋工程有限公司就渤海湾生产支持基地临时设置曹妃甸 12 座钢制冰标，其中 11 座为侧面标志，1 座为东方位标志。冰标灯器采用温州莱特豪斯电子科技有限公司 LH-5D 型 LED 灯器。1 月 28 日，天津航标处"海标 0521"船完成设标任务，并适时发布《航标动态通报》。2 月 23 日，该处组织召开"中石油渤海湾生产支持基地临时航道工程航标效能验收会"，验收组一致通过该码头航标效能验收。

曹妃甸港二港池位于一港池西侧,主要为5万吨级以下泊位。随着唐山港曹妃甸港区二港池航道、防波堤工程以及业主码头工程建设接近尾声,唐山曹妃甸港口有限公司提交由中交水运规划设计院有限公司设计的唐山港曹妃甸港区二港池导助航设施设置申请。2011年7月8日,天津航标处组织召开"唐山港曹妃甸港区二港池导助航工程设计方案"(简称"方案")审查会,并会同设计单位修订完善该方案。同年8月8日,唐山曹妃甸港口有限公司向该处正式递交《关于唐山港曹妃甸港区二港池设置导助航设施的请示》及相关材料。11月21日,经天津海事局批复同意,该处"海标11"轮完成16座钢制冰标抛设任务,其中14座为侧面标志,2座为南方位标,冰标灯器亦采用温州莱特豪斯电子科技有限公司LH-5D型LED灯器,并适时发布《航标动态通报》。

图3-9-349　2011年11月,"海标11"轮唐山港曹妃甸港区二港池航标作业

曹妃甸港区开港设标工程的圆满完成,为其正式通航提供了必要条件,保障了船舶航行安全,服务了地方经济社会发展。至2012年,曹妃甸港货物吞吐量达1.95亿吨,航标助航保障服务功不可没。

五、长兴岛港区开港设标

长兴岛港区始建于2006年10月,是大连港重要组合港之一,港区规划30个泊位,占地10平方千米。2007年12月19日,大连港长兴岛港区正式开港通航,参照临时设置航标助航,1.5万吨杂货轮"万水"号在长兴岛港区1号码头卸下石膏石,成为该港区首艘到港船舶。

2008年3月,大连长兴岛港口有限公司向大连航标处正式提交设置17座长兴岛公共港区助航标志申请。长兴岛公共港区拥有一期建设的1个5万吨级和2个7万吨级通用泊位,码头岸线全长785米;航道底宽181米,总长5550米,航道轴线概方位为67°22.3′N、247°22.3′E,经过防波堤口门,转至码头前沿船舶调头水域,航道轴线概方位为12°12′N、192°12′E。基于航道宽度与底标高不同,且有部分左边线重合,该处技术人员多次到现场勘查,反复论证,对其航道一期工程导助航设施布设方案提出若干建设性意见,即从航道起点至防波堤口门处采用单侧布标,从口门至泊位处采用双侧对称布标。同年7月8日,经天津海事局审批,同意设置灯浮标14座,雷康1座。同年7月16至22日,该处完成13座侧面标志、1座方位标志、1座雷康设置安装任务,并适时发布《航标动态通报》。灯浮标选用直径2.4米钢制浮标,灯器选用太阳能一体化LED灯器。同年8月12日,15座助航标志通过航标效能验收,长兴岛港区助航标志正式投入使用,为助推港口发展建设起到积极作用。

图3-9-350　2008年7月,大连航标处长兴岛开港设标作业前期准备

2008年,韩国STX集团在长兴岛建造的第一条船舶计划在12月份下水试航。STX航道作为长兴岛港区公用航道的分支航道,其起始段与公用航道共用。但公用航道设计水深14.9米,航道设计宽度181米,而STX航道设计水深8.6米,航道设计宽度300米,此段截面水深呈14.9米至8.6米阶梯形状。面对技术难题,大连航标处组织专业技术人员多次到长兴岛实地勘察和反复论证,决定根据航道使用要求,采取在两航道起始段的2770米处采用左侧设置方式布设4座侧面航标。2009年4月,STX航道采用左右双侧成对设置灯浮标5座,并调整个别灯浮标位置,同时将原右侧标志调整为推荐右侧标志。同年10月,长兴岛北防波堤头灯桩正式发光。2010年11月,增设2座灯浮标。至此,STX航道设置的8座助航标志全部完成,并适时发布《航标动态通报》。

随着中国石油、恒力石化、大连造船厂等企业在长兴岛投资不断加大,为港区船舶通航安全提出新的要求。为此,大连航标处立足自身航标专业特长,积极为长兴岛港区航标建设出谋划策。2012年9月27日,设置长兴岛北港区30万吨原油码头灯桩和恒力石化码头灯桩;10月25日至11月8日,设置长兴岛北港区5座灯浮标,在长兴岛公共航道设置2座灯浮标和1座雷康;12月3—15日,设置长兴岛北港区东防波堤堤头灯桩和西防波堤堤头灯桩。至此,长兴岛港区航标配布初具规模,并适时发布《航标动态通报》。

至2012年,长兴岛港区货物吞吐量由建港初期60余万吨飙升至1050万吨,大连航标处在长兴岛港区良好的开港设标服务对其造船和石化工业基地建设发挥了重要保障作用。

六、烟台港西港区开港设标

烟台港西港区位于烟台开发区大季家东北海域,是烟台港核心港区之一。该港区规划水域面积约500平方千米,陆域面积约50平方千米,码头岸线总长19000米,码头前沿最大水深-28米;计划建成

5~30万吨级泊位65个，最终实现港口吞吐能力2亿吨和1500万标准箱，定位于以矿石、油品、煤炭、铝矾土等大宗散货和集装箱为主的综合性港区。

2005年9月交通部批准西港区液体化工码头使用港口岸线后，烟台港西港区正式开工建设。2007年8月，烟台港总体布局规划获交通部和山东省人民政府批复同意。同年10月，山东省发改委批复同意建设烟台港西港区20万吨级航道工程。2009年，烟台港西港区编制"烟台港西港区20万吨级航道工程航标配布方案"（简称"方案"）。由于该航道入口段约有2.5海里与长山水道船舶航迹带重叠交叉，航标配布难度较大。烟台航标处提前介入，通过实地勘察、征求意见，结合附近水域AIS流量图，为该方案编制提供实时参考数据。同年11月5日，该处组织召开该方案审查专家咨询会，对进一步完善该方案提出若干技术性指导意见。

2010年3月，烟台航标处正式受理烟台港集团有限公司设置20万吨级航道航标的申请，设置各类助航标志38座，其中虚拟AIS航标6座、灯浮标26座、雷康1座、灯桩3座、导标2座。之后，该方案因故暂缓实施。为保障港口安全生产，西港区申请先行设置支线航道8座灯浮标和3座灯桩。同年4月28日，该处重新受理设标申请，并获天津海事局批复同意。至6月，西港区支线航道航标设置完成，并适时发布《航标动态通报》。7月9日，烟台港集团总工程师张国建主持召开"西港区5万吨级支线航道航标配布方案调整"协调会，该处航标科副科长侯嘉应邀参加。会议提出，调整25号灯浮标位置并新设2座灯桩。8月20日，设标申请获天津海事局批准，烟台航标处为港方提供了灯桩安装方案，并于10月完成灯浮标调整和2座灯桩设置施工。至此，西港区支线航道航标设置全部完成。

2011年3月，烟台航标处处长王如政、党委书记钟建军实地走访烟台港西港区，详细了解港区发展规划和建设情况，调研20万吨级主航道航标建设项目。2013年，该处受理业主单位20万吨级航道设标申请，新设灯浮标26座、雷康1座，30万吨级码头设置堤头灯桩1座。申请获批后，该处组织航标专业人员施工，于2013年3月6日完成设置作业，并适时发布《航标动态通报》。

(1) 烟台航标处在烟台西港区码头装卸灯浮标　　(2) "海巡151"轮抛设灯浮标作业

图3-9-351　2014年3月，烟台港西港区20万吨级航道

至此，烟台港西港区助航标志增至43座。同年6月，8000平方米航标堆场建成投入使用。当年，实现货物吞吐量817.7万吨。

七、董家口港区开港设标

青岛港董家口港区位于山东胶南市境内，是国家重要枢纽港之一。该港区规划面积60.2平方千米、临港产业区规划面积65平方千米，码头岸线35.3千米，航道水深-20米，设计泊位112个，设计年吞吐量3.7亿吨。

2007年,董家口港区有青岛鲁能胶南港有限公司和青岛贡口船厂两个建设单位,均有航标设置需求。2009年董家口港区整体规划形成后,青岛鲁能胶南港有限公司于2010年率先完成码头一期工程,董家口港区30万吨级铁矿石接卸泊位亦于2010年12月告竣。为更好地服务地方航运经济建设,青岛航标处随即致函董家口港区开发建设单位,主动为港口建设提供相关航标技术服务,协助业主及时完成航标设置前期工作。基于灯浮标设置较多,加之开港需求迫切,该处紧急调配本单位备用灯浮标17座,仅用一周时间,便完成浮标维护保养和组装调试工作,并及时运抵董家口港区华能码头。2010年12月21日,完成董家口港区航标设置任务,为董家口港区华能码头40万吨矿石码头如期启用创造了条件。同年12月26日,青岛港集团隆重举行董家口港区矿石码头通航祝捷大会,特邀青岛航标处派员参加。会上,青岛港集团公司总裁常德传对青岛航标处快捷的航标设置工作表示衷心感谢。

2011年6月,青岛航标处协助青岛港口投资建设(集团)和青岛港集团调整董家口港区北航道(原临时航道)助航标志,增设22座灯浮标和1座雷康。同年10月,协助华能青岛港务有限公司(原青岛鲁能胶南港有限公司)完成支线航道5座灯浮标和2座灯桩设置任务。是年,董家口港区试运行期间港口吞吐量为409万吨。

图3-9-352　2010年12月26日,青岛港集团召开董家口港区矿石码头通航祝捷大会

至2012年底,董家口港区共建成航道三条,分别为董家口港区北航道、南航道(主航道)一期、华能码头支线航道。为使航标配布更加合理,青岛航标处为新建董家口港区累计配布调整航标5次,完成开港设置航标总计47座,其中2座灯桩,44座灯浮标,1座雷康,并适时发布《航标动态通报》。是年,董家口港区吞吐量骤增至3006万吨。

八、岚山港区深水航道开港设标

2009年6月,国家发改委批复日照港岚山港区30万吨级原油码头工程。该项目新建1个30万吨级原油接卸泊位,设计年通过能力2000万吨,深水航道开挖段长17668米,有效宽度为320米,底标高为-19.7米,航道轴线概方位为83°22′N、263°22′E。后经疏浚,航道向前延伸约6060米。

2010年6月3日,青岛航标处组织召开"日照港岚山港区30万吨级原油码头工程航标配布方案"专家咨询会。此间,天津海事局航标导航处处长柴进柱专程赴现场考察码头航道建设情况。在航标配布施工过程中,按照相关法规标准,青岛航标处指导业主单位购置航标器材设备。11月29日至12月13日,该处圆满完成开港设置航标总计55座,其中2座灯桩、45座灯浮标、3座雷康设置,以及4座灯浮标调整和1座雷康撤除任务,并适时发布《航标动态通报》。其间,《日照日报》以"30万吨油轮将轻松进日照"为题,专题报道该处航标布设工作情况。

图3-9-353　2010年6月3日,青岛航标处组织召开"日照港岚山港区30万吨级原油码头工程航标配布方案"专家咨询会

日照港岚山港区深水航道航标设置项目采用数字化AIS航标管理终端、太阳能供电系统、智能型LED灯器等多项先进航标技术,并实现实体航标与虚拟AIS航标有效结合。2012年,岚山港区进出船舶增至105艘次,吞吐量达到1575万吨。

第十节　陆岛运输航标工程

北方海区海岸线漫长,沿海岛屿多达1100余座,其中部分岛屿常年有人定居生活。自古以来,这些海岛居民依托沿海山峰、岛礁等自然航标,泛舟海洋,渔猎生息,薪火相传,并与外界交通往来。

清咸丰六年(1856)第二次鸦片战争后,随着登州、牛庄、天津、青岛、大连等口岸相继开埠通商,海关部门和港口管理当局在北方沿海及部分岛屿陆续设置灯塔、灯桩、雾号等助航设施。然而,这些航标主要是为进出通商口岸船舶服务,加之数量较少,对陆岛交通运输作用甚微。

1949年中华人民共和国成立后,根据国防建设和渔业生产需要,在部分岛屿设置若干军标和渔标,使相关岛屿通航环境条件有所改善,但陆岛运输助航设施尚未得到总体规划配布,直至20世纪末,海岛通航仍须以自然航标助航为主,且大多不具备夜航条件。随着经济社会发展,海岛经济逐步由渔业捕捞向耕海牧渔和特色旅游转型,近海养殖迅猛扩张,船舶流量大幅攀升,陆岛运输蓬勃发展。但随之出现定制网具挤占航道、海上交通事故频发等新问题,严重影响海岛经济发展和居民出行安全。科学配布陆岛交通助航设施,准确标识航路航道边界,遂成为地方政府和海岛居民的热切愿望。

2006年,按照中共十六届五中全会精神和全国交通工作会议总体部署要求,天津海事局以践行"三个服务"(为国民经济发展全局服务、为社会主义新农村建设服务、为人民群众安全便捷出行服务)为指针,对辖区陆岛运输和助航设施状况作出全面调研评估,系统提出完善陆岛运输航标配布方案。经交通部海事局批准后,先后组织实施了蓬长水域、长海水域、灵山水域、即墨水域,以及兴城至菊花岛等陆岛运输航线航标综合配布工程,总投资3835万元,新增、改造和调整各类航标322座。其中:新建灯桩74座、改造灯塔1座、新设灯浮标228座、调整灯浮标6座、新增雷康13座。这一系列陆岛运输航标工程竣工投入使用后,码头、航道和碍航物得到明确标识,辖区通航环境显著改善,从此结束陆岛运输不能夜航的历史,为海岛军民安全便捷出行、助推海岛经济发展发挥至关重要作用,被当地政府和社会各界广泛赞誉为"妈祖工程""惠民工程"。同时,为实现北方海区航标系统"十二五"期间"人均两标"阶段性规划目标奠定重要基础。

一、蓬长水域航标综合配布

"蓬长水域"系指蓬莱至长山列岛之间的海域,位于黄渤海交汇处。该水域内的长山水道、登州水道是中外船舶进出渤海湾重要航路,加之诸多岛屿为著名旅游景区,其中长岛县有10座岛屿开通客运航线,年均客流量达140万人次以上。进入21世纪,伴随着海洋经济快速发展,"蓬长水域"船舶密度和交通流量逐年攀升,陆岛运输呈现航道纵横交织、船舶穿梭如流的繁荣景象。然而,该水域岛屿码头、危险水域、碍航物等助航设施建设相对滞后,成为影响海上交通安全的主要隐患之一,并在一定程度上制约地方航运事业发展和经济社会进步。

为此,遵照交通部部长李盛霖关于"努力做好三个服务,推进交通事业又好又快发展"指示精神,按照天津海事局工作部署,烟台航标处于2005年成立航标效能调研小组,在走访听取地方政府、海事部门、港航单位及当地渔民意见基础上,实地考察"蓬长水域"通航环境和航标配布情况,决定立项实施"蓬长水域航标综合配布调整工程",并将此项工程作为全面提高航标服务能力、助推社会主义新农村建设的一项重要举措,列入2006年重点项目实施计划。

2006年4月14日,烟台航标处邀请蓬莱和长岛海事部门、渔港监督、港航企业、当地驻军等单位,在蓬莱组织召开"蓬长水域航标管理座谈会",对该处编制的"蓬长水域航标综合配布调整工程(一期)方案"(简称"方案")征求各方意见。同年7月24日,天津海事局邀请上海、海南海事局和大连海事大学等业内专家,在长岛组织召开方案评审会,并依据专家意见,进一步修改完善该方案。后经天津海事局报批获准,该项目于8月30日正式立项实施。一期工程投资规模470万元,分别在长岛县9个有人居住岛屿码头以及长山水道、登州水道、蓬长航线,新设灯桩10座、灯浮标62座、雷康2座,调整改造灯桩5座。新设灯桩采用新型钢结构喷涂聚脲弹性体桩体,灯浮标采用直径2.4米钢质高焦面浮体,均安装智能LED灯器、116瓦太阳能供电系统,具有"颜色鲜明、目视良好、免予维护、安装方便、维修便捷"等特点。2006年10月26日,烟台航标处举行长岛水域航标综合配布调整工程启动仪式,在天津航标处"海标12"轮大型航标船的配合下,历时20余天,一期工程告竣,并适时发布《航标动态通报》。

2007年1月25日,烟台航标处组织召开由烟台海事局、长岛县人民政府及有关单位参加的"蓬长水域航标综合配布调整二期工程"座谈会,在总结评估一期工程航标效能的基础上,编制"关于蓬长水域航标综合配布调整工程(二期)方案"。同年12月,经天津海事局报批获准,正式开工实施。二期工程投资规模960万元,分别在岛屿间航路设置灯浮标46座、堤头灯桩8座、雷康2座,重建西北嘴、鹊嘴灯桩2座,硬化航标堆场1处,并更新部分灯器和电源。2009年11月,二期工程全部竣工,并适时发布《航标动态通报》。此间,该处专门制作印发《蓬长水域助航标志使用指南》2000余份,分发至有关单位和当地居民,对使用和保护航标发挥积极作用。

图3-10-354　2006年10月26日，烟台航标处举行"长岛水域航标综合配布调整工程启动仪式"

2009年12月18日，天津海事局在蓬莱组织召开"蓬长水域航标综合配布调整工程"验收会。与会专家一致认为：该工程实施后，航道边界清晰，码头标识明确，航标效能得到整体提升，为保障海岛居民安全便捷出行、助推海岛经济发展提供了有效技术支撑。

图3-10-355　2007年1月10日，长岛县副县长蔡德利（右）向交通部海事局赠送锦旗

历时4年的"蓬长水域航标综合配布调整工程"，显著改善陆岛运输通航环境，特别是蓬长航线灯浮标布设，结束了其不能夜航的历史，得到当地政府和海岛居民高度评价。2007年1月10日，中共长岛县委员会和长岛县人民政府派员专程赴北京、天津，向交通部海事局赠送"以真情造福于民、为海岛

发展护航"锦旗,向天津海事局赠送"情系海岛、和谐发展"锦旗,并致感谢信,赞誉该工程为"妈祖工程"。2007年2月12日,中共长岛县委员会和长岛县人民政府、长岛县海洋与渔业局分别向烟台航标处赠送"造福于民、共建和谐""似妈祖赐灯、保四海平安"锦旗。长岛县人民政府在烟台日报传媒集团所属《今晨6点报》发表"航标灯照亮渔民回家路"专题文章,称赞该工程使"建设海上高速公路,打造陆岛绿色通道"成为可能。

二、长海水域航标综合配布

长海县位于辽东半岛东侧黄海北部海域,由195座岛屿组成,陆域面积142平方千米,海域面积10324平方千米,海岸线长359千米,居民约7.3万人。长海水域岛屿密布,浅滩暗礁众多,航道纵横交错,通航环境十分复杂。主要通航水道为大长山东水道、大长山西水道、塞里水道;航线25条,其中主要航线5条,即大长山岛至皮口港航线、大长山岛至金州杏树港航线、广鹿岛至大连金石滩码头航线、石城岛至庄河港航线、大王家岛至庄河港航线。20世纪末,该水域仅设有灯塔3座、灯桩15座、雷康1座、雾号1座。因航道无标识、码头少标志,非谙熟该水域者根本不敢在此航行,当地船民亦不敢轻易夜航。

随着海洋经济快速发展和海岛旅游蓬勃兴起,助航设施不完备成为制约当地经济发展的"瓶颈"之一,当地政府和人民群众迫切期盼完善长海水域助航设施。为此,遵照交通部关于做好"三个服务"总体要求,按照天津海事局工作部署,大连航标处在实地调研勘察基础上,于2006年编制"长海水域航标综合配布工程方案",经天津海事局报批获准,列入当年航测"三项"、专项项目计划,分二期组织实施。

2006年9月13日,大连航标处邀请长海海事处、长海县交通局以及相关航运企业等单位,在长海县召开长海水域航标配布研讨会,广泛听取各方意见和建议,研究确定了"长海水域航标配布一期工程实施方案",首先在人口密集岛屿码头布设灯桩,在重要水道航线布设灯浮标。9月27日,一期工程如期展开,于11月23日相继建成皮口港、哈仙岛、格仙岛、多落母港、柳条港、金盆港、鸳鸯港等7座灯桩。新灯桩桩高8米、直径0.60米,均采用喷涂聚脲弹性体新材料和太阳能供电系统;除皮口港灯桩采用LED三色扇形灯器外,其余6座灯桩均采用美国泰兰公司MLED-300型LED灯器。11月26日,开始布设灯浮标作业。天津航标处"海标12"轮与大连航标处"海标0507"船合作,克服恶劣天气影响,于11月29日上午11时顺利完成36座灯浮标定位抛设任务,其中侧面标志33座、方位标志3座。同时,长海航标站分别在西草坨子灯桩、礁流岛灯桩、大蛤蟆礁灯桩各增设雷康1座。至此,长海水域航标布设一期工程如期告竣,并适时发布《航标动态通报》。经天津海事局财务决算审计和工程竣工验收,该项工程总计投资600万元,新设46座航标助航效能全部达到设计要求。2007年9月1日,交通部副部长徐祖远陪同国务院督察组检查大连海事管理工作时指出:陆岛运输航标配布工程满足了海岛居民便捷出行基本需求,是航标管理部门践行"三个服务"、助推社会主义新农村建设的具体体现。

2007年11月29日,长海水域航标配布二期工程正式开工,天津航标处"海标12"轮和大连航标处"海标0504"船合作,历时7天连续作业,相继在大长山岛鸳鸯港至金州杏树港、广鹿岛柳条港至大连金石滩码头、广鹿岛多落母港至皮口港、石城岛至庄河港、大王家岛至庄河港、大长山东水道等6条主要航线布设灯浮标37座。同时,在18个有人居住岛屿码头各新建灯桩1座。施工过程中,根据情况变化,经批准后,将东獐子岛西码头灯桩调整为皮口港码头二期堤头灯桩、广鹿岛灯桩调整为乌蟒岛码头堤头灯桩,并将鸳鸯坨子灯桩由聚脲桩体改为钢筋混凝土结构桩体。至2008年10月,二期工程全面告竣,总计投资800万元,新建灯桩18座、布设灯浮标37座、加装雷康2座,调整改建灯桩3座,并适时发布《航标动态通报》。

2009年1月20日,分别在獐子岛岬角灯桩、大蛤蟆礁灯桩加装上海海英公司HY-Ⅱ型雷康。同年3月9日,天津海事局在庄河组织召开"长海水域航标配布调整工程验收会",经与会专家评估认为:新设航标效能均达到设计要求,基本满足长海水域安全通航需求。

图3-10-356　2007年11月29日,大连航标处"海标0504"船配合二期工程航标作业

历时两年半的长海水域航标综合配布调整工程,使该水域通航环境得到显著改善,陆岛运输能力显著提升,被当地政府和海岛军民赞誉为"妈祖工程"。长海县人民政府专门致信交通部海事局表示感谢:"长海水域航标综合配布工程,是我县政府及全县人民多年的愿望。该工程的顺利实施,不仅改善了我县港口、水道以及陆岛交通运输环境,而且为今后开通夜航创造了有利条件,更为我县经济社会发展和社会主义新农村建设起到显著推动作用。"

至2012年,长海水域客运量已由工程实施前年均120万人次增至400万人次,货运量亦由原83.14万吨增至450余万吨。

三、灵山水域航标综合配布

灵山岛位于青岛市黄岛区(原胶南市)东部海域,距大陆约10千米,岛域面积约7.20平方千米。岛上有12个自然村,居民2700余人。该水域陆岛运输主要有积米崖港至灵山岛、唐岛湾至灵山岛、唐岛湾至竹岔岛、琅琊台至斋堂岛等4条航线,以及积米崖、大湾、唐岛湾、灵山岛和现代造船厂等5座港口码头。由于灵山水域暗礁众多,通航环境较为复杂,加之陆岛运输航线纵横交织,海上交通事故时有发生。随着青岛、日照港口建设飞速发展,该水域作为航路交通要道,船舶密度和流量日益增大,适时调整配布灵山水域航标助航设施系统刻不容缓。

2007年12月,按照天津海事局工作部署,青岛航标处在前期现场勘查调研基础上,编制"灵山水域陆岛运输航标配布调整(一期工程)方案",工程重点是标识陆岛运输航线。经天津海事局报批获准,该工程于2008年10月22日正式动工。为保证施工质量进度,该处多次组织召开现场协调会,分工负责,责任到人,加强现场施工监理,并采用RBN-DGPS等先进技术手段,确保标位定位准确。同年12月底,一期工程如期竣工,总计投资400万元,新建灯桩10座、新设灯浮标23座、新增雷康3座,并适时发布《航标动态通报》。2009年2月20日,经天津海事局评估验收,新建航标效能均达到设计要求。

图 3-10-357　2008 年 10 月 22 日,天津海事局副局长孔繁弘(左)出席灵山水域陆岛运输航标配布改造工程启动仪式

2010 年 5 月 27 日,青岛航标处结合天津海测大队在实施灵山水域扫海测量过程中发现的若干浅点、碍航物等新问题,委托大连海事大学科技开发总公司编制"灵山水域陆岛运输航标配布调整(二期工程)方案",工程重点是优化完善灵山水域陆岛运输航路标识。2011 年 5 月 10 日,经天津海事局批复核准后,该处筹集自有资金 105 万,于 6 月 15 日开工实施灵山水域航标综合配布二期工程。历时 5 个月,工程如期告竣,总计新增灯浮标 6 座、灯桩 1 座,调整灯浮标 6 座,并适时发布《航标动态通报》。同年 11 月 30 日,经天津海事局综合验收,与会专家一致认为:灵山水域航标配布合理,效能良好,是认真贯彻落实交通部提出的"三个服务"理念又一重大便民成果,并对支持青岛市"环湾保护、拥湾发展"战略规划具有重要意义。

历时 3 年半的灵山水域航标配布改造工程,对于保障灵山水域船舶航行安全、海岛居民安全便捷出行、助推地方经济社会发展起到重要作用。特别是 4 座海底电缆保护专用标设置后,灵山水域未再发生因海底电缆受船舶拖锚而引起的断电事故,有效保障了海岛军民生产和生活用电,得到当地政府和人民群众交口称赞。积米崖港管理委员会专门向青岛航标处赠送"航向指引,标识光明"锦旗。

四、菊花岛航线航标综合配布

菊花岛又称觉华岛,位于辽宁省兴城市东南 15 千米水域,面积 13.5 平方千米,是国家 AAAA 级风景名胜区。岛上有 2 个村、9 个自然屯,常驻居民约 3200 人。进入 21 世纪,随着海岛旅游兴盛发展,从事陆岛运输船舶数量和流量不断增大。据不完全统计,陆岛往来船舶日均 20 余艘次,最高达 30 余艘次,客运量年均达 40 万人次,其中旅游人数近 30 万人次。由于菊花岛及邻近磨盘山岛水下延伸部分为大片礁石和浅水区,加之兴城至菊花岛航路和码头均未设置助航标志,当能见度不良时,船舶驾驶人员全凭经验行驶,致使船舶触礁搁浅事故屡见不鲜,成为影响海上交通安全的主要隐患之一,严重制约当地经济社会发展进程。

为此,按照天津海事局工作部署,营口航标处在走访调研和现场勘查基础上,于 2011 年初组织编报"兴城至菊花岛陆岛运输航线航标综合配布工程方案"。经天津海事局报批获准,该工程于 2011 年 5 月正式启动。在施工作业期间,该处主动与地方政府有关部门协调沟通,并全程跟踪监管作业过程,严把工程质量和进度关。历时3个多月,在各方共同努力下,工程如期竣工。该项目总计投资200万元,新设灯桩5座、灯浮标7座,并适时发布《航标动态通报》。其中,在兴城海滨两座客运码头、兴城滚装码头、菊花岛客运码头和滚装码头各设置灯桩1座;在兴城海滨码头至菊花岛海滨码头航线布设直径1.8米灯浮标7座;在灯桩材料选用上,根据聚脲弹性体、金属材料及闭孔轻体泡沫材料性能特性,科学组合,优势互补,形成强度高、结构可靠的灯桩桩体。同年11月,经天津海事局综合验收,工程质量和助航效能均符合设计要求。

图3-10-358 2011年11月25日,天津海事局在营口组织召开"兴城至菊花岛航线航标综合配布项目验收会"

营口航标处组织实施的兴城至菊花岛航线航标综合配布工程,填补了该航线助航设施空白,显著改善通航环境,并延长了航班通航时间,提高了陆岛运输效率,为保障人民群众安全便捷出行发挥了重要作用,被当地人民政府赞誉为"点燃了兴城至菊花岛航路的平安灯"。据不完全统计,该工程竣工后,2012年进出岛船舶增至2806艘次,客运量增至56万人次,较2010年分别增长21.9%和57.7%。

五、即墨水域航标综合配布

即墨市位于山东半岛东南部,沿海岛屿24座,其中有人定居岛屿4座。辖区内建有女岛港和鳌山港两个国家二类开放口岸,造船厂1个,大小渔港15个。其中,陆岛运输码头5座,主要航线4条,分别为驴岛至田横岛航线、冯家河至大小管岛航线、大管岛至仰口航线、小管岛至盘龙庄航线。由于该水域浅滩暗礁众多,加之原有军标和渔标年久失修,助航效能较低,致使船舶搁浅、触礁等海上交通事故时有发生。2005年初,按照天津海事局工作部署和《北方海区航标效能评估与规划》要求,青岛航标处对该水域船舶通航环境作出调研评估。经业内专家评估认为,该水域所需航标效能值应当达到6.26,但原有助航设施效能值仅为2.77。为此,青岛航标处随即组织实施即墨水域助航设施综合配布改造工程,并委托大连海事大学科技开发总公司编制"即墨水域陆岛运输航标配布改造方案"(简称"方案")。

2011年5月12日,青岛航标处邀请山东海事局、北海舰队司令部航海保证处、即墨市人民政府等相关部门领导和专家,就该方案广泛征求意见,并达成共识:一是标识陆岛运输航线;二是标识孤岛及明(暗)礁等危险区域;三是系统改造近期接管的地方航标。

该方案经天津海事局报批获准,于 2011 年 11 月 1 日正式开工实施,分别在驴岛、田横岛等码头新建灯桩 11 座,在驴岛至田横岛航线、冯家河至大小管岛航线等重要转向点和危险区域布设灯浮标、方位标、孤立危险物标 11 座,同时对女岛灯塔实施技术升级改造并加装上海海英公司 HY-Ⅱ 型雷康 1 座。2012 年 10 月 31 日,该工程如期告竣,总计投资 300 万元,新增助航标志 23 座,升级改造灯塔 1 座,并适时发布《航标动态通报》。是年 11 月,经天津海事局综合验收,与会专家一致认为:即墨水域航标综合配布改造工程采用多项新技术和新材料,航标效能稳定达标,设备器材节能环保,维护管理手段先进,在该水域基本形成较为完备的助航服务体系,符合航标行业标准要求。

即墨水域航标综合配布改造工程的实施,有效改善通航环境,提高了陆岛运输效率,保证了驻岛居民安全便捷出行,受到当地政府和社会各界广泛好评。

图 3-10-359　2011 年 5 月 12 日,青岛航标处在青岛召开"即墨水域陆岛运输航标配布改造方案"征求意见会

第十一节　专项活动

航标专项管理活动系指北方海区航标系统组织或参与以加强航标业务管理、提高航标设施设备维护质量水平为主旨的实践行为。

1988 年天津海监局组建后,遵照交通部《关于将沿海各航标区分别划归各有关海监局的通知》要求,分别将大连、青岛、烟台、秦皇岛等航标区(站)成建制移交所在地海监局管理,实行天津海监局与北方海区各海监局双重领导体制。面对新形势新任务,天津海监局以航标法规标准为依据,以航标维护管理为重点,以检查评比为手段,不失时机地牵头组织开展北方海区航标"四大"活动,并积极参与交通部安监系统设备"管修养用"、学习"华铜海"轮等一系列专项管理活动,全面掀起"争先创优"劳动竞赛热潮,为引领北方海区乃至全国海区航标管理步入"正常化、制度化、标准化"发展轨道发挥了重要作用。

2001 年,北方海区各航标处(区)划归天津海事局建制后,继续弘扬以专项管理活动推动工作的优良传统,按照交通部海事局统一部署要求,相继组织开展了"质量管理年""巩固提高年""规范管理年"

"航标效能检查评估"等专项管理活动,为探索建立航标长效管理机制、推动辖区航标事业又好又快发展奠定了坚实基础。

一、航标"四大"活动

1990年3月,交通部安监局在上海首次召开全国海区航测工作会议,提出:"在全国海区开展航标工作考核评比活动,力求近年内沿海干线和重要港口航标面貌有较大改观"的总体部署和工作要求。会议期间,经出席会议的北方海区各海监局领导协商,决定成立以天津海监局副局长张家孝为组长、各局分管局长为成员的领导小组,在北方海区组织开展航标"大维护、大保养、大检查、大评比"(简称航标"四大")专项活动,以求在新体制、新形势下,全面开创航标管理工作新局面。会后,天津海监局航标导航处处长赵亚兴适时组织制定《北方海区航标"大维护、大保养、大检查、大评比"活动实施方案》及具体考核检查评比标准等配套文件,为顺利开展航标"四大"活动作出周密安排和充分准备。

同年4月10日,天津海监局印发《关于开展航标"大维护、大保养、大检查、大评比"活动的函》,大连、营口、秦皇岛、天津、烟台、青岛海监局迅即响应,先后组织所辖航标处(区、科)召开动员大会,拟定工作计划,确立目标任务,推动北方海区航标"四大"活动全面展开。此间,烟台海监局党委书记耿文福带头参加航标维护保养工作,烟台航标处(区)创建"四定一包"(定编、定员、定任务、定考核标准,部分经费包干)工作目标管理机制,并培育10个不同类型典型样板,为推进航标"四大"活动深入发展发挥了示范引领作用。

图3-11-360　1990年7月17日,天津海监局在烟台组织召开航标"四大"活动现场推动会

1990年7月17日,天津海监局在烟台组织召开航标"四大"活动现场会,及时总结推广烟台海监局的成功经验。会后,各局分别对该项活动作出再发动、再部署、再检查、再落实,累计印发文件51份、简报32期、板报184期,迅速掀起航标"四大"活动热潮,形成分管领导亲自抓、基层领导带头干、广大职工全力投入的良好局面,涌现出许多先进人物和动人事迹。老铁山灯塔党支部书记、主任孙国民强忍爱人突遭车祸不幸逝世的悲痛,高标准、严要求,带领职工昼夜奋战,夺得北方海区灯塔维护保养第一名;威海航标站站长姜夕平自己动手设计制作码头吊桥、灯塔爬梯和避雷设施,节省了大量航标维护经费;

团岛灯塔主任王炳交身体力行,苦干巧干,连创佳绩。此间,天津海监局以《北方海区航标简讯》(后改版为《北方航标》)期刊为平台,及时通报各单位活动情况和典型经验,充分激发了广大干部职工的聪明才智和工作热情,使航标"四大"活动进度和质量明显提高。至8月底,北方海区航标系统总计投入维护保养费用204.8万元,保养各类航标444座,维修各类设备198台(套),维护各类航标建(构)筑物20余万平方米。

1990年9月,天津海监局成立以赵亚兴为组长的航标"四大"活动检查组,全面检查各局航标维护保养工作开展情况。检查组分设目视、机电、无线电三个小组,历时41天,抽查考评项目86个,平均成绩85.54分。同年11月20日,北方海区航标"四大"活动领导小组召开检查评比专题会议,评选出团体奖前三名,单项奖前三名,先进标兵16名,模范家属3名,其中大连、烟台、秦皇岛航标处(区)分别获得团体第一、二、三名。11月24日,天津海监局在大连组织召开航标"四大"活动总结表彰大会,交通部安监局副局长李育平应邀出席会议,对北方海区航标"四大"活动成效给予充分肯定和高度评价,他说:"上海开了头,天津牵了头,烟台带了头,各局争出头,大连夺了头,大家有奔头。"会议期间,天津海监局组织全体会议代表现场参观和学习交流大连老铁山、大王家岛灯塔航标维护保养先进经验。此间,日本航标协会考察团曾先后两次到天津上古林无线电导航台等地参观访问,当该团团长江并修第二次到上古林无线电导航台时,感慨地说:"时隔不到一年,情况大不一样,设备管理和维护保养发生很大变化。"

图3-11-361　1990年11月24日,北方海区航标"四大"检查组组长赵亚兴(右)和秦皇岛海监局副局长高旭魁(左)现场检查老铁山灯塔维护保养成效

1991年,是北方海区航标"四大"活动的第二年。新年伊始,交通部安监局批转《北方海区1990年航标"四大"活动情况汇报》,充分肯定北方海区航标"四大"活动成效,并将北方海区航标"四大"活动成功经验推广到全国海区航标系统。交通部安监局局长林玉乃在广州召开的全国海区第二次航测工作会议上指出:北方海区要在去年航标"四大"活动基础上,再接再厉,深化一步,使航标管理工作向"日常化、制度化、标准化"(简称航标"三化")方向迈进。据此,北方海区航标系统各单位以航标"三化"为目标,在继续抓好航标设施设备维护保养的同时,逐步将活动重点转移到建章立制、岗位培训等基础管理工作上来。此间,天津海监局航标导航处重新厘定各类业务报表17种、工作记录簿27种,统一了北方

海区航标基础台账,结束了长期使用海军和天津航道局基础台账的历史;各航标处(区)建立规章制度总计431项、航标档案359卷、资料表卡470份,基本做到航标一标一档,设备一部一卡。是年9月9日至11月1日,天津海监局检查组历时54天,陆上行程5549千米,海上行程1294海里,抽查考评项目160个,平均成绩提升至95.89分。经考核评估,北方海区477座各类航标均达到部颁标准要求,航标维护保养质量和业务管理能力达到历史最好水平。

1992年,是北方海区航标"四大"活动的第三年。根据在烟台召开的全国海区第三次航测工作会议关于"加强航标基础管理,提高航标管理水平,抓好航标日常维护,提高航标维护质量,达到部颁标准"的总体要求,天津海监局确立"巩固成果,狠抓薄弱,重在经常"工作方针,按计划、分步骤继续推进航标"四大"活动,并依据交通部颁行的航标作业规范标准,进一步细化航标单项达标考评标准。各航标处(区)将航标"四大"活动目标任务逐项分解落实到位,形成日维护、周保养、月检查、年考核管理工作机制,为实现航标管理"三化"建设目标作出积极探索与实践。是年9月1日至10月20日,天津海监局组织实施为期50天的航标"四大"活动检查评比,现场检查项目156个,沿途巡检各类航标158座,各航标处(区)平均成绩达到97.73分,较去年提高1.84个百分点。经检查考核,北方海区477座航标助航效能进一步提高,航标正常率和维护正常率再创历史最好水平。这次检查,邀请交通部安监局工程师韩伟全程指导检查评比工作,并吸收各航标处(区)业务科长参加,相互交流工作经验,共同提高管理水平,收到良好效果。

北方海区航标"四大"活动历时三年,使航标维护管理初步实现"由突击性到正常化,由随机性到制度化,由盲目性到标准化"的重大转变,各项业务工作指标三年上了三个新台阶。此间,先后有6个先进单位、145个先进集体、69名先进个人受到表彰,并涌现出老铁山灯塔、镆铘岛无线电指向标站、大王家岛灯塔(油机)、天津航标队(导标)、大连大港航标站(灯浮标)等5个"三连冠"塔台站。

图3-11-362　1990年,天津海监局在天津召开航标"四大"活动领导小组首次会议

实践证明,连续三年的航标"四大"活动,既是航标维护保养的一次大会战,亦是对航标管理工作成效的一次大检阅,有效推动了辖区航标系统各单位两个文明建设的蓬勃发展,为探索建立航标长效管理

机制发挥了重要示范引领作用,得到交通部安监局领导多次充分肯定和高度赞誉。之后,北方海区航标系统在后续交通部安监局组织开展的设备"管修养用"、学习"华铜海"轮等专项管理活动中,承继航标"四大"活动取得的成功经验和丰硕成果,乘胜前进,屡获殊荣。

二、设备"管修养用"活动

1992年11月16日,交通部安监局印发《关于开展安监系统设备管理、维修、保养、使用检查评比活动的通知》。1993年1月7日,天津海监局在津召开北方海区航标工作会议,专题研究部署设备"管修养用"活动工作安排,确定"配合安监系统设备检查活动,开展海区航标达标扫尾"的基本工作思路,并对北方海区设备"管修养用"活动实施总动员。

1993年3月20—22日,交通部安监局局长林玉乃在上海主持召开"一九九三年全国海区航测工作会议"(第四次),明确要求交通部安监系统各单位认真总结北方海区航标"四大"活动经验,以"提高人员素质和设备管理水平,保障各项安全监督任务完成"为目的,全面开展设备"管修养用"活动。随后,按照交通部安监局工作安排,天津海监局航标导航处处长赵亚兴、工程师袁立武全程参与该活动组织筹备工作,提出"组织骨干培训,统一评比标准,南北交叉互检"的工作思路,并策划代拟《关于开展安监系统设备管理、维修、保养、使用检查评比活动有关事项的通知》《安监系统设备"管修养用"检查评比标准、内容及程序》《关于开展安监系统设备管理、维修、保养、使用检查评比工作具体安排的通知》等一系列配套文件和检查评比标准,为推动交通部安监系统设备"管修养用"活动深入开展奠定坚实基础。

图3-11-363　1993年3月20日,交通部安监局局长林玉乃(中)在一九九三年全国海区航测工作会议上部署开展设备"管修养用"活动

全国海区航测工作会议刚刚结束,3月23—26日,天津海监局副局长张家孝遂带领北方海区航标考察团14人赴镇海航标区及白节灯塔、洛伽山灯塔,学习借鉴兄弟单位经验,以利寻找差距,进一步增强争创一流紧迫感。之后,经北方海区各海监局领导协商,决定成立北方海区航测系统设备检查推动领导小组,并确立"巩固成果,全面达标,再创佳绩"工作方针。5月14日,天津海监局印发《关于开展北方海区航测设备管理、维修、保养、使用检查评比活动的工作安排》,明确提出北方海区开展航测设备"管

修养用"活动的 14 项重点任务以及方法步骤和保障措施。自此,北方海区航测设备"管修养用"活动全面展开。

图 3-11-364　1993 年 3 月 24 日,天津海监局副局长张家孝带队参观考察镇海航标区白节灯塔,第二排左二起:高旭奎、张家孝、叶中央、索㦮、杨春

图 3-11-365　1993 年 7 月 9 日至 8 月 19 日,北方海区航测系统设备"管修养用"活动检查推动小组检查无线电导航台发射机

是年7月9日至8月19日,天津海监局航测设备"管修养用"检查小组一行4人,历时40天,行程5321千米,先后检查指导天津航标区、大连航标区、营口海监局、烟台航标区、青岛航标区、日照航标站、秦皇岛航标处、天津海测大队等8个单位的设备"管修养用"活动开展情况。此次检查,采取"全面检查与重点指导相结合"的方法,检查小组每到一地,在复审核定北方海区航标"四大"活动成果基础上,对查出的322项缺陷分类指导,现场提出整改意见,分工负责,落实到位,为迎接交通部安监系统设备"管修养用"活动检查评比夯实基础。通过自查测评,北方海区航测系统平均得分为96.27分,其中:大连航标处(区)96.79分,营口航标处95.40分,秦皇岛航标处95.68分,天津航标区95.96分,烟台航标处(区)97.24分,青岛航标处(区)96.70分,日照航标站96.12分。

是年9月17日,天津海监局在大连召开北方海区航测设备"管修养用"活动专题会议。会上,检查小组在详细解读交通部安监局《安监系统设备检查评比标准》的基础上,通报了设备检查及整改完成情况,总结了各单位开展设备"管修养用"活动成功经验,梳理了存在的7个共性问题,提出了"志在夺标"的工作目标。天津海监局张家孝副局长作了题为"认真准备、加紧整改、迎接检查"的动员报告,部署了迎接交通部安监系统设备"管修养用"检查评比的准备工作。

1993年10月初,交通部安监系统设备"管修养用"检查团团长郭莘在武汉主持举办设备"管修养用"检查评比培训班,旨在使南北两个检查分团高度统一和正确把握相关检查标准。同年10月12日至11月21日,交通部安监局组成南北两个检查分团,分别下设船机、通信交管、航标、物资设备4个专业检查组,对交通部直属14个海(水)监局和黑龙江、长江港航监督局的设备"管修养用"活动情况实施全面检查评比。

图3-11-366　1993年10至11月,北方海区航测系统设备"管修养用"活动检查推动小组交通部安监系统设备"管修养用"检查团团长郭莘(中)在武汉主持设备"管修养用"检查评比培训班

本次检查评比,在灯塔、导标(灯桩、灯浮标)、无线电导航台、无线电指向标、雷康和航标维护管理6类项目46个奖项中,北方海区航标系统夺得27个前三名,占全部奖项的58.7%;天津海测大队包揽测绘方面6个第一名,大连老铁山灯塔和烟台崆峒岛无线电指向标站在北方海区"三连冠"基础上再夺桂冠,并实现了"航标获奖过半,测绘全面夺标"的既定工作目标。在个人奖项中,大连海监局李广福、秦

皇岛海监局张希才、天津海监局刘洪山和张华仲、烟台海监局王明亭、青岛海监局王洪顺等6人荣获交通部安监系统设备"管修养用"活动先进标兵称号。

通过此次设备"管修养用"活动，职工队伍整体素质和设备管理水平得到进一步提高，为促进设备"管修养用"工作步入"日常化、制度化、标准化"轨道、推动交通部安监系统"两个文明"建设发挥了重要作用。

三、航标效能检查评估活动

航标效能系指航标用户在使用航标助航信息后所获得的直接和间接的效益。主要包括：减少航运时间带来的效益；提高水域利用效率带来的效益；降低通航风险带来的效益；提高海事监管效率带来的效益；降低船舶驾驶者工作强度带来的效益；保护水中、水上、水下建构筑物带来的效益。航标效能是衡量航标"准确性、可靠性、可用性"等综合助航能力的具体技术指标。

图3-11-367　交通部安监局局长林玉乃(中)在烟台成山头灯塔检查工作

北方海区航标效能评估系指由航标管理部门组织对航标及航标系统能否正常发挥航标效能的情况开展评估的活动，旨在分析影响现有及拟建航标或航标系统能否发挥航标效能的关键因素，以制定相应的整改措施。航标效能评估是航标主管部门进行航标风险管理的基础性工作，通过效能评估，找出航标建设与发展需求之间的差距和航标管理存在的不足，进而有针对性地加以优化完善，以求逐步提高航标助航服务水平。北方海区航标效能评估经历了"从经验评估到科学评估，定性评估到定性与定量相结合评估"的发展过程。

清同治七年(1868)海关船钞部成立之初，海关总税务司署发布《通令》，要求"建造灯塔之位置务必认真测定、选择""就沿海灯塔而言，首先须详尽研究港口状况""定期视察段内各港口，检查当地之浮标及标桩状况""尤须留意监督段内沿海设置之灯标不灭"。

长期以来，航标效能评估主要靠评估者经验评估，评估内容和方法均无明确规定。20世纪90年代以来，北方海区航标主管机关主要采取集中检查评比、征求用户意见等多种方式开展航标效能系统评估工作。先后开展的航标"四大"、设备"管修养用"、学习"华铜海"轮等活动,均以航标效能评估为主要内容,并陆续建立一系列检查评估标准,为航标效能评估规范化、标准化奠定重要基础。

2000年,按照交通部海事局《关于调整部分海区航标的通知》要求,天津海事局在前期充分调研评估的基础上,于6月30日前,完成大连、营口、秦皇岛、天津、烟台航标处35座失效航标的撤除和13座航标位置的调整,并适时发布《航海通告》。同时,营口航标处根据航标效能调研和用户意见,调整四道沟航道灯浮标配置,并增设3座灯浮标,有效改善营口港区通航环境,保证进出港船舶航行安全。

2001年5月,北方海区各航标处(区)、站划归天津海事局统一管理。是年9月9—30日,按照交通部副部长洪善祥和交通部海事局常务副局长刘功臣、党委书记黄先耀等领导对天津海事局"一定要接好管好北方海区航标"的一系列重要指示精神,天津海事局党政主要领导亲自带队,采用"听取用户意见为主,现场抽查为辅"方式,先后在青岛、烟台、大连、营口、秦皇岛和天津召开航标用户座谈会,港航、引水、通航和海军等30多家单位参加座谈,征集航标配布调整方面的意见54项,改进航标管理方面的意见14项,为完善北方海区航标配布调整和加强航标管理工作提供了第一手资料。

2003年,根据天津海事局统一部署,北方海区各航标处通过召开港航单位用户座谈会、定期走访、向中外籍船舶用户发放问卷调查表等形式,深入调研本辖区港口航标助航效能。在此基础上,天津海事局副局长赵亚兴带队组成调研组,检查评估北方海区22个港口航标效能,制定了16个港口的航标配布调整方案。年内完成大连、天津、东风、烟台、龙口、潍坊、张家埠和青岛港等9个港口、109座灯浮标的编号、灯质、位置、灯浮标种类的配布调整,撤除失效的青岛燕儿岛等测速标和罗经校正标44座,使北方海区航标配布进一步优化,航标效能进一步提升,并为编制《北方海区航标"十一五"发展规划》奠定基础。

图3-11-368　2003年8月,天津海事局副局长赵亚兴(中)在青岛航标处调研评估辖区航标效能

2005年5月,按照交通部海事局统一部署,天津海事局成立以局长徐津津和副局长赵亚兴为正副组长,各航标处处长和天津海测大队、天津航测科技中心负责人为成员的航标效能综合评估工作领导小组,并抽调专业技术骨干组成工作小组,全面展开辖区航标效能评估工作。工作小组历时2个月,行程

6500余千米,走访港航企事业单位55个、航标用户79家,调研各类航标1599座;发放《航标、测绘用户调查表》15000份,回收2152份;收集相关资料30余万字(其中,图表87份、规划27份),形成《北方海区航标效能调研报告》《北方海区航标效能评估与规划》《北方海区助航系统建设方案》,提出新建、调整、撤除256座航标建议,并于年内组织实施。同时,天津海事局依据评估结论和航运经济发展需求,确定北方海区航标管理重点范围为"一道二路五区十港"(释义详见本章"规划管理"),并首次提出助航服务等级标准。随后,该局在烟台召开会议,审查通过《固定助航标志配布指南》《港口助航效能评估指南》,为北方海区航标效能评估工作规范化建设奠定了坚实基础。

2009年9月,交通部海事局印发施行《沿海航标效能定期评估管理办法(试行)》,明确规定航标效能评估主体职责、评估内容、评估周期、评估指标、评估程序,并提出沿海航标效能模糊综合评判方法,即:在业内专家评价基础上,将影响评价目标各因素层次化,形成"科学化、规范化、制度化"的航标效能评估体系,并采用模糊数学原理,构建一致性判断矩阵并计算指标权重的数学模型,使评估结果得以量化,实现"由以往定性评估到定性与定量结合评估"的重大转变。自此,全国沿海航标效能评估工作步入常态化轨道,北方海区航标系统每年组织航标效能评估活动。

2012年7月始,按照交通运输部海事局《关于开展海区航标效能专项检查工作的通知》要求,天津海事局航海保障处抽调专业技术人员40余人,分成海上巡查、沉船标效能检查、AIS船舶流量调查、固定标志位置复测等8个工作组,对北方海区52个港口(港区)、5个重点水域的3219座航标效能展开一次全面检查评估活动。这次活动历时70天,出动船舶46艘次,海上巡检里程4124海里,其中夜航857海里;出动车辆300余台次,陆地巡检里程11950千米;制作AIS流量统计图184幅;复核固定标志位置466座;召开用户座谈会8次,征集用户意见和建议65条;照相4595张,摄像77.2分钟;发现各类问题61个,提出工作建议71条,并形成《北方海区2012年航标效能评估报告》。通过此次检查评估,全面摸清了北方海区通航环境特征和港口建设发展形势,以及航标设施设备、人力资源配置、业务经费保障和日常维护管理等方面的状况,为适时调整完善航标助航服务体系、满足辖区航运经济发展需要提供了决策依据。

(1)检查灯桩灯器

(2)检测灯浮标灯器

图3-11-369 2012年7月始,天津海事局航标效能检查评估工作组

航标效能评估活动作为航标管理部门不可或缺的重要管理手段,在长期评估实践活动中,逐步发展完善。特别是进入21世纪以来,伴随着科技进步和评估经验积累,逐步引入风险管理技术和层次分析方法,建立以模糊数学为基础的数学模型,实现"由定性评估到定性与定量结合评估"的重要转变,推动航标管理工作日趋"规范化、制度化、标准化"。

四、航标"巩固提高年"活动

2003年初,按照交通部《关于印发水上运输安全巩固提高年工作指导意见的通知》和交通部海事局的统一部署,天津海事局随即制定《天津海事局水上运输安全巩固提高年活动方案》,成立以副局长赵亚兴为组长,各航标处处长为成员的专项活动领导小组,并确立以完善航标维护管理"规范化、制度化、标准化"长效管理机制为方向,以"四个结合,一个确保"为目标的工作思路,即:将航标"巩固提高年"活动,与全面完成港口航标效能调研评估和配布调整工作相结合;与加强航标行业管理,做好地方航标划转前期调研和接收工作相结合;与深入搞好进口航标设备清查工作相结合;与交流和推广各单位开展航标维护管理工作先进经验相结合,进一步提高北方海区航标维护管理水平,确保不因航标维护管理工作不到位而发生各类安全责任事故。

同年6月5日,天津海事局召开"巩固提高年"活动动员大会,由此拉开活动序幕。北方海区航标系统各单位结合辖区实际情况,按照"四个结合,一个确保"工作要求,建立组织机构,制定活动计划,历时两个多月,共查出各类隐患142项,自身整改139项,上报天津海事局统筹解决3项,初步完成自查自纠任务。

是年9月1—29日,天津海事局航标导航处处长辛艺强带领检查组,行程4200千米,航行275海里,检查各类助航标志453座,审查评估辖区21个港口航标配布情况,清查各类航标进口设备503台。检查组针对查出的132项隐患,现场下达《整改通知书》,责成相关单位限期整改。

图3-11-370　2003年9月1至29日,天津海事局"巩固提高年"活动检查组检查航标基础管理工作台账

同年11月2—11日,天津海事局副局长赵亚兴带队,复查北方海区航标系统各单位的整改情况。经检查确认,整改完成率达到100%,北方海区航标设施设备维护质量保持良好,航标效能全部达到部颁标准,航标"巩固提高年"活动目标任务如期实现。

第四章 测绘业务

海洋测绘是以海洋(含内水)水体、水下地貌、航行障碍物、沿岸地形、助航设施等要素为观测对象,通过平面控制测量、高程控制测量、水深测量、扫海测量、水文潮汐观测、岸线地形测量等技术手段获取相关数据信息,编绘出版发行各种航海图书资料的活动,旨在为保障航海安全提供精准可靠的技术支持和决策服务。北方海区测绘系统作为中国海洋测绘系统中坚力量,其测绘成果具有国际性、权威性、规范性、普适性、周期性、现势性等特征,广泛应用于航运交通、海事管理、港口规划、海洋工程、搜寻救助、国防建设等领域。

中国海洋测绘活动源远流长。据中国古籍文献记载,早在商代就有暴雨、洪水、海浸等水文观测活动。秦汉以降,随着航海经验不断丰富,海道探测技术随之取得长足进步,由近及远开辟了若干国内外航路。魏晋时期,裴秀创立"制图六体"理论,对推进后世测绘技术影响深远。刘徽编著《海岛算经》已就测高望远及其计算方法做过系统研究与实践。唐朝兵部设有"职方郎中"一职,专司绘制保存水陆地图之责;窦叔蒙成功创制高低潮算图,将海洋潮汐观测技术提升到科学理论高度。宋代朱彧所著《萍洲可谈》记载,"舟师识地理,夜则观星,昼则观日,阴晦观指南针或以十丈绳钩取海底泥嗅之,便知所至",说明当时船民已掌握测天定位和推测船位方法,并依照古代制图理论和中国绘画技法,将海岸地形、对景陆标、船舶航线等形象地描绘出来,《宣和奉使高丽图经》《舆地图》《海道指南图》等航海图应运而生,航海者唯凭"针路"和"海图"行船,在全球率先进入定量航海时代。元朝郭守敬首创以沿海海平面作为水准测量基准面,有效解决区域性高程测量资料统一归化问题。特别是明代绘制的《郑和航海图》,将中国古代海道测绘技术推向历史顶峰,为开启全球大航海时代铺平了东方航路。后因明宣宗罢停远洋航海活动,转而采取闭关锁国政策,中国国际航运渐渐萧条,海道测绘日渐衰微,致使原本领先世界的中国航海事业由此陷入长期徘徊不前甚至倒退的境地。

鸦片战争前后,西方列强多次派遣舰船窥测中国沿海地形与航路,编绘出版大量海图。对这种侵犯领海主权、威胁国家安全行径,清政府曾一再抗议并谋求自办海道测绘事业,终因国力衰微而未果。此间,尽管中国海关总税务司署陆续测绘出版39幅海图,但因海关大权由外籍税务司掌控,所有成果均为外国人占有,由国人测绘的海图近乎空白,甚至北洋水师均使用英国皇家海军出版的海图。迨至1921年北洋政府设立海军海道测量局并加入国际海道测量组织后,严正宣告禁止外国自由测绘中国水道,标志着中国海道测绘事业自此改变由外人操控的局面。1930年9月,南京国民政府行政院训令财政部,要求海关将海道测量业务全部移归海军海道测量局职掌,但海关并未照办,延宕至1931年8月方将海道测量事权正式移交海军海道测量局。1937年日本全面侵华战争爆发后,华北、华东、华南等地区相继沦陷,海军海道测量局随之裁撤,中国沦陷区海道测量业务一度由汪伪海军水路测量局控制。至1949年,南京国民政府海军海道测量局测绘出版航海图和江河水道图累计80余幅(不含汪伪海军水路测量局绘制的30余幅海图)。

1949年中华人民共和国成立后,海军和交通部以"独立自主,自力更生"为指针,白手起家,艰苦创业。1955年5月,交通部海运管理总局海港测量队应运而生。仅凭几部六分仪、水砣、算盘等简陋测绘装备,首次执行并圆满完成广州港及附近水域全面调查任务,开始艰苦而辉煌的创业历程。在国家第一个五年计划期间,海港测量队辗转全国沿海,对大连、天津、青岛、上海、汕头等13个主要港口及重要通航水域首次实施全面水深测量,编绘首版港口航道图总计68幅,解决了港口建设和水运部门急需的基础资料,填补了沿海主要港口航行资料空白,结束了国人长期使用外国人测绘资料的历史。1958年,海港测量队划归天津航道局管理,增加疏浚工程测量、海上地质钻探和土工试验等业务。而后,虽经几次行政归属变更,但港口航道测量、疏浚工程测量、海上地质勘察等业务未变。其间,港口航道图周期性测量覆盖全国40余个港口和通航水域,完成重点港口建设和军事工程建设疏浚工程测量项目60余项,为中国航海图编印和通航尺度核定提供了重要技术依据。1976年,首次将"304"高精度无线电定位仪用于港口航道测量定位。

1983年,交通部印发《关于海区测绘工作的若干规定》,天津海港测量队主要负责北方海区港口航道测绘工作,原承担海上地质钻探和土工试验业务移交天津航道局科研所。其间,陆续引进微波定位系统、四波束测深仪等技术装备,在全天候定位、全覆盖(面)测深、四色套色海图编印等方面取得若干技术突破。至1987年底,该队总计完成200余幅海图测绘任务,先后组织实施10余项应急扫海测量工程,为保障港口航运安全生产做出突出贡献。

1988年7月天津海监局成立后,天津海测大队负责辽宁省、河北省、山东省和天津市12个港口测量和港口航道图编绘任务,北方海区测绘事业自此进入正规化建设快车道。1991年,该队在全国海区测绘系统率先引进加拿大通用系统公司(CARIS)机助制图系统,并于当年研制编绘出一幅除汉字注记外的全要素海图;1992年,首次引进GPS全球定位系统接收机,当年投入测量作业,高效完成京唐港GPS基础控制测量;1998年,成功引进多波束测深系统,取代四波束测深仪,进入高效"面测深"时代,为实施青岛跨海大桥建设前期扫测、成山角水域船舶定线制扫测等重大测量工程,以及大连"5·7"空难、包头"11·21"空难和众多水上沉船沉物的应急搜救扫测项目提供了技术保障。测绘业务从单一港口航道图测绘,延伸到通航尺度核定测量、应急测绘保障等诸多方面。测量海域超出港池、航道,逐步向深蓝海域拓展。控制测量、水文观测、航海图书制作等专业门类逐步健全、协调发展。1999年,交通部海事系统发行的港口航道图取消"内部使用"规定,成为面向全社会公开发行的民用航海图书资料。

步入21世纪,随着北方海区GPS控制网分4期建设完成,ROV水下机器人和HPD海道测量产品数据库引进,低空无人机遥感、海岛礁测绘等技术成功应用,以及水文观测站网建设取得实质性进展,专业化海道测量船舶正式列编,多波束测深系统全覆盖测量技术广泛应用,北方海区测绘系统测绘技术和服务保障能力进一步提升,接近或达到国际先进水平。在支持区域经济发展和港口建设过程中,先后承担渤海超大型船舶航路扫测、老铁山水道船舶定线制扫测、青岛奥林匹克帆船赛竞赛水域扫测,以及成山角水域船舶定线制扫测等重大测量工程,并多次获得国家及省部级优秀勘察、测绘金奖。特别是在应对突发海(空)难事故搜寻救助中,屡建奇功,成为国家处置海上突发事件不可或缺的应急保障队伍。

至2012年底,北方海区测绘系统累计完成近7万换算平方千米海域测量任务,编绘1万余幅海图,发行各类航海图书资料30余万幅,参加海上重大应急抢险扫测百余次,扫测到各类沉船等碍航物百余艘(具),为交通运输部海事局履行水上安全监督管理和航海安全保障职能、归口管理交通行业测绘工作,以及履行国际公约责任义务提供了技术支撑。

第一节 测绘管理

一、质量管理

北方海区测绘系统测绘质量管理系指对测绘工程从承接任务、组织准备、技术设计、测绘实施、成果交付全过程的质量管理活动。测绘质量管理贯彻"以保证质量为中心,满足用户需求为目标,防检结合为手段,全员参与为基础"的工作方针,为港口建设发展和船舶航行安全提供优质服务。

1955年5月海港测量队建队后,主要负责北方海区港口航道测绘和疏浚工程测量,并以测绘项目为单元实施质量管理。外业测量成果首先由作业人员自校和互校,再经主管技术的队领导审核后,委托海军司令部海道测量部验收并编绘出版海图。其间,主要执行苏联《水道测量规范》及海军编制的有关测绘规范。

1971年12月天津航测大队成立后,下设海港测量队等6个基层单位。1973年1月,天津航道局机关设航标测量科,作为航测业务职能管理部门。至此,测绘质量管理形成"两级检查,一级验收"机制,即外业测量组、绘图组一级检查,海港测量队二级检查,航标测量科负责验收。1975年5月,天津航道局撤销航标测量科,天津航测大队成为全能基层单位,内设航标测量科等7个职能部门,测绘质量管理维系"两级检查,一级验收"机制。1981年3月天津航测处成立后,内设测绘科,负责测绘计划编制、任务下达、设备引进管理及测绘成果验收等工作。为有效控制测绘质量,海港测量队在全国海区测绘系统率先执行《测量经历簿》《制图经历簿》制度,将测绘作业质量检查过程细化分解到测量和制图作业每个环节,明确要求测绘作业人员和质检人员完成相应工作后,在《制图经历簿》中记录签字,使测绘作业人员自校、互校、质检组检查、队长审定等质量检查全过程得到有效控制。1988年7月天津海监局成立后,内设测绘处,负责测绘成果质量验收;天津海测大队内设测绘科,负责测绘质量二级检查,各测量队、制图队负责一级检查。至此,测绘质量管理机制更加符合国家测绘标准要求。

图4-1-371 天津海测大队质量检查人员检查外业测量成果质量

为适应航运经济快速发展,了解港航用户对航海图书资料需求,该队始终坚持用户意见调查工作,建立业务联系渠道,每年专门抽调具有丰富测绘经验的专业技术人员,走访征集沿海港口建设、航政管理和航海运输单位,以及政府规划部门的意见,先后调研了40余个港口,搜集了大量港口规划建设和航海要素资料,以及改进测绘服务的建设性意见,为测绘计划制定实施、丰富航海图书资料种类、提高测绘质量起到积极促进作用。

1991年,按照交通部工程管理司统一部署,天津海测大队组织开展全面质量管理(TQC)活动,抽调骨干力量组建全面质量管理活动办公室,建立各项规章制度,开展基础理论普及教育。同年9月,完成全面质量管理达标内部自检;10月30日,完成天津海监局中间验收;1992年12月,通过交通部组织的全面质量管理活动达标验收。该队全面质量管理活动的开展,改变了传统质量管理模式,制定了测绘质量目标,建立了测绘项目从对港航用户调研、测绘项目策划、测绘作业、质量检验及发行服务全过程的质量管理体系,形成了从主管领导到一般职工全员参加的质量管理模式。同时,针对测绘作业中遇到的各种难题,积极开展质量管理QC小组活动,有效解决了诸多技术难题。在测绘新技术设备引进、测绘作业手段不断更新过程中,由外业队长李宝森担任组长的《测量成果载体标准化》QC小组,根据测绘工作实际,制定了50余个测绘手簿和表格,覆盖了所有测绘新技术所形成的测绘成果,贯穿于测绘新技术引进、开发、应用和质量管理等各个工作环节,使新技术手段所形成的测绘成果载体的质量环节得到有效控制,有效提高了测绘成果质量。其间,该队围绕外业测量、内业制图和新技术设备引进等方面广泛开展QC小组活动,据不完全统计,其中12项成果获得交通部、天津市级优秀QC小组称号,保证了测绘成果质量稳步提高。

1992—2012年北方海区测绘系统质量管理成果(QC)获奖一览表

表 4-1-79

序号	项目名称	获奖等级	颁奖部门	获奖日期	主要参与人员
1	天津海测大队测量一分队QC小组	部级	交通部	1992年10月	李宝森、董希贵
2	天津海测大队测量制图分队QC小组	部级	交通部	1993年9月	郑行昭、冯立新
3	天津海测大队内业检查QC小组	部级	交通部	1994年12月	李素华、桑金
4	天津海测大队技术科QC小组	部级	交通部	1996年1月	张华钟、王玉林、杨龙
5	天津海测大队数字式海图生产质量体系的建立QC小组	部级	交通部	1996年11月	张安民、冯立新
6	天津海测大队多波束测深系统应用与开发项目QC小组	部级	交通行业优秀企业管理成果评审委员会	2001年9月	桑金、黄东武、卫国兵
7	天津海测大队黄骅港基本测量QC小组	部级	中国交通企业管理协会 交通行业优秀企业管理成果评审委员会	2002年9月	李宝森、卫国兵、王闯成
8	天津海测大队三峡库区水下地形多波束扫测QC小组	省级	市经委、市建委、市交委、市农工委市商委、市质量技术监督局、市总工会、市科协、团市委、市质协	2004年	张铁军、董希贵、卢之杰
9	天津海测大队测量中心特种测量队QC小组	省级	市经委、市建委、市交委、市农工委市商委、市质量技术监督局、市总工会、市科协、团市委、市质协	2005年	董江、黄东武、王闯成
10	天津海测大队测量中心设备保障部QC小组	省级	市经委、市建委、市交委、市农工委市商委、市质量技术监督局、市总工会、市科协、团市委、市质协	2005年	于桂菊、黄东武、汪连贺
11	天津海测大队数据中心提高测绘档案归档质量QC小组	省级	市经委、市建委、市交委、市农工委市商委、市质量技术监督局、市总工会、市科协、团市委、市质协	2005年	冯立新、李颖
12	天津海测大队推进群众性质量管理小组活动先进企业QC小组	省级	市经委、市建委、市交委、市农工委市商委、市质量技术监督局、市总工会、市科协、团市委、市质协	2005年	王文建、李鲜枫、安广甲

全面质量管理系指通过顾客满意和本组织所有成员及社会受益而达到长期成功的管理途径。为全面评估航海图书资料质量和用户使用情况,充分了解广大用户需求,采取向各地港航单位和到港船舶发放《航海图书用户调查表》、坚持深入沿海港航单位走访等工作方式,得到用户积极响应和广泛支持。至1995年,该队累计发放调查表万余份,走访海图用户数百家,征集到若干有价值的工作建议和意见,

为《沿海港口航道图目录》编制、设备引进开发应用、应急扫测图种类拓展、港口航道图测绘有序发展等一系列服务质量改进工作提供了依据,有效促进了航海图书资料质量不断提高。

1996年11月,天津海测大队在广东第二核电站海域测绘工程中,对方要求建立ISO 9000质量体系实施该测绘项目,这是该队首次接触ISO 9000质量体系,并充分认识到建立质量体系的必要性。1997年1月23日,该队举办ISO 9000质量体系培训班,正式启动质量体系认证工作。同年4月28日,该队召开"ISO 9002/1994质量体系文件发布会";6—8月,完成内审员培训、两次内审活动和管理评审会议;9至10月,两次接受长城(天津)质量认证中心认证审核;10月16日,该队在全国海区测绘系统率先取得《ISO 9002质量体系认证证书》。该队首次发布质量管理体系文件包括质量手册1册、程序文件18个、三层(须知)文件60个、质量记录50项,覆盖与测绘业务相关的各个工作环节。多年来,该队密切跟踪ISO 9000系列标准动态,结合内部机构和职责调整,适时完成ISO 9000质量体系历次换版工作。

(1)1997年,通过体系认证

(2)2007年12月10日,通过监督审核

图4-1-372　天津海测大队ISO 9002质量管理体系

2011年7月,天津海测大队发布符合ISO 9001-2008要求的质量管理体系文件(1.1版本)包括质量手册1册、程序文件22个、须知文件85个、质量记录84项,实现了内部所有部门质量管理活动的全

覆盖。通过开展 ISO 9000 质量体系认证,建立了以顾客为关注点、强调领导作用和全员参与、采取过程控制和基于事实的方法、为质量管理提供有效决策依据的质量管理机制。在测绘作业过程中,该队秉承全面质量管理 PDCA 循环运行原则,即计划(plan)、执行(do)、检查(check)、处理(act),持续改进质量管理工作。在提升测绘成果质量的同时,提升了综合管理水平,得到了港航用户广泛赞誉,保持了北方海区测绘系统的良好信誉。

ISO 9001 质量体系标准明确规定:"组织依存于顾客。因此,组织应当理解顾客当前和未来的需求,满足顾客要求,并争取超越顾客期望。"以顾客为关注点,编制使港航用户满意的航海图书资料,满足日益增长的港口建设、航政管理和航海运输需求,是质量体系管理的永恒主题。天津海测大队以对用户负责的服务意识,围绕国家经济建设和测绘主管部门要求,在质量体系运行中着力关注服务对象,主动做好服务工作。在坚持走出去征集港航用户意见的同时,始终坚持每年召开用户座谈会,广泛召集港口建设、航政管理和航海运输用户恳谈交流,积极听取广大海图用户意见和建议,对海图质量和满意度进行第三方测评,有针对性地改进服务方式、举措和内容,促进测绘质量和服务水平稳步提高。

图 4-1-373　2005 年 11 月 25 日,天津海测大队召开《港口航道图》用户座谈会

图 4-1-374　2008 年 6 月 25 日,天津海测大队召开用户座谈会

从项目质量管理到全面质量管理、再到ISO 9000质量体系认证,北方海区测绘系统测绘质量稳步提升,测绘成果合格率、优良率持续保持100%。其间,在测绘政策技术分委会历年组织的全国海区测绘系统测绘质量检查中,始终保持测绘质量稳步提升趋势;在国家测绘主管部门天津测绘质监站历年测绘质量检查中,被抽检项目始终保持"优秀"等级。

至2012年,据不完全统计,在交通部等上级测绘行业主管机关和相关组织历次测绘成果评选中,荣获测绘工程国家或省部级优质工程奖总计32项。

1992—2012年北方海区测绘系统测绘工程成果获奖一览表

表4-1-80

序号	项目名称	获奖等级	颁奖部门	获奖日期	主要参与人员
1	烟台港西港池一期港池航道扫测	交通部优秀工程勘察三等奖	交通部	1992年	杨绍海、李素华、张永合
2	烟台港1∶2.5万测图	交通部优秀工程勘察三等奖	交通部	1995年	张明林、王玉林、李宝森
3	烟台港及附近	交通部优秀工程勘察三等奖	交通部	1995年	阎锡臣、刘东全、杨绍海
4	营口港及附近水下地形测量	交通部优秀工程勘察三等奖	交通部	1998年	张明林、张志宴、杜长江
5	中国沿海RBN-DGPS基准台站精密位置及定位精度测量	交通部优秀工程勘察一等奖	交通部	1998年	周则尧、马亚平、付兴武
6	中国沿海RBN-DGPS基准台站精密位置及定位精度测量	建设部全国第六届优秀勘察金奖	全国优秀工程勘察设计评选委员会	1999年	周则尧、马亚平、付兴武
7	青岛跨海大桥工程测量	交通部优秀工程勘察二等奖	交通部	2000年	李宝森、缪锦根、黄东武
8	黄河小浪底库区水深测量	中国测绘学会优秀测绘工程铜奖	中国测绘学会	2005年	郭永丰、李泽群、陈福玉
9	青岛奥帆赛竞赛海域测绘工程	中国测绘学会优秀测绘工程银奖	中国测绘学会	2009年	黄永军、桑金、付兴武
10	青岛奥帆赛竞赛海域测绘工程	交通运输部水运工程优秀勘察三等奖	交通运输部	2009年	黄永军、桑金、付兴武
11	北方海区GPS控制网工程	天津市优秀测绘工程一等奖	天津市测绘学会	2010年	刘东全、桑金、黄东武
12	唐山港曹妃甸港区锚地声呐扫测	天津市优秀测绘工程三等奖	天津市测绘学会	2010年	王守国、张墨起、缪锦根
13	老铁山水道船舶定线制海域扫测工程	水运交通工程优秀勘察三等奖	中国水运建设行业协会	2010年	王闯成、付兴武、孟森
14	营口港2-7号锚地大型扫海及综合测量	水运交通工程优秀勘察三等奖	中国水运建设行业协会	2010年	缪锦根、周胜涛、桑鹏程
15	天津港序列海图	优秀地图作品裴秀奖金奖	中国测绘学会	2010年	冯立新、孙晓萍、王金铭
16	老铁山水道及附近系列图	优秀地图作品裴秀奖铜奖	中国测绘学会	2010年	冯立新、石金榜、吕瑛炯
17	秦皇岛港港池、航道多波束扫测	天津市优秀测绘工程一等奖	天津市测绘学会	2011年	武玉章、董玉磊、黄东武
18	岚山港区HPD网格化基本测量	天津市优秀测绘工程二等奖	天津市测绘学会	2011年	桑金、黄永军、梁佳
19	天津港HPD网格化基本测量	天津市优秀测绘工程三等奖	天津市测绘学会	2011年	杨绍海、李宝森、张志宴
20	盘锦海港区潮汐同步观测和潮汐性质分析	天津市优秀测绘工程三等奖	天津市测绘学会	2011年	李宝森、刘雷、王冬
21	大连港港口航道图测绘工程	中国测绘学会优秀测绘工程铜奖	中国测绘学会	2011年	王闯成、郑行昭、孟森

〔续表〕

序号	项目名称	获奖等级	颁奖部门	获奖日期	主要参与人员
22	北方海区GPS控制网建设项目	水运交通工程优秀勘察一等奖	中国水运建设行业协会	2011年	刘东全、桑金、黄东武
23	应用无人机低空遥感技术更新东风港地形岸线测绘工程	水运交通工程优秀勘察三等奖	中国水运建设行业协会	2011年	曲萌、周菲、黄东武
24	套尔河HPD网格化基本测量	天津市优秀测绘工程三等奖	天津市测绘学会	2012年	孟森、陈福玉、肖俊艳
25	天津港航图集	天津市优秀测绘工程二等奖	天津市测绘学会	2012年	徐斌胜、张安民、石金榜
26	辽东湾满载巨型油轮推荐航路扫测	水运交通优秀勘察一等奖	中国水运建设行业协会	2012年	李宝森、张墨起、赵春城
27	天津港大港港区测量工程	水运交通优秀勘察三等奖	中国水运建设行业协会	2012年	孟森、付兴武、肖俊艳
28	营口辽河口HPD网格化基本测量	水运交通优秀勘察三等奖	中国水运建设行业协会	2012年	梁佳、王冬、黄东武
29	大连港序列图	优秀地图作品裴秀奖铜奖	中国测绘学会	2012年	黄东武、吕瑛炯、王昭
30	天津港航图集	优秀地图作品裴秀奖铜奖	中国测绘学会	2012年	石金榜、王昭、王荣林
31	青岛港董家口港区港池、航道扫测	全国优秀测绘工程银奖	中国测绘学会	2012年	张墨起、董玉磊、王冬
32	天津港HPD网格化基本测量	全国优秀测绘工程铜奖	中国测绘学会	2012年	黄永军、董玉磊、刘雷

二、测绘资质

测绘资质是属于行政审批范畴的资质认定，由国家测绘行业主管部门负责管理。《中华人民共和国测绘法》（简称《测绘法》）规定，从事测绘活动应依法取得相应等级的测绘资质证书。测绘部门承接中华人民共和国相应范围的测绘工程，须出具相应等级的资质证书。测绘资质明示了从事测绘活动所需具备的专业技术人员资格、技术装备和设施、安全保障措施，以及健全的技术质量保证体系、信息安全保密管理制度、测绘成果和资料档案管理制度等。

1986年9月1日，为加强测绘行业管理，保证测绘产品质量和测绘资料的正确使用，国家测绘总局发布施行《测绘许可证试行条例》（简称《条例》），要求从事测绘生产的单位（包括承接民用测绘任务的军事单位），均应经过资格审查并取得测绘许可证后，方具有从事测绘生产的资格。1991年9月14日，天津市测绘管理处反馈天津海测大队测绘资料检查情况，提出申办《测绘许可证》意见。随即，该队按照《条例》要求，安排业务主管部门就水深测量、岸线地形测量、扫海测量等海洋测绘业务资格办理申报工作。1994年9月1日，该队取得天津市测绘管理处颁发的乙级《测绘许可证》。随后，该队取得建设部颁发的甲级《工程设计证书》和国家计委颁发的甲级《工程咨询资格证书》（后因相关业务开展较少，上述两个资质证书2004年后不再保持）。

1995年7月9日，国家测绘局发布实施《甲、乙级测绘资格证书分级标准》《各等级测绘资格证书作业限额规定》，规范测绘单位资格证书申报工作。按照国家测绘局和天津市测绘管理处要求，天津海测大队于1995年10月12日向国家测绘局申报乙级《测绘资格证书》。同年年底，该队取得海洋测绘专业乙级《测绘资格证书》。1996年4月20日，该队向国家测绘局申报甲级《测绘资格证书》，主要业务范围为海洋测绘、专题地图编制、数字化测图、建立数据库,并承担乙级及以下的工程测量(控制、地形测量)。同年9月16日,该队首次取得国家测绘局颁发的甲级《测绘资格证书》(证书有效期至2000年12月31日),有效期限为5年。依照《测绘法》关于测绘资格审查认证制度的相关要求,持证单位需每年办理《测绘资格证书》年检工作。1997—1999年,该队每年如期向国家测绘局提交《测绘资格证书》年检材料,并顺利通过年检。

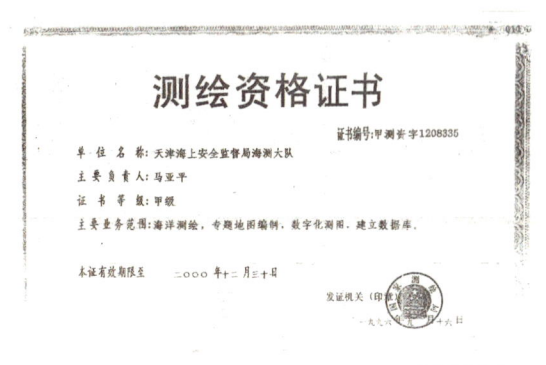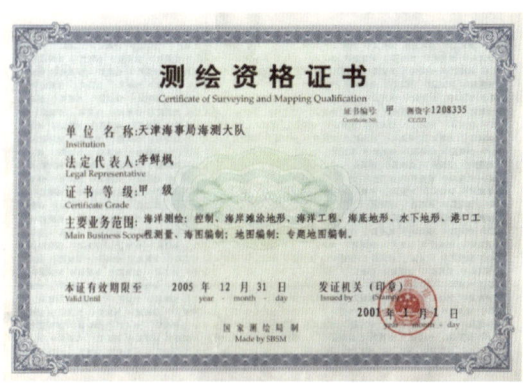

图4-1-375　1996年与2001年甲级《测绘资格证书》

2000—2014年,国家测绘主管机关四次修订并发布实施新的《测绘资质分级标准》,该队均按照要求如期复审换证,并持续保持甲级《测绘资格证书》,主要业务范围逐步拓展为:海洋测绘、控制、海岸滩涂地形、海洋工程、海底地形、水下地形、港口工程测量、海图编制、地图编制、专题地图编制、互联网地图服务等,有效期限仍为5年。该队《测绘资格证书》年检、年报及复审换证等相关测绘资质管理工作,均由其测绘业务主管部门负责。

天津海测大队在测绘资质规定范围内开展应急扫海测量活动,完成诸多通航尺度核定测量项目,得到辖区港航部门的信赖,为港口建设、航政管理和航运安全做出积极贡献。

三、计划管理

计划管理系指单位通过计划的制定和执行而进行的指挥、调节、监督、检查、考评等一系列管理活动的总称。全国海区测绘系统计划管理作为测绘管理的重要环节,其年度测绘工作计划主要依据水路运输需求、沿海港口航道建设发展规划、海图测绘周期等因素,由各海区测绘主管部门组织拟定,经逐级报送上级测绘主管部门审核后下达执行。各海区测绘系统组织实施上级下达的年度测绘工作计划,各级测绘主管部门依据管理权限监督、检查、考评年度测绘工作计划执行情况。

1955年5月交通部海运管理总局海港测量队成立后,主要承担交通部直属港口及附近水域的航道、锚地等测绘任务。在国家第一个五年计划期间,海港测量队根据交通部海运管理总局工作安排(年度测绘工作计划)和临时指令(专项测绘工作计划)组织实施测绘工作。是年,完成广州港及附近水域全面测量、广州荔枝湾至外伶仃150千米水域测量,绘图10幅。1956年,完成汕头港水雷疑存区排查专项扫测任务,绘图3幅,是为该队完成的全国测绘行业第一幅正式出版发行的四色海图(由海军司令部海道测量部印制发行)。至1958年,该队辗转全国沿海13个主要港口及重要通航水域实施首次全面测量,总计完成68幅首版港口航道图测绘任务。

1958年5月,海港测量队一分为二,分别划归天津航道局和上海河道工程局管理。其中,天津海港测量队负责连云港以北及广东、广西地区港口测绘任务。1959年,增加疏浚工程测量、海上地质钻探和土工试验等工作。其服务宗旨是:立足天津,面向全国港口。同年,天津航道局印发《1959年度天津航道局生产、基础计划(草案)》,明确指出:海港测量工作为全国性质,主要提供各港水深资料和新港口定线测量。1960年，天津市航道局印发《天津市航道局六零年计划、三年规划、八年设想（草案）》，是为首个包括测绘在内的短、中、长期计划，标志着北方海区测绘系统测绘工作开始实行系统性和统筹性计划管理。是年，天津海港测量队完成宁波甬江全长26千米河段测量和营口港辽河口航道测量，绘图5幅。

1961年，天津海港测量队测绘工作计划开始分为港口航道测量和疏浚工程测量两部分。按照交通部指令，该队配合辽宁省交通厅与朝方合作，联合实施鸭绿江水深测量（丹东江桥至鸭绿江口），测深里程4000余千米，完成1:7.5万水道图，并提供朝方。疏浚工程测量方面，完成天津新港回淤研究测量，自航式挖泥船竣工测量及甬江、龙口等航道补测和设标测量等。

1962年，天津海港测量队测绘工作按照测量性质分类，港口航道基本测量完成宁波甬江航道测量，绘图3幅，并完成海门港测量，绘图3幅；港口航道检查测量完成大清河口里段水深检测和新港外港750千米测线回淤观测；疏浚工程测量完成连云港、青岛、大连、秦皇岛等9处浚工勘测和钻探工作；内业制图开始编绘中华人民共和国成立后第一部《天津港引航图集》。1963—1965年，该队按测绘工作计划完成天津新港、秦皇岛、营口、龙口、烟台、青岛、宁波、温州、汕头、海门、湛江、珠江等20项测量任务，测量面积2362.5平方千米，绘图16幅；完成大连、营口、秦皇岛、天津、龙口、连云港、镇江、傅家埠、张家埠、湛江等26项疏浚工程测量、回淤观测、设标测量及钻探等任务。其间，《天津港引航图集》正式刊发。

"文化大革命"期间，测绘工作受到一定影响，但天津海港测量队全体职工坚持执行上级下达的测绘工作计划。据不完全统计，该队相继实施山东小清河、温州港、海门港、珠江口（内伶仃至沙角）、青岛黄岛原油码头、大连港鲇鱼湾等测绘工程，测量面积2865.83平方千米。完成温州港、龙口港、连云港、甬江、4312工程、沈家门渔港等港口航道图测量、疏浚工程测量和营口港、天津新港等检测及水文观测任务。此间，根据上级安排，该队派出过硬技术人员和最佳仪器设备为军港建设服务，先后在普兰店、葫芦岛、北戴河、威海、石岛、九江等港口，配合挖泥船舶完成疏浚工程测量任务。同时，应浙江省交通厅要求，配合温州港、海门港完成瓯江、椒江、临江、永宁江水道测绘任务。1971年12月天津航测大队成立，机关内设生产组，负责测绘工作计划下达和测绘成果质量验收。自此，初步形成测绘工作计划编制与组织实施"管办分开"模式。1976年，根据交通部《关于鲇鱼湾扫海测量等工作安排的通知》，该队完成大连港鲇鱼湾专项扫海测量任务。

1980年10月天津航测处成立，机关内设测绘科，下设海港测量队，分管北方海区沿海港口航道测量工作。1983年4月，交通部印发施行《关于海区测绘工作的若干规定》，明确天津航测处负责辽宁、河北、山东省及天津市港口航道测绘工作。至此，全国海区测绘系统测绘工作正式实行"三级"管理模式，交通部水监局航测处负责全国海区测绘系统年度测绘工作计划审核下达，各海区航测处负责测绘工作计划编制管理，各海港测量队负责测绘工作计划组织实施。随后，交通部水监局航测处组织编制《海港测量外业定额》《编写、清绘工作定额》，遵循工时、工天、定员以及各方面制约因素确定计算定额。测绘工作定额的实施，有利于有效提高测绘工作效率，合理配置测绘专业资源，逐步提升测绘工作决策水平。

1984年，按照国际海道测量组织（IHO）相关要求，交通部水监局决定自主测绘、印刷、发行港口航道图，并逐步形成民用海图序列，旨在满足改革开放后经济发展需要，确保中外船舶进出港口安全。是年，天津航测处率先编制出版《北方海区主要港口测量规划图册》，规范了大连等9个港口的测量周期、测量面积、图幅比例尺等，是为全国海区测绘系统首个港口航道图规划图册。该规划图册有效解决了"测量面积不易核、图幅比例随意、测图规格不统一、测绘资料难对比"等历史难题，方便了发布港口航道图出图预告，扩大了海图用户范围，为港航用户提供良好的航海保障服务。1988年3月，天津海港测量队在全国海区测绘系统率先编制出版《北方海区港口航道图目录（第一版）》（限国内使用，简称《目录》），介绍辖区港口航道图名称、图号、范围、比例尺、出图日期等相关信息。该《目录》涉及大连、营口、锦州、秦皇岛、天津、龙口、烟台、威海、石岛、青岛、石臼和岚山港12个港口，图幅37幅。该《目录》的编制出版,标志着全国海区测绘系统年度测绘工作计划管理开始步入"科学化、制度化、标准化"轨道。

1990年,天津海测大队编制出版《北方海区港口航道图目录(第二版)》,涉及港口13个(增加丹东港),图幅增至39幅。1994年,交通部安监局编制出版《中国沿海港口航道图目录》,是为第一个全国海区官方民用海图目录,收录全国一、二类沿海开放港口航道图163幅,涉及北方港口14个,图幅46幅。主要内容包括各港口序列图编号、图名、比例尺、制图区域位置、测量、出版日期及更新改版周期等。《中国沿海港口航道图目录》的发行,不仅便于各海区测绘主管部门编制年度工作计划,更加方便船舶、监管、港航、科研等用户的海图资料查询。随后,交通部安监局编制发行多版《中国沿海港口航道图目录》,其格式、内容基本固定,出版周期调整为年。

1994年6月,交通部安监局印发施行《测绘外业测量工作量统计核算办法(试行)》,首次规定踏勘、控制测量、水深测量及外业图版编绘等海图测量全过程面积核算方法,为实行年度测绘工作计划编制、核定各单位年度经费预算提供了依据。2001年1月,天津海事局测绘处与天津海测大队合署办公,该队随即成立测绘管理办公室,履行年度测绘工作计划编报和检查职责。2005年,交通部海事局在全国海区测绘系统年度测绘工作计划中明确,按照《IHO海道测量规范》要求对海区水域分级分类,逐步对沿海港口的港池、航道、锚地、分道通航区、航路上的疑存障碍物区域和浅点区域等实施多波束测深系统全覆盖测量,并增加应急抢险测绘任务。2008年4月,交通运输部海事局印发《2009年沿海港口航道图测绘计划》,在确定各海区年度测绘任务的同时,要求各海区测绘主管部门要适应海道测量产品数据库(HPD)的新模式、新流程和新要求,严格按照《多级网格测绘工程规划方案》合理制定网格测绘工作计划,并就数据采集、航海图书制作以及进度、质量提出具体要求。2009年4月10日,交通运输部海事局印发施行《港口航道图测绘工作量核算规定》,是为全国海区测绘系统编制年度测绘工作计划和进行年中、年终核算测绘工作量的主要依据。

是年,交通运输部海事局印发《关于调整直属海事系统航海图书制作与发行工作的通知》,决定成立上海海事局海图印制中心,负责全国港口航道图编绘发行工作。此前,交通部海事局已通知天津、广东海测大队将辖区内港口航道图数字资料送上海海事局统一制作电子海图。2010年6月21日,交通运输部海事局印发施行《港口航道图测量成果数据汇交管理暂行规定》,要求各海区测绘主管部门将港口航道图测量数据汇交上海海事局海图印制中心。

2011年,交通运输部海事局修订《中国沿海港口航道图规划目录》(简称《规划目录》)。为保证《规划目录》统一规范,真实掌握用户使用需求,事先组织开展了中国沿海港口航道图使用调研和效能评估等工作。该《规划目录》统一了全海区图号,新增海区总图和远洋航行图序列。其中,新增1:400万中国海区总图1幅、1:150万远洋航行图4幅、1:75万近海航行图5幅;调整1:30万近海航行图17幅;完善1:10万至1:18万沿岸航行图52幅、1:5000~1:8万港湾图420幅,共计499幅。上述测绘任务列入全国海区测绘系统年度沿海港口航道图测绘工作计划,各海区测绘系统均如期完成相关测绘任务。

2012年交通运输部北海航海保障中心成立后,机关内设海事测绘处,负责辖区测绘发展规划、年度测绘工作计划编制以及计划执行情况监督检查;下设天津海事测绘中心,负责测绘工作计划组织实施。年初,北海航海保障中心向辖区各海事局及主要港航单位发函,征询测绘需求建议和意见。年中,根据调研反馈信息,拟定下一年度测绘工作计划,形成"一上稿",经天津海事局报送交通运输部海事局。年末,北海航海保障中心按照上级修改意见,将下一年度测绘工作计划补充完善后,形成"二上稿",按原渠道上报。翌年年初,交通运输部海事局统一审核并下达全国海区测绘系统年度测绘工作计划。天津海事测绘中心组织实施上级下达的北方海区测绘系统年度测绘工作计划,北海航海保障中心海事测绘处定期检查年度测绘工作计划执行情况,并将检查调整后的意见报送交通运输部海事局审批。此间,交通运输部海事局印发《2012年沿海港口航道图测绘计划》,要求将通航尺度核定测量、船舶定线制和航路水域测绘工作纳入年度测绘工作计划。至此,全国海区测绘系统基本形成四项测绘业务,即港口航道图测绘、应急扫测、通航尺度核定测量、船舶航路和定线制测量。

据不完全统计,1981—2012年,北方海区测绘系统年度测绘工作计划共安排186个港口测量工作,累计完成68925.71换算平方千米的测量任务,印刷海图252600张;编绘发行纸海图650.5幅,电子海图246幅,专题图78幅,海图305525张。

1981—2012年北方海区测绘系统执行测绘工作计划统计表

表4-1-81

年 份	测量港口（个）	测量面积（换算平方千米）	纸海图（幅）	电子海图（幅）	专题图（幅）	海图印刷（张）	海图发行（张）
1981—1985	13	3763.91	5	—	—	—	—
1986—1990	19	3288.57	61.5		—	—	—
1991—1995	28	3749.01	61		—	—	—
1996—2000	24	7347.14	70	246	—	—	19312
2001—2005	25	11109.12	89		—	—	21900	29572
2006—2010	55	23928.42	227	—	52	123600	183742
2011—2012	22	15739.54	137	—	26	107100	72899
合计	186	68925.71	650.5	246	78	252600	305525

四、应急管理

应急测量系指针对水上突发事件,为避免或降低造成人员伤亡、财产损失、生态环境破坏和严重危害社会、危及公共安全而开展的紧急测绘工作。海区测绘系统应急管理系指在辖区海域突发事件的事前预防、事发应对、事中处置和善后恢复过程中,通过建立必要的应对机制,采取一系列必要措施,应用相关测绘技术手段,保障人命和财产安全,促进社会和谐健康发展的有关活动。

早期的海上应急测量主要是在开展港口航道测量的同时,排查疑存在海底的障碍物,多采用专用机械扫海具扫海。该方法作业效率高,但须协同作业的船艇较多,且容易遗漏中小型海底目标,亦难以测定浅点的准确水深。1957年,北方海区测绘系统较早地使用回声测深仪,开启了"线测深"测量模式。随着由"点测深"向"线测深"的转变,在外业测量中偶然会发现可疑水声回波信号,针对可疑信号重点加密测量,曾证实一些水下障碍物的存在,但该方法发现目标概率较小。

20世纪80年代,港航部门对水下障碍物的探测,特别是针对港池、航道以及锚地等重要通航水域的疑存碍航物探测和打捞的需求日益增长,四波束测深仪"面测深"手段逐步应用推广,一度成为扫海测量的主要手段。四波束测深仪扫海可以实现全覆盖海底探测,精准测定碍航物位置和水深,但受测线扫海宽度限制,测量效率较低。至20世纪90年代中叶,北方海区测绘系统应急工作通常作为指令性任务,主要是为水上安全事故调查提供测绘技术支持,体现为临时性、突发性,尚无程序化工作流程和管理机制。

随着航运事业迅猛发展,水上交通流量持续上升,水上安全事故随之不断增多,应急搜救抢险相关问题逐步显现。1997年5月13日,天津海测大队接到上级指令,"鲁渤渡2"客滚船在老铁山水道被撞沉没,需立即组织现场应急抢险扫海搜寻。该队快速反应,立即组织应急扫测小组赶赴现场,历时8天,圆满完成"鲁渤渡2"沉船扫测任务。但由于此类应急扫测先例较少,在执行任务过程中暴露出信息传达、现场协调等方面的问题。为此,该队逐步探索建立和完善自上而下的应急管理机制,在编制实行的质量管理体系文件中建立了《应急抢险测绘过程控制程序》,应急测量工作更加规范、顺畅和高效。

20世纪末期,北方海区测绘系统引进国际先进测绘设备力度持续加大,先后引进侧扫声呐、多波束测深系统、信标声呐定位仪、磁力仪(2007)和 ROV 水下机器人等专业探测设备,技术装备水平显著提升。

随着应急管理机制不断完善,通过对先进测绘设备更新换代,有效促进了各类应急扫测项目的开展,在应对突发海难事故搜寻抢险中发挥了重要作用,圆满完成了百余条沉船搜寻扫海测量和数十项碍航物扫测测量工作,及时准确地为港航部门提供了通航尺度,为保障水上航行安全、防止水域环境污染和次生灾害发生发挥了不可或缺的重要保障作用,同时将应急测量的范畴从比较单一的障碍物探测,逐步扩展到水上突发事件的应急测量服务保障,成为北方海区乃至全国海区海上应急搜救的重要力量。

2010 年 1 月 8 日,交通运输部海事局印发施行《沿海通航水域应急扫海测量管理办法》(简称《办法》),明确规定:应急扫测管理应遵守统一管理与分海区管理相结合的方式,在交通运输部海事局统一领导下,由天津、上海、广东海事局分别负责各自辖区内的应急扫测管理工作。应急扫测任务由海区海事局测绘部门承担或交通运输部海事局统一组织多个海区海事局测绘部门承担。该《办法》适用于中华人民共和国沿海水域应急扫测工作,是为全国海区测绘系统第一部测绘应急管理制度,为应急测绘管理提供了初步的机制保障和制度遵循。至此,全国海区测绘系统测绘应急管理形成了由交通运输部海事局统一指挥、各海区海事局协调组织、各海测大队具体实施的三级测绘应急管理机制,应急管理工作日臻完善,测绘保障能力不断提升。随即,按照该《办法》要求,天津海测大队和天津海事局相继印发施行《海测大队应急扫海测量实施预案(试行)》《天津海事局应急扫测实施细则》,并在质量管理体系文件中持续完善《应急抢险测绘过程控制程序》及相关须知文件,全力打造"快速反应,及时准确"的天津海测品牌。

图 4-1-376　2006 年 3 月 17 日,天津海测大队测量人员使用侧扫声呐在曹妃甸海域搜寻扫测"鄂荆州货 3888"沉船

据不完全统计,1956—2012 年,北方海区测绘系统实施应急测量项目总计 112 项。从汕头港水雷疑存区域定深扫海到大连老铁山水道"鲁渤渡 2"沉船扫测,从大连"5·7"空难到包头"11·21"空难飞机残骸和黑匣子搜寻,从重庆涪陵"6·19"沉船扫测到黄河小浪底水库"6·22"失事沉船搜寻,面对各种水上突发事件,天津海测人临危受命,充分发挥专业技术优势,勇于担当,沉着应对,周密部署,逐步形成了"快速反应,及时准确""关键时刻发挥关键作用"的应急测量品牌,确保了测绘服务和保障的权威

性和高效性,并得到上级领导充分肯定和社会各界高度赞誉。

1956—2012 年北方海区测绘系统应急测量工作一览表

表 4-1-82

序号	扫测时间	项目名称	扫测方式	面积（平方千米）
1	1956 年	汕头港航行水域水雷疑存区扫测	钢索拖底扫海	
2	1958 年	长江口进口河段沉船及碍航物扫测	扫海具拖底扫海	
3	1967 年	秦皇岛港锚地沉船扫测	扫海具拖底扫海	
4	1978 年	天津港大沽锚地沉船扫测	侧扫声呐	
5	1982—1984 年	山海关船厂航道碍航物扫测	小型钢轨硬扫四波束测深仪	10
6	1986 年	黄岛油港爆炸碍航物扫测	四波束测深仪	
7	1997 年 5 月 16 日	大连老铁山水道"鲁渤渡 2"沉船扫测	旁侧声呐、四波束测深仪	75
8	1999 年 10 月 17 日	大连"盛鲁"沉船扫测	侧扫声呐、多波束测深系统、四波束测深仪	60
9	2000 年 4 月 24 日	大连老铁山水道"HELIOS-Ⅲ"沉船扫测	侧扫声呐、多波束测深系统、四波束测深仪	10
10	2001 年 3 月 3 日	秦皇岛港 10 万吨级航道冰损活节式灯桩扫测	侧扫声呐、四波束测深仪	35
11	2001 年 10 月 8 日	大连"圆通一号"沉船扫测	侧扫声呐、四波束测深仪	20
12	2001 年 10 月 28 日	蓬莱港"通惠"沉船扫测	侧扫声呐	10
13	2001 年 11 月 17 日	大连"星光"沉船扫测	侧扫声呐、四波束测深仪	80
14	2002 年 5 月 8 日	大连"5·7"空难"黑匣子"扫测	侧扫声呐、多波束测深系统、磁力仪、信标声呐定位仪	195.6
15	2003 年 6 月 19 日	重庆涪陵"6·19"沉船扫测	侧扫声呐、多波束测深系统	22
16	2003 年 10 月 12 日	天津新港沉船、集装箱、锚等扫测	侧扫声呐	30
17	2004 年 1 月 13 日	渤海湾"顺达 2"沉船扫测	侧扫声呐	20
18	2004 年 6 月 24 日	黄河小浪底水库"6·22"沉船扫测	侧扫声呐、多波束测深系统、磁力仪	5
19	2004 年 11 月 1 日	天津港三突堤附近化学危险品"糠醇"桶扫测	侧扫声呐	20
20	2004 年 11 月 21 日	包头"11·21"空难搜救扫测	信标声呐定位仪	
21	2004 年 12 月 26 日	黄骅港"天华 6"沉船扫测	侧扫声呐	20
22	2005 年 1 月 14 日	黄骅港 28 号及 40 号灯浮附近障碍物扫测	四波束测深仪	20
23	2005 年 2 月 12 日	长江口"2·10"失事飞机"黑匣子"扫测	信标声呐定位仪	
24	2005 年 4 月 21 日	营口鲅鱼圈港区和锦州港区失踪冬季浮标扫测	侧扫声呐	240
25	2005 年 4 月 30 日	营口鲅鱼圈港区霍尔锚扫测	侧扫声呐	
26	2005 年 6 月 8 日	黄骅港"扭王字"水泥预制件扫测	侧扫声呐、四波束测深仪	10
27	2005 年 6 月 27 日	威海朝鲜籍"松月山"沉船扫测	多波束测深系统、侧扫声呐	965
28	2005 年 8 月 18 日	天津港"渚扬 3"沉船扫测	侧扫声呐	160
29	2005 年 10 月 15 日	"南侠 9"沉船搜寻	四波束测深仪	5
30	2005 年 11 月 15 日	天津港航道 17 号活节式灯桩扫测	侧扫声呐	
31	2006 年 1 月 25 日	天津海河八号码头附近铁锚扫测	侧扫声呐、磁力仪	10
32	2006 年 3 月 14 日	日照港"鄂武汉货 6218"沉船扫测	多波束测深系统	10

〔续表一〕

序号	扫测时间	项目名称	扫测方式	面积（平方千米）
33	2006年3月17日	曹妃甸"鄂荆州货3888"沉船扫海	侧扫声纳	
34	2006年6月16日	黄骅港"神华"挖泥船落水耙头罩扫测	磁力仪，侧扫声呐	5
35	2006年8月31日	青岛港33A灯浮标扫测	侧扫声呐、单波束测深仪	30
36	2006年8月17日	福建福鼎沙埕港应急抢险测量	侧扫声呐	60
37	2006年9月22日	大连港"中海通"沉船扫测	侧扫声呐、单波束测深仪	1055
38	2006年10月27日	天津锚地沉船扫测	侧扫声呐	20
39	2006年12月26日	辽宁旅顺"龙月山"沉船扫测	多波束测深系统	5
40	2007年1月25日	天津新港大沽口散化锚地附近沉船扫测	侧扫声呐、单波束测深仪	5
41	2007年2月1日	龙口港丢失耙头扫测	侧扫声呐和磁力仪	5
42	2007年3月28日	天津新港主航道"鲁枣庄0596"沉船扫测	侧扫声呐	5
43	2007年5月14日	黄海西部韩国籍"金玫瑰"沉船扫测	侧扫声呐、单波束测深仪	5
44	2007年6月27日	天津港"威龙31"轮丢失螺旋桨扫测	侧扫声呐、软式拖底扫海和硬式拖底扫海	5
45	2007年8月4日	天津港"顺珑2"轮丢失螺旋桨扫测	侧扫声呐	10
46	2007年8月20日	天津港"苏连海519"沉船扫测	侧扫声呐	20
47	2007年10月27日	大连"申海1"沉船扫测	侧扫声呐、多波束测深系统	200
48	2007年10月29日	威海"JUNGSAN"沉船扫测	侧扫声呐	30
49	2007年11月29日	"远洋98""华泰598"沉船扫测	侧扫声呐	80
50	2007年12月17日	天津港"冀滦渔4604"沉船扫测	侧扫声呐、多波束测深系统	20
51	2008年5月5日	天津港十万吨级锚地落水锚扫测	侧扫声呐和磁力仪	20
52	2008年5月29日	天津港"鲁枣庄888"沉船扫测	侧扫声呐、单波束测深仪	20
53	2008年10月19日	天津新港南锚地"金通897"沉船扫测	侧扫声呐	20
54	2008年11月2日	营口港鲅鱼圈港区"新明发17"落水集装箱扫测	侧扫声呐、多波束测深系统	500
55	2008年11月10日	曹妃甸附近"冀滦渔2069"沉船扫测	侧扫声呐	100
56	2008年11月11日	天津港北锚地丢失铁锚扫测	磁力仪	5
57	2008年11月14日	东营港"冀滦渔3552"沉船扫测	侧扫声呐	50
58	2008年11月24日	天津新港四港池26号泊位沉船扫测	侧扫声呐	5
59	2008年11月29日	黄骅港失踪运沙船扫测	侧扫声呐	10
60	2008年12月7日	威海"AFFLATUS"轮搁浅区域测量	多波束测深系统	5
61	2009年1月1日	天津新港一港池掉落船锚扫测	侧扫声呐、磁力仪、四波束测深仪	10
62	2009年3月17日	天津港南锚地附近韩国籍"公爵"轮铁锚扫测	磁力仪、多波束测深系统	8
63	2009年5月5日	威海"文岳"沉船扫测	侧扫声呐	5
64	2009年5月8日	秦皇岛燕塞湖库区水深测量	多波束测深系统	6
65	2009年6月5日	蓬莱港长山水道"金华夏158"沉船打捞后扫测	四波束测深仪	5

〔续表二〕

序号	扫测时间	项目名称	扫测方式	面积（平方千米）
66	2009年6月15日	天津港"鲁济宁1133"沉船探测	侧扫声呐	75
67	2009年7月16日	秦皇岛港附近"山岐轮"沉船打捞后扫测	侧扫声呐、多波束测深系统	30
68	2009年8月20日	"金玫瑰轮"沉船区域多波束扫测（爆破后扫测）	多波束测深系统	5
69	2009年9月20日	天津港大沽口北锚地附近"汉船8"沉船扫测	侧扫声呐	20
70	2009年11月5日	黄骅港航道北侧沉船扫测	侧扫声呐	5
71	2009年12月11日	天津港"明鑫66"沉船探测	侧扫声呐、多波束测深系统	160
72	2009年12月22日	大连海域朝鲜籍"吉松5"沉船扫测	侧扫声呐	72
73	2010年2月3日	天津港大沽灯塔附近"东丽6"轮掉落残锚扫测	磁力仪、多波束测深系统	10
74	2010年3月28日	黄骅港锚地附近"豫信货2699"沉船扫测	侧扫声呐	20
75	2010年4月9日	京唐港"豫昌盛108"沉船及附近水域扫测	侧扫声呐	50
76	2010年4月22日	老铁山水道"盛洲5"沉船和长兴岛"上源9"沉船及附近水域扫测	侧扫声呐	50
77	2010年5月4日	成山头附近"世纪之光"沉船水域扫测	侧扫声呐	20
78	2010年5月4日	天津港"广陵8"沉船水域应急扫测	侧扫声呐、多波束测深系统	10
79	2010年5月13日	烟台莱州芙蓉岛附近"泰长鑫机218"沉船扫测	侧扫声呐	20
80	2010年5月19日	秦皇岛十万吨级航道沉船扫测	侧扫声呐	5
81	2010年6月17日	天津港大沽口南锚地"皖爱江06"沉船扫测	侧扫声呐、多波束测深系统	10
82	2010年6月24日	老铁山水道附近"HAI JUNG"沉船扫测	侧扫声呐	20
83	2010年6月29日	山东石岛附近"强闽1"沉船扫测	侧扫声呐	10
84	2010年7月24日	天津港"田胜"沉船扫测	侧扫声呐	20
85	2010年7月31日	天津港"鲁济宁货2098"沉船扫测	侧扫声呐、多波束测深系统	40
86	2010年8月9日	营口港2号和3号锚地扫测	侧扫声呐、多波束测深系统	
87	2010年10月6日	天津港"华洋108"沉船扫测	侧扫声呐、多波束测深系统	40
88	2010年11月3日	天津港"芜湖150""海运137"沉船扫测	侧扫声呐、多波束测深系统	40
89	2010年11月6日	长兴岛"中泰鑫55"沉船扫测	侧扫声呐	75
90	2010年11月17日	黄骅港"利通19"沉船扫测	侧扫声呐	25
91	2011年1月22日	天津港"瑞克"轮螺旋桨搜寻扫测	图象扫描声呐	5
92	2011年3月14日	烟台港"辽葫渔35278"沉船扫测	侧扫声呐	5
93	2011年3月17日	成山头水域"鲁荣渔1634"沉船扫测	侧扫声呐	5
94	2011年4月26日	曹妃甸港区"皖寿县0066"沉船扫测	侧扫声呐	5
95	2011年5月9日	天津港"顺源68"沉船附近水域扫测	侧扫声呐	5
96	2011年6月28日	石岛"奥龙18"沉船扫测	侧扫声呐	87.5
97	2011年7年7日	天津港"鲁济宁2616"沉船扫测	侧扫声呐	25
98	2011年7月8日	天津港"先锋699"沉船扫测	侧扫声呐、多波束测深系统	40

〔续表三〕

序号	扫测时间	项目名称	扫测方式	面积（平方千米）
99	2011年7月30日	天津港"广达178""行运258"沉船扫测	侧扫声呐	20
100	2011年9月15日	青岛港"粤东江238"沉船扫测	多波束测深系统	5
101	2011年10月3日	威海"辽大中渔15113"沉船扫测	侧扫声呐	5
102	2011年10月6日	曹妃甸"苏淮605"沉船扫测	侧扫声呐	5
103	2011年11月6日	威海"鲁荣渔1077"抢险测量	侧扫声呐	5
104	2012年3月16日	曹妃甸港区"鲁济宁3979"沉船扫测	侧扫声呐	25
105	2012年3月20日	天津港"宏伟1"落水沉石扫测	侧扫声呐、多波束测深系统	110
106	2012年7月29日	威海"鲁荣渔0816"沉船扫测	侧扫声呐	20
107	2012年8月4日	石岛"大力26"沉船扫测	侧扫声呐	10
108	2012年8月13日	黄骅"中伟机199"沉船扫测	侧扫声呐	10
109	2012年12月9日	石岛港"全顺轮899"沉船扫测	侧扫声呐	20
110	2012年12月19日	京唐港"港湾189"沉船扫测	侧扫声呐	5
111	2012年12月25日	威海"辽大甘渔15279"沉船扫测	侧扫声呐	15

（一）汕头港航行水域水雷疑存区扫测

1949年10月，汕头解放。不久，败退台湾的国民党当局不甘失败，派遣飞机轰炸汕头港和大陆沿海航行轮船，且在汕头港外航道投放水雷，妄图封锁汕头港，对进出港船舶航行安全造成重大威胁。

1950年5月24日6：00，英籍"新亚"轮运载1174吨红糖及旅客从汕头港起航开往天津，航行至赤屿以东海面时突然爆炸，头舱被炸穿进水沉没，造成船员旅客伤亡12人。当天，中国人民解放军潮汕军分区海巡队派出"长平"轮保护现场。5月26日，"长平"轮在"新亚"轮附近发生爆炸沉没，牺牲10人，伤11人。5月28日，一渔船在港外航道附近作业时爆炸沉没，死亡4人。6月16日，英籍客货船"安徽"轮从新加坡运载华侨来汕，由英籍"汉阳"轮在前面开路，航行至赤屿附近航道时发生爆炸，船舱进水，幸于该处水浅和"汉阳"轮及时抢救，死亡3人，伤10余人，其余830人获救。

1950年6月2日，汕头市人民政府决定暂时封闭汕头港，以保障船舶进出港安全。6月3日、11日，广澳东湖附近海滩和海面分别发现两颗头上长角的钢铁圆球，证实了汕头港外航道上的水雷是国民党当局派遣军舰在黑夜布下的日制触发式水雷。

对此，汕头市航政局积极调动一切当地扫海力量，利用渔民双竹筏拖网捕鱼的方法，实施扫雷任务，共扫获排除水雷10个，取得了反封锁斗争的初步胜利。1950年7月12日，交通部正式宣告汕头港恢复通航，7月13日第一艘外轮——英籍"峨嵋夫人"轮安全进港。这次扫雷行动虽清除了航道上的鱼雷，为进出汕头港开辟了一条安全通道，但并未全面排查清理该航行水域，仍遗留"水雷疑存区"，航行安全隐患依旧存在。

1956年，为排除水雷疑存区的危险物，根据交通部工作安排，海港测量队对汕头港开展全面测量。该扫测项目由技术员姚一宁带队实施，组成20余人的扫测队伍，按照苏联《海道测量规范》中的扫海技术要求，采用钢索软式扫海具，对妈屿东南至表角附近的水雷疑存区域实施拖底扫海。扫海测量由4条船舶联动作业，一条船舶在前指挥协调，两条拖缆船紧跟其后，拖动钢丝缆绳扫海，检查船舶随行待命，一旦钢丝缆挂住水下可疑目标，由检查船舶上的作业人员实施探摸。由于疑存物是触发式水雷，钢索一旦扫到水雷，便有可能引发爆炸，故将钢丝缆一般放至300~400米安全长度，以保障扫海作业船舶和人员安全。经过半个多月的扫海作业，圆满完成水雷疑存区排查任务。在此基础上，同时完成汕头港1：5000和1：1万等3幅图的全面测量任务。虽然此次扫海没有发现水雷，但排查了航行安全隐患，确定了汕头港可安全航行水域。

(二) 山海关船厂航道碍航物扫测

1981年12月,广西海运局万吨级货轮在山海关船厂码头装满杂货后出港,船舶航行两小时后,发现隔舱水有咸味,证实外部船底破损漏水,采用流量60吨/小时水泵抽水,仍不见隔舱水面下降。因情况不明,该船返回秦皇岛港排查事故原因。经潜水员下水探摸检查,发现船底呈弧形划破,划痕长约18米、最宽处约8厘米。在其事故原因分析中,广西海运局、秦皇岛港务监督、山海关船厂各执己见,难于统一意见。为查明事故原因,交通部指令天津海港测量队扫测山海关船厂内、外航道和港池,以为货轮搁浅事故原因评估提供技术支撑,澄清事故真相。

1982年5月,该队选派工程师罗福祥为测量组长,带领8名测绘人员奔赴山海关船厂,实施事故区域测量作业,采取单波束测深仪加密测量。测量后,发现内航道两侧有8处浅点,其中有一处最浅水深为5.8米(经查验有关资料,该队1978年在内航道浚后水深测量图中曾注明此浅点)。鉴于广西海运局万吨级货轮破损处呈弧形,分析可能为该船在转向时受损;从5.8米浅点的位置、形状来判断,此浅点应为障碍物。经潜水员下潜探摸,并用钢钎探测,初步证明该浅点为"岩石"。随即,该队向厂方和上级主管部门提交了扫测技术报告。

1982年8月,疏浚单位对港池和内航道实施疏浚施工,其两次竣工水深图均没有5.8米浅点,但疏浚单位在施工验收时说明5.8米浅点已被挖掉。挖泥船船长并以书面文字保证,5.8米可疑浅点是在没有任何觉察的情况下挖掉的,该浅点非硬底质。因此,山海关船厂向秦皇岛港务监督申报,按照竣工水深提高引水尺度,秦皇岛港务监督以未经扫海测量不能盲目提高引水尺度为由未予批准。

秦皇岛港务监督经请示交通部水监局同意,由天津海港测量队再次扫测山海关船厂泊位、港池、转头地和内航道,仍由工程师罗福祥主持完成扫海工作。该次扫海测量泊位、港池和转头地范围为长400米、宽400米,五六号泊位及船坞口附近长360米、宽190米,采用新引进的日本KAIJO公司PS-20R型四波束测深仪扫测;内航道扫测范围为长800米、宽70米,采用硬式扫海具钢轨定深扫海,定深值为6.5米。扫测人员克服劳动强度大,操作复杂,技术难题多等困难,精益求精,相互配合,圆满完成扫测任务。钢轨定深扫测结果证实,5.8米浅点仍存在,并经四波束测深仪复扫,其位置和高度完全一致。

1984年4月,山海关船厂请第一航务工程局第五工程处以抓斗式挖泥船专门清除5.8米浅点,并由天津海港测量队派遣朱世平带测量组全程定位配合。在测量人员的正确指引下,共抓到一块重4吨的水泥沉石和两块重3吨水泥四角锥。随即,测量组以四波束测深仪扫测,证实5.8米浅点已被清除,排除了航行安全隐患。据山海关船厂有关人员回忆,这些水泥预制件是码头建造时固定废钢船(用作防波堤)锚泊位置所设,不料事隔多年忘记清除,致使造成后患。

该项目扫海测量环节复杂,技术难度较大,涉及方方面面责任。天津海港测量队队长姚一宁多次深入一线调查了解情况,与秦皇岛港务监督、山海关船厂和疏浚施工等单位沟通磋商,指导扫测方案制定和扫测作业实施,解决了诸多技术难题,并主持日本PS-20R型四波束测深仪开发应用工作,开创了全国测绘行业"面测深"扫测技术先河。综合三次扫测结果,撰写并提交了《秦皇岛市山海关船厂港池关于5.8米浅点造成船损事故的结论》,得到秦皇岛港务监督和山海关船厂基建处充分认可。

山海关船厂港池航道碍航物扫测项目,历经三次扫测,圆满完成交通部下达的指令性任务。该扫测项目的完成,充分展现了天津海港测量队技术人员的敬业精神,测绘成果赢得了港航部门的高度赞誉,对分析船舶受损事故原因、保障航行安全起到重要作用,为多年保持与港航部门良好关系奠定了坚实基础,为推广使用四波束测深仪"面测深"扫测技术起到积极促进作用。

(三) 大连老铁山水道沉船扫测

老铁山水道是船舶进出渤海的重要航路。1997年5月13日16:40,"鲁渤渡2"客滚船在老铁山水道与新加坡籍货轮发生碰撞后沉没。大连海监局组织其船队、巡查执法等力量多次搜寻出事地点,除发现有浮油漂流外,对沉船位置和船体上部水深等碍航情况难于确定,致使附近海域封航。应大连海监局请求,天津海监局指示天津海测大队立即组织抢险扫海作业组,做好到现场扫测搜寻准备工作。

是年5月15日,天津海测大队接到扫海通知后,队长马亚平立即召集相关技术人员制定施测方案,拟以大连海监局提供的位置为中心,顺流和逆流方向各2500米,垂直于顺逆流方向1500米作为扫测区域,扫测面积15平方千米。并决定首先采用美国EG&G公司260型侧扫声呐实施扫测,发现目标后再采用日本KAIJO公司PS-20R型四波束测深仪精确扫测,以确定沉船准确位置、沉下的姿态及最浅点水深。

5月16日凌晨,该队选派测量外业队队长李宝森带领应急扫测小组从天津驱车紧急出发,星夜兼程,于17日清晨抵达大连。之后,立即乘"连监2"轮奔赴沉船海域,由于风浪太大无法作业,被迫返航。5月19日,风浪减弱,应急扫测小组凌晨即开展侧扫声呐扫海工作,迫于恢复沉船附近安全通航等压力,大连海监局通航处长邢士占和巡查支队副队长李洪才随船前往。应急扫测小组对预定扫海区域完成侧扫声呐扫海后未发现沉船。经现场数据处理分析,认定大连海监局获取的"鲁渤渡2"沉船概位误差较大,随即根据现场油污带方向和沉船时的风向、流速和流向扩大扫测范围。11时许,在距沉船概位约1.5千米处发现"鲁渤渡2"沉船。之后,实时判读侧扫声呐声像,不断调整"扫测趟"方向和量程参数,采集了充足的沉船坐落姿态数据。

5月21日,应急扫测小组采用四波束测深仪对"鲁渤渡2"沉船实施精确扫测。为获取沉船体最浅水深,在最浅水深不明、因离岸较远而不能获取高精度潮位数据等不利情况下,施测人员克服风大浪高等诸多困难,密切配合,多次大胆"骑沉船"测设扫测线,并不断变换测量船速度,最终测得沉船桅杆顶部(直径约20厘米)水深。此技术为建队之绝,受到随船监督工作的大连海监局通航处处长邢士占、船队副队长李洪才的赞扬。经综合资料分析,确定了"鲁渤渡2"沉船精确位置,其沉船呈东西向坐落于海底,船艏朝西,船体最浅点水深为29米,并提交了船体长、宽数据,以及清晰的船体影像。在应急扫测小组提供扫测成果的最后一刻,大连海监局通航处处长邢士占出示"鲁渤渡2"沉船建造参数,与之符合无误。至此,应急扫测小组圆满完成大连老铁山水道"鲁渤渡2"沉船扫测任务。

此次应急扫测历时8天,天津海测大队以其快速反应、及时准确的风范,展现了过硬的技术实力。其扫测成果,为大连海监局论证"鲁渤渡2"沉船水域通航提供了技术依据,为恢复老铁山水道的通航秩序提供技术支持,受到大连海监局高度赞扬。与此同时,"鲁渤渡2"沉船扫测,开辟了以侧扫声呐实施突发海难事故搜寻扫海之先河,并推动了北方海区测绘系统应急管理机制的建立。

(四)秦皇岛港10万吨级航道冰损航标扫测

2000年冬,华北地区遭遇30年罕见寒冷天气,受持续低温影响,北方海区海冰增长迅速,秦皇岛港受灾严重,10万吨级航道23座活节式灯桩被冰挟持失踪。为保障船舶进出秦皇岛港10万吨级航道安全,河北海事局决定:"秦皇岛港10万吨级航道停运,待探测、排除航道内航行隐患后通航。同时,要求进出秦皇岛主航道、西航道货运船舶严格遵守通航管理部门调度安排,避免航行事故发生。"该航标冰损险情导致港口压船压载,影响港口正常运行。为确定秦皇岛港10万吨级航道设标位置及通航水域内是否存在失踪的活节式灯桩或残余标体,探明其水下姿态,交通部海事局要求天津海事局迅速实施扫海,尽快排除险情,及时恢复秦皇岛港10万吨级航道通航。

2001年2月3日,天津海测大队接到上级指令后,迅速成立以董希贵、郑行昭、郭永丰为负责人的应急扫测组,携带美国EG&G公司260型侧扫声呐、日本KAIJO公司PS-20R型四波束测深仪等设备前往秦皇岛港。经现场勘察发现,测区被厚达约50厘米冰层覆盖,无法开展测量作业。应急扫测组将此情况及时向河北海事局汇报,该局决定:待冰况减退,可实施扫测作业时,立即通知应急扫测组。

是年2月23日,海域冰情减缓,应急扫测组接到河北海事局通知后,立即奔赴秦皇岛港扫测作业现场。按照预定的扫测方案,首先采用侧扫声呐实施航道扫测,发现可疑目标后,再使用四波束测深仪精确扫测。经过两个昼夜紧张作业,完成了秦皇岛港10万吨级航道扫测任务。应急扫测组判读和分析侧扫声呐扫测数据,发现在扫测区域有19座沉没在原抛设位置的活节式灯桩及6处孤立浅点、3处船舶散落物。2月27日至3月2日,应急扫测组采用四波束测深仪对上述疑点实施加密扫海和下潜水员探摸,准确测定19座活节式灯桩沉没位置和最浅水深,以及6处浅于16.5米设计通航水深,其中最浅水深15.5米处为2.4米铁耙及堆状钢丝绳。另外,在东航道内发现远洋船大型锚一具,经调查了解系印度籍"明珠"轮丢失的霍尔锚,有效排除了航行安全隐患。

3月3—4日,秦皇岛航运管部门组织清障打捞扫海发现的船舶散落物后,天津海测大队向河北海事局提交《秦皇岛港10万吨级航道扫测报告》,出具"秦皇岛港10万吨级航道内不存在下沉的活节式灯桩,19座活节式灯桩下沉在原抛设位置,丢失的4座活节式灯桩已漂移到外海,航道内人工散落物已清除"的结论。据此,河北海事局于2001年3月5日宣布:秦皇岛港10万吨级航道恢复通航。

本次应急扫测,先后完成秦皇岛港10万吨级航道冰损航标扫测、船舶散落物和霍尔锚等碍航物定位打捞清除作业,同时协助秦皇岛航标处抛设临时助航标志,累计扫测面积7平方千米。秦皇岛港10万吨级航道冰损航标扫测,开创了该队建队以来重大冰况应急抢险探测先河,出色履行了为航运事业保驾护航的测绘使命。

(五)大连"5·7"空难搜救扫测

2002年5月7日21:40,中国民航北方航空公司CJ6316航班2138客机在大连港海域失事坠海。

是年5月8日5:56,交通部海事局常务副局长刘功臣向天津海事局下达"紧急调集天津海测大队人员和扫测设备,赶赴大连飞机失事海域搜寻扫测"的命令。天津海事局局长王怀凤迅速作出应急抢险部署,责成副局长李国祥通知海测大队立即组成搜寻扫测小组,赶赴大连飞机失事海域搜寻扫测;要求大连航标处全力配合海上搜寻扫测,做好应急设标准备工作。6:00,李国祥遂向天津海测大队队长李鲜枫传达了上级指示要求。

随即,李鲜枫通知天津海测大队党委书记王文建、副队长王征,召集本单位各部门负责人及有关技术人员召开紧急会议,传达上级指示要求,认真分析大连有关单位提供的"5·7"空难信息,研究制定应急扫测预案,并成立由李鲜枫带队,黄永军、张墨起、董江等9名人员组成的"5·7"空难搜寻扫测小组(简称"扫测小组"),抽调最先进的定位设备、扫测设备、多波束测深系统、数据处理和成图设备以及应急车辆,待命出发。同时,大连航标处立即召开紧急会议,作出应急抢险部署。

5月8日20:30,扫测小组驱车抵达大连。李鲜枫等技术人员直奔辽宁省海上搜救中心值班室接受任务。随后,与大连航标处处长姜镇泰联系,以"海标0507"船作为扫测船舶,并于23:00在该船完成扫测设备安装和测前各项准备工作。23:40,扫测小组乘"海标0507"船出海,与海军交接工作后,开始第一次扫测。扫测小组以辽宁省海上搜救中心提供的失事飞机概位为中心,使用美国Benthos公司SIS-1500型侧扫声呐在23平方千米的水域(包括甘井子、香炉礁、黑嘴子三条航道)实施飞机残骸搜寻扫海测量。5月9日6:00,结束海上扫测工作,经对侧扫声呐声像判读,判定飞机失事位置在北纬38°57.0′、东经121°40.0′附近。虽未发现飞机形状影像,但整理出10个疑似飞机残骸的具体位置,于7:00将现场数据处理结果报送辽宁省海上搜救中心。

5月9日7:45,按照辽宁海事局"为探测飞机解体后的残骸是否沉落到大连港口门和港池附近,对大连港北防波堤以西、以北的水域再次全面扫测"的要求,扫测小组使用侧扫声呐实施第二次扫测。23:00,扫测结束,扫测面积6.1平方千米,未发现明显可疑物体声像。

5月9日,国务院副总理吴邦国慰问"5·7"空难搜寻打捞人员,扫测小组高级工程师张墨起参加慰问活动。吴邦国与张墨起亲切握手,并关切地询问现场搜寻扫测有关情况。

5月10日9:30—5月11日0:40,根据"5·7"空难搜救指挥部的指令,扫测小组乘"海标0507"船,实施甘井子、香炉礁、黑嘴子3条航道全面扫测。在3.12平方千米扫测区域内,发现6个疑似影像,实施精密复扫后,未发现航道内存在较大飞机残骸的疑似影像,并及时将扫测结果报送辽宁省海上搜救中心。随后,依据扫测小组提供的航道扫测数据,辽宁海事局采用限水深通航的办法,及时恢复航道通航,初步缓解大连港生产压力。

5月11日上午,李鲜枫接交通部海事局通航处副处长李树兵电话,得知美国劳雷公司方励先生已联系美国专家哈里斯·卡尔,拟携带专用设备协助搜寻失事飞机"黑匣子"的意向,遂向交通部救捞局局长宋家慧报告。宋家慧经请示国务院"5·7"空难处理小组批准后,指示李鲜枫立即通知方励先生安排美国专家携带专用设备尽快赶到大连。同时,李鲜枫作为天津海事局现场联络员,协调大连航标处做好搜寻"黑匣子"准备工作:一是安排装备最好、技术状况和扫测经验最佳的"海标0507"船配合搜寻"黑匣子"定位工作;二是准备噪音小、船舷低、操纵灵活的航标工作艇用于精确定位,并按要求悬挂中国海事局标志和旗帜;三是为航标工作艇配备一台高精度便携式RBN-DGPS接收机,配备2块蓄电瓶,保证该接收机和信标声呐定位仪的供电。

图4-1-377　2002年5月11日,天津海事局副局长赵亚兴(左中)现场慰问大连"5·7"空难搜寻扫测小组和大连航标处全体参战人员

5月11日下午,天津海事局副局长赵亚兴奉命赶赴大连,立即登船指挥协调现场搜寻扫测工作,代表该局党政领导班子慰问扫测小组和大连航标处现场参战人员,并向全体参战人员宣读中共天津市交通口岸工作委员会、天津市交通委员会、中共天津海事局委员会慰问电,强调要牢固树立大局意识,所做的搜寻扫测工作应服从于打捞工作需要和对外宣传纪律,以"五个关注"(大连"5·7"空难世界关注,党中央、国务院关注,交通部、天津市关注,交通部海事局关注,天津海事局全体干部职工关注)"五个一流"(一流队伍、一流素质、一流设备、一流工作、一流成绩)鼓舞士气、激发斗志,要求全体参战人员向党和人民递交圆满答卷,以告慰遇难者家属。随即,副局长赵亚兴现场决定:姜镇泰全面负责天津海事局搜寻扫测现场后勤保障任务;大连航标处提供人、财、物全方位保障,所需经费由天津海事局统筹安排;指定该局办公室主任刘福来在第一时间将现场搜寻扫测打捞"黑匣子"相关信息,通过天津海事局适时

发往交通部办公厅、海事局、天津市交委以及有关新闻媒体,为上级机关及时了解现场动态、科学决策提供依据。

"黑匣子"是分析飞机失事原因的重要依据,打捞"黑匣子"是搜寻扫测工作的重中之重。初期,大连国家安全局、大连市无线电管理委员会、中国船舶重工集团760所、哈尔滨工业大学等单位使用的专用声音搜索设备搜寻"黑匣子"未果。

5月12日21:30,"5·7"空难搜救指挥部指令"海标0507"船速靠"德润"轮待命。23:10,交通部副部长洪善祥坐镇"德润"轮现场指挥。宋家慧同救捞、海事、民航等单位领导、有关单位专家和新华社、中央电视台、《中国交通报》、《大连日报》等新闻媒体记者登上"海标0507"船。

5月13日0:40,在扫测小组配合下,方励先生和美国专家哈里斯·卡尔乘"海标0507"船开始"黑匣子"搜寻工作。历时2个小时探测搜寻,使用美国Benthos公司DPL 275型信标声呐定位仪,对中国船舶重工集团760所提供的"黑匣子"2个疑点反复排查未果。鉴于连日奋战疲劳过度和风高浪大,部分人员开始呕吐,宋家慧决定各级领导和新闻媒体记者暂返陆地。

考虑到美国专家带来的另一台美国DATASONIC公司的信标声呐定位仪尚未启用,天津海事局副局长赵亚兴要求该局所有参战人员以高度的责任感和使命感连续作战,在扫测小组日前测定的飞机残骸密集区域内,配合美国专家用第二台信标声呐定位仪继续搜寻。3:15,终于第一次听到"黑匣子"信标机发出的37.5千赫兹声波脉冲信号,将"黑匣子"锁定在30~50米范围内,并抛设打捞定位标志。

5月13日8:30,扫测小组对锁定的"黑匣子"所在区域再次使用侧扫声呐实施第四次扫测,通过声像判读,在北纬38°57.0′、东经121°40.0′附近发现若干可疑物体影像。经与第一次扫测结果比对,其中心位置完全相同。通过计算,重新整理出18个体积较大可疑物体具体位置,并报送辽宁省海上搜救中心。后经定位下潜探摸,证实其中之一的可疑物体影像是一段机翼。

5月14日10:10,按照现场搜救指挥部指令,"海标0507"船再次驶进"黑匣子"锁定区域。在扫测小组配合下,美国专家哈里斯·卡尔采用三点交汇方法,将"黑匣子"位置进一步锁定在10米以内。13:05,黄永军配合美国专家登航标工作艇精确定位,最终将"黑匣子"位置锁定在3米以内。随后,潜水员携带手持式信标声呐定位仪下水近距离搜寻。14:00,潜水员报告探摸到一个信标机,并打捞出水,但信标机已与"黑匣子"分离。15:05,潜水员打捞出第一个"黑匣子"(舱音记录器)。随后,美国专家乘航标工作艇继续搜寻第二个"黑匣子",并于15:30锁定其位置。16:40,潜水员探摸到第二个信标机,但信标机亦与"黑匣子"分离。17:05,打捞出第二个"黑匣子"(飞行记录器)。据曾经打捞过9个"黑匣子"的美国专家介绍,这次打捞"黑匣子",是世界上历次水下打捞"黑匣子"用时最短的一次,从搜寻到第一个信标机信号到第一个"黑匣子"出水仅用36小时。同时,美国专家哈里斯·卡尔对天津海事局扫测人员的密切合作给予高度评价,他说:没有"海标0507"船的密切配合和扫测小组的精确定位,打捞"黑匣子"不可能这么顺利。

5月14—15日,扫测小组乘烟台航标处"B-129"船,对大连港甘井子、香炉礁、黑嘴子3个航道再次实施多波束测深系统全覆盖扫测和单波束测深仪检查测量,以全面掌握航道水深情况。其间,经现场人员数据处理,并将数据传回天津海测大队绘制水深图。随后,王征即刻组织绘图人员完成扫测数据后处理,并向辽宁省海上搜救中心报送扫测结果。

5月16日,赵亚兴要求大三山岛RBN-DGPS台站全体技术人员,只要"5·7"空难搜救扫测任务没有结束,决不撤离海岛,并派专人从大连老铁山和烟台成山头RBN-DGPS站调集备配件,有效地保证了大三山岛RBN-DGPS系统工作正常。大连航标处业务科副科长郜喆连夜两次往返于大三山岛和老铁山RBN-DGPS台站调集备配件,累得趴在石头台阶上浑然睡去。天津航测科技中心派专人赴秦皇岛,加强秦皇岛RBN-DGPS台站工作,以为策应。大三山岛RBN-DGPS站全体技术人员日夜坚守岗位,使覆盖大连湾的定位信号精度始终保持在规定范围内,为全面扫测打捞失事飞机残骸、精确锁定"黑匣子"位置、及时开通航道起到了至关重要的保障作用。

5月16日,中共天津市交通工作委员会书记刘明哲专程抵连慰问大连"5·7"空难天津海事局搜寻扫测全体人员。交通部救捞局副局长王振亮和烟台救捞局局长吴廷久、书记吴世昌亲自登门,对天津海事局为"5·7"空难搜救打捞所提供的精确位置表示感谢。

图4-1-378　2002年5月16日,天津市委交通口岸工委书记刘明哲(中)现场慰问大连"5·7"空难天津海事局搜寻扫测全体人员

5月18日,宋家慧在"德润"轮召开现场扫测打捞工作会议,指示扫测小组继续完成两项任务:一是在以第一个"黑匣子"位置为中心的1000×800平方米范围内,用多波束测深系统和侧扫声呐全面扫海,扫海面积0.8平方千米;二是绘制比例尺为1∶2500和1∶5000的《甘井子及附近"5·7"空难现场搜救打捞专用图》2幅。

5月18日10∶20,按照现场搜救指挥部要求,扫测小组对机体残骸所分布的海域再次扫海,于5月20日3∶00完成0.8平方千米的扫海任务。经过两种测量成果比对,发现一个体积约为5.3×7.3×2立方米的较大可疑物体图像,共确定8处可疑信号图像,并立即将相关资料整理报送现场搜救指挥部。随后,依据扫测小组提供的标识位置,"德润"轮救助船陆续打捞出部分机头残骸和部分仪表盘、机首的右半部和部分飞机右侧舷窗、驾驶员座椅、发动机、发电机组、发动机导流罩、客舱座椅、机舱舱门、起落架、飞机的主翼、水平尾翼和垂直尾翼,以及带有"中国北方航空公司"字样的机体等大量飞机残骸和驾驶员王永祥的公文包。而后,李鲜枫指示测绘业务科组织完成绘制2幅专用图任务。测绘科科长郑行昭遂组织制图队制作专用海图,至19日3∶00,将20幅比例尺为1∶2500和1∶5000的《甘井子及附近"5·7"空难现场搜救打捞专用图》全部喷绘完成。随即,派员乘机从天津送抵大连现场搜救指挥部。

5月21日,"银河王子"货轮(吃水10.2米)和满载5万吨原油的"燕子"油轮(吃水11.2米)急需进出大连港。按照现场搜救指挥部安排,天津海测大队副队长王征立刻组织技术人员认真分析检核多波束测深系统和侧扫声呐扫海数据,将大连港甘井子、香炉礁和黑嘴子3个航道水深可通航数据报送辽宁海事局。依据天津海测大队提供的水深数据,"银河王子"货轮和"燕子"油轮安全驶进/驶离大连港,使港口压船多日的问题得以解决。

5月21日晚,在宋家慧陪同下,国家安全生产监督管理局副局长闪淳昌慰问"5·7"空难现场扫测小组全体人员、劳雷公司方励先生和美国专家哈里斯·卡尔,并与扫测主要人员合影留念。

图 4-1-379　2002 年 5 月 21 日,国家安全生产监督管理局副局长闪淳昌(前中)现场慰问"5·7"空难扫测主要人员

至 5 月 22 日晚,经过 14 个昼夜,天津海测大队出色地完成了三项任务:一是搜寻飞机残骸,配合打捞工作;二是成功搜寻"黑匣子";三是航道扫测,确保大连港迅速安全通航。其间,参加扫测人员 360 人次;侧扫声呐扫海面积 35.2 平方千米,主测线长度 340 千米;多波束测深系统扫海面积 3.92 平方千米,主测线长度 181 千米;扫测共发现可疑点 43 个;配合大连航标处完成抛标定位 18 个点;编绘搜寻专用海图 3 幅,电子专用海图 2 幅,航道水深图 3 张;2 辆汽车行驶 6100 余千米,在异常紧张繁忙的工作氛围中做到人员、车辆、设备安全无事故。

在"5·7"空难搜寻扫测期间,各大媒体异常关注,抢先报道。按照交通部海事局"要自己动手,切实加强现场宣传报道"的指示,强化现场信息传递和天津海事局本部的通信报道工作。"5·7"空难之初,天津交通广播台插播天津海事局参加抢险扫测的消息,是为全国第一个播出交通部海事系统参加抢险扫测的媒体。随后,《天津日报》《今晚报》《天津青年报》《每日新报》《北方网》,以及天津广播电台新闻台、滨海台等新闻媒体连续报道了天津海事局参战队伍的突出贡献,形成报纸、广播、互联网等媒体立体宣传的新闻热点。特别是扫测小组和"海标 0507"船的突出业绩,在社会各界引起强烈反响。在搜寻扫测"黑匣子"的关键时刻,刘福来第一时间将信息发到天津海事局本部,该局宣传处立即向新闻单位和网络发稿。在得到第一个"黑匣子"出水消息 10 分钟之内,天津交通广播台适时插播该新闻,20 分钟之内《北方网》刊发。打捞出第二个"黑匣子"20 分钟之内,《北方网》遂刊发,进一步扩大了交通部海事系统的社会影响力。

"5·7"空难搜寻扫测工作得到上级领导机关的充分肯定。交通部及时颁发嘉奖令,嘉奖天津海事局大连航标处"海标 0507"船和天津海测大队现场主要测量人员。天津市总工会授予天津海测大队外业队七分队、大连航标处"海标 0507"船天津市"十五"立功先进集体,授予李鲜枫"十五"立功先进个人荣誉称号。中共交通部海事局委员会、交通部海事局通报表彰天津海测大队"5·7"空难抢险扫测小组、大连航标处"海标 0507"船等 5 个集体,以及赵亚兴、李鲜枫、姜镇泰、王远东等 7 名现场工作人员。2002 年 5 月 31 日,天津海事局隆重召开"5·7"空难抢险扫测总结表彰大会,会上宣布中共天津海事局委员会研究决定:为天津海测大队"5·7"空难抢险扫测小组、大连航标处"海标 0507"船各记大功一次;为李鲜枫记大功一次;为大连航标处"海标0505"船、"海标0516"船各记功一次;为姜镇泰、王远东、王新林、黄永军、张墨起各记功一次;对大连航标处和大三山岛航标站予以通报表彰;对董江、车荣合、马建设、刘福来等33名先进个人予以通报表彰。

图4-1-380　天津海测大队成功实施"5·7"空难应急扫测打捞失事飞机第一个"黑匣子"

在"5·7"空难突发事件面前,天津海事局党政领导班子对"5·7"空难抢险扫测工作高度重视,全体参战人员以对党和人民高度负责的精神,坚决执行交通部领导和交通部海事局指令,紧急动员全局各方力量,以最快速度赶赴飞机失事海域实施搜寻扫测和应急设标,做到应急反应快速,抢险部署周密,组织指挥有序,信息沟通及时,协调各方顺畅,后勤保障有力。在交通部海事局领导及现场搜救指挥部的指挥下,经过14个昼夜的连续奋战,为全面打捞失事飞机残骸提供准确位置、精确锁定"黑匣子"位置做出突出贡献,为大连港及时开通航道和恢复通航提供技术保障,出色完成交通部及交通部海事局赋予天津海事局光荣而艰巨的任务。

图4-1-381　天津海事局隆重召开"5·7"空难抢险扫测总结表彰大会

(六)黄河小浪底水库"6·22"沉船打捞扫测

2004年6月22日19:30,黄河小浪底水库因突发八级以上大风,导致隶属河南省济源市的"明珠2"游览船沉没,造成船载69名人员全部落水,其中27人获救,42人失踪的特大水上交通事故。事故发生后,党和国家领导人高度重视,国务院迅速组成联合调查组赶赴事发现场指导搜救打捞工作,并调查事故原因。交通部从天津海事局、上海打捞局、东海救助局等9个单位抽调国内顶尖搜救打捞专家实施搜救作业。其中,天津海测大队具体承担黄河小浪底水库"6·22"沉船扫测任务,为实施沉船打捞、事故分析等工作提供依据。

6月23日凌晨,该队接到上级电话命令后,立即启动应急抢险预案,组织冯立新等5名应急绘图组成员在3小时内完成《黄河小浪底水库沉船水域搜救用图》,并传真至交通部搜救指挥中心和河南省洛阳海事局,为小浪底现场搜救提供导航和决策依据。

6月24日15:00,根据交通部海事局电话通知,该队立即成立以王征任组长、黄永军任副组长共9名测量技术人员组成的应急扫测小组,于19:30分别自天津和烟台出发,赶赴现场参加搜救工作。应急扫测小组携带的主要测量设备包括美国Benthos公司SIS-1500型高分辨率数字侧扫声呐、美国Geometrics公司G881型铯光泵海洋磁力仪、英国GeoAcoustics公司GeoChirp型浅地层剖面仪、加拿大KNUDSEN公司320M型单频测深仪、美国NAVCOM公司SF 2050G型卫星广域差分GPS接收机等。

6月25日7:30,应急扫测小组到达事故现场。11:00,扫测工作正式开始。应急扫测小组首先以洛阳海事局提供的沉船概位为中心,在周围1平方千米水域实施侧扫声呐全覆盖扫测,并于20:00完成侧扫声呐全覆盖扫测。通过对扫测资料数据分析,确认在扫测区域内河底泥面以上没有沉船。经应急扫测小组深入分析认为:小浪底水库为新建水库,库底浮泥层较厚,沉船沉没后很快被浮泥掩埋,因此侧扫声呐和多波束测深系统等主要的探测设备未能发挥作用。

6月26日5:00,应急扫测小组采用磁力仪探测,并于11:00完成磁力仪探测作业。经对扫测区域内所发现4处磁异常的数据分析和潜水员下潜探摸及复测等技术手段,确定了沉船的准确位置,为黄河小浪底水库"6·22"特大沉船事故的打捞和事故处理工作提供可靠的技术依据。

6月27日,根据应急扫测小组提供的位置,抢险指挥部组织潜水员下潜探摸,连续打捞出8具遗体、2个座椅和一些沉船散落物,并确认沉船在应急扫测小组提供位置的泥面下约0.3米。是日,河南省副省长李成玉密切关注应急扫测作业进程,专程现场慰问应急扫测小组成员,并对天津海测大队圆满完成"6·22"沉船应急扫测任务高度赞誉。

(1)2004年6月26日,应急扫测小组测量人员向水中施放磁力仪　(2)2004年6月27日,河南省副省长李成玉(左)密切关注应急扫测作业进程

图4-1-382　天津海测大队黄河小浪底"6·22"特大海难事故沉船应急扫测

针对不同的应急扫测环境,需要不同的探测手段,黄河小浪底水库"6·22"特大沉船事故扫测是国

内第一次利用磁力仪在浮泥较厚的内湖环境探测预埋沉船的成功案例,为今后类似环境下的应急搜寻工作积累了经验。

(七)包头"11·21"空难搜救扫测

2004年11月21日上午8:21,中国东方航空公司自包头飞往上海的MU5210航班,在起飞仅一分钟后坠入包头南海公园,机上乘客和机组人员全部遇难。包头钢铁公司潜水人员在事发现场连续三天打捞搜救,但未找到"黑匣子"。

为尽快找到"黑匣子",分析事故原因,国家安全生产监督局请交通部派专家协助搜寻打捞。交通部副部长徐祖远作出批示:"拟同意派出专家到现场协助寻找'黑匣子',要作详细方案,争取圆满完成任务。"交通部部长张春贤立即批示:"迅速派出队伍,主动予以配合,圆满完成任务,注意自身安全。"11月23日11:15,天津海测大队队长李鲜枫接到交通部海事局电话指令后,随即启动应急抢险程序,成立抢险小组,并携带美国NAVCOM公司SF 2050G型星站差分GPS定位仪、美国Benthos公司DPL275型信标声呐定位仪、美国Benthos公司SIS-1500型侧扫声呐和日本KAIJO公司PS-600型四波束测深仪等主要仪器设备奔赴事故现场,参加"黑匣子"搜寻工作并配合打捞。

11月23日18:00,由副队长张铁军带领5名技术骨干携带仪器设备前往北京机场。抢险小组于22:40抵达包头后,立即与当地海事部门接触,了解飞机失事现场水深、底质和残骸打捞情况,连夜召开会议制定扫测方案,对可能遇到的困难做了充分准备,并及时向现场总指挥报告抢险小组工作计划。

11月24日晨,受强冷空气影响,包头下起了入冬以来的首场大雪,气温降到零下13摄氏度。8:00,抢险小组与东海救助局、烟台打捞局的专家座谈,进一步了解近三天来有关方面的打捞情况,并确定扫测方案。8:30,抢险小组抵达南海公园事故现场,立即投入搜寻工作。9:00,信标声呐定位仪接收到一强一弱两个信号,表明两个"黑匣子"都在水中,抢险小组立即报告现场指挥部。在东海救助局协助下,抢险小组乘坐手划小船驶入湖内,10:50,确定了第一个"黑匣子"的大致方位,并设置木桩作为标记。为确保打捞成功,抢险小组通过星站差分GPS定位仪精确定位,使用信标声呐定位仪反复测量。11时左右,确定了第一个"黑匣子"位置。11:40,包头钢铁公司潜水员在抢险小组设置的木桩旁1米处,将第一个"黑匣子"打捞出水。由于第一个"黑匣子"出水,同频信号不再相互干扰,扫测工作进程加快。12:30,抢险小组使用信标声呐定位仪在与第一个"黑匣子"相距四五十米处确定了第二个"黑匣子"位置。12:50,烟台救捞局潜水员在给定位置将第二个"黑匣子"打捞出水。至此,抢险小组从进入现场到工作结束,仅用4个多小时便出色完成包头"11·21"失事飞机两个"黑匣子"搜寻任务。

(1)扫测人员现场研究分析扫测数据

(2)成功扫测打捞空难飞机"黑匣子"

图4-1-383　2004年11月24日,天津海测大队包头"11·21"空难应急抢险扫测

搜寻"黑匣子"任务完成后,国务委员、国务院秘书长华建敏作出指示,请张春贤部长转达对交通部参加"11·21"空难搜寻打捞全体人员的问候。张春贤部长在慰问时说:"海事、救捞队伍平时以'三精

两关键'的指导思想加强业务和队伍建设,在关键时候发挥了关键作用。对你们在'11·21'空难善后工作中做出的贡献表示衷心感谢!向全体参与人员表示亲切问候!"此间,包头市副市长胡景星代表市政府慰问抢险小组成员,对抢险小组精湛的技术、先进的设备、辛勤的工作倍加赞赏。

包头"11·21"空难搜救扫测引起《中国交通报》《天津日报》等多家新闻媒体关注,纷纷以"天津海事局扫测专家4小时锁定'11·21'空难事故'黑匣子'""'黑匣子'出水天津专家功不可没"为题专题报道。天津电视台亦专访天津海测大队。

(八)长江口"2·10"失事直升机搜寻扫测

2005年2月10日(正月初二)11:00,上海港引航站一架MD 902型直升机,在长江口引航锚地与一艘新加坡货轮"诚城"轮相撞坠海,机上4名人员,1人获救、1人死亡、2人失踪。

是日14:45,上海海测大队测量人员赶赴"2·10"失事直升机事故现场,使用多波束测深系统、侧扫声呐等扫测设备,出动"海测1007"等3艘测量船开展搜寻扫测作业。2月11日,扫测发现3个直升机残片疑点。由于上海海测大队尚无搜寻飞机"黑匣子"专用设备,故紧急报告交通部海事局,请求天津海测大队技术支援。

2月11日下午,天津海测大队队长李鲜枫接到交通部海事局电话通知后,立即召集正在休假的副队长张铁军和工程师王闰成,要求他们携带美国Benthos公司DPL275型信标声呐定位仪,协助上海海测大队搜寻"2·10"失事直升机"黑匣子"。同日21:00,张铁军、王闰成一行乘坐飞机即可抵达上海。

2月12日上午7:00,张铁军、王闰成携带信标声呐定位仪随测量船舶驶往事故现场。10:00到达现场后,在上海海测大队技术人员配合下调试仪器,随后利用信标声呐定位仪搜索事故区域。12时左右,发现"黑匣子"音频信号,并经过3个小时的反复搜寻扫测,于15:00初步锁定直升机"黑匣子"位置。上海海测大队立即向上海海事局搜救指挥中心报告扫测结果。因受天气影响,测量船舶暂时返航北槽中锚地抛锚待命。

2月13日上午7:00,天津、上海海测大队联合扫测队伍对已初步锁定的直升机"黑匣子"位置再次精密扫测确认,并将其扫测结果报告上海海事局搜救指挥中心。2月14日5:16,根据搜寻扫测提供的位置,上海打捞局实施打捞作业,在直升机残骸里发现1具遇难者遗体,另1名失踪人员仍下落不明。飞机"黑匣子"随直升机残骸一并打捞出水。

图4-1-384 2005年2月13日,天津海测大队测量人员使用信标声呐定位仪搜寻扫测失事飞机"黑匣子"

此次长江口"2·10"失事直升机"黑匣子"搜寻扫测工作顺利完成,保障了该海域船舶航行安全,亦是全国海区测绘系统各单位并肩战斗、密切配合、联合扫测的成功案例。

(九)福建福鼎沙埕港"8·10"应急抢险测量

2006年8月10日,50年一遇的超级强台风"桑美"在福建和浙江沿海登陆,风力达17级,中心最大风力达19级,平均风速70米/秒,相当于波音飞机起飞时的速度,成为中华人民共和国成立以来登陆中国沿海最强的一次台风。位于福建省东北部的福鼎市沙埕港遭受台风强袭。沙埕港素有天然避风良港之称,台风来临之际,为躲避"桑美"超级强台风袭击,港内约有12000余艘避风船舶。据不完全统计,台风过后约有数百艘船舶沉没。

同年8月17日,天津海测大队接到交通部海事局指令后,由副队长刘东全带领5名技术骨干组成应急抢险扫测分队,于8月18日赶赴福鼎市沙埕港,配合上海海测大队扫测搜寻港区内沉船,为打捞搜救工作提供翔实准确的测量依据。

沙埕港港区形如一条弯曲的河道,全长约40千米,下游宽约1.5~2千米,由上海和天津海测大队分片搜寻。其中,天津海测大队扫测海域主要集中在金屿下游,两岸水域测量至5米等深线,扫测面积约12平方千米。扫测使用仪器设备主要有美国天宝公司(Trimble)212型RBN-DGPS接收机、美国Benthos公司SIS-1500型侧扫声呐,数据处理使用随机GEODAS专用软件进行侧扫声呐图像分析、美国Coastal公司HYPACK测量软件和该队自行编制的数据后处理软件Winhc1进行定位数据处理,使用大队自主版权的外业制图程序MakeEc进行编制绘图;测量船舶使用当地提供的海上渔业管理船舶,船长18米、船宽4米、吃水1.5米。侧扫声呐扫测计划测线平行于航道中心线走向布设,测线间距100米,侧扫声呐量程选取150米。测区长约12千米、宽约1.5千米,共布设21条测线,测线总长约250千米。为提高扫测工作效率,应急抢险扫测分队选派贾万忠驾驶测量船,按照计划测线操控测量船,上线有效率达到95%,明显减少补测延误的时间。

图4-1-385　2006年8月20日,天津海测大队应急扫测测量人员使用侧扫声呐扫海作业

应急抢险扫测分队按照指定区域,对遇难船舶可能沉没水域实施搜寻扫测。作业人员职责明确,严格执行扫测设计方案,仅用3天时间,圆满完成外业搜寻扫测作业。此后,技术人员整理判读扫测成果,在扫测区域内共发现100余处疑似沉船影像。通过侧扫声呐图像判读及现场调查核实,最终确定56艘

沉没船舶,并确定了沉船坐标位置、船体坐落姿态、船体长度和沉船最浅深度。8月26日,应急抢险扫测分队经过几个昼夜的辛勤工作,圆满完成交通部海事局下达的指令性任务,向当地搜救指挥部提交扫测成果,为沉船打捞和碍航物清除提供了可靠依据。

2006年11月,为感谢天津海测大队在福鼎市沙埕港"8·10"应急抢险搜寻扫测中的重要贡献,福鼎市委、市政府专程派人到天津,向该队赠送"携手并肩抗天灾 无私援助展风采"锦旗。

(十)成山头(角)附近海域"世纪之光"沉船搜寻扫测

2010年5月2日5:23,利比里亚籍"海盛"(SEA success)轮与中国香港籍"世纪之光"(Bright centary)轮在山东成山头以东约50千米海域雾航中发生碰撞。"海盛"轮船头严重受损并进水,"世纪之光"轮遇险后沉没,两船共计46名船员遇险后获救。"世纪之光"轮为散货船,船长289米,船宽47米,型深24米,吃水17.3米,本航次载运矿砂17万吨。两船相撞时报告位置为北纬37°38′、东经123°10′。

当日上午,天津海测大队队长孙洪志接到山东海事局电话,请求对山东成山头海域遇险沉船搜寻扫测。5月3日,威海海事局搜救指挥中心根据现场船舶监控信息,提供了沉船水域附近溢油的位置。该队立即启动应急抢险预案,指派技术人员缪锦根、张墨起等5人组成扫测分队,以最快速度安装调试仪器设备,于5月4日上午赶赴事发现场。

扫测分队使用美国Teledyne公司SIS-1624型侧扫声呐对预定海区实施扫海测量,测量船舶使用威海海事局推介的"鲁荣渔1067"轮。侧扫声呐扫海范围以沉船水域溢油点报告位置为中心,向东南西北方向各扩展1000米实施扫测,直至发现沉船可疑信号为止;使用美国NAVCOM公司SF 2050G型星站差分定位系统进行测量定位,使用美国Coastal公司HYPACK测量软件进行实时导航和航迹线定位数据采集,采集"WGS-84世界大地坐标系统"数据,采样间隔设置为1秒;使用侧扫声呐随机Triton SS-L专用软件进行侧扫声呐数据采集和图像分析。外业扫测结束后,经过分析判读采集到的声呐声像,获得5处可疑影像为同一可疑目标的多次扫测成像。量取船首、船尾和船体最高坐标位置。该沉船影像基本呈正坐姿态沉没于海底;其舯艉走向约为138°—318°,船艏位于东南方位,船艉位于西北方位;舯艉两端长度约244米,小于该沉船的船体长度,怀疑因船舶相撞导致船体断裂所致(后经打捞证实船体发生断裂);沉船船体最高处高出海底约为60米,即船体最浅水深约为6米。为保证扫测结果准确性,扫测分队开展现场调查取证。通过乘船对沉船位置进行溢油和散落物观察,发现沉船仍在溢油;同时根据附近捕鱼作业的渔船反映,该位置就是日前撞沉船舶的位置。其间,天津航标处"海标11"轮,根据天津海测大队报告的沉船位置抛设警戒标,并适时发布《航标动态通报》。

(1)2010年5月2日,"海盛"轮遇险　　　　　(2)2010年5月15日,天津海测大队测量人员施放侧扫声呐实施"世纪之光"沉船扫海作业

图 4-1-386

此次"世纪之光"沉船搜寻扫测,从外业扫测实施、数据处理与判读、到现场调查取证,为该队后续

沉船搜寻扫测工作积累了经验。"世纪之光"沉船搜寻扫测成果,得到山东省海上搜救指挥中心通报表扬。中国新闻网专题报道沉船搜寻扫测相关情况。

五、设备管理

北方海区测绘系统使用的主要测绘设备包括定位设备、测深设备、探测设备、水文设备、绘图设备和通信设备等六大类,亦可分为国家强制检验和非强制检验设备两大系列。加强测绘设备管理,旨在减少设备损坏率,延长设备使用寿命,提高测绘工作效率,创造经济和社会效益。

20世纪50年代,海港测量队成立初期,测绘装备简陋,人员构成相对简单,测绘设备"管修养用"无明确职责。20世纪60年代末,随着科技快速发展,设备不断增加,该队增设仪器修理组,具体负责测绘设备维修和管理工作。

1984年6月,天津航测处在海港测量队仪器维修组、该处科研组和修理所基础上,成立航测电子设备维修中心,专门负责北方海区航测仪器设备维修工作。1988年7月天津海监局成立后,海港测量队改称天津海测大队,航测电子设备维修中心改称天津航测科技中心。之后,伴随着交通部水监(安监、海事)系统管理体制改革不断深化,该队设备技术部门几经调整,从技术科、设备技术科、设备管理科、到技术装备科,其职责始终定位为:负责本单位技术装备与科技发展规划的制定及组织实施;负责测绘设备、技术的引进、开发、推广、检测、评估工作;负责设备验收培训、资产调拨、计量检定、维修保养和无线电通信设备申请使用频率、办理使用证书,以及固定资产监督检查、资料整理、立卷归档、资产报废等管理工作。

1991年,天津海测大队以全面质量管理为契机,制定微波定位仪、测深仪以及通信、制图等20余种主用设备操作规程,对规范设备使用管理发挥了积极作用。1993年,该队积极参加交通部安监系统设备"管修养用"专项管理活动,认真组织落实《天津海监局各类设备"管修养用"检查标准》,一举包揽测绘方面6个第一名,包括先进测量队、制图队、设备维修队和测绘设备管理等,测绘设备"管修养用"水平取得长足进步。

1995年,按照国家测绘资质管理和测绘设备计量检定等相关要求,该队将水准仪、经纬仪、全站仪、大地测量型GPS接收机等国家要求强制检验的测绘设备委托具有相应资质的机构检定,并由其出具检定合格证书。对于导航型GPS、测深仪、声速仪等非强制检验设备,按有关规范要求,采取自行校准、比对、试验方式检验。每年年初,该队组织技术人员对RBN-DGPS、星站差分GPS进行8小时稳定性实验,比对仪器自身内符合和外符合精度,要求"中误差"符合规范要求。对于测深仪、声速仪等声学设备,每年在使用前,进行8小时稳定性试验,其精度指标满足要求方可投入使用。对于新购进和维修后的相关设备,经测试检定合格后方可验收,准予使用。是年,按照全国交通系统学习"华铜海"轮专项管理活动统一部署,该队制定实施活动方案,重点在设备管理方面出台一系列举措。每个测量分队设立设备库房,定期维护保养检定,坏损设备及时逐级上报;技术装备科随时跟踪设备使用情况,对违反操作规程、保养不到位的责成其整改,行为严重者实行经济处罚。通过开展学习"华铜海"轮专项管理活动,该队测绘设备管理水平显著提高。

1997年,按照《天津海监局固定资产管理办法》要求,测绘设备纳入固定资产信息系统管理,形成财务科、技术装备科、外业队分别负责测绘设备固定资产价值、台账和实物的三位一体管理模式,设备管理体系日趋完善。2004,该队修订完善《海测大队固定资产管理实施细则》。2005年,为落实交通部"三精、两关键"要求,交通部海事局在全国海事系统组织开展船舶设备"管修养用"专项管理活动。该队按照上级部署要求,结合自身实际,拟定设备"管修养用"活动计划,推进测绘设备层级管理。技术装备科建立完善设备档案,跟踪检查每一台设备,狠抓专项管理活动计划落实。通过开展该专项管理活动,在测绘职工中逐步养成自觉维护保养设备的良好意识和行为,设备坏损率明显下降。

2007年,针对测绘设备急剧增加,且大型化、集成化趋势日益明显,为切实提高设备使用效率,降低设备操作故障,该队适时修订《海测大队设备管理办法》,加强设备库房、机房管理;针对主用测绘设备,制定并编纂《仪器设备安全使用管理规程汇编》,涵盖定位、测深、制图等6大类共30余种设备的安全操作规程,有效保证了测绘设备安全高效使用;本着"科学、客观、公正、可行"的原则,印发施行《海测大队设备事故处理暂行办法》,妥善解决了消耗型设备海损处置问题。2009年,为提升设备管理信息化水平,该队组织研发"设备出入库管理系统",将所有测绘设备分类编码,加载唯一识别身份的电子标签(RFID),统一录入SQL SERVER数据库管理,实现了设备自动识别、出入库认证以及各种统计报表自助生成等功能,使测绘设备管理工作更加规范、智能、高效。

长期以来,该队实施北方海区港口航道测量多租用渔船,安装测量设备需要针对不同船型制作安装支架。特别是多波束测深系统常规化使用后,其换能器安装支架制作费用每年累计50余万元,成本高,且多为一次性使用。2010年7月,该队技术装备科工程师冯麟牵头研制多波束测深系统换能器升降装置。通过精心设计,反复调试,于2011年3月完成多波束测深系统换能器升降装置研制工作,并批量制作投入使用。该升降装置每套制作费用仅2.5万元,适用于300匹马力以下各种船型,一次制作可长期反复使用,实现了低成本高工效、安装使用更为安全、维护保养更为便捷。

图4-1-387 2012年8月13日,天津海测大队测量人员安置自主研制的多功能水下探测设备起落装置

此外,在"海测0501"船"海测0502"船"海测0503"船建造过程中,该队派员深入船艇测量设备设计安装、测量室规划建造等现场,为打造专业测量船舶提供先进实用的解决方案。其中,"海测0503"船采用自主研制的湿井方式安装多波束测深系统相关设备,方便了设备日常维修保养,保障了设备安全使用。

1990—2012年北方海区测绘系统适用的测绘设备管理制度一览表

表4-1-83

序号	文件名称	发布机关	发文字号	发布日期
1	物资管理暂行办法	天津海监局	津海监[90]财字第39号	1990年2月15日
2	固定资产管理暂行办法	天津海监局	津海监[91]财字第134号	1991年8月30日
3	各类设备管修养用检查标准	天津海监局	津海监船技字[1996]第126号	1996年5月17日
4	固定资产管理办法	天津海监局	津海监计字[1997]第63号	1997年3月26日

〔续表〕

序号	文件名称	发布机关	发文字号	发布日期
5	多波束测量技术规定（试行）	天津海测大队	海测工〔2000〕19号	2000年6月12日
6	测深杆安装起放安全操作规程	天津海测大队	海测办〔2001〕38号	2001年10月16日
7	固定资产管理办法	天津海事局	津海监计财字〔2001〕第306号	2001年9月1日
8	固定资产管理实施细则	天津海测大队	海测财〔2004〕18号	2004年3月25日
9	设备管理办法	天津海测大队	海测办〔2007〕59号	2007年10月9日
10	设备库房管理规定	天津海测大队	海测办〔2007〕59号	2007年10月9日
11	应急抢险设备管理办法	天津海测大队	海测办〔2007〕59号	2007年10月9日
12	设备事故处理暂行办法	天津海测大队	海测技〔2008〕41号	2008年8月6日
13	固定资产管理实施细则	天津海测大队	海测办〔2008〕81号	2008年
14	中心机房管理办法	天津海测大队	海测办〔2008〕98号	2008年
15	软件开发管理办法	天津海测大队	海测办〔2008〕100号	2008年

六、规划管理

近代中国港口航道测绘工作始于清海关。清同治七年（1868），海关海务部将港口航道测绘纳入其主要业务范畴，由外籍税务司掌控。之后，因政府内外交困，加之战乱频发，虽曾陆续出版39幅海图，但其成果基本为外国人占有，港口航道测绘规划管理无从谈起。

1949年中华人民共和国成立后，交通部海运管理总局海港测量队于1955年5月成立。"一五"计划期间，除完成广州港及附近水域全面测量、汕头港水雷疑存区扫测、长江口至江阴全面测量等任务外，辗转全国沿海13个重要港口及通航水域，总计完成68幅首版沿海港口航道测绘任务，结束了国人长期使用外国人测绘海图资料的历史。

"二五"至"五五"期间，天津航道局将海港测量队测绘业务编入其发展规划。其中，《天津市航道局六零年计划、三年规划、八年设想（草案）》涵盖了北方海区测绘系统最早的测绘业务发展规划。"三五"期间，天津航道局提出实现及时反映港口航道现势性水深目标，测量能力由530平方千米/年，提高到700平方千米/年。1963年8月，该队编绘完成第一部港口航行图集《天津港引航图集》，测量范围除满足辖区各港之外，兼顾江浙、华南等海域测绘工程项目；1970年，完成温州港、海门港全面测量；1974年，完成珠江口（内伶仃至沙角）全面测量。其间，按照交通部水运基本建设局统一安排，天津航道局建造2艘小型测量船，从而结束该局长期无专用测量船舶的历史；天津航道局投资24.19万元，建成建筑面积2519.49平方米的测绘业务用房，基本满足该队90余名测绘职工使用需求，从而结束该队长期无独立业务用房的历史。至"五五"末，该队除完成辖区疏浚工程测量任务外，总计完成600余平方千米的港口航道测量任务，实现了测绘工作量阶段性规划目标，为北方海区港口建设及船舶航行安全做出重要贡献。

"六五"至"七五"期间，随着中国经济社会发展和科学技术进步，依据航运事业发展需要，天津航道局在其规划中提出：测量工作逐步达到现代化水平，采用新技术、新设备，实现定位、测深、水位改正、编绘制图等环节自动化，进一步提高测绘质量和工作效率；在完成五年测绘工作总量的基础上，率先将实地测绘面积统一换算为1∶1万比例尺，并制定了不同水域的具体测量规划。1987年，按照交通部水监局统一部署，天津、上海和广东航道局各建造1艘55米中型测量船，是为全国海区测绘系统最大的沿海测量船舶。1988年全国港口体制改革后，天津海测大队迁址天津市河西区洞庭路31号办公。该地原为天津航测处航标器材仓库，改建作为该队办公业务用房，总建筑面积达到3205.97平方米。其间，北方海区测绘系统通过引进现代化先进测绘设备，采用无线电定位、四波束测深仪全覆盖测量等先进技术,年均测绘工作量达到800换算平方千米,并实现了年更新港口航道图10幅的规划目标。

"八五"期间,天津海监局组织编制包括港口航道测绘在内的五年综合发展规划。其间,天津海测大队着重将引进微波定位仪、全球定位系统(GPS)接收机、全站仪、激光照排仪等先进测绘设备作为规划发展重点。1991年引进加拿大CARIS制图系统,1992年引进微波定位仪和GPS定位仪,加快了机助制图技术与测深定位现代化步伐。1995年始,该队牵头组织实施全国海区无线电指向标—差分全球定位系统(RBN-DGPS)基准台站精确位置联测项目,相继联测了秦皇岛、北塘、大三山、王家麦、燕尾港、大戢山、天达山、镇海角、三灶、硇洲岛和抱虎角等11个RBN-DGPS基准台站位置,并开发测试完成覆盖全国海区不同坐标系间区域性地心转换参数及改正值表,为实现全国海区全天候、高精度海上定位奠定技术基础。其间,年均测绘工作量672.19换算平方千米,规划末年达到997.76换算平方千米,实现了测绘工作量阶段性规划目标。

"九五"期间,根据交通部统一部署,天津海监局编制《天津海监局"九五"计划及2010年发展规划》,以"全面发展、突出重点、分期建设、逐步完善"为指针,总体规划北方海区沿海RBN-DGPS系统建设、先进测绘设备引进等。1996年,天津海测大队在国内率先将RBN-DGPS系统应用于水深测量定位和小比例尺地形测量,实现了全天候测量定位,测量定位手段发生根本性变革;突破CARIS软件加注汉字难点,成功实现激光照排的成图输出,实现了海图编辑、绘图、印刷一体化。1997年,该队继续牵头完成全国海区RBN-DGPS系统基准台站精确位置联测项目,组织测定了老铁山、成山角、嵩枝港、定海、崎头角、石塘、亭江、鹿屿、白沙门、洋浦、三亚、防城等12个沿海RBN-DGPS定位系统基准台站位置,为建设中国沿海RBN-DGPS定位系统奠定了基础。1998年,引进首套美国Seabat 8101-ER型多波束测深系统,实现了由传统的单波束、四波束测深仪水深测量到宽带全覆盖扫海的技术飞跃,年均测绘工作量达到1455.43换算平方千米。1999年,天津海事局印发《天津海事局航测"三项"和"专项"项目管理办法》,建立效能评估、项目储备、过程管理、月计划、年考核等管理制度和工作机制,该队规划项目完成率和验收结算率明显提高。其间,交通部安监局投资114万元,该队在大连市购建建筑面积384.03平方米的测绘工作基地,从而结束该队长期无外埠独立测绘工作基地的历史。

"十五"期间,根据交通部海事局《沿海港口航道测绘"十五"发展规划及2015年远景目标》,结合北方海区测绘工作实际情况,天津海事局编制《天津海事局测绘"十五"技术发展政策与项目实施计划》,形成《测绘技术改造计划》《测绘设备购置计划》《测绘基础设施建设计划》三个类别38个项目,总投资规模4443万元的项目库。其中,技术改造1169万元,设备购置84万元,基础设施建设3190万元。其间,北方海区测绘系统重点组织实施北方海区全球定位系统(GPS)控制网建设、北方海区验潮网站工程建设等项目,测绘基础设施建设得到显著加强,测绘作业能力得到显著提升,年均测绘工作量达到2300余换算平方千米,实现了测绘工作量阶段性规划目标。

此间,天津海测大队按照"统一设计、分步实施"的原则,分四期建成北方海区GPS C、D级控制网。第一期组织实施天津、青岛港GPS控制网改造项目;第二期组织实施烟台、威海、蓬莱、石岛、龙口等港GPS控制网改造项目;第三期组织实施日照、岚山、连云港等港GPS控制网改造项目,并与上海海测大队在连云港海域实现GPS控制网无缝衔接;第四期(跨建)组织实施唐山、秦皇岛、绥中、锦州、盘锦、营口、大连、长兴岛、旅顺、皮口、丹东、庄河、潍坊、东营、羊口、东风等港口GPS控制网改造完善项目。北方海区GPS控制网的建设,实现了北方海区高等级控制网的全面覆盖和与"WGS-84世界大地坐标系"等坐标系间的相互转换,改善了北方海区平面和高程控制基础薄弱的状况,为各类海洋测绘项目实施发挥了重要保障作用。

"十五"期间,北方海区测绘系统启动并分三个阶段全面实施"北方海区验潮网站工程建设"项目。第一阶段完成大沽灯塔长期水文站和天津港东突堤、新港船闸、航标处3座简易长期水文站建设;第二阶段(跨建)完成营口仙人岛、鲅鱼圈港,河北黄骅港,日照岚山港和大连王家岛等5座简易长期水文站,并采用"与港方合作共建"等方式,在营口盘锦港、河北曹妃甸港建立2座标准长期水文站;第三阶段(跨建)完成天津临港、烟台西港、大连长兴岛北港区和秦皇岛海事局码头等4座标准长期水文站,并与港方合作建成青岛董家口港和天津南港2座标准长期水文站,同时自筹资金55万元,建成11座简易长期水文站。至此,共建设8座标准长期水文站和20座简易长期水文站在线运行,基本形成布局均匀、模型合理、技术先进的水文信息网络,对北方海区海洋测绘、海事监管、海洋工程、港口建设、航海运输发挥重要作用。

"十一五"期间,天津海事局组织编制《天津海事局"十一五"综合发展规划》(简称《规划》),从提高港口航道测绘服务保障能力、完善港口航道测绘基础控制设施、建设航海保障信息监测播发系统等四个方面,对北方海区测绘系统建设发展作出全面规划。该《规划》明确提出:到2010年,年均测绘面积达4000换算平方千米,测绘海图50幅,重点港口和水域的海图每年更新测绘一次,综合测绘能力达到中等发达国家海道测量水平的规划目标。其间,北方海区测绘系统实现年均测绘面积5034换算平方千米,出版涵盖43个港口的89幅海图,基本实现覆盖北方海区所有港口以及图幅序列化,圆满实现阶段性规划目标。此间,建造40米级中型测量船和7米小型玻璃钢双体测量艇各1艘;购置测深仪11台、定位设备30台、多波束测深系统4套、侧扫声呐1套、大型制图设备7套等价值1140万元的测绘仪器设备,测绘作业能力得到快速发展。同时,交通部海事局投资3348万元,购建建筑面积4358.04平方米的办公业务用房,使该队办公和工作环境得到显著改善。

2012年8月,天津海事局编制印发《天津海事局"十二五"综合发展规划》(简称《规划》)。该《规划》由1个发展纲要和9个专项规划组成,测绘业务规划包含在《航海保障分规划》中,其主要规划目标是:天津、黄骅等重点能源港口航道海图数据每年更新1次,大连、青岛等区域性枢纽大港五年内海图数据更新1次;图幅涵盖北方海区52个港口,计5万换算平方千米,编绘海图137幅;重点港口和航道多波束测深系统扫测覆盖率100%,测绘成果优良率100%;辽宁、河北、山东、天津港引航图集数据5年内更新1次等。至2012年底,北方海区测绘系统实现了天津港每季度、黄骅港每半年港口航道图数据更新一次,超额完成重点能源港口航道图数据每年更新1次的规划目标;年均测绘面积7869换算平方千米,年均完成60幅港口航道图的数据汇交任务,数据汇交及时率100%,测绘成果优良率100%,实现了北方海区海图全覆盖的规划目标;购置多波束测深系统、海流仪等测量设备,装备建设得到显著加强,基本实现"十二五"规划前两年的目标。

2012年12月北海航海保障中心成立后,及时调整"十二五"发展规划,于2013年6月和11月先后编制完成《北海航海保障中心发展战略(2013—2020)》和《北海航海保障中心"十二五"发展规划(调整)》,其中包括1个综合发展规划纲要和7个专项分规划,确立了"全时域、多维化"中长期发展战略,并提出测绘业务发展目标:完成《中国海事局港口航道图规划目录》所列图幅的测绘和出版,辖区水域港口航道图覆盖率达到100%。年均测绘能力达到1万平方千米换算面积;年均更新海图50幅。重点港口的港池、航道多波束扫测覆盖率100%,航路扫测覆盖率达到100%,测绘产品质量目标优良率90%,合格率100%。同时,提出设施和装备、科技信息化、人才队伍、党建和精神文明等各项规划发展目标,北方海区测绘事业发展建设进入新的历史阶段。

"十二五"期间,天津海测大队完成北方沿海4省1市52个港口142幅港口和重要航道周期性测量任务,年测量工作量23166换算平方千米(其中,港口航道图测量面积8775换算平方千米,航路及定线制14391换算平方千米),坚持测绘成果"两级检查,一级验收"制度,测绘产品质量达到优良率100%。应急测绘响应服务54次,应急响应及时率100%。测量范围从港口航道逐渐走向沿海航路、港池、航道、锚地等重要通航水域,并全部实现多波束测深系统全覆盖测量。业务种类中的通航尺度核定测量从港口航道扫测拓展到船舶定线制测量(完成成山角以东船舶定线制、长山水道船舶定线制等5个定线制测量工作)、公用干线和支线航路测量(烟台港至大连港及老铁山至秦皇岛部分航路)等。此外,为服务内河海事监管和航运需求,2014年首次开展了松花江水域同江港及天津海河三岔口至二道闸的测绘工作。根据港口、航道的重要性和实际变化态势,按照需求确定其测量周期。海图制作模式由编绘转型为数据汇交,汇交及时率100%。年专题海图制作量约50幅,海图产品质量优良率100%,改正通告达到年均52期,海图发行总数达到187599幅。主持或参与交通部行业标准编制或修订7部。引进海道测量产品数据库管理系统(HPD),初步建成北方海区测绘信息数据库,实现了由计算机辅助制图向数据库高新技术支撑制图的技术飞跃。续建40米级中型测量船1艘,以协议方式租用烟台测绘工作基地,有效提升了测量作业能力和应急保障能力。"十二五"期间,北方海区测绘事业得到长足发展,业务规划目标基本实现,特别在年均测绘能力方面远超规划目标,在拓展测绘覆盖范围和服务内河航运方面均取得突破性进展。

(一)《沿海港口航道测绘"十五"发展规划与2015远景目标》

随着全国交通系统港口体制改革和水监体制改革的持续推进,港口航道测绘业务发展进入快车道。为适应21世纪水运事业和海洋开发需求,紧跟国际海洋测绘科技发展进程,缩小与世界测绘先进水平的差距,交通部海事局决定编制《沿海港口航道测绘"十五"发展规划及2015年远景目标》(简称《发展规划》),为全国海区测绘系统海洋测绘事业建设发展勾绘宏伟蓝图。

1999年,交通部海事局在全国海区航测工作会议上就编制《发展规划》作出工作部署,由天津海监局牵头,上海、广州海监局参加,共同负责《发展规划》编制工作。成立规划编制领导小组,组长为天津海监局副局长赵亚兴,副组长为交通部海事局航测处处长梁宇,成员为天津、上海、广州海监局测绘处处长和海测大队队长。规划编制小组由天津、上海、广州海监局派员组成,组长为天津海事局测绘处处长王征。

1999年5月11日,规划编制领导小组向各参编单位印发《关于编制测绘"十五"规划的通知》,正式启动《发展规划》编制工作。同年5月25—28日,规划编制领导小组成员在上海开会,研讨并通过规划编制小组提交的《〈发展规划〉编写大纲》《〈发展规划〉编制工作计划》。编制《发展规划》采取了参编单位集体研讨、集中编写的方式,在多次征求有关单位领导和专家意见的基础上,先后形成《发展规划》初稿、征求意见稿和送审稿。9月16—18日,规划编制领导小组和工作小组成员在广州审定《发展规划(送审稿)》,形成《发展规划(报批稿)》。1999年9月,交通部海事局正式批准并印发《沿海港口航道测绘"十五"发展规划及2015年远景目标》。

该《发展规划》期限为2001至2015年,以"十五"规划为主,2015年远景目标为辅。该《发展规划》由前言、沿海港口航道测绘系统的地位和作用、沿海港口航道测绘系统的现状与评价、2015年前的发展需求和远景目标、"十五"规划的原则和目标、"十五"规划方案、规划的实施序列与评价、对策与措施等7部分组成。确立了"走科技振兴海测之路,着眼国际接轨;行航海安全保障之本,面向港航企业;加强宏观调控,实现可持续发展"的指导思想。明确了到2005年,技术装备、基础设施和队伍建设适应港航运输和航海保障日益增长的需求,形成"制度健全、管理规范、装备先进、服务及时、保障有力"的格局。外业测量全部实现自动化数字采集,内业制图减少人工干预,进一步提高自动化程度,制作和发行电子海图;提高先进技术和设备的科技开发水平,保持国内先进行列,并在测绘技术应用方面接近发达国家同期发展水平。

该《发展规划》主要面向全国海区测绘系统,涉及海洋测绘领域中外业测量技术、内业制图信息处理、海图印刷与发行、基础设施和队伍建设等方面,亦涉及交通行业测绘归口管理工作的部分内容。该《发展规划》的编制与实施,对促进全国海区测绘系统可持续发展,全面提高测绘工作质量,满足日益增长的航海运输、航政管理和港口建设发挥了重要指导作用。

(二)《天津海事局测绘"十五"技术发展政策与项目实施计划》

"九五"期间,北方海区测绘系统积极引进先进技术装备,提高测绘作业能力,拓展测绘业务范围,提升测绘技术水平。但是,长期以来,北方海区测绘基础设施建设发展缓慢,管理手段相对滞后,与总体布局规划目标存在一定差距。为此,天津海事局决定编制《天津海事局测绘"十五"技术发展政策与项目实施计划》(简称《计划》),以适应港口和水运建设快速发展需求。

2000年,天津海事局成立由副局长赵亚兴、李国祥、计划基建处、天津海测大队、天津航测科技中心负责人组成的《计划》编制领导小组及王征牵头的《计划》编制小组,正式启动《计划》编制工作。在全面总结北方海区测绘工作发展规律的基础上,广泛调研港航运输和航海保障服务需求,深入研究北方海区测绘工作发展趋势,并依据交通部海事局《沿海港口航道测绘"十五"发展规划及2015年远景目标》和《2002年海区航测主要工作安排》,编制小组如期完成《计划》编制工作。其中,《项目实施计划和投资计划》包括38项实施计划:天津港验潮网建设、山东半岛GPS控制网建设、港口引航系统研制与开发等26项测绘技术改造项目;购置绘图机、UPS电源、测绘资料档案管理系统等7项测绘设备项目;测绘综合测试基地建设、沿海港口测量船舶建造、测量船码头建造等5项测绘基础设施建设项目。同时,该《计划》明确了项目投资从交通部海事局"三项""专项"计划和天津海事局修购基金计划中逐年安排,共计投资4443万元。

2002年7月,天津海事局批准并印发该《计划》,是为北方海区测绘系统成建制以来第一部专门编制的五年测绘建设发展规划。该《计划》总目标是:增加基础设施和技术装备投入,以适应港航运输和航海保障日益增长的需求。到2005年,基本形成"制度健全、管理规范、装备先进、服务及时、保障有力"的测绘格局。外业测量全部实现数字化采集,制图工艺进一步改善,测绘自动化程度显著提高;技术装备、测绘手段及综合测绘能力保持国内领先,并在测绘的技术应用方面接近发达国家测绘水平。该《计划》从外业测量、制图与信息管理、基础设施建设方面提出了具体目标,并描述了相关技术发展政策。该《计划》的编制与实施,对促进北方海区测绘系统可持续发展、稳步提高测绘工作质量、着力保障船舶航行安全发挥了重要指导作用。

第二节 港口航道测量

一、平面控制测量

平面控制测量系指在测区范围内,按照测量任务要求的精度,测定一系列控制点平面位置的活动,旨在建立完善测量控制网,作为各种测量作业基础。平面控制测量一般采用光学仪器、测距尺、红外测距仪、GPS定位仪等设备测定,其精度决定着水深测量位置的精度。平面控制测量通常以建立三角测量、导线测量、三边测量、边角测量和GPS测量等控制网方式实施。三角网是三角测量中由一系列三角形构成的网状平面控制图形,是传统平面控制测量的主要形式之一。与其他布设形式相比,具有"控制面积大,几何条件多,图形结构强"等优点,有利于全面检核角度观测质量;缺点是工作量大,扩展缓慢。平面控制测量坐标系统主要采用1954年北京坐标系、1980西安坐标系、WGS-84坐标系和CGCS 2000国家大地坐标系,以及在测量面积较小的测区根据需要可采用地方独立坐标系、港口独立坐标系等。

清光绪二十九年九月十三日(1903年11月1日),由于疏浚工程需要,海河工程局在大沽沙和海岸布设了三角点。1918年,天津港附近已有平面控制点50个。1936年,各级平面控制点增至227个(包括河段)。1937—1942年,平面控制点增设36个,形成天津港独立平面控制网系统。1946年,新港工程局布设了由20个控制点组成的平面控制网。

第四章 测绘业务

图 4-2-388　20 世纪 50 年代,海港测量队测量人员使用六分仪定位实施水深测量

1951 年,根据塘沽新港开港建设需要,新港工程局在原独立平面控制点基础上加密改造,满足了当时建港及开港航道测量的需求。1956 年 5 月,中国人民解放军总参谋部测绘局第一大地计算队将冀东徐海区大清河、灌河口地区三角点成果表及草图交付交通部海运管理总局海港测量队,为北方海区平面控制测量的发展创造了条件。同年 6—8 月,该队将位于河北省乐亭县三等三角点锥形标委托乐亭县大清河乡人民政府负责妥善保管,并签订《测量标志委托保管书》,是迄今北方海区测绘系统保存最早的平面控制成果移交接收记录。1957 年,随着天津新港建设发展,该队重新布设天津海港平面控制网,布设控制点 35 个,建造高标两座(蓟运河口 13 米、蛏头沽 15 米),并与海军平面控制网连接,以便归算至国家大地控网。此次测量精度达到了国家大地控制测量的精度要求。同年 6 月,该队使用经纬仪,利用三角观测方法,在天津新港实施平面控制测量,共设二等点 8 个、三等点 10 个、交会点 44 个。

1958 年 5 月,海港测量队划归天津航道局领导。同年,该队由姚一宁、马定盛等技术人员分别组织完成浙江温州港、辽宁营口港平面控制测量。1959 年,完成天津海河段三、四等平面控制测量。1960 年,完成浙江宁波港平面控制测量。1964—1965 年,完成广东汕头港、广西北海港和青岛港平面控制测量。1968 年 8 月至 1973 年 3 月,由马定盛、杨卓明等技术人员分别组织完成宁波和营口港水深测量所需要的海控级加密平面控制测量。1974 年 5 月至 1978 年 8 月,由郭文伟组织完成大连港(四等)三角测量、秦皇岛至北戴河(海控级)和永定新河口(四等)加密三角测量、龙口港(四等)和烟台海区(海控级)三角测量。此后,该队在沿海各港测区大都布设了 1954 年北京坐标系平面控制网。由工程师郭文伟编写的大连港、龙口港等三角测量技术设计书、技术报告等文件,作为港口航道平面控制测量的推广范本,对提高港口航道平面控制测量质量起到促进作用。

随着港口建设迅猛发展,大量平面控制点受损,不能满足海港水深测量定位需求。1992 年,在天津海监局测绘处处长周则尧倡导下,天津海测大队在全国海区测绘系统率先引进美国阿斯泰克公司(Ashtech)M-XⅡ型 GPS 测量定位系统,用于控制测量。同年 6 月,张铁军、桑金等技术人员在大连采用 GPS 接收机测设附合导线网,实测 5 个控制点,是为该队最早实施的 GPS 控制测量。9 月,采用 GPS 接收机在京唐港测设 5 个 D 级点。1993 年 10 月,该队与武汉测绘科技大学合作,在大连港区使用美国 Trimble 公司 4000 SE 型 GPS 接收机测设 46 个 D 级点,并首次引进使用 GPSADJ 网平差软件包解算控制网平差,测量成果各项精度指标满足精度要求。此项工程,是该队当时实施的规模最大、精度较高的平面控制测量项目。

1995—2000年,按照交通部安监局安排,天津海监局会同上海、广州海监局分三期组织完成中国沿海RBN-DGPS基准站精密位置及定位精度测量。该项目将20个基准站的主、副控制点与国家高精度的11个GPS A级点联网实施精确位置测定。该项目分为南北两个区实施,以国家设立的上海、武汉两个GPS连续跟踪站为分界线,采用GPS跟踪站数据进行同步环组网处理,同时计算出中国沿海地区的坐标系统转换参数,满足了沿海船舶导航定位和海洋工程施工需要。该项目荣获1998年度交通部优秀工程勘察一等奖,1999年全国第六届优秀勘察奖金奖。

2001年8月始,为解决港口控制基础薄弱、损坏严重等问题,根据《天津海事局测绘"十五"技术发展政策与项目实施计划》,按照"统一设计、分步实施"原则,天津海测大队与国家测绘局第二大地测量队合作使用GPS测量方法,于2001—2008年分四期实施北方海区GPS控制网建

图4-2-389 21世纪初,天津海测大队测量人员实施GPS平面控制测量

设项目,施测涵盖山东、河北、辽宁省及天津市海域各大中型港口及岸线附近地区GPS C、D级控制网,实现辖区高等级控制网全覆盖。为满足船舶航行、航政管理和港口建设使用需求,测量成果同时解算出2000国家大地坐标系、WGS-84(ITRF 93,历元1996.365)地心坐标系、1980西安坐标系和1954年北京坐标系等多套控制点成果,并编制坐标系统转换软件,全面系统地满足港口航道测量需求,为全国海区测绘系统保障能力提升奠定坚实基础。

2008年,该队按照年度港口航道图测绘工作计划,同时为将北方海区测绘系统初期建立的海控等级点尽快更新为国家等级控制点,对相关港区及附近陆续实施了控制点补测工作。据不完全统计,1918—2012年,北方海区测绘系统累计完成平面控制测量项目183项,保证了北方海区基础控制网持续完整适用,实现了北方海区平面控制网一体化。

1918—2012年北方海区测绘系统平面控制测量成果一览表

表4-2-84

序号	布设日期	布设地点	大地测量控制		GPS测量控制	
			等级	点数	等级	点数
1	1918年	天津港		50	—	—
2	1936年	天津港		227	—	—
3	1937—1942年	天津港		366	—	—
4	1956年	大清河	二等	5(搜集)	—	—
5			三等	8(搜集)	—	—
6	1957年	天津港	二等	8		
7			三等	10		
8			交会点	44		
9	1958年	青岛港	四等	18		

〔续表一〕

序号	布设日期	布设地点	大地测量控制		GPS 测量控制	
			等级	点数	等级	点数
10	1959 年	丹东港	一等	5(搜集)	—	—
11			二等	28(搜集)	—	—
12			三等	18	—	—
13	1960 年	营口辽河口	一等	1(搜集)	—	—
14			二等	7(搜集)	—	—
15			三等	4	—	—
16			四等	2	—	—
17	1962 年	天津港	二等	6	—	—
18			三等	8	—	—
19	1963 年	烟台港	四等	6	—	—
20	1965 年	营口港	一等	4(搜集)	—	—
21			二等	5(搜集)	—	—
22			三等	7	—	—
23			四等	12	—	—
24			交会点	20	—	—
25	1966 年	大连松木岛	一等	1(搜集)	—	—
26			二等	11(搜集)	—	—
27			三等	6	—	—
28			四等	7	—	—
29	1967 年	天津港	二等	1	—	—
30			三等	1	—	—
31			交会点	2	—	—
32	1970 年	大连港	一等	1(搜集)	—	—
33			二等	1(搜集)	—	—
34			三等	15	—	—
35			四等	5	—	—
36	1973 年	营口港	三等	13	—	—
37			交会点	20	—	—
38	1973 年	宁波港	H_1	—	—	—
39			H_2	—	—	—
40			H_3	—	—	—
41	1974 年	大连港	二等	1(搜集)	—	—
42			三等	2	—	—
43			四等	5	—	—
44			交会点	44	—	—
45	1974 年	葫芦岛	三等	1	—	—
46			交会点	11	—	—
47			导线点	4	—	—

〔续表二〕

序号	布设日期	布设地点	大地测量控制		GPS测量控制	
			等级	点数	等级	点数
48	1975年	秦皇岛	H_1	11	—	—
49			H_2	10	—	—
50			H_3	9	—	—
51			交会点	15	—	—
52	1976年	永定新河口	四等	—	—	—
53			交会点	—	—	—
54	1978年	烟台港	H_1	—	—	—
55			H_2	—	—	—
56			H_3	—	—	—
57	1978年	龙口港	H_1	—	—	—
58			H_2	—	—	—
59			H_3	—	—	—
60	1979年	天津港	H_1	11	—	—
61			二等	8(搜集)	—	—
62			三等	10	—	—
63			交会点	15	—	—
64	1980年	营口港	H_1	8	—	—
65			H_2	3	—	—
66	1980年	营口港	一等	1(搜集)	—	—
67			二等	1(搜集)	—	—
68			四等	9	—	—
69	1984年	天津港	一等	5(搜集)	—	—
70			二等	34(搜集)	—	—
71			H_1	6	—	—
72			交会点	20	—	—
73	1988年	大连港	一等	1(搜集)	—	—
74			二等	3(搜集)	—	—
75			三等	4	—	—
76			四等	3	—	—
77	1989年	锦州港	二等	6	—	—
78			三等	4	—	—
79	1990年	丹东港	二等	2	—	—
80	1992年	大连柳树屯	—	—	D级	5
81	1992年	大连大窑湾	三等	1	—	—
82			四等	1	—	—
83	1992年	京唐港	附合导线网点	5	D级	5

〔续表三〕

序号	布设日期	布设地点	大地测量控制		GPS测量控制	
			等级	点数	等级	点数
84	1993年	大连地区	一等	1(搜集)	C、D级	46
85			二等	3(搜集)	—	—
86			三等	30		
87	1993年	丹东港	二等	1	—	—
88			G_2	1	—	—
89	1994年	天津港	—	—	C\D级	12
90	1994年	京唐港	G_2(港控)	11	—	—
91	1994年	秦皇岛	四等	8	—	—
92	1994年	鲅鱼圈	一等	2(搜集)	—	—
93			二等	1(搜集)	—	—
94			四等	2		
95	1995年	秦皇岛	四等	6	—	—
96	1995年	大连鲇鱼湾	四等	6	—	—
97	1996年	秦皇岛	二等	1	—	—
98			四等	2		
99	1998年	丹东港	二等	2(搜集)	—	—
100	1998年	营口港	H_1	4	—	—
101			二等	1(搜集)		
102			四等	2		
103	1999年	天津港	二等	3(搜集)	—	—
104	1999年	京唐港	G_2	3	—	—
105			H_2	1		
106	2000年	天津港	二等	7(搜集)	C级	13
107			三等	7	D级	15
108			四等	10	—	
109	2000年	营口港	一等	1	—	—
110			二等	1		
111			四等	3		
112			H_1	1		
113	2000年	锦州港	二等	2(搜集)	—	—
114			三等	1		
115			四等	2		
116	2001年	天津—黄骅	—	—	C级	11
117	2001年	天津港	—	—	D级	11
118	2001年	黄骅港	—	—	D级	4
119	2001年	青岛港	—	—	C级	11
120			—	—	D级	16

〔续表四〕

序号	布设日期	布设地点	大地测量控制		GPS测量控制	
			等级	点数	等级	点数
121	2001年	大连港	一等	5(搜集)	B级	10
122			二等	2(搜集)	—	—
123			三等	7	—	—
124			四等	7	—	—
125	2002年	胶东半岛	—	—	C级	41
126	2002年	石岛港	—	—	D级	10
127	2002年	威海港	—	—	D级	14
128	2002年	烟台港	—	—	D级	9
129	2002年	蓬莱港	—	—	D级	10
130	2002年	龙口港	—	—	D级	8
131	2002年	莱州港	—	—	D级	3
132	2004年	日照—岚山	—	—	C级	33
133	2004年	日照港	—	—	D级	9
134	2004年	岚山港	—	—	D级	9
135	2008年	唐山—绥中	—	—	C级	35
136	2008年	唐山港	—	—	D级	12
137	2008年	秦皇岛港	—	—	D级	8
138	2008年	绥中港	—	—	D级	5
139	2008年	葫芦岛—大连	—	—	C级	47
140	2008年	锦州港	—	—	D级	7
141	2008年	盘锦港	—	—	D级	4
142	2008年	营口港	—	—	D级	11
143	2008年	大连港	—	—	D级	20
144	2008年	长兴岛港	—	—	D级	2
145	2008年	旅顺港	—	—	D级	3
146	2008年	大连—丹东	—	—	C级	24
147	2008年	皮口港	—	—	D级	4
148	2008年	丹东港	—	—	D级	5
149	2008年	庄河港	—	—	D级	4
150	2008年	潍坊—东风港	—	—	C级	18
151	2008年	东营港	—	—	D级	4
152	2008年	羊口港	—	—	D级	3
153	2008年	东风港	—	—	D级	5
154	2008年	潍坊港	—	—	D级	4
155	2009年	烟台西港	—	—	D级	5
156	2009年	龙须沟	—	—	D级	2
157	2009年	马山港	—	—	D级	2

〔续表五〕

序号	布设日期	布设地点	大地测量控制 等级	大地测量控制 点数	GPS测量控制 等级	GPS测量控制 点数
158	2009年	俚岛港	—	—	D级	3
159	2009年	瓦屋石港	—	—	D级	3
160	2009年	青石滩港	—	—	D级	2
161	2009年	蜊江港	—	—	D级	3
162	2009年	楮岛港	—	—	D级	2
163	2009年	石岛港	—	—	D级	4
164	2009年	朱口港	—	—	D级	2
165	2009年	院夼港	—	—	D级	2
166	2009年	荣喜港	—	—	D级	2
167	2009年	靖海港	—	—	D级	2
168	2009年	好当家港	—	—	D级	2
169	2009年	张家埠港	—	—	D级	2
170	2009年	长会口港	—	—	D级	2
171	2009年	前岛港	—	—	D级	2
172	2009年	南夼港	—	—	D级	1
173	2009年	乳山港	—	—	D级	2
174	2009年	冷家庄港	—	—	D级	2
175	2009年	海洋港	—	—	D级	2
176	2009年	丁字河口	—	—	D级	4
177	2009年	女岛港	—	—	D级	1
178	2009年	鳌山港	—	—	D级	3
179	2009年	薛家岛	—	—	D级	2
180	2009年	积米崖港	—	—	D级	2
181	2009年	大湾港	—	—	D级	2
182	2009年	灵山卫港	—	—	D级	2
183	2009年	董家口港	—	—	D级	2

注：H_1、H_2、H_3分别代表海控1、2、3级点。

二、高程控制测量

高程控制测量系指建立垂直方向控制网的控制测量。在测区范围内，以统一的高程基准，精确测定所设一系列地面控制点高程，为海道测量提供高程控制依据。高程控制测量是实施陆地地形测量和水上水深测量的基础，亦是实现陆海基准一体化的重要前提和保证。

高程控制测量的方法主要有几何水准测量、三角高程测量、GPS水准测量等，通常采用几何水准测量法。高程控制测量等级依次划分为一、二、三、四等和等外，各等级视需要均可作为测区首级高程控制。对于一个国家，只能根据一个验潮站所求得的平均海平面作为全国高程统一的高程起算面（高程基面）。现行国家标准《海道测量规范》规定，高程采用"1985国家高程基准"，远离大陆的岛、礁，其高程基准可采用当地平均海面。同时，明确规定，以"理论最低潮面"作为深度基准面，"深度基面一经确定且在正规水深测量中已被采用者,一般不得变动。"在北方海区测绘系统水深测量作业中,常用的高程控制基准包括大沽零点、废黄河零点、大连零点、1956年黄海高程系、"1985国家高程基准"、理论最低潮面等。

大沽零点或称之为大沽高程基准面,是清光绪二十八年(1902)英国"兰勃勒"军舰对大沽浅滩测量时确定的。清光绪二十九年(1903),测量主任史密斯向海河工程局提交的报告中,介绍作为测量基准点是大潮期(强潮)的平均低潮位,此点高程为大沽浅滩外潮标(水尺)的1英尺9英寸,或内潮标的1英尺9英寸。当潮标水位达到此水平面时,海河内水位为标石顶以下16.1英尺。此标石位于河口北炮台院内,距海河北岸高潮位线40码远之处,系海河工程局所设置。标石(花岗岩石制成)编号为HH/155,其顶高程为大沽零点以上16.1英尺。基准点测量范围是外红浮鼓(标)至海河口第一弯道。在北炮台大沽基准点标石与大沽浅滩潮标之间进行联测,标石高程确定是以101个在不同地段的水位高度联立观测为根据的。

1923年9月13日,海河工程局将北炮台大沽水准原点改设在北炮台北三信号台基座西侧(即后来新港船闸之南面),首次引测高程为16.2英尺,沿用代号为"H.H.C"或"特V"。

1940年,日占当局在大沽口开工修建天津新港,并在靠近大沽水准原点北面修建新港船闸,挖土深约10米,造成大沽水准原点下沉。因此,以后水准测量的高程一般不采用大沽原点,而以北炮台附近之A0或其他水准点作为起算高程的原点。大沽零点的作用在于确立了高程基准面,这一基准面不仅使塘沽、天津有了计算高程的同一起始面,而且这一基准面亦被华北地区乃至兰州所沿用。

确定海图深度基准面是海洋测绘、海道测量、海洋工程设计施工等各项海洋活动的基础,亦是航海保证部门编制海图的重要依据,合理的海图深度基准面既要保证船舶航行安全,又要尽量提高航道水深利用率。世界各国根据本国沿海不同的潮汐特征而采用不同的海图深度基准面。

1956年前,中国曾采用略最低低潮面、平均大潮低潮面、可能最低低潮面、特大潮低潮面等10余种海图深度基准面,后因航行保证率不足,同时为了统一中国沿海海图深度基准面,中国遂统一采用理论深度基准面作为海图深度基准面。同年,全国性统一的高程网基准点——黄海零点确立。天津市沿津浦铁路线联测德州至天津的基准点高程,得出一个差值并与国家测绘局所测高程差值比较,以两者平均值1.514米作为大沽零点同黄海零点的理论差值,自1957年启用。

1959年9月4日,国务院批准试行《中华人民共和国大地测量法式(草案)》,首次建立以青岛验潮站1950至1956年验潮资料算得的平均海面为零的高程系统,称"黄海高程系(1956年)"(简称"黄海基面"),从而结束以往高程系统繁杂局面。由于潮汐存在波长为19年的周期变化,国家测绘主管部门决定以青岛验潮站1952—1979年的潮汐观测资料重新计算黄海平均海面,称为"1985国家高程基准",该基准于1987年5月开始使用,至今未变,原"黄海高程系(1956)"同时废止。

随着潮汐理论技术发展和大量潮位数据的连续积累,国家质监局于1990年12月1日发布实施的国家标准《海道测量规范》规定,海图深度基准采用理论最低潮面。同时规定,在计算理论最低潮面时,增加2个长周期分潮进行长周期改正,即:计算理论最低潮面的分潮从11个增加到13个。

至2001年,北方海区测绘系统在丹东、大连、营口、锦州、葫芦岛、秦皇岛、京唐港、曹妃甸、天津、黄骅、东营、龙口、莱州、蓬莱、烟台、威海、石岛、青岛、日照等港口,采用几何水准测量方法和同步验潮调和分析,按照《水准测量规范》《海道测量规范》要求,陆续建立了北方海区垂直基准数据体系,为水深测量水位控制等工程项目实施奠定基础。

同年8月始,为解决港口控制基础薄弱、损坏严重等问题,根据《天津海事局测绘"十五"技术发展政策与项目实施计划》,按照"统一设计、分步实施"思路,天津海测大队在实施北方海区GPS控制网建设项目的同时,于2001—2008年分四期对现有高程控制网改造提升,同期布设三等附合水准路线和四等水准支线,对各港口及附近设有验潮站(水尺)的水准点、GPS D级点实施水准联测,并测获各港口理论最低潮位面关系。这一工作实现了北方海区高等级控制网全覆盖,改善了部分地区用于海道测量的高程基础控制网密度不够、不能满足未来海道测量事业发展的状况。

图 4-2-390　2010 年 4 月 26 日,天津海测大队测量人员使用水准仪实施高程控制测量

2009—2010 年,天津海测大队对第一期未覆盖的北方海区港口和损坏的水准点网实施补充测量,范围涵盖山东省、河北省、辽宁省及天津市沿海所有港口,完善了垂直基准各类基准面转换关系。

据不完全统计,1956—2012 年,北方海区测绘系统累计完成高程控制测量项目总计 97 项,为辖区港口建设、航政管理、航海运输提供了技术基础保障。

1956—2012 年北方海区测绘系统高程控制测量成果一览表

表 4-2-85

序　号	布 设 日 期	布 设 地 点	水准测量	
			等级	点数
1	1956 年	大清河	三等	2(搜集)
2			四等	4
3	1957 年	天津港	四等	5
4	1958 年	青岛港	四等	6
5	1959 年	丹东港	四等	6
6			等外	2
7	1960 年	营口辽河口	四等	2
8	1962 年	天津港	四等	2
9	1963 年	烟台港	四等	2
10	1965 年	营口港	四等	4
11			等外	2
12	1966 年	大连	四等	6
13	1967 年	天津港	四等	3

〔续表一〕

序 号	布 设 日 期	布 设 地 点	水 准 测 量	
			等级	点数
14	1970 年	大连港	四等	1
15	1973 年	营口港	三等	1（搜集）
16			等外	33
17	1975 年	秦皇岛	二等	9（搜集）
18			三等	3（搜集）
19	1992 年	京唐港	三等	1（搜集）
20	1993 年	丹东港	三等	1（搜集）
21			四等	1
22	1994 年	秦皇岛	四等	1
23	1995 年	大连鲇鱼湾	四等	1
24	1998 年	丹东港	四等	1
25	1999 年	天津港	四等	5
26	2000 年	天津港	四等	7
27	2000 年	营口港	等外	9
28	2001 年	大连港	一等	22（搜集）
29	2002 年	石岛港	四等	4
30	2002 年	威海港	四等	5
31	2002 年	烟台港	四等	6
32	2002 年	蓬莱港	四等	6
33	2002 年	龙口港	四等	6
34	2002 年	莱州港	四等	2
35	2002 年	丹东港	三等	1（搜集）
36			四等	1
37	2003 年	营口港	四等	1
38			等外	4
39	2004 年	日照港	三等	7（搜集）
40	2004 年	岚山港	三等	8（搜集）
41	2008 年	唐山港	四等	7
42	2008 年	曹妃甸港	二等	4（搜集）
43	2008 年	曹妃甸港	四等	2
44	2008 年	秦皇岛港	一等	1（搜集）
45	2008 年	秦皇岛港	四等	8
46	2008 年	绥中港	四等	7
47	2008 年	锦州港	四等	6
48	2008 年	盘锦港	四等	5
49	2008 年	营口港	四等	12
50	2008 年	大连港	四等	15

〔续表二〕

序 号	布设日期	布设地点	水准测量	
			等级	点数
51	2008年	长兴岛港	二等	2(搜集)
52	2008年	长兴岛港	三等	1(搜集)
53	2008年	长兴岛港	四等	2
54	2008年	旅顺港	四等	2
55	2008年	皮口港	四等	4
56	2008年	丹东港	四等	5
57	2008年	庄河港	四等	5
58	2008年	东营港	四等	5
59	2008年	羊口港	四等	5
60	2008年	东风港	三等	5
61	2008年	东风港	四等	2
62	2008年	潍坊港	四等	5
63	2009年	烟台西港	四等	7
64	2009年	龙须沟	四等	2
65	2009年	马山港	四等	2
66	2009年	俚岛港	四等	4
67	2009年	瓦屋石港	四等	2
68	2009年	青石滩港	四等	2
69	2009年	蜊江港	四等	4
70	2009年	楮岛港	四等	2
71	2009年	石岛港	四等	10
72	2009年	朱口港	四等	2
73	2009年	院夼港	四等	2
74	2009年	荣喜港	四等	2
75	2009年	靖海港	四等	3
76	2009年	好当家港	四等	3
77	2009年	张家埠港	四等	4
78	2009年	长会口港	四等	3
79	2009年	前岛港	四等	4
80	2009年	南夼港	四等	2
81	2009年	乳山港	四等	2
82	2009年	冷家庄港	四等	2
83	2009年	海洋港	四等	2
84	2009年	丁字河口	四等	4
85	2009年	女岛港	四等	2
86	2009年	鳌山港	四等	4
87	2009年	薛家岛	四等	4

〔续表三〕

序 号	布 设 日 期	布 设 地 点	水 准 测 量	
			等级	点数
88	2009 年	积米崖港	四等	2
89	2009 年	大湾港	四等	2
90	2009 年	灵山卫港	四等	4
91	2009 年	董家口港	四等	3
92	2010 年	黄岛港	四等	7
93	2010 年	上古林	四等	7
94	2010 年	大连航标处	四等	8
95	2010 年	天津港	四等	6
96	2010 年	天津港	三等	9(搜集)
97	2010 年	初旺	四等	3

三、水深测量

水深测量系指测定水底点至所在水域深度基准面的垂直距离和对应平面位置的工作，是海道测量和海底地形测量的重要内容，旨在为编制海图、建立水下地形模型和海洋地理信息系统提供数据和原图。水深测量主要包括基础控制资料准备、设备安装调试、外业数据采集和数据处理等主要环节，最终将采集的各定位点（点、线、面）瞬时水深值归算到理论深度基准面，编绘水深图，以描述水域水下地貌。

1955 年 5 月海港测量队成立时，测绘设备非常简陋，水深测量定位仅配备 1 台 T2 型经纬仪和 5 架六分仪、4 架三杆分度仪，测深设备主要依靠水砣以及测深杆。1956 年 6 月，该队首次引进日本 311A 型电子管回声测深仪，初步装备了水深测量仪器。

图 4-2-391　20 世纪 50 年代，海港测量队测量人员采用水砣实施水深测量

1957年,海港测量队奉命赴津,承担天津港(1:2500)及蓟运河口(1:1500)两幅海图测绘任务。由于天津海港沿岸地势平坦,无高大建筑作为参照目标,测量区域远离岸线,海面多薄雾天气,不能使用六分仪后方定位,仅能使用经纬仪前方交会。为克服视距远和地球曲率的影响,测量人员建造了蛏头沽(15米)和蓟运河口(13米)两座高标,测量船舶交会目标加高至24米,白天悬大旗,夜间悬1000瓦灯泡并加透镜放大,按照约定方法闪闭,以区别于其他船舶的灯光,使水深位置的精度和工期进度得到保证。为保证测深精度,使测得水深归算至理论深度基准面,在测量区域分别设立验潮站,对测量区域进行潮汐验测。另外,针对测量区域水深情况,使用不同规格的测铊:港池部分使用6.35磅"三爪铊";大沽灯船以里部分使用6磅铊;大沽灯船到锚地使用14磅铊;蓟运河口深水部分使用8磅铊等。该队此次测量成果,为出版地方海港第一册《天津港引航图集》奠定了基础。

20世纪60—70年代,天津海港测量队采用的定位仪器和量具主要有经纬仪、六分仪、三杆分度仪、钢/皮尺和断面绳,定位方法有六分仪后方交会、经纬仪前方交会法、联合交会(侧方交会)法,定位距离局限于视距可达海域。测深工具主要采用丹东回声测深仪、水铊、测深杆(偶有使用)。其间,水深测量基本实现了由人工水铊测深(点测深)向测深设备测深(线测深)过渡。

1979年,天津海港测量队引进日本PS-20R型四波束测深仪,测深实现了由线测深向面测深(扫测)的转变,提高了水深测量探测能力。1982年,该队在全国海区测绘系统率先引进美国摩托罗拉公司(Motorola)MiniRanger-Ⅲ型微波测距仪,其作用距离最远达70千米,测距误差优于2米,成为海上测量定位的主用设备。测深和定位设备的引进和开发应用,开创了水深测量新时代,使水深测量区域更加广阔。

1991年,为提高外业测量工作效率和质量,天津海测大队组成水深测量自动化研发小组,仅用一年时间,成功研发由微波定位仪和单(四)波束测深仪构成的"DOS版水深测量数据自动采集系统"(简称"系统")。该系统在1992年天津港和1994年烟台港水深测量中试用,显示出显著的技术效果,并在应用中不断完善和推广。该系统的开发和应用,改变了传统水深测量人工采集测深数据的作业模式,简化了内业数据处理繁琐计算工作,提高了测深精度和工作效率,是为北方海区测绘系统水深测量作业的重大变革。

1998年,天津海测大队启动"WINDOWS版数据采集系统"(简称"系统")研制工作,在原有系统的基础上,进行软件界面优化和人机交互功能升级,使导航信息读取更为简单、操作更加便捷。同时,该系统硬件兼容该队各种定位、测深设备,在水深测量中全面推广应用。此后,交通部海事局要求各海测大队统一使用美国HYPACK软件进行数据采集。但由于工作习惯,该队仍保留使用自主开发的水深测量数据后处理软件。

随着GPS应用技术的发展,天津海测大队在全国海区测绘系统率先引进美国Ashtech公司M-Ⅻ型单频GPS接收机,工程师桑金自主研发定位软件,在全国海区测绘系统较早开展GPS自差分水深定位。在中国沿海RBN-DGPS系统建设中,该队积极参与设备引进和研发测试,实现了中国沿海200海里范围内高精度(优于5米)实时定位。其间,相继购置美国徕卡公司(Leica)MX-300型、MX-412型、MX-9400型RBN-DGPS接收设备,以及美国Trimble公司351型、461型等RBN-DGPS接收设备,海上测量定位全面进入GPS时代,定位技术实现质的飞跃。

多年来,天津海测大队紧密跟踪水深测量技术前沿科技,持续升级引进单波束、四波束测深仪等测深设备,并于1998年首次引进美国Reson公司Seabat 8101-ER型多波束测深系统,并将多波束水深测量理念引入北方海区水深测量作业。为推进多波束测深系统规范化使用,该队编制《多波束测量技术规定(试行)》等内部技术文件。多波束测深系统的成功引进和应用,实现了由传统的单波束、四波束测深仪水深测量到宽带扫海的技术飞跃,工作效率、测深精度显著提高,实现了北方海区重要航行水域的常态化全覆盖水深测量。

图4-2-392　2003年9月25日，天津海测大队测量人员在长江三峡库区航路扫测工程中处理水深数据

伴随现代测绘技术迅猛发展，全国沿海RBN-DGPS系统建成使用，解决了困惑多年的水深测量不能全天候、远距离定位的问题；引进多波束测深系统，实现了重要通航水域从线测深向全覆盖测深转化；验潮仪的购置，解决了沿岸和近海水位控制问题，满足了港口航道图测量和北方海区航路测量技术要求；使用旁侧声呐设备对港口锚地、航行通道的扫海测量，保障了重要通航水域的通航安全。北方海区测绘系统测绘工作实现了数据采集、数据处理、水深图编绘现代化，并达到国际测绘先进水平。

至"十二五"末，据不完全统计，北方海区测绘系统绘制的港口航道图已覆盖辽宁省、河北省、山东省和天津市50余个港口，设置图幅142幅，按计划周期实施港口航道图测绘、更新和出版任务，实现了辖区海域水深测绘全覆盖，彰显了对港口航道的服务和保障能力。

四、扫海测量

扫海测量系指使用扫海设备对特定海区（水域）进行的旨在查明扫测区域内是否存在航行障碍物的一种面状探测技术（简称"扫测"）。旨在确定航行障碍物的准确位置、最浅深度，核实或消除疑存、概位、据报等碍航信息，为船舶通航安全提供保障。

根据测绘技术进步，扫海测量可分为机械式扫海具扫海、四波束测深仪扫海、侧扫声呐扫海、多波束测深系统扫测、海洋磁力仪扫海，以及浅地层剖面仪探测、信标声呐定位仪探测等。机械式扫海具扫海，分为软式和硬式扫海具扫海，可扫测海底表面具有一定高度、表面粗糙的碍航物，适用于非竣工区域自然水深，以及因海底表层悬移泥沙扰动造成的声波设备探测存在困难水域碍航物搜寻等。四波束测深仪扫海，可获得全覆盖面状水深信息，适用于港池、泊位等小范围水域碍航物扫测。侧扫声呐扫海，可全覆盖测获海底地貌和碍航物的声像，适用于海底地貌调查，以及大范围水域搜寻沉船、箱体、水工构筑件、挖泥船耙头和管线等具有一定高度或性质与海底地貌差异较大的碍航物扫测。多波束测深系统扫海，可获得全覆盖区域面状水深信息，适用于泊位、港池、航道、通道、航路等重要通航水域通航尺度核定测量。海洋磁力仪扫海，可搜寻感磁性目标物和海底矿藏、构造等，适用于搜寻淤埋的钢质沉船、锚具、铁质管线和挖泥船耙头等感磁性目标物扫测。对于淤埋较深的管线等目标物，可使用浅地层剖面仪探测。信标声呐定位仪可用于沉于水中的失事飞机"黑匣子"、侧扫声呐拖鱼以及其他水下观测装备等携带水下信标发射装置目标物的探测。

1949年中华人民共和国成立初期，台湾当局经常派遣飞机轰炸汕头港和大陆沿海航行的船舶，并在汕头港外航道投放水雷，造成多起商船触雷沉没事件，导致汕头港一度封港。1956年，海港测量队实施为期半个多月汕头港扫海测量。按照苏联《海道测量规范》中相关扫海的技术要求，采用钢索软式扫海具等设备，对水雷疑存区域反复定深扫海，完成水雷疑存区排查任务，提交1：5000和1：1万测图3幅，恢复汕头港正常运营，是为该队使用机械式扫海具首次完成扫海测量任务。20世纪60至70年代，天津海港测量队用机械式扫海具先后完成长江口、大连鲇鱼湾港、秦皇岛港锚地、鲅鱼圈港、青岛港等港口水域障碍物排查扫海任务。

1979年，天津海港测量队引进日本PS-20R型四波束测深仪，经过实践探索，在全国海区测绘系统首次应用"面测深"技术。自该设备投入扫海测量以来，在山东省、河北省、辽宁省及天津市18个港口重要航行水域，先后发现沉船、钢板桩、水泥块、码头胶皮护栏、废弃团状渔网、挖泥船耙头、金属吹泥管等碍航物，以及竣工区域大量浅于设计深度的浅点、礁石等，为确定通航尺度提供了技术依据。

20世纪90年代始，天津海测大队先后引进侧扫声呐、多波束测深系统、磁力仪、信标声呐定位仪、ROV水下机器人等专业扫测设备，逐步建立和完善应急扫海测量机制，开展多起沉船、水下障碍调查、定位，包括失事飞机"黑匣子"搜寻扫测工作，成为北方海区海上应急搜救的重要力量。信标声呐定位仪引进后，该队在2002年大连"5·7"空难搜救抢险中，精准锁定"黑匣子"，为失事飞机空难分析发挥重要作用。磁力仪引进后，该队在2004年黄河小浪底"6·22"特大沉船事故扫测中，利用磁力仪在浮泥较厚的内湖环境下，探测出淤埋沉船，填补了搜寻淤埋感磁性目标物的技术空白。侧扫声呐、多波束测深系统引进后，该队辖区内扫测任务和单项扫海工程量逐年增加。2006年，渤海超大型船舶航路扫测工程量巨大，侧扫声呐扫测面积262平方千米，多波束测深系统扫测面积445平方千米，仅用时9个月，圆满完成扫测任务，扫测作业效能较机械式扫海具、四波束测深仪有了跨越式提升。

图4-2-393　2002年5月8日，天津海测大队测量人员在大连"5·7"空难港口水域实施多波束测深系统扫测作业

至2012年,北方海区测绘系统采用传统、现代扫测技术、设备,开展港池、泊位、航道、锚地、重要通航水域扫海测量,参与多项海难事故搜救抢险工作,排除大量航行隐患,为港口和航运安全提供了技术保障,亦为海难事故处理提供了重要依据。

五、岸线地形测量

岸线地形测量系指以确定海岸线位置和性质、沿岸地形、沿岸助航目标物等要素的测量工作,旨在为编制航海图书提供地形资料。

清朝初期,为保证测绘地图精度,曾制定工部营造尺标准长度、里差、图例符号等规定。但地形测绘主要采取"田野作业,实地考察"方式,利用车、马、船等交通工具或徒步,凭借简单的定向与测量技术(司南和天象)确定位置,再将目测观察的地理信息记录下来,绘制到图上。由于各要素之间不成比例,误差较大,用图者只能按照地图描绘的路线行走,否则会迷失方向。至清末,随着测绘技术发展,测绘主管部门在测绘《清会典图》时,发布测图通知,规定了简单的图例符号和测绘地图的规格。但各省执行不一,仅有少数地图采用经纬度标注位置。

民国时期,中国尚未建立统一的测量基准,地形测量平面控制基本采用清代测量的经纬度点位作为基本控制点,高程起算点采用各省在本省设置的假定高程控制点。测量方法是三角测量和交会测量,碎部点测量采用调查与勘测相结合方式。早期平板仪测图方式以木板为测板,辅以小型罗针,照准仪采用短米达尺,高程采用空盒气压表测算。该地图测量误差较大,各市县之间地图无法拼接。

1949年中华人民共和国成立后,国家逐渐建立统一测量基准和平面、高程基本控制点,岸线地形测量主要采用平板仪方式,是大比例尺地形图传统方法之一,可以同时测定地面点的平面位置和高程。1957年10月,在实施天津港测量中,海港测量队依据军委测绘局翻译的1:1万、1:2.5万大平板仪测量规范,按照技术设计书规定,采用平板仪测量岸线;采用德国OFD NO.28077型大平板仪测量六米码头及东沽附近地形,并增测北塘镇及港区平面图,其他岸线亦测至岸上600~1000米,成一条带状岸线;测站定位采用印影法,转点采用侧方交会法,并以视距校对。每测站转点不超过三点,用方向距离测定地物,但未进行高程测量;对草滩的测定,北面在滩上插标,采用平板仪前方交会测定,南面爬滩立尺测定;海河两岸草滩使用小船立尺测定。平板仪测图法精度可靠,作业组织简单,但作业强度大,测图效率不高。

20世纪60年代,经纬仪开始应用于岸线地形测绘,局部地形及岸线仍辅以六分仪、平板仪测量。将经纬仪安置在控制点上,选一已知方向作为零方向,测定零方向至碎部点方向之间的水平角,同时采用视距测量方法,测定水平距离和高程。在经纬仪旁安置测图板,用量角器和比例尺按照极坐标法在测图板上定出碎部点位置并注记高程。1963年12月,天津海港测量队在龙口港测量中,部分自然岸线以六分仪后方交会法测定大潮高潮线痕迹,三杆分度仪记入定位点;部分房屋以六分仪后方交会法测定;山区地形以经纬仪视距法施测;内业以视距测量用表改正距离和高程,绘制等高线,等高距2米。1965年6月,该队在实施山东张家埠港测量中,采用经纬仪平板法施测码头、仓库、街道等陆地碎部地形,同时测定一定数量高程点。对于地形起伏较大地区,经纬仪可在一个测站满足尽可能多的地形特征点测量,测量人员分工协作,作业效率较高。1973年7月和1974年5—12月,该队先后采用小平板仪、经纬仪、水准仪配合作业方式,完成宁波镇海、天津新港(1:500)、天津航道局四码头地形测量。1978年7月,用同样方法完成龙口港地形测量,地形外业测量和内业处理速度明显提高。1985年5月,采用经纬仪极坐标法实施营口发电厂附近沿海岸线地形测量,获得了平面位置为图上0.5毫米,高程误差为±0.1米的测量精度。

1988年,红外测距仪、微波定位仪等测量设备开始应用于岸线地形测量,显著提高外业测量精度。同年,天津海港测量队在实施天津新港全面测量中,对天津港码头转角、人工岸线使用瑞士DM-503型、NTD-4型红外测距仪,测区北部岸线地形使用美国Motorola公司FALCON-Ⅳ型微波定位仪定位,测获地形点平面坐标及高程,并展绘于 1∶5000 图板上。随着数字测绘技术不断发展,该队在部分港口逐步应用全站仪测图方式实施岸线地形测量。其实质是极坐标法测定地形点的三维坐标,是一种先进的岸线地形测绘方法。

图 4-2-394　新老两代测量人员分别采用平板仪(左)和 GPS-RTK(右)实施地形测量

20 世纪 90 年代,GPS 定位系统测绘技术快速发展,天津海测大队适时引进新技术,并应用于岸线地形测量。1998 年 10 月,在大连港基本测量及检查测量中,该队采用瑞士徕卡公司(Leica)双频 300 型 GPS 快速静态方法测量地形,修测和新勘测变化地形岸线 20 余处。具体方法是:用两台 300 型双频 GPS 接收机实施测量,其中一台作为基准台,一台作为流动台,基准台和流动台必须具有公共历元,方可解算所采集数据;外业采集数据记录于记忆卡中,用 SKI 软件解算。2008 年 10 月,该队利用美国 Trimble 公司 4700 型测量型双频 GPS 接收机,采用 GPS 快速静态测量方法,实施日照港岚山港区水深图图幅岸线地形测量,解算软件使用美国 Trimble 公司自带的 Trimble Geomatics Office 软件,测量成果精度达到了厘米级。

随着 GPS 测量方法的不断更新进步,GPS-RTK 实时动态差分技术、星站差分定位技术、网络 RTK 快速发展。其定位技术以载波相位观测为基础,流动站接收基准站观测数据和测站信息,根据相对定位原理,实时解算出流动站三维坐标及其精度,即碎部点三维坐标,测量定位实现自动化,数据安全可靠,作业效率和测量精度显著提高。2010 年 4 月,该队采用 GPS-RTK 实时动态差分技术,实施烟台港(34162、34163)图幅的岸线地形测绘。此后,采用星站差分定位技术,实施京唐港区及附近(22111)、京唐港区港池及航道(22113)图幅岸线地形修测等测绘。

无人机遥感技术在陆地测绘中体现出"快速、便捷、高效、低成本"等特点,已在数字三维城市、大比例尺数字正射影像图(DOM)、数字线划地图(DLG)以及城市地理信息数据采集等方面得到逐步应用。2010 年,天津海测大队与西安大地测绘工程有限责任公司合作,以山东套尔河为实验区域,于 7 月 3—5 日、9 月 1 日,对 209 平方千米测区航飞 11 架次,共拍摄 14487 张航片,分辨率达到 0.3 米。而后,经过无人机航空摄影、像片控制点布设及施测、内业数据处理等步骤,完成 1∶2000 和 1∶5000 数字线划地图(DLG)、数字正射影像图(DOM)、数字高程模型(DEM)制作。其中,平面精度中误差达到 ±0.258 米,高程精度中误差达 ±0.123 米。实践表明,采用无人机技术获取的海岸地形数据准确、精度可靠,实现了港口航道图陆域地形要素快速更新,解决了港口航道图更新周期长、现势性差的难题。该项目成果获得 2012 年天津市优秀测绘工程三等奖。

至 2012 年,随着现代科学技术的快速发展,岸线地形测量技术日新月异,北方海区测绘系统测绘方法由平板仪测图,发展到经纬仪测图,再发展到全站仪、GPS-RTK、航空摄影及航天遥感、卫星遥感、激光雷达测图等,不断提高岸线地形测量效率和精度,岸线地形测量技术向着"高效、快捷、低耗、信息化"方向迈进,实现了港口航道图岸线地形现势性,为港口规划建设和航运安全提供了技术保障。

六、水文观测

水文观测系指以江、河、湖、海等水体为对象,测定和记录水文要素动态变化信息的活动。观测要素一般包括潮汐、潮流、波浪、水位、水色、水温、盐度,以及海上气温、气压、风向、风速等。北方海区测绘系统实施的水文观测系指服务于海事管理和海道测量的相关工作,主要用于实测水深的水位和声速改正,为港口建设和通航提供水文信息,并为水文站网建设、运行、维护和数据处理等提供技术支撑。

北方海区测绘系统水文观测活动源远流长。早在商朝时期,就有暴雨洪水等水文现象的记载,历朝历代亦有目的不同的水文观测活动,但直至晚清方出现具有近代意义的水文观测站。清光绪四年(1878),津海关在海河干流设立的大沽坝潮水位站,是为近代中国最早的水文观测站之一。20世纪20至30年代,海河流域水文站点建设曾出现两次发展高潮,先后设立各类水文观测站多达243个。其中,在天津地区设有18座水文站、56座水位站和30座雨量站,留存了大量水文资料。然而,这些水文观测站点大都服务于某一专用目的,功能较为单一,且隶属多头管理,始终未能形成较为完备的水文站网。后因时局动荡和连年战争,这些水文站点相继遭受破坏或停滞衰落。至1949年底,海河流域水文站存续率为31.0%,水位站存续率为36.8%,雨量站存续率为13.9%。

1949年中华人民共和国成立后,北方海区水文观测活动陆续得到恢复与发展。1955年5月海港测量队成立后,具体承担与港口航道测量相关的水文观测任务。基于当时国民经济百废待兴、港航建设白手起家等客观条件,观测潮位主要采用沿岸临时设立水尺和人工读取水位等传统方法采集水文数据,并未建立长久的水位验潮站。这种作业方式,不但劳动强度大,而且测量精度和数据积累难以保障。

20世纪70年代水文自动测报技术问世后,天津海港测量队于1984年引进使用自动水位计,由此开启自动连续测量并记录水位的历史,使水位观测精度和作业效率明显提高,劳动强度及人工成本亦明显降低。

20世纪90年代,伴随着经济社会发展和科学技术进步,港航建设事业呈现快速发展态势,港口航道测绘需求及覆盖范围不断扩大,对水位观测工作提出更高要求。然而,由于远离沿岸水域实施定点验潮的传统方法存在诸多缺陷,技术创新势在必行。1996年始,天津海测大队先后在秦皇岛、鲅鱼圈等海域港口航道图测量中,研发了基于余水位订正的潮位推算软件,使海上水位控制问题得以初步解决。

2001年7月,天津海测大队与国家海洋信息中心合作研制"基于余水位订正的海洋潮位订正软件",开创了利用天文潮加余水位法推算潮位之先河。之后,与海军大连舰艇学院合作,在成山角水域船舶定线制、长山水道大型航路扫测等重点工程中,进一步修订与完善该软件,使潮位观测精度和作业效率得到显著提高。

随着海图测绘和海事航政管理对水文信息需求的急剧增加,天津海事局适时启动"天津港验潮站网建设工程"(简称"系统"),2004年11月工程项目及系统安装调试全部竣工并通过验收。水文观测对该系统中的天津海测大队数据中心、VTS数据中转站,以及大沽灯塔、东突

图4-2-395　天津VTS水文观测数据中转站

堤、船闸东口及天津航标区码头等4座水文站站址设定和建设提供了技术支持,对实时采集和处理天津港附近海域水文数据提供了技术支撑,助推了北方海区测绘系统水文观测工作步入信息化时代。2006年,在渤海超大型船舶航路扫测前夕,该队利用现代化水文观测技术,采用CDMA或GPRS无线数据传输模式,助推"天津港验潮站网"系统升级改造,并先后在沿岸、海上石油平台、海底等验潮站设置压力式验潮仪20余部,使自动化潮位观测技术得到广泛应用,为渤海超大型船舶航路扫测潮位控制提供可靠技术保障。

2008年12月,受营口港集团委托,天津海测大队利用先进的水文观测技术建设的营口仙人岛港区海测水文站建成并交付使用,是为北方海区测绘系统建设的第一座标准化水文站。该站选用浮子式水位计,解决了压力式验潮仪自身存在的验潮零点漂移等缺点。随后,该队多方利用先进水文观测技术,全面助推北方海区水文站点布局建设。

至2012年,北方海区测绘系统水文观测对相继建成的营口仙人岛港区、辽宁盘锦港、青岛董家口港、河北曹妃甸港等4座标准化水文站,以及天津大沽灯塔、日照岚山港、庄河王家岛等9座简易水文站的站址选定、建设调试、运营维护、垂直基准联测、潮汐调和分析等提供了技术支持。随着北方海区测绘系统海测水文站网建设的不断推进和配置优化,水文气象数据逐步累积,水文观测工作在港口航道图测绘、深度基准面维护、海事监管以及港口运营等诸多领域中发挥越来越重要的基础保障作用。

七、其他测量

(一) 疏浚工程测量

疏浚工程测量系指围绕港口航道疏浚工程所实施的平面控制测量、高程和水位控制测量、疏浚区导航标志测设、地形测量和水深测量等,旨在为疏浚工程设计、施工、检验、交付等提供技术依据。

平面控制测量是在疏浚区及附近,通过测量手段建立平面控制点(网),为疏浚施工导航、水深定位和地形测量服务;高程和水位控制测量是通过几何水准和潮位观测等手段,建立施工区垂直基准关系,为施工深度控制和水深测量成图等提供技术依据;疏浚区导航标志测设是根据不同类型疏浚船舶作业方式所拟定的施工区块,通过测量手段测设陆域和水域导航标志,为疏浚船舶施工提供导航服务,特别是在GPS定位尚未应用于疏浚行业之前该项工作尤为重要,其间,天津海港测量队承担了从导航标志制作、测设、维护的全部工作;地形测量是疏浚工程测量的辅助工作,当疏浚区搜集的地形资料不能满足工程需要,而通过地形测量手段所实施的地形修测;水深测量是通过点、线、面等测量手段对疏浚区实施的测深工作,分浚前、浚中、浚后水深测量。

疏浚工程施工系水下作业,水下的地形、地貌变化全部依据水深测图决定。浚前,要依据测量成图,作为疏浚施工前一切准备工作的依据;浚中,要依据测量,使施工人员能及时掌握疏浚施工的效果;浚后,要依据测量数据绘制竣工图,作为向业主和上级提供疏浚工程量和质量验收的依据。因而,疏浚工程测量被誉为疏浚施工人员的眼睛,航道工程部门的每一项疏浚工程,每一立方米的工程量无不包含着疏浚工程测量工作者的辛勤劳作。

1958年5月海港测量队划归天津航道局管理后,其业务范围由原单一的海港测量扩展到兼管疏浚工程测量和海上地质钻探等业务。其间,为保障北方各港口及长江航道的畅通,北起鸭绿江,南到温州,东起长江口,西至武汉的各港航要冲,甚至远在内陆地区的内蒙古包头市和河南省开封市,均留下了海港测量队实施疏浚工程测量的运行轨迹。

1959年夏,华中地区大旱,长江水位降到40年以来最低点,素有中国东西大动脉之称的长江水道,在天星洲附近航道上出现一段长约3000米的淤塞浅段。枯水期未到,航道水深仅剩1.8米。如不及时疏浚,上海到武汉的水上交通将有断航危险。按照上级指令,天津海港测量队配合"浚利""快利"两艘自航耙吸式挖泥船,于枯水期前往抢险疏浚。该队测量作业人员针对该处航道较窄、水流急、流向偏横、水位低、浅滩多等险恶情况,想方设法,根据当地的水文特点和地质、地形条件,采取相应的施测方法,圆满完成测量任务,解除了天星洲枯水季节断航的危险,保证了长江水道畅通无阻。

1960年8—11月,天津海港测量队参加的秦皇岛港扩建工程是国家重点工程,配合"塘沽九号"船组、"大沽一号"船组和"建设"轮,圆满完成秦皇岛港8、9号泊位(今乙码头)、港池和航道疏浚任务,并得到秦皇岛港方高度称赞。

1962—1972年,按照上级工作安排,天津海港测量队发挥自身测绘专业特长,为军港建设提供服务。该队认真对待每一项军事工程,派出最强测绘班组、最过硬技术人员、最佳仪器设备为军事工程服务。测量作业人员以高度责任感和使命感,克服各种困难,先后转战大连、普兰店、葫芦岛、北戴河、威海、青岛、石岛、连云港、九江等港口,配合津航浚101、102、103、104、201、204、301、302、401、402等疏浚船舶,如期完成疏浚工程13项,为国家军工建设做出重要贡献。

20世纪70年代,随着国家对外交往不断扩展,外贸运输大幅度上升,港口吞吐能力严重不足,致使每天多艘到港外轮和远洋国轮在港外抛锚待泊。针对沿海主要港口严重压船、压港、压货局面,国务院总理周恩来于1973年2月作出"三年基本解决港口问题"的重要指示,全国掀起大建港热潮,天津海港测量队遂全力以赴投入建港疏浚工程测量中。按照天津航道局工作安排,该队第一项任务是秦皇岛原油码头(一期)疏浚工程测量。据不完全统计,测量作业人员以秦皇岛南山街54号(3间平房)为常驻地,连续10年先后配合6种挖(吹)泥船舶疏浚施工,分别完成油码头一期、二期,煤码头一期、二期、四期,甲码头,丙码头,丁码头,以及东航道、西航道和主航道等疏浚工程测量任务。其中,煤码头航道、油码头二期港池和航道等疏浚工程被评为交通部优质工程。

图4-2-396　20世纪70年代,天津海港测量队测量人员采用六分仪定位,
三杆分度仪记入图板实施水深测量

在长期疏浚工程测量实践中,该队队长姚一宁、副队长王征组织技术人员,结合自航耙吸式挖泥船性能和自身测量专业特点,大胆突破专业界限,主动与疏浚船方沟通,创造了"边挖边测""指挥扫浅""钉耙扫浅"等疏浚测量新技术、新工艺,大幅提高了疏浚工作质量与效率,有效减轻了疏浚和测量劳动强度,并取得可观的经济效益。

1983年4月,交通部印发施行《关于海区测绘工作的若干规定》,北方海区测绘系统主要负责辖区港口航道测绘工作,不再承担疏浚工程测量、地质钻探和土工试验等工作任务。

(二)地(底)质勘察

地质勘察工作系指根据国家经济建设、国防建设和科学技术发展需要,对一定区域内的岩石、地层构造、矿产、地下水、地貌等地质情况开展各有侧重的调查研究工作。北方海区测绘系统地质勘察主要包括海洋工程地质勘察和海底底质探测。海洋工程地质勘察是以查明海底沉积物的物理力学性质、物质组成以及水下滑坡分布为目的,为港口航道选址、疏浚提供可靠地质资料,以确保海洋工程安全实施。海底底质探测是海道测量重要组成部分,主要是探测海底表层物质组成和性质,按规定符号标绘于海图上,为船舶锚泊安全提供依据。

20世纪60年代,天津海港测量队承担海上钻探业务主要服务于港口航道设计和疏浚工程项目。受钻探技术、人员能力和设备所限,仅能采到海底软塑或可塑两类土样,其他类型的原状土样很难采集,不能全面提供土层物理和力学性质指标。其间,土工试验亦较为简单,所配设备仅有干燥箱、天平、分析筛、液限仪、液塑联合测定仪、剪力仪等;试验内容仅为物理性质试验,一般测验常规含水量、天然容重、比重、颗粒属性等,力学性试验几乎未开展。

20世纪70年代,天津海港测量队为钻探组正式配备专业技术干部,并委派技术骨干到专业勘察单位学习实践。通过几年努力,不仅掌握了各类土质钻进及取样技术,还掌握了海上钻探最为复杂的碎石层、卵石层钻进工艺。该队紧密跟踪科技发展步伐,先后购进30型和XJ100-1型钻机,开展机械回转钻进工作,并将沿用多年的玻璃钢泥样筒改为标准泥样筒,保证了原状土样质量。

海底流塑和软塑状(松软的稀泥)样本采集是海上钻探行业技术难点。1979年,天津海港测量队技术员王征组织研制"真空薄壁取土器",解决了水下软塑土质取样难题,填补了国内该类土质取样的设备空白,对提高疏浚效率发挥了重要作用。除技术、设备引进与开发外,该队注重提高钻探队伍技术素质,严格执行《港口工程地质勘察技术规范》《工程地质手册》,按照勘察行业规范严格管理,逐步缩小与国内同行的差距。至20世纪80年代,该队钻探和土工试验能力不但能够满足北方港口疏浚施工要求,而且能够承担小型基建地质勘察任务。1983年,由于机构调整,天津航道局将钻探组从该队划出,移交该局科研所管理。

随着海洋底质调查技术发展,浅地层剖面探测技术在海洋底质探测中不断得到推广应用。浅地层剖面探测是利用声波在水中和水下沉积物内传播和反射特性来探测海底浅部地层结构和构造,通过剖析断面声图类型及其特征进行海底底质分层分类,通常辅以海洋钻探取样确认底质性质。与其他探测方法相比,具有成本低、效率高等优点。1999年7月,天津海测大队使用英国GeoAcoustics公司GeoChirp型浅地层剖面仪,对青岛港283航道区段实施浅地层剖面探测,调查该区段海底底质及-25米以上地层剖面,了解该标高以上是否有基岩存在,确定该区段航道浚深可行性。该地层剖面仪采用船舷式安装,入水深度1.5米,探测船速4~5节。同年9月,该队使用该设备实施青岛跨海大桥浅地层剖面探测,为青岛港选取跨海大桥桥址及时提供准确海底底质资料。

2008年10月,天津海测大队在岚山港区(30702)图幅测量中,对图幅内水域采用采泥器实施底质探测,探测点密度为图上9×9平方厘米。2010年4月,该队在烟台港测量中,对套子湾及大宇造船厂海域实施底质探测,港池、航道探测点密度为图上3×3平方厘米,其他自然水域为图上10×10平方厘米,探测方法为海底表层取样,探测设备为表层底质取样器。探测结果显示,深水海区附近底质多为沙、泥沙、沙泥质,浅水海区附近套子湾内底质多为沙质,芝罘岛、摩罗石等石陡岸线附近多为岩质。

在海道测量底质取样中,除抓斗或锚钩式表层采样、浅地层剖面探测外,还有拖网采样、柱状采样等。其中,柱状采样须采用管式采样器采集柱状样品,并要保持样品柱状。通常有重力活塞取样管、振动活塞取样管和自动回返式取样器等。2010年8—9月，天津海测大队采用柱状取泥器及表层取泥器两种方式，探测蓬莱港内锚地与外锚地底质，并结合浅地层剖面仪所获得的0～10米深度范围内的高分辨率声学剖面图像，综合分析锚地底质分布状况。在底质取样工作中，测量船舶精确导航至取样点位置后，抛锚固定，采用水下振动式柱状取样器和该队自制深水海底取泥器进行底质取样，并将样品严格按照要求封装，标注取样点位编号，其中柱状采样点布设8个，表层采样点171个，为锚地规划、审批、公布和安全使用提供了科学依据。2011年5月，该队采用锚钩式表层底质取样器，实施京唐港规划锚地海底表层底质探测。此后，该队在相关海道测量工作中，多次使用锚钩式表层底质取样器实施海底底质取样探测。

至2012年，北方海区测绘系统从海上地质钻探、土工试验，到海图所需的海底表层底质采集，以及通航水域和锚地所需的海底底质采集，紧密跟踪测绘技术发展步伐，不断更新探测手段和工艺，较好地满足了不同用户的需求，为航海安全保障做出积极贡献。

责任编辑：崔　建
封面设计：水日方 装帧设计
　　　　　张　涛：13621250887

ISBN 978-7-114-16749-2

网上购书/www.jtbook.com.cn
定价：480.00元（上、下册）

天津市志·北海航海保障志（1840—2012）
（下册）

天津市地方志编修委员会办公室
交通运输部北海航海保障中心　编　著

人民交通出版社股份有限公司
北京

图书在版编目(CIP)数据

天津市志. 北海航海保障志：1840—2012/天津市地方志编修委员会办公室，交通运输部北海航海保障中心编著. — 北京：人民交通出版社股份有限公司，2020.11

ISBN 978-7-114-16749-2

Ⅰ. ①天… Ⅱ. ①天… ②交… Ⅲ. ①天津—地方志 ②北海—航海保障—工作概况—1840—2012 Ⅳ. ①K292.1

中国版本图书馆CIP数据核字(2020)第136276号

审图号：GS (2020) 3509 号

Tianjin Shi Zhi · Beihai Hanghai Baozhang Zhi(1840—2012)

书　　名：	天津市志·北海航海保障志(1840—2012)(下册)
著 作 者：	天津市地方志编修委员会办公室　交通运输部北海航海保障中心
责任编辑：	崔　建
责任校对：	孙国靖　龙　雪　扈　婕
责任印制：	刘高彤
出版发行：	人民交通出版社股份有限公司
地　　址：	(100011)北京市朝阳区安定门外外馆斜街3号
网　　址：	http://www.ccpcl.com.cn
销售电话：	(010)59757973
总 经 销：	人民交通出版社股份有限公司发行部
经　　销：	各地新华书店
印　　刷：	北京印匠彩色印刷有限公司
开　　本：	889×1194　1/16
印　　张：	78
字　　数：	2251 千
版　　次：	2020年11月　第1版
印　　次：	2020年11月　第1次印刷
书　　号：	ISBN 978-7-114-16749-2
定　　价：	480.00元(上、下册)

(有印刷、装订质量问题的图书由本公司负责调换)

序

　　修志是中国独有的民族文化传统，它传承守护着中华文明生生不息的薪火根脉，忠实记载着历代先民兴衰成败的经验教训，为后世鉴古察今、继往开来提供了深邃启示，对坚定文化自信，提升国家软实力作用巨大，必须给予高度重视并发扬光大。

　　航海保障事业源远流长。纵观中国航海发展史，从远古先民泛舟弄潮，到当今世人跨洋过海，航海保障工作始终是人类一切涉海活动的基本要素和先决条件，相生相伴、相辅相成，在人类历史长河中开创了无数可歌可泣的丰功伟绩。

　　交通运输部北海航海保障中心历经5年多的辛勤劳作、笔耕不辍，终于完成了这部断限纵贯170余载，地域横跨四省一市，篇幅长达120万字的鸿篇巨著，成为我国第一部将航标、测绘、通信三大专业融为一体的地方专业志，具有重大的现实意义和深远的历史意义，凝结着当代"航保人"的智慧和心血，来之不易、可喜可贺。

　　该志书坚持辩证唯物主义和历史唯物主义的立场观点，生动描绘了北海航海保障事业由弱变强、跌宕起伏、曲折发展的历史进程，客观反映了近现代航海保障技术从引进应用到消化吸收再到自主创新的发展成就，充分体现了中华民族自强不息、兼收并蓄、融合发展的文化品格，全面展示了历代北海航海保障工作者"燃烧自己、照亮航程"的精神境界，并深刻阐释了航海保障事业的社会定位、功能作用、发展动力等问题。

　　欲通大道，必先知史。交通强国建设进入新时代，我们要以习近平新时代中国特色社会主义思想为指导，增强"四个意识"，坚定"四个自信"，坚决做到"两个维护"，不忘初心、牢记使命，在全面实现航海保障现代化建设征程中锐意进取、拼搏奉献，为加快建设交通强国，早日实现中华民族伟大复兴的中国梦做出新的更大的贡献！

第十六届国际航标协会理事会主席
交通运输部原安全总监
中国航海学会第六、第七届理事会常务副理事长

2020年3月31日

天津市地方志编修委员会组成人员

主　　任：张国清
副 主 任：李　毅　　王小宁　　高玉葆　　孟庆松
委　　员：阎　峰　　杨绍启　　刘炳刚　　王赤涛　　胡学明　　刘小芃
　　　　　刘春雷　　唐瑞生　　舒令嘉　　王永立　　刘东水　　徐广宇
　　　　　薛景山　　谷云彪　　董玉文　　陈玉东　　刘丽红　　刘基智
　　　　　王增光　　陈　晖　　周国忠　　陆文龙　　张　巍　　郝学华
　　　　　刘道刚　　张文波　　陈吉顺　　刘志勇　　游庆波　　王　浩
　　　　　程建国　　杨荣山　　孙建国　　陈卫明　　石玉颖　　东敬义
　　　　　王　洪　　褚丽萍　　王建存　　黎　红　　李建华　　鲍培兰
　　　　　孙宏波　　李梦林　　张连祥　　李志刚　　钟会兵　　蔡志萍
　　　　　王悦群　　严木生　　谭绪良　　郭彦徽　　林　引　　王　珂
　　　　　戴　蕴　　张再生　　方　昀　　关树锋

《天津市志·北海航海保障志(1840—2012)》编审人员

总 编 审：关树锋

执行总编审：张月光　白文平

分志主编审：韦　恬

分志编辑：陈　颖　沙　洵　王中玮　张　轶　郭天天

评审人员（以姓氏笔画为序）：

　　王　智　王中玮　王英志　王金付　韦　恬　邢蕴莹
　　刘功臣　关树锋　杨有良　张月光　陈洪云　罗澍伟
　　周懿宗　赵继华　郭　莘　郭文伟　谭汝为

《天津市志·北海航海保障志(1840—2012)》编纂委员会

主　　任：聂乾震　柴进柱　陈　朝
副 主 任：解启杰　李树兵　邓祝森
顾　　问：刘功臣　王金付　曹德胜　郭　莘　徐津津　郑和平
　　　　　刘福生　李世新　杨新宅　王泽龙　曾　晖　徐俊池
　　　　　梁　宇　李国祥　孔繁弘　李欣元　程俊康　张铁军
　　　　　韩　伟　徐斌胜　马定盛　王英志　姚一宁　周则尧
　　　　　辛艺强　程裕大　孙洪志　刘子忠　贾光胜　马亚平
　　　　　朱树章　陈英俊　马建设　马伯常
委　　员：张　峰　王如政　刘树林　李惠斌　郎荣威　刘铁君
　　　　　黄永军　于树海　刘纪刚　秦呈利　田少华　车荣合
　　　　　王远东　刘承旭　黄凤飞　郜　喆　吕晓阳　杨　力
　　　　　苗　猛　沈志江　孙小鹏　李建涛　王正和　杨庆勇
　　　　　王国政　徐　健　田为民　赵凤龙　梅传东　丁克茂
　　　　　董　江　邢伯谦　吕忠琨　王玉林　高汉增
秘 书 长：高汉增
副秘书长：张　峰　高　崝
秘　　书：吴功栋　李钊金　蔡盛奇　张秀红

《天津市志·北海航海保障志(1840—2012)》编写组

总　　编：聂乾震　陈　朝
执行总编：柴进柱
主　　编：赵亚兴
副 主 编：王玉林　高汉增　高　崝　王文建
总　　纂：赵亚兴　高　崝　王文建　王明亭　王洪顺　李鲜枫
　　　　　王　汶　张俊民　邓洪贵　李宝森　钱晓东　李钊金
　　　　　蔡盛奇
分　　纂：第一章　高　崝　李钊金　朱永琳
　　　　　第二章　高汉增　王翠婷
　　　　　第三章　李鲜枫　王　汶　张俊民　邓洪贵
　　　　　第四章　桑　金　冯立新❶　郑行昭　李宝森　董希贵
　　　　　　　　　陈星宇
　　　　　第五章　齐炳江　钱晓东　李建英
　　　　　第六章　王明亭　云泽雨　张寿平　王顺磊
　　　　　第七章　王玉林　兰文君
　　　　　第八章　朱勇强　马　敏
　　　　　第九章　王文建　王建国　蔡盛奇
　　　　　第十章　王文建　刘福来　蔡盛奇
图　　照：王洪顺　蔡盛奇　石金榜　史金陵　李晓飞　安海伦
　　　　　冯立新❷　姜　鹏

---

❶　单位为天津海事测绘中心。
❷　单位为烟台航标处。

《天津市志·北海航海保障志(1840—2012)》参编人员

(以姓氏笔画为序,234人)

丁 坚	于 臻	于明东	于桂菊	于海燕	卫国兵	马 敏
马 睿	马 融	马宝联	王 丹	王 冬	王 汶	王 佳
王 烁	王 强	王木香	王文建	王玉林	王世红	王永利
王亚龙	王成成	王守国	王纪浩	王闰成	王明亭	王金涛
王建国	王树茂	王顺磊	王艳君	王振江	王晓艳	王晓磊❶
王凌燕	王培伟	王鲁宁	王翠婷	云泽雨	毛建峰	尹 凡
孔 玫	邓洪贵	石末一	石金榜	石洪英	卢道琦	叶 青
史金陵	付兴武	付凯林	白亭颖	白耀正	冯立新❷	冯立新❸
冯志刚	冯春龙	兰文君	边志刚	邢伟坡	邢攸姿	巩海方
毕见壮	曲 胜	曲 萌	吕 青	吕英龙	吕晓阳	吕瑛炯
吕聪俐	朱 伟	朱云龙	朱永琳	朱勇强	朱景鹏	任 超❶
任晓东	邬凌智	刘 军	刘 欢❹	刘 欢❺	刘 杰	刘 雷
刘万军	刘子忠	刘世江	刘世亮	刘东全	刘现志	刘宝安
刘承旭	刘铁君	刘雪峰	刘福来	齐炳江	闫 磊	关 灿
安 彤	安 玮	安海伦	许 艳	孙 洋	孙小鹏	孙太恂

❶ 单位为天津通信中心。
❷ 单位为天津海事测绘中心。
❸ 单位为烟台航标处。
❹ 单位为营口航标处。
❺ 单位为青岛航标处。

孙文远	孙立华	孙会伟	孙俊来	牟明磊	李 冬	李 波
李 楠	李 巍	李双来	李克奇	李钊金	李明珠	李秉泉
李学贵	李宝森	李建英	李晓飞	李鲜枫	李慧敏	杨 力
杨 龙	杨 荻	杨建英	杨绍海	时振华	肖 超	肖 璇
肖鸿飞	吴 玲	吴功栋	吴建永	何 耀	邹 帆	汪连贺
沈 沛	沈志江	张 红	张 岳	张 峰	张天丰	张红园
张寿平	张志侠	张秀红	张临强	张俊民	张恒泉	张继军
张淑静	张晶华	张墨起	张德祥	陈 红	陈 蓉	陈英俊
陈祎荻	陈星宇	奉定平	季克淮	周 菲	周晓慧	郑行昭
郑建华	孟 琦	孟 鹏	孟淑媛	赵凤龙	赵晓楠	赵梓辰
郜 喆	侯 嘉	侯安健	哈恒鑫	姜 楠	姜 鹏	姜琳琳
娄 鑫	敖自栋	袁 兴	袁 宇	袁 青	袁 萍	袁立武
夏启兵	钱晓东	倪永强	高 波	高 栋	高 崝	高 赫
高汉增	高存利	高建丰	高景才	郭 宇	郭 强	郭小飞
席 萍	桑 金	黄 鹏	黄凤飞	黄东武	黄永军	黄朝晖
曹 阳	曹雪晖	崔玉亮	崔志伟	崔雅静	梁 佳	梁 亮
葛舒辉	董 江	董 辉	董吉友	董希贵	韩晓阳	谢志茹
谢海东	赖红兰	窦 芃	窦润青	綦 麟	蔡盛奇	缪锦根
潘玉全	颜承志	霍虎伟				

凡 例

一、本志以马克思列宁主义、毛泽东思想、邓小平理论、"三个代表"重要思想、科学发展观、习近平新时代中国特色社会主义思想为指导，坚持辩证唯物主义和历史唯物主义的立场、观点和方法，存真求实，言必有据，全面客观地记述北海航海保障事业发展的历史与现状。

二、本志上限迄于1840年，下限止于2012年底。为体现事物发展的连续性和完整性，酌情将部分章节内容向前追溯至事物发端或向后延伸至2015年。个别篇目因史料局限而以现代为主。

三、本志记述地域范围以北海航海保障系统业务管理区域为界，覆盖辽宁、河北、天津、山东、黑龙江四省一市管辖的海(水)域。

四、本志为专业志。按照"详近略远、详主略次、详独略同、详己略他"原则，主要记述航标维护管理、港口航道测绘、水运安全通信等业务历史发展变化情况，体现专业特色、地域特点和时代特征。

五、本志正文结构采用章节体。按照"以类系事、事以类从"原则，划分章、节、目、子目等层次。类目划分参照全国海区航海保障系统业务分类标准，兼顾现行部门管理体制。

六、本志综合运用述、记、志、传、图、表、录等体裁，以志为主，述而不论，寓观点于记叙之中。大事记以编年体为主，辅以纪事本末体。

七、本志的历史纪年方法，辛亥革命前，采用中国朝代年号并加注相对应的公元纪年(大事记、统计表除外)；辛亥革命后，一律使用公元纪年。

八、本志记述的组织机构、社会团体、职衔官称和术语名词等，均按历史称谓书写。相关国际组织和旧海关机构以及外国人名、引进设备等，采用国内通用译名，并随文加注外文名称，以章为单元，首次出现时用全称，后文重复出现时使用规范简称或外文缩写。

九、本志所谓"北方海区航标、测绘、通信管理系统"，系指在不同历史时期发挥主导作用的海关、海军、港口、航道、海监、海事等管理机构。

十、本志使用规范的现代语体文，文字力求朴实、严谨、简洁、流畅。数字、标点符号遵循国家标准化管理委员会颁行的相关规定执行。计量单位采用国家现行法定计量单位名称与符号，引文中的旧计量单位据实直录。

十一、本志坚持生不立传原则。人物简介、人物名表等入志人物,按照天津市地方志编修委员会办公室相关规定标准遴选,以曾经供职于北海航海保障系统的离退休人员为主。在职人员及其他人物采用以事系人笔法载入志书。

十二、本志图表序号按照"章-节-全书流水号"三级模式统一编排。随文图照以具有佐证或补充记述内容作用的照片为主。表体中"空白格"表示相关史料缺失(应有未有)或难以统计,符号"—"表示没有发生。

十三、本志史料采自公开出版的图书典籍和相关机构原始档案,援引史料均经考证,不再注明出处。各类统计数字以相关行业主管机关或业务部门提供的数据为准。

目 录

上 册

综述 ·· 1
大事记 ·· 10

第一章　机构沿革 ································ 53
　第一节　主管机关 ···························· 54
　　一、航测主管机关 ························ 54
　　二、通信主管机关 ························ 70
　第二节　基层单位 ···························· 80
　　一、大连航标管理机构 ················ 80
　　二、营口航标管理机构 ················ 90
　　三、秦皇岛航标管理机构 ············ 99
　　四、天津航标管理机构 ·············· 107
　　五、烟台航标管理机构 ·············· 118
　　六、青岛航标管理机构 ·············· 130
　　七、天津海事测绘中心 ·············· 140
　　八、天津通信中心 ······················ 148
　　九、天津航测科技中心 ·············· 156
第二章　法规标准 ································ 162
　第一节　法律法规 ·························· 163
　　一、航标法律法规 ······················ 163
　　二、测绘法律法规 ······················ 167
　　三、通信法律法规 ······················ 170
　第二节　部门规章 ·························· 172
　　一、航标部门规章 ······················ 172
　　二、测绘部门规章 ······················ 176
　　三、通信部门规章 ······················ 178
　第三节　技术标准 ·························· 183
　　一、航标技术标准 ······················ 183
　　二、测绘技术标准 ······················ 192
　　三、通信技术标准 ······················ 201
　第四节　规范性文件 ······················ 203

　　一、航标规范性文件 ·················· 203
　　二、测绘规范性文件 ·················· 214
　　三、通信规范性文件 ·················· 226
　第五节　法规汇编 ·························· 232
　　一、《航标法规标准汇编(1997)》 ·· 232
　　二、《海洋测绘法规标准汇编(1999)》 ·· 233
　　三、《航测法规标准汇编(2012)》 ·· 235
第三章　航标业务 ································ 237
　第一节　航标管理 ·························· 238
　　一、航标交接 ······························ 238
　　二、航标制式 ······························ 241
　　三、质量管理 ······························ 249
　　四、设置审批 ······························ 256
　　五、动态通报 ······························ 260
　　六、应急管理 ······························ 265
　　七、行业管理 ······························ 282
　　八、通信网络 ······························ 285
　　九、规划管理 ······························ 286
　第二节　视觉航标 ·························· 293
　　一、自然航标 ······························ 293
　　二、古代航标 ······························ 303
　　三、灯塔 ······································ 308
　　四、灯桩、立标与导标 ·············· 338
　　五、灯船与兰比 ·························· 349
　　六、浮标与灯浮标 ······················ 358
　　七、活节式灯桩与冰标 ·············· 360

1

八、信号台 …………………… 365
第三节　音响航标 …………………… 372
　　一、成山头雾警信号 …………… 372
　　二、老铁山雾警信号 …………… 373
　　三、崆峒岛雾警信号 …………… 374
　　四、镆铘岛雾警信号 …………… 374
　　五、猴矶岛雾警信号 …………… 375
　　六、团岛雾警信号 ……………… 375
　　七、朝连岛雾警信号 …………… 376
　　八、大三山岛雾警信号 ………… 377
　　九、黄白嘴雾警信号 …………… 378
　　十、金山嘴雾警信号 …………… 378
　　十一、八斗银子雾警信号 ……… 379
第四节　无线电航标 …………………… 380
　　一、无线电指向标系统 ………… 380
　　二、中程无线电导航系统 ……… 392
　　三、雷达信标 …………………… 397
　　四、无线电指向标—差分全球定位
　　　　系统 ………………………… 402
　　五、岸基自动识别系统 ………… 406
第五节　灯器、能源与系碇设备 …… 412
　　一、航标灯器 …………………… 412
　　二、航标能源 …………………… 437
　　三、系碇设备 …………………… 441
第六节　航标作业 …………………… 446
　　一、视觉航标作业 ……………… 447
　　二、音响航标作业 ……………… 458
　　三、无线电航标作业 …………… 459
　　四、附属设施维护作业 ………… 464
第七节　重要航道航标 ……………… 466
　　一、天津港大沽沙航道航标 …… 466
　　二、青岛港大港航道航标 ……… 468
　　三、烟台港龙口港区主航道航标
　　　　………………………………… 469
　　四、大连港甘井子航道航标 …… 470
　　五、天津港主航道航标 ………… 472
　　六、营口港鲅鱼圈港区主航道航标
　　　　………………………………… 474
　　七、唐山港京唐港区主航道航标
　　　　………………………………… 475

　　八、日照港东西港区航道航标 … 476
　　九、秦皇岛港十万吨级航道航标
　　　　………………………………… 477
　　十、黄骅港煤炭港区航道航标 … 478
第八节　重点工程 …………………… 479
　　一、山东半岛灯塔灯桩建设改造工程
　　　　………………………………… 480
　　二、无线电指向标控制机更新改造
　　　　………………………………… 481
　　三、无线电导航台发射机更新改造
　　　　………………………………… 482
　　四、无线电指向标—差分全球定位
　　　　系统建设 …………………… 484
　　五、灯塔灯桩标准化建设工程 … 487
　　六、大连港航标综合改造工程 … 488
　　七、黄骅港导助航设施改造工程
　　　　………………………………… 489
　　八、青岛港航标综合配布改造工程
　　　　………………………………… 491
　　九、天津港主航道航标配布工程
　　　　………………………………… 492
第九节　开港设标 …………………… 493
　　一、绥中36-1港开港设标 ……… 494
　　二、黄骅港开港设标 …………… 495
　　三、庄河港开港设标 …………… 496
　　四、曹妃甸港区开港设标 ……… 497
　　五、长兴岛港区开港设标 ……… 498
　　六、烟台港西港区开港设标 …… 499
　　七、董家口港区开港设标 ……… 500
　　八、岚山港区深水航道开港设标
　　　　………………………………… 501
第十节　陆岛运输航标工程 ………… 502
　　一、蓬长水域航标综合配布 …… 503
　　二、长海水域航标综合配布 …… 505
　　三、灵山水域航标综合配布 …… 506
　　四、菊花岛航线航标综合配布 … 507
　　五、即墨水域航标综合配布 …… 508
第十一节　专项活动 ………………… 509
　　一、航标"四大"活动 …………… 510
　　二、设备"管修养用"活动 ……… 513

三、航标效能检查评估活动 …… 516
四、航标"巩固提高年"活动 …… 518

第四章　测绘业务 …… 520
　第一节　测绘管理 …… 521
　　一、质量管理 …… 521
　　二、测绘资质 …… 527
　　三、计划管理 …… 528
　　四、应急管理 …… 531
　　五、设备管理 …… 550

六、规划管理 …… 552
第二节　港口航道测量 …… 556
　一、平面控制测量 …… 556
　二、高程控制测量 …… 563
　三、水深测量 …… 568
　四、扫海测量 …… 570
　五、岸线地形测量 …… 572
　六、水文观测 …… 574
　七、其他测量 …… 575

下　册

　第三节　航海图书资料编绘与发行
　　…… 579
　　一、纸海图 …… 579
　　二、电子海图 …… 582
　　三、专题图(集) …… 584
　　四、改正通告 …… 587
　　五、其他航海图书 …… 588
　　六、海图发行 …… 592
　第四节　测绘设备 …… 593
　　一、定位设备 …… 593
　　二、测深设备 …… 603
　　三、探测设备 …… 609
　　四、水文观测设备 …… 616
　　五、绘图设备 …… 620
　　六、通信设备 …… 628
　第五节　开港测量 …… 630
　　一、天津新港开港测量 …… 633
　　二、鲇鱼湾(大连新港)港区
　　　开港测量 …… 633
　　三、青岛港黄岛港区开港测量
　　　…… 634
　　四、石臼港开港测量 …… 634
　　五、营口鲅鱼圈港区开港测量
　　　…… 635
　　六、锦州港开港测量 …… 636
　　七、京唐港开港测量 …… 636
　　八、东营港开港测量 …… 637
　　九、黄骅港开港测量 …… 638
　　十、烟台港西港区开港测量 …… 639

第六节　重点工程 …… 639
　一、长江口水域全面测量 …… 642
　二、国际邮轮通航扫测 …… 643
　三、无线电指向标—差分全球定位
　　　系统基准台站位置精确测定
　　　…… 643
　四、青岛跨海大桥建设前期扫测
　　　…… 645
　五、北方海区全球定位系统控制网
　　　建设 …… 646
　六、长江三峡库区航路扫测 …… 648
　七、黄河小浪底库区测量 …… 649
　八、渤海超大型船舶航路扫测
　　　…… 651
　九、青岛奥帆赛水域扫测 …… 653
　十、老铁山水道船舶定线制测量
　　　…… 654
　十一、辽东湾推荐航路探测 …… 655
　十二、成山角水域船舶定线制扫测
　　　…… 656

第五章　通信业务 …… 659
　第一节　通信管理 …… 660
　　一、质量管理 …… 660
　　二、遇险通信管理 …… 665
　　三、应急管理 …… 667
　　四、无线电管理 …… 668
　　五、设备管理 …… 672
　　六、规划管理 …… 676
　第二节　遇险通信 …… 678

一、遇险通信频率 …… 678
二、遇险通信处置 …… 679
第三节　紧急与安全通信 …… 682
一、航行警告 …… 684
二、气象信息 …… 688
三、冰况报告 …… 689
四、医疗电报 …… 690
五、临时无线电示标 …… 691
第四节　公众通信 …… 691
一、莫尔斯无线电报 …… 691
二、窄带直接印字电报 …… 695
三、单边带无线电话 …… 696
四、甚高频无线电话 …… 699
第五节　通信设备 …… 701
一、收信设备 …… 701
二、发信设备 …… 705
三、中控设备 …… 709
四、天线设施 …… 713
五、传输设备 …… 718
第六节　重点工程 …… 722
一、天津海岸电台建设 …… 723
二、天津海岸电台迁建 …… 724
三、天津海岸电台改建 …… 725
四、全球海上遇险与安全系统建设 …… 726
五、发信台天线迁建 …… 727
六、甚高频安全通信系统建设 …… 728

第六章　基础设施与船舶 …… 730
第一节　管理机制 …… 730
一、规划管理 …… 730
二、基本建设管理 …… 734
三、航测专项管理 …… 737
四、船舶管理 …… 738
第二节　基础设施建设 …… 747
一、码头建设 …… 747
二、基地建设 …… 756
三、海测水文站建设 …… 767
四、办公业务用房建设 …… 774
五、基层台站业务用房建设 …… 790

第三节　船舶建造 …… 804
一、大型航标船建造 …… 806
二、中型航标船建造 …… 815
三、小型航标船建造 …… 818
四、新型航标船建造 …… 826
五、中小型测量船建造 …… 831

第七章　科技与信息化工作 …… 836
第一节　科技管理 …… 837
一、管理机制 …… 837
二、项目管理 …… 839
三、科技成果 …… 842
四、科技大会 …… 870
第二节　引进与创新 …… 874
一、设备引进 …… 874
二、航标技术创新 …… 883
三、测绘技术创新 …… 892
四、通信技术创新 …… 899
第三节　信息化建设 …… 902
一、运行机制 …… 902
二、航标信息系统 …… 905
三、测绘信息系统 …… 909
四、通信信息系统 …… 913
五、海事科技信息资源共享平台 …… 916

第八章　合作与交流 …… 918
第一节　国际合作 …… 919
一、参与国际组织活动 …… 919
二、国际规则 …… 935
三、国际履约与接轨 …… 951
四、国际合作项目 …… 958
第二节　国际交流 …… 966
一、国际互访 …… 966
二、国际学术交流 …… 975
第三节　国内交流 …… 982
一、国内学术交流 …… 982
二、会展活动 …… 988
三、刊物编译 …… 994
四、日常事务 …… 996

第九章　综合管理 …… 1004
第一节　政务工作 …… 1005

一、工作规则 …… 1005	一、档案管理 …… 1073
二、建章立制 …… 1009	二、档案设施 …… 1077
三、目标管理 …… 1014	三、档案利用 …… 1077
四、质量管理体系 …… 1018	第六节　行业标识 …… 1079
第二节　人事工作 …… 1022	一、航标标识与制式服装 …… 1079
一、人事管理 …… 1022	二、安监标识与制式服装 …… 1080
二、管理人员 …… 1028	三、海事标识与制式服装 …… 1080
三、技术人员 …… 1030	第十章　精神文明 …… 1084
四、工勤人员 …… 1031	第一节　文明建设 …… 1084
五、教育管理 …… 1032	一、文明创建 …… 1084
六、劳动工资 …… 1044	二、社会宣传 …… 1090
第三节　财务工作 …… 1045	三、内部刊物 …… 1095
一、船舶吨税 …… 1045	第二节　文化建设 …… 1098
二、财务管理 …… 1049	一、品牌创建 …… 1098
三、固定资产管理 …… 1060	二、文化丛书 …… 1108
四、通信规费管理 …… 1062	三、影像作品 …… 1116
第四节　安全工作 …… 1064	四、航标展馆 …… 1122
一、安全管理 …… 1064	五、文体活动 …… 1129
二、安全活动 …… 1070	第三节　人物 …… 1134
三、劳动保护 …… 1073	一、人物简介 …… 1134
第五节　档案工作 …… 1073	二、人物名录 …… 1144

附录 …… 1152

参考文献 …… 1179

英文缩写对照表 …… 1182

编后记 …… 1185

第三节 航海图书资料编绘与发行

一、纸海图

海图是以描绘海洋要素为主的地图。早期的海图被刻在泥板、石板上或描绘在绢帛、兽皮等介质载体上,随着纸张的问世和广泛应用,海图主要描绘在纸张上,逐步发展为现在的纸海图。纸海图的要素主要包括数学、地理、人文要素和辅助要素,为船舶安全航行提供基础地理信息。

中国是一个濒海大国,亦是航运古国。早在宋元时期,便有关于海运图的记载。明代"郑和七下西洋",对所航行的海洋沿岸、航道等做了记述,绘制《郑和航海图》并流传至今,成为古代中国海道测绘技术的巅峰之作。后因明清王朝转而采取闭关锁国政策,海道测绘技术日渐衰微,渐渐落后于西方国家。鸦片战争后,因晚清政府腐败无能,加之海权意识淡薄,中国沿海海道测绘事务被西方列强掌控。此间,尽管中国海关总税务司署曾陆续测绘出版39幅海图,但所有成果均为外国人占有,真正由国人测绘的海图近乎空白。

民国时期,北洋政府虽设有海军海道测量局,但因连年战乱,编绘出版的海图寥寥无几。直至1949年中华人民共和国成立前,全国仅编绘出版80余幅海图,大部分海图是根据英国人窥测资料编制的,成果基本为外国人占有。

1949年4月,中国人民解放军华东军区海军在苏北白马庙成立,并于5月26日接管国民党海军海道测量局,成立华东军区海军海道测量局,设测量、制图、潮汐、海事等部门,担负着全国海洋测量和航海图书制作使命。1951年,华东军区海军海道测量局在旧版海图基础上加工改绘,编制中华人民共和国第一代海图,用于国防和航运急需。其比例尺系列为1∶100万、1∶50万、1∶25万、1∶10万四种,港湾及锚地海图比例尺为1∶25万、1∶1万或更大。航海图采用墨卡托投影,其他图采用高斯投影。1954年始,采用新测资料编制江河图集,底图多用腊布绘制。不久,逐步改用透明纸(硫酸纸)替代腊布晒印蓝晒图。

1955年5月,交通部海运管理总局海港测量队成立,测绘业务骨干主要由海军转业人员组成。同年12月,该队依照国家测绘规范和海道测量作业细则,并按照正式海图格式,向港航等单位提供首幅《广州港及附近》1∶5000和1∶2.5万蓝晒图共10幅。测区范围,上自广州西郊荔枝湾,下至珠江口外伶仃,测区跨度达150千米。图上要素均用手工绘制。由于提供的资料具有"出图周期快、港口要素全、现势性强"等特点,同时测图比例尺兼顾港口和航运部门需要,深受用户认可和欢迎。

20世纪50年代,海港测量队均用手工方法绘制港口航道图。制作一幅蓝晒图,从裱糊图板开始,绘图员将硫酸纸(后改为聚酯薄膜)覆盖在外业工作图板上进行转绘,经制图整饰后成图。在手工绘图阶段使用的绘图工具主要有写字仪、绘图模板、小钢笔、单双曲线笔、缩放仪、复式比例尺等。1956年,为开辟一条进出汕头港安全通道,该队首次完成水雷疑存区排查扫测任务,同时绘制《汕头港》1∶5000和1∶1万海图3幅。这3幅海图,由于图幅整饰标准,图面设计合理,成果资料完整,送交海军司令部海道测量局审查后,当即被选定为全国第一幅港口四色印刷海图,并正式出版发行。

1960年,天津海港测量队用国产飞鱼和JSY-20型手摇计算机,计算坐标图廓点和坐标格网,开始使用数

图4-3-397 20世纪60年代,海港测量队绘图人员以写字仪书写器和模板手工制图

字写字仪书写水深数字,使用曲线笔绘制等高线和岸线。1962年11月,该队采用新测资料,编绘由天津新港锚地至天津解放桥《天津港引航图集》,于1963年3月通过天津港务管理局验收鉴定,同年8月由海军司令部航海保证部印刷出版。此为中华人民共和国成立后手工编绘出版的第一册港口引航图集,深受引水员和船长欢迎。随后,该队陆续编制和出版中国海区新海图。新海图采用统一的1954年北京坐标系和1956年黄海平均海面及理论深度基准面,使海图与地形图数学基础取得一致。在投影方面,海图多采用高斯-克吕格投影和平面图,少数采用墨卡托投影。

20世纪70年代,天津海港测量队海图制图进入发展阶段。1970年,开始采用聚酯薄膜作为外业图板和报告图板。为解决当时只有光面薄膜不能着墨的问题,绘图人员到北京地质队用研磨机一张一张地研磨成糙面,以满足外业图板和内业报告图板的需要。不仅编绘大量供国内港航部门使用的海图和各种专用图集,而且编制出版供船舶使用的港池、航道、锚地海图,得到港航部门和用户好评。20世纪70年代后期,逐步淘汰传统纸墨绘图,普及自行试制的聚酯薄膜绘图,海图制图质量得到明显提高。

20世纪80年代初,天津海港测量队海图制图进入新的发展阶段。1983年,经过院校培训的大中专毕业生相继充实到制图队,并在海图编绘方面取得明显进展。手工绘图中的数学基础——计算高斯-克吕格投影正反算、墨卡托图和平面图的计算工作,由用计算器并查表计算,发展到采用PC-1500型袖珍计算机计算,明显提高制图编绘计算速度。同时,在海图编绘新技术推广等方面亦有较大提高,率先购置国内生产的植字机替代手工书写汉字,使图上字体更加美观标准;购置用于各种编绘资料展绘海图数学基础坐标的坐标展点仪,用于海图编绘缩放的大型静电复照仪,用于出版海图的高速晒图仪等,绘图工具和技术得到明显改进。其间,涌现出一批优秀的手工绘图人才,使该队在全国海区测绘系统中处于领先地位。按照交通部基建局指示,为广州航道局培养4名制图技术骨干,上海航道局亦派员专程来津学习。

1984年,按照交通部《关于海区测绘工作的若干规定》要求,天津海港测量队以北方各主要港口港池、航道及锚地的测量服务为中心,深入各港航单位广泛征求意见,制定编绘"港口序列图"工作方案,在全国海区测绘系统率先编绘出版《北方海区主要港口测量规划图册》(简称《图册》)。该《图册》包括大连、营口、营口新港(鲅鱼圈)、秦皇岛、天津、龙口、烟台、青岛、石臼所等北方海区9个港口,所设计的基本测量及检查测量范围,即为该队制定各港经常性测量计划的依据,改变了此前出版海图没有具体规划,图幅范围、比例尺、测量性质、图号及任务来源随意性较强的状况。同年,该队实现了手工编绘向半自动编绘发展,研制了航道加长图,以适应港口规模日益扩大、航道不断加长的需求。采用黑白或双色印刷,可卷成长轴保存。特点是比例尺大,水深资料翔实,使用方便,深受港航单位好评。其间,该队编绘的《航道专题图》涵盖大连港甘井子航道、营口港鲅鱼圈主航道、秦皇岛港主航道、天津港主航道等通航水域。

1984年7月,天津海港测量队复制工艺由氨水熏蓝晒图发展到使用无氨高速黑白晒图仪,并首次按照《海图图式》制作规范,将《烟台内港》蓝晒图改为印刷黑白图,图中助航标志灯质和港界加紫色符号,使助航标志更加醒目。此后,该队出版的"港口序列图"逐渐采用科学的编号系统,以及适合中国海图特点的海图图式、制图工艺、海图表示方法、表现形式等均在不断改进和提高。1985年,该队正式执行交通部《沿海港口、航道图制图标准》,制图工作步入正规化。其间,复照仪在编绘水深图中得到应用,使成图编绘时间明显缩短;植字机替代了人工手写字,结束了人工手写字的历史,图面更加美观、大方;制图中的数字基础计算,开始使用日本夏普公司PC-1500型袖珍计算机;采用四川省绵阳市华丰仪器元件厂座标展点仪,提高了绘图精度和速度。1986年,采用荷兰奥西公司655型晒图机,由晒印蓝晒图改为晒印黑白图,使图面对比度更强、更清晰,提高了成图质量。

1987年,交通部水监局提出"当年测量,当年出图"的工作要求。在天津航测处测绘科科长周则尧引领下,该队按照《海图图式》要求,完成图号为13022《烟台内港》1∶5000和图号为12011《秦皇岛港附近》1∶2.5万四色海图,并与天津人民印刷厂(后与海洋局天津信息中心印刷厂)合作印刷出版,对国内用户发行,并在全国海区测绘系统率先编绘出版四色港口航道图,结束了交通部仅出蓝晒图的历史。由于所出版的四色海图实时反映港口真实变化情况,倍受各港航单位和用户欢迎。随后,东海、南海海区测绘系统先后编绘四色港口航道图,以交通部安监局为出版单位的港口航道图随之面世。

1988年,天津海港测量队装修绘图室,安装了空调器,增置了刻图桌、海图柜,使工作环境优美舒适。是年3月,该队在全国海区测绘系统率先编绘印刷第一版北方海区《港口航道图目录(第一版)》(限国内使用),创立测绘工作计划管理新方法,彻底改变以往测图计划每年均要专题研究确定的弊端。随后,全国海区测绘系统开始编绘发行《港口航道图目录》,便于港航等使用单位查阅各港口序列图的编号、图名、比例尺、制图区域位置、测量、出版日期及更新改版周期等信息。规定了"港口序列图"的统一编号共五位数,明确了数学基础采用高斯-克吕格或墨卡托投影,坐标系统及高程基准面与国家规定一致;深度基准面采用交通部、海军司令部航海保证部和国家海洋局共同审定的理论深度基准面;测量和制图作业,执行交通部《沿海港口、航道测量规范》《沿海港口、航道图制图标准》;图式采用海军司令部航海保证部《中国海图图式》。1988年12月始,由该队编绘的"港口序列图",统一采用从保定购进的150克海图纸四色彩印,出图单位为交通部天津海监局。为提高成图的现势性,一般是"当年测量,当年出图"。根据各港口变化情况,测量周期为2~4年,图幅更新改版周期一般为2~4年。

20世纪80年代末,天津海港测量队开始使用计算机辅助系统,使内业成图由手工作业逐步向半自动化发展。其间,中国海图制图,特别是"港口航道图"制图,正处在常规制图技术(传统的手工方式)与现代化制图技术(计算机辅助制图)交融阶段。1989年,天津海测大队自主研制机助制图系统,在全国海区测绘系统率先机助编绘出版第一幅港口航道图,并向编绘成图自动化迈出重要一步。1990年,交通部安监局决定在上海海监局成立航海图书印刷厂,负责全国海区测绘系统航海图书资料印刷出版。自此,该队每年完成的港口航道图均交由上海海监局航海图书印刷厂印制。

20世纪90年代初,天津海测大队制图作业按照《中国海图图式》《中国航海图编绘规范》等国家标准要求,海图制图步入正规化、标准化、科学化轨道。同时,根据北方海区的地理特点,确定北方"港口航道图"范围的各种比例尺海图及成套图的基准纬线,以减小投影变形。

1991年,天津海测大队引进加拿大CARIS系统作为机助海图和航道测量信息系统的工具。该软件是一套具有世界先进水平的海图机助制图软件,能够完成从海图编制到海图输出和管理的所有操作。经过工程师张安民开发,实现海图交互式编辑和线划版及普染版分版刻绘,使海图编绘作业方式从手工绘图直接跨越到分版刻绘作业,并于当年编制出版全国海区测绘系统第一幅除汉字注记外的全要素海图。随后,利用CARIS机助海图系统,在实际制图作业中加以推广应用,建立并实施一套完整的CARIS机助海图制图工艺流程和审校体系,并成功推广到上海、广东海监局海测大队应用。

1992年,天津海测大队自主开发DOS版外业水深测量数据自动采集与处理系统,外业水深资料经数据处理后与CARIS海图机助制图软件直接连接,解决了外业自动采集数据到CARIS数据的转换,实现了外业数据和海图数据一体化,使制图自动化水平显著提高。随后,张安民对CARIS系统深度研究开发,主要修改了CARIS运行的数学基础,以进一步解决CARIS系统所采用的图式和制图规范与中国的不一致问题。按照《中国航海图编绘规范》《中国海图图式》,建立了符合规范要求的海图符号库;根据实际操作情况,自主编制大量的宏命令,方便了操作过程;对图廓、千米尺式样扩充与完善,使CARIS能够生成符合中国海图要求的所有图廓和千米尺。

1992—1995年,天津海测大队采用机助制图分版刻绘工艺编绘制作28幅港口航道图。机助制图采用机助分版刻绘工艺,较人工作业优点成效显著,但是由于CARIS软件没有汉字处理功能,海图上的汉字注记无法直接通过CARIS进入文件,仍需要由手工剪贴注记版。1996年,该队提出使用激光照排机输出分色加网胶片出版机助全要素海图,以解决机助分版刻绘工艺中出现的难题,其中首要问题是解决汉字加注。张安民在分析CARIS、MAPGIS数据格式的基础上,编制程序,将ASCII码数据转换成

MAPGIS 数据格式。经过反复研究、对比实验,发明了用 CARIS 软件编辑海图,利用激光照排数据格式转换软件处理后直接晒 PS 版上机印刷海图的新工艺,从而彻底改变传统海图制图工艺,达到解放手工作业、缩短成图周期、提高印刷质量、降低印刷成本等目标,实现大幅面中文全要素海图制图自动化。当年,该队采用新工艺编绘制作港口航道图 21 幅及《天津港航行图集》1 册。随后,将该制图新工艺推广应用到上海、广东海测大队长达 13 年之久。1997 年 6 月,该队与海军海洋测绘研究所合作研制成功《智能海图输入系统》WINDOWS 1.1 版本软件,进一步提高了数字化编图工效。1998 年,"中文全要素数字式海图编绘技术"项目获得交通部科学技术进步三等奖。

图 4-3-398 2002 年 1 月 18 日,天津海测大队制图人员使用 CARIS 软件编辑海图

2009 年,随着 HPD 技术在中国航海资料出版发行中的应用和发展,交通运输部海事局决定各海区港口航道图测量资料由海测大队测量、搜集和整理后,统一交由上海海事局海图制印中心编辑、印刷和发行。

2011 年,天津海测大队编绘完成北方海区 20 幅 1∶15 万、1∶30 万小比例尺航行图,其中 1∶30 万 6 幅,1∶15 万 14 幅,实现了北方海区港口之间航路航海资料全覆盖。2012 年版编绘发行《中国沿海港口航道图目录》收录北方海区 52 个港口、142 幅港口航道图(新增 11 幅图),完全覆盖交通运输部海事系统管理职能所包含的通航港口和渔商混合港等水域范围。同时,出版周期调整为每年 1 期,以进一步发挥海事测绘优势,同步国家经济建设,履行航海保障职能,满足日益增长的航海运输、海事执法及港口建设需要。

据不完全统计,1981—2012 年,北方海区测绘系统累计印刷出版海图 252600 张;编绘发行纸海图 650.5 幅,专题图 78 幅,海图 305525 张。

二、电子海图

20 世纪 80 年代,随着电子计算机技术和航海技术发展,产生了以数字形式描写海域地理信息和航海信息的电子海图及各种电子海图应用系统。电子海图的问世,引发海洋测绘领域和航海领域一场技术革命,使海图研究、制作和应用跨入新纪元,促进航海自动化迈上新台阶。

国际上电子海图技术发展分为三个阶段:第一阶段,1970—1984 年,为减轻海图作业劳动强度,发明了最初的电子海图,即将纸质海图简单数字化处理后存入计算机,意义类似于纸质海图等同物。第二阶段,1985 年始,电子海图发展向深层次延伸,标志为逐渐衍生显示船位、船速、航线设计、报警等功能。第三阶段,20 世纪 90 年代至今,为电子海图显示与信息系统(ECDIS),包括电子海图数据库、雷达、定位仪、计程仪、测深仪等各种设备和系统的接口与整合等。

20 世纪 90 年代始,天津海测大队注重电子海图相关技术在海洋测绘中的应用,起步研发制作电子海图。1991 年,该队引进加拿大 CARIS 公司机助制图软件 CARIS。1993 年,按照交通部安监局工作安排,该队首次承担为交通部安监局值班室海上搜救指挥系统提供覆盖大连至香港沿海航线的 15 幅电子海图试制任务,是为制作电子海图的开端。该队工程师张安民与杨龙、冯立新、张弘组成研发小组,采取"边研发、边制作"的工作思路,基于加拿大 CARIS 软件矢量化纸海图资料,开展电子海图制作,并与大连海事大学研发显示系统软件。1994 年上半年,完成 15 幅电子海图制作任务,是为全国海区测绘系统制作的第一套电子海图。1995 年初,完成"交通部安监室海上搜救指挥系统"电子海图制作任务。其间,在研发制作电子海图同时,不断分析用户需求意见,逐步改进工作方法。通过上述任务实践,初步建立海图数据处理和电子海图制作系统。

1996年,根据国际海道测量组织(IHO)《电子海图传输标准(S-57)》,天津海测大队申请并获批引进符合S-57标准电子海图软件CARIS HOM,并于1999年2月以《辽河口》海图数据为基础,完成符合S-57标准的电子海图制作。是年底,该队与武汉测绘科技大学合作研发完成"电子海图审校系统",具备了电子海图制作质量检查能力。同年,该队自主完成"航标维护管理系统"专题电子海图,并在航标管理部门调试、应用和改进。其间,该队制图队长郑行昭等技术人员完成大连至烟台1∶17万航路电子海图数据编辑处理任务,是为首次着眼于沿海航路电子海图的研发。

1999年底,为加快电子海图制作技术推广应用,天津海测大队由张安民、杨龙、石金榜、白亭颖4人组成新的电子海图开发研制小组。2000年,基于引进的加拿大CARIS ECPING软件,研制电子海图制作辅助系统ECDIS,编制符合S-57国际标准的天津至香港航路电子海图20幅,于2001年初完成全部电子海图制作、质检工作,并向天津海事局呈报《电子海图测试方案》。是年3月22日至4月7日,该队工程师王玉林、杨龙、石金榜搭乘天津市天海集团有限公司"天光"号集装箱船实施实船试验,从天津出发,经大连、上海到达香港,再经高雄、基隆、日本石桓岛、青岛回到天津。在实船测试中,测试人员采取持续检验验证方式,对研制的电子海图显示、量测、航线制定、属性查询等航海必备操作进行验证,确认各种航行条件下电子海图软硬件运行状况。经过为期17天的实船测试表明,软硬件连续运行正常,数据支持流畅,实用性能良好,并对改进和完善电子海图制作提供了有益的数据支持。

2001年6月,天津海测大队自主研发的"电子海图检验软件"初级版本通过验收。该项目成果包含引进的加拿大ECPING软件和与武汉大学合作开发的"三维港口航道电子海图检验与分析软件",为进一步完善电子海图制作功能、提高制作质量发挥重要作用。2002年6月,按照交通部海事局工作安排,该队制作电子海图25幅。是年,为黄骅港VTS部门编制完成电子海图,是为该队为海事、引航部门提供的第一套符合S-57标准的电子海图。2003年,为大连海事局新建VTS中心提供S-57格式电子海图。2004年,为天津海事局制作港口规划专题电子海图;为北方海区航标系统AIS建设制作大连、天津地区电子海图;向上海电子海图中心提供北方海区港口航道图数据33幅。之后,按照交通部海事局统一部署,该队每年均将年度测绘数据处理后提交上海海事局电子海图中心。至此,该队电子海图制作研发取得丰硕成果,完全具备符合国际标准的电子海图制作能力。

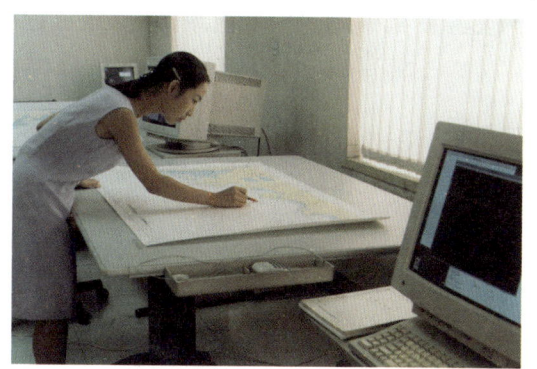

图4-3-399 2002年6月,天津海测大队制图人员制作电子海图

2004年11月,天津海测大队与天津港引航站联合开发的"电子海图引航系统"获天津市科技进步三等奖,并被多个引航单位采用。2005年,该队研发的"海事搜救指挥电子海图平台系统",在天津海事局组织的搜救演习中应用,并在交通部海事局以及山东、烟台海事局推广应用。2007年,该队自主研制的"电子海图桌"系统在海事监管、航标管理、测绘管理、救助打捞、港口建设等单位广泛应用,并免费安装44套,其成果获得中国测绘学会2008年测绘科技进步三等奖。2008年,该队为北京奥运会制作青岛奥帆赛专用电子海图2幅;为山东、辽宁、河北、天津海事局VTS中心制作安装电子海图310幅,主动提供服务61人次;为辽宁、河北、山东海事局安装"电子海图桌"系统218套,提供、更新电子海图62幅。2009年,该队协助长江航道局完成长江沿岸电子航道图规划设计。2010年,完成长江电子航道图111幅,并于2011年更新。2012年,持续为用户新安装"电子海图桌"系统112套,累计安装达1000余套,更新电子海图数据45图幅。

至2012年,北方海区测绘系统累计制作发行电子海图246幅。

三、专题图(集)

专题海图亦称特种海图,是表示海洋区域空间的某种或多种专题要素的图件。满足特定或多种用途的海图,可以是单张海图,亦可以是序列海图或图集,一般划分为自然现象海图和社会经济现象海图两大类。北方海区测绘系统编制的专题海图主要包括各种水深图、海底地形图、泊位图集、港口引航图集、辖区管理图、航标配备图、养殖区分布图,以及其专用电子海图等。

20世纪50年代,制图工艺主要是手工制图,采用苏联制图规范以及海军作业模式。制作的专题图以水深图为主,即航道水深图、码头泊位水深图、锚地水深图等,为确定通航尺度、港口疏浚、港口工程建设提供服务。

1962年11月,天津海港测量队采用新测资料,编绘《天津港引航图集》(天津新港锚地至天津解放桥),通过天津港务管理局验收鉴定后,由海军司令部航海保证部于1963年8月印刷出版,成为中华人民共和国成立后编绘出版的第一部港口航行图集。

20世纪80年代,天津海港测量队执行海军《中国航海图编绘规范》《中国海图图式》等技术规范,先后购置函数计算器、PC-1500型袖珍计算机、坐标仪、静电复照仪、电脑控制照相排字机、滚筒式晒图机等制图设备,制图技术水平、精度和效率明显提高。制作的专题图仍以水深图为主,晒印黑白图提供用户使用。其间,为青岛、龙口港出版引航图集,为大连港先后出版四册。1988年3月,该队在全国海区测绘系统率先编绘印刷北方海区《港口航道图目录(第一版)》。

20世纪90年代,天津海测大队引进、开发与应用计算机辅助制图系统CARIS,逐步替代手工制图,制图工艺发生变革,其精度和效率明显提高。1991年始,该队陆续购入平板绘图机、滚筒式绘图机、彩色喷墨绘图机等,使用计算机编辑完成的专题图直接由绘图机输出彩色专题图,制图质量显著提高。

图4-3-400　20世纪90年代,天津海测大队制图人员制作专题图

进入21世纪,随着交通部水监体制改革顺利完成,专题图品种需求逐步增加。2007年,天津海测大队为各海事局和北方海区航标系统制作大幅面海事辖区管理挂图和航标辖区配布图,满足海事监管和航标管理需求。2008年,为北京奥运会青岛奥帆赛编制多幅专题图,并制作布质专题图赠送青岛奥帆委。

2009年,全国海区测绘系统制图管理体制发生变化,天津、上海、广州海测大队制图数据经过初步加工处理后,汇交上海海事局海图印制中心统一绘制。随后,天津海测大队制图重点转向专题图制作,以满足北方港口各管理单位个性化需求。

为统一和规范全国海区测绘系统专题图编绘工作,由天津海事局负责起草的《海事测绘专题图编绘技术规定》,经交通运输部海事局批准,于2010年1月1日印发施行,使专题图编绘工作实现规范化。

至2012年,据不完全统计,北方海区测绘系统共制作各种专题图78幅,基本满足日益增长的港口建设、航海运输和航政管理需要。

2007—2012年北方海区测绘系统出版各类专题图(集)一览表

表4-3-86

序号	图 名	比 例 尺	图积(平方米)	出版日期
1	北方海区形势图	1:22万	2.1×2.3	2007年
2	天津海事局北港海事处辖区图	1:4万	1.8×3.6	2007年
3	北海救助局辖区海域待命力量部署图	1:8万	2.7×2.3	2007年
4	海河区域挂图	1:2万	2.8×1.3	2007年
5	黄骅港发展规划用图	11:5万	1.2×0.9	2007年
6	青岛海事局辖区及附近形势图	1:8万	2.4×1.8	2007年
7	天津港区及附近(北港海事处)	1:5万	3.0×1.8	2007年
8	天津港区图(交管中心)	1:4万	2.4×1.8	2007年
9	天津海事局VTS挂图	1:6万	3.31×1.3	2007年
10	天津海事局航标处辖区形势图	1:23万	2.2×2.3	2007年
11	天津海事局交管中心挂图	1:6.5万	2.7×1.7	2007年
12	天津海事局青岛航标处辖区航标配置图1	1:15万	2.3×1.7	2007年
13	天津海事局青岛航标处辖区航标配置图2	1:15万	2.3×1.7	2007年
14	天津海事局巡察支队挂图	1:5万	2.4×1.8	2007年
15	新港海事处辖区示意图	1:2万	4.0×1.8	2007年
16	新港海事处辖区示意图(调整修改)	1:2万	4.0×1.8	2007年
17	营口港及附近海域图(营口海事局挂图)	1:5万	2.0×1.3	2007年
18	中国海上专业救助力量部署图(北海救助局)	1:8万	2.5×2.3	2007年
19	辽宁海事局庄河海事处辖区形势图	1:20万	1.25×2.5	2008年
20	北方海区形势图(营口港—疏浚工程有限公司)	1:22万	2.1×2.3	2008年
21	营口港及附近海域图(营口港—疏浚工程有限公司)	1:5万	1.95×1.27	2008年
22	营口港及附近海域图(营口港港口建设发展总公司)	1:5万	1.95×1.27	2008年
23	营口港及附近海域图(营口市交通局)	1:5万	1.95×1.27	2008年
24	奥帆赛海上交通安全与应急保障力量部署图	1:8万	2.5×2.3	2008年
25	奥帆赛海上交通安全与应急保障力量(大风浪)部署图	1:8万	2.5×2.3	2008年
26	黄骅港挂图	1:1.5万	1.5×4.0	2008年
27	曹妃甸附近水域船舶定线制示意图	1:5万	1.8×1.0	2009年6月23日
28	渤海湾附近水域船舶定线制比对示意图	1:5万	1.8×1.0	2009年6月23日
29	渤海西部水域船舶定线制示意图	1:5万	1.25×1.0	2009年6月23日
30	秦皇岛海事局挂图	1:8万	2.4×1.2	2009年11月5日
31	秦皇岛燕塞湖旅游船艇航道图(4幅挂图)	1:5000	1.8×1.2	2009年10月12日
32	天津海事局天津新港海事处管辖分界图	1:5万	2.8×1.8	2009年11月16日

〔续表一〕

序号	图　名	比　例　尺	图积(平方米)	出版日期
33	天津航标处辖区图(总图)	1:10万	1.30×0.96	2010年1月28日
34	天津航标处辖区图(天津地区分图)	1:5万	0.93×0.65	2010年1月29日
35	天津航标处辖区图(曹妃甸港区分图)	1:2万	0.49×0.35	2010年1月20日
36	天津航标处辖区图(黄骅港分图)	1:2万	0.93×0.65	2010年1月22日
37	天津航标处辖区图(东营港图)	1:1.5万	0.37×0.35	2010年1月26日
38	天津航标处辖区图(东风港图)	1:1.5万	0.37×0.35	2010年1月26日
39	营口港挂图	1:10万	3.77×1.55	2010年4月8日
40	营口海事局管理挂图	1:10万	3.77×1.55	2010年6月10日
41	天津海事局交管中心管理挂图	1:5万	2.40×1.20	2010年6月10日
42	营口海事局管理挂图	1:10万	2.80×1.50	2010年6月30日
43	黄骅综合大港专题图	1:8.5万	2.30×1.20	2010年6月25日
44	大连港新港溢油图	1:6万	1.0×0.8	2010年7月21日
45	大连港新港溢油图	1:5万	0.9×0.7	2010年7月21日
46	北方海区形势图	1:22万	2.1×2.3	2010年8月10日
47	威海海事局辖区图	1:8万	2.4×1.2	2010年8月25日
48	营口海事局挂图	1:8万	2.5×1.2	2010年9月2日
49	《董家口港至日照港》专题图	1:4万	1.8×1.2	2010年11月13日
50	天津海事局辖区海河水域天津VTS中心分布图	1:1万	2.8×1.6	2010年12月7日
51	黄骅港及附近海域图	1:8.5万	1.0×0.7	2010年7月20日
52	烟台港芝罘湾海域图	1:5000	1.0×0.7	2010年7月13日
53	蓬莱港(专题海图)	1:2.5万	1.0×0.7	2011年5月19日
54	南疆港区(挂图)	1:1.2万	2.3×1.5	2011年5月9日
55	黄骅港(挂图)	1:2万	1.33×3.77	2011年7月30日
56	董家口港区及附近(专题海图)	1:4万	1.0×0.7	2011年6月19日
57	大港港区及附近(专题海图)	1:5万	1.0×0.7	2011年8月
58	威海海事局(挂图)	1:3.5万	1.95×1.27	2011年10月20日
59	天津港(电子海图)	1:2.2万	—	2011年8月19日
60	青岛港(电子海图)	1:8000	—	2011年12月
61	大港港区及附近(电子海图)	1:5万	—	2011年8月31日
62	北方航海保障形势图(挂图)	1:20万	2.4×2.5	2012年12月10日
63	日照港(专题海图)	1:7.5万	1.0×0.7	2012年5月30日
64	董家口港区及附近(专题海图)	1:5万	1.0×0.7	2012年6月4日
65	黄骅港(挂图)	1:7.5万	2.6×1.4	2012年9月19日
66	黄骅航标管理处辖区航标配布示意图	1:7.5万	2.6×1.4	2012年7月31日
67	天津海事局南疆海事处辖区图(挂图)	1:2万	3.6×1.6	2012年7月31日
68	青岛海事局辖区及附近海域	1:15万	2.8×1.8	2012年4月26日

〔续表二〕

序号	图　　名	比　例　尺	图积(平方米)	出版日期
69	青岛港及附近海域(挂图)	1∶3.6万	2.6×1.5	2012年6月13日
70	青岛港(电子海图)		—	2012年5月11日
71	天津港(挂图)	1∶8万	2.6×1.4	2012年
72	烟台海事局辖区图(挂图)	1∶8.5万	1.8×1.33 2.0×1.4	2012年7月27日
73	天津航标处辖区形势图(挂图)	1∶24.1万	2.3×1.8	2012年
74	天津港航标管理形势图(挂图)	1∶12.2万	2.2×1.8	2012年
75	唐山港曹妃甸港区航标管理形势图(挂图)	1∶4.3万	2.8×1.8	2012年
76	唐山港曹妃甸港区辖区形势图(挂图)	1∶8.5万	1.4×1.0	2012年
77	滨州港及附近(专题海图)	1∶2.5万	3.0×1.8	2012年10月24日
78	乳山港及附近(专题海图)	1∶3.5万	2.5×1.6	2012年11月30日

四、改正通告

沿海港口航道图《改正通告》系指报道全国海区航标、障碍物等变化情况及航海图书资料出版信息的文件。全国海区测绘系统《改正通告》的编辑发行，旨在使中华人民共和国海事局出版的中国沿海港口航道图能够根据全国海区航行要素的变化得到及时、准确的补充和改正，以保持中国沿海港口航道图航行要素的现势性，保障船舶航行安全。

1993年4月20日，交通部印发《关于提供航行通告、编辑印发沿海港口航道图〈改正通告〉的通知》，拟编辑印发港口航道图《改正通告》，要求天津、上海、广东海监局参照国家标准《中国航海图图式》《航海图编绘规范》，实施所辖区域沿海港口航道图《改正通告》的编辑工作，由上海海监局负责全国海区《改正通告》汇编、发行。随着全国海区测绘系统服务领域的不断拓展，《改正通告》的编辑内容从单一的航标设置与变更，拓展到港口航道图目录发布、港口航道图出版、助航标志设置及变更、港口航道锚地港池设置、实测海底碍航物(沉船、礁石、浅滩)、碍航物清除、疏浚及海洋能源开采等航行信息，受到港航用户普遍欢迎。

1993年，《改正通告》中文版以双月刊出版发行。1994年，改为月刊，每年出版12期。1995年，改为半月刊，每年出版24期，遵照国家标准《航海通告编写规范》(GB/T 15315—1994)编写。2006年，改为旬刊，每年出版36期。2008年4月1日，交通部发布实施《沿海港口航道图改正通告编写规范》行业标准，进一步规范全国海区测绘系统编辑发行《改正通告》工作。

2009年始，《改正通告》改为中英文合编版周刊发行，每年出版52期，进一步扩大了其使用范围。《改正通告》发行量从每年3000册增加到20万册。

2011年，按照交通运输部海事局《关于加强进出中国沿海港口水域深吃水船舶监督管理的通知》，天津海测大队在《改正通告》编发工作中，及时将北方海区范围内各海事局发布的通航信息在电子海图桌上展绘分析，发现并纠正通航信息差错53项。自此，《改正通告》的编辑发行建立了对通航信息的核实程序。

全国海区测绘系统《改正通告》的编辑发行，改变了港口航道图自出版发行以来，通常采用海军司令部航海保证部发布的《航行通告》进行海图小改正的历史。至2012年，从航行信息的搜集、汇总、编辑到出版发行，实现了"系统化、标准化、规范化"，提升了港口航道图现势性和实用性，为船舶航行安全提供了有效保障。

五、其他航海图书

航海图书系指以图书形式出版的、供航海使用的各种数据和资料出版物的统称。北方海区测绘系统编制出版的其他航海图书主要包括航行图集、港航图集、港口泊位图集、海图目录、潮汐表等（海图、电子海图、改正通告除外）。

1963年8月，天津海港测量队编绘出版国内第一部港口航行图集《天津港引航图集》。1988年3月，该队率先在全国海区测绘系统编绘印刷第一版北方海区《港口航道图目录（第一版）》，后逐步扩展到覆盖全国海区的《中国沿海港口航道图目录》，每年更新1版。至2012年，北方海区测绘系统编辑出版的引航图集包括大连、天津、秦皇岛、龙口、青岛等5个港口共13册。

北方海区测绘系统潮汐表编制工作起步较晚，仅2012年编制出版《董家口港区潮汐预报表2014》《烟台西港区潮汐预报表2015》等2册潮汐表。

1963—2012年北方海区测绘系统出版航行图集一览表

表4-3-87

序号	港口名称	图集名称	出版日期	备注
1	天津港	天津港引航图集	1963年8月	
2	大连港	大连港引航图集	1981年5月	
3	龙口港	龙口港引航图集	1982年10月	
4	青岛港	青岛港引航图集	1983年	
5	大连港	大连港引航图集	1983年5月	
6	大连港	大连港引航图集	1984年8月	
7	秦皇岛港	秦皇岛港引航图集	1987年10月	
8	大连港	大连港引航图集	1987年4月	
9	大连港	大连港引航图集	1993年7月	
10	天津港	天津港航行图集	1998年12月	
11	大连港	大连港航行图集	2003年3月	
12	天津港	海河引航图集	2006年7月	
13	天津港	天津港航图集	2011年12月	电子海图

（一）航行图集

航行图集（含港航图集、港口泊位图集）是航海图书资料之一，是船舶进出港口需要查阅的相关航海图书资料。北方海区测绘系统编绘的航行图集系指针对港口管理部门在工作中因携带多种海图资料不便而专门制作的。航行图集编绘的数学基础和港口航道图一致，一般采用高斯-克吕格投影或墨卡托投影，多为8开本，采用海图纸四色印刷。

航行图集表示的要素比较丰富，主要内容包括港口地理位置、范围、水陆域交通、港区及生产泊位介绍、靠泊能力、主要机械设备、吞吐能力、主要用途等；港口通航要素主要包括港口水深图、锚地及通道水深图、航道及转头地水深图、港池水深图、泊位水深图、碍航物位置资料等；水文气象要素主要包括潮汐、潮信表、潮流、风、雾、气温、冰况等；助航标志设施要素主要包括灯塔、主航道引导灯桩、灯浮标、立标、堤头灯情况介绍等；通信联络内容主要包括海上交通管制系统、潮位信号台、电台联络方式等。

初期的航行图集主要提供引航使用，故称之为引航图集。随着使用范围的扩大，在图集名称上发生一些变化，有的港口称为航行图集或港航图集，但其主要内容没有大的区别。1962年11月，天津海港测量队采用新测资料（1957年以来），编绘由天津新港锚地至天津解放桥的《天津港引航图集》；翌年3

月 21 日,天津港务管理局验收鉴定认为:该图集收集了最近各单位测量有关资料,补充了少量重要地点的对景图,并根据天津港港章、天津航标等有关文献编写了简要说明,符合规定精度,亦比较全面,可作为船舶驾驶人员及引航人员在天津港航行与停泊的参考依据,同意交由海军司令部航海保证部付印出版。1963 年 8 月,《天津港引航图集》印刷出版,是为中华人民共和成立后编绘出版的第一种港口引航图集。

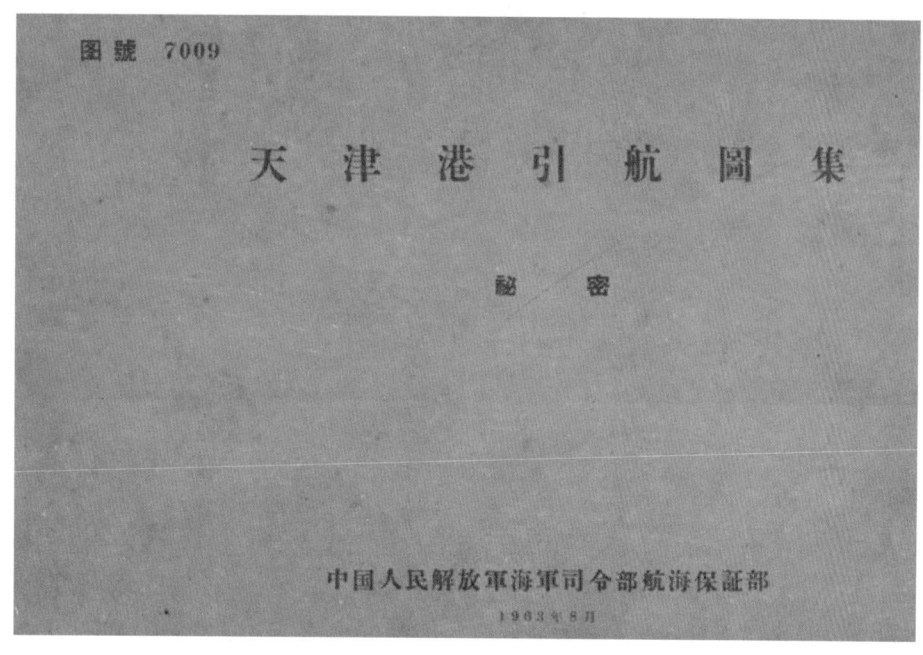

图 4-3-401　首版《天津港引航图集》

航行图集编制初期,由天津海港测量队制图人员和所在港口资深港航管理人员共同设计。编制过程中,适时召开专题会,征集用户意见和建议,使航行图集内容更具实用性。1981 年,该队编制《大连港引航图集》,随后 7 年更新 4 版。1982 年始,该队连续 5 年为龙口、青岛、秦皇岛港编制引航图集。航行图集以"信息量大、要素全面"的特点深受用户青睐。

港口泊位图集是为满足港口航运单位需要,将港口最新水深测量成果汇集成册,编绘完成,供港方管理和引航使用。与引航图集相比,范围集中于码头前沿,其内容更为简单专一,编绘周期亦更短。1983 年,天津海港测量队编绘秦皇岛港码头泊位水深图集,1985 年 8 月更新。1988 年 11 月,编绘青岛大港及黄岛码头泊位水深图集。1989 年 8 月,编绘营口内港 2、3、4 号码头泊位水深图集。1990 年 1 月,天津海测大队修订并编绘秦皇岛港码头泊位水深图集,随后 7 年更新 2 版。

2010 年,天津海事局批准天津海测大队编绘《天津港航图集》(简称《图集》)。该《图集》是在该队制图任务移交上海海图印制中心后探索发展方向的一种尝试,由该队高级工程师石金榜负责编绘。设计人员制定了以 HPD 与平面编辑软件相结合的制作工艺,采用最新引进的 CARIS BDB 软件,勾绘层次丰富的海底地貌数据,建立多层次三维场景,使用专业广告设计软件编排图面,并采用多组现场照片和大量遥感卫片资料。同年 6 月,石金榜等设计人员到天津引航站、天津南港港务集团走访调研,该《图集》的内容和形式得到赞同。11 月,该《图集》(第三稿)在用户座谈会上获得好评,年底通过验收。2011 年 12 月,《天津港航图集》正式印刷出版,得到测绘同行和多家港方的肯定。2012 年,《天津港航图集》项目获得中国测绘学会《优秀地图作品裴秀奖》铜奖。

因航行图集编绘周期较长,随着港口建设运营节奏加速,加之电子海图技术迅猛发展,电子海图已作为引航的主要工具,致使引航图集需求逐步下降,纸质引航图集呈阶段性萎缩状态。

图4-3-402 2011年版《天津港引航图集》

(二)海图目录

中华人民共和国海事局海图目录系指《中国沿海港口航道图目录》,是便于全国海区测绘系统计划管理,方便港口、航运部门查阅、购买海图资料而编绘的图册,主要内容包括港口航道图的编号、图名、比例尺、制图区域位置、测量出版日期和更新改版周期等信息。

1988年3月,交通部水监局要求按照统一标准编制港口航道图目录,由三个海区分别组织编绘出版。随即,天津海港测量队在全国海区测绘系统率先编绘印刷第一版《北方海区港口航道图目录》(限国内使用,简称《目录》),创立了测绘计划管理新方法,彻底改变了编制"全国海区测绘系统年度测图计划"以往每年均要专题研究确定的弊端。该《目录》涉及北方海区12个港口,即大连、营口、锦州、秦皇岛、天津、龙口、烟台、威海、石岛、青岛、石臼港和岚山港,共计图幅37幅。该《目录》绘制的港口海图通常称为"港口序列图"。其图幅编号采用五位数字,即第一位数代表海区,第二位数代表省市,第三、四位数代表港口序号,第五位数代表港口图幅序号。例如,某图编号为13052,即为北方海区、山东省、青岛港的第二幅图。

随后,全国海区测绘系统开始编绘发行港口航道图目录。1990年10月,经交通部安监局批准,第二版《北方海区港口航道图目录》(限国内使用,简称《目录》)出版发行。该《目录》涉及北方海区13个港口(增加丹东港),图幅增至39幅。按照相关规定,根据港口规模、用途及港口变化,分三级再版方式更新。同时,将"港口序列图"更名为"港口航道图序列"。1994年10月,第三版港口航道图目录出版发行。原由天津、上海、广州海监局分别编印的北方海区、东海海区、南海海区港口航道图目录统一合编为《中国海区港口航道图目录》,并沿用分海区出版版次定版为第三版,其图幅编号由五位升为六位数字,覆盖了北方海区14个港口(增加京唐港),图幅增至47幅。

1999年初,交通部海事局组织天津、上海、广州海事局测绘人员对第三版《中国海区港口航道图目录》改版。同年10月,交通部海事局第四版《中国海区港口航道图目录》出版发行。其图幅编号修订为五位数字,将出图单位改为中华人民共和国海事局。其中,北方海区增加了东营港、蓬莱港,港口总数达到16个,图幅总数增至63幅;天津港由4幅增至8幅(海河港区增加3幅,北塘港区增加1幅)。随后,根据交通部海事局决定,自2000年1月1日起,取消港口航道图"内部使用"标识,对国内外用户公开出版发行。

2004年，根据交通部海事局提出的"建立海事系统完整的航海图书资料体系"的战略部署，实施测绘周期调整，规范航海图书序列。随后，天津海测大队经过广泛调研，如期报送北方海区相关实施计划。2006年3月，经交通部海事局批准，新版港口航道图目录出版发行，更名为《中国沿海港口航道图目录》，版次为第五版，港口航道图分为"航道图"和"港口图"，图幅编号分别为四位和五位数字。其中，覆盖了北方海区21个港口，新增绥中港、唐山港曹妃甸港区、黄骅港、东莱州港和龙眼港等，图幅增至96幅。

2008年，按照交通部海事局更新港口航道图目录的工作安排，着手修订第五版《中国沿海港口航道图目录》（简称《目录》）。随即，天津海测大队现场调研3次，并通过电话、电子邮件等方式与20余个海事部门和港口单位广泛征求意见，在此基础上策划港口航道图图幅设置，修订该《目录》相关内容。其间，按照交通部海事局制作WGS-84海图的工作安排和国家测绘局相关通知要求，统一采用"2000国家大地坐标系"，并标注"航海用途等同于WGS-84"，天津海测大队完成73幅海图"1954年北京坐标系"转"2000国家大地坐标系"任务，并纳入该《目录》。此次修订该《目录》，根据港口建设速度不断加快、港口航道图幅增调需求不断增长等因素，经交通部海事局同意，缩短《目录》出版周期，以其修订年度决定版次。由此，2009年版《中国沿海港口航道图目录》应运而生。该版《目录》编录北方港区港口航道图153幅，其中新设计和修订约80幅。

2011年，根据交通运输部海事局年度航测工作安排，依照五年测绘规划，增加编绘《中国沿海港口航道图规划目录》（简称《规划目录》），旨在紧跟国家经济建设发展步伐，提前谋划港口航道图幅设置规模，满足港口建设、航海运输和航政管理需求。按照编绘《规划目录》相关要求，天津海测大队完成北方海区20幅1:30万、1:15万小比例尺航行图，其中1:30万6幅、1:15万14幅，实现了北方海区港口之间的航路航海资料全覆盖，并纳入《规划目录》正式公开出版发行。

图4-3-403　2011版《中国沿海港口航道图规划目录》

2012版《中国沿海港口航道图目录》收录北方海区52个港口、130幅港口航道图（其中增加11幅图），完全覆盖交通运输部海事系统职能所涵盖的通航小港口和渔港（多为渔商混合港）水域范围。同时，出版周期调整为每年出版1期。

(三) 潮汐表

《潮汐表》是"潮汐预报表"的简称，用于预报沿海某地在未来一定时期的每天潮汐情况。潮汐信息除了服务于港口航道图测量、应急工程测量外，并向社会提供潮汐信息服务。其作用是：航运方面，有些水道和港湾须在高潮前后方能航行和进出港。军事方面，为了选择有利登陆地点和时间，必须考虑和掌握潮汐情况。生产方面，沿海渔业、水产养殖、资源开发、港口建设、环境保护、潮汐发电以及农业、盐业、测量等，均要掌握潮汐变化规律，指导和安排生产作业和工程建设。

《潮汐表》所载逐时潮位和逐日高低潮特征潮位基于系统的潮汐理论，由特定地点的潮汐变化规律参数，即分潮调和常数计算。调和常数来源于对验潮站实测水位专业分析，而原始观测数据是潮汐预报的基础。长期以来，北方海区测绘系统不具备编制《潮汐表》能力，通常由海洋局、海军编制出版《潮汐表》，表中包含中国沿岸重要验潮站潮位信息，但对新设验潮站难于做到及时反应和充分应用。2009年1月，鉴于潮汐信息和《潮汐表》对于沿海港航部门的重要作用，天津海测大队高级工程师李宝森和水文队长刘雷认为，有必要根据本单位所布设的验潮站网，对已获得的适当长度潮位观测数据开展潮位预报和编制部分港口验潮站《潮汐表》。为此，该队研发"沿海港口潮汐分析与处理系统"时，一并研发了"潮汐表编制模块"，于同年12月投入使用。

编制《潮汐表》的最基本条件是掌握拟预报地点的潮汐规律参数，即潮汐调和常数或正交潮系数，这些参数来源于对足够长时间水位观测资料的专业分析和大量计算。"潮汐表编制模块"基于计算机技术，使《潮汐表》编制所需的大量计算工作变得相对简单。利用一年以上的累积观测时间长度，可获得较高精度的主要分潮的调和常数，可满足在良好气象条件下潮位预报误差不大于20厘米，高低潮潮时预报误差不大于20分钟，根据用户使用习惯和约定的Word文档格式编排、输出和打印生成《潮汐表》，达到有关标准要求。从此，北方海区测绘系统具备了编制《潮汐表》的能力。

2009年12月，该队利用天津港附近4个验潮站(大沽灯塔站、交管中心站、南疆海事局码头站和新港船闸站)已具备的10个月至2年的潮位观测数据，首次编制完成《大沽灯塔站2010年潮汐表》《交管中心站2010年潮汐表》《南疆海事局码头站2010年潮汐表》和《新港船闸站2010年潮汐表》。

2012年，应青岛董家口港区和烟台西港区建港指挥部请求，该队在2个港区建立长期验潮站，经过一年观测，在潮汐技术累积和验潮设施建设基础上，编制出版2014年版《董家口港区潮汐表》和2015年版《烟台西港区潮汐表》。

《潮汐表》编制，弥补了公开出版发行的《潮汐表》对北方海区港口覆盖的不足，满足了港航用户需求，具有广阔的发展和应用前景。

六、海图发行

海图发行系指海图编绘出版单位将各类航海图书资料发行至航运、港口等相关用户的过程。

1955年5月海港测量队成立后，辗转全国13个主要港口及重要通航水域，完成中华人民共和国首版港口航道图68幅，其成果编辑整饰后以蓝晒图提供港航用户。20世纪50—70年代，天津海港测量队测量的数据成果提交海军编辑出版发行海图，并在该海图正式出版之前，向相关港口管理部门和航运单位提供蓝晒图。

20世纪80年代初，天津海港测量队将蓝晒图改为印刷的黑白图提供港航用户。1984年，改为双色图发行。1987年，该队首次完成《烟台内港》1:5000和《秦皇岛港附近》1:2.5万四色海图，与天津人民印刷厂(后与海洋局天津信息中心印刷厂)合作印刷，出版单位为天津航道局航标测量处，对国内用户发行。

1988年港口体制改革后，按照交通部安监局统一部署，天津海测大队编绘的港口序列图一律采用150克海图纸四色印刷，出图单位为交通部天津海上安全监督局。同时，天津海监局测绘处设专人负责海图发行与小改正工作。

1990年,上海海监局航海图书印刷厂成立,负责全国海区测绘系统的港口航道图、航行改正通告和《航测技术》等航海图书资料的编辑制印工作。自此,天津海测大队每年完成的港口航道图统一交其印制,再发行到港航用户。1992年,该队发行港口航道图870余幅,应急测量蓝晒图3000余幅,港口泊位图集25册。

1996年,交通部安监局印发《关于民用船舶配备港口航道图的通知》。据此,天津海测大队于1997年4月建立海图发行机构,由制图队副队长郑金玉负责,对港口航道图实施小改正后发行到港航用户。具体发行工作为:收到上海航海图书印刷厂印制的海图后,逐张质量检查,打流水号入库;对库存海图查按相关《改正通告》信息,及时实施小改正;根据用户信息,通过邮局邮寄至用户,并将发往用户的图号、图名、张数、每幅图流水号记录在册。初期的海图小改正,是在蜡纸上刻出改正内容后,用红色油墨在图上刷出。而后,海图小改正绘制航标等主要符号,采用KL-8701型科里中英文打字机将改正内容打印到蜡纸上,重复刷改海图,提高了作业效率和规范性。1998年9月,天津海监局召开《港口航道图》用户座谈会,对于海图出版发行工作起到一定的促进作用。自此,该队每年举办一次用户座谈会,成为与用户之间加强联系、了解需求、发行海图的纽带和桥梁。

1999年12月,交通部海事局决定将全国海区测绘系统港口航道图出版发行单位统一更改为中华人民共和国海事局,并取消"内部使用"规定,向全社会公开发行。据此,天津海测大队在北方海区沿海主要港口城市设立海图代理发行站,及时发送《改正通告》,加强"小改正"能力,以保障港口航道图的现势性。2001年,该队发售海图4000余幅,2002年发售海图5600余幅,海图发行量呈逐步上升趋势。

2004年,交通部海事局提出"建设海事系统完整的航海图书资料体系"的战略构想,并责成天津海事局牵头组织编制相关《实施方案》。随即,该局对航海图书资料体系现状、发展方向、实施步骤、工作方案以及需要解决的技术问题等,组织开展了广泛深入的调查与研讨。同年6月,交通部海事局在广州组织会议审查并通过了《实施方案》。天津海测大队围绕《实施方案》开展工作,图集、潮汐表、专题海图、专题电子海图等航海图书资料品种、数量、市场覆盖范围逐年增加。同时,开发"海图销售管理系统",旨在加强航海图书资料发行能力。2005年,该队完成《中国沿海港口航道图目录》网上发布工作。2006年,海图发行将近1万幅。

2007年,天津海测大队与北方海区各海事局密切配合,通过走访用户,扩大对外宣传,增加发行站点,加强发行工作指导,进一步扩大海图发行量,当年发行海图32000余幅。同时,该队自主研发海图"小改正"软件,采用机助制图完成改正编辑,并在全国海区测绘系统推广应用。至2009年,该队在北方海区共设立海图发行站26个,《改正通告》由中文版改为中英文版。

至2012年,据不完全统计,北方海区测绘系统发行航海图书资料30余万幅,有力地支持了港口建设和航运发展,同时亦为海事监管提供了可靠的地理信息服务。

第四节 测绘设备

一、定位设备

测量定位是海道测量的一项重要的基础性工作,旨在确定物标的位置。在水深测量中,除了确定水深点位置外,兼具导航作用。北方海区测绘系统测量定位设备技术主要经历了光学定位、无线电定位和卫星定位三个发展阶段。

20世纪50—70年代,主要利用光学定位技术测量定位,使用的仪器主要是光学经纬仪或六分仪。通过角度观测,按照前方交会、后方交会等方法实现目标定位,亦可利用经纬仪测量水平角和视距的原理极坐标定位。而后，随着测距仪和全站仪的引进应用，极坐标定位法一度被认为是较高精度和较为便捷的定位方法之一。

20世纪70—80年代，无线电定位技术快速发展并逐步应用于水深测量，主要设备有双曲线定位系统和微波定位系统。无线电定位的基本原理是测量船台至已知点（亦称基准站或岸台）距离（或相位差），进而通过距离交会的方法归算解析船台的位置。无线电定位系统具有"作用距离远、受气象条件制约小"等优点。微波定位系统可以实现40千米以远的米级精度实时定位，与光学定位系统相比，定位精度、可靠性指标和作业效率均有显著提高。

20世纪90年代，卫星定位技术特别是全球定位系统（GPS）快速发展，测量定位技术发生质的飞跃。1992年，天津海测大队引进美国Ashtech公司M-XII型GPS定位设备，并投入大地控制测量和水深测量定位等工程应用。1995—2001年，按照交通部安监（海事）局部署，由天津海监（海事）局牵头组织实施中国沿海RBN-DGPS系统台站建设，于2002年1月1日零时正式向公共用户无偿提供差分信息服务，自此形成了从鸭绿江口到西沙群岛，覆盖中国沿海港口、重要水域的高精度导航定位服务系统。该队紧跟RBN-DGPS系统建设，陆续引进该系统多种型号接收设备，成为主要定位技术手段。2004年始，该队陆续引进4台（套）星站差分GPS定位系统，有效保障了内陆水域、远海乃至全球范围的亚米级高精度导航定位。

1955—2012年北方海区测绘系统使用的主要定位设备一览表

表4-4-88

序号	名称	型号	标称性能	产地/厂商	数量（台/套）	启用日期	备注
1	六分仪	HUSUN			1	20世纪50—60年代	
		751823		江苏常州第五航海仪器厂		20世纪50—60年代	
2	水准仪	Ni025	每千米往返测高精度1.5毫米	德国蔡司（ZEISS）	1		
		Ni030	每千米往返测高精度2毫米	德国ZEISS	1	1992年3月	
		NA824	每千米往返测高精度2毫米	美国Leica	2	1996年9月27日	开箱时间
		WILD NAK-O	每千米往返测高精度0.7毫米	美国Leica	2	1998年	
		NA2002	每千米往返测高精度1.5毫米	美国Leica	1	1998年6月	开箱时间
		NA724	每千米往返测高精度2毫米	美国Leica	2	1999年7月1日	开箱时间
		NA3003	每千米往返测高精度1.2毫米	美国Leica	1	1999年8月	开箱时间
		dini 12	每千米往返测高精度0.46毫米	美国Trimble	2	2006年12月20日	开箱时间
		NA728	每千米往返测高精度1.5毫米	美国Leica	2	2006年12月20日	开箱时间
		DS3	每千米往返测高精度2毫米	中国上海	3		
3	经纬仪	THEO-010	水平方向标准偏差1.3″ 垂直角标准偏差4.3″	德国ZEISS	1	1972年7月	进队时间
		THEO-030	水平方向标准偏差1.1″ 垂直角标准偏差4.6″	德国ZEISS	1	1972年	进队时间
		J2	水平方向标准偏差1.1″ 垂直角标准偏差3.8″	中国北京	1	1973年12月	进队时间
		020A	水平方向标准偏差1.4″ 垂直角标准偏差5.8″	德国ZEISS	1	1975年12月	进队时间
		THEO-020	水平方向标准偏差1.1″ 垂直角标准偏差4.5″	德国ZEISS	4	1979年6月	进队时间

〔续表一〕

序号	名称	型号	标称性能	产地/厂商	数量(台/套)	启用日期	备注
3	经纬仪	J6	水平方向标准偏差2.9″ 垂直角标准偏差6.3″	中国北京	3	1979年6月	进队时间
		TDJ-6E	水平方向标准偏差3.5″ 垂直角标准偏差4.2″	中国北京	2	1994年11月	进队时间
		WILD T2	水平方向标准偏差1.2″ 垂直角标准偏差5.0″		1		
		ETL-1 电子经纬仪	水平方向标准偏差0.6″ 垂直角标准偏差0.8″	日本Topcon	2	1995年	
4	微波定位仪	MiniRanger-Ⅲ型微波测距仪	作用距离30~70千米； 测距误差1~2米	美国Motorola	1	1982年	
		DEL NORTE 542	测距误差±1米； 作用距离80千米； 射频频率9325/9480兆赫	美国Transponder	3	1987年4月9日	合同时间
		FALCON-Ⅳ	作用距离37千米； 测距误差±2米； 射频频率5480/5570兆赫	美国Motorola	1	1987年12月2日	合同时间
		DEL NORTE 586	定位精度±1米； 作用距离80千米； 收/发频率9325/9480兆赫	美国Transponder	1	1995年8月21日	开箱日期
5	红外测距仪	DM-503	测距精度3毫米+2比例误差； 测程4.5千米	瑞士	1	1985年	
		NTD-4	测距精度5毫米+5比例误差； 测程1.8千米	瑞士	1	1986年	
		DI-3000	测距精度5毫米+1比例误差； 测程6千米(单棱镜),14千米(双棱镜)	瑞士威特	1	1987年	
6	激光测距仪	WCJ-1	测距精度±0.5米	常州第二电子仪器厂	6	1993年6月	
7	全站仪	Geodimeter 444（GDM444）	测角精度1″； 测距精度±5毫米+5比例误差； 测程(五棱镜)5千米	瑞典捷创力	1	1991年11月10日	
		TC1700	水平方向标准偏差0.9″； 垂直角标准偏差1.2″	瑞士Leica	1	1995年10月	开箱日期
		TS06	水平方向标准偏差1.0″； 垂直角标准偏差1.3″	美国Leica	1	2010年11月10日	建卡时间
8	RBN-DGPS信标接收机	MX-300	接收RBN-DGPS信号	美国Leica	3		
		MX-412	接收RBN-DGPS信号	美国Leica	1	1998年6月	开箱日期
		MX-9400	1,2通道,双频接收	美国Leica	1	1999年8月16日	开箱日期
		DSM 212	差分速度精度0.6千米/小时； 差分位置精度优于1米	美国Trimble	3	2001年12月31日	建卡时间
		DSM 232		美国Trimble	3	2006年12月	开箱日期
		GPSMAP76		美国Garmin	1	2006年12月20日	开箱日期

〔续表二〕

序号	名称	型号	标称性能	产地/厂商	数量(台/套)	启用日期	备注
8	RBN-DGPS信标接收机	GPSMAP60CS		美国 Garmin	1	2006年12月20日	开箱日期
		610型手持机		中国台湾 Garmin	6	2007年9月27日	开箱日期
		SPS 351	水平±0.25米+1比例误差; 垂直±0.50米+1比例误差	美国 Trimble	7	2009年8月20日	建卡时间
		SPS 461	水平±0.25米+1比例误差; 垂直±0.50米+1比例误差	美国 Trimble	3	2009年10月15日	建卡时间
9	星站差分GPS	SF 2050G	平面15厘米	美国 NAVCOM	3	2004年7月2日	开箱日期
		OMNI STAR	平面15厘米	美国	1	2007年8月20日	建卡时间
		sea star	平面15厘米	美国	1	2007年8月20日	建卡时间
		SF 3050	平面15厘米	美国 NAVCOM	1	2011年9月2日	建卡时间
10	RTK GPS	M-XII	通道数12个; 单频; 差分定位精度1~3米	美国 Ashtech	2	1992年	
		300	双频、12通道; 静态测距5毫米+2比例误差; 动态差分定位精度±1米	瑞士 Leica	2	1995年10月	进队日期
		Z-XII	双频; 差分定位精度±3米	美国 Ashtech	3	1995年11月	开箱日期
		4700	双频; 静态测量: 水平±5米+0.5比例误差; 垂直±5米+1比例误差; 动态测量: 水平±1厘米+1比例误差; 垂直±2厘米+1比例误差	美国 Trimble	3	2001年11月26日	开箱日期
		V8 RTK GPS(1+2测量系统)	静态后处理精度: 平面±2.5毫米+1比例误差; 高程±5.0毫米+1比例误差 RTK定位精度: 平面±1厘米+1比例误差; 高程±2厘米+1比例误差	中海达	2	2009年9月	验收报告
		Q5	单点定位2.5米; 实时差分0.5米; 差分后处理0.3米	中海达	3	2009年9月	验收报告
		SPS 751	静态测量精度指标2.2毫米	美国 Trimble	2	2010年9月3日	建卡日期
		V30GPS	静态测量精度指标2.3毫米	中海达	1	2010年11月29日	建卡时间
11	AIS	HX 800	定位精度±15米	中国上海埃威航电公司	1	2011年	操作手册
12	北斗AIS一体机	M4208Y	信号频带宽60千赫; 定位精度±15米	天津七一二通信广播有限公司	10	2012年	验收方案

(一) 光电定位设备

1. 六分仪

六分仪(Sextant)是一种手持的光学测角仪器,以其分度弧的长度为其圆周长的六分之一而得名。六分仪结构简单,操作轻便,适合船艇在航行时观测水平角或垂直角,是早期沿岸水深测量和航海作业经典定位装备之一,海港测量队主要用于小比例尺海图水深测量定位。其主要缺点是受人为因素制约观测资料不能连续,受位置角限差影响需要频繁更换设立的控制点(岸标),能见度不良时则无法识别目标,观测精度较低。

六分仪测角原理为用六分仪观测水平角时,当观测者看到左标和右标的影像在望远镜中重合时,观测角即为定镜和动镜面夹角的 2 倍。为保证测角精度,每天均需在测前、测中、测后,特别是仪器碰动后,应检验校正仪器。

六分仪最普遍的用法是应用角度后方交会的原理确定两条及以上的位置等值线,其交点即为所求的点位。后方交会法的等值线是以 AB、BC 为弧,圆周角分别为 α、β 的等角圆弧。当测得 α 后,可通过控制点 A、B 作得 C_α。同理,当测得 β 后,可通过控制点 B、C 作得 C_β。因 α、β 是随船艇的位置而变化的,不同的船位对应于不同的角度值,而每一个角度值只能作得一条等角圆弧。故等角圆弧 C_α、C_β 的交点 P,即为所求的点位。

三杆分度仪用于在海图上进行三标两角法定位,由刻度盘(左右各 180°)、三根标杆(中央固定杆和左右动杆)、微动鼓轮及指标、中心针和蜗轮螺丝拉杆等组成。在实际测量定位中,六分仪需与三杆分度仪配合使用,由六分仪测得的左右角通过三杆分度仪记入水深定位图板,进而将测量得到的定位和水深数据在海图上展绘。

图 4-4-404　六分仪、三杆分度仪

至 20 世纪 90 年代,随着无线电定位和卫星导航定位技术的日臻成熟和广泛应用,六分仪几乎全面退出历史舞台,仅在一些特定环境时应用。

2. 经纬仪

经纬仪是测量水平角和竖直角的仪器,由照准部、水平度盘、竖直度盘、水准器、基座等部件组成。

根据度盘刻度和读数方式不同，分为光学经纬仪和电子经纬仪。

测量时，将经纬仪安置在三脚架上，用垂球或光学对点器将仪器中心对准地面测站点上，用水准器将仪器安平，用望远镜（照准部）瞄准测量目标，读取水平度盘和竖直度盘的读数，即可测定水平角和竖直角。

在早期的水深测量定位中，海港测量队主要利用经纬仪测角前方交会原理，在岸上两个平面控制点上分别架设经纬仪，通过测量船艇上定位口令，同步测定左右两个水平角，依据三角形两角定位原理归算出船位，再通过绘制的辐射线格网将左右角实测角度图解于水深定位图板，从而实现水深定位。此外，经纬仪广泛应用于控制测量作业，通过测量建立的各类三角网（锁）夹角，经过测量平差获得控制点坐标。

至20世纪90年代，随着光电测距仪、全站仪的普及和卫星定位系统的广泛应用，一度作为控制测量、岸线地形测量和水深测量定位主要手段的经纬仪，其应用领域快速萎缩。

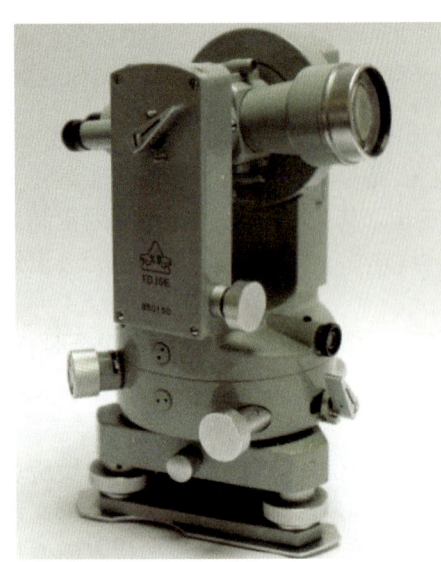

图4-4-405　天津天创利精密仪器有限公司TDJ-6E型经纬仪

3. 红外测距仪

红外测距仪是用调制的红外光等光源进行精密测距的仪器，习惯上分为红外线测距仪和激光测距仪两种，最大测程可达10余千米，广泛应用于控制测量、工程测量以及地形测量等众多领域。红外线具有传播时不扩散特性，在穿越其他介质时折射率很小，故长距离测距仪均采用红外光源。当红外线从测距仪发出碰到反射物被反射回来并被测距仪接收到，再根据红外线从发出到被接收到的时间及红外线的传播速度计算出距离。

1985年，天津海港测量队首次引进瑞士DM-503型红外测距仪，其精度可达3毫米+2比例误差，量程最大可达4.5千米。1986年，引进瑞士NTD-4型尼康红外测距仪，其精度可达5毫米+5比例误差，量程最大可达1.8千米。1987年，引进瑞士威特公司新型DI-3000型红外测距仪，其标准误差是5毫米+1比例误差。在一般天气条件下，DI-3000型使用单个反射棱镜即可测至6千米，在非常良好气象条件下，利用11棱反射镜则可测距至14千米。DI-3000型红外测距仪的引进，显著提升了该队平面控制测量能力，在图根控制测量和岸线地形测量方面亦有明显改观。

1993年6月，天津海测大队引进常州第二电子仪器厂WCJ-1型激光测距仪。该设备是应用电子、光学、激光技术准确测量距离的新一代微型化观测仪器，具有"体积小、重量轻、测程远、操作简便"等特点，与经纬仪等测角仪器配用，可实现目标的极坐标法定位。其最大优点在于不使用反射棱镜即可实现距离测量，特别适用于难以抵达的目标物定位测量。

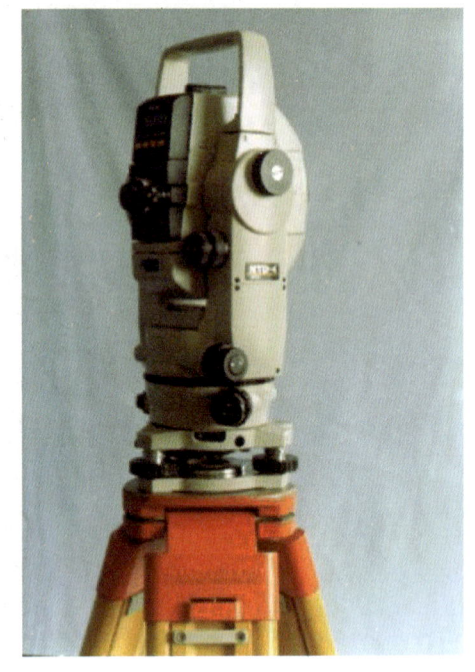

图4-4-406　瑞士NTD-4型尼康红外测距仪

在GPS RTK技术特别是网络RTK技术推广应用之前，经纬仪、红外测距仪和全站仪曾经是北方海区测绘系统基础控制、水深测量和地形测量的主要技术手段。此后，仍偶尔使用测距仪进行测距和定位测量。

4. 电子经纬仪

电子经纬仪是采用光电探测装置自动读取水平角和竖直角的经纬仪。整体结构与光学经纬仪基本类似,但其测角原理有所不同。按照电子经纬仪采用的测角原理可分为编码法、增量法和动态测角法。

编码法是直接将二进制制成多道环码,用光电方法读出编码,直接换算为角度,故又称直接法;增量法则采用光栅度盘,传感器随照准部转动扫描出光栅数,由光信号转变成电信号进入计数器,故又称相对法;动态测角法则有两个传感器,一个在度盘外沿并固定不动,另一个在库盘内沿并随照准部转动,测角时度盘在马达带动下按一定角速度旋转,两传感器则不断测出它们之间夹角,而后取其平均值,由于度盘不断转动,在每一方向测量中,所有度盘分划均参与了测角,可消除度盘划误差。

高精度电子经纬仪具有双轴自动补偿功能,可消除由于竖直轴微上小倾斜对水平度盘和垂直度盘读数影响。电子经纬仪还是全站型电子速测仪重要组成部分,并很快被全站仪所替代。

电子经纬仪可应用于国家和城市的三、四等三角控制测量,用于铁路、公路、桥梁、水利、矿山等方面的工程测量,亦可用于建筑、大型设备的安装,应用于地籍测量、地形测量和多种工程测量。

1995年,天津海测大队引进日本 Topcon 公司 ETL-1 型电子经纬仪,主要用于控制测量、地形测量和工程测量等。该型电子经纬仪应用最新电子技术,采用增量式数字角度测录系统,使用对径式光电转换器对水平、垂直角度跟示读数,分辨率可达1秒,测角精度可达2秒。同时,结合微机技术实现测量的自动归算、存储和显示。

日本 Topcon 公司 ETL-1 型电子经伟仪可以与拓扑康 DM 系列红外测距仪、电子下簿、成套附件相结合,组成组合式电子速测仪,它能同时显示和记录水平角、垂直角、水平距、高差、斜距、测点坐标数值、自动修正仪器中的误差,可以完成角度、距离等多种模式的测量。

图 4-4-407　日本 Topcon 公司 ETL-1 型电子经纬仪

5. 全站仪

全站仪,又称全站型光电速测经纬仪或全站型电子速测仪,由电子经纬仪、光电测距仪以及数据处理显示单元等部件组成。

全站仪是一种集光、电为一体的高新技术测量仪器,具有角度测量、距离(斜距、平距、高差)测量、三维坐标测量、导线测量、交会定点测量和放样测量等多种用途。全站仪测量角度、距离后,能自动读数、显示、贮存并进行数据处理,得到测量要求的最终成果,一次安置仪器便可完成该测站上全部测量工作,故得名"全站仪"。全站仪广泛用于地形测量、控制测量以及水深测量等领域,内置专用软件后其功能可进一步拓展。

全站仪上半部分包括测量的四大光电系统,即水平角测量系统、竖直角测量系统、水平补偿系统和测距系统。通过键盘,可输入操作指令、数据和设置参数。如上各系统通过 I/O 接口,接入总线与微处理机(CPU)联机。微处理机是全站仪的核心部件,主要由寄存器系列(缓冲寄存器、数据寄存器、指令寄存器)、运算器和控制器组成。微处理机的主要功能是根据键盘指令,启动仪器进行测量工作,并执

图 4-4-408　美国 Leica 公司 TS06 型全站仪

行测量过程中的检核和数据传输、处理、显示、储存等工作,以保证整个光电测量工作有条不紊地进行。输入输出设备是与外部设备连接的装置(接口),使全站仪能与磁卡和微机等设备交互通信、传输数据。

Geodimeter444 型全站仪是瑞典捷创力公司 Geodimeter system400 系列全站仪的一种,天津海测大队于 1990 年 11 月 10 日首次引进。该全站仪将测距与测角系统融为一体,并配有键盘、显示器和微处理机,外业测量操作简捷高效;利用固化在仪器内部的软件,可完成诸多常规的数据处理,内业制图计算时间显著缩短。该全站仪的引进和使用,改善了当时定位设备数量少、效率低、精度低等大比例尺测量瓶颈等状况,有效提升了控制测量、工程测量以及港区水深测量定位能力。

而后,该队陆续引进瑞士 Leica 公司 TC1700 型、美国 Leica 公司 TS06 型等系列全站仪,在控制测量、地形测量、水深测量定位、助航标志测量等方面发挥重要作用。20 世纪末,在广泛应用卫星定位技术时代,全站仪在精密工程测量、局部控制测量等领域仍有较多应用。

(二)无线电定位系统

1. "304"双曲线定位系统

20 世纪 70 年代,国内水深测量的主要定位方式依旧停留在光学定位阶段。光学定位测量距离短、定位精度低、劳动强度大,严重制约了海道测量空间范围的拓展。20 世纪 70 年代后期,无线电定位技术快速发展,为突破光学定位的诸多瓶颈限制,由天津航测大队技术人员张家孝、周则尧主持,与中船重工 707 研究所、天津市无线电四厂合作,成功研制"304"双曲线无线电定位系统(简称"系统")。该系统于 1977 年 6 月 20 日至 7 月 22 日在渤海湾进行海上测试,结果表明,各项技术指标均达到设计要求,可满足水深测量定位需求,有效提高了工作效率。1977 年 12 月 16 日,该系统通过由天津市第二机械工业局主持的技术鉴定。

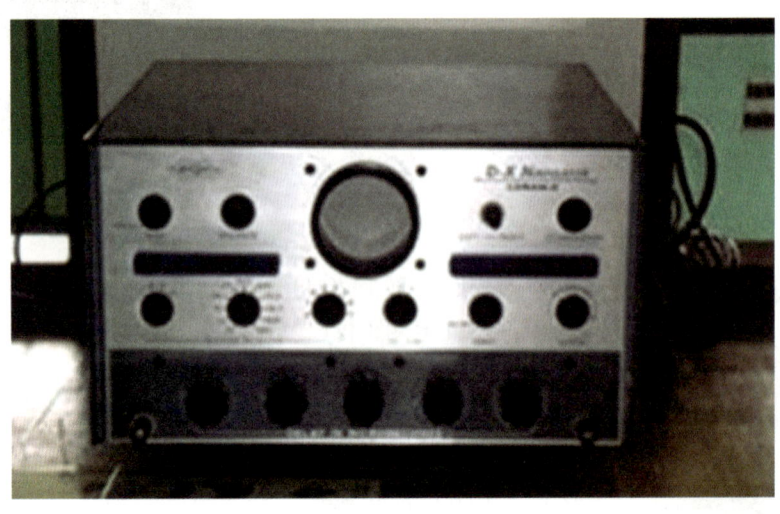

图 4-4-409 "304"双曲线无线电定位系统接收机

"304"双曲线定位系统是利用无线电相位差分原理实施定位,并利用双曲线图解定位于水深工作图板的无线电定位系统。该系统由岸台(3 个及以上)和船台组成。由船台可以测量本台至任意两个发射岸台的相位差,等相位差点的轨迹即为以两岸台为焦点的双曲线。三个岸台则可以测得两组相位差,形成两组双曲线,两双曲线在平面上的交会点即为船台的位置。该系统工作频率为 1.7~2.1 兆赫,系统发射三个频率信号,有两级巷识别(即三级格网),系统消除多值性、可靠性可达到 95% 以上,从而保证了系统的工作精度和可靠性。该系统作用距离大于 100 海里,夜间可达到 30~50 海里,系统相位稳定性为 0.015 相位周。

"304"双曲线定位系统具有"精度高、耗电低、操作使用简便"等特点。该系统采用交、直流同时供电方式,在交流电流供电不能保证或停电时,直流电自动保证设备正常工作。系统可按照用户需求布置四个或三个岸台,即可组建成链形、星形、圆-圆及独立基线等工作方式,并且任何一个岸台均可作为船台的"工作主台"。每个船台可根据使用者要求任意改变台链方式,保证系统使用机动灵活,在实际工作中不受船台数量的限制。船台配有导航计算机,可随时提供双曲线坐标 x、y 坐标的读数,并能打印时间、坐标、偏航等数据。偏航指示器及时告诉操舵人员偏航大小及方向,以保证测量船舶按照计划测线航行。

该系统主要用于海岸带调查、航道测量、航道挖泥、地质调查、石油勘探、钻井、海上救生、窄航道出入、海上扫布雷等近海测量定位,亦可用于陆地测量定位。该系统研制成功后,在天津港及附近水深测量中发挥了重要作用。

2. 微波定位系统

微波定位系统是利用微波精密测距方法进行位置测定的设备,属于无线电定位(测距)系统一类。实施距离测量时,需有主台和副台,分别架设在待测距离两端,主台向副台发射测距信号,副台则对主台发射测距信号做应答响应。副台接收主台的测距信号后,与本身测距信号混频后得到一路低频测相信号,再返回主台;另一副台同样返回一路低频测相信号;主台接收两个副台信号后,将两路(或多路)信号通过测相电路,得到相位差,间接求得传播时间 t_{2D},再求得距离 D,进而实现极坐标定位或双(多)距离"圆-圆"定位。

实施单测程微波测距仪定位时,在测量船艇上设置主台(称发射台/问台),在岸上已知点上设置经纬仪和副台(称反射台/答台),定位瞬间,根据经纬仪测得的副台至主台的坐标方位角 T_{AP},以及由微波测距仪测得的距离 D_{AP},分别可绘出 T_{AP} 等值线 AA' 和 D_{AP} 等值线 C_D,AA' 与 C_D 的交点,即为定位瞬间的点位 P。

实施双测程微波测距仪定位时,需在测量船艇上设置两套主台(通常是两台合一),在岸上两已知点上各设置一套副台。定位瞬间,测得主台至副1台、副2台的距离 D_1、D_2,以副1台为圆心,D_1 为半径绘出等距离圆弧 C_{D1};以副2台为圆心,D_2 为半径绘出距离圆弧 C_{D2},C_{D1} 与 C_{D2} 的交点,即为定位瞬间的点位 P。

1982年,天津航测处在全国海区测绘系统率先引进美国 Motorola 公司 MiniRanger-Ⅲ 型微波测距仪,在天津港和秦皇岛港测试实验后投入使用,开启北方海区测绘系统无线电微波定位时代。1987年始,陆续引进美国 Motorola 公司 FALCON-Ⅳ 型,以及美国德尔诺特公司(Transponder)DEL NORTE 542 型、DEL NORTE 586 型微波定位仪。其中,DEL NORTE 542 型和 586 型微波定位仪最大测距均达到 80 千米,有效拓展了海洋测绘空间范围,定位精度和作业效率显著提高。

图 4-4-410 美国 Motorola 公司 FALCON-Ⅳ 型微波定位仪

微波定位引领近20年的水上定位技术,在北方海区测绘系统港口航道图测量、应急工程测量,以及温州瓯江口水域测量,新会、珠海、阳江、饶平、汕尾、大亚湾核电工程选址等水域勘察测量中发挥重要作用。20世纪末,随着GPS全球卫星定位技术的推广应用,微波定位技术逐步退出历史舞台。

(三)卫星定位设备

1.全球定位系统设备

全球定位系统(Global Positioning System,简称GPS)是美国国防部研制的一种全天候空间基准导航系统,可满足位于全球任何地方或近地空间的军事用户连续地精确定位及时间需要。GPS始于1958年美国军方某个项目,1964年投入使用。20世纪70年代,美国陆海空三军联合研制新一代卫星定位系统GPS,旨在为陆海空提供实时、全天候和全球性的导航服务,并用于情报收集、核爆监测和应急通信等军事目的。经过20余年研究和实验,耗资300亿美元,至20世纪90年代,全球覆盖率高达98%的24颗GPS卫星星座已布设完毕,并逐步拓展民用。

GPS接收机是接收全球定位系统卫星信号并确定其空间位置的仪器,是GPS系统的终端用户设备。GPS卫星发送的导航定位信号,是一种可供无数用户共享的信息资源。对于陆地、海洋和空间的广大用户,只要拥有跟踪测量GPS信号接收设备——GPS信号接收机,便可实现连续定位。

1992年,天津海测大队在全国海区测绘系统率先引进美国Ashtech公司M-Ⅻ型单频RTK GPS接收机2台,标称精度10毫米+10比例误差(比例误差,或百万分之一),主要有同步静态、准动态、伪距差分等作业模式。该设备迅速在控制测量、地形测量、水深测量定位等方面成功应用,并推动全国海区测绘系统后续相关GPS设备的顺利引进。1995年后,该队陆续引进瑞士Leica公司300型、美国Ashtech公司Z-Ⅻ型、美国Trimble公司4700型等双频RTK GPS接收机,广泛用于基础控制网建设。至2008年12月,完成"北方海区全球定位系统控制网"建设项目,建成了北方海区基础C、D级GPS控制网,有效提升北方海区各港口基础控制资料保障水平。

20世纪末,中国沿海RBN-DGPS系统建成,实现了沿海200海里范围内的高精度(优于5米)实时定位。随后,天津海测大队购置多种型号RBN-DGPS接收机,主要包括美国Leica公司MX-300型、MX-412型、MX-9400型,以及美国Trimble公司SPS 351型、SPS 461型等,水上测量定位设备全部采用RBN-DGPS接收机,推动控制测量和海上船舶导航实时定位全面进入GPS时代。

为了满足远海测量和全球高精度定位需求,天津海测大队于2004年7月引进第一台美国NAVCOM公司SF 2050G型卫星广域差分GPS接收机。该机实时水平定位精度为15厘米,且不需要岸基增强系统支持,定位作业更加高效便捷,但由于差分信号服务费用较高,星站差分GPS接收机主要用于海上应急抢险作业和重大测绘工程。

(1)美国Leica公司MX-9400型RBN-DGPS接收机　　(2)美国Ashtech公司Z-Ⅻ型RTK GPS接收机

图 4-4-411

2. 北斗系统定位设备

北斗卫星导航系统(BeiDou Navigation Satellite System,简称BDS)是中国自主研制的全球卫星导航系统,是继美国全球定位系统(GPS)、俄罗斯格洛纳斯卫星导航系统(GLONASS)之后第三个成熟的卫星导航系统。

北斗卫星导航系统由空间段、地面段和用户段三部分组成。系统建设完成后,可在全球范围内全天候、全天时为各类用户提供高精度、高可靠定位、导航、授时服务,并具短报文通信能力。目前,已初步具备区域导航、定位和授时能力,定位精度可达到10米,测速精度0.2米/秒,授时精度10纳秒。

图 4-4-412 天津七一二通信广播有限公司 M4208Y 型北斗 AIS 一体机

2012年,天津海测大队首次购置天津七一二通信广播有限公司 M4208Y 北斗系统定位设备,利用北斗系统短报文服务功能,深度整合北斗系统、GPS系统和AIS系统等功能,组织开发"船舶动态监测系统",实现外业测量船舶动态监测和安全管理,是为北方海区测绘系统唯一最早的成功应用该系统的典型案例。

二、测深设备

水深测量是海道测量的主要工作之一,旨在测定水深、勘察海底地形地貌,为编制海图提供依据。水深测量手段包括人工器具探测、声波探测和遥感探测等,根据水深探测设备的连续性和单趟探测的宽度,可分为"点测深""线测深"和"面测深"。

20世纪50年代,为人工器具测深水深测量时代,主要工具是测深杆和测深锤(水砣)。测深杆测量水深在数米以内;水砣一般适用于测量30米以内的水深,当船舶静止时,可达60米。人工器具测深的方法劳动强度大、工作效率低,测量精度亦难以保障。该方法每次只能探测单点的水深,故称"点测深"。

1956年6月,交通部海运管理总局海港测量队首次引进日本311A型电子管回声测深仪,标志着水深测量工具自此跨入电子仪器时代。1957年,天津海港测量队引进日本312A型单波束电子管回声测深仪。20世纪70年代,该队水深测量设备主要使用国产丹东回声测深仪。回声测深仪可提供连续测量航线上的水深,故称"线测深"。回声测深仪不仅提高了测深精度和效率,并显著降低测量作业人员劳动强度,人身安全亦有保障。至今,仍是广泛应用的水深测量设备。

20世纪70年代,天津海港测量在全国海区测绘系统率先引进日本KAIJO公司PS-20R型四波束测深仪,实现"线测深"向"面测深"跨越。1982年8月,该队在山海关船厂应急扫测中成功应用该设备,清除了港池、航道重4吨水泥沉锤等碍航物。之后，在历年北方海区重点港口港池、航道全覆盖扫测中，四波束测深仪发挥了重要作用。

1998年，天津海测大队引进首套美国Reson公司Seabat 8101-ER型多波束测深系统，首次在青岛跨海大桥前期建设选址扫测中实际应用，获取了精细的海底地形资料。该设备的成功引进和应用，实现了由传统的单波束测深仪、四波束测深仪水深测量到宽带扫海技术的飞跃，进一步提高了水深测量的效率和精度。而后，陆续引进英国Odem公司Terramodel 501型、美国Reson公司Seabat 8125型、挪威Kongsburg公司EM3002D型、丹麦Reson公司Seabat 8101-210型、美国R2 sonic公司Sonic 2024型、美国Odom公司ES3 M05型等多波束测深系统6套。至2012年，多波束测深系统已成为北方海区测绘系统水深测量与水下障碍物勘察的主要技术手段。

1955—2012年北方海区测绘系统使用的主要测深设备一览表

表4-4-89

序号	名称	型号	标称性能	产地/厂商	数量（台）	启用日期	备注
1	水砣、测深杆					20世纪50年代初期	
2	电子管回声测深仪	311A		日本		1956年6月	
		312A、拉兹17等		日本		1957年	
	晶体管测深仪		模拟输出	丹东仪器厂		20世纪70年代初	
3	单频测深仪	PS-10	模拟输出	日本KAIJO		20世纪70年代	
		PS-10E	数字输出				
		SH-13		无锡		20世纪80年代	
		440	工作频率：主频208千赫，次频24千赫	美国内层空间技术	1	1991年6月	开箱日期
		448	±3厘米	美国IT	2	1995年8月	立卷日期
		320M	±3厘米	加拿大KNUDSEN	8	1998年4月	开箱日期
		NaviSound 210	测深精度±1厘米；量程400米	美国NAVITRONIC	2	2001年	立卷日期
		HydroTrack Ⅱ	测深精度±1厘米；分辨率0.01米	美国Odom	10	2006年11月	开箱日期
4	双频测深仪	Bathy-500		美国SyQwest	1	1996年	
		E-Sea Sound 206C	工作频率200赫/33千赫	丹麦麦克瑞海洋	1	1998年3月30日	开箱日期
		Echotrac MK-Ⅲ	测深精度：0.2~200米：0.01米±0.1%水深 200千赫；0.5~1500米：0.1米±0.1%水深 33千赫；1.0—6000米：0.18米±0.1%水深 12千赫 分辨率：0.01米/0.10ft	美国Odom	4	2006年11月	开箱日期
5	四波束测深仪	PS-20R	测深精度：3厘米+水深/1000米	日本KAIJO	2	1979年12月	
		PS-600	测深精度±（3厘米+水深/1000米）	日本KAIJO	3	1997年8月22日	开箱日期

〔续表〕

序号	名称	型号	标称性能	产地/厂商	数量（台）	启用日期	备注
6	多波束测深系统	Seabat 8101ER	工作频率200~400千赫；测深分辨率1.25厘米；测深范围1~500米	美国Reson	1	1998年	
		Terramodel 501		英国Odem	1	2001年11月	开箱日期
		Seabat 8125	工作频率455千赫；测深分辨率6毫米；测深量程120米	美国Reson	1	2004年6月29日	开箱日期
		EM 3002D	测深分辨率5厘米；测深量程1~200米	挪威Kongsburg	2	2009年5月8日	验收时间
		Seabat 8101-210	工作频率240千赫；测深分辨率1.25厘米；测深量程5~300米	丹麦Reson	1	2009年5月11日	
		Sonic 2024	测深分辨率1.25厘米；测深量程1~500米	美国R2 sonic	1	2010年5月1日	
		ES3 M05	测深量程60米水深,100米斜距；测深分辨率0.02%倍测程	美国Odom	1	2010年9月	

（一）水砣与测深杆

20世纪50年代，海港测量队水深测量的主要工具是测深锤，在特殊浅水区域使用测深杆。测深锤是将一重物系牢于带有长度标记的绳子一端，测量时将其抛入水中，在重物自身重力作用下沉至水底，即可测量该点的瞬时水深。测深锤的重物多为铁铅等材质，且多为秤砣形，故俗称"水砣"。测深杆是一根带有长度标记的长杆，测量时从水面测量平台将其插入水体直至水底，以探测该点瞬时水深。测深锤和测深杆每次测量只能获得一个孤立点的水深，故俗称"点测深"。打水砣（使用水砣测量水深俗称"打水砣"）、插测深杆劳动强度大、测量精度差、工作效率低。受水底淤积物、淤泥，以及水流冲斜测绳和测杆的影响，实测的水深往往大于实际水深，不但影响测量的精度，亦制约整体成图质量。

图4-4-413 水砣

1956年，天津航道局为测量天津港较厚浮泥层而研制的测量工具三爪砣，有效解决了合理利用河口通航水域浮泥层提高通航尺度的难题。三爪砣测量适航水深是利用浮力原理，其有3个张开的竹片网和1个铅坠，随着水下浮泥层重度的增加和三爪砣竹片、网叶的展开，浮力变大，当到达一定的浮泥重度面时，三爪砣自身重量和浮力平衡时，铅坠不再下降，从而可根据绳尺沉入的距离判定适航深度。三爪砣测量水深是依靠绳尺分划读取深度，绳尺的分划误差将直接影响到深度测量精度。使用三爪砣实施适航水深测量，尽管其具有"制作简单灵活、价格低廉、操作安全简单"等优点，但由于受器具制造工艺、测量环境配布、测量员的感知和熟练程度等因素影响，其综合测量精度较低，作业效率相对偏低。

在回声测深仪引进之前和使用之初，水砣是主要的常用测深器具。老一辈海测人员练就娴熟的"打水砣"测深技艺，为海测事业做出了重要贡献。随着回声测深仪的广泛应用，水砣与测深杆测深方法应用越来越少。至2012年，北方海区测绘系统仅在码头前沿船舶停靠密集区难以开展回声测深以及水草区域或定性探测水底淤泥时使用。

（二）单波束测深仪

单波束测深仪是早期利用回声原理实现测深的设备，因其每次测量仅发射1个波束测量单个点的水深，故称单波束测深仪（简称"单波束"）。根据声波在均匀介质中匀速直线传播和在不同介质界面上产生反射的原理，由声学换能器垂直地向水底发射声波信号，测量并记录从声波发射至信号由水底返回的时间间隔，乘以声波在水体中的传播速度，再取声波往返行程的一半，即得到该点的瞬时水深。声波在海水中的传播速度，随海水的温度、盐度和水中压强而变化，常温时海水中声速的典型值为1500米/秒，淡水中的声速为1450米/秒。因而，在使用回声测深仪时，需对仪器进行声速设置，实测水深需按照实际声速加以校正。

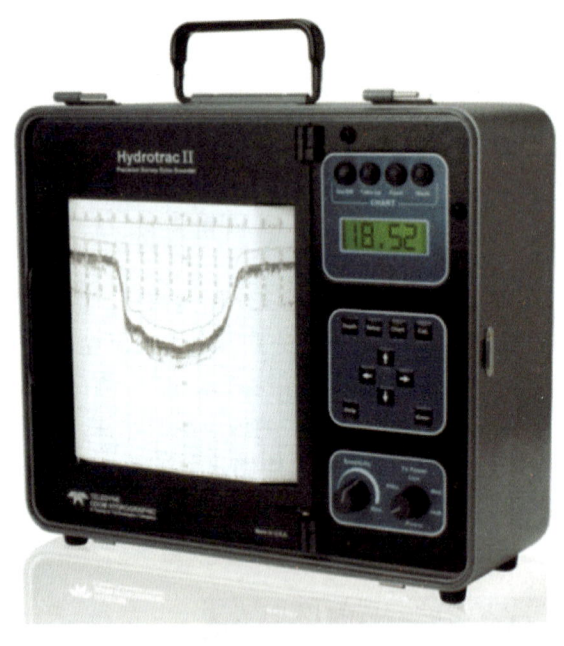

图4-4-414　美国Odom公司HydroTrack Ⅱ型单波束测深仪

回声测深仪通常由激发器、放大器、记录器、发射和接收换能器、处理单元及电源等部分组成。激发器触发产生脉冲振荡电流信号至发射换能器，发射换能器将电能转换为声能，并向海底发射声波。声波信号经水底反射，被接收换能器接收，并将声能转换为电能。电能信号通过放大器放大处理，测量发射接收时间，计算水深，最后由记录器记录模拟信号或输出数字水深信号。

按照发射频率分类，单波束测深仪可分高频和低频测深仪；按照发射频率数目分类，则可分为单频测深仪和双频测深仪；按照换能器波束角分类，可分为极窄波束角测深仪（其波束角小于或等于6°）、窄波束角测深仪（其波束角小于或等于12°）和宽波束角测深仪（其波束角大于12°）；按照测深仪记录（显示）方式分类，亦可分为模拟记录式测深仪和数字式测深仪。

1956年5月，海港测量队在国内较早使用日本电子管回声测深仪（311A型、312A型、拉兹17型等），实现了"点测深"向"线测深"转变。20世纪70年代初，天津海港测量队与丹东、无锡仪器厂家联合开发晶体管测深仪，并作为主用设备投入测量作业，解决电子管测深仪笨重和耗电量大等问题，同时增强了抗震动性能。

20世纪90年代,单波束测深仪开始成为水深测量主要手段。天津海港测量队(海测大队)陆续引进美国内层空间技术公司440型、美国IT公司448型、加拿大KNUDSEN公司320M型、美国NAVITRONIC公司NaviSound 210型、美国Odom公司HydroTrack Ⅱ型等单波束测深仪,以及美国SyQwest公司Bathy-500型和丹麦麦克瑞海洋公司E-Sea Sound 206C型双频测深仪,成为主用设备装备外业测量组。21世纪初,该队引进美国Odom公司Echotrac MK-Ⅲ型双频测深仪,提升了海底浮泥测量能力,对通航尺度核定测量发挥重要作用。

至2012年,单波束测深仪(含双频)在沿海港口航道测量和工程测量中仍发挥着重要作用。

(三)四波束测深仪

四波束测深仪由单波束测深仪发展而来,其基本测深原理与单波束测深仪大致相同,均为回声测深技术。不同的是,四波束测深仪同时安装4个换能器,同时发射4个声波波束,故称四波束测深仪(或四波束测深系统,简称"四波束")。四波束测深仪主要由同步控制器、图示记录器和4个收发合一的换能器组成,运行时在记录纸上可分别显示4个独立通道的回波和1个用于浅点判别的组合回波。

四波束测深仪4个换能器在船上可采用悬臂式或舷挂式两种安装方法。采用悬臂式安装时,4个换能器按一定间距安装在测量船舶正横方向的支撑架上;采用舷挂式安装时,4个换能器中的两个垂直安装,另两个倾斜一定角度安装,以增大扫测覆盖面,提高扫测带宽度。不论哪一种安装方式,均要求各个波束间不能出现覆盖漏空,且具有最大的扫测趟宽度。测量船舶按照预先设计的计划测线测量时,可形成以测量船舶航迹为中心具有一定扫测宽度的线状条带,并与相邻测线扫测条带保持一定重叠,实现水下地貌全覆盖探测。

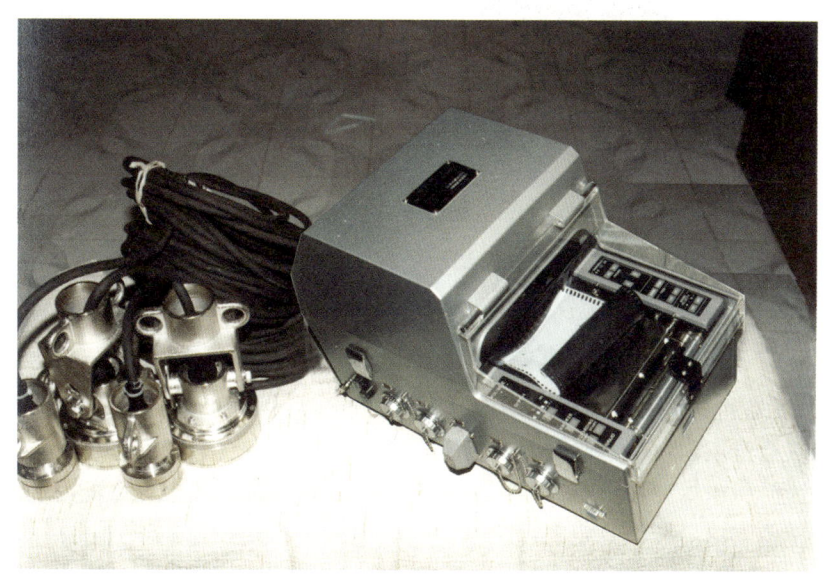

图4-4-415　日本KAIJO公司PS-20R型四波束测深仪

1979年12月,天津海港测量队在全国海区测绘系统率先引进的日本KAIJO公司PS-20R型四波束测深仪,进行多次技术研发试验。1982年8月在山海关船厂航道碍航物扫测项目中得到成功应用,发现并排除1块重4吨的水泥沉石和2块重3吨水泥四角锥等水下障碍物。随着实际经验不断积累,该队组织编制《四波束扫测技术规定及程序化操作流程》,推动四波束测深技术广泛应用。之后,在历年扫测工作中,利用四波束测深仪在多个港口发现了若干沉船、铁锚、水工构筑件等水下航行障碍物。

四波束测深系统的成功引进和应用,实现了"线测深"向"面测深"的技术跨越,为多波束测深系统的引进积累了宝贵经验和技术储备。20世纪80至90年代,四波束测深仪在北方重点港口的港池、航道全覆盖扫测中发挥了重要作用。1997年8月,天津海测大队引进日本KALJO公司PS-600型四波束测深仪。该设备改进了自动增益控制(AGC)和时间增益控制(TVG),增加了换能器吃水校正、声速校正和记录纸自动注记功能,并配置RS-232型输出接口,可支持水深测量数据自动化采集系统。

　　进入21世纪,随着多波束测深技术的快速的发展,作为"面测深"过渡技术的"四波束"逐步退出了历史的舞台,仅在狭小水域全覆盖水深测量中偶有使用。

(四) 多波束测深系统

　　多波束测深系统是一种由多传感器集成的复杂声学条带水深测量系统,可称多波束测深声呐或条带测深仪。因其实施水深测量作业时需要定位、姿态等诸多外围设备支持而构成复杂的测深系统,故多称之为多波束测深系统(简称"多波束")。该设备深度融合了现代信号处理技术、高性能计算机技术、高分辨率显示技术、高精度导航定位技术、数字化传感器技术等,实现了单次脉冲测取若干个水深的条带测深工艺。自20世纪70年代问世以来,一直以"系统庞大、结构复杂和技术含量高"著称,仅有少数欧美国家生产。

图 4-4-416　美国Reson公司Seabat 8101ER型多波束测深系统

　　多波束测深系统是利用发射换能器阵列向海底发射宽扇区覆盖的声波,利用接收换能器阵列对声波进行窄波束接收,通过发射、接收扇区指向的正交性形成对海底地形的照射"脚印",对这些"脚印"进行发射接收信号处理,一次探测便可给出与航向垂直的垂面内上百个甚至更多的海底被测点的水深值,从而能够精确、快速地测出沿航线一定宽度内水下目标的大小、形状和高低变化,精细描绘出海底地形的三维特征。与传统的单波束测深仪每发射一次声脉冲只能获得船舶下方一个"脚印"的水深值相比,多波束测深系统实现了条带探测,水深调查效率显著提高,并可节约大量成本。该设备适用于海上工程施工区水深监测和大范围重要通航水域精确测量,亦可用于水下航行障碍物精密探测。同时,能绘制海底三维图形等图件,提高了水下目标识别和判读能力。

　　多波束测深系统一般由水下单元和甲板单元两大部分组成。水下单元主要包括发射和接收换能器,由压电陶瓷换能器阵列组成,用于声波的发射和接收。甲板单元主要包括控制处理器、采集计算机、实时信息显示等设备。有些厂家将甲板单元进行高度集成,处理器主机与采集计算机合为一体,提高了系统稳定性,简化了安装调试过程。为保证多波束测深系统水深测量精度,必须配备声速仪、导航定位设备、姿态传感器等外围辅助设备。

1998年,天津海测大队引进美国Reson公司Seabat 8101-ER型多波束测深系统,首次将多波束水深测量理念引进北方海区水深测量作业。在烟台通过海上验收后,在大连港、天津港以及青岛283航道等水域多次试验测试。1999年,在青岛跨海大桥前期建设选址调研扫测项目中首次应用,获取了精细海底地形地貌资料。为进一步推进多波束测深系统的规范化使用,该队工程师桑金、卫国兵,在总结两年来测试及应用实践基础上,研读了大量技术文件,主笔起草《多波束测量技术规定(试行)》,并于2000年5月31日正式印发施行。

多波束测深系统的成功引进和应用,实现了由传统的单波束测深仪、四波束测深仪水深测量到宽带扫海的技术飞跃。与四波束测深仪相比,该设备的工作效率、测深精度显著提高,可实时绘制各种比例尺平面图或三维彩色立体图。

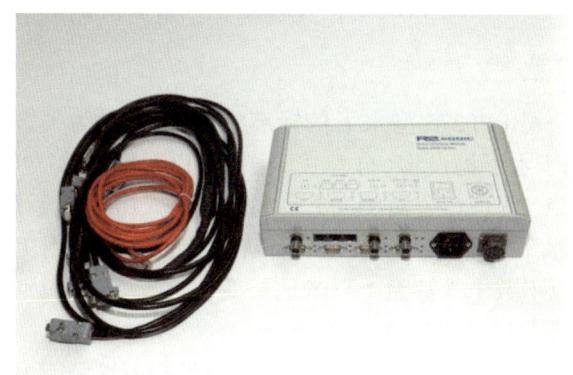 

图4-4-417　美国R2 Sonic公司Sonic 2024型多波束测深系统甲板单元与工作原理示意图

至2012年,该队先后引进英国Odem公司Terramodel 501型、美国Reson公司Seabat 8125型、挪威Kongsburg公司EM 3002D型、丹麦Reson公司Seabat 8101-210型、美国R2 Sonic公司Sonic 2024型、美国Odom公司ES3 M05型等多种型号多波束水深测量系统,在岗使用多波束测深系统共6台套,全面装备外业水深测量队伍,成为北方海区测绘系统水深测量与水下航行障碍物勘察主要技术手段。

三、探测设备

探测设备系指用于海底地貌勘察和水下目标探测的设备,旨在通过机械器具、声学探测、磁力探测等手段判定航行障碍物的准确位置与最浅深度,核实或消除海图上的疑存概位符号,确定探测区域最大安全通航深度,或配合打捞作业。探测设备与系统主要包括机械式扫海具、基于声学原理的侧扫声呐系统、铁磁性物质探测系统等。

1955年海港测量队成立初期,主要的扫海探测设备仅有原始的机械式扫海具,可分为软式扫海具和硬式扫海具两类。优点是扫海具廉价,且作业效率较高。其缺点是作业程序较为繁杂,施工成本高,操作实施难度大,且有一定危险性。

20世纪70年代后期,侧扫声呐扫海探测技术日臻成熟,其高效精细探测优势凸显。其间,天津海港测量开始陆续购置或引进国产SGP-1型、美国EG&G公司260型、美国Benthos公司SIS-1500型、美国Teledyne公司SIS-1624型、美国EdgeTech公司4200 SP和Teledyne公司C3D-LPM型等多种型号侧扫声呐,北方海区水下目标探测搜寻能力得到迅速提升。

由于铁锚、鼓坠、钢管乃至铁质沉船等目标通常淤埋在海底泥面以下,侧扫声呐、多波束测深系统等设备无法探测识别。1999年12月,天津海测大队开始陆续引进美国Geometrics公司G881型、加拿大Marine Magnetic公司SeaSpy型等海洋磁力探测设备,通过多项工程摸索应用积累经验,淤埋海底的铁磁性目标探测能力逐步提高。

(1)2005年4月30日，营口鲅鱼圈扫测霍尔锚　　　　　　(2)2005年11月15日，天津港航道17号活节式灯桩

图4-4-418　天津海测大队扫测打捞成果

2003年，天津海测大队引进和应用美国Benthos公司DPL275型水下信标声呐定位仪，是为失事飞机水下"黑匣子"搜寻专用设备，在实际工作中亦可用于水下抛设物（自容式验潮仪）以及拖曳体（声呐拖鱼）的跟踪搜寻。2008年，该队引进和应用法国ECA HYTEC公司H300型水下机器人（ROV）系统，旨在提升北方海区水下目标搜寻、识别，以及简单的水下作业能力等。2012年，该队引进和应用美国Benthos公司ChirpⅢ型等浅地层剖面仪，可探测海底以下数十米甚至上百米地层变化情况，具有识别地层中异常淤埋物质的能力，故可用于淤埋目标特别是非铁磁性目标的探测。

至2012年，北方海区测绘系统已初步形成机械式、声学式、磁力式等多系列综合性扫海探测能力。

1955—2012年北方海区测绘系统使用的主要探测设备一览表

表4-4-90

序号	名称	型号	标称性能	产地/厂商	数量(台)	启用日期	备注
1	软式扫海具	1050	扫床宽度1050米			20世纪50年代	
2	硬式扫海具					20世纪50年代	
3	侧扫声呐	SGP-1		华南工学院	1	1977年	
		WILDSCAN		英国	1	1987年	
		260	频率500和100千赫；量程25~600米单侧	美国EG&G	1	1988年10月	开箱时间
		SIS-1500	频率100千赫兹；量程单侧150米	美国Benthos	1	2001年12月31日	验收报告
		SeaScan PC型（小型）		美国Marine Sonic	1	2003年12月31日	
		Model 881A前视声呐		加拿大iMagenex	1	2004年8月29日	开箱时间
		SIS-1624	量程单侧25~500米	美国Teledyne	1	2009年9月16日	验收报告
		4200SP	量程单侧25~150米（400千赫兹）；量程单侧25~500米（100千赫兹）	美国EdgeTech	1	2009年10月27日	建卡日期
		C3D-LPM	量程单侧25~300米（200千赫兹）；量程单侧25~600米（100千赫兹）	美国Teledyne	1	2010年5月1日	验收报告

〔续表〕

序号	名称	型号	标称性能	产地/厂商	数量(台)	启用日期	备注
4	浅地层剖面仪	GeoChirp	高穿透时 12.5 厘米；高分辨时 7.5 厘米	英国 GeoAcoustics	1	1993 年	
		ChirpⅢ	最大 30 米穿透深度；分辨率 15 厘米	美国 Benthos	1	2012 年	
5	海洋磁力仪	G-881	量程范围 2000~10000 纳特斯拉；精度 <3 纳特斯拉；方向误差 ±0.5 纳特斯拉	美国 Geometrics	1	1998 年 12 月	开箱时间
		G-882SX	灵敏度 0.002 伽玛；采样率 10 次/秒	美国 Geometrics	1	2006 年 12 月	开箱时间
		SEA SPY	传感器灵敏度 0.01 纳特斯拉/vHZ；精度提升为 0.1 纳特斯拉；量程 18000~120000 纳特斯拉(标准)，扩展到 150000 纳特斯拉；采样率 0.1~4 赫兹(标准)，扩展提升为 5 赫兹；最大工作船速 25 节	加拿大 Marine Magnetics	1	2007 年 6 月 25 日	验收报告
		Sea Pro 手持磁力仪	具备四个磁通门；耐压 152 米；重量 0.4 磅；4.9 伏供电	美国 Dunhum&Morrow	1	2012 年 12 月 25 日	建卡日期
6	信标声呐定位仪	DPL275	作用距离 6 千米	美国 Benthos	1	2003 年 12 月	开箱时间
7	ROV 水下机器人	H300	300 米浅水	法国 ECA HYTEC	1	2008 年 8 月 14 日	建卡日期
8	泥浆密度仪	Stema RheoTune	剪应力强度范围 0~200 帕；粘性范围 0~600 帕；密度范围 1000~1800 千克/升；精度 <所量的密度的 1%；分辨率 1 千克/升	荷兰 Stema Systems	1	2010 年 9 月 15 日	验收报告

(一) 机械式扫海具

机械式扫海具系指利用纯机械原理进行海底扫床的扫海工具，按类型可分为硬式及软式两种。一般由绳、杆、沉锤、浮子、钢轨等组成，由主、副船舶拖带作业，如遇障碍物则航行受阻，即可初步判定障碍物的概略位置。为测定其准确位置、最浅深度、性质和延伸范围，需要进一步用测深仪加密探测或潜水员探摸。

硬式扫海具可分为固定式和拖曳式两种。均由扫床部分(杆长最大为 30 米)、定深部分(杆长视情况而定，扫海深度一般为 12 米)以及其他辅助部分组成。定深精度约 0.3 米，适用于港湾、江河等水域的扫测工作。硬式扫海具扫海的目的与软式扫海具扫海大致相同，其优点是所需作业人员及测量仪器(两台套)不需太多，且拖扫过的水底变得较为平整；其缺点是难以对可能出现的水下航行障碍物位置作出较为准确的定位。硬式扫海一般以一艘或两艘功率相当的船舶拖动一段有一定长度(25 米、

50米、75米)的长条金属物(铁道钢轨)对测区进行拖扫,其"扫海趟"的布设与软式扫海基本相同。1985年,该队助理工程师赵洪彬负责组织实施秦皇岛油一期港池施工验收扫海,作业中采用了硬式扫海具,发现并协助疏浚部门排除数处施工浅点。

软式扫海具主要由扫床部分、定深部分和拖带部分组成。扫床部分由底索(长度由数百米至数千米)、浮子等组成;定深部分由浮标、沉锤、定深索等组成;拖带部分由拖缆和稳定索等组成。软式扫海通常以两艘功率较大的船舶(250马力以上)拖动底索前进,以底索所扫范围确定有无海底隆起物标。在扫海过程中,需确保底索确实着底,同时不可使底索陷于淤泥之下。其间,天津海港测量队主要使用1050型软式扫海具,其扫床宽度达1050米,适用于开阔水域作业,效率较高。在狭小测区,则可用渔网的梗绳作底索,按照需要定出底索长度。1988年,该队助理工程师赵洪彬负责组织实施鲅鱼圈锚地至通道海底扫测,作业中使用了1050型软式扫海具,发现了沉在海底的浮标。

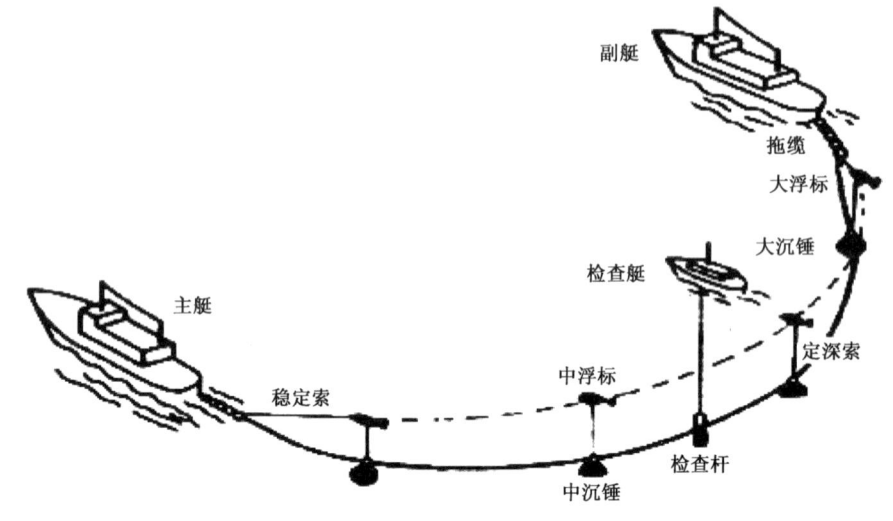

图4-4-419　软式扫海具扫海示意图

20世纪80年代之前,天津海港测量队使用的机械式扫海具扫海方式是沿用苏联的扫海模式,在开辟新航路,保证船舶安全航行中做出一定贡献。但其扫海前准备工作繁杂,劳动强度大,且具有一定危险性。20世纪80年代末,随着侧扫声呐、多波束测深系统的引进和应用,该扫海模式已较少使用。

(二)侧扫声呐

侧扫声呐(side scan sonar)是水下地形地貌探测的主用设备,主要由声呐换能器(俗称拖鱼)、甲板数据接收处理单元和拖缆等部件组成。换能器基阵向两侧下方发射扇形波束的声脉冲,遇海底及障碍物产生反射波,接收换能器按照回波到达的时间,依次先后接收,经信号处理后,在记录纸(或显示器)上形成密集的平行线,构成二维声图。距离近的信号较强,记录色调浓,反之则较淡。若海底有一个隆起的障碍物,则隆起的正面反射信号较强,记录色调浓,而其背面无回波信号,形成白色区,从而可判读目标的概位和形状。

侧扫声呐主要有船尾拖曳和侧舷拖曳两种安装方式,与机械式扫海具扫海相比,侧扫声呐扫海探测目标的能力更强,作业效率更高,是水下特殊浅点、沉船、沉物等航行障碍物快速探测搜寻的首选设备。侧扫声呐的主要技术指标为量程、分辨率、发射频率和最大测量航速等。量程系指声呐的最大探测距离,与工作频率反向相关。当工作频率较低(100、300千赫兹等)时,获取的探测距离较大(双侧最大测量范围达1000米),从而提高扫测作业效率;当工作频率较高时(400、600千赫兹等),则可获取更高分辨率的海底图像,从而探测到更细小的目标,但量程却大为缩短,如在400千赫兹时,双侧的最大量程覆盖仅有300米。此为传统侧扫声呐技术(CW连续波技术)量程与分辨率不可兼得的弊端。随着侧扫声呐技术以及电子滤波技术的快速发展,Chirp线性调频技术逐步成熟并广泛应用,较好地兼顾了测量量程和分辨率两项关键性技术指标。

1977年,天津海港测量队首次装备华南工学院SGP-1型侧扫声呐。1978年在天津大沽锚地使用该设备扫海,仅两天时间便探明了沉船位置和姿态,侧扫声呐扫测的效率优势初步显现。1987年,天津海测大队引进英国WILDSCAN型侧扫声呐;1988年,引进美国EG&G公司260型侧扫声呐。2001年始,该队陆续引进美国Benthos公司SIS-1500型、美国EdgeTech公司4200 SP型、美国Teledyne公司SIS-1624型和C3D-LPM型等侧扫声呐。

图4-4-420　美国EdgeTech公司4200 SP型侧扫声呐

至2012年,北方海区测绘系统侧扫声呐的成功引进和应用,显著提升辖区水下目标探测搜寻能力。在历次扫海测量和应急扫测工程中,发现排除了若干沉船、沉物等水下碍航物,为保障一方水域航行安全发挥重要作用,目前仍是水下目标探测最为有效的手段之一。

(三)浅地层剖面仪

浅地层剖面仪是一种能够对海底浅表地层进行穿透而分辨海底不同介质剖面的探测设备,是港口航道等水域地质勘查和工程测量的重要手段。该设备对水底地层具有一定的穿透能力,能够准确反映水(海)底地层厚度、层理结构等不同地层的结构特征及地层中异常的埋藏物体,其中包括浅层气、断层、埋藏古河道等,并能够清晰地反映在记录纸等显示记录装置上。该设备广泛应用于港口航道疏浚地质勘探、港口选址工程地质勘探、海洋测绘地质调查、航道港池淤泥测量、海底管道与电缆探测等专业领域。由于该设备可以探测浅地层中的异常淤埋物体,因而亦可作为扫海设备,用于海底淤埋目标的探测搜寻。

1993年,天津海测大队引进英国GeoAcoustics公司GeoChirp型浅地层剖面仪。该设备主要利用声学扫频技术,对海底沉积层、浮泥层等浅地层进行高分辨率、高穿透率扫描,并对海底浅地层进行连续跟踪记录,获得连续的浅地层剖面信息。如与钻探相配合使用,可得到测区详尽的浅地层层次、性质等信息;如与侧扫声呐联合测量,可获得海底地形、沉积的三维图像。

图 4-4-421　英国 GeoAcoustics 公司 GeoChirp 型浅地层剖面仪

1999 年,天津海测大队在青岛跨海大桥项目前期选址工程勘测中,利用该设备圆满完成青岛跨海大桥南、北、中三线海底浅地层探测作业,绘制了三线海底地层剖面图,为青岛跨海大桥建设提供了科学地质依据。

2012 年,天津海事测绘中心引进美国 Benthos 公司 Chirp Ⅲ 型浅地层剖面仪。该设备重量轻,携带、运输方便,适合在各种船舶上应用,可使用多种拖鱼和震源。该设备的引进和应用,有效地改善了北方海区测绘系统地质探测设备陈旧不足状况,显著提升了浅地层地质探测能力。

(四) 海洋磁力仪

海洋磁力仪是测定海洋地磁场强度的探测设备,因其可以探测水下铁磁性目标,故通常用作扫海工具。该设备由控制显示器、磁力传感器和拖曳装置组成。磁力传感器装在拖曳体内,由测量船舶拖曳,在探测水域按照一定的间距往复行驶进行磁力探测。海洋磁力仪探测的是某处总磁场强度,当存在铁磁性物质时将产生磁力异常。根据磁力异常的强度等特征,则可判定目标概位。针对概位目标,再进行精细磁力探测;根据磁力异常的特征、探测方向、探测距离等参数,进而确定目标的准确位置、大小和形状等信息。

磁力仪在任意一点所测水底铁磁物体的磁场强度,与铁磁物体的磁矩成正比,与传感器至水下物体的距离的三次方成反比。因此,使用磁力仪扫海时,磁力传感器应尽量靠近探测目标,致使磁力仪扫海的测线布设大都比较密集。铁锚、浮标、沉船等航行障碍物以及海底管缆通常是淤埋到海底泥面以下,多波束测深系统和测扫声呐等设备无法寻找,磁力仪针对淤埋的铁磁性物体探测具有其他设备无法比拟的优势。

1998 年,天津海测大队引进美国 Geometrics 公司 G881 型海洋磁力仪,弥补了铁磁性障碍物探测能力的不足。2006 年,引进美国 Geometrics 公司 G882SX 型海洋磁力仪;2007 年,引进加拿大 Marine Magnetics 公司 SeaSpy 型海洋磁力仪;2012 年,引进美国 Dunhum&Morrow 公司 SeaPro 型手持海洋磁力仪,有效提升了铁磁性障碍物探测能力。

图 4-4-422　美国 Geometrics 公司 G882SX 型海洋磁力仪

至2012年,北方海区测绘系统引进的该类设备,在黄骅港外航道探测疏浚船舶丢失的耙头和尾舵,在重庆涪陵三峡库区探测淤埋于水下80米的沉船,在黄河小浪底水库搜寻探测"6·22"特大水上交通事故的沉船,以及在其他应急抢险测量、通航水域扫海探测等工程中均发挥了不可或缺的重要作用。

(五)信标声呐定位仪

信标声呐定位仪(pinger locator),亦称信标声呐,是专门用于搜寻探测水下载有信标信号发射装置的设备。飞机的记录飞机语音和飞行参数的"黑匣子"均配置该信标。该设备可接收具有固定频率的单个发声器或声学装置矩阵所发出的声脉冲,工作频率为37.5千赫兹。信标根据作用原理、换能原理、特性及构造等不同,有声压、振速、无向、指向、压电、磁致伸缩、电动(动圈)等水听器之分。水听器与传声器在原理、性能上有诸多相似之处,但由于传声媒质区别,水听器必须有坚固的水密结构,且须采用抗腐蚀材料的不透水电缆等。声压水听器探测水下声信号以及噪声声压变化并产生和声压成比例的电压输出。声压水听器是水声测量中不可或缺的设备,是被动声呐系统中的核心部分。根据所用灵敏材料的不同,声压水听器可分为:压电陶瓷声压水听器、PVDF声压水听器、压电复合材料声压水听器和光纤声压水听器。

载有水下信标的设备("黑匣子")落水后,信标即被激活,根据具体设置周期性发出37.5千赫兹声波信号。搜寻探测人员将信标接收换能器放置于水下,即可实时监听来自水下信标的声波信号,搜寻平台(船舶)按照布设的计划测线实施搜寻探测,当监听到水下声波信号后,调整换能器方向到信号最强的方向,记录该时刻的位置和换能器指示的方向。搜索多条测线后,在多个位置监听到水下信标声波信号;根据监测点的坐标和方向,可在图上标绘出多条位置线;每两条线均有交叉点,选取交点密集的交叉点作为信号源的测量位置区域;从图上量取或利用数学关系计算以上直线交点坐标,交点平均值即为信号源坐标。实际测试结果表明,这种方法可以达到米级定位精度。

2002年5月7日,在大连海域发生"5·7"空难。为尽快找到并打捞失事飞机"黑匣子",交通部海事局通航处副处长李树兵和天津海测大队队长李鲜枫联系并调用美国Benthos公司DPL 275型等2台信标声呐定位仪,快速搜寻探测到2个"黑匣子"的准确位置。鉴于该类设备的显著作用,该队于2003年在国内首次引进美国Benthos公司DPL275型信标声呐定位仪。

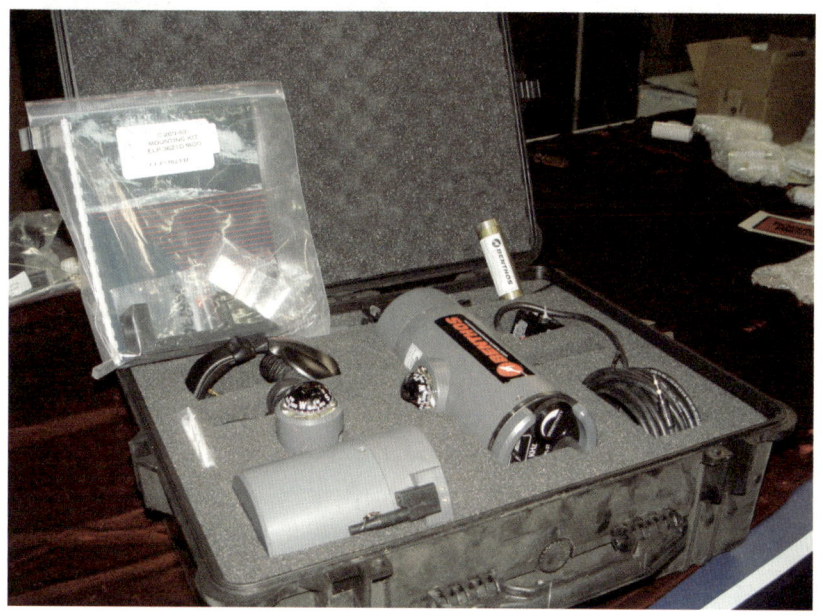

图4-4-423 美国Benthos公司DPL-275型信标声呐定位仪

2004年,该设备在"11·21"包头空难中,仅用2小时便发现并确定了失事飞机"黑匣子"位置。为充分发挥该设备的效能,根据测量工作特点,天津海测大队将37.5千赫兹的水下信标安装在侧扫声呐拖鱼、验潮仪支架等水下物标上,物标一旦发生丢失或移位,则可使用该设备搜寻探测。至2012年,该设备仍作为北方海区测绘系统处置突发事件搜寻探测的主要技术手段之一。

(六)水下机器人

水下机器人(Remotely Operated Vehicle,简称ROV)即水下遥控潜水器,系水下无人潜器的一种,通过脐带缆在水面平台进行控制,故称有缆遥控潜器。该设备是一种能够在水下一定范围内航行并承担水下目标搜索、调查、识别和打捞作业的特定潜水设备,因其可代替潜水员完成诸多水下作业,故称水下机器人。该设备主要包括水下潜器、甲板控制单元、脐带缆以及潜器搭载的成像、定位、姿态等外围设备。甲板控制单元通过脐带缆向水下潜器提供动力并发送控制信号,同时水下潜器将搭载传感器采集到的图像等水下信息上传至水面控制单元,并在终端显示、存储等处置。

2006年12月,天津海测大队引进法国ECA HYTEC公司H300型ROV。该设备主要适用于深度300米以内浅水域的海上搜寻、海底探测、港口码头和大坝及船体安全检查、海底底质取样等作业,主要用于潜水员不能到达的深度或恶劣水下环境中下潜作业,适应于水质较清澈、海流流速3节以下海况作业。

图4-4-424　2008年6月4日,天津海事局副局长吴建平(左)赴浙江千岛湖培训现场观看H300型ROV操作演示

2007年12月11日,天津海测大队开箱验收H300型ROV;2008年5—6月,在浙江杭州千岛湖对该设备进行水上测试验收和技术培训;同年8月,在天津港海上测试,并勘察探测大沽灯塔塔基(水下部分)。通过系统培训和实操演练,该队培养了一批能够熟练操作该设备的技术人员,初步形成用ROV替代潜水员开展水下勘察作业的技术能力,有效获得了水下环境可视化感知效果,弥补了诸多非客观因素影响潜水员探摸水下目标的不足。2010年,长山列岛附近发生大范围不明原因溢油污染,按照交通运输部海事局的要求,该队将该设备调遣至该水域,尝试工程化应用,初步发挥一定作用。

四、水文观测设备

水文观测系指利用水文设施和仪器对水文要素进行观测的技术和方法,北方海区测绘系统主要的水文观测要素为水位。水位观测设备是用以采集瞬时水位数据并对其进行程序化分析、计算、综合的重要硬件,亦是构建水文验潮站网的主要设备。

水位观测设备可分为人工观测和自动观测两大类。人工水位观测是以设立于水中的水尺读数并记录水位。在海底平坦、风浪影响较小的海域,通常采用测深仪锚泊定点测深的方法获取水位。自动水位观测设备一般可分为接触式、非接触式和混合式三种。接触式水位观测设备主要有浮子式、压力式、自计式(可称自容式);非接触式水位观测设备主要有微波(雷达)式和激光式;超声波式水位计属于混合式。这些观测设备分别安置于验潮站网中的长期站、短期站、临时站和海上定点站,验潮数据通过计算机网络技术采集、处理和存储,组成自动化水文验潮系统。

至2012年,北方海区测绘系统水位观测设备主要有浮子式、压力式、自容式水位计三种,总计69台套。

1997—2012年北方海区测绘系统使用的主要水文观测设备一览表

表4-4-91

序号	名 称	型 号	标称精度	产地/厂商	现役数量(台)
1	浮子式水位计	SCA	±1厘米	国家海洋技术中心	4
2	自容式水位计	DCX-22	±0.05%FS	瑞士Keller公司	4
3	自容式水位计	DCX-Ti	±0.02%FS	瑞士Keller公司	16
4	压力式传感器	MPM4700	±2厘米	瑞士Keller公司	1
5	压力式传感器	Druck Ptx1840	±0.1%FS	美国GE集团	44
		合计			69

(一)浮子式水位计

浮子式水位计亦称浮子式验潮仪,属于直接感应式自动化验潮设备,是测绘业内公认的精度高、性能稳定的水位观测设备,亦是北方海区测绘系统标准化长期水文站建设的主用设备。

浮子式水位计是将测获的水位模拟信号转为数字信号,并经调制发射至水位用户。该设备由感应部分、变速部分和编码部分组成。感应部分由浮子、悬索、平衡锤组成,浮子在其下方附有重锤,其作用是使重心下移,减弱对水面波动的敏感程度;悬索为带有穿孔的不锈钢带或钢缆,与水位轮组成链式传动,有效防止打滑,保证测量精度;浮子与平衡锤通过悬索在水位轮两边组成平衡,当水位变化时,漂浮水面的浮子在浮力作用下上升或下降,产生一个位移,平衡锤继续与之保持平衡,亦随之产生一个方向相反的位移,于是悬索驱动水位轮,产生一个与水位变化相应的转角。变速部分由按照比例的副齿轮组成,将水位轮产生的转角正确无误的传递至编码部分。编码部分由编码器接受变速部分传来的运动,完成与水位变量相应的数字编码,通过电路传输完成传感器的功能。

2008年12月,天津海测大队在营口仙人岛水文站建设中首次使用浮子式水位计,而后分别在盘锦新港、京唐港曹妃甸港区、青岛港董家口港区、天津港大港港区等水文站配置浮子式水位计。随着北方港口验潮站网的不断加密,对验潮设备的需求相应升级。目前,使用的设备型号为国家海洋局海洋技术研究所研发的SCA型浮子式水位计,是为国家海洋部门在全国各个港口水文观测站普遍使用的主用水位计。

浮子式水位计重量为10.5千克,外观尺寸440×300×310毫米。该设备每分钟储存1组数据,数据显示在带背光的点阵字符型液晶显示器上,更新周期为1秒,可选用DDN专线、无线公网(GSM/CDMA)、VHF、卫星通信、SDH专线以及RS 232/422/485串行接口等方式传输数据。

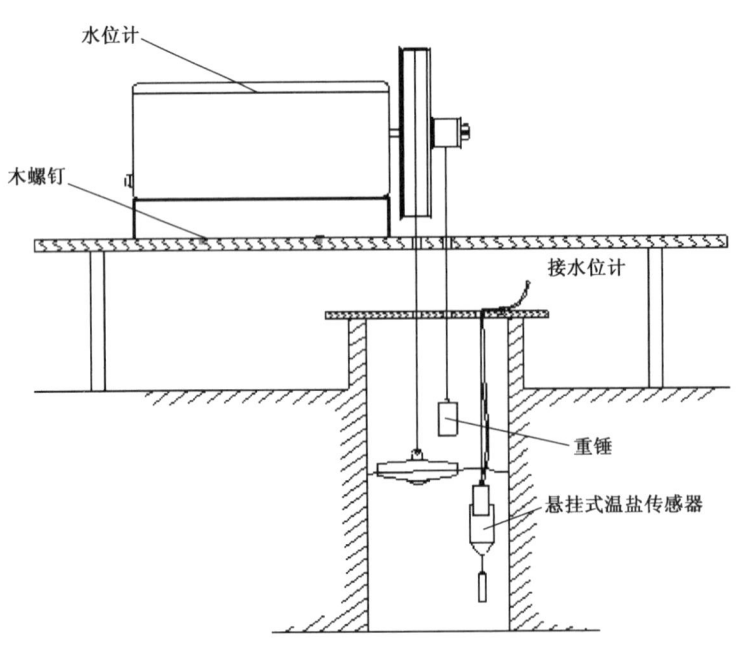

图 4-4-425　浮子式验潮仪工作原理示意图

该设备平均无故障工作时间大于 5000 小时,平均故障恢复时间小于 0.5 小时。系统采用模块化设计,便于安装和维护。同时,预留 1 个串口、2 路 A/D、2 路频率量口,具有良好的可维护性和扩充性。

至 2012 年,北方海区测绘系统水文观测站配置 4 台 SCA 型浮子式水位计。

(二) 自容式水位计

自容式水位计亦称自容式验潮仪,与压力式水位计类似,均为直接感应式自动化水位观测设备。其主要特点是不需任何水面设备,直接抛设在水底,便可自动观测并记录水位变化信息,是北方海区测绘系统海上定点验潮主用设备,主要型号有瑞士 Keller 公司 DCX-22 型和 DCX-Ti 型。

DCX-22 型全自动自容式水位计为不锈钢机壳,内置电池供电,可用于长时间记录水位和温度等水文信息。它是一个绝压型压力传感器,在受到大气压力影响相对较大的浅水中,必须要考虑大气压变化,使用时需将第二个传感器放置在水面附近,以监测水体表面大气压。通过 PC 分别计算两个压力值,水位通过压力差计算得出。同时,该设备应用了最先进的微处理器技术,从而保证无论在深水或在浅水,输出压力和温度信号均有较高精度和分辨率。测量数据通过压力传感器对所有线性和温度造成的误差予以数字补偿,较好地保证水压感应精度。在使用标准设计情况下,用户采集数据时,需要去现场通过数据电缆下载数据。该设备重 355 克,电池寿命可达 10 年之久。

1997 年 5 月,天津海测大队首次购进海军测绘研究所研制的自容式水位计,用于秦皇岛港及附近港口航道图测量海上定点站验潮,提高了测量质量和工作效率。2006 年,该队

图 4-4-426　瑞士 Keller 公司 DCX-22 型自容式水位计

引进瑞士 Keller 公司 DCX-22 型自容式水位计，主要用于布设海上定点验潮站进行潮位数据和海面大气压力观测和采集。该设备使用 3.6 伏锂电池供电，RS-485 数据通信，可通过 USB 连接 PC 进行数据下载。该设备小巧玲珑，便于海上定点抛投，同时最多支持 28000 组数据存储，理论最长连续工作时间为 10 年。

2009 年，该队引进瑞士 Keller 公司 DCX-Ti 型自容式水位计，与 DCX-22 型自容式水位计相比，其精度更高，准确度可达 ±0.02%FS，外壳材料使用全钛合金，自重仅 320 克，抗腐蚀性更强。内置电池寿命同样可以达 10 年之久，是目前使用的主流型号自容式水位计，在港口航道测量和近年航路扫海测量中发挥了重要作用。

至 2012 年，北方海区测绘系统水文观测站分别配置 DCX-22 型自容式水位计 4 台，DCX-Ti 型自容式水位计 16 台。

(三) 压力式水位计

压力式水位计亦称压力式验潮仪，为直接感应式自动化水位观测设备，主要由高精度的压力式传感器、先进的数据采集处理通信传输模块等部件组成，可同时实现现场实时水位数据观测、显示与贮存和无线遥测，广泛应用于水文水利、海洋测绘、港口建设与运营等诸多领域的水位观测。其主要特点是安装简单，易于实现水文信息自动观测以及遥测遥报功能，是北方海区测绘系统沿岸简易长期水文观测站和临时水文观测站的主用设备，亦是标准化长期水文观测站的主要备用观测设备之一。

该设备由水上机和水下传感器两部分组成。压力式水位计的水上数据测量处理单元称为水上机，用于水位数据实时采集、固态储存和传输发布。水位数据主要包含日期、时间、水位、平均水位和存储器使用指针等信息。其采样间隔通常设置为 5 分钟，储存周期可达 50 天。其水下部分为高精度的压力传感器，工作原理是利用压力传感器感应水体的静水压力，再根据水体密度，利用经验数学模型转化为潮位。此外，该设备具有 BCD 和格雷码的设定，台站号码设定，日期、时间设定功能（失电后无需重新设置）和历史水位资料查询等功能。数据接口为 RS-232 型，方便与有线和无线通信模块连接。水位自动测报系统所使用的三种数据通信方式分别是有线、无线专网和无线公网。目前，天津海测大队使用的实时数据传输方式为无线公网。

2006 年，在渤海超大型船舶航路扫测期间，天津海测大队批量购置一批北京星航联科技有限公司 UWL-B 型数据控制器，与瑞士 Keller 公司 MPM4700 型压力传感器等组成验潮数据遥控遥测系统，安装于海上石油平台或孤岛，解决了近海无人值守观测潮位难题。

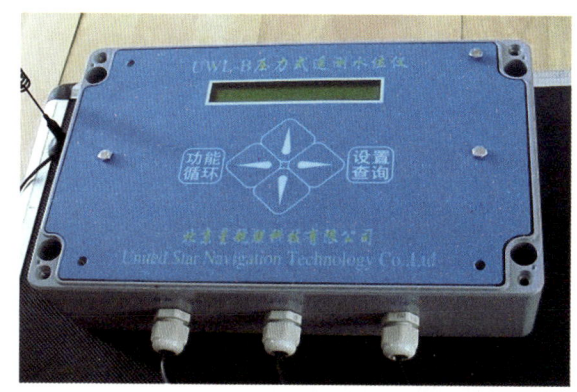 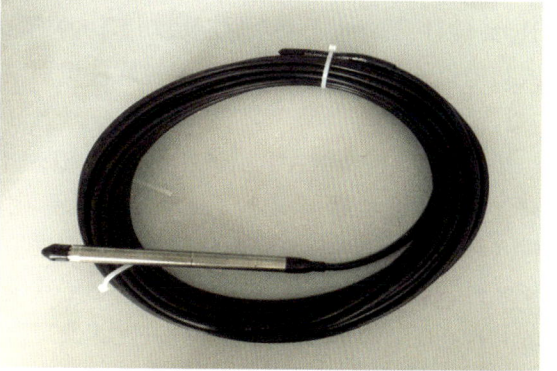

(1) 北京星航联科技有限公司USL-B型超微数据控制器　　(2) 美国GE集团Druck Ptx1840型压阻式智能液位传感器

图 4-4-427

2012年始,天津海测大队引进美国GE集团Druck Ptx1840型压阻式智能液位传感器。这是一种全密封智能化液位测量仪表,应用当今先进液位测量技术,高性能传感器融合了先进补偿技术和封装工艺,提供高稳定、高可靠、高精度且经济的液位测量方法,亦可测量腐蚀性液体。该设备配有防雷击涌浪保护选项,符合欧洲IEC61000-4-5最高级别,可有效防止雷击产生的电涌损坏传感器,并配置快速安装电线夹、沉锤、防潮接线盒、校验接头。其电缆内部含有Kevlar材料的抗拉芯体,防护等级为IP68,工作水深700米。相比于瑞士Keller公司MPM 4700型压阻式智能液位传感器,该设备精度更高,长期准确度可达到满量程的0.1%,可适用的工作温度和工作电压范围更宽,已成为北方海区测绘系统压力式水位计的主要传感器元件。

至2012年底,北方海区测绘系统水文观测站配置Druck Ptx1840型压力式传感器总计44台。

五、绘图设备

绘图设备是用于海图编辑和成果输出的软件及硬件设备。早期手工制图阶段使用的制图工具比较简单,多以手工绘制出印刷原图为主要特征;后期逐步发展到机助制图阶段,主用采用计算机及附属输入、输出设备,以电子设备为主要工具输出印刷原图为主要特征。

1955年5月海港测量队成立之初,以二级技术员张浩然为骨干的技术人员,沿用海军作业模式,使用小钢笔、曲线笔、碳素墨水、直尺、圆规等简单绘图设备手工制图。

1960年,天津海港测量队采用上海计算机打字机厂JSY-20型手摇计算机,配合对数表、三角函数表等计算坐标图廓点坐标。20世纪70年代,该队在绘图要素展绘方面开始使用绘图符号模板,将外业报告图板上的水深数据描绘至清绘原图上,绘制地形图采用轮转笔、曲线笔。20世纪80年代后期,该队购置国产植字机替代人工手写注记,使符号、字体等图面要素更加规范美观;同时,购置缩放仪、展点仪,用于不同比例尺编绘资料缩放和坐标格网绘制,绘图工具有较大改进,较好地满足手工制图数学基础建立、各种比例尺资料采编、图面清绘整饰等全工艺流程需求。

1989年,天津海测大队开展计算机辅助制图研究。1991年,该队引进加拿大CARIS公司CARIS系统海图制图软件,经过自主技术开发,当年编绘完成一幅除汉字注记外全要素海图,并使用德国WILD公司TAB10型平板绘图仪刻绘出版原图,达到国内先进水平。1994年,该队应用CARIS软件开始用平板绘图仪分版刻绘线划版和普染撕膜版,提高海图印刷出版效率。是年,经过反复论证,该队购置中地公司MAPCAD(DOS3.0)软件,用于海图汉字注记加注与输出。1998年,该队成功实现激光照排成图输出,实现海图编绘、分版输出一体化,从而结束手工制图历史。是年,该队引进加拿大CARIS公司CARIS HOM软件,推动电子海图试制成功。1999年,该队引进丹麦CONTEX公司12300型A_0幅面黑白滚筒式扫描仪,可以获取图像资料,通过软件识别,实现编绘资料数字化批量数据录入,与使用数字化仪相比,更方便、更高效。

2007年,天津海测大队引进加拿大CARIS HPD系统(简称"系统")。该系统能以S-57数据结构存储海量海道测量信息,并通过不同软件应用于制作具有统一数据源的纸海图和电子海图,港口航道图制作进入具有无缝数据库支持数据编辑及数据维护的纸海图、电子海图多品种数据库辅助机助制图时代。是年8月,通过消化吸收,为满足源数据和纸海图编辑要求,翻译完成《CARIS HPD源编辑器参考指南》《CARIS HPD纸海图编辑器参考指南》,并编写覆盖所有制图作业流程的指导文件、技术规定,组织开展技术培训。随后,利用该系统,编制完成天津港等纸海图,以及《2008年奥帆赛专用电子海图》,实现纸海图与电子海图同平台制作。

图 4-4-428　2008 年 11 月 25 日,天津海测大队制图人员在调试美国惠普公司 HP5500PS 型喷墨绘图机

2009 年,交通运输部海事局实行集中统一制图机制后,天津海测大队相继应用 PHOTOSHOP、CORELDRAW、ILLUSTRATOR 等平面制图软件,以及 GLOBAL MAPPER、ARCGIS 三维晕渲软件,实施专题海图开发制作。其间,购置了美国惠普公司 Contex HD4230i 型彩色扫描仪、美国惠普公司 HP Z6100 型和日本 EPSON 公司 STYLUS 9880C 型喷墨绘图机等制图资料输入和产品输出设备,显著提高专题海图制作能力。

至 2012 年,北方海区测绘系统在用绘图设备包括联想图形工作站、台式计算机、服务器、喷墨绘图机、喷墨写真打印机、彩色滚筒式扫描仪、激光打印机等硬件设备,CARIS HPD 制图系统、CARIS GIS 制图软件、自制软件《外业成图》、用 JAVA 编制的下载并转换 HPD 版本的自制软件、读取 HPD 纸海图数据到 CARIS GIS 的自制软件、PHOTOSHOP、ILLUSTRATOR、CORELDRAW 等软件,满足了编绘港口航道图和制作专题海图的需求,并达到国际先进水平。

1955—2012 年北方海区测绘系统使用的主要绘图设备一览表

表 4-4-92

序号	型号/名称	产地/厂商	启用日期	使用情况
1	小钢笔、曲线笔等手工绘图工具	国产	1955 年	退役
2	TX-1 型符号模板和写字仪	上海航测仪器厂	1955 年	退役
3	JSY-20 型手摇计算机(飞鱼牌)	上海计算机打字机厂	1960 年	退役
4	缩放仪	日本、德国	20 世纪 80 年代初	退役
5	PC-1500 型袖珍计算机	日本 SHARP	1985 年	退役
6	DE201B 型静电复照仪	天津市复印设备厂	1985 年	退役
7	655 型晒图机	荷兰奥西公司	1986 年	退役
8	HDP-3 型照相排字机	上海光学机械厂	1986 年	退役
9	CARIS 海图制图软件(工作站)	加拿大 CARIS	1991 年	现役
10	4/330 型服务器	美国 Sun SPARC	1991 年	退役

〔续表〕

序号	型号/名称	产地/厂商	启用日期	使用情况
11	Station 2 工作站	美国 Sun SPARC	1991 年	退役
12	95480 型数字化仪	美国 Calcomp	1991 年	退役
13	1025 型滚筒绘图机	美国 Calcomp	1991 年	退役
14	813 型 1/2 寸磁带机	美国 Sun SPARC	1991 年	退役
15	LGB Ⅱ 型硬拷贝机	美国 TeKTronix	1991 年	退役
16	CR-3240 型(Star)宽行打印机	日本得宽实发展(集团)有限公司	1991 年	退役
17	TAB10 型平板绘图仪	德国 WILD	1991 年	退役
18	MAPCAD(DOS3.0)软件	中地公司	1994 年	升级为 MAPGIS 7.0
19	微机版 CARIS CARIS FOR WINDOWS4.2.5	加拿大 CARIS	1996 年	人手一套软件
20	HP DJ650C 型喷墨绘图机	美国惠普	1996 年	升级为 HP6200、EPSON、oce Colorwave 650
21	CARIS HOM 软件	加拿大 CARIS	1998 年	退役
22	CARIS SIPS 软件	加拿大 CARIS	1998 年	现役
23	12300 型黑白滚筒式扫描仪	丹麦 CONTEX	1999 年	升级为 HP4230I 型彩色滚筒式扫描仪
24	HPD 系统(HPD Server、HPD Source Editor、HPD ENC Product Editor、HPD Paper Chart、Product Editor 等模块)	加拿大 CARIS	2007 年	人手一套客户端
25	HPD 系统配套软件(Oracle Database 10g Release 2、Oracle Spatial 和 Oracle RA)	美国 Oracle	2007 年	现役
26	Rx3600 HP-UX 2 Core(1.6 GHz)型服务器	美国惠普	2007 年	退役
27	STYLUS 9880C 型喷墨绘图机	日本爱普生(EPSON)	2008 年	现役
28	HP-5500SP 型喷墨绘图机	美国惠普	2008 年	现役
29	HP Z6100 型喷墨绘图机	美国惠普	2009 年	现役
30	Contex(康泰克斯)HD4230i 型彩色扫描仪	美国惠普	2010 年	现役
31	CARIS HIPS 软件	加拿大 CARIS	2010 年	现役

（一）手工制图工具与设备

1. 写字仪

写字仪是通过模板书写规范水深的手工制图工具，包括写字模板、书写器、平行尺等三部分。因海图主要的要素为水深，故在手工制图时期使用频率甚高。

写字模板是将不同大小的数字、英文字母及部分海图符号刻于尺型的模板上，模板上有一个滑槽。写字模板将写水深的字体分为 60、80、100 号三种，装于一盒。写字模板的制作是个技术难题，二级技术员张浩然在海军工作期间，于 1952 年 12 月成功仿制美制写字仪，荣立二等功。1955 年 5 月，张浩然转业到海港测量队后，将该技术应用于港口航道图制作。

书写器呈三角形状，一个角上装有可以盛墨水的针头，另外两个角下是固定针(脚)，由于形似飞机，一般称之为"小飞机"。制图人员书写水深时，一个针(脚)置于字模滑槽中，另一个针(脚)置于写字模板数字模中，通过针(脚)在写字模板上的运动，带动写字针头在图面上绘制出与字模字形相似的数字和符号。不同的字模，可控制数字和符号的大小和字体的不同。写字针与固定针(脚)之间有螺丝调节两者的角度,控制字体是正体字还是斜体字。写字针头的粗细,可控制写出字体的粗细。

图 4-4-429　写字仪书写器

平行尺为金属制成,较重,有两个金属滚轮,大小相同。制图人员书写水深时,写字模板贴在平行尺上方,平行尺起到保证写字模板始终平行于上下图廓,从而保证水深字始终垂直于南北图廓。每写完一个水深,再根据下一个水深位置推动平行尺,写字模板保证写字仪写出的水深整数部分的中心与水深定位点重叠,将水深按照要求写在正确的位置。写字速度是其中重要技能,该队制图人员书写最快速度为每分钟 14 个字。

至 20 世纪 90 年代,写字仪在北方海区测绘系统手工制图期间的港口航道图编绘中发挥了重要作用。1996 年,机助制图全面应用后,逐渐不再应用写字仪制图。

2. 缩放仪

绘制海图通常用各种不同比例的海图作为制图资料。绘图前,需将各种不同比例尺的制图资料缩小或放大,使其成为所需比例尺编绘资料。缩放仪是一种能够使图形按照一定比例缩小或放大的仪器。

缩放仪中有制托库拉夫、班他库拉夫及制陀库拉夫三种缩放方式,皆应用几何学相似三角形原理。常用绘图笔、描迹针,及固定重点(支点)于一直线上,将描迹针沿原图形的线划移动,绘图笔即可绘制出缩小或放大的相似图形。可根据仪器横杆之长(常数),计算缩放比率,调节刻度尺上数值缩放海图。

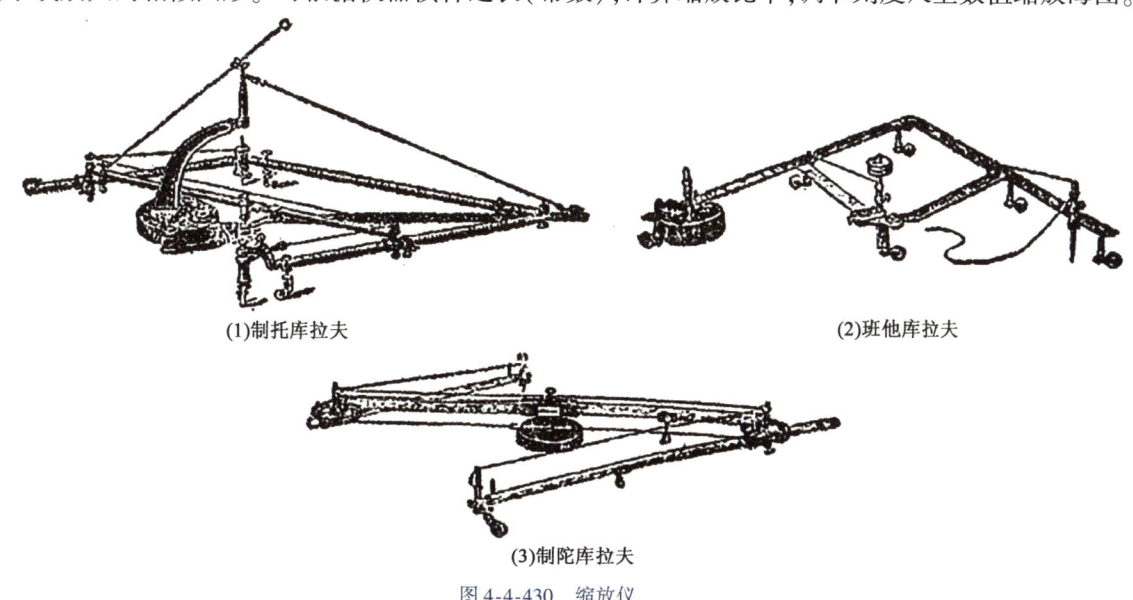

(1)制托库拉夫　　(2)班他库拉夫

(3)制陀库拉夫

图 4-4-430　缩放仪

20世纪80年代初,天津海港测量队先后引进日本、德国制造的2台缩放仪,德国缩放仪为银质,精度较高。缩放仪每边约不足1米长,一般1人即可操作。缩放仪是手工制图常用必备工具,引进后,在制图作业中转绘不同比例尺制图资料时均要通过缩放仪实现。

由于使用缩放仪转绘制图资料时需要通过描迹针对每一个需要缩放的要素逐个进行描绘,所以转绘工作量比较大,工作效率比较低。1985年,该队应用静电复照仪后,能够实现图形要素整体缩放,缩放仪逐步退出应用。

3. 静电复照仪

静电复照仪是一种图形快速复制设备。该设备是将新兴的电摄影技术科学地引入传统的制板照相机中,具备静电复印速度快、成本低的优点,同时保留普通复照仪精度高、幅面大的长处,是图形编制部门得力助手。1985年5月,天津海港测量队在全国海区测绘系统率先购置天津市复印设备厂DE201B型静电复照仪,替代缩放仪。在复照过程中,可以在2.5∶1到1∶2.5之间任意选择缩小或放大比例。

图4-4-431　天津市复印设备厂DE201B型静电复照仪

该设备由控制箱、导轨、暗箱、镜箱和稿台5部分组成。控制箱包括控制面板、电器控制系统、高压发生器、磁刷显影机构、硒板门及显影扫描系统等部件。分辨率方面:按A_1幅面考核,四角位置不低于3.2线/毫米,中间位置不低于4线/毫米;底灰方面:在A_1幅面内,其光学反射密度应不大于0.05;层次方面:应不低于连续4级。该设备对原稿无特殊要求,可反射原稿,亦可透射原稿;可以是黑白图样,亦可是彩色原稿,最大幅面可达全开;几种要素原图可套合在一起复照,破旧图样亦可通过必要修补后复制翻新。该设备对转印介质亦无特殊要求,需要删改的图样、文字,可在定影前通过擦拭而清除。除了能够复印黑白图像,亦可通过更换不同颜色复印粉的磁刷分色复照。

该设备在海图编绘中是必备工具,用于资料的比例尺变换,使用频率较高,且其精度高,通过使用涤纶薄膜作为底图介质,保证制图精度。操作基本程序为:充电→曝光→显影→转印→定影→消电→清扫。使用该设备复制资料的要点是比例尺控制,通过精确量取硒板门上影像,计算与所需影像值之差,并通过控制镜头箱与稿台之间的距离实现。此外,需将纸、薄膜覆于硒板上,在静电作用下,纸、薄膜上将得到原图缩放后的图形。

在图件输出时,为将墨粉固定于纸、薄膜上,需要烘烤,而烘烤中将导致图件有较大变形,无法达到制图精度要求。为解决这一技术难题,该队制图队高级测量工张万山,通过在转印件表面喷洒汽油的方法固定墨粉试验,避免了烘烤过程的变形,满足了复照精度要求。该工艺在制图中得到广泛应用,并在上海、广州海测大队推广。

20世纪90年代,随着机助制图系统推广应用,静电复照仪的使用逐渐减少,至1996年停止使用。

4. 照相排字机

照相排字机是一种光学、精密机械和电子技术相结合的综合型排版设备,俗称植字机。植字时,将从玻璃盘片字模上选定的字通过植字机按照需要比例缩放、倾斜变形,曝光在胶片上;将曝光后的胶片冲洗、定影,在透明胶片上即可获得所需不同大小、不同字形的字体,再将胶片背面刷胶后,粘贴到涤纶薄膜底图上,从而替代手工书写海图注记。

1986年,天津海港测量队在全国海区测绘系统率先购置上海光学机械厂HDP-3型照相排字机。该设备电子系统包括电脑板、拨键显示板、按键板、转接板、驱动板、电源箱和各种信号检测板。其微电脑系统由Z-80型中央处理器(CPU)配上一定容量的随机存储器(RAM)、只读存储器(ROM)、输入输出(I/O)接口电脑、外部装置以及电源等部分组成,起到控制和协调整机作用。

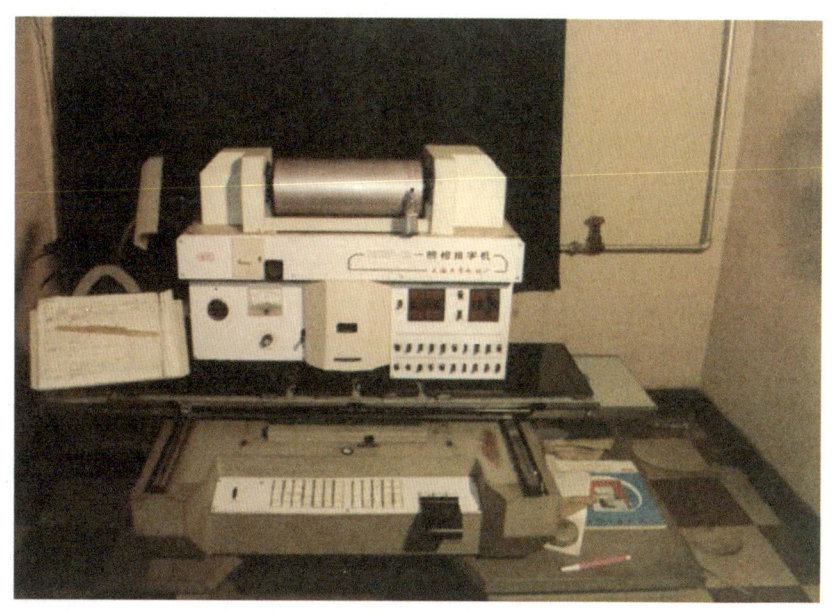

图4-4-432　上海光学机械厂HDP-3型照相排字机

该设备的购置和使用,有效解决绘图人员汉字书写的规范问题,实现图面注记美观规范,明显提高作业效率,成为海图作业必备的常用工具。在植字机应用期间,该队绘图人员背诵不同海图注记在玻璃字盘的固定摆放位置,从而提高检字速度。经速度测试,一般为7字/分钟,最快速度达15字/分钟。由于显影、定影对字的黑度产生影响,黑度不够时字迹不清晰,太黑时字迹容易发"糊",笔画之间形成粘连。该队绘图人员经过反复实践,解决了该问题,植字效果满足海图印刷工艺要求。

1991年,计算机辅助制图系统应用之初,仍由照相排字机解决该系统汉字输出。至1994年,中地公司MAPCAD制图软件应用于海图作业,较好解决汉字输出问题,照相排字机逐渐退出制图工作。

(二)计算机辅助制图系统

1. CARIS 计算机辅助信息系统

1989年,天津海测大队开展计算机辅助制图研究,并完成中国沿海第一幅计算机辅助制图,是为从传统手工制图向自动化方向迈出的第一步。1991年10月,该队在全国海区测绘系统率先引进加拿大CARIS公司计算机辅助信息系统(简称"系统"),应用于沿海港口航道图编绘作业。该系统主要由

CARIS 系统软件以及美国 Sun SPARC 公司 330 型服务器、Station 2 型工作站、813 型 1/2 寸磁带机,美国 Calcomp 公司 95480 型数字化仪、1025 型滚筒绘图机,美国 TeKTronix 公司 LGB Ⅱ 型硬拷贝机,德国 WILD 公司 TAB10 型平板绘图仪等配套硬件组成。

鉴于该系统所采用的图式和制图规范与中国不一致,该队工程师张安民开始对其研究开发。主要开发内容为:建立符合规范要求的海图符号库,完善相关数学基础参数,使该系统能够生成符合中国《航海图编绘规范》的所有图廓式样;根据实际操作情况,编制大量的宏命令,以方便制图作业;解决了外业自动采集数据到该系统数据转换,实现外业数据到该系统批量输入;建立一套完整的机助海图作业工艺和审校体系,试制完成《天津港》海图样图,达到除汉字注记外的全要素海图要求;使用德国 TAB10 型平板绘图仪刻绘出版原图,达到国内先进水平。1993 年 3 月,张安民完成《CARIS 系统海图制图应用培训教材》编制,组织开展专业技术培训,促进了该系统在全国海区测绘系统的推广应用。

1996 年,鉴于 CARIS 不能兼容汉字,张安民将汉字加注与输出作为研究和主攻的目标。经过反复研究与论证,将 CARIS 编制的缺少汉字注记的海图转换为微机能够识别的格式,再利用比较成熟的制图软件 MAPCAD 加注汉字;将微机编制的海图生成激光照排机可读格式,制作分色胶片,成功实现海图编辑、绘图、印刷一体化。至此,以工作站 CARIS、MAPCAD 为主要制图软件,采用自主研发的数据格式转换软件,实现 CARIS 数据转换至 MAPCAD 软件的制图工艺完全取代了手工制图工艺。

1996 年,天津海测大队引进加拿大 CARIS 公司 CARIS FOR WINDOWS4.2.5 软件,开始使用微机版 CARIS。随着微机稳定性与速度的提高和功能的完善,微机版 CARIS 逐渐从测试转为应用,初期微机版 CARIS 作为工作站辅助工具,港口航道图制图在工作站上完成,其他图在微机 CARIS 上完成。

1999 年,该队引进丹麦 CONTEX 公司 12300 型扫描仪,扫宽为 A0 幅面、分辨率 1200DPI,为黑白扫描仪。该设备的重要作用是将编图资料扫描成数字图像,利用图形识别软件在屏幕上完成图形矢量化的过程,该工艺相对数字化仪操作更为方便、效率更高。

图 4-4-433　2003 年 11 月 3 至 15 日,天津海测大队派员参加交通部海事局在上海举办的 CARIS GIS 操作培训班

2006 年,微机版 CARIS 处理汉字的技术成熟,全要素的印刷原图可在微机版 CARIS 上输出,由此替换了转换至 MAPCAD 出胶片的工艺。至 2007 年,随着微机版 CARIS 的普遍应用,CARIS、MAPCAD

工作站逐渐不再使用。

2009年,CARIS HPD投入使用前,该队根据工作需要,分批次逐步扩充、更换数字化仪4台、微机5台、微机版CARIS 8套、喷墨绘图机2台。之后,为满足多波束测深系统引进应用需要,随机附带CARIS SIPS、CARIS HIPS等软件,并保持CARIS制图软件版本多次更新。至2012年,由最初的CARIS FOR WINDOWS4.2.5软件升级为CARIS EDITOR4.4a软件。

2. 海道测量生产数据库系统(HPD)

海道测量生产数据库系统是由加拿大CARIS公司开发研制的以数据库为支撑的机助制图系统(CARIS Hydrographic Product Database,简称HPD)。该系统将空间数据和属性数据统一管理在一个无缝的数据库中,支持多用户同时操作,可基于不同比例尺级别的源数据,制作电子海图和纸海图等多种形式的海图。

机助制图技术出现后,随着数据库技术逐步发展,数据库的应用是管理制图数据的重要发展方向。2006年始,交通部海事局多次就引进数据库及HPD技术组织专题研讨会,天津、上海、广州海测大队和天津航测科技中心派员参加,并组成临时HPD技术工作组。2007年5月,在第五次HPD技术研讨会议上,与CARIS HPD生产商及其他相关设备供应商洽谈,最终明确HPD的总体建设方案:"HPD数据库服务器分别设置在三个海测大队,天津、广州的服务器只有本地区的数据;上海作为全国数据集中地和电子海图唯一制作单位,在存放本地数据基础上,每天利用网络空闲时间,与天津、广州数据库进行一次单向数据同步,以获得天津、广州的数据;上海的全国数据库异地备份至天津航测科技中心(二期实施);各海测大队内部HPD客户端通过本地局域网访问数据库"。总体建设方案的主要目标是用数据库技术制作纸海图、电子海图,同时解决三地数据互相备份、应用等问题。

HPD软件配置方案包括HPD Server、HPD Source Editor、HPD ENC Product Editor、HPD Paper Chart、Product Editor等模块。服务器操作系统为UNIX;配套软件设施包括美国Oracle公司的Oracle Database 10g Release 2、Oracle Spatial和Oracle RAC等模块;负载均衡群集软件,光纤储存设备数据备份软件,防病毒软件(专业版)。配套硬件设施包括美国惠普公司Rx3600 HP-UX 2 Core(1.6 GHz)型服务器2台、RAC 2套、光纤交换机1套,以及硬件防火墙、存储磁带库等。

根据第五次HPD技术研讨会议制定的HPD总体实施方案,天津海测大队制定本队实施方案,设立技术小组,制订实施准备工作时间表。2007年5月始,该队开始建设机房、购置外围设备、培训技术人员,并由工程师石金榜、卫国兵负责HPD测试工作;工程师杨龙、汪连贺负责数据库等相关软件维护。在软件测试同时,启动围绕软件数据库格式研究、应用软件开发工作。

同年6月,天津海测大队着手HPD测试及本地化工作,技术小组使用2台台式机构建服务器,并使用CARIS公司提供的测试软件,参考英文资料,开展测试及本地化工作,主要目标是用国外软件实现中国海图、电子海图制作。测试工作包括安装硬件及软件、尝试软件操作流程、编制众多的软件环境配置文件。同年12月,技术小组完成《CARIS HPD纸海图编辑器参考指南》《CARIS HPD源编辑器参考指南》(简称《指南》)翻译工作。该《指南》覆盖源数据制作软件、纸质海图制作软件的所有主要技术细节,并发至广州、上海海测大队,成为全国海区测绘系统HPD测试及本地化重要参考资料。

2008年3月,技术小组开始尝试将CARIS HPD配置成符合国家标准《中国海图图式》的关键技术文件的研究与编制。先后编制完成包括纸海图符号文件、注释文件、数据字典、比例尺级别分配方案,并编制完成《CARIS HPD源编辑器操作手册》《Source编辑经历表》等操作、培训、过程质量控制技术文件,为工艺流程标准化做好前期准备。同年5月,试制完成的《天津新港港池》海图顺利通过质检部门审核。该成果是天津海测大队利用HPD制作的第一幅纸海图,标志着软件本地化工作达到海图图式、编绘规范、内部补充规定等技术要求,软件配置合理性、本地化适用性、操作流程实用性得到验证。同年6月,技术小组将开发方向转为整个工艺的测试和建立。测试从多比例尺源数据管理开始,将北方海区

1∶50万电子海图数据录入,总体技术目标为新工艺下数据组织方法科学,能实现有效维护,并保证整个流程的效率。同年7月,完成电子海图制作和质量控制文档,并利用HPD完成《青岛奥帆赛电子海图》,标志着该队实现HPD电子海图制作。同年8月,编制完成《CARIS HPD源编辑器操作手册》《Source编辑经历表》等HPD全部11个文档,成为全国海区测绘系统使用HPD制作专题图的指导书。

2009年5月,卫国兵编制完成Oracle数据库格式、数据库表结构分析,为改造数据库结构以及软件自主研发、自由应用数据奠定基础。同年12月,实现读取海图数据到微机版CARIS功能。2011年8月,《CARIS HPD 2.7R2数据库字典》印刷出版,具备了读取源数据、纸海图数据、电子海图数据任意格式数据建立新数据库的能力,显著提升数据的使用效率。至2012年,HPD在专题制图工作中发挥了至关重要的作用。

六、通信设备

测绘通信设备系指北方海区测绘系统在测绘作业特别是外业测量时,用于信息交流、数据传输的通信手段,主要有旗语标志、对讲机、高频电话、卫星电话、手机、通信网络等。随着无线电和网络技术的发展,通信设备从国产到进口,从单一的对讲机发展为卫星电话和手机通信等多种形式并存,测绘通信手段无论是硬件设备还是软件管理均发生巨变。

1955年海港测量队成立之初,在光学定位时期的外业测量、平面控制测量以及水准测量等作业中,基本没有无线电通信设备,通常使用规范化的手势、旗语等方式传递测量作业信息。1970年,天津海港测量队与丹东无线电厂定制开发便携式对讲机,测量技术人员提出的以可收缩钢卷尺替代对讲机天线获得成功,以结构轻巧、携带方便深受测量人员欢迎,在传统水深测量定位时期发挥了重要作用。20世纪70年代中叶,该队一度使用陕西宝鸡烽火无线电厂频合式硅2瓦单边带电台和TW-8型铁路专用高频电话,以满足测量作业对通信手段的需求。此间,通信设备大多采用晶体管等分离式元器件,电路集成度虽不高,但便于使用和维修。设备测试、电路分析、故障维修、器件购置等通信设备维修管理是当时测绘设备管理的一个重要方面。该队仪器修理组负责全队通信设备维修和管理工作,本着"勤俭持家、节约资金"的原则,通信设备故障全部自行维修。

20世纪80年中叶,随着微波定位技术的引进,降低了水深测量工作对无线电通信的依赖,但无线电通信仍是船岸之间工作状况沟通的主要手段。在外业测量作业尚未实现数据自动采集之前,无线电通信需用于下达各种测量信息的同步观测指令。为满足测量作业对通信手段的需求,天津海港测量队使用的通信设备亦多为国内生产,其中有天津712厂503型手持式无线电收发信机(小高频电话),发射功率5瓦,主要用于测量船舶与沿岸台站近距离通信;RAY-32型台式无线电收发信机(大高频电话),发射功率25瓦,主要用于测量船舶与沿岸台站远距离通信。随着通信设备的更新换代,天津海测大队于1995年引进日本健伍公司TK-248型甚高频电话,随后陆续引进日本健伍公司TK-768型、美国Apelco公司VHF510型等系列甚高频电话,并成为外业测量主用无线电通信设备。

为满足应急抢险和重大测绘任务需求,天津海测大队于2005年11月引进了第一台新加坡Nera公司NERA WP型海事卫星电话,实现了离岸远距离实时通信,海上测绘和应急抢险通信保障能力显著提升。该卫星电话2006年应用于渤海航路测量项目,2007年应用于黄骅港验潮系统,2009年底至2010年初应用于大连"吉松5"沉船搜寻等测量工程。2010年,购置美国铱星公司9555型卫星电话,用于海上测绘通信。

2012年,为保证测量船舶作业安全与动态监测,天津海测大队组织开发"测量船舶动态管理系统"。该系统集成AIS、GPS和北斗等硬件设备,实现了外业测量船舶动态实时传输至该队数据中心,在客户端可以随时查看各测量船舶工作状态;测量人员亦可通过"北斗短报文功能与服务系统"进行短信交流,为手机信号覆盖盲区作业船舶提供了通信手段和安全保障。

1970—2012年北方海区测绘系统使用的主要无线电通信设备一览表

表 4-4-93

序号	型号/名称	频率（兆赫）	功率（瓦）	距离（海里）	产地/厂商	启用日期	备注
1	便携式对讲机				丹东无线电厂	1970年	进队日期
2	频合式硅2瓦单边带电台		2		陕西宝鸡烽火无线电厂	20世纪70年代	进队日期
3	TW-8型铁路专用高频电话				天津712厂	20世纪70年代	进队日期
4	503型无线电收发信机		5		天津712厂	1984年	进队日期
5	RAY-32型无线电收发信机		25		天津712厂	1984年	进队日期
6	SH503KGP型无线电收发信机	132~174	3		天津712厂	1986年	进队日期
7	SRL-1645H	138-174	40			1988年	进队日期
8	RAY-80型无线电收发信机		25		中国厦门航运电子仪器有限公司	1990年12月7日	发货日期
9	HH978XL无线电收发信机		5		美国UNIDEN	1991年	开箱日期
10	TEC CH-150型高频电话		3		中国珠海通力电子设备厂	1993年11月	开箱日期
11	TK-248型甚高频电话	150~174	5	5~6	日本键伍	1995年11月	开箱日期
12	TK-708H型甚高频电话	频率合成或调频车载机	5		日本键伍	1995年11月	开箱日期
13	VHF510型甚高频电话		1-5		美国Apelco	1995年12月	开箱日期
14	NERA WP型海事卫星电话	发送:1626.5~1660.5;接收:1525.0~1559.0			新加坡Nera	2000年11月	
15	TK-768G型甚高频电话	150~174	5	5~6	日本键伍	2006年4月18日	建卡日期
16	TK-7108型甚高频电话	150~174	5	5~6	日本键伍	2009年7月8日	建卡日期
17	VX-351-CDOB-5型甚高频电话	150~174	5	5~6	苏州威泰克斯	2009年10月10日	建卡日期
18	9555型卫星电话	1616~1626.5	0.42（待机）	全球	美国铱星	2010年11月22日	建卡日期
19	TM-271A型船载对讲机	150~174	65	20~22	日本键伍	2011年6月15日	建卡日期

（一）TK-248型甚高频电话

甚高频无线电话（VHF）系指在30~300兆赫兹频率范围内实施并完成无线电话通信的设备。VHF通信主要靠地面波和空间波视距传输，通信双方之间存在高大地物遮挡时，影响其通信效果。VHF主要用于无线通话，亦可用于无线数据传输。该设备一般由发射机、接收机、天线、电源组成，多采用调频制，发射功率为数瓦至数十瓦，通信距离可达数十海里，是北方海区测绘系统水上测量作业的主要通信工具。

1995年，天津海测大队引进日本键伍公司系列VHF（TK-248）。该设备性能稳定，作用距离远，通话质量高，得到推广使用。至2012年，该队现役VHF主要是健伍系列TK-248、TK-768G、TK-7108等型号。

VHF普遍应用于海上作业实时通信，在组织协调测量项目和保障测量船舶作业安全中发挥重要作用，现仍为北方海区测绘系统外业测量工作中必不可少的通信设备之一。

(二) NERA WP 型海事卫星电话

海事卫星电话（International Maritime Satellite Service）系指通过国际海事卫星接通的船与岸、岸与岸以及船与船之间电话业务的终端设备，是公共电信服务的延伸和有效补充。

卫星通信是利用人造地球卫星作为中继站，实施一个或多个地面站之间的无线电波传输、发射和（或）接收。大多数通信卫星均位于地球上某一地区上空固定轨道上，与地球自转方向和速度相同，同步运行。卫星通信地面站负责向卫星发送信息、控制卫星上转发器的运行以及接收信息。卫星通信距离远、覆盖范围大、组网灵活、容量大，不受气候和自然条件变化影响，可同时实施电报、电视、传真和数据等信息传送。海事卫星是通信卫星的一种，是海上与陆地间无线电通信联络的空间中继设备，主要用于全球海上常规通信、遇险与安全通信、特殊与战备通信保障服务。

2000年11月，天津海测大队引进新加坡Nera公司NERA WP型国际海事卫星电话终端，旨在弥补常规通信手段不能覆盖的盲区，提供全海域通信支持保障。2006年，在实施渤海超大型船舶航路测量项目中，该队首次使用该设备实现公共电信服务覆盖盲区水域测绘作业通信联络。随后，在2007年黄骅港（超长航道）验潮系统建设、2009年大连"吉松5"沉船扫测等项目实施过程中，亦多次使用该设备作为应急通信保障。

至2012年，海事卫星电话的引进和应用，较好地解决了远离陆地海域的测绘通信难题，外业测量特别是应急抢险测量安全得到有效保障，提高了工作效率。但属于早期的海事卫星电话，其终端比较笨重，使用不太方便，且通信费用较高，仅用于特殊测绘项目所需的安全通信保障。

(三) 9555 型卫星电话

铱星系统（IRIDIUM）是由66颗环绕地球的低轨卫星组成的全球卫星移动通信系统，是地面固定电话网和移动电话网的延伸和补充。该系统通过"无缝隙"的全球覆盖，为用户提供实时便捷的通信服务。铱星系统卫星网络覆盖全球（包括南北两极），是迄今世界上覆盖最广的卫星通信系统。

铱星9555型卫星电话是基于铱星系统网络的通信设备，该电话机长143毫米，宽55毫米，厚30毫米，重266克，内置可伸缩天线，并可选配外接天线，在室内使用时可将天线架设在室外。

在该卫星电话使用之前，需将天线拔出，通话时要保持天线垂直指向天空，确保天线与天空之间无遮挡，开机后卫星电话将自动搜索卫星并注册。该卫星电话用户拨打手机用户的拨号规则为：00+国家码+地区码+电话号码；拨打铱星用户的拨号规则为：00+12位铱星电话号码。该卫星电话亦具有像普通移动电话一样的短信收发、信息存储等功能。与较早期引进的海事卫星电话相比，该卫星电话覆盖范围更广。

2010年始，天津海测大队先后购置4部美国铱星公司9555型卫星电话，应用于远离陆地水域外业测量的实时通信保障。其中2台安装于"海巡1504""海巡1505"中型测量船上，并在船舶顶部安装外置蘑菇头天线，便于船上测量人员在室内使用。

至2012年，该卫星电话的引进和应用，实现了原有通信终端无法覆盖区域的通信，外业测量人员在各种海域环境状况均可实时与外界保持联络，保障了船舶航行作业安全，提高了外业测量工作效率。

第五节 开港测量

北方海区测绘系统开港测量系指港口（含港区）正式通航运营前所实施的一系列测绘工作，以及按照上级指令实施的首次港口航道图测量。开港测量资料是船舶进出港及港口作业的重要依据，具有较高的权威性。

1949年中华人民共和国成立后,港口建设逐步展开。1955年海港测量队成立后,随即完成广州港首幅蓝晒海图测绘任务。1957年6—11月,该队在完成天津港1:2.5万及蓟运河口1:1.5万两幅海图测绘的同时,兼顾沿海港口开港测量工作,开启了开港测量新篇章,并为促进区域经济发展发挥了不可或缺的作用。

1958年海港测量队划归天津航道局管理后,北方海区各港开港测量工作成为该队主要业务之一。营口港地处辽河口内,受冬季严寒影响,每年10月中旬封港,翌年3月开港前均由该队对回淤影响最大的拦门沙航道进行测量,依据测量结果核定通航尺度后开港,此项工作持续了数十年。1976年,大连港鲇鱼湾(大窑湾)油港区建成,根据交通部安排,天津海港测量队完成大连港鲇鱼湾(大窑湾)港区的航道、锚地及南港池扫海测量,提供1:2.5万港区及附近和1:5000港池航道蓝晒海图各一幅。同年,青岛港黄岛港区原油输出一期工程竣工,该队适时完成黄岛油港1:5000海图测绘工作,为开港提供了首版蓝晒海图。1986年7月,该队使用四波束测深仪等设备实施营口港煤码头港池、航道扫海测量和1:2.5万、1:5000港口航道图基本测绘工作,不仅出色完成任务,还探测到3处碍航物,协助港方抛设了11座引航浮标,为第一艘27000吨级自卸船"北极星"进出港提供了保障。

1988年港口体制改革后,我国迎来港口建设高峰期。其间,天津海测大队开港测量服务领域不断拓展,北方新建港口基本依据该队的测绘成果开港运营。1989年,完成锦州港港池、航道和锚地扫海测量,以及首版海图测绘出版。1991年,完成青岛港前湾港区和大连大窑湾港区泊位、港池、航道及锚地扫海,以及首版海图测绘出版。1993年,完成天津港东突堤集装箱码头泊位、港池及航道测量。2001年,黄骅港一期工程的两个万吨级泊位、两个杂货码头以及与之配套的锚地和长达37千米的人工开挖航道主体工程完工,该队按照交通部海事局要求,克服基础资料匮乏、水位控制复杂等技术难题,优质高效完成《黄骅港及附近》等两幅港口航道图近2000换算平方千米海域的测绘任务,为黄骅港一期工程竣工验收和开港通航提供了保障。2005年,烟台西港区建设项目破土动工。随即,该队主动跟踪服务港口,于2009—2012年对烟台西港区实施了三次开港试运营测量,编绘出版《烟台港西港区及附近》全貌海图以及配套航海图书资料,保障了进出港货运船舶航行安全,同时为西港区开港运营提供了翔实的基础数据保障。

至2012年,据不完全统计,北方海区测绘系统完成开港测量项目总计31项,累计完成测量7800余换算平方千米,绘制港口航道图100余幅。开港测量已成为北方各港核定通航尺度、开港运营、保障航行安全不可或缺的重要组成部分,为支持国家经济建设,满足日益增长的航海运输、港口建设、航政管理需求发挥了重要保障作用。

1957—2012年北方海区测绘系统开港测量工作一览表

表4-5-94

序号	港口名称	测量面积(平方千米)	制图数量(幅)	测量日期
1	天津新港	227	天津港1:2.5万1幅;蓟运河口1:1.5万1幅	1957年6月
2	长江口北航道		航道扫测水深图	1958年
3	天津新港		扩大锚地扫测水深图	1967年
4	秦皇岛港		锚地扫测水深图	1967年
5	大连港鲇鱼湾(大连新港)	73	1:2.5万全港区(含锚地)水深图1幅;1:5000港池及附近水深图1幅	1976年3月
6	青岛港黄岛港区	18	1:5000水深图1幅	1977年3月
7	石臼港	238	1:2万绘图1幅;1:1万港区图4幅	1985年10月

〔续表〕

序号	港口名称	测量面积（平方千米）	制图数量（幅）	测量日期
8	营口港鲅鱼圈港区	369.42	1∶1000 港池、航道、泊位扫测水深图 6 幅；1∶2.5 万全港区水深图 1 幅	1986 年 7—10 月
9	秦皇岛港	168.4	1∶2.5 万全港区图幅 1 幅；1∶1 万港区图 1 幅；1∶5000 港区图 2 幅	1987 年
10	龙口港	144.08	1∶1.5 万龙口港 1 幅；1∶5000 龙口港航道及港池 2 幅	1989 年
11	锦州港	131.5	1∶1.5 万锦州港附近 1 幅；1∶5000 锦州内港 1 幅	1989 年
12	京唐港	165	1∶1000 港池、航道、泊位扫测水深图 4 幅；1∶1.5 万全港区水深图 1 幅	1992 年 5—12 月
13	威海港	29.65	1∶1 万威海港 1 幅；1∶5000 威海内港 1 幅	1993 年
14	绥中港	0.104	航道扫测水深图 1 幅	1995 年
15	蓬莱港	123.13	1∶1.5 万蓬莱港及附近（30901）1 幅；1∶5000 蓬莱东港港池 1 幅	1995 年
16	龙眼港	1.5	1∶2500 龙眼港检测水深图 1 幅；1∶1000 龙眼港扫测水深图 1 幅	1996 年
17	盘锦港	0.15	1∶1000 扫测水深图 1 幅；横 1∶500 纵 1∶200 泊位水深图 1 幅	1997 年
18	东营港	14	1∶5000 比例尺锚地扫测水深图 1 幅；通道扫测水深图 2 幅	1997 年 6 月
19	石岛港	226.48	1∶1.5 万石岛港 1 幅；1∶5000 石岛港港池 1 幅	2001 年
20	黄骅港	1945.04	1∶1 万港池、航道、泊位扫测水深图 2 幅；1∶6 万全港区水深图 1 幅	2001 年 6—11 月
21	莱州港	2588.9	莱州港至海庙港（31302）1 幅；莱州港港池及附近（31303）1 幅	2004 年 6—10 月
22	潍坊港	80	1∶3 万潍坊森达美港测量水深图 1 幅；1∶1 万潍坊森达美港外航道测量水深图、潍坊森达美港一号锚地扫海测量水深图、潍坊森达美港三号锚地扫海测量水深图 3 幅；1∶1000 潍坊森达美港港池泊位扫海测量水深图 1 幅	2007 年 9—12 月
23	乳山港	7.22	1∶1 万水深图 1 幅；1∶1000 水深图 4 幅	2007 年 12 月至 2008 年 1 月
24	庄河港	691.5	1∶3.5 万庄河港（10118）1 幅	2008 年 4—7 月
25	营口港仙人岛港区	30.25	1∶1000 仙人岛港区港池航道扫测水深图 8 幅；1∶5000 仙人岛港区航道扫测水深图 3 幅；1∶2000 仙人岛港区航道边坡扫测水深图 3 幅	2008 年 9—12 月
26	烟台港西港区	240	烟台港西港区（34161）1 幅；烟台港西港区 20 万吨级航道扫测水深图、烟台港西港区 5 万吨级支航道扫测水深图、烟台港西港区液化码头港池及顺岸码头港池扫测水深图 3 幅	2009 年 3 月至 2010 年 1 月
27	好当家港	90	1∶1.5 万好当家港及附近（35156）1 幅	2009 年 4—8 月
28	张家埠港	6.8	1∶1 万张家埠港（35157）1 幅	2009 年 4 月—8 月
29	俚岛港	216	1∶1.5 万俚岛港及附近（35156）测量水深图 1 幅；1∶1000 俚岛港及附近（35156）测量水深图 6 幅	2009 年 7—11 月
30	滨州港	12.8	1∶1000 港池、航道、锚地扫测水深图 7 幅	2012 年 7—9 月
31	朱旺港	2.5	1∶1000 港池航道扫测水深图 3 幅	2012 年 3 月

一、天津新港开港测量

天津新港始建于日本侵华时期,发展于中华人民共和国成立以后,位于塘沽以东,海河入海处。1951年8月24日,中央人民政府政务院决定修建塘沽新港,成立以交通部部长章伯钧为主任委员的塘沽建港委员会。是年9月,新港工程全面开工,次年10月,一期工程告竣。新港第一码头4个3000吨级泊位改造成4个7000吨级泊位;第二码头安装浮码头81米;浚深新港航道至-6米,修补了防波堤、库场、道路;检修了装煤机、船闸等。工程总投资1859万元,新增港口年生产能力130万吨。

1952年10月17日,天津新港举行开港典礼,万吨级轮船"长春""北光""海安"等驶靠码头装卸。为此,政务院总理周恩来题词:"庆祝新港开港,望继续为建港计划的完成和实施而奋斗。"同年10月25日,中共中央主席毛泽东视察天津新港。至此,天津新港成为中国六大海港之一,国际海轮进出天津港数量逐年增加。

为了提升天津新港第一码头和第二码头吞吐能力,满足港口运营和进出港船舶航行需求,同时为天津新港航道整治回淤分析及整治工程提供保障,急需一套包括天津新港港池、航道、锚地及附近水域的海图。1957年初,海港测量队编制完成《天津新港测量技术设计书》,报请交通部航道管理局及海军司令部海道测量部批准,并抄送天津港务局备案。同年6—11月,根据技术设计要求,该队以国家二等至三等平面控制点为基础,建立了海控一等点15个,对新建立的平面控制点造标埋石、观测、观测数据平差,平差结果满足规范要求,海控一等点的建立满足水深测量定位需求。以国家三等水准点为基础,采用符合导线观测方法,建立4个四等水准点,水准点的建立满足了设立水位观测站的需求。采用经纬仪前方交会和定位网格法实施测量定位,以提高定位精度;选用高标和水塔(高15~30米)为测站,利用55型报话机作为通信设备,测量船舶白天悬挂大旗,夜间改用千瓦灯泡司光照明,从而使交会法定位最远距离增至30余千米,为水深测量定位提供了保障。先后在蓟运河口、一号码头、预建的海河节制闸设立水位观测站,采用同步验潮方法进行水位分带改正。使用测杆或水砣,采用"赶鸭子"方法进行浅滩测深;大于2米等深线使用测深仪测深;对助航标志和沿岸地形采用经纬仪交会、皮尺量距、小平板展点等方法测绘。经过测绘技术人员艰苦努力,历时6个月,完成了技术设计要求的全部工作,向海军司令部海道测量部提交了天津港1∶2.5万及蓟运河口1∶1.5万两幅水深测量成果图,并由海军司令部海道测量部编绘出版。

天津新港开港测量成果投入使用,为天津新港9号码头5000吨级货运泊位运营提供了保障,同时为1958年天津1号码头东侧续建第5号泊位(万吨级和海河节制闸工程)提供了技术支撑。至1961年,天津新港吞吐量较1952年提高5.5倍。同时首版天津新港开港测量海图成果,亦为天津新港回淤演变分析及整治工程提供了重要基础数据。

二、鲇鱼湾(大连新港)港区开港测量

大连港鲇鱼湾港位于辽宁省金县(今辽宁省大连市金州区),鲇鱼湾原油码头是中国20世纪70年代自主设计建造的一座10万吨级栈桥式深水码头,由输油栈桥、码头架管桥、码头工作平台和人行工作桥等海上构筑物组成。该码头总长度为421.3米,可两侧停靠油轮,原设计东侧靠泊10万吨级油轮一艘,西侧靠泊5万吨级油轮一艘。1976年,根据交通部印发《关于鲇鱼湾扫海测量等工作安排的通知》,要求天津海港测量队完成大连港鲇鱼湾港区航道、锚地及南港池扫海测量,为该码头开港提供安全保障,以实现如期开港运营计划。

1976年3月下旬,天津海港测量队选派姚一宁为技术主管,带领23名测绘人员赴现场开展扫海测量。根据任务要求,制定《大连港鲇鱼湾港区开港测量技术设计》,采用德国ZEISS公司THEO-010型经纬仪、THEO-030型经纬仪和四等水准仪先后完成平面控制测量、水准测量和地形测量,建立海控二等

平面控制点10个、工作水准点5个,完成1:5000地形测量6.2平方千米;通过与大连港验潮站同步验潮和潮汐分析,确定了鲇鱼湾(大连新港)理论最低潮面;采用单波束测深仪和软式扫海具开展比例尺为1:5000水深测量和重要通航水域拖底扫海;使用测量船舶1艘、旅大水产公司"321""322"渔船2艘,在南港池拖底扫测礁石过程中,使用鲇鱼湾大队"辽金渔2080""辽金渔2081"2艘渔船及所属潜水人员;上海航道局派出2位扫海经验丰富的工程技术人员现场指导。参加此次扫测工作的船舶共9艘,参加人员达100余人次,累计完成外航道扫测约37平方千米,定深(在深度基准面以下保持预定深度)达到20米,内航道扫测约12平方千米,定深达到17.5米;内外锚地扫测约16.2平方千米,实施拖底扫海;航道口门至内锚地通引水域扫测约7平方千米,定深14.6~14.7米;南港池扫测约0.2平方千米,实施拖底扫海。采用验收后的测量成果,编绘比例尺为1:5000水深图一幅。扫测团队历时6个月,经过测绘内外业技术人员的艰苦努力,尤其是恰逢"7·28"唐山大地震,在天津受灾严重、全体扫测人员与家中失去联系的情况下仍坚守一线岗位,于1976年9月下旬圆满完成大连港鲇鱼湾港区开港扫海测量任务。

1977年4月,由于大连新港附近航海图书资料陈旧,应大连港建设指挥部要求,天津海港测量队指派马伯常为技术主管,带领20名测绘人员,历时6个月,完成大连新港及其附近1:2.5万和1:5000基本测量任务,并如期提交最新海图资料。大连港鲇鱼湾港区开港测量成果,为大连港鲇鱼湾原油码头的开港运营提供了依据,为油轮进出港航行安全提供了适用的航海图书资料。

三、青岛港黄岛港区开港测量

青岛港黄岛港区位于胶州湾西南的黄岛湾北沿,黄岛港区油码头建设于1973—1976年的大建港期间,被列入国家重点工程。为从速解决胜利油田原油输出问题,国家决定在青岛港开辟海上运输通道,原油码头港址选定在位于胶州湾西岸黄岛。1974年2月,黄岛原油输出码头一期工程开工,在昌潍地区黄岛港口建设指挥部的组织领导下,开始原油码头工程会战。1976年,黄岛原油码头一期工程建成。1977年,为了保障黄岛原油码头开港运营,青岛港务局向天津航道局提出青岛港黄岛港区开港测量的要求。

1977年3月19日,天津海港测量队派遣杨卓明为技术主管,带领13名技术人员进驻工地。测量组采用联邦德国ZEISS公司THEO-010型经纬仪和Ni025型水准仪,先后开展了平面控制测量、水准测量、地形测量、验潮站设立和水深测量。同年7月7日,先后建立平面海控一等点5个和工作水准点2个。青岛大港验潮站与黄岛原油码头验潮站采用同步验潮观测方法,确定黄岛原油码头验潮站水尺零点,完成了比例尺1:5000黄岛原油码头附近的地形测量和比例尺1:5000水深测量工作。

1977年9月,天津海港测量队向青岛港务局提交比例尺为1:5000青岛港黄岛港区开港测量海图一份,满足了黄岛原油码头开港运营需求,为进出港油轮航行安全提供了保障,为黄岛港区设计规划提供了数据支撑。

四、石臼港开港测量

1977年初,国家决定在鲁南建造5万~10万吨级深水码头。1979年4月,国家计委、建委,中国科学院和交通部组织全国海洋、海港专家80余人,论证该区域深水码头选址。专家认为:"石臼所海岸是我国目前难得的良好港址,适宜建造10~20万吨级以上深水码头。"同年11月,山东省向国家计委报送《石臼港煤炭矿石码头设计任务书》。石臼港第一期煤码头工程是"六五"期间国家重点建设项目之一,主体工程于1985年建成,并通过国家级验收,核定为国家一级对外开放港口。

根据石臼港开港需要,交通部指示石臼港开港测量任务必须在1985年年内完成。据此,1985年10月初,天津海港测量队指派姚一宁为技术主管,带领杨绍海、赵洪彬等技术骨干组成测量组进驻石臼港工地。

由于石臼港开港测量时间紧、任务重，测量组按照规范要求，潮位控制采用本地疏浚工程使用的深度基准面，以石臼港基本潮位站和岚山头水尺进行三天同步验潮，经计算、分析，确定测区东北角区域采用石臼港基本潮位站单站改正，测区西南角区域由石臼港基本潮位站和岚山头潮位站进行分带改正；平面控制采用建港时和海军提供的高斯三度带成果，经踏勘后港区已有控制点满足测量要求，包括四等独立控制网和三、四等海控点；岸线测量采用红外测距仪对测区内的油库、煤码头、栈桥等进行测定，与设计图上的位置比对后符合良好。

水深测量之前，首先测定测量船舶下沉量改正数，而后测深分三个阶段实施。第一阶段（12月上旬）使用180匹马力渔船作为测量船舶，采用日本PS-20R型测深仪实施扫测，经质量检查，所测水深成果主测深线和检查线水深的符合性较好，满足规范要求；第二阶段（12月中旬）使用670匹马力渔船作为测量船舶，采用美国单波束测深仪测深，但因测深仪记录笔针出现左右摆动问题，造成水深成果偏深约0.4米，对其技术处理后进行了修正；第三阶段（12月下旬）仍使用670匹马力渔船作为测量船舶，采用日本PS-20R型测深仪实施扫测，测深成果经各级质量检验符合规范要求。此间，受天气影响较大，测量组技术人员只能日夜兼程，加班加点，连续作战，于12月27日圆满完成全部测量任务。

1985年末，天津海港测量队向石臼港提交1∶2万比例尺成果图1幅，1∶1万比例尺成果图4幅，如期完成交通部下达的石臼港开港测量任务。所有成果与海军原外业测量成果拼接良好，符合测量规范要求，保障了石臼港如期开港运营，并与港方建立了良好业务关系，为该队长期在该港开展通航水域核定测量奠定了坚实基础。

五、营口鲅鱼圈港区开港测量

营口港鲅鱼圈港区是渤海湾内辽东湾海岸线水深条件好、地理位置优越、不淤不冻的纯海岸天然良港，是港口腹地经济快速发展需要新建的出海口。

1982年，国家批准营口港鲅鱼圈港区建设规划，一期工程年吞吐能力690万吨，二期工程增加吞吐能力500万吨。随后，煤炭码头泊位及配套工程告竣，为鲅鱼圈港区的长期发展奠定坚实基础。

1986年3月，鲅鱼圈建港指挥部委托天津海港测量队实施开港前测量工程，以实现鲅鱼圈港区煤码头顺利靠泊第一艘27000吨级自卸船"北极星"轮，并为1986年10月25日该码头正式建成投产提供水深数据保障。

1986年7月初，天津海港测量队选派赵洪彬为技术主管，率一行10人测量组进驻测绘现场。按照测量规范要求，现场检验定位设备、测深设备，以及测定测量船舶动吃水改正数；利用3个国家平面控制三等点、两个四等点和两个四等水准点，在沿岸测区建立6个海控二等平面控制点和工作水准点；在工作船码头设立验潮站。为保障进出港船舶航行安全和开港测量成果可靠性，进行营口四道沟长期水位站与鲅鱼圈工作船码头水位站一个月同步验潮观测，根据观测数据，确定营口港鲅鱼圈港区理论最低潮面和垂直基准关系。租用两条当地渔船作为测量船舶，水深测量采用日本PS-20型四波束测深仪，水深测量定位采用美国MiniRanger-Ⅲ型微波测距仪，全覆盖扫测该港煤码头港池、泊位、航道。为保障全覆盖扫测，测量比例尺采用1∶1000，测线间隔采用5米，扫测总面积1.92平方千米。经扫测发现碍航浅点7处，经指导疏浚扫浅，复扫后全部达到设计通航水深。为编制港口航道图、保障进出港船舶航行安全，对鲅鱼圈港区及附近实施基本测量，测量船舶为"津航测1"，测量比例尺1∶2.5万，测量面积367.5平方千米。本次测量准确核定测区内两处沉船，确定沉船位置、属性、水下姿态和最浅水深；底质取样70个点，确定了底质性质；协助港方抛设助航灯浮标11座。本次测量历时68天，在测量组全体技术人员共同努力下，圆满完成煤码头港池、航道四波束测深仪扫海测量和港区基本测量任务。

1986年10月20日，营口港务局组织专家验收营口港鲅鱼圈港区开港测量成果，与会专家认为，测绘成果精确可靠,可作为港口航道图编制和通航尺度核定的依据,为第一艘 27000 吨级自卸船"北极星"轮顺利安全靠泊提供了保障,亦为鲅鱼圈港区发展规划提供了技术支撑。

六、锦州港开港测量

锦州港位于辽宁省锦州市经济技术开发区南部滨海,渤海锦州湾大笔架山西,葫芦岛港东北方向约 13 千米。该港始建于 1985 年,行政隶属于锦州市,是辽宁省重点发展的北方区域性枢纽港口。

锦州港码头泊位、港池及航道疏浚工程基本完工后,为了解通航水域水深和助航信息状况、核定通航尺度,交通部海事局下达《锦州港及附近》1∶2 万、《锦州港港区》1∶5000 和《锦州港航道》1∶1 万等 3 幅港口航道图测绘任务。

1989 年 6 月,天津海测大队完成《锦州港及附近》《锦州港港区》《锦州港航道》基本测量现场踏勘和测量任务书编制。测区有较大范围的军事禁航区,近岸礁石、浅滩众多,潮汐资料匮乏,控制资料严重不足,且没有相近比例尺的海图提供参考,作业难度较大。同年 8 月 3 日,由该队测量一分队队长李宝森、副队长贾万忠带领 9 名技术人员先期进点作业。分析处理已收集的平面控制资料,实施现场检核和控制基础加密测量。通过大潮期潮位同步观测和潮汐分析,发现并纠正了建港施工部门存在的不合理水位站址设置问题,核定了深度基准和多个验潮站水尺零点,为各项测量工作顺利开展奠定基础。鉴于测量任务繁重、工期紧迫,该队于 8 月 29 日增派 10 名技术人员进点,现场作业人员将近 20 人。水深定位配备美国 MiniRanger-Ⅲ 型微波测距仪 1 套、美国 542 型微波定位仪 1 套、常州 WCJ-1 型激光测距仪 2 台、德国 THEO-010 型和 THEO-030 型经纬仪各 2 台、瑞士 DM-503 型红外测距仪 1 台,单波束测深配备日本 PS-10E 型和无锡 SH-13 型测深仪 2 台,扫海测量配备日本 PS-20R 型四波束测深仪、美国 260 型侧扫声呐和 1050 型软式扫海具,测量船舶使用海军"205"登陆艇、"辽锦天渔 1332"等共 3 艘。

测量作业分别由分队长李宝森和工程师董希贵各带一测量组同时实施。同年 9 月 8 日,完成锦州港自然水域锚地及通道 1050 型软式扫海具和侧扫声呐扫测,澄清了海底表面是否存在航行障碍物的疑问。10 月 4 日,完成锦州港泊位、港池和航道四波束测深仪全覆盖扫测,发现诸多未满足设计深度的浅区和特殊浅点。采取了深、浅水穿插作业的工作方法,微波定位仪"圆-圆"定位现场编程实施计算直角坐标记入船位的小改小革,礁区、石陂区基于潮水面采用传统的"赶鸭子"涉水测量方法等,于 10 月 7 日完成锦州港 3 幅海图基本测量工作。单波束测试仪测深共计 1437.6 千米测线长度;测定图内所有新建码头、防波堤和人工岸线转角平面坐标;核定港区航道导标位置,以实测法测定航道方位;测定大笔架山和蚂蚁山周围石陂和所有明礁、暗礁及干出礁等,通过测量成果分析鉴别并辅以调查了解,探明图载沉船 1 条。

1990 年 9 月,根据天津海测大队提供的扫测成果,锦州港建港指挥部完成了航道、港池内不足设计水深浅点疏浚工程,经该队复测,证实通航水域全部达到设计深度要求。锦州港开港测量历时 66 天,通过各种测量手段,详细掌握了该港锚地、通道、航道、港池和泊位的水深情况,查清了水下障碍物和浅点,对通航尺度核定和编绘出版港口航道图提供了技术依据。至此,锦州港开港测量任务圆满完成,保障了《锦州港及附近》《锦州港港区》《锦州港航道》3 幅港口航道图如期出版发行。

1990 年 10 月 30 日,锦州港正式开港通航,同年 12 月被国务院批准为国家一类对外开放港口,天津海测大队为此做出重要贡献。同时,锦州港开港测量亦为当地海事监管部门实施水上安全监管和应急保障提供了可靠的基础数据,并为稳定港区水上安全形势和助力港口运营发展发挥了至关重要的作用。

七、京唐港开港测量

京唐港是唐山港所属港口之一,位于唐山市东南 80 千米处的唐山海港开发区境内的渤海湾北岸。早在 1919 年,孙中山先生在《建国方略》中提出要在此地建设连接与纽约等大都市的世界贸易之通路的北方大港。1989年8月,京唐港工程破土动工,是为唐山市最早开发建设的国家一类对外开放口岸。经过3年建设施工,工程告竣。

1992年5月,为满足京唐港开港需求,按照交通部年度航测工作安排,天津海测大队对该港实施首次测量。该项目由测量一分队队长董希贵带领15名技术人员,先后开展了平面控制测量、水准测量、岸线地形测量以及水文测验和水深测量等工作。深度基准采用京唐港理论最低潮面,平面坐标系统采用"1954北京坐标系"。为满足沿岸地形测量、助航标志和水深测量定位需要,首先在乐亭盐场至黑沿子测设了GPS D级控制网。按照《全球定位系统(GPS)测量规范》要求,建立建港楼、小钢标、乐亭盐场、码头角及水产水塔等控制点,满足了京唐港近期和长期测量需求,是为该队首次应用GPS实施控制测量。随后,使用德国Ni025型水准仪测定1号、2号两个水位观测站水尺零点,确定了潮位控制方案。为克服风浪影响,选用秦皇岛航标处航标船作为测量船舶,开展水深测量作业。为保证测量成果质量,根据《海道测量规范》要求,在测绘现场进行德国THEO-030型经纬仪、德国Ni025型水准仪、美国FALCON-Ⅳ型微波定位仪、日本PS-20R型四波束测深仪检验校准及测量船舶动吃水改正数测定工作。京唐港开港水深测量包括重要通航水域和京唐港区港池基本测量。重要通航水域包括港池、泊位和航道实施PS-20R型四波束测深仪全覆盖扫测,扫测比例尺为1:1000,测线间隔为5米,扫测面积为0.8平方千米。在重要通航水域扫测中,发现碍航的疏浚浅区6处和1处下沉的筒状渔网,在测量人员指导下,疏浚船舶清除了浅区和筒状渔网具,重要通航水域达到设计通航水深要求。

1992年12月15日,在技术人员共同努力下,该队圆满完成京唐港开港测绘任务,测量沿岸地形14千米,测量比例尺1:1.5万,水深测量面积165平方千米,出版海图1幅。同时,在京唐港区港池基本测量中,建立了GPS控制网,设置验潮站2个,完成底质取样点35个,完成9座助航标志测量、沿岸地形测量等工作。

京唐港开港测量成果的投入使用,为京唐港开港安全运营提供了保障,为其规划建设提供了数据支撑,使该港通航水域和港区附近水域纳入国家港口航道图周期性测绘序列,亦为南京水利科学研究院对该港实施港口整治建模和回淤演变分析项目提供了最为准确可靠的基础数据,并得到京唐港和港口规划设计院所的高度赞誉。

八、东营港开港测量

东营港位于中国黄河三角洲中心城市东营市东北部,北邻京津唐经济区,南连胶东半岛,濒临渤海西南海岸,地处黄河经济带与环渤海经济圈交汇点。东营港始建于1997年,是国务院批准的国家一类开放口岸。

由于东营港位于黄河入海口附近,航道疏浚竣工后泥沙回淤严重,导致港口建设陷入困境。为确保东营港如期开港运营,保障两个杂货码头可停靠2000吨级货轮,东营港务局向交通部申请开港测量,解决开港急需海图,同时为该港泥沙回淤整治工程提供可研水深成果。1997年6月20日,交通部安监局向天津海监局下达对东营港港池、通道、锚地扫海测量和港口航道图测量任务。

同年6月22日,天津海测大队队长马亚平一行5人到达东营港,实地勘察该港。翌日,采用单波束测深仪和5米钢钎实施航道水深探查,探测结果为:航道海底比较平坦,最浅水深为2.5米,海底底质为粉沙,呈现的特殊性质为瞬间触碰较硬,但随着时间的延长变得松软。探查结果与链斗式挖泥船施工员介绍的情况基本一致。根据探查结果,董希贵现场编制《东营港开港测量技术设计》,得到东营港务局认可。

同年6月25日,该队项目主管王守国带领15名技术人员抵达东营港,采用瑞士Leica公司300型双频GPS接收机开展GPS控制测量;采用四等水准技术要求测设工作水准点和水尺零点,并设立验潮站;采用瑞士威特公司DI-3000型红外线测距仪进行地形测量;采用日本KAIJO公司PS-20R型四波束测深仪进行港池航道扫测,比例尺为1:1000;采用英国WILDSCAN型旁侧声呐和美国NAVITRONIC公司 Navisound 210 型单波束测深仪进行锚地测扫和线测深测量,比例尺为 1∶5000,累计扫测面积 13.4 平方千米。其间,根据测区的底质情况,测量人员首次使用美国 SyQwest 公司 Bathy-500 型双频测深仪,对航道底部的浮泥情况进行探测。测深结果能够提供水底地形和沉积物信息,通过判读这些信息对掌握港口适航水深数据、发挥港口潜在功能、指导维护和疏浚工程实施,具有重要意义。

1997 年 8 月 20 日,天津海测大队圆满完成各项测量任务,制作 1∶5000 东营港港池航道图和 1∶2.5 万东营港及附近港口航道图各一幅,有效保障了东营港开港运营,并为东营港扩建工程和回淤整治工程提供参考。

九、黄骅港开港测量

黄骅港位于河北省沧州地区北海之滨,恰处河北、山东两省交界处,北临天津,东南靠滨州,有朔黄铁路直通港口。1994 年,神华集团为将山西煤炭输送到所需省市,解决能源供不应求问题而筹建。初期,已建成万吨级泊位两个、杂货码头两个、锚地两个,人工开挖航道长 37 千米。为保障黄骅港一期工程于 2001 年 12 月竣工验收、开港通航,交通部海事局于年初向天津海事局下达黄骅港开港测量任务。港口航道图测量比例尺方面要求,黄骅港及附近为 1∶6 万、黄骅港港池为 1∶1 万,测量面积为 1945.04 平方千米,折算核定工作量面积为 851.43 换算平方千米。

2001 年 8 月,天津海测大队组织技术人员深入测绘现场调研,编制完成《黄骅港开港测量踏勘报告》《黄骅港开港测量技术设计书》。此次测量平面坐标系统采用 1954 北京坐标系,高斯-克吕格投影 6 度带,中央经线为 117°,高程基准采用理论最低潮面。同年 8 月 31 日,该队工程师赵洪彬带领 11 名技术人员奔赴黄骅港实施测量作业,测量内容为:平面控制测量、沿岸地形测量、助航标志测量、水准测量、潮位同步观测(流速流向测量、沿岸及海上水位观测、确定当地理论最低潮面)、水深测量和底质探测等测绘项目。其中,港口航道采用单波束测深仪测量,港池航道采用多波束测深系统全覆盖扫测,锚地和通道采用侧扫声呐扫测。在测量项目实施中,该队首次将引进的美国 Reson 公司 Seabat 8101-ER 多波束测深系统用于重要通航水域(港池、航道、锚地)扫海测量。水深测量定位采用 RBN-DGPS 系统,采用美国 Leica 公司 MX-412 型 GPS 接收机 4 台、MX-9400 型 GPS 接收机 1 台。测深仪器采用加拿大 KNUDSEN 公司 320M 型测深仪、美国 IT 公司 448 型测深仪和美国 NAVITRONIC 公司 NaviSound 210 型测深仪。验流仪使用美国 ENDECO 公司 174 SSM 型海流计。

该项开港测量工作海域广阔,航道狭长达 37 千米,是中国人工开挖航道规模较大的重点港口之一,测绘技术难度较大。当地理论最低潮面确定和水位改正是测量工作的技术难点。为确定黄骅港理论最低潮面,采用在天津港东突堤、大沽灯塔、黄骅港工作船码头、1∶6 万图的东南角和西南角以及龙口港设立验潮站,进行一个月同步验潮观测,最终确立黄骅港理论最低潮面。

为解决黄骅港外部海域水位改正,天津海测大队与国家海洋局信息中心合作研制了"基于余水位订正的潮位数据处理系统"(简称"系统"),为剔除海岸地形、季节和气象等因素产生的余水位,在外部海域采用临时设立验潮站和采用高低平潮前后 1 小时布设的测深检查线等技术方法,利用实际观测数据对余水位计算模型进行校准改正。该系统投入使用前,邀请海军司令部航海保证部、国家海洋局、交通部海事局等进行技术鉴定,与会专家对黄骅港外部海域水位计算系统给予充分肯定:"该系统是解决处理外部海域水位控制的有效手段,实现了省时、省力、节约经费、计算精度满足规范要求,建议推广使用。"该系统在黄骅港开港测量的投入使用,缩短了测量工期,同时为后续天津港、京唐港等狭长航道的水位改正提供了技术支撑。

2001 年 11 月,在黄骅海事局、港务局等单位大力支持下,测量人员克服种种困难,历时 60 余天,提前完成外业测量、数据处理等工作。天津海测大队遂向黄骅港提交《黄骅港开港测量技术设计报告》《黄骅外部海域水位计算系统》《黄骅港开港测量沿岸地形成果》《黄骅港水深图成果》《黄骅港开港测量技术总结》,为神华集团的开港运营提供了保障,并建立了良好的业务联系,保持了测量分队常驻参与黄骅港建设至今,亦为河北省沧州综合港的建设打下坚实基础。

十、烟台港西港区开港测量

烟台港西港区是烟台港 10 个港区之一,陆地范围东起八角东岛嘴五哥石,西至九曲河口,规划陆域总面积 29.7 平方千米。烟台港西港区于 2005 年破土动工,港区建设大体分两个阶段:第一阶段是顺岸通用码头、液化码头港池、5 万吨级支航道、20 万吨级主航道建设;第二阶段是 30 万吨矿石码头港池建设。其间,天津海测大队先后实施 3 次烟台港西港区开港测量。

2009 年 9 月,烟台港西港区液体化工码头泊位建成,港池和航道完成疏浚。受烟台港西港区发展有限公司委托,天津海测大队对烟台港西港区港池及航道实施多波束测深系统扫海测量,探明测区内水深及障碍物准确信息,确定通航尺度,保障进出港船舶航行安全。同年 9 月至 2010 年 1 月,以王闰成为项目主管的测量分队实施浚后扫测。经多次扫浅疏浚和复扫,烟台港西港区液化码头港池、顺岸码头港池及 5 万吨级支航道水深达到 14 米,20 万吨级主航道水深达到 20 米,达到开港运营要求;基本确定通航尺度,为船舶航行安全提供了基础数据。

依据测量成果,2010 年 1 月,天津海测大队编制完成《烟台港西港区 20 万吨级航道扫测水深图》《烟台港西港区 5 万吨级支航道扫测水深图》《烟台港西港区液化码头港池及顺岸码头港池扫测水深图》,并作为烟台海事局确定通航尺度和烟台港西港区发展有限公司向上级港口管理部门申请开港的依据。随后,应烟台港西港区发展有限公司要求,该队报送交通运输部海事局批准,编绘出版该港区港口航道图。图幅范围包括西港区主航道、油轮锚地、干散货锚地、危险品锚地等重要水域,图名为《烟台港西港区及附近》(图号 34165,比例 1:7.5 万),图载信息得到了烟台港西港区发展有限公司、航海用户和航政部门普遍认可。

2012 年 4 月,受烟台港务集团委托,天津海测大队实施烟台港西港区港池、支航道扫海测量。同年 5—8 月,以边志刚为项目主管的测量二分队克服时间紧、任务重等困难,于 7 月 15 日完成第一次扫测,测量结果显示西港区港池、支航道内存在未达到设计水深 15.5 米的浅点。依据该队扫测数据,港方对西港区港池实施 5 次扫浅疏浚,对 5 万吨级支航道实施 3 次扫浅疏浚。浚后,经多波束测深系统全覆盖扫测,港池及支航道水深达到通航水深 15.5 米的设计要求。同年 8 月初,该队编绘《烟台西港区顺岸码头前沿停泊水域及港池疏浚加深工程扫海测量水深图》《烟台港西港区支线航道拓宽加深工程扫海测量水深图》,作为烟台海事局确定通航尺度的依据。

2012 年 10 月,烟台港西港区 30 万吨矿石码头、港池建成。受烟台港务集团委托,天津海测大队安排以边志刚为项目主管的测量二分队实施烟台港西港区矿石码头港池、泊位扫海测量。此间,港池、泊位经过 4 次疏浚扫浅测量,测量人员加班加点,内外业及时跟进,圆满完成扫海测量任务,并向港方提交《烟台港西港区矿石码头、港池扫测水深图》。

天津海测大队 3 次开港测量成果,为烟台西港区的开港运营奠定坚实基础。2012 年 12 月 3 日,烟台海事局发布《航行通告》,烟台港西港区 102 号、301 号、302 号、303 号泊位和港池及支线航道疏浚加深现已竣工,同时公告了以上水域的范围、走向和深度等信息,为船舶在该区域安全航行提供了权威数据,通告烟台港西港区如期开港。

第六节 重点工程

北方海区测绘系统重点工程系指针对列入国家或地方重点计划且投资数额巨大、对区域经济发展布局有着战略意义的项目而实施的测绘工程,以及对服务测绘事业和技术发展具有深远影响的基础性测绘工程。

长期以来,在确保如期完成上级下达的港口航道测绘任务的同时,北方海区测绘系统抢抓机遇,服务于国家或地方重大工程项目。1958年2月,针对长江口至江阴通航水域测绘资料陈旧匮乏、海轮搁浅事故频发的状况,海港测量队联合上海海运管理局航道管理处,共同实施长江口至江阴200余千米测绘工作。海测人员不畏艰险,克服水文测验极其复杂等不利因素,在不到一年时间内完成包括南北水道及海门水道长达250千米的测量任务,测绘港口航道图1∶2.5万17幅、1∶5万3幅,保障了北港新航道开辟和长江水道畅通。

20世纪90年代,交通部安监局组织实施中国沿海RBN-DGPS系统建设,实现船舶导航和海上定位重大变革,使中国海上无线电助航体系跻身国际先进行列。其中,RBN-DGPS基准台站位置精确测定是该系统建设的重要基础保障,亦是关系到测绘事业长远发展的基础性设施,按照交通部安监局工作安排,天津海测大队牵头组织实施基准台站地心坐标位置精确测定,其成果达到国际先进水平。

1999年,该队实施的青岛跨海大桥建设前期扫测工程,为跨海大桥以及海底隧道选线提供了翔实的海底地形地貌资料。2001年始,实施北方海区GPS控制网建设工程,彻底改变了北方海区控制基础薄弱的落后状况,开创了在全国海区测绘系统统筹规划高精度基础控制的先河。2003年,在长江三峡库区航路改革扫床工程中,为航路设计、航标配布、航路图编绘提供了依据,对三峡库区航路改革提供了测绘保障,亦为测绘重心从港口航道逐步转移到航运航路积累了经验。2004年,实施黄河小浪底库区测量工程,为黄河库区通航运输、旅游观光等项目开发提供了支持保障,为库区人民脱贫致富做出了贡献。2008年,北京奥运会是国家的一件大事,奥运会帆船帆板比赛在青岛举行,赛场水域的测绘资料是赛事的重要基础保障。按照交通运输部海事局工作安排,该队圆满完成奥运会帆船帆板比赛水域全覆盖测绘任务,为赛事顺利进行提供了数据保障,得到青岛奥帆委的赞誉。

针对国际航运船舶超大型化趋势和环渤海区域港口建设迅猛发展的态势,渤海水深自然条件对超大型船舶通行形成了潜在的制约,准确掌握习惯航路和定线制水域的水深数据已成为当务之急。天津海测大队抓住机遇,精准出击,先后实施了渤海超大型船舶航路扫测、老铁山水道船舶定线制测量、辽东湾满载巨型油轮推荐航路探测、成山角水域船舶定线制扫测等重大测绘工程项目,保障了区域港口、航运规划发展建设,彰显了北方海区测绘系统的公共服务作用。

至2012年,据不完全统计,北方海区测绘系统承担重点测量工程总计25项,为服务国家及地方重点项目建设发挥了不可或缺的重要支撑作用,亦为北方海区综合航海保障能力的提升奠定了坚实基础,并荣获多项国家或行业协会的优秀勘察测绘工程奖。

1958—2012年北方海区测绘系统测量重点工程一览表

表4-6-95

序号	工程名称	测量面积（平方千米）	主要成果	实施日期
1	长江口水域全测	5920	水深图21幅(包括1∶5万、1∶2.5万和1∶10万三种比例尺);200余千米江段同步水文测验成果	1958年3月至1959年11月
2	鸭绿江口水域全面测量	约195.6	1∶7.5万水道图和技术报告书	1961年4—11月
3	"伊丽莎白"国际邮轮通航水域扫测		扫测水深图;碍航物扫测成果;技术报告	1983年2月
4	大连港GPS控制网测量		测获GPS D级控制点46个	1993年
5	RBN-DGPS系统基准台站位置精确测定		23座基准站(计27个主、副点)GPS A、B级点成果;坐标系间转换参数软件研制成果	1995年10月至1997年11月

〔续表一〕

序号	工程名称	测量面积（平方千米）	主要成果	实施日期
6	青岛跨海大桥建设前期扫测工程	20	1:2000地形图(北、中、南等三条桥址线路水陆地形合编)；特殊水域多波束测量三维立体图；北、中、南等三条桥址线路浅地层探测成果；技术报告	1999年8—12月
7	北方海区GPS控制网建设		GPS C、D级控制点成果（共424点，其中新埋设标石268点）；主要控制点三、四等水准联测成果（共1191千米）；坐标系转换参数软件研制成果；技术报告	2001—2008年
8	长江三峡库区航路扫测	40	扫测水深图（380千米江段）；障碍物和浅区（片）扫测成果（共53处）；扫测技术报告	2003年9—10月
9	黄河小浪底库区测量	230	航行图26幅，地形图3幅	2003年3月14日至4月28日
10	黄骅港潮汐监测系统建设工程		建设基于活节式灯桩验潮站2座，岸壁基准验潮站1座；验潮站同步观测和潮汐分析成果；潮汐监测系统数据处理软件；技术报告	2004年6月至2005年2月
11	渤海超大型船舶航路扫测	1227（总），包括北、西两条航路扫测（约445），障碍物探测（约262）和辽东浅滩水深检查测量（约520）等	扫测水深图（包括1:5000共19幅、1:5万共14幅、1:15万和1:30万各1套）；《航路扫测水深数据信息管理系统》（软件）；各类技术设计、工作方案、施工组织和技术报告等	2006年4—12月
12	老铁山水道船舶定线制测量	侧扫声呐+单波束扫测:532.5；多波束扫测:35.5	扫测水深图（30余幅）和技术报告	2009年2—4月
13	秦皇岛燕塞湖库区水域扫测	1.25	1:5000水深图3幅（3种深度基准），三维立体影像图册；技术报告	2009年5月
14	盘锦海港区潮汐同步观测和潮汐性质分析		验潮站同步验测成果（共6站）；潮汐调和分析和深度基准传算成果；技术报告	2009年10—12月
15	青岛奥船赛水域扫测	20	水深图5套、专题图2套、电子海图1套、水下特殊地貌三维立体图1册；技术报告	2008年4—7月
16	黄骅港北防沙堤变形观测		变形测量成果和技术报告	2010年3—9月
17	辽东湾推荐航路扫测	88.38	1:5000扫测水深图(1-7)；1:1万水深图集；航路（南、北线）海图；扫测工程技术报告和潮位控制技术报告	2010年4—10月
18	应用无人机低空遥感技术更新东风港地形岸线测绘工程	209	1:2000数字线划图（DLG）；1:2000正射影像图（DOM）；1:2000数字高程模型（DEM；1:5000数字线划图（DLG）；航片共14487张；像控点（共50个）联测成果	2010年5—10月
19	黄骅港综合港区港池、航道、锚地及锚地与航道连通水域扫测	66.42	扫测水深图6套；电子版水深图1套；沉船、碍航物和浅区扫测成果；技术报告	2010年5—11月
20	天津港HPD网格化基本测量	1950.4	水深图25套；测绘技术报告2册；沉船扫测成果等	2010年5—10月

〔续表二〕

序号	工程名称	测量面积（平方千米）	主要成果	实施日期
21	青岛港董家口港区港池、航道扫测	航道24.85；锚地10.41；港池0.45；禁锚区11.62	扫测水深图；专题图；技术报告	2010年1月至2011年1月
22	营口港25万吨级航道扫测	30.3	扫测水深图；技术报告	2011年6—8月
23	全国内河AIS岸台网络建设及ECS推广应用		电子航道图；技术报告	2011年9—11月
24	成山角水域船舶定线制扫测	1850	扫测水深图；专题图；障碍物、浅点分布图；技术报告	2012年8月至2013年5月
25	龙口海域公用锚地扫测工程	81.3	1∶2000和1∶5000扫测水深图；技术报告	2012年12月至2013年1月

一、长江口水域全面测量

1953年，交通部航务总局曾实施长江口南水道较大规模水深测量，但长江口其他区域均没有正式水道图，加之测区地形及水深显著变化，旧有图志（1936年以前）已不能使用。其间，长江口南水道虽水深无甚变化，但航道两侧浅滩屡次发生船舶搁浅事故。由于上海港是中国国内及国际贸易最大港口，对长江口水域实施全面测量迫在眉睫。1957年7月，交通部命令海港测量队和上海海运管理局共同实施该测量工程，并明确要求，由海港测量队与上海海运管理局航道管理处实施全测区实地勘测及有关资料收集。同时，由上海海运管理局邀请东海舰队司令部测量处及长江航运局等有关单位共同研究制定测量工程预案。1958年2月，海港测量队和上海海运管理局航道管理处联合编制完成《长江口至江阴测量技术设计书》。

自1958年3月始，该测量工程历时20个月圆满完成。海港测量队作为该测量工程的主要执行单位，上海海运管理局航道管理处调配人员和船舶由该队统一指挥。在该测量工程中，该队受交通部航道管理局及上海海运管理局双重领导。该测量工程分五个阶段实施：1958年3—7月，测量南水道（吴淞锚地附近至鸡骨礁附近）；7—10月，测量北港水道（堡镇港附近至佘山附近）；11—12月，测量宝山水道、白茆沙水道和海门水道（石洞口至青龙港）；1959年3—10月，测量通州水道、江阴水道和海门港（青龙港至佘山附近）；1958年11月，完成测量资料整理和制图。

该测量工程主要包括：三角测量，在测区沿岸布设测控点，采用前方交会的方法测定坐标；地形岸线测量，采用平板仪按照1∶2.5万比例尺测量，依据已有地形岸线资料修测重要码头、变化明显区域；水深测量，采用前方交会、联合交会、后方交会等方法定位，使用回声测深仪、测深杆和水砣实施水深测量，重点探测南水道铜沙浅滩附近航道、北港航道、吴淞至江阴段的主要航道及全测区浅滩变迁延伸情况，以及航行障碍物、沉船、礁石等；对海口段主要航道及鸡骨礁附近的沉船、礁石实施定深扫海测量；布设验潮站，依据已有9个验潮站作为基本站及历史潮位资料，增设25个临时验潮站，计算各验潮站理论最低潮面，与各站历史最低水位进行比较，确定符合航行实际需要的理论最低潮面值；测验流速、流向，使用流速仪在佘山、南港进口附近、北港东旺角附近等测定最大流速及流向；探测底质，使用底质取样器进行探取，用铅管编号保存上缴。

该测量工程测区全长250千米，包括南支（南水道、北水道）、北支（海门水道）的全部水域，总测量面积5920平方千米。绘制1∶5万图3幅，1∶2.5万图17幅及1∶10万图1幅。其间，实施了青龙港至长江口全长200余千米的长江口洪水季节大规模同步水文测验，布设7个断面、57条垂线，共800余人参加了水文观测。

该测量工程是有史以来第一次大规模长江口水深测量和水文观测,为上海港与长江航运事业发展和长江口治理开发发挥了重要作用。同时,与上海海运管理局合作,为后续上海海港测量队伍的建立打下了基础。

二、国际邮轮通航扫测

1983年初,国际邮轮英国皇家"伊丽莎白"访华,预定停靠青岛港。中国外交部、交通部高度重视,委托青岛港方为此次国际邮轮安全顺利靠港引航。青岛港务局接到任务后,疏浚8号码头港池,并委托天津海港测量队实施浚后测量,以验收疏浚成果。

同年2月5日(农历小年),天津海港测量队指派技术员阎锡臣带领测量人员进驻青岛港,开始实施8号码头港池扫测任务。由于时近春节,工作联系、食宿安排等存在诸多不便。该队测量人员借用青岛港务局腾出的一间办公室打地铺解决住宿问题,节日期间买不到副食、蔬菜,便啃馒头加咸菜充饥。艰苦的工作、生活环境丝毫没有影响测量人员的工作热情,他们克服重重困难,有条不紊地开展测量工作。

该队测量人员采用四波束测深仪扫海测量,租用港务局一条潜水铁壳船舶实施测量作业。根据天津航道局开挖港池8米的设计水深、4米多大潮等相关数据,按照4米间距布设测线,以确保达到全覆盖扫测;定位技术主要通过在岸边立标杆导航,用两台经纬仪前方交会观测定位;四波束测深仪纸质记录水深信息;人工观测水位。尽管工作程序繁杂,海面温度较低,但整个扫测团队配合默契,扫测工作井然有序保质保量。经过全体测绘人员前期全面扫测和后期浅点浚后复测,历时半个月,圆满完成全部扫测任务。

此次国际邮轮通航扫测,天津海港测量队不仅为青岛港8号码头港池疏浚工程核定通航尺度提供了技术依据,而且利用精准扫测成果,排除了引航水域的航行隐患,保障了"伊丽莎白"邮轮如期安全停靠青岛港,并为树立良好的中国大国形象奉献了一份力量。

三、无线电指向标—差分全球定位系统基准台站位置精确测定

20世纪90年代,交通部安监局考察国际海上无线电导航技术现状和发展趋势后,决定在中国沿海建设 RBN-DGPS 系统,并列入交通部"九五"重点建设项目。1995年4月,交通部安监局在北京召开专题会议,研究制定中国沿海 RBN-DGPS 系统发展规划,拟起草制定《沿海无线电指向标—差分全球定位系统播发标准》。按照交通部安监局提出的"统一规划、分期建设"原则,自1995年始,分三期建设20个 RBN-DGPS 基准台站,形成从鸭绿江口到西沙群岛,覆盖中国沿海港口、重要水域和狭窄水道的高精度导航服务网。

RBN-DGPS 系统基准台站位置精确测定项目,是该系统建设的重要组成部分。1995年9月,交通部安监局在北京召开专题会议,研究部署联测实施计划。同年11月7日,交通部安监局印发《关于组织测定 RBN-DGPS 无线电信标系统台站位置的通知》,成立联测指挥小组,交通部安监局航测处处长王金付任组长,天津海监局测绘处处长周则尧任副组长,由天津、上海、广州海测大队具体负责实施,测量成果由天津海监局汇总上报交通部安监局。根据 RBN-DGPS 系统建设规划方案,在全国海区测绘系统相关单位的积极配合下,测定内容分为两项:一是测定基准台站在"WGS-84世界大地坐标系"内的精确位置;二是"WGS-84世界大地坐标系"与"1954年北京坐标系"之间的转换参数研发后的验证测试。该测量工程分为三个阶段实施:第一阶段(1995年10月至1996年4月),为满足一期台站建设需要,测定11个基准台站位置;第二阶段(1997年10月至1998年3月),测定12个基准台站(含3个备选台站)位置;第三阶段(1998年10月至1999年4月),分北方、东海、南海测试验证"WGS-84世界大地坐标系"到"1954年北京坐标系"的转换参数。

1995年10月,开始测定沿海一期拟建的11个RBN-DGPS基准台站位置。外业观测采用GPS双频接收机,并采取4昼夜连续观测的方法,以保证各站同步观测数据。联测范围北起长春,南至三亚,采用国家9个GPS A级网点有关资料,联测秦皇岛、北塘、大三山、王家麦、燕尾港、大戢山、天达山、镇海角、三灶、硇洲岛和抱虎角等11个台站位置,并计算覆盖全国海区的大地坐标经纬度修正值。应用GPS测量定位技术,沿渤海、黄海、东海和南海海域测定11个差分GPS台站的地心坐标,提供"ITRF91,WGS-84世界大地坐标系"和"1954年北京坐标系"(或"1980西安坐标系")成果,区域性地心转换参数及改正值表,确保台站位置精度。为使后续测定RBN-DGPS天线位置准确便捷,对上述11个RBN-DGPS台站均采取了主、副站点测设措施,即:每个基准台站设立主站一个,埋设强制对中的观测墩;副站一个,埋设标石,作为主站的方位标。因而,每个RBN-DGPS台站实际联测了两个控制点。为满足台站位置测定需要,作业时加设了南山头灯塔、天津海测大队、上海复兴岛和梅林大厦、大戢山灯塔5个台站,共联测了27个主、副站。

随后,委托中国测绘科学研究院完成RBN-DGPS台站位置联测数据处理。采用了IGS全球精密星历和高精度GPS分析软件,为了对比数据处理的可靠性,分别采用GAMIT和GLOBK软件进行计算,两种方法得到的解的重复性和中误差基本一致。RBN-DGPS台站位置联测数据处理分为三个步骤:一是数据整理与归档。检查手簿与数据,准备正式计算的各种文件与资料。二是数据预处理。先利用每区1~2天的观测数据进行试算,以检查数据质量,并结算各差分GPS基准站的坐标,以获得测站精确概略坐标值;再进行数据编辑,目的是清除周跳,保证最终成果的良好精度和可靠性。三是数据精处理与成果分析。数据周跳修复之后,产生干净的观测值文件,再以此进行多种方案的计算与比较。多天解重复性计算采用两种方法计算,比较分析证明两种方法结果一致。

1996年10月10日,交通部安监局在天津召开专题会议,初步审定一期11个基准台站位置测定结果。与会国内GPS专家审阅了项目组提交的各项技术文件及成果资料,经深入研讨,一致认为:采用GPS卫星定位技术,利用国内现有最高精度的地心坐标框架,建立了中国沿海地区差分GPS导航台站的位置联测基准;技术设计方案符合国际现代差分GPS导航的技术要求,各项指标先进合理,满足了交通部关于建立中国沿海差分GPS导航台站的发展需要;选点埋石、野外观测工作组织严密,作业人员严格遵守技术规程,观测数据质量优良;数据处理方法科学、合理、严密,最终计算处理的RBN-DGPS基准台站的地心坐标精度,超过了技术设计书中规定的技术指标,完全满足沿海地区差分GPS台站建设的要求;确定了沿海差分基准台站在世界地心坐标系中的位置,为交通部沿海RBN-DGPS系统与国际接轨奠定了基础。

1997年11月,采用国家7个GPS A级网点有关资料,采用一期同样的测定方法,组织测定了12个沿海RBN-DGPS基准站,即老铁山、成山角、嵩枝港、定海、崎头角、石塘、亭江、鹿屿、白沙门、洋浦、三亚、防城等基准站位置。其中,崎头角、亭江、白沙门为备选站,亦为南北两区重复观测点,以提高控制网精度。联测采取分区观测的方法,分界线为武汉—厦门连线。

由于RBN-DGPS系统采用"WGS-84世界大地坐标系",而中国海图和海洋工程普遍采用"1954年北京坐标系"(2008年7月1日前适用),两个坐标系之间存在数十米的系统偏差,如不解决坐标转换问题,RBN-DGPS系统的高精度定位将受到制约。为此,RBN-DGPS基准台站位置测定之后,实施了RBN-DGPS基准台站精密位置及定位精度测量,由天津、上海、广州海测大队分海区实地比对测试转换参数,计算中国东部沿海地区"WGS-84世界大地坐标系"到"1954年北京坐标系"的转换参数,编制了相应的计算软件。

实施"RBN-DGPS系统基准台站位置精确测定"项目,为建设中国沿海RBN-DGPS系统奠定了基础,形成了从鸭绿江口到西沙群岛,覆盖(或多重覆盖)中国沿海港口、重要水域和狭窄水道的RBN-DGPS导航服务网。该项目测定成果顺利通过国家技术权威专家的审定,标志着全国海区测绘系统的技术实力达到了一个新水平。RBN-DGPS系统的建立,不仅使中国拥有了现代化海上高精度导航定位系统,有效地保障了船舶航行安全,而且实现了对传统无线电导航技术的重大突破和变革,对中国航运事业和国家经济蓬勃发展产生积极而长远的影响,同时对RBN-DGPS系统的推广应用、海洋测绘、电子海图的开发等具有十分重要的现实意义。

1998年,该项目成果获得交通部优质工程勘察一等奖,1999年荣获建设部颁发的全国第六届优秀勘察奖金奖。

四、青岛跨海大桥建设前期扫测

为促进青岛市经济发展,实现青岛中心市区与黄岛经济技术开发区及南北交通贯通,青岛市政府决定建设青岛跨海大桥。该工程由青岛国信实业公司承担,该公司委托天津市海岸带公司承担该工程预可研阶段的前期扫测工程。天津市海岸带公司委托天津海测大队具体负责组织实施。

青岛跨海大桥建设前期扫测工程,旨在为该大桥建设选址提供水下和水上地形资料,为大桥建设工程设计提供技术依据。按照扫测项目要求,分南、中、北三条线路实施测量,南线为团岛下安山至薛家岛脚子石嘴,中线为团岛污水处理厂至黄山嘴,北线为海泊河口至黄岛大石头。三个区域分别实施多波束测深系统全覆盖水下地形扫描;在三条测量线的中心各实施浅底层剖面地质探测;在陆域的桥头墩、团岛下安山、团岛污水处理厂、海泊河口和黄岛大石头等区域附近实施地形测量。

1999年8月10日,天津海测大队成立青岛跨海大桥建设前期扫测项目部,由副队长闫锡臣、外业队队长李宝森、工程师室主任董希贵等35名技术骨干组成,按照职责分工,进驻现场组织开展扫测工作。采用的主要仪器设备为:美国Z-XII型GPS双频接收机4台、美国NGS-200型GPS接收机4台(南京航专设备)、美国MX-412型12通道单频RBN-DGPS接收机3套、英国GeoChirp型浅地层剖面仪1套、美国Seabat 8101-ER型多波束测深系统1套、日本PS-20R型和PS-600型测深仪各1套、加拿大320M型测深仪1套,以及全站测距仪4套、水准仪4套、经纬仪6套、便携机4台,租用测量船舶4艘。

为保障扫测工程进度和质量,该队编制《青岛跨海大桥工程预可研测量工作大纲》(简称《工作大纲》),明确了平面控制测量、潮位控制、水准测量、地形测量、水深测量、浅地层剖面地质测量和成果图编绘工作内容,阐明了人员组成、职责分工、开工及竣工时间。编制《青岛跨海大桥工程预可研测量质保大纲》,明确了执行规范标准、各环节质量控制方法和质量保证负责人。按照《工作大纲》要求,基于国家平面控制和高程控制二等点、三等点,扫测作业人员测设了青岛至黄岛平面控制网和水准网,经"两级检查,一级验收"测量成果均满足规范要求;在实施地形测量、水深测量过程中,严格执行《地形测量规范》《海道测量规范》;在重要区域多波束测深系统全覆盖扫测过程中,严格执行《多波束扫测技术规定》;浅地层剖面地质探测,以测区沿岸和海域表层存在的高山、礁石和泥沙为基础,合理布设地质剖面探测线路,探测结果与大量的底质测量、钻探测量成果比对,其结果表明浅地层剖面成果准确可靠。该项目亦是该队多波束测深系统引进后第一次用于大区域水下地形测量,在外业队队长李宝森带领下,扫测作业现场采取了"边开发、边验证、边应用"工作方法,成功将多波束测深系统扫测技术应用于大比例尺、大区域水深扫测,保证了扫测工程进度和质量。对于测区内众多渔业养殖设置的木桩、阀索和网具区域,测量船舶无法驶入作业,项目部克服众多困难,想方设法大胆采用机动和手摇舢板穿阀实施1:1000水深测量,保证了特殊区域的测深线密度,填补了建队以来在养殖区高精度实施大比例尺水深测量的技术空白。

同年12月15日,在青岛跨海大桥建设前期扫测项目部总体协调下,经过全体测量人员历时4个月的努力拼搏,完成实际测量面积10.49平方千米、比例尺为1:2000水下地形扫测工作;完成实际测量面积9.9平方千米、比例尺为1:2000陆域地形测量工作;向青岛国信实业公司提交编绘成果图74幅、浅地层剖面图13幅、技术报告4份。

同年12月22日,青岛国信实业公司组织该工程扫测成果验收会,与会专家一致认为:青岛跨海大桥建设前期扫测工程组织合理,实施保障有力,测绘成果准确,符合规范要求。工程顺利通过验收。青岛跨海大桥建设前期扫测工程成果,为青岛跨海大桥选址论证提供了技术依据,亦为最终选址在北线建成青岛跨海大桥奠定了坚实基础。该项目成果获得2000年度交通部优秀工程勘察奖二等奖。

五、北方海区全球定位系统控制网建设

为更好地服务海洋航运和港口建设,同时为港口海道测量提供可靠的基础控制,解决北方海区平面与高程基础控制网点密度不够且精度不高、各港控制网不连续、难以满足日益增长的多种类海洋测绘项目需求的问题,北方海区测绘系统按照"统一设计、分步实施"的原则,分四期建成北方海区GPS C、D级控制网。其间,项目实施得到国家测绘局第二大地测量队和国家测绘局大地数据处理中心鼎力支持。

2001年,根据天津海事局《关于下达海测大队2001年度综合计划的通知》要求,天津海测大队组织实施天津、青岛港GPS控制网改造项目。该队近30名工程技术人员参加该项目,投入美国Ashtech公司Z-Xtreme型GPS接收机4台(国测二大队设备)、美国Ashtech公司Z-XII型GPS接收机2台。是年9月,完成选点、埋石、外业数据观测;12月初,完成全部数据处理工作。累计选点、埋设普通冻土标石16座、建筑物上标石11座、岩层普通标石5座、水泥地面标志21处。其中,天津港GPS控制网范围覆盖天津新港、海河、黄骅港及其周边地区,共布设GPS C级点11个、GPS D级点15个,联测国家高等级GPS B级的已知点7个、国家二等三角点1个。青岛港GPS控制网范围覆盖青岛及黄岛港区,并延伸到胶州湾,共布设GPS C级点11个、GPS D级点16个,联测国家高等级GPS B级的已知点4个和国家一、二等三角点3个。同年12月14日,该项目通过成果验收。

2002年,根据天津海事局《关于下达天津海事局2002年航测"三项"项目计划的通知》要求,天津海测大队组织实施烟台、威海、蓬莱、石岛、龙口等港GPS控制网改造项目。该队20名工程技术人员参加该项目,投入美国Ashtech公司Z-Xtreme型GPS接收机4台(国测二大队设备)、美国Ashtech公司Z-XII型GPS接收机2台。是年11月,完成标石预制、选点、埋石工作;12月,完成水准观测、外业数据观测工作;2013年1月5日,完成全部数据处理工作。累计布设GPS C级点41个,GPS D级点54个。同年7月24日,该项目通过成果验收。

图4-6-434　2003年7月24日,天津海事局在烟台召开北方(胶东半岛)GPS控制网改造竣工验收会议

2004年,根据天津海事局《关于下达天津海事局2003年航测"三项"项目计划的通知》要求,天津海测大队组织实施日照、岚山、连云港等港GPS控制网改造项目。为与上海海测大队在连云港地区实现GPS控制网无缝衔接,加之流行SARS(非典)等因素影响,该项目跨转2004年实施,该队22名工程技术人员参加该项目,投入美国Ashtech公司Z-XII型GPS接收机5台。同年8月,完成选点、埋设工作;9月,完成水准观测、外业数据观测工作;10月,完成全部数据处理工作。累计选点、埋设普通冻土标石15座、建筑物上标石13座、岩层普通标石3座、水泥地面标志20处。其中,日照、岚山港GPS控制网布设GPS C级点33个、GPS D级点18个;岚山港布设水准点2个,联测三等水准58千米线路长,联测四等水准60千米线路长;联测国家GPS B级已知点4个,国家一、二等三角点5个,国家一、二等水准点3个。同年11月23日,该项目通过成果验收。

2008年,根据交通运输部海事局《关于下达2008年航测三项专项项目计划的通知》要求,天津海测大队组织实施完善北方海区GPS控制网建设项目。该队47名工程技术人员参加了该项目,投入中海达5800、6000、8200E、8500型GPS接收机共计14台(国测二大队设备)。同年10月,完成选点、埋石及水准观测、外业数据观测工作;11月,完成全部数据处理。项目作业范围覆盖天津港以北至丹东港和山东半岛北部的潍坊港至东风港,包括唐山(含曹妃甸港区与京唐港区)、秦皇岛、绥中、锦州、盘锦、营口、大连、长兴岛、旅顺、皮口、丹东、庄河、潍坊、东营、羊口、东风等港口及附近地区。上述地区GPS控制网共布设GPS C级点124个、GPS D级点101个;唐山至绥中港段布设水准点4个,联测四等水准199千米线路长;葫芦岛至大连港段布设水准点2个,联测四等水准410千米线路长;大连至丹东港段布设水准点2个,联测四等水准66千米线路长;潍坊至东风港段布设水准点2个,联测三等水准39千米线路长,联测四等水准113千米线路长;联测国家GPS B级已知点14个。同年12月5日,该项目通过成果技术验收。

图4-6-435　2008年12月5日,天津海事局召开北方海区GPS控制网建设项目技术验收会议

北方海区GPS控制网工程建设总投资576.86万元。经过四期建设,共施测GPS C、D级平面控制点424个,新埋设标石268座,完成三、四等水准联测1191千米线路长,数据采集采用"WGS-84世界大

地坐标系",水准联测采用"1985年国家高程基准",点位均匀布设于沿海(港口附近优先)。基线解算采用IGS精密星历,使用GAMIT/GLOBK专业数据处理软件进行数据处理与平差计算获取"WGS-84世界大地坐标系"。为获取"1980西安坐标系""1954年北京坐标系"等常用系统坐标成果,将北方海区分为13个区域,研发了基于Bursa七参数的三维转换模型,实施坐标转换。可提供"WGS-84世界大地坐标系""1980西安坐标系""1954年北京坐标系"三套坐标成果,满足多种类海洋测绘需求。2008年7月1日始,国家启动"2000国家大地坐标系",为满足其要求,天津海测大队将四期建设获得的北方海区GPS C、D级控制网成果通过分区平差处理等技术手段,实现了与其成果转换。

北方海区GPS控制网建设,实现了北方海区高等级控制网的全面覆盖和"WGS-84世界大地坐标系""1954年北京坐标系""1980西安坐标系""2000国家大地坐标系"间的相互转换,为交通运输部海事局出版"2000国家大地坐标系"沿海港口航道图奠定了基础。同时,该项目有效改善了北方海区平面和高程控制基础薄弱的状况,通过水准联测实现了海图深度基准面与国家高程各类别垂直基准对接,建立了北方海区控制测量数据库和更新、维护机制,并开发了"北方海区GPS控制网数据查询系统",为北方海区测绘系统基础信息数据库建设奠定了坚实的基础,为各类海洋测绘项目实施发挥了重要作用。2010年,该项目成果获得天津市测绘学会优秀测绘工程一等奖;2011年,获得中国水运建设行业协会优秀勘察工程一等奖。

六、长江三峡库区航路扫测

2003年9月初,根据交通部副部长洪善祥在长江三峡库区实地调研时的指示精神,为保证顺利实施长江三峡库区航路改革,交通部海事局作出长江三峡库区航路扫测工作安排,决定由天津海事局负责组织实施,长江航道局配合完成。

同年9月17日,天津海测大队副队长张铁军率领7名工程技术人员奔赴重庆,通过与长江航道局、三峡通航管理局协商,最终确定航路扫测工程范围:长江三峡大坝至忠县380千米,涵盖53处水下航行障碍区。主要采用多波束测深系统,对指定水域实施全覆盖扫测,确定可航行区域最浅水深(最大高程),探明碍航区的水下地形地貌特征,为航标布设和核定通航尺度提供依据,保障库区船舶航行安全。同时,要求湖北段29处扫测任务于同年9月27日前完成,以确保10月1日开始实行新的航行规则;重庆段24处扫测任务应于同年10月25日前完成,以确保2004年1月1日开始实行新的航行规则。

该扫测工程是多手段的复合型测量任务,作业难度远大于海域扫测,特别是测量定位受到长江沿岸茂密丛林、高山遮挡影响,必须在沿江长满灌木的高山上设立GPS差分台站;攀登长满灌木的高山,对测量人员体能是一种挑战,并可能遭到毒蛇攻击;水深测量时,由于沿江建筑物拆迁遗存大量废弃物,形成人造碍航物,对测量船舶和仪器设备安全造成较大风险;因测区分散、测量船舶航行里程长,大量时间耗费在航行中;作业人员每天上下测量船舶需携带仪器设备攀登数百级江岸台阶,白天外业测量,晚上处理大量测量数据,睡眠休息只能安排在测量船舶航行途中。面对重重困难和风险,为确保如期完成任务,平面控制、水位控制、单波束测深仪测深、多波束测深系统扫测、测深杆探测、软式拖底扫测、船舶调度等诸多环节,均需要科学组织、精心策划、周密安排。

该扫测工程项目负责人董希贵明确每个工作环节岗位职责,充分发挥技术骨干业务特长,做到"谁主管、谁作业、谁承担主要责任",以避免推诿扯皮。每个测量人员脚踏实地干好本职工作,为提前完成任务打下了基础。控制测量中,扫测小组先后攀登41座高山,设立38个GPS差分台站,保障了测量定位精度。水深测量中,以"涪陵2"为测量船舶,在完成预定扫测项目的同时,探明了碍航物性质、坐落方位、长度、宽度、高度和精确的平面位置。

由于测区浅滩较多、水流湍急,在宜昌茅坪曾发生测量船舶触礁险情,所幸多波束测深系统未受损失。为此,副队长张铁军及时组织召开安全例会,针对工作中遇到的特殊情况,制定行之有效的安全措施。为消除安全隐患,重新制定测量流程,在实施多波束测深系统扫测前,首先实施单波束测深仪、钢丝缆绳拖底扫测和测深杆探测等搜索性前期工作,确定对多波束测深系统不会构成威胁后,再实施扫测。虽增加了工作量,但由于精心组织、合理安排,缩短两者工作时间差,实现无缝衔接,既保证多波束测深系统的使用安全,又保证了测量工期。

2003年10月16日,历时30天的长江三峡库区航路扫测工程,按照预定计划提前完成分布在380千米长江区段内53处水下障碍密集区域扫测任务,总测量面积40平方千米,绘制比例尺1:1000和1:5000、幅面为200毫米×250毫米扫测图共计87幅,幅面为200毫米×300毫米碍航物三维立体图计67幅,并编制完成《长江三峡库区电子航道图》。

(1)

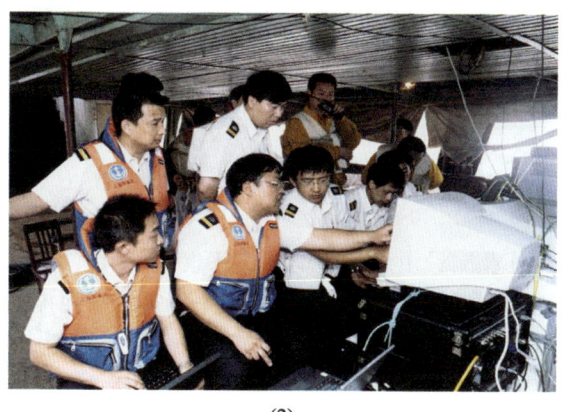
(2)

图4-6-436　2003年9月17日至10月16日,天津海测大队测量人员圆满完成长江三峡库区航路扫测任务

2003年10月20日,交通部海事局在武汉组织召开长江三峡库区航路扫测工程成果验收会,与会专家一致认为:该项目在实施过程中,领导率先垂范、保障措施有力、作业环节无缝衔接,对提前完成扫测任务、保证测量成果满足测量规范和技术方案要求发挥了重要作用。该扫测工程成果为航路设计、航标配布、航道图编绘和通航尺度核定提供了重要技术依据,对顺利完成三峡库区航路改革提供了有力保障。

七、黄河小浪底库区测量

黄河小浪底水库蓄水后,截流形成的宽阔水域为通航运输、旅游观光等项目开发提供了条件,为库区人民脱贫致富带来了机遇。然而,由于库区没有相应的水深图,无法满足库区规划、设计、建设和航运的需求。根据交通部海事局《2004年航测工作安排》,天津海测大队承担交通部扶贫项目之一——黄河小浪底库区测量工程。

对此,天津海测大队高度重视,由副队长张铁军带领测绘技术骨干先后两次现场踏勘。一是与当地海事部门工作沟通,了解测区工况环境;二是收集附近地形、平面和水准控制资料,选择测量作业船舶等,为黄河小浪底库区外业测量和成果图编绘掌握第一手资料。该测量工程为该库区首次水深测量,工程范围:黄河小浪底水库大坝至黄河上游112千米,平均测量宽度2.060千米,扫测面积约230平方千米,黄河河道单波束测深仪测量比例尺为1:1万,重要通航水域多波束测深系统扫测比例尺为1:500。

2004年3月14日,在张铁军组织下,选派高级工程师、工程师等25名技术骨干,携带单波束测深仪3套、多波束测深系统1套、定位仪3套、经纬仪2台、红外线测距仪2套、验潮仪3台、声速仪2台、流速流向仪2台等测绘仪器,奔赴黄河小浪底库区测量现场。

图 4-6-437　2004 年 3 月 16 日，天津海测大队测量人员现场研究黄河小浪底库区水下地形测量方案

外业测量由外业队副队长郭永丰组织实施，分 3 个作业组，克服点多线长、河床落差大、水流湍急等不利因素，加班加点开展工作。先后完成平面控制测量、水准测量、地形测量、单波束测深仪水深测量，并对特殊浅点实施多波束测深系统全覆盖扫测。通过对测区水位资料分析，制定切实可行的水位控制方案，保证了水深测量精度。由于小浪底水库截流蓄水，致使未拆迁的房屋、人工散落物等形成水下障碍物，对测量工作造成安全隐患。为此，根据测区复杂程度，邀请当地村民作为向导，避免了测量人员和仪器设备受损。为保障测量进度和质量，该队质检人员深入现场开展质检工作。2004 年 4 月 28 日，历时 45 天，安全优质完成外业测量任务。

同时，制图编绘人员充分调查和分析黄河小浪底库区资料，根据河道走向制定了自由分幅的编绘方案，并多次征询港航有关部门意见。随后，提交了 26 幅库区测量水深图编绘成果，以及《黄河小浪底库区测量工程技术报告》。其间，河南地方海事部门和洛阳市交通局领导专程赴津，向天津海测大队赠送锦旗。

图 4-6-438　2004 年 8 月，河南省海事局和洛阳市交通局领导向天津海测大队赠送锦旗

2004 年 11 月 8 日，天津海事局在河南洛阳召开黄河小浪底库区扫测工程成果审定会，来自洛阳市

交通局、地方海事局、长江航道局、航道测量中心、重庆航道局、上海及广东海事局等单位的领导和专家出席会议。与会专家认为：黄河小浪底库区扫测工程是首次对黄河河道进行的大面积全覆盖扫测，只用45天圆满完成112千米主河道扫测任务，扫测面积230平方千米，对黄河小浪底库区开发建设和管理具有重要意义；该项工程施工组织合理，技术设计先进，测绘过程符合规范和质量控制要求，提交资料齐全，一致同意通过审定。

该测量工程扫测成果对黄河小浪底库区确定通航尺度，促进旅游业发展，扶助库区人民脱贫致富发挥了重要作用。2005年，该项目成果获得中国测绘学会科学技术奖励委员会铜奖。

八、渤海超大型船舶航路扫测

环渤海地区背靠东北老工业基地，是华北、西北经济腹地，亦是以钢铁、石油化工等为主的重工业基地，对海洋运输依赖性较大。20世纪50—60年代，受测量仪器设备及方法的局限，测绘出版的渤海中部区域海图比例尺小，水深密度、成果精度及时效性较差，不能满足超大型船舶安全航行需求。"十一五"期间，环渤海区域的港口建设加快发展，营口、唐山和天津等港相继扩建了30万吨级及以上超大型船舶靠泊码头，但受渤海自然水深条件限制，环渤海各主要港口应建设多大吨位码头方能保障船舶航行安全，并满足港口发展需要，尚无可靠的基础资料予以支持。为此，调查渤海超大型船舶航路通航水深迫在眉睫。

2005年11月，工程院院士刘济舟和中交一航院总工程师吴今权向交通部提出《关于渤海湾海域通航超大型船舶研究》设想，交通部副部长翁孟勇批示：抓紧研究。同年12月，交通部总工程师办公室召集交通部海事局、规划司、水运司、科教司、规划院等相关部门，专题研究渤海超大型船舶航路扫测工程，确定由交通部海事局编制《渤海超大型船舶航路扫测工作大纲》。2006年1月，《渤海超大型船舶航路扫测工作大纲》审议通过，并责成交通部海事局组织扫测方案设计和实施。而后，《渤海超大型船舶航路扫测方案设计》《渤海超大型船舶航路潮位控制方案》分别通过专家评审。同年4月14日，交通部海事局印发《关于开展渤海超大型船舶航路扫测工作的通知》，要求天津海事局负责组织实施，上海、广东海事局协助，辽宁、河北、山东等海事局支持配合。

图 4-6-439　2006年5月，渤海超大型船舶航路扫测工程启动仪式

2006年5月,渤海超大型船舶航路扫测工程正式启动。根据技术方案要求,扫测渤海湾两条航路。一条是老铁山水道至天津新港(简称"西线"),途经唐山港曹妃甸港区,长约235千米;另一条是老铁山水道至营口仙人岛港区(简称"北线"),途经大连港长兴岛港区,长约210千米。两条航路扫测宽度均为1千米。同时,探测航路及附近存在的沉船、石油钢管、浅滩等碍航物。同年5月10日,天津海事局制定《渤海超大型船舶航路扫测施工组织方案》。天津、上海、广州海测大队3支测绘队伍组成6个项目组(工程指挥组、侧扫声呐扫海组、验潮观测组和3个多波束测深系统测深组),累计参战约300人,调用测量船舶6艘,投入多波束测深系统3套、侧扫声呐系统1套、GPS定位仪4套、单波束测深仪4套、验潮设备26套。同年7月9日始,上海、广州海测大队联合实施北线航路多波束测深系统扫测工作;7月24日始,天津、上海、广州海测大队联合实施西线航路多波束测深系统扫测工作;8月28日始,天津海测大队实施航路附近海域沉船、遗留钢管的侧扫声呐扫测及辽东浅滩单波束测深仪加密检测工作。至12月12日,完成航路扫测工程全部数据处理工作,并提交成图水深数据。至12月21日,完成各种比例尺航路扫测水深图编绘制作,主要成果为:1∶5000基础比例尺扫测水深图1套(共19幅,每幅长5米),1∶5万比例尺扫测水深图1套(共14幅),1∶15万比例尺扫测水深图1套,1∶30万比例尺扫测水深图1套;提交《航路扫测水深数据信息管理系统》,实现扫测成果信息化管理;提交航路扫测方案设计、潮位控制方案、潮位控制分析研究技术报告、施工组织报告、技术报告等测绘成果资料。

(1)测量人员论证研讨渤海超大型船舶航路扫测工程验潮方案　　(2)潮位控制人员读取自容式验潮仪数据

图 4-6-440

该扫测工程总投资2400万元,其中1600万元用于扫测,800万元用于购置设备。全部扫测面积约1227平方千米,其中两条航路扫测面积约445平方千米,沉船、障碍物探测面积约262平方千米,辽东浅滩水深检查测量面积约520平方千米。新设置及利用附近长期验潮站32个,其中沿岸布设中短期验潮站8个,岛屿及灯塔布设验潮站5个,海上平台布设验潮站4个,海上抛设定点验潮站8个,利用沿岸长期验潮站7个。该扫测工程平面控制采用"WGS-84世界大地坐标系",高程控制采用"1985国家高程基准",深度基准采用理论最低潮面。航路扫测中,利用长期验潮站及短期验潮站的实际观测资料,采用调和方法,确定了两条航路海区的深度基准面。两条航路多波束测深系统测量水深数据内业处理由各海测大队独立完成,水位改正编制了专用软件,各海测大队的测量航段均有500米重叠测量区保证扫测质量。通过测量成果质量检验和整体拼接检查,水深测量综合精度达到±0.3米(95%置信度)。经扫测成果分析,对北线航路探明了曹妃甸、老铁山水道、辽东浅滩等海域12处沉船、石油钢管和网具等碍航物的准确位置及最浅水深,西线航路发现了18处特殊浅点,最浅水深20.2米。

该扫测工程应用多项创新技术,在潮汐传播规律分析研究、多波束测深系统水深测量多站水位改正、海量数据处理等方面取得重大技术突破,填补了中国沿海大范围、长距离、高精度、全覆盖航路扫测的空白;航路潮汐分析研究达到国际先进水平;编写的《多站多波束水位改正软件》达到国际先进水平;《渤海航路扫测成果电子图集》《渤海航路扫测水深数据信息管理系统》处于国内领先。

该扫测工程跨越三省一市(辽宁省、河北省、山东省、天津市),从方案设计、组织实施到成果验收一年内完成,除上海、广东海测大队直接派测量船舶和技术人员参加扫测外,同时得到辽宁、河北、山东、营口海事局的大力配合与支持。此外,北海救助局大连救助基地为测量船舶提供靠泊补给,国家海洋局北海分局提供6个国家长期验潮站的观测数据,海军大连舰艇学院在潮位控制和水位改正等技术领域提供了支持,武汉大学等为该工程顺利实施提供了积极协助。

2007年2月5日,交通部规划司在北京主持召开渤海超大型船舶航路扫测工程技术成果审查会。交通部总工程师蒋千、交通部专家委员会副主任曹右安,以及交通部水运司、救捞局、规划院的领导和特邀专家18人参加会议。交通部海事局副局长郑和平介绍了航路扫测情况,天津海事局代表汇报了航路扫测取得的技术成果。与会专家对航路扫测成果给予高度评价,并顺利通过技术成果审查。

渤海超大型船舶航路扫测工程获得了大量的基础性测量数据和丰富的测量成果,以全覆盖方式准确测量了两条航路的水深和障碍物分布情况,科学确定了航路深度基准面,为编制渤海水域超大型船舶航路指南、编绘海图、建立航海信息库积累了基础性资料,为划定超大型船舶航路奠定了坚实的基础,亦为环渤海地区港口建设规划、航运经济发展提供了重要依据和保障。

九、青岛奥帆赛水域扫测

2008年,北京奥运会举世瞩目,北京奥运会帆船帆板竞赛在山东青岛举行。交通运输部海事局将"青岛奥帆赛"相关工作列为年度航测大项工作安排,并要求山东、天津海事局等单位策划、协调诸项工作。按照交通运输部海事局的工作要求,天津海测大队将"青岛奥帆赛"测绘保障工作列为年度重点工作,在人员、装备、数据资料等方面做好充分准备。

2008年5月10日,天津海测大队队长孙洪志等一行专程赴青岛,就"青岛奥帆赛"水域扫测等事宜,与山东海事局通航处、天津海事局青岛航标处等有关单位协商。此后,该队编制完成《测量任务书》《技术设计书》。"青岛奥帆赛"水域扫测工程包括奥帆基地竞赛水域、训练水域、警戒水域和重点航行水域扫测,共计19平方千米,要求同年7月10日前如期完成。该工程特点是面积大、时间紧、测区环境复杂。每年5—6月青岛多雾、多东南风,可利用的扫测工天较少,对扫测工程进度造成一定影响。另外,测区水下环境复杂,扫测区域礁石密布,浅点众多,均需一一探明。

同年5月27日,天津海测大队测量分队进驻青岛工地后,即刻与青岛奥帆委竞赛部联系,就青岛奥帆基地及竞赛水域扫测事宜进行协商并达成共识,形成《关于2008奥帆赛比赛海域扫测会商纪要》。6月4—19日,测量分队采用多波束测深系统对测区实施全覆盖测量,完成12平方千米扫测作业,占计划63%;6月20—21日,完成特殊浅点、沉船、暗堤和礁石加密复测及22座浮标海上定位任务;6月22日,完成专题图东边线3平方千米扫测作业;6月30日,完成浅水5平方千米扫测作业;7月6日,测量分队完成外业数据处理和整理工作。在测区发现暗堤1处、可疑沙坝1处、可疑沉船1处、浅点2处、礁石多处、不明物体1处。该队绘图人员采用HPD技术,加班加点紧张工作,于7月10日前向奥帆赛组委会和山东海事局如期提交《2008奥帆赛竞赛海域专题图》《青岛奥帆赛海域航标布设规划图》《奥帆赛海上交通安全与应急保障力量部署图》《山东海事局应急演练专题图》,专题电子海图1套,《水下特殊地貌三维立体图》1册,以及《扫测技术报告》。同时,制作喷绘防水布质海图7套21幅。其专业翔实的工作成果和先进的测绘技术得到青岛奥帆委、山东海事局等相关单位的一致好评。同年7月11日,天津日报以"海域扫测保证奥帆赛顺利进行"为题进行了专题报道。8月28日,天津人民广播电台记者就天津海测大队利用测绘科技新手段为"青岛奥帆赛"提供优质服务,采访了该队数据中心主任冯立新和测量中心副主任缪锦根。

图4-6-441　2008年7月18日,天津海事局副局长李国祥(左三)向青岛奥帆委组织委员会赠送《2008奥帆赛竞赛海域专题图》

同年10月17日,天津市测绘产品质量监督检验站完成该项目委托检验工作,形成《测绘成果检验报告》。经检验,青岛奥帆赛水域扫测工程,产品质量符合特定技术标准和技术设计书规定,产品质量评定为合格,质量等级评判为优秀。2009年11月4日,该项目成果获得交通运输部水运工程优秀勘察奖三等奖。

十、老铁山水道船舶定线制测量

2008年11月11日,国际海事研究委员会航行安全分委会在北京召开会议,讨论通过《国际海事研究委员会航行安全分委会2008年部分联络员工作会议纪要》,明确提出实施老铁山水道船舶定线制水域扫测,确定定线制水域现势水深和障碍物情况,编绘出版海图,编写技术报告,为"老铁山水道船舶定线制"通过IMO审核提供技术依据。2009年2月10日,辽宁海事局向天津海事局发出《关于请求对老铁山水道船舶定线制海域扫测工程的函》。该工程扫测范围包括:分道通航区域北边界线至分道通航区域南边界线的分道通航水域;以设计的地理位置为中心,以5海里为半径的圆形警戒区水域。同时,对《老铁山水道及附近(1∶15万)》海图中图载的"HELIOS-3""鲁渤渡2""辽大旅渔15079"和"玛亚8"沉船等9处海底障碍物和1处浅区现状实施加密探测。

2009年2月27日,天津海测大队外业队七分队长王闰成带领8名测量技术骨干,携带美国OMNI STAR型GPS星站差分定位设备2套、加拿大320M型单波束测深仪2套、美国Seabat 8101-ER型多波束测深系统1套、美国SIS-1500型侧扫声呐2套,开赴测量工程现场。该工程平面坐标系采用"2000国家大地坐标系",高斯-克吕格3度带投影,中央经线为东经120°,陆域高程控制采用"1985国家高程基准",深度基准采用理论最低潮面。测量船舶为租用的"海巡0201"船和"海标0505"船。该工程历时59天,2009年4月24日老铁山水道船舶定线制区域侧扫声呐全覆盖扫测、单波束测深仪水深测量完成,共计532.5平方千米,确定扫测区域海底地形地貌概况及现势水深;完成多波束测深系统扫测35.5

平方千米;完成10处沉船、障碍物和浅区侧扫声呐和多波束测深系统扫测,确定海底障碍物位置、姿态及最浅水深。其间,通过侧扫声呐扫测,新发现碍航物1处。老铁山水道船舶定线制测量共形成5项测绘成果,即《老铁山水道船舶定线制示意图》《老铁山水道(12338)》(1∶6万海图)、《老铁山水道船舶定线制海域障碍物扫测水深图集》《老铁山水道船舶定线制海域障碍物扫测声像图册》《老铁山水道船舶定线制海域扫测技术报告》。

2009年4月28日,天津海事局组织召开老铁山水道船舶定线制测量工程验收会,交通部海事局、上海海事局、上海海事大学、大连海事大学及大连远洋运输公司等单位的专家对天津海测大队提交的扫海成果进行全面审查。与会专家一致认为,该成果可作为老铁山水道船舶定线制的主要佐证材料报送IMO审批,并为老铁山水道船舶定线制海域航海运输、航政管理等提供了重要依据。2010年,该项目成果获得水运交通工程优秀勘察奖三等奖。

十一、辽东湾推荐航路探测

在当代造船业中,巨型油轮(载重量一般在30万吨以上)、超大型集装箱船舶和液化天然气船舶的建造,是衡量一个国家船舶制造水平和能力的重要标准。进入21世纪,全世界建成的巨型油轮有400余艘。2002年,中国自行设计建造的首艘30万吨巨型油轮交付使用。然而,巨型油轮投入运营,对港口、航道的通航要求带来新的挑战。为适应航运事业的发展需求,满足满载巨型油轮航行最低水深24.5米的要求,交通部启动了"环渤海水域超大型船舶航路探测"研究。

2010年,随着营口区域经济飞速发展,仙人岛港区建设了30万吨级矿石码头及深水航道,使得满载巨型油轮可选择不在大连港减载、而直接靠泊营口仙人岛港区卸货成为可能。而巨型油轮能够满载进港的关键,是如何安全通过老铁山水道至营口仙人岛港区之航路。其航路上的"辽东浅滩"是制约航行安全的瓶颈。众多资料表明,外海海流经老铁山水道进入渤海,由于水流急、断面窄、海底经冲刷形成U型深槽,深槽北端分布着呈指状排列的6道水下沙脊,通称"辽东浅滩"。且原有海图资料陈旧,比例尺较小,图载要素不能满足巨型油轮安全航行需求。同年3月,辽宁海事局、营口港务集团和天津海事局在营口研讨巨型油轮进港可行性方案,决定选择老铁山水道警戒区至仙人岛港区航道进口,实施"辽东湾满载巨型油轮推荐航路探测项目"(简称"航路探测"),探明该通航海域水深条件,为规划设计辽东湾满载巨型油轮推荐航路提供技术依据。该项目委托天津海测大队组织实施。

2010年3月,天津海测大队队长孙洪志、总工程师桑金等一行5人赴营口港,与营口港务集团洽谈航路探测事宜,并签订了《扫测合同》。随后,该队成立"航路探测"项目组,孙洪志任组长,黄永军、桑金任副组长,下设测量组、编绘组、水文组、质量保障组、测量一组、测量二组,并明确各组负责人。

"航路探测"区域位于辽东半岛西侧,南起老铁山水道警戒区,北至仙人岛航道进口,全线约200千米。浅滩以南水深超过30米,浅滩以北水深浅于30米。鉴于国内外对大型船舶在无航标自由航行区域的单向航行所需最低航行宽度没有统一标准,而本次"航路探测"是探明辽东湾通航海域的水深条件,本着"经济实用"原则,参考部分专家意见,将航路扫测宽度定为0.2千米,同时对数处特定海域实施宽度1海里重点扫测。该项目针对带状声速剖面阶跃控制改正要求,分五部分水域实施水深探测,总扫测面积约88.4平方千米。其中,第一部分为"老铁山水道至辽东湾浅滩附近"航路(简称"南线"),全长约92.5千米,扫测宽度0.2千米,扫测面积18.5平方千米;第二部分为"辽东湾浅滩北端至仙人岛航道进口"航路(简称"北线"),全长约89.9千米,扫测宽度0.2千米,扫测面积18.0平方千米;第三部分为"辽东湾浅滩北侧"重点探测海域,全长约13.8千米,扫测宽度1海里,扫测面积25.6平方千米;第四部分为"南线上两处重点扫测区域",扫测面积3.4平方千米;第五部分为"新增加扫测区域",此为前期扫测完成后,经数据处理发现"辽东湾浅滩北侧"重点探测海域部分水深浅于24.5米,无法满足满载巨轮的通航要求,经双方协商在航路上增加一个拐点,所拓展扫测区航路长约24.2千米,扫测宽度0.2千米,扫测面积 4.81 平方千米。

其间,"航路探测"采用美国 Sonic 2024 型多波束测深系统实施全覆盖扫海测量;扫测设备采用美国 Sonic 2024 型多波束测深系统 2 套,中国 HY1600 型及美国 NAVITRONIC 公司 NaviSound 210 型单波束测深仪各 1 套,加拿大 SVPLUS 型声速剖面仪 3 套及中国 HY1200 型声速剖面仪 1 套;定位设备采用 RBN-DGPS 系统,投入美国 Trimble 公司 332 型 GPS 接收机 2 套;采用 CARIS HIPS 软件实施测量数据处理;投入 350 匹渔船、测量船舶 2 艘。

测深声速控制是外业实施的技术难点,该项目水深作业前通过事先对全测区声速剖面调查,顾及海量扫测数据对工作效率的影响,探索了根据测区带状分布方向,按照每 5 千米为一个块状作业区的方法扫测,收到良好效果。潮位控制是水深数据潮位改正的更大技术难点,测区由于距离岸边较远,海域空间跨度达 200 千米,潮汐性质变化极其复杂,传统潮位控制难于满足规范要求。在副总工程师李宝森主持下,带领刘雷等工程技术人员研发了"潮位数据粗差探测技术""基于潮位推算的海上虚拟定点验潮站技术""最小二乘法走航式水位改正模型",攻克了潮位控制瓶颈,保证了测绘质量。

2010 年 7 月 25 日,"航路探测"项目初步完成。探明了制约巨型油轮航行的浅区分布情况,获取了推荐航路及附近的海底地貌、海洋潮汐、海洋声速等基础航行信息。7 月 27 日,天津海测大队向营口港集团公司通报了"航路探测"项目成果。该公司对该队在较短工期内,克服各种困难,攻克约 200 千米超长测区潮位控制和声速改正等诸多技术难题,取得较高精度的扫测成果给予高度评价。同时,双方就进一步摸清碍航浅区范围和碍航情况进行协商,并达成一致意见。而后,扫测人员连续作战,探测原设计航路中水深浅区调整区段,使辽东湾满载巨型油轮推荐航路水深均达到 24.5 米的设计通航尺度。经各级质量检验表明,各测线相邻扫测带水深拼接良好,均达到全覆盖无漏测标准,各项扫测成果满足规范要求。

随后,辽宁海事局、营口港务集团就"航路探测"成果组织召开"营口港仙人岛港区和鲅鱼圈港区超大型船舶渤海水域通航航线"论证会,经与会专家风险评估和科学论证后,开始正式通航。2011 年 12 月超大型船舶"奥康"轮和 2012 年 5 月超大型船舶"木钢"轮分别顺利抵港安全靠泊。此后,辽东湾满载 30 万吨级超大型船舶进出老铁山水道至营口港仙人岛港区成为常态。2012 年,"航路探测"项目成果获得中国水运建设行业协会水运交通优秀勘察奖一等奖。

十二、成山角水域船舶定线制扫测

位于山东半岛东端的成山角水域,是船舶进出渤海及黄海北部各港口的必经之路,称为中国海运咽喉、国际航行战略要地、东方"好望角"。该水域过往船舶流量密集,海况环境复杂,年平均雾 87 天、8 级以上大风 128 天,是中国沿海雾最多的海域。随着航运经济的蓬勃发展,途经该水域的船舶数量大幅增加,超大型船舶明显增多,对成山角水域的通航安全形成巨大压力,海事监管难度甚高。

2012 年 9 月 3 日,交通运输部海事局印发《关于征求〈成山角水域船舶定线制方案〉意见的函》,确定成山角以东新修订水域船舶定线制测量范围为:由三个分道通航制、一个分道通航制警戒区和内外分道通航制之间的分隔带组成。并明确由山东海事局牵头完成对原有《成山角水域船舶定线制》修订工作。同时,根据交通运输部海事局测绘工作安排,天津海事局印发《关于下达成山角船舶定线制水域测量任务的通知》。随即,天津海测大队编制完成该工程项目《测量任务书》《技术设计书》。天津海事局和交通运输部海事局于 9 月 4 日和 11 日在威海先后召开"成山角定线制测量方案座谈会"和"成山角水域船舶定线制扫测工程技术设计评审会"。经专家评审认为:该扫测工程技术设计资料详细、内容完整、方案合理、指标明确、具有较强的针对性和指导性,可作为该项目作业和质量控制的依据,并原则通过。

该测量工程先后投入测量技术骨干 45 名,测量船舶 8 艘,多波束测深系统 5 套,侧扫声呐 3 套。总扫测面积约1850平方千米,分两期完成。2012年8月29日至11月27日,项目组负责人张墨起带领25名测量技术骨干,完成了一期对原船舶定线制水域及原警戒区水域扫测工作。2013年3月,北海航海保障中心印发《北方海区2013年测绘计划》,对成山角水域船舶定线制测量任务提出明确要求。同年3月5日,天津海事测绘中心编制完成《成山角船舶定线制以东海域船舶定线制(试行)水域扫测工程测量任务书》。2013年3月12日至5月25日,项目组负责人孟森带领20名测量技术骨干,完成了二期对计划新增的原船舶定线制以东定线制水域扫测工作。

图4-6-442　2012年9月11日,交通运输部海事局在威海召开成山角水域船舶定线制扫测工程技术设计评审会

该扫测工程有若干技术难点:一是扫测规模大,作业时间长,测区环境复杂,施工难度大;二是测区内采集测量要素多(多波束测深系统、单波束测深仪水深数据,侧扫声呐数据,潮汐、潮流数据,声速数据等);三是测区距海岸较远,潮汐性质复杂,可参考历史数据较少,对潮汐实测及潮位控制带来难度;四是测区水深流急,声速受海流影响大,随时间和空间变化剧烈,温跃层声速采集是技术难点。对此,项目组采用目前国内最先进的海洋测绘技术,对设计航路全覆盖扫测,得出预定推荐航路及附近的水深数据、海底地貌、海洋潮汐、海洋潮流等现势性较强的可靠基础信息,为修订新的成山角船舶定线制以东海域船舶定线制(试行)提供最新最翔实资料;项目组采用"平均海面滑动平移"技术,结合基于平均海面区域相关性理论检测修正验潮零点,有效提高中短期验潮站潮位数据质量,降低了潮位控制成本,保证水深测量成果精度;在部分区域成功应用GPS在航潮位观测技术,拓展了GPS及中国北斗系统在高精度海洋测绘领域的应用范围,为离岸水域测深水位改正进行了尝试,积累了经验。同年5月25日,天津海事测绘中心编制完成《成山角水域船舶定线制测量技术报告》《成山角水域船舶定线制专题图》《可疑障碍物浅点分布示意图》。

2013年5月28日,天津海事局在天津组织召开《成山角水域船舶定线制测量》工程成果验收会。与会专家一致认为:该项目资料完整,内容翔实,符合交通运输部海事局下达的任务要求和相关标准;多波束测深系统测深采用的测量仪器设备精度可靠,测量手段先进,探明了测区水深状况,了解了测区内航行障碍物分布情况,质量控制严谨,结论可靠;编绘的《成山角船舶定线制新增水域专题图》图种合理,要素齐全,质量可靠,可为中国沿海船舶定线制及航路规划、航政管理和航行安全提供技术依据。一致通过该工程成果验收。

2014年,该扫测工程成果先后获得中国测绘地理信息学会颁发的全国优秀测绘工程奖金奖和中国水运建设行业协会颁发的水运交通优秀勘察奖一等奖。

第五章 通信业务

通信系指人与人之间通过某种媒介相互传递信息的活动。中国古代航海主要依靠视觉、声音传递信息,至清朝末年,出现以"电磁波"为媒介的信息传递手段,故称电信。电信按照传输媒介不同,分为有线电通信和无线电通信。海岸电台作为水上无线电通信的"枢纽"和"桥梁",具有"国际性、规范性、公益性"等特征,是保障人类航海安全的重要基础设施,广泛服务于航运企业、海事管理、海难救助、海洋工程等领域。

据考古发现和古籍记载,早在新石器时代晚期,中华先民就已"变乘桴以造舟楫",夏商两代舟船制造技术日臻成熟,春秋战国时期出现较大规模海上运输和战争,大量频繁的航海活动逐渐孕育出原始水上通信手段。中国古代水上通信主要采用灯火、旗帜、锣鼓、号角、烽燧等方式,这些信号简单、寓意明确、不受语言限制的信息传递手段传承千年,弥久不衰。至唐宋时期,中国航海业发展至鼎盛时期,海上通信技术手段日趋完善。据宋代《宣和奉使高丽图经》记载,徐兢奉旨率船队出使高丽,"八舟鸣金鼓,张旗帜,以次解发""入夜举火,则八舟皆应"。另据《建炎以来系年要录》记载,宋高宗从明州(今宁波)乘船前往温州时,其船队约定"每闻御舟笛响,即诸舟起碇而发"。至明代,郑和七下西洋开创人类航海盛举,海上通信手段更加完备。据《西洋记》记载,郑和船队"昼行认旗帜,夜行认灯笼",每船配置大坐旗、号带、大桅旗、正五方旗,以及大铜锣、小锣、大更鼓、小鼓各若干,白天通过约定方式悬挂或挥舞各色旗带形成旗语互通消息,夜间或天气恶劣时则通过锣鼓传递音响信息。明代《纪效新书》则有船舶利用灯火悬挂的位置和盏数不同发出报警信号的记载。截至19世纪末,原始的海上通信手段世代相传,沿用不断。

清光绪二十一年(1895)无线电通信技术问世后,海上通信方式发生根本性变革。清宣统元年(1909),清政府邮传部在上海吴淞口设置第一座海岸电台,标志着中国水上通信自此步入无线电通信时代。1912年中华民国成立后,北洋政府交通部及各轮船运输公司相继在天津、青岛、上海、福州、广州、武汉等沿海沿江重要商埠设置江海岸电台,初步建立中国水上通信体系。在此期间,中国先后加入《国际电信公约》《国际海上人命与安全公约》等国际组织和公约,中国水上通信体系逐步与世界融合。至1948年底,全国共设有江海岸电台和航务专用电台53座,其中北方海区11座,主要开办莫尔斯电报业务,兼办船舶遇险通信和气象报告等。

1949年中华人民共和国成立后,交通部在接管整合各轮船运输公司所属航务专用电台和邮电部所属江海岸电台基础上,组建中国水上通信网。随后,规划开展一系列修葺重建和扩建工程,全国海岸电台基本改造为"两址式"电台模式,以适应航运经济发展需求。1964年始,交通部陆续将各海岸电台迁扩建为"三址式"电台,通信设备更新换代,开放电路明显增多,水上通信保障能力明显提升。在此期间,交通部陆续在天津、大连、青岛、秦皇岛、烟台等海岸电台增开中高频双边带无线电话通信业务。之后,相继开放单边带无线电话(SSB)和甚高频无线电话(VHF)通信业务。截至1985年,全国设有海岸电台共22座,其中北方海区6座,通信范围重点覆盖渤海、黄海、东海等海域,最远可达太平洋、印度洋、大西洋、波罗的海、地中海等国际海域。

20世纪80年代后期,交通部实施港口体制改革,中国沿海各海岸电台相继纳入国家行政事业序列,主要职责转为以履行相关国际公约、提供公益通信服务为主。2000年,中国全球海上遇险与安全通信系统(GMDSS)建设工程竣工并投入使用,各海岸电台全面实现数字选择性呼叫国际遇险电路自动值守,通信设备更新换代,技术性能显著提升,基础设施得到改善,遇险通信处置能力明显提高,中国水上通信与世界通信体系全面接轨。在此期间,北方海区通信系统相继开放中英文奈伏泰斯(NAVTEX)播发和窄带直接印字电报(NBDP)等通信业务,建成全国沿海甚高频安全通信系统,通信覆盖范围扩展至中国沿海及远洋航路的大部分海域。

进入21世纪,随着海事卫星通信的广泛应用,大连、营口、秦皇岛、烟台、青岛等海岸电台公众通信电路相继关闭。截至2012年,北方海区通信系统中仅天津海岸电台继续开放中、高频和甚高频公众无线电报(包括NBDP)、电话通信业务,以及非GMDSS遇险通信业务;大连、秦皇岛、天津、黄骅港、烟台、青岛6座海岸电台开放甚高频GMDSS遇险通信业务;大连、天津、烟台、青岛4座海岸电台开放中频GMDSS遇险通信业务;大连、天津2座海岸电台开放中文NAVTEX播发业务;大连海岸电台开放英文NAVTEX播发业务。

第一节 通 信 管 理

一、质量管理

中国水上通信工作的原则是质量第一,基本要求是"迅速、准确、保密"。通信质量管理主要包括:通信差错控制、通信事故界定、通信质量指标设置,以及相关管理措施制定实施等方面内容。水上通信存在诸多人工操作环节,详尽完善的通信规则和规章制度是预防差错发生、保障通信畅通优质的基础。

清宣统元年(1909),清政府邮传部在上海吴淞口设置中国第一座海岸电台,随即发布施行《收发无线电报暂行章程》,是为中国近代第一部无线电通信部门规章。该章程初步确立中国水上无线电通信电报格式和业务流程,通信质量主要依靠从业人员职业素养和工作自律加以保障。随着社会变革和政权更迭,中华民国政府交通部承继旧制,并陆续修订施行《无线电报收发办法》《收发电报不得错误并应切实校对令》《电报业务稽查办法》等规章制度,以加强通信质量管理,减少通信差错发生,但相关规章制度缺乏具体可行的差错界定方法和防控措施。

1949年中华人民共和国成立后,交通部接管全国各轮船运输公司所属航务专用电台,组建中国水上通信网。1951年,交通部办公厅印发施行《关于电报等级的规定及航务电讯管理暂行办法》,初步制定中国水上电报通信业务管理规则。1953年9月始,按照中央财经委员会批示,交通部陆续接管整合邮电部所属江海岸电台,成为中国水上通信唯一管理机构。1954年6月,交通部印发《加强电讯和电报管理工作的指示》,开展整顿和加强交通系统通信管理活动,设置纠察电台,定期发布纠察简报,纠正水上通信工作中违规违纪行为,规范水上通信值守纪律和业务流程,中国水上通信秩序明显改善,电报质量也随之提高。1955年1月,交通部发布施行《航务无线电台通讯业务管理暂行规则》,详细规定中国水上电报通信业务的类别、格式、操作规程及管理原则等,是为中华人民共和国发布施行的第一部通信部门规章,为加强通信质量管理提供了制度保障。1961年8月2日,交通部印发《重申加强电讯和电报管理工作的指示》,再次清理交通系统通信管理工作中存在的问题。同月,依据国际无线电规则要求,交通部修订发布《电台工作守则与航务通信业务规程》,明确规定了电报事故、电报稽延、电报差错的界定原则。

1972年8月,交通部修订《电台工作守则与航务通信业务规程》,更名为《水运电报规则》。该规则首次设置"电报质量检查"条款,规定电报质量包括电报事故和电报差错两类,明确界定分类原则;强调通信部门和电台应加强电报质量管理,定期召开电报工作座谈会,分析、研究、制定提高电报质量的措施,防止事故差错发生。1976年,交通部水运局印发《关于恢复纠察电台和纠察简报的通知》,决定恢复和健全通信纠察制度,加大水上通信行业管理力度,着力提高通信服务质量,以适应航运事业发展需求。同时,交通部水运局在北京设立交通水上通信系统纠察电台,不定期监听各海岸电台和船舶电台,适时纠察违规违纪现象,每隔3个月发布一期《纠察简报》,对漏听、频率使用不规范、违反静默时间播发、通报表播发不及时、船辅电路不服从指挥等问题予以通报处置。通信纠察工作延续多年,促使各海岸电台显著提高了对通信质量的重视程度,健全完善了内部管理制度,有效提升了通信服务质量。1978年10月,天津港通信站汇集历年管理制度及各通信工作岗位职责,印发施行《通信站规章制度》。其中,涉及通信质量管理方面的规章制度包括《差错条例》《电报业务量和质量月报表》等,以警示职工遵守通信规则和纪律,认真对待通信纠察工作,杜绝违规违纪行为发生,维护本单位社会声誉。

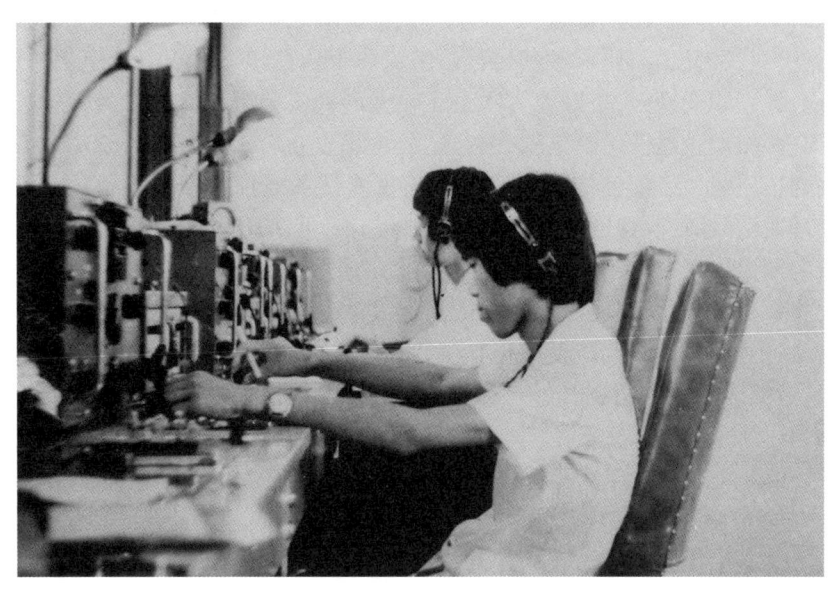

图5-1-443　20世纪70年代,天津海岸电台报务员忠于职守,在水运通信纠察活动中维护了电台社会声誉

1979年1月,交通部修订《水运电报规则》,充实完善"电报质量检查"条款,改称"电报质量管理"。该规则仍将电报质量划分为通信事故和通信差错两类,但将通信差错细分为台内差错和台外差错两种,并详细规定界定标准和计算方法,强调建立电报通信质量管理奖惩制度。同时,要求各海岸电台之间建立相互纠察制度,并明确纠察处理原则。

1981年4月,随着各海岸电台相继开放甚高频和SSB通信业务,交通部修订完善《水运无线电话规则》,以规范无线电话业务流程,保障通信服务质量。此后,交通部印发《关于进一步提高船岸单边带无线电话通信质量问题的通知》《关于搞好通信提高电报质量的通知》,强调各海岸电台必须健全内部管理制度,特别是电报质量控制制度。据此,天津港通信站从责任界定和差错率控制两方面入手,制定"三定"(定人、定机、定电路)岗位管理制度、报文复核制度、两级质检制度等电报质量保障措施,电报收发质量稳步提高。1984年4月,经全国交通系统电信工作会议研究决定,将《水运电报规则》和《水运无线电话规则》合并修订,更名为《水上无线电通信规则》。该规则基本沿用《水运电报规则》中电报质量管理相关条款,并明确电话差错和事故的界定原则。同年,天津海岸电台共开放通信电路15条,设备完好率97.90%,通信差错率逐步降至0.36×10^{-6}。

1986年4月,天津港通信导航公司成立以经理李刚为组长的全面质量管理领导小组,组织开展群众性质量控制(QC)小组活动,相继建立通信业务管理、业务实施规程、设备操作规程、通信设备养护等方面质量管理体系,制定实施各岗位交接班记录表、值班日志、修机记录表、机历卡片等报表和记录表共计53种,并设置有无线转接率、电台呼叫正常率等通信质量考核指标,推进通信质量管理工作取得显著成效。1988年,天津海岸电台共开放通信电路15条,设备完好率98.50%,通信差错率下降至0.14×10^{-6},创历史最好水平。

20世纪80年代后期,交通部实施全国港口体制改革,各海岸电台相继纳入国家行政事业序列,社会公益服务职责增强,更加注重提高通信质量和服务意识。1989年始,天津通信站印发施行《通信差错管理规定》,连续多年开展"十万字无差错"竞赛活动,先后有6名报务员达标,天津海岸电台莫尔斯电报收发质量再上新台阶。同年11月9日,天津通信站印发《台(室)通信工作意见表》,要求各台、室间加强监督协作,密切沟通配合,及时反馈和解决工作中的缺陷,用户满意度不断提高。同年11月15日,该站印发施行《海岸电台通信日志管理细则》,以规范通信日志管理,提高日志填写质量。

1991年4月29日,天津通信站印发《关于进一步加强通规通纪教育的通知》,随文发布保密制度、通信纪律、值班制度、纠察制度等,要求各基层台站组织职工认真学习无线电管理相关法律法规,增强法制观念和保密意识,提高职业操守,更好地为水上运输生产和安全服务。1992年初,该站因供电故障和通信电缆中断原因,两次发生通信中断事故,引起站领导高度重视。同年3月20日,该站组织开展"加强通信管理,提高通信质量"活动,使职工对水上通信重要性和通信中断危害性的认识普遍提高,工作尽职尽责,冷静处理通信故障,确保通信畅通优质。1993年,天津通信站(处)成立通信优质服务领导小组,连续多年开展定期走访用户活动。通过与用户主动沟通交流,及时了解和掌握用户需求、意见和建议,工作疏漏得到弥补,用户满意度明显提高。1994年1月,该站组织开展"优质服务质量年"活动,成立以站长贾广ересь为组长的领导小组,印发施行《优质服务质量考核通则》《设备完好率统计办法》《各基层台优质服务质量考核标准》,着力提高职工服务意识,努力达到用户满意、领导满意、自己满意的"三满意"标准。1995年1月,该站组织开展"学习华铜海轮,提高优质服务"活动,以激发职工工作热情,进一步强化质量服务意识。至1997年,天津海岸电台开放通信电路16条,设备完好率98.30%,通信差错率降为0.12×10^{-6},全员服务意识普遍增强,通信服务水平显著提高。

20世纪90年代末,天津海岸电台配置多通道录音设备,设置专职质检员,每天留存并回放各语音电路通信录音,检查是否存在无应答、转接错误、服务态度欠佳等问题,以督促话务员认真守听、耐心应答,为用户提供优质服务。此后,天津通信站(处)将原实行的电报两级质检,改进为自检、互检、专职质检的三级质检制度,修订《业务量及质量月度统计报表》制度,并沿用至今。

2000年中国全面建成GMDSS后,全国各海岸电台相继开放GMDSS国际遇险通信业务,中国水上通信体系成为全球海上遇险与安全通信系统的有机组成部分,遇险通信和海上安全信息播发逐步成为各海岸电台的核心职责,工作重心的转变,对通信质量管理提出更高要求。2002年2月,天津通信站(处)修订《天津海岸电台通信日志管理细则》,以适应形势和规则变化。同年5月30日,该站印发施行《无线电话差错率考核标准》,详细规定无线电话差错界定标准、统计方法和考核办法,并与海岸电台全体话务员签订《优质服务保证书》,着力加强电话通信质量管理,要求职工以过硬的业务素质和优质服务赢得用户信任,树立良好社会形象。

21世纪初,北方海区通信系统各海岸电台内部相继建立健全通信质量管理制度体系,并在实际工作中发挥重要作用。2004年,交通部修订《水上无线电通信规则》,将电报质量管理和电话质量管理合并为通信质量管理,精简相关条款,至今未变。2005年,天津海岸电台共开放电路20条,电报差错率为零,通信畅通率100%。

2006年2月10日,交通部海事局印发《关于进一步加强海岸电台值守的通知》。天津通信信息中心随即制订监督检查方案,不定期抽查各基层台站,及时纠察违纪现象,有效改善各通信值守岗位遵章守纪状况。2006年4月28日,天津通信信息中心与天津港船代公司货运部签订优质服务文明共建协议,以增进相互沟通了解,扩大业务合作范围,共同维护天津辖区无线电通信秩序。2007年8月,该中心组织开展海上安全信息播发效果专项调查工作,船舶通信用户满意率达82%。

第五章 通信业务

图5-1-444　2006年4月28日,天津通信信息中心与天津港船代公司货运部签订优质服务文明共建协议

2010年3月,天津海事局实施质量管理体系建设,天津通信信息中心组织编制《收信台电报、电话差错管理须知》《收信台通信质量检查须知》等程序文件,进一步规范天津海岸电台通信质量管理工作。2012年7—11月,该中心组织开展甚高频无线电话(VHF)岗位"服务之星"评比活动,通过综合评比打分,选出"服务之星"1名,并予以通报表彰。

截至2012年,天津海岸电台开放通信电路20条,设备完好率99.85%,电报差错率0,通信畅通率100%,无线电话转接及时准确,服务质量备受用户好评。

1949—2012年北方海区通信系统(天津)主要开放电路一览表

表5-1-96

序号	工作模式	电路名称或用途	发射频率/频道号	开通日期	关闭日期	工作时间	备注
1	A1A	国际遇险通信电报电路	500千赫兹	1949年	—	全天	值守及通信
2	A1A	高频近洋船舶电报电路	8600千赫兹	1949年	—	全天	
3	A1A	北方沿海船舶辅助电路	冬6780千赫兹 夏8250千赫兹	1954年	1999年2月	日开	岸台间通信
4	A1A	北方沿海船舶辅助电路	4105千赫兹	1954年	1999年2月	夜开	岸台间通信
5	A1A	中频船舶沿海电报电路	445千赫兹	1971年	2002年1月	全天	调整时间
6	A1A	远洋定向船舶电报电路	12969千赫兹	1972年	—	全天	
7	A1A	远洋定向船舶电报电路	16862.5千赫兹	1972年	1990年7月	全天	改变频率
8	A1A	高频近洋船舶电报电路	4283千赫兹	1973年	—	夜开	
9	A1A	远洋船舶辅助电路	12300千赫兹	1973年	1999年2月	日开	岸台间通信
10	A1A	远洋船舶辅助电路	4553千赫兹	1973年	1999年2月	夜开	岸台间通信
11	F3E	VHF无线电话电路	CH9	1978年10月	1995年8月	全天	
12	F3E	VHF无线电话电路	CH10	1978年10月	1995年8月	全天	

[续表]

序号	工作模式	电路名称或用途	发射频率/频道号	开通日期	关闭日期	工作时间	备注
13	F3E	VHF 无线电话电路	CH12	1978 年 10 月	1995 年 8 月	全天	
14	F3E	VHF 无线电话电路	CH14	1978 年 10 月	1995 年 8 月	全天	
15	F3E	VHF 无线电话电路	CH16	1978 年 10 月	—	全天	值守及通信
16	F3E	VHF 无线电话电路	CH25	1978 年 10 月	—	全天	
17	F3E	VHF 无线电话电路	CH26	1978 年 10 月	—	全天	
18	F3E	VHF 无线电话电路	CH19	1978 年 10 月	1995 年 8 月	备用	
19	F3E	VHF 无线电话电路	CH62	1978 年 10 月	—	全天	
20	F3E	VHF 无线电话电路	CH64	1978 年 10 月	—	备用	
21	A3J	SSB 远洋无线电话电路	13116.3 千赫兹	1979 年 2 月	1990 年 7 月	不定时	改变频率
22	A3E	DSB 国际遇险电话电路	2182 千赫兹	1980 年 1 月	—	全天	值守及通信
23	A1A	北方沿海船舶辅助电路	6375 千赫兹	1989 年	1999 年 2 月	日开	岸台间通信
24	A1A	北方沿海船舶辅助电路	4333.5 千赫兹	1989 年	1999 年 2 月	夜开	岸台间通信
25	A1A	远洋定向船舶电报电路	17238.9 千赫兹	1990 年 7 月	1995 年 7 月	全天	调整时间
26	A3J	SSB 远洋无线电话电路	13092 千赫兹	1990 年 7 月	1991 年 12 月	不定时	调整频率
27	J3E	SSB 远洋船舶电话电路	13092 千赫兹	1991 年 12 月	1993 年 12 月	08:00~00:30	调整时间
28	J3E	SSB 沿海船舶电话电路	4399 千赫兹	1993 年 12 月	—	夜开	
29	J3E	SSB 近洋船舶电话电路	8755 千赫兹	1993 年 12 月	—	全天	
30	J3E	SSB 远洋船舶电话电路	13092 千赫兹	1993 年 12 月	1999 年 5 月	日开	调整时间
31	A1A	远洋定向船舶电报电路	17238.9 千赫兹	1995 年 7 月	2002 年 1 月	日开	
32	F1B	NBDP 近洋船舶电报电路	8417.5 千赫兹	1998 年 12 月	—	全天	
33	J3E	SSB 远洋船舶电话电路	13092 千赫兹	1999 年 5 月	—	全天	调整时间
34	F1B	NBDP 近洋船舶电报电路	4212.5 千赫兹	1999 年 6 月	2000 年 2 月	夜开	试验开通
35	F1B	NBDP 远洋船舶电报电路	12581.5 千赫兹	1999 年 6 月	2000 年 2 月	日开	试验开通
36	J3E	SSB 远洋船舶电话电路	17392 千赫兹	1999 年 6 月	2001 年 5 月	日开	
37	F1B	NBDP 近洋船舶电报电路	4212.5 千赫兹	2000 年 2 月	—	夜开	
38	F1B	NBDP 远洋船舶电报电路	12581.5 千赫兹	2000 年 2 月	2001 年 5 月	日开	
39	FSK	GMDSS 遇险值守电路	2187.5 千赫兹	2000 年 10 月	—	全天	DSC 呼叫
40	F3E	GMDSS 遇险值守电路	CH70	2000 年 10 月	—	全天	DSC 呼叫
41	F1B	GMDSS 遇险通信电路	2174.5 千赫兹	2000 年 10 月	—	自动	NBDP 通信
42	J3E	GMDSS 遇险通信电路	2182 千赫兹	2000 年 10 月	—	自动	SSB 通信
43	J3E	SSB 远洋船舶电话电路	17392 千赫兹	2001 年 5 月	—	全天	调整时间
44	F1B	NBDP 远洋船舶电报电路	16808.5 千赫兹	2001 年 5 月	—	日开	
45	F1B	NBDP 远洋船舶电报电路	12581.5 千赫兹	2001 年 5 月	—	全天	调整时间
46	A1A	中频沿海船舶电报电路	445 千赫兹	2002 年 1 月	—	应需	调整时间
47	FSK	国内 NAVTEX 广播业务	486 千赫兹	2006 年 6 月	—	全天	
48	FSK	国际 NAVTEX 广播业务	518 千赫兹	2013 年 10 月	—	全天	试播

注：日开 06:00 至 18:00；夜开 18:00 至 06:00。

1983—2012年北方海区通信系统(天津)通信质量管理指标达标一览表

表 5-1-97

年份	通信畅通率（%）	通信差错率	设备完好率（%）	年份	通信畅通率（%）	通信差错率	设备完好率（%）
1983	—	10万分之0.43	97.83	1998	—	10万分之0.10	98.60
1984	—	10万分之0.36	97.90	2000	—	10万分之0.14	98.70
1985	—	10万分之0.36	97.90	2002	100	—	99.33
1986	—	10万分之0.27	97.90	2003	100	—	99.39
1987	—	10万分之0.20	98.20	2005	100	—	99.73
1988	—	10万分之0.14	98.50	2006	100	—	98.67
1989	—	10万分之0.085	97.80	2007	100	—	98.53
1991	—	10万分之0.024	97.40	2008	100	—	98.41
1993	—	10万分之0.078	98.00	2009	100	—	98.28
1995	—	10万分之0.10	98.60	2010	100	—	98.99
1996	—	10万分之0.19	98.00	2011	100	—	99.09
1997	—	10万分之0.12	98.30	2012	100	—	99.85

二、遇险通信管理

遇险通信系指船舶在航行中发生重大紧急事项，严重危及船舶安全，需要立即救援时，按照国际公约规定格式和程序，在国际遇险频率上与其他船岸电台之间的通信。

1912年4月，"泰坦尼克号"邮轮倾覆惨案震惊世界，引起世界各国政府及航运界对船舶航行安全和海上无线电通信的极大关注。1913年，西方航运发达国家在伦敦召开第一次国际海上人命安全会议，制定首部《国际海上人命安全公约》，其《附则》对船舶配置无线电通信设备提出强制性要求，并初步规定船舶通信设备配置标准、性能要求、遇险通信义务和程序等。尽管该《公约》因第一次世界大战爆发未能生效实施，但其明确无线电通信设备是船舶航行不可或缺的安全保障设备之一，无线电通信自此与船舶航行安全紧密地联系在一起。此后，随着国际电信联盟（ITU）、国际海事组织（IMO）等国际组织相继成立，《国际电信公约》《国际海上人命安全公约》《国际海上搜寻救助公约》等国际公约应运而生，并不断修订完善，逐步形成覆盖全球的海上通信救援协作机制，为船舶航行安全提供日益完备的通信保障服务。中国是相关国际组织创始国或成员国之一，依照国际公约相关要求，船舶遇险与安全通信是中国各海岸电台必须承担的主要职责。

民国初期，中国船舶配置无线电台者寥寥无几，对航行安全殊为不利，迫切需要制定相关管理制度，强制船舶安装无线电台。1923年12月，北洋政府交通部以通令方式，要求各轮船公司"凡在中国领海以内航行之商轮，无论中外船只凡在500吨以上者，应一律按期装设无线电台，以保安全"。1926年9月25日，北洋政府公布施行《船舶无线电台条例》，是为中国第一部水上无线电通信行政法规，但该条例"内容尚欠完备，不甚适用"。1928年，南京国民政府交通部对其予以全面修订，并发布施行《船舶无线电台机器装设使用暂行办法》，以"暂时应付使用"。1935年3月25日，南京国民政府行政院公布施行《船舶无线电台条例》。1936年8月13日，交通部发布施行《船舶无线电台条例施行细则》，自1936年11月1日起正式施行。该《条例》要求各轮船公司应积极装设无线电台，经主管部门查验合格后，方准出航。同时，责成交通部所属电政管理机关，依据该条例执行船舶无线电台检验工作，办理、核发无线电台安全证书。经过多年倡导和推动，中国船舶航行安全和通信保障状况得到明显改善。

1949年中华人民共和国成立后，交通部于1953年印发《中央人民政府交通部关于航务工作的指示》，要求各航务管理部门"加强航务行政管理。尽力保证安全生产，预防一切可能发生的航行事故。"同年9月，交通部发布施行《船舶遇险通讯须知》《船舶遇险通讯业务处理规定》，以规范在中国海域航行船舶的遇险通信管理，提高船员应急通信处置能力。1955年1月，交通部发布施行《航务无线电台通讯业务管理暂行规则》，将保障船舶航行安全的相关通信归类为"航行安全通讯"，并规定遇险通信是"航行安全通讯"中优先等级最高的通信业务，其次为紧急通信、安全通信。1956年8月1日，交通部发布施行《船舶遇险通讯暂行规定》，同时废止《船舶遇险通讯须知》，以进一步规范完善船舶遇险通信实施。

1961年8月，依据国际无线电规则要求，交通部修订发布《电台工作守则与航务通信业务规程》，对遇险频率应用、静默时间、遇险讯号发送、遇险电报发送及收妥格式、遇险通信处置程序等作出详细规定，并要求各船岸电台无论在任何频率上收到遇险信号后，应立即停止在该频率上的发射，并认真守听和接收遇险电报；海岸电台在收到船舶遇险电报后，应立即报送有关单位，并与搜救主管机构保持密切联系；各船岸电台必须妥善保存遇险通信记录，并应尽快将处理遇险通信情况作出书面总结，送交领导和电讯主管机关核阅。1972年8月，交通部修订发布《水运电报规则》，详细规定遇险信号的使用规则、遇险通讯处理程序和适用范围，修订完善遇险呼叫和遇险电报格式等，并要求海岸电台在收到船舶遇险信号后，应迅速报送领导和当地港务监督部门处理，详细记录通信情况，事后上报书面总结。

1973年中国加入政府间海事协商组织（IMCO，国际海事组织前身）后，相继批准和接受《国际海上人命安全公约》《国际海上搜寻救助公约》等国际公约，为推动中国水上通信与世界接轨奠定基础。1979年1月，交通部修订《水运电报规则》，细化完善遇险通信处置规程及管理原则，要求海岸电台应及时将船舶遇险情况通知当地海上安全指挥部和港务监督部门及当地搜救部门。1980年8月，交通部通信导航局印发《关于建立〈遇险通信报告表〉的通知》，要求担负遇险通信的海岸电台及赴援船台在遇险通信结束后两个月内填报该表，借此总结交流经验教训，不断完善遇险通信处置规程。1980年11月，交通部决定在全国海岸电台开放2182千赫兹双边带无线电话国际遇险通信业务，履行相关国际公约规定的责任和义务。据此，天津海岸电台加强遇险通信值守监督检查工作，提高遇险通信值守质量，着力增强职工责任意识和遇险通信处置能力，并实施两次遇险通信业务模拟演练。1981年1月，交通部修订《水运无线电话规则》，将水上电话遇险通信归类为"遇险、警报、紧急和安全通信"，并对水上电话通信遇险呼叫格式、遇险报告收妥通知的国内及国际格式、遇险报告应包含内容、遇险通信发送程序、遇险通信处理程序等均作出具体规定。

1983年9月2日，国家公布施行《中华人民共和国海上交通安全法》，明确规定"船舶和船上有关航行安全的重要设备必须具有船舶检验部门签发的有效技术证书；无线电报务员话务员必须持有合格的职务证书；为保障航行、停泊和作业的安全，有关部门应当保持通信联络畅通"，第一次以国家法律形式强化海上通信管理，为实施水上无线电管理、开展遇险与安全通信提供法律依据。1984年4月，交通部修订发布《水上无线电通信规则》，将"航行安全通信"更名为"遇险和安全通信"，并依据国际无线电规则最新要求，对遇险通信使用频率、遇险信号组成、遇险呼叫格式、遇险报告应包含内容、遇险通信发送程序、遇险报告收妥承认等均作出详细规定。同年10月，交通部和全国海上安全指挥部联合发布《船舶遇险及安全通信工作的若干规定》，对船舶遇险通信工作提出原则性指导意见和要求。1987年8月27日，交通部和全国海上安全指挥部联合发布施行《船舶遇险紧急通信处置细则》，进一步明确海岸电台、船舶电台、全国海上安全指挥部、港务监督部门在船舶遇险通信过程中的职责分工，海岸电台报务员、船舶电台报务员、船长等重要岗位的任职要求和职责，船舶电台执行遇险、紧急通信的处置程序等。

在此期间，《国际海上人命安全公约》缔约国大会正式确定"全球海上遇险与安全系统（GMDSS）"建设方案后，交通部启动中国GMDSS系统建设的规划和筹备工作。1993年3月，交通部依据国际无线电规则相关要求，修订《水上无线电通信规则》，新增"全球海上遇险与安全系统（GMDSS）"类目，并详细规定中国GMDSS系统可使用频率、通信值守、遇险报警发送、遇险报警收妥与确认、遇险报警转发、遇险通信操作程序等。1995年9月,交通部印发《关于加强遇险、紧急和安全通信管理、建立报告制度的通知》,要求各船岸电台在接收到中国搜救区内中外船舶和中国搜救区外中国船舶的遇险报警信号、遇险信号和遇险报告后,应立即向当地搜救部门报告,同时要向交通部无线电管理委员会办公室报告;遇险通信处置完毕后,要认真总结经验教训,并将书面总结材料报送交通部无线电管理委员会办公室。

2000年,大连、营口、秦皇岛、天津、烟台、青岛等海岸电台全球海上遇险与安全系统(GMDSS-DSC)陆续建成投入使用,开始承担相关海域GMDSS遇险通信职责。此间,依据国际无线电规则和交通部规章,结合自身人员编制、设备配置等实际状况,北方海区通信系统各主管机关组织制定一系列管理制度。其中,天津通信站(处)先后印发施行《GMDSS-DSC系统业务试行规定》《GMDSS-DSC系统RCC坐席通信操作规程》《GMDSS-DSC系统RCC终端设备管理规程》等,细化和完善GMDSS遇险通信处置工作流程及岗位规范,以确保遇险通信顺利实施。

2004年,交通部修订《水上无线电通信规则》,将"遇险和安全通信"改称"非GMDSS遇险和安全通信",并增设"遇险和安全通信频率保护"条款,以强调保护国际遇险通信频率免受有害发射干扰;遇险通信频率由7个增至13个。2010年,交通部再次修订《水上无线电通信规则》,恢复"遇险和安全通信"类目;取消"非GMDSS遇险和安全通信""全球海上遇险与安全系统(GMDSS)"类目,将其相关内容精简合并于"遇险和安全通信";新增"遇险通信控制"条款,强调遇险船台或遇险通信控制台有权强制该海域所有船岸电台保持静默,以保证遇险通信顺畅。

图5-1-445　2010年1月29日,天津海岸电台值班员GMDSS-DSC系统通信值守

2010年3月,天津海事局实施质量管理体系建设,天津通信信息中心编制《遇险、紧急、安全通信管理工作程序》《GMDSS电路遇险、特殊通信处理须知》等程序文件,对遇险与安全通信中各部门职责,以及处置程序、通信记录、总结报告等环节作出具体规定,沿用至2012年未变。

三、应急管理

海岸电台应急管理系指遭遇突发事件时采取的紧急处置行为,主要包括:拟订应急预案、建立应急响应机制、定期组织应急演练、采取预防措施等,旨在确保海上通信业务畅通。

20世纪50—60年代,天津海岸电台通信设施设备较为简单,影响通信畅通的主要因素是自然灾害或人为破坏,处置方式大多凭借以往经验临时决断,相机处置。1968年夏,天津新港船厂北门、三百吨一带发生武斗事件,少数不法分子趁机作乱,将天津海岸电台业务信号传输电缆割断,造成通信电路中断。事发后,天津港通信站站长胡长兴当机立断,决定采取收发同址方式尽快恢复海上通信。为躲避武斗造成的道路拥堵,该站收信台职工随即携带通信设备,徒步穿越大片盐碱滩,经长途跋涉抵达设在港区内的"七米"发信台。同时,发信台台长汪惠远按照应急部署指令,迅速组织人员将该台设备维修室改造为临时报房,于当天下午及时恢复海上通信秩序。

20世纪70年代,天津、大连、青岛等海岸电台陆续配备战备通信车,成为国家交通战备通信保障体系的骨干力量,并在数次全国交通战备通信演练中获得殊荣。

1976年7月28日夜,河北唐山一带发生里氏7.8级强烈地震。天津海岸电台距震中不足100千米,通信设施设备受损严重,通信业务完全中断。事发后,天津港通信站站长胡长兴、党委书记孔宪权第一时间赶赴现场,迅速组织职工抗震抢险。发信台职工冒着余震危险,扶起发射机,接好馈线,开动柴油发电机临时供电,至清晨8时,初步恢复正常工作秩序。同时,收信台当班职工迅速启用应急通信车,开通500千赫兹和8600千赫兹两条莫尔斯电报电路,临时恢复部分通信业务。次日,后续赶赴单位的收信台职工将所有重要通信设备抢救出来,在报房对面空地临时搭建抗震棚,安装设备,布设天线,启动柴油发电机供电,全面恢复通信业务。在此次抗震应急处置过程中,该站广大干部职工临危不乱,处置得当,展示出过硬的技术素质,受到交通部通报表扬。

20世纪90年代中后期,随着大量先进通信设备的引进,天津海岸电台三台间业务信号传输系统成为影响海上通信电路畅通的关键。为此,天津海岸电台配置数字微波通信系统,替代原有通信电缆传输,进一步提高通信传输质量和容量;设置充足的微波备用路由,确保业务信号可靠传输。在此期间,数字微波通信系统设备老化造成稳定性下降后,改为租用通信运营商光纤路由传输,微波通信系统作为备用,三台间业务信号传输的稳定性和可靠性明显加强。之后,配置光纤路由自动切换设备,实现光纤路由间的自动切换,传输可靠性和应变性显著提高。1998年4月16日,天津通信站印发《通信站避免重大安全事故奖励办法》,形成全员共防共管的工作局面。

2003年10月11日凌晨,一场50年罕见的特大风暴潮肆虐渤海湾,高潮水位逼近6米,天津海岸电台院内一片汪洋,积水最深处达1.2米,设在中控大楼一层的电力配电室面临被淹的危险。天津通信站(处)党委书记兼站长司治发、副站长苏本征迅速组织展开抢险工作。天津海事局局长徐津津、副局长魏占超闻讯后,及时组织制订抢险方案,要求各方全力以赴,确保通信设施安全和海上通信畅通。抢险人员到场后,采用大功率潜水泵不断排出电力配电室地线槽中的积水,以防水位过高淹没配电柜。同时,在院内开挖一条长约10米的排水沟,将潮水直接泻入海河。至17时30分,地线槽内积水排放至安全线以下,险情解除。在此期间,收信台话务员坚守岗位,成功完成"顺达2轮"遇险通信任务,为保障海上船舶航行安全再立新功。

2005年10月,天津通信信息中心成立通信突发事件处置领导小组,印发施行《水上安全通信应急预案》,对领导职责、应急启动、事件处理、预防措施等作出详细规定,使通信应急管理步入"规范化、制度化、标准化"轨道。据此,该中心适时组织开展通信应急演练。2010年3月,天津海事局建立质量管理体系,该预案作为须知文件纳入质量管理体系。

四、无线电管理

无线电频谱资源为国家公有,在世界范围内遵循人类共享原则。无线电管理系指无线电通信主管部门依据相关国际公约和国内法律法规,维护国家通信主权,合理有效开发利用无线电频谱资源,依法依规审批设置无线电台,监督管理无线电通信秩序,服务于航运事业发展,保障海上船舶航行安全。

1949年中华人民共和国成立后,无线电管理沿用战时管理体制,由军队通信保密部门负责。1954年,中央政务院财经委员会印发《关于架设船岸电台批准手续和电讯业务领导关系问题的通知》,明确规定:"架设船、岸电台均由交通部统筹办理并报政务院备案"。1957年7月,交通部发布施行《船舶无线电台申请设置暂行办法》。

1962年7月18日,中共中央决定成立中央和各中央局无线电管理委员会,中央无线电管理委员会首任主任由副总参谋长杨成武兼任,办事机构设在中央军委通信兵部;各省、自治区、直辖市成立地方无线电管理领导小组,日常办事机构设在当地驻军。1963年12月21日,国务院公布施行《设置和使用无线电台管理规则》,是为中华人民共和国公布施行的第一部无线电法规。1966年4月14日,经中共中央批准,各中央局和各省、自治区、直辖市无线电管理机构统一更名为无线电管理委员会。"文化大革命"期间,无线电管理秩序一度遭受严重破坏,地方各级无线电管理机构基本处于瘫痪状态,无线电管理工作改由军队统一掌管。

1970年10月,国务院、中央军委联合公布施行《通信保密规则》,严禁任何个人、任何单位私设电台和私自编用密码;设置和使用无线电台要坚决贯彻"少设严管"方针;地方设台必须经过省、自治区、直辖市革命委员会审批。1971年5月,国务院、中央军委决定恢复中央、各大军区以及各省、自治区、直辖市无线电管理委员会机构和编制。1975年4月,交通部发布施行《对非交通部门船舶电台代管的暂行办法》。1977年,经国务院、中央军委批准,国家无线电管理委员会发布施行《无线电台执照印制、核发暂行规定》,将无线电台执照分为《中华人民共和国无线电台执照》《中华人民共和国船舶无线电台执照》《中华人民共和国飞机无线电台执照》三种,其中规定:除交通部外,其他部委和省、自治区、直辖市所属国内航运船舶电台执照,统一以全国无线电管理委员会名义印制,由所在地无线电管理委员会核发;交通部直属单位或其他部委和省、自治区、直辖市所属的国际航运船舶电台执照,以交通部名义印发;其他国际航运的船舶电台执照,需经所在地无线电管理委员会审查后,由交通部核发。随即,交通部发布施行《关于核发船舶无线电台执照和登记、统计无线电设备暂行办法》。

1978年中共十一届三中全会后,无线电管理体制改革逐步展开。同年6月23日,国务院、中央军委公布施行《无线电管理规则》,对无线电台站的设置使用、固定无线电台站布局、无线电频率管理和使用、无线电通信保密、检查和违章处理等均作出原则性规定。此后,中国无线电通信管理逐步开放,机关、企事业单位和个人均可以根据实际需要,设置使用不同类型的无线电台。1986年11月,中共中央、国务院决定将国家无线电管理委员会办事机构改设在邮电部,无线电管理正式成为政府职能。各省、自治区、直辖市无线电管理委员会办事机构设在政府办公厅,形成国家、省(自治区、直辖市)、地区三级无线电管理体系。在此期间,交通部继续承担水上无线电管理工作,印发《关于水上移动业务甚高频无线电频道分配的通知》,统一分配水上移动业务甚高频频道;发布施行《水运无线电通信管理规则》,明确水上无线电通信基本任务是保证船舶航行安全通信,各水上通信机构承担海难救助、运输生产指挥、国际国内船舶公众通信等业务,并对电台设置、呼号频率、电路组织、通信保密、设备管理等均作出具体规定。

1986年,交通部无线电管理委员会成立,日常办事机构随后改设在中国交通通信中心,并陆续印发一系列规章制度和行政命令,以加强水上无线电管理,维护水上通信秩序。1987年9月30日,根据天津市政府办公厅文件要求,天津港务局成立局无线电管理领导小组,首任组长为该局副局长王海平,日常办公室(无线电管理办公室,简称无管办)设在天津港通信站。天津海监局成立后,天津港务局无线电管理领导小组改称天津海监局无线电管理领导小组,办公室设在天津通信站未变。

1988年8月27日,交通部无线电管理委员会印发《关于严格遵守无线电话通信规定的通知》,要求各通信主管单位立即组织通信纪律大检查,认真整肃水上甚高频通信秩序,杜绝甚高频电路违规通话行为发生,确保甚高频国际遇险与安全通信畅通。1989年2月10日,修订印发《船舶无线电台执照核发办法》,强调各通信主管单位在协助交通部无线电管理委员会核发船舶无线电台执照时,应向船舶主管单位所在地的省、自治区、直辖市无线电管理委员会和交通部无线电管理委员会备案,以进一步理顺交通系统无线电管理与地方之间的关系。1989年9月30日,印发《关于整顿无线电通信秩序确保通信畅通的紧急通知》,再次整肃水上甚高频通信秩序,要求交通系统各海监局迅速制定监督管理本辖区水上通信秩序的有效措施,并将采取措施和检查情况上报交通部。同年11月,天津海监局无管办召开"整顿天津地区水上无线电通信秩序大会",参会单位30余个,天津市无线电管理委员会领导出席会议。会后,天津海监局对辖区23个相关单位展开通信秩序检查整顿工作,纠正违反通规通纪行为,增强通信人员遵章守纪意识,辖区水上无线电通信秩序迅速好转。

1990年5月1日,交通部印发《关于加强交通通信管理的通知》,明确规定直属海监局的通信导航管理职责,并要求相关单位组织拟订本单位通信导航发展规划,建设管理所辖海岸电台;代部组织管理港口地区水上无线电通信网络,纠察维护港口地区无线电通信秩序。1993年6月,交通部无线电管理委员会印发施行《代管船舶电台管理办法》,实行代管船舶电台许可证制度,以加强代管单位资格的审核和监管工作,规范船舶电台代管工作。其中,大连、营口、秦皇岛、天津、烟台、青岛各海监局无线电管理领导小组均获得代管船舶电台许可证。

1992年2月9日,国务院批转国家无线电管理委员会和邮电部《关于整顿短波无线电通信秩序的意见》。随即,交通部印发《关于认真整顿短波无线电通信秩序的紧急通知》,要求所属通信主管机关认真整顿违章设台、乱占频率、滥用呼号、私自联络、泄露国家秘密等情况,切实维护好水上短波无线电通信秩序。同年5月13日,天津通信站(处)印发《关于整顿短波无线电通信秩序的通知》,要求各基层台组织职工认真学习通信法规和通信纪律,排查本单位是否有参加"集团""协会"等非法通信组织的人员,以及利用短波无线电通信手段开展有组织、有预谋的违法犯罪活动。

1993年5月24日,国家无线电管理委员会印发《关于保护全球海上遇险安全系统(GMDSS)频率的通知》,要求各地无线电管理机构对工作在GMDSS国际遇险频率上的电台清理调整,以配合GMDSS在中国的实施。同年9月11日,国务院、中央军委公布施行《中华人民共和国无线电管理条例》,对无线电管理机构设置及职责、无线电台设置和使用、频率管理、无线电发射设备生产和使用、无线电监测与监督检查等作出明确规定。该条例确立了国家、省(自治区、直辖市)两级无线电管理体制,可根据实际需要,省以下设立派出机构。1994年2月7日,国家无线电管理委员会印发《关于进一步加强无线电频率和台站管理的规定》,交通部无线电管理委员会遂转发至交通系统各通信管理机构,要求全国各海监局认真检查清理本单位频率使用情况、电台审批手续是否完备等问题,尽快纠正违规行为。同年8月,在天津市和交通部无线电管理委员会指导下,天津海监局无管办认真组织开展清查工作,并针对天津地区违规设置使用甚高频无线电话台问题开展专项整顿,维护辖区水上通信秩序保持良好状态。

1994年12月24日,交通部发布施行《海上移动通信业务标识管理办法》,授权交通部无线电管理委员会统一管理中国海上移动通信业务标识(MMSI)工作,规定凡需要使用MMSI的中国江海岸电台和悬挂中国国旗的各类船舶电台均应遵守该办法。之后,交通部发布施行《海上移动通信业务标识管理办法实施细则》,以解决和完善在执行该办法过程中存在的监督和检查等方面问题。1995年3月,交通部无线电管理委员会印发《关于加强无线电频率管理的通知》,对交通系统使用的水上频率实行统一管理和指配,使有限频率资源能够更加合理有效地服务于航运事业发展和船舶航行安全需要,并明确禁止私自转让频率的行为。1995年5月23日,交通部无线电管理委员会转发国家无线电管理委员会和公安部《关于坚决取缔私设电台并查处有关人员的通知》,天津海监局无管办迅速响应,要求局属各设台单位认真领会该通知精神,组织专业人员对所属电台实地检查,及时纠正增大功率、加高天线、使用核定外频率等违规行为。

1995年9月,国家无线电管理委员会印发施行《无线电管理监督检查办法》,明确无线电管理监督检查是各级无线电管理机构行使政府职能的活动。同年10月,国家无线电管理委员会发布施行《无线电管理处罚规定》,列举违反《中华人民共和国无线电管理条例》的各种行为,并明确规定行政处罚标准。同年12月,国家无线电管理委员会印发《关于在全国开展无线电管理执法、守法大检查工作的通知》,交通部无线电管理委员会遂要求所属各水上无线电管理机构认真查处违章设台,整顿乱用频率、出租或转让频率,纠正无线电管理中越权行为。据此,天津海监局无管办于1996年5月7日印发施行《无线电台设台、使用及无线电设备购置、报废的管理暂行办法》,积极贯彻落实上级相关规定和要求,切实做好本局无线电管理工作,保障各项无线电通信业务正常开展。

1997年4月,交通部无线电管理委员会更名为交通部无线电管理领导小组,办公室(部无管办)仍设在中国交通通信中心(后改称中国交通通信信息中心)。1998年3月,国务院决定撤销国家无线电管理委员会,原行政管理职能并入新组建的信息产业部,其所属无线电管理局成为全国无线电管理工作主管机关。2003年9月28日,依据天津市无线电管理委员会文件要求印发《关于成立天津海事局无线电管理委员会的通知》,天津海事局取消天津海监局无线电管理领导小组及办公室,成立天津海事局无线电管理委员会及办公室(无委办),天津海事局副局长魏占超任副主任。此后,该局无线电管理委员会主任先后由李国平、徐津津、张宝晨、刘福生等兼任。在此期间,该局无线电管理委员会分别在天津和塘沽地区召开代管船舶电台单位和通信用户工作座谈会,广泛征求意见,积极改进工作。

2004年,交通部印发《关于公布交通部经国务院批准取消和调整以及依法继续实施的行政许可项目的通知》,明确交通部继续承担"水上无线电台频率和呼号的指配及船舶电台执照核发"和"交通系统设置固定无线电台(站)及设置、使用特别业务无线电台(站)审批"两项行政审批职能,交通行业无线电管理工作自此走上依法行政轨道。同年4月13日,交通部印发《关于建立水上移动无线电业务干扰、违章报告制度的通知》,以规范违章占用频道、扰乱正常通信秩序等行为,要求各通信单位按月上报《无线电水上移动业务干扰违章报告表》;当安全频率受到违章干扰时,应立即上报当地无线电管理部门和交通部无线电管理领导小组办公室。

2006年6月2日,交通部无线电管理领导小组印发《关于进一步规范交通无线电台呼号管理的通知》,规定重申交通无线电台呼号种类、指配原则、申办与注销程序等。随后,交通部无管办成员考察调研天津地区水上无线电通信秩序,并在天津海事局相关行政执法人员协同下,对船舶无线电通信设备配置使用情况开展现场检查。同年10月24日,依据国家现行法律法规相关规定,天津海事局无线电管理委员会修订《无线电台设台、使用及无线电设备购置、报废的管理暂行办法》,更名为《天津海事局无线电管理办法》。

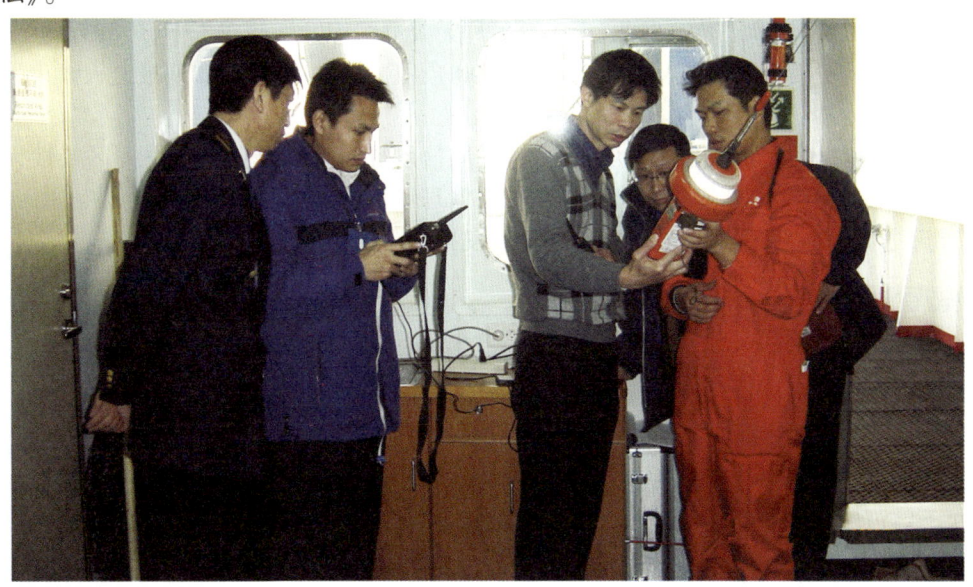

图5-1-446　2006年12月22日,交通部、天津海事局无线电管理行政执法人员现场检查船舶无线电通信设备

2008年3月,国务院决定撤销信息产业部,组建工业和信息化部,其所属无线电管理局划归工业和信息化部,仍为全国无线电管理主管机关。同年5月14日,天津海事局无委办成员配合天津市无线电管理委员会,对北塘旅游公司所属船舶电台开展行政执法检查,以保障辖区船舶航行和游客人身安全。2009年,天津海事局无委办牵头召开辖区水上无线电管理座谈会和津冀海洋渔业行政执法联席会,建立无线电管理工作联系机制,共同维护辖区无线电通信秩序。同年11月27日,天津海事局无线电管理委员会印发《天津海岸电台安全通信值班人员适任管理规定》,以完善水上移动通信业务从业人员适任资格管理,提高水上遇险安全通信值守人员素质。

图5-1-447　2009年9月1日,天津海事局无委办与河北渔政部门召开行政执法联席会

2010年6月9日,天津市无线电管理委员会办公室印发《关于开展全市无线电台站核查工作的通知》,要求各无线电管理机构认真开展无线电台站核查工作,以建立完整、准确、实时的无线电台站数据库,使无线电管理更加精细和规范。据此,天津海事局无委办组织开展核查工作,历时近两个月,检查局属无线电台站47个,更新台站信息及其图像资料1500余项,并将整改情况如期报送天津市无线电管理委员会办公室。

截至2012年,依据国家相关法律法规,北方海区通信系统各海岸电台充分发挥区域性无线电管理和海上信息传递双重职责,不断修订完善本单位相关管理制度,在维护辖区水上无线电通信秩序、代管船舶电台、保障通信畅通、服务船舶航行安全等方面发挥了重要作用。

五、设备管理

通信设备管理是海岸电台顺利开展各项海上通信业务的基础和保障,主要包括:规划、购置、验收、建档、清查、使用、保养、维修、报废等环节。鉴于无线电通信的特殊性和重要性,各级通信管理机构必须严格遵守国家相关法律法规和规章制度,切实做好通信设备管理工作。

1953年4月交通部接管邮电部所属23座江海岸电台后,发布施行《航务无线电台委托邮电部维护设备暂行办法》,以缓解合并初期全国各航务无线电台通信设备维修技术力量不足问题。此后,随着水上通信事业发展壮大,天津市港务管理局于1958年12月在电讯科内增设修配站,主要承担进出天津港国内外船舶通信导航设备维修服务。1961年3月,交通部发布施行《航务无线电设备维修使用规程》,

统一规范通信导航设备的使用与维修工作。1972年,天津港务管理局在电讯科的基础上组建通信站,通信设备管理工作改由该站相关职能部门承担,至今未变。

1978年,交通部发布施行《水运无线电通信设备维修管理规则》(简称《规则》),指导全国水上通信台站加强通信设备管理工作,充分发挥通信设备效能,降低运行维护成本,保持通信设备良好工作状态,确保水上通信业务畅通优质高效。据此,天津港通信站遂将历年制定的管理制度修订整理成册,印发施行《通信站规章制度》,以强化内部通信设备管理工作。其中,涉及设备维修保养的共7个制度,主要包括:有线通信维护规则(试行)、机线障碍月度报表制度、维修员维护保养制度、仪表工具使用与保养制度等。1979年,该站以发信台为试点单位,加强通信机线设备日常维护保养工作,定期鉴定通信设备技术状况,努力改善发射机技术性能,并制定实施检查验收制度和奖惩制度,将贯彻落实《规则》工作不断引向深入。

1981年4月,交通部发布施行《水运无线电通信管理规则》,明确规定江海岸电台所配备的发信机最大输出功率不得超过"江海岸电台发信机最大输出功率限额";各江海岸电台每日应自行测校发信机频率,各区通信网路主台应不定期监测本网路电台;交通部纠察电台负责监测全国江海岸电台频率;监测电台发现发信频率超过规定偏差容许度时,应填写《频率偏差通知单》,寄送违章电台的主管部门。天津港通信站随即制定相关管理制度,明确要求天津海岸电台发信台每天测试调整发信机输出频率,确保频率偏差在允许范围内,并保证发信机输出功率不高于规定限额。至1984年,天津海岸电台通信设备完好率提升至97.9%。

图5-1-448　20世纪80年代,天津海岸电台机务员检修通信电缆

1985年5月,天津港通信导航公司开展企业全面整顿工作,组织人员整理修订各类规章管理制度,并印发《通信导航公司管理制度汇编(1985)》,其中涉及通信设备"管修养用"的共10个,主要包括:各岗位安全操作规程、仪器图纸工具保管使用制度、通信设备保养制度、手持工具管理办法等,天津海岸电台通信设备管理工作逐步向"规范化、制度化、标准化"方向发展。至1988年,天津海岸电台通信设备完好率上升至98.50%,并基本稳定在该水平以上。

1990年5月,交通部发布施行《交通通信导航设备管理规则》,对通信设备管理机构与职责、设备规划与购置、设备安装与调试、设备使用与维修、设备改造与更新、事故分类与处理、教育与培训,以及设备基础管理工作等提出原则性要求,明确规定:中国交通通信中心对全国交通系统通信导航设备管理工作负有业务指导和监督检查职责,各级通信导航设备管理部门负责具体管理和实施。同年7月26日,交通部无线电管理委员会印发《交通系统专用通信网统计年报制度》,规定全国各海监局负责所辖江海岸电台收发信设备年度统计工作。

1993年,交通部安监系统组织开展设备"管修养用"检查评比活动,北方海区通信系统各海岸电台积极参加。同年2月24日,天津通信站(处)召开设备"管修养用"活动动员大会,号召全体职工"大干六十天,设备管理做贡献",并成立以站长贾光胜为组长的活动领导小组,组织开展通信设备维护保养活动,修订编制相关规章制度。在此期间,该站整理修订安全操作规程、设备维护保养制度、事故报告制度、设备操作程序等8类制度,共计148项,整理技术资料200多册,新建档案153档,健全完善工作记录164项,并将全部通信设备精心维护保养到位。天津海监局航标导航处处长赵亚兴、船舶技术处副处长赵万福多次莅临天津海岸电台检查指导工作。经交通部安监局采取"南北交叉互检"方式的检查评比,天津海岸电台荣获第一名,青岛海岸电台荣获第二名,大连和烟台海岸电台荣获第三名。

图5-1-449 1993年8月,天津海岸电台机务员(左)维修发信设备、天线工(右)检修天线设施

1995年,交通部安监系统组织开展学习"华铜海"轮活动,天津通信站(处)再接再厉,进一步整理完善各类规章制度,并印发施行《通信站管理制度及操作规程汇编(1995)》,其中通信设备维修保养制度12个,以及通信设备操作规程、仪器工具元器件图纸保管制度、巡视检查制度、事故报告制度等,初步形成"规范化、制度化、标准化"的设备管理制度体系。同年6月27日,天津通信站(处)启用新设备完好率统计办法和报表。1997年,天津海岸电台通信设备完好率为98.30%。

2003年,天津通信站(处)印发施行《通信站设备管理办法》,建立站、台、责任人三级责任管理制度和通信设备仪器一机一卡制度,将通信设备的管理责任落实到人,以加强固定资产及通信设备管理工作。2005年11月17日,天津通信信息中心印发施行《大型电子器件和组件故障处置管理办法》,以规范通信设备故障维修处置工作。

2006年始,交通部海事系统组织开展"规范管理年"活动。天津通信信息中心将日常工作与该活动紧密结合,进一步规范完善通信设备基础管理工作,重新梳理修订11个通信设备"管修养用"相关制度,形成新版《通信设备"管修养用"制度汇编(2006)》,主要内容包括:发信设备维修保养制度、收信设备维修保养制度、天线巡检维修保养制度等。同时,要求各基层单位根据相关制度,制订月度保养计划,按时上报主管科室,主管领导定期现场检查。是年,天津海岸电台通信设备完好率为98.67%。

2010年3月,天津海事局建立质量管理体系。按照体系要求,天津通信信息中心编制《通信设备管理工作程序》《电台设备购置和使用须知》《GMDSS系统设备管理须知》《发信台设备保养工作须知》《收信台设备保养工作须知》《通信设备维修须知》《信息系统运行维护管理工作须知》等7个程序文件，进一步建立健全"规范化、制度化、标准化"的设备管理制度体系，使通信设备管理制度更加贴近实际工作需要。2010年，天津海岸电台通信设备完好率为98.99%。

图5-1-450　天津海岸电台机务员定期维护通信设备

2012年，北海航海保障中心成立，北方海区各海岸电台通信设备管理相关规章制度沿用旧制。其中，天津海岸电台适用的通信设备管理制度共计51项。

1953—2012年北方海区通信系统（天津）适用的通信设备管理制度一览表

表5-1-98

序号	文件名称	发布机关	发文字号	发布日期
1	《航务无线电台委托邮电部维护设备暂行办法》	交通部		1953年4月
2	《航务无线电设备维修使用规程》	交通部		1961年3月
3	《水运无线电通信设备维修管理规则》	交通部		1978年
4	《机线障碍月度报表制度》等7个通信设备管理制度	天津港务局通信站	制度汇编(1978)	1978年10月
5	《发信台机器保养制度》等10个通信设备管理制度	天津港通信导航公司	制度汇编(1985)	1985年5月
6	《通信日志管理细则》	天津海监局通信站	天津海通业字〔89〕第19号	1989年3月

〔续表〕

序号	文件名称	发布机关	发文字号	发布日期
7	《交通通信导航设备管理规则》	交通部	中交通信字第 24 号	1990 年 5 月
8	《收信台报房机线设备维修保养制度》等 7 个通信设备管理制度	天津海监局通信站	制度汇编（1995）	1995 年 6 月
9	《关于设备完好率计算方法及报表等事宜的通知》	天津海监局通信站	津海通设备〔95〕第 1 号	1995 年 6 月
10	《通信站设备管理办法》	天津海事局通信站		2003 年
11	《岸台全球遇险和安全系统设备操作、维护守则》	交通部	无办字〔2004〕52 号	2004 年 10 月
12	《大型电子器件和组件故障处置管理办法》	天津海事局通信信息中心		2005 年 11 月
13	《发电机维修保养制度》等 11 个通信设备管理制度	天津海事局通信信息中心	制度汇编（2006）	2006 年 3 月
14	《通信设备管理工作》等 7 个程序文件	天津海事局通信信息中心	天津海事局质量管理体系	2010 年 3 月

六、规划管理

海岸电台作为代表国家履行相关国际公约的责任者之一，主要承担船舶遇险通信和航海安全信息播报以及船岸间信息传递等通信保障职责。纵观中国海岸电台百年发展历程，总体上是以国家航运事业发展需求为导向，并遵从相关国际公约及规范标准而规划建设的。

清光绪三十二年（1906）清政府设置邮传部后，随即着手编制中国电政事业发展规划，并于清宣统元年（1909）在吴淞口设置中国首座海岸电台。

1912 年中华民国成立后，北洋政府交通部承继前制，继续推动中国水上通信事业发展，在沿海重要商埠陆续设立多座海岸电台。据《交通史·电政编》记载，当时海岸电台可考者 10 余处，初步形成中国水上通信体系。此后，因军阀割据，战乱频仍，中央政府无暇顾及国计民生，海岸电台规划建设暂被搁置。1927 年南京国民政府成立后，全国电政管理逐步统一，中国水上通信事业建设得以复苏。1934 年 9 月，南京国民政府召开全国电政会议，决定增设 8 座海岸电台，并统一规定各海岸电台设备及功率等。

1937 年抗日战争全面爆发后，中国海岸电台或毁于战火，或被日军侵占，沿海沦陷区水上通信业务被日占当局通信机构劫夺垄断。1943 年 11 月 2 日，重庆国民政府交通部邮电司召集"邮电技术标准设计委员会"会议，讨论"战后五年无线电通信网设计原则"，规划设置海岸电台 21 座。其中，大连、天津、上海、广州海岸电台负责远洋船舶通信，其他海岸电台负责沿海航行船舶通信。1945 年抗日战争胜利后，南京国民政府恢复战前旧制，并在接收日伪电信机构及设施基础上，修缮或重建海岸电台。截至 1948 年底，全国设置江海岸电台共 53 座，其中，北方海区 11 座。

1949 年中华人民共和国成立后，交通部陆续对大连、天津、烟台、青岛等海岸电台实施新建或迁建工程，基本改造为"两址式"电台，天线配置、电力供电、业务用房等基础性设施条件有所改善，电路规模略有增加。1954 年 10 月，天津海岸电台新建工程竣工，成为华北地区最大的中型海岸电台。但是受限于当时国家经济状况，主要通信设备未能更新，基本沿用接管的老旧收发信机。

1963年12月,第二次全国航务电信会议研讨"三五"期间水上电信发展规划与设想,形成《水运电信规划方案初步意见》。1964年始,交通部陆续对天津、秦皇岛、烟台、青岛、上海、广州等海岸电台实施迁扩建工程。至"六五"期间,全国海岸电台大都改造为"三址式"模式,基础设施明显改善,电路规模明显扩大。其中,天津海岸电台由"两址式"改建为"三址式"电台,成为中国三大海岸电台之一。在此期间,中国电子工业发展已取得初步成就,各海岸电台大量装备国产收发信机,更新部分老旧设备。当时,受中国通信设备制造能力以及国家经济实力所限,各海岸电台整体装备水平和设备技术性能尚未明显提高。

20世纪70年代,随着中国加入相关国际组织,水上通信事业与世界关联度更加紧密。按照相关国际公约要求,为在中国海域航行的各国船舶提供遇险与安全通信保障成为国家履约责任。此后,交通部不断加强遇险与安全通信的规划布局,并相继在全国海岸电台开放SSB和VHF通信业务。20世纪80年代,按照国际海上遇险安全通信系统要求,中国水上通信主管机关在22座海岸电台开放中频无线电报遇险安全通信电路,11座海岸电台开放中频无线电话遇险安全通信电路,75座甚高频岸台开放VHF遇险安全通信电路,基本建成覆盖中国管辖海域的水上遇险安全通信网。

20世纪80年代始,中国水上通信主管机关密切关注GMDSS发展动向。1986年3月,交通部海洋运输管理局和中国航海学会通信导航专业委员会在北京联合召开研讨会,初步拟订中国GMDSS建设总体方案。20世纪80年代后期,交通部实施港口体制改革,全国海岸电台陆续划归属地海监局管理,纳入国家行政事业序列。自此,水上通信机构主要职责转变为以保障船舶航行安全和提供公益性通信服务为主,凸显中国实施GMDSS建设的重要性。1990年1月,交通部向国家计划委员会报送《全球海上遇险和安全系统工程项目建议书》,并于次年获批立项,中国GMDSS建设工程正式启动。

20世纪90年代初,中国各海岸电台仍普遍处于设备陈旧、基础设施落后的状态,主要收发信设备80%以上是老旧产品,机房、电力和天线等基础设施设备亦较为陈旧,设备故障率高,备用设备少,运行和维护费用大,难以满足GMDSS建设要求。为此,在"八五"至"九五"期间,交通部陆续组织实施大连、天津、青岛等海岸电台改扩建工程。该工程起点较高,各海岸电台普遍引进数字微波通信系统、具有遥控功能的收发信机等先进通信设备,整体装备水平和设备技术性能显著提高,办公业务用房等基础性设施亦显著改善,为中国顺利实施GMDSS建设奠定基础。

中国GMDSS建设的重要项目之一是地面无线电数字选择性呼叫(DSC)值班台新建工程,主要包括:在上海海岸电台建设高频国际DSC值班台;在大连、天津、烟台、青岛等16座海岸电台建设中频国际DSC值班台;在大连、秦皇岛、天津、烟台、青岛等13座海岸电台建设甚高频国际DSC值班台。该工程于1994年开工建设,至2000年各海岸电台GMDSS-DSC通信系统相继安装调试完毕,投入试运行,开始承担中国沿海和西北太平洋国际搜救区遇险与安全通信值守职责,中国水上通信成为世界水上通信体系的有机组成部分。

建设全国沿海甚高频(VHF)安全通信系统,是交通部在海上安全通信方面的重大决策之一。当初,由于国内陆地通信基础设施比较落后,加之租用长途通信线路费用巨大,因此在GMDSS地面无线电DSC值班台新建工程中,主要侧重于中高频DSC值班台建设,甚高频DSC值班台布设仅限于部分重点港口,尚未实现沿海近岸水域VHF安全通信全面覆盖。2005年4月,交通部发布施行《全国沿海甚高频(VHF)安全通信系统总体规划》,拟在全国沿海按辖区布设约110座VHF基地台,形成覆盖A1海区的VHF遇险安全通信网络,以解决近岸水域事故多发问题,适应沿海航行安全监管和搜救通信需求。截至2010年,辽宁、河北、天津、山东等海事局辖区甚高频安全通信系统相继完成工程建设,并陆续投入使用,中国沿海近岸水域航行安全通信保障能力显著加强。

在此期间,根据通信实际工作需求,交通部规划实施天津海岸电台发信台天线迁建、大连海岸电台发信台迁建、大连和青岛海岸电台微波传输线路改建等电台局部设施设备技术改造工程。

图 5-1-451　2011 年 11 月 24 日,天津海事局副局长聂乾震(中)主持天津海岸电台发信台天线迁建及天津海事局辖区甚高频安全通信系统工程竣工验收会

第二节　遇　险　通　信

一、遇险通信频率

国际遇险通信频率是 ITU 专门规划用于海上遇险与安全通信的频率。

19 世纪 90 年代末,莫尔斯无线电报开始商用,并迅速成为船舶通信和遇险呼救手段。清光绪三十二年(1906),在德国柏林召开的第一次国际无线电会议制定世界首部《国际无线电报规则》,指定 500～1000 千赫兹为水上移动无线电报通信业务的工作频段,并规定"SOS"为国际无线电报呼救信号。1913 年,在英国伦敦召开的第一次国际海上人命与安全会议制定世界首部《国际海上人命安全公约》(SOLAS 公约),其《附则》规定 500 千赫兹为国际水上莫尔斯无线电报通信业务的遇险与安全呼叫及通信频率。1927 年,在美国华盛顿召开的世界无线电行政大会规定"Mayday"为无线电话遇险呼叫用语。由于尚未规定无线电话遇险通信频率,遇险船舶电台均以 500 千赫兹呼救。1929 年 4 月,在英国伦敦召开的第二次国际海上人命与安全会议修订首部 SOLAS 公约,4 年后正式签署生效。1932 年,在西班牙马德里召开的世界无线电行政大会确定 1650 千赫兹为水上移动中频无线电话国际遇险通信呼叫频率,但并未规定具体实施时间。1947 年,在美国大西洋城召开的世界无线电行政大会确定以 2182 千赫兹取代 1650 千赫兹作为水上移动中频无线电话国际遇险通信呼叫频率;同时指定 156.800 兆赫兹(16 频道)为水上移动 VHF 国际呼叫、安全、船舶间及海港指挥事项专用频率。

1949 年中华人民共和国成立后,中央人民政府接管并恢复中国水上通信业务,继续履行 500 千赫兹莫尔斯无线电报国际遇险通信值守职责。1959 年,在瑞士日内瓦召开的世界无线电行政大会重申 156.800 兆赫兹(16 频道)为水上 VHF 移动通信业务的国际紧急、安全和呼叫频率,并规定其亦可用于遇险通信。1978 年始,交通部在全国各海岸电台陆续开放 VHF 业务,同时开放 16 频道 VHF 国际遇险通信值守业务。1980 年 11 月,为履行国际电信联盟和政府间海事协商组织(IMCO)关于海上遇险通信的有关规定,交通部决定开放2182千赫兹双边带(DSB)无线电话国际遇险通信值守业务,并于1981年1月1日零时施行。

1986年,国际海事组织(IMO)确定GMDSS建设方案,ITU规划中高频(MF/HF)单边带(SSB)无线电话遇险与安全通信频率为:2182千赫兹、4125千赫兹、6215千赫兹、8291千赫兹、12290千赫兹、16420千赫兹,VHF遇险与安全通信频率为156.800兆赫兹(16频道);规划NBDP遇险与安全通信频率为:2174.5千赫兹、4177.5千赫兹、6268千赫兹、8376.5千赫兹、12520千赫兹和16695千赫兹;规划中高频(MF/HF)数字选择性呼叫(DSC)遇险与安全通信频率为:2187.5千赫兹、4207.5千赫兹、6312千赫兹、8414.5千赫兹、12577千赫兹和16804.5千赫兹,甚高频(VHF)数字选择性呼叫(DSC)遇险与安全通信频率为:156.525兆赫兹(70频道)。

1997年世界无线电行政大会决定,自1999年2月1日始,不再强制要求海岸电台对500千赫兹莫尔斯无线电报和2182千赫兹双边带无线电话遇险呼救通信电路的值守,是否继续维持,由各国通信主管部门决定。为此,交通部决定:除大连、天津、上海、广州海岸电台外,其他海岸电台均关闭这两项遇险通信值守业务。

2000年,中国GMDSS地面无线电数字选择性呼叫(DSC)值班台工程竣工,北方海区通信系统各海岸电台开始承担电台所在地周边A1、A2海区遇险通信值守业务。按照国际公约要求和交通部统一规划,开放甚高频70频道和中频2187.5千赫兹DSC国际遇险通信值守电路2条;甚高频(VHF)16频道和单边带(SSB)2182千赫兹无线电话,以及窄带直接印字电报(NBDP)2174.5千赫兹遇险后续通信电路3条。

图5-2-452　2008年12月3日,天津海岸电台值班员遇险与安全通信值守

截至2012年,中国海岸电台新老遇险与安全通信值守业务并存。

二、遇险通信处置

遇险通信流程主要包括:发送报警信号、遇险呼叫、发送遇险报告、遇险报告收妥通知、遇险报告转发、遇险通信控制和遇险通信终止等环节。当船舶遇险需要救助时,首先应在遇险通信频率上,按照规定格式和规则发出报警信号及遇险呼叫。遇险呼叫具有绝对优先权,凡收听到遇险呼叫的船岸电台,应立即停止一切可能干扰遇险通信的行为,并继续保持在该频率上守听。随后,遇险船舶应发送遇险报告,主要内容应包括:遇险船舶名称或呼号、遇险时间和位置、遇险情况和性质、希望如何援助等。船岸电台应认真抄录或收听遇险报告,及时发出遇险报告收妥通知,并迅速向相关主管机构和海上搜救部门报告险情。之后,应在遇险通信控制台指挥下,为参与搜救各方和遇险船舶提供有效通信保障服务。

中国全面建成GMDSS后,各海岸电台开始履行数字选择性呼叫(DSC)遇险通信电路值守职责。按照国际规则规定,配置GMDSS通信设备的遇险船舶,应采用DSC呼叫方式发起遇险通信。DSC呼叫携带信息应包括:DSC呼叫种类、遇险船台MMSI码、遇险船台呼号、遇险时间、遇险性质、遇险船台位置坐标、遇险后续通信方式等。海岸电台DSC通信系统自动接收遇险呼叫并发出声光报警,值班员则应按照业务规程迅速处置。当遇险船舶处于海岸电台所在地搜救中心的搜救范围内时,值班员应立即发出遇险确认呼叫;若不在搜救范围内,则应先监听,以便让离遇险船舶更近的船岸电台先确认,当确定无其他电台应答后再予以确认。发出遇险确认呼叫后,海岸电台DSC通信系统将按照遇险呼叫所携带信息,自动转入遇险后续通信状态。通信结束后,值班员应按照规定填报《遇险紧急安全通信报告表》。

按照国际公约和国家相关法律法规最新要求,北方海区通信系统各海岸电台不断优化遇险通信的管理办法和具体处置流程,提供及时有效的通信保障服务。天津海岸电台曾多次协助相关各方圆满完成遇险救援任务。

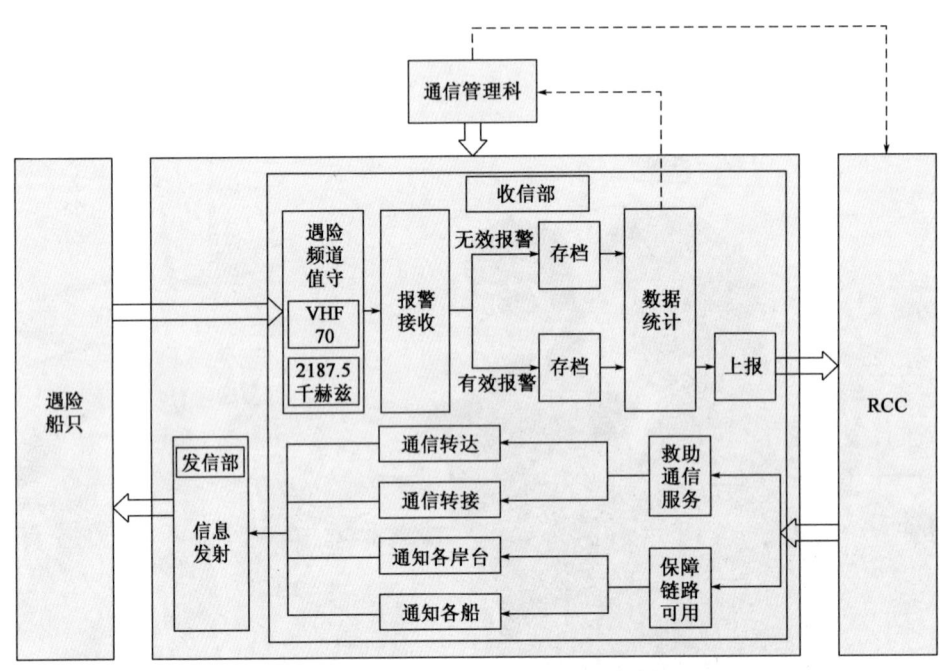

图 5-2-453　北方海区通信系统海岸电台遇险通信处置流程图

1978年4月8日1时40分,上海远洋运输公司所属"团结"轮在日本伊势湾附近海域失火。按照交通部通信导航局要求,天津海岸电台几经周折,最终与担任救助任务的"和田"轮取得联络,并顺利接收"和田"轮发至中国远洋运输总公司电报。此后,双方在单边带话路持续保持通信联系,使有关部门能够及时了解援助进展情况。4月13日0时19分,"团结"轮被拖至上海港口,遇险通信任务圆满完成。此为天津海岸电台SSB在中国海上遇险救助中的首次应用。

1981年4月11日11时57分,天津港务局轮驳公司所属"津港轮17"拖轮与海洋石油勘探局所属"滨海209"轮在大沽口1号浮标南1海里处相撞。"滨海209"轮受损严重,"津港轮17"轮则快速沉没,船上8名船员全部落水。天津海岸电台值班员收到"津港轮17"轮呼救后,立即向天津港务监督搜救值班室和天津港务局轮驳公司报告险情,为成功营救争取了时间。在天津海岸电台密切协助下,至4月12日2时许,8名落水船员全部获救脱险。天津海岸电台良好的通信服务,受到参救各方一致好评。

1984年1月14日凌晨,广州远洋运输公司所属"惠泉"轮在天津港锚地失火。5时12分,天津海岸电台值班员收到"惠泉"轮遇险电报后,立即报告天津港务监督搜救值班室,救援工作随即展开。5时17分,天津海岸电台再次接收到"惠泉"轮电报,称:"我在新港弃船"。随即,天津海岸电台积极为参救各方提供通信转接服务,及时转达相关信息。9时47分,在单边带话路为中国远洋运输总公司接通参加援救的"揭阳"轮,与已被该船救起的"惠泉"轮船长通话。此后,为交通部13号分机接通"揭阳"轮,了解援救进展情况。遇险救助工作历时6天并圆满结束。

1986年1月30日,天津远洋运输公司所属"南屏山"货轮在朝鲜大同江内被浮冰围困,情况紧急。11时22分,"南屏山"轮在莫尔斯报路与天津海岸电台取得联系,双方约定后续在单边带话路保持联络。2月3日11时25分,天津海岸电台值班员为"南屏山"轮接通天津远洋运输公司,汇报遇险救助情况。此后,天津海岸电台多次为其电话转接,通话效果较差时,值班员便逐句转述。3月4日22时,"南屏山"轮安全抵达国内港口。天津海岸电台周到的通信服务,受到中国远洋运输总公司通信导航处和天津远洋运输公司通信导航处的来报表扬。

1996年7月30日18时,天津海岸电台在单边带话路收听到福建省连江县船务公司所属"闽强5号"轮的微弱呼叫,经询问得知该轮主机发生故障,无法航行,且事发海域风大浪急,处境非常危险。随即,天津海岸电台值班员向其船公司通报遇险相关情况,并认真守听,及时为双方接转电话,传递信息。8月2日7时许,"闽强5号"轮脱离险境,返回港口。

1999年11月15日,福建省港祥船务有限公司所属"港隆"轮航行至朝鲜海域时,主机发生故障。事发海域大风九级,处境十分危急。8时50分,"港隆"轮在单边带话路与天津海岸电台取得联系,船上共有船员25人,紧急请求救助。随即,天津海岸电台值班员迅速向天津海事局搜救值班室报告险情,并多次在单边带话路为其转接中国远洋运输总公司驻朝鲜办事处,通信效果不佳时,便逐句为其转述。次日12时许,"港隆"轮脱险,并向天津海岸电台表示由衷的感谢。

2005年8月17日07时19分,天津海岸电台DSC通信系统收到浙江省宁波市渚扬海运公司所属"渚扬3"轮的遇险呼叫,携带信息显示该船位于北纬38°46′、东经119°11′。事发海域海况恶劣,北风7级,海浪较大,能见度仅2海里。天津海岸电台值班员判断报警属实后,随即向天津海事局搜救值班室报告险情。接报后,天津海事局搜救值班室立即协调中国海洋石油总公司渤海分公司所属"华越"轮、事发海域附近的"永隆66"轮和"卓丽纳"轮,以及北海救助局所属"B7305号"直升机赶赴现场,实施救援。10时22分,"渚扬3"轮沉没,船上15名船员全部获救。此为天津海岸电台GMDSS-DSC通信系统首次处置的遇险通信。

2006年9月7日13时25分,上海海洋石油钻井工程公司所属"勘406"轮在单边带话路呼叫天津海岸电台,称发现"安泉州10号"轮遇险,值班员迅速为其转接天津海事局搜救值班室。"勘406"轮报告称:"安泉州10号"轮在北纬38°46.33′、东经118°13.1′处遇险,船舱进水,并于13时19分沉没。天津海事局搜救值班室接报后,即刻在单边带话路协调"勘406"轮、"胜利616"轮、"海洋石油654"轮和"天台57"轮迅速赶往事发海域实施救助,并在甚高频16频道指挥救助。天津海岸电台值班员临时调整通信业务,为遇险救助提供通信保障。14时23分,"勘406"轮报告:落水船员全部获救,身体状况良好,救助工作圆满完成。

截至2012年,北方海区通信系统各海岸电台认真履行职责,及时为遇险救助行动提供可靠的通信保障服务,多次收获上级嘉奖,受到社会各界广泛赞誉,为保障海上人命和财产安全做出重要贡献。据不完全统计,自全国水监体制改革以来,天津海岸电台遇险通信处置数量年均10.3次。

第三节 紧急与安全通信

紧急通信系指船舶发生涉及船舶或人员安全等非常紧急的情况时,在国际遇险频率上按照规定格式和程序,发送紧急信号和紧急报文,要求有关单位采取必要措施,加以预防和援助的通信业务。紧急情况包括:发现气象突变、船舶搁浅、机器严重故障、船员或旅客急病、人员落水、紧急台风警告、紧急航行通告等。"医疗运输"通信(由1949年日内瓦公约及其附加议定书定义)亦应使用紧急通信程序。安全通信系指在国际遇险频率上按照规定格式和程序,发送安全信号和安全报文,用于传递诸如气象突变、危险冰况、船舶残骸、船舶障碍(包括巨型油船航经狭窄水道)、漂浮水雷、灯塔熄灭、航标变化、水位涨落、港口禁例、军事试验等直接危害航行安全信息的通信业务。

海上安全信息(MSI)系指向船舶播发的航行和气象警报、气象预报和与安全有关的其他紧急信息。海上安全信息广播业务属于安全通信范畴。NAVTEX业务系指海岸电台利用NBDP技术,向海上航行船舶广播海上安全信息和紧急信息,并由船舶电台专用接收机自动接收的一种通信业务,是GMDSS中海上安全信息播发方式之一,亦是世界航行警告业务(WWNWS)的一个组成部分。国际NAVTEX业务在518千赫兹频率上用英文广播,中国国内NAVTEX业务在486千赫兹频率上用中文广播。在GMDSS建成运行之前,莫尔斯无线电报为公益性特殊需要而设立的无线电通信业务,统称为特种业务(Special Service)。国际电联规定的特种业务共12种,中国各海岸电台开放的业务包括:航行警告、气象报告、冰况报告、医疗电报、临时无线电示标、报时信号6种。特种业务不属于常规通信,是具有紧急或安全性质的通信业务。

1932年,ITU缔约国签署《国际电信公约》及其附则《无线电规则》,对"特种业务"条款之气象报告等有关航行安全通信业务作出明确规定。

1949年中华人民共和国成立后,中国沿海各港务监督按辖区分工,自1951年始履行属地《航海通告》发布职责,大连、天津、青岛等全国部分海岸电台接收属地港务监督传送的《航行通告》,并按照安全通信程序,在莫尔斯电报电路播发。1954年9月13日,按照交通部统一部署,大连、秦皇岛、天津、青岛等7座海岸电台开放无线电示标业务。同年,天津海岸电台开始承担在莫尔斯电报电路播报天津新港冰况报告职责。

1955年1月,交通部发布施行《航务无线电台通讯业务管理暂行规则》,明确紧急通信和安全通信属于"航行安全通讯",优先等级仅低于遇险通信,并规定"特种业务"包括:气象报告、报时讯号、水位报告、疫情报告4种。1956年5月1日,按照交通部统一部署,大连、上海、广州3座海岸电台开放海洋气象信息播报业务,天津等其他海岸电台不再承担气象信息播发业务,仅负责抄收气象信息,并免费答复船舶咨询。1958年6月15日,天津、大连、青岛等5座海岸电台在莫尔斯电报电路开放医疗电报业务。

1961年8月,交通部修订并发布施行《电台工作守则与航务通信业务规程》,将"特种业务"调整为报时信号、气象报告、航行通告、冰况报告、医疗电报、无线电示标业务6种。1972年7月,交通部修订并发布施行《水运电报规则》,将"特种业务"种类调整为报时信号、气象报告、冰况报告、医疗电报、临时示标业务5种。1980年,交通部指定天津港务监督为北方海区航行警告播发协调台,负责统筹协调天津、大连、秦皇岛、烟台、青岛等海岸电台航行警告无线电播发工作。

1984年4月,交通部修订并发布施行《水上无线电通信规则》,将"航行安全通信"改称"遇险与安全通信",其下恢复设置"航行警告发布"业务,并规定航行警告分为定时播发和非定时播发两种方式。全国各海岸电台负责将属地港务监督传送的航行警告和航行通告转发至广州或上海海岸电台,同时负责非定时播发属地航行警告,广州和上海海岸电台负责定时播发各地转发的航行警告和航行通告。

图 5-3-454　20 世纪 80 年代,天津海岸电台发信台调配员(左)和中央室话务员(右)VHF 通信值守

　　1986 年国际海事组织确定 GMDSS 建设方案后,世界航行警告业务(WWNWS)成为其海上安全信息播发的重要组成部分。按照相关规定,海上安全信息包括航行警告、气象警告、冰况报告、搜救信息、气象预报、引水业务信息和电子航行系统更新信息 7 种,分为航警信息、气象信息和搜救信息 3 大类,播发手段为 NAVTEX 系统、海事卫星增强型群呼(EGC)系统、窄带直接印字电报(NBDP)通信系统等,部分国家提供 VHF 和 SSB 播发业务。纳入 GMDSS 后的 WWNWS 业务作出适当调整,按照作用区域分为三类:第一类称为分区航行警告,亦即 WWNWS 业务中的区域航行警告,由海事卫星 EGC 系统和 NBDP 通信系统播发,主要针对 A3、A4 海区;第二类称为沿岸航行警告,亦即 WWNWS 业务中的沿海航行警告,由 NAVTEX 系统播发,通信覆盖范围为 100~200 海里,主要针对 A1、A2 海区;第三类为本地航行警告,一般是指港区范围内的航行警告,主要利用甚高频通信设备播发。1992 年 8 月 1 日,按照交通部统一部署,大连、上海、广州等 5 座海岸电台开播英文 NAVTEX 业务,播发频率为 518 千赫兹。

　　1993 年 3 月,交通部修订并发布施行《水上无线电通信规则》,增加"全球海上遇险与安全系统(GMDSS)"相关内容,以配合中国全面实施 GMDSS 的需要。1998 年 12 月 1 日始,交通部部署天津海岸电台开放 NBDP 航行警告播发业务。2003 年 4 月 30 日,交通部指定天津海岸电台为中国北方海区航行警告无线电定时播发台,承担辽宁、河北、天津、山东海事局所辖海域航行警告播发职责,播发方式为莫尔斯无线电报和窄带直接印字电报。

　　2004 年,交通部修订并发布施行《水上无线电通信规则》,将"遇险与安全通信"改称"非 GMDSS 遇险和安全通信",其下包括:航行警告(包括冰况报告)、气象报告和"关于安全的特种业务"三类业务。其中,"关于安全的特种业务"即为原"特种业务",仅保留医疗电报、临时无线电示标业务和报时信号 3 种。2005 年,天津海岸电台开放甚高频和 SSB 航行警告中文语音播发业务。2006 年 6 月 1 日,按照交通部统一部署,天津、大连等 7 个海岸电台开放中文 NAVTEX 业务,播发频率为 486 千赫兹。2007 年 8 月 1 日,天津海岸电台正式开放海上气象信息播发业务,播发方式为莫尔斯无线电报、NBDP 和中文 NAVTEX 系统。

　　2010 年版《水上无线电通信规则》取消"非 GMDSS 遇险和安全通信"和"全球海上遇险与安全系统(GMDSS)",其相关内容精简合并于恢复设置的"遇险与安全通信"类目,"特种业务"及其他与莫尔斯电报相关业务被取消。

　　截至 2012 年,天津海岸电台开放的海上安全信息广播业务包括:航行警告、冰况报告、气象报告等,年实际播发总量超过 12 万份次。

2012年北方海区通信系统（天津）定时播发安全信息一览表

表 5-3-99

工作方式	呼号	频率（千赫兹）	播发时间	播发内容
莫尔斯电报	XSV	4283(a) 8600 12969	02:30(c)	中、英文气象警告
			06:00(c)	冰况报告,中、英文气象警告
			10:30	英文航行警告,英文气象警告
			14:00(c)	冰况报告,中、英文气象警告
			14:30	中文航行警告
			21:00(c)	冰况报告,中、英文气象警告
			21:30	中文航行警告
窄带直接印字电报	2012 004121100	4212.5(a) 8414.5 12581.5	04:00(c)	中、英文气象警告
			07:00	冰况报告,中、英文气象警告,中文航行警告
			13:00	冰况报告,中、英文气象警告,中文航行警告
			15:00	英文气象警告、英文航行警告
			20:00	冰况报告,中、英文气象警告,中文航行警告
			24:00(c)	中、英文气象警告
中文奈伏泰斯	S	486	03:00	搜救信息、气象警告、航行警告
			07:00	搜救信息、气象警告、气象预报、冰况报告
			11:00	搜救信息、气象警告、航行警告
			15:00	搜救信息、气象警告、航行警告、冰况报告
			19:00	搜救信息、气象警告、气象预报
			23:00	搜救信息、气象警告、航行警告、冰况报告
甚高频无线电话	天津话台	甚高频25 甚高频62	08:40	中文气象警告、航行警告、气象预报
			11:40(c)	中文气象警告
			15:40(c)	中文气象警告
			18:40	中文气象警告、航行警告、气象预报
			23:40(c)	中文气象警告
单边带无线电话	天津话台	4399(a) 8755 13092 17392	08:40	中文气象警告、航行警告、气象预报
			11:40(c)	中文气象警告
			15:40(c)	中文气象警告
			18:40	中文气象警告、航行警告、气象预报
			23:40(c)	中文气象警告

注：表中(a)为夜间频率,工作时间为 18:00 至 06:00LT;(c)为专门播发气象警告时间,若无警告不出呼。

一、航行警告

航行警告(navigation warning)系指由各国海事主管机关或其授权机构通过海岸电台或海事卫星,以无线电广播方式向海上航行船舶发布的,可能危及航海安全的重要信息,主要包括有关助航设施建立或失效、有碍航行或近岸设施构建等信息,亦可包括天气突变等气象信息。航行警告按照发布范围分为区域警告、沿海警告和地方警告。区域警告由区域协调国负责发布;沿海警告由各国海事主管机构负责发布,可分为定时广播、重要和极端重要三种等级;地方警告由港湾当局发布。由于航海通告(notice to mariners)为每周定期出版一次,发布信息具有滞后性,因此需要利用无线电航行警告发布系统及时广播有关航道及助航设施变迁等航海安全最新消息。海岸电台播报的航行警告内容均为航海通告尚未发布的新情报,是航海通告的必要补充。

中国近代发布航海安全信息始于19世纪中叶。清同治元年六月十一日(1862年7月7日),海关总税务司签发第一号《航海通告》,公布吴淞口航道更换浮标事宜。清同治七年(1868),海关总税务司署设立船钞部,统筹管理中国航标设施建设及日常维护工作,发布航海通告职责改由该部承担。此时,航海通告分为地方通告和沿岸通告两种,用以提醒海员注意有关助航设施和航道的重要变化,发布方式为办公楼门前张贴,以及在指定报章上刊登。此后,海关内部机构设置几经变迁,但航海通告发布工作始终由海关内相关职能部门负责,直至中华人民共和国成立初期未变。

20世纪初莫尔斯无线电报技术引进中国后,全国各海岸电台逐步为海上航行船舶提供航行安全信息传递服务,船舶获得信息更加快捷方便。1934年4月,南京国民政府交通部发布施行《航行安全电报规则》,确定航行安全电报的传递规程。

1951年,交通部在海运总局内设置海务监督处,在各海运企业内设海务监督处(室、科),在沿海港口设置港务监督科(室),按辖区分工负责本地航海通告的发布工作。当时,中国尚未设立全国统一的航行警告无线电播发管理体制,全国部分海岸电台接收属地港务监督传送的航行警告,按照安全通信程序,在莫尔斯电报电路播发。此后,交通部指定上海和广州海岸电台分别负责转播北方沿海(厦门以北)和华南沿海的航行警告,播报内容由其他各海岸电台提供。

1965年5月11日,交通部印发《关于航海通告指定港务监督归口发布和发送的通知》,重申各地港务监督负责属地航行警告发布工作,发布方式为书面、报刊和无线电播发三种,无线电播发职责由属地海岸电台承担。1976年3月,交通部召开全国航海通告工作会议,发布施行《航海通告暂行通则》。

20世纪70年代中期,国际海道测量组织(IHO)总结以往发生的重大海损事故经验教训,认为造成事故的主要原因是船舶未能及时获得航海安全资料,故而提出建立世界航行警告无线电发布系统的初步设想,并提交IMCO议决。1977年11月,IMCO第十届大会通过第381号决议《建立世界性航行警告系统计划》,确定与IHO联合建立全球航行警告服务系统(WWNWS)。该系统将世界海域划分为16个航行警告区,每区设置1个区域协调国和若干无线电播发台。区域协调国按辖区负责搜集和发布该区域有碍船舶航行安全的信息,各无线电播发台负责广播。当时,仅规定区域航行警告的播发方式为莫尔斯无线电报。中国地处第11航行警告区,该区域的协调国为日本。

1979年6月25日,交通部发布施行《沿海无线电航行警告和航行通告的播发办法》,明确规定:上海和广州海岸电台是中国航行警告和航行通告定时播发台,负责播发各地航行警告和航行通告;全国其他各海岸电台负责非定时播发本地港务监督交发的航行警告,无须播发航行通告,接收的航行警告和航行通告均应及时传送给上海或广州海岸电台。1979年8月,交通部明确港务监督局为中国对外发布无线电航行警告的国家协调人。1980年4月2日,交通部在港务监督局设立"航行警告发布总台",同时指定天津、上海、黄埔港务监督为航行警告发布分台,负责协调所辖区域内航行警告播发事宜。天津港务监督为北方海区航行警告播发协调台,负责统筹协调天津、大连、秦皇岛、烟台、青岛等海岸电台的航行警告无线电播发工作。1982年7月,大连、秦皇岛、天津、烟台、青岛港务监督在秦皇岛召开工作会议,形成《北纬35度以北五港航行警告工作会议纪要》,并建立航行警告发布工作联系机制。1984年8月20日,交通部修订《沿海无线电航行警告和航行通告的播发办法和规定》,规定各海岸电台首次非定时播发航行警告后,应定时重播3次;接收到航行警告和航行通告后,均应传送至上海或广州海岸电台作定时播发。

1992年7月16日,中华人民共和国港务监督局印发《关于奈伏泰斯开播后有关航行警告事项的通知》,明确中国于同年8月1日正式开播NAVTEX业务。英文无线电航行警告,除以莫尔斯电报形式播发外,增加NBDP方式定时播发。报文由港务监督按统一格式编写,并注明等级和播发天数,送交相关海岸电台播发。自此,天津海岸电台接收的英文航行警告、冰况报告和搜救通知等,不再发往上海海岸电台,改为在船辅电路发至大连海岸电台,由其通过NAVTEX系统在518千赫兹频率播发;中文航行警告则同时发至上述两个海岸电台。

1993年2月1日,交通部发布施行《中华人民共和国海上航行警告和航行通告管理规定》,重申沿海水域港务监督机构主管本辖区内海上航行警告和航行通告的统一发布工作,并对发布航行通(警)告的情形、内容及程序作出具体规定。同年6月5日,中华人民共和国港务监督局印发施行《中华人民共和国发布海上航行警告和航行通告管理办法》,规定天津港务监督负责大清河口、北纬39°00′东经120°30′、北纬38°30′东经120°30′、老黄河口四点连线所围海域的航行警告和航行通告发布工作,并在大连、秦皇岛、烟台、青岛等沿海15个港务监督增设航行警告台(即港台)。该办法规定各港务监督发布航行警告和航行通告所使用文头标题,不再采用航海警告和航海通告,一律改为航行警告和航行通告。

1994年3月3日,交通部安全监督局印发施行《中文航行警告标准格式》。1995年5月1日,天津海监局印发施行《北方海区发布航行警告和航行通告实施办法》,明确天津航行警告分台负责北纬38°08′30″以北中国沿海水域航行通(警)告发布工作,并对设置在大连、秦皇岛、天津、烟台、青岛的航行警告台管辖区域和职责作出具体规定。

1997年1月1日,参照IMO和IHO推荐的《航行警告指南》,中华人民共和国港务监督局印发施行《中华人民共和国英文航行警告标准格式》。1998年12月1日始,根据交通部《关于同意天津海岸电台开放窄带直接印字电报(NBDP)广播业务的批复》,天津海岸电台增开航行警告NBDP播发业务。1999—2001年,秦皇岛、唐山、烟台海岸电台莫尔斯电路先后关闭,原由其负责播发的辖区航行警告全部改由天津海岸电台承担,播发电路和流程与天津辖区航行警告相同。2001年,天津海岸电台年实际播发航行警告业务量首次超过2万份次,此后逐年增多。

2002年8月30日,交通部印发《关于调整中国沿海航行警告和航行通告发布体系的通知》,明确中华人民共和国海事局负责全国航行警告和航行通告的发布和管理工作,沿海航行警告和航行通告的发布工作采取"总台""区台""发布台"分级管理模式,按一局一台的原则统一归口管理。"中华人民共和国航行警告总台"设在中华人民共和国海事局,行使国际第11航行警告区国家协调人职责,主管全国航行警告和航行通告发布工作。在天津、上海、广州分别设置北部海区、东部海区和南部海区航行警告台,"区台"在"总台"领导下,负责统筹协调本海区航行警告和航行通告发布工作。其中,北部海区包括:辽宁、河北、天津、山东海事局所辖海域。各发布台所辖航行警告责任区与各直属海事局海域管辖范围一致。

2003年4月30日,交通部印发《关于天津海岸电台新增定时播发航行警告业务的通知》,指定天津海岸电台为中国北部海区航行警告无线电定时播发台,承担辽宁、河北、天津、山东海事局所辖海域航行警告的播发职责,播发方式为莫尔斯无线电报和NBDP,同时继续承担上述海域航行警告非定时播发任务。同年5月30日,天津通信站(处)印发施行《天津海岸电台广播业务实施细则(暂行)》,以规范该台广播业务管理,切实履行中国北方海区航行警告定时播发职责。2004年11月25日,天津通信信息中心修订《天津海岸电台广播业务实施细则》,以配合该台ART通信系统开通。2005年,天津海岸电台相继开放甚高频和SSB航行警告中文语音播发业务。

2006年2月23日,交通部无线电管理委员会办公室印发《关于进行中文NAVTEX播发的通知》,部署天津、大连等7个海岸电台于同年6月1日开放中文NAVTEX业务,播发频率为486千赫兹,播发内容为航行警告及气象报告等。同年6月1日,天津通信信息中心印发施行《天津海岸电台播发中文奈伏泰斯(NAVTEX)试行办法》。自2009年始,天津海岸电台年实际播发航行警告业务量连续3年保持在10万份次以上。

图 5-3-455　2007年3月6日,天津海岸电台值班员播发航行警告

2012年,天津海岸电台年实际播发航行警告业务量97544份次,为保障海上船舶航行安全发挥重要作用。

2000—2012年北方海区通信系统(天津)播发航行警告一览表

表 5-3-100

年　份	实际份数	实际字数	操作份数	操作字数
2000			19882	833806
2001			20921	940499
2002			16676	963005
2003			20537	879336
2004			24383	1229292
2005			36677	1723819
2006	1871	102682	19871	1026829
2007	1534	75602	23343	1126835
2008	1816	79232	66334	3419232
2009	1953	82270	111870	3550541
2010	2124	100780	126642	6524906
2011	2136	113536	125666	7492768
2012	2124	100780	97544	5440118

二、气象信息

全球海上遇险与安全系统（GMDSS）气象信息包括气象警告和气象预报两类。其中，气象警告包括台风警报、强热带风暴、热带风暴和大风警报四种，分为定时和非定时两种播发方式；气象预报仅作定时播发。为能够全面、及时、准确地发布气象预报和气象警告，世界气象组织（WMO）将全球海域划分为若干责任区，由该组织认可的相关国家气象局负责提供责任区域内的气象信息。

清同治八年（1869）始，海关在沿海重要口岸、岛屿、灯塔以及长江沿岸商埠先后建立70余处测候所（站），构成中国近代气象测报网络，并设想建立海关观象台。此时，上海徐家汇观象台和香港天文台已初具规模，并开展沿海气象发布服务工作。清光绪五年（1879）夏，徐家汇观象台准确预报台风袭击上海，并及时向商船发出预警报告，引起相关业界高度关注。海关巡工司毕士壁遂会同上海商会及船行代表与徐家汇观象台商洽，希望其能够经常发布气象预报，以便商船预先防范。清光绪八年八月二十九日（1882年10月21日），海关总税务司赫德通令海关各气象测候所（站），将气象观测记录报送上海徐家汇观象台，以配合其工作。清光绪二十九年（1903），海关明确由海岸稽查处统筹管理气象事务，并要求海关所属部分测候所（站）每天通过气象电报向远东地区各观象台发送气象观测记录，为观象台天气预报工作提供依据，其他测候所（站）亦需向上述观象台寄送气象观测记录。在此期间，为满足航海安全需要，各地有线电报局相继增加预报台风和海上气象等通信业务，并予以优先发送和免收信资等特权，对航行船舶躲避恶劣天气、保障人命财产安全发挥了重要作用。

20世纪20年代，中国各海岸电台相继设立，开始向海上航行船舶开办气象电报传递业务，使海员获取航海气象信息更加方便快捷。1930年2月20日，南京国民政府交通部发布施行《气象电报免费章程》，对气象电报传递的免费范围作出规定。

20世纪50年代初，中国对外开放海上气象信息播发业务，不定时播发中英文风警预报等安全信息。1956年5月1日，按照交通部统一部署，大连、上海、广州3座海岸电台正式开放海洋气象信息播报业务，每日两次定时在船舶电路上广播中英文海洋气象预报，并不定时播发大风或台风警报。在此期间，天津海岸电台仅负责在莫尔斯无线电报电路上抄录大连海岸电台的气象信息，接收上海海岸电台的台风信息传真，并转送所在地港务局调度室；当遇有船舶询问气象信息时，亦负责答复，并免予收费。

2003年5月20日，交通部为天津海岸电台指配定时播发气象报告时间，由于天津市气象台尚未对外开放海上气象信息服务业务，故该业务当时暂未开通。2003年5月，天津通信站（处）印发施行《天津海岸电台广播业务实施细则》，规定将该台接收的台风、大风警告等气象信息，通过传真发往天津搜救中心值班室。2006年2月23日，交通部批准天津海岸电台开放中文NAVTEX业务，要求在486千赫兹电路上定时播发航行警告和海上气象信息。天津海岸电台仅开放《航行警告》播报业务，气象信息暂未开放。

2007年8月1日，天津海岸电台正式开放海上气象信息播发业务，通过莫尔斯无线电报、NBDP和中文NAVTEX系统等方式，对外播发由天津海洋中心气象台提供的海上气象信息。内容包括：中英文台风警告、大风警告、大雾警告以及中文天气预报等；预报区域包括：渤海中部、渤海海峡、黄海北部和中部、渤海湾、辽东湾、莱州湾等。同年10月1日，该台在甚高频和SSB电路开放海上气象信息中文语音播发业务。2008年，该台年实际播发气象预报和气象警告业务量35142份次。

图 5-3-456　2007 年 8 月 30 日，天津海岸电台值班员适时更新安全信息播发内容

2012 年，天津海岸电台年实际播发气象预报和气象警告业务量 27021 份次，为海上航行船舶及时规避恶劣天气发挥了重要作用。

2007—2012 年北方海区通信系统（天津）播发气象信息一览表

表 5-3-101

年　份	信息种类	气象预报		气象警告	
	统计内容	份数	字数	份数	字数
2007	实际数	846	73224	314	14460
	操作数	6455	476571		
2008	实际数	1830	226920	425	25284
	操作数	35142	3001688		
2009	实际数	1888	227256	621	33120
	操作数	16404	1196425		
2010	实际数	1825	226300	699	38600
	操作数	15555	2102660	11990	533800
2011	实际数	1825	226300	734	40523
	操作数	15555	2102660	12960	502510
2012	实际数	1830	226920	810	49552
	操作数	15651	2117972	11370	581720

注：因统计口径不同，2007—2009 年气象预报的工作量包含气象警告。

三、冰况报告

冰况报告是各国海事主管部门为确保船舶冬季航行安全，以无线电通信方式，向航行船舶广播的有关冰区位置，以及冰块种类、大小、厚度、漂流方向、漂流速度等信息。冰况报告属于莫尔斯无线电报特种业务之一,其后增加NBDP播报方式。全球实施GMDSS后,冰况报告成为海上安全信息播发业务之一。部分国家将冰况报告插入气象报告,不单独播发。天津新港是中国唯一播发冰况报告的港口,天津海岸电台履行该港口冰况报告的无线电播发职责,于每年冰况报告开播及结束前三天发布通告。

1929年1月,天津海河工程局在"清凌"号破冰船架设1部无线电台,用以接收上海徐家汇观象台的气象报告,并于每年冰期定时播发大沽口、新港、海河等水域冰况报告,直至中华人民共和国成立初期未变。

1954年,天津海岸电台划归天津区港务管理局并迁址塘沽后,开始履行冰况报告播发职责。播发期一般从每年12月15日至翌年3月15日,播发内容由天津港务监督提供。早期的冰况报告范围包括天津、塘沽、新港、大沽口及渤海湾等水域,随着天津港口建设发展,报告范围相应扩大至临港、南港等水域。

1988年天津海监局成立后,建立冬季破冰工作协调机制,以更好地开展冰况播发业务。天津市海上搜救中心于每年12月上旬召开辖区年度破冰工作会议,商定破冰工作组织分工、任务重点、联络办法、冰况发布等事宜。

图5-3-457　2010年1月19日,天津通信信息中心召开天津辖区防冻破冰工作新闻发布会

截至2012年,天津海岸电台年均播发冰况报告约450份,为保障天津港冬季港口生产和船舶安全发挥了重要作用。

四、医疗电报

医疗电报系指船舶在航行中,因旅客、船员患病或受伤,需要向陆地医疗机构询问医治或抢救方法时的往来电报,其标志为"MEDICO",电文一律用明语,可用正式电报格式或公电格式。如患者病情严重,医疗电报可冠以紧急信号,在国际遇险频率上呼叫。如实际可行,随后电文应移至工作频率上发送。国际规则未规定医疗电报的标准格式,报文一般应明确患者性别、年龄、病症、体温、脉搏、发病时间等内容。

1958年6月,交通部与卫生部联合印发《关于开放船舶医疗电报业务的通知》。同年6月15日,天津、大连、青岛等5座海岸电台对外开放医疗电报业务。该业务只对外国籍船舶开放,中国籍船舶遇有船员、旅客患病或受伤,需向国内有关单位报告时,按照特急或加急电报处理。海岸电台免费办理船舶与港口卫生检疫部门间的往来电报,收报人为指定医院的电报,按照普通公众电报处理。当有回电时,海岸电台将该船舶列入本台通报表,并在收到其医疗电报的频率上探呼,以便能够尽快将复电发至船台。当收到北纬37°以北、东经120°以西水域船舶向所有电台发出医疗电报时,海岸电台全文抄收后通知港务监督或相关单位;在此区域外的较远水域,仅作详细记录,一般不作处理,以免干扰其通信。

天津海岸电台医疗电报业务开放以来,每年电报业务量10余份,主要来自港区内及大沽口锚地船舶,内容大致包括:船员伤病、食物中毒、不慎落水等。20世纪90年代始,随着海事卫星通信业务的快速发展,以及手机等通信方式的迅速普及,莫尔斯电报业务量下滑,医疗电报亦几近于无。截至2012年,医疗电报业务量为零。

五、临时无线电示标

无线电示标电台是一种从事无线电导航业务的电台。当船舶在海上航行时,由于各种原因迷失方向,失去船位或不能天文定位时,可利用示标电台确定其方向和位置,保障船舶航行安全。海岸电台可临时充当船舶无线电测向所需的示标电台,提供无线电示标服务。

1954年9月13日,交通部印发施行《海岸电台开放临时示标业务的规定》,部署大连、秦皇岛、天津、青岛等7座海岸电台正式开放无线电示标业务,国内船舶和航行在中国海域的外国船舶均可免费使用。1956年1月6日,交通部印发施行《利用船上无线电设备配合船舶在雾区中安全航行的规定》。

当船舶电台需要使用临时无线电示标业务时,应在中频500千赫兹上呼叫开放此项业务的海岸电台,并随以QTG业务缩语,申请使用临时无线电示标业务。被呼叫岸台回应船舶请求,双方商定工作频率,而后在相应中频工作频率上降低功率,拍发历时10秒的长划两个,随拍本台呼号一次。海岸电台可应船台要求,重复拍发数次,亦可将本台发射天线的地理位置告知船舶电台。

天津海岸电台临时无线电示标业务开放以来,使用该业务的船舶极少。截至2012年,该台年临时无线电示标业务量为零。

第四节 公 众 通 信

一、莫尔斯无线电报

莫尔斯无线电报是一种利用空中电磁波传递报文信息的通信方式,是世界上最早出现的无线电通信手段,其报文采用莫尔斯电码规则编码,工作于中、高频频段,在水上通信中用于中、远距离报文通信。

清道光十七年八月(1837年9月),美国画家莫尔斯(Samuel Finley Breese Morse)利用电磁感应原理发明世界上第一台有线电报机,并委托维尔(AlFred Vill)创编利用短促点信号"滴"和持续长信号"嗒"的不同组合,表示26个英文字母和10个阿拉伯数字的编码体制。双方商定,将这种编码方案包含在莫尔斯有线电报机发明专利中,此为美式莫尔斯电码的由来,它被用来传送了世界上第一份电报。现代国际通用电码是由德国作家和音乐家盖克(Friedrich Clemens Gerke)于清道光二十八年(1848)发明的,清同治四年(1865)巴黎国际电报大会对其进行标准化修订,后由ITU统一定名为国际莫尔斯电码。清同治十二年(1873),中国海关总税务司署船钞部北段巡查司威基谒(S. A. Viguer)从《康熙字典》中挑选了6800多个常用汉字,每个汉字用4个阿拉伯数字组合表示,创编汉字四码电报,编辑成册,称为《电报新书》。清光绪十三年(1887),中国电报总局会办郑观应改编《电报新书》,更名为《中国电报新编》,并被清政府邮传部采用,中国汉字莫尔斯电报通信自此开始。此后,汉字电码本经多次调整和修订,定名为《标准电码本》,并沿用至今。

清光绪十四年(1888)赫兹(Heinrich Rudolf Hertz)向世人宣布发现电磁波后,有人遂提出利用电磁波传递信息的设想。清光绪二十一年(1895),马可尼(Guglielmo Marconi)和波波夫(Dusko Popov)在吸收前人研究成果的基础上,各自成功完成利用电磁波传送信号的公开实验。清光绪二十五年正月(1899年3月),马可尼成功完成跨越英吉利海峡的无线电通信实验,开创了无线电通信新纪元。此后,各国军舰、商船竞相装置无线电机。清光绪二十七年十一月(1901年12月),马可尼完成跨越大西洋的字符传输试验,证实电磁波能够环绕地球作弧线运动。这一消息震惊了世界,各大报纸以特大标题刊载"电波征服了地球!无线电报发明成功!"

无线电报通信是一种跨越国界的通信方式,必须建立国际统一的技术规范和通信规则,以促进其发展和应用。清光绪二十九年(1903),由于无线电通信技术在水上及其他领域的广泛应用,国际电报联盟决定召开一次无线电预备大会,研究国际无线电报通信规则事宜。清光绪三十二年(1906),在柏林正式召开世界首次无线电大会,签署世界首个《国际无线电报公约》及其附则《国际无线电报规则》,该规则对船舶电台、海岸电台和无线电报通信规则等均作出初步定义和说明,指定500~1000千赫兹为船岸间电报公众通信使用频带。此后,世界各国装设的船舶电台和海岸电台日益增多,莫尔斯无线电报迅速成为船岸间信息传递的重要手段。1912年中华民国成立后,北洋政府交通部相继在全国沿海主要商埠设置多座长波海岸电台,开办船岸间莫尔斯无线电报通信业务。1920年,中国宣布加入《国际无线电报公约》,标志着中国无线电通信事业与世界融合。同年,北洋政府交通部在天津大沽口设立长波海岸电台,用于船舶引航和海工通信等,天津地区开始应用水上莫尔斯无线电报。此后,在民国政府推动下,中国装设无线电台的船舶越来越多,各轮运公司纷纷在沿海沿江商埠设置航务专用电台,为本公司船舶提供电报通信服务,莫尔斯无线电报通信日益广泛地应用于中国水运事业。

1932年,西班牙马德里国际电信会议将《国际无线电报公约》与《国际电报公约》合并修订,并签署了《国际电信公约》,原《国际无线电报规则》成为新公约附则之一,改称《无线电规则》。莫尔斯无线电报逐步发展成为世界通信体系中的重要一员,在世界航海通信中发挥着不可或缺的重要作用。

中华人民共和国成立之前,全国开放莫尔斯无线电报业务的江海岸电台分属各轮运公司和电信局管辖,电路规模普遍较小,仅开放沿海和近洋业务。各轮运公司所属航务专用电台主要为本公司船舶提供通信服务,工作频率和电台呼号均不固定,故称为密路通信;旧电信局所属各海岸电台则采用明路通信,配有ITU指定的电台呼号和工作频率。1953年交通部所属航务专用电台与邮电部所属江海岸电台合并后,各海岸电台仍分为明、密两个报房,分别负责明路通信和密路通信。10余年后,交通部逐渐取消密路通信。

1953年底,天津电信局海岸电台划归天津区港务管理局,与该局原航务电台合并,对外称天津海岸电台。开放中频500千赫兹和高频8600千赫兹莫尔斯电报电路各1条,以及其他专用电路若干。主要负责传递中波公司、交通部所属天津航道局、航务工程局、天津材料办事处以及外轮公司等单位电报,年通信业务量约为200万字。

随着中国经济的恢复和发展,航运船舶数量日益增多,水上通信业务日趋繁忙。1954年,为解决部分电路过于"拥挤"的现象,交通部将全国海岸电台分为北方、华东和华南三区管理,每区各设一座中心台。其中,北方区中心台为北京台,后改为大连海岸电台。各区开放电路包括船舶电路、船舶辅助电路及专用电路等。船舶电路是海岸电台开放的船岸间电报电路,分为中频电路和高频电路,分别用于沿海、近洋和远洋通信。船舶辅助电路是分区内各岸台间相互转递船舶电报、航行警告和气象资料的电报电路,北方区船舶辅助电路构成电台包括:天津、大连、烟台、龙口、秦皇岛、锦州、营口、丹东等,工作频率为4105千赫兹(夜)和6780千赫兹(冬日)、8250千赫兹(夏日)。专用电路是水运系统内部因某种业务需要而专门设置的电报电路。

1956年6月,按照世界各国海岸电台均开放公众通信业务的惯例,经交通部、邮电部、外交部研究决定,天津、上海、广州3个海岸电台可以传递国际商船业务电报。1956年10月,交通部指定青岛海岸电台负责中国、朝鲜、苏联三国海上救助通信,并建立青岛至符拉迪沃斯托克(海参崴)通信电路。1958年6月15日,交通部决定在全国海岸电台开放船舶医疗电报业务。1962年,中波轮船股份公司总部由天津迁往上海,加之交通部数次缩小电报使用范围,天津海岸电台莫尔斯电报年通信业务量下降至10余万字,主要为天津航道局电报。

1963年8月,水产部、邮电部、交通部联合发布《大型渔船与海岸电台建立通信联系的联合通知》,

要求全国各海岸电台将通信服务范围扩展至渔船。1967年,交通部决定恢复中朝、中日航线的船舶电报专用电路。1972年,经国务院批准,交通部、外交部联合印发通知,指定天津、上海、广州海岸电台可代转美国商船电报。同年,天津海岸电台为满足日益增加的远洋通信需求,增开12969千赫兹和16862.5千赫兹莫尔斯电报电路,同时增开中频445千赫兹电报电路。1973年,天津、上海、广州3座海岸电台间建立远洋船舶辅助电路,以提高远洋电报传递速度,工作频率为4553千赫兹(夜)和12300千赫兹(日)。同年,天津海岸电台增开4283千赫兹莫尔斯电报电路。1982年始,天津海岸电台努力提高自做电报比例,以增加电报业务收入,要求报务员尽量减少向外台转报数量,并设置转报率考核指标,当年转报率从10.4%下降至5.6%。此后,随着中国对外经贸往来不断扩大,海上莫尔斯电报通信业务需求量不断增加,天津海岸电台年莫尔斯电报业务量逐步回升至200余万字。

在此期间,交通部对全国海岸电台实施一系列迁扩建工程,水上通信电路总规模明显扩大。按照交通部对中国水上通信网的规划布局,天津海岸电台莫尔斯电报重点关注航行于地中海、红海和印度洋海域的各远洋运输公司船舶通信,主要通信业务是天津远洋运输公司所属船舶与该公司以及国内港航部门间的往来电报。截至1985年底,全国海岸电台共开放莫尔斯无线电报电路168条,形成以天津、上海和广州海岸电台为主台的北方区、华东和华南船舶通信网,沿海和近洋通信距离为200千米至1000千米。其中,天津、上海和广州海岸电台开放远洋船舶电报电路共16条,通信覆盖太平洋、大西洋、印度洋、波罗的海以及地中海大部分海域。

1989年8月23日,交通部无线电管理委员会办公室印发《关于改进船舶辅助电路通信有关问题的通知》,决定为北方区船舶辅助电路通信网增加工作频率4333.5千赫兹(夜)和6375千赫兹(昼),以解决船舶辅助电路过于拥挤的问题;主台为大连海岸电台,包含属台不变。1990年8月31日,交通部无线电管理委员会印发《关于水上移动业务专用频率频带转换工作的通知》,要求全国各海岸电台配合执行ITU对水上移动业务使用频段的调整决定,完成本台相关工作频率的转换,并确保转换过程中船岸通信畅通。天津通信站遂召开专业会议研究对策,于当年10月5日圆满完成指配给该台的莫尔斯电报通信频率转换准备工作,并按要求于次年7月1日零时顺利将远洋船舶电报电路工作频率由16862.5千赫兹转换为17238.9千赫兹。1991年10月,该站与华南理工大学合作研制"莫尔斯自动转报系统"投入使用,实现莫尔斯电报的自动拍发和译码。1992年,天津海岸电台莫尔斯电报年通信业务量达230余万字,创历史最高水平。

图 5-4-458　1991年10月,天津海岸电台换装自动转报系统

1993年12月13日,为解决用户船舶电报陆上传输问题,天津海岸电台开放陆地传真电报业务,利用传真设备与水运系统内部用户传递往来电报。1994年4月2日,开放电传电报业务,利用公众电传网络与水运系统内部用户传递往来电报,并与中远河北省公司、广远驻津办事处、华海石油运销公司、青远驻津办事处、北洋船务公司、天津轮船实业公司、深圳蛇口大连海运公司天津办事处、中燃天津公司、天津海运公司、天津船务代理公司等单位建立电传业务往来。

1995年7月1日,因17238.9千赫兹电报电路业务量逐年减少,天津海岸电台将其由全天工作调整为仅日间工作(6时至18时),与4283千赫兹电路对开。1996年2月28日,天津通信站(处)印发施行《船辅电路转报的暂行办法》,以规范船舶辅助电路业务操作流程,缓解船舶辅助电路电报积压问题。1998年3月11日,天津海岸电台向全社会开放传真及电传电报传输业务。

20世纪90年代末期,随着莫尔斯电报业务量持续减少,船舶辅助电路失去原有作用。1999年2月1日零时起,依据交通部《关于关闭大连等28座海岸电台船舶辅助电路的通知》要求,天津海岸电台关闭远洋船舶辅助电路和沿海船舶辅助电路,原需要通过船舶辅助电路传递的《航行警告》,改由传真或电传传输。

2001年12月8日,依据交通部《关于同意唐山海岸电台关闭莫尔斯无线电报电路的批复》,天津海岸电台开始履行为京唐港务局向船舶发送各类电报的职责。2002年1月1日,依据交通部无线电管理委员会办公室《关于天津海岸电台调整部分莫尔斯无线电报(MORSE A1A)工作电路的批复》,天津海岸电台关闭莫尔斯电报17238.9千赫兹电路,同时将445千赫兹电路由原来全天工作调整为应需工作。2003年5月20日,交通部印发《关于天津海岸电台新增定时播发航行警告业务的通知》,指定天津海岸电台为北部海区航行警告定时播发台,负责播发辽宁、河北、天津、山东海事局所辖海区的航行警告,同时继续承担上述海区航行警告的非定时播发业务。

进入21世纪,营口、秦皇岛、烟台、青岛、大连等海岸电台的莫尔斯电报通信业务相继关闭,天津海岸电台莫尔斯无线电报年通信业务量逐步降至10万字以下。截至2012年,北方海区通信系统仅天津海岸电台保留莫尔斯无线电报通信业务,开放中频电路2条,高频电路3条,且以播发安全信息为主,莫尔斯无线电报公众通信业务量降至零字。至此,为世界航海通信做出巨大贡献、辉煌百年的莫尔斯无线电报即将退出历史舞台。

1987—2012年北方海区通信系统(天津)莫尔斯无线电报公众通信一览表

表5-4-102

年 份	份 数	字 数	年 份	份 数	字 数
1987	70736	1842985	2000	8605	194797
1988	74790	2053353	2001	7369	158458
1989	74583	2276142	2002	4771	95291
1990	74667	2153256	2003	3048	61007
1991	80931	2352201	2004	1772	40690
1992	79668	2354875	2005	1215	27827
1993	68322	2002192	2006	3150	85594
1994	66068	2051036	2007	749	19706
1995	62782	1967823	2008	332	9468
1996	52390	1646609	2009	282	10319
1997	44542	1362741	2010	75	6567
1998	30406	973740	2011	20	849
1999	20046	724074	2012	0	0

二、窄带直接印字电报

窄带直接印字电报（NBDP）是 ITU 提出的一种全自动报文无线通信方式，主要工作在短波频段，具有电台自动识别、报文自动收发、船岸间实时交互通信等功能，通信速度比莫尔斯电报快 3～5 倍。NBDP 通信系统主要由操作终端、调制解调器和收/发信设备等组成。船舶电台通过该系统及电传网络，能够与陆地电传用户直接相互传输报文。NBDP 有自动请求重发（ARQ）和前向纠错（FEC）两种通信模式。ARQ 是一对一通信模式，主要用于报文自动收发和人工交互通信；FEC 是一对多通信模式，亦称广播模式，主要用于信息广播，是 GMDSS 海上安全信息播发手段之一。

20 世纪 60 年代末，欧洲某些国家将陆地电传通信技术"移植"至船舶通信之中，以实现船岸间报文双向自动传输，即为 NBDP 雏形。其中，以瑞典的 Mari-Tex 系统最为成熟。1967 年，日内瓦世界水上无线电行政大会提出 NBDP 概念，并对其技术特性和使用频率等作出规定。1974 年，ITU 所属国际无线电咨询委员会（CCIR）提出有关船用 NBDP 通信技术标准的 476 建议。1986 年，国际无线电咨询委员会提出有关具有自动相互识别功能 NBDP 设备的 625 建议。同年，IMO 正式确立"全球海上遇险与安全系统（GMDSS）"建设方案，将 NBDP 确定为 GMDSS 遇险后续通信方式，以及 A3、A4 海区海上安全信息播发方式之一。

1996 年 7 月，天津海岸电台引进丹麦 Thrane&Thrane 公司的 NBDP 通信设备，并完成安装调试工作。同年 11 月 1 日，天津海岸电台正式开放 NBDP 公众通信电路，工作频道为 CH 803，发射频率为 8417.5 千赫兹，每天仅在日间工作（6 时至 18 时），应答码为 2012TJRDO/XSV，由此成为北方海区唯一开放此项业务的海岸电台。初期，该台年通信业务量仅约 2000 字。

1998 年 12 月 1 日，天津海岸电台开放 NBDP 海上安全信息定时播发业务，播发内容包括：航行通告、航行警告以及冰况报告等，工作方式为 FEC，广播时间为每天 6 时、9 时、12 时、14 时、18 时、21 时和 24 时。1998 年 12 月 5 日，该台调整 NBDP 电路 803 频道工作时间，由原日间工作改为全天工作。截至 1999 年，该台 NBDP 年通信业务量达到 1 万余字，创历史最高水平。

图 5-4-459　20 世纪 90 年代，天津海岸电台报务员 NBDP 通信值守

1999 年 6 月 1 日，天津海岸电台试开通 NBDP 电路 405 频道和 1205 频道，发射频率分别为 4212.5 千赫兹和 125781.5 千赫兹；405 频道为夜间工作，1205 频道为日间工作。历经半年试验，通信效果良好。2000 年 2 月 1 日零时始，依据交通部无线电管理委员会办公室《关于同意天津海岸电台新增窄带直接印字电报和单边带无线电话电路的批复》，该台正式开通 NBDP 电路 405 频道和 1205 频道，工作时

间不变,通信覆盖中国东海、黄海、渤海沿海及近洋海域。

2001年5月1日,依据交通部无线电管理委员会办公室《关于天津海岸电台新增和调整部分工作电路的批复》,天津海岸电台增开NBDP电路1603频道,发射频率为16808千赫兹,每天仅日间工作。同时,将1205频道由原日间工作调整为全天工作。

2004年12月1日,天津海岸电台"自动无线电传"(ART)通信系统正式投入使用,替代原有通信系统继续开放NBDP通信业务,工作模式、开放电路、工作时间不变。新系统实现了陆地用户到船舶用户电报自动处理功能,开放了ITU建议的大部分指令,并增加了CEMAIL和CFAX 2个中文专用指令,以及中国船位报告制专用指令CHISREP。

2006年4月1日零时始,天津海岸电台停止在莫尔斯电报及NBDP电路公众通信业务的通报表播发。

截至2012年,天津海岸电台共开放4条常规NBDP电路。由于海事卫星C站报文传输业务的实时性和可靠性高于NBDP,而通信费用相近,致使NBDP年通信业务量降至120字。

1996—2012年北方海区通信系统(天津)窄带直接印字电报公众通信一览表

表5-4-103

年 份	份 数	字 数	年 份	份 数	字 数
1996	43	2000	2005	4327	9893
1997	141		2006	997	1695
1998	163	2142	2007	50	92
1999	1756	13117	2008	150	255
2000	2892	5285	2009		
2001	3911	7028	2010	112	139
2002	3764	6666	2011	25	232
2003	1703	3295	2012	4	120
2004	1122	1933			

三、单边带无线电话

单边带无线电话(SSB)是一种利用电磁波传输语音信息的通信方式,全双工模式,工作在中高频频段,在水上通信中用于中、远距离语音通信。早期无线语音通信采用双边带调制(DSB)方式,其信号频谱由上、下两个边带分量组成,对称分布在载波频率两侧。基于每个边带包含相同语音信息,传输其中一个边带即可无失真地实现语音通信,此为单边带调制的理论基础。与双边带调制相比,单边带调制技术可以节省传输带宽和发射功率。

清光绪二十六年五月(1900年6月),巴西教士莫拉(Roberto rode Mora)在圣保罗城成功完成人类历史上第一次无线音频发射公开试验,传输距离为8千米。清光绪二十七年(1901),加拿大物理学家、发明家费森登(Reginald Aubrey Fessenden)发明了语音幅度调制技术,称为双边带调制。清光绪三十二年十一月初十(1906年12月25日),费登森利用双边带调制技术成功完成无线电广播试验,将音频信号传送至18千米外的海上船舶。在此期间,由于电子技术发展水平所限,无线电话通信仅停留在试验阶段。1912年真空管振荡器发明后,双边带无线电话技术得以推广商用。1913年,卡尔森(John Garson)发明单边带传输理论。1916年,美国电话电报公司成功完成跨越大西洋的无线电话通信试验。1922年,"美洲"号蒸汽船与"第尔比切"电台成功实现人类首次船岸间双向无线电话通信。1927年,美国电话电报公司跨洋无线电话通信业务开始商用。1930年,双边带无线电话开始应用于航海通信,工作频段为2~3兆赫兹。1932年,马德里国际电信大会通过并签署《国际电信公约》,其附属的《无线电规则》对船舶使用无线电话作出相关规定。1933年,卡尔森单边带传输理论终于得到实际应用,短波越洋电话或洲际电话开始采用导频制单边带调制技术。1954年,载频全抑制单边带调制技术迅速取代双边带调制,在载波电话、微波多路传输和地空电话通信中得到广泛应用。

1957年6月28日,交通部发布施行《船舶无线电话通信暂行管理办法》,在中国主要港口及船舶开放高频双边带无线电话业务。同年7月,天津海岸电台在全国率先开放该业务。随后,其他各主要海岸电台相继开放。

1959年,为提高频谱利用率,日内瓦世界无线电行政大会审议通过第28号建议书,在水上通信中推广使用SSB。20世纪60年代,SSB通信技术已发展成熟。1967年,ITU通过关于在水上移动通信业务中尽早采用SSB通信方式的决议,并规定海岸电台自1975年始不再使用双边带无线电话通信方式。

1978年4月,按照交通部统一部署,天津和广州海岸电台分别与远洋船台完成高频SSB通信试验,证明SSB可以及时简捷地指挥、处理船舶紧急事项,有利于保障船舶航行安全。1979年2月1日始,天津海岸电台不定时开放高频SSB业务,开放1206频道1条电路,发射频率为13116.3千赫兹,通信覆盖范围包括波罗的海、地中海、印度洋、太平洋和巴拿马运河西端等海域。沟通方式为以报转话,即岸台以通报表方式呼叫船台,船台则在电报电路出呼,而后根据岸台指定的频率和时间改至话路通话。初期,该项业务仅对中国远洋运输总公司和天津远洋运输分公司所属船舶开放,年通信业务量约1000分钟。此后,青岛、烟台等海岸电台陆续开放该项业务。

1990年10月5日,遵照交通部无线电管理委员会《关于水上移动业务专用频率频带转换工作的通知》,天津海岸电台迅速完成指配给该台的5个SSB通信频率(包括备用频率)的转换准备工作,并于次年7月1日零时顺利将1206频道工作频率由13116.3千赫兹改为13092千赫兹。

1991年12月1日,天津海岸电台正式向全社会开放单边带电话公众通信业务,开放时间由不定时调整为每天8时至次日零时30分。随着远洋运输事业不断发展,远洋无线电话通信需求量越来越大。1993年12月20日始,天津海岸电台增开813频道和415频道2条单边带电话电路,工作频率分别为8755千赫兹和4399千赫兹。813频道为全天工作,415频道每天仅夜间工作,同时将1206频道调整为日间工作。同年,天津海岸电台SSB年通信业务量猛增至近5万分钟。

1994年3月10日,天津海岸电台在单边带电话和甚高频电话电路正式开放国际无线电话通信业务,受理世界各地无线电话转接业务。1998年5月15日,交通部印发《关于开放船员私人电话业务的通知》,决定在天津、上海、广州海岸电台开放单边带船员私人电话业务,以方便船员与陆上亲友的通信联系。同时,发布施行《船员私人电话管理办法(暂行)》。据此,天津海岸电台于同年12月15日开放船员私务电话业务,并提供整点呼叫联络、留言转告、用户留言查询等服务业务;春节期间,可享受3分钟免费通话1次。此后,大连、秦皇岛、烟台、青岛等海岸电台陆续开放该项业务。1999年5月15日18时始,天津海岸电台将单边带电话1206频道由日间工作调整为全天工作。同年,该台SSB年通信业务量历经数年下降后,再次增至4万分钟以上。

1999年6月1日,天津海岸电台试开通单边带电话电路1651频道,发射频率为17392千赫兹,仅日间工作。历经半年时间试验,共建立通信近百次,通达中国沿海、印度洋、阿拉伯海、澳大利亚、太平洋等海域,通信效果良好。2000年2月1日零时始,依据交通部无线电管理委员会办公室《关于同意天津海岸电台新增窄带直接印字电报和单边带无线电话电路的批复》,天津海岸电台正式开通单边带电话电路1651频道,工作时间不变。2001年5月1日,将该电路由日间工作调整为全天工作。2001年,天津海岸电台SSB年通信业务量首次突破10万分钟,创历史最高水平。2007年10月1日,天津海岸电台在SSB电路增开海上安全信息语音播发业务。

图 5-4-460　2005年9月8日，天津海岸电台话务员SSB通信值守

截至2012年，北方海区通信系统仅天津海岸电台继续开放SSB通信业务，共开放电路4条。由于海事卫星A站语音通信质量及私密性均高于SSB通信，天津海岸电台SSB年通信业务量降至约3000分钟。

1987—2012年北方海区通信系统（天津）单边带无线电话公众通信一览表

表5-4-104

年　份	次　数	分钟数	年　份	次　数	分钟数
1987	131	905	2000	17163	86651
1988	49	1348	2001	22680	107225
1989			2002	23519	104558
1990	188	1999	2003	19439	80757
1991	83	671	2004	15007	63729
1992	295	1245	2005	21868	81092
1993	2254	49178	2006	11569	45163
1994	4671	16068	2007	5537	18348
1995	3504	11247	2008	3922	11550
1996	2975	10918	2009	9073	19847
1997	725	1980	2010	1051	11522
1998	1014	2805	2011	999	3136
1999	9354	41181	2012	7428	3008

四、甚高频无线电话

甚高频无线电话(VHF)是一种利用电磁波传输语音信息的通信方式,采用频率调制(FM)技术,工作模式包括单工、半双工和全双工三种,工作在甚高频频段,主要用于船舶间、港区及近岸水域船岸间的近距离语音通信。

1918年,德国铁路系统在军用列车上试验移动无线电话通信。1920年,马可尼公司(Marconi plc)和贝尔实验室(Alcatel-Lucent Bell Labs)分别试验成功车载无线电话通信。1924年,贝尔实验室研制出世界首个车载双向无线电话通信系统。同年,维多利亚警察局首次将车载双向无线电话应用于实际。1930年,美国沿海开始设置VHF通信岸台,为大西洋班轮上的旅客与美国陆地公众电话用户接转电话。1940年,美国加尔文制造公司(Galvin Manufacturing Corporation,摩托罗拉公司前身)开发出背负式VHF通信设备。在此期间,VHF通信采用双边带调制方式,信道带宽为200千赫兹。

1947年,大西洋城世界无线电大会指定152.000~162.000兆赫兹为水上移动VHF通信业务工作频带,信道带宽缩减至100千赫兹。1959年,瑞士日内瓦世界无线电行政大会首次全面修订《国际无线电规则》,确定VHF发射频率表和设备技术特性,明确水上移动VHF通信调制方式为调频制;规定各国主管机关应在156.025~157.425兆赫兹、160.625~160.975兆赫兹、161.475~162.625兆赫兹各频带中,优先将工作频率指配给水上移动通信业务。上述3个频带共分被为28个频道,信道间隔为50千赫兹。

20世纪60年代末,中国开始应用VHF。1968年,上海海运局设立中国首个港口甚高频无线话台,专门用于生产调度指挥。1974年,国务院批准交通部所属港航单位均可配置甚高频无线电台。1975年,中国国内各类船舶以及港务、港监、外轮代理、航运、救捞、航政、航务工程、航道和导航台等单位大量装配VHF通信设备,替代原使用的灯光、旗语信号,用于调度船舶进出港和指挥船舶港内移泊,明显提高工作效率。

1976年始,大连、青岛、天津、秦皇岛、烟台等海岸电台相继试开通VHF通信业务,主要服务于港内作业、船岸调度、现场指挥等。1978年10月1日,天津海岸电台对内开放VHF通信业务,通过"会议分机"和直通电缆,为港务监督、轮驳公司调度室、港务局调度室和燃料供应公司4家用户提供电话转接通信服务,后增加新港船厂和新港船闸2家用户。该业务替代原定时无线电通信和大喇叭喊话等,成为天津港港区船舶调度的新通信方式,使呼应更及时,指挥更灵活,明显减少船舶非生产性航行,船舶利用率得到显著提高。同时,该业务有利于船舶在港区停靠、移舶,特别是通过船闸时的航行安全,事故发生率显著减少。

由于VHF安装和使用数量不断增加,造成各部门间相互干扰情况日益严重。1979年,交通部印发《关于水上移动业务甚高频无线电频道分配的通知》,统一分配水上移动业务VHF通信频道。此后,VHF通信在中国迅速普及应用。

天津海岸电台VHF通信业务开通后,迅速成为船舶在遇险或紧急情况下通信联络和寻求救助的手段。1980年10月12日10时8分,某外轮大副意外落水,通过该台VHF及时联络获救,受到船方称赞和感谢。1981年4月11日,天津港17号拖轮在大沽口因撞船沉没,因通过该台VHF及时转达事故信息,全部船员及时获救。自开通至1981年4月底,该台VHF通信业务共转接电话1039次,通信时长总计6141分钟。

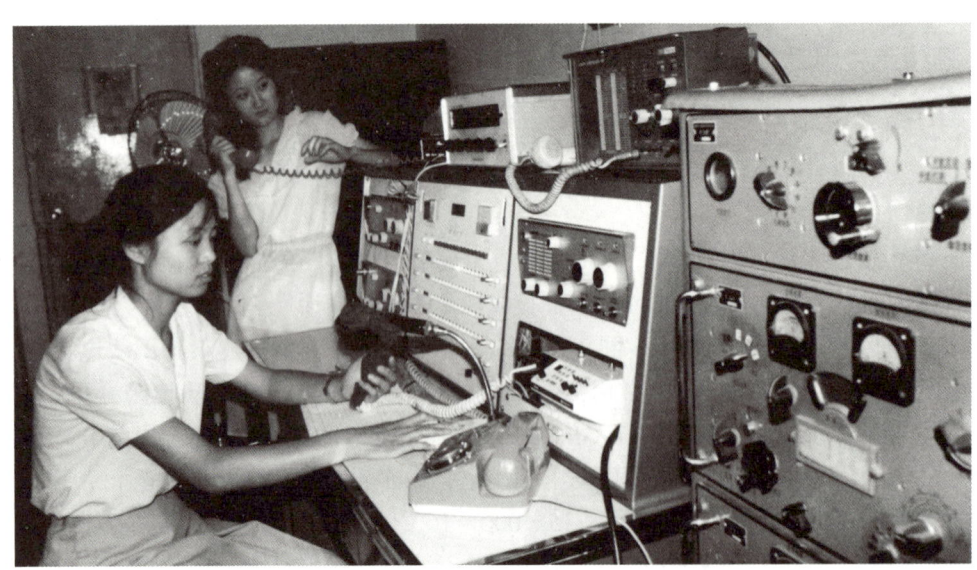

图 5-4-461　20 世纪 80 年代,天津海岸电台话务员 VHF 通信值守

1983 年 1 月 1 日始,ITU 再次将水上移动甚高频信道频率间隔从 50 千赫兹压缩为 25 千赫兹,工作频道亦由 28 个增加至 57 个,新增频道号为 60~88。截至 1985 年,全国各类船舶普遍配备甚高频无线电话台,沿海及内河港口共建立岸基甚高频话台 524 座,全面开放公众通信业务和人工有无线转接业务,VHF 通信已经成为港口及航运业不可或缺的通信手段。1987 年,天津海岸电台正式向全社会开放 VHF 公众通信业务,当年通信业务量增至近 20 万分钟,此后历年有升有降,基本保持在 10 万分钟左右。1994 年 3 月 10 日,天津海岸电台在甚高频电话电路正式开放国际无线电话通信业务,受理世界各地无线电话转接业务。

2005 年 4 月,交通部发布施行《全国沿海甚高频(VHF)安全通信系统总体布局规划》,要求将中国沿海甚高频安全通信覆盖范围扩大至大陆沿海 25 海里以内绝大部分水域,以弥补在实施 GMDSS 建设时,甚高频通信覆盖面不足的问题。2007 年 8 月 15 日,天津海岸电台将甚高频海上安全信息播发电路由 25 频道调整为 62 频道。2007 年,天津海岸电台 VHF 年通信业务量首次突破 20 万分钟,创历史最高水平。

图 5-4-462　2005 年 6 月 13 日,天津海岸电台话务员 VHF 通信值守

2010年，全国各海事局辖区甚高频安全通信系统陆续竣工，VHF覆盖范围显著扩大，近岸水域通信保障能力显著加强。截至2012年，天津海岸电台共开放VHF电路4条，年通信业务量与历年基本持平。

1987—2012年北方海区通信系统（天津）甚高频无线电话公众通信一览表

表5-4-105

年 份	次 数	分 钟 数	年 份	次 数	分 钟 数
1987	65864	197589	2000	33538	107454
1988	85513	85513	2001	36092	117808
1989			2002	35385	110885
1990	20785	20817	2003	36033	112158
1991	20865	20882	2004	48789	149627
1992	18808	19100	2005	61541	186251
1993	37283	79129	2006	64890	198740
1994	69166	168169	2007	70516	212746
1995	77695	153748	2008	67002	202792
1996	56151	101310	2009	57892	178702
1997	52001	78088	2010	78952	192582
1998	43566	64459	2011	70143	174697
1999	37540	105940	2012	48172	118056

第五节 通 信 设 备

一、收信设备

收信设备的作用是将天线接收到的射频调制信号，通过变频、解调和音频放大等一系列处理，还原为基带信号，并通过扬声器等发声器件，转变为音响信号。中短波接收机是海岸电台的主要收信设备，主要技术指标为：工作频段、灵敏度、信号选择性、失真度和频率稳定度等。

中短波接收机主要由高频前置放大器、30兆赫兹低通滤波器、频率合成器、变频器、解调器、音频放大器等部分组成。其中，高频前置放大器用于放大天线接收的微弱射频电流；30兆赫兹低通滤波器滤除工作频带外的杂波信号；频率合成器产生变频所需各种本振信号；变频器将射频调制信号转换为中频调制信号；解调器从中频调制信号中还原基带信号；音频放大器放大基带信号，并馈送至扬声器，转换为声响信息。

无线电通信发展早期采用的收信设备俗称矿石机，是一种利用矿粉检波的收信设备。清光绪三十二年（1906）真空电子管发明后，相继出现采用高放再生式、自差式、外差式和超外差式等多种检波方式的收信设备，后统一采用超外差式，至今未变。

中国各海岸电台创建时，普遍采用电子管收信设备，多为英国马可尼公司和德国德律风根公司产品，具体型号未见记载。1939年日伪"华北电信电话株式会社"所属天津无线电台建成营业时，采用的收信设备主要有：日本电器公司自差式中频接收机、R-C-A公司RCA111型全波段接收机、美国NAT10NA1型全波段接收机等。1945年日本战败投降后，南京国民政府接管日伪电信设施设备，恢复天津海岸电台建制，配备英国MORCON1型中频接收机，美国AR-88LF型中高频接收机、BC-342N型高频接收机和CR-88型高频接收机各1部。

1949年1月，天津市军事管制委员会接管天津旧电信局所属海岸电台设施设备，新增美国BC-375型接收机1部。1953年底，天津电信局海岸电台划归天津区港务管理局管理，并迁址塘沽，其收信设备一并划拨。

20世纪60年代,中国电子工业建设成效初显,天津海岸电台逐步装备国产收信设备,相继配置A432型全波段接收机6部、56型短波接收机10部、7512丙型军用全波段接收机4部、XS-Z14型全波段接收机2部等。20世纪70年代末,晶体管和集成电路应用于接收机制造,微机控制和频率合成技术渐次成为接收机标准配置。1979年,天津海岸电台引进联邦德国西门子公司E403型接收机3部,用于开通SSB业务,此为天津海岸电台装备的第一款晶体管收信设备。1980年,引进丹麦R5001型短波接收机4部,用于设备更新。1985—1990年,先后换装广州海华电子企业有限公司RX1001系列中短波接收机12部,作为天津海岸电台通信业务的主用机型,原电子管收信设备全部淘汰。

1998年始,天津海监局实施天津海岸电台改建工程,引进日本JRC公司NDR-302A型中短波接收机12部,替代广州海华接收机,成为天津海岸电台通信业务主用机型。同时,配置NCG-95型遥控器12部,首次实现收信设备的远程遥控。随后,天津海监局实施天津海岸电台GMDSS数选值班台建设工程,引进日本JRC公司NRD-840型中短波接收机16部,专用于遇险与安全通信。2006—2010年,天津海岸电台先后引进日本JRC公司NRD-630型中短波接收机8部,作为现役接收机更新储备。

截至2012年,天津海岸电台在用中短波收信设备共38部。

1949—2012年北方海区通信系统(天津)使用的主要收信设备一览表

表 5-5-106

序号	型号/名称	产地/厂商	频率范围	灵敏度(微伏)	启用时间	数量(部)	备注
1	MORCON1型接收机	英国	中频		1949年接收	1	报废
2	AR-88LF型接收机	美国	74~545千赫兹 1.5~30兆赫兹		1949年接收	1	报废
3	BC-342N型接收机	美国	高频		1949年接收	1	报废
4	CR-88型接收机	美国	高频		1949年接收	1	报废
5	BC-375型接收机	美国			1949年接收	1	报废
6	A-432型收信机		25千赫兹~25兆赫兹		1969年12月	6	报废
7	56型收信机	南京714	1.5~24兆赫兹	0.25~1	1971年9月	3	报废
8	56型收信机	南京714	1.5~24兆赫兹	0.25~1	1973年11月	2	报废
9	7512丙型收信机	军用	1.5~25兆赫兹		1973年11月	2	报废
10	7512丙型收信机	军用	1.5~25兆赫兹		1974年9月	2	报废
11	56型收信机	南京714	1.5~24兆赫兹	0.25~1	1975年12月	1	报废
12	XS-Z14型收信机		12千赫兹~25兆赫兹		1976年7月	1	报废
13	XS-Z14型收信机		12千赫兹~25兆赫兹		1977年9月	1	报废
14	E403型收信机	联邦德国西门子	15千赫兹~25兆赫兹		1979年9月	3	报废
15	M1250型收信机	丹麦	0.1~30兆赫兹		1980年6月	1	报废
16	NRD-15K型收信机		100千赫兹~30兆赫兹		1980年6月	1	报废
17	R5001型收信机	丹麦	0.1~30兆赫兹		1980年12月	4	报废
18	56型收信机	南京714	1.5~24兆赫兹	0.25~1	1981年12月	4	报废
19	RX1001型收信机	广州海华	10千赫兹~30兆赫兹	0.3~2	1985年5月	4	报废
20	RX1001型收信机	广州海华	10千赫兹~30兆赫兹	0.3~2	1987年1月	1	报废
21	RX1002型收信机	广州海华	10千赫兹~30兆赫兹	0.3~2	1989年8月	2	报废
22	RX1001型收信机	广州海华	10千赫兹~30兆赫兹	0.3~2	1990年10月	5	报废

〔续表〕

序号	型号/名称	产地/厂商	频率范围	灵敏度(微伏)	启用时间	数量(部)	备注
23	NRD-302A 型收信机	日本 JRC	90 千赫兹~30 兆赫兹	2~3	1998 年 4 月	12	在用
24	NRD-840 型收信机	日本 JRC	90 千赫兹~30 兆赫兹	2~3	1998 年 12 月	16	在用
25	NRD-630 型收信机	日本 JRC	90 千赫兹~30 兆赫兹	2~3	2006 年 12 月	2	在用
26	DS-400 型收信机	广州海华	10 千赫兹~30 兆赫兹	0.3~2	2007 年 12 月	2	在用
27	NRD-630 型收信机	日本 JRC	90 千赫兹~30 兆赫兹	3 以下	2008 年 11 月	2	在用
28	NRD-630 型收信机	日本 JRC	90 千赫兹~30 兆赫兹	3 以下	2009 年 9 月	2	在用
29	NRD-630 型收信机	日本 JRC	90 千赫兹~30 兆赫兹	3 以下	2010 年 11 月	2	在用

(一)56 型接收机

56 型接收机是南京 714 无线电厂仿照苏联克劳特接收机研制的短波一级收信设备。1971—1981 年,天津海岸电台先后配置 56 型接收机 10 部,用于短波莫尔斯电报通信业务。

该型机主要由输入回路、高频放大器、第一变频器、第一中频放大器、第二变频器、第二中频放大器、第三检波器、第三变频器、低频放大器、AGC 自动增益控制电路、晶体振荡器等部分组成。工作频段:1.5~24 兆赫兹,共 12 个波段,由波段开关控制选择。工作种类:等幅报、双边带话等。天线输入阻抗 80~220 欧姆。电话通信灵敏度不低于 3 微伏,电报通信灵敏度 0.25~1 微伏。

该型机为电子管短波接收设备,性能稳定可靠,音质好。20 世纪 70 年代初至 80 年代中后期,该型机为天津海岸电台短波莫尔斯电报通信业务的主用机型;20 世纪 90 年代初,陆续被先进的晶体管接收机替代;2000 年,全部报废处置。

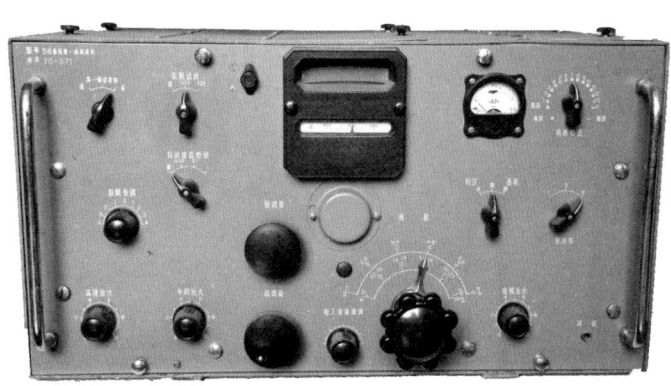

图 5-5-463　南京 714 无线电厂 56 型短波接收机

(二)RX 1001 型中短波接收机

RX 1001 型中短波接收机是广州海华电子企业有限公司从联邦德国引进的收信设备,并实现国产化,RX 1001A、RX 1002 是其改进型。1985—1990 年,天津海岸电台先后配置 RX 1001 及其改进型中短波接收机共计 12 部,用于中短波通信业务。

该系列接收机均为模块化设计、微机控制中短波接收设备。三种机型的通信信道部分完全相同,均由输入保护电路板、第一混频板、第二混频板、滤波器板、压控振荡器 VCOA 板、压控振荡器 VCOB 板、差拍振荡器/晶体振荡器板、解调板和静噪板等模块化电路板组成。工作频段均为 10 千赫兹~30 兆赫兹。频率间隔 10~100 赫兹可选。工作种类包括等幅报、移频报、双边带话、单边带话等。天线输入阻抗50欧姆。灵敏度0.3~2微伏。

三种机型的区别主要在于控制电路。RX 1001型控制电路由微处理器板、I/O打印接口板、数模转换板、调谐板、缓冲器板和显示板等6块电路板组成,采用一片Z80微处理器作为控制中枢。RX 1001A型是RX 1001型的简化版,控制电路由控制1板、控制2板和显示板等3块电路板组成,2块控制板上各有一片8749微处理器,实现功能与RX 1001型大致相同。RX 1002型比RX 1001A型进一步简化,控制电路仅有1块电路板,显示板与控制电路合并,仅采用一片8749微处理器,功能有所减少。

该系列接收机是20世纪90年代天津海岸电台全部通信业务的主用机型,广泛应用于莫尔斯无线电报、NBDP和SSB通信业务。1997年,逐步被NRD-302A型接收机替代,改做备用机型。

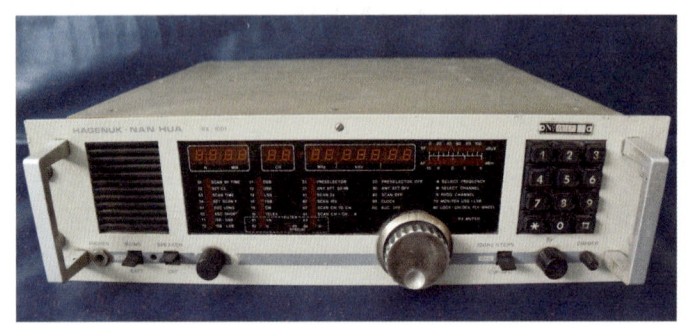

图5-5-464　广州海华电子企业有限公司RX 1001型中短波接收机

(三)NRD-302A型分立遥控式接收机

NRD-302A型中短波接收机是日本JRC公司分立遥控式收信设备,与NCG-95型遥控器配套使用,可实现一对一远程全功能遥控。1997年,天津海岸电台实施改扩建工程,配置该型接收机12部,用于设备更新。

该型机主要由射频调谐板、锁相环板、标频发生器/直接数字频率合成器板、中频滤波板、中频放大板、主控CPU板、线路接口板、调制解调器板、控制/显示板等电路板组成。工作频段90千赫兹~30兆赫兹。工作种类包括等幅报、移频报、双边带话、单边带话等。灵敏度2~3微伏。可预置300个信道参数。12部接收机分装在3个标准机架内,机架另配置天线保安器1部、8输入端天线放大器1部、8×8天线交换矩阵2部。

该型机采用先进的直接数字频率合成技术,步进频率为1赫兹,本振信号更纯净,频偏纠正更迅速;采用双调谐电路,以提高灵敏度;采用即插即用组件,方便维修。

截至2012年,该型机仍为天津海岸电台通信业务主用收信设备。

(四)NRD-840型集中遥控式接收机

NRD-840型中短波接收机是日本JRC公司集中遥控式收信设备。1997年,天津海监局实施天津海岸电台GMDSS数选值班台建设工程,引进该型接收机16部,为GMDSS-DSC通信系统配套的接收设备。

该型机基本是NRD-302A型接收机的简化版。与NRD-302A

图5-5-465　日本JRC公司NRD-302A型中短波接收机机架

型接收机相比,NRD-840型接收机省略线路接口板、调制解调板、控制/显示板等3块电路板,信道部分电路板完全相同。

16部该型机分装在3个标准机架内,机架另配备天线保安器1部、天线放大器1部、8×8天线交换矩阵3部。该型机没有独立的控制与显示面板,每8部接收机共用1个控制器,可本地操作,亦可遥控操作。该型机未配备专用遥控器,可通过GMDSS-DSC通信系统操作坐席对其遥控操作。

截至2012年,该型机仍是天津海岸电台遇险与安全通信主用机型。

二、发信设备

发信设备的作用是通过对基带信号调制、变频、放大等一系列处理,获得携带基带信号信息的射频大功率调制信号,并通过天线,以电磁波形式辐射。中短波发射机是海岸电台主要发信设备,其主要技术指标为输出功率、频率范围、频率稳定度、互调失真等。

中短波发射机主要由基带信号输入电路、调制器、频率合成器、变频器、放大器、末级调谐回路和天线匹配回路等部分组成。其中,基带信号输入电路是基带信号的输入接口。调制器

图 5-5-466　日本 JRC 公司 NRD-840 型中短波接收机机架

将基带信号调制到中频载波上,并通过不同类型滤波器,获得不同制式的中频调制信号。变频器对中频调制信号多次变频,将其"搬移"至发射频率,获得射频调制信号。放大器对射频调制信号逐级功率放大,以达到发射机功率输出要求。末级调谐回路可使末级功率放大器谐振于发射频率,从而使有用功率输出最大,同时抑制杂波输出。天线匹配回路用以匹配发射机输出阻抗与天线输入阻抗,将射频功率信号最大限度地馈送至天线。

无线电通信第一代发信设备是火花式发射机,发明于清光绪二十二年(1896)。当时,世界上广泛使用的火花式发射机有德国德律风根公司平常火花式、瞬灭火花式,以及英国马可尼公司回转火花式3种。火花式发射机的特点是制造成本低廉、坚固耐用、发射电磁波为减幅波。清光绪二十九年(1903),出现弧光式发射机,该发射机谐波干扰较大,输出幅度不稳定,但发射电波为等幅波,相比火花式发射机是一大技术进步。中国早期引进的发射机绝大多数为火花式发射机,弧光式发射机仅在云南等少数地方电台中使用。此后,曾出现高周波式发射机,在中国亦有使用。电子管发射机问世后,上述机型逐步淘汰。

1920年天津大沽口长波海岸电台设立后,采用1部1.5千瓦德国德律风根公司瞬灭火花式发射机作为发信设备,此为天津海岸电台配置的唯一火花式发射机。1924年,天津电话局南局无线电台配置德国德律风根公司真空管式发射机1部、美国西方电器公司真空管式发射机1部,输出功率均为0.5千瓦。

1939年,日伪"华北电信电话株式会社"所属天津无线电台使用日本天和无线1千瓦中频发射机和300瓦高频发射机各1部,日本怡和洋行5瓦和30瓦高频发射机各1部。

1945年抗日战争胜利后,南京国民政府接管日伪通信设施设备,恢复天津海岸电台建制,配置日本92型1千瓦中频发射机2部、日本SGT-8型3千瓦中频发射机1部、美国TBu-4型1千瓦高频发射机1部、英国ES-4型1千瓦高频发射机1部。

1949年1月,天津市军事管制委员会接管天津旧电信局及其所属海岸电台设施设备。1953年底,天津电信局海岸电台划归天津区港务管理局管理,并迁址塘沽,其所属发信设备随同划拨。

20世纪60年代末,中国电子工业发展迅速,各海岸电台逐步装备国产发信设备。1969年始,天津海岸电台先后配置无锡无线电厂XF-D7型1千瓦短波发射机4部、铜川无线电厂XF-D11型1.6千瓦短波发射机1部。

20世纪70年代,金属陶瓷电子管应用于发射机制造,各海岸电台逐步换装国产大功率发信设备。1974—1981年,天津海岸电台先后配置381型6千瓦单边带短波发射机2部、XF-D5-01型5千瓦短波发射机5部、DF-02型7千瓦单边带短波发射机4部,用于增开电路和设备更新。此后,相继配置A型1.6千瓦短波发射机4部、FDH3-76型单边带短波发射机4部,东方红1.6千瓦中频发射机2部,用于设备更新。1985年,实施天津海岸电台"6·15"迁建工程,配置北京广播器材厂10千瓦单边带短波发射机1部、30千瓦单边带短波发射机2部。

20世纪80年代末,集成电路、大功率晶体管以及微机控制技术广泛应用于通信设备制造,发信设备向全固态(放大器件全部采用大功率晶体管)和微机控制方向发展。1987年,天津海岸电台引进前联邦德国MT1501型1.5千瓦单边带短波发射机1部,此为天津海岸电台首次装备全固态短波发射机。同年,为配合交通部试验NAVTEX通信业务,天津海岸电台引进日本JRC公司JRS-503E型5千瓦中频发射机2部。随后,配置广州海华电子企业有限公司组装的MT1501型发射机3部。

1998年,天津海监局实施天津海岸电台GMDSS数选值班台建设工程,引进日本JRC公司JRS-753型5千瓦和JRS-714型10千瓦短波发射机各4部,此为天津海岸电台首次引进全自动调谐、可遥控发信设备。此后,陆续配置广州海华MT2000型短波发射机2部、日本JRC公司JRS-753型5千瓦短波发射机3部,用于设备更新。

截至2012年,天津海岸电台在用中短波发信设备共29部。

1949—2012年北方海区通信系统(天津)使用的主要发信设备一览表

表5-5-107

序号	型号/名称	产地/厂商	频率范围	功率(千瓦)	启用时间	数量(部)	备注
1	92型发射机	日本	中频	1	1949年	2	接收旧电信局设备
2	SGT-8型发射机	日本	中频	3	1949年	1	接收旧电信局设备
3	TBu-4型发射机	美国	350~550千赫兹	1	1949年	1	接收旧电信局设备
4	ES-4型发射机	英国	高频	1	1949年	1	接收旧电信局设备
5	TRK-13型发射机		2~16兆赫兹	0.5		1	1976报废
6	501型发射机		3.2~18兆赫兹	0.5		1	1976报废
7	BC-610型发射机		3~12兆赫兹	0.4		1	1976报废
8	短波发射机		2~16兆赫兹	0.5		1	1976报废
9	XF-D7型发射机	无锡无线电厂	3~18兆赫兹	1	1969年	4	报废
10	XF-D11型发射机	铜川无线电厂	2~30兆赫兹	1.6	1969年	1	报废
11	DF-02型单边带发射机	上海一所	4~24兆赫兹	7	1972年	4	部分在用
12	A型发射机		2~30兆赫兹	1.6	1974年	4	报废
13	381型单边带发射机	邮电部天津供应处	3.5~28兆赫兹	6	1974年7月	2	报废
14	XF-D5-1型短波发射机	铁岭电子	2.4~22.4兆赫兹	5	1975年12月	2	部分在用

〔续表〕

序号	型号/名称	产地/厂商	频率范围	功率(千瓦)	启用时间	数量(部)	备注
15	XF-D5-1型短波发射机	铁岭电子	2.4~22.4兆赫兹	5	1976年12月	3	部分在用
16	416型发射机		2~16兆赫兹	2	1976年	1	报废时间不详
17	XF-DS-1型发射机			5	1976年	1	报废时间不详
18	240型发射机		350~550千赫兹	3	1976年	1	报废时间不详
19	中频发射机		400~550千赫兹	2	1976年	1	报废时间不详
20	中频发射机		400~550千赫兹	1.6	1976年	1	报废时间不详
21	TAJ型发射机			0.5	1976年	1	报废时间不详
22	FDH3-76型单边带发射机	南京714厂	3~30兆赫兹	1.6	1982年11月	4	报废
23	XF-Z14型发射机		405~535千赫兹	1	1984年	1	报废
24	东方红中频发射机	天津广播	中频	1.6	1984年12月	2	报废
25	JRS-503E型中频发射机	日本JRC	405~535千赫兹	5	1986年10月	2	在用
26	单边带发射机	北京广播	3~30兆赫兹	10	1987年1月	1	报废
27	单边带发射机	北京广播	3~30兆赫兹	30	1987年1月	2	报废
28	MT1501型短波发射机	联邦德国	1.6~25兆赫兹	1.5	1987年1月	1	报废
29	MT1501型中短波发信机	广州海华	410~512千赫兹 1.6~25兆赫兹	1.5	1987年1月	3	在用
30	TCM351型中频发信机	北京广播	405~535千赫兹	5	1995年12月	2	在用
31	JRS-753型短波发信机	日本JRC	1.6~30兆赫兹	5	1998年2月	4	在用
32	JRS-714型短波发信机	日本JRC	1.6~30兆赫兹	10	1998年2月	4	在用
33	MT2000型短波发射机	广州海华	3.2~26.1兆赫兹	2	2010年12月	2	在用
34	JRS-753BMM型短波发信机	日本JRC	1.6~30兆赫兹	5	2010年12月	3	在用

(一)火花式发射机

火花式发射机是世界无线电通信使用的第一代发信设备,主要由电源、电键、升压变压器、电容器、火花隙、选频线圈、天线等部分组成。火花式发射机工作原理是:利用高压电源向电容器充电,直至电容器两端电压达到火花隙击穿电压,火花隙被击穿后,产生一个上万伏的高压电流脉冲,被馈送至LC振荡回路产生电流振荡,再通过天线将振荡能量辐射。电流每秒的振荡次数,即为辐射电磁波的频率。

火花式发射机的工作方式决定其功率被分散在较宽的频带内,频带利用率较低,发射功率较浪费。第一次世界大战结束后,火花式发射机逐渐被电子管发射机所取代。1947年,大西洋城国际电信大会规定,除应急设备外,不准采用火花式发射机通信,天津海岸电台从其规定。

图5-5-467　20世纪初,船用火花式长波发射机

（二）XF-D5-1 型短波发射机

XF-D5-1 型短波发射机是铁岭地区电子设备厂设计制造的电子管发信设备。1975 年，天津海岸电台先后配置该型发射机 3 部，主要用于改善中国船舶通过台湾海峡的通信质量，以及设备更新。

该设备主要由激励器、射频放大电路、末级调谐电路、宽带变压器、电源供给、风冷装置和控制系统等部分组成，工作模式为等幅报、移频报等，最大输出功率 5 千瓦，工作频段 4～22 兆赫兹，输出阻抗 50 欧姆。该设备采用手动调谐，强制抽风冷却。

1991 年，天津海岸电台对该设备实施技术改造，采用海华 EX1001 型频率合成器替换原配激励器，以提高设备频率稳定度，并应用于多项通信业务。2000 年，因海华 EX1001 型激励器停产，遂改用 RAY-152 型船用短波收发信机替代。该设备自投入使用以来，始终用于短波莫尔斯电报通信，后经技术改造，亦可用于 NBDP 通信。

图 5-5-468　铁岭地区电子设备厂 XF-D5-1 型 5 千瓦短波发射机

截至 2012 年，天津海岸电台该设备仍在正常工作。

（三）JRS-503E 型中频发射机

JRS-503E 型中频发射机由日本 JRC 公司制造。1985 年，为试验 NAVTEX 播发业务，天津海岸电台配置该型发射机 2 部。

该设备主要由激励器、音频电平调整器、音频放大电路、耦合电路、功率放大电路、输出匹配电路、功率检测电路、报警电路、控制电路、电源供给和天线调谐单元等部分组成，除末级功率放大器采用风冷式金属陶瓷四极电子管外，其余电路均采用晶体管器件，工作模式为等幅报、移频报等，最大输出功率 5 千瓦，工作频段 405～535 千赫兹，具有遥控功能。该设备是一款定频发射机，最多可设置 6 个工作频率。

NAVTEX 播发业务试验完毕后，该设备主要用于中频莫尔斯电报通信业务。2006 年始，该设备改用于开放中文 NAVTEX 播发业务。

截至 2012 年，天津海岸电台该设备仍在正常工作。

（四）JRS-714/753 型短波发射机

JRS-714/753 型短波发射机由日本 JRC 公司制造，两款机型为同系列产品。1997 年，天津海监局实施天津海岸电台 GMDSS 数选值班台建设工程，配置两款发射机各 4 部，用于遇险通信及常规通信业务。

两款机型均由激励器、预推动放大器、推动级放

图 5-5-469　日本 JRC 公司 JRS-503E 型 5 千瓦中频发射机

大器、末级放大器、末级调谐电路、天线匹配电路、自动调谐电路、功率合成器、功率控制电路、功率检测电路等部分组成,为全固态短波发信设备,具有自动调谐、工作信道参数预置、功率连续可调及远程遥控等功能。两款机型的末级功率放大器均由数块独立的功放模块组成,每块功率模块具有独立报警保护电路,发生故障时自动切断电源并报警,不影响整机正常工作。JRS-714 型末级功率放大器由 20 块功放模块构成,工作频段 2~30 兆赫兹,发射功率 10 千瓦。JRS-753 型则配置 10 块功放模块,工作频段 1.6~30 兆赫兹,发射功率 5 千瓦。两款机型工作模式包括等幅报、移频报、双边带话、单边带话等。

该设备自投入运行以来,用于 SSB 通信、NBDP 通信和莫尔斯无线电报通信,同时亦是 GMDSS-DSC 通信系统的专配机型,为天津海岸电台主用发信设备。

截至 2012 年,天津海岸电台该设备仍在正常工作。

三、中控设备

图 5-5-470 日本 JRC 公司 JRS-714 型 10 千瓦短波发射机

20 世纪 70 年代后期,中国各主要海岸电台相继开放无线电话通信业务,设立中央室(亦称话台,后改称中控台)承担该项工作。除短波收、发信设备外,其他通信设备和业务终端逐步集中设置于该台,主要包括:甚高频收发信机、中短波接收机遥控器、中短波发射机遥控器、有无线转接器、NBDP 通信系统、GMDSS-DSC 通信系统、安全信息播发系统、辖区甚高频安全通信系统、通信业务资料管理系统等。其中,甚高频收发信机用于 VHF 通信。有无线转接器可实现陆地公众电话用户与船舶电台用户直接通话,与中短波收、发信机配合使用,可实现中高频 SSB 转接通信;与甚高频收发信机配合使用,可实现 VHF 转接通信。接收机遥控器和发射机遥控器用于遥控操作中短波收、发信设备。NBDP 系统与中短波收、发信机配合使用,可实现 NBDP 通信。GMDSS-DSC 通信系统主要用于 DSC 遇险通信值守和遇险后续通信,兼容常规通信业务。安全信息播发系统是海上安全信息播发操作终端,融合了 NAVTEX 播发业务。辖区甚高频安全通信系统是多站点分布式 VHF 通信网络,可扩大通信覆盖范围。

1978 年,天津海岸电台开放 VHF 通信业务,先后配置上海船舶无线电厂 CDB-1 型甚高频收发信机 8 部、ITT 型甚高频收发信机 2 部、STR-24S 型甚高频收发信机 1 部、丹麦 ME-70 型甚高频收发信机 5 部、C855 型甚高频收发信机 3 部。此外,配置会议分机 1 部,用于港务监督、天津港务局调度室、天津港轮驳公司调度室等单位有无线电话转接。1986 年,配置 EJQ-1 型有无线转接器 4 部,更新会议分机,用于甚高频和 SSB 转接通信业务。此后,先后配置上海远航公司 KG110 型标准岸台甚高频收发信机 6 部、日本协同公司 KG510 型甚高频收发信机 5 部、日本 JRC 公司 RTU-250 型和美国 JPS 公司 RTU-282 型有无线转接器各 2 部、RTU-292 有无线转接器 2 部,用于设备更新。

1996 年,天津海岸电台引进丹麦 Thrane&Thrane 公司 NBDP 通信设备 1 套,用于开放 NBDP 通信业务,后被 GMDSS-DSC 通信系统附属的自动无线电传(ART)子系统替代,改作备用。1997 年,天津海监局实施天津海岸电台改建工程,引进日本 JRC 公司 NCG-95 型遥控器 12 部,与 NRD-302A 型中短波接收机配套使用,实现一对一遥控操作。1998 年,天津海岸电台 GMDSS-DSC 通信系统安装调试完毕,投入运行,实现 DSC 遇险通信自动值守。随同引进 JRV-500B 型甚高频收发信机 5 部,主要用于遇险与安全通信。

2010 年,天津海事局实施辖区甚高频安全通信系统建设工程,购置甚高频通信基站控制系统 4 套、澳大利亚频谱公司MX800型甚高频收发信机9部。2012年,天津海岸电台与大连海事大学合作研制的"海上安全信息综合播发系统"投入运行,海上安全信息播发业务得到整合。

截至2012年,天津海岸电台在用中控设备共41部。

1978—2012年北方海区通信系统(天津)使用的主要中控设备一览表

表5-5-108

序号	名称/型号	产地/厂商	功率(瓦)	启用时间	数量(部)	备注
1	CDB-1型甚高频收发信机	上海船舶无线电厂	10	1978年10月	6	156.3~156.8兆赫兹
2	ITT型甚高频收发信机			1978年10月	2	
3	会议分机			1978年10月	1	有无线转接
4	STR-24S型甚高频收发信机		25	1980年2月	1	
5	CDB-I型甚高频收发信机	上海船舶无线电厂	10	1980年2月	2	156.3~156.8兆赫兹
6	ME70型甚高频收发信机	丹麦		1981年	5	
7	C855型甚高频收发信机			1984年7月	3	
8	EJQ-1型有无线转接器			1986年	4	
9	KG110型甚高频收发信机	上海远航	50	1992年12月	2	
10	KG110型甚高频收发信机	上海远航	50	1993年10月	2	
11	JRV500B型甚高频收发信机	日本JRC	50	1998年	5	
12	NCG-95型接收机遥控器	日本JRC		1998年4月	12	
13	RTU-250型有无线转接器	美国JPS		1999年2月	2	
14	RTU-282型有无线转接器	美国JPS		1999年11月	3	
15	KG110型甚高频收发信机	日本泰和	50	2003年8月	2	
16	RTU-292型有无线转接器	美国JPS		2003年10月	1	
17	KG510型甚高频收发信机	日本协同	50	2005年12月	2	应急设备
18	KG510型甚高频收发信机	日本协同	50	2006年8月	1	
19	RTU-292型有无线转接器	日本JRC		2007年9月	2	
20	KG510型甚高频中转台	日本协同		2008年10月	1	
21	KG510型甚高频中转台	日本协同		2009年12月	1	
22	MX 800型甚高频收发信机	频谱公司	50	2010年12月	9	澳大利亚

1996—2012年北方海区通信系统(天津)使用的主要中控系统一览表

表5-5-109

系统名称	系统配置		产地/厂商	启用日期	备注
	设备名称	数量			
窄带直接印字电报通信系统	调制解调器TT-1585	5部	丹麦 Thrane&Thrane	1996年	NBDP通信系统
	键盘处理器TT-1601A	2台			
	凿孔器GNT 4601	3台			
	T-BUS设备TT-1553A	1台			
	主机TT-1590	1台			
	告警器TT-1547B	2台			
	打印机TT-1608B	2台			
	打印机TT-1608C	2台			

〔续表〕

系统名称	系统配置		产地/厂商	启用日期	备注
	设备名称	数量			
GMDSS-DSC 通信系统	Graxe 220 综合数字交换设备	1台	挪威 Graxe	1998年	GMDSS DSC 系统
	HP 9000 D220 服务器	3台	美国惠普		
	HP 工作站 C1585A	7台			
	NHH-62 调制解调器列架	1台	日本 JRC		
	Cisco16012 型路由器	1台	美国		
	Telexbox3	1台	DCE		
	C3982A 打印机	2台	Nerhelands		
自动无线电传系统	IBM8671 服务器	2台	中海电信和日本 JRC	2004年	ART 系统
	无线通信控制器	1部			
	有线通信控制器	1部			
	人工坐席软件	1套			
	传真坐席软件	1套			
	E-mail 坐席软件	1套			
	广播坐席软件	1套			
	综合业务处理坐席软件	1套			
	维护坐席软件	1套			
JRC DSC 系统	JRX9100 数字交换处理器	1台	日本 JRC	2010年	DSC 应急改造工程
	CNM-262 中高频 DSC 调制解调器	1块			
	CNM-261 甚高频 DSC 调制解调器	1块			
	CMH-2283 总线变换器	1块			
	NQA-1537C 耳麦终端	3块			
甚高频语音控制系统	M4048 主控交换	1套	美国先创	2010年	
	RD 调度台	4套			
甚高频 DSC 系统	DSC 应用软件(服务端和客户端软件)	1套	英国 ICS	2010年	天津辖区甚高频安全通信系统工程
	SQL Server 2005 数据库管理系统	1套			
	HP 服务器	1台			
	DC7800 DSC 终端	1台			
	DL580G5 DSC 处理与存储设备	1台			
	PLT02249-V4 甚高频 DSC 调制解调器	4台			

（一）NCG-95 型接收机遥控器

NCG-95 型遥控器由日本 JRC 公司制造，可远程全功能遥控操作 NRD-302A 型接收机。1998 年 4 月，天津海岸电台配置该设备 12 部。

该设备主要由调制器、解调器、音频滤波器、音频放大器、控制单元、显示单元、输入输出单元等部分组成。遥控器通过 4 线音频线路与接收机建立通信连接，2 线用于发送，2 线用于接收。在发送线路上，采用 NRZ ASC Ⅱ 码作为通信代码，调制方式为 FSK 1700±400 赫兹，传输码速 1200 比特/秒，输出电平 -25~0 分贝，输出阻抗为平衡 600 欧姆。可遥控功能包括：工作频率、工作模式、频带宽度、射频增益、差拍振荡频率、AGC 控制模式、衰减器开关、天线选择等。在接收线路上，同样采用 NRZ ASC Ⅱ 码作为通信代码，调制方式为 FSK 3200±100 赫兹，传输速率 50 比特/秒，输出阻抗为平衡 600 欧姆。反馈信息包括：本地/遥控状态、失步、天线连接状态、衰减器开关、AGC 控制模式、控制指令错误、奇偶校验错误、没有响应信号、发送控制信号、接收监控信号等。

截至 2012 年，天津海岸电台该设备工作状态良好。

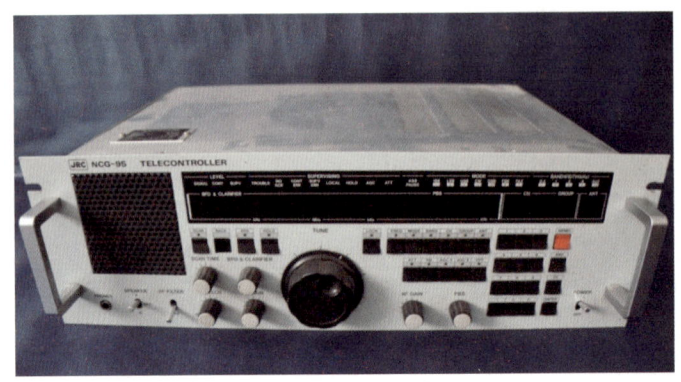

图 5-5-471　日本 JRC 公司 NCG-95 型接收机遥控器

（二）数字选择性呼叫系统

数字选择性呼叫（DSC）系统亦称 GMDSS-DSC 通信系统，是由日本 JRC 公司和挪威 Graxe 公司合作开发的 GMDSS 地面无线电通信系统，可实现 DSC 遇险通信值守和遇险后续通信，兼容常规通信业务。1998 年，实施天津海岸电台 GMDSS 数字选择性呼叫值班台新建工程时安装该系统并投入使用。

该系统的控制核心由 3 台美国惠普公司 HP 9000 D220 型服务器、6 个工作站以及 1 部挪威 Graxe 公司 Graxe 220 型综合数字交换设备组成，通过局域网互联。其中，3 台服务器中，2 台为主用，1 台为热备份，主用机发生故障时，备用机可自动切换。服务器采用美国惠普公司 Unix 操作系统，并安装有美国甲骨文公司 Oracle 数据库管理系统。Graxe 220 综合数字交换设备是该系统的通信枢纽，全部有、无线通信设备和操作坐席通信设备均接入该设备，并通过该设备实现信息交换。6 个工作站中，4 个为业务操作坐席，1 个为系统维护坐席，1 个为 RCC 坐席，设在搜救值班室，通过通信专线与系统相连。业务操作坐席和 RCC 坐席操作界面上显示有设备面板和操作指令面板，可对接入系统的各种通信设备遥控操作。系统维护坐席可管理操作坐席的操作权限，更改操作坐席设备面板配置，查询打印通信业务报表及业务资料等。

该系统具有遇险呼叫自动接收与声光报警、遇险呼叫的确认与转发、遇险后续通信、常规 SSB 通信及有无线转接、常规 VHF 通信及有无线转接等功能。

2010 年，因该系统故障率有所上升，天津海岸电台引进日本 JRC 公司研发的 GMDSS-DSC 系统替代其工作。新系统的控制核心主要由1台JRX9100型数字交换处理器和3台计算机组成,采用Windows XP操作系统及MySQL数据库管理软件。其中,2台计算机安装在天津通信信息中心值班大厅,兼具操作终端和服务器双重功能,一主一备;另一台安装在RCC,仅作操作终端使用。新系统整体结构较原系统简单,可实现功能相对较少,通过有、无线转接方式为相关主管部门提供海上搜救指挥通信服务。

截至2012年,天津海岸电台新系统工作正常。

图 5-5-472　日本 JRC 公司 GMDSS-DSC 通信系统操作坐席

(三) KG510 型甚高频收发信机

KG510型甚高频收发信机由日本协同公司制造,为KG系列产品家族中一员,是KG110型收发信机的升级产品。2005年始,天津海岸电台先后配置该设备5部,用于设备更新。

该设备主要由发射机、接收机、双工器、控制单元、面板单元、键盘和话筒等部分组成。其中,发射机主要由音频放大电路、限幅器、预加重电路、调制电路、倍频电路、驱动电路和功放电路等部分组成。接收机主要由高频放大电路、第一混频电路、第二混频电路、中频放大电路、限幅器、去加重电路、音频放大电路、频率合成器、静噪电路、扬声器等部分组成。双工器可实现收发信天线共用。工作频段135~175兆赫兹。信道数量128个。信道间隔12.5~25千赫兹可选。工作模式包括单工、半双工、全双工3种。使用鞭状天线,天线阻抗50欧姆。最大发射功率50瓦,通信覆盖范围约25海里。

截至2012年,该设备是天津海岸电台甚高频通信业务的主用设备。

图 5-5-473　日本协同公司 KG510 型甚高频收发信机

四、天线设施

天线是用于接收和辐射电磁波的装置,按照工作波段分为长波天线、中波天线、短波天线、超短波天线和微波天线，按照辐射单元形状分为线天线和面天线。中短波天线属于线天线，一般由振子、垂直下引线、匹配器、馈缆或平行传输线、避雷装置、地网、铁塔等部件组成。VHF通信一般采用鞭状天线。微波通信通常采用抛物面天线。天线主要技术参数包括工作频段、增益、方向性、波瓣宽度、极化方式、输入阻抗等。

清光绪十三年（1887），"电磁波之父"赫兹（Heinrich Rudolf Hertz）为验证麦克斯韦电磁波理论，设计了世界上最早的天线。清光绪二十七年（1901），马可尼设计制造了首副用于无线电通信的天线，其程式为在两个支持塔上悬挂水平横线，并由顶部横线下垂30根铜线。之后，无线电通信进入长波通信时代，倒L形天线、T形天线、伞形天线等相继出现；迨至短波通信技术普及应用后，偶极型天线、环形天线、同相水平天线、菱形天线、八木天线等纷纷问世；微波通信技术催生出抛物反射面天线、透镜天线等各种面状天线；第二次世界大战结束后，对数周期天线、等角螺旋天线等各种宽频带短波天线层出不穷。

天津海岸电台早期使用的天线程式未见记载。日伪"华北电信电话株式会社"时期至中华人民共和国成立，天津海岸电台使用的天线程式主要为偶极型天线和倒L形天线。

1954年，天津区港务管理局实施的天津海岸电台建设工程竣工，在七米发信台架设倒L形、半波偶极型、叠水平型、同相水平型等中高频天线共10副，在解放门收信台架设倒L形、半波偶极型天线共7副，通信范围为近海。

20世纪70年代，天津海岸电台通信电路逐步增多，现有天线难以满足通信需求，发信台台长汪惠远遂组织技术人员自行设计架设多副收发信天线。1974年，为开通4兆赫兹、12兆赫兹和16兆赫兹摩尔斯电报电路，在七米发信台架设定向菱形、同相水平等各类天线6副，通信覆盖范围可达中国台湾以东的太平洋海域，实现远洋通信能力。同年，在七米发信台架设T形中频天线1副。1975年，在七米发信台架设方位角为315°的同相水平天线和半波水平振子天线各1副，明显改善中国沿海海域通信质量。1977年，在解放门收信台架设中短波收信天线3副，改善通信信号接收效果。1978年，汪惠远采用"联合短裁法"对水平振子天线技术改造，利用1副天线，同时开通12兆赫兹和16兆赫兹两条电路；同年12月，再次采用"联合短裁法"，利用1副角笼天线，成功开通4兆赫兹、8兆赫兹、12兆赫兹和16兆赫兹4条电路，明显缓解天津海岸电台天线短缺困难。截至20世纪70年代末，天津海岸电台共有发信天线18副，收信天线12副。

1985年，天津海岸电台"6·15"电台迁建工程竣工，收发信台移址重建，天线场地条件显著改善，新建同相水平天线、T形天线、笼型天线、三角形天线、对数周期天线等收发信天线共计34副。

1995年，为改善低频段通信效果，在军粮城发信台新建伞形天线3副，用于GMDSS通信业务。1998年，天津海监局实施天津海岸电台改扩建工程，新建550型竖笼天线2副、613型扇锥天线3副。2010年，实施天津海岸电台发信台天线迁建工程，拆除部分老天线，新建613型扇锥天线6副，T形中频天线1副，多模多馈天线1副，550型竖笼天线1副。

截至2012年，天津海岸电台共有在用发信天线18副，收信天线8副。

1954—2012年北方海区通信系统（天津）使用的主要天线设施一览表

表5-5-110

序号	型号/名称	施工单位	工作频段	启用时间	数量（副）	位置	备注
1	半波偶极型天线	自行架设	高频	1954年10月	3	解放门收信台	拆除
2	倒L形天线	自行架设	中频	1954年10月	4	解放门收信台	拆除
3	半波偶极型天线	自行架设	高频	1954年10月	2	七米发信台	拆除
4	倒L形天线	自行架设	中频	1954年10月	5	七米发信台	拆除

〔续表〕

序号	型号/名称	施工单位	工作频段	启用时间	数量(副)	位置	备注
5	叠水平型天线	自行架设	中频	1954年10月	2	七米发信台	拆除
6	同相水平天线	自行架设	高频	1954年10月	1	七米发信台	拆除
7	三角匹配天线	自行架设	高频	1974年8月	1	七米发信台	拆除
8	定向菱形天线	自行架设	高频	1974年10月	2	七米发信台	拆除
9	同相水平天线	自行架设	高频	1974年	1	七米发信台	拆除
10	半波水平振子天线	自行架设	高频	1974年	1	七米发信台	拆除
11	T形天线	自行架设	中频	1974年	1	七米发信台	拆除
12	半波水平振子天线	自行架设	高频	1975年5月	1	七米发信台	拆除
13	倒L形天线	自行架设	中频	1977年	2	解放门收信台	拆除
14	同相水平天线	自行架设	高频	1977年	1	解放门收信台	拆除
15	角笼天线	自行架设	高频	1978年	1	七米发信台	拆除
16	T形天线	西安二公司	中频	1985年	3	黄港收信台	在用
17	多层角笼天线	西安二公司	高频	1985年	1	黄港收信台	拆除
18	同相水平天线	西安二公司	高频	1985年	4	黄港收信台	在用
19	对数周期天线	西安二公司	高频	1985年	2	黄港收信台	拆除
20	双偶极天线	西安二公司	高频	1985年	1	黄港收信台	在用
21	T形天线	西安二公司	中频	1985年	3	军粮城发信台	1副在用
22	笼型天线	西安二公司	高频	1985年	1	军粮城发信台	拆除
23	单偶极天线	西安二公司	高频	1985年	1	军粮城发信台	拆除
24	单线角天线	西安二公司	高频	1985年	3	军粮城发信台	拆除
25	窄带同相水平天线	西安二公司	高频	1985年	4	军粮城发信台	拆除
26	对数周期天线	西安二公司	高频	1985年	2	军粮城发信台	拆除
27	宽带同相水平天线	西安二公司	高频	1985年	2	军粮城发信台	拆除
28	角笼天线	西安二公司	高频	1985年	4	军粮城发信台	在用
29	行波三角形天线	西安二公司	高频	1985年	3	军粮城发信台	拆除
30	伞形天线		高频	1995年	3	军粮城发信台	在用
31	550竖笼天线	中电22所	高频	1998年	1	军粮城发信台	拆除
32	613扇锥天线	美国TCI	高频	1998年	1	黄港收信台	在用
33	613扇锥天线	美国TCI	高频	1998年12月	1	军粮城发信台	拆除
34	扇锥天线	中电22所	高频	1998年12月	1	军粮城发信台	拆除
35	550竖笼天线	中电22所	高频	1998年12月	1	黄港收信台	在用
36	613扇锥天线	美国TCI	高频	2010年3月	5	军粮城发信台	在用
37	T型中频天线	中电22所	中频	2010年3月	1	军粮城发信台	在用
38	多模多馈天线	中电22所	高频	2010年3月	1	军粮城发信台	在用
39	550竖笼天线	中电22所	高频	2010年3月	1	军粮城发信台	在用

(一)T形天线

T形天线是一种呈T字形结构的天线,主要由垂直振子线、天线加顶、地网和钢结构桅杆等组成。天线加顶通过尾线悬挂于两根高度相同的钢结构桅杆上,垂直振子线从天线加顶中间的悬挂点垂直拉至地面固定。T形天线主要用于中频通信。由于中频电磁波波长较长,T形天线的垂直振子线高度一般为波长的几分之一。垂直振子线顶部加水平导线构成加顶,以改善输入带宽。铺设天线地网,可以有效降低大地损耗,提高天线增益。

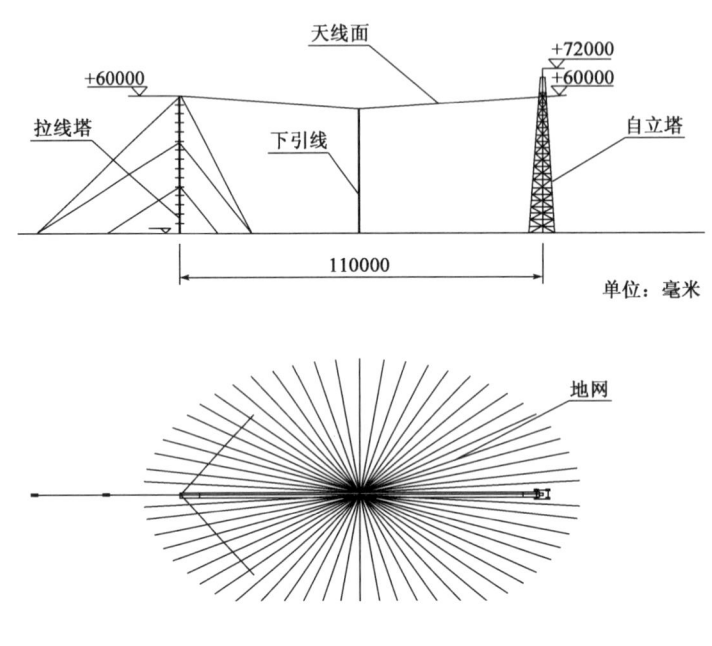

图 5-5-474　T形天线示意图

1974年,天津海岸电台在七米发信台首次自行架设T形中频天线1副。1984年,天津港务局实施天津海岸电台"6·15"迁建工程中,在军粮城发信台架设T形发信天线3副,在黄港收信台架设T形收信天线3副。2010年,天津海事局实施发信台天线迁建工程,新架设T形天线1副,工作频段480~520千赫兹,增益约4分贝。

截至2012年,天津海岸电台在用T形天线共5副。

(二)同相水平天线

同相水平天线亦称宽波段幕型天线,是由数个同相馈电水平对称振子组成的平面天线阵。同相水平天线一般由发射幕、水平分馈线、阻抗变换器、钢结构桅杆、吊索及附属结构件组成。为保证单向辐射和接收,可在阵面的一侧设置反射幕。同相水平天线具有增益高、辐射仰角低、耐受功率高、性能稳定、成形美观、便于维护等特点。采用单线振子,为窄带天线;采用笼形振子,为宽带天线。

1985年,天津港务局实施天津海岸电台"6·15"迁建工程,在军粮城发信台西南方向架设窄带同相水平天线4副,在黄港收信台相应架设窄带同相水平天线4副,面向红海、苏伊士运河以及地中海方向远洋定向通信。在军粮城发信台西北角架设双向宽带同相水平天线2副,用于中太平洋通信。20世纪90年代,由于通信业务需要,将发信台西南方向4副窄带同相水平天线改造为宽带天线。2010年,实施发信台天线迁建工程,6副双向宽带同相水平天线全部拆除。

图 5-5-475　宽带同相水平天线

(三) 扇锥天线

扇锥天线是由两对扇锥形振子面组成的双极天线,属于宽带偶极型天线,是双锥天线的一种简化架设形式。扇锥天线主要由天线幕、钢结构桅杆、天线幕支杆、下引线等部件组成。工作频段一般为 2～30 兆赫兹,增益为 5～7 分贝。

扇锥天线能够承受较大功率,在较宽频带范围内具有平稳的阻抗特性,没有任何吸收负载,辐射效率高。扇锥天线具有高仰角辐射特性,可以克服"静区"效应,适用于大功率固定台全向通信。

1998 年,天津海岸电台实施改建工程,在军粮城发信台架设美国 TCI 公司 613 型扇锥天线和中国电子科技集团公司第 22 研究所扇锥天线各 1 副,在黄港收信台架设美国 TCI 公司 613 型扇锥天线 1 副。

2010 年,天津海岸电台实施发信台天线迁建工程,移址利旧架设美国 TCI 公司 613 型扇锥天线 1 副,中国电子科技集团公司第 22 研究所扇锥天线 4 副。

截至 2012 年,天津海岸电台在用扇锥天线共 6 副。

图 5-5-476　中电 22 所扇锥形天线

(四)多模多馈天线

多模多馈天线是一种四臂倒锥形对数螺旋短波天线,主要由1根钢结构桅杆、6根玻璃钢支撑杆、4根振子线以及馈电网络组成。6根玻璃钢支撑杆构成六边形倒锥体形状,4根振子线依次间隔90°,按对数螺旋规律环绕在倒锥形表面,形成天线幕。锥形倒立垂直于水平地面,其顶点与地平面保持固定距离。馈电网络由阻抗变换和耦合分配两部分组成,可将每一路输入信号以不同相位关系分配到4个辐射器上,从而实现多模多馈辐射。1副多模多馈天线可为3部工作于不同频段的发射机同时提供电磁波辐射路径,且相互间隔离度较高。该型天线具有高角模和低角模两种辐射模式,在水平面内无方向性。工作频段2~30兆赫兹。在6兆赫兹以上频段工作时,增益大于7分贝。

2010年,天津海岸电台实施发信台天线迁建工程,架设多模多馈天线1副,高角模工作频段2~30兆赫兹,低角模工作频段4~26兆赫兹。

截至2012年,天津海岸电台该天线工作状态良好。

图 5-5-477　中电22所多模多馈天线

五、传输设备

收发"同址式"海岸电台的业务信号仅在台内传输,而"两址式"或"三址式"海岸电台则需要解决各台址间业务信号传输问题。业务信号包括键控信号、语音信号、电话通信信号、电传通信信号,以及后期增加的收发信设备遥控信号等。海岸电台在各时期采用的业务信号辅助传输设施设备包括通信电缆、特高频收发信设备、八路音频载报机、数字微波通信设备、光纤通信设备、光纤路由自动切换设备、脉冲编码调制复用设备等。

1954年,天津区港务管理局实施天津海岸电台建设工程,新建"七米"发信台和解放门收信台,由"收发同址式"电台转变为"两址式"电台。为解决莫尔斯键控信号传输问题,架设一条约3.5千米长通信电缆。

1985年,天津海岸电台"6·15"迁建工程竣工,新建黄港收信台和军粮城发信台,中央室仍在新港解放门,形成"三址式"电台。三台址间采用直埋方式铺设一条环形通信电缆,总长约75千米,用于传输莫尔斯键控信号、电话通信信号及电传通信信号。由于通信电缆埋设沿途施工作业较多,电缆时常被挖断,三台迂回通信电缆无法保障业务信号传输安全性。为此,在收信台、发信台和中央室各安装两套特高频收发信机及八路音频载报机,作为备用传输路由。

1997年,天津海监局实施天津海岸电台改扩建工程,购置数字微波通信设备6套,分别安装于收信台、发信台和中央室,替代三台迂回通信电缆,以提高业务信号传输容量和质量,并为实施GMDSS建设创造条件。微波通信使远程遥控操作收发信设备成为可能,中央室SSB通信业务使用的接收机由此移设至黄港收信台,接收电磁环境显著改善,通话质量显著提高。收信台报务员亦由黄港回迁至中央室集中工作,通信业务开展和行政管理更为便捷。

进入21世纪,各电信运营商大规模建设光纤通信网络,应用于局间、城际和省际中继通信,为海岸电台提供一种新型的业务信号辅助传输手段。2004年,天津通信信息中心采取租用电信运营商光纤路由,开通2兆数字电路通信业务的方式传输业务信号,使信号传输更加稳定可靠,数字微波通信设备改作备用。随后,该中心租用中国联通公司光纤路由作为备用,并安装光纤路由自动倒换设备,实现主备用光纤路由自动切换。

2010年,天津辖区甚高频安全通信系统建设工程竣工,建设天津海岸电台中控大楼、WHPA钻井平台、黄骅和曹妃甸4座甚高频通信基站,控制中心设置在天津海岸电台中控大楼,采取租用光纤路由方式,实现各基站与控制中心的互联。

截至2012年,天津海岸电台在用传输设备共18台。

1973—2012年北方海区通信系统(天津)使用的主要传输设备一览表

表5-5-111

序号	型号/名称	产地/厂商	启用时间	数量	备注
1	WT/R 004A型四路特高频收发信机		1973年	4部	
2	三台迂回通信电缆		1986年1月	1条	
3	STD 10型数字微波通信设备及PCM复用设备	法国SAT	1998年8月	4套	1+1模式
4	STD 10型数字微波通信设备及PCM复用设备	法国SAT	1998年8月	2套	1+0模式
5	H8MO-MFA型PCM复用设备	北京华环	2005年6月	1台	
6	H9MO-MFA型PCM复用设备	北京华环	2005年6月	1台	
7	H5MO-MFA/L型PCM复用设备	北京华环	2005年6月	1台	
8	H5MO-MFA/R型PCM复用设备	北京华环	2005年6月	1台	
9	H6MO-MFA型PCM复用设备	北京华环	2005年6月	1台	
10	H7MO-MFA型PCM复用设备	北京华环	2005年6月	1台	
11	H5MO-MFA型PCM复用设备	北京华环	2006年6月	1台	
12	H5MO-MFA型PCM复用设备	北京华环	2006年9月	1台	
13	ZMUX-122型E1通道保护倒换设备	广州银讯	2008年10月	3台	
14	ZMUX-30型PCM复用设备	广州银讯	2008年12月	6台	
15	ZMUX-30型PCM复用设备	广州银讯	2009年12月	4台	
16	ZMUX-30型PCM复用设备	广州银讯	2011年12月	2台	

(一)直埋电缆

直埋电缆系指采用地面开槽直接填埋方式敷设的电缆。具体铺设方法:在地面开挖深度不小于0.7米的电缆沟,沟底铺砂垫层,敷设电缆,填砂并铺盖一层砖或者混凝土板以保护电缆,并夯实回填土。这种敷设方式一般采用铠装通信电缆,其外部包裹铅皮,可以保护电缆缆芯免受外力破坏,内部每根缆芯均用油浸绝缘纸包裹,以增加芯线间的绝缘度。后期,在某些路段电缆迁建工程中,采用聚氯乙烯管保护电缆。直埋电缆与各台址内部线路的汇接处,均设有电缆间。电缆间内安装自动空气泵,将经过干燥处理的空气充入密封电缆套内,在电缆内部形成高气压,起到防水、防腐蚀作用。

1954年,实施天津海岸电台建设工程,"七米"发信台和解放门收信台间遥控电缆采用挂杆方式架设。1985年,实施天津海岸电台"6·15"迁建工程,解放门中央室、黄港收信台和军粮城发信台三址间迁回电缆采用直埋方式敷设。

1998年,启用微波数字通信设备后,天津海岸电台通信电缆改作备用,并在存续多年后报废。

(二)WT/R 004A型特高频传输设备

特高频收、发信机是一种电子管无线通信设备,工作频段152~174兆赫兹,发射功率25瓦,通信距离约50千米,作为天津海岸电台莫尔斯键控信号传输的备用手段,在三台迁回电缆传输彻底中断时使用。该设备需要与八路音频载报机配合使用,实现莫尔斯键控信号的多路合并传输。八路音频载报机是利用一条音频线传输多路键控信号的复用设备,最大传输路数为8路。其工作原理是将莫尔斯键控信号转换为$f_n \pm 85$赫兹的音频信号(f_n是为每路键控信号配置的载波频率,$n=1\sim8$),然后将8路音频信号合并,并输出至特高频发信机发射。在收信端,调制信号由特高频收信机接收后,并馈送至八路音频载报机,由其执行反向操作,即可实现键控信号的多路并发无线传输。

1998年,天津海岸电台数字微波通信设备投入使用,特高频收、发信机及八路音频载报机随之报废。

图5-5-478　WT/R 004A型特高频收、发信机(右一、二)与八路音频载波机(左一)

(三)STD 10型微波传输设备

1998年,天津海监局实施天津海岸电台改扩建工程,引进法国SAT公司STD 10型数字微波通信设备6套,以及配套的脉冲编码调制复用设备,替代通信电缆作为三台址间业务信号传输手段。其中,4套为1+1工作模式,用于构成中央室至发信台及收信台间传输路由;2套为1+0工作模式,用于构成收信台与发信台间传输路由。

该设备由中频单元、射频单元和抛物面天线三部分组成。中频单元由发信接口板、收信接口板、系统控制板、自动切换板以及报警板等电路板组成,有1+1和1+0两种配置模式。在1+1模式下,中频单元配备两套中频信道电路板,通过自动切换板自动选择通信质量较好的一路工作。在1+0模式下,仅配备有一套中频信道电路板。发信接口板为脉冲编码调制(PCM)复用设备提供输入接口,用于将PCM复用设备输出的基带信号调制到170兆赫兹中频载波上,并馈送至射频单元。收信接口板将射频单元传输的36兆赫兹中频调制信号还原为基带信号,并回馈至PCM复用设备。报警板监测各信道通信状态,并具有报警指示功能。自动切换板依据报警板提供的技术参数,实现两个中频通信信道的自动切换。系统控制板是整套设备的控制中枢。

射频单元通过两根同轴电缆与中频单元连接,通过波导与抛物面天线连接。其作用是将中频单元传输的170兆赫兹中频调制信号"搬移"至9吉赫兹射频工作频段,经功率放大后通过天线发射;或将天线接收的射频调制信号转换为36兆赫兹中频调制信号,并馈送至中频单元。

该设备最多可传输4个2兆数字电路,工作频段9吉赫兹,信道间隔3.5兆赫兹,调制方式为相移键控调制,解调方式为相干解调,输出功率20分贝毫瓦,接收机阈值功率-93分贝毫瓦,工作电压为直流48伏,单机功耗约60瓦。

2004年,天津海岸电台启用光纤通信设备,该设备改做备用,随后报废。

(四)脉冲编码调制复用设备

脉冲编码调制复用设备习惯上简称PCM设备,早期主要用于电信运营商电话程控交换机的局间数字中继,多与数字微波通信设备和光纤通信设备配合使用。随后,PCM设备逐步发展成为多用途通信复用设备,可为用户提供多种类型信号的复用传输,实现在一条通信电路同时传输多路和多种类型信号。

E1是PCM欧洲技术标准的简称,其规定码速为2.048兆比特/秒,俗称2兆数字电路。一个2兆数字电路可分成32个双向音频传输信道,可同时传输30路数字化音频信号,另外两个信道用于传输信令。该设备一般由控制电路、复接电路、分接电路和信号接口等部分组成。

1998年,天津海岸电台配置安装法国SAT公司STD 10型数字微波通信设备,首次使用PCM复用设备与其配套。PCM复用设备并无适合于传输莫尔斯键控信号的接口板。1998年,天津海岸电台技术人员研究发现,利用PCM复用设备音频接口板中的E/M线传输键控信号,仅需增加少量匹配电路,即可满足莫尔斯键控信号的传输要求。2005年始,先后配置北京华环公司的H5MO-MFA型,以及广州银讯通信科技有限公司的ZMUX-30型PCM复用设备,用于设备更新。

截至2012年,天津海岸电台16台该设备仍在正常工作。

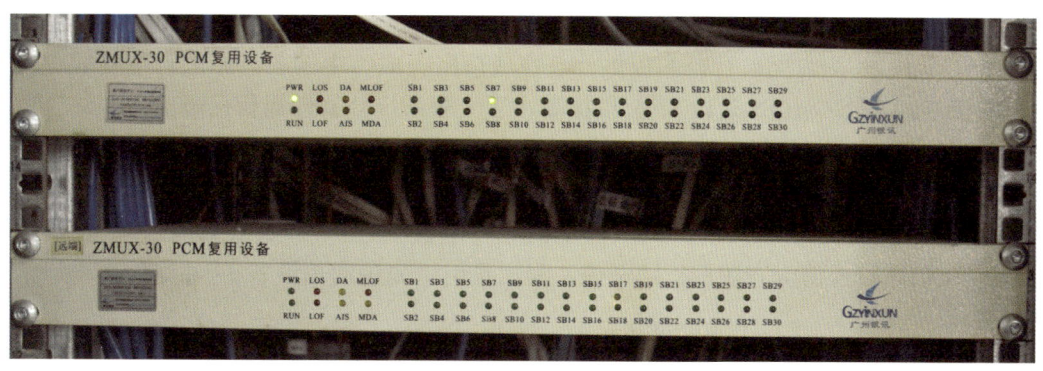

图5-5-479　广州银讯公司ZMUX-30型脉冲编码调制复用设备

(五)光纤倒换设备

2004年,数字微波通信设备日趋老化,通信稳定性持续下降,天津通信信息中心遂决定租用中国移动通信公司2条光纤路由,用于三台间业务信号传输,数字微波通信设备改为备用。由于实际使用效果良好,遂租用中国联通通信公司2条光纤路由作为备份,以提高传输可靠性。2008年,天津海岸电台配置广州银讯公司ZMUX-122型光纤通信路由自动倒换设备6台,4台主用,2台备用,确保业务信号不间断传输。此后,又先后购置该设备6台,以增加备份。

该设备具有通信信道实时监测和保护功能,可根据光纤路由运行状态和性能指标,自动实现光纤路由切换,保证通信实时畅通。该设备可监测误码率、丢包数等技术参数,亦可提供各种警告指示信息。

截至2012年,天津海岸电台12台该设备仍在正常工作。

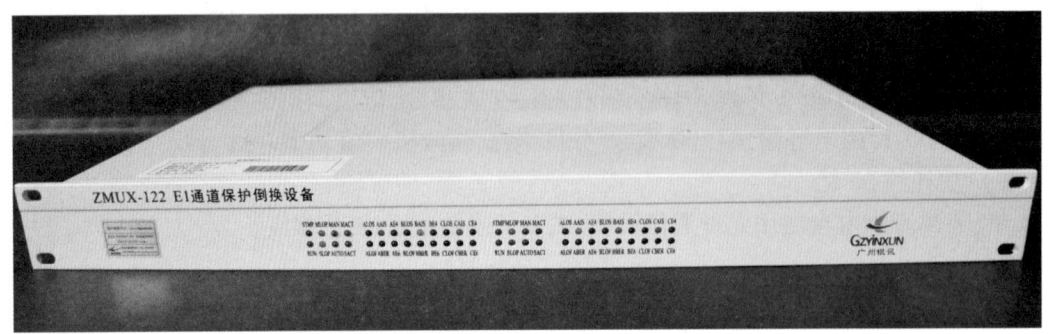

图5-5-480　广州银讯公司ZMUX-122型光纤路由倒换设备

第六节　重点工程

20世纪50年代初,天津区港务管理局接管北洋区海运管理局天津分局航务电台,改称天津港航务专用电台,台址迁至天津市塘沽区新港办医街,为收发同址小型电台。1953年,中央人民政府实行水上通信与水上运输统一管理,将邮电部所属江海岸电台划归交通部。天津电信局海岸电台由天津区港务管理局接管,台址由天津迁至塘沽,与原天津港航务专用电台合并,对外称天津海岸电台,同时实施天津海岸电台建设工程。工程竣工后,天津海岸电台成为华北地区最大的"两址式"中型海岸电台。

20世纪60年代中期始,为提高中国水上通信保障能力,满足航运生产实际需求,交通部陆续对全国各主要海岸电台规划实施迁扩建工程,其中承担远洋通信任务的天津、上海和广州海岸电台为建设重点。1985年,天津海岸电台迁建工程竣工,成为"三址式"大型海岸电台,与上海和广州同称中国三大海岸电台。

20世纪80年代末,为海上航行船舶提供公益性通信服务成为中国各海岸电台主要职责。在此期间,交通部着手规划实施GMDSS建设工程,以提高水运交通系统公益性通信保障能力和综合监督管理能力。1995年,为改善海岸电台基础设施条件,满足实施GMDSS建设的要求,实施天津海岸电台改扩建工程。

20世纪90年代末,天津海岸电台GMDSS地面无线电数字选择性呼叫(DSC)值班台新建工程竣工,开始承担DSC遇险通信值守职责。随同该工程大量引进先进通信设备,天津海岸电台通信装备技术性能得到显著提高。

进入21世纪,相继实施了天津海岸电台发信台天线迁建和天津海事局甚高频安全通信系统建设等重点工程项目。

截至2012年,天津海岸电台历经多项重大工程建设,通信基础设施不断改善,通信设备状况不断更新,通信保障能力不断提升,逐步发展成为中国航海保障系统不可或缺的重要力量之一。

第五章 通信业务

一、天津海岸电台建设

1953年12月,根据交通部和邮电部联合通电精神,天津电信局海岸电台划归天津区港务管理局管理,与先期划归的北洋区海运管理局天津分局航务电台(原招商局天津分局航务电台)合并,对外称天津海岸电台。

正式合并之前,首先选址新建"两址式"海岸电台。经天津区港务管理局与天津电信局专家反复勘察和研究权衡,最终确定收、发信台选址方案。考虑到发信台需要占用的场地面积较大,且按照规划要求以接近海面为宜,故选定天津新港"七米"地区原发电厂旧址为发信台建设地址。该发电厂系国民政府时期所建,总建筑面积约530平方米。其厂房高大,房屋为铁顶、钢架、钢窗、砖混结构,外砖墙净长23.75米,净宽23.25米。因闲置已久,该厂房布局不能满足通信业务要求,需先行修缮,确定方案为:在厂房内部做吊顶,立隔断墙,修补地坪,修改门窗,加装暖气,在原有大水池位置修建油机房1间。修缮完成后,使用面积453.09平方米,作为发信台机房和业务用房。收信台选址主要考虑的因素是与天津区港务管理局机关传递电报快捷、业务管理和设备维护方便等,故确定建设地址在塘沽区解放门南侧海河北岸,距天津区港务管理局办公厅400米处。该区域地形宽阔,周围没有高大建筑物,便于未来发展规划,且与发信台选定地址相距较近,两台间遥控线路较短,可节约建设投资。

1954年6月初至7月底,实施收信台建设工程,工程项目包括:机台制作及布线、报房布线、电力室配电盘安装、电力室布线及电池安装、地线埋设等。收信台场院东北方向是铁路和公路,西南方向是海河航道,东南角有1座冷冻仓库及高压输电线。新建收信报房位于铁路与航道中间,距冷冻仓库约220米处。收信天线架设场地分布于收信报房四周,使用面积约33600平方米,架设倒L形中频天线2副,半波双极型等高频天线5副。

1954年6—8月,实施发信台建设工程,工程项目包括:供电线路架设、变压器安装、电力室配电盘安装、发电机安装、机线控制台制作及接线、机器底座制作及安装、发射机迁移安装、机房附属设备安装、地线埋设及测试、天线架设等。受场院面积和周边环境所限,确定发信台天线架设方案较为困难。发信台机房西面是变电站和高压输电线,南面是铁道和途经的高压线,东面和北面是海滩,后用河泥填垫为陆地,地面松软泥泞,耐压性较差。经反复综合考虑地形地势、通信技术要求和业务需求,最终确定将天线场地设置在发信台场院北部和东部区域,架设中频天线3副、高频天线7副,在布局上尽量将中频与高频天线分开。中频天线高度一律为30米,以保证不超过港区灯标高度(33米);高频天线除个别必须采用30米木杆外,其余皆为20米。由于大部分天线需在湿地上架设,施工时在木杆根部采取基础加固保护措施。

(1)解放门收信台报房

(2)"七米"发信台机房

图5-6-481 1954年建设的天津海岸电台

收信台与发信台之间直线距离约3.5千米,拟敷设10对遥控电缆1条,全长3783米。考虑到该线路走向上存在电信局、铁路局、海军、港区工程队等多家单位的共用线杆,因此,确定以借挂电杆的方式架设。

1954年10月16日,天津海岸电台收、发信台正式落成启用,基础设施条件得以明显改善,一跃成为华北地区最大的中型海岸电台。

二、天津海岸电台迁建

20世纪60年代末,天津港务管理局不断加快港口建设步伐,铁路、货场以及其他相关建筑已修建至距"七米"发信台南侧不足百米处。同时,港口机械大量增加,大型门吊、货场灯架和铁塔等林立,普遍超过发信天线高度(18~30米),严重影响电磁波辐射效率;场院东、北两侧常有行人通过,西侧是工人生活区,均对发信台安全保密构成威胁。解放门收信台南面距海河航道仅数十米,随着过往航行船舶不断增加,其产生的工业火花对通信守听质量的影响日益严重。有鉴于此,该局提出天津海岸电台迁址重建申请,并于1970年6月15日获交通部军事管制委员会批准,并定名为"6·15"工程。

1970年7月,根据交通部关于勘察台址批示意见,天津港务管理局着手落实选址工作。最初,发信台选址在四道桥黑猪河以东,火化场以北,距战备公路350米处;收信台选址在十四号桥黑猪河西,头道沟村南,塘沽区养老院对面的墓地。1971年4月,经与天津市和塘沽区革命委员会以及当地驻军反复协商,最终确定发信台台址为天津市东郊区军粮城魏王庄村北侧。直到1974年底,收信台台址确定为塘沽区黄港向阳村以南耕地界内,暂定征地50亩,天线场地除外。

1982年6月,天津海岸电台"6·15"迁建工程开工,共分土建工程和工艺设备安装工程两部分。土建工程主要是黄港收信台和军粮城发信台办公业务用房及场院建设,由天津市建筑设计院负责设计,中建六局三公司负责施工,于1982年11月工程竣工。工艺设备安装工程分为遥控电缆敷设、天线架设和通信设备安装三部分。遥控电缆敷设工程由北京邮电设计所负责设计,北京电信工程公司负责施工。该工程需敷设电缆长度为75千米,跨越2个区、10个乡,共计30余个社队,12次穿过铁路,54次穿过主干及分支公路,涉及面广,施工手续申请复杂。天津海岸电台技术人员现场协助施工人员克服重重困难,按照设计要求,圆满完成电缆敷设任务。天线架设工程由天津邮电局负责设计,分别由江苏溧阳施工队负责架设天线铁塔58座,由邮电部西安二公司负责架设收发信天线31副,于1983年10月工程竣工。通信设备安装工程由邮电部设计院负责设计,邮电部西安二公司负责施工。在天津海岸电台技术人员的密切配合下,于1985年4月2日工程竣工。

1985年12月20日,天津海岸电台"6·15"迁建工程通过竣工验收。工程总投资968.76万元,共完成土建7170平方米,敷设遥控电缆75千米,架设天线铁塔58座,建设10千伏高压供电线路3千米,新建公路4.5千米,安装发射机25部,接收机13部,架设各类天线31副,并完成收、发信台供电系统安装等工程。

图5-6-482 1985年迁建的天津海岸电台军粮城发信台机房

"6·15"工程竣工后,天津海岸电台工作环境和基础设施得到明显改善,由"两址式"扩建为"三址式"电台,成为中国三大海岸电台之一。通信覆盖远至太平洋、印度洋、红海、地中海等海域,与上海、广州海岸电台共同组成大圆方位通信覆盖圈,按分工承担国内和国际船舶公众通信和遇险安全通信业务。

三、天津海岸电台改建

20世纪90年代初,中国GMDSS建设工程实施在即,而天津海岸电台基础设施条件尚不具备实施该系统建设要求,遂申请实施改建工程,并于1992年1月14日获交通部批准。

根据交通部批复精神,天津海监局委托交通部水运规划设计院和天津市建筑设计院分别完成天津海岸电台改建工程工艺和土建初步设计方案,并于1992年9月11日报送交通部。初步设计方案为:业务办公用房建筑面积6042平方米;电路规模莫尔斯电报电路8条,NBDP电路1条;安装数字微波传输设备,设置中控台至收信台和发信台两个路由,传输容量均为30个话路;概算资金1870.53万元。1993年9月4日,交通部批准天津海岸电台改建工程初步设计方案,业务与办公用房建筑面积调整为5922平方米,核定收信台设备改造、中控台设备安装、微波传输设备安装、电力设备改造以及配套项目等,预算投资2100万元。

该工程分为土建和工艺设备安装两部分。为保证工程顺利实施,1993年10月25日,天津海监局成立专项工程领导小组,实行专项工程领导小组领导下的项目负责人制。

1993年12月,天津建筑设计院完成中控大楼土建工程设计。1995年8月,中港第一航务工程局第四工程公司通过竞标获得土建工程承包权。1996年3月,土建工程开工。该工程主体是在天津海岸电台中控台场院内修建一栋10层、局部11层钢筋混凝土框架、砖砌体围护结构楼房,平面轴线尺寸37.8×13.6米。楼中部设置两部电梯,楼中部及西部设置楼梯。楼外正面装饰玻璃幕墙,底层设6×6米门厅。该工程于1997年11月11日竣工并通过验收。

1997年10月,工艺设备安装工程正式开工,施工项目主要包括:配置丹麦Thrane&Thrane公司NBDP设备1套,日本JRC公司NDR-304A型中短波接收机以及配套遥控器12套,法国SAT公司数字微波通信设备6套,200线程控交换机1套;安装防静电地板479平方米;机台制作与安装;通信业务线缆布设及连接等。1998年1月,工程通过竣工验收,被交通部通信交管工程质量监督站评为优良工程,实际投资3021.83万元(含美元39.52万)。

图5-6-483　1992年,天津海岸电台改建工程开标会

1998年11月,该工程全面竣工,天津海岸电台的基础设施设备状况得到显著改善,通信保障能力得到显著提高。

四、全球海上遇险与安全系统建设

全球海上遇险与安全系统(GMDSS)是IMO按照《1979年国际海上搜寻与救助公约》要求,倡导建设的全球性海上船舶遇险与安全通信网络。中国实施GMDSS建设工程是履行相关国际公约规定的责任和义务,亦是保障国内外海上船舶航行安全的需要。

20世纪80年代以来,中国政府相关主管机关积极派员参加IMO及其无线电通信委员会召开的有关GMDSS会议。1985年9月,按照交通部工作安排,中国航海学会组织编制中国实施GMDSS的方案论证材料。1986年3月,交通部海洋运输管理局和中国航海学会通信导航专业委员会在北京联合召开"我国实施全球海上遇险安全通信系统总体方案论证和建议"研讨会,初步拟定中国实施GMDSS的总体方案。1986年8月26日,交通部副部长林祖乙就中国实施GMDSS事宜召开专题会议,认为"建设GMDSS系统很有必要,实施GMDSS的工作必须抓紧进行",同时确定GMDSS建设工作由海洋运输管理局牵头,水上安全监督局协助,其他司局积极配合,并纳入各司局工作计划。1987年7月,交通部向国家计划委员会报送《GMDSS工程项目建议书》,申请工程立项,争取列入国家"八五"规划。1987年8月,交通部邀请海运事业发达的挪威政府资深官员及有关专家一行8人来华,举办为期5天的GMDSS讲习班,交通部部长黄镇东亲自会见挪威专家团成员。1991年8月,国家计划委员会批准《GMDSS工程项目建议书》。随后,根据交通部下达的《关于海上遇险与安全系统工程可行性研究报告的批复》,中国交通通信信息中心遂编制《GMDSS系统建设工程初步设计》,以及各单项工程所需设备的技术规格书。

中国GMDSS建设工程包括6个分项工程。其中,地面无线电DSC值班台新建工程是全国各海岸电台GMDSS建设的重点,建设项目主要包括开发研制DSC通信系统和新建DSC值班站点两项任务。按照规划要求,新建1座高频国际DSC值班台,通信覆盖西北太平洋第七搜救区海域;新建18座中频国际DSC值班台,通信链状覆盖距岸100海里中国沿海海域;新建13座甚高频国际DSC值班台,通信覆盖中国重要港口距岸20~25海里以内水域。各DSC值班台通过专线与所在地海上搜救中心或分中心(RCC)联网。

1995年,按照交通部工作安排,中国交通通信信息中心负责实施地面无线电DSC值班台新建工程技术谈判和招投标工作,日本JRC公司和挪威Graxe公司合作竞标成功,工程进入实施阶段。截至1999年,中国各海岸电台GMDSS-DSC通信系统设备安装调试工作基本完成。其中,无线通信设备均由日本JRC公司制造和提供,天津、上海、广州3个海岸电台的系统集成及应用软件开发工作由挪威Graxe公司与日本JRC公司合作承担,其他各海岸电台则由日本JRC公司独立研制。

1999年底,中国交通通信信息中心组织大连海事大学、交通部海事局、交通部质监总站、施工单位有关专家以及18个海岸电台技术人员,乘坐大连海事大学所属"育龙"轮,对全国18个新建DSC值班台通信效果实船测试,对系统各项通信功能逐一验证。

2000年下半年,项目验收组完成大连等15个DSC值班台系统功能实地测试工作。2001年上半年,完成天津、上海和广州3个DSC值班台实地测试工作。测试结果均达到系统设计要求,与实船试验结果相符,各个DSC值班台通信系统运行正常或基本正常,具备竣工验收基本条件。

自动无线电传(ART)系统研制是地面无线电DSC值班台新建工程的分项工程,目的是开发常规NBDP通信系统,用于天津、上海和广州海岸电台设备更新。该系统由日本JRC公司独立开发,但因始终无法达到设计要求,中国交通通信信息中心遂于2001年10月决定改由中海电信有限公司与日本

JRC公司合作研制。2002年12月,上海海岸电台ART系统通过验收。2003年10月和11月,广州和天津海岸电台ART系统分别通过验收,并随即投入使用。

2005年,中国GMDSS地面无线电DSC值班台新建工程通过国家验收。该工程的实施,是中国政府履行相关国际公约责任和义务的实际见证,使中国海上遇险与安全通信保障水平基本与世界保持同步。

五、发信台天线迁建

天津海岸电台"6·15"迁建工程竣工后,发信台迁至天津市东丽区军粮城镇魏王庄村。由于当初征地遗留问题,大部分天线分散架设在魏王庄村稻田和菜地中,天线巡视和维护管理极为不便,且多次发生天线设施被盗现象。盗窃分子曾一次盗割天线馈线1100多米,致使3副天线同时停用,严重影响通信业务正常开展。

进入21世纪,东丽区政府按照天津市经济发展规划要求,筹建军粮城商贸物流区。由于发信台场院及天线场地均处于规划用地范围,部分天线场地位置需要调整。2003年,为支持和配合地方经济发展,天津通信站(处)申请实施天线迁建工程,并获得交通部批准。2004年2月,天津通信站(处)委托交通部水运规划设计院对发信台天线场地迁移技术论证,委托北京中交兴通通信导航设计所编制工程可行性研究报告,并正式申请立项。2005年,天津海事局向交通部海事局做专题汇报,并提交工程可行性报告。同年11月2日,交通部海事局反馈专家预审意见,原则同意工程可行性报告中推荐的第二方案,并对天线布设和天线程式优化等方面提出改进要求,天津海事局随即组织专业人员修订完善。

此后,天津通信信息中心与东丽区政府及其他有关部门多次磋商,最终达成天线场地土地置换意向。2006年,天津市国土资源和房屋管理局批准将军粮城镇魏王庄村8.474公顷农用土地转为建设用地,用于该项目建设。同年8月17日,该中心与天津海津建设开发有限公司签订《土地置换及征用补偿协议》,将原分散于军粮城商贸物流规划区内的天线场地集中置换至发信台场院北侧,并以960万元征用场院南侧土地40亩。土地置换后,发信台场院与天线场地连为一体,总面积152.207亩。

2007年4月19日,交通部海事局批准天津海岸电台发信台天线迁建工程设计方案,保留原有天线8副,在置换和新征土地内新建天线8副,拆除其他天线,建设天线配套设施,工程总投资控制在2000万元之内。2007年6月,天津通信信息中心成立以主任苏本征为组长的工程领导小组,领导小组办公室设在该中心业务科,同时成立业务技术工作组和综合保障工作组,正式启动迁建工程。

该工程分为迁建工程和土建工程两部分。2009年3月11日,天津海事局委托中技国际招标公司就迁建工程公开招标,中国电子科技集团公司第22研究所以612万元中标。同年5月6日,迁建工程开工,施工项目包括:加固维护保留天线;新建72米自立塔1座、拉线塔12座;新架设多模多馈天线1副、扇锥天线5副、T形中频天线1副、竖笼天线1副;安装天线馈线、桥架、地网、避雷设施及天线交换器等。与此同时,天津海事局就土建工程公开招标,天津新安建筑工程有限公司以204万元中标。同年6月1日,土建工程开工,施工项目包括:传达室建设、场院围墙建设、场地回填土等,并于2010年3月31日工程竣工。

2010年9月30日,天津海岸电台发信台天线迁建工程竣工,通信完全覆盖中国沿海及近洋海域,达到设计要求,用户普遍反映接收效果良好,渤海、黄海及朝鲜海域信号达到5级,东海海域信号不低于3级,南海及东南亚海域信号4~5级。2011年7月13日,天津海岸电台发信台天线迁建工程通过技术验收。

图 5-6-484　2011 年 7 月 13 日,天津海岸电台发信台天线迁建工程技术验收会

2011 年 12 月 14 日,按照交通部海事局工作安排,天津海事局副局长聂乾震主持天津海岸电台发信台天线迁建工程竣工验收。经天津海事局计划基建处、财务处、纪检处、审计处、信息办、办公室等部门的 10 名验收组专家现场检查和综合评议,工程质量合格,一致同意通过验收。

六、甚高频安全通信系统建设

2005 年 4 月,交通部印发施行《全国沿海甚高频安全通信系统总体布局规划》,要求各直属海事局以辖区为单位,组织实施中国近岸水域甚高频安全通信系统建设,以适应沿海水上安全监管和遇险搜救通信需要。

2007 年,按照该《规划》相关要求,天津海事局组织编制《辖区甚高频安全通信系统工程可行性研究报告》,并报送交通部海事局。规划方案包括:在辖区内建设天津海岸电台中控大楼、岐口 181 钻井平台、WHPA 钻井平台和南堡 4 座基站,通过光纤通信网络互联,组成甚高频安全通信网。同年 9 月 17 日,交通部海事局批复,同意设置天津海岸电台中控大楼和 WHPA 钻井平台基站,取消岐口 181 钻井平台和南堡基站建设;新增黄骅和曹妃甸两座基站建设,并与河北海事局共用。随即,根据批复意见,天津海事局组织完成建设方案设计,并于 2007 年 11 月 9 日获交通部海事局批准,核定工程预算 600 万元。后因进口设备税费调整,追加投资 51 万元,工程投资总计 651 万元。

2008 年 1 月 16—18 日,交通部海事局召开北方海区沿海甚高频安全通信系统建设工程招标文件审查会,决定将山东、天津、河北和辽宁 4 个海事局建设工程捆绑招标采购,并由山东海事局负责具体实施。2008 年 7 月 23 日,通过公开竞标,杭州优能通信科技有限公司中标,随即启动工程建设。

天津海事局辖区甚高频安全通信系统建设工程由天津通信信息中心具体组织实施。2010 年 1 月,该中心派员完成该工程涉及的通信设备及系统的厂验;同年 7—8 月,配合施工方完成中控大楼、黄骅和曹妃甸 3 座基站的通信设备安装及系统调试工作;同年 12 月,通信系统部分投入试运行。2011 年 4 月,完成 WHPA 钻井平台基站通信设备安装及调试工作,工程建设项目竣工;同年 7 月 13 日,该系统通过工程技术验收。

图 5-6-485　2011 年 7 月 13 日,天津海事局甚高频安全通信系统工程技术验收会

该系统由 9 部澳大利亚频谱公司 MX800 型甚高频收发信机、美国先创公司 S4000 型甚高频通信控制系统、英国 ICS 公司 V4 型数字选择性呼叫通信系统以及其他附属设备组成,具有 DSC 遇险通信值守功能,控制中心设在天津海岸电台中控大楼。曹妃甸、黄骅与中控大楼基站通过租用电信运营商光纤路由联网,WHPA 钻井平台基站则通过微波通信接力,在曹妃甸基站接入网络。

2011 年 12 月 14 日,天津海事局辖区甚高频安全通信系统建设项目通过工程竣工验收。该系统的启用,明显扩大天津海事局辖区甚高频安全通信覆盖范围,明显提高了天津辖区遇险通信处置能力。

第六章　基础设施与船舶

北海航海保障系统基础设施和船舶是遂行航海保障任务不可或缺的物质基础和前提条件，亦是构成航海保障能力的基本要素之一。基础设施和船舶主要包括：航测船舶和专用码头、航标保养基地、测绘工作基地、海测水文站点、海岸电台基站、器材设备库房、办公业务用房等建（构）筑物。伴随着历史社会变革和航海事业不断发展，北海航海保障系统基础设施和船舶装备建设经历了漫长而曲折的发展过程。

近代中国航海保障基础设施建设始于19世纪中叶。清同治七年（1868）海关总税务司署设立船钞部后，在勘测海道、布设航标的同时，开启大规模建设相关基础设施和船舶的历史，并由此发轫，历经数十年不间断地投资建设，中国航海保障事业逐步趋近西方发达国家发展水平。在此期间，北洋政府交通部于20世纪20年代在沿海重要商埠设置海岸电台，水运通信基础设施建设得到较快发展，并渐成规模。1937年抗日战争全面爆发后，中国航海保障基础设施设备屡遭破坏，航测船舶大多被日军掠夺或毁于战火，直至1945年抗战胜利，相关基础设施基本处于修毁反复状态，无重大建树。后因解放战争爆发，航海保障基础设施再度遭受重创，致使中国航海保障能力与西方发达国家形成较大差距。

1949年中华人民共和国成立后，按照国民经济五年发展计划（规划）总体部署，交通、海军等部门组织实施了一系列修缮重建和技术改造工程，中国航海保障基础设施渐复旧观，整体实力得到逐步恢复与发展。特别是20世纪80年代以来，历经航道局（港务局）、海监局、海事局、航海保障中心四个建设发展阶段，先后建成若干航测专用码头、航标保养基地、海测水文站点、"三址式"海岸电台、办公业务用房等基础设施，一大批新型航测船舶先后列编服役，北海航海保障系统基础设施规模和船舶作业能力得到大幅提升，基本形成布局合理、配套齐全、功能完备的基础设施体系，为推动中国航海保障事业更好更快发展奠定了坚实基础。

截至2015年，北海航海保障系统拥有航测专用码头8座，泊位总长907.20米；航标保养基地11个，测绘工作基地2个，建筑面积7183.77平方米；航标保养场地28个，占地面积154621.90平方米；办公业务用房10栋，建筑面积41551.90平方米；基层台站业务用房32栋，建筑面积32031.24平方米；海测水文站点28座；航测专用船舶39艘，总排水量14424吨；固定资产（不含大连、营口、秦皇岛、烟台、青岛、哈尔滨等海岸电台）总计182460.38万元。

第一节　管理机制

一、规划管理

北海航海保障系统规划管理系指依据不同时代客观条件及特定领域事物发展一般规律，制订的发展目标和行动方案，具有前瞻性、战略性、整体性、系统性、长期性、周期性等特点。

清同治七年（1868）海关船钞部成立伊始，随即统筹谋划中国沿海灯塔建设，于清同治九年十一月十日（1870年12月31日）以海关总税务司署通令形式发布《沿海灯标之节略》，在中国沿海大规模展开灯塔等助航设施建设。清光绪三十二年（1906），清政府邮传部电政司开始着手规划中国电政事业建设,为统一布局全国有无线电台确立了发展方向。1921年中国海军海道测量局成立后,拟定全国沿海海道测量事业建设计划。1931年3月,海关总工程师司徒达签发《关于在中国海岸安装更多无线电信标的备忘录》,提出在中国沿海续建14座无线电指向标计划。1934年7月,海关总税务司署发布第4906号通令,决定在东海关等四地设无线电通信总台,以形成包括总台、分台、海关缉私船和灯塔运输船无线电台的内部无线电通信网。然而,这些构想均为单一的短期建设方案,部分计划因政局动荡半途而废,直至1949年中华人民共和国成立,尚未编制全面系统的综合性基本建设发展规划。

1953年始,国家将发展规划作为推动经济社会发展的重要管理机制并长期坚持。根据国家水运交通事业建设五年计划(规划)的编制要求,北方海区航标、测绘、通信主管机关相应编制实施与全国交通系统紧密衔接的五年计划(规划),并逐步建立完善计划(规划)的管理机制,持续深化计划(规划)内容,逐步增强计划(规划)的全面性、系统性、科学性和引领性,为加快北海航海保障系统基础设施和专用船舶建设发挥了重要指导作用。

"一五"至"五五"期间,全国航测管理体制几经变化,逐步形成海军和交通部门分工管理格局。海军在加强战备的背景下,采取修复、整顿、扩建、完善等措施,对沿海航标实施一系列维修改造,规划建设"长河一号"中程无线电导航系统(罗兰A)等重要航标设施及部分航标船艇,对保障沿海军事斗争需要和航运经济发展起到重要作用。天津航道局相继编制实施"二五"至"五五"规划,以航标丙烷化、电气化改造为重点,圆满完成天津港航标技术升级改造和北方海区各港航测技术协作工作,并在天津建成北方海区第一座航标工作船专用码头,以及航标队和海港测量队业务用房。在此期间,天津海岸电台作为国家重点加强的机要通信部门得到优先发展,先后完成电台改扩建和迁址重建工程。

1982年天津航道局接管北方海区干线公用航标后,编制和实施"六五""七五"规划(计划),侧重于新组建基层单位业务用房建设和船舶建造。在此期间,交通部投资214.30万元,完成天津航测处,大连、天津、烟台航标区,大连大港、长海、秦皇岛、威海、蓬莱航标站等业务用房建设,建筑面积7642.19平方米;投资2044.44万元,建造大型航标船1艘、小型航测船22艘,各基层单位初步摆脱基础设施和船舶装备"一穷二白"局面,为北海航海保障系统长远发展奠定了坚实基础。在此期间,交通部统一组织实施全国海岸电台"三址式"改造迁建工程,其中天津海岸电台迁建工程总计投资968.76万元、业务用房建筑面积7170平方米。

20世纪80年代,交通部实施全国港口体制改革,在中国沿海设立14个海(水)监局,初步实现航标、测绘、通信系统集中统一管理。1989年初,按照全国交通工作会议精神,天津海监局成立由局长钟伯源挂帅、计划统计处处长辛艺强为组长的编制组,于当年9月如期完成《天津海监局"八五"建设计划》编报工作。该计划根据交通部安监局"八五"规划指导思想和规划布局,本着"一人多能、一船多用、一站多职、远近兼顾"原则,重点突出基层业务用房、职工宿舍建设和航测船舶建造。"八五"期间,实际完成投资4313万元。其中,基础设施建设2473万元,主要完成青岛、大连航标处(区)建筑面积5306.13平方米的业务用房,启动建筑面积2000平方米的北戴河导航监测站综合业务用房等重点建设项目,完成职工宿舍建设,建筑面积12000平方米,含"七五"跨转4400平方米;航测船舶建造1840万元,续建完成大型航标船1艘、中型航标船1艘、55米级沿海新型测量船1艘,开工新建中型航标船1艘、航标登陆艇1艘,有效提升了北方海区航标、测量作业能力和应急保障能力。在此期间,天津海岸电台中控室开工建设。

1994年,按照交通部《关于编报交通"九五"计划和2010年长远规划的通知》要求,以"沿海灯标要亮起来,水域秩序要好起来,安全事故要降下来"为基本目标,天津海监局成立由局长王怀凤挂帅、计划处副处长田绍敞为组长的编制组,于当年8月如期完成《天津海监局"九五"计划及2010年发展规划》编报工作。该规划依据《全国水上安全监督系统总体布局规划》《全国沿海航标总体布局规划》以及航运事业发展总体战略布局,立足"八五"基础,坚持"全面发展、突出重点、分期建设、逐步完善"方针,重点安排码头、基地、造船等建设项目。"九五"期间,实际完成投资16976万元。其中,基础设施建设8596万元,主要完成天津航标处南疆150米、青岛航标处130米航标工作船码头建设,大连、烟台、青岛航标处建筑面积13482平方米灯塔工基地建设,日照航标站建筑面积626平方米业务用房建设,天津海岸电台建筑面积5922平方米中控室业务用房建设;职工宿舍购建投资2050万元,总建筑面积9500平方米;航测船舶建造8380万元,新建船舶13艘,占在用船舶总量约1/3。特别是天津航标处首制400吨航标巡检船和青岛航标处首制120吨沿海航标夹持船列编服役,有效提高了基层单位航标作业能力,对改变传统"跳标"作业方式、降低海上浮标作业安全风险起到重要作用。

1999年全国水监体制改革后,北方海区各航标处(区、站)统一划归天津海事局建制。该局站在新的历史起点上,成立由副局长赵亚兴主持的编制组,分别于2000年4月和2001年12月完成《天津海事局基本建设"十五"计划》《天津海事局"十五"发展纲要》编报工作。该计划和纲要与交通部海事局《中国海事工作发展纲要(2001—2005)》《沿海航标系统"十五"发展规划与2015年远景目标》紧密衔接,坚持"加强手段、改善管理、填平补齐、突出重点、重视质量、强化配套、协调发展"等基本原则,着力提高投资效率和质量。"十五"期间,交通部海事局加大航测专项资金投资力度,为航测事业建设发展注入了新的动力。天津海事局抓住机遇,从建立完善项目储备库入手,抓紧抓实项目前期工作,不断强化项目建设过程管理,推动基本建设和航测专项投资规模有效放大,项目投资完成率显著提升。"十五"期间,实际完成投资33172万元。其中,基础设施建设30516万元,主要完成烟台航标处、天津海测大队、天津航测科技中心办公业务用房新建改建工程,锦州、潍坊、龙口、蓬莱、王家麦等航标站业务用房建设,大连、营口、烟台、青岛、岚山航标保养基地和大连测绘工作基地建设,大连、烟台航标处溢油应急设备购置和天津航标处大型航标船加装溢油应急设备建设,大连航标处67米航标工作船码头购建等;航测船舶建造2656万元,主要完成烟台航标处120吨沿海多功能航标夹持船建造,新建趸船1艘、灯船2艘、小型航标工作艇3艘、测量工作艇1艘。通过"十五"建设,北海航海保障系统综合实力明显增强,科技含量明显提高,基层台站工作环境明显改善。

图6-1-486　2003年7月28日,交通部海事局常务副局长刘功臣(中)为青岛灯塔工基地专项技术改造工程竣工剪彩

"十一五"期间,交通部将航海保障综合服务体系纳入海事系统重点建设的九大体系之一。面对前所未有的机遇和挑战,天津海事局乘势而上,立足"科学发展,需求引导,项目推动"方针,组织开展"十

一五"规划编制工作。2005年,天津海事局成立以局长徐津津为组长的规划编制领导小组和以副局长赵亚兴为组长的规划编制组,在充分调研基础上,依据《中国海事发展纲要(2006—2020)》《直属海事系统"十一五"发展建设规划》,于2006年5月完成《天津海事局"十一五"建设发展规划》编报工作。该规划以促进天津海事全面协调可持续发展为方向,以基础设施和技术装备建设为重点,以科技创新为支撑,全面谋划北海航海保障体系建设,并提出到"十一五"末,航海安全保障能力、综合助航保障能力、综合测绘作业能力达到中等发达国家水平,海岸电台技术管理水平达到国内领先水平等发展目标。"十一五"期间,实际完成投资27933万元。其中,基础设施建设15146万元,主要完成天津海岸电台天线迁建工程,大连大窑湾航标站、天津海测大队业务用房建设,长岛航标站、黄骅航标处业务用房和航标保养基地建设,日照、庄河航标保养车间以及青岛岚山港航标设施补点建设,天津溢油应急设备购置,秦皇岛"中国航标展馆"修缮工程,营口航标工作船码头购建等项目;航测船舶建造12787万元,主要完成天津海测大队40米中型测量船、大连航标处120吨航标夹持船、首制电磁吸盘式航标巡检船及烟台航标处趸船建造,天津航标处"海标12"轮主机技术改造工程等。"十一五"期间,投资10882万元的新型大型航标船开工建设("十一五"期间完成大部分投资,"十二五"期间竣工)。在此期间,北海航海保障系统基础设施和船舶建设实现大跨越、大发展,航海保障整体实力显著提升,基本达到中等发达国家水平。

2010年,根据交通运输部海事局"十二五"规划编制工作部署,天津海事局成立由局长刘福生、党组书记李国祥任组长的综合发展规划编制领导小组,并成立由相关职能部门主要领导为组长的工作小组和各分规划编制组。"十二五"规划是天津海事局第一个综合性发展规划,由1个发展纲要和9个专项规划组成,涵盖该局所有职能业务和综合管理以及党群工作。2010年10—11月,刘福生、李国祥和副局长聂乾震分别带队考察山东、江苏、上海、广东、深圳等海事局,在广泛调研基础上,结合天津海事局实际,研究确立了规划编制的基本思路、总体框架和主要目标,于2012年8月如期完成《天津海事局"十二五"综合发展规划》编报工作。

2012年12月,伴随着全国航海保障体制改革,北海航海保障中心(简称"中心")正式挂牌运行,为加快实现航标、测绘、通信三大业务集中管理、融合发展提供了组织保障。2013年3月,该中心成立以主任聂乾震、党组书记陈朝为组长的发展战略和中长远规划编制领导小组,以及由副主任柴进柱任组长的规划编制组和7个分规划编制组。随后,聂乾震、柴进柱等分别带队赴中国交通通信信息中心、海军测绘研究所、武汉大学、南海航海保障中心等单位专题调研,研究确定中心发展战略定位和发展规划目标。在此期间,编制组先后多次组织召开专题研讨会、专家座谈会、专家讲座等,凝聚共识,确定思路。2013年6月和11月,先后编制完成《北海航海保障中心发展战略(2013—2020)》(简称《发展战略》)、《北海航海保障中心"十二五"发展规划(调整)》(简称《"十二五"规划》)。《发展战略》系统提出中心的使命、愿景、战略思想、战略目标、战略对策和保障措施,确立"全时域、多维化"中长期发展战略和航标、测绘、通信三大业务融合发展工作思路。《"十二五"规划》包括一个综合发展规划纲要和航标、测绘、通信、基础设施和装备等7个专项分规划,充分吸收和继承《天津海事局"十二五"综合发展规划》相关成果,提出以综合性航标基地、海测水文站建设、船舶建造为重点,在构建综合航海保障体系方面实现新突破等阶段性发展目标。

"十二五"期间,实际完成投资29659万元。其中,基础设施建设20074万元,船舶建(改)造9585万元。该规划分两个阶段实施,第一阶段为"十二五"前两年,由天津海事局组织实施,完成投资10224万元,包括基本建设3200万元、航测专项7024万元。其中,基础设施建设5760万元,主要完成秦皇岛航标处航标维护保养基地、大连航标处庄河导航台站改造、天津航标处上古林导航台站改造、青岛航标处胶南航标管理站业务用房建设等工程;船舶建(改)造4464万元,主要完成新型40米级测量船、150吨A型航标船、12米航标高速巡检船各1艘建造,"海标051""海标052"轮综合技术改造。第二阶段为"十二五"后三年,由北海航海保障中心负责组织实施,完成投资19435万元,包括基本建设5950万元、航测专项13485万元。其中,基础设施建设14314万元,主要完成山海关、莱州、即墨航标保养基地建设和秦皇岛航标保养基地修缮工程,岚山航标工作船码头建设和8个海测水文站建设;航测船舶建造5121万元,主要完成天津、营口航标处12米航标应急船和秦皇岛、烟台、青岛航标处17米电磁吸盘式航标巡检船各1艘建造,开工建设天津航标处150吨航标夹持船1艘。同时,完成新的中型航标船基本设计论证,并获交通运输部海事局批复。该船投资规模6550万元,截至"十二五"末完成投资2000万元。

截至2015年,全国交通系统成功实施第12个五年规划(计划)。在编制与实施一系列五年规划(计划)实践中,北海航海保障系统逐步建立完善规划管理机制,妥善处理规划目标与规划环境、规划时间与空间布局的关系,以及数量与质量、新建与管理等关系,从而使规划的科学性、导向性和实施力度不断提升,项目布局空间逐步拓展,新增项目科技含量与世界发达国家基本持平,综合实力显著提升,基础设施与航测船舶基本适应业务发展需求,为实现北海航海保障事业科学发展奠定重要基础。

1960—2015年北海航海保障系统适用的基本建设规划一览表

表6-1-112

序号	规划名称	发布机关	发文字号	发布日期
1	"二五"规划(三年)	天津市航道局	津航办〔60〕135号	1960年4月14日
2	"三五"总体规划及基建计划	天津航道局	交津航计〔65〕68号	1965年5月8日
3	"四五"规划(后三年)	天津航道局	津航革〔73〕085号	1973年4月9日
4	"五五"规划及十年设想纲要	天津航道局	津航革〔74〕276号	1974年10月8日
5	"六五"规划及十年规划(草案)	天津航道局	津航字〔80〕438号	1980年10月25日
6	"七五"规划主导思想和初步设想	天津航测处	天津海监局档案号1986水44号	1986年3月23日
7	"八五"建设计划	天津海监局	津海监〔1989〕计224号	1989年9月4日
8	"九五"计划及2010年发展规划	天津海监局	津海监〔1994〕计字128号	1994年8月13日
9	基本建设"十五"计划	天津海事局	津海计字〔2000〕101号	2000年4月5日
10	"十五"发展纲要	天津海事局	津海办〔2001〕459号	2001年12月27日
11	"十一五"建设发展规划	天津海事局	津海计基〔2006〕203号	2006年5月17日
12	"十二五"综合发展规划	天津海事局	津海事〔2012〕341号	2012年8月31日
13	发展战略(2013—2020)	北海航海保障中心	北海计财〔2013〕174号	2013年10月29日
14	"十二五"发展规划(调整)	北海航海保障中心	北海计财〔2014〕20号	2014年1月24日

二、基本建设管理

基本建设系指建设单位利用国家拨款、自筹资金以及其他专项资金,以扩大生产能力、改善工作和生活条件为主要目标的新建、扩建、改建、重建等经济活动。北海航海保障系统基本建设主要包括:陆地和水上建(构)筑物、航标导航设施、港口航道测绘设施、通信设施建造,以及航测船舶和专用设备建造与购置等;基本建设管理主要包括:工程前期管理、工程实施管理、工程竣工验收管理等工作。

近代中国航海保障系统基本建设发轫于19世纪60年代。清同治七年(1868)海关船钞部成立后,内设正营造司(灯塔工程师)1人、副营造司(港务工程师)2人,在海务税务司统辖下具体负责基本建设工作。同治九年(1870)海务税务司职位裁撤后,改设总营造师与海务巡工司分工署理船钞部工作,并在船钞部增设营造总处。同时,在部分配置营造司职位的关区设营造处,由主管该口岸的税务司节制。之后,海关海务管理体制曾多次调整变化,但基本建设作为海关海务工作的重要组成部分,由总税务司统一节制、海务部门具体组织实施的管理格局未发生大的变化。其基本建设管理的职责分工、办事程序、技术标准等散见于总税务司颁布的一系列通令中,直至海关不再兼办海务工作前仍未形成完整系统的基本建设管理规章。

1949年中华人民共和国成立后,航标、测量、通信主管机关发生多次变化,其基本建设以指令性计划管理为主,自1953年起纳入五年计划(规划)管理,并逐步形成科学化、规范化、制度化的管理体系。1982年天津航道局接管北方海区干线公用航标后,该局计划处为北方海区航测系统基本建设主管部门,负责向交通部编报北方海区航测系统基本建设中长期发展规划和年度基本建设计划;该局航测处计划基建科负责组织实施年度基本建设项目计划。各海岸电台的中长期发展规划和年度基本建设计划由所在地港务管理局计划部门负责管理,年度基本建设项目由各局通信站组织实施。其间,天津航道局和各港务管理局分别印发施行《天津航道局计划管理办法》和各港务管理局相关管理办法,以及《天津航测处计划管理办法》等规章制度,明确计划管理程序、主管部门和工作要求,并通过"六五""七五"计划,规划布局北海航海保障系统的建设发展。1984年,天津航测处印发施行《基本建设工程管理办法》,进一步规范基本建设管理工作。在此期间,北海航海保障系统投资重点集中于基层业务用房建设和船舶建造,完成天津航测处,大连、天津、烟台航标区和大连大港、长海、秦皇岛、威海、蓬莱等航标站业务用房建设,建造大型航标船1艘、小型航测船22艘,为北海航海保障系统长远发展奠定重要基础;天津、大连、青岛等港务管理局先后完成所属海岸电台迁建改建工程。

1988年天津海监局成立后,按照交通部统一部署,将外埠航标区划归所在地海监局建制,其业务、计划、财务仍由天津海监局归口管理。天津海监局计划统计处负责向交通部编报北方海区航测系统基本建设中长期发展规划和年度基本建设项目计划。各航标处(区)的发展规划和年度计划,由所在地海监局函送天津海监局审核、平衡、汇总,并报送交通部审批后,由天津海监局转发相关海监局组织实施,天津海监局同时负责年度基建计划执行情况的监督检查工作。1993年,天津海监局印发施行《北方海区基本建设工作管理办法》,明确规定该局计划基建处为土建、水工类项目主管部门,船舶技术处为航测船舶购置类项目主管部门,航标导航处、测绘处为航测设备购置类项目主管部门,航标技术改造类项目由航标导航处、计划基建处共同管理;各海监局航标处(区)的发展规划和年度计划直接报送天津海监局主管部门审核,经交通部批准后,由天津海监局转发有关航标处(区)实施。"八五"至"九五"计划(规划)期间,天津海监局在各海监局配合下,累计完成基建投资21289万元,天津海岸电台中控台、灯塔工基地、航测船艇等重点工程相继建成投入使用,北海航海保障能力明显提升。

1998年3月交通部海事局成立后,对直属海事系统基本建设工作实行统一领导、分级管理,并在交通部海事局、直属海事局及其航海保障基层单位分别设置计划基建、技术装备等管理部门。随着改革开放持续深入和航运港口建设快速发展,北海航海保障系统基础设施建设进入快速发展时期,基建项目和投资规模有效放大,基建投资重点实现从基础设施建设向"新技术、信息化、高科技"方向的重大转变。为加强新体制下计划基建管理工作,交通部海事局于2003年提出"两提高"和"两降低"(提高工程优质完成率和工程验收结算率,降低工程计划擅自调整率和工程建设廉政失误率)的要求,并先后印发施行《交通部直属海事系统基本建设管理办法(试行)》《直属海事系统船舶建设管理办法(试行)》等规章制度。其中,《交通部直属海事系统基本建设管理办法(试行)》由天津海事局牵头组织编制,并由计划基建处副处长田绍启等人具体负责起草工作。该办法对基本建设项目规划及年度计划、立项、初步设计、施工图设计、招标与采购、工程实施和工程竣工验收等全过程管理作出详细规定,为直属海事系统基本建设工作"科学化、规范化、制度化"奠定重要基础。在此期间,天津海事局先后印发施行《北方海区船舶建造管理办法》《天津海事局基本建设管理办法》等配套制度,形成系统完善的基本建设管理制度体系。

2003年始,天津海事局采取综合措施,全程监管基本建设工作,主要包括:局和各基层单位分级建立项目储备库,统筹规划、分期实施基本建设项目;开展项目前期工作,对纳入项目储备库的重点项目按照基本建设项目管理要求,编制可行性研究报告;强化项目预算管理,建立建设项目"四算"(投资估算、初步设计概算、施工图预算、竣工决算)环环相扣机制;推行月计划管理制度,对年度项目计划与经费预算执行情况实行"月跟踪、季检查、年考核",全程跟踪每项计划执行和每笔经费开支情况;按照"谁主办,谁负责"原则,实行项目"终身负责制",对项目负责人实施全程问效追责管理;实行"黑名单"制度,将未按规定时间完成项目的单位纳入"黑名单",与年度绩效考核奖惩挂钩。自2005年起,天津海事局将基本建设项目和航测专项项目"两率"(项目投资完成率和验收结算率)同步纳入局年度工作目标考核,有力督促项目完成,有效提升投资效率。"十五"至"十二五"期间,北海航海保障系统累计完成基本建设投资90764万元,项目"两率"分别为95%和100%,始终位于交通运输部直属海事系统前列。在此期间,通过建设和发展,新型大型航标船、120吨航标夹持船、航测信息系统、VHF通信系统等相继建成投入使用,北海航海保障能力显著提升。

2012年北海航海保障中心组建后,天津海事局综合计划处仍负责向交通运输部编报该中心基本建设中长期发展规划,该中心计划财务处组织实施年度基本建设项目计划。在此期间,该中心先后印发施行《船舶建造管理办法》《计划项目管理办法(试行)》等一系列规章制度,系统规范计划基建管理工作,并助推北海航海保障系统基本建设工作进入新的历史发展阶段。

1982—2015年北海航海保障系统适用的基本建设管理制度一览表

表6-1-113

类别	序号	文件名称	发布机关	发文字号	发布日期	备注
全国海区航测主管部门	1	海区航标、测绘小型技术改造、零星土建、设备购置项目管理工作的若干规定	交通部海事局	海航测〔1999〕94号	1999年3月5日	2002年废止
	2	航测技术改造、小型修缮、专用设备购置及航测专项改造项目管理办法	交通部海事局	海航测〔2002〕292号	2002年6月17日	2010年废止
	3	直属海事系统基本建设管理办法(试行)	交通部海事局	海计建〔2005〕112号	2005年3月25日	
	4	航测专项项目管理办法(试行)	交通运输部海事局	海航测〔2010〕152号	2010年4月2日	
	5	直属海事系统船舶建设管理办法(试行)	交通运输部海事局	海计建〔2010〕96号	2010年7月29日	
北方海区航测主管部门	1	计划管理办法	天津航道局	津航〔82〕计字第480号	1982年11月19日	废止
	2	基本建设工程管理办法	天津航测处	制度汇编(1984)	1984年4月	废止
	3	计划管理办法(试行)				
	4	北方海区基本建设工作管理办法	天津海监局	津海监〔1993〕计字16号	1993年2月5日	废止
	5	北方海区船舶建造管理办法	天津海事局	津海事〔1999〕船技字337号	1999年11月16日	废止
	6	航测"三项"和"专项"项目管理办法	天津海事局	津海计〔2002〕226号	2002年7月9日	
	7	基本建设管理办法	天津海事局	津海计〔2008〕18号	2008年1月21日	

[续表]

类别	序号	文件名称	发布机关	发文字号	发布日期	备注
北方海区航测主管部门	8	计划项目管理办法（试行）	北海航海保障中心	北海航保计财〔2013〕36号	2013年3月22日	
	9	计划项目管理实施细则（试行）	北海航海保障中心	北海航保计财〔2013〕36号	2013年3月22日	
	10	船舶建造管理办法	北海航海保障中心	北海航保计财〔2013〕40号	2013年3月26日	
	11	招标管理办法（试行）	北海航海保障中心	北海航保〔2014〕6号	2014年1月6日	

三、航测专项管理

航测专项项目（简称"航测专项"）系指在全国海区航测系统年度"航测事业费"中安排的非经常性航测专项建设和技术改造项目。航测专项作为基本建设的重要补充，在航测基础设施建设中发挥着重要作用。

1989年5月27日，交通部印发《关于加强船舶吨税管理工作的通知》，首次提出船舶吨税"在保证航标维护和改造的前提下，剩余资金可用于海上干线公用航标基本建设"。据此，全国海区航测系统自1991年始在年度"航测事业费"中安排航测专项项目，逐步成为航测基础设施建设经费主要来源之一，与基本建设经费共同为航测建设改造提供经费支持。"八五"期间，北方海区航测系统的航测专项项目较少，投资规模仅300万元。1993年2月5日，天津海监局印发施行《北方海区基本建设工作管理办法》，将航测专项纳入基本建设管理范畴，并明确规定：天津海监局计划基建处负责北方海区航测专项计划的编报和下达，具体组织实施由项目单位承担。

1999年全国水监体制改革后，随着航运经济的快速发展，航海保障设施建设相对滞后问题日益凸显。自2002年始，为弥补基本建设经费不足，交通部每年从船舶吨税中划拨数亿元，专门用于全国海区航测专项建设。同年6月17日，交通部海事局印发施行《航测技术改造、小型修缮、专用设备购置及航测专项改造项目管理办法》，对航测专项经费的管理和使用作了统一规范。此后，航测专项投资规模明显放大，逐步成为航测基础设施建设投资的主渠道。据不完全统计，北方海区航测系统"十五"期间完成基础设施投资30516万元，其中航测专项3235万元，占比10.60%；"十一五"期间完成基础设施投资15146万元，其中航测专项9526万元，占比62.89%；"十二五"期间完成基础设施和船舶建造投资29659万元，其中航测专项20509万元，占比69.15%。建设项目主要包括：基层台站业务用房、航标保养基地、测绘工作基地、海测水文站、航测专用码头和航测船舶等，为提升该系统综合实力发挥重要作用。

2002年7月9日，天津海事局印发施行《航测"三项"和"专项"项目管理办法》，对航测专项计划编制、组织实施、计划调整、项目验收、检查指导等作出明确规定，并参照基本建设项目管理规范，不断强化航测专项管理。主要包括：分级建立航测专项项目储备库，全面推行月计划管理、项目负责人问效问责和项目"两率"同步考核等综合措施，有效提升航测专项投资效率，航测专项项目"两率"亦始终处于直属海事系统前列。

图6-1-487　2010年5月13日,天津海事局副局长聂乾震(中左)主持航测专项项目长岛航标保养基地工程竣工验收

2010年4月2日,交通运输部海事局针对航测专项使用管理中出现的新情况、新问题,重新修订印发施行《航测专项项目管理办法》,进一步细化和完善航测专项前期立项、年度计划、组织实施、竣工验收等管理工作。2012年北海航海保障中心组建后,进一步加强航测专项管理,先后印发施行《计划项目管理办法(试行)》《计划项目管理实施细则(试行)》《招标管理办法(试行)》等规章制度,沿用至2015年未变。

四、船舶管理

北海航海保障系统船舶管理工作主要包括:船舶建造管理、技术管理和运行管理。

清同治七年(1868)海关船钞部成立后,在中国沿海北、中、南三段各配置蒸汽巡检船1艘,并于同年四月初三(4月25日)发布海关总税务司署第10号通令,明确规定:该蒸汽巡检船"遵照海关税务司之命令行事",主要"用于保护税收、段内水域治安及与灯塔看守定期联络""非经书面申请并经该税务司之书面同意,船钞部不得派遣他用"。北方海区各口海关所配置的三桅帆船或机动船艇,主要用于各自辖区水域治安巡逻、查缉走私、巡视浮标与标桩、灯塔日常补给等工作,由海关船钞部驻东海关北段巡工司负责统一管理使用。之后,随着船舶种类及数量逐步增加,海关曾分别对船舶命名、船体涂色、旗帜悬挂、管理使用等多次作出规定,但这些规定大多散存于海关总税务司发布的一系列通令之中,直至1949年中华人民共和国成立前,尚未建立系统完整的船舶管理规章。

1953年中国沿海公用航标移交海军管理后,除天津港、营口港等个别河口港外,北方海区沿海航标均由海军北海舰队航海保证部门负责管理。此时,航测专用船舶作为海军辅助船舶组成部分,执行海军辅助船舶管理制度。

1958年,国务院、中央军委决定调整全国沿海航标管理体制,海军将大连、秦皇岛、龙口、烟台、石岛、石臼所等商用为主的港口航标,移交当地港务局或地方交通主管部门管理。按照交通部赋予的职责,天津航道局负责天津港航标测量工作和北方海区各港航测技术协作工作,并承担各港不能承担的浮标起吊抛设工作。为适应实际工作需要,天津航道局加强航测专用船舶建设,至20世纪80年代初,已拥有大型航标船1艘,小型航标船4艘,测量船2艘。在此期间,航测船舶由天津航测处统一管理,执行该局船舶管理相关规定。

1982年天津航道局接管北方海区干线公用航标后,相继新建大型航标船1艘、小型航标船22艘,航测船舶渐成规模。同年10月,交通部印发《关于航标船艇标识、漆色和船名编号的通知》,统一规范沿海航标船舶标识等相关事项。后经多次修订,航测船舶命名、漆色和标识管理日臻完善。1983年9月,依据天津航道局相关规定,天津航测处印发施行《船机管理制度》,明确规定航测船舶实行三级管理体制,即:天津航道局船机处为船舶主管部门,负责船舶宏观管理;天津航测处负责大型航标船管理使用,该处船机科负责组织实施航测船舶建造、修理及船舶技术改造;各航标区负责小型船舶日常管理使用,并配合做好小型船舶建造、修理和技术改造等工作。截至1987年,北海航海保障系统在编船舶总计26艘。

1988年全国港口体制改革后,交通部安监局印发施行《海区航标船舶配置标准及管理使用办法(试行)》《海区航标船艇管理规则》等规章制度,对航标船舶分类等级、基本任务、配置原则、使用管理、技术管理和管理费用等作出统一规定,北海航海保障系统从其规定。在此期间,天津海监局先后印发施行《船用备配件管理办法》《船舶修理基金开支范围管理办法》《北方海区航标测量船舶与机械设备管理办法(试行)》等6部船舶管理规章,初步形成包括船舶建造、船舶维修、修船基金使用、船舶事故处理、技术资料管理、能源管理等内容的船舶管理体系。在船舶管理体制方面,承继天津航道局三级管理机制,并根据全国港口体制改革后出现的新变化作出适当调整,天津海监局船机处负责船舶宏观管理和船舶建造组织实施,航标导航处负责大型航标船调度使用,各航标处(区)负责所辖船舶运行管理、船舶修理和技术改造等工作,测量船舶由天津航标区代管。在船舶运行管理方面,大型航标船实行年度指令性计划管理,各航标处(区)每年11月末将次年用船计划报送该局航标导航处,由航标导航处于次年1月下达计划,并同时抄报交通部航测主管部门。若紧急使用大型航标船,由天津航道局以单项任务书形式下达。中型航标船由所在航标处(区)管理使用,跨辖区作业由该局航标导航处统一调度。小型航标船日常管理由所在航标处(区)负责,其指挥调度办法由各航标处(区)根据各自情况制定并组织实施。测量船舶由天津航标区负责日常管理,天津海测大队负责调度使用。大、中型航标船舶经费(含修船费)由交通部航测主管部门统一核定,单独立账、考核;小型航标船费用(含修船费)在各航标处(区)年度经费中列支。船舶修理按照技术状况、运行时间和主要机电设备磨损程度,分为临修、航修、坞修、小修和检修。按照相关船舶检验规定,通常5年内安排两次坞修。

1993年,交通部安监系统组织开展设备"管修养用"检查评比活动,航测船舶作为北海航海保障系统主要装备之一,全面投入迎检准备工作,从建章立制、基础台账、船员管理和船舶维护保养等方面,全面推动,全面提升。在全国海区航测系统航标船检查评比中,青岛航标处(区)"B-14"轮荣获总分第二名,天津航标区"B-15"轮和烟台航标处(区)"B-105"船并列第三名。此后,北海航海保障系统积极参加交通部安监系统"学习华铜海,争创先进船"和交通部海事系统船舶"管修养用"等专项活动,有效巩固设备"管修养用"活动成果,对加强航测船舶管理、提高职工队伍素质发挥重要作用。截至1998年,北海航海保障系统在编船舶总计28艘。

图6-1-488　1995年11月,交通部安监系统学习"华铜海"轮活动检查团团长郭莘(前左四)率北方片检查分团对南方片7个海监局实施检查

1999年天津海事局成立后,航测船舶管理沿用三级管理体制。2004年5月,天津海事局印发施行《船舶管理办法(试行)》。该办法共14章71节,主要包括船舶日常管理、维修管理、船舶报废、封存、调拨等内容,基本形成系统完整的船舶"管修养用"管理体系。

2007年1月,交通部发布施行《海事船舶设备管理规定(试行)》,对航测船舶的船型类别、配置标准、服役年限等作出新规定。其中,航标船分为航标布设船、航标巡检船两个类型。航标布设船设立2000吨级、800吨级、400吨级三种标准船型。航标巡检船设立150吨级A、B两种标准船型。测量船设立80米级、40米级、20米级三种标准船型。2011年7月,交通部海事局印发施行《直属海事系统船舶建设管理办法(试行)》,进一步细化和规范船舶建造的规划及年度计划管理、前期工作管理、招标与采购管理、建造和后评价管理,以及船舶服役年限和船舶报废处置等。北海航海保障系统从其规定。

2012年北海航海保障中心成立后,为进一步加强航测船舶管理,先后印发施行《车船报废管理办法》《节能管理办法》《船舶管理办法》等规章制度,对船舶管理有关事宜作出明确规定,沿用至2015年未变。

截至2015年,北海航海保障系统在编航测船舶总计39艘,年均船舶完好率97.4%、适航率92%,均超过交通运输部有关标准要求,有效保障了各项航测任务顺利完成。

1982—2015年北海航海保障系统适用的船舶管理制度一览表

表6-1-114

类别	序号	文件名称	发布机关	发文字号	发布日期	备注
全国海区航测主管部门	1	关于航标船艇标识、漆色和船名编号的通知	交通部	〔82〕交水监字2044号	1982年10月12日	废止
	2	航标船(艇)作业标准	交通部水监局		1983年	废止
	3	海区航标船舶配置标准及管理使用办法(试行)	交通部安监局	安监字〔1994〕113号	1994年5月23日	废止
	4	海区航标船艇管理规则	交通部安监局	安监字〔1996〕291号	1996年12月3日	废止
	5	船舶着色、标志、旗帜和命名办法	交通部海事局	海计建字〔2000〕326号	2000年9月13日	废止
	6	海事船舶设备管理规定(试行)	交通部规划司	交规发〔2007〕3号	2007年1月5日	
	7	海道测量船标准船型配备指导意见	交通运输部海事局	海航测〔2009〕780号	2009年12月31日	
	8	主要装备着色、标志、旗帜及命名规定	交通运输部海事局	海计建〔2012〕727号	2012年10月22日	

〔续表〕

类别	序号	文件名称	发布机关	发文字号	发布日期	备注
北方海区航测主管部门	1	船机管理制度	天津航测处	航测〔83〕171号	1983年9月9日	废止
	2	船用备配件管理办法	天津海监局船技处	〔89〕处发19号	1989年12月29日	废止
	3	船舶修理基金开支范围管理办法	天津海监局船技处	〔90〕处发1号	1990年1月4日	废止
	4	船舶技术资料管理办法				
	5	船舶机电设备损坏事故处理办法	天津海监局船技处	〔90〕处发10号	1990年12月27日	废止
	6	北方海区航标、测量船舶与机械设备管理办法(试行)	天津海监局	津海监〔1993〕船技字26号	1993年2月16日	废止
	7	修船管理办法(试行)	天津海监局	津海监〔1998〕船技字30号	1998年2月16日	废止
	8	船舶管理办法(试行)	天津海事局	津海计基〔2004〕167号	2004年5月12日	
	9	节能管理办法(试行)	天津海事局	津海计基〔2005〕316号	2005年11月15日	2008年修订
	10	车船报废管理办法	北海航海保障中心	北海航保〔2015〕13号	2015年1月19日	
	11	节能管理办法		北海航保〔2015〕14号		
	12	船舶管理办法		北海计财〔2015〕15号		

(一) 船舶标识

船舶标识系指船体涂色、船名、船籍港、悬挂旗帜等外观视觉形象。

1949年中华人民共和国成立前,全国海区航标作业船舶主要由海关管理,统一悬挂海关旗帜,并按其规定命名、涂色。海道测量专用船舶由海军管理,相关船舶标识执行海军颁行的规范标准。在此期间,随着国号国体变革更迭,航测船舶标识曾发生数次变化。

1950年11月交通部接管全国沿海航标及专用船舶后,于1953年1月以"建设助航标志"六字为寓意,将海关移交的"景星""流星""海星""春星""兰州""海澄"轮分别命名为"海建""海设""海助""海航""海标""海志",此为中华人民共和国交通部首次统一命名航标船舶。1967年,天津航道局对所属船舶重新命名,其中"海建"轮更名为"红光1"号,其他航测船舶依序更名为"红光×"号。1972年12月,遵照交通部指令,天津航道局再次对所属船舶重新命名,前面均冠以"津航"两字,其后的第一个字为船舶性质(如浚、拖、标等),原"红光1"号轮随之更名为"津航标1"号。在此期间,海军北海舰队作为北方海区干线公用航标主管机关,其所属航测船舶按照海军辅助船舶标识规范统一涂色和命名。

1982年10月12日,交通部印发《关于航标船艇标识、漆色和船名编号的通知》,明确规定:航标船艇桅杆、船身和甲板上建筑物漆白色,朝天部分漆灰色,烟囱漆土黄色,烟囱左右两侧漆航标标识(标底为红色,灯塔及平行光图案为白色),两端可环绕烟囱相互连接。船名编号以汉语拼音"B"为首字母,其后按船舶种类和海区顺序编号,大型航标船由两位数字组成("B-11""B-12"等),小型航标船由三位数字组成("B-101""B-102"等)。船名编号用黑体字,漆黑色,字母"B"与横道及每一数码各占一单元格。此后,北海航海保障系统共有27艘船舶纳入统一标识、漆色和船名编号。

图 6-1-489 "B-129"小型航标船

1994年5月23日,交通部安监局发布施行《海区航标船舶配置标准及管理使用办法(试行)》。该办法将全国海区航标船舶划分为大、中、小三类,并依据交通部《关于航标船艇标识、漆色和船名编号的通知》要求,明确规定:"大、中型航标船的船名编号,北方海区自11号开始,东海海区自21号开始,南海海区自31号开始。小型航标船艇的船名编号,北方海区自101号开始,东海海区自201号开始,南海海区自301号开始。"据此,北海航海保障系统新列编的两艘中型航标船命名为"B-14"和"B-17"。

2000年9月13日,交通部海事局印发施行《中国海事局船舶着色、标志、旗帜和命名办法》,对交通部直属海事系统船舶命名、着色等作出统一规定,并要求在2001年9月31日前完成更改工作。其中,船舶着色规定为:船舶水线以上船体、上层建筑及吊机、桅、旗杆、吊艇架、风筒等颜色为白色,所有室外甲板为墨绿色,锚机、绞盘、缆桩、导缆钳、锚穴、锚为黑色。船体标志由一条宽红色与四条蓝白相间的斜线条构成,红色部分与蓝白相间部分宽度相等,斜条与水平面夹角为60度,标在船名后。横向位:船艏至船体标志最后一条蓝色斜线与吃水线交点长度为船舶总长度的$1/3(L/3)$,标志总宽度为总船长的$1/9(L/9)$;纵向位:船体标志上起主甲板边线护舷下沿,下至设计吃水线。同时,要求在上层建筑设置中华人民共和国海事局局徽主体,在主甲板上的上层建筑左右舷醒目部位设置"中国海事局CHINA-MSA"中英文标识。船舶命名由两个汉字加上2~4个阿拉伯数字组成。字体为楷体,颜色为深蓝色,第一个汉字为"海",代表中华人民共和国海事局;第二个汉字为"巡""标""测""特",分别代表巡逻船、航标船、测量船、其他辅助船。大型船舶由两个汉字加2位数字组成,第1位阿拉伯数字代表船舶所在海区编号,第2位为船舶序号,北方海区航测船舶的首位编号为1,大型航标船"B-15"更名为"海标12";中型船舶由两个汉字加3位阿拉伯数字组成,第1、2位数字表示船舶隶属单位编号,第3位数字为船舶序号,天津海事局编号为05,中型航标船"B-14"更名为"海标051",中型测量船"津航测3"更名为"海测051";小型船舶由两个汉字加4位阿拉伯数字组成,第1、2位数字表示船舶隶属单位编号,第3、4位数字为船舶序号,小型航标船"B-124"更名为"海标0504"等。据此,北海航海保障系统所属28艘船舶全部按要求换装了统一标识。

第六章 基础设施与船舶

图 6-1-490 "海标 12"大型航标船

2012 年 10 月 22 日,交通部海事局印发施行《中国海事局主要装备着色、标志、旗帜及命名规定》,进一步细化直属海事系统主要装备标识。该规定在船舶着色方面未变化。在标志方面,要求在驾驶室正面居中位置增设"海事局徽"。在旗帜方面要求,增设海事首长旗,旗面颜色为蓝色,图案主要元素为国徽、橄榄枝、五角星等,并规定了海事首长旗的类别、式样和使用时机。船舶名称统一由"海巡"加 3 ~ 5 个阿拉伯数字组成,第 1、2 位阿拉伯数字代表海区和直属海事局编号,北方海区编号为"1",天津海事局编号为"5"。大型船舶为"海巡"加 3 位阿拉伯数字,第 3 位数字为船舶序号;中型船舶为"海巡"加 4 位阿拉伯数字,后 2 位数字为船舶序号;小型船舶为"海巡"加 5 位阿拉伯数字,后 3 位数字为船舶序号。据此,北海航海保障系统所属 3 艘大型航标船更名为"海巡 151""海巡 152""海巡 153";2 艘中型航标船更名为"海巡 1501""海巡 1503";3 艘中型测量船更名为"海巡 1502""海巡 1504""海巡 1505";其他 28 艘小型航测船依序更名为"海巡 15001""海巡 15002""海巡 15003"等,至 2015 年未变。

图 6-1-491 "海巡 1505"中型测量船

(二)学习"华铜海"轮活动

"华铜海"轮隶属于广州远洋公司,是一艘1975年建造的6.5万吨级散装货轮。1984年开始对外出租,10多年时间内,没有发生一次事故,没有延误一天船期,没有违法违纪事件,被国际航运界誉为中国船队的"一面旗帜"。

1995年4月4日,交通部安监局印发《关于深入开展学习"华铜海"争创先进船活动的通知》,由此开启交通部安监系统以"华铜海"轮为榜样的"争先创优"活动。此后,根据交通部安监局统一安排,天津海监局局长助理赵亚兴牵头组织起草《交通部直属安监系统深入学习"华铜海"轮活动实施方案》《交通部直属安监系统深入学习"华铜海"轮活动检查评比标准》等文件,为扎实推进此项船舶管理活动发挥了重要指导作用。

在此期间,北海航海保障系统学习"华铜海"轮活动,以各海监局组织与天津海监局检查推动相结合的方式开展,旨在加强基层精神文明建设,提高职工队伍整体素质,推动船舶"管修养用"再上新水平。1995年4月14日,天津海监局召开"学习华铜海,争创先进船"活动誓师大会,印发施行《天津海监局"学习华铜海,争创先进船"活动实施方案》,要求从加强领导班子建设,提高领导干部以身作则、率先垂范的自觉性和主动性,发扬艰苦奋斗、无私奉献精神等方面下功夫,将北海航海保障系统两个文明建设提升到新的高度。随即,各海监局亦深入发动"学习华铜海,争创先进船"活动。北海航海保障系统各单位迅速掀起学习"华铜海"活动热潮。大连航标处(区)将该项活动纳入工作目标考核,督促落实相关检查评比标准;天津航标区注重党、政、工、团合力,推进该项活动深入开展;烟台航标处(区)结合实际,开展"学华铜海,学英模,创大业,比贡献"活动;青岛航标处(区)将该活动与航标"正常化、制度化、标准化"建设相结合,不断拓展实际工作成效。各单位紧密结合工作实际,将该项活动落实到加强航标设施维护保养和船舶规范化管理等方面,有力推动各项工作上台阶、上水平。

图6-1-492　1995年4月14日,天津海监局召开"学习华铜海,争创先进船"活动誓师大会

为推动"学习华铜海,争创先进船"活动深入开展,天津海监局先后两次组织人员到"华铜海"轮参观学习,并于1995年8月2日举办"学习华铜海,争创先进船"知识竞赛,天津航标区职工李孟桥、

李孟山荣获一等奖。同年 8 月 29—30 日,交通部安监系统举办"学习华铜海,争创先进船"知识竞赛,以李梦桥、刘玉春为参赛选手的天津海监局代表队荣获二等奖,大连航标处王新林荣获三等奖。

1995 年 11 月,交通部安监局成立以规划处处长郭莘为团长的检查团,下设南北两个检查分团,采取"南北交叉互检"方式,全面检查交通部安监系统各单位开展"学习华铜海,争创先进船"活动落实情况。在此期间,天津海监局局长助理赵亚兴等人组成北方片检查分团,检查南方片 7 个海监局活动开展情况;上海海监局牵头组成南方片检查分团,检查北方片 6 个海监局活动开展情况。通过检查评比,大连、天津、烟台海监局荣获交通部安监系统"先进团体"荣誉称号,大连航标处"B-118"船、天津航标区"B-15"轮、烟台航标处"B-114"船荣获交通部安监系统"学习华铜海先进船舶"荣誉称号,秦皇岛航标处"B-17"轮、青岛航标处"B-14"轮荣获船舶管理单项奖。翌年,交通部授予天津海监局"学习华铜海标兵单位"荣誉称号。

图 6-1-493　1995 年 11 月 16 日,交通部安监系统学习"华铜海"轮活动南方片检查分团
团长杨晓林(左)一行在烟台航标处"B-114"船检查指导工作

1998 年 11 月 28 日,历经 24 年风雨的"华铜海"轮,在圆满完成最后一次远航任务后光荣退役。然而,北海航海保障系统以"华铜海"轮为榜样的学习热潮依然持续高涨,各类"争先创优"活动层出不穷,经久不衰。

(三) 船舶"管修养用"活动

船舶"管修养用"活动系指交通部直属海事系统组织开展的船舶管理、使用、保养、维修相关专项管理活动。

1999 年全国水监体制改革后,交通部直属海事系统步入新的历史发展阶段。交通部领导对海事工作高度重视,就进一步加强海事系统建设提出新要求。2005 年初,在全国交通工作会议上,交通部部长张春贤对直属海事系统提出"三精、两关键"(精干的队伍、精良的装备、精湛的技术,在关键时刻发挥关键作用)工作目标;副部长徐祖远明确要求"既要添置新装备,也要做好日常维护维修工作,要在硬件和软件的共同发展中,不断提高海事监管能力。"据此,交通部海事局决定在直属海事系统开展船舶"管修养用"专项管理活动,以此全面提升海事船舶管理水平和职工队伍素质。按照交通部海事局工作安排,天津海事局副局长赵亚兴牵头组织起草《关于加强直属海事系统船舶"管修养用"活动的指导意见》《船舶"管修养用"活动检查评比标准》等文件,为直属海事系统深入开展此项活动奠定了工作基础。

2005年4月29日,天津海事局召开动员大会,对船舶"管修养用"活动作出具体部署。同年5月上旬,天津海事局在青岛航标处召开船舶"管修养用"现场推动会,副局长赵亚兴作了题为"提高认识,扎实抓好船舶'管修养用'专项工作"动员讲话,"海标052"轮作了题为"以人为本抓细节,重在日常,贵在坚持"的经验介绍,将北海航海保障系统船舶"管修养用"活动不断引向深入。

图6-1-494 青岛现场会期间,天津海事局副局长赵亚兴(左二)在青岛航标处
"海标052"轮检查指导船舶"管修养用"工作

此间,北海航海保障系统承继航标"四大"、设备"管修养用"、学习"华铜海"活动的经验做法,深入发动,广泛动员,领导带头,真抓实干,不断掀起活动热潮,不断创立典型经验,不断涌现感人事迹。青岛航标处确立"以人为本,重在日常,贵在坚持"的工作思路,严格落实"日维护、周保养、月检查、季考核"管理制度,使船舶完好率和适航率始终保持优良水平。大连航标处本着"不搞突击,不搞形式,力求节约"的方针,坚持"领导在与不在一个样,上级检查与不检查一个样,日常时间与特殊时期一个样"的工作作风,着力做好船舶建章立制等基础性工作,推动船舶管理水平不断提高。烟台航标处全体船员自己动手,完成4艘船舶近1000平方米除锈油漆任务,保养各类设施设备100余台(套)。

2005年9月12—13日,天津海事局举行船舶"管修养用"暨"安康杯"船员技术比武,全局7个单位100余名船员参加比武,青岛航标处、烟台航标处、天津航标处荣获团体总分前三名;王式平、史胜民、王海祥荣获水手个人总分前三名;刘和强、张金柱、郭恩鹏等荣获机工个人总分前三名。这次船员技术比武检验了前期活动成果,并推动船舶"管修养用"活动深入开展。

第六章 基础设施与船舶

图 6-1-495　2005 年 9 月 12 至 13 日,天津海事局举办船舶"管修养用"暨"安康杯"船员技术比武

2005 年 11 月 21 日～12 月 6 日,交通部海事局再次采取"南北交叉互检"方式,组织检查船舶"管修养用"活动开展情况。在此期间,天津海事局陈英俊作为北方片检查组组长,会同山东、长江海事局有关人员组成检查组,赴南方片上海海事局等 7 个海事局开展交流学习和现场检查工作;由上海海事局为南方片检查组组长单位,会同广东、福建海事局组成的检查组检查北方片 6 个海事局。2005 年 11 月 26 日,南方片检查组组长杨晓林一行高度赞誉天津海事局"重在日常、贵在坚持"的做法和"管修养用"活动取得的明显成效。经过检查评比,青岛航标处被评为"管修养用"先进船舶管理单位,该处"海标 0513"船被评为"管修养用"先进船舶,该船船长杨大伦被评为船舶"管修养用"先进标兵,受到交通部海事局通报表彰。同年,烟台航标处被天津市总工会、天津市安全生产监督管理局授予 2005 年度天津市"安康杯"竞赛"优胜企业"称号。

船舶"管修养用"活动有效提高了直属海事系统各单位船舶管理水平,健全了制度,完善了体系,规范了管理,提高了水平,改善了面貌,发挥了效能,特别是通过"南北交叉互检",收到"相互交流,相互学习,相互促进,共同提高"的良好效果。

第二节　基础设施建设

一、码头建设

码头是航测工作船舶实施海上作业、岛屿补给、停泊检修的必备基础设施,亦是北海航海保障系统基础设施建设的重点工程。

清咸丰八年(1858)中英续订《通商章程善后条约:海关税则》后,由于海关兼办的航政、港务、航标、测量等业务并未细化职责分工,尚无航测工作船专用码头,航测船舶通常停靠海关或港口公用码头。清宣统元年(1909)海关船钞部在编制灯塔改造计划时,特别规定"将所有灯站建筑适宜码头,俾运输给养及视察人员便于上下"。此后,凡孤岛灯塔均建有附属小型码头,以供灯塔补给船舶停靠。

1949年中华人民共和国成立后,基于新中国成立初期经济基础薄弱,加之百废待兴,北海航海保障系统工作船舶专用码头建设尚未列入国家计划,仍采取与其他单位合用或租用方式停靠船舶。1953年始,在海军主管中国沿海干线公用航标期间,航测船舶作为海军辅助船舶,一般停靠军用辅助船舶码头。

1978年中共十一届三中全会后,伴随着改革开放持续深入和国民经济不断发展,交通行业及航标测量工作全面步入现代化建设快车道。1979年12月,北海航海保障系统第一座工作船专用码头在天津建成,从而结束无航测船舶专用码头的历史。之后,交通部航测主管部门对北海航海保障系统船舶专用码头建设多次现场调研,系统规划布局,并作为基础设施建设重点列入"八五"及以后的五年规划,全面开启航测工作船舶专用码头大规模建设的历史。1996—2010年,相继在天津南疆、烟台、秦皇岛、青岛、大连、营口建成6座航标工作船专用码头。

图6-2-496　1990年7月16日,交通部安监局航测处副处长王金付(右)在烟台调研航标专用码头建设

截至2015年,北海航海保障系统拥有航测专用码头8座,岸线总长907.20米。其中位于天津、大连、营口、青岛、岚山6座码头拥有产权,位于秦皇岛、烟台2座码头拥有使用权。上述码头建成并投入使用,对北方海区航测系统管理4272座各类航标(其中公用航标2191座、专用航标2081座)和实施52个主要港口的港口航道图测量发挥了重要作用。

(一)天津海河航标工作船码头

天津海河航标工作船码头位于海河下游北岸,距海河防潮闸约2900米处(今天津市滨海新区永太路243号)。原为木质栈桥简易码头,始建年代不详。1958年,天津区港务管理局将天津港航标划归天津航道局管理,同时移交相关设施设备和器材,该码头和后方场地用于停靠航测船舶及浮标装卸作业。

1971年天津航测大队成立后,为统筹解决航测船舶停靠能力不足和浮标装卸保养不便等问题,天津航道局于1974年决定重建海河航标工作船码头,以适应天津新港快速建设发展对航标的需求。经交通部批复同意,天津航道局随即委托交通部第一航务工程局第一工程处展开勘察设计等前期工作。1978年10月24日,天津海河航标工作船码头正式开工建设,1979年12月工程竣工并交付使用,工程造价109.99万元。

图 6-2-497　1979 年重建的天津海河航标工作船码头

天津海河船标工作船码头长 118.40 米,岸线长度 130.40 米,承台及后方区域宽度 22 米,前沿高程 +4 米,水底高程 -3.40 米。码头沿岸设置 6 个 15 吨系缆桩,两侧布置给水栓各 1 个,后方布设供电和照明设备。码头设计高水位 +3.60 米,低水位 +1 米,可同时并排停靠大型航标船和小型航标船各 2 艘,基本满足所属船舶停靠及浮标装卸需求,为保障辖区航标维护作业提供便利条件。

1986 年 6—12 月,天津航道局投资 11.30 万元,委托天津市塘沽区建筑安装公司翻修海河航标工作船码头沿岸路面。1996 年 12 月,天津南疆航标工作船码头投入使用后,海河航标工作船码头主要用于停靠非值班船舶,不再实施浮标装卸保养作业。2014 年 1 月,测量船舶交由天津海事测绘中心管理后,停靠于该码头,至 2015 年未变。

(二) 天津南疆航标工作船码头

天津南疆航标工作船码头位于天津港南疆港区,于 1995 年 9 月 30 日开工建设,1996 年 8 月工程竣工并交付使用,工程造价 825 万元。该码头建设单位为天津海监局,设计单位为交通部第一航务工程勘察设计院和天津大学建筑设计研究院,施工单位为交通部第一航务工程局第一工程公司和渤海石油水电服务公司,监理单位为天津港工程监理咨询有限公司。该码头为北海航海保障系统接管海军航标后首批建设的航标工作船码头之一,工程主要负责人为天津海监局计划统计处处长辛艺强。

图 6-2-498　1996 年建设的天津南疆航标工作船码头

天津南疆航标工作船码头长150米(中轴线),宽11米;码头面高程+6米,前沿水深-4.50米,前沿水域范围150米×121米。码头结构为高桩承台式。码头设计流动荷载为30吨轮胎式起重机作业,均布荷载20千牛/平方米。码头配置25吨系缆桩14个,给水栓3个,供电及照明设备齐备。码头设灯桩1座,变电室1座,配电箱4个,总容量240千瓦。码头采用镶嵌式照明灯19盏,装于码头两侧的护轮坎内。敷设码头给水管线840米,设有3座上水井,室外消火栓设置于井中。该码头两侧可满足两艘大型航标船和两艘小型航标船平靠,亦可同时傍靠相同类型船舶。

2009年,经天津海事局报批获准,天津航标处组织实施南疆码头二期工程。2010年8月10日,工程开工建设,2010年10月31日工程竣工并交付使用,工程造价350万元。新建仓库建筑面积430.62平方米,码头后方平台面积589.74平方米,职工食堂建筑面积367.68平方米。其中,仓库主要存放溢油设备、船用物资、航标用品、各类作业用品和消耗材料;平台主要用于部分溢油设备和航标器材堆放。同时,天津航标处组织实施南疆码头靠泊设施改造工程,先后完成码头橡胶护舷更新、4根船梁更换、码头部分设施维修保养等项目,工程造价29万元。该工程建成后,具备船舶停靠、航标维护保养、溢油应急反应等综合功能,为提高辖区航海保障和应急反应能力发挥重要作用。截至2015年,天津航标处5艘航标船舶均在此停靠。

(三)烟台航标工作船码头

烟台航标工作船码头位于烟台芝罘岛东侧海岸(烟台市芝罘区环海路70号),与烟台海监局工作船码头统一建设,共同使用,产权归烟台海监(事)局所有。

1982年烟台航标区成立后,所属船舶借用天津航道局第二航道工程处码头停泊。1988年全国港口体制改革后,烟台航标区划归烟台海监局建制,第二航道工程处实行企业化管理。此后,航标船舶停靠码头由借用变更为租用。随着码头停靠船舶数量逐步增加,泊位日益紧张,码头租费和维护费用随之增加,继续租用码头难以满足航标业务发展需求。

1990年初,烟台航标处(区)码头建设项目列入交通部基本建设计划。同年9月,交通部第一航务工程局设计所完成《烟台航标区工作船码头工程可行性研究报告》。1995年1月,烟台海监局提出利用该处(区)现有岸线,合建港监巡逻船和航标工作船码头的要求,经天津海监局报批获准,烟台海监局调整前期工程可行性报告部分内容,并将码头名称变更为"烟台海监局工作船基地码头",码头长度由140米增至240米。

1996年2月,交通部印发《关于烟台海监局工作船码头工程可行性研究报告的批复》,随后批复码头工程初步设计。同年5月,该码头由天津港湾工程设计院三所完成施工设计,9月奠基开工建设,1998年6月工程竣工并交付使用,工程造价3735.54万元。该工程前期工作由烟台航标处(区)高级工程师刘荣逢具体负责,工程建设阶段由烟台海监局计划基建处组织实施,工程总承包商为中交一航局第二工程有限公司,监理单位为中交水运工程设计咨询中心。

烟台船标工作船码头为重力式码头,泊位长240米,直立护岸长233米,后方陆域面积27845平方米,码头前沿水深-7米,码头顶面高程+5米,前沿停泊水域宽度28米,回旋水域直径86米;设置登陆艇码头1座,堤头灯桩1座,配电箱和上水栓各6个,消防栓2个,柱灯9个。

2001年5月全国海区航标体制改革后,烟台海事局与天津海事局签订《关于移交烟台航标处的交接协议》,烟台航标处拥有烟台航标工作船码头西段110米泊位使用权。

截至2015年,烟台航标处8艘航标船舶始终在此停靠,负责辖区894座航标(其中公用航标486座)巡检维护和8座孤岛灯塔、灯桩的人员物资补给,在此期间,参加应急处置75次。烟台航标工作船码头对保证辖区航标船舶停靠检修、浮标装卸和应急抢险发挥了重要作用。

第六章　基础设施与船舶

图 6-2-499　1998 年建设的烟台航标工作船码头

（四）秦皇岛航标工作船码头

秦皇岛航标工作船码头位于秦皇岛港东港区煤四期码头西北、热电厂取水口以东海域，北端通过引堤与陆域连接。

1984 年 10 月秦皇岛航标管理站成立后，所属的"B-112"船临时靠泊于交通部一航局五公司四号码头。之后，配置的中型航标船"B-17"轮和航标巡检船"B-128"船亦临时靠泊于该码头。

1997 年 7 月，交通部印发《关于秦皇岛海监局工作船码头工程初步设计的批复》，批准建设秦皇岛港监巡逻船和航标工作船码头。1997 年 12 月 1 日，该码头开工建设，2000 年 1 月 31 日通过竣工验收并交付使用，工程造价 2290.74 万元。建设单位为秦皇岛海监局，设计单位为天津大学水运水利勘测设计研究所，施工单位为交通部一航局五公司，监理单位为中交水运咨询公司，质量监督单位为秦皇岛港口建设工程质量监督站。

图 6-2-500　2000 年建设的秦皇岛航标工作船码头

秦皇岛航标工作船码头为重力式沉箱结构,由大码头和小码头两部分组成,总长331.25米。大码头为南北走向,长234.90米,宽9米,高程+3.50米,端部有一宽段,长39米,宽17.85米;小码头为东西走向,长96.35米,宽7米,高程+3米,码头根部与引堤东端及大码头根部相交。码头北端引堤长276.50米,宽8米,高程-3.50米,西护岸长24.78米。大、小码头建筑等级为2级,引堤护岸为3级。该码头共设250千牛系船柱10个,150千牛系船柱9个,配电箱和上水栓井各6个,消防井2个,大、小码头各设堤头灯桩1座。

大码头东侧自南向引堤方向110米×20米范围内实施挖泥处理,底标高为-5.20米;西侧为自然水深,底标高为-4.40米。设计船舶靠泊能力为60米,可停靠中型航标船。小码头港池为自然水深,底标高为-3.50米,两侧均可停靠小型巡逻艇。

2001年5月全国海区航标体制改革后,河北海事局与天津海事局签订《关于移交秦皇岛航标处的交接协议》,该工作船码头及配套设施由河北海事局和秦皇岛航标处共同使用,产权归属河北海事局所有。秦皇岛航标处在大码头拥有130米使用权。

截至2015年,秦皇岛航标处所属船舶均在此停靠,负责巡检维护各类航标426座(其中公用航标289座),同时承担秦皇岛港、京唐港、锦州港、绥中36-1等港口航标更换作业。该码头为提升辖区航海保障能力提供重要支撑。

(五)青岛航标工作船码头

1982年青岛航标区成立后,天津航道局将退役的"津航驳11"船改作趸船,锚泊在青岛市市北区六号码头岸滩,为该区最早的航标工作船码头。1992年1月,青岛航标处(区)提出报废更新趸船申请,经天津海监局报批获准,新趸船于1994年8月由青岛东风船厂开工建造,翌年1月交付使用,工程造价198万元。随后,原趸船报废处置。

1995年8月7日,青岛航标处(区)抓住青岛市政府集资改造青岛港中港东区的有利时机,向天津海监局适时申请建设青岛航标工作船码头。1997年9月8日,交通部印发《关于同意青岛航标工作船码头立项的批复》,批准该工作船码头参建青岛市统建的中港区改造工程。1997年10月19日,该项目开工建设,1999年5月25日竣工验收,工程造价2000万元,并于2001年3月7日正式移交青岛航标处管理使用。该项目建设单位为天津海监局,承建单位为青岛市重点工程后海岸滩建设指挥部,施工单位为山东省筑港工程总公司,监理单位为山东省建筑工程监理城建公司。

图6-2-501　2001年参建的青岛航标工作船码头

青岛航标工作船码头为重力式码头,岸线长度130米,趸船靠泊设施50余米,陆域面积4956.50平方米,码头前沿水深-4米,码头顶面高程+5.50米,前沿停泊水域宽度180米,回旋水域直径120米。设配电箱6个,给水栓8个,消防栓2个,柱灯6个。

截至2015年,该码头为青岛航标处所属"海巡1501""海巡15005""海巡15008""海巡15015""海巡15027"等航标船舶提供泊位,为辖区691座航标(其中公用航标315座)维护管理、10座设标岛屿补给和367次航标应急处置提供重要支撑。

(六)大连棉花岛航标工作船码头

大连棉花岛航标工作船码头位于大连棉花岛西侧海岸,其前身为大连棉花岛村修造船厂,大连航标处购置并改建为航标工作船码头。

1982年大连航标区组建以来,航标工作船长期在大连港务局提供的码头临时停靠。1988年11月,大连航标区经现场考察、论证,拟在黑咀子第一码头与大连渔船厂之间建设航标工作船码头。由于大连航标区与大连港务局双方对码头建成后固定资产归属问题未达成共识,工程未能实施。

1998年5月,大连航标处(区)成立码头建设领导小组和办公室,大港航标站站长袁忠宝任办公室主任。经对大连湾周边水域及岸线情况充分调研,多港址、多方案比选,最终选定大连湾棉花岛村修造船厂为航标工作船码头港址,并确定以购置该船厂和重建配套方式,实施航标工作船码头和航标维修保养场地建设的初步方案。

1999年6月和2000年7月,大连航标处编制航标工作船码头和航标维修保养场地建设两份可行性研究报告,经天津海监(事)局核准并报交通部。2000年10月17日,交通部批准该工程可行性研究报告,工程投资2007万元。翌年5月14日,大连市计划委员会批准该处收购棉花岛村修造船厂。经大连航标处与棉花岛村村委会协商,同意在办理相关手续之前,先实施部分配套工程。2001年9月1日,航标保养基地码头挡土墙工程开工建设。10月24日,天津海事局与大连市甘井子区大连湾镇棉花岛村村民委员会签订《航标码头购置合同书》。购置项目包括:前沿水深-4米重力式码头长度67米;修船滑道120米,控制室建筑面积320平方米;后方陆域面积24671平方米,码头前沿水域面积38412平方米,砖混结构综合办公楼建筑面积887.70平方米;红线内其他房屋建筑(构筑)物及与上述各项配套的设备设施。2001年11月6日,双方办结该项目相关手续,购置投资1730万元。随后,大连市规划和国土资源局为大连航标处办理后方陆域国有土地使用证书。

图6-2-502 2005年购建的大连棉花岛航标工作船码头

该码头购置完成后,大连航标处随即组织相关配套工程建设。2001年12月30日,该处委托大连港设计研究院完成该码头配套工程设计。翌年7月3日,交通部海事局批准该初步设计。配套主要项目为:码头修缮及580米排水管线铺设、码头消防系统、电气工程、环保工程、电力外线安装工程等,工程造价277万元。2003年8月1日,该配套工程开工建设,同年10月工程竣工。建设单位为大连航标处,施工单位为大连同泰建筑工程公司,监理单位为大连市理工工程建设监理公司。

2005年2月2日,大连棉花岛航标工作船码头工程经交通部海事局验收后交付使用。该码头购置及其配套工程的顺利实施,结束了大连航标处成立20余年无专用航标工作船码头的历史。

截至2015年,大连航标处所属6艘航标工作船舶均在此靠泊,负责574座(其中公用航标348座)航标维护管理和6座孤岛航标巡检补给工作。该码头在船舶靠泊、浮标保养、设施维修、物资储备、岛屿补给、人员培训及突发事件处置等方面发挥了重要作用。

(七)营口航标工作船码头

营口航标工作船码头位于辽河南岸营口港区。其前身为营口市航运管理局沟西码头,始建于1963年。1984年,营口港务集团有限公司整体收购该码头,并改造成为营口港区502泊位。

营口航标处长期无专用航标工作船码头,航标作业船舶只能临时、随机停靠营口港各生产码头,海上航标巡检、应急反应和换标作业等工作受到严重制约。2008年,该处启动航标工作船码头建设前期工作。鉴于营口港区可建码头岸线紧张,新建码头可行性较小,该处副处长刘承旭带领有关人员多次实地勘查、调研,反复对比、论证,拟定购置营口港区502号泊位作为专用航标工作船码头的方案。同年6月,该处向天津海事局编报《营口航标工作船码头购置申请报告》。

2009年7月,交通运输部海事局将营口航标工作船码头购置列为航测专项项目。之后,营口航标处委托中通诚资产评估有限公司对拟购置码头资产评估,并与营口港务集团有限公司签订《航标工作船码头购置意向书》。同年11月13日,天津海事局向交通运输部海事局呈报《关于营口航标处工作船码头购置方案的请示》,并于11月18日获得批准。随即,营口航标处与营口港务集团有限公司正式签订购置合同,合同金额1552万元。购置项目包括:营口港区502泊位及其后方场地;502泊位以西至该处办公楼后岸线356.60米;502码头后方场地与该处办公楼后方场地之间场地3200平方米;该处办公楼后方二层砖混结构办公楼1座,建筑面积102.03平方米;卫生间1座,建筑面积24.67平方米;502泊位后方10吨固定吊钩式吊机2台。另外,双方共用该处办公楼后方场地3000平方米。2010年3月30日,该码头购置项目通过验收并交付使用。

图6-2-503　2010年购建的营口航标工作船码头

营口航标工作船码头为钢桩梁板式码头,泊位长100米,直立护岸长150米,后方陆域面积3300平方米,前沿水深-5.50米,码头面宽15米,顶面高程+5.20米,前沿停泊水域宽度400米。岸线部分为钢筋混凝土、毛石结构,部分为花岗岩、钢板桩结构。设有配电箱2个,柱灯2座。

截至2015年,营口航标处所属航标工作船均在此停靠,负责494座航标(其中公用航标324座)巡检维护任务,先后实施11次应急设标,完成120余次航标应急抢修。该码头在辖区航标管理和航海保障工作发挥了重要作用。

(八)岚山航标工作船码头

青岛航标处岚山航标工作船码头位于日照市岚山港区中作业区。21世纪以来,随着改革开放不断深入和国民经济快速发展,日照港吞吐量不断增加,并迅速跃升为双亿吨大港。随之而来的是该区域的航标数量迅速增加,2010年已达61座,航标维护管理任务日益繁重,大中型航标船到该区域作业的频率不断提升。然而,该区域此时尚无专用航标工作船码头。

对此,天津海事局高度重视,并将岚山航标工作船码头建设列入"十二五"发展规划。2013年1月,青岛航标处编报《青岛航标处岚山航标工作船码头工程可行性研究报告》。同年5月,交通运输部海事局印发《关于青岛航标处岚山航标工作船码头工程可行性研究报告的批复》,批准该项目立项。次年1月,天津海事局转发交通运输部海事局《关于青岛航标处岚山航标工作船码头工程初步设计的批复》,工程投资3500万元,其中90%约2925万元由国库直接支付,并纳入财政部绩效考核。建设主要内容:70米级大型航标船泊位101.80米,航标保养场地4028平方米,业务用房建筑面积211平方米。该项目为北海航海保障中心成立以来最大的工程投资项目,青岛航标处成立以处长王正和为组长的领导小组,对项目实行全程跟踪管理,有效保障项目顺利实施。

2014年5月26日,该码头开工建设,翌年10月31日工程竣工,2016年8月通过天津海事局竣工验收并交付使用。设计单位为中交水运规划设计院有限公司,施工单位为山东港湾建设集团有限公司,监理单位为山东港通工程管理咨询有限公司,质量监督单位为日照港质量监督站。

图 6-2-504 2015年建设的岚山航标工作船码头

岚山航标工作船码头为重力式沉箱码头,泊位长度101.80米;陆域面积8800平方米,采用回填形成;码头前沿水深-7米,码头顶面高程+7米;前沿停泊水域宽度101.80米,回旋水域直径150米。地基处理采用强夯法加固,道路、堆场面层采用连锁块铺面结构。安装系船柱9套,护舷46套,通信井4座,供电井11座,高杆灯2套,给水井6座,水表井2座,消火栓井2座,雨水井19座,污水检查井2座,化粪池1座,污水提升井1座。

岚山航标工作船码头建成并投入使用,为青岛航标处所属航标工作船舶和北方海区大型航标船到该海域作业提供泊位,对航标装卸、维护保养和设施维修、物资储备及突发事件处置等提供了有力保障。

二、基地建设

北海航海保障系统航测基地系指航标维修保养、测绘人员集结、相关设备器材存储的重要基础设施。航标基地主要包括:航标保养场地、航标保养基地两类。航标保养场地系指自主建设或协议长期借用的航标堆放及可开展一般性航标保养的场地。航标保养基地主要包括:航标维修保养车间、航标设备库房、应急器材仓库、航标保养场地等。测绘基地主要包括:测绘设备器材存储库房、测绘人员生活保障设施等。

中华人民共和国成立前,沿海航标主要由海关海务部门统一管理,航标维修保养由各口海关海务部门所辖维修工场承担。其中,胶海关航标工场位于青岛港六号码头,设有锻铁房、机器房、灯器修理车间、木工房、储藏室、仓库等,并配有车床、钻床、电气焊等设备。

1949年中华人民共和国成立后,胶海关航标工场随同干线航标先后移交交通部、海军航海保障部门管理,继续承担航标维修保养任务。在此期间,海军在各舰队、基地或水警区设有若干航保修理所及航标工场、器材仓库,对维修保养航标发挥了重要作用。1965年天津航标队成立后,在海河木栈桥码头后方拥有航标保养场地约4000平方米,维修保养车间、物资仓库及附属设施等房屋建筑面积约980平方米,配有木工、铁工、车工等航标维修设备,基本满足航标器材堆放、维修、保养和非标件制作等需求。1982年,天津航道局接管海军北海舰队移交的航标工场及器材仓库各1座。

20世纪80年代初,北海航海保障系统各单位的航标保养基地、测绘工作基地大多处于空白,长期或临时借用港方码头作业区域开展相关业务工作。1988年,随着全国港口体制改革的顺利完成,北海航海保障系统按照"自行组织建设和协议长期借用相结合"的工作方针,逐步加大投资力度,使航测基地建设得到快速发展。截至2000年底,该系统累计投资663.51万元,建成航标保养基地2个,其中航标维修保养车间建筑面积720.51平方米,航标保养场地10450平方米;测绘工作基地1个,房屋建筑面积384.03平方米。

2001年北方海区航标划归天津海事局统一管理后,伴随着港口建设和航测事业快速发展,航测基地建设进入快速发展阶段,航标保养基地和测绘工作基地建设得到系统规划,综合布局,航测基地的数量和质量基本与业务工作需求相适应。

图6-2-505 2006年12月23日,天津海事局召开烟台航标保养基地一期工程验收会

截至2015年,北海航海保障系统先后投资3341.89万元,建成规模不等的航标保养基地11个,航标维修保养车间建筑面积7183.77平方米,航标保养场地28个,面积158649.90平方米。其中,协议长期借用航标保养场地14个,面积66125.50平方米。测绘工作基地2个,建筑面积1061.78平方米。至此,除营口航标处外,北海航海保障系统各航标处均已建成集航标工作船码头、航标保养场地、航标维修保养车间、航标器材仓库等一体化的综合性航标基地;38个航标管理站(含筹备组2个),其中6个拥有航标保养基地,17个拥有独立航标保养场地,为有效遂行航海保障任务奠定了坚实基础。

1997—2015年北海航海保障系统基地建设一览表

表6-2-115

类别	序号	基地名称	建筑面积平方米	场地面积平方米	投资规模(万元)	启用日期	备注
大连辖区	1	棉花岛航标保养基地	648.60	10646.40	380	2006年12月	
	2	大窑湾航标保养场地	—	2755.50	—	2008年6月	借用
	3	庄河航标保养基地	768.75	26850	242.47	2015年10月	置换
营口辖区	1	锦州航标保养场地	—	5000	—	2007年12月	借用
	2	营口航标保养场地	—	6450	70	2008年12月	
	3	鲅鱼圈航标保养场地	0	8000	—	2010年7月	借用
秦皇岛辖区	1	秦皇岛港航标保养基地	305.51	6500	83	1998年5月	
	2	京唐港航标保养基地	568.81	2000	175	2009年10月	
	3	山海关航标保养基地	515.20	2000	352	2013年12月	
天津辖区	1	南疆航标保养基地	415	3950	425	1997年11月	
	2	黄骅航标保养基地	826	14000	289.46	2008年12月	
	3	曹妃甸航标保养场地	—	5500	—	2011年5月	借用
	4	南港航标保养场地	—	14000	—	2012年8月	借用
	5	临港航标保养场地		3500		2014年4月	借用
烟台辖区	1	成山头航标保养场地	—	800		2006年5月	借用
	2	蓬莱航标保养场地	—	4600		2006年8月	借用
	3	烟台航标保养基地	711.06	6500	329.85	2006年12月	
	4	潍坊航标保养场地		4000		2011年8月	借用
	5	烟台西港区航标保养场地		2000		2011年8月	借用
	6	莱州航标保养场地		5800		2011年10月	借用
	7	石岛航标保养场地		2500		2015年10月	借用
	8	威海航标保养场地		4000		2015年11月	借用
	9	龙口航标保养场地	—	3670		2015年12月	借用
青岛辖区	1	青岛航标保养基地	556.26	900	313	2006年2月	
	2	海阳航标保养场地		2000	30	2008年12月	
	3	日照航标保养基地	406.80	1200	163	2009年4月	
	4	岚山航标保养基地	400	8028	278	2012年3月	
	5	即墨航标保养场地	0	1500	20	2013年12月	
天津测绘	1	大连测绘基地	384.03	0	155.51	1999年12月	
	2	烟台测绘基地	677.75	—	35.60	2015年12月	借用
		合计	7183.77	158649.90	3341.89		

(一)大连航标保养基地

大连航标管理机构辖区先后建成棉花岛、庄河2个航标保养基地和大窑湾航标保养场地。

1. 棉花岛航标保养基地

棉花岛航标保养基地与航标工作船码头位于大连市甘井子区大连湾镇棉花岛村,呈前码头后基地布局。2005年7月5日,交通部海事局印发《关于大连航标保养基地工程初步设计的批复》,批准建设棉花岛航标保养基地。2006年8月15日,该工程开工建设,同年12月25日竣工交付使用。该工程由辽宁地质海上工程勘察院勘察,大连港设计研究院设计,大连居诚建筑工程有限公司施工,大连华东项目管理有限公司监理。

图6-2-506 2006年建设的棉花岛航标保养基地

棉花岛航标保养基地投资450万元,其中航标保养场地、航标维修保养车间建设及设备购置380万元。工程主要包括:新建航标维修保养车间1座、门卫用房1间以及挡土墙工程和综合办公楼装修工程等。其中,航标保养场地10646.40平方米,航标维修保养车间建筑面积648.60平方米。该车间为单层(局部2层)钢结构厂房,配备钢制浮标抛丸除锈设备1套,设备主要包括:抛丸器、钢丸回收、除尘、分拣、提升、供料等全封闭抛丸操作系统和自动旋转式工件运载装置,具有浮标除锈、维修、保养和浮标架及非标件制作等功能。

2008年,交通部海事局决定在棉花岛航标保养基地建设溢油应急设备库,以履行《国际油污防备、反应和合作公约》(OPRC公约),抗御大连海域船舶溢油突发事故。该工程分为两部分:一部分是溢油应急设备库房建设,另一部分是溢油应急反应设备购置。2008年3月23日,溢油应急设备库房开工建设,半年后工程竣工交付使用。该库房建筑面积632.77平方米,框架结构,地上1层,层高7米;室内局部2层,层高3.30米。溢油应急设备主要包括美国SLICKBAR企业集团船用收油机、充气式围油栏、中型多功能收油机、DIP400型动力站、中型应急卸载泵,由天津海事局委托中国交通进出口总公司招标购置。该工程投资1000万元,与大连海域原有溢油应急设备联合,可抗御大连辖区100吨以上溢油,同时可为辽宁沿海区域和北方海区大型溢油事故提供支持。

2. 大窑湾航标保养场地

大窑湾航标保养场地位于大窑湾9号泊位东侧。2008年6月25日,根据天津海事局《关于接收大连港集团部分助航标志设施的批复》,大连航标处接收20座航标。以此为契机,该处处长车荣合与大连港集团及相关单位积极磋商,达成长期无偿使用大窑湾9号泊位东侧场地作为航标保养场地的协议,以解决大窑湾航标站长期无航标保养场地的难题。该场地长167米,宽16.50米,总面积2755.50平方米。之后,设置1个67平方米的集装箱用作仓库,同时设置30千瓦岸电箱1个,使该场地具备浮标存放和一般性航标维护功能。

3. 庄河原航标保养基地

庄河原航标保养基地位于庄河港。2010年3月,经天津海事局报批获准,大连航标处在庄河港建设航标保养基地1座,工程造价519万元,其中航标维修保养车间、航标保养场地建设及设备购置380万元。该基地用地面积13986平方米,其中航标保养场地8963平方米;建筑面积974.82平方米,其中航标维修保养车间768.75平方米,并配备喷砂除锈相关设备。该基地为庄河、长海辖区浮标维修保养、应急设置航标等作业发挥了重要作用。

2013年8月,大连航标处实施RBN-DGPS台站建设工程。经庄河市政府协调,将原庄河导航台60000平方米土地和庄河航标保养基地13986平方米土地,置换为庄河市新兴产业经济区临港产业园区60000.30平方米土地。置换合同约定,航标维修保养车间由庄河市政府出资,按照原图纸在新场地重建后交付大连航标处使用。该工程分两期实施。2013年8月25日,一期工程开工建设,同年11月30日工程竣工,2014年4月18日通过天津海事局验收并交付使用,工程造价380万元,主要完成建筑面积602平方米业务用房建设,以及场院围墙、"三通一平"等附属工程建设。2014年10月4日,二期工程由庄河市政府投资,并组织开工建设,2015年10月15日工程竣工,工程造价242.47万元,主要完成航标保养场地26850平方米,航标维修保养车间建筑面积768.75平方米建设。

截至2015年,大连航标处形成布局合理、航标保养基地与航标保养场地功能互补的航标维护保养体系。特别是集航标工作船码头、航标保养场地、航标维修保养车间、溢油应急设备库于一体的棉花岛综合性航标基地投入使用后,在船舶停港、浮标保养、设施维修、物资储备、岛屿补给、人员培训和溢油突发事件应急处置等方面发挥了重要作用。在大连港"7·16"重大原油泄漏污染海域事故应急行动中,大连航标处迅速启动溢油应急反应预案,独立完成清污设备安装调试,第一时间投入清污作业,圆满完成海上清污任务,受到交通运输部海事局通报表彰。

(二)营口航标保养场地

营口航标管理机构辖区共有航标保养场地3处。其中,营口航标处航标保养场地为自建,锦州和鲅鱼圈航标保养场地为协议长期借用。

1. 营口航标保养场地

营口航标处原航标保养场地位于营口市站前区货场里59号,2003年,经天津海事局报批获准建设。该工程由营口市建筑设计研究院负责前期规划设计,营口港建筑安装工程有限公司负责主体施工,营口市第四建筑工程有限公司负责主体装饰。2005年4月14日,该工程开工建设,2005年11月23日工程竣工,2006年6月22日经营口市交通局交通工程质量监督站评定为合格工程。同年12月26日,通过天津海事局验收,工程造价334.28万元。该项目包括办公用房建筑面积1563.72平方米。

随着营口港口建设快速发展,航标管理维护数量大幅提升,至2007年9月航标数量已达312座。鉴于营口航标保养场地南邻铁路煤场,北靠港口杂货堆场码头,煤灰粉尘污染严重,且位于营口港区内部,航标人员进出须经港口生产现场,不利于航标作业。为此,营口航标处处长安红松牵头,就场地置换问题与营口港务集团有限公司多次沟通和协商,2007年11月双方达成协议,将该场地与营口港务集团有限公司在建的综合楼及前方场地对等置换。后经天津海事局报批获准,该场地置换项目列入航标专项计划,工程投资342万元,其中航标保养场地建设费用70万元。置换后,营口航标处拥有办公业务用房建筑面积3358.50平方米,航标保养场地6450平方米,岸线250米。2008年12月,该项目竣工并交付使用,地址为营口市站前区成福里路9号。

2. 锦州和鲅鱼圈航标保养场地

锦州和鲅鱼圈航标管理站成立后,长期没有专用航标保养场地。经营口航标处积极推动和多次协调,分别于2007年12月和2010年7月,与锦州港股份有限公司和营口港务集团有限公司达成协议,两站长期无偿借用港区部分土地作为航标保养场地。锦州航标保养场地位于锦州港201泊位南侧,面积5000平方米;鲅鱼圈航标保养场地位于营口海事局工作船码头后方,面积8000平方米。

图6-2-507　2007年协议借用的锦州航标保养场地

截至2015年,营口航标处尚无航标保养基地,其所辖4个航标管理站,除仙人岛航标管理站外,均有独立的航标保养场地,基本满足辖区一般性航标维护保养及堆存等工作需求,对保障航标工作正常开展发挥了重要作用。

(三)秦皇岛航标保养基地

秦皇岛航标管理机构辖区设有3个航标保养基地,分别位于秦皇岛港、京唐港和山海关开发区。

1. 秦皇岛港航标保养基地

秦皇岛港原航标保养基地由秦皇岛港务局始建于1968年,位于秦皇岛港区,场地面积2016平方米,其中航标保养场地1800平方米、航标业务用房建筑面积70平方米、航标维修保养车间建筑面积50平方米。1996年,经天津、秦皇岛海监局与秦皇岛港务局协商,并呈报交通部安监局和秦皇岛市计划委员会批准,该基地与秦皇岛市河北大街东段付48号置换重建。1997年11月28日,重建工程开工,1998年5月31日竣工交付使用。该工程建设单位为秦皇岛航标处,施工单位为秦皇岛金泽建筑工程有限公司。

图6-2-508　1998年建设的秦皇岛港航标保养基地

秦皇岛港航标保养基地与航标业务用房同址建设,工程投资170万元,其中航标维修保养车间和设备购置40万元,航标维修保养车间建筑面积305.51平方米。该车间为钢筋混凝土排架结构,单层,层高7.60米;配备天吊、气焊机、电焊机、砂轮等设备。2001年后,交通部海事局先后投资43万元,建设航标保养场地6500平方米,其中,2001年投资25万元,完成3500平方米;2004年投资18万元,完成3000平方米。形成航标业务用房、航标保养场地与航标维修保养车间一体化的航标保养基地,具有浮标维修保养、灯器维修、浮标架及非标准配件制作等综合维修保养能力,对提高辖区航标保障和应急反应能力、减轻航标职工劳动强度发挥了重要作用。

2. 京唐港航标保养基地

京唐港航标保养基地位于唐山海港开发区京唐港区。2008年4月,交通运输部海事局印发《关于京唐港航标管理站业务用房及保养基地初步设计的批复》,批准该基地建设。2008年9月15日该工程开工建设,2009年10月15日工程竣工交付使用。建设单位为秦皇岛航标处,施工单位为大连富强建设集团有限公司,监理单位为唐山海港港兴监理咨询有限公司。工程造价454万元,其中航标维修保养车间、航标保养场地及设备购置175万元。建设航标维修保养车间建筑面积568.81平方米,航标保养场地2000平方米。该车间配备天吊、叉车、气焊机、电焊机、砂轮等设备,具有浮标维修保养、灯器维修、浮标架及非标准配件制作等功能。

3. 山海关航标保养基地

山海关航标保养基地位于秦皇岛开发区东区。2013年6月,交通运输部海事局印发《关于秦皇岛航标处山海关航标站业务用房初步设计的批复》,批准该基地建设。2013年8月23日,该工程开工建设,同年12月20日工程竣工交付使用。建设单位为秦皇岛航标处,施工单位为河北省第三建筑工程有限公司,监理单位为秦皇岛合众工程管理咨询有限公司。工程造价630万元,其中航标维修保养车间、航标保养场地及设备购置352万元,建设航标保养场地2000平方米,航标维修保养车间建筑面积515.20平方米。该车间建筑高度5.90米,下部采用钢筋混凝土独立柱基础,上部采用钢结构,基础采用钢筋混凝土独立基础,基础持力层为粉质黏土,基础埋深3.30米,共有14个独立柱基。该车间配备天吊、气焊机、电焊机、砂轮等设备,具有浮标维修保养、灯器维修、浮标架及非标准配件制作等功能。

截至2015年,秦皇岛航标处所辖3个航标管理站,拥有3处航标保养基地,形成航标分区存放、分区保障、分区维修保养格局,各航标作业区均具备浮标维修保养、灯器维修、浮标架及非标准配件制作等综合维修保养能力,对提高辖区航标保障和应急反应能力,减轻航标职工劳动强度发挥了重要作用。

(四) 天津航标保养基地

天津航标管理机构辖区航标保养基地主要包括:海河航标保养基地、南疆航标保养基地和黄骅航标保养基地。

1. 海河航标保养基地

海河航标保养基地位于天津航标区机关场院南侧,场院面积10350平方米,始建年代不详。1965年,在海河工作船码头后方,天津航道局航标队设有标志工车间、灯器维修车间、电瓶维修充电车间、铁工房、木工房、电气焊机、丙烷气体储藏室、乙炔气体储藏室、仓库、锅炉房以及航标业务用房等建筑面积980平方米,航标保养场地4000平方米,基本满足航标器材堆放、维修、保养和浮标架及非标准配件制作等需求。1997年11月,南疆航标保养基地建成后,该基地不再承担航标维修保养任务,随后,基于天津航标区机关办公区域规划建设需要,相关车间、房屋和设施设备多已拆除。

2. 南疆航标保养基地

1982年天津航道局接管北方海区干线公用航标后,随着港口建设的迅猛发展,航标业务不断拓展,航标数量持续增加,海河航标保养场地严重不足,亟须建设集航标存放、维修、保养、运输、作业于一体的航标保养基地。1994年,交通部安监局印发《关于安排航标专项建设改造的通知》,批准南疆航标保养基地立项建设。1995年5月,该项目开工建设,1997年6月工程竣工,同年11月通过验收并交付使用,设计单位为天津港务局设计所和机械部天津工程机械研究所,施工单位为天津市宝坻县北坛乡建筑公司、天津市东方试验设备厂、天津市京雄消防安全工程有限公司,工程造价491.66万元,其中航标保养场地、航标维修保养车间建设及设备购置425万元。该基地为前码头后基地配置,场地纵深100米,码头岸线长70米,占地面积约7000平方米,主要包括:航标维修保养车间及设备购置、航标保养场地、航标业务用房、传达室和相关配套设施。其中,航标维修保养车间建筑面积415平方米,长42米,宽9米,高9.50米,局部高12.80米,配置抛丸除锈设备1套;航标保养场地建筑面积3950平方米,钢筋混凝土垫层厚10厘米,钢筋混凝土地面厚25厘米;航标业务用房建筑面积430.50平方米;水电、锅炉等配套设施齐全。

2007年12月,交通部海事局投资371.69万元,购置船用多功能收油机2台(套),充气式围油栏600米。之后,陆续投资910.90万元,购置各类溢油应急设备7台(套),并将1套价值653.20万元的溢油监测设备配置在大型航标船"海标12"轮。基于溢油应急设备配置后,未同步配套建设设备库房,遂将航标维修保养车间报废设备拆除,用以存放溢油应急设备,使南疆航标保养基地成为集航标工作船码头、航标维修保养和溢油应急设施设备于一体的综合性航标基地。

2014年12月30日,天津海事局转发交通运输部海事局《关于南疆航标基地附属设施改造工程初步设计的批复》,工程投资400万元,对相关设施实施综合改造,并将航标抛丸除锈设备间改造为船员演练室。

3. 黄骅航标保养基地

黄骅航标保养基地位于沧州渤海新区黄骅港神华港区。该项目由神华黄骅港务有限公司按照《关于黄骅港航标的交接协议》提供建设用地14000平方米,并于航标交接前完成地面硬化建设。2007年12月20日,该基地航标保养车间及其附属工程开工建设,2008年12月5日工程竣工投入使用,2009年6月12日通过河北水运工程质量安全监督局和天津航标处,以及施工、监理、设计单位的综合验收,评定为合格工程。工程设计单位为天津大学建筑设计研究院,施工单位为天津六建建筑工程有限公司,监理单位为黄骅市工程建设监理有限公司,工程投资804万元,其中航标维修保养车间建设及相关设备购置141.80万元。该基地主要包括:航标保养场地14000平方米,航标维修保养车间建筑面积710平方米;配备10吨单梁起重机、ZL60型装载机、RBM-20E型喷丸机、VWWJ6-7型空压机、DT-12型12吨拖式板车各1台;航标器材仓库建筑面积116平方米;基地围墙450米以及场地地面硬化等。该基地具备浮标存放、除锈、保养、浮标架及非标准配件制作等功能。

图6-2-509　2009年建设的黄骅航标保养基地

截至2015年,天津航标处所辖6个航标管理站,在用航标保养基地2个,协议长期借用曹妃甸、南港、临港等3个航标保养场地共23000平方米,基本满足辖区航标日常管理和维修保养需求。特别是南疆和黄骅航标保养基地建成后,辖区航标维修保养效率和质量,以及航标应急反应和溢油突发事件应急处置能力得到显著提升。在此期间,大连港发生"7·16"重大原油泄漏污染海域事故后,天津航标处迅速启动溢油应急反应预案,派遣"海巡151"轮第一时间赶往事发地点投入清污作业,圆满完成海上清污任务,受到交通运输部海事局通报表彰。

(五)烟台航标保养基地

烟台航标管理机构辖区拥有航标保养基地1处,航标保养场地8处。

1.烟台航标处航标保养基地

烟台航标处航标保养基地位于烟台市芝罘区环海路70号,烟台航标处机关东侧,临近航标工作船码头,呈前码头后基地布局。2000年7月,烟台航标处接管部分港口专用航标后,辖区航标数量由127座增至212座。在此期间,该处灯浮标全部依靠人工维护保养,劳动强度大,工作效率低,材料消耗多。为此,该处于2004年提出建设航标保养基地初步方案,并委托烟台市工业设计研究院有限公司编制《烟台航标保养基地一期工程初步设计》。2004年9月12日,交通部海事局印发《关于烟台航标处航标保养基地一期工程初步设计的批复》。2005年6月18日,该工程开工建设,同年10月28日工程竣工,施工单位为烟台市莱山区龙门建筑安装有限公司,监理单位为山东港通工程管理咨询有限公司。2006年12月23日,工程通过天津海事局组织的工程竣工验收并交付使用。该基地工程造价329.85万元,主要包括:航标保养场地6500平方米,航标维修保养车间建筑面积711.06平方米,配备喷砂系统1套,卷板机、剪板机、电焊机、等离子切割机、叉车各1台,具有航标喷砂除锈保养和浮标架及非标准配件制作等功能。

图6-2-510　2005年建设中的烟台航标处航标保养基地

2006年8月24日,交通部海事局印发《关于北方海区烟台溢油应急设备库工程初步设计的批复》,批准建设烟台溢油应急设备库。其中,设备购置投资600万元,由天津海事局统一招标,购置溢油应急设备13台(套)、充气式围油栏400米,并对"海标1516"船技术改造,安装收油机动力站底座、收油机支架等。之后,交通运输部海事局投资448.70万元,购置溢油物质数据管理系统1套,建设溢油应急设备库建筑面积450平方米,形成溢油应急快速反应能力,为交通系统履行《国际油污防备、反应和合作公约》(OPRC公约)提供了重要支撑。

图6-2-511　2008年5月10日,天津海事局验收北方海区烟台应急溢油设备库工程

2010年7月16日,大连新港发生重大溢油污染事故。烟台航标处按照上级指令,立即组成以船队队长王继勇为组长的10人清污小组,携带侧挂式收油机和消油剂喷洒装置等溢油设备,搭乘青岛航标处"海标052"轮实施清污作业,总计回收污油6吨、喷洒消油剂20吨、清理海面固体垃圾3吨,顺利完成清污任务。交通运输部海事局为王继勇记三等功1次。2011年初,烟台港龙口港区遭受30年罕见的严重冰灾,多座灯浮标工作失常,对辖区港口安全生产造成严重影响。烟台航标处组织协调航标保养基地和相关保养场地联合行动,先后组织出海作业15艘次,抢修失常航标102座次,抛设冰标6座,有效保障了船舶通航安全,受到当地政府和港口企业高度赞扬。

2. 成山头等航标保养场地

2006年以来,随着航标数量和航标管理站点的增加,烟台航标处与辖区港口当局密切合作,采用协议长期借用方式,先后在成山头、威海、烟台西港区、石岛、蓬莱、龙口、莱州、潍坊等地建设航标保养场地8处,共计27370平方米。至此,烟台航标处初步形成航标分区放置、分站管理,一般性维护保养各站独立开展,航标修理送航标保养基地实施的管理格局,对改变航标保养工作模式,降低航标人员劳动强度,提高航标维护保养质量和工作效率,提升航标规范化、标准化管理水平和应急反应能力发挥了重要作用。

截至2015年,烟台航标处所辖9个航标管理站,除长岛、蓬莱两个航标管理站合用1处航标保养场地外,其他航标管理站均有独立航标保养场地。特别是烟台航标处综合性航标保养基地建成后,航标应急反应和溢油突发事件应急处置能力得到显著提升。在此期间,该处圆满完成大连港"7·16"海上溢油清污任务,受到交通运输部海事局通报表彰。

(六)青岛航标保养基地

青岛航标管理机构辖区航标保养基地建设历史悠久,最早可追溯至德占青岛时期。清光绪二十六年(1900),德占当局开工兴建青岛港及助航设施后,在青岛船渠港岸滩(今六号码头一带)设有航标维修工场,建造时间和过程不详。随着港航管理权更迭,该航标维修工场数易其手,至1946年由胶海关接管。

1949年中华人民共和国成立后,遵照政务院《关于关税政策和海关工作的决定》要求,青岛海关将所辖助航设施及航标维修工场移交交通部航务总局青岛区海务办事处管理。后因中国沿海军事斗争需要,交通部于1953年将该办事处连同其管辖的航标及航标工场等附属设施全部划归海军建制,其中航标维修工场隶属于海军青岛基地航海保证部门所辖的航保修理所管理。

1982年全国海区航标管理体制调整后,按照天津航道局与北海舰队签署的《北方海区公用航标交接协议》,航标维修工场划归青岛航标区管理,房屋、仓库、车间共计建筑面积1462平方米,场地4628平方米。该工场配备车床、铣床、刨床、电气焊等设备,沿用至1991年青岛航标处(区)办公地点整体迁址重建。之后,伴随着航标事业不断发展,先后建成青岛、日照、岚山航标保养基地。

1. 青岛航标保养基地

青岛航标保养基地位于青岛市市北区六号码头港区,地处青岛航标处办公业务用房南侧,呈前码头后基地配置。2003年6月19日,天津海事局转发交通部海事局《2003年航测专项项目计划的通知》,批准建设该基地。2005年7月25日,该项目开工建设,2006年2月10日竣工交付使用,工程造价313万元,设计单位为青岛房地产建筑设计院有限责任公司,施工单位为青岛建设集团,监理单位为青岛平仁工程监理有限公司。该基地航标保养场地约900平方米,航标维修保养车间建筑面积556.26平方米(含传达室63.26平方米),为钢架结构,内设维修保养工作间、工具房、配电室、锅炉房、办公室、休息室、更衣室、淋浴间等,配备10吨桥式起重机、16吨汽车吊、10吨叉车、平板拖车各1台,并配有高压水泵机组、喷砂除锈和喷漆等设备,具有浮标存放、除锈、保养、维修和非标准配件制作等功能。

图6-2-512　2006年建设的青岛航标保养基地

2. 日照航标保养基地

日照航标保养基地位于日照港西港区。2008年3月11日，该基地开工建设，同年9月23日工程竣工，2009年4月通过验收并交付使用，工程造价163万元。其中，建设航标保养场地1200平方米，航标维修保养车间建筑面积406.80平方米，为框架结构，主体1层、局部2层，配备喷砂除锈设备1套，10吨叉车1辆，剪板机、卷板机、空气压缩机各1台，具有航标存储、除锈、保养、维修和非标准配件制作等功能。

3. 岚山航标保养基地

岚山航标保养基地位于日照市岚山港北港区16号，与岚山航标站业务用房同址建设。2008年1月岚山航标站成立后，使用先期购置的原王家海屋小学校舍办公。该校舍占地面积5567.76平方米，附属年久失修的简易平房33间。不久后，日照港务局所属岚山港区实施大规模建设计划，该校舍处于整体搬迁区域。后经青岛航标处与日照港务局多次协商，达成置换协议，由日照港务局投资278万元，建成航标维修保养车间，建筑面积400平方米，航标保养场地4000平方米，于2012年3月无偿交付青岛航标处使用，土地和车间所有权归日照港务局所有。但该车间相关设备尚未配备，主要用于存放航标维修工具和备用器材，尚未形成航标维修能力。2014年5月，岚山航标工作船码头开工建设，同时建设航标保养场地4028平方米，使岚山航标保养场地总面积增至8028平方米。该基地为岚山港区30万吨原油码头助航设施建设和维护保养提供了支持保障。

截至2015年，青岛航标处结合航标管理站业务用房建设，先后建成海阳、即墨2个航标保养场地共3500平方米，形成浮标分区存储、分区保养格局。特别是青岛航标保养基地投入使用以来，改变了基本依靠人力保养灯浮标的状况，有效提高了辖区航标维护保养质量和作业效率。

（七）天津测绘工作基地

天津海测大队（天津海事测绘中心）先后建成大连测绘工作基地和烟台测绘工作基地，旨在提高海上突发事件应急处置保障能力。

1. 大连测绘工作基地

大连测绘工作基地位于大连市中山区碧海南园7号。1996年，天津海测大队申请建设大连测绘工作基地。1997年，该基地建设纳入交通部安监局航测专项建设计划。天津海测大队队长马亚平先后数次赴大连现场选址，经过认真筛选比对，于1998年确定在大连市中山区碧海南园以购置商品房的方式建设测绘工作基地。该基地项目投资114万元，购置3套商品房，建筑面积384.03平方米。其中，首层1套用于存放测绘仪器设备、开展文体活动、厨房和餐厅；其余2套用于测绘人员办公生活。1999年12月，该基地整修完毕并投入使用。2014年10月，天津海事测绘中心投资41.51万元，装修改造大连测绘工作基地，除对顶棚、墙体、地面重新整修外，还在一楼门厅悬挂"天津海测文化标识"。同年12月27日，北海航海保障中心副主任柴进柱为大连测绘工作基地揭牌。

图6-2-513　2014年12月27日，北海航海保障中心副主任柴进柱（右）为大连测绘工作基地揭牌

2. 烟台测绘工作基地

烟台测绘工作基地位于山东省烟台市环海路70号烟台航标处机关南侧，原为烟台航标处综合办公楼，建筑面积677.75平方米。2014年10月16日，根据北海航海保障中心《关于使用烟台航标处办公用房设立测绘基地的批复》，天津海事测绘中心与烟台航标处签订使用该综合办公楼设立烟台测绘工作基地的备忘录。2015年10月，天津海事测绘中心自筹资金35.60万元，装修改造该基地，并于同年12月27日正式挂牌运行。

测绘工作基地投入使用后，有效增强了北海航海保障系统应急扫测反应能力，在大连港基本测量、大连"5·7"空难搜寻"黑匣子"等测绘工作中，发挥了重要支持保障作用。同时，为常年在外作业的测绘职工营造了"温暖的家"。

三、海测水文站建设

北海航海保障系统海测水文站（简称"水文站"）系指为获取海洋水文气象资料而设置的固定观测站点，主要功能是通过设置的验潮仪和气象传感器等设备，观测记录水位升降及气象变化信息，进而掌握潮汐性质和相应海域的潮汛、气象变化规律，为海图测绘、航海保障、海事监管、海洋工程以及区域港口建设提供基础水文信息服务。

水文站按其基础设施构成要素大致可分为标准长期水文站、简易长期水文站和简易临时水文站三类。标准长期水文站系指设有验潮井、站房、观测设备和水准点，能够连续提供相关信息的水文站，其中提供水文、气象等两种以上信息的亦称综合水文站。简易长期水文站系指仅设有观测设备和水准点，未设置站房和验潮井设施，能够长期连续提供信息服务的水文站。简易临时水文站系指针对某项测量工程而设立，工程结束随即撤销的水文站。仅有验潮功能的水文站，亦称验潮站。

北方海区水文站建设历史悠久。清同治六年（1867），津海关在大沽设置潮位信号台，开展河口封开日期、结冰厚度和潮位等水文观测。同治八年（1869），海关总税务司发布第28号通札，决定设置水文气象站。海关水文气象站分为两种：一种是在各口海关设立测候所，分工负责各自辖区气象观测；另一种是在灯塔、灯船设立观测点，由航标人员兼办水文气象观测。光绪二年（1876），津海关在大沽口设立的水文气象站是近代北方海区最早的观测站点。光绪四年（1878）大沽灯船设置后，津海关在该灯船观测水文气象的主要项目为气压、气温、风向、风力、降水量、天空状况、水位高度以及高水位出现时间等。据有关文献记载，海关兼办水文气象期间，在中国沿海口岸、灯塔、灯船陆续设置的观测站约有70个，观测记录达到30年以上的有46个站。其中，在北方海区设置的观测站为11个，观测记录达到30年以上的有7个站，包括牛庄、秦皇岛、塘沽、猴矶岛、芝罘、成山头、镆铘岛等观测站。

起初，上述气象水文站主要采集气象、水文资料，尚未对海道测量直接提供服务。20世纪后，气象水文观测与海道测量的联系日渐密切，北方海区逐步形成天津大沽和青岛大港码头两个影响深远的水文站。清光绪二十八年（1902），英国船长施密斯（Smtyh）和弗格森（Fergvson）在天津大沽设立验潮站，测量大沽浅滩，绘制水下地形图，并于光绪三十年（1904）增加云量、云状、云向、海区浪涌等观测项目。此后，该观测水尺零点被确定为大沽零点，其作用逐步扩展，不仅作为海河乃至华北地区水文观测零点，亦可作为高程测量基准面、海图深度基准面、潮汐表潮高基准面，应用领域甚广。光绪三十年（1904），青岛德占当局在新建码头（今青岛大港1号码头）正式建立验潮站。由于战乱不断，该验潮站修毁往复，验潮资料时断时续，直至1949年6月青岛解放后，经整理、维修和增添验潮设备，该站得以长期连续验潮，遂被确定为中国基本验潮站之一，并将其多年测定的平均海水面数据作为"1956年黄海平均海水面"（即1956年黄海高程系）。之后，以此为基础，确立了"1985国家高程基准"。

1955年海港测量队组建后，承担中国沿海港口航道测绘工作。在此期间，受相关科技发展水平局限，长期以来主要采用沿岸布设水尺、人工读取水位的方法采集潮位数据。20世纪80年代，该队陆续引进自动水位计，水位观测效率和精度得到明显提升。截至20世纪末，北海航海保障系统尚未设立标准长期水文站。

1999年9月，依据交通部海事局制定的《沿海港口航道测绘"十五"发展规划及2015年远景目标》，天津海事局随即将水文站建设纳入《天津海事局测绘"十五"技术发展政策与项目实施计划》，北海航海保障系统自此分三个阶段全面展开水文站建设。

第一阶段：2001—2006年，建设天津港验潮站网。在此期间，交通部海事局投入航测专项资金110万元，用以天津港验潮站网工程建设。随后，天津海测大队完成大沽灯塔标准长期水文站和天津港东突堤、新港船闸（后更名为天津南疆水文站）、航标处（位于天津航标处海河航标工作船码头）3座简易长期水文站建设。在天津港海域初步构建了水文信息采集、传输、存储一体化的水文信息服务站网，初步具备天津港及附近潮汐监测、分析、预报的功能，是为北海航海保障系统建设的首批具备长期运行功能的水文站。2006年，天津海测大队结合"渤海超大型船舶航路测量工程"项目，升级改造该系统的数据传输方式。

第二阶段：2007—2012年，水文站建设由天津港向北方海区其他港口拓展。在此期间，天津海测大队自筹资金 29 万元,先后建设营口仙人岛、鲅鱼圈港,河北黄骅港,日照岚山港和大连王家岛等 5 座简易长期水文站,并采用"与港方合作共建"等方式,在营口盘锦港、河北曹妃甸港建立 2 座标准长期水文站。

图 6-2-514　2012 年建设的河北曹妃甸水文站

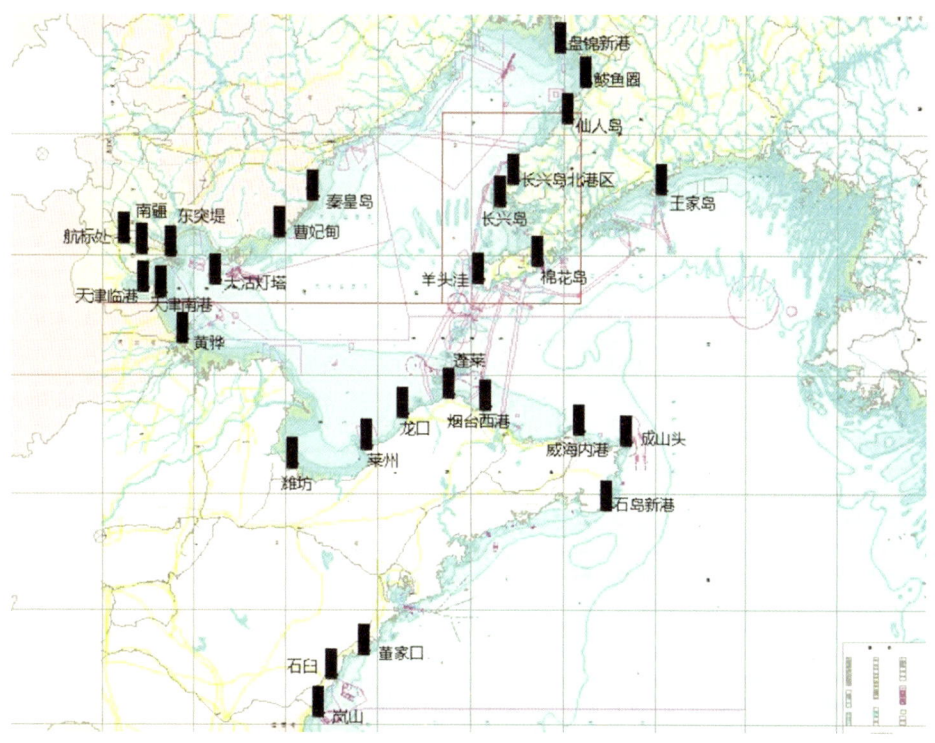

图 6-2-515　2015 年北方海区海测水文站分布示意图

第三阶段:2013—2015年,组织实施"北方海区重点港口水文信息服务系统(一期)工程"。北海航海保障中心成立后,北方海区重点港口水文站建设全面展开。在此期间,交通运输部海事局分两次投入航测专项资金480万元,建设天津临港、烟台西港、大连长兴岛北港区和秦皇岛(位于秦皇岛海事局码头)等4座标准长期水文站。同时,天津海事测绘中心与港方合作,建成青岛董家口港和天津南港2座标准长期水文站,并自筹资金55万元,先后建成11座简易长期水文站,初步形成北方海区水文站网。在此期间,该中心每月至少一次定期维护保养各水文站,有效保障了采集数据的完整准确。

截至2015年,北海航海保障系统共建设8座标准长期水文站和20座简易长期水文站在线运行,基本形成布局均匀、模型合理、技术先进的水文信息网络,对北方海区海洋测绘、海事监管、海洋工程、港口建设、航海运输发挥了重要作用。

2004—2015年北海航海保障系统海测水文站建设一览表

表6-2-116

序号	水文站名称	类型	功能	投资规模(万元)	启用时间
1	天津港东突堤水文站	简易长期	潮位观测	110	2004年12月1日
2	天津南疆水文站	简易长期	潮位观测		2004年12月1日
3	天津航标处水文站	简易长期	潮位观测		2004年12月1日
4	天津大沽灯塔水文站	标准长期	潮位观测		2004年12月1日
5	营口仙人岛水文站	简易长期	潮位观测	8	2008年7月2日
6	河北黄骅港水文站	简易长期	潮位观测	6	2010年3月8日
7	营口鲅鱼圈港水文站	简易长期	潮位观测	5	2011年4月26日
8	日照岚山港水文站	简易长期	潮位观测	5	2011年9月26日
9	大连王家岛水文站	简易长期	潮位观测	5	2012年8月30日
10	营口盘锦港水文站	标准长期	潮位、气象观测	—	2012年11月23日
11	河北曹妃甸水文站	标准长期	潮位、气象观测	—	2012年11月25日
12	日照石臼港水文站	简易长期	潮位观测	5	2013年4月20日
13	青岛港董家口港区水文站	标准长期	潮位、气象观测	—	2013年5月8日
14	大连长兴岛水文站	简易长期	潮位观测	5	2013年9月20日
15	天津南港水文站	标准长期	潮位、气象观测	—	2013年12月1日
16	威海内港水文站	简易长期	潮位观测	5	2014年3月18日
17	大连棉花岛水文站	简易长期	潮位观测	5	2014年3月25日
18	威海石岛新港水文站	简易长期	潮位观测	5	2014年6月24日
19	旅顺羊头洼水文站	简易长期	潮位观测	5	2014年7月15日
20	威海成山头水文站	简易长期	潮位观测	5	2014年7月23日
21	潍坊港水文站	简易长期	潮位观测	5	2015年4月21日
22	莱州港水文站	简易长期	潮位观测	5	2015年7月10日
23	龙口港水文站	简易长期	潮位观测	5	2015年7月11日
24	蓬莱港水文站	简易长期	潮位观测	5	2015年7月12日
25	天津临港水文站	标准长期	潮位、气象观测	480	2015年12月31日
26	烟台西港水文站	标准长期	潮位、气象观测		2015年12月31日
27	大连长兴岛北港区水文站	标准长期	潮位、气象观测		2015年12月31日
28	秦皇岛水文站	标准长期	潮位、气象观测		2015年12月31日

(一)天津港东突堤水文站

天津港东突堤水文站位于天津港东突堤五洲国际集装箱码头,是天津港承继"大沽零点"的重要水文站,对天津港附近海域各验潮站的水文观测具有重要指导作用。

清光绪二十八年(1902)天津新港开建之初,在天津大沽设立验潮站,测量大沽浅滩。之后,天津海河工程局将该观测水尺零点确定为大沽零点,并在北炮台设置 HH/155 号水准点作为大沽高程系最早的水准原点,其高程为大沽高程系 4.907 米。此后,大沽零点逐渐扩大其作用范围,成为中国沿海具有重要影响的三个高程零点(大沽零点、吴淞零点、珠江零点)之一。随着社会的发展变革,大沽高程系水准原点被覆盖,基于大沽水准原点的天津市水准基点亦发生多次变化。1949 年 3 月 15 日,天津区港务管理局在天津港六米码头东端建立验潮站,命名为六米验潮站,自 1950 年 1 月 1 日用水尺人工连续观测潮位,1951 年改用日制卧式自动水位计观测。1958 年前,六米验潮站由天津港务管理局管理,后交由天津航道局管理。六米验潮站周边水准点 BM(六米黄铜点)具有大沽零点起算的高程值,用于海图测绘的深度基准面位于大沽零点以下 1 米。

1988 年,海港测量队在天津港实施首版港口航道图测量,并在东突堤设立验潮站,通过与六米验潮站同步验潮和几何水准引测的方式确定了高程基准关系,成为天津海域承继大沽零点高程基准关系的主港水文站。1995 年,六米验潮站迁至天津航道局南疆码头,并由其管理使用。2001 年,天津海测大队实施"天津港海域水深测量"项目,在东突堤设立验潮站观测潮位。通过三等水准测量,以水准点深井标上作为起算点,引测至天津测绘院所设置的水准点 JC1284,该点位于天津港东突堤潮位站附近。此后,天津海测大队采用该水准点成果定期校验水文观测数据。

2002 年,交通部海事局投入航测专项资金 110 万元,实施"天津港验潮站网建设工程"项目。2003 年 9 月,天津海测大队通过对外招投标方式,与天津水运工程科学研究所签订"技术开发(委托)合同"。同年 11 月,编制完成《天津港验潮站网实施方案》并通过审定。经过历时近一年的建设,先后建成大沽灯塔标准长期水文站和天津港东突堤、新港船闸、航标处 3 座简易长期水文站。2004 年 11 月,该项目通过验收,同年 12 月交付使用。以上 4 座水文站均配备自动化水文观测设备,水上部分选用北京星航联公司 UWL-B 型遥测水位计,水下部分选用瑞士 Keller 公司 MPM4700 型压力传感器,2011 年始陆续更换为美国 GE 公司 Druck PTX1840 型传感器,量程 12 米,精度为满量程的 0.1%。传输设备初期采用甚高频(VHF)大功率电台实施潮位数据定时传输,2006 年改为蜂窝无线通信,数据传输更加稳定可靠。天津港验潮站网建成后,首次实现该海域潮位观测的遥测、遥报。自此,天津海测大队的潮位观测工作开始实现由点到面,由人工观测到自动观测的重大转折。

截至 2015 年,天津港东突堤水文站连续运行稳定、数据采集可靠,为天津海事测绘中心水深测量提供基础保证,并对大沽零点的维持做出重要贡献。

(二)天津大沽灯塔水文站

大沽灯塔位于天津港大沽口外锚地海域,西距天津港交管中心 17 千米,是天津港的标志性建筑和船舶进出天津港的重要助航标志。该灯塔内置混凝土空心井筒,与海水相通,灯塔周边水域开阔,可代表附近海域不规则半日潮的潮汐性质,是天津港海域优良的定点验潮设站建筑物。大沽灯塔水文站以大沽灯塔为站房,以灯塔与海水相通的混凝土空心井为验潮井,是北海航海保障系统第一座以海中建筑物为依托的标准长期水文站。

1984 年 7—11 月,海港测量队实施天津新港锚地测量任务,在大沽灯塔设置简易临时水文站,采用仪器采集和人工读取两种方式获取潮位。大沽灯塔水文站与天津航道局六米验潮站同步观测,用潮差比法传递确定大沽灯塔潮位控制垂直基准,并通过几何水准引测确定水准点 BM 的高程。该点位于灯塔的第二层平台,其水准成果沿用至今,为历次天津新港基本测量和检查测量提供基准资料。

2002年，天津海测大队实施"天津港验潮站网建设工程"项目，在大沽灯塔设置标准长期水文站，并于2004年12月交付使用。该水文站安装UWL-B型遥测水位计、MPM4700型压力式传感器、终端数据采集器等在内的先进水文观测设备。运行初期，采用甚高频（VHF）大功率电台实现数据实时传输，2006年改为蜂窝无线通信，数据传输更加稳定可靠。基于该水文站远离陆地，为保证数据采集连续稳定，天津海测大队于2011年5月增设一套美国GE公司Druck PTX1840型压力式传感器，量程12米，精度为满量程的0.1%。

大沽灯塔水文站具有验潮功能，可为天津、河北等附近海域的潮汐特征值计算、深度基准面校对等工作提供支持。该水文站的建立，对丰富天津港海域水文信息资料，优化深度基准面，掌握区域潮汐变化规律具有重要意义，在历次天津港港口航道图测绘中发挥了重要的潮位基础控制作用。

（三）河北黄骅港水文站

黄骅港位于河北省与山东省交界的渤海之滨，是河北省沿海区域性重要港口，亦是中国的主要能源输出港口之一，其北邻天津港，南接滨州港，对于渤海湾航运事业的发展有着重要的区域优势和战略地位。黄骅港海域潮汐性质为不规则半日潮。

2001年，天津海测大队实施黄骅港首版港口航道图测量，首次在其过驳码头设立验潮站，开展水文观测工作。2008年，基于黄骅港新工作船码头建站综合条件较好，并可以代表港区潮汐性质，天津海测大队将该验潮站由过驳码头迁至新工作船码头，以更加真实准确地反映黄骅港附近潮汐变化。同年，按照国家三（四）等水准测量要求，以四等水准点TC10作为高程起算点实施联测，在黄骅港二期煤码头和新工作船码头新布设4个水准点，并与港方所提供资料校核。各水准点成果沿用至今，为历次黄骅港基本测量和检查测量提供了基准资料。

随着黄骅港的快速发展，黄骅港及附近海域已成为天津海测大队重点测量区域之一，建立一座自动化水文站尤为重要。2009年12月，天津海测大队启动"神华黄骅港海域验潮网建设工程"项目，与神华黄骅港务有限责任公司在黄骅港新工作船码头合作建设1座"集采集和发布于一体"的自动化水文站。神华黄骅港务有限责任公司为项目建设单位，主要负责提供建设用地和项目进度管理；天津海测大队为项目技术协作方，主要负责提供仪器设备和运行管理；天津开发区瑞锋科技有限公司为设计单位，主要负责建设方案设计和投资预算。

2010年3月，黄骅港水文站工程竣工交付使用。该水文站为无人值守的简易长期水文站，安装UWL-B型遥测水位计、MPM4700型压力式传感器、终端数据采集器等设备。2012年，水下部分更换为性能更佳的Druck Ptx1840型压力式传感器，量程12米，精度为满量程的0.1%。

截至2015年，黄骅港水文站运行连续稳定，在历次黄骅港及附近海域测量任务中准确提供实时数据。

（四）青岛港董家口港区水文站

青岛港董家口港区位于青岛市南翼的琅琊台湾，是北方海区重要的天然优良不冻深水港。港区附近海域潮汐性质为正规半日潮，受连云港外海半日潮波系统影响，潮汐性质区域性差异明显，总体规律表现为：潮时差沿岸变化，由南向北高潮时刻逐渐推迟；潮差垂直岸线变化明显，由岸向外海潮差逐渐变小。

2011年，天津海测大队拟在青岛港董家口港区建设一座标准长期水文站，并委托中交第一航务工程勘察设计院有限公司设计验潮井和水文站房施工图。经与港方沟通，因在已建成码头打孔存在损坏码头结构的风险，故原方案未能实施。2012年6月，该大队水文信息中心副主任刘雷、技术主管王冬等到青岛港董家口港区现场调研，在其20万吨级矿石码头西侧防波堤端头发现一座预置的验潮井筒尚未启用。该位置可代表港区潮汐性质，建站综合条件较好。随后，经与港方多次商榷，双方达成《合作建设青岛港董家口港区标准长期水文站协议》,港方负责提供建站用地和验潮井筒,天津海测大队负责提供仪器设备和运行管理。同年10月,该大队在实施青岛港董家口港区临时锚地、临时航道连接水域多波束测深系统扫测工程期间,以港区周边C级全球卫星定位系统(GPS)点作为平面控制的起算点,点C097作为四等水准测量的起算点,对在青岛港董家口港区新布设的9个水准点分别实施GPS和四等水准测量,测量成果沿用至今。同年11月,该大队利用该验潮井筒布设简易水文站,并确定了该站的验潮零点。

2013年3月,董家口标准长期水文站开工建设,4月底完成水文站房整体建设和设备安装,同年5月交付使用。水文站钻房采用钢筋混凝土框架结构,建筑面积19平方米。验潮设备采用国家海洋技术中心SCA11-3A型浮子式水位计,量程0~10米,精度为满量程的0.1%,同时配有气象仪器,可观测潮位、能见度、风速、风向、气压、温度、湿度和降雨量等要素。2015年7月,天津海事测绘中心维护该水文站站房,重新粉刷内外墙体、重做房顶防水、更换入室门窗,为该水文站的安全稳定运行提供了保障。

截至2015年,该水文站运行连续稳定,为董家口港区及附近海域水深测量和港区潮汐表编制等提供了重要的基础数据支撑。

(五)营口盘锦港水文站

盘锦港位于营口盘锦市大洼县辽滨乡,地处辽东湾东北部。港区附近海域潮汐性质为正规半日潮,平均涨潮历时5小时左右,平均落潮历时7~8小时。海域内的风暴潮大多由寒潮大风引起,营口港记载的风暴潮最大增水1.77米。热带气旋平均每2年出现1次,一般发生在7—8月,经过该海域时产生大风、暴雨、大浪和风暴增水现象。

2009年盘锦港建设期间,天津海测大队在盘锦港荣兴港区首次布设临时简易验潮站;经与营口鲅鱼圈港同步验潮,并按照国家三(四)等水准测量要求,在盘锦新港舾装码头新布设2个水准点。随着盘锦港建设规模逐步扩大,水文观测需求逐步增加。2011年,天津海测大队与盘锦港集团有限公司建设分公司签订《合作建设盘锦港标准长期水文站协议》。中交水运规划设计院有限公司负责整体设计,盘锦港集团有限公司建设分公司负责提供站房用地和土建施工,天津海测大队负责提供仪器设备和运行管理。2012年11月,盘锦港标准长期水文站竣工并交付使用。该水文站采用框架结构,与码头同步建设。站房层高3米,建筑高度3.75米,建筑面积16平方米。验潮井筒预置于码头的沉箱结构中,井筒长12.40米,直径0.80米,由山东鲍尔浦实业有限公司设计制作,进水管采用直径15.90厘米无缝钢管,未安装消波装置。验潮设备采用国家海洋技术中心SCA11-3A型浮子式水位计,量程0~10米,精度为满量程的0.1%,同时配有气象观测仪器,可观测潮位、能见度、气压和降雨量等要素。

2013年,天津海测大队在盘锦港实施水深测量项目时,在该水文站附近新布设3个水准点,并按规范要求与原在舾装码头所布设的2个水准点实施联测。2014年6月,以四等水准点SPJ6为起算点,通过四等水准引测,并结合观测仪器与人工水尺比对的方式,进一步确定了该水文站的垂直基准关系。

截至2015年,营口盘锦港水文站连续稳定运行,为实现综合性航海保障服务奠定了重要基础。

(六)河北曹妃甸水文站

曹妃甸港区位于渤海湾北部的突出部位,拥有约300平方千米临港工业区,是中国大型人工港口之一。曹妃甸附近海域潮汐性质为不规则半日潮,平均潮高为1.40米。潮流基本为往复流,涨潮流向总体由东向西,甸头西侧略偏北,东侧略偏南;落潮流向总体由西向东,甸头西侧略偏南,东侧略偏北。

21世纪初,曹妃甸港口建设初具规模。在其建港前,天津海测大队曾多次在甸头设立水尺,实施水深测量项目。2006年,该大队实施曹妃甸港区港口航道图基本测量时,在5万吨级杂货码头设立临时验潮站。此后,亦多次在该港布设临时验潮站。

随着曹妃甸港生产规模逐步扩大,港口测绘任务持续增长,水文要素观测需求日益增强,建设一座标准长期水文站尤为必要。2011年,天津海测大队经与唐山曹妃甸矿石码头有限公司多次商榷,双方协定在曹妃甸港矿石三期码头东端共建一座标准长期水文站。该公司负责提供站房用地和土建施工,该大队负责提供仪器设备和运行管理。

曹妃甸水文站所处的曹妃甸港矿石三期码头为高桩板梁结构,码头水域可代表港区潮汐性质,建站综合条件良好。2011年6月,该水文站开工建设,2012年11月工程竣工并交付使用。站房为砖混结构,外墙采用铝塑防火板装饰,低处层高为3.10米,高处层高为4.28米,建筑面积14.43平方米。外挂验潮井筒直径约0.70米,长12.50米,由山东鲍尔浦实业有限公司设计制作,井筒底部成漏斗型,装有消波器,为三层消波漏斗结构,具有较好的消波、防淤性能。该水文站采用太阳能系统供电,验潮设备选用国家海洋技术中心SCA11-3A型浮子式水位计,量程0~10米,精度为满量程的0.1%,同时配有气象观测仪器,可观测潮位、能见度、风速、风向、气压、温度、湿度和降雨量等要素。

天津海测大队通过与天津港东突堤水文站同步验潮,确定了该站的验潮零点。2014年6月,以四等水准点CZ6为起算点,通过四等水准引测,并结合观测仪器与人工水尺比对的方式,进一步确定了该水文站的垂直基准关系。

曹妃甸水文站是北海航海保障系统首批建设的标准长期水文站之一。截至2015年,该站运行连续稳定,为曹妃甸港区及附近海域测量项目提供了潮位数据支持。

四、办公业务用房建设

办公业务用房是北海航海保障系统各单位履行工作职能的基本条件之一。20世纪80年代前,北方海区航测、通信系统主管机关及所属各级管理机构隶属关系曾多次调整变化,先后与海关、海军、航道局、港务局等单位同址办公,基本无独立办公业务用房。

1982年天津航道局接管北方海区干线公用航标时,海军北海舰队移交的办公业务用房仅有位于青岛市市北区六号码头的1座砖木结构二层小楼及7间附属简易平房,新组建的大连、烟台航标区,以及秦皇岛航标管理站等基层单位,均依靠搭建临时简易平房或租用旅馆作为办公场所。为此,天津航道局在原有天津航标队(天津市塘沽区永太路2号,今243号)和海港测量队(河西区黑牛城道34号北楼)等办公业务用房基础上,加大基本建设投资力度,以保证接标后北海航海保障系统各项工作正常运行。截至1988年底,天津航道局累计投资142.66万元,相继建成天津航测处、大连航标区、烟台航标区、天津航标区(东办公楼)办公业务用房,建筑面积总计10731.94平方米,初步缓解了办公业务用房紧张状况。

1988年全国港口体制改革后,随着北海航海保障系统各单位管理机构扩编升格,原有办公业务用房难以满足日常工作需求,逐步改善办公条件遂成为基本建设的重点任务之一。截至1998年,交通部累计投资4288.16万元,相继新建、改建秦皇岛航标处办公业务用房、天津航标区综合业务楼(西办公楼)、青岛和大连航标处(区)办公业务用房、天津海岸电台中控大楼,建筑面积总计17918.87平方米,办公条件得到明显改善。

1999年全国水监体制改革后,各外埠航标处(区)划归天津海事局建制,北海航海保障事业跨入新的历史发展阶段。"十五"至"十二五"期间,天津海事局按照"统筹兼顾、量力而行、逐步完善"的原则,进一步加大基本建设投资力度,通过新建、改造、置换、购建等形式,累计投资25646.73万元,先后完成烟台航标处、天津海事局机关、营口航标处、天津海事测绘中心、秦皇岛航标处办公用房建设和改造,新增建筑面积35714.68平方米,显著改善了办公条件。

图6-2-516 2007年12月21日,交通部海事局常务副局长刘功臣(中)现场检查督导天津海事局综合业务用房工程

截至2015年,北海航海保障系统办公业务用房建设历经解决基本需求、逐步改善、显著提高三个发展阶段,累计投入建设资金30077.55万元,先后建成办公业务用房建筑面积64365.49平方米。北海航海保障中心所属大连、营口、秦皇岛、天津、烟台、青岛航标处,以及天津海事测绘中心、天津通信中心、天津航测科技中心等9个基层单位全部拥有独立办公用房,基本满足业务工作需要,为持续提高各项管理服务水平、加快推进航海保障事业发展提供了基础条件。

(一)主管机关综合业务用房

清同治七年四月初三(1868年4月25日),海关总税务司署通令设立船钞部,并将中国沿海划分为北、中、南3个区段,每段设巡查司1人,统一职掌段内航标、测量等海务事务。其中,北段巡查司常驻芝罘(今烟台),与东海关税务司署同址办公,地址为烟台山西侧滋大路(今烟台市芝罘区海关街6号)。

1947年,海关总税务司署将中国沿海划分为4个海区,按区域分工管理中国沿海航标。胶海关作为第二海区(北方海区局部)航标主管机关,其办公地址为青岛市大港沿路1号(今新疆路16号)。

1950年11月16日,交通部航务总局正式接管全国航标,并增设青岛、上海、厦门、广州4个区海务办事处(后改称区航标处),北方海区干线公用航标由青岛区海务办事处统一管理,办公地址为青岛市伏龙路8号(原青岛海关海务科旧址)。1953年4月28日,中央人民政府政务院决定将交通部所辖沿海航标及相关管理机构全部移交海军管理。北方海区航标由海军青岛基地司令部海道测量处管理,青岛区海务办事处与海军青岛基地司令部同址办公。

1982年交通部接管全国沿海干线公用航标后,天津航道局作为北方海区航测系统主管机关,由天津市塘沽区中心路1号迁址天津市河西区台儿庄路58号(今41号)办公。天津航测处由天津市塘沽区老湾道(今新港路1010号)迁址天津市河西区黑牛城道34号办公。

1988年全国港口体制改革后,天津海监局机关实行两地办公,其中航测业务、综合管理和党群等职能部门在天津市河西区黑牛城道34号办公,航政、通信等职能部门在天津市塘沽区办医街13号办公。该局自建制始,历时15年,局机关两地办公格局维持不变。

2003年6月,天津市人民政府实施河西区黑牛城道拓宽改造工程,决定拆除位于黑牛城道34号的天津海事局机关部分业务用房(南楼)及附属设施。为支持天津市市政建设,同时满足海事业务发展需求,天津海事局决定在市内6区择址新建综合业务用房。当时,天津海事局作为交通部直属海事系统唯一没有独立完整办公业务用房的局级单位,其建房需求得到交通部、天津市等领导机关的理解与支持。同年7月,交通部海事局印发《关于天津海事局综合业务用房前期工作的复函》,批准天津海事局开展工程前期工作。同年10月,天津海事局机关临时租用塘沽区广州道贵州路文安里1号院3号楼,初步实现津塘两地机关同址办公。

2004年10月和2005年11月,交通部分别印发《关于天津海事局综合业务用房可行性研究报告的批复》《关于天津海事局航测科技中心及船员考试中心等业务用房工程可行性研究报告的批复》,批准建设天津海事局综合业务用房、航测科技中心及船员考试中心等业务用房工程。2006年12月,天津市发展和改革委员会印发《关于天津市海上搜救中心业务用房工程可行性研究报告的批复》,批准建设天津市海上搜救中心业务用房工程。随后,交通部海事局和天津市发展和改革委员会分别印发《关于天津海事局综合业务用房工程初步设计的批复》《关于天津海事局航测科技中心及船员考试中心等业务用房工程初步设计的批复》《关于天津市海上搜救中心业务用房工程实施方案的批复》。为充分利用土地资源,节约建设资金,缩短建设周期,经交通部海事局和天津市发展和改革委员会批准,天津海事局将以上业务用房同址建设。随后,成立以局长徐津津为组长、党委书记徐俊池和分管副局长赵亚兴为副组长、相关职能处室领导为成员的工程项目领导小组,下设管理办公室,对加强工程管理、实施有效监督发挥了重要作用。

2006年12月8日,天津海事局综合业务用房工程顺利奠基开工。2007年3月27日,该局决定成立以马亚平为总指挥的工程指挥部,根据局授权和有关规定,履行工程现场管理、工程招标、物资采购、合同签订、资金使用,以及天津市内相关工程手续办理等管理职责,为保证工程质量和施工进度发挥了关键作用。同年10月28日,该工程顺利实现主体封顶,2008年11月8日工程竣工。随后,该工程荣获天津市"金奖海河杯"工程荣誉。

图6-2-517　2006年12月8日,天津海事局综合业务用房工程奠基仪式

图6-2-518　建成后的天津海事局综合业务用房

天津海事局综合业务用房工程位于天津市河西区解放南路369号,挂甲寺北片,解放南路以东,侨馨园以北。工程勘察设计单位为天津市勘察院,设计单位为天津市建筑设计院,监理单位为天津开发区泰达国际咨询监理有限公司,施工总承包单位为长业建设集团有限公司。工程决算由北京高商万达会计师事务所有限公司审核,审定金额为17015.54万元。

天津海事局综合业务用房工程总用地面积9823.10平方米,界内可用地面积5910.20平方米;总建筑面积20397平方米,其中,地上建筑面积17771平方米,地下建筑面积2626平方米。工程主要包括主楼和附楼两部分,主楼地上19层,附楼地上3层,地下均为1层。工程主体为框架剪力墙结构,基础采用桩基承台基础,桩选用钢筋混凝土灌注桩。工程外檐立面以干挂石材为主,局部为玻璃幕墙,主楼屋面为上人屋面。工程内墙以乳胶漆墙面为主,办公室以轻钢龙骨矿棉板吊顶为主,电梯前室、走道以石膏板吊顶为主,卫生间采用微孔铝板吊顶,办公室地面为复合地板,电梯前室、走道为地砖地面,楼梯间为花岗石地面。安装工程包括:生活给排水系统、消火栓及喷淋系统、通风空调系统、电气动力系统、照明及智能化楼宇系统,以及防雷接地系统等。外墙保温材料为40毫米厚B1级挤塑板,楼梯间采用30毫米厚保温颗粒,屋面保温材料为70毫米厚聚苯板,外窗均采用隔热断桥铝合金窗。

图6-2-519　2008年12月18日,天津海事局启用综合业务用房

2008年12月18日,天津海事局启用综合业务用房,并在新落成的综合业务用房隆重举行建局20周年纪念活动,回首20年取得的辉煌成就,展望未来发展的宏伟愿景。

2012年12月20日,北海航海保障中心在天津海事局综合业务用房举行揭牌仪式,并在此对外办公。2014年5月28日,该中心机关迁址天津市滨海新区汇津街62号中心商务区燕赵大厦办公,至2015年未变。

(二)大连航标管理机构办公业务用房

清光绪二十五年(1899),俄国将关东地区租界地命名为"达里尼"(Дальний)。光绪二十八年(1902),俄占当局设立港务局,负责管理大连辖区航标,其办公地点与"达里尼市政府"同址,位于今大连市中山区胜利桥北(大连自然博物馆旧址)。此为大连航标管理机构最早的办公业务用房。

图6-2-520　清光绪二十六年(1900)建设的俄占当局达里尼市政府办公楼

清光绪二十九年(1904),日俄战争爆发,日军再次侵占旅大,大连辖区航标由日占当局负责管理,其主管机关在中山区长江路12号办公。1945年8月15日,日本战败投降后,苏军随即进驻旅大,航标设施由苏军海道测量部驻旅顺海道测量区接管,其办公地址为旅顺自新街36号。1955年5月25日,根据中苏两国《关于中国长春铁路、旅顺口及大连的协定》,苏军撤离旅大地区,原苏军所辖航标设施由中国海军旅顺基地司令部旅顺海道测量区接管,其办公地点仍在原址。1970年搬入新建旅顺基地办公楼(旅顺朝海街1号),直至20世纪80年代初军地移交沿海干线公用航标前未变。

1981年大连航标区成立后,临时租用位于大连市中山区丹东街1号的大连港务局招待所办公,共6个房间,约200平方米。为尽快摆脱无办公业务用房的困境,该区遵照天津航测处统一部署,成立以主任崔守荣为组长的办公业务用房筹建领导小组,启动选址、报批、立项等前期工作,最终确定利用位于大连市西岗区新泰街2号大连第三针织厂职工宿舍(平房)旧址,建设办公业务用房与职工宿舍一体化的综合楼。1983年3月,经天津航道局报批获准,该综合楼开工建设,同年9月工程竣工并交付使用,工程造价35万元。该综合楼为砖混结构,建筑面积1320平方米。其中,大连航标区办公业务用房920平方米,地上5层,一层为门卫、食堂、锅炉房,二、三层为办公场所,四、五层为航标职工宿舍;第三针织厂职工宿舍400平方米。

1989年1月1日大连航标区划归大连海监局建制后,随着航运经济和港口快速建设发展,大连辖区航标数量逐年增多,管理人员逐年增加,办公业务用房难以满足航标事业发展需求。为此,大连航标处(区)于1993年经天津海监局报批获准,启动新建办公业务用房项目,门牌编号为大连市中山区荣民街49号。该项目与大连市寺儿沟住宅区建设工程联建,工程前期手续和配套工程由大连市寺儿沟住宅区建设工程指挥部负责,该处(区)负责单体建设。1994年11月8日,在大连航标处处长徐津津主持下该工程开工建设,1995年11月30日工程竣工,1997年5月30日验收合格并交付使用,工程造价801.33万元。设计单位为沈阳民用设计院大连分院,承建单位为大连亿达建筑工程总公司十二公司,监理单位为大连市建筑工程质量监督站。

大连航标处重建的办公业务用房为混凝土框架结构，建筑面积2366.98平方米，地上6层，一层为门卫和食堂，二层为会议室和职工活动室，三至六层为办公室，楼外无场地。该办公业务用房投入使用后，明显改善了大连航标处机关办公条件。

（三）营口航标管理机构办公业务用房

清同治三年（1864）牛庄海关税务司署设立后，随即在今营口市站前区互助里1号征地修建办公楼，并于同治七年（1868）开始兼办航标设置等海务事项，此为营口航标管理机构最早的办公业务用房。1914年，牛庄海关税务司曾筹划重建办公楼，后因故搁置未果。1923年6月20日，经北洋政府财政部税务处批复同意，牛庄海关税务司署办公楼在原址动工重建，并于1927年竣工投入使用。该办公楼为西式二层红砖结构，建筑面积约500平方米，截至2015年仍保存完好，被辽宁省人民政府确定为省级文物保护单位。

图6-2-521　1997年重建的大连航标处办公业务用房

图6-2-522　1927年重建的牛庄海关办公楼

1931年"九·一八"事变后，日占当局于1933年将营口沿海航标划归伪满洲国营口航政局管理，原海关航标主管部门随之并入营口航政局，该航政局办公地址不详。1949年，东北航政总局在营口成立，负责营口航标管理工作，局址在营口市站前区站前里。

1988年营口海监成立，营口海监局航标科和机关各部门均在位于营口港区1号门附近的营口港务监督办公楼办公。1990年，营口海监局航标科随同该局机关迁至新建的营口市经济技术开发区新港大街1号办公楼办公。1995年营口海监局航标科扩编升格为航标处（副处级）后，随即迁往营口市站前区货场里59号，与营口监督站（今辽河口海事局）同址办公。

随着航运经济发展和港口的快速建设，营口航标处管辖的航标设施和人员数量逐年增加，办公业务用房不能满足航标事业发展需要。2003年，该处处长刘庆利组织开展办公业务用房前期工作，并委托营口市建筑设计研究院前期规划设计。经天津海事局报批获准，由营口航标处实施航标保养基地建设项目，其中包括办公业务用房建设。2005年4月14日，该工程开工建设，同年11月23日工程竣工，2006年6月22日经营口市交通局交通工程质量监督站评为合格工程，同年12月26日通过天津海事局验收，工程造价334.28万元。施工单位为营口港建筑安装工程有限公司，主体装饰单位为营口市第四建筑工程有限公司，监理单位为营口港监理公司。该办公业务用房位于营口市站前区货场里59号，东邻营口边防检查站，西邻营口港机修厂，建筑面积1563.72平方米，钢筋混凝土框架结构，主体4层，建筑高度16.20米，外墙粉刷乳胶漆、局部贴防水瓷砖。自此，营口航标处拥有独立办公业务用房。

2008年12月，由营口航标处处长安红松牵头积极运作、多方协调，经天津海事局报批获准，该处办公业务用房与营口港务集团有限公司在建的综合楼对等置换。置换后的办公业务用房建筑面积3358.50平方米，现浇钢筋混凝土框架结构，外墙饰面干挂花岗岩板和高级外墙涂料饰面，内墙普通抹灰。采用单框双玻铝塑复合金窗，免漆实木门，整体饰块地面。屋面防水层采用5毫米厚SBS防水卷材，保温层采用聚苯乙烯板。建筑高度为17.10米，地上4层，按地震烈度7级设防。

图6-2-523 2008年置换的营口航标处办公业务用房

营口航标处置换的办公业务用房布局为：一层值班室、航标养护中心、后勤事务中心和营口航标管理站；二层计划财务科、办公室（人事教育科）、航标管理科、船舶管理中心和保洁室；三层处办公室、党群工作部、接待室、档案室和荣誉室；四层会议室、视频会议室、图书室、健身室、台球室、乒乓球室和泵房。该办公业务用房位于营口市站前区成福里路9号，北靠辽河，南临营口市主干道辽河大街，交通便利，环境优美，截至2015年未变。

（四）秦皇岛航标管理机构办公业务用房

1984年10月秦皇岛航标管理站组建伊始，在秦皇岛市河北大街和友谊路交叉口西南角临时搭建的简易板房办公，工作条件简陋。1988年初，经天津航道局报批获准，在河北大街80号（今河北大街中段331号）开工建设该站办公业务用房。该项目于1988年12月5日开工建设，翌年12月27日竣工并交付使用，工程造价47万元。设计单位为秦皇岛市建筑设计院，施工单位为秦皇岛市海港区第五建筑公司，监理单位为秦皇岛市工程质量监督局。该办公业务用房为3层砖混结构，建筑面积819.19平方米，场地面积1398.99平方米。1997年5月,经天津海监局报批获准,投资40万元,增建2层砖混结构综合楼1座,建筑面积400平方米,用于门卫、仓库、车库、浴室等。

随着航运经济快速发展,秦皇岛港口建设规模不断扩大,航标数量迅猛增加。截至2008年,秦皇岛航标处管理的航标由建站初期的87座倍增至298座,航标管理维护人员由72人增至114人,原办公业务用房不能满足实际工作需要。2008年,该处临时租用天津航道局位于秦皇岛市海港区河北大街中段329号的房屋和场院办公。2009年,由秦皇岛航标处处长黄凤飞牵头,经过多方咨询和缜密研究,确定购置该房地产作为办公业务用房和航标维护保养基地。2010年10月,完成房地产估价报告。2011年6月,天津海事局转发交通运输部海事局《关于秦皇岛航标处航标维护保养基地购置请示的批复》,批准秦皇岛航标处购置该房地产。同年11月,该处与天津航道局签订房地产转让合同,投资3700万元。2012年5月,秦皇岛市国土资源局出具该宗土地转让批复,该处随后取得土地证和房产证。2013年10月至2014年7月,该处组织实施所购房屋柱、梁局部补强加固和修缮,增设门厅及电梯,更换室内外门窗;完成给排水系统、暖通系统、消防系统、强弱电系统、室外管网改造和场院绿化等。

图6-2-524　2014年购建的秦皇岛航标处办公业务用房

2014年8月,秦皇岛航标处正式迁入新址办公。该办公业务用房建筑面积4404平方米,独立基础,钢筋混凝土框架结构,建筑高度24.30米,主体7层,局部8层,场院面积5601.77平方米。该办公业务用房的使用,显著改善该处办公条件,截至2015年未变。

(五)天津航标管理机构办公业务用房

清咸丰十一年二月十三日(1861年3月23日),津海关税务司署(洋关)正式开关办公。津海关随即设立理船厅,专司辖区航标设施维护管理,以及引水指泊、测量疏浚等事务。清同治元年(1862),津海关在天津法租界紫竹林建设办公楼,其航标管理机构与津海关同址办公,是为天津航标管理机构最早的办公业务用房。因房舍狭窄、年久失修,津海关税务司德璀琳(Detring Gustav von)于清光绪十四年(1888)主持重建津海关办公楼(今和平区营口道2号)。

图 6-2-525　清光绪十四年(1888)重建的津海关办公楼

1949年中华人民共和国成立后,天津港航标由天津港务管理局(航政处,后改称天津港务监督)管理,其办公地址位于天津市内的海河上转头处。1954年,天津港务监督航标科迁址塘沽区永太路2号(今243号)办公。1958年3月29日,天津港务管理局将天津港125座航标移交天津航道局(航道工程科)管理,下设标志组,其工作场所亦在塘沽区永太路2号。1965年,天津航道局在标志组基础上组建航标队,其办公地址未变。

1982年2月,天津航道局致函塘沽区城市建设局,就天津航标区办公业务用房(东办公楼)项目建设征求意见,并委托天津工程地质处勘查地质。同年4月8日,塘沽区城市建设局复函同意该项目建设;5月,天津工程地质处完成地质勘探,并提交勘探报告。之后,天津航测处委托新河船厂基建科负责设计,并通过天津公安局塘沽分局防火审核;委托天津市塘沽建筑工程公司施工,其中污水管道由天津港轮驳公司负责施工。该项目由天津航标区主任叶德恩主持建设,1983年3月24日竣工验收并投入使用,工程造价27.76万元。该办公业务用房建筑面积960平方米,3层砖混结构,基础为条形钢筋混凝土基础,屋顶为预制钢筋混凝土空心板;内墙为水泥砂浆打底,白灰抹面,外刷涂料;外墙饰面为干粘石;采用单面走廊,设门厅1间,会议室2间,办公用房21间,卫生间3个;水、电设施齐备。该办公业务用房位于天津市塘沽区永太路2号。

1988年6月,经天津海监局报批获准,天津航标区启动综合业务楼(西办公楼)建设前期工作,并于1989年3月开工建设,1990年6月工程竣工并投入使用,工程造价96万元。该综合业务楼建设由天津航标区主任辛艺强主持,与办公业务用房(东办公楼)同址建设,位于天津航标区场院西侧,占地面积274平方米,建筑面积735平方米。该业务楼主体3层,局部2层,砖混结构,钢筋混凝土基础;内墙为白灰砂浆打底,白灰抹面,外刷涂料;外墙饰面为水刷石,室内为水磨石地面;采用单面走廊,一、二层为办公用房,设办公室14间,卫生间2个;三层作为会议室及档案室;水、电、暖设施齐备。

图 6-2-526　1983 年和 1990 年建设的天津航标区办公业务用房

1997年5月，经天津海监局报批获准，天津航标区在该综合业务楼三层①～③轴间实施加层建设。同年7月15日，该项目开工建设，8月15日工程竣工并交付使用，工程造价7万元。设计单位为天津港务局设计研究院，施工单位为天津市长祥建筑公司。加层建筑面积56平方米，用作该区档案室。

经过长期使用，该办公业务用房和综合办公楼室内地面、墙面、门窗、电器线路及给排水系统存在不同程度损坏。2001年，经天津海事局报批获准，对其实施改造工程。同年9月，天津航标处委托天津房友工程造价咨询有限公司代理招标，中标单位为中建六局装饰工程公司，中标金额41.41万元。2002年5月，改造工程通过竣工验收。

历经天津航道局、天津海监局、天津海事局和北海航海保障中心四个时期建设，天津航标处机关拥有办公业务用房（东办公楼）和综合业务楼（西办公楼）2座，建筑面积1751平方米。截至2015年，该办公业务用房仍在正常使用。

（六）烟台航标管理机构办公业务用房

清同治二年二月初五（1863年3月23日），东海关税务司署成立，内设理船厅，专司灯塔维护、引水指泊、测量疏浚等事宜。翌年，东海关税务司署办公楼建成，建筑面积983平方米，关址在烟台山下滋大路6号（今烟台市芝罘区海关街6号），理船厅建制后在此办公。此为烟台航标管理机构最早的办公业务用房。

此后，烟台航标管理机构几经变化，直至烟台航标区成立前，仍无独立办公业务用房。1981年7月，烟台航标区开始筹建。随后，经天津航测处与烟台市城建局协商，决定在天津航道局烟台航道二处基地内选址建设烟台航标区办公业务用房。同年10月15日，天津航道局印发《关于烟台航标区建设用地的通知》《烟台航标区办公业务用房建设任务书》。翌年1月15日，天津航道局印发《关于烟台航标区建设用地决定的通知》，确定在芝罘岛烟台航道二处基地划出不小于5000平方米区域，作为烟台航标区办公业务用房场地;在港池岸线适当位置,划出100米岸线及连同岸线后方陆域5000平方米,作为航标器材堆放场地。根据《交通部1982年交通计划(草案)》,该项目于1982年2月开工建设,同年11月工程竣工,工程造价23.41万元。

图6-2-527　清同治三年(1864)建设的东海关税务司署办公楼

该项目为天津航道局接管海军干线航标后首批建设的办公业务用房之一,建筑面积690平方米,3层砖混结构,位于烟台市芝罘区环海路70号。之后,天津航道局局长李增才主持局长办公会研究决定,烟台航道二处无偿划拨烟台航标区的建设用地增至63425平方米。1989年烟台航标处(区)成立后,将该宗土地确权登记放在重要位置,烟台航标处领导与政府有关部门多次沟通协调,几经周折,于1993年3月取得土地使用证书,为该处(区)长远发展奠定了重要基础。

21世纪,随着航运经济快速发展,港口建设规模不断扩大,烟台辖区管理的航标数量成倍增加,加之该办公业务用房已使用18年,电源线路、排水系统、供暖系统等均出现问题,不能保障日常工作需要。2000年7月,烟台航标处处长韩鲁蓬组织有关人员研究制订办公楼改造方案,并向天津海事局提出改造申请。同年12月7日,根据天津海事局转发《2000年航测三项费用调整计划的通知》,该处对该房屋实施加固改造。改造过程中,经烟台市房管局鉴定,认定该房屋已近危房,建议立即拆除。随即,烟台航标处申请重建办公业务用房。2001年4月28日,天津海事局转发交通部海事局《2001年航测专项建设改造计划》,批准该处办公业务用房原址重建。2002年6月,该项目开工建设,2004年5月工程竣工验收后交付使用。设计单位为烟台市新型材料建筑设计院,主体施工单位为烟台建设集团四分公司,装饰施工单位为烟台中平实业有限公司,监理单位为山东港通工程管理咨询有限公司。

烟台航标处重建的办公业务用房主体5层,局部6层,建筑面积2805.14平方米,钢筋混凝土框架结构,钢筋混凝土独立基础,水泥瓦坡屋顶,外檐采用塑钢窗,墙体采用轻体结构墙。建筑安全等级2级,抗震设防烈度7度,框架抗震等级3级。2005年1月5日,天津金达信有限责任会计师事务所负责竣工财务决算审计,工程造价470万元。该办公业务用房建成并投入使用,显著改善了烟台航标处机关办公条件。

图 6-2-528　2004 年重建的烟台航标处办公业务用房

（七）青岛航标管理机构办公业务用房

清光绪二十三年（1897）德国强占青岛后，于光绪二十六年五月初五（1900 年 6 月 1 日）设立港务局，包揽码头修筑、海道测量、航标设置等一切海务事项，其总部位于青岛港附近（今青岛市包头路五号），为 2 层欧式砖木结构建筑，相关机构均在此办公。此为青岛航标管理机构最早的办公业务用房。1914 年 11 月，日军攻占青岛，港口码头及附属设施设备大多遭受损毁。之后，青岛港及附属航标设施历经日占当局、北洋政府、南京国民政府驻青港航部门管理，管理机构更迭频繁，动荡不定，办公场所亦多次变动，具体地址因史料匮乏已不可考。

图 6-2-529　清光绪二十六年（1900）德占当局港务局办公楼

1945 年日本战败投降后，青岛沿海航标由胶海关接管，其办公地址位于青岛市新疆路 16 号（今青岛海关博物馆）。该办公楼为砖石结构，主体 3 层主楼（局部 4 层）1 座，2 层副楼 2 座，办公用房 78 间，建筑面积3295.57平方米,工程造价18万马克,由德国建筑师费特考尔设计、施密特公司施工建造,历经百年风雨沧桑,迄今保存完好,被青岛市人民政府评定为历史优秀建筑。

1950年10月28日,遵照中央人民政府政务院《关于关税政策和海关工作的决定》,青岛辖区航标及相关设施设备由交通部航务总局青岛区海务办事处接管,其办公地址位于青岛市伏龙路8号。1953年7月5日,遵照中央人民政府政务院决定,交通部裁撤青岛区海务办事处,将其所辖航标及相关设施设备移交海军青岛基地司令部管理,其管理人员成建制划转海军海道测量部门,与海军青岛基地司令部同址办公。

1982年青岛航标区成立后,利用北海舰队移交的位于青岛市市北区六号码头五号的航标工场业务用房作为机关办公场所。此时,除1座砖木结构2层老式小楼(始建年代不详)外,其余7间附属用房均为简易平房。后因年久失修,房屋破损严重,1988年4月1日经青岛市房产管理局现场鉴定,认为该房屋多数已近危房,建议立即大修或重建。据此,经天津海监局报批获准,青岛航标处(区)启动办公业务用房重建前期工作,并于1989年7月先后完成初步设计和施工设计、原有建筑拆除、"三通一平"及施工审批手续办理。后因青岛港务局提出该办公业务用房建设影响港口总体布局规划,致使工程停滞。1990年8月,经青岛海监局与青岛港务局协商,双方达成土地使用权置换协议,将该处(区)办公用房建设地点迁至青岛港六号码头沿岸东北角地段(今青岛市市北区六号码头七号)。之后,根据交通部投资计划,青岛航标处处长王洪顺组织工程技术人员适时调整设计方案,分两期实施迁建工程。第一期工程投资90万元,于1990年12月开工建设,1991年8月工程竣工,建成4层办公业务用房(局部5层)1座。该办公业务用房建筑面积1580平方米,楼高24.74米,层高3.30米;基础采用钢筋混凝土基础,一层外墙为蘑菇石结构,二层以上为砖混结构,外墙为玻璃马赛克,内墙粉刷白色涂料。第二期工程投资185万元,于1991年12月开工建设,1992年8月工程竣工,建成3层综合楼1座,为砖混结构,建筑面积1328.75平方米(含车库、锅炉房、浴室、食堂、仓库等),楼高13.70米,与办公业务用房形成错落有致、浑然一体的建筑风格。传达室建筑面积30.40平方米,建筑高度7.10米,局部有小塔楼装饰,与办公业务用房顶部塔楼遥相呼应。场院面积1846平方米,围墙长252米,场院大门设在南侧,采用蘑菇石门垛,透空钢门。

图6-2-530　2008年扩建的青岛航标处办公业务用房

2001年,经天津海事局报批获准,投资90万元,青岛航标处对办公业务用房装修改造,并将其与综合楼连接为一体,增加65平方米门厅。2008年,经天津海事局报批获准和青岛市规划局审批,投资150万元,该处完成综合楼三层平台接建,增加房屋使用面积327平方米。同时,该处根据青岛国际邮轮母港总体规划要求,组织实施办公业务用房顶层"平改坡"等美化亮化工程。至此,该处办公业务用房总面积达3331.15平方米,基本满足青岛辖区航标管理工作发展需求。

(八)天津海事测绘中心办公业务用房

1955年5月海港测量队组建后,因其承担全国沿海港口航道测量任务,全队人员始终伴随测绘作业地点转移而举家迁徙,临时租住旅馆、招待所、职工宿舍办公和生活,可谓居无定所。1958年5月,交通部将该队"一分为二",分别划归天津航道局和上海河道管理局建制,其中划归天津航道局的22名职工及部分家属,于1959年3月由上海迁至天津市塘沽区四码头永太路2号(天津港务监督房产)办公和生活。之后,该队先后租借天津小孙庄船厂、天津市河东区大桥道职工宿舍、天津市河西区台儿庄路58号院2号楼作为临时办公场所,直至20世纪70年代中期,尚无自有的办公业务用房。

1975年9月,天津航道局与天津市西郊区长青公社东方红大队签订征地协议,在河西区营调所西侧(今河西区黑牛城道34号)征地7003.50平方米,用于海港测量队办公业务用房建设,并成立由该队副队长阴雨田、工程师汪慰祖为主要成员的基建工作班子,具体负责工程组织实施。该项目于1975年9开工建设,1976年7月工程竣工,工程造价24.19万元。工程勘察设计单位为天津市建筑设计院,施工单位为天津市第四建筑工程公司。该项工程建设办公业务用房1栋,以及食堂、锅炉房、浴室、传达室等附属用房,建筑面积2519.49平方米。其中,办公业务用房建筑面积2352.14平方米,4层混砖结构,钢筋混凝土基础,办公室和走廊内墙以抹灰墙面为主,地面和楼梯为混凝土,外窗为木质。安装工程包括:生活给排水系统、消防系统、暖气系统、电气动力系统、照明系统、防雷接地系统等。1976年7月28日,唐山发生"7·28"大地震,该办公业务用房主体结构完好无损,仅作了预制钢筋混凝土圈梁加固处置。1977年10月,该队迁至河西区黑牛城道34号办公,首次拥有独立办公业务用房。

图6-2-531 2008年购建的天津海测大队办公业务用房

1988年全国港口体制改革后,天津海监局机关综合管理和党群等职能部门迁址天津市河西区黑牛城道34号办公,天津海测大队迁址天津市河西区洞庭路31号办公。该地原为天津航测处航标器材仓库,改建作为该大队办公业务用房。计有办公业务用房2座:南侧办公业务用房建筑面积1790.88平方米,东侧办公业务用房建筑面积1225.17平方米,场院面积2880平方米。之后,该大队陆续实施部分零星土建项目,新建传达室12平方米、充电室31.73平方米,车库146.19平方米,总建筑面积达到3205.97平方米。

2005年,随着天津海测大队测量业务和职工队伍不断增长,原有办公业务用房已不适应发展需求。2007年,该大队队长孙洪志牵头组织专门工作班子,几经调研选址,最终选择购置河西区郁江道21号A座商品房作为办公业务用房。此后,经天津海事局报批获准,投资3348万元,购置7层框架结构商品房,建筑面积4358.04平方米。2008年5月12日,该大队迁入新办公业务用房办公。随后,经天津海事局报批获准,投资210.50万元,该大队实施外挂电梯、内部改造等建设项目,显著改善了办公条件。

(九)天津通信中心办公业务用房

1920年,中华民国政府交通部在大沽邮电局内设长波无线电电台,专为引导船舶和工程通信之用,此为天津海岸电台的起源,亦为其最早的办公场所。1924年,中华民国政府在天津电信局内增设一长波电台。1937年,日军侵占天津地区后,霸占上述两座电台,成立海工通信兼陆地通信的海岸局,局址在塘沽,台址在市内六里台。1945年日本战败投降后,南京国民政府接管海岸局,并扩建电台,台址未变。

1949年天津解放,天津电信局接收天津海岸电台,主要业务为公众船舶电报、海事救助和气象转播。1953年12月,天津海岸电台划归天津区港务管理局管理,地址在塘沽新港办医街11号,同时与原招商局航务电台合并。招商局航务电台前身为招商局天津分局专用电台,台址在和平区(国民政府时期称六区)哈尔滨道6号,为1栋建筑面积300平方米的2层楼房。1954—1970年,该电台管理关系几经调整,但办公地址和办公条件无大变化。

1970年,遵照国务院、中央军委转发《总参谋部关于当前处理无线电管理问题的请示报告的通知》,在位于塘沽区解放门南侧海河北岸的收信台场院增设中控台,作为业务和办公之用。该中控台为3层砖混楼房,建筑面积1413.57平方米,场院面积15000平方米,天线场地面积600平方米。

1992年9月11日,天津海监局报送《关于天津海岸电台改建工程初步设计文件的函》。1995年9月20日,经交通部批准,天津海岸电台改建工程开工建设,1998年10月工程竣工。建设单位为天津海监局,设计单位为天津建筑设计院,工程总承包单位为交通部第一航务工程局第四工程公司,监理单位为天津港港务工程质量监督站,工程造价3021.83万元。工程负责人为天津海监局计划基建处处长辛艺强和通信站副站长陈振明。

天津海岸电台改建工程的主要项目是中控大楼建设。该中控大楼位于塘沽新港解放门附近的海河边(今塘沽区航一路1361号),地上10层,局部11层,钢筋混凝土框架、剪力墙、砖砌体围护结构,平面轴线尺寸37.80米×13.60米,呈长方形,建筑面积5922平方米。楼内设有两部电梯,中部、西部设双跑步行楼梯。底层设6米×6米门厅,门厅设4

图6-2-532　1998年建设的天津海监局通信站(处)中控大楼

根圆柱,门头为花岗岩贴面,外墙贴面砖。附属设施建筑面积4680.55平方米,其中小二楼997平方米,库房436.74平方米,车间286.36平方米,食堂1029.80平方米,锅炉房及配套设施319.12平方米,充气室10.89平方米,3层楼房1413.57平方米,传达室45.17平方米,危标房37.12平方米,油机房56.18平方米,水泵房41.04平方米,小仓库7.56平方米。随后,该土建工程经天津港港务工程质量监督站评定为优良工程。

1998年10月,天津海监局通信站(处)机关和原中控台、收信台无线电报业务坐席迁入中控大楼办公。该大楼作为办公和通信业务综合用房,集中了较为完备的海上通信手段,组成了一个包括电话、电报和数据通信业务的综合性通信枢纽。

2005年,该中控大楼实施集中供热工程,将原独立供暖管线并入塘沽地区集中供热网络。2005年9月25日,该工程开工建设,同年11月25日工程竣工,工程造价287万元。外网配套工程由永利供热公司承担,内部用热系统改造与换热站工程由天津开发区海顺建筑装修有限公司承担。

截至2015年,该办公业务用房仍在继续使用。

(十)天津航测科技中心办公业务用房

天津航测科技中心办公业务用房位于天津市河西区黑牛城道34号。该办公业务用房始建于1975年,占地面积3957.31平方米,主要包括:办公业务用房和食堂、锅炉房、浴室、传达室等附属用房建筑面积2519.49平方米,其中办公业务用房建筑面积2352.14平方米。最初,该办公业务用房为海港测量队使用,随后曾作为天津海监局、天津海事局机关办公业务用房。

1980年10月天津航测处成立后,选址在海港测量队办公业务用房南侧新建一栋办公业务用房。该办公业务用房投资32.30万元,为砖混结构,地上4层,建筑面积2436.48平方米,于1981年11月开工建设,翌年6月竣工并交付使用。至此,黑牛城道34号办公业务用房建筑面积达到4955.97平方米。1984年6月,天津航测维修中心成立,直到1989年1月更名为天津航测科技中心,均在此与天津海事局机关同址办公。

图6-2-533　2015年天津航测科技中心办公业务用房

2003年6月,天津市根据城市规划拓宽黑牛城道快速路,黑牛城道34号南侧办公业务用房以及部分附属用房属于规划区域。天津海事局服从城市规划,同意拆除建筑面积2436.48平方米的南侧办公业务用房,并迁址塘沽区临时办公。随后,天津市房管局对建筑物和土地重新确权。拆迁期间,天津航测科技中心迁址河西区平江道谊景小区畅园里综合楼7号三楼临时办公,2005年5月回迁办公。至此,该中心拥有基本独立的办公业务用房,产权归天津海事局所有。随后,该中心陆续实施内部装修改造等工程项目,初步改善办公环境。

2012年北海航海保障中心成立后,天津海事局航测科技中心改称北海航海保障中心天津航测科技中心,办公地址至2015年未变。

2015年,天津市将河西区黑牛城道定格为迎宾大道,由市政投资,统一装饰沿路建筑物外观,使天津航测科技中心的办公环境得到明显改善。

五、基层台站业务用房建设

基层台站系指北海航海保障系统具有区域性管理职能的航标管理站和船舶管理中心,以及通信系统具有独立台址的收信台、发信台等。

北海航海保障系统基层台站始建于海军管理航标时期。20世纪60年代初,海军北海舰队在辖区设立小长山、蓬莱、乳山口、沙子口、唐岛湾等航标站,分工管理各自驻地附近助航设施。除小长山航标站拥有建筑面积235.75平方米的独立业务用房外,其他航标站均与海军其他单位同址办公,一直延续至海军移交沿海干线航标未变。

20世纪70—80年代,按照国际公约相关要求,交通部统一组织实施海岸电台大规模改扩建工程。其中,天津海岸电台迁建工程投资968.76万元,新建收、发信台业务用房7170平方米。

1982年天津航道局接管北方海区干线公用航标后,先后设立小长山、大连大港、秦皇岛、天津、蓬莱、威海、石岛、石臼等航标站(队)。其中,除小长山、秦皇岛、石臼航标站和天津航标区航标队外,其他航标站均采用租借业务用房方式办公。为尽快改变基层单位业务用房窘困局面、满足航标管理工作迫切需要,该局集中财力物力,相继建造了一批航标站业务用房。截至1988年,累计投资54.43万元,新建蓬莱、威海、大连大港、长海航标站业务用房,建筑面积1416.52平方米。

图 6-2-534　1983年建设的威海航标站业务用房

1988年全国港口体制改革后,随着港口建设发展和航标数量增加,北海航海保障系统基层航标站增至14个,大连、天津、烟台、青岛航标处(区)首次设置船队,以便集中管理航标船舶。在此期间,经天津海监局报批获准,累计投资692.21万元,新建秦皇岛、石岛、芝罘湾航标站,以及天津航标区航标队和大连、青岛航标处(区)船队等基层单位业务用房,重建和改建长海、蓬莱、威海航标站业务用房,新增基层台站业务用房建筑面积5231.81平方米。其中,威海航标站利用社会资金,联合开发建设业务用房建筑面积1618平方米。

1999年全国水监系统体制改革后,按照交通部海事局统一部署要求,天津海事局在接管部分港口专用航标基础上,分别组织实施部分港口航标综合改造工程和陆岛运输航线航标配布工程,北方海区航标数量成倍增长,航标站点布局及业务用房建设亦随之不断发展完善。

截至2015年,北海航海保障系统基层台站增至44个,其中航标管理站38个、船舶管理中心6个。在此期间,交通(运输)部海事局累计投资9830.31万元,新建、重建、改建基层台站业务用房33处(不含大连、营口、秦皇岛、烟台、青岛、哈尔滨海岸电台),建筑面积总计32031.24平方米,场院面积279343.70平方米,其建筑规模、房屋质量、综合功能等均达到历史最好水平。

1982—2015年北海航海保障系统基层台站业务用房建设一览表

表6-2-117

类别	序号	台站名称	建筑面积（平方米）	场院面积（平方米）	投资规模（万元）	启用日期	备注
大连辖区	1	船舶管理中心	120	0	19.46	1998年10月	合建
	2	长海航标管理站	533.90	675	250	2007年9月	2007年迁建
	3	大窑湾航标管理站	719.82	1140	320	2009年7月	首建
	4	旅顺航标管理站	890.17	2433	551	2010年12月	首建
	5	长兴岛航标管理站	552	1000	39.77	2011年2月	改建
	6	大港航标管理站	112	—	29.96	2012年6月	1987年始建
	7	庄河航标管理站	602	33150.30	380	2014年4月	置换
	8	大连航标管理站	—	—	—	—	借用
营口辖区	1	锦州航标管理站	583.50	6671	199.53	2007年9月	首建
	2	鲅鱼圈航标管理站	1526.10	2377	630	2012年12月	1990年始建
	3	营口航标管理站	—	—	—	—	合用
	4	仙人岛航标管理站	—	—	—	—	合用
	5	船舶管理中心	—	—	—	—	合用
秦皇岛辖区	1	秦皇岛港航标管理站	873.12	1800	130	1998年5月	首建
	2	京唐港航标管理站	1008.33	4212.38	279	2010年1月	首建
	3	山海关航标管理站	900	3816.80	578	2013年12月	首建
	4	秦皇岛航标管理站	—	—	—	—	合用
	5	秦皇岛船舶管理中心	—	—	—	—	合用
天津辖区	1	船舶管理中心	430.50	7000	66	1997年6月	首建
	2	黄骅航标管理站	1943	3232.76	514.54	2009年8月	首建
	3	天津港航标管理站	1198.60	10000	322.59	2011年7月	首建
	4	上古林航标管理站	1198	33004.40	300	2013年1月	1972年始建
	5	曹妃甸航标管理站	—	—	—	—	借用
	6	东风航标管理站	—	—	—	—	合用
	7	临港航标管理站	—	—	—	—	借用

〔续表〕

类别	序号	台站名称	建筑面积（平方米）	场院面积（平方米）	投资规模（万元）	启用日期	备注
烟台辖区	1	石岛航标管理站	813.19	210.00	66.80	1995年9月	首建
	2	威海航标管理站	1618	505	置换	1996年9月	1983年始建
	3	成山头航标管理站	398.43	630	置换	1999年4月	1941年始建
	4	龙口航标管理站	725.16	532.44	240	2002年4月	首建
	5	蓬莱航标管理站	484	2013	108	2004年4月	1984年始建
	6	潍坊航标管理站	609.52	350	250	2004年12月	首建
	7	芝罘湾航标管理站	547	180	置换	2007年9月	1996年始建
	8	长岛航标管理站	640	7698.96	210	2009年12月	首建
	9	莱州航标管理站	1569	3304	892	2014年12月	首建
	10	船舶管理中心	—	—	—	—	合用
青岛辖区	1	船舶管理中心	270	—	198	1995年1月	趸船
	2	日照航标管理站	626	6667	285.90	2001年3月	1985年始建
	3	海阳航标管理站	516	6529.90	80	2008年12月	首建
	4	岚山航标管理站	830	4476.80	300	2010年8月	首建
	5	胶南航标管理站	936.95	6667	521	2011年12月	首建
	6	青岛航标管理站	—	—	—	—	借用
	7	青岛港航标管理站	—	—	—	—	合用
	8	即墨航标管理站	1086.95	6667	1100	2013年12月	首建（筹备）
	9	董家口航标管理站	—	—	—	—	借用（筹备）
天津通信中心	1	收信台	3824	47600	849.51	1985年4月	1937年始建 1977年迁建
	2	发信台	3346	74800	119.25	1985年4月	1937年始建 1977年迁建
合计		46	32031.24	279343.70	9830.31		

（一）大连基层台站业务用房

1981年8月大连航标区成立伊始，基层单位仅有小长山航标站具有区域性航标管理职能。随着航运经济不断发展和港口建设不断推进，大连航标管理机构辖区航标数量快速增长，相关基层单位随之得到逐步加强与完善。历经30余年发展变化，相继组建长海、大港、大窑湾、旅顺、庄河、长兴岛、大连航标管理站和船舶管理中心等基层单位，并先后建成与其管理职责相适应的业务用房。

1.长海航标管理站业务用房

长海航标管理站的前身为小长山航标站。该站业务用房始建于日本占领时期，位于长海县小长山岛回龙村老爷庙屯，为四合院式砖瓦房建筑，占地面积1980平方米，建筑面积235.75平方米，房屋12间。1982年大连航标区接管长海航标后，为方便小长山航标站职工生活，经天津航测处批准，决定将该站迁至大长山岛，并在大长山岛四块石镇大盐场（今大长山岛镇东山街C园53号）新建业务用房1栋。1985年5月21日，该站业务用房开工建设，同年11月15日竣工验收并交付使用。该业务用房场院面积1343.18平方米，建筑面积658.52平方米，其中仓库209.50平方米，砖混结构，地上2层，工程造价25万元。1986年1月，小长山航标站迁至该业务用房办公，更名为长海航标站。1994年，为解决已婚职工住房问题,大连航标区将该站仓库以外的业务用房改为驻岛职工家属宿舍,该站在大长山岛租房办公。在此期间,长海县经济蓬勃发展,陆岛运输日益繁忙,航标数量逐年增加。2007年初,经天津海事局报批获准,大连航标处在大长山岛镇东山社区43-1号新建业务用房。该业务用房场院面积675平方米,建筑面积533.90平方米,框架结构,地上3层,工程造价250万元。同年9月,工程通过竣工验收并交付使用。

2. 大港航标管理站业务用房

大港航标站(今大港航标管理站)成立于1986年5月,临时借用大连港装卸联合公司轮驳公司航道队2间房屋办公。1987年1月,大连航标区在大连港52区建成建筑面积120平方米的轻体房作为业务用房,工程造价16.25万元。直到2011年7月,经多年使用的轻体房已成危房,大连航标处遂委托大连安泰建设有限公司将其拆除,并投资29.96万元,原址重建业务用房。该业务用房建筑面积112平方米,钢结构,地上2层,2012年6月竣工验收并交付使用。

3. 船舶管理中心业务用房

大连航标处(区)船队(今船舶管理中心)成立于1991年3月,与大连航标处(区)机关在大连市荣民街49号同址办公。1999年10月,大连航标处投资19.46万元,购置大连轮驳公司在大连港52区新建的业务用房120平方米,用作船队业务用房。大连航标处(区)拥有该房屋30年使用权,产权归大连港务局所有。2013年船队更名为船舶管理中心后,仍在此处办公,并在同址四楼另租用2个房间作为会议室。

4. 长兴岛航标管理站业务用房

长兴岛航标站(今长兴岛航标管理站)成立于1991年3月,其业务用房位于长兴岛经济区长兴岛街道办事处新港村。该业务用房由海军随标移交,建筑面积252.50平方米。之后,经大连航标区(处)先后4次大修和扩建改造,建筑面积增至552平方米,场院面积1000平方米,场院区围墙400米。其中,新增接待室、办公室、招待所各1间,宿舍2间,以及厨房、餐厅、锅炉房等,并对场院实施综合改造。2012年该站更名为长兴岛航标管理站后,仍在此办公。

图6-2-535　2009年建设的大窑湾航标站业务用房

5. 大窑湾航标管理站业务用房

大窑湾航标站（今大窑湾航标管理站）成立于1994年5月，由大窑湾港务公司在新港居民楼安排2个房间临时办公。2005年12月，经大连航标处与大连港集团沟通协调，大连港集团以《关于建设大窑湾航标站业务用房和浮标堆放场地的复函》，同意在大连保税区大窑湾综合服务区建设大窑湾航标站业务用房和航标保养场地，以每平方米600元/平方米的价格（不含税）有偿转让土地1140平方米，建筑红线外的供水、供电、供暖和道路等主要设施及主干线网由大港集团负责建设。2007年9月，大连航标处依据交通部海事局《关于大连航标处大窑湾航标站业务用房初步设计的批复》，开工建设该站业务用房。该业务用房建筑面积719.82平方米，框架结构，地上3层，工程造价320万元；设计单位为大连联海建筑设计有限公司，施工单位为大连泓源建设有限公司，监理单位为大连开发区长城建设监理有限公司。2009年7月21日，该业务用房通过竣工验收并投入使用。

6. 庄河航标管理站业务用房

庄河航标站（今庄河航标管理站）成立于1999年10月，其业务用房位于庄河市新兴产业经济区临港产业园区。该站成立之初，利用原庄河导航台职工宿舍临时办公。2010年3月，经天津海事局报批获准，大连航标处在庄河港新建航标保养基地。该基地建筑面积974.82平方米，其中业务用房建筑面积206.07平方米。2013年8月，经庄河市政府协调，大连航标处将原庄河导航台60000平方米和航标保养基地13986平方米土地，置换至庄河市新兴产业经济区临港产业园区。置换后的土地面积为60000.30平方米。随即，交通运输部海事局投资380万元，建设业务用房建筑面积602平方米，场院面积33150.30平方米，以及场院围墙、"三通一平"等附属工程建设。2014年4月18日，该业务用房通过竣工验收并交付使用。

7. 旅顺航标管理站业务用房

旅顺航标管理站成立于2006年8月，利用老铁山灯塔业务用房办公。2009年11月，经天津海事局报批获准，该站业务用房开工建设，翌年12月25日交付使用，设计单位为大连新大地建筑研究设计有限公司，施工单位为大连泓源建设有限公司，监理单位为大连辽贸建设监理有限公司。该业务用房位于旅顺口区开发区顺达路5号，场院面积2433平方米，建筑面积890.17平方米，框架结构，地上3层，建筑高度12米，屋面防水等级3级，抗震设防烈度7度，消防耐火等级2级，使用年限50年，工程造价551万元。

截至2015年，大连航标处所辖7个航标管理站和1个船舶管理中心，除大连航标管理站临时借用天津海事测绘中心大连测绘工作基地办公外，其他均拥有独立业务用房，建筑面积总计3529.89平方米，基层航标职工的工作和生活环境得到明显改善。

（二）营口基层台站业务用房

1995年营口航标处成立初期，尚未设置基层航标站。随着航运经济不断发展和港口建设不断推进，该处辖区航标数量和基层航标管理单位不断增加，相继组建营口、鲅鱼圈、锦州、仙人岛航标管理站和船舶管理中心等基层单位，并先后建成与其管理职责相适应的业务用房。

1. 营口航标管理站业务用房

营口航标站（今营口航标管理站）成立于2000年9月，其业务用房位于营口港区1号门附近。该业务用房始建于日伪占据时期，为二层砖混结构桶式红砖小楼，建筑面积70平方米，历经数次翻修改造，是北海航海保障系统曾作为航标站业务用房始建最早并迄今保存最为完好的建筑物。该业务用房曾长期作为营口港务监督办公场所以及营口航标班业务用房。该站成立后，作为其业务用房，一层是航标班和灯器工具仓库，二层是航标站办公室。2008年12月，由于此业务用房面积过小，难以满足营口港航标管理工作发展需要，营口航标站迁至营口航标处机关办公业务用房同址办公。

图 6-2-536　始建于东北沦陷时期的营口航标站业务用房

2. 鲅鱼圈航标管理站业务用房

鲅鱼圈航标站(今鲅鱼圈航标管理站)成立于 2000 年 9 月,与原鲅鱼圈海事处同址办公,地点位于鲅鱼圈港区。2001 年营口航标处划归天津海事局建制后,营口海事局将位于鲅鱼圈港区 1 号门进港路南的原营口海监局办公楼移交营口航标处,作为鲅鱼圈航标站业务用房,建筑面积 1594 平方米。截至 2011 年,该办公楼已使用 20 年,营口市房屋主管部门鉴定其为危房,营口航标处随即上报改造计划。2012 年 6 月 30 日,经天津海事局报批获准,鲅鱼圈航标站业务用房危房改造项目开工建设,12 月 30 日工程竣工交付使用,工程造价 630 万元,设计单位为营口同济建筑设计有限公司,施工单位为营口天辅建筑工程有限公司。该业务用房建筑面积 1510.80 平方米,地上 5 层,钢筋混凝土框架结构,抗震设防烈度 7 度;门卫房建筑面积 15.30 平方米,场院面积 2377 平方米,围墙 210 延米。

图 6-2-537　2007 年建设的锦州航标站业务用房

3. 锦州航标管理站业务用房

锦州航标站(今锦州航标管理站)成立于2003年9月,在锦州港股份有限公司临时提供的场所办公。2006年9月,经天津海事局报批获准,锦州航标站业务用房工程开工建设,2007年9月工程竣工投入使用,工程造价199.53万元,设计单位为锦州市建筑设计研究院,施工单位为锦州建筑安装有限责任公司。该业务用房位于锦州经济技术开发区,建筑面积583.50平方米,主体2层,局部3层,层高3.60米,钢筋混凝土框架结构,按抗震设防烈度7度;场院面积6671平方米,围墙320延米。

截至2015年,营口航标处所辖鲅鱼圈、锦州航标管理站各拥有独立业务用房1处,建筑面积总计2179.60平方米;仙人岛航标管理站与鲅鱼圈航标管理站同址办公,船舶管理中心、营口航标管理站与营口航标处机关同址办公。

(三)秦皇岛基层台站业务用房

1990年1月秦皇岛航标处成立后,下辖南山头灯塔、秦皇岛航标站。随着航标业务不断发展,航标基层管理机构随之增加,相继增设秦皇岛港、京唐港、山海关航标管理站和船舶管理中心等基层单位,并先后建成与其管理职责相适应的业务用房。

1. 秦皇岛港航标管理站业务用房

秦皇岛航标站(今秦皇岛港航标管理站)成立于1990年,其业务用房位于秦皇岛港区,建筑面积70平方米,场院面积2016平方米。随着秦皇岛港建设规模不断扩大,辖区航标数量迅速增加,原业务用房难以满足航标业务工作正常开展。1996年,经秦皇岛航标处与秦皇岛港务局协商,以秦皇岛航标站业务用房及所属场院与秦皇岛港务局所属秦皇岛市河北大街东段付48号土地置换。同年6月,经天津海监局报批获准,该站新业务用房于1997年11月28日开工建设,翌年5月31日工程竣工交付使用,工程造价130万元,设计单位为秦皇岛市建筑设计院,施工单位为秦皇岛金泽建筑工程有限公司,监理单位为秦皇岛市工程质量监督局。该项目建筑面积873.12平方米,场院面积1800平方米。其中,办公业务用房建筑面积733.40平方米,地上2层,砖混结构;附属锅炉房(后改造为食堂、浴室)建筑面积139.72平方米。2013年10月,该站更名为秦皇岛港航标管理站后,仍在此办公。

2. 京唐港航标管理站业务用房

京唐港航标站(今京唐港航标管理站)成立于2007年4月,其业务用房位于唐山海港开发区京唐港区。2008年9月15日,经天津海事局报批获准,京唐港航标站业务用房及保养基地开工建设,2010年1月通过验收并交付使用,工程造价454万元,建设单位为秦皇岛航标处,设计单位为秦皇岛市建筑设计院,施工单位为大连富强建设集团有限公司,监理单位为唐山海港港兴监理咨询有限公司。该项目占地面积10164.78平方米,其中场院面积4212.38平方米,业务用房建筑面积1008.33平方米,地上3层,钢筋混凝土框架结构,建筑高度10.60米,抗震设防烈度7度,附属用房244.09平方米。

3. 山海关航标管理站业务用房

山海关航标管理站业务用房于2013年8月23日开工建设,同年12月20日工程竣工交付使用,位于秦皇岛开发区东区杭州东路1号,占地面积6332平方米,其中场院面积3816.80平方米。该业务用房578万元,建筑面积900平方米(含门卫房40平方米),建筑高度14.09米,钢筋混凝土框架结构,结构安全等级2级,抗震设防烈度6度,使用年限50年。该项目建设单位为秦皇岛航标处,设计单位为秦皇岛市永生建设工程咨询有限公司,施工单位为河北省第三建筑工程有限公司,监理单位为秦皇岛合众工程管理咨询有限公司。

截至2015年,秦皇岛航标处所辖秦皇岛港、京唐港区、山海关航标管理站均拥有独立业务用房,建筑面积总计2781.45平方米;秦皇岛航标管理站始终与南山头灯塔合署办公,船舶管理中心与航标处机关同址办公。

第六章 基础设施与船舶

图6-2-538　2013年建设的山海关航标管理站业务用房

（四）天津基层台站业务用房

1981年8月天津航标区成立后，下设北塘指向标站、上古林导航台、航标修理所等基层单位。随着航运经济快速发展和港口建设持续推进，天津辖区航标数量和基层航标管理单位不断增加，相继组建天津港、临港、上古林、黄骅、东风、曹妃甸航标管理站和船舶管理中心等基层单位，并分别建成与其管理职责相适应的业务用房。

1. 天津港航标管理站业务用房

天津港航标管理站曾用名天津航道局标志组、天津航道局航标队、天津航测大队航标队、天津航标区修理所、天津航标区航标队、天津港航标站，均负责天津港航标维护管理。伴随天津辖区航标事业发展，其办公地址和业务用房曾发生数次变化。1965年3月，天津航道局在标志组基础上组建航标队；1971年1月，经天津航道局核准，天津航测大队组建航标队；1982年9月，天津航道局接管北方海区沿海干线航标，天津航标区组建修理所；1989年8月，经天津海监局核准，天津航标区下设航标队，其办公地址始终在天津市塘沽区永太路2号。随着天津航标区业务范围不断拓展和机关人员逐步增加，区、队长期同址办公使得业务用房紧张状况日益加剧。

1994年，经天津海监局报批获准，确定在天津港南疆航标工作船码头后方建设航标基地和业务用房。1995年5月，该项目开工建设；1997年6月，工程竣工验收；同年8月22日，航标队迁至南疆业务用房办公。该业务用房为2层砖混结构，建筑面积430.50平方米，场院面积7000平方米，工程造价491万元，其中业务用房66万元；设计单位为天津港务局设计所，施工单位为天津市宝坻县北坛乡建筑公司。2005年6月，该队更名为天津港航标站，办公地址未变。

2010年，经天津海事局报批获准，天津港航标站业务用房于同年8月10日开工建设，2011年4月30日竣工验收并交付使用。该业务用房位于天津港南一路与南疆路交口，场院占地面积10000平方米，房屋建筑面积1198.60平方米，主体3层，建筑高度13.35米，钢筋混凝土框架结构，抗震设防烈度7度，工程总造价322.59万元；场地测量单位为国家测绘局第一大地测量队，设计单位为机械工业第六设计研究院有限公司，施工单位为天津新安建筑工程有限公司，监理单位为天津市塘沽海洋高新技术开发区工程监理有限公司。2011年7月，天津港航标站由南疆业务用房迁至此处办公,原业务用房移交天津航标处船队使用。2005年6月,天津港航标站更名为天津港航标管理站,仍在此办公。

2. 黄骅、东风航标管理站业务用房

黄骅、东风航标站(今黄骅、东风航标管理站)成立于2006年12月,隶属黄骅航标处管理,与该处机关同址办公。2007年12月25日,经天津海事局报批获准,黄骅航标保养基地及业务用房项目开工建设,2009年8月工程竣工并交付使用,黄骅、东风航标站随同黄骅航标处迁入办公。该项目位于河北省沧州市渤海新区二号路与三号路交口,场院面积3232.76平方米,房屋建筑面积1943平方米(含门卫房37平方米),钢筋混凝土框架结构,地上5层,建筑高度20.10米,首层层高4.50米,二至五层层高3.60米,水电暖等配套设施齐全,工程总造价514.54万元;建设单位为天津航标处,设计单位为天津大学建筑设计研究院,施工单位为天津六建建筑工程有限公司,工程监理单位为黄骅市工程建设监理有限公司。2012年12月,黄骅航标处裁撤,黄骅、东风航标站更名为黄骅、东风航标管理站,一并划归天津航标处管理,该业务用房交由黄骅航标管理站管理使用。

图6-2-539　2009年建设的黄骅、东风航标站业务用房

3. 上古林航标管理站业务用房

上古林航标站(今上古林航标管理站)成立于2010年12月,其业务用房位于天津滨海新区大港城区东部,为原上古林导航台业务用房。2012年4月26日,经天津海事局报批获准,该业务用房改造项目开工建设,同年9月30日工程竣工并交付使用,工程造价300万元;地质勘查单位为天津市地质工程勘察院,设计单位为机械工业第六设计研究院有限公司,施工单位为天津市求实建筑工程有限公司,监理单位为北京华兴建设监理咨询有限公司天津分公司。该项目场院面积33004.40平方米,房屋建筑面积1198平方米,地上3层,建筑高度13.35米,首层高4.50米,二、三层高3.90米,钢筋混凝土框架结构,抗震设防烈度7度,水电等设施配套齐全,并安装VRV多联中央智能空调系统。2012年12月,该站更名为上古林航标管理站,随即迁至新业务用房办公。

截至2015年,天津航标处所属天津港、上古林、黄骅航标管理站和船舶管理中心拥有独立业务用房,建筑面积总计4770.10平方米。临港航标管理站借用临港信号台业务用房办公,曹妃甸航标管理站借用西港码头有限公司业务用房办公,东风航标管理站与黄骅航标管理站同址办公。

(五)烟台基层台站业务用房

1981年8月烟台航标区成立后,所辖蓬莱、威海、石岛航标站均采用租借业务用房办公。为此,天津航道局筹集资金,首先为蓬莱、威海等远离区机关的基层台站新建业务用房,初步缓解了北海航海保障系统基层单位没有办公用房的窘困局面。随着航运经济快速发展和港口建设持续推进,烟台航标处相继组建潍坊、莱州、龙口、长岛、芝罘湾、成山头航标管理站和船舶管理中心等基层单位,并分别建成与其管理职责相适应的业务用房。

1. 威海航标管理站业务用房

威海航标站(今威海航标管理站)成立于1982年4月,临时租用威海市机关招待所1个约30平方米的房间办公。次年,经天津航测处报批获准,烟台航标区在威海市建设街58号征地3733.40平方米,开工建设威海航标站业务用房,于1983年10月竣工投入使用,设计施工单位为威海市环翠区温泉建筑公司。该业务用房建筑面积206平方米,地上2层,共10个房间,工程造价2.58万元。1993年4月,经天津海监局报批获准,由威海市第二城市建设开发公司出资,与烟台航标处(区)联合在威海航标站场院内建设综合业务用房和职工宿舍,开发成果五五分成。1994年4月,该项目正式启动,1996年9月工程告竣,交付威海航标站建筑面积3478平方米,其中业务用房1258平方米、综合业务楼360平方米、职工宿舍24套1860平方米。该业务用房为钢筋混凝土框架结构,地上5层,其中4层属于威海航标站。

2. 蓬莱航标管理站业务用房

蓬莱航标站(今蓬莱航标管理站)成立于1982年4月,系海军成建制移交烟台航标区管理的基层单位,但其原使用的业务用房未作移交。1984年初,经天津航测处报批核准,烟台航标区在蓬莱市海滨西路征地2533平方米,开工建设蓬莱航标站业务用房,同年6月竣工交付使用。该业务用房建筑面积432平方米,地上3层,房间15个,工程造价10.80万元。之后,对该站业务用房有两次扩(重)建。第一次扩建:1996年4—12月,经天津海监局报批获准,对该业务用房实施加层改造,并新建锅炉房、职工食堂等附属设施,新增建筑面积108平方米,工程造价30万元,施工单位为蓬莱水城建筑公司。第二次重建:2002年5月,由于蓬莱市政府对海滨路拓宽改造,该站场院向南缩移17米,占地面积减至2013平方米,2004年4月,经天津海事局报批获准,开工重建该站业务用房,同年4月竣工交付使用。该业务用房建筑面积484平方米,砖混结构,地上3层,工程造价108万元。2012年12月,该站更名为蓬莱航标管理站,仍在此办公。

图6-2-540 2004年重建的蓬莱航标站业务用房

3. 石岛航标管理站业务用房

石岛航标站(今石岛航标管理站)成立于1984年7月,曾长期采用租借房屋方式办公。1995年9月,经天津海监局报批获准,投资66.80万元,在山东荣成市石岛镇黄海中路96号为石岛航标站购置业务用房。该业务用房建筑面积813.19平方米,砖混结构,地上4层,场院面积210平方米。2012年12月,该站更名为石岛航标管理站,仍在此办公。

4. 船舶管理中心业务用房

烟台航标处(区)船队(今船舶管理中心)成立于1990年12月,临时使用烟台航标工作船码头附近的航标修理车间(部分)办公。不久,迁至烟台航标处机关2号楼三楼,与后勤服务中心同址办公。2012年12月,该船队更名为船舶管理中心,仍在此处办公。

5. 芝罘湾航标管理站业务用房

芝罘湾航标站(今芝罘湾航标管理站)成立于1996年2月。同年6月,经天津海监局报批获准,投资73.95万元,在烟台港西港池后导标场院内开工建设砖混结构业务用房建筑面积515平方米,1998年1月竣工投入使用。2007年9月,根据烟台市统一规划,该地域实施综合改造,原业务用房拆除,该站业务用房置换至烟台市芝罘区华信家园90号楼(二至三层),建筑面积547平方米。2012年12月,该站更名为芝罘湾航标管理站,仍在此办公。

6. 成山头航标管理站业务用房

1998年,烟台海监局在成山头建设交通管理系统(VTS),对原成山头指向标站业务用房实施综合改造,作为烟台海监局成山头分局业务用房。1999年4月,成山头航标站(今成山头航标管理站)成立后,使用其中1座独立楼房作为业务用房,建筑面积398.43平方米,产权归烟台海事局所有。2012年12月,该站更名为成山头航标管理站,仍在此办公。

7. 龙口航标管理站业务用房

龙口航标站(今龙口航标管理站)成立于2001年8月。翌年4月,经天津海事局报批获准,投资240万元,购置并改造商品房作为该站业务用房。该业务用房位于龙口市高新技术开发区海滨小区1号楼,建筑面积725.16平方米,钢筋混凝土框架结构,地上4层,层高3米,场院面积532.44平方米。2012年12月,该站更名为龙口航标管理站,仍在此办公。

8. 潍坊航标管理站业务用房

潍坊航标站(今潍坊航标管理站)成立于2002年5月,初期临时租房办公。2004年12月,经天津海事局报批获准,投资250万元,购置并改造商品房作为该站业务用房。该业务用房位于潍坊市高新区富华路6号,建筑面积609.52平方米,钢筋混凝土框架结构,地上2层,场院面积350平方米。2012年12月,该站更名为潍坊航标管理站,仍在此办公。

9. 长岛航标管理站业务用房

长岛航标站(今长岛航标管理站)成立于2007年8月。翌年9月,经天津海事局报批获准,投资210万元建设该站业务用房,2009年12月12日竣工交付使用。该业务用房位于长岛县南长山镇长园路370号,建筑面积640平方米,钢筋混凝土框架结构,场院面积7698.76平方米。2012年12月,该站更名为长岛航标管理站,仍在此办公。

10. 莱州航标管理站业务用房

莱州航标站(今莱州航标管理站)成立于2011年8月,初期临时租房办公。2013年10月,经天津海事局报批获准,投资892万元,购置商品房作为该站业务用房。后经加固改造,于2014年12月竣工交付使用。该业务用房位于莱州市三山岛新立村,建筑面积1569平方米,场院面积3304平方米。2012年12月,该站更名为莱州航标管理站,仍在此办公。

截至2015年,烟台航标处所辖基层台站业务用房建筑面积总计7404.30平方米,除船舶管理中心与处机关同址办公外,其他9个航标管理站均拥有独立业务用房,有效改善了一线航标职工工作和生活环境。

(六)青岛基层台站业务用房

1981年8月青岛航标区成立后,除石臼航标站外,其他基层单位实行"站船合一"管理模式,直至港口体制改革前未设立其他区域性航标管理站。随着辖区航运经济和港口快速发展,青岛航标处(区)相继在青岛、岚山、胶南、海阳、即墨、董家口等地增设航标管理站,并分别建成与其管理职责相适应的业务用房。

1.日照航标管理站业务用房

石臼航标站(今日照航标管理站)成立于1986年8月,其业务用房位于石臼万平口黄海一路138号,建筑面积440平方米,砖混结构,地上2层,场院面积2800平方米,由原石臼港务局投资建造。1998年,根据港口发展建设规划,该业务用房由日照港务局收回拆除。为此,经天津海监局报批获准,决定在日照开发区择址新建日照航标站业务用房。1999年11月15日,该站业务用房开工建设,2001年3月通过验收并交付使用,工程造价235.90万元;设计单位为日照市开发区建筑规划设计院,施工单位为日照市开发区建筑安装工程公司,监理单位为日照市开发区工程建设监理公司。该业务用房位于日照市开发区连云港路77号,建筑面积626平方米,砖混结构,地上3层,半地下1层,层高2.2米;场院面积6667平方米。2009年,经天津海事局报批获准,投资50万元,对该业务用房实施装修改造,主要包括:门窗更新、室内装修、暖气改造、外墙粉刷等。2012年12月,该站更名为日照航标管理站,仍在此办公。

图6-2-541 2001年建设的日照航标站业务用房

2.青岛航标管理站业务用房

青岛航标管理站的前身为灯塔管理站,成立于1989年9月,先后在青岛航标处机关、团岛灯塔、青岛灯塔工基地办公,至2015年底尚无独立业务用房。2016年12月,该站迁至青岛市辽阳西路225号办公。此处房屋原为海军水警区航标器材仓库,建筑面积356平方米,砖混结构,地上2层,水电、门卫等配套设施齐全,场院面积2680.80平方米。后经修缮改造,面貌焕然一新。

3.青岛船舶管理中心业务用房

青岛航标处(区)船队(今船舶管理中心)成立于1989年9月,起初在1艘老旧泥驳上办公,使用面积为280平方米。后因该泥驳主骨架及船体外板锈蚀严重,无修复价值,经天津海监局报批获准,投资198万元,新建45.4米趸船1艘。1994年8月10日,该趸船由青岛东风船厂开工建造,1995年1月8日交付使用。该趸船上层建筑2层,使用面积270平方米,一层为器材仓库、工作间和船员活动室,二层为5间办公室和1个小会议室。之后,该队先后更名为青岛港航标管理站、青岛航标处船舶管理中心(青岛港航标管理站机构编制保留),截至2015年仍在该趸船办公。

图6-2-542　1995年建造的青岛船队办公用趸船

4. 岚山航标管理站业务用房

岚山航标站(今岚山航标管理站)成立于2007年11月,原业务用房位于日照市岚山区王家海屋。2009年8月,经天津海事局报批获准,将该站原业务用房和场院与日照港务局岚山北港区16号门实施土地置换,并投资300万元,新建岚山航标站业务用房。同年12月,该业务用房开工建设,2010年8月竣工交付使用。新业务用房建筑面积830平方米(含传达室80平方米),钢筋混凝土框架结构,地上3层,场院面积4476.80平方米。2012年12月,该站更名为岚山航标管理站,仍在此办公。

5. 海阳航标管理站业务用房

海阳航标站(今海阳航标管理站)业务用房位于海阳市海阳港区凤来路112号。2007年7月,青岛航标处就筹建海阳航标站业务用房事宜,与海阳市政府和海阳港务局多次协商,达成"从海阳港现有填海土地中划拨6666平方米,供青岛航标处建设业务用房和航标保养场地专用"的协议。经天津海事局报批获准,该站业务用房于2008年10月开工建设,同年12月15日竣工交付使用,工程造价80万元。该业务用房建筑面积516平方米,框架结构,地上2层,场院面积6529.90平方米。2012年12月,该站更名为海阳航标管理站,仍在此办公。

6. 胶南航标管理站业务用房

胶南航标站(今胶南航标管理站)成立于2011年2月。经天津海事局报批获准,该站业务用房于同年8月开工建设,12月5日竣工交付使用,工程造价521万元。该业务用房位于胶南市灵山卫海港路676号,建筑面积936.95平方米(含传达室80平方米),框架结构,地上3层,场院面积6667平方米。2012年12月,该站更名为胶南航标管理站,仍在此办公。

7. 即墨航标管理站业务用房

即墨航标站(今即墨航标管理站)筹备组成立于2011年2月。经天津海事局报批获准,该站业务用房于同年9月开工建设,2013年12月竣工交付使用,工程造价1100万元。该业务用房位于即墨市田横岛省级旅游度假区疏港公路7号,建筑面积1086.95平方米(含传达室80.40平方米),框架结构,地上3层,场院面积6667平方米。

截至2015年,青岛航标处所辖8个航标管理站和1个船舶管理中心,除青岛港、董家口航标管理站临时借用其他单位房屋办公外,其他6个航标管理站和船舶管理中心均拥有独立业务用房,建筑面积总计4265.90平方米。

(七)天津海岸电台收、发信台业务用房

收信台和发信台是海岸电台的重要组成部分。伴随着科技进步和通信方式、手段的变化,天津海岸电台的收、发信台台址和业务用房亦发生多次变化。

20世纪20年代中国海岸电台初创时期,无线电报台均为收发同址的小型电台。1937年7月,日军侵占天津后,日占当局新建"两址式"电台,其受信所(收信台)位于六里台,送信所(发信台)位于河北大经路(今中山路)。此为天津海岸电台最早的收、发信台台址。

1949年1月15日天津解放,中国人民解放军天津市军事管制委员会接管天津电信局,并迁址新建海岸电台。收信台位于八里台(今天津大学院内),发信台位于法政桥附近(今律纬路与新开河接头处)。1954年,天津海岸电台迁址塘沽,发信台位于新港七米原发电厂旧址,收信台位于新港解放门南侧海河北岸卡子门。

之后,随着国民经济发展和航运外贸业务增加,天津海岸电台的收发信能力、通信状况和工作环境不能满足港口和航运发展需求,迫切需要另觅新址重建。1970年6月12日,交通部军事管制委员会批准迁建天津海岸电台,并确定该工程代号为"6·15"工程。随后,展开电台迁建选址工作,发信台台址选定在东郊区魏王庄北侧,收信台台址初次选在义和庄南、王宝圈东北、大垎村西北的坟地位置。1974年6月,当该工程即将开工之际,邮电部设计院获悉收信台台址与天津市规划的南环铁路发生矛盾,工程遂告暂停,直至1975年4月最终选址在塘沽黄港建设收信台。1977年8月,交通部批准该工程扩初设计,正式开工建设,1985年4月2日工程竣工并交付使用,工程造价968.76万元。该工程土建部分由天津建筑设计院设计,中建六局三公司施工;遥控电缆部分由北京邮电设计所设计,北京电信工程公司施工;天线部分由天津邮电局设计,江苏省溧阳县施工队安装铁塔,邮电部西安二公司架设收发天线。

1985年12月20日,天津海岸电台"6·15"迁建工程通过竣工验收。天津海岸电台收、发信机房为单层钢筋混凝土排架结构,屋面为大型屋面板结构。业务用房、职工宿舍等其他建筑屋面采用预应力圆孔板,屋面与砖墙拉结,砖砌体配筋加固。基础选用钢筋混凝土条形基础。为保证通信不间断,收、发信台机房及天线铁塔按天津地区基本抗震烈度提高1度即9度设防,其他建筑物按基本抗震烈度8度设防。

图6-2-543　1985年重建的天津海岸电台收信台(左)和发信台业务用房(右)

重建的收信台场院面积 3.22 万平方米,天线场地面积 1.54 万平方米,共 4.76 万平方米;业务用房建筑面积 3824 平方米,其中收信机房 902 平方米、职工食堂 469 平方米、办公及职工宿舍 1870 平方米、水泵房 46 平方米、电力室 205 平方米、油库 54 平方米、警卫室 15 平方米、锅炉房 231 平方米、传达室 32 平方米。

重建的发信台场院面积 3.37 万平方米,天线场地面积 4.11 万平方米,共 7.48 万平方米;业务用房建筑面积 3346 平方米,其中发信机房 909 平方米、职工食堂 247 平方米、办公及职工宿舍 1017 平方米、技术准备室 601 平方米、水泵房 46 平方米、油机房 204 平方米、油库 54 平方米、警卫室 15 平方米、锅炉房 216 平方米、传达室 37 平方米。

"6·15"工程交付使用后,天线效率提高,报务量激增,转报率大幅下降,通信职工工作和生活条件得到明显改善。截至 2015 年,天津海岸电台收、发信台业务用房及附属设施完好并正常使用。

第三节 船舶建造

船舶是人类从事航海活动的必备工具,亦是北海航海保障系统航标设置、补给、维护,以及港口航道测量作业的主要装备。航测船舶按其专业用途分为航标船和测量船两类,按其功能作用分为大型、中型、小型三个等级。

清同治七年(1868)海关船钞部成立后,首次购置 10 艘船舶,其中从英国购置的"俳徵"轮最大排水量 1000 吨,主要承担航标巡检补给、水道测量、海上缉私三项任务。1919—1926 年,海关分期分批从英国订购(造)了 20 艘航标专用船舶(时称灯塔补给运输船),其中"春星""海星""流星""海光"系专为航标作业设计的主力船,排水量分别为 2300 吨、2000 吨、800 吨、600 吨,日常驻泊上海港,主要负责全国沿海干线航标检修补给作业。

图 6-3-544　20 世纪 20 年代,海关购置的"春星"轮灯塔补给运输船

在日本侵华期间,如上航测船舶被悉数劫夺征用,多数毁于战火。1945年抗日战争胜利后,海关通过联合国善后救济总署获得一批美国海军退役船舶,作为海上缉私船和灯塔补给运输船,并按照战前旧制,分别命名为"春星""海星""流星""景星""福星"等。在通常情况下,灯塔补给运输船由海关总税务司署海务科集中管理,统一调配实施跨海区作业。1947年,海关将全国沿海划分为四个海区,第二海区(今北方海区局部)干线航标检修补给作业主要由驻青岛的"海威"号大型航标船实施。1948年,该船被调往台湾后,作为第二海区航标主管机关的胶海关仅能依靠"威海""天顺"等小型汽艇勉强维持航标补给作业。

1949年中华人民共和国成立后,根据政务院《关于关税政策和海关工作的决定》,海关将所属航标及相关船艇于1950年11月全部移交交通部管理。此时,正值中国人民志愿军赴朝抗击以美国为首的侵略军,中国沿海军事斗争形势骤然紧张。为尽快恢复北洋航运,"流星"号大型航标船于11月6日奉命从上海启航北巡,冒着严寒、顶着风浪,一路补给检修大公岛、朝连岛、镆铘岛、猴矶岛、岠嵫岛等沿海干线灯塔,并实施龙口港和曹妃甸附近水域全测。12月4日,"流星"轮抵达天津港后,交通部航务总局在天津塘沽隆重召开祝捷大会,授予该轮"开路先锋"锦旗,表彰相关航测技术人员和全体船员为恢复北洋航路作出的重要贡献。

1953年6月,遵照政务院指示,交通部将沿海航标和相关航标船舶(天津、营口等河口港除外)移交海军管理。之后,海军先后自主研发建造排水量1120吨的985型航标船和排水量1750吨的994型航标船各3艘,专用于航标维护保养和补给作业。

1980年天津航测处成立后,在原有5艘航标船、2艘测量船的基础上,进一步加大航测船舶建造力度,并历经天津航道局、天津海监局、天津海事局和北海航海保障中心四个建设时期,航测船舶建造呈现"大型化、智能化、多功能化"的发展趋势,船舶规模和科技含量不断提升,整体实力逐步增强。在此期间,北海航海保障系统累计投资34582.01万元,先后建造航测船舶62艘,总排水量18243.47吨。其中,大型航标船3艘,中型航标船3艘(其中1艘调拨上海海监局镇海航标区),小型航标船艇49艘(其中航标夹持船、电磁吸盘船9艘),中小型测量船艇4艘,趸船3艘。

图6-3-545　2012年8月,大型航标船"海标11""海标12"轮参加"全国海区航测系统发展30周年"编队航行

截至2015年,北海航海保障系统拥有现役航测船舶39艘,总排水量14424吨,总功率32119.62千瓦。其中,大型航标船3艘,中型航标船2艘,小型航标船艇27艘,中小型测量船艇4艘,其他船舶3艘。船舶的科技含量和作业功能的综合性、安全性、便捷性显著提升,基本形成"结构合理、种类齐全、

功能完善"的航测船舶系列。特别是自主研制的新型大型航标船、中型航标船、航标夹持船、电磁吸盘船和配置"湿井式测量仪器安装装置"的中型测量船列编使用，催生航标测量作业方式重大变革，为提升北海航海保障事业现代化水平提供了重要支撑，并取得5项省部级科技成果奖和2项国家专利。在此期间，北海航海保障系统船舶技术改造项目亦取得1项省部级科技成果奖、7项国家专利和1项软件著作权。

一、大型航标船建造

大型航标船系指具有大、中型浮标吊运能力的航标布设船。按照交通部相关规范标准，平均每300座大、中型浮标配置1艘大型航标船。其主要负责所在海区海上助航标志的布设、撤除、复位，周期性航标更换作业，年度定期航标巡检，以及对各类航标技术状态的综合测试等工作；配合有关重点航标工程建设；执行所在海区或上级指令，承担跨海区应急航标布设和海上溢油清理等工作。

在海关管理航标期间，大型航标船均由海关总税务司署海务部门统一掌管和调配使用，北海航海保障系统尚未配置此类船舶。1959年4月，交通部将"海建"轮调配天津航道局管理使用，是为该系统配置的第一艘大型航标船。该轮除负责天津港航标作业外，同时承担渤海、黄海、东海部分港口难以独立承担的大型浮标布设和撤换等工作，为保障船舶航行安全立下汗马功劳。在海军管理全国沿海公用航标期间，自主研发建造中国首批944型大型航标船，作为航标主力船舶配属各舰队。该型船舶船长72.30米，型宽11.80米，最大吃水4米，满载排水量1750吨，最大航速14节，起吊能力12吨。

1982年天津航道局接管北方海区干线公用航标后，先后研发建造3艘大型航标船。特别是2011年天津海事局组织研制的新一代大型航标船"海标15"轮，在国内首次实现甲板航标作业机械化，显著提升了北方海区航标作业及应急保障能力，为引领中国航标船舶技术发展积累了经验。在此期间，这些大型航标船多次参与辖区港口航标配布等国家重点工程建设，以及重大海难搜救抢险、海上溢油处置等应急行动，战功卓著，屡受嘉奖。

图6-3-546　2011年11月17日，天津海事局副局长聂乾震在"海标15"轮列编仪式上致辞

截至2015年，北海航海保障系统在编大型航标船总计3艘，累计航程318459.15海里，完成航标作业17165座次，年均海上作业近百天，始终保持良好适航状态。

表 6-3-118　1981—2015 年北海航海保障系统船舶建造一览表

船舶类型	序号	船名	主尺度（米）长×宽×深	排水量（吨）	功率（千瓦）主机	功率（千瓦）发电机	设计航速（节）	起重（吨）	建造厂商	服役时间	投资（万元）	配置区域	备注
大型航标船	1	海巡 151	72.30×11.80×6	1750	970×2	133×2+250	14	12	天津新河船厂	1983 年 12 月	535	天津	现役
大型航标船	2	海巡 152	72.35×11.80×6	1815	971×2	133×4	14	12	南京金陵船厂	1990 年 5 月	894.78	天津	现役
大型航标船	3	海巡 153	73.34×14×6.20	2308.50	1600×2	351×3	15	20	武汉南华船舶公司	2011 年 11 月	10882	天津	现役
中型航标船	4	B-16	58×9.80×4.40	889	794×2	90×3	14	8	江苏江扬船厂	1989 年		镇海	调拨
中型航标船	5	海巡 1501	58.43×9.80×4.40	889	800×2	133.10×2+140	14.50	8	江苏江扬船厂	1990 年 8 月	613.22	青岛	现役
中型航标船	6	海巡 1503	57.90×9.80×4.40	903	800×2	119.90×3	14.50	8	浙江钱江船厂	1993 年 7 月	1005	秦皇岛	现役
小型航标船	7	津航标 6	28×5.20×2.60	98.60	102×2	20.79	10.50	5	613（建造厂代号）	1981 年	64.74	不详	2005 报废
小型航标船	8	B-101	28×5.20×2.60	98.60	105×2	24×2	10.50	0.50	上海江南船厂	1981 年	65	大连	1997 报废
小型航标船	9	B-102	28×5.20×2.60	98.60	105×2	24×2	10.50	0.50	上海江南船厂	1981 年	64	烟台	报废
小型航标船	10	B-103	28×5.20×2.60	98.60	105×2	24×2	10.50	0.50	上海江南船厂	1981 年	64	青岛	报废
小型航标船	11	B-104	28×5.20×2.60	98.60	105×2	24×2	10.50	0.50	上海江南船厂	1982 年	64	青岛	1997 报废
小型航标船	12	B-105	28×5.20×2.60	98.60	105×2	24×2	10.50	0.50	上海江南船厂	1982 年	64	大连	报废
小型航标船	13	B-106	28×5.20×2.60	98.60	105×2	24×2	10.50	0.50	上海江南船厂	1982 年	64	不详	报废
小型航标船	14	B-107	28×5.20×2.60	98.60	105×2	24×2	10.50	0.50	上海江南船厂	1982 年	64	烟台	报废
小型航标船	15	B-108	28×5.20×2.60	98.60	105×2	24×2	10.50	0.50	上海江南船厂	1982 年	64	烟台	报废
小型航标船	16	B-109	27.50×5.40×2.70	113.12	176×2	11.5×1	10	—	温州新华船厂	1982 年	55	大连	1999 报废
小型航标船	17	B-111	27.50×5.40×2.70	123.20	176×2	11.5×1	10	—	温州新华船厂	1982 年	55	天津	1995 报废
小型航标船	18	B-112	27.50×5.48×2.70	113.12	176×2	11.5×1	10	—	温州新华船厂	1982 年	55	秦皇岛	1996 报废
小型航标船	19	B-113	27.50×5.40×2.70	123.20	176×2	11.5×1	10	—	温州新华船厂	1982 年	56	烟台	报废
小型航标船	20	B-115	27.50×5.40×2.70	113.12	176×2	11.50×1	10	—	温州新华船厂	1982 年	55	青岛	报废
小型航标船	21	B-114	27.50×5.40×2.70	113.12	176×2	11.50×1	10	—	温州新华船厂	1983 年	58	烟台	报废
小型航标船	22	B-120	11.66×6.08×2.60	10.22	32	—	5	—	427（建造船代号）	1983 年		不详	报废

第六章　基础设施与船舶

[续表一]

船舶类型	序号	船名	主尺度(米) 长×宽×深	排水量(吨)	功率(千瓦) 主机	功率(千瓦) 发电机	设计航速(节)	起重(吨)	建造厂商	服役时间	投资(万元)	配置区域	备注
	23	B-119	25.03×6.10×2.60	155	99×2	19.50×1	8	—	南昌江西船厂	1985年	60.70	天津	2001报废
	24	营监联02	24.50×5.00×1.80	79	105×2	—	8.50	—	营口船厂	1985年	30	营口	报废
	25	B-117	49.98×9.40×3.85	533.35	294×2	64×2	11.50	—	温州新华船厂	1986年	262	烟台	2003报废
	26	B-118	49.98×9.40×3.85	533.35	294×2	64×2	11.50	—	温州新华船厂	1986年	262	大连	2003报废
	27	B-121	13.20×2.80×1.35	11.50	128×1	—	10	—	江苏江都船厂	1987年	15	大连	报废
	28	B-122	13.50×3.70×1.65	18	220×1	—	14	—	江苏江都船厂	1988年	26	青岛	报废
	29	海巡15001	34.50×5.80×2.80	161.27	237×2	33.80×2	12.80	—	浙江钱江船厂	1995年7月	374	烟台	现役
	30	海巡15002	42.16×8.20×3.60	432.81	809	152.30×2	12	0.75	中港一航局船厂	1996年12月	1006	天津	现役
	31	海巡15003	33.66×5.80×2.90	161.01	237×2	32.40×2	12.50	—	浙江钱江船厂	1996年12月	418	大连	现役
	32	海巡15006	31.94×5.80×2.90	147	339×2	55.90×2	13.30	—	中港一航局船厂	1997年1月	426	秦皇岛	现役
	33	海巡15005	33.66×5.80×2.90	158.56	237×2	40×2	12.5	—	浙江钱江船厂	1997年4月	430	青岛	现役
	34	海巡15007	42.16×8.20×3.60	440.62	829	169.20×2	12.80	0.75	中港一航局船厂	1998年4月	1048	烟台	现役
	35	海巡15008	33.66×5.80×2.90	158.56	237×2	29.41×2	12.50	—	浙江钱江船厂	1998年12月	438	青岛	现役
小型航标船	36	海巡15009	42.16×8.20×3.60	440	809	176×1 140×1	12.80	0.75	中港一航局船厂	1999年1月	1056	大连	现役
	37	海巡15010	31.42×5.80×2.90	121.94	339×2	66.99×2	13.30	—	中港一航局船厂	1999年3月	428	营口	现役
	38	海巡15011	20×4×2.10	26	205×2	12	19.50	—	宜昌中交船厂	1999年5月	218	烟台	现役
	39	海巡15012	33.66×5.80×2.90	156.35	237×2	32.40×2	12.50	—	浙江钱江船厂	1999年10月	429	大连	现役
	40	海巡15013	31.42×5.80×2.90	149.12	339×2	55.90×2	13.10	—	中港一航局船厂	2000年3月	400	大连	现役
	41	海巡15016	33.66×5.80×2.90	157.79	237×2	32.40×2	12.40	—	浙江钱江船厂	2000年9月	445	烟台	现役
	42	海巡15018	13.33×3.75×1.62	8.45	191×2	132.40	28	—	宜昌中交船厂	2004年4月	168	烟台	现役
	43	海巡15020	31.32×6.20×2.60	184.60	407×2	66.20×2	12.70	—	中港天津船厂	2005年5月	500	天津	现役
	44	海巡15023	26.10×4.80×2.30	55.60	407×2	17.50×2	18.40	—	江苏通洋船厂	2008年9月	416.50	天津	现役

第六章 基础设施与船舶

[续表二]

船舶类型	序号	船名	主尺度（米）长×宽×深	排水量（吨）	功率（千瓦）主机	功率（千瓦）发电机	设计航速（节）	起重（吨）	建造厂商	服役时间	投资（万元）	配置区域	备注
小型航标船	45	海巡15029	12.35×3.80×1.87	12.50	405×2	8×1	36	—	兴化飞驰船艇公司	2013年9月	445	天津	现役
	46	海巡15030	12.32×3.80×1.87	12.50	405×2	8×1	36	—	兴化飞驰船艇公司	2014年	445	营口	现役
	47	海巡15015	28.98×6.20×2.80	162.30	339×2	73.50×2	12.50	—	中港天津船厂	2000年9月	475	青岛	现役
	48	海巡15017	28.98×6.20×2.80	177.21	339×2	64.50×2	12.50	—	中港天津船厂	2003年8月	507	烟台	现役
	49	海巡15021	28.98×6.20×2.80	177.21	339×2	64.50×2	12.50	—	中港天津船厂	2007年1月	553	大连	现役
	50	海巡15025	17.95×3.60×1.50	18.13	200×2	22.30	22	—	江苏兴化船厂	2009年1月	198	大连	现役
新型航标船	51	海巡15027	28.98×6.20×2.80	177.21	339×2	80×2	12.50	—	威海东海船厂	2009年12月	714.50	青岛	现役
	52	海巡15028	28.98×6.20×2.80	177.21	373×2	83×2	12.50	—	江苏通洋船厂	2012年12月	671.50	秦皇岛	现役
	53	海巡15032	17.95×3.80×1.50	18.13	261×2	13.54×1	24	—	兴化飞驰船艇公司	2015年8月	249	青岛	在建
	54	海巡15033	17.95×3.80×1.50	18.13	261×2	13.54×1	24	—	兴化飞驰船艇公司	2015年10月	249	秦皇岛	在建
	55	海巡15035	17.95×3.80×1.50	18.13	261×2	13.54×1	24	—	兴化飞驰船艇公司	2015年12月	249	烟台	在建
中小型测量船	56	海巡1502	55.50×10×4.60	917.24	809×2	114×3	15	—	浙江海东船厂	1990年10月	619.97	天津	现役
	57	海巡15022	7.75×3.10×1.66	7.97	96×2	7.00	12	—	珠海江龙船厂	2007年7月	111.10	天津	现役
	58	海巡1504	40×8×4	449.40	634×2	115×2	12.70	—	武汉南华船厂	2008年12月	2125	天津	现役
	59	海巡1505	40×8×4	445.59	634×2	115×2	12.70	—	威海东海船厂	2013年1月	2500	天津	现役
趸船	60	青岛趸船	45.40×10×1.70	258	—	—	—	—	青岛东风船厂	1995年12月	198	青岛	现役
	61	海巡15019	45.40×9.00×1.90	359.53	—	—	—	—	中港天津船厂	2004年6月	240	大连	现役
	62	海巡15026	45.40×9.00×2.00	396.40	—	—	—	—	威海金洋船厂	2010年6月	334	烟台	现役
合计				18243.47							34582.01		

(一)"海建"轮

"海建"轮始建于1943年,由美国洛杉矶斯莱德尔(Canulette Slidell LA)造船厂建造,1946年1月10日交付美国海军水雷艇队作防潜布网使用,命名为"希拉蒙"(Cinamon)。该轮船体原为木质结构,船长59.5米、宽11.2米,排水量1329.5吨;双主机660千瓦×2,设计航速12节。1947年3月25日,该轮移交中国海关海务科管理使用,更名为"景星"轮,主要负责舟山群岛灯塔检修补给。

1950年12月,海关将"景星"轮移交交通部航务总局上海区海务办事处管理。1953年1月,该轮更名为"海建"轮。是年2月,该轮赴佘山灯塔补给途中尾部龙骨碰击海底断折,经江南造船厂修复重新启用。同年7月,交通部将该轮移交海军海道测量部管理。1954年,该轮改由华东军区海军海道测量处管理。1959年4月,海军将该轮移交天津航道局管理,此时船长为黄季成。

1962年,因该轮年久失修,船体木质结构多处腐烂,主甲板多处漏水,严重影响航行安全。天津航道局随即按照航标作业要求,对其实施全面技术改造。该工程由上海船舶设计院设计,交通部上海东海船厂施工,除保留两台主发电机组和推进主电动机外,船体龙骨、机电系统、专用设备及船员生活设施全部按照当时船舶建造最高水平装备,于1964年竣工交付使用。该轮船体改为钢质结构,船长71.57米,型宽12米,型深4.80米;吃水3.80米,排水量1530吨;两台主推进发动机功率660千瓦×2,一台主推进电动机,设计航速12.50节,起吊能力120千牛。

20世纪60—70年代,新"海建"轮作为全国海区航标系统大型航标作业主力船,按照交通部统一部署,承担渤海、黄海、东海各港口难以独立承担的航标起吊运输、定期更换、检修补给和海上抢险救助等任务,作业任务十分繁重,为保障北方海区乃至全国海区各港口船舶航行安全作出了突出贡献。

1966年冬,天津新港遭受历史罕见的特大冰灾侵袭,进出港航运船舶严重受阻,"海建"轮会同"海通"轮等船舶勇担重任,奋力实施破冰作业,为恢复天津港及其附近海域船舶航行发挥了重要作用。1967年,"海建"轮更名为"红光1"。

图6-3-547　1966年冬,"海建"轮在天津新港实施破冰作业

1970—1972年,在天津航道局船舶检修厂船坞改造期间,该轮承担往返石岛运输石材十万余吨的艰巨任务,为该局基础设施建设作出积极贡献。1972年,该轮更名为"津航标1";1982年10月,更名为"B-11"。

1987年4月19日,全国人大常委会副委员长班禅额尔德尼·确吉坚赞、阿沛·阿旺晋美率援藏基金会筹委会代表150余人,乘坐"B-11"轮视察天津港和大沽灯塔。该轮按照天津市人民政府和天津航道局的统一安排,以娴熟的操船技术和优良的精神风貌,圆满完成接待任务,赢得国家领导人高度赞誉和藏族同胞广泛好评。

1990年7月,按照交通部安监局统筹安排,该轮调拨至温州某单位使用,自此退出北海航海保障系统船舶编制序列。

(二)"海巡151"轮

"海巡151"轮曾用名"B-12""海标11"。该轮是天津航道局为接管北方海区干线公用航标而建造的第一艘大型航标船。该轮由天津航道局计划处负责建造,前期工作由天津航测处船机科负责,具体监造工作由天津航标区派员参加。该轮由江南造船厂设计研究院设计,于1982年1月1日在天津新河船厂开工建造,1983年12月7日竣工交付使用,命名为"B-12"。

该轮船长72.30米,型宽11.80米,型深6米;设计吃水4米,排水量1750吨;推进主机为德意志民主共和国(东德)8NVD48-2U型柴油机,功率970千瓦×2,设计航速14节;发电机为上海柴油机厂柴油机3台,其中6135Zcaf型2台,功率133千瓦×2,6300DC型1台,功率250千瓦;吊机由天津新河船厂自行设计,起吊能力12吨。船舶总造价535万元。

1983年12月"B-12"轮列编服役后,由天津航测处航标导航科负责统一调度使用,天津航标区负责日常管理,主要担负大连、营口、天津、烟台、青岛等北方海区20多个港口的水上浮动航标周期性更换作业及应急任务。1989年,该轮执行任务11个航次,海上作业107天,安全航行6332海里,圆满完成天津、烟台、大连等港口194座航标作业,创造列编以来年度航标作业数量和航行里程的最高纪录。1992年7月17日至8月7日,该轮配合天津航标区航标保养人员,改变原有灯浮标撤换后随船运回该区码头保养的惯例,采取因地制宜、就近卸载保养的方法,使维护保养工期缩短1/3。在此期间,该轮圆满完成接待国家民委副主任卓加率全国少数民族国庆参观团136人,视察天津港和大沽灯塔及外事接待等工作。

图6-3-548　1989年10月7日,国家民委副主任卓加(左三)乘坐天津海监局"B-12"轮考察天津港和大沽灯塔并题词

2000年,"B-12"轮更名为"海标11"。2005年5月,该轮经船级社、船东、船厂联合检查,发现船底稳板严重腐蚀,已超出规范要求。为消除事故隐患,采用"两次进坞法",挖补更新局部船底稳板,保证了船体结构安全。随后,该轮采用可控硅与可编程控制器等新技术,实施克令吊技术改造工程,明显提升作业安全性、可靠性,明显减轻操作人员劳动强度。

"海标11"轮多次参加国家水上重点工程和海上应急抢险等工作,在保障船舶安全航行和支援地方经济建设等方面发挥了重要作用。2005年12月,该轮赴黄骅港实施冬季航标作业,为赶在海面结冰前结束换标作业,该轮连续工作17小时,更换航标16座,创造单日连续作业时间和换标数量新纪录。2009年冬季,天津港遭受30年不遇冰灾侵袭,航标受浮冰影响断链、移位、沉没,严重影响船舶航行安全。灾情发生后,该轮奉命投入应急抢险工作,连续实施航标作业40余座次,圆满完成失常航标恢复和设置工作,有效保障进出天津港船舶航行安全。2010年,大连港"7·16"重大原油泄漏污染海域事故发生后,该轮奉命连夜奔赴现场,艰苦奋战37天,创造了不间断实施清污作业39小时35分钟的新纪录,出色完成溢油清污任务。交通运输部为其记集体三等功一次,中国海员建设工会授予其2011年度全国交通建设系统"工人先锋号"荣誉称号。

2013年9月,"海标11"轮更名为"海巡151"。截至2015年,该轮已服役30余年,累计完成航标作业7470余座次,安全航行174500余海里,主机运转24400余小时,为北方海区各主要港口建设和发展作出了重要贡献。

(三)"海巡152"轮

"海巡152"轮曾用名"B-15""海标12"。该轮是天津海监局主持建造的第一艘大型航标船。该轮前期工作由天津航测处船舶技术科负责,建造工作由天津海监局船机处陈英俊、闫世同、田孟扬、孟淑媛等负责,并由天津航标区派员驻场监造。该轮由上海708船舶研究所设计,南京金陵船厂建造,于1989年4月1日铺装龙骨,1990年5月竣工交付使用,命名为"B-15"。

图6-3-549　1989年10月,天津海监局副局长李增才(中)出席大型航标船"B-15"轮下水仪式

该轮船长72.35米,型宽11.80米,型深6米;设计吃水4.10米,排水量1815吨;推进主机为德意志民主共和国(东德)8NVD48-2U型柴油机,功率971千瓦×2,设计航速14节;发电机原动机为上海

柴油机厂6135Zcaf型,功率133千瓦×4;吊机选用德国利伯海尔产品,起吊能力12吨;甲板航标作业吊机采用引进技术制造的液压吊机;船舶内装采用复合盐棉板;电站采用4台同型号的发电机组。船舶总造价894.78万元。

1990年5月"B-15"轮列编服役后,由天津航标区负责日常管理,天津海监局航标导航处负责统一调度使用。主要负责北方海区各港口大中型航标抛设、更换、维护工作,并承担海上应急任务,曾多次参加国家水上重点工程和辖区水域重大海难事故应急抢险。

1993年7月27日凌晨,"B-15"轮由外埠作业返航至天津港附近时,通过VHF守听到航行于曹妃甸附近海域的"安堡"轮失火求救信息。在船长王秋民果断指挥下,连续救火近8小时,保证了人、船、货安全,避免了一次恶性海难事故发生,得到航运界高度赞誉。同年9月7日,天津市人大常委会副主任兼总工会主席潘义清莅临该轮召开庆功会,授予"B-15"轮天津市"八五"立功先进集体称号。随后,天津海监局党委召开全局表彰大会,授予"B-15"轮"抢险救助、无私奉献模范集体"荣誉称号。

2000年,"B-15"轮更名为"海标12"。2005年4月13日至8月9日,该轮参加黄骅港导助航设施改造重点工程,历时118天,出海作业60航次,安全航行1860海里,完成航标起吊和抛设204座次,为实现天津海事局提出的"安全优质高效,提前一个月完成黄骅港助航设施改造工程"的工作目标作出积极贡献,受到交通部海事局通报表彰。同时,该工程被誉为港口企业放心的"精品工程"和"满意工程"。同年,该轮在"北煤南运"期间,高效作业、优质助航,被交通部授予"北煤南运先进集体"荣誉称号。

2006年始,"海标12"轮先后参加临港工业区大沽沙5000吨级航道、山东蓬长水域、辽宁长海水域航标配布调整工作;代表天津海事局参加由交通部和河北省在秦皇岛联合举办的溢油应急演习。2008年,按照交通部海事局统一部署,该轮参加北京奥运会、残奥会安全保障工作,围绕"平安奥运"总目标,精心组织,周密安排,为青岛奥帆赛和残奥帆赛顺利举办作出积极贡献。2009年冬季,天津辖区遭遇30年不遇冰冻灾害,冰情严重的海面冰厚达20厘米,堆积浮冰厚达40厘米以上。灾情发生后,该轮奉命迅速行动,及时破除航标周围浮冰,抢修失常航标,确保辖区水域船舶航行安全。

"海标12"轮原主机为8NVD48A-2U型四冲程中速柴油机,由东德SKL厂制造,主机技术处于20世纪50—60年代水平。原推进装置未设齿轮箱,由主机直接驱动螺旋桨,船舶从正车至倒车需要较长时间,操作极为不便。在恶劣天气和复杂海况下,船舶存在安全作业隐患。天津海监局经充分论证认为,更换该轮主机可明显改善船舶操纵性能,降低事故风险,并可延长船舶使用寿命15年以上,遂申请实施主机更新改造工程。2009年7月,交通运输部海事局批准更新改造方案。翌年4月,该工程在乳山市造船有限责任公司开工,2011年1月竣工并通过船舶检验及天津航标处组织的工程验收,工程投资880万元。主要完成主机更新、机舱管系管路更换、集控台和驾控台更新等项目,并实施船舶部分内舾装工程。通过技术更新改造,明显提高了船舶性能,为该轮安全航行和便捷作业提供了可靠保障。

2013年9月,"海标12"轮更名为"海巡152"。截至2015年,该轮累计航标作业7100余座次,安全航行120800余海里,主机运转20600余小时。作业范围涉及天津、河北、山东、辽宁等4省、直辖市20多个港口,为提升北方海区航标管理质量做出重要贡献。在此期间,该轮被天津市总工会授予天津市"工人先锋号"荣誉称号。

(四)"海巡153"轮

"海巡153"轮曾用名"海标15"。该轮是天津海事局组织研制的新一代首制大型航标船,由中国船舶工业集团公司第708研究所设计,武汉南华高速船舶工程股份有限公司建造,前期工作、建造工作和监造工作由天津海事局技术装备处陈英俊、孟淑媛、李广达负责,天津航标处派员参与监造。

随着航标制作技术的不断发展,北海航海保障系统逐步采用活节式灯桩,以改善冰冻港口航道冬季助航效果。活节式灯桩的结构和重量与灯浮标完全不同,使撤除和抛设作业发生根本性变化,现役大型航标船不尽适用。2004年,交通部综合规划司根据《国家水上交通安全监管和救助系统布局规划》《交通支持系统"十一五"建设规划》的总体布局,综合考虑北方海区海上安全保障服务需求,决定研制一艘适用于北方海区航标作业的大型航标船,并配置在天津海事局。交通部海事局常务副局长刘功臣要求"将该轮建造成为达到国际先进水平,可以代表国家参加国际航标会议,展示中国海事形象"的无限航区先进船舶。为此,交通部海事局和交通部综合规划司历时5年,先后组织召开方案论证、完善设计、技术设计审查等7次专题会议。

2008年12月,经交通运输部批复同意,天津海事局与武汉南华高速船舶工程股份有限公司签订建造合同。2009年4月,该轮开工建造。随即,天津海事局成立建造管理领导小组和工作小组,对建造质量、进度、合同执行等方面实施监督管理。2010年9月该轮下水后,先后完成倾斜试验、系泊试验和长江航行试验、海上航行试验,于2011年11月4日在舟山绿华山海试区交船。

该轮船长73.34米,型宽14米,型深6.20米;设计吃水4米,排水量2308.50吨;推进主机为新苏尔寿柴油机有限责任公司(New sulzer diesel Ltd., Switzerland)SULZER 8ATL25RD型柴油机,功率1600千瓦×2,航速15节;发电机组为重庆康明斯公司NTA855-D(M)型柴油机,功率351千瓦×3;吊机为意大利SORMEC公司330-IS型,起吊能力20吨;拉力/容链量为200千牛/80米的锚链卷筒、液压升降导链滚轮和液压弃链装置的甲板航标作业机械化设备由天津海事局与天津大学合作研制;艏侧推为上海中车汉格船舶与海洋工程有限公司STT330TLK型,侧推功率400千瓦;交通运输部海事系统船舶首次使用的动力定位系统为挪威康斯贝格(KONGSBERG)公司DP-Ⅰ型,精度±0.5米。船舶总造价10882万元。

2011年11月17日,该轮正式列编服役,命名为"海标15"轮,由天津航标处负责日常管理,天津海事局航标导航处负责统一调度使用。主要用于北方海区各港口航道的活节式灯桩和灯浮标等助航设施布设、撤除、检查和维护作业,兼顾海上防污染、应急抢险和无线电导航信号检测等任务。该轮列编后,根据船舶操作和航标作业实践,天津航标处印发施行《新型大型航标船操作规程》,对该型船舶的正确操作使用和各项功能正常发挥提供技术支持。

图6-3-550　2011年11月25日,大型航标船"海标15"轮试航

"海标15"轮投入使用后,充分展现其良好的"快速性、操纵性、适航性、耐波性和节能性"效果,实现了航标布设作业机械化和航标布设高精度。2013年7月19日,中国航海学会在天津组织召开"2000吨级大型航标布设船"项目科技成果鉴定会,与会专家一致认为"该项目在船型优化、设备配置、作业方式等方面进行了一系列创新研发。航标作业效率达到传统作业方式的2.37倍,单标作业能耗降低31%,经济与社会效益显著""集结了多项科技先进技术,实现了多项重要技术突破,适应了中国航标事业实际发展需求,改变了多年来存在的船舶性能和作业方式的落后局面,整体技术达到国际先进水平"。随后,天津海事局以组织设计研制该船型为基础申报的"2000吨级大型航标布设船"项目荣获中国航海学会科学技术奖二等奖。

2013年9月,"海标15"轮更名为"海巡153"。截至2015年,该轮航行里程18720.93海里,主机运转3408.13小时,完成航标作业3870座次,作业范围涉及天津、河北、山东、辽宁等4省市20余个港口。

二、中型航标船建造

中型航标船系指具有中、小型浮标吊运能力的航标布设船。按照交通部相关规范标准,标准船型排水量为800吨级左右,平均每100座中、小型浮标配置1艘。中型航标船通常由所在单位统一管理,主要负责划定海域海上助航标志的布设、撤除、复位,周期性航标更换作业,配合有关单位的航标重点工程建设,承担上级指令跨辖区航标更换作业和海上溢油应急清理等工作。

中国近代航标使用中型航标船的历史悠久。1868年海关船钞部成立后,先后购置的"倂徵""流星""海光"轮,排水量分别为1000吨、800吨、600吨,并具有一定的起吊能力,可以视为全国海区航标系统最早使用的中型航标船。此时,海关未对航测船舶系统分类,尚无中型航标船的称谓。

在海军管理全国沿海公用航标期间,研制建造985型中型航标船。该型船舶船长65.20米,型宽10米,最大吃水3.50米,最大航速14节,满载排水量1120吨,起吊能力12吨,成为中国自主设计建造的第一批中型航标船。

1988年全国港口体制改革后,天津海监局相继建造3艘中型航标船。其中,按照交通部安监局指令,调拨上海海监局镇海航标处1艘,另2艘配置在青岛航标处和秦皇岛航标处,分别承担以青岛、秦皇岛航标处辖区航标布设、撤除任务为主,并按照天津海监局航标导航处的统一调度,协助实施相邻航标处辖区航标作业。上述3艘中型航标船均由陈英俊、闫世同、田孟扬、孟淑媛和黄振海等主持建造和监造。

截至2015年,北海航海保障系统2艘中型航标船累计完成航标作业8500余座次,安全航行68500余海里,有效缓解了大型航标船不足的紧张状况。两艘中型航标船的船龄虽已达20年,但通过良好的日常维护保养和后续的技术改造,船舶技术状况良好,仍是该系统区域性航标作业的主力船舶。

(一)"海巡1501"轮

"海巡1501"轮曾用名"B-14""海标052"。该轮是天津海监局主持建造的第一艘中型航标船,亦是全国海区航标系统首制。该轮由中国船舶工业第708所4室设计,江苏江扬船厂建造,前期工作由天津航测处船机科负责,建造工作由天津海监局船机处负责,青岛航标处于船体合拢前15天派监造组进厂监造。该轮于1988年3月开工建造,1990年8月10日完成建造和各项试验并交付使用,命名为"B-14"。

图6-3-551　1990年建造的首制中型航标船"B-14"轮

该轮船长58.43米，型宽9.80米，型深4.40米；设计吃水3.10米，排水量889吨。推进主机为上海新中动力机械厂引进德国技术制造的MAN8L20/27型柴油机，功率800千瓦×2，设计航速14.50节，通过齿轮箱驱动螺旋桨，船舶操纵性能有所提高。发电机原动机为上海柴油机厂6135Zcaf型柴油机2台，功率133.10千瓦×2；6135Zcaf型柴油机1台，功率140千瓦。吊机选用德国利勃海尔产品，起吊能力8吨。船舶总造价613.22万元。

1990年8月，"B-14"船列编服役后，由青岛航标处（区）管理，主要担负青岛、董家口、日照、岚山等港口海上浮标的设置、撤除、更换等任务，有效增强了该处独立作业能力，并在多次抢险救灾等应急任务中作出重要贡献。

2001年10月，"B-14"轮更名为"海标052"。2008年北京奥运会期间，该轮为青岛奥帆赛、残奥帆赛赛区抛设各类专用标志42座，调整撤除80余座次，更换升级22座次，打捞浒苔近7吨，为保障青岛奥帆赛、残奥帆赛顺利开展作出积极贡献。

2010年7月，大连港发生"7·16"重大原油泄漏污染海域事故，"海标052"轮奉命赶赴大连海域执行清污任务。在历时35天的清污作业中，全体船员齐心协力，连续奋战，回收污油10余吨，喷洒消油剂150余吨。交通运输部海事局为其记集体三等功1次，并对船长陈华飞通令嘉奖。

该轮服役期间，相继实施机舱监控系统技术改造、主机增压补气装置技术改造、135千牛液压绞车技术改造、舱口盖改造等技术改造项目，进一步增强了船舶技术性能，为该船型在全国海区航标系统推广应用提供了宝贵经验。其中，针对135千牛液压绞车技术改造项目，青岛航标处与天津大学合作，开发研制135千牛卧式自排链液压卷筒绞车，彻底改变原电动立式绞盘起绞沉石烦琐、复杂的操作程序和工作效率偏低等问题。该项目为国内老旧航标船舶技术改造提供了示范，亦可推广应用于新建船舶，并荣获2012年度中国航海学会科学技术奖三等奖，取得国家实用新型专利和外观设计专利各1项。

2013年6月，"海标052"轮更名为"海巡1501"。截至2015年，该轮安全航行28500余海里，更换灯浮标3800余座次、灯船65艘次。在此期间，该轮先后荣获交通部直属海事系统先进基层党支部，直属海事系统奥运安保先进集体，全国交通建设系统工人先锋号，全国水运系统安全优秀船舶等荣誉称号。该轮船长陈华飞任职期间，先后获得天津市"五一劳动奖章"、青岛市劳动模范、全国十佳海员、山东省富民兴鲁劳动奖章等荣誉称号。

经过25年的使用实践验证,该船技术性能达到设计要求,主尺度和主要性能符合航标设置、更换和撤除作业需求,是比较实用的区域性航标作业船型。

(二)"海巡1503"轮

"海巡1503"轮曾用名"B-17""海标051"。该轮为中型航标船续造船舶,由中国船舶工业集团公司第708所4室设计,浙江钱江船厂建造,前期工作和建造、监造工作由天津海监局船机处负责,秦皇岛航标处派员参加监造。该轮于1992年1月开工建造,1993年7月竣工并交付使用,命名为"B-17"。

图6-3-552　1993年建造的中型航标船"B-17"轮

该轮船长57.90米,型宽9.80米,型深4.40米;设计吃水3.14米,排水量903吨;推进主机为四川柴油机厂8L20/27型柴油机,功率800千瓦×2,设计航速14.50节;发电机组为上海柴油机厂6135Zcaf型柴油机,功率119.90千瓦×3;吊机为国营华南船舶机械厂制造,起吊能力8吨。船舶总造价1005万元。

1993年7月15日,"B-17"轮列编服役后,由秦皇岛航标处管理,主要负责秦皇岛港、京唐港、葫芦岛港海上浮标的设置、撤除、更换等作业和航标维护任务,同时负责鲅鱼圈港、锦州港、仙人岛港等跨辖区春冬季周期性航标更换作业任务。每年作业时间约200天,年均起吊、抛设航标约450座次。

2001年,"B-17"轮更名为"海标051"。该轮在按照计划完成航标更换作业和维护保养的同时,曾圆满完成协助中国人民解放军某部大型军演设标和渤海海域溢油应急演习等任务,并多次出色完成应急抢险和临时指令性任务。2001年1月,秦皇岛地区遭受罕见大风、低温天气,秦皇岛港海域出现大面积厚度达30~45厘米的严重冰情,致使10万吨级航道助航标志损坏严重。该轮等作业船舶奉命全力投入抢修工作,先后恢复设置5座活节式灯桩,并抛设4座灯浮标,及时恢复冰损助航标志,确保秦皇岛港安全生产。

2010年1月,秦皇岛地区最低气温骤降至零下25℃,部分海域出现严重冰情,海域结冰范围达到5海里,冰层厚度30厘米以上,致使秦皇岛港活节式灯桩标体倾斜、浮标漂失、灯器损坏。该轮克服大风、低温、寒冷等不利因素,抓住气象条件许可间隙,抢修失常航标。45天内出海巡查、作业32航次,航行300余海里,有时一天出海3个航次,共完成浮标更换42座次,抛设活节式灯桩4座,复位6座,及时恢复秦皇岛港助航设施。

该轮自交付使用以来,每两年半常规坞修一次。2012年6—9月,该轮实施技术改造,先后完成13.50吨电动沉石绞盘改为16吨液压沉石绞盘,8吨电动起重机更新为12吨液压起重机,凸起舱口盖改为液压锁紧埋入吊离式舱口盖,以及增加航标锚链拖拉用1.50吨电动绞车等项目。技术改造后,该轮成为一艘自动化程度较高的航标布设船,航标作业效率明显提高,应急能力明显增强,船舶安全性能明显提升,并对延长老旧船舶使用寿命发挥重要作用。

2013年10月,"海标051"轮更名为"海巡1503"轮。截至2015年,该轮共航行40000余海里,作业2800余天,更换浮标、灯浮标、活节式灯桩4700余座次,参加航标应急反应400余次。

三、小型航标船建造

小型航标船系指400吨级以下的航标专用船舶。按其功能作用可分为航标补给船、航标巡检船、航标夹持船、电磁吸盘船等。小型航标船通常配置在航标处或航标站,由所在单位管理使用,主要承担本辖区港口及附近水域各类航标巡检、补给、维修、保养和临时性浮标更换等任务。由于小型航标船具有"操作灵活、吃水较浅,便于近岸和狭窄水域航行"等特点,在航标作业中得到广泛应用,并伴随航标事业发展和造船技术进步不断改进完善。

小型航标船建造使用发轫于海关管理航标初期。清同治七年(1868)海关总税务司署船钞部成立后,随即为各通商口岸海关配备三桅帆船或机动船艇1艘,以便"巡视浮标与标桩,与本地区之灯塔看守保持联络",是为中国近代最早的小型航标专用船舶。之后,经过历次建造和购置,小型航标船的数量不断增加。其中,1919—1926年海关分期分批购置20艘"关"字号船,均为排水量100吨以下小型船舶。1945年抗日战争胜利后,海关通过联合国善后救济总署得到一批航标补给船,其中8艘"Y"字号船舶,均为排水量275吨的小型船舶。1949年前,部分大型航标船被国民党当局强令驶往台湾,相关港口只能利用小型航标船艇勉强维持航标巡检维护。据1950年8月《海港工作报告》记载,胶海关主要利用"天顺""威海""关德"3艘汽艇维护青岛海域的灯塔、灯桩和浮标。

海军管理全国沿海航标期间,小型航标船研制工作取得长足发展。其中,海军自主设计建造的999型航标工作船和067型75吨级登陆艇得到广泛应用。999型航标工作船船长30米,型宽5米,排水量88吨,最大吃水1.40米,航速12.50节,起吊能力0.50吨,续航能力500海里。067型75吨级登陆艇船长27.50米,型宽5米,型深2.70米,排水量123.20吨。两种型号的小型航标船配备各海军基地所属航标管理单位,对保证航标巡检维修和岛屿补给发挥了重要作用。

1982年天津航道局接管北方海区干线公用航标时,随标接收的仅有2艘由登陆艇改装的小型航标船。不久后,交通部投资843万元,为天津航道局建造了8艘95吨级航标巡检船和6艘75吨级航标登陆艇。之后,陆续建造400吨级油水补给船2艘和其他小型船舶6艘。其中,95吨级航标巡检船由上海江南船厂设计并建造,船长28米,型宽5.20米,型深2.60米,排水量98.60吨,推进主机功率105千瓦×2,发电机组功率24kW×2,航速10.50节;75吨级航标登陆艇由温州新华船厂设计并建造,船长27.50米,型宽5.40米,型深2.70米,排水量113.12吨(部分为123.20吨),推进主机功率176千瓦×2,发电机组11.50千瓦×1,设计航速10节;400吨级油水补给船由温州新华船厂设计并建造,船长49.98米,型宽9.40米,型深3.85米,排水量533.35吨,推进主机功率294千瓦×2,发电机组64千瓦×2,设计航速11.50节。如上船舶分别配置在大连、天津、烟台、青岛航标区,初步缓解了北海航海保障系统船舶匮乏的窘境,对保障接标后航标维护保养和岛屿补给发挥了重要作用。然而,由于受当时造船技术与财力限制,这三种船舶均存在"耐波性能和抗风能力差、设备简陋、装机功率小"等问题,难以满足不断发展的航标工作需要。

1994年,交通部投资374万元,安排天津海监局建造首制150吨级航标登陆艇,命名为"B-123"船,配置在烟台航标区。该船由中国船舶工业公司第708研究所1室设计,浙江钱江船厂建造,于

1995年7月交付烟台航标处使用。该船船长34.50米,型宽5.80米,型深2.80米,排水量161.27吨;推进主机选用重庆汽车发动机厂NTA855-M350型柴油机,功率237千瓦×2,设计航速12.80节;发电机组为南昌柴油机厂X410Bcf型柴油发电机,功率为33.80千瓦×2。该船运行半年后,交通部安监局组织专家评估鉴定,认为其排水量、耐波性能和抗风能力等均优于原75吨级航标登陆艇,遂在全国海区航标系统推广使用。随后,北方海区续造该型船5艘,分别配置在大连航标处2艘、青岛航标处2艘、烟台航标处1艘。

1996年,交通部投资1006万元,安排天津海监局建造首制400吨级航标巡检船,命名为"B-125",配置在天津航标区。该船是经交通部安监局审定的多功能船舶,设计单位为中国船舶工业集团公司第708研究所3室,建造单位为中港一航局船厂。该船船长42.16米,型宽8.20米,型深3.60米,排水量432.81吨;推进主机功率809千瓦,单机通过齿轮箱带动一可转导流管,发电机组功率152.30千瓦×2,设计航速12节;起吊能力0.75吨。该船抗风能力强,稳性满足沿海拖轮要求,配备拖钩,具有拖带能力;设置艏部侧推,明显提高了操纵能力。该船可承担航标巡检、复位、拖带灯船等作业任务,亦可通过作业甲板配备的50千牛作业绞盘和三滚轮导链器更换灯浮标。随后,该船型续造2艘,分别配置在未配置中型航标船的烟台航标处和大连航标处。

1997年,交通部投资428万元,安排天津海监局建造120吨级航标巡检船,命名为"B-131",配置在营口航标处。该船设计单位为中国船舶工业集团公司第708研究所3室,建造单位为中港一航局船厂。该船船长31.42米,型宽5.80米,型深2.90米,排水量121.94吨;推进主机选用重庆汽车发动机厂KTA19-M500型柴油机,功率339千瓦×2;发电机组为上海柴油机股份有限公司4135caf型柴油机,功率66.99千瓦×2,设计航速13.30节。此后,该船型续建2艘,分别配置在秦皇岛航标处和大连航标处。实际使用验证,该船型排水量、耐波性能和抗风能力等明显优于原95吨级航标巡检船。

21世纪初,根据全国海区航标发展需求,交通部海事局决定研制小型高速航标巡检船,并为北海航海保障系统建造5艘。在此期间,天津海事局转向研制航标夹持船、电磁吸盘船等新型船舶,显著提升该系统船舶科技含量,并在全国海区航标系统得到推广使用。

图6-3-553　2006年4月5日,天津海事局副局长赵亚兴(中)现场督导大连航标处"海标0522"航标夹持船建造工作

截至2015年,在天津海监局、天津海事局和北海航海保障中心管理期间,北海航海保障系统共建造小型航标船艇27艘,其中:400吨级航标巡检船3艘,150吨级航标登陆艇6艘,航标夹持船5艘,电磁吸盘船4艘,其他航标巡检船9艘。船舶总造价12956.5万元,总排水量3928.14吨。船舶建造和监造主持人为陈英俊、孟淑媛、黄振海、张金昌等。如上船艇分别配置在大连、营口、秦皇岛、天津、烟台、青岛航标处,有效保障了该系统航标巡检、补给、维修、保养作业,并在航标应急处置、海上应急扫测、溢油应急处理等方面发挥了重要作用。

(一)"B-116"船

"B-116"船系海军067型75吨级登陆艇,1979年3月列编海军北海舰队海测大队,命名"北交557",主要担负青岛军港交通运输任务。该船由浙江新华船厂建造,船长27.50米,型宽5.00米,型深2.70米,排水量123.20吨;主机为吉林柴油机厂12V150高速柴油机,功率225千瓦×2;辅机为南昌发动机厂2135型发电机,功率为24千瓦,设计航速12.50节,配员12人,船舶造价55万元。

1982年12月,北海舰队将该船连同随船11名官兵一并移交青岛航标区管理。1983年5月,更名为"B-116",主要承担青岛沿海灯塔、灯桩、灯浮标的巡检补给和维修养护工作。基于该船船体结构、设备配置主要针对海军陆岛运输设计,难以完全适应航标巡检维护工作需要,青岛航标区遂于1985年1月对甲板以上船舶主体结构和操纵系统实施技术改造,并增加3个船员房间,使之成为偏远孤岛灯塔补给的主力船舶。

图6-3-554　1985年10月,75吨级航标登陆艇"B-116"船赴千里岩灯塔补给作业

保障千里岩、朝连岛两座灯塔的物资补给、人员换班、工程物资运输等,是"B-116"船主要任务。两座灯塔地处偏远孤岛,岛上地势险要,基础设施简陋,登陆码头到灯塔的道路狭窄崎岖,每次灯塔补给,所有物资全靠肩扛手抬。据不完全统计,该船服役期间,累计为两座灯塔运输燃油等物资65航次,补给物资1350余吨。其中,1993年青岛航标处实施朝连岛灯塔及其附属设施改造工程,该船先后运送水泥、沙子、砖石、钢筋等建筑材料560余吨,为保证灯塔改造工程顺利完成发挥了重要作用。在此期间,

该船巡检航标4000余座次,应急抢修航标150余座次,从未出现任何海上交通事故,于培国、包在仁、王长贵等历任船长和机驾人员功不可没。

1997年9月,经天津海监局报批获准,"B-116"船退役报废。

(二)"B-106"船

"B-106"船是北海航海保障系统首批建造的95吨级小型航标巡检船之一,由上海江南造船厂建造,命名为"B-106"船。该船船长28米,型宽5.20米,型深2.60米。双机双桨,操纵便捷,吃水较浅,航速较快,稳性较好,具有拖带灯浮标能力,适用于航标巡检补给和少量灯浮标更换作业。但其抗风能力差,仅适合在风浪平稳海况下作业。1982年12月,该船在烟台航标区威海航标站列编服役。1987年3月,拆除其前甲板配置的小型吊机2座,在后甲板配置小型吊机1座,起吊能力0.50吨。

图6-3-555　1982年建造的95吨级航标巡检船"B-106"船

威海航标站负责管理辖区灯塔8座、灯桩1座、灯浮标6座,其中4座灯塔和1座灯桩位于"无居民、无淡水、无客船"的孤岛上。"B-106"船是该站唯一的航标作业船舶,岛屿补给和航标巡检维护任务十分繁重。据不完全统计,该船年均巡检维护航标126座次,岛屿补给8航次,拉测各类航标灯光射程125座次,年均航程1530余海里。

威海航标站管理的苏山岛灯塔为有人值守孤岛灯塔,该岛属于"无居民、无淡水、无客船"岛屿,灯塔维护保养物资和驻岛人员生活用品等全部需要从陆地运送。由于苏山岛登陆码头距灯塔1500多米,全部物资均由船员和灯塔值守人员肩扛手抬。截至1987年,据不完全统计,该船累计为苏山岛灯塔补给柴油58吨,其他物资60余吨,接送机关人员进出岛12次。

"B-106"船除完成例行航标维护补给任务外,充分发挥自身优势,多次独立完成灯浮标抛设任务。1990年10月,该船奉命在刘公岛东侧海带养殖区设置4座灯浮标,作为养殖区界标。该船将沉石用钢丝缆系在后甲板主缆桩上,拖带灯浮标到达指定位置抛设。由于船舶吨位较小,每次仅能拖带1座灯浮标,2天时间航行58海里,克服重重困难,安全顺利完成抛设任务。

1998年,烟台航标处(区)对所属船舶实行集中管理。"B-106"船自列编威海至集中管理的16年间,威海航标站站长始终由姜夕平担任,"B-106"船船长、轮机长分别由董瑞军、江先桥担任,每逢大风警报,他们一同驻船组织防风,大风警报不解除从不下船。在此期间,该船坚持"日维护、周保养、定期坞修"制度和岗位责任制,使船舶始终保持良好技术状况,从未发生任何责任事故。在北方海区航标系统组织开展航标"四大"活动期间,天津海监局将该船作为船舶维护保养典型加以推广,为推动北方海区建立健全船舶"管修养用"长效机制发挥了积极作用。

该船服役期间,在完成航标维护保养例行作业外,积极支持威海市政府组织的刘公岛旅游开发工作,多次出色完成市委、市政府安排的接待任务。该船船员的良好素质和焕然一新的船容船貌在威海市享有良好声誉,对提高航标社会知名度和树立航标良好社会形象发挥了积极作用。

2002年,经天津海事局报批获准,"B-106"船退役报废。该船服役20年期间,累计巡检补给航标2687座次,安全航行30500余海里。

(三)"海巡15001"船

"海巡15001"船曾用名"B-123""海标0515"。该船为全国海区航标系统首制150吨级航标登陆艇,由浙江钱江船厂建造,于1995年8月1日建成交付使用,命名为"B-123"。

图6-3-556　1995年8月1日,天津海监局副局长李增才(后左二)、烟台海监局党委副书记姜成国(后左四)出席首制150吨级航标登陆艇"B-123"船交接仪式

该船船长34.50米,型宽5.80米,型深2.80米,航速12.80节。该船吃水较浅,航速较快,操纵便捷,适合在狭窄水道和滩头等复杂工作条件下作业。同时,在船舶设计上充分考虑岛屿补给的实用性,设有18×4.2米货仓,一次可运送1辆5吨油罐运输车和1辆5吨物资运输车,明显改善原75吨级航标登陆艇和400吨级油水补给船货舱狭小、运力不足等状况。具有"减少补给航次、节省能源、减轻船员劳动强度"等明显优势。

"B-123"船列编服役后,由烟台航标处(区)管理,主要承担辖区岛屿灯塔补给和航标维护巡检任务。该处拥有孤岛灯塔、灯桩25座,其中有人值守灯塔7座,点多线长,高度分散,岛屿补给任务十分繁重。每年入冬前,这些孤岛灯塔均需补给油、水、煤和驻岛职工生活物资,原75吨级航标登陆艇和400吨级油水补给船仅能装载1辆运输车,一般需要2~3个航次完成1座孤岛灯塔补给。该船列编以来,

1座孤岛灯塔同等补给量1个航次便可完成,明显提高了岛屿灯塔补给作业效率。

2001年,"B-123"船更名为"海标0515"。2008年,随着航标技术进步,多数灯塔实现无人值守,该船的主要作业任务由岛屿补给转为航标维护巡检。

2013年6月,"海标0515"船更名为"海巡15001"船。截至2015年,该船累计完成岛屿灯塔补给170余航次,补给淡水730余吨,燃油、煤炭40余吨;巡检灯浮标、灯桩640余座次;应急安装灯架、更换航标电池箱等90余座次,并多次配合天津海测大队顺利完成港口测量任务。

(四)"海巡15002"船

"海巡15002"船曾用名"B-125""海标0502"。该船为全国海区航标系统首制400吨级航标巡检船。该船在设计上充分考虑多功能性,以减少大中型航标船作业概率,降低航标维护管理成本。该船吃水较浅,航速较快,稳性良好,操纵便捷,并配置拖钩,具有拖带灯船、灯浮标能力。该船虽是单机单桨,但由于设置艏部侧推,明显提高了船舶操纵性能,适合在6级风以下海况航标巡检作业,特别适用于少量灯浮标更换作业。

1996年12月"B-125"船列编服役后,由天津航标区管理,主要担负辖区航标巡检和大沽灯塔物资补给、人员换班等任务。随后,天津航标区结合工作实践,印发施行《实施航标作业的操船工艺》,为该船安全航行和航标作业奠定基础,并为北方海区同类型船舶提供安全作业经验。

2000年始,"B-125"船与"B-119"船共同承担新港主航道38座灯浮标巡检、维修工作,有效缓解航标作业量逐年增加,大型航标船作业压力较大等问题。是年,该船经过技术改造,妥善解决海底门水絮堵塞、夏季超高温舵机工作异常等问题,消除机械故障隐患,保障船舶处于良好适航状态。2000年12月,"B-125"船更名为"海标0502"。

图6-3-557　2001年10月,400吨级航标巡检船"海标0502"船赴大沽灯塔补给作业

2006年3月17日始,该船与"海标11"轮克服扫测区域水浅、浪急、渔网多等不利因素,配合天津海事局通航处、天津海测大队扫测"鄂荆州货3888"沉船,圆满完成数十换算平方千米扫测任务。同年8月15—18日,该船参与天津港临港工业港区大沽沙航道23座航标布设工作。该航道为新建航道,航道两侧自然水深较浅,对GPS定位精度要求较高,船舶作业稍有不慎便会搁浅,其中5座灯浮标需要船舶乘潮作业。由于该船准备充分,工作细致,23座灯浮标均按设计要求安全顺利抛设到位,保障航道及时开通。

2009年冬,天津海域遭受历史罕见的冰灾侵袭,天津港主航道灯浮标受到浮冰挤压、切割和夹带,出现断链、移位、沉没等状况,严重影响进出港船舶航行安全。该船奉命全力以赴,高效完成天津港水域冰区航标巡检任务,及时恢复失常灯浮标,保障冰冻期间船舶安全进出天津港。

2013年9月,"海标0502"船更名为"海巡15002"。该船的主要任务之一是为大沽灯塔补给物资,在其列编之前该任务通常由大型航标船承担。该船为大沽灯塔每月补给生活用水1次,每2周补给蔬菜、粮油等生活用品1次,每年冬、夏两季各补充柴油1次,并负责接送灯塔换班人员和上级机关领导登塔考察调研、慰问职工及外部相关人员登塔工作等。

截至2015年,该船共航行21252海里,主机运转3490余小时,为灯塔补给384航次,运输柴油160余吨、其他物资500余吨,为保障大沽灯塔正常发光提供了支持保障。

(五)"海巡15010"船

"海巡15010"船曾用名"B-131""海标0509"。该船为全国海区航标系统续建120吨级航标巡检船,1997年由中港一航局船厂建造,命名为"B-131"船。

该船船长31.42米,型宽5.80米,型深2.90米,航速13.30节。1999年3月,该船在营口航标处列编,主要用于辖区航标巡检、维护,并多次圆满完成抢险救灾和航标应急反应等任务。

2001年,该船更名为"海标0509"。2007年8月3日,按照《天津海事局航标应急反应实施细则》明确的各级应急岗位职责和程序步骤,营口航标处"海标0509"船参加营口市"大辽河水上综合应急演习",并出色完成应急演习任务。

图6-3-558　2007年8月3日,120吨级航标巡检船"海标0509"船圆满完成应急演习任务

2007年10月28日,营口港鲅鱼圈港区23号灯浮标附近发生沉船事故。由于该沉船位置距离航道较近,船舶通航密度较大,亟须设置沉船标志。接到任务后,"海标0509"船仅用30分钟备航,密切跟踪气象变化,积极寻找作业时机,并紧紧抓住10月29日凌晨风浪间歇期快速出击,克服涌浪大、能见度低等困难,及时抛设孤立危险物标1座,为保障过往船舶安全航行发挥了重要作用。

2009年10月16日,上海船务有限责任公司所属"汇通27"轮装载2000吨"碳十"(易燃液体)行至营口港区3~5号灯浮标之间搁浅,船上14名船员急需救援。在营口海事局统一指挥下,"海标0509"船全程参与救助,保证遇险船员第一时间全部脱险。是年,该船被辽宁省总工会评为"安康杯"优胜班组。

该船服役期间,增设 SRG-1150DN 型中/高频无线电设备、STR-5800 型(DSC)甚高频无线电电话设备和 S4 型搜救雷达应答器,进一步提高了船舶应急反应能力。

2014 年 6 月,"海标 0509"船更名为"海巡 15010"。截至 2015 年,该船主机运行 1829 小时,安全航行 14420 海里,维护航标 13836 座次。

(六)"海巡 15016"船

"海巡 15016"船曾用名"B-136""海标 0507"。该船为全国海区航标系统续建 150 吨级航标登陆艇,由浙江钱江船厂建造,命名为"B-136"船。

该船船长 33.66 米,型宽 5.80 米,型深 2.90 米,航速 12.40 节。2000 年 9 月,"B-136"在大连航标处列编,主要负责辖区大三山岛、圆岛灯塔物资补给和航标巡检等任务。

该船单程航次可运输货物 40 吨,并携带 10 吨油品或物资运输车辆 1 台。据不完全统计,该船累计为大三山岛、圆岛灯塔补给油、水、煤和其他物资 1770 吨,为岛屿灯塔职工工作和生活提供了保障。此外,该船多次配合大中型航标船舶实施更换灯浮标作业,并多次参与海上应急扫海测量、溢油清污等作业。

2001 年,"B-136"船更名为"海标 0507"船。2002 年 5 月 7 日,中国北方航空公司一架"麦道-82"型客机从北京飞往大连途中起火坠落,机上 112 人无一幸免。客机失事后,天津海事局奉命在失事海域组织应急扫测,全力搜寻"黑匣子"。根据上级指令,该船连续 5 天参与"黑匣子"扫测作业,得到上级领导和美国探测专家高度认可,并全程配合天津海测大队圆满完成飞机残骸扫测任务,受到交通部海事局通报表彰。2010 年 7 月 16 日,大连港发生"7·16"重大原油泄漏污染海域事故,该船全程参与清污工作,亦受到交通部海事局通报表彰。

图 6-3-559　2009 年 12 月,150 吨级航标登陆艇"海标 0507"船进行大三山岛灯塔补给作业

2013 年 5 月,"海标 0507"船更名为"海巡 15016"。截至 2015 年,该船累计航行里程 34995 海里,作业时间 4904 小时,在圆满完成岛屿灯塔补给任务的同时,完成航标巡检 1019 座次。

四、新型航标船建造

新型航标船系指天津海监(海事)局为改变航标传统作业方式,合作研制的航标夹持船和电磁吸盘式航标巡检船(简称"电磁吸盘船")。航标夹持船在船舶艏部设置航标夹持装置,通过夹持装置将船舶与灯浮标连成一体,使航标人员可在海上6级风、1.5米浪高的海况下平稳"登标"作业。电磁吸盘船在船舶艏部设置电磁吸盘装置,可在海上5~6级风、1米浪高的海况下准确吸附钢质灯浮标,使航标人员从容"登标"作业。

新型航标船船型均由中国船舶工业公司第708研究所3室设计。航标夹持船先后由中港天津船厂、威海东海船厂、江苏通洋船厂承造;电磁吸盘船由兴化市飞达玻璃钢船艇有限公司承造。新型航标船研制、建造和监造主持人为陈英俊、孟淑媛、葛明奎等。

新型航标船投入使用前,航标人员维护保养灯浮标时,需从船上跳到浮动标体上作业,不仅风浪较大时难以作业,而且时刻威胁作业人员生命安全。特别是北方冬季灯浮标标体和船舶甲板表面结冰,进一步增加"跳标"作业发生安全事故的概率。1998年始,在交通部海事局大力支持下,天津海监局借鉴广州海监局内河小型航标夹持船的有益经验,开展沿海新型航标船研制工作,先后成功开发Ⅰ、Ⅱ、Ⅲ型航标夹持船和电磁吸盘船,被交通部海事局确定为小型航标船的系列船型,并在全国海区航标系统推广使用。在此期间,交通部海事局组织首制沿海航标夹持船技术评估后,投资3866万元,建造航标夹持船5艘,电磁吸盘船4艘,分别配置在大连、秦皇岛、烟台、青岛航标处。

图6-3-560　2001年,交通部海事局召开首制沿海航标夹持船技术评估会

新型航标船的成功研制和广泛应用,引发航标作业方式的重大变革,使灯浮标检修作业由传统的"跳标"改为"登标",自此结束航标人员"跳标"作业的历史,并对完善航标作业手段、改善航标作业条件、提高安全作业水平、提升航标管理质量、增强航海保障能力等方面发挥了重要作用。

截至2015年,北方海区9艘在编新型航标船安全航行94250海里,巡检灯浮标、灯桩27460余座次。

第六章 基础设施与船舶

(一)"海巡15015"船

"海巡15015"船曾用名"B-135""海标0513"。该船为全国海区航标系统首制沿海航标夹持船（Ⅰ型），可实施直径2.40米灯浮标夹持作业。船舶建造单位为中港天津船厂，船舶造价475万元，命名为"B-135"。

该船船长28.98米，型宽6.20米，型深2.80米，设计吃水1.70米，排水量162.30吨。推进主机选用重庆柴油机厂KTA19-M500型柴油机，功率339千瓦×2，转速1744转/分，航速12.50节；发电机为上海柴油机股份有限公司4135ACaf型柴油机，功率73.5千瓦×2。

1998年，在交通部安监局大力支持下，天津海监局开展沿海航标夹持船设计前期工作。同年5月，该局船技处和青岛航标处有关工程技术人员组成调研组，赴广州海监局随船调研。之后，天津海监局组织设计单位和大连、烟台、青岛航标处有关技术人员在青岛召开专题研讨会，在充分借鉴广州海监局内河小型航标船夹持功能的基础上，系统分析青岛辖区灯浮标设置情况和胶州湾水文气象特点，并随船现场考察海上灯浮标状况，确立"以解决夹持装置适应沿海作业特点，确保夹持装置在一定涌浪海况下夹持住灯浮标，使其既能与船舶成为一体，又不使浮标受损为技术攻关重点"的设计思路，最终完成《海区航标夹持船技术论证》《海区航标夹持船设计任务书》，并于1999年3月与中国船舶工业公司708所3室签订船舶设计合同。1999年6月28日，首制沿海航标夹持船开工建造，青岛航标处（区）组成由船长杨大伦等人参加的监造组，于船体合拢前15天进厂监造，并圆满完成船舶监造任务。2000年5月16日，该船下水进行系泊及航行试验。

图6-3-561　2000年5月，航标船夹持船（Ⅰ型）"B-135"船作业测试

2000年9月10日"B-135"船列编服役后，由青岛航标处管理，主要负责青岛港、日照港、岚山港、董家口港的航标巡检维护工作，并多次圆满完成抢险救灾和航标应急反应任务。该船的研制成功，使传统的海上灯浮标作业方式发生重大变革，显著增强了航标作业安全系数，有效提升了航标作业效率，并对完善航标作业手段、改善航标人员作业条件发挥了重要作用。该船得到航标业内人士广泛认可，并备受航标人员好评。天津市科委成果鉴定专家组认为："该船的成功开发，使得沿海航标船传统作业方式取得重大变革，是沿海航标船船型发展的重大突破。"

2001年6月，该船更名为"海标0513"。2002年，天津海事局以合作设计研制该船型为基础申报的

"120吨级航标夹持船"项目荣获天津市科技进步奖三等奖。随后,该船型在全国海区航标系统得到快速推广。

2004年11月26日,青岛港321号灯浮标发生位置漂移,妨碍船舶进出港。该晚8时接报后,青岛航标处立即启动应急预案,"B-135"船奉命出海拖带复位。此时,海上风力7级以上,气温零下7摄氏度,船舶上、下层甲板结冰,航标作业异常困难。经全体船员共同努力,奋力实施灯浮标夹持作业,拖带过程中灯浮标从夹持装置中脱出,经再次夹持后终于完成拖带复位任务,保障船舶按期进出青岛港。

2008年北京奥运会、残奥会期间,该船配合"海标052"轮在青岛奥帆赛、残奥帆赛赛区抛设各类专用标志42座,调整、撤除80余座次,更换升级助航标志22座,打捞浒苔10余吨,并完成奥帆安保巡查监控、海上溢油应急演习等任务。之后,该船先后两次参加溢油应急清污作业,抛撒消油剂近10吨。

2013年6月,"海标0513"船更名为"海巡15015"。截至2015年底,该船安全航行32600海里,航标巡检9750余座次,抢修和更换灯浮标920余座次。

(二)"海巡15017"船

"海巡15017"船曾用名"海标0519"。该船是天津海事局在Ⅰ型航标夹持船基础之上研制的改进型沿海多功能航标夹持船(Ⅱ型),其船舶主尺度和主要装机性能与首制船相同。该船在保持Ⅰ型航标夹持技术先进性、实用性的基础上,进一步扩大航标夹持作业范围,夹持的灯浮标直径由2.40米增至3米,并具备多种海上作业功能,主要包括:航标巡检维护、灯浮标更换、冬季冰标更换作业、灯架更换等。该船适用于深水航道直径3米灯浮标作业,较好地解决了长期以来存在的航标船舶作业功能单一问题。

该船建造单位为中港天津船厂,船舶造价507万元,于2002年12月28日开工建造,2003年4月21日下水进行系泊及航行试验,2003年8月1日在烟台航标处列编投入使用,命名为"海标0519"。

该船主要承担辖区潍坊、莱州、龙口、蓬莱和烟台等港口海上助航标志的巡检维护、应急维修和少量灯浮标更换等任务。作为沿海多功能航标夹持船,该船具有较好的耐波性、操纵性,技术含量较高,储备功率较大,作业功能完备,船舶主尺度和主要装机性能满足航标巡检、维护、抛设、复位等作业要求。2006年4月,天津海事局以合作设计研制该船型为基础申报的"沿海多功能航标工作船"项目荣获天津市科技进步奖二等奖,并参加首届全国安全生产及技术装备展览会展示。同时,在山东省水运系统开展的"安康杯"竞赛活动中,荣获"安全优秀船舶"荣誉称号。

图6-3-562　2012年5月,航标夹持船(Ⅱ型)"海标0519"船应急航标抢修作业

2013年6月,"海标0519"船更名为"海巡15017"。截至2015年,该船航行15300余海里,巡检灯浮标、灯桩4670余座次,应急安装灯架、更换电池箱和灯浮标150余座次。

(三)"海巡15021"船

"海巡15021"船曾用名"海标0522"。该船是天津海事局在Ⅰ、Ⅱ型航标夹持船基础之上研制的机械手式航标夹持船(Ⅲ型)。其船舶主尺度和主要装机性能与首制船相同,仅船舶排水量增至177.20吨。该船船艏与此前建造的航标夹持船的主要区别是增加"抓手"装置,故称机械手式航标夹持船。航标夹持装置由翻转机构、工作平台、夹持臂、抓手等组成,可夹持直径1.80~3.60米的灯浮标。实施3.60米灯浮标作业时,"抓手"装置用于辅助夹持臂夹持灯浮标。夹持装置主要技术参数为:夹持力15千牛,摆动油马达力矩22千牛·米,泵站功率5.50千瓦。同时,船艉部增设2吨吊机1座,可配合夹持装置完成更换灯浮标灯架作业;前作业甲板增设沉石绞盘,并配套三滚轮导缆器,可完成更换灯浮标作业;具有一定拖带能力,可将移位灯浮标复位。

该船建造单位为中港天津船厂,船舶造价553万元,于2006年2月开工建造,2006年10月24日下水,经中国船级社天津分社验收,并通过系泊、倾斜、航行实验,2007年1月交付大连航标处使用,命名为"海标0522"。

"海标0522"船列编服役后,由大连航标处管理,主要承担辖区浮动航标巡检维护、应急维修和少量灯浮标更换,以及港内堤头灯桩巡检和维护保养等任务。该船能够在海上6级风、浪高1.5米的海况中准确"捕捉"灯浮标。该船投入使用前,小型航标船检修灯浮标时,风浪稍大即难以靠标。即使可以靠标,有时因船舶颠簸严重,航标人员无法完成"跳标"作业,甚至需要几个航次方能完成作业。该船投入使用后,相同海况下,一次性即可安全顺利完成"登标"作业。

截至2009年,经过2年的航标作业检验,大连航标处发现该船存在机械手装置部分不适宜航标作业等相关问题,主要是液压泵不配套,"抓手"夹持力偏小,失去对夹持臂的辅助作用,容易与灯浮标脱开;在收放夹持臂时,翻转平台多次出现严重颤抖和泄压自动下滑现象,导致夹持臂不能正常工作。随后,该处拟实施该船"抓手"装置及支持系统技术改造,并制订《技术改造方案》。是年11月,经报天津海事局批复同意后,由原设备配套厂天津四方液压厂负责实施,更换液压泵,去掉"抓手"装置,增加夹持臂同步平衡阀,使夹持臂的两臂同时夹持灯浮标。实施技术改造后,该船夹持性能稳定可靠,航标作业更加快捷。

图6-3-563　2008年12月,航标夹持船(Ⅲ型)"海标0522"船航标人员应急"登标"抢修作业

2013年5月,"海标0522"船更名为"海巡15021"。截至2015年,该船安全航行20297余海里,作业时间2969小时,累计巡检航标5580余座次,实施航标夹持作业3383座次,其中:1.80米灯浮标21座次,2.40米灯浮标3146座次,3.60米灯浮标216座次。

(四)"海巡15025"船

"海巡15025"船曾用名"海标0526"。该船是天津海事局在充分吸取航标夹持船研发成果基础上,合作研制的首制电磁吸盘式航标巡检船。该船船艏设置的电磁铁吸盘装置由船电配电盘、电磁铁吸盘、橡胶碰垫组成。该装置可使船舶与钢质灯浮标吸附为一体,可在海上5～6级风、浪高1米的海况中准确吸附不同直径的钢质灯浮标。

该船建造单位为江苏兴化船厂,于2008年12月开工建造,2009年1月交付大连航标处使用,命名为"海标0526"船。船舶造价198万元,使用年限12年。该船采用滑行船型,船长17.95米,型宽3.60米,型深1.50米,平均吃水0.70米,排水量18.13吨,航行区域为遮蔽海域。推进主机选用中国重汽集团杭州发动机有限公司斯太尔WD615系列WD615-68C01型船用柴油机,功率200千瓦×2,设计航速V_s≥22节;发电机组选用美国康明斯发动机有限公司17MDKBP-5182c型发电机,额定功率13.5千瓦;原动机选用日本久保田公司(KUBOTA)V1903-BG-ES01型柴油机,功率22.30千瓦。

2009年1月"海标0526"船列编服役后,由大连航标处管理,主要承担大连辖区遮蔽海域灯浮标巡检维护、应急抢修等任务。由于该船为玻璃钢船体,质量轻、阻力小、航速快。其电磁铁吸盘装置结构设计合理紧凑,吸附力适中,具备航标夹持船与浮标联成一体的功能,并具有"高速、稳定、便捷、高效、节能"等优势,既适应狭窄水域、养殖密集水域、浅水区域航行和作业,更适用于应急抢修灯浮标。同时,该船实施航标作业人员少、效率高。传统"跳标"作业时,随船航标维修人员至少4人,而该船作业时一般2人即可。在执行应急抢修任务时,其特点得以充分体现。

图6-3-564　2009年1月,电磁吸盘式航标巡检船"海标0526"船应急航标抢修作业

2009年3月3日,"海标0526"船在应急抢修大连港H5号灯浮标时,海面风力5～6级,灯浮标摇摆幅度较大。该船吸附灯浮标后,不断摇摆和上下跳动的幅度相对减小,航标人员安全顺利地完成"登标"维修作业。2010年1月26日,大窑湾港32号灯浮标故障需要立即修复。据当时天气预报:海面西北风5～6级,中午前后增强至6～7级,阵风8～9级,该船奉命前去抢修。该灯浮标距码头3.50海里,往返仅用1小时40分钟,于风力增强之前快速完成灯浮标抢修作业。

2010年,天津海事局以合作设计研制该船为基础申报的"新型电磁吸盘玻璃钢航标巡检船研制"项目荣获中国航海学会科学技术奖三等奖,并取得国家实用新型专利。

2013年5月,"海标0526"船更名为"海巡15025"。截至2015年,该船航行7202海里,作业时间1132小时,累计航标巡检1968座次,吸附直径2.40米灯浮标作业1655座次。

五、中小型测量船建造

中小型测量船系指主要用于港口航道测量的专用船舶,是开展港口航道测绘工作的重要装备,亦是采集水深、水文等航海保障信息的基础平台。交通部海事局《海道测量船标准船型配备指导意见》规定,测量船舶按照长度划分为80米级、40米级和20米级3个系列船型,即:80米级为大型测量船,40米级为中型测量船,20米级为小型测量船。

沿海港口航道测绘是航海安全保障和海洋经济开发等众多事业不可或缺的前期性和基础性工作,亦是航海保障工作中至关重要的环节之一。北方海区测绘系统负责北起鸭绿江口南至岚山港52个港口的港口航道测量、应急扫海测量、通航尺度核定测量、船舶定线制航路测量和海洋信息采集等工作。20世纪70年代之前,该系统尚未配置专用测量船舶,亦无测量工作船码头,测量作业主要依靠临时租用船舶。随着航运事业的飞速发展和船舶建造技术的不断进步,该系统专业测量船舶历经天津航道局、天津海监局、天津海事局三个历史时期,交通部先后投资5552.07万元,建造中小型测量船舶各3艘。船舶功能作用、技术状况和配置使用等均呈逐步提升、全面发展态势。

1975年6月,按照交通部水运基本建设局统一安排,天津航道局建造2艘小型测量船,命名为"津航测1""津航测2",从而结束了该局无专用测量船舶的历史。该船船长35.32米,型宽6.60米,型深3.40米,排水量161吨。推进主机功率314.60千瓦,设计航速11.10节。该船由代号为615船厂建造。两船服役期间,先后参加1976年鲇鱼湾扫海测量,1984天津港基本测量等任务。1987年,"津航测1"船参加鲅鱼圈港开港扫测工程,在扫测航道过程中,四波束测深仪在距航道南边线内侧10米位置,扫测到高出海底2米的一个浅点。随即,经测量人员精确定位,潜水员下潜探摸,证实该浅点为一个大石块,为安全开港扫清障碍。在此期间,"津航测1"船全程参加研制"304"双曲线定位系统海上动态定位精度测试等重点工程。之后(1990年3月12日),按照交通部安监局统筹安排,"津航测1"船调拨北京交通运输技术服务公司。

1987年,按照交通部水监局统一部署,天津、上海和广东航道局各建造1艘55米中型测量船,是为全国海区测绘系统最大的沿海测量船舶,配置在天津航测处的中型测量船命名为"津航测3"。该船船长55.50米,型宽10米,型深4.60米,排水量917.24吨,推进主机功率809千瓦×2,发电机组功率114千瓦×3,双机双桨,设计航速15节。该船设有专用测量工作室和测量工程师房间,在船体上舯前方的一个横剖面上安装4个测量专用换能器。该船由中国船舶工业公司第708研究所2室设计,浙江海东船厂建造。该船建造和监造主持人为闫世同、陈英俊、田孟扬、孟淑媛等。

1991年,"津航测3"船赴大连海域开展航道扫测工作,作业40余日。1994年,该船实施技术改造,将船尾甲板测量艇拆除,并加装固体压载,以增加船舶稳性。1995年12月始,天津海测大队利用该船参加历时5年的"无线电指向标-全球差分定位系统基准点测量工程"项目的5次大规模联测。

2000年,"津航测3"船更名为"海测051",2013年6月更名为"海巡1502"。在此期间,鉴于全国海区测绘系统的测量任务主要是港口航道测量,而该船船舶主尺度较大,适用于沿海测量,不适合港口航道测量,故从事渤海石油公司值班人员交通运输等其他方面任务较多或闲置。

图6-3-565　2012年8月,中型测量船"海测051"船参加"全国海区航测系统发展30周年"编队航行

截至2013年12月,天津海事局先后组织建造"海测0501""海测0502""海测0503"3艘测量船舶,建造和监造主持人为陈英俊、孟淑媛、李广达等。该测量船舶的列编服役,明显改善了北海航海保障系统的船舶配置和使用状况,对提高测绘作业效率和质量发挥了重要作用。

长期以来,北海航海保障系统的测量船舶由天津航标区(处)代管,测绘部门负责调度使用。2014年1月16日,按照交通部直属海事系统"三定"方案和北海航海保障中心有关要求,测量船舶正式交由天津海事测绘中心管理使用。

(一)"海巡15022"船

"海巡15022"船曾用名"海测0501"。该船是天津海事局组织建造的第一艘小型玻璃钢双体测量船,船舶造价111.10万元,命名为"海测0501"。该船由中船重工集团第702所设计,珠海江龙船厂建造,天津海测大队负责监造。2006年7月11日,天津海事局与珠海江龙船厂签订船舶建造合同,2007年7月11日在天津航标处通过技术验收,并正式交付天津海测大队使用,主要用于北方海区港口遮蔽水域测量作业。

该船船长7.75米,型宽3.10米,型深1.66米,排水量7.97吨;推进主机选用瑞典Penta公司进口原装96千瓦VOLVO型船用发动机,功率96千瓦×2;发电机组选用上海康明斯柴油发电机有限公司MDKBL型柴油发电机组,功率7千瓦,设计航速12节,续航力200海里。该船为双体船,可安装多波束测深系统等多种水上测量设备,且安装便捷、稳定可靠;具有较强的操控力,在遮蔽水域稳定性较高,航速满足测量需求。然而,基于船舶吃水较小,该船仅限于遮蔽水域使用。

图6-3-566 2007年7月,小型测量船"海测0501"船试航

2013年6月,"海测0501"船更名为"海巡15022"。2014年9月20日至11月10日,该船执行"海河二道闸至三岔河口航道图基本测量"任务,历时52天,航行948海里,完成主测线1463千米,测量面积450换算平方千米,充分展示其在遮蔽水域作业的技术优势,为打造"美丽天津"作出积极贡献。截至2015年,因该船船体严重老化,不再适宜承担海上测量任务,已申请报废。

(二)"海巡1504"船

"海巡1504"船曾用名"海测0502"。该船是天津海事局组织建造的第一艘40米级中型测量船,船舶造价2125万元,命名为"海测0502"。该船由上海船舶设计院设计,武汉南华船厂建造,于2006年12月25日开工建造,2008年12月30日竣工交付使用。天津航标处派员驻厂监造。

该船船长40米,型宽8米,型深4米,满载平均吃水2.50米,排水量449.40吨,双机双桨,设计航速12.70节。推进主机选用美国卡特彼勒(CAT)CAT3412EITTA型高速柴油机,功率634千瓦×2;发电机组为东风康明斯6CT8.3-JM115型柴油发电机组,功率115千瓦×2。

该船按照天津海测大队打造现代专业测量船舶的设计理念,配置日本KAMOME公司CPC-45AN型可调螺距螺旋桨,德国ZF公司W3350型齿轮箱,使得船舶具有良好的调速性能,既能满足测量作业的低航速需求,亦能满足船舶调遣的高航速要求。船舷两侧配置天津海事局自主研制的"液压式多波束测深仪升降系统",使得测深杆收放自如,换能器安装稳定可靠,显著提升了多波束测深系统水深采集数据质量。船底嵌入式安装单频、双频测深仪换能器,使得换能器安装更加牢固,明显提高了测量工作效率。

2009年3月2日,"海测0502"船在天津港举行首航仪式,并作为天津海测大队常规测量主力船舶列编服役,对增强北方海区测绘能力发挥了重要作用。该船由天津航标处负责日常管理,该大队负责调度使用。

图 6-3-567　2009 年 3 月 2 日,中型测量船"海测 0502"船首航

2009—2010 年,按照《2009 年天津港基本(网格)测量任务书》和《2010 年天津港基本(网格)测量任务书》的要求,"海测 0502"船先后 2 次承担天津港测量任务,历时 300 余天,安全航行 9564 海里,完成主测线 7000 千米,测量面积 710 换算平方千米。

2011 年 4 月 25 日至 7 月 5 日,"海测 0502"船进驻曹妃甸工地,按照《曹妃甸港区及附近 HPD 网格化基本测量任务书》的要求,圆满完成曹妃甸港区及附近港口的测量工作,船舶航行 3693 海里,完成主测线 6210 千米,测量面积 600 换算平方千米。

2012 年 9 月 28 日至 11 月 18 日和 2013 年 3 月 25 日至 5 月 19 日,"海测 0502"船实施成山角船舶定线制水域多波束测深系统全覆盖扫测、潮汐观测等测量项目。该船安全航行 4028 海里,完成主测线 4900 千米,测量面积 350 换算平方千米。在此期间,该船全面测量该区域水深状况及水文特性,探明该海域航行障碍物分布情况,为航政管理、航海图书资料编绘出版和过往船舶航行安全提供基础数据保障。随后,"成山角水域船舶定线制测量工程"项目先后荣获水运交通优秀勘察奖一等奖和全国优秀测绘工程奖金奖。同年 6 月,"海测 0502"船更名为"海巡 1504"。

2014 年 1 月 16 日,根据交通运输部直属海事系统"三定"方案,"海巡 1504"船与其他测量船舶正式移交天津海事测绘中心管理。此后,该船先后完成海阳港、威海港、大连港、潍坊港、青岛港港口航道图测量和长山水道船舶定线制、烟台至大连航路测量等任务,安全航行 14496 海里,完成主测线 14575 千米,测量面积 729 换算平方千米。

截至 2015 年,"海巡 1504"船船舶状况良好,累计航行 31781 海里,主机运转 3609 小时,完成主测线 32685 千米,测量面积 2389 换算平方千米。

(三)"海巡 1505"船

"海巡 1505"船曾用名"海测 0503"。该船是天津海事局组织续建的 40 米级中型测量船,由上海船舶研究设计院设计,威海东海船厂承造,船舶造价 2500 万元。2011 年 8 月 22 日,签订船舶建造合同,2012 年 3 月 19 日开工建造,2012 年 12 月 6 日工程竣工,2013 年 1 月交付使用,命名为"海测 0503"。船舶建造后期,天津海测大队张家稳、王玉强等人参与监造工作。建造期间,委托武汉信德科技服务有限责任公司负责该船施工阶段现场监造技术服务。

该船船舶主尺度和主要装机性能与"海巡1504"船基本相同,主要变化是减小船舶上层建筑,并安装天津海事局自主研制的"湿井式测量仪器安装装置"。该船二层甲板驾驶室与测量室连通,船舶纵轴线方向长度8.53米,比"海巡1504"船缩短1.3米;船底起算高度14.688米,比"海巡1504"船下降0.12米,进一步提升了船舶抗风能力。该船经船舶检验部门校核空船、满载出港、满载中途、满载到港及到港结冰五种工况下的完整稳性,满足国际航行船舶相关要求,相关参数和指标亦满足中国船级社(CCS)规范要求。该船安装的"湿井式测量仪器安装装置"使用方便,解决了以往固定安装多波束测深系统换能器等水下设备长期不能拆卸养护等问题,有效提升了船舶测量作业效能。

2013年3月21日,"海测0503"船在天津港正式列编服役。该船是天津海事测绘中心常规测量主力船舶之一,由天津航标处负责船舶日常管理,并由该中心负责调度使用。

图6-3-568　2013年3月21日,北海航海保障中心举行中型测量船"海测0503"船列编仪式

2013年3月25日至5月19日,"海测0503"与"海测0502"船共同参加成山角船舶定线制水域多波束测深系统全覆盖扫测等项目,安全航行1866.50海里,完成主测线2750千米,测量面积850换算平方千米。

2013年6月,"海测0503"船更名为"海巡1505"。2014年1月16日,根据交通运输部直属海事系统"三定"方案,该船舶正式移交天津海事测绘中心管理。

2014年3月26日至9月26日,"海巡1505"船实施大连港测量任务,先后完成大连港附近水域、大连港油轮锚地、大连港货轮锚地、大连港分道通航水域、大三山岛及小三山岛附近水域、大窑湾附近水域、大窑湾航道、大窑湾锚地、大窑湾油轮锚地、大窑湾货轮锚地等相关水域测量任务。累计出海作业185天,主机运转506小时,航行3761海里,完成主测线5570千米,测量面积1670.96换算平方千米。

通过执行多项测量任务验证,该船舶的稳定性、测量专业性已达到现代港口航道专业测量船舶标准。其参加的工程项目"辽东湾辽东浅滩水域及沉船测量工程"荣获中国水运建设行业协会2014年度水运交通优秀勘察奖三等奖,"大连港系列海图测量"荣获中国水运建设行业协会2015年度水运交通优秀勘察奖三等奖。

第七章 科技与信息化工作

科学技术是人类文明进步的第一动力,亦是国家兴旺发达的重要标志。放眼古今中外,科技创新作为引领经济社会发展的力量源泉,生生不息,延绵不绝,为推动包括航海保障领域在内的各项事业实现历史性跨越发展,提供了巨大的智力支持和可靠的技术保障。

中国是世界四大文明古国之一,历史悠久,人才辈出,在航运事业及航海保障技术方面曾长期保持世界领先地位。早在夏王朝时期,中华先民已运用碣石等自然物作为辨向定位技术手段,泛舟海洋,从此开启地文导航时代。秦汉以降,随着天文、水文、算术、测量、制图等科技水平持续进步,天文和水文导航技术应运而生,突破了地文导航时空局限,使航海活动范围由近海逐步走向远洋。特别是指南针定向导航技术推广应用后,中国在全球率先跨入定量航海时代,并集天文导航、罗盘指向、对景定位、计程计速、通信联络等航海技术之大成,绘制出《宣和奉使高丽图经》《海外诸藩国地理图》《海道指南图》《郑和航海图》等航海图书资料,将水天一色的茫茫海洋化为"坦荡通途",为开创全球大航海时代奠定了基础。后因明清王朝长期奉行闭关锁国政策,因循守旧,故步自封,致使原本领先世界的中国航海事业及航海保障技术陷入徘徊不前甚至衰败的境地。尽管晚清政府海关部门和中华民国交通部门曾花费巨资购置了若干航标、测绘、通信等国际先进设备,但航海保障核心技术均由国外垄断,中国在自主研发相关技术设备方面近乎空白。

1949年中华人民共和国成立后,面对战后百废待兴的困境,北海航海保障管理机构充分发扬"独立自主、自力更生、艰苦奋斗"精神,积极开展科技攻关及群众性技改技革活动,冲破西方反华势力经济技术封锁,成功研制或仿制了丙烷气航标灯器、指向标发射机、测量绘图工具、无线电收发报机、航测作业船舶等专用器材设备,组织实施了一系列恢复重建和技术升级改造工程,自主设计建造了中国首座水中大型灯塔——大沽灯塔,终结了以往完全依赖外国进口的历史,为保障海上交通安全、助推航运经济建设作出重要贡献。

1978年中共十一届三中全会后,随着中国改革开放不断深入和航运经济持续发展,北海航海保障事业乘势而上,科技工作呈现前所未有的快速发展态势,科技管理逐步规范,科技投入不断加大,科技活动日趋活跃,科技成果渐次增多。尤其是以信息技术为代表的科技革命蓬勃兴起后,北海航海保障系统适时创立以"科技创新基金"为支撑的科研项目孵化平台,强化技术政策引导,加大资金扶持力度,形成海区机关统一领导、科技部门归口管理、相关单位分工负责、社会力量合作攻关的科技管理新机制,为加快科技创新步伐注入了强劲动力。在此期间,该系统各单位在引进、消化、吸收国内外先进技术基础上,自主研制成功航标遥测遥控系统、航标灯器智能控制器、点光源LED航标灯器、新型冰标与冰标灯器、沿海港口潮汐分析处理系统、水深测量数据采集系统、中文全要素海图编绘技术、跨平台多源电子海图应用系统、港域航道智能监测系统、北斗差分导航与精密定位服务系统、多功能航标工作船等一系列实用科技成果;通过科研攻关和开发利用,在无线电指向标-差分全球定位系统(RBN-DGPS)、船舶自动识别岸基系统(AIS)、机助制图系统(CARIS)、全球海上遇险与安全通信系统(GMDSS)等方面取得突破性进展;太阳能电池、风光互补供电、绿色长效油漆、超高分子量聚乙烯等新能源、新材料、新技术得到推广应用;航标助航和海道测量官方网站、沿海航标基础数据库、水文信息服务系统、海上安全信息播发和通信管理信息系统、海事科技信息资源共享平台等相继建成投入运行,为全面建成立体助航、全域测绘、多元通信的现代化海上安全保障服务体系提供了坚实可靠的技术支撑。

截至2015年底,北海航海保障系统荣获省部级及以上科技成果奖励总计43项,获得发明专利、实用新型专利、外观设计专利等国家专利32项,取得国家软件著作权13项,位居全国海事系统先进行列;组织研发信息系统总计57项,其中17项信息化科研成果荣获省部级科技奖励,信息化管理水平和对外信息服务能力得到大幅提升。

第一节 科技管理

一、管理机制

科技管理系指对科学技术资源实行优化整合的管理行为,旨在引导激励科技创新,促进相关事业发展进步。纵观北海航海保障系统科技工作近现代发展史,科技管理从虚无到实在、从分散到集中、从粗放到集约,从滞后到领先,经历了漫长而曲折的发展过程。

清道光二十年(1840)鸦片战争爆发后,西方列强凭借坚船利炮逼迫清政府开埠通商,由此开启近代中国大规模兴办航海保障事业帷幕。当时,由于国内科技水平和工业基础极度落后,航海保障相关设施设备完全依赖西方发达国家输入,其核心技术大多由掌管航标、测绘、通信业务的各部门外籍雇员把持垄断,科技管理各自为政,有关规章制度散见于业务管理文件之中,直至中华人民共和国成立前尚未形成规范统一的科技管理运行机制。

1949年中华人民共和国成立后,新的科技管理体制机制逐步建立健全,为中国科技事业开创了前所未有的发展道路。1949年11月,中国科学院成立,是为当时国家最高科技管理和科学研究机构。1956年,中共中央提出"向科学进军"号召,并增设科学规划委员会和国家技术委员会,将此前由中国科学院承担的绝大部分科技管理职能转由科学规划委员会承担。1958年,为适应科技快速发展的需要,科学规划委员会与国家技术委员会合并为国家科学技术委员会(简称"国家科委"),与中国科学院共同管理国家科技事务。与此同时,各级地方政府和企事业单位亦相继设立了科技管理部门,全国科学技术管理体系初步形成。在此期间,随着中国航海保障管理体制调整变化,北方海区公用航标和海道测量科技工作由海军航海保证部门和交通部港口航道管理部门分工管理,水运安全通信系统的科技工作由交通部直属港务局分工管理。

1966年,"文化大革命"爆发,各级领导机关和知识分子受到冲击,中国科技事业遭遇严重挫折。1976年,一举粉碎"四人帮"反党集团后,国内各领域管理工作随之拨乱反正,国家科委及各级科技管理部门相继恢复建制。1978年3月,全国科技大会在北京隆重召开,讨论通过《1978—1985年全国科学技术发展规划纲要》,标志着中国科技事业重新回到健康发展轨道。在此期间,为冲破西方反华势力对中国的经济技术封锁,北海航海保障系统各单位以"独立自主、自力更生"为指针,大力开展科技攻关及群众性技改技革活动,相关科技管理工作得到逐步理顺和规范。其中,天津航道局科技工作实行三级管理机制,局机关科技主管部门负责全面规划、建章立制、技术指导、推广应用和监督检查;所属单位(部门)负责相关科研项目具体实施;基层塔台站船负责群众性技改技革及设备检修维护工作。同时,该局先后印发施行《关于改进技术管理工作的措施》《关于加强技术管理工作的决定》《总工程师责任制》等一系列规章制度,为加强和改进科技管理发挥了积极作用。

1982年天津航测处接管北方海区干线公用航标后,在沿用天津航道局科技管理机制基础上,先后印发施行《航标技术管理条例》和《测绘技术业务管理制度》,科技管理规章制度日臻完善。此后,北方海区航测系统科技工作由该处技术教育科归口管理,一般科研项目通常由各基层单位具体负责实施。1984年始,《中华人民共和国专利法》《中华人民共和国科学技术进步奖励条例》等法律法规陆续出台,对保护知识产权、激励科技人员锐意创新起到积极促进作用,中国科技事业呈现加速发展态势。在此期间,天津航测处先后自主研发的"SC-Ⅰ型水深数据处理机""ZK-Ⅰ型无线电指向标控制机"等科研成果取得重大突破。

1988年全国港口体制改革后,北方海区航测系统科技工作由天津海监局统一管理,水运安全通信系统科技工作仍由各海岸电台所在地海监局管理。1996年7月10日,天津海监局成立科技工作领导小组(下设航标测量、航政管理、通信交管、综合管理四个分委会),并印发施行《天津海监局科技工作管理办法(试行)》,明确规定全局科技工作由天津航测科技中心归口管理,标志着该中心自此成为兼具全局科技管理职能的基层单位。其主要职责为:负责起草天津海监局中长期科技发展规划和年度科技工作计划;负责组织科研项目立项预审,并掌握科研进度情况;负责组织科技成果鉴定和推广应用工作;负责科技标准化管理,宣传推广国内外相关技术标准;负责科技信息整理与交流;负责有关科技工作的表彰奖励等。至此,北海航海保障系统(外埠海岸电台除外,下同)基本形成天津海监局统一领导、天津航测科技中心统筹协调、相关单位(部门)分工负责的科技工作管理运行机制。

1997年7月,天津海监局组织制订《"九五"科技发展规划》,确立了第九个"五年计划"期间的科技发展目标,并从软科学研究、科技突破和技术监督工作三个方面制订了科技发展计划。其中,"科技突破计划"涵盖了海上安全监督信息网络、航政管理、DGPS系统建立、航标技术与管理、测绘技术与管理、通信工作、船舶技术、综合管理八个方面内容。同年10月,天津海监局修订《科技工作管理办法》,进一步完善了局属各单位(部门)科技工作职责,增加了专利及计算机软件版权管理、科技标准化管理、科技信息管理与交流等内容,细化了科研技改立项论证、科研技改项目成果鉴定、专利及计算机软件版权管理、仪器计量检测管理、科技学(协)会管理等工作流程,为全面规范科技工作发挥了重要作用。

1999年5月国务院公布施行《国家科学技术奖励条例》后,科学技术部随即发布施行《国家科学技术奖励条例实施细则》《省部级科学技术奖励管理办法》《社会力量设立科学技术奖管理办法》,进一步规范了科技奖项设立与评定工作,明确规定"国务院所属其他部门不再设立部级科学技术奖"。据此,交通部依据《社会力量设立科学技术奖管理办法》,将"航海类"科学技术奖评审工作转由中国航海学会承办,设立"中国航海学会科学技术奖",奖项等级"可参照为部级科技进步奖"。自此,北海航海保障系统主要科研成果改向中国航海学会申报科学技术奖。

2001年,依据交通部《关于加强技术创新、推进交通事业发展的若干意见》,天津海事局副局长赵亚兴适时提出创立技术创新基金的动议,该局遂决定从每年业务经费中提取20万元,在全国海事系统率先设立"技术创新专项基金",并由天津航测科技中心负责统筹管理、滚存使用。这一科技管理方面的重大创举,开辟了科研活动经费新渠道,增强了科研项目政策扶持力度,为激励科研人员积极作为、加快科技创新步伐注入了强劲动力。2002年4月23日,该局印发施行《天津海事局技术创新专项基金管理办法》,对基金适用范围、申请与划拨、立项标准,以及项目鉴定、验收、奖励等作出具体规定。2005年4月12日,该局修订完善《天津海事局技术创新专项基金管理办法》,更名为《天津海事局科技发展基金管理办法》,进一步细化了基金项目年度计划安排,以及立项审批、督查、验收、鉴定、评审、奖励等事项,并将基金提取额度从每年20万元调增至业务经费的0.5%~1%,使科技发展基金使用更加规范高效。

2007年10月31日,天津海事局在烟台召开全局首次"科技兴局"现场推进会,将该局科技创新工作推向新高潮。2008年10月15日,天津海事局局长徐津津主持制定《天津海事局科技发展纲要(2008—2012)》,为引领该局科技创新工作发挥重要作用。同年11月24日,该局再次修订《天津海事局科技工作管理办法》,将科技项目纳入年度工作目标绩效考核管理体系,并设立科技成果奖、科技管理奖、科技人才奖,构建起有利于激发科技人员活力的考核评价管理机制。同时,在原4个专业分委会基础上,增设了由各专业高级工程技术人员组成的专家委员会,主要负责跟踪研究海事技术发展趋势,起草中长期科技发展规划和技术政策,评估年度科技工作计划,参与科技项目的立项、验收、奖励及推广应用等工作。2011年,天津海事局将科技管理工作纳入全局质量管理体系,并组建科技、信息化专家咨询委员会,形成"覆盖全面、制度完备、运行顺畅、成效显著"的科技管理体系。

2012年北海航海保障中心成立后,依照国务院《关于深化科技体制改革 加快国家创新体系建设的意见》,该中心先后印发施行《科技工作管理办法》《科技奖励办法》《科技成果管理办法》;定期举办科技信息化工作会、科技论坛、创新创业论文大赛;编制年度科技成果目录,搭建了技术交流平台,有效促进了科技工作的规范化管理。截至2013年,天津海事局的科技工作由该局自行管理。截至2015年,北海航海保障系统的科技工作仍由天津航测科技中心归口管理。

1980—2015年北海航海保障系统适用的科技管理制度一览表

表7-1-119

序号	文件名称	发布机关	发文字号	发布日期	备注
1	改进技术管理工作措施	天津航道局	津航〔80〕字第68号	1980年2月29日	废止
2	航标技术管理条例	天津航测处	管理制度汇编	1984年4月	废止
3	测绘技术业务管理制度				
4	加强技术管理工作的决定	天津航道局	〔86〕津航技字第175号	1986年4月25日	废止
5	总工程师职责、主任工程师职责、工程师职责	天津航道局	〔86〕津航技字第243号	1986年5月24日	废止
6	科技工作管理办法(试行)	天津海监局	津海监〔1996〕科技字178号	1996年7月10日	1997年废止
	科技工作管理办法		津海监〔1997〕科技字256号	1997年10月15日	2008年废止
	科技工作管理办法	天津海事局	津海科技〔2008〕377号	2008年11月24日	
7	"九五"科技发展规划	天津海监局	津海监〔1997〕科技字170号	1997年7月14日	
8	技术创新基金管理办法	天津海事局	津海科技〔2002〕148号	2002年4月23日	2005年废止
	科技发展基金管理办法	天津海事局	津海科技〔2005〕135号	2005年4月12日	2010年废止
9	科技发展纲要(2008—2012)	天津海事局	津海科技〔2008〕341号	2008年10月15日	
10	科技工作管理办法	北海航海保障中心	北海科技〔2014〕94号	2014年7月17日	
11	科技奖励办法	北海航海保障中心	北海科技〔2014〕98号	2014年7月28日	
12	科技成果管理办法	北海航海保障中心	北海科技〔2014〕99号	2014年7月28日	

二、项目管理

项目管理是第二次世界大战后期发展起来的管理方法之一,20世纪50年代由数学家华罗庚引入中国,时称统筹法或优选法。之后,随着项目管理理论逐步发展成熟,该管理方法风靡全球,被传播应用到诸多工程技术领域。本书所谓科技项目管理,系指北海航海保障系统科技主管部门在限定资源条件下,通过运用项目管理方法,追求实现或超过科研项目预定目标的过程,主要包括:项目策划、立项投资、组织实施、跟踪控制、评审验收、推广应用等工作。

北海航海保障系统实施科技项目管理始于20世纪60年代。早期的科技项目主要以上级下达的科研任务或基层单位自发的群众性技改技革活动为主,项目管理流程较为简单,主要由各级科技管理部门制订计划并组织实施。在此期间,北方海区航测系统自主研发的丙烷气航标灯器、日光阀、太阳能半导体自动控制开关、硅太阳能电池、SC-Ⅰ型水深数据处理机、ZK-Ⅰ型无线电指向标控制机等科研项目取得重大突破;天津港务管理局组织实施海岸电台发射机和天线等设施设备技术改造,解决了长期存在的发射机末级管过热和激励器经常故障等技术难题,有效提高了航海保障技术能力和服务水平。

1989年天津航测科技中心成立后,项目管理重点逐步转向科技研发为主。在此期间,先后完成"太阳电池航标灯技术推广应用""水深测量数据采集系统"等项目。1996年,根据《天津海监局科技工作管理办法》,该中心归口管理全局性科技工作,项目管理重点转变为以组织科技成果鉴定验收和推荐申报省部级奖励为主,分别组织鉴定"测绘生产管理系统"科研项目、推荐"中文全要素数字式海图编绘技术"项目申报交通部科技进步奖等工作。

2001年始,天津海事局设立技术创新专项基金,科技项目实行统一管理。2005年,根据修订的《天津海事局科技发展基金管理办法》,天津航测科技中心对基金支持项目实施"立项评审、计划下达、跟踪督导、验收鉴定及项目奖励"等全过程管理,同时对其他科研项目开展"备案统计、项目鉴定和推荐申报省部级科技奖励"等工作。至此,北海航海保障系统初步形成较为规范的科技项目管理体系。

图7-1-569　2006年4月13日,天津海事局副局长孔繁弘(右四)主持召开"2005年科技奖励、2006年基金项目"评审会

截至2009年底,天津海事局科技发展基金支持项目总计122个,累计投资581.34万元,其中航海保障科技项目60个,项目占比49.18%,资金占比约51.64%。全局共有191个项目(含非基金支持项目)荣获局级科技奖励,其中航海保障科技项目99个,占比51.83%;推荐的15个项目荣获省部级科技奖励,其中航海保障科技项目11个,占比73.33%。

2010年,由于国家调整国库集中支付制度,天津海事局科技发展基金随之取消,全局各单位(部门)

科技项目经费自此实行年度财政预算管理。之后,按照交通运输部海事局科技管理体系文件要求,天津海事局进一步加强科技项目统一管理,包括年度科技项目计划制订、项目承担单位选取、项目实施过程控制、项目成果鉴定验收、科研成果应用转化,以及科技项目奖励申报等工作,并实现科技项目全过程管理。

图7-1-570　2011年4月28日,天津海事局副局长聂乾震(右三)主持召开2011年科技项目立项评审会

2012年北海航海保障中心成立后,天津航测科技中心制定《科技项目实施细则》,并建立科技项目专家库和相关评审咨询机制,进一步规范了科技项目管理,有效提高了科研成果质量。

图7-1-571　2015年3月31日,北海航海保障中心副主任柴进柱(中左)主持召开2015年科技项目立项评审会

2013—2015年,北海航海保障系统总计立项45个科技项目,其中涉及全局性科研项目由北海航海保障中心经费支持,累计投资373万元;其他科研项目在各基层单位经费中列支,累计投资524.10万元。

2001—2015年北海航海保障系统荣获局级科技成果奖励一览表

表7-1-120

年份	科研计划		局级科技成果				推荐省部级获奖
	立项(个)	基金(万元)	一等奖(个)	二等奖(个)	三等奖(个)	鼓励奖(个)	
2001	1	6	0	0	0	0	0
2002	1	3	1	2	2	0	1
2003	4	7.2	0	0	0	0	0
2004	4	26	3	5	9	2	1
2005	7	46	2	6	8	9	3
2006	9	41	1	5	4	0	0
2007	11	48	1	5	9	2	3
2008	7	37	1	4	9	9	2
2009	16	86	—	—	—	—	1
2010	8	110.3	—	—	—	—	4
2011	8	163	—	—	—	—	4
2012	7	145	—	—	—	—	3
2013	8	147	—	—	—	—	5
2014	18	365.5	—	—	—	—	5
2015	19	384.6	—	—	—	—	5
合计	128	1615.6	9	27	41	22	37

三、科技成果

1949年中华人民共和国成立后,北海航海保障系统各单位主要围绕航标能源和灯器改造开展技改技革和科技研发。1953年,天津港务监督航标科针对乙炔光源燃料供应不足等问题,创制电表式闪光机,将天津辖区沿岸引导灯桩全部改用岸电。1964年,天津航道局与上海航道局、上海航标厂合作研制成功丙烷航标灯器,并在上海黄浦江陆家嘴灯浮和天津大沽灯船上安装使用,同年被国家科委授予国家技术革新三等奖,是为北海航海保障系统荣获的首个国家级科技奖项。1973年,天津航测大队与国防科委第十四研究院第十八研究所合作,研究利用硅太阳能电池作为航标灯能源,并在天津港灯浮上试用成功,使航标能源技术向前推进一步。1983年,天津航测处科研组自主研发成功"SC-Ⅰ型水深数据处理机",荣获交通部科技成果三等奖,是为北海航海保障系统荣获的首个省部级科技奖项。

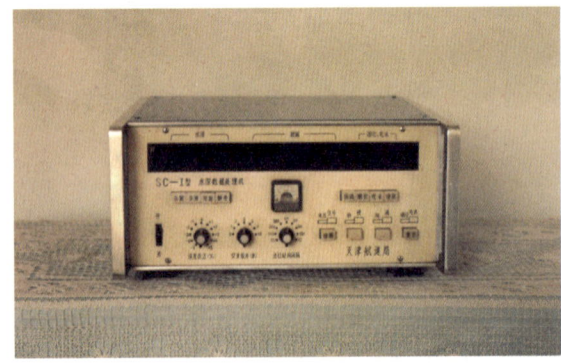

图7-1-572　1983年,天津航测处自主研发成功"SC-Ⅰ型水深数据处理机"

1988年天津海监局组建后,科技创新活动日趋增多,科技成果水平逐步提升。1989年,该局自主研发的"活节式灯桩"科技成果,初步实现冰区航道船舶夜航,取得国家实用新型专利,实现北方海区航标系统在国家专利方面零的突破。1990年,合作研制的"太阳电池航标灯技术推广应用"项目荣获国家科技进步奖三等奖。1992年,大连航标区合作研发的"灯塔航标无线电遥控遥测微机管理系统"荣获辽宁省科学技术进步奖二等奖。天津海测大队自主研发成功"水深测量数据采集系统",首次实现外业水深测量数据计算机自动采集和处理,显著提高了测绘作业效率。之后,随着《天津海监局科技工作管理办法》的施行,科技研发成果转化应用水平得到进一步提升。1998年,天津海测大队自主开展的"中文全要素数字式海图编绘技术"研究成果荣获交通部科技进步三等奖,并在全国海区测绘系统推广应用。据统计,在天津海监局管理时期,北海航海保障系统总计荣获省部级及以上科技奖励4项,取得国家实用新型专利4项。

图7-1-573　1998年8月,天津海监局副局长李增才(前中)主持召开"灯浮标同步闪光灯光管制系统"科技成果验收会

1999年天津海事局成立后,通过进一步加大科技投入力度,特别是建立"技术创新专项基金"和科研项目评审奖励机制,有效激发了科技人员创新热情,各行业类别科技成果渐次增多。2007年,天津海事局在烟台召开全局首次科技大会,并印发施行《天津海事局科技发展纲要(2008—2012)》,将科技工作推向新的发展阶段,一批具有信息时代特征的科技成果层出不穷,获奖数量和等级显著提高。截至2012年,北海航海保障系统总计荣获国家级科技三等奖1项;省部级科技奖励27项,其中一等奖2项、二等奖6项、三等奖19项;取得国家专利22项,其中发明专利2项、实用新型专利17项、外观设计专利3项;取得国家软件著作权3项。

2012年北海航海保障中心成立后,注重加强国际前沿技术研究,在北斗高精度导航定位系统应用、航标新能源新技术新材料和船舶技术升级改造等方面取得新突破。截至2015年,北海航海保障系统总计荣获省部级科技奖励15项,其中一等奖3项、二等奖5项、三等奖7项;取得国家专利10项,其中发明专利2项、实用新型专利8项;取得国家软件著作权10项。为鼓励在航海保障领域科技研发工作中取得显著成绩的单位和个人,北海航海保障中心于2015年授予"便携式电子海图桌技术研究及应用工程"等12项科研成果"第一届北海航保科技成果奖",授予天津航测科技中心等5个单位"第一届北海航保科技创新推动奖"。

1964—2015年北海航海保障系统荣获省部级及以上科技成果奖励一览表

表 7-1-121

序号	项目名称	获奖等级	颁奖部门	年份	主要参与人员
1	丙烷气航标灯器	国家技术革新奖三等奖	国家科委	1964	刘长发、张庆和等
2	SC-Ⅰ型水深数据处理机	交通部科技成果奖三等奖	交通部	1983	张家孝、赵亚兴、李鲜枫等
3	太阳电池航标灯技术推广应用	国家科学技术进步奖三等奖	国家科学技术进步奖评委会	1990	张家孝、孟庆忠、吴志刚等
4	交通部部属单位机构编制标准与管理研究	交通部科技进步奖三等奖	交通部	1991	程裕大等
5	灯塔航标无线电遥控遥测微机管理系统	辽宁省科技进步奖二等奖	辽宁省人民政府	1992	李鲜枫、邓洪贵、陈悦兵等
6	中文全要素数字式海图编绘技术	交通部科技进步奖三等奖	交通部	1998	张安民、杨龙、郑行昭等
7	120吨航标夹持船	天津市科技进步奖三等奖	天津市人民政府	2002	陈英俊、孟淑媛等
8	天津港船用引航系统	天津市科技进步奖三等奖	天津市人民政府	2004	李鲜枫、马亚平、杨龙等
9	中国沿海无线电指向标—差分全球定位系统研究与实施	中国航海学会科学技术奖二等奖	中国航海学会	2005	李鲜枫、马亚平、赵亚兴等
10	航标灯器智能控制器研制	中国航海学会科学技术奖二等奖	中国航海学会	2005	孙文远、赵亚兴、钟建军等
11	沿海多功能航标工作船	天津市科技进步奖二等奖	天津市人民政府	2006	赵亚兴、陈英俊、孟淑媛等
12	大沽灯塔航标遥测遥控系统	中国航海学会科学技术奖二等奖	中国航海学会	2007	王树茂、金胜利、袁立武等
13	航行安全信息自动播发及船舶流量轨迹快速统计查询应用系统	中国航海学会科学技术奖三等奖	中国航海学会	2007	徐津津、赵亚兴、辛艺强等
14	ISA-400型航标旋转灯器研制	天津市科技进步奖三等奖	天津市人民政府	2008	孙文远、张临强、徐津津等
15	电子海图桌应用系统	测绘科技进步奖三等奖	中国测绘学会	2008	孙洪志、刘东全、杨龙等
16	适用于复杂海况的保证海域安全的冰区浮标	天津市科技进步奖三等奖	天津市人民政府	2008	辛艺强、孙洪志、袁立武等
17	航标智能灯器与运行信息管理系统	山东省科技进步奖一等奖	山东省人民政府	2010	徐津津、孔繁弘、钟建军等
18	中国沿海船舶自动识别岸基系统开发及应用	中国航海学会科学技术奖一等奖	中国航海学会	2010	刘功臣、韩伟、胡伟、聂乾震等

〔续表一〕

序号	项目名称	获奖等级	颁奖部门	年份	主要参与人员
19	新型电磁吸盘玻璃钢航标维护船研制	中国航海学会科学技术奖三等奖	中国航海学会	2010	黄何、陈英俊、孟淑媛等
20	全球海上遇险安全系统关键技术产业化研发	中国航海学会科学技术奖三等奖	中国航海学会	2010	苏本征、赵凤龙、孙文力等
21	天津新港航道测量周期研究	中国航海学会科学技术奖三等奖	中国航海学会	2010	刘东全、刘振全、郑行昭等
22	沿海港口潮汐分析和处理系统	中国航海学会科学技术奖三等奖	中国航海学会	2011	黄永军、李宝森、桑金等
23	水运工程测量质量检验标准	中国航海学会科学技术奖三等奖	中国航海学会	2011	张铁军等
24	基于船舶自动识别系统（AIS）技术的数字航标及通信管理终端	中国航海学会科学技术奖三等奖	中国航海学会	2011	王正和、刘世江、韩善光等
25	基于多源信息聚融的港域航道智能监测系统	河北省科技进步奖二等奖	河北省人民政府	2011	柴进柱、黄凤飞、邓祝森等
26	海上船舶搜寻通讯调度系统	测绘科技进步奖三等奖	中国测绘学会	2012	柴进柱、桑金、张安民等
27	新型冰标及冰标用灯器研制	中国航海学会科学技术奖三等奖	中国航海学会	2012	安红松、钟建军、苗猛等
28	中型航标船（海标052）整体性能提升的成套技术开发应用	中国航海学会科学技术奖三等奖	中国航海学会	2012	王正和、刘铁君、董效鹏等
29	应急扫测支持辅助系统	地理信息科技进步奖三等奖	中国地理信息产业协会	2013	黄永军、汪连贺、阎锡臣等
30	海事测绘综合处理系统	测绘科技进步奖三等奖	中国测绘学会	2013	汪连贺、董江、桑金等
31	跨平台多源电子海图基础应用平台	中国航海学会科学技术奖一等奖	中国航海学会	2013	王玉林、夏启兵、白亭颖等
32	2000吨级大型航标布设船	中国航海学会科学技术奖二等奖	中国航海学会	2013	聂乾震、陈英俊、姚强等
33	点光源LED航标灯器及其北斗测控技术研制	山东省科技进步奖二等奖	山东省人民政府	2014	钟建军、王如政、安红松等
34	激光验潮仪及水文信息采集管理系统	地理信息科技进步奖三等奖	中国地理信息产业协会	2014	白亭颖、汪连贺、刘雷等
35	高精度测深理论、方法与应用	测绘科技进步奖二等奖	中国测绘地理信息学会	2014	董江等
36	远距离GPS在航潮位测量方法及软件开发研究	测绘科技进步奖三等奖	中国测绘地理信息学会	2014	董江、白亭颖、刘雷等
37	单颗LED点光源低能耗智能遥控一体化航标灯器	中国航海学会科学技术奖三等奖	中国航海学会	2014	王如政、陈朝、李树兵等

〔续表二〕

序号	项目名称	获奖等级	颁奖部门	年份	主要参与人员
38	具有布设浮标功能的小型航标船艇研发应用	中国航海学会科学技术奖三等奖	中国航海学会	2014	刘铁君、王正和、董效鹏等
39	北斗沿海差分导航与精密定位服务系统研究与应用	卫星导航定位科技进步奖一等奖	中国卫星导航定位协会	2015	聂乾震、王成、柴进柱等
40	海洋无缝垂直基准及其转换模型构建理论、方法与应用	测绘科技进步奖一等奖	中国测绘地理信息学会	2015	董江等
41	测绘地理信息行业专题服务模式与关键技术	测绘科技进步奖二等奖	中国测绘地理信息学会	2015	白亭颖等
42	长山水道附近海岛礁海陆基准传递及一体化测量技术研究	测绘科技进步奖三等奖	中国测绘地理信息学会	2015	边志刚、黄东武、白亭颖等
43	渤海湾北斗地基增强系统建设及无验潮水深测量应用研究	中国航海学会科学技术奖二等奖	中国航海学会	2015	聂乾震、王闻成、汪连贺等

1990—2015年北海航海保障系统取得国家专利一览表

表7-1-122

序号	专利名称	专利号	证书号	专利权人	发明人	授权日期	备注
1	活节式灯桩	89 2 08560.6	47423	天津海岸带工程有限公司、天津海监局	王汶、张家孝、张庆和等	1990年10月24日	实用新型
2	浮标灯遥测遥控装置	ZL95 2 17488.X	240254	天津海监局	杨习成、胡江、赵光华	1996年10月5日	实用新型
3	活节式灯桩	ZL96 2 07504.3	272536	海洋实用技术服务部	王汶、田公卓、李毓璐	1997年11月22日	实用新型
4	浮标灯同步闪光装置	ZL 97 2 04998.3	322407	天津海监局	杨习成、王金照、赵光华	1999年4月29日	实用新型
5	高驻定型活结式灯桩	ZL 2005 2 0062449.7	813380	天岳公司、天津航标处	辛艺强、孙洪志等	2006年8月30日	实用新型
6	冰区浮标	ZL 2005 2 0062450.X	811215	天津航标处	辛艺强、孙洪志等	2006年8月30日	实用新型
7	一种浮室	ZL 2005 2 0062451.4	811465	天岳公司、天津航标处	辛艺强、孙洪志等7人	2006年8月30日	实用新型
8	智能化航标旋转灯器	ZL 2007 2 0021780.3	1058610	天津海事局	孙文远、张临强等	2008年6月4日	实用新型
9	海上加密通信器	ZL 2008 2 0073957.9	1155431	天津通信信息中心	苏本征、田为民等	2008年12月31日	实用新型
10	智能化航标旋转灯器及控制方法	ZL 2007 1 0014463.3	521086	天津海事局	孙文远、张临强、徐津津等	2009年7月8日	发明
11	电磁式换泡机	ZL 2009 2 0226129.9	1450865	天津海事局	张临强、孙文远等	2010年6月2日	实用新型
12	带电磁吸盘玻璃钢航标维护船	ZL 2009 2 0250878.5	1482897	天津海事局	黄何、陈英俊、孟淑嫒等	2010年7月14日	实用新型

〔续表一〕

序号	专利名称	专利号	证书号	专利权人	发明人	授权日期	备注
13	船用锚链收放组合设备	ZL 2010 2 0543843.3	1763569	天津大学、天津海事局	黄何、陈英俊、孟淑媛等	2011年4月20日	实用新型
14	大型智能化航标旋转灯器及控制方法	ZL 2009 1 0018342.5	768286	天津海事局	徐津津、张临强、孙文远等	2011年4月27日	发明
15	冰区浮标(新型)	ZL 2011 3 0043490.0	1633752	天津航标处	钟建军、王剑、张建军等	2011年8月3日	外观设计
16	冰区浮标灯器	ZL 2011 2 0067402.5	1951520	天津航标处	钟建军、王剑、张建军等	2011年9月28日	实用新型
17	新型航标灯	ZL 2011 2 0039886.2	1998009	廊坊市指南针航海设备有限公司	柴进柱、黄凤飞、杨力等	2011年11月16日	实用新型
18	一种单颗LED光源浮标信号灯器	ZL 2010 2 0257611.1	1688135	烟台航标处、烟台纳威给申莱茨公司	—	专利权人变更日期：2012年8月8日	实用新型
19	单颗LED光源浮标信号灯器	ZL 2010 3 0237386.0	1420457	烟台航标处、烟台纳威给申莱茨电子科技有限公司	—	专利权人变更日期：2012年9月4日	外观设计
20	一种用于收放航标作业的夹持机械手	ZL 2011 2 0548694.4	2352813	青岛航标处天津大学	王正和、刘铁君、董效鹏等	2012年8月15日	实用新型
21	卧式自排链液压卷筒绞车	ZL 2012 3 0024317.0	2007543	青岛航标处、交通部水科院天津大学	王正和、董效鹏等	2012年7月18日	外观设计
22	液压埋入成套式舱口盖	ZL 2012 2 0173437.1	2602827	青岛航标处	王正和、董效鹏等	2012年12月26日	实用新型
23	水上多功能升降系统	ZL 2012 2 0298043.9	2659276	天津海测大队	李冬、张安民、汪连贺等	2013年1月23日	实用新型
24	卧式自排链液压卷筒绞车	ZL 2012 2 0128005.9	2831543	青岛航标处、天津大学	王正和、董效鹏等7人	2013年4月10日	实用新型
25	小型航标船抛石器	ZL 2013 2 0449496.1	3411057	青岛航标处	王正和、董效鹏等	2014年2月19日	实用新型
26	水文气象信息助航系统	ZL 2013 2 0447882.7	3411044	青岛航标处	王正和、刘军等6人	2014年2月19日	实用新型

〔续表二〕

序号	专利名称	专利号	证书号	专利权人	发明人	授权日期	备注
27	港域航道专用浮标	ZL 2013 2 0852347.X	3618896	秦皇岛航标处	张春江、邓祝森等	2014年6月11日	实用新型
28	水上多功能升降系统	ZL 2012 1 0209634.9	1449428	天津海事测绘中心	李冬、张安民、汪连贺等	2014年7月23日	发明
29	航标船用电动排链装置	ZL 2014 2 0131268.4	3860536	青岛航标处、天津大学	刘铁君、董效鹏等7人	2014年10月22日	实用新型
30	航标船用气动弃链机	ZL 2014 2 0131225.0	3861618	青岛航标处、天津大学	刘铁君、董效鹏等	2014年10月22日	实用新型
31	一种海上浮标晃动发电装置	ZL 2012 1 0321963.2	1462933	大连职工技术服务中心	王殿煜、王晓骞等	2014年8月13日	发明
32	激光海上验潮仪	ZL 2014 2 0544239.0	4201888	天津海事测绘中心	杨习成、汪连贺等	2015年3月25日	实用新型

2012—2015年北海航海保障系统取得软件著作权一览表

表7-1-123

序号	软件名称	著作权人	授权日期	证书编号	备注
1	海标052轮机舱智能化监控系统V2.0	王正和、董效鹏、刘铁君等	2012年4月17日	软著登字第0397929号	全部权利
2	港口航道图测绘工作量核算及任务管理系统1.0	天津航测科技中心	2012年12月31日	软著登字第0505497号	全部权利
3	跨平台多源海上基础电子海图应用平台1.0	天津航测科技中心	2012年12月31日	软著登字第0505509号	全部权利
4	AIS基站自动值守系统软件V1.0	田少华、王晓骞、于盈等	2013年6月17日	软著登字第0564379号	全部权利
5	便携式电子海图桌系统V1.0	武汉大学、天津海事测绘中心	2014年12月25日	软著登字第0878377号	全部权利
6	外业成图系统V1.0	天津海事测绘中心	2015年3月13日	软著登字第0932141号	全部权利
7	海事测绘综合处理系统V1.0	天津海事测绘中心	2015年3月16日	软著登字第0932881号	全部权利
8	电子海图桌软件V1.0	天津海事测绘中心	2015年3月18日	软著登字第0935172号	全部权利

〔续表〕

序号	软件名称	著作权人	授权日期	证书编号	备注
9	北斗/GPS RBN 完善性监测软件 V1.0	武汉攀达时空科技有限公司、天津航测科技中心	2015年5月4日	软著登字第0959788号	全部权利
10	北斗/GPS RBN 系统性能测试分析软件 V1.0	武汉攀达时空科技有限公司、天津航测科技中心	2015年5月4日	软著登字第0960259号	全部权利
11	北斗/GPS RBN 完善性监测站接收机软件 V1.0	武汉攀达时空科技有限公司、天津航测科技中心	2015年5月4日	软著登字第0960433号	全部权利
12	北斗/GPS RBN 基准站接收机软件 V1.0	武汉攀达时空科技有限公司、天津航测科技中心	2015年5月4日	软著登字第0960088号	全部权利
13	航测法规标准电子查询系统 V1.0	天津航测科技中心	2015年8月27日	软著登字第1054209号	全部权利

（一）中国沿海无线电指向标－差分全球定位系统研究与实施

1994年初，交通部安监局跟踪国际全球定位系统（GPS）差分技术，以及美国海岸警卫队利用航海无线电指向标播发差分GPS修正信息技术的发展与应用，并筹划在中国沿海组织实施全国沿海RBN-DGPS系统台链建设项目，以改变中国无线电导航系统落后状况，适应海上高精度导航需求。

1995年5月，按照交通部安监局工作安排，天津海监局在充分调研论证的基础上，参照国际航标协会（IALA）和西方发达国家颁行的相关技术标准，结合中国现役无线电指向标情况，牵头组织编制《中国沿海无线电指向标-差分全球卫星导航系统规划（1996—2000）》（简称《规划》），确立了全国沿海RBN-DGPS系统建设总体布局、技术原则和发展方向。随后，按照《规划》要求，天津海监局组织专业技术人员通过海图作业和现场勘察，初步选定23个拟建基准台位置，经交通部安监局审批，并成立由天津海测大队牵头的联测指挥组，先后两次精确测定各基准台位置。

1996年，交通部安监局与西安二十所（中国电子科技集团公司第二十研究所）合作研发成功MDT-1型RBN-DGPS发射机样机。1997年，西安市科学技术委员会鉴定认为："该机具有全固态、频率合成、微机控制及天线自动调谐；双机制，A机和B机相互为主备机，能自动切换，提高了系统可靠性；监控面板采用触摸按键及数字直观显示，形式新颖，操作方便；设计思想新颖，技术成熟，在国内属领先，达到国外同类设备先进水平。"随后，在此基础上研发成功MDT-2型RBN-DGPS发射机，并作为定型机投入批量生产，陆续在中国沿海RBN-DGPS台站安装使用。

2001年12月，按照《规划》统一部署，中国沿海20座RBN-DGPS台站全面建成投入使用，基本形成覆盖鸭绿江口到西沙群岛重点港口和重要水域的高精度导航定位服务网。此后，为全面评估RBN-DGPS系统总体性能和投资效果，交通部海事局组织实施一、二、三期建成台站综合测试工作。经实地测试，RBN-DGPS系统单站信号基本覆盖范围为300千米，完全覆盖中国大陆沿海海域，其中渤海海峡达到五重覆盖，渤海湾、琼州海峡达到四重覆盖，长江口、台湾海峡达到三重覆盖，珠江口（含香港）达到双重覆盖，实时差分定位误差优于5米（2drms，95%置信度）。当GPS系统终止SA后，非差分定位精度和实时定位可靠性不如RBN-DGPS。由于RBN-DGPS台站具有完善性报警功能，在航运交通、海洋工程等领域仍然是可靠的定位手段。

2002年,交通部海事局组织编制宣传材料,通过新闻发布会和全国GPS展览会等途径,大力推介RBN-DGPS系统的功能原理、台链布局、技术指标、信号格式和使用方法,对促进社会各界充分了解并广泛使用这一先进导航定位技术产生了积极影响,使RBN-DGPS系统用户由最初的海事系统内部,迅速拓展至港口航运、船舶引航、航道疏浚、海上测量、海洋工程、地质勘探,以及相关科研、水利、军事等行业部门,其系统功能亦随之得到充分开发利用。

实践证明,由于RBN-DGPS系统具有"覆盖面广、信号连续、稳定可靠、操作简单、定位精度高"等特点,彻底改变了传统导助航观念与手段,应用领域十分广泛。在服务港口航运经济建设方面,该系统为船舶进出港及引航作业提供了极为便捷的导航手段和安全保障,改善了通航环境秩序,缩短了船舶通行时间,提高了航运生产效率,使港口经济效益得到显著提高。在航道疏浚测量中,该系统改变了以往自设岸台的传统工作模式,利用RBN-DGPS接收机直接实现高精度定位,少挖废方,工期缩短,显著节省了人力、物力和财力。海军使用RBN-DGPS系统信号实施航标定位作业、水下障碍物勘测、海道测量、扫布雷作业、海上救捞、海洋测量以及部队演练等科目,显著提高了工作效率和工作质量,在国防现代化建设方面发挥了重要作用。中国沿海RBN-DGPS台站建成并提供公共服务以来,提升了中国沿海无线电导航定位的服务水平,满足了航海和海上作业用户对高精度导航、定位的需求,为提高水上交通运输安全与效率提供了有力的技术支撑。

2004年11月13—14日,中国航海学会在大连召开"中国沿海RBN-DGPS系统研究与实施"项目鉴定会,与会专家一致认为:"项目所建20座RBN-DGPS台站位置准确,可以提供全天候、高精度、高可靠性、高可用性、标准化程度高、通用性好的导航定位服务,实现了中国沿海和近海导航信号的连续覆盖;系统经使用考验,运行稳定可靠,用户反映良好,取得了显著的社会效益和经济效益;项目填补了我国海上RBN-DGPS的空白,总体技术达到了国际同等先进水平。"

图7-1-574　2004年11月13—14日,中国科学院院士陈俊勇(中)主持"中国沿海RBN-DGPS系统研究与实施"项目技术鉴定

2005年10月,"中国沿海RBN-DGPS系统研究与实施"项目荣获中国航海学会科学技术奖二等奖。

(二)航标灯器智能控制器研制

20世纪80年代,交通部安监局陆续从国外引进百余台大中型旋转灯器,分别在沿海灯塔和灯桩上安装使用,为提升港口航道助航效能、保障海上交通安全发挥了重要作用。随着时间推移,连续运转10余年的进口大中型旋转灯器控制器等部件老化现象日益凸显,亟待更新替换。然而,由于国外进口控制器价格昂贵,且供货周期长,致使部分灯塔灯器长期"带病"运行,严重影响航标正常发光。为此,天津海事局决定立项研制航标灯器智能控制器,旨在摆脱受制于人的被动局面,实现进口灯器控制器国产化,并进一步提高航标灯器智能化水平。

2003年2月,按照天津海事局工作安排,烟台航标处成立以孙文远、张临强为技术骨干的课题组,在剖析研究各类进口灯器控制器工作原理的基础上,采用工业自动化控制技术和数字通信技术,开发设计多种灯器控制程序和接口电路,于2004年12月自主研制成功适用于英国PRB、美国TRB、西班牙BGA系列进口灯器的智能控制器。

图7-1-575　2003年12月9日,烟台航标处高级工程师孙文远自主设计制作旋转灯器数字化控制印刷电路板

该系列化智能控制器具有"运行稳定可靠、智能化程度高和功耗低"等特点,并在硬件和软件方面取得多项技术创新,主要包括:在电路设计方面,充分考虑控制电路工作静态电流最小化,科学设置电路工作点,设计了多种信号格式转换电路单元,包括漏型信号与源型信号互换电路、低通脉冲整形电路、高压隔离取样电路、电压信号滞回比较电路和专用继电器驱动电路,保证了硬件电路的稳定工作;在软件设计方面,采用"快速跟踪与快速调整相结合"控制方式,设计了灯器设置、旋转驱动、发光控制、模拟量处理、灯器告警、信息记忆、信息查询和电源质量分析等8个专用程序模块,实现了灯器智能化控制。

2005年5月20日,中国航海学会在烟台召开"航标灯器智能控制器研制"项目鉴定会,与会专家一致认为:"航标灯器智能控制器性能指标完善、准确、可靠、先进,具有兼容性,操作维护简便,技术上实现了数字化,可完全替代进口同类产品;该项目成果在航标旋转灯器控制智能化方面实现了重大技术创新,填补了国内空白,达到国际先进水平;该项目成果已经形成系列产品,具有较强的市场竞争力,可产生重大经济效益和社会效益,在军用航标中也具有推广应用价值。"

图 7-1-576　2005 年 5 月 20 日,原交通部安监局局长、成绩优异高级工程师林玉乃(左四)主持"航标灯器智能控制器研制"项目技术鉴定

2005 年 10 月,"航标灯器智能控制器研制"项目荣获中国航海学会科学技术奖二等奖。

(三)沿海多功能航标工作船

2000 年 9 月,北方海区首制的沿海航标夹持船"B-135"船在青岛航标处列编投入使用,彻底改变以往航标人员"跳标"作业方式,在降低海上作业安全风险、提升航标维护工作效率、保障航标管理服务质量等方面取得显著成效。

2003 年,为进一步改进沿海航标夹持船的夹持技术,增强深水航道大型浮标作业能力,完善航标船作业功能,天津海事局与中国船舶工业集团公司第 708 研究所、中港集团天津船舶工程有限公司合作研制"沿海多功能航标工作船"。在充分汲取首制沿海航标夹持船经验基础上,项目组提出若干技术创新举措,主要包括:在主甲板首部开槽,缩短夹持装置旋转臂长度,降低其对船舶重心高度的影响,改善夹持臂受力情况,满足深水航道直径 3 米浮标夹持作业需要;采用艉锚和浮标沉石两点定位方式控制船位,解决海水养殖区附近浮标维护作业难度大的问题;在艉部设置 1 台 2 吨吊机,用吊机和夹持装置配合,充分利用船舶在夹持浮标作业中的平稳性,完成更换浮标灯架作业,解决以往灯架损坏必须上岸更换的难题;在前作业甲板设置沉石绞盘和滚轮导缆器,以完成普通浮标更换作业。该船历经设计、建造、系泊和航行试验,以及夹持装置应力测试,各项性能指标均达到设计要求,于 2003 年 8 月交付烟台航标处列编投入使用,命名为"海标 0519"船。

"海标 0519"船保持了航标夹持船的技术先进性,改进了小型航标船作业功能单一、效率低、经济性和适用性差等问题,充分满足直径 2.4 米、3 米浮标夹持更换,狭窄水域小型浮标撤换,海上灯架更换和海水养殖区附近浮标维护作业需要,受到航标基层单位和一线作业人员普遍欢迎。经中国船舶科技信息中心查新认定,该船较首制沿海航标夹持船具有新颖性。

第七章 科技与信息化工作

图7-1-577　2004年5月15日,天津市科委组织有关专家现场鉴定"沿海多功能航标工作船"技术性能

2004年5月15日,天津市科学技术委员会在烟台召开"沿海多功能航标工作船"科技成果鉴定会,与会专家一致认为:"该项目改变了传统的航标维护作业方式,解决了多项航标维护作业难题,其利用吊机解决了海上更换灯架等问题,优化了船体线型及总布置,改进了夹持装置并增加了作业设备,船舶总体性能、作业功能和适用性等方面取得了显著的提高;该船可在风力6~7级、浪高1.5米以下的海况安全作业,提高了工作效率,改善了劳动条件,降低了劳动强度,保障了职工的人身安全,取得了重大社会效益,同时该船技术成熟、使用可靠,有广泛的推广应用前景,可取得显著的经济效益;项目成果总体上达到了国际先进水平。"

图7-1-578　2004年5月15日,船舶技术设计国家工程研究中心研究员郭彦良(左四)主持"沿海多功能航标工作船"项目技术鉴定

2006年4月,"沿海多功能航标工作船"项目荣获天津市科技进步奖二等奖。

(四)大沽灯塔航标遥测遥控系统

天津大沽灯塔作为中国自主设计建造的水中大型灯塔,因受当时技术条件局限,塔内设备均需人工手动操作,加之灯塔远离海岸线,物资器材补给和设备运行管理存有诸多困难。彻底改变灯塔人工值守方式,实现灯塔设备遥测遥控,成为航标管理者梦寐以求的发展目标。

2002年初,按照交通部海事局《全国沿海航标遥测遥控系统建设指导原则》要求,天津海事局将"大沽灯塔航标遥测遥控系统"项目纳入北方海区第一期航标遥测遥控系统建设计划。同年10月15日,天津航标处与天津开发区瑞锋科技有限公司、天津理工大学启动合作研发,天津航标处袁立武、沈志江、王树茂等技术人员主要负责编制灯器信号检测控制接口、雷达信标数据转换接口等技术标准,主持开发甚高频无线通信局域网侦听功能软件;瑞锋科技有限公司工程技术人员主要负责系统结构和功能分析设计,以及研究开发监控中心数据报表处理、中心WEB服务及GSM(全球移动通信系统)报警信息发送等模块软件。2003年9月15日,"大沽灯塔航标遥测遥控系统"研制工作顺利完成并安装使用。

该系统综合采用太阳能电源、自动化监测控制、无线电通信、计算机网络等高新技术,成功实现灯塔航标设备运行控制管理现代化,为后续探索研发灯浮标遥测遥控系统积累了经验。

2005年12月13日,天津市科学技术委员会在天津召开"大沽灯塔航标遥测遥控系统"科技成果鉴定会,与会专家一致认为:"该系统集成了自动化监测、控制、无线电通信、计算机网络等技术,利用太阳能作为能源,实现远离陆地的全国唯一的水中灯塔的自动监测、监控、数据传输和航标信息故障报警等功能;其投入使用实现了大沽灯塔的无人值守,降低了航标维护管理成本,提高了灯塔的助航效能和海事航标的应急反应能力,社会经济效益显著;该系统建立了灯质、蓄电池充放电量及剩余功率计算的数学模型,实现了灯器、能源、雷达信标远程监测和控制功能,实现了大沽灯塔的数字化管理;项目成果在海事航标信息化建设中具有较高的推广应用价值,达到国内领先水平。"

图7-1-579　2005年12月13日,天津大学教授、博士生导师何丕廉(左六)主持"大沽灯塔航标遥测遥控系统"项目技术鉴定

2007年12月,"大沽灯塔航标遥测遥控系统"项目荣获中国航海学会科学技术奖二等奖。

(五)航标智能灯器与运行信息管理系统

21世纪初,随着中国航运经济飞速发展,航标作为保障海上交通安全的基础设施,以往传统人工值守和巡检的航标维护管理模式已无法满足航海用户和管理部门的实际工作需要。2003年,按照天津海事局"科技兴局"发展战略要求,烟台航标处成立以钟建军、孙文远、张临强等为骨干的科研攻关团队,借鉴吸收相关国际先进技术经验,着手研制具有中国自主知识产权的大中型航标灯器,旨在扭转大中型航标灯器长期依赖进口的被动局面,进一步提高中国航标管理现代化水平。

2005年2月,烟台航标处自主研制成功"ISA-400型中型航标旋转灯器"。2006年12月15日,天津市科学技术委员会在烟台召开该灯器鉴定会,与会专家一致认为:"该灯器实现了旋转灯器智能化、数字化远程控制,多项技术指标高于国外进口产品,填补了国内空白。"该灯器于2008年荣获天津市科技进步奖三等奖。

2008年8月,烟台航标处自主研发完成"航标运行信息监控系统",并通过上海市软件测评中心的软件成果鉴定测试。该系统的应用,实现了航标管理者远程实时掌握航标终端的运行状态和主要技术参数,显著提升了航标管理的智能化和信息化水平,并在北方海区烟台、大连、营口和秦皇岛等航标处得到推广应用。同年10月,烟台航标处自主研制成功"IMA-800型大型航标旋转灯器"。该型灯器可直接与"航标运行信息监控系统"连接,实现了网络化管理,达到了"低能耗、高光效、智能化"的设计目标。随即,烟台航标处整合、优化"ISA-400中型航标旋转灯器""航标运行信息监控系统""IMA-800型大型航标旋转灯器"等主要科技成果,分别申请项目技术鉴定和申报山东省科技奖励。

图7-1-580　2008年12月28日,交通部海事局原副局长、成绩优异高级工程师郭莘(左四)主持"智能灯器与运行信息管理系统"项目技术鉴定

2008年12月28日,山东省科学技术厅委托烟台市科技局在烟台召开"航标智能灯器与运行信息管理系统"项目鉴定会,与会专家一致认为:"项目研发的航标旋转灯器直接驱动旋转技术,简化了机械传动结构,提高了灯器旋转的稳定度,有利于整机的稳定性和设备的使用寿命,旋转精度、低速稳定性等技术指标优于国外同类产品;研发的焦距150毫米、200毫米、400毫米系列化航标专用平板密纹菲涅尔透镜,透光率超过国外同类产品5%,在同等照距需求下,光源能耗最大可降低90%;研制的两种无触点转换大电流多头换泡机,适用灯泡电流较国外同类产品提高一倍以上,工作可靠、自动化程度高;研发的航标运行信息管理系统,采用松耦合、分层设计和多级安全保护技术,实现对航标远程遥测遥控和技术诊断,提高了航标管理的智能化和信息化水平;经过多个航标处运行表明,该系统性能稳定、运行状态良好,能满足用户要求,为实现航标无人值守提供了技术支持,并产生了显著的经济和社会效益,达到了国际领先水平。"

2009年5月27日,中国航海学会在烟台召开"IMA-800型航标旋转灯器研制项目验收鉴定会",与会专家一致认为:"项目研制出与光源匹配良好的焦距400毫米大型灯器专用菲涅尔透镜,在低能耗条件下灯器射程达到25海里以上;研制出步进电机直接驱动旋转系统,驱动简单,转速精确稳定,提高了灯器工作的可靠性;采用了数字环境光照度传感技术,实现了灯器发光的精确控制;研制的大型灯器具有高光效、低功耗、智能化程度高、工作稳定可靠、操作维修方便等优点,可解决中国沿海灯塔使用的大型灯器设备老化、技术性能下降、能耗和维护管理成本高等问题,具有显著的社会和经济效益;项目研究成果填补了国内空白,其主要技术性能指标达到国际先进水平。"

图7-1-581　2009年5月27日,交通部海事局原副局长、成绩优异高级工程师郭莘(左二)主持"IMA-800型航标旋转灯器"项目技术鉴定

2009年9月23日,根据山东省科学奖励委员会《关于对2009年度山东省科学技术奖部分初评通过项目进行实地考察的通知》要求,山东省科学技术厅在烟台召开"航标智能灯器与运行信息管理系统专家现场验收会"。专家组实地考察了烟台航标处航标成果展室、生产车间、烟台港海上系统终端和崆峒岛灯塔灯器设备的使用情况,对该系统的应用及其发挥的作用给予高度评价。

第七章　科技与信息化工作

图7-1-582　2009年9月23日,山东大学计算机科学与技术学院院长孟祥旭(中右)主持"航标智能灯器与运行信息管理系统"专家验收会

2010年1月,"航标智能灯器与运行信息管理系统"项目成果荣获山东省科学技术进步奖一等奖。

（六）中国沿海船舶自动识别岸基系统开发及应用

船舶自动识别系统(AIS)由岸基设施和船载设备共同组成,是一种集网络技术、通信技术、计算机技术、电子信息显示技术为一体的新型数字助航系统和设备。中国沿海AIS网络拓扑结构分为"国家级""海区级""地区级"三个层次,由国家中心、海区中心、辖区中心和岸站四个部分组成。AIS网络采用环形和星形相结合架构,即:国家管理中心与各海区管理维护中心之间,采用环形网络链接;海区管理维护中心与辖区管理维护中心之间,根据实际情况采取环形结合星形网络链接;辖区管理维护中心与各岸台之间,采用星形网络链接。

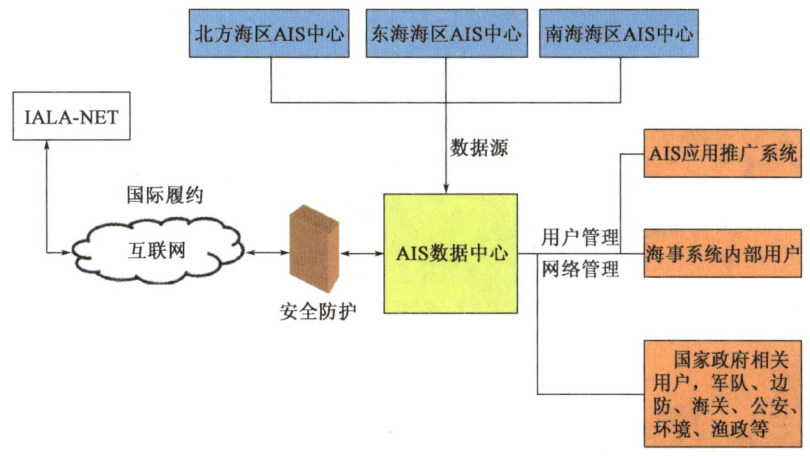

图7-1-583　中国AIS国家管理中心网络数据传输拓扑图

2001年，根据国际海事组织（IMO）决议，交通部海事局发布《关于做好配备通用船载自动识别系统（AIS）设备工作的公告》，要求所有300总吨及以上国际航行船舶和500总吨及以上国内航行货船及所有客船强制配备AIS设备。2002年始，根据《中国海事AIS配布方案规划》，交通部海事局分期组织实施中国沿海AIS岸基设施建设。截至2008年，中国沿海AIS岸基设施建设工程相继告竣，全系统主要设备均有冗余配置，可利用率优于99.5%，所有工作模式均符合国际和国家相关标准要求，基本形成覆盖中国沿海港口、重要水域和航路干线的AIS岸基网络系统。此后，交通部海事局相继组织研发AIS终端显示、数据分析和船舶交通管理软件，广泛应用于海事管理、搜寻救助、船舶引航、航运安保、海洋工程、污染防治、渔业捕捞、军事国防、科研院校等领域。

2009年，按照交通运输部海事局统一部署，天津海事局分别建成国家AIS管理维护中心和国际航标协会（IALA）亚太区域数据中心，链接整合了全国三大海区AIS数据，使中国沿海AIS岸基系统在辅助航运宏观决策、科学评估通航环境、改善船舶交通管理、支持海上应急反应、锁定海事调查证据、提高航运安保能力等方面的重要技术支撑作用日益显现。经交通运输部海事局批准，天津、上海、广东、海南海事局和北京东方网脉科技发展有限公司等单位以"中国沿海船舶自动识别岸基系统开发及应用"为科研项目，联合申报中国航海学会科学技术奖，主要完成人员15人，其中天津海事局为聂乾震、苗猛、王树茂。

2010年5月26日，该科研项目经中国科协查新，结论为"除该查新项目申请的中国专利报道外，国内外均未见与该查新项目研究特点相同或相近的文献报道"。同年6月4日，中国航海学会在天津召开"中国沿海船舶自动识别岸基系统开发及应用"项目鉴定会，与会专家一致认为："该项目采用引进—消化吸收—再创新的技术路线，通过科学规划，按照海量信息系统的特征，严格执行相关国际标准和国家标准，建设了全球最大的中国沿海船舶自动识别岸基系统，系统设计合理，符合信息系统特点，满足了对船舶安全监管的使用需求；该系统经过近四年的运行证明，受到用户广泛认同和普遍欢迎，尤其对保证航行安全具有显著作用，产生了显著的经济和社会效益；项目成果技术水平达到同类系统的国际先进水平。"

图7-1-584　2010年6月4日，中国工程院院士、国家气象中心原主任李泽椿（中）主持"中国沿海船舶自动识别岸基系统开发及应用"项目技术鉴定

该项目科技创新主要包括：自主研发 AIS 国际数据联网技术和 AIS 国家管理中心管理软件；形成了具有自主知识产权的系列化 AIS 应用软件开发；制定了关于 AIS 的系列标准和管理规定，保证了所建设的 AIS 系统有效、可靠运行；首次利用 AIS 海量数据快速掌握全国沿海通航态势，对提升中国海事监管水平起到了积极作用；运用网格化非线性多元函数进行数学建模，结合 VHF 频段无线电信号海面传输理论，成功解决了 AIS 岸台时隙管理和数据融合等关键技术问题；研发了虚拟 AIS 航标技术，实现了航标的数字化和实时布设，在沉船位置和复杂水域的安全航行中提供了技术保障。

2010 年 11 月，"中国沿海船舶自动识别岸基系统开发及应用"项目荣获中国航海学会科学技术奖一等奖。

（七）全球海上遇险安全系统关键技术产业化研发

全球海上遇险与安全系统（GMDSS）主要由卫星通信系统和地面无线电通信系统两部分组成。当船舶遇险时，不仅能向更远范围迅速发出求救信息，亦可利用自动或半自动方式取代传统人工报警方式。

20 世纪末，中国沿海 GMDSS 系统相继建成投入使用，由于当时国内没有 GMDSS 专用系统与设备，天津、上海、广州等 18 个海岸电台全部引进日本 JRC 公司和挪威 Graxe 公司设备。随着时间推移，所引进的设备整体稳定性渐次下降，严重影响 GMDSS 系统正常运行。然而，由于配件费用高，供货周期长，加之各海岸电台具体需求存有差异，该系统成为长期困扰电台值守人员日常维护工作的主要瓶颈。2005 年初，天津通信信息中心与大连海事大学就 GMDSS 关键技术国产化设想作出深入研讨，初步形成设计方案。同年 3 月 28 日，该中心编制的"全球遇险安全系统（数选）设备产业化研究"项目，列入天津海事局年度科技发展基金项目计划。

2005 年 5 月，天津通信信息中心成立由苏本征、田为民、赵凤龙等 5 人组成的科研项目组，会同大连海事大学科技人员，在深入研究国际规则和相关核心技术的基础上，历时 5 个月，确立了 GMDSS 系统组成框架、功能结构、性能指标、界面设计等概要设计方案，并应用微软公司 Windows 2000 操作系统平台和 Visual C++ 6.0 编程环境，以及面向对象程序分析与设计方法，制订了具体研发方案。2006 年 6 月，项目组测试了 VoIP 在海上无线通话中的应用情况，并提出多路监听及提升语音质量需求。结果表明，VoIP 技术可以应用于海岸电台无线通话。2007 年 12 月，项目组完成了虚拟海岸电台框架与接口研究、多种类多类型收发信机遥控技术研究、DSC 硬件调制解调器研制等，并将其应用至 GMDSS 系统产业化研发之中。2008 年 4 月 22 日，该项目通过天津海事局组织的科技发展基金项目评审验收，并推荐申报省部级科研成果。

2010 年 5 月 25 日，中国航海学会在天津召开"全球遇险安全系统关键技术产业化研发"项目鉴定会，鉴定专家组组长、宁波海事局成绩优异高级工程师鲁国均主持技术鉴定。与会专家一致认为："该项目提出了'虚拟海岸电台'新概念，形成了全球海上遇险安全系统（海岸电台）网络架构，保证了区域性海岸电台网络互联；自主研发的数字选择性呼叫调制解调器符合国际规范要求，可兼容不同类型、不同厂商无线基站设备，打破了国外设备厂商技术垄断；整合了中频、高频、甚高频通信系统，形成综合通信信息化平台，解决了传统通信方式纳入海事信息化应用的难题；项目成果填补了我国海岸电台技术领域空白，实现了关键技术的突破，为我国全球海上遇险安全系统的国产化奠定了基础；该项目研究思路正确，技术路线先进，成果达到国内领先水平。"

2010 年 11 月，"全球遇险安全系统关键技术产业化研发"项目荣获中国航海学会科学技术奖三等奖。

（八）基于多源信息聚融的港域航道智能监测系统

"基于多源信息聚融的港域航道智能监测系统"是秦皇岛航标处自主研发的航海保障监测信息服务系统。该系统采用斜率分析算法，分析利用港域海洋环境要素监测数据，通过预报预警平台实时播发水文气象信息,为航海者应对海洋水文气象复杂多变等因素影响、保障船舶进出港安全提供了有效服务,亦可广泛应用于海事监管、海上搜救、溢油应急、港口建设、航道疏浚等诸多领域。

2008年5月,秦皇岛航标处在辖区航标管理座谈会上获悉,因京唐港航道外延段防波堤海域回流较大,导致进出港船舶搁浅事故时有发生,成为影响海上交通安全的重大隐患之一。为此,该处决定立项研发"港域环境监测系统",旨在通过监测特定水域潮流情况,实时为航海用户提供准确可靠的助航信息服务。经项目组多方考察调研,确定了以浮标为载体,融合多种传感器测量海洋环境要素,辅之无线通信技术、自动控制技术、数据处理平台、信息发布、预警平台的研发思路。信息采集前端的传感器采用"阔龙"声学多普勒海流波浪测量仪和HMP45C温湿度、05106风速风向、SVS1能见度传感器,并通过在京唐港码头附近设置电子大屏和手机短信播发方式,提供处理后的潮流相关数据信息。同年12月,该系统软件研发顺利完成并投入试运行。

2009年2月,针对该系统信息采集前端设备因载体浮标标体(直径80厘米型)过小,在潮流作用下时常发生移位现象等问题,秦皇岛航标处决定自主研发可容纳多种传感器设备的浮标体。经参阅《浮标通用技术条件》等国家标准规范,将系统前端设备载体设计为直径3米不锈钢骨架喷涂聚脲制成的弹性非钢质浮标体。2010年4月,该系统正式投入运行。运行初期,恰逢中国北方大部分港口遭遇严重冰情,该处依据该系统预报预警平台,及时掌握港域航道环境要素变化及趋势,提早采取措施,有效避免了因流冰导致浮标漂失损坏,为保障辖区进出港船舶航行安全和港航企业正常生产作出积极贡献。

2011年初,秦皇岛航标处将"港域环境监测系统"更名为"基于多源信息聚融的港域航道智能监测系统",经河北省科学技术情报研究院查新,结论为:"该项目研究的港域环境监测系统,对超声多普勒海流监测仪采集的低频数字信号,先进行数字滤波,消除噪声的影响,再利用斜率分析算法进行周期分析,除本课题研究单位论文外,在国内外文献中未见相同报道。"

图7-1-585　2011年1月14日,大连海事大学教授王英志(左三)主持"基于多源信息聚融的港域航道智能监测系统"项目技术鉴定

2011年1月14日,河北省科技厅在秦皇岛召开"基于多源信息聚融的港域航道智能监测系统"项目鉴定会,与会专家一致认为:"该项目通过对现代航海保障体系的深入调研和分析,综合运用现代航海、航标、测绘、信息等技术,构建了海域海洋环境要素监测和服务系统,可提供及时、可靠、便捷的信息

服务和安全保障;项目采用声学多普勒法进行剖面流速、流向测量,通过应用预警分析算法,实现了适航实时报告和预报;提出了海流智能分析算法,对低频海流数字信号进行了分析,建立了海流运行规律模型,有效提高了信息的可用性和实效性;采用无线宽带传输技术和3D数据引擎技术,实现了水文气象数据的三维立体展现和信息监测、发布的全面覆盖;该项目能够有效应对回流影响,降低船舶在港时间、减少对码头及导助航设施的碰撞和损坏、提高船舶进出港和离靠泊的安全性,经济、社会效益明显,应用前景广阔;项目整体技术居同类研究的国际先进水平。"

2011年12月,"基于多源信息聚融的港域航道智能监测系统"项目荣获河北省科技进步奖二等奖。2012年12月,秦皇岛航标处在国家财政部、工业和信息化部、河北省专项资金支持下,继续推进该系统开发应用,从前期浮标基采集前端和单一信息播发种类,发展为适用不同情况浮标基、海床基采集前端和多样性信息播发种类,已广泛应用于港口生产建设、船舶驾引、航道设计、海事监管、航道疏浚、溢油反应、海上搜救、海洋环境监测等领域,并取得明显经济效益和社会效益。2014年6月,该处研制的"港域航道专用浮标"取得实用新型国家专利。

(九)新型冰标及冰标用灯器研制

北方海区受冬季极端恶劣天气影响,部分港口经常出现大面积冰情,造成冬季水上助航标志失常状况频发。2003年,天津航标处成功研制直径1.1米小型冰标和直径1.4米锥形冰标,经过连续6年投放使用,为提高冬季航标助航效能、保障船舶航行安全发挥了重要作用。然而,由于当时主要考虑灯器发光效果,以及受标体材质、灯器技术等因素局限,存在冰标灯头较高、受浮冰挤压破碎后造成灯器损坏、防冰灯罩在零下20摄氏度左右低温情况下易发生脆裂等现象,以及冰标电池放电效率不高、常规遥测遥控设备无法安装等问题。为此,该处利用自有资金,于2010年立项实施"新型冰标及冰标用灯器研制"项目,旨在进一步提高冬季冰期浮标抗冰与导冰能力,确保冬季水上助航标志效能和港口正常生产。由该处安红松、苗猛、高汉增等技术人员组成的项目组,会同天津路航船务有限公司,在原1.4米锥形冰标基础上,于2011年8月研制成功形制结构全新的冰标和冰标灯器,并分别取得外观设计和实用新型国家专利。

图7-1-586 老式冰标

图7-1-587 新型冰标

新型冰标灯器采用扁平环形透镜,透镜高度仅为20毫米左右,在保证垂直发散角7度、射程4海里等光学性能的前提下,尽量降低透镜高度,无论流冰以何种角度撞击冰标,受力点主要集中在标体上,从而提高灯器抗碰撞能力。透镜采用高强度耐低温材料,无须加装防护罩。灯器底壳选用材质韧性和导热性能较好铸铜,有利于结冰快速融化脱落。同时,新型冰标灯器增配了北斗卫星和GPRS遥测遥控系统,由三坐标位置传感器、数字处理器、执行电路等部分组成,具有冰标位置自动检测功能,一旦灯器出现故障,可第一时间上传故障信息,使航标管理人员能够及时掌握灯器工作状态并采取遥控措施,保证助航标志正常工作。此外,新型冰标灯器具有自动关闭电源功能,当冰标被压入冰面下或在陆地存放时,电源自动关闭,达到节能目的。新型冰标采用工业标准高性能锂电池,可靠性高,工作温度宽,放电曲线平稳,储存性能良好,能够满足连续5个月在岗使用。新型冰标灯头为流线型,对大面积浮冰抵御能力更强,并将原3.5吨钢筋混凝土沉石更换为5吨铸铁沉石,明显增强冰标抗移位能力。

2012年6月13日,中国航海学会在北京召开"新型冰标及冰标用灯器研制"项目鉴定会,与会专家一致认为:"新型冰标顶部采用了凸形封头的特殊结构,提高了冰标的抗(导)冰能力,确保在严重冰况下冰标的正常工作;新型冰标灯器采用扁平环形透镜,选用了耐低温、高强度、高透光率的优质聚碳酸酯(PC)材料,提高了灯器的射程和发光效果;与原冰标相比降低了灯器高度,减少冰标灯器与流冰摩擦的受力面积;灯器采用综合机械性能好的铸铜外壳,增强了灯器整体的强度;冰标灯器加装了遥测遥控系统,实现了冰冻期浮动标志工作状态的实时监控,一定程度上解决了冬季航标的维护困难,减轻了航标巡检维护成本;通过实际应用,冰标损坏率由原来的16%下降到6%,提高了港口的通航能力,收到了较好的社会效益和经济效益;项目成果填补了国内在冰冻港口水域浮动标志技术领域的空白,整体技术达到国内先进水平。"

图7-1-588　2012年6月13日,中船重工上海711研究所研究员陆海春(左四)主持"新型冰标及冰标用灯器研制"项目技术鉴定

2012年11月,"新型冰标及冰标用灯器研制"项目荣获中国航海学会科学技术奖三等奖。截至2012年底,新型冰标在天津、营口、烟台等海域总计投放使用500余座次。经实践检验,在30～50厘米大面积浮冰和最大叠冰厚度近1米的恶劣环境下,未出现冰标移位、灯器损坏等失常现象,受到航海者及航标管理人员普遍欢迎与好评。

(十)海事测绘综合处理系统

20世纪90年代,天津海测大队依靠自主开发的"水深测量数据采集系统"实现了当日测量、当日数据处理和绘制外业水深图板,并为内业机助制图提供了数据支撑和信息服务。然而,由于外业测量工作涉及地形测量、水深测量、潮位观测,以及相关数据综合处理和绘制全要素图板,缺少全功能数据采集处理应用系统,尚不能现场直接提供高质量全要素水深测量成果图。2000年,该大队决定成立由汪连贺牵头的项目组,结合外业测量工作特点,自主研发"海事测绘综合处理系统"外业制图模块。历经3年努力,于2003年完成了系统开发。随后,经试运行和专家技术鉴定,正式投入使用,初步解决了外业数据成图问题。

2007年,项目组在外业制图模块基础上,再次启动外业测量及数据处理等模块深度开发。历时2年,完成总体研发工作,并根据一线测量技术人员意见不断完善,形成天津海测大队拥有自主知识产权、能够满足外业测量工作需求的一套海道测绘应用软件系统。

该系统自底层开发,主要包括外业采集及后处理系统、制图系统、水深检查系统三部分,涵盖了外业测量全部功能,解决了水下地形测量、潮汐检查、潮汐分析、水位处理、内业数据处理、数据检查、海图制作输出,以及水深自动检查等现场测绘问题,有效提高了测绘作业工作效率,明显降低了测绘作业劳动强度。

2008年11月26日,天津海测大队邀请海军海洋测绘研究所、天津水运工程勘察设计院,以及天津、上海、广东海事局等业内专家,召开技术鉴定会,与会专家一致认为:"该系统涵盖了海事水深测绘基本内容,并实现与现有制图系统的对接,在潮汐基面传递计算和水位改正等多项关键技术上有所创新;该系统功能实用,适合外业水深测量生产的需要,能够提高生产效率,降低劳动强度,在海事测绘方面具有较高的应用价值;研究成果达到国内同行业先进水平。"

截至2012年,天津海测大队总计安装制图系统40余套、数据采集后处理系统20余套。同时,该系统在天津水运工程勘察设计院、天津市陆海测绘有限公司等多家单位广泛推广应用,产生了明显的经济和社会效益。

2013年10月,"海事测绘综合处理系统"项目荣获中国测绘学会测绘科技进步奖三等奖,2015年取得国家软件著作权。

(十一)跨平台多源电子海图基础应用平台

20世纪90年代末,随着电子计算机技术发展,数字化电子海图逐渐在航海领域推广应用。因受技术能力限制,国内电子海图产业相对滞后,大多采用国外基础平台,存在平台价格昂贵、二次开发困难、数据难以共享、多源数据深度融合不便等问题,长期制约了电子海图自主开发与推广应用。

2007年4月,天津航测科技中心与中国人民解放军某部合作研发"跨平台多源电子海图基础应用系统",夏启兵等技术人员结合"AIS专题统计、分析、应用系统""港口航道图测绘工作量核算及任务管理系统""海图目录网站查询系统"等科研经验,历时3年,于2010年5月研制成功"跨平台多源电子海图基础应用平台"。

该平台是一套能够解析并融合显示多种空间地理信息数据的基础平台。它针对电子海图用户需求,实现了多源海图数据无缝调用与显示,解决了海洋空间信息的多数据源融合、多模式显示、多功能支持和多平台应用等技术难题,并提供二次开发接口,方便用户定制性扩展,满足各类涉海应用系统的二次开发需求,为涉海的政府、科研部门开展管理、科研和应用提供了坚实的空间信息支撑。因该平台"功能强大、二次开发便利和跨平台"等优势,在海事管理、国防建设、航运交通、海洋科研等领域得到推广应用。

2013年7月20日,中国航海学会在天津召开"跨平台多源电子海图基础应用平台"项目鉴定会,与会专家一致认为:"该项目的主要技术创新点包括采用空间数据引擎理念和面向对象技术,创新研发了多源空间数据自组织和统一调用接口关键技术,实现了海图数据和陆图数据的集成和融合;依据海洋目标空间分布的特点,提出了图幅间R树索引结合图幅内自适应可变网格空间索引方法,提高了多源海图要素混合检索效率;研制了一种根据海上时间、空间参数设置智能调整显示内容的技术,实现了电子海图自适应动态可视化;该成果集成了多项先进技术,突破了多项关键技术,居国内领先水平,多源电子海图融合应用技术达到该领域国际先进水平。"

图7-1-589　2013年7月20日,中国工程院院士、解放军信息工程大学教授王家耀(左二)主持"跨平台多源电子海图基础应用平台"项目技术鉴定

2013年12月,"跨平台多源电子海图基础应用平台"项目荣获中国航海学会科学技术奖一等奖。

(十二)2000吨级大型航标布设船

21世纪初,北方海区航标系统在编的两艘大型航标船均为20世纪80年代建造。当时,由于船舶建造技术的局限性,船舶推进系统采用主机直接驱动螺旋桨方式,尚未配置船舶侧向推进装置,船舶低速性和操纵性能较差。同时,在航标起吊布设作业时,除吊机起重和绞盘拉力外,拖链、浮标移位、弃链等辅助工作均靠人力完成,不仅劳动强度大,而且存在较大安全隐患;吊机起重能力仅12吨,难以满足活节式灯桩起吊要求。此外,船员生活区占用面积过大,甲板作业区面积相对不足,且作业甲板上有凸起半米多高的航标器材舱口盖,施工人员不得不在湿滑的甲板与舱口盖间穿梭跳跃作业,存在一定的安全风险。

2005年,经交通部海事局批准,天津海事局成立以陈英俊、孟淑媛、李广达等技术人员为骨干的船舶建造工作组,着手研发新一代大型航标船。在船舶设计建造过程中,该局与中国船舶工业集团公司第708研究所和天津大学合作,采用消化、吸收、创新的技术路线,应用多学科专业技术理论,历时5年,先后组织召开方案论证、完善设计、技术审查等7次专题会议,圆满完成2000吨级大型航标布设船设计。2006年4月,交通部海事局在上海召开"天津海事局大型航标船方案审查会",审查了708研究所提交的两个设计方案,形成的《天津海事局大型航标船方案设计审查意见》,为该船设计奠定了基础。

2009年4月,天津海事局大型航标船在武汉南华高速船舶工程股份有限公司开工建造。2010年9月建成下水后,先后完成倾斜试验、系泊试验和航行试验,于2011年11月交付天津海事局列编服役,命名为"海标15"轮。

第七章　科技与信息化工作

图7-1-590　2006年4月,交通部海事局在上海召开"天津海事局大型航标船方案审查会"

该船总长73.6米,型宽14米,型深6.2米;设计吃水4米,排水量2228吨;设计航速15节,续航力4000海里,自持力50天,定员30人;主机功率1600千瓦×2,发电机组功率280千瓦×3,侧推功率400千瓦;航标作业最大起吊能力20吨,作业卷筒拉力200千牛,能够在蒲氏5~6级风和1.5节流边界环境条件下作业。

2013年7月19日,中国航海学会在天津召开"2000吨级大型航标布设船"项目成果鉴定会,鉴定专家组组长、河北海事局局长、成绩优异高级工程师李青平主持技术鉴定。与会专家一致认为:"该项目集结了多项先进技术,实现了多项重要技术突破,适应我国航标事业实际发展需求,改变了多年来存在的船舶性能和作业方式的落后局面,整体技术达到国际先进水平。"项目主要创新点为:①首次将动力定位系统应用于国内大型航标布设船,科学选择动力系统配置,结合航标作业定位特点,在动力定位技术要求中放弃了艏向,配置艏侧推、襟翼舵和可调螺距桨,实现船舶自动定位,显著提高了船舶的操纵性能和航标布设的精度,极大满足了航标船作业特殊需求,降低了船舶动力系统功率配置,减少了投资和维护费用以及日常能源消耗。②甲板采用嵌入式舱盖、零梁拱、平板式护舷、超常规加厚钢材等多项新技术,显著改善了工作环境,提高了作业安全性和船舶适用性。③船舶操控设备配置合理,作业效率比传统船型提高近3倍,节能效果和经济效益显著。④彻底解决了浮标锚链上船、排链、抛设等传统航标作业难题,实现了航标作业机械化,降低了劳动强度,提高了作业效率。⑤船用锚链卷筒装置、升降式导链滚轮装置、抛设弃链装置等组合设备属国内首创,取得实用新型国家专利。

2013年12月,"2000吨级大型航标布设船"项目荣获中国航海学会科学技术奖二等奖。

(十三) 点光源LED航标灯器及其北斗测控技术研制

21世纪初,伴随国家元器件制造技术进步,航标灯器大量采用发光二极管(LED),使航标灯器能耗得以有效降低,发光效能显著提高。同时,无线数字通信技术广泛用于航标信息传输,遥测遥控和信息化管理得以广泛普及。然而,航标灯器光源构成和信息传输方面仍然存在局限性。在光源构成方面,LED航标灯器一直使用阵列式LED,存在发光效率低、整机功耗大、内部结构较为复杂等缺陷;在信息传输方面,公众移动数字通信网在海上的覆盖范围有限,亟须研究覆盖更远海域的航标信息传输方式。

随着国家北斗卫星导航系统建设发展、大功率LED光源技术日趋成熟、光路控制技术不断进步和光学器件设计制造能力逐步提高,为研发技术水平更高、信息传输更加畅通的新型点光源航标灯器创造了发展空间。2011年2月,天津海事局与烟台纳威给申莱茨电子科技有限公司、山东工商学院合作开发"点光源LED航标灯器及其北斗测控技术研制"项目,并成立以烟台航标处技术力量为骨干的课题组。在充分调研论证的基础上,历时10个月,课题组相继攻克光路控制、北斗通信技术应用和低功耗设计等多个技术难题,实现三大技术创新,并取得"一种单颗LED光源浮标信号灯器"实用新型国家专利。

2011年12月26日,山东省科学技术厅委托烟台科技局在烟台召开"点光源LED航标灯器及其北斗测控技术研制"项目鉴定会,与会专家一致认为:"该项目自主研发的自由曲面侧发光透镜与点光源LED相匹配的新型航标灯器光学系统,达到了360度水平发光均匀度大于85%和垂直发散角大于8度的水平;开发了基于北斗通信技术的测控系统,首次实现了北斗通信技术在航标灯器上的应用,提高了极端恶劣天气情况下航标测控的可靠性和安全性,扩展了智能灯器应用水域范围;设计了基于高效LED恒流驱动器、低功耗控制电路和休眠工作方式的高效能耗管理系统,灯器功耗比阵列式LED航标灯器降低40%以上;项目技术路线正确,设计合理,技术集成度高,经国家级实验室检测和实践应用证明,系统整体性能稳定可靠;项目总体技术处于国际先进水平,其中自由曲面侧发光透镜与点光源LED相匹配的新型航标灯器光学系统达到国际领先水平。"

图7-1-591　2011年12月26日,交通部海事局原副局长、成绩优异高级工程师郭莘(右中)主持"点光源LED航标灯器及其北斗测控技术研制"项目技术鉴定

2014年2月,"点光源LED航标灯器及其北斗测控技术研制"项目荣获山东省科技进步奖二等奖。

(十四)北斗沿海差分导航与精密定位服务系统研究与应用

2012年北海航海保障中心组建后,依据中国北斗卫星导航定位系统发展战略,适时决定立项研发"北斗沿海差分导航与精密定位服务系统",旨在加快推动北斗卫星导航定位系统(简称北斗)在航海保障领域的应用。该系统分为"北斗沿海无线电指向标-差分全球定位系统（RBN-DGNSS）"和"渤海湾北斗地基增强系统建设及无验潮水深测量应用研究（BD-CORS）"两部分。其中，天津航测科技中心牵头研发 RBN-DGNSS 系统，项目组成员包括：王玉林、云泽雨、王成等；海事测绘处牵头研发 BD-CORS 系统，项目组成员包括：黄永军（前期为张安民）、桑金、王闰成等。

经过项目组与武汉大学历时 3 年合作攻关，创立了以北斗为主、多系统兼容、集中处理、多手段播发、从米级到厘米级多模式服务的一体化系统架构和技术方案；成功突破了基于北斗的沿海差分导航与精密定位服务系统核心技术，解决了北斗远距离、实时高精度定位数据处理理论与方法的难题；自主研制了 RBN-DGNSS 精密定位与完好性监测一体化基准站设备、船载米级 RBN-DGNSS 用户导航终端、船载厘米级 DGNSS 精密定位终端等系列装备，并开发了相关软件系统。其中，"RBN-DGNSS 系统"由北斗卫星导航系统、基准站、监控站接收机、软件系统和船载终端组成，该系统在 RBN-DGPS 系统基础上，利用北斗卫星差分技术，借助海上无线电指向标播发卫星差分修正信息，海上公众用户使用一台差分北斗/GPS 双模接收设备，即可免费接受北斗、GPS、北斗/GPS 三种模式融合的高精度定位服务，可广泛应用于海事监管、航运交通、海洋开发、海上搜救、海洋测绘等领域。"BD-CORS 系统"由参考站网、控制中心、数据中心、用户终端、通信网络等 5 个子系统组成，参考站网由京唐港、天津港和东营港 3 个地基站组成，渤海湾北斗地基增强系统定位精度达到平面优于 3 厘米、垂直优于 4 厘米，有效覆盖范围离岸 45 海里，使渤海湾水域真正进入高精度导航定位时代。此外，该系统建立的渤海湾北斗参考椭球面与深度基准面格网转换模型，构建了北斗无验潮水深测量技术体系，为利用北斗卫星导航系统实现高精度水下地形测量奠定了基础，亦可为深吃水船舶乘潮进出港提供高精度实时水深信息服务。

2014 年 3 月，经天津市无线电监测站、武汉大学定位导航技术研究中心、国家卫星定位系统工程技术研究中心等第三方测试，"RBN-DGNSS 系统"实现了距离基准站 300 千米海域单频定位精度 1.5 米，距离基准站 80 千米海域多频定位精度 3 厘米的技术指标，系统功能和性能均优于沿海 RBN-DGPS 系统。

图 7-1-592　2014 年 4 月 28 日，中国科学院院士、中国卫星导航定位应用管理中心研究员杨元喜（右三）主持"北斗沿海差分导航与精密定位服务系统研究与应用"项目技术鉴定

2014年4月28日,北海航海保障中心邀请中国科学院院士杨元喜、中国工程院院士刘经南等10名专家在天津召开项目验收会,与会专家一致认为:"项目实现了北斗/GPS伪距差分数据处理、改正数生成、信息集成与播发;在单个监测站接收机上实现了北斗、GPS及二者融合定位及三种模式性能的实时监测;项目在国际海运事业无线电技术委员会104特委会(RTCM-SC104)的基础上,形成了兼容北斗的RTCM伪距差分格式及标准的相关建议,为推进北斗国际海事标准化奠定了基础;BD-CORS系统提出了渤海湾高精度北斗导航服务总体架构,研究了信息播发模式,初步形成了一套数据处理、信息服务技术体系和方法,经过陆地定点和车载测试、海上走航测试及4个月连续试运行,系统运行稳定可靠,实时动态定位精度达到平面3厘米,垂直4厘米(服务区域内),技术指标满足设计要求。"

2015年9月,"北斗沿海差分导航与精密定位服务系统研究与应用"项目荣获中国卫星导航定位协会卫星导航定位科学技术奖一等奖。

(十五)渤海湾北斗地基增强系统建设及无验潮水深测量应用研究

"北斗地基增强系统"是由国家统一规划建设的以北斗卫星导航系统为主,兼容其他GNSS系统的地基增强系统,采用的地面基准站间距为50~300千米,通过地面通信系统播发导航信号修正量和辅助定位信号,向用户提供厘米级至米级精密导航定位和大众终端辅助增强服务。2012年,国家着手建设全国首个北斗地基增强系统——"北斗地基增强系统湖北示范项目"。

2013年初,北海航海保障中心立足国际前沿技术应用,成立由主任聂乾震任领导小组组长、副主任柴进柱任工作小组组长的专题项目组,选定参加北斗地基增强系统示范项目建设的武汉大学加盟,合作开展"渤海湾北斗地基增强系统建设及无验潮水深测量应用研究",旨在加快推进"北斗地基增强系统"在中国沿海地区示范建设,进一步提高航海保障能力和服务水平,为辖区海上用户及部分陆上用户提供高精度北斗导航与位置服务。

2013年7月,经与合作单位多次交流研讨,在充分调研论证的基础上,项目组完成"渤海湾北斗地基增强系统"总体设计方案。同时,项目组先后完成天津上古林RBN-DGPS基准站、河北京唐港航标站楼顶、山东东营港基准站实地勘察、数据采集和设备设施测试,并采用武汉攀达时空科技有限公司研发的数据质量分析软件和国际通用的TEQC软件,分析相关数据质量,最终确定上古林、京唐港、东营港三个基准站位置。同年8月,按照系统设计要求,项目组设计和定制观测墩。同年9月底,完成基准站观测墩基座施工、参考站天线架设和线路安装等工作。同年11月15—18日,完成系统实时定位精度测试、初始化时间测试、系统覆盖范围测试、兼容性测试,以及网络实时动态载波相位差分技术(RTK)定点测试、车载RTK测试、系统连续稳定性测试等。检测结果表明:系统实时定位内符合精度优于设计书要求,实时动态初始化时间完全满足实时性要求;RTK定点测试和车载测试表明:定位信号完全覆盖渤海湾,且导航范围可延伸至距离基准站更远区域。同年12月底,天津海事测绘中心扩展改造原网络控制中心,完成系统控制中心服务器、网络、存储等设备安装。经国家卫星定位系统工程技术研究中心检测表明:该系统实时定位精度平面优于3厘米,垂直优于4厘米,项目成果标志中国海域北斗定位进入"厘米级"。

同时,该项目基于"渤海湾北斗地基增强系统",构建了"北斗无验潮水深测量技术体系",首次在工程中全面实现北斗无验潮水深测量技术的应用。借助北斗高精度定位技术,项目组研发了基于CGCS2000坐标框架下的大地高程和理论最低潮面的无缝转换模型和转换软件,提出了基于瞬时水面频谱特征的无验潮条件下的潮位在航提取技术,克服了现有余水位推算潮位、固定潮位站潮位、单一RTK在航潮位获取方法的不足,实现了不同距离、锚定、走航潮位的自适应准确、实时获取。借助北斗无验潮技术,实现了远距离水域似大地基准面、深度基准面、平均海平面等高程基准面的准确确定,构建了渤海湾局域无缝深度基准面及北斗潮位转换模型,获得了具有实用价值的、基于深度基准面的北斗在航潮位。经综合测试,北斗无验潮精度为0.2米,满足海道测量规范技术要求,使北斗无验潮水深测量及其成果真正实现了工程实用化。

此外,项目组首次提出海上4D导航服务概念,构建海上北斗4D导航服务模式,实现航行船舶准确获得瞬时水深,并且通过北斗无验潮水深测量,获得实时准确潮位,有效解决船舶在受限制水域航行预留富裕水深过大、通航时间受限等带来的通航难题,提高航道通航能力和船舶通航效率,降低航道维护成本;研究并测试利用电视广播卫星传输北斗差分信号,解决北斗差分数据远距离传输技术难题,提高了北斗地基增强系统的应用范围;完善了通过北斗差分数据传输链路推送气象、航海通告等航海保障信息的传输协议,为建立中国E-航海示范工程做了有益探索。

2015年7月23日,中国航海学会在天津召开"渤海湾北斗地基增强系统建设及无验潮水深测量应用研究"项目科技成果鉴定会,与会专家一致认为:"项目完成了渤海湾北斗地基增强系统建设、北斗无验潮水深测量及北斗4D导航等多项关键技术研究,实现了北斗海上高精度导航定位服务及高效水深测量,项目成果具有重大的理论和工程应用价值,可在中国海域推广应用;项目突破了北斗三频长距离跨海高精度基准站网、海上长距离厘米级实时定位等关键技术,率先建成了海域北斗地基增强系统,使我国海上定位首次进入'厘米时代';项目构建了北斗无验潮水深测量技术体系,研发了渤海湾似大地基准面与深度基准面转换软件,首次全面实现了北斗无验潮模式的工程应用;项目建立的渤海湾北斗4D导航服务系统,解决了参考站信息、差分导航、网络RTK测量等实时服务技术难题;成果整体技术达到国际先进水平,其中北斗无验潮测量技术达到国际领先水平。"

图7-1-593　2015年7月23日,交通运输部原安全总监、成绩优异高级工程师刘功臣(左一)主持"渤海湾北斗地基增强系统建设及无验潮水深测量应用研究"项目技术鉴定

2015年12月,"渤海湾北斗地基增强系统建设及无验潮水深测量应用研究"项目荣获中国航海学会科学技术奖二等奖。

四、科技大会

(一)天津海事局"科技兴局"现场推进会

2007年10月31日至11月1日,天津海事局决定推行烟台航标处科技创新工作机制,在烟台召开全局首次"科技兴局"现场推进会,局属各单位(部门)代表50余人出席会议。该局局长徐津津作了题为"坚持'科技兴局'战略,推进创新型海事建设,为天津海事又好又快发展提供强大动力"的工作报告。

图7-1-594　2007年10月31日,天津海事局在烟台召开全局首次"科技兴局"现场推进会

会议全面回顾了天津海事局科技创新工作发展历程,通报表彰了近5年取得的193项科技成果。其中,"RBN-DGPS系统研究与实施""沿海多功能航标工作船""航标灯器智能控制器研制""大沽灯塔遥测遥控系统"等5项科研成果荣获省部级科技进步二等奖;"120吨航标夹持船""天津港船用引航系统""航行安全信息自动播发及船舶流量轨迹快速统计查询应用系统"等5项科研成果荣获省部级科技进步三等奖;"冰期灯浮标"等2项成果取得国家专利。

会议分析总结了科技创新工作成功经验,一是"五个坚持",即:坚持科学发展理念、坚持创新体系建设、坚持面向海事管理主战场、坚持以开放姿态发展科技、坚持发挥科技人员科技开发积极性;二是提出了"建立一个适应天津海事管理现代化需要的科技创新体系,研发一批具有自主知识产权、实用价值较高的海事科技成果和产品,确保每年有1~2个项目获省部级及以上科技成果奖,应用型科技成果转化率达到100%"的发展目标;三是明确了包括结冰港冬季助航技术、AIS集成应用、卫星导航兼容研究、海事船艇新技术应用在内的航海保障相关重点科研任务;四是着力构建"环境优良、制度健全、覆盖广泛、层次合理、运转高效"的科技工作新格局,为天津海事又好又快发展提供强大科技动力。

会上,烟台航标处介绍了贯彻落实"科技兴局"战略方面的经验和研制大中型航标灯器等方面取得的丰硕成果。天津航标处、天津海测大队、局信息办等单位(部门)介绍了各自在科技项目、科技创新、信息化系统和技改技革等方面的工作开展情况及取得的宝贵经验。会议期间,局航标导航处、计划基建处、烟台航标处、天津海测大队分别展示了航标旋转灯器、AIS 航海保障平台、沿海多功能航标船、电子海图引航和多波束测深系统科研成果和推广应用情况。此外,会议代表参观了烟台航标处 AIS 监控中心和航标遥测遥控系统。

图 7-1-595　2007 年 11 月 1 日,天津海事局局长徐津津(左二)听取烟台航标处自主研制新型航标灯器经验介绍

此次现场推进会,通过展示交流全局各单位(部门)在技术引进、消化吸收和开发创新,以及发挥科学技术引领驱动作用等方面所取得的成效与经验,进一步激发了广大科研人员的荣誉感、责任感和使命感,为加快推进天津海事局科技创新工作发挥了重要作用。

(二)全国海事系统科技信息化工作会议

2010 年初,交通运输部海事局决定推行天津海事局科技创新工作机制,组织召开全国海事系统首次科技信息化工作会议,并责成天津海事局牵头负责会议总体策划、材料征集、报告编写、展板制作和展品布展等相关筹备工作,具体会务事宜由天津航测科技中心承办。

2010 年 4 月 7—8 日,全国海事系统科技信息化工作会议在江苏扬州隆重召开。交通运输部有关司局、交通运输部规划研究院、交通运输部科学研究院、中国交通通信信息中心、直属海事局、地方海事局、大连海事大学等 66 个单位(部门)近 230 名代表出席会议。会上,交通运输部海事局常务副局长陈爱平作了题为"坚持科技强局,全面推动海事科学发展"的工作报告,全面总结了全国水监体制改革以来海事科技信息化工作取得的主要成就,深刻分析了当前面临的国内外海事事业发展形势,明确提出了今后一段时期科技信息化工作目标、基本原则、指导思想、制度安排和相关要求。天津、上海、江苏海事局和浙江地方海事局分别介绍了科技信息化工作经验,以及对下一阶段科技信息化工作的建议。其中,天津海事局重点介绍了创立科技创新发展基金、颁布实施《天津海事局科技发展纲要(2008—2012)》、举办科技大会暨成果展览、自主研发技术装备,以及建立科技管理机制、创新激励机制等方面的成效和经验,并提出优先发展"船载无人直升机""卫星遥感技术""VTS 信息交换和联网技术""基于 AIS 集成应用的综合航海保障系统""专业航标工程船"等重大科技创新项目的建议。

图7-1-596　2010年4月7日,交通运输海事局常务副局长陈爱平(中)在江苏扬州主持召开全国海事系统科技信息化工作会议

会议期间,中国海事局分别与大连海事大学、上海海事大学、武汉理工大学、集美大学、交通运输部规划研究院、交通运输部科学研究院、中交水运规划设计院有限公司、中国船级社、中国交通通信信息中心等9个单位签署了《战略合作框架协议书》,旨在进一步加强与有关社会科研机构的合作与交流,逐步建立一种长期、稳定、共赢的科技创新合作机制,全面提升全国海事系统的整体科技信息化水平。

会议期间,举办了"中国海事科技信息化成果展"。该展览主体内容由天津航测科技中心从全国海事系统征集的相关成果中筛选出的121种图书资料、31套科技信息化系统、49件实物或模型构成,以实物、展板、画册展示和多媒体演示等多种方式布展,使与会代表深切感受到科技工作对海事事业建设所产生的驱动作用和深远影响。此外,天津航测科技中心对全国海事系统科技信息化成果作出统计分析,编制完成《中国海事科技成果及应用汇编》。该汇编入选科技成果386项,其中天津海事局的科技成果121项,占比31.35%;北海航海保障系统的科技成果71项,占比18.4%,均位于全国海事系统前列。

图7-1-597　2010年4月8日,交通运输部海事局常务副局长陈爱平(中)、原交通部安监局局长林玉乃(左)参观"中国海事科技信息化成果展"

会后,新华社江苏分社、《新华日报》《科技日报》《中国交通报》《中国水运报》等新闻媒体记者对大会做了跟踪报道。

(三)天津海事局科技信息化工作会议

2011年9月1—2日,天津海事局在天津召开全局科技信息化工作会议,旨在深入贯彻落实"全国海事系统科技信息化工作会议"精神,加速推进"科技强局"发展战略,尽早实现该局"十二五"科技信息化发展目标。交通运输部海事局、天津市经济和信息化委员会、大连海事大学、上海海事大学、集美大学、海军海洋测绘研究所等12个单位,以及天津海事局所属各单位(部门)近90名代表出席会议。

会上,天津海事局局长刘福生作了题为"强化创新,卓越服务,全面开创科技信息化工作新局面"的工作报告,全面总结了该局"十一五"期间科技信息化工作取得的成绩和经验,分析了当前面临的形势和任务,进一步明确了"十二五"时期科技信息化的发展目标和总体思路,并提出了"实现'一个战略转变'、搭建'两个发展平台'、确保'三个优先目标'、把握'四个工作重点'、坚持'五个主攻方向'、推进'六个一'工程"的目标任务。随后,该局航标导航处、烟台航标处、秦皇岛航标处、天津海测大队等6个单位(部门)做了经验交流。同时,会议表彰了2009—2010年度获得省部级以上科技成果奖励的单位,并向局航标导航处、局技术装备办公室、烟台航标处、通信信息中心、天津海测大队等6个单位(部门)颁奖。

图7-1-598　2011年9月1日,天津海事局局长刘福生(中)在天津主持召开科技信息化工作会议

会议期间,成功举办了首届"天津海事局科技信息化论坛",邀请战略合作单位的专家、学者以及内部专家,围绕科技信息化的前沿技术、战略发展、顶层设计、管理服务等方面做了专题学术报告。由天津航测科技中心承办的"天津海事局科技信息化成果展"亦获得圆满成功。该展览以"科技引领促发展信息驱动助转变"为主题,主要内容包括:前言、通航管理、危管防污、船舶管理、航海保障、技术装备、科技管理、信息化、结束语等9个部分,共18块展板,全面展示了天津海事局建制以来取得的科技成就。

会后,《中国交通报》《中国水运报》《每日新报》《渤海早报》等新闻媒体记者对大会做了跟踪报道。

图 7-1-599　2011 年 9 月 1—2 日,天津航测科技中心承办天津海事局
首届科技信息化论坛和科技信息化建设成果展

第二节　引进与创新

一、设备引进

设备引进系指各历史时期北海航海保障系统引进国际航标、测绘、通信先进设备的相关活动,主要包括:设备考察、技术协调、设备验收、技术培训、商家回访和产品推介等。

中华人民共和国成立前,由于国家工业基础羸弱,北海航海保障系统设施设备大都依赖外国进口,尽管其装备性能水准与西方发达国家基本持平,但国人并不掌握主动权,相关设备引进事宜受人制约。

1949 年中华人民共和国成立初期,因西方反华势力对中国采取经济技术封锁,除个别关键技术零部件外,基本选用国内仿制产品,甚少批量或成套引进航海保障相关设备。

1978 年中共十一届三中全会后,随着中国改革开放深入发展,按照交通部统一部署,北海航海保障系统陆续从西方发达国家引进若干先进设备,对尽快改变航海保障技术落后面貌、满足国家航运经济发展需要起到重要的促进作用。

20 世纪 80 年代始,北海航海保障系统各单位引进设备均由交通部主管部门统一采购配置,大多采用专项购置方式。1984 年 7 月 13 日至 8 月 13 日,交通部水监局首次派员参加英国 AGA 公司航标灯器技术培训,天津航测处选派赵亚兴、孙文远参加培训。通过学习和掌握先进航标设备设计原理和制造工艺,为后续组织安装进口灯器、及时修复失常设备、逐步实现航标灯器设备国产化奠定了技术基础。截至 1998 年底,北海航海保障系统各单位参与引进航标、测绘、通信设备相关活动 17 次,有效提高了辖区航海保障技术能力水平。

图7-2-600　1984年7月13日至8月13日,交通部水监局首次派员参加英国AGA公司航标灯器技术培训

1999年2月,为加强航标测绘进口设备管理,充分发挥进口设备效能,交通部海事局印发《海区航标测绘进口设备管理办法》,对相关进口设备(含软件)及零配件的引进与使用作出统一规范。该办法明确规定:交通部海事局负责全国海区航测系统进口设备宏观管理,天津海事局负责北方海区航测进口设备归口管理,辖区各航标处、天津海测大队、天津航测科技中心负责进口设备使用管理。有关设备使用单位分别向局航标、测绘业务主管部门提出进口设备申请报告,经汇总报批,由交通部海事局统一组织进口设备商务谈判与合同签订等工作。使用自有资金购置进口设备,须以专项形式在年度预算中列出,经审批同意后,按照海区项目管理办法等相关规定采购。据此,在"十五"期间,北方海区航标系统使用自有资金小批量分别购置了美国、西班牙航标设备,为实现航标"太阳能化""LED化"等阶段性规划目标发挥了重要作用。2010年后,天津海测大队除上述途径引进测绘设备外,通过职工技术协会和经济实体等渠道引进多波束测深系统、侧扫声呐等进口设备,以满足其业务发展需要。

图7-2-601　2004年8月27日至9月10日,交通部海事局航测信息系统设备引进考察团团长、天津海事局局长徐津津(右)一行7人赴加拿大SYBASE分公司考察

截至 2012 年,据不完全统计,北海航海保障系统累计参与设备引进和技术培训等相关活动 44 次,引进各类设备和相关技术的总体水平达到国际先进,专业技术人员工作水平和设备操作能力显著提升,为有效提升辖区航海保障技术水平、增强国际履约能力、加快建设现代化综合航海保障体系发挥了至关重要的推动作用。

1984—2012 年北海航海保障系统参加设备引进活动一览表

表 7-2-124

序号	活动日期	目的地	主要任务	主要参与人员
1	1984 年 7 月 13 日至 8 月 13 日	英国	AGA 公司 PRB 灯器技术培训	赵亚兴、孙文远等 6 人
2	1986 年 9 月 29 日至 10 月 23 日	日本	JRC 公司发信机技术培训	侯福行、田志农、罗永恒
3	1990 年 3 月 13—22 日	美国	泰兰公司灯器设备技术培训	李鲜枫、朱明熹等 8 人
4	1990 年 10 月 14—23 日	新加坡	Motorola 公司微波定位仪新加坡维修站技术培训	李树兵、李鲜枫、于桂菊等 5 人
5	1991 年 8 月 17—24 日	加拿大	CARIS 公司 CARIS 系统技术培训	张家孝、周则尧、张安民等 5 人
6	1992 年 7 月 15—24 日	美国	泰兰公司引进航标设备考察	叶嘉畬、赵亚兴等 4 人
7	1993 年 9 月 10—17 日	加拿大	CARIS 公司 CARIS 系统技术培训	张安民等 5 人
8	1993 年 10 月 2 日至 11 月 3 日	美国	Motorola 公司 GPS 技术培训	吕青等 5 人
9	1995 年 7 月 12—24 日	美国	美国海岸警卫队导航设备考察	李鲜枫等 5 人
10	1995 年 6 月 9—15 日	美国	泰兰公司引进灯器设备验收	王明亭、王洪顺等 5 人
11	1996 年 7 月 22 日至 8 月 4 日	美国	Leica 公司一期 RBN-DGPS 设备验收	王成、邓洪贵、杨敏君等 6 人
12	1996 年 9 月 20 日至 10 月 2 日	西班牙	巴伦西亚机械公司设备验收	张俊民等 3 人
13	1997 年 11 月 9—29 日	日本	JRC 公司发信机技术培训	于树海等 10 人
14	1997 年 12 月 1—10 日	日本	JRC 公司 GMDSS 系统维护技术培训	钱晓东等 10 人
15	1998 年 3 月 26 日至 4 月 10 日	美国	Leica 公司二期 RBN-DGPS 设备验收	陈蓉等 6 人
16	1998 年 6 月 7—27 日	挪威	Graxe 公司 GMDSS 设备验收	于树海等
17	1998 年 8 月 9—22 日	美国	Reason 公司 Seabat 8101 多波束测深系统技术培训	马亚平、卫国兵等
18	1998 年 11 月 1—22 日	挪威	Graxe 公司 GMDSS 系统维护技术培训	王春岐、钱晓东等 10 人
19	1999 年 6 月 18—29 日	瑞士	Leica 公司 RBN-DGPS 技术培训	李鲜枫、袁立武等 6 人
20	2000 年 6 月 11—23 日	美国	Leica 公司 RBN-DGPS 设备验收	王怀凤、邓洪贵等 7 人
21	2001 年 5 月 11—21 日	加拿大	KNUDSEN 公司测深仪、声速仪等测绘设备验收	
22	2001 年 6 月 25 日至 7 月 8 日	德国	ATLAS 公司多波束测绘设备验收	杨龙等
23	2001 年 7 月 22 日至 8 月 5 日	美国	Reson 公司引进测绘设备考察	赵亚兴、马亚平等 5 人
24	2001 年 7 月 25 日至 8 月 5 日	美国	泰兰公司航标设备验收	孙洪志等 6 人
25	2002 年 5 月 27 日	天津	巴伦西亚机械公司总裁克利门德参观访问天津航标处	赵亚兴、孙洪志等
26	2002 年 6 月 14—22 日	西班牙	巴伦西亚机械公司航标产品考察	孙文远等 5 人
27	2002 年 8 月 25 日	天津	西班牙巴伦西亚机械公司回访天津大沽灯塔灯器使用情况	赵亚兴、孔繁弘、袁立武等
28	2003 年 11 月 3—15 日	上海	加拿大 CARIS 公司举办 CARIS GIS 操作培训	冯立新、石金榜、卫国兵等

〔续表〕

序号	活动日期	目的地	主要任务	主要参与人员
29	2004年8月27日至9月10日	加拿大	SYBASE分公司航测信息系统设备引进考察	徐津津、白婷颖等7人
30	2005年3月25日至4月7日	瑞典、芬兰	萨博公司AIS设备技术考察与协调	袁立武等8人
31	2006年5月29日	天津	美国劳雷公司在天津海测大队推介测绘新设备	张铁军、杨龙、王闰成等
32	2006年9月18日至10月1日	瑞典、芬兰	萨博公司、NE公司AIS一期工程技术协调与考察	赵亚兴、马亚平、聂乾震等15人
33	2006年11月13—20日	日本	海鸥螺旋桨公司引进航标船舶设备考察	赵亚兴、陈英俊、张金红等6人
34	2007年3月27日	天津	日本钱屋航标公司在天津航标处航标灯器技术交流	李鲜枫、王玉林、马爱民
35	2007年4月9日	天津	美国API-PHAROS公司在天津航标处航标灯器技术交流	王玉林、王树茂、高汉增等
36	2007年12月20日	天津	法国ECA HYTEC公司在天津海测大队举办ROV技术培训	黄永军、李宝森等
37	2007年7月27日至8月10日	美国	SLINCBAR公司溢油设备验收和培训	袁立武、田绍启、吕忠琨等10人
38	2008年1月9—30日	加拿大	CARIS公司海道测量生产数据库（HPD）系统培训	冯立新、杨龙、邹凌智等16人
39	2008年1月20日至2月1日	法国	ECA HYTEC公司ROV H300型设备培训考察	黄永军、李宝森
40	2008年1月22日	天津	加拿大CARIS公司在天津海测大队举办HPD技术培训	冯立新、汪连贺、石金榜等
41	2008年3月18—30日	美国	Reson公司多波束扫测技术设备考察	张铁军、黄东武等5人
42	2008年3月25日至4月5日	瑞典	萨博公司AIS设备考察培训	柴进柱、李鲜枫、黄凤飞等8人
43	2008年3月25日至4月5日	美国	Benthos公司测绘设备验收	马亚平等6人
44	2009年9月21—23日	上海	加拿大CARIS公司HPD专家Stephane来华实施中国海事局HPD电子海图异地同步工作	杨龙、石金榜等

(一) 航标设备引进与使用

1856年第二次鸦片战争爆发，由西方人把持的海关总税务司署掌管海务管理权，由此开启近代中国大规模引进航标设备的历史。在此期间，海关等部门采用国际先进技术标准和器材装备，在中国沿海分期分批建造灯塔、灯船、灯桩、导标、雾号等助航设施，基本保持与西方国家同步发展水平。此时，相继采用的典型航标灯器主要包括：法国头等四面双牛眼透镜旋转灯器、法国五等十面牛眼透镜旋转灯器、英国三等半鼓形透镜折光灯器、日本四等双面牛眼透镜旋转灯器、法国和英国鼓形透镜煤油系列化灯器和瑞典鼓形透镜乙炔气系列化灯器等。

1929年2月1日，日占当局在大连圆岛等处设置无线电指向标，是为中国沿海启用最早的无线电航标。1945年苏军驻旅大期间，陆续恢复圆岛和老虎尾无线电指向标、黄白嘴测向仪校差台，并新建大三山无线电指向标,配置苏制 PMC-3b 型、PMC-3M 型和日制"等幅发报机"发射机。1959 年,海军利用库存美制 TBW 型发报机改装为指向标发射机,配置义和庄、秦皇岛、老铁山等新建指向标站。在此期间,海关总税务司署海务科先后从美国引进部分航标器材,主要包括:灯浮标及锚链、灯器及电闪灯、SB-500 型浮标蓄电池等。

1982 年天津航测处接管北方海区干线公用航标后,遵照交通部提出的"立足于自力更生的同时,引进国外先进的航标设备和技术,尽快发展自主航标产品"发展思路,针对部分航标设备老化陈旧、灯光射程短等影响导助航效能问题,先后批量引进英国 AGA 公司 PRB-21 型和 PRB-46 型、美国泰兰公司 TRB-400 型和 ML-300 型、西班牙巴伦西亚机械公司 BGA-500 型等各种类型航标灯器,分别安装在干线重要灯塔、灯桩,为实现"沿海航标亮起来"等阶段性规划目标发挥了重要作用。其中,鉴于美国泰兰公司 ML-300 型灯器具有工作性能稳定、能源消耗较少、故障维修便捷等特点,累计引进安装 108 台,居各类进口灯器数量之最,主要安装在重要灯桩或作为重要灯塔的备用灯器。1985 年后,该处陆续引进瑞典爱立信公司 UTK10103 型、英国法罗斯公司 Phalcon-Ⅲ 型、美国泰兰公司海标系列等雷达信标 42 台,分别安装在港口口门、航道转向点、孤立危险物等重要地点,增添了新的导助航手段,辖区通航环境得到明显改观,受到船舶驾驶人员普遍认同。

在此期间,由于进口灯器和雷达信标安装使用说明书等均为英文资料,对于基层单位航标维护人员实际应用带来诸多困难,影响设备使用及维护管理。为此,天津航测科技中心于 1990 年组织精通外语的工程技术人员,先后编译完成《海上大型旋转灯器的原理与使用》《ML-300 型灯器安装使用说明》《雷达信标原理和使用》《海标-Ⅰ系列鉴频式雷达信标技术手册》等实用教材,用以指导基层航标维护管理人员更好地了解相关设备工作原理和检测维修方法,及时修复失常航标设备。

图 7-2-602　1992 年 7 月,交通部安监局航标设备引进考察团团长、广州海监局局长叶嘉畲(左二)一行 4 人考察美国海岸警卫队航标设备运行情况

1995 年 5 月始,按照交通部安监局统一部署,参照国际航标协会(IALA)和西方发达国家相关技术标准,结合中国现役无线电指向标情况,天津航测科技中心牵头编制《中国沿海无线电指向标-差分全球卫星导航系统规划(1996—2000)》,确立了全国沿海 RBN-DGPS 系统建设总体布局、技术原则和发展方

向。据此,天津航测科技中心牵头相继建成中国沿海 RBN-DGPS 台站 20 座,基本形成覆盖鸭绿江口到西沙群岛重点港口和重要水域的高精度导航定位服务网。其中,利用引进美国徕卡公司 RBN-DGPS 设备,在北方海区先后建成 7 座 RBN-DGPS 台站。

2003 年 12 月,按照国际海事组织(IHO)《关于全球船载自动识别系统(AIS)性能标准的建议案》要求,天津海事局引进瑞典萨博公司 R40 型基站设备,用于北方海区沿海 28 座 AIS 基站建设,在保证如期履行国际公约义务的同时,亦为自主研发 AIS 岸基网络系统相关软件和设备奠定了基础。

图 7-2-603　2006 年 9 月,交通部海事局 AIS 一期工程技术协调与考察团团长、天津海事局副局长赵亚兴一行(前中)15 人在芬兰 NE 公司考察 AIS 系统管理运行模式

2008 年,天津海事局引进芬兰 SABIK 公司 SVV500 型冰区灯浮标 10 套,分别在营口、秦皇岛、天津航标处辖区投入使用。该型灯浮标由高强度聚乙烯材料制成,装备铜质抗冰灯器,使用一次性电池。通过对该型灯浮标的使用与研究,北方海区航标系统在探索冰区灯浮标制造技术方面取得重大进展,自主研制成功四季通用灯浮标。截至 2015 年,该型冰区灯浮标得到广泛推广应用。

(二)测绘设备引进与使用

1949 年中华人民共和国成立初期,港口航道测量定位主要依靠引进的六分仪、经纬仪等光学仪器测距定位。由于受观测距离和天气影响,工作范围仅 10~15 千米,不但定位误差大,而且需要多人合作完成,测量作业效率较低。测深作业主要采用测深杆、水砣等原始手段,特殊情况则采取拖底扫测方式探测障碍物。1956 年 6 月,交通部海运管理总局海港测量队首次引进日本 311A 型电子管回声测深仪,标志着水深测量工具自此跨入电子仪器时代。然而,同时期海图编绘仍然依靠手工方式作业。

20 世纪 70 年代,天津海港测量队相继引进日本 KAIJO 公司 PS-10 型模拟输出单频测深仪和 PS-10E 型数字输出单频测深仪,进一步提高了水深测量技术水平。迨至 1979 年引进日本 KAIJO 公司 PS-20R 型四波束测深仪,在国内率先实现水深测量技术由线测深向面测深的重大转变,并运用新的扫测理念,实施北方海区港口投入运行前的全覆盖测深,为保障航运生产安全起到重要作用。

20世纪80年代,天津海港测量队进一步加大设备引进力度,于1982年引进第一套美国摩托罗拉公司(Motorola)MiniRanger-Ⅲ型微波测距仪,实现了海上测量由光学仪器定位向无线电设备定位的转变。由于其作用距离扩大为30～70千米,测距误差缩小至1～2米,且具有"运转稳定、安装方便、作业人员少"等特点,与光学定位相比取得了实质性技术进步,1987年始,天津海港测量队陆续引进微波定位仪、电子经纬仪、激光测距仪、红外测距仪等测量设备,替代了人工目视观测方法,明显提高测量技术水平。特别是该队于1988年引进美国EG&G公司260型侧扫声呐后,通过声学成像判断海底地貌和障碍物,遂成为海底探测主用设备,在北方海区应急抢险、航路测量、锚地扫测、障碍物探测等工作中发挥重要作用。

20世纪90年代初,随着卫星定位技术快速发展,天津海测大队陆续引进美国德尔诺特公司(DEL NORTE)Transponder 586型微波定位仪、阿斯泰克公司(Ashtech)M-Ⅻ型测量型GPS双频接收机和德国莱卡公司(Leica)测量型9500型接收机,首次采用卫星定位技术实施水深、地形测量和控制测量,测量定位技术水平得到显著提高。在此期间,天津海测大队率先引进首套加拿大通用系统公司CARIS机助制图系统,经该队工程技术人员开发应用,实现了海图交互式编辑和线划版、普染版分版刻绘,海图编绘作业方式从手工绘图跨越到分版刻绘作业,并通过机助分版刻绘工艺编绘了28幅港口航道图。然而,由于CARIS系统软件不具备汉字处理功能,海图汉字注记无法直接通过CARIS处理,致使海图制作仍需手工剪贴注记版。为此,该队专业技术人员经过反复研究和实验,引入激光照排技术,采用激光照排机输出分色反阳胶片直接晒制PS版上机印刷海图,成功实现纸质海图电脑直出印版,并出版全国海区测绘系统第一幅中文全要素海图,从根本上改变了传统海图制图工艺。

1993年始,天津海测大队注重特种设备引进使用,从英国GeoAcoustics公司引进了第一套GeoChirp型浅地层剖面仪,开展海底底质探测分析以及管线路由探测工作。在此期间,该队在青岛跨海大桥项目前期选址工程勘测中,利用该设备圆满完成海底浅地层探测工作,并绘制了南、北、中三线海底地层剖面图,为该项目建设提供了科学依据。随后,该队陆续引进英国DMS-10型涌浪补偿器、加拿大SOUND VELOCITY型声速仪、美国YSI600型验潮仪、174SSM型海流计、Geometrics公司G881和G882型磁力仪等,为推动测绘技术手段多元化注入了强劲动力。尤其是该队于1998年首次引进美国Reson公司Seabat 8101-ER型多波束测深系统,实现从"线测深"到"面测深"的历史性转变,使水深测量技术得到质的飞跃。在此期间,该队派员参加美国Reson公司技术培训,组织人员翻译整理了多波束测深系统附带的《CARIS HIPS FOR WINDOWS NT Training Notes》《CARIS HIPS FOR WINDOWS NT Users Guide》《CARIS SIPS FOR WINDOWS NT Users Guide》等技术资料,分编为两部培训教材,经多波束测深系统测深工程和旁侧声呐扫深工程数据处理应用检验后定稿出版。该培训教材有助于英语基础薄弱的技术人员迅速、准确地掌握CARIS HIPS、CARIS SIPS软件基础知识,成为多波束测深系统测试研究和推广应用的指导手册。

随着北方海区RBN-DGPS系统建成投入使用,天津海测大队陆续引进瑞士徕卡公司(Leica)差分GPS MX-300型测量设备,有效改变了人工架设GPS基准站定位方式,作业范围扩大至300千米,定位精度优于3米,测量工作质量和作业效率显著提高。同时,该队编译完成中文版《RT-SKI实时GPS测量手册》,并组织相关实操培训,为尽快推广应用这一最新技术成果奠定基础。在此期间,该队相继引进美国内层空间技术公司448型单频测深仪和IT公司440型双频测深仪、加拿大KNUDSEN公司320M型单频测深仪、丹麦麦克瑞海洋公司E-sea"sound" 206C型双频测深仪等,特别是于1998年引进第一套美国Reson公司Seabat 8101-ER型多波束测深系统,进一步完善了测深技术手段,有效提高了数字化测深能力。

进入21世纪后,为全面提高测绘工作效率,天津海测大队先后引进美国天宝公司(Trimble)多种型号GPS差分信标接收机。特别是美国NAVCOM公司SF2050 G型星站差分GPS的引进,在无须人工架设基站环境下,定位精度实现平面优于20厘米。此后,相继引进美国NAVCOM公司SF3050型等星站差分GPS。在此期间,由于测深技术发展相对成熟,测深设备引进工作主要为数量的增加,先后引进美国Odom公司HydroTrack II型单频测深仪和Echotrac MK III型双频测深仪,以及英国Odem公司Terramodel 501型、美国Reson公司Seabat 8125型、挪威Kongsburg公司EM3002D型、美国Odom公司ES3 M05型等多种型号的多波束测深系统,对港口、航道、锚地等重点水域实施全覆盖测量。尤其是该队引进的美国Benthos公司SIS-1500型侧扫声呐,大幅提高了应急扫测能力,陆续在"秦皇岛港沉没浮标搜寻""渤海超大型船舶航路扫测""烟大航路疑位暗礁声呐扫海""福建沙埕港沉船声呐扫海"等百余项应急扫海测量工程成功应用。之后,该队陆续引进美国Benthos公司SIS-1624型侧扫声呐,以及美国EdgeTech公司4200SP型侧扫声呐、美国Marine Sonic公司SeaScan PC型侧扫声呐(小型)、美国Benthos公司DPL275型信标定位仪等国际先进设备,在2002年大连"5·7空难"等应急扫测工作中,为搜寻打捞飞机残骸及"黑匣子"起到关键作用。自此,根据测绘工作特点,该队将水下信标安装在声呐拖鱼、验潮仪支架等水下物标上,发生物标丢失或移位时亦使用该设备实施搜寻。在此期间,天津海事局副局长赵亚兴率领交通部海事局测绘设备引进考察团在美国Benthos公司和Reson公司考察了水下机器人(ROV)等测绘设备。

图7-2-604　2001年7月22日至8月5日,交通部海事局测绘设备引进考察团团长、天津海事局副局长赵亚兴(中)一行5人参观考察美国Benthos公司水下机器人(ROV)等测绘设备

2007年,天津海测大队引进法国ECA HYTEC公司H300型ROV设备,自此具备机器人水下探测能力。此后,长山列岛附近海域发生大面积不明原因油污染,试应用该设备并收到初步成效。此外,该队引进电子海图制图软件CARIS HOM,在CARIS EDITOR数据基础上增添了数据转换功能,按照S-57国际标准输出电子海图ENC数据,编制《电子海图详细操作步骤》《电子海图制作工艺流程及质量控制》等操作说明,同时以附录形式规定面要素分层层次,明确电子海图数据制作必备项,并针对关键问题提

出解决方案和指导意见。随后,该队引进 CARIS HPD 数据库制图系统,制作出第一幅基于 HPD 数据库的海图,并成为该队主要制图工具。

2008 年 1 月 9—30 日,应加拿大 CARIS 公司的邀请,交通部海事局派遣 16 名学员赴加拿大参加海道测量生产数据库(HPD)系统培训,天津海事局冯立新、杨龙、邬凌智参加培训。通过培训,全体学员基本掌握了 HPD 制作工艺,及时解决了一些前期试用中发现的问题,为全国海区测绘系统全面推行 HPD 制作工艺奠定了基础。

图 7-2-605　2008 年 1 月 9—30 日,天津海测大队派员赴加拿大参加海道测量生产数据库(HPD)系统技术培训

截至 2012 年底,天津海测大队累计引进信标机 50 余台、VavCom 星站差分 GPS 设备 4 套、单频测深仪 50 余台、双频测深仪 7 台、多波束测深系统 9 套、侧扫声呐系统 6 套,以及姿态仪、声速仪等若干辅助测量设备。这些设备在北方海区测绘系统应急抢险中发挥了重要的作用,为北方海区重要通航水域实施全覆盖测量提供了重要技术支撑。

(三)通信设备引进与使用

1949 年中华人民共和国成立后,由于西方反华势力对中国实行经济技术封锁,中国沿海各海岸电台主要续用原邮电系统各时期引进的通信设备。此时,除零星引进国外通信设备配件外,大多依靠购置和装备国产通信设备,以满足水运安全通信业务需要。在此期间,因国家经济基础薄弱,相关科技创业步履维艰,加之国内通信设备生产企业对国际水运通信新规则、新标准、新技术等反应迟缓,直至 20 世纪 70 年代,各海岸电台通信设备总体技术水平普遍较为落后。

1978 年中国实行改革开放政策后,为适应国际航运事业发展需要,按照交通部统一部署,天津、大连、青岛等海岸电台分别引进联邦德国 E403 型、丹麦 R5001 型等中短波接收机,其中 R5001 型接收机部分用于替代通信效果不佳的 E403 型接收机,部分用于莫尔斯电报业务,是为中国海岸电台装备的第一款数显式晶体管接收机。该接收机采用频率合成技术,频率精确度和稳定性明显高于原刻度盘调谐式 56 型接收机,莫尔斯电报质量明显提高。之后,各海岸电台先后批量引进丹麦 ME-70 型甚高频收发信机和日本 JRS-503E 型中频发射机,成为常规通信业务主用机型,使水运安全通信覆盖范围及报话务质量得到显著改善。

1988年全国港口体制改革后,各海岸电台纳入国家行政事业管理序列,职责重心随之转向以履行相关国际公约为主的水运安全通信保障工作。为更好地与国际水运通信体系接轨,交通部组织实施了一系列技术改造工程,引进大量国外先进通信设备,通信基础设施设备随之得到升级换代。其中,天津海岸电台于1996年引进丹麦Thrane&Thrane公司通信系统,开通窄带直接印字电报通信业务,是为该海岸电台首次成套引进国外通信设备。1997年,引进法国STD10型数字微波通信设备6套,替代原迂回电缆,通信信号传输质量和可靠性得到显著提高,可传输话路亦从12路增至60路。1998年,引进日本NDR-302A型中短波接收机12部,以及与其配套的天线放大器、天线分配器、NCG-95型遥控器等附属设备,首次实现接收设备远程遥控,通话效果得到明显改善。特别是20世纪90年代末交通部实施GMDSS数选值班台建设工程,为天津海岸电台装备了大量国外先进通信设备,主要包括:日本JRS-714型10千瓦短波发射机4部、JRS-753型5千瓦短波发射机4部、NDR-840型中短波接收机16部、JRV-500B型甚高频收发信机5部,美国613型短波天线3幅、550型短波天线2幅,以及美国康明斯柴油发电机组2套等。由此,天津海岸电台通信装备得到跨越式提升,基本达到与国际同步发展水平。

图7-2-606　21世纪初,天津海岸电台话务员采用日本KG510型甚高频无线电话通信值守

此后,天津海岸电台先后引进日本KG510型甚高频收发信机5部、日本NRD-630型中短波接收机8部、JRS-753BMS型发射机3部,美国RTU-282型有无线转接器3部,澳大利亚MX800型甚高频收发信机9部,用于更新淘汰老旧通信设备,进一步拓宽了甚高频通信业务的覆盖范围。

二、航标技术创新

中华人民共和国成立前,北方海区航标设施设备完全依赖外国进口,相关核心技术及主要设备检修长期由外国人把持操控,航标技术创新对于国人而言无从谈起。

1949年中华人民共和国成立后,由于工业基础薄弱,科学技术落后,加之西方反华势力对中国实行经济技术封锁政策,航标技术创新工作在艰难困苦的条件下起步前行。1953年,天津港务监督航标科自主研制成功电表式闪光机,将辖区沿岸引导灯桩全部改用岸电发光,开创了中国闪光航标灯器采用岸电发光的先例。同时,结合乙炔灯器工作原理,成功仿制日光阀,实现航标灯器发光自动控制,有效降低了航标工人劳动强度。随后,天津航道局研制成功自动换泡器,为提升航标正常发光率起到关键作用。1964年,鉴于乙炔气源紧缺且运输使用条件要求极为严苛,天津航道局、上海航道局、上海航标厂合作研发了丙烷航标灯器,被国家科学技术委员会评为国家技术革新三等奖。1966年,海军自主设计建造的两艘"985型"排水量为1120吨的大型航标船列编投入使用,实现中国自行建造航标专用船舶"零的突破"。1973年,天津航道局与国防科委第十四院第十八研究所合作,尝试利用硅太阳能电池作为航标灯能源,并在天津港灯浮标安装试用获得成功,标志着北方海区航标系统自此开启利用太阳能电池作为航标能源的历史。1982年,天津航道局自主研制成功国内第一座活节式灯桩,并在新港抛设使用。1983年,天津航测处自主研制ZK-Ⅰ型无线电指向标控制机,经交通部技术鉴定,获准批量制造并装备全国海区各指向标站。

1988年全国港口体制改革后,北方海区航标系统科技创新工作步入快速发展阶段。在航标新能源应用方面,积极探索试用波力发电装置。在新工艺应用方面,广泛推广热浸锌技术,有效提高钢质标体和构件防腐能力,延长了航标维护周期;浮标维护陆续采用机械化喷砂除锈,提高了浮标维护质量,降低了航标工人劳动强度。在新材料应用方面,天津海监局与秦皇岛耀华玻璃钢厂合作研制成功钢骨架玻璃钢灯桩,并采用网笼形金属骨架增大了灯桩主体强度,选用间苯新戊二醇型胶衣和优质树脂色浆保证了桩体颜色鲜明持久,逐步形成玻璃钢灯桩系列化。在新技术应用方面,天津航测科技中心密切跟踪GPS差分技术发展动向,于1994年在秦皇岛指向标站安装测试RBN-DGPS系统取得成功后,牵头分三期组织建成中国沿海RBN-DGPS台站,使中国无线电导航定位技术水平一举跻身世界先进行列。1995年,天津航测科技中心与中科院空间科学与应用研究中心合作研发航标卫星遥测系统,并在天津海监局办公楼顶安装气象卫星接收机,在大沽灯塔、曹妃甸灯桩、圆岛灯塔、成山头灯塔、千里岩灯塔等处安装试验性数据采集平台,试验表明遥测航标数据采集及时准确,为实施航标遥测遥控奠定了技术基础。

进入21世纪后,天津海事局提出"科技兴局"发展战略,建立技术创新专项基金,进一步加大科技投入力度,航标科技人员创新热情竞相迸发,取得一系列重大技术突破。在航标灯器国产化方面,烟台航标处自主研发成功灯器控制器,IMA-400型、IMA-800型等新型航标旋转灯器,实现大中型航标灯器升级换代。大连航标处自主研制TRB-400型灯器数字控制电路、新型太阳能充电控制器、电机智能变频驱动器等11项技术创新项目,提高了辖区航标助航效能。在航标遥测遥控研发方面,天津航标处与天津开发区瑞锋科技有限公司、伍尔特(天津)电子有限公司合作,研制成功航标遥测遥控系统,为灯塔实现无人值守创造了条件;烟台航标处自主研制"航标运行信息管理系统"和具有短信报警及GPS定位功能的新一代LED智能灯器,利用GPRS网络实现实时监控航标灯器工作状态和浮标位置,并在小型数字化航标灯器研制方面取得重大技术突破,为实现航标信息化管理作出重要贡献。在AIS建设方面,分期建成北方海区AIS岸基网络系统,实现船对船、岸对船、岸对岸信息联网。在此期间,天津海事局与北京东方网脉科技有限公司合作研发的"航行安全信息自动播发及船舶流量轨迹快速统计查询应用系统"和"AIS安全助航信息播发系统",在国内首次实现航标遥测遥控系统与AIS融合。在新型冰标研发方面,天津航标处陆续研制成功钢质、聚脲弹性体等新型冬季灯浮标,并采用聚碳酸酯灯罩以及冰标专用锂电池,提高了冰标防碰撞能力,延长了使用周期,有效提高了冰冻港口航标助航效能。在新材料应用方面,大连、烟台、青岛等航标处尝试应用氯化橡胶防腐涂料、喷涂聚脲、高分子量聚乙烯等新材料新工艺,有效延长了航标维护周期,降低了维护成本。在船舶建造方面,天津海事局先后研制成功沿海航标夹持船、多功能航标工作船、2000吨级大型航标布设船等新一代专用航标船舶,彻底改变了传统航标维护作业方式,解决了深水航道浮标维护、冬季小型冰标抛设和撤除作业等难题,有效提高了航标作业效率和安全性。

图7-2-607　2008年9月17日,天津海事局航标导航处处长辛艺强(中)在烟台主持召开航标运行信息监控系统技术评审会

2012年北海航海保障中心成立后,航标科技创新能力持续增强,在高精度北斗导航卫星、LED点光源智能遥控一体化航标灯器、冰区四季通用灯浮标、无人机航标巡检、港域航道智能监测系统研究应用,以及E-航海跟踪研究和试点建设等方面取得显著成效,为保障辖区船舶安全航行提供了强劲技术支撑。

(一)新能源开发应用

20世纪70年代,北方海区灯浮标能源以空气干电池为主(后改用空气湿电池),其中使用最多的是JQ-1000型锌空电池。但该型电池容量不稳定、自放电量大、使用周期短,需要频繁巡检更换电池,航标维护成本较高。

1973年,天津航测大队与国防科委第十四院第十八研究所共同协作,研究航标专用硅太阳能电池。翌年,该大队在天津港选取一个灯浮标做了太阳能电池和镍镉蓄电池配套试验,收到预期效果。1977年,该大队合作研发大容量硅太阳能电池供电系统,在曹妃甸灯桩安装试用成功。之后,相关科研人员再接再厉,针对北方地区日照相对不足、镍镉蓄电池在夏季因过量充电易造成爬碱等问题,通过计算航标灯器能耗指标,进一步优化设计和安装方案,改良太阳能电池组阵装置,适当加高镍镉电池外壳高度,逐一攻克制约北方海区推广使用太阳能电池的技术瓶颈,并取得一系列创新成果。1990年,太阳能电池航标灯技术推广应用项目荣获国家科技进步三等奖。实践证明,虽然太阳能电池一次性投资较大,但其使用寿命长、性能稳定、维护方便、绿色环保,且能与多种可充电蓄电池配套使用,具有化学干电池不可比拟的诸多优点,是较为理想的航标能源之一。

20世纪90年代中期,按照全国海区航测工作安排,北方海区航标系统曾在大连、烟台、青岛等冬季不冻港口灯浮标上试用20余部广州航标处合作研制的波力发电装置,但因该装置存在工作性能不稳定、售后服务不到位等问题,未能全面推广使用。

图 7-2-608　1992 年 8 月，烟台航标处威海航标站站长姜夕平维护海驴岛灯塔太阳能供电系统

进入 21 世纪后，按照《天津海事局航标"十五"技术发展政策与项目实施计划》，天津海事局自筹资金数百万元，在北方海区 150 余座冬季不冻港口灯浮标上全面推广应用太阳能电池，提前实现灯浮标"太阳能化"的阶段性规划目标。此后，随着太阳能电池制造技术更新换代，北方海区航标系统相继研发成功太阳能与 LED 一体化智能灯器、风光互补供电系统、太阳能电池组件、阀控式密封铅酸蓄电池等一系列新成果。截至 2012 年底，太阳能电池已广泛应用于北方海区灯塔、灯桩、导标、灯浮标等助航设施，为实现航标无人值守创造了有利条件。

（二）新材料应用

随着经济社会发展和科学技术进步，玻璃钢、氯化橡胶、喷涂聚脲、超高分子量聚乙烯等新材料在北方海区航标领域得到广泛应用，全面突破了传统航标维护工艺技术局限，为推动航标事业现代化建设开辟了新途径。

北方海区航标系统选用玻璃钢材料建造航标始于 20 世纪 80 年代。1986 年，天津航测处从西班牙引进 1 座玻璃钢灯塔，随即展开相关国产化研制工作，并于 1988 年采用国产第一代玻璃钢材料，在青岛大公岛自主设计建造了 1 座玻璃钢灯塔。1994 年，天津海监局航标导航处与秦皇岛耀华玻璃钢厂合作研制成功新一代玻璃钢灯桩，分别在大连港大窑湾成品油码头、大连港新港原油码头、青岛黄岛油码头等航标建设中投入使用。该灯桩采用钢骨架单体模件组装结构，具有"设计合理、可靠性高、外形美观、颜色鲜艳、耐腐蚀、重量轻"等特点，便于运输、安装、维护和拆除，且无须明火作业，尤其适用于险礁、孤岛等施工条件困难地区，以及危险品专用码头航标建

图 7-2-609　1998 年建造的曹妃甸玻璃钢灯塔

设。之后,随着玻璃钢产业不断发展,玻璃钢航标设计及安装工艺得到日臻完善,逐步形成系列化产品,并得到推广应用。1998年7月10日,天津航标区在曹妃甸建造了1座大型玻璃钢灯塔。该塔塔体高18米,底部直径6米,顶部平台直径4米,是为全国沿海最大的玻璃钢灯塔。

2003年,按照《天津海事局航标"十五"技术发展政策与项目实施计划》相关要求,大连航标处尝试将氯化橡胶防腐涂料应用于灯浮标(浮标)。实践证明,该涂料具有"漆膜干燥快、附着力强、耐腐蚀"等特点,特别是对防止海洋生物附着侵蚀极为有效,可长期保持标体表面光洁,从而使灯浮标(浮标)起吊维护周期由每年一次延长到2~3年一次,其综合性能和经济效益明显优于普通油漆。2005年始,北方海区航标系统各单位大规模推广应用该项技术,将554座在岗灯浮标(浮标)和约500座备用标均采用这一长效油漆涂装着色,全面实现灯浮标(浮标)起吊维护周期阶段性规划目标。同年,按照交通部海事局航测工作安排,天津航测科技中心牵头组织制定《海区钢质浮标涂料配套体系及技术要求》等3部业内标准规范,对氯化橡胶防腐涂料等长效油漆的底漆、中间漆、面漆干膜厚度以及使用年限作出统一规定,为全国海区航标系统规范使用长效油漆发挥了重要作用。

图7-2-610 涂装氯化橡胶防腐材料的灯浮标

2006年,烟台、青岛等航标处成功将喷涂聚脲新材料应用于灯桩涂装。喷涂聚脲材料是一种兼具橡胶和塑料优点的新型绿色环保材料,具有"耐腐蚀、不褪色、固化快、覆层密、性能稳定、作业效率高"等特点,可有效延长灯桩维护周期,有助于降低航标作业人员劳动强度及维护成本。喷涂聚脲新材料的应用,被誉为航标涂装技术的重大创新。

图7-2-611 喷涂聚脲新材料的灯桩

2007年，中国第一代超高分子量聚乙烯应急浮标由山东聊城华天航标有限公司（后改称山东鲍尔浦实业有限公司）研制成功。由于超高分子量聚乙烯航标具有"耐腐蚀、耐冲击、无污染、颜色鲜明、结构牢固，以及不易结垢、不倾覆下沉、无须涂装维护、无须清理海生物、使用寿命长"等特点，该产品一经问世，便得到航标管理部门应用。2008年12月，青岛航标处率先投放2座CMB1500型超高分子量聚乙烯灯浮标。之后，山东鲍尔浦实业有限公司相继研制成功超高分子量聚乙烯灯桩和冰区浮标，进一步丰富了航标产品种类，并陆续在烟台、青岛等航标处实施灯桩重建工程中推广使用。

图7-2-612　CMB1500型超高分子量聚乙烯灯浮标

截至2012年，北方海区总计设置玻璃钢灯塔（桩）70余座，应用环保长效油漆涂装着色灯浮标（浮标）1350座，喷涂聚脲材料灯桩80余座，超高分子量聚乙烯航标20余座，为提高辖区航标维护管理水平、保障船舶航行安全发挥了重要作用。

（三）新灯器开发应用

20世纪80年代始，北方海区航标系统陆续引进英国PRB系列、美国TRB系列、西班牙BGA系列等大中型航标灯器，直至90年代末，此类航标灯器依旧完全依赖进口。随着时间推移，这批进口航标灯器控制电路日渐老化，时常出现故障。因维修配件受外国厂商制约，加之费用昂贵、供货周期长，严重影响航标正常运行。为此，烟台航标处成立以高级工程师孙文远、张临强为技术骨干的项目组，着手航标灯器国产化研究，以求尽快摆脱核心技术受制于人的被动局面。

2001年，项目组自主研制成功PRB-21（20）型灯器控制电路板，首次实现进口航标灯器控制电路国产化。2003年，完成步进式旋转灯器数字化控制电路设计。该控制电路适用于各种步进式航标旋转灯器，控制指标更高，控制功能更全，实现了航标旋转灯器数字化控制。2004年，项目组研制成功航标灯器智能控制器，解决了航标灯器控制系统故障多、维修困难等问题，同时提高了航标灯器智能化控制水平，可广泛应用于各类大中型航标旋转灯器。该成果填补了国内空白，于2005年荣获中国航海学会科学技术奖二等奖。

2005年，项目组研制成功ISA（IMA）-400型航标旋转灯器。该灯器最大射程21海里，适用于中等射程的二类灯塔，是为中国首例拥有自主知识产权的中型航标旋转灯器，完全可以替代进口同类灯器，在全国海区航标系统得到广泛应用，并于2007年荣获天津市科技进步奖三等奖。

2006年，项目组研制成功IMA-300型航标旋转灯器。该灯器为小型航标智能化旋转灯器，灯光射程18海里，具有"运行稳定、控制精确、安装维护方便、操作使用简捷"等特点，适用于近射程的三类灯塔和灯桩。

2008年，项目组研制成功IMA-800型航标旋转灯器。该灯器具有"低能耗、高光效、智能化"等特点，最大射程大于25海里，功耗小于150瓦，较同等射程的PRB系列进口灯器节约能源90%以上，适用于远射程的一类灯塔。至此，彻底改写了全国海区航标系统各类航标灯器长期依赖进口的历史。随后，项目组研发成功"航标智能灯器与运行信息管理系统"，与 IMA-400 型航标旋转灯器和 IMA-800 型航标旋转灯器等科研成果整合，于 2009 年荣获山东省科技进步奖一等奖。

2011 年，烟台航标处研制成功单颗 LED 点光源低能耗智能遥控一体化航标灯器。该灯器采用了单颗大功率 LED 光源，与阵列式 LED 航标灯器相比，发光效率显著提高，能耗降低 40% 以上，并具有"光学性能好、智能化程度高、使用寿命长、拆装方便"等特点，可有效提高航标可靠性和效能。2014 年，该成果荣获中国航海学会科学技术奖三等奖。在此期间，如上航标灯器先后取得 5 项国家专利，其中"智能化航标旋转灯器""电磁式换泡机"取得实用新型专利，"大型智能化航标旋转灯器及控制方法"取得发明专利，"单颗 LED 光源浮标信号灯器"取得外观设计专利。

截至 2015 年，烟台航标处先后研制成功并实际应用各类进口航标灯器控制电路板 72 块，各类航标灯器 2 种 20 台。其中，英国 PRB 系列控制电路板 24 块，西班牙 BGA 系列控制电路板 48 块；航标灯器智能控制器 37 个；ISA-400 型航标旋转灯器 23 台，IMA-400 型航标旋转灯器 11 台，IMA-300 型航标旋转灯器 4 台，IMA-800 型航标旋转灯器 11 台，单颗 LED 点光源低能耗智能遥控一体化航标灯器 600 台，为实现进口航标灯器控制电路板和航标系列灯器国产化、提高北方海区航标维护管理水平、保障船舶航行安全发挥了至关重要的技术支撑作用。

（四）船舶自动识别系统开发应用

随着信息化程度的不断深化，海事监管、航海保障以及用户服务等对 AIS 数据应用提出新的需求，仅仅依靠引进国外软件已不能适应新的功能拓展，亟须研发具有自主知识产权的 AIS 数据解析处理软件。2005 年，在交通部海事局大力支持下，经多次技术研讨论证，天津海事局与北京东方网脉科技有限公司合作，研发 AIS 数据解析软件、用户管理软件以及数据查询、数据访问、数据过滤管理和 AIS 船舶轨迹流量统计软件等。

北方海区 AIS 初步推广应用系统基于 ITU-RM.1371 协议，主要内容包括：数据库服务器、管理服务器、应用服务器、通信服务器和浏览服务器等系统软件的开发和应用数据访问的搭建，以及 AIS 应用专业版软件（V1.0.0.1）、AIS 船舶航行轨迹及流量统计分析软件（V1.0）、AIS 管理软件和数据检索软件等。整体上实现了 AIS 的访问、存储、检索，电子海图显示以及与船舶交通管理服务（VTS）数据的融合，进一步增强了海事现场监管、搜救指挥、VTS 水运交通组织以及事故处置等能力，提升了航海保障能力和科学技术水平。此外，数据解析软件实现了 AIS 原始历史数据回放、船舶航行轨迹再现和动态数据查询等功能，对于海事调查具有划时代的重要意义，并得到天津、青岛等地海事法院的充分肯定。

2006 年，为进一步拓展 AIS 系统应用领域，实时掌握 AIS 船舶流量，以规划调整助航设施，并为船舶提供实时助航服务信息，天津海事局组织研发"航行安全信息自动播发及船舶流量轨迹快速统计查询应用系统"，并于翌年通过验收后投入使用。该系统主要包括：航行警（通）告、航标动态、水文气象等航行安全信息自动播发模块，船舶历史数据快速查询模块，船舶历史轨迹分析模块，航路任意时段和任意截面船舶流量统计模块，特定区域海事预（报）警模块和船舶信息模糊组合查询模块等。2007 年 5 月，该系统通过中国航海学会组织的专家鉴定，与会专家一致认为："该项目自动播发航行警（通）告、航标动态、水文气象等航行安全信息，快速查询船舶历史数据，分析船舶历史轨迹，统计航路上任意时段和任意截面船舶流量，特定区域海事预（报）警，船舶信息模糊组合查询，处于国内航海保障安全服务领域的领先水平。"同年 11 月，该项成果荣获中国航海学会科学技术奖三等奖。同年 12 月，该系统广泛应用于北方海区、东海海区 AIS 维护管理，以及辽宁、河北、天津、山东海事局分道通航区域划定、锚地及石油平台位置确定等领域。翌年，该系统在交通部直属海事系统全面推广使用。

2009 年，为推动全球范围内航海信息共享，有效提升海上交通安全服务及管理水平和工作效率，根据IALA建设IALA-NET的相关要求,中国海事局加入IALA-NET Demonstrator实验网站,并与丹麦海事局签订数据交换协议。根据交通运输部海事局《关于筹建中国海事局AIS管理维护中心(暂定)的通知》要求,天津海事局负责建设全国海区国家级AIS数据中心。据此,天津海事局AIS中心借鉴国际上数据运行的成功经验,编制了《国家级AIS数据中心方案》,搭建了中国AIS网络构架,开发了数据收集、合成、存储、发布软件,将来自于北方海区、东海海区和南海海区的AIS数据融合于国家AIS数据中心,形成中国区域AIS数据流。同年8月,基本完成AIS系统架设,实现了全国AIS网络联网、AIS数据汇集、AIS岸台系统网络运行监控和AIS船舶数据监控应用等。同年12月,完成网络安全建设,并开通了20兆互联网专线。根据《IALA-NET全球数据中心建设方案》,天津海事局AIS中心自主研发了全国AIS数据显示终端软件,建设了数据收集服务器、用户管理服务器、数据发布服务器、数据存储服务器、应用服务器,实现了加入IALA-NET国家区域的船舶AIS数据的显示和查询。

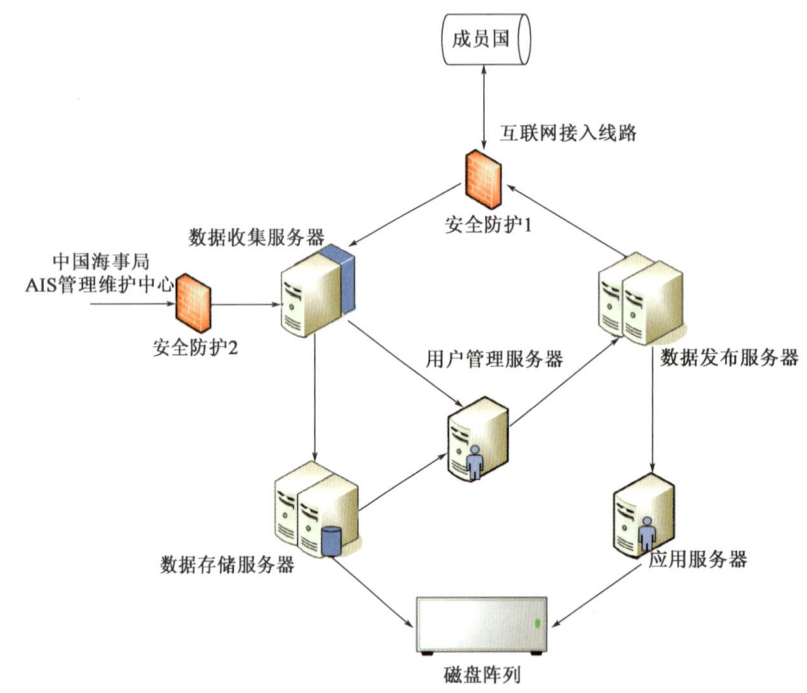

图7-2-613　IALA-NET网络结构拓扑图

2010年4月30日,按照交通运输部海事局要求,中国AIS中心与韩国AIS机构开展AIS实时数据交换测试,经协商确定山东以东黄海海域某矩形区域为共享数据区域。为此,天津海事局AIS中心自主研发了数据过滤软件,应用韩国提供的代理软件,并经过VPN加密后,通过互联网发送至韩国服务器,实现两国AIS数据实时上传和下载。

AIS数据应用范围广泛,实时数据流可用于船舶实时监控、海上交通组织、海上搜救、航行安全信息广播播发、虚拟AIS航标设置等;历史数据可用于数据分析,并作为数据证据,服务于海事调查、海关缉私、司法协助、水上刑事案件侦破、海上交通管理和航运科学研究等。由于海上事故现场容易灭失,交通流数据获取困难,船舶AIS的出现和AIS数据的分析应用,在海事调查和航运规划建设评估方面具有划时代的重要意义,遂成为相关行政管理机构获取相关参考信息的有效手段和决策依据。

1. 协助设置虚拟AIS航标

虚拟AIS航标是由AIS岸基系统播发的电子信号,能够在电子海图上显示并具有助航属性的非实体航标,具有"不占用海上空间资源、有利于船舶避让、容易辨认且不发生移位"等优点,尤其适用于船舶交通流密集的航行水域。2005年5—12月,受辽宁、河北、天津和山东海事局委托,天津海事局AIS

中心协助北方海区航标系统,共设置以沉船孤立危险物标为主的虚拟 AIS 航标约 100 座。其中,大连险礁孤立危险物虚拟航标是中国 AIS 岸基系统设置并发布的第一座虚拟 AIS 航标。

2. 协助搜救及事故调查

2007 年 3 月 8 日 12 时 55 分,荷兰籍自航耙吸式挖泥船"奋威"轮与巴拿马籍超大型集装箱船"地中海乔安娜"轮在天津港外航道相撞。碰撞事故导致装有燃油 2300 吨、泥浆 24000 吨的"奋威"轮左舷中后舱破损,左侧倾斜约 25 度。接到交通部海事局协助搜救及事故调查指令后,天津海事局 AIS 中心仅用时 20 分钟,即完成数据检索和船舶历史轨迹回放分析,并立即将数据传送至交通部海事局,为有效开展救助指挥提供了及时准确的信息支持。随后,天津海事局 AIS 中心分别截取 8 张事故船舶航行轨迹图,再现涉事船舶事发前后的航行全貌,为科学分析事故原因和判明责任提供了科学而有力的证据。

3. 协助 VTS 系统工程设计

台湾海峡气象条件恶劣,航线交汇频繁,船舶交通量大,通航环境复杂,是中国水上交通安全监管的重点水域。1997 年,台湾海峡 VTS 系统工程启动建设,历时 15 年、分 5 期建设完成,是为中国规模最大的 VTS 系统。2003 年,针对台湾海峡 VTS 系统建设、运行与管理的复杂性,以及不同阶段的突出问题,福建海事局和交通运输部规划研究院启动实施了"台湾海峡船舶交通管理系统应用开发研究"项目。其中,针对台湾海峡监控水域距离岸边较远、缺乏观测和统计数据等难题,工程可行性研究首次利用 AIS 中心提供的台湾海峡一年的 AIS 观测数据,准确掌握台湾海峡船舶交通分布情况,正确统计分析典型断面船舶类型和数量等,科学地提出了 VTS 系统的覆盖范围和管理对象要求,不仅为工程设计布局方案和设备选型提出了明确的要求,亦为后续系统运行管理办法的制订提供了参考依据。通过分析 AIS 数据确定管理范围和管理对象,便捷准确,避免了常规方法"观测时间短、观测工作量大、观测数据不准确和数据偶然性大"等弊端,是全国交通系统工程设计领域的一种创新。2008 年始,"台湾海峡船舶交通管理系统工程可行性研究"和"台湾海峡船舶交通管理系统工程初步设计"成果先后荣获中国水运建设行业协会颁发的交通运输部优秀水运工程咨询成果二等奖和优秀水运工程设计成果三等奖。

图 7-2-614　台湾海峡北口 AIS 断面流量图

4. 协助海关缉私

2014年5月13日,南通海关缉私分局就船舶涉嫌走私的案件向天津海事局提交了司法协助申请,调查涉及近14艘船舶,时间跨度超过1年,是为国家海关总署确定的年度重点大案要案。天津海事局AIS中心技术人员通过优化数据格式,提高了检索效率,同时利用大数据挖掘技术,实施区域模块数据抽取,提高了排查工作效率,在最短的时间内完成了涉案船舶的航行轨迹抽取、回放及视频录像工作,并将相关数据及时提供海关缉私部门,为办案提供了强有力的数据支持。该走私案件的侦破,为国家挽回经济损失价值数亿元,其中天津海事局AIS中心的数据支持发挥了关键作用。2014年11月28日,南通海关缉私分局局长孙平带队专程赴津,向该AIS中心赠送"高水平专业服务,大数据应用先锋"锦旗。自此,该AIS中心与海关缉私部门建立了协调沟通机制,并持续为海关缉私提供服务。

图7-2-615　2014年11月28日,南通海关缉私分局向天津海事局AIS中心赠送锦旗

三、测绘技术创新

港口航道测绘涉及多学科综合技术,包括地形测量、水深测量、扫海测量、控制测量、水文观测、海图制图等。北方海区测绘系统技术创新主要集中在先进技术装备引进、消化、吸收和开发应用,以及围绕测绘工作而开展的相关技术工艺研究和软件系统研发。

20世纪50年代,天津海港测量队技术装备非常简陋,外业测量定位主要依靠六分仪和三杆分度仪,测深依靠水砣和测深竿;内业绘图则依靠圆规、直尺、钢笔等,由人工绘制报告图板和透明底图,具体数据计算则依靠对数表、函数表和算盘等。此后,该队结合测绘工作实际需求,积极开展技改技革活动,成功开发"边挖边测""指挥扫浅""钉耙扫浅"等测量新工艺,使航道疏浚作业效率得到大幅提高;自主研制"SC-Ⅰ型水深数据处理机"和"可冲式真空薄壁取土器",填补了国内空白;率先引进使用微波定位仪、回声测深仪、侧扫声呐等国际先进设备,测绘科技含量和工作质量得到明显提升。特别是围绕"四波束测深技术"深入开发应用并总结实践经验,形成《四波束测深仪全覆盖面测深技术规定》,为丰富和完善"面测深"技术奠定了理论基础。

1988年全国港口体制改革后,天津海测大队面对新形势、新体制、新要求,逐步加大相关技术装备引进和开发应用力度,适时组织编译相关技术手册和操作说明书,对消化吸收和推广应用先进技术发挥了积极作用。迨至20世纪90年代,随着现代科学技术飞速发展和计算机技术推广应用,该队科技创新活力与日俱增,科研成果层出不穷。在测深技术创新方面,自主研发"水深测量数据自动采集与处理系统",首次实现外业数据采集、数据后处理、外业图板打印输出全过程数字化,广泛应用于北方海区港口水深测量工作,使测绘工作效率得到显著提高。在制图技术创新方面,率先引进具有世界先进水平的CARIS机助制图系统,仅用一年时间完全掌握从海图编制到输出管理的全过程操作,并编制出版全国海区测绘系统第一幅除汉字注记外的全要素航海图,实现从传统手工制图向机助制图的历史性跨越。此后,针对汉字加注问题,结合激光照排技术和制图汉字加注软件,研发成功激光照排的成图输出技术,实现海图编辑、绘图、印刷一体化,其科研成果荣获1998年交通部科技进步奖三等奖。在定位技术创新方面,结合沿海RBN-DGPS系统建设,重点研究应用测量型GPS双频接收机和差分型GPS接收机,首次采用卫星定位技术实施水深、地形和控制测量,使测绘定位技术与测量精度得到长足进步。

进入21世纪后,伴随着互联网信息技术的蓬勃兴起,天津海测大队进一步加大科研投入,科技创新工作呈现快速发展态势。在制图技术创新方面,重点围绕电子海图系统开展创新研究,编制完成《电子海图制作详细操作步骤》,进一步完善电子海图制作工艺;成功破解CARIS HPD系统软件后台数据库程序,为广泛使用HPD数据,以及源数据制图工艺和整套系统管理模式拓展发展空间;运用先进的电子海图技术、数据库技术和网络技术等,自主研制成功"电子海图桌应用系统",为航海保障和港航管理提供了先进可靠的海图业务平台。在水文观测创新方面,研发成功"沿海港口潮汐分析与处理系统"和"走航式"多站水位改正软件等,有效解决了水位改正空间连续性与精确性以及远离港口水深测绘潮位改正问题,成为北方海区水文站网建设不可或缺的程序化工具和数据基础设施,对提高测绘工作效率和测绘质量起到了重要作用。

图7-2-616　2011年6月10日,交通部海事局原副局长、成绩优异高级工程师郭莘(中)主持"沿海港口潮汐分析和处理系统"项目技术鉴定

2012年北海航海保障中心成立后,天津海事测绘中心科技创新能力持续增强,科研范围逐步扩大

到综合探测技术、遥感技术、无人机技术、北斗技术等应用领域,其中自主研发成功的"远距离GPS在航潮位测量方法及软件""海岛礁海陆基准传递及一体化测量技术研究""测绘地理信息行业专题服务模式与关键技术"等科技项目,先后获得省部级科技进步三等奖。特别是率先开展的"渤海湾北斗地基增强系统建设及无验潮水深测量应用研究"项目,在高精度北斗差分技术(CORS)应用方面取得重大突破,荣获中国航海学会科学技术奖二等奖,为北方海区沿海北斗CORS网建设应用提供了技术支撑。

(一)四波束测深技术开发应用

1979年,天津海港测量队在全国海区测绘系统率先引进日本KAIJO公司PS-20R型四波束测深仪,并对该设备性能指标作出全面技术测试,圆满完成山海关船厂航道碍航物扫测和秦皇岛港大港码头泊位扫测等工程。随后,该队引进日本KAIJO公司PS-600型四波束测深仪。

1982年,天津海港测量队队长姚一宁执笔编制完成《四波束测深仪测深技术暂行规定》,并在全国海道测量系统首次提出"面测深"技术理念。1987年,该队继任队长王征组织专业技术骨干,就仪器调试校准、仪器安装、测量选择、测线布设、测量船速控制、测深数据量取、可疑回波信号复测及判读、定位及测深精度控制、扫测成图编绘等测深仪标称技术指标深入研讨,并结合扫测实践经验,全面系统地修订完善原暂行规定,最终形成《四波束测深仪全覆盖面测深技术规定》,成为测绘工程技术人员从事四波束测深仪扫测工作的技术依据和行为准则,为丰富和完善"面测深"技术奠定了理论基础。

之后,天津海测大队运用四波束测深技术,分别完成大连港、营口港、锦州港、秦皇岛港、京唐港、天津港、黄骅港、龙口港、烟台港、青岛港、日照港等北方海区港口竣工扫测任务,使重要通航水域线测深转变为面覆盖测深,真实反映了扫测区域的海底地形地貌,

图7-2-617　20世纪80年代,天津海测大队测量人员采用四波束测深技术实施扫测作业

为竣工航道、港池、泊位验收提供了可靠技术支撑,并得到港航管理部门高度评价。同时,通过大量扫测工程实践,培养出董希贵、李宝森、李素华等20多名四波束测深仪扫测可疑信号判读专业技术人员。

(二)CARIS海图制图系统开发应用

北方海区测绘系统实施计算机辅助制图系统建设始于20世纪80年代末。1989—1990年,天津海监局测绘处处长周则尧率领张安民、王玉林等技术人先后走访海军测绘研究所、武汉测绘科技大学、浪潮公司、国家测绘局测绘研究所、总参谋部测绘局、国家地震局、中科院遥感重点实验室等单位,考察调研AC/RAMS、ARC/INFO等多款机助制图系统。1990年12月,交通部安监局航测处处长郭莘自日本带回加拿大CARIS系统机助制图产品资料,经过分析比对,一致认为该系统较为适合海图制图,遂确定将CARIS作为中国沿海港口航道图制作工具,并选用SUN工作站、莱卡WILD TA10型平板绘图机、CALCOMP型数字化仪、CALCOMP型滚筒绘图机等硬件设备。

1991年,天津海测大队率先引进加拿大CARIS机助制图系统。1992年4月该系统安装调试后,由张安民牵头开发应用试验,于同年6月30日成功实现资料数字化、海图编制、海图输出和管理等全过程

操作,并完成第一幅全开幅面线划图刻绘。之后,以天津港1∶40000港口航道图为例开展计算机海图制图试验,于1992年底完成除汉字注记以外全要素海图计算机控制绘图机分版刻绘,在全国海区测绘系统率先实现由手工制图到自动分版刻绘制图的历史性跨越。同时,编制了符合该队操作习惯的初版宏命令文件,使符号输入步骤由三步简化为一步,且降低了工作差错率。1994—1996年,为攻克汉字注记难关,张安民、杨龙等工程技术人员试验了多种矢量汉字绘制方案,皆因精细汉字不能高精度刻绘而告失败。随后,改用激光照排方式输出汉字,成功解决了CARIS到MAPCAD的数据交换问题,并于1996年8月21日印制完成中国第一幅激光照排分版印刷彩色海图。

1999年,按照交通部安监局建设"航测信息系统"相关要求,天津海测大队张安民、白亭颖、张辉编制完成《数字海图要素属性代码》,将特征码由原英文缩写编码方式改为国家标准六位编码方式,并始终作为CARIS机助制图工艺技术文档的重要组成部分,沿用至今未变。同年,该队引进加拿大CARIS HOM,用于研制符合S-57国际标准的电子海图。经张安民、白亭颖等技术人员数次实验,编写完成第一版CARIS数据转换对应表,电子海图制作工艺基本成型。2000年,该队石金榜紧密结合制图工艺,进一步完善了电子海图工艺,使电子海图成为该队重要的航海图书资料之一。

图7-2-618　2005年3月16日,天津海测大队绘图人员利用CARIS系统制图作业

2007年,随着机助制图技术和互联网信息技术不断发展,天津海测大队引进以数据库为支撑的CARIS HPD系统。为拓展制图应用,石金榜、卫国兵等工程技术人员研究消化该系统软件后台数据库,于2008年3月初步确立HPD纸海图制图工艺流程,并测试完成《天津新港港池》纸海图制作。同年8月,应用HPD编制完成"2008年奥帆赛专用电子海图",标志着电子海图制作新工艺、新流程的诞生。2010年,HPD正式投入使用,成为纸质专题图和电子海图的重要制图工具,沿用至2015年未变。

（三）水深测量数据采集与后处理系统开发应用

20世纪80年代,随着现代海洋测绘技术发展进步,天津海港测量队相继引进微波定位仪、单波束测深仪、四波束测深仪、涌浪补偿器等国际先进技术设备,并启动了水深测量数据自动采集与处理系统可行性研究工作。

1989年11月,天津海测大队与海军海洋测绘研究所合作,利用AT 286型计算机,完成相关研究,开发了数据采集原型软件,并在秦皇岛海域两次验证测试。之后,由于相关技术设备更新换代,该队随即成立以王玉林、杨龙、张安民为技术骨干的课题组,利用最新计算机技术,进一步开发新型水深测量数据自动采集与处理系统。课题组在深入研究相关设备基本原理、操作性能、参数设置和接口电路的基础上,结合水深测量与绘图工作实际需求,制订了技术路线和研究方案,于1991年12月研发成功具有自主知识产权的"DOS版水深测量数据采集系统",初步实现水深测量数据自动采集与处理。该系统主要包括水深数据采集和数据后处理两部分,其中水深数据采集部分具有实时控制定位数据、水深数据和相关设备改正值,以及显示测量船舶当前位置、航速、航向、航迹、偏移量、测线终点距离、测量海域附近地理情况等功能,可为测量人员提供直观的实时导航服务;数据后处理部分具有数据预处理、潮汐改正和水深图绘制等功能,可对采集的高密度水深数据按时间、距离和水深变化情况筛选提取,保证提取的水深在显示间距符合规范的条件下,能够比较真实地反映海底地貌变化。随后,该系统广泛应用于大连、秦皇岛、天津、龙口、烟台、青岛、日照等北方海区主要港口的水深测量工作,得到外业测量人员充分肯定。

1995年,随着GPS和差分GPS技术的广泛应用,课题组相继开发出由Leica GPS、Ashtech GPS、RBN-DGPS、Transponder 586型微波定位仪等定位设备和日本PS-20R型、美国448型测深设备等构成的水深测量数据采集系统,并将英国TSS320型三维涌浪补偿器接入系统中。经过不断完善,该系统操作更加简单,性能更加稳定,水深测量数据精度得到显著提高。

1996年,天津海测大队引进日本PS-600型四波束测深仪,课题组遂开发研制四波束水深测量数据采集系统,实现定位数据与四个波束水深同步采集,并提供四个波束任意组合及综合后的水深选取功能,彻底解决了传统四波束测深仪扫测人工量取工作量大、差错率高等问题,显著提高了四波束测深仪扫测处理工作效率。同年12月,在广州召开的交通部安监系统水深测量自动化系统演示会上,该系统与国外HYPACK采集软件比对同水域测量结果,现场采集和处理结果基本一致。1997年8月,经天津海监局组织专家鉴定,一致认为"该系统达到国内同行业先进水平"。随后,课题组相继开发出由新引进的加拿大320M型单波束测深仪、丹麦麦克瑞海洋公司E-Sea Sound 206C型双频测深仪和三维涌浪补偿器等设备构成的数据采集系统,使该队全部测深、定位设备均实现自动采集与处理。

1999年6月,课题组自主开发完成"Windows版水深测量数据采集系统",实现了中文操作显示,并将采样间隔从每秒1次提高至每秒5次。该系统设计了全测区测线显示以及导航窗、数据显示窗、水深剖面窗和偏航指示窗等5个窗口,增强了数据显示和安全提示功能;采用设备动态链接数据库等新方式,实现了测量设备在线实时更新选择,提高了系统硬件接口功能。尤其是实现每秒5个水深数据密集采集功能,超过《海道测量规范》每秒3个水深数据的要求,充分保证了水深数据的可靠性和准确性,全面提高了水深测量数据采集精度和工作效率。

自2000年始,该系统在北方海区52个港口的航道图测量工作中得到全面推广和广泛应用,彻底改变以往传统水深测量作业方式,使当日测量、当日绘制水深图成为现实。截至2015年,Windows版水深测量数据采集系统仍在四波束测深仪水深测量中使用。

(四)中文全要素数字海图编绘技术开发应用

中文全要素数字海图编绘技术系指为实现中文全要素数字海图的计算机编辑、制作、出版、印刷的一整套技术方案和工艺流程。主要包括:CRAIS到MAPCAD数据转换技术、激光照排应用于海图制版技术、海图分色印刷技术、相关数字海图制图工艺流程等。

1992年,天津海测大队引进加拿大CARIS机助制图系统。由于该系统使用英文制图软件,不支持汉字加注、处理、输出功能,且系统输出工艺采用分版刻绘方法,差错率较高,无法实现全要素数字式海图和电子海图编辑制作。为此,按照交通部安监局统一部署,该队于1996年成立以张安民、杨龙、郑行昭等技术骨干为成员的项目组,对"中文全要素数字海图编绘技术"展开技术攻关和研究实验。项目组在深入比较国内外各种最新制图印刷技术的基础上,结合海图编绘特点和中文全要素数字海图技术要求,研究确立了技术路线和总体方案,主要包括:以 MAPCAD 机助制图软件为汉字加注软件,以 AGFA 激光照排系统为输出设备;破译 CARIS 编码格式,开发 CARIS 数据到 MAPCAD 数据转换软件;制定中文全要素海图激光排版印刷字体、颜色定义、要素分层等。同年 8 月,项目组成功采用新工艺制作完成第一幅中文全要素海图。中文全要素数字海图编绘技术具有"工艺先进、流程简单、易于操作"等特点,数据转换精度、印刷版绝对精度、套合精度均符合海图编绘规范要求,绘制线划精细、均匀、光滑,汉字精美规范且符合《海图图式》要求;分版正确,普染色定义及网目设置合理,避免了分版刻绘撕模套版误差,并将工艺流程时间从原 10 天左右压缩至 3 天,有效提高了海图输出效率和印刷质量,解决了 CARIS 软件编绘海图无法加绘汉字注记的难题。

图 7-2-619　1997 年 1 月 30 日,交通部科技司、安监局在天津召开"中文全要素数字海图编绘技术"技术成果鉴定会

1997 年 1 月 30 日,经交通部科技司、安监局技术鉴定,该科研成果于 1998 年荣获交通部科技进步奖三等奖,并在上海、广东海测大队等相关单位推广应用,成为国内同行业全要素数字海图制作的主要工作方法。1999 年,经交通部水运司审查批准,该科研成果取得交通部水运工程设计计算机软件登记证书,并允许在全国水运工程设计行业有偿转让。

(五)电子海图桌开发应用

随着互联网信息技术快速发展,将北方海区测绘系统制作的数字海图及测绘资料集中管理和规范显示,为用户提供一个更加便捷的沿海港口航道地理信息平台,成为全国海区测绘事业发展的必然趋势和研究方向。2006 年 1 月,天津海测大队决定立项研发"便携式电子海图桌应用系统",并得到天津海事局科技发展基金支持。同年 12 月,该项目由高级工程师杨龙、卢之杰、黄永军等技术人员研发成功,经相关部门专家鉴定评审,于 2008 年荣获中国测绘学会测绘科技进步奖三等奖。

该系统以最新港口航道图为数据源,运用电子显示技术、数据库存储技术和互联网技术,集成北方海区沿海港口各种比例尺数字式港口航道图,实现对港口及附近海域地理信息快速显示、查询和标注,并提供与多种空间信息的融合显示和处理方法。其主要功能特点为:

(1)提供的港口海图范围广、数据新、精度高,比例尺范围从 1∶5000~1∶300000,精度与纸制海图完全一致;

(2)海图显示和作业工具较为全面,海图调用与显示方便快捷,具有放大、缩小、分层显示、图形漫游等功能,同时为用户提供完善的海图标注功能和较强的海图输入输出接口,可实现与第三者空间数据库动态无缝连接;

(3)具有多源数据叠加显示和查询功能,提供不同比例尺、不同类型、不同时段、不同范围的海图数据相互叠加显示和处理,为不同类型数据快速比对分析提供工具,提高了海图编绘和数据检查效率,使海图计算机辅助审校成为可能;

(4)海图基础平台设计模块化、标准化,在此基础上可定制开发与海图相关的地理信息系统,为实现港口信息化管理提供海图显示基础;

(5)可对海图在线数据更新,系统提供的海图远程自动更新升级平台,实现了数字海图及时更新,保证海图现势性和可靠性;

(6)可与谷歌公司的 GOOGLE EARTH 以及其他遥感图片叠加显示、分析和处理,系统可提供电子海图与遥感影像无缝集成、多时相卫星遥感图像高精度自动纠正,多源数据快速叠加显示,解决基于地理空间框架下的影像图形与矢量图形叠加显示和处理的技术难题。

该科研成果一经推出,在海事监管、航标作业、搜救抢险、港口管理等部门得到广泛应用,先后安装近千套,深受广大用户欢迎。其中,在海事管理工作方面,该系统解决了原海图作业方式工作强度大、精度低、时间长、无法制作高精度图形资料等难题,并通过与外部数据库和 AIS 信号连接、读取、显示功能,为相关执法部门提供了一个监控便捷的信息平台。在海图质量检查工作方面,该系统将各种测量成果、新版海图、专题数据库信息,分层、分类叠加显示在对应的海图上,方便了海图要素的比对和审校,提高了质量检查工作效率。在海图小改正方面,通过快速制作和输出海图改正模版功能,解决了长期困扰海图改正工作的瓶颈问题,提高了海图改正效率和精度。

2015年,该系统通过国家版权局审定,取得国家计算机软件著作权。

(六)沿海港口潮汐分析和处理系统开发应用

随着沿海港口建设规模日益扩大,港口航道图测绘范围不断向"深蓝"发展。由于远离海岸的水位控制作业极易受天气等自然环境条件限制,数据零点经常变动且难以量化,严重影响水深测量精度。尽管国内外学者曾长期致力于建立高精度潮汐模型,以期通过岸边验潮站改正测深数据,但潮汐模型不能彻底消除因气象变化等因素所引起的水位起伏(即余水位)对水位改正精度的影响。为此,天津海测大队于2009年成立以副队长黄永军为组长,高级工程师李宝森、桑金、刘雷等为骨干成员的项目组,立项研发"沿海港口潮汐分析和处理系统"。

项目组通过拓展深度基准面计算与传递技术,综合利用多站观测数据的水位站零点漂移修正和粗差探测修复技术,基于余水位与潮汐模型水位控制技术等,历经数次推算测试,于2010年自主研制成功"沿海港口潮汐分析和处理系统"和"走航式多站水位改正软件"。该系统集数据库存储管理、数据预处理(零点漂移修复、滤波、粗差探测等)、潮汐分析、深度基准面确定、潮汐预报、潮汐特征值计算与统计、潮汐模型应用等多项功能于一体,实现了超长航道与广阔海域两种水位改正模式下的单站、两站与多站水位改正,保证了水位改正值在空间上的连续,可提供多站水位过程曲线生成浏览检查、水位站控制范围与潮波传播方向计算和水位改正精度评估,亦可根据单波束测深仪测深、多波束测深系统测深航迹文件实施"走航式"水位改正。

2011年6月10日,中国航海学会组织召开"沿海港口潮汐分析和处理系统"科技成果技术鉴定,与会专家一致认为:"该系统提出和实现了综合利用多站观测数据的验潮站零点漂移修正和人机交互式粗差探测修复技术,提高了水位数据的质量和可靠性;基于对各种传递方法误差因素、应用条件的研究,通过理论分析与实测数据验证,提出了平均海面和深度基准面精确传递的技术方法,提高了短期和临时验潮站的基准面确定精度;系统研究了余水位计算与传递中的分潮选择、隐含的深度基准面传递等问题,提出了基于已知验潮站、潮汐模型进行渤海海域水位控制的方法,提高了水位控制精度和效率;研发了走航式多站水位改正软件,解决了水位改正的空间连续性与精确性问题。"同年12月,该科研成果荣获中国航海学会科学技术奖三等奖。

截至2015年底,"沿海港口潮汐分析和处理系统"在辽东湾、天津港、黄骅港、董家口港等超长航道扫测工程,以及港口航道图测绘工程中得到广泛应用,成为北方海区水文网站建设不可或缺的程序化工具,为提高测绘工作效率发挥了重要作用。

四、通信技术创新

20世纪90年代,随着计算机技术推广应用,水运通信领域科技创新渐次步入快速发展轨道。1991年10月,天津通信站与华南理工大学合作研制成功"莫尔斯自动转报系统",有效提高了莫尔斯电报通信业务管理水平,是为该站第一个计算机应用创新项目。

20世纪90年代末,为适应新系统、新设备对通信业务信号传输质量的要求,天津通信站(处)引进法国STD 10型数字微波通信设备,提高了通信信号传输质量和传输带宽。随后,引进日本JRC公司NRD-302A中短波接收机和NCG-95遥控器,首次实现通信接收设备的远程遥控。此后,针对日本JRC发信机工作于单边带(SSB)模式需预先施加PPT控制信号的特点,该站于1998年自主研制成功音频键控控制器,通过本电路业务话音信号激发产生PPT控制信号,使末级功放管从无静态电流状态转换为有静态电流状态,降低了电力消耗,延长了设备使用寿命,减少了对其他电路的干扰。

2000年,天津海岸电台全球海上遇险与安全系统(GMDSS-DSC)系统投入运行,在消化吸收相关技术基础上,天津通信站(处)与大连海事大学合作开发"海上通信信息管理系统",首次利用数据库技术管理日常通信业务信息和资料。2001年,该站成功研制"NBDP设备电传线连选控制器",实现了窄带直接印字电报设备三条通信电路共用两条电传线,并在开发过程中首次运用专业印刷电路板设计完成控制器电子线路板和配套软件。同年10月,成功研制"电瓶自动充放电控制器",解决了柴油发电机起动电瓶定期充放电问题,延长了电瓶使用寿命。

图7-2-620　2002年8月,天津海事局副局长赵亚兴(中)主持"NBDP电传线连选控制器、电瓶充放电自动控制器"科技成果鉴定会

2008年,天津通信信息中心自主研发的"全球海上遇险与安全系统(数选)设备国产化研究"项目通过验收,为后续利用计算机网络技术开发通信综合控制系统积累了宝贵经验。2009年,该中心完成"北方海区数字海岸电台一体化框架研究"软课题项目,从理论上论证了海岸电台一体化建设的可行性;成功借鉴日本JRC短波发信机功放模块电源板原理,实现了该电路板国产化,为国家节约了大量购置经费。2009年3月26日,天津通信信息中心自主研制成功"海上加密通信系统",采用语音加密技术,对外屏蔽无线通话内容,以满足海事搜救指挥或海事管理特殊通信需求。

2011年12月,天津海事局辖区甚高频(VHF)安全通信系统安装调试完成并投入使用,形成多站点协同工作链状通信网,通信覆盖范围得到有效拓展。2012年,天津通信信息中心与大连海事大学合作成功研制"海上安全信息综合播发系统",全面整合了包括奈伏泰斯(NAVTEX)在内的多种海上安全信息播发业务,方便了业务操作,规范了日常管理。

(一)莫尔斯自动转报系统开发应用

1990年初,天津通信站与华南理工大学计算机研究所合作研发"莫尔斯自动转报系统",并于1991年10月安装调试完成并投入使用,实现了报文自动拍发功能,显著便捷了报务员发报操作。随后数年,莫尔斯电报业务量逐渐达到历史顶峰,各个电路异常繁忙,"莫尔斯自动转报系统"在确保通信业务及时高效方面发挥了重要作用。

该系统由1台中央主机、1台电传主机、7台业务处理终端、1部串口多路通信控制器和1部电传多路通信控制器组成,采用MS DOS 3.31操作系统。中央主机是该系统的核心,主要负责报文传输控制、报文统计、报文存储及打印、操作员身份认证及系统设置等任务。电传主机是系统对外通信的管理操作终端,负责接收或发送与陆地用户的往来报文。业务处理终端包括6个普通报台和1个广播报台,普通报台是报务员收发报操作终端;广播报台则专门负责广播性报文的拍发控制。中央主机通过多路通信控制器与7个业务处理终端建立通信联络,每个普通报台对应一条通信业务电路。收报时,报务员可以在终端上通过键盘直接录入所接收的莫尔斯电码,该系统自动将电码翻译成汉字并显示在屏幕上,省略了译电环节,降低了差错率。发报时,报务员仅需调出应发报文,然后利用报文自动拍发功能,自动将其发送出去。广播报台具有广播性报文的定时播发控制功能,无须人工干预,按时强制相关报台发送相应的广播报文,减少了漏发和误发情况发生。中央主机的报文统计打印功能使报文留底更加清晰准确,业务统计表格更加可靠规范。电传主机通过电传多路控制器可以最多与8个公众电传用户直接通信,通过公众电传网直接收发用户报文,减少了人工送报量。该系统的应用,降低了报文差错率,减轻了报务员劳动强度,提升了天津海岸电台的通信业务管理水平。

截至2006年,该系统设备日趋老化,由于新购置计算机主频不能满足其要求,天津通信信息中心遂决定对其实施技术改造,以解决设备更新问题。同年7月,该系统改造完成并投入运行,实际运行效果良好。

(二)全球海上遇险与安全系统开发应用

全球海上遇险与安全系统(GMDSS)是IMO依据《1979年海上国际搜寻与救助公约》要求,利用现代通信技术,改进海上遇险与安全通信,建立新的海上搜救通信程序的具体举措,是海上船舶遇险与安全通信的一次重大变革。实施GMDSS的主要目的是最大限度地保障海上人命与财产安全。中国作为《国际海上人命与安全公约》《国际海上搜寻救助公约》等国际公约缔约国,需要履行相关国际公约或决议规定的责任和义务。

20世纪80年代始,中国水运通信主管部门密切跟踪世界GMDSS技术的发展变化。20世纪90年代初,在全国主要海岸电台逐步实施GMDSS系统建设的前期准备工作。1992年,交通部正式立项实施中国地面无线电GMDSS数选值班台建设工程,在全国18个海岸电台全面建设地面无线电GMDSS-DSC

通信系统。

1995—1996年,为配合中国GMDSS建设项目的实施,天津通信站(处)与大连海事大学合作举办GMDSS通信技术专业证书班,聘请专业教师系统讲授了GMDSS系统相关知识,设置了包括GMDSS地面无线电通信系统、数字选择性呼叫(DSC)终端设备、窄带直接印字(NBDP)电报终端设备、奈伏泰斯(NAVTEX)安全信息播发业务等多门课程,使技术业务人员获得较为全面的GMDSS基础知识培训,为迎接GMDSS实施做好知识储备。

1998年天津海岸电台GMDSS-DSC通信系统安装调试工程完成后,陆续开展了一系列系统功能完善和软件升级工作。在此期间,天津通信站(处)派出多名技术业务骨干参加由国外厂商组织的系统操作与维护培训。回国后,参训人员编写培训教程,并多次举办较大规模的技术讲座,详细讲解该系统总体概况及硬件组成、系统操作面板功能及一般性操作、各种通信业务的具体操作流程、系统维护与备份等内容。该系统正式开通运行前,举办了为期1周的岗前培训,实际演练各种通信业务操作。

1999年3月,天津通信站(处)组织业务骨干将全部业务资料输入新系统数据库,为GMDSS-DSC通信系统正式开通做好准备。试运行期间,该站相关职能部门及时制定《Graxe服务器操作及管理办法》《DSC设备管理制度》《DSC系统RCC坐席设备管理规定》《DSC系统RCC坐席操作规定》《DSC业务试行规定》《DSC遇险通信操作程序》《遇险与安全通信处理程序》等一系列管理制度和操作规程,为新系统开通运行提供了制度保障。2000年1月,该站(处)为天津海事局值班室(RCC)工作人员举办了为期3天的GMDSS-DSC通信系统操作及遇险通信业务处理培训。

2001年6月,天津海岸电台GMDSS-DSC通信系统正式开通,在海上航行安全保障和船舶遇险救助中发挥了重要作用,同时也暴露了部分问题。中国GMDSS地面无线电通信系统建设所需硬件设备几乎全部从国外引进,配套软件亦为国外公司开发,软硬件维护成本较高;系统自成体系,未预留数据接口,为信息共享带来困难。2005年3月,天津通信信息中心决定立项实施"全球遇险安全系统(数选)设备国产化研究",以求将原需要硬件或电子线路实现的功能软件化和虚拟化,最大限度地降低系统运行成本。截至2007年12月,该中心相继完成虚拟海岸电台框架与接口研究、不同厂商收发信设备遥控技术研究、DSC调制解调器研制、数字语音合成技术研究等工作,并采用Windows 2000系统平台和Visual C++ 6.0编程语言,成功开发出满足中国海岸电台需求的GMDSS-DSC通信系统,为突破国外厂商技术垄断作出有益尝试。该系统研制成功后,分别在天津海岸电台、天津市海上搜救中心,以及天津海事局新港海事处、南疆海事处、北港海事处、海河海事处等单位安装使用,效果良好。

2008年4月22日,天津海事局召开"全球遇险安全系统(数选)设备国产化研究"基金项目验收会,经与会专家鉴定,认为该项目达到预期目的,顺利通过验收。2010年11月,该项目荣获中国航海学会科学技术奖三等奖。

(三)海岸电台遥控技术开发应用

电台遥控系指通过专用遥控器或计算机操作终端远程操控通信设备。遥控设备与被控通信设备之间需要建立通信链路,以实现语音或报文信息、键控信号、控制指令和状态信息互递。通信链路一般由四根音频线组成,两根用于发射,两根用于接收,可通过光纤通信设备或数字微波通信设备实现远程连接。

1998年,天津通信站(处)实施天津海岸电台改建工程,引进12部日本JRC公司NRD-302A型中短波接收机和与其配套的NCG-95型遥控器,首次实现通信接收设备一对一远程控制。遥控接收设备的使用,使报务员和话务员可以在中控台集中工作,方便了工作联络和业务管理。

2001年,天津海岸电台全球海上遇险与安全系统(GMDSS-DSC)正式投入使用。该系统通过挪威

Graxe公司220型核心数字交换设备,将日本JRC公司JRS-714、JRS-753型短波发射机,NRD-302A型中短波接收机和JRV500B型甚高频收发信机等有无线通信设备接入本地局域网,从而实现操作坐席对上述设备的多对多全功能遥控,进一步提高了遥控通信设备的应用水平。

图7-2-621　21世纪初,天津海岸电台话务员采用遥控设备通信值守

2008年,为摆脱依赖进口DSC调制解调器的困境,天津通信信息中心组织实施"全球海上遇险与安全系统关键技术国产化研发"科技项目,提出虚拟转换表概念,利用计算机软件编写设备驱动程序,通过模拟调制解调器翻译控制指令,获得底层指令数据流,从而实现直接操控通信设备。再通过虚拟转换表建立厂商控制指令集与设备驱动程序的逻辑对应关系,从而实现通过统一的软件接口操控不同厂商的通信设备。采用该技术可以使通信系统更加灵活开放,符合通信技术发展方向。

2010年,天津海事局辖区VHF安全通信系统安装调试完毕。该系统包括4座VHF基站和1个控制中心。控制中心和其中1座基站同设在天津通信信息中心中控室。控制中心通过光纤分别与曹妃甸和黄骅基站连接,WHPA钻井平台基站则首先利用数字微波设备与曹妃甸基站建立无线通信链路,再通过曹妃甸基站与控制中心连接。4个基站配置的所有VHF设备同时显示在各基站终端上,业务人员通过操控面板,可以遥控操作任意VHF收发信机,实现了多站点通信设备互为遥控。

第三节　信息化建设

一、运行机制

北海航海保障系统信息化建设始于20世纪80年代。1986年,天津海港测量队率先购置夏普PC-1500型可编程计算器,用于海图测绘数据计算,改变了以往的手工计算作业方式,工作效率明显提高。不久,陆续引进HP9826型和HP9836型计算机,以及CALCOMP数字仪、BENSON绘图机等国际先进技术设备,逐步将计算机技术应用于测绘作业与日常管理。同时,其他单位(部门)亦先后购置台式计算机,由此全面拉开信息化建设帷幕。初期,由于北海航海保障系统各单位(部门)配备的计算机均为零星购置,大多自行选用或开发应用软件,基本处于分散管理状态,尚未形成统一规范的运行管理机制。

1988年天津海监局成立后,随着互联网信息技术迅猛发展和普及应用,北海航海保障系统信息化建设得以蓬勃兴起,其运行管理机制亦伴随着全局行政办公信息化建设发展而逐步建立完善。1995年,天津海监局机关率先建设协同办公平台、电子公文交换平台、短信息平台等,为全面推进行政办公信息化建设起到示范引领作用。随后,各单位纷纷采用星型以太网络技术,于20世纪90年代末相继建成各自局域网,通过远程中继链路,构建起办公自动化信息网络系统,初步实现内部政务信息共享和部分业务软件联网运行。在此期间,该局信息化工作及网络运行维护由局办公室归口管理,并逐步建立了若干规章制度,使信息化建设日趋科学规范。

1998年9月,天津海监局采用Microsoft Windows NT网络操作系统、IIS信息发布软件、Exchange Server软件等,搭建WEB发布服务器和电子邮件服务器,初步建成局域网,并提供内部主页信息发布及电子邮箱传输。主页设有"机构设置""管理规定""局内新闻""内部通告""局务公开""综合服务信息""法律法规""党建园地""电子内刊""船舶动态""工作论坛""软件共享""站内搜索"等栏目。1999年,天津海事局机关(塘沽)、天津航标处等开始实施网络综合布线,建立100兆星型以太网,实现了内部主页信息发布、电子邮件传递等功能。2000年,实现了以局机关(塘沽)为中心,与天津航标处、天津海测大队、天津通信站、局机关(天津)等驻津单位的网络互联,并根据交通部水监信息系统一期工程安排,开通连接交通部海事局的128K帧中继链路。2003年,天津海事局调整完善内网功能及主页,增加视频点播、会议直播等多媒体功能。自此,内网成为局内通知公告、政务公开及各专题栏目的有效载体,实现了局内信息共享,显著提高了办公效率和信息化管理水平。2004年,天津海事局开发建设首个政务外网并对外开通运行,初步实现了海事信息对外播发、相关法律法规查询等服务功能。

2004年11月,按照交通部海事局《关于成立信息化工作办公室的通知》要求,天津海事局增设信息化工作办公室,标志着全局信息化建设步入新的历史发展阶段。其主要职责为:①贯彻执行国家和上级主管部门有关信息化工作的方针政策等,制定本局的具体管理规定并监督执行;②负责制订局信息化工作发展规划和计划并组织落实;③负责调配全局信息化资源并负责网络安全、数据资源管理;④负责全局性网络建设及应用系统开发工作;⑤负责组织上级主管部门下发应用系统的推广工作;⑥负责开展对内、对外的信息化技术交流与合作。

2005年,天津海事局建成协同办公系统。该系统采用信息交换平台和数据库相结合作为后台、以数据处理及分析程序作为中间层、以WEB作为前台的三层次结构开发模式,实现了公文自动流转和协同处理。2006年11月,公文网上处理模块正式运行,改变了以往采用纸质公文流转的传统方式,全面实现公文处理无纸化。

该系统的主要功能为:①公文管理模块,实现公文网上流转办理,可通过自定义方式,灵活增加各种公文类型和权限设置;②任务管理模块,实现工作目标、部门任务及个人任务的管理功能,便于随时跟踪个人工作情况;③岗位管理模块,实现岗位信息、岗位职责、岗位考核等角色管理功能;④档案管理模块,可灵活建立档案分类、著录界面,以及通过自定义方式,产生各种报表,实现日常档案科学管理;⑤电子公文交换模块,可方便灵活实现公文交换设置,保障公文的顺利流转;⑥网上业务审批提醒,将政务网站的电子申报办理信息集成至OA协同办公平台,方便受理人员网上办理;⑦会议管理模块,可自行灵活建立会议人员信息库、会议地点库等,实时显示与会情况;⑧知识管理模块,用户可将自己需要的文档保存在知识库中,便于日后使用及其他人员查询;⑨RTX即时通信平台,可提供一种网上沟通交流方式,实现用户间便捷交流和工作任务提醒;⑩消息提醒模块,以多种方式对人员实行工作提醒,包括手机短消息提醒、OA协同办公平台日程提醒、RTX即时消息提醒等。此外,通过组织机构管理、角色定制,以及公文处理流程、公文办理流程环节自由定制,实现对公文处理信息化管理。该系统的应用,加快了公文流转速度,提高了办事效率,为办公模式带来了实质性变化。

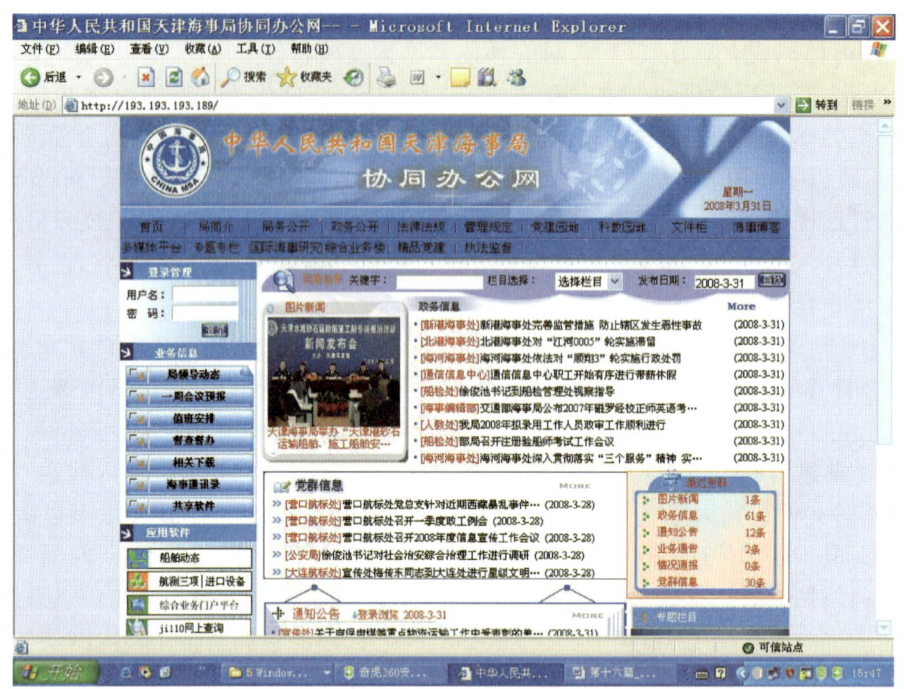

图7-3-622　天津海事局2005年版协同办公系统界面

2005年12月31日,天津海事局印发《信息化工作管理办法》,进一步调整优化信息化工作管理机制。该办法明确规定,全局信息化工作实行两级管理模式,局信息化工作领导小组为决策层,负责研究确定全局信息化发展目标方向;局信息化工作办公室是局信息化工作主管部门,主要负责制定局信息化工作管理规定、发展规划和工作计划等;局属各单位(部门)具体负责本单位(部门)的信息化建设及相关开发应用工作。此后,依据上级有关要求和实际工作需要,天津海事局先后制定《对外网站信息管理办法(试行)》《虚拟拨号专网管理办法》《办公自动化设备配置标准》《协同办公网站使用管理办法》,以及《计算机房管理制度》《计算机房值班制度》《网络系统数据备份制度》《网络系统安全管理制度》《密码管理制度》等一系列技术规范和内部管理规章,有效提升了相关工作管控能力,为全面加强信息资源管理、保障网络运行顺畅安全发挥了重要作用。

2010年,天津海事局基本形成了包括公文管理系统、政务信息系统、视频会议系统,以及其他相关综合管理系统在内的办公自动化系统。2011年,按照交通运输部海事局统一要求,天津海事局组织实施协同办公系统改造工程,采用"分级管理"模式,在硬件配置上支持多用户并发访问和海量数据存储备份;在功能上增加了单点登录、智能报表展现、领导日程、电子签章、质量管理体系信息化平台和短信等模块,并调整完善RTX部分功能,进一步提升了办公效率。

2012年北海航海保障中心筹建期间,相关技术人员针对航海保障业务特点,依托天津海事局协同办公系统,搭建了适应北海航海保障中心办公、业务特点的协同办公流程,通过开展人员管理、公文流转、表单填报、栏目设置等相关前期准备工作,为保障各项工作有序运行发挥了重要作用。

2012年12月北海航海保障中心成立后,信息化工作由该中心通信信息处归口管理,主要负责组织编制航海保障信息化发展规划和年度计划,以及统筹管理信息化建设工作。截至2015年,北海航海保障中心先后印发施行《信息化工作管理办法(试行)》《网络安全和信息保密工作实施细则(试行)》《信息化项目管理细则(试行)》《信息系统安全管理实施细则》等规章制度,细化完善了信息化工作管理机制、网络和信息系统安全管理、信息化项目管理等,为北海航海保障系统信息化建设提供了制度保障。

2004—2015 年北海航海保障系统适用的信息化工作管理制度一览表

表 7-3-125

序号	文 件 名 称	发 布 机 关	发 文 字 号	发 布 日 期
1	对外网站信息管理办法	天津海事局	津海办〔2004〕398 号	2004 年 11 月 10 日
2	信息化工作办公室职责	天津海事局	津海人〔2004〕417 号	2004 年 11 月 25 日
3	信息化工作管理办法	天津海事局	津海信息〔2005〕501 号	2005 年 12 月 31 日
4	虚拟拨号专网管理办法	天津海事局	津海事信息〔2005〕502 号	2005 年 12 月 3 日
5	办公自动化设备配置标准	天津海事局	津海事信息〔2005〕503 号	2005 年 12 月 31 日
6	协同办公网站使用管理办法	天津海事局	津海办〔2006〕179 号	2006 年 4 月 28 日
7	信息化工作管理办法(试行)	北海航海保障中心	北海通信〔2013〕134 号	2013 年 9 月 13 日
8	网络安全和信息保密工作实施细则(试行)	北海航海保障中心	北海通信〔2013〕138 号	2013 年 9 月 18 日
9	信息化项目管理细则(试行)	北海航海保障中心	北海通信〔2013〕139 号	2013 年 9 月 18 日
10	信息系统安全管理实施细则	北海航海保障中心	北海通信〔2015〕22 号	2015 年 1 月 21 日

二、航标信息系统

20 世纪 90 年代,按照交通部安监局统一部署,依据《全国沿海航标"九五"建设发展规划》提出的"建立以海区为中心、航标区为分中心的航标数据库和信息系统"要求,"全国海区航测信息管理系统"于 1997 年开展前期工作,1998 年正式立项建设。随后,北方海区航标系统各单位(部门)陆续配置应用计算机及网络系统,于 2000 年基本完成网络综合布线等航标信息系统硬件建设任务,并开通连接交通部海事局的 128K 帧中继链路,形成交通部海事局、北方海区航标主管机关及所属驻津单位三级信息网络,初步实现电子邮件互联互通。2000 年 12 月,交通部海事局组织召开"全国海区航测信息管理系统一期工程验收会",通过验收后并正式投入使用。该系统由"航测公用信息系统""航标维护管理系统""测绘作业管理系统"三部分组成,显著提高了管理水平和工作效率,标志着全国海区航测系统业务管理向信息化迈进了重要一步。

图 7-3-623 2000 年 12 月,交通部海事局召开全国海区航测信息管理系统(一期)工程验收会

2002年，北方海区航标系统通过实施航测信息系统二期工程，进一步加大信息网络硬件建设和软件开发应用力度，相继建成外埠航标处局域网，并采用512K端口专线连接至天津海事局机关，组建完成各外埠航标处本地局域网，建立起远程视频会议系统，于2002年12月基本形成覆盖北方海区航标单位的信息网络，为全面实现航标管理信息化奠定了坚实基础。在此期间，按照交通部海事局统一部署，天津航测科技中心牵头组织实施航标助航官方网站建设，作为中国航标主管当局对外宣传和服务窗口，向有关涉海单位及公众用户提供航标动态等助航服务信息。

"十一五"至"十二五"期间，随着互联网信息技术飞速发展，以及RBN-DGPS、AIS、航标基础数据库等航标助航信息并网运行，北方海区航标信息化基础设施建设日趋完善，成功开发应用航标遥测遥控系统、航标巡检系统、航标运行信息监控系统、港域环境监测系统等现代化航标管理系统，基本实现各类航标数据在线交换与利用，航标管理信息化水平取得长足进步。

图7-3-624　2009年2月7日，天津海事局在烟台召开航标运行信息监控系统(一期)项目验收会

2012年12月北海航海保障中心成立后，北方海区航标系统以用户需要为目标，进一步优化完善相关信息服务平台，除改进"航标助航官方网站"服务功能外，致力于信息资源整合与利用，努力创新航标信息服务模式，通过无线电、短信、互联网等方式，逐步建立北海航海保障系统信息多源服务平台，形成较为完备的航标信息服务综合体系，面向社会公众提供全方位航标助航信息服务。

截至2015年，北海航海保障系统研发航标信息系统总计22项。其中，8项信息化科研成果荣获省部级科技奖励，"航标智能灯器与运行信息管理系统""中国沿海船舶自动识别岸基系统开发及应用""北斗沿海差分导航与精密定位服务系统研究与应用"3项荣获省部级科技进步奖一等奖，为推动航标技术进步发挥了重要作用。

（一）航标助航官方网站

2001年7月2日，交通部海事局印发《关于建立航标和海道测量官方网站的通知》，指定天津航测科技中心负责实施网站建设及后续日常维护与信息更新。同年9月，该中心与天津市开发区创先科技有限公司签订合作协议，按照交通部海事局相关要求，以"aton"一词为航标网站核心用语，以"www.aton.gov.cn"为航标网站域名，在中国新网成功抢注，并将该域名在国际航标协会(IALA)官方网站登记备案。2002 年 6 月，航标助航官方网站正式联网运行。该网站由交通部海事局主办，天津航测科技中心具体负责日常维护与信息更新。

图 7-3-625　航标助航官方网站 2012 年版界面

航标助航官方网站首版栏目主要包括新闻中心、组织机构、助航服务、法规标准、学术园地、国际信息追踪、媒体浏览、友情链接等。其中，"新闻中心"主要报道航标热点新闻、业务动态信息及各级航标管理机构发布的最新消息；"组织机构"介绍航标管理机构设置与主要职责；"助航服务"简要介绍航标业务和装备情况；"法规标准"介绍国内外航标相关法律法规和规范标准；"学术园地"介绍航标基础知识和技术交流文献；"国际信息追踪"介绍 IMO、IALA 等相关国际组织及其动态；"媒体浏览"展示航标宣传片、工作年报、航海保障刊物等。

之后，随着中国航标事业发展和信息技术进步，经交通部海事局批准，天津航测科技中心先后 5 次改版扩容该网站。2003 年 7 月第一次改版，主要是在"新闻中心"栏目下开辟"专题新闻"子栏目，增加在线视频浏览，网站管理实现栏目动态管理，形成完整的信息发布和审核系统；增设相应英文版面，内容更加简洁，主要包括：新闻动态、组织机构、航标业务介绍、工作年报、友情链接等栏目。同时，网站采用 ASP. NET 平台，模块式开发，扩展性更好。此后的 4 次改版，主要侧重于栏目调整、版面结构美化及后台管理功能优化等，在网站版式、内容和技术等方面的改变较少。在此期间，该中心组织制定《网站管理章程》《网站管理控制程序》《网站信息奖励办法》等规章制度，对网站信息来源渠道及发布程序作出严格规定，为准确可靠地发布各类信息提供了制度保障。

截至 2012 年，航标助航官方网站作为中国航标主管当局对外宣传和服务社会的主要窗口之一，访问量逾 900 万人次，为满足航标工作者和服务对象适时了解航标行业政策及工作动态发挥了重要作用。截至 2015 年，该系统运行正常。

(二) 沿海航标基础数据库系统

沿海航标基础数据库系指存储集合与查询利用相关航标技术数据资源的信息处理系统。21 世纪初，随着中国航运经济迅猛发展，全国沿海航标建设规模呈现大幅增长态势。2008 年 10 月，按照交通运输部海事局工作安排,天津航测科技中心牵头组织研制"全国沿海航标基础数据库",旨在全面准确地掌握航标设置变化动态,为进一步加强航标行业管理,不断提高导助航服务水平提供决策依据。之后,该中心会同天津、上海、广东海事局航标主管部门,结合现行航标管理模式及相关数据资源,经反复研究论证,于同年12月形成《全国沿海航标基础数据库建设实施方案》。

2010年初,交通运输部海事局将全国沿海航标基础数据库建设项目纳入年度计划正式实施,工程预算219.59万元,其中北方海区70万元。同年6月,北京中交兴通通信导航设计所完成总体设计,经公开招标,天津开发区瑞锋科技有限公司中标承建该项目,并于同年10月底率先建成北方海区沿海航标基础数据库系统。该数据库由天津海事局航标导航处、天津航测科技中心,以及大连、营口、秦皇岛、天津、黄骅、烟台、青岛航标处9个服务器系统组成,装备有配套操作系统Windows Server 2008、数据库软件SQL Server 2008,以及自主开发的沿海航标基础数据库应用管理系统、Web浏览器操作系统和客户端操作系统,具有信息完整准确、数据格式统一、功能齐全便捷等特点,覆盖交通运输部航标管理部门、地方交通管理部门及业主单位管理的航标,可依据航标管理实际需要,自动形成各类统计图表和业务报表。同时,可结合电子海图与三维模拟仿真技术,实现航标基础数据在海图上的显示,为各级航标管理机构实时查询相关数据、科学调整配布航标提供了翔实可靠的决策依据。

图7-3-626　沿海航标基础数据库系统界面

2012年12月北海航海保障中心成立后,该中心航标导航处在总结实践经验的基础上,结合用户反馈意见,数次修改完善和升级改造北方海区沿海航标基础数据库系统,进一步调整优化统计口径、计算方式和操作界面,拓展增加协同办公报表等数据库功能,修订完善航标基础数据库管理体系文件,使航标技术数据的系统性、准确性和完整性得到明显提高,为航标遥测遥控系统、综合导助航系统、航标业务综合管理平台及值班管理信息系统等提供了基础性数据支撑。

截至2015年,北方海区航标基础数据库总计收录4238座航标基础信息。其中,北海航海保障中心管理的公用航标2139座,代管专用航标1480座,企业自管专用航标606座。

（三）北方海区航标业务综合管理平台

2012年初，为全面提升北方海区航标维护管理信息化水平，天津海事局决定立项研发"北方海区航标业务综合管理平台"，并由局航标导航处牵头，与厦门集美大学信息科技开发公司合作，成立合作项目组共同研发。

2012年6月，项目组在完成该平台数据接口和功能设计、确定该平台框架和技术路线后，根据该平台的特点和参研单位优势，分为项目管理、用户界面（UI）设计、软件开发、软件测试、数据处理等5个小组，全面展开研发工作。历经5个月科研攻关，该项目如期告竣，于同年11月试运行。在试运行阶段，天津海事局通过录入各航标处数据，系统性测试与修改完善该平台。之后，该平台陆续在北方海区6个航标处安装运行。

该平台是基于浏览器和服务器（B/S）模式开发的网络化信息系统，由航标业务管理系统和航标器材管理系统两个子系统组成。其中，航标业务管理系统主要功能涵盖航标动态、航标作业、应急反应、失常恢复、航标巡检和维护保养等；航标器材管理系统主要功能包括航标器材采购入库/出库管理、调拨管理、报废管理、物资申请审核审批等。

该平台有效整合了北方海区航标系统各单位（部门）业务基础信息和人员基本信息，建立了具有统一数据标准、数据接口、操作界面、登录认证的航标业务综合管理平台，实现了航标信息资源共享，有效提高了航标管理工作效率和服务质量。截至2015年，该平台运行正常。

三、测绘信息系统

1988年天津海监局成立后，随着航运经济发展和科学技术进步，天津海测大队在陆续引进计算机等硬件设备基础上，结合测绘作业和日常管理需要，相继展开测绘技术及相关信息系统自主研发工作，从单机独立操作，到多机局域联网，再到远程并网运行，测绘信息化建设取得长足进步。

20世纪90年代初，按照交通部安监局统一安排，天津海测大队引进"CARIS机助制图系统"，并自主研制成功"水深测量数据采集系统"，首次搭建覆盖测绘作业的信息网络系统，初步实现外业测量与内业制图数据共享的一体化管理模式，使测绘作业质量与效率得到显著提高。

之后，伴随着互联网信息技术的飞速发展，天津海测大队率先实施计算机网络综合布线，购置IBM服务器和计算机终端设备，并优化配置内部网络系统软硬件，于1997年建成覆盖该队各部门的局域网，为后续开发应用测绘信息系统奠定了基础。在此期间，该队按照《港口航道测绘信息系统建设总体方案》要求，自主研发成功"测绘作业与管理系统""港口航道地理信息和海图管理系统""港口航道测量信息系统""船舶引航系统"等若干信息化科技成果，标志着测绘信息化建设已全面展开并取得突破性进展。

1999年全国水监体制改革后，恰逢中国经济社会发展步入高速增长期，为加快全国海区航测信息系统建设提供了难得的历史机遇。天津海测大队以此为契机，进一步加大资金投入，相继完成内外网专线、视频监控系统建设，开通运行"海道测绘官方网站"及内部管理和对外服务网站，并优化完善了网络软件系统和硬件配置，构建了数据库安全管理体系。与此同时，该队自主研发成功"船舶动态管理系统""电子海图桌""海图销售管理系统""海事测绘综合管理系统""应急扫测支持辅助系统""水文信息采集管理系统""沿海港口潮汐分析和处理系统""北方海区重点港口水文信息服务系统""海事测绘资料管理系统"等一系列各具特色的集成应用系统，基本实现测绘管理、测绘作业、日常办公网络化信息交换，使水深测量、扫海测量、水文观测、海图编绘等核心业务信息化水平得到显著提升。

图7-3-627　2001年12月,天津航测科技中心主任主持召开中国海道测量网站第一次工作会议

截至2015年,北海航海保障系统研发测绘信息系统总计27项,其中"电子海图桌应用系统""海事测绘综合处理系统""激光验潮仪及水文信息采集管理系统"等9项信息化科研成果荣获省部级科技奖励,为推动海事测绘技术进步发挥了重要作用。

(一)天津港船用引航系统

天津港是中国北方重要的国际贸易港口和首都北京的海上门户,主要担负北京、天津两大城市和华北、西北地区各省份的海上进出口任务,2001年港口货物吞吐量超过亿吨,其引航船舶数量居国内大陆港口行业第二位。

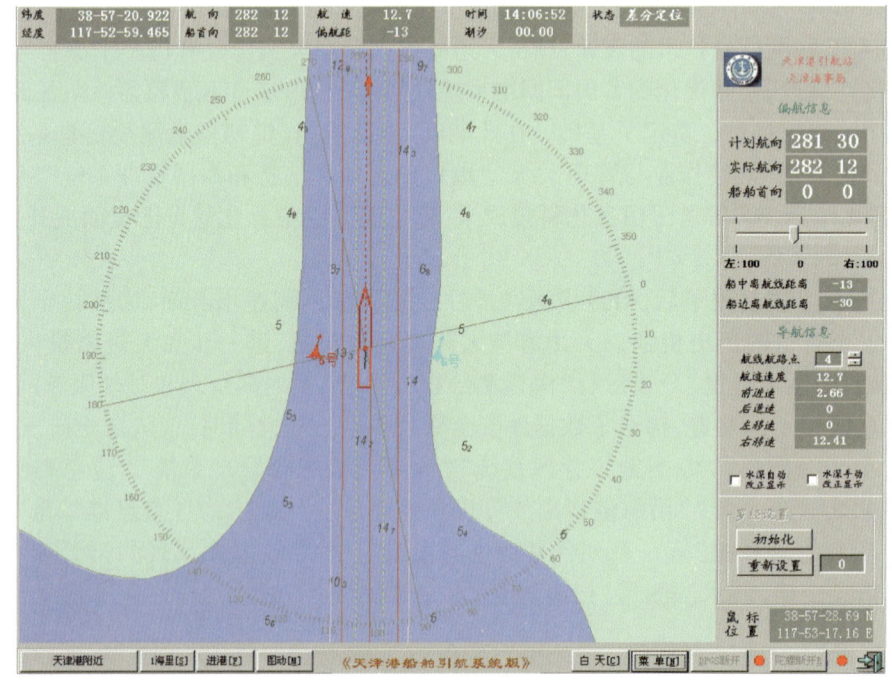

图7-3-628　天津港船用引航系统界面

然而,天津港地处中国北方,冬季多冰多雾,能见度经常低于1海里,航道浮标大部分时间被海冰覆盖,严重影响船舶安全进出港口。特别是新港10万吨航道正式投入使用后,其引航距离长达16海里,仅利用传统目视导标、灯浮标和雷达导航的困难程度大幅增加,研制开发一套引航系统,以确保船舶能够在恶劣环境下顺利进出天津港迫在眉睫。

2001年初,天津港务局批准了天津港引航站研制"天津港船用引航系统"的报告。受天津港引航站委托,天津海测大队、天津航测科技中心和天津港引航站组成"天津港船用引航系统"项目合作开发小组。项目组主要由李鲜枫、马亚平等负责,主要技术人员为杨龙、王玉林等。2001年2月,项目正式立项,5月完成系统总体方案设计,7月完成天津港电子海图制作,10月完成船用引航系统软件编制和随船测试工作,11月正式交付天津港引航站使用。

天津港船用引航系统集成了计算机技术、RBN-DGPS技术,电子海图制作、显示技术和光纤陀螺导航等先进技术。该系统充分发挥利用RBN-DGPS系统在中国沿海港口附近定位精度高的优势,以及光纤陀螺精度高、体积小、携带方便的特点;电子海图显示完全符合国际标准S-52,是当时国内"体积最小、精度最高、功能最多"的便携式引航系统。该系统使用光纤陀螺解决船舶艏向的方法,不但能够正确显示船舶的艏向,而且设备体积小、质量轻,操作简便,不受外界干扰,成为中国后续研制引航系统的模式之一;导航软件和电子海图完全由天津海测大队自主开发和制作,确保了系统的可靠、安全,特别是系统导航软件完全由底层开发,避免了使用其他平台开发时的诸多不安全因素。

该系统应用于天津港引航作业后,取得了显著的经济效益,保证了第四代集装箱货轮安全、准时进出天津港,增强了天津港的吞吐力,提升了天津港的国际形象。2002年1月,该系统推广应用至黄骅港,解决了该港口航道窄长、海流多变、引航困难等问题,成为黄骅港引航的必备工具;同年10月,该系统推广应用至营口港,成为营口鲅鱼圈港5万吨级大型船舶进出港口的主要工具;2004年5月,该系统推广应用至莱州港,成为船舶进出港引航的主要辅助工具。

2003年3月,天津港船用引航系统项目通过天津市科学技术委员会组织的科技成果鉴定,与会专家一致认为:"该系统设计先进、功能齐备、操作简便,定位和显示的综合精度完全满足大型船舶在狭水道引航的要求,具有很强的实用性;系统采用先进集成技术,在软硬件开发中有所创新;系统解决了冬季大型船舶安全、准时进出天津港的问题,为船舶航行安全、港口生产提供了可靠保障;系统稳定可靠,创造了显著的经济和社会效益,处于国内领先水平。"2004年11月,该项成果荣获天津市科学技术进步奖三等奖。

2011年,各港口要求引航系统增加AIS信号和船舶监控调度功能,该系统因无法满足要求,于2012年停止使用。

(二)海道测绘官方网站

2001年7月2日,交通部海事局印发《关于建立航标和海道测量官方网站的通知》,指定天津航测科技中心负责实施网站建设及后续日常维护与信息更新。同年9月,该中心与天津市开发区创先科技有限公司签订合作协议,按照交通部海事局相关要求,以"hydro"为海道测量核心用词,以"www.hydro.gov.cn"为域名,在中国新网成功抢注,并将该域名在国际海道测量组织(IHO)官方网站登记备案。2001年12月,天津航测科技中心主任马亚平主持召开海道测量网站第一次工作会议,专题研究部署网站运行管理相关事宜,为该网站运行正常和规范管理奠定了工作基础。2002年6月,海道测绘官方网站正式联网运行。该网站由交通部海事局主办,天津航测科技中心具体负责日常维护与信息更新。

图7-3-629　海道测绘官方网站2012年版界面

海道测绘官方网站首版栏目主要包括组织机构、新闻中心、产品与服务、改正通告、法规标准、学术园地、国际信息追踪、媒体浏览和相关链接。其中,"组织机构"栏目介绍交通部海事局测绘部门的职责及组织结构;"新闻中心"栏目主要报道测绘系统及国内外海道测量相关的要闻动态;"学术园地"栏目介绍测量、绘图和印制方面科普知识,以及海道测绘技术术语解释;"产品与服务"栏目介绍航海图书产品、海图发行信息和发行网络;"改正通告"栏目实时发布电子版海图改正通告,并可按照年份和编号等条件查询检索;"法规标准"栏目介绍国内外相关测绘法规、标准和规范性文件;"国际信息追踪"栏目介绍与海道测绘相关的国际组织及其动态;"媒体浏览"栏目内容包括在线视频浏览、工作年报和内部期刊。

之后,随着中国海道测绘事业发展和信息技术的不断进步,经交通部海事局批准,天津航测科技中心先后5次改版扩容该网站。2003年7月实施第一次改版,主要在"新闻中心"栏目下开辟了"专题新闻"子栏目,增加在线视频浏览,网站管理实现栏目动态管理,形成完整的信息发布和审核系统;增设相应英文版面,内容更加简洁,主要包括新闻动态、组织机构、海事测绘业务介绍、改正通告、工作年报、友情链接等栏目。同时,网站技术上采用ASP.NET平台,模块式开发,扩展性更好。此后的4次改版,主要侧重于栏目的调整、版面结构的美化及后台管理功能的优化等,在网站版式、内容和技术等方面的改变较少。

截至2012年,海道测绘官方网站作为中国海事测绘主管当局对外宣传和服务社会的重要窗口之一,访问量逾800万人次,为满足海道测绘工作者和服务对象适时了解行业政策及工作动态发挥了重要作用。截至2015年,该系统运行正常。

(三)水文信息服务系统

20世纪90年代后期,伴随着港口建设规模的持续扩大和测绘区域逐渐向近海延伸,天津海测大队陆续在北方海区布设若干水文观测站点,实时获取潮位、气象等水文数据,为相关港航单位提供水文数据服务。进入21世纪,该队结合各类用户对水文数据需求,逐步开展"水文信息服务系统"建设,以实现对水文数据的有效管理与使用。

2003—2004年,在交通部海事局航测专项项目经费支持下,天津海测大队成功开发"天津港水文信息观测系统"。该系统通过 VHF 电台自动摇报方式对天津港大沽灯塔、交管中心、新港船闸和天津航标处 4 个验潮站采集的潮位数据实行集中管理,实现了天津港 4 个验潮站潮位观测、数据传输存储、数据预处理和局域网发布等功能,为服务天津沿海港口航道图测绘、船舶安全通航发挥了积极作用。2006 年,该系统传输方式升级为 2G 通信模式,水文数据的关注点随之从侧重于数据采集向侧重于数据存储、分析、应用转变,进而系统升级为"天津海测大队水文信息系统"。

截至 2013 年,天津海测大队在北方沿海各类验潮站增至 18 座,潮位数据采集方式由单一压力式向浮子式、雷达式转变,系统数据传输效率、存储要求进一步增加。因受开发时间较早、数据查询困难等因素局限,原"天津海测大队水文信息系统"已不适应水文业务发展需要,急需系统升级。为此,天津海事测绘中心依托"激光验潮仪设计及水文信息采集管理系统"项目,开发了"水文信息采集管理系统"。该系统保留了"天津海测大队水文信息系统"的基本功能,增加了客户机/服务器(C/S)、浏览器/服务器(B/S)和手机三个版本,实现了对浮子、压力、激光三种不同类型(数据协议、网络协议不同)验潮仪设备的数据接收处理和控制、水文数据发布等功能。该系统主要服务于北方海区外业水深测量的潮位控制、水文测量,并为北方海区各港口规划建设、通航尺度测量和船舶通航调度等提供了重要数据支撑。

2015 年,依托"北方海区重点港口水文信息服务系统(一期)工程"专项项目,天津海事测绘中心对"水文信息采集管理系统"实施升级改造,建成"北方海区水文信息服务系统"。

图 7-3-630　北方海区水文信息服务系统界面

该系统增加了风向、风速、气压、温度和相对湿度、能见度、降雨量等气象要素采集、传输、存储、显示等功能,以 3G 网络通信传输为主要通信手段,后台数据库变更为 Oracle 数据库,增加了潮汐调和分析和潮汐预报功能,完善了历史数据表周期性创建、历史数据水位改正、预报潮位录入、数据回传与实时数据正常收发处理的并发处理等细节,实现观测数据质量控制、分析处理、资料管理、对外服务一体化,使水文信息服务能力得到进一步提高。

四、通信信息系统

1988 年天津海监局组建后,天津通信站(处)紧跟信息时代步伐,从实际工作出发,先后开发了一系列通信管理信息系统,从单机版 Foxbase 数据库管理系统的应用,到基于浏览器/服务器(B/S)架构的业务信息系统,再到融合当代通信技术和信息技术的综合业务播发平台,逐步改变了传统业务管理运行方式,为推动水运安全通信事业发展起到重要促进作用。

20 世纪 90 年代,以计算机信息技术为代表的科技革命在全国蓬勃兴起,为通信技术创新注入强劲动力。1996年,利用IBM386型计算机和Foxbase数据库管理系统,天津通信站(处)工程技术人员自主研发"船舶资料查询系统",首次实现船岸通信业务资料计算机管理,改变了以往手工抄录、纸质保存的工作方式,对提高通信工作效率、便利通信资费收缴起到重要支持作用。1998年,天津海岸电台开通船员私务电话业务,天津通信站(处)开发研制单机版"船员私务电话资料查询系统",使电话转接效率得到明显提高,并实现通信资费自动核算。2000年1月,该站与大连海事大学航海技术研究所合作研制成功"海上通信管理信息系统",使通信业务资料管理彻底摆脱纸质记录工作模式,全面实现计算机数据库管理。

之后,随着互联网信息技术飞速发展,天津通信信息中心于2007年12月建成内部网站的同时,成功研制"安全信息语音自动播发系统",标志着语音合成技术在天津海岸电台业务中首次应用。2012年,该中心与大连海事大学合作,研制成功"安全信息综合处理平台"和"海上安全信息播发系统",海上安全信息播发业务能力水平得到显著提升。

截至2015年,北海航海保障系统研发通信信息系统项目总计8项。其中,"全球遇险安全系统关键技术产业化研发"项目荣获省部级科技成果三等奖,为推动通信技术进步发挥重要作用。

(一)海上通信管理信息系统

20世纪90年代,天津通信站(处)通信业务技术发展步伐明显加快,莫尔斯自动转报系统、GMDSS-DSC系统等相继建成投入使用,并实现通信记录及业务报表计算机管理。然而,公众通信中的单边带(SSB)无线电话、甚高频(VHF)无线电话、窄带直接印字电报(NBDP)通信业务记录依然沿用手工书写和人工统计方式。GMDSS-DSC系统亦存在提取信息困难和信息格式不规范等问题,单机版通信资料查询系统难以实现信息共享,对存储安全和使用维护带来不利影响,亟待升级改造。

1999年初,天津通信站(处)与大连海事大学航海技术研究所合作开发"海上通信管理信息系统",其中该站负责提供相关业务资料和系统功能要求,大连海事大学航海技术研究所负责软件开发。该系统采用FTP方式登录GMDSS-DSC系统数据库,提取和处理相关信息,形成符合要求的DSC通信记录。经过双方反复研究试验,该系统于2000年1月建成并投入使用。

"海上通信管理信息系统"采用浏览器/服务器(B/S)模式,系统设计采用应用服务、Web服务和数据库服务三层结构,服务器采用Windows NT 4.0操作系统和SQL Server数据库管理系统,软件设计采用Visual Basic语言开发环境,客户端采用浏览器运行方式。该系统实现莫尔斯无线电报、单边带无线电话和窄带印字电报的自动计费,可按照时间段对不同业务种类通信记录分类汇总统计,可以互联网、传真和电传方式传输用户电报。"海上通信管理信息系统"投入应用后,该站将船舶资料管理、船员私务电话通信记录及资费管理、常规通信记录及资费管理、DSC呼叫通信记录管理等全部纳入该系统统一管理,实现了信息资源共享,通信业务及资料管理得到全面规范。

2004年,结合业务变化情况,天津通信信息中心升级改进"海上通信管理信息系统",自主设计制作电话摘挂机信号监测电路板,增加了自动计时、自动计费和话费余额自动修改功能,减少了通信记录人工录入的工作量,提高了计时计费的准确性。2005年,该项目荣获天津市总工会优秀职工技术成果三等奖。截至2015年,该系统运行正常。

(二)通信信息中心网络信息系统

2007年3月,在天津海事局科技发展基金支持下,天津通信信息中心决定在天津海事局域网基础上,立项建设内部网络信息系统,旨在解决传统行政办公手工操作多、文件传递周期长、办事效率低等问题。该项目由通信业务科副科长张建东牵头负责,历时9个月,完成了系统整体设计、设备安装调试、资料整理编辑、页面开发、功能调试等工作。同年12月,"通信信息中心网络信息系统"建成并投入试运行。

该系统由通信业务管理、日常办公、党务工作、多媒体及邮件管理等功能模块构成,侧重满足日常行政办公需求,同时兼具业务工作管理、通信业务指标管理、设备资产管理、备品备件管理、通信设备维护日志管理和单位规章制度查询等功能。系统主页分为标示图案栏、横向标题栏、纵向标题栏和主窗口四个功能区。其中,"标示图案栏"主要显示中国海事局局徽和天津海岸电台标识图案;"横向标题栏"包括中心简介、综合信息、机关科室、基层单位、事务公开、通信之声、先进性建设、主题活动和论坛等9个栏目;"纵向标题栏"包括通知栏、通讯录、会议预告、应急预案、软件共享、中心发文、党委发文、安全综治、工作目标、内部邮箱登录栏、相关链接等11个栏目;"主窗口"平分为"综合信息窗口"和"重点关注窗口"上下两个子窗口。"横向标题栏"中的"机关科室"和"基层单位"两个栏目均采用Active X控件技术实现下拉式菜单模式,点击后进入各科室或各基层单位行政办公页面链接,各行政办公页面需通过身份认证;"论坛"栏目为职工提供电子公告板(BBS)服务。"纵向标题栏"中的"内部邮箱登录"提供内部邮箱的登录界面;"相关链接"提供访问天津海事局的和交通部海事局的官网链接。

在该系统试运行阶段,项目组反复征求机关部门和基层单位的意见,并进一步修改完善网页版面及功能。2008年4月,该系统通过验收,正式投入使用。2010年天津海事局统一部署协同办公系统后,迁移该系统动态信息,其他业务管理及查询功能仍然保留和使用。

(三)海上安全信息播发系统

海上安全信息播发业务是天津海岸电台重要公益通信业务之一,播发内容包括航行警告、气象警告、气象预报、冰况报告及海上搜救信息等,分别由莫尔斯无线电报、自动无线电传系统(ART)、甚高频无线电话(VHF)、单边带无线电话(SSB)、中文奈伏泰斯(NAVTEX)486系统播发。基于各播发系统存有时间信息格式不统一、播发内容重复等问题,对业务管理带来诸多不便,天津通信信息中心决定逐步整合公益信息播发业务,规范日常业务管理。

2007年5月1日始,天津海岸电台利用VHF和SSB无线电话,向船舶用户语音播发中文航行警告和天津海洋天气预报。由于话务人员均为非播音专业人员,常常因发音不准而造成用户误解。同年12月,天津通信信息中心采用科大讯飞公司"语言生成引擎",辅以相关文字编辑管理软件,自主研发成功"航行安全信息语音播发系统"并投入使用,实现了电子语音播发。该系统主要由电脑主机、开关控制电路板、话筒放大电路、六路音频线路放大器以及线路平衡—不平衡转换器等部件组成,具有设定播发提醒时间、自动和人工播发模式切换等功能。

2010年,天津通信信息中心与大连海事大学合作,积极探索整合多个安全信息综合处理系统,成功研发集莫尔斯无线电报、VHF无线电话、SSB无线电话等通信手段为一体的"安全信息综合播发系统",成为无线电话和莫尔斯电路安全信息播发的主用系统,但窄带直接印字电报和NAVTEX电路使用效果不佳。

2011年8月18日,交通运输部海事局批准"北方海区数字海岸电台一体化框架研究"项目。随即,天津通信信息中心提出全面整合海岸电台各种通信业务及设备资源、构建海岸电台通信业务综合处理平台的构想,并选取该框架模型中的"海上安全信息播发系统",与现有通信业务对接,以验证一体化框架模型的合理性、兼容性、扩展性、可维护性等。2012年,天津通信信息中心再次与大连海事大学合作,如期完成"海上安全信息播发系统"科研项目。

该系统由服务器、客户终端、节点机、电台设备等部分组成,服务器和客户终端均采用Windows操作系统,节点机采用Linux操作系统。节点机按业务种类配置,总计配有莫尔斯电报、甚高频无线电话、单边带无线电话、窄带印字电报、中文奈伏泰斯、英文奈伏泰斯等6台节点机。客户终端、节点机和服务器通过局域网互联,由服务器承担身份认证管理和配置管理。该系统软硬件全部为自主研发,解决了原有"安全信息播发系统"存在的问题,实现了天津海岸电台各类广播性业务综合处理,为开通英文奈伏泰斯播发业务奠定了基础。该系统投入使用后,运行稳定,效果良好,明显减少安全信息播发的中间环节,提高了播发质量和效率。截至2015年,该系统运行正常。

五、海事科技信息资源共享平台

2011年,按照交通运输部关于建设"科技信息资源共享平台"的总体要求,交通运输部海事局决定建设"海事科技信息资源共享平台",以提高海事科技基础资源利用效率。该平台建设由天津航测科技中心具体负责,并承担日常管理维护工作。

2011年5月,交通运输部海事局计划基建处从天津、上海、广东等直属海事局抽调部分科技人员组成专家组和项目组,研讨平台建设方案,并协助天津航测科技中心开展项目建设。经公开招标,天津西戈科技有限公司中标承揽平台技术研发工作。同年12月16日,该平台建成并通过一期工程验收评审。

图7-3-631　海事科技信息资源共享平台界面

"海事科技信息资源共享平台"作为"交通运输科技信息资源共享平台"子系统之一,其功能定位是:实现海事科技项目流程管理、科技政策和科技新闻发布、科技文献查询、科技成果展示和转化应用等各项功能。该平台设立科技管理、科技动态、科技文献、科技资源、科技交流、平台服务6个栏目,通过海事专网(交通运输部海事局内网主页"海事业务管理"栏目)和互联网(kjpt.msa.gov.cn)两种方式进入,主要服务对象为全国海事系统干部职工和海事专家委员会成员,以及海事战略合作伙伴单位。海事系统外的社会用户亦可通过互联网方式浏览全国海事系统科技创新相关信息。

2012年1月,该平台投入试运行。同年7—9月,按照交通运输部海事局统一安排,各直属海事局陆续开展科技信息数据采集工作,并录入、整理和上传了有关科技项目管理信息、海事业务研究重要报告和科技动态等相关数据,其中"科技文献"板块收录了《中国海事》《海事研究》《航测技术》等专业期刊内容,以及部分海事科技项目研究报告、科技专利、科技标准等资料,如期完成平台一期建设任务。

2012年9月14日,交通运输部海事局在北京召开"海事系统科技项目专家评审系统验收评审会",其子系统"海事科技项目立项评审系统"通过专家评审。同年10月22日,该系统在直属海事系统内部开通试用,实现科技项目立项初审、专家组选取、专家评审和分委会评审全流程网上评审功能,为促进海事科技项目规范管理和科学决策发挥了重要作用。

图7-3-632　2012年9月14日,交通运输部海事局在北京主持召开
海事系统科技项目专家评审系统验收评审会

2012年12月,该平台增设"学术文献""科技畅谈"两个栏目,供中国海事专家委员会成员、海事干部职工浏览和下载。2013年9月,交通运输部海事局依托该平台中的"科技畅谈"栏目服务功能,从各直属海事局选择一批热心海事科学发展和科技服务工作的专业技术人员,成立"海事科技政策研究工作组"和"科技平台服务技术组",通过定期召开网络会议的形式,建立起海事科技服务于中心工作的固定交流和持续改进长效机制。之后,交通运输部海事局依托两个工作组定期开展专题研讨活动,持续完善海事科技工作管理体系制度建设和平台业务服务功能。

2014年5月,按照交通运输部海事局要求,"海事科技信息资源共享平台"从天津海事局整体迁至上海海事局。迁移后,天津航测科技中心继续负责平台远程维护和日常运行管理工作。截至2015年,该系统运行正常。

第八章　合作与交流

　　航海保障是人类航海活动基本要素之一,涉及航标助航、海道测绘、水运通信、水文气象等诸多领域,具有国际性、普适性、专业性、公益性等特征。随着人类从区域航海向全球航海的历史性转变,各涉海国家和地区开展互惠互利的国际合作与交流,并按照国际公约及相关规则标准提供航海技术支持和服务保障,遂成为全面推动航海事业发展、确保船舶航行安全的前提条件和必然选择。

　　中国作为人类海洋文明的发祥地之一,包括航海保障技术成果在内的古代中华文明曾远播东亚、南亚、西亚、中东、北非等地区,为促进世界航海活动繁荣发展和各民族文化交流作出巨大贡献。后因明清王朝长期奉行"海禁"等闭关锁国政策,因循守旧,故步自封,排斥国际贸易和新生事物,整个国家被禁锢在自给自足的农业经济藩篱之内,致使原本领先世界的中国航海事业陷入徘徊不前甚至衰败的境地,在航海保障方面的国际合作与交流更无从谈起。

　　清道光二十年(1840)鸦片战争爆发后,西方列强凭借坚船利炮,逼迫清政府签订了一系列不平等条约,中国由此沦落为半封建半殖民地国家,领海疆土任人瓜分,内水航权丧失殆尽,所谓"国际合作"只有惟命顺从的义务,而无伸张国家意志的权利。1912年,中华民国成立,中央政府先后批准加入国际无线电报联盟、国际海道测量局、《1929年国际海上人命和安全公约》等国际组织和相关国际公约,但因近代中国经济基础和科学技术羸弱落后,航标、测绘、通信技术装备均需仰赖西方国家输入,加之海上航运及港航管理机构大多由外国人把持操控,中国在国际上的话语权和影响力微乎其微,国际合作难有作为。

　　中华人民共和国成立初期,由于受西方反华势力封锁阻碍,在航海保障方面的国际合作与交流活动甚少。迨至1971年中国恢复在联合国的一切合法权利后,陆续恢复在国际电信联盟、国际海事组织、国际航标协会、国际海道测量组织等国际组织成员国地位,并加入《1974年国际海上人命安全公约》《联合国海洋法公约》等多个国际公约,北海航海保障系统依据国家授权开始承担相关职责与义务,参与国际合作与交流活动随之日渐增多。特别是20世纪80年代后,随着改革开放持续深入和航运经济不断发展,遵照交通部统一部署,北海航海保障系统多次派员参与国际会议、考察访问、学术交流、技术协作、业务培训等一系列国际合作交流活动,持续跟踪研究国际组织相关政策调整变化和世界先进科技发展动态,多次承办远东无线电导航服务网理事会会议以及若干国际航测技术会展,成功应对国际海事组织自愿审核机制,不断推动国际规则标准转化应用工作,使辖区航海保障和履约能力得到显著增强,诸多专业技术人员亦由此得到培养锻炼并跻身国际舞台,为加快提升中国乃至全球航海保障服务水平发挥了重要作用。与此同时,北海航海保障中心负责中国航海学会航标专业委员会、国际海事研究委员会测绘政策技术分委会、交通运输部航测标准化技术委员会等相关机构秘书处日常工作,充分发挥协调职能作用,组织开展业内学术交流和专项研究工作,定期编译国际国内相关出版物和专业期刊,为促进全国航海保障科技创新作出重要贡献。

　　截至2012年,据不完全统计,按照交通(运输)部航海保障主管机关统一部署,北海航海保障系统派员出席国际会议99批次,共计106人次;参与国际合作项目10项,参加国际培训14批次,共计18人次;出国考察访问12批次,共计34人次,接待外宾来访11批次;参与相关国际学术交流活动23批次,发表学术论文15篇;参与相关国内学术交流活动18批次,荣获省部级学术成果奖励论文20篇;参与相关

第八章 合作与交流

会展活动16批次,其中承办展会5批次、参展11批次;编译各类专业刊物4种,总计发行9万余册,为持续提高航海保障服务水平、不断增强国际履约能力、全面促进辖区航海保障事业蓬勃发展起到重要作用。

第一节 国际合作

一、参与国际组织活动

国际组织是国际关系发展到一定阶段的产物。人类社会进入20世纪以来,由于海上交通事故频繁发生,涉海国家逐步认识到有必要建立国际合作机制,并在航运管理、搜寻救助、航海保障等方面采取全球一致行动,相关国际组织机构应运而生。按照国际组织性质划分,大致可分为政府间国际组织和非政府间国际组织。其中,与航海保障事业紧密关联的国际组织主要有国际海事组织(IMO)、国际海道测量组织(IHO)、国际电信联盟(ITU)、国际航标协会(IALA)、东亚海道测量委员会(EAHC)、远东无线电导航服务网(FERNS)等。随着世界航运经济发展不断加快,这些国际组织的影响力日益增强,在海事管理、航标助航、海道测量、水运通信等领域发挥着重要作用。

(1)国际海事组织(IMO)

(2)国际电信联盟(ITU)

(3)国际海道测量组织(IHO)

(4)国际航标协会(IALA)

(5)远东无线电导航服务网(FERNS)

(6)东亚海道测量委员会(EAHC)

图 8-1-633　国际组织标识

(1)2001年8月6—10日,IHO国际制图协会第20届大会暨IHO海图展览会在中国北京召开

(2)2003年11月11—14日,EAHC第8届大会在中国上海召开

图 8-1-634

(3) 2006年5月22—27日，IALA第16届大会在中国上海召开

(4) 2010年10月25—29日，FERNS理事会第19次会议在中国上海召开

图8-1-634　交通部海事局多次承办相关国际组织会议

北海航海保障系统派员出席国际组织会议始于1988年，并由此发轫，参与国际组织会议及相关活动的层级范围、人员数量、职责任务等逐年增大。截至2012年，该系统累计派员出席国际组织会议93批次，共计106人次。其中，IMO会议1人次、IHO会议20人次、IALA会议51人次、EAHC会议12人次、FERNS会议21人次、亚太地区海上安全机构会议1人次。

（一）国际海事组织

国际海事组织（International Maritime Organization，简称IMO）前身为政府间海事协商组织（IMCO），成立于1959年1月6日，是联合国（UN）负责海上航行安全和防止船舶污染海洋的一个专门机构，总部设在英国伦敦。其宗旨是促进国际航运技术合作，通过制定海上交通安全、防止船舶污染海洋、便利海上运输、提高航行效率以及相关海事责任方面的公约，鼓励各国在以上各方面采取统一标准并处理相关法律问题。1973年3月1日，中华人民共和国恢复IMCO成员国地位。1975年，中国当选为该组织B类理事国。1982年5月22日，政府间海事协商组织更名为国际海事组织。1989年，中国当选为国际海事组织A类理事国。

IMO设有大会和理事会，下设秘书处及海上安全委员会（MSC）、法律委员会（LEG）、海上环境保护委员会（MEPC）、技术合作委员会（TCC）、便利运输委员会（FAL）等5个专业委员会。成员国大会是IMO的最高决策机构，一般每两年召开一次会议。理事会是IMO的重要决策和执行机构，理事会成员和主席由大会选举产生，理事分为A、B、C三类，其中A类为航运大国，B类为海上贸易大国，C类为地区代表。IMO秘书处负责处理日常事务，秘书长为行政负责人，总部设在伦敦。各专业委员会由所有成员国组成，职责分工各有不同。与航海保障工作最为密切的是海上安全委员会，其职能为：在IMO职权范围内，审议有关助航设施、船舶构造与设备、安全配员、避碰规则、危险货物操作、海上安全程序和要求、航道信息、航海日志和航行记录、海上事故调查、海难救助及其他直接影响海上安全的建议和指南，提交大会审核通过。为提高审议工作效率，IMO设有履行相关国际公约、航行通信和搜救等7个对所有成员国开放的分委会，具体负责起草或修订相关强制性国际公约以及非强制性指南和建议等文件，以供上级委员会审议讨论。

多年来，在IMO成员国共同努力下，陆续公布颁行《国际海上人命安全公约》《国际搜寻救助公约》等多部国际公约及修正案，为保障船舶交通安全、保护海洋环境发挥了重要作用。2005年，基于提高全球海事行政管理效能需要，更加有效地强化国际公约执行力，IMO第24届大会决定建立成员国自愿审核机制，以成员国自愿申请为前提，从船旗国管理、沿岸国管理、港口国管理三个方面，自2006年1月起审核缔约国政府履行相关国际公约情况，以期为成员国提供一个平台，交流可吸取的教训，共享履约成功经验。

2006年10月，交通部海事局选派天津航测科技中心副主任马建设赴韩国出席IMO举办的自愿审核机制研讨会，是为北海航海保障系统首次派员出席IMO会议。此次会议是IMO专门针对中国、韩国、新加坡等亚洲国家安排的业务研讨，为后续准备审核材料、迎接IMO自愿审核奠定基础。2008年6月，交通运输部代表中国政府向IMO正式提出审核申请，并于2009年9月与IMO签订《审核合作备忘录》。同年11月7—18日，中国接受IMO审核，并取得良好审核结果。

(二)国际海道测量组织

1919年6月24日至7月16日，24个国家在英国伦敦召开世界第一届国际海道测量大会，决定成立常设机构——国际海道测量局(IHB)。该机构于1921年6月21日正式成立，总部设在摩纳哥公国蒙特卡洛，中国是IHB创始国之一。1967年，第九届国际海道测量大会在摩纳哥召开，制定并通过了《国际海道测量组织公约》。1970年9月22日，该公约在联合国注册生效，国际海道测量组织(International Hydrographic Organization,简称IHO)正式成立，IHB成为其日常办事机构，亦是世界海洋测量资料中心。

IHO是政府间海道测量技术咨询性国际组织，宗旨是协调各国海道测量机构活动，促进航海图书资料规范统一，推广可靠有效的海道测绘方法，促进海洋学成果在航海中的应用。自国际海道测量组织成立以来，IHO组织机构随着战略计划和阶段性目标的变化几经调整。目前，IHO由国际海道测量组织成员国大会、国际海道测量局及下属多个委员会组成。国际海道测量组织成员国大会是国际海道测量组织最高决策机构，一般每五年召开一次。IHB负责组织协调国际海道测量工作，为各成员国提供技术咨询服务，其下设置海道测量服务和标准委员会(HSSC)、区域间协调委员会(IRCC)、财务委员会(FC)3个专业委员会。各委员会下设若干技术分委会或工作组，具体负责制定国际海道测量标准规范、协调相关国家海道测量活动等工作，在海道测量能力建设、开展宣传教育和技能培训等方面发挥着重要作用。

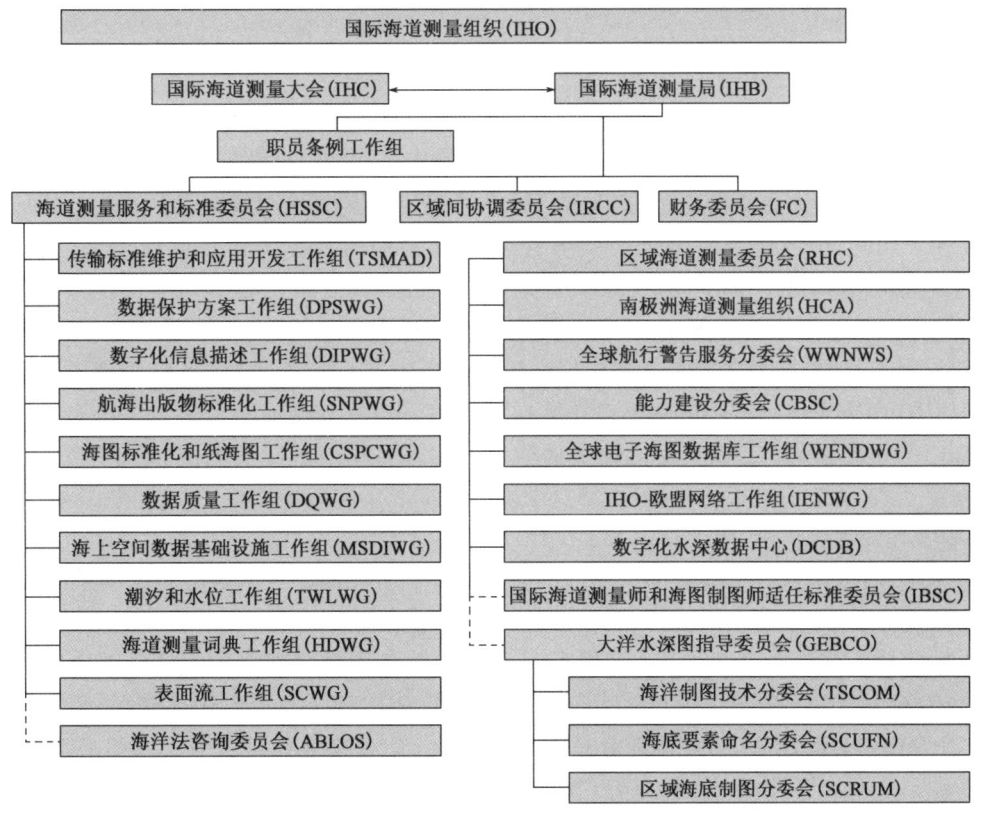

图8-1-635　2012年IHO组织结构示意图

1979年中华人民共和国恢复IHO成员国地位后,按照交通部统一部署,北海航海保障系统随之开始参与IHO事务。1988年10月25—28日,IHO在荷兰海牙召开电子海图委员会成员国会议暨国际海图研讨会,交通部安监局航测处副处长郭莘、天津航测维修中心主任李鲜枫出席会议,是为北海航海保障系统首次派员出席IHO国际会议。之后,随着电子海图等新技术蓬勃发展,该系统多次派员出席IHO相关会议,参会范围和涉及领域逐步扩大,参会次数明显增加。

2004年5月28—31日,IHO在加拿大召开海道测量信息系统需求委员会(CHRIS)第16次会议,天津海测大队副队长张铁军出席会议。会议通报了IHO专业委员会工作进展报告,听取了各工作组研究报告,讨论通过S-32和S-52两项IHO出版物修正案,对全球ENC发展状况及电子海图研发中的若干技术问题作了研讨评述,并制订了CHRIS推广应用工作计划。

图8-1-636　2004年5月28—31日,天津海事局派员出席IHO海道测量信息系统需求委员会第16次会议

2005年7月11—16日,IHO在西班牙召开国际制图协会(ICA)第22届大会(ICC 2005)暨IHO海图展览会,交通部海事局副局长郑和平、天津航测科技中心高级工程师白亭颖等3人出席会议。本次会议主要议程是学术论文交流,大会共收到论文500余篇,中国有21篇论文大会交流、22篇论文书面交流,论文数量名列前茅。同时,中国代表团参加了国际地图展、儿童地图竞赛展和IHO海图展。同年9月3—11日,IHO在德国召开海道测量信息系统需求委员会(CHRIS)第17次会议和电子海图显示与信息系统论坛,主要研讨了S-57未来的版本、ENC的一致性及ECDIS符号系统等,张铁军等2人出席会议。

2005年6月1日,中国海事局常务副局长刘功臣代表中国政府签署《南极海道测量委员会(HCA)章程》,成为IHO南极海道测量委员会正式成员。同年11月2—4日,IHO在新西兰召开南极海道测量委员会(HCA)第5次会议。会议主要讨论了南极地区国际海图的进展情况,听取了HCA各个工作组最新进展报告,形成了7项决议和24项行动。中国海事局和中国南极测绘中心组成中国代表团出席会议,报告了中国在南极长城站、中山站以及DOME A的测绘工作,并表示将继续参加南极地区的海道测量和国际海图事务,为南极科考事业提供更好的航海保障。天津海测大队副队长张铁军出席会议。

2006年9月25—28日,IHO在澳大利亚召开海道测量信息系统需求委员会(CHRIS)第18次会议,天津海测大队副队长张铁军出席会议。会议听取了CHRIS各工作组和海洋信息要素协调组(HGMIO)的研究报告,对全球ENC发展状况作了评述,并确定了CHRIS下一步工作计划。2007年5月7—11日,IHO在摩纳哥召开第17届大会暨IHO海图展览会,交通部海事局副局长郑和平、天津航测科技中心主任助理白亭颖出席会议。大会主要讨论修订了IHO基本文件、IHO组织机构改革方案、审议提案和工作报告等。

2010年6月12—20日，IHO在美国召开IHO能力建设委员会(CBSC)第8次会议和区域间协调委员会(IRCC)第2次会议，天津航测科技中心主任马亚平等2人出席会议，会议通报了关于建立北极海道测量组织进展情况、世界海道测量和海图制图现状、国际海图方案筹备和维护指南。

图8-1-637　2010年6月12—20日，天津海事局派员出席IHO能力建设委员会第8次会议和区域间协调委员会第2次会议

2011年11月8—10日，IHO在摩纳哥召开海道测量服务与标准委员会(HSSC)第3次会议，交通运输部海事局航测处高级工程师邬凌智、天津海测大队副主任桑金出席会议。会议审议通过了S-99、S-102、新版S-64、S-58修改方案、S-100维护程序、S-101编制工作计划、新版S-63、新版S-52表现库和新版S-65，并由IHB以通函形式提交IHO全体成员国表决通过。

图8-1-638　2011年11月8—10日，天津海事局派员出席IHO海道测量服务与标准委员会第3次会议

2012年9月25—28日,IHO在英国召开海道测量服务与标准委员会(HSSC)第4次会议暨"充分认识电子海图和海道测量数据的潜在价值"主题论坛,天津海测大队高级工程师王闰成出席会议。会议主要审议了海岸线长度定义课题的进展报告,听取了美国年度技术更新的介绍,评估了IHO技术能力,审议并通过了HSSC工作计划。会议期间,中国代表团与HSSC充分沟通和交流,并成功申办了2013年在上海召开的HSSC第5次会议。

截至2012年,北海航海保障系统派员出席IHO会议及相关活动总计16批次、共计20人次,对学习借鉴国际先进技术、促进海事测绘技术交流、提高国际履约能力和测绘管理水平、培养高层次专业技术人才发挥了重要作用。

1988—2012年北海航海保障系统出席国际海道测量组织会议一览表

表8-1-126

序号	会议日期	会议地点	会议名称	相关人员
1	1988年10月25—28日	荷兰	电子海图委员会成员国会议	郭莘、李鲜枫
2	1989年10月22—29日	日本	电子海图委员会成员国会议暨国际海图研讨会	郭莘、李鲜枫
3	1991年12月7—13日	澳大利亚	电子海图委员会成员国会议暨电子海图数据库委员会会议	马建设
4	1993年9月11—17日	英国	电子海图数据库委员会会议	马建设
5	2001年8月6—10日	中国	国际制图协会(ICA)第20届大会(ICC 2001)暨IHO海图展览会	马建设、张铁军等
6	2002年5月26日至6月1日	加拿大	美加海道测量大会	张铁军等2人
7	2004年5月28—31日	加拿大	CHRIS第16次会议	张铁军等2人
8	2005年7月11—16日	西班牙	国际制图协会(ICA)第22届大会(ICC 2005)暨IHO海图展览会	郑和平、白亭颖等3人
9	2005年11月2—4日	新西兰	HCA第5次会议	徐斌胜、张铁军
10	2006年9月25—28日	澳大利亚	CHRIS第18次会议	张铁军等2人
11	2007年5月7—11日	摩纳哥	IHO第17届大会暨IHO海图展览会	郑和平、徐斌胜、白亭颖
12	2010年6月14—18日	美国	CBSC第8次会议暨IRCC第2次会议	马亚平等2人
13	2011年5月23—27日	巴西	CBSC第9次会议暨IRCC第3次会议	徐斌胜、卢之杰等3人
14	2010年7月4—8日	新加坡	IHO海洋的名称与界限S-23修订工作组第2次会议	徐斌胜、邬凌智
15	2011年11月8—10日	摩纳哥	HSSC第3次会议	邬凌智、桑金等3人
16	2012年9月25—28日	英国	HSSC第4次会议	王闰成

(三)国际航标协会

19世纪下半叶,随着国际航运贸易迅猛发展,加快促进水路交通运输基础设施建设引起航运发达国家高度关注。清光绪十年(1884),德国、荷兰、比利时三国工程师在不莱梅参观研讨德国内河航道和港口问题时,提出召开内河航行大会的动议。清光绪十一年四月十二日(1885年5月25日),在比利时政府资助下,第一届世界内河航行大会(Inland Navigation Congress)在布鲁塞尔万国宫举行,来自13个国家的400余人出席会议。清光绪十五年(1889),在法国举办世界博览会期间,组织召开了海事工程大会(Maritime Constructions Congress)和海洋航行大会(Ocean Navigation Congress)等一系列会议,并议定在巴黎成立常设委员会。当时,由于海洋和内河分界线尚不清晰,上述两个大会的参会人员及研究主题存在若干重叠,遂于清光绪二十年(1894)通过投票决定将两个大会合并,更名为国际航行大会。1926年,在第14届国际航行大会期间,为解决海事信号统一问题,专门召开了灯塔和浮标业务主管特别会议,与会人员一致认为,此类会议有必要长期举行,并获得大会批准。1929年,首届国际海事信号大会(The International Maritime Signalling Conference)在伦敦召开,后更名为国际航标大会。1955年,第5次国际航标大会在荷兰召开,提议成立国际航标协会(The International Association of Lighthouse Authorities,简称IALA;1998年更名为The International Association of Marine Aids to Navigation and Lighthouse Authorities,简称IALA)。1957年7月1日,IALA正式成立。该协会作为非营利性、非政府间的技术协作国际组织,其宗旨是推进国际航标技术交流合作,协调制定国际统一的航标制度和技术政策,指导各国航标主管部门开展业务管理和人员培训工作。

IALA的最高决策机构是全体会员大会,一般每4年召开一次,主要内容为研究决定总政策,并选举产生新一届理事会。IALA日常工作由理事会负责,总部设在法国巴黎。新一届理事会主席由每次IALA大会举办国航标主管当局首脑担任,理事由参加IALA大会会员选举产生(总计24名)。IALA理事会下设航标管理委员会(ANM)、电子航海委员会(ENAV)、航标工程、环境和保护委员会(EEP)、船舶交通服务委员会(VTS)等4个专业技术委员会,分别从海上助航服务各个方面为全球各国提供技术指导。此外,IALA通过举办引航当局论坛、历史遗产论坛等形式,为IALA会员和其他各方创建学习交流平台。

1977年11月,IALA通过决议,恢复中华人民共和国IALA代表资格。1984年1月1日,中国成为国际航标协会A类会员国,中国航标主管当局正式派员参与IALA相关活动。1994年2月,在美国夏威夷召开的IALA第13届大会上,中国当选IALA理事,并定于1997年6月在北京承办IALA理事会第17次会议。1998年6月9—19日,IALA第14届大会在德国汉堡召开,以交通部安监局局长刘功臣为团长、天津海监局副局长赵亚兴等8人(含香港海事处3人)为成员的中国代表团出席大会,是为北海航海保障系统首次派员出席IALA大会。之后,根据交通部统一部署安排,该系统多次派员出席IALA大会以及相关技术委员会会议。

图8-1-639 1998年6月9—19日,天津海监局派员出席IALA第14届大会

1999年1月28日,交通部就IALA希望中国承办IALA大会事宜,专文呈报国务院审批。经国务院批准后,交通部海事局于5月23—31日在IALA理事会第22次会议上,正式递交承办第16届IALA大会申请。2002年3月10—15日,在澳大利亚悉尼召开的IALA第15届大会通过了中国举办IALA第16届大会提案,交通部海事局常务副局长刘功臣当选IALA理事会副主席。

2006年5月22—27日,IALA第16届大会在上海召开,交通部副部长徐祖远、IMO秘书长乔普勒斯、IALA理事会前主席戴维森应邀出席会议并致辞,来自世界44个国家和地区的航标主管当局、生产制造商、相关咨询机构等570余名代表参加会议,交通部直属海事系统各航标处代表列席会议,此为IALA首次在中国召开的大会。大会选举产生新一届IALA理事会,交通部海事局常务副局长刘功臣当选理事会主席,是为首位中国籍IALA理事会主席。

图8-1-640　2006年5月22—27日,交通部副部长徐祖远(右四)出席IALA第16届大会,交通部海事局常务副局长刘功臣(右一)当选IALA第16届理事会主席

会议期间,各国代表围绕中国代表团倡议的"数字世界的航标"这一主题展开研讨交流,交通部海事局航测处副处长金胜利担任"灯光与视觉"节段会议执行主席,天津航测科技中心副主任马建设担任"航标数字技术的发展与讨论"节段会议执行主席。在此期间,大会成功举办了工业会员展,中国航海学会航标专业委员会常委、天津海事局副局长赵亚兴致展会开幕词。

IALA第16届大会后,根据交通部海事局工作安排,天津航测科技中心工程师马敏等专业技术人员及时完成《助航指南》(第五版)和IALA第16届大会论文编译校核工作,为中国航标从业人员适时了解相关国际最新资讯提供了重要学习资料和专业指导,为履行国际公约提供了技术支持,成为航标维护管理必备工具书之一。

随着中国与IALA各成员国的合作交流活动日益频繁密切,按照交通部海事局工作部署,全国海区航标系统逐步固定人员参加IALA下设各专业技术委员会会议,以进一步增强中国海事在IALA的话语权和影响力。北方海区航标系统选派马建设、沈志江、苗猛、郎荣威、柴进柱等持续参加IALA下设的航标信息服务工作组(ANIS)、工程/环境/保护委员会(EEP)、无线电导航委员会(RNAV)、航标管理委员会(ANM)等各委员会及工作组会议。其中,马建设持续参加航标信息服务工作组及数字航标整合工作组的会议,在IALA第16届大会期间受邀担任"航标数字技术的发展与讨论"节段会议执行主席,在IA-

LA 第 17 届 IALA 大会期间再次受邀担任"新技术"节段会议执行主席。

2006年9月18—22日,新成立的 IALA 电子航海委员会(ENAV)在法国巴黎召开首次会议,天津航测科技中心副主任马建设等3人出席会议。会议主要讨论 E-Navigation 的概念、E-Navigation 建设第一阶段主要内容、IALA 关于差分全球导航卫星系统(DGNSS)的未来发展建议草案,起草将 DGNSS 系统作为全球无线电导航系统(WWRNS)组成模板,以便各成员国向 IMO 提交申请、制订将 DGNSS 接收机作为 SOLAS 船舶强制携带设备计划等。中国代表团适时参与 E-Navigation 概念最初设计阶段工作,对中国后续 E-Navigation 发展建设起到重要作用。

2006年10月16—20日,IALA 在法国巴黎召开航标管理委员会(ANM)第8次会议,天津海事局高级工程师苗猛等2人出席会议。会议听取了重要项目进展情况报告,修订和编制了多部建议及指南,并确定中国代表团担任紧急沉船示位标项目跟踪汇报人和 IALA 关于渔场标识建议编制项目领导人,对后续紧急沉船示位标纳入 IALA 浮标系统(MBS)创造了条件。会上,交通部海事局针对 IALA 风险管理工具 PAWSA 而自主研发的计算机软件,引起各国代表浓厚兴趣,并希望在下次会议提供相关信息。

2008年4月1—11日,IALA 在法国巴黎召开航标工程、环境和保护委员会(EEP)第11次会议暨浮动航标/锚链研讨会,天津航测科技中心副主任沈志江等2人出席会议。会议总结了近年来浮标应用经验和技术发展趋势,起草了浮标及锚链方面5个指南和建议,对中国浮标的实际应用等方面产生积极影响,避免了重复研究。

2008年4月14—18日,IALA 在法国巴黎召开航标管理委员会(ANM)第11次会议,烟台航标处副处长刘德波等3人出席会议。中国代表团成员参与所有议题的研讨和相关指南的起草工作,交通部海事局航测处副处长金胜利作了题为"关于国际浮标制度调查结果分析和修改建议"主题演讲,并受邀加入本次会议成立的国际浮标制度修改工作组。会上,中国代表团代表介绍了应急沉船示位标在各国的应用情况。

图 8-1-641　2008年4月14—18日,天津海事局派员出席 IALA 航标管理委员会第11次会议

2009年3月23—27日,IALA在法国巴黎召开航标工程、环境和保护委员会(EEP)第13次会议,天津航测科技中心副主任沈志江等2人出席会议。会议讨论和完善了44个议题;听取了基于不同条件下航标维护、IALA航标产品认证和IALA产品认证模板使用、IALA世界学院进展、E-航海发展、航标服务环保问题、脉冲宽度调制闪光灯、视觉航标被发现和识别概率、航标遗产保护研讨会,以及IALA风险管理工作等重点项目阶段性成果专题汇报;修订完成IALA一系列指南;讨论审定EEP委员会工作计划草案。

2009年4月2—9日,IALA在法国巴黎召开航标管理委员会(ANM)第16次会议,天津海事局航标导航处处长柴进柱等2人出席会议。会上,中国代表团代表参与了《航标主管当局服务等级和用户需求变更指南》的制定和《O-143虚拟航标》《O-113可航水域固定桥梁标识》等IALA建议的修订工作,就"AIS航标新符号及发展政策"等工作提出意见和建议,并得到会议认可。

截至2012年,北海航海保障系统派员出席IALA会议及相关活动总计55批次、共计58人次,为该系统学习借鉴国际先进技术、拓展国际合作交流广度与深度、不断提升国际履约能力、培养高级航标专业人才起到重要作用。

1998—2012年北海航海保障系统出席国际航标协会会议一览表

表8-1-127

序号	会议日期	会议地点	会议名称	相关人员
1	1998年6月9—19日	德国	IALA第14届大会	刘功臣、赵亚兴等8人
2	2000年11月12—15日	美国	国际劳兰协会(ILA)第29届年会和技术论谈大会	沈志江等四人
3	2003年4月7—11日	法国	EEP第2次会议	沈志江等2人
4	2003年4月14—17日	法国	ANM第2次会议	沈志江等2人
5	2003年10月6—10日	法国	EEP第3次会议	沈志江等2人
6	2003年10月14—17日	法国	ANM第3次会议	沈志江等2人
7	2004年4月19—23日	法国	EEP委员会第4次会议	沈志江、陈蓉等3人
8	2004年4月27—30日	法国	ANM委员会第4次会议	沈志江、陈蓉等3人
9	2004年5月15—20日	英国	数字航标整合工作组会议	马建设
10	2004年9月12—18日	法国	无线电导航委员会	苗猛
11	2004年9月23—24日	英国	IALA航标信息服务(ANIS)工作组第2次会议	马建设
12	2004年10月4—8日	爱尔兰	EEP委员会第5次会议	沈志江等2人
13	2005年1月11—14日	法国	ANIS工作组第3次会议	马建设
14	2005年4月4—8日	法国	EEP第6次会议	沈志江等2人
15	2005年4月12—15日	法国	ANM第6次会议	沈志江等2人
16	2005年6月28—30日	摩纳哥	ANIS工作组第4次会议	马建设
17	2005年9月20—23日	法国	RNAV委员会第23次会议	苗猛
18	2005年10月3—7日	法国	EEP委员会第7次会议	沈志江等2人
19	2006年3月14—16日	英国	RNAV委员会工作组会议	苗猛等2人
20	2006年5月22—27日	中国	IALA第16届大会	刘功臣、赵亚兴、马建设等人
21	2006年9月11—15日	法国	VTS委员会第24次会议	郎荣威等3人
22	2006年9月18—22日	法国	ENAV委员会第1次会议	马建设等3人
23	2006年10月9—13日	法国	EEP委员会第8次会议	沈志江等2人
24	2006年10月16—20日	法国	ANM委员会第8次会议	苗猛等2人
25	2007年3月12—16日	法国	VTS委员会第25次会议	郎荣威等4人
26	2007年3月19—23日	英国	ENAV委员会第2次会议	马建设等4人
27	2007年4月16—20日	法国	EEP委员会第9次会议	沈志江等2人

〔续表〕

序号	会议日期	会议地点	会议名称	相关人员
28	2007年9月17—21日	挪威	ENAV委员会第3次会议	马建设等3人
29	2007年10月8—12日	法国	EEP委员会第10次会议	沈志江等2人
30	2007年10月15—19日	法国	ANM委员会第10次会议	苗猛等3人
31	2008年2月25—29日	中国	ENAV委员会第4次会议	马建设等3人
32	2008年3月3—7日	法国	VTS委员会第27次会议	郎荣威等2人
33	2008年4月7—11日	法国	EEP委员会第11次会议	沈志江等3人
34	2008年4月14—18日	法国	ANM委员会第11次会议	刘德波等3人
35	2008年9月8—12日	法国	VTS委员会第28次会议	郎荣威等2人
36	2008年9月15—19日	法国	ENAV委员会第5次会议	马建设等3人
37	2008年10月6—10日	丹麦	EEP委员会第12次会议	沈志江等2人
38	2009年3月2—6日	法国	VTS委员会第29次会议	郎荣威等2人
39	2009年3月23—27日	法国	EEP委员会第13次会议	沈志江等2人
40	2009年9月14—18日	法国	VTS委员会第30次会议	郎荣威等2人
41	2009年10月12—16日	法国	EEP委员会第14次会议	沈志江等2人
42	2009年10月19—23日	法国	ANM委员会第14次会议	苗猛等2人
43	2010年3月19—29日	南非	IALA第17届大会	刘功臣、马建设等7人
44	2010年5月6—7日	挪威	IALA-NET执委会第8次会议	刘福生等2人
45	2010年9月13—17日	法国	VTS委员会第31次会议	郎荣威等2人
46	2010年10月4—8日	法国	EEP委员会第15次会议	沈志江等2人
47	2010年10月9—16日	法国	ANM委员会第15次会议	柴进柱等2人
48	2011年3月28日至4月1日	法国	EEP委员会第16次会议	沈志江等2人
49	2011年4月2—9日	法国	ANM委员会第16次会议	柴进柱等2人
50	2011年9月11—18日	法国	IALA针对全球海事信息共享工作组会议	侯安健
51	2011年10月10—14日	法国	EEP委员会第17次会议	沈志江等2人
52	2011年10月17—21日	法国	ANM委员会第17次会议	郎荣威等2人
53	2012年4月16—20日	法国	EEP委员会第18次会议	沈志江等2人
54	2012年4月23—27日	法国	ANM委员会第18次会议	郎荣威等2人
55	2012年10月15—19日	法国	EEP委员会第19次会议	沈志江等2人

(四)东亚海道测量委员会

东亚海道测量委员会(EAHC)成立于1971年,是一个在IHO框架下的地区性海道测量合作组织。1985年中国加入EAHC,1995年当选EAHC第7届副主席国,2000年当选EAHC第8届主席国。该组织现成员包括中国、日本、韩国、朝鲜、泰国、新加坡、菲律宾、印度尼西亚、马来西亚等9个国家。

2003年11月11—14日,EAHC第8届大会在中国上海召开。交通部海事局副局长郑和平,天津海事局马亚平、张铁军、张安民、刘东全、白亭颖、桑金等出席会议,是为北海航海保障系统首次派员出席EAHC大会。本次会议审议了EAHC委员会工作报告,讨论了EAHC章程修订稿、各成员国海道测量活动报告和系列技术报告。2006年9月19—22日,EAHC第9届大会在韩国召开。交通部海事局副局长王金付、天津航测科技中心高级工程师白亭颖等3人出席会议。会议讨论了电子海图(ENC)测量、EAHC章程修订、EAHC能力建设等相关事宜。2009年10月15—17日,EAHC第10届大会在新加坡召开。交通部海事局副局长刘福生、航测处高级工程师徐斌胜、天津航测科技中心工程师马敏3人出席会议。会议听取了EAHC主席、各成员国工作报告,并就EAHC能力建设等问题展开讨论。会议研究确立了区域间海道测量事务紧急联络机制,交通部海事局高级工程师徐斌胜任中国联络员。

图 8-1-642 2009年10月15—17日,天津海事局派员出席EAHC第10届大会

2010年1月20—22日,EAHC电子海图工作组第3次会议暨第4次协调会在泰国曼谷召开。交通部海事局航测处副处长徐斌胜、天津航测科技中心工程师夏启兵2人出席会议。第3次电子海图工作组会议主要讨论了南中国海电子海图更新、EAHC电子海图目录等事宜。第4次协调会主要讨论通过了ENC任务工作组和技术咨询工作组工作职责、研究讨论了EAHC电子海图任务工作组和传输标准维护与应用开发等技术工作组报告。2010年7月19—21日,EAHC电子海图工作组第5次会议在泰国芭提雅召开。天津航测科技中心副主任白亭颖等3人出席会议。会议主要就东亚电子海图计划修订、电子海图质量控制和交互检查、制作任务分配等问题展开讨论并达成共识。在此期间,举行了EAHC新版网站发布仪式。

图 8-1-643 2010年7月19—21日,天津海事局派员出席EAHC电子海图工作组第5次会议

2011年7月12—15日,EAHC电子海图工作组第7次会议在中国北京召开。交通运输部海事局常务副局长陈爱平,航测处处长曾晖、副处长徐斌胜,天津航测科技中心副主任白亭颖等10人出席会议。会议通报了区域间协调委员会(IRCC)有关会议情况,"达飞利波拉"轮搁浅事故,电子海图覆盖范围,数据的汇交和更新,成员国间在Band 1、Band 2和Band 3电子海图最新协作等情况,并形成一个行动项目,即:2011年8月底前,中国针对"WEND原则"存在不足而提交的文件,经由EAHC主席指派技术顾问组研究后,发布通函征求各成员国意见。2012年9月4—6日,EAHC第11届大会在泰国清迈召开。交通运输部海事局副局长李世新、天津航测科技中心副主任白亭颖等3人出席会议。会议听取了EAHC主席工作汇报,各成员国提交了海道测量国家报告,并就ENC工作组、区域电子海图协调中心相关事宜展开讨论。

图8-1-644 2012年9月4—6日,天津海事局派员出席EAHC第11届大会

截至2012年,北海航海保障系统派员出席EAHC会议及相关活动总计7批次、共计12人次,对持续推动辖区航海保障事业发展、不断增强中国在区域海道测量事务中的话语权和影响力起到重要作用。

2003—2012年北海航海保障系统出席东亚海道测量委员会会议一览表

表8-1-128

序号	会 议 日 期	会 议 地 点	会 议 名 称	相 关 人 员
1	2003年11月11—14日	中国	EAHC第8届大会	郑和平、马亚平、张铁军等
2	2006年9月19—22日	韩国	EAHC第9届大会	王金付、白亭颖等3人
3	2009年10月15—17日	新加坡	EAHC第10届大会	刘福生、徐斌胜、马敏
4	2010年1月20—22日	泰国	ENC工作组第3次会议暨第4次协调会	徐斌胜、夏启兵
5	2010年7月19—21日	泰国	ENC工作组第5次会议	白亭颖等3人
6	2011年7月12—15日	中国	EAHC电子海图组第7次会议	陈爱平、曾晖、徐斌胜、白亭颖
7	2012年9月4—6日	泰国	EAHC第11届大会	李世新、白亭颖等3人

(五)远东无线电导航服务网

远东无线电导航服务网(FERNS)成立于1992年,由中国交通部安监局、日本海上保安厅灯台部、韩国海运和港口管理局、俄罗斯联邦无线电导航委员会等4个官方机构发起设立,并在莫斯科签订《建立远东地区罗兰C和恰卡台联合导航服务国际项目协议》。根据协议约定,FERNS设立理事会,具体负责相关国际合作协调工作,旨在通过开展区域间国际合作,推动远东地区罗兰C(Loran-C)和恰卡(Chayka)系统无线电导航服务发展。该理事会至少每年召开一次全体会议,由四个理事国轮流承办。经交通部授权,交通部安监局负责FERNS相关事务以及在中国举办的FERNS理事会会议,天津航测科技中心承担相关信息通报交流工作。

1994年10月10—15日,FERNS理事会第3次会议在中国北京召开。会议由交通部安监局局长林玉乃主持。理事国韩国、日本和俄罗斯派员出席会议。菲律宾、美国海岸警卫队和IALA作为观察员派员参加了此次会议。会议通报了成员国罗兰C或恰卡台链运行维护和沟通联络等情况,研究讨论了罗兰C协作链相关运行程序事宜。天津航测科技中心副主任马建设协助承办FERNS会议相关事宜,是为北海航海保障系统首次派员出席FERNS大会。

1998年10月12—16日,FERNS理事会第7次会议再次在中国北京召开。会议由交通部安监局副局长王金付主持,局长刘功臣出席会议并致辞。理事国韩国、日本和俄罗斯派代表团出席会议。美国海岸警卫队和IALA作为观察员参加了此次会议。会上,各成员国通报了本国罗兰C或恰卡系统运行维护情况,听取了西北欧罗兰C组织(NELS)、美国海岸警卫队关于罗兰C发展前景研究成果。会议讨论审议了日本提出的签订新的政府间协定事项。会议承办等相关事宜仍由马建设具体负责。

2000年12月22日,在历经数年的讨论后,中国、俄罗斯、日本、韩国四国政府在莫斯科签订新协定——《中华人民共和国政府、日本国政府、大韩民国政府、俄罗斯联邦政府关于在远东水域使用罗兰C和恰卡台站建立联合无线电导航服务国际项目的协定》,将FERNS升格为政府间国际合作组织。该协定明确规定:缔约国政府有义务确保罗兰C和恰卡无线电导航系统长期协调运行,无歧视地为国际社会提供无线电导航服务,协助完成IALA有关安全航行方面的任务;缔约国政府有责任长期提供其罗兰C、恰卡和罗兰C/恰卡联合台链地面站的运行服务,且缔约各方在一个协作链内的投入至少应包括一个地面站。根据协定,中国政府投入运行的罗兰C地面站总计6个,分别位于饶平、贺县、崇左、和龙、荣城、宣城;日本政府投入运行的罗兰C地面站总计4个,分别位于十胜太、南鸟岛、庆左次、新岛;韩国政府投入运行的罗兰C地面站总计2个,分别是浦项、光州;俄罗斯政府投入运行的恰卡地面站总计4个,分别位于彼德罗巴甫洛夫斯克、亚历山德罗夫斯克、鄂霍斯克、乌苏里斯克(双城子)。

2002年10月14—18日,FERNS理事会第11次会议在中国西安召开。交通部海事局副局长王金付主持会议,航测处处长韩伟、天津航测科技中心马建设出席会议。来自中国、日本、韩国和俄罗斯四个理事国,以及作为观察员的IALA和美国海岸警卫队共计20名代表参加会议。会议听取了各理事国关于其罗兰C/恰卡系统一年来运行情况以及下一年度停机维护计划,交流了台链管理经验,探讨了相关技术问题;通报了各国沿海无线电指向标-差分全球定位系统(RBN-DGPS)建设和运行情况,并就解决同频台站相互干扰问题深入研讨;修改了《FERNS合作台链运行指南》;通过了有关合作台链的配布、时间基准、坐标系统、监控等6项决议案。中国代表团向会议提交了5份文件,包括:中国罗兰C系统运行情况年度报告、中国罗兰C系统2003年度停机维护计划、天线基础绝缘子更换、中国沿海RBN-DGPS台站频率变更情况和修订FERNS运行指南的建议。与会代表本着相互理解与合作的精神,圆满完成会议各项议程。会议期间,交通部海事局常务副局长刘功臣专程赴西安看望与会各国(组织)代表。

2003年9月29日至10月3日,FERNS理事会第12次会议在日本东京召开。交通部海事局航测处处长韩伟、天津航测科技中心副主任马建设出席会议。参加本次会议的有中国、日本、韩国和俄罗斯四个理事会成员国,以及作为观察员的IALA、美国海岸警卫队、西北欧罗兰C组织、国际罗兰协会、美国航空管理局、日本航标协会、日本海洋科技大学代表共33名。会议听取了各成员国关于其罗兰C/恰卡系统一年来的运行和发展情况报告。中国代表团向会议提交了4份文件,包括中国罗兰C系统运行情况年度报告、中国罗兰C系统2004年度停机维护计划、关于Eurofix技术在中国的研究现状,以及中国罗兰C系统技术报告。会议讨论了其他无线电导航服务的协调问题。本次会议通过各国代表的共同努力,开得圆满成功,达到了交流信息、增进理解和加强协调合作的预期目标。

图8-1-645　2003年9月29日至10月3日,天津海事局派员出席FERNS理事会第12次会议

2006年10月13—17日,FERNS理事会第15次会议在中国海南三亚召开。会议由交通部海事局副局长郑和平主持,来自中国、俄罗斯、日本、韩国、挪威、IALA等国家和国际组织派员出席会议。会上,各方代表介绍了各国罗兰C/恰卡系统及其他无线电导航设施运行状况,相互通报了协作运行情况和翌年停机计划。中国向会议提交了关于罗兰C运行情况报告及罗兰系统同步控制技术论文,并介绍了中国岸基自动识别系统(AIS)基站建设情况。英国委托挪威观察员介绍了英国灯塔管理局正在研究的e罗兰概念进展情况。

2010年10月25—29日,FERNS理事会第19次会议在中国上海召开。会议由交通运输部海事局航测处副处长徐斌胜主持,来自中国、俄罗斯、日本、韩国四个理事国以及IALA和挪威观察员共22名代表出席会议。会上,各方代表通报了各国罗兰C/恰卡系统运行状态,中国提交了关于罗兰C系统运行状况报告及未来停机计划,介绍了基于虚拟仪器的罗兰C检测系统和国内RBN-DGPS系统建设与发展,以及AIS在内河海事管理中的应用。其他各国亦介绍了各自无线电导航服务发展情况,英国观察员则介绍了该国e罗兰发展建设情况。会议期间,日方代表曾提议修订FERNS协议,但中方代表认为:FERNS作为一个政府间国际合作组织,其理事会不具有修改协议权力,而应由各成员国政府决定,建议各国理事向各自政府汇报该事宜,由政府出面或者由政府授权后再讨论FERNS协议修订问题。中方意见获得其他成员国代表支持,日方动议遂被驳回否决。

图 8-1-646　2010 年 10 月 25—29 日，天津海事局派员出席 FERNS 理事会第 19 次会议

2012 年 11 月 23—26 日，FERNS 理事会第 21 次会议在俄罗斯召开。交通运输部海事局航测处处长曾晖、天津航测科技中心马敏出席会议，并就罗兰 C 系统运行情况的国家报告、2012 年罗兰 C 系统信号的利用率情况，以及 2013 年罗兰 C 系统台站的停机维护计划等与外方沟通协调。会议并就 FERNS 合作台链的运行和技术问题、远东地区其他无线电导航服务的协调问题，以及其他相关事宜深入研究、讨论并交换意见。

图 8-1-647　2012 年 11 月 23—26 日，天津海事局派员出席 FERNS 理事会第 21 次会议

截至 2012 年，北海航海保障系统派员参加 FERNS 会议及相关活动总计 20 批次、共计 21 人次。其中，天津航测科技中心副主任马建设连续近 20 年全程参与 FERNS 会议及相关活动，并担负大量具体事务性工作，赢得各成员国代表一致赞誉，为 FERNS 发展作出重要贡献。

1992—2012年北海航海保障系统出席远东无线电导航服务网会议一览表

表 8-1-129

序号	会议日期	会议地点	会议名称	相关人员
1	1992年9月	俄国	理事会第1次会议	
2	1993年	韩国	理事会第2次会议	
3	1994年10月10—15日	中国	理事会第3次会议	林玉乃、郭莘、马建设等9人
4	1995年10月23—27日	日本	理事会第4次会议	郭莘、韩伟、马建设等6人
5	1996年9月23—27日	俄罗斯	理事会第5次会议	王金付、马建设等5人
6	1997年10月13—17日	韩国	理事会第6次会议	梁宇、马建设等6人
7	1998年10月12—16日	中国	理事会第7次会议	王金付、马建设等5人
8	1999年9月27日至10月1日	日本	理事会第8次会议	王金付、马建设等6人
9	2000年10月2—6日	俄罗斯	理事会第9次会议	梁宇、马建设等4人
10	2001年9月17—21日	韩国	理事会第10次会议	郑和平、马建设等5人
11	2002年10月14—19日	中国	理事会第11次会议	王金付、韩伟、马建设等6人
12	2003年9月29日至10月3日	日本	理事会第12次会议	韩伟、马建设等5人
13	2003年11月27—28日	韩国	FERNS工作组会议	韩伟、马建设等3人
14	2004年9月6—10日	俄罗斯	理事会第13次会议	程立民、马建设等5人
15	2005年10月24—28日	韩国	理事会第14次会议	韩伟、马建设等5人
16	2006年11月13—17日	中国	理事会第15次会议	郑和平、韩伟、马建设等6人
17	2007年10月28日至11月3日	日本	理事会第16次会议	韩伟、马建设等5人
18	2008年11月11—14日	俄罗斯	理事会第17次会议	韩伟、马建设等4人
19	2009年11月3—6日	韩国	理事会第18次会议	李文华、马建设等4人
20	2010年10月25—29日	中国	理事会第19次会议	徐斌胜、马建设、马敏等10人
21	2011年11月7—11日	日本	理事会第20次会议	徐斌胜、马建设等5人
22	2012年10月23—26日	俄罗斯	理事会第21次会议	曾晖、马敏等5人

二、国际规则

国际规则系指被多数国家接受并遵守的行为规范。按照国际法效力划分,有强制性和非强制性之别。航海保障工作适用的国际规则主要包括 UN、IMO、IHO、ITU、IALA 等国际组织颁行的国际公约、条约、协定、规章、规则,以及相关标准、规范、建议、指南和国际惯例等。履行相关国际规则是国际公约缔约国和国际组织成员国的责任与义务,对推动全球航海保障事业建设发展具有重要意义。

(一)国际公约

20世纪初,随着国际贸易复苏和航运经济发展,海难事故日益增多,航行安全问题逐步引起世界各国政府及航运界高度关注。各种相关国际组织应运而生,通过并签署了一系列多边协作公约,国际海上航行安全合作与交流随之日趋加强,相关领域航海保障协调机制逐步建立、发展和完善。

航海保障事业是船舶航行安全的基础性保障力量,与之密切相关的国际公约总计9部,包括《国际无线电报公约》《国际海上人命安全公约》《国际电信公约》《国际海事组织公约》《国际海道测量组织公约》《国际油污损害民事责任公约》《国际海上搜寻救助公约》《联合国海洋法公约》《制止危及海上航行安全非法行为公约》。上述公约及其附则详细规定了各签署国政府在保障船舶航行安全方面应该承担的责任和义务,在不同领域,从不同角度,强制规定或推荐采用与船舶航行安全相关的设施设备配置要求和技术标准,制定并推广与船舶航行安全相关业务的基本规则和实施流程,形成世界性研究审核机制和组织机构,为维护海上人命和财产安全发挥着重要作用。

清光绪二十九年(1903),鉴于无线电通信在海上及其他领域日益广泛应用,国际电报联盟在柏林召开预备无线电大会,研究国际无线电报通信规则等事宜。清光绪三十二年(1906),在柏林正式召开第一次国际无线电大会,由27个国家成立国际无线电报联盟,并签署世界首部《国际无线电报公约》。其附则《国际无线电报规则》指定500千赫兹~1000千赫兹为水上移动无线电报通信业务的工作频段,并规定"SOS"为国际水上无线电报紧急呼救信号。由此,无线电通信在船舶航行安全中的重要作用为国际社会所关注。此后,该公约历经数次修订完善。

1912年,泰坦尼克号邮轮倾覆惨案震惊世界,直接促成第一次国际海上人命安全会议的召开。1913年12月,在英国政府推动下,13个主要航海国家齐聚伦敦,共同商讨建立国际海上交通安全规则等事宜,并于1914年1月20日通过世界首部《1914年国际海上人命安全公约》(SOLAS公约)。该公约建议各国政府应考虑统一港口和潮汐信号问题;要求50人以上商船必须装设无线电报机,并规定500千赫兹为无线电报国际遇险通信频率,无线电通信自此成为海上船舶航行安全的重要保障之一。该公约虽因第一次世界大战爆发未能生效,但其中诸多条款为部分西方国家所采纳。1929年5月1日,英国政府再次邀请18个国家在伦敦召开第二次国际海上人命安全会议,并签署《1929年国际海上人命安全公约》,规定1600总吨以上货船必须装备无线电报设备。此后,该公约多次修订完善,并设置若干技术委员会,专门研究无线电通信及航行安全等事宜。

1932年,在西班牙马德里召开的国际电信会议,决定将原国际电报联盟和国际无线电报联盟合并,组建国际电信联盟(International Telecommunication Union,简称ITU)。同时决定将《国际电报公约》与《国际无线电报公约》合并修订,并共同签署《国际电信公约》。该公约规定了ITU的宗旨、组织机构、国际公众通信基本准则、无线电频率合理使用等一般性条款,以及该组织在开展活动时必须遵循的程序和规定,其附则包括《无线电规则》《电报规则》《电话规则》等。此后,该公约及其附则多次修订、补充和完善,至今仍是世界各国开展电信活动必须遵守的国际法律和规则。

1948年3月6日,联合国在日内瓦召开的海事会议通过《政府间海事协商组织公约》。该公约规定了IMCO的宗旨、组织结构、会员国权利和义务等,旨在加强各国政府在国际贸易航运技术规章和惯例方面的合作与交流,敦促各国政府采取更高标准应对海上安全、航行效率和海上污染等问题,鼓励各国政府取消对国际贸易航运的歧视行为和不必要限制,以及研究航运对海洋环境影响等事宜。

1967年,在摩纳哥召开的第九届国际海道测量大会通过《国际海道测量组织公约》,旨在加强缔约国间国际海图编制、航海图书标准化、海图和航海书刊收集发行、技术人员培训、建立潮汐资料库、编制大洋水深总图、设立无线电航行警告机构等方面的合作与交流。

1967年,利比里亚籍"托利·勘庸"(Torry Canyon)油轮在英吉利海峡触礁断裂,发生严重溢油污染事故,造成英国、法国、荷兰等国海岸大面积污染。为此,IMCO于1969年11月在布鲁塞尔召开国际油污染损害赔偿专题会议,并通过《国际油污损害民事责任公约》。该公约规定:"肇事船舶所有人应对油污损害作出赔偿,但完全由于负责灯塔或其他助航设备的政府或其他主管当局,在执行其职责时的疏忽或其他过失行为所造成的损害,肇事船舶不承担赔偿责任。"此后,该组织数次颁布该公约议定书和修正案。中国作为该公约缔约国之一,从其规定。

1972年5月中华人民共和国恢复ITU成员国地位后,于同年10月25日宣布加入《1965年蒙特勒国际电信公约》。1974年10月,中国代表团出席IMCO在英国伦敦召开的第五次国际海上人命安全会议,协商通过《1974年国际海上人命安全公约》,并于1980年1月7日签署加入该公约,同年5月25日在中国正式生效。该公约包括12章及附则,对航标、测绘、通信等航海保障工作均作出具体规定。其中,第五章"航行安全"第14条"助航设施"规定:"各缔约国政府有义务在其认为因交通量和危险性有此必要时,作出设立和维修助航设备并向一切有关方面提供其助航设备相应资料的安排";第20条"航海出版物"规定:"所有船舶应备有为其计划航线所必需的足够和最新的海图、航路指南、灯塔表、航行警告、潮汐表以及一切其他航海出版物"。第四章"无线电通信设备"第 5 条"无线电通信业务"规定："各缔约国政府在其认为必要和可行时,应充分考虑本组织的建议案,单独或与其他缔约国政府合作,为空间和地面无线电通信业务提供可用而适当的岸上设施,其主要业务包括:静止卫星通信、极轨道卫星通信、甚高频通信、高频通信、中频通信"。第五章"航行安全"第 10 条"遇险通信义务和程序"则规定了遇险通信参与各方的义务和通信流程。

在此期间,IMCO 在德国汉堡召开国际海上搜救大会,讨论搜寻救助海上遇险人员的国际合作事宜,通过《1979 年国际海上搜寻救助公约》,旨在为各国搜寻救助机构提供行为指南,同时提出建设全球海上船舶遇险与安全通信网络规划。该公约第二章"组织"第 1 条规定："各缔约国应使其搜救服务能对遇险呼叫迅速作出反应",第 3 条规定："每一个救助协调中心和救助分中心都须有通过海岸无线电台或其他方面接收遇险通信的适当设施";第五章"工作程序"第 1 条规定："各缔约国须保证在国际遇险频率上连续保持认为可行和必要的无线电值守,收到任何遇险呼叫或电信的海岸电台须立即通知适当的救助协调中心或救助分中心,并在一个或几个国际遇险频率上或者其他适当频率上根据需要予以重播以通知船舶,然后按照主管当局决定采取下一步行动"。中国政府随即批准加入该公约,并按照该公约要求成立了中国海上搜救中心,是为国家海上遇险搜救工作的协调指挥机构。

1982 年 12 月,联合国在牙买加蒙特哥湾召开第三次海洋法会议,通过《联合国海洋法公约》,获 150 余个国家批准。该《公约》第 21 条规定："沿海国可依本公约规定和其他国际法规则,制定有关航行安全及海上交通管理、保护助航设备和设施以及其他设施或设备等方面的法律和规章";第 22 条规定："沿海国考虑到航行安全认为必要时,可要求行使无害通过其领海权利的外国船舶,使用其为管制船舶通过而指定或规定的海道和分道通航制,并应在海图上清楚地标出这种海道和分道通航制,且将该海图妥为公布";第 41 条规定："海峡沿岸国可于必要时为海峡航行指定海道和规定分道通航制,以促进船舶的安全通过,并应在海图上清楚地标出其所指定或规定的一切海道和分道通航制,且将该海图妥为公布";第 43 条规定："海峡使用国和海峡沿岸国应通过协议,合作维持必要的助航和安全设备或帮助国际航行的其他改进办法。"

1988 年 3 月,IMO 在罗马召开制止危及海上航行安全非法行为专题会议,通过《1988 年制止危及海上航行安全非法行为公约》。该公约第 3 条规定："任何非法或故意毁坏,或严重损坏海上导航设施,或严重干扰其运行,且有可能危及船舶航行安全的行为,将构成犯罪。"

1989 年,ITU 在法国尼斯召开成员国全权代表大会,决定将《国际电信公约》中长期性条款纳入《国际电信联盟组织法》,需要经常修订的条款形成《国际电信联盟公约》,并于 1996 年 1 月 1 日正式生效。此后,该公约历经数次修订完善,沿用至今未变。

2004 年 5 月,IMO 海上安全委员会通过《1974 年国际海上人命安全公约》第五章修正案。其"航行安全"第 9 条"水文服务"规定："各缔约国政府有义务承担水文资料的收集和编制职责,并应出版、传播以及不断更新航行安全所必需的所有航海资料;各国应共同合作,以适合于助航目的的方式进行水文勘测,编制发布海图、航行指南、灯塔表、潮汐表和其他航海出版物,并及时发布更新内容等活动;尽最大可能确保海图和航海出版物的统一,无论何时都应考虑到国际决议和建议;确保在全球范围内及时、可靠并明确地提供水文和航行资料。"第 13 条"航标的设置与操作"规定："各缔约国政府在其认为必要和可行时,独自或与其他国家政府合作提供助航设备;为使助航设备尽可能统一,缔约国政府在设立助航设备时,应注意国际上有关推荐标准及指南;缔约国政府应安排向所有有关方面提供这些助航设备的相关信息;应尽可能避免会对船上设置的接收机产生不利影响的定位系统发送的变化,并仅在及时和适当地发布通告之后才可实行。"第 27 条"海图和航海出版物"规定："各缔约国政府应保证海图和航海出版物,如航路指南、灯塔表、航海通告、潮汐表,以及预定航程所需的所有其他航海出版物供给充足并保持更新。"

截至2012年,北海航海保障系统在履行相关国际公约责任与义务、不断提高履约能力水平的基础上,适时跟踪研究相关国际组织技术政策发展方向,持续开展国内转化接轨工作,为加快全国航海保障事业"科学化、规范化、国际化"建设作出重要贡献。

1906—2012年北海航海保障系统参照的主要国际公约一览表

表 8-1-130

序号	国际公约	通过日期	生效日期	中国加入日期	中国生效日期
1	柏林国际无线电报公约	1906年		—	
	伦敦国际无线电报公约	1912年		1920年	
	华盛顿国际无线电报公约	1927年		—	
2	1914年国际海上人命安全公约	1914年1月20日	未生效	—	
	1929年国际海上人命安全公约	1929年5月1日	1933年	1933年	
	1948年国际海上人命安全公约	1948年6月10日	1952年11月19日		
	1960年国际海上人命安全公约	1960年6月17日	1965年5月26日		
	1974年国际海上人命安全会议 IMO A.304(8)决议	1973年11月23日			
	1974年国际海上人命安全公约	1974年11月1日	1980年5月25日	1980年1月7日	1980年5月25日
	1974年国际海上人命安全公约1978年议定书	1978年2月17日	1981年5月1日	1982年12月17日	1983年3月17日
	1974年国际海上人命安全公约1981年11月修正案	1981年11月20日	1984年9月1日	默认接受	
	1974年国际海上人命安全公约1988议定书	1988年11月11日	2000年2月3日	1995年2月3日	2000年2月3日
	1974年国际海上人命安全公约1988年11月修正案	1988年11月9日	1988年11月9日	—	
	1974年国际海上人命安全公约1991年5月修正案	1991年5月23日	1994年1月1日	—	
	1974年国际海上人命安全公约1994年5月修正案	1994年5月		—	
	1974年国际海上人命安全公约1995年11月修正案	1995年11月29日	1995年11月29日	—	
	1974年国际海上人命安全公约1996年12月修正案	1996年12月		—	
	1974年国际海上人命安全公约1997年6月修正案	1997年6月4日	1999年7月1日	—	
	1974年国际海上人命安全公约1998年5月修正案	1998年5月18日	2002年7月1日	—	
	1974年国际海上人命安全公约2000年12月修正案	2000年12月5日	2002年7月1日	—	
	1974年国际海上人命安全公约2002年5月修正案	2002年5月24日	2004年1月1日	—	

〔续表〕

序号	国际公约	通过日期	生效日期	中国加入日期	中国生效日期
2	1974年国际海上人命安全公约2003年7月修正案	2003年7月		—	
	1974年国际海上人命安全公约2004年2月修正案	2004年2月			
	1974年国际海上人命安全公约第五章修正案	2004年5月		—	
3	马德里国际电信公约	1932年	1934年1月1日	—	
	大西洋城国际电信公约	1947年		—	
	日内瓦国际电信公约	1959年			
	蒙特勒国际电信公约	1965年		1972年10月25日	
	马拉加国际电信公约	1973年10月25日		1973年10月25日	
	内罗毕国际电信公约	1982年11月6日	1984年1月1日	1982年11月6日	1985年9月10日
	尼斯国际电信联盟公约	1989年		1989年	
	日内瓦国际电信联盟公约	1992年12月22日		1997年5月9日	
	京都国际电信联盟公约	1994年		1994年	
	明尼阿波利斯国际电信联盟公约	1998年		1998年	
4	政府间海事协商组织公约	1948年3月6日	1958年3月17日	1973年3月1日	1973年3月1日
	国际海事组织公约	1982年5月22日	1982年5月22日	1982年5月22日	1982年5月22日
5	国际海道测量组织公约	1967年5月3日	1970年9月22日	1967年12月31日	1970年9月22日
6	国际油污损害民事责任公约	1969年11月	1975年6月19日	1980年1月30日	1980年4月29日
7	1979年国际海上搜寻救助公约	1979年4月	1985年6月22日	1985年6月24日	1985年7月24日
8	联合国海洋法公约	1982年12月10日	1994年11月16日	1982年12月10日	1996年5月15日
9	1988年制止危及海上航行安全非法行为公约	1988年3月	1992年3月1日	1988年11月25日	中国未接受第16条第1款

(二)航标国际规则标准

19世纪中叶,随着全球航海活动蓬勃发展,世界各国通航水域导助航设施建设得以兴盛,渐次形成规制庞杂的航标体系,一度曾有30余种不同形制规则的浮标系统并存使用。由于浮标制式规则不统一甚至相互冲突,航海者识别应用极为困难,严重影响船舶航行安全。清光绪十五年(1889),世界28个国家在美国华盛顿联合召开国际海务大会(International Marine Conference),共同商讨建立统一的国际浮标系统,原则同意采用黑色罐形浮标标示进港方向左侧航道,用红色锥形浮标标示进港方向右侧航道,是为与会各国为统一海上助航标志而做出的首次尝试和努力。

19世纪末,灯浮标问世并推广应用,欧洲国家将红色灯光用于标示进港方向左侧航道,北美国家则将红色灯光用于标示进港方向右侧航道,历经多年协商,未能就灯浮标使用规则达成一致。1912年,欧洲国家在俄国圣彼得堡召开大会,推翻了华盛顿会议关于红色和黑色浮标所标示方位的国际规则,统一采用与之相反的系统。1930年,中华民国海关总税务司署派员出席国际联盟(League of Nations)在葡萄牙里斯本召开的航标专题会议,磋商"统一海岸浮标灯塔信号"等相关事宜。会上,中国代表团提出将沿海潮水暨水深度信号制度稍作修改之意见,以及取消雾天信号所用信号特征,并与其接连之灯塔所用信号特征相一致的建议,得到会议赞同并采纳。会后,中华民国海关总税务司梅乐和无比自豪地说:"海关代表在会议期间为中国取得相当声望",是为中国航标代表团在国际舞台上首次发挥重要作用。

1936年,国际联盟成员国代表在瑞士日内瓦再次召开会议,正式确定统一采用欧洲浮标制式,并签署相关协议。然而,由于第二次世界大战爆发,部分北美和东亚国家依旧沿用各自浮标系统,这份在国际联盟支持下起草的国际协议无果而终。第二次世界大战后,尽管若干国家参照日内瓦会议确立的基本原则,各自重建了浮标系统,但因历史形成的习惯不同,各国浮标系统依然存在较大差异。

1957年IALA成立后,随即着手制定航标建设及维护管理等方面的建议和指南,致力于推动全球海上浮标系统协调一致。1971年,IALA结合各国浮标系统实际状况,兼顾历史形成的不同习惯,提出A、B两种浮标制式并存方案。1976年,经IMCO讨论通过,该方案在成员国推广使用。1980年,IALA第10届大会审议确认A、B两种浮标系统适用区域划分方案,除美洲、日本、韩国、菲律宾等国家和地区采用B系统外,其他国家地区一般采用A系统,沿用至今未变。

之后,随着国际航运事业发展和科学技术进步,导助航手段日益丰富,IALA适时发布了一系列相关建议和指南,涵盖了视觉航标、音响航标、无线电航标、航标工程、历史灯塔保护、航标遥测遥控、航标维护、航标服务质量管理体系等航标领域的各个方面。尽管IALA编制的建议和指南属于指导性文件,并不具备法律强制效力,但各成员国大多参照执行,具有很高的权威性。在此期间,北海航海保障系统实时跟踪IALA相关建议、指南等发展变化动态,组织开展国内转化工作,先后牵头编制或参与修订《无线电指向标站管理规则》《无线电指向标站设备操作保养规则》《沿海无线电指向标-差分全球定位系统播发标准》《海区航标维护-固定建(构)筑物》等航标行业标准,以及《沿海无线电指向标-差分全球定位系统建设技术要求》《沿海无线电指向标-差分全球定位系统台站管理规则》《沿海无线电指向标-差分全球定位系统设备操作规则》《海事系统助航设施防雷技术规范》《交通部海事局航测质量管理体系运行管理办法(试行)》等航标管理规范。

截至2012年,北海航海保障系统参照执行的IALA、ITU相关建议、指南等总计145部。其中,与中国沿海航标领域密切相关的25部建议、指南等已转换为国家和行业标准、管理规范29部,其中包括由该系统牵头组织编制或参与修订的国内行业标准4部、管理规范5部,为规范和引领中国航标管理发挥了重要作用。

1975—2012年北海航海保障系统参照的主要航标国际规则标准一览表

表 8-1-131

序号	国际规则标准	发布日期	现行版本/修订日期	中国相关标准规范/生效日期
1	关于通用系碇用具设计的建议	1975年6月	已撤销	浮标锚链(GB 2558—1981)/1982年1月1日
2	海上浮标锚系实用要求	1989年6月	第1.1版/2010年6月	浮标锚链(JT/T 100—1991)/1993年12月1日
3	关于导灯的建议	1977年5月	已撤销	水运工程导标设计规范(JTJ 237—1994)/1994年10月1日
4	关于灯光信号的颜色的建议	1977年12月	已撤销	航标灯光信号颜色(GB 12708—1991)/1991年10月1日
5	关于航标视觉信号的表面颜色的建议	1980年5月	已撤销	中国海区视觉航标表面色规定(GB 17381—1998)/1999年2月1日
6	关于节奏光有效光强的计算的建议	1980年11月	已撤销	航标灯光强测量和灯光射程计算(JT/T 7007—1993)/1993年8月1日
7	国际航标协会(IALA)海上浮标制度	1980年11月	《助航指南》(第6版2010年~2014年)	中国海区水上助航标志(GB 4696—1984)/1985年8月1日;中国海区水上助航标志形状显示规定(GB 16161—1996)/1996年10月1日;中国海区应急沉船示位标设置管理规则(试行)(海航测〔2007〕363号)/2007年9月1日

第八章 合作与交流

〔续表一〕

序号	国际规则标准	发布日期	现行版本/修订日期	中国相关标准规范/生效日期
8	关于近海建(构)筑物标志的建议	1984年11月	已撤销	中国海区水中建(构)筑物标志规定(GB 17380—1998)/1999年2月1日
9	关于可航行水道上固定桥梁标志的建议	1987年5月	已撤销	中国海区可航行水域桥梁助航标志(GB 24418—2009)/2010年2月1日
10	关于海区雷达信标(雷达应答器)的建议	1989年4月	已撤销	海区雷达应答器管理办法(交水监字〔88〕345号)/1988年9月23日；雷达指向标通用技术条件(JT/T 74—93)/1995年1月1日
11	关于海上无线电指向标的建议	1990年6月	已撤销	无线电指向标站管理规则(JT/T 149—94)/1995年4月1日；无线电指向标站设备操作保养规则(JT/T 150—94)/1995年4月1日
12	关于在283.5~315千赫兹(1区)和285~325千赫兹(2和3区)频段的航海无线电指向标全球导航卫星系统差分发射的技术特性	1992年1月	ITU-R M.823-2/1997年1月	沿海无线电指向标-差分全球定位系统建设与验收技术标准(试行)(安监字〔1997〕148号)/1997年6月4日；沿海无线电指向标-差分全球定位系统台站管理规则(试行)(安监字〔1997〕148号)/1997年6月4日；沿海无线电指向标-差分全球定位系统设备操作规则(试行)(安监字〔1997〕148号)/1997年6月4日；沿海无线电指向标-差分全球定位系统播发标准(JT/T 377—1998)/1999年3月1日
13	关于差分全球导航卫星系统(DGNSS)规划的通函	1994年11月	第1版/1994年11月	
14	关于提供1区283.5~313千赫兹频段及2区3区285~325千赫兹海上无线电航行服务的建议R-115	1999年12月	第1.1版/2005年12月	
15	关于283.5~325千赫兹频率波段内DGNSS服务性能和监控的建议R-121	2001年6月	第2版/2015年5月	
16	关于保护灯塔和航标防闪电损坏的指南1012	2000年12月	第3版/2013年5月	海事系统助航设施防雷技术规范(海航测〔2005〕411号)/2005年10月20日
17	AIS指南-第1卷运行事宜1028	2002年12月	已撤销	船载自动识别系统(AIS)技术要求(GB/T 20068—2006)/2006年6月1日
18	AIS指南-第2卷技术事宜1029	2002年12月	已撤销	
19	浮标及小型航标建筑维护指南	2004年12月	已撤销	海区航标维护固定建(构)筑物(JT/T 731—2008)/2009年3月1日
20	标识新沉船的应急反应计划指南1046	2005年6月	第1版/2005年6月	中国海区应急沉船示位标设置管理规则(试行)(海航测〔2007〕363号)/2007年9月1日
21	航标遥测遥控指南1008	2005年7月	第2版/2009年6月	航标遥测遥控系统技术规范(JT/T 788—2011)/2010年11月1日
22	灯塔维护指南1007	2005年12月	第1.1版/2005年12月	海区航标维护固定建(构)筑物(JT/T 731—2008)/2009年3月1日

[续表二]

序号	国际规则标准	发布日期	现行版本/修订日期	中国相关标准规范/生效日期
23	关于航标管理当局质量管理的建议(O-132)	2005年12月	第2.1版/2013年12月	交通部海事局航测质量管理体系运行管理办法(试行)(海航测〔2007〕327号)/2007年7月27日；沿海航标维护质量管理体系导则(JT/T 729—2008)/2008年12月19日
	建立航标服务质量管理体系的指南 1052	2005年12月	第3版/2013年12月	
24	海上信号灯-灯光射程的计算、定义及标记 E-200-2	2008年12月	第1版/2008年12月	航标灯光强测量和灯光射程计算(JT/T 730—2008)/2009年3月1日
25	海上信号灯-测量 E-200-3	2008年12月	第1版/2008年12月	
26	航标维护指南	2009年5月	已撤销	沿海浮动视觉航标维护规程(JT/T 953—2014)/2015年4月5日

(三)测绘国际规则标准

1921年IHB成立后,始终致力于协调各国海道测量活动,并陆续颁布一系列出版物,旨在推动海道测量标准化建设、实现航海图书资料规范统一。在IHO组织架构中,海道测量服务和标准化委员会(HSSC)是具体制定海洋测绘标准的部门。IHO出版物分为若干系列,其中B系列为海洋测深相关出版物,C系列为能力建设相关出版物,M系列为综合类出版物,S系列则为标准和规范。这些出版物对海道测量活动、数字化海道测量数据传输和保护、纸海图、电子海图及相关信息传输和科学表达等各个方面均作出详细规定,为指导各国海道测量和海图制图工作提供了参考依据。IHO标准则全面详尽地规定了海道测量术语定义、测量技术和方法、数据质量控制与保护、海道测量人员资格认证、航海图书资料制作,以及测量船舶配载等基本要求,是IHO成员国必须履行的国际约定。其中,与海道测量地理信息数据或成果直接相关的标准主要包括:《IHO国际海图和海图规范(S-4)》《灯光和雾号表标准(S-12)》《IHO海道测量规范(S-44)》《电子海图显示与信息系统海图内容和显示规范(S-52)》《IHO数字海道测量数据传输标准(S-57)》《栅格航海图制作规范(S-61)》《S-100地理空间信息注册系统组织和管理操作程序(S-99)》《IHO通用海道测量数据模型(S-100)》《水深表面产品规范(S-102)》,成为传统航海图书资料和新一代海道测量数据制作与应用的技术标准。

1968年,IHO发布实施《IHO海道测量规范(S-44第一版)》。该规范规定了海洋测量基本准则和最低标准,涵盖了测量等级、定位、深度、各种测量、数据属性、可疑数据剔除和质量控制准则等,成为外业测量的主要技术标准。1979年中国恢复IHO成员国地位后,北方海区测绘系统逐步参与IHO相关事务,并将IHO相关标准应用到国内海道测绘工作。依据S-44,国家质量技术监督局发布实施了国家标准《海道测量规范》(GB 12327—1990)。

1982年,IHO第12届大会通过《IHO海图规范及国际海图条例(S-4)》。该条例规定了海图符号规格和海图要素标示方法,成为编绘各种比例尺海图应遵循的主要国际标准,是海图标准化进程中的一个重要里程碑。依据S-4(第二版),国家质量技术监督局发布实施了国家标准《中国航海图编绘规范》(GB 12320—1998)。

S-57是配合电子海图显示信息系统(ECDIS)而制定的,最初为IHO于1987年通过的"CEDD"格式,仅供实验使用。1992年5月4—15日,IHO第14届大会通过并发布实施《IHO数字海道测量数据传输标准(S-57第1.0版)》,是为IHO官方标准。该标准描述了海图数据存储格式及读取海图解析方法,是电子海图制作方面的主要技术标准。1994年,IHO发布实施《ECDIS海图内容与显示规范(S-52)》,详细规定了ECDIS在电子海图内容、显示、符号样式、颜色以及电子海图改正等方面应遵循的法则。2003年,IHO发布实施《IHO数据保护方案(S-63)》,针对船载系统电子海图需求,制订了数据保护方案,旨在解决数据服务商和 ECDIS 生产商之间数据交互应用所产生的侵权、盗版以及数据完整性保护等问题。

纵观海道测量和航海图发展历程,S-4、S-57、S-100 代表了海道测量数据应用的三个发展阶段。S-4 提供了船用纸质航海图的技术标准,沿用至今已 30 余年。S-57 制定伊始,旨在全面替代纸质航海图,并建立一种通用的海上数字数据的数据模型,在此基础上构建类似于电子航海图的成果。然而,S-57 最终仅定义了电子航海图制作规范,此为海道测量数据长期以来仅用于电子航海图制作的一个重要原因。由于 S-57 的限制,导致海道测量采集的地理信息数据使用范围极为受限,不仅体现在单位内部的编绘制作,同时体现在对外的数据交换与共享方面。为此,IHO 与国际标准化组织(ISO)合作,于 2001 年提出开发"通用海道测量数据模型"计划,于 2008 年 1 月编制完成代号为 S-100 的海洋地理信息数据标准,并于 2010 年正式发布,计划于 2020 年全面代替 S-57 标准。S-100 根据 ISO 19100 地理信息系列标准编制,共分为 12 个章节,每个章节对应一个 ISO 19100 地理信息标准。基于 S-100,海道测量数据不再局限于电子海图制作,既可以在数据成果形式上得到大幅拓展,同时可为数据交换与共享提供可能性。基于 S-100 数据模型,可以衍生出不同需求的地理信息数据成果。地理信息数据成果由数据制作规范定义,详细规定了海洋地理信息数据产品的用途、格式、符号、维护等信息。

IHO 颁行的标准化文件,为世界各国海道测量机构实施海洋测绘活动提供了统一标准,为海洋测绘成果共享奠定了基础。在此期间,北海航海保障系统实时跟踪国际海道测量政策、标准、技术等发展动态,先后牵头组织编制或参与修订《沿海港口航道测量规范》《海道测量规范》《水运工程测量规范》《海事测绘产品质量评定方法及要求》《沿海港口航道测量技术要求》等海洋测绘国家和行业标准,以及《〈海道测量规范〉(GB 12327—90)补充规定》《沿海港口、航道测量技术规定》《沿海港口、航道测绘产品质量检查验收办法及质量评定标准》《海事测绘专题图编绘技术规定》等测绘管理规范。同时,组织开展 IHO 标准规范翻译及国内转化工作,先后完成《IHO 数字海道测量数据传输标准(S-57 第 3.1 版)》《IHO 通用海道测量数据模型(S-100)》等英文版翻译工作,并在国内出版。

截至 2012 年,北海航海保障系统参照的 IHO 相关技术标准总计 47 部。其中,与中国海洋测绘领域密切相关的 25 部技术标准已转换为国家和行业标准、管理规范 15 部,其中包括由该系统牵头编制或参与修订的国家和行业标准 6 部、管理规范 4 部;"等同采用"22 部,并完成其中部分技术标准的翻译工作,为规范和引领中国海洋测绘管理发挥了重要作用。

1968—2012 年北海航海保障系统参照的主要测绘国际规则标准一览表

表 8-1-132

序号	国际规则标准	发布年份(年)	现行版本/修订日期	中国相关标准规范/生效日期
1	S-44:IHO 海道测量规范(第 1 版)	1968 年	第 5 版/2008 年	沿海港口航道测量规范(JTJ 282—87)/1987 年
				《海道测量规范》(GB 12327—90)补充规定/1996 年 4 月
				海道测量规范(GB 12327—1998)/1999 年 5 月 1 日
				沿海港口、航道测量技术规定(海航测〔2003〕63 号)/2003 年 3 月 4 日
				沿海港口、航道测绘产品质量检查验收办法及质量评定标准(海航测〔2003〕63 号)/2003 年 3 月 4 日
				水深测量数据采集与处理系统技术要求(JT/T 701—2007)/2008 年 4 月 1 日

〔续表一〕

序号	国际规则标准	发布年份	现行版本/修订日期	中国相关标准规范/生效日期
1	S-44:IHO海道测量规范(第1版)	1968年	第5版/2008年	多波束测深系统测量技术要求(JT/T 790—2010)/2011年3月1日
				水运工程测量规范(JTS 131—2012)/2013年1月1日
				海事测绘产品质量评定方法及要求(JT/T 952—2014)/2015年4月5日
				沿海港口航道测量技术要求(JT/T 954—2014)/2015年4月5日
2	S-4:IHO海图规范及国际海图条例(第2版)	1992年	第2版/1992年	中国航海图编绘规范(GB 12320—1998)/1999年5月1日
				中国海图图式(GB 12319—1998)/1999年5月1日
				沿海港口航道图改正通告编写规范(JT/T 702—2007)/2008年4月1日
				港口航道图编绘技术规定(海航测〔2009〕781号)/2010年1月1日
				海事测绘专题图编绘技术规定(海航测〔2009〕782号)/2010年1月1日
3	S-5A:A类海道测量师适任标准	2011年	第11.0.11版/2011年	等同采用
4	S-5B:B类海道测量师适任标准	2011年	第11.0.11版/2011年	等同采用
5	S-8A:A类海图制图师适任标准	2010年	/2010年	等同采用
6	S-8B:B类海图制图师适任标准	2010年	/2010年	等同采用
7	S-11:INT海图的制备和维护与ENC方案和INT海图目录指导			等同采用
8	S12:灯光和雾号表标准	2004年	/2004年	等同采用
9	S23:海洋边界			等同采用
10	S-32:海道测量词典(第5版)	1994年	第5版/1994年	等同采用
11	S-47:海道测量学和航海制图学培训课程	2002年	第5版/2002年	等同采用/2010年
12	S-49:航路指南标准化	2010年	第2.0版/2010年	等同采用/2010年
13	S-52:ECDIS海图内容与显示规范(第4版)	2012年	第4.0.0版/2012年4月	等同采用/2012年4月
14	S-53:IMO IHO WMO联合海上安全信息手册	1998年	1998年版/1998年1月1日	等同采用/1998年1月1日

〔续表二〕

序号	国际规则标准	发布年份	现行版本/修订日期	中国相关标准规范/生效日期
15	S-57：IHO 数字海道测量数据传输标准（第 1.0 版）	1992 年	第 3.1 版/2000 年 11 月	等同采用/1992 年 5 月
16	S-58：推荐的 ENC 确认检查标准（第 3.0 版）	2007 年	第 4.0 版/2009 年 6 月	等同采用/2007 年 2 月
17	S-60：WGS84 基准面转换用户手册（第 3.0 版）	2003 年	第 3.0 版/2003 年 7 月	等同采用/2003 年 7 月
18	S-61：栅格航海图（RNC）产品规范	1999 年	第 1 版/1999 年 1 月	等同采用/1999 年 1 月
19	S-62：ENC 生产机构代码（第 2.2 版）	2006 年	第 2.2 版/2006 年 3 月	等同采用/2006 年 3 月
20	S-63：IHO 数据保护方案（第 1.0 版）	2003 年	第 1.1.1 版/2012 年	等同采用/2003 年 10 月
21	S-65：ENC 生产指南（第 1.0 版）	2005 年	第 1.0 版/2005 年 3 月	等同采用/2005 年 3 月
22	S-66：电子海图与配备要求实务	2010 年	第 1.0.0 版/2010 年	等同采用/2010 年
23	S-99：S-100 地理空间信息注册的组织和管理运行程序	2011 年	第 1.0.0 版/2011 年 1 月	等同采用/2011 年 1 月
24	S-100：IHO 通用海道测量数据模型	2010 年	第 1.0.0 版/2010 年 1 月	等同采用/2010 年 1 月
25	S-102：水深面产品规范	2012 年	第 1.0.0 版/2012 年 4 月	等同采用/2012 年 4 月

（四）通信国际规则标准

清光绪二十九年（1903），国际电报联盟在柏林召开国际无线电预备会议，编制无线电报业务草案 24 条（待审核）。清光绪三十二年（1906），第一次国际无线电大会在柏林召开，成立国际无线电报联盟，签署《国际无线电报公约》，通过附则《国际无线电报规则》（在《国际无线电报公约》中称为《业务规则》），为世界水运无线电报通信创立行业章程。该规则指定 500～1000 千赫兹为船岸间公众通信工作频段，并确定"SOS"为遇险呼救信号，要求报务人员收到"SOS"信号后，应停止一切干扰性发射，并设法援助遇险者或转告有关部门施救。

1912 年 7 月 5 日，第二次国际无线电大会在伦敦召开，修订并通过新的《国际无线电报规则》。该规则共 12 章、50 条，将无线电台分为海岸局和船舶局，并对无线电报的工作时间、使用频段、电报格式、电报传递符号、电报价目组成及金额、呼叫及电报传递、电报接收、电报发送、特别电报种类、报费缴收等项目均作出详尽要求和规定。同时，会议制定世界首个《国际频率划分表》，规定船岸间公众通信工作频段为 150～1000 千赫兹。

1914 年 1 月 20 日，13 个主要航海国家共同签署世界首部《1914 年国际海上人命安全公约》（SOLAS 公约），对船舶装设无线电通信设备提出强制性要求，并规定 500 千赫兹为无线电报国际遇险通信频率。该公约后经多次修订，逐步提高海上航行船舶无线电通信设备的配置要求，增加各缔约国在海上遇险和安全通信方面需承担的责任和义务。1927 年，国际无线电报联盟成员国全权代表在华盛顿召开会议,再次修订《国际无线电报规则》,将"MAYDAY"规定为国际无线电话遇险呼叫用语。同时,会议在《国际频率划分表》中增加了高频频段的使用划分,为固定、水上和航空移动、广播、业余和实验业务等通信分别规定工作频段,以确保各种无线电通信业务正常工作。

1932年12月1日,在西班牙马德里召开国际无线电大会,决定将《国际电报公约》和《国际无线电报公约》合并修订,更名为《国际电信公约》,并创立了ITU,将国际电报咨询委员会、国际电话咨询委员会和国际无线电咨询委员会并入该组织,成为国际电信事业唯一的世界性公约组织。同时,《国际无线电报规则》修订更名为《无线电规则》,成为《国际电信公约》附则之一。该规则明确定义了海岸电台、船舶电台、电台频率、发射频带、发射功率、电报、电话、普通电信制度等概念;对电台呼号、发射频率范围、发射功率、发射波类型、电报拍发与接收、遇险呼叫和应答、电台工作时间、报务员值守规则等均作出详细规定;对气象报告、航行通知、测向业务、指向标业务等"特种业务"提出实施规则和要求。

1945年第二次世界大战结束后,随着无线电通信技术发展进步,相关管理规则和技术标准历经多次修订而日趋完善。1947年,ITU成为联合国的专门机构之一,在美国大西洋城召开国际无线电大会,修订《无线电规则》,增加船岸间甚高频无线电话使用规则,并对火花式发报机的使用提出限制,仅准许其应用于应急通信。同时,会议成立国际频率登记委员会(IFRB),专门负责登记和纪录各会员国的频率指配,并宣布《国际频率划分表(1912年)》是强制性的。

1959年,IMCO无线电通信和搜寻与救助分委会(COMSAR)专门研究遇险救助和无线电通信相关事宜,并陆续提出一系列技术标准和业务规范。同年,ITU在瑞士日内瓦召开世界无线电行政大会,全面修订《无线电规则》,通过《关于国际频率登记总表(IFRL)的建立》等15项决议,提出《向海上人命安全国际会议提出的关于遇险、紧急和安全通信的建议书》《关于水上移动业务使用单边带制系》等37项建议案。

1974年,ITU在瑞士日内瓦召开世界水上无线电行政大会,修订《无线电规则》,对水上移动业务无线电话及无线电报频率更新安排、电台频率指配、海岸电台功率限制、频带内调制技术使用、水上移动业务甚高频(VHF)无线电话设备技术特性、数字选择性呼叫系统,以及遇险安全通信等方面内容作了进一步完善。同年10月,IMCO在英国伦敦召开第五次国际海上人命安全会议,协商通过《1974年国际海上人命安全公约》及其附则,是为至今仍然生效的、与海上航行安全相关的、最重要的国际公约。该公约附则第四章"无线电通信设备"分为通则、缔约国政府的承诺、船舶要求3个部分,分别规定缔约国政府对船舶航行安全需承担的责任和义务,以及船舶为保障自身航行安全所需装设的无线电通信设备及其技术要求。

1983年,在瑞士日内瓦召开世界移动业务无线电行政大会,对《无线电规则》及附录作出部分修订,形成对未来全球水上遇险和安全系统的频率使用、操作规定、遇险和呼叫频率保护使用,以及为实现船舶动态遥测遥控和数据交换系统提供频率等方面的决议。同时,提出对遇险紧急安全通信、卫星水上移动业务技术和操作、紧急指位无线电信标特性和雷达信标使用等方面的建议。1988年11月9日,IMO成员国大会通过《1974年国际海上人命安全公约》GMDSS修正案,要求各缔约国在履行相关义务时,应充分考虑IMO制定的全球海上遇险与安全通信系统(GMDSS)无线电通信业务建议案。

1995年10月23日,ITU在瑞士日内瓦召开世界无线电通信大会,再次全面修订《无线电规则》。此后,各版本《无线电规则》均以1995年版为基础修订。2012年版《无线电规则》包括:术语与技术特性、频率、频率指配与规划修改的协调通知和登记、干扰、行政管理规定、关于业务和电台的规定、遇险和安全通信、航空业务、水上业务等10章,59项条款。

截至2012年,北海航海保障系统参照的IMO、ITU主要相关国际规则标准等总计47部,其中已转换为国内部门规章、国家和行业标准、管理规范29部,为规范和引领中国水上无线电通信管理发挥了重要作用。

1906—2012年北海航海保障系统参照的主要水运通信国际规则标准一览表

表 8-1-133

序号	国际规则标准	发布日期	现行版本/修订日期	中国相关规则标准/生效日期
1	国际无线电报规则（1906年，柏林）	1906年	失效	收发无线电报暂行章程/1909年7月25日； 航务无线电台通讯业务管理暂行规则/1955年1月； 电台工作守则与航务通讯业务规程/1961年8月1日； 水运电报规则/1972、1979版； 水运无线电话规则（交信字〔81〕350号）/1981年4月1日； 水上无线电通信规则/1984、1993、2004、2010版
	国际无线电报规则（1912年，伦敦）	1912年	失效	
	国际无线电报规则（1927年，华盛顿）	1927年	失效	
	国际无线电规则（1932年，马德里）	1932年	失效	
	国际无线电规则（1947年，大西洋城）	1947年	失效	
	国际无线电规则（1959年，日内瓦）	1959年	失效	
	国际无线电规则（1974年，日内瓦）	1974年	失效	
	国际无线电规则（1983年，日内瓦）	1983年	失效	
	国际无线电规则（1987年，日内瓦）	1987年	失效	
	国际无线电规则（1995年，日内瓦）	1996年	失效	
	国际无线电规则（1997年，日内瓦）	1998年	失效	
	国际无线电规则（2000年，伊斯坦布尔）	2001年	失效	
	国际无线电规则（2003年，日内瓦）	2004年	失效	
	国际无线电规则（2007年，日内瓦）	2008年	失效	
	国际无线电规则（2012年，日内瓦）	2012年		
2	国际海上无线电行政会议［IMO A.118(5)决议］	1967年10月25日		
3	关于甚高频无线电话台的建议案［IMO A.128(5)决议］	1967年10月25日		
4	关于1600总吨以下从事远洋运输装备应急无线电报发报机的建议案［IMO A.129(5)决议］	1967年10月25日		
5	水上移动业务中的直接印字电报设备（ITU-R M476建议书）	1970年	ITU-R M.476-5/1995年10月1日	

〔续表一〕

序号	国际规则标准	发布日期	现行版本/修订日期	中国相关规则标准/生效日期
6	自动搜索的无线电设备［IMO A.221(7)决议］	1971年10月12日		
7	加强和改进海上遇险呼救系统的措施［IMO A.217(7)决议］	1971年10月12日	IMO A.420(11)决议/1979年11月15日	船舶遇险及安全通信工作的若干规定（交海字〔84〕2002号）/1984年10月
8	关于发展海上遇险呼救系统的建议［IMO A.283(8)决议］	1971年10月12日	失效	
9	关于建立国际海上卫星系统国际会议［IMO A.305(8)决议］	1973年11月23日		
10	以频道间隔25千赫兹用于水上移动业务的VHF无线电话设备的技术特性(ITU-R M.489建议书)	1974年	ITU-R M.489-2/1995年10月1日	VHF/UHF无线电通信基地台技术要求(JT/T 4609—1991)/1991年8月1日；甚高频(VHF)岸台技术要求(JT/T 679—2007)/2007年8月1日
11	海上移动业务中使用直接印字电报设备的使用程序(ITU-RM.492-6建议书)	1974年	ITU-R M.492-6/1995年10月1日	
12	用于海上移动业务的数字选择性呼叫系统(ITU-R M.493建议书)	1974年	ITU-R M.49313/2009年10月1日	全球海上遇险安全系统数字选择呼叫设备性能要求(GB 15215—1994)/1995年5月1日
13	无线电话步话机和接受机的推荐标准［IMO A.334(9)决议］			
14	推荐的甚高频无线电话位置姿态［IMO A.336(9)决议］			
15	建立世界性航行警告系统计划［IMO A.381(10)决议］	1977年11月14日	IMO A.706(17)决议/1991年11月6日	沿海无线电航行警告和航行通告播发办法/1979年6月25日
	世界性航行警告系统［IMO A.419(11)决议］	1979年11月15日	失效	沿海无线电航行警告和航行通告播发办法和规定（交海字〔84〕1551号）/1984年10月1日
	作为全球航行警告业务的组成部分的航警电传的实施［IMO A.617(15)决议］	1987年11月19日		发播航行警告、气象信息和紧急信息系统(NAVTEX)技术条件和使用要求(GB 11411—1989)/1990年2月1日；
	发布海上安全信息［IMO A.705(17)决议］	1991年11月6日		中华人民共和国海上航行警告和航行通告管理规定（交通部令第44号）/1993年2月1日；
	全球航行警告业务［IMO A.706(17)决议］	1991年11月6日		中华人民共和国中文航行警告标准格式(GB 17577.1—1998)/1999年9月1日；中华人民共和国英文航行警告标准格式(GB 17577.2—1998)/1999年9月1日
16	无线电话值班接收机工作标准［IMO A.383(10)决议］	1977年11月14日		
17	VHF无线电话设备工作标准［IMO A.385(10)决议］	1977年11月14日		
18	水上移动业务中使用的数字选择性呼叫设备的操作程序(ITU-R M541建议书)	1978年	ITU-R M.541-9/2004年1月1日	

〔续表二〕

序号	国际规则标准	发布日期	现行版本/修订日期	中国相关规则标准/生效日期
19	发展海上遇险及安全系统[IMO A.420(11)决议]	1979年11月15日		
20	甚高频道在海上的正确使用[IMO A.474(12)决议]	1981年11月19日	1981年11月19日	甚高频(VHF)第16频道使用规定(交无委发[2001]104号)/2001年3月8日
21	海上移动业务识别码的指配和使用(ITU-R M585建议书);水上移动业务标识指配和使用(ITU-R M585建议书)	1982年	ITU-R M.585-4/2007年1月1日;ITU-R M.585-6/2012年1月	海上移动通信业务标识管理办法(交通部令第44号)/1994年3月1日;海上移动通信业务标识管理办法实施细则(交无委发[2007]654号)/2007年11月12日
22	甚高频多频道守听的性能标准[IMO A.524(13)决议]	1983年11月17日		
23	接收船舶航行和气象警告以及紧急通知的窄带直接印字电报设备的性能标准[IMO A.525(13)决议]	1983年11月17日		
24	关于作为未来全球遇险和安全系统一部分的船用无线电设备的一般要求[IMO A.569(14)决议]	1985年11月20日		
25	水上移动业务中使用自动识别的直接印字电报设备(ITU-R M.625建议书)	1986年	ITU-R M.625-4/2012年3月1日	
26	全球海上遇险安全系统(GMDSS)的检查与评估[IMO A.606(15)决议]	1987年11月19日		
27	全球海上遇险安全系统(GMDSS)的管理、财务和操作安排[IMO A.607(15)决议]	1987年11月19日		
28	可进行通话和数字选择性呼叫的船载甚高频无线电装置的性能标准[IMO A.609(15)决议]	1987年11月19日		全球海上遇险安全系统(GMDSS)数字选择呼叫(DSC)设备性能要求(GB 15215—1994)/1995年5月1日
29	可进行通话和数字选择性呼叫的船载中频无线电装置的性能标准[IMO A.610(15)决议]	1987年11月19日		
30	关于可进行通话、窄频带直接打印和数字选择性呼叫的船用中/高频无线电设备性能标准[IMO A.613(15)决议]	1987年11月19日		
31	提供全球遇险与安全系统无线电业务[IMO A.659(16)决议]	1989年10月19日	IMO A.801(19)决议/1995年11月23日	
32	作为全球海上遇险与安全系统组成部分的船载无线设备和电子助航设施的一般要求[IMO A.694(17)决议]	1991年11月6日		

[续表三]

序号	国际规则标准	发布日期	现行版本/修订日期	中国相关规则标准/生效日期
33	使用高频窄带直接印字电报发布和协调海上安全信息的系统性能标准[IMO A.699(17)决议]	1991年11月6日		
34	在高频接收向船舶播发的航行和气象警告及紧急信息(MSI)的窄带直接印字电报设备的性能标准[IMO A.700(17)决议]	1991年11月6日		
35	全球海上遇险安全系统中对无线电人员的培训[IMO A.703(17)决议]	1991年11月6日		
36	提供全球遇险与安全系统无线电业务[IMO A.704(17)决议]	1991年11月6日	IMO A.801(19)决议/1995年11月23日	
37	在水上移动业务中提高156-174兆赫兹频带使用效率的临时解决方法(ITU-R M.1084建议书)	1994年	ITU-R M.1084-5/2012年3月1日	
38	水上移动业务中无线电话的使用程序(ITU-R M1171建议书)	1995年10月1日	ITU-R M.1171-0/1995年10月1日	海上船舶无线电通话标准用语(GB/T 11197—2003)/2003年9月1日
39	水上移动业务的无线电通信中所用的各种缩写和信号(ITU-R M.1172建议书)	1995年10月1日	ITU-R M.1172-0/1995年10月1日	
40	1606.5千赫兹至4000千赫兹和4000千赫兹至27500千赫兹之间频段无线电话水上移动业务用的单边带发信机的技术特性(ITU-R M.1173建议书)	1995年10月1日	ITU-R M.1173-1/2012年3月1日	短波单边带通信设备通用规范(GB/T 16946—1997)/1998年5月1日
41	全球遇险与安全系统(GMDSS)无线电业务的规定[IMO A.801(19)决议]	1995年11月23日		水上移动业务规则总则(GB/T 19490—2004)/2004年12月1日
42	能进行语音通信和数字选择性呼叫的船载VHF无线电装置的性能标准[IMO A.803(19)决议]	1995年11月23日		
43	能进行语音通信和数字选择性呼叫的船载中频无线电装置的性能标准[IMO A.804(19)决议]	1995年11月23日		海(江)岸电台中频/甚高频数字选择呼叫(MF/VHF DSC)系统维护和修理技术要求(JT/T 624—2005)/2005年9月1日
44	能进行语音通信、窄带直接印字电报和数字选择性呼叫的船载中/高无线电装置的性能标准[IMO A.806(19)决议]	1995年11月23日		
45	避免伪遇险报警的导则[IMO A.814(19)决议]	1995年11月23日		
46	船用自动识别系统操作使用导则[IMO A.917(22)决议]	2001年11月29日		
47	标准海上通讯术语[IMO A.918(22)决议]	2001年11月29日		全球海上遇险和安全系统术语(GB/T 16162—2009)/2009年11月1日

三、国际履约与接轨

20世纪70年代,随着中华人民共和国相继恢复IMO、IALA、IHO等国际组织成员国地位,国务院批准加入的国际公约日益增多,其中与中国航海保障系统关联度和约束力最大的国际公约为《国际海上人命安全公约》。按照交通部授权,代表国家履行国际公约缔约国责任义务,遂成为各级航海保障管理机构的重要职责之一。

1996年2月,交通部安监局成立国际海事研究委员会,以密切跟踪研究国际组织相关水上安全国际公约现状和发展动态,不断提高履约水平和从事国际海事事务的能力。该委员会在交通部安监局办公室设立秘书处,负责日常管理工作,并下设航标管理分委会和测绘政策技术分委会等9个专业分委会,组织开展相关海事研究工作。其中,航标管理和测绘政策技术分委会分别挂靠在上海、天津海监局,开展航标管理、海道测量领域相关政策和技术研究工作,并定期召开分委会工作会议,研究部署阶段性工作安排。

图8-1-648　2002年,国际海事研究委员会航标管理分委会主任委员王志一(中)主持召开分委会年度工作会议

图8-1-649　2005年,国际海事研究委员会测绘政策技术分委会主任委员赵亚兴(中)主持召开分委会年度工作会议

多年来,北海航海保障系统密切跟踪国际组织技术政策发展动向,适时组织编译相关国际组织文件、国际会议资料和专题研究报告,持续开展国际规则标准的国内转化与推广应用工作,加快推进各项业务与国际规则标准接轨。同时,在引进消化国内外先进技术设备的基础上,自主研发成功若干新技术、新设备、新产品,先后组织实施航标、测绘、通信等一系列技术升级改造工程,使辖区航海保障水平和国际履约能力取得长足进步。截至2012年,北方海区基本建成现代化综合航海保障服务体系。

(一)航标系统国际履约与接轨工作

近代中国沿海航标主要由海关税务司署船钞部设计建造,相关技术设备和器材物料完全依赖进口,航标制式大多采用欧洲国家通用标准,国际履约与接轨工作基本被海关外籍雇员把持操控,直至中华人民共和国成立前未变。

1949年中华人民共和国成立后,交通部在恢复重建沿海和内河航标系统的同时,仿照苏联内河航标制式标准,于1953年发布实施《内河航标规范(草案)》,规定了"面向下游,左岸为白色,右岸为红色"的制式要求,并首先在内河试行航标制式改革。1955年,内河航标制式改革完成,虽然视觉效果显著,但由此造成河海交界处红色浮标规则截然相反的局面,因使用不便而引起航海人员异议。1956年,中国、苏联、朝鲜、越南四国代表在北京召开海道测量会议,就统一东亚社会主义国家所辖海区浮标制式等事宜达成共识。会后,中国海军司令部、交通部、水产部等航标主管机关结合各自实际,在充分调研论证基础上,参照苏联海区航标制式标准,历时三年,联合拟定《海区水上助航标志制度(草案)》,于1960年9月以海军司令部名义发布实施。截至1961年8月,天津航道局会同北海舰队和各港务局顺利完成北方海区海上浮标改制工作,为改善辖区沿海通航环境、保障海上交通安全、促进航运事业发展起到重要作用。

1977年11月,中华人民共和国恢复IALA会员资格后,按照《国际海上人命安全公约》《联合国海洋法公约》《海上浮标制度》等相关国际公约及国际规则标准要求,交通部先后组织起草颁行《中国海区水上助航标志》《海区航标动态通报办法》《海区航标设置管理办法》《沿海航标管理办法》等一系列国家标准和部门规章,全面展开航标管理国际接轨工作。

1981年,中国航标主管机关决定采用A系统,并于1984年发布实施《中国海区水上助航标志》(GB 4696—84)国家标准。1985年2月4日,按照该国家标准相关规定,天津航测处组织实施辖区航标制式改革,于1986年10月30日顺利完成北方海区161座海上浮标改制工作,全面达到IALA海上浮标A系统制式标准。此后,该国家标准虽修订数次,但浮标制式至今未变。

1995年始,天津航测科技中心参照ITU、IALA等国际组织推荐标准,遵循"国内相关标准与国际标准尽量统一"的原则,先后牵头起草编制RBN-DGPS系统的规划、建设与验收、台站管理、设备操作和播发标准一系列技术标准和管理规范,为中国沿海RBN-DGPS系统建设发展和与国际规则标准接轨作出突出贡献。《中国沿海无线电指向标-差分全球卫星导航系统规划(1996—2000)》《沿海无线电指向标-差分全球定位系统建设与验收技术标准(试行)》《沿海无线电指向标-差分全球定位系统台站管理规则(试行)》《沿海无线电指向标-差分全球定位系统设备操作规则(试行)》《沿海无线电指向标-差分全球定位系统播发标准》等管理规范和技术标准的颁行,为加快中国沿海RBN-DGPS系统建设、规范台站管理、统一播发标准、保障系统正常运行发挥了重要作用。

2001年7月,按照IALA建议要求,交通部海事局印发《关于建立航标和海道测量官方网站的通知》,责成天津航测科技中心创建"航标助航官方网站"及日常维护与信息更新工作。2002年6月,该中心完成网站软件系统开发设计,并在IALA注册联网运行,成为全国海区航标系统对外宣传和服务的窗口。后经数次修改完善,版面内容不断丰富,系统功能日益强大,为适时传播中国航标业内动态、交流履约经验发挥了重要作用。

2004年1月,按照IMO相关决议要求,北方海区航标系统采用"三级管理、四级网络"架构,开工建设北方海区岸基船用自动识别系统(AIS),历时9年持续建设,分别建成国家数据中心1座、北方海区管理中心1座、辖区管理中心6座、沿海基站28座、内河基站52座、终端用户151个,形成覆盖辖区沿海港口、重要航道和重点水域的AIS岸基网络系统。在此期间,经IALA成员国协商,中国国家数据中心作为IALA-NET亚太地区数据中心,与美国和丹麦国家数据中心共同承担IALA-NET全球AIS数据中心职能,充分体现了中国作为航运大国的国际地位和履约担当。

2005年12月,IMO决议推行"成员国自愿审核机制",交通部海事局随即决定接受审核,并成立应对IMO审核领导小组,全面展开相关准备工作。2006年初,天津海事局选派马建设、沈志江、桑金等专业技术人员,参与起草完成《中国政府关于IMO强制性文件履约报告》《中国海事履约介绍》《中国海事法规摘要》等相关资料。同年4月,基于IMO审核方式系参照ISO质量管理体系运作,交通部海事局决定建立全国海区航测系统质量管理体系,天津海事局选派马亚平、沈志江、桑金、李钊金参与编写质量手册和程序文件等工作,历经8个月连续奋战,如期完成13万字体系文件编写任务,于2007年5月印发试运行。该体系参照IALA《关于航标管理当局质量管理的建议(O-132)》《关于质量管理体系在航标服务上的应用指南(1052)》等相关要求,紧密结合国内法规标准和管理体系,成功搭建全国海区"三级航测服务质量管理体系"架构,为后续应对IMO审核并探索建立长效管理机制作了有益尝试。

此间,北方海区航标系统密切跟踪IMO、IALA等国际组织最新发展动态,适时组织编译相关决议、建议、指南、通函、论文等图书资料,持续开展国际规则标准研究和国内转化应用工作,并结合国际航海领域热点难点问题撰写专题报告,为全国海区航标系统学习掌握国际规则标准、不断提升全国航海保障系统履约能力发挥了重要作用。

截至2008年10月,按照交通部海事局统一部署,北海航海保障系统在天津南疆航标保养基地、烟台航标处航标保养基地、烟台航标处航标保养基地先后建成3座规模不等的溢油应急设备库,同时在"海标11""海标12""海标051""海标052"轮等大中型航标船舶加装溢油应急设备,以履行《国际油污防备、反应和合作公约》(OPRC公约),抗御北方海区海域船舶溢油突发事故。特别是在大连港"7·16"重大原油泄漏污染海域事故应急行动中,该系统迅速启动溢油应急反应预案,第一时间投入清污作业,圆满完成海上清污任务,受到交通运输部海事局通报表彰。

截至2012年,北方海区航标系统在定期检查评估航标效能的基础上,依据相关国际公约及规则标准要求,先后组织实施了一系列航标补点建设、综合配布调整、技术升级改造等重大工程,基本建成"种类齐全、布局合理、多重覆盖、功能完善、反应及时、准确可靠"的现代化航标综合助航体系,有效履行了国际公约缔约国的职责和义务。

(二)测绘系统国际履约与接轨工作

近代中国海道测量活动可追溯至18世纪末。由于清政府海权意识淡漠,西方列强以增进科学知识和自由航行需要为由,数次派遣舰船驶入中国领水窥测港口航道,甚至编绘航海图书资料公开销售。这一严重侵害中国领水主权的行为,尽管引发国内有识之士警觉争辩,但却长期悬而未决,直至1921年中华民国政府设立海道测量局后,开始着手谋划自办海道测绘事业。同年6月21日,IHB成立,中国作为该组织创始国之一,关注和参与相关国际事务,并渐次收回领水测量管理权。然而,由于国内专业技术人才极度匮乏,需要依赖外籍雇员协理职权,加之外国舰船滥用驻华"特权",擅自探测中国领水现象并未禁绝,中国海道测量工作依旧间接或直接掌握在外人手中。在抗日战争期间,中国海道测量局一度裁撤,相关国际履约事务难有作为。

1949年中华人民共和国成立后,中国海道测绘事业转入自主创业发展道路。1955年,经交通部与海军司令部协商,交通部所属测量管理机构分工承担全国海区商用港口航道测绘和疏浚工程测量任务。直到20世纪70年代末,港口航道测绘工作主要参照执行海军发布实施的《海道测绘规范》及苏联《水道测量技术标准》。

1979年中华人民共和国恢复IHO成员国地位后,相继加入《国际海上人命安全公约》《联合国海洋法公约》等国际公约,逐步向国际社会中心舞台迈进。随后,加快实现中国海道测量工作与IHO等国际组织颁行的规范标准接轨,有效履行相关国际公约权利义务,成为国内各级港口测量管理机构的重要职责和必然选择。在履约工作中,北方海区测绘系统考虑到执行IHO国际标准均以单位内部翻译、执行与直接应用为主要方式,面对在实际测绘作业中发现的问题通常仅能反映到单位内部工作流程中,而无法服务于海洋测绘行业的局面,结合中国在IHO规则标准"本土化"方面取得的诸多成果,在处理IHO标准执行问题上持续改进,一方面跟踪和参与国际标准的制定工作,另一方面及时将规则标准整理、翻译并公开出版发行,为IHO规则标准的"本土化"进程奠定了基础。

在执行国际标准中,根据与IHO国际标准的一致性程度,北方海区测绘系统以"等同采用""等效采用(修改)"和"非等效采用"三种采标形式执行。当一致性程度为"等同采用"时,通常直接翻译IHO国际标准,翻译后的国际标准在技术内容、文本结构和措辞方面与原标准完全相同,但可以包含细微的编辑性修改;当一致性程度为"等效采用(修改)"时,允许国家标准与国际标准存在技术性差异,但其差异应清楚地予以说明,只有在不影响这两种标准的内容及结构相互比较的情况下,方才允许对文本结构予以修改,可以修改的主要内容包括:国家标准的内容少于或多于相应的国际标准、更改国际标准的一部分内容、增加另一种供选择的方案等;当一致性程度为"非等效采用"时,允许国家标准与相应的国际标准在技术内容和文本结构上不同,同时两者之间的差异亦无须清楚地指出,或者在国家标准中只保留少量或不重要的国际标准条款。在此期间,北方海区测绘系统主要应用"等同采用"和"非等效采用"两种采标方式履约。

1989年,依据《IHO海图规范及国际海图条例》技术标准,北方海区测绘系统自主研制成功自动制图系统,在全国海区测绘系统率先出版第一幅机助制图海图。1990年,参照《IHO海道测量规范(S-44)》,国家质量技术监督局发布实施《海道测量规范》。此后,在严格执行该规范的基础上,结合外业测量工作实际,北方海区测绘系统印发施行《外业测量生产流程》和《质量控制体系》,为保证港口航道测量数据准确可靠、提升海图编绘出版质量起到重要作用。

1991年,北方海区测绘系统引进CARIS机助制图系统,并于当年率先出版第一幅除汉字注记外的全要素海图;1992年,自主开发研制DOS外业水深测量数据自动采集与处理系统,实现外业水深测量数据与CARIS机助制图软件直接链接和自动转换,使海图制图自动化水平大幅提高;1995年,结合机助制图技术特点,依据《中国航海图编绘规范》《沿海港口航道图编绘规范》等国家标准,编制完成《计算机海图制图技术规定》,并在全国海区测绘系统中得到推广应用。

1995年,北方海区测绘系统牵头组织完成《IHO数字海道测量数据传输标准(S-57)》英文版翻译工作,并随着S-57更新,翻译完成《电子海图及其应用系统国际规范和标准(S-57)》3.0版本,为后续全国海事系统电子海图开发应用和顺利制作作出突出贡献;1998年,采用CARIS制图软件编制完成大连至烟台1:170000海图数字化工作,成为全国海区测绘系统依据S-57标准制作的首幅电子海图,并为后续电子海图制作积累了宝贵经验。

2001年7月,按照IHO相关要求,交通部海事局印发《关于建立航标和海道测量官方网站的通知》,责成天津航测科技中心创建"海道测量官方网站"及日常维护与信息更新工作。2002年6月,该中心完成网站软件系统开发设计,并在IHO注册联网运行,成为全国海区测绘系统对外宣传和服务的窗口。后经数次修改完善,版面内容不断丰富,系统功能日益强大,为适时传播业内动态、交流履约经验发挥重要作用。

2009年始,北方海区测绘系统遵循IHO S-44等相关决议、建议,制定测量和制图的技术规定和作业文件,采用的多波束测深系统扫测方式已逐步覆盖辖区港口港池、航道、锚地和航路等重要通航水域;根据IHO保证将海图修正信息提供给航海人员有规范程序和途径的要求,实时采集并编辑海图改正信息,交由上海海测大队海图服务中心按照用户名单邮寄,并同时在海道测量官方网站发布;对海图出版物效能定期评估,每年通过用户座谈会、用户满意度调查、走访用户等三种形式定期或不定期开展海图调研,并提交评估报告;对本组织履约情况和提供助航服务能力规范评估(包括机构的设置和运行、法律法规和内部管理程序、人力资源、测量和制图设施、辅助设施等的评估),以及对IMO强制性文件执行情况评估的要求,通过年度测绘专题工作会,开展总体评估;充分利用各种评估和审核结果,以持续改进测绘服务方式。

2009年,北方海区测绘系统圆满完成"老铁山水道船舶定线制"测量任务,形成《老铁山水道船舶定线制示意图》等5项测绘成果,为老铁山水道船舶定线制报送IMO审批提供了佐证材料,同时为海事行政部门实施老铁山水道船舶定线制管理提供了决策依据。2010年,IHO发布实施《通用海道测量数据模型(S-100)》等新的电子海图数据国际标准。2011年7月,北方海区测绘系统牵头组织完成S-100翻译出版工作,为推动S-100适时替代S-57发挥了重要作用。

在此期间,北方海区测绘系统密切跟踪IMO、IHO等国际组织最新工作动态,适时组织编译《IHO出版物汇编》《IHO通函汇编》等图书资料,持续开展国际规则标准研究和国内转化应用工作,并围绕国内外同行热点难点问题撰写专题报告,为全国海区测绘系统学习掌握国际规则标准、不断提升全国航海保障系统履约能力起到重要的促进作用。

截至2012年,根据IHO出版发行航海出版物相关要求,北方海区测绘系统在组织实施辖区港口航道图周期性更新基础上,所出版的港口航道图目录、港口航道图、航行图集、专题图、改正通告等航海出版物,覆盖北方海区50余个港口,并按计划完成142幅港口航道图周期性测绘、更新和出版任务,成为国内外民用航海图书序列不可或缺的重要组成部分。此外,在引进消化世界先进技术设备的同时,自主开发成功若干新技术、新设备、新工艺,综合实力基本达到世界一流水准,为有效履行国际公约责任义务奠定了坚实基础。

(三)通信系统国际履约与接轨工作

中国无线电应用始于船岸通信。清宣统元年(1909),清政府邮传部在吴淞设置了中国第一座海岸电台,开办船岸公众通信业务,并参照世界首部《国际无线电报规则》相关规定,发布施行中国近代首部《收发无线电报暂行章程》,标志着中国无线电通信事业开始与世界体系融合。该章程规定:"无线电局只能收发与海面船只往来电信;中国无线电目前只接递用英文明语书写之信;凡船舶遇灾用三点三画三点为号,无线电局遇到此种暗号时,与他处通信皆须停止,须俟遇灾之船传毕后再递。"1920年9月1日,中华民国加入国际无线电报联盟。

1929年5月1日,第二次国际海上人命安全会议通过并签署《1929年国际海上人命安全公约》。1932年12月31日,南京国民政府指令立法院称"海上人命安全公约及附属规则,经提出本府第五次会议议决,照案通过,并已令行政院饬遵矣"。1933年2月,南京国民政府公布该公约汉译本,交通部指令各航政局和各行业同业公会参照执行。同年5月14日,中国加入《国际海上人命安全公约》的申请获得通过。1934年4月25日,交通部发布施行《航行安全电报规则》。1935年3月25日,依据该公约,并参照《国际电信公约》及其附则,南京国民政府公布施行《船舶无线电台条例》,规定船舶无线电台检验工作由交通部所属电信机关办理,并核发无线电安全证书。

1949年中华人民共和国成立后,交通部在接管各轮运公司航务电台和旧电信局江海电台基础上建立中国水运通信网,参照国际公约相关要求,部署全国海岸电台继续承担船舶遇险和安全通信职责,并逐步恢复国内、国际公众通信业务。1954年9月13日,大连、秦皇岛、天津、青岛等7座海岸电台开放无线电示标业务。1956年5月1日,大连等3座海岸电台开放海洋气象信息播报业务。1958年6月15日,天津、大连、青岛等5座海岸电台开放医疗电报业务。在此期间,交通部参照相关国际规则要求,先后发布施行《航务无线电台通讯业务管理暂行规则》《电台工作守则与航务通信业务规程》《水运电报规则》等行业管理规章,以规范中国水运通信业务规程;发布施行《船舶遇险通讯须知》《船舶遇险通讯业务处理规定》《船舶遇险通讯暂行规定》,以加强在中国海域航行船舶的遇险通信管理。

20世纪70年代,中华人民共和国相继恢复国际相关组织合法席位后,海岸电台各项业务与国际接轨步伐明显加快。1972年5月23日,IMCO第八届理事会通过决议,承认中华人民共和国政府"是有权在政府间海事协商组织中代表中国的唯一政府"。同年5月27日,ITU第二十七届行政理事会恢复中国在该组织的合法席位。1979年10月24日,中国出席海事卫星第一届大会,并正式申请加入国际海事卫星组织。1980年1月7日,中国加入《1974年国际海上人命安全公约》。同年9月11日,中国签署《1979年国际海上搜寻救助公约》。同年,交通部建立世界性航行警告系统计划,在港务监督局设立"航行警告发布总台",指定天津、上海、黄埔港务监督为航行警告发布分台,分别负责协调所辖区域内航行警告播发事宜。其中,天津港务监督为北方海区航行警告播发协调台,负责管理协调天津、大连、秦皇岛、烟台、青岛等海岸电台的航行警告无线电播发工作。

此后,按照相关国际公约要求,中国水运通信主管机关管理水上无线电通信频率资源,并逐步部署开放各种海上安全通信及公众通信业务。根据相关国际公约规定,中国海上安全通信服务责任区主体包括:中国沿海"海事监管辖区"、与邻国(和地区)共同承担的"西北太平洋搜救区",以及"东南亚搜救区"中的"中国和中国香港搜救区"。在此期间,按照《1974年海上人命安全公约》相关要求,天津、秦皇岛、大连、青岛、烟台等海岸电台相继开放甚高频无线电话、单边带无线电话公众通信业务,同时开放甚高频156.800兆赫兹(16频道)国际遇险通信值守业务,为海上航行船舶提供水上无线电话公众通信和遇险呼叫手段。

1981年1月1日始,按照交通部《关于海岸电台开放2182千赫电路的通知》要求,天津、大连、青岛等海岸电台履行国际公约规定的义务,开放中频2182千赫兹双边带无线电话国际遇险通信值守业务。此后,上海、天津和广州海岸电台陆续开放窄带直接印字电报公众通信业务。同年11月10日,按照《1974年世界水上无线电行政大会决议》,交通部通信导航局规定中国船台停止4兆赫兹至16兆赫兹频率间的双边带A3E发射,海岸电台停止单边带全载波H3E发射。北方海区各海岸电台从其规定。1984年,依据国际《无线电规则》最新规定,交通部将《水运电报规则》和《水运电话规则》合并修订,更名发布施行《水上无线电通信规则》,其名称沿用至今。

1986年,《国际海上人命安全公约》缔约国大会正式确定"全球海上遇险与安全系统(GMDSS)"建设方案,交通部随即启动中国GMDSS系统规划建设工作。1988年11月11日,IMO通过《1974年国际海上人命安全公约1988议定书》,增加了《全球海上遇险与安全系统(GMDSS)规则》。该规则按照GMDSS系统不同通信覆盖范围,将全球海洋划分为A1、A2、A3、A4四个海区,并对船舶分海区应当配备的无线电设备类型标准和无线电人员,以及无线电通信值班操作、设备维修、无线电记录等作出统一规定。1990—1991年,根据交通部《关于水上移动业务专用频带频率转换工作的通知》和交通部无线电管理委员会办公室《关于水上移动业务专用频带频率转换问题的补充通知》要求,天津海岸电台将莫尔斯电报和单边带无线电话10条电路频率调整到新频点,与国际电信联盟世界无线电移动业务行政大会规定的频点保持一致。

1992年8月1日始,按照交通部《关于我国海岸电台播发奈伏泰斯(NAVTEX)有关事项的通知》要求,大连、上海、广州等5座海岸电台在518千赫兹频率上开播英文奈伏泰斯业务,中国GMDSS系统建设初见成效。1995年2月3日,中国政府同意加入《1974年国际海上人命安全公约1988议定书》。是年,按照交通部统一部署,中国GMDSS数选值班台新建工程开工建设,并于1999年基本完成系统设备安装调试工作。2000年10月,大连、秦皇岛、天津、烟台、青岛等海岸电台GMDSS-DSC通信系统投入试运行,开始承担GMDSS遇险通信值守职责,为航行于中国A1、A2海区的中外船舶提供甚高频70频道和2187.5千赫兹DSC遇险呼叫通信服务,以及2182千赫兹单边带无线电话和2174.5千赫兹窄带印字电报遇险后续通信服务,中国水运无线电通信成为世界通信体系的有机组成部分。

2006年6月1日,按照交通部统一部署,天津、大连等7个海岸电台在486千赫兹频率上开放中文奈伏泰斯业务。2007年8月1日,天津海岸电台正式开放海上气象信息播发业务。广播内容包括:航行警告、气象警告、气象预报,以及其他专用紧急信息等。

截至2012年,北海航海保障系统的遇险和安全通信覆盖范围、海上安全信息播发能力完全符合国际公约相关要求,各种公众通信业务亦严格按照相关国际规则和国内规章有序开展。

(四)应对IMO自愿审核

IMO在多年致力于保障海上交通安全、防止船舶污染海洋的实践中发现,全球性公约和规则建立后,海上安全与船舶污染事故仍然时有发生,根本原因是国际公约缔约国执行机构及人员主动或被动失误所致。为此,IMO于2001年成立"MSA/MEPC/TC联合工作组",经过三年努力,形成《IMO成员国审核机制框架和程序》《IMO强制性文件实施规则》等指导性文件。在IMO成员国代表商讨该机制草案时,由于各国存有利益博弈问题,各执一词,互不妥协,难以达成共识。面对这一纷争困境,中国政府代表团综合考虑全球各国实际情况,提议将IMO成员国审核机制变通为"自愿"选项,最终获得大多数成员国赞成,是为中国政府在国际社会发挥"支点"作用的又一成功范例。

中国作为IMO的A类理事国,交通部海事局认为自愿审核机制对实现中国航运发展战略目标具有重大意义,随即决定接受IMO审核,并于2005年1月成立IMO成员国自愿审核机制对策研究课题组,对中国履约现状展开调查研究,提出《中国应对IMO成员国自愿审核机制实施方案》。

2005年12月1日,IMO第24届大会以第A.973(24)、A.974(24)号决议形式通过"IMO成员国自愿审核机制"基本框架、审核程序和相关标准,决定自2006年1月起在全体成员国中推行。该机制是以IMO成员国自愿申请为前提,以《IMO强制性文件实施规则》为审核标准,从船旗国管理、沿岸国管理、港口国管理三个方面,对申请成员国履行《1966年国际船舶载重线公约和LL1988年议定书》《1969年国际吨位丈量公约》《1972年国际海上避碰规则公约》《1973年国际防止船舶造成污染公约和1978年议定书及附则》《1974年国际海上人命安全公约及1978年议定书和1988年议定书》《1978年海员培训、发证、值班标准国际公约》等6个公约10个文件的情况实施审核。审核结束后,由IMO以通函形式向各成员国通报被审国履约经验、主要问题及纠正措施,旨在为各成员国提供一个平台,共享成功经验,交流吸取教训,促进全球海上交通安全、海洋环境保护以及海事行政管理效能共同提高。

基于IMO审核方式系参照ISO质量管理体系运作,交通部海事局于2006年4月14日印发《关于做好建立航测质量管理体系的通知》,提出建立三级质量管理体系架构及相关要求,正式启动全国海区航测系统航测质量管理体系建设工作。同年10月4日,交通部海事局办公室主任姜雪梅、天津航测科技中心高级工程师李钊金等4人出席IALA在澳大利亚悉尼召开的"航标服务质量管理研讨会",深入学习探讨IALA为其成员国提供的相关指导意见。10月25日,由金胜利、马亚平、聂乾震、沈志江、桑金、蒋见宇、符军等 10 名业内专家组成的工作组在天津集中办公,历经 3 个月鏖战,如期完成三级质量管理体系文件编写任务。该体系文件总计 13 万字,于 2007 年 5 月印发试运行,为后续全国海区航测系统应对 IMO 审核并探索建立长效管理机制作出有益尝试。

2006 年 11 月,交通部海事局成立应对 IMO 成员国自愿审核机制领导小组及工作组,全面展开各项准备工作。此后,天津海事局委派马建设、沈志江、桑金等专业技术人员参与编制《IMO 成员国自愿审核机制》《中国关于 IMO 强制性文件履约报告》《中国海事法规摘要》《中国海事履约介绍》《缔约国政府义务条款与相关国内法对照》等一系列相关资料,为指导全国海事系统应对 IMO 审核作出重要贡献。

2008 年 6 月,中国政府代表向 IMO 正式提出申请,并于翌年 9 月签订《审核合作备忘录》。2009 年 11 月 8—18 日,IMO 审核组对中国履约状况实施了为期 10 天的全面审核。交通运输部海事局接受船旗国、港口国、沿岸国履约事项审核。IMO 审核组在对天津海事局延伸审核期间,分别抽查了该局航标导航处、天津航标处、天津海测大队、天津通信信息中心等单位(部门)履约状况,考察了港口航道图绘制过程,并与现场工作人员座谈交流。

图 8-1-650　2009 年 11 月 12—13 日,IMO 审核组分别在天津航标处、天津通信信息中心、天津海测大队审核

经审核,IMO 审核组肯定了"航标质量管理体系建设运行和 AIS 建设应用"两项航标工作亮点,未发现履约工作不符合项和观察项,审核结果良好。

四、国际合作项目

航海保障事业固有的国际性特点,决定了在航标、测绘、通信等领域必然要通过开展双边或多边国际合作,共同推动海上交通安全与航运生产效率的逐步提高。1949 年中华人民共和国成立后,随着国际航运经济发展,北海航海保障系统通过承接国外工程、参加国际培训、双边互助交流等多种方式,先后分别与朝鲜、孟加拉国、日本、美国、韩国等国家和 IHO、IHB、EAHC 等国际组织开展了卓有成效的国际合作与技术交流项目,对有效提升辖区航海保障服务水平、不断增强中国在国际社会的影响力具有重要意义和作用。其中,参与国际合作项目 24 批次,包括合作项目 10 项,参加国际培训 14 批次,培训人员 18 人次。

图 8-1-651　1997 年 3 月 25 日,天津海监局邀请日本海上保安厅专家梶村徽(右一)研讨交流电子海图技术

图 8-1-652　2001 年 8 月 9 日,天津海测大队邀请 IHB 高级制图专家米歇尔·怀特(左)研讨交流海图编绘技术

1959—2012 年北海航海保障系统参与国际合作项目一览表

表 8-1-134

序号	时间	地点	国际合作项目	主要参与人员
1	1959 年 12 月至 1961 年 10 月	鸭绿江	鸭绿江口水域全测	姚一宁等 44 人
2	1987 年 12 月至 1989 年 12 月	孟加拉国	孟加拉国吉大港疏浚工程测量	姚一宁、许守友等 8 人
3	1990 年 2—7 月	意大利	国际海道测量师 B 级培训	李树兵
4	1991 年 2—7 月	意大利	国际海道测量师 B 级培训	董希贵
5	1992 年 5—9 月	日本	国际海道测量师 B 级培训	张彦昌
6	1997 年 3 月 25 日	中国天津	日本海上保安厅专家梶村徹在天津海测大队交流电子海图技术开发	赵亚兴、马亚平、王征等
7	1998 年 2—7 月	意大利	国际海道测量师 B 级培训	桑金
8	1998 年 11 月至 2013 年 5 月	中国天津	中美全球短波无线电通信业务合作	侯福行、苏本征、王雪玲
9	2001 年 8 月 9 日	中国天津	IHB 高级制图专家米歇尔·怀特在天津海测大队研讨和交流海图编绘技术	李鲜枫、马亚平、张铁军等
10	2002 年 5 月 8—22 日	中国大连	中美联合扫测大连"5·7"空难"黑匣子"	赵亚兴、李鲜枫、张墨起等
11	2000 年 9 月至 2001 年 1 月	意大利	国际海道测量师 B 级培训	张安民
12	2003 年 2 月至 2003 年 7 月	意大利	国际海图制图师 A 级培训	卢之杰
13	2003 年 9 月至 2005 年 10 月	中国大连	国际海道测量师 A 级培训	黄东武、张墨启
14	2005 年 9 月至 2007 年 11 月	中国大连	国际海道测量师 A 级培训	董江、缪锦根
15	2006 年 5—9 月	日本	国际海道测量师 B 级培训	汪连贺
16	2006 年 11 月 23—25 日	新加坡	EAHC 多波束测深系统技术培训	王闰成
17	2006 年 11 月 29 日	中国烟台	韩国航标管理代表团访问烟台航标处和成山头航标站	辛艺强、钟建军、张原军等
18	2007 年 5 月 16 日	韩国	成山头灯塔与八尾岛灯塔缔结姊妹灯塔	钟建军、刘德波等
19	2010 年 5 月至 2012 年 4 月	中国-韩国	中韩双边 AIS 数据交换	王树茂等
20	2010 年 11 月 15—19 日	泰国	EAHC 海洋边界、基线和外大陆架技术事务培训	邬凌智
21	2011 年 6 月 20—24 日	泰国	EAHC 数据库设计与管理培训	黄东武、李光华、周毅仪
22	2011 年 12 月 21—22 日	中国烟台	韩国航标管理代表团访问烟台航标处和成山头灯塔	王如政、钟建军、吕忠琨等
23	2012 年 6 月 18—22 日	泰国	EAHC 海道测量中的潮汐与水位观测培训	刘雷
24	2012 年 6 月 25—28 日	马来西亚	EAHC 海底地质分类培训	张墨起

(一) 鸭绿江口水域全测

1959 年 12 月,遵照交通部指示,天津海港测量队勘测鸭绿江,并按有关规定提交《鸭绿江勘测报告》和勘测成果。基于鸭绿江为中朝两国界河,经交通部与朝方有关部门协商,于 1961 年 4 月决定:由辽宁省交通厅牵头,天津海港测量队与朝方水路管理部门合作,联合实施鸭绿江水域全面测量项目,中方承担中朝合作委员会相关协定中规定的龙岩浦至鸭绿江口外水运岛测量任务,测量范围包括东、中、西三个航运区域,是为该队组建后首次承接国际合作项目。

在交通部和辽宁省交通厅的统一指挥协调下,天津海港测量队选派专业技术人员44名,辽宁省安东市(今丹东市)航务处派出外业人员2名、船员20名,投入单波束测深仪3套、经纬仪4台、水准仪2台、测量船舶4艘,如期奔赴测绘作业现场集结待命,将测量作业人员分成平面控制水准测量及地形测量组、水位观测组、水深测量组、制图组,并分别做好各项前期准备工作。

1961年5月,天津海港测量队编制完成《鸭绿江口测量技术设计书》及施工方案,主要包括:陆域平面控制测量及水准测量、沿岸地形测量、潮汐观测、水深测量、底质探测和成果图编绘等内容。同年6月初,全面展开外业测量,先后建立平面控制三角网和高程控制水准网。根据潮汐性质,在沿岸及浅滩典型位置设立验潮站,为水深测量潮位控制提供保障。在此期间,由于鸭绿江滩涂潮差大、流速急,致使验潮水尺稳定性差、易变化、易丢失,该队工程技术人员随即采取了特殊加固措施,并沿鸭绿江水道走向采用直线分带改正水深,有效保证了测深精度。在图幅设计方面,则根据测量水域水深周期性变化,将测区比例尺作出合理调整,其中航道区域测量比例尺为1∶2000,浅滩区域测量比例尺为1∶10000,其他区域测量比例尺为1∶25000,最终实现成果图编绘比例尺为1∶75000,基本满足鸭绿江航道整治及航标设置需求。在外业水深测量方面,制订了周密的作业计划,采取水陆并进施测等方法,克服了器材短缺、生活艰苦等诸多困难,风餐露宿,历时6个月连续奋战,该国际合作项目于1961年10月提前60天安全优质完成。

鸭绿江口水域全面测量工程项目,实测面积1851平方千米,制成报告图板一套(三幅半),绘制透明纸图一套(三幅半)。经中朝双方专家鉴定验收,达到预期标准要求,受到相关港航单位和社会各界高度赞誉。

(二)孟加拉国吉大港疏浚测量

1978年党的十一届三中全会将对外开放作为基本国策,为企业开拓国际市场创造了机遇。随后,天津、上海、广州航道局等单位由事业单位改为企业,为疏浚行业走向国际市场提供了内在动力。1986年8月,孟加拉国吉大港疏浚工程向国际招标,在中国驻孟加拉国使馆和交通部、中港总公司等部门的支持下,天津航道局在8家国际疏浚公司竞争中中标。1987年12月27日,"津航浚106"自航耙吸式挖泥船赴孟加拉国吉大港投入卡纳富利河疏浚工程,是为天津航道局首次承接国外施工项目。同年12月29日,根据天津航道局工作安排,由天津海港测量队高级工程师姚一宁等7名工程技术人员组成的测量队飞抵孟加拉国,承担疏浚工程测量任务。

测量队抵达施工现场后,根据港方提供的3个三等平面控制点,采用四等附和导线,测定了7个四等平面控制点,满足了疏浚施工和水深测量定位需要,并弥补了吉大港平面控制点不足的问题。根据港方提供的2个四等水准点,采用四等几何水准,测设了2个工作水准点,并利用港口附近的长期验潮站(内置滚筒式验潮仪),在河口处增设临时水尺,通过72小时同步验潮和四等水准联测,经潮汐调和分析,确定了水尺零点与深度基准关系,满足了疏浚施工和水深测量潮位控制需要,并纠正了当地深度基准存在的问题。根据疏浚作业特点,按照海控2级点要求,测设了导航标志。经过15天连续奋战,全面完成浚前测量准备工作,为"津航浚106"船如期展开疏浚作业奠定了技术基础。

在疏浚作业中,"津航浚106"船意外搁浅,耙臂折断,耙头丢失,加之在拓宽航道时碰到不明铁器等障碍物,致使工程进度受到严重影响。测量队在没有专业扫海装备的情况下,自制简易扫海具,及时扫测到丢失的耙头并协助打捞出水;探测到不明铁器系沉没的大型灯浮标并协助打捞出水,为保证疏浚作业正常开展扫清了障碍。在此期间,测量人员克服作业条件艰苦、生活环境不适、语言沟通不畅等诸多困难,与疏浚人员同吃同住同劳动,实时探测浅点,指示疏浚方向,有效保证了疏浚效率和工程质量,赢得天津航道局驻孟工程指挥部和港方一致赞誉。

1989年12月,历经两年疏浚作业,孟加拉国吉大港卡纳富利河疏浚工程圆满告竣。测量队提交的疏浚测量技术报告和疏浚竣工图纸等测量成果,得到当地政府高度认可。回国后,测量人员受到天津航道局通报表彰。

(三) 国际海道测量师培训

1990年始,全国海区测绘系统陆续派员参加IHO国际海道测量师(制图师)资格培训,旨在培养高端专业技术力量。在此期间,天津海测大队董希贵、张彦昌、桑金、张安民4位技术骨干,分别于1991年、1992年、1998年、2000年赴意大利和日本参加为期半年的国际海道测量师培训。培训内容主要包括:海道测量、平面控制测量、海图编绘、地质测量、潮汐观测、计算机制图、定位设备及测深设备使用开发等课程。在基础课程培训结束后,实习为期两周的平面控制测量、地形测量和水深测量作业,并参观考察意大利海军海道测量舰船。经过半年培训,均以优异成绩通过资格考试,取得IHO颁发的B级国际海道测量师证书。

2003年2—7月,天津海测大队卢之杰赴意大利参加为期半年的国际海图制图师培训,培训课程主要包括:高等数学、海上导航技术、海图编绘及计算机制图。培训结束后,获得IMO和国际海事学院(IMA)联合颁发的A级国际海图制图师证书。

2002年6月,在美国召开的由国际测量师联合会(FIG)、国际海道测量组织(IHO)及国际制图协会(ICA)组成的联合咨询委员会第15届会议上,海军大连舰艇学院正式通过A级国际海道测量师培训资格认证。2003年,海军大连舰艇学院获得FIG、IHO、ICA等国际组织联合认证授权,遂举办首期A级国际海道测量师培训班。2003年9月和2005年9月,天津海测大队分两批选派黄东武、张墨启、董江、缪锦根4位技术骨干参加培训班,系统学习航道图海道测量、海岸带管理海道测量、海上地震测量、海洋工程测量、遥感测量、军事海道测量、内陆水域海道测量等多门课程,通过毕业考试,取得A级国际海道测量师证书。

2006年5—9月,天津海测大队选派汪连贺赴日本参加国际海道测量师培训,系统学习光学、航海学、涌流潮汐学、水下声学、水深与扫海测量、海底地形与地质、航海图编绘等课程,取得IHO颁发的国际海道测量B级证书。

(1)2003年2—7月,派员赴意大利参加国际海图制图师培训

(2)2006年5—9月,派员赴日本参加国际海道测量师培训

图8-1-653 天津海测大队多次派员参加IHO国际海道测量师(制图师)资格培训

截至2006年,北海航海保障系统派员参加IHO举办的国际海道测量师(测绘师)证书培训总计9批次、共计11人次。通过参加国际海道测量师培训,天津海测大队工程技术人员进一步增强了刻苦钻研现代测量技术的紧迫感和使命感,有效提升了专业理论素养和国际履约能力。截至2012年,该大队科研人员结合各自工作实践经验,先后发表一系列学术论文和著作,其中10余篇荣获省部级奖项,为全国海区测绘系统引进开发现代技术、不断创新航海图书资料做出突出贡献。

(四) 全球无线电电子邮件业务合作

美国全球无线电有限公司(GW)是开发经营全球短波数字通信及卫星通信业务的跨国企业,其推出的全球无线电邮件业务可以使船舶用户与陆地用户以电子邮件方式相互传递信息。美国GW公司在世界各地设有20余个节点站,形成覆盖全球的短波数字通信网络,克服了传统短波点对点通信受时间和地域限制的弱点,实现海上航行船舶在世界任何海域均可与相应节点站建立可靠的无线通信链接。

美国GW公司全球电子邮件通信系统通过世界各地节点站有线数据通信线路接入互联网,并采用虚拟专用网(VPN)技术与设在美国旧金山的总控中心建立虚拟数据通信链路,以实现总控中心对各个节点站监控以及与各节点站的数据传输。船舶用户从船台终端设备发送电子邮件,通过短波数字通信网传输至某个节点站,该节点站通过互联网将电子邮件转发至总控中心,总控中心再依据邮箱地址将电子邮件发送到陆地用户。陆地用户向船台发送电子邮件,首先传输至总控中心,总控中心通过查询,找到与该船台通信效果最佳的节点站,并将电子邮件发送至该节点站,最终由该节点站将电子邮件发送至船台。

1997年,美国GW公司计划在中国设置1个节点站,以优化短波数字通信网布局,满足其业务快速增长的需求,并进一步开拓中国市场。1997年初,经交通部批准,天津通信站(处)与美国GW公司协商并达成合作意向。同年11月25日,该站向交通部无线电管理领导小组报送《关于天津海岸电台与美国环球无线电公司合作增开短波无线电通信业务的请示》,于1998年11月6日获得批准。该站随即成立以站长候福行为组长的国际海上E-mail工程领导小组,正式与美国GW公司签订合作协议,由中方提供场地设施并负责设备维护,美方提供所需运营成本、场地占用费以及设备维护费用。之后,该站技术人员加班加点,如期完成天津节点站7部短波发射机、7部短波遥控接收机、6副全向发射天线及阻抗匹配器、1副全向接收天线及多路耦合器、1部网络交换机、1个路由器、4部工控机及配套软件等设备安装调试任务,于1998年12月正式开通全球电子邮件通信业务。

全球电子邮件通信系统天津节点站开通后,5条电路业务量持续增长,日均通信总时长达8小时。在中美双方合作期间,天津通信信息中心技术人员多次抢修排除发信机等故障,基本保证了该系统正常运行。

2013年5月,由于美国GW公司业务调整,天津通信信息中心不再与其继续合作,全球电子邮件通信系统天津节点站随之关闭。

(五)中韩缔结姊妹灯塔

2006年11月29日,韩国航标管理代表团团长陈汉淑一行13人,在天津海事局航标导航处处长辛艺强陪同下,赴烟台航标处成山头航标管理站参观访问,对该站的航标维护管理工作表示高度赞赏。在此期间,中韩双方就成山头灯塔与韩国八尾岛灯塔缔结姊妹灯塔事宜达成共识。

图8-1-654　2006年11月29日,中韩双方代表座谈交流航标管理事宜并互赠航标资料

2007年5月16日,中国海事局副局长王金付、韩国海事与渔港监督局局长田炳祚代表两国政府在韩国木浦签订《中韩姊妹灯塔缔结协议》,旨在增强两国在航标管理与业务技术经验交流,并就双方采用IALA规则标准和灯塔历史资料共享等方面开展互利合作。自此,中国成山头灯塔与韩国八尾岛灯塔正式缔结为姊妹灯塔,成为中国第一座建立国际关系的灯塔,为创建国际航标文化交流平台起到示范引领作用。

2011年12月21日,根据《中韩姊妹灯塔缔结协议》,韩国航标管理代表团团长金珉哲一行4人参观访问烟台航标处成山头灯塔,烟台航标处处长王如政陪同考察成山头灯塔、AIS基站、DGPS站,并就相关技术事宜座谈交流。韩国航标管理代表团在成山头航标管理站考察期间,向该站赠送八尾岛灯塔模型。次日,韩国航标管理代表团参观了烟台航标处灯器展室和灯器生产车间,听取该处自主研制PRB系列灯器线路板、智能灯器控制器、ISA-400、IMA-800、LED灯器、HD-60型智能点光源灯器,以及航标管理信息系统等科技成果的介绍,现场观摩航标运行信息监控系统功能演示。在韩国航标管理代表团与烟台航标处座谈交流中,双方一致认为,要以此次访问为契机,进一步巩固姊妹灯塔合作成果,不断拓宽两国航标人员互访交流渠道,携手促进航标事业共同发展。

图8-1-655　2011年12月21日,韩国代表团在烟台航标处参观交流

截至2012年,中国成山头灯塔与韩国八尾岛灯塔管理者的友好互动发展态势保持良好。

(六)中韩双边AIS数据交换

2009年4月7日,中国海事局与韩国国土海洋部第10次会议在韩国釜山召开,会议决定实施中韩之间AIS数据链接交换,实现中韩两国AIS数据共享,为中国筹建IALA-NET全球东亚地区AIS数据中心积累经验。2009年5月,中国海事局与韩国国土海洋部在北京签订《中韩AIS双边数据交换协议》(简称《协议》)。

2009年12月,按照中国海事局统一部署,天津海事局开通与韩方AIS数据交换的虚拟专用网络(VPN),并着手组织与韩国的AIS数据互通测试。2010年4月,历时5个月的两国岸基AIS实时数据交换测试工作顺利完成。根据《协议》要求,划定双方 AIS 数据共享地理范围为山东半岛以东黄海海域(包括部分东海海域)中的矩形区域,其边界概位为:36°00′N 至 32°00.9′N,122°58.8′E 至 122°29.3′E。根据双方协定,天津海事局自主研发数据过滤软件,将中国交换的 AIS 数据限定在该区域覆盖范围内,韩国交换的 AIS 数据限定为该区域范围内目的港是韩国沿海各港口的 Class A 船舶。中国上传数据通过韩国提供的代理软件,经过 VPN 加密,由互联网发送至韩国服务器,成功实现 AIS 数据上传和下载。

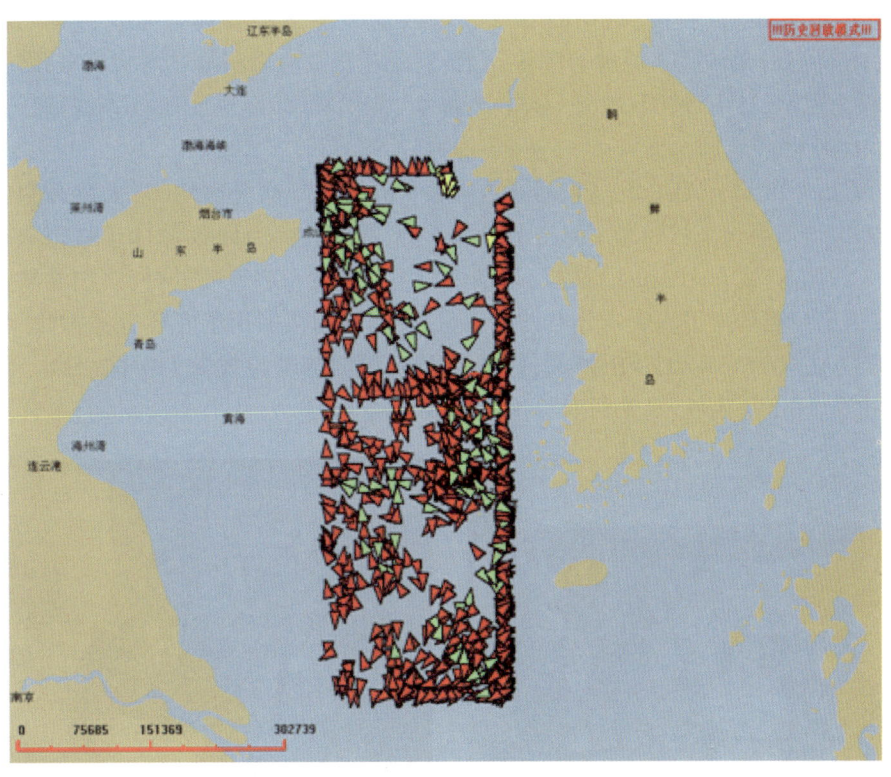

图 8-1-656　中韩两国共享实时 AIS 数据示意图

2010 年 5 月 4 日,中韩两国船舶 AIS 数据交换正式上线运行。直到 2012 年 4 月,因韩国单方面终止该协议,中韩双边 AIS 数据交换随之停止。

(七)东亚海道测量委员会专业技术培训

2007 年 1 月,随着国际海道测量技术发展,EAHC 依据各成员国相关专业培训需求,专门成立东亚海道测量能力建设委员会,并研究制订测绘质量控制、多波束数据采集与处理、电子海图制作、潮汐观测与分析、海图数据库建设等海道测量能力培训计划。

2010 年 11 月 15—19 日,EAHC 在泰国曼谷举办海洋边界、基线和外大陆架技术事务培训,天津航测科技中心选派邹凌智参加培训。本次培训由泰国皇家海军海道测量局承办,授课教师为英国海道测量局海洋法研究中心 Chris Carleton 和 Robin Cleverly 博士,培训内容主要涉及《联合国海洋法公约》的历史与背景、公约定义的各种权利区域、航海图在海洋划界中的应用、各种领海基线的定义和绘制方法、案例实践与 PPT 演示等,培训范围与规模为中国、日本、韩国、泰国、新加坡、菲律宾、印度尼西亚、马来西亚等 8 个 EAHC 成员国的 10 名学员。

2011 年 6 月 20—24 日,EAHC 在泰国曼谷举办数据库设计与管理培训,天津海测大队选派黄东武参加培训。本次培训由泰国皇家海军海道测量局承办,授课教师为英国OceanWise公司John Pepper、Dr Mike Osborne与加拿大CARIS公司Julien Barbea,培训内容主要涉及空间数据基础设施建设、海道测量数据与信息高效管理设计等,培训范围与规模为中国、日本、韩国、越南、泰国、新加坡、菲律宾、印度尼西亚、马来西亚等国家的25名学员。

2012年6月18—22日,EAHC在泰国曼谷举办海道测量中的潮汐与水位观测培训,天津海测大队选派刘雷参加培训。本次培训由泰国皇家海军海道测量局承办,授课教师为日本三重大学环境科学与技术系Minoru Odamaki教授,培训内容主要涉及海道测量中潮汐与水位控制、深度基准与潮汐改正、动态GPS测高、潮汐基本原理与潮汐预报、潮流观测及海道测量在海啸灾难预防中的作用等,培训范围与规模为中国、日本、韩国、越南、泰国、新加坡、菲律宾、印度尼西亚、马来西亚等国家的24名学员。

2012年6月25—28日,EAHC在马来西亚吉隆坡举办海底地质分类培训,天津海测大队选派张墨起参加培训。本次培训由马来西亚海军海道测量局承办,授课教师为加拿大QUESTER TANGENT技术咨询顾问乔恩·普勒斯顿(Jon Preston)教授,培训内容主要涉及海底地质的分类、扫测数据用于海底地质分类原理、多波束扫测数据用于底质分类方法、侧扫声呐扫测数据用于底质分类方法、单波束测量数据用于底质分类方法、QTC SWATHVIEW软件的使用等,培训范围与规模为中国、日本、韩国、越南、泰国、新加坡、菲律宾、印度尼西亚、马来西亚等国家的16名学员。

图8-1-657　天津海事局多次派员参加EAHC专业技术培训

截至2012年,北海航海保障系统派员参加EAHC举办的各类测绘专业技术培训总计4批次、共计4人次。通过派员参加EAHC能力建设相关培训,有效促进相关专业技术人员对国际海道测量先进技术的学习和领会,推动了与EAHC成员国之间的学术和业务交流,为提升该系统国际履约能力起到重要推动作用。

第二节　国际交流

一、国际互访

1949年中华人民共和国成立后,随着经济社会进步和航运事业发展,中国航海保障系统对外交往日益增多。1972年9月,朝鲜人民军水路局代表团首次参观访问秦皇岛无线电指向标站。特别是1978年改革开放后,航海保障领域的国际交流活动愈加频繁,派员出国考察访问或邀请外国专家来华交流研讨,已成为学习借鉴世界先进科学技术、提高航海保障管理水平的重要途径之一。

图8-2-658　2005年7月26日,交通部海事局常务副局长刘功臣(中)会见英国海道测量局(UKHO)局长威廉姆斯(Williams)

截至2012年,北海航海保障系统派员参与或承接国际互访活动总计23批次,其中出国考察访问12批次,共计34人次,接待外宾来访11批次。该系统先后派员出国考察访问的主要国家包括：英国、日本、朝鲜、西班牙、韩国、澳大利亚、新西兰、芬兰、瑞典、法国、德国、瑞士、巴西、阿根廷等；接待外国宾客主要来自IHO、IHB、IALA等相关国际组织和朝鲜、日本、古巴、英国等国家的航测管理机构代表。这些国际互访活动,行程紧凑,内容丰富,工作务实,成效显著,为促进北海航海保障事业发展发挥了重要作用。

1984—2012年北海航海保障系统参与国际互访活动一览表

表8-2-135

序号	访问日期	地点	主要任务	主要参与人员
1	1984年7月13日至8月7日	英国	交通部安监局航标代表团团长徐孝忠一行5人首次考察访问英国灯塔局	徐孝忠、张家孝等5人
2	1986年8—9月	日本	天津港务管理局通信交管研修团团长钟伯源一行5人考察访问东京港	钟伯源、程裕大、贾光胜等5人
3	1986年9月16—24日	天津、烟台	朝鲜人武部水路局代表团团长崔俊吉一行参观访问天津航测处	郭莘、李增才、王载熙等
4	1988年12月	朝鲜	交通部安监局代表团团长沈志成一行考察访问朝鲜人武部水路局	沈志成、郭莘、张家孝、孙文远等
5	1989年11月15日	天津	IHO执委会主席汉斯拉姆参观访问天津海监局	张家孝等
6	1990年2月23—24日	天津	日本航标协会代表团团长土屋贵一行2人参观访问天津海监局	王金付、张家孝、赵亚兴等

〔续表〕

序号	访问日期	地点	主要任务	主要参与人员
7	1990年7月17—18日	天津	古巴海道测量局代表团团长路易斯一行考察访问天津海监局	李增才、周则尧、姚一宁等
8	1990年11月15—16日	天津	日本航标协会代表团团长江并修一行2人考察访问天津海监局	顾孝谦、张家孝、赵亚兴等
9	1995年7月16—29日	西班牙	交通部安监局航标代表团团长李育平一行10人考察访问西班牙航标当局	李育平、王金付、赵亚兴等10人
10	1996年5月7—17日	朝鲜	交通部安监局航标代表团团长宋佳慧一行5人考察访问朝鲜人武部水陆局	宋佳慧、邓洪贵等5人
11	1996年10月17—19日	天津	朝鲜人武部水路局代表团团长崔俊吉一行参观访问天津海监局	赵亚兴、马亚平、张铁军等
12	1996年10月20—21日	大连	朝鲜人武部水路局代表团团长崔俊吉一行参观访问大连航标处黄白嘴灯塔	毛德敏、魏光兴、邓洪贵等
13	2000年4月5—9日	天津	IHB局长约翰·里奇参观访问天津海测大队	姜雪梅、赵亚兴、马亚平等
14	2002年9月2—25日	日本、韩国	北方海区航标系统专家随船考察日本、韩国沿海导助航设施	王如政、沈志江、苗猛等10人
15	2004年5月27日	大连	第34届IALA理事会成员代表20余人参观访问大连航标处，并乘船考察大连水域航标布设管理情况	刘功臣、车荣合等
16	2004年6月1—9日	日本	交通部海事局航标代表团团长赵亚兴一行8人考察访问日本海上安保厅	赵亚兴、韩伟、柴进柱等8人
17	2005年1月15—26日	澳大利亚、新西兰	天津会计学会财务代表团考察访问澳大利亚、新西兰交通财务管理	吕忠琨、姚晓璐等
18	2005年4月18—29日	芬兰、瑞典	交通部海事局航标代表团团长郑和平一行考察访问芬兰、瑞典海事管理当局及VTMIS系统	郑和平、袁立武、邰喆等
19	2005年7月26日	北京	英国海道测量局（UKHO）局长Williams博士一行6人访问中国海事局	刘功臣、韩伟、马建设等
20	2005年11月1—9日	澳大利亚	交通部海事局航标代表团团长常富治一行8人考察访问澳大利亚海事体制机制、政策法规、技术现状	常富治、聂乾震、马亚平等8人
21	2006年4月17—28日	法国、德国、瑞士	中国全球定位系统技术应用协会代表团考察欧洲三国及伽利略系统	徐津津、王成、白亭颖等
22	2007年6月4—29日	巴西、阿根廷	交通部海事局财务代表团团长赵亚兴一行9人考察访问巴西、阿根廷政府海事部门及财务内部控制体系	赵亚兴、毕见壮等9人
23	2010年8月21日	大连	朝鲜陆海运省港务监督及航道灯塔局代表团团长李南廷一行7人参观访问大连黄白嘴灯塔	田少华等

第八章 合作与交流

(一) 中国航标代表团赴英国考察访问

1984年7月13日至8月7日,应英国航标管理当局邀请,交通部水监局首次派出以广州航测处处长徐孝忠为团长,交通部水监局航测处副处长郭莘、天津航测处副处长张家孝等4人为成员的中国航标代表团赴英国考察访问。在此期间,中国航标代表团先后考察了英国引航公会,伦敦港、麦德威港2个港口当局,阿格(AGA)、马可尼(MARCONL)、雷卡(RACAL)3个航测设备公司,海运研究学院和皇家海岸警卫队多佛尔海峡航海信息中心等8个单位(部门),以及4个航标工厂、1个航标管理区、3座灯塔、1座灯船、1座脉冲站、1个监测站、3个交通控制中心、2个研究所。考察主要内容为英国沿海港口航标配布管理、海上交通管制模式、实施浮标制式改革、新式航标器材设备性能、航标经费来源与使用等情况。

图8-2-659 1984年7月,中国航标代表团团长徐孝忠(右三)一行五人考察英国北部无线电定位系统

考察活动结束后,中国航标代表团于同年8月29日向交通部水监局呈报考察报告,提出若干建设性意见,主要包括:①在灯塔布局和设备更新方面,建议借鉴英国百年灯塔技术升级改造经验,引进先进大型灯器,提高灯光强度和射程,并补点增设部分灯塔,形成沿海灯塔链;②在航标新技术应用方面,建议引进雷达信标或浮标加装雷达反射器等方式提升助航效能,并加强遥测遥控等航标自动化技术研究,逐步向灯塔少人值守或无人值守过渡;③在航标制式改革方面,建议参照IALA推荐的海上浮标A制式技术标准,全面实施中国沿海航标制式改革;④在航标经费保障方面,建议按照国际惯例,争取将船舶吨税作为航标经费来源,建立财源稳定和专款专用政策,彻底改变以往航标维护管理经费因单纯依靠行政拨款而捉襟见肘的局面;⑤在航标科技研发方面,建议设立专门航标科技研究机构和基层单位航标维修工场,不断提升航标科研及相关器材设备维修水平;⑥在分道通航管理方面,建议借鉴英国多佛尔海峡分道通航制经验,在中国部分重要航道或密集航区建立分道通航制度,并采用专用标形式作为分道航路标识,为改善通航环境秩序、降低海上交通事故发生率提供安全保障。此次考察访问活动,对全国海区航标系统学习借鉴国际先进技术和管理经验、确立中国航标事业建设发展目标产生了积极而深远的影响。

1985年,按照交通部部长钱永昌提出的"沿海航标亮起来"总体要求,交通部水监局在批量引进英国PRB系列大中型灯器的同时,统一组织实施了一系列灯塔技术升级改造工程,为实现"灯塔链"规划目标奠定了坚实基础。1986年,组织实施全国海区航标A制式改革,初步实现与国际规则接轨。特别是同年实现船舶吨税划拨交通部专款专用,为保障全国海区航测事业持续快速发展提供了经费保障。

1988年港口体制改革后,经交通部安监局批准同意,天津海监局在原天津航测维修中心的基础上,设立全国海区专职科研机构——天津航测科技中心,自主研发成功一批具有国际先进水平的科技创新项目,为推动北方海区乃至全国海区航测事业发展起到重要的技术支撑作用。截至2012年,中国沿海重要航道和重点水域已基本建立船舶定线通航制度,并采用专用标、侧面标、安全水域标作为助航标识。

(二)天津港通信交管研修团赴日本考察访问

20世纪80年代初,天津港口主航道拓宽成双航道,已有导航系统不能满足助航需求。1985年,按照《全国"七五"水上交通安全管理系统基本建设规划》要求,天津港务管理局着手筹建海上船舶交通管理系统(VTS)工程。天津港VTS工程由天津港建港指挥部负责实施,项目主管单位为天津港务管理局港务监督。在工程设计和建设中,天津港通信导航公司负责技术支持。基于日本海上保安厅VTS系统技术先进、经验丰富,该局决定派出以天津港务监督监督长钟伯源为团长,天津港通信导航公司程裕大、贾光胜等4人为成员的天津港通信交管研修团,于1986年8月赴日本东京港实地考察访问。

在此期间,天津港通信交管研修团先后考察了东京湾海上交通中心、船舶通信导航信号台、港内交通管制室、大岛航路标志事务所及其所属大岛雷达信标、海上保安试验研究中心、海上灾害防止中心等单位,并就VTS系统布局和工程建设、雷达工作频率、雷达图像信号传输、天线极化方式、交管塔楼建筑结构、计算机联网等问题作出详细咨询和深入研讨。历经20天考察访问,该研修团充分把握雷达、计算机、电视显示等VTS系统运行原理以及相关设备优缺点,对天津港VTS系统建设具有重要启迪作用。

图8-2-660　1986年8月,天津港通信交管研修团团长钟伯源(中)一行四人考察访问日本东京港

1988年港口体制改革后,天津港VTS系统建设移交天津海监局负责。1998年7月,天津港VTS系统工程全面告竣并投入使用。

(三)中国航标代表团赴西班牙考察访问

1995年7月16—29日,应西班牙政府外贸委员会邀请,交通部安监局派出以副局长李育平为团长,航测处处长王金付、天津海监局局长助理赵亚兴等7人为成员的中国航标代表团赴西班牙考察访问。在此期间,中国航标代表团先后会见了西班牙航标当局局长Arturo Aguado和外贸委员会驻巴伦西亚总代表,以及西班牙巴伦西亚机械公司董事长、总经理,并就双方共同关心的航标管理、科研开发、技术改造和未来发展等问题做了广泛深入的探讨交流。

考察访问期间,中国航标代表团实地参观考察了巴伦西亚机械公司生产的航标灯器、浮标、玻璃钢灯桩、遥测遥控系统等各类航标系列化产品及其产品质量检测体系。同时,参观考察巴伦西亚机械公司的协作单位光学研究所、金属机械加工厂、玻璃钢厂等科研、生产机构,并听取法国船舶协会巴伦西亚分公司对该公司航标产品质量检测情况介绍。随后,在西班牙航标部门陪同下,中国航标代表团实地参观考察了巴利阿里、巴塞罗那、巴伦西亚3个港口的5座灯塔、2座灯桩、1座海上弹性浮标等航标设施,以及西班牙航标部门的科技中心和具有悠久历史的西班牙航标灯器博物馆。在马略卡岛考察时,巴利阿里港务局长亲自陪同,当地媒体记者专访航标代表团团长李育平,并作了题为"中国航标代表团首次访问西班牙"的新闻报道。

图 8-2-661　1995 年 7 月 16—29 日,中国航标代表团团长李育平(左二)一行 7 人会见西班牙航标当局局长 Arturo Aguado(右二)

图 8-2-662　1995 年 7 月 16—29 日,中国航标代表团团长李育平(左二)一行 7 人会见参观考察巴伦西亚机械公司航标系列产品

1995年8月3日，中国航标代表团在全面了解西班牙航标先进技术和管理经验的基础上，结合中国航标现状和未来，为推进中国航标建设和发展提出若干建议和举措，并提交专题考察报告。这些建议和举措，在后续航标建设和发展中全部得到应用。

(1) 适时调整航标技术发展政策。随着全球卫星定位系统（GPS）广泛应用，西班牙视觉航标主要用于船舶进出港口和近岸航行，一般不再建设耗电大、照距远、维护管理不便的大型灯塔，普遍采用功耗低、光效高的新型灯器，配置太阳能供电系统，重点发展投资少、自动化程度高、便于维护管理的中小型灯塔。借鉴西班牙经验，交通部安监局适时调整沿海航标"九五"建设发展规划；组织批量引进和安装使用10余台巴伦西亚航标公司制造的BGA系列大中型灯器；北方海区组织开展灯塔（灯桩）标准化设计，并组织实施皮口灯塔等10余座中小型灯塔（灯桩）系列化建设改造工程，为实现灯塔无人值守和遥测遥控奠定技术基础。

(2) 注重老灯塔改造的经济性和实用性。西班牙航标部门对使用牛眼透镜旋转灯器的老灯塔改造时，尽量保留牛眼透镜部分，以无齿轮、无电刷、低功耗、转速无级可调的自动化转台替换传统机械式转台，并配置耗能低、光效强，与透镜相互匹配的石英卤素灯光源和太阳能供电系统，既实现老灯塔自动化，又节约改造费用，并与灯塔无人值守发展方向接轨。这一启示，于烟台镆铘岛等灯塔技术改造时尝试采用。

(3) 合理使用灯塔附属设施。西班牙灯塔自动化改造后，有人值守转为无人值守，原有灯塔附属用房大量闲置，航标部门采用多种形式加以利用：有的用作人员培训、职工度假，有的租借海洋观测部门，还有的承包旅游部门经营，既合理利用房屋、节省维护费用，又保护历史文物。这一建议，拓展为老铁山等灯塔开发旅游事业。

(4) 重视收集和珍藏老式灯器。西班牙航标部门因地制宜，充分利用附属用房较为宽敞的灯塔开办航标展馆，将历经百年灯塔技术改造后更换下来的有历史性价值的各类灯器、灯具、汽瓶等数百件设备全部收集和展示，而且维护得十分精良，完好如初，堪称一绝。这一举措，催生中国首个航标展馆于2000年落地秦皇岛南山头灯塔，老铁山灯塔航标园、青岛航标展馆、烟台航标历史文化展室等一批小型航标展馆亦应运而生。

(5) 完善航标法规标准建设。借鉴西班牙经验，交通部安监局抓紧组织制定、修订和完善与《中华人民共和国航标条例》相配套的《海区航标动态通报管理办法》《海区航标设置管理办法》等一系列航标法规标准，相继发布施行，确保航标管理工作有章可循、有法可依。

(6) 借鉴西班牙RBN-DGPS、航标遥测遥控技术发展经验，交通部安监局适时组织制定《中国沿海无线电指向标-差分全球定位系统规划（1996—2000年）》，并相继建成22座RBN-DGPS台站，实现全国沿海高精度定位全部覆盖、局部水域多重覆盖；将推广应用航标遥测遥控技术正式纳入《沿海航标系统"十五"发展规划与2015远景目标》，截至2012年，北方海区2108座各类航标遥测遥控覆盖率达到52%，推动中国沿海航标与国际航标技术发展总趋势相接轨、相融合、相一致。

（四）国际海道测量局局长访问天津海测大队

2000年4月5—11日，IHB局长约翰·里奇（JW. Leech）应交通部海事局邀请，先后参观访问交通部海事局、海军司令部航海保证部、天津海事局、上海海事局。

同年4月7日，约翰·里奇由交通部海事局办公室副主任姜雪梅、航标测量处高级工程师徐斌胜陪同莅临天津海事局，拜会该局局长王怀凤、副局长赵亚兴等领导。局长王怀凤对约翰·里奇的来访表示热烈欢迎，对IHB多年来对天津海道测量工作的支持表示感谢。随后，副局长赵亚兴，天津海测大队队长马亚平、副大队长王征及有关技术人员参加了技术座谈。马亚平首先向约翰·里奇介绍了天津海测大队发展历史、业务范围、技术装备、人员状况等情况。随后，约翰·里奇参观了该队海图制作过程，观看了已经印刷出版的港口航道图、电子海图、引航图集、多波束测量海图和近年来发现打捞的航行障碍物图片,详细了解了该队自主开发的海图制图软件功能,询问了电子海图和地理信息系统(GIS)的开发成果,考察了外业测量装备和海图发行情况。

图8-2-663　2000年4月7—9日,IHB局长约翰·里奇(右三)莅临天津海事局考察访问

在考察访问中,约翰·里奇与天津海测大队技术人员就电子海图、技术培训等问题深入交流研讨,并对该队的技术实力和人员素质给予高度评价,对该队测绘设备和相关软件留下深刻印象,对该队在质量管理方面能够通过ISO 9000认证表示祝贺。约翰·里奇说:"21世纪是海洋的世纪,中国拥有辽阔的海洋和庞大的船队,是IMO重要成员国,在不久的将来,中国必将成为世界经济强国,IHB非常关注中国海道测量事业的发展。"同时,约翰·里奇希望"天津海测大队能够更多地参与IHO事务,向国际同行展示中国海道测量取得的骄人成绩",并欣然题词:祝愿天津海事局海测大队在海洋世纪拥有更加美好的未来! 随即,天津海事局副局长赵亚兴表示:"约翰·里奇的来访,加深了IHB与天津海事局之间相互了解,希望今后IHB能够提供更多技术交流与培训机会。天津海事局愿意参加IHB组织的各项国际合作项目,并履行相关国际公约,承担相应国际义务,为推动国际海道测量事业发展作出更大的贡献。"

同年4月9日,IHB局长约翰·里奇在津考察访问活动圆满结束。

(五)中国航标代表团赴日本考察访问

2004年6月1—9日,应日本海上安保厅邀请,交通部海事局派出以天津海事局副局长赵亚兴为团长,交通部海事局航测处处长韩伟、天津海事局航标导航处副处长柴进柱等7人为成员的中国航标代表团赴日本考察访问。

2004年6月2日,中国航标代表团首先拜会日本海上安保厅部长小林坚吾,双方就两国航标现状、航标管理模式和技术发展方向等问题做了深入交流探讨。随后,中国航标代表团分别考察了东京海上保安厅总部、DGPS监控中心、试验研究中心、千叶海上保安部和罗兰C监控中心、第六管区海上保安本部和广岛海上保安部、第七管区海上保安本部、门司海上保安部、广岛浮标保养基地、关门海峡VTS中心、火山下潮流信号所等单位,乘船参观了东京湾千叶港主航道弹性灯桩和千叶灯塔。

图8-2-664　2004年6月1—9日,中国航标代表团团长赵亚兴(左三)一行7人会见日本海上保安厅部长小林坚吾(中)

通过考察访问,中国航标代表团初步了解日本航标管理机构设置和职责、经费来源和使用、管理理念和方式、科研开发和技术发展水平等,对中国沿海航标未来建设和发展起到重要借鉴作用。2004年7月8日,中国航标代表团提交专题考察报告,为推进中国航标可持续发展提出7个方面的建议和举措。

(1)视觉航标作用依然重要,其助航服务方式和效能仍在不断发展。中国视觉航标在建设和管理上与日本相比,在种类、数量、配布密度和技术性能等方面,存在较大差距。中国仍需发展视觉航标助航服务,增加外海开阔水域视觉航标配布密度;在海峡或狭窄水道、离航道较近的孤岛、重要转向点附近的岛屿、浅滩或礁石上,尽量增加视觉航标和雷达信标设置密度。

(2)航标设备先进、完善,配布成链,形成多手段综合助航体系。日本在重要航道大量应用LED灯器,施行同步闪光或交互闪光,并配置遥测遥控系统;在重要航道附近设置中小型灯塔或灯桩,施行结构简单的系列化、标准化设计,建设周期短,造价较低廉;在通航环境复杂水域,设置多种导助航设备,形成多手段综合助航体系;在开阔水域,灯浮标配布成链等。中国航标部门在实施航标建设和技术改造时,参考日本"以人为本、便于航行"的航标配布理念,加大资金投入力度,配置更加完备的助航设备,并开发创新适合中国海域特点的航标新产品和新设备,根据水域环境和用户的不同需求,提供不同等级的助航服务。

(3)以服务航海者为根本出发点,科学整合资源,实现"以人为本"的服务理念。中国航标部门在未来建设航海保障体系时,充分考虑航海者船舶驾驶的实际需求,统筹规划,统一标准,信息共享,将多种助航系统整合到可以共享的公共平台上,实现航标管理信息化,用良好的助航设施和手段,为航海者提供尽可能科学合理的助航信息。

(4)不断深化和创新航标助航服务内涵,拓展助航服务范围,适时实现航标统一管理。借鉴日本等海洋强国航标统一管理模式,中国由海洋大国向海洋强国迈进,势必要整合所有涉海机构、部门和资源,改变中国航标由交通部、海军和渔业部共同管理,且交通部内航标又分为沿海航标与内河航标等多头管理的格局,适时实现航标统一管理,并将所有涉及保障航海安全的系统、装置、设备、设施等一并纳入航海支持保障体系。

(5)建立航标科学试验研究机构,完善航标科研管理体制。中国航标发展,需要集科研试验和权威认证为主要职能的航标专业技术支持机构,妥善解决各航标管理部门共性的技术应用和协调发展;加强相关法规政策研究,确定航标发展战略和工作目标,提供科学决策的智力支持,为中国航标可持续发展奠定基础。

(6)制订全面和超前的航标建设发展规划,完善各项管理制度和技术标准,确保航标管理有法可依,有章可循。中国在沿海航标"十一五"发展规划中,将加快 AIS 系统建设、建立和完善安全信息服务系统、实施航标系列化和标准化技术改造、推广应用绿色环保能源等列为发展重点,将航标管理和技术标准体系建设作为研究的重要内容之一。

(7)加强航标文化宣传,树立良好航标形象,形成全社会共同参与航标管理的氛围。中国航标部门紧紧抓住 2006 年在上海即将召开 IALA 大会之机,参照日本有关宣传资料,统一编印中国航标宣传手册,让众多航海者及时、全面、准确了解航标信息,以保障航海安全;让广大市民认知航标重要性,以共同爱护航标;让全体航标人员崇尚岗位工作,以奉献航海事业。

2004 年 10 月始,天津海事局副局长赵亚兴和交通部海事局航测处处长韩伟联名在《中国海事》分 3 期连载《日本航标管理概况》,为更多的航海工作者提供学习参考。

二、国际学术交流

国际学术交流系指相关国际组织举办的各种学术会议和学术交流活动。20 世纪 90 年代始,北海航海保障系统参与相关国际学术交流活动日趋活跃,并多次登上国际舞台发表主题演讲和学术论文。

1994 年 2 月 19 日,在美国夏威夷召开的 IALA 第 13 届大会上,由天津航测科技中心副主任李鲜枫、工程师马建设合著的论文《利用气象卫星进行航标数据遥测的尝试》成功入选发表,是为北海航海保障系统首次在国际会议发表论文。

1996 年 11 月,根据中韩两国航海学会合作交流协议,中国航海学会在北京举办第 2 届中韩航海学术交流会。北海航海保障系统提交的《RBN-DGPS 系统在海道测量中的应用》《秦皇岛 RBN-DGPS 系统使用情况之我见》《建立中国沿海无线电指向标-差分全球卫星导航系统设想》《利用 INMARSAT-C 移动地球站和 GPS 接收机的自动定位报告系统应用前景》等 4 篇论文在会上发表,是为该系统在国际学术交流会议上发表论文最多的一次。

2006 年 5 月 29—30 日,IALA 在大连召开"IALA 人员培训与海上安全研讨会",天津航测科技中心高级工程师朱勇强发表题为"中国海事局航标管理人员在职培训"的主题演讲。该演讲介绍了中国航标管理人员在职教育的规划与组织实施情况、培训的主要形式和采用的培训大纲及教材、培训基地建设以及中国航标管理人员在职培训的未来发展战略等方面情况,探讨了航标管理人员在职培训取得的相关成效和工作经验。

2007 年 6 月 26—29 日,IALA 第 41 次理事会在法国巴黎召开。会议期间,法国交通部举办 IALA 成立 50 周年庆典活动。随后,中国代表团于 7 月 1—4 日在英国伦敦参加其引航工会(Trinity House)举办的以"e-Navigation"为主题的研讨会,天津航测科技中心副主任马建设作了题为"数字化航标信息的应用与未来发展"(Application and Future Development of Digitized Aids to Navigaiton Information)的主题演讲,展示了中国航标管理机关在"e-Navigation"领域的最新研究成果。

图 8-2-665　2007 年 7 月 3 日,天津航测科技中心副主任马建设在英国 Trinity House 举办的"e-Navigation"研讨会上发表主题演讲

2007 年 10 月 22—25 日,IALA 航标模拟和 GIS 研讨会在法国巴黎召开,天津海事局航标导航处高级工程师苗猛等 2 人出席会议。会上,苗猛发表题为"模拟在航标上的应用"主题演讲,引起会议代表的普遍关注和赞许,并就相关技术问题深入研讨和交流。随后,IALA 在编制《航标模拟指南》工作中,采纳了中国代表团提出的模拟指南中文件的范围、模拟的用户和限制条件等编制或修订意见。

图 8-2-666　2007 年 10 月 22 日,天津海事局航标导航处高级工程师苗猛在 IALA 航标模拟和 GIS 研讨会上发表主题演讲

之后,随着中国航海保障事业不断发展,北海航海保障系统持续派员参加各类国际学术交流活动,积极组织相关科技人员撰写学术论文,为提升中国学术研究水平和国际影响力作出积极贡献。截至2012年,该系统参与相关国际学术研讨活动总计23批次,发表学术论文15篇。

1994—2012年北海航海保障系统参与国际学术交流活动一览表

表8-2-136

序号	会议日期	会议地点/名称	论文名称/研讨主题	论文作者/研讨人员
1	1994年2月19日至3月1日	美国夏威夷/IALA第13届大会学术交流	利用气象卫星进行航标数据遥测的尝试	李鲜枫、马建设
2	1996年11月18—20日	中国北京/第2届中韩航海学术交流会	建立中国沿海无线电指向标-差分全球卫星导航系统设想	李鲜枫
			利用INMARSAT-C移动地球站和GPS接收机的自动定位报告系统应用前景	程裕大
			秦皇岛RBN-DGPS系统使用情况之我见	柴进柱
			RBN-GPS系统在海道测量中的应用	张铁军
3	1998年6月9—19日	德国汉堡/IALA第14届大会学术交流	航标管理、无线电航标、保护历史文物灯塔等5个专题	刘功臣、赵亚兴等8人
4	2001年2月20—23日	韩国釜山/NAVAIDS2001航标技术研讨会	中国沿海航标的发展	马建设
5	2002年3月11—15日	澳大利亚悉尼/IALA第15届大会学术交流	中国沿海无线电指向标-差分全球定位系统建设	马建设
6	2003年10月7—9日	新加坡/IHO第2届国际电子海图显示与信息系统学术交流会	ECDIS培训课程设计	白亭颖
7	2004年9月13—14日	法国巴黎/21世纪罗兰C会议	无线电导航技术交流研讨	马建设
8	2004年9月28日至10月8日	爱尔兰都柏林/IALA能源/光源研讨会	能源和光源技术交流研讨	沈志江等2人
9	2005年6月28—30日	摩纳哥/ANIS工作组第4次会议暨信息国际标准化研讨会	信息国际标准化交流研讨	马建设
10	2005年7月11—16日	西班牙/国际制图协会(ICA)第22届大会(ICC 2005)暨IHO海图展览会学术交流	海图编绘、电子海图等技术交流研讨	郑和平、白亭颖等3人
11	2005年9月3—11日	德国/CHRIS会第17次会议暨电子海图显示与信息系统论坛	电子海图显示与信息系统技术交流研讨	张铁军等2人
12	2006年3月14—16日	英国/RNAV委员会工作组会议暨DGNSS的未来发展研讨会	DGNSS技术交流研讨	苗猛等2人

〔续表〕

序号	会议日期	会议地点/名称	论文名称/研讨主题	论文作者/研讨人员
13	2006年5月29—30日	中国大连/IALA人员培训与海上安全研讨会	"数字世界的航标"主题中国海事局航标管理人员在职培训	朱勇强
14	2006年10月4—6日	澳大利亚悉尼/IMO自愿审核机制	IALA航标服务质量管理交流研讨	姜雪梅、李钊金等4人
15	2007年7月2—4日	英国伦敦/ENAV研讨会	数字航标——传统航标的演变	马建设
16	2007年10月22—25日	法国巴黎/IALA航标模拟和GIS研讨会	模拟在航标上的应用	苗猛代发表
17	2008年4月1—4日	法国布雷斯特/IALA浮动航标/锚链研讨会	浮动航标和锚链技术交流研讨	沈志江等3人
18	2008年9月30日至10月3日	丹麦哥本哈根/IALA光源/能源研讨会	航标光源和能源技术交流研讨	沈志江等2人
19	2010年11月3—5日	韩国仁川/亚洲航海学术年会暨2010中日韩航海学术交流会	渤海超大型船舶航路潮汐控制分析、IHO新公约、新结构生效后的国际海道测量发展新趋势分析及对策研究	王闰成代邬凌智发表
20	2010年3月19—29日	南非/IALA第17届大会学术交流	航标——一个适用于所有水域、所有风险环境、所有解决方案的全球方法	刘功臣、马建设等7人
21	2011年11月3—5日	中国武汉/亚洲航海学术年会暨2011年中日韩航海学术交流会	航海保障网络及其应用	吴功栋
22	2012年9月25—28日	英国/HSSC第4次会议暨充分认识电子海图和海道测量数据的潜在价值主题论坛	电子海图技术交流研讨	王闰成
23	2012年9月30日至10月3日	埃及开罗/国际航行学会联合会第14届大会	符合e-Navigation概念的综合助航系统在航标工作船上的应用	朱勇强

(一)亚洲航海学术年会

亚洲航海学术年会(Asia Navigation Conference,简称 ANC),是由中国、日本、韩国三国航海学会共同发起的地区性国际学术交流活动,旨在分享各国航海与港口研究成果,不断推进航海科学技术发展。初期,中国航海学会分别与韩国、日本航海学会开展学术交流活动。随后,经中国航海学会提议,将中韩、中日航海学会学术年会合并举办,并改称亚洲航海学术年会(ANC)。至此,中、日、韩三国航海学会共同召开亚洲航海学术年会暨中日韩航海学术交流会。

1995年7月,中韩两国航海学会达成合作协议,决定每年轮流组织召开航海学术交流会。第1届中韩航海学术交流会于同年10月底在韩国举行。

1996年11月18—20日,第2届中韩航海学术交流会在北京举办。中国航海学会理事长林祖乙、韩国航海学会理事长许逸,以及有关方面专家学者和管理人员共30人出席会议。会议主题为"GPS和中韩古代及中世纪海上交往史",共发表论文20篇,韩方发表论文4篇,中方发表论文16篇,其中北海航海保障系统发表4篇,内容涉及GPS发展趋势、科研和应用中的具体事宜等,是为北海航海保障系统首次在中韩航海学术交流会发表论文。

天津航测科技中心主任李鲜枫发表题为"建立中国沿海无线电信标-差分全球卫星导航系统设想"主题演讲,详细介绍了中国沿海建设 RBN-DGPS 系统的实施计划,主要包括:22 个台站的组成,台站位置的选择和位置的精确测定、频率的分配、识别码的安排和采用国际标准播发的信息类型,以及预期的台站信号作用距离,建设顺序和对外服务的时间等。天津海测大队队长助理张铁军所著的《RBN-DGPS 系统在海道测量中的应用》论文亦在大会上作了交流。

图 8-2-667　1996 年 11 月 18 日,天津航测科技中心主任李鲜枫(中)在第 2 届中韩航海学术交流会上发表主题演讲

天津海监局原通信交管处处长程裕大发表题为"利用 INMARSAT-C 移动地球站和 GPS 接收机的自动定位报告系统应用前景"主题演讲,详细介绍了北京国际卫星 A/C 标准站海事卫星 C 系统提供的业务和功能、中国通信地面网络的建设情况,分析了以 GPS 和海事卫星 C 系统相结合的数据交换传输方案、自动定位报告流程,实现陆地用户随时跟踪船舶轨迹的功能,并展望了其应用前景。

秦皇岛航标处助理工程师柴进柱发表题为"秦皇岛 RBN-DGPS 系统使用情况之我见"主题演讲,详细介绍了秦皇岛航标处在 RBN-DGPS 系统使用、管理、维护等方面的经验与体会,并从改善基站环境、完善监测系统自身运行程序、满足用户所需坐标及配备完善中文资料等四个方面提出了建议。论文观点得到与会专家一致认可,为加强中国沿海 RBN-DGPS 台站维护管理提供了借鉴。

此次交流会除了就有关学术问题深入探讨外,并就使用 GPS 政策以及相邻国家协调等事宜达成共识。交流会期间,中方代表建议翌年秋季召开一次亚太地区 GPS 和 GIS 学术研讨暨设备展示交流会,得到韩方响应,并商谈了相关合作安排事宜。会后,韩方代表参观了天津港和天津海上交通管理中心。

2002 年始,中国、日本、韩国三国航海学会达成共识,决定每年举办一次亚洲航海学术年会(ANC)暨中日韩航海学术交流会,由三国航海学会轮流主办。

2010 年 11 月 3—5 日,ANC 暨 2010 中日韩航海学术交流会在韩国仁川举行,天津海测大队高级工程师王闫成发表题为"渤海超大型船舶航路潮汐控制分析"主题演讲,介绍了渤海超大型船舶航路测量潮汐控制数据处理和研究方法、过程。针对所布设的 30 余个验潮站的数据处理和多站水位的方法,提出采用"调和相关差分法"推算水位和恢复水位数据等新方法,并通过实测数据验证,符合渤海内潮汐实际情况,有效提高了环渤海潮汐预报和推算精度,是为北海航海保障系统首次在 ANC 发表学术论文。

图 8-2-668　2010 年 11 月 5 日,天津海测大队高级工程师王闰成在 ANC 暨 2010 中日韩航海学术交流会上发表主题演讲

2011 年 11 月 3—4 日,ANC 暨 2011 中日韩航海学术交流会在中国武汉理工大学会议中心举行,来自中日韩三国的 61 名代表出席会议。中国航海学会常务副理事长刘功臣等 27 人组成中国代表团参加会议,天津航测科技中心派员参与了相关学术交流活动。这次会议组织了 1 场主题报告会和 16 场分组交流会,总计交流论文 54 篇,其中中国 25 篇、日本 14 篇、韩国 15 篇。与会代表围绕繁荣航海科技,以及关注环保、安全和以人为本等议题,深入探讨交流了各国在海事安全与保障、船舶交通管理、航运法则与海员教育培训、现代轮机管理、船舶热能与动力工程、绿色海事新技术、海上智能交通系统、船舶虚拟现实技术与仿真、电子信息与航海技术、特种船舶操纵技术与监管模式等方面的新策略和新成果。

2011 年 11 月 3 日,天津航测科技中心高级工程师吴功栋在航海设备和技术应用小组会上发表题为"航海保障网络及其应用"主题演讲,提出航海保障物联网等新概念,全面论述了在航标管理与综合导航、海上环境感知和保护、海上安全通信等方面的应用前景,并就航海保障物联网架构等与会代表的提问作了深入阐释,得到中日韩代表普遍认可和赞赏。

(二)国际海道测量组织第二届电子海图显示与信息系统学术交流大会

2003 年 10 月 7—9 日,IHO 在新加坡举办第二届国际电子海图显示与信息系统(ECDIS)学术交流大会,旨在进一步加强海道测量技术国际交流,推动全球 ECDIS 应用与发展。这次大会由新加坡海事港务局(MPA)和英国海道测量局共同承办。大会主要议题包括:用户需求、内陆 ECDIS、ECDIS 培训、发展趋势和官方电子海图服务与发布系统等 5 个专题。IHO 各成员国提交大会论文总计 48 篇,其中中国海事局提交的"ECDIS 培训课程设计"等 2 篇论文入选,并安排在大会上宣讲,是为北海航海保障系统首次在 IHO 学术交流会发表学术论文。

2003 年 10 月 8 日,天津航测科技中心工程师白亭颖在大会上发表题为"ECDIS 培训课程设计"主题演讲,系统论述了 ECDIS 的培训意义、培训内容和方式以及注意事项,提出了改进 ECDIS 培训工作的相关举措,充分展现了中国在电子海图开发应用方面的研究成果。会议期间,白亭颖与其他国家代表广泛交流,探讨了 ECDIS 存在的技术问题以及解决方案和应用前景等方面内容,获取了大量具有实用价值的相关信息。

大会期间,安排了两个技术参观:一是参观新加坡集成模拟中心;二是参观新加坡 MPA 的港口运行控制中心。同时,举办了 ECDIS 应用设备展览,展品主要包括 CARIS、C-MAP 等在内的 16 家知名 ECDIS 设备厂商送展的 ECDIS 应用设备和软件系统。

图 8-2-669　2003 年 10 月 8 日，天津航测科技中心工程师白亭颖在 IHO 第二届国际电子海图显示与信息系统学术交流会上发表主题演讲

（三）国际航行学会联合会第十四届大会学术交流

国际航行学会联合会(IAIN)成立于 1975 年，属于非政府间国际组织，每 3 年举办一次 IAIN 大会，旨在联合各国导航学术组织开展相关交流活动，促进航天、航空、航海、陆地领域导航技术发展。1988 年，中国加入 IAIN，并由中国航海学会牵头组织参加 IAIN 相关学术活动。

2012 年 9 月 30 日至 10 月 3 日，IAIN 第十四届大会在埃及首都开罗召开。会议由 IAIN 主办，阿拉伯导航协会承办，来自 24 个国家的 117 名会议代表出席会议，中国航海学会常务副理事长刘功臣等 7 人出席会议。这次会议的主题是"无缝导航，挑战和机遇"，共举办 GNSS 定位和应用、海上事故和仿真、E-航海、导航集成系统、增强导航系统、陆地应用系统、GPS/GNSS 精确定位技术、图像应用技术、AIS 和 VTS 海上应用系统、GNSS 定位和应用、海上测量技术、海上导航与航标等 12 个技术专题会议，总计发表论文 42 篇。其中，中国入选大会宣讲论文 3 篇。

图 8-2-670　2012 年 10 月 2 日，天津航测科技中心高级工程师朱勇强在 IAIN 第十四届大会上发表主题演讲

2012年10月2日,天津航测科技中心高级工程师朱勇强在会上发表题为"符合E-航海概念的综合助航系统在航标工作船上的应用"主题演讲,并解答了与会代表提问,是为北海航海保障系统首次在IAIN学术交流会发表学术论文。该论文介绍了基于航标工作船的综合助航系统技术结构、系统功能模块、工作原理、数据采集处理过程、船舶PNT系统数据集成,以及助航信息处理与应用等相关内容;系统论述了具有导航信息综合显示、辅助导航信息显示、航线管理、航标作业管理等功能的综合助航系统概念和具体实现,以及IMO提出的E-航海战略相关概念和国际海事界E-航海研究最新技术成果和应用现状;提出了利用E-航海理念和技术体系开发船舶助航信息服务系统等新观点,并展望未来海上E-航海环境下现代综合助航信息系统发展前景,得到与会代表普遍赞赏。

第三节 国内交流

一、国内学术交流

国内学术交流系指中国相关学术组织或主管机关举办的各种学术研讨交流活动。20世纪80年代始,北海航海保障系统相继加入中国航海学会、中国测绘学会、中国全球定位系统技术应用协会等国内学术组织,并由此发轫,通过开展相关领域的学术研究活动,取得一系列丰硕成果。

1978年改革开放后,交通部基本建设局于1982年4月在湖北宜昌首次召开全国航道测量技术经验交流会,天津航测处选派张浩然、马伯常、罗福祥等4名测绘专业技术人员出席会议。会上,天津航测处助理工程师赵亚兴交流了该处自主设计制造的"SC-Ⅰ型水深数据处理机"研发成果,引发与会者一致共鸣,是为北海航海保障系统首次在全国性测绘学术论坛发表科技与学术研究成果。

图8-3-671 1982年4月,天津航测处派员出席全国航道测量技术经验交流会

1996年12月,天津海监局局长助理赵亚兴撰写的《论我国航标的发展方向与技术政策》,荣获中国航海学会学术交流会优秀论文三等奖,是为北海航海保障系统学术研究成果首次荣获省部级奖项。

2005年,交通部海事局在上海召开交通部海洋测绘新技术学术研讨会,交通部海事局副局长王金付主持会议,天津海事局选派周则尧、马亚平、李鲜枫、王征等10余名测绘专业技术人员出席会议。之后,随着航运经济发展和科学技术进步,北海航海保障系统相关学术研究水平大幅提高,参与国内学术交流活动日渐增多,相关学术成果获奖档次逐步攀升,为促进北海航海保障事业科学发展提供了智力支持。特别是烟台航标处王如政、张临强合著的《锂电池一体化LED航标灯器设计》,荣获中国航海学会优秀论文一等奖,是为北海航海保障系统唯一荣获省部级一等奖的学术研究成果。

图 8-3-672　2005 年,天津海事局派员出席交通部海洋测绘新技术学术研讨会

截至 2015 年,北海航海保障系统参与中国航海学会、中国测绘学会、中国全球定位系统技术应用协会等学术交流活动 17 批次,20 篇论文荣获省部级学术成果奖励。其中,荣获中国航海学会各级优秀论文奖项 16 篇,中国测绘学会各级优秀论文奖项 2 篇,中国卫星导航定位协会各级优秀论文 2 篇;一等奖 1 篇,二等奖 2 篇,三等奖 7 篇,优秀奖 10 篇。

1996—2015 年北海航海保障系统荣获省部级学术研究成果奖励一览表

表 8-3-137

序号	论 文 名 称	获 奖 等 级	获奖年份	主要作者
1	论我国航标的发展方向与技术政策	中国航海学会三等奖	1996	赵亚兴
2	PLC 在"数字航标"中的应用	中国航海学会优秀论文奖	2005	张临强、钟建军、孙文远
3	海事系统助航设施防雷研究	中国航海学会三等奖	2005	李慧敏
4	中国沿海 RBN-DGPS 系统多星兼容研究	中国航海学会三等奖	2007	陈蓉、马亚平、王成
5	基于北斗一号的航标监控系统	中国航海学会三等奖	2008	夏启兵
6	格式塔原则在海图美学中的应用——以航道要素整饰为例	中国测绘学会三等奖	2010	王昭
7	电子海图质量控制的语言学模型	中国测绘学会二等奖	2011	王昭
8	中型航标船新型浮标沉石绞车开发设计初探	中国航海学会二等奖	2011	王正和等
9	e-Navigation 环境下综合 PNT 系统初探	中国航海学会优秀论文奖	2012	朱勇强
10	可见光通信技术及其在视觉航标上的应用	中国航海学会优秀论文奖	2012	兰文君
11	北斗转发 AIS 研究	中国全球定位系统技术应用协会三等奖	2012	夏启兵

〔续表〕

序号	论文名称	获奖等级	获奖年份	主要作者
12	浅谈实现老旧中标船现代化技术改造的途径与收益	中国航海学会优秀论文奖	2012	董效鹏
13	关于航标综合管理系统在灯浮标碰撞应用中的几点思考	中国航海学会优秀论文奖	2012	葛舒辉、刘军
14	航标通用数据接口	中国航海学会优秀论文奖	2012	刘世江、丁坚
15	关于对航标管理工作的一些探讨	中国航海学会优秀论文奖	2012	纪永清
16	论标准化对航标技术进步的促进作用	中国航海学会优秀论文奖	2013	王如政、张临强、曲辰
17	沿海无线电指向标差分北斗关键技术研究	中国卫星导航定位协会三等奖	2014	吴功栋、王玉林、云泽雨、窦芃
18	助航水文气象灯浮标系统设计方案	中国航海学会优秀论文奖	2014	刘世江
19	锂电池一体化LED航标灯器设计	中国航海学会一等奖	2014	王如政、张临强
20	船载RBN-(DBDS+DGPS)终端研制及应用测试	中国航海学会优秀论文奖	2015	吴功栋、云泽雨、王成、窦芃

(一) 中国航海学会学术交流

中国航海学会成立于1979年4月，属于学术性社团组织，业务主管为中国科学技术协会，会员覆盖交通、海军、海洋、渔业系统各单位。其主要职能包括：组织开展航海科技领域学术交流、科学普及、决策咨询、技术服务、成果鉴定；评审中国航海学会科学技术奖、航海学会奖学金、优秀论文、优秀期刊论文；参与制定相关技术规范标准；组织全国海洋船舶系列高级技术职务任职资格评审以及相关技术推广、转让和产品展览；从事航海类书刊编辑出版、技术业务培训和再教育、史志研究、先进表彰奖励等工作。

1989年3月28日，中国航海学会设立航标专业委员会，挂靠交通部航海保障主管部门，全国海区航测系统各单位为该委员会创始成员之一。自此，北方海区航测系统开始参与中国航海学会相关学术研讨交流活动，提交的学术研究成果多次获得中国航海学会奖励。

1996年12月，天津海监局局长助理赵亚兴撰写的《论我国航标的发展方向与技术政策》，论点明确，论据充分，论述精辟，特别是就航标发展问题提出若干政策性建议，受到业内专家普遍赞誉，具有较高学术水平和应用价值，荣获中国航海学会优秀论文三等奖。1997年3月14日，《交通信息（第三期）》指出："13篇论文大多理论水平高、实用性强。其中，天津海监局赵亚兴的《论我国航标的发展方向与技术政策》，对过去很少涉及的航标问题展开了论述，并提出了政策性建议。"

2005年11月，烟台航标处张临强、钟建军、孙文远合著的《PLC在"数字航标"中的应用》，荣获中国航海学会优秀论文奖。2007年12月，天津航测科技中心陈蓉、马亚平、王成合著的《中国沿海RBN-DGPS系统多星兼容研究》，荣获中国航海学会优秀论文三等奖。2008年10月，天津航测科技中心夏启兵等合著的《基于北斗一号的航标监控系统》，荣获中国航海学会优秀论文三等奖。2012年6月，天津航测科技中心朱勇强撰写的《e-Navigation环境下综合PNT系统初探》，兰文君撰写的《可见光通信技术及其在视觉航标上的应用》，荣获中国航海学会优秀论文奖。同年11月，青岛航标处董效鹏撰写的《浅谈实现老旧中标船现代化技术改造的途径与收益》，葛舒辉、刘军合著的《关于航标综合管理系统在灯浮标碰撞应用中的几点思考》，刘世江、丁坚合著的《航标通用数据接口》，纪永清撰写的《关于对航标管理工作的一些探讨》,荣获中国航海学会优秀论文奖。2013年6月,烟台航标处王如政、张临强、曲辰合著的《论标准化对航标技术进步的促进作用》,荣获中国航海学会优秀论文奖。2014年9月,青岛航标处刘世江撰写的《助航水文气象灯浮标系统设计方案》,荣获中国航海学会优秀论文奖。2015年10月,天津航测科技中心吴功栋、云泽雨、王成、窦芃合著的《船载RBN-(DBDS+DGPS)终端研制及应用测试》,荣获中国航海学会优秀论文奖。

在此期间,烟台航标处王如政、张临强合著的《锂电池一体化LED航标灯器设计》,荣获中国航海学会优秀论文一等奖。该论文结合中国航标灯器应用状况及存在问题,提出以锂电池作为储能单元,应用自由曲面侧发光透镜与单颗大功率LED构成发光系统设计一体化智能航标灯器的技术路线,阐释了锂电池一体化LED智能航标灯器的光学、智能控制、太阳能光伏发电、锂电池电能存储和机械结构等系统的设计要点与功能作用,对引领全国海区航标系统一体化智能航标灯器技术研发具有指导意义,在中国航海学会年会上宣讲交流,并得到业内专家高度评价。

截至2015年,北海航海保障系统总计14篇学术研究成果荣获中国航海学会奖励。其中,一等奖1篇、三等奖3篇、优秀奖10篇。

(二)中国测绘学会学术交流

中国测绘学会成立于1959年2月19日,挂靠国家测绘局,会员覆盖全国测绘管理机构以及相关企事业单位和民间社团组织。该学会下设若干专业委员会,其中海洋测绘专业委员会于1982年10月26日成立,挂靠海军司令部航海保证部。海洋测绘专业委员会一般每年举办一次综合性学术交流会议,研究领域涉及海洋测绘教育、海洋制图工艺、海洋磁力、北斗定位技术、地图投影、多波束测量、数字海图生产、电子海图应用等多个方面。

进入21世纪,天津海测大队和天津航测科技中心以团体会员形式相继加入中国测绘学会,成为海洋测绘专业委员会成员之一。多年来,北海航海保障系统科技人员通过参与相关学术研讨交流活动,广泛学习了解海洋测绘最新理论成果,及时掌握海洋测绘仪器设备、技术手段、操作软件等先进技术,使测绘科技创新能力得到不断提高,并多次发表学术论文。

2009年,天津海测大队董江撰写的《利用GPS差分和非差分技术进行潮位测量的方法研究》论文,在中国测绘学会第9次全国会员代表大会暨学会成立50周年纪念大会上发表。2010年,天津海测大队王昭撰写的《格式塔原则在海图美学中的应用——以航道要素整饰为例》论文,在中国测绘学会学术年会上发表,并荣获优秀论文三等奖。2011年,天津海测大队王昭撰写的《电子海图质量控制的语言学模型》论文,在中国测绘学会学术年会上发表,荣获优秀论文二等奖。2013年,天津航测科技中心夏启兵撰写的《基于GIS技术的港口航道图测绘工作量自动计算系统研究》,入选《第24届海洋测绘综合性学术研讨会论文集》。

在此期间,由北海航海保障系统科技人员撰写的《电子海图现状及发展》《电子海图质量控制的语言学模型》《利用GPS差分和非差分技术进行潮位测量的方法研究》《天津港助航设施模拟仿真研究》等12篇论文入选《第22届海洋测绘综合性学术研讨会论文集》。

截至2015年,北海航海保障系统共有2篇论文荣获中国测绘学会奖励。其中,二等奖1篇、三等奖1篇。

(三)中国卫星导航定位协会学术交流

中国卫星导航定位协会始称中国全球定位系统技术应用协会,成立于1995年9月。该协会下设20个专业委员会,会员覆盖交通运输、海洋工程、水文监测、气象预报、地理测绘、农林牧渔、森林防火、通信网络、电力调度、救灾减灾、应急搜救领域,以及从事全球卫星导航技术服务的科研院所、高等院校、社会团体、设备生产等企事业单位。天津航测科技中心为该协会创始会员单位之一,天津海测大队于1999年10月12日加入该协会。

2003年12月4日,天津航测科技中心和天津海测大队当选中国卫星导航定位协会理事。此后,两单位科技人员通过参加相关学术交流和成果展览活动,适时跟踪GPS等全球卫星导航定位技术发展动态,积极向社会用户宣传推介中国沿海RBN-DGPS系统建设成就,为推动该系统的广泛应用发挥了重要作用。2010年12月9日,天津航测科技中心荣获中国卫星导航定位协会"推进我国卫星导航定位产业发展做出突出贡献单位"荣誉称号。

之后,随着中国北斗导航卫星系统不断发展,北海航海保障系统成功将北斗卫星导航定位技术应用于辖区航海保障体系建设,并数次发表学术论文。2012年9月24日,在首届中国卫星导航与位置服务年会学术交流中,天津航测科技中心高级工程师夏启兵撰写的《北斗中继转发AIS系统研究》论文荣获中国全球定位系统技术应用协会优秀论文三等奖。2014年9月11日,天津航测科技中心工程师吴功栋等人合著的论文《沿海无线电指向标差分北斗关键技术研究》,荣获中国卫星导航定位协会优秀论文三等奖。

2015年9月24—25日,中国全球定位系统技术应用协会在北京举办第四届中国卫星导航与位置服务年会。在"高精度定位与技术创新分论坛"上,天津航测科技中心高级工程师王成发表题为"中国沿海无线电信标差分(BDS+GPS)系统设计与实现"主题演讲。介绍了基于沿海无线电信标的差分定位系统及其应用情况,设计了兼容北斗和GPS的沿海无线电信标差分系统,详细分析了北斗伪距差分和定位算法,给出了基于国际海运事业无线电委员会标准的差分北斗信息的编解码流程,同时介绍了2013年底在天津北塘基站利用无线电信标播发差分北斗和差分GPS信号的试验情况。北海航海保障系统自主研发的"北斗水上安全信息播发系统""沿海差分北斗系统""北斗卫星测控终端"等最新科研成果,得到中国科学院院士杨元喜、交通运输部海事局副巡视员王泽龙、中国全球定位系统技术应用协会秘书长苗前军等业内权威的充分肯定。

图8-3-673　2015年9月24日,天津航测科技中心高级工程师王成在第四届中国卫星导航协会年会上发表主题演讲

截至2015年,北海航海保障系统共有2篇论文荣获中国卫星导航定位协会优秀论文奖励。

(四)中国海事测绘论坛

2002年8月29日新修订的《中华人民共和国测绘法》(简称《测绘法》)颁布后,交通部海事局于同年12月18日在北京举办主题为"海道测量与海事安全"的中国海事测绘论坛,旨在推动海事测绘事业法制化建设进程。论坛开幕式由交通部海事局副局长王金付主持,交通部副部长洪善祥应邀出席论坛并讲话,交通部、国务院法制办、国家测绘局、国家海洋局、总参谋部测绘导航局等有关部门领导和专家,以及全国海区测绘系统、中国远洋总公司、中国海运总公司等企事业单位130余人出席论坛活动。论坛筹备及会务工作由天津航测科技中心承办。

会上,交通部海事局常务副局长刘功臣作了题为"中国海事测绘的地位与作用"主旨演讲,国务院法制办副司长陈富智就新颁《测绘法》的贯彻实施与加强海事测绘工作发表演讲,国家测绘局处长张万峰就强化测绘资质、规范测绘活动发表演讲。

图8-3-674　2002年12月18日,交通部海事局常务副局长刘功臣(右)在"中国海事测绘论坛"发表主旨演讲后接受媒体采访

会议期间,中国工程院院士、武汉大学副校长刘经南发表题为"卫星导航技术的最新进展"主题演讲;中国科学院和工程院院士李德仁发表题为"数字港口与'3S'技术"主题演讲;大连海事大学教授刘人杰发表题为"电子海图显示信息系统在VTS中的应用"主题演讲;南京大学博士马劲松发表题为"地理信息系统技术在海洋测绘中的应用"主题演讲;香港海事处海道测量师吴国柱应邀介绍了港澳海道测量发展状况;交通部海事局高级工程师徐斌胜发表题为"海道测量与海事政策"主题演讲。天津、上海、广东海事局代表分别介绍了海事测绘应用实例,其中天津海测大队队长李鲜枫发表题为"从'5·7'空难扫测,看海事测绘在海事搜救中的作用"主题演讲,详细介绍了海事测绘队伍配合打捞"黑匣子"及空难应急扫测的过程和结果,阐述了海事测绘的重要地位和作用,并提出进一步加强测绘装备建设、提高应急反应能力等设想与建议。

图 8-3-675　2002 年 12 月 18 日，天津海测大队队长李鲜枫在"中国海事测绘论坛"发表主题演讲

随后，与会人员就 DGPS 系统、伽利略系统、北斗系统相互关系，以及电子海图显示与信息系统（ECDIS）、船舶交通服务（VTS）、地理信息系统（GIS）、船舶自动识别系统（AIS）资源共享等热点难点问题展开热烈讨论。特别是刘经南院士、刘人杰教授的精彩作答，启迪了与会代表的聪明才智，分别迸发出若干新观点、新理念、新思路。这些论坛成果，必将对促进中国海事测绘事业蓬勃发展产生深远影响。

交通部海事局副局长刘德洪在总结讲话中，对论坛取得的成效及周到的会务工作给予高度评价。该论坛引起社会各界广泛关注，中央电视台、《中国交通报》《中国水运报》等 8 家新闻媒体做了现场跟踪报道。

二、会展活动

20 世纪 90 年代始，北海航海保障系统多次承办或参与国内外相关科研成果和技术设备会展交流活动。这些会展活动形式多样、内容丰富，有的为国际航测技术设备展，有的为国内行业成果展，有的为结合全国航海保障系统专题会议而同期举办的科技成果或技术设备展览，为引领和促进中国航海保障事业科学发展起到积极作用，受到会展主办方、社会各界的高度评价和一致赞誉。

2001 年 8 月 6—10 日，受 IHB 委托，中国海事局会同海军司令部航海保证部、香港特别行政区海事处，在北京成功承办国际制图协会（ICA）第 20 届大会暨 IHO 海图展览会。包括中国海事局在内的 IHO 15 个成员国和 IHB 100 余幅海图参展，天津航测科技中心协办。此次国际海图展览非常成功，经大会评选，中国被评为"ICC2001 IHO 海图展览"最佳展出国，中国海图展品被评为最佳展品，海图展览会的出色组织工作得到 IHO 和各国代表的高度赞誉。2002 年 4 月，在摩纳哥召开的 IHO 第 16 届国际海道测量大会的开幕式上，摩纳哥大公国君主向中国海事局颁发了"2001 年北京 IHO 成员国海图展览最佳参展国"奖牌。

第八章 合作与交流

(1)2001年8月，IHO主席昂格力萨诺(左一)莅临国际制图协会(ICA)第20届大会暨IHO海图展览会，天津航测科技中心副主任马建设(左二)介绍中国海事系统海图展品

(2)2005年7月14日，国家安全生产监督管理总局副局长梁嘉锟(左三)莅临全国安全生产及技术装备展览会，参观天津海事局航标展品

图 8-3-676

截至2012年，由北海航海保障系统参与承办或组织参展的大型会展活动总计16批次。其中，承办5批次，参展11批次。

1994—2012年北海航海保障系统承办展会及参展情况一览表

表 8-3-138

序号	展会名称	主办单位	承办/参展单位	日期	地点	主要参与人员
1	1994国际航测新产品展览会	中国航海学会航标专业委员会	天津海监局承办，大连海监局协办	1994年9月	大连	李增才、徐津津、赵亚兴等
2	1998国际全球定位系统技术应用设备展览会	中国全球定位系统技术应用协会	天津航测科技中心参展	1998年6月	北京	李鲜枫、陈蓉、李钊金、吕聪俐等
3	1999武汉国际3S(卫星定位/地理信息/遥感技术)及设备展览会	中国全球定位系统技术应用协会	天津航测科技中心参展	1999年6月	武汉	李鲜枫、陈蓉、李钊金、吕聪俐等
4	第3届中国北京高新技术产业国际周暨中国国际地球空间信息产业技术及设备展览会	中国全球定位系统技术应用协会	天津航测科技中心参展	2000年5月	北京	李鲜枫、陈蓉、李钊金、吕聪俐等
5	国际制图协会(ICA)第20届大会暨IHO海图展览会	国际海道测量局	交通部海事局承办，天津航测中心协办	2001年8月	北京	马亚平、马建设、白亭颖、陈蓉等
6	2002中国海事测绘论坛	交通部海事局	天津航测科技中心承办	2002年12月	北京	马亚平、刘东全、白亭颖等
7	2005全国安全生产及技术装备展览会	中华全国总工会、中国工业经济联合会、北京市人民政府	天津海事局参展	2005年7月	北京	赵亚兴、陈英俊、孟淑媛、刘连峰等
8	中国卫星导航十年成就展暨首届卫星导航技术应用设备展	中国全球定位系统技术应用协会	天津航测科技中心参展	2005年10月	北京	李鲜枫、陈蓉、李钊金、吕聪俐等
9	IALA第16届大会暨国际航标器材设备展览会	国际航标协会	上海海事局承办，烟台航标处参展	2006年5月	上海	钟建军、王如政、张临强等
10	经纬之光——全国测绘成果成就展	国家测绘局	天津航测科技中心参展	2006年10月	北京	马亚平、王玉林、白亭颖、张淑静等
11	第2届中国卫星导航技术应用设备展	中国全球定位系统技术应用协会	天津航测科技中心参展	2006年11月	南京	李鲜枫、陈蓉、吕聪俐、娄鑫等

〔续表〕

序号	展 会 名 称	主 办 单 位	承办/参展单位	日期	地点	主要参与人员
12	中国海事科技信息化成果展	交通运输部海事局	天津航测科技中心承办	2010年4月	扬州	马亚平、王玉林、白亭颖、朱勇强等
13	第10届国际交通技术与设备展览会	交通运输部	天津航测科技中心参展	2010年5月	北京	马亚平、王玉林、张淑静、窦芃等
14	第16届中国国际海事技术展览会	工业和信息化部、交通运输部、上海市人民政府	上海海事局承办，天津海事局参展	2011年11月	上海	吕聪俐、曲辰、张临强、杨龙等
15	第11届中国国际运输技术与设备展览会	交通运输部	上海海事局承办，天津海事局参展	2012年5月	北京	吕聪俐、姚高乐、王荣林、张临强等
16	中国航测发展30年成就展	交通运输部海事局 中国航海学会航标专业委员会	天津航测科技中心承办	2012年8月	天津	王玉林、白亭颖、朱勇强、窦芃等

(一)1994国际航测新产品展览会

1994年9月6—8日，中国航海学会航标专业委员会第5届全体大会在大连举行，同时举办"1994国际航测新产品展览会"，是为航标专业委员会首次举办国际航测设备展览会，亦是北海航海保障系统首次承办国际航测设备展览会。展览会开幕式由中国航海学会航标专业委员会副主任委员徐孝忠主持，航标专业委员会工业委员会主席林其芳、大连海监局局长毛德敏、天津海监局副局长李增才为展会剪彩。

(1)主任委员林玉乃(右)参观英国法罗斯航标展品

(2)参观美国泰兰公司航标展品

图8-3-677　1994年9月6至8日，中国航海学会航标专业委员会举办"1994国际航测新产品展览会"

这次展会由天津海监局承办、大连海监局协办，国内参展单位为上海航标厂、上海南北机械公司电器有限公司等16个航测设备生产商，国外参展单位为英国法洛斯公司、美国泰蓝公司、西班牙巴伦西亚机械公司等5个航测设备生产商。展会设室内展厅和室外展厅两部分，展区规模约1500平方米，展品包括航标灯器、航标能源、灯浮标、航标器材、雷达信标、GPS/DGPS、测绘设备、卫星遥控遥测系统等实物或模型，以及相关图照和声像资料。航标新产品涉及9大类100余件，其中具有国际先进水平的部分展品是首次公开展示。展会期间，10余个中外厂商做了产品专题介绍。中国航海学会航标专业委员会委员和全国海区航测系统部分代表，以及大连航标处(区)干部职工和大连海事大学航标专业师生等300余人参观了航测展品。

中国航海学会航标专业委员会首次举办国际性航测产品展览会取得圆满成功，为参观者深入了解国际航测新产品新技术，推动全国海区航测事业建设发展起到重要作用。

第八章 合作与交流

图 8-3-678　1994 年 9 月 6—8 日,天津、大连海监局承办"1994 国际航测新产品展览会"取得圆满成功

(二)全国测绘成果成就展

2006 年 10 月 16—21 日,国家测绘局在北京国家博物馆举办"经纬之光——全国测绘成果成就展",从全行业角度展现中国测绘事业光辉历程。这次展会设主展厅、省区展厅、专题展厅三部分,展区规模约 8500 平方米,参展范围包括全国测绘与地理信息行业各单位,以及相关测绘仪器设备生产企业。交通部海事局应邀参展,并指派天津航测科技中心具体承办参展事宜。

按照展会总体布局,交通部海事局展区位于国家博物馆二层第 11 号展馆专题展厅,展区面积约 38 平方米。根据交通部海事局航测处要求,天津航测科技中心迅即向全国海区测绘系统各单位征集参展资料,精心谋划展出方案,如期完成布展工作。展位设置展板 6 块,主要内容包括:前言、光辉历程、测绘产品、服务社会、技术进步与科技创新、国际交流等;多媒体演示片 5 部,包括:电子海图桌、水文信息发布系统、海道测绘官方网站、海事测绘 50 年光辉历程(DVD 宣传片)、水深测量数据采集系统;展出实物为:海图、图集、画册和其他航海出版物,包括《中国沿海港口航道图目录》《天津港海河航行图集》《南海海区航行图书目录(暂行)》《珠江口水域船舶交通航路图集》《海事测绘 50 周年画册》《上海港、杭州湾潮汐表》《改正通告》《测绘工作年报》,以及天津新港、连云港、琼州海峡、洋山港、渤海超大型船舶航路等 11 幅海图。同时,利用动画、音像等多媒体技术手段,充分展示了全国海区测绘系统取得的一系列重大科技创新成果,生动反映了测绘工作在保障航运安全、服务社会、促进国家经济建设等方面所发挥的重要作用。展览会正式开幕之前,国家测绘局局长鹿心社现场督导各送展单位布展情况。

图 8-3-679　2006 年 10 月 15 日,国家测绘局局长鹿心社(中)莅临天津海事局展位参观指导

展览期间,中共中央政治局常委李长春,中共中央政治局委员、国务院副总理曾培炎,全国人大常委会副委员长路甬祥等党和国家领导人,以及中央各部委领导、外国使领馆代表和相关专家先后莅临展会参观。国土资源部副部长、国家测绘局局长等领导观看了交通部海事局展位的每样展品,并对全国海区测绘系统取得的巨大成就给予高度评价。交通部海事局展位累计到访约1000人次,被组委会评为优秀展位,张淑静被评为先进个人。

(三) 中国海事科技信息化成果展

2010年4月7—8日,全国海事科技信息化工作会议在江苏扬州召开,同时举办"中国海事科技信息化成果展"。交通运输部海事局以及9个直属海事局和2个地方海事局为展会提供展品和资料。天津航测科技中心负责统筹承办布展。

该展会展览布局分为测绘仪器与航标设备展示区、灯器展示区、船模展示区、图书资料展示区、系统演示区等五部分,展区规模约1000平方米。各展位总计设置展板36块,主要内容包括科技信息化重点项目成果,以及对引领海事事业发展、提升航海保障服务水平的成效作用;纸质图书资料21类100余册(幅),主要包括《国际航标协会助航指南》《IALA汇编》《IHO汇编》《IHO通函》《IALA大会论文集》《中国航海学会航标专业委员会学术交流论文集》《航测技术》《航标测绘年报》《航测信息摘要》《航测工作手册》《航政法规汇编》《航标测绘标准》等国际追踪研究成果和国内相关刊物,《2008奥帆赛比赛海域专题图》《港口航道图目录》《珠江航行指南》《北部湾广西水域船舶航行指南》《海南岛水域船舶航行指南》《上海港、杭州湾潮汐表》和上海世博会相关用图等航海图书,以及各类科技创新专利证书和获奖证书;实物展品46件,主要包括各类灯器、浮标、冰标、示位标及海事专用船艇模型,风能、太阳能等绿色能源设备,跨海大桥助航标志配布示意模型、船舶智能导航仪、测绘仪器设备、水下机器人及航标等;软件应用系统和影像视频宣传片30余套(部),主要包括海事应急辅助指挥系统、船舶远程识别与跟踪系统、世博会水上安保指挥系统、岸基船舶自动识别系统、航标巡检数据采集及维护信息管理系统、测绘生产管理系统、水文信息系统,以及交通运输部海事局信息化宣传片和航测宣传片。其中,由北海航海保障系统提供的纸质展品合计59册(幅),实物展品14件,软件应用演示系统4套,航测宣传片1部,包括烟台航标处送展的最新科研成果航标系列灯器。此外,天津航测科技中心编制印发《中国海事科技成果及应用汇编(1998—2009)》,主要包括:全国海事系统在发展战略规划、法规标准建设、水运安全监督、船舶污染防治、装备设施改造、航海保障服务、海事信息网络等方面取得的386项科技创新成果及应用成效。

(1) 烟台航标处自主研制的新型航标灯器展台

(2) 烟台航标处处长钟建军(中)介绍航标灯器研发成果

图8-3-680 2010年4月7—8日,交通运输部海事局举办"中国海事科技信息化成果展"

展会期间,交通运输部海事局常务副局长陈爱平,党组书记许如清、副书记徐津津,副局长刘福生等党政领导,各直属海事局、地方海事局主要领导,全国海事系统部分老领导、干部职工和相关科研院校代表等200余人参观了展览,切身感受到科技信息化工作对提高海事执法和航海保障管理水平、提升社会综合服务和数据资源共享能力、促进中国航运事业快速发展所发挥的重要作用。《中国交通报》《中国水运报》《中国海事》杂志、航标助航官方网站等多家媒体做了跟踪报道。

(四)2012国际航标测绘设备展览会

2012年8月28—29日,中国航海学会航标专业委员会第9届全体大会在天津滨海新区召开,并同期举办"2012国际航标测绘设备展览会暨全国海区航测系统发展30周年成就展"。按照航标专业委员会工作安排,天津航测科技中心具体负责展品筹备及现场布展工作。

展区面积约500平方米,展位45个。美国劳雷工业、泰兰公司,日本钱屋株式会社,上海地海仪器、埃威航空电子,北京绅宝网脉等34家厂商携300余件航标测绘设备及应用系统参加展览。主要展品包括:航标灯器、北斗航标、航海保障信息系统、绿色能源、多波束测深系统、电子海图等。烟台航标处自主研发的ISA-400型航标旋灯器、航标智能灯器与运行信息管理系统等最新科研成果参加展览。天津航测科技中心专门设计制作了300册展览会刊。

8月28日,"2012国际航标测绘设备展览会"开幕,交通运输部水运局副局长解曼莹致开幕词。中国航海学会常务副理事长刘功臣、交通运输部安监司司长王金付、交通部安监局原局长林玉乃、交通运输部海事局副局长李世新、天津海事局局长刘福生等领导出席展览启动仪式。海军司令部航海保证部副部长邱和兴莅临展会参观。

图8-3-681 2012年8月28日,中国航海学会航标专业委员会举办"2012国际航标测绘设备展览会"

全国海区航测系统部分老领导以及相关科研院校专家、行业从业人员等300余人参观了展览,普遍认为这次展览为航标测绘管理单位与设备厂商之间搭建了信息沟通桥梁,建立了航标测绘设备供需双方对接平台。

图8-3-682 2012年8月28—29日,天津航测科技中心承办"2012国际航测设备展览会暨全国海区航测系统发展30周年成就展"取得圆满成功

天津航测科技中心精心布展工作,得到了主办单位和与会代表及参展厂商的一致肯定。《中国交通报》《中国水运报》《中国海事》杂志、航标助航官方网站等多家媒体做了专题报道。

三、刊物编译

2001年始,天津航测科技中心陆续承接全国海区《航海保障工作年报》《航海保障信息摘要》,以及相关国际组织文件汇编和航海保障国际信息跟踪与研究专题报告等四大类图书刊物编译工作,并逐步成为其核心业务之一。这些刊物的编制发行,为全国航海保障系统相关领导和技术人员全面了解国内外航海保障技术政策和规范标准等最新发展动态,科学谋划发展战略、发展规划和工作计划提供了决策参考。

截至2012年,天津航测科技中心编译完成《航标工作年报》12册、《测绘工作年报》12册、《航海保障信息摘要》45期、《IALA建议指南汇编》5册、IALA《助航指南》1册、《IHO出版物汇编》6册、《IHO通函》5册、《IALA年度研究报告》2册、《IHO年度研究报告》2册、《e-Navigation跟踪研究报告》1册、《日本海上保安厅研究报告》1册、《IALA-NET研究报告》1册,面向交通(运输)部直属海事系统累计发行9万余册。

(一)《航海保障工作年报》

《航海保障工作年报》前身为《航标工作年报》《测绘工作年报》,创刊于2001年12月,由交通部海事局主办,天津航测科技中心承办。该年报每年编制1期,旨在全面总结和反映全国航海保障系统年度业务主要数据统计、工作成绩和相关情况,为各级航海保障管理部门提供决策依据。

2001年,第一期《航标工作年报》主要内容包括:海区航标管理与维护、视觉航标、无线电航标、VTS系统设备维护、基础设施建设、航标科技发展、法规规章与技术标准、航标学术研究、国际交流、历史灯塔保护等版块;第一期《测绘工作年报》主要内容包括:沿海港口航道测绘、航海图书出版物、电子海图、质量控制、法规标准建设、科研开发与技术交流、测绘装备、与港澳海道测量机关交流、国际交流与外事活动等版块。

2002年,天津航测科技中心在首版基础上,对《航标工作年报》和《测绘工作年报》版块做了规整,将基础业务、发展创新、应急服务、法规建设、国内外合作与交流等作为主要常态化版块,基本形成固定栏目。

2004年,为便于国外业内人员深入了解中国航测业务发展情况,将原中文版改为中英文段落式对照版。2005年,调整为上半册中文版、下半册英文版,以便中英文连贯阅读。

截至2012年,《航标工作年报》《测绘工作年报》已连续编制印发12期。每期均以文字和图表作为表现方式,收纳图照60~80幅,文字8000~10000字,全彩色A4开本,连同四封52~60页,视各年度实际工作情况略有变化。编制周期为每年12月至翌年1月,各印刷1000册,主要面向交通(运输)部直属海事系统各单位发放,同时用作相关国际活动宣传交流材料。

2013年,随着交通运输部北海、东海、南海航海保障中心正式挂牌运行,交通运输部海事局决定将《航标工作年报》《测绘工作年报》合并,改称《航海保障工作年报》,并将水上安全通信业务一并纳入其中。

(二)《国际航标协会出版物汇编》

国际航标协会出版物汇编主要包括《IALA大会论文集》《IALA建议·指南汇编》《助航指南》等图书资料,是相关从业人员必备的工具书之一。2006年始,天津航测科技中心负责牵头组织IALA出版物编译工作。

2006年5月22—27日,第16届IALA大会在上海召开。大会结束后,天津航测科技中心随即组织全国海区航标科技人员翻译整理大会交流论文,于2007年3月编译完成《第16届IALA大会论文集》。该论文集共收录IALA大会入选论文62篇,总计约18万汉字。其中,中国入选论文5篇。

2008年,天津航测科技中心组织完成IALA《助航指南(第5版)》编译校核工作。其主要内容包括:IALA组织机构介绍、航行概念和准确度、目视航标、其他助航手段和设施、能源和管理问题,增加了航标数字化、信息化、网络化和多系统一体化等新概念、新技术,使"数字世界的航标""E-航海"时代特征更为突出,深受国内航海从业人员欢迎。

2008年,天津航测科技中心将IALA最新修订的建议、指南等文件资料收集整理后,组织编译完成《IALA建议·指南汇编》更新工作。该汇编系天津航测科技中心早期编译的《IALA建议·指南汇编(一至三册)》续编,共收录IALA指南38篇(原英文版约1105页)、IALA建议22篇(原英文版约572页),分为六册(四至九册)编译出版,每册约500页,总计约75万汉字,内容包括:目视航标、无线电航标、VTS及AIS相关文件、航标服务管理等。

2010年3月22—27日,第17届IALA大会在南非开普敦召开。天津航测科技中心于2012年编译完成《第17届IALA大会论文集》。该论文集共收录IALA大会入选论文96篇,总计约45万汉字。其中,中国入选论文9篇。

IALA出版物的编译发行,使全国海区航标系统管理人员更加全面地掌握相关国际规则标准和最新技术政策发展动态,为交通(运输)部直属海事系统各单位加快与国际接轨步伐、有效履行国际公约责任义务发挥了重要作用。

(三)《国际海道测量组织出版物汇编》

2003年始,天津航测科技中心组织开展IHO规则标准及文件资料分类汇集并编译成册工作,主要包括《IHO出版物》和《IHO通函》。

2003—2008年,天津航测科技中心先后整理编译IHO最新发布的一系列基本出版物,汇编形成《IHO出版物汇编》。该汇编共分6册,总计约58万汉字。第一册包括:IHO出版物目录(2002—2003)、IHO基本文件、国家海事政策与海道测量服务(第一部分)、海道测量师适任资格标准(2001年第九版)、IHO海道测量规范(1998年第四版);第二册包括:回声测深改正(第四版)、IHO全球航行警告业务指导文件(1998年版)、IHO/IMO/WMO海上安全信息手册、基准转换用户手册(1999年第二版);第三册包括:大洋地势图指南(2003年版)、航标及雾号表标准(2004年版)、全球海道测量和海图制图状况(1998年版);第四册包括:IHO国际海图规则、IHO海图规范(2006年版);第五册包括:国家海事政策与海道测量服务、海道测量师适任资格标准(2006年版)、海图制图师适任标准(2005年版)、国际海图配备与维护指南(A部分)及国际海图目录(B部分)、IHO成员国《海图图式》清单(2004年版);第六册包括:S-58推荐的ENC确认检查(2007年版)、WGS84基准面转换用户手册(2003年版)、栅格航海图(RNC)产品规范(1999年版)、IHO数据保护方案以及ENC生产指南。

2007—2011年,天津航测科技中心先后组织完成《IHO通函2006》《IHO通函2007》《IHO通函2008》《IHO通函2009》《IHO通函2010》编译工作。每册通函采用中英文对照方式,整理汇集IHO当年发布的全部通函,总计502篇,约50万汉字。

IHO出版物的编译发行,为全国海区测绘系统管理人员全面了解国际海道测量最新规范标准、加快国际接轨步伐、有效履行国际公约责任义务发挥了重要作用,成为国内海道测绘从业人员必备工具书之一。

(四)《航海保障信息摘要》

《航海保障信息摘要》始称《航测信息摘要》(简称《摘要》),创刊于 2005 年 10 月,是全国航海保障系统的内部专业期刊,由交通(运输)部海事局航标测量处主办,天津航测科技中心承办,每两个月编辑出版一期。

在《摘要》创刊初期,仅设有会议简讯、航测信息、技术交流、学习园地等 4 个栏目,刊登内容以转载国内航测领域技术期刊和相关网站新闻为主。每期刊印 100 册,在全国海区航测系统内部发放。2011 年,交通运输部海事局航标测量处决定调整《摘要》刊载内容,改为以全国海区航测系统科技人员编译的 IMO、IALA、IHO 等国际组织最新规则标准和工作动态,以及国内外相关期刊学术论文为主。每期刊印量增至 1000 册,发行范围扩大到交通运输部直属海事系统。

2012 年,《摘要》全面改版,常设栏目增至 6 个。其中,"新闻动态"栏目主要刊登相关航海保障领域各单位工作动态及业务发展情况;"学术交流"栏目主要刊登国际航海保障领域学术论文和技术发展动态;"国际追踪"栏目主要刊登 IMO、IALA、IHO 等相关国际组织会议情况;"业界动态"栏目主要刊登国际航海保障工作信息;"图文聚焦"栏目主要采用图照形式,介绍国际航海保障领域新技术、新装备等相关情况;"国外航测期刊"栏目主要介绍相关国际期刊目录及精华内容。由于《摘要》提供的各类信息及时准确,内容丰富翔实,覆盖领域广泛,成为业内管理和技术人员经常翻阅的专业刊物之一。截至 2012 年,《摘要》总计出版 45 期,为推动全国海区航测事业科学发展起到积极作用。

2013 年 2 月,随着交通运输部北海、东海、南海航海保障中心正式挂牌运行,《航测信息摘要》更名为《航海保障信息摘要》,增加了水上安全通信相关内容,将原栏目名称调整为"新闻时讯""航标技术与动态""测绘技术与动态""通讯技术与动态""图文聚焦""综合航海保障信息与动态",并进一步充实完善相关内容,至今未变。

四、日常事务

北海航海保障系统长期承担中国航海学会航标专业委员会、国际海事研究委员会测绘政策技术分委会、交通部(交通运输)航测标准化技术委员会等 3 个上级机关相关机构秘书处(组)的日常事务性工作。多年来,根据上级总体工作安排,天津航测科技中心履职尽责,沟通上下,协调左右,为各专业学术研究交流活动顺利开展、推动全国航海保障事业科学发展做出重要贡献。

(一)中国航海学会航标专业委员会

中国航海学会航标专业委员会(简称"航标专业委员会")成立于 1988 年 3 月 28 日,挂靠交通部水监局,秘书处设在该局航标测量处,秘书处下设秘书组,由天津航测科技中心承担,设专职副秘书长 1 名,专职或兼职人员 1~2 名负责日常工作。自此,北方海区航测系统各单位作为成员单位,积极参与航标专业委员会举办的学术研究交流活动,牵头起草管理规范和技术标准,承办科技成果展览以及负责相关专业图书资料编辑出版等工作,为促进全国航海保障系统技术进步发挥了重要作用。

1988—2012年中国航海学会航标专业委员会历届领导人更迭一览表

表8-3-139

届别	主任委员	副主任委员	秘书长	副秘书长	任职时间
第1~4届	林玉乃	朱樵、钱方安、徐孝忠、张家孝、李志涛、陈祖兴、孔令户	顾孝谦	李汶	1988—1993年
第5届	林玉乃	陈祖兴、孔令户、张家孝、王志一、徐孝忠、刘咏臣、郭莘、王金付	顾孝谦	李汶	1994—1997年
第6届	林玉乃	孔令户、张家孝、徐孝忠	顾孝谦	李汶、张清汇	1998—2002年
第7届	林玉乃	杨印本、徐孝忠、张家孝、赵海林、刘咏臣	韩伟	李汶、董树江、马亚平	2003—2004年
		刘志浩、徐孝忠、张家孝、赵海林、刘咏臣			2004—2005年
		刘志浩、赵海林、魏志刚			2006—2007年
第8届	王金付	许春明、郭莘	韩伟	马亚平、董树江	2008—2011年
第9届	李世新	王瑞、郭莘	曾晖	马亚平、项鹭、邓乾焕	2012—

按照《中国航海学会航标专业委员会章程》规定，秘书处的主要职责为：征集报送航标专业委员会成员单位学术论文，适时组织参加中国航海学会年会或专题学术研讨会；组织举办"全国科普日"宣传活动；编制本会年度工作报告、财务报告和次年工作计划；指导各学组开展学术交流活动；办理委员单位入会、退会相关手续；本会文件及学术交流资料等档案的建立和维护。

2003年始，天津航测科技中心主任马亚平连任第七、八、九届航标专业委员会副秘书长职务。自此，航标专业委员会秘书组日常事务性工作改由该中心承担。在此期间，秘书组处理的日常事务性工作主要包括：围绕历年全国海区航测系统年度工作安排，组织开展科普宣传活动；征集推荐学术论文，参加中国航海学会学术活动；汇总各学组活动情况，编制《航标专业委员会年度工作总结和次年工作计划》报送中国航海学会；跟踪国际航测技术发展方向，参与其他相关学术团体学术交流活动；组织开展学术论文评选、秘书长沙龙、各委员单位联络员业务培训等。

除此之外，秘书组还为多项重大活动提供技术支持和服务保障。组织开展多层次的国际学术交流活动，并多次协助交通部海事局举办国际学术会议，影响较大的有中国上海第8届EAHC大会和第16届IALA大会；致力于协助行政中心工作，为各委员单位提供技术支持，在青岛奥帆赛、上海世博会和广州亚运会等重要活动及赛事中，适时提供助航服务和扫测技术支持；协助中央电视台拍摄七集纪录片《中国航标史话》，在中央电视台四频道《走遍中国》栏目连续播放等，均取得公众高度赞誉，显著提升了中国海事国际影响力和社会影响力。

在秘书组的精心组织协调下，航标专业委员下属沿海航标、无线电导航、内河航标、测绘4个学组每年定期组织开展学术交流活动，配合行政中心工作开展了大量的专题研究、标准起草和技术成果推广应用等工作。

(1)2004年9月13—15日,沿海航标学组组长赵亚兴(中左)在吉林延吉主持召开学术研讨会

(2)2004年11月29—30日,无线电导航学组组长刘子忠(左四)在广西南宁主持召开学术会议

(3)2006年10月30日至11月1日,测绘学组组长洪四雄(中)在广东河源主持召开学术研讨会

图 8-3-683

第八章 合作与交流

(4) 2009年10月26—29日，航标专业委员会主任委员林玉乃(左三)出席在福建福州召开的沿海航标、无线电导航、内河航标学组学术交流会

图 8-3-683 航标专业委员秘书组定期组织开展学术交流活动

2003—2012 年北海航海保障系统(秘书组)组织学组学术活动一览表

表 8-3-140　　　　　　　　　　　　　　　　　　　　　　　　　　　　　　　　　　　　　　　单位：篇

序号	会 议 时 间	学 组 名 称	会议地点	论文数量	交流数量	优秀论文	表扬论文
1	2003 年 11 月 19—22 日	沿海航标学组、内河航标学组	湖北宜昌	119	23	5	15
2	2003 年 11 月	无线电导航学组	广东汕头	34	12		
3	2003 年 11 月	测绘学组	广东广州	110	21	15	
4	2004 年 9 月 13—15 日	沿海航标学组	吉林延吉	68		5	10
5	2004 年 10 月 27—28 日	内河航标学组	湖南长沙	14	7		
6	2004 年 11 月 29—30 日	无线电导航学组	广西南宁	51	10	6	12
7	2004 年 12 月 21—24 日	测绘学组	黑龙江哈尔滨	89	20	10	17
8	2005 年 10 月 11—12 日	内河航标学组	江西井冈山	17	11		
9	2005 年 10 月 19—21 日	沿海航标学组	浙江舟山	94	8	4	6
10	2005 年 11 月 2—3 日	测绘学组	浙江临安	91	10		
11	2005 年 11 月 30 日至 12 月 2 日	无线电导航学组	海南三亚	48		5	10
12	2006 年 10 月 30 日至 11 月 1 日	测绘学组	广东河源	106	16	10	10
13	2007 年 6 月 19—20 日	沿海航标学组、内河航标学组	云南昆明	161	18	6	13
14	2007 年 11 月 30 日至 12 月 2 日	测绘学组	四川成都	122		10	10
15	2008 年 8 月	测绘学组	浙江嘉善	132	10	22	
16	2008 年 9 月	内河航标学组	安徽合肥	30			
17	2009 年 10 月 26—29 日	沿海航标学组、无线电导航学组、内河航标学组	福建福州	138	16	6	10
18	2009 年 11 月 23—25 日	测绘学组	广东广州	117		24	
19	2010 年 7 月 2—4 日	无线电导航学组	广东肇庆	55	6	6	11
20	2010 年 11 月 10—12 日	测绘学组	江西景德镇	103	6	23	
21	2010 年 11 月 24—25 日	沿海航标学组	福建厦门	117	8	32	

〔续表〕

序号	会议时间	学组名称	会议地点	论文数量	交流数量	优秀论文	表扬论文
22	2011年11月1—4日	测绘学组	安徽芜湖	97	15	22	
23	2011年11月22—23日	沿海航标学组、无线电导航学组	广东汕头	144	10	18	
24	2012年5月29—31日	内河航标学组	湖北洪湖	23	11	8	
25	2012年10月22—24日	测绘学组	云南腾冲	109		21	
合计				2159	238	258	124

2003—2012年，据不完全统计，4个学组共计召开25次学术会议，发表学术论文2159篇。其中，学组会议交流研讨学术论文238篇，评选优秀学术论文258篇、表扬学术论文124篇。鉴于航标专业委员会副秘书长马亚平10余年组织开展学术活动成效显著，其荣获中国航海学会颁发的"2014年度中国航海学会优秀学会工作者"荣誉称号。

（二）国际海事研究委员会测绘政策技术分委会

国际海事研究委员会测绘政策技术分委会的前身为交通部安监局测绘政策技术组，成立于1995年7月9日，日常事务性工作由天津航测科技中心负责。1996年6月18日，交通部安监局成立国际海事研究委员会，下设测绘政策技术分委会（简称"分委会"），挂靠天津海监局，天津航测科技中心负责日常工作，所需费用从该局年度事业费中列支，原测绘政策技术组随之撤销。

1996—2012年国际海事研究委员会测绘政策技术分委会领导人更迭一览表

表8-3-141

届别	主任委员	副主任委员	秘书长	任职时间
第一届	张家孝	王金付、钟启坤、赵海林	李鲜枫	1996年6月至1999年7月
第二届	赵亚兴	梁宇、翟久刚、赵海林	李鲜枫	1999年7月至2003年5月
第三届	赵亚兴	韩伟、徐国毅、曹德胜	马亚平	2003年5月至2009年8月
第四届	聂乾震	韩伟、王鹤荀、张性平	马亚平	2009年8月至2020年1月

根据《交通部安监局国际海事研究委员会导则》规定，分委会主要职责为：负责收集、保管、整理、翻译国际海道测量组织及国内外有关交通测绘行业政策、法规、技术等方面的图书资料，设立测绘信息资料库；宣传国内外测绘方面的先进技术和管理经验，摘译国际海道测量组织有关通函和会议资料；研究交通测绘方面的有关政策与技术，提出中国测绘事业建设发展规划等方面的建议；承担有关测量法规及技术标准的编制起草和宣传贯彻工作；依据交通部安监局授权，对全国海区测绘系统年度测绘成果质量实施监督检查。

据此，分委会组织开展海道测量、航海图书、电子海图、航行警告等方面的相关政策与科学技术研究工作，参与修订若干管理规范和技术标准，编译出版了一系列海道测绘技术资料，并配合交通部安监（海事）局每年定期组织开展年度测绘成果质量监督检查工作，为推动全国海区测绘事业发展作出重要贡献。

1996年始，分委会积极配合各测绘单位，参与完成一系列测绘国内外政策研究及相关工作，主要包括：制定港航口道图存在的疑存、概位障碍物以及个别特殊浅点在图内反复套用问题的处理原则；制定水深测量自动化系统中，水深数据的采集密度、质量控制及取舍原则的技术规定；修订《测深仪稳定性测试及测前、测后检查校准的技术规定》；制定《测绘新技术（外业测量）的技术鉴定方法》《沿海港口航道航行障碍物探测的一般规定》《交通部港口航道测绘产品质量评定标准》《交通部港口航道图质量监督管理办法》《数字式海图属性编码规则》《中国航海图编绘规范》和《中国海图图式》等内部规定；统一内、外业测量经历簿格式；修订《中文航行警告标准格式》《中华人民共和国英文航行警告标准格式》，完成《海事系统电子海图发展的调查报告》《中国航行图书资料体系建设实施方案》和VTS系统利用VHF对船舶广播航行警告技术方案制订;参与中国沿海RBN-DGPS系统建设的测试、交通部测绘史的编纂等工作。

1997—2012年测绘政策技术分委会测绘成果质量检查一览表

表8-3-142

序号	年度	检查时间	检查项目及内容					检查结果
			项目（项）	纸海图（幅）	专题图（幅）	电子海图（幅）	其他（幅/次）	
1	1996	1997年3月18—31日	14	—	—	—		优质图4幅:天津2幅、上海1幅、广州1幅
2	1997	1998年4月6—23日	24	—	—	—		优质图2幅:天津1幅、上海1幅
3	1998	1999年4月6—23日	24	—	—	—		优质图3幅
4	1999	2000年5月21日至6月9日	21	—	—	—		优质图3幅:天津、上海、广州各1幅
5	2000	2001年4月9—26日	24	—	—	—		优质图3幅:天津、上海、广州各1幅
6	2001	2002年5月20日至6月7日	12	—	—	—		优良率100%,优质图3幅
7	2002	2003年4月7—17日	18	—	—	—		优良率100%,优质图3幅
8	2003	2004年5月30日至6月17日	35	—	—	—	21	优良率:天津90%、上海96%、广东100%
9	2004	2005年7月7—23日	27	—	—	3	32	优良率100%
10	2005~2006	2006年11月26日至12月29日	230	36	—	—		优良率100%
11	2007	2007年11月1—20日	31	20	10			优良率100%
12	2008	2008年7月7日至8月12日	—	—	318			优良率100%
		2009年3月29日至4月24日	165	23	165			优良率100%
13	2009	2010年5月18日至6月11日	52	43	51			优良率100%
14	2010	2011年5月9—27日	37	46	15	40		优良率100%
15	2011	2012年5月15—30日	42	62		60		优良率100%
16	2012	2013年5月13—25日	38	48	—	47		优良率100%
合计			329	165	833	137	694	53	21幅/99.61%

1997年始,分委会组织实施全国海区测绘系统年度测绘成果质量检查,并由此发轫,每年开展一次,据不完全统计,已连续组织开展检查17次,历时329天,检查测绘项目共计165项,平均抽查率约20%。其中,检查纸质港口航道图833幅,纸质和电子海图专题图137幅,电子海图694幅,其他(纸质挂图16幅,改正通告24期,印刷品11幅,潮汐表2次)53幅(次)。经质量检查组检查评比,评选优质图7次,共21幅;测评纸质港口航道图和电子海图优良率12次,平均为99.61%;检查海图印刷质量16次,总体优良。通过质量检查,提出各海区在海道测绘作业过程中存在的质量问题以及相关改进建议,为持续提升全国海区测绘系统航海图书资料质量发挥了至关重要的指导和推动作用。

（1）2001年4月，天津海监局测绘处处长周则尧（右一）带队在广州海测大队开展2000年度测绘成果质量检查

（2）2012年7月17日，交通运输部海事局副局长李世新（中左）、航测处处长曾晖（中右）听取2011年度测绘成果质量检查工作情况报告

图 8-3-684　测绘政策技术分委会质量检查组

2004年始，分委会工作重点从以配合行政工作为主转为以跟踪和研究国际组织海道测绘相关国际公约、标准、技术规范、政策和发展动态为主，主要完成：配合天津航测科技中心完成《IHO出版物汇编》（共六册）出版工作；组织开展国外测绘管理机构和管理体制研究，为全国海区测绘系统应对大部制改革提供了决策支持；配合天津航测科技中心开展IHO及下属机构的跟踪与研究工作，翻译整理IHO通函750余期，并编制了3期IHO年度追踪研究报告。

（三）交通运输部航测标准化技术委员会

交通运输部航测标准化技术委员会（简称"航测标委会"）始称交通部航标测绘标准技术委员会，创建于1984年8月，隶属交通部标准化主管部门管理。1999年，更名为交通部航测标准化技术委员会。航测标委会设主任委员1名，副主任委员2名，秘书长1名。航测标委会秘书处挂靠交通部海事局航测主管部门，主要职责为：提出航测标准化工作方针政策及措施建议；组织制定完善航测标准体系表，拟订航测标准研制修订计划；参与本专业国家标准、行业标准的起草和审查工作；组织航测标准的宣传贯彻和解释等工作。

2006年10月11—13日，航测标委会在青岛召开工作会议，修订颁行《交通部航测标准化技术委员会章程》，选举产生新一届航测标委会领导机构，并决定秘书处日常工作由天津海事局航测科技中心负责，并由李慧敏兼任秘书，负责日常具体事务性工作。自此，航测标委会秘书处贯彻落实国家和交通部标准化工作方针，紧紧围绕全国海区航测系统工作重点，按照《交通运输航测标准体系表》，组织实施航测标准立项、起草、修订、审查、报批，以及新颁标准的宣传贯彻及相关培训工作。

（1）2006年10月11日，交通部航测标准化技术委员会在青岛召开工作会议

图　8-3-685

(2)2010年4月22日，天津海事局副局长聂乾震(中左)出席交通运输部航测标准化技术委员会在天津召开的国家标准《海区浮动助航标志配布规范》审查会

图 8-3-685

2007—2012年，航测标委会组织开展标准制定和修订工作，经相关主管机关审批，先后发布实施国家标准和交通行业标准总计19项。其中包括：《中国海区可航行水域桥梁助航标志》(GB 24418—2009)、《海区浮动助航标志配布导则》(GB/T 26781—2011)、《内河交通安全标志》(GB 13851—2008) 3项国家标准；《雷达指向标》(JT/T 74—2007)、《水深测量数据采集与处理技术要求》(JT/T 701—2007)、《沿海港口航道图改正通告编写规范》(JT/T 702—2007)、《钢质活节式灯桩通用技术条件》(JT/T 718—2008)、《沿海航标维护质量管理体系导则》(JT/T 729—2008)、《航标灯光强测量和灯光射程计算》(JT/T 730—2008)、《海区航标维护 固定建(构)筑物》(JT/T 731—2008)、《港口工程初步设计文件编制规定》(JTS 110-4—2008)、《VHF应急无线电示位标》(JT/T 76—2009)、《钢管灯桩通用技术条件》(JT/T 102—2009)、《海区航标效能验收规范》(JT/T 759—2009)、《浮标通用技术条件》(JT/T 760—2009)、《航标灯通用技术条件》(JT/T 761—2009)、《航标遥测遥控系统技术规范》(JT/T 788—2010)、《多波束测深系统测量技术要求》(JT/T 790—2010)、《水运工程测量规范》(JBS 131—2012)16项交通行业标准，为促进全国航海保障事业科学发展发挥了重要引领、指导和规范作用。

第九章 综合管理

综合管理系指对机关单位的规划、咨询、组织、指挥、协调、监督及内部管理工作的统筹管理。北海航海保障系统综合管理工作主要包括：政务工作、人事劳资、财务资产、安全劳保、档案管理以及行业标识等，是天津航道局、天津港务局、天津海监局和天津海事局综合管理工作的重要组成部分。其间，北海航海保障系统综合管理实行"一个目标体系""两个会议机制""三个长效机制"，即：工作目标责任制管理体系；年度航测工作会议和计划财务工作会议机制；财务、安全和档案管理长效工作机制，并始终坚持、不断改进、逐步完善、行之有效。

20世纪80年代初，随着国家改革开放和经济社会发生历史性转变，交通航运事业快速发展。此间，天津航测处接收海军北海舰队海上干线公用航标后，共有在职职工1276人，履行北方海区航测管理职能；天津港通信导航站（处）成立，共有在职职工520人，履行天津海岸电台通信管理职能。1983—1984年，按照上级工作部署，分别组织开展"国有企业全面整顿"。天津航测处印发施行《事业整顿五项工作验收标准试行细则》，调整充实各级领导班子，建立经济责任制和综合计划管理指挥系统，形成处、区、站三级管理体制；修订、完善接标以来处发党政、业务方面规章制度，编纂颁行《航标测量处管理文件汇编（1984）》。天津港通信导航站（处）以"完善企业责任制、改进经营管理、健全财会制度"为重点，建立经济责任制和岗位责任制，制定质量管理标准，完善基础管理工作，编纂颁行《通信导航公司管理制度汇编（1985）》。

1988年7月，天津海监局成立，其中航标、测绘、通信在职职工1728人，履行交通部赋予辖区的航海保障职能。按照交通部"完善体制机构、理顺内外关系、健全工作制度、提供航海保障、加强监督服务"的工作要求，该局相继制定内部管理制度。坚持党管干部原则，制定并实行一系列领导干部管理制度，明确组织、人事部门权限和职责。先后组建交通部水监系统北方片中级工程技术职务评审委员会和天津海监局初级工程技术、会计、统计、经济等职务评审委员会，规范专业技术干部管理。成立局教育管理委员会和办事机构，完善教育培训制度，建立兼职教师队伍，使职工教育走向制度化、规范化。1995年，交通部安监系统实行局长负责制。据此，天津海监局建立领导工作制度、党政会议制度、决策执行制度、督查落实程序等相关规定。同年4月，引入先进的工作目标责任制管理机制，并在全局首次推行，成为保证年度任务落实、有效履行职责、提升管理水平的有力载体。1998年1月22日，天津海监局、天津海测大队档案管理经国家档案局和交通部档案馆联合考评组审查，在交通部安监系统率先达到国家一级标准认定，并助推北海航海保障系统乃至交通部安监系统档案管理达标工作取得显著成效。1998年12月，天津海监局会计电算化工作通过交通部安监组织的验收和天津市协调会计事务所达标验收，并在交通部安监系统率先实现会计电算化。随后，天津海事局在交通部海事系统率先完成会计基础工作规范化达标验收。

1999年7月，天津海事局成立，实行辖区统一政令、统一布局、统一管理的新体制。2001年5月，北方海区外埠航标处成建制划归天津海事局管理。结合交通部"水上运输安全管理年"活动，该局在北海航海保障系统中全面深化工作目标责任制管理。2002年，在充分调研基础上，该局在全局推广青岛航标处"经费支出月计划管理"经验，印发施行《天津海事局经费月计划管理办法》，建立并形成北方海区经费管理的长效工作机制。2006—2008年，该局深入开展交通部海事系统"规范管理年"活动，完善目标管理机制,形成目标、执行、督查、反馈全过程闭环管理;改进目标管理方法,建立机关月计划动态管理、机关部门季度集中考核、全能单位季度跟踪督查三项制度,实现目标管理督查督办内网运行;强化制度建设,对天津海监局成立以来内部管理制度全面清理和"立、改、废",编纂颁行《天津海事局内部管理制度汇编(2008)》;印发《天津海事局规范性文件管理办法》,规范制度制定行为,维护制度严肃性和可操作性,形成科学、完善的动态性规章制度管理体系。2010年3月,为适应由"管理型"向"服务型"转变,引入质量管理体系并试运行。2012年1月,质量管理体系正式运行,标志着该局综合管理工作迈上新台阶。

2012年10月,北海航海保障中心正式成立,其综合管理工作的发展历程,是目标体系不断丰富、运行机制日臻完善、规章制度逐步健全、内部管理不断深化的过程,行业标识亦经历航标、安监、海事的演变过程。连续18年坚持推行工作目标责任制,工作绩效逐年提高。全面贯彻安全工作责任制,连续20余年荣获天津市交通口岸委员会授予的"天津市安全生产先进单位"称号。航标、测绘、通信服务社会的满意度进一步提升,为辖区船舶航行安全提供支持保障,为服务区域经济社会发展作出重要贡献。

至2012年底,北海航海保障系统在册职工1432人,其中管理人员300人,专业技术人员553人,工勤人员579人。此外,社会化用工299人。

第一节　政　务　工　作

一、工作规则

工作规则系指为加强制度建设,改进工作作风,提高工作效率,实现科学化、规范化管理,根据国家有关规定,结合单位实际制定的有关领导职责、民主决策、依法行政、会议制度、公文运转、政务公开、工作纪律等,它是维持单位工作正常运转、规范工作行为、完善工作流程的一种规范和准则。

1982年12月,按照中央"三个条例"要求,天津航测处实行党委领导下处长分工负责制,划分党委和行政工作范围,明确各自职权,改变此前党委包揽行政事务的现象。1983年1月,天津港通信站实行党委领导下站长分工负责制。同年9月,按照企业全面整顿的要求,天津航测处改变党委领导下处长分工负责制为党委领导下处长负责制,所属各航标区实行党总支领导下区主任负责制。为适应新领导体制要求,该处建立定期处党委会、处长办公会、处务会制度和处年度工作会议机制,并规定了各类会议的决策、讨论事项。其中,处党委会决策事项包括:贯彻执行党的路线、方针、政策和上级指示、决定;业务、行政工作中重大事宜(财务预决算,单位长远规划,工资调整方案,机构增减变动,重要规章制度"立、改、废"等);职工代表大会重大事宜;党的建设和思想政治工作;干部报请上级审批、任免、奖惩和考核;工会、共青团、民兵等群众组织工作重大事宜;处党委年度、季度工作要点以及党委认为必须决定和讨论的重大事宜。处长办公会议讨论事项包括:副处长在工作中遇到难以处理较重大事宜;各单位、科室提出较重要事宜;干部任免及奖惩事宜提案;需提交处党委的有关事宜及互通情况。1985年5月,天津港通信导航公司实行党委领导下厂长负责制,并进一步修订和制定包括党委、行政领导工作制度在内的内部管理制度。1986年12月,因全国港口体制改革而引发航标管理机构隶属关系调整变化将至,天津航测处党委适时提出"安定团结,安全生产,以新的面貌和新的成绩迎接航标体制改革"的工作方针,建立健全季度处党政工作例会制度、安全工作例会制度和党政主要领导带队巡视制度,探索在基层点多线长、高度分散、工作艰苦条件下,加强管理,服务基层,促进工作落实的新机制。

图9-1-686　1985年3月,天津航测处在天津召开工作会议

1988年7月,天津航测处、天津海岸电台、天津港务监督成建制组建天津海监局,履行交通部赋予的辖区航海保障和航政管理职能。1989年1月,大连航标区、烟台航标区、青岛航标区和秦皇岛航标管理站分别划归属地海监局,天津海监局继续履行北方海区航海保障职能,在航标业务、计划、财务上实行领导。为适应双重领导体制要求,该局建立北方海区年度航标工作会议机制,于同年5月18日在天津组织召开首次北方海区航标工作会议,交通部安监局航测处副处长郭莘,以及大连、烟台、青岛海监局分管领导和各航标处(区)主要领导出席会议。

图9-1-687　1991年,天津海监局副局长张家孝(左二)在天津主持召开第三次北方海区航标工作会议,交通部安监局航测处副处长郭莘(左三)出席会议

1995年9月,交通部安监系统实行局长负责制。据此,天津海监局印发施行《天津海上安全监督局工作规则》《中共天津海上安全监督局委员会工作规则》,明确局长全面负责交通部赋予全局的航政管理、航海保障等业务和行政管理工作,具有行政业务上的指挥权和最终决策权,对交通部负责;局党委系全局的政治核心,负责搞好党的思想、组织和作风建设,领导本局思想政治工作和精神文明建设,保证、监督党和国家方针政策贯彻执行,对交通部党组和天津市委负责。局长办公会讨论决策事项主要包括:单位发展规划;重要技术革新改造、设备引进计划和基本建设计划;局年度及阶段性工作安排、计划、总结;年度财务预决算、奖金分配;重要资金使用及重要固定资产购置、报废计划;局劳动人事管理重要事项;局权限内规章制度"立、改、废";航政、航海保障工作中涉及机构编制等重要事宜;上报交通部重要

请示、报告等。规定实行局长负责制领导工作制度和局党政议事决策程序,明确处理党政交叉事宜的原则要求。建立定期会议制度,局长办公会议一般每月一次,由局长主持;局务会议一般每季度召开一次,由局长或主持工作的副职主持;局党委会一般每月召开一次,由党委书记或主持工作的副书记主持;局党群部门工作例会一般每月召开一次。基层党委(总支)书记工作例会一般每季度召开一次。其间,为与全国海区航测工作会议接轨,天津海监局将北方海区年度航标工作会议机制改为航测工作会议机制。

图 9-1-688　1997 年,天津海监局副局长赵亚兴(中)在北戴河主持首次北方海区航测工作会议,交通部安监局航测处副处长梁宇(左四)出席会议

1999 年 7 月,天津海事局成立,仍实行局长负责制。1999 年 12 月,该局印发施行《关于实行"局务公开"的实施办法(试行)》,明确规定要坚持重大事项在全局干部职工中公开办事程序及结果,坚持职工民主参与、民主管理和民主监督;建立"局务公开"工作的组织领导、组织协调、监督检查机制;明确"局务公开"的主要内容、主要形式和程序;公布"局务公开"各部门具体责任内容和形式。至北海航海保障中心成立,天津海事局沿用北方海区年度航测工作会议机制。2001 年 1 月 8—10 日,天津海事局副局长赵亚兴在天津主持召开第五次北方海区航测工作会议。这次会议为交通部调整航标区行政管理关系前夕至关重要的一次工作会议,交通部海事局航测处处长梁宇出席。

图 9-1-689　2001 年 1 月 8 日,天津海事局在天津召开第五次北方海区航测工作会议

2001年5月北方海区外埠航标处成建制划归天津海事局管理后,该局党委印发施行《基层单位领导班子工作规则》,就加强局属单位领导班子建设、提高领导班子民主和科学决策水平作出规定,并明确党政班子职责权限、单位重要事项决策程序和领导班子工作运行基本要求。2002年,天津海事局将工作目标责任制管理全面推行至北方海区航标系统各单位。同年12月,建立局领导工作例会制度,主要包括:局领导每周工作会制度;各单位、部门每月向分管局领导汇报一次工作制度;各单位、部门领导出差请示、报备制度;局党委会、局长办公会议决事项督办督查制度。2006年12月,该局党委印发施行《关于加强局属外埠航标处工作的内部规定》,就理顺局对外埠航标处直接管理与党的关系属地管理事宜作出相应规定。

2007年,天津海事局改革和完善党的领导方式,修订完善《中共天津海事局委员会工作规则》《天津海事局工作规则》,就建立健全科学决策机制、建立"行为规范、运转协调、公正透明、廉洁高效"的管理体系作出规定。局属各单位行政正职向局长负责,各部门行政正职向分管本部门的局领导负责;各单位、部门负责人按照职责分工,执行局的决策和工作部署,领导本单位、本部门的行政业务工作。同时,实行局党政联席会议、局长办公会议、局务会议和专题办公会制度,实行局领导周工作例会、局月度业务工作例会、局季度工作例会制度。各单位结合实际,修订完善工作规则,增强议事规则约束力。2007年7月,该局印发施行《政务督查工作规定》,明确规定局政务督查工作主管部门、督查内容、督查方式、督查工作程序和具体要求,并就保障各项重要决策和大项工作落实,提高工作质量和办事效率作出规定。

2011年5月,天津海事局修订《局工作规则(试行)》,就建立健全职工参与、专家论证和行政决定相结合的议事决策机制和工作程序,实行依法决策、科学决策、民主决策作出规定,主要包括:主办部门提供决策建议时,必须经过充分论证评估或法律法规分析;局在作出重大决策前,根据需要召开座谈会等,听取相关意见和建议;局建立重大决策效果反馈和评估制度,及时反馈执行情况,并加强督促检查。同时,明确规定局党政联席会议和局务会是局行政事项的决策性会议,局专题会议是局审议专项工作审议性会议,其他工作例会和部门间会议是通报工作并研究讨论的协调性会议;规范了局领导碰头会、局机关月度例会、建设项目月度例会、财务预算季度例会、航测业务季度例会等例会制度,并就调查研究、沟通协调、内外事活动、请示报告、局务公开、行政监察、公文审批等作出规定。同时,天津海事局党委印发施行《关于"三重一大"事项工作规定》,依据交通运输部党组和交通运输部海事局有关要求,就该局领导班子集体研究决定重大决策事项、重要干部推荐及任免事项、重大项目安排事项和大额度资金使用事项决策机制的基本原则、决策形式和内容、决策程序、决策执行和监督落实等作出相应规定。

2012年10月,北海航海保障中心成立,实行行政首长负责制。至2012年底,北海航海保障系统制定的工作规则管理制度共有20余项。

1984—2012年北海航海保障系统适用的工作规则管理制度一览表

表9-1-143

序号	文件名称	发布机关	发文字号	发布日期	备注
1	处党委会、处长办公会、处务会等的议事规则和程序	天津航测处	制度汇编(1984)	1984年4月	废止
2	行政管理体制	通信导航公司	制度汇编(1985)	1985年5月	废止
3	经理工作暂行条例				
4	机关工作会议制度				
5	经理、副经理职责	通信导航公司	制度汇编(1985)	1985年5月	废止

〔续表〕

序号	文件名称	发布机关	发文字号	发布日期	备注
6	关于建立党群系统联席会议的通知	天津航测处	航测〔1986〕党字18号	1986年3月25日	废止
7	工作规则	天津海监局	津海监〔1995〕办字203号	1995年9月18日	废止
8	工作规则	天津海监局党委	津海监党字〔1995〕55号	1995年9月25日	废止
9	会议管理办法	天津海监局	津海监字〔1997〕54号	1997年8月11日	废止
10	党委系统督促检查工作细则	天津海监局党委	津海监党字〔1998〕60号	1998年12月31日	废止
11	关于改进领导干部工作作风的若干规定	天津海事局	津海事〔1999〕办字378号	1999年12月10日	废止
12	关于实行"局务公开"的实施办法(试行)	天津海事局	津海事〔1999〕监察字387号	1999年12月21日	废止
13	关于严格执行领导责任制的决定	天津海事局党委	津海事党字〔2000〕7号	2000年4月6日	
14	基层单位领导班子工作规则	天津海事局党委	津海事党〔2002〕50号	2002年6月28日	
15	关于加强局属外埠航标处工作的内部规定	天津海事局党委	津海事党〔2006〕76号	2006年12月15日	
16	政务督查工作规定	天津海事局	津海办〔2007〕131号	2007年7月31日	
17	工作规则	天津海事局党委	津海事党〔2007〕84号	2007年9月19日	
18	工作规则	天津海事局	津海办〔2007〕431号	2007年10月24日	废止
19	工作规则(试行)	天津海事局	津海事〔2011〕158号	2011年5月12日	
20	关于"三重一大"事项工作规定	天津海事局党委	津海事党〔2011〕28号	2011年5月13日	

二、建章立制

管理制度系指对实现管理目标所采取的组织、控制、协调、反馈等活动所依据的规范形式的总和,是管理规范制度化成果。北海航海保障系统内部管理制度体系建设,历经天津航测处和天津港通信导航站(处)起步前行、天津海监局逐步发展、天津海事局稳步完善三个阶段。

20世纪80年代,天津航测处和天津港通信导航站(处)先后成立。1982年1月,中共中央、国务院印发《关于国营工业企业进行全面整顿的决定》,决定用2~3年时间,分期分批对所有国营工业企业全面整顿,包括整顿领导班子、职工队伍、管理制度、劳动纪律、财经纪律、党的作风和加强思想政治工作等一系列工作。1983年4月,天津港通信站成立以站长李刚为组长的企业整顿领导小组,按照《交通部企业整顿五项工作验收标准》《天津港务管理局关于对〈交通部企业整顿五项工作验收标准〉的补充说明》,以完善企业责任制、健全财会制度和加强劳动纪律为重点,推进企业整顿工作。其间,该站建立岗位责任制,制定岗位管理标准,完善基础管理工作;建立质量管理制度和QC小组(质量控制小组),加强设备监测、维修、保养,提高设备质量;建立材料管理制度,定期报送行政用品计划、材料计划,规范物资调配使用;建立能源管理制度和节能管理网,制定油水电煤消耗定额;制定车间核算制度和实施办法,建立生产定员定额工作制度,提高劳动生产率;制定《文件、资料管理办法》《文明生产检查标准》,健全各种原始资料和技术资料管理,完善岗位安全操作规程等。其间,该站在质量、物资、人事管理等方面共建立规章制度12项,通信管理更加科学、有序、规范。1983年12月,该站以956分的总成绩,顺利通过天津港务管理局企业全面整顿验收。之后,编纂颁行《通信导航公司管理制度汇编(1985)》。

1983年9月,天津航测处成立以处长王载熙为组长的企业整顿领导小组,以"逐步改善助航水平,不断提高经济效益,开创航测工作新局面"为指导思想,作出全面整顿工作部署,并印发施行《事业整顿五项工作验收标准试行细则》。该处经历调整充实各级领导班子的组织整顿,劳动组织和劳动纪律整顿,建立健全经济责任制和管理制度三个阶段。印发施行《处长工作暂行条例》,建立经济责任制和航测业务综合管理统一指挥系统,明确处、区两级责权,完善两级管理;整顿财经纪律,充实财会人员,健全财会制度,加强经济管理;修订、完善接标以来处发党政、业务方面共11类、106项内部管理制度,编纂颁行《航标测量处管理制度汇编(1984)》。1984年6月,天津航测处以901分的总成绩,顺利通过天津航道局全面整顿验收。企业全面整顿是天津航测处和天津港通信站成立以来第一次全面系统的整顿,为加强领导班子和队伍建设,加强制度建设和内部管理,提高航海保障服务质量奠定了良好的基础。

1988年7月,天津海监局成立,实现北海航海保障系统航标、测量、通信三大主业统一管理。依据交通部安监系统实行局长负责制的有关规定,该局结合实际,相继制定一系列内部管理制度。1995年4月,该局全面推行工作目标责任制管理,试行局党政工作一体化管理运行机制。1995年9月和1996年9月,为便于掌握内部管理规定及办事程序,规范管理工作,该局办公室、党委组织处先后将建局以来制定且行之有效的管理制度汇总,编纂颁行《天津海上安全监督局内部管理制度汇编(1995)》《天津海上安全监督局政治工作制度汇编(1996)》。这两部制度汇编为加强内部管理提供了制度保证。

1999年7月,天津海事局成立,为实现辖区统一政令、统一布局、统一管理的新体制,以全国交通系统"水上运输安全管理年"(以下简称"水安年")活动为契机,深入开展为期三年的"水安年"活动。2000年,该局印发《北方海区开展"水上运输安全管理年"活动的通知》《北方海区航标测绘设备维护管理质量标准》,确立以强化设备设施管理、提高工作质量为重点,实现"一年打基础,二年上台阶,三年上水平"的活动总目标。同年12月,该局编纂颁行《天津海事局内部管理文件汇编(1989—2000)》。2001年5月,该局成建制接收北方海区外埠航标处,从贯彻部颁标准入手,以加强航标日常管理为主线,做到工作不断、秩序不乱、队伍不散,确保了航标交接工作的顺利完成及辖区航标的正常工作,有效地保障了"春运"工作的顺利开展。

图9-1-690 2001年9月1日,天津海事局副局长赵亚兴(中左)在"水安年"活动期间听取烟台辖区航标用户意见

2001年9月9—30日,由天津海事局局长王怀凤带队,检查北方海区"水安年"活动开展情况,现场检验局属单位活动成效。2002年,该局着眼于长效管理机制建设,以工作目标责任制为载体,将航测业务管理与综合管理、创建文明行业相结合,形成"党政工作一起部署,一起检查,一起落实,一起考核"的运行机制。在业务管理上,以《北方海区航标测绘设备维护管理质量标准》为依据,严格航标日常管理、维护和保养,落实年度、月度、周保养计划,加大航标巡检力度,坚持全面自查,发现问题限期整改。在安全管理上,以提高全员安全意识为中心,以防火、道路交通、高空作业、船舶安全管理为重点,全面落实安全生产责任制,确保各项安全工作指标落实。通过3年"水安年"活动,北海航海保障系统内部管理实现从重点整治向长效管理转变,基础管理水平明显提高,快速反应能力明显增强,并圆满实现"不因辖区航海保障管理不到位而发生船舶安全事故"的活动目标。

2006年5月,根据交通部海事局《关于在全国海事系统开展规范管理年活动》的工作部署,天津海事局以"规范管理、强化监管、提高效能、优质服务"为目标,开展为期3年的"规范管理年"活动,确保水上交通安全监管和行政执法能力显著增强、辖区水上交通安全形势持续稳定和局综合实力及发展水平有新的提高。其间,该局和局属各单位有计划、按步骤、分年度、抓重点地组织开展"规范管理年"活动并取得实效。其间,该局印发施行《规范性文件管理办法》,全面清理、修订和完善建局以来的内部管理规章制度,编纂颁行《天津海事局内部管理制度汇编(2008)》,形成较为科学、完善的动态性内部规章制度管理体系。其间,该局全面评估实施工作目标责任制管理运行情况,完善目标管理机制,改进目标管理方式方法,形成目标、执行、督查和反馈全过程闭环管理机制,有效保证年度各项目标任务落实和综合管理水平提高。修订完善《天津海事局工作规则》《天津海事局党委工作规则》及《基层领导班子实施细则》,形成决策、执行、督查、监督相协调的工作程序和标准,提高决策民主性、科学性水平,强化执行制度约束力。印发施行《基本建设管理办法》,规范基本建设程序,完善航测三项计划管理办法,加强建设项目追踪问效。印发施行《经费月计划管理办法》《经费节支实施细则》,规范财务管理工作,并按照《会计基础工作规范》要求,全面开展会计基础规范化自查和整改,夯实会计基础工作。修订《内部审计工作规定》和《工程项目审计规定》,强化审计队伍建设和审计基础工作,规范内部审计工作。

2006年8月,按照交通部海事局建立航测质量管理体系工作部署,天津海事局编制质量体系第二级文件《航测质量管理手册》《程序文件》,第三级文件《航标处航标质量管理手册》《程序文件》和《海测大队质量手册》《程序文件》。2007年5月,航测质量管理体系开始为期6个月的试运行。其后,为保持航测质量管理体系运行持续有效,就航标管理、海道测量工作履约情况,配合交通部海事局完成两次体系运行有效性的检查评估和多次内审工作。2009年11月,顺利通过国际海事组织(IMO)审核组审核,全面展现北方海区航测系统航测管理工作规范化、制度化、标准化水平和航测人员良好精神风貌,并对全国海区航测系统履约水平得到有效验证。

2010年3月,天津海事局引入质量管理体系并试运行。2012年1月,天津海事局质量管理体系正式运行,标志着北海航海保障系统深化内部管理工作迈上新台阶。

(一)《航标测量处管理制度汇编(1984)》

1982年天津航测处接管北方海区干线航标后,原内部管理制度不适应新的管理工作需求。为尽快建立健全内部管理制度,保障北方海区航测管理工作顺利开展,该处决定成立以处办公室牵头的工作班子,完成内部管理制度整理、修订、新建工作。1983年,以企业全面整顿为契机,工作班子全面梳理和调整充实接标以来处发党政、业务等方面的规章制度,对尚未建立管理制度的单位和部门责成起草建立相应的管理制度,经汇总审核修改后,编纂形成《航标测量处管理制度汇编(报批稿)》报请处党政会议审议通过。1984年4月,该处正式颁行《航标测量处管理制度汇编(1984)》(以下简称《汇编(1984)》)。

《汇编(1984)》涵盖行政工作、计划财务、技术质量、物资设备、安全生产、治安保卫、人事教育、政治工作、工会工作、医疗卫生和计划生育共11个方面、106项管理制度。

在行政管理方面,修改完善航测处机关工作制度,明确在新的领导体制下处党委会、处长办公会的议事规则和程序,规定处、科室计划总结制度、请示汇报答复制度、检查与催办制度、调查研究面向基层等制度。在计划管理方面,印发施行《计划管理办法》《统计工作管理办法》。在技术质量管理方面,印发施行《北方海区各类设施维护质量标准》《海港航道测量质量管理制度和考核办法》《北方海区无线电管理规则》《北方海区航标技术管理条例》等。在物资管理方面,印发施行《物资管理办法》《船、机管理制度》。在财务管理方面,印发施行《固定资产管理办法》《航标区财务管理暂行规定》《预算外资金管理办法暂行规定》等。在安全生产管理方面,印发施行《安全生产责任制》《安全生产检查制度》。在人事教育管理方面,印发施行《处机关人员守则》《职工守则》《职工奖惩条例》《劳动力调配管理制度》《职工教育管理制度》《工人技术考核制度》《航标区职工考勤制度》。在政治工作方面,印发施行《干部管理制度》《思想政治工作制度》《基层党支部工作条例》《党员教育管理制度》《纪检工作制度》《团委工作制度》。在工会工作制度方面,印发施行《工会代表大会制度》《文体器材管理办法》。在医疗卫生和计划生育管理方面,印发施行《文明生产环境卫生检查标准》《计划生育管理制度》《保健站、卫生室管理暂行规定》等。

《汇编(1984)》是北方海区航测系统编纂颁行的第一部比较全面系统的内部管理制度汇编,改变了过去无章可循、无法可依的状况,为北方海区航测系统建立管理制度体系,提高航测管理水平,促进航测事业发展奠定了制度基础。

(二)《通信导航公司管理制度汇编(1985)》

1983年4月,天津港通信站按照上级部署,以完善企业责任制、健全财会制度、加强劳动纪律为重点,以制度落实、组织落实、经济落实为手段,稳步推进企业全面整顿工作。其间,天津港通信导航站(处)在建章立制、质量管理、物资管理、人事管理等方面共建立各种规章制度12项。1985年4月天津海岸电台迁建工程(615工程)竣工后,在企业整顿成果的基础上,天津港通信导航公司进一步修订和完善收信台、发信台、中央控制室等管理制度和工作规章,并编纂颁行《通信导航公司管理制度汇编(1985)》(以下简称《汇编(1985)》)。

《汇编(1985)》分为党群系统制度、行政系统制度,以及经理办公室制度、计划经营科制度、工程技术科制度、业务管理科制度、行政管理科制度、警卫队制度共8个方面的管理制度,并包括职工考核标准21类。

在党群系统制度方面,制定部门工作职责、各岗位职责14项,各类工作制度、管理办法11项。在行政系统制度方面,制定经理、各分管业务副经理岗位职责4项,工作条例1项。在经理办公室制度方面,制定部门工作职责、各岗位职责6项,各项管理规定6项。在计划经营科制度方面,制定部门工作职责、各岗位职责7项,各项管理办法4项。在工程技术科制度方面,制定部门工作职责、各岗位职责17项,各项操作规程5项。在业务管理科制度方面,主要明确通信导航业务、电路启闭、设备拆移、频率核配的调度指挥,制定部门工作职责、各岗位职责17项,报房值班制度、通信纪律、电台日志填写、维修调配、电力人员安全操作规程,以及天线等管理规定29项。在行政管理科制度方面,制定部门工作职责、各岗位职责17项,各项操作规范、管理规定3项。同时,针对有线、无线通信维护的特殊情况,印发施行《有线通信维护规则(试行)》《水运无线电通信设备维修管理规则(试行)》两部管理规章。其中,《有线通信维护规则(试行)》共8章25条,对有线通信设备的维护,确保港口通信畅通、及时、准确与保密作出明确规定;《水运无线电通信设备维修管理规则(试行)》共7章47条,明确具体的机线设备维修管理标准和规定。在职工考核标准方面,制定21类人员考核标准,其中涉及无线电机修员、电力员、报务员、自动机报务员、电传电报机修员、无线电调配员、天线线务员、机线线务员、电缆线务员、有线机务员、有线测量员、内燃机修理工、木工、锅炉司炉工、内燃机械工、电焊工、值班电工、内外线电工、食堂技术工、后勤勤杂工、服务员等。

《汇编(1985)》是该公司成立以来编纂颁行的第一部比较全面系统的内部管理制度汇编,为全面落实企业责任制、规范内部管理行为、保障港口水运通信安全畅通、有效履行通信管理职能提供了制度保证。

(三)《天津海监局管理制度汇编》

1988年7月天津海监局成立后,依据交通部安监系统实行局长负责制的有关规定,陆续制定一系列内部管理制度。1995年4月,该局将年度党政工作统一纳入试行工作目标责任制管理范畴。1995年9月和1996年9月,为便于局属各单位、部门全面了解、掌握内部管理规定及办事程序,规范管理工作,提高办事效率,该局办公室牵头对建局以来制定的内部管理制度进行编纂,并颁行《天津海上安全监督局内部管理制度汇编(1995)》(以下简称《汇编(1995)》);局党委组织处牵头对建局以来局党委制定的政治工作制度进行编纂,并颁行《天津海上安全监督局政治工作制度汇编(1996)》(以下简称《汇编(1996)》)。

《汇编(1995)》和《汇编(1996)》共涉及综合管理、文档管理、干部人事及教育管理、劳动工资管理、财务和计划管理、船舶管理、内部安全管理、劳保制装管理、物资和行政事务管理、审计监察工作、内部治安保卫、消防管理、党的建设、干部管理、党风廉政建设、两个文明建设16个方面、144项内部管理制度。

在政务管理方面,印发施行《天津海上安全监督局工作规则》和《中共交通部天津海上安全监督局委员会工作规则》,明确局长、局党委主要职责,规定局长办公会、局党委会议的议事规则、决策程序和处理党政交叉事宜的原则要求;印发施行《工作目标管理办法》《两个文明建设先进单位、先进集体、先进个人标准》及考核实施细则,为首次建立以贯彻局工作目标责任制为中心的管理机制奠定了制度保障。

在干部管理方面,印发施行《干部管理办法》《处级以上领导干部年度考核实施办法》《后备干部管理细则》等10项管理制度。在人事、教育及劳动工资管理方面,印发施行《一般工作人员年度考核实施办法》《专业技术人员任职考核办法》《教育工作管理规定》《职工奖惩办法》等27项管理制度。在财务计划管理方面,印发施行《计划统计管理办法》《基本建设工作管理办法》《财务管理暂行办法》《财务计划编制办法》《固定资产管理暂行办法》等24项管理制度。在内部安全管理方面,印发施行《各级安全生产责任制》《安全奖励暂行办法》等7项制度。在物资行政事务管理方面,印发施行《物资管理办法》《职工家属宿舍管理暂行办法》等7项制度。在党的建设方面,印发施行《局党委中心组学习制度》《党员领导干部民主生活会制度》《民主评议党员制度》《局党委系统督促检查工作实施细则》等13项管理制度。在党风廉政建设方面,印发施行《关于党风廉政责任制若干规定》《抓行风建设责任制》《党政干部为政清廉十条规定》等7项管理制度。

《汇编(1995)》和《汇编(1996)》是天津海监局组建以来首次编纂颁行比较全面系统的内部管理制度汇编,为规范全局内部管理工作奠定了制度基础,并适用于北海航海保障系统。

(四)《天津海事局内部管理文件汇编(1989—2000)》

1999年7月天津海事局成立后,为便于全局干部职工了解各项内部管理规定,适应实行局党政工作目标一体化管理运行机制,规范内部管理,提升管理水平,提高办事效率,由该局办公室牵头收录建局以来局行政和党群管理的主要文件和规章制度,特别是对实行局长负责制和推行工作目标责任制以来制定的管理制度分类排序,适时编纂颁行《天津海事局内部管理文件汇编(1989—2000)》(以下简称《汇编(1989—2000)》)。

《汇编(1989—2000)》涉及综合管理、党建及文明创建、干部人事管理、劳动工资管理、计划财务审计管理、文明执法管理、安全与综治、设备与物资、文档管理、工会共青团工作10个方面、211项管理制度。

在综合管理方面收录22项管理制度,修订原《工作目标责任制管理办法》,将精神文明建设和海事工作统一纳入局党政工作目标管理,建立以工作目标责任制为载体的管理机制,保证局党政年度工作计划的落实;印发施行《关于改进领导干部工作作风的若干规定》,建立领导工作例会制度、出差请示报备制度、党政会议决策事项督查督办制度;印发施行《关于实行"局务公开"实施办法(试行)》,公布"局务公开"的具体内容和形式;修订《科技工作管理办法》,明确局科技领导机构、主管部门和基层单位、部门管理职责及6个相关专业管理细则。

在党建及文明创建方面收录38项管理制度,其中新修订和制定27项。在干部人事管理方面,收录29项管理制度,修订《干部管理办法》,印发施行《关于领导干部提拔任职实行试用期制规定》《关于领导干部初次任职前实行公示制的规定》。在劳动工资管理方面,收录20项管理制度。在计划、财务、审计管理方面,收录30项管理制度。在安全与综治方面,收录32项管理制度。在设备与物资管理方面,收录16项管理制度。在文档管理方面,收录15项管理制度。在工会、共青团工作方面,收录9项管理制度。

《汇编(1989—2000)》是天津海事局组建后编纂颁行的比较全面系统的内部管理制度。其中,适用于北海航海保障系统的共计9个方面、205项管理制度,占比97.2%。

(五)《天津海事局内部管理制度汇编(2008)》

2006年5月,根据交通部海事局《关于全国海事系统开展规范管理年活动的意见》,天津海事局以加强制度建设、规范内部管理为重点,按照"立、改、废"的要求和"少而精、易操作"的原则,全面清理、修订和完善建局以来的各项内部管理规章制度。2007年10月,该局印发施行《规范性文件管理办法》,以规范制度制定行为,维护制度的严肃性和可操作性,形成较为科学、完善的动态性内部制度管理体系。2008年1月,该局编纂颁行《天津海事局内部管理制度汇编(2008)》(以下简称《汇编(2008)》)。

《汇编(2008)》涉及行政管理、科技管理、行政执法、党务工作、纪检监察、宣传工作、航海保障、人事教育、计划基建、财务管理、审计管理、综合治理、工会共青团工作13个方面、211项内部管理制度。

在行政管理方面,收录30项管理制度,修订《天津海事局工作规则》,用制度保证领导班子科学民主决策;修订《工作目标管理办法》,建立局机关月计划动态管理、机关部门季度集中考核、全能单位季度跟踪督查三项制度。在科技管理方面,收录3项管理制度,其中包括《科技发展基金管理办法》《科技工作管理办法》。在党务工作方面,收录27项管理制度,修订《中共天津海事局委员会工作规则》,印发施行《领导干部交流任职管理规定》。在航海保障方面,收录6项管理制度,其中包括《北方海区航标管理工作协调和信息交流暂行办法》《航标应急反应实施细则》。在人事教育方面,收录31项管理制度,包括《职工教育培训管理办法》《专业技术职务任职资格评审和聘任管理办法》《人才选拔培养管理办法》等。在计划基建工作方面,收录25项管理制度,包括《航测"三项"和"专项"项目管理办法》《船舶管理办法(试行)》《船舶建造管理办法》等,修订完善《安全工作责任制》为中心的系列安全管理制度。在财务管理方面,收录22项管理制度,其中包括《财务管理办法》《预算管理办法》《固定资产管理办法》,形成贯彻落实《中华人民共和国会计法》的配套管理制度体系。在审计管理方面,收录15项管理制度,包括《经济责任审计工作联席会议制度》《内部审计工作规定》《建设项目审计规定》等。

《汇编(2008)》是该局内部管理步入规范化、制度化、标准化轨道并形成长效管理机制的重要标志之一。其中,适用于北海航海保障系统的共计12个方面、198项管理制度,占比93.8%。

三、目标管理

目标管理是美国管理学家彼得·德鲁克(Peter Drucker)于1954年提出并倡导的一种科学管理模式。自20世纪80年代中国改革开放以来,企事业单位及政府部门相继引进目标管理方法,并运用到各领域管理实践中。

1990年3月,烟台航标区试行以"定编、定员、定任务、定标准,部分经费包干"为主要内容的"四定一包"目标管理责任制,即:以思想政治工作为先导,以健全规章制度为基础,以部颁标准为依据,以奖金分配为杠杆,强化基层台站职能,优化内部管理工作,提高航标工作质量和工作效率。其管理方法具有一定的工作目标责任制作用,并取得阶段性工作成效。

1995年初,按照天津市委"两上两突破"的工作总体要求,天津海监局将推行工作目标责任制管理作为落实局党政年度工作计划,促进全局各项工作上台阶、上水平的重要措施。同年4月,该局印发施行《工作目标责任制管理办法》(以下简称《管理办法》),首次将《局年度工作计划》和《局党委年度工作要点》确定的工作任务一并纳入局年度工作目标责任制考核,从形式上改变了行政工作与党委工作"两张皮"现象。该《管理办法》就工作目标责任制的制定作出明确规定:制定工作目标责任制要突出重点工作,抓住薄弱环节,明确任务,落实责任,横向到边,纵向到底,要层层分解、落实到人;工作目标责任制格式要规范、简明、易于操作,主要内容包括工作目标,工作任务及标准要求,对策措施,实施进度,责任部门等;工作目标责任制的认定原则,按照党政系统层层负责,一级抓一级。《管理办法》就目标考核的组织工作、考核范围、考核办法、评分标准和奖罚规则作出初步规定。

1996年9月,该局修订并印发施行《工作目标管理办法》,明确提出将精神文明建设和航海保障工作统一纳入局工作目标责任制,领导班子集体研究提出年度工作目标要体现航海保障中心任务,以及社会和经济发展对航海保障工作的要求;实行由局、局属单位党政领导班子全体成员参加的两级工作目标管理领导小组,负责工作目标责任制贯彻推动工作;建立以党政副职牵头及相关部门负责人参加的工作目标管理办公室并明确主要职责;实行"四结合"的考核方法,即:听取汇报与检查基础工作相结合,综合性检查与职能部门专项检查相结合,自上而下的考核与基层单位逆向反馈相结合,综合性检查与征求分管领导意见相结合;考核步骤分为单位自查月报,职能部门季度检查,局半年检查考核、年终全面检查评价。

1998年9月,针对目标管理试运行过程中存在的问题,该局再次修订《工作目标管理办法》,明确考核指标体系为:《两个文明建设先进单位、集体、个人标准》《党政工作目标责任制》《综合管理工作主要检查指标》和日常基础管理工作;细化了考核评价标准和考核评价分值比例,出台配套文件《工作目标责任制考核评价细则》和《综合管理工作主要检查指标(试行)》。

2001年5月,北方海区外埠航标处成建制划归天津海事局管理。2002年初,天津海事局认真贯彻落实交通部副部长洪善祥和交通部海事局常务副局长刘功臣、党委书记黄先耀"一定要接好管好北方海区航标"的指示精神,对外埠航标处全面实行工作目标责任制管理。为推进目标管理工作的落实,由局领导和相关部门领导及责任人组成的目标管理检查考核组,对局属各单位进行检查、指导、调研;年中检查考核由分管业务工作的局领导带队,年末全面考核由局党政主要领导带队,听取各单位领导汇报,实地检查,现场书面反馈评价考核情况及限期整改意见。

图9-1-691　2002年12月4日,天津海事局局长王怀凤(右二)、党委书记齐世峰(右三)、副局长赵亚兴(右一)带队,在烟台航标处开展年度工作目标综合检查

2006年,结合深入开展"规范管理年"活动,天津海事局以月计划管理为基础,完善目标管理责任机制、绩效考核机制和督查机制。同年4月,该局修订并印发施行《工作目标管理办法(试行)》,将目标管理内容分为年度工作任务和管理指标;调整目标考核分值比例;确定目标考核形式为月度跟踪督查、季度检查问效、年度全面考核和专项检查;细化工作任务考核评价和管理指标考核评价标准。明确考核结果按全能基层单位、非全能基层单位、机关业务部门、综合管理部门四类排序、排名,并将年度考评综合分数作为评选局级以上先进单位、集体和文明单位的直接依据。

(1)2003年12月1日,天津海事局副局长赵亚兴(左三)带队,在青岛航标处开展年度工作目标综合检查

(2)2006年12月6日,天津海事局党委书记徐俊池(右四)带队,在烟台航标处开展年度工作目标综合检查

图9-1-692　2003年、2006年分别开展年度工作目标综合检查

2007年,以基础管理、基本规范和基层建设"三基"工程为重点,整合考核项目,简化考核方法,形成目标、执行、监督和反馈全过程闭环管理机制,利用协同办公系统研制目标管理子系统,实现目标管理网上运行。同年11月,该局印发施行《工作记录管理规定(试行)》,将工作记录情况列入目标管理考核范围,各单位、部门基础台账齐备,日常管理趋于规范。2008年,该局建立局机关月计划动态管理、非全能单位和机关部门季度集中考核、全能单位季度跟踪督查三项制度,在局内网开通督查督办专栏,对月度、季度工作计划督查督办,促进工作落实。

2010年3月,为适应建立运行天津海事局质量管理体系的需要,修订《工作目标管理办法(试行)》,将目标管理纳入质量体系管理。局设立质量目标管理工作办公室,由分管局领导兼任主任,并明确其主要职责。每年初依据局年度工作要点,该办公室组织拟订工作目标任务分解表。随后,按照局印发的工作目标任务分解表,机关有关部门制定任务实施计划安排,并以局文下达至相关局属单位,逐级分解落实。调整目标考核内容和方法:局工作目标考核于每年末实施,考核内容包括业绩考核、满意度测评和附加分考核三项;局通过航测业务月度例会、建设项目月度例会、机关月度例会等形式,检查工作目标任务和督查督办事项的落实情况;每年12月底前,该办公室组织实施各单位现场检查,抽查局机关相关部门,并汇总研究考核结果和附加分申请,形成年度考核报告,提交局党政联席会审议后公布。其中,年度工作目标考核结果分为优秀、良好、合格和不合格四个等次,并作为局评选先进单位、先进集体、五好领导班子和向上级推荐各类先进的重要依据。

2011年4月,天津海事局印发施行《工作绩效考核办法(暂行)》,将目标管理考核改为工作绩效考核。局成立绩效考核工作领导小组,下设绩效考核办公室,其职责是:组织拟订绩效考核指标和标准;汇总各类考核结果,并提交考核报告;组织实施局属各单位、机关各部门工作目标完成情况现场检查或抽查。机关各部门按照职责分工承担绩效考核相关工作,制定本部门对局属单位的考核指标,并对完成情况予以检查。年度目标责任制包括年度工作目标考评指标和工作任务两部分,并具体分解落实到各部门、岗位和局属各单位。绩效考核实行月度评估、季度考核、年度汇总的方法,考核结果作为局绩效奖励和评优奖先的主要依据。

至2012年,该局先后7次颁行工作目标责任制管理办法,逐步形成较完备的目标管理制度体系和运行机制,并适用于北海航海保障系统。工作目标管理对于规范内部管理,提高工作绩效,推进精神文明建设,全面完成航海保障工作任务,服务区域经济和社会发展发挥了至关重要的作用。

1995—2012年北海航海保障系统适用的工作目标管理制度一览表

表9-1-144

序号	文件名称	发布机关	发文字号	发布日期	备注
1	工作目标责任制管理办法	天津海监局	津海监[1995]办字70号	1995年4月19日	废止
2	工作目标责任制管理办法	天津海监局党委	津海监党字[1996]44号	1996年9月26日	废止
3	工作目标责任制管理办法	天津海监局党委	津海监党字[1998]44号	1998年9月30日	废止
4	工作目标责任制考核评价细则	天津海事局	津海办[2005]19号	2005年1月14日	废止
	工作目标管理办法(试行)				
5	工作目标管理办法(试行)	天津海事局	津海事办[2006]127号	2006年4月3日	废止
	综合管理工作主要检查指标(试行)				
6	工作记录管理规定(试行)	天津海事局	津海办[2007]470号	2007年11月26日	
7	关于进一步规范目标管理工作有关事宜的通知	天津海事局	津海办[2008]183号	2008年5月29日	废止
8	工作记录管理实施细则	天津海事局	津海办[2009]123号	2009年4月30日	
9	工作目标管理办法(试行)	天津海事局	津海事[2010]121号	2010年3月31日	
10	工作绩效考核办法(暂行)	天津海事局	津海办[2011]114号	2011年4月1日	

四、质量管理体系

(一)航测质量管理体系建立与运行

航测质量管理体系是指交通部海事局为应对并顺利通过国际海事组织(IMO)自愿审核机制对全国海区航测系统各单位工作的自愿审核,以进一步提高国际履约能力,加强航测工作"制度化、程序化、规范化"建设而建立的交通部海事局、各海区局和各航测单位三级质量管理体系。

2005年12月,IMO大会通过《IMO强制性文件实施规则》《IMO成员国自愿审核机制框架和程序》两项决议,旨在提高成员国国际履约能力,加强全球海上安全和环境保护。随后,交通部拟向IMO递交接受自愿审核申请,由交通部海事局负责接受IMO自愿审核组织工作。为此,交通部海事局于2006年4月印发《关于做好建立航测质量管理体系的通知》,决定建立航测质量管理体系(以下简称"质量体系"),并明确建立质量体系的目的、基本构架、工作计划和相关要求,组成以原交通部海事局常务副局长刘功臣、副局长郑和平为正、副组长的质量体系领导小组和以原交通部海事局航测处处长韩伟、副处长金胜利为正、副组长的质量体系工作小组。

2006年4月,金胜利组织全国海区航测系统技术人员编制完成《航测应对IMO自愿审核机制和建立航测质量管理体系实施方案》《交通部海事局航测质量管理体系手册》和《程序文件》初稿。同年4月30日,按照交通部海事局工作部署,天津海事局印发《关于建立天津海事局质量管理体系工作安排的通知》,成立以局长徐津津为组长的质量体系领导小组,下设工作小组,制定质量体系推进工作实施方案,编制质量体系第二级文件《航测质量管理手册》《程序文件》,第三级文件《航标处质量管理手册》《程序文件》和《海测大队质量管理手册》《程序文件》。同年7月29日,为有效推进北方海区航测系统质量管理工作,天津海事局在大连举办航测质量体系培训班,副局长赵亚兴作了专题动员讲话。

图9-1-693 2006年7月29日,天津海事局副局长赵亚兴(中)在大连主持召开航测质量体系培训班

2006年10月4—6日,国际航标协会(IALA)基于IMO自愿审核机制正式推行,以及为IALA成员国推荐《质量管理指南》等因素,在澳大利亚召开"悉尼航标服务质量管理研讨会"。由交通部海事局办

公室主任姜雪梅和天津航测科技中心高级工程师李钊金等4人组成的中国代表团出席会议,就中国海事局航测质量管理体系建立的进程、体系(草案)与ISO 9000标准以及IALA 1052指南的关系、体系(草案)的特点和预期的目标等情况作了大会介绍。按照会议安排,中国代表团成员和与会代表分成三个工作组,分别修改完善IALA建议132《关于航标管理当局建立质量管理体系的建议》、IALA指南1052《质量管理体系在航标服务提供上的应用》《航标服务提供IMO审核准备指南》和《VTS IMO审核准备指南》,进一步修改更新现有的IALA相关质量管理体系文件,这充分体现了中国海事局在IALA大会的话语权,并为中国海事局迎接IMO自愿审核奠定了体系文件基础。

图9-1-694　2006年10月6日,IALA秘书长托尔斯滕·克鲁斯(Torsten Kruuse)(中)会见中国代表团成员

2006年10月,金胜利组织工作小组修订完善体系手册和程序文件,提出航测处第三层文件(工作流程规定)以及海区质量管理体系手册的修改建议。当年,工作小组完成交通部海事局、海区局、航标处(海测大队)三级体系文件的编制工作。

2006年10月,按照交通部海事局工作安排,由天津航测科技中心主任马亚平牵头,组织各海区航测业务骨干10人开展第三次集中办公,金胜利出席。此间,主要修订完善《交通部海事局航测质量管理体系手册》《程序文件》,提出交通部海事局航测处第三层文件(工作流程)及《全国海区航测质量管理体系手册》的修改建议。经过多次夜以继日的集中办公,字斟句酌质量方针,反复推敲程序文件,逐一梳理相关法律、法规、规范,至2006年底,圆满完成交通部海事局、各海区局、各航标处和海测大队约13万字的三级质量体系文件编制工作。航测质量管理体系适用于交通部海事系统航标测绘业务管理工作,其《质量管理手册》明确了开展航测质量管理活动的统一框架和行为准则,主要内容包括:适用范围,相关法律、法规、国际公约及参考标准,术语、定义,航测服务质量管理体系,质量体系的运行和管理,质量体系的考核和改进,质量体系文件的管理及附录。《程序文件》涵盖航测战略和规划、年度工作计划、航测专项和三项计划、业务管理考核、科研项目管理控制;航标设置管理、建设管理控制;港口航道测量及航海图书发行控制;航测应急反应、用户沟通及需求分析、质量管理体系运行检查、服务效能评估、数据统计分析、服务不合格、服务改进控制;文件和质量记录控制等内容。

2007年4月,北方海区航测系统派员参加广东南澳为期4天的交通部海事局质量体系宣传贯彻暨内审员培训,共56人取得中国船级社颁发的《内审员资格证书》,助推质量体系有效运行。随即,交通部海事局先后印发《2007年航测质量管理体系推进工作实施意见》《关于发布航测质量管理体系质量管理手册及程序文件的通知》,宣布自2007年5月1日起,交通部海事局、各海区局和各航测单位开展为期6个月的质量体系试运行。至此,全国海区航测业务按照统一管理、分级负责的工作原则,构成由交通部海事局,天津、上海、广东、海南海事局和17个航标处、3个海测大队、1个海图制印中心形成的三级航测质量管理体系。随后,工作小组如期完成《交通部海事局航测质量管理体系运行管理办法(试行)》《航测质量管理体系运行检查实施细则》《航测质量管理体系运行检查计划》的编制工作,并据此对三级质量体系运行情况实施2次检查评估。

质量体系历经两年的运行,从发布、培训,到推进、总结、检查评估,再到修订质量体系文件,将日常的各项航测业务管理活动纳入质量体系范畴,理顺业务关系,规范工作流程,形成闭环管理。通过质量体系运行和修订,进一步优化和完善了航测业务管理活动的规范性,强化了业务管理的过程控制,以用户需求为导向,加强了与港航单位的联系与沟通,根据检查评估和用户反馈、需求分析,不断改进航测服务方式方法,稳步提升服务质量,满足用户服务需求。航标设置行政审批、航标动态发布、航标维护管理和测绘港口航道图工作效率、服务质量,以及航测重大应急反应行动,均得到港航单位的普遍认可,塑造了全国海区航测系统良好的社会形象。质量体系从履行国际公约和国家赋予的航测管理职能入手,确定了关键过程和控制环节,推动航测职工转变自身工作定位,着力做好本职工作,忠实履行国际公约,航测履约能力和水平相应提升。其间,各航测单位以质量体系为基础,深入开展IMO自愿审核的迎审准备工作,注重积累质量记录,为迎审准备奠定坚实基础,并实现"从习惯型、经验型管理向制度化、规范化管理的转变,从单纯看结果向控制全过程的转变"。

2009年7月28日至9月5日,交通部海事局组织开展质量体系运行第二次检查评估,以迎接IMO自愿审核。检查评估按照三个阶段实施,先后检查评估天津、上海、广东海事局航标导航处(抽查两个航标处)、海测大队和海南海事局海口航标处等13个单位的质量体系运行情况,并向交通部海事局提交《交通部海事局航测质量管理体系运行检查评估报告》。同年10月22日,工作小组着手撰写IMO审核报告并修订质量体系文件,历时4天,编制完成2.3万字的航测审核项目清单、预审问卷和履约报告,其中20个附录文件几乎全部源于质量体系的工作职责、支持性文件等。至此,依托质量体系编制的前期工作成果,工作小组圆满地完成了应对IMO自愿审核航测部分报告、预审问卷和审核项目清单的准备工作。

图9-1-695 2009年10月22日,工作小组撰写IMO审核报告,修订航测质量管理体系文件

2009年11月11日,IMO审核组审核天津海事局航标履约情况,主要是中国作为沿岸国承担的航标设置和管理义务的执行情况。IMO审核员Mr. Houssein重点审核该局航标法规标准执行、航标工作计划制定和落实、航标动态信息通报管理,以及AIS建设应用等方面的情况,并由该局航标导航处处长柴进柱迎接审核并回答IMO审核员提出的相关问题。审核过程有序、紧凑、顺利。IMO审核组认为:航标质量管理体系建立运行成效显著,工作依据规范,工作流程明确,工作记录完整有效,提升了航标管理资源保障的软实力,没有发现待改进问题。通过IMO自愿审核,充分展现了北方海区航标系统"制度化、规范化、标准化"的管理水平和航测工作人员良好的业务素质和精神风貌,并使中国海事局航测管理履约能力得到有效验证。

建立与运行质量体系,是应对IMO自愿审核、建立全国海区航测系统业务工作长效管理机制、提升航测行政管理效能和服务保障水平的有效措施,并有利于履行国家法律、国际公约和上级赋予的航测管理职责,更好地服务港航事业和国民经济发展。

至2012年,质量体系仍在运行中,但未再作后续的检查评估。

(二)天津海事局质量管理体系建立与运行

质量管理是指在质量方面指挥和控制组织的协调活动。质量管理体系是在质量方面指挥和控制组织的管理体系,是组织内部建立的、为实现质量管理目标所必需的、系统的质量管理模式,是组织的一项战略决策。

天津海事局质量管理体系(以下简称"质量体系")实行局和局属单位两级管理。局层面质量体系文件与各单位、部门建立的电子工作手册、部门及岗位职责相互关联,形成质量体系文件动态修订机制。

2010年3月,天津海事局着手建立质量体系,旨在推进行政管理体制改革,规范内部管理,提高全局服务水平,全方位适应以滨海新区为龙头的环渤海地区经济社会发展需求。质量体系从建立至试运行历时14个月,历经人员培训和质量体系文件编前准备、文件编制、文件审核修改、文件发布、试运行5个阶段。

2010年4—5月,天津海事局成立局推进质量体系领导小组办公室(以下简称"推进办"),组织完成全员质量管理知识培训和内审员培训;组织各单位、部门开展对现有机构设置、职责划分、管理过程、服务对象及其需求、法律法规、上级文件、内部管理制度及执行情况等全面梳理、调查评估和综合分析,找出建立质量体系需要解决的关键、核心环节以及质量体系文件编前准备。同年6—10月,根据《天津海事局质量管理体系文件编写导则》要求,推进办编制印发《天津海事局质量管理综合性程序》,各单位、部门编制完成各自程序文件和须知文件。2010年11月至2011年4月,推进办在中国船级社质量认证公司技术服务小组指导下,按照行政、党群、航政、航测四个组别,组织完成局机关各部门和局属相关单位现场调研和体系文件审核,并形成调研报告和文件审查意见。其后,推进办组织各单位文件编制人员与中国船级社质量认证公司专家共同集中审核、修改局属单位内部须知文件。2011年4月28日,该局召开质量体系试运行动员会。同年5月4日,该局印发《关于质量管理体系试运行工作的通知》和《质量管理体系试运行工作方案》。同年5月9日,局长刘福生在质量体系试运行启动仪式上宣布天津海事局质量管理体系试运行正式启动,并任命副局长聂乾震为质量体系"管理者代表",试运行时间为2011年5—12月。

在为期近7个月试运行中,建立局、处两个层级培训体系,完成6次全局性培训,2次全局性走访调研和2次全局性质量体系试运行检查评估。此间,在中国船级社质量认证公司指导下,组织内审员完成全局已实施质量体系管理的42个局属单位和部门的首次内部审核。审核认为,天津海事局体系文件基本覆盖主要工作,体系运行基本有效。2011年10月底,天津海事局按照"三上三下"的工作步骤,对体系文件再次集中修订。同年12月23日,局长刘福生主持召开质量体系管理评审会,从质量方针、目标、内审、社会满意度、体系试运行情况等方面严格评审。评审结果表明,天津海事局质量体系试运行工作成效明显,质量体系已具备正式运行条件。

图9-1-696　2011年5月9日,天津海事局举行质量管理体系试运行启动仪式

2012年1月13日,局长刘福生在天津海事局质量管理体系正式运行启动仪式上宣布天津海事局质量管理体系正式运行。至此,天津海事局质量体系文件共有467个,其中程序文件221个,须知文件246个。其中,除航政管理相关程序文件和须知文件之外,全部适用于北海航海保障系统。天津海事局质量管理体系的建立与运行,改变了以往传统思维方式和工作方式方法,管理理念实现由"管理型"向"服务型"的转变。

第二节　人事工作

一、人事管理

人事制度是国家政治制度的重要组成部分,作为政治制度的核心内容之一,历来受中央政权控制。1949年1月天津解放至"文化大革命"前,北方海区航标、测绘、通信人员分别执行天津航道局、天津港务管理局人事管理制度,包括吸收、录用、调配、培训、任免、奖惩、工资、福利、军转干部安置、大中专毕业生分配派遣、退休、退职等。1966年"文化大革命"之后,各级人事部门相继被取消,各项人事管理制度停止运行。1978年中共十一届三中全会后,通过拨乱反正,各项行之有效的人事管理制度得到恢复。

天津航测大队、天津港通信站组建于20世纪70年代初。1980年10月天津航测大队更名为天津航测处。1982年天津航测处接收北方海区干线公用航标后,共接收海军军转干部、复员战士314人,天津航道局调剂调入271人,招收新职工279人,共有在职职工1276人。该处在企业全面整顿中印发施行《职工守则》《职工奖惩条例》《劳动力调配管理制度》等10项人事管理制度。1984年1月,天津港通信站更名为天津港通信导航站(处),共有在职职工520人。1985年5月,该站(处)更名为天津港通信导航公司。在企业全面整顿中,该公司延续执行天津港务局人事管理制度,并印发施行《定员管理办法》

《职工考勤制度》等,建立职工劳动档案,规范内部人事管理。

1988年7月,天津海监局成立,天津航测处成建制从天津航道局划归天津海监局,移交职工1403人;天津港通信导航公司成建制从天津港务局划归天津海监局,移交职工325人。随后,该局相继印发施行《职工考勤制度》《劳动人事管理若干规定(试行)》《工作人员年度考核实施办法》等20余个文件,初步建立人事管理制度体系。

1988年12月,根据交通部《关于将沿海各航标区分别划归各有关海监局的通知》要求,天津海监局向北方海区各海监局移交航标人员836人。其中,大连海监局257人,秦皇岛海监局58人,烟台海监局335人,青岛海监局186人。

1989—1994年,天津海监局组织专业人员参与编制《中华人民共和国技术等级标准(交通)》《交通行业主要管理干部岗位规范》《通信导航类主要管理干部岗位规范》《交通系统通信单位机构设置和人员编制标准》。1997年,该局印发《专业技术干部队伍建设"九五"计划和2010年发展规划》,提出"科教兴局"发展战略。1998年3月,该局先后印发施行《一十百人才计划实施方案》《拔尖人才(学术带头人)培养工作实施办法》。1998年9月,该局选拔产生局"一十百人才"三层次人选22人,其中北海航海保障系统10人。

2000年前,天津海监(事)局在人员录用方面采用分配录用制度,共有四种方式:一是接收国家统一分配的大中专毕业生;二是接收军转干部和退伍军人;三是从外单位调入工作人员;四是招收固定工和合同制工人。2000年全国水监体制改革后,交通部海事局印发施行《交通部直属海事局工作人员录用暂行办法》,明确规定自2001年起,各直属海事局一律采取考试录用和考核录用方式录用工作人员。其中,考试录用对象包括应届毕业生和社会人员,考核录用对象包括海事系统内部调动人员、军转干部、甲类船长和轮机长及非海事系统行政事业单位处级干部。

2001年3月,根据交通部《关于调整部分航标区行政管理关系的通知》要求,天津海事局与北方海区各海事局完成外埠6个航标处(站)成建制交接工作,共接收航标人员890人。其中,大连航标处237人,营口航标处47人,秦皇岛航标处120人,烟台航标处296人,青岛航标处164人,日照航标站26人。

2001年3月,根据交通部海事局《关于直属海事系统深化干部人事制度改革的指导意见》,天津海事局组织开展改革试点工作。2002年3月,按照交通部海事局《关于直属海事系统实施聘用(任)制改革试点工作的总体部署和要求》,该局圆满完成通信站(处)实施聘用制改革试点工作。2002年,该局先后完成天津海测大队、天津航测科技中心和6个航标处的机构编制调整、岗位竞聘工作,科级干部调整比例为25%,机关人员精简幅度达到35%。2003年,天津海事局组织开展拔尖人才培养对象选拔评审,被评为第二层次人选培养对象8人,其中北海航海保障系统4人;第三层次培养对象25人,其中北海航海保障系统18人。

2004年4月,根据交通部海事局《关于进一步加强航标管理的若干意见》要求,该局印发《航标"管养分开"实施方案》。同年9月,根据交通部海事局《关于印发航标"管养分开"改革实施中若干补充意见的通知》要求,对原方案作出调整,该局随即印发施行《航标"管养分开"改革工作实施方案》,重新调整各航标处及养护中心机构设置、职责划分、人员配置,明确管理和养护机构事权关系,实行管养分账核算,并建立北方海区航标管理协调机制和航标养护质量保证体系与考核标准。航标"管养分开"改革后,各航标养护中心按照企业化管理模式运行,负责各辖区航标养护工作。

2012年8月,天津海事局在客观分析"十一五"队伍建设发展成就和存在问题基础上,编制《"十二五"队伍建设发展规划》,提出符合实际需求的发展目标、指导思想和工作任务,为天津海事事业科学发展提供人力资源保障。

至2012年底,北海航海保障系统共有2218人,其中在编在岗职工1432人,其适用的人事管理制度共计40余项,并已建立较为完善的人事管理制度体系。

1984—2012年北海航海保障系统适用的人事管理制度一览表

表 9-2-145

序号	文件名称	发布机关	发文字号	发布日期	备注
1	处机关工作人员守则等9部管理制度	天津航测处	制度汇编(1984)	1984年4月	废止
2	定员管理办法	天津港通信导航公司	制度汇编(1985)	1985年5月	废止
3	职工考勤制度	天津海监局	津海监〔1989〕人字73号	1989年4月17日	废止
4	女职工哺乳期间申请长假休息实施细则	天津海监局人事教育处	处发〔1989〕14号	1989年6月16日	废止
5	人事档案管理工作暂行办法	天津海监局	津海监〔1990〕人字141号	1990年5月14日	1997年废止
6	船舶班次制度	天津海监局	津海监〔1990〕人字231号	1990年9月3日	废止
7	船员休假管理制度				
8	关于加强局机关劳动纪律的通知	天津海监局	津海监〔1991〕人字74号	1991年6月1日	废止
9	专业技术职务任职人员考核办法	天津海监局	津海监〔1993〕人字47号	1993年3月10日	废止
10	关于专业技术职务任职人员考核问题的补充通知	天津海监局	津海监〔1993〕人字71号	1993年5月5日	废止
11	关于执行新工时制度的通知	天津海监局	津海监〔1995〕人字58号	1995年4月6日	废止
12	关于获先进集体、先进个人的单位和人员的奖励办法	天津海监局	津海监〔1995〕人字59号	1995年4月8日	废止
13	职工奖惩暂行办法	天津海监局	津海监〔1995〕人字68号	1995年4月19日	废止
14	一般工作人员年度考核实施办法	天津海监局	津海监党字〔1995〕57号	1995年9月20日	2004年5月21日废止
15	一般工作人员年度考核标准（试行）	天津海监局人事教育处	人教处〔1995〕第31号	1995年9月22日	2004年5月21日废止
16	关于成立"天津海监局培训中心"的通知	天津海监局	津海监〔1997〕人字238号	1997年9月25日	废止
17	一十百人才计划实施方案	天津海监局	津海监〔1998〕人字76号	1998年3月31日	废止
18	劳动人事管理若干规定（试行）	天津海监局	津海监〔1998〕人字8号	1998年1月9日	废止
19	关于严格控制计划外用工的通知	天津海事局	津海事〔1999〕人字214号	1999年7月13日	
20	职工双向选择竞争上岗聘（任）用办法	天津海事局	津海人〔2002〕306号	2002年9月9日	
21	航标机构人事制度改革第一阶段工作运行的指导意见	天津海事局	津海人〔2002〕308号	2002年9月11日	
22	公开考试录用工作人员面试工作实施方案	天津海事局	津海人〔2003〕37号	2003年2月10日	
23	拔尖人才(学术带头人)培养工作实施办法	天津海事局	津海人〔2003〕150号	2003年5月13日	2009年1月24日废止

〔续表〕

序号	文件名称	发布机关	发文字号	发布日期	备注
24	工作人员年度考核实施办法	天津海事局	津海人〔2004〕178号	2004年5月21日	
25	特殊工种技术等级资格晋升考试执行全局统一题库试题	天津海事局	津海人〔2005〕38号	2005年2月1日	
26	评选先进和奖励的规定	天津海事局	津海人〔2005〕104号	2005年3月23日	
27	关于调整技工技术等级聘用结构比例的通知	天津海事局	津海人〔2005〕238号	2005年6月23日	
28	职工工作证管理办法	天津海事局	津海人〔2005〕465号	2005年12月8日	
29	人事档案管理工作办法等八项制度	天津海事局	津海人〔2007〕263号	2007年7月3日	
30	特殊工种工人技术等级培训考核管理办法	天津海事局	津海人〔2007〕284号	2007年7月19日	
31	人员调出暂行规定	天津海事局	津海人〔2007〕309号	2007年7月31日	
32	职工考勤管理规定	天津海事局	津海人〔2007〕413号	2007年10月16日	
33	职工违纪处分办法	天津海事局	津海人〔2007〕422号	2007年10月18日	
34	社会化用工管理办法	天津海事局	津海人〔2008〕366号	2008年11月10日	
35	专业技术人员考核办法	天津海事局	津海人〔2009〕27号	2009年2月10日	
36	人才选拔、培养管理办法	天津海事局	津海人〔2009〕33号	2009年1月24日	
37	"十二五"队伍建设发展规划	天津海事局	津海事〔2012〕341号	2012年8月31日	9个专项规划之一

1982—2012年北海航海保障系统职工人员数量一览表

表9-2-146　　　　　　　　　　　　　　　　　　　　　　　　　　　　　　单位：人

年份	管理人员	专业技术人员	工勤技能人员	社会化用工	离退休人员	合计
1982	307	67	1179	—		1553
1988	327	265	1136	—		1728
1998	277	625	991			1893
2001	267	585	953	—	157	1962
2012	300	553	579	299	487	2218

（一）《中华人民共和国工人技术等级标准（交通）》

工人技术等级标准是衡量工人技术业务水平和工作能力的尺度，是对工人进行技术培训、考核、使用的基本依据，是工人工资制度的重要组成部分，包括"应知""应会""工作实例"三部分。

1989年11月，劳动部印发《关于修订工人技术等级标准工作的意见》，确定"简化等级结构、坚持先进合理的标准水平、科学地划分工种、实行行业归口管理"四项基本原则和"调查研究、协调平衡工种目录、制定实施方案、修定标准、审定颁发"五项工作程序。随即，交通部人事劳动司在天津召开修订交通行业工人技术等级标准会议，布置总体任务，编制交通行业《工种目录表》，确定各专业组和牵头组长单位、成员单位。上海海监局为航测航标组组长单位，天津海监局为成员单位。同年12月9日，交通部印发《关于布置修订交通行业工人技术等级标准工作的通知》，明确修订内容和时间进度。

1990年1月，航测航标组在上海召开会议，按照视觉航标、无线电航标、测量三个专业组，研讨工种名称、定义、适用范围、等级线、学徒期、是否实行技师聘任等,并编制报送《工种目录表》。会议确定,天津海监局工程师王汶、陈玉芳负责视觉航标5个工种(灯塔工、沿海航标工、航标保养工、航标充电工、航标灯器修理工)工人技术等级标准起草工作。同年7月和11月,航测航标组先后召开两次会议,专题研讨工人技术等级标准草稿。其中,天津海监局工程师马伯常参加测量组标准起草和研讨。同年12月,按照标准化规范编制要求,交通部人事劳动司将"航测航标"调整为"航标航测"。

1991年8月,航标航测组召开审议工人技术等级标准送审稿会议,按照标准化格式统稿,主要包括:主题内容与适用范围,引用标准,技术要求,初、中、高级,术语以及"应知""应会"和"工作实例"等。

1994年6月21日,交通部和劳动部联合发布实施《中华人民共和国工人技术等级标准(交通)航标航测》(JT/T 32.1～32.15—1993),其中包括:灯塔工、沿海航标工、内河航标工、航标保养工、航标充电工、航标灯器修理工、无线电导航发射工、无线电导航定时工、无线电指向标操作工、无线电导航机电工、航道测量工、航道绘图工、水文工、测深仪修理工、无线电定位仪修理工,共计15个工种。该套标准的发布实施,明确了工种设置,规范了工人技术水平和工作能力尺度,为工人技术培训、考核、晋升提供依据,对全国海区航测系统职工队伍建设起到了积极作用。

2010年3月,交通运输部发布《关于废止交通行业工人技术等级标准的公告》,该套标准自2010年4月5日起废止。

(二)《交通行业主要管理干部岗位规范》

1989年初,遵照国务院统一部署,为逐步建立科学的人事干部管理制度,进一步推动交通管理人才培养,交通部着手制定《交通行业主要管理干部岗位规范》(以下简称《交通行业规范》)。1990年12月,交通部印发施行《制定〈交通行业主要管理干部岗位规范〉的工作规划》,明确交通部安监系列相关岗位规范纳入《交通行政分册(下册)》,由交通部安监局牵头负责,天津海监局为编制航标测量类岗位规范责任单位。

1990年6月,经交通部人事劳动司批准,天津海监局成立由副局长张家孝任组长的5人编制组。随即,在深入调研、广泛征求意见基础上,编制组完成航标测量类岗位名目初稿。同年8月,交通部安监局在天津召开安监系列《交通行业规范》编制工作会议,专题研讨各类岗位名目初稿。同年10月,交通部安监局在烟台召开编审工作会议,初步确定航标测量类50个岗位。

会后,编制组即刻按照《交通行业规范》三级分类指标体系要求(岗位名称、主要职责、任职条件3个项目,政治思想要求、知识要求、能力要求、资历要求、身体要求5个细目,政治条件、职业道德、文化程度、政治理论知识、政策法规知识、岗位专业知识、其他相关知识、理解决策能力、组织协调能力、开拓创新能力、语言文字表达能力、业务实施能力12项要素),组织编制航标测量类50个岗位的规范,并于1991年3月完成初稿。

1991年4月,交通部安监局再次召开安监系列《交通行业规范》编制专题会议,将航标测量类岗位调整为43个,并要求各编制组在初稿的基础上作进一步修改和调整。1992年3月,交通部安监局在天津召开会议,对《交通行政分册(下册)》中的水上安全监督类、航标测量类、通信导航类、船舶检验类等岗位规范初稿统稿,天津海监局王建国等参加统稿工作。

1992年8月,交通部人事劳动司在烟台召开《交通行业规范》编审委员会初审会议,就全书政治性、岗位名目和分类结构、岗位重要性、职责范围、管理层次、专业性、语言文字等进行全面审查。天津海监局副局长张家孝专题汇报航标测量类岗位规范编制工作及存在的问题。会议确定航标测量类改为海上航标测量类。至此,《交通行业规范》原则上获得通过,会后进一步修订并如期报送《交通行业规范》编审委员会。

1993年2月,《交通行政分册(下册)》由人民交通出版社出版,交通部部长黄镇东作序。《交通行政分册(下册)》海上航标测量类主要管理干部岗位最终确定为39个,包括:航标导航处处长、无线电航标主任管理员、无线电导航管理员、无线电指向标管理员、雷达信标管理员、视觉航标主任管理员、视觉航标管理员、航标动态管理员、海区航标值班主任;测绘处处长、海道测量主任管理员、海道测量管理员、水文气象管理员、海图制图主任管理员、海图制图管理员、测绘设备主任管理员;航测科技中心主任、科技信息室主任、无线电航标研究室主任、视觉航标研究室主任、测绘新技术研究室主任;海测大队队长、测绘科科长、测绘技术科科长、测量分队队长、制图分队队长、水文分队队长、测量定位分队队长;航标区主任(航标处处长)、航标导航科科长、值班室主任、无线电导航台台长、无线电指向标站站长、无线电航标监测站站长、航标管理站站长、灯塔主任、航标队队长、航标修理厂厂长(航标修理所所长);航海图书印刷厂厂长。

《交通行业规范》的出版,是全面提高交通行业干部素质,适应交通事业发展,使人事管理工作逐步科学化的一项重要措施。《交通行业规范》的发布施行,一是为组织人事部门考核、使用干部提供比较明确的客观标准,是劳动人事制度逐步科学化的一项重要内容;二是为教育行政部门和学校制订培训计划,开展岗位培训提供比较客观的依据,为开展岗位培训奠定基础;三是明确岗位职责和任职资格条件,为各级各类干部自身学习指明方向,是各级各类干部做好本职工作的准绳。同时,为全国海区航测系统的定编定员奠定了基础。

1994年12月26日,《交通行业规范》通过部级鉴定。鉴定委员会认为:该课题立项正确,总体设计科学,组织严密,方法有所创新,实施卓有成效,在总体上达到国内领先水平,与国际同类岗位规范相比具有明显的中国特色和先进性。

1995年,交通部安监局组织研究与编制的《交通行业主要管理干部岗位规范》项目,获得交通部科学技术进步奖三等奖。同时,交通部人事劳动司对天津海监局主要参编人员王建国等颁发荣誉证书。

(三)《通信导航类主要管理干部岗位规范》

1989年始,遵照国务院统一部署,交通部着手制定《交通行业主要管理干部岗位规范》。其中《通信导航类主要管理干部岗位规范》(以下简称《通信导航类规范》)由中国交通通信中心负责组织,天津海监局等9个单位共同参与编制。该局通信交管处处长程裕大等4人参与编制工作。

根据中国交通通信中心"谁的岗位,谁编制"的工作原则,各参编单位在深入调研、征求意见、反复筛选基础上,汇总确定《通信导航类规范》入册岗位名目。天津海监局负责入册岗位包括:通信导航处处长、副处长,海岸电台中心台台长、副台长,收信台台长、副台长,发信台台长、副台长,业务主任、机务主任,维修所长、电子仪器主任等16个岗位。随后,按照《交通行业规范》中三级分类指标体系3个项目、5个细目、12项要素的编制要求,各参编单位组织编制《通信导航类规范》各自相关岗位,将《通信导航类规范》岗位分成"党群、公众行政、通信业务"三大类,并分别推荐3位执笔人负责统稿,程裕大负责通信业务类的统稿工作。

1992年1月,交通部发布施行《通信导航类主要管理干部岗位规范》,共有主要管理干部岗位99个,包括从通信导航局局长、总工程师到通信一线的业务主任、机务主任等基层干部在内的主要领导干部岗位。该《通信导航类规范》特色突出、系统完整、覆盖面广,针对每一个岗位提出详细任职要求,包括文化程度、专业技术岗位工作年限和资历要求,以及政策法规知识、岗位专业知识、身体条件等。同时,该《通信导航类规范》对通信导航类主要管理干部明确提出"热爱交通通信工作,为交通通信现代化建设服务;坚持原则,秉公办事,清正廉洁,克己奉公;坚守通信岗位,严守通信纪律,保守通信机密,确保通信畅通"等职业道德要求。

《通信导航类规范》的发布施行,为交通通信行业干部的管理、考核、任免提供了参考标准,为干部培训计划的制订提供了依据,对加强交通通信系统的干部队伍建设起到积极作用。

(四)《交通系统通信单位机构设置和人员编制标准》

1990年,交通部启动"交通部部属单位机构编制标准与管理研究"工作。该课题分为交通部安监系统、长江港航监督系统、船舶检验系统、海上救助打捞系统、交通通信系统等若干子课题,交通部40余个单位的160余名专业技术人员参与课题研究。其中,中国交通通信中心、天津海监局通信站等8个单位的12人组成《交通系统通信单位机构设置和人员编制标准》(以下简称《标准》)子课题组。

中国交通通信中心主任唐桂玉、副主任陈建成担任《标准》子课题组正、副组长,天津海监局通信交管处处长程裕大为主要编制人员。该《标准》编制采取"行政领导、专家学者和通信人员相结合,理论研究与实际试行相结合"的工作方法。1993年7月,子课题组历时两年,经过实地考察调研,召开座谈会听取意见等方法,完成《标准》起草工作,并印发至交通系统各通信单位广泛征求意见。随后,子课题组经反复修改,数易其稿,完成《标准》报审稿,并于1994年9月正式颁布施行。

该《标准》根据单位通信管理和服务职能、机构规模,对全国交通通信系统各单位作出划分,明确全职能和非全职能通信单位机构设置条件、设置形式、设置标准和人员编制标准。在人员编制标准确定方面,建立数学模型,科学设计电路和岗位定员标准的计算公式;根据各通信单位的电路设置、设备规模、值守要求、值守班次、出勤率等因素,确定无线通信人员、资费核算人员、通信导航设备维修人员、天线维修人员等23类通信岗位人员编制标准;再根据业务人员编制情况,核算不同规模通信单位的通信管理、党务行政管理和后勤管理人员的比例。该《标准》适用于交通系统各通信单位及所属基层机构,并长期指导交通系统通信单位机构设置和人员编制设置工作。

1995年,遵循《标准》和交通部批复编制,大连、秦皇岛、天津、青岛海监局调整内部机构设置,将原通信交管处职责中交通管理划归航政部门,通信管理划归中国交通通信中心,部分海监局实行通信"站处合一"管理机制。

1995年12月27日,以各子课题编制成果构成的"交通部部属单位机构编制标准与管理研究"项目通过交通部科技成果鉴定,填补交通行业机构编制标准和管理方面的空白,并获得交通部1995年科学技术进步奖三等奖。

1996年,《机构编制标准的研究与制订——交通部机构编制标准与管理科学研究》一书由人民交通出版社出版发行,程裕大撰写的论文《浅论交通通信体制的发展趋势》收录其中。

二、管理人员

管理人员系指在组织中行使管理职能、指挥或协调他人完成具体任务的人员。

1983年7月,天津航道局党委调整天津航测处领导班子,由4人组成。同年9月,该处按照天津航道局企业全面整顿工作部署,变党委领导下处长分工负责制为党委领导下处长负责制。同年12月,该处党委印发施行《干部管理办法》,明确处负责基层单位党政副职和处、区机关一般干部、专业技术干部和船员干部调配管理。同年,处党委任命科级干部7人、基层塔台站干部42人、专业技术干部和船员干部53人。

1984年1月,经天津港务局批准,天津港通信站改称天津港通信导航站(处),站(处)领导5人,科级干部29人。

1984年6月,天津航道局党委印发《关于局直属单位中层管理干部权限下放的通知》《关于改革干部任免程序的暂行规定》,将局直属单位中层管理干部权限下放,实行分级管理,干部任免实行党政分开。天津航测处党委调整天津、青岛航标区和海港测量队领导班子,确定处级班子后备干部5人、区

(科)级班子和处机关科室后备干部10人。同年,该处党委任命科级干部26人,免职11人;任命塔台站领导干部14人,免职3人;任命船员干部和专业技术干部16人。

1985年,天津航道局在全局实行干部聘任制。同年3月,该局党委调整天津航测处领导班子,由4人组成,处党委成员由5人组成。同年7月,该处党委改革中层干部任免制度,将中层行政干部由处党委任命的方法改为由处长或处长办公会提名、组织部门考察、处党委会审议、处长任命的方法,并实行两年任期制。一般行政技术干部由政治处划归人事科管理。随后,处党委机关职能部门和基层单位领导干部进行了考核、调整,任命科级干部59人,免职11人;任命塔台站正职7人,免职5人,领导班子革命化、知识化、专业化、年轻化程度有所改善。1986年5月,该处党委印发施行《关于完善干部管理制度的若干规定》,对干部管理范围、任免程序和原则作出规定。明确政治处、人事科、各航标区干部管理范围和任用程序。同年,选拔任用33位知识分子走上各级领导岗位。1987—1988年,基于全国港口体制改革在即,处属单位领导班子和机关部门领导干部基本未作调整。

1988年1月,经天津港务局批准,天津港通信导航公司将在职76名报务员聘为干部。

1988年7月天津海监局成立后,局党委负责处、科级领导干部管理。在该局组建初期,北海航海保障系统共有处级干部9人,正副科级干部29人。同年9月,该局筹备组抽调专人组成干部考察组,全面考察全局副科级以上干部。1989年7月,该局党委任用处级干部45人。1991年9月,该局党委印发施行《干部管理暂行办法》。1992年7月,《干部管理暂行办法》修订,明确组织、人事部门干部管理权限和职责,并将基层科级干部管理权限下放,实行干部分类分级管理。局、处两级党委在任免组织、人事、财务、审计、纪检、公安、工会、共青团等部门领导干部时,须事先征求上级主管部门意见。1995年,该局党委以培养和选拔优秀年轻干部为重点,提拔12名中青年干部充实到处级领导岗位,提拔9名处长助理并重点培养,其中7人于翌年走上处级岗位。

2001年,天津海事局党委实行领导干部任期制、公示制、试用期制和交流制,共调整处级干部49人,其中提职22人,免职8人,交流19人。调整后,局属各单位领导班子均配备1~2名35岁左右的年轻干部。2002年,天津通信站(处)首次推行科级领导干部竞争上岗,13人通过竞争走上科级岗位。2003年,天津海测大队、天津科技中心和6个航标处全面推进科级领导干部竞争上岗,120人通过竞争走上科级岗位。

2004年5—7月,天津海事局党委结合第一个任期届满考核,对全局中层领导干部分步调整。调整涉及提职、岗位交流和免职人员共计51人,占中层干部总数的63.8%。其中,新提拔正处级职务9人,副处级职务10人,交流调整24人,免职9人。同年,该局公示9个副处级职位实行竞争上岗,经过笔试、演讲答辩、民主测评和组织考察,有8人走上副处级岗位。

2006年10月至2007年2月,天津海事局党委组织综合考核18个局属单位领导班子的106名现职领导干部、试用期满领导干部和处级后备干部。涉及职务提升、岗位交流和免职人员共计60人,占中层干部总数的67.42%。其中,新提拔处级领导干部31人(含处长助理17人)、交流调整35人、免职11人,并按照1:1比例调整充实副处级后备干部队伍。

2010年5月,中央机构编制委员会办公室印发《关于印发交通运输部直属海事系统人员编制和机构设置方案的通知》,要求"跨区域设立交通运输部北海、东海、南海3个航海保障中心(中心主任为副司局级)"。2011年12月,交通运输部决定成立北海航海保障中心筹备组。2012年9月,交通运输部印发《关于北海航海保障中心主要职责机构设置和人员编制的通知》。此间,天津海事局编制《"十二五"队伍建设发展规划》,提出符合实际需求的人才队伍发展目标、指导思想、主要任务和保障措施,北海航海保障中心按照年度组织实施。

至2012年底,北海航海保障系统共有各级领导干部262人,其中副局级领导干部2人,处级干部49人,科级干部211人。

1982—2012年北海航海保障系统领导干部数量一览表

表9-2-147　　　单位:人

年份	局级干部	处级干部	科级干部	合计
1982	航道局＋港务局	9	28	37＋
1988	5	9	29	43
1998	9	38	183	230
2001	6	38	185	229
2012	2	49	211	262

三、技术人员

技术人员系指在企事业单位中拥有特定的专业技术,并以其专业技术从事专业工作的人员。

1949年10月中华人民共和国成立后,国家重视专业技术人员的使用管理,鉴于新政权培养的专业技术人员数量较少,故吸收大量旧政权专业技术人员参加社会主义建设,并承认其原有技术职称。此后,国家颁发的相关文件,仅涉及专业技术人员工资评定,尚未形成一套完整、明确的技术职称管理办法,专业技术人员职称由所在单位、系统的党政部门任命。"文化大革命"期间,党的知识分子政策受到严重破坏,专业技术人员遭到打击和歧视,技术职称管理工作被迫停止。

1977年9月,中共中央在《关于召开全国科技大会的通知》中指出:恢复技术职称,建立考核制度,实行技术岗位责任制。1978年全国科技大会后,各级党委和政府部门高度重视和切实加强专业技术人员管理工作,先后制定一系列政策和措施,落实知识分子政策,改善专业技术人员待遇,实施专业技术人员继续教育,开展技术职称评定和专业技术职务聘任工作。

1979年,遵照国务院《工程技术干部职称暂行规定》,天津航道局开展工程技术人员职称评定工作。1980年,该局成立工程技术干部职称评定委员会,印发《关于执行工程技术干部职称暂行规定的意见》。1982年2月,根据该局工作安排,天津航测处成立技术职称评定委员会,由副处长张家孝任主任,并按照套改、复查、认定和批准等程序,组织落实专业技术人员晋升技术职称。此间,天津港通信站根据天津港务管理局工作安排,亦按照相关程序,组织落实专业技术人员晋升技术职称。

1986年1月,全国职称改革会议召开,各级职称改革领导小组相继成立,职称改革工作全面铺开。经交通部职称改革领导小组批准,天津航测处成立职称改革领导小组,处长王载熙任组长,副处长张家孝、党委书记赵亚兴任副组长。同时,成立评审委员会,由天津航道局总工李毓璐任主任,天津港务监督监督长钟伯源、天津航测处副处长张家孝任副主任。评审委员会由9人组成,其中高级工程师4人、工程师2人、会计师1人、技师1人、助理工程师1人。随后,按照上级有关规定,组织开展航标测绘人员职称评审工作,实行评聘结合,随评随聘。1987年12月,交通部职称改革领导小组印发《关于专业技术职务评审工作验收合格的通知》,天津航测处首批评聘高级工程师3人、中级专业技术职务29人、初级专业技术职务85人。1988年7—10月,评聘中级专业技术职务19人、初级专业技术职务68人。同年,根据天津市职称改革办公室《关于做好企业首次评聘专业技术职务工资验收和报批任职方案的通知》,天津港通信导航公司参加天津港务局组织的专业技术职务评聘工作。评聘高级工程师5人、工程师19人、助理工程师31人、技术员6人。至1988年,北海航海保障系统共有专业技术人员265人。

1988年7月天津海监局成立后,根据交通部职称改革文件精神,先后组建交通部安监系统北方片中级工程技术职务评审委员会、天津海监局初级工程技术职务评审委员会和初级会计、统计、经济技术职务评审委员会,并组织开展专业技术职务评审工作。至1991年,天津海监局实行专业技术职务聘任制度,聘任方式为评聘结合。

1990年，天津市发布施行《天津市专业技术人员继续教育规定》，明确规定凡受聘初级以上专业技术职务的人员，享有接受继续教育的权力。接受继续教育时间，每年累计不得少于12日，每3年为一个周期，定期考核接受继续教育的专业技术人员，并将考核情况记入其业务考绩档案。随即，天津海监局制定相应管理办法，推进专业技术人员继续教育工作制度化、规范化。

1992年，交通部转发人事部《关于职称改革评聘分开试点工作有关事项的通知》，天津海监局专业技术职务评聘工作逐步实行评聘分开，对取得专业技术职务任职资格人员择优聘任。在专业技术职务评审中，工程、档案、船舶(高级)、经济(高级)等系列继续执行交通部颁布的相关评审政策，统一参加交通部及部属单位高、中级职务评审委员会评审；对交通部不设置评委会的专业系列，委托地方评审；对国家已明确实行"以考代评"的专业技术职务系列，参加国家组织的统一考试。

1993年，交通部对部属事业单位专业技术职务实行结构比例控制。1995年底以前下达天津海监局专业技术职务结构比例为高级12%，中级38%；1996年下达该局专业技术职务结构比例调整为高级13%，中级45%；2002年下达天津海事局专业技术职务结构比例调整为高级15%，中级50%。随后，该局先后印发11个有关专业技术职务管理文件，进一步加强和规范专业技术职务管理工作。

至2012年底，北海航海保障系统共有专业技术职务人员553人，其中成绩优异高级工程师技术职务7人、高级专业技术职务128人、中级专业技术职务220人、助理级专业技术职务195人、技术员级专业技术职务3人。

1982—2012年北海航海保障系统技术人员数量一览表

表9-2-148 单位：人

年份	成绩优异高级工程师	高级工程师	工程师	助理工程师	技术员	合计
1982	0	5	27	28	7	67
1988	2	8	67	180	8	265
1998	1	39	217	286	82	625
2001	1	42	211	258	74	586
2012	7	128	220	195	3	553

四、工勤人员

工勤人员的身份是工人，是人事部门统一组织考试招录在事业单位各岗位上工作的技术工或辅助工。

20世纪50年代至80年代初，北方海区航标、测绘、通信各单位对工勤人员的管理实行天津航道局、天津港务管理局劳动力管理办法。至1982年底，北海航海保障系统共有工勤人员1179人，其中技术工人1035人，普通工人144人。

1989年8月，天津海监局规范工勤人员管理，确定44个岗位工种，包括：电话员、话务员、电讯修机员、机要通讯员、通信机务员、通信线务员、通信电力员、通信天线工、油机工、充电工、航标工、灯塔航标工、信号工、RBN-DGPS操作员、测量工、汽车驾驶员、电工、焊工、库工材料工、司炉工、机关勤杂人员、炊事人员、船舶水手、船舶机工、船舶电工、船舶炊事人员、灯机工、无线电操纵员、指向标员、锻工、车工、钳工、材料工、统计工、木工、通讯员、电讯修机员、汽车修理工、天线工、修理工、瓦工、水暖工、库工、打字员。

1994年，人事部发布施行《机关、事业单位工人技术等级岗位考核暂行办法》。1997年，天津市人事局印发施行《机关事业单位工人技术等级岗位考核晋升办法》。据此，天津海监局印发施行《工人技术等级岗位考核办法》，将工人技术等级分为高级技师、技师、高级工、中级工、初级工五级，规范技术工人技术等级考核工作,并明确规定综合考核技术工人思想政治、生产工作成绩、技术业务水平,以加强工人队伍建设、提高工人队伍整体素质。

1998年,天津海监局印发施行《特殊工种工人技术等级培训考核管理办法》,明确规定在天津市工人技术等级岗位培训考核指导中心指导下,按照"统一规划、分工负责、分工种指导"的原则,开展特殊工种技术人员培训考核工作。同时,成立局技术工人岗位培训考核工作领导小组,下设考评员组和航标、测量、通信、船舶4个专业组,负责全局特殊工种工人技术等级岗位考核、鉴定和评审工作。

2004年,天津海事局进一步规范工勤人员管理,确定26个岗位工种,包括:电话员、话务员、电讯修机员、机要通讯员、通信机务员、通信线务员、通信电力员、通信天线工、油机工、充电工、航标工、灯塔航标工、信号工、RBN-DGPS操作员、测量工、汽车驾驶员、电工、焊工、库工材料工、司炉工、机关勤杂人员、炊事人员、船舶水手、船舶机工、船舶电工、船舶炊事人员。2005年,该局印发《关于特殊工种技术等级资格晋升考试执行全局统一题库试题的通知》,将工人技术等级考核考评工作纳入全局统一规范管理。

2006年,人事部发布施行《事业单位岗位设置管理试行办法》,将事业单位岗位分为管理岗位、专业技术岗位和工勤技能岗位三种类别。其中,工勤技能岗位分为技术工岗位和普通工岗位。技术工岗位分一至五级,事业单位中的高级技师、技师、高级工、中级工、初级工,依次分别对应一至五级技术工岗位。普通工岗位不分等级。同年8月,人事部印发《〈事业单位岗位设置管理试行办法〉实施意见》,明确规定工勤技能岗位基本任职条件:一级、二级工勤技能岗位,须在本工种下一级岗位工作满5年,并分别通过高级技师、技师技术等级考评;三级、四级工勤技能岗位,须在本工种下一级岗位工作满5年,并分别通过高级工、中级工技术等级考核;学徒(培训生)学习期满和工人见习、试用期满,通过初级工技术等级考核后,可确定为五级工勤技能岗位。

至2012年底,北海航海保障系统共有工勤技能岗位人员579人,其中技师10人、高级工545人、中级工23人、初级工1人。为弥补工勤技能岗位缺员问题,经上级批准,在部分工勤技能岗位增设社会化用工人员。

1982—2012年北海航海保障系统工勤人员数量一览表

表9-2-149 单位:人

年份	技师	高级工	中级工	初级工	技工	普工	合计
1982	—	0	0	0	1035	144	1179
1988	—	0	0	0	1010	126	1136
1998	—	424	401	76	901	90	991
2001	—	421	394	64	879	74	953
2012	10	545	23	1	579	—	579

五、教育管理

(一)职工教育

职工教育系指对机关、企事业单位全体劳动者实施系统的政治、文化、科技及管理知识的教育和培训。职工教育作为一种正规化教育,日益成为国家学制体系中的重要组成部分。1978年中共十一届三中全会后,基于改革开放和社会主义现代化建设需要,全国职工教育培训工作得到恢复和加强。

1980年,天津航道局成立教育委员会,增设教育处,天津航测处遂成立技术教育科。1981年,中共中央、国务院印发《关于加强职工教育工作的决定》。同年11月,教育部发出通知:凡"文化大革命"以来参加工作的青壮年职工,其语文、数学、物理、化学的实际水平不及初中毕业程度者,一般应补课。1982年1月,全国职工教育管理委员会、教育部、国家劳动总局、中华全国总工会、共青团中央印发《关于切实搞好青壮年职工文化、技术补课工作的联合通知》。据此,按照上级工作安排,天津航测处和天津港通信站采取脱产学习和不脱产自学等多种方式,分别组织实施青壮年职工文化补课和技术补课。通过近3年的文化补课和技术补课,航标、测绘、通信青壮年职工全部补习完毕,经过统一考试及格后准予毕业,并颁发合格证书。

1983年,天津航道局召开职工教育工作座谈会,印发施行《职工教育工作暂行办法》,全面制定职工教育长远规划。天津航测处遂将教育计划正式列入全年综合计划之中。1984年,北方海区干线公用航标接收完毕,大批新职工补充到航标队伍。该处审时度势,适时印发施行《职工教育管理制度》《工人技术考核制度》等管理规定,及时组织兼职师资力量,对新职工重点实施政治思想教育、组织纪律教育、安全生产教育和业务知识培训,并实行轮岗跟班实习等措施,为其早日适岗奠定了良好基础。

1985年5月天津港通信导航公司成立后,重视各岗位职工素质提高,在《通信导航公司管理制度汇编(1985)》相关规定中,对无线电机修员、电力员、报务员、电传员、调配员、天线线务员等21个专业岗位应知应会提出明确要求,根据岗位具体情况划分相应的技术等级,并组织开展职工岗位培训工作。

1988年7月天津海监局成立后,重视职工教育培训工作,完善制度建设和组织机构建设。1990年4月,成立局职工教育管理委员会,日常办事机构设在人事教育处。1993年8月,根据机构变动及人员调整情况,及时补充和调整局职工教育管理委员会相关人员。此间,该局组织印发施行《职工教育管理若干问题的暂行规定》等规章制度。1997年9月,为规范职工教育培训管理,保证教育培训质量,该局印发《关于成立天津海监局培训中心的通知》,在局职工教育管理委员会领导下,负责组织实施全局职工教育和岗位培训计划,并成立兼职教师队伍。此间,该局在北戴河举行北方海区航测培训中心开业典礼,副局长李增才出席并致辞。

图9-2-697　1997年7月,天津海监局在北戴河举行北方海区航测培训中心开业典礼

2005年,天津海事局撤销职工教育管理委员会机构,职工教育培训管理工作由人事教育处负责组织实施。2006年,该局印发施行《关于〈直属海事系统职工教育培训证〉管理使用办法》,进一步完善职工教育管理工作。

至2012年底,北海航海保障系统适用的职工教育管理制度共10余项。

1983—2012年北海航海保障系统适用的职工教育管理制度一览表

表9-2-150

序号	文件名称	发布机关	发文字号	发布日期	备注
1	职工教育工作暂行办法	天津航道局		1983年	废止
2	职工教育管理制度	天津航测处	制度汇编(1984)	1984年4月	废止
3	工人技术考核制度				
4	关于职工脱产和业余学习奖金制度的几项规定				
5	21个专业岗位应知应会	天津港通信导航公司	制度汇编(1985)	1985年5月	废止
6	关于加强职工外出学习管理的通知	天津海监局	津海监〔1990〕人字16号	1990年4月20日	废止
7	职工参加成人高等教育学习的若干规定	天津海监局	津海监〔1990〕人字149号	1990年5月29日	废止
8	职工教育工作管理规定	天津海监局	津海监〔1995〕人字182号	1995年8月24日	1998年10月废止
9	专业技术人员继续教育实施办法	天津海监局	津海监〔1997〕人字179号	1997年7月22日	
10	职工教育工作管理办法	天津海监局	津海监〔1998〕人字237号	1998年10月8日	
11	职工教育培训管理办法	天津海事局	津海人〔2005〕447号	2005年11月23日	
12	直属海事系统职工教育培训证	天津海事局	津海人〔2006〕2号	2006年1月5日	转发

(二)岗位培训

职工岗位培训是人事工作的重要内容,是提高职工队伍素质的重要手段,历来受到各单位高度重视。不同历史时期,岗位培训的内容和方法各有不同。

20世纪70年代,航标、测绘、通信职工岗位培训主要围绕适应单位各岗位工作需要,利用社会文化补习学校、单位内部教育和培训等多种形式,开展职工岗位培训。

1978年中共十一届三中全会后,职工岗位培训工作紧密结合改革开放和社会主义现代化建设需要,实行理论学习、文化教育、岗位技能并举,脱产进修、在职培训、日常学习相结合,使职工岗位培训更加丰富多样,并逐步形成以选派外培、局办培训班为主,各单位自行培训为辅的格局。

1981年,中共中央、国务院印发《关于加强职工教育工作的决定》,对职工文化程度和岗位技术提出明确要求。按照上级工作安排,天津航测处和天津港通信站分别组织开展青壮年职工文化补课和技术补课,并鼓励职工通过参加社会举办的成人高等教育、高等教育自学考试、电大网络教育、学历文凭考试等方式提高职工队伍素质。

第九章 综合管理

1988年7月天津海监局成立后,建立完善职工教育培训制度,成立职工培训中心,健全兼职教师队伍,因地制宜编制培训教材,保证职工岗位培训工作有效开展。1991年,该局组织专业人员编制《水上无线电通信培训教材》,满足天津地区水上无线电通信人员岗位培训需求。1993年,该局派员参加交通部《交通行业工人技术考核问答丛书(航标航测)》编制工作,为全国海区航测系统组织开展航标、测绘工人技术培训、考核以及选编培训教材提供依据,为广大航测工人钻研业务技术指明方向。

2006年11月,交通部海事局组织编制《水上遇险与安全无线电通信培训教材》,天津海事局负责编制《无线电通信设备》部分。2007年,根据国际航标发展趋势,结合北方海区航标管理现状,天津海事局组织编制《北方海区航标管理》培训教材。两部教材从系统性和实用性出发,成为航标、通信人员岗位培训的重要参考资料,亦是航标、通信管理人员日常使用的重要工具书。

据不完全统计,截至2012年底,北海航海保障系统参加或举办的各类职工岗位培训100余期,培训人数达2000余人次。其中,在培训专业方面,主要包括航标、测绘、通信、船舶、网络、工程、英语等;在培训内容方面,主要包括航标法律法规、航标执法人员适任资格、ISO 9000质量体系、新型航标灯器、RBN-DGSP、AIS、航标遥测遥控、多波速波浪补偿器使用、电子海图制图、MAPGIS、AutoCAD、CARIS、Geostan制图软件、IHO测量规范和编绘规范、2000版标准、项目主管综合业务知识、GMDSS、DSC系统、光纤通信、微波技术、通信报务、电台话务、通信英语口语、船舶管理、康明斯柴油机、卡特发动机、轮机模拟器、航测信息系统、AIS岸基系统、巡检系统终端设备操作、二级网管基本网络设备和操作系统、计算机知识及IE网络软件,航标、测绘、通信、溢油应急反应,工程招投标等;在培训人员方面,主要包括航标、测绘、通信、船舶等专业管理人员和技术骨干。

1.《水上无线电通信培训教材》

从事水上无线电通信工作的报务员、话务员必须经过专业技术培训,熟练掌握必备的无线电通信专业知识和业务技能方可上岗工作。

20世纪60年代初,天津海岸电台作为水上无线电通信业务的专门机构,对本单位和天津地区水上无线电通信工作人员有计划地组织开展专业技能培训。该台报务员蔡笃言作为通信业务专家,主动担当教员,先后培训天津海岸电台1970—1985年招录的通信人员4批。该教员退休后仍活跃在通信专业教育一线,为培养通信工作人才发挥了积极作用。

1991年,天津海岸电台组织实施GMDSS值守人员专业技能培训,聘请蔡笃言继续担任教员,负责通信业务和通信英语授课。为此,蔡笃言根据数十年的工作经验和教学实践,汇总多年来的教学资料,并参照最新国际规则,自主编制《水上无线电通信培训教材》(以下简称《教材》),并亲自手工刻版印刷装订成册。

《教材》共分5册,约40万字,中英文对照,并配有配套的练习题和考核试卷。主要内容包括:莫尔斯电报、窄带直接印字电报、短波无线电话、甚高频无线电话、数字选择性呼叫、卫星通信等水上通信业务,以及各类无线电台与通信系统、遇险和安全通信、电台工作人员、水上移动业务计费和账务、通信专用词汇词组等。教材内容主要参考国际电信联盟《无线电规则》《水上移动业务和卫星水上移动业务实用手册》(1985年修订版)和国际电报电话咨询委员会《D.90/F.111建议书》等国际规则。

1991—1994年,该《教材》应用于天津海岸电台GMDSS值守人员培训及其举办的多期海上船舶二等报务员证书培训班,对天津地区水上无线电通信人员的教育培养发挥了重要作用。

2.《交通行业工人技术考核问答丛书(航标航测)》

1991年,交通部人事劳动司印发《关于编制工人技术等级考核问答有关问题的通知》,要求依据交通部修订的《航标航测工人技术等级标准》,编制工人技术等级考核问答。考核问答要按照工种必须掌握的基本理论知识和操作技能,以问答形式解答,便于技术工人便捷、准确地找到问题与答案。

1992年5月,交通部航标航测工人技术考核问答编制委员会成立,上海海监局局长王志一任主任委员,天津海监局副局长张家孝任副主任委员。1993年6月,在上海召开第一次工作会议和题目审查会议,研究编制工作计划,明确相关要求,并成立4个考核问答编制小组。同时,依据交通部《航标航测工人技术等级标准》,审查相关题目,并要求各编制小组按照分工完成考核问答编制工作和初审,由组长单位负责起草编制相关考核问答说明。天津海监局负责视觉航标考核问答,航标导航处副处长孟庆忠任组长,上海、广州海监局派员参加。天津海监局航标导航处副处长刘子忠、测绘处处长周则尧分别参加无线电航标、测绘考核问答编制小组。

随后,天津海监局组织孙洪志、王汶、张俊民等分别负责灯塔工、沿海航标工、航标保养工、航标充电工、航标灯器修理工5个工种考核问答编制和编制说明起草工作。1993年8月,天津海监局将初稿印发有关海监局广泛征求意见。同年9月,该局在天津召开视觉航标考核问答编制小组工作会议,上海、广州海监局派员参加,汇总、研讨、修改初稿反馈意见,并形成送审稿。

1993年9月,交通部航标航测工人技术考核问答编制委员会第二次工作会议在哈尔滨召开,审定各工种考核问答送审稿,研讨分册编辑及编制说明。同年10月,上海、天津海监局派员完成全书统稿,并报送交通部人事劳动司。1994年5月,交通部人事劳动司决定增补天津海监局副局长张家孝为《交通行业工人技术考核问答丛书》编委会委员。

1995年5月,《交通行业工人技术考核问答丛书(航标航测)》(以下简称《丛书》)由人民交通出版社出版发行。《丛书》分为视觉航标、测绘、无线电航标3册,由交通部部长黄镇东亲自作序。其中,视觉航标分册以问答形式,分别介绍灯塔工、沿海航标工、航标保养工、航标充电工、航标灯器修理工5个工种、640道应知应会题目,涵盖基本理论知识和基本技能知识,选题覆盖面广,问答简明扼要,是航标工人技术考核的必备书籍。

图9-2-698 《交通行业工人技术等级考核问答丛书(航标航测)》

《丛书》是交通行业第一套为航标、测绘工人编制的实用性书籍,其出版发行有助于全国海区航测系统各级领导和广大工人全面准确地掌握等级标准规定的各项要求,为组织开展工人技术培训、考核以及选编培训教材提供重要依据,为广大工人钻研业务技术指明方向,亦为各单位进一步深化用工制度和分配制度改革奠定基础,并向实行职业技能鉴定社会化管理迈出重要一步。

3.《水上遇险与安全无线电通信培训教材》

21世纪,随着中国GMDSS地面无线电通信系统数选值班台建设工程竣工,各海岸电台GMDSS-

DSC 通信系统相继投入使用,中国水运通信全面实现与国际接轨。鉴于此,进一步提高通信人员有关 GMDSS 知识水平提上议事日程。2006 年,为加强各海岸电台职工技术业务培训工作,交通部决定举办交通通信系统水上遇险与安全无线电通信培训班,安排交通部海事局通航处负责教材编制工作,并由调研员马中和负责具体组织实施。

2006 年 11 月,交通部海事局在天津召开培训大纲及《水上遇险与安全无线电通信培训教材》(以下简称《培训教材》)编制工作会议,中国交通通信信息中心、以及天津、上海、广州、海南、福建海事局通信主管部门负责人和有关专家出席会议。会议就编制工作作出具体分工,天津海事局负责编制《培训教材》第三部分无线电通信设备,以及全书内容的汇总、整理和初审工作。其中,无线电通信设备部分包括中短波天线、中短波无线电通信设备、甚高频通信设备、数字选择性呼叫、数字传输设备、供电系统六部分内容,由天津海事局通信信息中心副主任田为民负责组织编制。

2007 年 10 月,交通部海事局在上海召开《培训教材》评审会。《培训教材》分为水上遇险安全通信基础知识、水上遇险安全通信业务、无线电通信设备三部分,共计 19 章,18 万余字。同年 11 月 6—12 日,交通部海事局举办首届水上遇险与安全无线电通信培训班,该《培训教材》如期刊印并交付使用。

2010 年 6—10 月,交通运输部海事局先后两次修订完善《培训教材》,增加中国沿海甚高频安全通信系统、中文奈伏泰斯业务、语音广播业务、中短波天线、防雷系统、通信用仪器仪表、通信技术标准协议等内容。2011 年,交通运输部海事局进一步统一、规范该《培训教材》的体例和格式,并将其分成 16 个独立模块,每个模块附带课程框架和教学大纲,以便读者查阅。

至 2012 年底,交通运输部海事局共举办交通通信系统水上遇险安全值守人员、设备维护人员培训班 10 期,参加培训人员 300 余人,《培训教材》为提高交通通信系统从业人员技术业务水平发挥了重要作用。

4.《北方海区航标管理》

自 21 世纪以来,大量新生力量充实航标管理队伍,由于所学专业多样化,部分人员缺少航标专业知识,难以适任航标管理岗位工作需求。加之随着航标管理逐步向信息化、智能化、专业化方向发展,强化新生力量航标专业知识培训,提高航标管理技能势在必行。而组织培训,教材是关键。

图 9-2-699 《水上遇险与安全无线电通信培训教材》

2007 年,天津海事局决定组织专业力量,结合北方海区航标管理现状,编制《北方海区航标管理》培训教材,并明确由航标导航处负责组织编制工作。据此,由处长辛艺强、副处长王如政牵头,抽调 9 名专业技术骨干组成编制小组,从系统性和实用性出发,开展《北方海区航标管理》编制工作。局长徐津津对《北方海区航标管理》编制提出指导意见,并为其撰写序言。大连海事大学教授王英志对编制《北方海区航标管理》予以具体指导。2008 年 8 月,编制小组如期完成《北方海区航标管理》送审稿,并顺利通过评审。

《北方海区航标管理》共两篇 21 章,第一篇为航标设备,主要包括航标概论、视觉航标基础知识、视觉航标、音响航标、无线电航标、差分全球导航卫星系统、船舶交通管理系统、船舶自动识别系统、船舶远程识别及跟踪系统、航标灯器、航标能源、雷电保护、航标基础设施 13 章;第二篇为航标管理,主要包括

图 9-2-700 《北方海区航标管理》

航标管理概论、海道测量基本理论与技术、航标配布设计、航标设置与维护、航标管理法规和技术标准、航标信息化管理、风险管理在航标上应用、航标质量管理体系8章。《北方海区航标管理》紧密结合北方海区航标管理需要,吸取管理实践中的成功经验,采纳航标管理最新科技和管理规定,以及国际、国内技术标准,系统归纳航标管理应知应会知识,重点突出实用性、实践性、指导性,符合航标管理人员业务培训需求。

2008年10月,天津海事局在青岛海事培训基地举办为期两周航标业务培训班,北方海区7个航标处2007—2008年加入航标队伍的新生力量参加培训。培训课程按照《北方海区航标管理培训教材》编排,聘请培训教材编制小组成员授课,为新生力量迅速走上工作岗位,提升航标专业管理技能奠定了坚实基础。

《北方海区航标管理》成为北方海区航标系统人员培训的重要参考资料,亦是航标管理人员日常使用的重要工具书。

(三) 竞赛活动

北海航海保障系统竞赛活动涵盖职工技能竞赛和知识竞赛。技能竞赛指依据行业职业技能标准,结合工作实际,组织开展以突出操作技能和解决实际问题能力为重点的群众性竞赛活动;知识竞赛指以知识问答、知识比拼为主要内容,激发职工积极学习,掌握某类知识,掀起学习热潮,取得较好社会效益而组织开展的竞赛活动。开展竞赛活动是充分调动职工积极性、主动性、创造性的一种形式,是提高职工素质、提升服务质量、促进单位发展的重要途径,亦是单位工会围绕中心、服务大局的重要载体。

自20世纪80年代以来,北海航海保障系统始终重视组织开展不同层级、不同形式、不同内容的各类竞赛活动,为提高职工政治思想素质、技术业务能力和科学文化水平提供了广阔空间。

1988年7月天津海监局成立后,该局工会组织职工开展一系列技能竞赛活动,涵盖不同层级的大小赛事,包括全国民兵无线电通信考核竞赛、全国海区《航标条例》宣贯知识竞赛、全国水运系统船舶和班组安全竞赛、天津市保密知识竞赛、天津市"安康杯"竞赛、天津海事局船舶"管修养用"暨"安康杯"船员技能比赛,以及外埠航标处举办的"情系航标"知识竞赛、职工技能比武等,北海航海保障系统职工积极参与并取得较好成绩。各类竞赛形式不尽相同,既有侧重理论的知识竞赛,也有侧重实践的技能比武、技术练兵,有效地将理论与实践相结合。各类竞赛内容丰富多样,包括航标、测绘、通信行业技能、专业知识、计算机技能、船舶知识、服务质量等诸多方面。在全国民兵无线电通信考核竞赛中,天津通信站派员参加的天津代表队摘得全国桂冠。在全国水运系统船舶和班组安全竞赛中,大连航标处长海航标站,烟台航标处蓬莱、成山头航标站荣获"安全优秀班组"荣誉称号,青岛航标处"海标0513"船、"海标0511"船、"海标052"轮以及大连航标处"海标0505"船等船舶荣获"安全优秀船舶"荣誉称号。在天津市保密知识竞赛中,天津航测科技中心陈蓉荣获全市第二名的好成绩。在交通部安监系统"学习华铜海,争创先进船"知识竞赛中,以李孟桥、刘玉春为参赛选手的天津海监局代表队荣获二等奖。在天津市"安康杯"竞赛中,烟台航标处荣获天津市总工会授予的"优胜企业"荣誉称号。

图 9-2-701　1995 年 8 月 30 日,中国海员工会、交通部安监局在烟台举办"学习华铜海,争创先进船"知识竞赛

2006 年,在天津海事局工会组织职工参加的"天津市百万职工技术创新活动"中,烟台航标处研制的"航标灯智能控制器"获得中国航海学会科学技术奖二等奖;大连航标处研制的"通用智能闪光仪"等三项技术成果及天津通信信息中心研制的"海岸电台私务电话自动查询系统"荣获天津海事局科技成果三等奖。

北海航海保障系统各单位在各类竞赛活动中取得多项荣誉,充分展示了航海保障职工扎实的技术功底和过硬的业务能力,全面提升了行业竞争力和社会影响力。

1. 技能竞赛

1)无线电通信考核竞赛

1989 年,解放军总参谋部决定举办全国民兵无线电通信考核竞赛,全面考核检阅全国各省(自治区、直辖市)民兵无线电通信能力。该竞赛由解放军总参谋部命题和监考,各省(自治区、直辖市)在当地各自组织考核,待考核结束后,按照总成绩排出全国竞赛名次。

1990 年初,天津警备区面向全市企事业单位民兵预备役通信兵组织参赛选拔,来自天津市 6 个单位 13 名民兵脱颖而出,组建报务训练队,天津海监局通信站报务员韩子利、陈跃奇名列其中。报务训练队采取军事化手段训练,前两个月为集训,在天津警备区报务训练队集中练习机上收发报,每天训练 8 小时以上。随后 4 个月进行拉练,在天津警备区设主台,参赛队员携带通信设备赴河西区、南郊、东郊等不同方位,架设临时天线、组装和调试设备,与主台通信联络。经过 6 个月艰苦训练,参赛队员通信能力显著提升。同年 7 月中旬,根据解放军总参谋部安排,天津市警备区组织民兵无线电通信考核竞赛。赛前,天津市警备区召开动员大会,天津市警备区司令杨志华作了题为"争创一流成绩,当好天津民兵队"的重要讲话,天津市市长聂璧初莅临现场指导,中央电视台新闻联播节目实况报道竞赛活动情况。

竞赛项目分为无线电报收发报通信单项和团体对抗赛,单项赛由两部电台之间收发报通信,团体赛由 3 部电台组成互相收发报通信。竞赛主台设在天津警备区,两个属台设在河西区武装部,使用"小八一"型收发报机通信。天津代表队取得每小时收发电报字数 1650 组、总分 750.08 分的优异成绩。韩子利取得每小时收发 1365 组电码的好成绩。1991 年,历时三年的全国民兵无线电通信考核竞赛结束。

天津代表队摘得全国第一名桂冠。1992年10月7日,天津警备区对韩子利等参加考核竞赛的民兵通报表彰,翌年,天津海监局为其记二等功一次。

2) 职工技能比武

随着航标新技术、新材料、新工艺的快速发展,大连航标处主动在职工中开展业务培训和技术交流活动,组织职工学习专业知识,熟悉掌握专业设备,不断提高专业技能。1998年初,该处不定期举办职工技能比武活动;自2009年初起,每年举办一届,延续至今。职工技能比武的形式和内容与时俱进,从初期仅有灯机工、航标工、水手、机工4个工种的技术比武,逐步演变到船舶组、航标组、汽车驾驶组的全方位技术比武;从单纯的抛缆绳、打绳结、修灯器,演变到灯浮标配套安装、航标设置及配布桌面推演、灯器调试及安装、船舶自动识别系统(AIS)操作等。通过举办职工技能比武活动,在全处营造学技术、钻业务、练本领、强素质的浓厚氛围,提升了航标职工的技术业务能力,增强了职工爱岗敬业的综合素质,培养了一大批航标业务骨干,为该处持续发展提供了人力支撑。

图9-2-702　2008年6月17日,大连航标处举办第三届职工技能比武

3) 船舶"管修养用"暨"安康杯"船员技术比武

2005年,根据天津海事局《船舶"管修养用"专项工作安排》和《关于开展"安康杯"暨船舶安全与管修养用和班组安全竞赛活动的通知》,该局成立首届船舶"管修养用"暨"安康杯"船员技术比武(竞赛)领导小组,局长徐津津任组长,副局长赵亚兴任副组长。北海航海保障系统各单位高度重视,加强领导,精心组织,抓好船员技术培训,通过预赛选拔出思想过硬、技术过硬的选手参加技术比武。同年9月12—13日,技术比武大会如期举行,副局长赵亚兴、副书记李振清参加开幕式,天津市总工会副主席安亭州、天津市交通委员会副主任王昌军应邀出席并讲话,全局6个航标处和巡查执法支队42名船员参加技术比武。

技术比武项目分笔试和实操。其中,驾驶员知识包括:海船驾驶员基础理论常识与业务知识;地文知识,如定位精度比较、常用浮标、驾驶台规则、航海通告;避碰规则及常用号灯、号型;法律法规常识,如《中华人民共和国海上交通安全法》《防止船舶污染海洋环境管理条例》。轮机员知识包括:海船轮机员基础理论常识与业务知识;机舱管理知识,如泵、空压机、主机等;液压系统及故障分析常识。水手、机工知识包括:船舶"管修养用"专项工作,"安康杯"活动基本内容和检查标准,船舶安全应知应会知识。

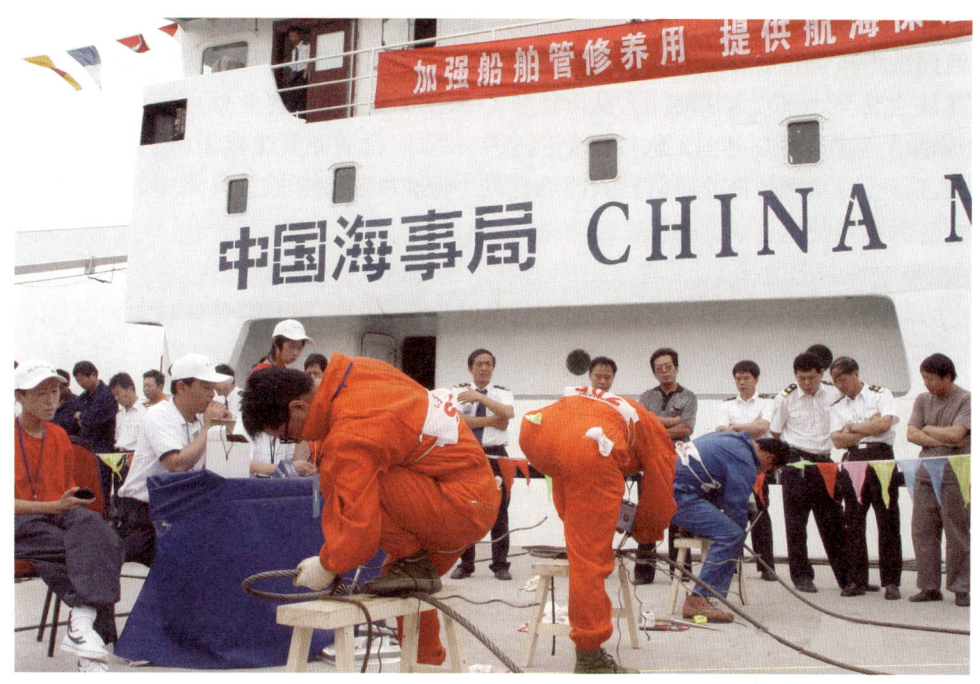

图9-2-703　2005年9月12—13日，天津海事局举办船舶"管修养用"暨"安康杯"船员技术比武

经过两天紧张的技术比武，北海航海保障系统各单位取得可喜成绩，其中，青岛航标处、烟台航标处、天津航标处分获团体总分一、二、三名。天津航标处、青岛航标处获组织优秀奖。秦皇岛航标处蒋海城获驾驶员理论比赛第一名，秦皇岛航标处高正权获轮机员理论比赛第二名，烟台航标处王式平获水手个人总分第一名、水手撇缆比赛第一名，营口航标处张金柱获机工个人总分第二名、空压机拆装比赛第一名、离心泵拆装比赛第二名，烟台航标处徐向东获水手理论比赛第二名，青岛航标处史胜民获水手钢丝插扣比赛第一名，烟台航标处丛军获水手打绳结比赛第一名。随后，烟台航标处被天津市总工会、天津市安全生产监督管理局授予2005年度天津市"安康杯"竞赛"优胜企业"荣誉称号。技术比武竞赛活动充分展示北海航海保障系统开展船舶"管修养用"专项工作成果，对调动广大船员钻研业务、学习技术的积极性起到重要的推动作用。

4）"创业绩、比贡献"职工素质竞赛

2009年，天津海事局决定在全局范围内组织开展"创业绩、比贡献"职工素质竞赛活动。天津航标处为竞赛活动启动仪式承办单位。该处领导高度重视，积极筹划，周密部署，在启动仪式场地布置、氛围营造、设施提供、后勤保证等工作中提供周到服务，为大赛的圆满举行提供保障。同年5月18日，天津海事局"创业绩、比贡献"职工素质竞赛启动仪式如期举行。局长徐津津、党组书记徐俊池、副书记李振清参加启动仪式，天津市总工会副主席黄淑玲应邀出席并讲话，全局22个局属单位领导及参赛选手200余人出席启动仪式。

该竞赛活动历时10天，是天津海事局建局以来竞赛规模最大、参赛人员最多、比赛项目最多、赛事时间最长的一次职工素质竞赛。竞赛分设局机关、天津航标处、船员考试中心、通信信息中心、交管中心、海河海事处、测量外业工地、天津四通驾驶学校8个赛场。从全局各单位初赛选拔出的172名选手分别参加执法、航标、测绘、通信、交管、公安、船员、计算机、驾驶等59项笔试、实操比赛。其中，职工素质竞赛决出的各岗位优胜者，由局授予岗位能手荣誉称号。

该竞赛活动的决赛设置6大类、19个岗位，即：执法类（7）、航标类（2）、测绘类（3）、通信类（2）、船员类（2）、综合类（3），共计57个前三名。北海航海保障系统参加5大类、12个岗位、50个前三名的角逐,共获得29个前三名。其中,9个第一名授予岗位能手称号,分别是:烟台航标处蓬莱航标管理站班长段成军(航标维护)、烟台航标处石岛航标管理站站长宋立鹏(航标管理)、天津海测大队测量中心测量工秦义波(外业成果处理)、天津海测大队测量中心测量工董玉磊(内业处理操作)、天津海测大队数据中心海图编绘员李辉(HPD制图)、天津通信信息中心收信台话务员沈桂华(话务通信)、天津通信信息中心收信台报务员孙洪刚(报务通信)、天津航标处"海标12"轮水手王彬(水手)、青岛航标处养护中心驾驶员李坤(汽车驾驶)。

图9-2-704　2009年5月18日,天津海事局举办"创业绩、比贡献"职工素质竞赛

该竞赛活动达到锻炼队伍、凝聚信心、提高服务能力的目的,特别是在提高青年职工业务素质方面成效显著。竞赛活动极大地调动全局职工学业务、比能力、作贡献的积极性和自觉性,进一步提高行政执法水平和航海保障能力,促进"三个服务"水平提升,为天津海事又好又快发展奠定了坚实基础。

2. 知识竞赛

1)《保密法》知识竞赛

1988年9月5日,第七届全国人民代表大会常务委员会第三次会议通过《中华人民共和国保守国家秘密法》(以下简称《保密法》)。《保密法》为中华人民共和国成立以来第一部管理保守国家秘密工作的法律,它的颁布施行,对于调整和加强新时期保密工作有着极为重要的意义和作用。

1989年,为营造学法、用法、守法的浓厚舆论氛围,切实推动保密法治宣传教育工作深入开展,天津市在全市范围内组织开展《保密法》宣传教育活动,并举办《保密法》知识竞赛。为选派优秀选手参加天津市《保密法》知识竞赛并取得好成绩,天津海监局首先在局内组织《保密法》知识竞赛,经过层层选拔,天津航测科技中心陈蓉、天津通信站王晨脱颖而出。经天津市初赛、复赛选拔,陈蓉进入决赛。决赛中,陈蓉认真备战;决赛中,陈蓉沉着冷静,积极抢答,获得天津市保密知识竞赛个人第二名的好成绩,为天津海监局争得了荣誉。其间,天津电视台转播天津市《保密法》知识竞赛决赛实况。

2)"情系航标"知识竞赛

1990年,烟台航标处(区)共有团员青年218人,占全处职工的70%,是航标一线主力军。根据处(区)党委要求,该处(区)团总支在全处团员青年中开展"情系航标,无私奉献"主题征文活动,共收到原创征文24篇。在征文基础上,该处(区)团总支于5月4日举办"情系航标"主题演讲比赛。参赛选手畅谈个人工作、学习、成长与理想,结合自身工作经历,深情地表达对岗位、信念、奉献的理解和对未来的展望,以及对老航标人以岛为家、以苦为荣、无私奉献表示崇敬与追求。通过层层选拔,来自全处8个基层团支部的8名青年选手进入决赛。

图9-2-705　1991年8月26日,烟台航标处举办"情系航标"知识竞赛决赛

同年8月26日,在"情系航标"主题演讲比赛的基础上,烟台航标处(区)举办"情系航标"知识竞赛决赛。经竞赛评委会综合评分,威海站、镆铘岛站和蓬莱站团支部选送的选手分获一、二、三等奖。交通部安监局航测处工程师韩伟,烟台海监局党委书记耿文福、副局长孙德润,天津海监局副局长张家孝等出席知识竞赛并为获奖者颁奖。

3)全国海区航标知识竞赛

1995年12月3日,国务院公布施行《中华人民共和国航标条例》(以下简称《航标条例》)。《航标条例》为中华人民共和国第一部航标行政法规,它的颁布实施,对中国航标事业建设和发展有着重要的现实意义和深远的历史意义。为此,交通部安监局决定,1996年为交通部安监系统《航标条例》宣传贯彻年,并组织开展"全国海区航标知识竞赛"。同年9月20日,交通部安监局印发《关于举办全国航标知识竞赛的通知》。据此,上海海监局负责草拟《航标知识竞赛试题集》,天津海监局负责编制《航标条例》单行本,广州海监局负责制作《航标条例》宣传贯彻纪念品,大连海事大学负责编译《航标知识竞赛英文复习题》和竞赛命题工作,烟台海监局负责竞赛场地筹备工作。同年10月24日,航标专家组在烟台开始竞赛命题。同年11月7—8日,交通部安监局在烟台举办"全国海区航标知识竞赛",来自交通部安监系统13个代表团、17个代表队的51名选手参赛。交通部安监局、各海监局以及烟台市、相关媒体等单位领导、记者160余人出席竞赛活动。交通部安监局局长林玉乃、烟台市委常委宣传部长荣凤刚等领导出席竞赛活动。

图9-2-706　1996年11月7—8日,交通部安监局局长林玉乃(中)在烟台主持"全国海区航标知识竞赛"

通过预赛,6支代表队进入决赛。决赛采取必答、抢答、选答、遥答、抽答5种形式,经过2天比赛,青岛海监局代表队获得第一名,烟台、连云港海监局代表队并列第二名,上海、营口、日照海监局代表队并列第三名,烟台海监局获得优秀组织奖。交通部安监局局长林玉乃在闭幕式上指出,这次竞赛是宣传贯彻党的六中全会的重要内容,是贯彻《航标条例》的再宣传、再动员、再部署,并使之家喻户晓。特别是在这次竞赛中,喜看航标新生力量茁壮成长,必将促进广大航标职工学习航标法规、航标技术和航标知识的新高潮。《烟台日报》《烟台晚报》《中国海洋报》及烟台电视台宣传报道竞赛活动盛况。该竞赛活动对宣传《航标条例》、提高民众对航标的认知和理解、提升航标的社会知名度起到了积极作用。

六、劳动工资

我国的工资制度是在解放战争时期供给制基础上逐步建立和发展起来的。机关、事业、企业单位工资制度作为国家工资制度的一部分,其主要政策的制定和出台,始终由国家直接管理。工资制度改革、工资标准修订、工资调整以及津补贴和职工福利制度的建立,均按照国家的统一要求和部署实施。

20世纪50年代,北方海区航标、测量、通信人员执行的工资制度是天津航道局、天津港务管理局按照国务院1956年7月印发的《关于工资改革的决定》制定的。20世纪60年代,分别参照国家统一实施的调资比例(1960年7月20%、1963年7月40%),为部分职工调资升级。

20世纪70年代初,天津航测大队和天津港通信站组建后,开始行使工资管理职责。按照上级工作部署,分别组织实施:1972年1月,对工资偏低人员调整工资;1977年8月,以40%比例为部分职工调整工资;1978年12月,以2%比例为工作成绩特别突出的工资偏低人员增加一级工资;1979年11月,以40%比例为部分职工调整工资;1982年,为早期(1978年底以前)参加工作的固定职工调整工资。

1982年7月,根据国家劳动总局《关于海上干线公用航标人员的工资津贴等待遇的复函》和天津航道局《关于海上干线公用航标人员的工资津贴等待遇问题的通知》规定,天津航测处将随标移交人员及新招录人员的工资管理纳入天津航道局工人工资津贴标准执行,其中军队转业干部和复员退伍军人工资待遇,按照国务院有关规定执行。

1985年7月,国务院改革国家机关、事业单位工资制度,建立以职务工资为主要内容的结构工资制,将工资分为基础工资、职务工资、工龄津贴、奖励工资四个部分。天津航测处参加事业单位工资制度改革,与天津航道局工资系列脱钩,执行中共中央、国务院《国家机关和事业单位工作人员工资制度改革方案》和国务院工资制度改革小组、劳动人事部《海上救捞、航标船员,海上救捞潜水员和海岛航标人员以及长江、黑龙江等内河航道、航政船员,潜水员和航道人员工资制度改革方案》中的结构工资制标准,但工资管理仍隶属天津航道局。

1988年7月天津海监局成立后,从天津航道局成建制划转的天津航测处人员执行事业单位工资制度;从天津港务局成建制划转的通信导航公司人员执行企业工资制度。1989年10月,按照国家人事部《关于调整专业技术人员职务工资标准的通知》和《国务院批转人事部、国家计委、财政部1989年调整国家机关、事业单位工作人员工资的实施方案的通知》要求,天津海监局将航标、测量、通信划转时执行企业工资制度人员,统一套改执行事业单位工资制度。

1990年初,按照交通部统一部署,天津海监局将大连、烟台、青岛航标区及秦皇岛航标管理站分别划归所在地海监局,其人员的工资津贴标准及管理一并移交,并套改为所在地事业单位工资标准。

1993年,国务院印发《关于机关和事业单位工作人员工资制度改革问题的通知》,宣布从1993年10月起,对机关、事业单位的工资制度实施新中国成立以来第三次重大改革。北海航海保障系统按照人员组成,分别执行专业技术人员、职员和工人三种类型的事业单位工资标准。其中,岸上工作人员执行《事业单位工作人员工资制度改革方案》的工资标准;水上作业人员执行《交通部所属海上救捞、港监、内河航道、航政等水上作业事业单位工作人员贯彻〈事业单位工作人员工资制度改革方案〉的实施意见》的工资标准。

1993年10月工资制度改革后,历经1995年10月、1997年10月、1999年10月、2001年10月、2003年10月、2005年10月共6次正常晋升工资档次,1997年7月、1999年7月、2001年1月、2001年10月、2003年7月共5次调整工资标准。其间,根据交通部《关于调整部分航标区行政管理关系的通知》要求,大连、营口、秦皇岛、烟台、青岛航标处(区)及日照航标站成建制划归天津海事局,并继续执行其所在地事业单位工资津贴标准。天津海事局工资管理范畴亦从天津地区扩展至北方海区三省、一市。

2006年,根据人事部、财政部《关于印发事业单位工作人员收入分配制度改革方案的通知》《关于印发事业单位工作人员收入分配制度改革实施办法的通知》,实施新中国成立以来第四次重大工资制度改革,重点是事业单位实施岗位绩效工资制度。岗位绩效工资由岗位工资、薪级工资、绩效工资和津贴补贴四部分组成。此后,北海航海保障系统岸上工作人员执行《事业单位工作人员收入分配制度改革方案》工资标准;水上作业人员执行《交通部所属水上作业事业单位工作人员贯彻〈事业单位工作人员收入分配制度改革方案〉的实施意见》工资标准。

2007—2012年,按照上级文件规定,天津海事局组织实施年度考核结果为合格及以上等次工作人员晋升工资级别和晋升工资档次,并形成常态化。

第三节　财务工作

一、船舶吨税

船舶吨税是指中国海关对进出中国港口的国际航行船舶征收的一种主要用于航标建设和维护的使用税,是北方海区航测系统航标管理、维护、建设和港口航道测绘的主要经费保障。

船舶吨税伴随着中、外海商贸易的兴起而逐渐发展起来。早在西汉元狩四年（公元前119年），汉武帝颁布"算缗令"，其中规定"船五丈以上，征税一算"，首次开征船税。大唐中叶，水路设关收税，"天下诸津，舟行所聚之所，皆置铺纳税"。元至元三年（1266），元朝设船户提举司十处，提领二十处，征收"船料"，千料以上纳钞六锭，千料以下，依次递减。这种按照船只大小征税的方法，被明代钞关承继，"船料"一词亦被袭用。明宣德四年（1429），明朝设钞关收税，丈船收钞，故称船（料）钞。"凡舟船受雇装载者，计所载料多寡及路远近纳钞"。后因估料困难，改按船只梁头的长宽为标准，自5尺至3丈6尺分等定税，故称梁头税。明隆庆元年（1567），设海防馆管理出洋贸易。明隆庆五年（1571），船钞征收实行丈抽制，依据船舶大小为准，西洋船分九等，东洋船分四等。至明万历三年（1575），提督军门刘祥允颁布《东西洋水饷等第规则》，以船广狭为准及去往东西洋目的地不同，征收出海商船丈抽。明万历二十一年（1593），海防馆改为"督饷馆"，负责管理船货的引税、水饷、陆饷及加增饷等的征收事宜。清康熙十八年（1679），清朝粤海关征税规则分为五项，分别为进口税、出口税、附加税、船钞及赠品。其中，船钞专课于载货船舶之税。清康熙二十四年（1685），清政府公布施行《海税则例》，准许闽海关依粤海关例开征沿海帆船梁头税。至鸦片战争前，船钞属于朝廷正税之一，按照船只体积大小分等征课。

清道光二十年（1840）鸦片战争爆发后，中、英两国于清道光二十三年八月（1843年10月）签订《通商章程》，首次开征船舶吨税，停止纳钞旧例，约定船钞新例，改丈尺计征为按英吨计征，船钞改称船舶吨税（简称"吨税"），终止清朝自定关税权利，开启协定关税之先河，使清政府吨税收入大幅降低。清咸丰八年（1858），中、英两国签订《天津条约》，不再将吨税计征税率列入海关税则，而改在条约中作为专款确定，明确了清政府在通商各口岸建造航标的义务。同时，在中、英两国续订的《通商章程善后条约：海关税则》中，明确航标经费在吨税收入中拨用，并强行把"洋人"帮办税务、海关兼办海务等事项加以固定。清咸丰九年（1859）初，陆续在各通商口岸设立以外籍税务司制度为主体的新式海关，时称"新关"（俗称洋关），主要管理外国商船、轮船进出口货物。清同治四年（1865），清政府批准使用一成之吨税，用于航标建设；清同治七年（1868），清政府批准使用七成之吨税，用于航标建设；海关总税务司赫德签署通令：七成吨税，存入总税务司账户专户。同年4月，海关总税务司署宣布成立专门管理、建设和维护航标的船钞部（Marine Department，亦称海务部）。自此，按照相关条约规定，海关船钞部使用吨税在中国沿海开启大规模建设灯塔的历史，并与西方国家基本同步发展。此后，由总税务司支配之款项占吨税总额之比例虽不时有所改变，但船钞部所做之大量工作均由吨税专户提供资金保障。清同治九年（1870），经清廷总理各国事务衙门核准，由海关总税务司署发布施行《各关征免洋商船钞章程》，规定按照船只吨位征收吨税，从船只抵港后48小时起计征。海关征收吨税后，颁发为期4个月的吨税执照，在执照有效期内免征吨税。同年，海关总税务司署发布施行《通商口岸海关征免船钞章程》，规定除兵船、引水、游历等船只免纳吨税外，所有商船、拖船、趸船、驳船等各式船只，均须按照注册吨位如数缴纳吨税。

清光绪八年（1882），清政府修订公布施行《各项船钞分别征免章程》，规定凡在港口内停留未超过48小时，以及无论到达或驶离均未装卸货物，或上下旅客人数未超过20人的船只均可免纳吨税。清光绪二十五年（1899）施行的《长江通商章程（修订）》规定，航行长江往来各通商口岸的船只需领有江轮执照，吨税则在颁发江轮执照的口岸海关交纳。清宣统三年（1911），吨税收入已达94.247万两。

清宣统三年（1911），据海关总税务司署统计，中国沿海及内河助航标志总计478座，其中灯塔52座、灯桩97座、立标55座、测量标17座、导标12座、灯浮标35座、浮标140座、灯船3艘、灯艇40艘、雾号27座。北方海区助航标志共114座，其中海关管理38座，分别为：灯塔6座、灯桩4座、立标8座、导标2座、灯浮标1座、浮标8座、灯船4艘、雾号5座。

1912年中华民国成立后，海关沿袭旧制，继续征收船舶吨税，管理和维护航标。1920年8月17日，总税务司署电令各关，所有摩托艇、舢板、帆船均须持有执照并交纳吨税，作为内地运输工具的所有类似船舰视同汽艇,亦须持照并缴纳吨税。1928—1930年,国民政府与美国等13国签订关税自主条约,终于使以往条约之吨税及其税率相关条款均归无效。1933年3月14日,总税务司署电令各关,对所有超过150注册吨位的船舶,每吨征收国币0.65元,150吨以下者征0.15元。同日始,停止对甲板货物征收吨税。1933年6月,时任海关总税务司梅乐和编纂颁行《船舶吨税文件汇编(1933)》,主要包括:总税务司通令第4584号,船舶吨税征收历史;罗伯特·赫德爵士关于中国海岸灯塔的备忘录(清同治五年十二月二十六日/1867年1月31日);罗伯特·赫德爵士关于吨税的备忘录(清同治十年二月初一/1871年3月21日);总税务司通令第4295号,吨位丈量等。1934年,国民政府公布施行《吨税法》《吨税法实施细则》,主要公布了两种税率和免征条款,并成为中国第一部航标相关法律。之后,日本侵华战争全面爆发,北方大部分地区相继沦陷,港口设施被日军全面控制,实行军事殖民统治。海关形成国统区与沦陷区分裂并存局面。此间,日本当局制定的相关航标使用费规则作出规定:吨位船中吨位未满50吨的船舶收50钱,50吨以上的船舶每多1吨付1钱;担数船中装载量未满百担的船舶50钱;装载量未满200担的船舶1元;装载量200担以上的船舶2元。

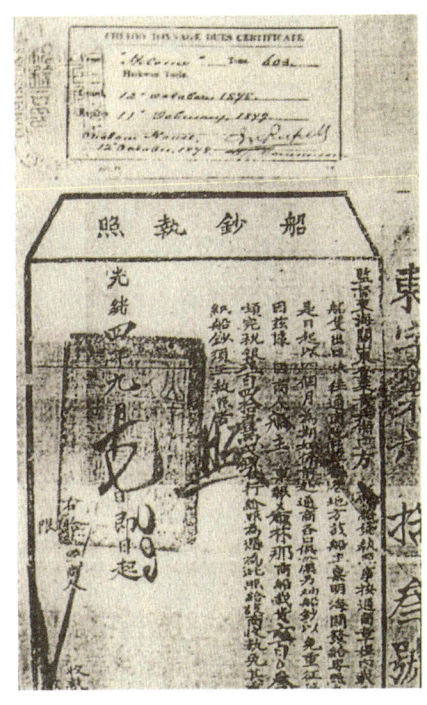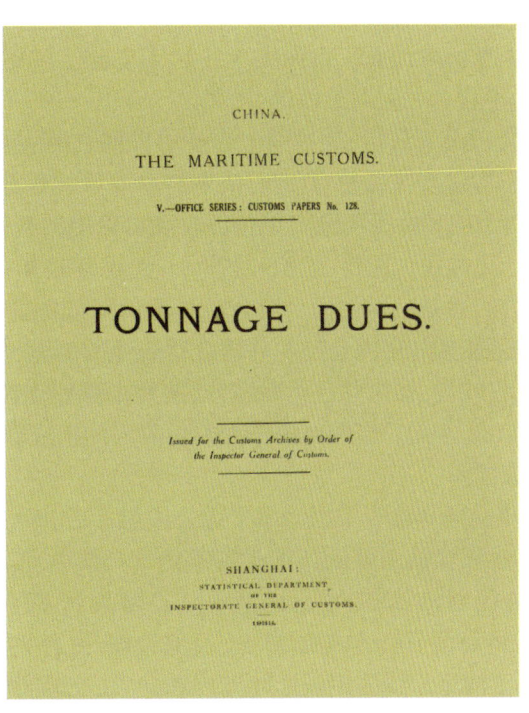

图9-3-707　光绪四年九月十七日(1878年10月12日)东海关《船钞执照》

1945年8月日本无条件投降后,海关总税务司署接管日伪海关机构,并施行财政部《征收船舶吨税办法》。凡吨位逾百吨之轮船,每一注册吨数,征收吨税法币65元,百吨以下征15元。行驶内港之民船,免征吨税。1947年2月14日,海关提高吨税税率,轮船在百吨以上者,每吨纳吨税国币650元;百吨以下者150元;航海木船一律照100吨以下税率征收;其他内河行驶之木船仍免征收。1948年8月21日,国民政府改行金圆券。同年8月28日,海关再次将吨税提高10倍,并按法币300万元等于金圆券1元之比,折征金圆券。

1948年,据海关总税务司署统计,中国沿海及内河助航标志总计447座,其中灯塔94座、灯桩88座、立标45座、测量标2座、导标29座、灯浮标109座、灯浮63座、灯船2艘、灯艇1艘、雾号39座、信号台1座、无线电指向标4座。北方海区助航标志共107座,其中海关管理66座,分别为:灯塔7座、灯桩6座、立标3座、导标16座、灯浮标6座、灯浮21座、灯船2艘、雾号3座、信号台1座、无线电指向标1座。

1949年10月25日,中华人民共和国中央人民政府海关总署在北京成立,统一管理全国海关一切事务。吨税征管沿用旧制,由海关征收,列入关税科目。1951年1月1日,财政部、海关总署联合发布施行《海关代征吨税办法》,将船舶吨税划入财政部税务总局主管的车船使用牌照税范围,中国籍船舶由地方税务局征收使用牌照税,外国籍船舶及外商租用的中国籍船舶吨税由海关代征。1951年10月1日,船舶吨税从车船使用牌照税中剔除,由海关代财政部征收,列入关税科目,统一上缴国库。1952年9月29日,海关总署发布施行《船舶吨税暂行办法》,以3个月或30天为一缴纳期,区别机动船或非机动船,按吨位级别计征。1954年11月30日,奉对外贸易部、海关总署通知,对由中国租用(包括国外华商所有的或租用的)航行国外或兼营国内沿海贸易的外国籍船舶,暂征船舶吨税。1955年,海关总署补充规定,对我国租用(包括国外华商所有的或租用的)航行国外或兼营国内沿海贸易的外国籍船舶暂时征收船舶吨税。同年,海关征收船舶吨税168万元,占关税总收入的0.36%。1974年,海关总署经与外交部、交通部、财政部研究,并报请国务院批准,将《船舶吨税暂行办法》第3条改为:"应征吨税船舶的国籍,如属于同中华人民共和国签有条约或协定,规定对船舶的税费相互给予最惠国待遇的国家,该船舶的吨税按优惠税率计征",自同年9月1日起施行。1976年,船舶吨税入库金额为774.95万元,占关税入库金额(不含合并利润交库部分)的12.64%。

1978年改革开放后,为鼓励中远公司采取订舱、包舱,单航次承租等形式揽取外国货物,外贸部海关管理局经与财政部税务局会商,决定对采取单航程等形式承运外国货物的中国船舶,免征船舶吨税。自同年7月20日起,为与港口单位征收港口费用的吨位取得一致,海关对载有大、小吨位的船舶一律改按大吨位计征吨税。同年,船舶吨税入库金额为1130万元。1979年,外贸部印发《关于台湾船舶免征吨税的问题的通知》,对中国台湾公私企业的船舶的监管手续,按中国籍国际航行船舶对待,不征收吨税;对外国籍船舶和中国台湾与外国合营企业的船舶,如果已经台湾海关征收吨税,在吨税执照有效期内,不再征收吨税;如执照已经期满,则按照中国船舶吨税办法的规定征收吨税。1978年,船舶吨税入库金额为1480万元。船舶吨税作为关税收入的组成部分,由海关负责征收和管理,所征税款与关税一并缴入中央国库。

1982年交通部接管中国沿海干线公用航标后,专题研究海关征收和管理的船舶吨税作为航标经费事宜,并责成天津航测处副处长张家孝负责具体办理。1986年4月28日,交通部牵头撰写《关于将海关征收的吨税划归交通部管理的请示》,经财政部、海关总署会签后上报国务院。1986年6月,国务院批复"同意将海关征收的吨税划归交通部管理,由海关代交通部征收,按现行办法提成后解入交通部账户,直接用于海上干线公用航标的维护和建设;交通部对这项资金要加强管理,专款专用,不准挪用"。同时批示,一是"现行吨税征收办法和费率是1952年制定的,请交通部根据情况和需要,商财政部、海关总署进行修订和调整",二是"交通部的吨税外汇额度留成比例,请财政部、国家外汇管理局根据航标建设的需要予以核定"。1986年9月,经国务院批准,交通部、海关总署、财政部、中国银行、经贸部印发《关于将海关吨税划归交通部管理问题的通知》,自1986年10月1日起,征收船舶吨税仍由海关代征,但不再入中央金库,改为由各港外轮代理公司和对外贸易运输公司根据海关填发的《海关代征船舶吨税缴款书》,将应缴纳的船舶吨税税款自开户银行直接汇解北京中国银行总行"交通部船舶吨税专户",作为预算外资金直接用于海上干线公用航标的维护和建设。

中华人民共和国成立30余年,由于船舶吨税定额税率始终未变,严重制约沿海助航设施发展,加之人民币对外币的汇率一再调整,1987年2月,经国务院批准,交通部、海关总署、财政部印发《关于调整船舶吨税的通知》,提出同年3月1日起,首次调整船舶吨税税率。随后,为与人民币汇率三次大幅度贬值相适应,船舶吨税税率亦三次大幅度调整。即:1990年8月10日,将船舶吨税税率平均提高约25%;1991年2月20日,将船舶吨税税率平均提高约10%;1994年3月15日,将船舶吨税税率提高50%。

2000年11月,财政部、交通部、海关总署印发《关于将船舶吨税纳入预算管理的通知》,规定自2001年1月1日起,船舶吨税作为中央预算收入,全部上缴中央国库。船舶吨税纳入预算管理后,仍专项用于海上航标的管理、维护和建设,原由交通部安排的船舶吨税支出,由财政部根据交通部编制的预算,经核定后予以核拨。

船舶吨税是税收体系中最小的一个税种,吨税收入占全国税收的比例最低,近年始终维持在0.04%上下。但船舶吨税收入增长率逐年提高,近10年年均增长率达17%。据中国海关统计数据显示,2001年船舶吨税收入6亿元,2011年吨税收入近30亿元,10年的时间增长了4倍。船舶吨税收入的稳定增长,为全国海区航标系统航标管理、维护和建设发挥了至关重要作用。2011年12月5日,国务院公布施行《中华人民共和国船舶吨税暂行条例》,自2012年1月1日起,船舶吨税纳入国家财政预算,不再专款专用,是为中华人民共和国第一部船舶吨税法规。2012年,船舶吨税收入总计40.98亿元。

2012年,全国海区航标系统管理各类助航标志总计6942座。北方海区航标系统管理各类助航标志2108座,其中灯塔53座、灯桩356座、立标77座、导标141座、灯浮1337座、浮标13座、灯船6艘、雾号6座、雷康75座、雷达指向标2座、RBN-DGPS台站7座、AIS基站28座、其他航标7座。

2012年,全国海区测绘系统测绘工作量为:测量港口或区域32个、测量面积(换算为平方千米)达24849.13平方千米、纸海图制作267幅、电子海图制作150幅、专题图制作174幅、海图印刷242990张、海图发行183856张。其中,北方海区测绘系统测绘工作量为:测量港口或区域14个、测量面积(换算平方千米)为8240.7平方千米、完成51幅港口航道图改版复测及数据汇交、更新电子海图数据45幅、专题图制作22幅、海图发行32830张。

二、财务管理

财务管理是指行政事业单位就有关资金的筹集、分配、使用等财务活动所实施的计划、组织、协调、控制等工作的总称。北海航海保障系统财务管理主要包括预算管理、收入管理、支出管理、定员定额管理、结余及其分配管理、专用基金管理、资产管理、负债管理、财务分析和财务监督。

1980年10月天津航测处成立后,履行北方海区航标测量管理职能,经费管理由天津航道局负责,尚未建立年度计划财务工作会议机制。1981年,航测经费预算为200.6万元。1982年,该处实行财务独立核算,执行天津航道局财务管理制度,航测经费预算为395万元。1983—1984年,该处依托事业单位全面整顿,先后印发施行《航标区财务管理暂行规定》《关于预算外资金管理办法暂行规定》《固定资产管理办法》等8项规章制度,初步建立财务管理制度体系。1985年,交通部财会司对全国海区航测系统的航测经费实行"预算包干,增收节支留用,超支不补"的管理办法。其间,在全国海区公用航标及港口航标完成交通部下达年度工作计划、保证航标质量和正常维护率的前提下,实行经费预算包干,除工资、燃材料价格变动及临时下达新任务等费用较大需按照规定另行调整外,一经决定,三年不变。经费包干结余提留规定,结余在5%以下可提留生产发展基金50%、职工福利基金20%、奖励基金30%,超过5%以上部分全部转作生产发展基金。1986年6月,国务院决定,将海关吨税划归交通部管理,用于航标维护和建设,专款专用,不准挪用。随着航海保障事业不断发展,国家投入经费逐年增加,至1988年底,航测经费预算增至2181万元,通信经费预算为108.05万元。

1988年7月天津海监局成立后,航测经费由船舶吨税保障,独立核算,执行事业单位会计制度。通信经费由船舶港务费保障,执行企业会计制度。1989年5月,交通部印发《关于加强船舶吨税管理工作的通知》,明确规定"航标测绘单位经费来源为财政船舶吨税收入,实行专款专用"。同年11月,交通部发布施行《海上安全监督局航标测量财务管理、会计核算暂行规定》,明确规定"在财务管理上实行经费包干、超支不补,结余全留的办法"。据此,该局于1989年12月印发施行《航标测量业务会计核算暂行办法》,明确规定航标测量经费开支范围,经费支出实行预算管理,其账务处理应以当月实现数为准,航标维护、测量、测绘费用应分别独立核算;经费包干结余提成,必须按照局当年核定的比例和有关规定提取;经费包干结余提成,原则上年终决算一次性提取,不得预提;对正常经费收支结余属计划基数部分,提取职工福利基金和职工奖励基金;超计划基数部分,按规定比例提取事业发展基金、职工福利基金和职工奖励基金;"航测三项"费用和"航测专项"资金的收支结余,结转下年继续使用。当年,航测预算经费为2230万元。其间,外埠航标区分别划归当地海监局管理,航标业务、计划、财务仍由天津海监局归口管理,并建立北方海区年度航测计划财务工作会议机制。为此,北方海区年度航测计划财务工作会议始终坚决贯彻局长钟伯源"公开、公正、公平、透明"的原则分配经费,在双重领导体制下,进一步增强北方海区航测系统的向心力和凝聚力,保证航测业务工作正常开展,并在全国海区航测系统誉为"经费分配全透明"。

1993年,交通部财务司、安监局改革航测经费核算分解方式,实行"单标核算"办法,以各海区年度管辖航标数量和测量面积为依据,按照"单标定额""单平方千米"核算年度航测经费。同年7月,天津海监局副局长赵亚兴在大连主持召开北方海区航测单标定额测算研讨会,以适应"单标核算"的新情况。经过广泛深入的研讨,以上一年度航测经费决算为基础,结合北方海区航标种类、级别、数量的实际,科学合理并有所侧重地模拟测算和确定各类航标的单标定额,为日后历年航测经费预算稳健增长奠定行之有效的单标定额基础。

图9-3-708　1993年7月,天津海监局在大连召开北方海区航测单标定额测算研讨会,大连海监局副局长熊国武(中左)出席会议

1993年8月31日至9月2日,交通部安监局、财务会计司在上海召开航标"单标定额"工作会议,将全国海区航标划分为11类、19级,天津海监局关于搞好单标核算的合理化建议均被采纳。1995年,增加RBN-DGPS台1类2级。至此,全国海区航标分为12类21级,作为"单标定额"的测算依据,并据此核算年度航标经费。此间,天津海监局先后印发施行《财务管理暂行办法》《航标测量业务会计核算暂行办法》《会计基础工作规定》等18个内部控制制度,建立完善财务管理制度体系,进一步加强和规范经费管理工作。1998年4月28日,天津海监局副局长赵亚兴在大连主持召开第10次北方海区航测计划财务工作会议,大连海监局局长熊国武、党委书记郭忠诚出席会议。

第九章 综合管理

图9-3-709　1998年4月28日,天津海监局在大连召开北方海区1998年度航测计划财务工作会议

1999年7月天津海事局成立后,根据新的《事业单位财务规则》,经费管理实行"经费包干,超支不补,结余全留"的预算管理办法。收支结余除"航测专项"资金按国家规定结转下一年度使用外,可按照规定比例提取职工福利基金40%,剩余60%转入事业发展基金。此间,交通部海事局继续按照"单标核算"核定航测经费。2000年,天津海事局采取有力措施,贯彻施行《会计基础规范化实施办法》,并于同年6月在交通部海事系统率先通过交通部海事局会计基础规范化达标验收。同年,财政部对部门预算编制施行重大改革,取消综合预算,建立"零基预算"。国务院29个部委全面实行"两上两下"的部门预算管理体制。同年11月,财政部、交通部、海关总署印发《关于将船舶吨税纳入预算管理的通知》,明确规定"自2001年1月1日起,船舶吨税作为中央预算收入,全部上缴中央国库;船舶吨税纳入预算管理后,仍专项用于海上航标的维护、建设和管理,原由交通部安排的船舶吨税支出,由财政部根据交通部编制的预算,经核定后予以核拨"。为做好2001年部门"零基预算"编制工作,天津海事局副局长赵亚兴组织各单位相关人员认真学习领会交通部海事局《关于编报2001年财务预算的通知》和海事系统2001年预算编制要点,并组织协调北方海区17个航测预算汇总单位的领导、财务和业务部门人员共计60余人,连续奋战7个昼夜,圆满地完成了北方海区2001年财务预算汇总编报工作,并一次性通过交通部海事局审核。其中,航测经费预算倍增至16608万元,通信经费预算为1560万元。

2001年5月,以北方海区外埠航标处成建制划归天津海事局管理为契机,修订完善《财务管理办法》《预算管理办法》《资金使用审批管理办法》等13项内部控制制度,建立健全财务管理制度体系,并于2002年将北方海区年度航测计划财务工作会议机制,改为天津海事局年度计划财务工作会议机制,实现全局航政管理与航海保障的计划财务工作同步组织、同步策划、同步部署、同步推进的工作格局。2002年6月,在天津海事局首次计划财务工作会议上,该局推行青岛航标处"经费支出月计划管理"的典型经验,要求预算编制实行"财务部门围绕业务转",预算执行实行"业务部门围绕财务转",科学合理制定年度经费支出月计划。2003年5月,在天津海事局计划财务工作会议上,该局着力推行"经费支出月计划管理"工作,局长徐津津提出落实"两个务必"勤俭办事业的方针,实行节支目标责任制,对事业经费使用施行全过程追踪问效管理,保障事业发展需求。副局长赵亚兴作了题为"深化经费使用月度计划管理,实现由节支意识到制定节支措施,由节支措施到落实节支目标"的财务工作报告,推动经费支出月计划管理工作步入正轨,并取得显著成效。同年,交通部审计办、财务司、海事局,天津市河西区国税局、红桥区地税局、塘沽区地税局,分别对天津海事局财经纪律和个调税实施全面检查,检查结论为:天津海事局会计基础工作扎实,会计核算准确,能够很好地执行国家财经法规和个调税方面的有关政策规定,没有发现违反财经纪律问题。2004年4月,天津海事局在青岛召开节支工作经验交流会,着力推进经费支出月计划管理工作,落实节支目标考核任务。2006年5月,天津海事局印发施行《经费支出月计划管理办法》《控制经费支出实施细则》,进一步规范经费支出月计划管理工作,并形成财务管理长效工作机制。2007年,按照财政部的要求和交通部统一部署,天津海事局机关航测经费预算实行国库集中支付。同年4月26日,天津海事局副局长赵亚兴在青岛主持召开第6次局计划财务工作会议,局长徐津津出席会议。这次会议是为深入研讨该局经费管理如何适应国库集中支付制度改革的一次重要会议。

图9-3-710　2007年4月26日,天津海事局在青岛召开2007年度计划财务工作会议

自2008年1月1日起,港口建设费、基本建设资金以及包括6个航标处、天津海测大队、天津航测科技中心、船舶交管中心在内的所有财政核拨资金,全部实行国库集中支付。2009年11月24日至2010年1月31日,审计署京津冀特派员办事处对天津海事局2009年度预算执行和其他财政收支情况全面审计。重点审计局本级及天津、大连、青岛航标处等6个单位。审计结果表明:天津海事局采取有效措施,在规范部门预算执行、清理整顿经济实体、逐步规范津贴补贴发放等方面做了大量工作,取得一定成效。其间,财政部驻天津财政专员办、天津市发改委和财政局对天津海事局收费许可年度检查,亦未发现财经重大违规违纪行为。自2010年1月1日起,天津通信信息中心财政资金实行国库集中支付。至此,该局所有独立核算单位财政资金全部实行国库集中授权支付。

2012年10月,北海航海保障中心成立,主要负责管理北方海区各航标处、天津海事测绘中心、天津航测科技中心和天津通信中心,经费核算由天津海事局局机关负责。2012年,交通运输部海事局核定北海航海保障系统经费预算59992万元,其中,航测经费预算55432万元,通信经费预算4560万元。至2012年底,在该局建立健全的财务管理制度体系中,北海航海保障系统适用的财务管理制度共计60余项。

1951—2012年北海航海保障系统适用的财务管理制度一览表

表9-3-151

类别	序号	文件名称	发布机关	发文字号	发布日期	备注
国家	1	关于将海关吨税划归交通部管理问题的批复	国务院	国函〔1994〕73号	1986年6月2日	
	2	中华人民共和国会计法	全国人大常委会	第24号主席令	1999年10月31日	2000年7月1日实施
	3	中华人民共和国船舶吨税暂行条例	国务院	国务院令第610号	2011年12月5日	2012年1月1日实施

〔续表一〕

类别	序号	文件名称	发布机关	发文字号	发布日期	备注
部市	1	海关代征吨税办法	财政部海关总署		1951年1月1日	废止
		船舶吨税暂行办法	海关总署		1952年9月29日	废止
	2	关于将海关吨税划归交通部管理问题的通知	交通部、海关总署、财政部	〔1986〕交财字671号	1986年9月11日	中国银行经贸部
	3	关于加强船舶吨税管理工作的通知	交通部	〔1989〕交财字294号	1989年5月27日	
	4	海监局航标测量财务管理、会计核算暂行规定	交通部	交财字〔1989〕648号	1989年11月13日	废止
	5	会计电算化管理办法	财政部	财会字〔1994〕27号	1994年6月30日	
	6	会计电算化工作规范	财政部	财会字〔1996〕17号	1996年6月10日	
	7	会计基础工作规范	财政部	财会字〔1996〕19号	1996年6月17日	
	8	事业单位财务规则	财政部	部长令第8号	1996年10月22日	1997年1月1日实施
	9	事业单位会计准则(试行)	财政部	财预字〔1997〕286号	1997年5月28日	废止1988年的
	10	事业单位会计制度	财政部	财预字〔1997〕288号	1997年7月18日	废止1988年的
	11	会计基础工作规范实施细则	天津市	财会〔1997〕46号	1997年12月31日	
	12	关于将船舶吨税纳入预算管理的通知	财政部、交通部、海关总署	财预〔2000〕383号	2000年11月8日	
	13	交通事业单位财务管理办法	交通部	交财发〔2004〕623号	2004年11月12日	
	14	交通事业单位财务核算办法	交通部	交财发〔2004〕623号	2004年11月12日	
北方海区	1	航标区财务管理暂行规定等8部管理制度	天津航测处	制度汇编(1984)	1984年4月	废止
	2	财务人员岗位责任制	通信导航公司	制度汇编(1985)	1985年5月	废止
	3	专用基金管理办法				
	4	关于废旧物资回收、处理的有关规定	天津海监局	津海监〔1989〕财字267号	1989年1月1日	废止
	5	团组织教育活动经费的提取标准及管理办法	天津海监局	津海监〔1989〕220号	1989年9月11日	废止
	6	关于党组织活动经费的提取标准及管理办法	天津海监局	津海监〔1989〕财字221号	1989年9月11日	废止
	7	关于劳动竞赛奖金提取、管理和使用的规定	天津海监局	津海监〔1989〕财字248号	1989年10月17日	废止
	8	关于加强货币资金管理的规定	天津海监局	津海监〔1989〕财字249号	1989年10月17日	2001年9月10日废止
	9	会计基础工作规定	天津海监局	津海监〔1989〕财字251号	1989年10月17日	废止
	10	航标测量财务会计核算暂行办法	天津海监局	津海监〔1989〕财字291号	1989年12月1日	2001年9月10日废止

〔续表二〕

类别	序号	文件名称	发布机关	发文字号	发布日期	备注
北方海区	11	局机关财务报销审批制度的暂行规定	天津海监局	津海监〔1989〕财字219号	1990年8月11日	2001年9月10日废止
	12	财务计划编制办法	天津海监局	津海监〔1990〕财字256号	1990年10月19日	2001年9月10日废止
	13	财务管理暂行办法	天津海监局	津海监〔1991〕财字122号	1991年7月28日	2001年9月10日废止
	14	固定资产管理暂行办法	天津海监局	津海监〔1991〕财字134号	1991年8月3日	废止
	15	经济合同管理办法	天津海监局	津海监〔1991〕财字135号	1991年8月3日	2001年9月10日废止
	16	机关经济合同管理实施细则	天津海监局	津海监〔1991〕财字137号	1991年8月5日	2001年9月10日废止
	17	提高国营企业职工福利基金提取比例调整职工福利基金和职工教育经费计提基数的通知	天津海监局	津海监〔1992〕财字106号	1992年6月26日	转发财政部
	18	职工医疗费管理暂行规定	天津海监局	津海监〔1993〕财字103号	1993年7月6日	废止
	19	职工医疗费管理补充规定	天津海监局	津海监〔1994〕财字177号	1994年10月27日	废止
	20	部属企事业单位会计基础工作规范化实施办法	天津海监局财务会计处	〔1998〕处发5号	1998年7月7日	转发交通部
	21	执行新的事业单位财务会计制度若干问题的补充规定	天津海监局	津海监〔1999〕财字134号	1999年5月17日	转发财政部
	22	行政事业性收费票据管理办法	天津海监局	津海监〔1999〕137号	1999年5月19日	2004年11月22日废止
	23	经济实体财务管理办法	天津海事局	津海财字〔2000〕47号	2000年2月14日	
	24	经济实体会计核算办法				
	25	海事处财务报销暂行办法	天津海事局	津海财字〔2001〕87号	2001年3月9日	
	26	财务管理办法	天津海事局	津海财字〔2001〕301号	2001年9月10日	
	27	财务预算管理办法		津海财字〔2001〕302号		2010年12月22日废止
	28	事业支出核算办法		津海财字〔2001〕303号		
	29	资金使用审批管理办法		津海财字〔2001〕304号		
	30	货币资金管理办法		津海财字〔2001〕305号		

〔续表三〕

类别	序号	文件名称	发布机关	发文字号	发布日期	备注
北方海区	31	固定资产管理办法	天津海事局	津海财字〔2001〕306号	2001年9月10日	
	32	低值易耗品管理办法		津海财字〔2001〕307号		
	33	经济合同管理办法		津海财字〔2001〕308号		废止
	34	收缴罚款管理办法		津海财字〔2001〕309号		
	35	会计委派制管理办法		津海财字〔2001〕310号		
	36	职工医疗费管理暂行规定	天津海事局	津海财字〔2001〕452号	2001年12月19日	2005年11月14日废止
	37	职工家属医疗费补贴办法	天津海事局	津海财〔2002〕48号	2002年2月25日	2005年11月14日废止
	38	关于职工医疗费报销有关问题的补充规定	天津海事局	津海财〔2003〕170号	2003年5月23日	2005年11月14日废止
	39	关于医疗费报销有关事项的补充规定	天津海事局	津海财〔2003〕456号	2003年12月29日	2005年11月14日废止
	40	职工医疗费管理规定	天津海事局	津海财〔2005〕455号	2005年11月14日	废止
	41	固定资产管理办法	天津海事局	津海财〔2004〕491号	2005年12月29日	
	42	控制经费支出实施细则	天津海事局	津海财〔2006〕185号	2006年5月9日	
	43	经费支出月计划管理办法		津海财〔2006〕186号		
	44	差旅费报销有关事项	天津海事局	津海财〔2007〕77号	2007年2月7日	2010年3月1日废止
	45	关于职工医疗费管理有关问题的补充规定	天津海事局	津海财〔2007〕222号	2007年6月6日	
	46	医疗费报销管理规定	天津海事局	津海财〔2010〕265号	2010年8月6日	
	47	差旅费管理规定	天津海事局	津海财〔2010〕308号	2010年9月16日	
	48	修购基金管理暂行办法	天津海事局	津海财〔2010〕442号	2010年12月22日	
	49	经济合同管理办法		津海财〔2010〕443号		
	50	预算管理办法		津海财〔2010〕444号		
	51	机关及非独立核算单位公用经费设备购置管理暂行办法	天津海事局	津海财〔2010〕451号	2010年12月27日	

1982—2012年北海航海保障系统业务经费预(决)算一览表

表9-3-152　　　　　　　　　　　　　　　　　　　　　　　　　　　　　　　　　　　　单位:万元

年份	航标系统		测绘系统		通信系统		合计	
	预算	决算	预算	决算	预算	决算	预算	决算
1982	348.67	348.67	46.33	46.33			395.00	395.00
1988	1913.29	1913.29	267.71	267.71	108.05	126.22	2289.05	2307.22
1998	8853.24	8765.30	1238.76	1164.70	1260.00	1253.44	11352.00	11183.44
2001	14951.00	15023.22	1657.00	1584.78	1560.00	1561.07	18168.00	18169.07
2005	28454.20	25780.26	2607.00	2254.74	3157.00	3170.95	34218.20	31205.95
2010	43171.00	51414.99	4285.00	4063.01	4507.00	4871.30	51963.00	60349.30
2012	48997.00	50481.03	6435.00	5700.97	4560.00	5048.16	59992.00	61230.16

(一)会计电算化

会计电算化是指以电子计算机为主体的当代电子技术和信息技术在会计工作中的应用。会计电算化实现了数据处理的自动化,使传统的手工会计信息系统发展演变为电算化会计信息系统,是会计发展史上的一次重大革命。

20世纪70年代末,会计电算化理念引入中国。1981年8月,财政部和中国会计学会在长春召开"财务、会计、成本应用电子计算机专题讨论会",正式提出开展会计电算化工作。1993年,交通部与财政部所属的华正财务软件开发公司合作,开展交通财会电算化软件开发和推广工作,并利用世界银行资助,开发"港口成本管理信息系统"(PCMIS财务管理软件)。随即,财政部先后发布施行《会计电算化管理办法》《会计核算软件基本功能规范》《会计电算化工作规范》,以加强会计电算化工作管理,推动会计电算化事业健康发展。

1993年,北海航海保障系统会计电算化工作始于航标(测绘)单标定额核算(以下简称"单标定额")。为做到单标定额数据精细无误,解放会计人员对庞大数据的计算压力,提高数据分析的准确性,交通部财会司在昆明举办全国海区航标系统会计计算机培训班,天津海监局财会处和大连、秦皇岛、天津、烟台、青岛航标处(区)以及日照航标站派员参加培训班,并为每个单位配备计算机一台。至此,拉开了北海航海保障系统会计电算化工作的序幕,并经历两个发展阶段。

1993—1995年为会计电算化试点探索阶段。天津海监局财会处专门设置会计电算化办公室,安排专人筹划、探索开展会计电算化实施方案。经过市场调研,选定万能会计核算软件,结合北海航海保障系统会计核算工作实际,梳理、设置和归类会计科目,分析、设计会计凭证、账簿和会计报表,实行会计核算软件二次开发应用,并试运行。同时,着手研究制定天津海监局会计电算化相关管理制度。

1996—1999年为全面推广规范运行阶段。其间,华正财务软件开发公司开发的PCMIS财务管理软件顺利通过交通部科技司评审验收,交通部财会司印发《关于交通系统推广使用会计电算化软件工作的通知》,明确PCMIS财务管理软件为交通系统财务电算化培训软件,并作为实行交通部与直属企事业单位、双重领导港口和各省(自治区、直辖市)财务联网的基础。随即,交通部财会司在北京组织PCMIS财务管理软件培训,并着力推广应用。按照交通部财会司统一部署,天津海监局停止万能会计核算软件测试工作,并及时与华正财务软件开发公司合作,在大连举办PCMIS财务管理软件培训班,分管财务工作的局领导亲临指导、督办实施。经过两周的培训操作,局机关和北海航海保障系统各单位手工账全部并入计算机模拟运行,模拟数据与手工账一致,有效解决了单标定额报表计算机分摊取数尾差的关键问题,达到账、表数据一致,符合会计电算化工作规范要求。此后,开始实施为期3个月的人机并行试运行工作。1998年12月29日,天津海监局机关和各单位会计电算化工作全部通过交通部安监局组织的验收和天津市协通会计事务所达标验收,在交通部安监系统率先实现会计电算化,并结束手工记账的历史。随后,该局印发施行《会计电算化管理办法》《会计电算化工作规范》等文件,进一步完善会计电算化工作管理制度。

北海航海保障系统会计电算化的规范运行,推动了会计理论创新、技术创新和观念更新,实现了财务会计由事后管理向事先预测、事中控制的转变,提高了会计数据处理的实效性、准确性,减轻了会计人员的劳动强度,会计档案质量和档案管理更加规范,并为财务会计管理信息化奠定了基础。

(二)会计基础工作规范化

会计是一项重要的经济管理工作,会计基础工作规范化是建立良好经济管理工作的重要基础,是提高财务工作质量和工作效率的重要环节,是会计工作规范管理的重要保证。1978年改革开放以来,随着社会主义市场经济的建立和发展,以及会计改革的不断深化,会计基础工作薄弱的问题凸显,与经济发展和经济管理的要求不相适应。

1993年,第八届全国人大常委会第五次会议审议修改《中华人民共和国会计法》。1995年,朱镕基总理提出整顿会计工作秩序"约法三章"。1996年,国务院印发《关于整顿会计工作秩序进一步提高会计工作质量的通知》。为此,财政部、审计署、国家税务总局、国家工商行政管理局印发《关于整顿会计工作秩序的实施办法》,财政部发布施行《会计基础工作规范》(以下简称《工作规范》),要求各级财政部门、业务主管部门深入学习、宣传《工作规范》,广大会计人员认真执行《工作规范》。据此,交通部决定组织开展会计基础工作规范化达标专项活动,要求2000年底,交通部直属单位全部实现会计基础工作规范化达标的目标。

1999年7月天津海事局组建后,会计基础工作规范化达标专项活动作为该局组建后的一项重要任务纳入工作目标管理。随即,该局成立会计基础工作规范化活动领导小组,由分管财务工作的副局长赵亚兴任组长,日常工作由财会处负责。局属各单位亦成立相应机构,坚持保证质量、注重实效地开展会计基础工作规范化达标活动。此间,该局派员参加交通部举办的会计基础工作规范化学习班;组织相关人员学习《中华人民共和国会计法》《会计基础工作规范化》《会计档案管理办法》《会计电算化管理办法》;依据《交通部部属企事业单位会计基础工作规范化实施办法》,印发施行《会计基础规范化管理办法》,并建立健全包括会计人员岗位责任制度、定额管理制度、内部牵制制度、内部稽核制度、原始记录制度、计量验收制度、财产清查制度、财务收支审批制度和电算化管理制度等一系列内部控制管理制度;对局属单位实施标准化、规范化考核,该局财会处派员深入现场检查指导,发现问题及时整改。

2000年5月22日至6月26日,天津海事局会计基础工作规范化活动领导小组,先后对北方海区6个航标处、天津海测大队、天津通信站(处)全面考核会计基础工作规范化达标活动开展情况,对近3年的各类账簿和全部凭证逐页逐项查阅审核,共检查各类账簿129本,凭证845册。经考核认为,北海航海保障系统各单位会计基础工作规范化符合《交通部部属企事业单位会计基础工作规范化实施办法》的规定和要求,决定报请交通部海事局达标验收。同年6月,交通部海事局财会处处长曹玉带领会计基础工作规范化验收组,对照《交通部部属企事业单位会计基础工作规范化实施办法》,验收该局会计基础工作规范化达标活动成果。经严格审查,该局以93.21分的优异成绩成为交通部海事系统第一个全面完成会计基础工作规范化达标验收的单位。

会计基础工作规范化达标活动的开展,促进了天津海事局财务管理的正规化建设,进一步规范了财务管理行为。同年10月,为适应国家财政改革要求,该局全面修订和补充完善现行内部财务管理制度,为日后财务管理工作保持直属海事系统前列奠定了坚实基础。

(三)宣传贯彻《会计法》活动

《中华人民共和国会计法》(以下简称《会计法》)是会计行业的根本大法。1999年10月31日,第九届全国人民代表大会常务委员会第十二次会议通过《关于修订〈中华人民共和国会计法〉的决定》,此为中国会计工作和会计法制建设的头等大事。第二次修订的《会计法》从八个方面作了重大修改,构建会计工作的管理体制和运行机制,进而确立会计工作在加强经济管理、提高经济效益、维护经济秩序中的法律地位和社会作用,为规范会计工作行为、指导会计事业健康发展提供了法律保障。

2000年7月1日,新修订的《会计法》正式施行。随即,天津海事局认真组织学习宣传《会计法》,营造贯彻实施《会计法》的良好氛围。该局首先按照国家编办批复的机构编制,设置各单位会计机构,配备具有从业资格的会计专业人员依法管理财务工作,并于2000年7月初在大连举办为期一周的北方海区行政一把手《会计法》培训班,20余名行政一把手参加培训,分管财务工作的局领导做培训动员,天津财经学院教授现场授课。通过培训和研讨,参训人员明确认识到履行《会计法》赋予单位负责人10项法定职责的责任重大,进一步提高了主体责任意识。随后,该局在津、塘两地组织会计人员参加天津市财政局举办的《会计法》培训班,参训人员全部通过培训考试,为换发从业资格证书做好准备。其间,该局按照计划完成天津市财政局举办的会计继续教育培训,北海航海保障系统43名会计人员全部取得培训证书。同年,该局对独立核算单位、部门负责人及财会人员培训规模达192人次。此后,该局每年对会计人员专业培训3次,对局属单位、部门负责人财经法律知识培训1次。此外,该局在全局范围内开展《会计法》知识答卷活动。通过广泛宣传教育,《会计法》深入人心,法制意识普遍增强,为贯彻执行《会计法》奠定了良好基础。

自2000年起,结合贯彻实施《会计法》,天津海事局组织制定、修订、完善涵盖单位11项经济事项的财务管理制度,局属单位亦结合本单位实际,建立其内部控制制度。至2012年底,该局建立完善以《会计法》为核心,适应天津海事事业发展要求,涵盖全部经济活动的内部控制制度,基本实现《会计法》规定的单位内部财务控制制度体系。在单位的管理层面上,为财务会计管理工作的基本职责和目标任务提出新要求,并明确财务工作方向。在单位的会计制度层面上,建立一系列符合国家规定的会计制度,形成以《事业单位会计准则》《事业单位会计制度》为主体的会计核算体系,进一步规范会计行为;形成以内部经费归口管理的会计监督办法和内部会计控制体系,进一步完善财务内部监督制约机制;形成以《会计从业资格管理办法》《会计人员继续教育暂行规定》为主体的会计人员管理制度体系,为选拔、评价、培训会计人才提供制度保障;形成包括《会计基础工作规范》《会计档案管理办法》的会计工作管理制度体系,加强局属单位会计工作,进一步提高全局会计工作水平。

依据《会计法》规定,天津海事局建立会计人员持证上岗从业资格管理制度,严格会计人员职业准入,确保会计从业人员具备良好业务素质和职业素养。该局始终坚持会计人员后续教育,引导和督促会计人员及时更新知识结构,积极支持会计人员参加高、中、初级考试选拔,不断完善会计人才评价机制。加强会计队伍职业道德教育,通过教育、培训和引导,使会计人员的职业道德、依法理财、崇尚诚信、客观公正、敬业奉献的职业风尚逐步形成,道德素质和业务能力明显提高,知识结构和学历层次明显改善。截至2012年底,全局拥有持证会计人员103人,全部达到大学本科以上学历,其中具有会计师和高级会计师资格的34人,占比33%。

其间,天津海事局财会部门切实履行《会计法》赋予的管理职责,加强会计工作监督检查,坚持每年2次考核局属单位预算执行情况,监督各单位依法建账和会计核算,确保会计资料真实完整。其间,面对财政部加快推进部门预算改革、国库集中支付制度改革、政府采购改革等一系列重大改革的新形势、新要求,分管财务工作的局领导亲自带队宣传贯彻《会计法》,深入基层开展调研,协调解决基层的实际问题,全面指导、推动各单位建立适应财政改革步伐的内部控制体系,为天津海事事业创新管理和科学发展提供资金保障。

新的《会计法》自施行以来,天津海事局通过广泛深入开展学习宣传活动,全局依法理财意识普遍增强,单位负责人法定职责更加明晰,局及所属单位会计工作更加规范,会计人员自觉遵守财经纪律,严格执行国家和上级管理规定,未发生重大违反财经纪律行为,使全局财务管理工作始终位于直属海事系统前列。

(四) 经费支出月计划管理

北海航海保障系统经费支出月计划管理系指坚持以预算管理为中心,将年度基本支出、项目支出预算和业务工作任务分解到月度工作安排,并纳入年度工作目标管理,实行月度跟踪督查、季度检查问效、年度全面考核,对计划安排、执行过程和最终结果施行全过程追踪问效管理。

21世纪之交,全国水监体制改革刚刚结束,各方面工作仍处于适应期,航海保障工作面临前所未有的压力和挑战。其间,按照上级工作部署,天津海事局相继接收地方政府、港航单位部分航标设施,亟需大量经费支持其维护保养和更新改造,加之受亚洲金融危机影响,国内外航运经济环境低迷,多重因素造成该局航测经费支出面临诸多困难。经费总量不足,其增长速度无法满足航测事业发展需求;资金利用率低,有限的经费未发挥应有的使用效益;支出结构倒挂,人员经费挤占业务经费,支出结构不尽合理;经费赤字现象严重,各单位普遍存在"寅吃卯粮"问题,全局航测经费处于勉强维持航标发光和测绘作业的"警戒线"。

2001年5月北方海区外埠航标处回归天津海事局管理后,以理顺管理关系为契机,以加强和规范财务管理工作为主线,以掌握经费管理和使用状况为切入点,首次组织开展北方海区各单位财务、计划、业务等工作综合检查调研。其间,发现青岛航标处实行航标经费支出月计划管理的方法十分有效,该处在经费非常困难的情况下,能够做到灯明标亮、队伍稳定、工作秩序井然,并取得良好的管理效果。2002年6月,在天津海事局计划财务工作会议上,青岛航标处处长王洪顺介绍和交流"坚持计划管理、量入为出的原则,正确处理好业务费用与人员费用增长的矛盾"的典型经验。随后,在全局范围内推广青岛航标处经费支出月计划管理的做法,要求各单位必须预留年度节支指标后,根据本单位实际需求情况,按照"先保作业安全,后保人员经费支出,再保业务支出需要"的原则,科学合理地制定年度经费支出月计划,并要求严格执行,非计划内项目一律不得开支。

2003年3月,天津海事局在青岛航标处召开节支工作现场会,交流各单位节支工作经验,认真分析经费现状和实际需求,充分讲明经费支出月计划管理的目的和意义,提出坚持"两个务必",深化经费支出月计划管理的工作方针和实现"由树立节支意识到落实节支目标的转变"的工作思路。随后,各单位普遍开展全员节支教育,结合单位实际,深入开展节约一分钱、一张纸、一滴油、一滴水、一度电的"五个一"活动,在航标保养、车船维修等方面制定切实可行的举措。初期,鉴于确定年度节支目标与上级下达年度经费预算相关联,每年下达节支目标较晚,导致节支目标难以落实。对此,该局以上年度核定各单位的经费预算为基数,扣除一次性费用因素,预定当年的节支目标,提前于每年1月下达执行,待年度经费下达后再酌情微调,收效良好。

同时,在推行经费支出月计划管理过程中,天津海事局注重加强预算监督管理,强化考核惩处力度。在监督机制上,将经费预算执行和节支目标落实情况一并纳入年度工作目标考核,该局财会部门每月8日前汇总全局《经济指标完成情况统计表》,对经费预算超支的,在工作例会上出示"黄牌"警告;对于实质性的完成年度目标的给予适当奖励;反之,对其主要领导和有关人员减免年度奖励。其间,为有效解决各单位普遍存在的"寅吃卯粮"问题,该局明确提出"消化历年挂账并不再产生新的挂账,实事求是地落实节支目标"的要求。据此,各单位层层分解节支目标,制定切实可行的措施,并由局财会部门等有关部门监督执行。为控制人员经费无序增长的趋势,该局建立"人员福利性开支政策报告制",即人员费用增长政策必须报局审批后方可执行。

通过推行、加强和规范经费月计划管理工作,建立和完善经费管理的长效工作机制,优化经费支出结构,促进项目计划完成,提高资金使用效益,使业务工作取得实效。经过4年的努力,有效解除危及航标正常发光和测绘正常作业需求的"警戒线",杜绝"寅吃卯粮"的现象,圆满实现"从赤字到结余"的转变，2003年度节约经费开支1151万元，并消化历年挂账800余万元，首次实质性地完成局年度节支目标；经费支出结构逐年趋于合理，业务经费支出与人员经费支出比例由4年前的3∶7转变为6∶4，经费管理实现"从无序到有序，从粗放到集约"的转变；显著增加业务经费投入。自2003年以来，该局每年统一安排200万～300万元，重点实施航标技术改造项目，圆满完成北方海区22个港口433座灯浮标的灯器LED化、不冻港278座灯浮标和5座大型浮动标志的电源太阳能化，提前一年实现"十一五"规划目标。

图9-3-711　2004年4月9日，天津海事局副局长赵亚兴（中）在青岛主持召开2004年度计划财务工作会议

此间，按照《会计法》的要求，结合理顺北方海区财务管理机制，该局有针对性地在对外投资、大额资金调度、重要经济合同、物资采购和资产处置等方面，建立《经济合同管理办法》等10项财务管理制度，进一步规范财务管理工作。在此基础上，该局于2006年5月印发施行《经费月计划管理办法》，明确界定经费月计划管理的基本概念和应遵循的工作原则，并就基本支出管理、项目支出管理、业务工作管理、资金上缴与拨付等方面作出明确规定。

实施经费支出月计划管理，标志着天津海事局财务管理工作重点由"核算经费"转变为"管理经费"，是财务管理工作"精细化、集约化、科学化"的理论和实践的重要成果。至2012年，经费支出月计划管理仍是推动北海航海保障系统各单位财务管理工作不断规范化的原动力，并为航海保障事业的蓬勃发展奠定坚实的经济基础。

三、固定资产管理

固定资产系指使用期限超过一年，单位价值在规定限额以上，并在使用过程中基本保持原有物质形态的资产。单位价值虽未达到规定标准，但是耐用时间在一年以上的大批同类物资，亦作为固定资产管理。

1982年天津航测处接收海军北海舰队162座海上干线公用航标后，北方海区航测系统共有各类固定资产2089万元。

1988年7月天津海监局成立后，航测部分资产来源为财政拨款，固定资产管理沿用天津航道局的管理规定，计提固定资产折旧。通信部分沿用天津港务局固定资产管理规定，亦计提固定资产折旧。当年，北海航海保障系统固定资产总额13368万元，其中航测部分10375万元，通信部分2993万元。

第九章 综合管理

1989年1月,交通部决定将大连、烟台、青岛航标区及秦皇岛航标管理站成建制划归所在地海监局,但其航标业务、计划、财务工作仍由天津海监局归口管理,并由该局负责审核、平衡、协调、汇总报交通部核准后,分解下达、监督检查。同年,交通部发布施行《海上安全监督局航标测量财务管理、会计核算暂行规定》,明确自1989年1月1日起,航测部门固定资产的划分标准,按照部规定办法执行,固定资产均不计折旧基金和修理基金,所需更新和修理费用由部核定预算时酌情安排解决。当年,该局固定资产总额13809万元,其中航测部分10672万元。

1991年8月,为加强固定资产管理,天津海监局印发施行《固定资产管理暂行办法》,明确全局固定资产实行三级管理:即局为一级,局属内部独立核算单位为二级,塔、台、站或使用部门为三级,并明确规定固定资产一般应同时具备以下两个条件,一是使用年限一年以上;二是单位价值在800元及以上,能够独立发挥效能的,并对资产管理部门、使用部门、技术部门、计划部门、财务部门和物资部门的工作责任作出具体规定。同时,明确天津通信站固定资产计提折旧和大修理基金,航测部门固定资产均不计提折旧和大修理基金。当年,该局固定资产总额16678万元,其中航测部分13231万元。

1992年10月,国务院清产核资领导小组印发《国家行政事业单位财产清查登记工作方案》,部署新中国成立以来行政事业单位第一次财产清查登记工作。随即,天津海监局成立资产清查工作领导小组和工作组,由局财会部门牵头组织开展清查工作。这次清查以不动产和重要设备为主要对象,清查单位占用的全部财产,同时将应归国家所有的财产一律以实物为主登记财产,对查出的问题,严格按照有关规定处理。清查登记工作历时8个月,该局共清理固定资产30165万元,其中航测部分19429万元。通过财产清查登记,做到账物相符、账账相符、账卡相符;完善固定资产管理相关规定;明确计划基建处、财会处、各职能部门在资产购置计划编制、固定资产管理、固定资产核算等方面的职责分工,并互相制约。

1996年,根据国有资产管理局《关于1996年度全国行政事业单位产权登记年度检查工作要求的通知》,天津海监局组织开展第二次资产清查登记工作,认真填报国家首次统一下发的《行政事业单位产权登记专用仪器设备目录及代码》,并首次将办公自动化设备应用于行政事业单位产权登记日常管理,实现软盘数据上报。经过全面清查,该局固定资产规模达到32792万元,其中航测部分21658万元。

1997年3月,依据国有资产管理局、财政部发布施行的《行政事业单位国有资产管理办法》,天津海监局修订并印发施行《固定资产管理办法》,明确对固定资产管理实行局统一所有,分级使用管理,局为一级管理部门,局属各单位为二级管理部门,塔、台、站为三级管理部门。明确界定固定资产为单位价值在2000元及以上、使用年限在一年以上并能够独立发挥效能的资产,并对永久性房屋、建筑物及特殊设备作出明确规定。明确局计划统计处负责全局固定资产管理办法的组织落实、监督检查和具体处置权限。明确固定资产不再计提折旧,增加审计部门监督职责。规定资产处置方式和资产清查时限,统一规定固定资产处置批复书。其间,天津海监局利用会计电算化的财务信息管理系统,顺利实现固定资产动态管理。当年,该局固定资产总额为36829万元,其中航测部分25061万元。

2001年5月北方海区外埠航标处划归天津海事局管理后,当年全局固定资产总额为68082万元,其中航测部分57812万元。同年9月,该局修订并印发施行《固定资产管理办法》,明确固定资产报废处置审批权限:5万元以下由局审批,5万元以上由局报送交通部海事局审批。同时,理顺机关各部门固定资产管理职责,重点将固定资产的价值管理部门与实物管理部门职责相互分离,形成内部牵制制度,新增加丢失固定资产处理的相关规定等。

2005年,依据财政部、国务院机关事务管理局发布的《行政事业单位国有资产管理办法》《中央国家机关国有资产处置管理办法》,该局再次修订并印发施行《固定资产管理办法》,明确局对固定资产管理实行"统一领导,分级管理"的工作原则,并对非经营资产转经营资产、各级固定资产处置审批权限作出明确规定。当年,该局固定资产总额为85467万元,其中航测部分74260万元,通信部分4921.25万元。

至2012年底,北海航海保障系统固定资产总额为156739.64万元,同比建局初期增加10.7倍,其中航测部分145160万元,同比增加12.99倍;通信部分11579.64万元,同比增加2.87倍。全面实现国有资产保值增值。

1982—2012年北海航海保障系统固定资产数量一览表

表9-3-153　　　单位:万元

年份	航标系统	测绘系统	通信系统	合计	备注
1982	1964.89	124.11	—	2089.00	通信未独立核算
1988	9758.59	616.41	2993.00	13368.00	
1998	37878.41	2392.59	5060.13	45331.13	
2001	53305.54	4506.46	4880.13	62692.13	
2005	68905.07	5354.93	4921.25	79181.25	
2010	103569.46	13282.54	11303.59	128155.59	
2012	130879.37	14280.63	11579.64	156739.64	

四、通信规费管理

通信规费系指海岸电台为用户提供水上无线通信服务,按照国际公约和国内规章相关规定收取的通信费用,不同通信方式收费标准不同。水上通信资费的种类包括:陆线费、岸台费、船舶费、特别业务费和特殊设备费。陆线费系指在本国或国际电路上传递的资费,费率由各国主管部门确定,我国海岸电台始终采用邮电部现行公众电报基本报费。岸台费系指海岸电台所提供设备的使用费,一般由岸台主管部门确定,在我国由物价局、财政部、交通部等部门共同确定收费标准。船舶费系指船舶电台所提供设备的使用费,归所属船公司所得。国际电联决定(20世纪70年代)不再计收该项费用,但仍允许收取(主要对客轮),主管部门应规定最高额度。特别业务费系指采用特别业务时所需收取的附加费,主要包括加急费、分送费、收妥电知费、校对费等。特别设备费系指采用特殊设备的费用。

水上无线电报资费主要由岸台费、陆线费(国际陆线费或国内陆线费)和船舶费组成。水上无线电话与水上无线电报资费组成类似,按照无线电报字数计费,无线电话按照分钟计费。每次通话以3分钟起算,超过3分钟按照通话分钟计费。窄带直接印字电报计费方式和无线电话相同,但费率不同。账务机构指向船舶主管部门收取水上通信资费的机构,该机构应是核发船舶电台执照的主管部门,或经该部门认可的其他机构。国际电联规定:"航行在海上的任何船舶,在与非本国海岸电台通信时,必须委托本国或他国账务机构承担本船通信资费付费代理任务,否则海岸电台可拒绝与该船通信。"国际水上通信业务资费的货币单位为金法郎或特别提款权,金法郎与本国货币兑换比价随本国货币汇率变化而调整。金法郎或特别提款权仅显示账面资产,结付通信资费时,应按照一定比价兑换成可流通货币支付。国内通信则以人民币为结算单位。

清光绪七年(1881),清政府中国电报总局对外营业。此间,中国电报行业并无统一收费价目,沿线各局按"路有远近、费有等差"原则制定收费标准,以银元计价。清光绪二十年(1894),清政府首次制定国内统一电报价目,实行隔省加收制,同城中文明码电报每字0.05元,本省0.10元,每隔一省加0.02元。清光绪三十四年(1908),万国电报公会召开大会,签署《国际无线电报公约》,规定"海岸价目(岸台费)不得过六十生丁(0.6金法郎),船舶价目(船舶费)不得过40生丁"。当时,参会各国代表普遍认为中国电报价格过高,清政府邮传部遂奏准自清宣统元年(1909)起,除官电及新闻电报资费不变外,其余各类电报照原价8折实收,并取消同城报费,归入本省同一标准。

1912年北洋政府成立后,交通部废除隔省加收制,规定中文明码电报价目为同城0.03元,同省0.06元,出省0.12元。1928年,南京国民政府废除本省出省制,中文明码电报一律为每字0.1元。1930年2月20日,南京国民政府交通部发布施行《气象电报免费章程》,对气象电报传递予以免费优待。1945年抗日战争胜利后,南京国民政府规定改以法币收费,中文明码电报每字20元。"嗣后,国内出现通货恶性膨胀,电报价目亦随之猛涨。"至1948年,中文明码电报已上涨为每字4万元。同年,南京国民政府发行金圆券,法币300万元兑换金圆券1元。至1949年,中文明码电报每字已涨至金圆券50元。

1949年中华人民共和国成立后,邮电部规定以中华人民共和国成立前夕银元1角为基价,以人民币计收报费,中文明码电报每字70元。1950年,电报资费改按基数乘12000倍计收,中文明码电报每字1200元。1953年4月,全国海岸电台划归交通部管理后,交通部规定国内船舶电报按照邮电部普通电报资费价目收取,电报资费为陆线费与译电费之和;国际船舶电报资费为岸台费、国内陆线费、国际陆线费和船舶费之和,其中岸台费为每字0.5金法郎,国内陆线费为每字0.5金法郎,船舶费为每字0.4金法郎,国际陆线费按邮电部公布标准收取。1954年9月,交通部印发施行《海岸电台开放临时示标业务的规定》,国内船舶和航行在中国海域的外国船舶均可免费使用。1955年3月1日,国家实施人民币币值改革。电报资费按新人民币计费,中文明码电报本省每字0.09元,外省每字0.135元。1958年1月1日,全国实行统一价目,不分地区,不分省内和省外,不分明码和密码,每字一律降为0.03元,译电费(如需要)每字0.005元。1958年6月,交通部印发《关于开放船舶医疗电报业务的通知》,各海岸电台免费办理船舶与港口检疫部门间的往来电报。20世纪70年代末,电信总局会同交通部研究决定,将岸台费提高至每字0.75金法郎。

20世纪80年代初,交通部重新公布收费规则和资费标准,规定陆地发往船舶的电报收取陆线费和岸台费两项费用;船舶发往陆地的电报收取陆线费、岸台费和船舶费三项费用。在国内业务中,船舶电报岸台费为每字0.15元,高频电话岸台费为每分钟2.00元,甚高频电话岸台费为每分钟0.65元。在国际业务中,船舶电报岸台费为每字为0.75金法郎,经转电报陆线费为每字0.5金法郎,非经转电报陆线费为0.8金法郎;高频无线电话岸台费为每分钟6.00金法郎;甚高频无线电话岸台费为每分钟2.00金法郎。此后,中国各海岸电台通信规费收入呈逐年递增趋势。天津海岸电台作为船岸通信的主要渠道,通信规费收入亦逐年增长。

1986年1月1日,交通部和邮电部联合印发通知调整电报费率,将国内船舶电报陆线费调整为每字0.07元,岸台费调整为每字0.18元,译电费仍为每字0.005元。天津海岸电台的航务电报电话、公众电报电话和船员私务电话收费业务,并设有专门的计费组,负责通信规费的统计和收缴。通信账单按月结算,采取汇款、银行转账和登轮收费等相结合的收费方式。规费收入与行政支出实行"收支两条线",每年年底将收入上缴国库。1988年,天津海岸电台通信规费收入达到29.75万元。此间,中国海岸电台财务管理实行"收支两条线"政策,通信规费收入于每年底上缴国库,电台运营费用按需要由国家另行拨付。

1991年12月1日,天津海岸电台正式向全社会开放单边带电话公众通信业务,天津通信站印发施行《无线电话计时计费暂行办法》。1992年12月20日,国家物价局和邮电部再次调整电报资费,将国内陆线费由每字0.07元调整至0.13元。1993年5月1日,交通部和国家物价局决定调整岸台费,国内船舶电报岸台费调整为每字0.96元,窄带印字电报岸台费调整为每分钟7.92元,高频无线电话岸台费调整为每分钟8.14元,甚高频无线电话岸台费调整为每分钟3.74元;国际船舶电报岸台费调整为每分钟1.1金法郎,窄带印字电报岸台费为每分钟7.2金法郎,高频无线电话岸台费调整为每分钟7.4金法郎,甚高频无线电话岸台费调整为每分钟3.4金法郎。此后,水上通信资费基本未变。1993年,天津海岸电台规费收入首次突破100万元。1994年3月10日,天津海岸电台在单边带电话和甚高频电话电路正式开放国际无线电话通信业务,受理世界各地无线电话转接业务,天津通信站(处)印发施行《国际电话业务计费办法》。1994年突破200万元。

1995年,天津通信站(处)印发施行《有关无线电报及无线电话资费的收费办法》,规定业务科、收信台于每月5日前,将上月《无线电报、电话费收入表》报送财务科,同时将收费单据报财务科复核。财务科于每月10日前,将复核后收费单据交业务科及收信台开票。每月20日前,应将上月资费托收工作处理完毕。如遇船舶公司拒付或其他原因,未能在3个月内收缴的,财务科负责查明原因,并填写《收费工作反馈表》反馈至业务科。1996年11月25日,天津通信站(处)印发施行《窄带直接印字电报计费暂行办法》。同年,天津海岸电台通信规费收入达到273万元,创历史最高纪录。此后,随着卫星通信和陆地移动通信业务普及应用,水上通信业务量不断下滑,通信规费收入亦逐年降低。1998年5月,交通部印发《关于开放船员私人电话业务的通知》,并发布施行《船员私人电话管理办法(暂行)》。据此,天津海岸电台于同年12月15日开放船员私务电话业务,春节期间,可享受3分钟免费通话1次。其间,通信规费采取收付实现制核算,收到款项后再入账,款票对应。

2001年,天津海事局审计部门建议应按照《会计法》规定,改为权责发生制。在实际发生通信业务后,全部先开票入账,再行催缴。由于公司变更、个别公司和船舶假借他人名义通话、故意拖欠通信费用等情况存在,对天津海岸电台通信规费收缴带来困难,造成部分款项无法入账。2003年,天津海岸电台规费收入首次跌破100万元。2012年底,规费收入跌至46.21万元。

2013年8月1日,根据财政部《关于公布取消和免征一批行政事业性收费的通知》,中国海岸电台停止征收通信规费,天津海岸电台从其规定。

第四节　安全工作

一、安全管理

安全管理指为实现安全目标而开展的有关决策、计划、组织和控制等方面的活动,主要运用现代安全管理原理、方法、手段,分析研究各种不安全因素,从技术、组织、管理上采取有力措施,解决和消除各种不安全因素,防止事故的发生。北海航海保障系统在安全管理方面,以全面、持续、深入推行上级颁行的安全工作责任制为主线,逐步形成内部安全工作"制度化、规范化、标准化"的长效工作机制。

1983年9月,天津航测处成立安全委员会。1984年,根据基层单位点多线长、高度分散、条件艰苦等特点,印发施行《安全生产责任制》,明确规定行政正职是本单位安全工作的第一责任人,对本单位安全工作负全面领导责任;实行天津航测处、各航标区、航标站和班组四级安全组织及安全管理职责。同时,印发施行《安全员和安全活动日制度》《雨季前电器安全大检查制度》《安全生产检查制度》《安全生产教育制度》等10项安全管理制度,初步建立安全管理制度体系。1986年3月,该处建立处及处属单位安全生产例会制度,实施定期现场安全检查,初步形成加强安全管理的工作机制。

(1)1985年7月,天津航道局局长李增才(前中)带队赴大连航标区安全检查

图　9-4-712

第九章 综合管理

(2)1986年12月,天津航测处处长王载熙(左四)、党委书记赵亚兴(左五)带队赴烟台航标区安全检查

图9-4-712　1985年、1986年分别开展安全检查

1988年7月天津海监局成立后,于1989年3月在全局推行《安全活动日制度》。1991年,天津海监局安全委员会成立,局长任安全委员会主任,分管安全工作的副局长任副主任,成员由相关职能部门负责人组成,安全委员会办公室设在局船机处。1994年7月,该局印发施行《各级安全生产责任制》,建立局、处、站、班组四级安全管理工作机制,进一步完善安全管理制度体系。根据天津市交通委员会下达的年度各项安全控制指标,该局向局属各单位分解下达各项事故控制指标,签订《安全责任认定书》,并制定相关保证措施。随后,各单位将各项控制指标再分解下达至基层、部门、班组,层层签订《安全责任认定书》,做到层层分解、责任到人。在每年中和年末,该局对各单位安全责任控制指标落实情况实施现场检查考核。

其间,天津海监局重视安全培训工作,健全完善"上级、本局、局属单位、基层班组"四级安全培训形式。安排局分管安全工作的领导和专职安全员参加部、市组织的安全培训;局每年对基层单位主管安全工作的领导、专兼职安全员举办一次安全培训,考核结果送本单位备查;局属各单位每年对基层塔、台、站、船负责人至少举办一次安全培训;基层班组则按照上级要求和安全技术应知应会标准,开展全员岗位安全培训。通过自上而下的安全培训活动,达到提高全员安全素质的目的。

2001年5月北方海区外埠航标处划归天津海事局管理后,为强化安全管理,于2002年1月印发施行《安全检查管理规定》,明确规定安全检查分为岗位自查、班组检查、部门检查、单位检查和局级检查;检查方法分为专业性检查、季节性检查、节假日检查和专项安全活动检查。同年4月,根据《国务院关于特大安全事故行政责任追究的规定》和《天津市关于重大安全事故行政责任追究的规定》,该局印发《安全事故行政责任追究的规定》,明确规定各单位行政正职、分管安全工作的领导、主管安全的部门负责人和专兼职安全工作人员,以及安全责任事故的直接责任人,对火灾事故、道路交通事故、职工伤亡事故、机损事故、海上交通事故及其他安全事故的防范、发生,有失职、渎职情形或者负有直接领导责任的,根据情节轻重,给予相应的行政处分;构成玩忽职守罪或者其他罪的,由司法部门依法追究刑事责任。通过严肃追究安全事故的行政责任,进一步强化安全管理工作,有效防范各类安全事故的发生。

图9-4-713　2002年1月,天津海事局召开年度安全工作会议,局长王怀凤(左二)、党委书记齐世峰(左一)与各单位分别签订《安全责任认定书》

2003年初,天津海事局调整局安全委员会,由局长任安全委员会主任,局领导班子成员任副主任,成员由相关职能部门和局属单位负责人组成,局安全委员会办公室设在局计划基建处。同年2月,该局修订并印发施行《安全工作责任制》,明确责任制适用主体为局和局属单位及处级以上领导干部,明确规定局安全委员会、安全委员会办公室、局领导、局职能部门领导、各单位领导的职责,进一步完善全局自上而下的四级安全工作责任体系。局内部安全管理工作坚持"谁主管,谁负责"的原则,行政正职是本单位安全工作的第一责任人,对本单位安全工作负全面领导责任;分管安全工作的领导,对本单位安全工作负直接领导责任;其他领导,对分管单位、部门的安全工作负责。为强化和激励各级安全管理人员的责任意识,依据天津市安全生产委员会发布的《关于在全市推行安全生产风险抵押制度的通知》,该局相继印发施行《安全风险抵押管理办法》《安全事故行政责任追究的规定》《安全管理考评标准》。每年初召开局安全工作会议,依据天津海事局与天津市交通委员会签订的《安全责任认定书》,局统一分解下达局属各单位各类安全事故控制指标和经济损失控制金额。各单位行政一把手向局长递交《安全责任认定书》,并按规定比例缴纳安全风险抵押金。每年中和年末,该局依据《安全管理考评标准》,考核各单位事故控制指标和安全基础管理工作情况并于年终根据考核结果对各级领导干部和安全管理人员兑现奖罚。安全工作责任制考核结果,纳入领导干部年度考核内容,作为领导干部选任、晋升和奖惩的依据之一。

2004年5月,根据《中华人民共和国安全生产法》《国务院关于进一步加强安全生产的决定》,该局安全委员会办公室全面清理此前印发的内部安全管理制度,修订和制定以《安全工作责任制》为核心的19项内部安全管理制度,编纂颁行《天津海事局安全管理文件汇编(2004)》(以下简称《汇编(2004)》),供全局干部职工学习和贯彻落实,以促进内部安全管理的"规范化、制度化、标准化"。

《汇编(2004)》主要包括:《安全工作责任制》《安全事故行政责任追究的规定》《安全风险抵押管理办法》《安全检查管理规定》《电气安全技术管理规定》《专项安全检查表》6个安全管理制度,以及新收录的当年修订和制定的《"安全活动日"管理规定》《安全工作月报管理规定》《大、中型航标船航标作业安全管理规定》《高处作业安全管理规定》《锅炉使用安全管理规定》《雇用临时用工安全管理规定》《防止发生淹溺事故的规定》《职工伤亡事故管理规定》《机电设备损坏事故管理规定》《船舶水上交通事故管理规定》《劳动防护用品发放、使用管理规定》《防静电防护用品使用管理规定》《经济实体安全管理规定》13项规章制度。《汇编(2004)》是该局成立以来首次对局内部安全管理制度较为全面、系统的修订和编纂,具有"各级单位、部门、岗位职责明确,制度、规定完备具体,教育、培训、检查可操作性强"等特点,是全局内部安全工作纳入"规范化、制度化、标准化"长效管理机制的制度基础。

2005年7月,依据《中华人民共和国工人技术等级标准》《特种作业人员安全技术培训考核大纲》要求,该局印发施行《工作人员岗位安全技术应知应会标准》,对航标、测量作业人员,报务、话务、调配员,安全技术、电气作业人员,机动车驾驶员,船舶作业人员等14个岗位的应知应会内容作出具体规定。

2006年3月,结合交通部海事系统"规范管理年"活动,该局对历年印发的安全管理制度再次全面清理,并依据天津市交通委员会《建立交委系统安全生产长效管理机制的意见》,印发施行《安全责任事故经济赔偿规定》《特种设备和作业人员管理规定》《易燃易爆场所安全管理规定》3项规定和《班组安全管理标准》《安全检查标准》《安全培训标准》3项标准,建立健全安全管理制度体系和长效管理机制。

图9-4-714 2012年1月14日,天津海事局召开年度工作会议,局长刘福生(右二)、党组书记李国祥(右一)与各单位分别签订《安全责任认定书》

至2012年,天津海事局始终高度重视"安全月""百日安全无事故"及重大安全专项活动的开展,持续、全面、深入组织实施各级安全工作责任制及相应配套措施,进一步增强各级领导和岗位工作人员的安全责任意识,强化责任落实,有力保证了年度安全管理目标和安全基础管理工作的落实,为全局各项任务的顺利完成提供了安全保障,连续20余年未发生重特大安全责任事故,未突破各类安全事故控制指标和经济损失控制金额,并连续获得天津市交通口岸委员会授予的"天津市安全生产先进单位"荣誉称号。其间,该局先后制定安全工作管理制度共计50余项,并全部适用于北海航海保障系统。

1984—2012年北海航海保障系统适用的安全管理制度一览表

表9-4-154

序号	文件名称	发布机关	发文字号	发布日期	备注
1	安全生产责任制等11部管理制度	天津航测处	制度汇编(1984)	1984年4月	废止
2	劳动保护用品管理规定等2部管理制度	天津港通信导航公司	制度汇编(1985)	1985年5月	废止
3	关于实行"安全活动日制度"的通知	天津海监局	津海监〔1989〕船技字55号	1989年3月11日	2004年5月9日修订
4	劳动防护用品发放暂行标准	天津海监局	津海监〔1989〕船技字198号	1989年8月14日	2004年5月9日废止
5	职工伤亡事故管理办法	天津海监局船机处	处发〔1990〕6号	1990年12月13日	1998年6月11日废止
6	关于建立局"劳动鉴定委员会"的通知	天津海监局	津海监〔1991〕人字6号	1991年1月11日	
7	高处作业安全管理细则(试行)	天津海监局	津海监〔1992〕船技字31号	1992年2月24日	1992年4月3日废止
8	高处作业安全管理规定	天津海监局	津海监〔1992〕船技字59号	1992年4月3日	2004年5月9日修订
9	天津市企业职工伤亡事故报告处理办法	天津海监局船机处	处发〔1992〕2号	1992年5月25日	转发
10	关于建立重大事故报告制度的通知	天津海监局船机处	处发〔1992〕5号	1992年6月27日	转发
11	临时用工安全生产管理暂行规定	天津海监局	津海监〔1993〕船技字187号	1993年12月29日	2004年5月9日修订
12	机动车驾驶员交通安全奖惩办法	天津海监局	津海监〔1995〕公安字69号	1995年4月19日	废止
13	防止船员发生淹溺事故的规定	天津海监局	津海监〔1996〕船技字28号	1996年2月2日	2004年5月9日修订
14	安全管理工作月报表	天津海监局	津海监〔1996〕船技字29号	1996年2月2日	废止
15	安全生产检查制度(试行)	天津海监局	津海监〔1996〕船技处发7号	1996年4月22日	废止
16	船舶海上交通事故管理规定	天津海监局	津海监〔1997〕船技字93号	1997年4月21日	废止
17	装设临时用电线路、设施的安全管理规定	天津海监局	津海监〔1997〕船技字94号	1997年4月21日	废止
18	北方海区大中型航标船航标作业安全管理办法	天津海监局	津海监〔1997〕船技字102号	1997年4月29日	2004年5月9日修订
19	防静电个人防护用品使用管理规定	天津海监局	津海监〔1997〕船技字296号	1997年12月5日	2004年5月9日修订
20	安全责任控制指标认定考核实施办法	天津海监局	津海监〔1997〕船技字328号	1997年12月12日	废止
21	处级领导干部安全管理责任处理规定	天津海监局	津海监〔1998〕船技字52号	1998年3月12日	废止
22	关于重申建立手持、移动式电气设备管理制度的通知	天津海监局船机处	处发〔1998〕4号	1998年3月16日	废止
23	职工伤亡事故管理规定	天津海监局	津海监〔1998〕船技字146号	1998年6月11日	2004年5月9日修订

〔续表〕

序号	文件名称	发布机关	发文字号	发布日期	备注
24	机动车驾驶员及警车、警用车辆管理规定	天津海监局公安处	处发〔1999〕15号	1999年6月3日	废止
25	各级安全生产责任制	天津海监局	津海监〔1994〕船技字87号	1999年7月12日	2003年2月20日废止
26	安全管理考评标准（试行）	天津海事局	津海〔2000〕船技字109号	2000年4月12日	
27	专项安全检查表	天津海事局	津海〔2000〕船技字197号	2000年6月28日	
28	安全检查管理规定	天津海事局	津海计基〔2002〕8号	2002年1月14日	
29	电气安全技术管理规定		津海计基〔2002〕9号		
30	安全风险抵押管理办法	天津海事局	津海计基〔2002〕138号	2002年4月19日	
31	安全事故行政责任追究的规定		津海计基〔2002〕139号		
32	安全工作责任制	天津海事局	津海计基〔2003〕50号	2003年2月20日	
33	"安全活动日"管理规定	天津海事局	津海计基〔2004〕157号	2004年5月9日	
34	安全工作月报管理规定				
35	大中型航标船航标作业安全管理规定				
36	高处作业安全管理规定				
37	锅炉使用安全管理规定				
38	雇用临时用工安全管理规定				
39	防止发生淹溺事故的规定				
40	职工伤亡事故管理规定				
41	机电设备损坏事故管理规定				
42	船舶水上交通事故管理规定				
43	劳动防护用品发放、使用管理规定				2010年8月6日废止
44	防静电防护用品使用管理规定				
45	经济实体安全管理规定				
46	机动车辆在恶劣气候及复杂路况条件下安全运行预案	天津海事局	安全〔2004〕22号	2004年12月29日	
47	工作人员岗位安全技术应知应会标准	天津海事局	安全〔2005〕9号	2005年7月26日	
48	特种设备和作业人员管理规定	天津海事局	津海计基〔2006〕108号	2006年3月17日	
49	易燃易爆场所安全管理规定				
50	班组安全管理标准	天津海事局	津海计基〔2006〕109号	2006年3月17日	
51	安全检查标准		津海计基〔2006〕109号		
52	安全培训标准		津海计基〔2006〕109号		
53	安全责任事故经济赔偿规定	天津海事局	津海计基〔2006〕144号	2006年4月19日	
54	安全工作联检互查制度	天津海事局	安全〔2007〕14号	2007年9月18日	
55	职工劳动防护用品发放标准	天津海事局	安全〔2010〕12号	2010年8月6日	
56	社会化用工人员劳动防护用品发放标准				

二、安全活动

安全活动指为贯彻落实国家安全工作方针政策、法律法规和上级安全工作部署,保证单位正常生产和工作秩序而组织开展的系列活动。北海航海保障系统安全活动主要包括安全检查和安全自查活动,安全培训和安全教育活动,安全知识竞赛和安全事故演练活动,安全评比和安全文化活动等。

自1980年起,国家安全生产委员会连续5年在全国组织开展"安全月"活动,1991年在全国组织开展"安全生产周"活动,2002年将"安全生产周"活动改为"安全生产月"活动。安全检查是监督、指导安全制度和安全职责落实的重要手段,亦是"安全生产月"活动的主要内容之一。

1980年10月天津航测处成立后,坚持"安全第一,预防为主"的工作方针,每年开展多种形式的安全活动。1984年4月,天津航测处制定并印发施行《安全生产检查制度》《安全员和安全活动日制度》,坚持每年对基层单位及所属塔台站船开展定期和专项安全检查。针对1987年5月27日"津航测1"船与"津塘渔0286"船发生碰撞,造成渔船沉没,1人死亡的严重海损责任事故,剖析事故原因,严肃查处责任人,并予以通报,开展全员安全警示教育。

图9-4-715　1989年7月,天津海监局副局长李增才(前左二)带队赴营口台子山灯塔安全检查

1988年7月天津海监局成立后,于1989年3月印发施行《安全活动日制度》,并始终坚持局分管安全工作领导带队安全检查制度。1996年4月,该局印发施行《安全生产检查制度(试行)》,并在局属各单位推行《安全管理工作月报表》。1999年7月天津海事局成立后,于2002年1月印发施行《安全检查管理规定》,并正式施行《专项安全检查表》。2004年9月,烟台航标处成山头灯塔发生一起职工用明火照明引发蓄电池爆炸,造成其左眼球破裂后摘除的安全责任事故。该局安全委员会立即召开专题会议,按照"四不放过"原则,派员组织查清事故原因,严肃处理责任人,追究相关领导责任,印发事故情况通报,深刻汲取事故教训。随后,立即在全局范围组织开展一次安全大检查,重点对基层班组、船舶实施检查,共查出安全隐患和问题68处,并当即组织落实整改。

2006年5月,该局印发施行《安全检查标准》,将安全检查分为岗位自查、班组检查、部门检查、单位检查、局级检查五个级别。岗位自查系指岗位责任人在每日交接班前、工作之中,对本岗位负责的设备、环境注意检查和巡查,每半个月对所操作或使用的设备、工具全面检查一次。班组、部门检查系指由班组长在每日检查和巡查,每月全面检查一次。单位检查系指每月由单位领导组织对其所辖部门、班组、船舶实施检查,对重点防范部位和易发生事故的作业场所至少检查或抽查一次,一个季度全面检查一次。局级检查系指由局安全检查组每季度对基层单位的重点部位、部门实施抽查,抽查面不少于25%,每年至少实施一次全面安全检查。每年在国家重大活动、敏感时期和春节、国庆节等重大节假日期间,该局均组织实施安全检查,抽查重点部位,夜查重要岗位。每次安全检查后,印发《安全检查情况通报》,肯定成绩,指出问题,公布《安全隐患登记表》,并督查整改落实。

图9-4-716　2006年5月1日,天津海事局副局长赵亚兴(中)带队赴天津航标处安全检查

2007年9月,该局建立《安全工作联检互查制度》,成立局联检互查组,年内对部分基层单位实施3次安全检查。此间,通过建立并持续组织安全工作联检互查,进一步强化安全责任制、安全管理规章制度和操作规程的落实,为严肃查处违章指挥、违章作业、违反劳动纪律行为,有效落实整改安全隐患,杜绝各类事故的发生发挥了重要作用。

图9-4-717　2008年2月5日,天津海事局局长徐津津(左)带队赴大连航标处安全检查

北海航海保障系统各单位将"安全生产月"活动与"安全文化建设"相结合,特别是国家安全生产委员会将"安全生产周"改为"安全生产月"活动以后,根据天津海事局每年"安全生产月"活动部署,结合各自实际,组织开展形式多样的安全文化活动。

天津通信站以安全文化建设为载体,组织开展"安全生产月"活动。该站在内部刊物《通信之声》开辟专栏,开展以安全文化哲理、安全文化作品为主要内容的知识答卷活动,使安全文化建设深入人心。活动期间,通信职工踊跃投稿,《通信之声》将职工的心得体会发表在"安全生产月"活动专栏,相互交流,共同提高,同时编辑发放《通信站职工安全文化手册》,做到通信职工人手一册。

天津航标处组织开展以"科学发展,安全发展"为主题的"安全生产月"活动,张贴安全宣传挂图,悬挂安全条幅,营造活动氛围。开展安全警示教育活动,通过举办安全事故案例展览,剖析典型事故起因,增强职工安全防范意识。开展消防安全教育,聘请天津市防火中心专家授课,组织消防应急演练和灭火实战演练,检验执行消防应急预案能力。组织开展安全自查,全面检查特种设备、电器设备、消防设备、车辆和人员持证情况,以及老旧船舶安全状况。同时,组织职工安全培训,参与安全知识答卷,发放《安全生产普法知识教育手册》,使全处职工安全责任意识和岗位安全技能普遍提高。

大连航标处将"安全生产月"与航标文化建设相结合,每年举办"安全文化节"主题实践活动,至2012年,已连续举办10届。其间,以"宣传安全文化,增强安全意识,共享安全环境"为主题的首届"安全文化节"活动,包括举办冬季安全检查、安全事故应急预案演练、安全文化论坛,以及安全知识培训等活动;以"强三基,反三违,除隐患"为主题的第四届"安全文化节"活动,包括举办安全知识培训、安全教育宣传片展映、安全经验交流会,以及海上救生演练等活动;以"科学发展,安全发展"为主题的第十届"安全文化节"活动,组织开展了安全有奖征文、"安全在我心中"演讲比赛、"铁山杯"职工摄影比赛、第六届职工技术比武大赛和消防演练等大型活动。

图9-4-718　2012年6月28日,大连航标处举办"安全文化节"主题实践活动

"安全文化节"历经10年,该处共计获得各级大小奖项百余项,安全征文百余篇,不仅为职工参与管理、展示自我提供平台,还为提升职工安全意识、增强自我防范能力、提高岗位技能发挥了积极作用,亦为该处安全发展提供有力的文化支撑,并已成为北海航海保障系统安全管理工作的品牌。

三、劳动保护

劳动保护指国家和单位为保护劳动者在生产过程中的安全和健康所采取的立法、组织和技术措施的总称。劳动保护是根据国家法律、法规,依靠技术进步和科学管理,采取组织措施和技术措施,消除危及人身安全健康的不良条件和行为,防止事故和职业病,保护劳动者在劳动过程中安全与健康的重要保障。

"加强劳动保护,改善劳动条件",是载入《宪法》的神圣规定。1949年10月中华人民共和国成立后,党和政府高度重视劳动保护工作,国务院于1956年公布施行《工厂安全卫生规程》,明确指出:"改善劳动条件,保护劳动者在生产劳动中的安全健康,是我们国家的一项重要政策。"1963年9月18日,根据国务院《工厂安全卫生规程》等有关规定,劳动部发布施行《国营企业职工个人防护用品发放标准》,明确规定发放防护用品的原则和范围。

1982年天津航测处接收海军北海舰队海上干线公用航标后,根据国家关于企业职工个人劳动保护用品发放标准,参照海军装备情况,以及辽宁省、河北省、山东省、天津市职工个人劳动保护用品发放标准,并结合天津航道局相关标准,印发施行《航标区职工劳动保护用品的发放标准》,使航标职工在航标作业中的安全与健康得到保障。1985年5月天津港通信导航公司成立后,印发施行《劳动保护用品管理规定》和《劳动保护用品使用规定》,进一步规范劳动防护用品的管理和使用。

1988年7月天津海监局成立后,依据劳动人事部等四部委联合印发的《关于改革职工个人劳动防护用品发放标准的管理制度的通知》,于1989年8月印发施行《劳动防护用品发放标准》。该标准为该局首个劳动保护用品发放标准,对规范和统一全局各类人员劳动保护用品发放标准,保障职工在工作中的安全与健康发挥了积极作用。该标准共计59个工种,其中涉及北海航海保障系统55个工种。

1994年7月5日,国家公布施行《中华人民共和国劳动法》,其中第六章第五十四条明确规定:"用人单位必须为劳动者提供符合国家规定的劳动安全卫生条件和必要的劳动防护用品"。2004年5月9日,根据《中华人民共和国劳动法》《天津市劳动防护用品管理规定》《天津市劳动防护用品发放标准》,结合实际情况,天津海事局修订原劳动保护用品发放标准,取消车工、钳工、木工、打字员等20个岗位消失的工种标准。修订后的《劳动防护用品发放、使用管理规定》工种调整为39个,其中涉及北海航海保障系统工种35个。

2010年8月6日,天津海事局再次修订和调整劳动防护用品发放标准,取消机关干部、专职安全干部等劳动保护用品发放标准,以及不再设置岗位的司炉工、机关勤杂人员等工种标准。修订后的《职工劳动防护用品发放标准》工种调整为22个,其中涉及北海航海保障系统工种20个。同时,增加《社会化用工人员劳动防护用品发放标准》。

第五节 档 案 工 作

一、档案管理

档案指本单位、个人在各项工作中直接形成的,对本单位和社会有保存价值的各种文字、图表、声像、电子等不同形式和载体的历史记录。档案管理是为社会实践提供档案信息的重要基础管理工作。

20世纪80年代初,北海航海保障系统档案管理工作起步,历经档案数量从无到有、从少到多,档案管理由弱到强、由手工到计算机,直至达到国家级档案工作目标管理考核标准的发展过程,并引领交通部安监(海事)系统档案管理工作健康发展。

1980年10月,依据交通部发布的《关于同意天津、上海、广州航道局成立航标测量处的批复》,天津航测处分工管理北方海区航标和港口航道测量工作。1982年12月,该处在处办公室资料室基础上建立处档案室。档案管理实行分工负责制,干部和人事档案分别由组织、人事部门管理,文书、会计档案由办公室管理。此间,档案室藏有3个全宗,5个门类档案,其中文书档案13卷、科技档案63卷、会计档案66卷、图照档案8幅、档案利用120次。1983年9月,该处在企业全面整顿活动中建立档案管理制度,先后印发施行《文书档案管理办法》《科技档案管理办法》《文书档案借阅制度》《科技档案借阅制度》,并编入《航标测量处管理制度汇编(1984)》。同时,大连、天津、烟台、青岛航标区和天津海港测量队等处属单位亦着手档案管理工作。1985年5月天津港通信导航公司成立后,建立公司档案室,先后印发施行《文书档案立卷归档具体规定》《科学技术文件材料立卷归档制度》《借阅文书、科技档案暂行规定》,编入《天津港通信导航公司管理制度汇编(1985)》,并组织档案立卷归档和管理工作。至此,初步形成北海航海保障系统档案管理制度体系。至1988年初,天津航测处档案室藏有3个全宗、5个门类档案,其中文书、科技档案328卷,会计档案550卷。

1988年7月天津海监局成立后,在天津航测处档案室基础上建立该局档案室。档案管理实行局、处两级分工负责制,人事档案由组织人事部门管理,文书、科技、会计、音像和图片等综合性档案由办公室管理。1989年初,依据交通部《关于将沿海各航标区分别划归各有关海监局的通知》,天津海监局将大连航标区、烟台航标区、青岛航标区和秦皇岛航标管理站分别划归属地海监局管理,档案管理工作一并移交。1989年11月,该局印发施行《档案管理办法(试行)》,以统一全局档案管理工作。1992年,依据交通部《交通档案管理办法》,该局印发施行《交通档案管理办法》《文件材料立卷归档实施细则》《科学技术档案分类编号实施细则》《档案借阅制度》等制度,对局机关部门及局属单位档案管理作出具体规定,并逐步完善档案管理制度体系。此间,局和局属单位办公室每年分别履行本机关处(科)室形成文件的接收归档工作。局机关实行分散立卷方式,由各处室设兼职文书,负责本处室文件立卷归档;局属单位实行集中立卷方式,办公室文书统一管理本单位文件,定期向本单位档案室移交。1993年初,该局档案管理部门每年对局属单位开展一次档案安全检查,清点核实档案实有数量,及时发现和消除档案保管中的安全隐患;局属单位负责自查本单位档案保管情况,梳理发现隐患,及时向局档案管理部门汇报,制定整改方案,采取有效措施,杜绝档案丢失和损毁事故。

1995年,天津海监局推行工作目标责任制管理。档案管理作为基础管理指标纳入年度单位、部门工作目标责任制考核。随即,根据交通部办公厅《关于部属科研设计企事业单位档案目标管理的通知》,该局提出档案管理工作"九五"发展目标,在局机关和局属单位组织开展档案管理达标升级活动。同年10月,该局组织开发的UDMS通用文档管理软件投入应用。该软件具有建档、查阅、检索、打印报表和电子档案库整理功能,以及开放性、扩充性、实用性等特点,为推进档案达标认证工作提供了技术支持。

1996年12月,天津海监局机关和天津海测大队档案管理通过交通部档案馆组织的国家档案管理二级标准认定。1997年12月,为持续推进全局档案达标升级工作,该局印发施行《档案管理考核工作规定》。同年,交通部授予天津海监局"全国交通系统档案工作先进集体"荣誉称号,授予局档案室负责人孟庆春"全国交通系统档案工作先进个人"荣誉称号;天津市授予天津海监局"天津市档案工作先进集体"荣誉称号。1998年1月22日,天津海监局和天津海测大队在交通部安监系统中率先通过国家档案局组织的国家档案管理一级标准认定。同年,天津市授予天津海监局"天津市档案工作先进集体"荣誉称号,授予档案管理人员陈红"天津市档案工作先进个人"荣誉称号。

图 9-5-719　1998 年 1 月 22 日,国家档案局、交通部档案馆考评天津海监局、天津海测大队档案管理国家一级标准认定

　　1998 年 7 月 20 日,借助天津海监局和天津海测大队率先通过国家档案管理一级标准认定的东风,天津海监局办公室主任王文建在北戴河主持举办北方海区航标档案目标管理培训班,聘请交通部档案馆副馆长赵国森授课,分管航标工作的副局长赵亚兴出席并讲话,推进北方海区航标系统档案管理达标升级工作取得显著成效。

图 9-5-720　1998 年 7 月 20 日,天津海监局在北戴河举办北方海区航标档案目标管理培训班

　　2001 年 5 月,依据交通部《关于调整部分航标区行政管理关系的通知》,天津海事局接管大连、营口、秦皇岛、烟台、青岛(含日照航标站)5 个外埠航标处(区),档案管理工作一并回归天津海事局。至 2002 年,天津航标处、通信站(处)、青岛航标处、烟台航标处、秦皇岛航标处、大连航标处等局属单位相

继通过交通部档案馆组织的国家档案管理二级标准认定,并圆满实现档案管理工作"九五"发展目标。其间,该局档案室藏有14个全宗、6个门类档案,其中文书档案7947卷、科技档案17038卷、会计档案15540卷、音像档案474盘、图照档案5501幅,档案利用6838次。

2006—2008年,交通部海事系统组织开展"规范管理年"活动,天津海事局以开展档案达标升级认定活动为基础,将档案管理工作纳入局属单位、局机关部门主要负责人职责和年度单位、部门考核指标,全面规范内部管理工作。此间,该局重新修订《档案管理办法》《文件材料归档实施细则》《科技文件材料立卷归档实施细则》《声像档案管理实施细则》《科技图书资料管理办法》,形成全面系统的档案管理制度体系和长效工作机制。2008年,天津海事局实行办公自动化,将工作文件归口办公室和党工部管理,并向局档案室提交文书档案立卷归档,其他门类档案归档保持不变。

2011年11月,根据天津市档案局《天津市机关档案工作评估办法》,天津海事局印发施行《档案工作评估管理办法》《档案工作评估标准》。同年12月,该局机关达到天津市机关档案工作评估一级单位。2012年,交通部海事系统组织开展档案工作评估和"档案资源建设年"活动,不断丰富室藏资源、优化室藏资源结构。其中,北海航海保障系统9个单位全部达到天津海事局档案工作一级单位标准。

至2012年底,北海航海保障系统各单位年度文件资料归档率和完整率均达到98%以上,档案资料日益丰富,档案利用率逐年提高,持续推进档案管理"系统化、规范化、制度化、信息化"建设,为规范该系统内部管理和航海保障事业可持续发展提供重要基础保障。其间,天津海监(事)局先后制定档案管理工作规章制度20余项,并适用于北海航海保障系统。

1984—2012年北海航海保障系统适用的档案管理制度一览表

表9-5-155

序号	文件名称	发布机关	发文字号	发布日期	备注
1	文书档案管理办法等4部管理制度	天津航测处	制度汇编(1984)	1984年4月	废止
2	文书档案立卷归档具体规定等5部管理制度	天津港通信导航公司	制度汇编(1985)	1985年5月	废止
3	档案管理办法(试行)	天津海监局	津海监〔1989〕办字8号	1989年11月24日	废止
4	交通档案管理办法	天津海监局	津海监〔1992〕办字142号	1992年8月10日	废止
5	文件材料立卷归档实施细则				
6	科学技术档案分类编号实施细则				
7	档案借阅制度				
8	科学技术档案分类编号实施细则	天津海监局	津海监〔1996〕办字132号	1996年5月23日	
9	科技图书资料管理暂行办法	天津海监局	津海监〔1997〕办字308号	1997年11月28日	
10	档案管理考核工作规定	天津海监局	津海监〔1997〕办字310号	1997年12月2日	
11	档案管理办法	天津海事局	津海办〔2006〕453号	2006年12月18日	
12	科技图书资料管理办法	天津海事局	津海办〔2007〕312号	2007年7月31日	
13	科技文件材料立卷归档实施细则	天津海事局	津海办〔2007〕315号	2007年8月2日	
14	声像档案管理实施细则		津海办〔2007〕316号		
15	文件材料归档实施细则		津海办〔2007〕319号		
16	档案工作评估管理办法	天津海事局	津海办〔2011〕396号	2011年11月18日	包括标准

1996—2012年北海航海保障系统档案管理达标一览表

表9-5-156

序号	单位名称	达标等级	达标日期	考核机关	备注
1	天津海监局	国家二级	1996年12月27日	交通部档案馆	
		国家一级	1998年5月26日	国家档案局	
2	天津海测大队	国家二级	1996年12月27日	交通部档案馆	
		国家一级	1998年5月26日	国家档案局	
3	天津航标区	国家二级	1998年5月26日	交通部档案馆	
4	天津通信站	国家二级	1998年5月26日	交通部档案馆	
5	青岛航标处	国家二级	1999年3月18日	交通部档案馆	
6	秦皇岛航标处	国家二级	2001年3月14日	交通部档案馆	
7	烟台航标处	国家二级	2001年3月14日	交通部档案馆	
8	大连航标处	国家二级	2002年12月16日	交通部档案馆	
9	天津航测科技中心	天津海事局一级	2012年2月27日	天津海事局	档案数量少
10	营口航标处	天津海事局一级	2012年6月25日	天津海事局	档案数量少

二、档案设施

1982年8月,天津航测处机关从塘沽迁址天津市河西区黑牛城道34号办公,处档案室面积18平方米,配有档案柜、打印机等简单设备。1988年10月,天津海监局机关亦在天津市河西区黑牛城道34号办公,局档案室办公区面积30平方米,库房面积30平方米,配有档案柜、照相机等简单设备。1989年初,北海航海保障系统各单位升格为处级单位,相继建立和完善处档案室。

1997年12月,为推进天津海监局机关档案达标升级认定工作,该局调增库房面积30平方米,作为会计档案和实物档案库房。2003年10月,因天津海事局机关原办公业务用房拆迁,局档案室迁址局属单位通信站办公业务用房临时办公,局档案室办公区面积30平方米,库房面积60平方米。2008年12月,该局档案室迁址新落成的天津市河西区解放南路369号天津海事局综合业务用房办公,局档案室办公区面积34平方米,库房面积增至450平方米,配有计算机、复印机、扫描仪、密集架、消毒柜、多媒体查询等现代化办公设备,工作条件和基础设施得到显著改善。

随着交通部逐年加大基本建设投资力度,局属各单位档案室建设亦得到明显改善。北海航海保障系统9个单位档案室和库房面积共计660平方米,其中大连航标处93平方米,营口航标处55平方米,秦皇岛航标处65平方米,天津航标处45平方米,烟台航标处93平方米,青岛航标处77平方米,天津海事测绘中心98平方米,天津通信中心108平方米,天津航测科技中心64平方米。同时,根据工作性质和实际需要,各单位档案室分别配置计算机、彩色打印机、高速扫描仪、防磁柜、复印机、扫描仪、密集架、消毒柜等现代化办公设备;各单位档案库房设有"七防"安全措施(防盗、防火、防潮、防磁、防尘、防污染和防有害物),装有防盗门、防盗警报器、防光窗帘、空调器、吸尘器、温湿度自动记录仪等。

三、档案利用

1989年天津海监局建局初期,全局档案室藏有6个全宗、6个门类档案,其中文书档案977卷、科技档案776卷、会计档案1488卷、音像档案2盘、图照档案28幅,档案利用948次。1996年,该局档案室对各种目录式检索工具重新系统化排列整理,完善12个全宗档案规范整理。1997年,该局档案实行信息化管理,档案利用查全率和查准率均达98%以上,初步形成种类多样、功能齐全的检索体系。1998

年,该局档案室藏4个全宗、6个门类,其中文书档案2045卷、科技档案3001卷、会计档案2600卷、音像档案48盘、图照档案365幅,档案利用169次。

1999年7月,组建天津海事局。2005年,该局档案具有8种检索工具。至2012年,该局档案室藏18个全宗、6个门类,其中文书档案32138卷、科技档案22497卷、会计档案30643卷、音像档案810盘、图照档案13110幅,档案利用2521次(412件/次)。这些珍贵的档案资料,全面系统地反映北海航海保障系统党政、群众团体和各项业务等发展的历史原貌。

党政档案存有党政机构设置、干部管理、党纪处分、体制调整、党政工作年度计划、总结、会议记录、党代会及选举工作材料、各阶段重大历史活动面貌和政治运动材料。群众团体档案存有工会、共青团代表大会的报告、决议、讲话,表彰先进、评选劳模、先进人物名单、审批表等材料。会计档案存有历年财务预决算报表、职工工资表、凭证、月度报表、职工个人所得税、银行对账单等管理材料。科技档案存有航标档案(航标动态、航标审批、航标灯塔、灯浮标)、测绘档案、水文档案、基建档案、船舶档案、航行警(通)告档案等。其中,基建档案存有项目工程档案,包括每个工程项目的前期、设计、施工、监理、附属设施、财务预决算、竣工等材料。水位档案共586卷,并利用水位档案,编辑《塘沽地区最高、最低潮位记录》,真实记录天津辖区渤海水位变化情况,此档案资料为支持当地水文科研单位和天津气象部门研究预测天津风暴潮发挥了重要作用;实物档案存有锦旗、奖状、奖杯、外事活动互赠礼品等物品。其间,该局档案室将收藏的实物航标器材移交中国航标展馆。声像档案存有反映北海航海保障系统在各历史时期的体制改革、重要会议、管理工作、外事活动、基本建设、科研成果、历史资料、文化生活等图表、照片和声像资料。进入21世纪,建成天津海事局展室,设有16块展牌和12个展柜,客观反映了天津海事事业蓬勃发展的丰硕成果。

至2012年底,天津海事局档案室先后完成机构沿革、大事记、内部管理制度汇编、航标测绘规章制度汇编、全面质量管理成果汇编、测绘论文汇编等一系列有实用价值的编研成果,并为编纂《天津通志·海事志》提供了大量翔实的史料。大连航标处档案室先后完成机构沿革、大事记、内部管理制度汇编、船舶简介、灯塔简介、质量管理体系文件等一系列编研成果,并为改造险礁灯塔更换玻璃钢塔身工程提供了翔实资料。营口航标处档案室为鲅鱼圈业务用房危房拆除重建设计提供了编制依据,明显提高了编制效率,确保了编制资料准确,节省了勘探资金近万元。天津海测大队在大亚湾核电站测量工作中,利用档案室数据资料,修正错误的水准点,为国家节约数千万元的建设资金。此外,各单位档案部门多次为修船、基建等工程提供相关资料,提高了工作效率,节约了经费开支,直接或间接地发挥了档案管理的经济和社会效益。

特别是2014年8月初,北海航海保障中心组织编纂《北海航海保障志》,该局珍藏30余年的各类档案为大纲编制、初稿编纂、各章分纂、全书总纂和主编终审提供了不可或缺的大量珍贵史料,各单位档案利用率亦大幅攀升。至2015年底,该局档案室藏18个全宗、6个门类,其中文书档案46360卷、科技档案25250卷、会计档案36147卷、音像档案898盘、图照档案16993幅,档案利用5549次(1233件/次)。

1982—2015年北海航海保障系统档案馆藏数量一览表

表9-5-157

年份	全宗(个)	文书(卷)	科技(卷)	会计(卷)	音像(盘)	图照(幅)	利用(次)	备注
1982	3	13	63	66	—	8	120	
1988	5	977	776	1488	2	28	948	
1998	4	2045	3001	2600	48	365	169	档案移交
2001	14	7949	17038	15540	474	5501	6838	档案回归
2005	14	13699	18780	22411	632	6908	1841	

〔续表〕

年份	全宗(个)	文书(卷)	科技(卷)	会计(卷)	音像(盘)	图照(幅)	利用(次)	备注
2010	17	24748	21009	26807	731	10167	2558/498	件/次
2012	18	32138	22497	30643	810	13110	2521/412	件/次
2015	18	46360	25250	36147	898	16993	5549/1233	件/次

第六节　行业标识

一、航标标识与制式服装

1984年10月，交通部、财政部印发《关于沿海、内河运输船员及沿海界江航标管理工作一线人员的制服发放规定的通知》，对交通部航运企业的沿海、内河运输船员及沿海界江航标管理工作的一线人员制服发放等作出明确规定。制装范围为沿海、内河运输船舶的正式船员，沿海界江航标管理的灯塔（包括雾号站）、无线电指向标站、无线电导航台、灯船、航标区、航标站人员，以及航标、测量船及辅助船人员。

1984年11月，交通部水监局印发《关于沿海航标人员制服的式样、颜色、标识等问题的通知》，统一规定制服式样、颜色、标识等，每四年配备冬服和夏服制式服装各一套，肩章限于干部及塔、台、站负责人佩戴，并明确航标制服的标识。帽徽图案中，铁锚表示水上单位；中间图案为白圆内深底色、白波纹，表示大海；金色五星及两边的红色三角，表示航标灯和闪光；金色五星亦象征中国。

图9-6-721　1984年交通部航标标识：帽徽、肩章

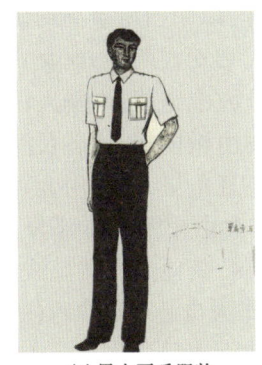
(1) 男士夏季服装

(2) 女士夏季服装

(3) 男士冬季服装

(4) 女士冬季服装

图9-6-722　1984年交通部航标制式服装

1985年10月,天津航测处印发《关于航标制服管理办法及着装规定的通知》,明确规定在职从事航标测量作业的工人及管理人员一律按照部颁标准发放航标职业标志服装。发放标准为:男女职工每人发藏蓝色全毛华达呢面料双排扣西服冬装一套,藏蓝色毛涤面料双排扣西服春秋装一套;夏装平纹白的确良上衣两件,男职工藏蓝色毛涤面料裤一条,女职工为藏蓝色西服裙一条,大檐帽一顶,帽徽一枚,黑色领带一条;航标测量管理人员配发肩章一副。同时,要求在遇有外事活动、重大集会和其他重要场合,一定要按照统一标准着装。

1985年底,天津航测处1323名在职职工首次统一穿着航标制式服装。

二、安监标识与制式服装

1989年10月,根据国务院关于统一着装的有关规定和交通部关于港务监督工作人员制服供应办法,天津海监局印发《制服供应管理实施办法》(以下简称《实施办法》),对制装的发放范围、标准以及制装发放管理等作出明确规定。

根据工作性质和执行任务需要,将工作人员制装分为三类,一是从事海上安全监督管理的现场工作人员和局机关工作人员,穿着港务监督制服,佩戴帽徽、肩章和领花;二是从事航测工作的局属单位的人员,延续航标标志服的规定着装;三是巡逻船艇船员、局机关司机、门卫工人、通信站工作人员穿着港务监督制服,不佩戴帽徽、肩章和领花。由此,天津通信站工作人员首次统一着装。

《实施办法》明确港务监督制服的标识,帽徽为国徽图案;领花为罗经花;肩章为黑底,中间装有中华人民共和国港务监督英文缩写HAS及锚组成的肩徽,旁边加一条金黄色竖杠;纽扣为有罗经花的金黄色凸面金属扣;领带夹子带有金黄色港务监督标识。

《实施办法》明确制装的种类、式样、颜色及面料。港务监督制服分男、女装,由冬、夏季制服,大衣,长、短袖衫组成;劳保工作服种类制式与港务监督制服式样相同。港务监督制服冬服为深藏青色毛涤华达呢,夏服为深藏青色毛涤凡尔丁,大衣为深藏青色中等海军呢,长袖衫、短袖衫为白色涤棉府绸;劳保工作服冬服为深藏青色三合一面料,夏服为深藏青色薄型化纤面料,棉(或绒)大衣为深藏青色中长纤维面料,长袖衫、短袖衫为白色涤棉府绸,船员冬季发深藏青色呢料冬服。

1989年,天津海监局1867名在职职工统一穿着安监制式服装或航标制式服装,其中北海航海保障系统1728名。

三、海事标识与制式服装

2003年4月18日,交通部印发《关于交通部直属海事系统工作人员统一着装有关事宜的通知》,决定对直属海事系统工作人员制服装具(包括帽徽、领花、肩章、臂章、纽扣)式样,以中国海事局局徽为主体进行修改,服装等式样基本维持原样不变。其具体修改方案为:帽徽分男式和女式两种,原女式大檐帽调整为软沿平顶帽;帽徽图案由中华人民共和国国徽、盾牌、橄榄枝、锚链及波浪组成,中华人民共和国国徽衬底为红色,其他部位为金黄色,徽体近似八面体;领花为折线形,图案由橄榄枝、锚链及波浪组成,通体为金黄色;肩章分为软硬两种,面料为深蓝色涤棉,内侧镶制一颗金色五角星,中间用金黄丝线绣制海事局局徽拆分图案,外侧嵌制三条凹凸边体金道;臂章面料为涤棉,图案由帽徽主体部分及"中国海事""CHINA MSA"中英文字组成,黑底黄边。国徽衬底部分由红丝线缝制,其他由金黄丝线缝制;纽扣为圆形,图案为内嵌式锚体凸出,通体为金黄色。同时,要求海事机构工作人员赴现场执行任务,应按照规定标准着装,并明确各地方海事机构可参照本通知执行。2003年,天津海事局工作人员1849名全部更新为海事制服装具,其中北海航海保障系统1374名。

2004年1月13日,交通部发布施行《海事系统制服装具管理办法(试行)》(以下简称《管理办法》),要求直属海事系统切实做到着装统一、式样统一、颜色统一、标志统一。《管理办法》规定海事制服发放范围和标准,以及海事制服发放和管理的具体要求,明确海事制服由夏装、春秋装、冬装、工作值勤装组成,海事装具由执法装具(制服帽、作业帽、帽徽、肩章、臂章)、标志类装具(领带、皮腰带、纽扣等)和配套装具(皮鞋、手套、雨衣、雨靴等)组成;各地方海事机构在制服装具管理上参照《管理办法》执行。同年3月23日,交通部海事局印发《关于加强海事制服及装具配发和采购管理的通知》,要求海事系统各单位认真贯彻该《管理办法》,不得随意扩大海事制服发放范围,不得随意增加海事制服的种类,海事制服及装具应在中国海事局统一招标定点的制作厂家统一制作采购。同年11月11日,交通部海事局印发《关于海事制服外穿衬衫由灰蓝色调整为白色的通知》,将海事制服外穿衬衫由灰蓝色统一调整为白色。

2005年3月4日,交通部海事局印发《关于进一步明确直属海事工作人员的制服配发范围和标准的通知》,进一步明确直属海事工作人员的制服配发范围为在编在职工作人员,对于海事系统聘用人员,不纳入海事制服配发范围,并增配航标、测绘、通信、后勤等工作人员的部分装具标准。同年9月28日,交通部海事局印发施行《海事官员制式服装着装规定》,就海事制式服装着装范围、着装标准、着装规范、着装风纪和监督检查作出具体规定;各级海事管理机构在编在职海事官员按照规定的标准、要求着装和佩戴装具;必须按照标准制式服装着装和不得按照标准制式服装着装的场合和情形;海事机构法制部门负责对海事官员制式服装着装风纪实施检查和督察,海事官员应当自觉遵守并服从督查。2005年,天津海事局1791名在编在职工作人员统一穿着海事制式服装,其中北海航海保障系统1364名。

图9-6-723　2005年中国海事标识:帽徽、肩章、臂章、领花

图9-6-724　2005年海事官员制式服装(夏季)

图9-6-725　2005年海事官员制式服装（春、秋、冬季）

2008年11月7日，交通部海事局印发《关于直属海事系统实施海事职务等级标识制的通知》，全面部署交通部海事系统首次实施海事职务等级标识制相关工作。文件强调，实施海事职务等级标识制，既是建设责任型和服务型交通海事的客观要求，也是履行海事监管职责和队伍正规化建设的需要，更是实现海事管理标准化、制度化、准军事化的需要。为此，交通部海事局决定在扩大试点的基础上，在直属海事系统全面推行海事职务等级标识制。

为在直属海事系统稳步推进海事职务等级标识制，交通部海事局印发施行《交通运输部海事局职务（技能）等级标识制管理办法》《交通运输部海事局职务等级标识制实施办法》《交通运输部海事局海事津贴实施办法》《交通运输部海事局技能等级标识制实施办法》等配套文件，并明确要求直属海事局首次实施职务等级标识制的时间点为2007年12月31日。

此次海事职务等级标识共设六等十三级。其中，一等一级为首席总监；二等二级为总监；三等三至五级为一级副总监、二级副总监、三级副总监；四等六至八级为一级监督长、二级监督长、三级监督长；五等九至十一级为一级监督官、二级监督官、三级监督官；六等十二至十三级为一级监督员、二级监督员。

担任行政职务的人员授予相应行政职务等级标识，交通运输部海事局局长（副部级）：首席总监；交通运输部海事局局长（常务副局长）、书记：总监；局级正职、交通运输部海事局副局长（副书记）：一级副总监至二级副总监；局级副职：二级副总监至三级副总监；处级正职：三级副总监至二级监督长；处级副职：一级监督长至三级监督长；科级正职：二级监督长至二级监督官；科级副职：三级监督长至三级监督官；科员职：一级监督官至一级监督员；办事员职：二级监督官至二级监督员。

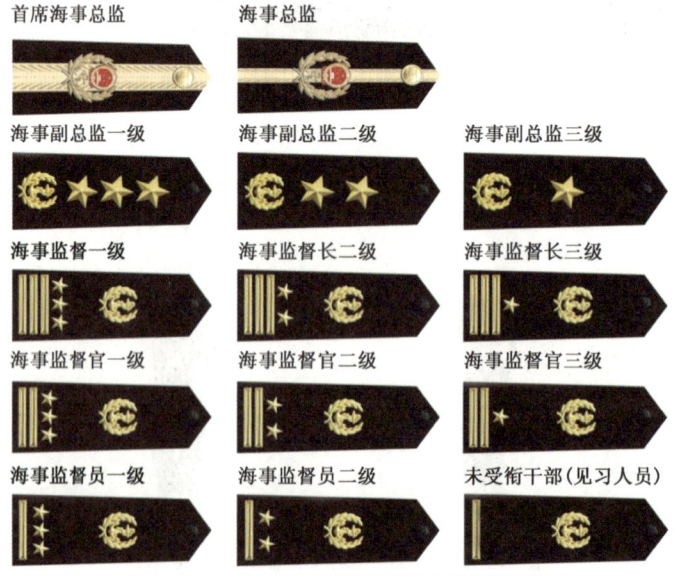

图9-6-726　2008年中国海事行政职务等级标识

专业技术职务等级标识的设置与行政职务等级标识设置相同,在职务等级标识中冠以"技术"。聘任专业技术职务的人员授予相应技术职务等级标识,成绩优异高级专业技术职务:三级副总监至二级监督长;高级专业技术职务:一级监督长至三级监督长;中级专业技术职务:二级监督长至三级监督官;助理专业技术职务:一级监督官至一级监督员;员级专业技术职务:二级监督官至二级监督员。

技能等级标识的设置分为高级技师、技师、高级工、中级工、初级工、普工。聘为技能等级岗位的工勤人员授予技能等级标识。船员标识的设置分为船长、轮机长、大副、大管轮、二副、二管轮、三副、三管轮。聘任的技术船员授予船员标识,其他人员授予技能等级标识。

职务(技能)等级标识的标志为肩章、号牌、胸牌,由交通运输部海事局统一制作。职务等级标识的标志为号牌、胸牌、肩章。号牌佩带在制式服装上衣的左方,胸牌佩带在制式服装上衣的右方。号牌分金色和银色两种,由6位数组成,前2位与直属海事局工作人员执法证的前2位相同,后4位由直属海事局自行编制。胸牌分金色和银色两种。授予行政职务等级标识的人员,佩戴金色号牌与胸牌,授予技术职务等级标识和见习期、试用期的人员,佩戴银色号牌与胸牌。

2008年,天津海事局1718名在编在职工作人员首次佩戴海事职务等级标识制,其中北海航海保障系统1304名。

2012年11月,交通部运输部发布施行《海事系统制服装具管理办法》,就海事制服着装范围、装具组成、配发标准、装具配发范围、着装配置规范、装具配发管理、装具采购管理逐一作出明确规定,以进一步加强海事着装管理,保障海事工作人员着装的统一性、严肃性和权威性,维护海事尊严,树立海事良好形象。至2012年底,北海航海保障系统1432名在编在职工作人员从其规定。

图9-6-727 2008年中国海事职工技能等级标识

第十章 精 神 文 明

精神文明系指人类社会历史实践过程中所创造的精神财富,包括思想、教育、道德、风尚、文化等。1978年中共十一届三中全会后,中共中央提出一手抓物质文明,一手抓精神文明的战略方针,坚持"两手抓,两手都要硬"。1986年,《中共中央关于社会主义精神文明建设指导方针的决议》指出:社会主义精神文明建设的根本任务,是适应社会主义现代化建设的需要,培育有理想、有道德、有文化、有纪律的社会主义公民,提高整个中华民族的思想道德素质和科学文化素质。

1988年7月天津海监局成立后,局党委始终将精神文明建设放在突出位置,积极探索党政目标一体化工作机制,使精神文明创建活动有机地融入中心工作,相继印发施行《天津海监局两个文明建设先进单位标准》《天津海事局创建文明达标单位活动管理办法》等文件,初步形成两个文明建设目标管理体系。北海航海保障系统各单位高度重视精神文明建设,积极组织开展以共产主义理想和中国特色社会主义理论为核心的思想教育,加强职工科学文化知识、专业技能和法制教育,推进民主管理,开展学习雷锋、学习包起帆等先进典型活动,绿化、美化办公和作业环境,促进精神文明与物质文明协调发展。同时,大力加强内外宣传报道工作,推动航海保障核心价值体系建设,对外展示"燃烧自己,照亮航程"的奉献精神和"忠于国家,奉献社会"的宗旨意识。该系统文明创建活动成效显著,涌现出"全国文明单位""全国模范职工之家"等一批文明创建单位和个人,赢得交通系统和社会广泛赞誉。

进入21世纪,交通部组织实施《交通文化建设实施纲要》,北海航海保障系统遂积极开展航海保障文化研究与传播,在文化建设方面取得一系列具有行业特点和时代特征的丰硕成果。组织制作专题电视系列片《闪光的航标》《中国航标史话》,参与《中国航标史》、主持《天津通志·海事志》《航标文化》《中国船舶通信导航史》《中国海事测绘史》等著作的编纂和《灯塔邮票》的发行,扩大行业的社会影响力;建设航标展馆、职工书屋、文化长廊等文化设施,开展文化品牌创建活动;成立职工铜管乐队,组织参加中央电视台"五一"《劳动颂歌》演出和交通运输部职工运动会《第九套广播操》表演等大型文体活动,增强全体职工自豪感、荣誉感和归属感。

在精神文明创建活动中,北海航海保障系统注重在基层一线职工中发现和培树先进典型,树立身边的榜样。至2012年底,涌现出一批奉献、坚韧、优秀的职工队伍与个人,其中荣获省部级先进集体21次,全国劳动模范1人,省部级劳动模范11人,全国"五一劳动奖章"3人、省部级"五一劳动奖章"7人,交通系统"金锚奖"8人,省部级"立功奖章"33人,享受国务院政府特殊津贴10人,成绩优异高级工程师15人,省部级及以上科技精英2人,省部级及以上技术能手5人。

《中国交通报》《中国水运报》和北海航海保障系统各单位当地主流报刊,中央人民广播电台、中央电视台等权威媒体,专题报道该系统先进单位和先进个人,生动形象地展现其艰苦创业和爱岗敬业的精神风貌。

第一节 文 明 建 设

一、文明创建

1988年天津海监局成立后,局党委认真贯彻落实中央和上级有关精神文明建设的方针政策和工作部署,适时提出创建文明单位的工作目标,围绕中心,服务大局,积极组织开展文明创建活动。经过20余年的不懈努力,天津海事局于2011年12月荣获"全国文明单位"荣誉称号。2012年3月23日,天津海事局隆重举行"全国文明单位"揭牌仪式,交通运输部海事局党组副书记徐津津出席揭牌仪式,并为该局揭牌。

图10-1-728　2012年3月23日,天津海事局举行"全国文明单位"揭牌仪式

其间,北海航海保障系统各单位认真贯彻上级文明创建活动精神,积极开展职工理想信念教育、法制教育和专业技能教育,组织举办"道德讲堂""志愿服务""对口帮扶""评选身边好人""我们的节日"等丰富多彩的文明创建活动,并注重美化、绿化办公和作业环境,促进精神文明与物质文明协调发展。实践证明,广泛开展各种形式的精神文明创建活动,有利于加强思想道德建设、科学文化建设、基础设施建设、制度机制建设,有利于提高职工的整体素质。经过该系统各级领导和全体职工共同努力,文明创建活动成效显著。天津海测大队自建局初期首次荣获"天津市文明单位"和交通部"双文明建设先进集体"荣誉称号以来,多次被评为天津市文明单位。青岛、秦皇岛、烟台航标处先后被评为省级文明单位。营口航标处自21世纪初提出文明创建目标以来,按照"持续发展、借力创建、共建共享、助力发展"的创建思路,动员全体职工投入文明创建活动之中,职工素质和服务能力不断提升,树立起良好的行业形象,于2015年2月荣获"全国文明单位"荣誉称号。秦皇岛航标处高度重视职工建家活动,坚持"党委领导、行政支持、工会实施、全员配合"的工作格局,党委和行政大力支持,确保职工建家活动有目标、有地位、有经费、有作为,形成齐抓共建的良好局面,于2015年11月被授予"全国模范职工之家"荣誉称号。

文明创建活动的广泛开展,促进北海航海保障系统服务水平显著提升,各单位全面履职,优化航标配布,提升助航水平;引进先进装备,提升测绘能力;拓宽通信手段,提升服务质量;开展科技创新和管理创新,为方便人民生活、促进区域经济社会发展、服务国家战略发挥了重要支持保障作用。

(一)全国文明单位

营口航标处历届领导班子始终坚持精神文明和物质文明两手抓,在文明创建活动中,逐步确立"持续发展、借力创建、共建共享、助力发展"的创建思路,通过科技创新、细化管理,不断提升航海保障能力,特别是冰期助航能力,以文明创建增强实力,助推地方经济发展,以优质服务回报社会,树立良好社会形象。

2006—2009年,该处连续两届荣获"辽宁省文明单位"。2009年,荣获交通运输部"全国海事系统文明标兵"。2011年,荣获"辽宁省文明单位标兵"。其间,分别荣获全国"模范职工小家"、全国"安康杯"优胜班组、全国"工人先锋号"和"辽宁省卫生模范单位"等荣誉称号。

2012年,该处党委提出"用三年时间,争创全国文明单位"的工作目标。2013年6月,依据中央文明办发布的《全国文明单位评选标准》,该处党委印发施行《营口航标处创建全国文明单位实施方案》,确立学雷锋活动、志愿服务活动、道德讲堂建设、学习型单位建设、文化体育等13项创建活动,以及53项落实措施。处长兼党委书记邓祝森任精神文明建设活动领导小组组长,层层落实创建工作责任制,全处干部职工共同参与,推动文明创建工作顺利开展。

该处以"道德讲堂"为载体,围绕社会主义核心价值观,以"团结和谐、敬业奉献"为主题定期组织开展活动。邀请营口市道德模范演讲,组织学习身边典型营口市劳动模范牛玉杰、王永利,营造"学先进、争先进"浓厚氛围。通过《诗经》《论语》《道德经》等中华道德经典诵读比赛等活动,形成人人关心、全员参与道德实践的良好氛围。设立雷锋基金,组建学雷锋志愿服务队,为空巢老人捐款,为地震灾区、台风灾区捐款捐物,连续三年与营口市社会福利院开展"心手相连"爱心活动,关爱孤残儿童。参加"文明单位送文化,送文明进社区"活动,向社区捐赠物资,扶助社区丰富文体活动,带动周边社区实现文明共建。开展艰苦奋斗、勤俭节约宣传教育,加强水、电、办公物品和车辆管理,落实节能减排工作目标。主动开展港口航标调研,进一步提升航海保障能力,为仙人岛港区30万吨级航道航标配布、鲅鱼圈25万吨级航道航标配布、鲅鱼圈钢铁作业区航标配布、营口港航标综合改造、辽河特大桥航标配布等一系列重点工程建设作出积极贡献,助力辖区经济发展。

2015年3月,中央文明委发布《关于表彰第四届全国文明城市(区)、文明村镇、文明单位的决定》,授予营口航标处"全国文明单位"荣誉称号。同年5月28日,该处隆重举行"全国文明单位"授牌仪式,天津海事局党组书记李国祥、北海航海保障中心主任聂乾震、营口市文明办主任谭姝等领导出席授牌仪式。该处以授牌为契机,奋发进取,不辱使命,阔步踏上文明创建新征程。

(二)天津市文明单位

天津海测大队是一支专业化测绘队伍,以思想过硬、作风优良、技术精湛、能打胜仗的团队精神和工作态度,诠释着社会主义核心价值观。

1988年7月天津海监局成立后,该队文明创建活动得到深化。该队党支部带领职工积极开展"五讲四美三热爱""创先争优"活动,职工队伍精神风貌焕然一新,履职能力进一步提升,服务能力进一步加强,办公环境进一步改善。1989年,首次荣获"天津市文明单位"和交通部"双文明建设先进集体"荣誉称号。

20世纪90年代,该队积极响应天津海监局提出的"有名次的争第一,没名次的创一流"号召,围绕文明创建核心内容开展活动。在党建工作、测绘主业、应急服务、档案达标、ISO 9000认证、环境改善等诸多方面敢于创新;在队伍素质提升、测绘业务拓展、新技术研发应用、安全风险防控等方面呈现诸多亮点。1992年,该队被交通部和天津市总工会分别授予"双文明建设先进集体",1996年荣获"天津市文明单位",1999—2000年度荣获"天津市文明单位"荣誉称号。

进入21世纪,天津海测大队发展迎来新机遇、新挑战。新一届领导班子按照上级工作要求,从抓党建入手,带领全体党员开展"争当先进旗帜,树立党员形象"旗帜工程、"保持共产党员先进性教育"活动,职工队伍整体素质进一步提高。特别是在大连"5·7"空难、黄河小浪底"6·22"沉船、包头"11·21"空难、福建"8·10"沙埕港沉船等重特大突发事件应急抢险扫测中,忠诚履行职责,圆满完成任务,应急处置综合能力经受严峻考验,关键时刻发挥关键作用,多次受到上级表彰,多家新闻媒体跟踪报道。

其间,该队于2001—2002年度、2003—2004年度、2005—2006年度、2007—2008年度,连续4届荣获"天津市文明单位"荣誉称号。

(三)山东省文明单位

自20世纪80年代起,青岛航标区党总支积极响应党中央号召,在干部职工中开展"五讲四美三热爱"教育和"三优一学"(优质服务、优良秩序、优美环境和学雷锋)活动,并提出建设文明单位的设想。1996年,在全国交通系统"三学一创"(单位学青岛港、集体学"华铜海"轮、个人学包起帆,争创文明单位)活动中,青岛航标处(区)被交通部授予"全国交通系统学习青岛港先进单位"荣誉称号。同年,荣获"青岛市文明单位"荣誉称号,并连续5年保持荣誉。2001年,该处被交通部、人事部授予"全国交通系统先进集体"荣誉称号。同年,荣获"青岛市文明单位标兵"荣誉称号,并连续保持荣誉6年之久。

2007年,青岛航标处提出向省级文明单位迈进的工作目标,并在认真总结文明创建活动经验基础上,对照省级文明单位评选条件,制定文明创建方案,并纳入工作目标管理。按照"重在建设、贵在坚持、注重实效"的工作方针,该处将打造服务品牌、提升文明形象作为文明创建活动的切入点,先后打造团岛、小青岛、日照灯塔和"海标052"轮等文明创建窗口;承办上级组织的航标文化建设现场会,推出"两个窗口",即团岛灯塔、"海标052"轮;树立"两面旗帜",即全国劳动模范王炳交、青岛市直工委系统及交通部海事系统先进党支部"海标052"轮党支部,成为该处精神文明建设的品牌。为做好青岛奥帆赛航标保障工作,该处为奥帆赛码头及灯塔建设提供指导意见,完成22座竞赛海域警戒浮标设置任务,得到青岛奥帆委高度赞扬,被中央电视台及青岛多家媒体报道。通过卓有成效的创建工作,该处于当年荣获"山东省文明单位"荣誉称号,并一直保持至今。

2009年10月,烟台航标处荣获山东省"省级花园式单位"荣誉称号。2012年,该处着力组织开展文明创建活动,塑造烟台航标良好社会形象,荣获2013—2014年度"烟台市文明单位"荣誉称号。在此基础上,该处提出创建省级文明单位的工作目标。

为保证文明创建活动有力开展,该处成立以处长和党委书记为组长的文明创建活动领导小组,印发施行《创建山东省文明单位实施方案》,确定总体规划、年度实施意见、考核验收细则、检查评分标准等一系列创建措施。创建过程中,该处注重道德建设,开展道德讲堂、诵读道德经典,开展十大"身边好人"评选活动,积极培树本处敬业奉献的先进典型。组织青年志愿服务活动,开展帮扶慰问,被烟台市评为"关心下一代工作先进集体"。推进文化建设,策划、编辑宣传片、画册、文化长廊,完成烟台航标历史文化展室和烟台山灯塔展室建设,并已成为烟台市社会大课堂教育基地。坚持"三个服务"指导思想,优化辖区航标配布,提升航标管理维护水平,组织实施陆岛运输"妈祖工程",积极推动地方经济发展,航标用户满意率连续多年达到100%。规范内部管理,打造优美的自然和人文环境,使职工在"花园式单位"中健康工作、快乐生活。2015年12月,烟台航标处荣获"山东省文明单位"荣誉称号。

(四)河北省文明单位

2010年,秦皇岛航标处将文明创建活动摆上重要议事日程,积极争创河北省文明单位,用实际行动诠释社会主义核心价值观。在文明创建活动中,该处坚持"两手抓,两手都要硬"的方针,将其列入年度工作计划,纳入工作目标管理。

该处组织开展"一堂、一队、一牌、一传播、一帮扶"的"五个一"活动,成为文明创建活动的创新亮点,亦是文明创建活动有效开展的主要载体。其中,"一堂"即建立"道德讲堂"。该处作为秦皇岛市"道德讲堂"示范单位,干部职工定期参加单位组织的道德教育活动,突出职工自主参与和互动教育,注重教育效果。"一队"即建立"志愿服务队"。以团员青年为主力,参加燕赵志愿云注册,将文明创建与学雷锋、志愿服务活动有机结合起来,定期组织青年职工开展关爱他人、关爱社会、关爱自然等志愿服务活动,取得"双赢"效果。"一牌"即设立思想道德公益宣传牌。做好单位内部思想道德宣传工作,充分利用庭院、办公楼墙壁、走廊等,建设宣传栏、文化墙及独具特色的道德文化长廊,以道德建设、文明创建、国学经典等内容,采取各种温馨提示方式,宣传本单位文明活动亮点,展示职工道德风采。"一传播"即利用"秦标砥柱""秦标朝阳"等交流平台传播文明风尚。该处广泛发动干部职工,充分利用微博、QQ、微信、易信群等网络传播渠道,互动交流,积极传递正能量,对单位文明创建活动的健康开展发挥重要作用。"一帮扶"即开展社会帮扶活动。"文明生态村"帮建活动是河北省推进社会主义新农村建设的一项重要举措,自2010年起,该处成立帮建工作小组,先后与青龙县八道河乡大转村、王厂村、四台子村和八道岭村结为"文明生态村"帮建对子,并经常派员深入现场,多方走访调研,了解实际需求,帮助建设路灯,捐赠教学桌椅、学习用具、体育用品,助力农村精神文明建设。

通过一系列文明创建举措,该处文明创建活动取得长足发展,结出丰硕成果,并于2010—2013年度连续荣获"河北省文明单位"荣誉称号。

(五)全国海事系统文明达标单位

进入21世纪,天津航标处按照交通部海事系统文明创建工作要求,结合该处实际情况,组织制定阶段性工作目标,有序推进文明创建活动深入开展,即:首先实现天津海事局文明达标单位,在此基础上,通过深挖潜力,跨入交通部文明达标单位行列。

在文明创建活动中,该处采取四项举措:一是加强领导。成立以处党委书记为组长的文明创建活动领导小组,全面负责活动的组织领导,印发施行《天津航标处创建文明达标单位活动管理办法》《天津航标处创建文明达标单位标准》,使文明创建活动开展具有组织和制度保证。二是加大宣传力度,营造文明创建活动氛围。该处借助内部刊物《天津航标》改版之机,大力宣传文明创建活动成果;在大沽灯塔的专题采访"最后的守望"于天津《每日新报》刊载后,展示了天津航标的精神风貌,扩大了天津航标的社会影响力。三是细化考核达标标准,严格开展自查自评和检查整改工作。处属各单位、部门将文明创建达标与航标业务工作相结合,对自查发现的问题及时整改;该处组织专业人员对各单位、部门逐一检查验收,发现问题立即整改,直至达到申报要求。四是提升助航水平,提供优质服务。该处2003年研制应用新型冰标,保障北方海区冰冻港口冬季航标正常发光,得到港航用户一致好评;2005年4—8月成功打造黄骅港水上助航设施技术改造精品工程,服务"北煤南运"国民经济发展大局,得到交通部领导充分肯定和港方高度赞誉;2006年2月"AIS航海保障安全服务系统"率先在北方海区安装调试成功并投入使用,《中国交通报》实时予以报道。该处以踏实工作、无私奉献实际行动诠释了"燃烧自己,照亮航程"的奉献精神。

2006年3月,天津航标处荣获交通部"全国海事系统文明达标单位"荣誉称号。

(六)职工之家

"职工之家"建设是工会的一项长期任务,是工会同群众保持血肉联系,反映工会性质、宗旨和新时期工作方针要求的一种形象比喻。建家活动是维护职工合法权益、提高工会工作整体水平、加强工会组织建设的重要平台、载体和手段。将职工之家建设好,让每个职工对其有亲近感、依赖感、归属感,从而不断增强工会组织的吸引力、凝聚力、维权力,在深化改革创新、促进单位发展、保持队伍稳定中发挥着重要作用。

北海航海保障系统高度重视职工建家活动,坚持"党委领导、行政支持、工会实施、全员配合"的工作格局。依托职工建家平台,凝聚干群之心,调动全员之力,形成政治上关心、物质上支持、精神上鼓励的齐抓共建的良好局面。根据"职工之家"标准,该系统各单位印发施行《职工之家建设活动实施方案》,使建家活动制度化、规范化、标准化。党委和行政大力支持建家活动,确保有目标、有地位、有经费、有作为,推动建家活动健康发展。工会围绕中心、服务大局开展工作,培养职工爱岗敬业意识、主动服务意识,提倡"燃烧自己,照亮航程"的奉献精神。工会组织职工为单位发展建言献策,鼓励职工开展

第十章 精神文明

技术革新、改进服务方式,助力辖区地方经济发展。

2005年以来,营口航标处在创建模范职工之家工作中,先后确立"同舟共济保增长,建功立业促发展""抢抓一圈一带、服务五市十港"等工作目标,注重航海保障服务能力的提升。该处工会将建家工作常态化,开展"创建学习型组织、争做知识型职工"活动,安排职工参加业务培训、技能比武和综合知识竞赛;开展"读书日"活动,建立基层流动书箱,引导职工读书、明礼、做人、成才;建立处务公开,落实职工知情权、参与权和监督权,对涉及全处发展规划、干部任用、党风廉政规定、职工福利待遇等方面的重大事项,按照规定实行处务公开;及时了解和掌握职工工资、社会保障、社会福利等相关权益的实现和保障状况,每年定期组织职工体检;每逢春节、中秋等重大节日,开展"送温暖工程"和"五必访"活动,增加职工凝聚力和归属感;为丰富职工文化生活,先后修建篮球场、健身房、台球室、乒乓球室,举办职工沙滩运动会和各类比赛,促进职工身心健康。2010年4月,营口航标处工会被中华全国总工会授予"全国模范职工小家"荣誉称号。

2009年,天津通信信息中心、天津航标处工会为基层创办"职工书屋",丰富偏远塔台站基层职工文化生活。利用网络和多媒体在单位内网开辟"职工书屋"专栏,调动职工读书热情,偏远基层职工可以在网上互动学习、交流读书心得。工会为职工组织桥牌、球类等文体协会,各协会定期开展活动。每逢重大节假日,工会适时组织送温暖活动,将组织的关怀送到离退休老职工、困难职工和基层一线职工身边。其间,该中心将建家活动与通信业务有机结合,选定话务班作为建家试点,先后采取组织职工培训和技能竞赛、学习宣传身边天津市劳动模范王玉兰事迹、与港航单位开展文明共建、改造话务值守大厅等系列措施,发挥窗口建家示范作用,推动和促进建家活动深入开展。天津通信信息中心、天津航标处工会分别于2010年、2012年被天津市总工会授予"模范职工之家"荣誉称号。

在创建模范职工之家工作中,烟台航标处确立实现科技进步与航标职工人文关怀同步发展的工作思路。自主创新成果的推广应用,改变航标的传统管理模式,提升航海保障能力,航标职工终于走出海岛,脱离艰苦枯燥的工作环境,充分体现对航标职工的人文关怀,建家活动收到良好成效。2012年,中国海员工会交通运输部海事局委员会决定在直属海事系统评选两个"品牌职工之家",该处工会以"科技兴家"为品牌提出申报。2012年7月28日,交通运输部直属海事系统"品牌职工之家"现场会在烟台航标处召开,该处处长王如政报告工会职工之家建设情况,烟台航标处职工之家被授予"品牌职工之家"荣誉称号。

图10-1-729　2012年7月28日,烟台航标处处长王如政在交通运输部直属海事系统品牌职工之家建设现场会介绍经验

秦皇岛航标处工会围绕中心、服务大局,培养职工爱岗敬业、主动服务意识,提倡"燃烧自己,照亮航程"的奉献精神,鼓励职工为单位发展建言献策、改进服务方式、助力辖区地方经济发展,使工会组织在深化改革创新、促进单位发展、保持队伍稳定中发挥重要作用。建立职工业务培训学校,开展形式多样的岗位练兵活动,营造学业务、学技术的良好氛围,着力提升职工技能。配合单位开展"安康杯"竞赛活动,认真贯彻"安全第一,预防为主,综合治理"的方针,在职工中强化安全意识和责任意识。将职工建家活动作为维护职工合法权益、加强工会组织建设的重要载体和手段,建立退休职工、困难职工档案,通过基层工会组织建立"职工家庭重大事项报告网络",发现问题及时提供帮助,让困难职工感受到组织关怀和温暖。以青年职工为主建立"学雷锋志愿服务队",开展"亮化海岸""志愿林"等关爱他人、关爱社会、关爱自然的志愿服务活动,向社会公众宣传海洋环境保护知识。同时,该处主动参加社区文明帮建、文明生态村帮建、春雨扶贫济困行动等公益活动,先后与五个村庄结成帮建对子,为改善村民文化设施投资近30万元,进一步提升航海保障队伍社会知名度,推动职工建家活动健康发展,并于2015年11月被中华全国总工会授予"全国模范职工之家"荣誉称号。

图10-1-730　2016年3月17日,天津海事局党组书记李国祥(左)和河北海事局局长翟久刚(右)为秦皇岛航标处"全国模范职工之家"揭牌

二、社会宣传

北海航海保障系统的社会宣传报道工作,经历了从被动报道到主动宣传,从即时报道到事前策划,从信息报道到新闻通讯,从报刊报道到视频音像的发展历程。随着信息化进程加快,以及对宣传报道工作广泛深入的认知,社会宣传已成为该系统推动工作的重要组成部分,对改革发展起着重要的舆论导向作用。通过社会宣传,反映航海保障工作实际、展示航海保障辉煌成就、体现航海保障队伍风貌、展望航海保障事业愿景,是广大航海保障职工凝心聚力、振奋精神、展示风采、砥砺前行的精神阵地,也是社会了解航海保障文化的桥梁和纽带。

自20世纪80年代起,针对北海航海保障系统的相关报道陆续在《中国交通报》《中国水运报》以及当地主流报刊上刊登。1986年2月26日,《中国交通报》刊登"寄自孤岛的报告",第一次真实生动地将航标人平凡、艰苦、孤独、寂寞的工作和生活场景展示在全国读者面前。

第十章 精神文明

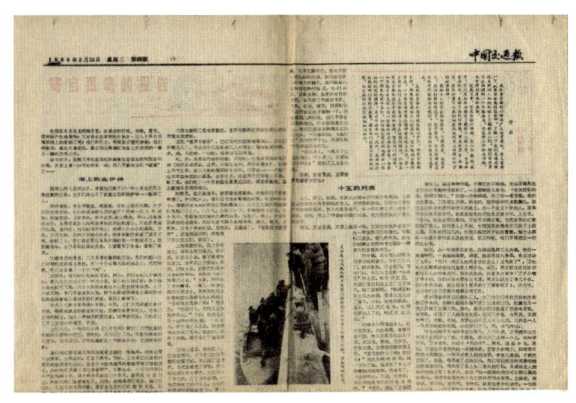 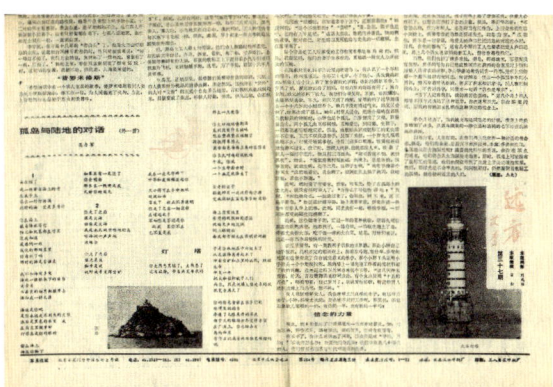

图10-1-731 《中国交通报》刊登"寄自孤岛的报告"

2005年10月21日,《中国交通报》刊登"踏海博浪舞长龙——天津海事局改造黄骅港航标设施工程纪实",生动再现该局举全局之力,打造保驾护航的"精品工程"、黄骅港集团的"满意工程"。2011年6月14日,《中国交通报》刊登"北方海区安全的坚强'后盾'——天津海事局航海保障工作纪实",全面系统地报道北海航海保障系统为辖区船舶航行安全保驾护航和助推地方经济发展发挥的重要作用。2011年11月3—29日,《中国交通报》刊登"走近天津海测人"系列报道。2012年6月4—13日,《中国水运报》连刊"再突破、再沉淀、再出发:为新时代献上新航标——烟台航标处科技创新"系列报道。2012年11月19日,《科技日报》刊登"照亮航道的科技之光——天津海事局烟台航标处科技创新侧记"。

图10-1-732 2012年12月25日,中央电视台记者现场跟踪采访黄骅港冬季换标作业

除上述报刊外,北海航海保障系统各单位所在地党政机关主流报刊大量刊载文章,丰富、翔实地宣传报道该系统各单位"燃烧自己,照亮航程"的奉献精神,包括《大连日报》"长海水域结束不能夜航历史"、《营口日报》"架设浮标"、《秦皇岛日报》"秦皇岛航标处帮扶大转村"、《秦皇岛晚报》"揭秘展馆镇馆之宝"、《天津日报》"黑匣子"出水天津专家功不可没、《今晚报》"北海航海保障中心今在津挂牌"、《齐鲁晚报》"航标变地标,百年灯塔华丽转身"、《烟台日报》"冰标护航"、《青岛

日报》"朝连岛上守塔人"、《青岛晚报》"青岛船疾驰400海里赴大连,记者现场目击清油污三绝招"等。

进入21世纪,伴随信息化和网络技术进步,该系统社会宣传方式在原基础上增加了广播电视网络宣传,形式逐渐多样化,内容逐渐多元化,传播逐渐广泛化。其中,中央电视台播发"航标工,大海上的指路人""我和我的祖国:三个守塔人的升旗仪式""青岛团岛灯塔的作用""新春守灯塔";新华社、人民网、北方网播发"全国首个海区航海保障综合联动平台在天津建立";中国广播网播发"渤海出现30年一遇海冰,多地电媒运输受影响";新华网播发"灯塔精神代代传";中国新闻网、天津网播发"中国航测发展30年成就展在天津开幕";中国之声、秦皇岛电视台播发"守塔人的十二载春秋";大连电视台播发"在最短的时间内打赢海上清污攻坚战",河北卫视播发"秦皇岛海域出现大面积浮冰,船舶进出未受影响",河北人民广播电台播发"秦皇岛迎来降雪,秦皇岛航标处持续做好保障工作""秦皇岛航标处组织举行航标行业管理座谈会";天津网播发"天津海事科技周昨启动";青岛电视台播发"海标052轮吸走5吨油污";青岛人民广播电台播发"代表委员风采:灯塔守望者——王炳交"等。广播电视网络媒体的宣传报道,凸显了航海保障工作在交通行业中的重要地位和作用,使社会各界加深了对航海保障工作的了解,扩大了航海保障系统的社会影响力。

图10-1-733　2011年11月19日,全国劳模王炳交(右一)接受中央电视台沿海行摄制组采访

至2012年底,据不完全统计:北海航海保障系统各单位在各大主流报刊上刊登重要文章92篇,其中主办机构为省部级的50篇;在中央电视台、中央人民广播电台、中国广播网、人民网以及各单位所在地电视台等网络媒体上报道49次,其中中央媒体报道31次。

1986—2012年北海航海保障系统在省部级及以上各类报刊宣传报道一览表

表10-1-158

序号	标题/作者	媒体名称	主办机构	报道时间
1	寄自孤岛的报告/晓燕	中国交通报	交通部	1986年2月26日
2	共济的风采/叶维国	中国交通报	交通部	1987年11月25日
3	让航标灯亮起来/张向群	中国交通报	交通部	1991年2月9日

第十章 精神文明

〔续表一〕

序号	标题/作者	媒体名称	主办机构	报道时间
4	无怨的青春——大连航标区青年航标工采访录/张爱玲	中国交通报	交通部	1991年5月9日
5	数十年默默闪光指引航程功不可没，交通部为老航标工颁发荣誉证章/郑炜航	中国交通报	交通部	1992年4月18日
6	走进蛇岛/叶维国	中国水运报	交通部	2000年7月7日
7	踏海博浪舞长龙——天津海事局改造黄骅港航标设施工程纪实/天宣	中国交通报	交通部	2005年10月21日
8	圆岛灯塔·航行的眼睛/林芬	中国交通报	交通部	2006年8月14日
9	守望大连湾/林芬	中国交通报	交通部	2006年9月6日
10	长海水域航路标识一期工程完工/庞德森	中国交通报	交通部	2006年12月11日
11	为海岛点亮"夜航"之灯/庞德森	中国水运报	交通部	2006年12月22日
12	平凡中彰显巾帼本色/于霞、杨明惠	天津工人日报	天津市总工会	2007年7月17日
13	海上气象船舶早知道/朱团结、苏桂淮、纽战英	今晚报	天津市委	2007年8月31日
14	打造目视航标助航系统/庞德森	中国水运报	交通部	2007年12月14日
15	"妈祖工程"耀"珍珠"/叶维国	中国水运报	交通运输部	2008年4月25日
16	22座警戒浮标为今年青岛奥帆赛提供安全保障/周永峰、姜鹏	中国水运报	交通运输部	2008年5月28日
17	22座警戒浮标护航青岛奥帆赛/钮战英、姜鹏	中国交通报	交通运输部	2008年6月16日
18	海上路灯照亮致富航程/叶维国	中国交通报	交通运输部	2008年6月17日
19	给古老灯塔插上数字化翅膀——天津海事局航标人科技创新纪实/烟台航标处	天津日报	天津市委	2010年4月10日
20	北方海区安全的坚强"后盾"——天津海事局航海保障工作纪实/姜秋华、吕洋、马艳玲、刘相涛、赵净波、刘宝安、姜鹏、宋立鹏	中国交通报	交通运输部	2011年6月14日
21	航标先行助跑蓝色经济发展——天津海事局烟台航标处服务区经济发展纪实/宋立鹏	中国水运报	交通运输部	2011年6月24日
22	航标变地标,百年灯塔华丽转身/潘旭业、姜鹏	齐鲁晚报	山东省委	2011年9月2日

〔续表二〕

序号	标题/作者	媒体名称	主办机构	报道时间
23	精心丈量大海开辟安全航路——"走近天津海测人"系列报道之一	中国交通报	交通运输部	2011年11月3日
24	应急扫测：召之即来来之能战——"走近天津海测人"系列报道之二	中国交通报	交通运输部	2011年11月8日
25	占领海测科技新高地——"走近天津海测人"系列报道之三	中国交通报	交通运输部	2011年11月15日
26	冬季撤、换标作业/曹玲、邢村村	中国水运报	交通运输部	2011年11月18日
27	与港口亲如一家的"秘密"——"走近天津海测人"系列报道之四	中国交通报	交通运输部	2011年11月22日
28	"我愿做一颗铺路石"——"走近天津海测人"系列报道之五	中国交通报	交通运输部	2011年11月29日
29	再突破：为新时代献上新航标——烟台航标处科技创新系列报道之一/马睿	中国水运报	交通运输部	2012年6月4日
30	再沉淀：智慧新航标点亮数字航程——烟台航标处科技创新系列报道之二/马睿	中国水运报	交通运输部	2012年6月6日
31	再出发：以科技奠定持续发展之基——烟台航标处科技创新系列报道之三/马睿	中国水运报	交通运输部	2012年6月13日
32	公海边上的孤岛/高欣、姜鹏	法制周末	中央政法委	2012年6月14日
33	我国加强现代化综合航海保障体系建设/曹玲、马艳玲	中国水运报	交通运输部	2012年8月29日
34	航测发展30年成就展在津举办/马艳玲、窦芘	中国交通报	交通运输部	2012年9月4日
35	科技之光点亮海上明眸/烟台航标处	中国技术市场报	中国技术市场协会	2012年11月2日
36	照亮航道的科技之光——天津海事局烟台航标处科技创新侧记/烟台航标处	科技日报	科技部	2012年11月19日
37	天津海事科技周正式启动推动天津海事科学发展/韩蔓	每日新报	天津市委	2012年11月28日
38	科技创新——马当先/王楠	中国交通报	交通运输部	2012年12月11日
39	交通运输部北海航海保障中心揭牌/王楠	中国交通报	交通运输部	2012年12月21日
40	北海航海保障中心挂牌/曹玲	中国水运报	交通运输部	2012年12月21日
41	北海航海保障中心在津挂牌运转/苏晓梅	天津日报	天津市委	2012年12月20日

第十章　精神文明

〔续表三〕

序号	标题/作者	媒体名称	主办机构	报道时间
42	强化责任　全面履职　开创北海航海保障工作新局面/曹玲	中国水运报	交通运输部	2012年12月21日
43	全面履职　开创北海航海保障工作新局面/王楠	中国交通报	交通运输部	2012年12月20日
44	北海航海保障中心今在津挂牌/马庚申	今晚报	天津市委	2012年12月20日
45	北海航海保障中心正式挂牌/王月	每日新报	天津市委	2012年12月20日
46	北海航海保障中心落户津城/张珊珊	城市快报	天津市委	2012年12月20日
47	北海航海保障中心今揭牌/苏杰	渤海早报	天津市委	2012年12月20日
48	强化责任　全面履职　开创北海航海保障工作新局面/曹玲	中国水运报	交通运输部	2012年12月21日
49	全国首个海区航海保障综合联动平台建立/苏杰	渤海早报	天津市委	2012年12月21日
50	全国首个海区航海保障综合联动平台建立/王楠	中国交通报	交通运输部	2012年12月21日

三、内部刊物

北海航海保障系统在做好对外宣传报道工作的同时，也重视和鼓励各单位做好内部宣传报道工作。各单位组织宣传部门编辑出版内部宣传刊物，并充分利用本单位现有庭院、办公区域墙壁、楼道走廊，开辟黑板报、学习园地、宣传橱窗、文化长廊，作为职工学习教育阵地，以单位改革发展、重大活动、科技创新、安全工作、先进事迹等为主要内容，教育职工增强责任意识、竞争意识、安全意识和服务意识。

北海航海保障系统最早的内部宣传刊物是天津海港测量队编辑出版的《海测通讯》。20世纪90年代，该系统各单位普遍创办内部刊物，其中天津海事测绘中心的《天津海测》、局机关的《北方航标》、天津航标处的《津标周讯》、天津通信中心的《通信之声》、青岛航标处的《青岛航标》等坚持办刊20余载，连续出版数百期，深受广大干部职工的喜爱。

（一）《天津海测》

《天津海测》的前身为《海测通讯》。20世纪70年代，为活跃测量外业职工文化生活、相互交流各测量外业组活动信息、及时向外业职工传达上级和队部声音，该队团支部适时创办《海测通讯》期刊，并以邮寄方式，定期分发至各港口测量作业的外业职工。虽然该期刊当时采用的是钢笔刻印蜡纸、油墨推印纸张，但团员青年的辛勤付出，得到广大外业职工的充分肯定。《海测通讯》是集该单位测绘工作动态、思想文化论坛、技术学术交流、职工文艺小品、综合信息报道为一体的多元化信息平台，成为外业职工工作之余和茶余饭后争相传阅的刊物，对丰富测量一线职工业余文化生活起到积极作用。

1987年，《海测通讯》改由天津海港测量队主办，设计了具有测量特点的封皮，装订成册，双月发行，并延续至1996年底。

1997年，《海测通讯》改版为《天津海测》，出版周期改为月刊，由天津海测大队党总支和工会合办，并由大队政工科负责日常编辑、出版、发放等相关事宜。改版后的《天津海测》，设有卷首语、新闻之窗、海测动态、一线风光、文化之舟、行业前沿、说法时刻、摄影欣赏、养生之道、轻松一刻等栏目,并根据工作需要增发特刊。该刊物具有内容丰富、贴近生活、反映形势、实时报道等特点,成为深受职工喜爱的读物。截至2012年底,《天津海测》共计发行93期。

(二)《北方航标》

《北方航标》的前身为《北方海区航标简讯》。1990年1月,交通部安监局在上海首次召开全国海区航测工作会议,天津海监局副局长张家孝提议在北方海区开展航标"大维护、大保养、大检查、大评比"活动(简称"航标'四大'"),并着手筹办《北方海区航标简讯》内部刊物,旨在加强宣传报道工作,及时反馈和交流各航标区航标"四大"活动相关信息。1990年4月,天津海监局印发《关于建立〈北方海区航标简讯〉报道网的通知》,由局航标导航处负责组建通讯报道网,由赵亚兴任主编、张俊民任编辑;明确处属各单位责任部门和联系员,并要求各单位的塔台站船均指定1名兼职通讯报道员。随后,在天津海监局航标导航处处长赵亚兴主持下,制定出版方案,筹划刊物栏目,筹措编辑稿件,落实印刷单位。经过有条不紊的积极筹备,《北方海区航标简讯》第一期于1990年6月正式创刊出版,刊物不定期发行。

该刊物报道的主要内容包括:交通部有关航标工作的政策、法规、规划、指示、部署及有关会议精神;兄弟海区有关航标技术、业务、管理等方面的先进经验、重大成果信息;北方海区航标大项工作进展情况、航标业务指标完成情况和重点航标改造工程的方案简介及进展情况;航标"四大"活动开展情况;加强航标管理和职工业务培训等方面的规章制度、先进经验、合理化建议等情况;航标新技术、新设备的推广使用情况及国内外航标科技发展动态;航标先进人物典型事迹,塔台站船职工扎根一线、艰苦创业等方面情况;开展双增双节情况,安全及质量管理等方面情况及典型经验。其间,根据年度工作重点的不同,增设相关专题报道。该刊物发放范围为:交通部安监局领导及有关部门;北方海区各海监局领导,各航标区及所属塔台站船;天津海监局领导及机关各部门,天津海测大队、天津航测科技中心;上海、广州海监局领导及航标导航处等。

1990年,该刊物创刊初期的主要稿件来源为全处职工自愿投稿,投稿和稿件刊登数量仅85篇。此后,航标导航处适时采取多项行之有效的奖励措施,并将各航测单位相继创刊的内部刊物作为主要稿件来源,使1991年投稿数量倍增至400篇,稿件刊登数量增至265篇,分别达到1990年的470.6%和311.8%。至1991年10月31日,各航标区人均投稿前三名的单位是:秦皇岛航标处(第一名)、烟台航标区(第二名)、青岛航标区(第三名);登稿数量前三名单位是:烟台航标区(第一名)、青岛航标区(第二名)、天津航标区(第三名)。

1993年,《北方海区航标简讯》更名为《北方航标》,分为月刊和专刊,常设栏目为:继往开来、加强管理、安全生产、维护保养、综合报道、简讯。在不同时期,结合相关重要情况开辟新的专栏,并适时跟踪报道国际国内航标相关大事。

1998年8月23日,《北方航标》出版第100期,各级领导纷纷撰写纪念文章或题词。交通部安监局局长刘功臣为《北方航标》百期撰写序言,交通部安监局原局长林玉乃发表专题文章,天津海监局局长王怀凤、上海海监局局长王志一、广东海监局原局长叶嘉畲、大连海监局局长熊国武和党委书记郭忠诚、营口海监局局长吕德山、秦皇岛海监局副局长徐俊池、烟台海监局副局长刘忠惠、青岛海监局局长李育平、日照海监局局长王玉成、中国航海学会航标专业委员会副秘书长李汶,以及天津海监局副局长李增才、魏占超和局级离休干部黄炳耀等为《北方航标》发来贺信或纪念文章。

2000年1月,天津市新闻出版局批准《北方航标》为内部资料性出版物,出版序列号为:津内部资料性准印证第00158号。同时,《北方航标》改由航标导航处云泽雨任编辑。

2001年1月,《北方航标》迎来创刊11周年。交通部海事局副书记孙继、财务处副处长周虹,上海海事局副局长赵海林,浙江海事局局长索戡,营口海事局局长徐津津和党委书记李广平、党委副书记柳絮深,河北海事局局长杨盘生,青岛海事局副局长孙树年,大连海事大学教授王英志,以及天津海事局局长王怀凤、副局长李国祥、局级离休干部黄炳耀等发来贺词和纪念文章。北方海区各航标处领导、部分航标职工亦纷纷祝贺。

2001年6月,《北方航标》改版。2002年1月,随着全国海区航标管理体制调整,由天津海事局航标导航处负责编辑发行的《北方航标》改由局宣传处负责。同时,将局内行政、党务信息和文化建设等方面的内容列入宣传报道范畴。2004年1月,天津市新闻出版局批准出版序列号为:津内部资料性准印证刊型第03095号。2004年5月,第五期《北方航标》开始更换封面,并增加随机调整栏目,包括纪实特写、人物风采、视点论坛、工作研究等。2008年1月,天津市新闻出版局批准出版序列号为:津内部资料性准印证刊型第08152号。2009年1月,《北方航标》停刊。至此,《北方航标》共出版225期,累计刊登稿件11000余篇,文字数量700余万字。

图10-1-734 《北方航标》封面

《北方航标》的出版发行,对贯彻落实全国海区航测工作会议精神,深化和助推北方海区航标"四大"活动、交通部安监系统设备"管修养用"和学习"华铜海"轮活动、交通部海事系统船舶"管修养用"活动、交通部"水上运输安全管理年"和"规范管理年"等一系列专项管理活动取得丰硕成果,发挥了至关重要的指导和引领作用,并具有珍贵的史料价值。《北方航标》已成为北方海区各单位"上情下达、下情上报、相互学习、共同提高"的桥梁和纽带,深受广大航测职工特别是常年驻守在岛屿一线的航标职工和常年奔波于各港口的测量职工的欢迎。

(三)《津标周讯》

《津标周讯》的前身为《津标窗口》。1990年4月25日,天津航标区创办内部刊物《津标窗口》。该刊物由区政工科主办,宣传岗位人员负责编辑,刊物分为月刊和专刊,月刊主要以消息、简讯为主,副刊开辟大家谈、职工风采、卫生与健康、小特写、津标论坛、文化园地以及区机关各部门约定的政策宣传专栏等;专刊一般涉及廉政、安全、专题征文等专项活动。该刊物为黑白版面,主要稿件来源为职工投稿。《津标窗口》组织架构包括:由编委会、责任编辑和通讯报道员组成的通信报道网络,由基层各单位指定所属塔台站船1~2名有一定政治觉悟、文化底蕴、新闻敏锐感的人员担任通信报道员。刊物印制设备前期采用四通打字机打字排版,油印机印刷;后期采用计算机打字排版,复印机印刷。历任主编由何新、田瑞坤、秦庆跃、秦呈利、姚晓璐、高汉增等人担任。

1994年,按照天津航标区党委工作安排,《津标窗口》发起征集该区精神口号活动,区政工科负责组织,经过"三上三下"的征集、评选,最终确定天津航标区精神口号为"我们给灯塔以生命"。

1995年1月,《津标窗口》改版,重新设计封面和装订方式,采用铜版纸做封面,内页选择质地优良的道林纸装订,印刷为复印机复印而成。随后,《津标窗口》组织开展"树形象"活动,征集评选出天津航标区党员形象、干部形象和工人形象标准,并评选出当年的党员形象人物赵西川、干部形象人物田海、工人形象人物崔永发。1996年9月,《津标窗口》出版第100期,该区党委以此为契机,成功开展"津标窗口百期十佳"纪念活动,10名最佳通讯报道员受到通报表彰。1996—1998年,《津标窗口》连续三年发起"我的一个"活动,要求每位职工在年内做一件事、看一本书、实现一个目标、提出一句座右铭等,收效甚好。至2003年12月,《津标窗口》出版187期月刊、46期特刊。

2004年1月至2009年3月,《津标窗口》更名为《天津航标》,出版63期月刊、4期特刊。2009年4月至2011年12月,《天津航标》更名为《津标周讯》,前期为纸质形式,后期为电子版刊物,出刊114期。

至2012年底,该刊物连续办刊300期。作为天津航标处的舆论阵地和文化平台,本着"宣传、教育、存史"的办刊宗旨,不仅在全处职工中发挥宣传工作的喉舌作用,而且起到信息沟通与文化交流的桥梁纽带作用,增强了全体职工光荣感和使命感,提升了单位的凝聚力和向心力。

(四)《通信之声》

1991年,天津通信站创刊内部刊物《通信之声》,由该站政工科主办。该刊物主要栏目为:通信前沿、党建之窗、政策宣传、工作动态、综治安全、文化园地、职工风采、简讯等。重要内容包括通信业务和设备方面的工作情况、安全作业知识、党组织重要活动,以及诗歌、散文等文化作品。稿件主要来源于全站职工的投稿和约稿。《通信之声》为月刊,黑白版面设计,遇有特殊节日和重大活动时出版增刊。

2000年,《通信之声》改为首页彩色版本,设置固定的版头和样式,并增设领导关怀、重点关注、青年论坛、哲理名苑等栏目,内容多为单位重点工作、重要事件、职工原创作品等。2006年7月,《通信之声》改为双月刊。2010年,《通信之声》由纸质印刷版本改为电子版刊物。改版后的《通信之声》形式更加多样化,动画效果突出,内容更具动感,便于职工传阅,发行范围随之扩大至天津海事局机关和局属相关单位。

至2012年底,《通信之声》共办刊228期。该刊物在通信职工中广泛传阅,不断丰富职工精神文化生活,使偏远台站职工及时了解单位改革发展情况和其他各方面信息,深受职工欢迎和喜爱,成为该单位职工宣传教育重要阵地。

(五)《青岛航标》

《青岛航标》的前身为《航标信息》。1991年7月,青岛航标处(区)创刊内部刊物《航标信息》。由该处办公室主办,稿件主要来源于干部职工投稿和办公室向有关部门和单位约稿。该刊物以工作信息报道为主,主要内容包括航标业务、党务工作、组织活动、安全工作、职工文化活动等信息。该刊物印制设备前期采用四通打字机打字排版,油墨推印印刷,;后期采用计算机打字排版,复印机复印。该刊物根据稿件的数量不定期出版,分发至处属各单位。至2009年底,共出版630期。

2009年5月,《航标信息》更名为《青岛航标》,并改为电子版刊物,由处政工科主办。改版后的刊物主要栏目包括工作聚焦、一线传真、安全在线、工作简讯、党建之窗等;主要内容包括航标业务一线工作情况、重大工程项目、单位重要事件、党组织重要活动、安全作业知识、职工原创诗歌、散文等文化作品等。出版周期改为月刊,通过内网发至处属各单位。电子版的《青岛航标》内容更丰富,动画更精彩,报道更及时,传阅更便捷,得到全处职工的广泛认可。

2010年5月,《青岛航标》改由处团委主办,由青年职工轮流编辑,既能锻炼其创作能力,使之尽快熟悉全处工作情况,亦可发挥其思维活跃、敢于创新的优点,集思广益,不断丰富刊物内容。至2012年底,该刊物累计共出版674期,并已经成为青岛航标处信息传递、文化交流的多元化信息平台,不仅丰富了职工文化生活,而且增强了职工荣誉感,提升了单位凝聚力。

第二节 文 化 建 设

一、品牌创建

文化品牌创建活动是文化建设的重要内容之一,是展示单位文化建设成果,开展职工文化教育活动的重要依托。北海航海保障系统高度重视文化品牌创建活动的开展,认真贯彻落实中央和上级有关文化建设的方针、政策和部署,适时提出创建文化品牌的活动目标,组织各单位积极开展以打造文化精品为主题的文化品牌创建活动,旨在提升职工的自豪感、归属感和凝聚力。

进入21世纪,交通部组织实施《交通文化建设实施纲要》,遵照上级工作部署,北海航海保障系统积极组织开展航海保障文化研究,创建了《灯塔邮票》、"全国职工书屋""全国五四红旗团支部""省级花园式单位"等一系列具有行业特点的文化品牌成果,充分展现该系统文化品牌创建活动的亮点。同时,各单位风格各异的文化长廊建设、天津海事测绘中心文化形象标识"万里海疆 探路先锋",青岛航标处廉政品牌"心明灯亮"等,从不同的主题和侧面,展示了该系统的文化追求,营造了浓厚的航海保障文化氛围,描绘了敢为人先的航海保障人的精神风貌。

图10-2-735 营口航标处荣誉室

至2012年底,北海航海保障系统阅览室总建筑面积约630平方米,藏书量26670余册;荣誉室总面积约135平方米,荣获锦旗480面;主题文化长廊7个,展板近300块,并不定期更换。取得的文化品牌创建活动成果,是北海航海保障事业的文化积淀,是北海航海保障人开拓进取、砥砺前行的精神动力,对提升该系统社会影响力发挥了重要作用。

(一)灯塔邮票

灯塔兼具船舶导航、地理坐标、文化遗产、军事防御、宣示主权等多种功能。因此,当邮票诞生之后,灯塔迅速成为邮票家族的热门题材之一。

世界上首枚灯塔邮票是由新西兰邮政于清光绪十六年十一月二十二日(1891年1月2日)发行的,供新西兰人寿保险局作为政府各级人寿保险部门寄递保险业务邮件的邮资专用,因此被称为"寿险邮票"或"灯塔邮票"。

清光绪十九年(1893),烟台商埠邮政委员会以"烟台山烽火台"为主图,发行首套灯塔邮票。这套邮票小巧精致,全套共5枚,分别为半分、1分、2分、5分和10分。清光绪二十一年十二月(1896年1月),发行一套图幅较大的海港风光邮票。全套3枚,面值为15分、20分和25分,主图是远望的烟台山及其西侧的海港。上述两套邮票均在烟台设计,并在德国印刷。

图 10-2-736　清光绪十九年(1893)烟台商埠邮政委员会发行的第一套以灯塔为主题的邮票

1997年国家邮政局发行"澳门古迹"特种邮票(编号:1997-20),其中的第四枚为"澳门松山灯塔"邮票。

1997年10月,国际航标协会(IALA)在法国召开第三次保护历史文物灯塔会议,从83个成员国报送的资料中筛选并拟定106座灯塔为"世界历史文物灯塔"。1998年初,IALA理事会讨论批准27个成员国推荐的106座灯塔为"世界历史文物灯塔",并编纂出版《世界历史文物灯塔一百强》图集,向全世界公开发行。其中,中国报送的五处(六座)灯塔均榜上有名,分别是上海青浦泖塔、温州江心屿双塔、舟山花鸟山岛灯塔、大连老铁山灯塔和海南临高灯塔。

图 10-2-737　2002年中国集邮总公司发行的"世界历史文物灯塔"特种邮票

2002年5月18日,为弘扬优秀历史文化遗产,中国集邮总公司发行一套"世界历史文物灯塔"特种邮票(编号:2002-10T)。上海市邮政局与上海海事局在上海城市建设展览馆联合举办"世界历史文物灯塔"特种邮票首发仪式,标志着中国具有百年历史的灯塔从此登上了"方寸之地"而流传百世。"世界历史文物灯塔"特种邮票共5枚,第一枚为"上海青浦泖塔",第二枚为"温州江心屿双塔",第三枚为"舟山花鸟山灯塔",第四枚为"大连老铁山灯塔",第五枚为"海南临高灯塔"。五枚邮票由樊景南设计,以钢笔素描手法分别绘出灯塔远景、中景和近景的雄姿,背景均配有淡淡的海图,设计简洁,主题突出。5枚特种邮票为一套,每套面值4.00元,每枚邮票面值80分,规格30毫米×40毫米,为编年类邮票,邮票印刷方式为影雕套印,发行数量1385万枚。在"世界历史文物灯塔"特种邮票发行当日,中国邮政总局同时发行首日封。同日,为纪念大连老铁山灯塔成功入选"世界历史文物灯塔"特种邮票的一员,大连航标处与旅顺邮电局联合举办特种邮票发行仪式,天津市交通委员会主任刘明哲、交通部海事局航测处李树兵、天津海事局副局长赵亚兴等出席发行仪式。

图 10-2-738　2002 年 5 月 18 日，大连航标处举办"世界历史文物灯塔"特种邮票发行仪式

2006 年 5 月 22—27 日，IALA 第 16 届大会在上海召开，来自 44 个国家和地区的 400 余名代表出席会议，重点交流国际航标管理和技术发展经验，研讨国际航标工作未来发展方向。为配合在我国首次召开 IALA 大会，展示中国航标事业发展成就，国家邮政局于大会开幕当日发行"现代灯塔"特种邮票（编号：2006-12），4 枚特种邮票为一套，每套面值 3.20 元，每枚邮票面值 80 分，邮票图案分别为"大沽灯塔""桂山岛灯塔""吴淞口灯塔"和"木栏头灯塔"。

图 10-2-739　2006 年发行的"现代灯塔"特种邮票

2006 年 5 月 22 日，为纪念大沽灯塔入选"现代灯塔"特种邮票的一员，天津海事局与塘沽邮电局在津联合举办特种邮票发行仪式，天津海事局副局长孔繁弘等出席发行仪式。

（二）职工书屋

职工书屋是中华全国总工会为保障广大职工特别是一线职工的基本文化权益，丰富基层职工精神文化生活，在全国各级工会组织开展的一项重要文化工程、公益工程。职工书屋由中华全国总工会统一命名，主要建立在工人集中的单位、工业园区、重点建设工地。

自20世纪70年代起,北海航海保障系统各单位积极响应中华全国总工会号召,结合各自工作特点,创办职工书屋,建立流动书箱,开展学习型班组建设,并在内网开辟"书香海事专栏",收到良好成效。至2012年底,北海航海保障系统职工书屋总计14处,藏书3万余册。

1)天津海测大队职工书屋

1977年10月,天津海港测量队迁址河西区黑牛城道34号办公,在办公业务用房三楼设置职工阅览室1间,面积20余平方米,配置书橱、报刊架、桌椅等,将多年积存的图书近600册统一编号、登记,指定专人负责借阅管理。图书类别包括中外名著、小说集、诗词赏析等,以及科普类、技术类读物,其他期刊等刊物,基本满足职工阅读需求。1989年1月天津海测大队成立,为丰富职工文化生活,满足职工阅读需求,该大队工会分批次购置各类图书,使图书库存逐年增加。20世纪90年代,该大队工会根据外业测量分队建制,购置8个行李箱作为"流动书屋",分发至各外业测量分队。此举得到外业职工充分肯定。"流动书屋"在"职工书屋"建设中独具特色。2008年5月,该大队迁址河西区郁江道新址办公。在办公业务用房5楼设置阅览室1间,面积30余平方米,设置3组书橱、1个书架、3张写字台、8把座椅,为职工阅读提供优雅环境。书橱顶部陈列工会荣获的各种奖杯、奖牌,书架上放置各类图书刊物2800余册。2009年,天津海测大队职工书屋被天津市总工会评为"天津市职工书屋"。

2)天津通信信息中心职工书屋

天津通信信息中心职工书屋经过多年积累,具有一定规模。该中心制定职工书屋管理规定和借阅制度,制作电子借阅证,选派2名专业对口的本科毕业生为管理员,引入现代管理手段规范管理。自2007年起,为偏远台站的职工书屋更新基础设施、扩充场馆和藏书规模,整体升级职工书屋。该中心利用职工书屋藏书,定期举办计算机、英语、商务礼仪等各类读书班,让职工在读书中明礼仪、长知识,适应通信工作发展需要;利用网络和多媒体资源在中心内网开辟"职工书屋"专栏,设有"他山之石""内网论坛""博客"等栏目,偏远台站的职工可在网上互动交流,展示"读书心得",并设立有奖征文等机制,调动职工读书热情。至此,该中心共有固定"职工书屋"5处、"多媒体"音像厅1处,总面积335平方米,藏书3310册,报纸杂志36种,配置全套影音设备,储备音像资料350种(张),形成阅读条件完备、覆盖全体职工的读书网络。2010年,该中心职工书屋被中华全国总工会评为"全国职工书屋"。2010年8月23日,该中心工会喜接中华全国总工会配送的图书。

3)天津航标处职工书屋

天津航标处职工书屋以图书阅览室形式对职工开放。图书类别包括中外名著、小说集、诗词赏析、科普技术类读物、期刊等。根据职工需求,每年增加部分图书。至2011年底,经过多年积累,职工书屋发展到30平方米,配备5个书架,15个流动书箱,3200多册各类图书及光盘、影像设备,2台电脑。同时,为偏远塔台站船配备电视和DVD等影像设备,满足基层职工文化生活需要,该处印发施行《职工书屋管理规定》《图书借阅制度》等,配备2名专职图书管理员负责图书借阅和管理工作,使职工书屋管理水平大幅提升。2011年4—5月,该处工会在全处范围内开展"读书——助我素质提升"活动,广大职工踊跃参加,共收到30多篇"读书心得",有效提升了职工书屋在职工中的影响力。2011年9月,该处职工书屋被中华全国总工会评为"全国职工书屋"。

(三)文化长廊

北海航海保障系统各单位精心打造的文化长廊,是借鉴早期兴办的黑板报、学习园地和宣传橱窗等传统经验,并作为文化建设一项重要内容组织实施的。各单位根据办公业务用房格局,充分利用办公区域墙壁,收集多年积累的照片资料,通过精心筛选设计,制作不同主题文化展板,展示单位历史沿革和工作亮点,成为单位接待来访的窗口,展示职工队伍形象的平台,是单位文化建设一道亮丽的风景线。

第十章 精神文明

遵照北海航海保障中心关于加强文化建设要求,大连航标处决定建设文化长廊,号召全处职工积极参与、建言献策。该处文化长廊以大连航标文化发展为主题,以大连航标处成立30周年(1982—2012年)为主线,展示大连航标日新月异的发展历程。该处充分利用办公业务用房2~6楼的走廊两侧墙壁为展示空间,安装灯箱式展示橱窗,从近万张照片中甄选出最具代表性的300余幅布展,图文并茂,雅俗共赏。

图10-2-740 大连航标处文化长廊

该处文化长廊第一部分为机构沿革,概述30年来大连航标事业从天津航道局→大连(天津)海监局→天津海事局3个历史时期的发展历程和主要变化。第二部分为辖区各类助航标志、航标船艇、基层塔站建设成就,以及新技术、新材料应用,科技成果展示。第三部分为历年大项活动,记述航标"四大"、设备"管修养用"、学习"华铜海"轮、技术比武、教育培训、菜篮子工程等,以广大职工工作业绩为主体,展示职工精神风貌。第四部分为应急抢险,以大连"5·7"空难、两站两保、"7·16"海上清污为典型事例,展示该处业务扎实、应对突发事件反应迅速,以及所取得的荣誉。第五部分为未来发展与展望。该处文化长廊穿插展示铁山杯摄影展、青年职工风采、职工文体活动等展板,形成具有大连航标特色的文化长廊,为单位健康发展营造良好文化氛围。

天津海事测绘中心将加强文化建设作为"十二五"规划重要工作之一,文化长廊建设即在其中。2012年,正值天津海测文化形象标识正式发布,该中心文化长廊一期建设告竣,其视觉效果为:一楼大厅迎面墙正中全景展示"万里海疆 探路先锋"文化形象标识,白墙为底,蓝红黑相间的标识,醒目大方,彰显天津海测大海般宽广胸怀。东侧墙面展示天津海测核心价值体系,精神文化精髓一目了然。东侧墙面采用搁板,以奖杯、奖牌等实物,展示天津海测历年荣获的荣誉,体现单位发展雄厚实力。西侧墙面以"海测辉煌57年"为主题,以图片形式展示天津海测57年发展与进步。东西两侧墙面下方的展示柜,展示部分测绘仪器和工具,用实物代言单位发展的厚重历史。此后的两年,分别以"海测辉煌58年""海测辉煌59年"为主题,依次更换部分展板,重点展示在文化建设过程中,测绘主业、星级项目部、文化体育活动等方面凸显的工作亮点。

图10-2-741 天津海事测绘中心文化长廊

2014年,该中心启动文化长廊二期建设,重点为6楼办公区域,其视觉效果为:西侧墙面全景天津海测文化标识。北侧墙面是单位职责介绍,依次为4位形象大使行军礼巨幅照片、《北方海区形势图》以及综合实力介绍;领导关怀,集中展示交通运输部各级领导莅临单位和测绘一线的大量珍贵图片;国内外交流,展示国内外专家学者来津访问、学习和交流的大量图片。南侧墙面张挂的4幅字画提升文化长廊的艺术品位,西端设计的苹果树,张贴各个时期有代表性的职工图片,成为该中心承载着厚重历史的缩影。

2015年,恰逢该中心成立60周年,文化长廊以"海测辉煌60年"为主题,更换1楼大厅展板,采取抚今追昔的手法,通过大量历史图片,阐释天津海事测绘在历史长河中的地位、作用和成就及肩负的庄严使命。同时,启动文化长廊三期建设,重点为7楼办公区域,其视觉效果为:走廊布设有关制图工艺发展历程,从"小飞机""数字化"到"电子海图",再到"数据库制图",通过实物与图片,代言天津海事测绘制图技术伴随时代发展而不断进步。海图数据处理工作区域设置"五一巾帼标兵岗"荣誉展区等。天津海事测绘中心文化长廊,是开展职工教育的基地,是接待来访对外宣传的窗口,是展示职工队伍形象的平台,更是测绘文化建设中的一朵奇葩。

秦皇岛航标处为弘扬中国传统伦理道德,设计建设传承民族文化、弘扬国粹经典的道德文化长廊。传统道德教化注重人的道德修养,提倡"仁义礼智信"为核心的道德价值观念,对促进当代道德体系构建具有重要意义。该处道德文化长廊依托机关办公业务用房步行梯建设,以两层步行梯和转角平台为单元展示,共分5个单元、21个板块,以"仁义礼智信"为主线,以社会主义核心价值观为基础,以国学精髓、文化典故为内容,并精心选取大量国学知识,以期全处干部职工深刻领悟中国传统道德文化,立君子品,做智慧人。

图10-2-742　秦皇岛航标处道德文化长廊

第一个单元为文化长廊简介,主要展示儒道两家传统道德文化的发展,背景是《道德经》和儒家学说核心价值观。第二、三单元为道德讲堂,即以"仁义礼智信"为核心的道德价值观内容展示,教育干部职工成为社会公德、职业道德、家庭美德的传播者、实践者和受益者。第四、五单元为国学精髓、文化典故,主要展示立行、立德、立信等方面的内容,反映社会主义核心价值体系丰富内涵和实际要求。2015年11月,该处道德文化长廊建成,在单位内部营造了浓厚的道德文化氛围,引导干部职工从身边小事做起,从一点一滴做起,崇尚道德,践行文明。

(四)花园式单位

烟台航标处机关位于山东省烟台市,坐落在山海相依、风光秀美的芝罘岛上。自2002年起,该处以"环境友好型、资源节约型"为指导思想,号召全体干部职工大力开展绿化美化环境工作。坚持"以人为本、适地适树、生态效益、景观效果"的原则,绿地以植物造景为主,假山、奇石点缀其间,适当配置亭、廊、广场和体现航标文化的雕塑等园林小品,植物与场区建筑达到和谐统一,为干部职工创造文明和谐的办公环境。

2003年,该处成立以处长钟建军为组长的绿化工作领导小组,负责单位绿化整顿的组织领导。同年10月,聘请大连海事大学和烟台市绿化委员会专家,论证和规划机关场院绿化建设,随即建立绿化管理制度和考核办法,组织人员定期负责植物的修剪造型、浇水施肥、杂草防除、病虫害防治等日常维护管理工作。其间,该处不定期邀请绿化专家实地指导,提高绿化养护管理质量。2004—2007年,该处坚持"投资少,见效快"原则,创造性开展工作,逐步实现春有鸟语花香,夏有芳草绿树,秋有金果满枝,冬有银装素裹,机关办公环境更加和谐优美。至2007年底,机关场院绿地面积达2.2万平方米,绿化率为66.5%,可绿化率达100%,并于2008年荣获烟台市"花园式单位"荣誉称号。

2009年,该处经过有计划有重点地再次整改,进一步提升机关场院景观效果、绿化水平,并向山东省建设厅提交申报"省级花园式单位"材料。2009年10月,山东省建设厅、山东省风景园林协会、烟台市绿化委员会组成验收组现场检查验收,处长王如政作专题汇报。验收组认为,烟台航标处达到山东省花园式单位标准要求,并于2010年1月授予该处"省级花园式单位"荣誉称号。

 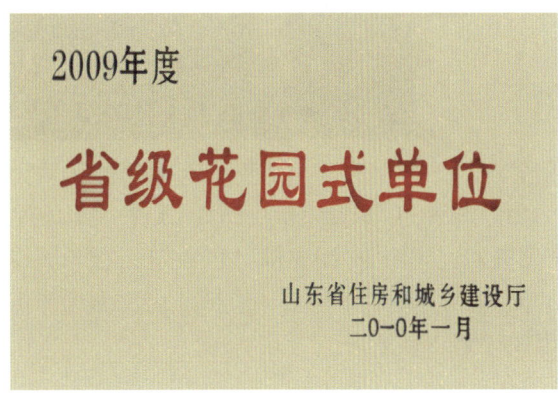

图10-2-743　烟台航标处荣获"山东省花园式单位"称号

(五)红旗团支部

自2001年起,天津航测科技中心团支部以建设"学习型、创新型"团支部为目标,将共青团工作与该中心发展有机结合,努力开创新时期共青团工作新局面,取得令人满意的成效。

该中心团支部注重青年职工的思想引导,组织"延安红色之旅""红歌大家唱""我来讲党史"等系列主题实践活动,坚持开展"爱党、爱国、爱岗"教育,组织"航测科技中心核心价值观"大讨论,激发青年职工"立足本岗、奉献航测"工作热情。

该中心团支部结合中心发展实际,印发《关于进一步深化青年参与科技创新工作指导意见》,成立青年科技小组,参与部、局重大科研课题研究和科技项目研发,开展青年"创新增效"活动。该中心建立的科技创新体系、研发体系、成果转化体系、专家咨询体系和支撑保障体系等均由青年职工主导完成。同时,参与制定《中国海事科技发展纲要》《天津海事局"十二五"综合发展规划纲要》,开展"海事物联网应用研究"课题攻关,为服务区域经济发展、保障辖区航运安全提供科技支撑。多年来,由青年职工参与或主持完成的软课题研究50余项,科技项目研发30余项,多项成果在交通部海事系统处于领先地位。其中,荣获中国航海学会科学技术奖一等奖1项,天津海事局科技成果二等奖2项,天津海事局科技成果三等奖1项。

该中心重视培养锻炼青年职工,推荐其参与多层次学术交流活动。其中,多名青年职工参加中国航海学会、东亚海道测量组织等国内外学术会议,发表学术论文30余篇,多篇论文在大会上交流,并荣获省部级优秀论文奖励。

图10-2-744　天津航测科技中心荣获"全国五四红旗团支部"称号

2012年5月,共青团中央印发《关于表彰2011年度"全国优秀共青团员""全国优秀共青团干部""全国五四红旗团委(团支部)"的决定》,授予天津航测科技中心团支部"全国五四红旗团支部"荣誉称号。同年5月8日,该中心团支部代表出席天津市纪念中国共产主义青年团成立90周年大会,受到天津市领导亲切接见。

(六)测绘文化标识

2010年8月23日,为深入推进交通运输行业文化建设,交通运输部印发《关于交通运输文化建设十百千工程方案的通知》,要求"十二五"期间,在全行业打造10个交通运输文化品牌,创建100家交通运输文化建设示范单位,培养1000名交通运输先进典型。据此,天津海事局作出工作安排,要求天津海测大队在"十二五"期间努力争创交通运输文化品牌。

2011年是"十二五"开局之年,在天津海测大队队长柴进柱、党委书记丁克茂倡导下,决定按照交通运输部"十百千工程"方案总体要求和天津海事局工作安排,通过开展文化建设"五个一"活动,即:打造一批星级测量项目部、建设一个海测文化展室、编绘一本体现海测发展的宣传画册、设计一套天津海测形象标识、提炼一句内涵丰富的天津海测精神,争创交通运输文化品牌。该大队政工科作为"五个一"活动主责部门,经过精心策划,于同年7月10日至8月30日,在中国第一征集网发布天津海测精神用语和文化形象标识征集启事。同年9月21日,在天津海事局机关举行征集作品启封仪式。局党组书记李国祥、副局长聂乾震和直属机关党委、纪检处、宣传处、《中国海事》编辑部以及《中国交通报》记者等代表出席启封仪式。共征集天津海测精神用语801条、文化形象标识作品203件。同年11月10—11日,该大队组织专业设计人员、离任领导、退休人员和主管部门代表,召开征集作品初次评审会。政工科根据初审选出 30 条天津海测精神用语和 10 件文化形象标识作品，组织职工投票，达到全员参与和宣传贯彻的目的。同年 11 月 29 日，该大队组织召开入围作品终审会，最终确定天津海测精神用语为"精测海疆　使命必达"，文化形象标识选用贾瑞华设计作品为蓝本，并在此基础上适当修改。

2012 年 7 月 4 日，天津海事局精神文明建设指导委员会召开会议，将"万里海疆　探路先锋"字样嵌入该大队文化形象标识。同年 9 月 5 日，局党组书记李国祥率相关人员在该大队召开文化形象标识审定会，审定文化形象标识的设计、延展规范应用等事宜，并确定海测文化形象标识。文化形象标识以"TJ"字母为设计元素，巧妙融入测量标尺、海豚、海水、红日等形态。翻腾的海浪与跳跃的海豚象征海测人不畏艰险、勇往直前、为航行安全保障和经济社会发展作出的突出贡献；浪花海水与红日动静结合、内外兼顾、线条流畅，体现海测人精诚团结、与时俱进、蓬勃发展的辉煌前景；蓝色与绿色的搭接，寓意安全环保、经略海洋的深刻含义。同年 11 月 9 日，天津海事局在局机关召开发布会，海测文化形象标识正式启用。

图 10-2-745　天津海事测绘中心文化形象标识

2013 年 4 月 14 日，天津海事测绘中心邀请文化建设专家李春苗，组织部分职工和退休老同志等召开专题会议，最终确定天津海事测绘中心核心价值观为"献身海测　服务港航"，使命为"以精准的航海图书资料为航行安全提供优质服务"，精神为"精测海疆　使命必达"，愿景为"依靠科技引领发展，打造一流海测队伍，让社会更满意、职工更自豪"，职业道德为"诚实守信　团结协作　恪尽职守　勇于奉献"，工作理念为"质量至上　安全第一"，工作作风为"吃苦耐劳　敢打硬仗"，行为规范为"细致严谨　精益求精"。2013 年 11 月 28 日，经中华人民共和国国家行政管理总局商标局批准，文化形象标识图像部分成为服务项目（第 42 类）注册商标。

文化品牌建设扩大了天津海事测绘中心的社会知名度。《人民论坛》在天津海事测绘中心设立专门调研点，长期跟踪调研。多位学者数次在《人民论坛》发表专题文章，对海测文化建设的做法和成效进行深入分析并大力宣传，提升了文化品牌的社会辐射力。

（七）廉政文化标识

2013 年，交通运输部海事局党组在直属海事系统启动廉政文化示范单位建设活动，并出台《直属海事系统廉政文化示范单位标准》。北海航海保障中心党组高度重视，及时作出工作部署。青岛航标处按照上级工作部署，从实际出发，努力探索，深入扎实地开展廉政文化品牌创建活动。

2013 年 9 月，该处党委印发施行《青岛航标处廉政文化建设工作方案》，构建"五个"廉政文化价值体系，开展"四进"廉政建设活动，实施"三步走"战略，做好"两个结合"，努力打造"心明灯亮"廉政文化品牌。通过开展活动，夯实干部职工崇廉尚德的思想基础，推动党风廉政建设和反腐败工作的深入开展。

为保持廉政文化品牌的生命力，该处丰富与完善品牌的内涵、价值体系和建设步骤，以突出"心明灯亮"的创新性、纯洁性、推广性和影响力。品牌名称为心明灯亮。其中"心"，以灯塔明亮之芯代喻职工廉洁之心；"灯"，即指永不熄灭的航标灯；"心明"诠释青岛航标人心存光明、崇廉尚洁的职业道德和"燃烧自己、照亮航程"的精神特质；"灯亮"体现该处"专业规范、优质高效"的服务水准和"准确助航、及时保障"的使命追求。品牌标识以蓝色为主基调，代表蔚蓝清洁的大海；灯塔体现着青岛航标人传承"燃烧自己、照亮航程"的奉献精神和肩负"准确助航、及时保障"的光荣使命；灯塔的光芒寓意光明和明亮；灯塔下三条波浪代表着航标工作以"三化"建设为统领。"五个"廉政文化价值体系为廉洁理念"以廉为荣、以贪为耻"；廉洁目标"永葆清正廉洁政治本色"；廉洁制度"把权力关进制度的笼子"；廉洁行为"忠诚、干净、担当";廉洁形象"为民、务实、清廉"。廉政文化"四进"活动为进机关,进基层,进工程,进家庭。实施"三步走"战略为一抓培训,二抓培育,三抓培树。两个结合为结合航标文化建设,组织开展系列活动;结合航标业务工作,组织实行风险防控。

活动期间,该处建立廉政文化墙、廉政文化走廊,创建廉政电子期刊、廉政宣传栏、廉政文化手册,发挥内网、屏保、报纸、信函、手机等载体作用,形成强大的宣传阵地。廉政文化墙、文化走廊集中展示廉政文化品牌、廉政文化理念、廉政规定、廉政格言、财经纪律,相关条文张贴于廉政文化走廊;打开电脑,屏保中的廉政警句即在眼前,给人以警醒;内网设置党风廉政建设专栏,党规党纪、风险防控、廉政党课、廉政活动、廉政漫画等警钟长鸣;《纪检监察报》定期在"读报思廉"栏目中更新;遇重大节日向职工家属发放助廉信;开展廉政知识竞赛活动;手机短信、微信平台定期向领导干部发送党规党纪、廉政名言和廉政小故事,扩展廉政文化传播触角。廉政宣传阵地起到"春风化雨,润物无声"的作用,使廉政要求入耳、入脑、入心。特别是廉政文化进家庭活动,有效地吸引了干部职工参与,提升了廉政文化渗透力。

2014年10月28日,交通运输部海事局廉政文化示范点建设验收组一行4人在上海海事局纪检组长邱铭的带领下,考核验收该处廉政文化建设。天津海事局纪检处副处长武军、北海航海保障中心副主任李树兵参加验收。2015年2月,在交通运输部海事局召开的直属海事系统党风廉政建设工作会议上,青岛航标处荣获"直属海事系统廉政文化示范单位"荣誉称号,成为全国航海保障系统唯一的受表彰单位。

图10-2-746 青岛航标处廉政文化品牌标识

2015年4月30日,北海航海保障中心党组在青岛航标处召开廉政文化建设推进会暨廉政文化示范单位现场会,现场观摩该处廉政文化展示区及廉政文化建设相关资料。该处党委副书记徐健以"青岛航标 心明灯亮"为题,向与会代表作了汇报。同时,该处就加强廉政建设,建立健全财务内控管理机制的经验作了介绍。北海航海保障中心主任聂乾震、纪检组组长解启杰出席会议,并对该处廉政文化建设工作给予充分肯定。

2015年底,该处党委决定在团岛灯塔建设"心明灯亮"廉政文化课堂。历经1个月的建设,收集廉政物品100余件、廉政书籍40余册、照片50余幅、展板8块、特制廉政警示铜钟1座,营造"心明灯亮"的浓厚氛围,提高廉政教育说教力。团岛灯塔是青岛航标展馆所在地,是"三化"建设示范点和全国劳动模范事迹宣传窗口。在此建设廉政文化课堂,可以做到航标文化、廉政文化和"三化"建设有机结合,增强了廉政品牌的生命力、感染力、影响力。其间,青岛航标处"心明灯亮"廉政文化课堂被北海航海保障中心命名为廉政教育基地。

二、文化丛书

文化是国家实力的象征与体现,是人类在社会历史发展过程中创造的物质财富和精神财富的总和。北海航海保障中心始终重视文化建设与研究,用当代科学技术提升职工专业能力,用反映时代精神的文学作品陶冶职工情操,造就和培养出一支有理想、有道德、有文化、有纪律的职工队伍。《交通文化建设实施纲要》的组织实施,使该系统在文化建设与研究方面取得一系列具有行业特点和时代特征的文化成果。其间,组织或参与编纂《中国航标史》《中国海事测绘史》《中国船舶通信导航史》《天津通志·海事志》等专业史书,以及《航标文化》《不熄的航标——全国优秀航标工事迹集》《航路·生命的守护——灯塔人的故事》《海测故事》等系列丛书等。这一系列文化研究与创作活动,充分展示了北海航海保障系统的软实力和硬实力。当它成为一种核心价值观时,是精神原动力;而转化为文化产品时,是物质生产力。它从不同角度和视野展现了该系统建设和发展的成就以及未来的美好愿景,体现了该系统厚重的文化底蕴和积淀。

图10-2-747　2007年10月28日，交通部副部长黄先耀（中）在天津出席《航标文化》专著审查会

上述专业史书及系列文化丛书的编纂出版发行，是北海航海保障系统文化建设与研究的丰硕成果，是通过北海航海保障人之手撰写自己和身边的故事。有些文章的作者将人生中最美好的时光全部奉献这一平凡而又神圣的事业，对于航海保障事业有着极其深厚的感情，并且已经融入他们工作、学习和生活之中，成为他们生命中重要的组成部分，形成他们现实生活的行为准则——"燃烧自己，照亮航程"。

（一）《不熄的航标》

1993年1月，中国交通报社、交通部安监局、交通部工程管理司联合组织编纂完成《不熄的航标——全国优秀航标工事迹集》一书。该书由郑炜航主编，中国交通报社社长刘凤桐、交通部安监局局长林玉乃、交通部工程管理司副司长邹觉新等为编委会成员，由交通部各海监局、内河航道局等航标管理单位供稿。该书共收录113篇文章，约25万字，交通部部长黄镇东为该书作序，副部长刘松金题词，交通部安监局局长林玉乃、工程管理司副司长邹觉新为该书撰写前言。该书由人民交通出版社出版发行，第一次印刷16000册。

该书汇集100余位在沿海和大江流域的航标职工忠于职守、爱岗敬业、公而忘私、默默奉献的动人事迹，声动描述了他们常年驻守在海疆前沿、航道两岸或偏僻孤岛，与江河湖海为伴，以灯塔为家的工作、学习和生活的真实情况，字里行间充满着航标职工对岗位的热爱，对航标事业的追求，对国家航运事业发展的贡献，以及对美好生活的向往。北海航海保障系统王炳交、孙国民、崔梦桐等24位优秀航标职工的先进事迹收录其中。

这是一部凝结着航标职工智慧、辛劳、执着和奉献精神的书籍，它以质朴、生动的语言，讲述着航标职工的人生和工作经历。长期以来，航标职工在平凡的工作岗位上创造了不平

图10-2-748　《不熄的航标》

凡的业绩,为国家航运事业的发展,为保障国内外船舶航行安全作出了独特的贡献。然而,他们感人肺腑、催人泪下的事迹却鲜为人知。航标职工抛家舍妻,远离现代舒适、安乐的生活,用生命、青春和汗水点燃着永远闪光的航标,他们是中国航标人的杰出代表。《不熄的航标——全国优秀航标工事迹集》一书,是向交通战线乃至全国的广大职工进行爱国主义、集体主义、理想信念、职业道德教育的生动教材,对全国交通系统职工队伍建设起到积极的推动作用。

(二)《中国航标史》

编纂《中国航标史》,记录中国航标发展历程,是长期从事航标工作老同志的夙愿。此前,曾请黄季成、史昌瑞等做过部分史料收集工作。1994年,《中国航标史》编纂工作纳入交通部安监局议事日程,列入1995年全国海区航测工作计划。

1995年5月,交通部安监局在北京召集天津、上海、广州海监局,大连海事大学及在京的航标专业委员会委员商讨编纂《中国航标史》事宜,并就编纂具体事宜议定若干原则。首先,编史要贯彻"依史为据,重在质量"。其次,既然是《中国航标史》,应包括内河航标、渔业航标及港澳台航标,但因港澳台航标编纂的确困难,有待条件成熟后补写。第三,史书的重点应放在公用航标方面,以灯塔为主;古代和近代航标,以近代为主;中华人民共和国成立后的航标历史,以改革开放15年历程为主;沿海与内河航标,以沿海为主;内河航标以长江为主。第四,中国航海史历史悠久,要广泛深入查阅史料,将中国航标历史的起源追溯至尽可能久远的年代。第五,史书上限不定,下限至1995年12月31日。最后,议定力争3年完成史稿编纂任务。会议初步议定编委组成、编纂单位,编写组工作人员由参编单位负责推荐,报送交通部安监局批准聘用。

编纂《中国航标史》是交通部安监局和中国航海学会航标专业委员会的一项重要工作,由广州海监局牵头主办,天津、上海海监局协办,其他各海监局提供必要的支持和帮助,共同搞好编纂工作。主编由叶嘉奋担任,编写组由张清汇、刘子忠、李汶、崔祖元等10余人组成,参编人员50余人,同时邀请叶仁元、左文渊、陈有仁、王炳忠、何炳材、曹达源、付立功、龚定鑫等39名退居二线和定居国外曾经从事港航工作的老同志提供资料、照片,撰写往事回忆录或稿件。

1996年8月,中国航海学会航标专业委员会在天津市召开《〈中国航标史〉编写大纲》审定会,航标专业委员会主任委员林玉乃主持会议,主编叶嘉奋汇报相关编制情况,经与会专家研讨和修订后,印发至各参编单位。随后,经各参编单位精心组织,全体参编人员辛勤耕耘,《中国航标史》史稿先后十易其稿,7次全文印刷征求意见,9次组织专家会审统稿。

1999年11月,中国航海学会航标专业委员会主任委员林玉乃在天津主持召开《中国航标史》审定会,主编叶嘉奋汇报史稿统稿情况。经与会专家审定、广州市新闻出版局核准,《中国航标史》于2000年5月付梓出版发行,第一次印刷5000册。

图10-2-749　1999年11月9日,中国航海学会航标专业委员会在天津召开《中国航标史》审定会

《中国航标史》是一部专业史,记述自公元前2000余年至1995年末中国航标的发展历程。史书再现中国航标从自然航标起源,到现代灯塔、灯桩、浮标、无线电航标,航标工业科研、基础设施、法制建设、人才培养,航标工人工作、生活等方面的发展过程。全书共22个部分,正文15章,约42万字,照片图表354幅。

2002年9月,编纂《中国航标史》史书资料630卷(份)及史书草稿、初稿、历次修改稿等目录汇编成册,连同史料留存中国航标展馆。

图10-2-750　《中国航标史》

(三)《海测故事》

2005年5月20日,适逢全国海区测绘系统成立50周年。交通部海事局在广州举办以"测神州天地经纬,绘华夏江海蓝图"为主题的50周年庆典活动,旨在回顾测绘事业50年的辉煌成就,规划和展望未来20年的宏伟蓝图。

按照交通部海事局工作安排,编纂《海测故事》一书作为纪念全国海区测绘系统成立50周年庆典系列活动之一,由上海海测大队牵头组织,会同天津、广东海测大队共同完成。为此,成立由上海海测大队队长叶引为主编,交通部海事局航测处处长韩伟、天津海测大队队长李鲜枫、广州海测大队队长洪四雄等为委员的编委会,组织编纂《海测故事》,并向全系统海测职工广泛约稿。随后,编委会经过数次组织相关人员对全部稿件认真审核、精心遴选,从中选出50年来在海测工作、学习、生活中具有典型代表性人物非凡的经历和感人的事迹,并将其反复润色、编纂成书。该书由上海海事局航海图书印制中心制版印刷,第一次印刷2000册。

《海测故事》共收录90篇文章,约30万字,全书分为"七彩海测路""海测人的情怀""竭诚铸精品""永远的开始""做自己的主人"五个部分,多采用海测职工难忘的工作

图10-2-751　《海测故事》

及生活经历,记述趣闻乐事、抒发海测情怀、叙写精品工程、引发入职回想、畅谈未来愿景,表达对测绘事业的崇敬与热爱。交通部海事局常务副局长刘功臣为该书作序,他指出:"我们可以用讲故事的方法,向职工传递海测的过去、现在和将来,以此弘扬海测精神。"

天津海测大队干部职工积极参与编纂《海测故事》。其中,"想起鸭绿江畔的泥螺""艰苦并快乐着""三八女子组在营口""动吃水的发现""劳动节'赶鸭'记""大连港30万吨级进口原油码头工程扫海纪实"等28篇文章收录其中。此为天津海测人在开港测量、重点工程、应急抢险等急难险重任务面前,召之即来、战之必胜、精益求精、无私奉献的真实写照,语言朴实生动,文章饱含深情。《海测故事》的出版发行,弘扬了海测精神,传播了海测文化,让全社会更多人了解了海测事业,使海测精神在传承中闪光,使海测文化在继承中发展。

(四)《航标文化》

2006年6月26日,全国交通行业精神文明建设工作会议提出:"加强交通文化建设,努力增强行业软实力,力争五年内取得明显进展"。同年11月,交通部印发《交通文化建设实施纲要》。随后,按照行业文化、系统文化、专业文化、组织文化四个层次,分别成立交通文化建设研究总课题组和22个子课题组,全面系统地组织展开交通文化研究工作。

航标文化研究作为交通文化建设研究子课题之一,由天津海事局牵头,会同交通部海事局、上海海事局、广东海事局、海南海事局、长江航道局等有关单位共同承担。2006年12月,航标文化研究课题组在前期筹备和充分论证的基础上,按照《交通文化建设研究工作指导大纲》要求,由徐俊池、赵亚兴、孔繁弘、葛树增、王学秀等共同起草完成《航标文化研究基本框架(草案)》。

2007年1月,交通部在南京召开交通文化建设研讨会后,天津海事局适时调整工作策略,聘请南开大学、大连海事大学等专家学者加盟课题组,将研究重心转为创作《航标文化》理论专著,并于3月中旬形成《〈航标文化〉理论专著框架》及调研提纲。同年4月3日,课题组邀请交通部体法司、交通文化建设研究总课题组、南开大学、天津市社科院,以及有关航标管理机关等14位专家、学者在天津召开专题研讨会,为进一步完善研究思路和理论专著框架提出若干宝贵意见。研讨会由天津海事局副局长赵亚兴主持。

图10-2-752　2007年4月3日,天津海事局在天津召开《航标文化》专家研讨会

随后，课题组采用实地考察、深度访谈、第三方访问和问卷调查等方式，历时6个月，走遍中国沿海和长江等航标管理机构及代表性塔台站船，在大量实地调研和案头工作基础上，起草完成《航标文化》理论专著书稿创作任务。在《航标文化》课题研究过程中，交通部副部长黄先耀曾多次作出重要指示，并得到交通部体法司、交通部海事局和交通文化建设研究总课题组领导的殷切关怀和悉心指导。2007年10月28日，交通部体法司在北京召开《航标文化》理论专著审查会，并顺利通过专家评审，该理论专著书稿在全国交通系统22个子课题中率先完成。2008年4月，交通部"21世纪交通文化建设研究与实践"系列丛书之一——《航标文化》由人民交通出版社出版发行，第一次印刷4000册。

《航标文化》设有11章、43个专题，总计43万余字。该书沿着物质、人文、行为、理念、精神这一基本脉络依序展开，全面系统地阐述了航标历史发展进程，以及建筑、科技、地域、人文等方面的文化特征，为积极探索和推动全国海区航标系统核心价值体系建设作出了有益尝试。

图10-2-753　《航标文化》

（五）《航路·生命的守护》

2006年11月，交通部印发《交通文化建设实施纲要》，组织开展交通文化建设研究工作。2007年，交通运输部海事局启动编纂《航路·生命的守护》一书，成立以王金付为主任，徐俊池、韩伟为副主任的编委会，由韩伟、葛树增、孙洪志为策划，赵星为主编的编写组，旨在通过该书的编纂出版发行，进一步促进航标文化建设，增强航标行业的凝聚力和战斗力。

2007年8月，天津海事局明确由天津航标处负责该书素材的搜集工作。天津航标处成立由孙洪志、田瑞坤、秦庆跃等人组成的素材搜集组，印发《关于〈航标职工文化作品集〉的约稿函》，向交通部海事系统各单位、部门广泛征集全国航标从业人员在工作、学习和生活中与航标相关的具有典型意义的感人故事。天津航标处党委副书记田瑞坤带领素材搜集组成员深入开展调研工作。他们南下北上，多方联系，不辞辛苦，深入灯塔体验生活，通过和灯塔工聊天，关注他们的工作与生活，了解他们之中鲜为人知的故事，共收集和初步整理文字材料50余万字。在素材搜集组调研过程中，得到各航标单位以及广大航标工的大力支持。天津、上海、广东和海南海事局主管航标工作的局领导，长江航道局主管航标业务和宣传工作的部门领导多次参加稿件审查会，为《航路·生命的守护》一书的编纂出版做了大量卓有成效的工作。在文章筛选过程中，编写组本着以人为本的理念，通过描写航标人的工作与生活，剖析航标人的感情世界，让读者从每一篇文章中体会到航标人的精神，了解航标人所关注的世界。

2008年12月，在庆祝改革开放30周年之际，交通运输

图10-2-754　《航路·生命的守护》

部航标文化建设丛书《航路·生命的守护》由天津科学技术出版社出版发行,第一次印刷4000册。全书共63篇文章,23.3万字,由"江海孤岛约作伴"和"潮起浪涌同福佑"两部分组成。交通运输部海事局常务副局长刘功臣为该书撰写前言,天津海事局党组书记徐俊池为该书撰写序言,书名由天津海事局原局长王怀凤题写。

《航路·生命的守护》一书,以航标人的工作经历和心理路程诠释着航标精神,透过航标人的凡人琐事,使人们领略航标人所传承的工作理念和崇高品格,进而体味航标人的精神世界。该书作为航标文化研究成果之一,通过航标人之手,写航标人故事。多数作者在灯塔、差分台、航标站等一线长期从事航标工作,有些作者将人生中最美好的时光奉献于航标事业,对航标事业有着深厚的感情,航标已经成为他们生命中的重要组成部分。他们犹如傲立于天涯海角的灯塔,不畏风霜雨雪,耐得住酷暑严寒,默默地奉献着永恒的光芒和伟岸的身躯。在这个特殊工作环境下的特殊群体中,传承着许多优秀品质和优良作风,并已经融入他们的工作和生活,成为他们现实生活的基本样式和行为准则,即航标精神的真实写照。

(六)《天津通志·海事志》

《天津通志·海事志》系《天津通志》分志之一,由中华人民共和国天津海事局承修。

2007年3月,为继承和弘扬中华民族优秀文化传统,进一步推进天津海事文化建设,天津海事局印发《关于开展建局二十周年庆祝活动的实施意见》,决定以"共同的节日,共同的文化,共同的使命"为主题,在全局范围内组织开展修志、展览、宣传、庆祝等一系列文化建设活动,旨在回顾历史发展进程,宣传海事地位作用,增强队伍凝聚力,营造和谐文明环境,奏响"海事一家人,全局一盘棋"主旋律,坚定不移地走科学发展之路、和谐共赢之路、持续创新之路、艰苦奋斗之路。

2007年4月,天津海事局成立天津海事志编修委员会,由局长徐津津任主任,局党委书记徐俊池任副主任。下设编辑部,局党委副书记李振清任主编,王文建、高靖任副主编。2007年5月17日,经过紧张而周密的前期准备,天津海事局召开修志工作动员会,标志着修志活动正式拉开帷幕。之后,在该局党政领导的关心支持和各参编单位(部门)的密切配合下,编写组利用篇目评审会、阶段推进会、样稿讲评会等时机,聘请地方志专家适时有针对性地培训与指导,并将修志工作纳入全局目标管理考核体系,为确保全体参编人员高起点、高质量、高效率地完成修志任务起到关键作用。2008年4月志书蓝本形成后,经内外专家评议及反复修改,并报请天津市地方志编修委员会审定,《天津通志·海事志》于同年10月被纳入国家地方志序列,由天津古籍出版社发行,第一次印刷1200册。

《天津通志·海事志》全书共17篇、79章,总计70万字,详细记述了自天津海监局建局以来各项主要工作的发展历程,内容涵盖通航管理、船舶管理、船员管理、危险货物与防污染管理、海事调查与处理等海事监管工作,航标、测绘、通信等航海保障工作,以及科技信息化、法制、海事公安、综合管理、党群工作等各项内容。

《天津通志·海事志》是为天津辖区海事管理专业方面的第一部志书,亦是全国海事系统第一部地方志,是迄今为止天津海事文化建设史上最为重要的系统工程。它对全面认识天津海事的历史与现状、系统研究海事工作的发展

图10-2-755 《天津通志·海事志》

规律,以及培育当代海事人继承优良传统、弘扬海事文化具有重要的指导作用。

(七)《中国船舶通信导航史》

2010年,交通运输部通过中国航海学会航海史研究专业委员会提议并组织编纂《中国水路交通史丛书》,并拟定书目20部,由各省(自治区、直辖市)交通运输厅(委)及国家重要的水路交通企事业单位参与编纂。交通运输部海事局与中国交通通信信息中心共同牵头承担《中国船舶通信导航史》一书的编纂任务,由天津通信信息中心负责具体组织实施。

该书编纂委员会由天津海事局局长刘福生、党组书记李国祥任主任,副局长杨新宅任主编。具体编纂工作,由天津通信信息中心与大连海事大学合作完成。2012年4月1日正式启动编纂工作,共分三个阶段:2012年为前期准备阶段,主要完成编纂人员组建和培训、篇目制定和资料搜集;2013—2014年为中期编纂阶段,主要完成篇目细化、调研工作和初稿编研;2015—2016年为后期统稿阶段,主要完成初稿研讨、修订,送审稿评议和印刷出版事宜。其间,共搜集资料17546份,照片4320幅,走访调研单位34家,召开研讨会17次,征求意见4次,篇目大纲修订10版。2018年4月27日,《中国船舶通信导航史》终审会在天津召开,专家评审组组长、大连海事大学教授孙光圻主持评审,人民交通出版传媒管理有限公司党委委员、董事谭鸿、北海航海保障中心党组书记柴进柱出席会议。经终审会评审和修订后,该书稿件提交人民交通出版社股份有限公司,并于2019年4月出版发行,第一次印刷4300册。

图10-2-756　2018年4月27日,交通运输部海事局、中国交通通信信息中心在天津召开《中国船舶通信导航史》终审会

《中国船舶通信导航史》全书共10章、43节,约55万字,以"时间为经,内容为纬"体例编排。其内容主要包括:宋代以前、宋代至前清、近代、新中国成立以来各时期水运通信导航概述,海岸电台和遇险安全通信(地面)系统、海事卫星通信和长江航运通信、船舶交通管理系统、无线电导航系统、船舶通信导航设备和水运通信导航教育。

该书是为中国在水运通信导航领域第一部内容全面的史书,将对记述水运通信历史、弘扬通信行业文化发挥重要作用。

(八)《中国海事测绘史》

在纪念中国海事测绘系统成立60周年之际,为总结和回顾测绘事业发展历程,继承和弘扬测绘文化,推进测绘"三化"建设,交通运输部海事局于2014年8月印发《〈中国海事测绘史〉编纂工作实施方案的通知》,由北海航海保障中心牵头,东海、南海航海保障中心参加,共同推动《中国海事测绘史》编纂工作。为此,成立由交通运输部海事局常务副局长陈爱平任主任的编纂委员会,编纂委员会秘书处设在天津海事测绘中心。编纂委员会下设编写组,由徐斌胜任主编,赵亚兴任常务副主编,丁克茂任执行副主编,王良玉、刘庆东、高崝任副主编,具体负责《中国海事测绘史》的编纂组织协调工作。

2015年6月10日,北海航海保障中心在天津召开《〈中国海事测绘史〉篇目大纲》审定会,专家评审组组长、交通部海事局原副局长、成绩优异高级工程师郭莘主持评审,北海航海保障中心主任聂乾震出席会议。经审定会评审和修订后,《〈中国海事测绘史〉篇目大纲》报请编纂委员会审查。

图10-2-757　2015年6月10日,北海航海保障中心在天津召开《〈中国海事测绘史〉篇目大纲》审定会

2016年6月22日,经《中国海事测绘史》编纂委员会批复,通过《〈中国海事测绘史〉篇目大纲》。该史书共分机构沿革、法规标准、测绘管理、测量业务、航海图书资料编绘与发行、测绘设备与系统、基础设施与船舶、科技与信息化、交流与合作、综合管理等10章、660个课题,约100万字,重点记述1955—2015年中国海事测绘事业发展历程,是第一部具有"资治、育人、存史"作用的中国海事测绘专业方面的史书。截至2016年底,编研课题400余个,同步修订完善《〈中国海事测绘史〉篇目大纲(第四版)》。后经《中国海事测绘史》编纂委员会批复,该史书变更为2021年7月1日前编纂完成。

其间,按照交通运输部海事局工作安排,《中国交通报》以"中国海事测绘犁海耕波一甲子"为题,对天津海事测绘中心发展成就、一线队伍风采素描、数据中心女子制图组、科技推动服务升级、文化建设纪实等方面进行了专题报道,旨在纪念中国海事测绘系统成立60周年。同时,《中国交通报》《中国水运报》《中国海事》等行业媒体亦对中国海事测绘系统60年的发展成就跟踪报道10余篇文章。

三、影像作品

自20世纪80年代以来,北海航海保障系统积极组织和参与不同层面的文化研究,从图书著作编纂发行,到电视片、音像片制作,用各种不同方式展示航海保障事业发展历程,传播航海保障文化建设成果,弘扬航海保障精神世代传承。

第十章 精神文明

自1990年起,北方海区航标系统在全国海区航标系统率先组织开展了连续三年的航标"四大"活动,推动北方海区航标维护质量、业务工作指标、职工队伍建设三年上升三个新台阶。这不仅是航标专业的一次大会战,更是航标队伍两个文明建设的大检阅。1991年,天津海监局为如实记录和大力宣扬航标"四大"精神,自主策划、创作、编导和录制《闪光的航标——北方海区航标"四大"工作纪实》音像片,该音像片成为北海航海保障系统第一部音像作品。

2010年12月初,按照交通部海事局工作安排,天津海事局协助拍摄的七集大型电视系列片《中国航标史话》,在中央电视台国际频道"走遍中国"栏目成功播出,成为中国第一部以灯塔为题材的电视系列片。该系列片以秦皇岛碣石远古自然航标、上海青浦泖塔、温州江心屿双塔、舟山花鸟山灯塔、大连老铁山灯塔、海南临高灯塔等"世界历史文物灯塔"和现代天津大沽灯塔为基本内容,每塔一集,每集30分钟,完美展现一段段生动的航标史话。该片在央视共播6次,产生了显著的社会影响力。

其间,北海航海保障系统制作或协助制作《开拓海上导航新时代》《天津海事科技之光》《夹持船在航标维护作业中应用》《中国海事测绘五十周年》《创造中国沿海航标的辉煌》《中国沿海和内河AIS建设与应用》等各类电视片、专题片共计29部。这一系列文化创作成果,充分体现了航海保障核心价值的理念,为北海航海保障队伍提供了源源不断的精神动力。

1991—2012年北海航海保障系统制作影像作品一览表

表10-2-159

序号	片 名	制作单位	制作时间	主要编导人员	备注
1	闪光的航标——北方海区航标"四大"工作纪实	天津电视台	1991年1月	编导:赵亚兴、张俊民;策划:赵亚兴;撰稿:赵亚兴等	
2	开拓海上导航新时代	天津电视台 交通部安监局	1997年6月	编导:马亚平;策划:马亚平;撰稿:张铁军	
3	远岛	辽宁电视台 大连电视台	1998年10月	编剧:高满堂;导演:陈刚	
4	夹持船在航标维护作业中应用	天津海事局	2002年7月	编导:王平;策划:王洪顺;撰稿:姜鹏	
5	创造中国沿海航标的辉煌	中国海事局	2003年8月	编导:马亚平;策划:马亚平;撰稿:阎晓明	
6	迈向新世纪的天津海事	天津电视台	2005年1月	编导:马亚平;策划:马亚平;撰稿:阎晓明	
7	天津海事腾飞之翼	天津航测科技中心	2005年2月	编导:马亚平;策划:马亚平;撰稿:阎晓明	
8	海上精确定位——中国沿海无线电指向标—差分全球定位系统与实施	中国海事局	2005年3月	编导:马亚平;策划:马亚平;撰稿:阎晓明	
9	中国海事测绘五十周年	中国海事局	2005年	编导:马亚平;策划:马亚平;拍摄:陈兆云	

〔续表一〕

序号	片名	制作单位	制作时间	主要编导人员	备注
10	迎着飞翔的召唤——黄骅港助航设施改造工程纪实	天津电视台	2005年8月	编导:马亚平;策划:葛树增;撰稿:阎晓明	
11	天津海事局船舶"管修养用"暨"安康杯"船员技术比武	天津海事局	2005年9月	编导:李天成;策划:李天成;撰稿:刘洋	
12	中国海事航标	中国海事局	2005年12月	编导:马亚平;策划:李钊金;撰稿:阎晓明	
13	中国航标管理人才培训	中国海事局	2005年12月	编导:马亚平;策划:李钊金;撰稿:阎晓明	
14	2005年天津海事科技之光	天津海事局	2006年1月	编导:马亚平;策划:马亚平;撰稿:阎晓明	
15	2006上海IALA大会IALA 2006 in Shanghai	天津航测科技中心	2006年5月	编导:马亚平;策划:李钊金;撰稿:阎晓明	
16	中国母亲系列片——又见灯塔	全国妇联华坤影视公司	2007年5月	编导:张红光;策划:黄晴宣;撰稿:任永红	
17	中国航标展馆	天津电视台	2007年8月	编导:马亚平;策划:陈蓉;撰稿:阎晓明	
18	中国沿海AIS岸台网络系统	天津航测科技中心	2007年12月	编导:马亚平;策划:李钊金;撰稿:阎晓明	
19	蓝色的梦想——庆祝天津海事局成立二十周年	天津电视台 天津海事局	2008年12月	编导:李钊金;策划:马亚平;撰稿:阎晓明	
20	乘长风破万里浪——中国海事数字航测的新时代	中国海事局	2010年3月	编导:孙士春;策划:马亚平;撰稿:阎晓明	
21	筑厦——天津海事局综合业务大楼诞生记	天津航测科技中心	2010年4月	编导:李钊金;策划:马亚平;撰稿:阎晓明	
22	全国海事科技信息化工作会议——中国扬州	天津航测科技中心	2010年7月	编导:李钊金;策划:马亚平;撰稿:阎晓明	
23	走遍中国——中国航标史话	中央电视台	2008—2010年	编导:杜棣华;策划:马亚平;撰稿:阎晓明	2010年12月1日播出
24	中国沿海和内河AIS建设与应用	《中国海事》编辑部	2011年5月	编导:马亚平;策划:李钊金;撰稿:阎晓明	

〔续表二〕

序号	片　名	制作单位	制作时间	主要编导人员	备注
25	天津海事局"十一五、十二五"电视片	《中国海事》编辑部	2011年7月	编导:马亚平; 策划:李钊金; 撰稿:阎晓明	
26	第十一届中国国际交流技术与设备展览会纪录片	《中国海事》编辑部	2012年6月	编导:马亚平; 策划:李钊金; 剪辑:赵明明	
27	让党旗在海风中飘扬——天津海事局创先争优活动掠影	《中国海事》编辑部	2012年6月	编导:李钊金; 策划:葛树增; 撰稿:阎晓明	
28	海誓——中国海事航测30年(精编版)	《中国海事》编辑部	2012年8月	编导:马亚平; 策划:李钊金; 撰稿:阎晓明	
29	海誓——中国海事航测30年(完整版)	《中国海事》编辑部	2012年12月	编导:马亚平; 策划:李钊金; 撰稿:阎晓明	

(一)《闪光的航标》

1990年底,北方海区航标系统"四大"活动圆满结束。1991年1月,由天津海监局副局长张家孝为顾问,航标导航处处长赵亚兴及田少华、王晓雷、张俊民共同策划、创作,并由赵亚兴、张俊民编导、录制,北方海区航标"四大"领导小组制作的《闪光的航标——北方海区航标"四大"工作纪实》音像片在天津电视台录制完成,成为北海航海保障系统唯一一部自主策划、创作、编导和录制的音像作品。

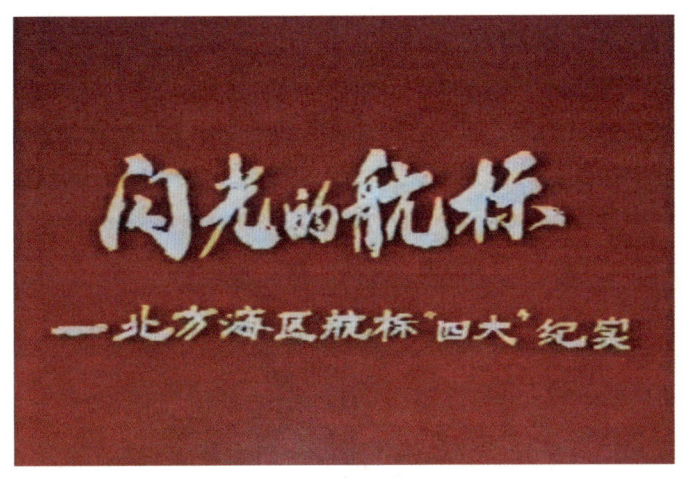

图10-2-758　《闪光的航标》音像片

该音像片时长50分钟,生动再现了1990年北方海区航标"四大"活动的全过程,如实记录着航标"四大"活动所取得的辉煌成绩。该音像片分为五章。第一章介绍了航标"四大"活动的组织与实施。在全国海区1990年航测工作会议期间,成立以天津海监局副局长张家孝为组长,各航标区分管局领导为成员的航标"四大"工作领导小组,上下协调一致,组织开展航标"四大"活动的情况。第二章讲述了天津海监局在烟台航标区召开航标"四大"现场会,组织推动航标"四大"活动深入开展情况。第三章记述了各航标区全面展开航标"四大"活动情况。各航标区领导率先垂范,航标职工不怕苦、不怕累,顶着烈日酷暑,知难而上。特别是航标工家属,她们追随家人任劳任怨,为航标事业发展提供重要的支持保障。第四章阐述了航标"四大"活动成效。交通部安监局副局长李育平对航标"四大"的评价是:"上海开了头,天津牵了头,烟台带了头,大连夺了头,大家有奔头。"第五章以字幕和解说语相结合的形式,记录了1990年航标"四大"活动的维护保养工作量、资金投入和总结表彰情况,并指出航标"四大"活动取得了精神文明和物质文明建设双丰收,有效地推动航标管理水平和维护质量的提高,为北方海区航标效能的发挥和港航事业的发展起到重要的推动作用。

该音像片制作完成后,首先在北方海区航标系统上下广为传播,随后在2000年6月18日中国航标展馆开馆仪式和2006年7月20日中国航标展馆重新布展揭幕仪式等重要时刻滚动播出。其间,交通部副部长黄先耀、中国科协书记处书记宋南平、秦皇岛市政协副主席高国祥、交通部海事局常务副局长刘功臣、交通部副部长徐祖远等领导先后莅临中国航标展馆,并观看该音像片。

2006年8月,秦皇岛市科学技术协会将中国航标展馆作为秦皇岛市科普教育基地之一;2010年3月,中国科学技术协会将中国航标展馆作为全国科普教育基地之一。通过该音像片的播放,让社会各界人士和青少年学生更多地了解了中国航标事业的发展情况和航标文化的世代传承,并充分展现爱国主义基地的教育作用。

(二)《远岛》

《远岛》(上下集)是辽宁电视台、辽宁电视剧制作中心、大连电视台联合摄制的电视剧。该电视剧由大连电视台电视剧制作中心高满堂担任编剧、陈刚担任导演。剧中主人公生活原型是大连圆岛灯塔航标工季开华。

1998年,按照中共中央宣传部关于在全国开展"五个一"工程的要求,创作任务驱使高满堂寻找典型素材。一个偶然机会,圆岛灯塔平凡的航标工不平凡的事迹,触发了他的创作灵感,萌生了创作欲望。大连电视台派人与其登岛体验生活,收集创作素材。

圆岛离大连港25海里,岛屿面积仅0.032平方千米。岛上无土壤、无植被、无水源、无居民,生活所需物资全部依靠大陆补给。大连航标处将生活物资运送到码头后,必须由航标人员肩扛手提,攀登270余个台阶运送到灯塔站内。高满堂在岛上与航标工同吃同住,掌握了大量素材,真正体会到驻岛工作和生活的艰辛。特别是对已故圆岛航标站第三任站长、共产党员季开华以岛为家、艰苦奋斗、积劳成疾、英年早逝的事迹深为感动,仅8天时间,便完成剧本创作。1998年10月初,大连航标处邓洪贵等随同摄制组乘"海标0504"船登岛协助拍摄,该船协助拍摄海上镜头。历时40天,完成该电视剧的摄制。

图10-2-759 《远岛》电视剧

该电视剧源于季开华真实的故事。季开华曾在海军某部服役,1982年随航标移交转业到大连航标区工作,驻守灯塔16年。他勤奋敬业,多次被上级评为先进工作者。艰苦的生活环境,使他先后患上心脏病、胃病。他常年吃药,病发时就用药顶一顶,坚持工作,从不请假。岛上环境特别潮湿,加之船舶往来补给时常年下海浸泡,双腿起了大片的疙瘩,后扩展至全身,他吃点抗过敏药,涂点普通药水,继续坚持工作。随后,病情突然恶化,身体虚弱得站立不稳,住进医院连续40余天高烧不退。经专家反复会诊,确诊是长期潮湿引起的皮肤恶性病变症,病例极为罕见。虽经多方医疗,始终不见好转,年仅40岁便英年早逝。

《远岛》再现了季开华以岛为家、舍己为公、默默奉献的感人事迹。剧中主人公杨金宝在享受城市安逸生活和妻子团聚与坚守海岛守护灯塔的抉择面前,毅然选择了后者。主人公放弃安逸生活,无私奉献航标事业的剧情,客观地复原海岛航标工艰苦的工作、生活环境,真实地刻画航标人对航标事业始终如一的忠诚履职,对航标工用生命的火花点亮灯塔的航标精神,给予令人信服的诠释和褒奖。

(三)《天津海事腾飞之翼》

2005年初,按照天津海事局工作安排,天津航测科技中心制作完成《天津海事腾飞之翼》音像片,并作为天津海事局2005年度工作会议内容现场播放。该音像片由天津航测科技中心主任马亚平编导和策划,由阎晓明撰稿。

图10-2-760 《天津海事腾飞之翼》

该音像片记述了天津海事局科技管理阶段性成果(2004年),展望了科技发展未来。该音像片时长20分钟,主要内容包括科技管理政策、科研项目、软课题研究、科技论文以及科技评价等。在科技管理政策方面,主要介绍了天津海事局针对新时期的任务和特点,包括印发《天津海事局科技发展基金管理办法》,激发科技人员的创新潜力,营造宽松的科技创新环境,加大科技创新投入,用于科技发展、科技创新的基金由20万元提高至110万元。正确的科技创新政策引导,充足的科技发展基金支持,充分调动了广大科技人员的积极性和创造性,使科技管理工作迈上新台阶。在科研项目方面,分别介绍了"天津港船用引航系统""沿海多功能航标工作船""利用AIS播发航标相关信息""步进式旋转灯器数字化控制电路设计""灯浮标标识号码显示器研制"以及大沽灯塔改造等科研成果和技改技革项目。在软课题研究方面,主要介绍了天津航测科技中心牵头组织编制并通过部级审定的《海事系统助航设施防雷技术管理规定》等管理规范的工作成果。在科技评价方面,主要介绍了天津海事局科技成果评价机制和奖励评审等情况。

《天津海事腾飞之翼》宣传片的播出,在全局起到展示科技创新成果,宣传科技兴局战略,推动科技开发进步的作用,进一步加快了全局科技创新的步伐。

(四)《中国航标史话》

2007年7月，按照交通部海事局工作安排，天津航测科技中心成立以马亚平任组长的工作小组，协助中央电视台"走遍中国"栏目组，拍摄"中国灯塔·航标宣传周"电视系列片。

2008年6月，中央电视台"走遍中国"栏目组开展前期采访和撰稿工作。通过实地考察、访谈等方式，先后走访相关灯塔所在地港口、村庄、博物馆等，查阅大量文献史料，深入挖掘灯塔感人故事、典型代表人物和灯塔建筑风貌。同年9月，完成7集电视片的文稿创作，10月摄制组制定拍摄方案，并着手现场拍摄。实地拍摄200余处场景，采访部分航标专家、史学专家，以及健在的灯塔看守人、历史亲历者及其后代约40余人，并拍摄大量历史资料。

2010年12月1—7日，在各相关海事局的大力支持下，历时3年，由杜棣华编导、闫晓明撰稿的《中国航标史话》7集大型电视系列片在中央电视台国际频道"走遍中国"栏目成功播出。

图 10-2-761　《中国航标史话》大型电视系列片

该系列片以秦皇岛碣石远古自然航标、上海青浦泖塔、温州江心屿双塔、舟山花鸟山灯塔、大连老铁山灯塔、海南临高灯塔5座"世界历史文物灯塔"和现代天津大沽灯塔为基本内容，每塔一集，共分7集，每集30分钟，总片长210分钟。各集片名分别为碣石觅踪、沪上宝塔、双塔史记、灯塔谍事、铁山为证、椰林塔影和守护津门。该系列片播出之日，恰逢国际频道"走遍中国"栏目重新改版首日。作为改版的开山之作，该系列片展现了一段段生动感人的航标史话，其制作质量水准较高，并增加英文字幕。该系列片首播为3次，即当日19时15分，次日5时05分、13时05分。2011年4月，该系列片再行复播，亦为3次。该系列片在央视共播出6次，播出总时长21小时，使我国社会各界乃至世界各国人士都更加深刻地了解了中国的航标历史和航标文化。

四、航标展馆

航标展馆是展示航标历史沿革，传播航标文化的平台。中国航标历史源远流长，早在四千年前，伴随着水上交通活动的兴起，出现了航标的雏形，从最初的自然航标、人工航标到现代的电子航标、数字航标，形成了多种手段的综合助航体系。航标的发展，为船舶安全航行提供了助航保障，为航海事业发展提供了技术支撑，亦为国民经济增长提供了不竭源泉。

中国航标展馆建设的启迪，源于1995年7月交通部安监局航标考察团赴西班牙为期13天的航标考察访问。其间，航标考察团注意到西班牙航标部门重视收集和珍藏老式灯器，因地制宜，充分利用附属用房较为宽敞的灯塔开办具有悠久历史的西班牙航标灯器博物馆。这一动议和举措，催生中国首个航标展馆于2000年落地秦皇岛南山头。随之，北海航海保障系统老铁山灯塔航标园、青岛航标展馆、烟台航标历史文化展室等一批小型航标展馆应运而生。

至2012年底，北海航海保障系统所建航标展馆总占地面积3140平方米，馆藏包括展牌、实物、模型在内的展品近300件,实物展品上限至19世纪90年代,下限至21世纪之初,完好如初,堪称完美。

(一)中国航标展馆

1995年8月,为对外展示中国航标发展的历史与现状,交通部安监局航标测量处处长王金付动议建设中国航标展馆。随后,经实地考察,报请交通部安监局批准,决定在秦皇岛南山头建设中国航标展馆,并由天津海监局负责工程建设。1995年10月,中国航标展馆主体建设破土动工,1996年11月工程告竣。中国航标展馆坐落在秦皇岛市风景秀丽的东山公园南侧,毗邻南山头灯塔及著名旅游景点"秦皇求仙入海处",展馆主体外形设计独特,为圆形体建筑,具有鲜明的浮标标体特征。该展馆建筑面积1809.22平方米,其中展厅面积949.9平方米,附属用房859.32平方米。

1997年,交通部安监局印发《关于做好中国航标展馆筹备工作的通知》,成立以刘功臣为组长,赵亚兴、胡江山为副组长的筹备工作领导小组,并由天津海监局负责筹展的日常工作。随后,天津海监局首先立足内部挖潜,布置各航标处清仓查库,将撤换的老旧航标灯器、设备、器材等登记造册,如数上缴;局航标导航处派员数次前往北塘航标器材仓库,清理收集海军移交的各类航标灯器、器材;局档案室将珍藏多年的航标实物全部贡献出来。同时,报请交通部安监局发文,向东海、南海海区和各航标厂家广泛征集航标灯器等。特别是海口航标处处长陈林华率先捐献的"琼海关1893"古界碑和秀英灯塔"四等鼓形透镜煤油灯器",均为中国航标展馆镇馆之宝。1999年,在广泛征集航标展品初具规模的基础上,由天津海监局航标导航处副处长孟庆忠、工程师吴志刚负责组织展馆内部装饰和航标展品布展工作,并聘请大连海事大学教授王英志现场指导。中国航标展馆致力于航标文化收藏、研究、展示、教育为一体,设立5个展区。第一展区为中国航标现状,第二展区为中国古代航标历史,第三展区为中国近代航标状况,第四展区为中国当代航标发展,第五展区为室外大型航标设备展示。

2000年6月18日,交通部海事局在秦皇岛举行中国航标展馆开馆仪式,交通部海事局常务副局长刘功臣、党委副书记孙继、交通部安监局原局长林玉乃、交通部水监局原副局长朱樵、交通部水运司司长李梧洲、海军航海保证部部长杨印本等领导出席揭幕仪式。党委副书记孙继主持揭幕仪式,常务副局长刘功臣致辞。由此,中国航标展馆正式对外开放。中国航标展馆是国内唯一一座航标专业展馆,亦是中国唯一以航标文化为专题的科普教育基地。

图10-2-762　中国航标展馆开馆仪式

2006年6月，按照交通部海事局工作安排，由天津航测科技中心主任马亚平牵头，全面整修中国航标展馆。整修主要工程包括：建筑物外墙全面更换、重新布设展厅、清理内部展品、更新展览内容、重新编撰文稿和图片等。重新调整内部装饰风格，使现代展览技术和历史厚重感得到较好兼顾，突出展览的知识性和趣味性。展馆以厚重的黑色和激情的红色为主色调，提升视觉冲击力，彰显航标所蕴含的温暖、关怀、光明等文化寓意。全面整修后的展览形式以实物为主，图板为辅，并配以多媒体视听等科技手段。展馆共分3层、5个室内展区及1个大型室外航标实物展区。第一展区为综述，第二展区为目视航标，第三展区为音响航标，第四展区为航标船艇，第五展区为无线电航标；室外大型航标实物展区设有雾钟、雾炮和灯塔、灯笼等一些珍贵的大型实物展品。新增设模拟船舶驾驶台、AIS等数字航标建设成果和灯塔邮票精品展示，以及采用音像手段循环演示航标业务与航标人工作情况的音像片、系列片等。

中国航标展馆设有62块展牌、125件（套）珍贵的实物展品和29个模型，浓缩着中国数千年航标发展史，追溯着古代航标的产生、近代航标的状况和当代航标的发展。在走廊与楼梯处，展出50余幅形态各异的国内外灯塔图片，以增强观赏性，展示航标文化和航标科技的发展进程。具有代表性的展品包括：作为"镇馆之宝"的1890年法国制造"五等十面牛眼透镜旋转灯器""琼海关1893"古界碑、1930年法国制造"四等鼓形透镜煤油灯器"、AIS岸基自动识别系统终端演示、大型船舶模拟操纵器等。中国航标展馆主题明确、形式新颖、藏品珍贵，营造一种与航标文化主题十分契合的氛围，让参观者自然而然地进入主题。中国航标展馆凸显"航标与船舶""航标与航海"的关系，在航标展馆中营造出更加灵动的水系。

中国航标展馆自开馆以来接待数以万计的参观者，交通部部长副部长徐祖远、黄先耀，中国科协书记处书记宋南平、张勤，河北省副省长龙庄伟，中国科技馆原馆长王渝生等多位领导莅临参观指导。

(1) 2006年8月5日，交通部副部长黄先耀（中）莅临中国航标展馆　　(2) 2007年6月5日，交通部副部长徐祖远（中）莅临中国航标展馆

图10-2-763　2006、2007年交通部领导莅临中国航标展馆

2006年8月，秦皇岛市科学技术协会将中国航标展馆作为秦皇岛市科普教育基地之一，并联合秦皇岛航标处在全市青少年中开展以"认识海洋、了解海事、热爱祖国"为主题的系列教育活动，充分体现了航标展馆科普教育基地的教育作用。其间，中国航标展馆先后被评为"秦皇岛市爱国主义教育基地""河北省科普教育基地"。2009年9月，为庆祝中华人民共和国60年华诞，交通运输部海事局建立了中国航标展馆网上展馆。通过多媒体技术，网上展馆将中国航标展馆的一张张展板和一件件实物展品转换成一幅幅制作精美的画面移至网络传播，使人们不必亲临展馆，同样可以形象直观地目睹航标风采，了解航标历史，领悟航标文化，学习航标知识，体会航标作用。2010年3月，中国科学技术协会将中国

航标展馆作为全国科普教育基地之一,于同年7月11日举行揭牌仪式,使中国社会各界乃至世界各国人士更加深刻地了解了中国航海历史和航标文化沿革。开馆期间,中国航标展馆先后与秦皇岛市东山小学、河北科技师范学院和中国人民解放军某部建立科普共建单位。

(1)2009年9月,交通运输部海事局建立中国航标展馆网上展馆

(2)2010年7月11日,中国航标展馆——"全国科普教育基地"揭牌仪式

图 10-2-764　中国航标展馆网上展馆和实体展馆

2012年3月28日,按照交通运输部海事局工作安排,中国航标展馆主要展品全部移至中国海事博物馆(上海)。

(二)老铁山灯塔航标园

清光绪十九年(1893),清政府海关在旅顺老铁山岬、黄渤海交汇处设立灯塔。作为106座"世界历史文物灯塔"之一的老铁山灯塔,虽历经沧桑、五易其手,但至今仍岿然不动,且焕发着绚烂夺目的熠熠光辉。同时,历史悠久的老铁山灯塔是国务院第七批重点文物保护单位、第十二届全运会圣火采集地、张健横渡渤海海峡的起点,亦是大连市著名的"新八景"之一,以"塔观双海"闻名于世。

老铁山灯塔荣誉室始建于20世纪90年代初期,展区面积约30平方米,2000年重新装修布展,集中展现了航标职工"爱岗敬业,团结拼搏,艰苦奋斗,无私奉献"的铁山灯塔精神。老铁山灯塔的主要展品包括各时期获奖证件、领导视察题词、名人学者留言、航标职工工作和生活图片等。该站先后荣获北方海区航标"四大"灯塔"三连冠",交通部安监系统设备"管修养用"先进灯塔第一名,天津、大连海事局"两个文明建设"先进集体和"先进党支部",天津市青工猛虎杯竞赛"先进集体"等30余项荣誉称号。该站站长孙国民荣获辽宁省劳动模范和优秀共产党员、全国交通运输行业先进工作者、天津市五一劳动奖章等荣誉称号。

其间,水利部部长、全国人大环境资源委员会副主任杨振怀莅临老铁山灯塔视察,并题词:"京津门户,黄渤海咽喉"。交通部副部长洪善祥、辽宁省副省长贺旻、大连市委书记孙春兰、大连市副市长何建忠、交通部安监局局长林玉乃、交通部海事局党组书记黄先耀、天津市委交通口岸工委书记刘明哲、国务院台湾事务办公室副主任周明伟等多位领导莅临老铁山灯塔,参观老铁山灯塔荣誉室。

伴随着航标技术进步,老铁山灯塔成为一座集灯塔、雷达信标、RBN-DGPS台站、AIS基站为一体的现代化综合助航设施。2007年,为真实反映中国近代和现代航标发展史,让世人认识航标、了解航标、爱护航标,大连航标处决定依托百年灯塔厚重的历史发展背景、深厚的航标文化底蕴和闪光的铁山灯塔精神,以老铁山灯塔荣誉室为平台,以老铁山灯塔及附属建筑为背景,建设一座具有良好观赏性的航标园。

图 10-2-765　2002 年 5 月 18 日，天津市委交通口岸工委书记刘明哲（左）参观大连老铁山灯塔荣誉室

2008 年，在配合北方海区星级灯塔创建工作的基础上，老铁山灯塔职工自己动手，在灯塔场院西南部场地建设室外展区，利用废旧灯器制作微缩大港东口南灯桩模型，实物展品有 63 型 500 瓦无线电指向标设备、灯浮标、航标灯器等。航标园展区占地面积约 100 平方米，呈长方形，各类航标设备设施呈竖排集中展示，并配有相应的文字说明。由于各种实物放置露天场地，老铁山灯塔组织航标人员定期维护保养航标展品，并不断补充新的航标展品，以进一步完善航标园建设。2009 年 5 月，天津海事局党组书记徐俊池莅临老铁山灯塔航标园，并题词："传承航标文化，展示海事风采"。

图 10-2-766　老铁山灯塔航标园

老铁山灯塔航标园展示了航标历史，传承了航标文化，每年接待游客人数超过 3 万人，游客在饶有兴趣地观看陈列在航标园内实物介绍的同时，纷纷摄影留念，无形中起到展示航标、宣传航

标、保护航标的作用。特别是每年的7月11日"中国航海日",老铁山灯塔航标园举办开放日活动,成为"中国航海日"大连地区特色旅游系列活动之一,老铁山灯塔航标园被大连市评为精神文明规范服务单位。

2012年,中国航海学会批准老铁山灯塔航标园为中国首批"航海科学普及教育基地"。

(三)青岛航标展馆

青岛航标展馆的建设依托于百年灯塔,其前身为2006年先期建设的青岛团岛灯塔荣誉室。2007年,作为航标文化建设和对外宣传阵地,交通部海事局常务副局长刘功臣专门为青岛团岛灯塔荣誉室题词:"发扬劳模精神,弘扬航标文化"。2009年,青岛航标处决定在团岛灯塔院内建青岛航标展馆。该处利用团岛灯塔原有附属房,在不改变建筑外貌和不影响内部结构的基础上,分别将两处相邻房屋内部打通,开展装潢和布展设计,增设室内展厅一处、多媒体演示室一处。其间,天津海事局党组书记徐俊池为青岛航标展馆题写馆名。

2010年8月18日,青岛航标处举办航标展馆开馆仪式,由天津海事局副局长聂乾震主持,党组书记徐俊池致辞,青岛市政协主席孙德汉、市文明办副主任王书勤、山东海事局副局长许仁华以及青岛市文物局、青岛海事局、海军北海舰队司令部航海保证处、北航五团等单位派员参加开馆仪式,并正式向社会开放。青岛市多家媒体对此进行了专题报道。

图10-2-767　2010年8月18日,青岛航标处举办航标展馆开馆仪式

2010年底,青岛航标处着手室外展区建设。经与驻军协商,在团岛灯塔正门前驻军篮球场位置,建成一处航标广场,主要陈设大型航标设施展品。

青岛航标展馆建设共投资百万余元。室内展厅面积约255平方米,有荣誉展室、航标展室各一间,多媒体会议室一间。室内展厅陈列各类实物展品120余件,有近百年的航标灯器、航标器材、航标制服、工作记录、航标专业图书、海图、工作用品等,并有1926年法国制造曾用于日照港石臼灯塔的六等鼓形透镜乙炔气灯器1台。室外展区航标广场面积约770平方米,陈列百年历史的中沙礁灯船(原大沽灯船)1艘,以及灯浮标、航标船船锚、锚链、弯管器等器材设施。

青岛航标展馆自开馆以来接待了数以万计的参观者。展馆没有专职解说员，由灯塔工作人员负责解说。其间，外交部原部长李肇星、海军副司令员丁一平、海军北海舰队司令员邱延鹏、交通运输部副部长徐祖远等先后莅临参观。该展馆作为青岛市一座反映航标文化主题的展馆，于2010年12月分别被青岛市关心下一代工作委员会和青岛市科学技术协会命名为"青岛市青少年教育基地""青岛市科普教育基地"。

（四）烟台航标历史文化展室

进入21世纪，烟台航标处瞄准航标科技前沿，坚持不懈地开展科技创新活动，先后取得多项省部级科技成果。2005年，该处决定建设烟台航标灯器展室，主要航标展品包括：PRB-21（20）型灯器国产化控制电路板、步进式旋转灯器数字化控制电路、航标灯器智能控制器、ISA-400型、IMA-800型航标旋转灯器等。该展室建成后，交通运输部海事局常务副局长陈爱平、党组书记许如清等多位领导莅临参观，并对该处科技创新工作给予高度评价。

2013年，该处决定将烟台航标灯器展室升级改造为烟台航标历史文化展室。2013年12月开始筹建，2014年8月完工。该展室位于烟台航标处机关3号楼3层，使用面积60平方米，通过历史照片、实物、多媒体播放系统等形式综合布展。展室藏有30余件展品，主要包括历史实物、文字史料、航标灯器、文化交流等四类。其中，历史实物类展品有旧海关时期赵北嘴灯塔界碑、测量灯塔灯光周期的英纳格秒表、20世纪50年代电动闪光仪、气雾号发声装置、20世纪70年代重型闪光仪、霓虹闪光灯、海军管理干线航标时期北隍城灯塔的手摇电话机、成山头导航台的电报机电键、1984年航标制服帽与肩章、原成山头指向标站的ZK-Ⅱ型无线电指向标控制机、原成山头导航台的双线示波器、电子管测试仪等；文字史料类展品有1956年北长山灯塔值班日志、1962年镆铘岛灯塔月报表、1982年航标移交协议等；航标灯器类展品有国产的500毫米鼓形透镜、375毫米航标灯器、200毫米航标灯器，引进的200毫米航标灯器、375毫米鼓形透镜、定向导标灯器、155毫米航标灯器，自主研发的200毫米LED航标灯器、120毫米LED智能化航标灯器、点光源LED智能化航标灯器、IMA-400型航标旋转灯器等；文化交流类展品有2006年韩国代表团赠送的金制太环耳饰、2011年韩国代表团赠送的八尾岛灯塔模型。

2015年5月，该处培养青年讲解员，学习掌握古代航标、近代航标、现代航标的沿革和烟台山灯塔、成山头灯塔、镆铘岛灯塔等百年灯塔的结构与历史发展历程，进一步提升历史文化展室的对外接待能力和航标文化传播效果。

2015年6月10日，烟台市教育局、文明办、文广新局、旅游局联合公布2015年度全市中小学生"社会大课堂"活动场馆名单，烟台航标历史文化展室作为科普教育基地成功入选。烟台晚报、大众网等多家媒体对此进行了专题宣传报道。

图10-2-768　烟台航标历史文化展室

第十章 精神文明

2015年7月,烟台航标历史文化展室正式对外开放,陆续迎来多批烟台市民参观。参观活动为完全公益性,全市中小学生和陪同家长可在开放时间内免费参观。参观者在纪念簿上签字留言,对烟台航标历史文化展室的文化价值和传播效果给予较高评价。截至2015年底,烟台航标历史文化展室共计接待外界参观人数200余人次,提升了航标文化的社会影响力。

五、文体活动

航海保障事业的发展壮大,既需要先进的管理理念和科技创新,更需要文化支撑和强健体魄。开展职工文体活动,作为航海保障文化建设重要组成部分,对提升职工队伍整体素质意义重大。自20世纪80年代以来,北海航海保障系统重视并积极开展各类职工文体活动,取得了一系列成果。

在文艺活动方面,该系统各单位组织开展"抒爱国情怀,迎香港回归""女职工制作比巧比赛""盼圣火,迎奥运""新中国成立50周年摄影展"等内容丰富、形式多样的活动。天津海测大队职工常年分散在外,聚少离多,自1989年起,坚持每年举办一次春节职工文艺联欢会,以达到沟通情感、展示才艺、愉悦身心的目的。2003年,天津通信站创作的歌舞《海事之恋》在全国海事系统首届文艺调演中荣获优胜奖,另外在天津海事局纪念建党85周年"让党旗永远飘扬"职工歌咏比赛中荣获三等奖。2007年,天津海测大队组建铜管乐队,经过刻苦训练,能够演奏多首曲目,并承接局内外多项演出任务。

在体育活动方面,天津通信站在天津海监局首届职工运动会上荣获团体总分第一名,并被天津市体委、市总工会评为"天津市全民健身工作先进单位"。大连航标处在辽宁海事局举办的乒乓球比赛中荣获团体第一名。2007年3月,通信信息中心和天津航标处组成的代表队,在天津市职工首届"今晚报"扑克比赛中荣获季军。同年6月,营口航标处在天津海事局首届"友好杯"足球赛中荣获冠军。2010年6月,天津航标处在天津海事局举办的"职工趣味运动会"中荣获团体总分第一名。2010年8月,在天津市"首届口岸文化体育艺术节"活动中,北海航海保障系统多名职工荣获个人奖。2012年9月,"交通运输部直属机关第一届职工运动会"在北京奥体中心如期举行,天津海事局组建的参赛队荣获"最佳组织单位"奖。

图10-2-769　2010年6月12日,天津海事局举办2010年职工趣味运动会

文体活动的开展,作为文化建设的重要内容,始终贯穿北海航海保障事业的发展进程,并成为广大职工工作、生活不可分割的一部分,丰富了职工业余文化生活,促进了凝聚力的提升和各项工作的开展,为北海航海保障事业的发展提供了卓有成效的精神文化支撑。

(一)文艺汇演

20 世纪 70 年代,天津海港测量队职工常年在沿海各港口作业,聚少离多,全队职工仅春节前后相对集中。据此,该队坚持春节前举办职工文艺联欢活动,其老传统保持至今。1989 年后,天津海测大队迎春联欢会作为年终保留节目,周密策划,精心组织,广泛参与,职工演自己身边的故事成为联欢活动的亮点。迎春联欢会伴随着铜管乐队的演奏拉开帷幕,接着相声、双簧、歌曲串烧、三句半、小品、情景剧、萨克斯独奏、独唱、诗朗诵、大合唱等节目,精彩纷呈,盛况空前。职工在欢乐喜庆的氛围中,赏心悦目地观看演出。

2007 年,天津海测大队铜管乐队成立,为丰富职工业余文化生活,提高职工文化品位开辟了新的路径。为提高铜管乐队演奏水平,该大队工会聘请 3 名辅导老师,经过 2 个月的集中培训,乐队队员可以演奏《迎宾曲》《海事之歌》《歌唱祖国》等曲目,基本具备演出能力。当年,铜管乐队应邀参加"天津海事局青年联欢会",以一曲《中国,中国,鲜红的太阳永不落》拉开序幕,受到观众的好评。随后,铜管乐队在天津海事局工会举办的"首届海河杯乒乓球邀请赛"和"职工趣味运动会"上演奏《运动员进行曲》,为比赛增添了竞争氛围和喜庆气氛。同时,铜管乐队多次承接"天津市海上搜救中心揭牌仪式""刘建勇同志赴亚丁湾护航载誉归来欢迎仪式"等上级机关重要活动演奏,充分展示了北海航海保障系统职工的精神风貌和公众形象。

图 10-2-770　2010 年 9 月 12 日,天津海测大队铜管乐队为迎接刘建勇凯旋高奏凯歌

2007 年 2 月 8 日,天津海事局工会在天津塘沽大剧院举办"难忘 2006 职工迎春文艺演出"。演出节目全部由职工自编自演,内容丰富、形式多样,主要包括歌舞、合唱、独唱、天津快板、小品、双簧、民乐合奏、京剧等。北海航海保障系统职工在演出中施展才艺、表现突出,其中大连航标处小品《工会主席的晚餐》、队列舞《海事情怀》,烟台航标处党委书记张源军的山东快书《武松打虎》,通信信息中心歌舞

《天路》,天津海测大队小品《为你而骄傲》,秦皇岛航标处双簧《我爱航标工》、男生四重唱《啊,朋友再见》,天津航标处歌舞《同唱兵之歌》等节目感人至深,引起共鸣。该演出为全局职工奉献了丰盛的精神大餐,增添了欢乐喜庆的节日气氛,提振了全局职工的自豪感、荣誉感、归属感,坚定了开展群众性文化活动的信心。

图10-2-771　2007年2月8日,天津海事局举办"难忘2006职工迎春文艺演出"

图10-2-772　2011年5月1日,天津海测大队组团参加中央电视台举办的庆祝"五一"文艺晚会

2011年4月14日,按照交通运输部海事局工作安排,天津海测大队工会主席刘雪峰带领19名职工

加入中国海事合唱团,参加由中央电视台举办的"五一"《劳动颂歌》演出。其中,北海航海保障系统的刘雪峰、丁琪欢、王翠婷、贾佳、付亚楠、董辉、李巍参加排练、演出。虽然合唱团临时组建,水平参差不齐,但经过为期9天紧张有序的排练,最终取得整齐划一的演唱效果。5月1日晚黄金时段,"五一"国际劳动节文艺晚会《劳动颂歌》在北京人民大会堂金色大厅举行,中央电视台第一频道同步播出。此为中国海事合唱团在国家级大型文艺演出中首次登台亮相。晚会演出取得了良好效果,充分展现了海事人的精神风貌和严谨作风。

节目演出顺利完成后,导演组临时安排与国际友人互动唱歌任务。当全部观众和其他演员散场后,著名主持人朱军、董卿要求中国海事合唱团配合他们补录镜头,全体队员克服身心疲惫,以最佳精神状态在舞台上持续列队30分钟。在演出总结会上,交通运输部海事局党组书记许如清动情地说:"此次大型文艺演出活动,天津、河北海事局领导班子非常给力!合唱团临时领导班子组织有力!合唱团全体队员尽心尽力!大家通力合作最终形成合力!海事工作者必将在今后新的征程中再接再厉,再立新功!"

(二)体育竞赛

2008年3月24日,北京奥运会圣火取火成功,开始境内传递。作为北京奥运会协办城市,奥运火炬将在秦皇岛市内传递。传递活动前夕,秦皇岛航标处举办"盼圣火、迎奥运"主题活动,表达全处干部职工对奥运圣火的热情期盼。全处60余人参加此次活动,他们手持国旗、奥运旗、海事旗,身披"迎奥运 讲文明 树新风"彩带,登上奥运火炬在秦皇岛市传递起点——万里长城东部的老龙头城楼,宣传和弘扬奥运精神,并在"盼圣火,迎奥运"宣传条幅上纷纷签名。

图10-2-773　2008年4月25日,秦皇岛航标处举办"盼圣火　迎奥运"活动

2008年7月30日,奥运火炬在秦皇岛市内传递,起点为万里长城东部起点老龙头,火炬经过山海关区、海港区后,抵达北戴河区奥林匹克大道公园。北京奥运会期间,秦皇岛航标处配合河北省武警总队完成海上禁航区航标界标的设置,配合秦皇岛市公安局边防分局完成在南山头灯塔安装高精度海上监控设备,以实际行动为北京奥运会成功举办作出积极贡献。

2010年6月,为贯彻落实《中华人民共和国全民健身条例》,天津海事局工会组织举办天津地区各单位职工趣味运动会。活动的主题是"我运动,我健康,我快乐",以倡导"健康生活,快乐工作"理念,提升职工幸福指数,增强职工身体素质。赛前,北海航海保障系统各单位组织参赛选手集中训练,学习竞赛规则,研究竞赛技巧,保持竞技状态。2010年6月12日,"天津海事局2010年职工趣味运动会"在塘沽海后体育场开幕。运动会共设拔河、趣味投球、齐头并进、齐心协力、跳板跃行、夹球接力6个竞赛项目。经过紧张激烈的角逐,天津航标处荣获团体总分第一名。

图 10-2-774　2010年6月12日,天津海事局举办职工趣味运动会

2012年8月,按照交通运输部海事局工作安排,由天津海事局选派20人组成广播操表演队,代表交通运输部海事局参加"交通运输部直属机关第一届职工运动会"团体项目《第九套广播操》表演赛。天津海事局高度重视,决定由天津海测大队工会主席刘雪峰负责组织排练、参赛等事宜。同时,决定从正在参加军训的百余名新职工中挑选男女青年各11人。经过一周的严格考察,22名参赛选手最终确定。为达到最佳参赛效果,自同年9月14日起,22名参赛选手在军训场地集中排练。9月18日,参赛队伍进京彩排。在彩排中,参赛选手令行禁止,突出展现新职工的军训效果和精神风貌。但是,相距方阵表演标准尚有一定的差距。于是,领队刘雪峰决定采取动作分解形式,每个动作反复练习,将动作的高度、角度用线标定,直至表演方阵达到整齐划一的程度。

图 10-2-775　2012年9月21日,天津海事局组团参加交通运输部直属机关第一届职工运动会团体操表演

2012年9月21日,"交通运输部直属机关第一届职工运动会"在北京奥体中心如期举行。交通运输部部长杨传堂出席开幕式,并为获奖单位颁奖。在团体操比赛中,天津海事局组建的参赛队荣获"最佳组织单位"奖。开幕式结束后,交通运输部海事局党组副书记张双喜接见参赛选手并合影留念。

第三节　人　物

一、人物简介

张浩然(1923—2009)

1923年1月21日出生,男,汉族,江苏如东人。小学文化程度。1987年9月加入中国共产党。曾任交通部海运管理总局海港测量队海图编绘负责人、高级工程师。

1939年学习并从事地图测绘事业,历任上海时仲华绘图员,上海大众地图社绘图员、助理编辑。1950年2月入伍,历任海军某部制图室制图员、组长、二级技术员。1955年5月转业,历任交通部海运管理总局海港测量队制图员、海图编绘负责人。

1958年5月,随交通部海运管理总局海港测量队划归天津航道局海港测量队。1966年在"文化大革命"时期,被遣送回原籍,1978年落实政策重返工作岗位,直至1988年6月退休。2009年1月28日病逝于上海,享年86岁。

张浩然在部队服役期间,率先应用"单双曲线绘图法",使海图绘制工效提高4~5倍,荣立二等功;刻苦钻研美制写字仪,破解制图难题并节约大量资金,荣立二等功;在执行军事任务中成绩显著,荣立三等功。

作为交通系统海事测绘事业的奠基者之一,以其丰富的编绘经验、精湛的绘图技术和崇高的职业道德,千方百计地将外业测量成果精确地展现在海图上,被业内誉为"老黄牛"和"工作狂"。在国内首创《内河引航图集》,深受港航用户欢迎。主持编绘天津、宁波、大连、秦皇岛港等多个《港口航行图集》,为北方海区测绘事业建设发展作出重要贡献。主持制定北方海区测绘系统第一个海图制图定额标准。30多年来,他以崇高的事业心和强烈的责任感,为北方海区测绘事业培养两代海图编绘人员。在他的影响下,重质量守信誉已成为该队的优良传统。为表彰其对测绘事业作出的重要贡献,天津航测处专门举办"张浩然同志从事测绘工作40周年报告会",交通部、天津航道局领导和众多测绘专家纷纷发来贺信贺电,《天津航道报》广为宣传报道其先进事迹。

退休后,他应聘上海海监局航海图书印刷厂,仍以饱满的工作热情参与建厂和《港口航道图》的印刷出版,继续为全国海区测绘系统海图印刷事业发展作出重要贡献。

冯洪达(1930—1993)

1930年10月生于天津,男,汉族,安徽巢县人,乃著名爱国将领冯玉祥之子。1948年9月入苏联列宁格勒大学学习,后转入巴库海军学校学习军事,1953年学成归国。1956年加入中国共产党。曾任海军司令部航海保证部副部长、部长,海军大连舰艇学院院长、北海舰队副司令员,海军少将军衔。

冯洪达投身海军事业后,历任海军某部航海员、中队长、副舰长、航海业务长。1966年"文化大革命"初始,因家庭出身问题,下放农场劳动。1969年恢复工作,任海军烟台基地司令部航保处处长,1977年12月任海军北海舰队司令部航海保证处副处长。1982年3月任海军司令部航海保证部副部长,1983年2月升任部长。1983年5月转任海军大连舰艇学院副院长,1985年升任院长。1988年9月被授予海军少将军衔。1990年1月任海军北海舰队副司令员。1993年3月当选为第八届全国政协委员,同年7月19日病逝于大连,享年63岁。

在担任北海舰队司令部航海保证部门领导人期间,组织带领官兵,为使辖区助航设施得到快速恢复与不断完善,推进北方海区航标建设发展作出重要贡献。他爱兵如子,经常深入塔台站船等基层单位体察下情,深受官兵拥戴。转任海军大连舰艇学院院长后,承接国庆35周年大阅兵海军方队训练任务,并担任领队,受到中央军委通报表彰。其间,受交通部委托,在学院创立航海与航标工程专业,为航标事业发展培养专门人才,其中多数已成为全国海区航标系统中坚力量。正当在人生道路阔步前进时,由于长期超负荷工作,终因染病医治无效病逝。

程裕大

1931年1月12日出生,男,汉族,湖北汉口人。1951年3月中南交通学院无线通信专业毕业,大学专科学历。1955年10月加入中国共产党。曾任天津海监局通信交管处处长、成绩优异高级工程师,享受国务院政府特殊津贴。

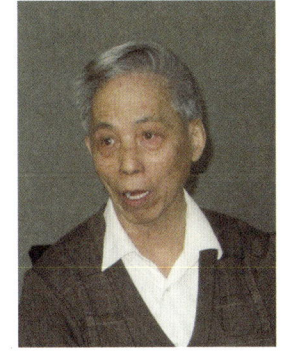

1949年11月参加工作(在校学习),历任北洋区海运管理局天津分局报务员,天津港务管理局通信站发信台台长,天津港技校教务科科长。1969年1月下放到天津港务局第二作业区劳动,1971年1月调回通信站工作,1978年3月任天津港务局通信站副站长(副处级)。1989年7月任天津海监局通信交管处副处长,1990年3月任处长。1993年12月退休。

作为长期担任天津通信管理机构和天津海监局通信交通部门领导人,在中国籍"团结号"轮失火遇险通信中,充分利用四路特高频老旧设备首次开通单边带无线电话,实现交通部部长、总调部门与该轮船员直接对话,为保障应急救助指挥畅通发挥重要作用。主持完成天津港集装箱码头4个泊位的甚高频、超高频通信组网工程,成功替代原丹麦设计方案,并组织设备购置和工程施工,为国家节约外汇10余万美元。参与设计并主持完成天津海岸电台迁建工程(6·15工程),开创海岸电台三址式格局,通信效果明显改善,功能作用不断拓展,使天津海岸电台成为全国三大海岸电台之一,为天津海岸电台建设发展作出突出贡献。

任职期间,先后赴日本考察海上交通管理系统建设,赴挪威开展交通管理系统工程建设项目技术谈判,并组织实施工程建设,为天津海监局交通管理系统建设发展作出重要贡献。参与编制的"交通部部属单位机构编制标准与管理研究"项目荣获交通部科学技术奖三等奖。

姚一宁(1933—2016)

1933年12月22日出生,男,汉族,浙江余姚人。1964年8月武汉测绘学院函授学院大地测量专业毕业,在职大学专科学历。1985年5月加入中国共产党。曾任天津海监局海测大队队长、高级工程师,享受国务院政府特殊津贴。

1951年1月入伍,历任海军某部测量学员、二级测量技术员。1955年5月转业,历任交通部海运管理总局海港测量队二级技术员,天津航道局海港测量队技术员、助理工程师、工程师,天津航测处海港测量队队长、高级工程师。1989年7月任天津海监局海测大队队长(正处级)。1994年11月退休,2016年11月14日病逝于天津,享年83岁。

作为全国海区测绘事业的奠基者之一,在海港测量队组建初期,参与或组织全面测量全国沿海13个主要港口及重要通航水域,为出版68幅新中国首版《港口航道图》作出重要贡献。引进四波束测深仪后,坚持使用该设备所具有的"面测深"功能,在北方海区确定航道通航尺度和扫测水下碍航物方面发挥独特作用,开创国内水下全覆盖测量的先河,得到各港航、海监单位和测绘界的高度评价。随后,在疏浚测量工作实践中,创立"边挖边测""指挥疏浚扫浅"等测量新工艺,为提高疏浚效率发挥重要作用。同时,根据多年工作经历所掌握的各海域季节气候影响测量作业的自障天,从建立和完善内部管理规章制度入手,实行测绘定额管理,激发职工"爱岗敬业"热情,使老一代测绘职工在长期艰苦环境下形成的"勇于吃苦、敢打硬仗"的工作作风得以传承。

贾光胜

1934年9月4日出生,男,汉族,河北沙河人。1953年5月加入中国共产党。1962年7月大连海运学院导航仪器专业毕业,大学本科学历。曾任天津海监局通信站站长、高级工程师,享受国务院政府特殊津贴。

1960年2月参加工作,历任大连海运学院教员,天津港务管理局通信站通导维修科维修员,办公室主任、副总工程师。1989年7月任天津海监局通信站副站长(副处级),1991年12月任站长兼党委书记(正处级)。1994年9月退休。

作为天津通信管理机构领导人,先后参与研制中频无线电导航系统;参与改造日本3千瓦中频发射机,使发射功率提高一倍;赴日本研修船舶交管学院研修VTMS(船舶交通管理系统),并考察日本东京湾教官学院的建筑和设备,撰写的考察论文在《天津航海》发表;组织实施通信导航公司企业升级,考核指标达到一级企业水平;主持改造天津海岸电台6千瓦、7千瓦短波发射机。组织天津海岸电台与大连海事大学合办GMDSS专业大专班,培养一批通信专业技术人员;组织参加交通部安监系统设备"管修养用"活动,天津通信站荣获先进集体,天津海岸电台荣获海岸电台管理奖第一名。个人荣获先进干部荣誉称号,为天津海岸电台的建设发展作出重要贡献。

周则尧

1935年5月26日出生,男,汉族,江苏海安人。1965年8月武汉测绘学院天文大地测量专业毕业,大学本科学历。1984年11月加入中国共产党。曾任天津海监局测绘处处长、高级工程师。

1952年12月参加工作,历任交通部航务总局设计公司实习生,天津疏浚公司技术员,天津航测处航标测量科工程师、技术教育科副科长、测绘科科长。1989年7月任天津海监局测绘处处长。1995年5月退休。

作为长期担任天津海监局测绘部门领导人,在全国海区测绘系统率先引进美国Motorola公司MiniRanger-Ⅲ型微波测距仪、美国Ashtech公司M-Ⅻ型GPS单频接收机和加拿大CARIS公司CARIS计算机辅助海图制图系统,为北方海区测绘系统海上定位和绘图作业手段实现跨越式发展作出重要贡献;在全国海区测绘系统首创港口航道图四色印刷,结束了该系统只出蓝晒图的历史;在全国海区测绘系统率先组织编绘首版《港口航道图目录》,并为创立测绘计划管理新方法奠定基础。

任职期间,先后参与起草交通行业标准《沿海港口航道图编绘规范》(JT 80—1994),并多次参与起草全国海洋测绘规范,作为全国自然科学名词审定委员会委员和中国测绘学会第六届理事会测绘学名词审定委员会委员,参与编辑《测绘学名词》《海洋测绘词典》等专著,为全国海区测绘系统规范化管理、全国海洋测绘法制建设,以及测绘学基础建设作出突出贡献。随后,牵头起草"全国无线电指向标-全球差分定位系统(RBN-DGPS)基准站点南北分区同步联测方案",组织完成"WGS84"和"北京54"两种坐标系转换,为全国海区测绘系统取得国家第六届优秀勘察工程金奖奠定基础,并为全国沿海RBN-DGPS系统建设和推广应用作出重要贡献。

第十章 精神文明

王载熙

1937年8月1日出生,男,汉族,江苏宜兴人。1956年1月海军某部航测训练队航标专业毕业,中专学历。1960年6月加入中国共产党。曾任天津航测处处长、高级工程师。

1953年8月入伍,历任海军某部战士、技工、班长、技师、参谋(副团职)。1982年9月随海军移交航标转业至青岛航标区任主任。1983年6月任天津航测处处长。1989年5月任青岛海监局航标处处长,1991年7月任青岛海监局法规处处长。1997年8月退休。

在部队服役期间,先后主持实施北方海区灯桩改造工程,助航效能明显提升;主持完成《航标表》改版工作,得到上级充分肯定;主持制定军地航标移交方案(军方代表),并圆满完成航标交接工作。

作为筹建初期担任北方海区航测系统领导人,根据上级要求组织实施"企业全面整顿"工作,修订完善接标以来处发党政、业务规章制度11类、106项,主持编制北方海区航测系统首部《航标测量处管理文件汇编》,为规范内部管理、促进北方海区航测事业建设发展奠定基础。此间,为适应交通部港口体制改革,适时提出"安定团结,安全生产,以新的面貌和新的成绩迎接航标体制改革"的工作方针,并多措并举,施行季度工作例会制度和党政主要领导带队季度巡视制度,把握工作主动权;组织实施北方海区航标制式改革并与国际规则接轨;积极争取上级支持,逐步提高海岛一线航标人员津补贴和福利待遇;组织机关春节慰问基层一线航标职工活动,《中国交通报》记者王晓燕随行采访海岛一线职工,并发表报告文学《寄自孤岛的报道》,极大地鼓舞了一线航标职工的士气,提高了航标行业的社会知名度和关注度,为稳定职工队伍、顺利完成体制改革作出重要贡献。

在担任青岛海监局法规处处长期间,主持编纂《青岛海监局法规汇编》专著。

张家孝(1938—2017)

1938年6月26日出生,男,汉族,江苏江宁人。1964年7月武汉水运工程学院船舶驾驶专业毕业,大学本科学历。1980年2月加入中国共产党。曾任天津海监局副局长、成绩优异高级工程师,享受国务院政府特殊津贴。

1964年8月参加工作,历任天津航道局航标队技术员,天津航测大队航标测量科副科长,天津航测处副处长。1989年4月任天津海监局副局长。1997年2月因病退出领导岗位。1999年5月退休。2017年3月5日病逝于天津,享年79岁。

作为长期执掌北方海区航测系统领导人,提出组建天津航测科技机构,被誉为北方海区航测科技工作的拓荒者和奠基人。其间,主持研制的"太阳电池航标灯技术推广应用"和"SC-Ⅰ型水深数据处理机"项目分别荣获国家科技进步奖三等奖和交通部科技成果奖三等奖,并连续2年荣获交通部劳动模范荣誉称号。主持实施北方海区水上助航标志制式改革,实现与国际规则接轨,为北方海区航标事业发展奠定基础。按照交通部工作安排,多次与财政部、海关总署磋商船舶吨税划拨交通部使用等事宜。经国务院核准,船舶吨税划归交通部专款专用,为全国海区航测事业建设发展提供经费保障。在全国海区航标系统率先提出并连续三年开展北方海区航标"四大"活动,为全面提高航标维护管理质量、促进精神文明和物质文明建设作出重要贡献。

任职期间,北方海区公用航标由420座增至550座,港口航道测绘实现基本覆盖。退休期间,荣获中国航海学会航标专业委员会"航测发展30年杰出贡献奖"荣誉称号。

辛艺强

1951年1月26日出生,男,汉族,河北安新人。1973年3月加入中国共产党。1977年9月天津大学水港专业毕业,大学普通班学历。曾任天津海事局航标导航处处长、一级监督长、成绩优异高级工程师。

1968年10月参加工作,任天津第三建筑公司工人。1970年12月应征入伍,任空军某部雷达兵。1974年1月退伍,历任天津航测大队航标队工人,天津航测处天津航标区主任、副处长。1989年7月任天津海监局计划统计处处长。1998年9月任天津海事局通信站党委书记,2000年5月任站长,2003年5月任航标导航处处长。2011年1月退休。

作为长期担任天津海监局计划统计部门领导人,组织编制天津海监局"八五""九五"建设发展规划,为推进天津海监事业建设发展作出重要贡献。在担任天津通信站领导期间,按照交通部海事局统一部署,组织并圆满完成直属海事系统实施聘用(任)制改革试点工作。

作为长期担任天津海事局航标部门领导人,先后组织实施北方海区航标"十五""十一五"规划建设,批量建设和配布调整公用航标并规模接收地方专用航标,使辖区航标数量由854座倍增至1855座,并实现人标比1∶1、LED化、太阳能电池化等阶段性规划目标;组织建设北方海区AIS岸基系统,实现北方海区AIS信号基本覆盖;组织开展北方海区航标效能评估,以10个主要港口综合助航系统建设为重点,建立覆盖北方海区重要航路、重点水域和主要港口的多种等级助航服务体系,达到"一道二路五区十港"发展所需的综合助航服务水平,促进航标维护质量显著提升,为推动北方海区航标实现跨越式发展和服务地方港航经济快速发展作出突出贡献;组织制定《海区浮动助航标志配布导则》等部颁标准。

任职期间,个人参与或组织研制的科技项目荣获5项省部级科技进步奖、取得7项国家专利。

马亚平

1952年8月6日出生,男,汉族,河北文安人。1985年12月加入中国共产党。1998年7月装甲兵工程学院机械与电子工程专业毕业,在职大学本科学历。曾任天津海监局海测大队队长、一级监督长、成绩优异高级工程师,享受国务院政府特殊津贴。

1969年4月参加工作,历任内蒙古生产建设兵团二师战士,天津航测大队(航测处)海港测量队技术员、工程师,处基建办公室副主任。1989年7月任天津海监局行政事物管理站副站长(副处级),1991年12月任天津海测大队队长(正处级)。2001年1月任天津航测科技中心主任,2009年6月兼任《中国海事》编辑部主任。2012年11月退休。

作为长期担任北方海区测绘管理机构领导人,尤为重视测绘质量管理工作,组织推动天津海测大队先后取得交通部《工程勘察设计单位全面质量管理合格证书》、建设部甲级《工程勘察证书》和《工程设计证书》、国家计委《甲级工程咨询证书》、国家测绘局《甲级测绘资格证书》;组织通过ISO 9000国际标准质量体系认证;组织开展档案管理达标工作,并在交通部安监系统率先通过国家一级达标标准;组织推动科技开发和工程创优,开发符合国际标准(S-52、S-57)的电子海图,制作天津至香港19幅电子海图并投入使用;荣获国家级或省部级优秀工程勘察奖5项,其中组织指挥三个海测大队联合实施的"中国沿海RBN-DGPS基准站精密位置定位及精度测量"项目荣获国家第六届优秀勘察工程金奖;组织建立和修订规章制度28项,保障各项工作顺利开展,外业测量工作量由538.4换算平方千米倍增至1610.52换算平方千米,编绘《港口航道图》年均14幅;固定资产总额由1038万元倍增至4074万元;天津海测大队连续多年荣获天津市文明单位、全国交通系统先进集体等多项荣誉称号,为北方海区测绘事业建设发展和服务地方经济发展作出突出贡献。

在担任天津航测科技中心主任期间,尤为重视科技创新工作,组织制定《天津海事局科技发展基金管理办法》等一系列规章制度,使天津海事局科技管理工作步入正轨,省部级科技成果奖数量位于交通部海事系统前列,为推进天津海事局科技创新作出突出贡献,个人亦荣获5项省部级科技成果进步奖、取得2项国家专利。

任职期间,组织实施万余平方米天津大营门职工宿舍和天津海事局机关综合办公用房建设,有效缓解天津地区职工宿舍严重不足状况,显著改善局机关办公环境。

孙洪志

1952年8月27日出生,男,汉族,天津河东人。1986年9月天津财经学院工业企业管理专业毕业,在职大学专科学历。1986年12月加入中国共产党。曾任天津海监局天津航标处处长、一级监督长、高级工程师。

1969年5月参加工作,历任内蒙古生产建设兵团二师战士,天津海测大队航标队技术员,天津航测处航标导航科副科长、计划基建科副科长、计划统计科科长。1989年7月任天津海监局计划统计处副处长,1990年9月任天津航标区主任(正处级)。2001年1月任天津航标处党委书记,2007年1月任天津海测大队队长。2012年8月退休。

作为长期担任天津航标管理机构领导人,在组织天津航标区参加北方海区航标"四大"、交通部安监系统设备"管修养用"等一系列重大活动中连创佳绩,为探索和建立天津航标管理长效工作机制作出重要贡献,个人亦荣获交通部安监系统设备"管修养用"活动先进干部荣誉称号。组织落实北方海区航标"八五"至"十一五"期间的规划建设项目,圆满完成天津港主航道导标改造和曹妃甸灯桩迁址重建等重点工程;通过批量建设航标和完善航标配布调整及接收地方专用航标等方式,使辖区航标数量由92座倍增至238座,实现人标比1∶1、LED化、太阳能电池化等阶段性规划目标;基础设施日趋完善,固定资产总额由1957.06万元倍增至7621.34万元等,为推进天津航标事业实现跨越式发展和服务地方港航经济快速发展作出突出贡献。

任职期间,参与研制的"天津新港灯浮标太阳电池供电系统改造"项目荣获天津市科委奖励;主持或参与研制的科技项目荣获3项省部级科技进步奖、取得4项国家专利,为推进天津航标处和天津海测大队科技创新作出重要贡献。

赵亚兴

1953年1月14日出生,男,汉族,山西灵石人。1975年8月加入中国共产党,同年9月天津大学电子仪器及测量技术专业毕业,大学普通班学历。曾任天津海监局副局长、二级副总监、成绩优异高级工程师,享受国务院政府特殊津贴。

1969年8月参加工作,历任天津航道局船舶检修厂钳工班长,天津航测处技术教育科助理工程师、政治处副主任、党委副书记兼政治处主任、党委书记。1989年7月任天津海监局航标导航处处长,1995年3月任局长助理,1996年12月任副局长。1999年7月任天津海事局副局长。2007年4月调任福建海事局副局长。2013年1月退休。

作为长期执掌北方海区航测系统领导人,在全国海区率先组织开展北方海区航标"四大"活动,对全面提高航标维护管理水平起到示范引领作用。之后,协助上级主管机关策划并全程组织实施交通部安监系统设备"管修养用"等一系列重大管理活动,为探索和建立长效管理机制作出突出贡献,个人亦荣获交通部安监系统设备"管修养用"活动先进干部荣誉称号。在担任天津海事局副局长期间,尤为重视法制建设和中长远发展规划编研工作。主持编纂国内首部《航标法规标准汇编》《海洋测绘法规标准汇编》,主持或参与编制全国海区航测系统和天津海事局"九五"至"十一五"等多部建设发展规划,为推进北方海区乃至全国海区航测系统法制建设及其事业建设发展作出突出贡献。

全国科技大会后,长期致力于"科技兴局"发展战略研究与实践。在全国性学术会议或刊物上发表《论我国航标的发展方向与技术政策》等15篇论文,引起航标业内广泛关注。适时提出并创立和编制《天津海事局技术创新基金管理办法》,为科技创新搭建平台、造就人才、多出成果作出突出贡献,使天津海事局在科技创新方面处于全国海事系统领先位置,先后荣获43项省部级科技进步奖、取得32项国家专利和13项软件著作权,个人亦荣获8项省部级科技进步奖、取得2项国家专利。

在福建海事局任职期间,将天津海事局科技创新机制和经费月计划管理机制引入该局,使该局科技创新实现零的突破,荣获6项省部级科技进步奖;组织实施"台湾海峡VTS系统"等百余项重点工程建设,固定资产总值连续6年年均增长1亿,为该局科技创新和建设发展作出突出贡献。

任职期间,先后在大连"5·7"空难应急扫测、黄骅港导助航设施改造工程等重大应急工作中,作为天津海事局现场总指挥,组织有方,举措得力,成效显著,个人荣获交通部海事局党委、交通部海事局双重通报表彰。

李鲜枫

1953年8月4日出生,男,汉族,山西神池人。1975年6月加入中国共产党,同年9月毕业于天津大学电子仪器及测量技术专业,大学普通班学历。曾任天津海事局副总工程师、一级监督长、成绩优异高级工程师。

1969年8月参加工作,历任天津航道局"海建"轮水手、报务员,天津航测处技术教育科助理工程师、天津航测维修中心主任、技术科科长。1989年7月任天津海监局航测科技中心副主任,1995年7月任主任(正处级)。2001年1月任天津海事局海测大队队长兼测绘处处长,2007年2月任局副总工程师。2013年8月退休。

作为长期担任北方海区航测科技管理机构领导人,尤为重视科技创新工作,主持制定首部《天津海监局科技工作管理办法》。组织开展科技创新工作,主持或参与研制的科技项目荣获5项省部级科技进步奖、取得4项国家专利,为推进天津海监局科技创新作出重要贡献。牵头组织实施并圆满完成全国海区RBN-DGPS系统建设,实现全国海区差分信号全覆盖;组织起草《中国沿海无线电指向标——差分全球定位系统规划(1996—2000年)》《沿海无线电指向标——差分全球定位系统播发标准》,为全国海区RBN-DGPS系统建设和运行作出突出贡献。

在担任天津海测大队队长期间,组织实施大连"5·7"空难应急扫测,为成功打捞飞机残骸和"黑匣子"作出突出贡献,天津海测大队外业队七分队荣获天津市"十五"立功先进集体荣誉称号,个人亦荣获天津市"十五"立功奖章和交通部海事局党委、交通部海事局双重通报表彰及天津海事局党委记大功一次。

陈英俊

1953年12月20日出生,男,汉族,河北南宫人。1979年7月加入中国共产党。1980年9月天津大学船舶设计与建造专业毕业,大学普通班学历。曾任天津海事局计划基建处处长、一级监督长、成绩优异高级工程师,享受国务院政府特殊津贴。

1970年8月参加工作,历任天津航道局船舶检修厂工人、技术员、助理工程师,天津航测处船机科副科长,天津航标区船舶管理科科长、副主任。1994年8月任天津海监局船机处副处长,1996年10月任处长。2001年1月任天津海事局计划基建处处长,2009年10月任技术装备办公室主任。

2013年12月退休。

作为长期担任天津海监局船舶技术和天津海事局计划基建部门领导人,主持完成航标系列船型研发,创新航标作业方式,显著提高作业安全和效率,减轻航标人员劳动强度,降低船舶能源消耗。先后组织设计建造北方海区航测船舶33艘,其中"2000吨级大型航标布设船"等航标工作船研发项目荣获5项省部级科技进步奖、取得2项国家专利,为推进北方海区船舶建造实现跨越式发展作出突出贡献。其间,主持建立完善天津海事局安全管理体系和节能减排管理体系,在全国海事系统率先推行船舶、车辆等耗能设备设施的能源消耗定额管理。作为交通部海事系统船舶技术专家委员会和重大项目管理办公室成员,参与1500吨、2300吨、5000吨等大型巡逻船的技术研发前期和技术后评价工作,主持完成17艘中型巡逻船建造管理,并参与"海事船舶配备管理规定研究"等课题研究,为推进全国海事系统船舶建造跨越式发展作出突出贡献。

任职期间,其在科技创新和船舶建造等方面作出突出贡献,个人先后荣获天津市劳动模范、天津市"九五"立功先进个人、天津市"十五"立功先进个人、交通运输部优秀科技工作者等荣誉称号。

徐津津

1955年1月7日出生,男,汉族,江苏南通人。1974年6月加入中国共产党。1988年7月辽宁师范大学政治管理专业毕业,2003年7月在职取得大连海事大学交通信息工程及控制专业硕士学位。曾任天津海事局局长、一级副总监、高级政工师。

1969年12月入伍,历任陆军某部战士、班长、师直属队团工委委员。1976年12月转业,历任大连港外轮理货公司理货员、公安局科员,大连港口管理局党委组织部干事、副部长、大连海监局人教处处长、航标处处长、局长助理。1995年11月任大连海监局副局长。2000年6月任营口海事局局长(副局级)。2003年2月任天津海事局局长。2009年5月任交通运输部海事局党组副书记兼纪检组组长。2012年8月任辽宁海事局局长。2015年2月退休。

在担任大连航标处处长期间,从建章立制入手,持续加强基础建设,在北方海区航标"四大"和交通部安监系统设备"管修养用"等一系列重大活动中,团结带领干部职工连创佳绩。

作为执掌天津海事局领导人,坚持稳步推进"科技兴局,人才强局"发展战略,在烟台成功举办"科技兴局"现场推进会,主持修订《天津海事局科技管理办法》,编制《天津海事局科技发展纲要(2008—2012)》,全局核心竞争力明显增强,数字海事建设步伐不断加快,科技创新人才纷纷涌现,省部级科研成果数量在全国海事系统领先,个人亦荣获3项省部级科技成果奖;积极争取上级政策支持和财政投入,管理水平显著提升,基础设施显著完善,航海保障能力显著增强,固定资产总额由14.1亿元增至21.5亿元;坚持全面推进文明建设,大力推行改革创新,队伍风貌显著改变,天津海事局连年保持"天津市文明单位"称号,并适时提出创建全国文明单位工作目标,经过不懈努力,该局荣获第三届"全国文明单位"荣誉称号,为天津海事事业实现跨越式发展作出突出贡献。

在任交通运输部海事局党组副书记期间,天津海事局科技创新机制被引入全国海事系统,助推交通运输部海事局在扬州成功举办"全国海事系统科技信息化工作会议",促进全国海事系统科技信息化工作步入新的发展阶段。

钟建军

1955年2月20日出生,男,汉族,山东平度人。1986年11月加入中国共产党。1999年7月大连海事大学航政管理专业毕业,在职大学专科学历。曾任天津海事局烟台航标处处长、一级监督长、高级工程师。

1972年2月参加工作,历任烟台港务局海岸电台报务员,烟台港务监督监督员,烟台海监局监督站站长、西港监督站站长、东港监督站站长、局总值班室主任,烟台海事局烟台港区海事处处长。2002年3月调任天津海事局烟台航标处处长,2009年3月任处党委书记,2012年3月任局工会主席。2015年2月退休。

作为长期担任烟台航标管理机构领导人,组织落实北方海区航标"十五""十一五"规划建设项目,通过批量建设航标和完善航标配布调整及接收地方专用航标等方式,使辖区航标由212座倍增至472座,实现人标比1∶1、LED化、太阳能电池化等阶段性规划目标;组织实施蓬长水域航标综合配布工程,被当地政府和居民赞誉为"妈祖工程";加大基础设施建设力度,航标管理站点由7个增至9个,服务港航企业更加便捷,固定资产总额由0.692亿元倍增至1.615亿元等,为推进烟台航标实现跨越式发展和服务地方港航经济快速发展作出突出贡献。

坚持"科技兴处"发展战略,着力推进新技术、新能源、新材料的应用,加快航标管理现代化进程,彻底改变辖区航标值守和巡检模式;主持或参与研制的科技项目荣获5项省部级科技进步奖、取得5项国家专利,为助推北方海区乃至天津海事局科技创新工作实现跨越式发展作出突出贡献。

任职期间,积极推进职工之家建设,着力改善处机关及基层单位的办公条件和生活环境,烟台航标处被授予山东省"省级花园式单位";职工之家建设先后荣获直属海事系统"合格职工之家""先进职工之家""模范职工之家"荣誉称号,并被授予全国直属海事系统"品牌职工之家"荣誉称号。

田绍启

1956年2月22日出生,男,汉族,天津北辰人。1988年7月加入中国共产党。2008年6月海军大连舰艇学院计算机信息管理专业毕业,在职大学本科学历。曾任天津海事局综合计划处处长、一级监督长、高级经济师。

1975年9月参加工作,历任天津航测大队航标队实习生,天津航测处技术教育科技术员、助理工程师,天津海监局计划统计处经济师。1995年7月任天津海监局计划统计处副处长。2001年1月任天津海事局计划基建处副处长,2007年1月任信息办主任(正处级)兼计划基建处副处长,2009年10月任计划基建处处长,2012年3月兼任天津海测大队队长,2013年6月任综合计划处处长。2016年2月退休。

作为长期担任天津海监(海事)局计划部门领导人,主持或参与编制该局"九五"至"十二五"等多部建设发展规划,为推进北海航海保障事业乃至天津海事局建设发展作出重要贡献。其间,组织编制《交通部直属海事系统基本建设管理办法(试行)》,为加强直属海事系统基本建设管理工作作出积极贡献。

任职以来,积极争取上级在建设项目和投资计划等方面的大力支持,组织实施50余项航标、测绘、通信等基本建设项目以及一系列航标专项改造项目,特别是在码头、业务用房和助航设施等建设方面,对改善基础设施状况,提高航标助航效能,优化测绘办公环境,提升海岸电台通信质量,推进北海航海保障事业实现跨越式发展作出突出贡献。

王炳交

1957年2月20日出生,男,汉族,山东日照人。1978年12月加入中国共产党。2009年7月青岛理工大学经济管理专业毕业,在职大学专科学历。曾任青岛航标处灯塔管理站党支部书记、一级监督官,享受国务院政府特殊津贴。

1976年2月入伍,任海军某部团岛灯塔战士。1982年12月随海军移交航标划转至青岛航标区工作,历任灯机工、灯塔主任。2006年8月任青岛航标处灯塔管理站副站长,2009年5月任党支部书记(正科级)。2010年5月退出领导岗位。2012年1月当选青岛市十二届政协委员。2017年2月

第十章 精神文明

退休。

作为全国劳动模范的航标工,以实际行动诠释灯塔精神,40年如一日始终坚守在团岛灯塔工作第一线,灯塔小改小革成果推陈出新,为提高灯塔助航效能发挥重要作用,成为全国海区航标系统典型的航标代表人物之一。40年来,到团岛灯塔视察及参观学习的各级领导、社会各界知名人士及行业内外单位络绎不绝,他多次被邀请至党政机关、企事业单位、部队、学校作爱岗敬业工作报告,得到社会各界广泛赞誉。

任职期间,其在航标技改技革等方面作出重要贡献,个人先后荣获青岛市劳动模范、山东省劳动模范、全国五一劳动奖章、全国劳动模范、全国技术能手等10余项荣誉称号。

黄凤飞

1958年1月26日出生,男,汉族,江苏如东人。1978年9月加入中国共产党。2003年3月大连舰艇学院计算机信息管理专业毕业,在职大学本科学历。曾任天津海事局秦皇岛航标处处长、一级监督长、成绩优异高级工程师。

1976年12月入伍,历任海军某部战士、班长。1982年10月随海军移交航标划转地方工作,历任天津航标区秦皇岛航标管理站班长,秦皇岛海监局航标处业务科副科长、科长。1997年10月任秦皇岛海监局航标处副处长。2001年3月任河北海事局航标处副处长。2002年3月任天津海事局秦皇岛航标处副处长,2007年1月任天津航标处副处长,2009年3月任秦皇岛航标处副处长,2010年1月任处长。2018年1月退休。

在部队服役期间,在海军某部技术比武中表现突出,被誉为无线电"活线路"并荣立三等功。

作为长期担任秦皇岛航标管理机构领导人,主持完成秦皇岛港、京唐港等10余项港口航标配布调整和技术改造工程,辖区航标数量由89座倍增至287座。主持解决多年阻碍该处发展的处办公业务用房、各基层站点业务用房和保养场地等难题,并组织建造航标夹持船1艘,固定资产总额由3350万元倍增至2.52亿元。主持或参与研制的科技项目荣获2项省部级科技进步奖,取得1项国家专利,为秦皇岛航标事业实现跨越式发展作出突出贡献。

任职期间,秦皇岛航标处先后荣获河北省文明单位、交通部海事局先进基层党组织、中华全国总工会全国模范职工之家等10余项荣誉称号,中央媒体曾8次报道该处先进事迹。个人荣获天津市技术能手荣誉称号。配合海军某部圆满完成舰艇演习靶标设置任务,赢得海军首长高度赞扬,并获赠"风浪难撼基石,海天共印神威"锦旗。

王正和

1958年10月5日出生,男,汉族,河南濮阳人。1978年8月大连海运学院船舶驾驶专业毕业,大学普通班学历。1985年4月加入中国共产党。曾任北海航海保障中心青岛航标处处长、一级监督长,成绩优异高级工程师。

1978年8月参加工作,历任青岛远洋公司水手、船舶驾驶员、船长。2001年3月任山东海事局通航处副处长(主持工作),2005年1月任海上巡查执法支队支队长(正处级)。2007年3月调任天津海事局青岛航标处处长。2018年10月退休。

在山东海事局任职期间,潜心研究中国船舶交通服务系统(VTS)运行管理与行政执法模式改革,创建"值班管理系统",使山东省海上搜救工作向全天候、立体化综合监管服务迈进。参与编制《中华人民共和国海上搜寻救助条例》《国际航空和海上搜寻救助手册》,为完善海事法制建设作出积极贡献;主持完成青岛胶州湾大

1143

桥通航论证,为支持地方经济建设发展作出重要贡献;组织实施"沙米敦"轮溢油抢险活动,荣立青岛市三等功。

作为长期担任青岛航标管理机构领导人,以服务地方经济建设为中心,先后组织实施灵山海域陆岛运输航标配布改造等8项重大航标工程,新建岚山、海阳、胶南航标站和即墨、董家口航标站筹备组5个航标站点,辖区航标数量由301座增至594座,固定资产总额由1.09亿元增至1.64亿元,为推进青岛航标实现跨越式发展作出重要贡献。圆满完成青岛奥帆赛水域浮标布设、"战浒苔保奥帆"等航标应急保障任务,青岛航标处被授予全国海事系统奥运安保工作先进单位,个人被授予交通部奥运保障先进个人和天津市邮电系统奥运安保工作先进个人。

任职期间,尤为重视"科技兴标"发展战略的探索与实践,主持或参与研制的科技项目荣获3项省部级科技进步奖、取得8项国家专利,青岛航标处实现省部级科技成果"零的突破"。同时,青岛航标处连续8年荣获山东省文明单位,以及全国交通运输行业文明示范窗口等荣誉称号,个人荣获交通部搜救工作突出贡献先进个人、山东省职工职业道德建设标兵、山东省"富民兴鲁"奖章等荣誉称号。

二、人物名录

(一)模范人物

1949年中华人民共和国成立后,北海航海保障系统广大干部职工牢记初心使命,艰苦创业,默默奉献,涌现出一大批先进集体和模范人物,成为引领北海航海保障事业发展前进的时代楷模。截至2012年底,北海航海保障系统荣获省部级先进集体21次,全国劳动模范1人、省部级劳动模范11人,全国"五一劳动奖章"3人、省部级"五一劳动奖章"7人,交通系统"金锚奖"8人,省部级"立功奖章"33人。

1985—2012年北海航海保障系统荣获省部级先进集体名表

表10-3-160

序号	单位名称	荣誉称号	授予时间	批准机关
1	青岛航标区团岛灯塔	天津市优秀承包班组	1985年	天津市人民政府
2	天津航标区大沽灯塔	天津市"七五"立功先进班组	1990年	天津市人民政府
3	天津通信站发信台调配组	天津市"八五"立功先进集体	1992年	天津市人民政府
4	天津海测大队二分队烟台组	天津市"八五"立功先进集体	1992年	天津市人民政府
5	天津通信站中央室话务班	天津市"八五"立功先进集体	1994年	天津市人民政府
6	天津海测大队	天津市"八五"立功先进集体	1994年	天津市人民政府
7	天津海测大队内业QC小组	天津市"八五"立功先进集体	1994年	天津市人民政府
8	天津航标区航标队	天津市"八五"立功先进集体	1994年	天津市人民政府
9	天津海测大队	天津市"八五"立功先进集体	1995年	天津市人民政府
10	天津通信站中央室话台	天津市"八五"立功先进集体	1995年	天津市人民政府
11	天津航标区"B-15轮"	天津市"八五"立功先进集体	1995年	天津市人民政府
12	天津海监局通信站	全国交通系统通信服务先进单位	1997年	交通部
13	青岛航标处	全国交通系统先进集体 (交通部劳动模范集体)	2001年	交通部
14	天津通信站话务班	巾帼建功先进集体	2002年	交通部
15	大连航标处"海标0507"船	天津市"十五"立功先进集体	2002年	天津市人民政府
16	天津海测大队外业七分队	天津市"十五"立功先进集体	2002年	天津市人民政府
17	天津海事局航标导航处	天津市"十五"立功先进集体	2003年	天津市人民政府
18	天津海测大队测量中心特种测量队	天津市劳动模范集体	2004年	天津市人民政府

〔续表〕

序号	单位名称	荣誉称号	授予时间	批准机关
19	天津通信信息中心话务班	天津市劳动模范集体	2006年	天津市人民政府
20	天津通信信息中心话务班	"工人先锋号"先进集体	2007年	天津市总工会
21	天津航测科技中心团支部	全国"五四"红旗团支部	2012年	共青团中央

1958—2012年北海航海保障系统荣获省部级以上劳动模范人员名表

表10-3-161

序号	姓名	出生日期	工作单位	职务	荣誉称号	授予时间	批准机关
1	刘长发	1933年12月9日	天津航道局标志组	航标工	天津市劳动模范	1958年	天津市人民政府
2	张家孝	1938年6月1日	天津航测大队(处)航测科	副科长	全国交通战线劳动模范	1979年	交通部
						1980年	
3	于洪波	1935年3月12日	天津通信站发信台	台长	天津市劳动模范	1992年	天津市人民政府
						1994年	
4	崔梦桐	1933年10月1日	天津航标区"B-12"轮	船长	全国交通系统劳动模范	1994年	交通部
5	李云腾	1935年8月23日	烟台航标处蓬莱航标站	航标工	全国交通系统劳动模范	1994年	交通部
6	王炳交	1957年2月2日	青岛航标处团岛灯塔	灯塔主任	山东省劳动模范	1995年	山东省人民政府
			青岛航标处灯塔管理站	灯塔主任	全国劳动模范	2005年	国务院
7	孙国民	1959年2月26日	大连航标处老铁山航标站	灯塔主任	辽宁省劳动模范	1995年	辽宁省人民政府
8	王玉兰(女)	1958年3月31日	天津通信站中央室话务班	班长	天津市劳动模范	1996年	天津市人民政府
9	陈英俊	1953年12月20日	天津海事局计划基建处	处长	天津市劳动模范	2000年	天津市人民政府
10	崔永发	1963年11月22日	天津航标处天津港航标站	班长	天津市劳动模范	2002年	天津市人民政府
11	张铁军	1969年4月19日	天津海测大队	副队长	交通部劳动模范	2004年	交通部

2002—2012年北海航海保障系统荣获省部级及以上五一劳动奖章人员名表

表10-3-162

序号	姓名	出生日期	工作单位	职务/职称	荣誉称号	授予时间	批准机关
1	王炳交	1957年2月2日	青岛航标处团岛灯塔	灯塔主任	全国五一劳动奖章	2002年	中华全国总工会
2	崔永发	1963年11月22日	天津航标处天津港航标站	班长	全国五一劳动奖章	2005年	中华全国总工会
3	张峰	1971年7月27日	秦皇岛航标处航标管理站	站长	全国五一劳动奖章	2007年	中华全国总工会

〔续表〕

序号	姓名	出生日期	工作单位	职务/职称	荣誉称号	授予时间	批准机关
4	陈华飞	1958年3月22日	青岛航标处"海标052"轮	船长	天津市五一劳动奖章	2006年	天津市总工会
5	王晓雷	1962年3月7日	烟台航标处政工科	科长	天津市五一劳动奖章	2006年	天津市总工会
6	张建东	1973年10月6日	天津通信信息中心	工程师	天津市五一劳动奖章	2007年	天津市总工会
7	王树茂	1960年12月2日	天津航标处航标科	高级工程师	天津市五一劳动奖章	2007年	天津市总工会
8	孙国民	1959年2月26日	大连航标处旅顺航标站	站长	天津市五一劳动奖章	2009年	天津市总工会
9	孙小鹏	1975年12月1日	烟台航标处科技所	所长	天津市五一劳动奖章	2010年	天津市总工会
10	夏启兵	1977年6月26日	天津航测科技中心测绘技术室	高级工程师	天津市五一劳动奖章	2012年	天津市总工会

1992—2012年北海航海保障系统荣获交通系统金锚奖人员名表

表10-3-163

序号	姓名	出生日期	工作单位	职务	荣誉称号	授予时间	批准机关
1	陈开忠	1957年8月27日	大连航标处旅顺航标站	航标工	第五届"金锚奖"	1992年	中国海员建设工会
2	崔梦桐	1933年10月1日	天津航标区"B-12"轮	船长	第五届"金锚奖"	1993年	中国海员建设工会
3	李云腾	1935年8月23日	烟台航标处蓬莱航标站	航标工	第五届"金锚奖"	1993年	中国海员建设工会
4	王远东	1959年7月14日	大连航标处大窑湾航标站	站长	第六届"金锚奖"	1998年	中国海员建设工会
5	孙培勤	1942年3月26日	天津航标区"B-15"轮	船长	第六届"金锚奖"	1998年	中国海员建设工会
6	钱晓东	1966年10月11日	天津通信站维修中心	副主任	第七届"金锚奖"	2000年	中国海员建设工会
7	王炳交	1957年2月2日	青岛航标处团岛灯塔	主任	第八届"金锚奖"	2001年	中国海员建设工会
8	崔永发	1963年11月22日	天津航标处天津港航标站	班长	第九届"金锚奖"	2002年	中国海员建设工会

1989—2012年北海航海保障系统荣获省部级立功奖章人员名表

表10-3-164

序号	姓名	出生日期	工作单位	职务/职称	荣誉称号	授予时间	批准机关
1	田海	1952年9月14日	天津航标区业务科	科长	"七五"立功先进个人	1989年	天津市总工会
2	于洪波	1935年3月12日	天津通信站发信台	台长	"七五"立功先进个人	1990年	天津市总工会
					"八五"立功先进个人	1991年	
						1993年	
						1994年	
3	李宝森	1958年12月29日	天津海测大队测量分队	副队长	"七五"立功先进个人	1990年	天津市总工会

〔续表一〕

序号	姓名	出生日期	工作单位	职务/职称	荣誉称号	授予时间	批准机关
4	杨明惠	1962年11月17日	天津通信站收信台	报务员	"八五"立功先进个人	1992年	天津市总工会
5	刘洪山	1954年9月14日	天津航标区航标队导标班	班长	"八五"立功先进个人	1992年	天津市总工会
						1994年	
6	崔梦桐	1933年10月1日	天津航标区"B-12"轮	船长	"八五"立功先进个人	1993年	天津市总工会
7	郑行昭	1956年10月10日	天津海测大队制图分队	队长	"八五"立功先进个人	1994年	天津市总工会
8	赵春建	1962年12月29日	天津航标区办公室	副主任	"八五"立功先进个人	1995年	天津市总工会
9	王玉兰（女）	1958年3月31日	天津通信站中央室话务班	班长	"八五"立功先进个人	1995年	天津市总工会
					"九五"立功先进个人	1996年	
						1997年	
10	张安民	1966年5月12日	天津海测大队技术科	工程师	"八五"立功先进个人	1995年	天津市总工会
11	褚立忠	1941年6月21日	天津航标区"B-12"轮	船长	"九五"立功先进个人	1996年	天津市总工会
12	王玉林	1966年1月7日	天津海测大队技术科	工程师	"九五"立功先进个人	1996年	天津市总工会
13	马俊卿	1995年2月5日	天津海测大队汽车班	驾驶员	"九五"立功先进个人	1997年	天津市总工会
14	孙培勤	1942年3月26日	天津航标区"B-15"轮	船长	"九五"立功先进个人	1997年	天津市总工会
15	仝连凤（女）	1959年8月2日	天津通信站收信台	话务员	"九五"立功先进个人	1998年	天津市总工会
16	崔永发	1963年11月22日	天津航标区航标队海上班	班长	"九五"立功先进个人	1998年	天津市总工会
						2000年	
					"十五"立功先进个人	2001年	
						2002年	
17	赵希川	1960年10月2日	天津航标区业务科	副科长	"九五"立功先进个人	1999年	天津市总工会
18	钱晓东	1966年10月11日	天津通信站维修中心	副主任	"九五"立功先进个人	1999年	天津市总工会
19	郭永丰	1962年8月10日	天津海测大队外业队	分队长	"九五"立功先进个人	1999年	天津市总工会
20	陈英俊	1953年12月20日	天津海事局计划基建处	处长	"九五"立功先进个人	2000年	天津市总工会

〔续表二〕

序号	姓名	出生日期	工作单位	职务/职称	荣誉称号	授予时间	批准机关
21	赵凤龙	1972年10月5日	天津通信站收信台	副台长	"九五"立功先进个人	2000年	天津市总工会
22	李蕴来（女）	1963年1月11日	天津通信站收信台	助理工程师	"十五"立功先进个人	2001年	天津市总工会
23	王炳交	1957年2月2日	青岛航标处团岛灯塔	灯塔主任	"十五"立功先进个人	2001年	天津市总工会
						2002年	
24	李鲜枫	1953年8月4日	天津海测大队	队长	"十五"立功先进个人	2002年	天津市总工会
25	孙文远	1946年6月9日	烟台航标处航修所	高级工程师	"十五"立功先进个人	2003年	天津市总工会
26	郭松相	1953年9月5日	天津航标处"海标501"船	轮机长	"十五"立功先进个人	2003年	天津市总工会
27	黄东武	1975年6月1日	天津海测大队总工室	工程师	"十五"立功先进个人	2003年	天津市总工会
						2005年	
28	陈英俊	1953年12月20日	天津海事局安委办	高级工程师	"十五"立功先进个人	2003年	天津市总工会
29	汪连贺	1973年3月22日	天津海测大队技术装备科	工程师	"十五"立功先进个人	2004年	天津市总工会
30	周振远	1951年12月25日	秦皇岛航标处"海标051"轮	船长	"十五"立功先进个人	2004年	天津市总工会
31	王晓骞	1963年11月16日	大连航标处航标修理所	所长	"十五"立功先进个人	2004年	天津市总工会
32	孙溪庆	1960年1月28日	青岛航标处青岛港航标站	站长	"十五"立功先进个人	2005年	天津市总工会
33	沈福友	1955年7月28日	天津航标处养护中心	主任	"十五"立功先进个人	2005年	天津市总工会

（二）科技人才

截至2012年底，北海航海保障系统有享受国务院政府特殊津贴10人；成绩优异高级工程师15人；荣获省部级科技精英称号2人。其中，张安民入选新世纪百千万人才工程国家级人选；荣获全国技术能手1人、省部级技术能手4人。

1992—2012年北海航海保障系统享受国务院政府特殊津贴人员名表

表10-3-165

序号	姓名	出生日期	工作单位	职务/职称	批准时间	批准机关
1	程裕大	1931年1月12日	天津海监局	处长	1992年	国务院
2	张家孝	1938年6月1日	天津海监局	副局长	1992年	国务院
3	姚一宁	1933年12月22日	天津海测大队	队长	1993年	国务院
4	贾光胜	1934年10月4日	天津通信站	站长	1994年	国务院
5	张安民	1966年5月12日	天津海测大队	高级工程师	2000年	国务院

〔续表〕

序号	姓名	出生日期	工作单位	职务/职称	批准时间	批准机关
6	陈英俊	1953年12月20日	天津海事局	处长	2001年	国务院
7	张铁军	1969年4月19日	天津海测大队	副队长	2004年	国务院
8	马亚平	1952年8月6日	天津航测科技中心	主任	2006年	国务院
9	赵亚兴	1953年1月14日	福建海事局	副局长	2010年	国务院
10	王炳交	1957年2月2日	青岛航标处	灯塔主任	2012年	国务院

1988—2012年北海航海保障系统成绩优异高级工程师名表

表10-3-166

序号	姓名	出生日期	工作单位	批准时间	批准机关
1	程裕大	1931年1月12日	天津海监局	1988年	交通部
2	张家孝	1938年6月1日	天津海监局	1988年	交通部
3	杨庆勇	1965年11月11日	青岛海事局	2002年	交通部
4	李鲜枫	1953年8月4日	天津海测大队	2005年	交通部
5	张安民	1966年5月12日	天津海测大队	2005年	交通部
6	陈英俊	1953年12月20日	天津海事局	2007年	交通部
7	马亚平	1952年8月6日	天津航测科技中心	2007年	交通部
8	张铁军	1969年4月19日	天津海测大队	2007年	交通部
9	辛艺强	1951年3月3日	天津海事局	2008年	交通运输部
10	张临强	1964年8月19日	烟台航标处	2008年	交通运输部
11	赵亚兴	1953年1月14日	福建海事局	2008年	交通运输部
12	孟淑媛(女)	1954年8月7日	天津海事局	2008年	交通运输部
13	陈蓉(女)	1963年8月6日	天津航测科技中心	2009年	交通运输部
14	王如政	1969年11月20日	烟台航标处	2011年	交通运输部
15	刘东全	1966年3月22日	天津海事测绘中心	2011年	交通运输部

1997—2012年北海航海保障系统荣获省部级及以上科技精英人员名表

表10-3-167

序号	姓名	出生日期	工作单位	职称	授予时间	批准部门	备注
1	张安民	1966年5月12日	天津海测大队	工程师	1997年	交通部	交通青年科技英才
			天津海事局信息办	高级工程师	2003年	交通部	交通部"十百千人才工程"第一层次人选
					2004年	人事部	新世纪百千万人才工程国家级人选
2	张铁军	1969年4月19日	天津海测大队	高级工程师	2003年	交通部	交通青年科技英才
					2006年	交通部	交通部"十百千人才工程"第一层次人选

1985—2012年北海航海保障系统荣获省部级及以上技术能手人员名表

表10-3-168

序号	姓名	出生日期	工作单位	职务	授予时间	批准部门	备注
1	黄凤飞	1957年12月7日	秦皇岛航标管理站	无线电班班长	1985年	天津市人民政府	天津市技术能手

〔续表〕

序号	姓名	出生日期	工作单位	职务	授予时间	批准部门	备注
2	王炳交	1957年2月2日	青岛航标区	灯塔主任	1997年	交通部	全国交通技术能手
			青岛航标处	工会副主席	2012年	人事部	全国技术能手
3	郭永丰	1962年8月10日	天津海测大队	外业队副队长	2005年	交通部	全国交通技术能手
4	崔永发	1963年11月22日	天津航标处	航标班长	2009年	交通运输部	全国交通技术能手

(三)荣誉证章

1988年7月1日,第七届全国人民代表大会常务委员会第二次会议审议批准中央军委《关于授予军队离休干部中国人民解放军功勋荣誉章的规定》。随后,公安部、司法部、水利部、卫生部等各有关部委均为表彰长期从事本行业工作的人员颁发荣誉证章。据此,交通部于1991年印发《关于做好为长期从事航标工作人员颁发荣誉证章工作的通知》,为在中国沿海、内河从事航标工作满20年的在职职工和离退休人员颁发荣誉证章。随后,印发《关于做好为长期从事交通通信工作人员颁发荣誉证章工作的通知》,为在交通系统基层台、站、处从事通信工作满30年的工作人员颁发荣誉证章。按照交通部安监局工作安排,航标工作人员荣誉证章由天津海监局负责统一制作。

1992年4月6日,交通部隆重召开全国交通系统颁发航标人员荣誉证章大会,交通部安监局局长林玉乃、工程管理司副司长邹觉新等领导为全国5274名从事航标工作20年以上的工作人员颁发荣誉证章。这次颁发荣誉证章涵盖沿海13个海监局和内河19个省(自治区、直辖市),其中从事航标工作30年以上工作人员3078名,从事航标工作20年以上工作人员2196名。同年5月20日,交通部印发《关于颁发航标工作者荣誉证章的通知》,天津海监局范继怀等16名从事航标工作30年以上工作人员、王景元等48名从事航标工作20年以上工作人员荣获荣誉证章。此间,《中国交通报》在头版刊登"数十年默默闪光指引航程功不可没——交通部为老航标工颁发荣誉证章"的专题报道。

图10-3-777　1992年4月6日,交通部隆重召开全国交通系统颁发航标人员荣誉证章大会

随后,在全国交通通信工作会议上,交通部为从事交通通信工作30年的工作人员颁发荣誉证章。天津海监局通信交管处处长程裕大、通信站工程师闻立绩、天津海监局薛曼华等荣获荣誉证章。程裕大作为荣获荣誉证章的代表在会上作了专题发言。1993年,交通部第二次启动从事通信工作人员荣誉证章颁发工作,为1993年6月底以前,从事通信工作满30年的工作人员颁发荣誉证章。1995年,交通部再次启动从事通信工作人员荣誉证章颁发工作,为在1995年6月底以前从事通信工作满30年的工作人员颁发荣誉证章。天津海监局通信站陈吉良、王树玲、赵振明和石正等4人荣获荣誉证章。

交通部为长期从事航标、通信工作的工作人员颁发荣誉证章,既是表彰航标、通信工作人员数十年如一日,坚守塔台站船,为保障海上船舶航行安全默默的奉献精神,亦是鼓励广大航标、通信工作人员以他们为榜样,热爱本职岗位,献身航海保障事业,并引起社会广泛关注。

(四)杰出贡献

2012年8月,中国航海学会航标专业委员会第九届全体委员会会议在天津召开,评选"航标测绘杰出贡献奖"荣获者是大会的重要内容之一,旨在表彰和奖励交通部接管海军海上干线公用航标30年来,奋战在航标、测绘战线,为航测事业的改革、建设、发展作出突出贡献的工作者。根据评选办法,天津、上海、广东、海南海事局,长江、广东省航道局等单位共推选10名候选人。

2012年8月27日,经中国航海学会航标专业委员会全体委员充分酝酿,审议通过《关于授予刘功臣等六位同志"航标测绘杰出贡献奖"的决定》。刘功臣、郭莘、张家孝、李汶、张性平、李炬海六人荣获"航标测绘杰出贡献奖"。同年8月28日,中国航海学会航标专业委员会为获奖者现场颁奖。

图10-3-778　2012年8月28日,中国航海学会航标专业委员会为荣获"航标测绘杰出贡献奖"荣誉称号人员颁奖

附　　录

中英通商章程善后条约:海关税则

编者按:在第二次鸦片战争期间,大清国钦差大臣桂良、吏部尚书花沙纳与英国全权代表额尔金,于清咸丰八年十月初三(1858年11月8日)在上海签订《中英通商章程善后条约》,其中附有《海关税则》作为《天津条约》的补充条款,共十款。自此,中国海关兼办航标管理事务长达80余年。本附录源自《中外旧约章汇编》(第一册),王铁崖著,生活　读书　新知三联书店1957年出版。

第一款　此次新定税则,凡有货物仅载进口税则未载出口税则,遇有出口,皆应照进口税则纳税;或有仅载出口税则未载进口税则者,遇有进口,亦皆照出口税则纳税。倘有货物名目,进、出口税则均未赅载,又不在免税之列者,应核估时价,照值百抽五例征税。

第二款　凡有金银、外国各等银钱、面粟、米粉、砂谷、米面饼、熟肉、熟菜、牛奶酥、牛奶、蜜饯、外国衣服、金银首饰、搀银器、香水、碱、炭、柴薪、外国蜡烛、外国烟丝烟叶、外国酒、家用杂物、船用杂物、行李、纸张、笔墨、氍毯、铁刀利器、外国自用药料、玻璃器皿,以上各物进出口通商各口,皆准免税。除金银、外国银钱、行李毋庸议外,其馀该船装载无论浅满,虽无别货,亦应完纳船钞。倘运往内地,除前三项仍毋庸议外,其馀各货均每百两之物,完纳税银贰两伍钱。

第三款　凡有违禁货物,如火药、大小弹子、炮位、大小鸟枪、并一切军器等类及内地食盐,以上各物概属违禁,不准贩运进、出口。

第四款　凡有税则内所算轻重、长短,中国一担,即系一百觔者,以英国一百三十三磅又三分之一为准;中国一丈,即十尺者,以英国一百四十一因制为准。中国一尺即英国十四因制又十分因制之一;英国十二因制为一幅地,三幅地为一码,四码欠三因制即合中国一丈,均以此为例。

第五款　向来洋药、铜钱、米谷、豆石、硝磺、白铅等物,例皆不准通商,现定稍宽其禁,听商遵行纳税贸易。

洋药准其进口,议定每百觔纳税银叁拾两,惟该商止准在口销卖,一经离口,即属中国货物;祇准华商运入内地,外国商人不得护送。即天津条约第九条所载英民持照前往内地通商,并二十八条所载内地关税之例,与洋药无涉。其如何征税,听凭中国办理,嗣后遇修改税则,仍不得按照别定货税。

又铜钱不准运出外国;惟通商中国各口,准其以此口运至彼口,照现定章程遵行;该商赴关报明数目若干,运往河口,或令本商及同商二人联名具呈保单,抑或听监督饬令另交结实信据,方准给照。别口监督于执照上证明收到字样,加盖印信,从给照之日起限六个月缴回验销,若过期不缴销执照,即按其钱货原本,照数罚缴入官。其进、出口,均免纳税;至船载无论浅满,均纳船钞。

又凡米谷等粮,不拘内、外土产,不分由何处进口者,皆不准运出外国;惟英商欲运往中国通商别口,则照铜钱一律办理,出口时照依税则纳税,其进口毋庸纳税。至船载无论浅满,均遵纳船钞。

又豆石、豆饼在登州、牛庄两口者,英国商船不准装载出口。其馀各口,该商照税则纳税,仍可带运出口及外国俱可。

又硝磺、白铅均为军前要物,应由华官自行采办进口,或由华商特奉准买明文,方准进口。该关未能查明该商实奉准买,定不发单起货。此三项止准英国商人于通商海口销售,不准带入长江并各内港,亦不准代华商护送;除在各海口外,即系华民货物,与英商无涉。以上洋药、铜钱、米谷、豆石、豆饼、硝磺、白铅等项,止准照新章买卖,敢违此例,所运货物全罚入官。

第六款 天津条约英国第三十七条所载,英船进口,限壹日报领事官知照,并照第三十条所载,英国货船进口,并未开舱,欲行他往,限贰日之内出口,即不征收船钞;以上二条,无论先后,总以该船进口界限时刻起算,以免参差争论。至各口界限并上、下货物之地,均由海关妥为定界,即要便商,更不得有碍收税,知会领事官,晓谕本属商民遵办。

第七款 天津条约第二十八条所载内地税饷之议,现定出入税则总以照例一半为断,惟第二款所载免税各货,除金银、外国银钱、行李三项毋庸议外,其馀海口免税各物,若进内地,仍照每值百两完税银贰两伍钱。此外运入内地各货,该商应将该货名目、若干、原装何船进口、应往内地何处各缘由、报关查验确实,照纳内地税项,该关发给内地税单。该商应向沿途各子口呈单照验,盖戳放行,无论远近,均不重征。至运货出口之例,凡英商在内地置货,到第一子口验货,由送货之人开单,注明货物若干、应在何口卸货,呈交该子口存留,发给执照,准其前往路上各子口查验盖戳。至最后子口,先赴出口海关报完内地税项,方许过卡。俟下船出口时,再完出口之税。若进出有违此例,及业经报明指赴何口,沿途私卖者,各货均罚入官。倘有匿单少报等情,将单内同类之货全数入官。所运各货,如无内地纳税实据,应由海关饬令完清内地关税,始行发单下货出口,以杜隐漏。内地税则经此次议定,即准一次纳税,概不重征。所有英国第二十八款所载,经过处所,应纳银实数,明晰照复,彼此出示,晓布华、英商民均得通悉一节,可毋庸议。

第八款 天津条约英国第九条所载英民持照前往内地通商一款,现议京都不在通商之列。

第九款 向例英商完纳税饷,每百两另交银壹两贰钱,作为倾熔之费,嗣后裁撤,英商毋庸另交倾熔银两。

第十款 通商各口收税如何严防偷漏,自应由中国设法办理,条约业已载明;然现已议明,各口画一办理,是由总理外国通商事宜大臣或随时亲诣巡历,或委员代办。任凭总理大臣邀请英人帮办税务并严查漏税,判定口界,派人指泊船只及分设浮桩、号船、塔表、望楼等事,毋庸英官指荐干预。其浮桩、号船、塔表、望楼等经费,在于船钞项下拨用。至长江如何严防偷漏之处,俟通商后,察看情形,任凭中国设法筹办。

海关总税务司署通令

第10号(节选)

编者按:清海关获取船钞管理权后,时任总税务司赫德于清同治七年四月初三(1868年4月25日)以海关总税务司署第10号通令形式宣告成立船钞部,明确了管理体制和内设机构,主要职责是管理中国沿海地区航行事务、助航设施建设和日常维护等。自此开启大规模建设中国沿海助航标志的历史。本附录源自《旧中国海关总税务司署通令选编》第一卷(1861—1910),海关总署《旧中国海关总税务司署通令选编》编译委员会编译,中国海关出版社2003年11月第一版。

令各关税务司

事由:为发船钞部编制事

1. 为改进港口航道,便利中国沿海地区之船舶航行,船钞部之筹建已有时日。本总税务司为使各税务司了解其中措施,以备遵照似无不当。故发此通令,望在各自负责之口岸予以协作(参见1864年第8号通令)。

2. ……例如灯塔之重要性,对海员而言乃生命攸关。为确保航行安全并力求节约资金,建造灯塔之位置务必认真测定、选择,防止在非迫切需要位置盲目建造,一旦建成公告即须维持灯光不灭。就沿海灯塔而言,首先须详尽研究港口状况。在资金方面,自牛庄至海南之海关,历年船钞数额收入有限,仅敷薪饷支出。另外,为招募能为灯塔工作尽责尽守而无过高工薪要求且足以信赖之灯塔看守人,亦常陷困境。面临上述种种,考虑再三,一切应当符合需要,节约开支讲求实效,切勿草率从事。总而言之,应稳妥安全,欲速则不达。

……

4. 为船舶在中国沿海贸易之利益计,其真正需要大体如下:在航道上,对危险处应提供警示,即设置必要之灯塔。……在港口水域,对应避开之水区应予标示,即有适当数量之浮标与标桩。

5. 牛庄与上海已设有理船厅。为牛庄、天津、上海、宁波、福州、淡水及厦门锚地、港口水域、航道及沿岸提供浮标和标桩。……前者,费士来先生、卢逊先生及布朗先生曾对沿海灯标诸事宜,于上海、芝罘、宁波与福州等地有所研究及商讨,期望洞悉海岸真正需求,以利于遗留工程不再拖延及时竣工。……此项研讨虽无引人注目之结果,但由此所取得之经验却有助于今后。最不不可取者乃使用经费之草率、盲目、考虑不周。本通令旨在引起各税务司对处置方法之注意,而不在于阐明各项即将开始之专项工程。

6. 此类职责有别于征税,海关至今尚无此专项训练。因此,似应建立一不隶属于海关之独立之专门机构。但考虑到筹建此一机构,即使组织严格,等级制度分明,薪饷丰厚,却因独自为政,会使专款耗于薪饷,难于实现公众寄望之工程。故较为妥善之设想,为组织一批精干人员,由海关掌管,似可节制薪饷,使款项尽多用于工程。为此,需建立一部门,由海事税务司主事,灯塔及理船营造司辅之,机构并入海关。此举可使部门间相互协作,节省专款,保障公众利益。如此则海关实由税务与船钞两个孪生部门组成。

7. 为实用计,中国海岸线可分为北、中、南三段:北段包括奉天、直隶与山东之海岸,自北纬41°至34°,包括条约规定之通商口岸牛庄、天津及芝罘。中段包括江苏与浙江之海岸,自北纬34°至27°,包括上海与宁波两口岸以及长江之商埠镇江、南京、九江及汉口。南段包括福建、广东之海岸,自北纬27°至20°,包括福州、厦门、淡水、基隆、台南、打狗、汕头、广州及琼州。每段由北到南,均包括一段延伸大约纬度7度之海岸线。上述三段之实际情形及需要互不相同。

……

9. 理船厅将担当锚地及毗邻引水范围之所有港口之职责,并按1864年第8号通令规定,对归税务司管辖位于该地域沿海之灯塔等予以看管。

10. 为保每位理船厅充分熟悉并正确履行各项新职责,已为上述第7节所指三地段各指派一名关员专司船钞部之工作,称之为巡查司,但其职责与海关无关。北段巡查司应驻芝罘,中段巡查司应驻上海,南段巡查司应驻福州。上述各港口将各配备一理船厅,履行船钞部职责并兼海关职责,理船厅下可视需要配以若干关员协助工作。巡查司在其驻在口岸时,即为该处理船厅,此时之理船厅(头等总巡)则应尽力多照应海关。巡查司不在时,该理船厅应履行理船厅之职责,一如非巡查司驻地之理船厅。故此,各巡查司应:

(1) 专心于所辖各港口及驻地之理船厅职责;

(2) 定期视察段内各港口,检查当地之浮标及标桩状况、引水情形、及该地理船厅履行港口职责情形等等;

(3) 尤须留意监督段内沿海设置之灯标不灭。

巡查司实系海务税务司下之副税务司,巡查司之下为等级不同之理船厅,理船厅相当于海关不同等级之通事。巡查司与理船厅按此等级别安排之。

……

13. ……

D. 凡海关税务司对应由船钞部承担实施之工作建议等,应交由海关总税务司署正式送达海务税务司。

E. 除听命于总税务司署外,海务税务司职权独立,各巡查司听命于海务税务司,然按令行事之前,命令须经理船厅转呈本口税务司同意及会签,此外,上述各巡查司还须受命于其常驻地或停留地之各口主管税务司。

F. 惟其如此,工作程序遂得建立,各海关税务司及总税务司署得以熟悉船钞部之一切。

……

15. 船钞部组成如下:

海务税务司其协办人员包括——

1名理船营造司　　　　1名文案　　　　2名灯塔营造司

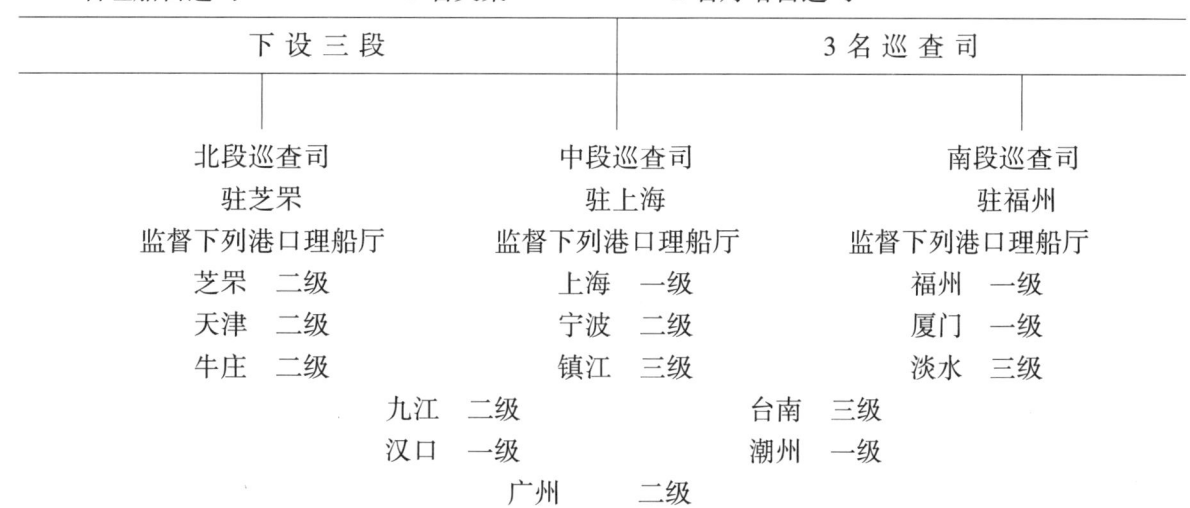

各理船厅在其辖区监督下列人员——

  港口引水

  持照引水

  灯塔看守

  巡港吏

  海务税务司与海关税务司同级,巡查司及咨议营造司与海关副税务司同级,而一、二、三级理船厅分别与一、二、三等通事同级。

  分派一名熟谙中文之海关通事任海务税务司文案。巡查司与理船厅保管各自账目并亲自登录,必要时准有一名海关通事协助。

  ……

  17. 对各港口理船厅之本口职员,包括港口引水、持照引水、灯塔看守、巡港吏及船员等之管理措施,务求统一,简明扼要,将另行告知有关税务司。

  18. 各段配蒸气巡船一艘,用于保护税收、段内水域治安及与灯塔看守定期联络。此巡船遵照海关税务司之命令行事,非经书面申请并经该税务司之书面同意,船钞部不得派遣他用。各港口配备三桅帆船或艇船一艘,以便理船厅对其毗邻水域执行正常监督,巡视浮标与标桩,与本地区之灯塔看守保持联络,及执行税务司要求之税务工作。

  19. 为易于识别在海关以外公众场合执行职务之船钞部成员,为维护纪律,各员应着制服,佩以标示相应等级之肩章。图样将寄各巡查司,确保各港口雇员规范着装乃巡查司之职责。

  ……

  此令。

海关总税务司 赫 德

一八六八年四月二十五日

中央人民政府政务院
关于关税政策和海关工作的决定

(1950年1月27日中央人民政府政务院第十七次政务会议通过)

政秘字第361号

中央人民政府政务院认为：在过去一百多年当中，帝国主义者侵犯了我国的海关自主权，他们用武装力量及奴役式的条约，强制我国开辟商埠，进行对外贸易，规定以极低的关税甚至免除关税输入商品。各帝国主义国家，充分利用了这些特权，大量地向我国输入生产品，吸收廉价原料，并借此绞杀和阻碍了我国民族工业的自由发展，使我国长期变为落后的从属外国的半殖民地。

帝国主义者为了保护其在对外贸易方面的特权，为了对其奴役性的条约和掠夺性的借款取得赔偿与债息的担保，曾长期地掌握了我国海关管理和关税收支的大权，海关主要负责人员，全部由英美人担保，在各海关用英语办事行文，外国职员的薪金比中国职员高得多，并且享受一切中国职员所得不到的特殊优待条件。一九四三年的所谓「取消不平等条约」，并没有真正实现海关的自主，只不过是把海关的管理权从一个帝国主义者转到另一个帝国主义者手里，海关的最高官员由美国人代替了英国人。

帝国主义者掌握我国海关大权后，继续扩大损害我国主权，如将与海关无关的职务，如保证航运的安全和巡卫国境海岸线等，也揽入海关管理范围之内，用我国海关的和其他的收入，建筑港口、灯塔及其他助航设备，这些设备，对我国固有一定用处，但首先是利用来保证外国运输的安全和方便，而不是用来便利我国脆弱的不能与外国资本主义公司进行竞争的航运。再，海关缉私和国防保卫工作，原是完全不同的两种任务，但他们利用缉私的名义，在有些地方竟将警卫国境海岸的国防保卫工作也由海关掌握起来。

由于中国人民大革命的伟大胜利，结束了以上各种不平等与不自主的状态，收回了中国在关税政策方面的独立主权及管理海关事业的自主权。

中央人民政府政务院认为：在目前条件下，国家海关工作与国家对外贸易工作尚所进行的监督与某种管制，在恢复与发展我国人民经济中，应起重要的作用。海关税则，必须保护国家生产，必须保护国内生产品与外国商品的竞争。

中央人民政府海关总署，必须是统一集中的和独立自主的国家机关，海关总署负责对各种货物及货币的输入输出执行实际的监督管理，征收关税，与走私进行斗争，以此来保护我国不受资本主义国家的经济侵略。

所有和海关无直接关系的职务，如：管理港口、疏浚河道、建筑助航设备、巡卫国境海岸等工作，均应由海关移交给其他有关机关。

为了实现上述关税政策及组织海关工作的任务，政务院特作如下决定：

一、批准《中央人民政府海关总署试行组织条例》。

二、解除下列各项与海关无关的职务：

1. 关于管理海港河道、灯塔浮标、气象报道等助航设备的职务，连同其工作人员、物资、器材全部移交中央人民政府交通部或市的港务局。

2. 巡卫国境海岸的职务及武装舰艇，全部移交中央人民政府公安部，但为了便于海关执行职务及在口岸上进行缉私工作所必需的一些小型船艇在外。

责成海关总署与交通部、公安部共同商讨移交上述工作及其人员、物资的办法和日期。

三、准许海关总署在新海关税则未规定施行前,在输入货物方面暂用一九四八年的进口税则,在输出货物方面暂用一九三四年的出口税则(一九四五年修正本),但某些方面需经过中央人民政府政务院的订正。

四、必须制定中华人民共和国输入输出货物的新海关税则,为了制定新的海关税则,决定在中央人民政府政务院财政经济委员会下,组织一个专门委员会,由政务院财政经济委员会派代表,一人任委员会主任,中央人民政府贸易部、财政部、重工业部、燃料工业部、纺织工业部、轻工业部、铁道部、农业部、交通部、食品工业部、邮电部及海关总署各派代表一人组成之,并委托政务院财政经济委员会批准该委员会的人员编制。

为了工作进行顺利起见,给该委员会主任以权力,得由参加委员会各部抽调专家,参加制定海关税则的工作。规定该委员会必须在一九五〇年八月一日以前完成上述工作。

五、于制定海关税则时,专门委员会得按下列各项基本原则,进行工作:

1. 在国内能大量生产的或者暂时还不能大量生产但将来有发展可能的工业品及半制品,于进口同样的这些商品时,海关税率应规定高于该项商品的成本与我国同样货品的成本之间差额,以保护国家民主生产。

2. 关于一切奢侈品和非必需品,制定更高的税率。

3. 在国内生产很少或者不能生产的生产设备器材、工业原料、农业机械、粮食种子及肥料等,其税率要低或免征关税。

4. 凡一切必需的科学图书与防治农业病虫害等书籍,以及若干国内不能生产的或国内药品所不能代替的药品的输入,免征或减征关税。

5. 海关税则对进口货物有两种税率:关于凡兴中华人民共和国有贸易条约或协定的国家,应该规定一般的正常的关税;对于凡兴中华人民共和国没有贸易条约或协定关系的国家,要规定比一般较高的税率。

6. 为了发展我国的出口货物的生产,关于经由中央人民政府所奖励的一切半制品及加工原料的输出,只制定很低的税率或免税输出。

六、必须制定中华人民共和国的海关法规,确定海关的组织、权限与职责等,特决定由中央人民政府海关总署于一九五〇年七月一日以前将海关法规草案提请中央人民政府政务院审核。

一九五〇年三月七日

政务院财政经济委员会
关于统一航务港务管理的指示

财经计(交)字第3316号

从一年来航务港务管理情况和经验证明:为加强航务及港务工作的管理,以便利航运,促进货物交流并加强港区治安起见,吸须制定统一航务及港务管理的各项章则、法规和制度,并建立统一的航务港务管理机构。为此,特作以下决定:

(甲)建立统一航务及港务管理机构——中央人民政府交通部航务总局及各地港务局,并逐步颁布统一管理航务及港务的枣则、法规、制度。

(一)中央人民政府交通部应即着手搜集有关航务及港务管理的各种资料,并加以系统的研究,拟具管理的章则、法规、制度等方案,经政务院财政经济委员会核准并报政务院批准公布施行。

(二)在国内各重要港埠,如天津、广州、上海、青岛、大连等地设立区港务局,负责统一港务的管理工作。在其他港口,得视需要设港务分局或办事处,受上述重要港埠区港务局之领导。至于各港务局、处管辖区域之划分,及分局办事处之具体设置和办事细则等,由中央人民政府交通部另订之。

(乙)港务局的任务,工作范围及其领导关系:

(一)港务局根据中央人民政府交通部颁布的航务,港务的统一管理章勋,法规和制度,经管下列各项事宜:

(1)港口河道之疏浚与破冰及障碍物之清除。

(2)计划港口河道之改善与施工,以及港区内航路标志助航及给水设备之修建、保养与管理。

(3)码头仓库及其他设备之修缮、建造,养护及统一管理和调度。

(4)船舶之登记,丈量、检查。

(5)引航工作和引航人员之管理。

(6)船舶进出口之批准。

(7)气象情报及水文变化之汇集与报告。

(8)各种港务码头规费之统一征收。

(9)船员之鉴定、考核与管理。

(10)轮船业之登记及管理。

(11)海事之处理。

(12)有关港务的业务和技术上之指导与改进。

凡与国防有关之各项航务,港务资料与措施,均需随时分报海军主管部门,必要时得请海军主管部门予以协助和指导。

(二)各地港务局为中央人民政府交通部的所属机构,除长江管理局及青岛区港务局外,为便于管理,决定天津、上海、广州、大连区港务局暂委托所在地市人民政府代管之。

(三)委托代管之港务局,应就主管工作任务向所在地市人民政府报告并请示,同时以副本呈送交通部。各港务局所在地市人民政府,应就所受委托代管之港务局的工作,定期向中央人民政府交通部作书面报告和请示。

(四)港务局必须建立独立的会计制度,其各种规费收入及各种修建支出,应建立预算和决算制度。

所有预算书及财务报告和计划,均报由直属领导之当地市人民政府核转交通部,照中央人民政府政务院统一财经工作的决定核准后施行或报销。代管之市人民政府;不得将港务局之收入移作他用。

(五)委托代管之各地港务各部门之现有人员,应由当地市人民政府遵照中央人民政府政务院定员定额的指示适当加以调整。港务局局长,副局长之任免,须报请政务院财政经济委员会核请政务院决定。

(丙)几个具体问题:

(一)各港埠码头区内之码头、仓库,在解放前属于伪中央各部会及其所属机关使用者,或现在为中央经营,地方公营企业使用者,除属于海军及铁路车站之码头、仓库外,一律由港务局收回,统一管理和调度,但港务局在调度时,须适当照顾各机关各企业之具体需要。现属港埠码头区内之中外和营码头仓库,依人民政府颁布之统一管理章则、法令,予以统一管理。

(二)下述各项任务,分别由其他主管部门管理,但港务局必须与之经常取得密切联系和分工合作:

(1)货物之出入口检查、登记及关税之征收,统一由海关部门负责办理。

(2)港内外之治安工作,由水上公安局负责掌管,但在港务之业务和技术上必须服从港务局的指导。

(3)海港检疫,熏船、消毒及病人之隔离治疗工作,统一由卫生部门负责掌管,但在航务、港务之业务和技术上必须服从港务局的指导。

(4)为简化手续,统一各项检查工作,各有关部门成立联合,检查处,统一受港务局局长之领导。

(5)水道测量和助航设备之建设计划与管理,航行刊物之发行,凡属海务与国防性质者,均应会同海军当局办理。助航设备兼受海军当局之指导,在海军部未直接办理之前,原海关、海务,江务、港务各机构应即移交交通部掌管,凡属国防有关之各项资料与措施应由交通部随时抄送海军司令部。船钞费(吨税)由财政部统一按季征收,其余港口各费,统一由港务局代牧解缴。

(6)国营轮船公司之经营管理,船运业务及运价率之规定,统一由中央人民政府交通部直接领导之,但该公司必须遵行统一的航务管理制度及当地港务局之指导,不得特殊。

(7)经营码头仓库应缴的营业税,统一于该码头仓库之经营主应纳之营业税内征收。

(8)码头装卸工人之教育与组织,由当地工会与政府负责。

以上决定希各有关部门及各地政府遵照执行为要。

主任　陈　云

一九五〇年七月二十六日

交通部关于同意天津、上海、广州航道局成立航标测量处的批复

((80)交人字 2296 号)

天津航道局(80)津航字381号、上海航道局(80)沪航标字第506号、广州航道局(80)交穗道字184号关于组建航标测量机构的报告收悉。现对有关问题批复如下：

一、为接管海上公用航标和加强海上航标管理工作，同意天津、上海、广州航道局成立航标测量处，为县(团)级单位。下设办公室、政工科、导航科、测绘科、船机科、科技科、供应科、人事科、财务科、计划基建科，编制控制在八十人以内。各类人员尽可能在现有人员内调剂。

二、航标测量处负责各局分管范围的海上公用航标、长河一号导航台、无线电指向标和部直属港口航标(在接管公用航标期间，直属港口航标暂维持原管理体制)的管理和规划建设工作。维护其正常技术状况，不断提高其效能，为船舶航行提供良好助航条件；负责各局分管范围内直属港口的航道、港池、锚地检测，沿海直属和主要地方港口的基本测量，正确通报航标情况和测量成果，编制航标表，发行港口测量图。

三、天津航道局在天津、青岛、烟台、大连设航标区，在蓬莱、威海、小长山岛、乳山口设航标值班站；上海航道局在连云港、镇海、温州、福州、厦门设航标区，在长涂、定海、石浦、海门、海坦、泉州设航标值班站；广州航道局在广州、湛江、海口设航标区，在汕尾、桂山、海陵岛、淡水、龙门、清栏设航标值班站。航标区为航标测量处下属机构，干部编制八至十五人。航标值班站为航标区的派出单位，实行站船合一，派驻各站的航标船船员即是值班站工作人员。希望你们根据具体情况，抓紧进行航标测量处、航标区的组建和航标值班站的布点工作，加强与各省(区)市人民政府和有关交通、港务部门的联系，争取他们的支持，尽早开展接管海上公用航标的工作。

一九八〇年十月三十日

交通部天津航道局　海军北海舰队司令部
关于北海区干线公用航标交接协议

为贯彻国务院、中央军委一九八〇年四月二十日批准的交通部、海军司令部《关于调整海上干线公用航标管理体制加强管理力量的请示报告》精神，遵照交通部、海军司令部（81）交基字1708号《关于下发公用航标交接协议的通知》原则规定，交通部天津航道局与海军北海舰队司令部就北海舰队辖区海上干线公用航标交接工作，进行了多次协商，现达成协议如下：

一、交接航标数

根据交通部、海军司令部关于航标交接原则，北海舰队向天津航道局移交各类航标共一百六十二处。（详见附件一）

二、关于交接的人员

随航标移交人员的确定，是双方按国务院、中央军委一九八〇年四月二十四日批准的（80）交基字430号（80）司航字029号两部联合请示报告中有关原则协商的。

干部共移交三十八名（含导航台干部三名），按双方已商定的（81）交津航政字第10号（81）舰政干字029号《关于移交接收海军航标干部的联合报告》为依据，遵照国务院安转办有关批复精神执行。

按两部协议规定，为确保三个长河一号导航台不间断工作，其人员由北海舰队负责按交通部编制（详见附件二），配足定员成建制移交（其中干部二十一名，战士八十七人，不含航道局送校培训的十六名）。

北海舰队随航标移交战士共二百六十七名（含导航台及登陆艇成建制移交的战士数）。其交接原则，按双方已商定的（82）司务字018号、交津航人字第09号《关于航标专业技术兵的交接问题》的联合报告为依据，待国家劳动总局批准后执行。

三、航标管理基层单位、航标修理所（车间）、仓库及登陆艇的交接

北海舰队移交小长山、蓬莱航标站两处。其中小长山航标站原没有房屋，由北海舰队调整二百五十平方米左右的房屋移交；蓬莱航标站位于营区内，不便移交，由北海舰队负责在港区附近新建或调整相应房屋移交。若新建时，其设计方案由双方商定。

由北海舰队协助天津航道局解决在威海建站的场地。青岛六号码头航保修理所四车间一处（包括房、地产权文书），全部移交。

北海舰队司令部和旅顺基地司令部所移交和新添置的航标器材，在航道局仓库未建成以前，暂由原单位为收、发、保管，直到一九八四年底为止。至时航道局仍不能解决，另行商定。

在此期间，代管航标器材由双方各持清册一份，每半年对账一次，人员、车辆、器材出入库房，按部队仓库规则办理；航标器材的维护保养费用由航道局负责；大型器材超出仓库保管条件的，由航道局自行解决。

移交登陆艇两艘，由北海舰队配齐定员移交（每艇十一人）。艇上的装备、器材等，按舰艇移交有关规定执行。在移交前，北海舰队应将拟交艇的有关技术档案资料等按规定交天津航道局。

四、航标基层单位房屋的交接

移交塔、站、导航台及航标修理所(车间)等基层单位所属的房屋、建筑物、场地、水井、营具及附属设备等,全部移交航道局。少数塔、站房屋、场地被当地部队或友邻单位借用的,由北海舰队负责联系迁出。特殊困难的,经双方协商变更借用关系,借用办法及期限双方另定。

凡塔、站及航标修理所工作间一律不准住家属,已住进家属的必须在移交前迁出。

为使交接期间各类航标能继续正常工作,移交前,北海舰队负责对移交的航标、房屋、设备、船艇、供水、供电系统、储油、水设备等,进行一次全面的检查、维修及补给,并保证移交时的良好状态,以利航道局接管后能正常开展工作。

五、航标基层单位装备、器材的交接

所有移交航标塔、站、导航台及检修所(车间)的现有设备、器材车辆及船只,全部移交。库存器材和零部件属于专用的(指长河一号导航台、500W 指向标及 6135 系列发电机组)全部移交;通用件根据移交航标数量和任务情况,按百分之六十比例移交。在交接前不得随意调出或使用。

六、武器弹药的交接

移交塔、站、导航台现有手枪按规定手续移交。其余武器由北海舰队收回。移交手枪子弹按每两只两个基数配齐。

七、档案资料的交接

航标技术档案资料、图纸按移交范围移交。原海关海务办事处留存的部分档案资料,由北海舰队司令部整理后一并移交。

航标移交后,为保证天津航道局船艇能正常进行航标补给、检查工作,对部分没有民用海图的有关海区,由北海舰队提供军用海图各两张。

所有移交的房屋、场地、营具、设备、器材、武器、弹药等,由北海舰队按规定制图造册移交并提供有关房、地产权文书、图册一式十份,其中五份交天津航道局,五份留北海舰队。

八、交接时间

根据两部协议一九八二年内全部交接完毕的要求,为保证按时交接,双方必须积极工作,制定工作计划,采取有力措施,创造条件,除非双方权限范围的原因,一九八二年上半年完成青岛、天津两地的交接工作(青岛为试点);八月底前接完烟台,年底前接完大连。

为保证导航台在移交过程中不间断工作,三座导航台在八二年底以前同时交接完毕。移交后北海舰队派出必要的技术骨干进行技术保证,至一九八三年底留台人员能独立工作后撤回。海军派出人员的生活补助,不低于同类工作人员,其差额由航道局负担。

九、成立交接领导小组

为使交接工作顺利进行,双方各自成立航标交接领导小组,负责领导、协调各区交换工作。其成员为:

北海舰队方面:

组　　长:杨汉黄副参谋长

副组长:郝富永副处长

组　　员：李　珩　袁正奎　秦以忠　詹耀华　王炳利

天津航道局方面：

组　　长：张金生副局长

副组长：孙　树处长

组　　员：黄炳跃　高国栋　于首光　张景昶　扬长水　孙国祥　左云翔
　　　　　童自忠　王志芳　郑佩东

旅顺、烟台基地及青岛水警区成立相应移交小组，分别与天津航道局下属大连、天津、烟台、青岛四个航标区实施对口交接。在交接过程中，双方领导小组派员参加。

十、几个具体问题

1. 航标移交后，航道局航标船艇停靠使用码头问题，原则上由交通部自行调剂解决。但威海、蓬莱等地交通部没有直属码头设施，停靠确有困难，从接管后三年期间可停靠海军码头，按规定交水电费。三年后交通部仍不能解决码头，还需要借用时，双方另行协商。小长山停靠码头问题，由北海舰队负责会同航道局与当地陆军转办借用关系。

2. 塔、站、导航台的通信联络问题。

（1）塔、站、导航台现用的有线内部线路，连同内部设备及无线电通信设备按两部协议由北海舰队各基地、水警区清点后造册移交。

（2）移交后的通讯联络由天津航道局自行解决。在为解决钱，双方按两部协议规定办理。

（3）原北海舰队租用地方线路，由双方负责办理转租手续。从交接之日起，由天津航道局付费。

（4）成山头、上古林、庄河导航台的无线电通信联络，从交接之日起，北海舰队组织的121号导航台联络网停止使用，通讯文件由北海舰队收回。

3. 在移交前，考虑到天津航道局培训航标技术人员有一定困难，北海舰队在教材、教学方面尽量给予支持。根据需要，协助安排灯塔、指向标、导航台部分新工人的跟班学习和培训实习。

4. 航标交接后，在有军事设施的岛屿，天津航道局应注意管理人员的政治条件，并凭工作证件登岛执行任务。航标船艇在登岛进行补给、检查等作业前，由各航标区、站提前通知北海舰队所在地区的作战部门。北海舰队应通知所属部队给予航保工作船艇及人员工作方便。航道局登岛工作人员和驻在部队营区内的航标管理人员，必须严格执行驻军有关规定。特别是位于军事重地的灯塔、站，如小青岛、团岛等地，不准住家属，不准会客。

5. 为保证海军战备需要和舰船活动安全，天津航道局在战备地区的外海和前哨地区新建和撤除航标时，应与当地海军协商后实施。海军如因特殊需要，在临近干线附近设标时，应征求天津航道局的意见。长河一号导航台天线和设备重大修整暂停工作时，需提前与海军磋商，以保证远航舰艇的航行安全。

6. 自一九八三年一月一日起，移交塔、站、导航台油料供应由交通部负责。但考虑到交通部油料供应系统建成需要一定的时间，因此对交通部暂不能实施供应的部分塔、站、导航台，可由北海舰队代供，最迟不超过一九八五年底，每年由交通部通过海军拨给油料指标。属于其他部队供应的，由北海舰队协助沟通关系。圆岛灯塔的供油、储油设施与部队无法分开，可另订代供合同。

7. 航标交接后，各塔、站、导航台的淡水供应，原则上由航道局自行解决，但在交通部供水系统没建立以前，少数位于孤岛的塔、站仍由北海舰队代供，交通部按规定付费。但至迟不超过一九八四年底。属于其他部队供应的，由北海舰队协助沟通关系，供水、储水设施与其他单位合用的，应尽量分开；无法分开的，可继续合用。使用管理办法另订协议。

十一、本协议的执行

1. 协议双方都应持积极态度。在履行协议过程中,遇有一方对协议有不同解释时,应采取实事求是的态度,共同协商解决,如意见不能统一时,则双方各自向上级报告,由双方领导机关决定。
2. 本协议未尽事宜,双方另行协商解决。

交通部天津航道局   **海军北海舰队司令部**
签字:张金生   签字:杨汉黄
                                    一九八二年三月六日

交通部关于海区航标管理工作的若干规定

(82)交基字 1775 号

海区航标是保障船舶在海上安全航行的重要助航设施,它为航运、渔业、海洋开发和国防建设等部门完成海上任务提供了有利条件。确保海区航标正常工作,适应我国国民经济发展和国防建设需要,为国际船舶提供良好服务,是各级航标人员的光荣职责。为加强海区航标工作的管理,全面完成航标建设和维护任务,特制定本规定。

一、海区航标系指设置在我国沿海海区的灯塔、灯桩、立标、导标、灯船、灯浮、浮标、雾号、雾钟、无线电示标站、导航台等助航设施。航标管理部门应根据海区航标制度的规定布设航标,保证其日夜不间断地发挥助航效能。对视觉航标要求标位准确、灯质正常、涂色鲜明、结构良好;音响航标要求信号清晰、发放及时;无线电航标要求讯号准确、频率稳定、功率正常、工作连续。

二、海区航标的建设和管理工作应根据国务院规定,由交通、渔业、海军等部门分工负责。交通部门负责海上公用航标、商港和以商为主的军商合用港的航标。海军负责军港和以军为主的军商合用港的航标。渔港、渔场等渔业专用航标由渔业部门负责。其他企事业部门专用航道的航标由企事业部门自行建设和管理。

三、交通部对海上公用航标和直属港口航标划分为三个海区进行管理。其主管单位及分管范围是:辽宁省、河北省、天津市、山东省沿海由天津航道局负责;江苏省、上海市、浙江省、福建省沿海由上海航道局负责;广东省、广西壮族自治区沿海由广州航道局负责(在接管海军公用航标期间,直属港口航标暂维持原管理体制)。

地方港口和小轮短程航线的航标由所属省(区、市)交通部门管理。各航道局对分管范围内地方航标业务进行技术协作。

四、航道局航测处是各航道局的航标业务主管部门,全面负责本局分管海区航标的管理和规划建设工作;组织各基层航标单位对海区各类航标进行保养、维护和补给工作,维护其正常技术状况;根据船舶航行需要和海区具体情况,决定航标的设置、撤销、改变特征、更新装备、调整配布并组织实施(其中灯塔、指向标站、导航台报交通部批准后实施),不断提高航标效能,及时掌握辖区航标情况。编制航标表,通告航标变动情况,并联系海军、渔业等部门协调处理有关航标管理和使用事项。

五、航标区是航道局的基层航标管理单位,其分管海区范围由航道局划定。航标区直接负责所辖海区航标的保养、维护、补给和定期巡检。维护航标正常技术状况;根据航道局下达或批准的计划进行航标的设置、撤销、改变特征、调整配布等工作;对发现沉船、障碍物和航道突然变化等紧急情况,采取设置或调整航标的应急措施并及时上报备查;了解所辖海区水文气象情况,掌握辖区航标技术状况,建立航标技术档案,及时向航道局报告辖区航标变动情况并按规定通告有关部门;根据航道局规定,向指定地点派出航标站(艇)并监督其完成值班任务。

六、航标站(艇)是航标区的派出值班单位,实行站艇合一,船长即为航标站长。航标站(艇)根据航标区的指示,在规定的范围内,负责对一定数量的航标进行保养、维修、补给和定期巡检,维护其正常技术状况,并完成航标区规定的其他任务。

七、航标船、艇是各级航标管理单位执行航标任务的工具,其船员即是航标工作人员,除履行船员职务外并负责由执行航标设置、调整、保养、修理、巡检、补给等任务的职责。

航标船、艇除出航执行任务外,在停航期间应建立执勤制度。执勤船、艇应随时做好各项应急准备,

附 录

保证在接到出航命令或遇有紧急情况时,在规定时间内启航。

八、航标站、航标船、艇和有人看守的灯塔在执行航标任务的同时,应认真做好海区了望工作,如实记录海区情况。对于过往中外船舶,应根据其请求,提供有关航道、航标情况、指导安全航行和给予可能的救援。

为保证航标正常发挥作用,及时恢复失常航标,航道局应根据各海区水文气象条件和所采用的航标器材、能源性能以及该航标所处位置的重要程度,对所辖各海区每座航标的保养、巡检、补给的周期和各种作业的内容科目及技术要求做出规定。基层单位和航标人员应严格按照规定进行作业,并如实记录备查。

对违反规定、玩忽职守,由于航标质量原因造成船舶航行事故的,应及时查清情况,认真处理。对失职人员应予适当处分,情节严重的并应依法追究责任。

一九八二年八月二十三日

交通部关于海区测绘工作的若干规定

(83)交水监字712号

交通部海区测绘部门的任务是准确、及时地测量沿海港口、航道及附近水域的水深、岸线、航行障碍物及助航物标等海图要素;观测和收集海区水文、气象及其他有关航行参考资料;编辑、绘制、发行航海图书和通告海区变化情况,给船舶安全航行提供可靠依据。为加强海区测绘管理,正常开展和全面完成海区测绘任务。特制订本规定:

一、交通部对海区测绘工作划分三个海区进行管理。其管理单位及分工范围为:

天津航道局——辽宁省、河北省、天津市、山东省沿海;

上海航道局——江苏省、上海市、浙江省、福建省沿海;

广州航道局——广东省、广西壮族自治区沿海。

二、航道局航测处是各航道局的测绘业务主管部门,全面负责本局分工海区范围内的下列工作:

1. 负责沿海主要港口和附近水域、沿海重点航道和海湾锚地以及其他指定水域的检测和基本测量。编辑、绘制、发行港口、航道、锚地检测图。并向海图出版部门提供基本测量成果。

2. 负责编辑、绘制、出版和发行沿海主要港口及指定港口的航行图集。

3. 负责沿海主要港口及指定海区的潮汐和潮流资料的观测、收集工作,并对指定港口和海区进行潮汐预报。

4. 根据测量成果通告海区变化情况。

三、航道局航测处下设测绘专业队伍。各专业队根据航测处下达的计划,按有关技术标准和规范规定,执行各项专业任务。专业队长对本队完成的工作和提交成果资料的真实性和准确性负责。航测处应对各专业队提交的成果资料进行审查、验收作出评定,保证其符合有关技术标准要求。

四、港口、航道、锚地基本测量是指按国家海图测量规范的标准要求,进行包括全部海图要素的系统性测量。基本测量成果是绘制海图的依据,也是进行港口、航道、锚地检测的基础资料。在一般情况下每隔五至八年进行一次;情况发生较大变化时,应提前进行;新建港口、新辟水道应及时进行。基本测量工作由航道局航测处根据以上要求在年度计划中安排施测。

五、港口、航道、锚地检测是指对已进行过基本测量的港口、航道、锚地等进行部分海图要素的复测。航道局航测处对分工海区内各港口、航道、锚地,应根据具体情况,规定其检测的周期、范围和内容,经交通部核准后,由航测处作为常规任务在年度计划中安排施测。一般变化不大的水域,每年检测一次,河口港或变化较大的水域应适当缩短检测周期,必要时得根据需要安排临时性检测。

六、航道局航测处应根据检测成果绘制和发布港口、航道、锚地检测图。其图幅尺寸及比例尺的采用应符合交通部统一规定。航道局航测处应根据使用方便的原则,制定分工海区内各港口、航道、锚地图分幅及编号方案,经交通部核准后实施。

七、海区测绘的技术标准和规范由交通部统一制定颁发,未颁发前暂按国家测绘局颁发的测量规范和海司航保部海道测量规范有关规定执行。

一九八三年四月十一日

交通部　天津市人民政府
关于组建交通部天津海上安全监督局的通知

(1988)交劳字 613 号

遵照国务院国函〔1986〕107 号《国务院对天津港延长实行"以港养港"办法的批复》精神,为加强和统一全国海上安全监督的管理,决定组建交通部天津海上安全监督局。现将有关事宜通知如下:

一、组建交通部天津海上安全监督局

(一)天津港务监督、天津港海岸电台和天津航道局航标测量处分别从天津港务局、天津航道局划出,组建交通部天津海上安全监督局,为地、师(局)级单位。为了维持涉外工作的连续性,仍保留"中华人民共和国天津港务监督"名称。

(二)天津港务监督的引航和岸线审批工作划给天津港务局;天津港海岸电台(包括中央控制室、收发信台、遥控线、甚高频无线电话台)以及水上无线电通信管理工作划归天津海上安全监督局。

(三)天津海上安全监督局是在交通部领导下,代表国家对所辖海区和港口的交通安全及防止船舶污染海域实行统一监督管理的主管机关,是提供海上航行安全保证的职能机构,为交通部直属一级行政单位。实行交通部,天津市双重领导,以交通部为主的管理体制。

(四)天津海上安全监督局行政领导设局长(兼监督长)一人,副局长二人,副监督长(副局级)二人。

在新的领导班子成员被任命前,组成天津海上安全监督局筹备小组,负责主持日常工作和进行新机构的组建。

(五)天津海上安全监督局机构设置和人员编制,由该局根据职责范围和精简效能的原则,制订方案报交通部核批。在新机构确定前,原机构照常工作,确保各项工作正常进行。

天津海上安全监督局的干部以交通部管理为主,交通部任免局领导干部时,事先须征求天津市的意见。

二、天津海上安全监督局的职责范围

天津海上安全监督局在辖区内行使《中华人民共和国海上交通安全法》等法规赋予港监的各项职权,担负国家航标测量规定所指定的各项航标测量工作的职责和任务,并承担上级下达的水上无线电通信管理和其他任务。主要包括:

(一)贯彻和执行国家海上交通安全法规,制定并监督执行本辖区具体管理规定。

(二)办理船舶登记手续,签发船舶国籍证书或登记证书,签发海员证和船员服务簿。

(三)办理船员、引航员考试手续签发船员、引航员适任证书并监督船舶的人员配备。

(四)办理外国籍船舶的进口审批手续,监督执行国家强制引航制度。对国际航行船舶实施检查并签发出口许可证;对国内航行船舶办理进出口签证。

(五)监督检查船舶的安全技术状况和航行、装载情况。

(六)维护辖区交通安全秩序,对重要航区实行交通管制。

(七)审核辖区水上、水下施工和大型设施的水上拖带的安全技术状况;港区内使用岸线涉及水上

交通安全时对工程进行审核;管理沉船沉物的打捞;强制清除碍航物体;调整、划定港内锚地和经办辖区内的港区水域界限、港外锚地和禁航区的划定、报批,统一管理辖区内的航行警(通)告发布工作。

(八)负责辖区内防止船舶污染水域的环境保护工作,监督、调查和处理船舶违章排污,监视港区水域污染情况。

(九)对船舶装运危险货物实施监督管理。

(十)调查处理海上交通事故,处罚违章的船舶和人员。

(十一)组织、指挥本辖区船舶防台和海上搜寻救助、救生、破冰。

(十二)负责本局航标辖区内海上干线公用航标和主要商港航标的管理和规划建设,通报航标动态,编制航标表。

(十三)负责本局航测辖区内主要商港及其附近水域、沿海重点航道和港湾、锚地及其他指定水域的检测和基本测量,通报海区变化情况,编辑、绘制和发行港口、航道和锚地检测图及航行图集,负责辖区内主要港口及指定水域、潮汐、潮流等水文情况的观测和资料收集。

(十四)根据海区无线电导航体制规划要求,负责辖区内中程无线电导航台、指向标站设施的建设和管理工作。

(十五)负责本局航标辖区内各航标管理区的航标测量业务、技术和物资的管理工作。

(十六)承担上级下达的水上无线电管理工作,管理天津海岸电台和天津港甚高频(VHF)无线电话台,并承担有关船舶遇险及安全无线电通信业务。

(十七)承办有关法规规定的和上级下达的其他任务。

天津海上安全监督局的管辖海区范围由交通部另行明确。

三、财务问题

天津海上安全监督局的日常经费开支,以船舶港务费和其他规费收入为来源,航标测量经费,以船舶吨税和交通部拨予的事业费为来源,支出预算由交通部核定。

四、基建计划和物资供应

天津海上安全监督局的基建计划和物资供应,按交通部直属一级单位的计划渠道和物资供应办法办理。"七五"期间已批准立项的基本建设项目,港务局负责建成。生产、维修用料以及燃料、车船用油均由原供应单位天津港务局和天津航道局按现分配和消耗水平划出基数,国家投资的基本建设用料由交通部按照下达的计划核定指标。原材料按照划拨的基数和交通部核定的指标,自一九八九年起由所在地区的交通物资管理处归口负责组织供应。燃料按照划拨的基数分别由交通部和天津市组织供应。属地方平衡物资,天津海上安全监督局在天津市单独立户前,仍由天津港务局负责供应。

五、职工工资、奖金和福利待遇

从天津港务局和天津航道局划转到天津海上安全监督局的职工工资、奖金和福利待遇暂维持不变,今后按原工资将研究妥善办法纳入国家行政事业系列执行。

六、办公、业务及生活设施等划转问题

按天津港务局、天津航道局划给天津海上安全监督局的单位和业务,合理划分业务用车、船、设施、设备、办公和业务用房,原与天津港务局共同使用的设施,如职工食堂、医院、托儿所、幼儿园、单身职工宿舍、浴池、招待所、俱乐部、有线通信等的使用和管理,维持现状不变,天津海上安全监督局合理负担费用。

具体划转事宜,由天津海上安全监督局分别与天津港务局和天津航道局按上述原则签订交接记录,报交通部和天津市备案,以便办理划转手续。

七、起算日期

天津海上安全监督局的计划、财务、人事、劳资等项工作的交接,按照财政年度均以一九八八年一月一日起算。

一九八八年十月四日

交通部关于沿海各航标区分别划归各有关海监局的通知

(88)交劳字598号

根据国务院办公厅国办发〔1987〕2号文件转发的《关于港口管理体制改革的会议纪要》精神,在部直属港口管理体制改革的同时,已将天津、上海、广州航标测量与港监、岸台合并组建成天津、上海、广州海上安全监督局。为进一步完善航标管理体制,部决定将沿海各航标区分别划归各有关海监局。现将有关事项通知如下:

一、天津、上海、广州航标区分别为所在地海上安全监督局的基层单位;大连、青岛、烟台、连云港、镇海、汕头、海口、湛江航标区成建制分别划归大连、青岛、烟台、连云港、宁波、汕头、海南、湛江海上安全监督局,并按处区合一原则,成为当地海上安全监督局的航标处。航标处(区)既是局的职能部门又是基层单位。温州、厦门、福州航标区(副处级)仍为上海海上安全监督局直属基层单位;石臼、秦皇岛航标站仍暂由原航标区领导。

二、天津、上海、广州海上安全监督局仍按部通知确定的职责范围,继续负责分管原管辖海区航标和测量任务。

三、天津、上海、广州海上安全监督局对其他各海上安全监督局在航标业务上实行领导。有关职责分工明确如下:

1.各海上安全监督局负责原航标区分管范围内航标的日常维护管理和实施年度计划下达的任务。导航台、指向标的同步协调和监测考核以及港口航道图测绘任务仍分别由天津、上海、广州海上安全监督局统一负责。

2.各海上安全监督局编制航标的发展规划、年度工作计划、基建计划、年度经费预决算和航标专用器材订货计划,分别由天津、上海、广州海上安全监督局负责审核、平衡、协调、汇总报部核准后,负责分解下达并监督检查。

3.天津、上海、广州海上安全监督局根据各海上安全监督局提出的浮标大保养计划,负责安排大型航标船进行浮标起吊工作。

4.各海上安全监督局协助天津、上海、广州海上安全监督局在本局分管区域内执行港口航道图测绘任务的测量队解决所需船艇及后勤供应问题。

5.天津、上海、广州海上安全监督局协助各海上安全监督局进行航标处(区)、台、站等业务干部的技术考核、培训和技术交流工作。

四、为保持航标队伍的稳定,在管理体制调整后,各航标区职工的现行工资、福利待遇标准暂维持不变。

五、各海上安全监督局要认真细致做好交接工作,于今年十二月份办完交接手续,并签署协议,报部备案,予以划转。计划、劳动工资、财务、物资、人事以及财产交接时间从一九八九年一月一日算起。

航标工作是水上交通安全工作的重要一环,是对外开放工作的重要窗口,航测工作的好坏直接关系到船舶航行安全。各海上安全监督局要切实加强对航标工作的领导搞好协作配合。要关心航标职工,帮助他们解决生活中的实际问题。在交接过程中,要贯彻改革的精神,积极慎重地处理好同各方面的关系,加强管理,确保海区航标工作的正常运转,为船舶航行提供安全保证。

一九八八年十月五日

交通部关于组建中华人民共和国天津海事局的通知

交人劳发〔1999〕328 号

根据《国务院办公厅关于转发交通部水上安全监督管理体制改革实施方案的通知》(国办发〔1999〕54号),经过与天津市人民政府协商,决定将天津市港航监督负责的海港管理、海船管理和海船船员管理等水上安全监督管理职责及相关人员划转交通部管理,与交通部天津海上安全监督局合并,组建中华人民共和国天津海事局(以下简称天津海事局)。现将有关事宜通知如下:

一、天津海事局为中华人民共和国海事局(交通部海事局)直属单位,正局级。

二、天津海事局在天津市沿海海域和港口行使《中华人民共和国海上交通安全法》《中华人民共和国海洋环境保护法》等法规赋予的水上安全和防止船舶污染的执法权,统一管理天津市沿海和天津港区所有水域内水上安全、防止船舶污染、海上航标、水上安全通信管理工作;负责规定区域内的船舶和海上设施检验、港口航道测绘等管理工作。主要职责:

(一)贯彻和执行国家水上交通安全、防止船舶污染以及航海保障方面的法规,制定本辖区具体管理规定并监督执行。

(二)按照船员、引航员适任资格考试发证管理工作的授权种类、等级,负责天津地区所有海船船员、引航员适任培训、考试、发证工作;负责船员服务簿发放管理工作;负责海员出入境证件的发放管理工作;负责船员专业培训和特殊培训以及考试、发证工作。

(三)负责天津地区所有海船和主要在天津港区营运的内河船舶的船舶登记工作;审批高速客船安全操作证书、船舶最低安全配员、船上油污应急计划、船上垃圾管理计划、货物系固手册等船舶法定配备的操作性手册和文书。

(四)负责辖区内港口国监督检查、船舶安全检查工作;负责国际航行船舶进出口岸查验、国内航行船舶进出港签证、监督执行国家强制引航制度等工作。

(五)负责辖区内船舶装运危险货物和其他货物安全、防止船舶污染水域等监督工作;监视港区水域污染情况,拟定和执行港口油污应急计划。

(六)负责辖区内禁航区、航道(路)、交通管制区、锚地、安全作业区等水域的审核和航行警(通)告发布;审核辖区水上、水下施工和大型设施的水上拖带的安全技术状况;港区内使用岸线涉及水上交通安全时对工程进行审核;负责执法船艇的管理调度和水上巡逻。

(七)组织、协调辖区内船舶防台、水上搜救工作。

(八)负责辖区内通航环境、通航秩序的维护工作,对重要航区实行交通管制。管理沉船沉物的打捞,强制清除碍航物体等工作。

(九)负责辖区内水上交通事故、船舶污染事故及水上交通违法案件的调查、处理。

(十)根据中华人民共和国海事局(交通部海事局)的授权,负责一定区域内的船舶、海上设施检验工作的监督管理。

(十一)审核、监督船舶所有人安全生产条件和水运企业;安全管理体系、船员和引航员培训机构资质及其质量体系、船舶检验机构资质等工作。

(十二)负责辖区内海上干线公用航标和主要港口航标的管理和规划建设,编制航标图。

(十三)根据中华人民共和国海事局(交通部海事局)的授权,负责规定区域内主要港口及其附近水域、沿海重点航道和港湾、锚地及其他指定水域的检测和基本测量,通报海区变化情况,编辑、绘制和发行港口、航道和锚地检测图及航行图集;负责辖区内主要港口及指定水域的潮汐、潮流等水文情况的观测和资料收集。

(十四)负责管理辖区内水上通信机构工作,承担有关船舶遇险及无线电通信业务。

(十五)管理所属单位和派出机构的基本建设、财务、人事、劳动工资、教育、科技、精神文明建设工作;负责辖区内船舶港务费的征收管理等工作。

(十六)承办有关法规规定和上级下达的其他任务。

三、天津海事局的管辖区范围具体界定由中华人民共和国海事局(交通部海事局)另行明确。为保持对外管理的连续性,在部另行通知前,天津海事局对外执法管理暂时仍使用中华人民共和国天津港务监督名称。

四、天津海事局成立后,应尽快按照水上安全监督管理体制改革的总体要求,拟定局机关和所属单位的主要职责、机构设置和人员编制方案,于8月1日前报部审批。

一九九九年十月一日

交通部关于调整部分航标区行政管理关系的通知

交海发〔2001〕108号

根据多年来海区航标管理的实践经验和全国水监管理体改革后的新形势,为加强海事机关航海保障管理职能,经研究,决定在现海区航标管理的基础上调整部分航标区行政管理关系,现将有关调整事项通知如下:

一、将辽宁海事局所属的大连航标区、营口海事局所属的营口航标处、河北海事局所属的秦皇岛航标处、山东海事局所属的青岛航标区(将原日照航标站并入青岛航标区)、烟台海事局所属的烟台航标区成建制划归天津海事局,作为天津海事局的直属单位管理。

二、将连云港海事局所属的连云港航标区、宁波海事局所属的镇海航标区成建制划归上海海事局,作为上海海事局的直属单位管理。

三、将湛江海事局所属的湛江航标区成建制划归广东海事局管理;在北海航道处和湛江航标区防城航标站的基础上组建广东海事局北海航标区,具体负责广西壮族自治区行政区划内海区航标的维护管理;湛江、北海航标区均为广东海事局的直属单位。

四、上述部分航标区(处)行政关系调整后,天津、上海、广东、海南海事局下属各航标区(处)统一更名为××海事局××航标处(见附表);除营口航标处为副处级外,其余均为正处级单位。

五、按照党的关系属地化管理原则,各航标处与所属海事局为异地的,除镇海航标处党的关系挂靠宁波海事局、温州和北海航标处党的关系挂靠当地的党组织以外,其他航标处党的关系均挂靠所在地的直属海事局。各航标处的领导干部管理实行以其所属海事局为主、党的关系挂靠单位为辅的管理体制。

六、有关航标处的计划、财务、人事、劳资等项工作的结算,均按照财政年度以2000年12月31日为准。请各有关海事局认真做好交接工作,于2001年6月30日以前完成人、财、物等交接手续,签署交接协议并报部海事局备案。

七、有关调整后海区航标管理的职责、辖区管理以及相关分工协调事宜,由部海事局根据实际情况另行明确。

附件:部直属海事局航标机构序列表(略)

二〇〇一年三月十二日

交通运输部关于北海航海保障中心主要职责机构设置和人员编制的通知

交人劳发〔2012〕447号

根据中央编办《关于印发交通运输部直属海事系统人员编制和机构设置方案的通知》（中央编办发〔2010〕52号）要求，设立交通运输部北海航海保障中心（以下简称"北海航保中心"）。现将该中心主要职责、机构设置和人员编制情况通知如下：

一、主要职责

北海航保中心为部直属事业单位，纳入部海事局管理范围，委托天津海事局进行管理，实行行政首长负责制。北海航保中心主要承担辖区范围内海事航标建设维护保养、港口航道测量绘图、水上安全通信等技术支持和服务保障职责。具体如下：

（一）贯彻落实国家水路交通行业发展战略、方针政策和法律法规，履行相关国际公约、技术标准和规范，拟定本单位中长期发展规划、年度计划和各项规章制度，并组织实施。

（二）受部委托，参与拟定航标、港口航道测绘、水上安全通信与航海保障有关的发展战略、法律法规、中长期规划，以及有关技术标准和规范工作。

（三）受部委托，参与海事行政管理和执法监督相关的信息化等技术支持和服务保障工作；承担航海保障行政管理和执法监督相关的技术审查等事务性工作；参与海事事故调查、违章查处等相关技术支持和服务性工作。

（四）承担辖区内公用航标、船舶自动识别系统、无线电和卫星导助航系统的建设、值守、运行、检测、维护、评估、调整和动态发布等工作；承担辖区内历史灯塔、航标文物的研究和保护工作。

（五）承担辖区沿海港口航道测绘工作；承担辖区海事测绘基础控制网、水文观测网的建设、运行和维护等工作。

（六）承担辖区水上遇险与安全通信工作；承担海岸电台、水上无线电通信系统的建设、运行和维护工作；承担航行通警告、气象预报等海上安全信息的播发工作。

（七）承担辖区航海保障信息系统的建设、运行和维护工作；承担通航水域水深、水文等航海保障信息的监测、采集、分析、整理工作，依据权限公布有关信息。

（八）承担辖区航标、测绘、通信等航海保障的应急处置工作；参与水上交通安全和海上污染事故应急处置有关工作；承担辖区交通战备的有关工作。

（九）承担航海保障发展战略研究、科技研发、技术培训、咨询服务等工作；参与有关国际交流与合作。

（十）承担本中心及其所属单位的基本建设、财务、干部、人事和精神文明建设等管理工作。

（十一）承担上级交办的其他工作。

二、机构设置

（一）内设机构

根据上述职责，北海航保中心机关设置7个内设机构：办公室、计划财务处、人事教育处、航标导航处、海事测绘处、通信信息处、党组工作部(纪检监察处、工会)。以上机构均为正处级。

1. 办公室

组织协调机关日常行政事务,负责文秘、信息、档案、信访、保密、机要、外事和机关行政事务的管理工作;负责人民武装和交通战备工作。

2. 计划财务处

负责机关和所属单位的财务会计管理工作;负责编制、审核、汇总机关和所属单位的财务预决算;负责核定所属单位年度经费收支预算并监督执行;负责机关及所属单位国有资产和装备管理工作;负责组织编制、上报并下达中长期发展规划和有关计划;负责年度投资计划编制并监督实施;负责所属单位基本建设项目的管理工作;负责统计和审计工作。

3. 人事教育处

负责中心机关和所属单位的人事、机构编制、劳动工资、技术干部、教育培训等管理工作。

4. 航标导航处(值班室)

负责组织编制辖区航标发展规划、布局规划和年度计划并组织实施;参与拟定航标建设、维护有关规范、标准、规章制度和操作规程;指导辖区各航标处业务工作;负责对航标建设与改造方案进行技术审查;负责公用航标维护管理和航标动态通报工作;负责辖区助航系统的运行管理、维护及大中型航标船的调度管理工作;负责协调跨区域航标应急反应工作;负责归口协调航海保障、水上交通安全和海上溢油等应急处置工作。

5. 海事测绘处

负责组织编制辖区海事测绘发展规划和年度测绘计划并组织实施;参与拟定海事测绘技术规范、标准、规章制度和操作规程;指导辖区海事测绘基地控制网、水文监测网和测绘生产系统的建设、运行和维护工作;指导中心所属海事测绘机构业务工作;负责指导测绘技术研发;负责协调辖区内应急测绘和通航尺度核定测量工作。

6. 通信信息处

负责组织编制辖区水上遇险与安全通信和航海保障信息化发展规划和年度计划;参与拟定水上遇险与安全通信及配套系统的技术规范、标准、规章制度和操作规程;指导辖区各通信中心的业务工作;指导辖区海(江)岸电台、水上无线电通信系统的建设、运行和维护工作;负责本单位科技、信息工作。

7. 党组工作部(纪检监察处、工会)

按照管理权限负责机关和所属单位领导干部管理工作;负责机关和所属单位的党务管理和工会管理工作;负责中心机关和所属单位党群、党的组织建设、精神文明建设、宣传工作;负责所属单位的纪律监督和行政监察,在职权范围内调查处理违纪案件;负责所属单位的反腐倡廉工作。

(二)所属机构

北海航保中心设置大连、营口、秦皇岛、天津、烟台、青岛6个航标处,名称统一为"交通运输部北海航海保障中心××航标处"。

北海航保中心设置大连、营口、秦皇岛、天津、烟台、青岛、哈尔滨7个通信中心,名称统一为"交通运输部北海航海保障中心××通信中心"。其中,交通运输部北海航海保障中心天津通信中心对外同时使用"交通运输部北海航海保障中心天津海岸电台"名称。

北海航保中心设置交通运输部北海航海保障中心天津海事测绘中心、交通运输部北海航海保障中心天津航测科技中心。

以上机构均为正处级。

三、人员编制

北海航保中心为副局级事业单位,核定财政补助事业编制1925名。具体如下:

(一)北海航保中心机关人员编制160名,人员控制数暂为60名。北海航保中心第一主任由天津海事局局长兼任。北海航保中心领导职数5名(副局级2名,正处级3名),其中主任1名,党组书记1名,副主任兼总工程师1名,副主任1名,党组副书记兼纪检组组长1名。北海航保中心机关中层领导职数14名(正处级7名,副处级7名)。

(二)北海航保中心所属机构15个,人员编制共1765名,处级领导职数52名(正处级22名,副处级30名),详见附件。

人员编制在150名及以上的单位领导职数5名(正处级2名,副处级3名),其中处长(主任)1名,党组(委)书记1名,副处长(副主任)2名,党组(委)副书记兼纪检组组长(纪委书记)1名。

人员编制在100~149名的单位领导职数4名(正处级2名,副处级2名),其中处长(主任)1名,党组(委)书记1名,副处长1名,副处长兼纪检组组长(纪委书记)1名。

人员编制在100名以内的单位领导职数2~3名,其中处长(主任)兼党组(委)书记1名(正处级),副处长(副主任)1~2名(副处级)。

四、其他事项

(一)北海航保中心党政正职由部管理,部海事局、天津海事局参与考核;北海航保中心党政副职由部海事局管理,天津海事局参与考核。北海航保中心相关内设机构主要负责人的任免应按照有关规定报天津海事局审批,所属机构党政主要领导任命应征求天津海事局意见。

(二)北海航保中心的计划基建、财务、人事等涉及部管理的有关事项均由天津海事局归口管理上报;北海航保中心党的关系挂靠天津海事局管理。

(三)北海航保中心所属机构的内设机构按照部有关规定设置;北海航保中心所属航标处,可设置若干航标管理站,作为航标处派出机构,规格为正科级;北海航保中心所属通信机构,根据工作需要,逐步组建到位,并报部海事局确定。

(四)部海事局应组织建立由天津海事局、北海航保中心和北海航保中心辖区范围内各直属海事局参加的日常工作协调机制,拟定具体工作方案,确保各项工作互相配合,有机衔接。

(五)部海事局应按此通知要求做好北海航保中心的组建工作,并及时将有关情况报部,部人劳司将适时进行检查。北海航保中心机构编制等事项应在一定时期内保持稳定,确因工作需要调整的,按部有关规定报批。

二〇一二年九月十四日

参 考 文 献

[1] 邮电部交通史编纂委员会.交通史·电政编[M].上海:中华书局,1936.
[2] 海关总税务司署.《海关制度概略丛刊》[M].1949.
[3] 郑鹤声.近世中西史日对照表[M].上海:中华书局,1981.
[4] 乔治·罗斯特基.美国电学、电子学二百年发展史[M].栾诚明,译.北京:科学普及出版社,1981.
[5] 邮电史编辑室.中国近代邮电史[M].北京:人民邮电出版社 1984.
[6] 《青岛海港史》编审委员会.青岛海港史(近代部分)[M].北京:人民交通出版社,1986.
[7] 《天津港史》编辑委员会.天津港史(古近代部分)[M].北京:人民交通出版社,1986.
[8] 赵保经.无线电电子学史话[M].北京:科学出版社,1986.
[9] 青岛市档案馆.帝国主义与胶海关[M].北京:中国档案出版社,1986.
[10] 陈诗启.中国近代海关史问题初探[M].北京:中国展望出版社,1987.
[11] 《烟台港史》编审委员会.烟台港史(古近代部分)[M].北京:人民交通出版社,1988.
[12] 中国航海史编辑组.中国航海史[M].北京:人民交通出版社,1988.
[13] 青岛邮电局史志办.青岛邮电志[M].青岛:青岛出版局,1988.
[14] 大连港史编辑委员会.大连港口纪事[M].大连:大连海运学院出版社,1988.
[15] 《青岛海港史》编审委员会.青岛海港史(古代部分)[M].北京:人民交通出版社,1989.
[16] 烟台邮电局史志办.烟台邮电志[M].烟台:烟台市出版局,1990.
[17] 叶松年.中国近代海关税则史[M].上海:三联书店上海分店,1991.
[18] 汤象龙.中国近代海关税收和分配统计[M].上海:中华书局,1992.
[19] 秦皇岛港史编审委员会.秦皇岛港史[M].北京:人民交通出版社,1993.
[20] 韩文昌.民国时期中央国家机关组织概述[M].北京:中国档案出版社,1994.
[21] 大连港史编辑委员会.大连港史(古近代部分)[M].大连:大连出版社,1995.
[22] 杨广治.GMDSS全球海上遇险与安全系统[M].大连:大连海事大学出版社,1995.
[23] 交通部大连海上安全监督局.大连海监志[M].大连:大连出版社,1995.
[24] 秦皇岛邮电志编纂委员会.秦皇岛邮电志[M].天津:天津人民出版社,1996.
[25] 交通部安全监督局.航标法规标准汇编[M].北京:人民交通出版社,1997.
[26] 大连市史志办.大连市志·邮电志[M].大连:大连出版社,1997.
[27] 山东省地方史志编纂委员会.山东省志·海关志[M].济南:山东人民出版社,1997.
[28] 天津市地方志编修委员会.天津通志·港口志[M].天津:天津社会科学院出版社,1999.
[29] 《中国航道局史》编辑委员会.天津航道局史[M].北京:人民交通出版社,2000.
[30] 中华人民共和国海事局.中国航标史[M].广州:广州市新闻出版局,2000.
[31] 山东省地方史志编纂委员会.山东省志·邮电志[M].济南:山东人民出版社,2000.
[32] 天津航道局史编辑委员会.天津航道局史[M].北京:人民交通出版社,2000.
[33] 天津市地方志编修委员会.天津通志·邮电志[M].天津:天津市社会科学院出版社,2002.
[34] 辽宁省地方志编纂委员会办公室.辽宁省志·邮电志[M].沈阳:辽宁民族出版社,2002.

[35] 陈诗启.中国近代海关史[M].北京:人民出版社,2002.
[36] 中华人民共和国海关总署.旧中国海关总税务司署通令选编(1861—1942)[M].北京:中国海关出版社,2003.
[37] 卢嘉锡.中国科学技术史(交通卷)[M].北京:科学出版社,2004.
[38] 天津海关译编委员会.津海关史要览[M].北京:中国海关出版社,2004.
[39] 大连市志办公室.大连市志·港口志[M].沈阳:辽宁民族出版社,2004.
[40] 姚梅林.中国海关史话[M].北京:中国海关出版社,2005.
[41] 张耀华.图说旧中国海关历史[M].北京:中国海关出版社,2005.
[42] 《烟台海关史概要》译编委员会.烟台海关史概要(1862—2004)[M].济南:山东人民出版社,2005.
[43] 孙光圻.中国古代航海史[M].北京:海洋出版社,2005.
[44] 大连海关志编纂委员会.大连海关志[M].北京:中国海关出版社,2005.
[45] 文松.近代中国海关洋员概略[M].北京:中国海关出版社,2006.
[46] 《烟台港史》编审委员会.烟台港史(现代部分)[M].北京:人民交通出版社,2008.
[47] 《航标文化》研究工作领导小组.航标文化[M].北京:人民交通出版社,2008.
[48] 《交通部行政史》编委会.交通部行政史[M].北京:人民交通出版社,2008.
[49] 郭铁桩,关捷.日本殖民统治大连四十年史[M].北京:社会科学文献出版社,2008.
[50] 李约瑟.中国科学技术史(卷4)[M].汪受琪,译.北京:科学出版社,2008.
[51] 天津市地方志编修委员会办公室,中华人民共和国天津海事局.天津通志·海事志[M].天津:天津古籍出版社,2008.
[52] 中华人民共和国海事局.国际航标协会助航指南[M].北京:人民交通出版社,2008.
[53] 王志民.山东省历史文化遗址现状调查报告及保护建议[M].济南:齐鲁书社,2008.
[54] 黄和生.中国通信图史[M].广州:南方日报出版社,2009.
[55] 中国交通运输60年编委会.交通通信发展60年[M].北京:人民交通出版社,2009.
[56] 简明大连港图史编委会.简明大连港图史(1899—2009)[M].大连:大连出版社,2009.
[57] 王星航.大连文物要览[M].大连:大连出版社,2009.
[58] 海关总税务司署上海造册处.五十年各埠海关报告(1882—1931)[M].北京:中国海关出版社,2009.
[59] 张仁平.GMDSS海上无线电通信业务[M].大连:大连海事大学出版社,2010.
[60] 尹新华.晚清中国与国际公约[M].海口:海南人民出版社,2011.
[61] 戴乐尔.我在中国海军三十年——戴乐尔回忆录[M].上海:文汇出版社,2011.
[62] 山东省地方史志编纂委员会.山东省志·海事志[M].济南:山东人民出版社,2011.
[63] 王宏斌.赫德爵士传[M].北京:文化艺术出版社,2012.
[64] 任智勇.晚清海关再研究——以二元体制为中心[M].北京:中国人民大学出版社,2012.
[65] 梁二平,郭湘玮.中国海洋文献导读——古代中国的海洋观[M].北京:海洋出版社,2012.
[66] 中国海关通志编纂委员会.中国海关通志[M].北京:方志出版社,2012.
[67] 解学诗.满洲交通史稿[M].北京:社会科学文献出版社,2012.
[68] 中华人民共和国海关总署办公厅.中国近代海关总税务司通令全编(1861—1949)[M].北京:中国海关出版社,2013.
[69] 中华人民共和国海事局.中华人民共和国海事局志[M].北京:人民交通出版社,2013.
[70] 吴煮冰.海关帝国[M].北京:中华工商联合出版社有限责任公司,2013.

[71] 青岛经济技术开发区史志办公室.青岛经济技术开发区——青岛市黄岛区志(1984—2005)[M].北京:方志出版社,2013.
[72] 蒋耀辉.大连开埠建市[M].大连:大连出版社,2013.
[73] 杨德森.中国海关制度沿革[M].太原:山西人民出版社,2014.
[74] 张建民,周荣.中国财政通史——明代财政史[M].长沙:湖南出版社,2015.
[75] 陈峰.中国财政通史——清代财政史[M].长沙:湖南出版社,2015.
[76] 焦建华.中国财政通史——中华民国财政史[M].长沙:湖南出版社,2015.
[77] 中国航海博物馆.国家航海(第十三辑)[M].上海:上海古籍出版社,2015.
[78] 日照市岚山区地方史志编纂委员会.日照市岚山区志[M].北京:方志出版社,2015.
[79] 海关总税务司署上海造册处.中国沿海及长江沿岸地名录[M].桂林:广西师范大学出版社,2017.
[80] 海关总税务司署上海造册处.海江警船示记(1862—1882)[M].桂林:广西师范大学出版社,2017.
[81] 海关总税务司署上海造册处.中国沿海及内河航路标识总册(1875—1949)[M].桂林:广西师范大学出版社,2017.
[82] 方德万.潮来潮去:海关与中国现代性的全球起源[M].姚永超,蔡维屏,译.太原:山西人民出版社,2017.
[83] 日照市地方史志编委会.日照市志[M].北京:方志出版社,2017.
[84] 海关总税务司署上海造册处.航标报告(1875—1920)[M].北京:中国海关出版社,2018.

英文缩写对照表

序号	英文缩写	中文表述及英文全称
1	ITU	国际电信联盟(International Telecommunication Union,简称ITU)
2	IMO	国际海事组织(International Maritime Organization,简称IMO)
3	IHO	国际海道测量组织(International Hydrographic Organization,简称IHO)
4	IALA	国际航标协会(The International Association of Marine Aids to Navigation and Lighthouse Authorities,简称IALA)
5	RBN-DGPS	无线电指向标-查分全球定位系统(Radio Beacon-Differential Global Positioning System,简称RBN-DGPS)
6	CARIS	计算机辅助信息系统(Computer Aided Resource Information System,简称CARIS)
7	GMDSS	全球海上遇险与安全系统(Global Maritime Distress and Safety System,简称GMDSS)
8	AIS	岸基自动识别系统(Automatic Identification System,简称AIS)
9	LED	发光二极管(Light Emitting Diode,简称LED)
10	GPS	全球定位系统(Global Positioning System,简称GPS)
11	MAPCAD	地图计算机辅助设计(Map Computer-Aided Design,简称MAPCAD)
12	NBDP	窄带直接印字电报(Narrow-Band Direct-Printing,简称NBDP)
13	FEC	前向纠错(Forward Error Correction,简称FEC)
14	FIDIC	国际咨询工程师协会(International Federation of Consulting Engineers,简称FIDIC)
15	IHB	国际海道测量局(International Hydrographic Bureau,简称IHB)
16	ECDIS	电子海图显示与信息系统(Electronic Chart Display and Information System,简称ECDIS)
17	EAHC	东亚海道测量委员会(East Asia Hydrographic Commission,简称EAHC)
18	NAVTEX	奈伏泰斯航行警告电传系统(Navigation Telex,简称NAVTEX)
19	SOLAS	国际海上人命安全公约(International Convention for Safety of Life at Sea,简称SOLAS)
20	VHF	甚高频(Very High Frequency,简称VHF)
21	SSB	单边带(Single Side Band,简称SSB)
22	DSC	数字选择呼叫(Digital Selective Calling,简称DSC)
23	NBDP	窄带直接印字电报(Narrow – Band Direct – Printing,简称NBDP)
24	HPD	海道测量产品数据库(Hydrographic Production Database,简称HPD)
25	WTO	世界贸易组织(World Trade Organization,简称WTO)
26	MMSI	海上移动通信业务标识(Maritime Mobile Service Identify,简称MMSI)
27	IEC	国际电工委员会(International Electrotechnical Commission,简称IEC)
28	RTCM	国际海运事业无线电技术委员会(Radio Technical Commission for Maritime Services,简称RTCM)
29	DGNSS	差分全球导航卫星系统(Differential Global Navigation System,简称DGNSS)
30	UHF	特高频(Ultra High Frequency,简称UHF)

〔续表一〕

序号	英文缩写	中文表述及英文全称
31	VTS	船舶交通服务(Vessel Traffic Service,简称 VTS)
32	ART	自动电传系统(Automatic Radio Telex,简称 ART)
33	TQC	全面质量控制(Total Quality Control,简称 TQC)
34	IMCO	政府间海事协商组织(Inter-Governmental Maritime Consultative Organization,简称 IMCO)
35	GPRS	通用无线分组业务(General Packet Radio Service,简称 GPRS)
36	NOWPAP	西北太平洋海洋和沿岸地区环境保护、管理和开发的行动计划(The Action Plan for the Protection, Management and Development of the Marine and Coastal Environment of the Northwest Pacific Region,简称 NOWPAP)
37	CDMA	码分多址(Code Division Multiple Access,简称 CDMA)
38	GSM	全球移动通信系统(Global System for Mobile Communications,简称 GSM)
39	SMS	短消息服务(Short Message Service,简称 SMS)
40	ROV	遥控机器人(Remotely Operated Vehicle,简称 ROV)
41	RFID	射频识别(Radio Frequency Identification,简称 RFID)
42	UPS	不间断电源(Uninterruptible Power Supply,简称 UPS)
43	DOM	数字正射影像图(Digital Orthophoto Map,简称 DOM)
44	DLG	数字划线地图(Digital Line Graphic,简称 DLG)
45	DEM	数字高程模型(Digital Elevation Model,简称 DEM)
46	ASCII	美国信息交换标准代码(American Standard Code for Information Interchange,简称 ASCII)
47	AGC	自动增益控制(Automatic Gain Control,简称 AGC)
48	TVG	时间增益控制(Time-Variant Gain,简称 TVG)
49	DDN	数字数据网(Digital Data Network,简称 DDN)
50	SDH	同步数字体系(Synchronous Digital Hierarchy,简称 SDH)
51	RCC	搜救指挥中心(Rescue Control Center,简称 RCC)
52	MSI	海上安全信息(Maritime Safety Information,简称 MSI)
53	WWNWS	世界航行警告业务(World Wide Navigational Warning Service,简称 WWNWS)
54	EGC	增强型群呼(Enhanced Group Calling,简称 EGC)
55	WMO	世界气象组织(World Meteorological Organization,简称 WMO)
56	ARQ	自动请求重发(Automatic Repeat Request,简称 ARQ)
57	CCIR	国际无线电咨询委员会(International Radio Consultative Committee,简称 CCIR)
58	FERNS	远东无线电导航服务网(Far East Radio Navigation Service,简称 FERNS)
59	ENC	电子海图(Electronic Navigational Charts,简称 ENC)
60	ICA	国际制图协会(International Cartographic Association,简称 ICA)
61	CHRIS	海道测量信息系统需求委员会(Committee on Hydrographic Requirements for Information Systems,简称 CHRIS)
62	HCA	南极海道测量委员会(Hydrographic Commission on Antarctica,简称 HCA)
63	ANC	亚洲航海学术年会(Asia Navigation Conference, 简称 ANC)
64	IAIN	国际航行学会联合会(International Association of Institutes of Navigation, 简称 IAIN)
65	GIS	地理信息系统(Geographic Information System,简称 GIS)

〔续表二〕

序号	英文缩写	中文表述及英文全称
66	HGMIO	海洋信息要素协调组（Harmonization Group on Marine Information Objects，简称 HGMIO）
67	CBSC	IHO 能力建设委员会（The Capability Building Sub-Committee，简称 CBSC）
68	IFRB	国际频率登记委员会（International Frequency Registration Board，简称 IFRB）
69	COMSAR	无线电通信和搜寻与救助分委会（Radio-Communication and Search and Rescue，简称 COMSAR）
70	IMA	国际海事学院（International Maritime Academy，简称 IMA）
71	FIG	国际测量师联合会（International Federation of Surveyors，简称 FIG）
72	MPA	海事港务局（Maritime and Port Authority，简称 MPA）

编 后 记

《北海航海保障志》(简称《北保志》)作为《天津市志》分志之一,在天津市地方志编修委员会办公室指导下,由交通运输部北海航海保障中心(简称北海航海保障中心)承修。

北海航海保障中心成立伊始,随即研究确立辖区航海保障事业发展战略,决定把"文化铸魂"作为重中之重,构筑具有行业特色的核心价值观,全面推进文化建设繁荣发展。2014年初,交通运输部海事局副局长郑和平在天津考察调研航海保障工作期间,明确提出加强史志编纂工作要求,旨在继承和弘扬中华民族优良文化传统,发掘守护"航保人"的薪火根脉,不断探索自身历史发展规律,为开创航海保障事业新局面提供资政经验。据此,该中心主任聂乾震适时动议率先编纂《北保志》,以求通过修志实践,切实提高干部职工文化素养和学史用史能力,为推动全国海区航海保障系统历史文化建设积累经验。按照《地方志工作条例》《〈天津通志〉第二轮编修工作规范》要求,经过周密策划筹备,北海航海保障中心于同年8月印发《〈北保志〉编纂工作实施方案》和《〈北保志〉篇目大纲暨责任分工》,成立志书编纂委员会,下设编写组,始终坚持"实事求是、科学修志、时间服从质量"基本原则,大力营造"修志伟大、修志光荣、修志重要、修志艰辛"舆论氛围,统筹兼顾、规范有序地展开修志工作。此间,编写组在各参编单位(部门)密切配合下,将"领导重视、全员参与、史料收集、大纲修订"贯穿于修志工作全过程,相继组织三轮"百题会战",十次修订《篇目大纲》,并针对大纲评审、史料收集、样稿解析、初稿验收等基础环节开展业务培训、分类指导和专题研讨活动。2017年全书正文初稿基本完成后,基于文稿成熟度相对偏低,编写组决定增聘部分资深专家和业务精英加盟,调整加强志书总(分)纂团队力量。编纂团队成员以舍我其谁的责任担当和精益求精的工作作风,克服重重困难与阻碍,反复修订甚至不惜返工重修,深耕细作,数易其稿,于2019年5月形成志书蓝本(评议稿),提交业内外专家和各参编单位(部门)广泛征求意见。同年10月,该志书先后顺利通过北海航海保障中心组织的业内专家评审、天津市地方志编修委员会办公室主持的史志专家复审,并获得一致好评。后经编写组进一步修订完善,形成送审稿,于次年5月呈报天津市地方志编修委员会批准出版。

本志书系天津市乃至全国首部融合航标、测绘、通信三大业务为一体的航海保障专业志。全书正文分设10章48节247目,连同卷首(尾)总计120余万字,内容丰富、资料翔实、图文并茂、通俗易懂,全面系统地反映了近现代北方海区航海保障事业的发展历史与现状,基本做到了思想性、科学性、资料性的有机统一,具有较高的"资政、育人、存史"功能和史料参考价值。

这部志书的付梓出版是集体智慧的结晶。在志书编纂过程中,全体参编人员特别是年逾花甲的老同志为之倾注了大量心血和汗水。据不完全统计,本次修志累计查阅古今典籍200余部(册)、馆藏档案2000余卷(份)、旧海关出版物100余册、翻译外文资料10余万字,先后采编文史资料1800余万字、历史图照1万余幅。除此之外,还得到中国历史档案馆、交通运输部档案馆、海军司令部航海保证部编研室、吉林省社会科学研究院满铁资料馆、天津市档案馆、天津市图书馆、大连市档案馆、青岛市档案馆、烟台市档案馆、天津航道局档案室、天津海事局档案室、天津港务局档案室、大连港务局档案馆、秦皇岛港务局档案馆等单位(部门)的鼎力支持,并承蒙罗澍伟、谭汝为、赵继华、关树锋、张月光、刘功臣、王金付、郭莘、梁宇、马定盛、王智、王宏峰、张秀丽、陈洪云、王英志、吴松弟、姚永超、邢蕴莹、郭文伟、李增才、周懿宗、杨有良、姚一宁、程裕大等史志界和业内资深专家学者垂顾指导,以及陈英俊、刘子忠、毕见壮、黄朝晖、王晓雷、姚晓璐、李双来、孟淑媛、杨建英、王树茂、陈红、侯安建等天津海事局相关专家参与支持，在此表示衷心感谢！

尽管中国航海保障事业历史源远流长，但因有据可考的相关史料凤毛麟角且残缺不全，加之编研时间和编者能力所限，我们仅能从卷帙浩繁的典籍文献中摘取沧海一粟，撷为珍珠，串联成文，以飨读者，故而疏漏失误之处在所难免，敬请鉴谅并给予批评指正。

编　者

2015年1月20日,北海航海保障中心在天津召开《北海航海保障志》篇目大纲评审会,前排左起:马亚平、姚一宁、赵亚兴、郭莘、柴进柱、梁宇、马定盛、程裕大、辛艺强

2019年10月26日,北海航海保障中心在天津召开《北海航海保障志(评审稿)》评审会,前排左起:邢蕴莹、柴进柱、赵亚兴、王金付、郭莘、聂乾震、陈洪云、周懿宗

2019年10月29日,天津市地方志编修委员会办公室在天津召开《天津市志·北海航海保障志(1840—2012)》复审会,前排左起:王文建、高汉增、赵亚兴、赵继华、罗澍伟、关树锋、柴进柱、谭汝为、张月光、王玉林、高靖

2019年,北海航海保障中心现任领导班子成员,左起:邓祝森、解启杰、聂乾震、柴进柱、李树兵

责任编辑：崔　建
封面设计：水日方装帧设计
　　　　　张　涛：13621250887

ISBN 978-7-114-16749-2

网上购书/www.jtbook.com.cn
定价：480.00元（上、下册）